中国大百科全书

（第二版简明版）

10

中国大百科全书出版社

诺贝尔奖获得者名单

说　明

诺贝尔奖是根据瑞典化学家A.B.诺贝尔的遗嘱设立，并以他的姓氏命名的[illegible]奖项。最初包括诺贝尔物理学奖、诺贝尔化学奖、诺贝尔生理学或医学奖、诺贝尔文[illegible]奖和诺贝尔和平奖5个奖项。于1901年12月10日诺贝尔逝世5周年时首次颁发。以后除第二次世界大战时一度停发外，每年颁发。1968年，瑞典银行在其成立300周年[illegible]设诺贝尔经济学奖，并提供奖金，于1969年首次颁发，以后每年与上述5个奖项同时[illegible]发。

此名单包括5个奖项（诺贝尔和平奖获得者名单未列入）的获奖人员。[illegible]个奖项均以颁奖年份为序，列入获奖者的中译名、外文名、获奖时国籍及获奖原因。

表1　诺贝尔物理学奖获得者

年份	中译名	外文名	获奖时国籍	获奖原因
1901	伦琴	Wilhelm Konrad Röntgen	德国	发现X射线
1902	洛伦兹	Hendrik Antoon Lorentz	荷兰	发现磁场使光谱线分[illegible]塞曼效应）
	塞曼	Pieter Zeeman	荷兰	
1903	贝可勒尔	Henri Becquerel	法国	发现天然放射性
	P.居里	Pièrre Curie	法国	研究放射性，发现[illegible]两种元素
	M.居里	Marie Curie	法国	
1904	瑞利	3rd Baron Rayleigh	英国	发现氩
1905	勒纳	Phillip Eduard Anton von Lenard	德国	阴极射线方面的研[illegible]果
1906	汤姆孙	Sir Joseph John Thomson	英国	发现电子
1907	迈克耳孙	Albert Abraham Michelson	美国	设计光学精密仪器利用它测量地球上光传播的干涉条纹没发生移动[illegible]定了以太的存在
1908	李普曼	Gabriel Lippmann	法国	彩色照片复制法[illegible]曼法）
1909	马可尼	Guglielmo Marconi	意大利	发展无线电报术
	布劳恩	Karl Ferdinand Braun	德国	
1910	范德瓦耳斯	Johannes Diderik van der Waals	荷兰	导出气体和液体[illegible]态方程
1911	维恩	Wilhelm Wien	德国	发现热辐射定律
1912	达伦	Nils Gustaf Dalén	瑞典	发明航标灯自动[illegible]器
1913	开默林·昂内斯	H.Kamerlingh Onnes	荷兰	研究物质在低温[illegible]性质，制得液氦
1914	劳厄	Max von Laue	德国	建立晶体的X射[illegible]衍射理论
1915	W.H.布拉格	William Henry Bragg	英国	用X射线分析晶[illegible]结构
	W.L.布拉格	William Lawrence Bragg	英国	
1916	无人获奖			
1917	巴克拉	Charles Glover Barkla	英国	发现各种元素[illegible]标识X射线辐射
1918	普朗克	Max (Karl Ernst Ludwig) Planck	德国	提出能量子概[illegible]和普朗克常数
1919	斯塔克	Johannes Stark	德国	发现极隧射线[illegible]多普勒效应和光谱线在电场中的劈裂
1920	纪尧姆	Charles Édouard Guillaume	瑞士	发现合金的反[illegible]特性
1921	爱因斯坦	Albert Einstein	瑞士	提出光量子理[illegible]，发现光电效应定律

续表

年份	中译名	外文名	获奖时国籍	获奖原因
1922	玻尔	Niels (Henrik David) Bohr	丹麦	在原子结构和原子辐射方面的贡献
1923	密立根	Robert Andrews Millikan	美国	基元电荷和光电效应方面的工作
1924	西格班	Karl Manne Georg Siegbahn	瑞典	X射线谱学方面的工作
1925	夫兰克	James Franck	德国	发现电子同原子碰撞的规律
	赫兹	Gustav Hertz	德国	
1926	佩兰	Jean Baptiste Perrin	法国	物质结构的不连续性方面的工作
1927	康普顿	Arthur Holly Compton	美国	证实散射X射线的波长变化（康普顿效应）
	威耳孙	Charles Thomson Rees Wilson	英国	记录带电粒子径迹的方法
1928	里查森	Owen Willans Richardson	英国	发现电子发射特性及其规律
1929	德布罗意	Louis Victor de Broglie	法国	发现电子的波动性
1930	拉曼	Sir Chandrasekhara Venkata Raman	印度	在光散射方面的工作，发现拉曼效应
1931	无人获奖			
1932	海森伯	Werner Karl Heisenberg	德国	创建量子力学，提出不确定度关系
1933	薛定谔	Erwin Schrödinger	奥地利	建立量子力学的理论形式
	狄拉克	Paul Adrien Maurice Dirac	英国	
1934	无人获奖			
1935	查德威克	Sir James Chadwick	英国	发现中子
1936	赫斯	Victor Franz Hess	奥地利	发现宇宙射线
	安德森	Carl David Anderson	美国	发现正电子
1937	戴维森	Clinton Joseph Davisson	美国	发现电子在晶体中的衍射现象
	汤姆孙	Sir George Paget Thomson	英国	
1938	费米	Enrico Fermi	意大利	用中子辐照产生人工放射性元素
1939	劳伦斯	Ernest Orlando Lawrence	美国	发明回旋加速器
1940～1942	未颁奖			
1943	斯特恩	Otto Stern	美国	用分子束方法证明质子磁矩存在
1944	拉比	Isidor Isaac Rabi	美国	用共振法精确测定原子核的磁性质
1945	泡利	Wolfgang Pauli	奥地利	发现不相容原理
1946	布里奇曼	Percy Williams Bridgman	美国	高压物理学领域的一系列发现
1947	阿普顿	Sir Edward Victor Appleton	英国	发现大气上层的阿普顿层
1948	布莱克特	atrick Maynard Stuart Blackett	英国	核物理和宇宙辐射领域的一些发现
1949	汤川秀树	ukawa Hideki	日本	预言介子的存在
1950	鲍威尔	ecil Frank Powell	英国	研究核过程以照相法发现了一些介子
1951	考克饶夫	hn Douglas Cockcroft	英国	用人工方法加速粒子使原子核嬗变
	瓦尔顿	nest Thomas Sinton Walton	爱尔兰	
1952	布洛赫	lix Bloch	美国	发现凝聚态物质中的核磁共振现象
	珀塞耳	ward Mills Purcell	美国	
1953	泽尔尼克	s Zernike	荷兰	发明相衬法
1954	玻恩	Mx Born	联邦德国	波函数的统计研究
	博特	Wther Bothe	联邦德国	发明符合计数法
1955	兰姆	Wis Eugene Lamb, Jr.	美国	氢光谱中的一些新发现
	库什	Polkarp Kusch	美国	测定电子磁矩

续表

年份	中译名	外文名	获奖时国籍	获奖原因
1956	肖克莱	William Bradford Shockley	美国	研究半导体并发现晶体管的效用
	巴丁	John Bardeen	美国	
	布拉坦	Walter Houser Brattain	美国	
1957	杨振宁	Chen Ning Yang	中国	发现宇称原理的破坏
	李政道	Tsung-Dao Lee	中国	
1958	切伦科夫	Paval Alekseyevich Cherenkov	苏联	发现并解释切伦科夫辐射
	夫兰克	Ilya Mikhailovich Frank	苏联	
	塔姆	Igor Yevgenyerich Tamm	苏联	
1959	塞格雷	Emilio Gino Segrè	美国	确证反质子的存在
	张伯伦	Owen Chamberlain	美国	
1960	格拉泽	Donald Arthur Glaser	美国	发明气泡室
1961	霍夫斯塔特	Robert Hofstadter	美国	原子核对电子散射的研究，并据此提出了原子核结构的相关理论
	穆斯堡尔	Rudolf Ludwig Mössbauer	联邦德国	对γ辐射共振吸收的研究，发现穆斯堡尔效应
1962	朗道	Lev Davidovich Landou	苏联	创立凝聚态理论
1963	维格纳	Eugene Paul Wigner	美国	原子核中质子和中子作用遵循的原则
	迈耶	Maria Goeppert-Mayer	美国	创立原子核结构的壳模型理论
	延森	J(ohannes) Hans D(aniel) Jensen	联邦德国	
1964	汤斯	Charles Hard Townes	美国	从事量子电子学方面的工作，导致制成微波激射器和激光器
	巴索夫	Nikolay Gennadiyevich Basov	苏联	
	普罗霍罗夫	Aleksandr Mikhailovich Prokhorov	苏联	
1965	朝永振一郎	Tomonaga Shinichirō	日本	量子电动力学的基本原理研究
	施温格	Julian Seymour Schwinger	美国	
	费因曼	Richard Phillips Feynman	美国	
1966	卡斯特勒	Alfred Kastler	法国	发现和发展了研究原子中赫兹共振的光学方法
1967	贝特	Hans Albrecht Bethe	美国	发现恒星的能量来源
1968	阿尔瓦雷茨	Luis Walter Alvarez	美国	在基本粒子研究方面发现共振态
1969	盖耳－曼	Murray Gell-Mann	美国	对于基本粒子分类和相互作用研究的贡献
1970	阿尔文	Hannes Alfvén	瑞典	在磁流体动力学和等离子体物理学方面的工作
	奈耳	Louis-Eugè-ne Félix Néel	法国	反铁磁性和铁氧体磁性的基础研究和发现
1971	伽柏	Dennis Gabor	英国	发明全息术
1972	巴丁	John Bardeen	美国	创立超导电性理论
	库珀	Leon Neil Cooper	美国	
	施里弗	John Robert Schrieffer	美国	
1973	江崎玲於奈	Esaki Leo	日本	发现半导体和超导体的隧道效应
	贾埃沃	Ivar Giaever	美国	
	约瑟夫森	Brian David Josephson	英国	从理论上预言了穿过隧道势垒的超导电流的性质，特别是约瑟夫森效应
1974	赖尔	Sir Martin Ryle	英国	在射电天文学方面的工作并用其发现脉冲星
	休伊什	Antony Hewish	英国	
1975	玻尔	Aage Niels Bohr	丹麦	原子核的理论研究
	莫特森	Ben Roy Mottelson	丹麦	
	雷恩沃特	James Rainwater	美国	

续表

年份	中译名	外文名	获奖时国籍	获奖原因
1976	里克特	Burton Richter	美国	独立发现一类新的基本粒子J/ψ
	丁肇中	Samuel Chao Chung Ting	美国	
1977	安德森	Philip Warren Anderson	美国	磁性非晶态固体中电子性状的研究工作
	莫脱	Nevill Francis Mott	英国	
	范扶累克	John Hasbrouk van Vleck	美国	
1978	卡皮察	Pyotr Leonidovich Kapitsa	苏联	发明并应用氦的液化器
	彭齐亚斯	Arno Penzias	美国	发现宇宙微波背景辐射，为大爆炸理论提供支持
	威耳孙	Robert W.Wilson	美国	
1979	格拉肖	Sheldon Lee Glashow	美国	提出粒子的弱相互作用和电磁相互作用的统一理论
	萨拉姆	Abdus Salsm	巴基斯坦	
	温伯格	Steven Weinberg	美国	
1980	克罗宁	James Watson Cronin	美国	验证电荷共轭和宇称反演对称性的同时破坏
	菲奇	Val Logsdon Fitch	美国	
1981	布洛姆伯根	Nicolaas Bloembergen	美国	在发展激光光谱学方面所作的贡献
	肖洛	Arthur Leonard Schawlow	美国	
	西格班	Kai Manne Börje Siegbahn	瑞典	发展高分辨率的电子光谱技术
1982	威耳孙	Kenneth G.Wilson	美国	从事相变理论研究所作的贡献
1983	钱德拉塞卡	Subrahmanyan Chandrasekhar	美国	对恒星结构认识方面的贡献
	福勒	William Alfred Fowler	美国	与化学元素有关的核反应方面的重要实验和理论探索
1984	鲁比亚	Carlo Rubbia	意大利	领导发现$W^{\pm}$和Z^0粒子
	范德梅尔	Simon van der Meer	荷兰	
1985	克利青	Klaus von Klitzing	联邦德国	发现量子霍耳效应
1986	鲁斯卡	Ernst Ruska	联邦德国	发明电子透镜及研制成世界第一台电子显微镜
	宾尼希	Gerd Binnig	联邦德国	研制扫描隧道效应显微镜
	罗雷尔	Heinrich Rohrer	瑞士	
1987	贝德诺尔茨	Johannes Georg Bednorz	联邦德国	最先成功发现高温超导材料
	缪勒	Karl Alexander Müller	瑞士	
1988	莱德曼	Leon Max Lederman	美国	从事中微子方面的研究，证实中微子至少有两种类型
	施瓦茨	Melvin Schwartz	美国	
	施泰因贝格尔	Jack Steinberger	美国	
1989	拉姆齐	Norman Foster Ramsey	美国	发明了具有分立振荡场的分子束共振方法，并将此法用于原子钟
	德梅尔特	Hans Georg Dehmelt	美国	发明捕捉粒子的离子阱技术
	保尔	Wolfgang Paul	联邦德国	
1990	弗里德曼	Jerome Isaac Friedman	美国	证实中子和质子中可能存在更小的物质单元——夸克
	肯德尔	Henry Way Kendall	美国	
	泰勒	Richard Edward Taylor	加拿大	
1991	德·热纳	Pierre-Gilles de Gennes	法国	液态物理和聚合物研究，阐明其从有序态过渡到无序态的过程
1992	夏帕克	Georges Charpak	法国	发明多丝正比室
1993	赫尔斯	Russel Alan Hulse	美国	于1974年发现了第一对脉冲双星
	泰勒	Joseph Hooton Taylor, Jr.	美国	

续表

年份	中译名	外文名	获奖时国籍	获奖原因
1994	布罗克豪斯	Bertram Niville Brockhouse	加拿大	发展中子谱学
	沙尔	Clifford Glenwood Shull	美国	中子衍射研究，创造中子干涉系统新方法
1995	佩尔	Martin Lewis Perl	美国	发现τ轻子
	莱因斯	Frederick Reines	美国	发现中微子
1996	李	David M.Lee	美国	发现氦－3的超流现象
	奥谢罗夫	Douglas Dean Osheroff	美国	
	里查森	Robert C.Richardson	美国	
1997	朱棣文	Steven Chu	美国	发明用激光冷却和俘获原子的方法
	科昂－塔努吉	Claude Cohen-Tannoudji	法国	
	菲利普斯	William Daniel Phillips	美国	
1998	劳克林	Robert B.Laughlin	美国	发现分数量子霍耳效应
	施特默	Horst L.Störmer	美国	
	崔琦	Daniel Chee Tsui	美国	
1999	霍夫特	Gerardus' t Hooft	荷兰	重正化规范理论方面的工作，阐述电弱相互作用的量子结构，使电弱统一理论广被接受
	韦特曼	Martinus J.G.Veltman	荷兰	
2000	阿尔费罗夫	Zhores Ivanovich Alferov	俄罗斯	发展用于高速电子学和光电子学的半导体异质结构
	克勒默	Herbert Kroemer	美国	
	基尔比	Jack S.Kilby	美国	发明集成电路
2001	科纳尔	Eric Allin Cornell	美国	独立获得玻色－爱因斯坦凝聚体和对其早期的基础研究
	克特勒	Wolfgang Ketterle	德国	
	威曼	Carl E.Wieman	美国	
2002	戴维斯	Raymond Davis, Jr.	美国	在天体物理学，特别是在探测宇宙中微子领域作出的先驱性贡献
	小柴昌俊	Koshiba Masatoshi	日本	
	贾科尼	Riccardo Giacconi	美国	领导研制了世界上第一个宇宙X射线探测器，第一次发现了太阳系外的X射线源，第一次证实宇宙存在着X射线背景辐射
2003	阿布里科索夫	Aleksej Alekseyevich Abrikosov	美国	在超导电性和超流理论方面的先驱性贡献
	京茨堡	Vitaly Lazarevich Ginzburg	俄罗斯	
	莱格特	Anthony J.Leggett	英国－美国	
2004	格罗斯	David J.Gross	美国	提出粒子物理强相互作用理论中的渐近自由理论
	波利策	Hugh David Politzer	美国	
	威尔切克	Frank Wilczek	美国	
2005	格劳伯	Roy J.Glauber	美国	对光学相干的量子理论的贡献
	霍尔	John L.Hall	美国	对基于激光的精密光谱学发展作出了贡献
	亨施	Theodor W.Hänsch	德国	
2006	马瑟	John C.Mather	美国	对宇宙起源的大爆炸理论提供了新的有力支持，将宇宙学推进到精确科学的时代
	斯穆特	George F.Smoot	美国	发表了首张全天宇宙微波背景图
2007	费尔	Albert Fert	法国	发现巨磁电阻效应
	格伦贝格	Peter Grünberg	德国	
2008	南部阳一郎	Nambu Yōichirō	美国	发现亚原子物理学中的自发性对称破缺机制
	小林诚	Kobayashi Makoto	日本	有关对称性破缺起源的发现
	益川敏英	Maskawa Toshihide	日本	

续表

年份	中译名	外文名	获奖时国籍	获奖原因
2009	高锟	Charles Kuen Kao	美国－英国	在光学通信领域光在光纤中传输方面取得开创性成就
	博伊尔	Willard S. Boyle	美国－加拿大	发明了一种成像半导体电路，即CCD（电荷耦合器件）传感器
	史密斯	George E. Smith	美国	
2010	海姆	Andre Geim	荷兰	在二维空间材料石墨烯的突破性实验
	诺沃肖洛夫	Konstantin Novoselov	俄罗斯－英国	

表2　诺贝尔化学奖获得者

年份	中译名	外文名	获奖时国籍	获奖原因
1901	范托夫	Jacobus Henricus van' t Hoff	荷兰	发现化学动力学和渗透压的有关定律
1902	费歇尔	Emil（Hermann）Fischer	德国	合成糖类和嘌呤衍生物
1903	阿伦尼乌斯	Svante August Arrhenius	瑞典	创立电离理论
1904	拉姆齐	William Ramsay	英国	发现稀有气体元素并确定其在周期系中的位置
1905	拜耳	Adolph von Baeyer	德国	研究有机染料和氢化芳香族化合物
1906	穆瓦桑	Henri Moissan	法国	制备单质氟并发明穆瓦桑电炉
1907	布赫纳	Eduard Buchner	德国	发现非细胞发酵
1908	卢瑟福	Ernest Rutherford	英国	研究元素衰变和放射化学
1909	奥斯特瓦尔德	(Friedrich) Wilhelm Ostwald	德国	研究催化、化学平衡条件和化学反应速度
1910	瓦拉赫	Otto Wallach	德国	脂环化合物方面的开创性研究
1911	M.居里	Marie Curie	法国	发现镭、钋，分离镭并研究镭及其化合物的性质
1912	格利雅	François-Auguste-Victor Grignard	法国	发现格利雅试剂
	萨巴蒂埃	Paul Sabatier	法国	发明有机化合物催化氢化的方法
1913	韦尔纳	Alfred Werner	瑞士	研究分子中原子的键合，创立配位化学
1914	理查兹	Theodore William Richards	美国	精确测定多种元素的原子量
1915	威尔施泰特	Richard Willstätter	德国	植物色素特别是叶绿素的研究
1916、1917	无人获奖			
1918	哈伯	Fritz Haber	德国	氨的合成
1919	无人获奖			
1920	能斯特	Walther Hermann Nernst	德国	研究热化学，提出热力学第三定律
1921	索迪	Frederick Soddy	英国	研究放射化学；同位素的存在和性质
1922	阿斯顿	Francis William Aston	英国	发明质谱仪，并用它发现多种非放射性元素的同位素；发现整数定则
1923	普雷格尔	Fritz Pregl	奥地利	发明有机物的微量分析法
1924	无人获奖			
1925	席格蒙迪	Richard Adolf Zsigmondy	德国	阐明胶体溶液的多相性并创立现代胶体化学的基本研究方法
1926	斯韦德贝里	Theodor Svedberg	瑞典	研究分散体系
1927	维兰德	Heinrich Otto Wieland	德国	研究胆汁酸及其类似物质
1928	温道斯	Adolf Otto Reinhold Windaus	德国	研究甾醇类的结构及其与维生素的关系
1929	哈登	Sir Arthur Harden	英国	研究糖的发酵和发酵酶的作用
	奥伊勒－凯尔平	Hans (Karl August Simon) von Euler-Chelpin	瑞典	
1930	费歇尔	Hans Fischer	德国	研究血红素和叶绿素，合成血红素

续表

年份	中译名	外文名	获奖时国籍	获奖原因
1931	博施	Carl Bosch	德国	发明和发展化学上的高压法
	柏吉斯	Friedrich Bergius	德国	
1932	朗缪尔	Irving Langmuir	美国	表面化学的发现和研究
1933	无人获奖			
1934	尤里	Harold Clayton Urey	美国	发现重氢
1935	F. 约里奥－居里	Frédéric Joliot-Curie	法国	合成新的放射性元素
	I. 约里奥－居里	Irène Joliot-Curie	法国	
1936	德拜	Peter Joseph William Debye	荷兰	利用偶极矩、X射线衍射和电子衍射研究分子结构
1937	霍沃思	Walter Norman Haworth	英国	研究糖类和维生素C的结构
	卡勒	Paul Karrer	瑞士	研究类胡萝卜素、核黄素、维生素A和维生素B的结构
1938	库恩	Richard Kuhn	德国*	研究类胡萝卜素和维生素
1939	布特南特	Adolf Friedrich Johann Butenandt	德国*	研究性激素
	卢齐卡	Leopold（Stephen）Ružička	瑞士	研究聚亚甲基和高级萜类
1940～1942	未颁奖			
1943	赫维西	George Charles de Hevesy	匈牙利	化学研究中用同位素示踪
1944	哈恩	Otto Hahn	德国	发现重原子核的裂变
1945	维尔塔宁	Artturi Ilmari Virtanen	芬兰	发明酸化法储存鲜饲料
1946	萨姆纳	James Batcheller Sumner	美国	发现酶结晶
	诺思罗普	John Howard Northrop	美国	制得酶和病毒蛋白质纯结晶
	斯坦利	Wendell Meredith Stanley	美国	
1947	罗宾森	Sir Robert Robinson	英国	研究生物碱和其他植物产物
1948	蒂塞利乌斯	Arne（Wilhelm Kaurin）Tiselius	瑞典	研究电泳和吸附分析；发现血清蛋白的组分
1949	吉奥克	William Francis Giauque	美国	研究化学热力学，特别是物质在极低温下的性质
1950	狄尔斯	Otto Paul Hermann Diels	联邦德国	发明和发展了双烯合成法
	阿尔德	Kurt Alder	联邦德国	
1951	麦克米伦	Edwin Mattison McMillan	美国	发现并研究超铀元素
	西博格	Glenn Theodore Seaborg	美国	
1952	马丁	Archer John Porter Martin	英国	发明分配色谱法
	辛格	Richard Laurence Millington Synge	英国	
1953	施陶丁格	Hermann Staudinger	联邦德国	高分子化学方面的工作
1954	鲍林	Linus（Carl）Pauling	美国	研究化学键的本质并用以阐明复杂物质的结构
1955	迪维尼奥	Vincent Du Vigneaud	美国	首次合成多肽激素
1956	谢苗诺夫	Nikolay Nikolayevich Semyonov	苏联	研究化学反应动力学
	欣谢尔伍德	Sir Cyril Norman Hinshelwood	英国	
1957	托德	Alexander Robertus Todd	英国	研究核苷酸及其辅酶
1958	桑格	Frederick Sanger	英国	测定胰岛素分子结构
1959	海洛夫斯基	Jaroslav Heyrovský	捷克斯洛伐克	发明并发展极谱法
1960	利比	Willard Frank Libby	美国	创立放射性碳测年法
1961	卡尔文	Melvin Calvin	美国	研究光合作用中的化学过程
1962	肯德鲁	John Cowdery Kendrew	英国	测定血红蛋白的分子结构
	佩鲁茨	Max Ferdinand Perutz	英国	

续表

年份	中译名	外文名	获奖时国籍	获奖原因
1963	纳塔	Giulio Natta	意大利	合成塑料用高分子并研究其结构
	齐格勒	Karl Ziegler	联邦德国	
1964	霍奇金	Dorothy Mary Crowfoot Hodgkin	英国	测定抗恶性贫血的生化化合物的基本结构
1965	伍德沃德	Robert Burns Woodward	美国	合成甾醇和叶绿素及过去认为只有生物才能产生的其他物质
1966	马利肯	Robert Sanderson Mulliken	美国	用分子轨道理论研究化学键和分子结构
1967	艾根	Manfred Eigen	联邦德国	研究极快化学反应
	诺里什	Ronald George Wreyford Norrish	英国	
	波特	George Porter	英国	
1968	昂萨格	Lars Onsager	美国	创立不可逆过程的热力学理论
1969	巴顿	Derek Harold Richard Barton	英国	测定有机化合物的三维构象
	哈塞尔	Odd Hassel	挪威	
1970	莱洛伊尔	Luis Federico Leloir	阿根廷	发现糖核苷酸及其在糖类生物合成中的作用
1971	赫茨伯格	Gerhard Herzberg	加拿大	研究分子光谱，特别是自由基的电子结构
1972	安芬森	Christian Boehmer Anfinsen	美国	奠定酶化学的基础
	穆尔	Stanford Moore	美国	
	斯坦	William Howard Stein	美国	
1973	费歇尔	Ernst Otto Fischer	联邦德国	研究有机金属化学
	威尔金森	Geoffrey Wilkinson	英国	
1974	弗洛里	Paul John Flory	美国	研究长链分子
1975	康福思	Sir John Warcup Cornforth	英国	研究立体化学
	普雷洛格	Vladimir Prelog	瑞士	
1976	利普斯科姆	William Nunn Jr. Lipscomb	美国	研究硼烷的结构
1977	普里戈金	Ilya Prigogine	比利时	创立热力学的耗散结构理论
1978	米切尔	Peter Dennis Mitchell	英国	研究生物体系中的能量传递过程
1979	布朗	Herbert Charles Brown	美国	在有机合成中引入硼和磷
	维蒂希	Emeritus Georg Wittig	联邦德国	
1980	伯格	Paul Berg	美国	核酸的生物化学基础研究，DNA重组
	吉尔伯特	Walter Gilbert	美国	DNA核苷酸序列分析技术
	桑格	Frederick Sanger	英国	
1981	福井谦一	Fukui Kenichi	日本	创立前线轨道理论
	霍夫曼	Roald Hoffmann	美国	对分子轨道对称守恒原理的开创性研究
1982	克卢格	Aaron Klug	英国	测定生物物质的结构
1983	陶布	Henry Taube	美国	研究金属配位化合物的电子转移机理
1984	梅里菲尔德	(Robert) Bruce Merrifield	美国	发明多肽固相合成法
1985	豪普特曼	Herbert Aaron Hauptman	美国	发展直接测定晶体结构的方法
	卡尔勒	Jerome Karle	美国	
1986	赫施巴赫	Dudley Robert Herschbach	美国	开拓了化学反应动力学的交叉分子束方法
	李远哲	Yuan-Tseh Lee	美国	对交叉分子束方法作出重大改进，扩大其应用范围
	波拉尼	John Charles Polanyi	加拿大	研究化学反应动力学，首先将红外化学发光法用于研究元反应

续表

年份	中译名	外文名	获奖时国籍	获奖原因
1987	克拉姆	Donald James Cram	美国	合成能够模拟重要生物过程的分子，为超分子化学奠定基础
	莱恩	Jean-Marie Lehn	法国	
	佩德森	Charles John Pedersen	美国	
1988	戴森霍费尔	Johann Deisenhofer	联邦德国	确定光合作用反应中心的立体结构
	胡贝尔	Robert Huber	联邦德国	
	米歇尔	Hartmut Michel	联邦德国	
1989	奥尔特曼	Sidney Altman	美国	发现核糖核酸的催化特性
	切赫	Thomas Robert Cech	美国	
1990	科里	Elias James Corey	美国	创建了一种独特的有机合成理论——逆合成分析原理
1991	恩斯特	Richard Robert Ernst	瑞士	发展傅里叶核磁共振技术、发明核磁共振成像技术
1992	马库斯	Rudolph Arthur Marcus	美国	在电子转移反应理论方面作出贡献
1993	穆利斯	Kary Banks Mullis	美国	发明聚合酶链式反应法
	史密斯	Michael Smith	加拿大	开创了寡聚核苷酸定位诱变的方法
1994	欧拉	George Andrew Olah	美国	发现碳正离子
1995	克鲁岑	Paul Josef Crutzen	荷兰	关于地球臭氧层分解的研究
	莫利纳	Mario（José）Molina	美国	
	罗兰	Frank Sherwood Rowland	美国	
1996	柯尔	Robert Floyd Curl, Jr.	美国	发现了一系列碳原子簇
	克罗托	Sir Harold Walter Kroto	英国	
	斯莫利	Richard Erret Smalley	美国	
1997	博耶	Paul Delos Boyer	美国	发现腺苷三磷酸的形成过程
	沃克	John Ernest Walker	英国	
	斯科	Jens Christian Skou	丹麦	发现维持细胞中钠离子和钾离子浓度平衡的酶
1998	科恩	Walter Kohn	美国	提出量子化学的密度泛函理论
	波普尔	John（Anthony）Pople	美国	对发展量子化学计算方法所作的贡献
1999	艾哈迈德·泽韦尔	Ahmed（Hassan）Zewail	埃及－美国	应用飞秒光谱学研究化学反应的过渡态
2000	黑格	Alan Jay Heeger	美国	发现和发展导电聚合物
	麦克迪尔米德	Alan Graham MacDiarmid	美国	
	白川英树	Shirakawa Hideki	日本	
2001	诺尔斯	William Standish Knowles	美国	在手性催化氢化反应领域作出的贡献
	野依良治	Noyori Ryoji	日本	
	沙普尔斯	Karl Barry Sharpless	美国	在手性催化氧化反应领域取得的成就
2002	芬恩	John Bennett Fenn	美国	开发出分析生物大分子的质谱技术
	田中耕一	Tanaka Kōichi	日本	
	维特里希	Kurt Wüthrich	瑞士	开发出确定溶液中生物大分子三维结构的核磁共振技术
2003	阿格雷	Peter Agre	美国	发现细胞膜水通道
	麦金农	Roderick Mackinnon	美国	研究细胞膜离子通道的结构和机理
2004	切哈诺韦尔	Aaron Ciechanover	以色列	发现了泛素调节的蛋白质降解机理
	海尔什科	Avram Hershko	以色列	
	罗斯	Irwin Rose	美国	
2005	肖万	Yves Chauvin	法国	在烯烃复分解反应研究方面的贡献
	格拉布斯	Robert H.Grubbs	美国	
	施罗克	Richard R.Schrock	美国	

续表

年份	中译名	外文名	获奖时国籍	获奖原因
2006	科恩伯格	Roger D.Kornberg	美国	在真核转录的分子基础方面的研究
2007	埃特尔	Gerhard Ertl	德国	在固体表面化学过程的开拓性研究
2008	下村修	Shimomura Osamu	美国	发现和研究绿色荧光蛋白
	沙尔菲	Martin Chalfie	美国	
	钱永健	Roger Yonchien Tsien	美国	
2009	拉马克里希南	Venkatraman Ramakrishnan	美国	在核糖体结构和功能的研究方面作出贡献
	施泰茨	Thomas A. Steitz	美国	
	约纳特	Ada E. Yonath	以色列	
2010	赫克	Richard F. Heck	美国	对有机合成中钯催化偶联反应的研究
	根岸荣一	Negishi Ei-ichi	日本	
	铃木章	Suzuki Akira	日本	

*希特勒禁止德国人接受诺贝尔奖。

表3　诺贝尔生理学或医学奖获得者

年份	中译名	外文名	获奖时国籍	获奖原因
1901	贝林	Emil (Adolf) von Behring	德国	血清疗法方面的工作
1902	罗斯	Ronald Ross	英国	发现疟疾以疟蚊为媒介进入机体
1903	芬森	Niels Ryberg Finsen	丹麦	光辐射疗法治疗皮肤病
1904	巴甫洛夫	Ivan Petrovich Pavlov	俄国	消化生理方面的工作
1905	科赫	Robert Koch	德国	发现结核菌和结核菌素
1906	高尔基	Camillo Golgi	意大利	神经系统构造方面的研究
	拉蒙－卡哈尔	Santiago Ramón y Cajal	西班牙	
1907	拉韦朗	(Charles Louis) Alphonse Laveran	法国	发现疟原虫在致病中的作用
1908	埃尔利希	Paul Ehrlich	德国	在免疫学上的贡献
	梅契尼科夫	Ilya Ilyich Mechnikov	俄国	
1909	柯赫尔	Emil Theodor Kocher	瑞士	对甲状腺的生理学、病理学和外科学的研究
1910	科塞尔	Albrecht Kossel	德国	对蛋白质包括核酸的开创性研究
1911	古尔斯特兰德	Allvar Gullstrand	瑞典	研究眼的屈光学
1912	卡雷尔	Alexis Carrel	法国	血管缝合和器官移植
1913	里歇	Charles Robert Richet	法国	发现和研究过敏反应
1914	巴拉尼	Robert Bárány	奥地利	对内耳前庭器官的生理病理学贡献
1915～1918	无人获奖			
1919	博尔代	Bordet Jules	比利时	对体液免疫学和血清学的贡献
1920	克罗伊	(Schack) August (Steenberg) Krogh	丹麦	发现毛细血管在运动时的调节机制
1921	无人获奖			
1922	希尔	Archibald Vivian Hill	英国	在肌肉发热方面的研究
	迈尔霍夫	Otto (Fritz) Meyerhof	德国	在肌肉中的乳酸代谢方面的工作
1923	班廷	Frederick Grant Banting	加拿大	发现胰岛素和改进胰岛素提取方法
	麦克劳德	John James Richard Macleod	英国	
1924	爱因托芬	Willem Einthoven	荷兰	研究心电图机理，发明心电图描记器
1925	无人获奖			

续表

年份	中译名	外文名	获奖时国籍	获奖原因
1926	菲比格	Johannes（Andreas Grib）Fibiger	丹麦	研究癌症的贡献
1927	瓦格纳－尧雷格	Julius Wagner-Jauregg	奥地利	在麻痹性痴呆接种疟原虫方面的工作
1928	尼科尔	Charles（-Jules-Henri）Nicolle	法国	对斑疹伤寒的研究
1929	艾克曼	Christiaan Eijkman	荷兰	发现脚气病是因缺乏某种微量物质引起，从而导致维生素B_1的发现
	霍普金斯	Sir Frederick Gowland Hopkins	英国	发现维生素对机体生长的作用
1930	兰德施泰纳	Karl Landsteiner	美国	发现人体的血型分类
1931	瓦尔堡	Otto Heinrich Warburg	德国	发现呼吸酶的性质和作用
1932	艾德里安	Edgar Douglas Adrian	英国	发现神经元的功能
	谢灵顿	Charles Scott Sherrington	英国	
1933	摩尔根	Thomas Hunt Morgan	美国	发现染色体的遗传传递功能
1934	惠普尔	George Hoyt Whipple	美国	发现肝质食物治疗贫血
	迈诺特	George Richards Minot	美国	
	墨菲	William Parry Murphy	美国	
1935	施佩曼	Hans Spemann	德国	发现胚胎的组织效应
1936	戴尔	Sir Henry Hallett Dale	英国	神经脉冲的化学传递方面的研究
	勒维	Otto Loewi	德国	
1937	圣捷尔吉	Albert Szent-Györgyi	匈牙利	研究维生素C的营养价值
1938	海曼斯	Corneille（Jean François）Heymans	比利时	发现呼吸调节中颈动脉窦和主动脉弓的作用
1939	多马克	Gerhard Johannes Paul Domagk	德国＊	发现磺胺的抗菌作用
1940～1942	未颁奖			
1943	达姆	Henrik Carl Peter Dam	丹麦	发现维生素K
	多伊西	Edward Adelbert Doisy	美国	发现维生素K的化学性质
1944	厄兰格	Joseph Erlanger	美国	对神经纤维分化功能的研究
	加塞	Herbert Spencer Gasser	美国	
1945	弗莱明	Alexander Fleming	英国	发现青霉素及其临床效用
	钱恩	Ernst Boris Chain	英国	
	弗洛里	Howard Walter Florey	澳大利亚	
1946	马勒	Hermann Joseph Muller	美国	发现X射线辐照引起变异
1947	C.F.科里	Carl Ferdinand Cori	美国	发现糖原的催化转变
	G.T.科里	Gerty Theresa Cori	美国	
	奥赛	Bernardo Alberto Houssay	阿根廷	发现糖代谢过程中垂体激素的作用
1948	米勒	Paul Hermann Müller	瑞士	发现滴滴涕的特性
1949	赫斯	Walter Rudolf Hess	瑞士	发现中脑的功能
	埃加斯·莫尼兹	Antonio（Caetano de Abreu Freire）Egas Moniz	葡萄牙	脑白质切除治疗精神病的疗效
1950	亨奇	Philip Showalter Hench	美国	研究肾上腺皮质素及其结构和生物效应
	肯德尔	Edward Calvin Kendall	美国	
	赖希施泰因	Tadeus Reichstein	瑞士	
1951	蒂勒	Max Theiler	南非	研究黄热病

续表

年份	中译名	外文名	获奖时国籍	获奖原因
1952	瓦克斯曼	Selman Abraham Waksman	美国	发现链霉素
1953	克雷布斯	Sir Hans Adolf Krebs	英国	发现三羧酸循环
	李普曼	Fritz Albert Lipmann	美国	发现辅酶A及其在代谢中的作用
1954	恩德斯	John Franklin Enders	美国	培养小儿麻痹病毒成功
	韦勒	Thomas Huckle Weller	美国	
	罗宾斯	Frederick Chapman Robbins	美国	
1955	西奥雷尔	Hugo Theorell	瑞典	发现氧化酶的特性和作用方式
1956	库尔南	André Frédéric Cournand	美国	发明心导管插入术和循环的变化
	福斯曼	Werner Forssmann	联邦德国	
	理查兹	Dickinson Woodruff Richards	美国	
1957	博维特	Daniel Bovet	意大利	合成可引起箭毒效应的化合物
1958	比德尔	George Wells Beadle	美国	化学过程的遗传调节
	塔特姆	Edward Lawrie Tatum	美国	
	莱德伯格	Joshua Lederberg	美国	研究遗传重组
1959	奥乔亚	Severo Ochoa	美国	人工合成核酸
	科恩伯格	Arthur Kornberg	英国	
1960	伯内特	Frank Macfarlane Burnet	澳大利亚	发现器官移植的免疫性
	梅达沃	Peter Brian Medawar	英国	
1961	贝凯西	Georg von Békésy	美国	研究内耳功能
1962	克里克	Francis Harry Compton Crick	英国	发现脱氧核糖核酸的分子结构
	沃森	James Dewey Watson	美国	
	威尔金斯	Maurice Wilkins	英国	
1963	埃克尔斯	John Carew Eccles	澳大利亚	研究神经冲动沿神经纤维传递
	霍奇金	Sir Alan Lloyd Hodgkin	英国	
	赫胥黎	Andrew Fielding Huxley	英国	
1964	布洛赫	Konrad Bloch	美国	发现胆固醇和脂肪酸的代谢
	吕南	Feodor Lynen	联邦德国	
1965	雅各布	François Jacob	法国	发现体细胞的规律性活动
	利沃夫	André Lwoff	法国	
	莫诺	Jacques Monod	法国	
1966	劳斯	Peyton Rous	美国	发现致肿瘤的病毒
	哈金斯	Charles B (renton) Huggins	美国	首创激素治癌
1967	格拉尼特	Ragnar Arthur Granit	瑞典	发现眼的化学和生理视觉过程
	哈特兰	Haldan Keffer Hartline	美国	
	沃尔德	George Wald	美国	
1968	霍利	Robert William Holley	美国	查明RNA的核苷酸顺序
	霍拉纳	Har Gobind Khorana	美国	解读遗传密码及其在蛋白质的合成机能
	尼伦伯格	Marshall Warren Nirenberg	美国	
1969	德尔布吕克	Max Delbrück	美国	发现病毒的复制机制和基本结构
	赫尔希	Alfred Day Hershey	美国	
	卢里亚	Salvador Edward Luria	美国	

续表

年份	中译名	外文名	获奖时国籍	获奖原因
1970	阿克塞尔罗德	Julius Axelrod	美国	发现神经传递的化学机理
	卡茨	Bernard Katz	英国	
	奥伊勒	Ulf von Euler	瑞典	
1971	萨瑟兰	Earl Wilbur Sutherland	美国	发现激素的作用
1972	埃德尔曼	Gerald Maurice Edelman	美国	研究抗体的化学结构
	波特	Rodney Robert Porter	英国	
1973	弗里施	Karl von Frisch	联邦德国	在动物行为模式方面的发现
	洛伦茨	Konrad Lorenz	奥地利	
	廷伯根	Nikolaas Tinbergen	英国	
1974	克劳德	Albert Claude	比利时	研究细胞的结构和功能组织
	迪韦	Christian（René）de Duve	比利时	
	帕拉德	George Emil Palade	美国	
1975	巴尔的摩	David Baltimore	美国	研究肿瘤病毒和细胞遗传物质之间的相互作用
	杜尔贝科	Renato Dulbecco	美国	
	特明	Howard Martin Temin	美国	
1976	布卢姆伯格	Baruch Samuel Blumberg	美国	发现传染病的新的病原和传播方式
	盖达塞克	Daniel Carleton Gajdusek	美国	
1977	吉耶曼	Roger Charles Louis Guillemin	美国	研究下丘脑激素
	沙利	Andrew Victor Schally	美国	
	耶洛	Rosalyn Yalow	美国	发展放射免疫测定技术
1978	阿尔伯	Werner Arber	瑞士	发现并应用脱氧核糖核酸的限制酶
	内森斯	Daniel Nathans	美国	
	史密斯	Hamilton Othanel Smith	美国	
1979	科马克	Allan MacLeod Cormack	美国	发明计算机X射线体层成像法
	豪恩斯费尔德	Godfrey Newbold Hounsfield	英国	
1980	贝纳塞拉夫	Baruj Benacerraf	美国	研究免疫系统对外来物质反应的遗传控制以及在组织兼容性抗原系统的贡献
	多塞	Jean Dausset	法国	
	斯内尔	George Davis Snell	美国	
1981	斯佩里	Roger Wolcott Sperry	美国	研究大脑半球的功能
	休伯尔	David Hunter Hubel	美国	对大脑视觉系统的信息处理过程的研究
	维厄瑟尔	Torsten Nils Wiesel	瑞典	
1982	贝里斯特罗姆	Sune K.Bergström	瑞典	前列腺素的化学与生物学研究
	萨米尔松	Bengt Ingemar Samuelsson	瑞典	
	文	John Robert Vane	英国	
1983	麦克林托克	Barbara McClintock	美国	研究玉米的自发转移基因并提出跳跃基因理论
1984	耶纳	Niels Kaj Jerne	丹麦	发现生产单克隆抗体的原理和技术
	克勒	Georges（Jean Franz）Köhler	联邦德国	
	米尔斯坦	César Milstein	阿根廷	

续表

年份	中译名	外文名	获奖时国籍	获奖原因
1985	布朗	Michael Stuart Brown	美国	在胆固醇新陈代谢方面的发现
	戈尔茨坦	Joseph Leonard Goldstein	美国	
1986	科恩	Stanley Cohen	美国	证实表皮生长因子与神经生长因子的存在
	莱维－蒙塔尔奇尼	Rita Levi-Montalcini	意大利－美国	
1987	利根川进	Tonegawa Susumu	日本	阐明人体何以以较少的基因而产生出千千万万不同的抗体来抵御各种病原体的侵入
1988	布莱克	James Whyte Black	英国	在药物研究上取得重大成果，为临床药物研制提供了新途径
	埃利翁	Gertrude Belle Elion	美国	
	希钦斯	George Herbert Hitchings	美国	
1989	毕晓普	John Michael Bishop	美国	在发现癌细胞形成的起因方面作出贡献
	瓦尔默斯	Harold (Elliot) Varmus	美国	
1990	默里	Joseph Edward Murray	美国	在人类器官移植与骨髓移植方面的成就
	托马斯	Edward Donnall Thomas	美国	
1991	内尔	Erwin Neher	德国	对发现细胞中的单离子通道功能作出贡献
	萨克曼	Bert Sakmann	德国	
1992	费希尔	Edmond H.Fischer	美国	在逆转蛋白质磷酸化作用方面作出贡献
	克雷布斯	Edwin Gerhard Krebs	美国	
1993	罗伯茨	Richard John Roberts	英国	各自在1977年发现了断裂基因
	夏普	Phillip Auen Sharp	美国	
1994	吉尔曼	Alfred G.Gilman	美国	发现G蛋白质及其在细胞中转导信息的作用
	罗德贝尔	Martin Rodbell	美国	
1995	刘易斯	Edward B.Lewis	美国	发现早期胚胎发育的遗传控制机理
	尼斯莱因－福尔哈德	Christiane Nüsslein-Volhard	德国	
	维绍斯	Eric F.Wieschaus	美国	
1996	多尔蒂	Peter C.Doherty	澳大利亚	发现细胞内介导免疫的特征，揭示组织相容抗原的免疫作用
	青克纳格尔	Rolf Martin Zinkernagel	瑞士	
1997	普鲁西纳	Stanley Ben Prusiner	美国	发现一种疾病感染的新生物——朊病毒（毒蛋白）
1998	佛契哥特	Robert Francis Furchgott	美国	发现一氧化氮在人体循环系统中具有传递信息的作用
	伊格纳洛	Louis Joseph Ignarro	美国	
	慕拉德	Ferid Murad	美国	
1999	布洛贝尔	Günter Blobel	美国	发现蛋白质内控制蛋白质在细胞内传输和定位的信号
2000	卡尔松	Arvid Carlsson	瑞典	在人类神经系统信号传送领域的研究成果
	格林加德	Paul Greengard	美国	
	坎德尔	Eric Kandel	美国	
2001	哈德威尔	Leland H.Hartwell	美国	发现细胞分裂过程中的关键调节物质
	亨特	R.Timothy Hunt	英国	
	诺斯	Paul M.Nurse	英国	
2002	布伦纳	Sydney Brenner	英国	在细胞学方面的研究
	霍维茨	H.Robert Horvitz	美国	
	苏尔斯顿	John E.Sulston	英国	
2003	劳特布尔	Paul C.Lauterbur	美国	在核磁共振成像技术领域的突破性研究
	曼斯菲尔德	Peter Mansfield	英国	

续表

年份	中译名	外文名	获奖时国籍	获奖原因
2004	阿克塞尔	Richard Axel	美国	在气味受体和嗅觉系统组织方式研究中作出的贡献
	巴克	Linda B.Buck	美国	
2005	马歇尔	Barry J.Marshall	澳大利亚	发现幽门螺杆菌及其导致胃炎、胃溃疡与十二指肠溃疡等疾病的机理
	沃伦	J.Robin Warren	澳大利亚	
2006	菲勒	Andrew Z.Fire	美国	发现RNA（核糖核酸）干扰现象以及有关控制基因信息流程的关键机制
	梅洛	Craig Carneron Mello	美国	
2007	卡佩基	Mario R. Capecchi	美国	发现利用胚胎干细胞把特异性基因修饰引入到小鼠的原理
	埃文斯	Sir Martin J. Evans	英国	
	史密西斯	Oliver Smithies	美国	
2008	豪森	Harald zur Hausen	德国	发现人类乳头瘤病毒
	巴尔－西诺西	Françoise Barré-Sinoussi	法国	发现艾滋病病毒
	蒙塔尼	Luc Montagnier	法国	
2009	布莱克本	Elizabeth H. Blackburn	美国	发现了端粒和端粒酶是如何保护染色体的
	格雷德	Carol W. Greider	美国	
	绍斯塔克	Jack W. Szostak	美国	
2010	爱德华兹	Robert G. Edwards	英国	在体外受精技术方面取得的成就

* 希特勒禁止德国人接受诺贝尔奖。

表4　诺贝尔文学奖获得者

年份	中译名	外文名	获奖时国籍	代表作品
1901	苏利－普吕多姆	Sully-Prudhomme	法国	《孤独》(诗集)、《碎瓶》(诗)
1902	蒙森	Theodor Mommsen	德国	《罗马史》(史学)、《罗马国家法》(史学)
1903	比昂松	Bjørnstjerne (Martinius) Bjørnson	挪威	《人力难及》(戏剧)
1904	米斯特拉尔	Frédéric Mistral	法国	《米莱依》(诗)
	埃切加赖－埃伊萨吉雷	José Echegaray y Eizaguirre	西班牙	《伟大的牵线人》(戏剧)
1905	显克维奇	Henryk Sienkiewicz	波兰	《你往何处去》(小说)
1906	卡尔杜齐	Giosuè Carducci	意大利	《野蛮颂歌》(诗)
1907	吉卜林	Rudyard Kipling	英国	《吉姆》(小说)
1908	奥伊肯	Rudolf Christoph Eucken	德国	《生活的意义与价值》(哲学)
1909	拉格洛夫	Selma (Ottiliana Lovisa) Lagerlöf	瑞典	《骑鹅历险记》(小说)
1910	海泽	Paul Heyse	德国	《特雷庇的姑娘》(小说)
1911	梅特林克	Maurice Maeterlinck	比利时	《青鸟》(戏剧)
1912	豪普特曼	Gerhart Hauptmann	德国	《织工》(戏剧)
1913	泰戈尔	Rabindranath Tagore	印度	《吉檀迦利》(诗集)
1914	无人获奖			
1915	罗曼·罗兰	Romain Rolland	法国	《约翰·克利斯朵夫》(小说)
1916	海登斯塔姆	Carl Gustaf Verner von Heidenstam	瑞典	《朝圣与漂流的年代》(组诗)、《查理十二世和他的侍从们》(小说)
1917	吉勒鲁普	Karl Adolph Gjellerup	丹麦	《敏娜》(小说)
	彭托皮丹	Henrik Pontoppidan	丹麦	《天国》(小说)
1918	无人获奖			
1919	施皮特勒	Carl Spitteler	瑞士	《奥林匹斯的春天》(诗)
1920	汉姆生	Knut Hamsun	挪威	《大地的成长》(小说)

续表

年份	中译名	外文名	获奖时国籍	代表作品
1921	法朗士	Anatole France	法国	《诸神渴了》(小说)
1922	贝纳文特－马丁内斯	Jacinto Benavente y Martinez	西班牙	《利害关系》(戏剧)
1923	叶芝	William Butler Yeats	爱尔兰	《柯尔庄园的野天鹅》(诗集)、《沙漏》(戏剧)
1924	莱蒙特	Władysław Stanisław Reymont	波兰	《农民》(小说)
1925	萧伯纳	George Bernard Shaw	爱尔兰	《圣女贞德》(戏剧)、《人与超人》(戏剧)
1926	黛莱达	Grazia Deledda	意大利	《母亲》(小说)
1927	柏格森	Henri Bergson	法国	《创造进化论》(哲学)
1928	温塞特	Sigrid Undset	挪威	《克里斯汀・拉夫朗斯多蒂》(小说)
1929	托马斯・曼	Thomas Mann	德国	《布登勃洛克一家，一个家庭的没落》(小说)
1930	刘易斯	Sinclair Lewis	美国	《巴比特》(小说)
1931	卡尔费尔特	Erik Axel Karlfeldt	瑞典	《荒原和爱情之歌》(诗)
1932	高尔斯华绥	John Galsworthy	英国	《福赛特家史》(小说)
1933	布宁	Ivan Alekseyevich Bunin	无国籍，定居法国	《乡村》(小说)
1934	皮兰德娄	Luigi Pirandello	意大利	《六个寻找作者的剧中人》(戏剧)
1935	无人获奖			
1936	奥尼尔	Eugene O' Neill	美国	《毛猿》(戏剧)
1937	马丁・杜・加尔	Roger Martin du Gard	法国	《蒂伯一家》(小说)
1938	赛珍珠	Pearl Buck	美国	《大地》(小说)
1939	西伦佩	Frans Eemil Sillanpää	芬兰	《少女西丽娅》(小说)
1940～1943	未颁奖			
1944	延森	Johannes Vilhelm Jensen	丹麦	《漫长的旅行》(小说)
1945	米斯特拉尔	Gabriela Mistral	智利	《柔情》(诗)、《绝望》(诗)
1946	黑塞	Hermann Hesse	瑞士	《玻璃球游戏》(小说)、《荒原狼》(小说)
1947	纪德	André Gide	法国	《伪币犯》(小说)、《窄门》(小说)
1948	艾略特	Thomas Stearns Eliot	英国	《四首四重奏》(诗)、《荒原》(诗)
1949	福克纳	William Faulkner	美国	《喧哗与骚动》(小说)
1950	罗素	Bertrand Arthur William Russell	英国	《西方哲学史》(哲学)
1951	拉格尔克维斯特	Pär (Fabian) Lagerkvist	瑞典	《巴拉巴》(小说)
1952	莫里亚克	François Mauriac	法国	《黛莱丝・德斯盖鲁》(小说)、《蛇结》(小说)
1953	丘吉尔	Winston Leonard Spencer Churchill	英国	《第二次世界大战回忆录》(历史)
1954	海明威	Ernest Hemingway	美国	《老人与海》(小说)
1955	拉克斯内斯	Halldór kiljan Laxness	冰岛	《独立的人们》(小说)
1956	希梅内斯	Juan Ramón Jiménez	西班牙	《悲哀的咏叹调》(诗集)、《遥远的花园》(诗集)
1957	加缪	Albert Camus	法国	《局外人》(小说)、《鼠疫》(小说)
1958	帕斯捷尔纳克	Boris Leonidovich Pasternak	苏联	《日瓦戈医生》(小说)
1959	夸齐莫多	Salvatore Quasimodo	意大利	《瞬息间是夜晚》(诗)、《日复一日》(诗集)
1960	圣琼・佩斯	Saint-John Perse	法国	《岸标》(诗)
1961	安德里奇	Ivo Andrić	南斯拉夫	《德里纳河大桥》(小说)、《罪恶的庭院》(小说)
1962	斯坦贝克	John Steinbeck	美国	《愤怒的葡萄》(小说)、《我们的不满的冬天》(小说)

续表

年份	中译名	外文名	获奖时国籍	代表作品
1963	塞菲里斯	George Seferis	希腊	《航海日志》(诗集)、《画眉鸟号》(诗)
1964	萨特	Jean-Paul Sartre	法国	《恶心》(小说)
1965	肖洛霍夫	Mikhail Aleksandrovich Sholokhov	苏联	《静静的顿河》(小说)
1966	阿格农	Shmuel Yosef Agnon	以色列	《宿夜的客人》(小说)、《新娘的华盖》(小说)
	萨克斯	Nelly Sachs	瑞典	《逃亡与变迁》(诗)、《伊莱》(戏剧)
1967	阿斯图里亚斯	Miguel Angel Asturias	危地马拉	《总统先生》(小说)
1968	川端康成	Kawabata Yasunari	日本	《雪国》(小说)、《千鹤》(小说)、《古都》(小说)
1969	贝克特	Samuel Beckett	爱尔兰	《等待戈多》(戏剧)
1970	索尔仁尼琴	Alexandr Isayevich Solzhenitsyn	苏联	《第一圈》(小说)、《癌病房》(小说)
1971	聂鲁达	Pablo Neruda	智利	《漫歌》(诗)、《二十首情诗和一支绝望的歌》(诗)
1972	伯尔	Heinrich Böll	联邦德国	《以一个妇女为中心的群像》(小说)
1973	怀特	Patrick (Victor Martindale) White	澳大利亚	《人类之树》(小说)
1974	雍松	Eyvind Olof Verner Johnson	瑞典	《乌洛夫的故事》(小说)
	马丁松	Harry (Edmund) Martinson	瑞典	《阿尼阿拉号》(诗)
1975	蒙塔莱	Eugenio Montale	意大利	《乌贼骨》(诗)、《暴风雨和其他》(诗)
1976	贝洛	Saul Bellow	美国	《赫索格》(小说)、《奥吉·玛琪历险记》(小说)
1977	阿莱克桑德雷	Vicente Aleixandre Merlo	西班牙	《天堂的影子》(诗)
1978	辛格	Isaac Bashevis Singer	美国	《庄园》(小说)
1979	埃里蒂斯	Odysseus Elytis	希腊	《献给在阿尔巴尼亚牺牲的陆军少尉的英雄挽歌》(诗)
1980	米沃什	Czesław Miłosz	波兰	《冬日钟声》(诗)
1981	卡内蒂	Elias Canetti	英国	《迷惘》(小说)、《得救的舌头》(小说)
1982	加西亚·马尔克斯	Gabriel Garcia Márquez	哥伦比亚	《百年孤独》(小说)
1983	戈尔丁	Sir William Golding	英国	《蝇王》(小说)
1984	塞弗尔特	Jaroslav Seifert	捷克斯洛伐克	《母亲》(诗)
1985	西蒙	Claude Simon	法国	《弗兰德公路》(小说)
1986	索因卡	Wole Soyinka	尼日利亚	《雄狮和宝石》(戏剧)、《森林之舞》(戏剧)
1987	布罗茨基	Joseph Brodsky	美国	《悼约翰·多恩》(诗)
1988	马哈福兹	Najib Mahfūz	埃及	埃及三部曲:《宫间街》、《思宫街》、《甘露街》(均为小说)
1989	塞拉	Camilo José Cela	西班牙	《帕斯夸尔·杜阿尔特一家》(小说)、《蜂房》(小说)
1990	帕斯	Octavio Paz	墨西哥	《太阳石》(诗)
1991	戈迪默	Nadine Gordimer	南非	《尊贵的客人》(小说)
1992	沃尔科特	Derek Walcott	圣卢西亚	《幸运的旅行者》(诗)、《猴山之梦》(戏剧)
1993	莫里森	Toni Morrison	美国	《最蓝的眼睛》(小说)、《所罗门之歌》(小说)
1994	大江健三郎	Oe Kenzaburo	日本	《死者的奢侈》(小说)、《人羊》(小说)
1995	希尼	Seamus Heaney	爱尔兰	《一位自然主义者之死》(诗)
1996	希姆博尔斯卡	Wistawa Szymborska	波兰	《桥上的人们》(诗集)
1997	福	Dario Fo	意大利	《一个无政府主义者的意外死亡》(戏剧)
1998	萨拉马戈	José Saramago	葡萄牙	《修道院纪事》(小说)
1999	格拉斯	Günter Grass	德国	《铁皮鼓》(小说)
2000	高行健	Gao Xingjian	法国	《灵山》(小说)

续表

年份	中译名	外文名	获奖时国籍	代表作品
2001	奈保尔	Vidiadhar Surajprasad Naipaul	英国	《毕什瓦的房子》(小说)
2002	凯尔泰斯	Kertész Imre	匈牙利	《无命运的人生》(小说)
2003	库切	John Maxwell Coetzee	南非	《等待野蛮人》(小说)、《耻》(小说)
2004	耶利内克	Elfriede Jelinek	奥地利	《被拒之门外者》(小说)
2005	品特	Harold Pinter	英国	《生日晚会》(戏剧)
2006	帕慕克	Orhan Pamuk	土耳其	《我的名子叫红》(小说)
2007	莱辛	Doris Lessing	英国	《金色笔记》(小说)
2008	勒克莱齐奥	Jean-Marie Gustave Le Clézio	法国	《荒漠》(小说)
2009	米勒	Herta Müller	德国	《我所拥有的我都带着》(小说)
2010	巴尔加斯·略萨	Mario Vargas Llosa	秘鲁	《城市与狗》(小说)

表5　诺贝尔经济学奖获得者

年份	中译名	外文名	获奖时国籍	获奖原因
1969	弗里希	Ragnar (Anton Kittil) Frisch	挪威	计量经济学方面的工作
	丁伯根	Jan Tinbergen	荷兰	
1970	萨缪尔森	Paul Anthony Samuelson	美国	经济理论的科学分析方面的工作
1971	库兹涅茨	Simon Smith Kuznets	美国	国家经济增长的广延研究
1972	希克斯	John Richard Hicks	英国	一般经济平衡理论和福利理论
	阿罗	Kenneth Joseph Arrow	美国	
1973	里昂惕夫	Wassily Leontief	美国	投入产出分析
1974	缪尔达尔	Karl Gunnar Myrdal	瑞典	开拓性分析经济、社会、习俗等现象的相互依赖关系
	哈耶克	Friedrich von Hayek	英国	
1975	坎托罗维奇	Leonid Vitalyevich Kantorovich	苏联	资源最佳分配理论方面的贡献
	库普曼斯	Tjalling Charles Koopmans	美国	
1976	弗里德曼	Milton Friedman	美国	消费分析、货币理论和经济稳定性
1977	奥林	Bertil Gotthard Ohlin	瑞典	对国际贸易理论的贡献
	米德	James Edward Meade	英国	
1978	西蒙	Herbert Alexander Simon	美国	经济组织中的决策过程
1979	刘易斯	Sir William Arthur Lewis	英国	发展中国家的经济分析
	舒尔茨	Theodore William Schultz	美国	
1980	克莱因	Lawrence Robert Klein	美国	商业波动经验模式的发展和分析
1981	托宾	James Tobin	美国	宏观经济的经验理论
1982	施蒂格勒	George Joseph Stigler	美国	政府干预对经济的影响
1983	德布鲁	Gerard Debreu	美国	供求理论的数学证明
1984	斯通	Sir Richard Stone	英国	创立计算国民收入的统一会计制度
1985	莫迪利亚尼	Franco Modigliani	美国	研究储蓄和金融市场所作的贡献
1986	布坎南	James McGill Buchanan	美国	运用经济分析方法分析政治决策过程
1987	索洛	Robert Merton Solow	美国	在经济增长理论研究方面作出的贡献
1988	阿莱	Maurice Allais	法国	对市场经济和有效使用资源方面作出的贡献
1989	哈维尔莫	Trygve Haavelmo	挪威	对计量经济学的或然性理论基础的阐述及周期经济结构的分析方面作出的贡献
1990	马科维茨	Harry Max Markowitz	美国	在金融经济理论方面的开拓性工作
	米勒	Merton Howard Miller	美国	
	夏普	William Forsyth Sharpe	美国	

续表

年份	中译名	外文名	获奖时国籍	获奖原因
1991	科斯	Ronald Harry Coase	美国	发现和阐明交易费用和产权在经济体制结构中的意义和作用方面作出的贡献
1992	贝克尔	Gary Stanley Becker	美国	把微观经济学的研究领域延伸到人类行为及其相互关系方面
1993	福格尔	Robert William Fogel	美国	首先运用现代数据分析、数学模型和计算机来研究过去的经济发展过程及其对未来世界的影响
	诺思	Douglass C.North	美国	
1994	哈萨尼	John Charles Harsanyi	美国	对非合作性博弈论中平衡的开拓性分析
	纳什	John Forbes Nash	美国	
	泽尔滕	Reinhard Selten	德国	
1995	卢卡斯	Robert Emerson Lucas,Jr.	美国	倡导和发展了理性预期与宏观经济学研究的运用理论
1996	米尔利斯	James Alexander Mirrlees	英国	在不对称信息条件下对刺激性经济理论作出了奠基性贡献
	维克里	William Vickrey	美国	
1997	默顿	Robert C.Merton	美国	创造了如何估价股票期权交易和其他金融衍生产品的理论
	斯科尔斯	Myron Samuel Scholes	美国	
1998	森	Amartya Kumar Sen	印度	对福利经济学的贡献
1999	芒德尔	Robert Alexander Mundell	加拿大	对不同汇率体制下货币与财政政策以及对最适宜的货币流通区域所作的分析
2000	赫克曼	James Joseph Heckman	美国	发展了分析选择性经济案例的理论和方法；发展了分散经济案例的理论和方法
	麦克法登	Daniel Little McFadden	美国	
2001	阿克洛夫	George Arthur Akerlof	美国	在“对充满不对称信息市场进行分析”领域作出的贡献
	斯彭斯	Andrew Michael Spence	美国	
	斯蒂格利茨	Joseph Eugene Stiglitz	美国	
2002	卡尼曼	Daniel Kahneman	以色列－美国	发现了人类的决策不确定性，为创立一个新的经济学研究领域奠定了基础
	史密斯	Vernon Lomax Smith	美国	对确立实验是经验主义经济分析中一个必不可少的工具起到了有力的推动作用
2003	恩格尔	Robert F.Engle	美国	在“分析经济时间数列”研究领域所作出的贡献
	格兰杰	Sir Clive William John Granger	英国	
2004	基德兰德	Finn Erling Kydland	挪威	在宏观经济学领域对经济政策的时效性和经济周期背后的驱动力方面的研究
	普雷斯科特	Edward C.Prescott	美国	
2005	奥曼	Robert J.Aumann	以色列－美国	通过博弈理论的分析增强世人对合作与冲突的理解
	谢林	Thomas Crombie Schelling	美国	
2006	费尔普斯	Edmund S.Phelps	美国	在加深人们对于通货膨胀和失业预期关系的理解方面所作的贡献
2007	赫尔维茨	Leonid Hurwicz	美国	奠定机制设计理论的基础
	马斯金	Eric S. Maskin	美国	
	迈尔森	Roger B. Myerson	美国	
2008	克鲁格曼	Paul Robin Krugman	美国	在分析国际贸易模式和经济活动的地域等方面所作的贡献
2009	奥斯特罗姆	Elinor Ostrom	美国	对经济治理的分析，尤其是对公共资源作出的贡献
	威廉姆森	Oliver E. Williamson	美国	对经济治理的分析，尤其是在企业边际领域方面的贡献
2010	戴蒙德	Peter A. Diamond	美国	在市场搜寻摩擦理论和宏观经济学方面的贡献
	莫滕森	Dale T. Mortense	美国	
	皮萨里德斯	Christopher A. Pissarides	塞浦路斯－英国	

世界遗产名录

（联合国教育、科学、文化组织评定公布）

说　明

世界遗产名录分为世界文化与自然双重遗产、世界文化遗产、世界自然遗产3个大类。截至2011年6月底，计有世界文化与自然双重遗产28处（中国4处），世界文化遗产725处（中国29处），世界自然遗产183处（中国8处），共计936处（中国41处）。

此名录按照上述3个大类分为3个表。表中编号以所在国家中文简称的汉语拼音字母为序，一国之内再按照初次列入世界遗产的时间顺序排列。表中世界遗产外文名称以联合国教育、科学、文化组织公布的为准。

世界遗产项目后有扩充项目者，则在“年份”栏列入扩充年份，置于初始年份之后，中间用“，”隔开。

表1　世界文化与自然双重遗产名录（28处）

序号	遗产名称		国家	洲别	年份
	中文名称	外文名称			
1	阿杰尔的塔西利	Tassili n' Ajjer	阿尔及利亚	非洲	1982
2	威兰德拉湖区	Willandra Lakes Region	澳大利亚	大洋洲	1981
3	卡卡杜国家公园	Kakadu National Park	澳大利亚	大洋洲	1981，1987，1992
4	塔斯马尼亚荒原	Tasmanian Wilderness	澳大利亚	大洋洲	1982，1989
5	乌卢鲁－卡塔曲塔国家公园	Uluru-Kata Tjuta National Park	澳大利亚	大洋洲	1987，1994
6	马丘比丘历史圣地	Historic Sanctuary of Machu Picchu	秘鲁	南美洲	1983
7	阿比塞奥河国家公园	Rio Abiseo National Park	秘鲁	南美洲	1990，1992
8	比利牛斯－珀杜山	Pyrénées - Mont Perdu	法国 西班牙	欧洲	1997，1999
9	洛佩－奥坎德生态系统和文化遗物景观	Ecosystem and Relict Cultural Landscape of Lopé-Okanda	加蓬	非洲	2007
10	邦贾加拉陡崖	Cliff of Bandiagara (Land of the Dogons)	马里	非洲	1989
11	奥赫里德地区文化历史遗迹及自然景观	Ohrid Region with its Cultural and Historical Aspect and its Natural Environment	马其顿	欧洲	1979，1980
12	帕帕哈瑙莫夸基亚国家海洋保护区	Papahānaumokuākea	美国	北美洲	2010
13	德拉肯斯山公园	UKhahlamba / Drakensberg Park	南非	非洲	2000
14	拉普兰地区	Laponian Area	瑞典	欧洲	1996
15	恩戈罗恩戈罗自然保护区	Ngorongoro Conservation Area	坦桑尼亚	非洲	1978，2010
16	格雷梅国家公园和卡帕多西亚石窟建筑	Göreme National Park and the Rock Sites of Cappadocia	土耳其	亚洲	1985
17	希拉波利斯和帕姆卡莱	Hierapolis-Pamukkale	土耳其	亚洲	1988
18	蒂卡尔国家公园	Tikal National Park	危地马拉	北美洲	1979
19	伊维萨岛的生物多样性和特有文化	Ibiza, biodiversity and culture	西班牙	欧洲	1999

续表

序号	遗产名称		国家	洲别	年份
	中文名称	外文名称			
20	阿索斯山	Mount Athos	希腊	欧洲	1988
21	曼代奥拉	Meteora	希腊	欧洲	1988
22	汤加里罗国家公园	Tongariro National Park	新西兰	大洋洲	1990，1993
23	圣基尔达岛	St Kilda	英国	欧洲	1986，2004，2005
24	瓦迪拉姆保护区	Wadi Rum Protected Area	约旦	亚洲	2011
25	泰山	Mount Taishan	中国	亚洲	1987
26	黄山	Mount Huangshan	中国	亚洲	1990
27	峨眉山/乐山大佛风景区	Mount Emei Scenic Area, including Leshan Giant Buddha Scenic Area	中国	亚洲	1996
28	武夷山	Mount Wuyi	中国	亚洲	1999

表2　世界文化遗产名录（共计725处）

序号	遗产名称		国家	洲别	年份
	中文名称	外文名称			
1	布特林特	Butrint	阿尔巴尼亚	欧洲	1992，1999，2007
2	培拉特和吉诺卡斯特历史中心	Historic Centres of Berat and Gjirokastra	阿尔巴尼亚	欧洲	2005，2008
3	贝尼·哈迈德城堡	Al Qal' a of Beni Hammad	阿尔及利亚	非洲	1980
4	贾米拉古罗马遗迹	Djémila	阿尔及利亚	非洲	1982
5	姆扎卜山谷古城镇	M' Zab Valley	阿尔及利亚	非洲	1982
6	提姆加德古罗马遗迹	Timgad	阿尔及利亚	非洲	1982
7	提帕萨考古遗迹	Tipasa	阿尔及利亚	非洲	1982
8	阿尔及尔的卡斯巴古城	Kasbah of Algiers	阿尔及利亚	非洲	1992
9	贾姆尖塔及其周围的考古遗址	Minaret and Archaeological Remains of Jam	阿富汗	亚洲	2002
10	巴米扬山谷文化景观和考古遗址	Cultural Landscape and Archaeological Remains of the Bamiyan Valley	阿富汗	亚洲	2003
11	瓜拉尼人耶稣会传教区	Jesuit Missions of the Guaranis:San Ignacio Mini, Santa Ana, Nuestra Señora de Loreto and Santa Maria Mayor (Argentina), Ruins of Sao Miguel das Missoes (Brazil)	阿根廷 巴西	南美洲	1983，1984
12	洛斯马诺斯岩画	Cueva de las Manos, Río Pinturas	阿根廷	南美洲	1999
13	科尔多瓦耶稣会牧场和街区	Jesuit Block and Estancias of Córdoba	阿根廷	南美洲	2000
14	克夫拉达·德乌马瓦卡	Quebrada de Humahuaca	阿根廷	南美洲	2003
15	艾因文化遗址	Cultural Sites of Al Ain (Hafit, Hili, Bidaa Bint Saud and Oases Areas)	阿拉伯联合酋长国	亚洲	2011
16	拜赫莱城堡	Bahla Fort	阿曼	亚洲	1987
17	巴特、库特姆和艾因考古遗址	Archaeological Sites of Bat, Al-Khutm and Al-Ayn	阿曼	亚洲	1988
18	乳香之路	The Frankincense Trail	阿曼	亚洲	2000
19	阿夫拉贾灌溉体系	Aflaj Irrigation Systems of Oman	阿曼	亚洲	2006
20	巴库城墙及城内的希尔凡王宫和少女塔	Walled City of Baku with the Shirvanshah's Palace and Maiden Tower	阿塞拜疆	亚洲	2000

续表

序号	遗产名称		国家	洲别	年份
	中文名称	外文名称			
21	戈布斯坦岩画	Gobustan Rock Art Cultural Landscape	阿塞拜疆	亚洲	2007
22	阿布米奈	Abu Mena	埃及	非洲	1979
23	阿布辛拜勒至菲莱的努比亚遗址	Nubian Monuments from Abu Simbel to Philae	埃及	非洲	1979
24	底比斯古城及墓地	Ancient Thebes with its Necropolis	埃及	非洲	1979
25	孟菲斯及金字塔群	Memphis and its Necropolis - the Pyramid Fields from Giza to Dahshur	埃及	非洲	1979
26	伊斯兰城市开罗	Historic Cairo	埃及	非洲	1979
27	圣卡特琳娜修道院	Saint Catherine Area	埃及	非洲	2002
28	拉利贝拉岩石教堂	Rock-Hewn Churches, Lalibela	埃塞俄比亚	非洲	1978
29	贡德尔地区的法西尔·盖比城堡及古建筑	Fasil Ghebbi, Gondar Region	埃塞俄比亚	非洲	1979
30	阿克苏姆考古遗址	Aksum	埃塞俄比亚	非洲	1980
31	阿瓦什下游河谷考古遗址	Lower Valley of the Awash	埃塞俄比亚	非洲	1980
32	奥莫下游河谷史前文化遗址	Lower Valley of the Omo	埃塞俄比亚	非洲	1980
33	蒂亚	Tiya	埃塞俄比亚	非洲	1980
34	哈拉尔城	Harar Jugol, the Fortified Historic Town	埃塞俄比亚	非洲	2006
35	孔索文化景观	Konso Cultural Landscape	埃塞俄比亚	非洲	2011
36	博因遗迹群	Archaeological Ensemble of the Bend of the Boyne	爱尔兰	欧洲	1993
37	斯凯利格·迈克尔岛	Skellig Michael	爱尔兰	欧洲	1996
38	塔林历史中心	Historic Centre（Old Town）of Tallinn	爱沙尼亚	欧洲	1997
39	斯特鲁维测量地点	Struve Geodetic Arc	爱沙尼亚 白俄罗斯 俄罗斯 芬兰 拉脱维亚 立陶宛 摩尔多瓦 挪威 瑞典 乌克兰	欧洲	2005
40	马德留－佩拉菲塔－克拉罗尔大峡谷	Madriu-Perafita-Claror Valley	安道尔	欧洲	2004，2006
41	萨尔茨堡历史中心	Historic Centre of the City of Salzburg	奥地利	欧洲	1996
42	申布伦宫殿（舍恩布龙宫）和花园	Palace and Gardens of Schönbrunn	奥地利	欧洲	1996
43	哈尔施塔特－达赫施泰因/萨尔茨卡默古特文化景观	Hallstatt-Dachstein Salzkammergut Cultural Landscape	奥地利	欧洲	1997
44	塞默灵铁路	Semmering Railway	奥地利	欧洲	1998
45	格拉茨城历史中心与埃根博格城堡	City of Graz - Historic Centre and Schoss Eggenberg	奥地利	欧洲	1999,2010
46	瓦豪文化景观	Wachau Cultural Landscape	奥地利	欧洲	2000
47	维也纳历史中心	Historic Centre of Vienna	奥地利	欧洲	2001
48	新锡德尔湖（费尔特湖）文化景观	Fertö/Neusiedlersee Cultural Landscape	奥地利 匈牙利	欧洲	2001
49	阿尔卑斯地区史前干栏式建筑	Prehistoric Pile dwellings around the Alps	奥地利 法国 德国 瑞士 意大利 斯洛文尼亚	欧洲	2011

续表

序号	遗产名称		国家	洲别	年份
	中文名称	外文名称			
50	皇家展览馆和卡尔顿园林	Royal Exhibition Building and Carlton Gardens	澳大利亚	大洋洲	2004
51	悉尼歌剧院	Sydney Opera House	澳大利亚	大洋洲	2007
52	澳大利亚监狱遗址	Australian Convict Sites	澳大利亚	大洋洲	2010
53	布里奇敦历史区和要塞	Historic Bridgetown and its Garrison	巴巴多斯	北美洲	2011
54	库克早期农业遗址	Kuk Early Agricultural Site	巴布亚新几内亚	大洋洲	2008
55	摩亨佐达罗考古遗址	Archaeological Ruins at Moenjodaro	巴基斯坦	亚洲	1980
56	塔克特依巴依佛教遗址和萨尔依巴赫洛遗址	Buddhist Ruins of Takht-i-Bahi and Neighbouring City Remains at Sahr-i-Bahlol	巴基斯坦	亚洲	1980
57	塔克西拉	Taxila	巴基斯坦	亚洲	1980
58	拉合尔古堡和夏利玛尔花园	Fort and Shalamar Gardens in Lahore	巴基斯坦	亚洲	1981
59	特达历史保护区	Historical Monuments of Thatta	巴基斯坦	亚洲	1981
60	罗赫达斯要塞	Rohtas Fort	巴基斯坦	亚洲	1997
61	巴拉那河北岸的耶稣会传教区	Jesuit Missions of La Santísima Trinidad de Paraná and Jesús de Tavarangue	巴拉圭	南美洲	1993
62	卡拉特考古遗址	Qal' at al-Bahrain- Ancient Harbour and Capital of Dilmun	巴林	亚洲	2005
63	波托韦约和圣洛伦索防御工事	Fortifications on the Caribbean Side of Panama: Portobelo-San Lorenzo	巴拿马	北美洲	1980
64	巴拿马考古遗址和历史地区	Archaeological Site of Panama Viejo and Historic District of Panama	巴拿马	北美洲	1997，2003
65	欧鲁普雷图古镇	Historic Town of Ouro Preto	巴西	南美洲	1980
66	奥林达历史中心	Historic Centre of the Town of Olinda	巴西	南美洲	1982
67	巴伊亚州历史名城萨尔瓦多	Historic Centre of Salvador de Bahia	巴西	南美洲	1985
68	孔戈尼亚斯的耶稣圣殿	Sanctuary of Bom Jesus do Congonhas	巴西	南美洲	1985
69	巴西利亚	Brasilia	巴西	南美洲	1987
70	卡皮瓦拉山国家公园	Serra da Capivara National Park	巴西	南美洲	1991
71	圣路易斯历史中心	Historic Centre of São Luís	巴西	南美洲	1997
72	迪亚曼蒂纳城历史中心	Historic Centre of the Town of Diamantina	巴西	南美洲	1999
73	戈亚斯城历史中心	Historic Centre of the Town of Goiás	巴西	南美洲	2001
74	圣克里斯托旺的圣弗朗西斯科广场	São Francisco Square in the Town of São Cristóvão	巴西	南美洲	2010
75	米尔城堡	Mir Castle Complex	白俄罗斯	欧洲	2000
76	涅斯维日市拉济维乌家族城堡建筑群	Architectural, Residential and Cultural Complex of the Radziwill Family at Nesvizh	白俄罗斯	欧洲	2005
77	博亚纳教堂	Boyana Church	保加利亚	欧洲	1979
78	卡赞勒克的色雷斯古墓	Thracian Tomb of Kazanlak	保加利亚	欧洲	1979
79	马达拉骑士浮雕	Madara Rider	保加利亚	欧洲	1979
80	伊万诺沃岩洞教堂	Rock-Hewn Churches of Ivanovo	保加利亚	欧洲	1979
81	里拉修道院	Rila Monastery	保加利亚	欧洲	1983
82	内塞巴尔古城	Ancient City of Nessebar	保加利亚	欧洲	1983
83	斯韦什塔里的色雷斯古墓	Thracian Tomb of Sveshtari	保加利亚	欧洲	1985

续表

序号	遗产名称		国家	洲别	年份
	中文名称	外文名称			
84	阿波美皇宫	Royal Palaces of Abomey	贝宁	非洲	1985，2007
85	布鲁塞尔大广场	La Grand-Place, Brussels	比利时	欧洲	1998
86	佛兰德的比津社区	Flemish Béguinages	比利时	欧洲	1998
87	拉卢维耶尔和勒罗尔克斯中央运河上的4座船闸	The Four Lifts on the Canal du Centre and their Environs, La Louvière and Le Roeulx (Hainault)	比利时	欧洲	1998
88	佛兰德和瓦隆尼亚地区的钟楼	Belfries of Belgium and France	比利时 法国	欧洲	1999，2005
89	布吕赫历史中心	Historic Centre of Brugge	比利时	欧洲	2000
90	建筑师维克多·奥太设计的主要城内建筑（布鲁塞尔）	Major Town Houses of the Architect Victor Horta (Brussels)	比利时	欧洲	2000
91	图尔奈圣母大教堂	Notre-Dame Cathedral in Tournai	比利时	欧洲	2000
92	斯皮耶纳的新石器时代的燧石矿	Neolithic Flint Mines at Spiennes (Mons)	比利时	欧洲	2000
93	普朗坦－莫雷图斯博物馆	Plantin-Moretus House-Workshops-Museum Complex	比利时	欧洲	2005
94	斯托克莱住宅	Stoclet House	比利时	欧洲	2009
95	库斯科城	City of Cuzco	秘鲁	南美洲	1983
96	查文考古区	Chavin (Archaeological Site)	秘鲁	南美洲	1985
97	昌昌考古区	Chan Chan Archaeological Zone	秘鲁	南美洲	1986
98	利马历史中心	Historic Centre of Lima	秘鲁	南美洲	1988，1991
99	纳斯卡和胡马纳草原的线条图	Lines and Geoglyphs of Nazca and Pampas de Jumana	秘鲁	南美洲	1994
100	阿雷基帕历史中心	Historical Centre of the City of Arequipa	秘鲁	南美洲	2000
101	卡拉尔－苏佩圣城	Sacred City of Caral-Supe	秘鲁	南美洲	2009
102	辛格韦德利国家公园	Thingvellir National Park	冰岛	欧洲	2004
103	克拉科夫历史中心	Cracow' s Historic Centre	波兰	欧洲	1978
104	维利奇卡盐矿	Wieliczka Salt Mine	波兰	欧洲	1978
105	奥斯威辛集中营	Auschwitz Birkenau	波兰	欧洲	1979
106	华沙历史中心	Historic Centre of Warsaw	波兰	欧洲	1980
107	扎莫希奇古城	Old City of Zamość	波兰	欧洲	1992
108	马尔堡历史地区条顿骑士团城堡	Castle of the Teutonic Order in Malbork	波兰	欧洲	1997
109	托伦中世纪城市	Medieval Town of Toruń	波兰	欧洲	1997
110	卡尔瓦里亚·泽布日多夫斯卡	Kalwaria Zebrzydowska: the Mannerist Architectural and Park Landscape Complex and Pilgrimage Park	波兰	欧洲	1999
111	亚沃尔和希维德尼察的和平教堂	Churches of Peace in Jawor and Swidnica	波兰	欧洲	2001
112	小波兰省南部的木结构教堂	Wooden Churches of Southern Little Poland	波兰	欧洲	2003
113	穆斯考尔公园	Muskauer Park / Park Muzakowski	波兰 德国	欧洲	2004
114	弗罗茨瓦夫百年厅	Centennial Hall in Wroclaw	波兰	欧洲	2006
115	莫斯塔尔旧城和旧桥地区	Old Bridge Area of the Old City of Mostar	波斯尼亚和黑塞哥维那	欧洲	2005

续表

序号	遗产名称		国家	洲别	年份
	中文名称	外文名称			
116	维舍格勒的迈赫迈德·巴什·索科罗维奇古桥	Mehmed Paša Sokolović Bridge in Višegrad	波斯尼亚和黑塞哥维那	欧洲	2007
117	波托西城	City of Potosí	玻利维亚	南美洲	1987
118	奇基托斯耶稣会传教区	Jesuit Missions of the Chiquitos	玻利维亚	南美洲	1990
119	历史名城苏克雷	Historic City of Sucre	玻利维亚	南美洲	1991
120	萨迈帕塔考古遗址	Fuerte de Samaipata	玻利维亚	南美洲	1998
121	蒂亚瓦纳科文化中心	Tiwanaku: Spiritual and Political Centre of the Tiwanaku Culture	玻利维亚	南美洲	2000
122	措迪洛山岩画	Tsodilo	博茨瓦纳	非洲	2001
123	洛罗佩尼遗址	Ruins of Loropéni	布基纳法索	非洲	2009
124	高句丽墓葬群	Complex of Koguryo Tombs	朝鲜	亚洲	2004
125	耶灵墓地、石刻及教堂	Jelling Mounds, Runic Stones and Church	丹麦	欧洲	1994
126	罗斯基勒大教堂	Roskilde Cathedral	丹麦	欧洲	1995
127	克伦堡宫	Kronborg Castle	丹麦	欧洲	2000
128	亚琛大教堂	Aachen Cathedral	德国	欧洲	1978
129	施派尔大教堂	Speyer Cathedral	德国	欧洲	1981
130	维尔茨堡宫、宫廷花园和广场	Würzburg Residence with the Court Gardens and Residence Square	德国	欧洲	1981
131	维斯教堂	Pilgrimage Church of Wies	德国	欧洲	1983
132	布吕尔的奥古斯塔斯堡和法尔肯拉斯特堡	Castles of Augustusburg and Falkenlust at Brühl	德国	欧洲	1984
133	希尔德斯海姆的圣马利亚大教堂和圣米歇尔教堂	St Mary's Cathedral and St Michael's Church at Hildesheim	德国	欧洲	1985
134	特里尔古罗马建筑	Roman Monuments, Cathedral of St Peter and Church of Our Lady in Trier	德国	欧洲	1986
135	吕贝克汉萨同盟城	Hanseatic City of Lübeck	德国	欧洲	1987
136	罗马帝国边境	Frontiers of the Roman Empire	德国 英国	欧洲	1987，2005，2008
137	波茨坦与柏林的宫殿与庭园	Palaces and Parks of Potsdam and Berlin	德国	欧洲	1990，1992，1999
138	洛尔施修道院与教堂	Abbey and Altenmünster of Lorsch	德国	欧洲	1991
139	赖迈尔斯堡矿和戈斯拉尔古城，以及上哈茨山水资源管理系统	Mines of Rammelsberg，Historic Town of Goslar and Upper Harz Water Management System	德国	欧洲	1992，2010
140	班贝格古镇	Town of Bamberg	德国	欧洲	1993
141	毛尔布龙修道院	Maulbronn Monastery Complex	德国	欧洲	1993
142	弗尔克林根钢铁厂	Völklingen Ironworks	德国	欧洲	1994
143	奎德林堡旧城	Collegiate Church, Castle, and Old Town of Quedlinburg	德国	欧洲	1994
144	艾斯莱本和维滕贝格的路德故居	Luther Memorials in Eisleben and Wittenberg	德国	欧洲	1996
145	科隆大教堂	Cologne Cathedral	德国	欧洲	1996
146	魏玛和德绍的包豪斯学校	Bauhaus and its Sites in Weimar and Dessau	德国	欧洲	1996
147	文化名城魏玛	Classical Weimar	德国	欧洲	1998

续表

序号	遗产名称		国家	洲别	年份
	中文名称	外文名称			
148	柏林的博物馆岛	Museumsinsel（Museum Island），Berlin	德国	欧洲	1999
149	瓦尔特堡	Wartburg Castle	德国	欧洲	1999
150	德绍－沃利茨的皇家园林	Garden Kingdom of Dessau-Wörlitz	德国	欧洲	2000
151	赖谢瑙岛修道院	Monastic Island of Reichenau	德国	欧洲	2000
152	埃森的关税同盟矿区工业景观	Zollverein Coal Mine Industrial Complex in Essen	德国	欧洲	2001
153	施特拉尔松德与维斯马古城	Historic Centres of Stralsund and Wismar	德国	欧洲	2002
154	莱茵河中上游河谷	Upper Middle Rhine Valley	德国	欧洲	2002
155	不来梅市场的市政厅和罗兰塑像	Town Hall and Roland on the Marketplace of Bremen	德国	欧洲	2004
156	多瑙河畔的雷根斯堡旧城	Old town of Regensburg with Stadtamhof	德国	欧洲	2006
157	柏林现代主义住宅	Berlin Modernism Housing Estates	德国	欧洲	2008
158	阿尔费尔德法古斯工厂	Fagus Factory in Alfeld	德国	欧洲	2011
159	古帕玛库景观	Koutammakou, the Land of the Batammariba	多哥	非洲	2004
160	圣多明各的殖民城市	Colonial City of Santo Domingo	多米尼加	北美洲	1990
161	基日岛的木结构教堂	Kizhi Pogost	俄罗斯	欧洲	1990
162	莫斯科克里姆林宫和红场	Kremlin and Red Square, Moscow	俄罗斯	欧洲	1990
163	圣彼得堡历史中心及其古建筑群	Historic Centre of Saint Petersburg and Related Groups of Monuments	俄罗斯	欧洲	1990
164	弗拉基米尔和苏兹达尔的白色教堂	White Monuments of Vladimir and Suzdal	俄罗斯	欧洲	1992
165	诺夫哥罗德及周边的历史古迹	Historic Monuments of Novgorod and Surroundings	俄罗斯	欧洲	1992
166	索洛韦茨基群岛的历史建筑群	Cultural and Historic Ensemble of the Solovetsky Islands	俄罗斯	欧洲	1992
167	谢尔吉耶夫三位一体教堂	Architectural Ensemble of the Trinity Sergius Lavra in Sergiev Posad	俄罗斯	欧洲	1993
168	科洛缅斯科耶的耶稣升天教堂	Church of the Ascension, Kolomenskoye	俄罗斯	欧洲	1994
169	费拉蓬特修道院	Ensemble of the Ferrapontov Monastery	俄罗斯	欧洲	2000
170	喀山克里姆林宫的历史建筑群	Historic and Architectural Complex of the Kazan Kremlin	俄罗斯	欧洲	2000
171	库尔兰沙嘴遗址	Curonian Spit	俄罗斯 立陶宛	欧洲	2000
172	杰尔宾特古城堡	Citadel, Ancient City and Fortress Buildings of Derbent	俄罗斯	欧洲	2003
173	新圣女修道院	Ensemble of the Novodevichy Convent	俄罗斯	欧洲	2004
174	雅罗斯拉夫尔历史中心	Historical Centre of the City of Yaroslavl	俄罗斯	欧洲	2005
175	基多古城	City of Quito	厄瓜多尔	南美洲	1978
176	昆卡的洛斯·里奥斯的圣安娜历史中心	Historic Centre of Santa Ana de los Ríos de Cuenca	厄瓜多尔	南美洲	1999
177	凡尔赛宫及其园林	Palace and Park of Versailles	法国	欧洲	1979，2007
178	沙特尔大教堂	Chartres Cathedral	法国	欧洲	1979
179	圣米歇尔山及其海湾	Mont-Saint-Michel and its Bay	法国	欧洲	1979，2007

续表

序号	遗产名称		国家	洲别	年份
	中文名称	外文名称			
180	韦泽尔峡谷洞穴群	Prehistoric Sites and Decorated Grottoes of the Vézère Valley	法国	欧洲	1979
181	韦兹莱的教堂和山丘	Vézelay, Church and Hill	法国	欧洲	1979，2007
182	阿尔勒城的古罗马建筑和罗马式建筑	Arles, Roman and Romanesque Monuments	法国	欧洲	1981
183	奥朗日的古罗马剧场和凯旋门	Roman Theatre and its Surroundings and the "Triumphal Arch" of Orange	法国	欧洲	1981，2007
184	丰特奈的修道院	Cistercian Abbey of Fontenay	法国	欧洲	1981，2007
185	枫丹白露的宫殿和园林	Palace and Park of Fontainebleau	法国	欧洲	1981
186	亚眠大教堂	Amiens Cathedral	法国	欧洲	1981
187	从萨兰莱班大盐场到阿尔克－塞南皇家盐矿	From the Great Saltworks of Salins-les-Bains to the Royal Saltworks of Arc-et-Senans, the Production of Open-pan Salt	法国	欧洲	1982，2009
188	南锡的斯坦尼斯拉斯广场、卡里尔广场和阿莱昂斯广场	Place Stanislas, Place de la Carrière and Place d' Alliance in Nancy	法国	欧洲	1983
189	圣萨万教堂	Abbey Church of Saint-Savin sur Gartempe	法国	欧洲	1983，2007
190	加尔桥（罗马式水渠）	Pont du Gard (Roman Aqueduct)	法国	欧洲	1985，2007
191	斯特拉斯堡与大岛	Strasbourg - Grande île	法国	欧洲	1988
192	巴黎塞纳河畔	Paris, Banks of the Seine	法国	欧洲	1991
193	兰斯的圣母大教堂、圣雷米修道院和圣安东尼宫殿	Cathedral of Notre-Dame, Former Abbey of Saint-Remi and Palace of Tau, Reims	法国	欧洲	1991
194	布尔日大教堂	Bourges Cathedral	法国	欧洲	1992
195	阿维尼翁历史中心	Historic Centre of Avignon: Papal Palace, Episcopal Ensemble and Avignon Bridge	法国	欧洲	1995
196	南运河	Canal du Midi	法国	欧洲	1996
197	卡尔卡松设防城	Historic Fortified City of Carcassonne	法国	欧洲	1997
198	法兰西的圣地亚哥之路	Routes of Santiago de Compostela in France	法国	欧洲	1998
199	里昂历史区	Historic Site of Lyons	法国	欧洲	1998
200	圣艾米伦区	Jurisdiction of Saint-Emilion	法国	欧洲	1999
201	卢瓦尔河流域:叙利至沙洛纳	The Loire Valley between Sully-sur-Loire and Chalonnes	法国	欧洲	2000
202	普罗万城	Provins, Town of Medieval Fairs	法国	欧洲	2001
203	勒阿弗尔	Le Havre, the City Rebuilt by Auguste Perret	法国	欧洲	2005
204	波尔多历史中心月亮港	Bordeaux, Port of the Moon	法国	欧洲	2007
205	沃邦设计的要塞	Fortifications of Vauban	法国	欧洲	2008
206	阿尔比市的主教旧城	Episcopal City of Albi	法国	欧洲	2010
207	喀斯和塞文山脉地中海农牧文化景观	The Causses and the Cévennes, Mediterranean Agro-pastoral Cultural Landscape	法国	欧洲	2011
208	梵蒂冈城	Vatican City	梵蒂冈	欧洲	1984
209	罗马历史中心	Historic Centre of Rome, the Properties of the Holy See in that City Enjoying Extraterritorial Rights and San Paolo Fuori le Mura	梵蒂冈 意大利	欧洲	1980，1990
210	菲律宾的巴罗克式教堂群	Baroque Churches of the Philippines	菲律宾	亚洲	1993
211	菲律宾水稻梯田	Rice Terraces of the Philippine Cordilleras	菲律宾	亚洲	1995
212	历史名城维甘	Historic Town of Vigan	菲律宾	亚洲	1999

续表

序号	遗产名称		国家	洲别	年份
	中文名称	外文名称			
213	芬兰堡（苏奥曼斯纳城堡）	Fortress of Suomenlinna	芬兰	欧洲	1991
214	劳马老城	Old Rauma	芬兰	欧洲	1991
215	佩泰耶韦西古教堂	Petäjävesi Old Church	芬兰	欧洲	1994
216	韦尔拉木材加工和造纸厂	Verla Groundwood and Board Mill	芬兰	欧洲	1996
217	萨马拉赫德马基青铜时代墓地	Bronze Age Burial Site of Sammallahdenmäki	芬兰	欧洲	1999
218	大里贝拉历史中心旧城	Cidade Velha, Historic Centre of Ribeira Grande	佛得角	非洲	2009
219	詹姆斯岛和相关地点	James Island and Related Sites	冈比亚	非洲	2003
220	塞内冈比亚石圈	Stone Circles of Senegambia	冈比亚 塞内加尔	非洲	2006
221	卡塔赫纳港口、城堡和古迹群	Port, Fortresses and Group of Monuments, Cartagena	哥伦比亚	南美洲	1984
222	圣阿古斯丁考古公园	San Agustín Archeological Park	哥伦比亚	南美洲	1995
223	圣克鲁斯－德蒙波斯历史中心	Historic Centre of Santa Cruz de Mompox	哥伦比亚	南美洲	1995
224	铁拉登特罗国家考古公园	National Archeological Park of Tierradentro	哥伦比亚	南美洲	1995
225	哥伦比亚咖啡文化景观	Coffee Cultural Landscape of Colombia	哥伦比亚	南美洲	2011
226	巴格拉特大教堂及格拉特修道院	Bagrati Cathedral and Gelati Monastery	格鲁吉亚	亚洲	1994
227	姆茨赫塔古城的宗教建筑	Historical Monuments of Mtskheta	格鲁吉亚	亚洲	1994
228	上斯瓦涅季地区	Upper Svaneti	格鲁吉亚	亚洲	1996
229	哈瓦那旧城及防御工事	Old Havana and its Fortifications	古巴	北美洲	1982
230	特立尼达和因赫尼奥斯山谷	Trinidad and the Valley de los Ingenios	古巴	北美洲	1988
231	古巴圣地亚哥的圣·佩德罗－德拉罗卡堡	San Pedro de la Roca Castle, Santiago de Cuba	古巴	北美洲	1997
232	比尼亚莱斯山谷	Viñales Valley	古巴	北美洲	1999
233	古巴东南第一座咖啡种植园考古风景区	Archaeological Landscape of the First Coffee Plantations in the South-East of Cuba	古巴	北美洲	2000
234	西恩富戈斯历史城区	Urban Historic Centre of Cienfuegos	古巴	北美洲	2005
235	卡马圭历史中心	Historic Centre of Camagüey	古巴	北美洲	2008
236	霍贾·艾哈迈德·亚萨维陵墓	Mausoleum of Khoja Ahmed Yasawi	哈萨克斯坦	亚洲	2003
237	泰姆格里考古景观岩刻	Petroglyphs within the Archaeological Landscape of Tamgaly	哈萨克斯坦	亚洲	2004
238	国家历史公园的城堡、桑斯苏西宫、拉米尔斯堡垒	National History Park - Citadel, Sans Souci, Ramiers	海地	北美洲	1982
239	海印寺大藏经版木及版库	Haeinsa Temple Janggyeong Panjeon, the Depositories for the Tripitaka Koreana Woodblocks	韩国	亚洲	1995
240	庆州石窟庵和佛国寺	Seokguram Grotto and Bulguksa Temple	韩国	亚洲	1995
241	宗庙	Jongmyo Shrine	韩国	亚洲	1995
242	昌德宫	Changdeokgung Palace Complex	韩国	亚洲	1997
243	水原的华城	Hwaseong Fortress	韩国	亚洲	1997
244	高敞、和顺和江华古墓遗址	Gochang, Hwasun, and Ganghwa Dolmen Sites	韩国	亚洲	2000
245	庆州历史区	Gyeongju Historic Areas	韩国	亚洲	2000
246	朝鲜王朝皇陵	Royal Tombs of the Joseon Dynasty	韩国	亚洲	2009

续表

序号	遗产名称		国家	洲别	年份
	中文名称	外文名称			
247	韩国历史村落：河回村和良洞村	Historic Villages of Korea: Hahoe and Yangdong	韩国	亚洲	2010
248	斯霍兰及周边地区	Schokland and Surroundings	荷兰	欧洲	1995
249	阿姆斯特丹防线	Defence Line of Amsterdam	荷兰	欧洲	1996
250	金德代克－埃尔斯豪特的风车	Mill Network at Kinderdijk-Elshout	荷兰	欧洲	1997
251	荷属安的列斯群岛的威廉斯塔德历史区域、内城和海港	Historic Area of Willemstad, Inner City and Harbour, Netherlands Antilles	荷兰	欧洲	1997
252	沃达蒸汽泵站	Ir.D.F. Woudagemaal（D.F. Wouda Steam Pumping Station）	荷兰	欧洲	1998
253	贝姆斯特圩田	Droogmakerij de Beemster（Beemster Polder）	荷兰	欧洲	1999
254	里特弗尔德设计的施罗德住宅	Rietveld Schröderhuis（Rietveld Schröder House）	荷兰	欧洲	2000
255	辛格尔运河以内的阿姆斯特丹17世纪同心圆型运河区	Seventeenth-century canal ring area of Amsterdam inside the Singelgracht	荷兰	欧洲	2010
256	科托尔自然与历史文化保护区	Natural and Culturo-Historical Region of Kotor	黑山	欧洲	1979
257	科潘玛雅遗址	Maya Site of Copán	洪都拉斯	北美洲	1980
258	苏莱曼圣山	Sulaiman-Too Sacred Mountain	吉尔吉斯斯坦	亚洲	2009
259	梅多斯国家历史公园	L' Anse aux Meadows National Historic Site	加拿大	北美洲	1978
260	安东尼岛	SGang Gwaay	加拿大	北美洲	1981
261	野牛跳崖处	Head-Smashed-In Buffalo Jump	加拿大	北美洲	1981
262	魁北克历史区	Historic District of Old Québec	加拿大	北美洲	1985
263	卢嫩堡古城	Old Town Lunenburg	加拿大	北美洲	1995
264	里多运河	Rideau Canal	加拿大	北美洲	2007
265	沃尔特及阿克拉等中西部地区城堡	Forts and Castles, Volta Greater Accra, Central and Western Regions	加纳	非洲	1979
266	阿散蒂传统建筑	Asante Traditional Buildings	加纳	非洲	1980
267	吴哥遗迹群	Angkor	柬埔寨	亚洲	1992
268	柏威夏神庙	Temple of Preah Vihear	柬埔寨	亚洲	2008
269	布拉格历史中心	Historic Centre of Prague	捷克	欧洲	1992
270	克鲁姆洛夫历史中心	Historic Centre of Český Krumlov	捷克	欧洲	1992
271	泰尔奇历史中心	Historic Centre of Telč	捷克	欧洲	1992
272	内波穆克圣约翰朝圣教堂	Pilgrimage Church of St John of Nepomuk at Zelená Hora	捷克	欧洲	1994
273	历史名城库特纳霍拉的圣巴拉巴教堂及塞德莱茨的圣母玛利亚大教堂	Kutná Hora: Historical Town Centre with the Church of St Barbara and the Cathedral of Our Lady at Sedlec	捷克	欧洲	1995
274	莱德尼采－瓦尔季采文化景观	Lednice-Valtice Cultural Landscape	捷克	欧洲	1996
275	霍拉肖维采古村保护区	Holašovice Historical Village Reservation	捷克	欧洲	1998
276	克罗梅日什的花园和城堡	Gardens and Castle at Kroměāíž	捷克	欧洲	1998
277	利托米什尔城堡	Litomyšl Castle	捷克	欧洲	1999
278	奥洛穆茨的三位一体圣柱	Holy Trinity Column in Olomouc	捷克	欧洲	2000
279	布尔诺的图根哈特别墅	Tugendhat Villa in Brno	捷克	欧洲	2001

续表

序号	遗产名称		国家	洲别	年份
	中文名称	外文名称			
280	特热比奇城的犹太人居住区与圣普罗科皮乌斯教堂	Jewish Quarter and St Procopius' Basilica in Třebíč	捷克	欧洲	2003
281	大津巴布韦遗址	Great Zimbabwe National Monument	津巴布韦	非洲	1986
282	卡米遗址	Khami Ruins National Monument	津巴布韦	非洲	1986
283	马托博山区	Matobo Hills	津巴布韦	非洲	2003
284	斯普利特古建筑群及戴克里先宫殿	Historical Complex of Split with the Palace of Diocletian	克罗地亚	欧洲	1979
285	杜布罗夫尼克古城	Old City of Dubrovnik	克罗地亚	欧洲	1979，1994
286	波雷奇历史中心的尤弗拉西苏斯大教堂建筑群	Episcopal Complex of the Euphrasian Basilica in the Historic Centre of Poreč	克罗地亚	欧洲	1997
287	历史名城特罗吉尔	Historic City of Trogir	克罗地亚	欧洲	1997
288	希贝尼克的圣詹姆斯大教堂	The Cathedral of St James in Šibenik	克罗地亚	欧洲	2000
289	史塔瑞格雷德平原	Stari Grad Plain	克罗地亚	欧洲	2008
290	拉穆老城	Lamu Old Town	肯尼亚	非洲	2001
291	米基肯达卡亚圣林	Sacred Mijikenda Kaya Forests	肯尼亚	非洲	2008
292	蒙巴萨耶稣城堡	Fort Jesus，Mombasa	肯尼亚	非洲	2011
293	里加历史中心	Historic Centre of Riga	拉脱维亚	欧洲	1997
294	琅勃拉邦的古城	Town of Luang Prabang	老挝	亚洲	1995
295	占巴塞文化风景区	Vat Phou and Associated Ancient Settlements within the Champasak Cultural Landscape	老挝	亚洲	2001
296	安杰尔古城	Anjar	黎巴嫩	亚洲	1984
297	巴勒贝克古城	Baalbek	黎巴嫩	亚洲	1984
298	比布鲁斯古城	Byblos	黎巴嫩	亚洲	1984
299	提尔城	Tyre	黎巴嫩	亚洲	1984
300	圣谷	Ouadi Qadisha（the Holy Valley）and the Forest of the Cedars of God（Horsh Arz el-Rab）	黎巴嫩	亚洲	1998
301	维尔纽斯历史中心	Vilnius Historic Centre	立陶宛	欧洲	1994
302	克拿维考古遗址	Kernavė Archaeological Site（Cultural Reserve of Kernavė）	立陶宛	欧洲	2004
303	大莱普提斯考古遗址	Archaeological Site of Leptis Magna	利比亚	非洲	1982
304	塞卜拉泰考古遗址	Archaeological Site of Sabratha	利比亚	非洲	1982
305	昔兰尼考古遗址	Archaeological Site of Cyrene	利比亚	非洲	1982
306	塔德拉尔特·阿卡库斯岩画	Rock-Art Sites of Tadrart Acacus	利比亚	非洲	1985
307	古达米斯古镇	Old Town of Ghadames	利比亚	非洲	1986
308	卢森堡老城区	City of Luxembourg: its Old Quarters and Fortifications	卢森堡	欧洲	1994
309	特兰西瓦尼亚村庄及其防卫教堂	Villages with Fortified Churches in Transylvania	罗马尼亚	欧洲	1993，1999
310	霍雷祖修道院	Monastery of Horezu	罗马尼亚	欧洲	1993
311	摩尔达维亚的教堂	Churches of Moldavia	罗马尼亚	欧洲	1993，2010
312	奥勒什蒂耶的达契亚人城堡	Dacian Fortresses of the Orastie Mountains	罗马尼亚	欧洲	1999
313	马拉穆列什的木结构教堂	Wooden Churches of Maramureş	罗马尼亚	欧洲	1999
314	锡吉什瓦拉历史中心	Historic Centre of Sighişoara	罗马尼亚	欧洲	1999
315	安布希曼加的皇家蓝山行宫	Royal Hill of Ambohimanga	马达加斯加	非洲	2001

续表

序号	遗产名称		国家	洲别	年份
	中文名称	外文名称			
316	哈尔·萨夫列尼地下宫殿	Hal Saflieni Hypogeum	马耳他	欧洲	1980
317	瓦莱塔古城	City of Valletta	马耳他	欧洲	1980
318	马耳他巨石文化时代的神殿	Megalithic Temples of Malta	马耳他	欧洲	1980，1992
319	冲戈尼岩石艺术区	Chongoni Rock Art Area	马拉维	非洲	2006
320	马六甲海峡历史城市马六甲和槟城（乔治市）	Melaka and George Town, historic cities of the Straits of Malacca	马来西亚	亚洲	2008
321	杰内古城	Old Towns of Djenné	马里	非洲	1988
322	廷巴克图	Timbuktu	马里	非洲	1988
323	阿斯基亚王陵	Tomb of Askia	马里	非洲	2004
324	比基尼环礁核试验场旧址	Bikini Atoll nuclear tests site	马绍尔群岛	大洋洲	2010
325	阿普拉瓦西·格哈特地区	Aapravasi Ghat	毛里求斯	非洲	2006
326	莫纳山文化景观	Le Morne Cultural Landscape	毛里求斯	非洲	2008
327	瓦丹、欣盖提、提希特和瓦拉塔古城镇	Ancient Ksour of Ouadane, Chinguetti, Tichitt and Oualata	毛里塔尼亚	非洲	1996
328	梅萨弗德国家公园	Mesa Verde National Park	美国	北美洲	1978
329	费城独立厅	Independence Hall	美国	北美洲	1979
330	卡霍基亚土墩群历史遗址	Cahokia Mounds State Historic Site	美国	北美洲	1982
331	圣胡安的堡垒及历史遗址	La Fortaleza and San Juan Historic Site in Puerto Rico	美国	北美洲	1983
332	自由女神像	Statue of Liberty	美国	北美洲	1984
333	夏洛茨维尔的蒙蒂塞洛和弗吉尼亚大学	Monticello and the University of Virginia in Charlottesville	美国	北美洲	1987
334	查科文化国家历史公园	Chaco Culture National Historical Park	美国	北美洲	1987
335	陶斯印第安村	Pueblo de Taos	美国	北美洲	1992
336	鄂尔浑谷文化景观	Orkhon Valley Cultural Landscape	蒙古	亚洲	2004
337	蒙古阿尔泰山脉岩画群	Petroglyphic Complexes of the Mongolian Altai	蒙古	亚洲	2011
338	巴凯尔哈德的古清真寺之城	Historic Mosque City of Bagerhat	孟加拉	亚洲	1985
339	巴哈尔布尔的毗诃罗遗址	Ruins of the Buddhist Vihara at Paharpur	孟加拉	亚洲	1985
340	非斯老城	Medina of Fez	摩洛哥	非洲	1981
341	马拉喀什老城	Medina of Marrakesh	摩洛哥	非洲	1985
342	阿伊特·本·哈杜筑垒村	Ksar of Ait-Ben-Haddou	摩洛哥	非洲	1987
343	历史名城梅克内斯	Historic City of Meknes	摩洛哥	非洲	1996
344	得土安古城	Medina of Tétouan (formerly known as Titawin)	摩洛哥	非洲	1997
345	沃吕比利斯考古遗址	Archaeological Site of Volubilis	摩洛哥	非洲	1997
346	索维拉城（原摩加多尔）	Medina of Essaouira (formerly Mogador)	摩洛哥	非洲	2001
347	马扎甘葡萄牙城	Portuguese City of Mazagan (El Jadida)	摩洛哥	非洲	2004
348	莫桑比克岛	Island of Mozambique	莫桑比克	非洲	1991
349	墨西哥城及霍奇米尔科区	Historic Centre of Mexico City and Xochimilco	墨西哥	北美洲	1987
350	帕伦克古城和国家公园	Pre-Hispanic City and National Park of Palenque	墨西哥	北美洲	1987
351	普埃布拉历史中心	Historic Centre of Puebla	墨西哥	北美洲	1987

续表

序号	遗产名称		国家	洲别	年份
	中文名称	外文名称			
352	特奥蒂瓦坎古城	Pre-Hispanic City of Teotihuacan	墨西哥	北美洲	1987
353	瓦哈卡古城和阿尔班山考古遗迹	Historic Centre of Oaxaca and Archaeological Site of Monte Albán	墨西哥	北美洲	1987
354	瓜纳华托古镇及周围银矿	Historic Town of Guanajuato and Adjacent Mines	墨西哥	北美洲	1988
355	奇琴伊察古城	Pre-Hispanic City of Chichén Itzá	墨西哥	北美洲	1988
356	莫雷利亚历史中心	Historic Centre of Morelia	墨西哥	北美洲	1991
357	埃尔塔欣古城	El Tajin, Pre-Hispanic City	墨西哥	北美洲	1992
358	萨卡特卡斯历史中心	Historic Centre of Zacatecas	墨西哥	北美洲	1993
359	圣弗朗西斯科山岩画	Rock Paintings of the Sierra de San Francisco	墨西哥	北美洲	1993
360	波波卡特佩特山麓的修道院群	Earliest 16th-Century Monasteries on the Slopes of Popocatepetl	墨西哥	北美洲	1994
361	克雷塔罗城历史保护区	Historic Monuments Zone of Querétaro	墨西哥	北美洲	1996
362	乌斯马尔古城	Pre-Hispanic Town of Uxmal	墨西哥	北美洲	1996
363	瓜达拉哈拉的卡瓦尼亚斯救济院	Hospicio Cabañas, Guadalajara	墨西哥	北美洲	1997
364	大卡萨斯的帕魁姆考古区	Archeological Zone of Paquimé, Casas Grandes	墨西哥	北美洲	1998
365	特拉科塔尔潘历史遗迹区	Historic Monuments Zone of Tlacotalpan	墨西哥	北美洲	1998
366	霍奇卡尔科考古遗迹区	Archaeological Monuments Zone of Xochicalco	墨西哥	北美洲	1999
367	坎佩切历史要塞城镇	Historic Fortified Town of Campeche	墨西哥	北美洲	1999
368	坎佩切卡拉科姆鲁玛雅城	Ancient Maya City of Calakmul, Campeche	墨西哥	北美洲	2002
369	克雷塔罗的谢拉戈达方济各会修道院	Franciscan Missions in the Sierra Gorda of Querétaro	墨西哥	北美洲	2003
370	路易斯·巴拉甘故居	Luis Barragán House and Studio	墨西哥	北美洲	2004
371	阿伽夫景观和特其拉古代工业设施	Agave Landscape and Ancient Industrial Facilities of Tequila	墨西哥	北美洲	2006
372	墨西哥国立自治大学大学城	Central University City Campus of the Universidad Nacional Autónoma de México (UNAM)	墨西哥	北美洲	2007
373	圣米格尔保护城镇和圣堂	Protective town of San Miguel and the Sanctuary of Jesús Nazareno de Atotonilco	墨西哥	北美洲	2008
374	皇家内陆大干线	Camino Real de Tierra Adentro	墨西哥	北美洲	2010
375	瓦哈卡州中央谷地的亚古尔与米特拉史前洞穴	Prehistoric Caves of Yagul and Mitla in the Central Valley of Oaxaca	墨西哥	北美洲	2010
376	威非尔泉岩石群落	Twyfelfontein or /Ui-//aes	纳米比亚	非洲	2007
377	罗本岛	Robben Island	南非	非洲	1999
378	马篷古布韦文化景观	Mapungubwe Cultural Landscape	南非	非洲	2003
379	南猿人骨化石遗址	Fossil Hominid Sites of Sterkfontein, Swartkrans, Kromdraai, and Environs	南非	非洲	1999，2005
380	里希特斯韦特文化与植物景观	Richtersveld Cultural and Botanical Landscape	南非	非洲	2007
381	加德满都谷地	Kathmandu Valley	尼泊尔	亚洲	1979，2006
382	佛祖诞生地蓝毗尼	Lumbini, the Birthplace of the Lord Buddha	尼泊尔	亚洲	1997
383	莱昂·别霍遗址	Ruins of León Viejo	尼加拉瓜	北美洲	2000

续表

序号	遗产名称		国家	洲别	年份
	中文名称	外文名称			
384	莱昂大教堂	León Cathedral	尼加拉瓜	北美洲	2011
385	苏库尔文化景观	Sukur Cultural Landscape	尼日利亚	非洲	1999
386	奥孙－奥索博神树林	Osun-Osogbo Sacred Grove	尼日利亚	非洲	2005
387	奥尔内斯木结构教堂	Urnes Stave Church	挪威	欧洲	1979
388	卑尔根市的布吕根地区	Bryggen	挪威	欧洲	1979
389	勒罗斯矿城及周边地区	Røros Mining Town and the Circumference	挪威	欧洲	1980，2010
390	阿尔塔岩画	Rock Drawings of Alta	挪威	欧洲	1985
391	维加群岛文化景观	Vegaøyan -- The Vega Archipelago	挪威	欧洲	2004
392	巴塔利亚修道院	Monastery of Batalha	葡萄牙	欧洲	1983
393	托马尔的基督教女修道院	Convent of Christ in Tomar	葡萄牙	欧洲	1983
394	亚速尔群岛的英雄港古城（非洲）	Central Zone of the Town of Angra do Heroismo in the Azores	葡萄牙	欧洲	1983
395	圣哲罗姆派修道院和贝伦塔	Monastery of the Hieronymites and Tower of Belem in Lisbon	葡萄牙	欧洲	1983
396	埃武拉历史中心	Historic Centre of Évora	葡萄牙	欧洲	1986
397	阿尔科巴萨修道院	Monastery of Alcobaça	葡萄牙	欧洲	1989
398	辛特拉的文化景观	Cultural Landscape of Sintra	葡萄牙	欧洲	1995
399	波尔图历史中心	Historic Centre of Oporto	葡萄牙	欧洲	1996
400	科阿峡谷和席尔加·维德的史前岩石艺术遗址	Prehistoric Rock Art Sites in the Côa Valley and Siega Verde	葡萄牙，西班牙	欧洲	1998，2010
401	吉马朗伊什历史中心	Historic Centre of Guimarães	葡萄牙	欧洲	2001
402	葡萄酒产区上杜罗	Alto Douro Wine Region	葡萄牙	欧洲	2001
403	皮库岛葡萄园文化景观	Landscape of the Pico Island Vineyard Culture	葡萄牙	欧洲	2004
404	法隆寺	Buddhist Monuments in the Horyu-ji Area	日本	亚洲	1993
405	姬路城	Himeji-jo	日本	亚洲	1993
406	古京都的历史建筑（京都、宇治、大津）	Historic Monuments of Ancient Kyoto（Kyoto, Uji and Otsu Cities)	日本	亚洲	1994
407	白川乡和五箇山村落	Historic Villages of Shirakawa-go and Gokayama	日本	亚洲	1995
408	广岛和平纪念公园（原爆遗址）	Hiroshima Peace Memorial（Genbaku Dome)	日本	亚洲	1996
409	严岛神社	Itsukushima Shinto Shrine	日本	亚洲	1996
410	历史名城奈良	Historic Monuments of Ancient Nara	日本	亚洲	1998
411	日光神社与庙宇	Shrines and Temples of Nikko	日本	亚洲	1999
412	琉球王国时期的遗迹	Gusuku Sites and Related Properties of the Kingdom of Ryukyu	日本	亚洲	2000
413	纪伊山脉圣地和朝圣路线以及周围的文化景观	Sacred Sites and Pilgrimage Routes in the Kii Mountain Range	日本	亚洲	2004
414	岛根县石见银山遗址	Iwami Ginzan Silver Mine and its Cultural Landscape	日本	亚洲	2007
415	平泉的庙宇、园林和代表佛教净土的考古遗址	Hiraizumi-Temples, Gardens and Archaeological Sites Representing the Buddhist Pure Land	日本	亚洲	2011
416	德罗特宁霍尔摩宫	Royal Domain of Drottningholm	瑞典	欧洲	1991

续表

序号	遗产名称		国家	洲别	年份
	中文名称	外文名称			
417	比尔卡和霍夫加登	Birka and Hovgården	瑞典	欧洲	1993
418	恩格尔斯堡铁矿工场	Engelsberg Ironworks	瑞典	欧洲	1993
419	斯科斯累格加登公墓	Skogskyrkogården	瑞典	欧洲	1994
420	塔努姆岩画	Rock Carvings in Tanum	瑞典	欧洲	1994
421	维斯比汉萨同盟城	Hanseatic Town of Visby	瑞典	欧洲	1995
422	吕勒奥的加默尔斯塔德教堂镇	Church Village of Gammelstad, Luleå	瑞典	欧洲	1996
423	卡尔斯克鲁纳军港	Naval Port of Karlskrona	瑞典	欧洲	1998
424	厄兰岛南部的农业风景区	Agricultural Landscape of Southern Öland	瑞典	欧洲	2000
425	法伦的大铜山采矿区	Mining Area of the Great Copper Mountain in Falun	瑞典	欧洲	2001
426	瓦尔贝里广播站	Varberg Radio Station	瑞典	欧洲	2004
427	伯尔尼古城	Old City of Berne	瑞士	欧洲	1983
428	米施泰尔的圣约翰修道院	Benedictine Convent of St John at Müstair	瑞士	欧洲	1983
429	圣加伦的修道院	Convent of St Gall	瑞士	欧洲	1983
430	贝林佐纳三城堡	Three Castles, Defensive Wall and Ramparts of the Market-town of Bellinzone	瑞士	欧洲	2000
431	拉沃地区的梯田葡萄园	Lavaux, Vineyard Terraces	瑞士	欧洲	2007
432	瑞士雷蒂亚铁路阿尔布拉—贝尔尼纳段	Rhaetian Railway in the Albula / Bernina Cultural Landscape	瑞士 意大利	欧洲	2008
433	制表城镇拉绍德封与勒洛克勒规划	La Chaux-de-Fonds / Le Locle, Watchmaking Town Planning	瑞士	欧洲	2009
434	霍亚德赛伦考古遗址	Joya de Ceren Archaeoloical Site	萨尔瓦多	北美洲	1993
435	斯塔里拉斯和索波查尼修道院	Stari Ras and Sopošani	塞尔维亚	欧洲	1979
436	斯图德尼察修道院	Studenica Monastery	塞尔维亚	欧洲	1986
437	科索沃的中世纪建筑	Medieval Monuments in Kosovo	塞尔维亚	欧洲	2004，2006
438	贾姆济格勒-罗慕利亚纳的加莱里乌斯宫	Gamzigrad-Romuliana, Palace of Galerius	塞尔维亚	欧洲	2007
439	戈雷岛	Island of Gorée	塞内加尔	非洲	1978
440	圣路易岛	Island of Saint-Louis	塞内加尔	非洲	2000，2007
441	萨卢姆河三角洲	Saloum Delta	塞内加尔	非洲	2011
442	帕福斯	Paphos	塞浦路斯	亚洲	1980
443	特罗多斯彩绘教堂	Painted Churches in the Troodos Region	塞浦路斯	亚洲	1985，2001
444	乔伊鲁科蒂亚	Choirokoitia	塞浦路斯	亚洲	1998
445	石谷考古遗址	Al-Hijr Archaeological Site (Madâin Sâlih)	沙特阿拉伯	亚洲	2008
446	德拉伊耶遗址的阿图赖夫区	At-Turaif District in ad-Dir' iyah	沙特阿拉伯	亚洲	2010
447	琉璜山丘要塞国家公园	Brimstone Hill Fortress National Park	圣基茨和尼维斯	北美洲	1999
448	圣马力诺历史中心和蒂塔诺山	San Marino Historic Centre and Mount Titano	圣马力诺	欧洲	2008
449	波隆纳鲁沃古城	Ancient City of Polonnaruwa	斯里兰卡	亚洲	1982
450	圣城阿努拉德普勒	Sacred City of Anuradhapura	斯里兰卡	亚洲	1982
451	锡吉里耶古城	Ancient City of Sigiriya	斯里兰卡	亚洲	1982
452	加勒古城及城堡	Old Town of Galle and its Fortifications	斯里兰卡	亚洲	1988
453	圣城康提	Sacred City of Kandy	斯里兰卡	亚洲	1988

续表

序号	遗产名称		国家	洲别	年份
	中文名称	外文名称			
454	丹布勒金寺	Golden Temple of Dambulla	斯里兰卡	亚洲	1991
455	班斯卡－什佳夫尼察	Historic Town of Banská Štiavnica and the Technical Monuments in its Vicinity	斯洛伐克	欧洲	1993
456	弗尔科里涅斯	Vlkolínec	斯洛伐克	欧洲	1993
457	莱沃恰	Levoča, Spišský Hrad and the Associated Cultural Monuments	斯洛伐克	欧洲	1993, 2009
458	巴尔代约夫城保护区	Bardejov Town Conservation Reserve	斯洛伐克	欧洲	2000
459	斯洛伐克喀尔巴阡山区木制教堂群	Wooden Churches of the Slovak part of the Carpathian Mountain Area	斯洛伐克	欧洲	2008
460	博尔戈尔山及纳巴塔遗址	Gebel Barkal and the Sites of the Napatan Region	苏丹	非洲	2003
461	麦罗埃岛考古遗址	Archaeological Sites of the Island of Meroe	苏丹	非洲	2011
462	帕拉马里博城	Historic Inner City of Paramaribo	苏里南	南美洲	2002
463	萨拉子目古城的原型城市遗址	Proto-urban site of Sarazm	塔吉克斯坦	亚洲	2010
464	大城历史名城及相关城镇	Historic City of Ayutthaya and Associated Historic Towns	泰国	亚洲	1991
465	素可泰历史名城及相关城镇	Historic Town of Sukhothai and Associated Historic Towns	泰国	亚洲	1991
466	班清考古遗址	Ban Chiang Archaeological Site	泰国	亚洲	1992
467	基尔瓦基西瓦尼遗址和松戈姆纳拉遗址	Ruins of Kilwa Kisiwani and Ruins of Songo Mnara	坦桑尼亚	非洲	1981
468	桑给巴尔石头城	Stone Town of Zanzibar	坦桑尼亚	非洲	2000
469	孔多阿岩画遗址	Kondoa Rock Art Sites	坦桑尼亚	非洲	2006
470	迦太基考古遗址	Site of Carthage	突尼斯	非洲	1979
471	杰姆的古罗马竞技场	Amphitheatre of El Jem	突尼斯	非洲	1979
472	突尼斯老城	Medina of Tunis	突尼斯	非洲	1979
473	凯鲁万	Kairouan	突尼斯	非洲	1988
474	苏塞古城	Medina of Sousse	突尼斯	非洲	1988
475	杜加（土加）	Dougga / Thugga	突尼斯	非洲	1997
476	喀尔库阿内布匿城及墓地	Punic Town of Kerkuane and its Necropolis	突尼斯	非洲	1985, 1986
477	迪夫里伊的大清真寺和医院	Great Mosque and Hospital of Divriği	土耳其	亚洲	1985
478	伊斯坦布尔历史区	Historic Areas of Istanbul	土耳其	亚洲	1985
479	哈图沙	Hattusha:the Hittite Hospital	土耳其	亚洲	1986
480	内姆鲁特山考古遗址	Nemrut Dağ	土耳其	亚洲	1987
481	桑索斯－莱顿遗址	Xanthos-Letoon	土耳其	亚洲	1988
482	萨夫兰博卢城	City of Safranbolu	土耳其	亚洲	1994
483	特洛伊考古遗址	Archaeological Site of Troy	土耳其	亚洲	1998
484	塞利米耶清真寺及其建筑群	Selimiye Mosque and its Social Complex	土耳其	亚洲	2011
485	梅尔夫历史与文化公园	State Historical and Cultural Park “Ancient Merv”	土库曼斯坦	亚洲	1999
486	库尼亚－乌尔根奇	Kunya-Urgench	土库曼斯坦	亚洲	2005
487	尼萨的帕提亚式堡垒	Parthian Fortresses of Nisa	土库曼斯坦	亚洲	2007

续表

序号	遗产名称		国家	洲别	年份
	中文名称	外文名称			
488	洛伊玛塔酋长领地	Chief Roi Mata's Domain	瓦努阿图	大洋洲	2008
489	安提瓜危地马拉	Antigua Guatemala	危地马拉	北美洲	1979
490	基里瓜考古公园和玛雅文化遗址	Archaeological Park and Ruins of Quirigua	危地马拉	北美洲	1981
491	科罗及港口	Coro and its Port	委内瑞拉	南美洲	1993
492	加拉加斯大学城	Ciudad Universitaria de Caracas	委内瑞拉	南美洲	2000
493	卡苏比王陵的布干达国王墓	Tombs of Buganda Kings at Kasubi	乌干达	非洲	2001
494	基辅：圣索菲亚教堂和洞窟修道院	Kiev: Saint-Sophia Cathedral and Related Monastic Buildings, Kiev-Pechersk Lavra	乌克兰	欧洲	1990，2005
495	利沃夫历史中心	L' viv - the Ensemble of the Historic Centre	乌克兰	欧洲	1998
496	布科维纳和达尔马提亚的城市民居	Residence of Bukovinian and Dalmatian Metropolitans	乌克兰	欧洲	2011
497	萨克拉门托历史区	Historic Quarter of the City of Colonia del Sacramento	乌拉圭	南美洲	1995
498	希瓦的伊钦内城	Itchan Kala	乌兹别克斯坦	亚洲	1990
499	布哈拉历史中心	Historic Centre of Bukhara	乌兹别克斯坦	亚洲	1993
500	沙赫里萨布兹历史中心	Historic Centre of Shakhrisyabz	乌兹别克斯坦	亚洲	2000
501	撒马尔罕城文化中心	Samarkand - Crossroads of Cultures	乌兹别克斯坦	亚洲	2001
502	安东尼奥·高迪－科尔内的作品	Works of Antoni Gaudí	西班牙	欧洲	1984，2005
503	马德里埃斯科里亚尔修道院	Monastery and Site of the Escurial, Madrid	西班牙	欧洲	1984
504	布尔戈斯大教堂	Burgos Cathedral	西班牙	欧洲	1984
505	格拉纳达的阿尔汗布拉宫	Alhambra, Generalife and Albayzin, Granada	西班牙	欧洲	1984，1994
506	科尔多瓦历史中心	Historic Centre of Cordoba	西班牙	欧洲	1984，1994
507	阿尔塔米拉洞穴和西班牙北部的旧石器时代洞穴艺术	Cave of Altamira and Paleolithic Cave Art of Northern Spain	西班牙	欧洲	1985，2008
508	阿斯图里亚斯王国时期教堂	Monuments of Oviedo and the Kingdom of the Asturias	西班牙	欧洲	1985，1998
509	阿维拉古镇及城外教堂	Old Town of Ávila with its Extra-Muros Churches	西班牙	欧洲	1985，2007
510	塞哥维亚古城及其输水道	Old Town of Segovia and its Aqueduct	西班牙	欧洲	1985
511	圣地亚哥－德孔波斯特拉	Santiago de Compostela (Old Town)	西班牙	欧洲	1985
512	卡塞雷斯古镇	Old Town of Cáceres	西班牙	欧洲	1986
513	历史名城托莱多	Historic City of Toledo	西班牙	欧洲	1986
514	特鲁埃尔的穆德哈尔式建筑	Mudejar Architecture of Aragon	西班牙	欧洲	1986，2001
515	塞维利亚大教堂、城堡和西印度群岛档案馆	Cathedral, Alcázar and Archivo de Indias in Seville	西班牙	欧洲	1987
516	萨拉曼卡古城	Old City of Salamanca	西班牙	欧洲	1988
517	波夫莱特修道院	Poblet Monastery	西班牙	欧洲	1991
518	瓜达卢佩的圣玛利亚皇家修道院	Royal Monastery of Santa María de Guadalupe	西班牙	欧洲	1993
519	梅里达考古遗迹	Archaeological Ensemble of Mérida	西班牙	欧洲	1993
520	圣地亚哥－德孔波斯特拉“朝圣之路”	Route of Santiago de Compostela	西班牙	欧洲	1993
521	巴伦西亚的丝绸交易厅	La Lonja de la Seda de Valencia	西班牙	欧洲	1996
522	昆卡古城	Historic Walled Town of Cuenca	西班牙	欧洲	1996

续表

序号	遗产名称		国家	洲别	年份
	中文名称	外文名称			
523	巴塞罗纳的加泰罗尼亚音乐厅及圣保罗医院	Palau de la Música Catalana and Hospital de Sant Pau, Barcelona	西班牙	欧洲	1997
524	拉斯梅德拉斯	Las Médulas	西班牙	欧洲	1997
525	圣米兰的尤索和素索修道院	San Millán Yuso and Suso Monasteries	西班牙	欧洲	1997
526	阿尔卡拉的埃纳雷斯堡大学和历史区	University and Historic Precinct of Alcalá de Henares	西班牙	欧洲	1998
527	伊比利亚半岛地中海盆地岩画艺术	Rock Art of the Mediterranean Basin on the Iberian Peninsula	西班牙	欧洲	1998
528	拉古纳的圣克斯托瓦尔	San Cristóbal de La Laguna	西班牙	欧洲	1999
529	塔拉戈纳考古遗址	Archaeological Ensemble of Tárraco	西班牙	欧洲	2000
530	埃尔切的帕梅拉尔	Palmeral of Elche	西班牙	欧洲	2000
531	博伊谷地的罗马式教堂建筑	Catalan Romanesque Churches of the Vall de Boí	西班牙	欧洲	2000
532	卢戈的罗马城墙	Roman Walls of Lugo	西班牙	欧洲	2000
533	阿塔皮尔卡考古遗址	Archaeological Site of Atapuerca	西班牙	欧洲	2000
534	阿兰胡埃斯文化景观	Aranjuez Cultural Landscape	西班牙	欧洲	2001
535	乌韦达－巴埃萨文艺复兴时期的建筑群	Renaissance Monumental Ensembles of Úbeda and Baeza	西班牙	欧洲	2003
536	维斯盖亚桥	Vizcaya Bridge	西班牙	欧洲	2006
537	海克力士塔	Tower of Hercules	西班牙	欧洲	2009
538	特拉蒙塔那山区文化景观	Cultural Landscape of the Serra de Tramuntana	西班牙	欧洲	2011
539	巴赛的阿波罗·伊壁鸠鲁神庙	Temple of Apollo Epicurius at Bassae	希腊	欧洲	1986
540	德尔斐考古遗址	Archaeological Site of Delphi	希腊	欧洲	1987
541	雅典卫城	Acropolis, Athens	希腊	欧洲	1987
542	埃皮达鲁斯遗址	Sanctuary of Asklepios at Epidaurus	希腊	欧洲	1988
543	罗得中世纪古城	Medieval City of Rhodes	希腊	欧洲	1988
544	塞萨洛尼基的历史建筑	Paleochristian and Byzantine Monuments of Thessalonika	希腊	欧洲	1988
545	奥林匹亚考古遗址	Archaeological Site of Olympia	希腊	欧洲	1989
546	米斯特拉斯	Archaeological Site of Mystras	希腊	欧洲	1989
547	达夫尼修道院、俄西俄斯罗卡斯修道院和希俄斯新修道院	Monasteries of Daphni, Hossios Luckas and Nea Moni of Chios	希腊	欧洲	1990
548	提洛岛	Delos	希腊	欧洲	1990
549	萨摩斯岛的毕达哥利翁及赫拉神殿	Pythagoreion and Heraion of Samos	希腊	欧洲	1992
550	韦尔吉纳考古遗址	Archaeological Site of Aigai（modern name Vergina）	希腊	欧洲	1996
551	迈锡尼和梯林斯的遗址	Archaeological Sites of Mycenae and Tiryns	希腊	欧洲	1999
552	帕特莫斯岛的天启洞穴和圣约翰修道院	Historic Centre（Chorá）with the Monastery of Saint John "the Theologian" and the Cave of the Apocalypse on the Island of Pátmos	希腊	欧洲	1999
553	科孚古城	Old Town of Corfu	希腊	欧洲	2007
554	布达佩斯（多瑙河沿岸和布达城堡区）	Budapest, including the Banks of the Danube, the Buda Castle Quarter and Andrássy Avenue	匈牙利	欧洲	1987，2002

续表

序号	遗产名称		国家	洲别	年份
	中文名称	外文名称			
555	霍洛克古村落	Old Village of Hollókö and its Surroundings	匈牙利	欧洲	1987
556	蓬农豪尔毛修道院	Millenary Benedictine Abbey of Pannonhalma and its Natural Environment	匈牙利	欧洲	1996
557	霍尔托巴吉国家公园	Hortobágy National Park - the Puszta	匈牙利	欧洲	1999
558	佩奇的早期基督教徒墓地	Early Christian Necropolis of Pécs（Sopianae)	匈牙利	欧洲	2000
559	托考伊葡萄酒产区	Tokaj Wine Region Historic Cultural Landscape	匈牙利	欧洲	2002
560	大马士革古城	Ancient City of Damascus	叙利亚	亚洲	1979
561	巴尔米拉考古遗址	Site of Palmyra	叙利亚	亚洲	1980
562	布斯拉古城	Ancient City of Bosra	叙利亚	亚洲	1980
563	阿勒颇古城	Ancient City of Aleppo	叙利亚	亚洲	1986
564	武士堡和萨拉丁城堡	Crac des Chevaliers and Qal' at Salah El-Din	叙利亚	亚洲	2006
565	叙利亚北部的古村落	Ancient Villages of Northern Syria	叙利亚	亚洲	2011
566	哈格帕特修道院	Monasteries of Haghpat and Sanahin	亚美尼亚	亚洲	1996，2000
567	埃奇米阿津大教堂和兹瓦尔特诺茨考古遗址	Cathedral and Churches of Echmiatsin and the Archaeological Site of Zvartnots	亚美尼亚	亚洲	2000
568	格加尔德修道院	Monastery of Geghard and the Upper Azat Valley	亚美尼亚	亚洲	2000
569	耶路撒冷古城及城墙	Old City of Jerusalem and its Walls	耶路撒冷	亚洲	1981
570	希巴姆古城	Old Walled City of Shibam	也门	亚洲	1982
571	萨那旧城	Old City of Sana' a	也门	亚洲	1986
572	宰比德古城	Historic Town of Zabid	也门	亚洲	1993
573	哈特拉古城	Hatra	伊拉克	亚洲	1985
574	亚述古城	Ashur（Qal' at Sherqat)	伊拉克	亚洲	2003
575	萨迈拉考古遗址	Samarra Archaeological City	伊拉克	亚洲	2007
576	波斯波利斯古城	Persepolis	伊朗	亚洲	1979
577	乔加赞比尔	Tchogha Zanbil	伊朗	亚洲	1979
578	伊斯法罕皇家广场	Meidan Emam, Esfahan	伊朗	亚洲	1979
579	塔赫特苏莱曼	Takht-e Soleyman	伊朗	亚洲	2003
580	巴姆古城	Bam and its Cultural Landscape	伊朗	亚洲	2004，2007
581	帕萨尔加德	Pasargadae	伊朗	亚洲	2004
582	苏丹尼耶	Soltaniyeh	伊朗	亚洲	2005
583	比索通	Bisotun	伊朗	亚洲	2006
584	亚美尼亚修道院	Armenian Monastic Ensembles in Iran	伊朗	亚洲	2008
585	舒什塔尔的古代水力系统	Shushtar Historical Hydraulic System	伊朗	亚洲	2009
586	阿尔达比勒市的谢赫萨菲·丁圣殿与哈内加建筑群	Sheikh Safi al-din Khānegāh and Shrine Ensemble in Ardabil	伊朗	亚洲	2010
587	大不里士的集市区	Tabriz Historic Bazaar Complex	伊朗	亚洲	2010
588	波斯花园	The Persian Garden	伊朗	亚洲	2011
589	阿卡古城	Old City of Acre	以色列	亚洲	2001
590	马萨达	Masada	以色列	亚洲	2001
591	特拉维夫的白城	White City of Tel-Aviv—the Modern Movement	以色列	亚洲	2003
592	夏琐、米吉多和基色圣地	Biblical Tells - Megiddo, Hazor, Beer Sheba	以色列	亚洲	2005

续表

序号	遗产名称		国家	洲别	年份
	中文名称	外文名称			
593	熏香之路–内盖夫的沙漠城镇	Incense Route - Desert Cities in the Negev	以色列	亚洲	2005
594	海法和西加利利的巴海圣地	Bahá' i Holy Places in Haifa and the Western Galilee	以色列	亚洲	2008
595	卡莫尼卡谷地岩画	Rock Drawings in Valcamonica	意大利	欧洲	1979
596	圣马利亚感恩教堂的圣餐厅和多明各会修道院	Church and Dominican Convent of Santa Maria delle Grazie with "The Last Supper" by Leonardo da Vinci	意大利	欧洲	1980
597	佛罗伦萨历史中心	Historic Centre of Florence	意大利	欧洲	1982
598	比萨大教堂广场	Piazza del Duomo, Pisa	意大利	欧洲	1987，2007
599	威尼斯及潟湖	Venice and its Lagoon	意大利	欧洲	1987
600	圣吉米尼亚诺历史中心	Historic Centre of San Gimignano	意大利	欧洲	1990
601	马泰拉的石窟民居	The Sassi and the park of the Rupestrian Churches of Matera	意大利	欧洲	1993
602	维琴察城和威尼托的帕拉第奥村	City of Vicenza and the Palladian Villas of the Veneto	意大利	欧洲	1994，1996
603	费拉拉	Ferrara, City of the Renaissance, and its Po Delta	意大利	欧洲	1995，1999
604	阿达的克雷斯皮	Crespi d' Adda	意大利	欧洲	1995
605	那不勒斯历史中心	Historic Centre of Naples	意大利	欧洲	1995
606	锡耶纳历史中心	Historic Centre of Siena	意大利	欧洲	1995
607	阿尔贝罗贝洛的圆顶石屋	The Trulli of Alberobello	意大利	欧洲	1996
608	拉韦纳的早期基督教建筑群	Early Christian Monuments of Ravenna	意大利	欧洲	1996
609	蒙特堡	Castel del Monte	意大利	欧洲	1996
610	皮恩扎历史中心	Historic Centre of the City of Pienza	意大利	欧洲	1996
611	阿格里真托考古区	Archaeological Area of Agrigento	意大利	欧洲	1997
612	阿马尔菲海岸景观	Costiera Amalfitana	意大利	欧洲	1997
613	巴鲁米尼石堡	Su Nuraxi di Barumini	意大利	欧洲	1997
614	卡萨莱的罗纳豪华府邸	Villa Romana del Casale	意大利	欧洲	1997
615	卡塞塔的18世纪王宫	18th-Century Royal Palace at Caserta, with the Park, the Aqueduct of Vanvitelli, and the San Leucio Complex	意大利	欧洲	1997
616	摩德纳大教堂、市民塔、大广场	Cathedral, Torre Civica and Piazza Grande, Modena	意大利	欧洲	1997
617	帕多瓦植物园	Botanical Garden (Orto Botanico), Padua	意大利	欧洲	1997
618	庞贝、赫库兰尼姆、托雷安农齐亚塔考古地区	Archaeological Areas of Pompei, Herculaneum and Torre Annunziata	意大利	欧洲	1997
619	萨伏依王宫	Residences of the Royal House of Savoy	意大利	欧洲	1997
620	韦内雷港、五村镇以及沿海群岛	Portovenere, Cinque Terre, and the Islands (Palmaria, Tino and Tinetto)	意大利	欧洲	1997
621	乌尔比诺历史中心	Historic Centre of Urbino	意大利	欧洲	1998
622	阿奎莱亚考古区	Archaeological Area and the Patriarchal Basilica of Aquileia	意大利	欧洲	1998
623	奇伦托和迪亚诺河谷国家公园	Cilento and Vallo di Diano National Park with the Archeological sites of Paestum and Velia, and the Certosa di Padula	意大利	欧洲	1998

续表

序号	遗产名称		国家	洲别	年份
	中文名称	外文名称			
624	阿德里亚纳别墅	Villa Adriana（Tivoli）	意大利	欧洲	1999
625	阿西西古镇的方济各会修道院与大教堂	Assisi, the Basilica of San Francesco and Other Franciscan Sites	意大利	欧洲	2000
626	维罗纳城	City of Verona	意大利	欧洲	2000
627	蒂沃利城的埃斯特别墅	Villa d' Este, Tivoli	意大利	欧洲	2001
628	诺托谷地的巴罗克风格城镇	Late Baroque Towns of the Val di Noto（South-Eastern Sicily）	意大利	欧洲	2002
629	皮埃蒙特及伦巴第圣山	Sacri Monti of Piedmont and Lombardy	意大利	欧洲	2003
630	塞尔维托里和塔尔奎尼亚的伊特鲁里亚人墓地	Etruscan Necropolises of Cerveteri and Tarquinia	意大利	欧洲	2004
631	奥尔恰谷文化景观	Val d' Orcia	意大利	欧洲	2004
632	锡拉库扎和潘塔立克石墓群	Syracuse and the Rocky Necropolis of Pantalica	意大利	欧洲	2005
633	热那亚的新街和罗利宫殿体系	Genoa: Le Strade Nuove and the system of the Palazzi dei Rolli	意大利	欧洲	2006
634	曼图亚和萨比奥内塔	Mantua and Sabbioneta	意大利	欧洲	2008
635	意大利伦巴德人遗址（568～774）	Longobards in Italy. Places of the power（568-774 A.D.）	意大利	欧洲	2011
636	阿格拉古堡	Agra Fort	印度	亚洲	1983
637	阿旃陀石窟	Ajanta Caves	印度	亚洲	1983
638	埃洛拉石窟	Ellora Caves	印度	亚洲	1983
639	泰姬陵	Taj Mahal	印度	亚洲	1983
640	科纳拉克太阳神庙	Sun Temple, Konarak	印度	亚洲	1984
641	默哈伯利布勒姆古迹群	Group of Monuments at Mahabalipuram	印度	亚洲	1984
642	法塔赫布尔·西格里	Fatehpur Sikri	印度	亚洲	1986
643	果阿教堂和修道院	Churches and Convents of Goa	印度	亚洲	1986
644	亨比古迹群	Group of Monuments at Hampi	印度	亚洲	1986
645	克久拉霍古迹	Khajuraho Group of Monuments	印度	亚洲	1986
646	帕塔达卡尔的石雕群	Group of Monuments at Pattadakal	印度	亚洲	1987
647	象岛石窟	Elephanta Caves	印度	亚洲	1987
648	朱罗神庙	Great Living Chola Temples	印度	亚洲	1987，2004
649	桑吉佛教古迹	Buddhist Monuments at Sanchi	印度	亚洲	1989
650	顾特卜塔	Qutb Minar and its Monuments, Delhi	印度	亚洲	1993
651	胡马雍陵	Humayun' s Tomb, Delhi	印度	亚洲	1993
652	大吉岭喜马拉雅铁路	Mountain Railways of India	印度	亚洲	1999，2005，2008
653	菩提伽耶的摩诃菩提寺	Mahabodhi Temple Complex at Bodh Gaya	印度	亚洲	2002
654	温迪亚山脉比莫贝卡特石窟	Rock Shelters of Bhimbetka	印度	亚洲	2003
655	尚庞－巴瓦加德考古公园	Champaner-Pavagadh Archaeological Park	印度	亚洲	2004
656	贾特拉帕蒂·希瓦吉终点站	Chhatrapati Shivaji Terminus（formerly Victoria Terminus）	印度	亚洲	2004
657	红堡	Red Fort Complex	印度	亚洲	2007
658	斋浦尔的简塔·曼塔天文台	The Jantar Mantar, Jaipur	印度	亚洲	2010
659	婆罗浮屠寺庙群	Borobudur Temple Compounds	印度尼西亚	亚洲	1991

续表

序号	遗产名称		国家	洲别	年份
	中文名称	外文名称			
660	普兰巴南寺庙群	Prambanan Temple Compounds	印度尼西亚	亚洲	1991
661	桑吉兰早期人类遗址	Sangiran Early Man Site	印度尼西亚	亚洲	1996
662	斯通亨奇、埃夫伯里及周围的巨石遗迹	Stonehenge, Avebury and Associated Sites	英国	欧洲	1986
663	达勒姆大教堂和城堡	Durham Castle and Cathedral	英国	欧洲	1986
664	圭内斯郡爱德华一世城堡和城墙	Castles and Town Walls of King Edward in Gwynedd	英国	欧洲	1986
665	乔治铁桥区	Ironbridge Gorge	英国	欧洲	1986
666	斯塔德利皇家公园	Studley Royal Park including the Ruins of Fountains Abbey	英国	欧洲	1986
667	巴斯城	City of Bath	英国	欧洲	1987
668	布莱尼姆宫	Blenheim Palace	英国	欧洲	1987
669	威斯敏斯特宫和大教堂、圣玛格丽特教堂	Westminster Palace, Westminster Abbey and Saint Margaret’s Church	英国	欧洲	1987
670	坎特伯雷大教堂、圣奥古斯丁教堂和圣马丁教堂	Canterbury Cathedral, St Augustine’s Abbey, and St Martin’s Church	英国	欧洲	1988
671	伦敦塔	Tower of London	英国	欧洲	1988
672	爱丁堡的旧城和新城	Old and New Towns of Edinburgh	英国	欧洲	1995
673	格林尼治海岸地区	Maritime Greenwich	英国	欧洲	1997
674	奥克尼新石器时代遗址	Heart of Neolithic Orkney	英国	欧洲	1999
675	百慕大群岛上的圣乔治镇及相关的要塞（美洲）	Historic Town of St George and Related Fortifications, Bermuda	英国	欧洲	2000
676	布莱纳文工业区景观	Blaenavon Industrial Landscape	英国	欧洲	2000
677	德文特河谷工业区	Derwent Valley Mills	英国	欧洲	2001
678	索尔泰尔	Saltaire	英国	欧洲	2001
679	新拉纳克	New Lanark	英国	欧洲	2001
680	伦敦皇家植物园	Royal Botanic Gardens, Kew	英国	欧洲	2003
681	利物浦海上商城	Liverpool - Maritime Mercantile City	英国	欧洲	2004
682	康沃尔和西德文矿区景观	Cornwall and West Devon Mining Landscape	英国	欧洲	2006
683	庞特基西斯特渡槽和运河	Pontcysyllte Aqueduct and Canal	英国	欧洲	2009
684	古塞尔阿姆拉城堡	Quseir Amra	约旦	亚洲	1985
685	佩特拉古城	Petra	约旦	亚洲	1985
686	乌姆赖萨斯考古遗址	Um er-Rasas（Kastrom Mefa’a）	约旦	亚洲	2004
687	顺化古迹群	Complex of Hué Monuments	越南	亚洲	1993
688	会安古镇	Hoi An Ancient Town	越南	亚洲	1999
689	美山圣地	My Son Sanctuary	越南	亚洲	1999
690	河内升龙皇城	Central Sector of the Imperial Citadel of Thang Long - Hanoi	越南	亚洲	2010
691	胡朝城堡	Citadel of the Ho Dynasty	越南	亚洲	2011
692	复活节岛国家公园	Rapa Nui National Park	智利	南美洲	1995
693	奇洛埃教堂	Churches of Chiloé	智利	南美洲	2000
694	港口城市瓦尔帕莱索的历史城区	Historic Quarter of the Seaport City of Valparaíso	智利	南美洲	2003

续表

序号	遗产名称		国家	洲别	年份
	中文名称	外文名称			
695	亨伯斯通和圣劳拉硝石采石场	Humberstone and Santa Laura Saltpeter Works	智利	南美洲	2005
696	苏埃尔铜矿城	Sewell Mining Town	智利	南美洲	2006
697	长城	The Great Wall	中国	亚洲	1987
698	莫高窟	Mogao Caves	中国	亚洲	1987
699	秦始皇陵及兵马俑	Mausoleum of the First Qin Emperor	中国	亚洲	1987
700	周口店北京人遗址	Peking Man Site at Zhoukoudian	中国	亚洲	1987
701	明清故宫（北京故宫、沈阳故宫）	Imperial Palaces of the Ming and Qing Dynasties in Beijing and Shenyang	中国	亚洲	1987，2004
702	承德避暑山庄及其周围寺庙	Mountain Resort and its Outlying Temples, Chengde	中国	亚洲	1994
703	曲阜的孔庙、孔林、孔府	Temple and Cemetery of Confucius and the Kong Family Mansion in Qufu	中国	亚洲	1994
704	武当山古建筑群	Ancient Building Complex in the Wudang Mountains	中国	亚洲	1994
705	拉萨布达拉宫（含大昭寺、罗布林卡）	Historic Ensemble of the Potala Palace, Lhasa	中国	亚洲	1994，2000，2001
706	庐山	Lushan National Park	中国	亚洲	1996
707	丽江古城	Old Town of Lijiang	中国	亚洲	1997
708	平遥古城	Ancient City of Pingyao	中国	亚洲	1997
709	苏州古典园林	Classical Gardens of Suzhou	中国	亚洲	1997，2000
710	北京天坛	Temple of Heaven: an Imperial Sacrificial Altar in Beijing	中国	亚洲	1998
711	北京颐和园	Summer Palace, an Imperial Garden in Beijing	中国	亚洲	1998
712	大足石刻	Dazu Rock Carvings	中国	亚洲	1999
713	安徽古村落	Ancient Villages in Southern Anhui - Xidi and Hongcun	中国	亚洲	2000
714	龙门石窟	Longmen Grottoes	中国	亚洲	2000
715	青城山－都江堰	Mount Qingcheng and the Dujiangyan Irrigation System	中国	亚洲	2000
716	明、清皇陵	Imperial Tombs of the Ming and Qing Dynasties	中国	亚洲	2000，2003，2004
717	云冈石窟	Yungang Grottoes	中国	亚洲	2001
718	高句丽王陵、山城	Capital Cities and Tombs of the Ancient Koguryo Kingdom	中国	亚洲	2004
719	澳门历史中心区	Historic Centre of Macao	中国	亚洲	2005
720	殷墟	Yin Xu	中国	亚洲	2006
721	开平碉楼与村落	Kaiping Diaolou and Villages	中国	亚洲	2007
722	福建土楼	Fujian Tulou	中国	亚洲	2008
723	五台山	Mount Wutai	中国	亚洲	2009
724	登封“天地之中”历史建筑群	Historic Monuments of Dengfeng in “The Centre of Heaven and Earth”	中国	亚洲	2010
725	杭州西湖文化景观	West Lake Cultural Landscape of Hangzhou	中国	亚洲	2011

表3 世界自然遗产名录（共计184处）

序号	遗产名称		国家	洲别	年份
	中文名称	外文名称			
1	冰川国家公园	Los Glaciares	阿根廷	南美洲	1981
2	伊瓜苏国家公园	Iguazu National Park	阿根廷	南美洲	1984
3	瓦尔德斯半岛	Península Valdés	阿根廷	南美洲	1999
4	伊沙瓜拉斯托－塔拉姆佩雅自然公园	Ischigualasto/Talampaya Natural Parks	阿根廷	南美洲	2000
5	鲸鱼峡谷	Wadi Al-Hitan（Whale Valley）	埃及	非洲	2005
6	瑟门国家公园	Simien National Park	埃塞俄比亚	非洲	1978
7	大堡礁	Great Barrier Reef	澳大利亚	大洋洲	1981
8	豪勋爵岛	Lord Howe Island Group	澳大利亚	大洋洲	1982
9	澳大利亚东海岸雨林	Gondwana Rainforests of Australia	澳大利亚	大洋洲	1986，1994
10	昆士兰的热带雨林	Wet Tropics of Queensland	澳大利亚	大洋洲	1988
11	西澳大利亚沙克湾	Shark Bay，Western Australia	澳大利亚	大洋洲	1991
12	弗雷泽岛	Fraser Island	澳大利亚	大洋洲	1992
13	澳大利亚哺乳动物化石遗址（里弗斯利/纳拉库特）	Australian Fossil Mammal Sites（Riversleigh/Naracoorte）	澳大利亚	大洋洲	1994
14	赫德和麦克唐纳群岛	Heard and McDonald Islands	澳大利亚	大洋洲	1997
15	麦夸里岛	Macquarie Island	澳大利亚	大洋洲	1997
16	大蓝山地区自然保护区	Greater Blue Mountains Area	澳大利亚	大洋洲	2000
17	普尔努卢卢国家公园	Purnululu National Park	澳大利亚	大洋洲	2003
18	宁加卢海岸	Ningaloo Coast	澳大利亚	大洋洲	2011
19	达连国家公园	Darien National Park	巴拿马	北美洲	1981
20	拉阿米斯塔德国际公园	Talamanca Range-La Amistad Reserves / La Amistad National Park	巴拿马 哥斯达黎加	北美洲	1983，1990
21	科伊瓦岛国家公园	Coiba National Park and its Special Zone of Marine Protection	巴拿马	北美洲	2005
22	伊瓜苏国家公园	Iguaçu National Park	巴西	南美洲	1986
23	大西洋东南沿岸森林保护区	Atlantic Forest South-East Reserves	巴西	南美洲	1999
24	大西洋沿岸的森林保护区	Discovery Coast Atlantic Forest Reserves	巴西	南美洲	1999
25	潘塔纳尔保护区	Pantanal Conservation Area	巴西	南美洲	2000
26	亚马孙河中心保护区	Central Amazon Conservation Complex	巴西	南美洲	2000，2003
27	巴西大西洋群岛	Brazilian Atlantic Islands: Fernando de Noronha and Atol das Rocas Reserves	巴西	南美洲	2001
28	塞拉多保护区	Cerrado Protected Areas: Chapada dos Veadeiros and Emas National Parks	巴西	南美洲	2001
29	别洛韦日自然保护区/比亚沃韦扎森林	Belovezhskaya Pushcha / Białowieża Forest	白俄罗斯 波兰	欧洲	1979，1992
30	皮林国家公园	Pirin National Park	保加利亚	欧洲	1983，2010
31	斯雷伯尔纳自然保护区	Srebarna Nature Reserve	保加利亚	欧洲	1983
32	瓦斯卡兰国家公园	Huascarán National Park	秘鲁	南美洲	1985
33	马努国家公园	Manú National Park	秘鲁	南美洲	1987
34	瑟尔塞岛	Surtsey	冰岛	欧洲	2008
35	肯普夫国家公园	Noel Kempff Mercado National Park	玻利维亚	南美洲	2000
36	伯利兹堡礁保护区	Belize Barrier Reef Reserve System	伯利兹	北美洲	1996

续表

序号	遗产名称		国家	洲别	年份
	中文名称	外文名称			
37	伊卢利萨特冰湾	Ilulissat Icefjord	丹麦	欧洲	2004
38	麦塞尔化石遗址	Messel Pit Fossil Site	德国	欧洲	1995
39	瓦登海	The Wadden Sea	德国 荷兰	欧洲	2009
40	特鲁瓦·皮顿山国家公园	Morne Trois Pitons National Park	多米尼克	北美洲	1997
41	科米原始森林	Virgin Komi Forests	俄罗斯	欧洲	1995
42	贝加尔湖	Lake Baikal	俄罗斯	欧洲	1996
43	勘察加火山群	Volcanoes of Kamchatka	俄罗斯	欧洲	1996, 2001
44	阿尔泰山保护区	Golden Mountains of Altai	俄罗斯	欧洲	1998
45	西高加索山保护区	Western Caucasus	俄罗斯	欧洲	1999
46	中锡霍特山脉	Central Sikhote-Alin	俄罗斯	欧洲	2001
47	乌布苏湖盆地	Uvs Nuur Basin	俄罗斯 蒙古	欧洲	2003
48	弗兰格尔岛自然保护区	Natural System of Wrangel Island Reserve	俄罗斯	欧洲	2004
49	普托拉纳高原	Putorana Plateau	俄罗斯	欧洲	2010
50	吉罗拉塔湾、波尔多湾和岩石海岸自然保护区	Gulf of Porto:Calanche of Piana, Gulf of Girolata, Scandola Reserve	法国	欧洲	1983
51	新喀里多尼亚的珊瑚堡礁	Lagoons of New Caledonia: Reef Diversity and Associated Ecosystems	法国	欧洲	2008
52	留尼汪岛的山峰、冰斗和峭壁	Pitons, cirques and remparts of Reunion Island	法国	欧洲	2010
53	瓦尔肯群岛/高海岸	Kvarken Archipelago/High Coast	芬兰 瑞典	欧洲	2000, 2006
54	加拉帕戈斯群岛	Galapágos Islands	厄瓜多尔	南美洲	1978, 2001
55	桑盖国家公园	Sangay National Park	厄瓜多尔	南美洲	1983
56	图巴塔哈群礁自然公园	Tubbataha Reefs Natural Park	菲律宾	亚洲	1993, 2009
57	普林塞萨地下河国家公园	Puerto-Princesa Subterranean River National Park	菲律宾	亚洲	1999
58	维龙加国家公园	Virunga National Park	刚果（金）	非洲	1979
59	加兰巴国家公园	Garamba National Park	刚果（金）	非洲	1980
60	卡胡兹-别加国家公园	Kahuzi-Biega National Park	刚果（金）	非洲	1980
61	萨隆加国家公园	Salonga National Park	刚果（金）	非洲	1984
62	獾伽狓野生动物保护区	Okapi Wildlife Reserve	刚果（金）	非洲	1996
63	洛斯卡蒂奥斯国家公园	Los Katíos National Park	哥伦比亚	南美洲	1994
64	马尔佩洛岛动植物保护区	Malpelo Fauna and Flora Sanctuary	哥伦比亚	南美洲	2006
65	科科岛国家公园	Cocos Island National Park	哥斯达黎加	北美洲	1997, 2002
66	瓜纳卡斯特自然保护区	Area de Conservación Guanacaste	哥斯达黎加	北美洲	1999, 2004
67	格拉玛国家公园	Desembarco del Granma National Park	古巴	北美洲	1999
68	阿里杰罗德胡波尔德国家公园	Alejandro de Humboldt National Park	古巴	北美洲	2001
69	萨雅克-哈萨克斯坦北部草原与群湖	Saryarka - Steppe and Lakes of Northern Kazakhstan	哈萨克斯坦	亚洲	2008
70	济州火山岛和熔岩洞	Jeju Volcanic Island and Lava Tubes	韩国	亚洲	2007
71	杜米托尔国家公园	Durmitor National Park	黑山	欧洲	1980, 2005
72	普拉塔诺河生物圈保留地	Río Plátano Biosphere Reserve	洪都拉斯	北美洲	1982

续表

序号	遗产名称		国家	洲别	年份
	中文名称	外文名称			
73	菲尼克斯群岛保护区	Phoenix Islands Protected Area	基里巴斯	大洋洲	2010
74	宁巴山自然保护区	Mount Nimba Strict Nature Reserve	几内亚 科特迪瓦	非洲	1981，1982
75	纳汉尼国家公园	Nahanni National Park	加拿大	北美洲	1978
76	艾伯塔省恐龙公园	Dinosaur Provincial Park	加拿大	北美洲	1979
77	塔琴西尼－阿尔塞克/克卢恩/兰格尔－圣伊莱亚斯国家公园和冰川湾国家公园	Kluane/Wrangell-St Elias/Glacier Bay/ Tatshenshini-Alsek	加拿大 美国	北美洲	1979，1992，1994
78	伍德布法罗国家公园	Wood Buffalo National Park	加拿大	北美洲	1983
79	落基山公园群	Canadian Rocky Mountain Parks	加拿大	北美洲	1984，1990
80	格罗莫讷国家公园	Gros Morne National Park	加拿大	北美洲	1987
81	沃特顿冰川国际和平公园	Waterton Glacier International Peace Park	加拿大 美国	北美洲	1995
82	米加沙公园	Miguasha National Park	加拿大	北美洲	1999
83	乔金斯化石山崖	Joggins Fossil Cliffs	加拿大	北美洲	2008
84	马纳潭国家公园、萨皮和切沃雷自然保护区	Mana Pools National Park, Sapi and Chewore Safari Areas	津巴布韦	非洲	1984
85	莫西奥图尼亚瀑布/维多利亚瀑布	Mosi-oa-Tunya / Victoria Falls	津巴布韦 赞比亚	非洲	1989
86	贾河动物保护区	Dja Faunal Reserve	喀麦隆	非洲	1987
87	塔伊国家公园	Taï National Park	科特迪瓦	非洲	1982
88	科莫埃国家公园	Comoé National Park	科特迪瓦	非洲	1983
89	普利特维采湖群国家公园	Plitvice Lakes National Park	克罗地亚	欧洲	1979，2000
90	肯尼亚山国家公园/自然森林	Mount Kenya National Park / Natural Forest	肯尼亚	非洲	1997
91	图尔卡纳湖国家公园	Lake Turkana National Parks	肯尼亚	非洲	1997，2001
92	肯尼亚的东非大裂谷湖泊系统	Kenya Lake System in the Great Rift Valley	肯尼亚	非洲	2011
93	多瑙河三角洲	Danube Delta	罗马尼亚	欧洲	1991
94	钦基・贝马拉哈自然保护区	Tsingy de Bemaraha Strict Nature Reserve	马达加斯加	非洲	1990
95	阿钦安阿纳雨林	Rainforests of the Atsinanana	马达加斯加	非洲	2007
96	马拉维湖国家公园	Lake Malawi National Park	马拉维	非洲	1984
97	穆鲁山国家公园	Gunung Mulu National Park	马来西亚	亚洲	2000
98	基纳巴卢山公园	Kinabalu Park	马来西亚	亚洲	2000
99	阿尔金海滩国家公园	Banc d' Arguin National Park	毛里塔尼亚	非洲	1989
100	黄石国家公园	Yellowstone National Park	美国	北美洲	1978
101	大峡谷国家公园	Grand Canyon National Park	美国	北美洲	1979
102	大沼泽地国家公园	Everglades National Park	美国	北美洲	1979
103	红杉树国家公园	Redwood National Park	美国	北美洲	1980
104	奥林匹克国家公园	Olympic National Park	美国	北美洲	1981
105	猛犸洞穴国家公园	Mammoth Cave National Park	美国	北美洲	1981
106	大雾山国家公园	Great Smoky Mountains National Park	美国	北美洲	1983
107	约塞米蒂国家公园	Yosemite National Park	美国	北美洲	1984
108	夏威夷火山国家公园	Hawaii Volcanoes National Park	美国	北美洲	1987
109	卡尔斯巴德洞穴国家公园	Carlsbad Caverns National Park	美国	北美洲	1995
110	孙德尔本斯国家公园	The Sundarbans	孟加拉国	亚洲	1997

续表

序号	遗产名称		国家	洲别	年份
	中文名称	外文名称			
111	锡安卡恩生物保护区	Sian Ka' an	墨西哥	北美洲	1987
112	埃尔比斯卡伊诺鲸鱼保护区	Whale Sanctuary of El Vizcaino	墨西哥	北美洲	1993
113	加利福尼亚海湾的岛屿及保护区	Islands and Protected Areas of the Gulf of California	墨西哥	北美洲	2005, 2007
114	黑脉金斑蝶生态保护区	Monarch Butterfly biosphere Reserve	墨西哥	北美洲	2008
115	大圣卢西亚沼泽公园	Greater St Lucia Wetland Park	南非	非洲	1999
116	开普植物保护区	Cape Floral Region Protected Areas	南非	非洲	2004
117	弗里德堡陨石坑	Vredefort Dome	南非	非洲	2005
118	萨加玛塔国家公园	Sagarmatha National Park	尼泊尔	亚洲	1979
119	奇特旺皇家国家公园	Royal Chitwan National Park	尼泊尔	亚洲	1984
120	阿伊尔山－泰内雷沙漠自然保护区	Air and Ténéré Natural Reserves	尼日尔	非洲	1991
121	W国家公园	W National Park of Niger	尼日尔	非洲	1996
122	西挪威峡湾	West Norwegian Fjords - Geirangerfjord and Nærøyfjord	挪威	欧洲	2005
123	马德拉岛的阔叶乔木群	Laurisilva of Madeira	葡萄牙	欧洲	1999
124	白神山地	Shirakami-Sanchi	日本	亚洲	1993
125	屋久岛	Yakushima	日本	亚洲	1993
126	知床半岛	Shiretoko	日本	亚洲	2005
127	小笠原群岛	Ogasawara Islands	日本	亚洲	2011
128	瑞士阿尔卑斯山的少女峰和阿莱奇峰	Swiss Alps Jungfrau-Aletsch	瑞士	欧洲	2001, 2007
129	圣乔治山	Monte San Giorgio	瑞士 意大利	欧洲	2003, 2010
130	瑞士萨多纳环形地质结构	Swiss Tectonic Arena Sardona	瑞士	欧洲	2008
131	尼奥科洛－科巴国家公园	Niokolo-Koba National Park	塞内加尔	非洲	1981
132	朱贾鸟类保护区	Djoudj National Bird Sanctuary	塞内加尔	非洲	1981
133	阿尔达布拉环礁	Aldabra Atoll	塞舌尔	非洲	1982
134	马埃谷地自然保护区	Vallée de Mai Nature Reserve	塞舌尔	非洲	1983
135	皮通山保护区	Pitons Management Area	圣卢西亚	北美洲	2004
136	辛哈拉加森林保护区	Sinharaja Forest Reserve	斯里兰卡	亚洲	1988
137	斯里兰卡中央高地	Central Highlands of Sri Lanka	斯里兰卡	亚洲	2010
138	奥格泰莱克喀斯特岩洞和斯洛伐克喀斯特岩洞	Caves of Aggtelek Karst and Slovak Karst	斯洛伐克 匈牙利	欧洲	1995, 2000
139	喀尔巴迁山脉山毛榉林	Primeval Beech Forests of the Carpathians	斯洛伐克 乌克兰	欧洲	2007
140	什科茨扬溶洞	Škocjan Caves	斯洛文尼亚	欧洲	1986
141	中苏里南自然保护区	Central Suriname Nature Reserve	苏里南	南美洲	2000
142	东伦内尔岛	East Rennell	所罗门群岛	大洋洲	1998
143	通艾－会－卡肯野生生物保护区	Thungyai - Huai Kha Khaeng Wildlife Sanctuaries	泰国	亚洲	1991
144	栋巴耶延山－考艾山森林	Dong Phayayen - Khao Yai Forest Complex	泰国	亚洲	2005
145	恩戈罗恩戈罗自然保护区	Ngorongoro Conservation Area	坦桑尼亚	非洲	1979
146	塞伦盖蒂国家公园	Serengeti National Park	坦桑尼亚	非洲	1981
147	塞卢斯禁猎区	Selous Game Reserve	坦桑尼亚	非洲	1982

续表

序号	遗产名称		国家	洲别	年份
	中文名称	外文名称			
148	乞力马扎罗国家公园	Kilimanjaro National Park	坦桑尼亚	非洲	1987
149	伊其克乌尔国家公园	Ichkeul National Park	突尼斯	非洲	1980
150	卡奈马国家公园	Canaima National Park	委内瑞拉	南美洲	1994
151	布温迪国家公国	Bwindi Impenetrable National Park	乌干达	非洲	1994
152	鲁文佐里国家公园	Rwenzori Mountains National Park	乌干达	非洲	1994
153	多尼亚纳国家公园	Doñana National Park	西班牙	欧洲	1984，2005
154	加拉霍艾国家公园	Garajonay National Park	西班牙	欧洲	1986
155	泰德国家公园	Teide National Park	西班牙	欧洲	2007
156	蒂瓦希普纳穆	Te Wahipounamu-South West New Zealand	新西兰	大洋洲	1990
157	新西兰次南极区群岛	New Zealand Sub-Antarctic Islands	新西兰	大洋洲	1998
158	索科特拉群岛	Socotra Archipelago	也门	亚洲	2008
159	埃奥利群岛	Isole Eolie（Aeolian Islands）	意大利	欧洲	2000
160	多洛米蒂山	The Dolomites	意大利	欧洲	2009
161	盖奥拉德奥国家公园	Keoladeo National Park	印度	亚洲	1985
162	加济兰加国家公园	Kaziranga National Park	印度	亚洲	1985
163	马纳斯野生生物保护区	Manas Wildlife Sanctuary	印度	亚洲	1985
164	孙德尔本斯国家公园	Sundarbans National Park	印度	亚洲	1987
165	楠达德维国家公园	Nanda Devi and Valley of Flowers National Parks	印度	亚洲	1988，2005
166	科莫多国家公园	Komodo National Park	印度尼西亚	亚洲	1991
167	乌戎库隆国家公园	Ujung Kulon National Park	印度尼西亚	亚洲	1991
168	洛伦茨国家公园	Lorentz National Park	印度尼西亚	亚洲	1999
169	苏门答腊的热带雨林	Tropical Rainforest Heritage of Sumatra	印度尼西亚	亚洲	2004
170	“巨人之路”及其海岸	Giant's Causeway and Causeway Coast	英国	欧洲	1986
171	亨德森岛	Henderson Island	英国	欧洲	1988
172	戈夫岛野生生物保护区	Gough and Inaccessible Islands	英国	欧洲	1995，2004
173	多塞特和德文郡东海岸	Dorset and East Devon Coast	英国	欧洲	2001
174	下龙湾	Ha Long Bay	越南	亚洲	1994，2000
175	丰芽－格邦国家公园	Phong Nha-Ke Bang National Park	越南	亚洲	2003
176	马诺沃－贡达－圣弗洛里斯国家公园	Manovo-Gounda St Floris National Park	中非	非洲	1988
177	黄龙风景名胜区	Huanglong Scenic and Historic Interest Area	中国	亚洲	1992
178	九寨沟风景名胜区	Jiuzhaigou Valley Scenic and Historic Interest Area	中国	亚洲	1992
179	武陵源风景名胜区	Wulingyuan Scenic and Historic Interest Area	中国	亚洲	1992
180	云南的“三江并流”保护区	Three Parallel Rivers of Yunnan Protected Areas	中国	亚洲	2003
181	四川大熊猫栖息地	Sichuan Giant Panda Sanctuaries	中国	亚洲	2006
182	中国南方喀斯特地貌	South China Karst	中国	亚洲	2007
183	三清山国家公园	Mount Sanqingshan National Park	中国	亚洲	2008
184	中国丹霞	China Danxia	中国	亚洲	2010

注：①1994年列入《世界遗产名录》的阿曼阿拉伯大羚羊保护区于2007年在第三十一届世界遗产大会上被除名；
②2004年列入《世界遗产名录》的德国德累斯顿的易北河谷于2009年在第三十三届世界遗产大会上被除名。

全国重点文物保护单位名单

（中华人民共和国国务院批准并公布）

说 明

全国重点文物保护单位名单包括革命遗址及革命纪念建筑物、石窟寺、古建筑及历史纪念建筑物、石刻及其他、古遗址、古墓葬六个大类。截至2008年11月底，已批准并公布6批，共2 351处。其中：1961年3月4日公布第一批，计180处；1982年2月23日公布第二批，计62处；1988年1月13日公布第三批，计258处；1996年11月20日公布第四批，计250处；2001年6月25日公布第五批，计518处；2002年11月22日公布增补1处，2003年3月2日、4月3日分别公布增补1处，均列入第五批；2006年5月25日公布第六批，计1 080处。

此名单按上述6批分为6个表。表中各文物保护单位的排列顺序、名称依据当年国务院公布的文本，有俗称和子项目的单位名称放在正式名称后的括号内。文物保护单位所处的时代根据国家文物局公布的资料有的略作调整。文物保护单位的地址均用今地名（据中华人民共和国民政部2010年公布的资料）。全国重点文物保护单位后有增补项目者，则在“备注”栏列入增补的项目名称和年代。

表1 第一批全国重点文物保护单位名单(1961)

一、革命遗址及革命纪念建筑物（33处）					
序号	编号	名称	时代	地址	备注
1	Ⅰ－1	三元里平英团遗址	1841年	广东省广州市	
2	Ⅰ－2	金田起义地址	1851年	广西壮族自治区桂平市	
3	Ⅰ－3	太平天国忠王府	1860～1863年	江苏省苏州市	
4	Ⅰ－4	韶山冲毛主席旧居	1893年	湖南省韶山市	2006年增韶山冲毛泽东旧居增补点
5	Ⅰ－5	江孜宗山抗英遗址	1904年	西藏自治区江孜县	
6	Ⅰ－6	黄花岗七十二烈士墓	1911年	广东省广州市	
7	Ⅰ－7	武昌起义军政府旧址	1911年	湖北省武汉市	
8	Ⅰ－8	北京大学红楼	1918年	北京市东城区	
9	Ⅰ－9	上海中山故居	1918～1924年	上海市卢湾区	
10	Ⅰ－10	中国社会主义青年团中央机关旧址	1920～1921年	上海市卢湾区	
11	Ⅰ－11	中国共产党第一次全国代表大会会址	1921年	上海市卢湾区	2001年增嘉兴南湖中共“一大”会址
12	Ⅰ－12	广州农民运动讲习所旧址	1926年	广东省广州市	
13	Ⅰ－13	八一起义指挥部旧址	1927年	江西省南昌市	
14	Ⅰ－14	秋收起义文家市会师旧址	1927年	湖南省浏阳市	2006年增江西省修水县工农红军革命军第一军第一师师部旧址
15	Ⅰ－15	海丰红宫、红场旧址	1927～1928年	广东省海丰县	
16	Ⅰ－16	广州公社旧址	1927年	广东省广州市	
17	Ⅰ－17	井冈山革命遗址	1927～1928年	江西省井冈山市	2006年增井冈山市行洲红军标语遗址、小井红四军医院旧址、大井朱德和陈毅同志旧居，遂川县工农兵政府旧址，永新县七溪岭战斗指挥所和龙源口桥
18	Ⅰ－18	古田会议会址	1929年	福建省上杭县	2006年增古田会议旧址群
19	Ⅰ－19	中山陵	1929年	江苏省南京市	2001年增廖仲恺、何香凝墓，邓演达墓，谭延闿墓，国民革命军阵亡将士公墓

续表

序号	编号	名称	时代	地址	备注
20	Ⅰ－20	瑞金革命遗址	1931～1934年	江西省瑞金市	2006年增中华苏维埃共和国粮食人民委员部旧址、中华苏维埃共和国邮政局旧址、中国工农红军总政治部旧址、中华苏维埃共和国财政人民委员部旧址、中华苏维埃共和国审计人民委员会旧址、中华苏维埃共和国土地人民委员部旧址、中华苏维埃共和国临时中央政府警卫营旧址、中华苏维埃共和国国民经济人民委员部旧址、中华苏维埃共和国总金库旧址、中华苏维埃共和国国家银行旧址、中央革命博物馆旧址、中华苏维埃共和国中央出版局旧址、红色中华通讯社旧址、中华苏维埃共和国临时中央政府电话传令排旧址、红军无线电总队旧址、中华苏维埃共和国临时中央政府电话总机室旧址、云石山中华苏维埃共和国中央政府旧址、红四军人柏地战斗旧址
21	Ⅰ－21	遵义会议会址	1935年	贵州省遵义市	
22	Ⅰ－22	泸定桥	清	四川省泸定县	2006年增石棉县红军强渡大渡河遗址
23	Ⅰ－23	延安革命遗址	1937～1947年	陕西省延安市	1996年增岭山寺塔（宋代）、中国共产党六届六中全会旧址。2006年增南泥湾革命旧址、清凉山新闻出版部门旧址、中共中央党校旧址、陕甘宁边区银行旧址、中共中央西北局旧址
24	Ⅰ－24	卢沟桥（包括宛平县城）	金代建成，明、清修葺	北京市丰台区	
25	Ⅰ－25	平型关战役遗址	1937年	山西省繁峙县、灵丘县	
26	Ⅰ－26	八路军总司令部旧址	1939～1940年	山西省武乡县	2006年增潞城市八路军总司令部北村旧址
27	Ⅰ－27	新四军军部旧址	1938～1941年	安徽省泾县	
28	Ⅰ－28	八路军重庆办事处旧址	1938～1946年	重庆市渝中区	2001年增中共代表团驻地旧址、《新华日报》营业部旧址
29	Ⅰ－29	冉庄地道战遗址	1942年	河北省清苑县	
30	Ⅰ－30	天安门	明、清	北京市东城区	
31	Ⅰ－31	鲁迅墓	1956年迁建	上海市虹口区	
32	Ⅰ－32	中苏友谊纪念塔	1957年	辽宁省大连市	
33	Ⅰ－33	人民英雄纪念碑	1958年	北京市东城区	
二、石窟寺（14处）					
序号	编号	名称	时代	地址	备注
34	Ⅱ－1	云冈石窟	北魏	山西省大同市	
35	Ⅱ－2	莫高窟（包括西千佛洞）	北魏至元	甘肃省敦煌市	
36	Ⅱ－3	榆林窟	北魏至元	甘肃省瓜州县	1996年增东千佛洞石窟
37	Ⅱ－4	龙门石窟（包括白居易墓）	北魏至唐	河南省洛阳市	
38	Ⅱ－5	麦积山石窟	北魏至明	甘肃省天水市	2006年增天水市仙人崖石窟、清水县鲁恭姬造像碑
39	Ⅱ－6	炳灵寺石窟	西秦至明	甘肃省永靖县	
40	Ⅱ－7	响堂山石窟	东魏、北齐至元	河北省邯郸市	
41	Ⅱ－8	克孜尔千佛洞	4～8世纪	新疆维吾尔自治区拜城县	2006年增温巴什石窟、台台尔石窟
42	Ⅱ－9	库木吐喇千佛洞	5～11世纪	新疆维吾尔自治区库车县	2006年增新和县托乎拉克艾肯石窟
43	Ⅱ－10	皇泽寺摩崖造像	南北朝至宋	四川省广元市	
44	Ⅱ－11	广元千佛崖摩崖造像	南北朝至明	四川省广元市	2006年增观音岩石窟

续表

序号	编号	名称	时代	地址	备注
45	Ⅱ－12	北山摩崖造像	唐、宋	重庆市大足县	1996年增南山－石篆山摩崖造像及多宝塔
46	Ⅱ－13	宝顶山摩崖造像	宋	重庆市大足县	1996年增石门山摩崖造像
47	Ⅱ－14	石钟山石窟	南诏、大理	云南省剑川县	
三、古建筑及历史纪念建筑物（77处）					
序号	编号	名称	时代	地址	备注
48	Ⅲ－1	太室阙	东汉	河南省登封市	
49	Ⅲ－2	少室阙	东汉	河南省登封市	
50	Ⅲ－3	启母阙	东汉	河南省登封市	
51	Ⅲ－4	冯焕阙	东汉	四川省渠县	2001年增补赵家村汉阙、王家坪汉阙、蒲家湾汉阙，与冯焕阙、沈府君阙合称为“渠县汉阙”
52	Ⅲ－5	平阳府君阙	东汉	四川省绵阳市	
53	Ⅲ－6	沈府君阙	东汉	四川省渠县	2001年增补赵家村汉阙、王家坪汉阙、蒲家湾汉阙，与冯焕阙、沈府君阙合称为“渠县汉阙”
54	Ⅲ－7	孝堂山郭氏墓石祠	东汉	山东省济南市	
55	Ⅲ－8	嘉祥武氏墓群石刻	东汉	山东省嘉祥县	
56	Ⅲ－9	高颐墓阙及石刻	东汉	四川省雅安市	
57	Ⅲ－10	褒斜道石门及其摩崖石刻	汉至宋	陕西省汉中市	
58	Ⅲ－11	安济桥（大石桥）	隋	河北省赵县	
59	Ⅲ－12	安平桥(五里桥）	南宋	福建省晋江市	
60	Ⅲ－13	永通桥（小石桥）	金	河北省赵县	
61	Ⅲ－14	嵩岳寺塔	北魏	河南省登封市	
62	Ⅲ－15	四门塔	隋	山东省济南市	
63	Ⅲ－16	大雁塔	唐	陕西省西安市	
64	Ⅲ－17	小雁塔	唐	陕西省西安市	
65	Ⅲ－18	崇圣寺三塔	唐、五代	云南省大理市	
66	Ⅲ－19	房山云居寺塔及石经	隋、唐、辽、金	北京市房山区	
67	Ⅲ－20	兴教寺塔(包括兴教寺其他建筑物）	唐	陕西省西安市	
68	Ⅲ－21	苏州云岩寺塔（包括云岩寺其他建筑物）	五代	江苏省苏州市	
69	Ⅲ－22	祐国寺塔(铁塔）	北宋	河南省开封市	
70	Ⅲ－23	定县开元寺塔（料敌塔）	北宋	河北省定州市	
71	Ⅲ－24	佛宫寺释迦塔（应县木塔）	辽	山西省应县	
72	Ⅲ－25	六和塔	南宋	浙江省杭州市	
73	Ⅲ－26	广惠寺华塔	金	河北省正定县	
74	Ⅲ－27	妙应寺白塔	元	北京市西城区	
75	Ⅲ－28	真觉寺金刚宝座（五塔寺塔）	明	北京市海淀区	
76	Ⅲ－29	海宝塔	清	宁夏回族自治区银川市	
77	Ⅲ－30	义慈惠石柱	北齐	河北省定兴县	
78	Ⅲ－31	赵州陀罗尼经幢	北宋	河北省赵县	
79	Ⅲ－32	南禅寺大殿	唐	山西省五台县	
80	Ⅲ－33	佛光寺	唐至清	山西省五台县	
81	Ⅲ－34	大昭寺	建于7世纪中叶，经历代修缮增建	西藏自治区拉萨市	
82	Ⅲ－35	昌珠寺	建于7世纪	西藏自治区乃东县	
83	Ⅲ－36	光孝寺	五代至明	广东省广州市	
84	Ⅲ－37	独乐寺	辽	天津市蓟县	

续表

序号	编号	名称	时代	地址	备注
85	Ⅲ－38	晋祠	宋	山西省太原市	
86	Ⅲ－39	奉国寺	辽至清	辽宁省义县	
87	Ⅲ－40	清净寺	宋	福建省泉州市	
88	Ⅲ－41	善化寺	辽、金	山西省大同市	
89	Ⅲ－42	隆兴寺	宋	河北省正定县	
90	Ⅲ－43	保国寺	北宋	浙江省宁波市	
91	Ⅲ－44	华严寺	辽、金、清	山西省大同市	
92	Ⅲ－45	白马寺	金至清	河南省洛阳市	
93	Ⅲ－46	永乐宫	元	山西省芮城县	
94	Ⅲ－47	武当山金殿	元、明	湖北省丹江口市	
95	Ⅲ－48	萨迦寺	元	西藏自治区萨迦县	
96	Ⅲ－49	广胜寺	元、明	山西省洪洞县	
97	Ⅲ－50	观星台	元	河南省登封市	
98	Ⅲ－51	居庸关云台	元	北京市昌平区	
99	Ⅲ－52	曲阜孔庙及孔府	金至清	山东省曲阜市	
100	Ⅲ－53	故宫	明、清	北京市东城区	
101	Ⅲ－54	万里长城——八达岭	明	北京市延庆县	
102	Ⅲ－55	万里长城——山海关	明	河北省秦皇岛市	
103	Ⅲ－56	万里长城——嘉峪关	明	甘肃省嘉峪关市	
104	Ⅲ－57	西安城墙	明	陕西省西安市	
105	Ⅲ－58	天坛	明	北京市东城区	
106	Ⅲ－59	北海及团城	明、清	北京市西城区	
107	Ⅲ－60	布达拉宫	明至民国	西藏自治区拉萨市	
108	Ⅲ－61	噶丹寺	明初至清	西藏自治区拉萨市	
109	Ⅲ－62	扎什伦布寺	明初至清	西藏自治区日喀则市	
110	Ⅲ－63	智华寺	明	北京市东城区	
111	Ⅲ－64	塔尔寺	明	青海省湟中县	
112	Ⅲ－65	沈阳故宫	清	辽宁省沈阳市	
113	Ⅲ－66	国子监	清	北京市东城区	
114	Ⅲ－67	雍和宫	清	北京市东城区	
115	Ⅲ－68	普宁寺	清	河北省承德市	
116	Ⅲ－69	普乐寺	清	河北省承德市	
117	Ⅲ－70	普陀宗乘之庙	清	河北省承德市	
118	Ⅲ－71	须弥福寿之庙	清	河北省承德市	
119	Ⅲ－72	武侯祠	清	四川省成都市	
120	Ⅲ－73	杜甫草堂	清	四川省成都市	
121	Ⅲ－74	拙政园	明、清	江苏省苏州市	
122	Ⅲ－75	颐和园	清	北京市海淀区	
123	Ⅲ－76	避暑山庄	清	河北省承德市	
124	Ⅲ－77	留园	清	江苏省苏州市	
四、石刻及其他（11处）					
序号	编号	名称	时代	地址	备注
125	Ⅳ－1	西安碑林	汉至近代	陕西省西安市	
126	Ⅳ－2	爨宝子碑	东晋	云南省曲靖市	
127	Ⅳ－3	爨龙颜碑	南朝	云南省陆良县	
128	Ⅳ－4	药王山石刻	北朝至明	陕西省铜川市	2006年增药王山庙

续表

序号	编号	名称	时代	地址	备注
129	Ⅳ－5	段氏与三十七部会盟碑	大理	云南省曲靖市	
130	Ⅳ－6	重修护国寺感应塔碑（西夏碑）	西夏	甘肃省武威市	
131	Ⅳ－7	苏州文庙内宋代石刻	南宋	江苏省苏州市	2001年增苏州文庙，二者合并称苏州文庙及石刻
132	Ⅳ－8	溪州铜柱	五代	湖南省永顺县	
133	Ⅳ－9	峨眉山圣寿万年寺铜铁佛像	宋	四川省峨眉山市	2006年增峨眉山古建筑群，二者合并称峨眉山古建筑群
134	Ⅳ－10	沧州铁狮子	后周	河北省沧州市	
135	Ⅳ－11	保圣寺罗汉塑像	宋	江苏省苏州市	
五、古遗址（26处）					
序号	编号	名称	时代	地址	备注
136	Ⅴ－1	周口店遗址	旧石器时代	北京市房山区	
137	Ⅴ－2	丁村遗址	旧石器时代	山西省襄汾县	
138	Ⅴ－3	仰韶村遗址	新石器时代	河南省渑池县	
139	Ⅴ－4	半坡遗址	新石器时代	陕西省西安市	
140	Ⅴ－5	城子崖遗址	新石器时代	山东省章丘市	
141	Ⅴ－6	郑州商代遗址	商	河南省郑州市	
142	Ⅴ－7	殷墟	商	河南省安阳市	
143	Ⅴ－8	丰镐遗址	周	陕西省西安市	
144	Ⅴ－9	临淄齐国故城	周	山东省淄博市	
145	Ⅴ－10	曲阜鲁国故城	周至汉	山东省曲阜市	
146	Ⅴ－11	侯马晋国遗址	东周	山西省侯马市	
147	Ⅴ－12	楚纪南故城	东周	湖北省荆州市	2006年增雨台山墓群、天星观墓群
148	Ⅴ－13	郑韩故城	东周	河南省新郑市	2006年增韩王陵
149	Ⅴ－14	赵邯郸故城	战国	河北省邯郸市	
150	Ⅴ－15	燕下都遗址	战国	河北省易县	
151	Ⅴ－16	阿房宫遗址	秦	陕西省西安市	
152	Ⅴ－17	汉长安城遗址	西汉	陕西省西安市	2001年增兆伦铸钱遗址
153	Ⅴ－18	汉魏洛阳故城	东汉至北魏	河南省洛阳市	1996年增辟雍碑
154	Ⅴ－19	高昌故城	高昌	新疆维吾尔自治区吐鲁番市	
155	Ⅴ－20	雅尔湖故城	高昌	新疆维吾尔自治区吐鲁番市	2001年增交河故城沟西沟北墓地及雅尔湖石窟
156	Ⅴ－21	大明宫遗址	唐	陕西省西安市	
157	Ⅴ－22	太和城遗址（包括南诏德化碑）	南诏	云南省大理市	
158	Ⅴ－23	渤海国上京龙泉府遗址	渤海	黑龙江省宁安市	2006年增渤海国三灵坟
159	Ⅴ－24	辽上京遗址	辽	内蒙古自治区巴林左旗	
160	Ⅴ－25	辽中京遗址	辽	内蒙古自治区宁城县	
161	Ⅴ－26	古格王国遗址	10世纪中叶至1630年	西藏自治区札达县	
六、古墓葬（19处）					
序号	编号	名称	时代	地址	备注
162	Ⅵ－1	黄帝陵		陕西省黄陵县	
163	Ⅵ－2	孔林	东周	山东省曲阜市	
164	Ⅵ－3	秦始皇陵	秦	陕西省西安市	
165	Ⅵ－4	茂陵	西汉	陕西省兴平市	
166	Ⅵ－5	霍去病墓	西汉	陕西省兴平市	
167	Ⅵ－6	辽阳壁画墓群	东汉至魏晋	辽宁省辽阳市	2006年增北园三号墓、鹅房壁画墓
168	Ⅵ－7	洞沟古墓群（包括好太王碑）	高句丽	吉林省集安市	2001年增补长川古墓群和采石场遗址

续表

序号	编号	名称	时代	地址	备注
169	Ⅵ－8	封氏墓群	北魏至隋	河北省景县	
170	Ⅵ－9	昭陵	唐	陕西省礼泉县	
171	Ⅵ－10	乾陵	唐	陕西省乾县	
172	Ⅵ－11	顺陵	唐	陕西省咸阳市	
173	Ⅵ－12	六顶山古墓群	渤海	吉林省敦化市	
174	Ⅵ－13	藏王墓	7～9世纪	西藏自治区琼结县	
175	Ⅵ－14	王建墓	五代前蜀	四川省成都市	
176	Ⅵ－15	岳飞墓	南宋	浙江省杭州市	
177	Ⅵ－16	明孝陵	明	江苏省南京市	2006年增明功臣墓
178	Ⅵ－17	十三陵	明	北京市昌平区	
179	Ⅵ－18	清东陵	清	河北省遵化市	
180	Ⅵ－19	清西陵	清	河北省易县	

表2 第二批全国重点文物保护单位名单(1982)

序号	编号	名称	时代	地址	备注
一、革命遗址及革命纪念建筑物（10处）					
1	Ⅰ－1	林则徐销烟池与虎门炮台旧址	1839～1841年	广东省东莞市	
2	Ⅰ－2	太平天国天王府遗址	1853～1864年	江苏省南京市	
3	Ⅰ－3	义和团吕祖堂坛口遗址	1900年	天津市红桥区	
4	Ⅰ－4	安源路矿工人俱乐部旧址	1922年	江西省萍乡市	2006年增秋收起义安源军事会议旧址、安源路矿工人大罢工谈判处旧址
5	Ⅰ－5	八七会议会址	1927年	湖北省武汉市	
6	Ⅰ－6	西安事变旧址	1936年	陕西省西安市	
7	Ⅰ－7	白求恩模范病室旧址	1938年	山西省五台县	
8	Ⅰ－8	西柏坡中共中央旧址	1948年5月至1949年3月23日	河北省平山县	
9	Ⅰ－9	北京宋庆龄故居	1963～1981年	北京市西城区	
10	Ⅰ－10	宋庆龄墓	1981年	上海市长宁区	
二、石窟寺（5处）					
序号	编号	名称	时代	地址	备注
11	Ⅱ－1	巩县石窟	北魏至宋	河南省巩义市	
12	Ⅱ－2	须弥山石窟	北朝至唐	宁夏回族自治区固原市	
13	Ⅱ－3	乐山大佛	唐	四川省乐山市	2006年增灵宝塔
14	Ⅱ－4	柏孜克里克千佛洞	唐至元	新疆维吾尔自治区吐鲁番市	2006年增胜金口石窟
15	Ⅱ－5	飞来峰造像	五代至元	浙江省杭州市	2006年增西湖南山造像
三、古建筑及历史纪念建筑物（28处）					
序号	编号	名称	时代	地址	备注
16	Ⅲ－1	修定寺塔	唐	河南省安阳县	
17	Ⅲ－2	玉泉寺及铁塔	宋至清	湖北省当阳市	
18	Ⅲ－3	万部华严经塔	辽	内蒙古自治区呼和浩特市	
19	Ⅲ－4	华林寺大殿	宋	福建省福州市	
20	Ⅲ－5	开元寺	宋至清	福建省泉州市	
21	Ⅲ－6	灵岩寺	唐至清	山东省济南市	
22	Ⅲ－7	玄妙观三清殿	宋	江苏省苏州市	
23	Ⅲ－8	岩山寺	金至元	山西省繁峙县	
24	Ⅲ－9	北岳庙	元	河北省曲阳县	
25	Ⅲ－10	紫霄宫	明	湖北省丹江口市	

续表

序号	编号	名称	时代	地址	备注
26	Ⅲ－11	显通寺	明、清	山西省五台县	2006年增五台山古建筑群，二者合并称五台山古建筑群
27	Ⅲ－12	哲蚌寺	明	西藏自治区拉萨市	
28	Ⅲ－13	色拉寺	明	西藏自治区拉萨市	
29	Ⅲ－14	皇史宬	明、清	北京市东城区	
30	Ⅲ－15	悬空寺	明、清	山西省浑源县	
31	Ⅲ－16	天一阁	明、清	浙江省宁波市	2001年增秦氏支祠
32	Ⅲ－17	古观象台	明、清	北京市东城区	
33	Ⅲ－18	经略台真武阁	明	广西壮族自治区容县	
34	Ⅲ－19	瞿昙寺	明	青海省乐都县	
35	Ⅲ－20	北京城东南角楼	明、清	北京市东城区	
36	Ⅲ－21	都江堰	秦至清	四川省都江堰市	
37	Ⅲ－22	蓬莱水城及蓬莱阁	明	山东省蓬莱市	1996年增戚继光牌坊
38	Ⅲ－23	太和宫金殿	清	云南省昆明市	
39	Ⅲ－24	豫园	明、清	上海市黄浦区	1996年增沉香阁
40	Ⅲ－25	恭王府及花园	清	北京市西城区	
41	Ⅲ－26	网师园	清	江苏省苏州市	
42	Ⅲ－27	程阳永济桥	民国	广西壮族自治区三江侗族自治县	
43	Ⅲ－28	拉卜楞寺	清	甘肃省夏河县	
四、石刻及其他（2处）					
序号	编号	名称	时代	地址	备注
44	Ⅳ－1	常德铁幢	宋	湖南省常德市	
45	Ⅳ－2	地藏寺经幢	大理	云南省昆明市	
五、古遗址（10处）					
序号	编号	名称	时代	地址	备注
46	Ⅴ－1	元谋猿人遗址	旧石器时代早期	云南省元谋县	
47	Ⅴ－2	蓝田猿人遗址	旧石器时代	陕西省蓝田县	
48	Ⅴ－3	大汶口遗址	新石器时代	山东省泰安市	
49	Ⅴ－4	河姆渡遗址	新石器时代	浙江省余姚市	
50	Ⅴ－5	周原遗址	西周	陕西省扶风县、岐山县	
51	Ⅴ－6	铜绿山古铜矿遗址	周至汉	湖北省大冶市	
52	Ⅴ－7	丸都山故城	高句丽	吉林省集安市	2001年增国内城，二者合并称丸都山城与国内城
53	Ⅴ－8	湖田古瓷窑址	五代至明	江西省景德镇市	2001年增高岭瓷土矿遗址
54	Ⅴ－9	金上京会宁府遗址	金	黑龙江省哈尔滨市	
55	Ⅴ－10	明中都皇故城及皇陵石刻	明	安徽省凤阳县	2006年增明中都城附属建筑
六、古墓葬（7处）					
序号	编号	名称	时代	地址	备注
56	Ⅵ－1	司马迁墓和祠	西汉至宋	陕西省韩城市	
57	Ⅵ－2	杨粲墓	宋	贵州省遵义市	
58	Ⅵ－3	宋陵	北宋	河南省巩义市	
59	Ⅵ－4	李时珍墓	明	湖北省蕲春县	
60	Ⅵ－5	郑成功墓	清	福建省南安市	
61	Ⅵ－6	清昭陵	清	辽宁省沈阳市	
62	Ⅵ－7	成吉思汗陵	1954年迁建	内蒙古自治区伊金霍洛旗	

表3 第三批全国重点文物保护单位名单(1988)

一、革命遗址及革命纪念建筑物（41处）					
序号	编号	名称	时代	地址	备注
1	Ⅰ－1	洪秀全故居	清代中期	广东省广州市	
2	Ⅰ－2	林则徐墓	1826年	福建省福州市	
3	Ⅰ－3	堂子街太平天国壁画	1853～1864年	江苏省南京市	
4	Ⅰ－4	大沽口炮台	1858年	天津市滨海新区	
5	Ⅰ－5	太平天国侍王府	1861年	浙江省金华市	
6	Ⅰ－6	望海楼教堂	1869～1904年	天津市河北区	
7	Ⅰ－7	黄兴故居、墓	1874年、1917年	湖南省长沙县、长沙市	
8	Ⅰ－8	绍兴鲁迅故居	1881～1898年	浙江省绍兴市	
9	Ⅰ－9	刘公岛甲午战争纪念地	1888～1895年	山东省威海市	
10	Ⅰ－10	李大钊故居	1889年	河北省乐亭县	
11	Ⅰ－11	孙中山故居	1892年	广东省中山市	
12	Ⅰ－12	朱德故居	1895～1907年	四川省仪陇县	2006年增四川省仪陇县朱德诞生地、泸州市况场朱德旧居
13	Ⅰ－13	茅盾故居	1896～1910年	浙江省桐乡市	
14	Ⅰ－14	周恩来故居	1898～1910年	江苏省淮安市	
15	Ⅰ－15	刘少奇故居	1898～1916年	湖南省宁乡县	
16	Ⅰ－16	任弼时故居	1904～1915年	湖南省汨罗市	
17	Ⅰ－17	秋瑾故居	1907年	浙江省绍兴市	2006年增秋瑾烈士纪念碑
18	Ⅰ－18	云南陆军讲武堂旧址	1909～1928年	云南省昆明市	
19	Ⅰ－19	辛亥秋保路死事纪念碑	1913年	四川省成都市	
20	Ⅰ－20	国民党“一大”旧址（包括革命广场）	1924年	广东省广州市	
21	Ⅰ－21	黄埔军校旧址	1924～1927年	广东省广州市	
22	Ⅰ－22	中华全国总工会旧址	1925～1927年	广东省广州市	
23	Ⅰ－23	北伐汀泗桥战役遗址	1926年	湖北省咸宁市	
24	Ⅰ－24	红安七里坪革命旧址	1927～1934年	湖北省红安县	
25	Ⅰ－25	龙华革命烈士纪念地	1927～1937年	上海市徐汇区	
26	Ⅰ－26	雨花台烈士陵园	1927～1949年	江苏省南京市	
27	Ⅰ－27	平江起义旧址	1928年	湖南省平江县	
28	Ⅰ－28	中国工农红军第七军、第八军军部旧址	1929～1930年	广西壮族自治区百色市、龙州县	
29	Ⅰ－29	长汀革命旧址	1929～1933年	福建省长汀县	
30	Ⅰ－30	湘鄂西革命根据地旧址	1930～1932年	湖北省洪湖市、监利县	
31	Ⅰ－31	宁都起义指挥部旧址	1931年	江西省宁都县	
32	Ⅰ－32	鄂豫皖革命根据地旧址	1931年	河南省新县	2006年增独山和金寨革命旧址群
33	Ⅰ－33	红四方面军总指挥部旧址	1932～1935年	四川省通江县	
34	Ⅰ－34	平顶山惨案遗址	1932年	辽宁省抚顺市	
35	Ⅰ－35	瓦窑堡革命旧址	1935～1936年	陕西省子长县	
36	Ⅰ－36	八路军西安办事处旧址	1937～1946年	陕西省西安市	
37	Ⅰ－37	中共中央中原局旧址	1938～1939年	河南省确山县	
38	Ⅰ－38	陈嘉庚墓	1953年	福建省厦门市	
39	Ⅰ－39	冯玉祥墓	1953年	山东省泰安市	
40	Ⅰ－40	郭沫若故居	1963～1978年	北京市西城区	
41	Ⅰ－41	聂耳墓	1980年	云南省昆明市	
二、石窟寺（11处）					
序号	编号	名称	时代	地址	备注
42	Ⅱ－1	孔望山摩崖造像	东汉	江苏省连云港市	

续表

序号	编号	名称	时代	地址	备注
43	Ⅱ－2	北石窟寺	北魏至宋	甘肃省庆阳市	
44	Ⅱ－3	南石窟寺	北魏至唐	甘肃省泾川县	
45	Ⅱ－4	万佛堂石窟	北魏	辽宁省义县	
46	Ⅱ－5	驼山石窟	隋至唐	山东省青州市	
47	Ⅱ－6	南龛摩崖造像	隋至宋	四川省巴中市	2001年增水宁寺摩崖造像，西龛、北龛摩崖造像
48	Ⅱ－7	千佛崖造像（包括龙虎塔、九顶塔）	唐至明	山东省济南市	
49	Ⅱ－8	大佛寺石窟	唐	陕西省彬县	
50	Ⅱ－9	卧佛院摩崖造像	唐至五代	四川省安岳县	2006年增安岳石窟，二者合并称安岳石窟
51	Ⅱ－10	钟山石窟	北宋	陕西省子长县	
52	Ⅱ－11	通天岩石窟	宋至明	江西省赣州市	
三、古建筑及历史纪念建筑物（111处）					
序号	编号	名称	时代	地址	备注
53	Ⅲ－1	安丰塘（芍陂）	春秋	安徽省寿县	
54	Ⅲ－2	灵渠	秦	广西壮族自治区兴安县	
55	Ⅲ－3	它山堰	唐	浙江省宁波市	
56	Ⅲ－4	木兰陂	北宋	福建省莆田市	
57	Ⅲ－5	燊海井	清	四川省自贡市	
58	Ⅲ－6	金山岭长城	明	河北省滦平县	
59	Ⅲ－7	南京城墙	明	江苏省南京市	
60	Ⅲ－8	平遥城墙	明	山西省平遥县	
61	Ⅲ－9	崇武城墙	明	福建省惠安县	
62	Ⅲ－10	兴城城墙	明、清	辽宁省兴城市	2006年增兴城古城，二者合并称兴城古城
63	Ⅲ－11	正阳门	明、清	北京市东城区	
64	Ⅲ－12	清远楼	明	河北省张家口市	1996年增镇朔楼。2006年增宣化城墙，与清远楼合并，称宣化古城
65	Ⅲ－13	光岳楼	明、清	山东省聊城市	
66	Ⅲ－14	岳阳楼	清	湖南省岳阳市	
67	Ⅲ－15	观音桥	宋	江西省星子县	
68	Ⅲ－16	洛阳桥	宋至明	福建省泉州市	
69	Ⅲ－17	广济桥（湘子桥）	宋至明	广东省潮州市	
70	Ⅲ－18	古纤道	明、清	浙江省绍兴市	
71	Ⅲ－19	直隶总督署	清	河北省保定市	
72	Ⅲ－20	卓克基土司官寨	清	四川省马尔康县	
73	Ⅲ－21	大屯土司庄园	清、民国	贵州省毕节市	
74	Ⅲ－22	白鹿书院	清	江西省九江市	
75	Ⅲ－23	岳麓书院	清	湖南省长沙市	
76	Ⅲ－24	西秦会馆	清	四川省自贡市	
77	Ⅲ－25	聊城山陕会馆	清	山东省聊城市	
78	Ⅲ－26	社旗山陕会馆	清	河南省社旗县	
79	Ⅲ－27	胡庆余堂	清	浙江省杭州市	2006年增胡雪岩旧居
80	Ⅲ－28	太庙	明、清	北京市东城区	
81	Ⅲ－29	社稷坛	明、清	北京市东城区	
82	Ⅲ－30	北京孔庙	元至清	北京市东城区	
83	Ⅲ－31	孟庙及孟府	明、清	山东省邹城市	2006年增孟林，二者合并称孟庙、孟府和孟林

续表

序号	编号	名称	时代	地址	备注
84	Ⅲ-32	龙川胡氏宗祠	明、清	安徽省绩溪县	
85	Ⅲ-33	陈家祠	清	广东省广州市	
86	Ⅲ-34	泰宁尚书第	明	福建省泰宁县	2001年增世德堂，合称泰宁尚书第建筑群
87	Ⅲ-35	丁村民宅	明、清	山西省襄汾县	
88	Ⅲ-36	潜口民宅	明	安徽省黄山市	
89	Ⅲ-37	东阳卢宅	明、清	浙江省东阳市	
90	Ⅲ-38	祥集弄民宅	明	江西省景德镇市	
91	Ⅲ-39	崇礼住宅	清	北京市东城区	
92	Ⅲ-40	牟氏庄园	清、民国	山东省栖霞市	
93	Ⅲ-41	寄畅园	明、清	江苏省无锡市	
94	Ⅲ-42	环秀山庄	明、清	江苏省苏州市	
95	Ⅲ-43	十笏园	明、清	山东省潍坊市	
96	Ⅲ-44	罗布林卡	清	西藏自治区拉萨市	
97	Ⅲ-45	何园	清	江苏省扬州市	
98	Ⅲ-46	个园	清	江苏省扬州市	
99	Ⅲ-47	南通博物苑	1905年	江苏省南通市	2001年增张謇墓。2006年增大生纱厂
100	Ⅲ-48	樊敏阙及石刻	东汉	四川省芦山县	
101	Ⅲ-49	“治世玄岳”牌坊	明	湖北省丹江口市	
102	Ⅲ-50	许国石坊	明	安徽省歙县	
103	Ⅲ-51	人士阁	明	广西壮族自治区合浦县	
104	Ⅲ-52	增冲鼓楼	清	贵州省从江县	
105	Ⅲ-53	开元寺钟楼	唐至清	河北省正定县	2006年增开元寺须弥塔，二者合并称开元寺
106	Ⅲ-54	法兴寺	唐、宋	山西省长子县	
107	Ⅲ-55	天台庵	唐	山西省平顺县	
108	Ⅲ-56	风穴寺及塔林	唐至清	河南省汝州市	
109	Ⅲ-57	昭仁寺大殿	唐	陕西省长武县	
110	Ⅲ-58	青莲寺	唐至清	山西省晋城市	
111	Ⅲ-59	镇国寺	五代至清	山西省平遥县	
112	Ⅲ-60	大云院	五代至清	山西省平顺县	
113	Ⅲ-61	玉皇庙	宋至清	山西省晋城市	
114	Ⅲ-62	大庙飞来殿	宋、元	四川省峨眉山市	
115	Ⅲ-63	云岩寺	宋至清	四川省江油市	
116	Ⅲ-64	天宁寺大殿	宋、元	浙江省金华市	
117	Ⅲ-65	崇福寺	金	山西省朔州市	
118	Ⅲ-66	夏鲁寺	元至清	西藏自治区日喀则市	
119	Ⅲ-67	法海寺	明	北京市石景山区	
120	Ⅲ-68	双林寺	明	山西省平遥县	
121	Ⅲ-69	殊像寺	清	河北省承德市	
122	Ⅲ-70	安远庙	清	河北省承德市	
123	Ⅲ-71	广允缅寺	清	云南省沧源佤族自治县	
124	Ⅲ-72	景真八角亭	清	云南省勐海县	
125	Ⅲ-73	岱庙	宋至清	山东省泰安市	
126	Ⅲ-74	西岳庙	明、清	陕西省华阴县	
127	Ⅲ-75	北镇庙	明、清	辽宁省北镇市	
128	Ⅲ-76	玄贞观	明、清	辽宁省盖州市	
129	Ⅲ-77	万荣东岳庙	元至清	山西省万荣县	
130	Ⅲ-78	解州关帝庙	清	山西省运城市	

续表

序号	编号	名称	时代	地址	备注
131	Ⅲ－79	花戏楼	清	安徽省亳州市	
132	Ⅲ－80	青龙洞	明、清	贵州省镇远县	
133	Ⅲ－81	泉州天后宫	清	福建省泉州市	
134	Ⅲ－82	牛街礼拜寺	明、清	北京市西城区	
135	Ⅲ－83	西安清真寺	明、清	陕西省西安市	
136	Ⅲ－84	同心清真大寺	清	宁夏回族自治区同心县	
137	Ⅲ－85	净藏禅师塔	唐	河南省登封市	
138	Ⅲ－86	云龙寺塔	唐	广东省仁化县	
139	Ⅲ－87	凌霄塔	唐至宋、金	河北省正定县	
140	Ⅲ－88	朝阳北塔	唐至辽	辽宁省朝阳市	
141	Ⅲ－89	灵光塔	渤海	吉林省长白朝鲜族自治县	
142	Ⅲ－90	闸口白塔	五代	浙江省杭州市	
143	Ⅲ－91	栖霞寺舍利塔	五代	江苏省南京市	
144	Ⅲ－92	三影塔	北宋	广东省南雄市	
145	Ⅲ－93	广教寺双塔	北宋	安徽省宣城市	
146	Ⅲ－94	崇觉寺铁塔	北宋	山东省济宁市	
147	Ⅲ－95	瑞光塔	北宋	江苏省苏州市	
148	Ⅲ－96	飞英塔	南宋	浙江省湖州市	
149	Ⅲ－97	释迦文佛塔	南宋	福建省莆田市	
150	Ⅲ－98	天宁寺塔	辽	北京市西城区	
151	Ⅲ－99	崇兴寺双塔	辽	辽宁省北镇市	
152	Ⅲ－100	辽阳白塔	辽、金	辽宁省辽阳市	
153	Ⅲ－101	银山塔林	金、元	北京市昌平区	
154	Ⅲ－102	拜寺口双塔	西夏	宁夏回族自治区贺兰县	
155	Ⅲ－103	一百零八塔	元	宁夏回族自治区青铜峡市	
156	Ⅲ－104	广德寺多宝塔	明	湖北省襄阳市	
157	Ⅲ－105	曼飞龙塔	清	云南省景洪市	
158	Ⅲ－106	金刚座舍利宝塔	清	内蒙古自治区呼和浩特市	
159	Ⅲ－107	苏公塔（吐鲁番塔）	清	新疆维吾尔自治区吐鲁番市	
160	Ⅲ－108	旅顺监狱旧址	1898～1945年	辽宁省大连市	
161	Ⅲ－109	息烽集中营旧址	1937～1946年	贵州省息烽县	
162	Ⅲ－110	上饶集中营旧址	1941～1942年	江西省上饶市	
163	Ⅲ－111	“中美合作所”集中营旧址	1943～1949年	重庆市沙坪坝区	
四、石刻及其他（17处）					
序号	编号	名称	时代	地址	备注
164	Ⅳ－1	将军崖岩画	新石器时代	江苏省连云港市	
165	Ⅳ－2	花山岩画	战国至东汉	广西壮族自治区宁明县	
166	Ⅳ－3	亚沟石刻	金	黑龙江省哈尔滨市	
167	Ⅳ－4	南京南朝陵墓石刻	南朝	江苏省南京市	
168	Ⅳ－5	丹阳南朝陵墓石刻	南朝	江苏省丹阳市	1996年增梁南康简王萧绩墓石刻
169	Ⅳ－6	老君岩造像	宋	福建省泉州市	2001年增清源山石造像群，二者合并称清源山石造像
170	Ⅳ－7	云峰山、天柱山摩崖石刻	北魏	山东省莱州市、平度市	
171	Ⅳ－8	铁山、岗山摩崖石刻	北周	山东省邹城市	2006年增葛山和峄山摩崖石刻
172	Ⅳ－9	白鹤梁题刻	唐至清	重庆市涪陵区	
173	Ⅳ－10	浯溪摩崖石刻	唐至清	湖南省祁阳县	
174	Ⅳ－11	袁滋题记摩崖石刻	唐	云南省盐津县	
175	Ⅳ－12	怡亭铭摩崖石刻	唐	湖北省鄂州市	

续表

序号	编号	名称	时代	地址	备注
176	Ⅳ－13	九日山摩崖石刻	宋	福建省南安市	
177	Ⅳ－14	焦山碑林	南朝至清	江苏省镇江市	
178	Ⅳ－15	大金得胜陀颂碑	金	吉林省扶余县	
179	Ⅳ－16	松江唐经幢	唐	上海市松江区	
180	Ⅳ－17	南诏铁柱	南诏	云南省弥渡县	
五、古遗址（49处）					
序号	编号	名称	时代	地址	备注
181	Ⅴ－1	腊玛古猿化石地点	800万年前	云南省禄丰县	
182	Ⅴ－2	西侯度遗址	旧石器时代	山西省芮城县	
183	Ⅴ－3	金牛山遗址	旧石器时代	辽宁省大石桥市	
184	Ⅴ－4	和县猿人遗址	旧石器时代	安徽省和县	
185	Ⅴ－5	水洞沟遗址	旧石器时代	宁夏回族自治区灵武市	
186	Ⅴ－6	穿洞遗址	旧石器时代	贵州省普定县	
187	Ⅴ－7	大窑遗址	旧石器时代	内蒙古自治区呼和浩特市	
188	Ⅴ－8	磁山遗址	新石器时代	河北省武安市	
189	Ⅴ－9	大地湾遗址	新石器时代	甘肃省秦安县	
190	Ⅴ－10	马家窑遗址	新石器时代	甘肃省临洮县	
191	Ⅴ－11	马厂塬遗址	新石器时代	青海省民和回族土族自治县	
192	Ⅴ－12	陶寺遗址	新石器时代	山西省襄汾县	
193	Ⅴ－13	平粮台古城遗址	新石器时代	河南省淮阳县	
194	Ⅴ－14	屈家岭遗址	新石器时代	湖北省京山县	
195	Ⅴ－15	牛河梁遗址	新石器时代	辽宁省凌源市、建平县	
196	Ⅴ－16	昂昂溪遗址	新石器时代	黑龙江省齐齐哈尔市	
197	Ⅴ－17	二里头遗址	夏、商	河南省偃师市	
198	Ⅴ－18	尸乡沟商城遗址	商	河南省偃师市	
199	Ⅴ－19	盘龙城遗址	商	湖北省武汉市	
200	Ⅴ－20	三星堆遗址	新石器时代至商周	四川省广汉市	
201	Ⅴ－21	琉璃河遗址	西周	北京市房山区	
202	Ⅴ－22	薛城遗址	东周	山东省滕州市	
203	Ⅴ－23	淹城遗址	东周	江苏省常州市	
204	Ⅴ－24	秦雍城遗址	东周	陕西省凤翔县	
205	Ⅴ－25	禹王城遗址	东周至汉	山西省夏县	
206	Ⅴ－26	中山古城遗址	战国	河北省平山县	
207	Ⅴ－27	秦咸阳城遗址	战国至秦	陕西省咸阳市	
208	Ⅴ－28	姜女石遗址	秦汉	辽宁省绥中县	
209	Ⅴ－29	居延遗址	汉	内蒙古自治区额济纳旗、甘肃省金塔县	2001年增黑城遗址
210	Ⅴ－30	玉门关及长城烽燧遗址（包括大方盘、小方盘）	汉	甘肃省敦煌市	
211	Ⅴ－31	楼兰古城遗址	汉至晋	新疆维吾尔自治区若羌县	
212	Ⅴ－32	西海郡古城遗址	汉至南北朝	青海省海晏县	
213	Ⅴ－33	邺城遗址	曹魏至北齐	河北省临漳县	
214	Ⅴ－34	嘎仙洞遗址	北魏	内蒙古自治区鄂伦春自治旗	
215	Ⅴ－35	平城遗址	北魏	山西省大同市	
216	Ⅴ－36	隋唐洛阳城遗址	隋、唐	河南省洛阳市	
217	Ⅴ－37	北庭故城遗址	唐	新疆维吾尔自治区吉木萨尔县	
218	Ⅴ－38	北宋东京城遗址	北宋	河南省开封市	1996年增繁塔、延庆观
219	Ⅴ－39	蒲与路故城遗址	金	黑龙江省克东县	
220	Ⅴ－40	元上都遗址	元	内蒙古自治区正蓝旗	

续表

序号	编号	名称	时代	地址	备注
221	Ⅴ－41	圆明园遗址	清	北京市海淀区	
222	Ⅴ－42	上林湖越窑遗址	东汉至宋	浙江省慈溪市	2006年增寺龙口和开刀山窑遗址
223	Ⅴ－43	什邡堂邛窑遗址	隋至宋	四川省邛崃市	2006年增大渔村和瓦窑山窑址
224	Ⅴ－44	长沙铜官窑遗址	唐、宋	湖南省望城县	
225	Ⅴ－45	涧磁村定窑遗址	唐至元	河北省曲阳县	
226	Ⅴ－46	黄堡镇耀州窑遗址	唐至元	陕西省铜川市	2006年增陈炉窑址
227	Ⅴ－47	钧台钧窑遗址	宋	河南省禹州市	2006年增神垕钧窑址，二者合并称禹县钧窑址
228	Ⅴ－48	大窑龙泉窑遗址	宋至明	浙江省龙泉市	
229	Ⅴ－49	屈斗宫德化窑遗址	宋至明	福建省德化县	2006年增南安市南坑窑址

六、古墓葬（29处）

序号	编号	名称	时代	地址	备注
230	Ⅵ－1	八岭山古墓群	东周至明	湖北省荆州市	
231	Ⅵ－2	擂鼓墩古墓群	战国	湖北省随州市	
232	Ⅵ－3	田齐王陵	战国	山东省淄博市	
233	Ⅵ－4	长陵	西汉	陕西省咸阳市	
234	Ⅵ－5	杜陵	西汉	陕西省西安市	
235	Ⅵ－6	中山靖王墓（满城汉墓）	西汉	河北省满城县	
236	Ⅵ－7	广武汉墓群	汉	山西省山阴县	
237	Ⅵ－8	张衡墓	东汉	河南省南阳市	
238	Ⅵ－9	麻浩崖墓	东汉至南北朝	四川省乐山市	
239	Ⅵ－10	打虎亭汉墓	东汉	河南省新密市	
240	Ⅵ－11	张仲景墓及祠	东汉、明	河南省南阳市	
241	Ⅵ－12	阿斯塔那古墓群	晋至唐	新疆维吾尔自治区吐鲁番市	
242	Ⅵ－13	磁县北朝墓群	北朝	河北省磁县	
243	Ⅵ－14	桥陵	唐	陕西省蒲城县	
244	Ⅵ－15	龙头山古墓群	渤海	吉林省和龙县	
245	Ⅵ－16	南唐二陵	五代	江苏省南京市	
246	Ⅵ－17	司马光墓	北宋	山西省夏县	
247	Ⅵ－18	辽陵及奉陵邑（包括祖陵及祖州城、庆陵及庆州城）	辽	内蒙古自治区巴林左旗、巴林右旗	2001年增怀陵及奉陵邑
248	Ⅵ－19	西夏陵	西夏	宁夏回族自治区银川市	
249	Ⅵ－20	僰人悬棺葬（墓）	宋至清	四川省珙县	
250	Ⅵ－21	伊斯兰教圣墓	唐	福建省泉州市	
251	Ⅵ－22	奢香墓	明	贵州省大方县	
252	Ⅵ－23	苏禄王墓	明	山东省德州市	
253	Ⅵ－24	显陵	明	湖北省钟祥市	2006年增元佑宫
254	Ⅵ－25	徐光启墓	明	上海市徐汇区	
255	Ⅵ－26	李自成墓	清	湖北省通山县	
256	Ⅵ－27	永陵	清	辽宁省新宾满族自治县	
257	Ⅵ－28	福陵	清	辽宁省沈阳市	
258	Ⅵ－29	阿巴和加麻扎（墓）	清	新疆维吾尔自治区喀什市	

表4　第四批全国重点文物保护单位名单（1996）

一、古遗址（56处）

序号	编号	名称	时代	地址	备注
1	Ⅰ－1	龙骨坡遗址	更新世	重庆市巫山县	
2	Ⅰ－2	许家窑－侯家窑遗址	旧石器时代	山西省阳高县、河北省阳原县	

续表

序号	编号	名称	时代	地址	备注
3	Ⅰ-3	鸡公山遗址	旧石器时代	湖北省荆州市	
4	Ⅰ-4	大洞遗址	旧石器时代	贵州省盘县	
5	Ⅰ-5	西阴村遗址	新石器时代	山西省夏县	
6	Ⅰ-6	兴隆洼遗址	新石器时代	内蒙古自治区敖汉旗	
7	Ⅰ-7	查海遗址	新石器时代	辽宁省阜新蒙古族自治县	
8	Ⅰ-8	良渚遗址	新石器时代	浙江省杭州市、德清县	
9	Ⅰ-9	薛家岗遗址	新石器时代	安徽省潜山县	
10	Ⅰ-10	北庄遗址	新石器时代	山东省长岛县	
11	Ⅰ-11	丹土遗址	新石器时代	山东省五莲县	
12	Ⅰ-12	西山遗址	新石器时代	河南省郑州市	
13	Ⅰ-13	王城岗及阳城遗址	新石器时代至东周	河南省登封市	
14	Ⅰ-14	羑里城遗址	新石器时代、商、周	河南省汤阴县	
15	Ⅰ-15	石家河遗址	新石器时代	湖北省天门市	
16	Ⅰ-16	雕龙碑遗址	新石器时代	湖北省枣阳市	
17	Ⅰ-17	城头山遗址	新石器时代	湖南省澧县	
18	Ⅰ-18	石佛洞遗址	新石器时代	云南省耿马傣族佤族自治县	
19	Ⅰ-19	卡若遗址	新石器时代	西藏自治区昌都县	
20	Ⅰ-20	姜寨遗址	新石器时代	陕西省西安市	
21	Ⅰ-21	齐家坪遗址	新石器时代	甘肃省广河县	
22	Ⅰ-22	大甸子遗址	青铜时代	内蒙古自治区敖汉旗	
23	Ⅰ-23	白金宝遗址	青铜时代	黑龙江省肇源县	
24	Ⅰ-24	旌介遗址	商代为主	山西省灵石县	
25	Ⅰ-25	吴城遗址	商	江西省樟树市	
26	Ⅰ-26	曲村-天马遗址	周	山西省曲沃县、翼城县	
27	Ⅰ-27	大工山-凤凰山铜矿遗址	西周至宋	安徽省南陵县、铜陵市	
28	Ⅰ-28	蔡国故城	西周、春秋	河南省上蔡县	2006年增上蔡楚国贵族墓地
29	Ⅰ-29	酒店冶铁遗址	战国	河南省西平县	
30	Ⅰ-30	戚城遗址	新石器时代至春秋	河南省濮阳市	
31	Ⅰ-31	郑国渠首遗址	战国	陕西省泾阳县	
32	Ⅰ-32	魏长城遗址	战国	陕西省华阴市、大荔县、韩城市	
33	Ⅰ-33	北戴河秦行宫遗址	秦	河北省秦皇岛市	
34	Ⅰ-34	固阳秦长城遗址	秦	内蒙古自治区固阳县	
35	Ⅰ-35	秦代造船遗址、南越国宫署遗址及南越文王墓	秦、西汉	广东省广州市	2006年增南越国木构水闸遗址
36	Ⅰ-36	五女山山城	高句丽	辽宁省桓仁满族自治县	2006年增米仓沟墓、上古城子墓群
37	Ⅰ-37	凤凰山山城	高句丽	辽宁省凤城市	
38	Ⅰ-38	城村汉城遗址	汉	福建省武夷山市	
39	Ⅰ-39	甘泉宫遗址	汉	陕西省淳化县	
40	Ⅰ-40	骆驼城遗址	汉至唐	甘肃省高台县	2001年增骆驼城墓群
41	Ⅰ-41	尼雅遗址	西汉至西晋	新疆维吾尔自治区民丰县	
42	Ⅰ-42	洪州窑遗址	东汉至唐	江西省丰城市	
43	Ⅰ-43	统万城遗址	十六国	陕西省靖边县	
44	Ⅰ-44	磁州窑遗址	北齐、隋、宋、元	河北省邯郸市、磁县	
45	Ⅰ-45	苏巴什佛寺遗址	南北朝至唐	新疆维吾尔自治区库车县	2006年增阿艾石窟
46	Ⅰ-46	邢窑遗址	隋至五代	河北省内丘县、临城县	
47	Ⅰ-47	隋大兴唐长安城遗址（包括青龙寺遗址）	隋、唐	陕西省西安市	
48	Ⅰ-48	隋仁寿宫唐九成宫遗址	隋、唐	陕西省麟游县	

续表

序号	编号	名称	时代	地址	备注
49	Ⅰ－49	灞桥遗址	隋至元	陕西省西安市	
50	Ⅰ－50	锁阳城遗址	隋、唐	甘肃省瓜州县	2006年增锁阳城墓群
51	Ⅰ－51	渤海中京城遗址	渤海	吉林省和龙市	
52	Ⅰ－52	扬州城遗址	隋至宋	江苏省扬州市	
53	Ⅰ－53	华清宫遗址	唐	陕西省西安市	
54	Ⅰ－54	缸瓦窑遗址	辽至元	内蒙古自治区赤峰市	
55	Ⅰ－55	钓鱼城遗址	宋、元	四川省合川市	
56	Ⅰ－56	敖伦苏木城遗址	元	内蒙古自治区达尔罕茂明安联合旗	

二、古墓葬（22处）

序号	编号	名称	时代	地址	备注
57	Ⅱ－1	大伊山石棺墓	新石器时代	江苏省灌云县	
58	Ⅱ－2	石棚山石棚	青铜时代	辽宁省盖州市	
59	Ⅱ－3	虢国墓地	周	河南省三门峡市	
60	Ⅱ－4	纪山楚墓群	东周	湖北省荆门市	
61	Ⅱ－5	献县汉墓群	汉	河北省献县	
62	Ⅱ－6	帽儿山墓地	汉	吉林省吉林市	
63	Ⅱ－7	汉楚王墓群	汉	江苏省徐州市	2006年增徐州汉代采石场遗址
64	Ⅱ－8	汉梁王墓群	西汉	河南省永城市	
65	Ⅱ－9	合浦汉墓群	汉	广西壮族自治区合浦县	
66	Ⅱ－10	郪江崖墓群	汉	四川省三台县	
67	Ⅱ－11	曹植墓	三国	山东省东阿县	
68	Ⅱ－12	武侯墓	三国	陕西省勉县	
69	Ⅱ－13	泰陵	隋	陕西省咸阳市	
70	Ⅱ－14	永陵	西魏	陕西省富平县	
71	Ⅱ－15	热水墓群	唐	青海省都兰县	
72	Ⅱ－16	下八里墓群	辽	河北省张家口市	2006年增下八里二区辽墓
73	Ⅱ－17	明祖陵	明	江苏省盱眙县	
74	Ⅱ－18	潞简王墓	明	河南省新乡市	
75	Ⅱ－19	海瑞墓	明	海南省海口市	
76	Ⅱ－20	明蜀王陵	明	四川省成都市	2006年增朱悦燫墓
77	Ⅱ－21	大禹陵	清	浙江省绍兴市	
78	Ⅱ－22	炎帝陵	清	湖南省炎陵县	

三、古建筑（110处）

序号	编号	名称	时代	地址	备注
79	Ⅲ－1	龙脑桥	明	四川省泸县	
80	Ⅲ－2	仙游寺法王塔	隋	陕西省周至县	
81	Ⅲ－3	治平寺石塔	唐	河北省赞皇县	
82	Ⅲ－4	开福寺舍利塔	北宋	河北省景县	
83	Ⅲ－5	兴圣教寺塔	北宋	上海市松江区	
84	Ⅲ－6	罗汉院双塔及正殿遗址	北宋	江苏省苏州市	
85	Ⅲ－7	怀圣寺光塔	唐	广东省广州市	
86	Ⅲ－8	美榔双塔	元	海南省澄迈县	2006年增灵照墓、陈道叙周氏墓
87	Ⅲ－9	妙湛寺金刚塔	明	云南省昆明市	
88	Ⅲ－10	娲皇宫及石刻	北齐、明、清	河北省涉县	
89	Ⅲ－11	初祖庵及少林寺塔林	唐至清	河南省登封市	
90	Ⅲ－12	桑耶寺	789～799年	西藏自治区扎囊县	
91	Ⅲ－13	正定文庙大成殿	五代	河北省正定县	
92	Ⅲ－14	龙门寺	五代至清	山西省平顺县	

续表

序号	编号	名称	时代	地址	备注
93	Ⅲ-15	府州城	五代至清	陕西省府谷县	
94	Ⅲ-16	戒台寺	辽至清	北京市门头沟区	
95	Ⅲ-17	阁院寺	辽	河北省涞源县	
96	Ⅲ-18	开善寺	辽	河北省高碑店市	
97	Ⅲ-19	晋城二仙庙	宋至清	山西省晋城市	
98	Ⅲ-20	崇庆寺	宋	山西省长子县	
99	Ⅲ-21	关王庙	宋	山西省阳泉市	
100	Ⅲ-22	则天庙	金	山西省文水县	
101	Ⅲ-23	南、北吉祥寺	宋至清	山西省陵川县	
102	Ⅲ-24	孔氏南宗家庙	南宋至清	浙江省衢州市	
103	Ⅲ-25	元妙观三清殿	宋	福建省莆田市	
104	Ⅲ-26	青、白礁慈济宫	南宋至清	福建省厦门市、龙海市	
105	Ⅲ-27	赣州城墙	宋、明	江西省赣州市	
106	Ⅲ-28	广饶关帝庙大殿	南宋	山东省广饶县	
107	Ⅲ-29	济渎庙	宋至清	河南省济源市	
108	Ⅲ-30	龙兴寺	唐至清	湖南省沅陵县	
109	Ⅲ-31	梅庵	北宋	广东省肇庆市	
110	Ⅲ-32	托林寺	宋	西藏自治区札达县	
111	Ⅲ-33	扎塘寺	1081～1093年	西藏自治区扎囊县	
112	Ⅲ-34	张掖大佛寺	西夏至清	甘肃省张掖市	
113	Ⅲ-35	北京东岳庙	元至清	北京市朝阳区	
114	Ⅲ-36	慈云阁	元	河北省定兴县	
115	Ⅲ-37	姬氏民居	元	山西省高平市	
116	Ⅲ-38	牛王庙戏台	元	山西省临汾市	
117	Ⅲ-39	绛州大堂	元	山西省新绛县	2001年增绛州三楼
118	Ⅲ-40	榆次城隍庙	元至清	山西省晋中市	
119	Ⅲ-41	霍州州署大堂	元至清	山西省霍州市	
120	Ⅲ-42	真如寺大殿	元	上海市普陀区	
121	Ⅲ-43	延福寺	元	浙江省武义县	
122	Ⅲ-44	南阳武侯祠	元至清	河南省南阳市	
123	Ⅲ-45	南岩宫	元、明	湖北省丹江口市	
124	Ⅲ-46	德庆学宫	元	广东省德庆县	
125	Ⅲ-47	七曲山大庙	元至清	四川省梓潼县	
126	Ⅲ-48	韩城大禹庙	元	陕西省韩城市	
127	Ⅲ-49	兴国寺	元	甘肃省秦安县	
128	Ⅲ-50	大高玄殿	明、清	北京市西城区	
129	Ⅲ-51	历代帝王庙	明、清	北京市西城区	
130	Ⅲ-52	北京鼓楼、钟楼	明、清	北京市东城区	
131	Ⅲ-53	蔚州玉皇阁	明	河北省蔚县	
132	Ⅲ-54	万里长城——紫荆关	明	河北省易县	
133	Ⅲ-55	毗卢寺	明	河北省石家庄市	
134	Ⅲ-56	千佛庵	明、清	山西省隰县	
135	Ⅲ-57	美岱召	明	内蒙古自治区土默特右旗	
136	Ⅲ-58	万里长城——九门口	明	辽宁省绥中县、河北省抚宁县	
137	Ⅲ-59	彩衣堂	明	江苏省常熟市	
138	Ⅲ-60	诸葛、长乐村民居	明、清	浙江省兰溪市	
139	Ⅲ-61	蒲壮所城	明	浙江省苍南县	2006年增壮士所城、白湾堡和巡检司遗址
140	Ⅲ-62	镇海口海防遗址	明至近代	浙江省宁波市	

续表

序号	编号	名称	时代	地址	备注
141	Ⅲ－63	棠樾石牌坊群	明、清	安徽省歙县	
142	Ⅲ－64	老屋阁及绿绕亭	明	安徽省黄山市	
143	Ⅲ－65	罗东舒祠	明	安徽省黄山市	
144	Ⅲ－66	东山关帝庙	明、清	福建省东山县	
145	Ⅲ－67	漳州石牌坊	明、清	福建省漳州市	
146	Ⅲ－68	归德府城墙	明	河南省商丘市	
147	Ⅲ－69	太昊陵庙	明、清	河南省淮阳县	
148	Ⅲ－70	比干庙	明、清	河南省卫辉市	
149	Ⅲ－71	襄阳“古隆中”	明、清	湖北省襄阳市	
150	Ⅲ－72	荆州城墙	明、清	湖北省荆州市	
151	Ⅲ－73	许驸马府	明	广东省潮州市	
152	Ⅲ－74	佛山祖庙	明、清	广东省佛山市	
153	Ⅲ－75	莫土司衙署	明、清	广西壮族自治区忻城县	
154	Ⅲ－76	靖江王府及王陵	明	广西壮族自治区桂林市	
155	Ⅲ－77	丘浚故居及墓	明	海南省海口市	
156	Ⅲ－78	平武报恩寺	明	四川省平武县	
157	Ⅲ－79	真武山古建筑群	明、清	四川省宜宾市	
158	Ⅲ－80	张桓侯祠	明、清	四川省阆中市	
159	Ⅲ－81	大宝积宫与琉璃殿	明	云南省玉龙纳西族自治县	
160	Ⅲ－82	白居寺	明	西藏自治区江孜县	
161	Ⅲ－83	西安钟楼、鼓楼	明、清	陕西省西安市	
162	Ⅲ－84	水陆庵	明	陕西省蓝田县	
163	Ⅲ－85	武威文庙	明	甘肃省武威市	
164	Ⅲ－86	鲁土司衙门旧址	明、清	甘肃省永登县	2006年增显教寺和雷坛
165	Ⅲ－87	南堂	清	北京市西城区	
166	Ⅲ－88	觉生寺（大钟寺）	清	北京市海淀区	
167	Ⅲ－89	万荣后土庙（后土祠）	清	山西省万荣县	
168	Ⅲ－90	祆神楼	清	山西省介休市	
169	Ⅲ－91	五当召	清	内蒙古自治区包头市	
170	Ⅲ－92	盂城驿	清	江苏省高邮市	
171	Ⅲ－93	玉海楼	清	浙江省瑞安市	
172	Ⅲ－94	二宜楼	清	福建省华安县	2001年增承启楼、振成楼、和贵楼、奎聚楼、福裕楼、绳武楼和田螺坑土楼群，与二宜楼统称福建土楼。2006年增南靖县、华安县、平和县、漳浦县、龙岩市、永定县的福建土楼
173	Ⅲ－95	魏氏庄园	清	山东省惠民县	
174	Ⅲ－96	丁氏故宅	清	山东省龙口市	
175	Ⅲ－97	开封城墙	清	河南省开封市	
176	Ⅲ－98	周口关帝庙	清	河南省周口市	
177	Ⅲ－99	内乡县衙	清	河南省内乡县	
178	Ⅲ－100	马田鼓楼	清	湖南省通道侗族自治县	
179	Ⅲ－101	宁远文庙	清	湖南省宁远县	
180	Ⅲ－102	满堂围	清	广东省始兴县	
181	Ⅲ－103	雷祖祠	明、清	广东省雷州市	
182	Ⅲ－104	东坡书院	明、清	海南省儋州市	
183	Ⅲ－105	德格印经院	清	四川省德格县	
184	Ⅲ－106	夕佳山民居	明、清	四川省江安县	
185	Ⅲ－107	杨升庵祠及桂湖	清	四川省成都市	
186	Ⅲ－108	中心镇公堂	清	云南省香格里拉县	

续表

序号	编号	名称	时代	地址	备注
187	Ⅲ－109	隆务寺	明、清	青海省同仁县	
188	Ⅲ－110	伊犁将军府	清	新疆维吾尔自治区伊宁市	
四、石窟寺及石刻（10处）					
序号	编号	名称	时代	地址	备注
189	Ⅳ－1	森木塞姆千佛洞	晋至宋	新疆维吾尔自治区库车县	2006年增玛扎伯哈石窟
190	Ⅳ－2	马蹄寺石窟群	十六国至清	甘肃省肃南裕固族自治县	
191	Ⅳ－3	灵泉寺石窟	东魏至宋	河南省安阳县	
192	Ⅳ－4	龙山石窟	元	山西省太原市	
193	Ⅳ－5	贺兰山岩画	元	宁夏回族自治区贺兰县	
194	Ⅳ－6	龙兴观道德经幢	唐	河北省易县	
195	Ⅳ－7	天护陀罗尼经幢	唐	河北省石家庄市	
196	Ⅳ－8	瑞岩弥勒造像	元	福建省福清市	
197	Ⅳ－9	千唐志斋石刻	西晋至民国	河南省新安县	
198	Ⅳ－10	草庵石刻	元	福建省晋江市	
五、近现代重要史迹及代表性建筑（50处）					
序号	编号	名称	时代	地址	备注
199	Ⅴ－1	天津利顺德饭店旧址	清至民国	天津市和平区	
200	Ⅴ－2	南开学校旧址	清至民国	天津市南开区	
201	Ⅴ－3	大连俄国建筑	1900年	辽宁省大连市	
202	Ⅴ－4	瞿秋白故居	近代	江苏省常州市	
203	Ⅴ－5	马江海战炮台、烈士墓及昭忠祠	清	福建省福州市	
204	Ⅴ－6	胡里山炮台	清	福建省厦门市	
205	Ⅴ－7	烟台福建会馆	清	山东省烟台市	
206	Ⅴ－8	青岛德国建筑	清	山东省青岛市	2006年增青岛德国建筑群
207	Ⅴ－9	谭嗣同故居	清	湖南省浏阳市	
208	Ⅴ－10	魏源故居	清	湖南省隆回县	
209	Ⅴ－11	广州沙面建筑群	清	广东省广州市	
210	Ⅴ－12	康有为故居（延香老屋）	清	广东省佛山市	
211	Ⅴ－13	梁启超故居	清	广东省江门市	
212	Ⅴ－14	大邑刘氏庄园	清、民国	四川省大邑县	
213	Ⅴ－15	纳楼长官司署	清	云南省建水县	
214	Ⅴ－16	南甸宣抚司署	清、民国	云南省梁河县	
215	Ⅴ－17	广州圣心大教堂	1863～1888年	广东省广州市	
216	Ⅴ－18	镇江英国领事馆旧址	1890年	江苏省镇江市	
217	Ⅴ－19	向警予故居	1895年	湖南省溆浦县	
218	Ⅴ－20	硇州灯塔	1899年	广东省湛江市	
219	Ⅴ－21	庐山会议旧址及庐山别墅建筑群	1902～1937年	江西省九江市	2001年增庐山河东路175号别墅
220	Ⅴ－22	上海外滩建筑群	1906～1937年	上海市黄浦区、虹口区	
221	Ⅴ－23	张学良旧居	1914～1931年	辽宁省沈阳市	
222	Ⅴ－24	蒋氏故居	民国	浙江省奉化市	2006年增溪口镇建筑群
223	Ⅴ－25	李宗仁故居（包括李宗仁官邸）	1921、1948年	广西壮族自治区临桂县、桂林市	
224	Ⅴ－26	李济深故居	民国	广西壮族自治区苍梧县	
225	Ⅴ－27	哈尔滨颐园街一号欧式建筑	1922年	黑龙江省哈尔滨市	
226	Ⅴ－28	上海邮政总局	1924年	上海市虹口区	
227	Ⅴ－29	圣索非亚教堂	1923～1932年	黑龙江省哈尔滨市	
228	Ⅴ－30	哈尔滨文庙	1926～1929年	黑龙江省哈尔滨市	
229	Ⅴ－31	武汉国民政府旧址	1926～1927年	湖北省武汉市	
230	Ⅴ－32	湘南年关暴动指挥部旧址	1928年	湖南省宜章县	

续表

序号	编号	名称	时代	地址	备注
231	V－33	右江工农民主政府旧址	1929年	广西壮族自治区田东县	
232	V－34	广州大元帅府旧址	民国	广东省广州市	
233	V－35	国立紫金山天文台旧址	1934年	江苏省南京市	
234	V－36	湘赣省委机关旧址	1931～1934年	江西省永新县	
235	V－37	闽浙赣省委机关旧址	1932～1934年	江西省横峰县	
236	V－38	红二十五军长征出发地	1934年	河南省罗山县	
237	V－39	会宁红军会师旧址	1936年	甘肃省会宁县	
238	V－40	晋察冀边区政府及军区司令部旧址	1938～1948年	河北省阜平县	
239	V－41	南岳忠烈祠	1943年	湖南省衡阳市	
240	V－42	八路军桂林办事处旧址	1938年	广西壮族自治区桂林市	
241	V－43	晋绥边区政府及军区司令部旧址	1940～1948年	山西省兴县	
242	V－44	八路军一二九师司令部旧址	1940年	河北省涉县	2006年增山西省左权县八路军一二九师司令部旧址
243	V－45	八路军前方总部旧址	1941～1945年	山西省左权县	
244	V－46	八路军一一五师司令部旧址	1941～1945年	山东省莒南县	
245	V－47	新四军五师司令部旧址	1942～1945年	湖北省大悟县	
246	V－48	国殇墓园	1945年	云南省腾冲县	
247	V－49	中国共产党代表团办事处旧址（梅园新村）	1946～1947年	江苏省南京市	
248	V－50	渡江战役总前委旧址	1949年	安徽省肥东县	
六、其他（2处）					
序号	编号	名称	时代	地址	备注
249	VI－1	泸州大曲老窖池	明	四川省泸州市	
250	VI－2	延一井旧址	清	陕西省延长县	

表5 第五批全国重点文物保护单位名单(2001)

一、古遗址（144处）					
序号	编号	名称	时代	地址	备注
1	I－1	金中都水关遗址	金	北京市丰台区	
2	I－2	泥河湾遗址群	旧石器时代	河北省阳原县	
3	I－3	南庄头遗址	新石器时代	河北省徐水县	
4	I－4	西寨遗址	新石器时代	河北省迁西县	
5	I－5	代王城遗址	春秋至汉	河北省蔚县	
6	I－6	井陉窑遗址	隋至清	河北省井陉县	
7	I－7	元中都遗址	元	河北省张北县	
8	I－8	柿子滩遗址	旧石器时代	山西省吉县	
9	I－9	东下冯遗址	新石器时代至商	山西省夏县	
10	I－10	晋阳古城遗址	春秋至五代	山西省太原市	
11	I－11	蒲津渡与蒲州故城遗址	唐至明	山西省永济市	
12	I－12	曲回寺石像冢	唐	山西省灵丘县	
13	I－13	萨拉乌苏遗址	旧石器时代	内蒙古自治区乌审旗	
14	I－14	岱海遗址群	新石器时代	内蒙古自治区凉城县	
15	I－15	庙子沟遗址	新石器时代	内蒙古自治区察哈尔右翼前旗	
16	I－16	架子山遗址群	青铜时代	内蒙古自治区喀喇沁旗	
17	I－17	大井古铜矿遗址	青铜时代	内蒙古自治区林西县	
18	I－18	城子山遗址	青铜时代	内蒙古自治区敖汉旗	

续表

序号	编号	名称	时代	地址	备注
19	Ⅰ-19	和林格尔土城子遗址	汉至唐	内蒙古自治区和林格尔县	
20	Ⅰ-20	黑山头城址	金、元	内蒙古自治区额尔古纳市	
21	Ⅰ-21	金界壕遗址	金	内蒙古自治区呼伦贝尔市、兴安盟、通辽市、赤峰市、乌兰察布市、包头市，黑龙江省甘南县、龙江县、齐齐哈尔市	2006年增河北省丰宁满族自治县金界壕遗址
22	Ⅰ-22	应昌路故城遗址	元	内蒙古自治区克什克腾旗	
23	Ⅰ-23	海城仙人洞遗址	旧石器时代	辽宁省海城市	
24	Ⅰ-24	新乐遗址	新石器时代	辽宁省沈阳市	
25	Ⅰ-25	东山嘴遗址	新石器时代	辽宁省喀喇沁左翼蒙古族自治县	
26	Ⅰ-26	汉书遗址	青铜时代	吉林省大安市	
27	Ⅰ-27	西团山遗址	青铜时代	吉林省吉林市	
28	Ⅰ-28	万发拨子遗址	新石器时代至明	吉林省通化市	
29	Ⅰ-29	二龙湖古城遗址	战国	吉林省梨树县	
30	Ⅰ-30	罗通山城	汉至魏晋	吉林省柳河县	
31	Ⅰ-31	八连城遗址	唐、五代	吉林省珲春市	
32	Ⅰ-32	宝山-六道沟冶铜遗址	唐、五代	吉林省临江市	
33	Ⅰ-33	塔虎城	辽、金	吉林省前郭尔罗斯蒙古族自治县	
34	Ⅰ-34	三江平原汉魏时期遗址	汉、魏	黑龙江省佳木斯市、双鸭山市、友谊县、宝清县、富锦市	2006年增宝清县青龙山城址、集贤县东辉遗址
35	Ⅰ-35	奥里米城址	辽、金	黑龙江省绥滨县	
36	Ⅰ-36	八里城遗址	金	黑龙江省肇东市	
37	Ⅰ-37	福泉山遗址	新石器时代	上海市青浦区	
38	Ⅰ-38	龙虬庄遗址	新石器时代	江苏省高邮市	
39	Ⅰ-39	罗家角遗址	新石器时代	浙江省桐乡市	
40	Ⅰ-40	马家浜遗址	新石器时代	浙江省嘉兴市	
41	Ⅰ-41	下菰城遗址	先秦	浙江省湖州市	
42	Ⅰ-42	临安城遗址	南宋	浙江省杭州市	
43	Ⅰ-43	铁店窑遗址	宋、元	浙江省金华市	
44	Ⅰ-44	陈山遗址	旧石器时代	安徽省宣城市	
45	Ⅰ-45	凌家滩遗址	新石器时代	安徽省含山县	
46	Ⅰ-46	尉迟寺遗址	新石器时代	安徽省蒙城县	
47	Ⅰ-47	寿春城遗址	战国	安徽省寿县	
48	Ⅰ-48	寿州窑遗址	南朝至唐	安徽省淮南市	
49	Ⅰ-49	柳孜运河码头遗址	隋唐至宋	安徽省濉溪县	
50	Ⅰ-50	繁昌窑遗址	宋	安徽省繁昌县	
51	Ⅰ-51	万寿岩遗址	旧石器时代	福建省三明市	
52	Ⅰ-52	昙石山遗址	新石器时代至商、周	福建省闽侯县	
53	Ⅰ-53	建窑遗址	唐至元	福建省建阳市	2006年增武夷山市遇林亭窑址
54	Ⅰ-54	仙人洞、吊桶环遗址	新石器时代	江西省万年县	
55	Ⅰ-55	筑卫城遗址	新石器时代至东周	江西省樟树市	
56	Ⅰ-56	铜岭铜矿遗址	商、周	江西省瑞昌市	
57	Ⅰ-57	吉州窑遗址	宋至元	江西省吉安县	
58	Ⅰ-58	西河遗址	新石器时代	山东省章丘市	
59	Ⅰ-59	桐林遗址	新石器时代	山东省淄博市	
60	Ⅰ-60	丁公遗址	新石器时代	山东省邹平县	
61	Ⅰ-61	景阳冈遗址	新石器时代	山东省阳谷县	

续表

序号	编号	名称	时代	地址	备注
62	Ⅰ－62	安邱堌堆遗址	新石器时代至商	山东省菏泽市	
63	Ⅰ－63	即墨故城遗址	东周至北齐	山东省平度市	
64	Ⅰ－64	裴李岗遗址	新石器时代	河南省新郑市	
65	Ⅰ－65	贾湖遗址	新石器时代	河南省舞阳县	
66	Ⅰ－66	八里岗遗址	新石器时代	河南省邓州市	
67	Ⅰ－67	北阳平遗址	新石器时代	河南省灵宝市	
68	Ⅰ－68	庙底沟遗址	新石器时代	河南省三门峡市	
69	Ⅰ－69	大河村遗址	新石器时代	河南省郑州市	
70	Ⅰ－70	孟庄遗址	新石器时代至商、周	河南省辉县市	
71	Ⅰ－71	古城寨城址	新石器时代	河南省新密市	
72	Ⅰ－72	府城遗址	商	河南省焦作市	
73	Ⅰ－73	番国故城遗址	东周	河南省固始县	
74	Ⅰ－74	城阳城址	东周	河南省信阳市	
75	Ⅰ－75	古荥冶铁遗址	汉	河南省郑州市	2006年增荥阳故城，二者合并称荥阳故城
76	Ⅰ－76	黄冶三彩窑址	唐	河南省巩义市	2006年增巩义窑址，二者合并称巩义窑址
77	Ⅰ－77	清凉寺汝官窑遗址	宋	河南省宝丰县	
78	Ⅰ－78	鹿邑太清宫遗址	宋、金至清	河南省鹿邑县	
79	Ⅰ－79	学堂梁子遗址	旧石器时代	湖北省郧县	
80	Ⅰ－80	关庙山遗址	新石器时代	湖北省枝江市	
81	Ⅰ－81	门板湾遗址	新石器时代	湖北省应城市	
82	Ⅰ－82	走马岭遗址	新石器时代	湖北省石首市	
83	Ⅰ－83	阴湘城遗址	新石器时代	湖北省荆州市	
84	Ⅰ－84	磨盘山遗址	东周	湖北省当阳市	
85	Ⅰ－85	龙湾遗址	东周	湖北省潜江市	
86	Ⅰ－86	鄂王城城址	东周	湖北省大冶市	
87	Ⅰ－87	季家湖城址	东周	湖北省宜昌市	
88	Ⅰ－88	楚皇城城址	东周至秦、汉	湖北省宜城市	
89	Ⅰ－89	湖泗瓷窑址群	五代至明	湖北省武汉市	
90	Ⅰ－90	玉虚宫遗址	明	湖北省丹江口市	
91	Ⅰ－91	玉蟾岩遗址	新石器时代	湖南省道县	
92	Ⅰ－92	彭头山遗址	新石器时代	湖南省澧县	
93	Ⅰ－93	八十垱遗址	新石器时代	湖南省澧县	
94	Ⅰ－94	老司城遗址	五代至清	湖南省永顺县	
95	Ⅰ－95	石峡遗址	新石器时代	广东省韶关市	2006年增韶关市马坝人遗址
96	Ⅰ－96	莲花山古采石场	西汉至清	广东省广州市	
97	Ⅰ－97	笔架山潮州窑遗址	宋	广东省潮州市	
98	Ⅰ－98	落笔洞遗址	旧石器时代	海南省三亚市	
99	Ⅰ－99	百谷和高岭坡遗址	旧石器时代	广西壮族自治区百色市、田东县	
100	Ⅰ－100	甑皮岩遗址	新石器时代	广西壮族自治区桂林市	
101	Ⅰ－101	顶蛳山遗址	新石器时代	广西壮族自治区南宁市	
102	Ⅰ－102	高家镇遗址	旧石器时代	重庆市丰都县	
103	Ⅰ－103	罗家坝遗址	新石器时代至东汉	四川省宣汉县	
104	Ⅰ－104	成都平原史前城址	新石器时代	四川省成都市、新津县、郫县、都江堰市、崇州市	
105	Ⅰ－105	十二桥遗址	商至春秋	四川省成都市	
106	Ⅰ－106	汉庄城址	汉	云南省保山市	
107	Ⅰ－107	黔西观音洞遗址	旧石器时代	贵州省黔西县	

续表

序号	编号	名称	时代	地址	备注
108	Ⅰ－108	可乐遗址	战国至汉	贵州省赫章县	
109	Ⅰ－109	拉加里王宫遗址	13～18世纪	西藏自治区曲松县	
110	Ⅰ－110	甜水沟遗址	旧石器时代	陕西省大荔县	
111	Ⅰ－111	花石浪遗址	旧石器时代	陕西省洛南县	
112	Ⅰ－112	元君庙－泉护村遗址	新石器时代	陕西省华县	
113	Ⅰ－113	康家遗址	新石器时代	陕西省西安市	
114	Ⅰ－114	老牛坡遗址	新石器时代至商	陕西省西安市	
115	Ⅰ－115	栎阳城遗址	战国至汉	陕西省西安市	
116	Ⅰ－116	京师仓遗址	西汉	陕西省华阴市	
117	Ⅰ－117	良周遗址	秦、汉	陕西省澄城县	
118	Ⅰ－118	东渭桥遗址	唐	陕西省高陵县	
119	Ⅰ－119	玉华宫遗址	唐	陕西省铜川市	
120	Ⅰ－120	南佐遗址	新石器时代	甘肃省庆阳市	
121	Ⅰ－121	大堡子山遗址及墓群	西周至春秋	甘肃省礼县	
122	Ⅰ－122	黑水国遗址	汉至魏、晋	甘肃省张掖市	
123	Ⅰ－123	悬泉置遗址	汉至魏、晋	甘肃省敦煌市	
124	Ⅰ－124	许三湾城及墓群	汉至唐	甘肃省高台县	
125	Ⅰ－125	白塔寺遗址	元	甘肃省武威市	
126	Ⅰ－126	喇家遗址	新石器时代至青铜时代	青海省民和回族土族自治县	
127	Ⅰ－127	塔温搭里哈遗址	青铜时代	青海省都兰县	
128	Ⅰ－128	开城遗址	元	宁夏回族自治区固原市	
129	Ⅰ－129	奴拉赛铜矿遗址	青铜时代	新疆维吾尔自治区尼勒克县	
130	Ⅰ－130	圆沙古城	汉	新疆维吾尔自治区于田县	
131	Ⅰ－131	克孜尔尕哈烽燧	汉	新疆维吾尔自治区库车县	
132	Ⅰ－132	孔雀河烽燧群	汉至晋	新疆维吾尔自治区尉犁县	
133	Ⅰ－133	罗布泊南古城遗址	汉至晋	新疆维吾尔自治区若羌县	
134	Ⅰ－134	莫尔寺遗址	汉至唐	新疆维吾尔自治区疏附县	
135	Ⅰ－135	托库孜萨来遗址	汉至唐	新疆维吾尔自治区巴楚县	
136	Ⅰ－136	米兰遗址	汉至唐	新疆维吾尔自治区若羌县	
137	Ⅰ－137	安迪尔古城遗址	汉至唐	新疆维吾尔自治区民丰县	
138	Ⅰ－138	石头城遗址	晋至清	新疆维吾尔自治区塔什库尔干塔吉克自治县	
139	Ⅰ－139	七个星佛寺遗址	晋至宋	新疆维吾尔自治区焉耆回族自治县	
140	Ⅰ－140	热瓦克佛寺遗址	南北朝	新疆维吾尔自治区洛浦县	
141	Ⅰ－141	白杨沟佛寺遗址	唐	新疆维吾尔自治区哈密市	
142	Ⅰ－142	大河古城	唐	新疆维吾尔自治区巴里坤哈萨克自治县	
143	Ⅰ－143	乌拉泊古城	唐至元	新疆维吾尔自治区乌鲁木齐县	
144	Ⅰ－144	台藏塔遗址	唐至宋	新疆维吾尔自治区吐鲁番市	
二、古墓葬（50处）					
序号	编号	名称	时代	地址	备注
145	Ⅱ－1	景泰陵	明	北京市海淀区	
146	Ⅱ－2	赵王陵	战国	河北省邯郸县、永年县	
147	Ⅱ－3	汉中山王墓	汉	河北省定州市	
148	Ⅱ－4	逯家庄壁画墓	东汉	河北省安平县	
149	Ⅱ－5	北齐高氏墓群	北朝至隋	河北省景县	
150	Ⅱ－6	梳妆楼元墓	元	河北省沽源县	
151	Ⅱ－7	马茂庄墓群	东汉	山西省离石市	

续表

序号	编号	名称	时代	地址	备注
152	Ⅱ－8	方山永固陵	北魏	山西省大同市	
153	Ⅱ－9	马村砖雕墓	宋、金	山西省稷山县	
154	Ⅱ－10	宝山、罕苏木墓群	辽	内蒙古自治区阿鲁科尔沁旗	
155	Ⅱ－11	析木城石棚	青铜时代	辽宁省海城市	
156	Ⅱ－12	叶茂台辽墓	辽	辽宁省法库县	
157	Ⅱ－13	千沟子墓群	战国至西汉	吉林省长白朝鲜族自治县	
158	Ⅱ－14	完颜希尹家族墓地	金	吉林省舒兰市	
159	Ⅱ－15	普哈丁墓	宋	江苏省扬州市	
160	Ⅱ－16	浡泥国王墓	明	江苏省南京市	
161	Ⅱ－17	浙南石棚墓群	商、周	浙江省瑞安市、平阳县、苍南县	
162	Ⅱ－18	印山越国王陵	春秋、战国	浙江省绍兴县	
163	Ⅱ－19	临安吴越国王陵	五代	浙江省临安市	2006年增杭州市吴汉月墓，二者合并称吴越国王陵
164	Ⅱ－20	皖南土墩墓群	西周至春秋	安徽省南陵县、繁昌县	
165	Ⅱ－21	曹氏家族墓群	东汉、三国	安徽省亳州市	
166	Ⅱ－22	朱然家族墓地	三国	安徽省马鞍山市	
167	Ⅱ－23	仙水岩崖墓群	春秋、战国	江西省鹰潭市	
168	Ⅱ－24	汉济北王墓群	西汉	山东省济南市	
169	Ⅱ－25	北寨墓群	东汉	山东省沂南县	
170	Ⅱ－26	汉鲁王墓	西汉	山东省曲阜市、邹城市	
171	Ⅱ－27	邙山陵墓群	汉至北魏	河南省洛阳市、孟津县	
172	Ⅱ－28	恭陵	唐	河南省偃师市	
173	Ⅱ－29	后周皇陵	五代	河南省新郑市	
174	Ⅱ－30	朱载堉墓	明	河南省沁阳市	
175	Ⅱ－31	明楚王墓	明	湖北省武汉市	
176	Ⅱ－32	成都古蜀船棺合葬墓	东周	四川省成都市	
177	Ⅱ－33	江口崖墓	汉	四川省彭山县	2006年增江渎崖墓
178	Ⅱ－34	安丙家族墓地	南宋	四川省华蓥市	
179	Ⅱ－35	石寨山古墓群	战国至汉	云南省晋宁县	
180	Ⅱ－36	李家山古墓群	战国至汉	云南省江川县	
181	Ⅱ－37	烈山墓地	唐	西藏自治区朗县	
182	Ⅱ－38	吉堆吐蕃墓群	唐	西藏自治区洛扎县	2006年增门塘·得乌琼石刻
183	Ⅱ－39	西汉帝陵	西汉	陕西省咸阳市、西安市	
184	Ⅱ－40	唐代帝陵	唐	陕西省富平县、蒲城县、三原县、泾阳县、礼泉县、乾县	
185	Ⅱ－41	果园－新城墓群	魏至唐	甘肃省酒泉市、嘉峪关市	
186	Ⅱ－42	汪氏家族墓地	元至明	甘肃省漳县	
187	Ⅱ－43	雷台汉墓	东汉	甘肃省武威市	
188	Ⅱ－44	三海子墓葬及鹿石	青铜时代至早期铁器时代	新疆维吾尔自治区青河县	
189	Ⅱ－45	焉不拉克古墓群	早期铁器时代	新疆维吾尔自治区哈密市	
190	Ⅱ－46	察吾乎古墓群	青铜时代至春秋	新疆维吾尔自治区和静县	
191	Ⅱ－47	切木尔切克石人及石棺墓群	青铜时代至汉、魏	新疆维吾尔自治区阿勒泰市	
192	Ⅱ－48	扎滚鲁克古墓群	青铜时代至魏、晋	新疆维吾尔自治区且末县	
193	Ⅱ－49	山普拉古墓群	战国至晋	新疆维吾尔自治区洛浦县	
194	Ⅱ－50	吐虎鲁克·铁木尔汗麻扎	元	新疆维吾尔自治区霍城县	
三、古建筑（248处）					
序号	编号	名称	时代	地址	备注
195	Ⅲ－1	潭柘寺	明、清	北京市门头沟区	

续表

序号	编号	名称	时代	地址	备注
196	Ⅲ－2	可园	清	北京市东城区	
197	Ⅲ－3	孚王府	清	北京市东城区	
198	Ⅲ－4	景山	明、清	北京市西城区	
199	Ⅲ－5	白云观	清	北京市西城区	
200	Ⅲ－6	万佛堂、孔水洞石刻及塔	隋、唐至明	北京市房山区	
201	Ⅲ－7	法源寺	明、清	北京市西城区	
202	Ⅲ－8	先农坛	明、清	北京市西城区	
203	Ⅲ－9	碧云寺	明、清	北京市海淀区	
204	Ⅲ－10	大慧寺	明	北京市海淀区	
205	Ⅲ－11	十方普觉寺	清	北京市海淀区	
206	Ⅲ－12	清净化城塔	清	北京市朝阳区	
207	Ⅲ－13	天津广东会馆	清	天津市南开区	
208	Ⅲ－14	临济寺澄灵塔	金	河北省正定县	
209	Ⅲ－15	安国药王庙	明、清	河北省安国市	
210	Ⅲ－16	昭化寺	明	河北省怀安县	
211	Ⅲ－17	鸡鸣驿城	明	河北省怀来县	
212	Ⅲ－18	幽居寺塔	唐	河北省灵寿县	
213	Ⅲ－19	定州贡院	清	河北省定州市	
214	Ⅲ－20	溥仁寺	清	河北省承德市	
215	Ⅲ－21	源影寺塔	金	河北省昌黎县	
216	Ⅲ 22	泊头清真寺	明	河北省泊头市	
217	Ⅲ－23	普利寺塔	北宋	河北省临城县	
218	Ⅲ－24	涿州双塔	辽	河北省涿州市	
219	Ⅲ－25	南安寺塔	辽	河北省蔚县	
220	Ⅲ－26	释迦寺	元、明	河北省蔚县	
221	Ⅲ－27	腰山王氏庄园	清	河北省顺平县	
222	Ⅲ－28	古莲花池	金至清	河北省保定市	
223	Ⅲ－29	庆化寺花塔	辽	河北省涞水县	
224	Ⅲ－30	万荣稷王庙（稷王山）	金	山西省万荣县	
225	Ⅲ－31	大同九龙壁	明	山西省大同市	
226	Ⅲ－32	广济寺大雄宝殿	元	山西省五台县	
227	Ⅲ－33	介休后土庙	明、清	山西省介休市	
228	Ⅲ－34	正觉寺	金至明	山西省长治县	
229	Ⅲ－35	龙岩寺	金至明	山西省陵川县	
230	Ⅲ－36	荆庄大云寺大雄宝殿	金至清	山西省浑源县	
231	Ⅲ－37	窦大夫祠	元至清	山西省太原市	
232	Ⅲ－38	观音堂	明、清	山西省长治市	
233	Ⅲ－39	潞安府城隍庙	元至清	山西省长治市	
234	Ⅲ－40	阿育王塔	元	山西省代县	
235	Ⅲ－41	边靖楼	明	山西省代县	
236	Ⅲ－42	淳化寺	金	山西省平顺县	
237	Ⅲ－43	明惠大师塔	唐至五代	山西省平顺县	
238	Ⅲ－44	九天圣母庙	北宋至清	山西省平顺县	
239	Ⅲ－45	慈相寺	北宋至清	山西省平遥县	
240	Ⅲ－46	平遥文庙	金至清	山西省平遥县	
241	Ⅲ－47	兴东垣东岳庙	金至清	山西省石楼县	
242	Ⅲ－48	大悲院	宋、金	山西省曲沃县	
243	Ⅲ－49	太符观	金至清	山西省汾阳市	
244	Ⅲ－50	沁县大云院	金至清	山西省沁县	
245	Ⅲ－51	觉山寺塔	辽	山西省灵丘县	

续表

序号	编号	名称	时代	地址	备注
246	Ⅲ－52	资寿寺	明	山西省灵石县	
247	Ⅲ－53	清凉寺	元	山西省芮城县	
248	Ⅲ－54	广仁王庙	唐	山西省芮城县	
249	Ⅲ－55	芮城城隍庙	北宋至清	山西省芮城县	
250	Ⅲ－56	泛舟禅师塔	唐	山西省运城市	
251	Ⅲ－57	洪福寺	金至清	山西省定襄县	
252	Ⅲ－58	洪济院	金至清	山西省武乡县	
253	Ⅲ－59	武乡县大云寺	宋至清	山西省武乡县	
254	Ⅲ－60	会仙观	金至清	山西省武乡县	
255	Ⅲ－61	大王庙	金至明	山西省盂县	
256	Ⅲ－62	临晋县衙	元至民国	山西省临猗县	
257	Ⅲ－63	香严寺	金至民国	山西省柳林县	
258	Ⅲ－64	洪洞玉皇庙	元	山西省洪洞县	
259	Ⅲ－65	浑源永安寺	元至清	山西省浑源县	
260	Ⅲ－66	太阴寺	金	山西省绛县	
261	Ⅲ－67	三嵕庙	金至清	山西省壶关县	
262	Ⅲ－68	乔家大院	清	山西省祁县	
263	Ⅲ－69	泽州岱庙	宋至清	山西省泽州县	
264	Ⅲ－70	安国寺	明至清	山西省离石市	
265	Ⅲ－71	小会岭二仙庙	宋至清	山西省陵川县	
266	Ⅲ－72	崔府君庙	金至清	山西省陵川县	
267	Ⅲ－73	西溪二仙庙	金至清	山西省陵川县	
268	Ⅲ－74	崇明寺	北宋至清	山西省高平市	
269	Ⅲ－75	开化寺	北宋至清	山西省高平市	
270	Ⅲ－76	游仙寺	北宋至清	山西省高平市	
271	Ⅲ－77	定林寺	元至清	山西省高平市	
272	Ⅲ－78	福胜寺	元至清	山西省新绛县	
273	Ⅲ－79	稷益庙	明	山西省新绛县	
274	Ⅲ－80	柏山东岳庙	元至清	山西省蒲县	
275	Ⅲ－81	青龙寺	元至清	山西省稷山县	
276	Ⅲ－82	原起寺	宋至清	山西省潞城市	
277	Ⅲ－83	汇宗寺	清	内蒙古自治区多伦县	
278	Ⅲ－84	福会寺	清	内蒙古自治区喀喇沁旗	
279	Ⅲ－85	喀喇沁亲王府及家庙	清	内蒙古自治区喀喇沁旗	
280	Ⅲ－86	和硕恪靖公主府	清	内蒙古自治区呼和浩特市	
281	Ⅲ－87	开鲁县佛塔	元	内蒙古自治区开鲁县	
282	Ⅲ－88	广济寺古建筑群	辽至清	辽宁省锦州市	
283	Ⅲ－89	徐霞客故居及晴山堂石刻	明	江苏省江阴市	
284	Ⅲ－90	退思园	清	江苏省吴江市	
285	Ⅲ－91	宝带桥	明	江苏省苏州市	
286	Ⅲ－92	耦园	清	江苏省苏州市	
287	Ⅲ－93	龙王庙行宫	清	江苏省宿迁市	2006年增御码头遗址
288	Ⅲ－94	水绘园	清	江苏省如皋市	
289	Ⅲ－95	古月桥	宋	浙江省义乌市	
290	Ⅲ－96	黄山八面厅	清	浙江省义乌市	
291	Ⅲ－97	国清寺	清	浙江省天台县	
292	Ⅲ－98	刘基庙及墓	明	浙江省文成县	
293	Ⅲ－99	南阁牌楼群	明	浙江省乐清市	
294	Ⅲ－100	庆安会馆	清	浙江省宁波市	
295	Ⅲ－101	湖镇舍利塔	宋	浙江省龙游县	

续表

序号	编号	名称	时代	地址	备注
296	Ⅲ－102	如龙桥	明	浙江省庆元县	
297	Ⅲ－103	通济堰	南朝至清	浙江省丽水市	
298	Ⅲ－104	凤凰寺	元至清	浙江省杭州市	
299	Ⅲ－105	文澜阁	清	浙江省杭州市	
300	Ⅲ－106	俞源村古建筑群	元至清	浙江省武义县	
301	Ⅲ－107	八字桥	宋	浙江省绍兴市	
302	Ⅲ－108	吕府	明	浙江省绍兴市	
303	Ⅲ－109	功臣塔	五代	浙江省临安市	
304	Ⅲ－110	台州府城墙	宋至清	浙江省临海市	
305	Ⅲ－111	桃渚城	明、清	浙江省临海市	
306	Ⅲ－112	郑义门古建筑群	清	浙江省浦江县	
307	Ⅲ－113	盐官海塘及海神庙	清	浙江省海宁市	
308	Ⅲ－114	绮园	清	浙江省海盐县	
309	Ⅲ－115	斯氏古民居建筑群	清	浙江省诸暨市	
310	Ⅲ－116	时思寺	元至清	浙江省景宁畲族自治县	
311	Ⅲ－117	永昌堡	明	浙江省温州市	
312	Ⅲ－118	嘉业堂藏书楼及小莲庄	清	浙江省湖州市	
313	Ⅲ－119	庙沟后、横省石牌坊	宋、元	浙江省宁波市	
314	Ⅲ－120	水西双塔	宋	安徽省泾县	
315	Ⅲ－121	亳州古地道	宋、元	安徽省亳州市	
316	Ⅲ－122	白崖寨	元至清	安徽省宿松县	
317	Ⅲ－123	程氏三宅	明	安徽省黄山市	
318	Ⅲ－124	呈坎村古建筑群	明、清	安徽省黄山市	
319	Ⅲ－125	渔梁坝	唐至清	安徽省歙县	
320	Ⅲ－126	宏村古建筑群	明、清	安徽省黟县	
321	Ⅲ－127	西递村古建筑群	明、清	安徽省黟县	
322	Ⅲ－128	寿县古城墙	宋至清	安徽省寿县	
323	Ⅲ－129	查济古建筑群	元至清	安徽省泾县	
324	Ⅲ－130	天中万寿塔	宋	福建省仙游县	
325	Ⅲ－131	安贞堡（池贯城）	清	福建省永安市	
326	Ⅲ－132	陈太尉宫	宋至清	福建省罗源县	
327	Ⅲ－133	蔡氏古民居建筑群	清	福建省南安市	
328	Ⅲ－134	泉州府文庙	宋至清	福建省泉州市	
329	Ⅲ－135	宝山寺大殿	元	福建省顺昌县	
330	Ⅲ－136	崇妙保圣坚牢塔（乌塔）	五代	福建省福州市	
331	Ⅲ－137	漳州府文庙大成殿	明	福建省漳州市	
332	Ⅲ－138	江东桥	宋	福建省漳州市	
333	Ⅲ－139	赵家堡－诒安堡	明、清	福建省漳浦县	
334	Ⅲ－140	流坑村古建筑群	明、清	江西省乐安县	
335	Ⅲ－141	关西新围、燕翼围	清	江西省龙南县	
336	Ⅲ－142	颜庙	元至清	山东省曲阜市	
337	Ⅲ－143	临清运河钞关	明、清	山东省临清市	
338	Ⅲ－144	宝轮寺塔（蛤蟆塔）	金	河南省三门峡市	
339	Ⅲ－145	山陕甘会馆	清	河南省开封市	
340	Ⅲ－146	康百万庄园	清	河南省巩义市	
341	Ⅲ－147	天宁寺三圣塔	金	河南省沁阳市	
342	Ⅲ－148	妙乐寺塔	五代	河南省武陟县	
343	Ⅲ－149	嘉应观	清	河南省武陟县	
344	Ⅲ－150	小商桥	宋	河南省临颍县	

续表

序号	编号	名称	时代	地址	备注
345	Ⅲ－151	南阳知府衙门	明、清	河南省南阳市	
346	Ⅲ－152	潞泽会馆	清	河南省洛阳市	
347	Ⅲ－153	大明寺	元至清	河南省济源市	
348	Ⅲ－154	奉仙观	金至清	河南省济源市	
349	Ⅲ－155	荆紫关古建筑群	明、清	河南省淅川县	
350	Ⅲ－156	慈胜寺	元	河南省温县	
351	Ⅲ－157	汤阴岳飞庙	明	河南省汤阴县	
352	Ⅲ－158	安阳天宁寺塔	五代至清	河南省安阳市	
353	Ⅲ－159	明福寺塔	宋	河南省滑县	
354	Ⅲ－160	会善寺	元至清	河南省登封市	
355	Ⅲ－161	永泰寺塔	唐	河南省登封市	
356	Ⅲ－162	法王寺塔	唐	河南省登封市	
357	Ⅲ－163	中岳庙	清	河南省登封市	
358	Ⅲ－164	百泉	明、清	河南省辉县市	
359	Ⅲ－165	四祖寺塔	唐、宋、元	湖北省黄梅县	
360	Ⅲ－166	大水井古建筑群	清	湖北省利川市	
361	Ⅲ－167	襄阳城墙	明	湖北省襄阳市	
362	Ⅲ－168	襄阳王府绿影壁	明	湖北省襄阳市	
363	Ⅲ－169	柳子庙	清	湖南省永州市	
364	Ⅲ－170	屈子祠	清	湖南省汨罗市	
365	Ⅲ－171	邵阳北塔	明	湖南省邵阳市	
366	Ⅲ－172	岳阳文庙	宋至清	湖南省岳阳市	
367	Ⅲ－173	张谷英村古建筑群	明、清	湖南省岳阳市	
368	Ⅲ－174	芋头侗寨古建筑群	明、清	湖南省通道侗族自治县	
369	Ⅲ－175	东莞可园	清	广东省东莞市	
370	Ⅲ－176	南华寺	明、清	广东省韶关市	
371	Ⅲ－177	东华里古建筑群	清、民国	广东省佛山市	
372	Ⅲ－178	元山寺	明、清	广东省陆丰市	
373	Ⅲ－179	大鹏所城	明、清	广东省深圳市	
374	Ⅲ－180	悦城龙母祖庙	清	广东省德庆县	
375	Ⅲ－181	肇庆古城墙	宋至清	广东省肇庆市	
376	Ⅲ－182	潮州开元寺	唐至清	广东省潮州市	
377	Ⅲ－183	已略黄公祠	清	广东省潮州市	
378	Ⅲ－184	岜团桥	清	广西壮族自治区三江侗族自治县	
379	Ⅲ－185	临贺故城	汉至清	广西壮族自治区贺州市	
380	Ⅲ－186	张桓侯庙	清	重庆市云阳县	
381	Ⅲ－187	石宝寨	明、清	重庆市忠县	
382	Ⅲ－188	丁房阙－无铭阙	东汉	重庆市忠县	
383	Ⅲ－189	宝光寺	清	四川省成都市	
384	Ⅲ－190	直波碉楼	清	四川省马尔康县	2006年增理县、茂县、汶川县的阿坝羌寨碉群
385	Ⅲ－191	石塔寺石塔	宋	四川省邛崃市	
386	Ⅲ－192	松潘古城墙	明	四川省松潘县	
387	Ⅲ－193	觉苑寺	明	四川省剑阁县	
388	Ⅲ－194	阆中永安寺	元至清	四川省阆中市	
389	Ⅲ－195	五龙庙文昌阁	元	四川省阆中市	
390	Ⅲ－196	隆昌石牌坊	明至清	四川省隆昌县	
391	Ⅲ－197	富顺文庙	北宋至清	四川省富顺县	
392	Ⅲ－198	观音寺	明	四川省新津县	

续表

序号	编号	名称	时代	地址	备注
393	Ⅲ－199	德阳文庙	清	四川省德阳市	
394	Ⅲ－200	棒托寺	明、清	四川省壤塘县	
395	Ⅲ－201	罨画池	清	四川省崇州市	
396	Ⅲ－202	天台山伍龙寺	明、清	贵州省平坝县	
397	Ⅲ－203	石阡万寿宫	明	贵州省石阡县	
398	Ⅲ－204	云山屯古建筑群	明	贵州省安顺市	
399	Ⅲ－205	福泉城墙	明	贵州省福泉市	
400	Ⅲ－206	郎德上寨古建筑群	明、清	贵州省雷山县	
401	Ⅲ－207	海龙屯	宋至明	贵州省遵义县	
402	Ⅲ－208	地坪风雨桥	清	贵州省黎平县	
403	Ⅲ－209	安顺文庙	明	贵州省安顺市	
404	Ⅲ－210	喜洲白族古建筑群	明、清	云南省大理市	
405	Ⅲ－211	建水文庙	元、明、清	云南省建水县	
406	Ⅲ－212	筇竹寺	清	云南省昆明市	
407	Ⅲ－213	朗色林庄园	明	西藏自治区扎囊县	
408	Ⅲ－214	曲德寺、卓玛拉康、大唐天竺使出铭	10世纪、1274年、658年	西藏自治区吉隆县	
409	Ⅲ－215	色喀古托寺	1080年	西藏自治区洛扎县	
410	Ⅲ－216	科迦寺	996年	西藏自治区普兰县	
411	Ⅲ－217	小昭寺	641年	西藏自治区拉萨市	
412	Ⅲ－218	吉如拉康	唐至清	西藏自治区乃东县	
413	Ⅲ－219	三原城隍庙	明	陕西省三原县	
414	Ⅲ－220	鸠摩罗什舍利塔	唐	陕西省户县	
415	Ⅲ－221	公输堂	明	陕西省户县	
416	Ⅲ－222	仓颉墓与庙	明、清	陕西省白水县	
417	Ⅲ－223	泰塔	北宋	陕西省旬邑县	
418	Ⅲ－224	香积寺善导塔	唐	陕西省西安市	
419	Ⅲ－225	西安城隍庙	明、清	陕西省西安市	
420	Ⅲ－226	白云山庙	明、清	陕西省佳县	
421	Ⅲ－227	八云塔	唐	陕西省周至县	
422	Ⅲ－228	泾阳崇文塔	明	陕西省泾阳县	
423	Ⅲ－229	彬县开元寺塔（彬县塔）	北宋	陕西省彬县	
424	Ⅲ－230	韩城普照寺	元	陕西省韩城市	
425	Ⅲ－231	韩城文庙	明	陕西省韩城市	
426	Ⅲ－232	韩城城隍庙	明	陕西省韩城市	
427	Ⅲ－233	党家村古建筑群	明、清	陕西省韩城市	
428	Ⅲ－234	耀县文庙	元、明、清	陕西省铜川市	
429	Ⅲ－235	澄城城隍庙神楼	明	陕西省澄城县	
430	Ⅲ－236	伏羲庙	明、清	甘肃省天水市	
431	Ⅲ－237	胡氏古民居建筑	明、清	甘肃省天水市	
432	Ⅲ－238	凝寿寺塔	五代、宋	甘肃省宁县	
433	Ⅲ－239	圆通寺塔	明、清	甘肃省民乐县	
434	Ⅲ－240	圣容寺塔	唐	甘肃省永昌县	
435	Ⅲ－241	东华池塔	北宋	甘肃省华池县	
436	Ⅲ－242	武康王庙	明、清	甘肃省崇信县	
437	Ⅲ－243	贵德文庙及玉皇阁	明、清	青海省贵德县	
438	Ⅲ－244	藏娘佛塔及桑周寺	北宋至清	青海省玉树县	
439	Ⅲ－245	昭苏圣佑庙	清	新疆维吾尔自治区昭苏县	
440	Ⅲ－246	艾提尕尔清真寺	明	新疆维吾尔自治区喀什市	
441	Ⅲ－247	五公祠	宋至清	海南省海口市	

续表

序号	编号	名称	时代	地址	备注
442	Ⅲ-248	长城	春秋至明	北京市、河北省、山西省、内蒙古自治区、陕西省、山东省、宁夏回族自治区、辽宁省	2006年增北京市、内蒙古自治区、辽宁省、河南省、甘肃省境内的长城
		(1) 齐长城遗址	春秋、战国	山东省济南市、章丘市、肥城市、泰安市、莱芜市、淄博市、沂源县、临朐县、安丘市、诸城市、沂水县、莒县、五莲县、胶南市、青岛市	
		(2) 秦长城遗址	战国	内蒙古自治区伊金霍洛旗，宁夏回族自治区彭阳县、西吉县、固原市	
		(3) 燕长城遗址	战国	辽宁省建平县	
		(4) 司马台段	明	北京市密云县	
		(5) 乌龙沟段	明	河北省涞源县	
		(6) 雁门关段	明	山西省代县	
		(7) 清水河段	明	内蒙古自治区清水河县	
		(8) 镇北台	明	陕西省榆林市	
四、石窟寺及石刻（31处）					
序号	编号	名称	时代	地址	备注
443	Ⅳ-1	大观圣作之碑	宋	河北省赵县	
444	Ⅳ-2	大唐清河郡王纪功载政之颂碑	唐	河北省正定县	
445	Ⅳ-3	天龙山石窟	东魏至唐	山西省太原市	
446	Ⅳ-4	国山碑	三国	江苏省宜兴市	
447	Ⅳ-5	千佛崖石窟及明征君碑	六朝、唐	江苏省南京市	
448	Ⅳ-6	仙都摩崖题记	唐至近代	浙江省缙云县	
449	Ⅳ-7	宝成寺麻曷葛剌造像	元	浙江省杭州市	
450	Ⅳ-8	东钱湖石刻	宋至明	浙江省宁波市	
451	Ⅳ-9	梵天寺经幢	五代	浙江省杭州市	
452	Ⅳ-10	天柱山山谷流泉摩崖石刻	唐至民国	安徽省潜山县	
453	Ⅳ-11	鼓山摩崖石刻	宋至近代	福建省福州市	
454	Ⅳ-12	泰山石刻	北齐至清	山东省泰安市	
455	Ⅳ-13	白佛山石窟造像	隋至宋	山东省东平县	
456	Ⅳ-14	鸿庆寺石窟	北魏	河南省义马市	
457	Ⅳ-15	小南海石窟	北齐	河南省安阳县	
458	Ⅳ-16	大丕山摩崖大佛及石刻	北朝至明	河南省浚县	
459	Ⅳ-17	受禅碑与受禅台	三国	河南省临颍县	
460	Ⅳ-18	大唐嵩阳观纪圣德感应之颂碑	唐	河南省登封市	
461	Ⅳ-19	七星岩摩崖石刻	唐至近代	广东省肇庆市	
462	Ⅳ-20	桂林石刻	唐至清	广西壮族自治区桂林市	
463	Ⅳ-21	毗卢洞石刻造像	五代至北宋	四川省安岳县	
464	Ⅳ-22	元世祖平云南碑	元	云南省大理市	
465	Ⅳ-23	沧源崖画	新石器时代	云南省沧源佤族自治县	
466	Ⅳ-24	重阳宫祖庵碑林	元至清	陕西省户县	
467	Ⅳ-25	慈善寺石窟	隋、唐	陕西省麟游县	
468	Ⅳ-26	西狭颂摩崖石刻	汉	甘肃省成县	
469	Ⅳ-27	水帘洞-大像山石窟	北朝至唐	甘肃省武山县、甘谷县	
470	Ⅳ-28	天梯山石窟	北朝至唐	甘肃省武威市	
471	Ⅳ-29	文殊山石窟	北朝至西夏	甘肃省肃南裕固族自治县	
472	Ⅳ-30	克孜尔尕哈石窟	北朝至唐	新疆维吾尔自治区库车县	
473	Ⅳ-31	平定准噶尔勒铭碑	清	新疆维吾尔自治区昭苏县	

续表

五、近现代重要史迹及代表性建筑（40处）					
序号	编号	名称	时代	地址	备注
474	Ⅴ－1	东交民巷使馆建筑群	近代	北京市东城区	
475	Ⅴ－2	未名湖燕园建筑	近代	北京市海淀区	
476	Ⅴ－3	清华大学早期建筑	近代	北京市海淀区	
477	Ⅴ－4	天津劝业场大楼	1928年	天津市和平区	
478	Ⅴ－5	大连中山广场近代建筑群	近代	辽宁省大连市	
479	Ⅴ－6	东北大学旧址	近代	辽宁省沈阳市	
480	Ⅴ－7	瑷珲新城遗址（黑龙江城）	清	黑龙江省黑河市	
481	Ⅴ－8	大庆第一口油井	1959年	黑龙江省大庆市	
482	Ⅴ－9	上海宋庆龄故居	1948～1981年	上海市徐汇区	
483	Ⅴ－10	张闻天故居	近代	上海市浦东新区	
484	Ⅴ－11	薛福成故居建筑群	清末	江苏省无锡市	
485	Ⅴ－12	原国民政府旧址	1912～1949年	江苏省南京市	
486	Ⅴ－13	西泠印社	近代	浙江省杭州市	
487	Ⅴ－14	蔡元培故居	近代	浙江省绍兴市	
488	Ⅴ－15	南浔张氏旧宅建筑群	1899～1906年	浙江省湖州市	
489	Ⅴ－16	龙山虞氏旧宅建筑群	1916～1929年	浙江省慈溪市	
490	Ⅴ－17	新四军苏浙军区旧址	1943～1945年	浙江省长兴县	
491	Ⅴ－18	福建船政建筑	清	福建省福州市	
492	Ⅴ－19	青岛八大关近代建筑	近代	山东省青岛市	
493	Ⅴ－20	龙港革命旧址	1927～1930年	湖北省阳新县	
494	Ⅴ－21	武汉农民运动讲习所旧址	1927年	湖北省武汉市	
495	Ⅴ－22	大智门火车站	1903年	湖北省武汉市	
496	Ⅴ－23	江汉关大楼	1924年	湖北省武汉市	
497	Ⅴ－24	武汉大学早期建筑	近代	湖北省武汉市	
498	Ⅴ－25	詹天佑故居	1912～1919年	湖北省武汉市	
499	Ⅴ－26	彭德怀故居	近代	湖南省湘潭县	
500	Ⅴ－27	中山纪念堂	1931年	广东省广州市	
501	Ⅴ－28	余荫山房	近代	广东省广州市	
502	Ⅴ－29	开平碉楼	近代	广东省开平市	
503	Ⅴ－30	叶剑英故居	近代	广东省梅州市	
504	Ⅴ－31	北海近代建筑	近代	广西壮族自治区北海市	2006年增北海近代建筑群
505	Ⅴ－32	刘永福、冯子材旧居建筑群	清	广西壮族自治区钦州市	
506	Ⅴ－33	桂园	近代	重庆市渝中区	
507	Ⅴ－34	赵世炎故居	1904～1914年	重庆市酉阳土家族苗族自治县	
508	Ⅴ－35	邓小平故居	近代	四川省广安市	2006年增邓小平青少年时代活动旧址
509	Ⅴ－36	洛川会议旧址	1937年	陕西省洛川县	
510	Ⅴ－37	杨家沟革命旧址	1947～1948年	陕西省米脂县	
511	Ⅴ－38	哈达铺会议旧址	1935～1936年	甘肃省宕昌县	
512	Ⅴ－39	第一个核武器研制基地旧址	1957～1995年	青海省海晏县	
513	Ⅴ－40	中共琼崖第一次代表大会旧址	1926年	海南省海口市	
六、其他（5处）					
序号	编号	名称	时代	地址	备注
514	Ⅵ－1	水井街酒坊遗址	明、清	四川省成都市	
515	Ⅵ－2	四堡书坊建筑	明、清	福建省连城县	
516	Ⅵ－3	南风古灶、高灶陶窑	明	广东省佛山市	
517	Ⅵ－4	四连碓造纸作坊	明	浙江省温州市	
518	Ⅵ－5	花鸟灯塔	1870年	浙江省嵊泗县	

续表

七、增补（3处）					
序号	编号	名称	时代	地址	备注
519	Ⅶ－1	里耶古城遗址	战国至汉	湖南省龙山县	2002年11月22日增补
520	Ⅶ－2	阿尔寨石窟	西夏至明	内蒙古自治区鄂托克旗	2003年3月2日增补
521	Ⅶ－3	焦裕禄烈士墓	1966年	河南省兰考县	2003年4月3日增补

表6 第六批全国重点文物保护单位名单（2006）

一、古遗址（220处）					
序号	编号	名称	时代	地址	备注
1	Ⅰ－1	元大都城墙遗址	元	北京市朝阳区、海淀区	
2	Ⅰ－2	十字寺遗址	元	北京市房山区	
3	Ⅰ－3	天妃宫遗址	元至清	天津市河东区	
4	Ⅰ－4	爪村遗址	旧石器时代	河北省迁安市	
5	Ⅰ－5	石北口遗址	新石器时代	河北省永年县	
6	Ⅰ－6	北福地遗址	新石器时代	河北省易县	
7	Ⅰ－7	钓鱼台遗址	新石器时代	河北省曲阳县	
8	Ⅰ－8	台西遗址	商	河北省藁城市	
9	Ⅰ－9	东先贤遗址	商	河北省邢台县	
10	Ⅰ－10	南阳遗址	周	河北省容城县	
11	Ⅰ－11	讲武城遗址	战国至汉	河北省磁县	
12	Ⅰ－12	常山郡故城	汉	河北省元氏县	
13	Ⅰ－13	土城子城址	南北朝	河北省尚义县	
14	Ⅰ－14	边关地道遗址	宋	河北省永清县	
15	Ⅰ－15	会州城	辽至明	河北省平泉县	
16	Ⅰ－16	刘伶醉烧锅遗址	金至元	河北省徐水县	
17	Ⅰ－17	九连城城址	金至元	河北省沽源县	
18	Ⅰ－18	海丰镇遗址	金	河北省黄骅市	
19	Ⅰ－19	小宏城遗址	元	河北省沽源县	
20	Ⅰ－20	大名府故城	宋	河北省大名县	
21	Ⅰ－21	塔水河遗址	旧石器时代	山西省陵川县	
22	Ⅰ－22	上郭城址和邱家庄墓群	周至汉	山西省闻喜县	
23	Ⅰ－23	南村城址	战国至晋	山西省方山县	
24	Ⅰ－24	黄河栈道遗址	汉至清	山西省平陆县	
25	Ⅰ－25	霍州窑址	宋至元	山西省霍州市	
26	Ⅰ－26	洪山窑址	宋至清	山西省介休市	
27	Ⅰ－27	阿善遗址	新石器时代	内蒙古自治区包头市	
28	Ⅰ－28	赵宝沟遗址	新石器时代	内蒙古自治区敖汉旗	
29	Ⅰ－29	红山遗址群	新石器至青铜时代	内蒙古自治区赤峰市	
30	Ⅰ－30	夏家店遗址群	新石器时代至战国	内蒙古自治区赤峰市	
31	Ⅰ－31	朱开沟遗址	新石器时代至商	内蒙古自治区伊金霍洛旗	
32	Ⅰ－32	秦直道遗址	秦	内蒙古自治区鄂尔多斯市、陕西省旬邑县	
33	Ⅰ－33	麻池城址和召湾墓群	汉	内蒙古自治区包头市	
34	Ⅰ－34	黑城城址	汉	内蒙古自治区宁城县	
35	Ⅰ－35	朔方郡故城	汉	内蒙古自治区磴口县、巴彦淖尔市	
36	Ⅰ－36	霍洛柴登城址	汉	内蒙古自治区杭锦旗	
37	Ⅰ－37	克里孟城址	汉至南北朝	内蒙古自治区察哈尔右翼后旗	
38	Ⅰ－38	沃野镇故城	汉至南北朝	内蒙古自治区乌拉特前旗	
39	Ⅰ－39	白灵淖尔城址	南北朝	内蒙古自治区固阳县	

续表

序号	编号	名称	时代	地址	备注
40	Ⅰ－40	十二连城城址	隋至唐	内蒙古自治区准格尔旗	
41	Ⅰ－41	城川城址	唐	内蒙古自治区鄂托克前旗	
42	Ⅰ－42	查干浩特城址	辽至明	内蒙古自治区阿鲁科尔沁旗	
43	Ⅰ－43	安答堡子城址	金至元	内蒙古自治区达尔罕茂明安联合旗	
44	Ⅰ－44	净州路故城	金至元	内蒙古自治区四子王旗	
45	Ⅰ－45	砂井路总管府故城	元	内蒙古自治区四子王旗	
46	Ⅰ－46	巴彦乌拉城址	元	内蒙古自治区鄂温克族自治旗	
47	Ⅰ－47	庙后山遗址	旧石器时代	辽宁省本溪满族自治县	
48	Ⅰ－48	高台山遗址	新石器时代	辽宁省新民市	
49	Ⅰ－49	石台子山城	汉至唐	辽宁省沈阳市	
50	Ⅰ－50	赫图阿拉故城	明	辽宁省新宾满族自治县	
51	Ⅰ－51	百草沟遗址	战国至晋	吉林省汪清县	
52	Ⅰ－52	自安山城	南北朝	吉林省通化市	
53	Ⅰ－53	龙潭山城	晋	吉林省吉林市	
54	Ⅰ－54	苏密城	唐	吉林省桦甸市	
55	Ⅰ－55	城山子山城	唐	吉林省敦化市	
56	Ⅰ－56	磨盘村山城	唐至金	吉林省图们市	
57	Ⅰ－57	偏脸城城址	辽至金	吉林省梨树县	
58	Ⅰ－58	秦家屯城址	辽至金	吉林省公主岭市	
59	Ⅰ－59	城四家子城址	辽至元	吉林省白城市	
60	Ⅰ－60	叶赫部城址	明	吉林省四平市	
61	Ⅰ－61	辉发城址	明	吉林省辉南县	
62	Ⅰ－62	五排山城址	战国至汉	黑龙江省东宁县	
63	Ⅰ－63	小四方山城址	战国至金	黑龙江省穆棱市	
64	Ⅰ－64	雁窝岛城址	隋	黑龙江省宝清县	
65	Ⅰ－65	塔子城址	辽	黑龙江省泰来县	
66	Ⅰ－66	瓦里霍吞城址	辽至清	黑龙江省桦川县	
67	Ⅰ－67	桃温万户府故城	元	黑龙江省汤原县	
68	Ⅰ－68	莽吉塔站故城	明	黑龙江省抚远县	
69	Ⅰ－69	南京人化石地点	旧石器时代	江苏省南京市	
70	Ⅰ－70	藤花落遗址	新石器时代	江苏省连云港市	
71	Ⅰ－71	大墩子遗址	新石器时代	江苏省邳州市	
72	Ⅰ－72	花厅遗址	新石器时代	江苏省新沂市	
73	Ⅰ－73	三星村遗址	新石器时代	江苏省金坛市	
74	Ⅰ－74	骆驼墩遗址	新石器时代	江苏省宜兴市	
75	Ⅰ－75	青墩遗址	新石器时代	江苏省海安县	
76	Ⅰ－76	绰墩遗址	新石器时代至周	江苏省昆山市	
77	Ⅰ－77	天目山遗址	周	江苏省姜堰市	
78	Ⅰ－78	宜兴窑址	晋至清	江苏省宜兴市	
79	Ⅰ－79	钟山建筑遗址	南北朝	江苏省南京市	
80	Ⅰ－80	明故宫遗址	明	江苏省南京市	
81	Ⅰ－81	龙江船厂遗址	明	江苏省南京市	
82	Ⅰ－82	跨湖桥遗址	新石器时代	浙江省杭州市	
83	Ⅰ－83	上山遗址	新石器时代	浙江省浦江县	
84	Ⅰ－84	谭家湾遗址	新石器时代	浙江省桐乡市	
85	Ⅰ－85	南河浜遗址	新石器时代	浙江省嘉兴市	
86	Ⅰ－86	钱山漾遗址	新石器时代至周	浙江省湖州市	
87	Ⅰ－87	茅湾里窑址	周至战国	浙江省杭州市	

续表

序号	编号	名称	时代	地址	备注
88	Ⅰ－88	富盛窑址	周至战国	浙江省绍兴县	
89	Ⅰ－89	递铺城址	春秋至南北朝	浙江省安吉县	
90	Ⅰ－90	小仙坛窑址	汉	浙江省上虞市	
91	Ⅰ－91	郊坛下和老虎洞窑址	宋至元	浙江省杭州市	
92	Ⅰ－92	永丰库遗址	元	浙江省宁波市	
93	Ⅰ－93	人字洞遗址	旧石器时代	安徽省繁昌县	
94	Ⅰ－94	临涣城址	战国	安徽省濉溪县	
95	Ⅰ－95	北苑御焙遗址	宋	福建省建瓯市	
96	Ⅰ－96	磁灶窑址	宋至元	福建省晋江市	
97	Ⅰ－97	德济门遗址	宋至明	福建省泉州市	
98	Ⅰ－98	南胜窑址	明至清	福建省平和县	
99	Ⅰ－99	樊城堆遗址	新石器时代	江西省樟树市	
100	Ⅰ－100	牛头城址	商至周	江西省新干县	
101	Ⅰ－101	白口城址	汉至南北朝	江西省泰和县	
102	Ⅰ－102	李渡烧酒作坊遗址	元至清	江西省进贤县	
103	Ⅰ－103	御窑厂窑址	明至清	江西省景德镇市	
104	Ⅰ－104	沂源猿人遗址	旧石器时代	山东省沂源县	
105	Ⅰ－105	北辛遗址	新石器时代	山东省滕州市	
106	Ⅰ－106	王因遗址	新石器时代	山东省兖州市	
107	Ⅰ－107	贾柏遗址	新石器时代	山东省汶上县	
108	Ⅰ－108	小荆山遗址	新石器时代	山东省章丘市	
109	Ⅰ－109	东岳石遗址	新石器时代	山东省平度市	
110	Ⅰ－110	白石村遗址	新石器时代	山东省烟台市	
111	Ⅰ－111	两城镇遗址	新石器时代	山东省日照市	
112	Ⅰ－112	尧王城遗址	新石器时代	山东省日照市	
113	Ⅰ－113	东海峪遗址	新石器时代	山东省日照市	
114	Ⅰ－114	后李遗址	新石器时代	山东省淄博市	
115	Ⅰ－115	三里河遗址	新石器时代	山东省胶州市	
116	Ⅰ－116	傅家遗址	新石器时代	山东省广饶县	
117	Ⅰ－117	教场铺遗址	新石器时代	山东省茌平县	
118	Ⅰ－118	归城城址	周	山东省龙口市	
119	Ⅰ－119	郯国故城	周至汉	山东省郯城县	
120	Ⅰ－120	邾国故城	周至汉	山东省邹城市	
121	Ⅰ－121	偪阳故城	周至晋	山东省枣庄市	
122	Ⅰ－122	东平陵故城	汉	山东省章丘市	
123	Ⅰ－123	中陈郝窑址	南北朝至清	山东省枣庄市	
124	Ⅰ－124	龙华寺遗址	南北朝至隋	山东省博兴县	
125	Ⅰ－125	寨里窑址	南北朝至唐	山东省淄博市	
126	Ⅰ－126	织机洞遗址	旧石器时代	河南省荥阳市	
127	Ⅰ－127	杨台寺遗址	新石器时代	河南省驻马店市	
128	Ⅰ－128	瓦店遗址	新石器时代	河南省禹州市	
129	Ⅰ－129	石固遗址	新石器时代	河南省长葛市	
130	Ⅰ－130	郝家台遗址	新石器时代	河南省漯河市	
131	Ⅰ－131	王油坊遗址	新石器时代	河南省永城市	
132	Ⅰ－132	李庄遗址	新石器时代	河南省柘城县	
133	Ⅰ－133	王湾遗址	新石器时代	河南省洛阳市	
134	Ⅰ－134	鹿台岗遗址	新石器时代至周	河南省杞县	
135	Ⅰ－135	新砦遗址	新石器时代至夏	河南省新密市	
136	Ⅰ－136	唐户遗址	新石器时代至周	河南省新郑市	
137	Ⅰ－137	蒲城店遗址	新石器时代至汉	河南省平顶山市	

续表

序号	编号	名称	时代	地址	备注
138	Ⅰ－138	大师姑城址	夏至商	河南省荥阳市	
139	Ⅰ－139	小双桥遗址	商	河南省郑州市	
140	Ⅰ－140	宋国故城	周	河南省商丘市	
141	Ⅰ－141	卫国故城	周	河南省淇县	
142	Ⅰ－142	黄国故城	周	河南省潢川县	
143	Ⅰ－143	共城城址	周	河南省辉县市	
144	Ⅰ－144	滑国故城	周	河南省偃师市	
145	Ⅰ－145	叶邑故城	周	河南省叶县	
146	Ⅰ－146	轵国故城	周	河南省济源市	
147	Ⅰ－147	下河湾冶铁遗址	战国至汉	河南省泌阳县	
148	Ⅰ－148	望城岗冶铁遗址	汉	河南省鲁山县	
149	Ⅰ－149	瓦房庄冶铁遗址	汉	河南省南阳市	
150	Ⅰ－150	三杨庄遗址	汉	河南省内黄县	
151	Ⅰ－151	山阳故城	汉	河南省焦作市	
152	Ⅰ－152	段店窑址	唐至宋	河南省鲁山县	
153	Ⅰ－153	大周封祀坛遗址	唐	河南省登封市	
154	Ⅰ－154	扒村窑址	宋至元	河南省禹州市	
155	Ⅰ－155	当阳峪窑址	宋	河南省修武县	
156	Ⅰ－156	张公巷窑址	金至元	河南省汝州市	
157	Ⅰ－157	建始直立人遗址	旧石器时代	湖北省建始县	
158	Ⅰ－158	马家垸遗址	新石器时代	湖北省沙洋县	
159	Ⅰ－159	陶家湖遗址	新石器时代	湖北省应城市	
160	Ⅰ－160	鸡鸣城遗址	新石器时代	湖北省公安县	
161	Ⅰ－161	邓国故址	周	湖北省襄阳市	
162	Ⅰ－162	施州城址	宋	湖北省恩施市	
163	Ⅰ－163	唐崖土司城址	元至清	湖北省咸丰县	
164	Ⅰ－164	容美土司遗址	明至清	湖北省鹤峰县	
165	Ⅰ－165	高庙遗址	新石器时代	湖南省洪江市	
166	Ⅰ－166	炭河里遗址	周	湖南省宁乡县	
167	Ⅰ－167	舜帝庙遗址	宋	湖南省宁远县	
168	Ⅰ－168	宝镜湾遗址	新石器至青铜时代	广东省珠海市	
169	Ⅰ－169	白莲洞遗址	旧石器至新石器时代	广西壮族自治区柳州市	
170	Ⅰ－170	鲤鱼嘴遗址	旧石器至新石器时代	广西壮族自治区柳州市	
171	Ⅰ－171	感驮岩遗址	新石器时代至战国	广西壮族自治区那坡县	
172	Ⅰ－172	秦城遗址	秦至晋	广西壮族自治区兴安县	
173	Ⅰ－173	智城城址	唐	广西壮族自治区上林县	
174	Ⅰ－174	甘泉岛遗址	唐至宋	海南省西、南、中沙群岛办事处	
175	Ⅰ－175	北礁沉船遗址	唐至清	海南省西、南、中沙群岛办事处	
176	Ⅰ－176	儋州故城	唐至清	海南省儋州市	
177	Ⅰ－177	营盘山和姜维城遗址	新石器时代	四川省茂县、汶川县	
178	Ⅰ－178	金沙遗址	商至周	四川省成都市	
179	Ⅰ－179	大洋堆遗址	周至战国	四川省西昌市	
180	Ⅰ－180	城坝遗址	战国至汉	四川省渠县	
181	Ⅰ－181	剑门蜀道遗址	战国至清	四川省广元市、剑阁县	
182	Ⅰ－182	严道城址	汉	四川省荥经县	
183	Ⅰ－183	老君山硝洞遗址	明至清	四川省江油市	
184	Ⅰ－184	剑南春酒坊遗址	清	四川省绵竹市	
185	Ⅰ－185	宁谷遗址	汉	贵州省安顺市	

续表

序号	编号	名称	时代	地址	备注
186	Ⅰ－186	万山汞矿遗址	唐至清	贵州省万山特区	
187	Ⅰ－187	白羊村遗址	新石器时代	云南省宾川县	
188	Ⅰ－188	巄屽图山城址	唐	云南省巍山彝族回族自治县	
189	Ⅰ－189	龙岗寺遗址	旧石器时代至汉	陕西省南郑县	
190	Ⅰ－190	石峁遗址	新石器时代	陕西省神木县	
191	Ⅰ－191	石摞摞山遗址	新石器时代	陕西省佳县	
192	Ⅰ－192	李家村遗址	新石器时代	陕西省西乡县	
193	Ⅰ－193	北首岭遗址	新石器时代	陕西省宝鸡市	
194	Ⅰ－194	东龙山遗址	新石器时代至汉	陕西省商洛市	
195	Ⅰ－195	横阵遗址	新石器时代	陕西省华阴市	
196	Ⅰ－196	凤凰山遗址	商至周	陕西省岐山县	
197	Ⅰ－197	李家崖城址	商至周	陕西省清涧县	
198	Ⅰ－198	梁带村遗址	周	陕西省韩城市	
199	Ⅰ－199	杨家村遗址	周	陕西省眉县	
200	Ⅰ－200	法门寺遗址	南北朝至清	陕西省扶风县	
201	Ⅰ－201	麟州故城	唐至明	陕西省神木县	
202	Ⅰ－202	林家遗址	新石器时代	甘肃省东乡族自治县	
203	Ⅰ－203	牛门洞遗址	新石器至青铜时代	甘肃省会宁县	
204	Ⅰ－204	寺洼遗址	新石器至青铜时代	甘肃省临洮县	
205	Ⅰ－205	西河滩遗址	新石器至青铜时代	甘肃省酒泉市	
206	Ⅰ－206	火烧沟遗址	青铜时代	甘肃省玉门市	
207	Ⅰ－207	破城子遗址	汉至唐	甘肃省瓜州县	
208	Ⅰ－208	八卦营城址	汉至晋	甘肃省民乐县	
209	Ⅰ－209	八角城城址	唐至明	甘肃省夏河县	
210	Ⅰ－210	永泰城址	明	甘肃省景泰县	
211	Ⅰ－211	柳湾遗址	新石器至青铜时代	青海省乐都县	
212	Ⅰ－212	沈那遗址	新石器至青铜时代	青海省西宁市	
213	Ⅰ－213	鸽子山遗址	旧石器时代	宁夏回族自治区青铜峡市	
214	Ⅰ－214	菜园遗址	新石器时代	宁夏回族自治区海原县	
215	Ⅰ－215	照壁山铜矿遗址	汉	宁夏回族自治区中卫市	
216	Ⅰ－216	灵武窑址	宋至明	宁夏回族自治区灵武市	
217	Ⅰ－217	张家场城址	汉	宁夏回族自治区盐池县	
218	Ⅰ－218	丹丹乌里克遗址	南北朝至唐	新疆维吾尔自治区策勒县	
219	Ⅰ－219	麻扎塔格戍堡址	唐	新疆维吾尔自治区墨玉县	
220	Ⅰ－220	通古斯巴西城址	唐	新疆维吾尔自治区新和县	
二、古墓葬（77处）					
序号	编号	名称	时代	地址	备注
221	Ⅱ－1	金陵	金	北京市房山区	
222	Ⅱ－2	利玛窦和外国传教士墓地	明至清	北京市西城区	
223	Ⅱ－3	袁崇焕墓和祠	明至民国	北京市东城区	
224	Ⅱ－4	邢国墓地	周	河北省邢台市	
225	Ⅱ－5	所药村壁画墓	汉	河北省望都县	
226	Ⅱ－6	隆尧唐祖陵	唐	河北省隆尧县	
227	Ⅱ－7	张柔墓	元	河北省满城县	
228	Ⅱ－8	怡贤亲王墓	清	河北省涞水县	
229	Ⅱ－9	纪晓岚墓地	清	河北省沧县	
230	Ⅱ－10	崔家河墓群	周	山西省夏县	
231	Ⅱ－11	沙梁坡墓群	汉	山西省天镇县	
232	Ⅱ－12	古城堡墓群	汉	山西省阳高县	
233	Ⅱ－13	王家峰墓群	南北朝	山西省太原市	

续表

序号	编号	名称	时代	地址	备注
234	Ⅱ－14	什贴墓群	南北朝	山西省晋中市	
235	Ⅱ－15	栗毓美墓	清	山西省浑源县	
236	Ⅱ－16	扎赉诺尔墓群	汉	内蒙古自治区满洲里市	
237	Ⅱ－17	王昭君墓	汉	内蒙古自治区呼和浩特市	
238	Ⅱ－18	韩匡嗣家族墓地	辽	内蒙古自治区巴林左旗	
239	Ⅱ－19	吐尔基山墓	辽	内蒙古自治区科尔沁左翼后旗	
240	Ⅱ－20	萧氏家族墓	辽	内蒙古自治区奈曼旗	
241	Ⅱ－21	张应瑞家族墓地	元	内蒙古自治区翁牛特旗	
242	Ⅱ－22	袁台子墓	晋	辽宁省朝阳县	
243	Ⅱ－23	冯素弗墓	十六国	辽宁省北票市	
244	Ⅱ－24	辉发河上游石棚墓	周	吉林省梅河口市、柳河县	
245	Ⅱ－25	刀背山墓地	新石器时代	黑龙江省鸡西市	
246	Ⅱ－26	鸿山墓群	周	江苏省无锡市	
247	Ⅱ－27	徐州墓群	汉	江苏省徐州市	
248	Ⅱ－28	象山王氏家族墓地	晋	江苏省南京市	
249	Ⅱ－29	东阳土墩墓群	周	浙江省东阳市	
250	Ⅱ－30	高氏家族墓地	明	浙江省乐清市	
251	Ⅱ－31	于谦墓	明至清	浙江省杭州市	
252	Ⅱ－32	李白墓	唐	安徽省当涂县	
253	Ⅱ－33	武夷山崖墓群	青铜时代	福建省武夷山市	
254	Ⅱ－34	朱熹墓	宋	福建省建阳市	
255	Ⅱ－35	朱轼墓	清	江西省高安市	
256	Ⅱ－36	嘴子前墓群	周	山东省海阳市	
257	Ⅱ－37	萧王庄墓群	汉	山东省济宁市	
258	Ⅱ－38	洗砚池墓群	晋	山东省临沂市	
259	Ⅱ－39	崔芬墓	南北朝	山东省临朐县	
260	Ⅱ－40	韩氏家族墓地	唐	山东省莘县	
261	Ⅱ－41	明鲁王墓	明	山东省邹城市	
262	Ⅱ－42	应国墓地	周至汉	河南省平顶山市	
263	Ⅱ－43	许慎墓	汉	河南省漯河市	
264	Ⅱ－44	韩愈墓	唐	河南省孟州市	
265	Ⅱ－45	范仲淹墓	宋	河南省伊川县	
266	Ⅱ－46	欧阳修墓	宋	河南省新郑市	
267	Ⅱ－47	李诫墓	宋	河南省新郑市	
268	Ⅱ－48	青山墓群	周	湖北省枝江市	
269	Ⅱ－49	九连墩墓群	战国	湖北省枣阳市	
270	Ⅱ－50	关陵	三国	湖北省当阳市	
271	Ⅱ－51	南汉二陵	五代	广东省广州市	
272	Ⅱ－52	藤桥墓群	唐至明	海南省三亚市	
273	Ⅱ－53	凉山大石墓群	战国至汉	四川省德昌县、喜德县	
274	Ⅱ－54	瑞峰崖墓群	汉	四川省青神县	
275	Ⅱ－55	塔梁子崖墓群	汉	四川省中江县	
276	Ⅱ－56	黄伞崖墓群	汉	四川省宜宾县	
277	Ⅱ－57	孟知祥墓	五代	四川省成都市	
278	Ⅱ－58	石城山崖墓群	宋至明	四川省宜宾县	
279	Ⅱ－59	泸县宋墓	宋	四川省泸县	
280	Ⅱ－60	交乐墓群	汉	贵州省兴仁县	
281	Ⅱ－61	八塔台墓群	周至明	云南省曲靖市	
282	Ⅱ－62	营盘村墓群	明至清	云南省永胜县	

续表

序号	编号	名称	时代	地址	备注
283	Ⅱ－63	查木钦墓群	唐	西藏自治区拉孜县	
284	Ⅱ－64	秦东陵	秦	陕西省西安市	
285	Ⅱ－65	张骞墓	汉	陕西省城固县	
286	Ⅱ－66	明秦王墓	明	陕西省西安市	
287	Ⅱ－67	蔡伦墓和祠	清	陕西省洋县	
288	Ⅱ－68	明肃王墓	明	甘肃省榆中县	
289	Ⅱ－69	楼兰墓群	新石器时代至晋	新疆维吾尔自治区若羌县	
290	Ⅱ－70	五堡墓群	青铜时代	新疆维吾尔自治区哈密市	
291	Ⅱ－71	洋海墓群	青铜时代至唐	新疆维吾尔自治区鄯善县	
292	Ⅱ－72	阿日夏特石人墓	隋至唐	新疆维吾尔自治区温泉县	
293	Ⅱ－73	麻赫穆德·喀什噶里墓	元	新疆维吾尔自治区疏附县	
294	Ⅱ－74	速檀·歪思汗麻扎	明	新疆维吾尔自治区伊宁县	
295	Ⅱ－75	叶尔羌汗国王陵	明	新疆维吾尔自治区莎车县	
296	Ⅱ－76	艾比甫·艾洁木麻扎	清	新疆维吾尔自治区阿图什市	
297	Ⅱ－77	哈密回王墓	清至民国	新疆维吾尔自治区哈密市	
三、古建筑（513处）					
序号	编号	名称	时代	地址	备注
298	Ⅲ－1	承恩寺	明至清	北京市石景山区	
299	Ⅲ－2	地坛	明至清	北京市东城区	
300	Ⅲ－3	德胜门箭楼	明至清	北京市西城区	
301	Ⅲ－4	月坛	明至清	北京市西城区	
302	Ⅲ－5	中南海	明至清	北京市西城区	
303	Ⅲ－6	大觉寺	明至清	北京市海淀区	
304	Ⅲ－7	日坛	明至清	北京市朝阳区	
305	Ⅲ－8	静明园	清	北京市海淀区	
306	Ⅲ－9	健锐营演武厅	清	北京市海淀区	
307	Ⅲ－10	万寿寺	清	北京市海淀区	
308	Ⅲ－11	关岳庙	清	北京市西城区	
309	Ⅲ－12	醇亲王府	清	北京市西城区	
310	Ⅲ－13	广济寺	清	北京市西城区	
311	Ⅲ－14	柏林寺	清	北京市东城区	
312	Ⅲ－15	爨底下村古建筑群	清	北京市门头沟区	
313	Ⅲ－16	安徽会馆	清	北京市西城区	
314	Ⅲ－17	报国寺	清	北京市西城区	
315	Ⅲ－18	石家大院	清	天津市西青区	
316	Ⅲ－19	解村兴国寺塔	唐	河北省博野县	
317	Ⅲ－20	万寿寺塔林	五代至清	河北省平山县	
318	Ⅲ－21	宝云塔	宋	河北省衡水市	
319	Ⅲ－22	修德寺塔	宋	河北省曲阳县	
320	Ⅲ－23	庆林寺塔	宋	河北省故城县	
321	Ⅲ－24	静志寺塔基地宫	宋	河北省定州市	
322	Ⅲ－25	净众院塔基地宫	宋	河北省定州市	
323	Ⅲ－26	天宫寺塔	辽	河北省唐山市	
324	Ⅲ－27	圣塔院塔	辽	河北省易县	
325	Ⅲ－28	西岗塔	辽	河北省涞水县	
326	Ⅲ－29	兴文塔	辽	河北省涞源县	
327	Ⅲ－30	成汤庙山门	金	河北省涉县	
328	Ⅲ－31	柏林寺塔	元	河北省赵县	
329	Ⅲ－32	正定府文庙	元	河北省正定县	
330	Ⅲ－33	井陉古驿道	明至清	河北省井陉县	

续表

序号	编号	名称	时代	地址	备注
331	Ⅲ－34	扁鹊庙	明至清	河北省内丘县	
332	Ⅲ－35	永济桥	明至清	河北省涿州市	
333	Ⅲ－36	西古堡	明至清	河北省蔚县	
334	Ⅲ－37	福庆寺	明至清	河北省井陉县	
335	Ⅲ－38	时恩寺	明至清	河北省张家口市	
336	Ⅲ－39	寿峰寺	明至民国	河北省唐山市	
337	Ⅲ－40	暖泉华严寺	明	河北省蔚县	
338	Ⅲ－41	真武庙	明	河北省蔚县	
339	Ⅲ－42	常平仓	明	河北省蔚县	
340	Ⅲ－43	蔚州灵岩寺	明	河北省蔚县	
341	Ⅲ－44	单桥	明	河北省献县	
342	Ⅲ－45	弘济桥	明	河北省永年县	
343	Ⅲ－46	永年城	明	河北省永年县	
344	Ⅲ－47	纸坊玉皇阁	明	河北省邯郸市	
345	Ⅲ－48	大道观玉皇殿	明	河北省定州市	
346	Ⅲ－49	邢台开元寺	明	河北省邢台市	
347	Ⅲ－50	伍仁桥	明	河北省安国市	
348	Ⅲ－51	万全右卫城	明	河北省万全县	
349	Ⅲ－52	洗马林玉皇阁	明	河北省万全县	
350	Ⅲ－53	金门闸	清	河北省涿州市	
351	Ⅲ－54	大慈阁	清	河北省保定市	
352	Ⅲ－55	承德城隍庙	清	河北省承德市	
353	Ⅲ－56	普佑寺	清	河北省承德市	
354	Ⅲ－57	净觉寺	清	河北省玉田县	
355	Ⅲ－58	老君洞	唐至明	山西省浮山县	
356	Ⅲ－59	卦山天宁寺	唐至清	山西省交城县	
357	Ⅲ－60	下交汤帝庙	宋至清	山西省阳城县	
358	Ⅲ－61	普光寺	宋至清	山西省寿阳县	
359	Ⅲ－62	金洞寺	宋至清	山西省忻州市	
360	Ⅲ－63	安禅寺	宋至明	山西省太谷县	
361	Ⅲ－64	无边寺	宋至清	山西省太谷县	
362	Ⅲ－65	狐突庙	宋至清	山西省清徐县	
363	Ⅲ－66	北义城玉皇庙	宋至清	山西省泽州县	
364	Ⅲ－67	周村东岳庙	宋至清	山西省泽州县	
365	Ⅲ－68	张壁古堡	宋至清	山西省介休市	
366	Ⅲ－69	佛头寺	宋	山西省平顺县	
367	Ⅲ－70	兴梵寺	宋	山西省祁县	
368	Ⅲ－71	定襄关王庙	宋	山西省定襄县	
369	Ⅲ－72	妙道寺双塔	宋	山西省临猗县	
370	Ⅲ－73	禅房寺塔	辽	山西省大同市	
371	Ⅲ－74	开福寺	金至明	山西省阳城县	
372	Ⅲ－75	白台寺	金至清	山西省新绛县	
373	Ⅲ－76	灵泽王庙	金至清	山西省襄垣县	
374	Ⅲ－77	西李门二仙庙	金至清	山西省高平市	
375	Ⅲ－78	润城东岳庙	金至清	山西省阳城县	
376	Ⅲ－79	玉泉东岳庙	金至清	山西省陵川县	
377	Ⅲ－80	石掌玉皇庙	金至清	山西省陵川县	
378	Ⅲ－81	东邑龙王庙	金至清	山西省潞城市	
379	Ⅲ－82	乡宁寿圣寺	金至明	山西省乡宁县	

续表

序号	编号	名称	时代	地址	备注
380	Ⅲ－83	净因寺	金至明	山西省太原市	
381	Ⅲ－84	延庆寺	金至清	山西省五台县	
382	Ⅲ－85	中坪二仙宫	金至清	山西省高平市	
383	Ⅲ－86	三圣寺	金至清	山西省繁峙县	
384	Ⅲ－87	汾城古建筑群	金至清	山西省襄汾县	
385	Ⅲ－88	福祥寺	金至清	山西省榆社县	
386	Ⅲ－89	白玉宫	金至清	山西省陵川县	
387	Ⅲ－90	二郎庙	金至清	山西省高平市	
388	Ⅲ－91	真圣寺	金至清	山西省太谷县	
389	Ⅲ－92	清源文庙	金至清	山西省清徐县	
390	Ⅲ－93	南神头二仙庙	金至清	山西省陵川县	
391	Ⅲ－94	寺润三教堂	金	山西省陵川县	
392	Ⅲ－95	三圣瑞现塔	金	山西省陵川县	
393	Ⅲ－96	回龙寺	金	山西省平顺县	
394	Ⅲ－97	普照寺大殿	金	山西省沁县	
395	Ⅲ－98	昭泽王庙	金	山西省襄垣县	
396	Ⅲ－99	天王寺	金	山西省长子县	
397	Ⅲ－100	不二寺	金	山西省阳曲县	
398	Ⅲ－101	净土寺	金	山西省应县	
399	Ⅲ－102	义居寺	元至清	山西省临县	
400	Ⅲ－103	舜帝陵庙	元至清	山西省运城市	
401	Ⅲ－104	崇圣寺	元至清	山西省榆社县	
402	Ⅲ－105	崇安寺	元至清	山西省陵川县	
403	Ⅲ－106	东羊后土庙	元至清	山西省临汾市	
404	Ⅲ－107	府君庙	元至清	山西省盂县	
405	Ⅲ－108	坡头泰山庙	元至清	山西省盂县	
406	Ⅲ－109	懿济圣母庙	元至清	山西省和顺县	
407	Ⅲ－110	清虚观	元至清	山西省平遥县	
408	Ⅲ－111	汾阳五岳庙	元至清	山西省汾阳市	
409	Ⅲ－112	清梦观	元至清	山西省高平市	
410	Ⅲ－113	大阳汤帝庙	元至清	山西省泽州县	
411	Ⅲ－114	霍州观音庙	元至清	山西省霍州市	
412	Ⅲ－115	回銮寺	元至清	山西省介休市	
413	Ⅲ－116	夏禹神祠	元至清	山西省平顺县	
414	Ⅲ－117	金庄文庙	元至清	山西省平遥县	
415	Ⅲ－118	乔沟头玉皇庙	元至清	山西省新绛县	
416	Ⅲ－119	长治玉皇观	元至清	山西省长治县	
417	Ⅲ－120	四圣宫	元至清	山西省翼城县	
418	Ⅲ－121	真泽二仙宫	元至清	山西省壶关县	
419	Ⅲ－122	普净寺	元至清	山西省襄汾县	
420	Ⅲ－123	晋祠庙	元至清	山西省灵石县	
421	Ⅲ－124	后稷庙	元至明	山西省闻喜县	
422	Ⅲ－125	宝峰寺	元至明	山西省屯留县	
423	Ⅲ－126	福田寺	元至明	山西省寿阳县	
424	Ⅲ－127	王曲东岳庙	元至民国	山西省临汾市	
425	Ⅲ－128	龙香关帝庙	元至民国	山西省新绛县	
426	Ⅲ－129	介休东岳庙	元至清	山西省介休市	
427	Ⅲ－130	新绛龙兴寺	元至清	山西省新绛县	
428	Ⅲ－131	襄垣文庙	元至清	山西省襄垣县	

续表

序号	编号	名称	时代	地址	备注
429	Ⅲ－132	光化寺	元至清	山西省太谷县	
430	Ⅲ－133	稷山稷王庙	元至清	山西省稷山县	
431	Ⅲ－134	南撖东岳庙	元至清	山西省翼城县	
432	Ⅲ－135	古中庙	元至清	山西省高平市	
433	Ⅲ－136	景云宫玉皇殿	元	山西省绛县	
434	Ⅲ－137	大洋泰山庙	元	山西省夏县	
435	Ⅲ－138	二郎庙北殿	元	山西省垣曲县	
436	Ⅲ－139	埝堆玉皇庙	元	山西省垣曲县	
437	Ⅲ－140	昔阳崇教寺	元	山西省昔阳县	
438	Ⅲ－141	左权文庙大成殿	元	山西省左权县	
439	Ⅲ－142	寨里关帝庙献殿	元	山西省运城市	
440	Ⅲ－143	郭村泰山庙大殿	元	山西省运城市	
441	Ⅲ－144	利应侯庙	元	山西省平遥县	
442	Ⅲ－145	灵石后土庙	元	山西省灵石县	
443	Ⅲ－146	三官庙	元	山西省新绛县	
444	Ⅲ－147	古垛后土庙	元	山西省河津市	
445	Ⅲ－148	乔泽庙戏台	元	山西省翼城县	
446	Ⅲ－149	善庆寺	元	山西省临县	
447	Ⅲ－150	碛口古建筑群	明至清	山西省临县	
448	Ⅲ－151	海会寺	明至清	山西省阳城县	
449	Ⅲ－152	尧陵	明至清	山西省临汾市	
450	Ⅲ－153	水神堂	明至清	山西省广灵县	
451	Ⅲ－154	柳氏民居	明至清	山西省沁水县	
452	Ⅲ－155	湘峪古堡	明至清	山西省沁水县	
453	Ⅲ－156	郭壁村古建筑群	明至清	山西省沁水县	
454	Ⅲ－157	窦庄古建筑群	明至清	山西省沁水县	
455	Ⅲ－158	平遥清凉寺	明至清	山西省平遥县	
456	Ⅲ－159	文峰塔	明至清	山西省汾阳市	
457	Ⅲ－160	代县文庙	明至清	山西省代县	
458	Ⅲ－161	公主寺	明至清	山西省繁峙县	
459	Ⅲ－162	王家大院	明至清	山西省灵石县	
460	Ⅲ－163	郭峪村古建筑群	明至清	山西省阳城县	
461	Ⅲ－164	孟家沟龙泉寺	明至清	山西省寿阳县	
462	Ⅲ－165	天贞观	明至清	山西省吕梁市	
463	Ⅲ－166	曹家大院	明至清	山西省太谷县	
464	Ⅲ－167	净信寺	明至清	山西省太谷县	
465	Ⅲ－168	明秀寺	明至清	山西省太原市	
466	Ⅲ－169	多福寺	明至清	山西省太原市	
467	Ⅲ－170	永祚寺	明至清	山西省太原市	
468	Ⅲ－171	万泉文庙	明	山西省万荣县	
469	Ⅲ－172	董封戏台	明	山西省绛县	
470	Ⅲ－173	云林寺	明	山西省阳高县	
471	Ⅲ－174	砥洎城	明	山西省阳城县	
472	Ⅲ－175	慈云寺	明	山西省天镇县	
473	Ⅲ－176	广武城	明	山西省山阴县	
474	Ⅲ－177	潞安府衙	明	山西省长治市	
475	Ⅲ－178	渠家大院	清	山西省祁县	
476	Ⅲ－179	杏花村汾酒作坊	清	山西省汾阳市	
477	Ⅲ－180	秘密寺	清	山西省繁峙县	

续表

序号	编号	名称	时代	地址	备注
478	Ⅲ－181	铁佛寺	清	山西省临汾市	
479	Ⅲ－182	常平关帝庙	清	山西省运城市	
480	Ⅲ－183	中阳楼	清	山西省孝义市	
481	Ⅲ－184	师家沟古建筑群	清	山西省汾西县	
482	Ⅲ－185	娲皇庙	清	山西省霍州市	
483	Ⅲ－186	平遥城隍庙	清	山西省平遥县	
484	Ⅲ－187	日昇昌旧址	清	山西省平遥县	
485	Ⅲ－188	太和岩牌楼	清	山西省介休市	
486	Ⅲ－189	介休五岳庙	清	山西省介休市	
487	Ⅲ－190	锦山龙泉寺	明至民国	内蒙古自治区喀喇沁旗	
488	Ⅲ－191	大召	明至清	内蒙古自治区呼和浩特市	
489	Ⅲ－192	绥远城墙和将军衙署	清	内蒙古自治区呼和浩特市	
490	Ⅲ－193	贝子庙	清	内蒙古自治区锡林浩特市	
491	Ⅲ－194	定远营	清	内蒙古自治区阿拉善左旗	
492	Ⅲ－195	灵悦寺	清	内蒙古自治区喀喇沁旗	
493	Ⅲ－196	诺尔古建筑群	清	内蒙古自治区多伦县	
494	Ⅲ－197	库伦三大寺	清	内蒙古自治区库伦旗	
495	Ⅲ－198	僧格林沁王府	清	内蒙古自治区科尔沁左翼后旗	
496	Ⅲ－199	宝善寺	清	内蒙古自治区阿鲁科尔沁旗	
497	Ⅲ－200	云接寺塔	辽	辽宁省朝阳市	
498	Ⅲ－201	中前所城	明至清	辽宁省绥中县	
499	Ⅲ－202	广宁城	明	辽宁省北镇市	
500	Ⅲ－203	佑顺寺	清	辽宁省朝阳市	
501	Ⅲ－204	圣水寺	清	辽宁省葫芦岛市	
502	Ⅲ－205	吉林文庙	清	吉林省吉林市	
503	Ⅲ－206	牡丹江边墙	唐至金	黑龙江省牡丹江市、宁安市	
504	Ⅲ－207	卜奎清真寺	清	黑龙江省齐齐哈尔市	
505	Ⅲ－208	龙华塔	宋	上海市徐汇区	
506	Ⅲ－209	洪泽湖大堤	汉至清	江苏省淮安市、洪泽县	
507	Ⅲ－210	泰伯庙和墓	明至清	江苏省无锡市	
508	Ⅲ－211	沧浪亭	元至清	江苏省苏州市	
509	Ⅲ－212	惠山镇祠堂	南北朝至民国	江苏省无锡市	
510	Ⅲ－213	南通天宁寺	宋	江苏省南通市	
511	Ⅲ－214	崇教兴福寺塔	宋	江苏省常熟市	
512	Ⅲ－215	海清寺塔	宋	江苏省连云港市	
513	Ⅲ－216	紫金庵罗汉塑像	宋至明	江苏省苏州市	
514	Ⅲ－217	报恩寺塔	宋至清	江苏省苏州市	
515	Ⅲ－218	太仓石拱桥	元	江苏省太仓市	
516	Ⅲ－219	盘门	元	江苏省苏州市	
517	Ⅲ－220	狮子林	元	江苏省苏州市	
518	Ⅲ－221	轩辕宫正殿	元	江苏省苏州市	
519	Ⅲ－222	寂鉴寺石殿	元	江苏省苏州市	
520	Ⅲ－223	昭关石塔	元	江苏省镇江市	
521	Ⅲ－224	户部山古建筑群	明至民国	江苏省徐州市	
522	Ⅲ－225	瞻园	明至清	江苏省南京市	
523	Ⅲ－226	泰州城隍庙	明至清	江苏省泰州市	
524	Ⅲ－227	东林书院	明至清	江苏省无锡市	
525	Ⅲ－228	昭嗣堂	明至清	江苏省无锡市	
526	Ⅲ－229	赵用贤宅	明	江苏省常熟市	

续表

序号	编号	名称	时代	地址	备注
527	Ⅲ－230	张溥宅第	明	江苏省太仓市	
528	Ⅲ－231	东山民居	明	江苏省苏州市	
529	Ⅲ－232	艺圃	明	江苏省苏州市	
530	Ⅲ－233	全晋会馆	清	江苏省苏州市	
531	Ⅲ－234	淮安府衙	清	江苏省淮安市	
532	Ⅲ－235	师俭堂	清	江苏省吴江市	
533	Ⅲ－236	莲花桥和白塔	清	江苏省扬州市	
534	Ⅲ－237	吴氏宅第	清	江苏省扬州市	
535	Ⅲ－238	扬州大明寺	清	江苏省扬州市	
536	Ⅲ－239	小盘谷	清	江苏省扬州市	
537	Ⅲ－240	高邮当铺	清	江苏省高邮市	
538	Ⅲ－241	甘熙宅第	清	江苏省南京市	
539	Ⅲ－242	宁波天宁寺	唐	浙江省宁波市	
540	Ⅲ－243	独松关和古驿道	宋至清	浙江省安吉县	
541	Ⅲ－244	新河闸桥群	宋至清	浙江省温岭市	
542	Ⅲ－245	松阳延庆寺塔	宋	浙江省松阳县	
543	Ⅲ－246	寿昌桥	宋	浙江省德清县	
544	Ⅲ－247	赤溪五洞桥	宋	浙江省苍南县	
545	Ⅲ－248	阿育王寺	元至清	浙江省宁波市	
546	Ⅲ－249	普陀山多宝塔	元	浙江省舟山市	
547	Ⅲ－250	白云庄和黄宗羲、万斯同、全祖望墓	明至民国	浙江省宁波市、余姚市、奉化市	
548	Ⅲ－251	芝堰村建筑群	明至民国	浙江省兰溪市	
549	Ⅲ－252	芙蓉村古建筑群	明至清	浙江省永嘉县	
550	Ⅲ－253	衢州城墙	明至清	浙江省衢州市	
551	Ⅲ－254	安城城墙	明至清	浙江省安吉县	
552	Ⅲ－255	圣井山石殿	明至清	浙江省瑞安市	
553	Ⅲ－256	慈城古建筑群	明至清	浙江省宁波市	
554	Ⅲ－257	天童寺	明至清	浙江省宁波市	
555	Ⅲ－258	王守仁故居和墓	明	浙江省余姚市、绍兴县	
556	Ⅲ－259	青藤书屋和徐渭墓	明	浙江省绍兴市、绍兴县	
557	Ⅲ－260	宁海古戏台	清至民国	浙江省宁海县	
558	Ⅲ－261	泰顺廊桥	清	浙江省泰顺县	
559	Ⅲ－262	仕水矴步	清	浙江省泰顺县	
560	Ⅲ－263	玉山古茶场	清	浙江省磐安县	
561	Ⅲ－264	榉溪孔氏家庙	清	浙江省磐安县	
562	Ⅲ－265	崇仁村建筑群	清	浙江省嵊州市	
563	Ⅲ－266	三卿口制瓷作坊	清	浙江省江山市	
564	Ⅲ－267	顺溪古建筑群	清	浙江省平阳县	
565	Ⅲ－268	莫氏庄园	清	浙江省平湖市	
566	Ⅲ－269	法雨寺	清	浙江省舟山市	
567	Ⅲ－270	蒙城万佛塔	宋	安徽省蒙城县	
568	Ⅲ－271	许村古建筑群	明至民国	安徽省歙县	
569	Ⅲ－272	祁门古戏台	明至清	安徽省祁门县	
570	Ⅲ－273	南屏村古建筑群	明至清	安徽省黟县	
571	Ⅲ－274	江村古建筑群	明至清	安徽省旌德县	
572	Ⅲ－275	振风塔	明	安徽省安庆市	
573	Ⅲ－276	溪头三槐堂	明	安徽省休宁县	
574	Ⅲ－277	郑氏宗祠	明	安徽省歙县	

续表

序号	编号	名称	时代	地址	备注
575	Ⅲ－278	竹山书院	清	安徽省歙县	
576	Ⅲ－279	黄田村古建筑群	清	安徽省泾县	
577	Ⅲ－280	世太史第	清	安徽省安庆市	
578	Ⅲ－281	镇海堤	唐至清	福建省莆田市	
579	Ⅲ－282	名山室	宋至元	福建省永泰县	
580	Ⅲ－283	泉州港古建筑	宋至元	福建省泉州市、石狮市	
581	Ⅲ－284	圣寿宝塔	宋	福建省长乐市	
582	Ⅲ－285	无尘塔	宋	福建省仙游县	
583	Ⅲ－286	三坊七巷和朱紫坊建筑群	明至民国	福建省福州市	
584	Ⅲ－287	培田村古建筑群	明至清	福建省连城县	
585	Ⅲ－288	南山宫	明至清	福建省华安县	
586	Ⅲ－289	西陂天后宫	明至清	福建省永定县	
587	Ⅲ－290	狮峰寺	明至清	福建省福安市	
588	Ⅲ－291	漳州林氏宗祠	明	福建省漳州市	
589	Ⅲ－292	漳浦文庙大成殿	明	福建省漳浦县	
590	Ⅲ－293	宝严寺大殿	明	福建省邵武市	
591	Ⅲ－294	陈埭丁氏宗祠	明	福建省晋江市	
592	Ⅲ－295	正顺庙	明	福建省三明市	
593	Ⅲ－296	闽东北廊桥	清	福建省屏南县、寿宁县、柘荣县、古田县、武夷山市	
594	Ⅲ－297	安溪文庙	清	福建省安溪县	
595	Ⅲ－298	德远堂	清	福建省南靖县	
596	Ⅲ－299	施琅宅、祠和墓	清	福建省晋江市、惠安县	
597	Ⅲ－300	妈祖庙	清	福建省莆田市	
598	Ⅲ－301	林氏义庄	清	福建省龙海市	
599	Ⅲ－302	福州文庙	清	福建省福州市	
600	Ⅲ－303	建瓯东岳庙	清	福建省建瓯市	
601	Ⅲ－304	真如寺塔林	唐至元	江西省永修县	
602	Ⅲ－305	大宝光塔	唐	江西省赣县	
603	Ⅲ－306	赣州佛塔	宋	江西省赣州市、大余县、信丰县、安远县、石城县	
604	Ⅲ－307	鸣水桥	宋	江西省樟树市	
605	Ⅲ－308	清华彩虹桥	宋至清	江西省婺源县	
606	Ⅲ－309	袁州谯楼	宋至清	江西省宜春市	
607	Ⅲ－310	鹅湖书院	明至清	江西省铅山县	
608	Ⅲ－311	婺源宗祠	明至清	江西省婺源县	
609	Ⅲ－312	理坑村民居	明至清	江西省婺源县	
610	Ⅲ－313	梅关和古驿道	明	江西省大余县	
611	Ⅲ－314	陈氏牌坊	明	江西省进贤县	
612	Ⅲ－315	青云谱	清	江西省南昌市	
613	Ⅲ－316	卞桥	唐至金	山东省泗水县	
614	Ⅲ－317	隆兴寺铁塔	宋	山东省聊城市	
615	Ⅲ－318	颜文姜祠	元至清	山东省淄博市	
616	Ⅲ－319	泰山古建筑群	明至清	山东省泰安市	
617	Ⅲ－320	曾庙	明至清	山东省嘉祥县	
618	Ⅲ－321	尼山孔庙和书院	明至清	山东省曲阜市	
619	Ⅲ－322	济宁东大寺	明至清	山东省济宁市	
620	Ⅲ－323	蒲松龄故宅	清	山东省淄博市	
621	Ⅲ－324	法行寺塔	唐至宋	河南省汝州市	
622	Ⅲ－325	三苏祠和墓	宋至清	河南省郏县	

续表

序号	编号	名称	时代	地址	备注
623	Ⅲ－326	阎庄圣寿寺塔	宋	河南省睢县	
624	Ⅲ－327	乾明寺塔	宋	河南省鄢陵县	
625	Ⅲ－328	泗洲寺塔	宋至明	河南省唐河县	
626	Ⅲ－329	尉氏兴国寺塔	宋至明	河南省尉氏县	
627	Ⅲ－330	两程故里	宋至明	河南省嵩县	
628	Ⅲ－331	商水寿圣寺塔	宋至明	河南省商水县	
629	Ⅲ－332	鄂城寺	宋至清	河南省南阳市	
630	Ⅲ－333	柴庄延庆寺塔	宋	河南省济源市	
631	Ⅲ－334	胜果寺塔	宋	河南省修武县	
632	Ⅲ－335	宝严寺塔	宋	河南省西平县	
633	Ⅲ－336	崇法寺塔	宋	河南省永城市	
634	Ⅲ－337	郏县文庙	金至清	河南省郏县	
635	Ⅲ－338	百家岩寺塔	金	河南省修武县	
636	Ⅲ－339	沁阳北大寺	明至清	河南省沁阳市	
637	Ⅲ－340	叶县县衙	明至清	河南省叶县	
638	Ⅲ－341	洛阳周公庙	明至清	河南省洛阳市	
639	Ⅲ－342	关林	明至清	河南省洛阳市	
640	Ⅲ－343	白云寺	明至清	河南省辉县市	
641	Ⅲ－344	新郑轩辕庙	明至清	河南省新郑市	
642	Ⅲ－345	千佛阁	明至清	河南省武陟县	
643	Ⅲ－346	阳台宫	明至清	河南省济源市	
644	Ⅲ－347	许昌文峰塔	明	河南省许昌市	
645	Ⅲ－348	望京楼	明	河南省卫辉市	
646	Ⅲ－349	仓房香严寺	明	河南省淅川县	
647	Ⅲ－350	悟颖塔	明	河南省汝南县	
648	Ⅲ－351	福胜寺塔	明	河南省邓州市	
649	Ⅲ－352	河南府文庙	明	河南省洛阳市	
650	Ⅲ－353	祖师庙	明	河南省洛阳市	
651	Ⅲ－354	洛阳山陕会馆	清	河南省洛阳市	
652	Ⅲ－355	汝州文庙	清	河南省汝州市	
653	Ⅲ－356	朱仙镇清真寺	清	河南省开封县	
654	Ⅲ－357	开封东大寺	清	河南省开封市	
655	Ⅲ－358	陈元光祖祠	清	河南省固始县	
656	Ⅲ－359	太康文庙	清	河南省太康县	
657	Ⅲ－360	柏子塔	唐	湖北省麻城市	
658	Ⅲ－361	五祖寺	唐至清	湖北省黄梅县	
659	Ⅲ－362	鄂州观音阁	元至清	湖北省鄂州市	
660	Ⅲ－363	鱼木寨	明至清	湖北省利川市	
661	Ⅲ－364	荆州三观	明至清	湖北省荆州市	
662	Ⅲ－365	荆州万寿宝塔	明	湖北省荆州市	
663	Ⅲ－366	黄陵庙	明	湖北省宜昌市	
664	Ⅲ－367	茨河承恩寺	明	湖北省谷城县	
665	Ⅲ－368	钟祥文风塔	明	湖北省钟祥市	
666	Ⅲ－369	武当山建筑群	明	湖北省十堰市、丹江口市	
667	Ⅲ－370	凤凰山古建筑群	清	湖北省秭归县	
668	Ⅲ－371	米公祠	清	湖北省襄阳市	
669	Ⅲ－372	陡山吴氏祠	清	湖北省红安县	
670	Ⅲ－373	上甘棠村古建筑群	明至清	湖南省江永县	
671	Ⅲ－374	高椅村古建筑群	明至清	湖南省会同县	

续表

序号	编号	名称	时代	地址	备注
672	Ⅲ－375	桃花源古建筑群	明至清	湖南省桃源县	
673	Ⅲ－376	南岳庙	明至清	湖南省衡阳市	
674	Ⅲ－377	洪江古建筑群	明至民国	湖南省怀化市	
675	Ⅲ－378	坪坦风雨桥	清	湖南省通道侗族自治县	
676	Ⅲ－379	蔡侯祠	清	湖南省耒阳市	
677	Ⅲ－380	余家碑坊	清	湖南省澧县	
678	Ⅲ－381	凤凰古城堡	清	湖南省凤凰县	
679	Ⅲ－382	慧光塔	宋	广东省连州市	
680	Ⅲ－383	龟峰塔	宋	广东省河源市	
681	Ⅲ－384	六榕寺塔	宋	广东省广州市	
682	Ⅲ－385	广裕祠	明至清	广东省从化市	
683	Ⅲ－386	南社村和塘尾村古建筑群	明至清	广东省东莞市	
684	Ⅲ－387	韩文公祠	明至清	广东省潮州市	
685	Ⅲ－388	道韵楼	明	广东省饶平县	
686	Ⅲ－389	从熙公祠	清	广东省潮安县	
687	Ⅲ－390	陈芳家宅	清	广东省珠海市	
688	Ⅲ－391	江头村和长岗岭村古建筑群	明至民国	广西壮族自治区灵川县	
689	Ⅲ－392	马殷庙	明至清	广西壮族自治区富川瑶族自治县	
690	Ⅲ－393	燕窝楼	明至清	广西壮族自治区全州县	
691	Ⅲ－394	恭城古建筑群	明至清	广西壮族自治区恭城瑶族自治县	
692	Ⅲ－395	白帝城	明至清	重庆市奉节县	
693	Ⅲ－396	湖广会馆	清	重庆市渝中区	
694	Ⅲ－397	李业阙	汉	四川省梓潼县	
695	Ⅲ－398	杨公阙	汉至宋	四川省夹江县	
696	Ⅲ－399	玉台山石塔	唐	四川省阆中市	
697	Ⅲ－400	丹巴古碉群	唐至清	四川省丹巴县	
698	Ⅲ－401	彭州佛塔	宋	四川省彭州市	
699	Ⅲ－402	无量宝塔	宋	四川省南充市	
700	Ⅲ－403	圣德寺塔	宋	四川省简阳市	
701	Ⅲ－404	淮口瑞光塔	宋	四川省金堂县	
702	Ⅲ－405	鹭峰寺塔	宋	四川省蓬溪县	
703	Ⅲ－406	广德寺	宋至清	四川省遂宁市	
704	Ⅲ－407	平襄楼	元	四川省芦山县	
705	Ⅲ－408	庐山青龙寺大殿	元	四川省芦山县	
706	Ⅲ－409	措尔机寺	元至清	四川省壤塘县	
707	Ⅲ－410	日斯满巴碉房	元至明	四川省壤塘县	
708	Ⅲ－411	眉山报恩寺	元至清	四川省眉山市	
709	Ⅲ－412	醴峰观	元至民国	四川省南部县	
710	Ⅲ－413	木门寺	明	四川省安岳县	
711	Ⅲ－414	旋螺殿	明	四川省宜宾市	
712	Ⅲ－415	开善寺正殿	明	四川省荥经县	
713	Ⅲ－416	宝梵寺	明至清	四川省蓬溪县	
714	Ⅲ－417	犍为文庙	明至清	四川省犍为县	
715	Ⅲ－418	松格嘛呢石经城和巴格嘛呢石经墙	明至清	四川省石渠县	
716	Ⅲ－419	隘口石坊	清	四川省珙县	
717	Ⅲ－420	望江楼古建筑群	清	四川省成都市	
718	Ⅲ－421	洛带会馆	清	四川省成都市	
719	Ⅲ－422	春秋祠	清	四川省叙永县	

续表

序号	编号	名称	时代	地址	备注
720	Ⅲ－423	波日桥	清	四川省新龙县	
721	Ⅲ－424	庞统祠墓	清	四川省罗江县	
722	Ⅲ－425	三苏祠	清	四川省眉山市	
723	Ⅲ－426	开江牌坊	清	四川省开江县	
724	Ⅲ－427	双堡牌坊	清	四川省仁寿县	
725	Ⅲ－428	资中文庙和武庙	清	四川省资中县	
726	Ⅲ－429	陈子昂读书台	清	四川省射洪县	
727	Ⅲ－430	宝箴塞	清至民国	四川省武胜县	
728	Ⅲ－431	织金古建筑群	元至清	贵州省织金县	
729	Ⅲ－432	马头寨古建筑群	元至清	贵州省开阳县	
730	Ⅲ－433	东山古建筑群	明至清	贵州省铜仁市	
731	Ⅲ－434	阳明洞和阳明祠	明至清	贵州省修文县、贵阳市	
732	Ⅲ－435	寨英村古建筑群	明至清	贵州省松桃苗族自治县	
733	Ⅲ－436	思唐古建筑群	明至清	贵州省思南县	
734	Ⅲ－437	飞云崖古建筑群	明至清	贵州省黄平县	
735	Ⅲ－438	旧州古建筑群	明至清	贵州省黄平县	
736	Ⅲ－439	文昌阁和甲秀楼	明	贵州省贵阳市	
737	Ⅲ－440	葛镜桥	明	贵州省福泉市	
738	Ⅲ－441	水目寺塔	唐至明	云南省祥云县	
739	Ⅲ－442	惠光寺塔和常乐寺塔	唐、清	云南省昆明市	
740	Ⅲ 443	佛图寺塔	唐	云南省大理市	
741	Ⅲ－444	大姚白塔	唐	云南省大姚县	
742	Ⅲ－445	曹溪寺	明至清	云南省安宁市	
743	Ⅲ－446	秀山古建筑群	元至民国	云南省通海县	
744	Ⅲ－447	指林寺大殿	元至清	云南省建水县	
745	Ⅲ－448	宝山石头城	元	云南省玉龙纳西族自治县	
746	Ⅲ－449	安宁文庙	元至明	云南省安宁市	
747	Ⅲ－450	州城文庙和武庙	明至清	云南省宾川县	
748	Ⅲ－451	真庆观古建筑群	明至清	云南省昆明市	
749	Ⅲ－452	黑龙潭古建筑群	明至清	云南省丽江市	
750	Ⅲ－453	龙华寺	明至清	云南省姚安县	
751	Ⅲ－454	保山玉皇阁	明	云南省保山市	
752	Ⅲ－455	朝阳楼	明	云南省建水县	
753	Ⅲ－456	西门街古建筑群	明	云南省剑川县	
754	Ⅲ－457	沙溪兴教寺	明至民国	云南省剑川县	
755	Ⅲ－458	金龙桥	清	云南省丽江市	
756	Ⅲ－459	孟连宣抚司署	清	云南省孟连傣族拉祜族佤族自治县	
757	Ⅲ－460	曼短佛寺	清	云南省勐海县	
758	Ⅲ－461	双龙桥	清	云南省建水县	
759	Ⅲ－462	长春洞	清	云南省巍山彝族回族自治县	
760	Ⅲ－463	寿国寺	清	云南省维西傈僳族自治县	
761	Ⅲ－464	会泽会馆	清	云南省会泽县	
762	Ⅲ－465	松卡石塔	唐	西藏自治区扎囊县	
763	Ⅲ－466	聂塘卓玛拉康	宋	西藏自治区曲水县	
764	Ⅲ－467	查杰玛大殿	元至清	西藏自治区昌都地区	
765	Ⅲ－468	敏竹林寺	明	西藏自治区扎囊县	
766	Ⅲ－469	平措林寺	明	西藏自治区拉孜县	
767	Ⅲ－470	邦纳寺	明	西藏自治区索县	
768	Ⅲ－471	康松桑卡林	清	西藏自治区扎囊县	

续表

序号	编号	名称	时代	地址	备注
769	Ⅲ－472	精进寺塔	唐至宋	陕西省澄城县	
770	Ⅲ－473	长安圣寿寺塔	唐	陕西省西安市	
771	Ⅲ－474	长安华严寺塔	唐	陕西省西安市	
772	Ⅲ－475	百良寿圣寺塔	唐	陕西省合阳县	
773	Ⅲ－476	昭慧塔	唐	陕西省高陵县	
774	Ⅲ－477	开明寺塔	唐	陕西省洋县	
775	Ⅲ－478	大秦寺塔	宋	陕西省周至县	
776	Ⅲ－479	太平寺塔	宋	陕西省岐山县	
777	Ⅲ－480	武陵寺塔	宋	陕西省永寿县	
778	Ⅲ－481	神德寺塔	宋	陕西省铜川市	
779	Ⅲ－482	法王庙	宋至清	陕西省韩城市	
780	Ⅲ－483	北营庙	元	陕西省韩城市	
781	Ⅲ－484	五门堰	元	陕西省城固县	
782	Ⅲ－485	吴堡石城	明至清	陕西省吴堡县	
783	Ⅲ－486	周公庙	明至清	陕西省岐山县	
784	Ⅲ－487	榆林卫城	明至清	陕西省榆林市	
785	Ⅲ－488	张良庙	明至清	陕西省留坝县	
786	Ⅲ－489	扶风城隍庙	明至清	陕西省扶风县	
787	Ⅲ－490	玉皇后土庙	明至清	陕西省韩城市	
788	Ⅲ－491	玄武庙青石殿	明	陕西省合阳县	
789	Ⅲ－492	庆安寺塔	明	陕西省渭南市	
790	Ⅲ－493	咸阳文庙	明	陕西省咸阳市	
791	Ⅲ－494	盘龙山古建筑群	明	陕西省米脂县	
792	Ⅲ－495	姜氏庄园	清	陕西省米脂县	
793	Ⅲ－496	丰图义仓	清	陕西省大荔县	
794	Ⅲ－497	湘乐砖塔	宋	甘肃省宁县	
795	Ⅲ－498	玉泉观	元至清	甘肃省天水市	
796	Ⅲ－499	后街清真寺	明至清	甘肃省天水市	
797	Ⅲ－500	红城感恩寺	明至清	甘肃省永登县	
798	Ⅲ－501	秦安文庙	明至清	甘肃省秦安县	
799	Ⅲ－502	张掖鼓楼	明至清	甘肃省张掖市	
800	Ⅲ－503	西来寺	明至清	甘肃省张掖市	
801	Ⅲ－504	罗川赵氏石坊	明	甘肃省正宁县	
802	Ⅲ－505	永昌钟鼓楼	明	甘肃省永昌县	
803	Ⅲ－506	延恩寺塔	明	甘肃省平凉市	
804	Ⅲ－507	张掖会馆	清	甘肃省张掖市	
805	Ⅲ－508	格萨尔三十大将军灵塔和达那寺	宋、元	青海省囊谦县	
806	Ⅲ－509	却藏寺	清	青海省互助土族自治县	
807	Ⅲ－510	承天寺塔	清	宁夏回族自治区银川市	
808	Ⅲ－511	董府	清	宁夏回族自治区吴忠市	
809	Ⅲ－512	靖远寺	明	新疆维吾尔自治区察布查尔锡伯自治县	
810	Ⅲ－513	京杭大运河	春秋至清	北京市、天津市、河北省、山东省、江苏省、浙江省	
四、石窟寺及石刻（63处）					
序号	编号	名称	时代	地址	备注
811	Ⅳ－1	千像寺造像	辽	天津市蓟县	
812	Ⅳ－2	五礼记碑	唐至宋	河北省大名县	
813	Ⅳ－3	宋璟碑	唐	河北省沙河市	
814	Ⅳ－4	大佛顶尊胜陀罗尼经幢	金	河北省卢龙县	

续表

序号	编号	名称	时代	地址	备注
815	Ⅳ－5	羊头山石窟	南北朝至唐	山西省高平市	
816	Ⅳ－6	碧落寺	南北朝至民国	山西省泽州县	
817	Ⅳ－7	金灯寺石窟	明	山西省平顺县	
818	Ⅳ－8	阴山岩画	新石器至青铜时代	内蒙古自治区乌拉特前旗、乌拉特后旗、乌拉特中旗、磴口县	
819	Ⅳ－9	真寂之寺石窟	辽	内蒙古自治区巴林左旗	
820	Ⅳ－10	阿什哈达摩崖	明	吉林省吉林市	
821	Ⅳ－11	天下第二泉庭院及石刻	唐至清	江苏省无锡市	
822	Ⅳ－12	顾渚贡茶院遗址及摩崖	唐至宋	浙江省长兴县	
823	Ⅳ－13	安国寺经幢	唐	浙江省海宁市	
824	Ⅳ－14	法隆寺经幢	唐	浙江省金华市	
825	Ⅳ－15	齐云山石刻	宋至清	安徽省休宁县	
826	Ⅳ－16	栖云洞造像	宋至明	福建省罗源县	
827	Ⅳ－17	显应宫泥塑	明至清	福建省长乐市	
828	Ⅳ－18	灵济宫碑	明	福建省闽侯县	
829	Ⅳ－19	秀峰摩崖	唐至民国	江西省星子县	
830	Ⅳ－20	泷冈阡表碑	宋	江西省永丰县	
831	Ⅳ－21	大智彭氏家族石刻	明	江西省安福县	
832	Ⅳ－22	西天寺造像	南北朝	山东省淄博市	
833	Ⅳ－23	洪顶山摩崖	南北朝	山东省东平县	
834	Ⅳ－24	圣经山摩崖	金至元	山东省文登市	
835	Ⅳ－25	青天河摩崖	南北朝至唐	河南省博爱县	
836	Ⅳ－26	西明寺造像碑	南北朝	河南省新乡县	
837	Ⅳ－27	升仙太子碑	唐	河南省偃师市	
838	Ⅳ－28	崇唐观造像	唐	河南省登封市	
839	Ⅳ－29	元次山碑	唐	河南省鲁山县	
840	Ⅳ－30	云梦山摩崖	宋至民国	河南省淇县	
841	Ⅳ－31	彼岸寺碑	宋	河南省漯河市	
842	Ⅳ－32	刘碑寺碑	南北朝	河南省登封市	
843	Ⅳ－33	唐兀公碑	元	河南省濮阳县	
844	Ⅳ－34	三游洞摩崖	唐至民国	湖北省宜昌市	
845	Ⅳ－35	仙佛寺石窟	唐	湖北省来凤县	
846	Ⅳ－36	东坡赤壁	明至民国	湖北省黄冈市	
847	Ⅳ－37	慈孝沟“采皇木”摩崖	明	湖北省竹溪县	
848	Ⅳ－38	阳华岩摩崖	唐至清	湖南省江华瑶族自治县	
849	Ⅳ－39	却金亭碑	明	广东省东莞市	
850	Ⅳ－40	柳侯祠碑刻	宋至民国	广西壮族自治区柳州市	
851	Ⅳ－41	潼南大佛寺摩崖造像	隋至清	重庆市潼南县	
852	Ⅳ－42	涞滩二佛寺摩崖造像	宋	重庆市合川区	
853	Ⅳ－43	蒲江石窟	南北朝至清	四川省蒲江县	
854	Ⅳ－44	邛崃石窟	唐至宋	四川省邛崃市	
855	Ⅳ－45	博什瓦黑岩画	唐至宋	四川省昭觉县	
856	Ⅳ－46	荣县大佛石窟	唐	四川省荣县	
857	Ⅳ－47	夹江千佛岩石窟	唐	四川省夹江县	
858	Ⅳ－48	通江千佛岩石窟	唐	四川省通江县	
859	Ⅳ－49	牛角寨石窟	唐	四川省仁寿县	
860	Ⅳ－50	卧龙山千佛岩石窟	唐	四川省梓潼县	
861	Ⅳ－51	孟孝琚碑	汉	云南省昭通市	
862	Ⅳ－52	王仁求碑	唐	云南省安宁市	

续表

序号	编号	名称	时代	地址	备注
863	Ⅳ－53	马哈只墓碑	明	云南省晋宁县	
864	Ⅳ－54	灵岩寺摩崖	汉至民国	陕西省略阳县	
865	Ⅳ－55	石泓寺石窟	隋至明	陕西省富县	
866	Ⅳ－56	杨珣碑	唐	陕西省扶风县	
867	Ⅳ－57	万安禅院石窟	宋	陕西省黄陵县	
868	Ⅳ－58	云崖寺和陈家洞石窟	南北朝至明	甘肃省庄浪县	
869	Ⅳ－59	木梯寺石窟	南北朝至元	甘肃省武山县	
870	Ⅳ－60	王母宫石窟	南北朝	甘肃省泾川县	
871	Ⅳ－61	《新修白水路记》摩崖	宋	甘肃省徽县	
872	Ⅳ－62	贝大日如来佛石窟寺和勒巴沟摩崖	唐	青海省玉树县	
873	Ⅳ－63	吐峪沟石窟	南北朝至唐	新疆维吾尔自治区鄯善县	
五、近现代重要史迹及代表性建筑（206处）					
序号	编号	名称	时代	地址	备注
874	Ⅴ－1	京师大学堂分科大学旧址	清	北京市东城区	
875	Ⅴ－2	清陆军部和海军部旧址	清	北京市东城区	
876	Ⅴ－3	亚斯立堂	清	北京市东城区	
877	Ⅴ－4	清农事试验场旧址	清	北京市西城区	
878	Ⅴ－5	西什库教堂	清	北京市西城区	
879	Ⅴ－6	国立蒙藏学校旧址	清	北京市西城区	
880	Ⅴ－7	北京国会旧址	清至民国	北京市西城区	
881	Ⅴ－8	京师女子师范学堂旧址	清至民国	北京市西城区	
882	Ⅴ－9	国民政府财政部印刷局旧址	清至民国	北京市西城区	
883	Ⅴ－10	大栅栏商业建筑	清至民国	北京市西城区	
884	Ⅴ－11	协和医学院旧址	清至民国	北京市东城区	
885	Ⅴ－12	北平图书馆旧址	民国	北京市西城区	
886	Ⅴ－13	辛亥滦州起义纪念园	民国	北京市海淀区	
887	Ⅴ－14	孙中山行馆	1924～1925年	北京市东城区	
888	Ⅴ－15	北京鲁迅旧居	1924～1926年	北京市西城区	
889	Ⅴ－16	盐业银行旧址	民国	天津市和平区	
890	Ⅴ－17	法国公议局旧址	民国	天津市和平区	
891	Ⅴ－18	梁启超旧居	1914～1929年	天津市河北区	
892	Ⅴ－19	山海关八国联军营盘旧址	清	河北省秦皇岛市	
893	Ⅴ－20	北戴河近代建筑群	清至民国	河北省秦皇岛市	
894	Ⅴ－21	丰润中学校旧址	1913～1925年	河北省唐山市	
895	Ⅴ－22	义和拳议事厅旧址	1898年	河北省威县	
896	Ⅴ－23	育德中学旧址	1907～1937年	河北省保定市	
897	Ⅴ－24	保定陆军军官学校旧址	1912～1923年	河北省保定市	
898	Ⅴ－25	察哈尔都统署旧址	1914～1928年	河北省张家口市	
899	Ⅴ－26	布里留法工艺学校旧址	1917～1919年	河北省高阳县	
900	Ⅴ－27	晏阳初旧居	1926～1936年	河北省定州市	
901	Ⅴ－28	潘家峪惨案遗址	1941年	河北省唐山市	
902	Ⅴ－29	中共晋冀鲁豫中央局和军区旧址	1946～1948年	河北省武安市	
903	Ⅴ－30	唐山大地震遗址	1976年	河北省唐山市	
904	Ⅴ－31	徐向前故居	清	山西省五台县	
905	Ⅴ－32	大同煤矿万人坑	1937～1945年	山西省大同市	
906	Ⅴ－33	西河头地道战遗址	1942～1947年	山西省定襄县	
907	Ⅴ－34	山西省立第三中学旧址	民国	山西省大同市	
908	Ⅴ－35	黄崖洞兵工厂旧址	1941年	山西省黎城县	
909	Ⅴ－36	乌兰夫故居	清至民国	内蒙古自治区土默特左旗	

续表

序号	编号	名称	时代	地址	备注
910	V－37	成吉思汗庙	民国	内蒙古自治区乌兰浩特市	
911	V－38	“独贵龙”运动旧址	1919～1921年	内蒙古自治区乌审旗	
912	V－39	百灵庙起义旧址	1936年	内蒙古自治区达尔罕茂明安联合旗	
913	V－40	内蒙古自治政府成立大会会址	1947年	内蒙古自治区乌兰浩特市	
914	V－41	万忠墓	清	辽宁省大连市	
915	V－42	锡伯族家庙	清	辽宁省沈阳市	
916	V－43	西炮台遗址	1888年	辽宁省营口市	
917	V－44	关东厅博物馆旧址	民国	辽宁省大连市	
918	V－45	阜新万人坑	1940～1945年	辽宁省阜新市	
919	V－46	鸭绿江断桥	1950年	辽宁省丹东市	
920	V－47	抚顺战犯管理所旧址	1950～1975年	辽宁省抚顺市	
921	V－48	四保临江战役指挥部旧址	1945年	吉林省临江市	
922	V－49	哈尔滨莫斯科商场旧址	清	黑龙江省哈尔滨市	
923	V－50	中东铁路建筑群	清	黑龙江省海林市	
924	V－51	侵华日军第七三一部队旧址	1936～1945年	黑龙江省哈尔滨市	
925	V－52	侵华日军东北要塞	1934～1945年	黑龙江省东宁县、虎林市、孙吴县	
926	V－53	马勒住宅	民国	上海市静安区	
927	V－54	国际饭店	民国	上海市黄浦区	
928	V－55	俞樾旧居	清	江苏省苏州市	
929	V－56	阿炳故居	清	江苏省无锡市	
930	V－57	中央体育场旧址	民国	江苏省南京市	
931	V－58	国民大会堂旧址	民国	江苏省南京市	
932	V－59	中央大学旧址	民国	江苏省南京市	
933	V－60	金陵大学旧址	民国	江苏省南京市	
934	V－61	金陵女子大学旧址	民国	江苏省南京市	
935	V－62	春在楼	民国	江苏省苏州市	
936	V－63	荣氏梅园	民国	江苏省无锡市	
937	V－64	张太雷旧居	1918～1925年	江苏省常州市	
938	V－65	柳亚子旧居	1922～1937年	江苏省吴江市	
939	V－66	朱自清旧居	1930～1946年	江苏省扬州市	
940	V－67	侵华日军南京大屠杀死难同胞丛葬地	1937年	江苏省南京市	
941	V－68	新四军重建军部旧址	1941～1945年	江苏省盐城市	
942	V－69	苏皖边区政府旧址	1945～1949年	江苏省淮安市	
943	V－70	人民海军诞生地	1949年	江苏省泰州市	
944	V－71	大通学堂和徐锡麟故居	清	浙江省绍兴市	
945	V－72	江北天主教堂	清	浙江省宁波市	
946	V－73	利济医学堂旧址	1885～1902年	浙江省瑞安市	
947	V－74	王国维故居	1886～1898年	浙江省海宁市	
948	V－75	马寅初故居	清至民国	浙江省嵊州市、杭州市	
949	V－76	莫干山别墅群	清至民国	浙江省德清县	
950	V－77	钱塘江大桥	民国	浙江省杭州市	
951	V－78	之江大学旧址	民国	浙江省杭州市	
952	V－79	笕桥中央航校旧址	民国	浙江省杭州市	
953	V－80	章太炎故居	民国	浙江省杭州市	
954	V－81	钱业会馆	民国	浙江省宁波市	
955	V－82	陈英士墓	1916年	浙江省湖州市	
956	V－83	浙东抗日根据地旧址	1942～1945年	浙江省余姚市、慈溪市	

续表

序号	编号	名称	时代	地址	备注
957	V－84	刘铭传旧居	清	安徽省肥西县	
958	V－85	李氏庄园	清	安徽省霍邱县	
959	V－86	冯玉祥旧居	1936～1937年	安徽省巢湖市	
960	V－87	半塔保卫战旧址	1941年	安徽省来安县	
961	V－88	淮海战役总前委和华东野战军指挥部旧址	1948年	安徽省濉溪县、萧县	
962	V－89	陈化成墓	清	福建省厦门市	
963	V－90	鼓浪屿近代建筑群	清至民国	福建省厦门市	
964	V－91	严复故居和墓	清至民国	福建省福州市	
965	V－92	天一总局旧址	民国	福建省龙海市	
966	V－93	集美学村和厦门大学早期建筑	民国	福建省厦门市	
967	V－94	厦门破狱斗争旧址	1930年	福建省厦门市	
968	V－95	建宁红一方面军领导机关旧址	1931～1933年	福建省建宁县	
969	V－96	中国工农红军东路军领导机关旧址	1932年	福建省漳州市	
970	V－97	美孚洋行旧址	清	江西省九江市	
971	V－98	兴国革命旧址	1929～1933年	江西省兴国县	
972	V－99	罗坊会议和兴国调查会旧址	1930年	江西省新余市	
973	V－100	湘鄂赣革命根据地旧址	1932～1934年	江西省万载县	
974	V－101	中央红军长征出发地旧址	1934年	江西省于都县	
975	V－102	南昌新四军军部旧址	1938年	江西省南昌市	
976	V－103	洪家楼天主教堂	清	山东省济南市	
977	V－104	青岛啤酒厂早期建筑	清	山东省青岛市	
978	V－105	王尽美故居	清	山东省诸城市	
979	V－106	烟台山近代建筑群	清至民国	山东省烟台市	
980	V－107	万字会旧址	民国	山东省济南市、青岛市	
981	V－108	台儿庄大战旧址	1938年	山东省枣庄市	
982	V－109	邓颖超祖居	清	河南省光山县	
983	V－110	刘青霞故居	清末民初	河南省开封市、尉氏县	
984	V－111	河南留学欧美预备学校旧址	民国	河南省开封市	
985	V－112	吕潭学校旧址	民国	河南省扶沟县	
986	V－113	中国工农红军第二十五军司令部旧址	1933年	河南省新县	
987	V－114	八路军洛阳办事处旧址	1938～1942年	河南省洛阳市	
988	V－115	冀鲁豫边区革命根据地旧址	1941～1946年	河南省范县、清丰县	
989	V－116	嵖岈山卫星人民公社旧址	1958～1983年	河南省遂平县	
990	V－117	红旗渠	1969年	河南省林州市	
991	V－118	郑州二七罢工纪念塔和纪念堂	1971年、1952年	河南省郑州市	
992	V－119	李先念故居	清	湖北省红安县	
993	V－120	董必武故居	清	湖北省红安县	
994	V－121	汉口近代建筑群	清至民国	湖北省武汉市	
995	V－122	杨守敬故居和墓	清至民国	湖北省宜都市	
996	V－123	汉冶萍煤铁厂矿旧址	1890～1948年	湖北省黄石市	
997	V－124	汉口中华全国总工会旧址	1926～1927年	湖北省武汉市	
998	V－125	大冶兵暴旧址	1929年	湖北省大冶市	
999	V－126	红三军团革命旧址	1930年	湖北省大冶市	
1000	V－127	五里坪革命旧址	1929～1933年	湖北省鹤峰县	
1001	V－128	中原军区旧址	1946年	湖北省大悟县	
1002	V－129	荆江分洪闸	1953年	湖北省公安县	
1003	V－130	沈从文故居	清	湖南省凤凰县	

续表

序号	编号	名称	时代	地址	备注
1004	V－131	贺龙故居	清	湖南省桑植县	
1005	V－132	富厚堂	清	湖南省双峰县	
1006	V－133	齐白石故居	清	湖南省湘潭县	
1007	V－134	东山书院旧址	清至民国	湖南省湘乡市	
1008	V－135	蔡锷故居、公馆和墓	清至民国	湖南省邵阳市、洞口县、长沙市	
1009	V－136	湖南省立第一师范学校旧址	民国	湖南省长沙市	
1010	V－137	树德山庄	民国	湖南省东安县	
1011	V－138	中共湘区委员会旧址	1922～1923年	湖南省长沙市	
1012	V－139	湘鄂川黔革命根据地旧址	1934～1935年	湖南省张家界市、永顺县、龙山县	
1013	V－140	塘田战时讲学院旧址	1938～1939年	湖南省邵阳县	
1014	V－141	抗日胜利芷江洽降旧址	1945年	湖南省芷江侗族自治县	
1015	V－142	粤海关旧址	清	广东省广州市	
1016	V－143	叶挺故居	清	广东省惠州市	
1017	V－144	丘逢甲故居	清	广东省蕉岭县	
1018	V－145	双峰寨	清	广东省仁化县	
1019	V－146	广东咨议局旧址	清至民国	广东省广州市	
1020	V－147	大岭山抗日根据地旧址	1940～1943年	广东省东莞市	
1021	V－148	连城要塞遗址和友谊关	明至清	广西壮族自治区北海市、防城港市、宁明县、凭祥市、龙州县、大新县、靖西县、那坡县	
1022	V－149	容县近代建筑	清至民国	广西壮族自治区容县	
1023	V－150	太平天国永安活动旧址	1851年	广西壮族自治区蒙山县	
1024	V－151	马胖鼓楼	民国	广西壮族自治区三江侗族自治县	
1025	V－152	梧州中山纪念堂	民国	广西壮族自治区梧州市	
1026	V－153	广西农民运动讲习所旧址	1925年	广西壮族自治区东兰县	
1027	V－154	红军标语楼	1930年	广西壮族自治区河池市	
1028	V－155	湘江战役旧址	1934年	广西壮族自治区兴安县、全州县、灌阳县	
1029	V－156	昆仑关战役旧址	1939～1940年	广西壮族自治区南宁市、宾阳县、柳州市	
1030	V－157	胡志明旧居	1942～1954年	广西壮族自治区柳州市	
1031	V－158	秀英炮台	清	海南省海口市	
1032	V－159	蔡家宅	民国	海南省琼海市	
1033	V－160	陵水县苏维埃政府旧址	1927～1928年	海南省陵水黎族自治县	
1034	V－161	杨氏民宅	清	重庆市潼南县	
1035	V－162	中国西部科学院旧址	民国	重庆市北碚区	
1036	V－163	育才学校旧址	1939～1945年	重庆市合川区	
1037	V－164	乐山郭沫若故居	清	四川省乐山市	
1038	V－165	陈毅故居	清	四川省乐至县	
1039	V－166	领报修院	清	四川省彭州市	
1040	V－167	吴玉章故居	清	四川省荣县	
1041	V－168	通江红军石刻标语群	1933～1934年	四川省通江县	
1042	V－169	阿坝红军长征遗迹	1935年	四川省小金县、黑水县、松潘县、若尔盖县、茂县、红原县	
1043	V－170	白利寺	1936～1950年	四川省甘孜县	
1044	V－171	张澜旧居	1938年	四川省南充市	
1045	V－172	中国营造学社旧址	1940～1946年	四川省宜宾市	

续表

序号	编号	名称	时代	地址	备注
1046	V－173	黔东特区革命委员会旧址	1934年	贵州省沿河土家族自治县、德江县、印江土家族苗族自治县	
1047	V－174	黎平会议会址	1934年	贵州省黎平县	
1048	V－175	红军四渡赤水战役旧址	1935年	贵州省习水县、仁怀市	
1049	V－176	川滇黔省革命委员会旧址	1936年	贵州省毕节市、大方县	
1050	V－177	“二十四道拐”抗战公路	1936年	贵州省晴隆县	
1051	V－178	湄潭浙江大学旧址	1940～1946年	贵州省湄潭县	
1052	V－179	和平村旧址	1941～1944年	贵州省镇远县	
1053	V－180	五家寨铁路桥	清	云南省屏边苗族自治县	
1054	V－181	茨中教堂	清	云南省德钦县	
1055	V－182	石龙坝水电站	清	云南省昆明市	
1056	V－183	蒙自海关旧址	清至民国	云南省蒙自市	
1057	V－184	鸡街火车站	民国	云南省个旧市	
1058	V－185	企鹤楼	民国	云南省石屏县	
1059	V－186	陈氏宗祠	民国	云南省石屏县	
1060	V－187	和顺图书馆旧址	民国	云南省腾冲县	
1061	V－188	允燕塔	民国	云南省盈江县	
1062	V－189	国立西南联合大学旧址	近代	云南省昆明市	
1063	V－190	松山战役旧址	1944年	云南省龙陵县	
1064	V－191	抗战胜利纪念堂	民国	云南省昆明市	
1065	V－192	民族团结誓词碑	1951年	云南省宁洱哈尼族彝族自治县	
1066	V－193	易俗社剧场	民国	陕西省西安市	
1067	V－194	渭华起义旧址	1927年	陕西省华县	
1068	V－195	吴旗革命旧址	1935年	陕西省吴起县	
1069	V－196	保安革命旧址	1936～1937年	陕西省志丹县	
1070	V－197	兰州黄河铁桥	清	甘肃省兰州市	
1071	V－198	瑞安堡	民国	甘肃省民勤县	
1072	V－199	灞陵桥	民国	甘肃省渭源县	
1073	V－200	俄界会议旧址	1935年	甘肃省迭部县	
1074	V－201	新寨嘉那嘛呢	清	青海省玉树县	
1075	V－202	循化西路红军革命旧址	1939～1946年	青海省循化撒拉族自治县	
1076	V－203	将台堡革命旧址	1936年	宁夏回族自治区西吉县	
1077	V－204	坎尔井地下水利工程	清	新疆维吾尔自治区吐鲁番市	
1078	V－205	塔城红楼	清至民国	新疆维吾尔自治区塔城市	
1079	V－206	三区革命政府政治文化活动中心旧址	民国	新疆维吾尔自治区伊宁市	

六、其他（1处）

序号	编号	名称	时代	地址	备注
1080	Ⅵ－1	聚馆古贡枣园	明至清	河北省黄骅市	

国家级非物质文化遗产名录

（中华人民共和国国务院批准并公布）

说　明

国家级非物质文化遗产名录包括民间文学、民间音乐、民间舞蹈、传统戏剧、曲艺、杂技与竞技、民间美术、传统手工技艺、传统医药、民俗十个大类。至2011年6月，已批准并公布三批，共计1 219项（项目类别略有变化）。其中，2006年5月20日公布第一批（计518项）；2008年6月7日公布第二批（计510项），同时公布扩展项目名录（计147项）；2011年5月23日公布第三批（计191项），同时公布扩展项目名录（计164项）。此名录依此分为5个表。

表1　第一批国家级非物质文化遗产名录（518项）

序号	编号	项目名称	申报地区或单位
一、民间文学（31项）			
1	Ⅰ-1	苗族古歌	贵州省台江县、黄平县
2	Ⅰ-2	布洛陀	广西壮族自治区田阳县
3	Ⅰ-3	遮帕麻和遮咪麻	云南省梁河县
4	Ⅰ-4	牡帕密帕	云南省思茅市
5	Ⅰ-5	刻道	贵州省施秉县
6	Ⅰ-6	白蛇传传说	江苏省镇江市 浙江省杭州市
7	Ⅰ-7	梁祝传说	浙江省宁波市、杭州市、上虞市 江苏省宜兴市 山东省济宁市 河南省汝南县
8	Ⅰ-8	孟姜女传说	山东省淄博市
9	Ⅰ-9	董永传说	山西省万荣县 江苏省东台市 河南省武陟县 湖北省孝感市
10	Ⅰ-10	西施传说	浙江省诸暨市
11	Ⅰ-11	济公传说	浙江省天台县
12	Ⅰ-12	满族说部	吉林省
13	Ⅰ-13	河西宝卷	甘肃省武威市凉州区、酒泉市肃州区
14	Ⅰ-14	耿村民间故事	河北省藁城市
15	Ⅰ-15	伍家沟民间故事	湖北省丹江口市
16	Ⅰ-16	下堡坪民间故事	湖北省宜昌市夷陵区
17	Ⅰ-17	走马镇民间故事	重庆市九龙坡区
18	Ⅰ-18	古渔雁民间故事	辽宁省大洼县
19	Ⅰ-19	喀左东蒙民间故事	辽宁省喀喇沁左翼蒙古族自治县
20	Ⅰ-20	谭振山民间故事	辽宁省新民市
21	Ⅰ-21	河间歌诗	河北省河间市
22	Ⅰ-22	吴歌	江苏省苏州市
23	Ⅰ-23	刘三姐歌谣	广西壮族自治区宜州市
24	Ⅰ-24	四季生产调	云南省红河哈尼族彝族自治州
25	Ⅰ-25	玛纳斯	新疆维吾尔自治区克孜勒苏柯尔克孜自治州、新疆维吾尔自治区文联民间文艺家协会
26	Ⅰ-26	江格尔	新疆维吾尔自治区和布克赛尔蒙古自治县、博尔塔拉蒙古自治州、巴音郭楞蒙古自治州，新疆维吾尔自治区文联民间文艺家协会
27	Ⅰ-27	格萨（斯）尔	西藏自治区 青海省 甘肃省 四川省 云南省 内蒙古自治区 新疆维吾尔自治区 中国社会科学院《格萨（斯）尔》办公室
28	Ⅰ-28	阿诗玛	云南省石林彝族自治县
29	Ⅰ-29	拉仁布与吉门索	青海省互助土族自治县
30	Ⅰ-30	畲族小说歌	福建省霞浦县
31	Ⅰ-31	青林寺谜语	湖北省宜都市
二、民间音乐（72项）			
序号	编号	项目名称	申报地区或单位
32	Ⅱ-1	左权开花调	山西省左权县
33	Ⅱ-2	河曲民歌	山西省河曲县
34	Ⅱ-3	蒙古族长调民歌	内蒙古自治区
35	Ⅱ-4	蒙古族呼麦	内蒙古自治区
36	Ⅱ-5	当涂民歌	安徽省马鞍山市
37	Ⅱ-6	巢湖民歌	安徽省巢湖市
38	Ⅱ-7	畲族民歌	福建省宁德市
39	Ⅱ-8	兴国山歌	江西省兴国县
40	Ⅱ-9	兴山民歌	湖北省兴山县
41	Ⅱ-10	桑植民歌	湖南省桑植县
42	Ⅱ-11	梅州客家山歌	广东省梅州市
43	Ⅱ-12	中山咸水歌	广东省中山市
44	Ⅱ-13	崖州民歌	海南省三亚市
45	Ⅱ-14	儋州调声	海南省儋州市

续表

序号	编号	项目名称	申报地区或单位
46	Ⅱ－15	石柱土家啰儿调	重庆市石柱土家族自治县
47	Ⅱ－16	巴山背二歌	四川省巴中市
48	Ⅱ－17	傈僳族民歌	云南省怒江傈僳族自治州、泸水县
49	Ⅱ－18	紫阳民歌	陕西省紫阳县
50	Ⅱ－19	裕固族民歌	甘肃省肃南裕固族自治县
51	Ⅱ－20	花儿（莲花山花儿会、松鸣岩花儿会、二郎山花儿会、老爷山花儿会、丹麻土族花儿会、七里寺花儿会、瞿昙寺花儿会、宁夏回族山花儿）	甘肃省康乐县、和政县、岷县 青海省大通回族土族自治县、互助土族自治县、民和回族土族自治县、乐都县 宁夏回族自治区
52	Ⅱ－21	藏族拉伊	青海省海南藏族自治州
53	Ⅱ－22	聊斋俚曲	山东省淄博市
54	Ⅱ－23	靖州苗族歌鼟	湖南省靖州苗族侗族自治县
55	Ⅱ－24	川江号子	重庆市 四川省
56	Ⅱ－25	南溪号子	重庆市黔江区
57	Ⅱ－26	木洞山歌	重庆市巴南区
58	Ⅱ－27	川北薅草锣鼓	四川省青川县
59	Ⅱ－28	侗族大歌	贵州省黎平县 广西壮族自治区柳州市、三江侗族自治县
60	Ⅱ－29	侗族琵琶歌	贵州省榕江县、黎平县
61	Ⅱ－30	哈尼族多声部民歌	云南省红河哈尼族彝族自治州
62	Ⅱ－31	彝族海菜腔	云南省红河哈尼族彝族自治州
63	Ⅱ－32	那坡壮族民歌	广西壮族自治区那坡县
64	Ⅱ－33	澧水船工号子	湖南省澧县
65	Ⅱ－34	古琴艺术	中国艺术研究院
66	Ⅱ－35	蒙古族马头琴音乐	内蒙古自治区
67	Ⅱ－36	蒙古族四胡音乐	内蒙古自治区通辽市
68	Ⅱ－37	唢呐艺术	河南省沁阳市 甘肃省庆阳市
69	Ⅱ－38	羌笛演奏及制作技艺	四川省茂县
70	Ⅱ－39	辽宁鼓乐	辽宁省、辽阳市
71	Ⅱ－40	江南丝竹	江苏省太仓市 上海市
72	Ⅱ－41	海州五大宫调	江苏省连云港市
73	Ⅱ－42	嵊州吹打	浙江省嵊州市
74	Ⅱ－43	舟山锣鼓	浙江省舟山市
75	Ⅱ－44	十番音乐（闽西客家十番音乐、茶亭十番音乐）	福建省龙岩市、福州市
76	Ⅱ－45	鲁西南鼓吹乐	山东省嘉祥县
77	Ⅱ－46	板头曲	河南省南阳市
78	Ⅱ－47	宜昌丝竹	湖北省宜昌市夷陵区
79	Ⅱ－48	枝江民间吹打乐	湖北省枝江市
80	Ⅱ－49	广东音乐	广东省广州市、台山市
81	Ⅱ－50	潮州音乐	广东省潮州市、汕头市
82	Ⅱ－51	广东汉乐	广东省大埔县
83	Ⅱ－52	吹打（接龙吹打、金桥吹打）	重庆市巴南区、万盛区
84	Ⅱ－53	梁平癞子锣鼓	重庆市梁平县
85	Ⅱ－54	土家族打溜子	湖南省湘西土家族苗族自治州
86	Ⅱ－55	河北鼓吹乐	河北省永年县、抚宁县
87	Ⅱ－56	晋南威风锣鼓	山西省临汾市
88	Ⅱ－57	绛州鼓乐	山西省新绛县
89	Ⅱ－58	上党八音会	山西省晋城市
90	Ⅱ－59	冀中笙管乐（屈家营音乐会、高洛音乐会、高桥音乐会、胜芳音乐会）	河北省固安县、涞水县、霸州市
91	Ⅱ－60	铜鼓十二调	贵州省镇宁布依族苗族自治县、贞丰县
92	Ⅱ－61	西安鼓乐	陕西省
93	Ⅱ－62	蓝田普化水会音乐	陕西省蓝田县
94	Ⅱ－63	回族民间器乐	宁夏回族自治区
95	Ⅱ－64	文水鈲子	山西省文水县
96	Ⅱ－65	智化寺京音乐	北京市
97	Ⅱ－66	五台山佛乐	山西省五台县
98	Ⅱ－67	千山寺庙音乐	辽宁省鞍山市
99	Ⅱ－68	苏州玄妙观道教音乐	江苏省苏州市
100	Ⅱ－69	武当山宫观道乐	湖北省十堰市
101	Ⅱ－70	新疆维吾尔木卡姆艺术（十二木卡姆、吐鲁番木卡姆、哈密木卡姆、刀郎木卡姆）	新疆维吾尔自治区、鄯善县、哈密地区、麦盖提县
102	Ⅱ－71	南音	福建省泉州市、厦门市
103	Ⅱ－72	泉州北管	福建省泉州市

三、民间舞蹈（41项）

序号	编号	项目名称	申报地区或单位
104	Ⅲ－1	京西太平鼓	北京市门头沟区
105	Ⅲ－2	秧歌（昌黎地秧歌、鼓子秧歌、胶州秧歌、海阳大秧歌、陕北秧歌、抚顺地秧歌）	河北省昌黎县 山东省商河县、胶州市、海阳市 陕西省绥德县 辽宁省抚顺市
106	Ⅲ－3	井陉拉花	河北省井陉县
107	Ⅲ－4	龙舞（铜梁龙舞、湛江人龙舞、汕尾滚地金龙、浦江板凳龙、长兴百叶龙、奉化布龙、泸州雨坛彩龙）	重庆市 广东省湛江市、汕尾市 浙江省浦江县、长兴县、奉化市 四川省泸县
108	Ⅲ－5	狮舞（徐水舞狮、天塔狮舞、黄沙狮子、广东醒狮）	河北省徐水县 山西省襄汾县 浙江省临海市 广东省佛山市、遂溪县、广州市
109	Ⅲ－6	花鼓灯（蚌埠花鼓灯、凤台花鼓灯、颍上花鼓灯）	安徽省蚌埠市、凤台县、颍上县
110	Ⅲ－7	傩舞（南丰跳傩、婺源傩舞、乐安傩舞）	江西省南丰县、婺源县、乐安县
111	Ⅲ－8	英歌（普宁英歌、潮阳英歌）	广东省揭阳市、汕头市

续表

序号	编号	项目名称	申报地区或单位
112	Ⅲ-9	高跷（高跷走兽、海城高跷、辽西高跷、苦水高高跷）	山西省稷山县 辽宁省海城市、锦州市 甘肃省永登县
113	Ⅲ-10	永新盾牌舞	江西省永新县
114	Ⅲ-11	翼城花鼓	山西省翼城县
115	Ⅲ-12	泉州拍胸舞	福建省泉州市
116	Ⅲ-13	安塞腰鼓	陕西省安塞县
117	Ⅲ-14	洛川蹩鼓	陕西省洛川县
118	Ⅲ-15	兰州太平鼓	甘肃省兰州市
119	Ⅲ-16	余杭滚灯	浙江省杭州市余杭区
120	Ⅲ-17	土家族摆手舞	湖南省湘西土家族苗族自治州
121	Ⅲ-18	土家族撒叶儿嗬	湖北省长阳土家族自治县
122	Ⅲ-19	弦子舞（芒康弦子舞、巴塘弦子舞）	西藏自治区 四川省巴塘县
123	Ⅲ-20	锅庄舞（迪庆锅庄舞、昌都锅庄舞、玉树卓舞）	云南省迪庆藏族自治州 西藏自治区 青海省玉树藏族自治州
124	Ⅲ-21	热巴舞（丁青热巴、那曲比如丁嘎热巴）	西藏自治区
125	Ⅲ-22	日喀则扎什伦布寺羌姆	西藏自治区
126	Ⅲ-23	苗族芦笙舞（锦鸡舞、鼓龙鼓虎-长衫龙、滚山珠）	贵州省丹寨县、贵定县、纳雍县
127	Ⅲ-24	朝鲜族农乐舞（象帽舞、乞粒舞）	吉林省延边朝鲜族自治州 辽宁省本溪市
128	Ⅲ-25	木鼓舞（反排苗族木鼓舞、沧源佤族木鼓舞）	贵州省台江县 云南省沧源佤族自治县
129	Ⅲ-26	铜鼓舞（文山壮族、彝族铜鼓舞）	云南省文山壮族苗族自治州
130	Ⅲ 27	傣族孔雀舞	云南省瑞丽市
131	Ⅲ-28	达斡尔族鲁日格勒舞	内蒙古莫力达瓦达斡尔族自治旗 黑龙江省哈尔滨市
132	Ⅲ-29	蒙古族安代舞	内蒙古自治区库伦旗
133	Ⅲ-30	湘西苗族鼓舞	湖南省湘西土家族苗族自治州
134	Ⅲ-31	湘西土家族毛古斯舞	湖南省湘西土家族苗族自治州
135	Ⅲ-32	黎族打柴舞	海南省三亚市
136	Ⅲ-33	卡斯达温舞	四川省黑水县
137	Ⅲ-34	㑇舞	四川省九寨沟县
138	Ⅲ-35	傈僳族阿尺木刮	云南省维西傈僳族自治县
139	Ⅲ-36	彝族葫芦笙舞	云南省文山壮族苗族自治州
140	Ⅲ-37	彝族烟盒舞	云南省红河哈尼族彝族自治州
141	Ⅲ-38	基诺大鼓舞	云南省景洪市
142	Ⅲ-39	山南昌果卓舞	西藏自治区
143	Ⅲ-40	土族於菟	青海省同仁县
144	Ⅲ-41	塔吉克族鹰舞	新疆维吾尔自治区塔什库尔干塔吉克自治县

四、传统戏剧（92项）

序号	编号	项目名称	申报地区或单位
145	Ⅳ-1	昆曲	中国艺术研究院 江苏省 浙江省 上海市 北京市 湖南省
146	Ⅳ-2	梨园戏	福建省泉州市
147	Ⅳ-3	莆仙戏	福建省莆田市
148	Ⅳ-4	潮剧	广东省汕头市、潮州市
149	Ⅳ-5	弋阳腔	江西省弋阳县
150	Ⅳ-6	青阳腔	安徽省青阳县 江西省湖口县
151	Ⅳ-7	高腔（西安高腔、松阳高腔、岳西高腔、辰河高腔、常德高腔）	浙江省衢州市、松阳县 安徽省岳西县 湖南省辰溪县、泸溪县、常德市
152	Ⅳ-8	新昌调腔	浙江省新昌县
153	Ⅳ-9	宁海平调	浙江省宁海县
154	Ⅳ-10	永安大腔戏	福建省永安市
155	Ⅳ-11	四平戏	福建省屏南县、政和县
156	Ⅳ-12	川剧	四川省 重庆市
157	Ⅳ-13	湘剧	湖南省衡阳市
158	Ⅳ-14	广昌孟戏	江西省广昌县
159	Ⅳ-15	正字戏	广东省陆丰市
160	Ⅳ-16	秦腔	陕西省
161	Ⅳ-17	汉调桄桄	陕西省汉中市
162	Ⅳ-18	晋剧	山西省
163	Ⅳ-19	蒲州梆子	山西省临汾市、运城市
164	Ⅳ-20	北路梆子	山西省忻州市
165	Ⅳ-21	上党梆子	山西省晋城市
166	Ⅳ-22	河北梆子	河北省
167	Ⅳ-23	豫剧	河南省
168	Ⅳ-24	宛梆	河南省内乡县
169	Ⅳ-25	怀梆	河南省沁阳市
170	Ⅳ-26	大平调	河南省濮阳县、滑县、延津县
171	Ⅳ-27	越调	河南省周口市
172	Ⅳ-28	京剧	中国京剧院 北京市 天津市 辽宁省 山东省 上海市
173	Ⅳ-29	徽剧	安徽省、黄山市 江西省婺源县
174	Ⅳ-30	汉剧	湖北省武汉市
175	Ⅳ-31	汉调二簧	陕西省安康市
176	Ⅳ-32	泰宁梅林戏	福建省泰宁县
177	Ⅳ-33	闽西汉剧	福建省龙岩市
178	Ⅳ-34	巴陵戏	湖南省岳阳市
179	Ⅳ-35	荆河戏	湖南省澧县
180	Ⅳ-36	粤剧	广东省文化厅 香港特别行政区民政事务局 澳门特别行政区文化局 广东省广州市、佛山市
181	Ⅳ-37	桂剧	广西壮族自治区
182	Ⅳ-38	宜黄戏	江西省宜黄县
183	Ⅳ-39	乱弹	浙江省台州市、浦江县
184	Ⅳ-40	石家庄丝弦	河北省石家庄市

续表

序号	编号	项目名称	申报地区或单位
185	Ⅳ-41	雁北耍孩儿	山西省大同市
186	Ⅳ-42	灵丘罗罗腔	山西省灵丘县
187	Ⅳ-43	柳子戏	山东省
188	Ⅳ-44	大弦戏	河南省滑县、濮阳县
189	Ⅳ-45	闽剧	福建省福州市
190	Ⅳ-46	寿宁北路戏	福建省寿宁县
191	Ⅳ-47	西秦戏	广东省海丰县
192	Ⅳ-48	高甲戏	福建省泉州市、厦门市
193	Ⅳ-49	碗碗腔（孝义碗碗腔）	山西省孝义市
194	Ⅳ-50	四平调	河南省商丘市、濮阳市
195	Ⅳ-51	评剧	天津市宝坻区 河北省滦南县 辽宁省沈阳市
196	Ⅳ-52	武安平调落子	河北省武安市
197	Ⅳ-53	越剧	浙江省 上海市
198	Ⅳ-54	沪剧	上海市
199	Ⅳ-55	苏剧	江苏省苏州市
200	Ⅳ-56	扬剧	江苏省扬州市
201	Ⅳ-57	庐剧	安徽省合肥市、六安市
202	Ⅳ-58	楚剧	湖北省
203	Ⅳ-59	荆州花鼓戏	湖北省潜江市
204	Ⅳ-60	黄梅戏	安徽省安庆市 湖北省黄梅县
205	Ⅳ-61	商洛花鼓	陕西省商洛市
206	Ⅳ-62	泗州戏	安徽省宿州市、蚌埠市
207	Ⅳ-63	柳琴戏	山东省枣庄市
208	Ⅳ-64	歌仔戏	福建省漳州市、厦门市
209	Ⅳ-65	采茶戏（赣南采茶戏、桂南采茶戏）	江西省赣州市 广西壮族自治区博白县
210	Ⅳ-66	五音戏	山东省淄博市
211	Ⅳ-67	茂腔	山东省高密市、胶州市
212	Ⅳ-68	曲剧	河南省
213	Ⅳ-69	曲子戏（敦煌曲子戏、华亭曲子戏）	甘肃省敦煌市、华亭县
214	Ⅳ-70	秧歌戏（隆尧秧歌戏、定州秧歌戏、朔州秧歌戏、繁峙秧歌戏）	河北省隆尧县、定州市 山西省朔州市、繁峙县
215	Ⅳ-71	道情戏（晋北道情戏、临县道情戏、太康道情戏、蓝关戏、陇剧）	山西省右玉县、临县 河南省太康县 山东省莱州市 甘肃省
216	Ⅳ-72	哈哈腔	河北省清苑县、青县
217	Ⅳ-73	二人台	内蒙古自治区呼和浩特市 山西省河曲县 河北省康保县
218	Ⅳ-74	白字戏	广东省海丰县
219	Ⅳ-75	花朝戏	广东省紫金县
220	Ⅳ-76	彩调	广西壮族自治区
221	Ⅳ-77	灯戏（梁山灯戏、川北灯戏）	重庆市梁平县 四川省南充市
222	Ⅳ-78	花灯戏（思南花灯戏、玉溪花灯戏）	贵州省思南县 云南省玉溪市
223	Ⅳ-79	一勾勾	山东省临邑县
224	Ⅳ-80	藏戏（拉萨觉木隆、日喀则迥巴、日喀则南木林湘巴、日喀则仁布江嘎尔、山南雅隆扎西雪巴、山南琼结卡卓扎西宾顿、黄南藏戏）	西藏自治区 青海省黄南藏族自治州
225	Ⅳ-81	山南门巴戏	西藏自治区
226	Ⅳ-82	壮剧	广西壮族自治区
227	Ⅳ-83	侗戏	贵州省黎平县
228	Ⅳ-84	布依戏	贵州省册亨县
229	Ⅳ-85	彝族撮泰吉	贵州省威宁彝族回族苗族自治县
230	Ⅳ-86	傣剧	云南省德宏傣族景颇族自治州
231	Ⅳ-87	目连戏（徽州目连戏、辰河目连戏、南乐目连戏）	安徽省祁门县 湖南省溆浦县 河南省南乐县
232	Ⅳ-88	锣鼓杂戏	山西省临猗县
233	Ⅳ-89	傩戏（武安傩戏、池州傩戏、侗族傩戏、沅陵辰州傩戏、德江傩堂戏）	河北省武安市 安徽省池州市 湖南省新晃侗族自治县、沅陵县 贵州省德江县
234	Ⅳ-90	安顺地戏	贵州省安顺市
235	Ⅳ-91	皮影戏（唐山皮影戏、冀南皮影戏、孝义皮影戏、复州皮影戏、海宁皮影戏、江汉平原皮影戏、陆丰皮影戏、华县皮影戏、华阴老腔、阿宫腔、弦板腔、环县道情皮影戏、凌源皮影戏）	河北省唐山市、邯郸市 山西省孝义市 辽宁省瓦房店市 浙江省海宁市 湖北省潜江市 广东省汕尾市 陕西省渭南市、华阴市、富平县、乾县 甘肃省环县 辽宁省凌源市
236	Ⅳ-92	木偶戏（泉州提线木偶戏、晋江布袋木偶戏、漳州布袋木偶戏、辽西木偶戏、邵阳布袋戏、高州木偶戏、潮州铁枝木偶戏、临高人偶戏、川北大木偶戏、石阡木偶戏、邵阳提线木偶戏、泰顺药发木偶戏）	福建省泉州市、晋江市、漳州市 辽宁省锦州市 湖南省邵阳县 广东省高州市、潮州市 海南省临高县 四川省 贵州省石阡县 陕西省 浙江省泰顺县

五、曲艺（46项）

序号	编号	项目名称	申报地区或单位
237	Ⅴ-1	苏州评弹（苏州评话、苏州弹词）	江苏省苏州市
238	Ⅴ-2	扬州评话	江苏省扬州市
239	Ⅴ-3	福州评话	福建省福州市
240	Ⅴ-4	山东大鼓	山东省
241	Ⅴ-5	西河大鼓	河北省河间市
242	Ⅴ-6	东北大鼓	辽宁省沈阳市 黑龙江省
243	Ⅴ-7	木板大鼓	河北省沧县
244	Ⅴ-8	乐亭大鼓	河北省乐亭县
245	Ⅴ-9	潞安大鼓	山西省长治市

续表

序号	编号	项目名称	申报地区或单位
246	Ⅴ-10	京东大鼓	天津市宝坻区
247	Ⅴ-11	胶东大鼓	山东省烟台市
248	Ⅴ-12	河洛大鼓	河南省洛阳市
249	Ⅴ-13	温州鼓词	浙江省瑞安市
250	Ⅴ-14	陕北说书	陕西省延安市
251	Ⅴ-15	福州伬艺	福建省福州市
252	Ⅴ-16	南平南词	福建省南平市
253	Ⅴ-17	绍兴平湖调	浙江省绍兴市
254	Ⅴ-18	兰溪摊簧	浙江省兰溪市
255	Ⅴ-19	贤孝（凉州贤孝、河州贤孝）	甘肃省武威市、临夏市
256	Ⅴ-20	河南坠子	河南省
257	Ⅴ-21	山东琴书	山东省
258	Ⅴ-22	锣鼓书	上海市南汇区（今属浦东新区）
259	Ⅴ-23	绍兴莲花落	浙江省绍兴县
260	Ⅴ-24	兰州鼓子	甘肃省兰州市
261	Ⅴ-25	扬州清曲	江苏省扬州市
262	Ⅴ-26	锦歌	福建省漳州市
263	Ⅴ-27	常德丝弦	湖南省常德市
264	Ⅴ-28	榆林小曲	陕西省榆林市
265	Ⅴ-29	天津时调	天津市
266	Ⅴ-30	新疆曲子	新疆维吾尔自治区昌吉回族自治州
267	Ⅴ-31	龙舟说唱	广东省佛山市顺德区
268	Ⅴ-32	鼓盆歌	湖北省荆州市
269	Ⅴ-33	汉川善书	湖北省汉川市
270	Ⅴ-34	歌册（东山歌册）	福建省东山县
271	Ⅴ-35	东北二人转	辽宁省黑山县、铁岭市 吉林省 黑龙江省海伦市
272	Ⅴ-36	凤阳花鼓	安徽省凤阳县
273	Ⅴ-37	答嘴鼓	福建省厦门市
274	Ⅴ-38	小热昏	浙江省杭州市
275	Ⅴ-39	山东快书	山东省
276	Ⅴ-40	乌力格尔	内蒙古自治区扎鲁特旗、科尔沁右翼中旗 辽宁省阜新蒙古族自治县 吉林省前郭尔罗斯蒙古族自治县
277	Ⅴ-41	达斡尔族乌钦	黑龙江省
278	Ⅴ-42	赫哲族伊玛堪	黑龙江省
279	Ⅴ-43	鄂伦春族摩苏昆	黑龙江省
280	Ⅴ-44	傣族章哈	云南省西双版纳傣族自治州
281	Ⅴ-45	哈萨克族阿依特斯	新疆维吾尔自治区伊犁哈萨克自治州
282	Ⅴ-46	布依族八音坐唱	贵州省兴义市

六、杂技与竞技（17项）

序号	编号	项目名称	申报地区或单位
283	Ⅵ-1	吴桥杂技	河北省吴桥县
284	Ⅵ-2	聊城杂技	山东省聊城市
285	Ⅵ-3	天桥中幡	北京市
286	Ⅵ-4	抖空竹	北京市宣武区（今属西城区）

序号	编号	项目名称	申报地区或单位
287	Ⅵ-5	维吾尔族达瓦孜	新疆维吾尔自治区
288	Ⅵ-6	宁德霍童线狮	福建省宁德市
289	Ⅵ-7	少林功夫	河南省登封市
290	Ⅵ-8	武当武术	湖北省十堰市
291	Ⅵ-9	回族重刀武术	天津市
292	Ⅵ-10	沧州武术	河北省沧州市
293	Ⅵ-11	太极拳（杨氏太极拳、陈氏太极拳）	河北省永年县 河南省焦作市
294	Ⅵ-12	邢台梅花拳	河北省邢台市
295	Ⅵ-13	沙河藤牌阵	河北省沙河市
296	Ⅵ-14	朝鲜族跳板、秋千	吉林省延边朝鲜族自治州
297	Ⅵ-15	达斡尔族传统曲棍球竞技	内蒙古自治区莫力达瓦达斡尔族自治旗
298	Ⅵ-16	蒙古族搏克	内蒙古自治区
299	Ⅵ-17	蹴鞠	山东省淄博市

七、民间美术（51项）

序号	编号	项目名称	申报地区或单位
300	Ⅶ-1	杨柳青木版年画	天津市
301	Ⅶ-2	武强木版年画	河北省武强县
302	Ⅶ-3	桃花坞木版年画	江苏省苏州市
303	Ⅶ-4	漳州木版年画	福建省漳州市
304	Ⅶ-5	杨家埠木版年画	山东省潍坊市
305	Ⅶ-6	高密扑灰年画	山东省高密市
306	Ⅶ-7	朱仙镇木版年画	河南省开封市
307	Ⅶ-8	滩头木版年画	湖南省隆回县
308	Ⅶ-9	佛山木版年画	广东省佛山市
309	Ⅶ-10	梁平木版年画	重庆市梁平县
310	Ⅶ-11	绵竹木版年画	四川省德阳市
311	Ⅶ-12	凤翔木版年画	陕西省凤翔县
312	Ⅶ-13	纳西族东巴画	云南省丽江市
313	Ⅶ-14	藏族唐卡（勉唐画派、钦泽画派、噶玛嘎孜画派）	西藏自治区 四川省甘孜藏族自治州
314	Ⅶ-15	衡水内画	河北省衡水市
315	Ⅶ-16	剪纸（蔚县剪纸、丰宁满族剪纸、中阳剪纸、医巫闾山满族剪纸、扬州剪纸、乐清细纹刻纸、广东剪纸、傣族剪纸、安塞剪纸）	河北省蔚县、丰宁满族自治县 山西省中阳县 辽宁省锦州市 江苏省扬州市 浙江省乐清市 广东省佛山市、汕头市、潮州市 云南省潞西市（今芒市） 陕西省安塞县
316	Ⅶ-17	顾绣	上海市松江区
317	Ⅶ-18	苏绣	江苏省苏州市
318	Ⅶ-19	湘绣	湖南省长沙市
319	Ⅶ-20	粤绣（广绣、潮绣）	广东省广州市、潮州市
320	Ⅶ-21	蜀绣	四川省成都市
321	Ⅶ-22	苗绣（雷山苗绣、花溪苗绣、剑河苗绣）	贵州省雷山县、贵阳市、剑河县
322	Ⅶ-23	水族马尾绣	贵州省三都水族自治县
323	Ⅶ-24	土族盘绣	青海省互助土族自治县

续表

序号	编号	项目名称	申报地区或单位
324	Ⅶ－25	挑花（黄梅挑花、花瑶挑花）	湖北省黄梅县 湖南省隆回县
325	Ⅶ－26	庆阳香包绣制	甘肃省庆阳市
326	Ⅶ－27	象牙雕刻	北京市崇文区（今属东城区） 广东省广州市
327	Ⅶ－28	扬州玉雕	江苏省扬州市
328	Ⅶ－29	岫岩玉雕	辽宁省岫岩满族自治县
329	Ⅶ－30	阜新玛瑙雕	辽宁省阜新市
330	Ⅶ－31	夜光杯雕	甘肃省酒泉市
331	Ⅶ－32	金石篆刻（西泠印社）	浙江省杭州市西泠印社
332	Ⅶ－33	青田石雕	浙江省青田县
333	Ⅶ－34	曲阳石雕	河北省曲阳县
334	Ⅶ－35	寿山石雕	福建省福州市
335	Ⅶ－36	惠安石雕	福建省惠安县
336	Ⅶ－37	徽州三雕（婺源三雕）	安徽省黄山市 江西省婺源县
337	Ⅶ－38	临夏砖雕	甘肃省临夏县
338	Ⅶ－39	藏族格萨尔彩绘石刻	四川省色达县
339	Ⅶ－40	潮州木雕	广东省潮州市
340	Ⅶ－41	宁波朱金漆木雕	浙江省宁波市
341	Ⅶ－42	乐清黄杨木雕	浙江省乐清市
342	Ⅶ－43	东阳木雕	浙江省东阳市
343	Ⅶ－44	漳州木偶头雕刻	福建省漳州市
344	Ⅶ－45	萍乡湘东傩面具	江西省萍乡市
345	Ⅶ－46	竹刻（嘉定竹刻、宝庆竹刻）	上海市嘉定区 湖南省邵阳市
346	Ⅶ－47	泥塑（天津泥人张、惠山泥人、凤翔泥塑、浚县泥咕咕）	天津市 江苏省无锡市 陕西省凤翔县 河南省浚县
347	Ⅶ－48	塔尔寺酥油花	青海省湟中县
348	Ⅶ－49	热贡艺术	青海省同仁县
349	Ⅶ－50	灯彩（仙居花灯、硖石灯彩、泉州花灯、东莞千角灯、湟源排灯）	浙江省仙居县、海宁市 福建省泉州市 广东省东莞市 青海省湟源县
350	Ⅶ－51	嵊州竹编	浙江省嵊州市

八、传统手工技艺（89项）

序号	编号	项目名称	申报地区或单位
351	Ⅷ－1	宜兴紫砂陶制作技艺	江苏省宜兴市
352	Ⅷ－2	界首彩陶烧制技艺	安徽省界首市
353	Ⅷ－3	石湾陶塑技艺	广东省佛山市
354	Ⅷ－4	黎族原始制陶技艺	海南省昌江黎族自治县
355	Ⅷ－5	傣族慢轮制陶技艺	云南省西双版纳傣族自治州
356	Ⅷ－6	维吾尔族模制法土陶烧制技艺	新疆维吾尔自治区英吉沙县、喀什市、吐鲁番地区
357	Ⅷ－7	景德镇手工制瓷技术	江西省景德镇市
358	Ⅷ－8	耀州窑陶瓷烧制技艺	陕西省铜川市
359	Ⅷ－9	龙泉青瓷烧制技艺	浙江省龙泉市
360	Ⅷ－10	磁州窑烧制技艺	河北省峰峰矿区
361	Ⅷ－11	德化瓷烧制技艺	福建省德化县
362	Ⅷ－12	澄城尧头陶瓷烧制技艺	陕西省澄城县
363	Ⅷ－13	南京云锦木机妆花手工织造技艺	江苏省南京市
364	Ⅷ－14	宋锦织造技艺	江苏省苏州市
365	Ⅷ－15	苏州缂丝织造技艺	江苏省苏州市
366	Ⅷ－16	蜀锦织造技艺	四川省成都市
367	Ⅷ－17	乌泥泾手工棉纺织技艺	上海市徐汇区
368	Ⅷ－18	土家族织锦技艺	湖南省湘西土家族苗族自治州
369	Ⅷ－19	黎族传统纺染织绣技艺	海南省五指山市、白沙黎族自治县、保亭黎族苗族自治县、乐东黎族自治县、东方市
370	Ⅷ－20	壮族织锦技艺	广西壮族自治区靖西县
371	Ⅷ－21	藏族邦典、卡垫织造技艺	西藏自治区山南地区、日喀则地区
372	Ⅷ－22	加牙藏族织毯技艺	青海省湟中县
373	Ⅷ－23	维吾尔族花毡、印花布织染技艺	新疆维吾尔自治区吐鲁番地区
374	Ⅷ－24	南通蓝印花布印染技艺	江苏省南通市
375	Ⅷ－25	苗族蜡染技艺	贵州省丹寨县
376	Ⅷ－26	白族扎染技艺	云南省大理市
377	Ⅷ－27	香山帮传统建筑营造技艺	江苏省苏州市
378	Ⅷ－28	客家土楼营造技艺	福建省龙岩市
379	Ⅷ－29	景德镇传统瓷窑作坊营造技艺	江西省
380	Ⅷ－30	侗族木构建筑营造技艺	广西壮族自治区柳州市、三江侗族自治县
381	Ⅷ－31	苗寨吊脚楼营造技艺	贵州省雷山县
382	Ⅷ－32	苏州御窑金砖制作技艺	江苏省苏州市
383	Ⅷ－33	苗族芦笙制作技艺	贵州省雷山县 云南省大关县
384	Ⅷ－34	玉屏箫笛制作技艺	贵州省玉屏侗族自治县
385	Ⅷ－35	阳城生铁冶铸技艺	山西省阳城县
386	Ⅷ－36	南京金箔锻制技艺	江苏省南京市
387	Ⅷ－37	龙泉宝剑锻制技艺	浙江省龙泉市
388	Ⅷ－38	张小泉剪刀锻制技艺	浙江省杭州市
389	Ⅷ－39	芜湖铁画锻制技艺	安徽省芜湖市
390	Ⅷ－40	苗族银饰锻制技艺	贵州省雷山县 湖南省凤凰县
391	Ⅷ－41	阿昌族户撒刀锻制技艺	云南省陇川县
392	Ⅷ－42	保安族腰刀锻制技艺	甘肃省积石山保安族东乡族撒拉族自治县
393	Ⅷ－43	景泰蓝制作技艺	北京市崇文区（今属东城区）
394	Ⅷ－44	聚元号弓箭制作技艺	北京市朝阳区
395	Ⅷ－45	明式家具制作技艺	江苏省苏州市
396	Ⅷ－46	蒙古族勒勒车制作技艺	内蒙古自治区东乌珠穆沁旗
397	Ⅷ－47	拉萨甲米水磨坊制作技艺	西藏自治区
398	Ⅷ－48	兰州黄河大水车制作技艺	甘肃省兰州市
399	Ⅷ－49	万安罗盘制作技艺	安徽省休宁县

续表

序号	编号	项目名称	申报地区或单位
400	Ⅷ－50	雕漆技艺	北京市崇文区（今属东城区）
401	Ⅷ－51	平遥推光漆器髹饰技艺	山西省平遥县
402	Ⅷ－52	扬州漆器髹饰技艺	江苏省扬州市
403	Ⅷ－53	天台山干漆夹苎技艺	浙江省天台县
404	Ⅷ－54	福州脱胎漆器髹饰技艺	福建省福州市
405	Ⅷ－55	厦门漆线雕技艺	福建省厦门市
406	Ⅷ－56	成都漆艺	四川省成都市
407	Ⅷ－57	茅台酒酿制技艺	贵州省
408	Ⅷ－58	泸州老窖酒酿制技艺	四川省泸州市
409	Ⅷ－59	杏花村汾酒酿制技艺	山西省汾阳市
410	Ⅷ－60	绍兴黄酒酿制技艺	浙江省绍兴市
411	Ⅷ－61	清徐老陈醋酿制技艺	山西省清徐县
412	Ⅷ－62	镇江恒顺香醋酿制技艺	江苏省镇江市
413	Ⅷ－63	武夷岩茶（大红袍）制作技艺	福建省武夷山市
414	Ⅷ－64	自贡井盐深钻汲制技艺	四川省自贡市、大英县
415	Ⅷ－65	宣纸制作技艺	安徽省泾县
416	Ⅷ－66	铅山连四纸制作技艺	江西省铅山县
417	Ⅷ－67	皮纸制作技艺	贵州省贵阳市、贞丰县、丹寨县
418	Ⅷ－68	傣族、纳西族手工造纸技艺	云南省临沧市、香格里拉县
419	Ⅷ－69	藏族造纸技艺	西藏自治区
420	Ⅷ－70	维吾尔族桑皮纸制作技艺	新疆维吾尔自治区吐鲁番地区
421	Ⅷ－71	竹纸制作技艺	四川省夹江县 浙江省富阳市
422	Ⅷ－72	湖笔制作技艺	浙江省湖州市
423	Ⅷ－73	徽墨制作技艺	安徽省绩溪县、歙县、黄山市屯溪区
424	Ⅷ－74	歙砚制作技艺	安徽省歙县 江西省婺源县
425	Ⅷ－75	端砚制作技艺	广东省肇庆市
426	Ⅷ－76	金星砚制作技艺	江西省星子县
427	Ⅷ－77	木版水印技艺	北京市荣宝斋
428	Ⅷ－78	雕版印刷技艺	江苏省扬州市
429	Ⅷ－79	金陵刻经印刷技艺	江苏省南京市
430	Ⅷ－80	德格印经院藏族雕版印刷技艺	四川省德格县
431	Ⅷ－81	制扇技艺	江苏省苏州市
432	Ⅷ－82	剧装戏具制作技艺	江苏省苏州市
433	Ⅷ－83	桦树皮制作技艺	内蒙古自治区鄂伦春自治旗 黑龙江省
434	Ⅷ－84	黎族树皮布制作技艺	海南省保亭黎族苗族自治县
435	Ⅷ－85	赫哲族鱼皮制作技艺	黑龙江省
436	Ⅷ－86	浏阳花炮制作技艺	湖南省浏阳市
437	Ⅷ－87	黎族钻木取火技艺	海南省保亭黎族苗族自治县
438	Ⅷ－88	风筝制作技艺（潍坊风筝、南通板鹞风筝、拉萨风筝）	山东省潍坊市 江苏省南通市 西藏自治区拉萨市
439	Ⅷ－89	凉茶	广东省文化厅 香港特别行政区民政事务局 澳门特别行政区文化局

九、传统医药（9项）

序号	编号	项目名称	申报地区或单位
440	Ⅸ－1	中医生命与疾病认知方法	中国中医科学院
441	Ⅸ－2	中医诊法	中国中医科学院
442	Ⅸ－3	中药炮制技术	中国中医科学院 中国中药协会
443	Ⅸ－4	中医传统制剂方法	中国中医科学院 中国中药协会
444	Ⅸ－5	针灸	中国中医科学院 中国针灸学会
445	Ⅸ－6	中医正骨疗法	中国中医科学院
446	Ⅸ－7	同仁堂中医药文化	中国北京同仁堂（集团）有限责任公司
447	Ⅸ－8	胡庆余堂中药文化	浙江省杭州市
448	Ⅸ－9	藏医药（拉萨北派藏医水银洗炼法和藏药仁青常觉配伍技艺、甘孜州南派藏医药）	西藏自治区 四川省甘孜藏族自治州

十、民俗（70项）

序号	编号	项目名称	申报地区或单位
449	Ｘ－1	春节	文化部
450	Ｘ－2	清明节	文化部
451	Ｘ－3	端午节（屈原故里端午习俗、西塞神舟会、汨罗江畔端午习俗、苏州端午习俗）	文化部 湖北省宜昌市、秭归县、黄石市 湖南省汨罗市 江苏省苏州市
452	Ｘ－4	七夕节	文化部
453	Ｘ－5	中秋节	文化部
454	Ｘ－6	重阳节	文化部
455	Ｘ－7	京族哈节	广西壮族自治区东兴市
456	Ｘ－8	傣族泼水节	云南省西双版纳傣族自治州
457	Ｘ－9	锡伯族西迁节	新疆维吾尔自治区察布查尔锡伯自治县
458	Ｘ－10	火把节（彝族火把节）	四川省凉山彝族自治州 云南省楚雄彝族自治州
459	Ｘ－11	景颇族目瑙纵歌	云南省陇川县
460	Ｘ－12	黎族三月三节	海南省五指山市
461	Ｘ－13	鄂伦春族古伦木沓节	黑龙江省
462	Ｘ－14	瑶族盘王节	广西壮族自治区贺州市 广东省韶关市
463	Ｘ－15	壮族蚂蚜节	广西壮族自治区河池市
464	Ｘ－16	仫佬族依饭节	广西壮族自治区罗城仫佬族自治县
465	Ｘ－17	毛南族肥套	广西壮族自治区环江毛南族自治县
466	Ｘ－18	羌族瓦尔俄足节	四川省阿坝藏族羌族自治州

续表

序号	编号	项目名称	申报地区或单位
467	Ⅹ-19	苗族鼓藏节	贵州省雷山县
468	Ⅹ-20	水族端节	贵州省三都水族自治县
469	Ⅹ-21	布依族查白歌节	贵州省
470	Ⅹ-22	苗族姊妹节	贵州省台江县
471	Ⅹ-23	独龙族卡雀哇节	云南省贡山独龙族怒族自治县
472	Ⅹ-24	怒族仙女节	云南省贡山独龙族怒族自治县
473	Ⅹ-25	侗族萨玛节	贵州省榕江县
474	Ⅹ-26	仡佬毛龙节	贵州省石阡县
475	Ⅹ-27	傈僳族刀杆节	云南省泸水县
476	Ⅹ-28	塔吉克族引水节和播种节	新疆维吾尔自治区塔什库尔干塔吉克自治县
477	Ⅹ-29	土族纳顿节	青海省民和回族土族自治县
478	Ⅹ-30	都江堰放水节	四川省都江堰市
479	Ⅹ-31	雪顿节	西藏自治区
480	Ⅹ-32	黄帝陵祭典	陕西省黄陵县
481	Ⅹ-33	炎帝陵祭典	湖南省炎陵县
482	Ⅹ-34	成吉思汗祭典	内蒙古自治区鄂尔多斯市
483	Ⅹ-35	祭孔大典	山东省曲阜市
484	Ⅹ-36	妈祖祭典	福建省莆田市 中华妈祖文化交流协会
485	Ⅹ-37	太昊伏羲祭典	甘肃省天水市 河南省淮阳县
486	Ⅹ-38	女娲祭典	河北省涉县
487	Ⅹ-39	大禹祭典	浙江省绍兴市
488	Ⅹ-40	祭敖包	内蒙古自治区锡林郭勒盟
489	Ⅹ-41	白族绕三灵	云南省大理白族自治州
490	Ⅹ-42	厂甸庙会	北京市宣武区（今属西城区）
491	Ⅹ-43	热贡六月会	青海省同仁县
492	Ⅹ-44	小榄菊花会	广东省中山市
493	Ⅹ-45	瑶族耍歌堂	广东省清远市
494	Ⅹ-46	壮族歌圩	广西壮族自治区南宁市
495	Ⅹ-47	苗族系列坡会群	广西壮族自治区融水苗族自治县
496	Ⅹ-48	那达慕	内蒙古自治区锡林郭勒盟
497	Ⅹ-49	维吾尔刀郎麦西热甫	新疆维吾尔自治区麦盖提县
498	Ⅹ-50	秦淮灯会	江苏省南京市
499	Ⅹ-51	秀山花灯	重庆市秀山土家族苗族自治县
500	Ⅹ-52	全丰花灯	江西省修水县
501	Ⅹ-53	泰山石敢当习俗	山东省泰安市
502	Ⅹ-54	民间社火	陕西省宝鸡市 山西省潞城县
503	Ⅹ-55	鄂尔多斯婚礼	内蒙古自治区鄂尔多斯市
504	Ⅹ-56	土族婚礼	青海省互助土族自治县
505	Ⅹ-57	撒拉族婚礼	青海省循化撒拉族自治县
506	Ⅹ-58	马街书会	河南省宝丰县
507	Ⅹ-59	胡集书会	山东省惠民县
508	Ⅹ-60	安国药市	河北省安国市
509	Ⅹ-61	壮族铜鼓习俗	广西壮族自治区河池市
510	Ⅹ-62	楹联习俗	中国楹联学会
511	Ⅹ-63	苏州甪直水乡妇女服饰	江苏省苏州市
512	Ⅹ-64	惠安女服饰	福建省惠安县
513	Ⅹ-65	苗族服饰（昌宁苗族服饰）	云南省保山市
514	Ⅹ-66	回族服饰	宁夏回族自治区
515	Ⅹ-67	瑶族服饰	广西壮族自治区南丹县、贺州市
516	Ⅹ-68	农历二十四节气	中国农业博物馆
517	Ⅹ-69	女书习俗	湖南省江永县
518	Ⅹ-70	水书习俗	贵州省黔南苗族布依族自治州

表2 第二批国家级非物质文化遗产名录（510项）

一、民间文学（53项）

序号	编号	项目名称	申报地区或单位
519	Ⅰ-32	八达岭长城传说	北京市延庆县
520	Ⅰ-33	永定河传说	北京市石景山区
521	Ⅰ-34	杨家将传说（穆桂英传说、杨家将说唱）	北京市房山区 山西省
522	Ⅰ-35	尧的传说	山西省绛县
523	Ⅰ-36	牛郎织女传说	山西省和顺县 山东省沂源县
524	Ⅰ-37	西湖传说	浙江省杭州市
525	Ⅰ-38	刘伯温传说	浙江省文成县、青田县
526	Ⅰ-39	黄初平（黄大仙）传说	浙江省金华市
527	Ⅰ-40	观音传说	浙江省舟山市
528	Ⅰ-41	徐福东渡传说	浙江省象山县、慈溪市
529	Ⅰ-42	陶朱公传说	山东省定陶县
530	Ⅰ-43	麒麟传说	山东省巨野县、嘉祥县
531	Ⅰ-44	鲁班传说	山东省曲阜市、滕州市
532	Ⅰ-45	八仙传说	山东省蓬莱市
533	Ⅰ-46	秃尾巴老李的传说	山东省即墨市、莒县、文登市、诸城市
534	Ⅰ-47	屈原传说	湖北省秭归县
535	Ⅰ-48	王昭君传说	湖北省兴山县
536	Ⅰ-49	炎帝神农传说	湖北省随州市、神农架林区
537	Ⅰ-50	木兰传说	湖北省武汉市黄陂区 河南省虞城县
538	Ⅰ-51	巴拉根仓的故事	内蒙古自治区通辽市
539	Ⅰ-52	北票民间故事	辽宁省北票市
540	Ⅰ-53	满族民间故事	辽宁省文学艺术界联合会民间文艺家协会
541	Ⅰ-54	徐文长故事	浙江省绍兴市
542	Ⅰ-55	崂山民间故事	山东省青岛市崂山区
543	Ⅰ-56	都镇湾故事	湖北省长阳土家族自治县
544	Ⅰ-57	盘古神话	河南省桐柏县、泌阳县
545	Ⅰ-58	邵原神话群	河南省济源市
546	Ⅰ-59	嘎达梅林	内蒙古自治区科尔沁左翼中旗
547	Ⅰ-60	科尔沁潮尔史诗	内蒙古自治区
548	Ⅰ-61	仰阿莎	贵州省黔东南苗族侗族自治州
549	Ⅰ-62	布依族盘歌	贵州省盘县
550	Ⅰ-63	梅葛	云南省楚雄彝族自治州

续表

序号	编号	项目名称	申报地区或单位
551	Ⅰ－64	查姆	云南省双柏县
552	Ⅰ－65	达古达楞格莱标	云南省德宏傣族景颇族自治州
553	Ⅰ－66	哈尼哈吧	云南省元阳县
554	Ⅰ－67	召树屯与喃木诺娜	云南省西双版纳傣族自治州
555	Ⅰ－68	米拉尕黑	甘肃省东乡族自治县
556	Ⅰ－69	康巴拉伊	青海省治多县
557	Ⅰ－70	汗青格勒	青海省海西蒙古族藏族自治州
558	Ⅰ－71	维吾尔族达斯坦	新疆维吾尔自治区
559	Ⅰ－72	哈萨克族达斯坦	新疆维吾尔自治区文学艺术界联合会民间文艺家协会、沙湾县、福海县
560	Ⅰ－73	珠郎娘美	贵州省榕江县、从江县
561	Ⅰ－74	司岗里	云南省沧源佤族自治县
562	Ⅰ－75	彝族克智	四川省美姑县
563	Ⅰ－76	苗族贾理	贵州省黔东南苗族侗族自治州
564	Ⅰ－77	藏族婚宴十八说	青海省
565	Ⅰ－78	童谣（北京童谣、闽南童谣）	北京市宣武区（今属西城区） 福建省厦门市
566	Ⅰ－79	桐城歌	安徽省桐城市
567	Ⅰ－80	土家族梯玛歌	湖南省龙山县
568	Ⅰ－81	雷州歌	广东省雷州市
569	Ⅰ－82	壮族嘹歌	广西壮族自治区平果县
570	Ⅰ－83	柯尔克孜约隆	新疆维吾尔自治区阿克陶县、新疆师范大学
571	Ⅰ－84	笑话（万荣笑话）	山西省万荣县

二、传统音乐（民间音乐，67项）

序号	编号	项目名称	申报地区或单位
572	Ⅱ－73	陕北民歌	陕西省榆林市、延安市
573	Ⅱ－74	昌黎民歌	河北省昌黎县
574	Ⅱ－75	高邮民歌	江苏省高邮市
575	Ⅱ－76	五河民歌	安徽省五河县
576	Ⅱ－77	大别山民歌	安徽省六安市
577	Ⅱ－78	徽州民歌	安徽省黄山市
578	Ⅱ－79	信阳民歌	河南省信阳市
579	Ⅱ－80	西坪民歌	河南省西峡县
580	Ⅱ－81	马山民歌	湖北省荆州市荆州区
581	Ⅱ－82	潜江民歌	湖北省潜江市
582	Ⅱ－83	吕家河民歌	湖北省丹江口市
583	Ⅱ－84	秀山民歌	重庆市秀山土家族苗族自治县
584	Ⅱ－85	酉阳民歌	重庆市酉阳土家族苗族自治县
585	Ⅱ－86	镇巴民歌	陕西省镇巴县
586	Ⅱ－87	嘉善田歌	浙江省嘉善县
587	Ⅱ－88	南坪曲子	四川省九寨沟县
588	Ⅱ－89	茶山号子	湖南省辰溪县
589	Ⅱ－90	啰啰咚	湖北省监利县
590	Ⅱ－91	爬山调	内蒙古自治区呼和浩特市、乌拉特前旗
591	Ⅱ－92	漫瀚调	内蒙古自治区准格尔旗
592	Ⅱ－93	惠东渔歌	广东省惠州市
593	Ⅱ－94	海门山歌	江苏省海门市
594	Ⅱ－95	新化山歌	湖南省娄底市
595	Ⅱ－96	姚安坝子腔	云南省姚安县
596	Ⅱ－97	海洋号子（舟山渔民号子、长岛渔号）	浙江省岱山县 山东省长岛县
597	Ⅱ－98	江河号子（黄河号子、长江峡江号子、西水船工号子）	黄河水利委员会河南黄河河务局 湖北省宜昌市夷陵区、伍家岗区、巴东县、秭归县 湖南省保靖县
598	Ⅱ－99	码头号子（上海港码头号子）	上海市浦东新区、杨浦区
599	Ⅱ－100	森林号子（长白山森林号子、兴安岭森林号子）	吉林省文学艺术界联合会民间文艺家协会 黑龙江省伊春市
600	Ⅱ－101	搬运号子（梁平抬儿调、龙骨坡抬工号子）	重庆市梁平县、巫山县
601	Ⅱ－102	制作号子（竹麻号子）	四川省邛崃市
602	Ⅱ－103	鲁南五大调	山东省郯城县、日照市
603	Ⅱ－104	老河口丝弦	湖北省老河口市
604	Ⅱ－105	蒙古族民歌（科尔沁叙事民歌、鄂尔多斯短调民歌、鄂尔多斯古如歌、阜新东蒙短调民歌、郭尔罗斯蒙古族民歌）	内蒙古自治区通辽市、鄂尔多斯市、杭锦旗 辽宁省阜新蒙古族自治县 吉林省前郭尔罗斯蒙古族自治县
605	Ⅱ－106	鄂温克族民歌（鄂温克叙事民歌）	内蒙古自治区鄂温克族自治旗
606	Ⅱ－107	鄂伦春族民歌（鄂伦春族赞达仁）	内蒙古自治区鄂伦春自治旗 黑龙江省大兴安岭地区
607	Ⅱ－108	达斡尔族民歌（达斡尔扎恩达勒、罕伯岱达斡尔族民歌）	内蒙古自治区莫力达瓦达斡尔族自治旗 黑龙江省齐齐哈尔市
608	Ⅱ－109	苗族民歌（湘西苗族民歌、苗族飞歌）	湖南省吉首市 贵州省雷山县
609	Ⅱ－110	瑶族民歌（花瑶呜哇山歌）	湖南省隆回县
610	Ⅱ－111	黎族民歌（琼中黎族民歌）	海南省琼中黎族苗族自治县
611	Ⅱ－112	布依族民歌（好花红调）	贵州省惠水县
612	Ⅱ－113	彝族民歌（彝族酒歌）	云南省武定县
613	Ⅱ－114	布朗族民歌（布朗族弹唱）	云南省勐海县
614	Ⅱ－115	藏族民歌（川西藏族山歌、玛达咪山歌、华锐藏族民歌、甘南藏族民歌、玉树民歌）	四川省甘孜藏族自治州、阿坝藏族羌族自治州、炉霍县、九龙县 甘肃省天祝藏族自治县、甘南藏族自治州 青海省玉树藏族自治州
615	Ⅱ－116	维吾尔族民歌（罗布淖尔维吾尔族民歌）	新疆维吾尔自治区尉犁县
616	Ⅱ－117	乌孜别克族埃希来、叶来	新疆维吾尔自治区艺术研究所、伊犁哈萨克自治州、喀什地区
617	Ⅱ－118	回族宴席曲	青海省门源回族自治县
618	Ⅱ－119	琵琶艺术（瀛洲古调派、浦东派、平湖派）	上海市崇明县、南汇区（今属浦东新区） 浙江省平湖市

续表

序号	编号	项目名称	申报地区或单位
619	Ⅱ-120	古筝艺术（山东古筝乐）	山东省菏泽市
620	Ⅱ-121	笙管乐（复州双管乐、建平十王会、超化吹歌）	辽宁省瓦房店市、建平县 河南省新密市
621	Ⅱ-122	津门法鼓（挂甲寺庆音法鼓、杨家庄永音法鼓、刘园祥音法鼓）	天津市河西区、北辰区
622	Ⅱ-123	锣鼓艺术（汉沽飞镲、常山战鼓、太原锣鼓、泗泾十锦细锣鼓、大铜器、开封盘鼓、宜昌堂调、韩城行鼓）	天津市汉沽区（今属滨海新区） 河北省正定县 山西省太原市 上海市松江区 河南省西平县、郏县、开封市 湖北省宜昌市 陕西省韩城市
623	Ⅱ-124	朝鲜族洞箫音乐	吉林省延吉市、珲春市
624	Ⅱ-125	土家族咚咚喹	湖南省龙山县
625	Ⅱ-126	哈萨克六十二阔恩尔	新疆维吾尔自治区伊犁哈萨克自治州
626	Ⅱ-127	维吾尔族鼓吹乐	新疆维吾尔自治区
627	Ⅱ-128	洞经音乐（文昌洞经古乐、妙善学女子洞经音乐）	四川省梓潼县 云南省通海县
628	Ⅱ-129	芦笙音乐（侗族芦笙、苗族芒筒芦笙）	湖南省通道侗族自治县 贵州省丹寨县
629	Ⅱ-130	布依族勒尤	贵州省贞丰县、兴义市、镇宁布依族苗族自治县
630	Ⅱ-131	藏族扎木聂弹唱	青海省海南藏族自治州
631	Ⅱ-132	哈萨克族冬布拉艺术	新疆维吾尔自治区伊犁哈萨克自治州
632	Ⅱ-133	柯尔克孜族库姆孜艺术	新疆维吾尔自治区克孜勒苏柯尔克孜自治州、乌恰县
633	Ⅱ-134	蒙古族绰尔	新疆维吾尔自治区阿勒泰地区
634	Ⅱ-135	黎族竹木器乐	海南省保亭黎族苗族自治县、五指山市
635	Ⅱ-136	口弦音乐	四川省布拖县
636	Ⅱ-137	吟诵调（常州吟诵）	江苏省常州市
637	Ⅱ-138	佛教音乐（天宁寺梵呗唱诵、鱼山梵呗、大相国寺梵乐、直孔噶举派音乐、拉卜楞寺佛殿音乐道得尔、青海藏族唱经调、北武当庙寺庙音乐）	江苏省常州市 山东省东阿县 河南省开封市 西藏自治区墨竹工卡县 甘肃省夏河县 青海省兴海县 宁夏回族自治区平罗县
638	Ⅱ-139	道教音乐（广宗太平道乐、恒山道乐、上海道教音乐、无锡道教音乐、齐云山道场音乐、崂山道教音乐、泰山道教音乐、胶东全真道教音乐、腊山道教音乐、海南斋醮科仪音乐、成都道教音乐、白云山道教音乐、清水道教音乐）	河北省广宗县 山西省阳高县 上海市道教协会 江苏省无锡市 安徽省休宁县 山东省青岛市崂山区、泰安市、烟台市、东平县 海南省定安县 四川省成都市 陕西省佳县 甘肃省清水县

三、传统舞蹈（民间舞蹈，55项）

序号	编号	项目名称	申报地区或单位
639	Ⅲ-42	鼓舞（花钹大鼓、隆尧招子鼓、平定武迓鼓、大奏鼓、陈官短穗花鼓、柳林花鼓、花鞭鼓舞、八卦鼓舞、横山老腰鼓、宜川胸鼓、凉州攻鼓子、武山旋鼓舞）	北京市昌平区 河北省隆尧县 山西省平定县 浙江省温岭市 山东省广饶县、冠县、商河县、栖霞市 陕西省横山县、宜川县 甘肃省武威市、武山县
640	Ⅲ-43	麒麟舞	河北省黄骅市 河南省兰考县 广东省海丰县
641	Ⅲ-44	竹马（东坝大马灯、邳州跑竹马）	江苏省高淳县、邳州市
642	Ⅲ-45	灯舞（青田鱼灯舞、莆田九鲤灯舞、鲤鱼灯舞、沙头角鱼灯舞、东至花灯舞、苏家作龙凤灯舞）	浙江省青田县 福建省莆田市 江西省吉安县 广东省深圳市 安徽省东至县 河南省博爱县
643	Ⅲ-46	沧州落子	河北省南皮县
644	Ⅲ-47	十八蝴蝶	浙江省永康市
645	Ⅲ-48	火老虎	安徽省凤台县
646	Ⅲ-49	商羊舞	山东省鄄城县
647	Ⅲ-50	跑帷子	河南省汤阴县
648	Ⅲ-51	官会响锣	河南省项城市
649	Ⅲ-52	肉连响	湖北省利川市
650	Ⅲ-53	禾楼舞	广东省郁南县
651	Ⅲ-54	蜈蚣舞	广东省汕头市澄海区
652	Ⅲ-55	翻山铰子	四川省平昌县
653	Ⅲ-56	靖边跑驴	陕西省靖边县
654	Ⅲ-57	查玛内	蒙古自治区阿拉善盟
655	Ⅲ-58	朝鲜族鹤舞	吉林省延边朝鲜族自治州
656	Ⅲ-59	朝鲜族长鼓舞	吉林省图们市
657	Ⅲ-60	瑶族长鼓舞	湖南省江华瑶族自治县 广东省连南瑶族自治县 广西壮族自治区富川瑶族自治县
658	Ⅲ-61	傣族象脚鼓舞	云南省潞西市（今芒市）、西双版纳傣族自治州
659	Ⅲ-62	羌族羊皮鼓舞	四川省汶川县
660	Ⅲ-63	毛南族打猴鼓舞	贵州省平塘县
661	Ⅲ-64	瑶族猴鼓舞	贵州省荔波县
662	Ⅲ-65	高山族拉手舞	福建省华安县
663	Ⅲ-66	得荣学羌	四川省得荣县
664	Ⅲ-67	甲搓	四川省盐源县
665	Ⅲ-68	博巴森根	四川省理县
666	Ⅲ-69	彝族铃铛舞	贵州省赫章县
667	Ⅲ-70	彝族打歌	云南省巍山彝族回族自治县
668	Ⅲ-71	彝族跳菜	云南省南涧彝族自治县
669	Ⅲ-72	彝族老虎笙	云南省双柏县
670	Ⅲ-73	彝族左脚舞	云南省牟定县
671	Ⅲ-74	乐作舞	云南省红河县
672	Ⅲ-75	彝族三弦舞（阿细跳月、撒尼大三弦）	云南省弥勒县、石林彝族自治县
673	Ⅲ-76	纳西族热美蹉	云南省丽江市古城区

续表

序号	编号	项目名称	申报地区或单位
674	Ⅲ-77	布朗族蜂桶鼓舞	云南省双江拉祜族佤族布朗族傣族自治县
675	Ⅲ-78	普米族搓蹉	云南省兰坪白族普米族自治县
676	Ⅲ-79	拉祜族芦笙舞	云南省澜沧拉祜族自治县
677	Ⅲ-80	宣舞（古格宣舞、普堆巴宣舞）	西藏自治区札达县、墨竹工卡县
678	Ⅲ-81	拉萨囊玛	西藏自治区拉萨市
679	Ⅲ-82	堆谐（拉孜堆谐）	西藏自治区拉孜县
680	Ⅲ-83	谐钦（拉萨纳如谐钦、南木林土布加谐钦）	西藏自治区拉萨市城关区、南木林县
681	Ⅲ-84	阿谐（达布阿谐）	西藏自治区比如县
682	Ⅲ-85	嘎尔	西藏自治区
683	Ⅲ-86	芒康三弦舞	西藏自治区芒康县
684	Ⅲ-87	定日洛谐	西藏自治区定日县
685	Ⅲ-88	旦嘎甲谐	西藏自治区萨嘎县
686	Ⅲ-89	廓孜	西藏自治区曲水县
687	Ⅲ-90	多地舞	甘肃省舟曲县
688	Ⅲ-91	巴郎鼓舞	甘肃省卓尼县
689	Ⅲ-92	藏族螭鼓舞	青海省循化撒拉族自治县
690	Ⅲ-93	则柔（尚尤则柔）	青海省贵德县
691	Ⅲ-94	蒙古族萨吾尔登	新疆维吾尔自治区和静县
692	Ⅲ-95	锡伯族贝伦舞	新疆维吾尔自治区察布查尔锡伯自治县
693	Ⅲ-96	维吾尔族赛乃姆	新疆维吾尔自治区哈密地区、莎车县

四、传统戏剧（46项）

序号	编号	项目名称	申报地区或单位
694	Ⅳ-93	老调（保定老调）	河北省保定市
695	Ⅳ-94	四股弦（冀南四股弦）	河北省巨鹿县、馆陶县、魏县、肥乡县
696	Ⅳ-95	赛戏	河北省邯郸市、武安市、涉县 山西省朔州市
697	Ⅳ-96	永年西调	河北省永年县
698	Ⅳ-97	坠子戏	河北省深泽县 安徽省宿州市
699	Ⅳ-98	上党落子	山西省潞城市、黎城县
700	Ⅳ-99	眉户（运城眉户、华阴迷胡、迷糊戏）	山西省运城市 陕西省华阴市 新疆生产建设兵团
701	Ⅳ-100	海城喇叭戏	辽宁省鞍山市
702	Ⅳ-101	黄龙戏	吉林省农安县
703	Ⅳ-102	淮剧	上海淮剧团 江苏省盐城市
704	Ⅳ-103	锡剧	江苏省演艺集团锡剧团、无锡市、常州市
705	Ⅳ-104	淮海戏	江苏省淮安市、连云港市
706	Ⅳ-105	童子戏	江苏省通州市（今通州区）
707	Ⅳ-106	瓯剧	浙江省温州市
708	Ⅳ-107	甬剧	浙江省宁波市
709	Ⅳ-108	姚剧	浙江省余姚市
710	Ⅳ-109	绍剧	浙江省绍兴市
711	Ⅳ-110	婺剧	浙江省金华市、江山市
712	Ⅳ-111	文南词	安徽省宿松县
713	Ⅳ-112	花鼓戏	安徽省宿州市、淮北市、宣城市 湖北省随州市、麻城市 湖南省岳阳县、邵阳市、常德市
714	Ⅳ-113	二夹弦	安徽省亳州市 河南省开封市、滑县 山东省定陶县
715	Ⅳ-114	打城戏	福建省泉州市
716	Ⅳ-115	屏南平讲戏	福建省屏南县
717	Ⅳ-116	吕剧	山东省吕剧院、济南市、博兴县、东营市东营区
718	Ⅳ-117	柳腔	山东省即墨市
719	Ⅳ-118	山东梆子	山东省菏泽市、泰安市、嘉祥县
720	Ⅳ-119	莱芜梆子	山东省莱芜市
721	Ⅳ-120	枣梆	山东省菏泽市
722	Ⅳ-121	徐州梆子	江苏省徐州市
723	Ⅳ-122	同州梆子	陕西省大荔县
724	Ⅳ-123	罗卷戏	河南省汝南县、范县
725	Ⅳ-124	二股弦	河南省武陟县
726	Ⅳ-125	南剧	湖北省来凤县、咸丰县
727	Ⅳ-126	提琴戏	湖北省崇阳县
728	Ⅳ-127	湘剧	湖南省湘剧院、长沙市、桂阳县
729	Ⅳ-128	祁剧	湖南省祁剧院、衡阳市、祁阳县
730	Ⅳ-129	广东汉剧	广东汉剧院
731	Ⅳ-130	琼剧	海南省琼剧院、海口市
732	Ⅳ-131	黔剧	贵州省黔剧团
733	Ⅳ-132	滇剧	云南省滇剧院、玉溪市滇剧团、昆明市
734	Ⅳ-133	合阳跳戏	陕西省合阳县
735	Ⅳ-134	武都高山戏	甘肃省陇南市
736	Ⅳ-135	佤族清戏	云南省腾冲县
737	Ⅳ-136	彝剧	云南省大姚县
738	Ⅳ-137	白剧	云南省大理白族自治州
739	Ⅳ-138	邕剧	广西壮族自治区南宁市

五、曲艺（50项）

序号	编号	项目名称	申报地区或单位
740	Ⅴ-47	相声	中国广播艺术团 北京市歌舞剧院有限责任公司 天津市
741	Ⅴ-48	京韵大鼓	北京市歌舞剧院有限责任公司 天津市曲艺团
742	Ⅴ-49	单弦牌子曲（含岔曲）	北京市歌舞剧院有限责任公司、北京市西城区
743	Ⅴ-50	扬州弹词	江苏省扬州市
744	Ⅴ-51	长沙弹词	湖南省长沙市
745	Ⅴ-52	杭州评词	浙江省杭州市
746	Ⅴ-53	杭州评话	浙江省杭州市
747	Ⅴ-54	绍兴词调	浙江省绍兴市
748	Ⅴ-55	临海词调	浙江省临海市
749	Ⅴ-56	四明南词	浙江省宁波市

续表

序号	编号	项目名称	申报地区或单位
750	Ⅴ-57	北京评书	北京市宣武区（今属西城区） 辽宁省鞍山市、本溪市、营口市
751	Ⅴ-58	湖北评书	湖北省武汉市
752	Ⅴ-59	浦东说书	上海市浦东新区
753	Ⅴ-60	讲古	福建省厦门市思明区
754	Ⅴ-61	湖北大鼓	湖北省武汉市、团风县
755	Ⅴ-62	襄垣鼓书	山西省襄垣县
756	Ⅴ-63	萍乡春锣	江西省萍乡市
757	Ⅴ-64	三弦书（沁州三弦书、南阳三弦书）	山西省沁县 河南省南阳市
758	Ⅴ-65	莺歌柳书	山东省菏泽市
759	Ⅴ-66	平湖钹子书	浙江省平湖市
760	Ⅴ-67	宁波走书	浙江省宁波市鄞州区、奉化市
761	Ⅴ-68	独脚戏	上海市黄浦区 浙江省杭州市
762	Ⅴ-69	大调曲子	河南省南阳市
763	Ⅴ-70	湖北小曲	湖北省武汉市
764	Ⅴ-71	南曲	湖北省五峰土家族自治县
765	Ⅴ-72	秦安小曲	甘肃省秦安县
766	Ⅴ-73	徐州琴书	江苏省徐州市
767	Ⅴ-74	恩施扬琴	湖北省恩施市
768	Ⅴ-75	四川扬琴	四川省曲艺团、四川省音乐舞蹈研究所、成都艺术剧院
769	Ⅴ-76	四川竹琴	重庆市三峡曲艺团 四川省成都艺术剧院
770	Ⅴ-77	四川清音	四川省成都艺术剧院
771	Ⅴ-78	金华道情	浙江省金华市、义乌市
772	Ⅴ-79	陕北道情	陕西省延安市、清涧县
773	Ⅴ-80	朝鲜族三老人	吉林省和龙市
774	Ⅴ-81	南京白局	江苏省南京市秦淮区
775	Ⅴ-82	武林调	浙江省杭州市
776	Ⅴ-83	绍兴宣卷	浙江省绍兴县
777	Ⅴ-84	温州莲花	浙江省温州市鹿城区、永嘉县
778	Ⅴ-85	山东落子	山东省单县
779	Ⅴ-86	说鼓子	湖北省公安县、松滋市
780	Ⅴ-87	广西文场	广西壮族自治区桂林市
781	Ⅴ-88	车灯	重庆市曲艺团
782	Ⅴ-89	眉户曲子	陕西省户县
783	Ⅴ-90	韩城秧歌	陕西省韩城市
784	Ⅴ-91	金钱板	四川省成都市
785	Ⅴ-92	青海平弦	青海省西宁市
786	Ⅴ-93	青海越弦	青海省西宁市
787	Ⅴ-94	青海下弦	青海省
788	Ⅴ-95	好来宝	内蒙古自治区科尔沁左翼后旗
789	Ⅴ-96	哈萨克族铁尔麦	新疆维吾尔自治区伊犁哈萨克自治州

六、传统体育、游艺与杂技（杂技与竞技，38项）

序号	编号	项目名称	申报地区或单位
790	Ⅵ-18	围棋	中国棋院 北京棋院
791	Ⅵ-19	象棋	中国棋院 北京棋院
792	Ⅵ-20	蒙古族象棋	内蒙古自治区阿拉善盟
793	Ⅵ-21	天桥摔跤	北京市宣武区（今属西城区）
794	Ⅵ-22	沙力搏尔式摔跤	内蒙古自治区阿拉善左旗
795	Ⅵ-23	峨眉武术	四川省峨眉山市
796	Ⅵ-24	红拳	陕西省
797	Ⅵ-25	八卦掌	河北省廊坊市
798	Ⅵ-26	形意拳	河北省深州市
799	Ⅵ-27	鹰爪翻子拳	河北省雄县
800	Ⅵ-28	八极拳（月山八极拳）	河南省博爱县
801	Ⅵ-29	心意拳	山西省晋中市
802	Ⅵ-30	心意六合拳	河南省漯河市、周口市
803	Ⅵ-31	五祖拳	福建省泉州市
804	Ⅵ-32	查拳	山东省冠县
805	Ⅵ-33	螳螂拳	山东省莱阳市
806	Ⅵ-34	苌家拳	河南省荥阳市
807	Ⅵ-35	岳家拳	湖北省武穴市
808	Ⅵ-36	蔡李佛拳	广东省江门市新会区
809	Ⅵ-37	马球（塔吉克族马球）	新疆维吾尔自治区塔什库尔干塔吉克自治县
810	Ⅵ-38	满族珍珠球	吉林省吉林市
811	Ⅵ-39	满族二贵摔跤	河北省隆化县
812	Ⅵ-40	鄂温克抢枢	内蒙古自治区鄂温克族自治旗
813	Ⅵ-41	挠羊赛	山西省忻州市
814	Ⅵ-42	传统箭术（南山射箭）	青海省乐都县
815	Ⅵ-43	赛马会（当吉仁赛马会、玉树赛马会）	西藏自治区拉萨市 青海省玉树藏族自治州
816	Ⅵ-44	叼羊（维吾尔族叼羊）	新疆维吾尔自治区巴楚县
817	Ⅵ-45	土族轮子秋	青海省互助土族自治县
818	Ⅵ-46	左各庄杆会	河北省文安县
819	Ⅵ-47	戏法（赵世魁戏法）	黑龙江省杂技团
820	Ⅵ-48	建湖杂技	江苏省建湖县
821	Ⅵ-49	东北庄杂技	河南省濮阳市
822	Ⅵ-50	宁津杂技	山东省宁津县
823	Ⅵ-51	马戏（埇桥马戏）	安徽省宿州市埇桥区
824	Ⅵ-52	风火流星	山西省太原市
825	Ⅵ-53	翻九楼	浙江省杭州市、东阳市
826	Ⅵ-54	调吊	浙江省绍兴市
827	Ⅵ-55	苏桥飞叉会	河北省文安县

七、传统美术（民间美术，45项）

序号	编号	项目名称	申报地区或单位
828	Ⅶ-52	面人（北京面人郎、上海面人赵、曹州面人、曹县江米人）	北京市海淀区 上海工艺美术研究所 山东省菏泽市牡丹区、曹县
829	Ⅶ-53	面花（阳城焙面面塑、闻喜花馍、定襄面塑、新绛面塑、郎庄面塑、黄陵面花）	山西省阳城县、闻喜县、定襄县、新绛县 山东省冠县 陕西省黄陵县

续表

序号	编号	项目名称	申报地区或单位
830	Ⅶ-54	草编（大名草编、徐行草编、莱州草辫、沐川草龙、湖口草龙）	河北省大名县 上海市嘉定区 山东省莱州市 四川省沐川县 江西省湖口县
831	Ⅶ-55	柳编（广宗柳编、维吾尔族枝条编织）	河北省广宗县 新疆维吾尔自治区吐鲁番市
832	Ⅶ-56	石雕（煤精雕刻、鸡血石雕、嘉祥石雕、掖县滑石雕刻、方城石猴、大冶石雕、菊花石雕、雷州石狗、白花石刻、安岳石刻、泽库和日寺石刻）	辽宁省抚顺市 浙江省临安市 山东省嘉祥县、莱州市 河南省方城县 湖北省大冶市 湖南省浏阳市 广东省雷州市 四川省广元市、安岳县 青海省泽库县
833	Ⅶ-57	玉雕（北京玉雕、苏州玉雕、镇平玉雕、广州玉雕、阳美翡翠玉雕）	北京市玉器厂 江苏省苏州市 河南省镇平县 广东省广州市荔湾区、揭阳市
834	Ⅶ-58	木雕（曲阜楷木雕刻、澳门神像雕刻、武汉木雕船模）	山东省曲阜市 澳门特别行政区 湖北省武汉市硚口区
835	Ⅶ-59	核雕（光福核雕、潍坊核雕、广州榄雕）	江苏省苏州市 山东省潍坊市 广东省增城市
836	Ⅶ-60	椰雕（海南椰雕）	海南省海口市
837	Ⅶ-61	葫芦雕刻（东昌葫芦雕刻）	山东省聊城市
838	Ⅶ-62	锡雕	山东省莱芜市 浙江省永康市
839	Ⅶ-63	汉字书法	中国文学艺术界联合会书法家协会 中国艺术研究院中国书法院
840	Ⅶ-64	藏文书法（德格藏文书法、果洛德昂洒智）	四川省德格县 青海省果洛藏族自治州
841	Ⅶ-65	木版年画（平阳木版年画、东昌府木版年画、张秋木版年画、夹江年画、滑县木版年画）	山西省临汾市 山东省聊城市、阳谷县 四川省夹江县 河南省滑县
842	Ⅶ-66	彩扎（凤凰纸扎、秸秆扎刻、彩布拧台、邳州纸塑狮子头、佛山狮头）	湖南省凤凰县 河北省永清县、邯郸市 江苏省邳州市 广东省佛山市
843	Ⅶ-67	龙档（乐清龙档）	浙江省乐清市
844	Ⅶ-68	常州梳篦	江苏省常州市
845	Ⅶ-69	麦秆剪贴	浙江省浦江县
846	Ⅶ-70	北京绢花	北京市崇文区（今属东城区）
847	Ⅶ-71	堆锦（上党堆锦）	山西省长治市堆锦研究所、长治市群众艺术馆
848	Ⅶ-72	湟中堆绣	青海省湟中县
849	Ⅶ-73	瓯绣	浙江省温州市
850	Ⅶ-74	汴绣	河南省开封市
851	Ⅶ-75	汉绣	湖北省武汉市江汉区
852	Ⅶ-76	羌族刺绣	四川省汶川县
853	Ⅶ-77	民间绣活（高平绣活、麻柳刺绣、西秦刺绣、澄城刺绣、红安绣活、阳新布贴）	山西省高平市 四川省广元市 陕西省宝鸡市、澄城县 湖北省红安县、阳新县
854	Ⅶ-78	彝族（撒尼）刺绣	云南省石林彝族自治县
855	Ⅶ-79	维吾尔族刺绣	新疆维吾尔自治区哈密地区
856	Ⅶ-80	满族刺绣（岫岩满族民间刺绣、锦州满族民间刺绣、长白山满族枕头顶刺绣）	辽宁省岫岩满族自治县、锦州市古塔区 吉林省通化市
857	Ⅶ-81	蒙古族刺绣	新疆维吾尔自治区博湖县
858	Ⅶ-82	柯尔克孜族刺绣	新疆维吾尔自治区温宿县
859	Ⅶ-83	哈萨克毡绣和布绣	新疆生产建设兵团农六师
860	Ⅶ-84	料器（北京料器）	北京京城百工坊艺术品有限公司
861	Ⅶ-85	瓯塑	浙江省温州市
862	Ⅶ-86	砖塑（鄄城砖塑）	山东省鄄城县
863	Ⅶ-87	灰塑	广东省广州市
864	Ⅶ-88	糖塑（丰县糖人贡、天门糖塑、成都糖画）	江苏省丰县 湖北省天门市 四川省成都市
865	Ⅶ-89	瓷板画	江西省南昌市
866	Ⅶ-90	软木画	福建省福州市
867	Ⅶ-91	镶嵌（彩石镶嵌、骨木镶嵌、嵌瓷）	浙江省温州市鹿城区、瓯海区，仙居县，宁波市 广东省汕头市、普宁市
868	Ⅶ-92	新会葵艺	广东省江门市新会区
869	Ⅶ-93	传统插花	北京林业大学
870	Ⅶ-94	盆景技艺（扬派盆景技艺、徽派盆景技艺、英石假山盆景技艺）	江苏省扬州市、泰州市 安徽省歙县 广东省英德市
871	Ⅶ-95	布老虎（黎侯虎）	山西省黎城县
872	Ⅶ-96	建筑彩绘（白族民居彩绘、陕北匠艺丹青、炕围画）	云南省大理市 陕西省 山西省襄垣县

八、传统技艺（传统手工技艺，97项）

序号	编号	项目名称	申报地区或单位
873	Ⅷ-90	琉璃烧制技艺	北京市门头沟区 山西省
874	Ⅷ-91	临清贡砖烧制技艺	山东省临清市
875	Ⅷ-92	定瓷烧制技艺	河北省曲阳县
876	Ⅷ-93	钧瓷烧制技艺	河南省禹州市
877	Ⅷ-94	唐三彩烧制技艺	河南省洛阳市
878	Ⅷ-95	醴陵釉下五彩瓷烧制技艺	湖南省醴陵市
879	Ⅷ-96	枫溪瓷烧制技艺	广东省潮州市枫溪区
880	Ⅷ-97	广彩瓷烧制技艺	广东省广州市
881	Ⅷ-98	陶器烧制技艺（钦州坭兴陶烧制技艺、藏族黑陶烧制技艺、牙舟陶器烧制技艺、建水紫陶烧制技艺、荥经砂器烧制技艺）	广西壮族自治区钦州市 四川省稻城县 云南省迪庆藏族自治州 青海省囊谦县 贵州省平塘县 云南省建水县 四川省荥经县

续表

序号	编号	项目名称	申报地区或单位
882	Ⅷ－99	蚕丝织造技艺（余杭清水丝绵制作技艺、杭罗织造技艺、双林绫绢织造技艺）	浙江省杭州市余杭区、杭州市福兴丝绸厂、湖州市
883	Ⅷ－100	传统棉纺织技艺	河北省魏县、肥乡县 新疆维吾尔自治区伽师县
884	Ⅷ－101	毛纺织及擀制技艺（彝族毛纺织及擀制技艺、藏族牛羊毛编织技艺、东乡族擀毡技艺）	四川省昭觉县、色达县 甘肃省东乡族自治县
885	Ⅷ－102	夏布织造技艺	江西省万载县 重庆市荣昌县
886	Ⅷ－103	鲁锦织造技艺	山东省鄄城县、嘉祥县
887	Ⅷ－104	侗锦织造技艺	湖南省通道侗族自治县
888	Ⅷ－105	苗族织锦技艺	贵州省麻江县、雷山县
889	Ⅷ－106	傣族织锦技艺	云南省西双版纳傣族自治州
890	Ⅷ－107	香云纱染整技艺	广东省佛山市顺德区
891	Ⅷ－108	枫香印染技艺	贵州省惠水县、麻江县
892	Ⅷ－109	新疆维吾尔族艾德莱斯绸织染技艺	新疆维吾尔自治区洛浦县
893	Ⅷ－110	地毯织造技艺（北京宫毯织造技艺、阿拉善地毯织造技艺、维吾尔族地毯织造技艺）	北京市 内蒙古自治区阿拉善左旗 新疆维吾尔自治区洛浦县
894	Ⅷ－111	滩羊皮鞣制工艺	山西省交城县
895	Ⅷ－112	鄂伦春族狍皮制作技艺	内蒙古自治区鄂伦春自治旗 黑龙江省黑河市爱辉区
896	Ⅷ－113	盛锡福皮帽制作技艺	北京市东城区
897	Ⅷ－114	维吾尔族卡拉库尔胎羔皮帽制作技艺	新疆维吾尔自治区沙雅县
898	Ⅷ－115	内联升千层底布鞋制作技艺	北京市
899	Ⅷ－116	黄金溜槽堆石砌灶冶炼技艺	山东省招远市
900	Ⅷ－117	金银细工制作技艺	上海市黄浦区 江苏省南京市、江都市
901	Ⅷ－118	斑铜制作技艺	云南省曲靖市
902	Ⅷ－119	铜雕技艺	浙江省杭州市
903	Ⅷ－120	藏族金属锻造技艺（藏族锻铜技艺、藏刀锻制技艺）	西藏自治区南木林县 四川省白玉县 西藏自治区拉孜县 青海省玉树藏族自治州
904	Ⅷ－121	成都银花丝制作技艺	四川省成都市青羊区
905	Ⅷ－122	维吾尔族传统小刀制作技艺	新疆维吾尔自治区英吉沙县
906	Ⅷ－123	蒙古族马具制作技艺	内蒙古自治区科尔沁左翼后旗
907	Ⅷ－124	民族乐器制作技艺（长子响铜乐器制作技艺、朝鲜族民族乐器制作技艺、苏州民族乐器制作技艺、漳州蔡福美传统制鼓技艺、维吾尔族乐器制作技艺）	山西省长子县 吉林省延边朝鲜族自治州 江苏省苏州市 福建省漳州市 新疆维吾尔自治区疏附县、新和县
908	Ⅷ－125	花丝镶嵌制作技艺	北京市通州区 河北省大厂回族自治县
909	Ⅷ－126	金漆镶嵌髹饰技艺	北京市
910	Ⅷ－127	漆器髹饰技艺（徽州漆器髹饰技艺、重庆漆器髹饰技艺）	安徽省黄山市屯溪区 重庆市
911	Ⅷ－128	彝族漆器髹饰技艺	四川省喜德县 贵州省大方县
912	Ⅷ－129	纸笺加工技艺	安徽省巢湖市
913	Ⅷ－130	宣笔制作技艺	安徽省宣城市
914	Ⅷ－131	楮皮纸制作技艺	陕西省西安市长安区
915	Ⅷ－132	白沙茅龙笔制作技艺	广东省江门市
916	Ⅷ－133	砚台制作技艺（易水砚制作技艺、澄泥砚制作技艺、洮砚制作技艺）	河北省易县 山西省新绛县 甘肃省卓尼县、岷县
917	Ⅷ－134	印泥制作技艺（上海鲁庵印泥、漳州八宝印泥）	上海市静安区 福建省漳州市
918	Ⅷ－135	木活字印刷技术	浙江省瑞安市
919	Ⅷ－136	装裱修复技艺（古字画装裱修复技艺、古籍修复技艺）	北京市荣宝斋 故宫博物院 国家图书馆 中国书店
920	Ⅷ－137	传统木船制造技艺	江苏省兴化市 浙江省舟山市普陀区
921	Ⅷ－138	水密隔舱福船制造技艺	福建省晋江市、宁德市蕉城区
922	Ⅷ－139	龙舟制作技艺	广东省东莞市
923	Ⅷ－140	伞制作技艺（油纸伞制作技艺、西湖绸伞）	四川省泸州市江阳区 浙江省杭州市
924	Ⅷ－141	藏香制作技艺	西藏自治区尼木县、墨竹工卡县
925	Ⅷ－142	贝叶经制作技艺	云南省西双版纳傣族自治州
926	Ⅷ－143	土碱烧制技艺	新疆生产建设兵团
927	Ⅷ－144	蒸馏酒传统酿造技艺（北京二锅头酒传统酿造技艺、衡水老白干传统酿造技艺、山庄老酒传统酿造技艺、板城烧锅酒传统五甑酿造技艺、梨花春白酒传统酿造技艺、老龙口白酒传统酿造技艺、大泉源酒传统酿造技艺、宝丰酒传统酿造技艺、五粮液酒传统酿造技艺、水井坊酒传统酿造技艺、剑南春酒传统酿造技艺、古蔺郎酒传统酿造技艺、沱牌曲酒传统酿造技艺）	北京红星股份有限公司、北京顺鑫农业股份有限公司 河北省衡水市、平泉县、承德县 山西省朔州市 辽宁省沈阳市 吉林省通化县 河南省宝丰县 四川省宜宾市、成都市、绵竹市、古蔺县、射洪县
928	Ⅷ－145	酿造酒传统酿造技艺（封缸酒传统酿造技艺、金华酒传统酿造技艺）	江苏省丹阳市、金坛市 浙江省金华市

续表

序号	编号	项目名称	申报地区或单位
929	Ⅷ-146	配制酒传统酿造技艺（菊花白酒传统酿造技艺）	北京仁和酒业有限责任公司
930	Ⅷ-147	花茶制作技艺（张一元茉莉花茶制作技艺）	北京张一元茶叶有限责任公司
931	Ⅷ-148	绿茶制作技艺（西湖龙井、婺州举岩、黄山毛峰、太平猴魁、六安瓜片）	浙江省杭州市、金华市 安徽省黄山市徽州区、黄山区、六安市裕安区
932	Ⅷ-149	红茶制作技艺（祁门红茶制作技艺）	安徽省祁门县
933	Ⅷ-150	乌龙茶制作技艺（铁观音制作技艺）	福建省安溪县
934	Ⅷ-151	普洱茶制作技艺（贡茶制作技艺、大益茶制作技艺）	云南省宁洱县、勐海县
935	Ⅷ-152	黑茶制作技艺（千两茶制作技艺、茯砖茶制作技艺、南路边茶制作技艺）	湖南省安化县、益阳市 四川省雅安市
936	Ⅷ-153	晒盐技艺（海盐晒制技艺、井盐晒制技艺）	浙江省象山县 海南省儋州市 西藏自治区芒康县
937	Ⅷ-154	酱油酿造技艺（钱万隆酱油酿造技艺）	上海市浦东新区
938	Ⅷ-155	豆瓣传统制作技艺（郫县豆瓣传统制作技艺）	四川省郫县
939	Ⅷ-156	豆豉酿制技艺（永川豆豉酿制技艺、潼川豆豉酿制技艺）	重庆市 四川省三台县
940	Ⅷ-157	腐乳酿造技艺（王致和腐乳酿造技艺）	北京市海淀区
941	Ⅷ-158	酱菜制作技艺（六必居酱菜制作技艺）	北京六必居食品有限公司
942	Ⅷ-159	榨菜传统制作技艺（涪陵榨菜传统制作技艺）	重庆市涪陵区
943	Ⅷ-160	传统面食制作技艺（龙须拉面和刀削面制作技艺、抿尖面和猫耳朵制作技艺）	山西省全晋会馆、晋韵楼
944	Ⅷ-161	茶点制作技艺（富春茶点制作技艺）	江苏省扬州市
945	Ⅷ-162	周村烧饼制作技艺	山东省淄博市
946	Ⅷ-163	月饼传统制作技艺（郭杜林晋式月饼制作技艺、安琪广式月饼制作技艺）	山西省太原市 广东省安琪食品有限公司
947	Ⅷ-164	素食制作技艺（功德林素食制作技艺）	上海功德林素食有限公司
948	Ⅷ-165	同盛祥牛羊肉泡馍制作技艺	陕西省西安市
949	Ⅷ-166	火腿制作技艺（金华火腿腌制技艺）	浙江省金华市
950	Ⅷ-167	烤鸭技艺（全聚德挂炉烤鸭技艺、便宜坊焖炉烤鸭技艺）	北京市全聚德（集团）股份有限公司、北京便宜坊烤鸭集团有限公司
951	Ⅷ-168	牛羊肉烹制技艺（东来顺涮羊肉制作技艺、鸿宾楼全羊席制作技艺、月盛斋酱烧牛羊肉制作技艺、北京烤肉制作技艺、冠云平遥牛肉传统加工技艺、烤全羊技艺）	北京市东来顺集团有限责任公司、北京市鸿宾楼餐饮有限责任公司、北京月盛斋清真食品有限公司、北京市聚德华天控股有限公司 山西省冠云平遥牛肉集团有限公司 内蒙古自治区阿拉善盟
952	Ⅷ-169	天福号酱肘子制作技艺	北京天福号食品有限公司
953	Ⅷ-170	六味斋酱肉传统制作技艺	山西省太原六味斋实业有限公司
954	Ⅷ-171	都一处烧麦制作技艺	北京便宜坊烤鸭集团有限公司
955	Ⅷ-172	聚春园佛跳墙制作技艺	福建省福州市
956	Ⅷ-173	真不同洛阳水席制作技艺	河南省洛阳市
957	Ⅷ-174	官式古建筑营造技艺（北京故宫）	故宫博物院
958	Ⅷ-175	木拱桥传统营造技艺	浙江省庆元县、泰顺县 福建省寿宁县、屏南县
959	Ⅷ-176	石桥营造技艺	浙江省绍兴市
960	Ⅷ-177	婺州传统民居营造技艺（诸葛村古村落营造技艺、俞源村古建筑群营造技艺、东阳卢宅营造技艺、浦江郑义门营造技艺）	浙江省兰溪市、武义县、东阳市、浦江县
961	Ⅷ-178	徽派传统民居营造技艺	安徽省黄山市
962	Ⅷ-179	闽南传统民居营造技艺	福建省泉州市鲤城区、惠安县、南安市
963	Ⅷ-180	窑洞营造技艺	山西省平陆县 甘肃省庆阳市
964	Ⅷ-181	蒙古包营造技艺	内蒙古自治区文学艺术界联合会、西乌珠穆沁旗、陈巴尔虎旗
965	Ⅷ-182	黎族船型屋营造技艺	海南省东方市
966	Ⅷ-183	哈萨克族毡房营造技艺	新疆维吾尔自治区塔城地区
967	Ⅷ-184	俄罗斯族民居营造技艺	新疆维吾尔自治区塔城地区
968	Ⅷ-185	撒拉族篱笆楼营造技艺	青海省循化撒拉族自治县
969	Ⅷ-186	藏族碉楼营造技艺	四川省丹巴县

九、传统医药（8项）

序号	编号	项目名称	申报地区或单位
970	Ⅸ-10	中医养生（药膳八珍汤、灵源万应茶、永定万应茶）	山西省太原市 福建省晋江市、永定县
971	Ⅸ-11	传统中医药文化（鹤年堂中医药养生文化、九芝堂传统中药文化、潘高寿传统中药文化、陈李济传统中药文化、同济堂传统中药文化）	北京鹤年堂医药有限责任公司 湖南省九芝堂股份有限公司 广东省广州潘高寿药业股份有限公司、广州陈李济制药厂 贵州省同济堂制药有限公司

续表

序号	编号	项目名称	申报地区或单位
972	Ⅸ-12	蒙医药（赞巴拉道尔吉温针、火针疗法）	内蒙古自治区
973	Ⅸ-13	畲族医药（痧症疗法、六神经络骨通药制作工艺）	浙江省丽水市 福建省罗源县
974	Ⅸ-14	瑶族医药（药浴疗法）	贵州省从江县
975	Ⅸ-15	苗医药（骨伤蛇伤疗法、九节茶药制作工艺）	贵州省雷山县、黔东南苗族侗族自治州
976	Ⅸ-16	侗医药（过路黄药制作工艺）	贵州省黔东南苗族侗族自治州
977	Ⅸ-17	回族医药（张氏回医正骨疗法、回族汤瓶八诊疗法）	宁夏回族自治区吴忠市、银川市
十、民俗（51项）			
序号	编号	项目名称	申报地区或单位
978	Ⅹ-71	元宵节（敛巧饭习俗、九曲黄河阵灯俗、柳林盘子会、蔚县拜灯山习俗、马尾-马祖元宵节俗、泉州闹元宵习俗、闽台东石灯俗、枫亭元宵游灯习俗、闽西客家元宵节庆、永昌县卍字灯俗、九曲黄河灯俗）	文化部 北京市怀柔区、密云县 山西省柳林县 河北省蔚县 福建省福州市马尾区、泉州市、晋江市、仙游县、连城县 甘肃省永昌县 青海省乐都县
979	Ⅹ-72	渔民开洋、谢洋节	浙江省象山县、岱山县 山东省荣成市、日照市、即墨市
980	Ⅹ-73	畲族三月三	浙江省景宁畲族自治县
981	Ⅹ-74	宾阳炮龙节	广西壮族自治区宾阳县
982	Ⅹ-75	苗族独木龙舟节	贵州省台江县
983	Ⅹ-76	苗族跳花节	贵州省安顺市
984	Ⅹ-77	苗族四月八姑娘节	湖南省绥宁县
985	Ⅹ-78	德昂族浇花节	云南省德宏傣族景颇族自治州
986	Ⅹ-79	江孜达玛节	西藏自治区江孜县
987	Ⅹ-80	塔塔尔族撒班节	新疆维吾尔自治区塔城地区
988	Ⅹ-81	灯会（苇子灯阵、胜芳灯会、河曲河灯会、肥东洋蛇灯、南安英都拔拔灯、石城灯会、渔灯节、泮村灯会、自贡灯会）	河北省邯郸市、霸州市 山西省河曲县 安徽省肥东县 福建省南安市 江西省石城县 山东省烟台市 广东省开平市 四川省自贡市
989	Ⅹ-82	羌年	四川省茂县、汶川县、理县、北川羌族自治县
990	Ⅹ-83	苗年	贵州省丹寨县、雷山县
991	Ⅹ-84	庙会（妙峰山庙会、东岳庙庙会、晋祠庙会、上海龙华庙会、赶茶场、泰山东岳庙会、武当山庙会、火宫殿庙会、佛山祖庙庙会、药王山庙会）	北京市门头沟区、朝阳区 山西省太原市晋源区 上海市徐汇区 浙江省磐安县 山东省泰安市 湖北省十堰市 湖南省长沙市 广东省佛山市 陕西省铜川市
992	Ⅹ-85	民间信俗（千童信子节、关公信俗、石浦-富岗如意信俗、汤和信俗、保生大帝信俗、陈靖姑信俗、西王母信俗）	河北省盐山县 山西省运城市 河南省洛阳市 浙江省象山县、温州市龙湾区 福建省厦门市海沧区、龙海市、古田县、福州市仓山区 甘肃省泾川县
993	Ⅹ-86	青海湖祭海	青海省海北藏族自治州
994	Ⅹ-87	抬阁（芯子、铁枝、飘色）（葛渔城重阁会、宽城背杆、隆尧县泽畔抬阁、清徐徐沟背铁棍、万荣抬阁、峨口挠阁、脑阁、金坛抬阁、浦江迎会、肘阁抬阁、大坝高装、青林口高抬戏、庄浪县高抬、湟中县千户营高台、隆德县高台、阁子里芯子、周村芯子、章丘芯子、霍童铁枝、福鼎沙埕铁枝、屏南双溪铁枝、南朗崖口飘色、台山浮石飘色、吴川飘色、河田高景）	河北省廊坊市、宽城满族自治县、隆尧县 山西省清徐县、万荣县、代县 内蒙古自治区土默特左旗 江苏省金坛市 浙江省浦江县 安徽省寿县、临泉县 四川省兴文县、江油市 甘肃省庄浪县 青海省湟中县 宁夏回族自治区隆德县 山东省淄博市临淄区、周村区，章丘市 福建省宁德市蕉城区、福鼎市、屏南县 广东省中山市、台山市、吴川市、陆河县
995	Ⅹ-88	打铁花	河南省确山县
996	Ⅹ-89	朝鲜族花甲礼	辽宁省丹东市 吉林省延边朝鲜族自治州
997	Ⅹ-90	祭祖习俗（大槐树祭祖习俗）	山西省洪洞县
998	Ⅹ-91	鄂温克驯鹿习俗	内蒙古自治区根河市
999	Ⅹ-92	蒙古族养驼习俗	内蒙古自治区阿拉善盟
1000	Ⅹ-93	长白山采参习俗	吉林省抚松县
1001	Ⅹ-94	查干淖尔冬捕习俗	吉林省前郭尔罗斯蒙古族自治县
1002	Ⅹ-95	蚕桑习俗（含山轧蚕花、扫蚕花地）	浙江省桐乡市、德清县
1003	Ⅹ-96	洪洞走亲习俗	山西省洪洞县
1004	Ⅹ-97	蟳埔女习俗	福建省泉州市丰泽区
1005	Ⅹ-98	汉族传统婚俗（孝义贾家庄婚俗、宁海十里红妆婚俗、斗门水上婚嫁习俗）	山西省孝义市 浙江省宁海县 广东省珠海市
1006	Ⅹ-99	朝鲜族传统婚礼	吉林省延边朝鲜族自治州
1007	Ⅹ-100	塔吉克族婚俗	新疆维吾尔自治区塔什库尔干塔吉克自治县
1008	Ⅹ-101	水乡社戏	浙江省绍兴市
1009	Ⅹ-102	界首书会	安徽省界首市
1010	Ⅹ-103	洛阳牡丹花会	河南省洛阳市
1011	Ⅹ-104	三汇彩亭会	四川省渠县
1012	Ⅹ-105	石宝山歌会	云南省剑川县
1013	Ⅹ-106	大理三月街	云南省大理市
1014	Ⅹ-107	茶艺（潮州工夫茶艺）	广东省潮州市

续表

序号	编号	项目名称	申报地区或单位
1015	X－108	蒙古族服饰	内蒙古自治区 甘肃省肃北蒙古族自治县 新疆维吾尔自治区博湖县
1016	X－109	朝鲜族服饰	吉林省延边朝鲜族自治州
1017	X－110	畲族服饰	福建省罗源县
1018	X－111	黎族服饰	海南省锦绣织贝有限公司、海南省民族研究所
1019	X－112	珞巴族服饰	西藏自治区隆子县、米林县
1020	X－113	藏族服饰	西藏自治区措美县、林芝地区、普兰县、安多县、申扎县 青海省玉树藏族自治州、门源回族自治县
1021	X－114	裕固族服饰	甘肃省肃南裕固族自治县
1022	X－115	土族服饰	青海省互助土族自治县
1023	X－116	撒拉族服饰	青海省循化撒拉族自治县
1024	X－117	维吾尔族服饰	新疆维吾尔自治区于田县
1025	X－118	哈萨克族服饰	新疆维吾尔自治区伊犁哈萨克自治州
1026	X－119	珠算（程大位珠算法、珠算文化）	安徽省黄山市屯溪区 中国珠算心算协会
1027	X－120	南海航道更路经	海南省文昌市
1028	X－121	藏族天文历算	西藏自治区

表3 第三批国家级非物质文化遗产名录（191项）

一、民间文学（41项）			
序号	编号	项目名称	申报地区或单位
1029	I-85	天坛传说	北京市东城区
1030	I-86	曹雪芹传说	北京市海淀区
1031	I-87	契丹始祖传说	河北省平泉县
1032	I-88	赵氏孤儿传说	山西省盂县
1033	I-89	白马拖缰传说	山西省晋城市城区
1034	I-90	舜的传说	山西省沁水县 山东省诸城市
1035	I-91	禹的传说	四川省汶川县、北川羌族自治县
1036	I-92	防风传说	浙江省德清县
1037	I-93	盘瓠传说	湖南省泸溪县
1038	I-94	庄子传说	山东省东明县
1039	I-95	柳毅传说	山东省潍坊市寒亭区
1040	I-96	禅宗祖师传说	湖北省黄梅县
1041	I-97	布袋和尚传说	浙江省奉化市
1042	I-98	钱王传说	浙江省临安市
1043	I-99	苏东坡传说	浙江省杭州市
1044	I-100	王羲之传说	浙江省绍兴市
1045	I-101	李时珍传说	湖北省蕲春县
1046	I-102	蔡伦造纸传说	陕西省汉中市
1047	I-103	牡丹传说	山东省菏泽市牡丹区
1048	I-104	泰山传说	山东省泰安市
1049	I-105	黄鹤楼传说	湖北省武汉市武昌区
1050	I-106	烂柯山的传说	山西省陵川县 浙江省衢州市
1051	I-107	珞巴族始祖传说	西藏自治区米林县
1052	I-108	阿尼玛卿雪山传说	青海省果洛藏族自治州
1053	I-109	锡伯族民间故事	辽宁省沈阳市
1054	I-110	嘉黎民间故事	西藏自治区嘉黎县
1055	I-111	海洋动物故事	浙江省洞头县
1056	I-112	土家族哭嫁歌	湖南省永顺县、古丈县
1057	I-113	坡芽情歌	云南省富宁县
1058	I-114	祝赞词	内蒙古自治区东乌珠穆沁旗 新疆维吾尔自治区博湖县、和布克赛尔蒙古自治县
1059	I-115	黑暗传	湖北省保康县、神农架林区
1060	I-116	陶克陶胡	吉林省前郭尔罗斯蒙古族自治县
1061	I-117	密洛陀	广西壮族自治区都安瑶族自治县
1062	I-118	亚鲁王	贵州省紫云苗族布依族自治县
1063	I-119	目瑙斋瓦	云南省德宏傣族景颇族自治州
1064	I-120	洛奇洛耶与扎斯扎依	云南省墨江哈尼族自治县
1065	I-121	阿细先基	云南省弥勒县
1066	I-122	羌戈大战	四川省汶川县
1067	I-123	恰克恰克	新疆维吾尔自治区伊宁市
1068	I-124	酉阳古歌	重庆市酉阳土家族苗族自治县
1069	I-125	谚语（沪谚）	上海市闵行区

二、传统音乐（16项）			
序号	编号	项目名称	申报地区或单位
1070	Ⅱ－140	凤阳民歌	安徽省滁州市
1071	Ⅱ－141	九江山歌	江西省九江县
1072	Ⅱ－142	利川灯歌	湖北省利川市
1073	Ⅱ－143	天门民歌	湖北省天门市
1074	Ⅱ－144	临高渔歌	海南省临高县
1075	Ⅱ－145	弥渡民歌	云南省弥渡县
1076	Ⅱ－146	青海汉族民间小调	青海省西宁市
1077	Ⅱ－147	阿里郎	吉林省延边朝鲜族自治州
1078	Ⅱ－148	哈萨克族民歌	新疆维吾尔自治区伊犁哈萨克自治州
1079	Ⅱ－149	塔吉克族民歌	新疆维吾尔自治区塔什库尔干塔吉克自治县
1080	Ⅱ－150	茅山号子	江苏省兴化市
1081	Ⅱ－151	弦索乐（菏泽弦索乐）	山东省菏泽市
1082	Ⅱ－152	纳西族白沙细乐	云南省丽江市古城区
1083	Ⅱ－153	伽倻琴艺术	吉林省延吉市
1084	Ⅱ－154	京族独弦琴艺术	广西壮族自治区东兴市
1085	Ⅱ－155	哈萨克族库布孜	新疆维吾尔自治区伊犁哈萨克自治州

续表

三、传统舞蹈（15项）

序号	编号	项目名称	申报地区或单位
1086	Ⅲ-97	跳马伕	江苏省如东县
1087	Ⅲ-98	仗鼓舞（桑植仗鼓舞）	湖南省桑植县
1088	Ⅲ-99	南县地花鼓	湖南省南县
1089	Ⅲ-100	跳花棚	广东省化州市
1090	Ⅲ-101	老古舞	海南省白沙黎族自治县
1091	Ⅲ-102	跳曹盖	四川省平武县
1092	Ⅲ-103	棕扇舞	云南省元江哈尼族彝族傣族自治县
1093	Ⅲ-104	鄂温克族萨满舞	内蒙古自治区根河市
1094	Ⅲ-105	协荣仲孜	西藏自治区曲水县
1095	Ⅲ-106	普兰果尔孜	西藏自治区阿里地区
1096	Ⅲ-107	陈塘夏尔巴歌舞	西藏自治区定结县
1097	Ⅲ-108	巴当舞	甘肃省岷县
1098	Ⅲ-109	安昭	青海省互助土族自治县
1099	Ⅲ-110	萨玛舞	新疆维吾尔自治区喀什市
1100	Ⅲ-111	哈萨克族卡拉角勒哈	新疆维吾尔自治区伊犁哈萨克自治州

四、传统戏剧（20项）

序号	编号	项目名称	申报地区或单位
1101	Ⅳ-139	上党二簧	山西省晋城市城区
1102	Ⅳ-140	醒感戏	浙江省永康市
1103	Ⅳ-141	湖剧	浙江省湖州市
1104	Ⅳ-142	淳安三角戏	浙江省淳安县
1105	Ⅳ-143	嗨子戏	安徽省阜南县
1106	Ⅳ-144	赣剧	江西省赣剧院
1107	Ⅳ-145	西河戏	江西省星子县
1108	Ⅳ-146	鹧鸪戏	山东省淄博市临淄区
1109	Ⅳ-147	淮调	河南省安阳县
1110	Ⅳ-148	落腔	河南省内黄县
1111	Ⅳ-149	武当神戏	湖北省丹江口市
1112	Ⅳ-150	雷剧	广东省雷州市
1113	Ⅳ-151	关索戏	云南省澄江县
1114	Ⅳ-152	通渭小曲戏	甘肃省通渭县
1115	Ⅳ-153	弦子腔	陕西省平利县
1116	Ⅳ-154	西路梆子	河北省海兴县
1117	Ⅳ-155	淮北梆子戏	安徽省宿州市、阜阳市
1118	Ⅳ-156	滑稽戏	上海滑稽剧团 江苏省苏州市
1119	Ⅳ-157	张家界阳戏	湖南省张家界市永定区
1120	Ⅳ-158	海南斋戏	海南省海口市

五、曲艺（18项）

序号	编号	项目名称	申报地区或单位
1121	Ⅴ-97	莲花落	山西省太原市
1122	Ⅴ-98	长子鼓书	山西省长子县
1123	Ⅴ-99	翼城琴书	山西省翼城县
1124	Ⅴ-100	曲沃琴书	山西省曲沃县
1125	Ⅴ-101	泽州四弦书	山西省泽州县
1126	Ⅴ-102	盘索里	辽宁省铁岭市 吉林省延边朝鲜族自治州
1127	Ⅴ-103	永康鼓词	浙江省永康市
1128	Ⅴ-104	唱新闻	浙江省象山县
1129	Ⅴ-105	渔鼓道情	安徽省萧县
1130	Ⅴ-106	三棒鼓	湖北省宣恩县
1131	Ⅴ-107	祁阳小调	湖南省祁阳县
1132	Ⅴ-108	粤曲	广东省广州市
1133	Ⅴ-109	木鱼歌	广东省东莞市
1134	Ⅴ-110	四川评书	重庆市曲艺团
1135	Ⅴ-111	洛南静板书	陕西省洛南县
1136	Ⅴ-112	南音说唱	澳门特别行政区
1137	Ⅴ-113	河州平弦	甘肃省临夏市
1138	Ⅴ-114	端鼓腔	山东省东平县、微山县

六、传统体育、游艺与杂技（15项）

序号	编号	项目名称	申报地区或单位
1139	Ⅵ-56	拦手门	天津市河东区
1140	Ⅵ-57	通背缠拳	山西省洪洞县
1141	Ⅵ-58	地术拳	福建省精武保安培训学校
1142	Ⅵ-59	佛汉拳	山东省东明县
1143	Ⅵ-60	孙膑拳	山东省青岛市市北区、安丘市
1144	Ⅵ-61	肘捶	山东省临清市
1145	Ⅵ-62	十八般武艺	浙江省杭州市余杭区
1146	Ⅵ-63	华佗五禽戏	安徽省亳州市
1147	Ⅵ-64	撂石锁	河南省开封市
1148	Ⅵ-65	赛龙舟	湖南省沅陵县 广东省东莞市 贵州省铜仁市、镇远县
1149	Ⅵ-66	迎罗汉	浙江省缙云县
1150	Ⅵ-67	掼牛	浙江省嘉兴市南湖区
1151	Ⅵ-68	高杆船技	浙江省桐乡市
1152	Ⅵ-69	花毽	山东省青州市
1153	Ⅵ-70	口技	北京市西城区

七、传统美术（13项）

序号	编号	项目名称	申报地区或单位
1154	Ⅶ-97	棕编（新繁棕编）	四川省成都市新都区
1155	Ⅶ-98	苗画	湖南省保靖县
1156	Ⅶ-99	嘉兴灶头画	浙江省嘉兴市
1157	Ⅶ-100	永春纸织画	福建省永春县
1158	Ⅶ-101	平遥纱阁戏人	山西省平遥县
1159	Ⅶ-102	清徐彩门楼	山西省清徐县
1160	Ⅶ-103	上海绒绣	上海市浦东新区
1161	Ⅶ-104	宁波金银彩绣	浙江省宁波市鄞州区
1162	Ⅶ-105	瑶族刺绣	广东省乳源瑶族自治县
1163	Ⅶ-106	藏族编织、挑花刺绣工艺	四川省阿坝藏族羌族自治州
1164	Ⅶ-107	侗族刺绣	贵州省锦屏县
1165	Ⅶ-108	锡伯族刺绣	新疆维吾尔自治区察布查尔锡伯自治县
1166	Ⅶ-109	宁波泥金彩漆	浙江省宁海县

八、传统技艺（26项）

序号	编号	项目名称	申报地区或单位
1167	Ⅷ-187	越窑青瓷烧制技艺	浙江省上虞市、杭州市、慈溪市
1168	Ⅷ-188	建窑建盏烧制技艺	福建省南平市

续表

序号	编号	项目名称	申报地区或单位
1169	Ⅷ－189	汝瓷烧制技艺	河南省汝州市、宝丰县
1170	Ⅷ－190	淄博陶瓷烧制技艺	山东省淄博市
1171	Ⅷ－191	长沙窑铜官陶瓷烧制技艺	湖南省长沙市望城区
1172	Ⅷ－192	蓝夹缬技艺	浙江省温州市
1173	Ⅷ－193	中式服装制作技艺（龙凤旗袍手工制作技艺、亨生奉帮裁缝技艺，培罗蒙奉帮裁缝技艺，振兴祥中式服装制作技艺）	上海市静安区、黄浦区 浙江省杭州市
1174	Ⅷ－194	铅锡刻镂技艺	湖北省荆州市
1175	Ⅷ－195	乌铜走银制作技艺	云南省石屏县
1176	Ⅷ－196	银铜器制作及鎏金技艺	青海省湟中县
1177	Ⅷ－197	青铜器修复及复制技艺	故宫博物院
1178	Ⅷ－198	国画颜料制作技艺（姜思序堂国画颜料制作技艺）	江苏省苏州市
1179	Ⅷ－199	藏族矿植物颜料制作技艺	西藏自治区拉萨市
1180	Ⅷ－200	毛笔制作技艺（周虎臣毛笔制作技艺、扬州毛笔制作技艺）	上海市黄浦区 江苏省江都市
1181	Ⅷ－201	衡水法帖雕版拓印技艺	河北省衡水市桃城区
1182	Ⅷ－202	古书画临摹复制技艺	故宫博物院
1183	Ⅷ－203	白茶制作技艺（福鼎白茶制作技艺）	福建省福鼎市
1184	Ⅷ－204	仿膳（清廷御膳）制作技艺	北京市西城区
1185	Ⅷ－205	直隶官府菜烹饪技艺	河北省保定市
1186	Ⅷ－206	孔府菜烹饪技艺	山东省曲阜市
1187	Ⅷ－207	五芳斋粽子制作技艺	浙江省嘉兴市
1188	Ⅷ－208	北京四合院传统营造技艺	中国艺术研究院
1189	Ⅷ－209	雁门民居营造技艺	山西省忻州市
1190	Ⅷ－210	石库门里弄建筑营造技艺	上海市黄浦区
1191	Ⅷ－211	土家族吊脚楼营造技艺	湖北省咸丰县 湖南省永顺县 重庆市石柱土家族自治县
1192	Ⅷ－212	维吾尔族民居建筑技艺（阿依旺赛来民居营造技艺）	新疆维吾尔自治区和田地区
九、传统医药（4项）			
序号	编号	项目名称	申报地区或单位
1193	Ⅸ－18	壮医药（壮医药线点灸疗法）	广西中医学院
1194	Ⅸ－19	彝医药（彝医水膏药疗法）	云南省楚雄彝族自治州
1195	Ⅸ－20	傣医药（睡药疗法）	云南省西双版纳傣族自治州、德宏傣族景颇族自治州
1196	Ⅸ－21	维吾尔医药（维药传统炮制技艺、木尼孜其·木斯力汤药制作技艺、食物疗法、库西台法）	新疆维吾尔医学高等专科学校、新疆维吾尔自治区和田地区、新疆维吾尔自治区莎车县、新疆维吾尔自治区维吾尔医药研究所
十、民俗（23项）			
序号	编号	项目名称	申报地区或单位
1197	Ⅹ－122	中元节（潮人盂兰胜会）	香港特别行政区
1198	Ⅹ－123	中和节（永济背冰、云丘山中和节）	山西省永济市、乡宁县
1199	Ⅹ－124	俄罗斯族巴斯克节	内蒙古自治区额尔古纳市
1200	Ⅹ－125	鄂温克族瑟宾节	黑龙江省讷河市
1201	Ⅹ－126	诺茹孜节	新疆维吾尔自治区塔城地区
1202	Ⅹ－127	布依族"三月三"	贵州省贞丰县、望谟县
1203	Ⅹ－128	土家年	湖南省永顺县
1204	Ⅹ－129	彝族年	四川省凉山彝族自治州
1205	Ⅹ－130	侗年	贵州省榕江县
1206	Ⅹ－131	藏历年	西藏自治区拉萨市
1207	Ⅹ－132	舜帝祭典	湖南省宁远县
1208	Ⅹ－133	祭寨神林	云南省元阳县
1209	Ⅹ－134	歌会（瑞云四月八、四十八寨歌节）	福建省福鼎市 贵州省天柱县
1210	Ⅹ－135	尉村跑鼓车	山西省襄汾县
1211	Ⅹ－136	独辕四景车赛会	山西省平顺县
1212	Ⅹ－137	网船会	浙江省嘉兴市秀洲区
1213	Ⅹ－138	月也	贵州省黎平县
1214	Ⅹ－139	婚俗（朝鲜族回婚礼、达斡尔族传统婚俗、彝族传统婚俗、裕固族传统婚俗、回族传统婚俗、哈萨克族传统婚俗、锡伯族传统婚俗）	吉林省延边朝鲜族自治州 黑龙江省齐齐哈尔市富拉尔基区 四川省美姑县甘肃省张掖市 宁夏回族自治区 新疆维吾尔自治区伊犁哈萨克自治州、新疆嘎善文化传播中心
1215	Ⅹ－140	径山茶宴	浙江省杭州市余杭区
1216	Ⅹ－141	装泥鱼习俗	广东省珠海市斗门区
1217	Ⅹ－142	苗族栽岩习俗	贵州省榕江县
1218	Ⅹ－143	柯尔克孜族驯鹰习俗	新疆维吾尔自治区阿合奇县
1219	Ⅹ－144	塔吉克族服饰	新疆维吾尔自治区塔什库尔干塔吉克自治县

表4 国家级非物质文化遗产扩展项目名录（147项，2008年公布）

一、民间文学 （5项）			
序号	编号	项目名称	申报地区或单位
8	Ⅰ－8	孟姜女传说	河北省秦皇岛市 湖南省津市市
9	Ⅰ－9	董永传说	江苏省金坛市 山东省博兴县
13	Ⅰ－13	宝卷（靖江宝卷、河西宝卷）	江苏省靖江市 甘肃省张掖市
22	Ⅰ－22	吴歌	上海市青浦区 江苏省无锡市
31	Ⅰ－31	谜语（澄海灯谜）	广东省汕头市澄海区

续表

序号	编号	项目名称	申报地区或单位
二、传统音乐（民间音乐，17项）			
序号	编号	项目名称	申报地区或单位
34	Ⅱ－3	蒙古族长调民歌	新疆维吾尔自治区、巴音郭楞蒙古自治州、和布克赛尔蒙古自治县
35	Ⅱ－4	蒙古族呼麦	新疆维吾尔自治区阿勒泰地区
38	Ⅱ－7	畲族民歌	浙江省景宁畲族自治县
44	Ⅱ－13	崖州民歌	海南省乐东黎族自治县
51	Ⅱ－20	花儿（新疆花儿）	新疆维吾尔自治区昌吉回族自治州、巴音郭楞蒙古自治州
58	Ⅱ－27	薅草锣鼓（武宁打鼓歌、宜昌薅草锣鼓、五峰土家族薅草锣鼓、兴山薅草锣鼓、宣恩薅草锣鼓、长阳山歌、川东土家族薅草锣鼓）	江西省武宁县 湖北省宜昌市、五峰土家族自治县、兴山县、宣恩县、长阳土家族自治县 四川省宣汉县
59	Ⅱ－28	侗族大歌	贵州省从江县、榕江县
61	Ⅱ－30	多声部民歌（潮尔道–蒙古族合声演唱、瑶族蝴蝶歌、壮族三声部民歌、羌族多声部民歌、硗碛多声部民歌、苗族多声部民歌）	内蒙古自治区锡林浩特市 广西壮族自治区富川瑶族自治县、马山县 四川省松潘县、雅安市 贵州省台江县、剑河县
65	Ⅱ－34	古琴艺术（虞山琴派、广陵琴派、金陵琴派、梅庵琴派、浙派、诸城派、岭南派）	江苏省常熟市、扬州市、南京市、南通市、镇江市 浙江省杭州市 山东省诸城市 广东省广州市
66	Ⅱ－35	蒙古族马头琴音乐	吉林省前郭尔罗斯蒙古族自治县
67	Ⅱ－36	蒙古族四胡音乐	吉林省前郭尔罗斯蒙古族自治县 黑龙江省杜尔伯特蒙古族自治县
68	Ⅱ－37	唢呐艺术（唐山花吹、丰宁满族吵子会、晋北鼓吹、上党八音会、上党乐户班社、丹东鼓乐、杨小班鼓吹乐棚、于都唢呐公婆吹、万载得胜鼓、邹城平派鼓吹乐、沮水呜音、鸣音喇叭、远安呜音、青山唢呐、永城吹打、绥米唢呐）	河北省唐海县、丰宁满族自治县 山西省阳高县、忻州市、长子县、壶关县 辽宁省丹东市 黑龙江省肇州县 江西省于都县、万载县 山东省邹城市 湖北省保康县、南漳县、远安县 湖南省湘潭县 重庆市綦江县 陕西省绥德县、米脂县
71	Ⅱ－40	江南丝竹	浙江省杭州市
75	Ⅱ－44	十番音乐（楚州十番锣鼓、邵伯锣鼓小牌子、楼塔细十番、遂昌昆曲十番、黄石惠洋十音、佛山十番、海南八音器乐）	江苏省淮安市、江都市 浙江省杭州市、遂昌县 福建省莆田市 广东省佛山市 海南省海口市
76	Ⅱ－45	鲁西南鼓吹乐	山东省菏泽市牡丹区
85	Ⅱ－54	土家族打溜子	湖北省五峰土家族自治县、鹤峰县
90	Ⅱ－59	冀中笙管乐（白庙村音乐会、雄县古乐、小冯村音乐会、张庄音乐会、军卢村音乐会、东张务音乐会、南响口梵呗音乐会、里东庄音乐老会、辛安庄民间音乐会、安新县圈头村音乐会、东韩村拾幡古乐、子位吹歌）	北京市大兴区 河北省雄县、固安县、霸州市、廊坊市安次区、文安县、任丘市、安新县、易县、定州市
三、传统舞蹈（民间舞蹈，13项）			
序号	编号	项目名称	申报地区或单位
104	Ⅲ－1	京西太平鼓（石景山太平鼓、怪村太平鼓）	北京市石景山区、丰台区
105	Ⅲ－2	秧歌（济阳鼓子秧歌、临县伞头秧歌、原平凤秧歌、汾阳地秧歌）	山东省济阳县 山西省临县、原平市、汾阳市
107	Ⅲ－4	龙舞（易县摆字龙灯、曲周龙灯、金州龙舞、舞草龙、骆山大龙、兰溪断头龙、大田板灯龙、高龙、汝城香火龙、九龙舞、埔寨火龙、人龙舞、荷塘纱龙、乔林烟花火龙、醉龙、黄龙溪火龙灯舞）	河北省易县、曲周县 辽宁省大连市金州区 上海市松江区 江苏省溧水县 浙江省兰溪市 福建省大田县 湖北省武汉市汉阳区 湖南省汝城县、平江县 广东省丰顺县、佛山市、江门市蓬江区、揭阳市、中山市 四川省双流县
108	Ⅲ－5	狮舞（白纸坊太狮、沧县狮舞、小相狮舞、槐店文狮子、席狮舞、丰城岳家狮、布依族高台狮灯舞）	北京市 河北省沧县 河南省巩义市、沈丘县 广东省梅州市 江西省丰城市 贵州省兴义市
110	Ⅲ－7	傩舞（寿阳爱社、祁门傩舞、邵武傩舞、湛江傩舞、文县池哥昼、永靖七月跳会）	山西省寿阳县 安徽省祁门县 福建省邵武市 广东省湛江市麻章区 甘肃省文县、永靖县
112	Ⅲ－9	高跷（盖州高跷、上口子高跷、独杆跷、高抬火轿）	辽宁省盖州市、大洼县 山东省泰安市 河南省沁阳市
119	Ⅲ－16	滚灯（奉贤滚灯、海盐滚灯）	上海市奉贤区 浙江省海盐县
120	Ⅲ－17	土家族摆手舞（恩施摆手舞、酉阳摆手舞）	湖北省来凤县 重庆市酉阳土家族苗族自治县
122	Ⅲ－19	弦子舞（玉树依舞）	青海省玉树藏族自治州
123	Ⅲ－20	锅庄舞（甘孜锅庄、马奈锅庄、称多白龙卓舞、囊谦卓干玛）	四川省石渠县、雅江县、新龙县、德格县、金川县 青海省称多县、囊谦县
126	Ⅲ－23	苗族芦笙舞	贵州省雷山县、关岭布依族苗族自治县、榕江县、水城县
127	Ⅲ－24	朝鲜族农乐舞	辽宁省铁岭市

续表

序号	编号	项目名称	申报地区或单位
129	Ⅲ-26	铜鼓舞（田林瑶族铜鼓舞、雷山苗族铜鼓舞）	广西壮族自治区田林县 贵州省雷山县

四、传统戏剧（33项）

序号	编号	项目名称	申报地区或单位
148	Ⅳ-4	潮剧	广东省揭阳市
160	Ⅳ-16	秦腔	甘肃省秦剧团
162	Ⅳ-18	晋剧	河北省张家口市 山西省太原市
165	Ⅳ-21	上党梆子	山西省长治市
166	Ⅳ-22	河北梆子	北京市河北梆子剧团 天津河北梆子剧院
167	Ⅳ-23	豫剧（桑派）	河北省邯郸市
170	Ⅳ-26	大平调	山东省东明县、菏泽市牡丹区
171	Ⅳ-27	越调	河南省许昌市
172	Ⅳ-28	京剧	湖北省京剧院
175	Ⅳ-31	汉调二簧	湖北省竹溪县
179	Ⅳ-35	荆河戏	湖北省荆州市
183	Ⅳ-39	乱弹（威县乱弹）	河北省威县
187	Ⅳ-43	柳子戏	河南省清丰县
188	Ⅳ-44	大弦戏	山东省菏泽市
192	Ⅳ-48	高甲戏（柯派）	福建省晋江市
194	Ⅳ-50	四平调	山东省金乡县、成武县
195	Ⅳ-51	评剧	北京市中国评剧院 天津评剧院
197	Ⅳ-53	越剧（尹派）	福建省芳华越剧团
200	Ⅳ-56	扬剧	江苏省演艺集团扬剧团、镇江市
207	Ⅳ-63	柳琴戏	江苏省徐州市 山东省临沂市
209	Ⅳ-65	采茶戏	湖北省阳新县
213	Ⅳ-69	曲子戏	新疆生产建设兵团
214	Ⅳ-70	秧歌戏（蔚县秧歌、祁太秧歌、襄武秧歌、壶关秧歌）	河北省蔚县 山西省祁县、太谷县、襄垣县、武乡县、壶关县
215	Ⅳ-71	道情戏（洪洞道情、沾化渔鼓戏）	山西省洪洞县 山东省沾化县
217	Ⅳ-73	二人台	陕西省府谷县
221	Ⅳ-77	灯戏	湖北省恩施市
222	Ⅳ-78	花灯戏	贵州省独山县 云南省花灯剧团、弥渡县、姚安县、元谋县
224	Ⅳ-80	藏戏（德格格萨尔藏戏、巴塘藏戏、色达藏戏、青海马背藏戏）	四川省德格县、巴塘县、色达县 青海省果洛藏族自治州
226	Ⅳ-82	壮剧	云南省文山壮族苗族自治州
227	Ⅳ-83	侗戏	湖南省通道侗族自治县
233	Ⅳ-89	傩戏（万载开口傩、仡佬族傩戏、鹤峰傩戏、恩施傩戏）	江西省万载县 贵州省道真仡佬族苗族自治县 湖北省鹤峰县、恩施市
235	Ⅳ-91	皮影戏（北京皮影戏、河间皮影戏、岫岩皮影戏、盖州皮影戏、望奎县皮影戏、泰山皮影戏、济南皮影戏、定陶皮影、罗山皮影戏、湖南皮影戏、四川皮影戏、河湟皮影戏）	北京市宣武区（今属西城区） 河北省河间市 辽宁省鞍山市、盖州市 黑龙江省望奎县 山东省泰安市、济南市、定陶县 河南省罗山县 湖南省木偶皮影艺术剧院、衡山县 四川省阆中市、南部县 青海省
236	Ⅳ-92	木偶戏（孝义木偶戏、杖头木偶戏、平阳木偶戏、单档布袋戏、湖南杖头木偶戏、五华提线木偶、文昌公仔戏、三江公仔戏）	山西省孝义市 江苏省扬州市 浙江省平阳县、苍南县 湖南省木偶皮影艺术剧院 广东省梅州市 海南省文昌市、海口市

五、曲艺（15项）

序号	编号	项目名称	申报地区或单位
237	Ⅴ-1	苏州评弹（苏州评话、苏州弹词）	上海市书场工作者协会
240	Ⅴ-4	山东大鼓（梨花大鼓）	河北省鸡泽县、威县
241	Ⅴ-5	西河大鼓	河北省廊坊市
242	Ⅴ-6	东北大鼓	辽宁省锦州市、瓦房店市、岫岩满族自治县 吉林省榆树市 黑龙江省五常市
246	Ⅴ-10	京东大鼓	河北省廊坊市
247	Ⅴ-11	胶东大鼓	山东省青岛市
254	Ⅴ-18	摊簧（杭州摊簧、绍兴摊簧）	浙江省杭州市、绍兴市
255	Ⅴ-19	贤孝（西宁贤孝）	青海省西宁市
257	Ⅴ-21	山东琴书	山东省菏泽市
266	Ⅴ-30	新疆曲子	新疆维吾尔自治区巴里坤哈萨克自治县
270	Ⅴ-34	歌册（潮州歌册）	广东省潮州市
271	Ⅴ-35	东北二人转	黑龙江省绥棱县 内蒙古自治区通辽市
276	Ⅴ-40	乌力格尔	内蒙古自治区通辽市
277	Ⅴ-41	达斡尔族乌钦	内蒙古自治区莫力达瓦达斡尔族自治旗
281	Ⅴ-45	哈萨克族阿依特斯	甘肃省阿克塞哈萨克族自治县

六、传统体育、游艺与杂技（杂技与竞技，4项）

序号	编号	项目名称	申报地区或单位
285	Ⅵ-3	中幡（安头屯中幡、正定高照、建瓯挑幡）	河北省香河县、正定县 福建省建瓯市
288	Ⅵ-6	线狮（九狮图）	浙江省永康市、仙居县
292	Ⅵ-10	沧州武术（劈挂拳、燕青拳、孟村八极拳）	河北省沧州市
293	Ⅵ-11	太极拳　（武氏太极拳）	河北省永年县

七、传统美术（民间美术，16项）

序号	编号	项目名称	申报地区或单位
313	Ⅶ-14	藏族唐卡（昌都嘎玛嘎赤画派、墨竹工卡直孔刺绣唐卡、甘南藏族唐卡）	西藏自治区昌都县、墨竹工卡县 甘肃省夏河县

续表

序号	编号	项目名称	申报地区或单位
314	Ⅶ－15	内画（北京内画鼻烟壶、广东内画）	北京市西城区 广东省汕头市
315	Ⅶ－16	剪纸（广灵染色剪纸、和林格尔剪纸、庄河剪纸、岫岩满族剪纸、建平剪纸、新宾满族剪纸、长白山满族剪纸、方正剪纸、上海剪纸、南京剪纸、徐州剪纸、金坛刻纸、浦江剪纸、阜阳剪纸、漳浦剪纸、泉州（李尧宝）刻纸、柘荣剪纸、瑞昌剪纸、莒县过门笺、滨州民间剪纸、高密剪纸、烟台剪纸、灵宝剪纸、卢氏剪纸、辉县剪纸、孝感雕花剪纸、鄂州雕花剪纸、仙桃雕花剪纸、踏虎凿花、苗族剪纸、庆阳剪纸）	山西省广灵县 内蒙古自治区和林格尔县 辽宁省庄河市、岫岩满族自治县、建平县、新宾满族自治县 吉林省通化市 黑龙江省方正县 上海市徐汇区 江苏省南京市、徐州市、金坛市 浙江省浦江县 安徽省阜阳市 福建省漳浦县、泉州市、柘荣县 江西省瑞昌市 山东省莒县、滨州市、高密市、烟台市 河南省灵宝市、卢氏县、辉县市 湖北省孝感市孝南区、鄂州市、仙桃市 湖南省泸溪县 贵州省剑河县 甘肃省镇原县
317	Ⅶ－18	苏绣（无锡精微绣、南通仿真绣）	江苏省无锡市、南通市
320	Ⅶ－21	蜀绣	重庆市渝中区
321	Ⅶ－22	苗绣	贵州省凯里市
324	Ⅶ－25	挑花（望江挑花、花瑶挑花）	安徽省望江县 湖南省溆浦县
325	Ⅶ－26	香包（徐州香包）	江苏省徐州市
337	Ⅶ－38	砖雕 （山西民居砖雕）	山西省清徐县
339	Ⅶ－40	潮州木雕	广东省揭阳市、汕头市
341	Ⅶ－42	黄杨木雕	上海市徐汇区
343	Ⅶ－44	木偶头雕刻 （江加走木偶头雕刻）	福建省泉州市
345	Ⅶ－46	竹刻（无锡留青竹刻、常州留青竹刻、黄岩翻簧竹雕、江安竹簧）	江苏省无锡市、常州市 浙江省台州市黄岩区 四川省江安县
346	Ⅶ－47	泥塑（玉田泥塑、苏州泥塑、聂家庄泥塑、大吴泥塑、徐氏泥彩塑、苗族泥哨、杨氏家庭泥塑）	河北省玉田县 江苏省苏州市 山东省高密市 广东省潮安县 四川省大英县 贵州省黄平县 宁夏回族自治区隆德县
349	Ⅶ－50	灯彩（北京灯彩、上海灯彩、秦淮灯彩、苏州灯彩、佛山彩灯、潮州花灯、洛阳宫灯、汴京灯笼张）	北京市崇文区（今属东城区）、朝阳区 上海市卢湾区 江苏省句容市、苏州市 广东省佛山市、潮州市湘桥区 河南省洛阳市、开封市
350	Ⅶ－51	竹编（东阳竹编、舒席、瑞昌竹编、梁平竹帘、渠县刘氏竹编、青神竹编、瓷胎竹编）	浙江省东阳市 安徽省舒城县 江西省瑞昌市 重庆市梁平县 四川省渠县、青神县、邛崃市

八、传统技艺（传统手工技艺，24项）

序号	编号	项目名称	申报地区或单位
356	Ⅷ－6	维吾尔族模制法土陶烧制技艺	新疆生产建设兵团
373	Ⅷ－23	花毡、印花布织染技艺	新疆维吾尔自治区且末县、塔城地区、英吉沙县
374	Ⅷ－24	蓝印花布印染技艺	湖南省凤凰县、邵阳县
375	Ⅷ－25	蜡染技艺	贵州省安顺市
376	Ⅷ－26	扎染技艺（自贡扎染技艺）	四川省自贡市
380	Ⅷ－30	侗族木构建筑营造技艺	贵州省黎平县、从江县
385	Ⅷ－35	生铁冶铸技艺（干模铸造技艺）	河北省泊头市
388	Ⅷ－38	剪刀锻制技艺（王麻子剪刀锻制技艺）	北京市
390	Ⅷ－40	银饰制作技艺（苗族银饰制作技艺、彝族银饰制作技艺）	贵州省黄平县 四川省布拖县
394	Ⅷ－44	弓箭制作技艺（锡伯族弓箭制作技艺）	新疆维吾尔自治区
395	Ⅷ－45	家具制作技艺（京作硬木家具制作技艺、广式硬木家具制作技艺）	北京市崇文区（今属东城区） 广东省广州市
396	Ⅷ－46	蒙古族勒勒车制作技艺	内蒙古自治区阿鲁科尔沁旗
400	Ⅷ－50	雕漆技艺	甘肃省天水市秦州区
411	Ⅷ－61	老陈醋酿制技艺（美和居老陈醋酿制技艺）	山西省太原市
420	Ⅷ－70	桑皮纸制作技艺	安徽省潜山县、岳西县
421	Ⅷ－71	竹纸制作技艺	福建省将乐县
427	Ⅷ－77	木版水印技艺	上海书画出版社
428	Ⅷ－78	雕版印刷技艺	福建省连城县
430	Ⅷ－80	藏族雕版印刷技艺（波罗古泽刻版制作技艺）	西藏自治区江达县
431	Ⅷ－81	制扇技艺（王星记扇、荣昌折扇、龚扇）	浙江省杭州市 重庆市荣昌县 四川省自贡市
432	Ⅷ－82	剧装戏具制作技艺	北京剧装厂
433	Ⅷ－83	桦树皮制作技艺（鄂温克族桦树皮制作技艺、鄂伦春族桦树皮船制作技艺）	内蒙古自治区根河市 黑龙江省大兴安岭地区
436	Ⅷ－86	烟火爆竹制作技艺（南张井老虎火、万载花炮制作技艺、萍乡烟花制作技艺、蒲城杆火技艺、架花烟火爆竹制作技艺）	河北省井陉县 江西省万载县、上栗县 陕西省蒲城县、洋县
438	Ⅷ－88	风筝制作技艺（北京风筝哈制作技艺、天津风筝魏制作技艺）	北京市海淀区 天津市南开区

续表

序号	编号	项目名称	申报地区或单位
九、传统医药（5项）			
442	Ⅸ-3	中药炮制技术（四大怀药种植与炮制、中药炮制技艺）	河南省焦作市 四川省成都市
443	Ⅸ-4	中医传统制剂方法（龟龄集传统制作技艺、雷允上六神丸制作技艺、东阿阿胶制作技艺、廖氏化风丹制作技艺）	山西省太谷县 江苏省苏州市 山东省东阿县、平阴县 贵州省遵义市红花岗区、汇川区
444	Ⅸ-5	针灸（刘氏刺熨疗法）	重庆市渝中区
445	Ⅸ-6	中医正骨疗法（宫廷正骨、罗氏正骨法、石氏伤科疗法、平乐郭氏正骨法）	北京市护国寺中医医院 北京市朝阳区 上海市黄浦区 河南省洛阳市 广东省深圳市
448	Ⅸ-9	藏医药（藏医外治法、藏医尿诊法、藏医药浴疗法、甘南藏医药、藏药炮制技艺、藏药七十味珍珠丸配伍技艺、藏药珊瑚七十味丸配伍技艺、藏药阿如拉炮制技艺、七十味珍珠丸赛太炮制技艺）	西藏自治区藏医学院、西藏自治区山南地区藏医院 青海省藏医院 甘肃省碌曲县 西藏自治区藏医院、西藏自治区藏药厂、西藏自治区雄巴拉曲神水藏药厂 青海省金诃藏药药业股份有限公司
十、民俗（15项）			
450	Ⅹ-2	清明节（溱潼会船）	江苏省姜堰市
451	Ⅹ-3	端午节（罗店划龙船习俗、五常龙舟胜会、安海嗦啰嗹习俗）	上海市宝山区 浙江省杭州市余杭区 福建省晋江市
452	Ⅹ-4	七夕节（乞巧节）	甘肃省西和县
453	Ⅹ-5	中秋节（中秋博饼、佛山秋色）	福建省厦门市 广东省佛山市
456	Ⅹ-8	傣族泼水节	云南省德宏傣族景颇族自治州
473	Ⅹ-25	侗族萨玛节	贵州省黎平县
480	Ⅹ-32	黄帝祭典（新郑黄帝拜祖祭典）	河南省新郑市
481	Ⅹ-33	炎帝祭典	陕西省宝鸡市
484	Ⅹ-36	妈祖祭典（天津皇会）	天津市民俗博物馆
496	Ⅹ-48	那达慕	青海省海西蒙古族藏族自治州 新疆维吾尔自治区和静县
497	Ⅹ-49	新疆维吾尔族麦西热甫（新疆维吾尔刀郎麦西热甫、维吾尔族却日库木麦西热甫、维吾尔族塔合麦西热甫、维吾尔族阔克麦西热甫）	新疆维吾尔自治区阿瓦提县、阿克苏市、木垒哈萨克自治县、哈密市
502	Ⅹ-54	民间社火（桃林坪花脸社火、永年抬花桌、本溪社火、义县社火、朝阳社火、浚县民间社火、洋县悬台社火）	河北省井陉县、永年县 辽宁省本溪满族自治县、义县、朝阳县 河南省浚县 陕西省洋县
503	Ⅹ-55	蒙古族婚礼（阿日奔苏木婚礼、乌珠穆沁婚礼、蒙古族婚俗）	内蒙古自治区阿鲁科尔沁旗、西乌珠穆沁旗 吉林省前郭尔罗斯蒙古族自治县
508	Ⅹ-60	药市习俗（樟树药俗、百泉药会、禹州药会）	江西省樟树市 河南省辉县市、禹州市
513	Ⅹ-65	苗族服饰	湖南省湘西土家族苗族自治州 贵州省桐梓县、安顺市西秀区、关岭布依族苗族自治县、纳雍县、剑河县、台江县、榕江县、六盘水市六枝特区、丹寨县

注：本扩展项目名录的序号、编号均为第一批国家级非物质文化遗产名录的序号和编号。

表5　国家级非物质文化遗产扩展项目名录（164项，2011年公布）

序号	项目编号	项目名称	申报地区或单位
一、民间文学（8项）			
1	Ⅰ-1	苗族古歌	湖南省花垣县
8	Ⅰ-8	孟姜女传说	山东省莒县
9	Ⅰ-9	董永传说	江苏省丹阳市
522	Ⅰ-35	尧的传说	山东省菏泽市牡丹区
523	Ⅰ-36	牛郎织女传说	陕西省西安市长安区
528	Ⅰ-41	徐福传说	江苏省赣榆县 山东省胶南市、青岛市黄岛区
537	Ⅰ-50	木兰传说	陕西省延安市宝塔区
561	Ⅰ-74	司岗里	云南省西盟佤族自治县
二、传统音乐（16项）			
38	Ⅱ-7	畲族民歌	浙江省泰顺县
60	Ⅱ-29	侗族琵琶歌	贵州省从江县
61	Ⅱ-30	多声部民歌（潮尔道–阿巴嘎潮尔）	内蒙古自治区阿巴嘎旗
68	Ⅱ-37	唢呐艺术（徐州鼓吹乐、砀山唢呐、长汀公嫲吹）	江苏省徐州市 安徽省宿州市 福建省长汀县
76	Ⅱ-45	鲁西南鼓吹乐	山东省巨野县、单县
83	Ⅱ-52	吹打（广西八音）	广西壮族自治区玉林市
596	Ⅱ-97	海洋号子（长海号子、象山渔民号子）	辽宁省长海县 浙江省象山县
604	Ⅱ-105	蒙古族民歌（乌拉特民歌）	内蒙古自治区乌拉特前旗
608	Ⅱ-109	苗族民歌（苗族飞歌）	贵州省剑河县
612	Ⅱ-113	彝族民歌（彝族山歌）	贵州省盘县
614	Ⅱ-115	藏族民歌（藏族赶马调、班戈昌鲁）	四川省冕宁县 西藏自治区班戈县
622	Ⅱ-123	锣鼓艺术（云胜锣鼓、中州大鼓、鄂州牌子锣、小河锣鼓）	山西省原平市 河南省新乡县 湖北省鄂州市 重庆市渝北区

续表

序号	项目编号	项目名称	申报地区或单位
623	Ⅱ-124	洞箫音乐（高陵洞箫）	陕西省高陵县
635	Ⅱ-136	口弦音乐	四川省北川羌族自治县
637	Ⅱ-138	佛教音乐（楞严寺寺庙音乐、觉囊梵音、洋县佛教音乐、塔尔寺花架音乐）	山西省左云县 四川省壤塘县 陕西省洋县 青海省湟中县
638	Ⅱ-139	道教音乐（东岳观道教音乐、澳门道教科仪音乐）	浙江省平阳县 澳门特别行政区

三、传统舞蹈（16项）

序号	项目编号	项目名称	申报地区或单位
105	Ⅲ-2	秧歌（小红门地秧歌、乐亭地秧歌、阳信鼓子秧歌）	北京市朝阳区 河北省乐亭县 山东省阳信县
107	Ⅲ-4	龙舞（浦东绕龙灯、直溪巨龙、碇步龙、开化香火草龙、坎门花龙、龙灯扛阁、火龙舞、三节龙、地龙灯、芷江孽龙、城步吊龙、香火龙、六坊云龙舞）	上海市浦东新区 江苏省金坛市 浙江省泰顺县、开化县、玉环县 山东省临沂市 河南省孟州市 湖北省云梦县、来凤县 湖南省芷江侗族自治县、城步苗族自治县 广东省南雄市、中山市
108	Ⅲ-5	狮舞（马桥手狮舞，古陂蓆狮、犁狮，青狮，松岗七星狮舞，藤县狮舞，田阳壮族狮舞，高台狮舞）	上海市闵行区 江西省信丰县 广东省揭阳市、深圳市 广西壮族自治区藤县、田阳县 重庆市彭水苗族土家族自治县
110	Ⅲ-7	傩舞（浦南古傩）	福建省漳州市
111	Ⅲ-8	英歌（甲子英歌）	广东省陆丰市
113	Ⅲ-10	盾牌舞（藤牌舞）	浙江省瑞安市
125	Ⅲ-22	羌姆（拉康加羌姆、直孔嘎尔羌姆、曲德寺阿羌姆）	西藏自治区洛扎县、墨竹工卡县、贡嘎县
639	Ⅲ-42	鼓舞（万荣花鼓、土沃老花鼓、稷山高台花鼓、乌拉陈汉军旗单鼓舞）	山西省万荣县、沁水县、稷山县 吉林省吉林市
640	Ⅲ-43	麒麟舞（麒麟采八宝，睢县麒麟舞，坂田永胜堂舞麒麟、大船坑舞麒麟，樟木头舞麒麟）	山西省侯马市 河南省睢县 广东省深圳市 广东省东莞市
641	Ⅲ-44	竹马（蒋塘马灯舞）	江苏省溧阳市
642	Ⅲ-45	灯舞（无为鱼灯）	安徽省无为县
655	Ⅲ-58	鹤舞（三灶鹤舞）	广东省珠海市
657	Ⅲ-60	瑶族长鼓舞（小长鼓舞、黄泥鼓舞）	广东省连山壮族瑶族自治县 广西壮族自治区金秀瑶族自治县
680	Ⅲ-83	谐钦（尼玛乡谐钦）	西藏自治区班戈县
691	Ⅲ-94	萨吾尔登	新疆维吾尔自治区博湖县
693	Ⅲ-96	赛乃姆（若羌赛乃姆、且末赛乃姆、库尔勒赛乃姆、伊犁赛乃姆、库车赛乃姆）	新疆维吾尔自治区若羌县、且末县、库尔勒市、伊宁县、库车县

四、传统戏剧（28项）

序号	项目编号	项目名称	申报地区或单位
148	Ⅳ-4	潮剧	福建省云霄县
162	Ⅳ-18	晋剧	河北省井陉县 内蒙古自治区呼和浩特市
164	Ⅳ-20	北路梆子	山西省大同市
170	Ⅳ-26	大平调	山东省成武县 河南省浚县
171	Ⅳ-27	越调	河南省邓州市
172	Ⅳ-28	京剧	江苏省演艺集团、江苏省淮安市
183	Ⅳ-39	乱弹（诸暨西路乱弹）	浙江省诸暨市
193	Ⅳ-49	碗碗腔（曲沃碗碗腔）	山西省曲沃县
195	Ⅳ-51	评剧	河北省石家庄市 辽宁省沈阳市和平区 黑龙江省评剧院
201	Ⅳ-57	庐剧（东路庐剧）	安徽省和县
204	Ⅳ-60	黄梅戏	安徽省黄梅戏剧院
206	Ⅳ-62	泗州戏	江苏省泗洪县
209	Ⅳ-65	采茶戏（高安采茶戏、抚州采茶戏、粤北采茶戏）	江西省高安市、抚州市临川区 广东省韶关市
213	Ⅳ-69	曲子戏	甘肃省白银市
214	Ⅳ-70	秧歌戏（泽州秧歌）	山西省泽州县
215	Ⅳ-71	道情戏（神池道情戏、商洛道情戏）	山西省神池县 陕西省商洛市
217	Ⅳ-73	二人台（东路二人台）	内蒙古自治区乌兰察布市
222	Ⅳ-78	花灯戏	贵州省花灯剧团
224	Ⅳ-80	藏戏（尼木塔荣藏戏、南木特藏戏）	西藏自治区尼木县 甘肃省甘南藏族自治州
227	Ⅳ-83	侗戏	广西壮族自治区三江侗族自治县
233	Ⅳ-89	傩戏（任庄扇鼓傩戏、德安潘公戏、梅山傩戏、荔波布依族傩戏）	山西省曲沃县 江西省德安县 湖南省冷水江市 贵州省荔波县
235	Ⅳ-91	皮影戏（昌黎皮影戏、巴林左旗皮影戏、龙江皮影戏、桐柏皮影戏、云梦皮影戏、腾冲皮影戏）	河北省昌黎县 内蒙古自治区巴林左旗 黑龙江省哈尔滨市 河南省桐柏县 湖北省云梦县 云南省腾冲县
236	Ⅳ-92	木偶戏（海派木偶戏、杖头木偶戏、泰顺提线木偶戏、廿八都木偶戏、广东木偶戏、揭阳铁枝木偶戏）	上海木偶剧团 江苏省演艺集团 浙江省泰顺县、江山市 广东省木偶艺术剧院有限公司、广东省揭阳市
694	Ⅳ-93	老调（安国老调）	河北省安国市
700	Ⅳ-99	眉户（晋南眉户）	山西省临汾市
703	Ⅳ-102	淮剧	江苏省淮安市、泰州市
713	Ⅳ-112	花鼓戏（荆州花鼓戏、襄阳花鼓戏、衡州花鼓戏、临湘花鼓戏、长沙花鼓戏）	湖北省仙桃市、襄阳市 湖南省衡阳市、临湘市 湖南省花鼓戏剧院
717	Ⅳ-116	吕剧	山东省滨州市

五、曲艺（10项）

序号	项目编号	项目名称	申报地区或单位
237	Ⅴ-1	苏州评弹（苏州评话、苏州弹词）	江苏省演艺集团 浙江曲艺杂技总团
238	Ⅴ-2	扬州评话	江苏省演艺集团

续表

序号	项目编号	项目名称	申报地区或单位
249	Ⅴ-13	温州鼓词	浙江省平阳县
256	Ⅴ-20	河南坠子	河北省临漳县
257	Ⅴ-21	山东琴书	山东省郓城县
263	Ⅴ-27	丝弦	湖南省武冈市
274	Ⅴ-38	小热昏	江苏省常州市
768	Ⅴ-75	四川扬琴	重庆市曲艺团
770	Ⅴ-77	四川清音	重庆市曲艺团
784	Ⅴ-91	金钱板	重庆市万州区

六、传统体育、游艺与杂技（8项）

序号	项目编号	项目名称	申报地区或单位
292	Ⅵ-10	沧州武术（六合拳）	河北省泊头市
294	Ⅵ-12	梅花拳	河北省威县
793	Ⅵ-21	摔跤（朝鲜族摔跤、彝族摔跤、维吾尔族且力西）	吉林省延吉市 云南省石林彝族自治县 新疆维吾尔自治区岳普湖县
797	Ⅵ-25	八卦掌	北京市西城区 河北省固安县
798	Ⅵ-26	形意拳	山西省太谷县
801	Ⅵ-29	心意拳	山西省祁县
805	Ⅵ-33	螳螂拳	山东省栖霞市、青岛市崂山区
819	Ⅵ-47	戏法	天津市和平区

七、传统美术（19项）

序号	项目编号	项目名称	申报地区或单位
313	Ⅶ-14	藏族唐卡（勉萨画派）	西藏自治区
315	Ⅶ 16	剪纸（包头剪纸、新干剪纸、延川剪纸、旬邑彩贴剪纸、会宁剪纸）	内蒙古自治区包头市 江西省新干县 陕西省延川县、旬邑县 甘肃省会宁县
321	Ⅶ-22	苗绣	贵州省台江县
324	Ⅶ-25	挑花（苗族挑花）	湖南省泸溪县
346	Ⅶ-47	泥塑（惠民泥塑）	山东省惠民县
347	Ⅶ-48	酥油花（强巴林寺酥油花）	西藏自治区昌都地区
349	Ⅶ-50	灯彩（忠信花灯）	广东省连平县
350	Ⅶ-51	竹编（益阳小郁竹艺、毛南族花竹帽编织技艺）	湖南省益阳市 广西壮族自治区环江毛南族自治县
828	Ⅶ-52	面人（面人汤）	北京市通州区
830	Ⅶ-54	草编（哈萨克族芨芨草编织技艺）	新疆维吾尔自治区托里县
831	Ⅶ-55	柳编（固安柳编、黄岗柳编、霍邱柳编、博兴柳编、曹县柳编）	河北省固安县 安徽省阜南县、霍邱县 山东省博兴县、曹县
832	Ⅶ-56	石雕（菊花石雕）	湖南省工艺美术研究所
833	Ⅶ-57	玉雕（海派玉雕）	上海市
834	Ⅶ-58	木雕（紫檀雕刻、莆田木雕、花瑰艺术、剑川木雕）	中国紫檀博物馆 上海市 福建省莆田市 海南省澄迈县 云南省剑川县
841	Ⅶ-65	木版年画（老河口木版年画）	湖北省老河口市
860	Ⅶ-84	料器（葡萄常料器）	北京市东城区
867	Ⅶ-91	镶嵌（潮州嵌瓷）	广东省潮州市工艺美术研究院
870	Ⅶ-94	盆景技艺（苏派盆景技艺、川派盆景技艺）	江苏省苏州市 四川省盆景艺术家协会
872	Ⅶ-96	建筑彩绘（传统地仗彩画）	辽宁省沈阳市

八、传统技艺（28项）

序号	项目编号	项目名称	申报地区或单位
363	Ⅷ-13	南京云锦木机妆花手工织造技艺	江苏汉唐织锦科技有限公司
375	Ⅷ-25	蜡染技艺（苗族蜡染技艺、黄平蜡染技艺）	四川省珙县 贵州省黄平县
378	Ⅷ-28	客家土楼营造技艺	福建省南靖县、华安县
390	Ⅷ-40	银饰锻制技艺（畲族银器制作技艺、苗族银饰锻制技艺）	福建省福安市 贵州省剑河县、台江县
394	Ⅷ-44	弓箭制作技艺（蒙古族牛角弓制作技艺）	内蒙古师范大学
395	Ⅷ-45	家具制作技艺（晋作家具制作技艺、精细木作技艺）	山西省临汾市 江苏工美红木文化艺术研究所
417	Ⅷ-67	皮纸制作技艺（龙游皮纸制作技艺）	浙江省龙游县
423	Ⅷ-73	徽墨制作技艺（曹素功墨锭制作技艺）	上海市黄浦区
428	Ⅷ-78	雕版印刷技艺（杭州雕版印刷技艺、同仁刻版印刷技艺）	浙江省杭州市西湖区 青海省同仁县
438	Ⅷ-88	风筝制作技艺（北京风筝制作技艺）	北京市东城区、海淀区
881	Ⅷ-98	陶器烧制技艺（黎族泥片制陶技艺、荣昌陶器制作技艺）	海南省白沙黎族自治县 重庆市荣昌县
882	Ⅷ-99	蚕丝织造技艺（杭州织锦技艺、辑里湖丝手工制作技艺）	浙江省杭州市、湖州市南浔区
883	Ⅷ-100	传统棉纺织技艺（南通色织土布技艺、余姚土布制作技艺、维吾尔族帕拉孜纺织技艺）	江苏省南通市 浙江省余姚市 新疆维吾尔自治区拜城县
884	Ⅷ-101	毛纺织及擀制技艺（维吾尔族花毡制作技艺）	新疆维吾尔自治区柯坪县
888	Ⅷ-105	苗族织锦技艺	贵州省台江县、凯里市
898	Ⅷ-115	手工制鞋技艺（老美华手工制鞋技艺）	天津市和平区
903	Ⅷ-120	藏族金属锻制技艺（扎西吉彩金银锻铜技艺）	西藏自治区日喀则地区
907	Ⅷ-124	民族乐器制作技艺（宏音斋笙管制作技艺、蒙古族拉弦乐器制作技艺、马头琴制作技艺、上海民族乐器制作技艺、苗族芦笙制作技艺、傣族象脚鼓制作技艺）	北京市海淀区 内蒙古自治区科尔沁右翼中旗 吉林省前郭尔罗斯蒙古族自治县 上海市闵行区 贵州省凯里市 云南省临沧市临翔区

续表

序号	项目编号	项目名称	申报地区或单位
910	Ⅷ－127	漆器髹饰技艺（绛州剔犀技艺、鄱阳脱胎漆器髹饰技艺、潍坊嵌银髹漆技艺、楚式漆器髹饰技艺、阳江漆器髹饰技艺）	山西省新绛县 江西省鄱阳县 山东省潍坊市 湖北省荆州市 广东省阳江市
916	Ⅷ－133	砚台制作技艺（贺兰砚制作技艺）	宁夏回族自治区银川市
919	Ⅷ－136	装裱修复技艺（苏州书画装裱修复技艺）	江苏省苏州市
930	Ⅷ－147	花茶制作技艺（吴裕泰茉莉花茶制作技艺）	北京市东城区
931	Ⅷ－148	绿茶制作技艺（碧螺春制作技艺、紫笋茶制作技艺、安吉白茶制作技艺）	江苏省苏州市吴中区 浙江省长兴县、安吉县
935	Ⅷ－152	黑茶制作技艺（下关沱茶制作技艺）	云南省大理白族自治州
943	Ⅷ－160	传统面食制作技艺（天津“狗不理”包子制作技艺、稷山传统面点制作技艺）	天津市和平区 山西省稷山县
949	Ⅷ－166	火腿制作技艺（宣威火腿制作技艺）	云南省宣威市
963	Ⅷ－180	窑洞营造技艺（地坑院营造技艺、陕北窑洞营造技艺）	河南省陕县 陕西省延安市宝塔区
969	Ⅷ－186	碉楼营造技艺（羌族碉楼营造技艺、藏族碉楼营造技艺）	四川省汶川县、茂县 青海省班玛县

九、传统医药（7项）

序号	项目编号	项目名称	申报地区或单位
441	Ⅸ－2	中医诊法（葛氏捏筋拍打疗法、王氏脊椎疗法、道虎壁王氏中医妇科、朱氏推拿疗法、张一帖内科疗法）	北京市海淀区、西城区 山西省平遥县 上海市 安徽省黄山市
443	Ⅸ－4	中医传统制剂方法（达仁堂清宫寿桃丸传统制作技艺、定坤丹制作技艺、六神丸制作技艺、致和堂膏滋药制作技艺、季德胜蛇药制作技艺、朱养心传统膏药制作技艺、漳州片仔癀制作技艺、夏氏丹药制作技艺、马应龙眼药制作技艺、罗浮山百草油制作技艺、保滋堂保婴丹制作技艺、桐君阁传统丸剂制作技艺）	天津中新药业集团股份有限公司达仁堂制药厂 山西省太谷县 上海市黄浦区 江苏省江阴市、南通市 浙江省杭州市 福建省漳州市 湖北省京山县、武汉市武昌区 广东省博罗县、广东省医药行业协会 重庆市南岸区
444	Ⅸ－5	针灸（陆氏针灸疗法）	上海市
445	Ⅸ－6	中医正骨疗法（武氏正骨疗法、张氏骨伤疗法、章氏骨伤疗法、林氏骨伤疗法）	山西省高平市 浙江省富阳市、台州市 福建省福州市仓山区
448	Ⅸ－9	藏医药（藏医骨伤疗法）	云南省迪庆藏族自治州
972	Ⅸ－12	蒙医药（蒙医传统正骨术、蒙医正骨疗法、血衰症疗法）	内蒙古自治区中蒙医医院、科尔沁左翼后旗 辽宁省阜新蒙古族自治县
975	Ⅸ－15	苗医药（癫痫症疗法、钻节风疗法）	湖南省凤凰县、花垣县

十、民俗（24项）

序号	项目编号	项目名称	申报地区或单位
449	Ⅹ－1	春节（怀仁旺火习俗、查干萨日）	山西省怀仁县 吉林省前郭尔罗斯蒙古族自治县
450	Ⅹ－2	清明节（介休寒食清明习俗）	山西省介休市
451	Ⅹ－3	端午节（五大连池药泉会、嘉兴端午习俗、蒋村龙舟胜会、石狮端午闽台对渡习俗、大澳龙舟游涌）	黑龙江省黑河市 浙江省嘉兴市、杭州市西湖区 福建省石狮市 香港特别行政区
452	Ⅹ－4	七夕节（石塘七夕习俗、天河乞巧习俗）	浙江省温岭市 广东省广州市天河
453	Ⅹ－5	中秋节（泽州中秋习俗、秋夕、大坑舞火龙）	山西省泽州县 吉林省延边朝鲜族自治州 香港特别行政区
454	Ⅹ－6	重阳节（皇城村重阳习俗、上蔡重阳习俗）	山西省阳城县 河南省上蔡县
458	Ⅹ－10	火把节（彝族火把节）	贵州省赫章县
480	Ⅹ－32	黄帝祭典（缙云轩辕祭典）	浙江省缙云县
481	Ⅹ－33	炎帝祭典（随州神农祭典）	湖北省随州市
483	Ⅹ－35	祭孔大典（南孔祭典）	浙江省衢州市
484	Ⅹ－36	妈祖祭典（洞头妈祖祭典）	浙江省洞头县
485	Ⅹ－37	太昊伏羲祭典（新乐伏羲祭典）	河北省新乐市
486	Ⅹ－38	女娲祭典（秦安女娲祭典）	甘肃省秦安县
488	Ⅹ－40	祭敖包（达斡尔族沃其贝）	新疆维吾尔自治区塔城市
516	Ⅹ－68	农历二十四节气（九华立春祭、班春劝农、石阡说春）	浙江省衢州市柯城区、遂昌县 贵州省石阡县
978	Ⅹ－71	元宵节（豫园灯会、上坂关公灯）	上海市黄浦区 江西省南昌市湾里区
984	Ⅹ－77	苗族四月八	湖南省吉首市
987	Ⅹ－80	塔塔尔族撒班节	新疆维吾尔自治区奇台县
991	Ⅹ－84	庙会（北山庙会、张山寨七七会、方岩庙会、九华山庙会、西山万寿宫庙会、汉阳归元庙会、当阳关陵庙会）	吉林省吉林市 浙江省缙云县、永康市 安徽省池州市九华山风景区 江西省新建县 湖北省武汉市汉阳区、当阳市
992	Ⅹ－85	民间信俗（梅日更召信俗、锡伯族喜利妈妈信俗、闽台送王船、清水祖师信俗、嫘祖信俗、波罗诞、悦城龙母诞、长洲太平清醮、鱼行醉龙节）	内蒙古自治区包头市九原区 辽宁省沈阳市 福建省厦门市、安溪县 湖北省远安县 广东省广州市黄埔区、德庆县 香港特别行政区 澳门特别行政区
994	Ⅹ－87	抬阁（海沧蜈蚣阁、宜章夜故事、长乐抬阁故事会、通海高台）	福建省厦门市海沧区 湖南省宜章县、汨罗市 云南省通海县
996	Ⅹ－89	朝鲜族花甲礼	黑龙江省牡丹江市
997	Ⅹ－90	祭祖习俗（沁水柳氏清明祭祖、太公祭、石壁客家祭祖习俗、灯杆彩凤习俗、下沙祭祖）	山西省沁水县 浙江省文成县 福建省宁化县 广东省揭东县、深圳市福田区
1027	Ⅹ－120	南海航道更路经	海南省琼海市

中华人民共和国法定计量单位

表1　国际单位制（SI）的基本单位

量的名称	单位名称	单位符号
长度	米	m
质量	千克（公斤）	kg
时间	秒	s
电流	安[培]	A
热力学温度	开[尔文]	K
物质的量	摩[尔]	mol
发光强度	坎[德拉]	cd

表2　国际单位制（SI）中包括辅助单位在内的具有专门名称的导出单位

量的名称	单位名称	单位符号	其他表示式
[平面]角	弧度	rad	1
立体角	球面度	sr	1
频率	赫[兹]	Hz	s^{-1}
力	牛[顿]	N	$kg\cdot m/s^2$
压力，压强，应力	帕[斯卡]	Pa	N/m^2
能[量]，功，热量	焦[耳]	J	N·m
功率，辐[射能]通量	瓦[特]	W	J/s
电荷[量]	库[仑]	C	A·s
电压，电动势，电位（电势）	伏[特]	V	W/A
电容	法[拉]	F	C/V
电阻	欧[姆]	Ω	V/A
电导	西[门子]	S	Ω^{-1}
磁通[量]	韦[伯]	Wb	V·s
磁通[量]密度，磁感应强度	特[斯拉]	T	Wb/m^2
电感	亨[利]	H	Wb/A
摄氏温度	摄氏度	℃	K
光通量	流[明]	1m	cd·sr
[光]照度	勒[克斯]	1x	$1m/m^2$
[放射性]活度	贝可[勒尔]	Bq	s^{-1}
吸收剂量，比授[予]能，比释动能	戈[瑞]	Gy	J/kg
剂量当量	希[沃特]	Sv	J/kg

表3　中国选定的作为法定计量单位的非国际单位制（SI）单位

量的名称	单位名称	单位符号	换算关系和说明
时间	分	min	1 min=60 s
	[小]时	h	1 h=60 min=3 600 s
	天（日）	d	1 d=24 h=86 400 s
平面角	[角]秒	″	1″ =(π/648 000) rad
	[角]分	′	1′ =60″ =(π/10 800) rad
	度	°	1° =60′ =(π/180) rad
旋转速度	转每分	r/min	1 r/min=(1/60) s^{-1}
长度	海里	n mile	1 n mile=1 852m(只用于航行)

续表

量的名称	单位名称	单位符号	换算关系和说明
速度	节	kn	1 kn=1 n mile/h =(1 852/3 600) m/s （只用于航行）
质量	吨	t	1 t=10^3kg
	原子质量单位	u	1 u ≈ 1.660 540×10^{-27}kg
体积	升	L(1)	1 L=1 dm^3=$10^{-3}m^3$
能	电子伏	eV	1 eV ≈ 1.602 177×10^{-19}J
级差	分贝	dB	
线密度	特[克斯]	tex	1 tex=1 g/km
面积	公顷	hm^2	1 hm^2=10^4m^2

表4　国际单位制（SI）词头

所表示的因数	词头名称		词头符号
	英文	中文	
10^{24}	yotta	尧[它]	Y
10^{21}	zetta	泽[它]	Z
10^{18}	exa	艾[可萨]	E
10^{15}	peta	拍[它]	P
10^{12}	tera	太[拉]	T
10^{9}	giga	吉[咖]	G
10^{6}	mega	兆	M
10^{3}	kilo	千	k
10^{2}	hceto	百	h
10^{1}	deca	十	da
10^{-1}	deci	分	d
10^{-2}	centi	厘	c
10^{-3}	milli	毫	m
10^{-6}	micro	微	μ
10^{-9}	nano	纳[诺]	n
10^{-12}	pico	皮[可]	p
10^{-15}	femto	飞[母托]	f
10^{-18}	atto	阿[托]	a
10^{-21}	zepto	仄[普托]	z
10^{-24}	yocto	幺[科托]	y

注：①圆括号内的名称是它前面的名称的同义词。

②方括号内的字，在不致引起混淆、误解的情况下，可以省略。去掉方括号内的字即为其名称的简称。

③“其他表示式”是指用SI基本单位和SI导出单位所作的表示。

④在日常生活和贸易中，质量习惯称为重量。

⑤弧度和球面度为国际单位制的辅助单位，它们是具有专门名称和符号的量纲一的量的导出单位。

⑥平面角单位度、分、秒的符号，在组合单位中形式为（°）、（′）、（″）。例如，不用°/s而用（°）/s。

⑦r/min中的r为“转”的符号。

⑧公顷的法定符号为hm^2，国际通用符号为ha。

⑨国际单位制（SI）词头不得单独使用，也不得重叠使用。词头符号与所紧接的单位符号（指SI基本单位或SI导出单位）应作为一个整体对待，它们共同组成一个新单位。组合单位的倍数单位一般只用一个词头，并尽量用于混合单位中的第一个单位。有些国际单位制以外的单位，可以按习惯用SI词头构成倍数单位，如MeV、mCi、mL等，但它们不属于国际单位制。

常用非法定计量单位与法定计量单位的对照及换算表

量的名称	常用非法定计量单位		法定计量单位		换算关系
	名称	符号	名称	符号	
长度	公尺	M	米	m	1 公尺=1 米
	公寸		分米	dm	1 公寸=1 分米=10^{-1}米
	公分		厘米	cm	1 公分=1 厘米=10^{-2}米
	公厘	m/m, MM	毫米	mm	1 公厘=1 毫米=10^{-3}米
	公丝				1 公丝=10^{-1}毫米
	丝米	dmm			1 丝米=10^{-1}毫米
	忽米	cmm			1 忽米=10^{-2}毫米
	公微	μ, mμ, μM	微米	μm	1 公微=1 微米
	毫微米	mμm	纳［诺］米	nm	1 毫微米=1 纳米=10^{-9}米
		KM	千米（公里）	km	1 KM =1 千米
	市里				1 市里=0.5 千米
	市尺				1 市尺=（1/3）米
	市寸				1 市寸=3.333 3 厘米
	费密	fermi	飞米	fm	1 费密=1 飞米=10^{-15}米
	埃	Å			1 埃=10^{-10}米
	浬		海里	n mile	1 浬=1 海里=1 852 米
	英里	mile			1 英里=5 280 英尺 =1.609 344 千米
	英尺	ft			1 英尺=12 英寸 =30.48 厘米
	英寸	in			1 英寸=25.4 毫米
	码	yd			1 码=3 英尺 =0.914 4 米
	英寻	fath			1 英寻=2 码=1.828 8 米
面积	平米		平方米	m^2	1 平米=1 米^2
	公亩	a			1 公亩=10^2米^2
	亩				1 亩=（10 000/15）米^2
	英亩				1 英亩≈4 046.86 米^2
	平方码	yd^2			1 平方码≈0.836 127 米^2
	平方英尺	ft^2			1 平方英尺≈0.092 903 米^2
	平方英寸	in^2			1 平方英寸≈6.451 6 厘米^2
	平方英里	$mile^2$			1 平方英里≈2.589 99 千米^2
	靶恩	b			1 靶恩=10^{-28}米^2
体积	公升		升	L (l)	1 公升=1 升
	立升		升	L (l)	1 立升=1 升
	立米，方	cum	立方米	m^3	1 立米=1 米^3
		c.c., cc	毫升	mL (ml)	1cc =1 毫升=1 厘米^3

续表

量的名称	常用非法定计量单位		法定计量单位		换算关系
	名称	符号	名称	符号	
体积	立方码	yd^3			1 立方码≈0.764 6 米^3
	立方英尺	ft^3			1 立方英尺≈28.32 升
	立方英寸	in^3			1 立方英寸≈16.39 厘米^3
	美加仑	US gal			1 美加仑≈3.785 升
	英加仑	UK gal			1 英加仑≈4.546 升
	英夸脱	UK qt			1 英夸脱≈1.137 升
	英品脱	UK pt			1 英品脱≈0.568 3 升
	英液盎司	UK fl oz			1 英液盎司≈28.413 1 毫升
	英液打兰	UK fl dr			1 英液打兰≈3.552 毫升
时间		y, yr	年	a	1 y =1 年
			日（天）	d	1 日=24 时=86 400 秒
		hr	［小］时	h	1 hr =60 分=3 600 秒
		(′)	分	min	1（′）=1 分=60 秒
		S, sec, (″)	秒	s	1 sec =1 秒
频率	周	C	赫［兹］	Hz	1 周=1 赫
	兆周	MC	兆赫［兹］	MHz	1 兆周=1 兆赫
	千周	KC, kc	千赫［兹］	kHz	1 千周=1 千赫
旋转速度		r.p.m, rpm	转每分	r/min	1 rpm =1 转 / 分=（1/60）秒$^{-1}$
加速度	伽	Gal	厘米每二次方秒	cm/s^2	1 伽=1 厘米 / 秒^2
	毫伽	mGal			1 毫伽=10^{-3} 厘米 / 秒^2
	米每秒平方		米每二次方秒	m/s^2	1 米每秒平方 =1 米 / 秒^2
质量	公吨，米制吨	T	吨	t	1 公吨=1 吨=1000 千克
		KG, KGS, Kg	千克（公斤）	kg	1 KG =1 千克
	市担				1 市担=50 千克
	市斤				1 市斤=0.5 千克=500 克
	市两				1 市两=50 克
	市钱				1 市钱=5 克
	公分	G, gm, gr	克	g	1 公分=1 克
	公两				1 公两=100 克
	公钱				1 公钱=10 克
	磅	lb			1 磅≈453.592 克
	英吨（长吨）	ton			1 英吨（长吨）≈1 016.05 千克
	美吨（短吨）	sh ton			1 美吨（短吨）≈907.184 7 千克
	盎司（常衡）	oz			1 盎司（常衡）≈28.349 5 克
	盎司（金衡）				1 盎司（金衡）≈31.103 5 克
	公丝		毫克	mg	1 公丝=1 毫克
	［米制］克拉	CM			1 米制克拉=200 毫克
	格令	gr			1 格令≈64.798 9 毫克

续表

量的名称	常用非法定计量单位		法定计量单位		换算关系
	名称	符号	名称	符号	
质量	道尔顿	Dalton	原子质量单位	u	1道尔顿=1原子质量单位
温度	开氏度	°K	开［尔文］	K	1开氏度=1开
	绝对度	°K			1绝对度=1开
	度	deg	摄氏度，开［尔文］	℃,K	1度=1开=1摄氏度（温差）
	华氏度	°F			1华氏度=0.555 556开
	列氏度	°R			1列氏度=1.25摄氏度
力	千克，公斤	kg	牛［顿］	N	
	千克力，公斤力	kgf			1千克力=9.806 65牛
	吨力	tf			1吨力=9.806 65千牛
	达因	dyn			1达因=10^{-5}牛
	磅力	lbf			1磅力≈4.448 22牛
压力，压强，应力	巴	bar, b	帕［斯卡］	Pa	1巴=0.1兆帕
	毫巴	mbar			1毫巴=100帕
	托	Torr			1托=133.322帕
	标准大气压	atm			1标准大气压=101 325帕
	工程大气压	at, kgf/cm^2			1工程大气压=98 066.5帕
	达因每平方厘米	dyn/cm^2			1达因/厘米^2=0.1帕
	毫米水柱	mmH_2O			1毫米水柱=9.806 65帕
	毫米汞柱	mmHg			1毫米汞柱=133.322帕
	磅力每平方英寸	psi, PSI			1磅力/英寸^2≈6.894 8千帕
	千克力每平方米	kgf/m^2			1千克力/米^2=9.806 65帕
动力黏度	泊	P	帕［斯卡］秒	Pa·s	1泊=10^{-1}帕·秒
	厘泊	cP			1厘泊=10^{-3}帕·秒=1毫帕·秒
运动黏度	斯［托克斯］	St	二次方米每秒	m^2/s	1斯=10^{-4}米^2/秒
	厘斯	cSt			1厘斯=10^{-6}米^2/秒=1毫米^2/秒
能［量］，功，热量	绝对焦耳	J_{abs}	焦［耳］	J	1绝对焦耳=1焦
	国际焦耳	J_{int}			1国际焦耳≈1.000 19焦
	尔格	erg			1尔格=10^{-7}焦
	国际蒸汽表卡	cal_{IT}			1 cal_{IT}=4.186 8焦
	热化学卡	cal_{th}			1 cal_{th}=4.184焦
	15℃卡	cal_{15}			1 cal_{15}≈4.185 5焦
	升大气压	L·atm			1升大气压=101.325焦
	升工程大气压	L·at			1升工程大气压=98.066 5焦
			千瓦小时	kW·h	1千瓦小时=3.6兆焦
	千克力米	kgf·m			1千克力米=9.806 65焦
	［米制］马力小时				1马力小时≈2.647 79兆焦
	电工马力小时				1电工马力小时=2.685 60兆焦
功率	绝对瓦特	W_{abs}	瓦［特］	W	1绝对瓦特=1瓦
	国际瓦特	W_{int}			1国际瓦特≈1.000 19瓦

续表

量的名称	常用非法定计量单位		法定计量单位		换算关系
	名称	符号	名称	符号	
功率	卡每秒	cal/s			1 卡／秒=4.186 8 瓦
	千卡每小时	kcal/h			1 千卡／时=1.163 瓦
	千克力米每分	kgf · m/min			1 千克力·米／分=0.163 444 瓦
	尔格每秒	erg/s			1 尔格／秒=10^{-7} 瓦
	电工马力				1 电工马力=746 瓦
	米制马力	ch, cv, ps			1 米制马力≈735.499 瓦
	英制马力	HP, hp			1 英制马力≈745.7 瓦
	伏安	VA			1 伏安=1 瓦
	乏	var			1 乏=1 瓦
电流		a, amp	安［培］	A	1 amp =1 安
	绝对安培	A_{abs}			1 绝对安培=1 安
	国际安培	A_{int}			1 国际安培≈0.999 85 安
	静安，静电安培	sA			1 静安≈3.335 64×10^{-10} 安
电压	绝对伏特	V_{abs}	伏［特］	V	1 绝对伏特=1 伏
	国际伏特	V_{int}			1 国际伏特≈1.000 34 伏
	静伏，静电伏特	sV			1 静伏≈2.997 925×10^{2} 伏
电阻	绝对欧姆	Ω_{abs}	欧［姆］	Ω	1 绝对欧姆=1 欧
	国际欧姆	Ω_{int}			1 国际欧姆≈1.000 49 欧
	静欧，静电欧姆	sΩ			1 静欧≈8.987 55×10^{11} 欧
电荷［量］	绝对库仑	C_{abs}	库［仑］	C	1 绝对库仑=1 库
	国际库仑	C_{int}			1 国际库仑≈0.999 85 库
	静库，静电库仑	sC			1 静库≈3.335 64×10^{-10} 库
电容	绝对法拉	F_{abs}	法［拉］	F	1 绝对法拉=1 法
	国际法拉	F_{int}			1 国际法拉≈0.999 51 法
	静法，静电法拉	sF			1 静法≈1.112 65×10^{-12} 法
电导	静电西门子	sS	西［门子］	S	1 静电西门子≈1.112 65×10^{-12} 西
电感	绝对亨利	H_{abs}	亨［利］	H	1 绝对亨利=1 亨
	国际亨利	H_{int}			1 国际亨利≈1.000 49 亨
	静亨，静电亨利	sH			1 静亨≈8.987 55×10^{11} 亨
磁通［量］	绝对韦伯	Wb_{abs}	韦［伯］	Wb	1 绝对韦伯 =1 韦
	国际韦伯	Wb_{int}			1 国际韦伯≈1.000 34 韦
	麦克斯韦	Mx			1 麦克斯韦 =10^{-8} 韦
磁通［量］密度，磁感应强度	高斯	Gs	特［斯拉］	T	1 高斯 =10^{-4} 特
磁场强度	奥斯特	Oe	安［培］每米	A/m	1 奥斯特 = $\frac{1000}{4\pi}$ 安／米
	楞次				1 楞次 =1 安／米
	安匝每米				1 安匝／米 =1 安／米
	安匝每厘米				1 安匝／厘米 =100 安／米

续表

量的名称	常用非法定计量单位		法定计量单位		换算关系
	名称	符号	名称	符号	
物质的量	克原子，克分子，克当量		摩[尔]	mol	与基本单元粒子形式有关
发光强度	烛光，新烛光，支光，支		坎[德拉]	cd	1新烛光＝1坎
	国际烛光	IK			1国际烛光≈1.019坎
	亥夫勒烛光	HK			1亥夫勒烛光≈0.903坎
[光]照度	辐透	ph	勒[克斯]	lx	1辐透＝10^4勒
	英尺烛光	fc			1英尺烛光≈10.76勒
[光]亮度	尼特	nt	坎[德拉]每平方米	cd/m^2	1尼特＝1坎/米^2
	熙提	sb			1熙提＝10^4坎/米^2
	朗伯	L, la			1朗伯≈3.183×10^3坎/米^2
[放射性]活度	居里	Ci	贝可[勒尔]	Bq	1居里＝3.7×10^{10}贝可
吸收剂量	拉德	rad	戈[瑞]	Gy	1拉德＝10^{-2}戈
剂量当量	雷姆	rem	希[沃特]	Sv	1雷姆＝10^{-2}希
照射量	伦琴	R	库[仑]每千克	C/kg	1伦琴＝2.58×10^{-4}库/千克

数学符号表

说　明

此表基于《中国大百科全书》(第二版简明版）数学、物理学、力学和技术科学等学科中数学符号使用的统一需要制定，以避免不同学科相关条目互相参阅时，因数学表述沿用不同标准而出现理解上的差异。此表的绝大部分是参照中华人民共和国国家标准GB 3102.11－1993《物理科学和技术中使用的数学符号》的内容编写的，力求规范、完整和统一。对于某些特殊情况则有少量调整。

1　几何符号

项号	符号	意义或读法	备注及示例
1.1	$\overline{AB}$, AB	[直]* 线段 AB	用 $\|AB\|$，AB 或小写的拉丁字母表示该直线段的长 矢量的表示参阅12.1
1.2	$\angle$	[平面]角	
1.3	$\overset{\frown}{AB}$	弧 AB	当 $\overset{\frown}{AB}$ 为圆弧时，可用 $\overset{\frown}{AB}^{\circ}$ 表示圆弧 AB[对应]的度数
1.4	π	圆周率	圆周长与直径的比，$\pi=3.141\,592\,6\cdots$
1.5	$\triangle$	三角形	
1.6	▱	平行四边形	
1.7	$\odot$	圆	
1.8	$\perp$	垂直	
1.9	//, ∥	平行	╨用于表示平行且相等
1.10	$\backsim$	相似	
1.11	$\cong$	全等	

2　集合论符号

项号	符号	应用	意义或读法	备注及示例
2.1	$\in$	$x\in A$	x 属于 A；x 是集合 A 的一个元[素]	集合 A 可简称为集 A
2.2	$\notin$	$y\notin A$	y 不属于 A；y 不是集合 A 的一个元[素]	也可用 $\overline{\in}$
2.3	$\ni$	$A\ni x$	集 A 包含[元] x	
2.4	$\not\ni$	$A\not\ni y$	集 A 不包含[元] y	也可用 $\overline{\ni}$
2.5	$\{,\cdots,\}$	$\{x_1,x_2,\cdots,x_n\}$	诸元素 $x_1,x_2,\cdots,x_n$ 构成的集	也可用 $\{x_i,i\in I\}$，这里的 I 表示指标集
2.6	$\{\|\}$	$\{x\in A\|p(x)\}$	使命题 $p(x)$ 为真的 A 中诸元[素]之集	例：$\{x\in A\|x\leqslant 5\}$，如果从前后关系来看，集 A 已很明确，则可使用 $\{x\|p(x)\}$ 来表示，例如 $\{x\|x\leqslant 5\}$ $\{x\in A\|p(x)\}$ 有时也可写成 $\{x\in A:p(x)\}$ 或 $\{x\in A;\,p(x)\}$
2.7	card	card (A)	A 中诸元素的数目；A 的势（或基数）	
2.8	$\varnothing$		空集	

＊行文中方括号内的文字表示可以略去或不读，下同。

续表

项号	符号	应用	意义或读法	备注及示例
2.9	$\mathbf{N}$		非负整数集；自然数集	$\mathbf{N}=\{0,1,2,3,\cdots\}$ 自2.9至2.13集内排除0的集，应上标星号或下标＋号，例如$\mathbf{N}^*$或$\mathbf{N}_+$ $\mathbf{N}_k=\{0,1,\cdots,k-1\}$
2.10	$\mathbf{Z}$		整数集	$\mathbf{Z}=\{\cdots,-2,-1,0,1,2,\cdots\}$ 参阅2.9的备注
2.11	$\mathbf{Q}$		有理数集	参阅2.9的备注
2.12	$\mathbf{R}$		实数集	参阅2.9的备注
2.13	$\mathbf{C}$		复数集	参阅2.9的备注
2.14	$[\,,\,]$	$[a,b]$	$\mathbf{R}$中由a到b的闭区间	$[a,b]=\{x\in\mathbf{R}\mid a\leqslant x\leqslant b\}$
2.15	$]\,,\,]$ $(\,,\,]$	$]a,b]$ $(a,b]$	$\mathbf{R}$中由a到b（含于内）的左半开区间	$]a,b]=\{x\in\mathbf{R}\mid a<x\leqslant b\}$
2.16	$[\,,\,[$ $[\,,\,)$	$[a,b[$ $[a,b)$	$\mathbf{R}$中由a（含于内）到b的右半开区间	$[a,b[=\{x\in\mathbf{R}\mid a\leqslant x<b\}$
2.17	$]\,,\,[$	$]a,b[$ (a,b)	$\mathbf{R}$中由a到b的开区间	$]a,b[=\{x\in\mathbf{R}\mid a<x<b\}$
2.18	$\subseteq$	$B\subseteq A$	B含于A；B是A的子集	B的每一元均属于A，也可以用$\subset$
2.19	$\subsetneqq$	$B\subsetneqq A$	B真包含于A；B是A的真子集	B的每一元均属于A，但B不等于A
2.20	$\nsubseteq$	$C\nsubseteq A$	C不包含于A；C不是A的子集	也可用$\not\subset$
2.21	$\supseteq$	$A\supseteq B$	A包含B［作为子集］	A包含了B的每一元，也可用$\supset$ $A\supseteq B$与$B\subseteq A$的含义相同
2.22	$\supsetneqq$	$A\supsetneqq B$	A真包含B	A包含了B的每一元，但A不等于B $A\supsetneqq B$与$B\subsetneqq A$的含义相同
2.23	$\nsupseteq$	$A\nsupseteq C$	A不包含C［作为子集］	也可用$\not\supset$ $A\nsupseteq C$与$C\nsubseteq A$的含义相同
2.24	$\cup$	$A\cup B$	A与B的并集	属于A或属于B或属于两者的所有元的集 $A\cup B=\{x\mid x\in A\vee x\in B\}$ 参阅3.2
2.25	$\bigcup$	$\bigcup_{i=1}^{n}A_i$	诸集$A_1,\cdots,A_n$的并集	$\bigcup_{i=1}^{n}A_i=A_1\cup A_2\cup\cdots\cup A_n$ 至少属于诸集$A_1,\cdots,A_n$之一的所有元的集 也可用$\bigcup_{i=1}^{n}$，$\bigcup\limits_{i\in I}$与$\bigcup_{i\in I}$，其中I表示指标集
2.26	$\cap$	$A\cap B$	A与B的交集	所有既属于A又属于B的元的集 $A\cap B=\{x\mid x\in A\wedge x\in B\}$ 参阅3.1
2.27	$\bigcap$	$\bigcap_{i=1}^{n}A_i$	诸集$A_1,\cdots,A_n$的交集	$\bigcap_{i=1}^{n}A_i=A_1\cap A_2\cap\cdots\cap A_n$ 共属于诸集$A_1,A_2,\cdots,A_n$的所有元的集 也可用$\bigcap_{i=1}^{n}$，$\bigcap\limits_{i\in I}$与$\bigcap_{i\in I}$，其中I表示指标集

续表

项号	符号	应用	意义或读法	备注及示例
2.28	$\backslash$	$A\backslash B$	A与B之差；A减B	所有属于A但不属于B的元的集 $A\backslash B=\{x\mid x\in A\wedge x\notin B\}$ 不用$A-B$
2.29	$\complement$	$\complement_A B$	A中子集B的补集或余集	A中不属于子集B的所有元的集 $\complement_A B=\{x\mid x\in A\wedge x\notin B\}$ 如果行文中集A已很明确，则常可省去符号A 也可写成$\complement_A B=A\backslash B$
2.30	$(,)$	(a,b)	有序偶a,b；偶a,b	$(a,b)=(c,d)$当且仅当$a=c$及$b=d$ 不与其他符号混淆时，也可用$\langle a,b\rangle$
2.31	$(,\cdots,)$	$(a_1,a_2,\cdots,a_n)$	有序n元组	也可用$\langle a_1,a_2,\cdots,a_n\rangle$
2.32	$\times$	$A\times B$	A与B的笛卡儿积	所有由$a\in A$与$b\in B$作成的有序偶(a,b)的集 $A\times B=\{(a,b)\mid a\in A\wedge b\in B\}$ $A\times A\times\cdots\times A$记成$A^n$，其中$n$为乘积中的因子数
2.33	Δ	Δ_A	$A\times A$中点对(x,x)的集，其中$x\in A$；$A\times A$的对角集	$\Delta_A=\{(x,x)\mid x\in A\}$ 也可用id_A

3 数理逻辑符号

项号	符号	应用	符号名称	意义、读法及备注
3.1	$\wedge$	$p\wedge q$	合取符号	p和q
3.2	$\vee$	$p\vee q$	析取符号	p或q
3.3	$\neg$	$\neg p$	否定符号	p的否定；不是p；非p
3.4	$\Rightarrow$	$p\Rightarrow q$	推断符号	若p则q；p蕴含q 也可写为$q\Leftarrow p$ 有时也用$\rightarrow$
3.5	$\Leftrightarrow$	$p\Leftrightarrow q$	等价符号	$p\Rightarrow q$且$q\Rightarrow p$；p等价于q 有时也用$\leftrightarrow$
3.6	$\forall$	$\forall x\in A\quad p(x)$ $(\forall x\in A)\quad p(x)$	全称量词	命题$p(x)$对于每一个属于A的x为真 当考虑的集合A从上下文看很明白时，可用记号$\forall x\quad p(x)$
3.7	$\exists$	$\exists x\in A\quad p(x)$ $(\exists x\in A)\quad p(x)$	存在量词	存在A中的元x使$p(x)$为真 当考虑的集合A从上下文看很明白时，可用记号$\exists x\quad p(x)$ $\exists!$或$\overset{1}{\exists}$用来表示存在一个且只有一个元素使$p(x)$为真

4 杂类符号

项号	符号	应用	意义或读法	备注或示例
4.1	$=$	$a=b$	a等于b	$\equiv$用来强调这一等式是数学上的恒等[式]
4.2	$\neq$	$a\neq b$	a不等于b	
4.3	$\stackrel{\mathrm{def}}{=\!=}$	$a\stackrel{\mathrm{def}}{=\!=}b$	按定义a等于b或a以b为定义	例：$p\stackrel{\mathrm{def}}{=\!=}mv$ 式中p为动量，m为质量，v为速度 也可用$\stackrel{\mathrm{d}}{=}$
4.4	$\triangleq$	$a\triangleq b$	a相当于b	例如在地图上当1cm相当于10km长时，可写成$1\mathrm{cm}\triangleq10\mathrm{km}$

续表

项号	符号	应用	意义或读法	备注或示例
4.5	≈	$a \approx b$	a约等于b	符号≃被用于“渐近等于”；参阅6.11
4.6	∝	$a \propto b$	a与b成正比	
4.7	:	$a : b$	a比b	
4.8	<	$a<b$	a小于b	
4.9	>	$b>a$	b大于a	
4.10	⩽	$a \leqslant b$	a小于或等于b	不用≦
4.11	⩾	$b \geqslant a$	b大于或等于a	不用≧
4.12	≪	$a \ll b$	a远小于b	
4.13	≫	$b \gg a$	b远大于a	
4.14	∞		无穷[大]或无限[大]	
4.15	～	$a \sim b$	数字范围	这里的a和b为不同的实数，例如5～10表示由5至10
4.16	.	13.59	小数点	整数和小数之间用处于下方位置的小数点“.”分开
4.17	˙˙	$3.123\dot{8}\dot{2}$	循环小数	即：3.123 823 82…
4.18	%	5%～10%	百分率	～前的%不应省略
4.19	( )		圆括号	
4.20	[ ]		方括号	
4.21	{ }		花括号	
4.22	〈 〉		角括号	
4.23	±		正或负	
4.24	∓		负或正	
4.25	max		最大	
4.26	min		最小	

5 运算符号

项号	符号，应用	意义或读法	备注及示例
5.1	$a+b$	a加b	
5.2	$a-b$	a减b	
5.3	$a \pm b$	a加或减b	
5.4	$a \mp b$	a减或加b	$-(a \pm b) = -a \mp b$
5.5	$ab, a \cdot b, a \times b$	a乘以b	参阅2.32，12.6及12.7 数的乘号用叉（×）或上下居中的圆点（·）。如出现小数点符号时，数的相乘只能用叉
5.6	$\frac{a}{b}, a/b, ab^{-1}$	a除以b或a被b除	
5.7	$\sum\limits_{i=1}^{n} a_i$	$a_1+a_2+\cdots+a_n$	也可记为 $\sum_{i=1}^{n} a_i, \sum\limits_{i} a_i, \sum_i a_i, \sum a_i$
5.8	$\prod\limits_{i=1}^{n} a_i$	$a_1 \cdot a_2 \cdot \cdots \cdot a_n$	也可记为 $\prod_{i=1}^{n} a_i, \prod\limits_{i} a_i, \prod_i a_i, \prod a_i$
5.9	a^p	a的p次方或a的p次幂	

续表

项号	符号，应用	意义或读法	备注及示例
5.10	$a^{1/2}$, $a^{\frac{1}{2}}$, $\sqrt{a}$, $\sqrt{a}$	a的二分之一次方；a的平方根	参阅5.11
5.11	$a^{1/n}$, $a^{\frac{1}{n}}$, $\sqrt[n]{a}$, $\sqrt[n]{a}$	a的n分之一次方；a的n次方根	在使用符号$\sqrt{\ }$或$\sqrt[n]{\ }$时，为了避免混淆，应采用括号把被开方的复杂表示式括起来
5.12	$\|a\|$	a的绝对值；a的模	也可用abs a
5.13	sgn a	a的符号函数	对于实数a： $\operatorname{sgn} a=\begin{cases}1 & 当a>0\\0 & 当a=0\\-1 & 当a<0\end{cases}$ 对于复数a，参阅9.7
5.14	$\bar{a}$, $\langle a\rangle$	a的平均值	如果平均值的求法在文中不明了，则应指出其形成的方法。若$\bar{a}$容易与a的复共轭混淆时，就用$\langle a\rangle$
5.15	$n!$	n的阶乘	$n\geqslant 1$时，$n!=\prod_{k=1}^{n}k=1\times2\times3\times\cdots\times n$ $n=0$时，$n!=1$
5.16	$\binom{n}{p}$, C_n^p	二项式系数；组合数	$\binom{n}{p}=\frac{n!}{p!(n-p)!}$
5.17	ent a, E(a)	小于或等于a的最大整数；示性a	例：ent 2.4=2 ent $(-2.4)=-3$ 有时也用$[a]$

6 函数符号

项号	符号，应用	意义或读法	备注及示例
6.1	f	函数f	也可表示为$x\mapsto f(x)$
6.2	$f(x)$ $f(x,y,\cdots)$	函数f在x或在$(x,y,\cdots)$的值	也表示以$x,y,\cdots$为自变量的函数f
6.3	$f(x)\|_a^b$ $[f(x)]_a^b$	$f(b)-f(a)$	这种表示法主要用于定积分计算
6.4	$g\circ f$	f与g的合成函数或复合函数	$(g\circ f)(x)=g(f(x))$
6.5	$x\to a$	x趋于a	用$x_n\to a$表示序列$\{x_n\}$的极限为a
6.6	$\lim\limits_{x\to a}f(x)$ $\lim_{x\to a}f(x)$	x趋于a时$f(x)$的极限	$\lim\limits_{x\to a}f(x)=b$可以写为： $f(x)\to b$ 当$x\to a$ 右极限及左极限可分别表示为： $\lim\limits_{x\to a^+}f(x)$和$\lim\limits_{x\to a^-}f(x)$
6.7	$\overline{\lim}$	上极限	
6.8	$\underline{\lim}$	下极限	
6.9	sup	上确界	
6.10	inf	下确界	
6.11	$\simeq$	渐近等于	例：$\frac{1}{\sin(x-a)}\simeq\frac{1}{x-a}$ 当$x\to a$

续表

项号	符号，应用	意义或读法	备注及示例
6.12	$O(g(x))$	$f(x)=O(g(x))$ 的含义为 $\|f(x)/g(x)\|$ 在行文所述的极限中有上界	当 f/g 与 g/f 都有界时，称 f 与 g 是同阶的
6.13	$o(g(x))$	$f(x)=o(g(x))$ 表示在行文所述的极限中 $f(x)/g(x)\to 0$	
6.14	Δx	x 的[有限]增量	
6.15	$\frac{\mathrm{d}f}{\mathrm{d}x}$ $\mathrm{d}f/\mathrm{d}x$ f'	单变量函数 f 的导[函]数或微商	也可用 $\mathrm{D}f$ 即：$\frac{\mathrm{d}f(x)}{\mathrm{d}x}$，$\mathrm{d}f(x)/\mathrm{d}x, f'(x), \mathrm{D}f(x)$ 如自变量为时间 t，也可用 $\dot{f}$ 表示 $\mathrm{d}f/\mathrm{d}t$
6.16	$\left(\frac{\mathrm{d}f}{\mathrm{d}x}\right)_{x=a}$ $(\mathrm{d}f/\mathrm{d}x)_{x=a}$ $f'(a)$	函数 f 的导[函]数在 a 的值	也可用 $\left.\frac{\mathrm{d}f}{\mathrm{d}x}\right\|_{x=a}$ 或 $\mathrm{D}f(a)$
6.17	$\frac{\mathrm{d}^n f}{\mathrm{d}x^n}$ $\mathrm{d}^n f/\mathrm{d}x^n$ $f^{(n)}$	单变量函数 f 的 n 阶导函数	也可用 $\mathrm{D}^n f$ 当 $n=2,3$ 时，也可用 f''，f''' 来代替 $f^{(n)}$。如自变量是时间 t，可用 $\ddot{f}$ 来代替 $\frac{\mathrm{d}^2 f}{\mathrm{d}t^2}$
6.18	$\frac{\partial f}{\partial x}$ $\partial f/\partial x$ $\partial_x f$	多变量 $x,y,\cdots$ 的函数 f 对于 x 的偏微商或偏导数	即：$\frac{\partial f(x,y,\cdots)}{\partial x}$，$\partial f(x,y,\cdots)/\partial x$，$\partial_x f(x,y,\cdots)$ 也可用 f_x 或 $\left(\frac{\partial f}{\partial x}\right)_{y\cdots}$ $\mathrm{D}_x=\frac{1}{\mathrm{i}}\partial_x$ 等常用于傅里叶变换
6.19	$\frac{\partial^{m+n} f}{\partial x^n \partial y^m}$	函数 f 先对 y 求 m 次偏微商，再对 x 求 n 次偏微商；混合偏导数	
6.20	$\frac{\partial(u,v,w)}{\partial(x,y,z)}$	u,v,w 对 x,y,z 的函数行列式	即：$\begin{vmatrix}\frac{\partial u}{\partial x} & \frac{\partial u}{\partial y} & \frac{\partial u}{\partial z}\\ \frac{\partial v}{\partial x} & \frac{\partial v}{\partial y} & \frac{\partial v}{\partial z}\\ \frac{\partial w}{\partial x} & \frac{\partial w}{\partial y} & \frac{\partial w}{\partial z}\end{vmatrix}$
6.21	$\mathrm{d}f$	函数 f 的全微分	$\mathrm{d}f(x,y,\cdots)=\frac{\partial f}{\partial x}\mathrm{d}x+\frac{\partial f}{\partial y}\mathrm{d}y+\cdots$
6.22	δf	函数 f 的（无穷小）变分	
6.23	$\int f(x)\,\mathrm{d}x$	函数 f 的不定积分	
6.24	$\int_a^b f(x)\,\mathrm{d}x$	函数 f 由 a 至 b 的定积分	
6.25	$\iint\limits_A f(x,y)\,\mathrm{d}A$	函数 $f(x,y)$ 在集合 A 上的二重积分	$\int_C$，$\int_S$，$\int_V$，$\oint$ 分别用于沿曲线 C，沿曲面 S，沿体积 V 以及沿闭曲线或闭曲面的积分
6.26	δ_{ik}	克罗内克 δ 符号	$\delta_{ik}=\begin{cases}1 & 当 i=k\\ 0 & 当 i\neq k\end{cases}$ 式中 i 与 k 均为整数
6.27	ε_{ijk}	勒维－契维塔符号	$\varepsilon_{ijk}=\begin{cases}1 & 若 ijk 为 1,2,3 的偶排列\\ -1 & 若 ijk 为 1,2,3 的奇排列\\ 0 & 若 ijk 为 1,2,3 的真重复排列\end{cases}$
6.28	$\delta(x)$	狄拉克 δ 分布[函数]	$\int_{-\infty}^{+\infty} f(x)\delta(x)\,\mathrm{d}x=f(0)$

续表

项号	符号，应用	意义或读法	备注及示例
6.29	$\varepsilon(x)$	单位阶跃函数；海维赛函数	$\varepsilon(x)=\begin{cases}1 & 当x>0\\0 & 当x<0\end{cases}$ 也可用$\mathrm{H}(x)$ $\vartheta(t)$ 用于时间的单位阶跃函数
6.30	$f*g$	f与g的卷积	$(f*g)(x)=\int_{-\infty}^{+\infty}f(y)g(x-y)\mathrm{d}y$

7　指数函数和对数函数符号

项号	符号，表达式	意义或读法	备注及示例
7.1	a^x	x的指数函数（以a为底）	比较5.9
7.2	e	自然对数的底	$\mathrm{e}=\lim\limits_{n\to\infty}\left(1+\frac{1}{n}\right)^n=2.718\,281\,8\cdots$
7.3	e^x, $\exp x$	x的指数函数（以e为底）	在同一场合中，只用其中一种符号
7.4	$\log_a x$	以a为底的x的对数	当底数不必指出时，常用$\log x$表示
7.5	$\ln x$	$\ln x=\log_{\mathrm{e}} x$ x的自然对数	$\log x$不能用来代替$\ln x, \lg x, \mathrm{lb}\, x$或$\log_{\mathrm{e}} x, \log_{10} x, \log_2 x$
7.6	$\lg x$	$\lg x=\log_{10} x$ x的常用对数	参阅7.5的备注
7.7	$\mathrm{lb}\, x$	$\mathrm{lb}\, x=\log_2 x$ x的以2为底的对数	参阅7.5的备注

8　三角函数*和双曲函数符号

项号	符号，表达式	意义或读法	备注及示例
8.1	$\sin x$	x的正弦	
8.2	$\cos x$	x的余弦	
8.3	$\tan x$	x的正切	也可用$\mathrm{tg}\, x$
8.4	$\cot x$	x的余切	$\cot x=1/\tan x$
8.5	$\sec x$	x的正割	$\sec x=1/\cos x$
8.6	$\csc x$	x的余割	也可用$\mathrm{cosec}\, x$ $\csc x=1/\sin x$
8.7	$\sin^m x$	$\sin x$的m次方	其他三角函数和双曲函数的m次方的表示法类似
8.8	$\arcsin x$	x的反正弦	$y=\arcsin x \Leftrightarrow x=\sin y, -\pi/2\leqslant y\leqslant\pi/2$ 反正弦函数是正弦函数在上述限制下的反函数
8.9	$\arccos x$	x的反余弦	$y=\arccos x \Leftrightarrow x=\cos y, 0\leqslant y\leqslant\pi$ 反余弦函数是余弦函数在上述限制下的反函数
8.10	$\arctan x$	x的反正切	也可用$\mathrm{arctg}\, x$ $y=\arctan x \Leftrightarrow x=\tan y, -\pi/2< y <\pi/2$ 反正切函数是正切函数在上述限制下的反函数
8.11	$\mathrm{arccot}\, x$	x的反余切	$y=\mathrm{arccot}\, x \Leftrightarrow x=\cot y, 0< y <\pi$ 反余切函数是余切函数在上述限制下的反函数
8.12	$\mathrm{arcsec}\, x$	x的反正割	$y=\mathrm{arcsec}\, x \Leftrightarrow x=\sec y, 0\leqslant y\leqslant\pi, y\neq\pi/2$ 反正割函数是正割函数在上述限制下的反函数

*在ISO31-11：1992《量和单位——第十一部分：物理科学和技术中使用的数学标志与符号》中称为圆函数。

续表

项号	符号，表达式	意义或读法	备注及示例
8.13	arccsc x	x的反余割	也可用arccosec x $y=\text{arccsc}\ x \Leftrightarrow x=\csc y, -\pi/2 \leqslant y \leqslant \pi/2, y \neq 0$ 反余割函数是余割函数在上述限制下的反函数 对于8.8至8.13各项不采用$\sin^{-1}x, \cos^{-1}x$等符号，因为可能被误解为$(\sin x)^{-1}$, $(\cos x)^{-1}$等
8.14	sinh x	x的双曲正弦	也可用sh x
8.15	cosh x	x的双曲余弦	也可用ch x
8.16	tanh x	x的双曲正切	也可用th x
8.17	coth x	x的双曲余切	$\coth x=1/\tanh x$
8.18	sech x	x的双曲正割	$\text{sech}\ x=1/\cosh x$
8.19	csch x	x的双曲余割	也可用cosech x $\text{csch}\ x=1/\sinh x$
8.20	arsinh x	x的反双曲正弦	也可用arsh x $y=\text{arsinh}\ x \Leftrightarrow x=\sinh y$ 反双曲正弦函数是双曲正弦函数的反函数
8.21	arcosh x	x的反双曲余弦	也可用arch x $y=\text{arcosh}\ x \Leftrightarrow x=\cosh y, y \geqslant 0$ 反双曲余弦函数是双曲余弦函数在上述限制下的反函数
8.22	artanh x	x的反双曲正切	也可用arth x $y=\text{artanh}\ x \Leftrightarrow x=\tanh y$ 反双曲正切函数是双曲正切函数的反函数
8.23	arcoth x	x的反双曲余切	$y=\text{arcoth}\ x \Leftrightarrow x=\coth y, y \neq 0$ 反双曲余切函数是双曲余切函数在上述限制下的反函数
8.24	arsech x	x的反双曲正割	$y=\text{arsech}\ x \Leftrightarrow x=\text{sech}\ y, y \geqslant 0$ 反双曲正割函数是双曲正割函数在上述限制下的反函数
8.25	arcsch x	x的反双曲余割	也可用arcosech x $y=\text{arcsch}\ x \Leftrightarrow x=\text{csch}\ y, y \neq 0$ 反双曲余割函数是双曲余割函数在上述限制下的反函数 对于反双曲函数，不应使用$\sinh^{-1}x, \cosh^{-1}x$等符号，因为可能被误解为$(\sinh x)^{-1}$, $(\cosh x)^{-1}$等

9 复数符号

项号	符号，表达式	意义或读法	备注及示例
9.1	i, j	虚数单位，$i^2=-1$	在电工技术中常用j
9.2	Re z	z的实部	
9.3	Im z	z的虚部	$z=x+iy$ 其中$x=\text{Re}\ z, y=\text{Im}\ z$
9.4	$\|z\|$	z的绝对值；z的模	也可用mod z
9.5	arg z	z的辐角；z的相	$z=re^{i\varphi}$ 其中$r=\|z\|, \varphi=\arg z$，即$\text{Re}\ z=r\cos\varphi, \text{Im}\ z=r\sin\varphi$
9.6	z^*	z的[复]共轭	有时用$\bar{z}$代替z^*
9.7	sgn z	z的单位模函数	当$z\neq0$时，$\text{sgn}\ z=z/\|z\|=\exp(i\arg z)$ 当$z=0$时，$\text{sgn}\ z=0$

10 矩阵符号

项号	符号，表达式	意义或读法	备注及示例
10.1	$\boldsymbol{A}$ $\begin{pmatrix} A_{11} & \cdots & A_{1n} \\ \vdots & & \vdots \\ A_{m1} & \cdots & A_{mn} \end{pmatrix}$	$m\times n$型的矩阵$\boldsymbol{A}$	也可用$\boldsymbol{A}=(A_{ij})$，A_{ij}是矩阵$\boldsymbol{A}$的元素；m为行数，n为列数。当$m=n$时，$\boldsymbol{A}$称为［正］方阵。矩阵元可用小写字母表示 也可用方括号代替矩阵表示中的圆括号
10.2	$\boldsymbol{AB}$	矩阵$\boldsymbol{A}$与$\boldsymbol{B}$的积	$(\boldsymbol{AB})_{ik}=\sum_j A_{ij}B_{jk}$ 式中$\boldsymbol{A}$的列数必须等于$\boldsymbol{B}$的行数
10.3	$\boldsymbol{E},\boldsymbol{I}$	单位矩阵	方阵的元素$E_{ik}=\delta_{ik}$，参阅6.26
10.4	$\boldsymbol{A}^{-1}$	方阵$\boldsymbol{A}$的逆	$\boldsymbol{AA}^{-1}=\boldsymbol{A}^{-1}\boldsymbol{A}=\boldsymbol{E}$
10.5	$\boldsymbol{A}^{\mathrm{T}},\widetilde{\boldsymbol{A}}$	$\boldsymbol{A}$的转置矩阵	$(\boldsymbol{A}^{\mathrm{T}})_{ik}=A_{ki}$ 也可用A'
10.6	$\boldsymbol{A}^*$	$\boldsymbol{A}$的复共轭矩阵	$(\boldsymbol{A}^*)_{ik}=(A_{ik})^*=A_{ik}^*$ 在数学中也常用$\bar{\boldsymbol{A}}$
10.7	$\boldsymbol{A}^{\mathrm{H}},\boldsymbol{A}^{\dagger}$	$\boldsymbol{A}$的厄米特共轭矩阵	$(\boldsymbol{A}^{\mathrm{H}})_{ik}=(A_{ki})^*=A_{ki}^*$ 在数学中也常用$\boldsymbol{A}^*$
10.8	$\det\boldsymbol{A}$ $\begin{vmatrix} A_{11} & \cdots & A_{1n} \\ \vdots & & \vdots \\ A_{n1} & \cdots & A_{nn} \end{vmatrix}$	方阵$\boldsymbol{A}$的行列式	
10.9	$\mathrm{tr}\,\boldsymbol{A}$	方阵$\boldsymbol{A}$的迹	$\mathrm{tr}\,\boldsymbol{A}=\sum_i A_{ii}$
10.10	$\Vert\boldsymbol{A}\Vert$	矩阵$\boldsymbol{A}$的范数	矩阵的范数有各种定义，例如范数$\Vert\boldsymbol{A}\Vert=(\mathrm{tr}(\boldsymbol{AA}^{\mathrm{H}}))^{1/2}$

11 坐标系符号*

项号	坐标	径矢量及其微分	坐标系名称	备注
11.1	x,y,z	$\boldsymbol{r}=x\boldsymbol{e}_x+y\boldsymbol{e}_y+z\boldsymbol{e}_z$，$\mathrm{d}\boldsymbol{r}=\mathrm{d}x\,\boldsymbol{e}_x+\mathrm{d}y\,\boldsymbol{e}_y+\mathrm{d}z\,\boldsymbol{e}_z$	笛卡儿坐标	$\boldsymbol{e}_x,\boldsymbol{e}_y$与$\boldsymbol{e}_z$组成一标准正交右手系，见图1
11.2	ρ,φ,z	$\boldsymbol{r}=\rho\boldsymbol{e}_\rho(\varphi)+z\boldsymbol{e}_z$ $\mathrm{d}\boldsymbol{r}=\mathrm{d}\rho\,\boldsymbol{e}_\rho(\varphi)+\rho\,\mathrm{d}\varphi\,\boldsymbol{e}_\varphi(\varphi)+\mathrm{d}z\,\boldsymbol{e}_z$	圆柱坐标	$\boldsymbol{e}_\rho,\boldsymbol{e}_\varphi$与$\boldsymbol{e}_z$组成一标准正交右手系，见图3和图4 若$z=0$，则$\rho$与$\varphi$成为极坐标
11.3	r,θ,φ	$\boldsymbol{r}=r\boldsymbol{e}_r(\theta,\varphi)$ $\mathrm{d}\boldsymbol{r}=\mathrm{d}r\boldsymbol{e}_r(\theta,\varphi)+r\,\mathrm{d}\theta\,\boldsymbol{e}_\theta(\theta,\varphi)+r\sin\theta\,\mathrm{d}\varphi\,\boldsymbol{e}_\varphi(\theta,\varphi)$	球坐标	$\boldsymbol{e}_r,\boldsymbol{e}_\theta$与$\boldsymbol{e}_\varphi$组成一标准正交右手系，见图3和图5

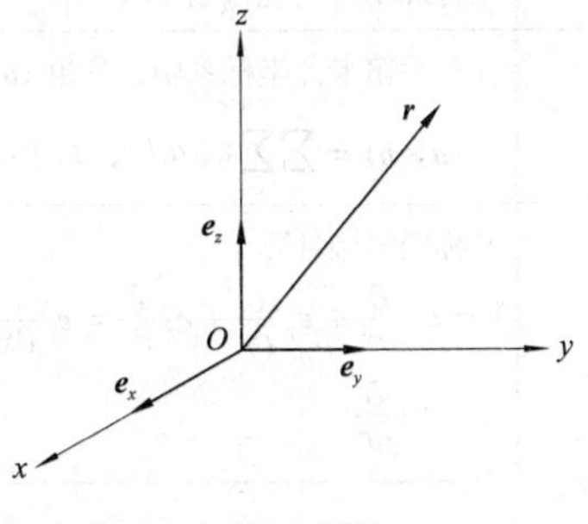

x 轴方向朝外

图1 右手笛卡儿坐标系

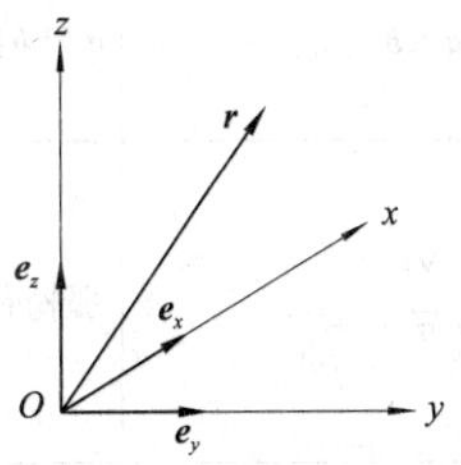

x 轴方向朝里

图2 左手笛卡儿坐标系

*如果为了某些目的，例外地使用左手坐标系（见图2）时，必须明确地说出，以免引起符号错误。

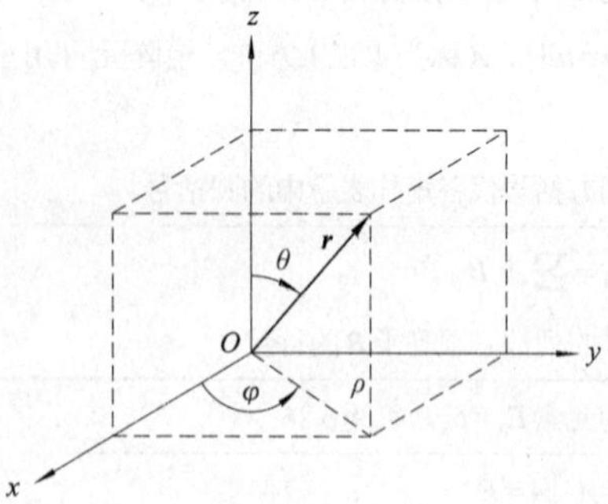

图3 *Oxyz*是右手坐标系

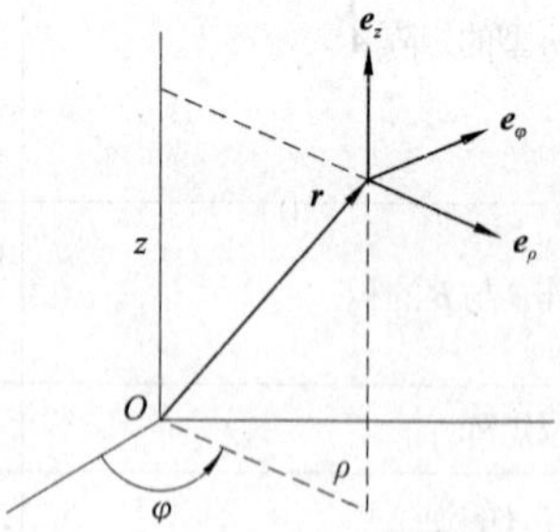

图4 右手柱坐标

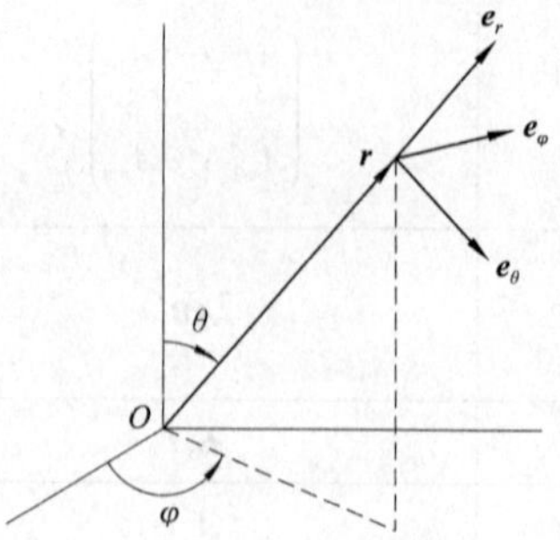

图5 右手球坐标

12 矢量和张量符号*

项号	符号，表达式	意义或读法	备注及示例
12.1	$\boldsymbol{a}$ $\vec{a}$	矢量或向量$\boldsymbol{a}$	这里，笛卡儿坐标用x,y,z或x_1,x_2,x_3表示，在后一种情况，指标i,j,k,l从1到3取值，并采用下面的求和约定：如果在一项中某个指标出现两次，则表示该指标对1,2,3求和 印刷用黑体$\boldsymbol{a}$，书写用$\vec{a}$
12.2	a $\|\boldsymbol{a}\|$	矢量$\boldsymbol{a}$的模或长度	也可用$\\|\boldsymbol{a}\\|$
12.3	$\boldsymbol{e}_a$	$\boldsymbol{a}$方向的单位矢量	$\boldsymbol{e}_a=\boldsymbol{a}/\|\boldsymbol{a}\|$ $\boldsymbol{a}=a\boldsymbol{e}_a$
12.4	$\boldsymbol{e}_x,\boldsymbol{e}_y,\boldsymbol{e}_z$ $\boldsymbol{i},\boldsymbol{j},\boldsymbol{k}$ $\boldsymbol{e}_i$	在笛卡儿坐标轴方向的单位矢量	
12.5	a_x,a_y,a_z a_i	矢量$\boldsymbol{a}$的笛卡儿分量	$\boldsymbol{a}=a_x\boldsymbol{e}_x+a_y\boldsymbol{e}_y+a_z\boldsymbol{e}_z=(a_x,a_y,a_z)$，$a_x\boldsymbol{e}_x$等为分矢量 $\boldsymbol{r}=x\boldsymbol{e}_x+y\boldsymbol{e}_y+z\boldsymbol{e}_z$为径矢量
12.6	$\boldsymbol{a}\cdot\boldsymbol{b}$	$\boldsymbol{a}$与$\boldsymbol{b}$的标量积或数量积	$\boldsymbol{a}\cdot\boldsymbol{b}=a_xb_x+a_yb_y+a_zb_z$，$\boldsymbol{a}\cdot\boldsymbol{b}=a_ib_i=\sum_i a_ib_i$ 参阅12.1的备注 $\boldsymbol{a}\cdot\boldsymbol{a}=\boldsymbol{a}^2=\|\boldsymbol{a}\|^2=a^2$ 在特殊场合，也可用$(\boldsymbol{a},\boldsymbol{b})$
12.7	$\boldsymbol{a}\times\boldsymbol{b}$	$\boldsymbol{a}$与$\boldsymbol{b}$的矢量积或向量积	在右手笛卡儿坐标系中，分量$(\boldsymbol{a}\times\boldsymbol{b})_x=a_yb_z-a_zb_y$，一般$(\boldsymbol{a}\times\boldsymbol{b})_i=\sum_j\sum_k\varepsilon_{ijk}a_jb_k$，对于$\varepsilon_{ijk}$，参阅6.27
12.8	∇ $\vec{\nabla}$	那勃勒算子或算符	又称矢量微分算子 $\nabla=\boldsymbol{e}_x\dfrac{\partial}{\partial x}+\boldsymbol{e}_y\dfrac{\partial}{\partial y}+\boldsymbol{e}_z\dfrac{\partial}{\partial z}=\boldsymbol{e}_i\dfrac{\partial}{\partial x_i}$ 也可用$\dfrac{\partial}{\partial \boldsymbol{r}}$

*矢量和张量往往用其分量的通用符号表示，例如矢量用a_i，二阶张量用T_{ij}，并矢积用a_ib_j等，但这里指的都是张量的协变分量，张量还具有其他形式的分量，如逆变分量、混合分量等。

同时含有张量和矢量的数学表达式里，张量用等线斜黑体表示，以区别于表示矢量的斜黑体。例如“流体力学基本方程组”条目中的能量方程：$\rho\dfrac{\mathrm{d}\boldsymbol{v}}{\mathrm{d}t}=\rho\boldsymbol{F}+\nabla\cdot\boldsymbol{P}$，$\boldsymbol{v}$和$\boldsymbol{F}$为斜黑体，$\boldsymbol{P}$为等线斜黑体。

续表

项号	符号，表达式	意义或读法	备注及示例
12.9	$\nabla\varphi$ $\mathbf{grad}\ \varphi$	φ的梯度	也可用grad φ $\nabla\varphi=\boldsymbol{e}_i\dfrac{\partial\varphi}{\partial x_i}$
12.10	$\nabla\cdot\boldsymbol{a}$ $\mathrm{div}\ \boldsymbol{a}$	$\boldsymbol{a}$的散度	$\nabla\cdot\boldsymbol{a}=\dfrac{\partial a_i}{\partial x_i}$
12.11	$\nabla\times\boldsymbol{a}$ $\mathbf{rot}\ \boldsymbol{a}$ $\mathbf{curl}\ \boldsymbol{a}$	$\boldsymbol{a}$的旋度	气象学上称为涡度 也可用rot $\boldsymbol{a}$, curl $\boldsymbol{a}$ $(\nabla\times\boldsymbol{a})_x=\dfrac{\partial a_z}{\partial y}-\dfrac{\partial a_y}{\partial z}$，一般$(\nabla\times\boldsymbol{a})_i=\sum_j\sum_k\varepsilon_{ijk}\dfrac{\partial a_k}{\partial x_j}$ 关于ε_{ijk}，参阅6.27
12.12	∇^2 Δ	拉普拉斯算子	$\Delta=\dfrac{\partial^2}{\partial x^2}+\dfrac{\partial^2}{\partial y^2}+\dfrac{\partial^2}{\partial z^2}$ 若与6.14中有限增量的符号容易混淆时，就用∇^2
12.13	$\square$	达朗贝尔算子	$\square=\dfrac{\partial^2}{\partial x^2}+\dfrac{\partial^2}{\partial y^2}+\dfrac{\partial^2}{\partial z^2}-\dfrac{1}{c^2}\dfrac{\partial^2}{\partial t^2}$ 式中c为电磁波在真空中的传播速度
12.14	$\boldsymbol{T}$	二阶张量$\boldsymbol{T}$	也用$\vec{\vec{T}}$
12.15	$T_{xx}, T_{xy}, \cdots, T_{zz}$ T_{ij}	张量$\boldsymbol{T}$的笛卡儿分量	$\boldsymbol{T}=T_{xx}\boldsymbol{e}_x\boldsymbol{e}_x+T_{xy}\boldsymbol{e}_x\boldsymbol{e}_y+\cdots$ $T_{xx}\boldsymbol{e}_x\boldsymbol{e}_x$等为分张量
12.16	$\boldsymbol{ab}, \boldsymbol{a}\otimes\boldsymbol{b}$	两矢量$\boldsymbol{a}$与$\boldsymbol{b}$的并矢积或张量积	即具有分量$(\boldsymbol{ab})_{ij}=a_ib_j$的二阶张量
12.17	$\boldsymbol{T}\otimes\boldsymbol{S}$	两个二阶张量$\boldsymbol{T}$与$\boldsymbol{S}$的张量积	即具有分量$(\boldsymbol{T}\otimes\boldsymbol{S})_{ijkl}=T_{ij}S_{kl}$的四阶张量
12.18	$\boldsymbol{T}\cdot\boldsymbol{S}$	两个二阶张量$\boldsymbol{T}$与$\boldsymbol{S}$的内积	即具有分量$(\boldsymbol{T}\cdot\boldsymbol{S})_{ik}=\sum_j T_{ij}S_{jk}$的二阶张量
12.19	$\boldsymbol{T}\cdot\boldsymbol{a}$	二阶张量$\boldsymbol{T}$与矢量$\boldsymbol{a}$的内积	即具有分量$(\boldsymbol{T}\cdot\boldsymbol{a})_i=\sum_j T_{ij}a_j$的矢量
12.20	$\boldsymbol{T}:\boldsymbol{S}$	两个二阶张量$\boldsymbol{T}$与$\boldsymbol{S}$的标量积	即标量$\boldsymbol{T}:\boldsymbol{S}=\sum_i\sum_j T_{ij}S_{ji}$

13 特殊函数符号

项号	符号，表达式	意义或读法	备注及示例
13.1	$\mathrm{J}_l(x)$	[第一类]柱贝塞尔函数	即方程$x^2y''+xy'+(x^2-l^2)y=0$的特解 $\mathrm{J}_l(x)=\sum_{k=0}^{\infty}\dfrac{(-1)^k(x/2)^{l+2k}}{k!\Gamma(l+k+1)}\quad(l\geqslant0)$ 关于Γ，参阅13.19
13.2	$\mathrm{N}_l(x)$	柱诺伊曼函数；第二类柱贝塞尔函数	$\mathrm{N}_l(x)=\lim_{k\to l}\dfrac{\mathrm{J}_k(x)\cos k\pi-\mathrm{J}_{-k}(x)}{\sin k\pi}$ 也记作$\mathrm{Y}_l(x)$
13.3	$\mathrm{H}_l^{(1)}(x)$ $\mathrm{H}_l^{(2)}(x)$	柱汉开尔函数；第三类柱贝塞尔函数	$\mathrm{H}_l^{(1)}(x)=\mathrm{J}_l(x)+\mathrm{i}\mathrm{N}_l(x)$ $\mathrm{H}_l^{(2)}(x)=\mathrm{J}_l(x)-\mathrm{i}\mathrm{N}_l(x)$
13.4	$\mathrm{I}_l(x)$ $\mathrm{K}_l(x)$	修正的柱贝塞尔函数	$x^2y''+xy'-(x^2+l^2)y=0$的特解 $\mathrm{I}_l(x)=\mathrm{i}^{-l}J_l(\mathrm{i}x)$ $\mathrm{K}_l(x)=(\pi/2)\mathrm{i}^{l+1}(\mathrm{J}_l(\mathrm{i}x)+\mathrm{i}\mathrm{N}_l(\mathrm{i}x))$
13.5	$\mathrm{j}_l(x)$	[第一类]球贝塞尔函数	$x^2y''+2xy'+[x^2-l(l+1)]y=0\quad(l\geqslant0)$的特解 $\mathrm{j}_l(x)=(\pi/2x)^{1/2}\mathrm{J}_{l+1/2}(x)$

续表

项号	符号，表达式	意义或读法	备注及示例
13.6	$\mathrm{n}_l(x)$	球诺伊曼函数；第二类球贝塞尔函数	$\mathrm{n}_l(x)=(\pi/2x)^{1/2}\mathrm{N}_{l+1/2}(x)$ 也记作$\mathrm{y}_l(x)$
13.7	$\mathrm{h}_l^{(1)}(x)$ $\mathrm{h}_l^{(2)}(x)$	球汉开尔函数；第三类球贝塞尔函数	$\mathrm{h}_l^{(1)}(x)=\mathrm{j}_l(x)+\mathrm{i}\mathrm{n}_l(x)=(\pi/2x)^{1/2}\mathrm{H}_{l+1/2}^{(1)}(x)$ $\mathrm{h}_l^{(2)}(x)=\mathrm{j}_l(x)-\mathrm{i}\mathrm{n}_l(x)=(\pi/2x)^{1/2}\mathrm{H}_{l+1/2}^{(2)}(x)$ 修正的球贝塞尔函数分别写为$\mathrm{i}_l(x)$与$\mathrm{k}_l(x)$；比较13.4
13.8	$\mathrm{P}_l(x)$	勒让德多项式	$(1-x^2)y''-2xy'+l(l+1)y=0$的特解 $\mathrm{P}_l(x)=\dfrac{1}{2^l l!}\dfrac{\mathrm{d}^l}{\mathrm{d}x^l}(x^2-1)^l \quad (l\in\mathbf{N})$
13.9	$\mathrm{P}_l^m(x)$	关联勒让德函数	$(1-x^2)y''-2xy'+\left[l(l+1)-\dfrac{m^2}{1-x^2}\right]y=0$的特解 $\mathrm{P}_l^m(x)=(1-x^2)^{m/2}\dfrac{\mathrm{d}^m}{\mathrm{d}x^m}\mathrm{P}_l(x) \quad (l,m\in\mathbf{N};m\leqslant l)$
13.10	$\mathrm{Y}_l^m(\theta,\varphi)$	球面调和函数，球谐函数	$\dfrac{1}{\sin\theta}\dfrac{\partial}{\partial\theta}(\sin\theta\dfrac{\partial y}{\partial\theta})+\dfrac{1}{\sin^2\theta}\dfrac{\partial^2 y}{\partial\varphi^2}+l(l+1)y=0$的特解 $\mathrm{Y}_l^m(\theta,\varphi)=(-1)^m\times\left[\dfrac{(2l+1)}{4\pi}\dfrac{(l-\lvert m\rvert)!}{(l+\lvert m\rvert)!}\right]^{1/2}\times\mathrm{P}_l^{\lvert m\rvert}(\cos\theta)\mathrm{e}^{\mathrm{i}m\varphi}$ $(l,\lvert m\rvert\in\mathbf{N};\lvert m\rvert\leqslant l)$
13.11	$\mathrm{H}_n(x)$	厄米特多项式	$y''-2xy'+2ny=0$的特解 $\mathrm{H}_n(x)=(-1)^n\mathrm{e}^{x^2}\dfrac{\mathrm{d}^n}{\mathrm{d}x^n}\mathrm{e}^{-x^2} \quad (n\in\mathbf{N})$
13.12	$\mathrm{L}_n(x)$	拉盖尔多项式	$xy''+(1-x)y'+ny=0$的特解 $\mathrm{L}_n(x)=\mathrm{e}^x\dfrac{\mathrm{d}^n}{\mathrm{d}x^n}(x^n\mathrm{e}^{-x}) \quad (n\in\mathbf{N})$
13.13	$\mathrm{L}_n^m(x)$	关联拉盖尔多项式	$xy''+(m+1-x)y'+(n-m)y=0$的特解 $\mathrm{L}_n^m(x)=\dfrac{\mathrm{d}^m}{\mathrm{d}x^m}\mathrm{L}_n(x) \quad (m,n\in\mathbf{N};m\leqslant n)$
13.14	$\mathrm{F}(a,b;c;x)$	超几何函数	$x(1-x)y''+[c-(a+b+1)x]y'-aby=0$的特解 $\mathrm{F}(a,b;c;x)=1+\dfrac{ab}{c}x+\dfrac{a(a+1)b(b+1)}{2!c(c+1)}x^2+\cdots$
13.15	$\mathrm{F}(a;c;x)$	合流超几何函数	$xy''+(c-x)y'-ay=0$的特解 $\mathrm{F}(a;c;x)=1+\dfrac{a}{c}x+\dfrac{a(a+1)}{2!c(c+1)}x^2+\cdots$
13.16	$\mathrm{F}(k,\varphi)$	第一类[不完全]椭圆积分	$\mathrm{F}(k,\varphi)=\int_0^\varphi\dfrac{\mathrm{d}\theta}{\sqrt{1-k^2\sin^2\theta}}$ $\mathrm{F}(k)=\mathrm{F}(k,\pi/2) \quad (0<k<1)$为第一类完全椭圆积分
13.17	$\mathrm{E}(k,\varphi)$	第二类[不完全]椭圆积分	$\mathrm{E}(k,\varphi)=\int_0^\varphi\sqrt{1-k^2\sin^2\theta}\,\mathrm{d}\theta$ $\mathrm{E}(k)=\mathrm{E}(k,\pi/2) \quad (0<k<1)$为第二类完全椭圆积分
13.18	$\Pi(k,n,\varphi)$	第三类[不完全]椭圆积分	$\Pi(k,n,\varphi)=\int_0^\varphi\dfrac{\mathrm{d}\theta}{(1+n\sin^2\theta)\sqrt{1-k^2\sin^2\theta}}$ $\Pi(k,n,\pi/2) \quad (0<k<1)$为第三类完全椭圆积分
13.19	$\Gamma(x)$	Γ(伽马)函数	$\Gamma(x)=\int_0^\infty t^{x-1}\mathrm{e}^{-t}\mathrm{d}t \quad (x>0)$ $\Gamma(n+1)=n! \quad (n\in\mathbf{N})$
13.20	$\mathrm{B}(x,y)$	B(贝塔)函数	$\mathrm{B}(x,y)=\int_0^1 t^{x-1}(1-t)^{y-1}\mathrm{d}t \quad (x,y\in\mathbf{R};x>0,y>0)$ $\mathrm{B}(x,y)=\Gamma(x)\Gamma(y)/\Gamma(x+y)$

续表

项号	符号，表达式	意义或读法	备注及示例
13.21	$\mathrm{Ei}\,x$	指数积分	$\mathrm{Ei}\,x=\int_x^{\infty}\frac{\mathrm{e}^{-t}}{t}\mathrm{d}t\quad(x\neq 0)$
13.22	$\mathrm{erf}\,x$	误差函数	$\mathrm{erf}\,x=\frac{2}{\sqrt{\pi}}\int_0^x\mathrm{e}^{-t^2}\mathrm{d}t$, $\mathrm{erf}(\infty)=1$ $\mathrm{erfc}\,x=1-\mathrm{erf}\,x$称为余误差函数 在统计学中，使用分布函数 $\Phi(x)=\frac{1}{\sqrt{2\pi}}\int_{-\infty}^{x}\mathrm{e}^{-t^2/2}\mathrm{d}t$
13.23	$\zeta(x)$	黎曼（泽塔）函数	$\zeta(x)=\frac{1}{1^x}+\frac{1}{2^x}+\frac{1}{3^x}+\cdots\quad(x>1)$

中国历史纪年表

说　明

本表主要依据上海辞书出版社《辞海》(2009年版)附录中的《中国历史纪年表》编制，并做了部分调整。其中《夏商周纪年表》按照《夏商周断代工程1996—2000年阶段成果报告》中的《夏商周年表》编制。

本表起于夏，到公元1949年中华人民共和国建立为止。按年代先后，分为夏商周、十二诸侯（周、春秋）、战国、秦、汉、三国、晋及十六国、南北朝、隋、唐、五代十国、宋辽金、元、明、清、中华民国等十六个纪年表。

本表除《夏商周纪年表》外，第一栏为公历纪年，第二栏为干支纪年，第三栏一般为王朝，以下则罗列重要的并建立年号的封建割据、少数民族政权，以及农民起义和农民战争。凡农民起义政权和所建的年号皆加〔 〕标志。

本表从秦代开始，注明帝王即位、建年号、改年号以及覆灭的阴历月份，各加○标志。如公元254年栏内的“高贵乡公㊉正元㊉”，即表明高贵乡公在该年十月即位，建年号正元，同时表明十月以前仍为齐王嘉平六年。凡在正月者概不注月份。又如公元167年栏内“永康㊅1（灵帝⑫）”，即表明桓帝在该年六月改年号永康，同年十二月灵帝即位，仍用永康年号。又如公元220年栏内“延康㊂1㊉”，即表明献帝在该年三月改年号延康，同年十月覆灭。凡农民起义政权的建立和年号的更改，以及失败的阴历月份，亦各加○标志。

为检查公历纪年和中国历史纪年对照的绝对年份，从公元1年开始，在第三栏内左方加注同公历12月31日相当的中国历史纪年的月日。

凡年号有异说及干支字有改动者，均加注明。如汉武帝征和年号，或作延和，即用“征（延）和”表明；太平天国曾改干支中的丑为好、卯为荣、亥为开，亦在有关年代中加以注明。

(一) 夏商周纪年表

1. 夏纪年表

王	年代（公元前）	年数
禹	2070～1600	
启		
太康		
仲康		
相		
少康		
予		
槐		
芒		
泄		
不降		
扃		
廑		
孔甲		
皋		
发		
癸（桀）		

2. 商前期纪年表

王	年代（公元前）	年数
汤	1600～1300	
太丁		
外丙		
中壬		
太甲		
沃丁		
太庚		
小甲		
雍已		
太戊		
中丁		
外壬		
河亶甲		
祖乙		
祖辛		
沃甲		
祖丁		
南庚		
阳甲		
盘庚（迁殷前）		

3. 商后期纪年表

王	年代（公元前）	年数
盘庚（迁殷后）	1300～1251	50
小辛		
小乙		
武丁	1250～1192	59
祖庚	1191～1148	44
祖甲		
廪辛		
康丁		
武乙	1147～1113	35
文丁	1112～1102	11
帝乙	1101～1076	26
帝辛（纣）	1075～1046	30

4. 周纪年表（共和以前）

王	年代（公元前）	年数
武王（姬发）	1046～1043	4
成王（姬诵）	1042～1021	22
康王（姬钊）	1020～996	25
昭王（姬瑕）	995～977	19
穆王（姬满）	976～922	55（共王当年改元）
共王（姬繄扈）	922～900	23
懿王（姬囏）	899～892	8
孝王（姬辟方）	891～886	6
夷王（姬燮）	885～878	8
厉王（姬胡）	877～841	37（共和当年改元）

（二）十二诸侯（周、春秋）纪年表 *

公元前	干支	周	鲁	齐	晋	秦	楚	宋	卫	陈	蔡	曹	燕
841	庚申	共和 1	真公 15	武公 10	靖侯 18	秦仲 4	熊勇 7	釐公 18	釐侯 14	幽公 14	武侯 23	夷伯 24	惠侯 24
840	辛酉	2	16	11	釐侯 1	5	8	19	15	15	24	25	25
839	壬戌	3	17	12	2	6	9	20	16	16	25	26	26
838	癸亥	4	18	13	3	7	10	21	17	17	26	27	27
837	甲子	5	19	14	4	8	熊严 1	22	18	18	夷侯 1	28	28
836	乙丑	6	20	15	5	9	2	23	19	19	2	29	29
835	丙寅	7	21	16	6	10	3	24	20	20	3	30	30
834	丁卯	8	22	17	7	11	4	25	21	21	4	幽伯 1	31
833	戊辰	9	23	18	8	12	5	26	22	22	5	2	32
832	己巳	10	24	19	9	13	6	27	23	23	6	3	33
831	庚午	11	25	20	10	14	7	28	24	釐公 1	7	4	34
830	辛未	12	26	21	11	15	8	惠公 1	25	2	8	5	35
829	壬申	13	27	22	12	16	9	2	26	3	9	6	36
828	癸酉	14	28	23	13	17	10	3	27	4	10	7	37
827	甲戌	宣王（姬静） 1	29	24	14	18	熊霜 1	4	28	5	11	8	38
826	乙亥	2	30	25	15	19	2	5	29	6	12	9	釐侯 1
825	丙子	3	武公 1	26	16	20	3	6	30	7	13	戴伯 1	2

* 据《史记·十二诸侯年表》。按《十二诸侯年表》讫于公元前477年，本表最后一年系编制时所补。

续表

公元前	干支	周	鲁	齐	晋	秦	楚	宋	卫	陈	蔡	曹	郑	燕
824	丁丑	宣王 4 （姬静）	武公 2	厉公 1	釐侯 17	秦仲 21	熊霜 4	惠公 7	釐侯 31	釐公 8	夷侯 14	戴伯 2		釐侯 3
823	戊寅	5	3	2	18	22	5	8	32	9	15	3		4
822	己卯	6	4	3	献侯 1	23	6	9	33	10	16	4		5
821	庚辰	7	5	4	2	庄公 1	熊徇 1	10	34	11	17	5		6
820	辛巳	8	6	5	3	2	2	11	35	12	18	6		7
819	壬午	9	7	6	4	3	3	12	36	13	19	7		8
818	癸未	10	8	7	5	4	4	13	37	14	20	8		9
817	甲申	11	9	8	6	5	5	14	38	15	21	9		10
816	乙酉	12	10	9	7	6	6	15	39	16	22	10		11
815	丙戌	13	懿公 1	文公 1	8	7	7	16	40	17	23	11		12
814	丁亥	14	2	2	9	8	8	17	41	18	24	12		13
813	戊子	15	3	3	10	9	9	18	42	19	25	13		14
812	己丑	16	4	4	11	10	10	19	武公 1	20	26	14		15
811	庚寅	17	5	5	穆侯 1	11	11	20	2	21	27	15		16
810	辛卯	18	6	6	2	12	12	21	3	22	28	16		17
809	壬辰	19	7	7	3	13	13	22	4	23	釐侯 1	17		18
808	癸巳	20	8	8	4	14	14	23	5	24	2	18		19
807	甲午	21	9	9	5	15	15	24	6	25	3	19		20
806	乙未	22	孝公* 1	10	6	16	16	25	7	26	4	20	桓公 1	21
805	丙申	23	2	11	7	17	17	26	8	27	5	21	2	22
804	丁酉	24	3	12	8	18	18	27	9	28	6	22	3	23
803	戊戌	25	4	成公 1	9	19	19	28	10	29	7	23	4	24
802	己亥	26	5	2	10	20	20	29	11	30	8	24	5	25
801	庚子	27	6	3	11	21	21	30	12	31	9	25	6	26
800	辛丑	28	7	4	12	22	22	31	13	32	10	26	7	27
799	壬寅	29	8	5	13	23	熊鄂 1	戴公 1	14	33	11	27	8	28
798	癸卯	30	9	6	14	24	2	2	15	34	12	28	9	29
797	甲辰	31	10	7	15	25	3	3	16	35	13	29	10	30
796	乙巳	32	11	8	16	26	4	4	17	36	14	30	11	31
795	丙午	33	12	9	17	27	5	5	18	武公 1	15	惠公 1	12	32
794	丁未	34	13	庄公 1	18	28	6	6	19	2	16	2	13	33
793	戊申	35	14	2	19	29	7	7	20	3	17	3	14	34
792	己酉	36	15	3	20	30	8	8	21	4	18	4	15	35
791	庚戌	37	16	4	21	31	9	9	22	5	19	5	16	36
790	辛亥	38	17	5	22	32	若敖 1	10	23	6	20	6	17	顷侯 1
789	壬子	39	18	6	23	33	2	11	24	7	21	7	18	2
788	癸丑	40	19	7	24	34	3	12	25	8	22	8	19	3
787	甲寅	41	20	8	25	35	4	13	26	9	23	9	20	4
786	乙卯	42	21	9	26	36	5	14	27	10	24	10	21	5
785	丙辰	43	22	10	27	37	6	15	28	11	25	11	22	6
784	丁巳	44	23	11	殇叔 1	38	7	16	29	12	26	12	23	7
783	戊午	45	24	12	2	39	8	17	30	13	27	13	24	8
782	己未	46	25	13	3	40	9	18	31	14	28	14	25	9
781	庚申	幽王 1 （姬宫湦）	26	14	4	41	10	19	32	15	29	15	26	10
780	辛酉	2	27	15	文侯 1	42	11	20	33	夷公 1	30	16	27	11
779	壬戌	3	28	16	2	43	12	21	34	2	31	17	28	12
778	癸亥	4	29	17	3	44	13	22	35	3	32	18	29	13
777	甲子	5	30	18	4	襄公 1	14	23	36	平公 1	33	19	30	14
776	乙丑	6	31	19	5	2	15	24	37	2	34	20	31	15
775	丙寅	7	32	20	6	3	16	25	38	3	35	21	32	16
774	丁卯	8	33	21	7	4	17	26	39	4	36	22	33	17
773	戊辰	9	34	22	8	5	18	27	40	5	37	23	34	18
772	己巳	10	35	23	9	6	19	28	41	6	38	24	35	19
771	庚午	11	36	24	10	7	20	29	42	7	39	25	36	20

* 《史记·十二诸侯年表》载，“鲁孝公称元年伯御立为君，称为诸公子”，一般年表或以鲁君为伯御，非孝公，至公元前796年“周宣王诛伯御，立其弟称，是为孝公”，方为孝公元年。

续表

公元前	干支	周	鲁	齐	晋	秦	楚	宋	卫	陈	蔡	曹	郑	燕
770	辛未	平王* 1（姬宜臼）	孝公 37	庄公 25	文侯 11	襄公 8	若敖 21	戴公 30	武公 43	平公 8	釐侯 40	惠公 26	武公 1	顷侯 21
769	壬申	2	38	26	12	9	22	31	44	9	41	27	2	22
768	癸酉	3	惠公 1	27	13	10	23	32	45	10	42	28	3	23
767	甲戌	4	2	28	14	11	24	33	46	11	43	29	4	24
766	乙亥	5	3	29	15	12	25	34	47	12	44	30	5	哀侯 1
765	丙子	6	4	30	16	文公 1	26	武公 1	48	13	45	31	6	2
764	丁丑	7	5	31	17	2	27	2	49	14	46	32	7	郑侯 1
763	戊寅	8	6	32	18	3	霄敖 1	3	50	15	47	33	8	2
762	己卯	9	7	33	19	4	2	4	51	16	48	34	9	3
761	庚辰	10	8	34	20	5	3	5	52	17	共侯 1	35	10	4
760	辛巳	11	9	35	21	6	4	6	53	18	2	36	11	5
759	壬午	12	10	36	22	7	5	7	54	19	戴侯 1	穆公 1	12	6
758	癸未	13	11	37	23	8	6	8	55	20	2	2	13	7
757	甲申	14	12	38	24	9	蚡冒 1	9	庄公 1	21	3	3	14	8
756	乙酉	15	13	39	25	10	2	10	2	22	4	桓公 1	15	9
755	丙戌	16	14	40	26	11	3	11	3	23	5	2	16	10
754	丁亥	17	15	41	27	12	4	12	4	文公 1	6	3	17	11
753	戊子	18	16	42	28	13	5	13	5	2	7	4	18	12
752	己丑	19	17	43	29	14	6	14	6	3	8	5	19	13
751	庚寅	20	18	44	30	15	7	15	7	4	9	6	20	14
750	辛卯	21	19	45	31	16	8	16	8	5	10	7	21	15
749	壬辰	22	20	46	32	17	9	17	9	6	宣侯 1	8	22	16
748	癸巳	23	21	47	33	18	10	18	10	7	2	9	23	17
747	甲午	24	22	48	34	19	11	宣公 1	11	8	3	10	24	18
746	乙未	25	23	49	35	20	12	2	12	9	4	11	25	19
745	丙申	26	24	50	昭侯 1	21	13	3	13	10	5	12	26	20
744	丁酉	27	25	51	2	22	14	4	14	桓公 1	6	13	27	21
743	戊戌	28	26	52	3	23	15	5	15	2	7	14	庄公 1	22
742	己亥	29	27	53	4	24	16	6	16	3	8	15	2	23
741	庚子	30	28	54	5	25	17	7	17	4	9	16	3	24
740	辛丑	31	29	55	6	26	武王 1	8	18	5	10	17	4	25
739	壬寅	32	30	56	孝侯 1	27	2	9	19	6	11	18	5	26
738	癸卯	33	31	57	2	28	3	10	20	7	12	19	6	27
737	甲辰	34	32	58	3	29	4	11	21	8	13	20	7	28
736	乙巳	35	33	59	4	30	5	12	22	9	14	21	8	29
735	丙午	36	34	60	5	31	6	13	23	10	15	22	9	30
734	丁未	37	35	61	6	32	7	14	桓公 1	11	16	23	10	31
733	戊申	38	36	62	7	33	8	15	2	12	17	24	11	32
732	己酉	39	37	63	8	34	9	16	3	13	18	25	12	33
731	庚戌	40	38	64	9	35	10	17	4	14	19	26	13	34
730	辛亥	41	39	釐公 1	10	36	11	18	5	15	20	27	14	35
729	壬子	42	40	2	11	37	12	19	6	16	21	28	15	36
728	癸丑	43	41	3	12	38	13	穆公 1	7	17	22	29	16	穆侯 1
727	甲寅	44	42	4	13	39	14	2	8	18	23	30	17	2
726	乙卯	45	43	5	14	40	15	3	9	19	24	31	18	3
725	丙辰	46	44	6	15	41	16	4	10	20	25	32	19	4
724	丁巳	47	45	7	16	42	17	5	11	21	26	33	20	5
723	戊午	48	46	8	鄂侯 1	43	18	6	12	22	27	34	21	6
722	己未	49	隐公 1	9	2	44	19	7	13	23	28	35	22	7
721	庚申	50	2	10	3	45	20	8	14	24	29	36	23	8
720	辛酉	51	3	11	4	46	21	9	15	25	30	37	24	9
719	壬戌	桓王 1（姬林）	4	12	5	47	22	殇公 1	16	26	31	38	25	10
718	癸亥	2	5	13	6	48	23	2	宣公 1	27	32	39	26	11
717	甲子	3	6	14	哀侯 1	49	24	3	2	28	33	40	27	12

* 一般从本年开始划为春秋时期。

续表

公元前	干支	周	鲁	齐	晋	秦	楚	宋	卫	陈	蔡	曹	郑	燕
716	乙丑	桓王 4（姬林）	隐公 7	釐公 15	哀侯 2	文公 50	武王 25	殇公 4	宣公 3	桓公 29	宣侯 34	桓公 41	庄公 28	穆侯 13
715	丙寅	5	8	16	3	宪(宁)公 1	26	5	4	30	35	42	29	14
714	丁卯	6	9	17	4	2	27	6	5	31	桓侯 1	43	30	15
713	戊辰	7	10	18	5	3	28	7	6	32	2	44	31	16
712	己巳	8	11	19	6	4	29	8	7	33	3	45	32	17
711	庚午	9	桓公 1	20	7	5	30	9	8	34	4	46	33	18
710	辛未	10	2	21	8	6	31	冯 1	9	35	5	47	34	宣侯 1
709	壬申	11	3	22	小子 1	7	32	2	10	36	6	48	35	2
708	癸酉	12	4	23	2	8	33	3	11	37	7	49	36	3
707	甲戌	13	5	24	3	9	34	4	12	38	8	50	37	4
706	乙亥	14	6	25	湣 1	10	35	5	13	厉公 1	9	51	38	5
705	丙子	15	7	26	2	11	36	6	14	2	10	52	39	6
704	丁丑	16	8	27	3	12	37	7	15	3	11	53	40	7
703	戊寅	17	9	28	4	出公 1	38	8	16	4	12	54	41	8
702	己卯	18	10	29	5	2	39	9	17	5	13	55	42	9
701	庚辰	19	11	30	6	3	40	10	18	6	14	庄公 1	43	10
700	辛巳	20	12	31	7	4	41	11	19	7	15	2	厉公 1	11
699	壬午	21	13	32	8	5	42	12	惠公 1	庄公 1	16	3	2	12
698	癸未	22	14	33	9	6	43	13	2	2	17	4	3	13
697	甲申	23	15	襄公 1	10	武公 1	44	14	3	3	18	5	4	桓公 1
696	乙酉	庄王 1（姬佗）	16	2	11	2	45	15	黔牟 1	4	19	6	昭公 1	2
695	丙戌	2	17	3	12	3	46	16	2	5	20	7	2	3
694	丁亥	3	18	4	13	4	47	17	3	6	哀侯 1	8	子亹 1	4
693	戊子	4	庄公 1	5	14	5	48	18	4	7	2	9	子婴 1	5
692	己丑	5	2	6	15	6	49	19	5	宣公 1	3	10	2	6
691	庚寅	6	3	7	16	7	50	湣公 1	6	2	4	11	3	7
690	辛卯	7	4	8	17	8	51	2	7	3	5	12	4	庄公 1
689	壬辰	8	5	9	18	9	文王 1	3	8	4	6	13	5	2
688	癸巳	9	6	10	19	10	2	4	9	5	7	14	6	3
687	甲午	10	7	11	20	11	3	5	10	6	8	15	7	4
686	乙未	11	8	12	21	12	4	6	惠公* 14	7	9	16	8	5
685	丙申	12	9	桓公 1	22	13	5	7	15	8	10	17	9	6
684	丁酉	13	10	2	23	14	6	8	16	9	11	18	10	7
683	戊戌	14	11	3	24	15	7	9	17	10	12	19	11	8
682	己亥	15	12	4	25	16	8	10	18	11	13	20	12	9
681	庚子	釐(僖)王 1（姬胡齐）	13	5	26	17	9	桓公 1	19	12	14	21	13	10
680	辛丑	2	14	6	27	18	10	2	20	13	15	22	14	11
679	壬寅	3	15	7	28	19	11	3	21	14	16	23	厉公** 1	12
678	癸卯	4	16	8	武公*** 38	20	12	4	22	15	17	24	2	13
677	甲辰	5	17	9	39	德公 1	13	5	23	16	18	25	3	14
676	乙巳	惠王 1（姬阆）	18	10	献公 1	2	堵敖囏 1	6	24	17	19	26	4	15
675	丙午	2	19	11	2	宣公 1	2	7	25	18	20	27	5	16
674	丁未	3	20	12	3	2	3	8	26	19	穆侯 1	28	6	17
673	戊申	4	21	13	4	3	4	9	27	20	2	29	7	18
672	己酉	5	22	14	5	4	5	10	28	21	3	30	文公 1	19
671	庚戌	6	23	15	6	5	成王 1	11	29	22	4	31	2	20
670	辛亥	7	24	16	7	6	2	12	30	23	5	釐公 1	3	21
669	壬子	8	25	17	8	7	3	13	31	24	6	2	4	22
668	癸丑	9	26	18	9	8	4	14	懿公 1	25	7	3	5	23
667	甲寅	10	27	19	10	9	5	15	2	26	8	4	6	24
666	乙卯	11	28	20	11	10	6	16	3	27	9	5	7	25

* 惠公复为齐国所立，入卫。

** 厉公是年复立。

*** 曲沃武公灭晋侯湣，并晋，已立三十八年，不更元。

续表

公元前	干支	周	鲁	齐	晋	秦	楚	宋	卫	陈	蔡	曹	郑	燕
665	丙辰	惠王 12（姬阆）	庄公 29	桓公 21	献公 12	宣公 11	成王 7	桓公 17	懿公 4	宣公 28	穆侯 10	釐公 6	文公 8	庄公 26
664	丁巳	13	30	22	13	12	8	18	5	29	11	7	9	27
663	戊午	14	31	23	14	成公 1	9	19	6	30	12	8	10	28
662	己未	15	32	24	15	2	10	20	7	31	13	9	11	29
661	庚申	16	湣公 1	25	16	3	11	21	8	32	14	昭公 1	12	30
660	辛酉	17	2	26	17	4	12	22	戴公 1	33	15	2	13	31
659	壬戌	18	釐公 1	27	18	穆公 1	13	23	文公 1	34	16	3	14	32
658	癸亥	19	2	28	19	2	14	24	2	35	17	4	15	33
657	甲子	20	3	29	20	3	15	25	3	36	18	5	16	襄公 1
656	乙丑	21	4	30	21	4	16	26	4	37	19	6	17	2
655	丙寅	22	5	31	22	5	17	27	5	38	20	7	18	3
654	丁卯	23	6	32	23	6	18	28	6	39	21	8	19	4
653	戊辰	24	7	33	24	7	19	29	7	40	22	9	20	5
652	己巳	25	8	34	25	8	20	30	8	41	23	共公 1	21	6
651	庚午	襄王 1（姬郑）	9	35	26	9	21	31	9	42	24	2	22	7
650	辛未	2	10	36	惠公 1	10	22	襄公 1	10	43	25	3	23	8
649	壬申	3	11	37	2	11	23	2	11	44	26	4	24	9
648	癸酉	4	12	38	3	12	24	3	12	45	27	5	25	10
647	甲戌	5	13	39	4	13	25	4	13	穆公 1	28	6	26	11
646	乙亥	6	14	40	5	14	26	5	14	2	29	7	27	12
645	丙子	7	15	41	6	15	27	6	15	3	庄侯 1	8	28	13
644	丁丑	8	16	42	7	16	28	7	16	4	2	9	29	14
643	戊寅	9	17	43	8	17	29	8	17	5	3	10	30	15
642	己卯	10	18	孝公 1	9	18	30	9	18	6	4	11	31	16
641	庚辰	11	19	2	10	19	31	10	19	7	5	12	32	17
640	辛巳	12	20	3	11	20	32	11	20	8	6	13	33	18
639	壬午	13	21	4	12	21	33	12	21	9	7	14	34	19
638	癸未	14	22	5	13	22	34	13	22	10	8	15	35	20
637	甲申	15	23	6	14	23	35	14	23	11	9	16	36	21
636	乙酉	16	24	7	文公 1	24	36	成公 1	24	12	10	17	37	22
635	丙戌	17	25	8	2	25	37	2	25	13	11	18	38	23
634	丁亥	18	26	9	3	26	38	3	成公 1	14	12	19	39	24
633	戊子	19	27	10	4	27	39	4	2	15	13	20	40	25
632	己丑	20	28	昭公 1	5	28	40	5	3	16	14	21	41	26
631	庚寅	21	29	2	6	29	41	6	4	共公 1	15	22	42	27
630	辛卯	22	30	3	7	30	42	7	5	2	16	23	43	28
629	壬辰	23	31	4	8	31	43	8	6	3	17	24	44	29
628	癸巳	24	32	5	9	32	44	9	7	4	18	25	45	30
627	甲午	25	33	6	襄公 1	33	45	10	8	5	19	26	穆公 1	31
626	乙未	26	文公 1	7	2	34	46	11	9	6	20	27	2	32
625	丙申	27	2	8	3	35	穆王 1	12	10	7	21	28	3	33
624	丁酉	28	3	9	4	36	2	13	11	8	22	29	4	34
623	戊戌	29	4	10	5	37	3	14	12	9	23	30	5	35
622	己亥	30	5	11	6	38	4	15	13	10	24	31	6	36
621	庚子	31	6	12	7	39	5	16	14	11	25	32	7	37
620	辛丑	32	7	13	灵公 1	康公 1	6	17	15	12	26	33	8	38
619	壬寅	33	8	14	2	2	7	昭公 1	16	13	27	34	9	39
618	癸卯	顷王 1（姬壬臣）	9	15	3	3	8	2	17	14	28	35	10	40
617	甲辰	2	10	16	4	4	9	3	18	15	29	文公 1	11	桓公 1
616	乙巳	3	11	17	5	5	10	4	19	16	30	2	12	2
615	丙午	4	12	18	6	6	11	5	20	17	31	3	13	3
614	丁未	5	13	19	7	7	12	6	21	18	32	4	14	4
613	戊申	6	14	20	8	8	庄王 1	7	22	灵公 1	33	5	15	5

续表

公元前	干支	周	鲁	齐	晋	秦	楚	宋	卫	陈	蔡	曹	郑	燕	吴
612	己酉	匡王 1 （姬班）	文公 15	懿公 1	灵公 9	康公 9	庄王 2	昭公 8	成公 23	灵公 2	庄侯 34	文公 6	穆公 16	桓公 6	
611	庚戌	2	16	2	10	10	3	9	24	3	文侯 1	7	17	7	
610	辛亥	3	17	3	11	11	4	文公 1	25	4	2	8	18	8	
609	壬子	4	18	4	12	12	5	2	26	5	3	9	19	9	
608	癸丑	5	宣公 1	惠公 1	13	共公 1	6	3	27	6	4	10	20	10	
607	甲寅	6	2	2	14	2	7	4	28	7	5	11	21	11	
606	乙卯	定王 1 （姬瑜）	3	3	成公 1	3	8	5	29	8	6	12	22	12	
605	丙辰	2	4	4	2	4	9	6	30	9	7	13	灵公 1	13	
604	丁巳	3	5	5	3	5	10	7	31	10	8	14	襄公 1	14	
603	戊午	4	6	6	4	桓公 1	11	8	32	11	9	15	2	15	
602	己未	5	7	7	5	2	12	9	33	12	10	16	3	16	
601	庚申	6	8	8	6	3	13	10	34	13	11	17	4	宣公 1	
600	辛酉	7	9	9	7	4	14	11	35	14	12	18	5	2	
599	壬戌	8	10	10	景公 1	5	15	12	穆公 1	15	13	19	6	3	
598	癸亥	9	11	顷公 1	2	6	16	13	2	成公 1	14	20	7	4	
597	甲子	10	12	2	3	7	17	14	3	2	15	21	8	5	
596	乙丑	11	13	3	4	8	18	15	4	3	16	22	9	6	
595	丙寅	12	14	4	5	9	19	16	5	4	17	23	10	7	
594	丁卯	13	15	5	6	10	20	17	6	5	18	宣公 1	11	8	
593	戊辰	14	16	6	7	11	21	18	7	6	19	2	12	9	
592	己巳	15	17	7	8	12	22	19	8	7	20	3	13	10	
591	庚午	16	18	8	9	13	23	20	9	8	景侯 1	4	14	11	
590	辛未	17	成公 1	9	10	14	共王 1	21	10	9	2	5	15	12	
589	壬申	18	2	10	11	15	2	22	11	10	3	6	16	13	
588	癸酉	19	3	11	12	16	3	共公 1	定公 1	11	4	7	17	14	
587	甲戌	20	4	12	13	17	4	2	2	12	5	8	18	15	
586	乙亥	21	5	13	14	18	5	3	3	13	6	9	悼公 1	昭公 1	
585	丙子	简王 1 （姬夷）	6	14	15	19	6	4	4	14	7	10	2	2	寿梦 1
584	丁丑	2	7	15	16	20	7	5	5	15	8	11	成公 1	3	2
583	戊寅	3	8	16	17	21	8	6	6	16	9	12	2	4	3
582	己卯	4	9	17	18	22	9	7	7	17	10	13	3	5	4
581	庚辰	5	10	灵公 1	19	23	10	8	8	18	11	14	4	6	5
580	辛巳	6	11	2	厉公 1	24	11	9	9	19	12	15	5	7	6
579	壬午	7	12	3	2	25	12	10	10	20	13	16	6	8	7
578	癸未	8	13	4	3	26	13	11	11	21	14	17	7	9	8
577	甲申	9	14	5	4	27	14	12	12	22	15	成公 1	8	10	9
576	乙酉	10	15	6	5	景公 1	15	13	献公 1	23	16	2	9	11	10
575	丙戌	11	16	7	6	2	16	平公 1	2	24	17	3	10	12	11
574	丁亥	12	17	8	7	3	17	2	3	25	18	4	11	13	12
573	戊子	13	18	9	8	4	18	3	4	26	19	5	12	武公 1	13
572	己丑	14	襄公 1	10	悼公 1	5	19	4	5	27	20	6	13	2	14
571	庚寅	灵王 1 （姬泄心）	2	11	2	6	20	5	6	28	21	7	14	3	15
570	辛卯	2	3	12	3	7	21	6	7	29	22	8	釐公 1	4	16
569	壬辰	3	4	13	4	8	22	7	8	30	23	9	2	5	17
568	癸巳	4	5	14	5	9	23	8	9	哀公 1	24	10	3	6	18
567	甲午	5	6	15	6	10	24	9	10	2	25	11	4	7	19
566	乙未	6	7	16	7	11	25	10	11	3	26	12	5	8	20
565	丙申	7	8	17	8	12	26	11	12	4	27	13	简公 1	9	21
564	丁酉	8	9	18	9	13	27	12	13	5	28	14	2	10	22
563	戊戌	9	10	19	10	14	28	13	14	6	29	15	3	11	23
562	己亥	10	11	20	11	15	29	14	15	7	30	16	4	12	24
561	庚子	11	12	21	12	16	30	15	16	8	31	17	5	13	25
560	辛丑	12	13	22	13	17	31	16	17	9	32	18	6	14	诸樊 1

续表

公元前	干支	周	鲁	齐	晋	秦	楚	宋	卫	陈	蔡	曹	郑	燕	吴
559	壬寅	灵王 13（姬泄心）	襄公 14	灵公 23	悼公 14	景公 18	康王 1	平公 17	献公 18	哀公 10	景侯 33	成公 19	简公 7	武公 15	诸樊 2
558	癸卯	14	15	24	15	19	2	18	殇公 1	11	34	20	8	16	3
557	甲辰	15	16	25	平公 1	20	3	19	2	12	35	21	9	17	4
556	乙巳	16	17	26	2	21	4	20	3	13	36	22	10	18	5
555	丙午	17	18	27	3	22	5	21	4	14	37	23	11	19	6
554	丁未	18	19	28	4	23	6	22	5	15	38	武公 1	12	文公 1	7
553	戊申	19	20	庄公 1	5	24	7	23	6	16	39	2	13	2	8
552	己酉	20	21	2	6	25	8	24	7	17	40	3	14	3	9
551	庚戌	21	22	3	7	26	9	25	8	18	41	4	15	4	10
550	辛亥	22	23	4	8	27	10	26	9	19	42	5	16	5	11
549	壬子	23	24	5	9	28	11	27	10	20	43	6	17	6	12
548	癸丑	24	25	6	10	29	12	28	11	21	44	7	18	懿公 1	13
547	甲寅	25	26	景公 1	11	30	13	29	12	22	45	8	19	2	馀祭 1
546	乙卯	26	27	2	12	31	14	30	献公 1	23	46	9	20	3	2
545	丙辰	27	28	3	13	32	15	31	2	24	47	10	21	4	3
544	丁巳	景王 1（姬贵）	29	4	14	33	郏敖 1	32	3	25	48	11	22	惠公 1	4
543	戊午	2	30	5	15	34	2	33	襄公 1	26	49	12	23	2	5
542	己未	3	31	6	16	35	3	34	2	27	灵侯 1	13	24	3	6
541	庚申	4	昭公 1	7	17	36	4	35	3	28	2	14	25	4	7
540	辛酉	5	2	8	18	37	灵王 1	36	4	29	3	15	26	5	8
539	壬戌	6	3	9	19	38	2	37	5	30	4	16	27	6	9
538	癸亥	7	4	10	20	39	3	38	6	31	5	17	28	7	10
537	甲子	8	5	11	21	40	4	39	7	32	6	18	29	8	11
536	乙丑	9	6	12	22	哀公 1	5	40	8	33	7	19	30	9	12
535	丙寅	10	7	13	23	2	6	41	9	34	8	20	31	悼公 1	13
534	丁卯	11	8	14	24	3	7	42	灵公 1	35	9	21	32	2	14
533	戊辰	12	9	15	25	4	8	43	2	惠公 1	10	22	33	3	15
532	己巳	13	10	16	26	5	9	44	3	2	11	23	34	4	16
531	庚午	14	11	17	昭公 1	6	10	元公 1	4	3	12	24	35	5	17
530	辛未	15	12	18	2	7	11	2	5	4	平侯 1	25	36	6	馀眜 1
529	壬申	16	13	19	3	8	12	3	6	5	2	26	定公 1	7	2
528	癸酉	17	14	20	4	9	平王 1	4	7	6	3	27	2	共公 1	3
527	甲戌	18	15	21	5	10	2	5	8	7	4	平公 1	3	2	4
526	乙亥	19	16	22	6	11	3	6	9	8	5	2	4	3	僚 1
525	丙子	20	17	23	顷公 1	12	4	7	10	9	6	3	5	4	2
524	丁丑	21	18	24	2	13	5	8	11	10	7	4	6	5	3
523	戊寅	22	19	25	3	14	6	9	12	11	8	悼公 1	7	平公 1	4
522	己卯	23	20	26	4	15	7	10	13	12	9	2	8	2	5
521	庚辰	24	21	27	5	16	8	11	14	13	悼侯 1	3	9	3	6
520	辛巳	25	22	28	6	17	9	12	15	14	2	4	10	4	7
519	壬午	敬王 1（姬匄）	23	29	7	18	10	13	16	15	3	5	11	5	8
518	癸未	2	24	30	8	19	11	14	17	16	昭侯 1	6	12	6	9
517	甲申	3	25	31	9	20	12	15	18	17	2	7	13	7	10
516	乙酉	4	26	32	10	21	13	景公 1	19	18	3	8	14	8	11
515	丙戌	5	27	33	11	22	昭王 1	2	20	19	4	9	15	9	12
514	丁亥	6	28	34	12	23	2	3	21	20	5	襄公 1	16	10	阖闾 1
513	戊子	7	29	35	13	24	3	4	22	21	6	2	献公 1	11	2
512	己丑	8	30	36	14	25	4	5	23	22	7	3	2	12	3
511	庚寅	9	31	37	定公 1	26	5	6	24	23	8	4	3	13	4
510	辛卯	10	32	38	2	27	6	7	25	24	9	5	4	14	5
509	壬辰	11	定公 1	39	3	28	7	8	26	25	10	隐公 1	5	15	6
508	癸巳	12	2	40	4	29	8	9	27	26	11	2	6	16	7
507	甲午	13	3	41	5	30	9	10	28	27	12	3	7	17	8
506	乙未	14	4	42	6	31	10	11	29	28	13	4	8	18	9

续表

公元前	干支	周	鲁	齐	晋	秦	楚	宋	卫	陈	蔡	曹	郑	燕	吴
505	丙申	敬王 15（姬匄）	定公 5	景公 43	定公 7	哀公 32	昭王 11	景公 12	灵公 30	怀公 1	昭侯 14	靖公 1	献公 9	平公 19	阖闾 10
504	丁酉	16	6	44	8	33	12	13	31	2	15	2	10	简公 1	11
503	戊戌	17	7	45	9	34	13	14	32	3	16	3	11	2	12
502	己亥	18	8	46	10	35	14	15	33	4	17	4	12	3	13
501	庚子	19	9	47	11	36	15	16	34	湣公 1	18	伯阳 1	13	4	14
500	辛丑	20	10	48	12	惠公 1	16	17	35	2	19	2	声公 1	5	15
499	壬寅	21	11	49	13	2	17	18	36	3	20	3	2	6	16
498	癸卯	22	12	50	14	3	18	19	37	4	21	4	3	7	17
497	甲辰	23	13	51	15	4	19	20	38	5	22	5	4	8	18
496	乙巳	24	14	52	16	5	20	21	39	6	23	6	5	9	19
495	丙午	25	15	53	17	6	21	22	40	7	24	7	6	10	夫差 1
494	丁未	26	哀公 1	54	18	7	22	23	41	8	25	8	7	11	2
493	戊申	27	2	55	19	8	23	24	42	9	26	9	8	12	3
492	己酉	28	3	56	20	9	24	25	出公 1	10	27	10	9	献公 1	4
491	庚戌	29	4	57	21	10	25	26	2	11	28	11	10	2	5
490	辛亥	30	5	58	22	悼公 1	26	27	3	12	成侯 1	12	11	3	6
489	壬子	31	6	晏孺子 1	23	2	27	28	4	13	2	13	12	4	7
488	癸丑	32	7	悼公 1	24	3	惠王 1	29	5	14	3	14	13	5	8
487	甲寅	33	8	2	25	4	2	30	6	15	4	15	14	6	9
486	乙卯	34	9	3	26	5	3	31	7	16	5		15	7	10
485	丙辰	35	10	4	27	6	4	32	8	17	6		16	8	11
484	丁巳	36	11	简公 1	28	7	5	33	9	18	7		17	9	12
483	戊午	37	12	2	29	8	6	34	10	19	8		18	10	13
482	己未	38	13	3	30	9	7	35	11	20	9		19	11	14
481	庚申	39	14	4	31	10	8	36	12	21	10		20	12	15
480	辛酉	40	15	平公 1	32	11	9	37	庄公 1	22	11		21	13	16
479	壬戌	41	16	2	33	12	10	38	2	23	12		22	14	17
478	癸亥	42	17	3	34	13	11	39	3		13		23	15	18
477	甲子	43	18	4	35	14	12	40	起 1		14		24	16	19

（三）战国纪年表*

公元前	干支	周	秦	赵	楚	燕	齐	晋
476	乙丑	元王（姬仁） 1	厉共公 1	襄子 1	惠王 13	孝公 22	平公 5	定公 36
475	丙寅	2	2		14	23	6	37
474	丁卯	3	3	2	15	24	7	出公 1
473	戊辰	4	4	3	16	25	8	2
472	己巳	5	5	4	17	26	9	3
471	庚午	6	6	5	18	27	10	4
470	辛未	7	7	6	19	28	11	5
469	壬申	8	8	7	20	29	12	6
468	癸酉	贞定王（姬介） 1	9	8	21	30	13	7
467	甲戌	2	10	9	22	31	14	8
466	乙亥	3	11	10	23	32	15	9
465	丙子	4	12	11	24	33	16	10
464	丁丑	5	13	12	25	34	17	11
463	戊寅	6	14	13	26	35	18	12
462	己卯	7	15	14	27	36	19	13
461	庚辰	8	16	15	28	37	20	14
460	辛巳	9	17	16	29	38	21	15
459	壬午	10	18	17	30	39	22	16

* 本表据《古本竹书纪年》编制，并参考今人考订。《十二诸侯纪年表》中的鲁、宋、卫、郑四国至战国时尚存，因《史记·六国年表》及一般年表均未列入，本表皆从略。越国世系，今人虽有考订，但异说颇多，亦从略。按本表所据非《史记·六国年表》，故开始年所列燕国世系、年代，与前表所列燕国最后一年未能衔接。

续表

公元前	干支	周	秦	魏	韩	赵	楚	燕	田齐	齐	晋
458	癸未	贞定王（姬介） 11	厉共公 19			襄子 18	惠王 31	孝公 40		平公 23	出公 17
457	甲申	12	20			19	32	41		24	18
456	乙酉	13	21			20	33	42		25	19
455	丙戌	14	22			21	34	43		宣公 1	20
454	丁亥	15	23			22	35	成公 1		2	21
453	戊子	16	24			23	36	2		3	22
452	己丑	17	25			24	37	3		4	23
451	庚寅	18	26			25	38	4		5	敬公 1
450	辛卯	19	27			26	39	5		6	2
449	壬辰	20	28			27	40	6		7	3
448	癸巳	21	29			28	41	7		8	4
447	甲午	22	30			29	42	8		9	5
446	乙未	23	31			30	43	9		10	6
445	丙申	24	32	文侯 1		31	44	10		11	7
444	丁酉	25	33	2		32	45	11		12	8
443	戊戌	26	34	3		33	46	12		13	9
442	己亥	27	躁公 1	4		34	47	13		14	10
441	庚子	28	2	5		35	48	14		15	11
440	辛丑	考王（姬嵬） 1	3	6		36	49	15		16	12
439	壬寅	2	4	7		37	50	16		17	13
438	癸卯	3	5	8		38	51	湣（文）公 1		18	14
437	甲辰	4	6	9		39	52	2		19	15
436	乙巳	5	7	10		40	53	3		20	16
435	丙午	6	8	11		41	54	4		21	17
434	丁未	7	9	12		42	55	5		22	18
433	戊申	8	10	13		43	56	6		23	幽公 1
432	己酉	9	11	14		44	57	7		24	2
431	庚戌	10	12	15		45	简王 1	8		25	3
430	辛亥	11	13	16		46	2	9		26	4
429	壬子	12	14	17		47	3	10		27	5
428	癸丑	13	怀公 1	18		48	4	11		28	6
427	甲寅	14	2	19		49	5	12		29	7
426	乙卯	15	3	20		50	6	13		30	8
425	丙辰	威烈王（姬午） 1	4	21		51	7	14		31	9
424	丁巳	2	灵公 1	22	武子 1	桓子 1	8	15		32	10
423	戊午	3	2	23	2	献侯 1	9	16		33	11
422	己未	4	3	24	3	2	10	17		34	12
421	庚申	5	4	25	4	3	11	18		35	13
420	辛酉	6	5	26	5	4	12	19		36	14
419	壬戌	7	6	27	6	5	13	20		37	15
418	癸亥	8	7	28	7	6	14	21		38	16
417	甲子	9	8	29	8	7	15	22		39	17
416	乙丑	10	9	30	9	8	16	23		40	18
415	丙寅	11	10	31	10	9	17	24		41	烈公 1
414	丁卯	12	简公 1	32	11	10	18	简公 1		42	2
413	戊辰	13	2	33	12	11	19	2		43	3
412	己巳	14	3	34	13	12	20	3		44	4
411	庚午	15	4	35	14	13	21	4		45	5
410	辛未	16	5	36	15	14	22	5	悼子 1	46	6
409	壬申	17	6	37	16	15	23	6	2	47	7
408	癸酉	18	7	38	景侯 1	烈侯 1	24	7	3	48	8
407	甲戌	19	8	39	2	2	声王 1	8	4	49	9
406	乙亥	20	9	40	3	3	2	9	5	50	10
405	丙子	21	10	41	4	4	3	10	6	51	11
404	丁丑	22	11	42	5	5	4	11	和子 1	康公 1	12
403	戊寅	23	12	43	6	6	5	12	2	2	13
402	己卯	24	13	44	7	7	6	13	3	3	14
401	庚辰	安王（姬骄） 1	14	45	8	8	悼王 1	14	4	4	15
400	辛巳	2	15	46	9	9	2	15	5	5	16

续表

公元前	干支	周	秦	魏	韩	赵	楚	燕	田齐	齐	晋
399	壬午	安王（姬骄） 3	惠公 1	文侯 47	烈侯 1	烈侯 10	悼王 3	简公 16	和子 6	康公 6	烈公 17
398	癸未	4	2	48	2	11	4	17	7	7	18
397	甲申	5	3	49	3	12	5	18	8	8	19
396	乙酉	6	4	50	4	13	6	19	9	9	20
395	丙戌	7	5	武侯 1	5	14	7	20	10	10	21
394	丁亥	8	6	2	6	15	8	21	11	11	22
393	戊子	9	7	3	7	16	9	22	12	12	23
392	己丑	10	8	4	8	17	10	23	13	13	24
391	庚寅	11	9	5	9	18	11	24	14	14	25
390	辛卯	12	10	6	10	19	12	25	15	15	26
389	壬辰	13	11	7	11	20	13	26	16	16	27
388	癸巳	14	12	8	12	21	14	27	17	17	桓公 1
387	甲午	15	13	9	13	22	15	28	18	18	2
386	乙未	16	出子 1	10	文侯 1	敬侯 1	16	29	1	19	3
385	丙申	17	2	11	2	2	17	30	2	20	4
384	丁酉	18	献公 1	12	3	3	18	31	齐侯剡 1	21	5
383	戊戌	19	2	13	4	4	19	32	2	22	6
382	己亥	20	3	14	5	5	20	33	3	23	7
381	庚子	21	4	15	6	6	21	34	4	24	8
380	辛丑	22	5	16	7	7	肃王 1	35	5	25	9
379	壬寅	23	6	17	8	8	2	36	6	26	10
378	癸卯	24	7	18	9	9	3	37	7		11
377	甲辰	25	8	19	10	10	4	38	8		12
376	乙巳	26	9	20	哀侯 1	11	5	39	9		13
375	丙午	烈王（姬喜） 1	10	21	2	12	6	40	10		14
374	丁未	2	11	22	懿侯 1	成侯 1	7	41	桓公 1		15
373	戊申	3	12	23	2	2	8	42	2		16
372	己酉	4	13	24	3	3	9	桓公 1	3		17
371	庚戌	5	14	25	4	4	10	2	4		18
370	辛亥	6	15	26	5	5	11	3	5		19
369	壬子	7	16	惠王 1	6	6	宣王 1	4	6		20
368	癸丑	显王（姬扁） 1	17	2	7	7	2	5	7		
367	甲寅	2	18	3	8	8	3	6	8		
366	乙卯	3	19	4	9	9	4	7	9		
365	丙辰	4	20	5	10	10	5	8	10		
364	丁巳	5	21	6	11	11	6	9	11		
363	戊午	6	22	7	12	12	7	10	12		
362	己未	7	23	8	昭侯 1	13	8	11	13		
361	庚申	8	孝公 1	9	2	14	9	文公 1	14		
360	辛酉	9	2	10	3	15	10	2	15		
359	壬戌	10	3	11	4	16	11	3	16		
358	癸亥	11	4	12	5	17	12	4	17		
357	甲子	12	5	13	6	18	13	5	18		
356	乙丑	13	6	14	7	19	14	6	威王 1		
355	丙寅	14	7	15	8	20	15	7	2		
354	丁卯	15	8	16	9	21	16	8	3		
353	戊辰	16	9	17	10	22	17	9	4		
352	己巳	17	10	18	11	23	18	10	5		
351	庚午	18	11	19	12	24	19	11	6		
350	辛未	19	12	20	13	25	20	12	7		
349	壬申	20	13	21	14	肃侯 1	21	13	8		
348	癸酉	21	14	22	15	2	22	14	9		
347	甲戌	22	15	23	16	3	23	15	10		
346	乙亥	23	16	24	17	4	24	16	11		
345	丙子	24	17	25	18	5	25	17	12		
344	丁丑	25	18	26	19	6	26	18	13		
343	戊寅	26	19	27	20	7	27	19	14		
342	己卯	27	20	28	21	8	28	20	15		
341	庚辰	28	21	29	22	9	29	21	16		
340	辛巳	29	22	30	23	10	30	22	17		

续表

公元前	干支	周	秦	魏	韩	赵	楚	燕	田齐
339	壬午	显王（姬扁） 30	孝公 23	惠王 31	昭侯 24	肃侯 11	威王 1	文公 23	威王 18
338	癸未	31	24	32	25	12	2	24	19
337	甲申	32	惠文王 1	33	26	13	3	25	20
336	乙酉	33	2	34	27	14	4	26	21
335	丙戌	34	3	35	28	15	5	27	22
334	丁亥	35	4	后元 1	29	16	6	28	23
333	戊子	36	5	2	30	17	7	29	24
332	己丑	37	6	3	宣惠王 1	18	8	易王 1	25
331	庚寅	38	7	4	2	19	9	2	26
330	辛卯	39	8	5	3	20	10	3	27
329	壬辰	40	9	6	4	21	11	4	28
328	癸巳	41	10	7	5	22	怀王 1	5	29
327	甲午	42	11	8	6	23	2	6	30
326	乙未	43	12	9	7	24	3	7	31
325	丙申	44	13	10	8	武灵王 1	4	8	32
324	丁酉	45	更元 1	11	9	2	5	9	33
323	戊戌	46	2	12	10	3	6	10	34
322	己亥	47	3	13	11	4	7	11	35
321	庚子	48	4	14	12	5	8	12	36
320	辛丑	慎靓王（姬定）1	5	15	13	6	9	燕王哙 1	37
319	壬寅	2	6	16	14	7	10	2	宣王 1
318	癸卯	3	7	襄王 1	15	8	11	3	2
317	甲辰	4	8	2	16	9	12	4	3
316	乙巳	5	9	3	17	10	13	5	4
315	丙午	6	10	4	18	11	14	6	5
314	丁未	赧王（姬延） 1	11	5	19	12	15	7	6
313	戊申	2	12	6	20	13	16	8	7
312	己酉	3	13	7	21	14	17	9	8
311	庚戌	4	14	8	襄王 1	15	18	昭王 1	9
310	辛亥	5	武王 1	9	2	16	19	2	10
309	壬子	6	2	10	3	17	20	3	11
308	癸丑	7	3	11	4	18	21	4	12
307	甲寅	8	4	12	5	19	22	5	13
306	乙卯	9	昭王 1	13	6	20	23	6	14
305	丙辰	10	2	14	7	21	24	7	15
304	丁巳	11	3	15	8	22	25	8	16
303	戊午	12	4	16	9	23	26	9	17
302	己未	13	5	17	10	24	27	10	18
301	庚申	14	6	18	11	25	28	11	19
300	辛酉	15	7	19	12	26	29	12	湣王 1
299	壬戌	16	8	20	13	27	30	13	2
298	癸亥	17	9	21	14	惠文王 1	顷襄王 1	14	3
297	甲子	18	10	22	15	2	2	15	4
296	乙丑	19	11	23	16	3	3	16	5
295	丙寅	20	12	昭王 1	釐王 1	4	4	17	6
294	丁卯	21	13	2	2	5	5	18	7
293	戊辰	22	14	3	3	6	6	19	8
292	己巳	23	15	4	4	7	7	20	9
291	庚午	24	16	5	5	8	8	21	10
290	辛未	25	17	6	6	9	9	22	11
289	壬申	26	18	7	7	10	10	23	12
288	癸酉	27	19	8	8	11	11	24	13
287	甲戌	28	20	9	9	12	12	25	14
286	乙亥	29	21	10	10	13	13	26	15
285	丙子	30	22	11	11	14	14	27	16

续表

公元前	干支	周	秦	魏	韩	赵	楚	燕	田齐
284	丁丑	赧王（姬延） 31	昭王 23	昭王 12	釐王 12	惠文王 15	顷襄王 15	昭王 28	湣王 17
283	戊寅	32	24	13	13	16	16	29	襄王 1
282	己卯	33	25	14	14	17	17	30	2
281	庚辰	34	26	15	15	18	18	31	3
280	辛巳	35	27	16	16	19	19	32	4
279	壬午	36	28	17	17	20	20	33	5
278	癸未	37	29	18	18	21	21	惠王 1	6
277	甲申	38	30	19	19	22	22	2	7
276	乙酉	39	31	安釐王 1	20	23	23	3	8
275	丙戌	40	32	2	21	24	24	4	9
274	丁亥	41	33	3	22	25	25	5	10
273	戊子	42	34	4	23	26	26	6	11
272	己丑	43	35	5	桓惠王 1	27	27	7	12
271	庚寅	44	36	6	2	28	28	武成王 1	13
270	辛卯	45	37	7	3	29	29	2	14
269	壬辰	46	38	8	4	30	30	3	15
268	癸巳	47	39	9	5	31	31	4	16
267	甲午	48	40	10	6	32	32	5	17
266	乙未	49	41	11	7	33	33	6	18
265	丙申	50	42	12	8	孝成王 1	34	7	19
264	丁酉	51	43	13	9	2	35	8	齐王建 1
263	戊戌	52	44	14	10	3	36	9	2
262	己亥	53	45	15	11	4	考烈王 1	10	3
261	庚子	54	46	16	12	5	2	11	4
260	辛丑	55	47	17	13	6	3	12	5
259	壬寅	56	48	18	14	7	4	13	6
258	癸卯	57	49	19	15	8	5	14	7
257	甲辰	58	50	20	16	9	6	孝王 1	8
256	乙巳	59	51	21	17	10	7	2	9
255	丙午		52	22	18	11	8	3	10
254	丁未		53	23	19	12	9	燕王喜 1	11
253	戊申		54	24	20	13	10	2	12
252	己酉		55	25	21	14	11	3	13
251	庚戌		56	26	22	15	12	4	14
250	辛亥		孝文王 1	27	23	16	13	5	15
249	壬子		庄襄王 1	28	24	17	14	6	16
248	癸丑		2	29	25	18	15	7	17
247	甲寅		3	30	26	19	16	8	18
246	乙卯		秦王政（始皇帝）1	31	27	20	17	9	19
245	丙辰		2	32	28	21	18	10	20
244	丁巳		3	33	29	悼襄王 1	19	11	21
243	戊午		4	34	30	2	20	12	22
242	己未		5	景湣王 1	31	3	21	13	23
241	庚申		6	2	32	4	22	14	24
240	辛酉		7	3	33	5	23	15	25
239	壬戌		8	4	34	6	24	16	26
238	癸亥		9	5	韩王安 1	7	25	17	27
237	甲子		10	6	2	8	幽王 1	18	28
236	乙丑		11	7	3	9	2	19	29
235	丙寅		12	8	4	赵王迁 1	3	20	30
234	丁卯		13	9	5	2	4	21	31
233	戊辰		14	10	6	3	5	22	32
232	己巳		15	11	7	4	6	23	33
231	庚午		16	12	8	5	7	24	34
230	辛未		17	13	9	6	8	25	35

续表

公元前	干支	秦	魏	韩	赵	楚	燕	田齐
229	壬申	秦王政（始皇帝）18	景湣王 14		赵王迁 7	幽王 9	燕王喜 26	齐王建 36
228	癸酉	19	15		8	10	27	37
227	甲戌	20	魏王假 1		代王嘉 1	楚王负刍 1	28	38
226	乙亥	21	2		2	2	29	39
225	丙子	22	3		3	3	30	40
224	丁丑	23			4	4	31	41
223	戊寅	24			5	5	32	42
222	己卯	25			6		33	43
221	庚辰	26						44

（四）秦纪年表

公元前	干支	秦	公元前	干支	秦
221	庚辰	始皇帝（嬴政）26*	213	戊子	始皇帝（嬴政）34
220	辛巳	27	212	己丑	35
219	壬午	28	211	庚寅	36
218	癸未	29	210	辛卯	37（二世㊆）
217	甲申	30	209	壬辰	二世（嬴胡亥）1
216	乙酉	31	208	癸巳	2
215	丙戌	32	207	甲午	3（嬴子婴㊇）
214	丁亥	33	206	乙未	嬴子婴 1㊉**

* 本年秦统一全国，秦王政称始皇帝。

** 子婴八月即位，十月即降于刘邦，秦以十月为岁首，故列在公元前206年栏内。

（五）汉纪年表

公元前	干支	汉	公元前	干支	汉
206	乙未	高祖（刘邦）1	177	甲子	文帝（刘恒）3
205	丙申	2	176	乙丑	4
204	丁酉	3	175	丙寅	5
203	戊戌	4	174	丁卯	6
202	己亥	5	173	戊辰	7
201	庚子	6	172	己巳	8
200	辛丑	7	171	庚午	9
199	壬寅	8	170	辛未	10
198	癸卯	9	169	壬申	11
197	甲辰	10	168	癸酉	12
196	乙巳	11	167	甲戌	13
195	丙午	12（惠帝㊄）	166	乙亥	14
194	丁未	惠帝（刘盈）1	165	丙子	15
193	戊申	2	164	丁丑	16
192	己酉	3	163	戊寅	后元 1
191	庚戌	4	162	己卯	2
190	辛亥	5	161	庚辰	3
189	壬子	6	160	辛巳	4
188	癸丑	7	159	壬午	5
187	甲寅	高后（吕雉）1	158	癸未	6
186	乙卯	2	157	甲申	7（景帝㊅）
185	丙辰	3	156	乙酉	景帝（刘启）1
184	丁巳	4	155	丙戌	2
183	戊午	5	154	丁亥	3
182	己未	6	153	戊子	4
181	庚申	7	152	己丑	5
180	辛酉	8（文帝闰㊈）	151	庚寅	6
179	壬戌	文帝（刘恒）1	150	辛卯	7
178	癸亥	2	149	壬辰	中元 1

续表

公元前	干支	汉	
148	癸巳		2
147	甲午		3
146	乙未		4
145	丙申		5
144	丁酉		6
143	戊戌	后元	1
142	己亥		2
141	庚子		3（武帝㊀）
140	辛丑	武帝（刘彻）*建元	1
139	壬寅		2
138	癸卯		3
137	甲辰		4
136	乙巳		5
135	丙午		6
134	丁未	元光	1
133	戊申		2
132	己酉		3
131	庚戌		4
130	辛亥		5
129	壬子		6
128	癸丑	元朔	1
127	甲寅		2
126	乙卯		3
125	丙辰		4
124	丁巳		5
123	戊午		6
122	己未	元狩	1
121	庚申		2
120	辛酉		3
119	壬戌		4
118	癸亥		5
117	甲子		6
116	乙丑	元鼎	1
115	丙寅		2
114	丁卯		3
113	戊辰		4
112	己巳		5
111	庚午		6
110	辛未	元封	1
109	壬申		2
108	癸酉		3
107	甲戌		4
106	乙亥		5
105	丙子		6
104	丁丑	太初**	1
103	戊寅		2
102	己卯		3
101	庚辰		4
100	辛巳	天汉	1
99	壬午		2
98	癸未		3
97	甲申		4
96	乙酉	太始	1
95	丙戌		2
94	丁亥		3
93	戊子		4
92	己丑	征（延）和	1
91	庚寅		2
90	辛卯		3
89	壬辰		4
88	癸巳	后元	1
87	甲午		2（昭帝㊁）
86	乙未	昭帝（刘弗陵）始元	1
85	丙申		2
84	丁酉		3
83	戊戌		4
82	己亥		5
81	庚子		6
80	辛丑	元凤㊇	1
79	壬寅		2
78	癸卯		3
77	甲辰		4
76	乙巳		5
75	丙午		6
74	丁未	元平	1（宣帝㊆）
73	戊申	宣帝（刘询）本始	1
72	己酉		2
71	庚戌		3
70	辛亥		4
69	壬子	地节	1
68	癸丑		2
67	甲寅		3
66	乙卯		4
65	丙辰	元康	1
64	丁巳		2
63	戊午		3
62	己未		4
61	庚申	神爵㊂	1
60	辛酉		2
59	壬戌		3
58	癸亥		4
57	甲子	五凤	1
56	乙丑		2
55	丙寅		3
54	丁卯		4
53	戊辰	甘露	1
52	己巳		2
51	庚午		3
50	辛未		4
49	壬申	黄龙	1（元帝㊉）
48	癸酉	元帝（刘奭）初元	1
47	甲戌		2
46	乙亥		3
45	丙子		4
44	丁丑		5
43	戊寅	永光	1
42	己卯		2
41	庚辰		3
40	辛巳		4
39	壬午		5
38	癸未	建昭	1
37	甲申		2

* 年号自此开始。

** 是年五月改用太初历，用夏正，以建寅月为岁首。

续表

公元前	干支	汉	
36	乙酉	建昭	3
35	丙戌		4
34	丁亥		5
33	戊子	竟宁	1（成帝㊅）
32	己丑	成帝（刘骜）建始	1
31	庚寅		2
30	辛卯		3
29	壬辰		4
28	癸巳	河平㊂	1
27	甲午		2
26	乙未		3
25	丙申		4
24	丁酉	阳朔	1
23	戊戌		2
22	己亥		3
21	庚子		4
20	辛丑	鸿嘉	1
19	壬寅		2
18	癸卯		3
17	甲辰		4
16	乙巳	永始	1
15	丙午		2
14	丁未		3
13	戊申		4
12	己酉	元延	1
11	庚戌		2
10	辛亥		3
9	壬子		4
8	癸丑	绥和	1
7	甲寅		2（哀帝㊃）
6	乙卯	哀帝（刘欣）建平	1

公元前	干支		汉	
5	丙辰		太初元将（太初）㊅	1
			建平㊇	2
4	丁巳			3
3	戊午			4
2	己未		元寿	1
1	庚申			2（平帝㊈）
公元				
1	辛酉	⑫㉘	平帝（刘衎）元始	1
2	壬戌	⑫㊉		2
3	癸亥	⑫⑳		3
4	甲子	⑫㊀		4
5	乙丑	⑫⑫		5
6	丙寅	⑫㉓	孺子（刘婴）居摄	1
7	丁卯	⑫㊃		2
8	戊辰	⑫⑮		3
			初始⑪*	1
			新	
9	己巳	⑫㉖	王莽始建国	1
10	庚午	⑫㊆		2
11	辛未	⑫⑱		3
12	壬申	⑫㉙		4
13	癸酉	⑫㊉		5
14	甲戌	⑫㉑	天凤	1
15	乙亥	㊀㊁**		2
16	丙子	⑫⑭		3
17	丁丑	⑫㉔		4
18	戊寅	㊀㊄**		5
19	己卯	⑫⑯		6
20	庚辰	⑫㉘	地皇	1
21	辛巳	⑫㊈		2
22	壬午	⑫⑲		3

续表

公元	干支		新				
23	癸未	⑫㊀	地皇 4㊈	刘玄㊁〔更始〕㊁ 1	隗嚣㊆复汉㊆*** 1		
24	甲申	⑫⑫		2	2		
			东汉				
25	乙酉	⑫㉓	光武帝（刘秀）㊅ 建武 ㊅1	3㊈	3	公孙述㊃ 龙兴㊃1	刘盆子㊅ 〔建世〕㊅ 1
26	丙戌	⑫㊃	2		4	2	2
27	丁亥	⑫⑭	3		5	3	3闰㊀
28	戊子	⑫㉖	4		6	4	
29	己丑	⑫㊆	5		7	5	
30	庚寅	⑫⑯	6		8	6	
31	辛卯	⑫㉘	7		9	7	
32	壬辰	⑫⑪	8		10	8	
33	癸巳	⑫㉑	9		隗纯 11	9	
34	甲午	⑫㊁	10		12㊉	10	
35	乙未	⑫⑬	11			11	
36	丙申	⑫㉕	12			12⑪	
37	丁酉	⑫㊅	13				
38	戊戌	⑫⑯	14				
39	己亥	⑫㉗	15				
40	庚子	⑫㊈	16				

* 十二月王莽建立新朝，年号始建国，即以本月为正月。

** 均在次年。

*** 一作汉复。

续表

公元	干支	东汉		
41	辛丑	⑪⑳	建武	17
42	壬寅	⑫①		18
43	癸卯	⑪⑪		19
44	甲辰	⑪㉓		20
45	乙巳	⑫④		21
46	丙午	⑪⑮		22
47	丁未	⑪㉖		23
48	戊申	⑪⑦		24
49	己酉	⑪⑱		25
50	庚戌	⑪㉙		26
51	辛亥	⑪⑩		27
52	壬子	⑪㉑		28
53	癸丑	⑫③		29
54	甲寅	⑪⑬		30
55	乙卯	⑪㉔		31
56	丙辰	⑫⑥	建武中元④	1
57	丁巳	⑪⑰		2（明帝②）
58	戊午	⑪㉗	明帝（刘庄）永平	1
59	己未	⑪⑧		2
60	庚申	⑪⑳		3
61	辛酉	⑫①		4
62	壬戌	⑪⑫		5
63	癸亥	⑪㉒		6
64	甲子	⑫④		7
65	乙丑	⑪⑮		8
66	丙寅	⑪㉖		9
67	丁卯	⑪⑦		10
68	戊辰	⑪⑱		11
69	己巳	⑪㉙		12
70	庚午	⑪⑩		13
71	辛未	⑪㉑		14
72	壬申	⑫③		15
73	癸酉	⑪⑬		16
74	甲戌	⑪㉔		17
75	乙亥	闰⑪⑤		18（章帝⑧）
76	丙子	⑪⑰	章帝（刘炟）建初	1
77	丁丑	⑪㉗		2
78	戊寅	⑪⑨		3
79	己卯	⑪⑲		4
80	庚辰	⑫①		5
81	辛巳	⑪⑫		6
82	壬午	⑪㉓		7
83	癸未	⑫④		8
84	甲申	⑪⑮	元和⑧	1
85	乙酉	⑪㉗		2
86	丙戌	⑪⑧		3
87	丁亥	⑪⑱	章和⑦	1
88	戊子	⑪㉚		2（和帝②）
89	己丑	⑪⑪	和帝（刘肇）永元	1
90	庚寅	⑪㉒		2
91	辛卯	⑫③		3
92	壬辰	⑪⑭		4
93	癸巳	⑪㉕		5
94	甲午	闰⑪⑥		6
95	乙未	⑪⑰		7
96	丙申	⑪㉘		8
97	丁酉	⑪⑩		9
98	戊戌	⑪⑳	永元	10
99	己亥	⑫①		11
100	庚子	⑪⑬		12
101	辛丑	⑪㉔		13
102	壬寅	⑫⑤		14
103	癸卯	⑪⑮		15
104	甲辰	⑪㉗		16
105	乙巳	⑪⑧	元兴④	1（殇帝⑫）
106	丙午	⑪⑲	殇帝（刘隆）延平	1（安帝⑧）
107	丁未	⑪㉙	安帝（刘祜）永初	1
108	戊申	⑪⑪		2
109	己酉	⑪㉒		3
110	庚戌	⑫③		4
111	辛亥	⑪⑭		5
112	壬子	⑪㉕		6
113	癸丑	⑫⑥		7
114	甲寅	⑪⑰	元初	1
115	乙卯	⑪㉘		2
116	丙辰	⑪⑩		3
117	丁巳	⑪⑳		4
118	戊午	⑫②		5
119	己未	⑪⑫		6
120	庚申	⑪㉔	永宁④	1
121	辛酉	⑫⑤	建光⑦	1
122	壬戌	⑪⑯	延光③	1
123	癸亥	⑪㉖		2
124	甲子	⑪⑧		3
125	乙丑	⑪⑲		4（少帝③）（顺帝⑪）
126	丙寅	⑪㉚	顺帝（刘保）永建	1
127	丁卯	⑪⑪		2
128	戊辰	⑪㉒		3
129	己巳	⑫③		4
130	庚午	⑪⑭		5
131	辛未	⑪㉕		6
132	壬申	⑫⑦	阳嘉③	1
133	癸酉	⑪⑰		2
134	甲戌	⑪㉘		3
135	乙亥	⑪⑨		4
136	丙子	⑪㉑	永和	1
137	丁丑	⑫②		2
138	戊寅	⑪⑫		3
139	己卯	⑪㉓		4
140	庚辰	⑫⑤		5
141	辛巳	⑪⑯		6
142	壬午	⑪㉖	汉安	1
143	癸未	⑪⑦		2
144	甲申	⑪⑲	建康④	1（冲帝⑧）
145	乙酉	⑪㉚	冲帝（刘炳）永憙（嘉）	1（质帝①）
146	丙戌	⑪⑪	质帝（刘缵）本初	1（桓帝闰⑥）
147	丁亥	⑪㉑	桓帝（刘志）建和	1
148	戊子	⑫④		2
149	己丑	⑪⑭		3
150	庚寅	⑪㉕	和平	1
151	辛卯	⑫⑥	元嘉	1
152	壬辰	⑪⑱		2
153	癸巳	⑪㉘	永兴⑤	1

续表

公元	干支		东汉	
154	甲午	⑪⑨	永兴	2
155	乙未	⑪⑳	永寿	1
156	丙申	⑫②		2
157	丁酉	⑪⑬		3
158	戊戌	⑪㉓	延熹⑥	1
159	己亥	⑫④		2
160	庚子	⑪⑯		3
161	辛丑	⑪㉗		4
162	壬寅	⑪⑧		5
163	癸卯	⑪⑱		6
164	甲辰	⑪㉚		7
165	乙巳	⑪⑪		8
166	丙午	⑪㉒		9
167	丁未	⑫③	永康⑥	1（灵帝⑫）
168	戊申	⑪⑭	灵帝（刘宏）建宁	1
169	己酉	⑪㉕		2
170	庚戌	闰⑪⑥		3
171	辛亥	⑪⑰		4
172	壬子	⑪㉘	熹平⑤	1
173	癸丑	⑪⑩		2
174	甲寅	⑪⑳		3
175	乙卯	⑫①		4
176	丙辰	⑪⑬		5
177	丁巳	⑪㉔		6
178	戊午	⑫⑤	光和③	1
179	己未	⑪⑮		2
180	庚申	⑪㉗		3
181	辛酉	⑪⑧		4
182	壬戌	⑪⑲		5
183	癸亥	⑪㉙		6
184	甲子	⑪⑪	中平⑫	1
185	乙丑	⑪㉒		2
186	丙寅	⑫③		3
187	丁卯	⑪⑭		4
188	戊辰	⑪㉕		5

公元	干支		东汉	
189	己巳	⑫⑥	少帝（刘辩）④光熹④	1
			昭宁⑧	1
			献帝（刘协）⑨永汉⑨	1
			中平⑫	6
190	庚午	⑪⑰	初平	1
191	辛未	⑪㉘		2
192	壬申	⑪⑩		3
193	癸酉	⑪⑳		4
194	甲戌	⑫②	兴平	1
195	乙亥	⑪⑬		2
196	丙子	⑪㉔	建安	1
197	丁丑	⑫⑤		2
198	戊寅	⑪⑯		3
199	己卯	⑪㉖		4
200	庚辰	⑪⑧		5
201	辛巳	⑪⑲		6
202	壬午	⑪㉚		7
203	癸未	⑪⑪		8
204	甲申	⑪㉓		9
205	乙酉	⑫③		10
206	丙戌	⑪⑭		11
207	丁亥	⑪㉕		12
208	戊子	⑫⑦		13
209	己丑	⑪⑰		14
210	庚寅	⑪㉘		15
211	辛卯	⑪⑨		16
212	壬辰	⑪㉑		17
213	癸巳	⑫②		18
214	甲午	⑪⑬		19
215	乙未	⑪㉓		20
216	丙申	⑫⑤		21
217	丁酉	⑪⑯		22
218	戊戌	⑪㉘		23
219	己亥	⑪⑦		24
220	庚子	⑪⑲	延康③	1⑩

（六）三国纪年表

公元	干支		魏		蜀		吴	
220	庚子	⑪⑲	文帝（曹丕）⑩黄初⑩	1				
221	辛丑	⑪㉚		2	昭烈帝（刘备）④章武④	1		
222	壬寅	⑪⑪		3		2	大帝（孙权）⑩黄武⑩	1
223	癸卯	⑪㉒		4	后主（刘禅）⑤建兴⑤	1		2
224	甲辰	⑫④		5		2		3
225	乙巳	⑪⑭		6		3		4
226	丙午	⑪㉕		7（明帝⑤）		4		5
227	丁未	⑫⑥	明帝（曹叡）太和	1		5		6
228	戊申	⑪⑯		2		6		7
229	己酉	⑪㉘		3		7	黄龙④	1
230	庚戌	⑪⑨		4		8		2
231	辛亥	⑪⑳		5		9		3
232	壬子	⑫②		6		10	嘉禾	1
233	癸丑	⑪⑬	青龙②	1		11		2
234	甲寅	⑪㉓		2		12		3
235	乙卯	⑫④		3		13		4
236	丙辰	⑪⑯		4		14		5

续表

公元	干支		魏		蜀		吴			
237	丁巳	⑫㉗	景初㊂	1	建兴	15	嘉禾	6	公孙渊㊆绍汉㊆	1
238	戊午	⑫⑧		2	延熙	1	赤乌㊇	1		2㊇
239	己未	⑫⑲		3(齐王㊀)		2		2		
240	庚申	⑫①	齐王（曹芳）正始	1		3		3		
241	辛酉	⑪⑬		2		4		4		
242	壬戌	⑪㉒		3		5		5		
243	癸亥	⑫③		4		6		6		
244	甲子	⑪⑮		5		7		7		
245	乙丑	⑪㉖		6		8		8		
246	丙寅	⑫⑦		7		9		9		
247	丁卯	⑪⑰		8		10		10		
248	戊辰	⑪㉙		9		11		11		
249	己巳	⑪⑩	嘉平㊃	1		12		12		
250	庚午	⑪㉑		2		13		13		
251	辛未	⑫②		3		14	太元㊄	1		
252	壬申	⑪⑭		4		15	神凤㊁	1		
							会稽王（孙亮）㊃建兴㊃	1		
253	癸酉	⑪㉔		5		16		2		
254	甲戌	⑫⑤	高贵乡公（曹髦）㊉正元㊉	1		17	五凤	1		
255	乙亥	⑪⑯		2		18		2		
256	丙子	⑪㉘	甘露㊅	1		19	太平㊉	1		
257	丁丑	⑪⑨		2		20		2		
258	戊寅	⑪⑲		3	景耀	1	景帝（孙休）㊉永安㊉	1		
259	己卯	⑪㉚		4		2		2		
260	庚辰	⑪⑪	元帝（曹奂）㊅ 景元㊅	1		3		3		
261	辛巳	⑪㉓		2		4		4		
262	壬午	⑫④		3		5		5		
263	癸未	⑪⑭		4	炎兴㊇	1⑪		6		
264	甲申	⑪㉕	咸熙㊄	1			末帝（孙皓）㊆ 元兴㊆	1		
265	乙酉	(闰)⑪⑦		2⑫			甘露㊃	1		
			晋							
			武帝（司马炎）⑫泰始⑫	1						
266	丙戌	⑪⑱		2			宝鼎㊇	1		
267	丁亥	⑪㉘		3				2		
268	戊子	⑪⑪		4				3		
269	己丑	⑪㉒		5			建衡㊉	1		
270	庚寅	⑫②		6				2		
271	辛卯	⑪⑬		7				3		
272	壬辰	⑪㉕		8			凤凰	1		
273	癸巳	⑫⑥		9				2		
274	甲午	⑪⑯		10				3		
275	乙未	⑪㉗	咸宁	1			天册	1		
276	丙申	⑪⑨		2			天玺㊆	1		
277	丁酉	⑪⑳		3			天纪	1		
278	戊戌	⑫①		4				2		
279	己亥	⑪⑫		5				3		
280	庚子	⑪㉓	太康㊃	1				4㊂		

（七）晋及十六国纪年表

公元	干支	晋					
281	辛丑	⑫㊃	武帝（司马炎）太康	2			
282	壬寅	⑪⑮		3			
283	癸卯	⑪㉕		4			
284	甲辰	⑫㊆		5			
285	乙巳	⑪⑯		6			
286	丙午	⑪㉙		7			
287	丁未	⑪㊉		8			
288	戊申	⑪㉑		9			
289	己酉	⑫㊂		10			
290	庚戌	⑪⑬	太熙	1			
			惠帝（司马衷）㊃永熙㊃	1			
291	辛亥	⑪㉔	永平	1			
			元康㊂	1			
292	壬子	⑫㊅		2			
293	癸丑	⑪⑰		3			
294	甲寅	⑪㉗		4			
295	乙卯	⑪㊇		5			
296	丙辰	⑪⑳		6			
297	丁巳	⑫㊀		7			
298	戊午	⑪⑫		8			
299	己未	⑪㉒		9			
300	庚申	⑫㊃	永康	1			赵廞 ⑫太平⑫1
301	辛酉	⑪⑮	永宁㊃	1		司马伦建始㊀ 1㊃	2㊀
302	壬戌	⑪㉖	太安⑫	1	**成（汉）**		
303	癸亥	⑫㊆		2	李特〔建初〕 1		刘尼〔神凤〕㊄1㊇
					李流㊁		
					李雄㊈	**汉（前赵）**	
304	甲子	⑪⑱	永安	1	建兴㊉ 1	刘渊㊉元熙㊉ 1	
			建武㊆	1			
			永安⑪	1			
			永兴⑫	1			
305	乙丑	⑪㉙		2	2	2	
306	丙寅	⑪㊉	光熙㊅	1（怀帝⑪）	晏平㊅ 1	3	
307	丁卯	⑪㉑	怀帝（司马炽）永嘉	1	2	4	
308	戊辰	⑫㊂		2	3	永凤㊉ 1	
309	己巳	⑪⑭		3	4	河瑞 1	
310	庚午	⑪㉔		4	5	刘聪㊆光兴㊆ 1	
311	辛未	⑫㊄		5	玉衡 1	嘉平㊅ 1	
312	壬申	⑪⑰		6	2	2	
313	癸酉	⑪㉘	愍帝（司马邺）㊃建兴㊃	1	3	3	
314	甲戌	⑪㊈		2	4	4	
315	乙亥	⑪⑲		3	5	建元㊂ 1	
316	丙子	⑫㊀		4	6	麟嘉⑪ 1	
		东晋					**前凉**
317	丁丑	⑪⑫	元帝（司马睿）㊂建武㊂	1	7	2	张寔（建兴）* 5
318	戊寅	⑪㉓	大(太)兴㊂	1	8	刘粲㊆汉昌㊆ 1	6
						刘曜㊉光初㊉** 1	

* 据《晋书·张轨传》和出土文物，前凉除354年曾改“和平”外，初用晋愍帝“建兴”年号，361年又改用东晋穆帝“升平”年号。宋龚颖《运历图》记张寔改元“永安”、张茂改元“永元”、张重华改元“永乐”、张玄靓改元“太始”、张天锡改元“太清”、张大豫改元“凤凰”(见《郡斋读书志》卷五)，与历史实际不合，兹不从。

** 刘曜改国号为赵，史称前赵。

公元	干支		东晋	成（汉）	汉（前赵）
319	己卯	⑫④	大（太）兴 2	玉衡 9	光初 2
320	庚辰	⑪㉕	3	10	3
321	辛巳	⑪㉖	4	11	4
322	壬午	闰⑪⑦	永昌 1（明帝闰⑪）	12	5
323	癸未	⑪⑱	明帝（司马绍）太宁③ 1	13	6
324	甲申	⑪㉙	2	14	7
325	乙酉	⑪⑩	3（成帝闰⑧）	15	8
326	丙戌	⑪㉑	成帝（司马衍）咸和② 1	16	9
327	丁亥	⑫②	2	17	10
328	戊子	⑪⑭	3	18	11
329	己丑	⑪㉔	4	19	12⑧
330	庚寅	⑫⑥	5	20	
331	辛卯	⑪⑰	6	21	
332	壬辰	⑪㉘	7	22	
333	癸巳	⑪⑨	8	23	
334	甲午	⑪⑳	9	24（李班⑥） （李期⑩）	
335	乙未	⑫①	咸康 1	李期 玉恒 1	
336	丙申	⑪⑫	2	2	
337	丁酉	⑪㉓	3	3	侯子光〔龙兴〕⑦ 1⑦
338	戊戌	⑫④	4	李寿④汉兴④ 1	
339	己亥	⑪⑮	5	2	
340	庚子	⑪㉖	6	3	
341	辛丑	⑫⑦	7	4	
342	壬寅	⑪⑱	8（康帝⑥）	5	
343	癸卯	⑪㉙	康帝（司马岳）建元 1	6（李势⑧）	
344	甲辰	⑪⑪	2（穆帝⑨）	李势 太和 1	
345	乙巳	⑪㉑	穆帝（司马聃）永和 1	2	
346	丙午	⑫②	2	嘉宁⑩ 1	
347	丁未	⑪⑬	3	2③	
348	戊申	⑪㉕	4		
349	己酉	⑫⑥	5		
				冉魏	**前秦**
350	庚戌	⑪⑰	6	冉闵闰②永兴闰② 1	苻洪闰② 1
351	辛亥	⑪㉗	7	2	苻健**皇始 1
352	壬子	⑪⑨	8	3④	2
353	癸丑	⑪⑳	9		3
354	甲寅	⑫①	10		4
355	乙卯	⑪⑫	11		苻生⑥寿光⑥ 1
356	丙辰	⑪㉓	12		2
357	丁巳	⑫④	升平 1		苻坚⑥永兴⑥ 1
358	戊午	⑪⑮	2		2
359	己未	⑪㉖	3		甘露⑥ 1
360	庚申	⑫⑧	4		2
361	辛酉	⑪⑱	5（哀帝⑤）		3
362	壬戌	⑪㉙	哀帝（司马丕）隆和 1		4
363	癸亥	⑪⑩	兴宁② 1		5
364	甲子	⑪㉑	2		6
365	乙丑	⑫③	3（废帝②）		建元 1
366	丙寅	⑪⑬	废帝（司马奕）太和 1		2
367	丁卯	⑪㉔	2		3
368	戊辰	⑫⑥	3		4
369	己巳	⑪⑰	4		5

* 慕容皝于是年始称燕王。 ** 苻健于是年建国号秦。

续表

前凉	后赵			公元
建兴 7	石勒⑪ 1	司马保㊃建康㊃ 1		319
张茂㊅ 8	2	2㊄	句渠知〔平赵〕㊅ 1㊆	320
9	3			321
10	4			322
11	5			323
张骏㊄ 12	6			324
13	7			325
14	8			326
15	9			327
16	太和㊁ 1			328
17	2			329
18	建平㊈ 1			330
19	2			331
20	3			332
21	4（石弘㊆）			333
22	石弘 延熙 1（石虎⑪）			334
23	石虎 建武 1		**前燕**	335
24	2			336
25	3	**代**	慕容皝* 4	337
26	4	拓跋什翼犍⑪建国⑪ 1	5	338
27	5	2	6	339
28	6	3	7	340
29	7	4	8	341
30	8	5	9	342
31	9	6	10	343
32	10	7	11	344
33	11	8	12	345
张重华㊄（建兴） 34	12	9	13	346
35	13	10	14	347
36	14	11	15（慕容儁㊈）	348
37	太宁 1（石世㊃） 石遵㊄ 石鉴⑪	12	慕容儁 1	349
38	青龙㊀ 1闰㊁ 石祗㊂永宁㊂ 1	13	2	350
39	2㊃	14	3	351
40		15	元玺⑪ 1	352
41（张祚⑫）		16	2	353
张祚 和平 1		17	3	354
张玄靓闰㊈（建兴） 43		18	4	355
44		19	5	356
45		20	光寿㊁ 1	357
46		21	2	358
47		22	3	359
48		23	慕容暐 建熙 1	360
（升平）⑫ 5		24	2	361
6		25	3	362
张天锡㊇ 7		26	4	363
8		27	5	364
9		28	6	365
10		29	7	366
11		30	8	367
12		31	9	368
13		32	10	369

公元	干支		东晋		前秦	前凉	
370	庚午	⑪㉗	太和 5	李弘〔凤凰〕⑧ 1⑨	建元 6	升平 14	
371	辛未	⑪⑨	简文帝（司马昱）⑪咸安⑪1		7	15	
372	壬申	⑪⑳	2（孝武帝⑦）		8	16	
373	癸酉	⑫①	孝武帝（司马曜）宁康 1		9	17	
374	甲戌	⑪⑫	2		10	18	
375	乙亥	⑪㉓	3		11	19	
376	丙子	⑫⑤	太元 1		12	20⑧	
377	丁丑	⑪⑮	2		13		
378	戊寅	⑪㉖	3		14		
379	己卯	⑫⑦	4		15		
380	庚辰	⑪⑲	5		16		
381	辛巳	⑪㉙	6		17		
382	壬午	⑪⑩	7		18		
383	癸未	⑪㉒	8		19		**后燕**
384	甲申	⑫③	9		20		慕容垂 燕元 1
385	乙酉	⑪⑭	10	**北魏**	苻丕⑧太安⑧ 1		2
386	丙戌	⑪㉔	11	道武帝（拓跋珪）	苻登⑪太初⑪ 1		建兴② 1
				登国 1			
387	丁亥	⑫⑤	12	2	2		2
388	戊子	⑪⑰	13	3	3		3
389	己丑	⑪㉘	14	4	4		4
390	庚寅	⑪⑨	15	5	5		5
391	辛卯	⑪⑲	16	6	6		6
392	壬辰	⑫②	17	7	7		7
393	癸巳	⑪⑫	18	8	8		8
394	甲午	⑪㉓	19	9	苻崇 延初⑦1⑩		9
395	乙未	⑫④	20	10	**北凉**		10
396	丙申	⑪⑯	21（安帝⑨）	皇始⑦ 1			慕容宝④永康④ 1
397	丁酉	⑪㉖	安帝（司马德宗） 隆安 1	2	段业⑤ 神玺⑤ 1		2
398	戊戌	闰⑪⑦	2	天兴⑫ 1	2		慕容盛⑩建平⑩ 1
399	己亥	⑪⑱	3	2	天玺② 1		长乐 1
						西凉	
400	庚子	⑪㉚	4	3	2	李暠⑪庚子⑪ 1	2
401	辛丑	⑪⑪	5	4	沮渠蒙逊⑥永安⑥ 1	2	慕容熙⑧光始⑧ 1
402	壬寅	⑪㉒	元兴 1	5	2	3	2
			大亨③** 1				
403	癸卯	⑫②	元兴 2	6	3	4	3
404	甲辰	⑪⑭	3	天赐⑩ 1	4	5	4
405	乙巳	⑪㉕	义熙 1	2	5	建初 1	5
406	丙午	⑫⑥	2	3	6	2	6
407	丁未	⑪⑰	3	4	7	3	建始 1⑦
							高云⑦正始⑦ 1
408	戊申	⑪㉘	4	5	8	4	2
409	己酉	⑪⑨	5	明元帝（拓跋嗣）⑩	9	5	3⑩
							北燕
				永兴⑩ 1			冯跋⑩太平⑩ 1
410	庚戌	⑪⑳	6	2	10	6	2
411	辛亥	⑫①	7	3	11	7	3

* 是年七月乞伏乾归降于秃髮利鹿孤，八月又降于后秦，至409年复位。

** 是年三月仍称隆安六年，寻改年号为大亨，次年又改称元兴二年。

*** 桓玄称帝，年号建始，寻又改永始。

**** 是年二月秃髮傉檀去年号，至408年复称凉王。

续表

代	前燕					公元
建国 33	建熙 11 ⑪					370
34						371
35						372
36						373
37						374
38						375
39⑫						376
						377
						378
						379
						380
						381
						382
		西燕	**后秦**			383
西秦		慕容泓㊃燕兴㊃ 1	姚苌㊃白雀㊃1			384
乞伏国仁㊈建义㊈ 1	**后凉**	慕容冲㊀更始㊀ 1	2			385
2	吕光㊉太（大）安㊉1	段随㊁昌平㊁ 1	建初㊃ 1			386
		慕容顗㊂建明㊂ 1				
		慕容瑶㊂建平㊂ 1				
		慕容忠㊂建武㊂ 1				
		慕容永㊉中兴㊉ 1				
3	2	2	2			387
乞伏乾归㊅太初㊅ 1	3	3	3			388
2	麟嘉㊁1	4	4			389
3	2	5	5			390
4	3	6	6			391
5	4	7	7			392
6	5	8	8（姚兴⑫）			393
7	6	9㊇	姚兴 皇初㊄1			394
8	7		2			395
9	龙飞㊇1	**南凉**	3			396
10	2	秃髮乌孤 太初 1	4		慕容详 建始㊄1㊆	397
				南燕	慕容麟 延平㊆1㊉	
11	3	2	5	慕容德 1	兰汗 青龙㊃1㊆	398
12	承康1（吕绍⑫）	3（秃髮利鹿孤㊇）	弘始㊈ 1	2		399
	吕纂⑫咸宁⑫1					
13㊆*	2	秃髮利鹿孤 建和 1	2	建平 1		400
	吕隆㊁神鼎㊁1	2	3	2		401
	2	秃髮傉檀㊂ 弘昌㊂1	4	3		402
	3㊇	2	5	4	桓玄⑫永始⑫***1	403
		3㊁****	6	5	2㊄	404
			7	慕容超⑪太上⑪1		405
	夏		8	2		406
	赫连勃勃㊅ 龙昇㊅1		9	3		407
	2	嘉平⑪ 1	10	4		408
更始㊆ 1	3	2	11	5		409
2	4	3	12	6㊁		410
3	5	4	13			411

公元	干支		东晋	北魏	北凉	西凉
412	壬子	⑪⑬	义熙 8	永兴 4	玄始⑪ 1	建初 8
413	癸丑	⑪㉓	9	5	2	9
414	甲寅	⑫④	10	神瑞 1	3	10
415	乙卯	⑪⑮	11	2	4	11
416	丙辰	⑪㉗	12	泰常④ 1	5	12
417	丁巳	⑫⑧	13	2	6	李歆②嘉兴② 1
418	戊午	⑪⑱	14（恭帝⑫）	3	7	2
419	己未	⑪㉙	恭帝（司马德文）元熙 1	4	8	3
420	庚申	⑪⑪	2⑥	5	9	李恂⑨永建⑨ 1

（八） 南北朝

公元	干支		宋	北魏	北凉*
420	庚申	⑪⑪	武帝（刘裕）⑥永初⑥ 1	泰常 5	玄始 9
421	辛酉	⑪㉒	2	6	10
422	壬戌	⑫③	3（少帝⑤）	7	11
423	癸亥	⑪⑬	少帝（刘义符） 景平 1	8（太武帝⑪）	12
424	甲子	⑪㉔	文帝（刘义隆）⑧元嘉⑧ 1	太武帝（拓跋焘）始光 1	13
425	乙丑	⑫⑥	2	2	14
426	丙寅	⑪⑰	3	3	15
427	丁卯	⑪㉗	4	4	16
428	戊辰	⑪⑨	5	神䴥② 1	承玄⑥ 1
429	己巳	⑪⑳	6	2	2
430	庚午	⑫①	7	3	3
431	辛未	⑪⑫	8	4	义和⑥ 1
432	壬申	⑪㉓	9	延和 1	2
433	癸酉	⑫⑤	10	2	沮渠牧犍（茂虔）④
					永和④ 1
434	甲戌	⑪⑮	11	3	2
435	乙亥	⑪㉖	12	太延 1	3
436	丙子	⑫⑧	13	2	4
437	丁丑	⑪⑲	14	3	承和 1
					建平 1
438	戊寅	⑪㉙	15	4	2
439	己卯	⑪⑩	16	5	3⑨**
440	庚辰	⑪㉑	17	太平真君⑥ 1	
441	辛巳	⑫③	18	2	
442	壬午	⑪⑭	19	3	
443	癸未	⑪㉔	20	4	沮渠无讳 承平 1
444	甲申	⑫⑥	21	5	沮渠安周 2
445	乙酉	⑪⑰	22	6	3
446	丙戌	⑪㉘	23	7	4
447	丁亥	⑫⑨	24	8	5
448	戊子	⑪⑳	25	9	6
449	己丑	⑫②	26	10	7
450	庚寅	⑪⑫	27	11	8
451	辛卯	⑪㉓	28	正平⑥ 1	9
452	壬辰	⑫⑤	29	南安王（拓跋余）③承（永）平③ 1	10
				文成帝（拓跋濬）⑩兴安⑩ 1	
453	癸巳	⑪⑯	30（孝武帝④）	2	11
454	甲午	⑪㉖	孝武帝（刘骏）孝建 1	兴光⑦ 1	12
455	乙未	⑫⑦	2	太安⑥ 1	13
456	丙申	⑪⑲	3	2	14
457	丁酉	⑪㉚	大明 1	3	15
458	戊戌	⑫⑪	2	4	16
459	己亥	⑪㉑	3	5	17
460	庚子	⑫③	4	和平 1	18

* 据吐鲁番文书，北凉尚有"缘禾"、"太缘"等年号，待考订。

** 是年九月北凉亡于北魏，牧犍弟无讳西走，后立国于高昌。

续表

北燕	西秦	夏	南凉	后秦	公元
太平 4	乞伏炽磐㊇永康㊇ 1	龙昇 6	嘉平 5	弘始 14	412
5	2	凤翔㊂ 1	6	15	413
6	3	2	7㊆	16	414
7	4	3	白亚栗斯、刘虎㊂〔建平〕1	17	415
8	5	4	2㊈	姚泓㊁永和㊁ 1	416
9	6	5		2㊇	417
10	7	昌武㊉ 1			418
11	8	真兴㊁ 1			419
12	建弘 1	2			420

纪年表

西凉	北燕	西秦	夏		公元
李恂㊈永建㊈ 1	太平 12	建弘 1	真兴 2		420
2㊂	13	2	3		421
	14	3	4		422
	15	4	5		423
	16	5	6		424
	17	6	赫连昌㊇承光㊇ 1		425
	18	7	2		426
	19	8	3		427
	20	乞伏暮末㊄永弘㊄ 1	赫连定㊁胜光㊁ 1		428
	21	2	2		429
	22（冯弘㊈）	3	3		430
	冯弘 太兴 1	4㊀	4㊅		431
程道养㊈〔泰始〕㊈ 1	2				432
2	3				433
3	4				434
4	5				435
5	6㊄			杨难当㊂建义㊂ 1	436
6㊃				2	437
				3	438
				4	439
				5	440
				6	441
				7闰㊄	442
					443
					444
					445
					446
					447
					448
					449
					450
					451
					452
				刘劭 太初㊁ 1㊄	453
					454
					455
					456
					457
					458
					459
					460

公元	干支		宋	北魏
461	辛丑	(十一)(十四)	大明 5	和平 2
462	壬寅	(十一)(廿五)	6	3
463	癸卯	(十二)㈥	7	4
464	甲辰	(十一)(十七)	8（前废帝(闰)㈤）	5
465	乙巳	(十一)(廿八)	前废帝（刘子业）永光 1	6（献文帝㈤）
			景和㈧ 1	
			明帝（刘彧）(十二) 泰始(十二) 1	
466	丙午	(十二)㈨	2	献文帝（拓跋弘）天安 1
467	丁未	(十一)(廿)	3	皇兴㈧ 1
468	戊申	(十二)㈡	4	2
469	己酉	(闰)(十一)(十二)	5	3
470	庚戌	(十一)(廿三)	6	4
471	辛亥	(十二)㈣	7	孝文帝（元宏）㈧延兴㈧ 1
472	壬子	(十一)(十六)	泰豫 1（后废帝㈣）	2
473	癸丑	(十一)(廿六)	后废帝（刘昱）元徽 1	3
474	甲寅	(十二)㈧	2	4
475	乙卯	(十一)(十八)	3	5
476	丙辰	(十一)(卅)	4	承明㈥ 1
477	丁巳	(十二)(十二)	顺帝（刘準）㈦升明㈦ 1	太和 1
478	戊午	(十一)(廿三)	2	2
479	己未	(十二)㈢	3㈣	3
			南齐	
			高帝（萧道成）㈣建元㈣ 1	
480	庚申	(十一)(十四)	2	4
481	辛酉	(十一)(廿五)	3	5
482	壬戌	(十二)㈥	4（武帝㈢）	6
483	癸亥	(十一)(十七)	武帝（萧赜）永明 1	7
484	甲子	(十一)(廿八)	2	8
485	乙丑	(十二)㈨	3	9
486	丙寅	(十一)(廿)	4	10
487	丁卯	(十二)㈠	5	11
488	戊辰	(十一)(十三)	6	12
489	己巳	(十一)(廿三)	7	13
490	庚午	(十二)㈤	8	14
491	辛未	(十一)(十五)	9	15
492	壬申	(十一)(廿七)	10	16
493	癸酉	(十二)㈧	11（鬱林王㈦）	17
494	甲戌	(十一)(十九)	鬱林王（萧昭业） 隆昌 1	18
			海陵王（萧昭文）㈦延兴㈦ 1	
			明帝（萧鸾）㈩建武㈩ 1	
495	乙亥	(十一)(廿九)	2	19
496	丙子	(十二)(十二)	3	20
497	丁丑	(十一)(廿三)	4	21
498	戊寅	(十二)㈢	永泰㈣ 1（东昏侯㈦）	22
499	己卯	(十一)(十四)	东昏侯（萧宝卷）永元 1	23（宣武帝㈣）
500	庚辰	(十一)(廿五)	2	宣武帝（元恪）景明 1
501	辛巳	(十二)㈥	和帝（萧宝融）㈢中兴㈢ 1	2
502	壬午	(十一)(十七)	2㈢	3
			梁	
			武帝（萧衍）㈣天监㈣ 1	
503	癸未	(十一)(廿八)	2	4
504	甲申	(十二)㈩	3	正始 1
505	乙酉	(十一)(廿)	4	2
506	丙戌	(十二)㈠	5	3
507	丁亥	(十一)(十二)	6	4
508	戊子	(十一)(廿四)	7	永平㈧ 1
509	己丑	(十二)㈤	8	2

续表

			公元
			461
			462
柔然			463
受罗部真可汗 永康 1			464
2			465
3			466
4			467
5			468
6			469
7			470
8			471
9			472
10			473
11			474
12			475
13			476
14			477
15			478
16			479
17			480
18			481
19			482
20			483
21			484
伏名敦可汗 太平 1	唐寓之㊉		485
2	〔兴平〕㊀ 1㊀		486
3			487
4			488
5			489
6			490
7			491
候其伏代库者可汗 太安 1			492
2			493
3			494
4			495
5			496
6			497
7			498
8			499
9	雍道晞〔建义〕㊁ 1㊂		500
10			501
11			502
12			503
13			504
14			505
佗汗可汗 始平 1	吕苟儿〔建明〕㊀ 1㊆	陈瞻〔圣明〕㊀ 1㊆	506
2			507
豆罗伏跋豆伐可汗 建昌 1			508
2			509

公元	干支		梁	北魏	柔然	
510	庚寅	⑪⑮	天监 9	永平 3	建昌 3	
511	辛卯	⑪㉖	10	4	4	
512	壬辰	⑫⑧	11	延昌④ 1	5	
513	癸巳	⑪⑲	12	2	6	
514	甲午	⑪㉙	13	3	7	
515	乙未	⑫⑪	14	4（孝明帝①）	8	
516	丙申	⑪㉒	15	孝明帝（元诩）熙平 1	9	
517	丁酉	⑫③	16	2	10	
518	戊戌	⑪⑭	17	神龟② 1	11	
519	己亥	⑪㉕	18	2	12	
520	庚子	⑫⑦	普通 1	正光⑦ 1	13	
521	辛丑	⑪⑰	2	2		
522	壬寅	⑪㉘	3	3		
523	癸卯	⑫⑨	4	4		
524	甲辰	⑪㉑	5	5		
525	乙巳	⑫②	6	孝昌⑥ 1		刘蠡升⑫神嘉⑫ 1
526	丙午	⑪⑬	7	2		2
527	丁未	⑪㉓	大通③ 1	3		3
528	戊申	⑫⑤	2	武泰 1		4
				孝庄帝（元子攸）④		
				建义④ 1		
				永安⑨ 1		
529	己酉	⑪⑯	中大通⑩ 1	2		5
530	庚戌	⑪㉖	2	长广王（元晔）建明 1		6
531	辛亥	⑫⑧	3	节闵帝（元恭）②普泰② 1		7
				安定王（元朗）⑩中兴⑩ 1		
532	壬子	⑪⑲	4	孝武帝（元修）④太昌④ 1		8
				永兴⑫ 1		
				永熙⑫ 1		
					东魏	
533	癸丑	⑪㉚	5	2		9
534	甲寅	⑫⑪	6	3	孝静帝（元善见）⑩天平⑩ 1	10
				西魏		
535	乙卯	⑪㉒	大同 1	文帝（元宝炬）大统 1	2	11①
536	丙辰	⑫④	2	2	3	
537	丁巳	⑪⑭	3	3	4	
538	戊午	⑪㉕	4	4	元象 1	
539	己未	⑫⑥	5	5	兴和⑪ 1	
540	庚申	⑪⑯	6	6	2	
541	辛酉	⑪㉘	7	7	3	
542	壬戌	⑫⑨	8	8	4	
543	癸亥	⑪⑳	9	9	武定 1	
544	甲子	⑫②	10	10	2	
545	乙丑	⑪⑬	11	11	3	
546	丙寅	⑪㉓	中大同④ 1	12	4	
547	丁卯	⑫④	太清④ 1	13	5	
548	戊辰	⑪⑯	2	14	6	
549	己巳	⑪㉗	3（简文帝⑤）	15	7	
550	庚午	⑫⑧	简文帝（萧纲）大宝 1	16	8⑤	
					北齐	
					文宣帝（高洋）⑤天保⑤ 1	
551	辛未	⑪⑱	豫章王（萧栋）⑧天正⑧ 1⑪	17（废帝③）	2	
552	壬申	⑫①	武陵王（萧纪）④天正④ 1	废帝（元钦） 1	3	
			元帝（萧绎）⑪承圣⑪ 1			
553	癸酉	闰⑪⑪	2	2	4	
			天正 2⑦			
554	甲戌	⑪㉓	承圣 3	恭帝（拓跋廓） 1	5	

续表

					公元
					510
					511
					512
					513
					514
					515
					516
					517
					518
					519
					520
					521
	破六韩拔陵㊃				522
	〔真王〕㊃ 1				523
	2	莫折念生㊅〔天建〕㊅1			524
	3㊅	2		杜洛周㊇〔真王〕㊇1	525
	鲜于修礼〔鲁兴〕㊀ 1㊇	3	葛荣㊈〔广安〕㊈1	2	526
萧宝寅㊉隆绪 1		4㊈	2	3	527
2㊀	邢杲㊅〔天统〕㊅ 1	万俟醜奴㊆〔神兽（虎）〕*㊆1	3㊈	4㊁	528
元颢㊃孝基㊃ 1 建武㊄ 1(闰六)	2㊃	2			529
高昌		3㊃			530
麴坚 章和 1					531
2					532
3					533
4					534
5	鲜于琛〔上愿〕 1				535
6					536
7					537
8					538
9					539
10					540
11					541
12	刘敬躬〔永汉〕㊀ 1㊁				542
13					543
14					544
15					545
16					546
17					547
18		萧正德(十一)正平(十一) 1			548
麴玄喜 永平 1		2㊅			549
2					550
麴□ 和平 1		侯景(十一)太始(十一) 1			551
2		2㊂			552
3					553
4					554

* 据甘肃出土《王保真墓志》:“大赵神平二年岁次己酉。”“神平”或作“神兽”。

公元	干支		梁			西魏		
555	乙亥	⑫③	贞阳侯（萧渊明）⑤	天成⑤	1	恭帝（拓跋廓）		2
			敬帝（萧方智）⑩	绍泰⑩	1			
556	丙子	⑫⑮		太平⑨	1			3⑫
						北周		
557	丁丑	⑫㉕			2⑩	孝闵帝（宇文觉）		1
			陈			明帝（宇文毓）⑨		1
			武帝（陈霸先）⑩	永定⑩	1			
558	戊寅	⑫⑥			2			2
559	己卯	⑫⑰			3（文帝⑥）		武成⑧	1
560	庚辰	⑫㉙	文帝（陈蒨）	天嘉	1			2（武帝④）
561	辛巳	⑫⑩			2	武帝（宇文邕）	保定	1
562	壬午	⑫⑳			3			2
563	癸未	⑫①			4			3
564	甲申	⑫⑬			5			4
565	乙酉	⑫㉔			6			5
566	丙戌	⑫⑤		天康②	1（废帝④）		天和	1
567	丁亥	⑫⑮	废帝（陈伯宗）	光大	1			2
568	戊子	⑫㉗			2			3
569	己丑	⑫⑧	宣帝（陈顼）	太建	1			4
570	庚寅	⑫⑲			2			5
571	辛卯	⑫㉙			3			6
572	壬辰	⑫⑪			4		建德③	1
573	癸巳	⑫㉓			5			2
574	甲午	⑫③			6			3
575	乙未	⑫⑭			7			4
576	丙申	⑫㉕			8			5
577	丁酉	⑫⑦			9			6
578	戊戌	⑫⑰			10		宣政③	1（宣帝⑥）
579	己亥	⑫㉘			11	宣帝（宇文赟）	大成	1
						静帝（宇文阐）②	大象②	1
580	庚子	⑫⑩			12			2
581	辛丑	⑫㉑			13		大定	1②
						隋		
						文帝（杨坚）②	开皇②	1
582	壬寅	⑫②			14（后主①）			2
583	癸卯	闰⑫⑬	后主（陈叔宝）	至德	1			3
584	甲辰	⑫㉔			2			4
585	乙巳	⑫⑤			3			5
586	丙午	⑫⑯			4			6
587	丁未	⑫㉖		祯明	1			7
588	戊申	⑫⑧			2			8
589	己酉	⑫⑲			3①			9

（九） 隋纪

公元	干支		隋			高昌		
589	己酉	⑫⑲	文帝（杨坚）	开皇	9	麴乾固	延昌	29
590	庚戌	⑫㉙			10			30
591	辛亥	⑫⑪			11			31
592	壬子	⑫㉒			12			32
593	癸丑	⑫③			13			33
594	甲寅	⑫⑭			14			34
595	乙卯	⑫㉕			15			35
596	丙辰	⑫⑦			16			36
597	丁巳	⑫⑰			17			37
598	戊午	⑫㉘			18			38
599	己未	⑫⑨			19			39

续表

北齐	后梁	高昌	公元
天保 6	宣帝（萧詧） 大定 1	麴宝茂 建昌 1	555
7	2	2	556
8	3	3	557
9	4	4	558
10（废帝⑩）	5	5	559
废帝（高殷）乾明 1	6	6	560
孝昭帝（高演）⑧皇建⑧ 1			
武成帝（高湛）⑪大（太）宁⑪ 1	7	麴乾固 延昌 1	561
河清④ 1	明帝（萧岿）②天保② 1	2	562
2	2	3	563
3	3	4	564
后主（高纬）④天统④ 1	4	5	565
2	5	6	566
3	6	7	567
4	7	8	568
5	8	9	569
武平 1	9	10	570
2	10	11	571
3	11	12	572
4	12	13	573
5	13	14	574
6	14	15	575
隆化⑫ 1	15	16	576
幼主（高恒） 承光 1①	16	17	577
	17	18	578
	18	19	579
	19	20	580
	20	21	581
	21	22	582
	22	23	583
	23	24	584
	24（萧琮⑤）	25	585
	萧琮 广运 1	26	586
	2⑨	27	587
		28	588
		29	589

年表

公元	干支		隋	高昌
600	庚申	⑪㉑	开皇 20	延昌 40
601	辛酉	⑫②	仁寿 1	41
602	壬戌	⑪⑬	2	麴伯雅 延和 1
603	癸亥	⑪㉓	3	2
604	甲子	⑫⑤	4（炀帝⑦）	3
605	乙丑	⑪⑯	炀帝（杨广） 大业 1	4
606	丙寅	⑪㉗	2	5
607	丁卯	⑫⑧	3	6
608	戊辰	⑪⑲	4	7
609	己巳	⑪㉚	5	8
610	庚午	(闰)⑪⑪	6	9

公元	干支		隋				
611	辛未	(十一)(廿三)	大业 7				
612	壬申	(十二)㊃	8				
613	癸酉	(十一)(十四)	9			向海明〔白乌〕(十二) 1(十二)	
614	甲戌	(十一)(廿五)	10				
615	乙亥	(十二)㊅	11		〔楚〕		
616	丙子	(十一)(十六)	12	〔魏〕	林士弘(十二)〔太平〕(十二)* 1		梁
617	丁丑	(十一)(廿八)	13	李密㊁〔永平〕㊁1	2	刘武周㊂天兴㊂ 1	梁师都㊂永隆㊂1
			恭帝（杨侑）(十一)** 义宁(十一) 1				
618	戊寅	(十二)㊉	大业 14㊂	2㊈	3	2	2
			义宁 2㊄				
			越王（杨侗）㊄皇泰㊄ 1				

* 一作延康。

** 是年十一月李渊在长安立杨侑为帝，改元义宁，尊炀帝为太上皇。时炀帝在江都，并未退位，仍用大业年号。

*** 是年十一月改国号为夏。

**** 一作大业十三年（617）建年号安乐。

（十） 唐纪

公元	干支		唐	隋	〔楚〕		梁	〔夏〕
618	戊寅	(十二)㊉	高祖（李渊）㊄武德㊄ 1	越王杨侗㊄ 皇泰㊄ 1	林士弘 〔太平〕3	刘武周 天兴 2	梁师都 永隆2	窦建德〔五凤〕(十一)1
619	己卯	(十一)(廿)	2	2㊃	4	3	3	2
620	庚辰	(十二)㊂	3		5	4㊃	4	3
621	辛巳	(十一)(十三)	4		6		5	4㊄
622	壬午	(十一)(廿四)	5		7㊉	〔宋〕	6	刘黑闼〔天造〕 1
623	癸未	(十二)㊄	6			辅公祏㊇ 〔天明〕㊇*** 1	7	2㊀
624	甲申	(十一)(十六)	7			2㊂	8	
625	乙酉	(十一)(廿七)	8				9	
626	丙戌	(十二)㊇	9（太宗㊇）				10	
627	丁亥	(十一)(十九)	太宗（李世民） 贞观 1				11	
628	戊子	(十二)㊀	2				12㊃	
629	己丑	(十二)(十二)	3					
630	庚寅	(十一)(廿三)	4					
631	辛卯	(十二)㊂	5					
632	壬辰	(十一)(十五)	6					
633	癸巳	(十一)(廿五)	7					
634	甲午	(十二)㊅	8					
635	乙未	(十一)(十七)	9					
636	丙申	(十一)(廿九)	10					
637	丁酉	(十二)㊉	11					
638	戊戌	(十一)(廿一)	12					
639	己亥	(十二)㊁	13					
640	庚子	(十一)(十三)	14					
641	辛丑	(十一)(廿四)	15					
642	壬寅	(十二)㊄	16					
643	癸卯	(十一)(十五)	17					
644	甲辰	(十一)(廿七)	18					
645	乙巳	(十二)㊇	19					
646	丙午	(十一)(十九)	20					
647	丁未	(十一)(卅)	21					
648	戊申	(十二)(十二)	22					

* 一作天成。

** 一作大业十一年（615）建年号明政。

*** 辅公祏年号，乾德见《杨文公谈苑》，天明见万斯同《纪元汇考》，但《旧唐书》、《新唐书》和《资治通鉴》皆未记载。今从一般年表暂列天明年号。

续表

						高昌	公元
						延和 10	611
						11	612
						12	613
					刘迦论〔大世〕㊄ 1㊄	麴□ 义和 1	614
				朱粲⑪昌达⑪1		2	615
〔夏〕	梁	秦		2	操师乞〔始兴〕⑫ 1⑫	3	616
窦建德〔丁丑〕1	萧铣㊉鸣凤㊉1	薛举㊃秦兴㊃ 1	郭子和㊂ 丑（正）平㊂ 1	3		4	617
〔五凤〕⑪***1	2	薛仁杲（果）㊇ 2⑪	2㊆	4	李轨⑪安乐⑪**** 1	5	618

年表

梁	郑	〔燕〕		许		高昌	公元
萧铣 鸣凤2		高开道⑫ 〔始兴〕⑫* 1	朱粲 昌达 4	宇文化及㊈ 天寿㊈ 1	李轨 安乐1	麴□ 义和5	618
3	王世充㊃开明㊃ 1	2	5(闰)㊁ 沈法兴㊈ 〔延康〕㊈1	2(闰)㊁ 李子通㊈ 〔明政〕㊈** 1	2㊄	6	619
4	2	3	2⑫	2		麴文泰 重光1	620
5㊉	3㊄	4		3⑪		2	621
		5				3	622
		6				4	623
		7㊁				延寿 1	624
						2	625
						3	626
						4	627
						5	628
						6	629
						7	630
						8	631
						9	632
						10	633
						11	634
						12	635
						13	636
						14	637
						15	638
						16	639
						麴智盛 17	640
							641
							642
							643
							644
							645
							646
							647
							648

续表

公元	干支		唐	
649	己酉	⑪㉒	贞观	23（高宗㊅）
650	庚戌	⑫③	高宗（李治）	
			永徽	1
651	辛亥	⑪⑭		2
652	壬子	⑪㉖		3
653	癸丑	⑫⑦		4
654	甲寅	⑪⑰		5
655	乙卯	⑪㉘		6
656	丙辰	⑫⑩	显庆	1
657	丁巳	⑪㉑		2
658	戊午	⑫②		3
659	己未	⑪⑬		4
660	庚申	⑪㉔		5
661	辛酉	⑫⑤	龙朔㊂*	1
662	壬戌	⑪⑯		2
663	癸亥	⑪㉗		3
664	甲子	⑫⑨	麟德	1
665	乙丑	⑪⑲		2
666	丙寅	⑫①	乾封	1
667	丁卯	⑫⑪		2
668	戊辰	⑪㉒	总章㊂	1
669	己巳	⑫③		2
670	庚午	⑪⑭	咸亨㊂	1
671	辛未	⑪㉕		2
672	壬申	⑫⑦		3
673	癸酉	⑪⑱		4
674	甲戌	⑪㉙	上元㊇	1
675	乙亥	⑫⑩		2
676	丙子	⑪㉑	仪凤⑪	1
677	丁丑	⑫②		2
678	戊寅	⑪⑬		3
679	己卯	⑪㉓	调露㊅	1
680	庚辰	⑫⑤	永隆㊇	1
681	辛巳	⑪⑯	开耀⑩**	1
682	壬午	⑪㉗	永淳㊁	1
683	癸未	⑫⑧	弘道⑫	1（中宗⑫）
684	甲申	⑪⑳	中宗（李显）	
			嗣圣	1
			睿宗（李旦）㊁	
			文明㊁	1
			武则天 光宅㊈	1
685	乙酉	⑫①	垂拱	1
686	丙戌	⑫⑪		2
687	丁亥	⑪㉒		3
688	戊子	⑫④		4
689	己丑	⑪⑭	永昌	1
			载初⑪***	1
			周	
690	庚寅	⑪㉖	武则天 天授㊈	1
691	辛卯	⑫⑦		2
692	壬辰	⑪⑱	如意㊃	1
			长寿㊈	1
693	癸巳	⑪㉙		2
694	甲午	⑫⑩	延载㊄	1

公元	干支		周			
695	乙未	⑪⑳	证圣	1		
			天册万岁㊈	1		
696	丙申	⑫②	万岁登封⑫*****	1		
			万岁通天㊂	1		
697	丁酉	⑪⑫	神功㊈	1		**渤海**
698	戊戌	⑪㉔	圣历	1		大祚荣 1
699	己亥	⑫⑤		2		2
700	庚子	⑪⑰	久视㊄	1		3
701	辛丑	⑪㉘	大足	1		4
			长安⑩	1		
702	壬寅	⑫⑨		2		5
703	癸卯	⑪⑲		3		6
704	甲辰	⑫①		4		7
			唐			
705	乙巳	⑫⑪	中宗（李显）神龙*****	1		8
706	丙午	⑪㉒		2		9
707	丁未	⑫③	景龙㊈	1		10
708	戊申	⑪⑮		2		11
709	己酉	⑪㉖		3		12
710	庚戌	⑫⑦	少帝（李重茂）㊅唐隆㊅	1		13
					李重福	
			睿宗（李旦）㊅ 景云㊆	1	中元（宗）克复㊇1㊇	
711	辛亥	⑪⑱		2		14
712	壬子	⑪㉙	太极	1		15
			延和㊄	1		
			玄宗（李隆基）㊇先天㊇	1		
713	癸丑	⑫⑩	开元⑫	1		16
714	甲寅	⑪⑳		2		17
715	乙卯	⑫①		3		18
716	丙辰	⑫⑬		4		19
717	丁巳	⑪㉔		5		20
718	戊午	⑫⑤		6		21
719	己未	⑪⑯		7		22
						大武艺 仁安 1
720	庚申	⑪㉘		8		2
721	辛酉	⑫⑨		9		3
722	壬戌	⑪⑲		10		4
723	癸亥	⑪㉙		11		5
724	甲子	⑫⑪		12		6
725	乙丑	⑪㉒		13		7
726	丙寅	⑫④		14		8
727	丁卯	⑪⑭		15		9
728	戊辰	⑪㉖		16		10
729	己巳	⑫⑦		17		11
730	庚午	⑪⑱		18		12
731	辛未	⑪㉘		19		13
732	壬申	⑫⑩		20		14
733	癸酉	⑪㉑		21		15
734	甲戌	⑫②		22		16
735	乙亥	闰⑪⑬		23		17
736	丙子	⑪㉕		24		18
737	丁丑	⑫⑥		25		大钦茂 19
						大兴 1
738	戊寅	⑪⑯		26		2

* 一作二月。

** 一作九月。

*** 用子正，以十一月为载初元年正月，至久视元年复寅正。

**** 此⑫为乙未年的十二月。

***** 据《资治通鉴考异》卷十二引《则天实录》，神龙本为则天年号，不久，中宗复辟，沿用不改。

续表

公元	干支		唐		渤海	南诏	
739	己卯	⑪㉗	开元 27		大兴 3		
740	庚辰	⑫⑨	28		4		
741	辛巳	⑪⑲	29		5		
742	壬午	⑪㉚	天宝 1		6		
743	癸未	⑫⑪	2		7		
744	甲申	⑪㉒	3*		8		
745	乙酉	⑫④	4		9		
746	丙戌	⑪㉕	5		10		
747	丁亥	⑪㉓	6		11		
748	戊子	⑫⑦	7		12	阁逻凤 1	
749	己丑	⑪⑯	8		13	2	
750	庚寅	⑪㉖	9		14	3	
751	辛卯	⑫⑨	10		15	4	
752	壬辰	⑪㉑	11		16	赞普鍾（阁逻凤） 1	
753	癸巳	⑫③	12		17	2	
754	甲午	闰⑪⑬	13		18	3	
755	乙未	⑪㉔	14	**燕**	19	4	
756	丙申	⑫⑥	肃宗（李亨）⑦				
			至德⑦ 1	安禄山 圣武 1	20	5	
757	丁酉	⑪⑮	2	安庆绪 载初 1	21	6	
				天成⑩ 1			
758	戊戌	⑪㉖	乾元② 1	2	22	7	
759	己亥	⑫⑧	2	3③	23	8	
				史思明 应天 1			
				顺天④ 1			
760	庚子	⑪⑳	上元闰④ 1	2	24	9	
761	辛丑	⑫①	2**	史朝义③ 显圣③ 1	25	10	段子璋 黄龙④ 1⑤
762	壬寅	⑫⑫	宝应④ 1（代宗④）	2	26	11	袁晁〔宝胜〕⑧***1
763	癸卯	⑪㉒	代宗（李豫）				
			广德⑦ 1	3①	27	12	2④
764	甲辰	⑫④	2		28	13	
765	乙巳	⑪㉕	永泰 1		29	14	
766	丙午	⑪㉓	大历⑪ 1		30	15	
767	丁未	⑫⑥	2		31	16	
768	戊申	⑪⑯	3		32	17	
769	己酉	⑪㉙	4		33	长寿 1	
770	庚戌	⑫⑩	5		34	2	
771	辛亥	⑪㉑	6		35	3	
772	壬子	⑫③	7		36	4	
773	癸丑	闰⑪⑬	8		37	5	
774	甲寅	⑪㉔	9		宝历****38	6	
775	乙卯	⑫⑤	10		39	7	
776	丙辰	⑪⑮	11		40	8	
777	丁巳	⑪㉗	12		41	9	
778	戊午	⑫⑧	13		42	10	
779	己未	⑪⑲	14（德宗⑤）		43	11（异牟寻⑦）	
780	庚申	⑫①	德宗（李适）				
			建中 1		44	异牟寻 见龙 1	
781	辛酉	⑫⑫	2		45	2	
782	壬戌	⑪㉒	3		46	3	
783	癸亥	⑫③	4	朱泚⑩ 应天⑩ 1	47	4	
784	甲子	⑪㉕	兴元 1	天皇① 1⑥	48	上元 1	
				李希烈 武成 1			

* 是年改年为载，至乾元元年复称年。

** 是年九月壬寅（二十一日）去年号，但称元年。

*** 一作升国。

**** 据金毓黻《渤海国志长篇》卷五年表和今人考订。据渤海《贞惠公主墓志》，大钦茂于774年曾改元宝历，但《贞孝公主墓志》所记卒年又为“大兴五十六年六月九日壬辰”，是大钦茂晚年不用宝历年号，仍用大兴年号，今暂如此排列。

续表

公元	干支	唐		燕	渤海	南诏	
785	乙丑	⑪㉕	贞元 1	武成 2	宝历 49		
786	丙寅	⑫⑦	2	3㊃	50		
787	丁卯	⑪⑰	3		51		
788	戊辰	⑪㉙	4		52		
789	己巳	⑫⑪	5		53		
790	庚午	⑪㉑	6		54		
791	辛未	⑫②	7		55		
792	壬申	⑫⑬	8		56		
793	癸酉	⑪㉔	9		57 大元义 1		
					大华屿 中兴 1		
794	甲戌	⑫⑤	10		2 大嵩璘 正历 1		
795	乙亥	⑪⑯	11		2		
796	丙子	⑪㉘	12		3		
797	丁丑	⑫⑨	13		4	元封？	
798	戊寅	⑪⑳	14		5		
799	己卯	⑫①	15		6		
800	庚辰	⑫⑫	16		7		
801	辛巳	⑪㉓	17		8		
802	壬午	⑫③	18		9		
803	癸未	⑪⑭	19		10		
804	甲申	⑪㉖	20		11		
805	乙酉	⑫⑦	顺宗（李诵）㊀				
			永贞⑧ 1（宪宗⑧）		12		
806	丙戌	⑪⑱	宪宗（李纯）				
			元和 1		13		
807	丁亥	⑪㉙	2		14		
808	戊子	⑫⑪	3		15	元封□ （寻阁劝(?)）	
809	己丑	⑪㉑	4		16 大元瑜 永德 1	寻阁劝 应道 1（劝龙晟(?)）	
810	庚寅	⑫②	5		2	劝龙晟 龙兴 1	
811	辛卯	⑫⑫	6		3	2	
812	壬辰	⑪㉔	7		4 大言义 朱雀 1	3	
813	癸巳	⑫⑤	8		2	4	
814	甲午	⑪⑯	9		3	5	**吐蕃**
815	乙未	⑪㉗	10		4	6	可黎可足 彝泰* 1
816	丙申	⑫⑨	11		5	7（劝利晟(?)）	2
817	丁酉	⑪⑳	12		6	劝利晟 全义 1	3
818	戊戌	⑫①	13		7 大明忠 太始 1	2	4
					大仁秀 建兴 1		
819	己亥	⑫⑪	14		2	3	5
820	庚子	⑪㉓	15（穆宗闰㊀）**		3	大丰 1	6
821	辛丑	⑫④	穆宗（李恒）				
			长庆 1		4	2	7
822	壬寅	⑪⑮	2		5	3	8
823	癸卯	⑪㉖	3		6	4（劝丰祐(?)）	9
824	甲辰	⑫⑧	4（敬宗㊀）		7	劝丰祐 保和 1	10
825	乙巳	⑪⑱	敬宗（李湛）		8		
			宝历 1			2	11
826	丙午	⑪㉙	2（文宗⑫）		9	3	12
827	丁未	⑫⑩	文宗（李昂）				
			大（太）和㊁ 1		10	4	13
828	戊申	⑪㉑	2		11	5	14
829	己酉	⑫②	3		12	6	15
830	庚戌	⑫⑬	4		13 大彝震 咸和 1	7	16
831	辛亥	⑪㉔	5		2	8	17
832	壬子	⑫⑥	6		3	9	18
833	癸丑	⑪⑰	7		4	10	19

* 《新唐书·吐蕃传》：长庆元年，唐与吐蕃会盟，"策署彝泰七年"；《唐蕃会盟碑》碑阴藏文亦记："其立石于此，为大蕃彝泰九年，大唐长庆三年。"据《资治通鉴考异》卷二十一引《补国史》可黎可足卒于文宗开成三年，本表即据此排列。

** 据《唐赵氏夫人墓志铭》，穆宗即位改元"永新"，次年始改"长庆"。

续表

公元	干支		唐	渤海		南诏	吐蕃
834	甲寅	⑪㉘	大和 8	咸和 5		保和 11	彝泰 20
835	乙卯	⑫⑧	9	6		12	21
836	丙辰	⑪⑳	开成 1	7		13	22
837	丁巳	⑫①	2	8		14	23
838	戊午	⑫⑪	3	9		15	24
839	己未	⑪㉓	4	10		16	
840	庚申	⑫④	5（武宗㊀）	11			
841	辛酉	⑪⑮	武宗（李炎）				
			会昌 1	12			
842	壬戌	⑪㉖	2	13			
843	癸亥	⑫⑦	3	14			
844	甲子	⑪⑲	4	15			
845	乙丑	⑪㉙	5	16			
846	丙寅	⑫⑩	6（宣宗㊂）	17			
847	丁卯	⑪⑳	宣宗（李忱）				
			大中 1	18			
848	戊辰	⑫②	2	19		天启？	
849	己巳	闰⑪⑬	3	20			
850	庚午	⑪㉔	4	21			
851	辛未	⑫⑥	5	22			
852	壬申	⑪⑰	6	23			
853	癸酉	⑪㉘	7	24			
854	甲戌	⑫⑧	8	25			
855	乙亥	⑪⑲	9	26			
856	丙子	⑫①	10	27			
857	丁丑	⑫⑫	11	28 大虔晃 1			
858	戊寅	⑪㉒	12	2			
859	己卯	⑫④	13（懿宗⑧）	3		天启□（世隆?）	
860	庚辰	⑪⑯	懿宗（李漼）				
			咸通⑪ 1	4	裘甫〔罗平〕㊁1⑧	世隆　建极 1	
861	辛巳	⑪㉖	2	5		2	
862	壬午	⑫⑦	3	6		3	
863	癸未	⑪⑰	4	7		4	
864	甲申	⑪㉙	5	8		5	
865	乙酉	⑫⑩	6	9		6	
866	丙戌	⑪㉑	7	10		7	
867	丁亥	⑫②	8	11		8	
868	戊子	⑫⑭	9	12		9	
869	己丑	⑪㉕	10	13		10	
870	庚寅	⑫⑥	11	14		11	
871	辛卯	⑪⑯	12	15 大玄锡 1		12	
872	壬辰	⑪㉘	13	2		13	
873	癸巳	⑫⑧	14（僖宗⑦）	3			
874	甲午	⑪⑲	僖宗（李儇）				
			乾符⑪ 1	4			
875	乙未	⑪㉚	2	5		法尧？	
876	丙申	⑫⑫	3	6			
877	丁酉	⑪㉓	4	7	**〔齐〕**	法尧□（隆舜?）	
878	戊戌	⑫④	5	8	黄巢〔王霸〕㊁ 1	**大封民**隆舜　贞明 1	
879	己亥	⑪⑮	6	9	2		
880	庚子	⑪㉖	广明 1	10	〔金统〕⑫* 1		
881	辛丑	⑫⑦	中和⑦ 1	11	2		
882	壬寅	⑪⑱	2	12	3	承智？	
883	癸卯	⑪㉘	3	13	4		
884	甲辰	⑫⑪	4	14	5⑥		
885	乙巳	⑪㉒	光启③ 1	15			

*　是年建国号齐。金统改元在十二月，相当于881年，以与旧史相应，仍列入880年栏内。

续表

公元	干支		唐	渤海		南诏
886	丙午	⑫③	光启 2	大玄锡 16	李熅 建贞⑩ 1⑫	大同？
887	丁未	闰⑪⑬	3	17		
888	戊申	⑪㉔	文德② 1（昭宗③）	18		
889	己酉	⑫⑥	昭宗（李晔）龙纪 1	19		
890	庚戌	⑪⑯	大顺 1	20		
891	辛亥	⑪㉗	2	21		
892	壬子	⑫⑨	景福 1	22		嵯耶？
893	癸丑	⑪⑳	2	23		
894	甲寅	⑫①	乾宁 1	大玮瑎 1		
895	乙卯	⑫⑫	2	2	董昌②顺天② 1	
896	丙辰	⑪㉔	3	3	2⑤	

（十一）五代十国

公元	干支		后梁	吴	吴越	前蜀	闽
907	丁卯	⑪㉔	太祖（朱温）④开平④ 1	杨渥（天祐） 4	钱镠⑤（天祐）4	王建⑨（天复） 7	
908	戊辰	⑫⑥	2	5（杨隆演⑤）	天宝 1	武成 1	
909	己巳	⑪⑯	3	杨隆演 6	2	2	王审知④（开平） 3
910	庚午	⑪㉗	4	7	3	3	4
911	辛未	⑫⑧	乾化⑤ 1	8	4	永平 1	（乾化） 1
912	壬申	⑪⑳	2（朱友珪⑥）	9	5	2	2
913	癸酉	⑫②	朱友珪 凤历 1	10	（凤历）1	3	（凤历） 1
			末帝（朱友贞）②乾化② 3		（乾化）3		（乾化） 3
914	甲戌	⑫⑬	4	11	4	4	4
915	乙亥	⑪㉓	贞明⑪ 1	12	（贞明）1	5	（贞明） 1
916	丙子	⑫④	2	13	2	通正 1	2
917	丁丑	⑪⑮	3	14	3	天汉 1	3
918	戊寅	⑪㉖	4	15	4	光天 1 （王衍⑥）	4
919	己卯	⑫⑦	5	武义④ 1	5	王衍 乾德 1	5
920	庚辰	⑪⑲	6	2（杨溥⑤）	6	2	6
921	辛巳	⑪㉚	龙德⑤ 1	杨溥 顺义② 1	（龙德）1	3	（龙德） 1
922	壬午	⑫⑪	2	2	2	4	2
923	癸未	⑪㉒	3⑩	3	3	5	3
			后唐				
			庄宗（李存勖）④ 同光④1				（同光） 1
924	甲申	⑫③	2	4	宝大 1	6	2
925	乙酉	⑫⑬	3	5	2	咸康 1⑪	3（王延翰⑫）
926	丙戌	⑪㉔	明宗（李嗣源）④ 天成④1	6	宝正 1		王延翰（天成） 1 （王延钧⑫）
927	丁亥	⑫⑤	2	乾贞⑪ 1	2		王延钧（天成） 2
928	戊子	⑪⑰	3	2	3		3
929	己丑	⑪㉘	4	大和⑪ 1	4		4
930	庚寅	⑫⑨	长兴② 1	2	5		（长兴） 1
931	辛卯	⑪⑳	2	3	6		2
932	壬辰	⑫②	3	4	钱元瓘④（长兴）3		3
933	癸巳	⑫⑫	4（闵帝⑫）	5	4	**后蜀**	龙启 1
934	甲午	⑪㉓	闵帝（李从厚） 应顺 1	6	（应顺）1	孟知祥闰①明德④ 1	2
			末帝（李从珂）④ 清泰④1		（清泰）1	孟昶⑦	永和 1
935	乙未	⑫③	2	天祚⑨ 1	2	2	（王昶⑩）

* 据《新五代史·于阗传》：后晋天福五年，晋臣高居诲等赴于阗，“其年号同庆二十九年”。据此排列。又据敦煌文书，此后尚有“天兴”、“天寿”、“天尊”等年号，已列入。

续表

公元	干支		唐	渤海		南诏
897	丁巳	⑫④	乾宁 4	大玮瑎 4		嵯耶□ （舜化贞(?)）
898	戊午	⑪⑮	光化㊇ 1	5		舜化贞 中兴 1
899	己未	⑪⑯	2	6		2
900	庚申	⑫⑦	3	7		3
901	辛酉	⑪⑯	天复㊃ 1	8	吴	4
902	壬戌	⑪⑲	2	9	杨行密㊂（天复） 2	5（郑买嗣(?)）
903	癸亥	⑫⑩	3	10	3	大长和郑买嗣 安国 1
904	甲子	⑪⑳	天祐闰㊃ 1（哀帝㊇）	11	（天祐）1	2
905	乙丑	⑫③	哀帝（李柷） 2	12	2（杨渥⑪）	3
906	丙寅	⑫⑭	3	13	杨渥 3	4
907	丁卯	⑪⑬	4㊃	大諲譔 1	4	5

纪年表

南汉	荆南（南平）		契丹	南诏	渤海	于阗	公元
			辽太祖 1	大长和郑买嗣 安国 5	大諲譔 1		907
			（耶律阿保机）				
			2	6	2		908
			3	7（郑仁旻㊇）	3		909
		燕	4	郑仁旻 始元 1	4		910
		刘守光㊇应天㊇ 1	5		5		911
		2	6		6	李圣天 同庆* 1	912
		3⑪	7		7	2	913
				天瑞景星？			
			8		8	3	914
			9		9	4	915
			神册⑫ 1		10	5	916
刘龑㊆乾亨㊆ 1			2	安和？	11	6	917
2			3		12	7	918
3			4		13	8	919
4			5		14	9	920
5			6	贞祐？	15	10	921
6			天赞㊁ 1		16	11	922
7			2		17	12	923
				初历？			
8	高季兴㊂（顺义）4		3		18	13	924
白龙⑪ 1	5		4		19	14	925
					东丹		
2	（天成）1		天显㊁ 1	孝治？	耶律倍㊁	15	926
		楚			甘露㊁ 1		
		马殷㊅（天成）2		（郑隆亶(?)）			
3	2	3	2（辽太宗⑪）	郑隆亶 天应 1	2	16	927
大有㊂ 1	（乾贞）2		辽太宗 3	大天兴赵善政 尊圣 1	3	17	928
	（高从诲⑫）		（耶律德光）				
2	高从诲（大和）1	4	4	2	4	18	929
	（天成㊆）4			大义宁杨干真(?)			
3	（长兴）1	马希声⑪（长兴）1	5	兴圣 1	5	19	930
4	2	2	6	大明 1	6	20	931
5	3	马希範㊆ 3	7	2	7	21	932
6	4	4	8	3	8	22	933
7	（应顺）1	（应顺）1	9	4	9	23	934
	（清泰）1	（清泰）1					
8	2	2	10	5	10	24	935

公元	干支		后唐	吴	吴越	后蜀	闽
936	丙申	闰⑪⑮	清泰 3闰⑪	天祚 2	（清泰） 3	明德 3	王昶 通文③ 1
			后晋				
			高祖（石敬瑭）⑪				
			天福⑪ 1		（天福） 1		
937	丁酉	⑪㉖	2	3⑩	2	4	2
				南唐			
				李昪⑩升元⑩ 1			
938	戊戌	⑫⑦	3	2	3	广政 1	3
939	己亥	⑪⑱	4	3	4	2	王曦闰⑦永隆闰⑦ 1
940	庚子	⑪㉚	5	4	5	3	2
941	辛丑	⑫⑪	6	5	6（钱弘佐⑨）	4	3
942	壬寅	⑪㉒	7（出帝⑥）	6	钱宏佐 7	5	4**
943	癸卯	⑫②	出帝（石重贵） 8	李璟③保大③ 1	8	6	王延政②天德② 1
944	甲辰	⑫⑭	开运⑦ 1	2	（开运） 1	7	2
945	乙巳	⑪㉔	2	3	2	8	3⑧
946	丙午	⑫⑥	3⑫	4	3	9	
			后汉				
947	丁未	⑪⑰	高祖（刘知远②）	5	钱宏倧⑥（天福） 12	10	
			天福② 12				
948	戊申	⑪㉘	乾祐 1（隐帝②）	6	钱宏俶（乾祐） 1	11	
949	己酉	⑫⑨	隐帝（刘承祐） 2	7	2	12	
950	庚戌	⑪⑳	3	8	3	13	
			后周			14	**北汉**
951	辛亥	⑫①	太祖（郭威）			15	
			广顺 1	9	（广顺） 1	16	刘旻①（乾祐） 4
952	壬子	⑫⑫	2	10	2	17	5
953	癸丑	⑪㉓	3	11	3	18	6
954	甲寅	⑫④	显德 1（世宗①）	12	（显德） 1		7（刘钧⑪）
955	乙卯	⑪⑮	世宗（柴荣） 2	13	2		刘钧 8
956	丙辰	⑪㉗	3	14	3	19	9
957	丁巳	⑫⑧	4	15	4	20	天会 1
958	戊午	⑪⑲	5	中兴 1	5	21	2
				交泰③**** 1			
				（显德⑤） 5			
959	己未	⑪㉙	6（恭帝⑥）	6	6	22	3
960	庚申	⑫⑪	恭帝（柴宗训） 7①	7	7	23	4

* 是年耶律倍卒，东丹至982年始亡。
** 永隆年号用至944年。
*** 是年改国号为辽，983～1066年间曾重称契丹。
**** 是年五月去年号，奉后周正朔。

（十二）宋、辽、金

公元	干支		北宋	南唐	吴越	后蜀
960	庚申	⑫⑪	太祖（赵匡胤）建隆 1	（建隆） 1	（建隆） 1	广政 23
961	辛酉	⑪㉒	2	李煜⑦ 2	2	24
962	壬戌	⑫②	3	3	3	25
963	癸亥	⑫⑬	乾德⑪ 1	（乾德） 1	（乾德） 1	26
964	甲子	⑪㉕	2	2	2	27
965	乙丑	⑫⑥	3	3	3	28①
966	丙寅	⑪⑰	4	4	4	
967	丁卯	⑪㉘	5	5	5	
968	戊辰	⑫⑩	开宝⑪ 1	（开宝） 1	（开宝） 1	

* 一作李德从。
** 是年七月刘钧死，养子继恩立，九月继恩被杀，弟继元继立，均沿用天会年号。

续表

南汉	荆南（南平）	楚	契丹	南诏	东丹	于阗	公元
大有 9	（清泰） 3	（清泰） 3	太宗 11	大明 6	甘露* 11	同庆 25	936
	（天福） 1	（天福） 1					
10	2	2	12	7		26	937
				大理			
				段思平(?)			
11	3	3	会同⑪ 1	文德 1		27	938
12	4	4	2			28	939
13	5	5	3			29	940
14	6	6	4	神武？		30	941
刘玢㊃光天㊃ 1	7	7	5		张遇贤㊆	31	942
					〔永乐〕㊆1		
刘晟㊂应乾㊂ 1	8	8	6		2㊉	32	943
乾和⑪ 1							
2	（开运） 1	（开运） 1	7	神武□		33	944
				（段思英(?)）			
3	2	2	8	段思英 文经 1		34	945
				（段思良(?)）			
4	3	3	9	段思良 至治 1		35	946
5	（天福） 12	马希广㊃（天福）12	大同㊁*** 1	2		36	947
			（世宗㊃）				
			世宗（耶律阮）天禄㊈ 1				
6	高保融⑪（乾祐） 1	（乾祐） 1	2	3		37	948
7	2	2	3	4		38	949
8	3	马希萼⑫（保大） 8	4	5		天兴 1	950
			穆宗（耶律璟）㊈			2	951
9	（广顺） 1	9⑪	应历㊈ 1	6（段思聪(?)）			
10	2		2	段思聪 明德 1		3	952
11	3		3			4	953
12	（显德） 1		4			5	954
13	2		5			6	955
14	3		6			7	956
15	4		7			8	957
刘鋹㊇大宝㊇ 1	5		8			9	958
2	6		9			10	959
3	7		10	广德？		11	960

纪年表

北汉	南汉	荆南	辽	于阗		大理	公元
天会 4	大宝 3	高保勗㊇（建隆） 1	应历 10	天兴	11	段思聪 广德？	960
5	4	2	11		12		961
6	5	高继冲⑪ 3	12		13		962
7	6	（乾德） 1㊀	13		14		963
				天寿	1		
8	7		14		2		964
9	8		15		3		965
10	9		16		4		966
11	10		17	李从德*天尊	1	广德□	967
刘继元㊈** 12	11		18		2	顺德 1	968

公元	干支		北宋		南唐		吴越		北汉	
969	己巳	⑪⑳	开宝	2	(开宝)	2	(开宝)	2	刘继元	13
970	庚午	⑫①		3		3		3		14
971	辛未	⑫⑫		4		4		4		15
972	壬申	⑪㉓		5		5		5		16
973	癸酉	⑫④		6		6		6		17
974	甲戌	⑪⑮		7		7		7	广运	1
975	乙亥	⑪㉖		8		8⑪		8		2
976	丙子	⑫⑧	太宗（赵光义）⑩ 太平兴国⑫	1			(太平兴国)	1		3
977	丁丑	⑪⑲		2				2		4
978	戊寅	⑪㉙		3				3⑤		5
979	己卯	⑫⑩		4						6⑤
980	庚辰	⑪㉒		5						
981	辛巳	⑫③		6						
982	壬午	⑫⑭		7						
983	癸未	⑪㉕		8						
984	甲申	⑫⑦	雍熙⑪	1						
985	乙酉	⑪⑰		2						
986	丙戌	⑪㉘		3						
987	丁亥	⑫⑨		4						
988	戊子	⑪⑳	端拱	1						
989	己丑	⑫①		2						
990	庚寅	⑫⑫	淳化	1						
991	辛卯	⑪㉓		2						
992	壬辰	⑫⑤		3						
993	癸巳	⑪⑯		4						
994	甲午	⑪㉖		5						
995	乙未	⑫⑦	至道	1						
996	丙申	⑪⑲		2						
997	丁酉	⑪㉙		3（真宗③）						
998	戊戌	⑫⑩	真宗（赵恒）咸平	1						
999	己亥	⑪㉒		2						
1000	庚子	⑫③		3						
1001	辛丑	⑫⑭		4						
1002	壬寅	⑪㉕		5						
1003	癸卯	⑫⑥		6						
1004	甲辰	⑪⑰	景德	1						
1005	乙巳	⑪㉘		2						
1006	丙午	⑫⑨		3						
1007	丁未	⑪⑲		4						
1008	戊申	⑫②	大中祥符	1						
1009	己酉	⑫⑬		2						
1010	庚戌	⑪㉓		3						
1011	辛亥	⑫④		4						
1012	壬子	⑪⑯		5						
1013	癸丑	⑪㉖		6						
1014	甲寅	⑫⑦		7						
1015	乙卯	⑪⑱		8						
1016	丙辰	⑪㉚		9						
1017	丁巳	⑫⑪	天禧	1						
1018	戊午	⑪㉒		2						
1019	己未	⑫③		3						
1020	庚申	⑫⑮		4						
1021	辛酉	⑪㉕		5						
1022	壬戌	⑫⑥	乾兴	1（仁宗②）						
1023	癸亥	⑪⑯	仁宗（赵祯）天圣	1						
1024	甲子	⑪㉘		2						
1025	乙丑	⑫⑨		3						

续表

南汉	辽	于阗	大理	公元
大宝 12	景宗（耶律贤）㊁保宁㊁ 1	天尊 3	段素顺 明政 1	969
13	2	4	2	970
14㊁	3	5	3	971
	4	6	4	972
	5	7	5	973
	6	8	6	974
	7	9	7	975
	8	10	8	976
	9	11	9	977
	10	中兴 1	10	978
	乾亨㊀ 1	2	11	979
	2	3	12	980
	3	4	13	981
	4（圣宗㊈）	5	14	982
	圣宗（耶律隆绪）统和㊅ 1		15	983
	2		16	984
	3		17	985
	4		段素英 广明 1	986
	5		2	987
	6		3	988
	7		4	989
	8		5	990
	9		6	991
	10		7	992
	11		8	993
	12	李顺〔应运〕㊀1	9	994
	13	2㊁	10	995
	14		11	996
	15		12	997
	16		13	998
	17		14	999
	18		15	1000
	19		16	1001
	20		17	1002
	21		18	1003
	22		19	1004
	23		明应 1	1005
	24		明圣？	1006
	25		明德？	1007
	26		明治？	1008
	27		明治□ （段素廉⑦）	1009
	28		段素廉 明启 1	1010
	29		2	1011
	开泰㊀ 1		3	1012
	2		4	1013
	3		5	1014
	4		6	1015
	5		7	1016
	6		8	1017
	7		9	1018
	8		10	1019
	9		11	1020
	太平㊀ 1		12	1021
	2		13（段素隆⑦）	1022
	3		段素隆 明通 1	1023
	4		2	1024
	5		3	1025

公元	干支		北宋		辽	
1026	丙寅	⑪⑳	天圣	4	太平	6
1027	丁卯	⑫①		5		7
1028	戊辰	⑫⑬		6		8
1029	己巳	⑪㉔		7		9
1030	庚午	⑫⑤		8		10
1031	辛未	⑪⑮		9	兴宗（耶律宗真）⑥景福⑥	1
1032	壬申	⑪㉖	明道⑪	1	重熙⑪	1
1033	癸酉	⑫⑦		2		2
1034	甲戌	⑪⑱	景祐	1		3
1035	乙亥	⑪㉙		2		4
1036	丙子	⑫⑪		3		5
1037	丁丑	⑪㉒		4		6
1038	戊寅	⑫③	宝元⑪	1		7
1039	己卯	⑫⑭		2		8
1040	庚辰	⑪㉕	康定②	1		9
1041	辛巳	⑫⑥	庆历⑪	1		10
1042	壬午	⑪⑰		2		11
1043	癸未	⑪㉗		3		12
1044	甲申	⑫⑩		4		13
1045	乙酉	⑪㉑		5		14
1046	丙戌	⑫②		6		15
1047	丁亥	⑫⑬		7		16
1048	戊子	⑪㉔		8		17
1049	己丑	⑫④	皇祐	1		18
1050	庚寅	闰⑪⑮		2		19
1051	辛卯	⑪㉖		3		20
1052	壬辰	⑫⑧		4		21
1053	癸巳	⑪⑲		5		22
1054	甲午	⑪㉚	至和③	1		23
1055	乙未	⑫⑪		2	道宗（耶律洪基）⑧清宁⑧	1
1056	丙申	⑪㉒	嘉祐⑨	1		2
1057	丁酉	⑫③		2		3
1058	戊戌	⑫⑭		3		4
1059	己亥	⑪㉔		4		5
1060	庚子	⑫⑥		5		6
1061	辛丑	⑪⑰		6		7
1062	壬寅	⑪㉘		7		8
1063	癸卯	⑫⑨		8（英宗④）		9
1064	甲辰	⑪㉑	英宗（赵曙）治平	1		10
1065	乙巳	⑫②		2	咸雍	1
1066	丙午	⑫⑬		3		2
1067	丁未	⑪㉓		4（神宗①）		3
1068	戊申	⑫⑤	神宗（赵顼）熙宁	1		4
1069	己酉	闰⑪⑮		2		5
1070	庚戌	⑪㉖		3		6
1071	辛亥	⑫⑧		4		7
1072	壬子	⑪⑲		5		8
1073	癸丑	⑫①		6		9
1074	甲寅	⑫⑪		7		10
1075	乙卯	⑪㉑		8	大（太）康	1
1076	丙辰	⑫③		9		2
1077	丁巳	⑫⑭		10		3
1078	戊午	⑪㉕	元丰	1		4
1079	己未	⑫⑥		2		5
1080	庚申	⑪⑱		3		6

* 西夏年世异说颇多，今据《宋史·夏国传》和西夏石刻、官印、写经题记等编制，并参考今人考订。

续表

西夏*			大理			公元
				明通	4（段素真?）	1026
			段素真	正治	1	1027
					2	1028
					3	1029
					4	1030
					5	1031
景宗（嵬名元昊）(明〔显〕道)	1				6	1032
	2				7	1033
开运㊆	1				8	1034
广运㊇	1					
	2				9	1035
大庆⑫	1				10	1036
	2				11	1037
天授礼法延祚㊉	1				12	1038
	2				13	1039
	3				14	1040
	4				15（段素兴?）	1041
	5		段素兴	圣明	1	1042
	6				?	1043
	7			天明□	（段思廉?）	1044
	8		段思廉	保安	1	1045
	9				2	1046
	10	王则〔得圣〕⑪ 1			3	1047
	11	2(闰)㊀			4	1048
毅宗（嵬名谅祚）延嗣宁国	1				5	1049
天祐垂圣	1				6	1050
	2				7	1051
	3				8	1052
福圣承道	1			正安	1	1053
	2				2	1054
	3				3	1055
	4					1056
𦾔都	1					1057
	2					1058
	3			正德?		1059
	4					1060
	5					1061
	6					1062
拱化	1					1063
	2			保德?		1064
	3					1065
	4					1066
	5					1067
惠宗（嵬名秉常） 乾道	1					1068
天赐礼盛国庆	1					1069
	2					1070
	3					1071
	4					1072
	5					1073
大安	1			保德□		1074
	2		段连义?			1075
	3			上德	1	1076
	4			广安	1	1077
	5				2	1078
	6				3	1079
	7				4（段寿辉?）	1080

公元	干支		北宋			辽			西夏		
1081	辛酉	⑪㉙		元丰	4		大（太）康	7		大安	8
1082	壬戌	⑫㊉			5			8			9
1083	癸亥	⑪⑳			6			9			10
1084	甲子	⑫㊁			7			10			11
1085	乙丑	⑫⑫			8（哲宗㊂）		大安	1		天安礼定	1
1086	丙寅	⑪㉓	哲宗（赵煦）	元祐	1			2			2
1087	丁卯	⑫㊃			2			3	崇宗（嵬名乾顺）	天仪治平㊆	1
1088	戊辰	⑫⑯			3			4			2
1089	己巳	⑪㉗			4			5			3
1090	庚午	⑫㊇			5			6		天祐民安	1
1091	辛未	⑪⑲			6			7			2
1092	壬申	⑫㊀			7			8			3
1093	癸酉	⑫⑪			8			9			4
1094	甲戌	⑪㉑		绍圣㊃	1			10			5
1095	乙亥	⑫㊁			2		寿昌（隆）	1			6
1096	丙子	⑫⑭			3			2			7
1097	丁丑	⑪㉕			4			3			8
1098	戊寅	⑫㊅		元符㊅	1			4		永安	1
1099	己卯	⑪⑰			2			5			2
1100	庚辰	⑪㉘			3（徽宗㊀）			6			3
1101	辛巳	⑫㊉	徽宗（赵佶）	建中靖国	1	天祚帝（耶律延禧）㊀	乾统㊁	1		贞观	1
1102	壬午	⑪⑳		崇宁	1			2			2
1103	癸未	⑫㊀			2			3			3
1104	甲申	⑫⑬			3			4			4
1105	乙酉	⑪㉓			4			5			5
1106	丙戌	⑫㊄			5			6			6
1107	丁亥	⑪⑯		大观	1			7			7
1108	戊子	⑪㉗			2			8			8
1109	己丑	⑫㊇			3			9			9
1110	庚寅	⑪⑲			4			10			10
1111	辛卯	⑪㉙		政和	1		天庆	1			11
1112	壬辰	⑫⑪			2			2			12
1113	癸巳	⑪㉒			3			3			13
1114	甲午	⑫㊂			4			4		雍宁	1
1115	乙未	⑫⑭			5			5			2
1116	丙申	⑪㉖			6			6			3
1117	丁酉	⑫㊆			7			7			4
1118	戊戌	⑪⑰		重和⑪	1			8			5
1119	己亥	⑪㉘		宣和㊁	1			9		元德	1
1120	庚子	⑫㊉			2			10			2
1121	辛丑	⑪⑳			3		保大	1			3
1122	壬寅	⑫㊀			4			2			4
1123	癸卯	⑫⑫			5			3			5
1124	甲辰	⑪㉔			6			4			6
1125	乙巳	⑫㊄			7（钦宗⑫）			5㊁			7
1126	丙午	闰⑪⑯	钦宗（赵桓）	靖康	1						8
			南宋								
1127	丁未	⑪㉖	高宗（赵构）㊄	建炎㊄	1					正德㊃	1
1128	戊申	⑫㊇			2						2
1129	己酉	⑪⑲			3						3
						齐					
1130	庚戌	⑪㉙			4	刘豫㊈	阜昌㊈	1			4
1131	辛亥	⑫㊉		绍兴	1			2			5
1132	壬子	⑪㉒			2			3			6

* 据汪远孙《西辽纪年表》。

续表

金			大理	公元
			段寿辉 上明 1	1081
			段正明 保立 1	1082
				1083
				1084
				1085
			建安？	1086
				1087
				1088
				1089
			天祐？	1090
				1091
				1092
				1093
			天祐□（高昇泰?）	1094
			高昇泰 上治 1	1095
			段正淳 天授 1	1096
			开明 1	1097
			2	1098
			3	1099
			4	1100
			5	1101
			6	1102
			天正 1	1103
			2	1104
			文安 1	1105
			2	1106
			3	1107
			4（段正严?）	1108
			段正严 日新 1	1109
			文治 1	1110
			2	1111
			3	1112
			4	1113
			5	1114
太祖（完颜阿骨打）收国 1			6	1115
2			7	1116
天辅 1			8	1117
2			9	1118
3				1119
4		方腊㊉〔永乐〕㊉ 1		1120
5	北辽	2㊃		1121
6	宣宗（耶律淳） 建福㊂1		永嘉？	1122
	萧德妃 德兴㊅1⑫			
太宗（完颜晟）㊈ 天会㊈1	梁王（耶律雅里） 神历㊄1㊉			1123
	西辽*			
2	德宗（耶律大石）延庆㊁ 1			1124
3	2			1125
4	3			1126
5	4			1127
6	5		永嘉□	1128
7	6		保天 1	1129
8	7	钟相〔天载〕㊁ 1㊂	2	1130
9	8		3	1131
10	9		4	1132

公元	干支		南宋	齐	西夏	金
1133	癸丑	(十二)(四)	绍兴 3	阜昌 4	正德 7	天会 11
1134	甲寅	(十二)(十五)	4	5	8	12
1135	乙卯	(十一)(廿五)	5	6	大德 1	熙宗（完颜亶） 13
1136	丙辰	(十二)(七)	6	7	2	14
1137	丁巳	(十一)(十七)	7	8(十一)	3	15
1138	戊午	(十一)(廿八)	8		4	天眷 1
1139	己未	(十二)(九)	9		5	2
1140	庚申	(十一)(廿一)	10		仁宗（嵬名仁孝）大庆 1	3
1141	辛酉	(十二)(二)	11		2	皇统 1
1142	壬戌	(十二)(十三)	12		3	2
1143	癸亥	(十一)(廿四)	13		4	3
1144	甲子	(十二)(六)	14		人庆 1	4
1145	乙丑	(闰)(十一)(十六)	15		2	5
1146	丙寅	(十一)(廿七)	16		3	6
1147	丁卯	(十二)(七)	17		4	7
1148	戊辰	(十一)(十九)	18		5	8
1149	己巳	(十一)(卅)	19		天盛 1	海陵王（完颜亮）(十二)天德(十二) 1
1150	庚午	(十二)(十一)	20		2	2
1151	辛未	(十一)(廿二)	21		3	3
1152	壬申	(十二)(四)	22		4	4
1153	癸酉	(十二)(十五)	23		5	贞元(三) 1
1154	甲戌	(十一)(廿五)	24		6	2
1155	乙亥	(十二)(六)	25		7	3
1156	丙子	(十一)(十七)	26		8	正隆(二) 1
1157	丁丑	(十一)(廿八)	27		9	2
1158	戊寅	(十二)(九)	28		10	3
1159	己卯	(十一)(廿)	29		11	4
1160	庚辰	(十二)(二)	30		12	5
1161	辛巳	(十二)(十三)	31		13	世宗（完颜雍）(十) 大定(十) 1
1162	壬午	(十一)(廿四)	32（孝宗(六)）		14	2
1163	癸未	(十二)(五)	孝宗（赵昚）隆兴 1		15	3
1164	甲申	(闰)(十一)(十六)	2		16	4
1165	乙酉	(十一)(廿七)	乾道 1		17	5
1166	丙戌	(十二)(八)	2		18	6
1167	丁亥	(十一)(十八)	3		19	7
1168	戊子	(十二)(一)	4		20	8
1169	己丑	(十二)(十二)	5		21	9
1170	庚寅	(十一)(廿三)	6		乾祐 1	10
1171	辛卯	(十二)(三)	7		2	11
1172	壬辰	(十二)(十五)	8		3	12
1173	癸巳	(十一)(廿五)	9		4	13
1174	甲午	(十二)(六)	淳熙 1		5	14
1175	乙未	(十一)(十七)	2		6	15
1176	丙申	(十一)(廿九)	3		7	16
1177	丁酉	(十二)(十)	4		8	17
1178	戊戌	(十一)(廿一)	5		9	18
1179	己亥	(十二)(二)	6		10	19
1180	庚子	(十二)(十三)	7		11	20
1181	辛丑	(十一)(廿四)	8		12	21
1182	壬寅	(十二)(五)	9		13	22
1183	癸卯	(闰)(十一)(十五)	10		14	23
1184	甲辰	(十一)(廿七)	11		15	24
1185	乙巳	(十二)(八)	12		16	25
1186	丙午	(十一)(十九)	13		17	26
1187	丁未	(十一)(卅)	14		18	27
1188	戊申	(十二)(十一)	15		19	28
1189	己酉	(十一)(廿二)	16（光宗(二)）		20	29（章宗(一)）

续表

西辽		大理	公元
延庆 10	杨幺㊃〔大圣天王〕㊃ 1	保天 5	1133
康国 1	2	6	1134
2	3㊅	7	1135
3		8	1136
4			1137
5			1138
6			1139
7		广运？	1140
8			1141
9			1142
10（感天后）			1143
感天后（塔不烟）咸清 1			1144
2			1145
3			1146
4		广运□ （段正兴⑦）	1147
5		段正兴 永贞 1	1148
6		大宝 1	1149
7（仁宗）		2	1150
仁宗（耶律夷列）绍兴 1		3	1151
2		4	1152
3		5	1153
4		6	1154
5		7	1155
6		龙兴？	1156
7			1157
8			1158
9			1159
10		盛明？	1160
11			1161
12			1162
13（承天后）			1163
承天后（耶律普速完）崇福 1			1164
2		建德？	1165
3			1166
4			1167
5			1168
6			1169
7			1170
8		建德□	1171
9		段智兴 利贞 1	1172
10		2	1173
11		3	1174
12		4	1175
13		盛德 1	1176
14（末主）		2	1177
末主（耶律直鲁古） 天禧 1		3	1178
2		4	1179
3		5	1180
4		嘉会 1	1181
5		2	1182
6		3	1183
7		4	1184
8		元亨 1	1185
9		2	1186
10		3	1187
11		4	1188
12		5	1189

公元	干支		南宋		西夏		金	
1190	庚戌	⑫③	光宗（赵惇）绍熙	1	乾祐	21	章宗（完颜璟） 明昌	1
1191	辛亥	⑫⑭		2		22		2
1192	壬子	⑫㉕		3		23		3
1193	癸丑	⑫⑥		4		24		4
1194	甲寅	⑫⑰		5（宁宗⑦）	桓宗（嵬名纯祐）天庆	1		5
1195	乙卯	⑫㉘	宁宗（赵扩）庆元	1		2		6
1196	丙辰	⑫⑩		2		3	承安⑪	1
1197	丁巳	⑫㉑		3		4		2
1198	戊午	⑫②		4		5		3
1199	己未	⑫⑬		5		6		4
1200	庚申	⑫㉔		6		7		5
1201	辛酉	⑫⑤	嘉泰	1		8	泰和	1
1202	壬戌	⑫⑯		2		9		2
1203	癸亥	⑫㉗		3		10		3
1204	甲子	⑫⑨		4		11		4
1205	乙丑	⑫⑳	开禧	1		12		5
1206	丙寅	⑫①		2	襄宗（嵬名安全）应天	1		6
1207	丁卯	⑫⑫		3		2		7
1208	戊辰	⑫㉓	嘉定	1		3		8（卫绍王⑪）
1209	己巳	⑫③		2		4	卫绍王（完颜永济）大安	1
1210	庚午	⑫⑭		3	皇建	1		2
1211	辛未	⑫㉕		4	神宗（嵬名遵顼）光定⑧	1		3
1212	壬申	⑫⑦		5		2	崇庆	1
1213	癸酉	⑫⑱		6		3	至宁⑤	1
							宣宗（完颜珣）⑨ 贞祐⑨	1
1214	甲戌	⑫㉙		7		4		2
1215	乙亥	⑫⑩		8		5		3
1216	丙子	⑫㉑		9		6		4
1217	丁丑	⑫②		10		7	兴定⑨	1
1218	戊寅	⑫⑬		11		8		2
1219	己卯	⑫㉓		12		9		3
1220	庚辰	⑫⑤		13		10		4
1221	辛巳	⑫⑯		14		11		5
1222	壬午	⑫㉗		15		12	元光⑧	1
1223	癸未	⑫⑧		16		13		2（哀宗⑫）
1224	甲申	⑫⑳		17（理宗⑧）	献宗（嵬名德旺）乾定⑫	1	哀宗（完颜守绪）正大	1
1225	乙酉	⑫①	理宗（赵昀）宝庆	1		2		2
1226	丙戌	⑫⑫		2		3		3
1227	丁亥	⑫㉓		3	末主（嵬名睍） 宝义	1⑥		4
1228	戊子	⑫④	绍定	1				5
1229	己丑	⑫⑭		2				6
1230	庚寅	⑫㉖		3				7
1231	辛卯	⑫⑦		4				8
1232	壬辰	⑫⑱		5			开兴	1
							天兴④	1
1233	癸巳	⑫㉙		6				2
1234	甲午	⑫⑩	端平	1			末帝（完颜承麟）①	3①
1235	乙未	⑫⑳		2				
1236	丙申	⑫②		3				
1237	丁酉	⑫⑬	嘉熙	1				
1238	戊戌	⑫㉔		2				
1239	己亥	⑫⑤		3				
1240	庚子	⑫⑰		4				
1241	辛丑	⑫㉘	淳祐	1				
1242	壬寅	⑫⑧		2				
1243	癸卯	⑫⑲		3				
1244	甲辰	⑫①		4				

续表

西辽		大理		公元
天禧 13		元亨 6		1190
14		7		1191
15		8		1192
16		9		1193
17		10		1194
18		11		1195
19				1196
20		安定？		1197
21				1198
22				1199
23		安定□ （段智廉㊇）		1200
24		段智廉 凤历 1		1201
25				1202
26				1203
27		元寿□		1204
28	**蒙古**	段智祥 天开 1		1205
29	太祖（孛儿只斤铁木真） 1	2		1206
30	2	3	吴曦 转运㊀ 1㊁	1207
31	3	4		1208
32	4	5		1209
33	5	6		1210
34	6	7		1211
	7	8		1212
	8	9		1213
杨安儿〔天顺〕㊄ 1⑫	9	10		1214
	10	11	蒲鲜万奴㊉天泰㊉ 1	1215
郝定〔顺天〕 1	11	12	2	1216
	12	13	3	1217
	13	14	4	1218
	14	15	5	1219
	15	16	6	1220
	16	17	7	1221
	17	18	8	1222
	18	19	9	1223
	19	20	10	1224
	20	21	11	1225
	21	天辅 1	12	1226
	22		13	1227
	孛儿只斤拖雷 1		14	1228
	太宗（孛儿只斤窝阔台）㊇ 1		15	1229
	2		16	1230
	3	仁寿？	17	1231
	4		18	1232
	5		19㊈	1233
	6			1234
	7			1235
	8			1236
	9			1237
	10			1238
	11	段祥兴 道隆 1		1239
	12	2		1240
	13	3		1241
	乃马真后 1	4		1242
	2	5		1243
	3	6		1244

续表

公元	干支		南宋	蒙古	大理
1245	乙巳	⑫⑪	淳祐 5	乃马真后 4	段祥兴 道隆 7
1246	丙午	⑪㉒	6	定宗（孛儿只斤贵由）⑦ 1	8
1247	丁未	⑫③	7	2	9
1248	戊申	⑫⑮	8	海迷失后③ 1	10
1249	己酉	⑪㉖	9	2	11
1250	庚戌	⑫⑦	10	3	12
1251	辛亥	⑪⑱	11	宪宗（孛儿只斤蒙哥）⑥ 1	13（段兴智⑦）
1252	壬子	⑪㉙	12	2	段兴智 天定 1
1253	癸丑	⑫⑩	宝祐 1	3	2
1254	甲寅	⑪⑳	2	4	3
1255	乙卯	⑫①	3	5	
1256	丙辰	⑫⑬	4	6	
1257	丁巳	⑪㉔	5	7	
1258	戊午	⑫⑤	6	8	
1259	己未	闰⑪⑯	开庆 1	9	
1260	庚申	⑪㉗	景定 1	世祖（孛儿只斤忽必烈）③ 中统⑤ 1	
1261	辛酉	⑫⑧	2	2	
1262	壬戌	⑪⑲	3	3	
1263	癸亥	⑪㉚	4	4	
1264	甲子	⑫⑫	5（度宗⑩）	至元⑧ 1	
1265	乙丑	⑪㉓	度宗（赵禥） 咸淳 1	2	
1266	丙寅	⑫④	2	3	
1267	丁卯	⑫⑮	3	4	
1268	戊辰	⑪㉖	4	5	
1269	己巳	⑫⑦	5	6	
1270	庚午	⑪⑱	6	7	
1271	辛未	⑪㉘	7	8*	
1272	壬申	⑫⑩	8	9	
1273	癸酉	⑪㉑	9	10	
1274	甲戌	⑫②	10（恭帝⑦）	11	
1275	乙亥	⑫⑬	恭帝（赵㬎） 德祐 1	12	
1276	丙子	⑪㉕	端宗（赵昰）⑤景炎⑤ 1	13	
1277	丁丑	⑫⑥	2	14	
1278	戊寅	闰⑪⑯	赵昺④ 祥兴⑤ 1	15	
1279	己卯	⑪㉖	2②	16	

* 是年始改国号为元。

（十三）元纪年表

公元	干支		元	
1279	己卯	⑪㉖	世祖 至元 16	
1280	庚辰	⑫⑧	17	杜可用〔万乘〕④ 1④
1281	辛巳	⑪⑲	18	
1282	壬午	⑪㉚	19	
1283	癸未	⑫⑫	20	林桂方、赵良钤〔延康〕③ 1③
1284	甲申	⑪㉔	21	
1285	乙酉	⑫⑤	22	
1286	丙戌	⑫⑮	23	
1287	丁亥	⑪㉖	24	
1288	戊子	⑫⑦	25	
1289	己丑	⑪⑱	26	杨镇龙〔安定〕③ 1⑩
1290	庚寅	⑪㉙	27	
1291	辛卯	⑫⑩	28	
1292	壬辰	⑪㉑	29	
1293	癸巳	⑫③	30	

公元	干支		元
1294	甲午	⑫⑭	至元 31（成宗④）
1295	乙未	⑪㉔	成宗（孛儿只斤铁穆耳）元贞 1
1296	丙申	⑫⑥	2
1297	丁酉	⑫⑯	大德② 1
1298	戊戌	⑪㉗	2
1299	己亥	⑫⑧	3
1300	庚子	⑪⑳	4
1301	辛丑	⑫①	5
1302	壬寅	⑫⑫	6
1303	癸卯	⑪㉓	7
1304	甲辰	⑫⑤	8
1305	乙巳	⑫⑮	9
1306	丙午	⑪㉕	10
1307	丁未	⑫⑥	11（武宗⑤）
1308	戊申	闰⑪⑱	武宗（孛儿只斤海山） 至大 1
1309	己酉	⑪㉙	2

续表

公元	干支		元				
1310	庚戌	⑫⑩		至大 3			
1311	辛亥	⑪㉑		4（仁宗③）			
1312	壬子	⑫③	仁宗（孛儿只斤爱育黎拔力八达）	皇庆 1			
1313	癸丑	⑫⑭		2			
1314	甲寅	⑪㉔		延祐 1			
1315	乙卯	⑫⑤		2			
1316	丙辰	⑫⑰		3			
1317	丁巳	⑪㉗		4			
1318	戊午	⑫⑨		5			
1319	己未	⑪⑳		6			
1320	庚申	⑫②		7（英宗③）			
1321	辛酉	⑫⑫	英宗（孛儿只斤硕德八剌）	至治 1			
1322	壬戌	⑪㉓		2			
1323	癸亥	⑫④		3（泰定帝⑧）			
1324	甲子	⑫⑮	泰定帝（孛儿只斤也孙铁木耳）	泰定 1			
1325	乙丑	⑪㉖		2			
1326	丙寅	⑫⑦		3			
1327	丁卯	⑪⑱		4			
1328	戊辰	⑪㉚		致和② 1			
			天顺帝（孛儿只斤阿速吉八）⑨	天顺⑨ 1			
			文宗（孛儿只斤图帖睦耳）⑨	天历⑨ 1			
1329	己巳	⑫⑪	明宗（孛儿只斤和世㻋）①	2			
			文宗⑧				
1330	庚午	⑪㉒		至顺⑤ 1			
1331	辛未	⑫②		2			
1332	壬申	⑫⑭	宁宗（孛儿只斤懿璘质班）⑩	3			
1333	癸酉	⑪㉔	惠宗（顺帝）（孛儿只斤妥懽帖睦尔）⑥	元统⑩ 1			
1334	甲戌	⑫⑤		2			
1335	乙亥	⑫⑯		至元⑪ 1			
1336	丙子	⑪㉘		2	朱光卿		
1337	丁丑	⑫⑨		3	〔赤符〕①1⑦		
1338	戊寅	⑫⑳		4			
1339	己卯	⑫①		5			
1340	庚辰	⑫⑫		6			
1341	辛巳	⑪㉓		至正 1			
1342	壬午	⑫④		2			
1343	癸未	⑫⑭		3			
1344	甲申	⑪㉖		4			
1345	乙酉	⑫⑧		5			
1346	丙戌	⑪⑲		6			
1347	丁亥	⑪㉙		7			
1348	戊子	⑫⑪		8			
1349	己丑	⑪㉒		9			
1350	庚寅	⑫②		10	〔天完〕		
1351	辛卯	⑫⑬		11	徐寿辉⑩ 〔治平〕⑩ 1		
1352	壬辰	⑪㉕		12	2		
1353	癸巳	⑫⑥		13	3	周	
1354	甲午	⑫⑰		14	4	张士诚 天佑（祐）1	〔宋〕
1355	乙未	⑪㉘		15	5	2	韩林儿② 〔龙凤〕②1
1356	丙申	⑫⑩		16	〔太平〕 1	3	2
1357	丁酉	⑪⑳		17	2	4⑧*	3
1358	戊戌	⑫①		18	〔天启〕⑧ 1		4
1359	己亥	⑫⑫		19	〔天定〕④ 1		5

* 是年八月，张士诚降元，至正二十三年（1363）又自立为吴王，二十七年（1367）九月国亡。

续表

公元	干支	元		〔天完〕		〔宋〕
1360	庚子	⑪㉓	至正 20	〔天定〕2(闰)㊄ 〔汉〕 陈友谅(闰)㊄〔大义〕(闰)㊄ 1		〔龙凤〕6
1361	辛丑	⑫④	21	2	〔夏〕	7
1362	壬寅	⑫⑮	22	3	明玉珍㊂〔天统〕㊂** 1	8
1363	癸卯	⑪㉖	23	陈理㊇〔德寿〕㊇ 1	2	9
1364	甲辰	⑫⑧	24	2㊁	3	10
1365	乙巳	⑪⑲	25		4	11
1366	丙午	⑪㉙	26		5（〔明昇〕㊃）	12⑫
1367	丁未	⑫⑩	27		明昇〔开熙〕 1	
1368	戊申	⑪㉑	28(闰)㊆*		2	

*　元惠宗（顺帝）退出大都（今北京）。

**　据重庆明玉珍墓出土《玄宫之碑》："癸卯岁正月朔旦，受皇帝玺绶，国号大夏，改元天统。"是明玉珍建夏改元应在1363年，尚待考证。

（十四）明纪年表

公元	干支	明		元	〔夏〕
1368	戊申	⑪㉑	太祖（朱元璋）洪武 1	惠宗（顺帝）（孛儿只斤妥懽帖睦尔） 至正 28	明昇〔开熙〕2
1369	己酉	⑫②	2	29	3
1370	庚戌	⑫⑬	3	30（昭宗㊃）	4
1371	辛亥	⑪㉔	4	昭宗（孛儿只斤爱猷识理达腊）* 宣光 1	5㊅
1372	壬子	⑫⑥	5	2	
1373	癸丑	(闰)⑪⑰	6	3	
1374	甲寅	⑪㉘	7	4	
1375	乙卯	⑫⑨	8	5	
1376	丙辰	⑪⑳	9	6	
1377	丁巳	⑫①	10	7	
1378	戊午	⑫⑫	11	8（孛儿只斤脱古思帖木儿㊃）	
1379	己未	⑪㉓	12	孛儿只斤脱古思帖木儿 天元 1	
1380	庚申	⑫⑤	13	2	
1381	辛酉	⑫⑯	14	3	
1382	壬戌	⑪㉖	15	4	
1383	癸亥	⑫⑦	16	5	
1384	甲子	⑪⑲	17	6	
1385	乙丑	⑪㉙	18	7	
1386	丙寅	⑫⑩	19	8	
1387	丁卯	⑪㉑	20	9	
1388	戊辰	⑫③	21	10	
1389	己巳	⑫⑭	22		
1390	庚午	⑪㉕	23		
1391	辛未	⑫⑥	24		
1392	壬申	⑪⑯	25		
1393	癸酉	⑪㉘	26		
1394	甲戌	⑫⑨	27		
1395	乙亥	⑪⑲	28		
1396	丙子	⑫①	29		
1397	丁丑	⑫⑫	30	田九成〔龙凤〕㊀ 1㊈	
1398	戊寅	⑪㉓	31（惠帝(闰)㊄）		
1399	己卯	⑫④	惠帝（朱允炆）建文 1		
1400	庚辰	⑫⑯	2		
1401	辛巳	⑪㉗	3		
1402	壬午	⑫⑦	4（成祖㊅）		
1403	癸未	(闰)⑪⑯	成祖（朱棣） 永乐 1		

*　昭宗以后史称北元。

续表

公元	干支		明	
1404	甲申	⑪㉙	永乐 2	
1405	乙酉	⑫⑩	3	
1406	丙戌	⑪㉑	4	
1407	丁亥	⑫③	5	
1408	戊子	⑫⑮	6	
1409	己丑	⑪㉕	7	
1410	庚寅	⑫⑥	8	
1411	辛卯	⑫⑰	9	
1412	壬辰	⑪㉘	10	
1413	癸巳	⑫⑨	11	
1414	甲午	⑪⑳	12	
1415	乙未	⑫①	13	
1416	丙申	⑫⑬	14	
1417	丁酉	⑪㉔	15	
1418	戊戌	⑫⑤	16	
1419	己亥	⑫⑮	17	
1420	庚子	⑪㉗	18	
1421	辛丑	⑫⑦	19	
1422	壬寅	⑫⑱	20	
1423	癸卯	⑪㉙	21	
1424	甲辰	⑫⑪	22（仁宗㊇）	
1425	乙巳	⑪㉒	仁宗（朱高炽） 洪熙 1（宣宗㊅）	
1426	丙午	⑫③	宣宗（朱瞻基） 宣德 1	
1427	丁未	⑫⑭	2	
1428	戊申	⑪㉕	3	
1429	己酉	⑫⑥	4	
1430	庚戌	⑫⑰	5	
1431	辛亥	⑪㉗	6	
1432	壬子	⑫⑨	7	
1433	癸丑	⑪⑳	8	
1434	甲寅	⑫①	9	
1435	乙卯	⑫⑫	10（英宗㊀）	
1436	丙辰	⑪㉔	英宗（朱祁镇） 正统 1	
1437	丁巳	⑫⑤	2	
1438	戊午	⑫⑮	3	
1439	己未	⑪㉖	4	
1440	庚申	⑫⑧	5	
1441	辛酉	闰⑪⑯	6	
1442	壬戌	⑪㉚	7	
1443	癸亥	⑫⑪	8	
1444	甲子	⑪㉒	9	
1445	乙丑	⑫③	10	
1446	丙寅	⑫⑭	11	
1447	丁卯	⑪㉔	12	
1448	戊辰	⑫⑥	13	
1449	己巳	⑫⑰	14（代宗㊈）	黄萧养㊈ 〔东阳〕㊈ 1
1450	庚午	⑪㉘	代宗（朱祁钰） 景泰 1	2㊄
1451	辛未	⑫⑨	2	
1452	壬申	⑪㉑	3	
1453	癸酉	⑫②	4	
1454	甲戌	⑫⑬	5	
1455	乙亥	⑪㉓	6	
1456	丙子	⑫⑤	景泰 7	
1457	丁丑	⑫⑮	英宗（朱祁镇）㊀ 天顺㊀1	王斌〔天绣〕1
1458	戊寅	⑪㉖	2	
1459	己卯	⑫⑦	3	
1460	庚辰	闰⑪⑲	4	李添保〔武烈〕1
1461	辛巳	⑪㉚	5	
1462	壬午	⑫⑪	6	
1463	癸未	⑪㉒	7	
1464	甲申	⑫③	8（宪宗㊀）	
1465	乙酉	⑫⑭	宪宗（朱见深） 成化 1	刘通㊂〔德胜〕㊂1
1466	丙戌	⑪㉔	2	2闰㊂
1467	丁亥	⑫⑤	3	
1468	戊子	⑫⑰	4	
1469	己丑	⑪㉘	5	
1470	庚寅	⑫⑩	6	
1471	辛卯	⑪⑳	7	
1472	壬辰	⑫②	8	
1473	癸巳	⑫⑬	9	
1474	甲午	⑪㉓	10	
1475	乙未	⑫④	11	
1476	丙申	⑫⑯	12	
1477	丁酉	⑪㉗	13	
1478	戊戌	⑪⑧	14	
1479	己亥	⑪⑲	15	
1480	庚子	⑫①	16	
1481	辛丑	⑫⑪	17	
1482	壬寅	⑪㉒	18	
1483	癸卯	⑫②	19	
1484	甲辰	⑫⑭	20	
1485	乙巳	⑪㉕	21	
1486	丙午	⑫⑥	22	
1487	丁未	⑫⑰	23（孝宗㊈）	
1488	戊申	⑪㉙	孝宗（朱祐樘） 弘治 1	
1489	己酉	⑫⑩	2	
1490	庚戌	⑪⑳	3	
1491	辛亥	⑫①	4	
1492	壬子	⑫⑬	5	
1493	癸丑	⑪㉓	6	
1494	甲寅	⑫④	7	
1495	乙卯	⑫⑮	8	
1496	丙辰	⑪㉗	9	
1497	丁巳	⑫⑧	10	
1498	戊午	闰⑪⑲	11	
1499	己未	⑪㉙	12	
1500	庚申	⑫⑪	13	
1501	辛酉	⑪㉒	14	
1502	壬戌	⑫③	15	
1503	癸亥	⑫⑬	16	
1504	甲子	⑪㉖	17	
1505	乙丑	⑫⑦	18（武宗㊄）	
1506	丙寅	⑫⑱	武宗（朱厚照） 正德 1	
1507	丁卯	⑪㉘	2	
1508	戊辰	⑫⑩	3	

续表

公元	干支		明	
1509	己巳	⑪⑳	正德 4	
1510	庚午	⑫①	5	
1511	辛未	⑫⑫	6	
1512	壬申	⑪㉔	7	
1513	癸酉	⑫⑤	8	
1514	甲戌	⑫⑯	9	
1515	乙亥	⑪㉗	10	
1516	丙子	⑫⑨	11	
1517	丁丑	⑫⑲	12	
1518	戊寅	⑪㉙	13	
1519	己卯	⑫⑩	14	朱宸濠 顺德⑥1⑦
1520	庚辰	⑪㉒	15	
1521	辛巳	⑫③	16（世宗④）	
1522	壬午	⑫⑭	世宗（朱厚熜） 嘉靖 1	
1523	癸未	⑪㉕	2	
1524	甲申	⑫⑦	3	
1525	乙酉	⑫⑱	4	
1526	丙戌	⑪㉘	5	
1527	丁亥	⑫⑨	6	
1528	戊子	⑪⑳	7	
1529	己丑	⑫①	8	
1530	庚寅	⑫⑫	9	
1531	辛卯	⑪㉓	10	
1532	壬辰	⑫⑥	11	
1533	癸巳	⑫⑯	12	
1534	甲午	⑪㉗	13	
1535	乙未	⑫⑧	14	
1536	丙申	⑫⑲	15	
1537	丁酉	⑪㉚	16	
1538	戊戌	⑫⑫	17	
1539	己亥	⑪㉓	18	
1540	庚子	⑫④	19	
1541	辛丑	⑫⑮	20	
1542	壬寅	⑪㉕	21	
1543	癸卯	⑫⑥	22	
1544	甲辰	⑫⑱	23	
1545	乙巳	⑪㉘	24	
1546	丙午	⑫⑨	25	
1547	丁未	⑪⑳	26	
1548	戊申	⑫②	27	
1549	己酉	⑫⑬	28	
1550	庚戌	⑪㉔	29	
1551	辛亥	⑫⑤	30	
1552	壬子	⑫⑯	31	
1553	癸丑	⑪㉗	32	
1554	甲寅	⑫⑧	33	
1555	乙卯	闰⑪⑱	34	
1556	丙辰	⑪㉚	35	
1557	丁巳	⑫⑫	36	
1558	戊午	⑪㉓	37	
1559	己未	⑫③	38	
1560	庚申	⑫⑮	39	张琏〔造历〕1
1561	辛酉	⑪㉕	40	2
1562	壬戌	⑫⑥	41	3⑤
1563	癸亥	⑫⑰	42	
1564	甲子	⑪㉘	43	

公元	干支		明	
1565	乙丑	⑫⑨	嘉靖 44	蔡伯贯⑫〔大宝〕⑫1
1566	丙寅	⑪⑳	45（穆宗⑫）	2㊀
1567	丁卯	⑫②	穆宗（朱载垕） 隆庆 1	
1568	戊辰	⑫⑭	2	
1569	己巳	⑪㉔	3	
1570	庚午	⑫⑤	4	
1571	辛未	⑫⑮	5	
1572	壬申	⑪㉗	6（神宗⑥）	
1573	癸酉	⑫⑧	神宗（朱翊钧） 万历 1	
1574	甲戌	⑫⑲	2	
1575	乙亥	⑪㉚	3	
1576	丙子	⑫⑫	4	
1577	丁丑	⑪㉓	5	
1578	戊寅	⑫④	6	
1579	己卯	⑫⑭	7	
1580	庚辰	⑪㉕	8	
1581	辛巳	⑫⑥	9	
1582	壬午	⑫⑦	10	
1583	癸未	⑫⑱	11	
1584	甲申	⑪㉚	12	
1585	乙酉	⑫⑪	13	
1586	丙戌	⑪㉓	14	
1587	丁亥	⑫③	15	
1588	戊子	⑫⑭	16	
1589	己丑	⑪㉔	17	
1590	庚寅	⑫⑤	18	
1591	辛卯	⑫⑯	19	
1592	壬辰	⑪㉘	20	
1593	癸巳	闰⑪⑨	21	
1594	甲午	⑪⑳	22	
1595	乙未	⑫①	23	
1596	丙申	⑫⑬	24	
1597	丁酉	⑪㉓	25	
1598	戊戌	⑫④	26	
1599	己亥	⑫⑮	27	
1600	庚子	⑫㉖	28	
1601	辛丑	⑫⑧	29	
1602	壬寅	⑫⑲	30	
1603	癸卯	⑪㉙	31	
1604	甲辰	⑫⑪	32	
1605	乙巳	⑪㉓	33	
1606	丙午	⑫③	34	
1607	丁未	⑫⑬	35	
1608	戊申	⑪㉕	36	
1609	己酉	⑫⑥	37	
1610	庚戌	⑫⑰	38	
1611	辛亥	⑪㉘	39	
1612	壬子	闰⑪⑩	40	
1613	癸丑	⑪⑳	41	
1614	甲寅	⑫①	42	
1615	乙卯	⑫⑫	43	**后金（清）**
1616	丙辰	⑪㉓	44	太祖（爱新觉罗努尔哈赤） 天命 1
1617	丁巳	⑫④	45	2
1618	戊午	⑫⑮	46	3

续表

公元	干支		明	后金（清）		
1619	己未	⑪㉖	万历 47	天命 4		
1620	庚申	⑫⑧	光宗（朱常洛）⑧			
			泰昌⑧* 1（熹宗⑨）	5		
1621	辛酉	⑪⑲	熹宗（朱由校）			
			天启 1	6		
1622	壬戌	⑪㉙	2	7	徐鸿儒〔大成（乘）兴胜〕⑤ 1⑩	
1623	癸亥	⑪⑩	3	8		
1624	甲子	⑪㉒	4	9		
1625	乙丑	⑫③	5	10		
1626	丙寅	⑪⑬	6	11（太宗⑨）		
1627	丁卯	⑪㉔	7（思宗⑧）	太宗（爱新觉罗皇太极）		
				天聪 1		
1628	戊辰	⑫⑦	思宗（朱由检）			
			崇祯 1	2		
1629	己巳	⑪⑰	2	3		
1630	庚午	⑪㉘	3	4		
1631	辛未	闰⑪⑨	4	5		
1632	壬申	⑪⑳	5	6		
1633	癸酉	⑫①	6	7		
1634	甲戌	⑪⑫	7	8		
1635	乙亥	⑪㉓	8	9		
1636	丙子	⑫⑤	9	崇德④** 1		
1637	丁丑	⑪⑯	10	2		
1638	戊寅	⑪㉗	11	3		
1639	己卯	⑫⑧	12	4		
1640	庚辰	⑪⑲	13	5		
1641	辛巳	⑪㉙	14	6		
1642	壬午	闰⑪⑩	15	7		
1643	癸未	⑪㉑	16	8（世祖⑧）		
1644	甲申	⑫③	17③	世祖（爱新觉罗福临）	〔大顺〕	〔大西〕
				顺治 1	李自成〔永昌〕 1	张献忠⑪〔大顺〕⑪1

* 万历四十八年八月光宗即位，改明年年号为泰昌，九月光宗死，熹宗即位，以八月后为泰昌元年，改明年年号为天启。
** 是年始改国号为清。

（十五）清纪年表

公元	干支		清	南明		〔大顺〕	〔大西〕
1644	甲申	⑫③	世祖（爱新觉罗福临）顺治1	福王（朱由崧）⑤		李自成〔永昌〕1	张献忠⑪〔大顺〕⑪1
1645	乙酉	⑪⑭	2	弘光 1⑤		2⑤	2
				唐王（朱聿键）闰⑥			
				隆武闰⑥ 1			
1646	丙戌	⑪㉕	3	2⑧			3⑫
				唐王（朱聿𨮁）⑪	韩王（朱本		
				绍武⑪ 1⑫	铉）定武1		
				桂王（朱由榔）⑪			
1647	丁亥	⑫⑥	4	永历 1	2		
1648	戊子	⑪⑯	5	2	3		
1649	己丑	⑪㉘	6	3	4		
1650	庚寅	闰⑪⑨	7	4	5		
1651	辛卯	⑪⑲	8	5	6		
1652	壬辰	⑫①	9	6	7		
1653	癸巳	⑪⑫	10	7	8		
1654	甲午	⑪㉓	11	8	9		
1655	乙未	⑫④	12	9	10		
1656	丙申	⑪⑮	13	10	11		
1657	丁酉	⑪㉗	14	11	12		
1658	戊戌	⑫⑧	15	12	13		

续表

公元	干支	清		南明		〔大顺〕	
1659	己亥	⑪⑱	顺治 16	永历 13	定武 14		
1660	庚子	⑪㉚	17	14	15		
1661	辛丑	⑪⑪	18（圣祖㊀）	15⑫	16		
1662	壬寅	⑪㉒	圣祖（爱新觉罗玄烨） 康熙 1		17		
1663	癸卯	⑫③	2		18		
1664	甲辰	⑪⑮	3				
1665	乙巳	⑪㉕	4				
1666	丙午	⑫⑥	5				
1667	丁未	⑪⑰	6				
1668	戊申	⑪㉘	7				
1669	己酉	⑫⑨	8				
1670	庚戌	⑪⑳	9				
1671	辛亥	⑫①	10				
1672	壬子	⑪⑬	11				周
1673	癸丑	⑪㉔	12				吴三桂⑫
1674	甲寅	⑫⑤	13			耿精忠㊉裕民㊉ 1	1
1675	乙卯	⑪⑮	14			2	2
1676	丙辰	⑪㉗	15			3㊉	3
1677	丁巳	⑫⑧	16				4
1678	戊午	⑪⑱	17				昭武㊂ 1（吴世璠⑫）
1679	己未	⑪㉙	18				吴世璠 洪化 1
1680	庚申	⑪⑪	19				2
1681	辛酉	⑪㉒	20				3㊉
1682	壬戌	⑫③	21				
1683	癸亥	⑪⑭	22				
1684	甲子	⑪㉖	23				
1685	乙丑	⑫⑥	24				
1686	丙寅	⑪⑰	25				
1687	丁卯	⑪㉗	26				
1688	戊辰	⑫⑨	27				
1689	己巳	⑪⑳	28				
1690	庚午	⑫②	29				
1691	辛未	⑪⑬	30				
1692	壬申	⑪㉔	31				
1693	癸酉	⑫⑤	32				
1694	甲戌	⑪⑮	33				
1695	乙亥	⑪㉖	34				
1696	丙子	⑫⑧	35				
1697	丁丑	⑪⑲	36				
1698	戊寅	⑪㉚	37				
1699	己卯	⑪⑪	38				
1700	庚辰	⑪㉒	39				
1701	辛巳	⑫③	40				
1702	壬午	⑪⑬	41				
1703	癸未	⑪㉔	42				
1704	甲申	⑫⑤	43				
1705	乙酉	⑪⑯	44				
1706	丙戌	⑪㉗	45				
1707	丁亥	⑫⑧	46				
1708	戊子	⑪⑳	47				
1709	己丑	⑫①	48				
1710	庚寅	⑪⑫	49				
1711	辛卯	⑪㉒	50				
1712	壬辰	⑫④	51				
1713	癸巳	⑪⑭	52				
1714	甲午	⑪㉕	53				

续表

公元	干支		清	
1715	乙未	⑫⑥	康熙 54	
1716	丙申	⑪⑯	55	
1717	丁酉	⑪㉙	56	
1718	戊戌	⑪⑩	57	
1719	己亥	⑪㉑	58	
1720	庚子	⑫③	59	
1721	辛丑	⑪⑬	60	朱一贵〔永和〕④1⑥
1722	壬寅	⑪㉔	61（世宗⑪）	
1723	癸卯	⑫⑤	世宗（爱新觉罗胤禛）雍正 1	
1724	甲辰	⑪⑯	2	
1725	乙巳	⑪㉗	3	
1726	丙午	⑫⑨	4	
1727	丁未	⑪⑲	5	
1728	戊申	⑫①	6	
1729	己酉	⑪⑫	7	
1730	庚戌	⑪㉓	8	
1731	辛亥	⑫③	9	
1732	壬子	⑪⑮	10	
1733	癸丑	⑪㉖	11	
1734	甲寅	⑫⑦	12	
1735	乙卯	⑪⑱	13（高宗⑧）	
1736	丙辰	⑪㉚	高宗（爱新觉罗弘历）乾隆 1	
1737	丁巳	⑪⑪	2	
1738	戊午	⑪㉒	3	
1739	己未	⑫②	4	
1740	庚申	⑪⑬	5	
1741	辛酉	⑪㉔	6	
1742	壬戌	⑫⑤	7	
1743	癸亥	⑪⑯	8	
1744	甲子	⑪㉘	9	
1745	乙丑	⑫⑨	10	
1746	丙寅	⑪⑳	11	
1747	丁卯	⑪㉚	12	
1748	戊辰	⑪⑫	13	
1749	己巳	⑪㉓	14	
1750	庚午	⑫③	15	
1751	辛未	⑪⑭	16	
1752	壬申	⑪㉖	17	
1753	癸酉	⑫⑧	18	
1754	甲戌	⑪⑱	19	
1755	乙亥	⑪㉙	20	
1756	丙子	⑪⑪	21	
1757	丁丑	⑪㉒	22	
1758	戊寅	⑫②	23	
1759	己卯	⑪⑬	24	
1760	庚辰	⑪㉕	25	
1761	辛巳	⑫⑥	26	
1762	壬午	⑪⑰	27	
1763	癸未	⑪㉗	28	
1764	甲申	⑫⑨	29	
1765	乙酉	⑪⑳	30	
1766	丙戌	⑪㉚	31	
1767	丁亥	⑪⑫	32	
1768	戊子	⑪㉓	33	
1769	己丑	⑫④	乾隆 34	
1770	庚寅	⑪⑮	35	
1771	辛卯	⑪㉖	36	
1772	壬辰	⑫⑧	37	
1773	癸巳	⑪⑱	38	
1774	甲午	⑪㉙	39	
1775	乙未	⑪⑩	40	
1776	丙申	⑪㉑	41	
1777	丁酉	⑫②	42	
1778	戊戌	⑪⑬	43	
1779	己亥	⑪㉔	44	
1780	庚子	⑫⑥	45	
1781	辛丑	⑪⑰	46	
1782	壬寅	⑪㉗	47	
1783	癸卯	⑫⑧	48	
1784	甲辰	⑪⑳	49	
1785	乙巳	⑫①	50	
1786	丙午	⑪⑪	51	林爽文⑪〔顺天〕⑪ 1
1787	丁未	⑪㉓	52	2
1788	戊申	⑫⑤	53	3①
1789	己酉	⑪⑮	54	
1790	庚戌	⑪㉖	55	
1791	辛亥	⑫⑦	56	
1792	壬子	⑪⑱	57	
1793	癸丑	⑪㉙	58	
1794	甲寅	⑫⑩	59	
1795	乙卯	⑪㉑	60	
1796	丙辰	⑫③	仁宗（爱新觉罗颙琰）嘉庆 1	
1797	丁巳	⑪⑭	2	
1798	戊午	⑪㉕	3	
1799	己未	⑫⑥	4	
1800	庚申	⑪⑯	5	
1801	辛酉	⑪㉖	6	
1802	壬戌	⑫⑦	7	
1803	癸亥	⑪⑱	8	
1804	甲子	⑪㉚	9	
1805	乙丑	⑪⑪	10	
1806	丙寅	⑪㉒	11	
1807	丁卯	⑫③	12	
1808	戊辰	⑪⑮	13	
1809	己巳	⑪㉕	14	
1810	庚午	⑫⑥	15	
1811	辛未	⑪⑯	16	
1812	壬申	⑪㉘	17	
1813	癸酉	⑫⑨	18	
1814	甲戌	⑪⑳	19	
1815	乙亥	⑫②	20	
1816	丙子	⑪⑬	21	
1817	丁丑	⑪㉔	22	
1818	戊寅	⑫⑤	23	
1819	己卯	⑪⑮	24	
1820	庚辰	⑪㉖	25（宣宗⑧）	
1821	辛巳	⑫⑧	宣宗（爱新觉罗旻宁）道光 1	
1822	壬午	⑪⑲	2	

续表

公元	干支	清			
1823	癸未	(十一)(卅)	道光 3		
1824	甲申	(十一)(十二)	4		
1825	乙酉	(十一)(廿三)	5		
1826	丙戌	(十二)㊂	6		
1827	丁亥	(十一)(十四)	7		
1828	戊子	(十一)(廿五)	8		
1829	己丑	(十二)㊅	9		
1830	庚寅	(十一)(十七)	10		
1831	辛卯	(十一)(廿八)	11		
1832	壬辰	(十一)㊉	12		
1833	癸巳	(十一)(廿一)	13		
1834	甲午	(十二)㊁	14		
1835	乙未	(十一)(十三)	15		
1836	丙申	(十一)(廿四)	16		
1837	丁酉	(十二)㊄	17		
1838	戊戌	(十一)(十五)	18		
1839	己亥	(十一)(廿六)	19		
1840	庚子	(十二)㊇	20		
1841	辛丑	(十一)(十九)	21		
1842	壬寅	(十一)(卅)	22		
1843	癸卯	(十一)(十一)	23		
1844	甲辰	(十一)(廿二)	24		
1845	乙巳	(十二)㊂	25		
1846	丙午	(十一)(十四)	26		
1847	丁未	(十一)(廿四)	27		
1848	戊申	(十二)㊅	28		
1849	己酉	(十一)(十八)	29		
1850	庚戌	(十一)(廿八)	30(文宗㊀)	〔太平天国〕	
1851	辛亥(开)	(十一)㊉	文宗(爱新觉罗奕詝)咸丰 1	洪秀全 1	
1852	壬子	(十一)(廿一)	2	2	
1853	癸丑(好)	(十二)㊁	3	3	
1854	甲寅	(十一)(十三)	4	4	〔大成〕
1855	乙卯(荣)	(十一)(廿三)	5	5	陈开㊇〔洪德〕㊇ 1
1856	丙辰	(十二)㊄	6	6	2
1857	丁巳	(十一)(十六)	7	7	3
1858	戊午	(十一)(廿七)	8	8	4
1859	己未	(十二)㊇	9	9	5
1860	庚申	(十一)(廿)	10	10	6
1861	辛酉	(十二)㊀	11(穆宗㊆)*	11	7㊆
1862	壬戌	(十一)(十一)	穆宗(爱新觉罗载淳)同治 1	12	
1863	癸亥(开)	(十一)(廿一)	2	13	
1864	甲子	(十二)㊂	3	洪天贵福㊄ 14**	
1865	乙丑	(十一)(十四)	4		
1866	丙寅	(十一)(廿五)	5		
1867	丁卯	(十二)㊅	6		
1868	戊辰	(十一)(十八)	7		
1869	己巳	(十一)(廿九)	8		
1870	庚午	(十一)㊉	9		
1871	辛未	(十一)(廿)	10		
1872	壬申	(十二)㊁	11		
1873	癸酉	(十一)(十三)	12		

* 穆宗七月即位，定明年年号为祺祥，十月再改同治，以明年为同治元年。

** 太平天国天京陷落于1864年7月19日(同治三年六月十六日)，一般即作为太平天国的结束，但也有延伸到1868年8月16日(同治七年六月二十八日)捻军在山东徒骇河失败，作为太平天国结束的。

续表

公元	干支	清		公元	干支	清	
1874	甲戌	⑪㉓	同治 13（德宗⑫）	1893	癸巳	⑪㉔	光绪 19
1875	乙亥	⑫④	德宗（爱新觉罗载湉）光绪 1	1894	甲午	⑫⑤	20
1876	丙子	⑪⑯	2	1895	乙未	⑪⑯	21
1877	丁丑	⑪㉗	3	1896	丙申	⑪㉗	22
1878	戊寅	⑫⑧	4	1897	丁酉	⑫⑧	23
1879	己卯	⑪⑲	5	1898	戊戌	⑪⑲	24
1880	庚辰	⑫①	6	1899	己亥	⑪㉙	25
1881	辛巳	⑪⑪	7	1900	庚子	⑪⑩	26
1882	壬午	⑪㉓	8	1901	辛丑	⑪㉑	27
1883	癸未	⑫③	9	1902	壬寅	⑫②	28
1884	甲申	⑪㉕	10	1903	癸卯	⑪⑫	29
1885	乙酉	⑪㉖	11	1904	甲辰	⑪㉕	30
1886	丙戌	⑫⑦	12	1905	乙巳	⑫⑥	31
1887	丁亥	⑪⑰	13	1906	丙午	⑪⑯	32
1888	戊子	⑪㉙	14	1907	丁未	⑪㉗	33
1889	己丑	⑫⑩	15	1908	戊申	⑫⑨	34（爱新觉罗溥仪⑩）
1890	庚寅	⑩⑳	16	1909	己酉	⑪⑲	爱新觉罗溥仪 宣统 1
1891	辛卯	⑫①	17	1910	庚戌	⑪㉚	2
1892	壬辰	⑪⑫	18	1911	辛亥	⑪⑫	3

（十六）中华民国纪年表*

公元	干支	中华民国			公元	干支	中华民国	
1912	壬子	⑪㉓	1		1931	辛未	⑪㉓	20
1913	癸丑	⑫⑤	2		1932	壬申	⑫⑤	21
1914	甲寅	⑪⑮	3		1933	癸酉	⑪⑮	22
1915	乙卯	⑪㉕	4		1934	甲戌	⑪㉕	23
1916	丙辰	⑫⑦	5	袁世凯 洪宪①1③	1935	乙亥	⑫⑥	24
1917	丁巳	⑪⑯	6		1936	丙子	⑪⑯	25
1918	戊午	⑪㉙	7		1937	丁丑	⑪㉙	26
1919	己未	⑪⑩	8		1938	戊寅	⑪⑩	27
1920	庚申	⑪㉑	9		1939	己卯	⑪㉑	28
1921	辛酉	⑫③	10		1940	庚辰	⑫③	29
1922	壬戌	⑪⑭	11		1941	辛巳	⑪⑭	30
1923	癸亥	⑪㉔	12		1942	壬午	⑪㉔	31
1924	甲子	⑫⑥	13		1943	癸未	⑫⑤	32
1925	乙丑	⑪⑯	14		1944	甲申	⑪⑰	33
1926	丙寅	⑪㉗	15		1945	乙酉	⑪㉗	34
1927	丁卯	⑫⑧	16		1946	丙戌	⑫⑨	35
1928	戊辰	⑪⑳	17		1947	丁亥	⑪⑳	36
1929	己巳	⑫①	18		1948	戊子	⑫②	37
1930	庚午	⑪⑫	19		1949**	己丑	⑪⑫	38

* 中华民国改用公历，以1912年为中华民国元年。

** 本年10月1日中华人民共和国成立，采用公元纪年。

〔附一〕辛亥革命期间所用黄帝纪年对照表*

公元	《民报》所用	《黄帝魂》所用	《江苏》等报刊所用	公元	《民报》所用	《黄帝魂》所用	《黄帝魂》所用
1903		4614	4394	1908	4606	4619	4399
1904		4615	4395	1909	4607	4620	4400
1905	4603	4616	4396	1910	4608	4621	4401
1906	4604	4617	4397	1911	4609	4622	4402
1907	4605	4618	4398				

* 各纪年中，以《民报》所用年代为多数革命党人所接受，武昌起义后湖北军政府文告，即以此为据，各省响应的文告也多采此说。孙中山就任临时大总统时，通电各省，以黄帝纪年四千六百零九年十一月十三日为中华民国元年元旦，因此，黄帝纪年使用至该年十一月十二日（1911年12月31日）为止。

〔附二〕韵 目 代 日 表

一 日	东、先、董、送、屋	十 二 日	文、侵、吻、震、锡	二十二日	养、祃
二 日	冬、萧、肿、宋、沃	十 三 日	元、覃、阮、问、职	二十三日	梗、漾
三 日	江、肴、讲、绛、觉	十 四 日	寒、盐、旱、愿、缉	二十四日	迥、敬
四 日	支、豪、纸、寘、质	十 五 日	删、咸、潸、翰、合	二十五日	有、径
五 日	微、歌、尾、未、物	十 六 日	铣、谏、叶	二十六日	寝、宥
六 日	鱼、麻、语、御、月	十 七 日	篠、霰、洽	二十七日	感、沁
七 日	虞、阳、麌、遇、曷	十 八 日	巧、啸	二十八日	俭、勘
八 日	齐、庚、荠、霁、黠	十 九 日	皓、效	二十九日	豏、艳
九 日	佳、青、蟹、泰、屑	二 十 日	哿、号	三 十 日	陷
十 日	灰、蒸、贿、卦、药	二十一日	马、箇	三十一日	世、引
十 一 日	真、尤、轸、队、陌				

条目标题汉字笔画索引

说　明

一、本索引供读者按条目标题的汉字笔画查检条目。

二、条目标题按第一字的笔画由少到多的顺序排列，一至五画和廿一画以上的按画数和起笔笔形横（一）、竖（丨）、撇（丿）、点（丶）、折（乛，包括亅乚く等）的顺序排列。六至二十画，同画数的按第一、二笔的笔形顺序归类。笔画数和起笔笔形相同的字，按字形结构排列，先左右形字，再上下形字，后整体字。第一字相同的，依次按后面各字的笔画数和起笔笔形顺序排列。

三、以拉丁字母、希腊字母和阿拉伯数字开头的条目标题，依次排在汉字条目标题的后面。

一画

〔一〕

一·二八抗战 …… 8-508
一二·九运动 …… 8-508
一八艺社 …… 8-507
一人永占 …… 8-511
《一千零一夜》…… 8-511
《一个无政府主义者的意外死亡》…… 8-509
一夫一妻制家庭 …… 8-509
一夫多妻制家庭 …… 8-509
一元论 …… 8-513
《一仆二主》…… 8-510
“一月夺权” …… 8-513
一行 …… 8-512
一次污染物 …… 8-508
一次能源 …… 8-507
一江山岛战役 …… 8-510
《一江春水向东流》…… 8-509
一串红 …… 8-507
一体化理论 …… 8-511
一条鞭法 …… 8-512
一事不再理 …… 8-511
一妻多夫制家庭 …… 8-511
一国两制 …… 8-509
一届全国人大一次会议 …… 8-510
一贯道 …… 8-509
《一封遗失的信》…… 8-509
一品红 …… 8-510
一神教 …… 8-511
一党制 …… 8-508
一氧化碳 …… 8-512
一氧化碳中毒 …… 8-512
一般力学 …… 8-507
一赐乐业教 …… 8-508
《一瓢诗话》…… 8-510

〔乛〕

乙二胺 …… 8-548
乙二胺四乙酸 …… 8-548
乙二醇 …… 8-548
乙丙橡胶 …… 8-548
乙羽信子 …… 8-550
乙炔 …… 8-549
乙烯 …… 8-549
《乙瑛碑》…… 8-550
乙酰乙酸乙酯 …… 8-550
乙酰甲胺磷 …… 8-550
乙酰胺 …… 8-550
乙酰氯 …… 8-550
乙酸 …… 8-549
乙酸乙酯 …… 8-549
乙酸酐 …… 8-549
乙醇 …… 8-548
乙醇胺 …… 8-548
乙醛 …… 8-549
乙醚 …… 8-548

二画

〔一〕

二二八起义 …… 2-424
二十一条 …… 2-428
二十五史 …… 2-428
二十四节气 …… 2-427
二十四史 …… 2-428
二十四国集团 …… 2-427
《二十四诗品》…… 2-428
《二十年目睹之怪现状》…… 2-427
“二七年一代” …… 2-426
二七惨案 …… 2-426
二人台 …… 2-427
二人转 …… 2-427
二王八司马 …… 2-429
二元论 …… 2-430
二元经济 …… 2-430
二化螟 …… 2-425
二月二 …… 2-430
二叶亭四迷 …… 2-430
二甲苯 …… 2-425
二甲醚 …… 2-425
二次曲线 …… 2-423
二次曲面 …… 2-423
二次污染物 …… 2-423
二次型 …… 2-423
二次革命 …… 2-422
二次能源 …… 2-422
二连浩特市 …… 2-425
二里头文化 …… 2-425
二苯醚 …… 2-422
二茂铁 …… 2-426
《二刻拍案惊奇》…… 2-425
二项分布 …… 2-429
二胡 …… 2-424
《二泉映月》…… 2-426
二律背反 …… 2-426
二氧化钛 …… 2-429
二氧化硅 …… 2-429
二氧化硫 …… 2-429
二氧化碳 …… 2-429
二难推理 …… 2-426
《二程集》…… 2-422
二氯乙烷 …… 2-426
二氯甲烷 …… 2-426
二噁英 …… 2-424
二滩水电站 …… 2-428
二叠纪 …… 2-424
二醇 …… 2-422
十二生肖 …… 6-587
十二皮部 …… 6-586
十二因缘 …… 6-587

十二使君之乱 …… 6-587
十二使徒 …… 6-587
十二经别 …… 6-586
十二经脉 …… 6-586
十二经筋 …… 6-586
十二指肠 …… 6-587
《十二铜表法》…… 6-587
十七勇士 …… 6-589
十八反 …… 6-585
十八罗汉 …… 6-585
十八般兵器 …… 6-585
十八描 …… 6-586
十九畏 …… 6-587
十大功劳 …… 6-586
《十五贯》…… 6-590
十五络脉 …… 6-590
《十日谈》…… 6-589
十月党 …… 6-591
十六国 …… 6-587
《十六国春秋》…… 6-588
十四行诗 …… 6-590
《十竹斋书画谱》…… 6-591
《十竹斋笺谱》…… 6-591
十年内战 …… 6-588
十全武功 …… 6-589
十字石 …… 6-592
十字军东征 …… 6-592
《十字军骑士》…… 6-592
十字花科 …… 6-591
十字架 …… 6-591
《十字街头》…… 6-592
十足目 …… 6-592
《十面埋伏》…… 6-588
《十钟山房印举》…… 6-591
十氢化萘 …… 6-589
十段锦法 …… 6-586
十诫 …… 6-587
十恶 …… 6-586
十堰市 …… 6-591
厂卫 …… 1-528
厂长（经理）负责制 …… 1-528
厂商理论 …… 1-527
丁二烯 …… 2-305
丁二酸 …… 2-305
丁云鹏 …… 2-310
丁文江 …… 2-309
丁石孙 …… 2-308
丁卡人 …… 2-306
丁尼生，A. …… 2-307
丁西林 …… 2-309
丁托列托 …… 2-308
丁光训 …… 2-305
丁刚 …… 2-305
丁关根 …… 2-305
丁汝昌 …… 2-307
丁村遗址 …… 2-304
丁克家庭 …… 2-306
丁声树 …… 2-307
丁伯根，J. …… 2-304
丁苯橡胶 …… 2-304
丁若镛 …… 2-307
丁果仙 …… 2-306
丁玲 …… 2-306
丁拱辰 …… 2-305
丁是娥 …… 2-308
丁香花 …… 2-310
丁烯二酸 …… 2-309
丁烷 …… 2-309
丁谓 …… 2-309
丁绪贤 …… 2-310
丁敬 …… 2-306
丁舜年 …… 2-308
丁善德 …… 2-307
丁道护 …… 2-305
丁酮 …… 2-308
丁韪良 …… 2-309
丁颖 …… 2-310
丁酸 …… 2-308
丁肇中 …… 2-310
丁聪 …… 2-304
丁醇 …… 2-304
七十七国集团 …… 6-121
“七十年代派” …… 6-121
七七事变 …… 6-119
七人画派 …… 6-120
七千人大会 …… 6-120
七夕 …… 6-121
七艺 …… 6-122
七月王朝 …… 6-122
七月革命 …… 6-122
七叶树 …… 6-122
七台河市 …… 6-121
七年战争 …… 6-119
七杀 …… 6-120
七言诗 …… 6-121
七君子事件 …… 6-119
七国时代 …… 6-119
七星诗社 …… 6-121
七桥问题 …… 6-120
《七略》…… 6-119
七情 …… 6-120
七福神 …… 6-119

〔丨〕

卜千秋墓壁画 …… 1-422

〔丿〕

八一九事件 …… 1-146
八一电影制片厂 …… 1-146
《八一宣言》…… 1-146
八七会议 …… 1-144
八人画派 …… 1-145
八大山人 …… 1-141
八大菜系 …… 1-141
《八千里路云和月》…… 1-145
八千卷楼 …… 1-145
八千麻袋事件 …… 1-145
八王之乱 …… 1-145
八正道 …… 1-147
八仙 …… 1-146
八议 …… 1-147
八达岭长城 …… 1-141
八会穴 …… 1-143
八色鸫科 …… 1-145
八字 …… 1-147
八角 …… 1-143
八角枫科 …… 1-143
八角莲 …… 1-143
八纲辨证 …… 1-141
八卦 …… 1-142
八卦教 …… 1-142
八国首脑会议 …… 1-142
八国联军 …… 1-142
八国集团 …… 1-142
八股文 …… 1-142
八法 …… 1-141
八珍 …… 1-147
八思巴 …… 1-145
八思巴文 …… 1-145
八段锦 …… 1-141
八脉交经八穴 …… 1-144
八哥 …… 1-141
八路军 …… 1-144
八旗制度 …… 1-144
人力资源 …… 6-292
人力资源管理 …… 6-293
人工生育子女 …… 6-287
人工耳蜗 …… 6-286
人工关节置换 …… 6-286
人工呼吸 …… 6-286
人工草地 …… 6-286
人工神经网络 …… 6-287
人工流产 …… 6-286
人工授粉 …… 6-287
人工授精 …… 6-287
人工智能 …… 6-287
人工影响天气 …… 6-287
人与生物圈计划 …… 6-301
人才 …… 6-283
人才外流论 …… 6-284
人才市场 …… 6-284
人才链 …… 6-283
人口 …… 6-289
人口分布 …… 6-289
人口过剩 …… 6-289
人口年龄结构 …… 6-289
人口学 …… 6-290
人口政策 …… 6-290
《人口原理》…… 6-290
人口容量 …… 6-290
人口密度 …… 6-289

人口普查……6-289
人口增长率……6-290
人化自然……6-288
人文地理学……6-300
人文学科……6-300
人为灾害……6-299
人本主义心理治疗……6-283
人本主义心理学……6-283
人本学……6-283
人生礼仪……6-297
人生观……6-297
人民……6-293
人民大会堂……6-293
《人民日报》……6-295
人民币……6-293
人民公社……6-294
人民文学出版社……6-295
人民代表大会制度……6-294
人民出版社……6-293
人民运动联盟……6-295
人民英雄纪念碑……6-295
人民音乐出版社……6-295
人民美术出版社……6-294
人民陪审员……6-294
人民教育出版社……6-294
人地关系论……6-284
人机工程学……6-288
人机系统……6-288
人权……6-296
人权外交……6-296
《人权宣言》……6-296
人伦……6-293
人名学……6-296
人防工程……6-285
人寿保险……6-298
人体……6-298
人体工程学……6-299
人体艺术……6-299
《人体构造论》……6-299
人体摄影……6-299
人身权……6-296
人身自由……6-297
《人间词话》……6-288
《人间喜剧》……6-289
人际吸引……6-288
人际知觉……6-288
人妖……6-301
人事管理……6-298
人物画……6-300
人质……6-303
《人性论》……6-301
人治……6-303
人参……6-297
人参三醇……6-297
人面方鼎……6-293
《人是机器》……6-298
人牲……6-298
人种……6-303
人种地理学……6-304
人种学……6-304
人科……6-289
人类……6-291
人类工效学……6-291
人类生态学……6-292
《人类地理学》……6-291
《人类知识原理》……6-292
人类学……6-292
人类起源与演化……6-291
《人类理智论》……6-291
人类基因组计划……6-291
人格……6-285
人格主义……6-285
人格权……6-285
人格尊严不受侵犯……6-285
人格障碍……6-285
人殉……6-301
人造天体……6-303
人造元素……6-303
人造毛皮……6-302
人造石油……6-303
人造地球卫星……6-301
“人造地球卫星”1号……6-302
人造纤维……6-303
人造板……6-301
人造革……6-302
人造麝香……6-302
人祭……6-288
人族……6-305
人蛔虫……6-288
人道主义……6-284
人道主义干涉……6-284
人属……6-298
入赘……6-343
《儿女英雄传》……2-416
《儿子与情人》……2-419
儿茶……2-416
儿茶酚……2-416
儿童文学……2-418
儿童心理学……2-418
《儿童权利公约》……2-417
儿童行为障碍……2-418
儿童孤独症……2-417
儿童品行障碍……2-417
儿童剧……2-417
儿童情绪障碍……2-417
儿歌……2-416
几丁虫……4-28
几丁质……4-28
几内亚……4-80
几内亚比绍……4-81
几内亚高原……4-82
几内亚湾……4-82
几何平均数……4-79
几何光学……4-79
几何学……4-79
《几何原本》……4-80
几维目……4-28
九一八事变……4-322
《九十五条论纲》……4-322
“九八年一代”……4-318
九三学社……4-322
九龙……4-320
九龙山自然保护区……4-321
九龙半岛……4-320
九龙江……4-321
九台市……4-322
九边……4-319
《九成宫醴泉铭》……4-319
九华山……4-320
九州……4-323
九州岛……4-323
九江市……4-320
九连环……4-320
九姓回鹘可汗碑……4-322
九品中正制……4-321
九品混通……4-321
九宫山……4-320
九宫道……4-319
九卿……4-321
九族……4-323
《九章算术》……4-323
九寨沟风景名胜区……4-323
九嶷山……4-322

〔乛〕

刁光覃……2-300
刁羊……2-300
刀币……2-155
刀豆……2-155
刀具……2-155
刀美兰……2-155
刀耕火种……2-155
乃堆拉山口……5-514
乃颜……5-514
力……5-14
力化学……5-14
力系……5-15
力的独立作用原理……5-14
力学……5-15
力矩……5-14
力偶……5-14
力群……5-15

三画

〔一〕

三一论……6-405
三一运动……6-405
三一律……6-404
三乙胺……6-405

三十六计 …… 6-400
三十年战争 …… 6-400
三七 …… 6-399
三大纪律八项注意 …… 6-383
三大改造 …… 6-383
三个世界 …… 6-387
“三个代表”重要思想 …… 6-386
三门峡 …… 6-397
三门峡水利枢纽 …… 6-397
三门峡市 …… 6-397
三叉神经痛 …… 6-382
三支两军 …… 6-407
三井财团 …… 6-395
三元里抗英斗争 …… 6-405
三化螟 …… 6-391
三公 …… 6-387
三长制 …… 6-406
“三反”、“五反”运动 …… 6-384
三月三 …… 6-406
《三打白骨精》 …… 6-383
《三打祝家庄》 …… 6-383
三正 …… 6-407
三叶虫 …… 6-404
三叶草 …… 6-404
三头政治 …… 6-401
三司 …… 6-401
三司使 …… 6-401
三民主义 …… 6-398
三民主义青年团 …… 6-398
三边测量 …… 6-382
三权分立 …… 6-399
三亚市 …… 6-404
三亚珊瑚礁自然保护区 …… 6-404
三尖杉科 …… 6-393
三因制宜 …… 6-405
三年经济困难 …… 6-398
三色堇 …… 6-399
三江平原 …… 6-393
三江并流国家公园 …… 6-393
三江侗族自治县 …… 6-393
三江源自然保护区 …… 6-393
《三字经》 …… 6-407
“三讲”教育 …… 6-394
三论宗 …… 6-397
三级会议 …… 6-392
三级跳远 …… 6-392
三位一体 …… 6-401
《三希堂法帖》 …… 6-401
三角帆蚌 …… 6-394
三角函数 …… 6-394
三角洲 …… 6-395
三角铁 …… 6-395
三角债 …… 6-395
三岛由纪夫 …… 6-384
三言二拍 …… 6-404
三陆地震 …… 6-396
三纲五常 …… 6-385
三表 …… 6-382
三武一宗灭佛 …… 6-401
三苯甲烷 …… 6-382
三茅真君 …… 6-397
三明市 …… 6-398
三明治课程 …… 6-398
三国 …… 6-387
三国干涉还辽 …… 6-389
三国协约 …… 6-390
三国同盟（1882） …… 6-389
三国同盟（1940） …… 6-389
《三国全传》 …… 6-389
《三国志》 …… 6-390
《三国志演义》 …… 6-391
三国连太郎 …… 6-389
《三国演义》 …… 6-390
《三侠五义》 …… 6-402
三性 …… 6-404
三河马 …… 6-391
三河牛 …… 6-391
三河市 …… 6-391
三宝 …… 6-382
三宝鸟 …… 6-382
三宝垄 …… 6-382
三宝颜 …… 6-382
三学 …… 6-404
三弦 …… 6-403
三垣二十八宿 …… 6-405
三相交流电路 …… 6-403
“三面红旗” …… 6-397
三省六部 …… 6-400
三峡水利枢纽 …… 6-402
三星堆遗址 …… 6-403
三界 …… 6-395
《三界经》 …… 6-395
三牲 …… 6-400
三氟乙酸 …… 6-385
三氟乙醇 …… 6-385
三氟氯乙烯 …… 6-385
三段论 …… 6-384
三皇五帝 …… 6-392
三皇同盟 …… 6-391
三饷 …… 6-403
三都水族自治县 …… 6-384
三哩岛核事故 …… 6-396
三唑酮 …… 6-407
三资企业 …… 6-407
三海（北海、中海、南海） …… 6-391
三家分晋 …… 6-392
“三家村”冤案 …… 6-392
三案 …… 6-381
三菱财团 …… 6-396
《三略》 …… 6-397
三趾马 …… 6-407
三船敏郎 …… 6-383
三清 …… 6-399
三韩 …… 6-391
《三朝北盟会编》 …… 6-382
三氯乙烯 …… 6-396
三氯乙醛 …… 6-396
三氯甲烷 …… 6-396
三焦 …… 6-394
三焦辨证 …… 6-394
三羧酸循环 …… 6-401
三叠纪 …… 6-384
三聚氰胺 …… 6-396
三藏 …… 6-406
三藩之乱 …… 6-384
三K党 …… 6-407
干支 …… 3-33
干达人 …… 3-31
干冰 …… 3-31
干扰素 …… 3-32
干沉降 …… 3-31
干宝 …… 3-31
干细胞 …… 3-47
干栏式建筑 …… 3-31
干将 …… 3-31
干热风 …… 3-32
干涉 …… 3-32
干涉仪 …… 3-32
干酪根成油说 …… 3-32
干馏 …… 3-32
干燥剂 …… 3-33
干燥器 …… 3-33
《于无声处》 …… 9-56
于右任 …… 9-57
于田县 …… 9-55
于光远 …… 9-54
于伶 …… 9-55
于省吾 …… 9-57
于是之 …… 9-55
于敏 …… 9-55
于斌 …… 9-54
于谦 …… 9-55
于蓝 …… 9-55
于阗 …… 9-55
于阗文 …… 9-56
工艺画 …… 3-128
工艺美术 …… 3-128
工分 …… 3-124
工尺谱 …… 3-121
工业 …… 3-126
工业区 …… 3-127
工业区位论 …… 3-127
工业中毒 …… 3-128
工业化 …… 3-126
工业机器人 …… 3-126
工业产权 …… 3-126
工业设计 …… 3-127
工业社会 …… 3-128
工业固体废物 …… 3-126
工业炉 …… 3-127
工业炸药 …… 3-128

工业测量 …… 3-126
工业基地 …… 3-126
工场手工业 …… 3-121
工团主义 …… 3-125
工件 …… 3-124
工伤保险 …… 3-125
工会 …… 3-124
工农武装割据 …… 3-125
工农联盟 …… 3-125
工作生活质量学说 …… 3-129
工具书 …… 3-125
《工具论》 …… 3-125
工具钢 …… 3-125
工质 …… 3-129
工贸结合 …… 3-125
工笔 …… 3-120
工资 …… 3-129
工读教育 …… 3-124
工联主义 …… 3-125
工程 …… 3-121
工程心理学 …… 3-124
工程地质学 …… 3-122
工程地震学 …… 3-122
工程机械 …… 3-123
工程伪装 …… 3-124
工程坐标系 …… 3-124
工程科学 …… 3-123
工程测量学 …… 3-121
工程监理制 …… 3-123
工程造价 …… 3-124
工程控制论 …… 3-123
工程船舶 …… 3-122
工程塑料 …… 3-123
士 …… 7-14
土力学 …… 7-440
土木工程 …… 7-440
土木之变 …… 7-442
土方机械 …… 7-438
土尔扈特部 …… 7-435
土司 …… 7-443
土地 …… 7-430
土地市场 …… 7-434
土地划拨 …… 7-434
土地买卖 …… 7-434
土地利用 …… 7-434
土地改革运动 …… 7-430
土地规划 …… 7-434
土地征用 …… 7-435
土地所有权 …… 7-434
土地法 …… 7-430
《土地法令》 …… 7-430
土地沼泽化 …… 7-435
土地革命战争 …… 7-430
土地信息系统 …… 7-434
土地测量 …… 7-430
土地盐碱化 …… 7-434
土地管理 …… 7-433
土耳其 …… 7-435
土耳其人 …… 7-437
土耳其革命 …… 7-437
土耳其语 …… 7-437
土库曼人 …… 7-438
土库曼语 …… 7-439
土库曼斯坦 …… 7-438
土星 …… 7-443
“土星”号运载火箭 …… 7-444
土家语 …… 7-438
土家族 …… 7-438
土豚 …… 7-443
土族 …… 7-444
土族语 …… 7-444
土断 …… 7-435
土葬 …… 7-444
土窖 …… 7-438
土蜂 …… 7-438
土壤 …… 7-442
土壤水 …… 7-442
土壤地理学 …… 7-442
土壤污染 …… 7-442
土壤学 …… 7-443
土壤酶 …… 7-442
下川文化 …… 8-158
下丘脑 …… 8-158
下丘脑垂体门脉系统 …… 8-159
下半旗 …… 8-158
下加利福尼亚半岛 …… 8-158
下寺楚墓 …… 8-159
下合穴 …… 8-158
下关 …… 8-158
下肢静脉曲张 …… 8-159
下法 …… 8-158
下降流 …… 8-158
下诺夫哥罗德 …… 8-158
大厂回族自治县 …… 2-75
“大力神”号运载火箭 …… 2-90
大千世界 …… 2-101
大久保利通 …… 2-88
大卫，J.-L. …… 2-107
大卫之盾 …… 2-107
大卫·李嘉图 …… 2-107
大小和卓之乱 …… 2-112
大小金川之战 …… 2-112
大马士革 …… 2-94
大马士革清真寺 …… 2-95
大马士革博物馆 …… 2-95
大比武（1964） …… 2-73
大丰市 …… 2-82
大开曼岛 …… 2-88
大历十才子 …… 2-90
大不列颠岛 …… 2-74
大不里士 …… 2-74
《大日经》 …… 2-103
大化改新 …… 2-86
大分水岭 …… 2-82
《大公报》 …… 2-83
大气 …… 2-97
大气化学 …… 2-98
大气电场 …… 2-98
大气污染 …… 2-100
大气污染防治 …… 2-100
大气折射 …… 2-101
大气环流 …… 2-98
大气物理学 …… 2-100
大气科学 …… 2-99
大气活动中心 …… 2-98
大气臭氧层 …… 2-98
大气消光 …… 2-100
大气能见度 …… 2-99
大气圈 …… 2-99
大气散射 …… 2-99
大气湍流 …… 2-100
大气遥感 …… 2-100
大气噪声 …… 2-101
大手印 …… 2-104
大风 …… 2-82
大计 …… 2-88
大巴山 …… 2-72
大古力水电站 …… 2-83
大石桥市 …… 2-104
大龙邮票 …… 2-92
大平正芳 …… 2-97
大平原 …… 2-97
“大东亚共荣圈” …… 2-79
大号 …… 2-85
大田 …… 2-105
大生资本集团 …… 2-103
大白菜 …… 2-72
《大白鲨》 …… 2-72
大汉山国家公园 …… 2-85
大汉族主义 …… 2-85
大礼议 …… 2-89
大头和尚 …… 2-106
大奴湖 …… 2-97
大台宫戏 …… 2-105
大地艺术 …… 2-78
大地水准面 …… 2-78
大地坐标系 …… 2-78
大地测量学 …… 2-76
大地热流 …… 2-77
大地湾遗址 …… 2-78
大亚湾 …… 2-114
大亚湾核电站 …… 2-114
《大臣夫人》 …… 2-75
大西洋 …… 2-108
大西洋之战 …… 2-111
大西洋城 …… 2-110
《大西洋宪章》 …… 2-111
《大师与玛格丽特》 …… 2-104
大同与小康 …… 2-106
大同火山群 …… 2-106
大同市 …… 2-106

大同思想 …… 2–106
大同盆地 …… 2–106
大年夜 …… 2–97
大仲马 …… 2–123
大血藤 …… 2–114
大众传播 …… 2–123
大众汽车公司 …… 2–123
大众部 …… 2–123
《大众摄影》…… 2–124
《大决战》…… 2–88
大庆—大连输油管道 …… 2–102
大庆市 …… 2–102
大庆油田 …… 2–102
大衣 …… 2–120
大衣呢 …… 2–120
大江健三郎 …… 2–88
大安市 …… 2–72
大安的列斯群岛 …… 2–72
大兴区 …… 2–113
大兴安岭 …… 2–112
大兴安岭地区 …… 2–112
大阪 …… 2–72
大红鹳 …… 2–86
大麦 …… 2–95
大运河 …… 2–122
大豆 …… 2–79
大丽花 …… 2–90
大花草 …… 2–86
大连市 …… 2–91
大连理工大学 …… 2–91
大连港 …… 2–91
大别山 …… 2–74
大足石刻 …… 2–124
大足县 …… 2–124
大邑地主庄园 …… 2–121
大邱 …… 2–103
大希腊 …… 2–111
大余县 …… 2–121
大肠杆菌 …… 2–75
大角 …… 2–88
大岛渚 …… 2–76
大冶市 …… 2–120
大汶口文化 …… 2–108
大陆 …… 2–92
大陆会议 …… 2–93
大陆冰盖 …… 2–92
大陆坡 …… 2–93
大陆性气候 …… 2–94
大陆法系 …… 2–92
大陆政策 …… 2–94
大陆封锁 …… 2–93
大陆架 …… 2–93
大陆桥运输 …… 2–94
大陆浪人 …… 2–93
大陆隆 …… 2–93
大陆漂移说 …… 2–93
大环内酯类抗生素 …… 2–87
大规模杀伤性武器 …… 2–84
大青山 …… 2–102
大青沟自然保护区 …… 2–101
大明山 …… 2–96
《大明律》…… 2–96
大明宫 …… 2–95
大明湖 …… 2–96
大国一致原则 …… 2–84
大国沙文主义 …… 2–84
大迪克桑斯坝 …… 2–76
大和国 …… 2–85
大和绘 …… 2–85
大狐猴 …… 2–86
《大闹天宫》…… 2–97
大沽口炮台 …… 2–83
大河村遗址 …… 2–86
大宛 …… 2–121
《大学》…… 2–114
大诗 …… 2–104
大城 …… 2–75
大栅栏 …… 2–103
大树移植 …… 2–104
大荔人 …… 2–91
大查科平原 …… 2–75
大昭寺 …… 2–122
大骨节病 …… 2–84
大选 …… 2–114
大便失禁 …… 2–74
《大禹治水图》玉山 …… 2–121
大衍求一术 …… 2–115
大食 …… 2–104
《大独裁者》…… 2–82
大娄山 …… 2–92
大洪山 …… 2–86
大洋中尺度涡 …… 2–116
大洋中脊 …… 2–116
大洋多金属结核 …… 2–115
大洋声道 …… 2–116
大洋岛 …… 2–115
大洋环流 …… 2–115
大洋盆地 …… 2–116
大洋洲 …… 2–116
大洲岛海洋生态自然保护区 …… 2–124
大津巴布韦遗址 …… 2–88
《大宪章》…… 2–112
大院君 …… 2–121
大统一理论 …… 2–106
大蚕蛾 …… 2–75
大秦 …… 2–101
大秦铁路 …… 2–101
《大秦景教流行中国碑》…… 2–101
大都 …… 2–80
大都市带 …… 2–82
大都会艺术博物馆 …… 2–81
大盐湖 …… 2–114
大哥伦比亚 …… 2–83
大夏 …… 2–111
大蚊 …… 2–107
大乘佛教 …… 2–75
《大乘起信论》…… 2–76
《大般涅槃经》…… 2–74
大脑 …… 2–97
大凌河 …… 2–91
大高加索山脉 …… 2–83
《大唐三藏取经诗话》…… 2–105
《大唐西域记》…… 2–105
《大唐创业起居注》…… 2–105
大病统筹 …… 2–74
大流士一世 …… 2–92
大调曲子 …… 2–79
大理三塔 …… 2–89
大理古城 …… 2–89
大理白族自治州 …… 2–89
大理市 …… 2–90
大理寺 …… 2–90
大理岩 …… 2–90
大理国 …… 2–89
大赦 …… 2–103
大赦国际 …… 2–103
大黄 …… 2–87
大黄鱼 …… 2–87
大黄素 …… 2–87
大雪山 …… 2–114
大雪山 …… 2–114
“大跃进” …… 2–121
大庾岭 …… 2–121
大麻 …… 2–94
大麻哈鱼 …… 2–94
大羚羊 …… 2–91
大清河 …… 2–102
《大清律例》…… 2–102
大鸿胪 …… 2–86
大隈重信 …… 2–106
大棒政策 …… 2–73
大戟科 …… 2–87
大葆台汉墓 …… 2–73
大森房吉 …… 2–103
大雄 …… 2–113
大雁塔 …… 2–115
大提琴 …… 2–105
大黑河 …… 2–86
大黍 …… 2–104
大堡礁 …… 2–73
大猩猩 …… 2–113
大渡河 …… 2–82
大渡河十七勇士 …… 2–82
大鼓凉伞 …… 2–84
《大雷雨》…… 2–89
大鹏湾 …… 2–97
大数律 …… 2–105
大溪文化 …… 2–111
大瑶山 …… 2–120
大管 …… 2–84
大寨 …… 2–122

大熊座 …… 2–113
大熊猫 …… 2–113
大熊湖 …… 2–113
大摩拉维亚国 …… 2–96
大澳大利亚湾 …… 2–72
大鲵 …… 2–97
大藏经 …… 2–122
大濠岛 …… 2–85
大爆炸宇宙学 …… 2–73
万人迷 …… 7–482
万山特区 …… 7–482
万比洛夫，A.V. …… 7–480
万历三大征 …… 7–481
《万历野获编》 …… 7–481
万氏兄弟 …… 7–483
《万水千山》 …… 7–483
《万叶集》 …… 7–484
万宁市 …… 7–482
万圣节 …… 7–483
万有引力 …… 7–484
万年寺普贤像 …… 7–482
万年青 …… 7–482
万州区 …… 7–484
万寿菊 …… 7–483
万里 …… 7–481
万佛堂石窟 …… 7–480
《万国公报》 …… 7–480
万国权 …… 7–480
万国邮政联盟 …… 7–480
万国鼎 …… 7–480
万物有灵 …… 7–483
万钢 …… 7–480
万泉河 …… 7–482
《万首唐人绝句》 …… 7–483
万烟谷 …… 7–483
万象 …… 7–483
万隆 …… 7–481
万隆会议 …… 7–482
万隆会议十项原则 …… 7–482
万维网 …… 7–483
万源市 …… 7–484
《万壑松风图》 …… 7–481
兀良合台 …… 8–67
兀鲁伯 …… 8–68
才仁旺阶 …… 1–458
才旦卓玛 …… 1–458
才性之学 …… 1–458
《才调集》 …… 1–458
才谈 …… 1–458
寸口诊法 …… 2–59
弋阳县 …… 8–553
弋阳腔 …… 8–553

〔丨〕

上山遗址 …… 6–467
上升流 …… 6–467
上甘岭战役 …… 6–460
上田诚也 …… 6–468
上市公司 …… 6–468
上皮组织 …… 6–467
上扬斯克 …… 6–468
上扬斯克山脉 …… 6–468
上犹县 …… 6–468
上诉 …… 6–468
上诉不加刑 …… 6–468
上层建筑 …… 6–459
上林苑 …… 6–467
上杭县 …… 6–466
上官云珠 …… 6–460
上官仪 …… 6–460
上饶市 …… 6–467
上帝 …… 6–459
上都 …… 6–459
上党战役 …… 6–459
上座部 …… 6–469
上海工人三次武装起义 …… 6–462
上海大学 …… 6–461
上海大剧院 …… 6–461
上海中国画院 …… 6–466
上海电力公司 …… 6–461
上海电影集团有限公司 …… 6–462
上海外国语大学 …… 6–466
上海市 …… 6–464
上海地下铁道 …… 6–461
上海合作组织 …… 6–463
上海交响乐团 …… 6–464
上海交通大学 …… 6–464
上海戏剧学院 …… 6–466
上海芭蕾舞团 …… 6–460
上海汽车工业（集团）总公司 …… 6–464
上海证券交易所 …… 6–466
上海证券交易所股价指数 …… 6–466
上海环球金融中心 …… 6–463
上海国际电视节 …… 6–462
上海国际电影节 …… 6–463
上海国际机场 …… 6–463
上海宝钢集团公司 …… 6–460
上海话剧艺术中心 …… 6–463
上海“孤岛”文学 …… 6–462
上海音乐学院 …… 6–466
上海美术专科学校 …… 6–464
《上海屋檐下》 …… 6–466
上海海鸥照相机有限公司 …… 6–463
上海博物馆 …… 6–461
上海港 …… 6–462
上海辞书出版社 …… 6–461
上清派 …… 6–467
上谕 …… 6–469
《上尊号碑》 …… 6–469
上虞市 …… 6–469
上新世 …… 6–468
口吃 …… 4–480
口技 …… 4–480
口述史 …… 4–481
口供 …… 4–480
口臭 …… 4–480
口琴 …… 4–481
口腔 …… 4–480
口腔医学 …… 4–481
口腔溃疡 …… 4–481
口蹄疫 …… 4–481
口蘑 …… 4–480
《山水纯全集》 …… 6–438
山水画 …… 6–439
山本五十六 …… 6–433
山本萨夫 …… 6–433
山东大学 …… 6–435
山东大鼓 …… 6–434
山东龙山文化 …… 6–435
山东半岛 …… 6–434
山东快书 …… 6–435
山东省 …… 6–435
山东菜 …… 6–434
山东琴书 …… 6–435
山田洋次 …… 6–439
山田耕筰 …… 6–439
山地 …… 6–434
山地气候 …… 6–434
山西省 …… 6–440
山西梆子 …… 6–439
山羊 …… 6–441
山羊绒 …… 6–441
山苍子 …… 6–433
山县有朋 …… 6–441
山坡平行后退理论 …… 6–438
山顶洞人 …… 6–434
山旺村古生物化石自然保护区 …… 6–439
山岳冰川 …… 6–441
山河狸 …… 6–437
山泽之赋 …… 6–441
山南地区 …… 6–438
山茱萸科 …… 6–442
山茶科 …… 6–433
山药 …… 6–441
山核桃 …… 6–438
山莨菪 …… 6–438
山海关 …… 6–437
山海关之战 …… 6–437
《山海经》 …… 6–437
山雀科 …… 6–438
山道年 …… 6–433
山楂 …… 6–442
山榄科 …… 6–438
《山静居论画》 …… 6–438
山歌 …… 6–437

〔丿〕

千山 …… 6–157
千分尺 …… 6–156
千斤顶 …… 6–156
千叶 …… 6–157

千田是也 …… 6-157
《千字文》…… 6-158
千克 …… 6-157
《千里江山图》…… 6-157
千岛湖 …… 6-156
千岛群岛 …… 6-156
《千金要方》…… 6-156
千宝菜 …… 6-156
千禧人 …… 6-157
乞力马扎罗山 …… 6-135
乞伏国仁 …… 6-135
乞拉朋齐 …… 6-135
川中丘陵 …… 2-23
川贝母 …… 2-22
川芎 …… 2-23
川剧 …… 2-22
川菜 …… 2-22
川崎 …… 2-23
川崎氏病 …… 2-23
川楝素 …… 2-22
川楚白莲教起义 …… 2-22
川端康成 …… 2-22
川藏公路 …… 2-23
个人账户 …… 3-116
个人购房贷款 …… 3-115
个人所有权 …… 3-116
个人所得税 …… 3-115
个人崇拜 …… 3-115
个人混合泳 …… 3-115
个旧市 …… 3-115
个体工商户 …… 3-116
个体经济 …… 3-116
个性 …… 3-116
个案工作 …… 3-115
义与利 …… 8-556
义马市 …… 8-555
义乌市 …… 8-555
义务 …… 8-555
义务兵役制 …… 8-555
义务教育 …… 8-555
义训 …… 8-555
义阳三关 …… 8-556
义和团运动 …… 8-553
义净 …… 8-555
《义勇军进行曲》…… 8-556
夕卡岩 …… 8-81
久保荣 …… 4-324
凡尔纳，J. …… 2-465
《凡尔登条约》…… 2-465
凡尔登战役 …… 2-465
凡尔赛 …… 2-465
凡尔赛体系 …… 2-466
《凡尔赛和约》…… 2-466
凡尔赛宫 …… 2-465
凡杜拉，L. …… 2-464
凡·爱克兄弟 …… 2-464
凡高，V. …… 2-466
凡湖 …… 2-467
凡·戴克，A. …… 2-464
丸剂 …… 7-477

〔丶〕

广义力 …… 3-237
广义坐标 …… 3-238
广义函数 …… 3-237
广义相对论 …… 3-237
《广艺舟双楫》…… 3-238
广元千佛崖造像 …… 3-238
广元市 …… 3-238
广水市 …… 3-235
广东省 …… 3-232
广东音乐 …… 3-234
广东菜 …… 3-232
广汉市 …… 3-234
广西大学 …… 3-235
广西文场 …… 3-235
广西壮族自治区 …… 3-235
广州市 …… 3-239
广州抽水蓄能电站 …… 3-239
广安市 …… 3-231
广告 …… 3-234
广岛 …… 3-232
《广岛之恋》…… 3-232
广学会 …… 3-237
广翅目 …… 3-232
广陵 …… 3-235
《广陵散》…… 3-235
广域网 …… 3-238
广彩 …… 3-232
《广雅》…… 3-237
《广阔的腹地：条条小路》…… 3-235
《广韵》…… 3-239
《广舆图》…… 3-238
广播 …… 3-231
广播体操 …… 3-231
广播剧 …… 3-231
广藿香 …… 3-234
亡阳证 …… 7-488
亡阴证 …… 7-488
亡灵书 …… 7-488
门 …… 5-364
门下省 …… 5-368
“门户开放”政策 …… 5-366
门巴语 …… 5-365
门巴族 …… 5-365
门生 …… 5-367
门头沟区 …… 5-368
门多萨 …… 5-366
门罗主义 …… 5-367
门采尔，A.von …… 5-365
门官 …… 5-366
门神 …… 5-367
门球 …… 5-367
门捷列夫，D.I. …… 5-366
门源回族自治县 …… 5-368
门静脉高压症 …… 5-367
门德尔松，F. …… 5-365

〔乛〕

尸体检验 …… 6-571
己二酸 …… 4-82
己内酰胺 …… 4-82
弓形虫病 …… 3-129
弓鳍鱼目 …… 3-129
卫 …… 7-564
卫天霖 …… 7-566
卫气 …… 7-565
卫气营血辨证 …… 7-565
卫立煌 …… 7-565
卫仲乐 …… 7-568
卫青 …… 7-565
卫贤 …… 7-566
卫河 …… 7-564
卫星 …… 7-566
卫星广播 …… 7-567
卫星云图 …… 7-568
卫星导航 …… 7-567
卫星制导 …… 7-568
卫星城镇 …… 7-567
卫星重力测量 …… 7-568
卫星测高 …… 7-567
卫星病毒 …… 7-567
卫星通信 …… 7-567
卫星救援 …… 7-567
卫恒 …… 7-565
卫铄 …… 7-566
卫斯理，J. …… 7-566
卫斯理宗 …… 7-566
卫辉市 …… 7-565
卫瓘 …… 7-564
也门 …… 8-489
也先 …… 8-490
也里可温教 …… 8-489
《女人的一生》…… 6-4
女儿墙 …… 6-3
女子足球 …… 6-5
女子胞 …… 6-5
《女史箴图》…… 6-4
女乐 …… 6-4
女权主义 …… 6-4
女贞 …… 6-5
《女店主》…… 6-3
女性生殖道瘘 …… 6-4
《女贵族莫洛卓娃》…… 6-3
《女神》…… 6-4
女真 …… 6-5
女真文 …… 6-5
女娲 …… 6-4
习仲勋 …… 8-136
习近平 …… 8-136
习惯 …… 8-136

习惯法 ……8-136
小二仙草科 ……8-223
小儿消化不良 ……8-222
小刀会 ……8-222
《小刀会》……8-222
小山内薰 ……8-227
小五台山 ……8-229
小气候 ……8-227
小水电 ……8-227
小平邦彦 ……8-227
小号 ……8-223
小亚细亚半岛 ……8-231
小仲马 ……8-231
小行星 ……8-230
小米 ……8-226
小安的列斯群岛 ……8-221
小兴安岭 ……8-229
小农具 ……8-226
小农经济 ……8-226
小麦 ……8-225
小豆 ……8-222
小苏打 ……8-229
小林多喜二 ……8-224
小林秀雄 ……8-224
《小狐狸》……8-223
小夜曲 ……8-231
《小泥车》……8-226
小泽征尔 ……8-231
小学馆 ……8-231
小组工作 ……8-231
小孤山遗址 ……8-223
《小城之春》……8-221
小品 ……8-227
小品文 ……8-227
小泉纯一郎 ……8-227
小津安二郎 ……8-224
小说 ……8-228
《小说月报》……8-229
《小说神髓》……8-228
小原国芳 ……8-231
小乘佛教 ……8-221
小脑 ……8-226
小流域综合治理 ……8-224
小剧场戏剧 ……8-224
小剧院 ……8-224
小球藻 ……8-227
小黄鱼 ……8-223
小野秀雄 ……8-231
《小逻辑》……8-225
小彩舞 ……8-221
小盗龙 ……8-222
小康水平 ……8-224
小提琴 ……8-229
小黑麦 ……8-223
小蜂 ……8-223
小熊猫 ……8-230
《小蝌蚪找妈妈》……8-224
小嘴贝目 ……8-231
小鲵 ……8-226
小檗碱 ……8-221
小蠹 ……8-222
飞叉 ……2-506
“飞毛腿”地地导弹 ……2-508
飞地 ……2-506
飞机 ……2-506
飞机识别标志 ……2-507
飞行 ……2-509
飞行记录器 ……2-509
飞行事故 ……2-510
飞行管制 ……2-509
飞行器 ……2-510
飞行器推进系统 ……2-510
飞来峰造像 ……2-507
飞轮 ……2-508
飞鱼 ……2-510
“飞鱼”反舰导弹 ……2-510
飞虱 ……2-508
飞秒化学 ……2-508
飞蚊症 ……2-509
飞航式导弹 ……2-506
飞跃 ……2-510
飞艇 ……2-508
飞翔 ……2-509
飞镖 ……2-506
《飞鹰》……2-510
叉 ……1-488
叉车 ……1-488
叉角羚 ……1-488
马 ……5-239
马丁，J. ……5-244
马丁·杜·加尔，R. ……5-244
马丁松，H. ……5-244
马丁·路德 ……5-244
马丁·路德·金 ……5-244
马力 ……5-266
马三立 ……5-275
马三疯 ……5-275
马士英 ……5-277
马大猷 ……5-242
马万祺 ……5-280
马山 ……5-275
《马门教授》……5-269
马门溪龙 ……5-269
马扎然，J. ……5-286
马王堆汉墓 ……5-281
马王堆汉墓帛画 ……5-281
马王堆地图 ……5-280
马王堆帛书 ……5-280
马友友 ……5-285
马太效应 ……5-279
马中锡 ……5-286
马什哈德 ……5-276
《马氏文通》……5-277
马六甲 ……5-268
马六甲王国 ……5-268
马六甲语族 ……5-269
马六甲海峡 ……5-268
马文昭 ……5-281
马文瑞 ……5-281
马巴语族 ……5-239
马水龙 ……5-277
马打兰 ……5-242
马本斋 ……5-239
马术 ……5-277
马可 ……5-254
马可尼，G. ……5-254
马可·波罗 ……5-254
《马可·波罗游记》……5-254
马龙·白兰度 ……5-269
马龙·奈喀什 ……5-269
马卡连柯，A.S. ……5-253
马代拉河 ……5-242
马丘比丘古城 ……5-273
马尔切罗，C. ……5-246
马尔可夫，A.A. ……5-246
马尔代夫 ……5-245
马尔克公社 ……5-246
马尔克斯，R. ……5-246
马尔库塞，H. ……5-246
马尔萨斯，T.R. ……5-247
马尔萨斯人口论 ……5-247
马尔维纳斯群岛 ……5-247
马尔维纳斯群岛战争 ……5-247
马汉，A.T. ……5-250
马礼逊 ……5-264
马立克学派 ……5-266
马兰 ……5-263
马兰，D.F. ……5-263
《马兰花》……5-263
马头琴 ……5-280
马奶酒 ……5-270
马尼克五级坝 ……5-271
马尼拉 ……5-271
马耳他 ……5-247
马耳他人 ……5-248
马耳他语 ……5-248
马夸人 ……5-256
马达加斯加 ……5-240
马达加斯加语 ……5-242
马师曾 ……5-276
马朱罗 ……5-286
马合木德·喀什噶里 ……5-250
《马关条约》……5-249
马那瓜 ……5-270
马如飞 ……5-274
马戏 ……5-282
马约特岛 ……5-286
马约翰 ……5-285
马远 ……5-285
马坝人 ……5-239
马克西米利安一世 ……5-256

马克当，J.L. ……5-254
马克·吐温 ……5-256
马克沁机枪 ……5-254
马克思，K. ……5-255
马克思主义 ……5-255
马克斯韦尔，R. ……5-256
马志尼，G. ……5-286
马苏里 ……5-278
马苏第 ……5-278
马更些河 ……5-249
马辰 ……5-240
马来人 ……5-260
马来切喙鳄 ……5-260
马来半岛 ……5-260
马来亚人民抗日军 ……5-262
马来西亚 ……5-261
《马来纪年》……5-260
马来-波利尼西亚语系 ……5-260
马来语 ……5-262
马来联邦 ……5-260
马来属邦 ……5-261
马来群岛 ……5-260
马来熊 ……5-262
马连良 ……5-267
马里 ……5-264
马里内蒂，F.T. ……5-266
马里旦，J. ……5-265
马里兰州 ……5-266
马里亚纳海沟 ……5-266
马里亚纳群岛 ……5-266
马里亚特吉，J.C. ……5-266
马里帝国 ……5-265
马里埃特，A. ……5-265
马利亚 ……5-267
马利肯，R.S. ……5-266
马利诺夫斯基，B.K. ……5-267
马辛杰，P. ……5-283
马尾松 ……5-281
马尾港 ……5-281
马尿泡 ……5-278
马君武 ……5-253
马努蒂乌斯家族 ……5-271
马其顿 ……5-272
马其顿人 ……5-272
马其顿王陵 ……5-273
马其顿王朝 ……5-272
马其顿战争 ……5-273
马其顿语 ……5-273
马奈，É. ……5-270
马奇，T. ……5-273
马奇诺防线 ……5-273
《马拉之死》……5-260
马拉开波 ……5-257
马拉开波湖 ……5-257
马拉开波湖桥 ……5-257
马拉卡纳体育场 ……5-257
马拉尼翁河 ……5-258
马拉多纳，D.A. ……5-256
马拉松战役 ……5-258
马拉松跑 ……5-258
马拉松游泳 ……5-258
马拉若岛 ……5-258
马拉梅，S. ……5-257
马拉维 ……5-258
马拉维人 ……5-259
马拉维湖 ……5-259
马拉博 ……5-256
马拉提人 ……5-258
马拉提语 ……5-258
马拉雅拉姆人 ……5-260
马拉喀什 ……5-257
马拉默德，B. ……5-257
马鸣 ……5-269
马凯 ……5-253
马季 ……5-251
马学良 ……5-284
马建忠 ……5-252
马绍尔人 ……5-276
马绍尔群岛 ……5-276
马相伯 ……5-282
马勃菌 ……5-240
马荣火山 ……5-274
马茹拉尼奇，I. ……5-274
马查多兄弟 ……5-240
马查多·德·阿西斯，J.M. ……5-240
马哈，K.H. ……5-249
马哈韦利河 ……5-250
马哈努沃勒 ……5-250
马哈蒂尔·宾·穆罕默德 ……5-249
马哈福兹 ……5-250
马星野 ……5-283
马思聪 ……5-277
马骨胡 ……5-249
马钧 ……5-253
马科 ……5-253
马科斯，F.E. ……5-254
马俊仁 ……5-253
马叙伦 ……5-283
马彦祥 ……5-284
马洪 ……5-251
马洛，C. ……5-269
马洛礼，T. ……5-269
马祖 ……5-286
马祖卡 ……5-287
马祖列岛 ……5-287
马祖岛 ……5-286
马埃岛 ……5-239
马格尼托哥尔斯克 ……5-249
马格达莱纳河 ……5-249
马格里布 ……5-249
马格德林文化 ……5-249
马都拉人 ……5-245
马都拉语 ……5-245
马莫里安，R. ……5-270
马致远 ……5-286
马晓春 ……5-282
马恩河会战 ……5-245
马钱子 ……5-273
马铃薯 ……5-267
马健翎 ……5-252
马殷 ……5-284
马家浜文化 ……5-252
马家窑文化 ……5-252
马陵之战 ……5-268
马勒，G. ……5-263
马勒，H.J. ……5-263
马勒伯朗士，N. ……5-263
马萨诸塞州 ……5-274
马基雅维利，N. ……5-251
马戛尔尼使团 ……5-252
马累 ……5-263
马兜铃科 ……5-245
马鹿 ……5-269
马烽 ……5-248
马寅初 ……5-284
马塔乌图 ……5-279
马斯内，J. ……5-278
马斯克林群岛 ……5-278
马斯洛，A.H. ……5-278
《马斯特里赫特条约》……5-278
马斯喀特 ……5-277
马蒂，J. ……5-243
马蒂斯，H. ……5-243
马超 ……5-240
马提尼克 ……5-279
马援 ……5-285
马雅可夫斯基，V.V. ……5-284
马普托 ……5-271
马普学会 ……5-271
马瑙斯 ……5-271
马瑟，J.C. ……5-275
《马路天使》……5-269
马歇，G. ……5-282
马歇尔，A. ……5-282
马歇尔，G.C. ……5-283
马歇尔计划 ……5-283
马歇尔调处 ……5-283
马锡五 ……5-281
马雍 ……5-285
马溶之 ……5-274
马塞卢 ……5-274
马褂 ……5-249
马赫，E. ……5-250
马赫主义 ……5-251
马赫迪起义 ……5-251
马赫数 ……5-251
马端临 ……5-245
马赛 ……5-275
《马赛曲》……5-275
马赛克 ……5-275
马缨丹 ……5-285

马鞍山市 5-239
马德里 5-242
马德里大学 5-243
马德拉斯 5-242
马德拉群岛 5-242
马德望 5-243
马德普拉塔 5-243
马滕斯，A. 5-279
马融 5-274
马燕红 5-284
马蹄寺石窟 5-279
马蹄莲 5-279
马蹄螺科 5-279
马默里 5-270
马赞达兰人 5-286
马衡 5-251
马鞭草科 5-240
子口税 9-530
“子午仪”号导航卫星 9-531
子午道 9-531
子长县 9-528
子产 9-528
子弟书 9-528
《子夜》 9-531
子夜歌 9-531
子宫 9-528
子宫内膜异位症 9-530
子宫内膜息肉 9-530
子宫内膜癌 9-529
子宫肌瘤 9-529
子宫肥大症 9-529
子宫移位 9-530
子宫脱垂 9-530
子宫颈炎 9-529
子宫颈癌 9-529
子囊菌 9-531
乡 8-188
乡土文学 8-189
乡村 8-188
乡村建设运动 8-189
乡村音乐 8-189
乡村舞 8-189
乡规民约 8-189
乡勇 8-189
乡镇企业 8-190

四画

〔一〕

比才，G. 1-315
比内-西蒙智力量表 1-320
比什凯克 1-321
比布鲁斯古城 1-315
比布鲁斯字母 1-315
比目鱼 1-320
比尔曼，D. 1-316
比兰德拉 1-317
比里·帕依荣 1-318
比利牛斯山脉 1-318
比利时 1-318
比利时1830年革命 1-319
比林古乔，V. 1-319
比昂松，B. 1-315
比绍 1-321
比哈尔人 1-316
比科尔人 1-317
比重 1-321
比莱，T.S. 1-317
比较心理学 1-316
比较优势投资论 1-317
比较法学 1-316
比较政治学 1-317
比热 1-320
比恩，W.J. 1-316
比勒陀利亚 1-317
比萨扬人 1-320
比萨饼 1-320
比萨斜塔 1-320
比斯开湾 1-321
比奥伊·卡萨雷斯，A. 1-315
比奥科岛 1-315
比鲁尼 1-320
比塞大 1-321
比德尔，G.W. 1-316
切比雪夫，P.L. 6-189
切尔克斯人 6-189
切尔诺贝利核事故 6-189
切尔斯基山 6-190
切列普宁，A.N. 6-190
切伦科夫辐射 6-190
切花 6-190
切诊 6-191
切凯蒂，E. 6-190
切削加工 6-190
切萨皮克湾 6-190
切断低压 6-189
《切韵》 6-191
《切韵》音 6-191
扎日南木错 9-172
扎什伦布寺 9-172
扎龙自然保护区 9-172
扎兰屯市 9-172
扎伊尔 9-173
扎米亚京，Ye.I. 9-172
扎判 9-145
扎染 9-145
扎格卢勒 9-171
扎格罗斯山脉 9-172
扎陵湖 9-172
扎雷人 9-172
扎德，L.A. 9-171
支气管扩张 9-287
支气管哮喘 9-287
支秉彝 9-287
支娄迦谶 9-287
支原体 9-288
支票 9-287
支提 9-287
支数 9-287
艺术与手工艺运动 8-558
艺术世界 8-557
艺术市场 8-557
艺术体操 8-557
艺术品拍卖 8-556
艺用解剖学 8-558
《艺舟双楫》 8-558
艺名 8-556
艺妓 8-556
《艺苑卮言》 8-558
《艺概》 8-556
丰子恺 2-562
丰田 2-561
丰田汽车公司 2-561
丰台区 2-561
丰吉苏丹国 2-561
丰臣秀吉 2-561
丰城市 2-561
丰都县 2-561
丰镇市 2-562
丰镐 2-561
王人美 7-506
王力 7-502
王士珍 7-508
王士禛 7-508
王大珩 7-492
王义夫 7-515
王之涣 7-520
王小波李顺起义 7-513
王天民 7-510
王夫之 7-495
王元化 7-517
王无能 7-512
王云五 7-517
王公淑墓壁画 7-496
王丹凤 7-493
王凤 7-495
王文元 7-512
王文坤 7-512
王心刚 7-514
王引之 7-516
王水 7-510
王丙乾 7-490
王正廷 7-519
王正黼 7-519
王世贞 7-508
王世襄 7-508
王田私属 7-510
王仙芝 7-513
王处直墓浮雕 7-492
王尔德，O. 7-494

王乐泉 7-502
王汉斌 7-497
王永志 7-516
王式廓 7-508
王朴 7-505
王亚南 7-514
王贞治 7-518
王光英 7-497
王光祈 7-497
王刚 7-496
王竹泉 7-521
王竹溪 7-521
王仲荦 7-520
王仲殊 7-520
王任重 7-506
王伦起义 7-503
王企鹅 7-506
王兆国 7-518
王齐翰 7-505
王充 7-491
王守仁 7-509
王守武 7-509
王守觉 7-509
王安 7-488
王安忆 7-489
王安石 7-488
王安石变法 7-489
王军霞 7-501
王导 7-493
王尽美 7-500
王艮 7-496
王阳明 7-515
王进喜 7-500
王志珍 7-520
王克芬 7-502
王芳 7-494
王时敏 7-508
王岐山 7-505
王秀兰 7-514
王佐 7-521
王希季 7-512
王应睐 7-516
王序 7-514
王沂孙 7-515
王沪宁 7-498
王若飞 7-506
王若虚 7-506
王茂荫 7-503
王苹 7-505
王明 7-505
王昆 7-502
王昆仑 7-502
王昌龄 7-491
王忠诚 7-520
王忠禹 7-520
王国维 7-497
王国潼 7-497
王季思 7-499
王秉诚 7-490
王舍城 7-507
王念孙 7-505
王周士 7-521
王府井大街 7-496
王炎 7-515
王治心 7-520
王宠 7-492
王宠佑 7-492
王宠惠 7-492
王实甫 7-508
王诜 7-507
王建 7-500
王建墓 7-500
王绂 7-495
王树声 7-510
王勃 7-490
王选 7-514
王重民 7-521
王重阳 7-491
王禹偁 7-516
王衍 7-515
王胜俊 7-507
王闿运 7-501
王首道 7-509
王洪文 7-498
王宪钧 7-513
王统照 7-511
王珣 7-514
王莽 7-503
王莽改制 7-503
王莽钱 7-503
王莲 7-502
王莲香 7-502
王原祁 7-517
王振义 7-519
王振鹏 7-518
王峰 7-494
王恩茂 7-494
王铁崖 7-510
王铎 7-494
王悦之 7-517
《王浚妻华芳墓志》 7-501
王家乙 7-499
王家卫 7-499
王家楫 7-499
王祯 7-518
王朗自然保护区 7-502
王陵之谷 7-503
王通 7-511
王雪涛 7-514
王冕 7-504
王符 7-495
王船山 7-492
王猛 7-504
王象晋 7-513
王鸿祯 7-498
王淦昌 7-496
王绩 7-499
王维 7-511
王绶琯 7-509
王棕 7-521
王朝闻 7-518
王葆仁 7-490
王景 7-500
王敦 7-493
王善源 7-507
王尊三 7-521
王道 7-493
王湘浩 7-513
王湾 7-511
王富洲 7-496
王弼 7-490
王翚 7-498
王献之 7-513
王蒙 7-504
王蒙 7-504
王粲 7-491
王鉴 7-500
《王蜀宫妓图》 7-510
王照 7-518
王锡阐 7-512
王筠 7-518
王慎中 7-507
王源 7-517
王瑶 7-515
王瑶卿 7-515
王韬 7-510
王静如 7-501
王毓铨 7-516
王毓瑚 7-516
王僧虔 7-507
王僧辩 7-507
王震 7-519
王震 7-519
王稼祥 7-499
王德宝 7-493
王德威尔得，É. 7-493
王褒 7-490
王褒 7-490
王鹤寿 7-498
王履 7-503
王畿 7-498
王翰 7-497
王羲之 7-512
王濛 7-504
王骥德 7-499
王籍 7-498
王赣骏 7-496
开元三大士 4-390
开元之治 4-391
开元钱 4-390
开平市 4-389

开尔文 ……4-384
开尔文 ……4-384
《开成石经》……4-384
开关 ……4-386
开远市 ……4-391
开伯尔山口 ……4-384
开环聚合 ……4-387
开明专制 ……4-389
开明书店 ……4-389
开罗 ……4-387
开罗会议 ……4-388
《开罗宣言》……4-388
开国大典 ……4-386
《开国大典》……4-386
《开国大典》……4-386
开放系统 ……4-385
开放型经济 ……4-385
开府仪同三司 ……4-386
开城 ……4-384
开封市 ……4-385
开封城 ……4-385
开封铁塔 ……4-386
开原市 ……4-391
开斋节 ……4-391
开窍醒神 ……4-390
开曼群岛 ……4-388
开脸 ……4-387
开普山脉 ……4-390
开普勒，J. ……4-390
开普勒定律 ……4-390
开普敦 ……4-389
开源节流 ……4-391
开滦煤矿 ……4-387
开默林·昂内斯，H. ……4-389
开豁为良 ……4-387
井上靖 ……4-309
井上毅 ……4-309
井冈山 ……4-308
井冈山市 ……4-308
井冈山革命根据地 ……4-308
井田 ……4-309
井原西鹤 ……4-309
井喷 ……4-308
天 ……7-346
天一阁 ……7-366
天人合一 ……7-359
天人感应 ……7-359
《天工开物》……7-349
《天下郡国利病书》……7-365
《天下第一楼》……7-365
天才 ……7-347
天山山脉 ……7-359
天门冬 ……7-354
天门市 ……7-354
天王星 ……7-361
《天云山传奇》……7-367
天牛 ……7-355
天气 ……7-355
天气系统 ……7-356
天气图 ……7-355
天气学 ……7-356
天气预报 ……7-356
天长市 ……7-347
天文卫星 ……7-363
天文历书 ……7-363
天文台 ……7-363
天文地球动力学 ……7-362
天文年历 ……7-363
天文导航 ……7-362
天文坐标系 ……7-365
天文单位 ……7-362
天文学 ……7-364
《天文学大成》……7-365
天文常数 ……7-362
天文符号 ……7-363
天文馆 ……7-363
天文望远镜 ……7-363
《天方至圣实录》……7-349
《天方夜谭》……7-349
《天方性理》……7-349
天水市 ……7-359
天龙山石窟 ……7-353
天平 ……7-355
天目山 ……7-354
天目釉瓷 ……7-354
《天仙配》……7-366
天主 ……7-367
天主教 ……7-367
天台山 ……7-360
天台宗 ……7-359
《天发神谶碑》……7-349
天地会 ……7-348
天地君亲师 ……7-348
天师道 ……7-359
天回山陶塑 ……7-350
天池 ……7-347
天安门 ……7-346
天安门广场 ……7-346
天坛 ……7-360
天赤道 ……7-347
天花病毒 ……7-350
天花粉蛋白 ……7-350
天体 ……7-360
天体力学 ……7-361
天体化学 ……7-361
天体地质学 ……7-361
《天体运行论》……7-361
天体物理学 ……7-361
天体测量学 ……7-361
天青石 ……7-357
天使 ……7-359
天命 ……7-354
天京保卫战 ……7-352
天河石 ……7-349
天宝十节度使 ……7-346
“天空实验室” ……7-353
天线 ……7-366
天城体 ……7-347
天柱山 ……7-368
天南星科 ……7-355
天战 ……7-367
天保改革 ……7-347
天皇 ……7-350
天津大学 ……7-351
天津中西学堂 ……7-352
天津贝壳堤 ……7-350
天津劝业场 ……7-351
天津市 ……7-351
《天津条约》……7-352
天津港 ……7-351
天桥 ……7-356
天狼 ……7-353
天球 ……7-357
天球坐标系 ……7-357
天球参考系 ……7-357
天理教 ……7-353
天梯山石窟 ……7-360
天菩萨 ……7-355
天基反导武器 ……7-350
天堂 ……7-360
天象 ……7-366
天象仪 ……7-366
天麻 ……7-353
天麻素 ……7-354
天涯海角 ……7-366
天琴座 ……7-356
《天朝田亩制度》……7-347
天葬 ……7-367
天赋观念 ……7-349
天鹅 ……7-348
天鹅绒 ……7-349
天鹅剧场 ……7-348
《天鹅湖》……7-348
天然气 ……7-357
天然气水合物 ……7-358
天然气发动机 ……7-358
天然纤维 ……7-358
天然碱 ……7-357
天道与人道 ……7-347
天幕毛虫 ……7-355
天蛾 ……7-349
《天演论》……7-366
天蝎座 ……7-366
天鹰座 ……7-367
《天籁集》……7-353
夫子庙 ……2-589
夫兄弟婚 ……2-589
夫兰克，J. ……2-588
夫兰克，F.C. ……2-588
夫妻财产制 ……2-589
夫差 ……2-588

夫琅禾费，J.von ……2-589
元大都 ……9-91
元山 ……9-94
元丰改制 ……9-91
元太祖成吉思汗 ……9-97
元气 ……9-94
元反应 ……9-91
元文宗图帖睦尔 ……9-97
《元文类》……9-97
元世祖忽必烈 ……9-95
元古宇 ……9-91
元古宙 ……9-91
元旦 ……9-91
《元史》……9-94
元四家 ……9-95
元老院 ……9-93
元成宗铁穆耳 ……9-91
元曲 ……9-94
元曲四大家 ……9-94
《元曲选》……9-94
元伦理学 ……9-93
元杂剧 ……9-98
元江 ……9-93
元好问 ……9-92
元英宗硕德八剌 ……9-98
元和体 ……9-92
《元和姓纂》……9-92
《元和郡县图志》……9-92
《元诗纪事》……9-94
《元诗别裁集》……9-94
《元诗选》……9-94
元顺帝妥欢帖睦尔 ……9-95
元祐更化 ……9-98
元祐诗风 ……9-98
元结 ……9-93
元素有机化合物 ……9-95
元素周期表 ……9-95
元素周期律 ……9-97
元晓 ……9-98
元宵 ……9-98
元宵节 ……9-98
元谋县 ……9-93
元谋猿人 ……9-93
元朝 ……9-85
《元朝秘史》……9-91
元嘉体 ……9-92
元稹 ……9-99
无人驾驶飞机 ……8-18
无土栽培 ……8-19
无土器时代 ……8-19
无为而治 ……8-20
无水平版印刷 ……8-18
无机化学 ……8-16
无机肥料 ……8-16
无机盐 ……8-17
无机聚合物 ……8-17
无过错责任 ……8-15
无行为能力人 ……8-21
无产阶级专政 ……8-15
无产阶级文化协会 ……8-14
无污染工艺 ……8-20
无形损耗 ……8-22
无形资产 ……8-22
《无声诗史》……8-18
无花果 ……8-15
无我 ……8-20
无体腔动物 ……8-19
无坐力炮 ……8-24
无条件投降 ……8-19
无序体系 ……8-22
无穷小量 ……8-18
无尾目 ……8-20
无明 ……8-17
无国籍者 ……8-15
无性生殖 ……8-22
无线电 ……8-20
无线电导航 ……8-21
无线电运动 ……8-21
无线电波传播 ……8-21
无线电通信 ……8-21
无线电探空仪 ……8-21
无政府主义 ……8-23
无差异曲线 ……8-14
无神论 ……8-18
无核区 ……8-15
无套裤汉 ……8-19
无损检测 ……8-18
无敌舰队 ……8-15
无效婚姻 ……8-21
无脊椎动物 ……8-17
无烟煤 ……8-22
无理数 ……8-17
无著 ……8-23
无常 ……8-15
无患子科 ……8-15
无期徒刑 ……8-17
《无量寿经》……8-17
无颌类 ……8-15
无罪推定 ……8-24
无锡市 ……8-20
无意识 ……8-23
无震海岭 ……8-23
无影山陶塑 ……8-23
无影手术灯 ……8-23
无题诗 ……8-19
无融合生殖 ……8-18
无鞭目 ……8-14
韦尔弗，F. ……7-542
韦尔纳，A. ……7-542
韦尔特，G. ……7-543
韦尔诺夫，S.N. ……7-542
韦达，F. ……7-542
韦伊，A. ……7-544
韦后之乱 ……7-543
韦庄 ……7-545
韦克斯勒智力量表 ……7-543
韦伯 ……7-540
韦伯，A. ……7-540
韦伯，C.M.von ……7-540
韦伯，M. ……7-540
韦伯，W.E. ……7-541
韦伯夫妇 ……7-541
韦应物 ……7-544
韦君宜 ……7-543
韦拉克鲁斯 ……7-543
韦昌辉 ……7-541
韦国清 ……7-543
韦格朗，H.A. ……7-543
韦恩，J. ……7-542
韦特海默，M. ……7-544
韦斯皮扬斯基，S. ……7-544
韦斯顿，E. ……7-544
韦登，R.van der ……7-542
云 ……9-132
云门山石窟 ……9-134
云冈石窟 ……9-133
云计算 ……9-134
云台山 ……9-138
云台山 ……9-138
云母 ……9-135
云杉 ……9-138
云林县 ……9-134
云英岩 ……9-138
云居寺 ……9-134
云南大学 ……9-135
云南白药 ……9-135
云南回民起义 ……9-135
云南陆军讲武堂 ……9-136
云南省 ……9-136
云贵高原 ……9-134
《云笈七签》……9-134
云室 ……9-138
云浮市 ……9-133
云梦县 ……9-135
云梦秦简 ……9-135
云雀 ……9-138
《云谣集杂曲子》……9-138
云锦 ……9-134
专门图书馆 ……9-508
专史 ……9-508
专利 ……9-507
专利权 ……9-508
专利法 ……9-507
专卖 ……9-508
专卖店 ……9-508
专制 ……9-509
专项基金 ……9-509
专政 ……9-509
专家内阁 ……9-507
专家系统 ……9-507
专属经济区 ……9-509

专属渔区 …… 9-509
木乃伊 …… 5-490
木工机床 …… 5-489
木下顺二 …… 5-492
木本植物 …… 5-488
木卡姆 …… 5-490
木瓜 …… 5-489
木兰围场 …… 5-490
《木兰诗》 …… 5-490
木兰科 …… 5-490
木耳 …… 5-489
木华黎 …… 5-489
木材 …… 5-488
木鱼 …… 5-493
木鱼歌 …… 5-494
木刻 …… 5-490
木虱 …… 5-492
木星 …… 5 493
木香 …… 5-493
木荷 …… 5-489
木原均 …… 5-494
木贼 …… 5-494
木屐 …… 5-489
木通科 …… 5-492
木桶原理 …… 5-492
木偶戏 …… 5-491
《木偶奇遇记》 …… 5-491
木麻黄 …… 5-490
木琴 …… 5-491
木棉科 …… 5-490
木雅语 …… 5-493
木犀科 …… 5-492
木蛾 …… 5-489
木槿 …… 5-489
木薯 …… 5-492
木雕 …… 5-488
木糖 …… 5-492
木糖醇 …… 5-492
木鳖 …… 5-488
“五七”干校 …… 8-49
五三惨案 …… 8-50
五大连池火山群 …… 8-45
五大连池市 …… 8-45
五大湖 …… 8-44
《五马图》 …… 8-49
五子棋 …… 8-54
五卅运动 …… 8-49
五车二 …… 8-44
《五牛图》 …… 8-49
“五月花”号 …… 8-53
五月画会 …… 8-53
五斗米道 …… 8-47
五功 …… 8-48
五四运动 …… 8-50
五代十国 …… 8-45
《五代史平话》 …… 8-47
五加科 …… 8-48
五台山 …… 8-51
五刑 …… 8-51
五权宪法 …… 8-49
五当召 …… 8-47
五行 …… 8-51
五行学说 …… 8-52
《五朵金花》 …… 8-48
五旬节 …… 8-52
五次反“围剿” …… 8-44
《五灯会元》 …… 8-47
五军都督府 …… 8-49
五花爨弄 …… 8-48
五步蛇 …… 8-43
《五体清文鉴》 …… 8-51
五角大楼 …… 8-48
五言诗 …… 8-52
五味子 …… 8-51
五味子素 …… 8-51
五岳 …… 8-53
五服 …… 8-48
《五卷书》 …… 8-48
五线谱 …… 8-51
《五奎桥》 …… 8-49
五指山 …… 8-53
五指山市 …… 8-53
五桠果科 …… 8-52
五原县 …… 8-53
《五峰会》 …… 8-48
五氧化二钒 …… 8-53
五倍子 …… 8-43
五家渠市 …… 8-48
五常市 …… 8-44
五铢钱 …… 8-54
五彩 …… 8-43
五禽戏 …… 8-49
五输穴 …… 8-50
五蕴 …… 8-53
历史 …… 5-17
历史小说 …… 5-19
历史主义 …… 5-19
历史观 …… 5-17
历史纪年法 …… 5-17
历史画 …… 5-17
历史哲学 …… 5-19
历史剧 …… 5-18
历史教科书问题 …… 5-18
历史唯心主义 …… 5-18
历史唯物主义 …… 5-18
历史散文 …… 5-18
历史循环论 …… 5-19
历史辩证法 …… 5-17
《历代地理指掌图》 …… 5-16
《历代名画记》 …… 5-16
《历代诗话》 …… 5-16
《历代诗话》(丛书) …… 5-16
历法 …… 5-16
厄瓜多尔 …… 2-407
厄尔尼诺 …… 2-406
厄立特里亚 …… 2-408
厄缶 …… 2-407
厄缶实验 …… 2-407
厄任费斯脱，P. …… 2-409
厄鲁特蒙古 …… 2-409
厄普代克，J. …… 2-409
友谊关 …… 9-44
友谊峰 …… 9-44
“友谊”输油管道 …… 9-44
不干涉内政原则 …… 1-427
不公开审理 …… 1-427
不丹 …… 1-425
不正当竞争 …… 1-432
不可更新资源 …… 1-428
不可抗力 …… 1-428
不可知论 …… 1-428
不可逆过程热力学 …… 1-428
不孕 …… 1-431
不发达国家 …… 1-427
《不列颠北美法案》 …… 1-429
《不列颠百科全书》 …… 1-429
不列颠图书馆 …… 1-430
不列颠哥伦比亚省 …… 1-429
不列颠博物馆 …… 1-429
不列颠群岛 …… 1-430
不成文法 …… 1-425
《不扩散核武器条约》 …… 1-428
不当得利 …… 1-426
不自主运动 …… 1-432
不来梅 …… 1-429
不告不理 …… 1-427
不完全性定理 …… 1-431
不完全竞争市场 …… 1-431
不明飞行物 …… 1-430
不饱和聚酯 …… 1-425
不变资本 …… 1-425
不定方程 …… 1-427
不空 …… 1-428
不信任提案权 …… 1-431
不结盟运动 …… 1-428
不结盟国家会议 …… 1-427
不起诉 …… 1-430
不落夫家 …… 1-430
不确定度关系 …… 1-430
不锈钢 …… 1-431
不等式 …… 1-426
不等价交换论 …… 1-426
不管部长 …… 1-427
太一 …… 7-270
太上老君 …… 7-263
《太上感应篇》 …… 7-263
太子港 …… 7-271
太仓市 …… 7-255
太古宇 …… 7-255
太古宙 …… 7-255
《太平广记》 …… 7-257

太平天国 ……… 7-258
太平岛 ……… 7-257
《太平经》 ……… 7-258
太平洋 ……… 7-259
太平洋战争 ……… 7-262
太平洋战争 ……… 7-262
《太平御览》 ……… 7-263
太平鼓 ……… 7-257
太白山 ……… 7-255
太行山 ……… 7-255
太行山隧道 ……… 7-255
太阳 ……… 7-264
太阳风 ……… 7-266
太阳电池 ……… 7-266
太阳同步轨道 ……… 7-268
太阳虫目 ……… 7-265
太阳自转 ……… 7-270
太阳系 ……… 7-268
太阳系的起源和演化 ……… 7-269
太阳岛 ……… 7-266
《太阳灼人》 ……… 7-269
太阳社 ……… 7-267
太阳物理学 ……… 7-268
太阳活动 ……… 7-267
太阳活动预报 ……… 7-267
“太阳神”号探测器 ……… 7-267
太阳病 ……… 7-265
太阳能 ……… 7-267
太阳能飞机 ……… 7-267
太阳能电站 ……… 7-267
太阳黑子 ……… 7-266
太阳辐射 ……… 7-266
太阳磁场 ……… 7-265
太阳耀斑 ……… 7-269
太阴病 ……… 7-270
太极 ……… 7-256
《太极图说》 ……… 7-257
太极拳 ……… 7-256
太极推手 ……… 7-257
太和 ……… 7-255
《太和正音谱》 ……… 7-256
太和城 ……… 7-255
太学 ……… 7-263
太空 ……… 7-257
太空行走 ……… 7-257
太空战 ……… 7-257
太原卫星发射中心 ……… 7-271
太原市 ……… 7-270
太原会战 ……… 7-270
太原审判 ……… 7-270
太宰治 ……… 7-271
太虚 ……… 7-263
太虚 ……… 7-263
太康体 ……… 7-257
太清宫 ……… 7-263
太湖 ……… 7-256
太湖平原 ……… 7-256
犬 ……… 6-267
犬科动物 ……… 6-268
犬儒学派 ……… 6-268
尤内斯库，E. ……… 9-32
尤卡坦半岛 ……… 9-32
尤因，W.M. ……… 9-33
尤里，H.C. ……… 9-32
《尤利西斯》 ……… 9-32
“尤利西斯”号探测器 ……… 9-32
尤伯杯赛 ……… 9-31
尤侗 ……… 9-32
尤金，P.F. ……… 9-32
尤袤 ……… 9-32
尤瑟纳，M. ……… 9-33
车马坑 ……… 1-547
车尔尼，C. ……… 1-546
车尔尼雪夫斯基，N.G. ……… 1-547
车臣人 ……… 1-545
车臣共和国 ……… 1-545
车臣战争 ……… 1-546
车臣语 ……… 1-546
车师 ……… 1-548
车技 ……… 1-547
车里 ……… 1-547
车里雅宾斯克 ……… 1-547
车床 ……… 1-546
车前草 ……… 1-547
车辆购置税 ……… 1-547
车船使用税 ……… 1-546
车箱渠 ……… 1-548
屯田 ……… 7-450
屯田论 ……… 7-451
屯溪区 ……… 7-451
戈公振 ……… 3-84
戈尔丁，W. ……… 3-84
戈尔什科夫，S.G. ……… 3-84
戈尔巴乔夫，M.S. ……… 3-84
戈尔德施密特，V.M. ……… 3-84
戈兰高地 ……… 3-84
戈达尔，J.-L. ……… 3-83
戈达德，R.H. ……… 3-83
戈伊蒂索洛兄弟 ……… 3-86
戈齐，C. ……… 3-85
戈麦斯-巴埃斯，M. ……… 3-85
戈麦斯·德·阿维利亚内达，G. ……… 3-85
戈里亚奇金，V.P. ……… 3-85
戈林，H. ……… 3-85
戈迪默，N. ……… 3-83
戈宝权 ……… 3-83
戈培尔，P.J. ……… 3-85
戈蒂耶，T. ……… 3-83
戈雅，F.de ……… 3-86
戈瑞 ……… 3-85
戈雷岛 ……… 3-85
戈壁 ……… 3-83
区位论 ……… 6-245
区际冲突法 ……… 6-245
区域 ……… 6-246
区域地理学 ……… 6-246
区域规划 ……… 6-246
区域经济 ……… 6-246
区域经济一体化 ……… 6-247
匹兹堡 ……… 6-80
互训 ……… 3-521
互助土族自治县 ……… 3-521
互助组 ……… 3-521
互变异构 ……… 3-521
互换 ……… 3-521
互联网 ……… 3-521
互惠待遇 ……… 3-521
《巨人传》 ……… 4-336
巨人堤 ……… 4-336
巨石建筑 ……… 4-336
巨幼细胞性贫血 ……… 4-337
巨杉 ……… 4-336
巨细胞病毒感染 ……… 4-337
巨型计算机 ……… 4-337
巨蚊 ……… 4-336
巨野泽 ……… 4-337
巨鹿之战 ……… 4-335
巨然 ……… 4-336
巨港 ……… 4-335
巨猿 ……… 4-337
巨蜥 ……… 4-337
巨赞 ……… 4-337
牙行 ……… 8-389
牙买加 ……… 8-390
牙克石市 ……… 8-390
牙体修复 ……… 8-390
牙含章 ……… 8-389
牙齿 ……… 8-388
牙周病 ……… 8-390
牙膏 ……… 8-389
牙雕 ……… 8-389
牙髓炎 ……… 8-390
瓦 ……… 7-463
瓦文萨，L. ……… 7-471
瓦卢瓦王朝 ……… 7-468
瓦尔拉斯，L. ……… 7-464
瓦尔帕莱索 ……… 7-465
瓦尔特，J. ……… 7-465
瓦尔堡，O.H. ……… 7-464
瓦尔瑟，R. ……… 7-465
瓦尔德，A. ……… 7-464
瓦尔德内尔，J.-O. ……… 7-464
瓦尔德海姆，K. ……… 7-464
瓦加杜古 ……… 7-466
瓦西里耶夫兄弟 ……… 7-471
瓦托，A. ……… 7-470
瓦当 ……… 7-463
瓦伦纽斯，B. ……… 7-468
瓦伦斯基，L.T. ……… 7-468
瓦杜兹 ……… 7-464
瓦克斯曼，S.A. ……… 7-466

瓦里安，R.H. ……………………7–467
瓦利 ……………………7–468
瓦利斯和富图纳 ……………………7–468
瓦努阿图 ……………………7–468
瓦努阿图人 ……………………7–469
瓦松 ……………………7–470
瓦拉几亚公国 ……………………7–466
瓦拉纳西 ……………………7–466
瓦房店市 ……………………7–465
瓦剌 ……………………7–467
瓦哈比派 ……………………7–466
瓦格纳，A.H.G. ……………………7–465
瓦格纳，R. ……………………7–465
瓦格纳，W. ……………………7–465
瓦莱塔 ……………………7–467
瓦特 ……………………7–470
瓦特，J. ……………………7–470
瓦朗几亚人 ……………………7–467
瓦勒拉，É.de ……………………7–467
瓦窑堡会议 ……………………7–471
瓦窑堡镇 ……………………7–471
瓦隆人 ……………………7–468
瓦维洛夫，S.I. ……………………7–471
瓦斯涅佐夫，V.M. ……………………7–470
瓦斯爆炸 ……………………7–469
瓦雷兹，E. ……………………7–467
瓦赫坦戈夫，Ye.B. ……………………7–466

〔丨〕

止吐药 ……………………9–307
止血 ……………………9–307
止血剂 ……………………9–307
止泻药 ……………………9–307
止痉 ……………………9–307
少年宫 ……………………6–473
《少年维特之烦恼》……………………6–473
少阳病 ……………………6–473
少阴病 ……………………6–474
少林寺 ……………………6–473
少林拳 ……………………6–473
《少室山房笔丛》……………………6–473
少康 ……………………6–473
少数民族 ……………………6–472
日 ……………………6–312
日夫科夫，T. ……………………6–323
日元 ……………………6–328
《日瓦戈医生》……………………6–328
日内瓦 ……………………6–326
日内瓦公约 ……………………6–326
日内瓦会议（1954,1961）……………………6–327
日内瓦学派 ……………………6–327
日内瓦湖 ……………………6–326
日月山 ……………………6–329
日月潭 ……………………6–329
日心体系 ……………………6–328
日心说 ……………………6–328
日本 ……………………6–313
日本开国 ……………………6–317
日本公明党 ……………………6–316
日本文学 ……………………6–320
日本民主党 ……………………6–319
日本共产党 ……………………6–316
日本自由民主党 ……………………6–321
日本佛教 ……………………6–316
日本社会党 ……………………6–319
日本画 ……………………6–317
日本国立国会图书馆 ……………………6–316
日本法西斯 ……………………6–315
日本战后改革 ……………………6–321
日本美术 ……………………6–318
日本料理 ……………………6–317
日本海 ……………………6–316
日本银行 ……………………6–321
日本联合舰队 ……………………6–317
日本新干线 ……………………6–321
日本群岛 ……………………6–319
日立公司 ……………………6–325
《日出·印象》……………………6–322
日地关系 ……………………6–322
日耳曼人 ……………………6–323
日耳曼语族 ……………………6–323
日光浴 ……………………6–324
日军731部队……………………6–324
日报 ……………………6–313
《日知录》……………………6–329
日经股价指数 ……………………6–324
日俄战争 ……………………6–322
日俄密约 ……………………6–322
日食 ……………………6–327
《日美安全保障条约》……………………6–325
《日美防卫合作指针》(1997) ……………………6–325
日语 ……………………6–328
日珥 ……………………6–323
日莲 ……………………6–325
日晒伤 ……………………6–327
日高孝次 ……………………6–323
日常语言哲学 ……………………6–321
日冕 ……………………6–325
《日韩合并条约》……………………6–324
日惹 ……………………6–327
日喀则市 ……………………6–325
日喀则地区 ……………………6–324
日晷 ……………………6–324
日照 ……………………6–329
日照市 ……………………6–329
日德兰半岛 ……………………6–322
日德兰海战 ……………………6–322
中山 ……………………9–436
中山大学 ……………………9–436
中山王墓（战国）……………………9–437
中山市 ……………………9–437
中山舰 ……………………9–436
中山陵 ……………………9–436
中山装 ……………………9–437
中卫市 ……………………9–440
中子 ……………………9–450
中子星 ……………………9–451
中子核反应 ……………………9–451
中子探测器 ……………………9–451
中子弹 ……………………9–451
中子源 ……………………9–451
中日甲午战争 ……………………9–435
《中日会议东三省事宜条约》……………………9–435
中气 ……………………9–435
中气候 ……………………9–435
中长化纤织物 ……………………9–327
中长跑 ……………………9–327
中风 ……………………9–459
中心地学说 ……………………9–441
中心极限定理 ……………………9–442
中心体 ……………………9–442
中心法则 ……………………9–441
中心城市 ……………………9–441
中巴公路 ……………………9–326
中书省 ……………………9–438
中水 ……………………9–439
中石器时代 ……………………9–437
中东 ……………………9–328
中东和平进程 ……………………9–328
中东战争 ……………………9–328
中东通讯社 ……………………9–328
中央人民广播电台 ……………………9–445
中央工艺美术学院 ……………………9–444
中央大学 ……………………9–443
中央广播电视大学 ……………………9–444
《中央日报》……………………9–445
中央处理器 ……………………9–443
中央乐团 ……………………9–447
中央民族大学 ……………………9–445
中央民族乐团 ……………………9–445
中央军事委员会 ……………………9–444
中央戏剧学院 ……………………9–446
中央芭蕾舞团 ……………………9–443
中央苏区 ……………………9–445
中央条约组织 ……………………9–446
中央实验话剧院 ……………………9–445
中央政府债券 ……………………9–447
中央研究院 ……………………9–446
中央音乐学院 ……………………9–446
中央美术学院 ……………………9–444
中央档案馆 ……………………9–443
中央通讯社 ……………………9–446
中央银行 ……………………9–447
中央税 ……………………9–445
中央歌剧院 ……………………9–443
中印边境自卫反击战 ……………………9–449
中外合作经营企业 ……………………9–440
中外合资经营企业 ……………………9–440
中生代 ……………………9–437
中生动物门 ……………………9–437
中立 ……………………9–433

中立法 ……………………………… 9-433
中耳炎 ……………………………… 9-330
中共中央纪律检查委员会 ……… 9-334
中共中央顾问委员会 …………… 9-333
中共中央党校 …………………… 9-333
中亚 ……………………………… 9-442
中亚细亚－中央区输气管道系统 … 9-443
中亚经济共同体 ………………… 9-442
中西医结合 ……………………… 9-440
中西伯利亚高原 ………………… 9-440
中华人民共和国 ………………… 9-424
中华人民共和国人民法院 ……… 9-427
中华人民共和国人民检察院 …… 9-427
中华人民共和国中央人民政府 … 9-430
中华人民共和国冬季运动会 …… 9-424
中华人民共和国主席 …………… 9-431
《中华人民共和国民事诉讼法》…… 9-427
《中华人民共和国民法通则》……… 9-426
《中华人民共和国刑事诉讼法》…… 9-429
《中华人民共和国刑法》………… 9-428
中华人民共和国行政机构 ……… 9-429
《中华人民共和国行政诉讼法》…… 9-430
中华人民共和国全国人民代表
大会 ……………………………… 9-427
中华人民共和国运动会 ………… 9-430
中华人民共和国国务院 ………… 9-425
《中华人民共和国国家自然地图集》… 9-425
《中华人民共和国国家农业地图集》… 9-425
《中华人民共和国国家经济地图集》… 9-425
《中华人民共和国国家标准》…… 9-425
《中华人民共和国国家普通
地图集》………………………… 9-425
《中华人民共和国药典》………… 9-430
《中华人民共和国香港特别行政区
基本法》………………………… 9-428
《中华人民共和国宪法》………… 9-428
《中华人民共和国消费者权益
保护法》………………………… 9-428
中华人民共和国海关 …………… 9-426
《中华人民共和国澳门特别行政区
基本法》………………………… 9-424
《中华大字典》…………………… 9-414
中华书局 ………………………… 9-431
中华龙鸟 ………………………… 9-415
中华白海豚 ……………………… 9-414
中华民国 ………………………… 9-415
《中华民国临时约法》…………… 9-421
《中华民国宪法》………………… 9-421
《中华民国新地图》……………… 9-421
中华民族 ………………………… 9-422
中华优秀出版物奖 ……………… 9-432
中华全国工商业联合会 ………… 9-422
中华全国文艺界抗敌协会 ……… 9-424
中华全国归国华侨联合会 ……… 9-423
中华全国台湾同胞联谊会 ……… 9-423
中华全国妇女联合会 …………… 9-422
中华全国青年联合会 …………… 9-423
中华全国学生联合会 …………… 9-424
中华全国总工会 ………………… 9-424
中华苏维埃共和国临时中央政府 … 9-431
《中华苏维埃共和国宪法大纲》…… 9-431
中华医学会 ……………………… 9-432
中华法系 ………………………… 9-414
中华革命党 ……………………… 9-415
中华职业教育社 ………………… 9-432
中华猕猴桃 ……………………… 9-415
中华慈善总会 …………………… 9-414
中华鲟 …………………………… 9-432
中华蜜蜂 ………………………… 9-415
中华鳄 …………………………… 9-414
中产阶级 ………………………… 9-326
中关村科技园区 ………………… 9-334
《中州集》………………………… 9-450
中江兆民 ………………………… 9-432
中兴四大家 ……………………… 9-442
《中论》…………………………… 9-433
中观派 …………………………… 9-334
《中苏友好同盟互助条约》……… 9-439
中医 ……………………………… 9-448
中医阴阳学说 …………………… 9-448
中医学术流派 …………………… 9-448
中体西用 ………………………… 9-439
中间层 …………………………… 9-432
中沙群岛 ………………………… 9-436
中环 ……………………………… 9-432
中枢兴奋药 ……………………… 9-439
中枢神经系统 …………………… 9-438
《中英藏印条约》及续约 ………… 9-449
中欧 ……………………………… 9-434
中欧平原 ………………………… 9-434
中欧裁军谈判 …………………… 9-434
中非 ……………………………… 9-331
中非 ……………………………… 9-332
中非合作论坛 …………………… 9-333
中国 ……………………………… 9-334
中国人民大学 …………………… 9-390
中国人民志愿军 ………………… 9-395
中国人民抗日军事政治大学 …… 9-394
中国人民政治协商会议 ………… 9-394
《中国人民政治协商会议共同
纲领》…………………………… 9-395
中国人民革命军事博物馆 ……… 9-390
中国人民保险公司 ……………… 9-390
中国人民银行 …………………… 9-394
中国人民解放军 ………………… 9-391
中国人民解放军军乐团 ………… 9-394
中国人民解放军总政治部话剧团 … 9-394
中国人民解放军剿匪作战 ……… 9-394
中国人寿保险（集团）公司 ……… 9-396
中国工农红军 …………………… 9-357
中国工农红军长征 ……………… 9-357
中国工商银行 …………………… 9-358
中国工程院 ……………………… 9-357
《中国大百科全书》……………… 9-348
中国大百科全书出版社 ………… 9-348
中国女子大学 …………………… 9-388
《中国小说史略》………………… 9-401
中国艺术研究院 ………………… 9-403
中国天主教爱国会 ……………… 9-399
中国木偶艺术 …………………… 9-385
中国木偶艺术剧团 ……………… 9-387
《中国历代服饰》………………… 9-377
中国少年先锋队 ………………… 9-396
《中国日报》……………………… 9-396
中国中化集团公司 ……………… 9-412
中国中央电视台 ………………… 9-412
中国中信集团公司 ……………… 9-412
中国中铁股份有限公司 ………… 9-412
中国月球探测工程 ……………… 9-409
中国风景名胜区 ………………… 9-353
中国文字改革委员会 …………… 9-400
中国文学艺术界联合会 ………… 9-400
中国书店 ………………………… 9-398
《中国古代书画图目》…………… 9-366
《中国古代服饰研究》…………… 9-362
中国古代建筑 …………………… 9-362
中国古代墓葬 …………………… 9-364
中国古代舞蹈 …………………… 9-366
中国古典舞 ……………………… 9-366
中国古钱币 ……………………… 9-367
中国左翼戏剧家联盟 …………… 9-413
中国左翼作家联盟 ……………… 9-413
中国石油大学 …………………… 9-397
中国石油天然气集团公司 ……… 9-398
中国石油化工集团公司 ………… 9-398
中国北极考察 …………………… 9-346
中国北极黄河站 ………………… 9-346
中国电力投资集团公司 ………… 9-350
中国电信集团公司 ……………… 9-350
中国电影 ………………………… 9-350
中国电影资料馆 ………………… 9-352
中国电影集团公司 ……………… 9-352
中国加入世贸组织 ……………… 9-374
中国民主同盟 …………………… 9-383
中国民主建国会 ………………… 9-382
中国民主促进会 ………………… 9-382
中国民权保障同盟 ……………… 9-382
中国民间文学三套集成 ………… 9-381
中国民间宗教 …………………… 9-381
中国民族区域自治 ……………… 9-383
中国民族识别 …………………… 9-385
中国出版政府奖 ………………… 9-347
中国出版集团公司 ……………… 9-346
中国式摔跤 ……………………… 9-398
《中国地方志联合目录》………… 9-349
中国地质大学 …………………… 9-349
中国地质博物馆 ………………… 9-349
中国共产主义青年团 …………… 9-362
中国共产党 ……………………… 9-358
中国共产党第一次全国代表大会 … 9-361
中国共产党第十一届中央委员会

第三次全体会议 …………………… 9-361
中国共产党第十七次全国代表大会… 9-361
中国共产党第十六次全国代表大会… 9-360
中国共产党第七次全国代表大会 … 9-360
中国共产党第八次全国代表大会 … 9-360
中国共产党第八届中央委员会
第十一次全体会议 ……………… 9-360
中国共产党领导的多党合作和政治
协商制度 ………………………… 9-362
中国同盟会 ………………………… 9-399
中国曲艺 …………………………… 9-389
中国传统医学 ……………………… 9-347
中国传媒大学 ……………………… 9-347
中国伦理思想 ……………………… 9-378
中国伊斯兰教 ……………………… 9-402
中国伊斯兰教协会 ………………… 9-403
中国伊斯兰教经学院 ……………… 9-403
《中国自然保护纲要》……………… 9-413
中国行政区划 ……………………… 9-401
中国杂技 …………………………… 9-409
中国杂技团 ………………………… 9-410
中国交响乐团 ……………………… 9-375
中国农工民主党 …………………… 9-388
中国农业大学 ……………………… 9-388
中国农业发展银行 ………………… 9-388
中国农业银行 ……………………… 9-388
中国戏曲学院 ……………………… 9-400
中国红十字会 ……………………… 9-372
中国进出口银行 …………………… 9-375
中国远征军 ………………………… 9-408
中国远征军滇缅路作战 …………… 9-408
中国吴桥国际杂技艺术节 ………… 9-400
中国园林 …………………………… 9-406
中国佛学院 ………………………… 9-354
中国佛教协会 ……………………… 9-354
中国兵器工业集团公司 …………… 9-346
《中国社会各阶级的分析》………… 9-396
《中国社会科学》…………………… 9-396
中国社会科学院 …………………… 9-397
中国现代文学馆 …………………… 9-400
中国青年艺术剧院 ………………… 9-389
中国武术段位制 …………………… 9-400
中国林蛙 …………………………… 9-377
中国画 ……………………………… 9-372
中国国民党 ………………………… 9-368
中国国民党陆军军官学校 ………… 9-370
中国国民党革命委员会 …………… 9-370
中国国民党第一次全国代表大会 … 9-370
中国国际广播电台 ………………… 9-367
中国国家图书馆 …………………… 9-368
中国国家话剧院 …………………… 9-368
中国国家航天局 …………………… 9-368
中国国家博物馆 …………………… 9-367
《中国的红色政权为什么能够
存在》……………………………… 9-348
中国服饰 …………………………… 9-354
中国京剧院 ………………………… 9-375
中国沿海开放城市 ………………… 9-402
中国话剧 …………………………… 9-373
中国建设银行 ……………………… 9-375
中国建筑工程总公司 ……………… 9-375
中国经济思想史 …………………… 9-375
中国政法大学 ……………………… 9-411
中国南极中山站 …………………… 9-388
中国南极长城站 …………………… 9-387
中国南极考察 ……………………… 9-387
《中国科学》………………………… 9-376
中国科学技术大学 ………………… 9-376
《中国科学技术史》………………… 9-376
中国科学技术协会 ………………… 9-376
中国科学技术馆 …………………… 9-376
中国科学院 ………………………… 9-377
中国音乐史 ………………………… 9-403
中国音乐学院 ……………………… 9-405
中国美术 …………………………… 9-378
中国美术学院 ……………………… 9-381
中国美术馆 ………………………… 9-381
中国派遣军 ………………………… 9-389
中国神话 …………………………… 9-397
《中国神话传说》…………………… 9-397
《中国神话研究 ABC》……………… 9-397
中国载人飞船工程 ………………… 9-410
中国原始绘画 ……………………… 9-408
中国原始雕塑 ……………………… 9-407
中国致公党 ………………………… 9-411
《中国哲学史大纲》………………… 9-411
中国特色社会主义 ………………… 9-398
中国特色社会主义理论体系 ……… 9-399
中国铁道建筑总公司 ……………… 9-399
中国航天 …………………………… 9-371
中国航天测控网 …………………… 9-371
中国航空博物馆 …………………… 9-371
中国胭脂鱼 ………………………… 9-402
中国旅行剧团 ……………………… 9-377
中国消费者协会 …………………… 9-401
中国海洋大学 ……………………… 9-371
中国职业足球联赛 ………………… 9-411
中国职业篮球联赛 ………………… 9-411
中国营造学社 ……………………… 9-405
中国基督教三自爱国运动委员会 … 9-374
中国基督教协会 …………………… 9-374
中国银行 …………………………… 9-405
中国移动通信集团公司 …………… 9-403
中国第一个五年计划 ……………… 9-350
中国第一历史档案馆 ……………… 9-350
中国第一汽车集团公司 …………… 9-350
中国第二历史档案馆 ……………… 9-349
中国第十一个五年规划 …………… 9-349
中国梨木虱 ………………………… 9-377
《中国植物志》……………………… 9-411
中国道教协会 ……………………… 9-348
中国锥齿兽 ………………………… 9-413
《中国新文学大系》………………… 9-401
中国新闻社 ………………………… 9-401
中国新闻奖 ………………………… 9-401
中国粮油食品进出口（集团）
有限公司 ………………………… 9-377
中国歌剧舞剧院 …………………… 9-356
《中国歌谣》………………………… 9-357
中国歌舞团 ………………………… 9-357
中国蕨 ……………………………… 9-376
中国影戏 …………………………… 9-405
中国穆斯林经堂教育 ……………… 9-387
中和 ………………………………… 9-414
中和热 ……………………………… 9-414
《中岳嵩高灵庙碑》………………… 9-450
中性货币 …………………………… 9-442
中法战争 …………………………… 9-330
《中法新约》………………………… 9-330
中波传播 …………………………… 9-326
中毒 ………………………………… 9-458
中毒性肾病 ………………………… 9-459
中南半岛 …………………………… 9-434
中南海 ……………………………… 9-434
中药 ………………………………… 9-447
中药用药禁忌 ……………………… 9-448
中药配伍 …………………………… 9-447
中秋节 ……………………………… 9-435
《中俄改订条约》…………………… 9-329
《中俄勘分西北界约记》…………… 9-330
《中俄密约》………………………… 9-330
中美洲 ……………………………… 9-433
《中美洲和平协议》………………… 9-433
中美洲联邦 ………………………… 9-433
中统 ………………………………… 9-439
中耕 ………………………………… 9-333
中都 ………………………………… 9-329
《中原音韵》………………………… 9-450
中途岛 ……………………………… 9-439
中途岛海战 ………………………… 9-439
中脑 ………………………………… 9-434
中调 ………………………………… 9-328
中常侍 ……………………………… 9-327
中庸 ………………………………… 9-449
《中庸》……………………………… 9-449
中兽医学 …………………………… 9-438
中越边境自卫还击战 ……………… 9-450
中提琴 ……………………………… 9-439
中跑 ………………………………… 9-434
中暑 ………………………………… 9-459
中程导弹 …………………………… 9-327
《中程导弹条约》…………………… 9-327
中等教育 …………………………… 9-327
中曾根康弘 ………………………… 9-450
中道 ………………………………… 9-327
中微子 ……………………………… 9-440
中微子天文学 ……………………… 9-440
中新世 ……………………………… 9-442
中餐 ………………………………… 9-326
冈比亚 ……………………………… 3-48
冈比西斯二世 ……………………… 3-47

冈瓦纳古陆 …… 3-49
冈仁波齐峰 …… 3-49
冈村宁次 …… 3-48
冈底斯山 …… 3-48
冈察洛夫，I.A. …… 3-48
贝子 …… 1-302
贝扎人 …… 1-302
贝币 …… 1-287
贝可勒尔 …… 1-293
贝可勒尔家族 …… 1-293
贝叶斯统计 …… 1-302
贝卡里亚，C. …… 1-292
贝丘 …… 1-300
贝尔，D. …… 1-290
贝尔，A.G. …… 1-290
贝尔，K.E.von …… 1-290
贝尔-兰卡斯特制 …… 1-291
贝尔托卢奇，B. …… 1-292
贝尔纳，J.D. …… 1-291
贝尔法斯特 …… 1-290
贝尔格莱德 …… 1-290
贝尔莫潘 …… 1-291
贝尔特拉米，E. …… 1-292
贝尔曼，R. …… 1-291
贝尔湖 …… 1-291
贝尔蒙多，J.-P. …… 1-291
《贝尔福宣言》…… 1-290
贝尔德，J.L. …… 1-290
贝汉，B. …… 1-292
贝宁 …… 1-298
贝宁王国 …… 1-299
贝加尔湖 …… 1-292
贝尼尼，G.L. …… 1-298
贝尼奥夫带 …… 1-298
贝母 …… 1-297
贝母甲素 …… 1-298
贝当，H.P. …… 1-288
贝伦 …… 1-297
贝多芬，L.van …… 1-288
贝聿铭 …… 1-302
贝克韦尔，R. …… 1-295
贝克尔，G.A. …… 1-293
贝克尔，G.S. …… 1-294
贝克兰，L.H. …… 1-294
贝克莱，G. …… 1-294
贝克特，S. …… 1-295
贝克曼，M. …… 1-294
贝壳雕刻 …… 1-293
贝时璋 …… 1-300
贝利 …… 1-296
贝利，L.H. …… 1-296
贝利干，R. …… 1-296
贝利尼，V. …… 1-296
贝利斯，W.M. …… 1-296
贝希尔，J.R. …… 1-301
贝希斯顿铭文 …… 1-301
贝纳文特-马丁内斯，J. …… 1-298
贝林，E.von …… 1-296
贝若特节日剧院 …… 1-300
贝奈斯，E. …… 1-298
贝拉 …… 1-295
贝拉尔德，R.L. …… 1-295
贝肯鲍尔，F. …… 1-295
贝采利乌斯，J.J. …… 1-287
贝京，M. …… 1-292
贝科夫，V.V. …… 1-293
贝洛，S. …… 1-297
贝洛奥里藏特 …… 1-297
贝格拉姆古城 …… 1-292
贝都因人 …… 1-288
贝恩，G. …… 1-289
贝恩哈特，S. …… 1-289
贝恩哈特，T. …… 1-290
贝特，H.A. …… 1-301
贝勒，P. …… 1-295
贝萨·路易斯，M.A. …… 1-300
贝略，A. …… 1-297
贝塔朗菲，L.von …… 1-301
贝塔斯曼出版集团 …… 1-301
贝斯特，C.H. …… 1-300
贝蒂，M. …… 1-288
贝蒂，U. …… 1-288
贝雅，M. …… 1-301
《贝奥武甫》…… 1-287
贝鲁特 …… 1-296
贝鲁特，B. …… 1-297
贝塞尔，F.W. …… 1-300
贝塞麦，H. …… 1-300
内三院 …… 5-560
内比都 …… 5-553
内扎米 …… 5-561
内夫得沙漠 …… 5-554
内分泌系统 …… 5-553
内丹 …… 5-553
内水 …… 5-560
内务府 …… 5-560
内圣外王 …… 5-560
内因与外因 …… 5-561
内华达山脉 …… 5-555
内华达州 …… 5-555
内行厂 …… 5-561
内衣 …… 5-561
内江市 …… 5-555
内江猪 …… 5-555
内肛动物门 …… 5-554
内陆海 …… 5-556
内环境 …… 5-555
内罗毕 …… 5-556
内质网 …… 5-561
内河航行权 …… 5-554
内河航道 …… 5-554
内治法 …… 5-561
《内经》…… 5-555
内省法 …… 5-561
内阁 …… 5-554
内阁制 …… 5-554
内格罗河 …… 5-554
内消旋体 …… 5-560
内容与形式 …… 5-559
内能 …… 5-558
内眦褶 …… 5-561
内涵和外延 …… 5-554
内婚制 …… 5-555
内塔尼亚胡，B. …… 5-560
内斯特罗伊，J. …… 5-560
内酰胺 …… 5-560
内蒙古大学 …… 5-556
内蒙古自治区 …… 5-557
内蒙古高原 …… 5-556
内窥镜术 …… 5-556
内燃机 …… 5-558
见血封喉 …… 4-161
见证人 …… 4-161

〔丿〕

仁 …… 6-306
仁川 …… 6-306
仁川登陆战役 …… 6-306
仁安羌 …… 6-306
仁怀市 …… 6-306
仁政 …… 6-306
仁亲，B. …… 6-306
什切青 …… 6-592
什叶派 …… 6-592
什邡市 …… 6-592
仆射 …… 6-100
化工 …… 3-543
化工机械 …… 3-543
化石 …… 3-544
化生 …… 3-544
化合物 …… 3-543
化合量定律 …… 3-543
化妆品 …… 3-553
化州市 …… 3-553
化肥 …… 3-543
化性 …… 3-545
化学 …… 3-545
化学工艺 …… 3-549
化学工程 …… 3-548
化学元素 …… 3-552
化学反应 …… 3-547
化学反应工程 …… 3-547
化学计量学 …… 3-549
《化学文摘》…… 3-551
化学方程式 …… 3-548
化学平衡 …… 3-550
化学生物学 …… 3-551
化学发光 …… 3-546
化学发光分析 …… 3-547
化学动力学 …… 3-546
化学式 …… 3-551

化学地理学 ……3-546
化学吸附 ……3-552
化学纤维 ……3-552
化学武器 ……3-552
化学变化 ……3-546
化学试剂 ……3-551
化学统计力学 ……3-551
化学振荡 ……3-553
化学热力学 ……3-550
化学能 ……3-550
化学符号 ……3-548
化学混沌 ……3-549
化学键 ……3-549
化学酶 ……3-550
化觉巷清真寺 ……3-543
化脓性汗腺炎 ……3-544
化脓性骨髓炎 ……3-544
化隆回族自治县 ……3-544
化感作用 ……3-543
化痰止咳平喘 ……3-544
仇士良 ……6-243
仇英 ……6-243
从化市 ……2-53
从犯 ……2-53
从价税 ……2-53
从众 ……2-53
从维熙 ……2-53
从量税 ……2-53
壬子癸丑学制 ……6-305
壬午兵变 ……6-305
壬辰卫国战争 ……6-305
父权制 ……3-4
《父亲》……3-4
父亲节 ……3-4
分 ……2-543
分子 ……2-549
分子人类学 ……2-551
分子工程学 ……2-550
分子云 ……2-555
分子反应动力学 ……2-550
分子计算机 ……2-551
分子平均自由程 ……2-551
分子电子器件 ……2-550
分子印迹 ……2-555
分子生物学 ……2-552
分子机器 ……2-551
分子轨道理论 ……2-550
分子光谱 ……2-550
分子杂交 ……2-555
分子设计 ……2-552
分子束光谱 ……2-553
分子伴侣 ……2-549
分子识别 ……2-552
分子物理学 ……2-553
分子育种 ……2-555
分子学说 ……2-554
分子信标 ……2-553
分子结构 ……2-551
分子梭 ……2-553
分子量 ……2-551
分子遗传学 ……2-554
分子筛 ……2-551
分子模拟 ……2-551
分贝 ……2-543
分水岭 ……2-546
分布函数 ……2-544
分至点 ……2-549
分形 ……2-548
分析 ……2-546
分析力学 ……2-548
分析化学 ……2-546
分析学 ……2-548
分析哲学 ……2-548
分泌 ……2-545
分类学 ……2-544
分洪工程 ……2-544
分配 ……2-546
分离工程 ……2-545
分娩 ……2-545
分期付款 ……2-546
分税制 ……2-546
分频器 ……2-546
分解 ……2-544
公开市场操作 ……3-133
公元纪元 ……3-138
公历 ……3-134
公平报酬权 ……3-136
公平理论 ……3-136
公务机 ……3-137
公务员 ……3-137
公主岭市 ……3-139
公司 ……3-136
公司债券 ……3-136
公民 ……3-135
公民大会 ……3-135
公民权 ……3-135
《公民权利和政治权利国际公约》……3-136
《公民凯恩》……3-135
《公民宪章》……3-136
公民教育 ……3-135
公共权力 ……3-131
公共行政 ……3-131
公共关系 ……3-130
公共责任 ……3-131
公共图书馆 ……3-131
公共政策 ……3-131
公共浴场 ……3-131
公共理性 ……3-130
公会议 ……3-133
公众人物 ……3-139
公刘 ……3-134
公安县 ……3-130
公安派 ……3-130
公约 ……3-138
公孙龙 ……3-137
《公孙龙子》……3-137
公孙弘 ……3-137
公孙瓒 ……3-137
公园 ……3-138
公私合营 ……3-136
公证 ……3-138
公诉 ……3-137
公顷 ……3-136
公制 ……3-139
公使 ……3-136
公法 ……3-130
公学 ……3-138
公差 ……3-130
公费医疗 ……3-130
公格尔山 ……3-130
公债 ……3-138
公海 ……3-132
公害 ……3-132
公害事件 ……3-132
公理宗 ……3-134
公理集合论 ……3-133
公路 ……3-134
公路运输 ……3-134
介入疗法 ……4-232
介子 ……4-233
介电常数 ……4-232
介休市 ……4-233
介形纲 ……4-233
今文经学 ……4-236
《今古奇观》……4-235
今村昌平 ……4-235
今体诗 ……4-236
《仓央嘉措情歌》……1-475
仓库 ……1-474
仓鼠 ……1-474
牛 ……5-599
牛王节 ……5-602
牛仔装 ……5-603
牛仔舞 ……5-603
牛市与熊市 ……5-602
牛皮蝇 ……5-602
牛皮癣 ……5-602
牛李党争 ……5-601
牛肝菌 ……5-600
牛轭湖 ……5-600
牛河梁遗址 ……5-600
牛郎织女传说 ……5-601
《牛虻》……5-602
牛津 ……5-601
牛津大学 ……5-601
牛顿 ……5-599
牛顿，I. ……5-599
牛顿力学 ……5-600
牛顿运动定律 ……5-600
牛顿环 ……5-600
牛街礼拜寺 ……5-601

牛属……5-602
牛蒡……5-599
牛僧孺……5-602
牛膝……5-603
气……6-141
气功……6-141
气动弹性力学……6-141
气机……6-143
气压……6-149
气压表……6-149
气团……6-146
气血辨证……6-149
气体……6-145
气体动理论……6-145
气体放电……6-145
气体输运……6-145
气体燃料发动机……6-145
气质……6-150
气性坏疽……6-148
气泡室……6-144
气相色谱法……6-146
气垫船……6-141
气蚀……6-145
气逆证……6-144
气候……6-142
气候系统……6-143
气候变化……6-142
《气候变化框架公约》……6-142
气候学……6-143
气候带……6-143
气胸……6-148
气陷证……6-146
气球……6-144
气虚证……6-149
气象卫星……6-148
气象飞机……6-146
气象气球……6-147
气象火箭……6-147
气象台站网……6-147
气象观测……6-147
气象灾害……6-148
气象学……6-148
气象塔……6-147
气象雷达……6-147
气旋……6-149
气辉……6-143
气街……6-143
气滞证……6-150
气温……6-146
气韵……6-150
气溶胶……6-144
气管……6-142
气管切开……6-142
手……7-37
手工艺……7-37
手工业……7-37
手太阳小肠经……7-39
手太阴肺经……7-40
手少阳三焦经……7-38
手少阴心经……7-38
手风琴……7-37
手术……7-38
手阳明大肠经……7-41
手扶拖拉机……7-37
手-足-口病……7-41
手、足癣……7-41
手枪……7-38
手性……7-40
手性不对称合成……7-40
手相术……7-40
手语……7-41
手球……7-38
手厥阴心包络经……7-37
手影戏……7-41
毛公鼎……5-314
毛毛雨……5-317
毛乌素沙地……5-318
毛主席纪念堂……5-324
毛皮……5-318
毛丝鼠……5-318
毛衣鱼……5-319
毛守白……5-318
毛约尔……5-319
毛里求斯……5-314
毛里塔尼亚……5-315
毛里塔尼亚人……5-316
毛利人……5-316
毛利人起义……5-317
毛利语……5-317
毛奇龄……5-318
毛拉……5-314
毛果芸香碱……5-314
毛依罕……5-319
毛泽东……5-319
《毛泽东文集》……5-323
《毛泽东军事文集》……5-322
《毛泽东诗词集》……5-322
毛泽东思想……5-322
《毛泽东选集》……5-324
毛宗岗……5-325
《毛诗序》……5-318
毛姆，W.S.……5-317
毛织物……5-324
毛细现象……5-319
毛南语……5-317
毛南族……5-317
毛茛……5-313
毛翅目……5-313
毛致用……5-324
毛笔……5-313
毛涤织物……5-313
毛蚶……5-314
毛淡棉……5-313
毛瑟手枪……5-318
《毛猿》……5-319
毛霉……5-317
毛颚动物门……5-313
毛燮均……5-319
毛囊炎……5-318
升……6-526
升华……6-526
升华……6-526
《升官图》……6-526
升降台……6-527
升降出入……6-526
升降浮沉……6-526
升降流……6-527
升船机……6-526
长山山脉……1-518
长山群岛……1-518
长子继承权……9-223
长石……1-519
长平之战……1-516
长号……1-512
《长生殿》……1-518
长白山……1-508
长白山天池……1-508
长乐市……1-515
长乐宫……1-515
长汀县……1-520
长宁区……1-516
长台关楚墓……1-519
长吉体……1-512
长老……9-222
长庆体……1-516
长江……1-513
长江三角洲……1-514
长江三角洲经济区……1-514
长江三峡……1-514
长江中下游平原……1-514
长安……1-507
长安区……1-508
长安画派……1-507
长安街……1-507
长阳人……1-520
长孙无忌……9-222
长寿区……1-519
长寿区……1-519
长寿面……1-519
长岛自然保护区……1-512
长沙大火……1-517
长沙市……1-517
长沙会战……1-517
长沙走马楼简牍……1-518
长沙弹词……1-518
长沙楚墓……1-517
《长物志》……9-223
“长征”号运载火箭……1-520
《长征组歌》……1-521
长命锁……1-515
长治市……1-521

长春电影制片厂 1–511
长春市 1–511
长春观 1–511
长春新碱 1–511
长春碱 1–511
长城 1–509
长城抗战 1–510
长信宫灯 1–520
长律 1–515
《长恨歌》 1–512
长翅目 1–511
长效肥 1–520
长拳 1–517
长海县 1–512
长调 1–512
长袖舞 1–520
长袍 1–516
长陵（汉） 1–515
长崎 1–516
长笛 1–512
长颈龟 1–515
长颈鹿 1–515
长期负债 1–516
长葛市 1–512
长跑 1–516
长鼓舞 1–512
长滨文化 1–508
长滩 1–520
长臂猿 1–508
长蠹 1–512
片山潜 6–82
片岩 6–82
片治肯特古城 6–82
片麻岩 6–82
爪 9–226
爪哇人 9–227
爪哇孔雀 9–227
爪哇岛 9–226
爪哇语 9–227
爪哇海 9–227
爪哇猿人 9–227
反山墓地 2–473
反卫星导弹 2–474
反卫星武器 2–475
反飞机导弹 2–470
反切 2–472
反不正当竞争法 2–468
反日义兵斗争 2–473
《反分裂国家法》 2–470
反气旋 2–472
反文化 2–475
反右派斗争 2–476
反饥饿、反内战、反迫害运动 2–470
反刍动物 2–468
反刍胃 2–468
反训 2–475
《反对本本主义》 2–469
反对党 2–470
反托拉斯法 2–474
反导弹作战 2–469
《反杜林论》 2–469
反串 2–469
反犹太主义 2–476
反应时 2–476
反应性精神病 2–476
反应速率 2–476
反应热 2–475
反应堆 2–475
反诉 2–473
《反社会党人非常法》 2–473
反补贴法 2–468
反坦克 2–474
反坦克导弹 2–474
反坦克炮 2–474
反垄断法 2–471
反物质 2–475
反质子 2–477
反治 2–477
反宗教改革 2–477
反函数 2–470
反映论 2–476
“反冒进” 2–471
反胃 2–475
反思 2–473
反思文学 2–473
反恐怖活动 2–471
反倾销 2–472
反倾销法 2–472
反射 2–473
反舰导弹 2–471
反情报 2–473
反粒子 2–471
反弹道导弹导弹 2–469
反馈 2–471
反馈放大器 2–471
反馈控制系统 2–471
反搏疗法 2–468
反辐射导弹 2–470
反潜导弹 2–472
反潜巡逻机 2–472
反潜战 2–472
月 9–119
月牙泉 9–124
《月月小说》 9–124
月氏 9–124
月老 9–121
月光石 9–120
月份牌年画 9–120
月季 9–120
月鱼 9–124
月经 9–120
月经失调 9–121
月相 9–124
月食 9–123
月饼 9–120
月桂 9–120
月球 9–121
“月球”号探测器 9–123
月球地质 9–122
月球探测 9–123
月球探测器 9–123
月琴 9–121
氏族 7–14
风 2–562
《风》 2–563
风力电站 2–565
风力机 2–565
“风云”号卫星 2–569
风车 2–563
风化壳 2–564
风化作用 2–564
风化矿床 2–564
风水说 2–567
风邪 2–568
风向标 2–568
风沙土 2–566
风灾 2–569
风雨桥 2–569
风俗 2–567
风俗画 2–567
《风俗通义》 2–568
风蚀地貌 2–567
风洞 2–563
风险分析 2–568
风险投资 2–568
风险投资基金 2–568
风格学 2–564
风速表 2–568
风热犯肺证 2–566
风积地貌 2–564
风疹 2–570
风浪 2–565
风陵渡 2–566
风能 2–566
风笛 2–563
风琴 2–566
风葬 2–569
风景画 2–564
风筝 2–570
风湿性心脏病 2–567
风湿性关节炎 2–566
风湿热 2–566
风寒束肺证 2–564
风暴潮 2–563
丹下健三 2–140
《丹心谱》 2–140
丹东，G.-J. 2–136
丹东市 2–137
丹尼斯－肖恩舞蹈学校 2–140
丹吉尔 2–137
丹江 2–137

丹江口水利枢纽 ……2-138
丹江口市 ……2-138
丹阳市 ……2-140
丹麦 ……2-138
丹麦人 ……2-139
丹麦语 ……2-139
丹佛 ……2-137
丹纳，J.D. ……2-139
丹顶鹤 ……2-136
丹剂 ……2-137
丹泽尔·华盛顿 ……2-140
丹参 ……2-140
丹毒 ……2-137
丹霞山 ……2-140
丹霞地貌 ……2-140
乌力格尔 ……8-6
乌干达 ……7-614
乌比·戈德堡 ……7-613
乌切洛，P. ……8-7
乌云其木格 ……8-10
乌布利希，W. ……7-613
乌申斯基，K.D. ……8-7
乌尔古城 ……7-613
乌尔都语 ……7-613
乌兰夫 ……8-5
乌兰巴托 ……8-4
乌兰浩特市 ……8-5
乌兰诺娃，G. ……8-5
乌兰察布市 ……8-5
乌兰德，L. ……8-5
乌头 ……8-9
乌头碱 ……8-9
乌加里特古城 ……7-616
乌台诗案 ……8-9
乌弗埃-博瓦尼，F. ……7-614
乌皮特，A.M. ……8-7
乌戎潘当 ……8-7
《乌托邦》 ……8-9
乌江 ……7-616
乌克兰 ……8-1
乌克兰人 ……8-2
乌克兰语 ……8-2
乌苏市 ……8-8
乌苏里江 ……8-8
乌连戈伊气田 ……8-6
乌里扬诺夫，M.A. ……8-5
乌龟 ……7-615
乌鸡白凤丸 ……7-616
乌纳穆诺，M.de ……8-7
乌孜别克语 ……8-10
乌孜别克族 ……8-10
乌拉山 ……8-4
乌拉尔 ……8-2
乌拉尔山脉 ……8-2
乌拉尔图王国 ……8-3
乌拉尔河 ……8-2
乌拉尔语系 ……8-3
乌拉圭 ……8-3
乌拉圭回合 ……8-4
乌拉草 ……8-68
乌法 ……7-614
乌鸦 ……8-9
《乌鸦与麻雀》 ……8-9
乌思藏纳里速古鲁孙 ……8-8
乌兹别克人 ……8-10
乌兹别克语 ……8-11
乌兹别克斯坦 ……8-10
乌埃，S. ……7-612
乌桓 ……7-615
乌柏 ……7-616
乌柏大蚕蛾 ……7-616
乌莱玛 ……8-4
乌贼 ……8-10
乌海市 ……7-615
乌菲齐美术馆 ……7-614
乌得勒支和约 ……7-613
乌梁素海 ……8-6
乌·塔姆西，T. ……8-9
乌斯拉尔·彼特里，A. ……8-8
乌斯宾斯基，G.I. ……8-8
乌斯曼，S. ……8-8
乌鲁木齐市 ……8-6
乌鲁克文化 ……8-6
乌塌菜 ……8-9
乌蒙山 ……8-7
乌德穆尔特人 ……7-613
乌鞘岭 ……8-7
乌鲳 ……7-613
乌檀 ……8-9
勾股定理 ……3-153
勾栏 ……3-153
勾践 ……3-153
凤 ……2-579
凤仙花 ……2-580
凤阳县 ……2-580
凤城市 ……2-580
凤梨科 ……2-580
凤凰卫视控股有限公司 ……2-580
凤凰县 ……2-580
凤蛾 ……2-580
凤蝶 ……2-580

〔丶〕

计成 ……4-87
计划生育 ……4-87
计划经济 ……4-87
计量 ……4-87
计量单位 ……4-88
计量单位制 ……4-88
计算力学 ……4-94
计算化学 ……4-89
计算机 ……4-89
计算机工作站 ……4-91
计算机网络 ……4-93
计算机应用技术 ……4-93
计算机软件 ……4-92
计算机软件著作权保护 ……4-93
计算机科学技术 ……4-91
计算机病毒 ……4-90
计算机辅助出版 ……4-90
计算机辅助设计 ……4-90
计算机辅助制造 ……4-90
计算机辅助教学 ……4-90
计算机硬件 ……4-94
计算机集成制造系统 ……4-91
计算机X射线体层成像 ……4-94
计算流体力学 ……4-94
计算数学 ……4-94
订购 ……2-312
认识 ……6-309
认识论 ……6-309
认知方式 ……6-310
认知心理学 ……6-310
认知发展 ……6-310
认知行为治疗 ……6-310
卞之琳 ……1-341
六一国际儿童节 ……5-139
《六一诗话》 ……5-139
六大信仰 ……5-136
《六个寻找作者的剧中人》 ……5-137
六艺 ……5-139
六书 ……5-138
六礼 ……5-138
六亚甲基四胺 ……5-139
六西格玛管理 ……5-138
六合彩 ……5-138
六安市 ……5-167
六字真言 ……5-139
六足总纲 ……5-140
六枝特区 ……5-139
《六法全书》 ……5-137
六法论 ……5-136
六经辨证 ……5-138
六度 ……5-136
《六祖坛经》 ……5-140
六根清净 ……5-137
六部 ……5-136
六盘山 ……5-138
六盘水市 ……5-138
六淫 ……5-139
六镇 ……5-139
六鳃鲨目 ……5-138
文人画 ……7-592
文山壮族苗族自治州 ……7-593
《文艺阵地》 ……7-601
文艺学 ……7-601
文艺复兴 ……7-599
文艺复兴美术 ……7-599
文天祥 ……7-594
文化人类学 ……7-588
“文化大革命” ……7-586

文化区 7-588
文化平行论 7-588
文化地理学 7-587
文化过程 7-588
文化多元主义 7-588
文化决定论 7-588
文化进化 7-588
文化相对论 7-589
文化适应 7-589
文化独立论 7-587
文化景观 7-588
文化源地 7-589
《文心雕龙》 7-597
文书 7-593
文书学 7-593
文水县 7-594
文石 7-593
《文史通义》 7-593
文丘里，R. 7-592
文丘里管 7-592
《文汇报》 7-589
文成公主 7-585
文同 7-594
文曲星 7-592
文竹 7-602
文廷式 7-594
文件 7-590
文字 7-602
文字处理排版 7-602
文字改革 7-603
文字狱 7-603
文身 7-593
文言小说 7-599
文武场 7-594
《文苑英华》 7-601
文明戏 7-591
文明时代 7-591
文昌市 7-585
文昌鱼 7-585
文昌帝君 7-585
文物 7-594
文物修复 7-596
文物鉴定 7-595
文学 7-598
《文学》 7-598
文学批评 7-598
文学社 7-598
文学研究会 7-599
文学理论 7-598
文房四宝 7-586
文界革命 7-590
文科中学 7-590
《文选》 7-597
文彦博 7-599
文冠果 7-586
文莱 7-591
文殊 7-593
文殊兰 7-593
文祥 7-597
《文姬归汉图》 7-590
《文章流别论》 7-601
文康 7-590
文彭 7-591
文赋 7-586
《文赋》 7-586
文蛤 7-586
文景之治 7-590
文集 7-590
文登市 7-585
文献 7-596
文献分类法 7-596
文献学 7-596
文献研究 7-596
《文献通考》 7-596
文摘报 7-601
文德尔班，W. 7-585
文徵明 7-601
方人定 2-490
方大曾 2-487
方丈 2-491
方山永固陵 2-490
方以智 2-491
方术 2-490
方东树 2-487
方汉奇 2-488
方达，H. 2-487
方尖碑 2-488
方回 2-488
方先之 2-490
方志 2-491
方志学 2-492
方志敏 2-492
方孝孺 2-490
《方言》 2-490
方言学 2-491
方苞 2-486
方国珍 2-488
方剂 2-488
方法论 2-487
方城 2-487
方柱石 2-492
方便食品 2-486
方俊 2-489
方差 2-487
方济各会 2-488
方铅矿 2-489
方掬芬 2-489
方略 2-489
方腊起义 2-489
方解石 2-489
方毅 2-491
火 4-8
火力发电 4-12
火口湖 4-12
火山 4-13
火山口湖 4-14
《火山灰地》 4-14
火山岛 4-14
火山岩 4-14
火不思 4-8
火车 4-9
火电厂 4-10
火奴鲁鲁 4-12
火地人 4-10
火地岛 4-10
火成岩 4-9
火邪 4-14
火花放电 4-10
火花室 4-10
火把节 4-8
火灾 4-16
火鸡 4-11
火炬计划 4-12
火法冶金 4-10
火试金法 4-14
火药 4-16
火星 4-15
火星探测 4-15
火炮 4-13
火烈鸟 4-12
火彩 4-8
火葬 4-16
火焰山 4-16
《火焰驹》 4-15
火腿 4-14
火箭 4-11
火箭发动机 4-11
火箭炮 4-12
斗牛 2-345
斗鱼 2-345
斗建 2-344
斗栱 2-344
斗彩 2-344
户口 3-522
户县 3-522
户调 3-521
户税 3-522
户籍 3-522
心 8-247
心力衰竭 8-254
心气虚证 8-255
心火亢盛证 8-248
心电图 8-248
心包 8-247
心包炎（缩窄性） 8-247
心包疾病 8-247
心动周期 8-248
心血虚证 8-256
心肌 8-249
心肌炎 8-249
心肌梗死 8-249

心导管术 ……………………………… 8-247
心阳虚证 ……………………………… 8-256
心阴虚证 ……………………………… 8-256
心形海胆 ……………………………… 8-255
心灵学 ………………………………… 8-254
心肾不交证 …………………………… 8-255
心-肺-脑复苏 ………………………… 8-248
心学 …………………………………… 8-255
心律失常 ……………………………… 8-254
心脉痹阻证 …………………………… 8-255
心音 …………………………………… 8-256
心绞痛 ………………………………… 8-249
心脏 …………………………………… 8-256
心脏按压 ……………………………… 8-257
心理 …………………………………… 8-250
心理工作负荷 ………………………… 8-251
心理卫生 ……………………………… 8-251
心理发展 ……………………………… 8-250
心理年龄 ……………………………… 8-251
心理防御机制 ………………………… 8-251
心理治疗 ……………………………… 8-253
心理定势 ……………………………… 8-250
心理学 ………………………………… 8-251
心理战 ………………………………… 8-253
心理咨询 ……………………………… 8-254
心理测验 ……………………………… 8-250
心理语言学 …………………………… 8-253
心理障碍 ……………………………… 8-253
心悸 …………………………………… 8-249
心宿二 ………………………………… 8-255
心脾两虚证 …………………………… 8-255
心境 …………………………………… 8-250
心瓣膜病 ……………………………… 8-247

〔㇇〕

邓力群 ………………………………… 2-196
邓广铭 ………………………………… 2-196
邓之诚 ………………………………… 2-204
邓小平 ………………………………… 2-198
邓小平“六条设想” ………………… 2-202
《邓小平文选》 ……………………… 2-203
邓小平南方谈话 ……………………… 2-202
邓小平理论 …………………………… 2-201
邓子恢 ………………………………… 2-205
邓友梅 ………………………………… 2-204
邓中夏 ………………………………… 2-205
邓文原 ………………………………… 2-198
邓艾 …………………………………… 2-196
邓世昌 ………………………………… 2-197
邓石如 ………………………………… 2-197
邓尼茨，K. …………………………… 2-197
邓发 …………………………………… 2-196
邓亚萍 ………………………………… 2-203
邓朴方 ………………………………… 2-197
邓兆祥 ………………………………… 2-204
邓州市 ………………………………… 2-205
邓县画像砖墓 ………………………… 2-198
邓拓 …………………………………… 2-198
邓叔群 ………………………………… 2-197
邓肯，I. ……………………………… 2-196
邓南遮，G. …………………………… 2-197
邓禹 …………………………………… 2-204
邓恩铭 ………………………………… 2-196
邓铁涛 ………………………………… 2-198
邓植仪 ………………………………… 2-205
邓散木 ………………………………… 2-197
邓斯·司各特，J. …………………… 2-198
邓颖超 ………………………………… 2-204
邓演达 ………………………………… 2-203
邓稼先 ………………………………… 2-196
《双十协定》 ………………………… 7-79
双子叶植物纲 ………………………… 7-81
双子座 ………………………………… 7-81
双边贸易 ……………………………… 7-77
双辽市 ………………………………… 7-78
双因素理论 …………………………… 7-80
双曲线 ………………………………… 7-79
双曲函数 ……………………………… 7-79
双名法 ………………………………… 7-78
双杠 …………………………………… 7-78
双极型集成电路 ……………………… 7-78
双壳纲 ………………………………… 7-78
双折射 ………………………………… 7-80
双足蜥科 ……………………………… 7-81
双层经营体制 ………………………… 7-77
双尾目 ………………………………… 7-80
双歧杆菌 ……………………………… 7-78
双受精 ………………………………… 7-79
双城市 ………………………………… 7-77
双厚坪 ………………………………… 7-78
双星 …………………………………… 7-80
双重国籍 ……………………………… 7-77
双语教学 ……………………………… 7-80
双翅目 ………………………………… 7-77
双鸭山市 ……………………………… 7-80
双酚A ………………………………… 7-78
双燃料发动机 ………………………… 7-79
双糖 …………………………………… 7-80
双簧管 ………………………………… 7-78
引力坍缩 ……………………………… 8-585
引力波 ………………………………… 8-585
引力相互作用 ………………………… 8-586
引力透镜 ……………………………… 8-586
引产 …………………………………… 8-585
引种 …………………………………… 8-586
引渡 …………………………………… 8-585
引滦工程 ……………………………… 8-586
引漳十二渠 …………………………… 8-586
孔子 …………………………………… 4-476
孔子鸟 ………………………………… 4-477
孔子纪年 ……………………………… 4-477
《孔子庙堂碑》 ……………………… 4-477
孔子学院 ……………………………… 4-478
孔丘 …………………………………… 4-474
孔西延斯，H. ………………………… 4-475
孔光 …………………………………… 4-473
孔林 …………………………………… 4-473
孔尚任 ………………………………… 4-475
孔明灯 ………………………………… 4-474
孔庙（曲阜） ………………………… 4-473
孔府菜 ………………………………… 4-473
《孔宙碑》 …………………………… 4-476
孔祥熙 ………………………………… 4-475
孔雀 …………………………………… 4-474
孔雀王朝 ……………………………… 4-474
孔雀石 ………………………………… 4-474
《孔雀东南飞》 ……………………… 4-474
孔雀河 ………………………………… 4-474
孔雀舞 ………………………………… 4-474
孔塔多拉集团 ………………………… 4-475
孔斯坦，B. …………………………… 4-475
孔稚珪 ………………………………… 4-476
孔颖达 ………………………………… 4-475
孔德，A. ……………………………… 4-472
孔融 …………………………………… 4-475
《幻灭》 ……………………………… 3-577
幻灯机 ………………………………… 3-577
幻觉 …………………………………… 3-577
幻想 …………………………………… 3-577
幻想曲 ………………………………… 3-577
“幻影”2000战斗机 ………………… 3-577
尹 ……………………………………… 8-584
尹湛纳希 ……………………………… 8-585
尹湾汉简 ……………………………… 8-584
尹赞勋 ………………………………… 8-585
尹羲 …………………………………… 8-584
丑 ……………………………………… 2-11
丑 ……………………………………… 2-12
尺八 …………………………………… 1-595
尺牍 …………………………………… 1-595
尺蛾 …………………………………… 1-595
巴丁，J. ……………………………… 1-151
巴人 …………………………………… 1-179
巴士拉 ………………………………… 1-180
巴士海峡 ……………………………… 1-180
巴门尼德 ……………………………… 1-176
巴马科 ………………………………… 1-175
巴马瑶族自治县 ……………………… 1-176
巴比伦之囚 …………………………… 1-148
巴比伦古城 …………………………… 1-148
巴比伦空中花园 ……………………… 1-148
巴比松画派 …………………………… 1-149
巴比塞，H. …………………………… 1-148
巴中市 ………………………………… 1-187
巴中摩崖造像 ………………………… 1-186
巴贝夫，F.-N. ……………………… 1-148
巴什基尔人 …………………………… 1-180
巴丹 …………………………………… 1-1
巴丹吉林沙漠 ………………………… 1-150
巴乌 …………………………………… 1-183
巴巴多斯 ……………………………… 1-147

巴布尔 …… 1-149
巴布亚人 …… 1-149
巴布亚诸语言 …… 1-150
巴布亚新几内亚 …… 1-149
巴布教徒起义 …… 1-149
巴尔干半岛 …… 1-152
巴尔干同盟 …… 1-152
巴尔干战争 …… 1-152
巴尔扎克，H.de …… 1-153
巴尔加斯·略萨，M. …… 1-153
巴尔迪斯 …… 1-152
巴尔的摩 …… 1-152
巴尔的摩 …… 1-152
巴尔喀什湖 …… 1-153
巴兰钦，G. …… 1-164
巴兰格，A. …… 1-164
巴兰基亚 …… 1-164
巴吉尔米人 …… 1-160
巴耳末，J.J. …… 1-154
巴西 …… 1-184
巴西木 …… 1-185
巴西利亚 …… 1-185
巴西经济奇迹 …… 1-185
巴西高原 …… 1-185
巴列－因克兰，R.M.del …… 1-172
巴列维 …… 1-172
巴列维王朝 …… 1-172
巴列霍，C. …… 1-172
巴托克 …… 1-183
巴师夏，C.F. …… 1-180
巴刚果人 …… 1-155
巴伐利亚国家画廊 …… 1-154
巴伦支海 …… 1-174
巴伦西亚，G. …… 1-174
巴伦博伊姆，D. …… 1-174
巴色 …… 1-180
巴米扬 …… 1-176
巴米扬石窟 …… 1-176
巴米累克人 …… 1-176
巴克，E. …… 1-161
巴克，H.G. …… 1-161
巴克夏猪 …… 1-161
巴克特里亚王国 …… 1-161
巴克斯，J.W. …… 1-161
巴芬岛 …… 1-154
巴芬湾 …… 1-154
巴苏，B. …… 1-182
巴甫利克，K. …… 1-154
巴甫洛夫，I.P. …… 1-154
巴甫洛夫，T.D. …… 1-155
巴甫洛娃，A.P. …… 1-155
巴别尔，I.E. …… 1-149
巴利语 …… 1-172
巴库 …… 1-162
巴纳德，C. …… 1-178
巴林 …… 1-173
巴林塘海峡 …… 1-174
巴奈，A. …… 1-178
巴拉，G. …… 1-162
巴拉巴诺夫，A. …… 1-162
巴拉圭 …… 1-162
巴拉圭河 …… 1-163
巴拉那河 …… 1-163
巴拉顿湖 …… 1-162
巴拉诺夫，F.I. …… 1-163
巴拉德拉洞穴群 …… 1-162
巴罗克 …… 1-174
巴罗哈－内西，P. …… 1-174
巴金 …… 1-160
巴泽雷克冢 …… 1-186
巴枯宁，M.A. …… 1-161
巴厘人 …… 1-168
巴厘岛 …… 1-168
巴哈马 …… 1-156
巴哈尔 …… 1-155
巴哈伊教 …… 1-156
巴科维亚，G. …… 1-160
巴彦淖尔市 …… 1-185
巴音郭楞蒙古自治州 …… 1-186
巴格石窟 …… 1-155
巴格达 …… 1-155
巴索夫，N.G. …… 1-182
巴莱拉，J. …… 1-164
巴顿，D.H.R. …… 1-151
巴顿，G.S. …… 1-151
巴顿，Ye.O. …… 1-151
《巴顿将军》 …… 1-151
巴哼语 …… 1-158
巴特，K. …… 1-183
巴特克人 …… 1-183
巴拿马 …… 1-177
巴拿马大会 …… 1-178
巴拿马运河 …… 1-178
巴拿马城 …… 1-177
巴拿赫空间 …… 1-176
巴涅尔，C.S. …… 1-179
巴勒斯，W. …… 1-164
巴勒斯坦 …… 1-164
巴勒斯坦人 …… 1-167
巴勒斯坦人民起义 …… 1-167
巴勒斯坦问题 …… 1-167
巴勒斯坦国 …… 1-165
巴勒斯坦解放组织 …… 1-166
巴基斯坦 …… 1-158
巴塔尼 …… 1-183
巴塔克人 …… 1-182
巴塔洛夫，A.V. …… 1-182
巴塔哥尼亚人 …… 1-182
巴塔哥尼亚高原 …… 1-182
巴斯克人 …… 1-181
巴斯克民族问题 …… 1-181
巴斯克语 …… 1-182
巴斯特尔 …… 1-182
巴斯海峡 …… 1-181
巴斯德，L. …… 1-181
巴斯德氏菌病 …… 1-181
巴斯德研究所 …… 1-181
巴蒂，G. …… 1-151
巴鲁迪 …… 1-174
巴雷托，A.H.de …… 1-168
巴雷斯，M. …… 1-168
巴蜗牛 …… 1-183
巴蜀文化 …… 1-180
《巴塞尔公约》 …… 1-179
《巴塞尔宣言》 …… 1-179
巴塞罗那 …… 1-179
巴赫，J.S. …… 1-157
巴赫马尼王国 …… 1-158
巴赫蒂亚里人 …… 1-158
巴黎 …… 1-168
巴黎大凯旋门 …… 1-169
巴黎大学 …… 1-169
巴黎公社（1792～1794） …… 1-170
巴黎公社（1871） …… 1-170
巴黎圣母院 …… 1-171
《巴黎圣母院》 …… 1-171
《巴黎协定》（1954） …… 1-172
巴黎地下铁道 …… 1-169
巴黎交响乐团 …… 1-171
《巴黎条约》（1783） …… 1-171
《巴黎条约》（1814，1815） …… 1-171
巴黎国立高等音乐学院 …… 1-170
巴黎和会（1919） …… 1-170
巴黎和会（1946） …… 1-171
《巴黎和约》（1856） …… 1-171
巴黎高等师范学校 …… 1-170
巴德沙清真大寺 …… 1-151
巴颜喀拉山 …… 1-185
巴赞，A. …… 1-186
巴赞，H. …… 1-186
办公自动化 …… 1-231
以太 …… 8-552
以太网 …… 8-552
以色列 …… 8-550
以色列工党 …… 8-552
以色列王国 …… 8-552
《书史》 …… 7-49
书会才人 …… 7-48
书论 …… 7-49
书证 …… 7-50
书画同源 …… 7-48
书画鉴定 …… 7-48
《书苑菁华》 …… 7-49
书法 …… 7-47
书品 …… 7-49
《书品》 …… 7-49
书院 …… 7-49
《书断》 …… 7-46
书牍文 …… 7-46
《书概》 …… 7-48
《书谱》 …… 7-49

书籍装帧艺术 …… 7-49
水 …… 7-81
水力发电 …… 7-88
水力发电站 …… 7-89
水力学 …… 7-90
水工建筑物 …… 7-84
水工模型试验 …… 7-85
水土保持 …… 7-97
水土流失 …… 7-98
水下考古 …… 7-101
水下实验室 …… 7-101
水下摄影 …… 7-101
水上飞机 …… 7-96
水上运动 …… 7-96
水上勉 …… 7-96
水门事件 …… 7-94
水井 …… 7-87
水中能见度 …… 7-106
水牛 …… 7-95
水文地质学 …… 7-99
水文地理学 …… 7-99
水文学 …… 7-100
水文测站 …… 7-99
水文预报 …… 7-100
水龙骨 …… 7-92
水电站 …… 7-83
水仙 …… 7-102
水生花卉 …… 7-96
水母 …… 7-94
水动力学 …… 7-83
水压机 …… 7-103
水团 …… 7-98
水曲柳 …… 7-95
水华 …… 7-86
水华 …… 7-86
水产业 …… 7-82
水污染 …… 7-101
水运仪象台 …… 7-104
水杉 …… 7-96
水杨酸 …… 7-104
水利 …… 7-90
水利工程 …… 7-91
水利规划 …… 7-91
水利枢纽 …… 7-92
水利调度 …… 7-91
水体自净 …… 7-97
水位 …… 7-99
水系 …… 7-101
水龟虫 …… 7-85
水库 …… 7-88
水库诱发地震 …… 7-88
水库渗漏 …… 7-88
水疗 …… 7-92
水灾 …… 7-105
水陆攻战纹鉴 …… 7-93
水陆两用飞机 …… 7-93
水陆法会 …… 7-93
水松 …… 7-96
水轮机 …… 7-93
水和电解质平衡 …… 7-85
水货 …… 7-86
水肿 …… 7-106
水性印刷 …… 7-103
水闸 …… 7-105
水法 …… 7-84
水泥 …… 7-95
《水经注》 …… 7-87
水相有机反应 …… 7-102
水政 …… 7-105
水泵站 …… 7-82
水星 …… 7-102
“水星”号飞船 …… 7-102
水星近日点进动问题 …… 7-103
水俣病 …… 7-104
水洞沟文化 …… 7-83
《水浒传》 …… 7-85
水语 …… 7-104
水热平衡 …… 7-96
水准测量 …… 7-106
水资源 …… 7-106
水粉画 …… 7-84
水袖功 …… 7-103
水球 …… 7-95
水圈 …… 7-95
水银 …… 7-104
水彩画 …… 7-82
水豚 …… 7-99
水族 …… 7-106
水塔 …… 7-96
水葬 …… 7-105
水量平衡 …… 7-92
水晶 …… 7-87
水循环 …… 7-103
水貂 …… 7-83
水痘 …… 7-83
水窖 …… 7-86
水雷 …… 7-88
水路运输 …… 7-93
水解 …… 7-87
水煤浆 …… 7-94
水源地保护 …… 7-104
水碱 …… 7-86
水镁石 …… 7-94
水墨画 …… 7-94
水稻土 …… 7-83
水螅虫纲 …… 7-101
水獭 …… 7-97
水翼船 …… 7-104

五画

〔一〕

邗沟 …… 3-356
巧克力 …… 6-188
邛崃山 …… 6-237
邛崃市 …… 6-238
功 …… 3-139
功夫片 …… 3-139
功夫茶 …… 3-139
功利主义 …… 3-139
功能失调性子宫出血 …… 3-140
功能材料 …… 3-140
功能高分子 …… 3-140
功率 …… 3-139
打印机 …… 2-71
打出手 …… 2-71
打虎亭汉墓 …… 2-71
《打金枝》 …… 2-71
打油诗 …… 2-71
《打渔杀家》 …… 2-71
扑克牌 …… 6-100
札马鲁丁 …… 9-173
札木聂 …… 9-173
札幌 …… 9-173
丙二酸二乙酯 …… 1-366
丙纶 …… 1-366
丙烯 …… 1-367
丙烯画 …… 1-367
丙烯腈 …… 1-367
丙烯醛 …… 1-367
丙烷 …… 1-367
丙酮 …… 1-366
丙酸 …… 1-366
丙醇 …… 1-366
艾 …… 1-74
艾丁湖 …… 1-75
艾卜耶德 …… 1-74
《艾凡赫》 …… 1-76
艾马克人 …… 1-78
艾马拉人 …… 1-79
艾夫斯，C.E. …… 1-76
艾什尔里派 …… 1-80
艾布·伯克尔 …… 1-75
艾布·努瓦斯 …… 1-75
艾尔米塔什国家博物馆 …… 1-75
艾尔斯岩 …… 1-76
艾尔湖 …… 1-75
艾吕雅，P. …… 1-78
艾兴多尔夫，J.von …… 1-81
《艾那尼》 …… 1-79
艾杜尼斯 …… 1-75
艾克曼，C. …… 1-77
艾芜 …… 1-81
艾里坎木·艾合坦木 …… 1-78
《艾里甫和赛乃姆》 …… 1-77
艾利，A. …… 1-78
艾伯塔省恐龙公园 …… 1-74
艾灸 …… 1-77
艾纳螺科 …… 1-79
艾青 …… 1-79

艾耶尔，A.J. …… 1–81
艾肯，H.H. …… 1–77
艾虎 …… 1–77
艾哈迈达巴德 …… 1–76
艾哈德，L. …… 1–76
艾思奇 …… 1–80
艾根，M. …… 1–76
艾特马托夫，C. …… 1–80
艾宾浩斯，H. …… 1–74
艾捷克 …… 1–77
艾略特，G. …… 1–78
艾略特，T.S. …… 1–78
艾斯勒，H. …… 1–80
艾森克人格量表 …… 1–80
艾森施塔特，S.N. …… 1–80
艾森豪威尔，D.D. …… 1–79
艾提卡尔清真寺 …… 1–80
艾滋病 …… 1–81
艾德礼，C.R. …… 1–75
节 …… 4–215
节目主持人 …… 4–216
节尾猴 …… 4–216
节拍 …… 4–216
节拍器 …… 4–216
节肢动物门 …… 4–216
节奏 …… 4–217
节度使 …… 4–215
节理 …… 4–216
节欲论 …… 4–216
节腹目 …… 4–215
节蕨植物 …… 4–215
节操 …… 4–215
玉山 …… 9–78
玉门市 …… 9–76
玉门关 …… 9–76
玉石 …… 9–78
玉龙纳西族自治县 …… 9–75
玉龙雪山 …… 9–75
玉兰 …… 9–75
《玉台新咏》 …… 9–78
玉衣 …… 9–79
玉米 …… 9–76
玉林市 …… 9–75
玉树县 …… 9–78
玉树藏族自治州 …… 9–78
玉皇大帝 …… 9–75
玉屏侗族自治县 …… 9–76
《玉堂春》 …… 9–78
玉牒 …… 9–75
玉溪市 …… 9–78
玉器 …… 9–76
《玉簪记》 …… 9–79
玉蟾岩遗址 …… 9–75
玉髓 …… 9–78
末 …… 5–466
《末日审判书》 …… 5–466
未分配利润 …… 7–568
未央宫 …… 7–569
未名社 …… 7–569
未来主义 …… 7–569
未来学 …… 7–568
击剑 …… 4–28
正一道 …… 9–268
正义 …… 9–268
正义者同盟 …… 9–268
正义理论 …… 9–268
正比计数器 …… 9–265
正冈子规 …… 9–265
正长岩 …… 9–265
正火 …… 9–266
正电子 …… 9–265
正史 …… 9–267
正压大气 …… 9–268
正当防卫 …… 9–265
正则方程 …… 9–268
正名 …… 9–267
正形贝目 …… 9–267
正态分布 …… 9–267
正治 …… 9–268
正定县 …… 9–265
《正始石经》 …… 9–267
正始体 …… 9–267
正骨推拿 …… 9–266
正剧 …… 9–266
正理派 …… 9–266
正税 …… 9–267
《正蒙》 …… 9–266
甘丹寺 …… 3–34
甘必大，L. …… 3–33
甘地，I. …… 3–34
甘地，M.K. …… 3–34
甘地，R. …… 3–35
甘托克 …… 3–38
甘孜县 …… 3–39
甘孜藏族自治州 …… 3–39
甘苦 …… 3–35
甘英 …… 3–38
甘油 …… 3–38
甘油醛 …… 3–38
甘肃鸟 …… 3–36
甘肃省 …… 3–36
甘南藏族自治州 …… 3–35
甘草 …… 3–34
甘草酸 …… 3–34
甘蓝 …… 3–35
甘蔗 …… 3–38
甘薯 …… 3–36
甘露之变 …… 3–35
甘露糖 …… 3–35
《世本》 …… 7–15
世代交替 …… 7–15
世兵制 …… 7–15
世阿弥 …… 7–14
世界七大奇观 …… 7–21
《世界人权宣言》 …… 7–21
世界大学生运动会 …… 7–16
世界大战 …… 7–16
世界卫生组织 …… 7–22
世界天气监视网 …… 7–22
世界无线电航行警告系统 …… 7–23
《世界日报》 …… 7–22
世界书局 …… 7–22
世界末日 …… 7–20
世界田径锦标赛 …… 7–22
世界市场 …… 7–22
世界伊斯兰大会 …… 7–23
世界乒乓球锦标赛 …… 7–20
《世界自然资源保护纲要》 …… 7–24
世界观 …… 7–16
《世界报》 …… 7–15
世界时 …… 7–22
世界邮政日 …… 7–24
世界园艺博览会 …… 7–24
世界环境日 …… 7–17
世界武搏运动会 …… 7–23
世界杯足球赛 …… 7–15
世界知识产权组织 …… 7–24
《世界版权公约》 …… 7–15
世界货币 …… 7–17
世界经济 …… 7–18
世界经济危机 …… 7–19
世界经济论坛 …… 7–19
世界政策 …… 7–24
世界贸易中心大厦 …… 7–20
世界贸易组织 …… 7–20
世界语 …… 7–24
世界格局 …… 7–16
世界旅游日 …… 7–20
世界银行 …… 7–24
世界遗产 …… 7–23
世界粮食计划署 …… 7–19
世界粮食理事会 …… 7–20
世贸组织 …… 7–25
世亲 …… 7–25
《世说新语》 …… 7–25
古人 …… 3–174
古马尔，J. …… 3–174
古元 …… 3–181
古公亶父 …… 3–169
古今之争 …… 3–170
《古今小说》 …… 3–170
古今字 …… 3–170
《古今图书集成》 …… 3–169
《古今和歌集》 …… 3–169
古文 …… 3–177
《古文观止》 …… 3–177
古文经学 …… 3–178
《古文辞类纂》 …… 3–177
古巴 …… 3–160
古巴比伦王国 …… 3–161
古巴共产党 …… 3–162

古巴革命 …… 3-162
古布金，I.M. …… 3-162
古龙 …… 3-172
古北口 …… 3-162
古田会议 …… 3-177
古田县 …… 3-177
古四声 …… 3-176
古代希腊 …… 3-164
古代罗马 …… 3-163
古生代 …… 3-174
古生态学 …… 3-174
古生物学 …… 3-175
古尔邦节 …… 3-168
古尔班通古特沙漠 …… 3-168
古尔琴柯，L.M. …… 3-168
古尔斯特兰德，A. …… 3-168
《古兰经》 …… 3-171
古地图 …… 3-166
古地理学 …… 3-166
古地磁学 …… 3-165
古吉拉特人 …… 3-169
古吉拉特语 …… 3-169
古西伯利亚诸语言 …… 3-178
古交市 …… 3-169
古米廖夫，N.S. …… 3-174
古坟时代 …… 3-168
古里水电站 …… 3-171
古利克，L.H. …… 3-172
古体诗 …… 3-176
古近纪 …… 3-170
古希腊文学 …… 3-180
古希腊建筑 …… 3-178
古希腊美术 …… 3-178
《古事记》 …… 3-175
古罗马文学 …… 3-173
古罗马建筑 …… 3-172
古罗马神话 …… 3-172
古典主义 …… 3-167
古典经济学 …… 3-167
古典政治经济学 …… 3-167
古典复兴建筑 …… 3-166
古典逻辑 …… 3-167
古典舞蹈 …… 3-167
《古诗十九首》 …… 3-175
《古诗纪》 …… 3-176
《古诗选》 …… 3-175
《古诗源》 …… 3-176
古柯 …… 3-171
古柯碱 …… 3-171
古树名木 …… 3-176
《古泉汇》 …… 3-174
古叙利亚语 …… 3-181
《古帝土图》 …… 3-166
古音 …… 3-181
古绝句 …… 3-171
古埃及 …… 3-158
古埃及美术 …… 3-159
古格王国遗址 …… 3-168
古根海姆博物馆 …… 3-169
古晋 …… 3-170
古铁雷斯，J.M. …… 3-177
古铁雷斯·纳赫拉，M. …… 3-177
古诺，C. …… 3-174
《古船》 …… 3-163
古彩戏法 …… 3-162
古隆人 …… 3-172
古斯拉夫语 …… 3-176
古斯塔夫一世·瓦萨 …… 3-176
古董 …… 3-168
古越藏书楼 …… 3-182
古赋 …… 3-168
古装新戏 …… 3-182
古登堡，B. …… 3-165
古登堡界面 …… 3-165
古猿 …… 3-182
古韵 …… 3-182
古新世 …… 3-181
古德尔，J. …… 3-165
古德里安，H.W. …… 3-165
古德诺，F.J. …… 3-165
古德曼，B. …… 3-165
《古镜记》 …… 3-171
本工 …… 1-306
本土方法论 …… 1-308
本·贝拉 …… 1-305
本巴人 …… 1-305
本末 …… 1-307
本末论 …… 1-307
本-古里安，D. …… 1-306
本生，R.W. …… 1-308
本尼迪克特，R.F. …… 1-307
本多静六 …… 1-306
本州岛 …… 1-309
本我 …… 1-308
本体论 …… 1-308
本初子午线 …… 1-305
本构关系 …… 1-306
本·杰隆 …… 1-307
本·拉登 …… 1-307
本质与现象 …… 1-309
本泽，S. …… 1-309
《本草纲目》 …… 1-305
本茨，C. …… 1-305
本星系群 …… 1-309
本笃十六世 …… 1-306
本笃会 …… 1-306
本原 …… 1-309
本顿，T.H. …… 1-306
本涅特，A. …… 1-307
本能 …… 1-307
本教 …… 1-307
本票 …… 1-308
本溪市 …… 1-309
术赤 …… 9-496
可口可乐公司 …… 4-444
可见光 …… 4-443
可可 …… 4-444
可可西里自然保护区 …… 4-444
可可碱 …… 4-444
可卡因 …… 4-444
《可兰经》 …… 4-444
可吸入颗粒物 …… 4-445
可行性研究 …… 4-445
可更新资源 …… 4-443
可变资本 …… 4-443
可待因 …… 4-443
可逆过程 …… 4-445
可能性与现实性 …… 4-444
可靠性 …… 4-444
可燃冰 …… 4-445
左手定则 …… 9-578
左丘明 …… 9-578
左尔格，F.A. …… 9-577
左权 …… 9-578
左权县 …… 9-578
《左传》 …… 9-579
左江岩画 …… 9-577
左拉，É. …… 9-578
左宗棠 …… 9-579
左思 …… 9-578
左郡左县 …… 9-577
左琴科，M.M. …… 9-578
左联 …… 9-578
左翼文学 …… 9-579
左翼戏剧运动 …… 9-579
厉无畏 …… 5-19
厉以宁 …… 5-20
石刁柏 …… 6-594
《石门颂》 …… 6-599
《石门铭》 …… 6-599
石元春 …… 6-607
石少华 …… 6-601
石介 …… 6-596
石玉昆 …… 6-607
石龙子 …… 6-599
石头城 …… 6-603
石灰 …… 6-595
石灰岩 …… 6-595
石达开 …… 6-593
石竹科 …… 6-608
石守信 …… 6-602
石杉碱甲 …… 6-601
石志仁 …… 6-607
石声汉 …… 6-601
石花菜属 …… 6-595
石里克，M …… 6-598
石库门 …… 6-598
石松类植物 …… 6-602
石英 …… 6-604
石英电子钟表 …… 6-605
石英岩 …… 6-605

石虎 6-595
石刻文字 6-596
石河子市 6-594
石油 6-605
石油开采 6-606
石油危机 6-607
石油美元 6-606
石油输出国组织 6-606
石油蜡 6-606
石细胞 6-603
石经 6-596
石珊瑚目 6-601
石栎 6-598
石挥 6-595
石峡文化 6-603
石炭纪 6-602
石炭酸 6-602
石钟山石窟 6-607
石狮市 6-601
石首市 6-602
石室金匮 6-602
石莼属 6-593
石盐 6-604
石涛 6-602
石家庄市 6-596
石家河文化 6-595
石梓 6-608
石勒 6-598
石崇 6-593
石斛 6-594
《石渠宝笈》 6-601
石渠阁会议 6-601
石斑鱼 6-593
石棉 6-600
石棺墓 6-594
石敬瑭 6-596
石蒜科 6-602
石景山区 6-596
石鲁 6-599
石湾陶瓷 6-603
石鼓文 6-594
石窟 6-597
石窟庵 6-598
石榴 6-599
石榴子石 6-599
石蜡 6-598
石蝇 6-605
石膏 6-594
石寨山滇墓 6-607
石墨 6-600
石燕 6-604
石嘴山市 6-608
石器 6-600
石器时代 6-601
石雕 6-594
石豁 6-603
右手定则 9-51
右手螺旋定则 9-51
右文 9-51
布干达王国 1-436
布干维尔岛 1-436
布丰，G.-L.L.de 1-436
布韦希王朝 1-453
布瓦凯 1-453
布瓦洛，N. 1-453
布什，G. 1-452
布什，G.W. 1-452
布币 1-432
布龙菲尔德，L. 1-447
布央语 1-454
布代尔，A. 1-433
布尔人大迁徙 1-435
布尔什维克 1-435
布尔巴基学派 1-434
布尔代数 1-434
布尔加科夫，M.A. 1-434
布尔热，P. 1-435
布尔热拉，C. 1-435
布尔特曼，R. 1-435
布尔诺 1-434
布尔萨 1-435
布宁，I.A. 1-451
布兰太尔 1-443
布兰代斯，G. 1-442
布加勒斯特 1-438
布吉人 1-438
布列兹，P. 1-446
布列塔尼人 1-446
布列塔尼语 1-446
《布列斯特－立陶夫斯克和约》 1-446
布达拉宫 1-433
布达佩斯 1-433
布达城堡 1-432
布迈丁 1-451
布托，B. 1-453
布托，Z.A. 1-453
布伦塔诺，C. 1-450
布伦塔诺，L. 1-450
布坎南，J.M. 1-438
布劳，P.M. 1-444
布劳威尔，L.E.J. 1-445
布劳恩，K. 1-444
布劳恩，W.von 1-444
《布连斯奇条约》 1-446
布里亚特人 1-446
布里奇曼，P.W. 1-445
布里奇敦 1-445
布里顿，B. 1-445
布里斯班 1-445
布利克森－芬纳克，K. 1-446
布佐，A. 1-455
布谷鸟 1-436
布阿吉尔贝尔，P.Le P. 1-432
布努艾尔，L. 1-451
布努语 1-451
布拉干萨王朝 1-439
布拉马普特拉河 1-441
布拉瓦约 1-441
布拉灰人 1-440
布拉灰语 1-440
布拉克，G. 1-440
布拉坦，W.H. 1-441
布拉迪斯拉发 1-439
布拉格 1-439
布拉格父子 1-440
布拉格城堡 1-440
布拉柴维尔 1-438
布拉得雷，J. 1-438
布拉维，A. 1-441
布拉斯科·伊巴涅斯，V. 1-441
布拉德福，S.C. 1-439
布拉德福定律 1-439
布罗代尔，F. 1-450
布罗克豪斯，F.A. 1-451
布罗茨基，J. 1-450
布罗赫，H. 1-450
布依语 1-454
布依族 1-454
布法罗 1-435
布宜诺斯艾利斯 1-455
布勃卡，S. 1-432
布哈里 1-436
布哈林，N.I. 1-436
布哈拉汗国 1-436
布思，C. 1-452
布律内尔，M.I. 1-450
布须曼人 1-454
布须曼岩画 1-454
布饶尔，R.D. 1-452
布施 1-452
布施，W. 1-452
布匿战争 1-451
布埃纳文图拉，E. 1-432
布莱尔，T. 1-441
布莱克，W. 1-441
布莱克特，P.M.S. 1-441
布莱里奥，L. 1-441
布莱希特，B. 1-442
布莱希特演剧理论 1-442
布莱斯特·加纳，A. 1-442
布特列洛夫，A.M. 1-453
布朗，E.W. 1-443
布朗，H.C. 1-443
布朗宁，R. 1-443
布朗运动 1-444
布朗库西，C. 1-443
布朗语 1-444
布朗热事件 1-444
布朗基，L.-A. 1-443
布朗族 1-444
布票 1-451

布基纳法索 ……1–437
布袋戏 ……1–434
布隆方丹 ……1–448
布隆迪 ……1–447
布琼布拉 ……1–451
布鲁克，P. ……1–448
布鲁克纳，A. ……1–448
布鲁克纳，F. ……1–448
布鲁克林桥 ……1–448
布鲁克斯，V.W. ……1–449
布鲁沙斯克语 ……1–450
布鲁诺，G. ……1–449
布鲁斯 ……1–450
布鲁斯氏菌病 ……1–450
布鲁塞尔 ……1–449
布鲁塞尔条约组织 ……1–449
《布登勃洛克一家》……1–434
布赖恩，W.J. ……1–442
布赖特，R. ……1–442
布雷拉画廊 ……1–445
布歇，F. ……1–453
布赫 ……1–437
龙 ……5–140
龙口市 ……5–141
龙山石窟 ……5–142
龙门山 ……5–141
龙门石窟 ……5–141
龙王 ……5–143
龙井市 ……5–141
龙云 ……5–144
龙头鱼 ……5–143
龙华镇 ……5–140
龙羊峡水电站 ……5–144
龙芽草 ……5–144
龙抬头 ……5–143
龙岩市 ……5–144
龙卷 ……5–141
龙虱 ……5–142
龙树 ……5–143
龙勃罗梭，C. ……5–140
龙虾 ……5–144
龙骨坡遗址 ……5–140
龙泉市 ……5–142
龙泉陶瓷 ……5–142
《龙须沟》……5–144
龙胆科 ……5–140
龙胜各族自治县 ……5–142
龙冠海 ……5–140
龙套 ……5–143
龙债 ……5–144
龙脑香 ……5–142
龙眼 ……5–144
《龙喜记》……5–144
龙舞 ……5–143
戊戌变法 ……8–68
平山县 ……6–91
平山郁夫 ……6–92
平太阳日 ……6–92
平太阳时 ……6–92
平布 ……6–86
平民文学 ……6–91
平民教育运动 ……6–91
平托，F.M. ……6–92
平行从表婚 ……6–92
平江不肖生 ……6–89
平均海平面 ……6–89
平均数 ……6–90
平肖，G. ……6–92
平足症 ……6–94
平谷区 ……6–88
平肝熄风剂 ……6–88
平肝潜阳 ……6–88
平板显示器件 ……6–86
平顶山市 ……6–87
平顶海山 ……6–87
平炉炼钢 ……6–90
平定准噶尔 ……6–87
平话 ……6–89
平话 ……6–89
平型关战斗 ……6–92
平城 ……6–86
平城京 ……6–87
平面 ……6–90
平面设计 ……6–90
《平复帖》……6–88
平津战役 ……6–89
平绒 ……6–91
平原 ……6–93
平原君 ……6–94
平准论 ……6–94
平凉市 ……6–90
平流层 ……6–90
《平家物语》……6–89
平喘药 ……6–87
平等 ……6–87
平等派 ……6–87
平湖市 ……6–88
平遥古城 ……6–93
平遥县 ……6–93
平粮台古城 ……6–90
平衡木 ……6–88
平衡觉 ……6–88
平壤 ……6–91
灭火器 ……5–421
灭菌 ……5–421
东厂 ……2–316
东大寺 ……2–316
东山县 ……2–325
东山岛 ……2–325
东山魁夷 ……2–325
东乡语 ……2–326
东乡族 ……2–327
东乡族自治县 ……2–327
东风汽车公司 ……2–320
东方三圣 ……2–318
《东方公约》……2–317
“东方”号飞船 ……2–317
“东方”号运载火箭 ……2–317
东方市 ……2–319
《东方红》……2–318
“东方红”1号卫星 ……2–318
东方快车 ……2–318
东方明珠电视塔 ……2–318
东方学 ……2–319
东方朔 ……2–319
东方湖 ……2–318
东方歌舞团 ……2–317
东方舞 ……2–319
东巴文 ……2–314
东巴教 ……2–314
东正教 ……2–329
东北大学 ……2–315
东北大黑鳃金龟 ……2–315
东北大鼓 ……2–315
东北平原 ……2–315
东北师范大学 ……2–316
东北抗日联军 ……2–315
东北虎 ……2–315
东北易帜 ……2–316
东汉 ……2–321
东台市 ……2–325
东亚 ……2–328
东亚金融危机 ……2–328
东亚峰会 ……2–328
东西文化论战 ……2–326
东西方关系 ……2–326
东西伯利亚海 ……2–326
《东西洋考每月统记传》……2–326
东西教会大分裂 ……2–326
东吁王朝 ……2–327
东华大学 ……2–322
东匈语支 ……2–327
东江 ……2–322
东兴市 ……2–327
东阳卢宅 ……2–328
东阳市 ……2–328
《东观汉记》……2–320
东丽区 ……2–323
东来顺 ……2–323
东条英机 ……2–326
东沙岛 ……2–325
东沙群岛 ……2–325
东阿县 ……2–317
东林党 ……2–324
东欧 ……2–325
东欧平原 ……2–325
东非 ……2–319
东非人 ……2–320
东非大裂谷 ……2–319
东非高原 ……2–319
东周 ……2–330

《东周列国志》…… 2-330
东京 …… 2-322
东京大学 …… 2-323
东京地下铁道 …… 2-323
东京国际电影节 …… 2-323
东京审判 …… 2-323
《东京梦华录》…… 2-323
东学西渐 …… 2-327
东城区 …… 2-316
东南大学 …… 2-324
东南互保 …… 2-324
东南亚 …… 2-324
东南亚地域人种 …… 2-324
东南亚国家联盟 …… 2-324
东南沿海丘陵 …… 2-324
东帝汶 …… 2-316
东洋车 …… 2-328
东莞市 …… 2-320
东莨菪碱 …… 2-323
东哥特王国 …… 2-320
东晋 …… 2-322
东部裕固语 …… 2-316
东海 …… 2-321
东海大桥 …… 2-321
东海村临界反应事故 …… 2-321
东海县 …… 2-321
《东海黄公》…… 2-321
东萨摩亚 …… 2-325
东营市 …… 2-329
东港市 …… 2-320
东湖 …… 2-321
东寨港自然保护区 …… 2-329
东魏 …… 2-326

〔丨〕

《旧五代史》…… 4-328
旧石器时代 …… 4-326
《旧约圣经》…… 4-328
旧金山 …… 4-326
《旧金山对日和约》…… 4-326
旧金山地震 …… 4-326
《旧唐书》…… 4-328
归有光 …… 3-240
归因理论 …… 3-240
归庄 …… 3-240
归纳 …… 3-239
归经 …… 3-239
《归真要道》…… 3-240
北七真 …… 1-283
北九州 …… 1-276
北大西洋公约组织 …… 1-259
北川羌族自治县 …… 1-258
北马里亚纳群岛 …… 1-277
北开普省 …… 1-276
北仑港 …… 1-277
北方七年战争 …… 1-262
北方气田 …… 1-262
北方方言 …… 1-262
北方四岛问题 …… 1-262
北方交通大学 …… 1-262
北方战争 …… 1-262
北斗 …… 1-259
“北斗”卫星导航系统 …… 1-260
北布拉沃河 …… 1-257
《北史》…… 1-284
北四行 …… 1-284
北汉 …… 1-263
北曲 …… 1-283
北传佛教 …… 1-258
北伐战争 …… 1-260
北冰洋 …… 1-256
北齐 …… 1-283
《北齐书》…… 1-283
北江 …… 1-265
北安市 …… 1-255
北阴阳营文化 …… 1-286
北运河 …… 1-287
北村透谷 …… 1-259
北极 …… 1-264
北极地区 …… 1-264
北极考察 …… 1-264
北极星 …… 1-264
北极熊 …… 1-265
北辰区 …… 1-258
北角 …… 1-265
北岛 …… 1-259
北宋诗文革新运动 …… 1-284
北宋皇陵 …… 1-284
北欧 …… 1-282
北欧传说 …… 1-282
北欧两项 …… 1-283
北欧神话 …… 1-283
北欧海盗时代 …… 1-282
北非 …… 1-262
北非登陆战役 …… 1-262
北周 …… 1-287
《北京人》…… 1-270
北京人民艺术剧院 …… 1-270
北京工业大学 …… 1-268
北京大观园 …… 1-267
北京大学 …… 1-267
北京大学红楼 …… 1-267
北京广播学院 …… 1-268
北京天文台 …… 1-272
北京天文馆 …… 1-272
北京太庙 …… 1-272
北京正负电子对撞机 …… 1-274
北京古观象台 …… 1-268
北京电影学院 …… 1-268
北京外国语大学 …… 1-272
北京市 …… 1-270
北京动物园 …… 1-268
北京协和医学院 …… 1-273
北京地下铁道 …… 1-267
北京西什库教堂 …… 1-273
北京师范大学 …… 1-270
北京自然博物馆 …… 1-276
北京交通大学 …… 1-268
北京医科大学 …… 1-273
北京时间 …… 1-270
北京邮电大学 …… 1-273
北京体育大学 …… 1-272
《北京条约》…… 1-272
北京评书 …… 1-269
北京国际图书博览会 …… 1-268
北京图书馆 …… 1-272
北京城 …… 1-265
北京政变 …… 1-274
北京政府 …… 1-274
北京首都国际机场 …… 1-272
《北京宪章》…… 1-273
北京语言大学 …… 1-274
北京鸭 …… 1-273
北京航空航天大学 …… 1-268
北京烤鸭 …… 1-269
北京料器 …… 1-269
北京理工大学 …… 1-269
北京琴书 …… 1-269
北京植物园 …… 1-275
北京猿人 …… 1-274
北京舞蹈学院 …… 1-273
北京谱仪 …… 1-269
北府兵 …… 1-262
北美自由贸易区 …… 1-282
北美红杉 …… 1-277
北美独立战争 …… 1-277
北美洲 …… 1-278
北洋大臣 …… 1-286
北洋大学堂 …… 1-286
北洋水师 …… 1-286
北洋军阀 …… 1-286
北爱尔兰 …… 1-255
北凉 …… 1-276
北部湾 …… 1-257
北海 …… 1-263
北海市 …… 1-263
北海－波罗的海运河 …… 1-263
北海道岛 …… 1-263
北流市 …… 1-276
北票市 …… 1-283
北野武 …… 1-286
北朝 …… 1-257
北榄鳄鱼湖动物园 …… 1-276
北碚区 …… 1-255
北镇市 …… 1-287
北燕 …… 1-285
北戴河 …… 1-259
北魏 …… 1-285
叶 …… 8-494
叶飞 …… 8-495
叶天士 …… 8-501

叶水夫 …… 8-500
叶卡捷琳娜二世 …… 8-497
叶卡捷琳堡 …… 8-497
叶甲 …… 8-496
叶尔羌河 …… 8-495
叶尔姆斯列夫，L. …… 8-495
叶尔莫洛娃，M.N. …… 8-495
叶永烈 …… 8-502
叶圣陶 …… 8-500
叶尼塞河 …… 8-498
叶芝，W.B. …… 8-502
叶至善 …… 8-502
叶乔波 …… 8-499
叶企孙 …… 8-499
《叶甫盖尼·奥涅金》…… 8-496
叶利钦，B.N. …… 8-498
叶君健 …… 8-497
叶浅予 …… 8-499
叶绍翁 …… 8-499
叶挺 …… 8-501
叶笃正 …… 8-495
叶选平 …… 8-502
叶剑英 …… 8-496
叶宪祖 …… 8-501
叶黄素 …… 8-496
叶梦得 …… 8-498
叶盛兰 …… 8-500
叶雪安 …… 8-502
叶渚沛 …… 8-502
叶绿体 …… 8-498
叶绿素 …… 8-498
叶紫 …… 8-502
叶猴 …… 8-496
叶蜂 …… 8-495
叶酸 …… 8-501
叶蜡石 …… 8-498
叶蝉 …… 8-495
叶適 …… 8-500
叶赛宁，S.A. …… 8-499
叶燮 …… 8-501
卟啉 …… 1-422
叩头虫 …… 4-482
卡 …… 4-365
卡门，T.von …… 4-374
《卡门》…… 4-374
卡马圭 …… 4-373
卡扎尔王朝 …… 4-383
卡扎菲 …… 4-383
卡夫卡，F. …… 4-369
卡瓦列里，B. …… 4-382
卡瓦利多，E. …… 4-381
卡瓦纳，P. …… 4-382
卡内蒂，E. …… 4-375
卡什凯人 …… 4-378
卡文迪什，H. …… 4-382
卡文迪什实验室 …… 4-382
卡尺 …… 4-366
卡尔十二世 …… 4-368
卡尔十四世·约翰 …… 4-368
卡尔马联盟 …… 4-367
卡尔扎伊 …… 4-369
卡尔内，M. …… 4-368
卡尔文，M. …… 4-369
卡尔加里 …… 4-367
卡尔杜齐，G. …… 4-367
卡尔纳普，R. …… 4-368
卡尔波夫，A.Ye. …… 4-366
卡尔费尔特，E.A. …… 4-367
卡尔·费歇尔滴定 …… 4-367
卡尔曼，R.E. …… 4-368
卡尔维诺，I. …… 4-368
卡尔塔拉火山 …… 4-368
卡尔斯克鲁纳 …… 4-368
卡尔·蔡司公司 …… 4-366
卡尔德纳尔，E …… 4-367
卡尔德隆·德·拉·巴尔卡，P. …… 4-367
卡兰萨，V. …… 4-372
卡皮托利内博物馆 …… 4-377
卡皮察，P.L. …… 4-377
卡亚俄 …… 4-383
卡西尼，G.D. …… 4-383
《卡列维波埃格》…… 4-373
卡达尔·亚诺什 …… 4-366
卡朱拉霍神庙 …… 4-384
卡玛戈，M. …… 4-373
卡里马塔海峡 …… 4-372
《卡里加里博士》…… 4-372
《卡里莱和笛木乃》…… 4-372
卡里斯马 …… 4-373
卡利 …… 4-373
卡利马科斯 …… 4-373
卡努里人 …… 4-376
卡纳克列石 …… 4-375
卡纳克神庙 …… 4-375
卡纳维拉尔角 …… 4-375
卡坦扎罗 …… 4-381
卡若遗址 …… 4-378
卡其 …… 4-377
卡拉干达 …… 4-369
卡拉瓦乔 …… 4-371
卡拉什尼科夫，M.T. …… 4-371
卡拉汉，M. …… 4-369
卡拉扬，H.von …… 4-371
卡拉乔夫，N.V. …… 4-371
卡拉苏克文化 …… 4-371
卡拉库姆沙漠 …… 4-370
卡拉奇 …… 4-370
卡拉奇兄弟 …… 4-370
卡拉迦列，I.L. …… 4-369
卡拉哈迪沙漠 …… 4-369
卡拉斯，M. …… 4-371
卡帕，R. …… 4-376
卡明斯基，G.N. …… 4-374
卡罗维发利国际电影节 …… 4-373
卡罗瑟斯，W.H. …… 4-373
卡图卢斯 …… 4-381
卡迪 …… 4-366
卡佩王朝 …… 4-377
卡南加 …… 4-375
卡恩，L.I. …… 4-366
卡特，J. …… 4-381
卡特尔 …… 4-381
卡翁达，K.D. …… 4-382
卡涅姆-博尔努王国 …… 4-375
卡宴 …… 4-383
卡宾 …… 4-365
卡宾达 …… 4-366
卡诺 …… 4-376
卡诺，S. …… 4-376
卡诺循环和卡诺定理 …… 4-376
卡通 …… 4-381
卡梅伦，D.W.D. …… 4-374
卡梅伦，J.M. …… 4-374
《卡勒瓦拉》…… 4-372
卡萨布兰卡 …… 4-378
《卡萨布兰卡》…… 4-378
卡萨布兰卡会议 …… 4-378
卡萨尔斯，P. …… 4-378
卡萨特，M. …… 4-378
卡塔尔 …… 4-380
卡塔赫纳 …… 4-381
卡斯帕罗夫，G. …… 4-379
卡斯特里 …… 4-379
卡斯特罗，F. …… 4-379
卡斯特罗，J.M.F.de …… 4-379
卡斯特罗，R. …… 4-379
卡斯特罗·阿尔维斯，A.de …… 4-379
卡斯特洛·布兰科，C. …… 4-380
卡斯蒂利亚王国 …… 4-379
卡彭铁尔，A. …… 4-377
卡鲁索，E. …… 4-373
卡普尔，R. …… 4-377
卡普坦，J.C. …… 4-377
卡蒙斯，L.V.de …… 4-374
卡雷尔，A. …… 4-372
卡雷拉斯，J. …… 4-372
卡赞，E. …… 4-383
卡赞扎基斯，N. …… 4-383
卡-52“短吻鳄”武装直升机 …… 4-384
占卜 …… 9-177
占人 …… 9-177
占田课田制 …… 9-179
占有 …… 9-179
占星术 …… 9-177
占域行为 …… 9-180
卢瓦尔河 …… 5 155
卢日支人 …… 5-152
卢巴人 …… 5-148
卢本巴希 …… 5-148
卢布 …… 5-148
卢布尔雅那 …… 5-149

卢卡奇 ……5–150
卢卡斯，R.E. ……5–151
卢托斯瓦夫斯基，W. ……5–155
卢米埃尔，L. ……5–152
卢克索 ……5–151
卢克索神庙 ……5–151
卢克莱修 ……5–151
卢里人 ……5–151
卢作孚 ……5–157
卢希亚人 ……5–156
卢沟桥 ……5–149
卢沟桥事变 ……5–150
卢纶 ……5–151
卢武铉 ……5–156
卢奇安 ……5–152
卢旺达 ……5–155
卢图利，A.J.M. ……5–155
卢佩章 ……5–152
卢思道 ……5–154
《卢济塔尼亚人之歌》……5–150
卢恩，H.P. ……5–149
卢浦大桥 ……5–152
卢浮宫 ……5–149
卢梭，H. ……5–154
卢梭，J.-J. ……5–154
卢萨卡 ……5–152
卢象昇 ……5–156
卢森堡 ……5–153
卢森堡 ……5–154
卢森堡，R ……5–154
卢森堡人 ……5–154
卢森堡语 ……5–154
卢湾区 ……5–155
卢瑟福，E. ……5–153
卢蒙巴，P.H. ……5–151
卢照邻 ……5–157
卢嘉锡 ……5–150
卢肇钧 ……5–157
卢德运动 ……5–149
卢鹤绂 ……5–150
卢戆章 ……5–157
号 ……3–406
号子 ……3–406
旦 ……2–147
业 ……8–494
目连戏 ……5–494
目录学 ……5–494
目瑙节 ……5–494
申在孝 ……6–507
《申报》……6–506
申诉 ……6–506
申雪 ……6–507
申新纺织公司 ……6–507
《甲午风云》……4–136
甲午农民起义 ……4–136
甲龙 ……4–134
甲申政变 ……4–135
甲虫 ……4–134
甲壳动物 ……4–135
甲壳素 ……4–135
甲状旁腺 ……4–136
甲状旁腺疾病 ……4–136
甲状腺 ……4–137
甲状腺功能亢进 ……4–138
甲状腺功能减退 ……4–137
甲状腺肿瘤 ……4–138
甲状腺炎 ……4–138
甲苯 ……4–134
甲骨文 ……4–134
《甲骨文合集》……4–134
甲胺 ……4–133
甲酚 ……4–134
甲烷 ……4–135
甲烷菌 ……4–135
甲酸 ……4–135
甲醇 ……4–134
甲醛 ……4–135
甲藻门 ……4–136
电力负荷 ……2–283
电力系统 ……2–284
电力线 ……2–284
电工 ……2–278
电子 ……2–294
电子干扰飞机 ……2–295
电子支付系统 ……2–299
电子开关 ……2–295
电子元器件 ……2–297
电子计算机 ……2–295
电子文件 ……2–296
电子乐器 ……2–298
电子对抗飞机 ……2–294
电子对抗装备 ……2–294
电子出版 ……2–294
电子出版物 ……2–294
电子地图 ……2–294
电子伏 ……2–295
电子束加工 ……2–296
电子束管 ……2–296
电子邮件 ……2–297
电子侦察船 ……2–298
电子学 ……2–296
电子组态 ……2–299
电子政务 ……2–298
电子政府 ……2–298
电子战 ……2–298
电子显微镜 ……2–296
电子音乐 ……2–297
电子效应 ……2–296
电子资金汇兑系统 ……2–299
电子银行 ……2–297
电子商务 ……2–296
电子游戏机 ……2–297
电子管 ……2–295
电化学 ……2–279
电化学分析法 ……2–279
电化学加工 ……2–280
电化教育 ……2–279
电介质 ……2–282
电介质物理 ……2–282
电气化铁路 ……2–286
电气石 ……2–286
电气体发电 ……2–286
电风扇 ……2–277
电功率 ……2–278
电加工机床 ……2–281
电动力学 ……2–277
电动机 ……2–277
电动势 ……2–277
电场 ……2–273
电场强度 ……2–273
电机 ……2–280
电压 ……2–289
电压表 ……2–289
电光材料 ……2–278
电光源 ……2–279
电负性 ……2–277
电冰箱 ……2–272
电池 ……2–273
电池电动势 ……2–273
电导 ……2–277
电极 ……2–280
电极电势 ……2–281
电抗器 ……2–283
电报 ……2–272
电吹风 ……2–273
电饭锅 ……2–277
电冶金 ……2–290
电疗 ……2–284
电灶 ……2–294
电阻 ……2–299
电阻率 ……2–299
电阻器 ……2–299
电势 ……2–287
电势分析 ……2–288
电法勘探 ……2–277
电泳 ……2–293
电波钟表 ……2–273
电学 ……2–289
电话机 ……2–280
电视 ……2–288
电视电影 ……2–288
电视机 ……2–288
电视售货 ……2–289
电线 ……2–289
电信产业 ……2–289
电桥 ……2–286
电荷 ……2–279
电荷守恒定律 ……2–279
电荷耦合器件 ……2–279
电热水器 ……2–287
电热炮 ……2–286

电晕放电 ……… 2-293
电脑艺术 ……… 2-285
电离层 ……… 2-283
电离层骚扰 ……… 2-283
电离层暴 ……… 2-283
电离室 ……… 2-283
电烤箱 ……… 2-283
电流 ……… 2-285
电流表 ……… 2-285
电容 ……… 2-287
电容率 ……… 2-287
电容器 ……… 2-287
电弱统一理论 ……… 2-287
电能表 ……… 2-285
电梯 ……… 2-289
电偶极子 ……… 2-286
电量 ……… 2-284
电缆 ……… 2-283
电感 ……… 2-278
电路 ……… 2-285
电解 ……… 2-281
电解分析 ……… 2-281
电解质 ……… 2-281
电解质紊乱 ……… 2-281
电源 ……… 2-293
电磁场 ……… 2-274
电磁污染 ……… 2-276
电磁灶 ……… 2-276
电磁势 ……… 2-275
电磁单位制 ……… 2-274
电磁波 ……… 2-274
电磁波传播 ……… 2-274
电磁学 ……… 2-276
电磁相互作用 ……… 2-276
电磁泵 ……… 2-274
电磁炮 ……… 2-275
电磁测量 ……… 2-274
电磁铁 ……… 2-275
电磁能 ……… 2-275
电磁感应 ……… 2-275
电磁辐射 ……… 2-275
电镀 ……… 2-277
电影 ……… 2-290
电影艺术与科学学院 ……… 2-293
电影表演 ……… 2-291
电影放映 ……… 2-291
电影拷贝 ……… 2-292
电影眼睛派 ……… 2-293
电影摄影 ……… 2-292
电影镜头 ……… 2-292
电熨斗 ……… 2-294
电器 ……… 2-286
电鳐目 ……… 2-289
电鳗目 ……… 2-285
田山花袋 ……… 7-371
田中义一 ……… 7-372
田中义麻吕 ……… 7-372
田中丰 ……… 7-372
田中角荣 ……… 7-372
田中奏折 ……… 7-372
田中绢代 ……… 7-372
田氏代齐 ……… 7-371
田文镜 ……… 7-371
田汉 ……… 7-369
田边尚雄 ……… 7-368
田华 ……… 7-369
田壮壮 ……… 7-372
田纪云 ……… 7-369
田余庆 ……… 7-371
田际云 ……… 7-369
田纳西河 ……… 7-370
田奇玙 ……… 7-371
田径全能运动 ……… 7-370
田径运动 ……… 7-370
田亮 ……… 7-370
田耕莘 ……… 7-369
田蚡 ……… 7-368
田部井淳子 ……… 7-368
田菁 ……… 7-370
田旋花 ……… 7-371
田鼠 ……… 7-371
田横 ……… 7-369
田螺 ……… 7-370
冉庄地道战遗址 ……… 6-272
冉魏 ……… 6-272
史久镛 ……… 7-8
史天泽 ……… 7-12
史瓦西父子 ……… 7-13
史末资，J.C. ……… 7-9
史可法 ……… 7-8
史东山 ……… 7-7
《史记》……… 7-8
史达祖 ……… 7-7
史迁普金，M.S. ……… 7-10
史良 ……… 7-8
史迪威，J.W. ……… 7-7
史迪威事件 ……… 7-7
史念海 ……… 7-10
史沫特莱，A. ……… 7-10
史诗 ……… 7-12
史弥远 ……… 7-9
史绍熙 ……… 7-12
史思明 ……… 7-12
史前艺术 ……… 7-10
史前考古学 ……… 7-10
史济湘 ……… 7-8
《史通》……… 7-12
《史晨碑》……… 7-7
史密斯，E.F. ……… 7-9
史密斯，V.L. ……… 7-9
史密斯，W. ……… 7-9
史密森学会 ……… 7-9
史量才 ……… 7-9
《史集》……… 7-7
史楚金，B.V. ……… 7-7
史墙盘 ……… 7-12
央斯基，K.G. ……… 8-445
四一二政变 ……… 7-155
四乙铅 ……… 7-156
《四十二章经》……… 7-153
四七社 ……… 7-152
四大天王 ……… 7-148
四大发明 ……… 7-147
四大臣辅政 ……… 7-147
四大名旦 ……… 7-148
四大皆空 ……… 7-148
四大部洲 ……… 7-147
四大菜系 ……… 7-147
四大徽班 ……… 7-148
四川大学 ……… 7-144
四川扬琴 ……… 7-146
四川竹琴 ……… 7-147
四川评书 ……… 7-145
四川金钱板 ……… 7-144
四川相书 ……… 7-146
四川省 ……… 7-145
四川保路运动 ……… 7-143
四川盆地 ……… 7-144
四川菜 ……… 7-144
四川清音 ……… 7-145
四王 ……… 7-154
四元数 ……… 7-156
四五年派 ……… 7-154
四五运动 ……… 7-155
《四友斋书画论》……… 7-156
四不像 ……… 7-143
《四分律》……… 7-149
四气五味 ……… 7-152
四六文 ……… 7-151
四书 ……… 7-154
四平市 ……… 7-151
四圣六凡 ……… 7-153
四圣书 ……… 7-153
《四民月令》……… 7-151
《四百下》……… 7-143
四因 ……… 7-156
四会市 ……… 7-150
四合院 ……… 7-150
四色问题 ……… 7-152
四羊尊 ……… 7-155
四声 ……… 7-153
四折一楔子 ……… 7-156
四时调摄 ……… 7-153
《四体书势》……… 7-154
四言诗 ……… 7-155
《四库全书》……… 7-150
《四库全书总目》……… 7-150
四诊 ……… 7-157
四灵体 ……… 7-151
四环素类抗生素 ……… 7-150
《四典要会》……… 7-148

四国同盟 …… 7-149
四国岛 …… 7-149
《四郎探母》 …… 7-151
四姑娘山 …… 7-149
四项基本原则 …… 7-155
四胡 …… 7-150
四氟乙烯 …… 7-149
四氢大麻酚 …… 7-152
《四部医典》 …… 7-143
四脚蛇 …… 7-150
“四清”运动 …… 7-152
四谛 …… 7-148
四维时空 …… 7-154
四等人制 …… 7-148
四氯乙烷 …… 7-151
四氯化碳 …… 7-151
四御 …… 7-156
四渡赤水 …… 7-148
《四溟诗话》 …… 7-151
四僧 …… 7-153
四端 …… 7-149

〔丿〕

代 …… 2-125
代办 …… 2-126
代议制 …… 2-129
代位继承 …… 2-129
代际关系 …… 2-126
代京 …… 2-126
代理 …… 2-126
代理权 …… 2-126
代森锌 …… 2-126
代数方程 …… 2-126
代数拓扑学 …… 2-127
代数学 …… 2-128
代数基本定理 …… 2-127
代数数 …… 2-127
仙人洞遗址 …… 8-169
仙人掌科 …… 8-169
《仙女》 …… 8-168
仙女星系 …… 8-168
仙女座 …… 8-169
仙台 …… 8-169
仙后座 …… 8-168
仙客来 …… 8-168
仙桃市 …… 8-169
仙游县 …… 8-169
仙境 …… 8-168
仙霞岭 …… 8-169
仡央语支 …… 3-86
仡佬语 …… 3-86
仡佬族 …… 3-86
仪仗队 …… 8-538
《仪礼》 …… 8-537
仪式 …… 8-537
仪陇县 …… 8-537
仪表导航 …… 8-537
仪征市 …… 8-538
仪器仪表 …… 8-537
仫佬语 …… 5-495
仫佬族 …… 5-495
他加禄人 …… 7-236
他加禄语 …… 7-236
犰狳 …… 6-244
犯罪 …… 2-477
犯罪中止 …… 2-479
犯罪未遂 …… 2-478
犯罪现场 …… 2-478
犯罪学 …… 2-478
犯罪既遂 …… 2-478
犯罪预防 …… 2-478
犯罪痕迹 …… 2-477
犯罪集团 …… 2-477
犯罪嫌疑人 …… 2-478
印子钱 …… 8-614
印支运动 …… 8-613
印巴战争 …… 8-590
印古什人 …… 8-610
印加文明 …… 8-610
印地语 …… 8-591
印花税 …… 8-610
《印花税条例》 …… 8-610
印纹陶 …… 8-613
印欧语系 …… 8-611
印刻 …… 8-611
印刷 …… 8-612
印刷术 …… 8-613
印度 …… 8-592
印度人民党 …… 8-604
《印度之行》 …… 8-609
印度支那 …… 8-609
印度支那战争 …… 8-609
印度文学 …… 8-604
印度半岛 …… 8-595
印度尼西亚 …… 8-602
印度尼西亚语 …… 8-604
印度尼西亚语族 …… 8-604
印度民族大起义 …… 8-601
印度民族独立运动（1905～1908） …… 8-602
印度共产党 …… 8-597
印度－伊朗语族 …… 8-608
印度报业托拉斯 …… 8-595
《印度时报》 …… 8-604
印度佛教 …… 8-596
印度国民大会党 …… 8-597
印度法系 …… 8-596
印度河 …… 8-598
印度河文明 …… 8-598
印度河平原 …… 8-598
印度美术 …… 8-599
印度洋 …… 8-606
印度洋地震 …… 8-608
印度洋海啸 …… 8-608
印度哲学 …… 8-608
印度教 …… 8-599
印度菜 …… 8-596
印度斯坦人 …… 8-604
印度舞蹈 …… 8-605
印第安人 …… 8-591
印第安纳波利斯 …… 8-591
印象主义 …… 8-613
印章 …… 8-613
印楝素 …… 8-611
外丹 …… 7-472
外尔，H. …… 7-472
外尔斯特拉斯，K. …… 7-472
外汇 …… 7-473
外汇市场 …… 7-473
外汇储备 …… 7-473
外汇管制 …… 7-473
外向型经济 …… 7-475
外交 …… 7-473
外交礼仪 …… 7-474
外交保护 …… 7-474
外交信使 …… 7-474
外交特权与豁免 …… 7-474
外阴白色病变 …… 7-475
外阴癌 …… 7-475
外层空间 …… 7-472
外国人待遇 …… 7-472
外周神经系统 …… 7-476
外治法 …… 7-475
外星人 …… 7-475
外星行星 …… 7-475
外资股 …… 7-476
外资银行 …… 7-476
外消旋体 …… 7-475
外逸层 …… 7-475
外商独资企业 …… 7-475
外婚制 …… 7-473
外蒙古 …… 7-474
外感 …… 7-472
外滩 …… 7-475
令 …… 5-103
令计划 …… 5-103
冬布拉 …… 2-330
冬瓜 …… 2-330
冬至节 …… 2-331
冬至点 …… 2-331
冬青科 …… 2-331
冬季运动 …… 2-331
冬季两项 …… 2-331
冬季奥林匹克运动会 …… 2-330
冬泳 …… 2-331
冬宫 …… 2-330
冬眠 …… 2-331
冬寒菜 …… 2-330
务川仡佬族苗族自治县 …… 8-69
丛书 …… 2-54
丛林清规 …… 2-54
生 …… 6-527

生土建筑 ……6–534
生日 ……6–531
生长 ……6–548
生长因子 ……6–549
生长素 ……6–549
生长激素缺乏症 ……6–549
生产 ……6–527
生产力 ……6–529
生产工具 ……6–528
生产方式 ……6–527
生产过剩 ……6–528
生产关系 ……6–528
生产许可证制度 ……6–529
生产社会化 ……6–529
生产国际化 ……6–528
生产函数 ……6–528
生产要素 ……6–529
生产资料 ……6–529
生态工业 ……6–532
生态工程 ……6–532
生态平衡 ……6–532
生态因子 ……6–534
生态危机 ……6–533
生态位 ……6–533
生态系统 ……6–533
生态学 ……6–534
生态型 ……6–534
生态适应 ……6–533
生态效益 ……6–533
生态难民 ……6–532
生态殖民政策 ……6–534
生态策略 ……6–532
生物力学 ……6–540
生物工程 ……6–537
生物化学 ……6–537
生物反馈 ……6–537
生物心理学 ……6–544
生物水 ……6–543
生物节律 ……6–539
生物电 ……6–536
生物发光 ……6–537
生物地球化学循环 ……6–535
生物全息术 ……6–541
生物色现象 ……6–542
生物多样性 ……6–536
《生物多样性公约》……6–536
生物交互作用 ……6–539
生物污染 ……6–543
生物安全 ……6–535
生物防治 ……6–537
生物声学 ……6–542
生物芯片 ……6–544
生物医学工程 ……6–547
生物医学材料 ……6–546
生物技术 ……6–538
生物冶金 ……6–546
生物武器 ……6–543
生物物理学 ……6–543
生物制品 ……6–547
生物净化 ……6–539
生物学 ……6–544
生物降解 ……6–539
生物毒素 ……6–536
生物战 ……6–547
生物钟 ……6–547
生物浓缩 ……6–540
生物氧化 ……6–546
生物资源 ……6–547
生物陶瓷 ……6–543
生物能学 ……6–540
生物控制论 ……6–539
生物圈 ……6–540
生物圈保护区 ……6–541
生物数学 ……6–542
生物群落 ……6–541
生物碱 ……6–538
生物磁学 ……6–535
生物膜 ……6–540
生物礁 ……6–539
生命 ……6–531
生命哲学 ……6–531
生育保险 ……6–548
生育率 ……6–548
生活方式 ……6–529
生活质量 ……6–530
生活型 ……6–530
生活·读书·新知三联书店 ……6–529
生活教育运动 ……6–530
生铁 ……6–534
生理心理学 ……6–530
生理学 ……6–530
生殖 ……6–549
生殖行为 ……6–550
生殖系统 ……6–550
生殖质 ……6–550
生殖腺 ……6–550
生殖器 ……6–549
生殖器疱疹 ……6–549
生境 ……6–530
生漆 ……6–531
矢部长克 ……7–13
失业 ……6–572
失业保险 ……6–572
失业率 ……6–572
《失乐园》……6–572
失重 ……6–573
失蜡法 ……6–571
氕 ……6–84
乍得 ……9–174
乍得盆地 ……9–175
乍得语族 ……9–175
乍得湖 ……9–175
禾本科 ……3–407
禾草碱 ……3–407
丘比特 ……6–239
丘巴良，O.S. ……6–239
丘吉尔，W. ……6–240
丘成桐 ……6–239
丘迟 ……6–240
丘特切夫，F.I. ……6–241
丘逢甲 ……6–240
丘陵 ……6–241
丘就却 ……6–240
丘赫莱伊，G.N. ……6–240
白山市 ……1–204
白及 ……1–198
白马寺 ……1–202
白马非马 ……1–202
白马雪山自然保护区 ……1–203
白云石 ……1–209
白云观 ……1–209
白云岩 ……1–210
白云鹏 ……1–209
白贝罗，C.H.D. ……1–192
白内障 ……1–203
白公馆 ……1–196
《白毛女》……1–203
白玉霜 ……1–209
白玉蟾 ……1–209
白古王朝 ……1–197
白术 ……1–210
《白石道人诗说》……1–205
白龙江 ……1–202
白令海 ……1–202
白尔谢，G. ……1–196
白立忱 ……1–201
白兰 ……1–201
白兰地 ……1–201
白头山 ……1–206
白头山天池 ……1–206
白头蝰 ……1–205
白皮书 ……1–204
白皮松 ……1–204
白朴 ……1–204
白圭 ……1–197
白芝霍特，W. ……1–210
白亚帖 ……1–207
白吕纳，J. ……1–202
白先勇 ……1–206
白血病 ……1–206
白行简 ……1–206
白羊王朝 ……1–207
白羊村遗址 ……1–207
白寿彝 ……1–205
白杨 ……1–208
白芷 ……1 210
白花丹科 ……1–198
白苏 ……1–205
白里安，A. ……1–201
白沙瓦 ……1–204
白沙宋墓 ……1–204

白沟 ……………………………………1-197
白尾鹿 …………………………………1-206
白纻舞 …………………………………1-210
白板说 …………………………………1-192
白茅 ……………………………………1-203
《白雨斋词话》………………………1-208
白虎观会议 ……………………………1-198
《白虎通义》…………………………1-198
白金汉宫 ………………………………1-199
白话小说 ………………………………1-198
白话文学 ………………………………1-198
白话诗 …………………………………1-198
白居易 …………………………………1-199
白细胞 …………………………………1-206
白驹荣 …………………………………1-200
白城市 …………………………………1-193
白带 ……………………………………1-193
白垩纪 …………………………………1-196
白蚁 ……………………………………1-208
白钨矿 …………………………………1-206
白种人 …………………………………1-210
白俄罗斯 ………………………………1-194
白俄罗斯人 ……………………………1-195
白俄罗斯语 ……………………………1-195
白帝城 …………………………………1-194
白炽灯 …………………………………1-193
白洞 ……………………………………1-194
白洋淀 …………………………………1-208
白宫 ……………………………………1-197
白语 ……………………………………1-209
白桦派 …………………………………1-198
白莲教 …………………………………1-201
白晋 ……………………………………1-199
白唇鹿 …………………………………1-193
《白狼王歌》…………………………1-201
白瓷 ……………………………………1-193
白粉虱 …………………………………1-196
白粉病 …………………………………1-196
白酒 ……………………………………1-199
白海 ……………………………………1-197
白陶 ……………………………………1-205
白菜 ……………………………………1-192
白描 ……………………………………1-203
《白蛇传》……………………………1-205
白蛇传说 ………………………………1-204
白崇禧 …………………………………1-193
白铜 ……………………………………1-205
白银市 …………………………………1-208
白领 ……………………………………1-201
白领犯罪 ………………………………1-202
白族 ……………………………………1-210
白鹿洞书院 ……………………………1-202
白淑湘 …………………………………1-205
白蛋白 …………………………………1-194
白喉 ……………………………………1-197
白矮星 …………………………………1-192
白榴石 …………………………………1-202
白蜡树 …………………………………1-200
白鲟 ……………………………………1-207
白澳政策 ………………………………1-192
白鱀豚 …………………………………1-198
白癜风 …………………………………1-194
白鹳 ……………………………………1-197
瓜尔内里，G. …………………………3-201
瓜尔豆 …………………………………3-201
瓜皮帽 …………………………………3-202
瓜亚基尔 ………………………………3-202
《瓜达卢佩－伊达尔戈条约》………3-201
瓜达尔卡纳尔岛争夺战 ………………3-200
瓜达拉哈拉 ……………………………3-200
瓜拉尼人 ………………………………3-201
瓜拉尼语 ………………………………3-201
瓜类 ……………………………………3-202
瓜洲镇 …………………………………3-202
瓜德罗普 ………………………………3-201
用工制度 ………………………………9-28
用材林 …………………………………9-28
用益物权 ………………………………9-29
甩发功 …………………………………7-76
氏 ………………………………………2-205
句容市 …………………………………4-338
《册府元龟》…………………………1-484
册封 ……………………………………1-484
包气带 …………………………………1-237
包办婚姻 ………………………………1-235
包玉刚 …………………………………1-238
包世臣 …………………………………1-237
包尔汉 …………………………………1-235
包头市 …………………………………1-237
包合物 …………………………………1-236
包衣 ……………………………………1-238
包买商 …………………………………1-236
包茎 ……………………………………1-236
《包法利夫人》………………………1-236
包茨，D. ………………………………1-235
包拯 ……………………………………1-238
包惠僧 …………………………………1-236
包销 ……………………………………1-237
包装 ……………………………………1-238
包裹体 …………………………………1-236
包豪斯 …………………………………1-236
鸟 ………………………………………5-588
鸟虫书 …………………………………5-588
鸟岛 ……………………………………5-589
鸟居龙藏 ………………………………5-589
鸟巢 ……………………………………5-588
尔朱氏之乱 ……………………………2-419
尔苏语 …………………………………2-419
尔龚语 …………………………………2-419
《尔雅》………………………………2-419
乐山大佛 ………………………………4-563
乐山市 …………………………………4-563
乐平市 …………………………………4-563
乐史 ……………………………………9-125
乐昌市 …………………………………4-563
乐府诗体 ………………………………9-125
《乐府诗集》…………………………9-124
《乐府雅词》…………………………9-125
乐亭县 …………………………………4-562
乐亭影戏 ………………………………4-562
乐陵市 …………………………………4-563
乐清市 …………………………………9-125
乐静宜 …………………………………4-563
乐毅 ……………………………………9-125

〔丶〕

冯小刚 …………………………………2-577
冯子材 …………………………………2-578
冯子和 …………………………………2-579
冯友兰 …………………………………2-577
冯玉祥 …………………………………2-578
冯白驹 …………………………………2-574
冯兰洲 …………………………………2-575
冯尼格特，K. …………………………2-576
冯至 ……………………………………2-578
冯延巳 …………………………………2-577
冯如 ……………………………………2-576
冯沅君 …………………………………2-578
冯国璋 …………………………………2-575
冯秉铨 …………………………………2-574
冯泽芳 …………………………………2-578
冯定 ……………………………………2-574
冯契 ……………………………………2-576
冯桂芬 …………………………………2-575
冯特，W. ………………………………2-576
冯·诺伊曼，J. …………………………2-576
冯梦龙 …………………………………2-576
冯雪峰 …………………………………2-577
冯惟敏 …………………………………2-577
冯维辛，D.I. …………………………2-577
冯塔纳，T. ……………………………2-576
冯景兰 …………………………………2-575
冯道 ……………………………………2-574
冯德尔，J.van den ……………………2-574
冯德培 …………………………………2-574
冯骥才 …………………………………2-575
让·保尔 ………………………………6-273
议会 ……………………………………8-558
议会制 …………………………………8-559
议定书 …………………………………8-558
议政王大臣会议 ………………………8-559
记忆 ……………………………………4-96
记忆术 …………………………………4-96
记忆障碍 ………………………………4-96
记里鼓车 ………………………………4-95
记言体 …………………………………4-96
记者 ……………………………………4-96
记数法 …………………………………4-95
记谱法 …………………………………4-95
邝安堃 …………………………………4-498
汇票 ……………………………………3-612

汇率 …… 3-612
汇编程序 …… 3-612
汉 …… 3-367
汉口 …… 3-377
汉川市 …… 3-373
汉元帝刘奭 …… 3-385
汉中市 …… 3-386
汉中盆地 …… 3-385
汉文 …… 3-380
汉文帝刘恒 …… 3-380
《汉书》 …… 3-379
汉代墓室壁画 …… 3-373
汉尼拔 …… 3-378
汉光武帝刘秀 …… 3-374
汉江 …… 3-376
汉江 …… 3-377
汉字 …… 3-386
汉字学 …… 3-386
汉字简化 …… 3-386
汉阳区 …… 3-381
《汉纪》 …… 3-375
汉冶萍公司 …… 3-381
汉灵帝刘宏 …… 3-377
汉武帝刘彻 …… 3-380
汉坦病毒 …… 3-379
汉明帝刘庄 …… 3-378
汉学 …… 3-380
汉姆生，K. …… 3-378
汉昭烈帝刘备 …… 3-385
汉宣帝刘询 …… 3-380
《汉宫秋》 …… 3-374
汉语 …… 3-382
《汉语大字典》 …… 3-382
《汉语大词典》 …… 3-382
汉语方言 …… 3-383
汉语训诂学 …… 3-383
《汉语主题词表》 …… 3-385
汉语词汇 …… 3-382
汉语拼音方案 …… 3-383
汉语拼音正词法 …… 3-383
汉语修辞 …… 3-383
汉语音韵学 …… 3-384
汉语语法 …… 3-384
汉语语音 …… 3-384
汉桓帝刘志 …… 3-375
汉恩，J.F.von …… 3-374
汉高祖刘邦 …… 3-374
汉诺威 …… 3-378
汉诺威王朝 …… 3-378
汉剧 …… 3-377
汉陵 …… 3-377
汉萨同盟 …… 3-379
汉族 …… 3-387
汉密尔顿，A. …… 3-377
汉朝 …… 3-367
汉斯利克，E. …… 3-379
汉森，A.H. …… 3-379
汉景帝刘启 …… 3-377
汉堡 …… 3-367
《汉堡规则》 …… 3-367
《汉堡剧评》 …… 3-367
汉普夏猪 …… 3-379
汉献帝刘协 …… 3-380
汉简 …… 3-375
汉德克，P. …… 3-374
《汉穆拉比法典》 …… 3-378
汉藏语系 …… 3-385
《汉魏六朝百三家集》 …… 3-379
汉魏六朝诗派 …… 3-380
《氾胜之书》 …… 2-467
礼 …… 4-585
《礼记》 …… 4-585
礼治 …… 4-586
礼拜 …… 4-585
礼俗 …… 4-586
礼炮 …… 4-585
“礼炮”号空间站 …… 4-585
礼帽 …… 4-585
礼器 …… 4-586
写生 …… 8-238
写实主义 …… 8-238
写真 …… 8-238
写意 …… 8-238
宁乡县 …… 5-597
宁化县 …… 5-595
宁巴山自然保护区 …… 5-594
宁古塔 …… 5-595
宁汉战争 …… 5-595
宁安市 …… 5-594
宁玛派 …… 5-595
宁远之战 …… 5-597
宁河县 …… 5-595
宁波市 …… 5-594
宁波港 …… 5-594
宁都县 …… 5-595
宁夏之役 …… 5-597
宁夏回族自治区 …… 5-596
宁德市 …… 5-594
宁懋石室 …… 5-595
它山堰 …… 7-236
主干家庭 …… 9-498
主父偃 …… 9-498
主犯 …… 9-498
主刑 …… 9-499
主权 …… 9-499
主存储器 …… 9-498
主观唯心主义 …… 9-499
主体与客体 …… 9-499
主体性 …… 9-499
主体思想 …… 9-499
主序星 …… 9-499
主战坦克 …… 9-499
主教 …… 9-499
主教叙任权之争 …… 9-499
市 …… 7-25
市区 …… 7-28
市场 …… 7-25
市场占有率 …… 7-27
市场失灵 …… 7-27
市场机制 …… 7-26
市场份额 …… 7-26
市场价格 …… 7-26
市场经济 …… 7-26
市场准入 …… 7-28
市场准入制度 …… 7-28
市场疲软 …… 7-27
市场调查 …… 7-26
市场预测 …… 7-27
市场营销 …… 7-27
市场管理 …… 7-26
市制 …… 7-28
市政厅 …… 7-28
市盈率 …… 7-28
市舶司 …… 7-25
市籍 …… 7-28
立交桥 …… 5-20
立克次氏体 …… 5-21
立克次氏体病 …… 5-21
立体化学 …… 5-22
立体电影 …… 5-22
立体主义 …… 5-23
立体声 …… 5-23
立体效应 …… 5-23
立法机关 …… 5-20
立法权 …… 5-20
立法解释 …… 5-20
立案 …… 5-20
立陶宛 …… 5-21
立陶宛人 …… 5-22
立陶宛大公国 …… 5-22
立陶宛语 …… 5-22
立鹤方壶 …… 5-20
玄中寺 …… 8-363
玄言诗 …… 8-363
玄武门之变 …… 8-362
玄武岩 …… 8-362
玄学 …… 8-363
玄参科 …… 8-362
《玄秘塔碑》 …… 8-362
玄奘 …… 8-363
闪长岩 …… 6-443
闪击战 …… 6-444
闪电 …… 6-444
闪电战 …… 6-444
闪光灯 …… 6-444
闪烁计数器 …… 6-444
闪语族 …… 6-445
闪锌矿 …… 6-445
兰开斯特，F.W. …… 4-540
兰心大戏院 …… 4-542
兰甘亨 …… 4-540

兰考县 4-540
兰屿 4-542
兰州大学 4-542
兰州太平鼓舞 4-543
兰州市 4-543
兰州鼓子 4-542
兰那泰王国 4-541
兰花 4-540
兰伯特，M. 4-539
兰伯特冰川 4-539
兰坪白族普米族自治县 4-541
兰明低地事件 4-541
兰姆，C. 4-541
兰姆，W.E. 4-541
兰姆移位 4-541
兰姆赛，J.G. 4-541
兰科 4-540
兰亭 4-542
《兰亭序》 4-542
兰格，O. 4-540
兰格伦，W. 4-540
兰溪市 4-542
兰塞姆，J.C. 4-541
兰德公司 4-539
兰德施泰纳，K. 4-539
兰德瑞斯猪 4-539
《半农谈影》 1-233
半导体 1-231
半导体化学 1-232
半导体光电子器件 1-232
半导体材料 1-231
半导体物理学 1-232
半导体射线探测器 1-232
半两钱 1-233
半岛 1-233
半坡遗址 1-233
半知菌 1-233
半乳糖 1-233
半金属 1-233
半索动物门 1-233
半翅目 1-231
半殖民地 1-234
头 7-410
头寸 7-411
头足纲 7-412
头孢菌素类抗生素 7-411
头索动物门 7-411
头晕 7-412
头脑风暴法 7-411
头盔枪 7-411
头痛 7-411
头癣 7-412
必要劳动 1-325
必然与自由 1-325
必然性与偶然性 1-325
永川区 9-24
《永乐大典》 9-26
永乐大钟 9-26
永乐宫 9-26
永乐群岛 9-26
永宁寺碑 9-26
永动机 9-25
永贞革新 9-27
永州市 9-27
永安公司 9-24
永安市 9-24
永字八法 9-27
永兴岛 9-27
永明体 9-26
永定河 9-25
永春县 9-24
永城汉墓 9-24
永城市 9-24
永济市 9-25
永济渠 9-25
永泰公主墓 9-26
永康市 9-25
永康学派 9-26
永续盘存制 9-27
永嘉之乱 9-25
永嘉学派 9-25
永磁材料 9-24

〔一〕

加韦拉 4-120
加仑 4-112
加尔文，J. 4-108
加尔文宗 4-109
加尔西拉索·德·拉·维加 4-109
加尔西拉索·德·拉·维加，E.I. 4-109
加尔各答 4-108
加尔默罗会 4-108
加兰，H. 4-110
加加林，Yu.A. 4-109
加权平均数 4-119
加西亚，M. 4-120
加西亚·马尔克斯，G. 4-121
加西亚·洛尔卡，F. 4-121
加列戈斯，R. 4-112
加成反应 4-107
加成聚合 4-107
加达默尔，H.-G. 4-107
加伦 4-113
加米涅夫，L.B. 4-113
加农炮 4-118
加农榴弹炮 4-118
加那利群岛 4-116
加里东运动 4-111
加里宁，G.P. 4-111
加里宁，M.I. 4-111
加里宁格勒 4-111
加里克，D. 4-111
加利－库尔奇，A. 4-112
加里波第，G. 4-110
加里曼丹 4-111
加利，B. 4-111
加利西亚人 4-112
加利福尼亚州 4-112
加利福尼亚湾 4-111
加沙 4-119
加纳 4-117
加纳王国 4-118
加拉加斯 4-109
加罗林人 4-113
加罗林群岛 4-113
加香，M. 4-121
加兹登购地 4-121
加洛林王朝 4-113
加泰罗尼亚人 4-120
加速折旧法 4-120
加速度 4-120
加拿大 4-113
加拿大北极群岛 4-116
加拿大自由党 4-116
加勒比人 4-110
加勒比危机 4-110
加勒比海 4-110
加菲尔德，E. 4-109
加维运动 4-120
加蒂，A. 4-108
加富尔，C.B. 4-109
加蓬 4-118
加雷特，J.B.da 4-110
《加数器》 4-120
加缪，A. 4-113
加德满都 4-108
加藤周一 4-120
对马海战 2-373
对马海峡 2-373
对日照 2-373
对外开放 2-373
对外劳务合作 2-374
对外贸易 2-374
对外贸易管制 2-375
对立统一规律 2-372
对伊拉克制裁问题 2-375
对冲 2-371
对冲基金 2-372
对苯二甲酸 2-370
对苯二酚 2-370
对映体 2-375
对虾 2-375
对称性和守恒定律 2-371
对流传热 2-372
对流层 2-372
对偶家庭 2-373
对联 2-372
对策论 2-370
对数 2-373
对撞机 2-375
弘仁 3-468

弘文馆 …… 3-468
《弘明集》 …… 3-468
奶牛 …… 5-514
奶茶 …… 5-514
奴儿干都司 …… 6-1
奴隶占有制社会 …… 6-1
纠错码 …… 4-318
幼儿急疹 …… 9-52
幼儿教育 …… 9-52
幼子继承权 …… 9-52
幼发拉底河 …… 9-52
幼虫 …… 9-51
幼虫移行症 …… 9-51
幼稚产业 …… 9-52
幼稚产业保护论 …… 9-52
《召树屯》 …… 9-228
圣马丁，J.de …… 6-565
圣马力诺 …… 6-566
圣马力诺 …… 6-566
圣马力诺人 …… 6-566
圣子 …… 6-569
圣父 …… 6-560
圣公会 …… 6-561
圣丹尼斯，R. …… 6-557
圣文森特和格林纳丁斯 …… 6-568
圣卢西亚 …… 6-564
圣训 …… 6-569
圣弗朗西斯科 …… 6-560
圣皮埃尔 …… 6-567
圣皮埃尔和密克隆 …… 6-567
圣地亚哥 …… 6-558
圣地亚哥 …… 6-558
圣地亚哥 …… 6-558
圣西门，C.-H.de …… 6-568
圣乔治 …… 6-567
圣多明各 …… 6-559
圣多美 …… 6-558
圣多美和普林西比 …… 6-559
圣安东尼奥 …… 6-555
圣安娜 …… 6-555
圣安德烈斯断裂带 …… 6-555
圣约翰 …… 6-569
圣约翰大学 …… 6-569
圣纪 …… 6-562
圣克拉拉 …… 6-564
圣克鲁斯 …… 6-564
圣劳伦斯河 …… 6-564
圣劳伦斯湾 …… 6-564
圣何塞 …… 6-561
圣何塞 …… 6-561
圣但尼 …… 6-557
圣灵 …… 6-564
圣灵论 …… 6-564
圣帕特里克节 …… 6-566
圣迭戈 …… 6-558
圣佩德罗 …… 6-566
圣佩德罗苏拉 …… 6-567
圣彼得大教堂 …… 6-556
圣彼得堡 …… 6-556
圣彼得堡音乐学院 …… 6-556
圣诞节 …… 6-557
圣诞老人 …… 6-557
圣诞树 …… 6-557
《圣经》 …… 6-563
圣胡安 …… 6-562
圣战 …… 6-569
圣保罗 …… 6-555
圣保罗 …… 6-555
圣保罗大教堂（伦敦） …… 6-555
圣费尔南多 …… 6-560
圣索菲亚大教堂 …… 6-568
圣－莱昂，A. …… 6-564
圣哥达公路隧道 …… 6-560
圣海伦斯火山 …… 6-561
圣－桑，C. …… 6-567
圣菲波哥大 …… 6-560
圣萨尔瓦多 …… 6-567
圣基茨和尼维斯 …… 6-562
圣捷尔吉，A. …… 6-563
圣淘沙岛 …… 6-568
圣琼·佩斯 …… 6-567
《圣斯特凡诺条约》 …… 6-568
圣路易 …… 6-565
圣路易斯 …… 6-565
圣像破坏运动 …… 6-569
圣赫勒拿 …… 6-561
圣赫勒拿岛 …… 6-562
圣德太子 …… 6-558
圣餐 …… 6-557
台儿庄 …… 7-248
台儿庄战役 …… 7-248
台山市 …… 7-249
台木尔 …… 7-248
台中市 …… 7-254
台中县 …… 7-254
台风 …… 7-248
台风级潜艇 …… 7-248
台东县 …… 7-247
台北中山纪念馆 …… 7-247
台北“中央图书馆” …… 7-247
台北市 …… 7-246
台北县 …… 7-247
台北“故宫博物院” …… 7-246
台北101大楼 …… 7-247
台尔曼，E. …… 7-248
台地 …… 7-247
台州市 …… 7-245
台州湾 …… 7-245
台词 …… 7-247
台南大天后宫 …… 7-248
台南市 …… 7-249
台南县 …… 7-249
台阁体 …… 7-248
台球 …… 7-249
台湾大学 …… 7-249
台湾少数民族 …… 7-251
台湾电影 …… 7-250
台湾民主自治同盟 …… 7-251
台湾光复 …… 7-250
《台湾问题与中国的统一》 …… 7-253
台湾阳明山自然保护区 …… 7-253
台湾岛 …… 7-249
台湾环岛公路 …… 7-251
台湾相思 …… 7-253
台湾省 …… 7-252
台湾垦丁公园 …… 7-251
台湾海峡 …… 7-251
台湾银行 …… 7-253
台静农 …… 7-248
台榭 …… 7-253
尼扎里 …… 5-579
尼瓦尔人 …… 5-578
尼日尔 …… 5-575
尼日尔－刚果语族 …… 5-576
尼日尔河 …… 5-576
尼日尔－科尔多凡语系 …… 5-576
尼日利亚 …… 5-576
尼古丁 …… 5-568
尼古拉一世 …… 5-569
尼古拉二世 …… 5-568
尼古拉耶娃－捷列什科娃，V.V. …… 5-569
尼古拉斯，A. …… 5-568
尼古拉斯（库萨的） …… 5-568
尼布甲尼撒二世 …… 5-566
《尼布楚条约》 …… 5-566
尼龙 …… 5-572
尼加拉瓜 …… 5-570
尼加拉瓜革命 …… 5-571
尼加拉瓜湖 …… 5-571
尼尼微古城 …… 5-574
尼亚加拉瀑布 …… 5-579
尼亚美 …… 5-579
尼西亚会议 …… 5-578
尼迈耶，O. …… 5-574
《尼各马可伦理学》 …… 5-568
尼米希依提 …… 5-574
尼米兹，C.W. …… 5-574
“尼米兹”级核动力航空母舰 …… 5-574
尼安德特人 …… 5-564
尼玛·尤什吉 …… 5-574
尼克松，R.M. …… 5-572
尼克松访华 …… 5-572
尼克索，M.A. …… 5-572
《尼伯龙根之歌》 …… 5-565
《尼凯女神像》（萨莫色雷斯的） …… 5-571
尼罗河 …… 5-572
尼罗河三角洲 …… 5-573
尼罗特人 …… 5-573
尼罗－撒哈拉语系 …… 5-573
尼采，F. …… 5-566
尼泊尔 …… 5-565

尼泊尔语 …… 5–566
尼姑 …… 5–568
尼科巴语族 …… 5–571
尼科西亚 …… 5–571
尼格里，P. …… 5–567
尼格利陀人 …… 5–568
尼格利罗人 …… 5–567
尼格罗人 …… 5–568
尼格罗人种 …… 5–568
尼萨古城 …… 5–578
尼基什 …… 5–570
尼康 …… 5–571
尼康公司 …… 5–571
尼斯 …… 5–578
尼雅遗址 …… 5–578
尼普尔古城 …… 5–574
尼雷尔，J. …… 5–572
尼赫鲁，J. …… 5–569
尼赫鲁，M. …… 5–570
尼德兰资产阶级革命 …… 5–567
司马义·艾买提 …… 7–115
司马义·铁力瓦尔地 …… 7–115
司马光 …… 7–114
司马迁 …… 7–114
司马金龙墓 …… 7–114
司马炎 …… 7–115
司马承祯 …… 7–114
司马相如 …… 7–115
司马昭 …… 7–115
司马懿 …… 7–115
司母戊鼎 …… 7–115
司各特，W. …… 7–113
司法协助 …… 7–113
司法机关 …… 7–112
司法决斗 …… 7–113
司法鉴定 …… 7–112
司法解释 …… 7–112
司法精神病鉴定 …… 7–112
司空图 …… 7–113
司隶校尉 …… 7–114
司徒美堂 …… 7–116
司徒雷登 …… 7–116
司徒慧敏 …… 7–116
司寇 …… 7–114
司瑞轩 …… 7–116
民工潮 …… 5–423
民办教育 …… 5–421
民生公司 …… 5–425
民生主义 …… 5–425
民用机 …… 5–430
民主 …… 5–430
民主进步党 …… 5–431
民主革命 …… 5–430
民主监督 …… 5–431
民主集中制 …… 5–430
《民报》 …… 5–421
民兵 …… 5–421
民间文学 …… 5–424
民间美术 …… 5–424
民间舞蹈 …… 5–425
民事义务 …… 5–429
民事权利 …… 5–426
民事权利能力 …… 5–427
民事执行程序 …… 5–429
民事行为能力 …… 5–428
民事时效 …… 5–427
民事诉讼法 …… 5–427
民事诉讼管辖 …… 5–428
民事责任 …… 5–429
民事法律行为 …… 5–426
民事法律关系 …… 5–426
民事裁判 …… 5–425
民事普通程序 …… 5–426
民事强制措施 …… 5–426
民事简易程序 …… 5–426
民法 …… 5–422
民贵君轻 …… 5–423
民俗 …… 5–429
民俗学 …… 5–430
民胞物与 …… 5–421
民航运输机 …… 5–423
民族 …… 5–431
民族大迁徙 …… 5–432
民族分离主义 …… 5–433
民族认同 …… 5–434
民族文化 …… 5–434
民族文化宫 …… 5–434
民族乐派 …… 5–434
民族主义 …… 5–435
民族出版社 …… 5–432
民族地理 …… 5–433
民族同化 …… 5–434
民族迁徙 …… 5–433
民族自决 …… 5–435
民族自治地方的自治机关 …… 5–435
民族歧视 …… 5–433
民族服装 …… 5–433
民族统一战线 …… 5–434
民族解放运动 …… 5–433
民族融合 …… 5–434
民意测验 …… 5–430
民歌 …… 5–423
民粹主义 …… 5–422
民粹派 …… 5–421
民粹派文学 …… 5–422
弗兰克，J.N. …… 2–591
弗兰克，R. …… 2–591
弗兰科，I.Ya. …… 2–591
弗吉尼亚比奇 …… 2–590
弗吉尼亚州 …… 2–590
弗里西亚人 …… 2–594
弗里西亚语 …… 2–594
弗里希，R. …… 2–595
弗里施，K.von …… 2–594
弗里施，M. …… 2–594
弗里敦 …… 2–594
弗里德里希，C.D. …… 2–593
弗里德曼，M. …… 2–593
弗拉门科 …… 2–590
弗拉戈纳尔，J.-H. …… 2–590
弗拉舍里，N. …… 2–590
弗拉维王朝 …… 2–591
弗罗姆，E. …… 2–595
弗罗斯特，R. …… 2–595
弗洛伊德，S. …… 2–595
弗洛里，H.W. …… 2–595
弗洛里，P.J. …… 2–595
弗格森，H.G. …… 2–589
弗莱，N. …… 2–591
弗莱明，J.A. …… 2–591
弗朗克，C.-A. …… 2–592
弗斯，J.R. …… 2–596
弗赖利格拉特，F. …… 2–591
弗赖堡学派 …… 2–591
弗雷，C …… 2–592
弗雷泽，J.G. …… 2–593
弗雷泽河 …… 2–593
弗雷格，G. …… 2–592
弗雷歇，M.-R. …… 2–593
弗雷歇特，L.-H. …… 2–593
弗雷德罗，A. …… 2–592
出口加工区 …… 2–14
出口产业政策 …… 2–14
出口导向工业 …… 2–14
出口补贴 …… 2–14
出口信贷 …… 2–15
出口退税 …… 2–15
出口替代战略 …… 2–14
出口税 …… 2–14
出生婴儿性别比 …… 2–15
出生率 …… 2–15
出血 …… 2–15
出纳 …… 2–15
出版 …… 2–12
出版自由 …… 2–14
出版物 …… 2–13
出家 …… 2–14
皮日休 …… 6–73
皮艾角 …… 6–71
皮卡德，A. …… 6–72
皮卡德，J. …… 6–72
皮尔士，C.S. …… 6–71
皮尔·卡丹 …… 6–71
皮尔当人 …… 6–71
皮兰德娄，L. …… 6–72
皮亚杰，J. …… 6–75
皮亚诺，G. …… 6–75
皮亚斯特王朝 …… 6–75
皮划艇运动 …… 6–72
皮肌炎 …… 6–72
皮克，W. …… 6–72

皮耶克尼斯，J. …… 6-75
皮耶克尼斯，V. …… 6-75
皮奈罗，A.W. …… 6-73
皮肤 …… 6-71
皮肤病 …… 6-72
皮钦语 …… 6-73
皮特（小），W. …… 6-74
皮特（老），W. …… 6-74
皮特尔角城 …… 6-74
皮特里，F. …… 6-74
皮特凯恩群岛 …… 6-74
皮萨诺父子 …… 6-73
皮蛋 …… 6-71
皮斯卡托，E. …… 6-74
皮筏 …… 6-71
皮漱石 …… 6-74
皮影戏 …… 6-75
皮蠹 …… 6-71
边寿民 …… 1-338
边沁，J. …… 1-338
边际生产力 …… 1-336
边际报酬递减规律 …… 1-336
边际效用 …… 1-336
边际效用学派 …… 1-336
边际储蓄倾向 …… 1-336
边界 …… 1-337
边界层 …… 1-337
边景昭 …… 1-337
边缘系统 …… 1-338
边缘学科 …… 1-338
边缘海 …… 1-338
边境贸易 …… 1-338
发电 …… 2-431
发电机 …… 2-431
发动机 …… 2-431
发达国家 …… 2-431
发光材料 …… 2-431
发声器 …… 2-432
发财树 …… 2-431
《发条橘子》 …… 2-433
发现权 …… 2-433
发明权 …… 2-432
发罗拉 …… 2-432
发育 …… 2-433
发育生物学 …… 2-433
发热 …… 2-432
发射药 …… 2-432
发展中国家 …… 2-434
发展中国家科学院 …… 2-434
发票 …… 2-432
发盘 …… 2-432
发酵 …… 2-431
发酵微生物 …… 2-431
矛尾鱼 …… 5-325
矛盾 …… 5-325
《矛盾论》 …… 5-325
母权制 …… 5-486
母亲节 …… 5-486
氹仔岛 …… 2-153
辽天祚帝耶律延禧 …… 5-68
辽太宗耶律德光 …… 5-67
辽太祖耶律亿 …… 5-67
辽东半岛 …… 5-64
辽东湾 …… 5-64
《辽史》 …… 5-67
辽宁大学 …… 5-65
辽宁省 …… 5-65
辽圣宗耶律隆绪 …… 5-67
辽西走廊 …… 5-68
辽阳市 …… 5-68
辽阳壁画墓 …… 5-68
辽沈战役 …… 5-67
辽河 …… 5-65
《辽诗话》 …… 5-67
辽陵 …… 5-65
辽朝 …… 5-63
辽源市 …… 5-68
丝瓜 …… 7-117
丝虫病 …… 7-116
丝织物 …… 7-118
丝烟 …… 7-118
《丝绣笔记》 …… 7-118
丝绸之路 …… 7-116
丝毯 …… 7-117
《丝路花雨》 …… 7-117

六画

［一］

邦达尔丘克，S.F. …… 1-234
邦达列夫，Yu.V. …… 1-234
邦德，E. …… 1-234
刑天 …… 8-312
刑事诉讼法 …… 8-311
刑事责任 …… 8-311
刑事责任年龄 …… 8-312
刑事责任能力 …… 8-312
刑事拘留 …… 8-310
刑事强制措施 …… 8-310
刑法 …… 8-310
刑法时效 …… 8-310
刑徒 …… 8-312
邢公畹 …… 8-312
邢台市 …… 8-313
邢台地震 …… 8-313
邢芬 …… 8-312
邢劭 …… 8-313
邢其毅 …… 8-313
邢侗 …… 8-313
动力气象学 …… 2-337
动力机械 …… 2-337
动力学 …… 2-337
动力学普遍方程 …… 2-337
动车组 …… 2-336
动机 …… 2-336
动机与效果 …… 2-336
动吻动物门 …… 2-338
动作发展 …… 2-342
动画 …… 2-336
动画片 …… 2-336
动态规划 …… 2-338
动物 …… 2-339
动物区系 …… 2-340
动物地理学 …… 2-339
动物行为 …… 2-341
动物交往 …… 2-340
动物园 …… 2-341
《动物园故事》 …… 2-341
动物学 …… 2-341
动物胶 …… 2-340
动物疾病 …… 2-339
动物通信 …… 2-340
动物检疫 …… 2-340
动物崇拜 …… 2-339
动物智力 …… 2-341
动物福利 …… 2-339
动脉栓塞 …… 2-337
动脉硬化 …… 2-338
动脉粥样硬化 …… 2-338
动脉瘤 …… 2-337
动觉 …… 2-336
动能 …… 2-338
动能武器 …… 2-338
动能定理 …… 2-338
动量 …… 2-337
动量守恒定律 …… 2-337
动量定理 …… 2-337
动静脉瘘 …… 2-336
《匡庐图》 …… 4-497
耒阳市 …… 4-571
戎 …… 6-329
协同反应 …… 8-235
协同学 …… 8-235
协奏曲 …… 8-235
协调世界时 …… 8-235
协调论 …… 8-235
协整理论 …… 8-235
巩义市 …… 3-145
巩县石窟 …… 3-145
巩俐 …… 3-145
巩膜病 …… 3-145
圩垸 …… 7-545
地下工程 …… 2-240
地下水 …… 2-242
地下水位 …… 2-243
地下水库 …… 2-243
地下水超采 …… 2-242
地下采矿方法 …… 2-240
地下河 …… 2-241
地下经济 …… 2-241

地下热水 …… 2-241
地下铁道 …… 2-243
地下输电 …… 2-242
《地王颂》 …… 2-240
地中海 …… 2-251
地中海实蝇 …… 2-251
地中海型气候 …… 2-252
地方民族主义 …… 2-221
地方自治 …… 2-221
地方志 …… 2-221
地方时 …… 2-221
地方性梅毒 …… 2-221
地方税 …… 2-221
地心说 …… 2-243
地电场 …… 2-220
地史学 …… 2-238
地外文明 …… 2-240
地台 …… 2-238
地地导弹 …… 2-220
地老虎 …… 2-223
地名 …… 2-229
地名单一罗马化 …… 2-230
地名学 …… 2-230
地名标准化 …… 2-230
地衣 …… 2-244
地形图 …… 2-244
地形测量 …… 2-243
地壳 …… 2-231
地壳运动 …… 2-231
地壳均衡 …… 2-231
地应力 …… 2-244
地层学 …… 2-219
地拉那 …… 2-222
地转风 …… 2-252
地转流 …… 2-252
地图 …… 2-239
地图投影 …… 2-239
地图学 …… 2-239
地质力学 …… 2-249
地质公园 …… 2-248
地质年代学 …… 2-249
地质年表 …… 2-249
地质作用 …… 2-251
地质构造 …… 2-248
地质图 …… 2-249
地质学 …… 2-250
《地质学原理》 …… 2-251
地质温度计 …… 2-250
地波传播 …… 2-218
《地学通论》 …… 2-244
地空导弹 …… 2-222
地面沉降 …… 2-229
地峡 …… 2-240
地盾 …… 2-221
地狱 …… 2-244
地垒 …… 2-223
地核 …… 2-221
地热 …… 2-237
地热电站 …… 2-238
地钱 …… 2-230
地租 …… 2-252
地效飞行器 …… 2-243
地球 …… 2-231
地球化学 …… 2-234
地球化学勘查 …… 2-235
地球化学循环 …… 2-235
地球化学填图 …… 2-235
地球公转 …… 2-234
地球仪 …… 2-236
地球同步轨道 …… 2-236
地球自转 …… 2-237
地球村 …… 2-234
地球表层 …… 2-233
地球物理学 …… 2-236
地球物理勘探 …… 2-236
地球参考系 …… 2-233
地球重力场 …… 2-237
地球资源卫星 …… 2-237
《地球理论随笔》 …… 2-236
地球辐射带 …… 2-234
地球磁层 …… 2-233
地理人种 …… 2-225
地理大发现 …… 2-223
地理考察 …… 2-224
地理壳 …… 2-225
地理坐标 …… 2-228
地理系统 …… 2-226
地理环境 …… 2-224
地理定位站 …… 2-224
地理学 …… 2-226
地理标志 …… 2-223
地理信息系统 …… 2-226
地理数学模型 …… 2-226
地理数据库 …… 2-226
地域人种 …… 2-245
地域分异规律 …… 2-244
地黄 …… 2-222
地基 …… 2-222
地堑 …… 2-230
地冕 …… 2-229
地裂缝 …… 2-228
地毯 …… 2-238
地缘政治学 …… 2-245
地榆 …… 2-244
地磁场 …… 2-219
地磁极 …… 2-220
地磁极性倒转 …… 2-220
地磁学 …… 2-220
地幔 …… 2-229
地幔对流说 …… 2-229
地幔柱 …… 2-229
地貌学 …… 2-229
地膜覆盖栽培 …… 2-230
地槽 …… 2-219
地趟拳 …… 2-238
地震 …… 2-245
地震层析成像 …… 2-246
地震波 …… 2-246
地震学 …… 2-248
地震带 …… 2-246
地震前兆 …… 2-248
地震活动性 …… 2-246
地震烈度 …… 2-247
地震海啸 …… 2-246
地震预测 …… 2-248
地震勘探 …… 2-246
地藏 …… 2-245
地籍测量 …… 2-222
场内交易 …… 1-528
场外交易 …… 1-528
场效应晶体管 …… 1-528
朴正熙 …… 6-83
朴次茅斯 …… 6-105
朴素唯物主义 …… 6-106
朴趾源 …… 6-83
朴景利 …… 6-83
机车 …… 4-28
机动 …… 4-29
机场 …… 4-28
机会成本 …… 4-29
机体觉 …… 4-30
机床 …… 4-29
机枪 …… 4-30
机构学 …… 4-29
机织 …… 4-34
机载雷达 …… 4-34
机械 …… 4-30
机械工程 …… 4-31
《机械工程手册》 …… 4-31
机械化战争论 …… 4-31
机械手 …… 4-32
机械设计 …… 4-32
机械运动 …… 4-33
机械阻抗 …… 4-34
机械制图 …… 4-33
机械钟表 …… 4-34
机械原理 …… 4-32
机械能 …… 4-32
机械能守恒定律 …… 4-32
机械唯物主义 …… 4-32
机械零件 …… 4-32
机器 …… 4-30
机器人 …… 4-30
机器翻译 …… 4-30
权力 …… 6-257
权力机关 …… 6-258
权杖 …… 6-258
权利 …… 6-258
权利法案 …… 6-258
权责发生制 …… 6-258
权变理论 …… 6-257

权威主义 …… 6-258
权衅 …… 6-257
吉丁虫 …… 4-60
吉丁斯，F.H. …… 4-60
吉卜林，R. …… 4-58
吉大港 …… 4-60
吉贝尔蒂，L. …… 4-57
吉本，E. …… 4-57
吉布斯，J.W. …… 4-58
吉布斯自由能 …… 4-58
吉布提 …… 4-58
吉布提 …… 4-59
吉布提人 …… 4-59
吉田松阴 …… 4-67
吉田茂 …… 4-67
吉他 …… 4-66
吉尔古德，A.J. …… 4-60
吉尔吉斯人 …… 4-60
吉尔吉斯语 …… 4-61
吉尔吉斯斯坦 …… 4-61
吉尔伯特群岛 …… 4-60
《吉尔伽美什》 …… 4-61
吉兰人 …… 4-62
吉兰达约，D. …… 4-62
吉永小百合 …… 4-67
《吉尼斯世界纪录大全》 …… 4-65
吉皮乌斯，Z.N. …… 4-65
吉达 …… 4-59
吉伦特派 …… 4-65
吉米耶，F. …… 4-65
吉州窑 …… 4-68
吉安市 …… 4-57
吉芬悖论 …… 4-62
吉伯，W. …… 4-58
吉林大学 …… 4-63
吉林市 …… 4-64
吉林省 …… 4-63
吉林陨石雨 …… 4-64
吉拉尔德斯，R. …… 4-62
吉首市 …… 4-66
吉洪诺夫，V.V. …… 4-62
吉特里，S. …… 4-66
吉祥天女 …… 4-67
吉祥痣 …… 4-67
吉勒鲁普，K.A. …… 4-63
吉萨 …… 4-66
吉野里遗址 …… 4-67
吉鸿昌 …… 4-62
吉隆坡 …… 4-64
吉隆滩战役 …… 4-65
吉斯卡尔·德斯坦，V. …… 4-66
吉斯林，V.A.L.J. …… 4-66
吉普车 …… 4-65
吉普赛人 …… 4-65
吉登斯，A. …… 4-60
《吉赛尔》 …… 4-66
吉藏 …… 4-67
圭亚那 …… 3-240
圭亚那高原 …… 3-241
圭表 …… 3-240
寺院 …… 7-157
芋 …… 9-79
芋参目 …… 9-79
芋螺 …… 9-79
芍陂 …… 6-269
芍药科 …… 6-472
芒 …… 5-310
芒人 …… 5-311
芒市 …… 5-311
芒萁 …… 5-310
芒硝 …… 5-311
芝加哥 …… 9-288
芝加哥学派 …… 9-288
芝加哥期货交易所 …… 9-288
芝罘岛 …… 9-288
芝诺（爱利亚的） …… 9-289
芝麻 …… 9-288
《考工记》 …… 4-415
考古年代学 …… 4-415
《考古图》 …… 4-416
考古学 …… 4-416
考古学文化 …… 4-417
考托纳 …… 4-418
考纳斯 …… 4-418
考拉 …… 4-418
考迪略主义 …… 4-415
考试 …… 4-418
考茨基，K.J. …… 4-415
《老人与海》 …… 4-559
老人星 …… 4-558
老子 …… 4-561
《老子》 …… 4-562
《老子想尔注》 …… 4-562
《老井》 …… 4-557
老年公寓 …… 4-558
老年性痴呆 …… 4-558
老年性精神障碍 …… 4-558
《老妇还乡》 …… 4-557
老听人 …… 4-560
老松人 …… 4-559
老舍 …… 4-559
老河口市 …… 4-557
《老学庵笔记》 …… 4-561
老视 …… 4-559
老城隍庙 …… 4-557
《老残游记》 …… 4-557
老挝 …… 4-560
老挝语 …… 4-561
老聃 …… 4-557
老鸽巢剧院 …… 4-557
老龄卫生 …… 4-557
老龄化社会 …… 4-557
老龄问题 …… 4-558
耳 …… 2-420
耳外伤 …… 2-421
耳机 …… 2-420
耳针疗法 …… 2-421
耳鸣 …… 2-420
耳饰 …… 2-420
耳聋 …… 2-420
耳硬化症 …… 2-421
共工 …… 3-148
共生 …… 3-149
共生星 …… 3-149
共有 …… 3-150
共同犯罪 …… 3-149
共同诉讼 …… 3-150
共同海损 …… 3-149
共同通讯社 …… 3-150
共价键 …… 3-148
共产主义 …… 3-147
共产主义者同盟 …… 3-147
共产党和工人党情报局 …… 3-147
《共产党宣言》 …… 3-147
共形映射 …… 3-150
共进会 …… 3-149
共沉淀 …… 3-147
共青城 …… 3-149
共轭效应 …… 3-147
共和 …… 3-148
共和县 …… 3-148
共和制 …… 3-148
共享税 …… 3-150
共相 …… 3-150
共济失调 …… 3-148
共振 …… 3-151
共振论 …… 3-151
共振态 …… 3-151
共聚合 …… 3-149
亚丁 …… 8-401
亚丁湾 …… 8-401
亚大纳西 …… 8-399
亚马多，J. …… 8-406
亚马孙平原 …… 8-407
亚马孙合作条约组织 …… 8-406
亚马孙河 …… 8-406
亚历山大 …… 8-404
亚历山大，J. …… 8-404
亚历山大一世 …… 8-405
亚历山大一世 …… 8-405
亚历山大二世 …… 8-405
亚历山大大帝 …… 8-404
亚历山大东征 …… 8-404
亚历山大里亚古城 …… 8-405
亚太经济合作组织 …… 8-410
亚文化 …… 8-411
亚平宁山脉 …… 8-408
亚东县 …… 8-401
亚当 …… 8-399
亚当斯，A. …… 8-399
亚当斯，J.C. …… 8-399

亚当斯，S. 8-400
亚当·斯密 8-400
亚当斯-斯托克斯二氏综合征 8-400
亚伦 8-406
亚齐 8-408
亚齐人 8-409
亚声速飞行 8-409
亚里士多德 8-402
亚利桑那州 8-405
亚伯拉罕 8-398
亚纯函数 8-399
亚松森 8-410
亚述 8-409
亚述巴尼拔 8-410
亚述学 8-410
亚欧会议 8-408
亚欧铁路大陆桥 8-408
亚非会议 8-401
亚的斯亚贝巴 8-400
亚油酸 8-411
亚美尼亚 8-407
亚美尼亚人 8-408
亚美尼亚语 8-408
亚美尼亚高原 8-407
亚洲 8-411
亚洲开发银行 8-418
亚洲-太平洋广播联盟 8-419
亚洲四小龙 8-418
亚洲运动会 8-419
亚洲金融危机 8-417
亚洲象 8-419
亚速尔群岛 8-410
《亚眠条约》 8-408
亚特兰大 8-411
亚特兰大国际机场 8-411
亚铁氰化钾 8-411
亚健康 8-402
亚胺 8-398
亚得里亚海 8-400
《亚得里亚堡条约》 8-400
亚毫米波 8-402
亚麻 8-406
亚麻酸 8-406
亚盖洛王朝 8-402
亚琛大教堂 8-398
亚硝酸盐中毒 8-411
亚喀巴 8-402
亚瑟王传奇 8-409
亚穆苏克罗 8-408
再生产 9-150
再生胶 9-150
再生障碍性贫血 9-150
再审 9-150
再贴现 9-151
再贴现率 9-151
再保险 9-150
再贷款 9-150
吏读 5-23
西厂 8-90
西山 8-100
西山会议派 8-100
西门子 8-95
西门子，E.W.von 8-95
西门子股份公司 8-96
西门豹 8-95
西乡隆盛 8-106
西王母 8-103
西瓦古猿 8-102
西瓦吉 8-102
西贝柳斯，J. 8-87
西气东输管道 8-99
西方马克思主义 8-91
西方文官制度 8-91
西方经济学 8-91
西双版纳傣族自治州 8-101
西北“三战三捷” 8-87
西北工业大学 8-87
西北大学 8-86
西北科学考察 8-87
西北联合大学 8-87
西电东送 8-91
西田几多郎 8-102
西印度群岛 8-108
西瓜 8-92
西汉 8-92
西汉匈奴战争 8-92
西宁市 8-98
西亚 8-108
西西里岛 8-103
西西伯利亚平原 8-103
西伦佩，F.E. 8-95
西匈语支 8-106
西江 8-93
西安电影制片厂 8-81
西安市 8-81
西安交通大学 8-81
西安事变 8-82
西安碑林 8-81
西进运动 8-93
西巫拉帕 8-103
西医学 8-108
西里西亚 8-94
西里西亚纺织工人起义 8-94
《西园记》 8-110
西园寺公望 8-110
西利，H. 8-94
西伯利亚 8-88
西伯利亚汗国 8-88
西伯利亚铁路 8-89
《西伯利亚理发师》 8-88
西伯格，E. 8-88
西沙自卫反击战 8-100
西沙群岛 8-100
西青区 8-99
西欧 8-98
西欧庄园制 8-98
西欧农奴制 8-98
西欧采邑制 8-98
西奈半岛 8-97
西拉德，L. 8-94
西非 8-92
西凯里阿诺斯，A. 8-94
西凯罗斯，D.A. 8-94
西昌卫星发射中心 8-90
西昌市 8-90
西周 8-115
《西京杂记》 8-94
西河大鼓 8-93
西泠八家 8-95
西泠印社 8-95
西学东渐 8-106
西姆拉 8-97
西姆拉会议 8-97
西城区 8-90
西柏坡中共中央旧址 8-83
西南交通大学 8-97
西南联合大学 8-97
西点军校 8-90
西哈努克市 8-92
西叙福斯 8-106
《西狭颂》 8-104
西施 8-100
西施舌 8-100
西哀士，E.-J. 8-81
西洋参 8-108
《西洲曲》 8-117
西班牙 8-83
西班牙工人社会党 8-85
西班牙王位继承战争 8-86
西班牙内战 8-85
西班牙长枪党 8-84
西班牙政治改革 8-86
西班牙革命（1808～1814） 8-84
西班牙美洲独立战争 8-85
西班牙语 8-86
西班牙语美洲现代主义 8-86
西班牙第一共和国 8-84
西班牙港 8-84
西秦 8-99
西格斯，A. 8-92
西哥特王国 8-92
西晋 8-94
西夏 8-104
西夏文 8-106
西夏陵 8-105
西夏景宗李元昊 8-105
西凉 8-95
西部大开发 8-89
西部片 8-89
西部裕固语 8-89
西涅克，P. 8-98

西陵峡 8-95
西域 8-109
《西域水道记》 8-109
《西厢记》 8-106
西崑体 8-94
西商 8-100
《西清古鉴》 8-99
西维因 8-103
西博格，G.T. 8-89
西塔尔 8-102
《西斯廷圣母》 8-102
西斯廷教堂 8-102
西斯莱，A. 8-101
西斯瑞，P.-L.-C. 8-101
西斯蒙第，J.-C.-L.S.de 8-101
西葫芦 8-93
西雅图 8-107
西番莲科 8-91
西装 8-117
西道堂 8-90
西湖风景名胜区 8-93
《西游记》 8-108
《西楼记》 8-95
西蒙，C. 8-96
西蒙，H.A. 8-96
西蒙诺夫，K.M. 8-96
西蒙调查团 8-96
西盟佤族自治县 8-96
西塞罗 8-99
西撒哈拉 8-99
西燕 8-108
西餐 8-90
西默农，G. 8-96
西藏八王 8-110
西藏大学 8-110
《西藏王统记》 8-113
西藏平叛 8-112
西藏地域人种 8-110
西藏寺庙壁画 8-112
西藏自治区 8-113
西藏农奴制 8-112
西藏佛教雕塑 8-110
西藏和平解放 8-111
西魏 8-103
《列子》 5-75
列支敦士登 5-75
列支敦士登人 5-75
列文虎克，A.van 5-75
列宁，V.I. 5-72
列宁主义 5-73
列宁格勒 5-73
列当科 5-72
《列那狐的故事》 5-72
列昂诺夫，L.M. 5-71
列朋，G. 5-73
列班·扫马 5-71
列宾，I.Ye. 5-71
列宾美术学院 5-72
列宾绘画雕塑建筑学院 5-72
列维-布留尔，L. 5-74
列维坦，I.I. 5-74
列维坦，Yu.B. 5-74
列维-斯特劳斯，C. 5-74
列斯加夫特，P.F. 5-74
列斯科夫，N.S. 5-74
夸父 4-492
夸乌特莫克 4-493
夸齐莫多，S. 4-493
夸克 4-492
夸美纽斯，J.A. 4-492
夸贾林环礁 4-492
夺门之变 2-392
压力 8-385
压力容器 8-385
压水堆 8-385
压岁钱 8-386
压抑 8-386
压条 8-386
压胜钱 8-385
压强 8-385
压路机 8-385
压缩机 8-386
厌恶疗法 8-442
厌氧菌感染 8-442
有爪动物门 9-51
有孔虫 9-48
有丝分裂 9-48
有机化合物 9-46
有机化学 9-46
有机半导体 9-45
有机污染物 9-47
有机导体 9-45
有机肥料 9-45
有价证券 9-48
有行为能力人 9-50
有色金属 9-48
有序与无序 9-50
有尾目 9-49
有性生殖 9-50
有限与无限 9-49
有限责任公司 9-49
有限政府 9-49
有限战争 9-49
有限战争理论 9-49
有翅昆虫 9-45
有氧运动 9-51
有效需求 9-50
有害生物 9-45
有理数 9-48
有袋目 9-45
有巢氏 9-45
有期徒刑 9-48
有颌类 9-45
有鞭目 9-44
灰六鳃鲨 3-605
灰市 3-605
灰指（趾）甲 3-605
灰喜鹊 3-605
《灰阑记》 3-604
在线分析 9-151
《在接见首都戒严部队军以上干部时的讲话》 9-151
在野党 9-151
存在 2-59
《存在与时间》 2-59
《存在与虚无》 2-59
存在主义 2-59
存储器组织 2-59
百工 1-211
百日咳 1-214
百叶箱 1-216
百老汇 1-212
百岁叶 1-215
《百岁挂帅》 1-215
百团大战 1-215
《百年孤独》 1-213
百年战争 1-214
百合 1-211
百色市 1-214
百色遗址 1-215
百戏 1-216
百花齐放、百家争鸣 1-211
百花奖 1-211
百灵 1-213
百事公司 1-215
百货商店 1-211
百科全书 1-212
百科全书派 1-212
百炼钢 1-213
百济 1-211
百部科 1-211
百家争鸣 1-212
《百家姓》 1-212
《百喻经》 1-217
百慕大 1-213
页岩 8-503
成人教育 1-579
成山角 1-579
成王方鼎 1-580
成文法 1-580
成本会计 1-576
成本函数 1-576
成本核算 1-576
成龙 1-578
成汉 1-578
成玄英 1-580
成吉思汗 1-578
成吉思汗陵 1-578
成年礼 1-578
成仿吾 1-577
成兆才 1-580

成岩作用 1-580
成昆铁路 1-578
成舍我 1-579
成周 1-581
成实学派 1-579
成组技术 1-581
成荫 1-580
成思危 1-579
成语 1-580
成都万佛寺石刻 1-577
成都平原 1-577
成都市 1-577
《成唯识论》 1-580
成康之治 1-578
成像侦察卫星 1-580
匠户 4-192
死亡 7-142
《死亡诗社》 7-142
死刑 7-142
死刑复核程序 7-143
死谷 7-141
死胎 7-142
死海 7-141
死海古卷 7-142
死缓 7-142
《死魂灵》 7-142
达木丁苏伦，Ts. 2-68
达瓦孜 2-69
达乌德 2-69
达文南特，W. 2-69
达卡 2-63
达令河 2-67
达尔，R.A. 2-61
达尔贝达 2-61
达尔文，C.R. 2-62
达尔文学说 2-62
达尔汗 2-62
《达尔杜弗》 2-62
达尔富尔高原 2-62
达式常 2-68
达西，H.-P.-G. 2-69
达西定律 2-70
达达主义 2-61
达达尼尔海峡 2-61
达扬，M. 2-70
达伦多夫，R. 2-68
达米阿尼，D. 2-68
达州市 2-70
达·芬奇 2-62
达·芬奇科技博物馆 2-63
达里奥，R. 2-67
达利，S. 2-67
达·伽马 2-63
达沃 2-69
达林，O.von 2-67
达拉第，É. 2-64
达拉斯 2-64
达尚峰 2-68
达罗毗荼人 2-68
达罗毗荼语系 2-68
达迪耶，B. 2-61
达信 2-70
达荷美王国 2-63
达浦生 2-68
达海 2-63
达朗贝尔，J.le R. 2-66
达朗贝尔原理 2-66
达累斯萨拉姆 2-67
达斯古普塔，S. 2-69
达斯汀·霍夫曼 2-69
达雅克人 2-70
达喀尔 2-63
达鲁花赤 2-67
达赖喇嘛 2-64
达赖喇嘛·土丹嘉措 2-65
达赖喇嘛·云丹嘉措 2-66
达赖喇嘛·丹增嘉措 2-64
达赖喇嘛·罗桑嘉措 2-65
达赖喇嘛·格桑嘉措 2-64
达赖喇嘛·根敦珠巴 2-65
达赖喇嘛·索朗嘉措 2-65
达斡尔语 2-69
达斡尔族 2-69
迈尔，J.L. 5-292
迈克耳孙，A.A. 5-292
迈克耳孙－莫雷实验 5-292
迈阿密 5-291
迈耶贝尔，G. 5-293
迈特纳，L. 5-292
迈锡尼文明 5-293
夹竹桃科 4-122
夹江千佛崖造像 4-122
扦插 6-158
托马斯，S.G. 7-454
托马斯，W.I. 7-454
托马斯·阿奎那 7-455
托马斯·曼 7-455
托马斯·曼 7-455
托夫斯托诺戈夫，G.A. 7-452
托木尔峰 7-455
托卡马克 7-453
托尔加，M. 7-452
托尔特克文化 7-452
托尔斯泰，A.N. 7-452
托尔斯泰，L.N. 7-452
托尔斯港 7-452
托坎廷斯河 7-453
托克劳 7-453
托里拆利，E. 7-454
托利党 7-454
托拉斯 7-453
托罗斯山脉 7-454
托洛茨基，L.D. 7-454
托钵僧团 7-451
托宾，J. 7-451
托勒尔，E. 7-453
托勒玫 7-453
《托勒玫地图》 7-453
托勒玫体系 7-454
《托斯卡》 7-455
托斯卡尼尼，A. 7-455
托雷斯海峡 7-454
托福考试 7-453
执行元件 9-295
执行器 9-294
执金吾 9-294
执政府 9-295
执政官 9-295
执政党 9-295
扫描仪 6-414
扫描探针显微加工 6-414
扫描隧道显微镜 6-414
扫墓 6-414
扬子江 8-449
扬子鳄 8-448
扬子鳄自然保护区 8-449
扬中市 8-447
扬州八怪 8-447
扬州市 8-448
扬州名园 8-448
扬州评话 8-448
扬州清曲 8-448
扬州弹词 8-448
扬州鉴真纪念堂 8-447
扬弃 8-446
扬剧 8-446
扬琴 8-446
扬雄 8-447
扬程 8-446
轨迹 3-244
轨道寿命 3-244
邪马台国 8-489
邪正盛衰 8-235
邪教 8-235
毕节市 1-327
毕节地区 1-327
毕业论文 1-328
毕业设计 1-328
毕生发展 1-328
毕尔巴鄂 1-326
毕加索，P. 1-326
毕达哥拉斯 1-326
毕达哥拉斯学派 1-326
毕苏语 1-328
毕希纳，G. 1-328
毕沙罗，C. 1-327
毕昇 1-328
毕宿五 1-328
毕奥，J.-B. 1-325
毕奥－萨伐尔定律 1-325
“毕德麦耶尔”文学 1-326

毕德显 ……1-326
尧 ……8-478
尧人 ……8-478
夷 ……8-538
夷平面 ……8-538
《夷坚志》……8-538
夷夏之防 ……8-538
过木设施 ……3-302
过电压防护 ……3-301
过失犯罪 ……3-303
过冷 ……3-301
过热 ……3-303
过氧化物 ……3-303
过氧化物酶体 ……3-303
过氧化氢 ……3-303
过敏性紫癜 ……3-302
过期妊娠 ……3-302
过程工程 ……3-300
过程控制系统 ……3-300
过渡元素 ……3-301
过渡轨道 ……3-301
过渡态理论 ……3-301
过滤 ……3-302
过滤机 ……3-302
过境贸易 ……3-301
过磷酸钙 ……3-302

〔丨〕

贞观之治 ……9-246
《贞观政要》……9-246
贞德 ……9-246
师旷 ……6-573
师范教育 ……6-573
师昌绪 ……6-573
尘肺 ……1-548
尘暴 ……1-548
尘螨 ……1-549
尖吻蝮 ……4-150
尖晶石 ……4-150
尖锐湿疣 ……4-150
尖端放电 ……4-150
光 ……3-219
光子 ……3-230
光化学 ……3-222
光化学烟雾 ……3-223
光气 ……3-226
光反射 ……3-221
光未然 ……3-227
光电子材料 ……3-221
光电效应 ……3-221
光电集成材料 ……3-221
光电管 ……3-220
光压 ……3-230
光年 ……3-225
光行差 ……3-228
光合作用 ……3-222
光合细菌 ……3-221
光州 ……3-230
光污染 ……3-227
光纤 ……3-228
光纤通信 ……3-228
光声光谱 ……3-227
光折射 ……3-230
光卤石 ……3-224
光疗 ……3-223
光社 ……3-226
光环效应 ……3-223
光呼吸 ……3-222
《光明日报》……3-225
光的二象性 ……3-219
光的干涉 ……3-219
光的吸收 ……3-220
光的色散 ……3-220
光的衍射 ……3-220
光的偏振 ……3-220
光岳楼 ……3-230
光波传播 ……3-219
光波导 ……3-219
光学 ……3-228
光学介质材料 ……3-229
光学纤维 ……3-229
光学玻璃 ……3-229
光学晶体 ……3-229
光学塑料 ……3-229
光学薄膜 ……3-229
光线偏折 ……3-228
光荣革命 ……3-226
光复会 ……3-221
光核反应 ……3-222
光速 ……3-227
光速不变原理 ……3-227
光效应艺术 ……3-228
光球 ……3-226
光敏性皮炎 ……3-224
光敏素 ……3-224
光敏高分子 ……3-224
光敏陶瓷 ……3-224
光盘存储器 ……3-225
光绪帝 ……3-228
光斑 ……3-219
光散射 ……3-226
“光辉孤立” ……3-223
光晶体三极管 ……3-223
光裕社 ……3-230
光缆 ……3-223
光解 ……3-223
光谱 ……3-225
光谱化学分析 ……3-225
光谱仪器 ……3-225
光谱学 ……3-225
当归 ……2-151
《当代英雄》……2-151
当阳市 ……2-151
当事人 ……2-151
当惹雍错 ……2-151
当铺 ……2-153
吐火罗 ……7-445
吐火罗语 ……7-445
吐谷浑 ……7-446
吐法 ……7-447
吐根碱 ……7-445
吐峪沟石窟 ……7-446
吐鲁番文书 ……7-446
吐鲁番市 ……7-446
吐鲁番地区 ……7-445
吐鲁番盆地 ……7-446
吐蕃 ……7-445
吸尘器 ……8-117
吸虫纲 ……8-117
吸血蝠 ……8-118
吸收不良综合征 ……8-118
吸附 ……8-118
吸油烟机 ……8-118
吸积 ……8-118
吸烟危害 ……8-118
吗啡 ……5-287
帆布 ……2-461
帆船 ……2-461
帆船运动 ……2-461
刚玉 ……3-53
刚体 ……3-53
刚果（布）……3-49
刚果（金）……3-50
刚果王国 ……3-52
刚果河 ……3-52
刚果盆地 ……3-52
刚度 ……3-49
刚架桥 ……3-53
刚毅 ……3-53
吕大临 ……5-177
吕天成 ……5-180
吕不韦 ……5-177
《吕氏春秋》……5-179
吕文成 ……5-180
吕正操 ……5-181
吕本中 ……5-177
吕布，M. ……5-177
吕光 ……5-178
吕后 ……5-178
吕克·贝松 ……5-179
吕宋岛 ……5-180
吕宋国 ……5-180
吕叔湘 ……5-179
吕思勉 ……5-179
吕钦 ……5-179
吕保维 ……5-177
吕彦直 ……5-180
吕洞宾 ……5-178
吕祖谦 ……5-181
吕振羽 ……5-180
吕剧 ……5-179

吕梁山 5-179
吕梁市 5-179
吕惠卿 5-178
吕德，F. 5-177
吕骥 5-178
吊车 2-301
吊兰 2-302
吊环 2-301
吊唁 2-302
吊脚楼 2-301
《岁时广记》 7-216
岁实和朔策 7-216
岁星纪年 7-216
岁差和章动 7-215
《岁寒堂诗话》 7-216
早产 9-162
早泄 9-163
《早春二月》 9-162
《早春图》 9-162
早期铁器时代 9-162
早期智人 9-163
早稻田大学 9-162
同一认定 7-399
同工酶 7-395
同中书门下平章事 7-399
同仁堂 7-396
同分异构体 7-395
同文馆 7-398
同心县 7-398
同心清真大寺 7-398
同光体 7-395
同江市 7-395
同步回旋加速器 7-394
同步辐射 7-394
同里镇 7-396
同位素 7-396
同位素化学 7-396
同位素分离 7-396
同位素地球化学 7-396
同位素年代学 7-397
同位素效应 7-397
同位旋 7-398
同余 7-399
同系列 7-398
同质多晶 7-399
同性恋 7-398
同济大学 7-395
同翅目 7-395
同病异治 7-394
同盟者战争 7-396
同源字 7-399
同源词 7-399
网上书店 7-524
网上购物 7-524
网上学校 7-524
网页 7-524
网络 7-521
网络广播 7-522
网络出版 7-522
网络技术 7-522
网络经济 7-522
网络政府 7-523
网络战 7-523
网络流 7-522
网络银行 7-523
网络媒体 7-522
网络新闻编辑 7-523
网站 7-524
网球 7-523
因加尔登，R. 8-570
因纽特人 8-570
因明 8-570
因特网 8-571
团头鲂 7-448
团体理论 7-448
团结工会 7-448
回忆说 3-610
回文诗 3-610
回火 3-609
回归分析 3-608
回归文学 3-609
回归线 3-609
回归热 3-609
回扣 3-609
回阳救逆 3-610
回声测深仪 3-610
回良玉 3-609
回购贸易 3-608
回教 3-609
回族 3-610
回族菜 3-611
回旋加速器 3-610
回鹘 3-609
回鹘文 3-609
回避 3-608
曳鳃动物门 8-503
虫积证 2-3
虫蜡 2-4
曲艺 6-255
曲江池 6-248
曲阳县 6-249
曲阜市 6-247
曲阜鲁城 6-247
曲线 6-249
曲面 6-249
《曲品》 6-255
《曲律》 6-255
曲调 6-255
曲率 6-248
曲麻莱县 6-248
曲棍球 6-247
曲牌联套体 6-255
曲靖市 6-248
曲霉病 6-248
肉用牛 6-337
肉豆蔻科 6-337
肉芽肿 6-337
肉苁蓉 6-336
肉松 6-337
肉毒中毒 6-337
肉桂醛 6-337
肉鳍鱼类 6-337

〔丿〕

竹 9-496
《竹书纪年》 9-497
竹节石 9-497
竹节虫目 9-496
竹叶青蛇 9-498
竹林七贤 9-497
《竹林七贤与荣启期》砖画 9-497
竹刻 9-497
竹柏 9-496
竹炭纤维 9-497
竹溪寺 9-497
丢勒，A. 2-314
丢番图 2-314
舌 6-477
舌形贝 6-478
舌诊 6-478
舌苔 6-478
舌质 6-478
舌鳎 6-478
乔木 6-183
乔戈里峰 6-182
乔丹，M. 6-181
乔巴山 6-181
乔石 6-183
乔尔乔涅 6-182
乔吉 6-182
乔托 6-183
乔伊斯，J. 6-184
乔戏 6-184
乔玛 6-182
乔治·卢卡斯 6-184
乔治·桑 6-184
乔治敦 6-184
乔治敦 6-184
乔姆斯基，N. 6-182
乔相扑 6-184
乔叟，G. 6-183
乔冠华 6-182
乔清秀 6-183
朱三太子案 9-486
朱工一 9-482
《朱子语类》 9-490
朱化麟 9-483
朱丹溪 9-480
朱文鑫 9-487
朱巴河 9-479
朱世杰 9-486

朱可夫，G.K. 9-484
朱石麟 9-486
朱东润 9-482
朱仙镇 9-489
朱生豪 9-486
朱权 9-485
朱执信 9-490
朱光亚 9-482
朱光潜 9-482
朱自清 9-487
朱亦松 9-489
朱纨 9-487
《朱丽小姐》 9-484
朱克柔 9-484
朱克曼，P. 9-484
朱利亚学校 9-485
朱应 9-489
朱启钤 9-485
朱松邻 9-487
朱顶红 9-481
朱拉隆功改革 9-484
朱迪·福斯特 9-481
朱物华 9-487
朱学范 9-489
朱建华 9-483
朱绍文 9-486
朱经武 9-483
朱耷 9-479
朱洪元 9-483
朱洗 9-488
朱莉亚·罗伯茨 9-485
朱骏声 9-484
朱雀 9-485
朱淑真 9-486
朱琳 9-485
朱梾 9-487
朱棣文 9-481
朱践耳 9-483
朱然墓 9-485
朱敦儒 9-482
朱湘 9-489
朱温 9-487
朱蕴山 9-489
朱德 9-480
《朱德选集》 9-481
朱德熙 9-481
朱熹 9-488
朱镕基 9-486
朱穆之 9-485
朱鹮 9-483
朱彝尊 9-489
氘 2-155
氖 5-514
年 5-584
年号 5-584
年画 5-584
年轮 5-585
年轮气候学 5-585
年金 5-585
年龄 5-585
年鉴学派 5-585
年薪制 5-585
年羹尧 5-584
先天性马蹄内翻足 8-171
先天性心血管病 8-171
先天综合判断 8-172
先天畸形 8-171
先予执行 8-172
先行给付 8-172
《先驱》 8-171
《先驱报》 8-171
先知 8-172
先知寺 8-172
先轸 8-172
《先秦汉魏晋南北朝诗》 8-170
先秦散文 8-170
先验论 8-172
先锋文学 8-170
先锋派电影 8-169
先锋派音乐 8-170
廷布 7-387
廷伯根，N. 7-386
迁安市 6-158
迁海令 6-158
迁徙 6-158
迁徙 6-159
伟晶岩 7-561
《传习录》 2-28
传动 2-25
传导紊乱 2-24
传奇戏曲 2-25
传招 2-28
传变 2-24
传染性红斑 2-26
传染性软疣 2-26
传染性非典型肺炎 2-26
传染性单核细胞增多症 2-26
传染病 2-25
传说时期 2-27
传神论 2-27
传统戏 2-27
传真 2-28
传热学 2-26
传粉 2-25
传递细胞 2-25
传销 2-28
传感器 2-25
传播学 2-24
休伦湖 8-335
休伊什，A. 8-337
休克 8-334
休眠 8-335
休息权 8-336
休息休假 8-336
休渔期 8-337
休斯，L. 8-336
休斯敦 8-336
休谟，D. 8-335
伍子胥 8-55
伍廷芳 8-54
伍连德 8-54
伍迪·艾伦 8-54
伍献文 8-55
伍德沃德，R.B. 8-54
伏 2-596
伏牛山 2-598
伏打，A. 2-596
伏龙芝，M.V. 2-598
伏生 2-598
伏尔加河 2-597
《伏尔加河上的纤夫》 2-597
伏尔加格勒 2-596
伏尔泰 2-597
伏尼契，E.L. 2-598
伏安法 2-596
伏明霞 2-598
伏契克，J. 2-598
伏特 2-599
伏特加 2-599
伏羲氏 2-599
优生学 9-29
优先权 9-30
优先股 9-29
优孟 9-29
优选法 9-30
伐佐夫，I.M. 2-434
佤语 7-471
佤族 7-471
佤-德昂语支 7-471
仲长统 9-459
仲夏节 9-459
仲裁 9-459
仵作 8-55
任天知 6-308
任中敏 6-309
任丘市 6-308
任光 6-307
任访秋 6-307
任伯年 6-307
任建新 6-307
任脉 6-311
任美锷 6-308
任继愈 6-307
任弼时 6-306
任颐 6-308
任新民 6-308
任溶溶 6-308
伤口愈合 6-451
伤残保险 6-450
伤痕文学 6-451
伤筋 6-451

伤寒 …… 6–450
伤寒 …… 6–451
《伤寒论》…… 6–451
伤寒学派 …… 6–451
价格 …… 4–146
价格双轨制 …… 4–146
价格指数 …… 4–147
价格调控 …… 4–147
价格剪刀差 …… 4–146
价格弹性 …… 4–147
价值 …… 4–147
价值论 …… 4–148
价值观 …… 4–147
价值规律 …… 4–147
价键理论 …… 4–147
伦巴 …… 5–191
伦勃朗 …… 5–192
伦理 …… 5–195
伦理学 …… 5–195
《伦理学》…… 5–195
伦琴，W.K. …… 5–195
伦敦 …… 5–192
伦敦 …… 5–192
伦敦大学 …… 5–193
伦敦兄弟 …… 5–194
伦敦地下铁道 …… 5–193
伦敦交响乐团 …… 5–194
伦敦希思罗国际机场 …… 5–194
伦敦国际金融期货期权交易所 …… 5–194
伦敦国家画廊 …… 5–194
伦敦桥 …… 5–194
伦敦塔 …… 5–194
伦敦蜡像馆 …… 5–194
仰光 …… 8–470
仰光大金塔 …… 8–470
仰泳 …… 8–471
仰韶文化 …… 8–470
仿毛织物 …… 2–498
仿生机械 …… 2–498
仿生学 …… 2–499
仿丝织物 …… 2–499
仿形机床 …… 2–499
仿纱型织物 …… 2–498
仿真 …… 2–499
《伪君子》…… 7–561
伪经 …… 7–561
伪满洲国 …… 7–561
伪蝎目 …… 7–561
伊万诺夫，I.I. …… 8–533
伊凡四世（雷帝）…… 8–517
伊凡诺夫，A.S. …… 8–517
伊比比奥人 …… 8–514
伊比利亚半岛 …… 8–514
伊比利亚美洲首脑会议 …… 8–515
《伊戈尔远征记》…… 8–517
伊瓦尔沃罗，J.de …… 8–533
伊文思，J. …… 8–533
伊文斯，A. …… 8–533
伊尹 …… 8–533
伊巴丹 …… 8–513
伊巴露丽，D. …… 8–513
伊本·太米叶 …… 8–514
伊本·沙特 …… 8–514
伊本·阿拉比 …… 8–513
伊本·拔图塔 …… 8–514
伊本·路世德 …… 8–514
伊本·穆格法 …… 8–514
伊东深水 …… 8–516
伊卡萨，J. …… 8–517
伊瓜苏瀑布 …… 8–517
伊尔系列飞机 …… 8–516
伊尔库茨克 …… 8–516
《伊尔库斯克的故事》…… 8–516
伊宁市 …… 8–525
伊达尔戈–科斯蒂利亚，M. …… 8–515
伊州 …… 8–533
伊玛目 …… 8–525
伊丽莎白一世 …… 8–523
伊丽莎白二世 …… 8–523
伊丽莎白·泰勒 …… 8–523
伊克巴尔 …… 8–517
伊苏里亚王朝 …… 8–531
伊里安岛 …… 8–523
伊利汗国 …… 8–523
《伊利昂纪》…… 8–523
伊利诺伊州 …… 8–524
伊利湖 …… 8–524
伊甸园 …… 8–516
伊阿宋 …… 8–513
伊纳爵·罗耀拉 …… 8–525
伊拉克 …… 8–517
伊拉克革命 …… 8–519
伊拉克战争 …… 8–519
伊拉斯谟，D. …… 8–520
伊拉塞克，A. …… 8–519
伊势神宫 …… 8–526
伊迪卡拉动物群 …… 8–516
伊春市 …… 8–515
伊兹密尔 …… 8–533
伊洛瓦底江 …… 8–524
伊洛克人 …… 8–524
伊费古城 …… 8–517
伊泰普水电站 …… 8–532
伊索 …… 8–531
伊索克拉底 …… 8–531
伊顿公学 …… 8–516
伊特鲁里亚文化 …… 8–532
伊特鲁里亚美术 …… 8–532
伊朗 …… 8–520
伊朗伊斯兰革命 …… 8–522
伊朗高原 …… 8–522
伊通满族自治县 …… 8–532
伊梅里纳 …… 8–525
伊萨尔科火山 …… 8–525
伊犁 …… 8–522
伊犁马 …… 8–523
伊犁河 …… 8–523
伊犁哈萨克自治州 …… 8–522
伊博人 …… 8–515
伊斯兰世界联盟 …… 8–530
伊斯兰会议组织 …… 8–527
伊斯兰现代主义 …… 8–530
伊斯兰法系 …… 8–527
伊斯兰建筑 …… 8–527
伊斯兰教 …… 8–528
伊斯兰教历 …… 8–529
伊斯兰教法 …… 8–529
伊斯兰教美术 …… 8–529
伊斯兰堡 …… 8–526
伊斯兰殡礼 …… 8–527
伊斯坦布尔 …… 8–531
伊斯拉姆，N. …… 8–526
伊斯法罕 …… 8–526
伊斯法哈尼 …… 8–526
伊斯顿，D. …… 8–526
伊斯梅利亚 …… 8–531
《伊瑙》…… 8–525
伊塞克湖 …… 8–525
伊德里西 …… 8–516
伊默尔曼，K.L. …… 8–525
伊壁鸠鲁 …… 8–515
伊藤博文 …… 8–532
《似水流年》…… 7–157
似动 …… 7–157
华 …… 3–532
华山 …… 3–555
华中科技大学 …… 3–540
华氏温度 …… 3–538
华东师范大学 …… 3–533
华东理工大学 …… 3–533
华北平原 …… 3–532
华北地域人种 …… 3–532
华北事变 …… 3–533
华生，J.B. …… 3–536
华尔兹 …… 3–534
《华尔街日报》…… 3–534
华西协合大学 …… 3–538
华西列夫斯基，A.M. …… 3–538
华达呢 …… 3–533
《华夷图》…… 3–540
《华伦夫人的职业》…… 3–534
华兴会 …… 3–539
《华阳国志》…… 3–556
华阴市 …… 3–556
华严宗 …… 3–539
《华严经》…… 3–539
华岗 …… 3–553
华县地震 …… 3–555
华佗 …… 3–555
华沙 …… 3–535
华沙公国 …… 3–535

《华沙条约》 3-536
华沙条约组织 3-536
华沙起义 3-536
华君武 3-554
华纳兄弟影业公司 3-534
华罗庚 3-554
华国锋 3-553
华建敏 3-554
华南师范大学 3-535
华南虎 3-535
华南理工大学 3-535
华彦钧 3-556
华兹华斯，W. 3-540
华莱士，D. 3-534
华莱士，A.R. 3-534
华夏文化 3-538
华顿，E. 3-534
华盛顿 3-536
华盛顿，G. 3-537
华盛顿会议 3-537
华盛顿州 3-538
《华盛顿邮报》 3-538
华盛顿国立美术馆 3-537
华盖木 3-534
华清宫 3-535
华蓥山 3-540
华蓥市 3-540
华蘅芳 3-554
华嵒 3-555
乒乓外交 6-86
乒乓球 6-86
延边朝鲜族自治州 8-424
延吉市 8-424
延庆县 8-425
延安大学 8-423
延安平剧研究院 8-424
延安市 8-424
延安革命遗址 8-424
延伸率 8-425
延胡索素 8-424
延期审理 8-425
延森，J.V. 8-425
延髓 8-425
自力救济 9-538
自卫权 9-545
自由 9-547
《自由与爱情》 9-550
自由女神像 9-549
自由主义 9-550
自由主义神学 9-550
自由民权运动 9-549
自由边境区 9-547
自由式滑雪 9-549
自由过境区 9-548
自由体操 9-549
自由泳 9-550
自由贸易区 9-548
自由贸易政策 9-548
自由度 9-547
自由泰运动 9-549
自由振动 9-550
自由剧团 9-548
自由教育 9-548
自由基 9-548
自由基聚合 9-548
自由落体运动 9-548
自由港 9-547
自由撰稿人 9-550
自主神经系统 9-551
自发裂变 9-537
自动人行道 9-536
自动化 9-535
自动化元件 9-536
自动化仪表 9-536
自动生产线 9-537
自动扶梯 9-535
自动调节系统 9-537
自动检测仪表 9-536
自动控制系统 9-536
自动售货 9-537
自行 9-545
自行车 9-546
自行车运动 9-546
自行火炮 9-546
《自杀论》 9-544
自杀预防 9-544
自汗 9-537
自贡市 9-537
自来水笔 9-537
自助餐 9-551
自我刺激 9-545
自我知觉 9-545
自我意识 9-545
自身免疫性疾病 9-544
自诉 9-545
自卑感 9-535
自治区 9-551
自治州 9-551
自治法规 9-550
自残 9-535
自首 9-544
自留地 9-538
自流井 9-538
自旋 9-547
《自然》 9-538
自然人 9-541
自然区 9-541
自然区划 9-541
自然失业率 9-542
自然主义 9-543
自然地理学 9-540
自然村 9-540
自然灾害 9-543
自然环境 9-540
自然金 9-541
自然宗教 9-544
自然经济 9-541
自然带 9-540
自然科学 9-541
自然选择 9-542
自然保护 9-538
自然保护区 9-539
自然疫源地 9-543
自然派 9-541
自然神论 9-542
自然哲学 9-543
自然铂 9-539
自然资源 9-544
自然资源永久主权 9-544
自然崇拜 9-539
自然铜 9-542
自然硫 9-541
自然景观 9-541
自然遗迹 9-543
自然数 9-542
《自然辩证法》 9-539
自慰 9-545
血小板 8-376
血小板疾病 8-376
血友病 8-378
血压 8-377
血吸虫病 8-376
血红蛋白 8-374
血红蛋白尿 8-375
血红蛋白病 8-374
血证 8-379
血尿 8-375
血型 8-377
血亲 8-375
血栓闭塞性脉管炎 8-376
血栓形成 8-376
血栓性静脉炎 8-376
血热证 8-375
血虚证 8-377
血清病 8-375
血液 8-377
血缘家庭 8-378
血瘀证 8-378
血管 8-373
血管性水肿 8-373
血管炎 8-374
血管瘤 8-373
血糖 8-376
向日葵 8-204
向风群岛 8-203
向心力 8-205
向心加速度 8-205
向达 8-203
向秀 8-205
向忠发 8-205
向海自然保护区 8-204

向斜 8–205
向量分析 8–204
向量空间 8–204
向警予 8–204
行中书省 8–321
行气 8–314
行为主义心理学 8–315
行为主义政治学 8–315
行为地理 8–315
行为治疗 8–315
行为遗传学 8–315
行为障碍 8–315
行书 8–314
《行水金鉴》 8–314
行头 8–314
行动绘画 8–313
行列式 3–389
行贩 8–313
行政 8–316
行政区划 8–319
行政失职 8–319
行政处分 8–317
行政处罚 8–317
行政行为 8–320
行政决策 8–319
行政违法 8–320
行政抗诉 8–319
行政体制 8–320
行政诉讼 8–319
行政诉讼当事人 8–320
行政诉讼时效 8–320
行政诉讼法 8–320
行政补偿 8–317
行政改革 8–318
行政附带民事诉讼 8–318
行政拘留 8–319
行政法 8–317
行政法规 8–317
行政学 8–321
行政复议 8–318
行政监督 8–318
行政越权 8–321
行政赔偿 8–319
行政道德 8–317
行政强制措施 8–319
行星 8–316
行星大气 8–316
行星际物质 8–316
行星环 8–316
行道树 8–313
行歌坐月 8–314
后七子 3–493
后工业社会 3–491
后工业城市 3–491
后冈遗址 3–491
《后四声猿》 3–493
后印象主义 3–494
后生动物 3–493
后记 3–492
后汉 3–491
《后汉书》 3–491
后汉高祖刘知远 3–491
后发座星系团 3–491
后农业社会 3–493
《后村诗话》 3–491
后现代主义美术 3–494
后金 3–492
后周 3–495
后周太祖郭威 3–495
后周世宗柴荣 3–495
后赵 3–495
后秦 3–493
后晋 3–492
后晋高祖石敬瑭 3–492
后凉 3–492
后唐 3–494
后唐庄宗李存勖 3–494
后梁 3–493
后湖黄册库 3–492
后蜀 3–493
后燕 3–494
舟山市 9–464
舟山岛 9–464
舟山跨海大桥 9–464
舟山群岛 9–464
舟蛾 9–464
《创世纪》 2–32
创业投资基金 2–32
创业板市场 2–32
创伤 2–31
创制权 2–33
创造社 2–32
创造性发展 2–33
创造性思维 2–33
创新 2–32
杀人蜂 6–421
杀虫剂 6–421
杀伤细胞 6–421
杀菌剂 6–421
杀鼠剂 6–422
杀螨剂 6–421
《全上古三代秦汉三国六朝文》 6–263
《全元散曲》 6–265
全反射 6–259
《全汉三国晋南北朝诗》 6–259
全汉昇 6–259
全民公决 6–261
全民所有制 6–261
《全辽文》 6–260
全同粒子 6–264
《全宋文》 6–263
《全宋词》 6–263
《全宋诗》 6–263
全非人民大会 6–259
《全明散曲》 6–261
全国少数民族传统体育运动会 6–259
全国重点文物保护单位 6–259
《全金元词》 6–260
全宗 6–265
《全相平话五种》 6–265
全面质量管理 6–261
全面经济核算 6–260
全面战争 6–261
全氟碳 6–259
全俄肃反委员会 6–259
全美职业篮球联赛 6–260
全祖望 6–266
全真道 6–265
全息术 6–264
全息电影 6–264
《全唐文》 6–264
《全唐诗》 6–263
全球导航卫星系统 6–261
全球环境问题 6–262
全球变暖 6–261
全球定位系统 6–262
全球战略 6–263
"全球鹰"无人驾驶侦察机 6–263
《全清词钞》 6–261
《全清散曲》 6 261
全维作战 6–264
全琫准 6–259
全景画 6–260
全微分 6–264
全新世 6–265
全聚德 6–260
全碳分子 6–263
会子 3–613
会计 4–494
会计师 4–494
会计师事务所 4–495
会计报表 4–494
会计账簿 4–495
会计制度 4–496
会计凭证 4–494
会计学 4–495
会计准则 4–496
会议展览中心 3–613
会同县 3–613
会昌废佛 3–612
会审公廨 3–612
会要 3–613
会馆 3–612
会稽山 4–496
合十礼 3–410
合山市 3–410
合川区 3–408
合成 3–407
合成子 3–408
合成抗菌药 3–407
合成树脂 3–408

合成革 …… 3-407
合成洗涤剂 …… 3-408
合成氨 …… 3-407
合成胶黏剂 …… 3-407
合成橡胶 …… 3-408
合同 …… 3-410
合同异 …… 3-411
合伙制企业 …… 3-409
合众国际社 …… 3-411
合欢 …… 3-409
合围 …… 3-411
合作市 …… 3-412
合作医疗 …… 3-412
合纵连横 …… 3-412
合金 …… 3-409
合金钢 …… 3-409
合肥市 …… 3-409
合法性 …… 3-409
合恩角 …… 3-409
合病 …… 3-407
合浦县 …… 3-410
合浦珠母贝 …… 3-410
合理营养 …… 3-409
合数 …… 3-410
合群 …… 3-410
企业 …… 6-135
企业文化 …… 6-138
企业托管 …… 6-138
企业会计 …… 6-138
企业形象 …… 6-138
企业法人 …… 6-136
企业组织论 …… 6-138
企业承包经营责任制 …… 6-135
企业兼并 …… 6-137
企业集团 …… 6-137
企业登记 …… 6-136
企业管理 …… 6-136
企鹅目 …… 6-135
众议院 …… 9-460
众赞歌 …… 9-460
伞形科 …… 6-408
伞兵 …… 6-408
伞菌 …… 6-408
伞翼机 …… 6-408
兆惠 …… 9-228
肌肉组织 …… 4-35
肌肉疾病 …… 4-35
肌红蛋白 …… 4-34
肌理说 …… 4-35
肌醇 …… 4-34
肋软骨炎 …… 4-572
朵云轩 …… 2-392
杂 …… 9-145
杂化轨道 …… 9-145
杂文 …… 9-148
杂史 …… 9-148
杂交 …… 9-147
杂交育种 …… 9-147
杂交稻 …… 9-147
杂技 …… 9-146
杂体诗 …… 9-148
杂言诗 …… 9-148
杂泛差役 …… 9-145
杂环化合物 …… 9-146
杂货船 …… 9-146
杂草 …… 9-145
杂要 …… 9-148
杂种优势 …… 9-148
杂剧 …… 9-148
杂徭 …… 9-148
杂醇油 …… 9-145
危地马拉 …… 7-526
危地马拉城 …… 7-526
危机干预 …… 7-527
危险物品 …… 7-527
负子蟾 …… 3-5
负泥虫 …… 3-4
负债 …… 3-4
负债经营 …… 3-5
负像 …… 3-4
负鼠 …… 3-4
争国本 …… 9-261
色 …… 6-415
《色佛尔条约》 …… 6-415
色役 …… 6-417
色拉寺 …… 6-415
色拉西 …… 6-416
色盲 …… 6-416
色差 …… 6-415
色诺芬 …… 6-416
色球 …… 6-417
色彩乐器 …… 6-415
色彩学 …… 6-415
色楞格河 …… 6-416
色谱仪 …… 6-417
色谱法 …… 6-416
名古屋 …… 5-438
《名优之死》 …… 5-439
《名利场》 …… 5-439
名家 …… 5-438
名教 …… 5-439
名誉权 …… 5-439
多马克，G.J.P. …… 2-385
多元化经营 …… 2-390
多元主义 …… 2-391
多元论 …… 2-390
多元统计分析 …… 2-391
多元微积分 …… 2-391
多毛 …… 2-385
多方过程 …… 2-382
多孔动物门 …… 2-384
多目标规划 …… 2-387
多用电表 …… 2-390
多尔衮 …… 2-381
多尼采蒂，G. …… 2-388
多边主义 …… 2-380
多边贸易 …… 2-380
多发性骨髓瘤 …… 2-382
多发性神经炎 …… 2-382
多丝正比室 …… 2-389
多动障碍 …… 2-381
多列士，M. …… 2-384
多伦会盟 …… 2-385
多伦多 …… 2-384
多伦多大学 …… 2-385
多伊奇，K.W. …… 2-390
多多马 …… 2-381
多米尼加 …… 2-386
多米尼克 …… 2-387
多米诺骨牌 …… 2-387
多址通信 …… 2-392
多佛尔海峡 …… 2-382
多系统器官功能衰竭 …… 2-390
多纳太罗 …… 2-388
多板纲 …… 2-380
多明戈，P. …… 2-387
多明我会 …… 2-387
《多宝塔碑》 …… 2-380
多项式 …… 2-390
多相流体力学 …… 2-390
多哈 …… 2-383
多胎妊娠 …… 2-389
多神教 …… 2-389
多哥 …… 2-382
多党制 …… 2-381
多恩，J. …… 2-381
多特蒙德 …… 2-389
多铎 …… 2-381
多值逻辑 …… 2-392
多诺索，J. …… 2-388
多梅尼科（皮亚琴察的） …… 2-385
多菌灵 …… 2-383
多斯·帕索斯，J. …… 2-389
多硫化物 …… 2-384
多氯联苯 …… 2-384
多普勒效应 …… 2-388
多媒体技术 …… 2-385
多媒体通信 …… 2-386
多瑙河 …… 2-388
多路通信 …… 2-384
多管水母属 …… 2-383
多糖 …… 2-389
多鳍鱼目 …… 2-389
匈牙利 …… 8-329
匈牙利人 …… 8-330
匈牙利事件 …… 8-330
匈牙利秋玫瑰革命 …… 8-330
匈牙利语 …… 8-330
匈奴 …… 8-328
匈奴人 …… 8-328

〔丶〕

冲击 …… 2-1
冲击波 …… 2-1
冲压 …… 2-8
冲脉 …… 2-2
冲突规范 …… 2-2
冲突法 …… 2-2
冲突理论 …… 2-3
冲积平原 …… 2-2
冲积扇 …… 2-2
冲浪运动 …… 2-2
冲量 …… 2-2
冲锋队 …… 2-1
冲锋枪 …… 2-1
次生林 …… 2-51
次声武器 …… 2-51
次声波 …… 2-51
次经 …… 2-51
决定论 …… 4-347
决策 …… 4-346
决策支持系统 …… 4-347
决策分析 …… 4-346
决策树 …… 4-346
决算 …… 4-347
冰山 …… 1-364
冰川 …… 1-361
冰川国家公园 …… 1-361
冰川学 …… 1-362
冰片 …… 1-363
冰心 …… 1-364
冰岛 …… 1-362
冰岛人 …… 1-363
冰岛语 …… 1-363
冰洲石 …… 1-365
冰壶 …… 1-363
冰球 …… 1-364
冰淇淋 …… 1-364
冰期 …… 1-363
冰碛岩 …… 1-364
冰雹 …… 1-361
壮文 …… 9-516
壮侗语族 …… 9-515
壮语 …… 9-516
壮族 …… 9-516
壮族舞蹈 …… 9-516
壮傣语支 …… 9-515
壮锦 …… 9-516
刘士豪 …… 5-116
刘大白 …… 5-106
刘大年 …… 5-106
刘大杰 …… 5-106
刘大櫆 …… 5-106
刘艺舟 …… 5-119
刘开渠 …… 5-112
刘天华 …… 5-116
刘云山 …… 5-121
刘少奇 …… 5-114
《刘少奇选集》 …… 5-115
刘仁静 …… 5-114
刘长春 …… 5-105
刘长卿 …… 5-105
刘文金 …… 5-117
刘心武 …… 5-118
《刘巧儿》 …… 5-114
刘节 …… 5-111
刘东生 …… 5-107
刘仙洲 …… 5-117
刘白羽 …… 5-103
刘宁一 …… 5-113
刘玄 …… 5-118
刘半农 …… 5-103
刘永福 …… 5-120
刘邦 …… 5-104
刘亚楼 …… 5-118
刘成基 …… 5-106
刘过 …… 5-109
刘师培 …… 5-116
刘光鼎 …… 5-108
刘华清 …… 5-110
刘延东 …… 5-118
刘向 …… 5-118
刘安 …… 5-103
刘克庄 …… 5-112
刘志丹 …… 5-121
刘孝标 …… 5-118
刘辰翁 …… 5-105
刘秀 …… 5-118
刘伯承 …… 5-105
刘希夷 …… 5-117
刘牢之 …… 5-113
刘表 …… 5-104
刘松年 …… 5-116
刘易斯，C. …… 5-119
刘易斯，C.I. …… 5-119
刘易斯，S. …… 5-120
刘易斯，W.A. …… 5-120
刘国光 …… 5-108
刘国钧 …… 5-109
刘国梁 …… 5-109
刘知幾 …… 5-121
刘秉忠 …… 5-104
刘备 …… 5-104
刘河间 …… 5-110
刘宝全 …… 5-104
刘宝瑞 …… 5-104
刘宗周 …… 5-121
刘诗昆 …… 5-116
刘绍棠 …… 5-116
刘胡兰 …… 5-110
刘南奎 …… 5-113
刘奕 …… 5-119
刘复之 …… 5-108
刘禹锡 …… 5-120
刘恢先 …… 5-111
刘峻 …… 5-112
刘晓庆 …… 5-118
刘晏 …… 5-119
刘海粟 …… 5-109
刘家峡水电站 …… 5-111
刘宾雁 …… 5-104
刘基 …… 5-111
刘崇 …… 5-106
刘铭传 …… 5-113
刘鸿生 …… 5-110
刘淇 …… 5-113
刘渊 …… 5-121
刘隗 …… 5-117
刘维尔，J. …… 5-117
刘斐 …… 5-108
刘鼎 …… 5-107
刘黑闼 …… 5-110
刘敦桢 …… 5-107
刘翔 …… 5-117
刘尊棋 …… 5-121
刘禅 …… 5-105
刘锜 …… 5-113
刘靖基 …… 5-112
刘福通 …… 5-108
刘熙 …… 5-117
刘熙载 …… 5-117
刘鹗 …… 5-108
刘瑾 …… 5-112
刘聪 …… 5-106
刘德海 …… 5-107
刘澜涛 …… 5-113
刘勰 …… 5-118
刘豫 …… 5-120
刘徽 …… 5-111
刘曜 …… 5-119
妄想 …… 7-524
齐 …… 6-125
齐 …… 6-126
齐夫定律 …… 6-128
齐文宣帝高洋 …… 6-130
齐白石 …… 6-127
齐永恒 …… 6-130
《齐民要术》 …… 6-129
齐亚・哈克 …… 6-130
齐齐哈尔市 …… 6-129
齐如山 …… 6-129
齐观山 …… 6-128
齐伯林，F.von …… 6-127
齐威王 …… 6-130
齐思和 …… 6-130
齐美尔，G. …… 6-129
齐桓公 …… 6-128
齐格勒，K. …… 6-128
齐格勒-纳塔催化剂 …… 6-128
齐高帝萧道成 …… 6-128
齐家文化 …… 6-128

齐越 …… 6-130
齐奥尔科夫斯基，K.E. …… 6-126
齐奥塞斯库，N. …… 6-127
交子 …… 4-199
交会和对接 …… 4-194
交阯布政使司 …… 4-198
《交收东三省条约》 …… 4-195
交易成本 …… 4-198
交易费用 …… 4-198
交响乐队 …… 4-198
交响曲 …… 4-198
交响芭蕾 …… 4-198
交响诗 …… 4-198
交换 …… 4-194
交换技术 …… 4-194
交换婚 …… 4-194
交流电 …… 4-195
交流电机 …… 4-195
交流输电 …… 4-195
交通 …… 4-195
交通网 …… 4-196
交通运输业 …… 4-197
交通运输枢纽 …… 4-197
交通系 …… 4-197
交通标志 …… 4-196
交通信号 …… 4-197
交通银行 …… 4-197
交通量 …… 4-196
交通管制 …… 4-196
交通管理 …… 4-196
交趾 …… 4-198
交割 …… 4-194
交感神经 …… 4-194
交错从表婚 …… 4-194
充分就业 …… 2-3
充气管 …… 2-3
充血 …… 2-3
庄子 …… 9-514
《庄子》 …… 9-514
庄长恭 …… 9-512
庄巧生 …… 9-513
庄则栋 …… 9-514
庄孝僡 …… 9-513
庄园 …… 9-513
庄希泉 …… 9-513
庄河市 …… 9-513
庄逢甘 …… 9-513
庆元党禁 …… 6-237
庆历新政 …… 6-237
庆州 …… 6-237
庆阳市 …… 6-237
庆应义塾大学 …… 6-237
衣鱼目 …… 8-534
衣冠冢 …… 8-533
衣原体病 …… 8-534
产业 …… 1-503
产业机器人 …… 1-504
产业结构 …… 1-504
产权 …… 1-503
产后出血 …… 1-501
产品认证制度 …… 1-501
产品生命周期论 …… 1-502
产品合格认证 …… 1-501
产品系列化 …… 1-502
产品质量法 …… 1-502
产品周期 …… 1-502
产品标准化 …… 1-501
产前检查 …… 1-502
产翁 …… 1-503
产褥感染 …… 1-503
亥姆霍兹，H.von …… 3-355
亥维赛，O. …… 3-355
忏法 …… 1-505
闭关政策 …… 1-328
闭经 …… 1-328
问诊 …… 7-605
问卷 …… 7-604
问题儿童 …… 7-604
“问题与主义”论战 …… 7-605
问题解决 …… 7-605
灯芯草 …… 2-191
灯芯绒 …… 2-191
灯笼鱼目 …… 2-190
灯笼草 …… 2-190
灯彩 …… 2-190
灯谜 …… 2-190
灯塔 …… 2-191
灯塔市 …… 2-191
灯蛾 …… 2-190
羊 …… 8-449
羊八井 …… 8-449
羊毛 …… 8-449
羊毛甾醇 …… 8-449
羊毛脂 …… 8-450
羊水 …… 8-450
羊水栓塞 …… 8-450
羊肚菌 …… 8-449
羊卓雍错 …… 8-450
羊驼 …… 8-450
羊草 …… 8-449
《羊泉村》 …… 8-450
羊痫风 …… 8-450
羊蹄甲 …… 8-450
并行工程 …… 1-368
并病 …… 1-368
并联 …… 1-368
并殖吸虫病 …… 1-369
《关于正确处理人民内部矛盾的问题》 …… 3-207
《关于建国以来党的若干历史问题的决议》 …… 3-207
《关山飞渡》 …… 3-205
关山月 …… 3-205
关天培 …… 3-207
关中 …… 3-208
关中平原 …… 3-208
关节 …… 3-204
关节炎 …… 3-205
关节脱位 …… 3-205
关节置换 …… 3-205
关东地震 …… 3-204
关仝 …… 3-207
关汉卿 …… 3-204
《关汉卿》 …… 3-204
关市之赋 …… 3-206
关羽 …… 3-208
关岛 …… 3-203
关肃霜 …… 3-206
关贸总协定 …… 3-205
关帝 …… 3-203
关格 …… 3-204
关塔那摩 …… 3-207
关税 …… 3-206
关税及贸易总协定 …… 3-206
关税同盟 …… 3-206
关税减免 …… 3-206
关税税则 …… 3-206
关税税率 …… 3-206
关税壁垒 …… 3-206
关境 …… 3-205
关肇直 …… 3-208
米 …… 5-393
米万钟 …… 5-401
米千克秒制 …… 5-400
米开朗琪罗 …… 5-395
米什科尔茨 …… 5-400
米丘林，I.V. …… 5-400
米兰 …… 5-396
米兰 …… 5-396
米兰公国 …… 5-397
米兰达，F.de …… 5-396
米亚尔代，P.-M.-A. …… 5-401
米约，D. …… 5-401
米约萨湖 …… 5-401
米克莱，A. …… 5-396
米芾 …… 5-394
米利都学派 …… 5-398
米沃什，C. …… 5-401
米奈 …… 5-399
米罗，J. …… 5-398
米制 …… 5-401
《米制公约》 …… 5-401
米底 …… 5-394
米南卡保人 …… 5-399
米南卡保语 …… 5-399
米南德 …… 5-399
米哈尔科夫，N.S. …… 5-395
米哈伊（勇敢者）大公 …… 5-395
米洛，M. …… 5-399
米洛舍维奇，S. …… 5-399
米格29战斗机 …… 5-395

米特拉，D. ……5-401
米特雷，B. ……5-401
米脂县 ……5-401
米高扬，A.I. ……5-394
米高扬，A.I. ……5-394
米高梅公司 ……5-394
米涅，F. ……5-399
米诺斯文明 ……5-400
米勒，A. ……5-397
米勒，H. ……5-397
米勒，H. ……5-397
米勒，J.-F. ……5-397
米勒，W.H. ……5-398
米勒兰，A. ……5-398
米粒组织 ……5-398
米隆 ……5-398
米斯特拉尔，G. ……5-400
米喜子 ……5-401
米骚动 ……5-400
米德，G.H. ……5-393
米德，M. ……5-394
州 ……9-465
汗法 ……3-387
汗腺 ……3-387
污染物 ……8-12
污染物排放总量控制 ……8-12
污染税 ……8-12
污染源 ……8-12
江山市 ……4-177
江门市 ……4-175
江丰 ……4-173
江文也 ……4-179
江左三大家 ……4-185
江平 ……4-176
江汉平原 ……4-174
江加走 ……4-174
江西诗派 ……4-180
江西省 ……4-179
江达县 ……4-172
江华 ……4-174
《江华条约》……4-174
江华瑶族自治县 ……4-174
江阴市 ……4-181
《江村经济》……4-172
江苏省 ……4-178
江苏菜 ……4-178
江孜县 ……4-184
江青 ……4-177
江青反革命集团 ……4-177
江和义 ……4-174
江油市 ……4-181
江泽民 ……4-181
江泽民“八项主张”……4-184
《江泽民文选》……4-184
江泽涵 ……4-181
江定仙 ……4-172
江绍原 ……4-177
江南三织造 ……4-175
江南丘陵 ……4-175
江南丝竹 ……4-176
江南运河 ……4-176
江南造船所 ……4-176
江总 ……4-185
江津区 ……4-175
江珧科 ……4-180
《江格尔》……4-173
江都市 ……4-173
江都排灌站 ……4-173
江浙财团 ……4-184
江陵县 ……4-175
江陵楚墓 ……4-175
江崎玲於奈 ……4-176
江淹 ……4-180
江厦潮汐电站 ……4-180
江湖派 ……4-174
江寒汀 ……4-173
汕头市 ……6-447
汕尾市 ……6-447
汲古阁 ……4-68
汲冢竹书 ……4-68
汛期 ……8-383
池州市 ……1-595
池塘养鱼 ……1-594
汝龙 ……6-340
汝州市 ……6-340
汝窑 ……6-340
汤 ……7-295
汤川秀树 ……7-295
汤飞凡 ……7-295
汤用彤 ……7-299
汤加 ……7-296
汤加语 ……7-296
汤因比，A.J. ……7-299
汤应曾 ……7-299
汤若望 ……7-298
汤和 ……7-295
汤佩松 ……7-298
汤剂 ……7-295
汤姆·汉克斯 ……7-296
汤姆孙，G.P. ……7-298
汤姆孙，J.J. ……7-298
《汤姆叔叔的小屋》……7-297
《汤姆·索亚历险记》……7-298
《汤姆·琼斯》……7-296
汤姆斯杯赛 ……7-297
汤姆森，C.J. ……7-296
汤姆森，J. ……7-297
汤显祖 ……7-299
汤晓丹 ……7-299
汤恩伯 ……7-295
汤圆 ……7-300
汤斯，C.H. ……7-298
汤斌 ……7-295
汤鹏 ……7-298
宇文化及 ……9-67
宇文护 ……9-67
宇文虚中 ……9-67
宇田道隆 ……9-67
宇陀·宁玛元丹贡布 ……9-67
宇宙 ……9-67
《宇宙》……9-67
宇宙化学 ……9-68
“宇宙”号卫星 ……9-68
“宇宙”号运载火箭 ……9-68
宇宙尘 ……9-67
宇宙年龄 ……9-68
宇宙学 ……9-69
宇宙线 ……9-68
宇宙速度 ……9-68
宇称 ……9-67
宇航员 ……9-67
宇航服 ……9-67
《宅地法》……9-176
宅基地使用权 ……9-176
安大略省 ……1-91
安大略湖 ……1-91
安山岩 ……1-105
安子介 ……1-110
安世高 ……1-106
安东内斯库，I. ……1-94
安东尼 ……1-94
安东尼，S.B. ……1-94
安东尼王朝 ……1-95
安东尼奥尼，M. ……1-94
安卡拉 ……1-100
安史之乱 ……1-106
安丘市 ……1-104
安丘画像石 ……1-104
安乐死 ……1-101
安宁市 ……1-103
安立甘宗 ……1-101
安吉丽娜·朱莉 ……1-100
安圭拉 ……1-97
安西四镇 ……1-109
安达市 ……1-91
安托万，A. ……1-108
安全困境 ……1-104
安庆市 ……1-104
安阳市 ……1-109
安克雷奇 ……1-101
安志敏 ……1-110
安陆市 ……1-101
安纳巴 ……1-102
安纳托利亚 ……1-102
安纳托利亚语族 ……1-102
安纳德，M.R. ……1-102
安杰利科，F. ……1-100
安拉 ……1-101
安国市 ……1-97
安岳石刻 ……1-109
安居 ……1-100

安南，K. …… 1-103
安哈拉人 …… 1-97
安重根 …… 1-110
安顺市 …… 1-106
安济桥 …… 1-100
安神 …… 1-105
安神剂 …… 1-105
《安娜·卡列尼娜》…… 1-102
安格尔，J.-A.-D. …… 1-96
安格罗普洛斯，T. …… 1-97
安格隆 …… 1-97
安莎社 …… 1-105
安哥拉 …… 1-95
安哥拉山羊 …… 1-96
安顿，F. …… 1-95
安特卫普 …… 1-107
安特生，J.G. …… 1-106
安倍晋三 …… 1-90
安息 …… 1-109
安息日 …… 1-109
安徒生，H.C. …… 1-108
安部公房 …… 1-91
安诺文化 …… 1-103
安培 …… 1-103
安培，A.-M. …… 1-103
安培定律 …… 1-103
《安菲特律翁》…… 1-95
安萨里 …… 1-105
安盛保险公司 …… 1-105
安曼 …… 1-102
安第斯山脉 …… 1-94
安康市 …… 1-101
《安塔拉传奇》…… 1-106
安提瓜和巴布达 …… 1-107
安童 …… 1-108
安道尔 …… 1-91
安道尔人 …… 1-92
安道尔城 …… 1-92
安禄山 …… 1-101
安魂曲 …… 1-100
安瑟尔谟 …… 1-105
安源镇 …… 1-109
安塞腰鼓 …… 1-105
安福系 …… 1-95
安赫尔瀑布 …… 1-98
安德列耶夫，L.N. …… 1-93
安德里奇，I. …… 1-93
安德拉德，C.D.de …… 1-92
安德拉德，E.de …… 1-92
安德拉德，J.O.de S. …… 1-92
安德拉德，M.R.de M. …… 1-93
安德罗波夫，Yu.V. …… 1-93
安德罗诺沃文化 …… 1-93
安德斯，E. …… 1-94
安德森，M. …… 1-93
安德森，S. …… 1-94
安德雷森，S.de M.B. …… 1-93
安鹤宫城 …… 1-98
安慰药 …… 1-109
安徽大学 …… 1-98
安徽省 …… 1-98
安徽菜 …… 1-98
安藤广重 …… 1-107
安藤昌益 …… 1-107
字 …… 9-551
字书 …… 9-552
字母 …… 9-552
《字林西报》…… 9-551
字典 …… 9-551
兴义市 …… 8-304
兴中会 …… 8-304
兴化市 …… 8-303
兴平市 …… 8-303
兴宁市 …… 8-303
兴庆府 …… 8-303
兴安盟 …… 8-302
兴奋剂 …… 8-302
兴凯湖 …… 8-303
兴国县 …… 8-303
兴城市 …… 8-302
兴都库什山脉 …… 8-302
兴隆洼文化 …… 8-303
兴登堡，P.von …… 8-302
兴趣 …… 8-323
兴趣说 …… 8-323
讲谈社 …… 4-187
讷河市 …… 5-553
许世友 …… 8-355
许可证贸易 …… 8-355
许布纳尔，C. …… 8-351
许仕廉 …… 8-355
许地山 …… 8-353
许光达 …… 8-353
许英魁 …… 8-355
许杰 …… 8-354
许昌人 …… 8-351
许昌市 …… 8-351
许国志 …… 8-353
许国璋 …… 8-353
许宝騄 …… 8-351
许浑 …… 8-354
许逊 …… 8-355
许海峰 …… 8-353
许涤新 …… 8-352
许家窑人 …… 8-354
许常惠 …… 8-351
许崇清 …… 8-352
许崇德 …… 8-352
许道宁 …… 8-352
许楣 …… 8-355
许靖华 …… 8-354
许慎 …… 8-355
许嘉璐 …… 8-354
许鞍华 …… 8-351
许德珩 …… 8-352
许衡 …… 8-353
《论十大关系》…… 5-198
《论人民民主专政》…… 5-198
《论人类不平等的起源和基础》…… 5-197
《论自由》…… 5-198
《论戏剧艺术》…… 5-198
《论法的精神》…… 5-197
《论持久战》…… 5-197
《论语》…… 5-195
论语派 …… 5-195
《论衡》…… 5-197
设计艺术 …… 6-480
设计教学法 …… 6-480
设拉子 …… 6-481
设菲尔德 …… 6-480
设得兰群岛 …… 6-480
讽喻诗 …… 2-579
祁连山 …… 6-131
祁连山自然保护区 …… 6-131
祁彪佳 …… 6-130
军人政府 …… 4-354
军火贸易 …… 4-353
军队 …… 4-351
军队指挥信息系统 …… 4-351
军用飞机 …… 4-357
军乐 …… 4-357
军乐队 …… 4-358
军机处 …… 4-353
军团菌病 …… 4-357
军事工程 …… 4-354
军事系统工程 …… 4-355
军事条约 …… 4-355
军事法庭 …… 4-354
军事基地 …… 4-355
军事情报 …… 4-355
军事管制 …… 4-354
军事演习 …… 4-356
军国主义 …… 4-352
军服 …… 4-351
军备竞赛 …… 4-350
军种 …… 4-358
军费 …… 4-351
军统 …… 4-356
军舰鸟 …… 4-353
军械库展览会 …… 4-357
军曹鱼 …… 4-351
军衔 …… 4-357
军棋 …… 4-353
军港 …… 4-352
军歌 …… 4-352
军旗 …… 4-353
军徽 …… 4-353
农工商联合企业 …… 5-609
农艺 …… 5-615
农历 …… 5-609
《农书》…… 5-610

农本论 ……5–608
农业 ……5–611
农业工程 ……5–613
农业飞机 ……5–613
农业区 ……5–615
农业区划 ……5–615
农业区位论 ……5–615
农业气象学 ……5–614
农业布局 ……5–613
农业生产合作社 ……5–615
农业机械 ……5–614
农业合作化 ……5–614
农业产业化 ……5–613
农业社 ……5–615
农业社会 ……5–615
农业法 ……5–613
农业商品生产基地 ……5–615
农业剩余劳动力 ……5–615
农田 ……5–610
农田小气候 ……5–611
农田水利 ……5–610
农田排水 ……5–610
农用土地使用权有偿转移 ……5–616
农奴制 ……5–610
农民运动讲习所 ……5–609
农产品 ……5–608
农产品价格补贴 ……5–608
农产品贸易 ……5–608
农村公社 ……5–609
农村包围城市的革命道路 ……5–608
农时节令 ……5–610
《农政全书》……5–616
农药 ……5–611
农药污染 ……5–611
农轻重关系 ……5–610
农家 ……5–609
农副产品加工 ……5–609

〔一〕

弛豫 ……1–595
那不勒斯 ……5–506
那加人 ……5–506
那达慕大会 ……5–506
那曲地区 ……5–507
那曲县 ……5–507
那波利 ……5–506
那烂陀寺 ……5–506
寻根文学 ……8–380
寻租 ……8–380
异化 ……8–559
异化劳动 ……8–560
异丙苯 ……8–559
异戊二烯 ……8–560
异体字 ……8–560
异位妊娠 ……8–560
异位性皮炎 ……8–560
异构体 ……8–559
异型莎草 ……8–560
异病同治 ……8–559
导电高分子 ……2–156
导师制 ……2–156
导体 ……2–157
导航卫星 ……2–156
导弹 ……2–155
导游 ……2–157
导数 ……2–157
导演 ……2–157
艮岳 ……3–118
阮 ……6–343
阮大铖 ……6–343
阮元 ……6–344
阮冈纳赞，S.R. ……6–343
阮公欢 ……6–343
阮文灵 ……6–344
阮攸 ……6–344
阮明哲 ……6–344
阮玲玉 ……6–344
阮晋勇 ……6–344
阮章竞 ……6–344
阮鹰 ……6–344
阮籍 ……6–343
阳友鹤 ……8–452
阳关 ……8–451
《阳关三叠》……8–451
阳江市 ……8–451
阳极氧化 ……8–451
阳明学派 ……8–451
阳明病 ……8–451
阳春市 ……8–450
阳泉市 ……8–452
阳起石 ……8–451
阳原县 ……8–452
阳朔县 ……8–452
阳维脉 ……8–452
阳湖派 ……8–451
阳跻脉 ……8–451
阳痿 ……8–452
阳澄湖 ……8–450
阳翰笙 ……8–451
阶级 ……4–213
阶级斗争 ……4–213
阶梯原则 ……4–213
阴山 ……8–573
阴山岩画 ……8–573
阴历 ……8–572
阴阳 ……8–573
阴阳家 ……8–573
阴极射线 ……8–572
阴茎 ……8–572
阴茎癌 ……8–572
《阴符经》……8–571
《阴谋与爱情》……8–572
阴维脉 ……8–573
阴铿 ……8–572
阴道 ……8–571
阴道出血 ……8–571
阴道炎 ……8–571
《阴骘文》……8–573
阴跻脉 ……8–572
防己科 ……2–496
防卫过当 ……2–496
防风 ……2–494
防火墙 ……2–496
防水材料 ……2–496
防伪标识 ……2–496
防汛 ……2–496
防护林 ……2–495
防波堤 ……2–494
防空 ……2–496
防城港市 ……2–494
防洪 ……2–494
防洪非工程措施 ……2–495
防弹衣 ……2–494
防腐蚀技术 ……2–494
收入效应 ……7–36
收回汉口九江英租界 ……7–35
收回路矿权运动 ……7–35
收复失地运动 ……7–35
收音机 ……7–36
收养 ……7–36
《收租院》……7–36
如来 ……6–337
如来藏 ……6–338
如皋市 ……6–337
如意 ……6–338
妇女解放 ……3–6
妇好墓 ……3–5
妇科疾病 ……3–5
妈祖 ……5–237
好来宝 ……3–405
《好兵帅克》……3–405
好莱坞 ……3–405
《好逑传》……3–406
好望角 ……3–405
戏文 ……8–146
戏曲 ……8–143
戏曲片 ……8–145
戏曲曲谱 ……8–145
戏法 ……8–141
戏剧 ……8–141
《戏剧小工具篇》……8–142
戏剧文学 ……8–142
戏剧性 ……8–143
《观无量寿经》……3–209
观光木 ……3–208
观念 ……3–208
观念艺术 ……3–208
观音 ……3–209
观音洞文化 ……3–209
观赏石 ……3–209
羽毛 ……9–69

羽毛球 …… 9–70
羽绒 …… 9–70
羽蛾 …… 9–69
羽螅总科 …… 9–70
买方市场 …… 5–291
买方垄断 …… 5–291
买方信贷 …… 5–291
买办 …… 5–290
买卖合同 …… 5–291
买卖婚姻 …… 5–291
牟宗三 …… 5–486
红十字会 …… 3–473
《红与黑》 …… 3–476
红山文化 …… 3–472
红丸案 …… 3–475
红卫兵 …… 3–475
红小兵 …… 3–476
红水河 …… 3–473
红外天文学 …… 3–474
红外光谱法 …… 3–473
红外技术 …… 3–474
红外线 …… 3–474
红外线摄影 …… 3–474
红外望远镜 …… 3–474
红衣主教 …… 3–476
《红灯记》 …… 3–469
红安县 …… 3–468
红豆 …… 3–469
红豆杉科 …… 3–469
红豆树 …… 3–469
红豆草 …… 3–469
红花 …… 3–470
红花天料木 …… 3–470
红其拉甫山口 …… 3–472
《红岩》 …… 3–476
红河 …… 3–470
红河哈尼族彝族自治州 …… 3–470
红宝石 …… 3–468
红学 …… 3–476
红线女 …… 3–475
红细胞 …… 3–475
红柱石 …… 3–477
红树林 …… 3–473
红茶 …… 3–469
红袄军 …… 3–468
红桧 …… 3–470
红海 …… 3–470
红娘 …… 3–472
《红梅记》 …… 3–472
红移 …… 3–476
红麻 …… 3–471
红斑狼疮 …… 3–468
红堡 …… 3–469
红椿 …… 3–469
《红楼梦》 …… 3–471
《红楼梦研究》批判 …… 3–471
红筹股 …… 3–469
红蜘蛛 …… 3–477
红旗渠 …… 3–472
《红旗飘飘》 …… 3–472
红藻门 …… 3–477
红壤 …… 3–472
纣 …… 9–478
纤维光学 …… 8–173
纤维素 …… 8–173
约飞，A.F. …… 9–117
约甘松，B.V. …… 9–117
约旦 …… 9–116
约克夏猪 …… 9–119
约束 …… 9–119
约阿希姆 …… 9–116
约鲁巴人 …… 9–119
约鲁巴语 …… 9–119
约瑟 …… 9–119
约瑟夫森，B.D. …… 9–119
约翰内斯堡 …… 9–118
《约翰·克利斯朵夫》 …… 9–118
约翰逊，C.L. …… 9–118
约翰逊，P. …… 9–119
约翰斯顿岛 …… 9–118
约翰斯·霍普金斯大学 …… 9–118
级差地租 …… 4–68
级数 …… 4–68
《纨扇仕女图》 …… 7–477
纪传体 …… 4–98
纪伊半岛 …… 4–98
纪伯伦 …… 4–96
纪事本末体 …… 4–98
纪昀 …… 4–83
纪念邮票 …… 4–97
纪念性建筑 …… 4–97
纪育沣 …… 4–82
纪实文学 …… 4–98
纪实摄影 …… 4–97
纪录片 …… 4–97
纪政 …… 4–83
纪登奎 …… 4–82
纪廉，N. …… 4–97
纪德，A. …… 4–96
驯鹿 …… 8–383
驯兽 …… 8–383
驰道 …… 1–595
《孙子》 …… 7–224
《孙子兵法》 …… 7–224
孙子定理 …… 7–224
孙云球 …… 7–222
孙云铸 …… 7–222
孙中山 …… 7–222
孙本文 …… 7–217
孙权 …… 7–220
孙过庭 …… 7–219
孙传芳 …… 7–218
孙坚 …… 7–219
孙佐臣 …… 7–224
孙位 …… 7–221
孙孚凌 …… 7–218
孙冶方 …… 7–221
孙武 …… 7–221
孙叔敖 …… 7–220
孙尚清 …… 7–220
孙承宗 …… 7–217
孙思邈 …… 7–220
孙钟秀 …… 7–224
孙科 …… 7–219
孙起孟 …… 7–220
孙晓村 …… 7–221
孙家正 …… 7–219
孙家栋 …… 7–219
孙菊仙 …… 7–219
孙犁 …… 7–220
孙隆 …… 7–220
孙绰 …… 7–218
孙维世 …… 7–221
孙敬修 …… 7–219
孙越崎 …… 7–222
孙雯 …… 7–221
孙策 …… 7–217
孙道临 …… 7–218
孙瑜 …… 7–222
孙楷第 …… 7–219
孙福有 …… 7–218
孙毓棠 …… 7–222
孙膑 …… 7–217
《孙膑兵法》 …… 7–217
孙德和 …… 7–218
丞相 …… 1–581
巡回审理 …… 8–381
巡回展览画派 …… 8–381
巡抚 …… 8–380
巡洋舰 …… 8–381
巡航飞行 …… 8–381
巡航导弹 …… 8–380

七画

〔一〕

玛多县 …… 5–287
玛丽亚·特蕾西亚 …… 5–287
玛丽莲·梦露 …… 5–287
《玛纳斯》 …… 5–287
玛纳斯湖 …… 5–288
玛拉沁夫 …… 5–287
玛格南图片社 …… 5–287
玛旁雍错 …… 5–288
玛雅人 …… 5–289
玛雅文 …… 5–289
玛雅文明 …… 5–289
玛雅美术 …… 5–288
玛雅语 …… 5–290
玛瑙 …… 5–288

形训 ……8-322
形式主义 ……8-322
形式逻辑 ……8-322
形而上与形而下 ……8-322
形而上学 ……8-321
《形而上学》……8-321
《形而上学的沉思》……8-321
形状记忆材料 ……8-322
形态分析 ……8-322
形态学 ……8-322
韧带损伤 ……6-311
《弄臣》……5-616
弄堂 ……5-146
弄蝶 ……5-616
麦比乌斯，A.F. ……5-293
麦卡锡主义 ……5-295
麦尔登 ……5-294
麦加 ……5-295
麦加大清真寺 ……5-295
麦尼埃，C. ……5-298
麦地那 ……5-294
麦地那龙线虫病 ……5-294
麦考密克，C.H. ……5-296
麦西来普 ……5-298
麦克－马洪，M.-E.-P.-M.de ……5-296
麦克马洪线 ……5-296
《麦克白》……5-296
麦克米伦，K. ……5-296
麦克米伦出版公司 ……5-296
麦克阿瑟，D. ……5-296
麦克唐纳，R. ……5-297
麦克斯韦，J.C. ……5-297
麦克斯韦方程组 ……5-297
麦克斯韦速度分布律 ……5-297
麦芽糖 ……5-299
麦角甾醇 ……5-295
麦角胺 ……5-295
麦角菌科 ……5-295
麦阿里 ……5-293
麦纳麦 ……5-298
麦罗埃遗址 ……5-298
麦金利山 ……5-295
麦金德，H.J. ……5-295
麦独孤，W. ……5-294
麦格劳－希尔出版公司 ……5-294
麦哲伦，F.de ……5-299
麦哲伦云 ……5-299
麦哲伦海峡 ……5-299
麦积山石窟 ……5-294
麦绥莱勒，F. ……5-298
麦蒙 ……5-298
麦蛾 ……5-294
麦德林 ……5-293
寿山石 ……7-43
寿光市 ……7-43
寿衣 ……7-44
寿县 ……7-44
寿春 ……7-43
寿带属 ……7-43
吞咽困难 ……7-450
戒日王 ……4-233
戒日王朝 ……4-233
戒严 ……4-233
戒具 ……4-233
戒指 ……4-234
进口替代工业 ……4-271
进口替代战略 ……4-271
进口税 ……4-271
进化 ……4-269
进化团 ……4-271
进出口许可证 ……4-269
进出口配额 ……4-268
进出口商品检验 ……4-268
进行曲 ……4-271
进行性肌营养不良 ……4-271
进军大别山 ……4-271
进步党 ……4-268
进步教育运动 ……4-268
远东共和国 ……9-115
远东慕尼黑阴谋 ……9-115
远志 ……9-115
远洋渔业 ……9-115
远期票据贴现 ……9-115
远程教育 ……9-114
违约金 ……7-545
违法行为 ……7-545
违宪审查制度 ……7-545
运动人体科学 ……9-141
运动员 ……9-141
运动员转会制 ……9-141
运动定律 ……9-141
运动学 ……9-141
运动病 ……9-141
运动稳定性 ……9-141
运河 ……9-142
运城市 ……9-140
运城盐池 ……9-140
运载火箭 ……9-143
运输 ……9-142
运输市场 ……9-143
运输成本 ……9-142
运输价格 ……9-143
运输船舶 ……9-142
运输量 ……9-143
运筹学 ……9-140
攻击和防御行为 ……3-140
攻补兼施 ……3-140
坛 ……7-281
坏死 ……3-562
坏账 ……3-563
坏账准备金 ……3-563
坝 ……1-190
坂本龙马 ……1-227
坎儿井 ……4-398
坎大哈 ……4-397
坎宁，G. ……4-398
坎宁汉，M. ……4-398
坎尼扎罗，S. ……4-398
坎托罗维奇，H. ……4-399
坎托罗维奇，L.V. ……4-399
坎农，W.B. ……4-399
坎纳达语 ……4-398
坎帕拉 ……4-399
坎昆会议 ……4-398
《坎特伯雷故事集》……4-399
坎普尔 ……4-399
坎德拉 ……4-398
均田免赋 ……4-358
均田制 ……4-358
均输论 ……4-358
均衡价格 ……4-358
坍塌 ……7-279
坞壁 ……8-69
坑道突水 ……4-465
坊表 ……2-492
杠杆 ……3-57
杠柳 ……3-57
杜瓦利埃家族 ……2-362
杜月笙 ……2-364
杜布瓦，E. ……2-355
杜尔，A.S. ……2-356
杜尔哥，A.-R.-J. ……2-356
杜兰，C. ……2-359
杜丝，E. ……2-362
杜邦财团 ……2-355
杜光庭 ……2-357
杜伏威 ……2-356
杜仲 ……2-364
杜伊斯堡 ……2-363
杜米埃，H. ……2-360
杜聿明 ……2-363
杜如晦 ……2-361
杜甫 ……2-356
杜甫仁科，A.P. ……2-357
杜甫草堂 ……2-357
杜佑 ……2-363
杜近芳 ……2-358
杜阿拉 ……2-355
杜青林 ……2-361
杜林，K.E. ……2-359
杜拉斯，M. ……2-359
杜尚别 ……2-362
杜鸣心 ……2-360
杜岭方鼎 ……2-359
杜杲 ……2-357
杜国威 ……2-358
杜国庠 ……2-358
杜牧 ……2-360
杜波依斯，W.E.B. ……2-355
杜定友 ……2-355
杜审言 ……2-362

杜荀鹤 …… 2-363
杜威，J. …… 2-362
杜威，M. …… 2-362
杜威十进分类法 …… 2-363
杜洛克猪 …… 2-360
杜预 …… 2-363
杜桑，M. …… 2-361
杜桑－卢维图尔，F.D. …… 2-361
杜勒西达斯 …… 2-359
杜鹃 …… 2-358
杜鹃花 …… 2-358
杜黑，G. …… 2-358
杜鲁门主义 …… 2-359
杜普雷，J. …… 2-361
杜鹏程 …… 2-361
杖头木偶戏 …… 9-223
材料 …… 1-458
材料力学 …… 1-460
材料力学性能 …… 1-460
材料科学技术 …… 1-458
村上春树 …… 2-58
村规民约 …… 2-58
村镇规划 …… 2-58
杉村春子 …… 6-442
杉科 …… 6-442
极乐鸟 …… 4-69
极地气候 …… 4-69
极权主义 …… 4-70
极轨道 …… 4-69
极光 …… 4-69
极坐标系 …… 4-70
极限 …… 4-70
极圈 …… 4-70
极移 …… 4-70
极谱法和伏安法 …… 4-69
杧果 …… 5-311
杨，F.L. …… 8-452
杨，T. …… 8-453
杨一清 …… 8-466
杨三郎 …… 8-460
杨士奇 …… 8-461
杨万里 …… 8-463
杨广 …… 8-455
杨小楼 …… 8-464
杨小燕 …… 8-465
杨子华 …… 8-468
杨开道 …… 8-457
杨开慧 …… 8-457
杨氏实验 …… 8-462
杨文会 …… 8-463
杨石先 …… 8-461
杨业 …… 8-466
杨仙逸 …… 8-464
杨白冰 …… 8-453
杨玄感 …… 8-465
杨在葆 …… 8-467
杨成志 …… 8-453
杨成武 …… 8-453
杨扬 …… 8-466
杨朱 …… 8-468
杨廷宝 …… 8-463
杨传广 …… 8-454
杨延昭 …… 8-465
杨向奎 …… 8-464
杨庆堃 …… 8-460
杨汝岱 …… 8-460
杨守敬 …… 8-462
杨阳 …… 8-466
杨丽萍 …… 8-458
杨志玖 …… 8-468
杨芙清 …… 8-454
杨杏佛 …… 8-465
杨坚 …… 8-456
杨利伟 …… 8-458
杨秀峰 …… 8-465
杨秀清 …… 8-465
杨沂孙 …… 8-466
杨茂 …… 8-459
杨杰 …… 8-456
杨虎城 …… 8-455
杨贤江 …… 8-464
杨尚昆 …… 8-460
杨明轩 …… 8-459
杨易辰 …… 8-467
杨国忠 …… 8-455
杨炎 …… 8-465
杨沫 …… 8-459
杨宝忠 …… 8-453
杨柳青 …… 8-458
杨柳青年画 …… 8-458
杨柳科 …… 8-458
杨树 …… 8-462
杨树达 …… 8-462
杨荣国 …… 8-460
杨荫浏 …… 8-467
杨贵妃 …… 8-455
杨钟健 …… 8-468
杨胜 …… 8-461
杨度 …… 8-454
杨恽 …… 8-467
杨炯 …… 8-457
杨勇 …… 8-467
杨绛 …… 8-456
杨素 …… 8-463
杨格计划 …… 8-455
杨桃 …… 8-463
杨根思 …… 8-455
杨振宁 …… 8-468
杨殷 …… 8-467
杨朔 …… 8-462
杨浦区 …… 8-460
杨涟 …… 8-458
《杨家府演义》 …… 8-455
杨家湾陶俑 …… 8-456
杨陵区 …… 8-458
杨梅 …… 8-459
杨逵 …… 8-458
杨崇瑞 …… 8-454
杨得志 …… 8-454
杨堃 …… 8-458
杨辉 …… 8-455
杨遇春 …… 8-467
杨献珍 …… 8-464
杨粲墓 …… 8-453
杨嗣昌 …… 8-462
杨简 …… 8-456
杨靖宇 …… 8-457
杨慎 …… 8-461
杨溥 …… 8-460
杨静仁 …… 8-457
杨嘉墀 …… 8-456
杨潮观 …… 8-453
杨凝式 …… 8-459
杨懋春 …… 8-459
杨耀 …… 8-466
劫机 …… 4-217
邯郸市 …… 3-356
邯郸赵城 …… 3-356
邯郸瓷 …… 3-356
豆天蛾 …… 2-345
豆芽菜 …… 2-346
豆制品 …… 2-346
豆科 …… 2-345
豆象 …… 2-346
豆雁 …… 2-346
豆薯 …… 2-345
豆瓣菜 …… 2-345
丽水 …… 5-24
丽水市 …… 4-576
丽江古城 …… 5-23
丽江市 …… 5-24
丽蝇 …… 5-24
丽鲷科 …… 5-23
克山病 …… 4-460
克木人 …… 4-458
克木语 …… 4-458
克什米尔 …… 4-460
克什米尔人 …… 4-460
克什米尔语 …… 4-460
克卢日－纳波卡 …… 4-455
克丘亚人 …… 4-459
克丘亚语 …… 4-459
克尔白 …… 4-445
克尔克桥 …… 4-446
克尔纳，T. …… 4-446
克尔凯郭尔，S. …… 4-445
克尔莱扎，M. …… 4-446
克立・巴莫 …… 4-454
克兰科，J. …… 4-450
克列茨瓦尔德，F.R. …… 4-454
克列蒙梭，G. …… 4-454

克吕尼运动 …… 4-456
克伦人 …… 4-456
克伦威尔，O. …… 4-456
克伦斯基，A.F. …… 4-456
克劳修斯，R. …… 4-450
克劳斯，K. …… 4-450
克劳塞维茨，C.von …… 4-450
克劳德，P. …… 4-450
克里山·钱达尔 …… 4-453
克里木半岛 …… 4-452
克里木汗国 …… 4-452
克里木战争 …… 4-452
克里克，F.H.C. …… 4-451
克里希那 …… 4-453
克里姆林宫 …… 4-451
克里姆特，G. …… 4-452
《克里姆·萨姆金的一生》…… 4-452
克里特文明 …… 4-453
克里特岛 …… 4-453
克里斯托芙，S. …… 4-453
克里斯琴森，W.N. …… 4-453
克里斯塔勒，W. …… 4-453
克里奥尔语 …… 4-451
克里奥帕特拉七世 …… 4-451
克里普克，S.A. …… 4-452
克里默，R. …… 4-451
克利马内 …… 4-454
克利夫兰 …… 4-454
克利斯提尼改革 …… 4-454
克努特大帝 …… 4-459
克努森，M.H.C. …… 4-459
克孜尔千佛洞 …… 4-461
克孜勒苏柯尔克孜自治州 …… 4-461
克孜勒库姆沙漠 …… 4-461
克孜勒奥尔达 …… 4-461
克林顿，W.J. …… 4-454
克耶人 …… 4-461
克拉 …… 4-446
克拉尼，E.F.F. …… 4-448
克拉考尔，S. …… 4-446
克拉玛依市 …… 4-447
克拉克，J.B. …… 4-446
克拉克，J.G.D. …… 4-447
克拉克当文化 …… 4-447
克拉克·盖博 …… 4-447
克拉苏·迪弗斯 …… 4-448
克拉姆斯科伊，I.N. …… 4-447
克拉科夫 …… 4-446
克拉科夫起义（1846） …… 4-446
克拉索夫斯基，F.N. …… 4-448
克拉斯诺亚尔斯克 …… 4-448
克罗马农人 …… 4-458
克罗内克，L. …… 4-458
克罗宁，J.W. …… 4-458
克罗地亚 …… 4-456
克罗地亚人 …… 4-457
克罗齐，B. …… 4-458
克罗茨，F.X. …… 4-456
克罗格，H. …… 4-457
克罗斯贝，B. …… 4-458
克钦人 …… 4-459
克洛卜施托克，F.G. …… 4-458
克洛代尔，P. …… 4-458
克洛维一世 …… 4-458
克格勃 …… 4-446
克莱门茨，J.S. …… 4-448
克莱门蒂，M. …… 4-448
克莱因，F. …… 4-449
克莱因，L.R. …… 4-449
克莱恩，S. …… 4-448
克莱斯特，H.von …… 4-449
克莱斯勒，F. …… 4-448
克莱德曼，R. …… 4-448
《克莱默夫妇》…… 4-448
克诺索斯王宫 …… 4-459
克萨尔特南戈 …… 4-460
克隆 …… 4-455
克维多-比列加斯，F.G.de …… 4-460
克鼎 …… 4-445
克鲁奇科夫斯基，L. …… 4-455
克鲁泡特金，P.A. …… 4-455
克鲁斯，J.I.de la …… 4-455
克鲁普斯卡娅，N.K. …… 4-455
克赖斯特彻奇 …… 4-449
克雷，S. …… 4-450
克雷布斯，H.A. …… 4-450
克雷布斯循环 …… 4-451
克雷洛夫，I.A. …… 4-451
克雷格，E.G. …… 4-451
贡山独龙族怒族自治县 …… 3-152
《贡比涅森林停战协定》…… 3-151
贡戈拉-阿尔戈特，L.de …… 3-152
贡布罗维奇，W. …… 3-151
贡唐·丹白准美 …… 3-152
贡萨尔维斯·迪亚斯，A. …… 3-152
贡萨莱斯·马丁内斯，E. …… 3-152
贡舶 …… 3-151
贡榜王朝 …… 3-151
贡嘎山 …… 3-151
贡嘎县 …… 3-152
汞 …… 3-145
壳斗科 …… 6-188
志丹县 …… 9-311
志怪小说 …… 9-311
志贺直哉 …… 9-311
志留纪 …… 9-311
志愿兵役制 …… 9-311
志愿者 …… 9-312
声子 …… 6-553
声化学 …… 6-551
声训 …… 6-553
声呐 …… 6-551
声波 …… 6-551
声学 …… 6-553
声类 …… 6-551
声速 …… 6-552
声符 …… 6-551
声腔剧种 …… 6-552
声障 …… 6-553
声爆 …… 6-550
走火入魔 …… 9-562
走边 …… 9-562
走私 …… 9-562
走索 …… 9-563
赤水市 …… 1-600
赤水河 …… 1-600
赤豆 …… 1-598
赤松子 …… 1-600
赤狐 …… 1-598
赤眉、绿林起义 …… 1-599
赤峰市 …… 1-598
赤铁矿 …… 1-600
赤眼鳟 …… 1-600
赤铜矿 …… 1-600
赤嵌 …… 1-598
赤链蛇 …… 1-598
赤道 …… 1-597
赤道几内亚 …… 1-597
赤道纪念碑 …… 1-598
赤道潜流 …… 1-598
赤霉素 …… 1-599
赤潮 …… 1-596
赤壁 …… 1-596
赤壁之战 …… 1-596
赤壁市 …… 1-596
赤藓糖 …… 1-600
芫荽 …… 8-425
芜菁 …… 9-99
芜湖市 …… 8-24
芜湖浆染 …… 8-24
芸香科 …… 9-138
芸薹属 …… 9-138
芽 …… 8-391
芽生菌病 …… 8-391
芮杏文 …… 6-347
芮城县 …… 6-347
苋科 …… 8-176
苋菜 …… 8-176
花 …… 3-524
花山节 …… 3-530
《花月痕》…… 3-532
花卉 …… 3-527
花石纲 …… 3-531
花生 …… 3-530
花生四烯酸 …… 3-531
花生酸 …… 3-531
花鸟画 …… 3-529
花市 …… 3-531
花边 …… 3-525
花丝 …… 3-531
《花传书》…… 3-525

花会 ……… 3–527
花色素 ……… 3–530
花灯 ……… 3–526
花灯 ……… 3–526
花岗岩 ……… 3–526
花园口 ……… 3–532
花龟 ……… 3–527
《花间集》……… 3–527
花坪自然保护区 ……… 3–530
花拉子米 ……… 3–528
花呢 ……… 3–529
花柳千代 ……… 3–528
花剌子模 ……… 3–528
花剌子模沙三王朝 ……… 3–528
花茶 ……… 3–525
花面狸 ……… 3–529
花样滑冰 ……… 3–531
花样游泳 ……… 3–532
花莲县 ……… 3–528
《花部农谭》……… 3–525
花部　雅部 ……… 3–525
花粉 ……… 3–526
花粉症 ……… 3–526
花脸 ……… 3–528
花椒 ……… 3–528
花期控制 ……… 3–530
花道 ……… 3–525
花鼓舞 ……… 3–527
花鲈 ……… 3–529
花蝇 ……… 3–532
花蜜 ……… 3–529
花蕊夫人 ……… 3–530
花鳅 ……… 3–530
芹菜 ……… 6–195
芬兰 ……… 2–555
芬兰人 ……… 2–556
芬兰-乌戈尔语族 ……… 2–556
芬兰语 ……… 2–556
芬尼运动 ……… 2–557
芬迪湾 ……… 2–555
芬斯特瓦尔德，S. ……… 2–557
芥川龙之介 ……… 4–234
芥子气 ……… 4–234
《芥子园画传》……… 4–234
芥菜 ……… 4–234
芥蓝 ……… 3–26
苍山 ……… 1–475
苍鹰 ……… 1–475
芡实 ……… 6–176
芳人 ……… 2–493
芳丹，L. ……… 2–493
芳香化湿 ……… 2–493
芳香族化合物 ……… 2–493
芳香植物 ……… 2–493
芳烃 ……… 2–493
苎麻 ……… 9–500
芦苇 ……… 5–158
《芦荡火种》……… 5–157
芦笋 ……… 5–158
芦笙 ……… 5–157
芦笙舞 ……… 5–157
劳乃宣 ……… 4–555
劳厄，M.von ……… 4–555
劳申伯格，R. ……… 4–556
劳务输出 ……… 4–556
劳动 ……… 4–551
劳动力 ……… 4–554
劳动力流动 ……… 4–554
劳动生产率 ……… 4–554
劳动价值论 ……… 4–553
劳动合同 ……… 4–553
劳动合同制 ……… 4–553
劳动争议 ……… 4–555
劳动关系 ……… 4–553
劳动改造 ……… 4–552
劳动法 ……… 4–552
劳动保护 ……… 4–552
劳动教养 ……… 4–554
劳动密集型产业 ……… 4–554
劳动强度 ……… 4–554
劳动解放社 ……… 4–554
劳亚古陆 ……… 4–556
劳伦斯，D.H. ……… 4–555
劳克林，R.B. ……… 4–555
劳保医疗 ……… 4–551
劳莱和哈台 ……… 4–555
劳损 ……… 4–556
劳顿，C. ……… 4–555
劳塔罗 ……… 4–556
劳森，H. ……… 4–556
芭铎，B. ……… 1–187
芭堤雅 ……… 1–187
芭蕾 ……… 1–187
芭蕉科 ……… 1–187
苏门四学士 ……… 7–193
苏门答腊岛 ……… 7–192
苏云金杆菌 ……… 7–197
苏区戏剧 ……… 7–193
苏瓦 ……… 7–195
苏丹 ……… 7–178
苏丹 ……… 7–180
苏丹尼格罗人 ……… 7–180
苏丹草 ……… 7–180
苏丹港 ……… 7–180
苏打 ……… 7–178
苏东坡 ……… 7–181
苏卡乔夫，V.N. ……… 7–185
苏尔王朝 ……… 7–182
苏尔瓦兰，F.de ……… 7–182
苏尔达斯 ……… 7–182
苏汉臣 ……… 7–185
苏必利尔湖 ……… 7–178
苏加诺 ……… 7–185
苏圣玛丽运河 ……… 7–193
苏发努冯 ……… 7–182
苏伊士 ……… 7–197
苏伊士运河 ……… 7–197
苏兆征 ……… 7–197
苏州工业园区 ……… 7–198
苏州大学 ……… 7–198
苏州市 ……… 7–198
苏州名园 ……… 7–198
苏州评话 ……… 7–198
苏州河 ……… 7–198
苏州弹词 ……… 7–199
苏纪兰 ……… 7–185
苏克雷 ……… 7–185
苏克雷，A.J.de ……… 7–186
苏芬战争 ……… 7–183
《苏报》案 ……… 7–177
苏步青 ……… 7–178
苏里南 ……… 7–187
苏里科夫，V.I. ……… 7–187
苏利-普吕多姆 ……… 7–188
苏沃洛夫，A.V. ……… 7–196
苏武 ……… 7–196
苏拉 ……… 7–186
苏拉威西岛 ……… 7–186
苏拉威西海 ……… 7–186
苏非主义 ……… 7–182
苏味道 ……… 7–196
苏秉琦 ……… 7–178
苏定方 ……… 7–181
苏定强 ……… 7–181
苏威 ……… 7–195
苏哈托 ……… 7–184
苏星 ……… 7–196
苏俄国内战争 ……… 7–181
苏美尔语 ……… 7–192
苏美英法分区占领德国 ……… 7–192
苏（俄）美限制战略武器会谈 ……… 7–192
苏洵 ……… 7–197
苏秦 ……… 7–193
苏格兰 ……… 7–184
苏格兰人 ……… 7–184
苏格兰盖尔语 ……… 7–184
苏格兰短裙 ……… 7–184
苏格拉底 ……… 7–183
苏莱马诺吕，N. ……… 7–186
苏莱曼一世 ……… 7–186
苏振华 ……… 7–198
苏轼 ……… 7–193
苏铁 ……… 7–195
苏铁类植物 ……… 7–195
苏颂 ……… 7–195
苏通长江大桥 ……… 7–195
苏绣 ……… 7–196
苏梅 ……… 7–191
苏梅 ……… 7–191
苏菲·玛索 ……… 7–182
苏菜 ……… 7–178

苏萨古城 ……7-193
苏曼殊 ……7-191
苏绰 ……7-178
苏维埃 ……7-195
苏联 ……7-188
苏联大清洗运动 ……7-188
苏联卫国战争 ……7-190
苏联共产党 ……7-188
苏联农业集体化 ……7-190
苏联红军 ……7-189
《苏联社会主义经济问题》……7-190
苏联宪法 ……7-191
苏联解体和东欧剧变 ……7-189
苏舜钦 ……7-194
苏禄王墓 ……7-191
苏禄国 ……7-191
苏禄海 ……7-191
苏黎世 ……7-186
苏黎世三人团 ……7-187
《苏德互不侵犯条约》……7-181
苏德隆 ……7-181
苏霍姆林斯基，V.A. ……7-185
苏辙 ……7-198
孝义市 ……8-232
孝庄文皇后 ……8-232
孝悌 ……8-232
孝堂山画像石 ……8-232
孝感市 ……8-232
杏 ……8-323
李 ……4-586
李，W. ……4-586
李卜克内西，K. ……4-589
李卜克内西，W. ……4-589
李三才 ……4-608
李大钊 ……4-591
李广 ……4-595
李广田 ……4-596
李广利 ……4-595
李之藻 ……5-4
李卫 ……4-614
李小龙 ……4-616
李比希，J.von ……4-588
李开先 ……4-601
李井泉 ……4-600
李天和 ……4-613
李天禄 ……4-613
李元昊 ……5-3
李少春 ……4-609
李公佐 ……4-594
李公麟 ……4-594
李长春 ……4-589
李氏朝鲜 ……4-610
李方训 ……4-593
李书华 ……4-610
李正敏 ……5-4
李可夫，A.I. ……4-601
李可染 ……4-602
李东阳 ……4-592
李东垣 ……4-592
李四光 ……4-612
李仪祉 ……5-2
李白 ……4-587
《李尔王》……4-593
李尔本，J. ……4-593
李汉俊 ……4-596
李宁 ……4-606
李立三 ……4-603
李永波 ……5-2
李再雯 ……5-3
李存葆 ……4-590
李成梁 ……4-590
李达 ……4-590
李光地 ……4-595
李光洙 ……4-595
李光弼 ……4-595
李光耀 ……4-595
李乔 ……4-607
李先念 ……4-615
李廷松 ……4-614
李延年 ……5-1
李延寿 ……5-1
李自成起义 ……5-5
李行 ……4-616
李兆焯 ……5-4
李兆麟 ……5-3
李多奎 ……4-593
李冰 ……4-589
李齐贤 ……4-607
李庆逵 ……4-608
李汝珍 ……4-608
李安 ……4-587
李安世 ……4-587
李安宅 ……4-587
李约瑟 ……5-3
李杜 ……4-593
李劫夫 ……4-600
李克用 ……4-603
李克农 ……4-602
李克强 ……4-602
李来亨 ……4-603
李连杰 ……4-604
李连捷 ……4-604
李时珍 ……4-610
李岚清 ……4-603
李秀成 ……4-616
李伯芬 ……4-589
李希霍芬，F.von ……4-614
李冶 ……5-2
李沛瑶 ……4-606
李纲 ……4-594
李青山 ……4-607
李林达尔，O. ……4-604
李林甫 ……4-604
李苦禅 ……4-603
李茂贞 ……4-605
李叔同 ……4-610
李贤墓壁画（唐）……4-615
李凯尔特，H. ……4-601
李昌镐 ……4-589
李国文 ……4-596
李国豪 ……4-596
李固 ……4-595
李季 ……4-598
李金华 ……4-600
李泗元 ……4-612
李宝嘉 ……4-588
李宗仁 ……5-5
李定国 ……4-592
李学勤 ……5-1
李建成 ……4-600
李建国 ……4-600
李绅 ……4-610
李承祥 ……4-590
李承晚 ……4-590
李玲蔚 ……4-604
李春 ……4-590
李树青 ……4-611
李政道 ……5-4
李荣 ……4-608
李荣宗 ……4-608
李峤 ……4-607
李昭道 ……5-3
李显龙 ……4-615
李昇 ……4-589
李贵鲜 ……4-596
李思训 ……4-611
李重润墓壁画 ……4-590
李俨 ……5-1
李俊 ……4-601
李剑农 ……4-600
李闻血案 ……4-614
李济 ……4-598
李济深 ……4-599
李贺 ……4-597
李勣 ……4-599
李素文 ……4-612
李桦 ……4-597
李振声 ……5-4
李贽 ……5-4
李特尔，C. ……4-613
李铁映 ……4-613
李健吾 ……4-600
李颀 ……4-607
李凌 ……4-604
李唐 ……4-612
李悝 ……4-603
李烛尘 ……5-4
李益 ……5-2
李浩培 ……4-597
李家峡水电站 ……4-599
李谅祚 ……4-604

李继迁……4-599
李继侗……4-599
李邕……5-2
李梦华……4-605
李梦阳……4-605
李雪峰……5-1
李雪健……5-1
李辅国……4-593
李曼瑰……4-605
李商隐……4-609
李焕之……4-598
李清照……4-607
李鸿章……4-597
李淑兰……4-611
李渊……5-3
李渔……5-2
李密……4-605
李隆基……4-605
李维汉……4-614
李瑛……5-2
李斯……4-611
李斯特，F.……4-611
李斯特，F.von……4-611
李斯特，G.F.……4-612
李雄……4-616
李提摩太……4-613
李雅普诺夫，A.M.……5-1
李景汉……4-601
李锐……4-608
李善长……4-609
李善兰……4-609
李普曼，G.……4-606
李普曼，W.……4-606
李富春……4-593
李瑞环……4-608
李埗……4-594
李蒙……4-605
李嵩……4-612
李锡铭……4-615
李鹏……4-606
李靖……4-601
李新……4-616
李煜……5-3
李慈铭……4-590
李满住……4-605
李源潮……5-3
李滉……4-598
李準……5-5
李靓……4-594
李嘉诚……4-599
李嵩……4-597
李箕永……4-598
李德……4-591
李德才……4-591
李德生……4-592
李德伦……4-591
李德全……4-591
李德明……4-591
李德裕……4-592
李璟……4-601
李翰祥……4-596
李默然……4-606
李翱……4-587
李鱓……4-609
李薰……5-1
李膺……5-2
李攀龙……4-606
严凤英……8-425
严文井……8-427
严东生……8-425
严羽……8-427
严良堃……8-427
严复……8-425
严济慈……8-426
严耕望……8-426
严隽琪……8-426
严景耀……8-426
严智怡……8-427
严嵩……8-427
巫山……8-12
巫术……8-13
巫兰英……8-12
巫师……8-13
巫峡……8-13
巫舞……8-13
更年期……3-118
更名田……3-118
更赋……3-118
更新世……3-118
两伊战争……5-59
两江师范学堂……5-58
两岸“三通”……5-57
两京十三布政使司……5-58
两性化合物……5-59
两性畸形……5-59
两审终审制……5-59
两栖动物……5-58
两栖作战……5-59
两栖鲵……5-58
两党制……5-58
两税……5-59
两税法……5-59
《酉阳杂俎》……9-51
歼击机……4-150
歼击轰炸机……4-150
否决权……2-588
否定之否定规律……2-588
医疗体育……8-534
医疗制度……8-534
医疗保险……8-534
医疗保健服务……8-534
医疗费用……8-534
《医宗金鉴》……8-536
医学心理学……8-535
医学地理学……8-535
医学伦理学……8-535
医学影像学……8-535
医院……8-536
医案……8-534
辰砂……1-549
还原反应……3-563
还原论……3-563
还原剂……3-563
豕尊……7-13
忒修斯……7-329
来俊臣……4-530
来航鸡……4-530
来料加工……4-530
来宾市……4-530
扶风县……2-599
扶正祛邪……2-599
扶南……2-599
扶养……2-599
扶桑……2-599
抚仙湖……3-1
抚州市……3-2
抚远县……3-1
抚松县……3-1
抚顺市……3-1
抚养……3-1
技巧运动……4-99
技术……4-99
技术引进……4-100
技术市场……4-100
技术发明……4-100
技术转让……4-100
技术性贸易壁垒……4-100
技术革命……4-100
技术科学……4-100
技术贸易……4-100
技术密集型产业……4-100
技贸结合……4-98
技能……4-98
批发……6-69
批发交易市场……6-69
批判实在论……6-69
“批林批孔”运动……6-69
拒俄事件……4-338
拒绝作证权……4-338
折旧……9-238
折扣……9-238
折射率……9-238
折衷主义……9-238
折衷主义建筑……9-238
《抓壮丁》……9-507
抓周……9-507
扳指……1-221
抢婚……6-181
抑郁……8-560
投入产出分析……7-412
投入产出模型……7-413

投下 …… 7-413
投标 …… 7-412
投壶 …… 7-412
投资 …… 7-413
投资边际效率 …… 7-413
投资经济学 …… 7-414
投资乘数 …… 7-413
投资基金 …… 7-414
投资银行 …… 7-414
投影机 …… 7-413
抛光 …… 6-49
抛物线 …… 6-49
抛射体运动 …… 6-49
抗日民族统一战线 …… 4-410
抗日战争 …… 4-410
抗日根据地戏剧 …… 4-410
抗心律失常药 …… 4-413
抗心绞痛药 …… 4-413
抗生素 …… 4-412
抗抑郁药 …… 4-413
抗体 …… 4-412
抗诉 …… 4-412
抗组胺药 …… 4-415
《抗战文艺》 …… 4-414
抗战文艺运动 …… 4-414
抗美援朝战争 …… 4-408
抗结核病药 …… 4-408
抗真菌药 …… 4-414
抗原 …… 4-413
抗原－抗体反应 …… 4-413
抗敌演剧队 …… 4-407
抗氧剂 …… 4-413
抗高血压药 …… 4-408
抗病毒药 …… 4-407
抗焦虑药 …… 4-408
抗酸药 …… 4-412
抗精神病药 …… 4-408
抗暴运动 …… 4-407
抗癌基因 …… 4-407
抗躁狂药 …… 4-414
抖振 …… 2-344
护士 …… 3-524
护卫舰 …… 3-524
护身符 …… 3-523
护国战争 …… 3-523
护法战争 …… 3-522
护理 …… 3-523
把戏 …… 1-189
把斋 …… 1-189
报业集团 …… 1-248
报关 …… 1-248
报告文学 …… 1-247
报纸 …… 1-248
报春花科 …… 1-247
报复关税 …… 1-247
报警器 …… 1-248
拟步甲 …… 5-582
拟态 …… 5-583
拟话本 …… 5-582
拟剧论 …… 5-583
抒情诗 …… 7-50
《抒情歌谣集》 …… 7-50
韧致辐射 …… 6-311
连云港市 …… 5-39
连分数 …… 5-37
连台本戏 …… 5-38
连州市 …… 5-39
连杆机构 …… 5-37
连坐 …… 5-39
连环画 …… 5-37
连香树 …… 5-38
连续介质 …… 5-38
连续函数 …… 5-38
连续统假设 …… 5-39
连斯基，A.P. …… 5-38
连锁商店 …… 5-38
连阔如 …… 5-38
连歌 …… 5-37
连霍高速公路 …… 5-38
《求是》 …… 6-244

〔丨〕

卤代反应 …… 5-161
卤代烃 …… 5-161
卤虫 …… 5-160
卤钨灯 …… 5-161
卤素 …… 5-161
卤簿 …… 5-160
步日耶，H. …… 1-456
步甲 …… 1-455
步达生 …… 1-455
步行街 …… 1-456
步兵战车 …… 1-455
步枪 …… 1-456
《步辇图》 …… 1-456
邺 …… 8-503
《坚持四项基本原则》 …… 4-151
肖，N. …… 8-210
肖邦，F.F. …… 8-210
肖扬 …… 8-212
肖伦 …… 8-211
肖克莱，W.B. …… 8-211
肖洛霍夫，M.A. …… 8-212
肖恩，T. …… 8-211
肖斯塔科维奇，D.D. …… 8-212
肖蛸 …… 8-212
肖像权 …… 8-233
肖像画 …… 8-233
呋喃 …… 2-589
呋喃丹 …… 2-589
吠陀 …… 2-532
吠檀多派 …… 2-532
呕吐 …… 6-27
呃逆 …… 2-409
吡咯 …… 1-321
吡啶 …… 1-321
吡喃 …… 1-321
吡嗪 …… 1-322
吨 …… 2-375
听力重建 …… 7-386
听证 …… 7-386
听觉 …… 7-385
叺剧 …… 2-54
吹打乐 …… 2-33
吲哚 …… 8-586
岐山县 …… 6-131
岐邑 …… 6-131
岐伯 …… 6-131
岘港 …… 8-178
时区 …… 6-610
时乐濛 …… 6-609
时间分辨光谱 …… 6-609
时间序列分析 …… 6-609
时间服务 …… 6-609
时间测量 …… 6-608
时间管理 …… 6-609
时态逻辑 …… 6-610
时尚 …… 6-610
时钟佯谬 …… 6-611
时差 …… 6-608
时装 …… 6-611
时装表演 …… 6-611
时装新戏 …… 6-611
时溥 …… 6-609
财务公司 …… 1-462
财务会计 …… 1-462
财团 …… 1-462
财产申报制度 …… 1-461
财产权 …… 1-461
财产保全 …… 1-460
财产保险 …… 1-461
财产课税 …… 1-461
财产清查 …… 1-461
财政 …… 1-462
财政分配 …… 1-463
财政赤字 …… 1-462
财政补贴 …… 1-462
财政转移支付 …… 1-464
财政审计 …… 1-463
财政学 …… 1-463
财政政策 …… 1-464
财政结余 …… 1-463
财政透支 …… 1-463
财政预算 …… 1-464
财阀 …… 1-461
财神 …… 1-462
财富 …… 1-461
助产 …… 9-500
助听器 …… 9-500
助剂 …… 9-500
助学金 …… 9-501

助学贷款 ……………………………… 9-501
邮购商店 ……………………………… 9-33
邮政 ……………………………… 9-34
邮政编码 ……………………………… 9-35
邮票 ……………………………… 9-33
别史 ……………………………… 1-359
别字 ……………………………… 1-359
别役实 ……………………………… 1-359
别林斯基，V.G. ……………………… 1-358
别府 ……………………………… 1-358
别捷赫京，A.G. ……………………… 1-358
别雷，A. ……………………………… 1-358
别墅 ……………………………… 1-359
《虬髯客传》 ……………………………… 6-244
吴 ……………………………… 8-24
吴 ……………………………… 8-24
吴 ……………………………… 8-24
吴几康 ……………………………… 8-30
吴三桂 ……………………………… 8-34
吴于廑 ……………………………… 8-38
吴大帝孙权 ……………………………… 8-27
吴大猷 ……………………………… 8-27
吴川市 ……………………………… 8-26
吴门派 ……………………………… 8-32
吴天明 ……………………………… 8-35
吴天保 ……………………………… 8-35
吴元济 ……………………………… 8-39
吴历 ……………………………… 8-32
吴中区 ……………………………… 8-41
吴文英 ……………………………… 8-36
吴文俊 ……………………………… 8-36
吴文藻 ……………………………… 8-36
吴方言 ……………………………… 8-28
吴玉章 ……………………………… 8-39
吴仪 ……………………………… 8-37
吴印咸 ……………………………… 8-38
吴尔夫，V. ……………………………… 8-28
吴永刚 ……………………………… 8-38
吴邦国 ……………………………… 8-24
吴邦雅 ……………………………… 8-25
吴有训 ……………………………… 8-38
吴伟 ……………………………… 8-35
吴伟业 ……………………………… 8-35
吴传玉 ……………………………… 8-26
吴传钧 ……………………………… 8-26
吴仲华 ……………………………… 8-41
吴江市 ……………………………… 8-31
吴汝康 ……………………………… 8-34
吴宇森 ……………………………… 8-39
吴阶平 ……………………………… 8-31
吴均 ……………………………… 8-31
吴作人 ……………………………… 8-42
吴作栋 ……………………………… 8-42
吴冷西 ……………………………… 8-32
吴沃尧 ……………………………… 8-36
吴良镛 ……………………………… 8-32
吴努 ……………………………… 8-33
吴玠 ……………………………… 8-31
吴其濬 ……………………………… 8-33
吴奈温 ……………………………… 8-33
吴昌顺 ……………………………… 8-25
吴昌硕 ……………………………… 8-25
吴忠市 ……………………………… 8-41
吴佩孚 ……………………………… 8-33
吴征铠 ……………………………… 8-40
吴征镒 ……………………………… 8-40
吴金昊 ……………………………… 8-31
吴法宪 ……………………………… 8-28
吴泽霖 ……………………………… 8-40
吴宝康 ……………………………… 8-25
吴定良 ……………………………… 8-28
吴官正 ……………………………… 8-29
吴宓 ……………………………… 8-33
吴学周 ……………………………… 8-37
吴学谦 ……………………………… 8-37
吴组缃 ……………………………… 8-41
吴承恩 ……………………………… 8-26
吴城文化 ……………………………… 8-26
吴茵 ……………………………… 8-38
吴贻弓 ……………………………… 8-38
吴思远 ……………………………… 8-34
吴庭艳 ……………………………… 8-35
吴炳 ……………………………… 8-25
吴浊流 ……………………………… 8-41
吴祖光 ……………………………… 8-41
吴祖强 ……………………………… 8-42
吴冠中 ……………………………… 8-29
《吴郡丹青志》 ……………………………… 8-32
吴耕民 ……………………………… 8-29
吴桂贤 ……………………………… 8-29
吴桥县 ……………………………… 8-34
吴哥 ……………………………… 8-28
吴哥王朝 ……………………………… 8-29
吴哥寺 ……………………………… 8-28
吴起 ……………………………… 8-34
吴起镇 ……………………………… 8-34
吴晓邦 ……………………………… 8-37
吴健雄 ……………………………… 8-30
吴梅 ……………………………… 8-32
吴雪 ……………………………… 8-37
吴晗 ……………………………… 8-30
吴趼人 ……………………………… 8-37
吴清源 ……………………………… 8-34
吴淞江 ……………………………… 8-35
吴淞镇 ……………………………… 8-35
吴敬琏 ……………………………… 8-31
吴敬梓 ……………………………… 8-31
吴越 ……………………………… 8-39
吴越文化 ……………………………… 8-39
吴道子 ……………………………… 8-27
吴湖帆 ……………………………… 8-30
吴强 ……………………………… 8-34
吴楚七国之乱 ……………………………… 8-26
吴雷，L. ……………………………… 8-32
吴稚晖 ……………………………… 8-41
吴蕴初 ……………………………… 8-40
吴镇 ……………………………… 8-40
吴德 ……………………………… 8-27
吴激 ……………………………… 8-30
吴耀宗 ……………………………… 8-37
呆小症 ……………………………… 2-124
足 ……………………………… 9-565
足太阳膀胱经 ……………………………… 9-567
足太阴脾经 ……………………………… 9-568
足少阳胆经 ……………………………… 9-567
足少阴肾经 ……………………………… 9-567
足阳明胃经 ……………………………… 9-568
足迹鉴定 ……………………………… 9-566
足球 ……………………………… 9-566
足球战争 ……………………………… 9-567
足菌肿 ……………………………… 9-566
足厥阴肝经 ……………………………… 9-566
足跟痛 ……………………………… 9-566
邑 ……………………………… 8-560
岗位责任制 ……………………………… 3-56
岗位派 ……………………………… 3-56
岗位培训 ……………………………… 3-56
岑仲勉 ……………………………… 1-487
岑参 ……………………………… 1-487
岑溪市 ……………………………… 1-487
岚山 ……………………………… 4-543
旱作农业 ……………………………… 3-388
旱灾 ……………………………… 3-388
旱獭 ……………………………… 3-388
县 ……………………………… 8-177
兕觥 ……………………………… 7-157
里 ……………………………… 5-6
里士满 ……………………………… 5-8
里韦拉，D. ……………………………… 5-9
里韦拉，J.E. ……………………………… 5-9
里贝罗，A.G. ……………………………… 5-6
里氏震级 ……………………………… 5-8
里甲 ……………………………… 5-8
里尔 ……………………………… 5-7
里尔克，R.M. ……………………………… 5-7
里加 ……………………………… 5-7
里约热内卢 ……………………………… 5-10
里约集团 ……………………………… 5-10
里耶古城 ……………………………… 5-10
里耶卡 ……………………………… 5-10
里昂 ……………………………… 5-6
里昂工人起义 ……………………………… 5-6
里昂惕夫，W. ……………………………… 5-6
里姆斯基-科萨科夫，N.A. ……………… 5-8
里根，R.W. ……………………………… 5-7
里根主义 ……………………………… 5-7
里海 ……………………………… 5-7
里斯，J.A. ……………………………… 5-9
里斯本 ……………………………… 5-9
里歇，C.R. ……………………………… 5-9
里德，W. ……………………………… 5-6

里德伯常数 …… 5-6
园丁鸟科 …… 9-99
园艺 …… 9-100
园林 …… 9-100
园林学 …… 9-100
园蛛 …… 9-100
围场满族蒙古族自治县 …… 7-545
围海造田 …… 7-545
围棋 …… 7-546
串联 …… 2-31
串联反应 …… 2-31

〔丿〕

牡丹 …… 5-486
牡丹江 …… 5-487
牡丹江市 …… 5-487
《牡丹亭》 …… 5-487
牡蛎 …… 5-487
针叶林 …… 9-248
针灸 …… 9-247
针灸配穴 …… 9-248
针刺补泻 …… 9-246
针刺麻醉 …… 9-247
针刺感应 …… 9-246
针刺意外 …… 9-247
针织 …… 9-249
针鼹 …… 9-248
钉螺 …… 2-310
钋 …… 6-96
钌 …… 5-70
利川市 …… 5-27
利马 …… 5-29
利马，J.de …… 5-29
《利马宣言》 …… 5-29
利马索尔 …… 5-29
利比亚 …… 5-25
利比亚人 …… 5-27
利比亚抗意战争 …… 5-27
利比亚沙漠 …… 5-27
利比里亚 …… 5-24
利瓦绿洲 …… 5-32
利什曼虫 …… 5-30
利什曼原虫病 …… 5-30
利手 …… 5-31
利文斯敦，D. …… 5-32
利水通淋 …… 5-31
利平科特，J.B. …… 5-30
利他行为 …… 5-31
利市 …… 5-31
利皮父子 …… 5-30
利托-罗曼诸方言 …… 5-31
利血平 …… 5-33
利玛窦 …… 5-29
利伯维尔 …… 5-27
利库德集团 …… 5-28
利改税 …… 5-27
利尿药 …… 5-29
利物浦 …… 5-32
利科，P. …… 5-28
利胆药 …… 5-27
利特尔，A.D. …… 5-31
利特伍德，J. …… 5-31
利息 …… 5-32
利息率 …… 5-32
利息税 …… 5-33
利益集团 …… 5-33
利润 …… 5-30
利润最大化原则 …… 5-30
利基家族 …… 5-28
利率 …… 5-29
利隆圭 …… 5-28
《利维坦》 …… 5-32
利斯特氏菌病 …… 5-31
利雅得 …… 5-33
利普斯科姆，W.N. …… 5-30
利篁 …… 5-27
私小说 …… 7-118
私有化 …… 7-119
私法 …… 7-118
私学 …… 7-118
私营企业 …… 7-118
私营经济 …… 7-118
《乱世佳人》 …… 5-191
乱弹 …… 5-191
《每日电讯报》 …… 5-341
告诉才处理 …… 3-82
告缗 …… 3-82
《秃头歌女》 …… 7-416
秃发乌孤 …… 7-416
秃发傉檀 …… 7-416
秃鹫 …… 7-416
秀兰·邓波儿 …… 8-338
氙 …… 8-173
氙灯 …… 8-173
氚 …… 2-23
《我这一辈子》 …… 7-608
《我的秘密之花》 …… 7-608
《我是猫》 …… 7-608
我缅人协会 …… 7-608
佉卢字母 …… 6-249
体力劳动 …… 7-342
体外受精 …… 7-342
体用 …… 7-343
体质 …… 7-345
体质人类学 …… 7-345
体育 …… 7-343
体育场馆 …… 7-344
体育经纪人 …… 7-345
体育俱乐部 …… 7-345
体育摄影 …… 7-345
体格检查 …… 7-341
体验派 …… 7-343
体液 …… 7-343
体腔动物 …… 7-342
体温 …… 7-342
体操 …… 7-341
体癣 …… 7-343
何干之 …… 3-412
何长工 …… 3-412
何老凤 …… 3-413
何作霖 …… 3-416
何应钦 …… 3-415
何灼强 …… 3-416
何迟 …… 3-412
何杰 …… 3-413
何其芳 …… 3-414
何叔衡 …… 3-414
何泽慧 …… 3-415
何绍基 …… 3-414
何承天 …… 3-412
何厚铧 …… 3-413
何思敬 …… 3-414
何秋涛 …… 3-414
何香凝 …… 3-415
何炳林 …… 3-412
何兹全 …… 3-416
何勇 …… 3-415
何振梁 …… 3-415
何晏 …… 3-415
何家村窖藏 …… 3-413
何景明 …… 3-413
何鲁丽 …… 3-413
何腾蛟 …… 3-414
何震 …… 3-416
佐林，V.S. …… 9-579
佐治亚州 …… 9-579
但丁 …… 2-147
佃农 …… 2-299
《作为意志和表象的世界》 …… 9-579
作用与反作用定律 …… 9-580
作物 …… 9-580
作战模拟 …… 9-580
作揖 …… 9-580
伯夫-梅里，H. …… 1-397
伯牙 …… 1-402
伯内特，F.M. …… 1-401
伯尔，H. …… 1-396
伯尔尼 …… 1-397
《伯尔尼公约》 …… 1-397
伯尔尼国际 …… 1-397
伯吉斯，E.W. …… 1-397
《伯远帖》 …… 1-402
伯克，E. …… 1-398
伯克兰，K. …… 1-398
伯克利 …… 1-399
伯克霍夫，G.D. …… 1-398
伯劳 …… 1-399
伯里克利 …… 1-399
伯利恒 …… 1-399
伯利兹 …… 1-399
伯希和 …… 1-402

伯努利定理 …… 1-401
伯努利家族 …… 1-401
伯杰龙，T.H.P. …… 1-398
伯明翰 …… 1-400
伯明翰 …… 1-401
伯罗奔尼撒同盟 …… 1-400
伯罗奔尼撒战争 …… 1-400
伯姆，K. …… 1-401
伯矩鬲 …… 1-398
伯班克，L. …… 1-396
伯格，P.L. …… 1-397
伯格曼，I. …… 1-397
伯恩施坦，E. …… 1-396
伯恩斯坦，L. …… 1-396
伯勒萨德，J. …… 1-399
伯朝拉河 …… 1-396
伯颜 …… 1-402
佟麟阁 …… 7-399
佣金 …… 9-29
低血糖症 …… 2-206
低音提琴 …… 2-207
低常儿童 …… 2-205
低等植物 …… 2-206
低温技术 …… 2-206
低温物理学 …… 2-206
低聚糖 …… 2-206
低熔点合金 …… 2-206
佝偻病 …… 3-153
住友财团 …… 9-501
住宅建筑 …… 9-501
住房公积金 …… 9-501
住持 …… 9-501
住棚节 …… 9-501
位移 …… 7-569
位移电流 …… 7-569
伴性遗传 …… 1-234
伺服系统 …… 2-51
佛 …… 2-581
佛山市 …… 2-587
《佛本生故事》 …… 2-581
佛兰德 …… 2-585
佛兰德斯美术 …… 2-585
佛光山 …… 2-582
佛光寺 …… 2-582
佛拉芒人 …… 2-585
佛拉芒语 …… 2-585
佛罗伦萨 …… 2-586
佛罗伦萨大教堂 …… 2-587
佛罗伦萨共和国 …… 2-587
佛罗伦萨画派 …… 2-587
佛罗里达州 …… 2-586
《佛国记》 …… 2-582
佛图澄 …… 2-588
佛性 …… 2-588
佛法僧目 …… 2-582
佛郎机 …… 2-586
佛朗哥，F. …… 2-586
佛教 …… 2-582
佛教美术 …… 2-584
佛得角 …… 2-581
伽色尼王朝 …… 4-124
伽利津，B.B. …… 4-122
伽利略 …… 4-122
“伽利略”号探测器 …… 4-123
伽利略全球卫星导航定位系统 …… 4-123
伽利略变换 …… 4-123
伽罗瓦，E. …… 4-123
伽莫夫，G. …… 4-124
伽森狄，P. …… 4-124
伽倻琴 …… 4-124
邱少云 …… 6-241
邱处机 …… 6-241
邱吉彩 …… 6-241
邱岳峰 …… 6-241
邱钟惠 …… 6-241
兵力投送 …… 1-365
兵役制度 …… 1-365
兵种 …… 1-365
皂化反应 …… 9-164
皂苷 …… 9-164
身份权 …… 6-507
身毒 …… 9-101
役畜 …… 8-561
近卫文麿 …… 4-272
《近代诗钞》 …… 4-272
近体诗 …… 4-272
近松门左卫门 …… 4-272
近亲结婚 …… 4-272
邻苯二甲酸 …… 5-78
邻苯二甲酸酐 …… 5-78
邻苯二酚 …… 5-78
希土战争 …… 8-127
希区柯克，A. …… 8-126
希瓦汗国 …… 8-127
希什金，I.I. …… 8-126
希尔，R. …… 8-120
希尔伯特，D. …… 8-120
希尔伯特问题 …… 8-121
希尔伯特空间 …… 8-120
希尼，S. …… 8-125
希吉来历 …… 8-121
希克斯，J.R. …… 8-121
《希伯来圣经》 …… 8-119
希伯来语 …… 8-119
希沃特 …… 8-127
希拉克，J. …… 8-121
希拉里，E.P. …… 8-121
希罗多德 …… 8-125
希法亭，R. …… 8-121
希波克拉底誓言 …… 8-119
希波战争 …… 8-119
希姆莱，H. …… 8-125
希姆博尔斯卡，W. …… 8-125
希思，E.R.G. …… 8-126
希夏邦马峰 …… 8-127
希特勒，A. …… 8-126
希梅内斯，J.R. …… 8-125
希望工程 …… 8-127
希腊 …… 8-121
希腊人 …… 8-124
希腊内战 …… 8-123
希腊化时代 …… 8-123
希腊共产党 …… 8-123
希腊城邦 …… 8-123
希腊独立战争 …… 8-123
希腊语 …… 8-124
希腊神话 …… 8-124
希曾，B.C. …… 8-127
余三胜 …… 9-58
余光中 …… 9-57
余玠 …… 9-58
余青松 …… 9-58
余杭区 …… 9-57
余叔岩 …… 9-58
余秋里 …… 9-58
余洪元 …… 9-57
余冠英 …… 9-57
余姚市 …… 9-59
余姚腔 …… 9-59
余瑞璜 …… 9-58
余嘉锡 …… 9-57
孚兹，C.-A. …… 2-600
谷牧 …… 3-183
谷崎润一郎 …… 3-183
谷盗 …… 3-182
谷超豪 …… 3-182
谷登堡，J. …… 3-183
谷蛾 …… 3-183
含米特人 …… 3-357
含油气盆地 …… 3-357
含笑 …… 3-357
含羞草 …… 3-357
含煤岩系 …… 3-356
坐标系 …… 9-580
鸠摩罗什 …… 4-318
狂犬病 …… 4-498
狂欢节 …… 4-498
狂想曲 …… 4-498
狂飙突进 …… 4-498
犹大 …… 9-35
犹太人 …… 9-36
犹太王国 …… 9-36
犹太复国主义 …… 9-35
犹太教 …… 9-35
狄 …… 2-208
狄仁杰 …… 2-211
狄布 …… 2-208
狄尔，J.K. …… 2-209
狄尔泰，W. …… 2-210
狄尔斯，O.P.H. …… 2-209
狄更斯，C. …… 2-210

狄利克雷，P.G.L. …… 2–210
狄青 …… 2–211
狄拉克，P.A.M. …… 2–210
狄奥尼西奥斯 …… 2–208
狄奥尼索斯 …… 2–208
狄慈根，J. …… 2–208
狄塞尔，R. …… 2–211
狄德罗，D. …… 2–209
狄摩西尼 …… 2–211
狄骥，L. …… 2–210
饭豆 …… 2–479
《饮冰室诗话》 …… 8–586
饮食结构 …… 8–587
饮食禁忌 …… 8–587
饮料 …… 8–587
肝 …… 3–39
肝气犯胃证 …… 3–41
肝气郁结证 …… 3–42
肝片吸虫病 …… 3–41
肝风内动证 …… 3–40
肝功能试验 …… 3–41
肝功能衰竭 …… 3–41
肝血虚证 …… 3–42
肝阳上亢证 …… 3–42
肝阴虚证 …… 3–42
肝肾阴虚证 …… 3–42
肝肿大 …… 3–43
肝炎 …… 3–42
肝经湿热证 …… 3–41
肝穿刺活组织检查 …… 3–40
肝脓肿 …… 3–41
肝硬化 …… 3–42
肝脾不和证 …… 3–41
肝糖 …… 3–42
肝癌 …… 3–40
肟 …… 7–608
肛门 …… 3–53
肛门疾病 …… 3–54
肛裂 …… 3–53
肛瘘 …… 3–53
肚皮舞 …… 2–364
肠 …… 1–521
肠衣 …… 1–523
肠杆菌科 …… 1–522
肠扭转 …… 1–522
肠炎 …… 1–523
肠套叠 …… 1–523
肠梗阻 …… 1–522
肠道息肉 …… 1–522
肠道菌群失调 …… 1–521
肠瘘 …… 1–522
肠膨出 …… 1–522
卵 …… 5–190
卵胎生动物 …… 5–191
卵巢 …… 5–190
卵巢肿瘤 …… 5–190
卵磷脂 …… 5–191
邸报 …… 2–216
邹伯奇 …… 9–561
邹秉文 …… 9–561
邹承鲁 …… 9–561
邹城市 …… 9–562
邹衍 …… 9–562
邹家华 …… 9–562
邹容 …… 9–562
邹韬奋 …… 9–562
刨床 …… 1–248
系统 …… 8–146
系统工程 …… 8–146
系统分析 …… 8–146
系统可靠性 …… 8–147
系统论 …… 8–147
系统建模 …… 8–147
系统科学 …… 8–147
系统总线 …… 8–147
系统辨识 …… 8–146
系综 …… 8–147
龟甲 …… 3–241
龟背竹 …… 3–241
龟兹 …… 6–242
龟鳖目 …… 3–241
免予起诉 …… 5–413
免疫系统 …… 5–412
免疫性 …… 5–413
免疫学 …… 5–413
免疫活性细胞 …… 5–412
免疫调节 …… 5–412
免疫球蛋白 …… 5–412
免疫接种 …… 5–412
免耕 …… 5–412
角 …… 4–203
角马 …… 4–204
角化性皮肤病 …… 4–204
角闪石 …… 4–205
角加速度 …… 4–204
角色 …… 4–347
角位移 …… 4–205
角齿鱼 …… 4–204
角岩 …… 4–206
角度测量 …… 4–204
角速度 …… 4–205
角鸮 …… 4–205
角宿一 …… 4–206
角斑岩 …… 4–203
角蝉 …… 4–204
角膜移植术 …… 4–205
角膜溃疡 …… 4–204
角鲨目 …… 4–205
角鲨烯 …… 4–205
角雕 …… 4–204
角蟾 …… 4–204
条件反射 …… 7–373
条约 …… 7–374
条形码 …… 7–374
灸法 …… 4–324
迎春 …… 9–14
岛屿 …… 2–158
岛弧 …… 2–157
岛崎藤村 …… 2–158

〔丶〕

冻土 …… 2–342
冻土学 …… 2–342
冻伤 …… 2–342
冻雨 …… 2–342
冻疮 …… 2–342
冻结 …… 2–342
冻原 …… 2–342
况周颐 …… 4–498
况钟 …… 4–498
冷水江市 …… 4–576
冷加工 …… 4–575
冷杉 …… 4–575
冷杉香胶 …… 4–576
冷岛 …… 4–575
冷冻治疗 …… 4–575
冷库 …… 4–575
冷疗 …… 4–575
冷战 …… 4–576
冷泉港实验室 …… 4–575
冶金机械 …… 8–490
冶金炉 …… 8–491
冶金学 …… 8–491
状态分析 …… 9–516
《吝啬鬼》 …… 5–95
亨廷顿，E. …… 3–463
亨廷顿，S.P. …… 3–463
亨克尔，E.H. …… 3–462
亨利 …… 3–462
亨利，J. …… 3–462
亨利二世 …… 3–462
亨利八世 …… 3–462
《亨利四世》 …… 3–462
亨利希·曼 …… 3–463
亨利定律 …… 3–462
亨佩尔，C.G. …… 3–463
亨策，H.W. …… 3–461
亨德尔，G.F. …… 3–461
《辛丑条约》 …… 8–257
辛可宁 …… 8–260
辛夷 …… 8–261
辛亥革命 …… 8–257
辛克莱，U. …… 8–260
辛酉政变 …… 8–262
辛弃疾 …… 8–261
辛辛那提 …… 8–261
辛迪加 …… 8–257
辛钦，A.Ya. …… 8–261
辛格，I.B. …… 8–257
辛格，J.M. …… 8–257
辛凉发汗 …… 8–260

辛烷值 ……8－261
辛集市 ……8－260
辛普朗隧道 ……8－260
辛普森，J.Y. ……8－260
辛温发汗 ……8－261
言心哲 ……8－428
言论自由 ……8－428
言语 ……8－428
言语障碍 ……8－428
言菊朋 ……8－427
言情小说 ……8－428
庇古，A.C. ……1－329
庇护 ……1－329
庇隆，J.D. ……1－329
库马西 ……4－488
库切，J.M. ……4－489
库木吐喇千佛洞 ……4－488
库车县 ……4－484
库仑 ……4－487
库仑，C.-A.de ……4－487
库仑分析 ……4－488
库仑定律 ……4－488
库巴王国 ……4－484
库尔贝，G. ……4－484
库尔恰托夫，I.V. ……4－485
库尔勒市 ……4－485
库尔德人 ……4－485
库尔德人问题 ……4－485
库尼亚，E.da ……4－488
库存论 ……4－484
库兴氏综合征 ……4－491
库克，J. ……4－485
库克，M. ……4－486
库克，T. ……4－486
库克峰 ……4－486
库克峰国家公园 ……4－486
库克海峡 ……4－486
库克萨基病毒感染 ……4－487
库克群岛 ……4－486
库苏古尔湖 ……4－490
库里肖夫，L.V. ……4－487
库里蒂巴 ……4－487
库利，C.H. ……4－487
库希特人 ……4－490
库希特语族 ……4－491
库拉索岛 ……4－487
库帕拉，Ya. ……4－488
库图佐夫，M.I. ……4－490
库珀，J.F. ……4－489
库珀，L.N. ……4－489
库施王国 ……4－489
库兹巴斯 ……4－491
“库兹涅佐夫”级航空母舰 ……4－492
库兹涅茨，S. ……4－491
库蚊 ……4－490
库恩，T.S. ……4－484
库恩·贝拉 ……4－484
库容 ……4－489
库塔伊西 ……4－490
库斯科 ……4－490
库普林，A.I. ……4－489
库普曼斯，T.C. ……4－489
库谢维茨基，S. ……4－491
应力 ……9－21
应力集中 ……9－21
应天府书院 ……9－21
应云卫 ……8－614
应用地理学 ……9－21
应用科学 ……9－22
应成一 ……8－614
应县木塔 ……9－21
应劭 ……8－614
应变 ……9－20
应城市 ……9－20
应激 ……9－20
应璩 ……8－614
庐山 ……5－158
庐山会议（1959） ……5－158
庐江县 ……5－158
序 ……8－355
序曲 ……8－356
序贯分析 ……8－355
序数 ……8－356
疖 ……4－213
怀仁可汗 ……3－559
怀化市 ……3－559
怀圣寺 ……3－559
怀远县 ……3－560
怀柔区 ……3－559
怀素 ……3－560
《怀素自叙帖》 ……3－560
怀特，L.D. ……3－560
怀特，P. ……3－560
怀特海，A.N. ……3－560
《怀唐伊条约》 ……3－560
怀斯，A. ……3－559
怀疑论 ……3－560
忻州市 ……8－262
快乐主义 ……4－496
快板书 ……4－496
快速反应部队 ……4－496
快餐 ……4－496
闰周 ……6－352
《闲情偶寄》 ……8－174
间冰期 ……4－151
间苯二酚 ……4－161
间苗 ……4－161
间质性肾炎 ……4－151
间脑 ……4－151
间接金融 ……4－161
间接选举 ……4－161
间谍 ……4－161
间歇泉 ……4－161
闵可夫斯基，H. ……5－437
闵行区 ……5－437
闵采尔，T. ……5－436
闵恩泽 ……5－436
灶君 ……9－164
判决 ……6－45
判例法 ……6－45
判定问题 ……6－44
羌 ……6－176
羌活 ……6－176
羌语 ……6－177
羌语支 ……6－177
羌族 ……6－177
羌塘高原自然保护区 ……6－177
汪士慎 ……7－487
汪元量 ……7－488
汪中 ……7－488
汪东兴 ……7－485
汪达尔－阿兰王国 ……7－485
汪伪“国民政府” ……7－487
汪关 ……7－486
汪克尔，F. ……7－487
汪胡桢 ……7－486
汪洋 ……7－487
汪桂芬 ……7－486
汪笑侬 ……7－487
汪菊潜 ……7－486
汪琬 ……7－487
汪辜会谈 ……7－486
汪锋 ……7－485
汪曾祺 ……7－488
汪道涵 ……7－485
汪猷 ……7－487
汪精卫 ……7－486
汪德昭 ……7－485
汪德熙 ……7－485
沅江 ……9－101
沅江市 ……9－101
沐英 ……5－495
沛县 ……6－56
沤肥 ……6－27
沥青 ……5－33
沥青铀矿 ……5－33
沙丁鱼 ……6－422
沙千里 ……6－426
沙门不敬王之争 ……6－425
沙飞 ……6－423
沙比 ……6－422
沙龙，A. ……6－425
沙丘 ……6－427
沙汀 ……6－429
沙尘天气 ……6－422
沙米索，A.von ……6－425
沙里宁，E. ……6－424
沙里－尼罗语族 ……6－424
沙里院 ……6－425
沙鸡科 ……6－424
沙坡头 ……6－426

沙枣 ……6-429
沙果 ……6-423
沙图克·波格拉汗 ……6-429
沙迦 ……6-424
沙茨基，N.S. ……6-422
沙哈鲁 ……6-423
沙俄侵占帕米尔事件 ……6-422
沙皇 ……6-424
《沙恭达罗》……6-423
沙耆 ……6-426
沙捞越 ……6-424
沙恩霍斯特，G.J.D.von ……6-423
沙特阿拉伯 ……6-427
沙特阿拉伯人 ……6-428
沙特罗夫，M.F. ……6-429
《沙家浜》……6-424
沙眼 ……6-429
沙棘 ……6-424
沙斐仪学派 ……6-423
沙普利，H. ……6-426
沙湾拿吉 ……6-429
沙槌 ……6-422
沙漠 ……6-425
沙漠化 ……6-426
沙漠气候 ……6-426
沙滩排球 ……6-427
汨罗市 ……5-402
汨罗江 ……5-402
汽车 ……6-150
汽车安全气囊 ……6-151
汽车运动 ……6-151
汽车拉力赛 ……6-151
汽化 ……6-152
汽化热 ……6-152
汽轮机 ……6-152
汽油 ……6-152
汽油机 ……6-153
沃尔夫，C. ……7-609
沃尔夫，C. ……7-609
沃尔夫，F. ……7-609
沃尔夫奖 ……7-609
沃尔弗，W. ……7-609
沃尔玛百货公司 ……7-609
沃尔克尼 ……7-609
《沃尔姆斯宗教协定》……7-610
沃尔科特，D. ……7-609
沃尔塔雷东达 ……7-610
沃伦，R.P. ……7-610
沃克，A. ……7-610
沃里约基，H.M. ……7-610
沃耶伊科夫，A.I. ……7-611
沃罗夫斯基，V.V. ……7-610
沃依尼科夫，D. ……7-611
沃波尔，R. ……7-608
沃思，C.F. ……7-611
沃洛夫人 ……7-610
沃森，J.D. ……7-611
沃森－瓦特，R.A. ……7-611
沃德，L.F. ……7-608
沃霍尔，A. ……7-610
沂南画像石墓 ……8-538
汾阳市 ……2-557
汾河 ……2-557
沧州市 ……1-475
沧州铁狮子 ……1-475
《沧浪诗话》……1-475
泛日耳曼主义 ……2-480
泛伊斯兰主义 ……2-481
泛阿拉伯主义 ……2-479
泛非主义运动 ……2-479
泛非通讯社 ……2-479
泛函分析 ……2-480
泛美运动会 ……2-480
泛美联盟 ……2-480
泛神论 ……2-480
泛爱主义教育 ……2-479
泛斯拉夫主义 ……2-480
《没有个性的人》……5-329
没收财产 ……5-466
没骨 ……5-466
沟口健二 ……3-153
汴渠 ……1-342
汶川地震 ……7-605
汶川县 ……7-605
沪剧 ……3-524
沉钟社 ……1-551
沉积作用 ……1-550
沉积矿床 ……1-549
沉积岩 ……1-550
沉积相 ……1-550
沉淀 ……1-549
沉默权 ……1-550
沈力 ……6-518
沈大高速公路 ……6-516
沈元 ……6-520
沈云陔 ……6-520
沈从文 ……6-516
沈心工 ……6-519
沈有鼎 ……6-520
沈阳市 ……6-520
沈阳故宫 ……6-519
沈约 ……6-520
沈寿 ……6-519
沈克非 ……6-518
沈宋 ……6-519
沈佺期 ……6-518
沈周 ……6-520
沈宗灵 ……6-521
沈绍安 ……6-519
沈括 ……6-518
沈钧儒 ……6-518
沈复 ……6-517
沈度 ……6-517
沈既济 ……6-517
沈浮 ……6-517
沈家门港 ……6-517
沈家本 ……6-517
沈铨 ……6-518
沈鸿 ……6-517
沈葆桢 ……6-516
沈雁冰 ……6-519
沈曾植 ……6-520
沈湘 ……6-519
沈德潜 ……6-516
沈璟 ……6-518
沁阳市 ……6-203
完全竞争市场 ……7-477
完全数 ……7-477
完形疗法 ……7-477
完税价格 ……7-477
完颜宗弼 ……7-478
宋 ……7-163
宋 ……7-163
宋之问 ……7-176
宋之的 ……7-176
宋子文 ……7-176
宋元南戏 ……7-175
宋云 ……7-175
宋太宗赵炅 ……7-173
宋太祖赵匡胤 ……7-173
宋仁宗赵祯 ……7-172
《宋六十名家词》……7-171
宋文帝刘义隆 ……7-174
宋尹学派 ……7-174
《宋书》……7-173
宋玉 ……7-175
宋平 ……7-171
《宋史》……7-173
宋任穷 ……7-172
宋庆龄 ……7-172
宋祁 ……7-171
宋克 ……7-171
宋孝宗赵昚 ……7-174
宋应星 ……7-174
宋词 ……7-169
宋武帝刘裕 ……7-174
宋明理学 ……7-171
宋金杂剧 ……7-170
宋学 ……7-174
《宋诗别裁集》……7-172
《宋诗钞》……7-173
宋神宗赵顼 ……7-172
宋真宗赵恒 ……7-176
宋哲元 ……7-176
宋健 ……7-170
宋高宗赵构 ……7-169
宋理宗赵昀 ……7-171
宋教仁 ……7-170
宋鸿钊 ……7-169
宋琬 ……7-173
宋朝 ……7-164

宋锦 ……7-170
宋慈 ……7-169
宋影 ……7-174
宋璟 ……7-171
宋濂 ……7-171
宋徽宗赵佶 ……7-170
宋襄公 ……7-174
宏观经济学 ……3-477
宏观经济调控 ……3-477
宏观量子现象 ……3-478
灾害经济 ……9-149
灾害准备金 ……9-149
灾情指标 ……9-149
证 ……9-268
证人 ……9-270
证人证言 ……9-271
证伪主义 ……9-271
证明论 ……9-269
证券公司 ……9-269
证券市场 ……9-270
证券交易 ……9-270
证券交易所 ……9-270
证券投资 ……9-270
证券监管法 ……9-270
证券欺诈 ……9-270
证据 ……9-269
证据保全 ……9-269
评论 ……6-94
评点 ……6-94
评剧 ……6-94
诈病 ……9-175
诉讼 ……7-199
诉讼中止 ……7-200
诉讼代理人 ……7-200
诉讼时效 ……7-200
诉讼法 ……7-200
诉讼终结 ……7-200
诉讼标的 ……7-199
诉讼保全 ……7-199
诉愿权 ……7-200
诊法 ……9-257
诊断 ……9-256
诊断性检验 ……9-257
词 ……2-40
词汇学 ……2-41
《词林纪事》 ……2-41
词典 ……2-41
词话 ……2-41
《词选》 ……2-41
《词综》 ……2-41
诏令文书 ……9-228
社 ……6-481
社区 ……6-500
社区卫生服务 ……6-500
社区文化 ……6-500
社区服务 ……6-500
社区预防 ……6-501
社区教育 ……6-500
社日 ……6-501
社火 ……6-499
社团 ……6-501
社会 ……6-481
社会工作 ……6-487
社会工作者 ……6-487
社会历史观 ……6-489
社会化 ……6-487
社会分工 ……6-486
《社会分工论》 ……6-486
社会分层 ……6-486
社会文化历史学派 ……6-491
社会失调 ……6-491
社会主义 ……6-496
社会主义生产资料
公有制 ……6-497
社会主义市场经济 ……6-498
社会主义社会 ……6-497
社会主义初级阶段理论 ……6-496
社会主义初级阶段
基本路线 ……6-496
社会市场学派 ……6-491
社会必要劳动时间 ……6-483
社会发展指数 ……6-485
社会地位 ……6-485
社会有机体论 ……6-495
社会存在决定社会意识 ……6-484
社会达尔文主义 ……6-484
社会行为 ……6-492
《社会行动的结构》 ……6-492
社会交换论 ……6-488
社会问题 ……6-491
社会关系 ……6-487
社会安全阀 ……6-482
社会形态 ……6-492
社会角色 ……6-489
社会规范 ……6-487
社会责任论 ……6-495
社会知觉 ……6-495
社会制度 ……6-495
社会服务 ……6-486
社会变迁 ……6-484
社会学 ……6-493
社会学习论 ……6-494
社会学方法 ……6-493
《社会学方法的规则》 ……6-494
社会学范式 ……6-493
《社会学的想象力》 ……6-493
社会组织 ……6-499
社会经济形态 ……6-488
《社会契约论》 ……6-490
社会研究 ……6-494
社会指标 ……6-495
社会科学 ……6-489
社会保险 ……6-482
社会保险法 ……6-482
社会保险基金 ……6-483
社会保障 ……6-483
社会保障制度 ……6-483
社会保障法 ……6-483
社会总产品 ……6-499
社会总产值 ……6-499
社会测量 ……6-484
社会结构 ……6-488
社会统计学 ……6-491
社会统筹 ……6-491
《社会党人法》 ……6-485
社会党国际 ……6-485
社会病态 ……6-484
社会消费品零售总额 ……6-491
社会流动 ……6-490
社会调查 ……6-485
社会基本矛盾 ……6-488
社会控制 ……6-489
社会救济 ……6-488
社会商品零售价格指数 ……6-490
社会商品零售总额 ……6-490
社会意识 ……6-495
社会福利 ……6-486
社会福利院 ……6-486
社会群体 ……6-490
社会舆论 ……6-495
社论 ……6-500
社戏 ……6-501
社群主义 ……6-501
社稷坛（北京） ……6-499
补牙 ……1-423
补气 ……1-423
补心 ……1-423
补血 ……1-423
补血草 ……1-423
补阳 ……1-424
补阴 ……1-424
补肝 ……1-422
补肾 ……1-423
补肺 ……1-422
补法 ……1-422
补益剂 ……1-424
补偿贷款 ……1-422
补偿贸易 ……1-422
补脾 ……1-423
初级产品 ……2-16
初级群体 ……2-16
初唐四杰 ……2-16
初税亩 ……2-16
初等教育 ……2-15
初等数论 ……2-15
罕百里学派 ……3-367
良心 ……5-50
良性前列腺增生 ……5-50
良渚文化 ……5-50
启 ……6-138
启功 ……6-139

启东市 ……6-138
启发式教学 ……6-139
启明星 ……6-139
启蒙运动 ……6-139

〔一〕

张二奎 ……9-193
张九龄 ……9-200
张三丰 ……9-206
张士诚 ……9-207
张大千 ……9-191
张大复 ……9-191
张大煜 ……9-191
张万年 ……9-209
张广达 ……9-194
张广泗 ……9-194
张之洞 ……9-217
张小轩 ……9-212
张飞 ……9-193
张子和 ……9-218
张子高 ……9-218
张艺谋 ……9-214
张天民 ……9-208
张天师 ……9-208
张天翼 ……9-209
张元济 ……9-215
张元素 ……9-215
张元幹 ……9-215
张云逸 ……9-216
张友渔 ……9-215
张太雷 ……9-208
张仃 ……9-192
张凤翼 ……9-193
张文佑 ……9-209
张文裕 ……9-210
张方佐 ……9-193
张世文 ……9-207
张世卿墓壁画 ……9-207
张可久 ……9-201
张石川 ……9-206
张仪 ……9-214
张乐平 ……9-202
张乐行 ……9-202
张议潮 ……9-214
张立昌 ……9-202
《张玄墓志》……9-213
张协 ……9-212
张权 ……9-205
张光斗 ……9-194
张岂之 ……9-204
张先 ……9-211
张廷玉 ……9-209
张廷发 ……9-209
《张迁碑》……9-204
张仲景 ……9-218
张华 ……9-197
张自忠 ……9-218
张全义 ……9-205
张旭 ……9-213
张冲 ……9-190
张汤 ……9-208
《张好好诗并序》……9-195
张寿臣 ……9-207
张戒 ……9-200
张克辉 ……9-201
张志民 ……9-217
张志和 ……9-217
张孝祥 ……9-212
张孝骞 ……9-212
张更 ……9-194
张秀寅 ……9-213
张我军 ……9-210
张作梅 ……9-219
张作霖 ……9-219
张伯伦，N. ……9-190
张伯伦，O. ……9-190
张伯苓 ……9-190
张伯端 ……9-189
张含英 ……9-195
张怀西 ……9-197
张良 ……9-203
张即之 ……9-198
张君劢 ……9-201
张君秋 ……9-201
张际亮 ……9-198
张劲夫 ……9-200
张青莲 ……9-205
张若虚 ……9-206
张其昀 ……9-204
张择端 ……9-216
张贤亮 ……9-211
张明山 ……9-204
张昌绍 ……9-190
张国焘 ……9-194
张和兽 ……9-195
张季鸾 ……9-198
张秉贵 ……9-189
张岱 ……9-192
张岱年 ……9-192
张庚 ……9-194
张炎 ……9-213
张治中 ……9-217
张宗燧 ……9-218
张学良 ……9-213
张诚 ……9-190
张居正 ……9-200
张珏 ……9-200
张春桥 ……9-191
张相 ……9-211
张相文 ……9-211
张柬之 ……9-199
张厚粲 ……9-196
张昭 ……9-216
张勋复辟 ……9-213
张星烺 ……9-212
张思卿 ……9-208
张钟俊 ……9-217
张香桐 ……9-211
张俊 ……9-201
张彦远 ……9-214
张恨水 ……9-196
张闻天 ……9-210
张养浩 ……9-214
张洁 ……9-199
张祜 ……9-197
张柔 ……9-206
张栻 ……9-207
张格尔叛乱 ……9-194
张载 ……9-216
张载 ……9-216
张钰哲 ……9-215
张爱玲 ……9-189
张爱萍 ……9-189
张奚若 ……9-210
张高丽 ……9-193
张效祥 ……9-212
张资平 ……9-218
张涟 ……9-203
张浚 ……9-201
张家口市 ……9-199
张家山汉简 ……9-199
张家界市 ……9-199
张家界国家森林公园 ……9-198
张家港市 ……9-198
张陵 ……9-203
张继 ……9-198
张骏祥 ……9-201
张梅颖 ……9-203
张掖市 ……9-214
张啸林 ……9-212
张曼玉 ……9-203
《张猛龙碑》……9-203
张维 ……9-209
张琪玉 ……9-204
张琨 ……9-202
张萱 ……9-213
张惠言 ……9-197
张揖 ……9-214
张量 ……9-203
张景钺 ……9-200
张景惠 ……9-200
张鼎丞 ……9-193
《张黑女墓志》……9-195
张舜民 ……9-208
张鲁 ……9-203
张瑞芳 ……9-206
张瑞图 ……9-206
张献忠起义 ……9-211
张锡钧 ……9-210
张煌言 ……9-197
张溥 ……9-204

张骞 9-204
张群 9-205
张榕明 9-205
张僧繇 9-206
张肇骞 9-216
张慧冲 9-197
张德成 9-192
张德庆 9-192
张德江 9-192
张德培 9-192
张澜 9-202
张翰 9-195
张融 9-206
张衡 9-196
张衡地动仪 9-196
张璪 9-216
张曙 9-207
张謇 9-199
张籍 9-198
改土归流 3-25
改革开放 3-24
改革文学 3-25
即兴表演 4-71
即期交易 4-71
即墨市 4-71
灵长目 5-97
灵芝 5-97
灵武市 5-96
灵宝市 5-95
灵宝派 5-95
灵活偏好 5-96
灵猫科 5-96
灵渠 5-96
灵隐寺 5-96
灵魂 5-96
灵感 5-96
灵歌 5-96
层流 1-488
层理 1-488
尾 7-561
尾形光琳 7-562
尾矿 7-561
尾索动物门 7-562
局限性肠炎 4-332
局部战争 4-332
局域网 4-332
尿失禁 5-590
尿毒症 5-589
尿素 5-590
尿崩症 5-589
尿路感染 5-589
君士坦丁 4-359
君士坦丁一世 4-359
君子兰 4-360
君主专制制 4-360
君主立宪制 4-359
《君主论》 4-359
君主国 4-359
君主制 4-359
君权神授 4-359
君合国 4-359
迟浩田 1-595
陆九渊 5-168
陆子刚 5-171
陆丰市 5-167
陆王学派 5-169
陆元九 5-171
陆云 5-171
陆文夫 5-169
陆心说 5-169
陆机 5-167
陆西星 5-169
陆军 5-168
陆羽 5-171
陆均松 5-168
陆克文 5-168
陆秀夫 5-170
陆龟蒙 5-167
陆侃如 5-168
陆定一 5-167
陆学善 5-170
陆春龄 5-167
陆荣廷 5-169
陆修静 5-169
陆贽 5-171
陆探微 5-169
陆游 5-170
陆缘说 5-171
阿卜杜拉·宾·阿卜杜尔·卡迪尔 1-4
阿卜杜勒·拉赫曼 1-5
《阿凡达》 1-17
阿凡提故事 1-17
阿马尔奈古城 1-45
阿比让 1-3
阿丰索一世 1-18
阿不来提·阿不都热西提 1-5
阿尤布·汗 1-58
阿尤恩 1-58
阿瓦士 1-56
阿瓦王朝 1-57
阿瓦尔人 1-56
阿瓦鲁阿 1-56
阿贝，E. 1-2
阿贝尔，N.H. 1-2
阿贝剧院 1-3
阿什克纳济，V. 1-53
阿什哈巴德 1-53
阿什顿，F. 1-53
阿巴多，C. 1-1
阿巴坎宫殿 1-1
阿巴拉契亚高地 1-1
阿巴和卓麻扎 1-1
阿巴斯 1-1
《阿甘正传》 1-22
阿古柏事件 1-24
阿布扎比 1-5
阿布拉泽，T.Ye. 1-5
阿布贾 1-5
阿布维利文化 1-5
阿布德拉什托夫，V.Yu. 1-5
阿卡德 1-27
阿卡德王国 1-27
阿甲 1-27
阿史那贺鲁 1-53
阿尔山市 1-16
阿尔山温泉 1-16
阿尔及尔 1-11
阿尔及利亚 1-12
阿尔及利亚人 1-13
阿尔及利亚战争 1-14
阿尔比，E. 1-10
阿尔韦尼斯，I. 1-17
阿尔戈船英雄 1-11
阿尔贝蒂，L.B. 1-10
阿尔文，H. 1-17
阿尔巴尼亚 1-8
阿尔巴尼亚人 1-9
阿尔巴尼亚语 1-9
阿尔布佐夫，A.N. 1-10
阿尔尼姆，L.A.von 1-15
阿尔托，A. 1-17
阿尔托，A. 1-17
阿尔汗布拉宫 1-11
阿尔农，D.I. 1-15
阿尔杜塞，L. 1-10
阿尔克斯，C.von 1-14
阿尔·阿赫玛德 1-8
阿尔卑斯山脉 1-9
阿尔卑斯运动 1-10
阿尔金山 1-14
阿尔金山自然保护区 1-14
阿尔法磁谱仪 1-10
阿尔班山遗址 1-9
阿尔泰山脉 1-16
阿尔泰语系 1-16
阿尔莫多瓦，P. 1-14
阿尔特多费尔，A. 1-17
阿尔衮琴人 1-11
阿尔菲耶里，V. 1-11
阿尔萨斯 1-15
阿尔萨斯人 1-15
阿尔盖齐，T. 1-11
阿尔塔米拉洞窟壁画 1-16
阿尔塔米拉诺，I.M. 1-16
阿尔普，J. 1-15
阿尔登马 1-10
阿尔蒙德，G.A. 1-14
阿尔穆瓦希德王朝 1-15
阿尔穆拉比特王朝 1-15
阿兰达人 1-39
阿兰·德隆 1-39

阿加尼亚 1-26
阿加西，A.E.R. 1-26
阿加里亚，B. 1-26
阿奴律陀 1-48
阿尼哥 1-48
阿弗拉尼乌斯 1-19
阿皮亚 1-49
阿亚图拉 1-57
阿列克山德里，V. 1-43
阿列克谢耶夫，V.I. 1-43
阿达 1-6
阿达马，J. 1-6
阿达纳 1-6
阿达莫夫，A. 1-6
阿托品 1-56
阿伏伽德罗，A. 1-19
阿伏伽德罗定律 1-19
阿伏伽德罗常数 1-19
阿伦卡尔，J.M.de 1-44
阿伦尼乌斯，S.A. 1-44
阿伦尼乌斯电离理论 1-44
阿伊努人 1-57
阿合马 1-25
阿多尼斯 1-7
阿多诺，T.W. 1-7
阿齐兹 1-50
阿米巴 1-46
阿米巴病 1-46
阿米亥，Y. 1-46
阿那克西米尼 1-48
阿那克西曼德 1-48
阿那克萨戈拉 1-48
阿坝藏族羌族自治州 1-2
“阿丽亚娜”号运载火箭 1-42
阿克巴 1-27
阿克苏市 1-29
阿克苏地区 1-29
阿克苏河 1-29
阿克苏姆王国 1-29
阿克别希姆古城 1-28
阿克拉 1-28
阿克洛夫，G.A. 1-28
阿克萨清真寺 1-28
阿克塞哈萨克族自治县 1-29
阿贡火山 1-24
“阿芙乐尔”号巡洋舰 1-19
阿芬那留斯，R. 1-18
《阿劳加纳》 1-39
阿苏山 1-55
阿苏尔古城 1-55
阿苏埃拉，M. 1-55
阿来 1-38
阿连德·戈森斯，S. 1-42
阿里 1-40
阿里 1-40
阿里山 1-41
阿里不哥 1-41
阿里地区 1-41
阿里亚斯·桑切斯，O. 1-41
阿里斯托芬 1-41
阿里奥斯托，L. 1-41
阿利，W.C. 1-42
“阿利·伯克”级驱逐舰 1-42
阿利斯塔克 1-42
阿佛罗狄忒 1-18
《阿佛罗狄忒》(米洛斯的) 1-19
阿伽门农 1-27
《阿伽门农》 1-27
阿含 1-25
阿庇亚，A. 1-3
阿庇安 1-3
阿沛·阿旺晋美 1-49
阿努伊，J. 1-49
阿努拉德普勒 1-49
阿努钦，V.A. 1-49
阿耶波多（第一） 1-57
阿英 1-58
阿拔斯一世 1-2
阿拔斯王朝 1-2
阿拉木图 1-36
阿拉木图地震 1-37
阿拉戈，D.-F.-J. 1-36
阿拉尔市 1-35
阿拉弗拉海 1-36
阿拉米语 1-36
阿拉贡，L. 1-36
阿拉贡王国 1-36
阿拉伯人 1-33
阿拉伯大沙漠 1-30
阿拉伯马 1-33
阿拉伯文化 1-34
阿拉伯文学 1-34
阿拉伯书法 1-33
阿拉伯半岛 1-30
阿拉伯纹样 1-35
阿拉伯国家联盟 1-31
《阿拉伯的劳伦斯》 1-30
阿拉伯帝国 1-31
阿拉伯语 1-35
阿拉伯旅美派文学 1-33
阿拉伯海 1-31
阿拉伯联合酋长国 1-32
阿拉伯糖 1-34
阿拉伯翻译运动 1-31
阿拉法特 1-35
阿拉维 1-38
阿拉斯加半岛 1-37
阿拉斯加地震 1-37
阿拉斯加州 1-38
阿拉斯加湾 1-37
阿拉善高原 1-37
阿拉善盟 1-37
阿肯人 1-29
阿肯色州 1-30
阿肯色河 1-29
阿非利坎人 1-18
阿非利坎语 1-18
阿非罗－亚细亚语系 1-18
阿帕网 1-49
阿明尼乌，J. 1-46
阿昌语 1-6
阿昌族 1-6
阿罗，K.J. 1-44
阿罗不可能性定理 1-44
阿罗蒙人 1-44
阿图什市 1-56
《阿依达》 1-58
阿舍利文化 1-52
阿育王 1-59
阿底峡 1-7
阿注婚 1-59
阿波利奈尔，G. 1-3
阿波罗 1-4
“阿波罗”计划 1-4
“阿波罗”号飞船 1-4
阿波罗尼奥斯 1-4
阿波罗尼奥斯 1-4
阿空加瓜山 1-30
《阿诗玛》 1-53
阿房宫 2-393
阿弥陀佛 2-393
《阿弥陀经》 2-393
阿姆巴楚米扬，V.A. 1-46
阿姆河 1-47
阿姆河窖藏 1-47
阿姆哈拉语 1-47
阿姆斯特丹 1-47
阿姆斯特朗，L. 1-47
阿姆斯特朗，N. 1-48
阿姆斯特朗，E.H. 1-47
《阿细的先基》 1-57
阿契贝，C. 1-50
阿是穴 1-53
阿拜·库南巴耶夫 1-2
阿保机 1-2
阿訇 1-25
阿炳 1-3
阿兹特克人 1-59
阿兹特克文明 1-60
阿洛菲 1-45
阿桂 1-24
阿格达斯，J.M. 1-22
阿格农，S.Y. 1-22
阿格里科拉，M. 1-22
阿格耶伊，S.H.V. 1-23
阿格拉 1-22
阿格拉古堡 1-22
阿根廷 1-23
阿索林 1-55
阿莱克西斯，J.S. 1-38
阿莱克桑德雷·梅洛，V. 1-38

阿莱曼，M. …… 1-38
阿莱曼战役 …… 1-39
阿特拉斯山脉 …… 1-56
阿留申人 …… 1-43
阿留申群岛 …… 1-43
阿旃陀石窟 …… 1-59
阿诺，J.-J. …… 1-49
阿诺德，T. …… 1-49
阿难答 …… 1-48
阿勒泰市 …… 1-40
阿勒泰地区 …… 1-40
阿勒颇 …… 1-40
阿萨姆人 …… 1-51
阿萨姆地震 …… 1-51
阿萨姆语 …… 1-51
阿萨勒湖 …… 1-50
阿萨德 …… 1-50
阿萨德 …… 1-50
阿基兰 …… 1-26
阿基米德 …… 1-26
阿基米德原理 …… 1-26
阿基坦盆地 …… 1-26
阿基诺夫人 …… 1-26
阿基琉斯 …… 1-26
阿曼 …… 1-45
阿曼努拉汗 …… 1-46
阿维兰热，J.M.F.G. …… 1-57
阿塔卡马沙漠 …… 1-56
阿塔帕斯克人 …… 1-56
阿散蒂人 …… 1-52
阿散蒂帝国 …… 1-52
阿斯马拉 …… 1-54
阿斯旺 …… 1-55
阿斯旺高坝 …… 1-55
阿斯图里亚斯，M.A. …… 1-54
阿斯顿，F.W. …… 1-54
阿斯特拉罕汗国 …… 1-54
阿斯塔那墓群 …… 1-54
阿斯塔纳 …… 1-54
阿蒂加斯，J.G. …… 1-7
阿提拉 …… 1-56
阿舒拉日 …… 1-53
阿鲁巴 …… 1-43
阿鲁沙 …… 1-43
阿鲁孜诗律 …… 1-44
阿普列尤斯 …… 1-50
阿普顿，E.V. …… 1-49
阿富汗 …… 1-19
阿富汗抗苏战争 …… 1-21
阿富汗抗英战争 …… 1-21
阿富汗战争 …… 1-21
阿谢格，U. …… 1-57
阿登纳，K. …… 1-7
阿瑞斯 …… 1-50
阿瑜陀耶王朝 …… 1-58
阿雷格里港 …… 1-40
阿雷基帕 …… 1-40
阿睦尔撒纳 …… 1-48
阿歇特传媒集团 …… 1-57
阿塞拜疆 …… 1-51
阿塞拜疆人 …… 1-52
阿塞拜疆语 …… 1-52
阿赫马托娃，A.A. …… 1-25
阿赫马德·达鲁 …… 1-25
阿赫迈德沙·杜兰尼 …… 1-25
阿赫里奇，M. …… 1-25
阿德莱德 …… 1-7
阿霍，J. …… 1-26
阿赞德人 …… 1-59
阿赞德高原 …… 1-59
《阿Q正传》 …… 1-60
陇南市 …… 5-145
陇海铁路 …… 5-145
陈 …… 1-551
陈三立 …… 1-563
陈万里 …… 1-567
陈与义 …… 1-571
陈之佛 …… 1-573
陈子龙 …… 1-575
陈子昂 …… 1-574
陈天华 …… 1-566
陈云 …… 1-571
《陈云文选》 …… 1-572
陈友谅 …… 1-571
陈少梅 …… 1-564
陈中 …… 1-574
陈中凡 …… 1-574
陈中伟 …… 1-574
陈化成 …… 1-557
陈公博 …… 1-555
陈介祺 …… 1-558
陈长蘅 …… 1-553
陈凤桐 …… 1-555
陈文贵 …… 1-567
《陈书》 …… 1-565
陈丕显 …… 1-562
陈玉成 …… 1-571
陈去病 …… 1-563
陈世骧 …… 1-565
陈布雷 …… 1-552
陈平 …… 1-562
陈田鹤 …… 1-566
陈白尘 …… 1-551
陈立 …… 1-560
陈立夫 …… 1-560
陈半丁 …… 1-551
陈永贵 …… 1-570
陈永龄 …… 1-570
陈再道 …… 1-573
陈达 …… 1-553
陈至立 …… 1-574
陈师曾 …… 1-565
陈师道 …… 1-564
陈光中 …… 1-556
陈光甫 …… 1-556
陈廷焯 …… 1-567
陈后主陈叔宝 …… 1-557
陈旭麓 …… 1-568
《陈州粜米》 …… 1-574
陈那 …… 1-562
陈寿 …… 1-565
陈克恢 …… 1-560
陈芳允 …… 1-555
陈抟 …… 1-567
陈体强 …… 1-566
陈伯达 …… 1-552
陈伯华 …… 1-552
陈伯吹 …… 1-552
陈序经 …… 1-568
陈忱 …… 1-553
陈启源 …… 1-563
陈其尤 …… 1-563
陈其美 …… 1-562
陈述彭 …… 1-565
陈抱一 …… 1-551
陈叔宝 …… 1-565
陈叔通 …… 1-565
陈昌智 …… 1-552
陈明仁 …… 1-561
陈凯歌 …… 1-559
陈忠实 …… 1-574
陈果夫 …… 1-556
陈国公主墓 …… 1-556
陈岱孙 …… 1-554
陈波儿 …… 1-552
陈宗兴 …… 1-575
陈诚 …… 1-553
陈建功 …… 1-558
陈居中 …… 1-559
陈绍宽 …… 1-564
陈绍馨 …… 1-564
陈垣 …… 1-571
陈树人 …… 1-566
陈荒煤 …… 1-558
陈奎元 …… 1-560
陈省身 …… 1-568
陈映真 …… 1-570
陈复礼 …… 1-555
陈修斋 …… 1-568
陈俊生 …… 1-559
陈衍 …… 1-569
陈独秀 …… 1-554
陈胜、吴广起义 …… 1-564
陈亮 …… 1-561
陈彦衡 …… 1-569
陈炯明 …… 1-559
陈洪绶 …… 1-557
陈济棠 …… 1-558
陈祖德 …… 1-575
陈桢 …… 1-573
陈桥兵变 …… 1-563

陈原 ……1–571
陈恩凤 ……1–554
陈爱莲 ……1–551
陈高祖陈霸先 ……1–555
陈能宽 ……1–562
陈梦家 ……1–561
陈第 ……1–554
陈得芝 ……1–554
陈章 ……1–573
陈望道 ……1–567
陈康 ……1–560
陈焕镛 ……1–558
陈鸿 ……1–557
陈淳 ……1–553
陈淳 ……1–553
陈寅恪 ……1–569
陈维稷 ……1–567
陈琳 ……1–561
陈植 ……1–573
陈朝 ……1–553
陈翘 ……1–563
陈景润 ……1–559
陈赓 ……1–555
陈强 ……1–563
陈献章 ……1–568
陈锡联 ……1–567
陈锦华 ……1–558
陈廉伯 ……1–561
陈嘉庚 ……1–558
陈慕华 ……1–562
陈撄宁 ……1–570
陈蕃 ……1–554
陈墨香 ……1–562
陈鲤庭 ……1–560
陈毅 ……1–569
陈潭秋 ……1–566
陈鹤琴 ……1–557
陈翰伯 ……1–556
陈翰笙 ……1–557
陈镜开 ……1–559
陈霸先 ……1–551
陈露 ……1–561
阻尼合金 ……9–568
阻尼振动 ……9–569
阻塞高压 ……9–569
附加刑 ……3–7
附加税 ……3–7
附带民事诉讼 ……3–6
附睾炎 ……3–7
陀思妥耶夫斯基，F.M. ……7–458
陀螺力学 ……7–457
陀螺仪 ……7–458
坠胡 ……9–517
妙应寺白塔 ……5–419
妙香山 ……5–419
妙闻 ……5–419
妊娠 ……6–311
妊娠合并症 ……6–311
妊娠诊断 ……6–312
妊娠高血压综合征 ……6–311
妖书案 ……8–476
邵大箴 ……6–474
邵氏兄弟（香港）有限公司 ……6–474
邵阳市 ……6–475
邵武市 ……6–475
邵荃麟 ……6–474
邵基 ……6–474
邵逸夫 ……6–475
邵循正 ……6–475
邵雍 ……6–476
邵醉翁 ……6–476
邵飘萍 ……6–474
邵燕祥 ……6–475
忍冬 ……6–309
忍冬科 ……6–309
努比亚人 ……6–1
努瓦克肖特 ……6–2
努瓦迪布 ……6–2
努尔哈赤 ……6–1
努列克坝 ……6–2
努米底亚王国 ……6–2
努克 ……6–1
努里·赛义德 ……6–1
努希奇，B. ……6–2
努库阿洛法 ……6–1
努美阿 ……6–2
鸡 ……4–36
鸡公山 ……4–36
鸡公山遗址 ……4–36
鸡毛信 ……4–36
鸡西市 ……4–37
鸡血石 ……4–37
鸡血藤 ……4–37
鸡形目 ……4–37
鸡足山 ……4–37
鸡尾酒 ……4–36
鸡冠花 ……4–36
鸡胸 ……4–37
鸡眼 ……4–37
鸡新城疫 ……4–37
纯血马 ……2–39
《纯粹理性批判》……2–39
纱 ……6–429
纱丽 ……6–430
纲目体 ……3–54
纳木那尼峰 ……5–511
纳木错 ……5–511
纳什，J.F. ……5–512
纳什维尔 ……5–512
纳尔逊，H. ……5–508
纳训 ……5–513
纳兰性德 ……5–508
纳吉·伊姆雷 ……5–508
纳西语 ……5–513
纳西族 ……5–513
纳托尔普，P. ……5–513
纳吐夫文化 ……5–513
纳米比亚 ……5–509
纳米化学 ……5–511
纳米布沙漠 ……5–510
纳米材料 ……5–510
纳米技术 ……5–511
纳芙拉蒂洛娃，M. ……5–508
纳伽尔朱那康达遗址 ……5–508
纳杰夫 ……5–508
纳拉扬，R.K. ……5–508
纳迪尔沙 ……5–507
纳迪尔沙 ……5–508
纳博科夫，V. ……5–507
纳塔，G. ……5–513
纳塔尔 ……5–513
纳斯卡文化 ……5–512
纳斯列丁·霍加 ……5–512
纳斯达克股价指数 ……5–512
纳税人 ……5–512
纳楚克道尔基，D. ……5–507
纳粹党 ……5–507
纳赛尔 ……5–511
纳·赛音朝克图 ……5–512
纳黎宣 ……5–509
纵波 ……9–561
纵贯阿拉斯加原油管道 ……9–561
纵横家 ……9–561
纸 ……9–307
纸币 ……9–308
纸草 ……9–308
纸草书 ……9–308
纺 ……2–500
纺车 ……2–500
纺纱 ……2–500
纺织 ……2–500
《纺织女工》……2–501
纺织机械 ……2–501
纺织纤维 ……2–502
纺织品 ……2–501
纺织娘 ……2–501
纽马克，N.M. ……5–605
纽瓦克 ……5–605
纽卡斯尔 ……5–603
纽伦堡 ……5–604
纽伦堡审判 ……5–604
纽伦堡原则 ……5–605
纽约 ……5–606
纽约中央公园 ……5–607
纽约公共图书馆 ……5–607
纽约地下铁道 ……5–606
纽约州 ……5–607
《纽约时报》……5–607
纽约现代艺术博物馆 ……5–607
纽约画派 ……5–607
纽约国际电影节 ……5–607

纽形动物门 ……5-605
纽拉特，O. ……5-604
纽科门，T. ……5-604
纽埃 ……5-603
纽埃人 ……5-603
纽曼，A. ……5-605
纽曼，J.H. ……5-605
纽曼，P. ……5-605
纽康，S. ……5-604
驱力 ……6-250
驱口 ……6-250
驱虫剂 ……6-250
驱逐出境 ……6-250
驱逐舰 ……6-250
驱蛔素 ……6-250
驴 ……5-176
驴尾巴 ……5-177

八画

〔一〕

《玩偶之家》……7-478
环己烷 ……3-564
环己酮 ……3-564
环比价格指数 ……3-563
环太平洋地震带 ……3-575
环丙烷 ……3-563
环节动物门 ……3-564
环戊二烯 ……3-575
环加成反应 ……3-564
环江毛南族自治县 ……3-564
环论 ……3-575
环氧乙烷 ……3-576
环氧化反应 ……3-575
环氧丙烷 ……3-575
环氧树脂 ……3-575
环渤海经济圈 ……3-563
环境 ……3-564
环境工程学 ……3-567
环境艺术 ……3-573
环境化学 ……3-568
环境风险 ……3-567
环境功能区划 ……3-567
环境生态学 ……3-571
环境生物学 ……3-571
环境地质学 ……3-566
环境地学 ……3-565
环境权 ……3-570
环境考古 ……3-569
环境伦理观 ……3-570
环境自净 ……3-574
环境危机 ……3-572
环境决定论 ……3-569
环境污染 ……3-572
环境污染防治 ……3-572
环境安全 ……3-565
环境异常 ……3-573
环境系统 ……3-573
环境灾害 ……3-574
环境规划 ……3-567
环境物理学 ……3-573
环境法 ……3-566
环境经济学 ……3-569
环境经济核算 ……3-568
环境承载力 ……3-565
环境毒理 ……3-566
环境背景值 ……3-565
环境科学 ……3-569
环境保护 ……3-565
环境保护法 ……3-565
环境退化 ……3-571
环境监测 ……3-568
环境监测井 ……3-568
环境监理 ……3-568
环境效应 ……3-573
环境流行病学 ……3-570
环境容量 ……3-571
环境管理 ……3-567
环境影响评价 ……3-574
环境激素 ……3-568
环糊精 ……3-564
环礁 ……3-564
《现代》……8-178
现代艺术周 ……8-181
现代五项运动 ……8-179
《现代汉语词典》……8-178
现代主义 ……8-181
现代主义建筑 ……8-181
现代主义美术 ……8-182
现代企业制度 ……8-179
现代戏 ……8-180
“现代”级驱逐舰 ……8-178
现代医学 ……8-180
《现代启示录》……8-179
现代新儒学 ……8-180
现代舞 ……8-179
现汇贸易 ……8-183
现场总线 ……8-178
现场勘查 ……8-178
现金流量表 ……8-183
现实主义 ……8-183
现象学 ……8-184
现象学社会学 ……8-184
玫瑰 ……5-329
玫瑰茄 ……5-329
玫瑰战争 ……5-330
玫瑰糠疹 ……5-329
规范场 ……3-242
规律 ……3-242
规模不经济 ……3-242
规模经济 ……3-242
盂兰盆会 ……9-59
盂鼎 ……9-59
青少年犯罪 ……6-210
青少年奥林匹克运动会 ……6-210
青田县 ……6-210
青白瓷 ……6-203
《青鸟》……6-209
青主 ……6-215
青皮 ……6-210
青光眼 ……6-205
青年 ……6-208
《青年比利时》……6-209
青年文化 ……6-209
《青年近卫军》……6-209
青年社会化 ……6-209
青年旅舍 ……6-209
青年黑格尔派 ……6-209
青衣江 ……6-213
青羊宫 ……6-213
青州市 ……6-215
青阳腔 ……6-213
青花 ……6-207
青花菜 ……6-207
青花釉里红镂雕盖罐 ……6-207
青岛市 ……6-205
青金石 ……6-208
青鱼 ……6-213
青函海底隧道 ……6-207
《青春之歌》……6-204
青春期 ……6-204
青帮 ……6-204
青城山 ……6-204
青瓷 ……6-204
青浦区 ……6-210
青海平弦 ……6-205
青海省 ……6-205
青海湖 ……6-205
青梅酒 ……6-208
青铜 ……6-211
青铜时代 ……6-211
青铜峡水利枢纽 ……6-213
青铜峡市 ……6-213
青铜器 ……6-211
青骑士社 ……6-210
青蛙 ……6-213
青蒿素 ……6-207
青稞酒 ……6-208
青霉素类抗生素 ……6-208
青藏公路 ……6-214
青藏铁路 ……6-214
青藏高原 ……6-213
青鳉 ……6-207
表 ……1-354
表现主义美术 ……1-357
表现派 ……1-356
表征 ……1-358
表型 ……1-357
表面化学 ……1-355
表面分析技术 ……1-355

表面张力 ……1-356
表面物理学 ……1-356
表面活性剂 ……1-355
表面结构 ……1-356
表面热处理 ……1-356
表象 ……1-357
表情 ……1-356
表演程式 ……1-357
奉天 ……2-581
奉化市 ……2-581
奉节县 ……2-581
奉系军阀 ……2-581
奉贤区 ……2-581
武丁 ……8-56
武士道 ……8-59
武乡县 ……8-61
武切季奇，Ye.V. ……8-58
武元直 ……8-61
武氏祠画像石 ……8-59
武术 ……8-59
武生 ……8-59
武尔贡，S. ……8-56
武训 ……8-61
武汉大学 ……8-56
武汉长江大桥 ……8-56
武汉市 ……8-56
武汉理工大学 ……8-56
武穴市 ……8-61
武夷山 ……8-61
武夷山市 ……8-61
武当山 ……8-55
武则天 ……8-61
武安市 ……8-55
武进区 ……8-57
武者小路实笃 ……8-62
武鸣县 ……8-58
武昌区 ……8-55
武昌会议 ……8-55
武昌鱼 ……8-55
武昌起义 ……8-55
武官 ……8-56
武威汉墓 ……8-60
武威汉简 ……8-60
武威市 ……8-60
武侯祠 ……8-57
武胜关 ……8-59
武陵源区 ……8-57
武清区 ……8-58
武装工作队 ……8-62
武装冲突 ……8-62
武装直升机 ……8-62
武强年画 ……8-58
武强县 ……8-58
武满彻 ……8-57
武器火控系统 ……8-58
武衡 ……8-57
坪内逍遥 ……6-94
坦皮科 ……7-287
坦克 ……7-287
坦帕 ……7-287
坦佩雷 ……7-287
坦桑尼亚 ……7-288
坦塔洛斯 ……7-289
坦噶尼喀湖 ……7-287
垃圾 ……4-511
垃圾箱画派 ……4-511
坡垒 ……6-96
枝江市 ……9-289
林斤澜 ……5-83
林风眠 ……5-80
林水镜 ……5-85
林文漪 ……5-85
林巧稚 ……5-84
林业 ……5-86
林业机械 ……5-87
林白，C.A. ……5-78
林乐知 ……5-83
林乐培 ……5-83
林芝地区 ……5-88
林芝县 ……5-88
林则徐 ……5-87
林同炎 ……5-85
林传鼎 ……5-80
林兆华 ……5-88
林兆恩 ……5-88
林州市 ……5-88
林农 ……5-84
林杉 ……5-85
林伯渠 ……5-79
林怀民 ……5-82
林纾 ……5-85
林青霞 ……5-84
林枫 ……5-81
林奈，C.von ……5-84
林奈学会 ……5-84
林肯，A. ……5-83
林昌彝 ……5-80
林庚 ……5-81
林波波河 ……5-79
林南科斯基，J. ……5-84
林茨 ……5-80
林昭亮 ……5-87
《林泉高致》……5-84
林语堂 ……5-87
林格伦，A. ……5-81
林格伦，W. ……5-81
林逋 ……5-79
林海音 ……5-82
林家翘 ……5-82
《林家铺子》……5-82
林爽文起义 ……5-85
林彪 ……5-78
林彪反革命集团 ……5-79
林惠祥 ……5-82
林森 ……5-84
林超 ……5-80
林登 ……5-80
林跳鼠 ……5-85
林德，C.von ……5-80
林默涵 ……5-83
林徽因 ……5-82
林耀华 ……5-86
林耀基 ……5-86
杯芳烃 ……1-254
枢密使 ……7-50
枢密院 ……7-50
枇杷 ……6-76
枚乘 ……5-330
析言 ……8-128
板门店 ……1-228
板式 ……1-229
板式变化体 ……1-229
板块构造说 ……1-228
板块碰撞 ……1-228
板块缝合带 ……1-228
板足鲎类 ……1-229
板岩 ……1-229
板垣征四郎 ……1-229
板垣退助 ……1-229
板胡 ……1-227
板栗 ……1-228
板顿 ……1-227
松下电器公司 ……7-161
松山自然保护区 ……7-160
松中昭一 ……7-162
松毛虫 ……7-160
松巴岛 ……7-158
松巴海峡 ……7-158
松节油 ……7-159
松本亦太郎 ……7-158
松本清张 ……7-158
松叶蕨 ……7-162
松江区 ……7-159
松江鲈 ……7-159
松花江 ……7-159
松尾芭蕉 ……7-161
松鸡 ……7-159
松果腺 ……7-158
《松迪亚塔》……7-158
松树 ……7-161
松科 ……7-160
松香 ……7-161
松香酸 ……7-162
松原市 ……7-162
松脂 ……7-162
松崎君代 ……7-160
松鼠科 ……7-160
松赞干布 ……7-162
枪族 ……6-177
枫丹白露画派 ……2-570
枫杨 ……2-571

枫香树 2-570
构成 3-155
构成主义 3-155
构件 3-155
构图 3-155
构型 3-155
构树 3-155
构造地质学 3-156
构造地貌 3-156
构造运动 3-156
构造体系 3-156
构象 3-155
杭子和 3-391
杭州艺术专科学校 3-391
杭州市 3-390
杭州织锦 3-391
杭州绸伞 3-390
杭州湾 3-390
杭州湾跨海大桥 3-390
《杭·杜亚传》 3-390
杭爱山脉 3-390
耶尔内费尔特，A. 8-486
耶利内克，E. 8-487
耶利内克，G. 8-487
《耶利米哀歌》 8-486
耶利哥遗址 8-486
耶林，R.von 8-487
耶拉孔波利斯遗址 8-486
耶律楚材 8-488
耶莫遗址 8-488
耶鲁大学 8-487
耶谢巴尔 8-488
耶路撒冷 8-487
耶稣 8-488
耶稣会 8-488
耶稣家庭 8-488
取代反应 6-255
取保候审 6-255
取食行为 6-256
取得时效 6-256
卧龙自然保护区 7-611
刺尾鱼 2-52
刺参 2-52
刺绣 2-52
刺猬 2-52
刺鲀 2-52
刺槐 2-52
刺蛾 2-51
画论 3-556
画法几何 3-556
画品 3-557
《画品》 3-557
《画室》 3-557
画院 3-558
画眉 3-557
《画继》 3-556
画廊 3-556
《画筌》 3-557
《画禅室随笔》 3-556
画像石 3-557
画像砖 3-558
直升机 9-297
直布罗陀 9-295
直布罗陀海峡 9-295
直立人 9-297
直观 9-296
直肠膨出 9-295
直系血亲 9-298
直系军阀 9-297
直角坐标系 9-296
直言命题 9-298
直奉战争 9-296
直线 9-298
直线加速器 9-298
直线折旧法 9-298
直觉 9-296
直觉主义 9-297
直翅目 9-295
直流电 9-297
直流电机 9-297
直流输电 9-297
直接金融 9-296
直接选举 9-296
直皖战争 9-297
直道 9-296
直辖市 9-298
卖方市场 5-299
卖方垄断 5-299
卖方信贷 5-299
幸福 8-323
幸德事件 8-323
茉莉 5-467
《茉莉花》 5-467
茉莉芬事件 5-467
苷 3-43
苦 4-483
苦瓜 4-483
《苦瓜和尚画语录》 4-483
苦行僧 4-483
苦盏 4-483
苯 1-310
苯乙烯 1-311
苯乙酮 1-311
苯丙酮酸尿症 1-310
苯甲酰氯 1-311
苯甲酸 1-311
苯甲醇 1-311
苯甲醛 1-311
苯甲醚 1-311
苯并芘 1-310
苯胺 1-310
苯酚 1-310
苯醌 1-311
若开人 6-353
若开山脉 6-353
若尔盖沼泽 6-353
若羌县 6-353
茂名市 5-328
茂物 5-328
茂金属 5-327
茂陵 5-327
茂瑙，F.W. 5-328
苹果 6-94
苹果酸 6-95
苹婆 6-95
苗民起义 5-417
苗年 5-418
苗秀 5-418
苗岭 5-417
苗语 5-418
苗语支 5-418
苗栗县 5-417
苗圃 5-418
苗族 5-418
苗族舞蹈 5-419
苗瑶语族 5-418
英寸 8-615
英日同盟 9-10
英尺 8-615
英古里坝 8-616
英布战争 8-615
英仙座星系团 9-11
英吉利海峡隧道 9-9
英安岩 8-614
英里 9-9
英若诚 9-10
英国 9-1
英国工党 9-3
英国开放大学 9-4
英国公共档案馆 9-3
英国文学 9-5
英国石油公司 9-5
英国东印度公司 9-3
英国议会君主制 9-6
英国-伊朗战争 9-6
英国自然历史博物馆 9-8
英国邱园 9-4
英国国会大厦 9-4
英国国教会 9-4
英国征服印度的战争 9-7
英国“挑战者”号考察 9-5
英国保守党 9-3
英国皇家芭蕾舞团 9-4
英国皇家学会 9-4
英国皇家音乐学院 9-4
英国资产阶级革命 9-8
《英国病人》 9-3
英国殖民扩张 9-7
英国管 9-4
英制 9-11
英帝国和英联邦 8-615

英美法系 ……9-9
英美烟公司 ……9-10
英语 ……9-11
英格兰 ……8-616
英格兰人 ……8-616
英格兰银行 ……8-616
英格丽·褒曼 ……8-616
英荷战争 ……9-9
英荷皇家壳牌石油集团 ……9-9
《英爱条约》……8-614
英诺森三世 ……9-10
英属北美殖民地 ……9-10
英属维尔京群岛 ……9-11
英缅战争 ……9-10
英镑 ……8-615
英德市 ……8-615
荇坚 ……2-600
茚三酮 ……8-614
苑 ……9-115
苑文炳 ……9-115
范长江 ……2-481
范长江新闻奖 ……2-481
范文程 ……2-483
范文澜 ……2-483
范艾伦，J.A. ……2-481
范艾伦辐射带 ……2-481
范成大 ……2-481
范托夫，J.H. ……2-483
范仲淹 ……2-484
范旭东 ……2-483
范晔 ……2-483
范宽 ……2-482
范紫东 ……2-484
范畴 ……2-482
范雎 ……2-482
范源濂 ……2-483
范缜 ……2-484
范增 ……2-484
范德比尔特，H.S. ……2-482
范德瓦耳斯，J.D. ……2-482
范德瓦耳斯力 ……2-482
范德拜尔帕克 ……2-482
范蠡 ……2-483
茄子 ……6-191
茄科 ……6-191
苕子 ……6-472
《苕溪渔隐丛话》……7-374
茎 ……4-278
茎芥菜 ……4-279
苔藓动物 ……7-254
苔藓植物门 ……7-254
茅山派 ……5-326
茅子元 ……5-327
茅以升 ……5-326
茅台酒 ……5-326
茅台镇 ……5-326
茅坤 ……5-326
茅茅运动 ……5-326
茅盾 ……5-325
茅盾文学奖 ……5-326
茅津渡 ……5-326
茅膏菜科 ……5-326
昔阳县 ……8-127
昔班尼汗 ……8-127
杰文斯，W.S. ……4-219
杰尔巴岛 ……4-217
杰弗里斯，H. ……4-218
杰克·伦敦 ……4-218
杰克逊，M. ……4-218
杰克逊维尔 ……4-218
杰姆代特奈斯尔文化 ……4-218
杰姆圆形竞技场 ……4-218
杰斐逊，T. ……4-217
枣 ……9-163
枣庄市 ……9-163
枣阳市 ……9-163
雨 ……9-70
雨花石 ……9-71
雨花台烈士陵园 ……9-71
雨果，V. ……9-70
雨蛙 ……9-72
雨量器 ……9-71
雨燕 ……9-72
雨燕目 ……9-72
丧服 ……6-409
事实婚 ……7-29
《瓯北诗话》……6-13
瓯江 ……6-13
欧几里得 ……6-13
欧几里得空间 ……6-14
《欧也妮·葛朗台》……6-18
欧元 ……6-19
欧贝德文化 ……6-13
欧文，W. ……6-16
欧文斯，J. ……6-16
欧亚地震带 ……6-16
欧伦施莱厄，A.G. ……6-15
欧多克索斯 ……6-13
欧阳山 ……6-17
欧阳山尊 ……6-17
欧阳予倩 ……6-18
欧阳自远 ……6-18
欧阳询 ……6-18
欧阳钦 ……6-16
欧阳修 ……6-17
欧阳铎 ……6-16
欧阳竟无 ……6-16
欧麦尔一世 ……6-15
欧里庇得斯 ……6-15
欧冶子 ……6-19
欧·亨利 ……6-13
欧库西 ……6-14
欧拉，L. ……6-14
欧拉首脑会议 ……6-15
欧罗巴人种 ……6-15
欧佩克 ……6-16
欧泊 ……6-16
欧姆 ……6-15
欧姆，G.S. ……6-15
欧姆定律 ……6-16
欧洲 ……6-19
欧洲人权法院 ……6-25
欧洲工业革命 ……6-24
欧洲广播联盟 ……6-25
欧洲中央银行 ……6-26
欧洲史前美术 ……6-26
欧洲自由贸易联盟 ……6-26
欧洲安全与合作会议 ……6-24
欧洲防务共同体 ……6-24
欧洲投资银行 ……6-26
欧洲空间局 ……6-25
欧洲经济共同体 ……6-25
欧洲美元 ……6-25
欧洲联盟 ……6-25
欧洲1848年革命 ……6-26
欧登塞 ……6-13
矾 ……2-467
矿山 ……4-500
矿山机械 ……4-500
矿井 ……4-499
矿井瓦斯 ……4-500
矿井提升机 ……4-499
矿石 ……4-500
矿田 ……4-501
矿产资源 ……4-499
矿体 ……4-500
矿床 ……4-499
矿物 ……4-501
矿物质 ……4-503
矿物学 ……4-503
矿相学 ……4-503
矿震 ……4-504
砀山县 ……2-153
码头 ……5-290
码洋 ……5-290
郁达夫 ……9-79
郁江 ……9-80
郁证 ……9-80
郁金 ……9-80
郁金香 ……9-80
奈尔维，P.L. ……5-514
奈耳，L.-E.-F. ……5-515
奈良 ……5-515
奈保尔，V.S. ……5-514
奈维乌斯 ……5-515
奇马布埃 ……6-132
奇瓦瓦 ……6-132
奇布查人 ……6-131
奇穴 ……6-132
奇异粒子 ……6-133
奇异数 ……6-133

奇经八脉 ……6-131
奇南德加 ……6-132
奇恒之腑 ……6-131
奇特旺国家公园 ……6-132
奇特原子 ……6-132
奇琴伊察古城 ……6-132
奇普曼，J. ……6-132
奇蹄目 ……4-38
奄蔡 ……8-438
态度 ……7-271
垄作 ……5-146
垄断 ……5-146
垄断市场 ……5-146
垄断价格 ……5-146
垄断竞争市场 ……5-146
垄断资本 ……5-146
郑亶 ……4-133
顶夸克 ……2-311
顶技 ……2-311
顶碗 ……2-311
顶端优势 ……2-311
抹香鲸 ……5-466
拓片 ……7-245
拓扑学 ……7-459
拔牙 ……1-189
拔汗那 ……1-189
拔河 ……1-189
拔都 ……1-188
拔罐 ……1-188
担子菌 ……2-148
担保 ……2-141
担保物权 ……2-141
抽水蓄能电站 ……2-8
抽屉原理 ……2-9
抽样 ……2-10
抽样调查 ……2-10
抽象与具体 ……2-9
抽象艺术 ……2-9
抽象主义 ……2-10
抽象劳动 ……2-9
抽象表现主义 ……2-9
抽象思维 ……2-9
拖拉机 ……7-455
拖雷 ……7-456
拍板 ……6-35
拍卖 ……6-35
《拍案惊奇》 ……6-35
拆迁安置补偿费 ……1-497
拆借 ……1-497
抵抗运动 ……2-217
抵押 ……2-217
抵押权 ……2-217
抵押贷款 ……2-217
抵制美货运动 ……2-218
抵触规则 ……2-217
拘尸那迦 ……4-329
拘传 ……4-329
拘役 ……4-329
拘留 ……4-329
《抱朴子》 ……1-248
抱朴守一 ……1-248
拉丁人 ……4-514
拉丁帝国 ……4-514
拉丁美洲 ……4-514
拉丁语 ……4-515
拉卜楞寺 ……4-513
拉马克，J.-B.de M. ……4-520
拉马克学说 ……4-520
拉马努金，S.A. ……4-520
拉比，I.I. ……4-512
拉比什，E.-M. ……4-512
拉扎斯菲尔德，P.F. ……4-529
拉夫罗夫斯基，L.M. ……4-516
拉夫桑贾尼 ……4-516
拉木兹 ……4-522
拉瓦尔品第 ……4-527
拉瓦锡，A.-L. ……4-527
拉贝，W. ……4-512
拉贝马南雅拉，J. ……4-512
拉乌尔定律 ……4-528
拉巴特 ……4-511
拉巴斯 ……4-511
拉布里奥拉，A. ……4-513
拉卡托斯 ……4-519
拉卡塔岛 ……4-519
拉尼娜 ……4-522
拉西瓦水电站 ……4-528
拉达克里希南，S. ……4-513
拉合尔 ……4-518
拉多加湖 ……4-515
拉各斯 ……4-517
拉齐 ……4-523
拉克斯内斯，H. ……4-520
拉·芳丹 ……4-515
拉利贝拉岩石教堂 ……4-520
拉伯雷，F. ……4-513
拉辛，J. ……4-528
拉辛起义 ……4-528
拉杰普特 ……4-519
拉图尔，G.de ……4-526
拉彼鲁兹海峡 ……4-512
拉采尔，F. ……4-513
拉胀高分子 ……4-529
拉法格，P. ……4-515
拉姆齐，W. ……4-522
拉姆齐，N.F. ……4-522
拉珈语 ……4-518
拉封丹，J.de ……4-516
拉威尔，M. ……4-527
拉科西·马加什 ……4-519
拉美西斯二世 ……4-521
拉洋片 ……4-528
拉祜语 ……4-518
拉祜族 ……4-518
拉班，R.von ……4-512
拉埃内克，R.-T.-H. ……4-511
拉格什 ……4-517
拉格尔克维斯特，P. ……4-516
拉格洛夫，S. ……4-517
拉格泰姆 ……4-517
拉格朗日，J.-L. ……4-517
拉格朗日方程 ……4-517
拉莫斯，F. ……4-522
拉贾斯坦人 ……4-519
拉夏洛泰，L.-R.de C.de ……4-528
拉宾，Y. ……4-512
拉萨尔，F. ……4-523
拉萨市 ……4-524
《拉萨条约》 ……4-524
拉萨河 ……4-524
拉基语 ……4-518
拉曼，C.V. ……4-521
拉曼光谱法 ……4-521
拉脱维亚 ……4-526
拉脱维亚人 ……4-527
拉脱维亚语 ……4-527
拉康，J. ……4-519
拉塔基亚 ……4-526
拉斯韦尔，H.D. ……4-525
拉斯科洞窟壁画 ……4-525
拉斯基，H.J. ……4-525
拉斯维加斯 ……4-525
拉斯普京，V.G. ……4-525
拉斐尔 ……4-515
拉斐尔前派 ……4-516
拉链 ……4-520
拉奥，K.L. ……4-511
拉奥孔 ……4-511
《拉奥孔》 ……4-511
拉鲁斯，P. ……4-520
拉普 ……4-522
拉普人 ……4-523
拉普兰 ……4-523
拉普拉塔 ……4-523
拉普拉塔平原 ……4-523
拉普拉塔河 ……4-523
拉普拉斯，P.-S. ……4-522
拉普捷夫海 ……4-522
拉登文化 ……4-514
拉蒙-卡哈尔，S. ……4-521
拉塞尔，E.S. ……4-524
拉赫玛尼诺夫，S.V. ……4-518
拉德勃鲁赫，G. ……4-513
拂菻国 ……2-600
拙政园 ……9-519
招远市 ……9-224
招标 ……9-223
招贴画 ……9-224
招差法 ……9-224
招幌 ……9-224
披风 ……6-69

披头士 …… 6-70
拇外翻 …… 5-487
转口贸易 …… 9-511
转手贸易 …… 9-511
转世灵童 …… 9-511
转动惯量 …… 9-511
转运使 …… 9-511
转变 …… 9-509
转炉炼钢 …… 9-511
转换断层 …… 9-510
转换器 …… 9-510
转氨酶 …… 9-509
转调 …… 9-510
转继承 …… 9-510
转基因 …… 9-510
转基因作物 …… 9-510
转移价格 …… 9-511
《轭下》 …… 2-410
轮回 …… 5-196
轮虫动物门 …… 5-196
轮作 …… 5-197
轮状病毒感染 …… 5-197
轮胎 …… 5-196
轮船招商局 …… 5-196
轮滑 …… 5-196
轮渡 …… 5-196
轮藻门 …… 5-197
软下疳 …… 6-346
软木 …… 6-346
软水 …… 6-346
软玉 …… 6-346
软舌螺 …… 6-346
软件 …… 6-345
软件产业 …… 6-345
软产道损伤 …… 6-345
软坚散结 …… 6-345
软体动物门 …… 6-346
软珊瑚目 …… 6-346
软骨 …… 6-345
软骨鱼纲 …… 6-345
软科学 …… 6-345
软流层 …… 6-345
软着陆 …… 6-347
软锰矿 …… 6-345
软舞 …… 6-346
到岸价格 …… 2-158
鸢 …… 9-84
鸢尾科 …… 9-85
轰炸 …… 3-467
轰炸机 …… 3-467
势能 …… 7-28
妻姊妹婚 …… 6-122

〔丨〕

歧化反应 …… 6-133
叔本华，A. …… 7-51
叔孙通 …… 7-51
卓别林，C. …… 9-519
肯尼亚 …… 4-463
肯尼迪，J.F. …… 4-463
肯尼迪航天中心 …… 4-463
肯塔尔，A.T.de …… 4-465
肯雅塔，J. …… 4-465
肯普夫，W. …… 4-465
齿轮 …… 1-596
虎 …… 3-518
虎门 …… 3-519
虎门、广州之战 …… 3-519
虎门炮台 …… 3-519
虎门销烟 …… 3-519
虎甲 …… 3-518
《虎皮武士》 …… 3-519
虎皮鹦鹉 …… 3-519
虎耳草 …… 3-518
虎牢关 …… 3-518
虎纹石磬 …… 3-520
虎林市 …… 3-518
虎食人卣 …… 3-520
虎钳 …… 3-519
虎符 …… 3-518
虎尊 …… 3-520
虎蛾 …… 3-518
虎跳峡 …… 3-520
虎颜花 …… 3-520
虎鲨 …… 3-519
虎鲸 …… 3-518
非牛顿流体力学 …… 2-514
非电解质 …… 2-512
非处方药 …… 2-511
非对映体 …… 2-512
非合金钢 …… 2-512
非决定论 …… 2-514
非关税壁垒 …… 2-512
非欧几里得几何学 …… 2-515
非典型分枝杆菌病 …… 2-512
非物质文化遗产 …… 2-515
非金属材料 …… 2-513
非法人团体 …… 2-512
非参数统计 …… 2-511
非线性光学 …… 2-515
非线性规划 …… 2-516
非线性科学 …… 2-516
非线性控制系统 …… 2-516
非织造布 …… 2-517
非甾体抗炎药 …… 2-517
非标准分析 …… 2-511
非政府组织 …… 2-517
非战争军事行动 …… 2-517
非美活动调查委员会 …… 2-514
非洲 …… 2-517
非洲木雕 …… 2-522
非洲奴隶贸易 …… 2-522
非洲民主联盟 …… 2-521
非洲岩画 …… 2-523
非洲统一组织 …… 2-523
非洲象 …… 2-523
非洲联盟 …… 2-521
非致命弹药 …… 2-517
非理性主义 …… 2-514
非营利组织 …… 2-516
非惯性参考系 …… 2-512
非淋菌性尿道（宫颈）炎 …… 2-514
非婚生子女 …… 2-512
非斯 …… 2-515
非晶体半导体器件 …… 2-513
非晶态 …… 2-513
非晶态金属 …… 2-513
非暴力不合作运动 …… 2-511
非鲫 …… 2-513
肾 …… 6-522
肾上腺 …… 6-523
肾上腺性征异常综合征 …… 6-523
肾功能检查 …… 6-523
肾阳虚证 …… 6-524
肾阴虚证 …… 6-524
肾盂肾炎 …… 6-524
肾炎 …… 6-523
肾穿刺活体组织检查 …… 6-523
肾脏小血管炎 …… 6-524
肾病综合征 …… 6-522
肾移植 …… 6-524
肾精亏损证 …… 6-523
《贤者喜宴》 …… 8-174
尚小云 …… 6-470
《尚书》 …… 6-470
尚书省 …… 6-470
尚可喜 …… 6-469
尚志市 …… 6-471
尚贤 …… 6-470
尚和玉 …… 6-469
尚钺 …… 6-470
尚普兰，S.de …… 6-469
味觉 …… 7-570
味精 …… 7-569
呼吸 …… 3-497
呼吸困难 …… 3-499
呼吸衰竭 …… 3-499
呼吸道 …… 3-499
呼吸道合胞病毒感染 …… 3-499
呼伦贝尔市 …… 3-497
呼伦贝尔草原 …… 3-496
呼伦湖 …… 3-497
呼玛县 …… 3-497
呼和浩特市 …… 3-496
呼啦舞 …… 3-496
《呼啸山庄》 …… 3-499
咏叹调 …… 9-27
咏怀诗 …… 9-27
呢 …… 5-579
咖啡 …… 4-361
咖啡碱 …… 4-361

岬角 ……4-139
岫玉 ……8-338
岭北行省 ……5-100
岭仲 ……5-101
岭南三家 ……5-101
岭南大学 ……5-100
岭南文化 ……5-101
岭南画派 ……5-100
岷山 ……5-436
岷江 ……5-436
岷江小三峡 ……5-436
帖 ……7-385
帖木儿 ……7-378
帖木儿王朝 ……7-378
帕夫利科夫斯基，T. ……6-29
帕瓦罗蒂，L. ……6-34
帕巴拉·格列朗杰 ……6-28
帕尔门，E.H. ……6-29
帕尔玛，R. ……6-29
帕尔纳斯派 ……6-29
帕尔梅，O. ……6-29
帕加马古城 ……6-30
帕尼奥尔，M. ……6-33
帕皮提 ……6-33
帕西诺，A. ……6-35
帕伦克古城 ……6-32
帕米尔高原 ……6-32
帕克，F.W. ……6-30
帕克，R.E. ……6-30
帕劳 ……6-31
帕里尼，G. ……6-32
帕里镇 ……6-32
帕利基尔 ……6-32
《帕阿派玛尼》……6-28
帕拉马里博 ……6-31
帕拉马斯 ……6-31
帕拉西奥·巴尔德斯，A. ……6-31
帕拉第奥，A. ……6-30
帕果帕果 ……6-29
帕图斯潟湖 ……6-34
帕金森氏病 ……6-30
帕金森定律 ……6-30
帕格尼尼，N. ……6-29
帕斯卡 ……6-33
帕斯卡，B. ……6-34
帕斯卡定律 ……6-34
帕斯捷尔纳克，B.L. ……6-33
帕森斯，C.A. ……6-33
帕森斯，T. ……6-33
帕提亚帝国 ……6-34
帕提农神庙 ……6-34
帕雷托，V. ……6-31
帕雷托最优 ……6-32
帕慕克，O. ……6-33
旺干，L. ……7-524
旺角 ……7-524
明十三陵 ……5-448
明太鱼 ……5-449
明太祖朱元璋 ……5-449
明仁天皇 ……5-447
明世宗朱厚熜 ……5-448
明石海峡大桥 ……5-448
《明史》……5-448
《明史稿》……5-448
明尼阿波利斯 ……5-445
明式家具 ……5-448
《明成化刊本说唱词话丛刊》……5-443
明成祖朱棣 ……5-443
明安图 ……5-439
明孝陵 ……5-450
《明词综》……5-444
明矾石 ……5-444
明治天皇 ……5-451
明治村 ……5-451
明治维新 ……5-451
明定陵 ……5-444
《明诗别裁集》……5-447
《明诗综》……5-448
明南京城 ……5-444
明星影片公司 ……5-451
明思宗朱由检 ……5-449
明信片 ……5-450
明神宗朱翊钧 ……5-447
明珠 ……5-452
明堂 ……5-450
明清小说 ……5-446
明清传奇 ……5-445
明清杂剧 ……5-446
明朝 ……5-439
明斯克 ……5-449
明瑟收益率 ……5-447
明德户 ……5-444
明器 ……5-445
《明儒学案》……5-447
败血症 ……1-217
购买力 ……3-156
购物中心 ……3-157
购房分期付款 ……3-156
凯山·丰威汉 ……4-395
凯厄图尔瀑布 ……4-392
凯末尔·阿塔图尔克，M. ……4-394
凯末尔革命 ……4-394
凯尔泰斯 ……4-393
凯尔特人 ……4-393
凯尔特语族 ……4-393
凯尔森，H. ……4-393
凯因茨，J. ……4-396
凯兴斯泰纳，G. ……4-395
凯里尔·安咔尔 ……4-394
凯里市 ……4-394
凯利，W. ……4-394
凯库勒，F.A. ……4-393
凯奇，J. ……4-395
凯洛夫，I.A. ……4-394
凯莱曼 ……4-393
凯恩斯 ……4-392
凯恩斯，J.M. ……4-392
凯恩斯主义 ……4-392
凯勒，G. ……4-394
凯瑟，G. ……4-395
凯瑟，W. ……4-395
凯瑟琳·赫本 ……4-395
凯撒 ……4-395
凯德洛夫，B.M. ……4-392
岸线测量 ……1-113
岸信介 ……1-113
岸舰导弹 ……1-113
岩仓使节团 ……8-428
岩心 ……8-431
岩心寺 ……8-431
岩石 ……8-430
岩石力学 ……8-430
岩石层 ……8-430
岩石学 ……8-431
岩羊 ……8-431
岩层产状 ……8-428
岩画 ……8-429
岩浆 ……8-429
岩浆作用 ……8-430
岩浆矿床 ……8-429
岩浆岩 ……8-430
岩溶 ……8-430
岩爆 ……8-428
昙无谶 ……7-281
昙花 ……7-281
昙鸾 ……7-281
昆士兰州 ……4-509
昆山市 ……4-509
昆山腔 ……4-509
昆仑山脉 ……4-508
昆仑关之战 ……4-508
昆卡 ……4-507
昆卡 ……4-508
昆虫纲 ……4-507
昆虫激素 ……4-507
昆曲 ……4-508
昆体良 ……4-509
昆明市 ……4-508
《昆昌与昆平》……4-507
昆都士 ……4-507
昆剧 ……4-507
昆剧传习所 ……4-507
昆德拉，M. ……4-507
昌平区 ……1-506
昌吉市 ……1-506
昌吉回族自治州 ……1-505
昌江黎族自治县 ……1-506
昌邑市 ……1-506
昌昌古城 ……1-505
昌图县 ……1-506
昌都地区 ……1-505

昌都县 ……1–505
昌黎县 ……1–506
昇平署 ……6–553
昂山 ……1–116
昂纳克，E. ……1–116
昂船洲大桥 ……1–115
易卜生，H. ……8–561
易北河 ……8–561
《易传》……8–562
易县 ……8–561
《易经》……8–561
易俗社 ……8–561
易顺鼎 ……8–561
易洛魁人 ……8–561
忠孝节义 ……9–452
忠县 ……9–452
忠恕 ……9–451
罗 ……5–198
罗卜藏丹津叛乱 ……5–200
罗干 ……5–203
罗工柳 ……5–203
罗大冈 ……5–201
罗马 ……5–205
罗马人 ……5–211
罗马万神庙 ……5–211
罗马古城 ……5–207
罗马尼亚 ……5–209
罗马尼亚八二三武装起义 ……5–210
罗马尼亚人 ……5–210
罗马尼亚王国 ……5–210
罗马尼亚共产党 ……5–210
罗马尼亚语 ……5–211
罗马式美术 ……5–211
罗马地下墓窟 ……5–206
罗马凯旋门 ……5–208
罗马国家现代艺术馆 ……5–207
罗马法 ……5–206
罗马帝国 ……5–206
罗马美术 ……5–208
罗马俱乐部 ……5–208
罗马竞技场 ……5–207
罗马教廷 ……5–207
《罗马假日》……5–207
罗丹，A. ……5–202
罗文藻 ……5–219
罗巴切夫斯基，N.I. ……5–199
罗布林卡 ……5–200
罗布泊 ……5–201
罗布泊文书 ……5–201
《罗生门》……5–216
罗尔纲 ……5–202
罗尔斯，J.B. ……5–203
罗汉 ……5–204
罗汉松 ……5–204
《罗汉钱》……5–204
《罗兰之歌》……5–205
罗亚·巴斯托斯，A. ……5–220
罗西，F. ……5–219
罗西尼，G. ……5–220
罗西里尼，R. ……5–220
罗亦农 ……5–220
罗安达 ……5–198
罗讷河 ……5–214
罗利 ……5–205
罗佐夫，V.S. ……5–222
罗伯茨－奥斯汀，W.C. ……5–200
罗伯逊，P. ……5–200
罗伯－格里耶，A. ……5–200
罗伯斯比尔，M.-F.-M.-I.de ……5–200
罗沛霖 ……5–215
罗纳尔多 ……5–214
罗松窗 ……5–219
罗杰斯，C. ……5–205
罗杰斯，R. ……5–205
罗明坚 ……5–213
罗易，M.N. ……5–220
罗念生 ……5–214
罗宗洛 ……5–221
罗姆，M.I. ……5–214
罗姆人 ……5–214
罗姆苏丹国 ……5–214
罗经 ……5–205
罗贯中 ……5–204
罗城仫佬族自治县 ……5–201
罗荣桓 ……5–215
罗哈斯，M. ……5–204
罗钦顺 ……5–215
罗香圃 ……5–220
罗炳辉 ……5–200
罗兹 ……5–221
罗素，H.N. ……5–219
罗素，B.A.W. ……5–219
《罗素姆万能机器人》……5–219
罗格，J. ……5–203
罗索 ……5–219
罗振玉 ……5–221
罗浮山 ……5–203
罗宾逊，J.V. ……5–199
罗宾斯，J. ……5–199
罗宾斯，R.H. ……5–199
罗勒，A. ……5–205
罗萨，J.G. ……5–216
罗萨里奥 ……5–216
罗盛教 ……5–216
罗常培 ……5–201
罗曼，J. ……5–211
罗曼，J. ……5–212
罗曼·罗兰 ……5–212
罗曼建筑 ……5–212
罗曼语族 ……5–212
罗曼诺夫王朝 ……5–212
罗章龙 ……5–221
《罗密欧与朱丽叶》……5–213
罗密·施奈德 ……5–213
罗隆基 ……5–205
罗隐 ……5–221
罗斯，E.A. ……5–217
罗斯比，C.-G.A. ……5–217
罗斯比波 ……5–217
罗斯丹，E. ……5–217
罗斯托夫 ……5–218
罗斯托克 ……5–219
罗斯托基准 ……5–218
罗斯冰架 ……5–217
罗斯金，J. ……5–218
《罗斯法典》……5–217
罗斯特罗波维奇，M.L. ……5–218
罗斯福，F.D. ……5–217
罗斯福，T. ……5–218
罗蒂，R. ……5–202
罗森塔尔，M.M. ……5–216
罗森塔尔效应 ……5–216
罗富和 ……5–203
罗缎 ……5–202
罗瑞卿 ……5–215
罗蒙诺索夫，M.V. ……5–212
罗塞塔石碑 ……5–216
罗慕卢斯 ……5–214
罗豪才 ……5–204
罗霄山脉 ……5–220
罗德里克，J.P. ……5–202
罗德城 ……5–202
《罗摩衍那》……5–213
罗默，O. ……5–214
罗瘿公 ……5–221
罗願 ……5–221
咒语 ……9–478
具体劳动 ……4–338
具象艺术 ……4–338
果子狸 ……3–300
果戈理，N.V. ……3–298
果壳雕刻 ……3–299
果园 ……3–300
果实 ……3–299
果树 ……3–300
果品加工 ……3–299
果洛藏族自治州 ……3–299
果核雕刻 ……3–298
果胶 ……3–298
果酒 ……3–299
果脯蜜饯 ……3–298
果蝇 ……3–300
果糖 ……3–300
典权 ……2–271
典当 ……2–271
《典论·论文》……2–271
典妻 ……2–271
典型调查 ……2–272
国土资源 ……3–294
国子监 ……3–297
国内生产总值 ……3–293

《国风》……3-255
国书……3-294
国鸟……3-293
国立北平艺术专科学校……3-287
国立北平研究院……3-287
国民大会……3-288
国民公会……3-289
国民可支配收入……3-291
国民生产总值……3-291
国民自卫军……3-293
国民军……3-291
国民收入……3-292
《国民财富的性质和原因的研究》……3-287
国民参政会……3-288
国民经济……3-289
国民经济恢复时期……3-290
国民经济核算体系……3-290
国民经济景气指数……3-291
国民政府……3-292
国民革命军……3-289
国民革命军东征……3-289
国民革命军陆军新编第四军……3-289
国民革命军第八路军……3-289
国民待遇……3-288
国民总收入……3-293
国民党……3-289
国民党改组派……3-289
国民资产负债表……3-293
国共合作……3-256
国有土地使用权……3-296
国有化……3-295
国有企业……3-295
国有企业改革……3-295
国有农场……3-295
国有股权……3-295
国有资产……3-297
国有商业银行……3-296
国会……3-256
国会听证会……3-256
国会纵火案……3-257
国会请愿运动……3-256
国庆日……3-294
国防戏剧……3-255
国防经济……3-254
国花……3-256
国体……3-294
国库制度……3-287
国库券……3-287
国际人权联盟……3-272
国际儿童年……3-261
国际工人运动……3-263
国际工程承包……3-263
国际习用原点……3-275
国际开发协会……3-268
国际分工……3-262
国际计量局……3-265
国际电子贸易示范法……3-261
国际电信联盟……3-261
国际汇兑……3-264
国际主义……3-278
国际市场……3-273
《国际民用航空公约》……3-271
国际民事诉讼法……3-271
国际民航组织……3-271
国际刑法……3-276
国际刑警组织……3-276
国际协议原点……3-276
《国际先驱论坛报》……3-275
国际仲裁……3-277
国际价值……3-266
国际会计……3-268
国际会计师联合会……3-269
国际企业收购……3-272
国际冲突……3-260
国际交换……3-266
国际农业发展基金会……3-271
国际收支……3-273
国际收支平衡表……3-273
国际劳工组织……3-269
国际劳动节……3-269
国际劳动妇女节……3-269
国际技术转让……3-266
国际技术贸易法……3-266
国际投资……3-274
国际投资法……3-274
国际投资银行……3-274
国际足球联合会……3-278
国际私法……3-274
国际纵队……3-278
国际环境法……3-264
国际图书博览会……3-275
国际制裁……3-277
国际货币体系……3-265
国际货币金融法……3-265
国际货币基金组织……3-264
国际金融……3-266
国际金融中心……3-267
国际金融市场……3-267
国际服务贸易法……3-262
国际单位制……3-260
国际法……3-261
《国际法制计量组织公约》……3-262
国际法院……3-262
国际审计准则……3-273
国际实用温标……3-273
“国际”空间站……3-268
国际经济合作会议……3-267
国际经济技术合作……3-267
国际经济法……3-267
国际标准……3-258
国际标准化组织……3-258
国际标准书号……3-258
国际标准刊号……3-258
国际标准舞……3-258
国际复兴开发银行……3-263
国际信号旗……3-276
国际贸易……3-270
国际贸易仲裁……3-270
国际贸易法……3-270
国际音标……3-277
国际结算……3-266
国际原子能机构……3-277
国际笔会……3-258
国际债券……3-277
国际航空法……3-264
国际竞争力……3-267
国际资本流动……3-278
国际消费者权益日……3-275
国际海事法……3-263
国际海事组织……3-263
国际海图……3-264
国际海洋法法庭……3-264
国际能源机构……3-271
“国际通信卫星”……3-274
国际救助公约……3-268
国际常设仲裁法院……3-259
国际移动卫星组织……3-277
国际象棋……3-275
国际减轻自然灾害十年……3-266
国际商用机器公司……3-272
国际商事仲裁……3-272
国际清偿能力……3-272
国际清算银行……3-272
国际联盟……3-269
国际联盟调查团……3-269
国际裁军问题……3-259
国际税收……3-274
国际税法……3-273
国际奥林匹克委员会……3-257
国际新秩序……3-276
《国际歌》……3-263
国际避税……3-258
国学……3-294
国界……3-287
《国语》……3-297
国语罗马字……3-297
国债……3-297
国债回购……3-297
国债法……3-297
国家……3-278
国家大地网……3-279
国家开发银行……3-281
国家元首……3-286
国家公园……3-280
国家书目……3-283
国家水准网……3-283
国家主义……3-286
国家机构……3-280
国家自然科学基金委员会……3-287
国家行为……3-285

国家行政学院（中国）……3-285
国家安全……3-279
国家导弹防御系统……3-280
国家杜马……3-280
国家利益……3-282
国家体育场……3-284
《国家体育锻炼标准》……3-284
国家责任……3-286
国家垄断资本主义……3-282
国家图书馆……3-285
国家所有权……3-284
国家京剧院……3-281
国家审计……3-283
国家标准……3-279
国家指导价……3-286
国家科学技术奖……3-282
国家重力网……3-286
国家语言文字工作委员会……3-286
国家结构……3-281
国家档案馆……3-279
国家监督……3-281
国家债券……3-286
国家高程控制网……3-280
国家继承……3-280
国家职能……3-286
国家赔偿……3-282
国家最高科学技术奖……3-287
国家奥林匹克体育中心……3-279
国家游泳中心……3-285
国情咨文……3-294
国清寺……3-294
《国朝献徵录》……3-254
《国富论》……3-255
国槐……3-256
国歌……3-255
国旗……3-293
国徽……3-256
国籍……3-257
固体……3-193
固体力学……3-194
固体化学……3-194
固体发光……3-193
固体地球物理学……3-193
固体物理学……3-194
固体废物污染……3-194
固体潮……3-193
固态电子器件……3-192
固态聚合……3-192
固定化酶……3-191
固定汇率……3-192
固定论……3-192
固定资本……3-192
固定资产……3-192
固定资产折旧……3-192
固原市……3-195
固特异，C.……3-193
固涩剂……3-192
固涩法……3-192
固氮微生物……3-191
图木舒克市……7-424
图瓦人……7-427
图瓦卢……7-426
图书……7-424
图书馆……7-424
图书馆学……7-425
图卢兹……7-422
图卢兹－洛特雷克，H.de……7-422
图们市……7-424
图们江……7-423
图尔卡纳湖……7-420
图尔库……7-420
《图兰多》……7-421
图兰低地……7-421
图尼埃，M.……7-424
图佤语……7-427
图论……7-422
图灵，A.M.……7-421
图灵机……7-422
图坦哈蒙墓……7-426
《图画见闻志》……7-421
图拉真……7-421
图拉真纪念柱……7-421
图帕克·阿马鲁一世……7-424
图图，D.M.……7-426
图波列夫，A.N.……7-420
图弥三菩札……7-424
图哈切夫斯基，M.N.……7-420
《图绘宝鉴》……7-421
图索德夫人蜡像馆……7-425
图特摩斯三世……7-426
图案……7-420
图盖拉瀑布……7-420
图像处理……7-427
图像识别……7-427
图像学……7-428
图像信号处理……7-427
图像通信……7-427
图腾……7-426
图德，A.……7-420
图霍尔斯基，K.……7-421
迪戈加西亚岛……2-212
迪亚斯，P.……2-214
迪亚斯，J.R.……2-213
迪亚斯·米龙，S.……2-214
迪伦，B.……2-212
迪伦马特，F.……2-212
迪多家族……2-211
迪庆藏族自治州……2-213
迪肯，G.E.R.……2-212
迪南，J.-H.……2-212
迪拜……2-211
迪斯尼，W.……2-213
迪斯尼乐园……2-213
迪斯科……2-213

〔丿〕

牦牛……5-327
牧师……5-495
牧草……5-495
牧首……5-496
牧野之战……5-496
牧溪……5-496
牧歌……5-495
物……8-70
物化劳动……8-70
物权……8-78
物价指数……8-71
物自体……8-79
物证……8-78
物证技术……8-79
物态……8-78
物质……8-79
物质生物循环……8-79
《物性论》……8-78
物种……8-79
物种保护……8-79
《物种起源》……8-79
物候历……8-70
物候学……8-70
物候型……8-70
物料搬运机械……8-77
物流……8-77
物流中心……8-78
物理力学……8-71
物理化学……8-71
物理－化学流体力学……8-71
物理疗法……8-72
物理学……8-73
《物理学》……8-77
物理量……8-72
物理量单位制……8-72
物联网……8-77
钍……7-447
钐－钕法定年……6-442
钒……2-468
钓鱼……2-302
钓鱼岛……2-302
钓鱼岛列岛……2-302
钓鱼城之战……2-302
知人论世……9-290
知行……9-291
知行合一……9-291
知识分子思想改造运动……9-290
知识创新……9-290
知识产权……9-290
知识经济……9-291
知识密集型产业……9-291
知识管理……9-291
知觉……9-289
知情权……9-290
和与同……3-420

和龙市 ······ 3–417
和平卫士导弹 ······ 3–418
和平区 ······ 3–418
和平文化 ······ 3–418
“和平”号空间站 ······ 3–418
和平共处 ······ 3–417
和平共处五项原则 ······ 3–418
和平利用外层空间委员会 ······ 3–418
《和平法令》 ······ 3–417
和田玉 ······ 3–419
和田市 ······ 3–419
和田地区 ······ 3–419
和田河 ······ 3–419
和合二仙 ······ 3–417
和声 ······ 3–419
和县 ······ 3–420
和县猿人 ······ 3–420
和林格尔汉壁画墓 ······ 3–417
和尚 ······ 3–419
和服 ······ 3–416
和法 ······ 3–416
和弦 ······ 3–420
和珅 ······ 3–419
和食 ······ 3–419
和亲 ······ 3–419
和解 ······ 3–417
和歌 ······ 3–417
制天权 ······ 9–314
制书 ······ 9–313
制电磁权 ······ 9–312
制丝工艺 ······ 9–314
制动器 ······ 9–312
制导炸弹 ······ 9–312
制冷机 ······ 9–313
制冷剂 ······ 9–313
制图六体 ······ 9–314
制定法 ······ 9–312
制空权 ······ 9–313
制信息权 ······ 9–314
制度创新 ······ 9–312
制度学派 ······ 9–312
制钱 ······ 9–313
制造业 ······ 9–314
制海权 ······ 9–313
制裁 ······ 9–312
刮宫 ······ 3–202
刮痧 ······ 3–202
委内瑞拉 ······ 7–563
委托代理 ······ 7–563
委托立法 ······ 7–564
委托监护制 ······ 7–564
委拉斯开兹，D. ······ 7–562
委陵菜 ······ 7–562
季风 ······ 4–101
季风气候 ······ 4–101
季方 ······ 4–100
季节 ······ 4–101
季戊四醇 ······ 4–101
季米特洛夫，G.M. ······ 4–101
季诺维也夫，G.Ye. ······ 4–101
季羡林 ······ 4–102
竺可桢 ······ 9–498
垂体 ······ 2–33
垂体腺瘤 ······ 2–33
垂直和短距起落飞机 ······ 2–34
秉志 ······ 1–367
佳木斯市 ······ 4–124
佳吉列夫，S.P. ······ 4–124
佳能株式会社 ······ 4–124
供求规律 ······ 3–141
供应链 ······ 3–141
供给 ······ 3–141
供给规律 ······ 3–141
供给制 ······ 3–141
供给学派 ······ 3–141
供给弹性 ······ 3–141
使馆 ······ 7–13
侠义公案小说 ······ 8–156
侦查 ······ 9–249
侦探小说 ······ 9–249
侦察卫星 ······ 9–249
侦察机 ······ 9–249
侧扫声呐 ······ 1–485
侧线器官 ······ 1–485
侧柏 ······ 1–485
侗水语支 ······ 2–343
侗语 ······ 2–343
侗族 ······ 2–343
侏罗纪 ······ 9–490
侏儒 ······ 9–490
侨民文学 ······ 6–184
侨州郡县 ······ 6–185
《佩文斋书画谱》 ······ 6–58
佩尔修斯 ······ 6–56
佩尔蒂尼，A. ······ 6–56
佩吉特氏病 ······ 6–56
佩列杰里，G.P. ······ 6–57
佩里，R.B. ······ 6–57
佩罗，P. ······ 6–57
佩洛塔斯 ······ 6–58
佩索阿，F.A.N. ······ 6–58
佩特拉 ······ 6–58
佩特罗尼乌斯 ······ 6–58
佩鲁茨，M.F. ······ 6–57
佩雷克，G. ······ 6–57
佩雷斯，S. ······ 6–57
佩雷斯·加尔多斯，B. ······ 6–57
佩德罗一世 ······ 6–56
佩德罗二世 ······ 6–56
佩滕科弗，M.J.von ······ 6–58
依巴谷 ······ 8–536
依兰县 ······ 8–536
依地语 ······ 8–536
依法行政 ······ 8–536
依数性 ······ 8–536
依赫瓦尼 ······ 8–536
佯偾语 ······ 8–468
版本 ······ 1–229
版本学 ······ 1–230
版权 ······ 1–230
版权法 ······ 1–230
版画 ······ 1–230
版税 ······ 1–230
的的喀喀湖 ······ 2–214
的黎波里 ······ 2–214
的黎波里 ······ 2–214
货币 ······ 4–16
货币升值 ······ 4–17
货币主义 ······ 4–18
货币市场 ······ 4–17
货币危机 ······ 4–18
货币贬值 ······ 4–17
货币制度 ······ 4–18
货币供应 ······ 4–17
货币供给 ······ 4–17
货币学派 ······ 4–18
货币政策 ······ 4–18
货币乘数 ······ 4–17
货币资本 ······ 4–19
货机 ······ 4–19
货郎 ······ 4–19
货船 ······ 4–19
岱人 ······ 2–130
岱庙 ······ 2–129
岱海 ······ 2–129
岳飞 ······ 9–125
岳石文化 ······ 9–125
岳阳市 ······ 9–126
岳阳楼 ······ 9–125
岳钟琪 ······ 9–126
岳麓书院 ······ 9–125
帛书 ······ 1–403
帛画 ······ 1–402
凭祥市 ······ 6–95
阜平县 ······ 3–7
阜阳市 ······ 3–8
阜康市 ······ 3–7
阜新市 ······ 3–7
卑尔根 ······ 1–254
迫击炮 ······ 6–38
迫降 ······ 6–98
征用权 ······ 9–261
征地补偿费 ······ 9–261
征辟 ······ 9–261
往世书 ······ 7–524
《彼尔·金特》 ······ 1–322
彼尔姆 ······ 1–322
彼特拉克，F. ······ 1–322
彼得一世 ······ 1–322
彼得拉日茨基，L.J. ······ 1–322
径流 ······ 4–313

欣古河 …… 8–262
欣谢尔伍德，C.N. …… 8–262
欣德米特，P. …… 8–262
所有者权益 …… 7–228
所罗门 …… 7–228
所罗门群岛 …… 7–228
所得税 …… 7–228
质 …… 9–314
质子 …… 9–317
“质子”号运载火箭 …… 9–317
质子－质子反应 …… 9–318
质心 …… 9–317
质心运动定理 …… 9–317
质权 …… 9–316
质证 …… 9–317
质变 …… 9–314
质询 …… 9–317
质点 …… 9–314
质能关系 …… 9–316
质量 …… 9–314
质量互变规律 …… 9–315
质量认证 …… 9–316
质量守恒定律 …… 9–316
质量作用定律 …… 9–316
质量数 …… 9–316
质量管理 …… 9–314
质谱法 …… 9–316
爬山虎 …… 6–28
爬行动物 …… 6–28
爬竿 …… 6–28
郄穴 …… 8–147
乳 …… 6–341
乳山市 …… 6–341
乳化剂 …… 6–341
乳状液 …… 6–342
乳制品 …… 6–342
乳房腺纤维瘤 …… 6–341
乳腺 …… 6–342
乳腺癌 …… 6–342
乳酸 …… 6–341
乳酸细菌 …… 6–341
乳糖 …… 6–341
舍夫勒，A. …… 6–501
舍尔卡维 …… 6–501
舍伍德，R. …… 6–502
舍利 …… 6–502
舍勒，C.W. …… 6–502
舍勒，M. …… 6–502
金 …… 4–236
金，M.L. …… 4–236
金三角 …… 4–251
金大中 …… 4–239
金万昌 …… 4–258
金万重 …… 4–258
金山 …… 4–252
金山区 …… 4–253
金山岭长城 …… 4–253
金门大桥 …… 4–245
金门县 …… 4–246
金门岛 …… 4–245
金马奖 …… 4–245
金天翮 …… 4–258
金太宗完颜晟 …… 4–258
金太祖完颜旻 …… 4–258
金少山 …… 4–253
金日成 …… 4–248
金牛山人 …… 4–246
金牛座 …… 4–246
金文 …… 4–259
金玉均 …… 4–262
金正日 …… 4–264
金世宗完颜雍 …… 4–254
金本位制 …… 4–236
金石学 …… 4–254
《金石录》 …… 4–254
金东仁 …… 4–239
《金史》 …… 4–254
金兰湾 …… 4–243
金圣叹 …… 4–253
金边 …… 4–236
金发藓 …… 4–239
金丝猴 …… 4–257
金丝燕 …… 4–257
金刚山 …… 4–239
金刚石 …… 4–240
《金刚经》 …… 4–239
金刚烷 …… 4–240
金华市 …… 4–242
金华猪 …… 4–242
金合欢 …… 4–241
金杂剧 …… 4–263
《金色池塘》 …… 4–251
金冲及 …… 4–239
金字塔 …… 4–264
《金字塔报》 …… 4–264
金农 …… 4–246
金红石 …… 4–241
金坛市 …… 4–258
金克木 …… 4–243
金花茶 …… 4–241
金帐汗国 …… 4–263
金针菜 …… 4–263
金秀瑶族自治县 …… 4–260
金伯利 …… 4–236
金伯利岩 …… 4–236
金伯利高原 …… 4–236
金龟科 …… 4–240
金沙江 …… 4–252
金沙萨 …… 4–252
金沙遗址 …… 4–252
金鸡纳树 …… 4–242
金鸡奖 …… 4–242
金环蛇 …… 4–242
金枪鱼科 …… 4–247
金茂大厦 …… 4–245
金矿 …… 4–243
金奈 …… 4–246
金昌市 …… 4–237
金岳霖 …… 4–263
金鱼 …… 4–261
金鱼草 …… 4–262
金鱼藻科 …… 4–262
金庙事件 …… 4–246
金怡濂 …… 4–260
金泳三 …… 4–261
金宝善 …… 4–236
金星 …… 4–259
金界壕 …… 4–242
金狮奖 …… 4–254
金院本 …… 4–263
金素月 …… 4–257
金盏花 …… 4–263
金贾 …… 4–242
金圆券 …… 4–262
金钱松 …… 4–247
金钱豹 …… 4–247
金铁霖 …… 4–258
《金玺诏书》(1356) …… 4–259
《金瓶梅》 …… 4–247
金瓶掣签 …… 4–247
金海陵王完颜亮 …… 4–241
金陵八家 …… 4–244
金陵大学 …… 4–244
金陵协和神学院 …… 4–244
金陵刻经处 …… 4–244
《金匮要略》 …… 4–240
金雀花王朝 …… 4–247
金眼鲷目 …… 4–260
金银器 …… 4–260
金庸 …… 4–261
金绿宝石 …… 4–245
金琥 …… 4–241
金堤 …… 4–239
金棕榈奖 …… 4–264
金朝 …… 4–237
金斯，J.H. …… 4–257
金斯敦 …… 4–257
金斯敦 …… 4–257
金粟兰 …… 4–257
金景芳 …… 4–243
金焰 …… 4–260
金善宝 …… 4–253
金属 …… 4–254
金属电子论 …… 4–255
金属光学 …… 4–255
金属材料 …… 4–255
金属学 …… 4–256
金属热处理 …… 4–256
金属－氧化物－半导体晶体管 …… 4–257
金属陶瓷 …… 4–256
金属键 …… 4–255

金属塑性成形 ……4-256
金属腐蚀 ……4-255
金缕梅科 ……4-244
金熙宗完颜亶 ……4-259
金毓黻 ……4-262
金寨县 ……4-263
金熊奖 ……4-260
金橘 ……4-243
金融 ……4-248
金融风险 ……4-249
金融市场 ……4-250
金融创新 ……4-249
金融全球化 ……4-250
金融危机 ……4-250
金融投资 ……4-250
金融审计 ……4-250
金融衍生工具 ……4-251
金融监管 ……4-249
金融租赁 ……4-251
金融资本 ……4-251
金融资产 ……4-251
金融控股公司 ……4-250
金藻门 ……4-263
金瀚 ……4-241
金耀门文书库 ……4-260
命门火衰证 ……5-452
采光 ……1-465
采矿 ……1-465
采煤 ……1-466
受戒 ……7-44
受迫振动 ……7-44
受降城 ……7-45
受精（动物） ……7-44
贫血 ……6-84
贫困线 ……6-84
贫铀弹 ……6-85
忿激派 ……2-560
瓮安生物群 ……7-606
念白 ……5-587
念佛 ……5-587
念青唐古拉山 ……5-587
念珠菌病 ……5-587
狙击步枪 ……4-329
狐 ……3-500
狐步舞 ……3-500
狐狸 ……3-501
狐猴 ……3-500
狐蝠 ……3-500
《狗儿爷涅槃》 ……3-154
狗母鱼 ……3-154
狗鱼 ……3-154
狗熊 ……3-154
狍 ……6-49
狒狒 ……2-535
饯行 ……4-162
饰物 ……7-29
饱和蒸气压 ……1-239
饱和溶液 ……1-239
饲料 ……7-157
饲料工业 ……7-157
饲料添加剂 ……7-158
饴糖 ……8-538
胼 ……4-309
肤觉 ……2-589
朊病毒 ……6-347
肺 ……2-532
肺大泡 ……2-533
肺不张 ……2-533
肺气肿 ……2-534
肺气虚证 ……2-534
肺水肿 ……2-534
肺功能检查 ……2-533
肺阴虚证 ……2-535
肺炎 ……2-534
肺孢子虫病 ……2-533
肺活量 ……2-533
肺结核 ……2-533
肺栓塞症 ……2-534
肺脓肿 ……2-534
肺痨 ……2-534
肺源性心脏病 ……2-535
肺癌 ……2-533
肺燥证 ……2-535
肢端肥大症 ……9-291
肽 ……7-271
肿骨鹿 ……9-455
肿瘤 ……9-455
肿瘤生物治疗 ……9-456
肿瘤免疫 ……9-456
股本 ……3-183
股东 ……3-183
股东大会 ……3-183
股份 ……3-183
股份公司 ……3-184
股份合作制 ……3-184
股份合作制企业 ……3-184
股份两合公司 ……3-184
股份制 ……3-184
股份制商业银行 ……3-184
股价指数 ……3-184
股息 ……3-185
股票 ……3-185
股票市场 ……3-185
股票价格 ……3-185
股癣 ……3-185
朋霍费尔，D. ……6-62
肥大性骨关节病 ……2-527
肥皂 ……2-528
肥城市 ……2-527
肥胖症 ……2-528
肥料 ……2-527
服气辟谷 ……2-600
服务器 ……2-600
服制 ……2-600
服饰文化 ……2-600
服装号型系列 ……2-601
服装设计 ……2-601
胁从犯 ……8-235
鱼石螈 ……9-61
鱼龙 ……9-61
鱼玄机 ……9-61
鱼肝油 ……9-59
鱼虱 ……9-61
《鱼美人》 ……9-61
鱼类 ……9-60
鱼蚤科 ……9-61
鱼胶 ……9-60
鱼粉 ……9-59
鱼道 ……9-59
鱼雷 ……9-60
鱼雷艇 ……9-60
鱼群探测仪 ……9-61
鱼鳞图册 ……9-60
兔 ……7-447
兔形目 ……7-447
备忘录 ……1-302
昏迷 ……4-1
忽必烈 ……3-500
忽里台 ……3-500
周一良 ……9-474
周口市 ……9-469
周口店遗址 ……9-469
周广仁 ……9-468
周之冕 ……9-477
周小燕 ……9-472
周云瑞 ……9-476
周仁 ……9-471
周公 ……9-468
周文王 ……9-472
周文骏 ……9-472
周予同 ……9-476
《周书》 ……9-471
周厉王 ……9-469
周平王 ……9-471
《周礼》 ……9-469
周立三 ……9-470
周立波 ……9-470
周必大 ……9-465
周永康 ……9-475
周邦彦 ……9-465
周亚夫 ……9-474
周而复 ……9-467
周成王 ……9-465
周扬 ……9-474
周至金丝猴自然保护区 ……9-477
周光召 ……9-468
周光关系 ……9-468
周传瑛 ……9-465
周玘 ……9-471
周时经 ……9-471
周作人 ……9-477

周佛海 …… 9-467
周谷城 …… 9-468
周忱 …… 9-465
周武王 …… 9-472
周武帝宇文邕 …… 9-472
周昉 …… 9-467
《周易》…… 9-475
《周易参同契》…… 9-475
周学熙 …… 9-473
周建人 …… 9-469
周树人 …… 9-472
周勃 …… 9-465
周贻白 …… 9-474
周星驰 …… 9-473
周幽王 …… 9-476
周信芳 …… 9-473
周宣王 …… 9-473
周祖谟 …… 9-477
周原遗址 …… 9-476
周恩来 …… 9-466
周铁农 …… 9-472
周润发 …… 9-471
周培源 …… 9-470
周密 …… 9-470
周期律 …… 9-471
周惠久 …… 9-469
周敦颐 …… 9-466
周瑜 …… 9-476
周慕莲 …… 9-470
周璇 …… 9-473
周鲠生 …… 9-467
《周髀算经》…… 9-465

〔丶〕

冼星海 …… 8-175
净 …… 4-313
净土 …… 4-313
净土三经 …… 4-313
净土宗 …… 4-314
净业寺 …… 4-314
净仪 …… 4-314
净明道 …… 4-313
放大器 …… 2-502
放马滩地图 …… 2-502
放生 …… 2-506
放牧 …… 2-502
放线菌 …… 2-506
放线菌病 …… 2-506
放射化学 …… 2-503
放射分析化学 …… 2-503
放射虫 …… 2-503
放射系 …… 2-504
放射性 …… 2-504
放射性元素 …… 2-505
放射性气溶胶 …… 2-505
放射性同位素 …… 2-505
放射性武器 …… 2-505
放射性核素检查 …… 2-504
放射性疾病 …… 2-504
放射性勘探 …… 2-504
放射治疗 …… 2-505
刻木记事 …… 4-462
刻板印象 …… 4-461
刻漏 …… 4-461
夜光藻 …… 8-504
夜曲 …… 8-504
《夜巡》…… 8-504
夜来香 …… 8-504
夜郎文化 …… 8-504
夜蛾 …… 8-503
夜鹰 …… 8-504
盲文 …… 5-311
盲肠 …… 5-311
盲聋哑教育 …… 5-311
盲蛛目 …… 5-312
盲鳗目 …… 5-311
兖州市 …… 8-438
育空河 …… 9-80
京九铁路 …… 4-281
京广铁路 …… 4-280
京师大学堂 …… 4-282
京师图书馆 …… 4-282
京沪铁路 …… 4-281
京沪高速公路 …… 4-281
京张铁路 …… 4-283
京杭运河 …… 4-280
京房 …… 4-280
京胡 …… 4-281
京津塘高速公路 …… 4-281
京语 …… 4-283
京都 …… 4-279
京都大学 …… 4-279
京剧 …… 4-281
京族 …… 4-283
京腔十三绝 …… 4-282
京韵大鼓 …… 4-283
京察 …… 4-279
变分法 …… 1-342
变文 …… 1-344
变石 …… 1-343
变电 …… 1-342
变电所 …… 1-342
变压器 …… 1-345
变色龙 …… 1-343
《变形记》…… 1-344
变形丝织物 …… 1-344
变形虫 …… 1-344
变阻器 …… 1-346
变态 …… 1-343
变态反应 …… 1-343
变态心理学 …… 1-343
变质作用 …… 1-346
变质矿床 …… 1-345
变质岩 …… 1-345
变质量质点运动方程 …… 1-345
变星 …… 1-344
变送器 …… 1-343
变脸 …… 1-343
变频 …… 1-343
庞贝壁画 …… 6-45
庞巴维克，E.von …… 6-45
庞加莱，H. …… 6-46
庞加莱猜想 …… 6-46
庞尚鹏 …… 6-47
庞统 …… 6-47
庞特里亚金，L.S. …… 6-47
庞培 …… 6-47
庞德，E. …… 6-46
庞德，R. …… 6-46
庞薰琹 …… 6-47
店肆 …… 2-299
庙 …… 5-420
庙号 …… 5-420
庙会 …… 5-420
庙岛群岛 …… 5-420
庙底沟遗址 …… 5-420
府 …… 3-2
府兵制 …… 3-2
府绸 …… 3-2
底比斯 …… 2-218
《底层》…… 2-218
底格里斯河 …… 2-218
底特律 …… 2-218
庚子赔款 …… 3-119
庚戌之变 …… 3-119
庚斯勃罗，T. …… 3-119
《庚道集》…… 3-118
废水处理方法 …… 2-536
废除治外法权 …… 2-535
疟原虫 …… 6-6
疟疾 …… 6-5
疝 …… 6-447
怛罗斯城 …… 2-70
性三品 …… 8-326
性反转 …… 8-324
性功能障碍 …… 8-325
性犯罪 …… 8-324
性早熟 …… 8-327
性传播疾病 …… 8-324
性别比 …… 8-324
性别认同 …… 8-324
性别角色 …… 8-324
性灵说 …… 8-326
《性命圭旨》…… 8-326
性周期 …… 8-328
性变态 …… 8-323
性格 …… 8-324
性病性淋巴肉芽肿 …… 8-324
性教育 …… 8-326
性善论 …… 8-327
性骚扰 …… 8-327

性腺 …… 8-327
性腺功能低下 …… 8-327
性激素 …… 8-325
性激素疗法 …… 8-325
怡和洋行 …… 8-539
怡保 …… 8-539
闸门 …… 9-174
闸北区 …… 9-173
炒钢 …… 1-545
炔烃 …… 6-268
郑 …… 9-271
郑万通 …… 9-275
郑小瑛 …… 9-275
郑天挺 …… 9-275
郑天翔 …… 9-275
郑凤荣 …… 9-272
郑文光 …… 9-275
郑正秋 …… 9-278
郑白渠 …… 9-271
郑玄 …… 9-277
郑成功 …… 9-271
郑成功收复台湾之战 …… 9-272
郑光祖 …… 9-273
郑州大学 …… 9-278
郑州市 …… 9-278
郑州商城 …… 9-278
郑观应 …… 9-272
郑孝胥 …… 9-276
郑作新 …… 9-278
郑伯奇 …… 9-271
郑君里 …… 9-274
郑板桥 …… 9-271
郑昕 …… 9-276
郑国渠 …… 9-273
郑和 …… 9-273
郑和下西洋 …… 9-273
郑和群礁 …… 9-273
郑复光 …… 9-272
郑律成 …… 9-274
郑奕奏 …… 9-277
郑振铎 …… 9-277
郑哲敏 …… 9-277
郑晓沧 …… 9-276
郑海霞 …… 9-273
郑野夫 …… 9-277
郑韩故城 …… 9-273
郑澈 …… 9-271
郑鹤声 …… 9-274
郑樵 …… 9-275
郑燮 …… 9-276
炎帝 …… 8-432
炎症 …… 8-432
炎陵县 …… 8-432
卷叶象 …… 4-346
卷尾猴 …… 4-346
卷柏 …… 4-345
卷烟 …… 4-346
单一制 …… 2-145
单一经济 …… 2-144
单人飞行器 …… 2-143
《单刀会》 …… 2-142
单子叶植物纲 …… 2-145
《单子论》 …… 2-145
单元操作 …… 2-145
单孔目 …… 2-142
单本位制 …… 2-141
单宁酸 …… 2-142
单边主义 …… 2-141
单杠 …… 2-142
单克隆抗体 …… 2-142
单体 …… 2-143
单位犯罪 …… 2-143
单位制 …… 2-144
单纯疱疹 …… 2-141
单板滑雪 …… 2-141
单性生殖 …… 2-144
单弦 …… 2-144
单弦牌子曲 …… 2-144
单独海损 …… 2-142
单亲家庭 …… 2-143
单摆 …… 2-141
单糖 …… 2-143
单簧管 …… 2-142
沫蝉 …… 5-467
浅沼稻次郎 …… 6-175
浅海海流 …… 6-175
法 …… 2-435
法人 …… 2-453
法人代表 …… 2-453
法人股 …… 2-453
法门寺地宫 …… 2-453
法扎巴德 …… 2-460
法尤姆肖像 …… 2-458
法币 …… 2-435
《法书要录》 …… 2-454
法正 …… 2-460
法术 …… 2-455
法印 …… 2-458
法尔尼斯剧场 …… 2-437
法兰西人 …… 2-450
法兰西研究院 …… 2-451
法兰西第一共和国 …… 2-450
法兰西第一帝国 …… 2-450
法兰西第二共和国 …… 2-449
法兰西第二帝国 …… 2-449
法兰西第三共和国 …… 2-449
法兰西第五共和国 …… 2-450
法兰西第四共和国 …… 2-450
法兰西喜剧院 …… 2-450
法兰西堡 …… 2-449
法兰克王国 …… 2-448
法兰克福（美因河畔） …… 2-448
《法兰克福汇报》 …… 2-448
《法兰克福条约》 …… 2-448
法兰克福国民议会 …… 2-448
法兰克福图书博览会 …… 2-448
法兰绒 …… 2-449
法老 …… 2-451
法西斯主义 …… 2-455
《法华经》 …… 2-446
法名 …… 2-453
法约尔，H. …… 2-459
法医学 …… 2-458
法医学物证检验 …… 2-458
法医学鉴定 …… 2-458
法拉 …… 2-447
法拉比 …… 2-447
法拉奇，O. …… 2-447
法拉第，M. …… 2-447
法拉第电解定律 …… 2-447
法拉第电磁感应定律 …… 2-447
法罗人 …… 2-452
法罗群岛 …… 2-452
法罗赫扎德 …… 2-452
法国 …… 2-438
法国人民阵线 …… 2-444
法国工人党 …… 2-440
法国大革命 …… 2-439
法国文学 …… 2-444
《法国民法典》 …… 2-443
法国共产党 …… 2-440
法国共和历 …… 2-441
法国园林 …… 2-445
法国社会党 …… 2-444
法国国家图书馆 …… 2-441
法国国家档案馆 …… 2-441
法国科学院 …… 2-441
法国美术 …… 2-441
法国菜 …… 2-439
法国新闻社 …… 2-445
法制 …… 2-460
法治 …… 2-460
法定代表人 …… 2-436
法定准备金 …… 2-437
法定继承 …… 2-436
法官 …… 2-437
法学 …… 2-456
法绍达冲突 …… 2-454
《法经》 …… 2-447
法相宗 …… 2-456
法显 …… 2-456
法界 …… 2-446
法俄同盟 …… 2-437
法俄战争 …… 2-437
法律 …… 2-451
法律规避 …… 2-451
法律责任 …… 2-452
法律效力 …… 2-451
法律援助 …… 2-451
法庭 …… 2-455
《法美同盟条约》 …… 2-452

法语 ……… 2-459
法院 ……… 2-459
法院调解 ……… 2-459
法格海 ……… 2-437
《法哲学原理》……… 2-460
法称 ……… 2-436
法海寺壁画 ……… 2-445
法家 ……… 2-446
法朗士，A. ……… 2-451
法捷耶夫，A.A. ……… 2-446
法常 ……… 2-435
法塔赫 ……… 2-455
法斯宾德，R.W. ……… 2-455
法蒂玛王朝 ……… 2-436
法越战争 ……… 2-460
法雅，M.de ……… 2-457
法属圭亚那 ……… 2-454
法属波利尼西亚 ……… 2-454
法新社 ……… 2-456
法源寺 ……… 2-459
法赫鲁丁二世 ……… 2-446
法赫德 ……… 2-445
法藏 ……… 2-460
泄泻 ……… 8-238
河上肇 ……… 3-427
河口 ……… 3-423
河口瑶族自治县 ……… 3-423
河马科 ……… 3-424
河内 ……… 3-427
河北省 ……… 3-420
河北梆子 ……… 3-420
河西走廊 ……… 3-428
河曲马 ……… 3-427
河池市 ……… 3-422
河谷 ……… 3-422
河床 ……… 3-422
河间市 ……… 3-422
河图洛书 ……… 3-428
河姆渡文化 ……… 3-424
河南龙山文化 ……… 3-425
河南坠子 ……… 3-427
河南省 ……… 3-425
河南梆子 ……… 3-425
河南博物院 ……… 3-425
河津市 ……… 3-423
河套人 ……… 3-427
河套平原 ……… 3-427
河套灌区 ……… 3-427
河蚌 ……… 3-420
河狸科 ……… 3-423
河流 ……… 3-423
河流地貌 ……… 3-424
河流阶地 ……… 3-424
河流泥沙 ……… 3-424
河流袭夺 ……… 3-424
河豚 ……… 3-428
河道整治 ……… 3-422
河鼓二 ……… 3-422
河源市 ……… 3-428
河漫滩 ……… 3-424
泸州市 ……… 5-159
泸沽湖 ……… 5-159
泸定桥二十二勇士 ……… 5-158
《泪泉》……… 4-572
泪器病 ……… 4-572
沮渠蒙逊 ……… 4-333
油气田 ……… 9-39
油气运移 ……… 9-40
油气显示 ……… 9-40
油气藏 ……… 9-39
油丹 ……… 9-37
油田水 ……… 9-40
油页岩 ……… 9-41
油杉 ……… 9-40
油画 ……… 9-37
油泥塑 ……… 9-39
油茶 ……… 9-37
油桐 ……… 9-41
油莎草 ……… 9-40
油脂 ……… 9-41
油菜 ……… 9-36
油梨 ……… 9-38
油船 ……… 9-37
油棕 ……… 9-41
油渣果 ……… 9-41
油酸 ……… 9-40
油橄榄 ……… 9-37
油墨 ……… 9-39
泗水 ……… 7-158
泗河 ……… 7-158
泊头市 ……… 1-403
泊松，S.-D. ……… 6-96
泊松比 ……… 6-96
泊松分布 ……… 6-96
沿边开放 ……… 8-432
沿河土家族自治县 ……… 8-432
沿革地理 ……… 8-432
泡利，W. ……… 6-51
泡利不相容原理 ……… 6-51
泡沫 ……… 6-51
泡沫金属 ……… 6-51
泡沫经济 ……… 6-51
泡泡纱 ……… 6-51
泡桐 ……… 6-49
泡碱 ……… 6-50
注入式教学 ……… 9-502
注册会计师 ……… 9-502
注册资产评估师 ……… 9-502
注音字母 ……… 9-503
注射 ……… 9-502
注释 ……… 9-503
注意 ……… 9-503
注意障碍 ……… 9-503
沱江 ……… 7-458
沱沱河 ……… 7-458
泻下剂 ……… 8-238
泻药 ……… 8-239
泌尿系统结石 ……… 5-402
泌尿系统梗阻 ……… 5-402
泌乳 ……… 5-403
泳装 ……… 9-27
泥人张 ……… 5-580
泥石流 ……… 5-580
泥岩 ……… 5-581
泥炭 ……… 5-580
泥炭藓 ……… 5-580
泥盆纪 ……… 5-579
泥蚶 ……… 5-579
泥蜂 ……… 5-579
沸石 ……… 2-536
沸点 ……… 2-536
沸腾 ……… 2-536
沼气 ……… 9-227
沼泽 ……… 9-227
沼泽土 ……… 9-227
波 ……… 1-372
波丁顿，A.F. ……… 1-374
波士顿 ……… 1-384
波士顿交响乐团 ……… 1-384
波士顿美术博物馆 ……… 1-384
波士顿惨案 ……… 1-384
波戈廷，N.F. ……… 1-377
波片 ……… 1-383
波尔卡 ……… 1-376
波尔加姐妹 ……… 1-375
波尔多 ……… 1-375
波尔多液 ……… 1-375
波尔约 ……… 1-376
波尔图 ……… 1-376
波尔塔，C. ……… 1-376
波立特，H. ……… 1-380
波兰 ……… 1-377
波兰人 ……… 1-379
波兰王国 ……… 1-380
波兰的三次瓜分 ……… 1-379
波兰语 ……… 1-380
波弗特海 ……… 1-376
波伏瓦，S.de ……… 1-377
波多诺伏 ……… 1-375
波多黎各 ……… 1-374
波导 ……… 1-373
波利比奥斯 ……… 1-380
波利尼，M. ……… 1-380
波利尼西亚 ……… 1-380
波利尼西亚人 ……… 1-381
波利尼西亚语族 ……… 1-381
波利齐亚诺 ……… 1-381
波利克里托斯 ……… 1-380
波你尼 ……… 1-382
波罗的语族 ……… 1-382
波罗的海 ……… 1-381

波罗蜜 1-382
波河 1-377
波波夫，A.D. 1-372
波波夫，A.S. 1-373
《波波尔·乌》 1-372
波波维奇，J.S. 1-373
波波维奇，T. 1-373
波茨坦 1-373
波茨坦会议 1-373
波音，W.E. 1-388
波音公司 1-388
波音系列飞机 1-388
波兹奈尔，E. 1-388
波兹南 1-388
波兹南事件 1-389
波洛克，J. 1-382
波洛奈兹 1-382
波莱尔，É. 1-377
波哥大黄金博物馆 1-377
波速 1-387
波恩 1-375
波特兰 1-388
波旁王朝 1-383
波旁王朝复辟 1-383
波粒二象性 1-381
波密县 1-382
波斯人 1-386
《波斯人信札》 1-386
《波斯古经》 1-385
波斯尼亚危机 1-386
波斯尼亚和黑塞哥维那 1-385
波斯托伊纳溶洞 1-386
波斯波利斯古城 1-385
波斯细密画 1-387
波斯语 1-387
波斯猫 1-385
波斯湾 1-387
波黑战争 1-377
波普艺术 1-383
波普尔，K.R. 1-383
波塞冬 1-384
波德戈里察 1-373
波德莱尔，C. 1-374
波德斯塔，J. 1-374
泼水节 6-97
泽尔滕，R. 9-166
泽当镇 9-166
泽泻科 9-167
泽登巴尔，Yu. 9-166
泾县 4-283
泾河 4-283
治未病 9-318
治外法权 9-318
治则 9-318
治安拘留 9-318
治安强化运动 9-318
治疗 9-318
《治河方略》 9-318
治病求本 9-318
宝山区 1-240
宝贝 1-239
《宝贝念珠》 1-239
宝石 1-240
宝成铁路 1-239
宝鸡市 1-240
宝坻区 1-240
宝卷 1-240
宝带桥 1-240
宝音尼木和，S. 1-241
宝音德力格尔 1-241
《宝莲灯》 1-240
宗正 9-558
宗白华 9-552
宗主督护 9-559
宗谷海峡 9-553
宗周 9-558
宗法 9-552
宗泽 9-558
宗室 9-558
宗教 9-553
宗教地理 9-555
宗教自由 9-557
宗教改革 9-555
宗教法系 9-555
宗教学 9-556
宗教哲学 9-557
宗教裁判所 9-555
宗密 9-558
宗喀巴 9-557
宗璞 9-558
定义 2-313
定比定律 2-312
定西市 2-312
定向能武器 2-313
定向聚合 2-312
定州市 2-314
《定军山》 2-312
定金 2-312
定性分析 2-313
定亲 2-312
定音鼓 2-313
定海区 2-312
定基价格指数 2-312
定窑 2-313
宜兰县 8-540
宜州市 8-540
宜兴市 8-540
宜兴陶瓷 8-540
宜昌市 8-539
宜春市 8-540
宜城市 8-539
宜侯夨簋 8-540
宜都市 8-540
宜宾市 8-539
审计 6-521
审计法 6-521
审判公开 6-522
审判独立 6-522
审判监督程序 6-522
审美经验 6-521
宙斯 9-479
官田 3-210
《官场现形记》 3-209
官学 3-210
官话方言 3-210
官能团 3-210
官窑 3-211
官渡之战 3-210
官僚 3-210
官僚资本 3-210
实业救国论 7-1
实生苗 6-614
实用主义 7-1
实地盘存制 6-612
实在论 7-1
实收资本 6-614
实体 6-615
实体法 6-615
实证主义 7-1
实际气体状态方程 6-612
实事求是 6-614
实变函数论 6-611
实录 6-613
实科学校 6-613
实洋 7-1
实验文学运动 6-615
实验动物 6-615
实验地理学 6-615
实验戏剧 6-615
实验应力分析 6-615
实验诊断 6-616
实验教育学派 6-615
实践 6-612
“实践”号卫星 6-612
《实践论》 6-613
《实践是检验真理的唯一标准》 6-613
实数 6-614
实蝇 7-1
学士 8-369
学习 8-370
学习曲线 8-370
学分制 8-369
《学古编》 8-369
学术自由 8-369
学生会 8-369
学年制 8-369
学位 8-370
学位论文 8-370
学前教育 8-369
空 4-465
空中加油机 4-471

空中交通管制 ……… 4–471
空中劫持 ……… 4–471
空中战争论 ……… 4–472
空中客车系列飞机 ……… 4–471
空中领航 ……… 4–472
空化 ……… 4–466
空气 ……… 4–469
空气动力学 ……… 4–469
空气污染指数 ……… 4–470
空气质量 ……… 4–470
空气湿度 ……… 4–469
空手道 ……… 4–470
空印案 ……… 4–471
空地导弹 ……… 4–465
空竹 ……… 4–472
空军 ……… 4–468
空防 ……… 4–466
空位时期 ……… 4–478
空间艺术 ……… 4–467
空间化学 ……… 4–466
空间地质学 ……… 4–466
空间技术 ……… 4–466
空间武器 ……… 4–467
空间垃圾 ……… 4–466
空间知觉 ……… 4–467
空间站 ……… 4–467
空间探测器 ……… 4–467
空间望远镜 ……… 4–467
空间数据库 ……… 4–466
空空导弹 ……… 4–469
空降作战 ……… 4–468
空降兵 ……… 4–468
空战 ……… 4–471
空舰导弹 ……… 4–468
空海 ……… 4–466
空调器 ……… 4–470
空袭 ……… 4–470
空巢家庭 ……… 4–465
空想社会主义 ……… 4–470
穹隆 ……… 6–238
穹窿 ……… 6–238
试飞员 ……… 7–29
试金石 ……… 7–29
试验设计 ……… 7–29
试婚制 ……… 7–29
试管苗 ……… 7–29
《诗人玉屑》……… 6–575
《诗艺》……… 6–576
诗电影 ……… 6–573
《诗式》……… 6–576
《诗光》……… 6–574
《诗的艺术》……… 6–573
《诗学》……… 6–576
《诗话总龟》……… 6–574
《诗经》……… 6–574
《诗品》……… 6–575
诗界革命 ……… 6–574
诗意现实主义 ……… 6–576
诗歌 ……… 6–573
《诗薮》……… 6–576
《诗镜》……… 6–575
话本 ……… 3–558
话剧 ……… 3–558
袄教 ……… 8–173
视力障碍 ……… 7–31
视功能检查 ……… 7–30
视网膜病 ……… 7–31
视网膜脱离 ……… 7–31
视乳头水肿 ……… 7–31
视差 ……… 7–30
视觉 ……… 7–30
视唱练耳 ……… 7–30
衫 ……… 6–442
郎世宁 ……… 4–547
郎平 ……… 4–547
郎窑红 ……… 4–548
郎静山 ……… 4–547
肩关节周围炎 ……… 4–151
房山区 ……… 2–497
房山石经 ……… 2–497
房玄龄 ……… 2–498
房地产业 ……… 2–497
房地产市场 ……… 2–497
房地产抵押贷款 ……… 2–497
房产税 ……… 2–497
房屋工程 ……… 2–498

〔一〕

弧光放电 ……… 3–501
弥生时代 ……… 5–391
弥尔顿，J. ……… 5–390
弥勒 ……… 5–390
《弥勒会见记》……… 5–390
弥曼差派 ……… 5–390
弥漫性血管内凝血 ……… 5–391
弥赛亚 ……… 5–391
弥撒 ……… 5–391
弥撒曲 ……… 5–391
弦子 ……… 8–174
帚虫 ……… 9–478
帚形动物门 ……… 9–478
帚尾鼠科 ……… 9–478
《录鬼簿》……… 5–171
建州三卫 ……… 4–164
建安七子 ……… 4–162
建设用地 ……… 4–163
建阳市 ……… 4–164
建瓯市 ……… 4–163
《建国大纲》……… 4–162
《建国方略》……… 4–162
《建炎以来朝野杂记》……… 4–164
建章宫 ……… 4–164
建康 ……… 4–162
建窑 ……… 4–164
《建筑十书》……… 4–165
建筑工程监理 ……… 4–165
建筑五金 ……… 4–165
建筑市场 ……… 4–165
建筑设计 ……… 4–165
建筑防火 ……… 4–165
建筑材料 ……… 4–164
建筑声学 ……… 4–165
建筑学 ……… 4–166
建筑装饰 ……… 4–167
建德市 ……… 4–162
肃北蒙古族自治县 ……… 7–200
肃南裕固族自治县 ……… 7–201
肃清反革命运动 ……… 7–201
肃慎 ……… 7–201
隶书 ……… 5–34
隶农 ……… 5–33
居士 ……… 4–331
居民身份证 ……… 4–330
居民消费价格指数 ……… 4–330
居延汉简 ……… 4–331
居延烽燧遗址 ……… 4–331
居里两代人 ……… 4–329
居素甫·玛玛依 ……… 4–331
居家养老 ……… 4–329
居庸关 ……… 4–332
居维叶，G. ……… 4–331
居鲁士二世 ……… 4–330
屈大均 ……… 6–250
屈尔佩，O. ……… 6–251
屈光不正 ……… 6–251
屈武 ……… 6–251
屈原 ……… 6–252
《屈原》……… 6–252
屈家岭文化 ……… 6–251
屈赛，S. ……… 6–251
陕甘宁边区 ……… 6–445
陕甘回民起义 ……… 6–445
陕北公学 ……… 6–445
陕北说书 ……… 6–445
陕西历史博物馆 ……… 6–446
陕西省 ……… 6–446
降气 ……… 4–193
降水 ……… 4–193
降水量 ……… 4–193
降落伞 ……… 4–193
降解 ……… 4–192
限制行为能力人 ……… 8–184
姑娘追 ……… 3–157
姑臧 ……… 3–157
姓氏 ……… 8–328
始祖鸟 ……… 7–14
始新世 ……… 7–13
姆韦尼·马塔帕王国 ……… 5–488
姆巴巴内 ……… 5–487
姆努什金，A. ……… 5–488
虱目 ……… 6–576

迦太基 ……4-125
迦利布 ……4-125
迦梨陀娑 ……4-125
迦腻色伽 ……4-125
参与制 ……1-472
参比电极 ……1-471
参卡尔，I. ……1-471
参议院 ……1-472
参考系 ……1-472
《参考消息》……1-472
参军戏 ……1-471
参知政事 ……1-473
参政权 ……1-472
参验 ……1-472
参宿七 ……6-507
参宿四 ……6-507
参数估计 ……1-472
参赞 ……1-472
线虫动物门 ……8-184
线形动物门 ……8-185
线性代数 ……8-185
线性系统 ……8-186
线性规划 ……8-186
线性集成电路 ……8-186
线描 ……8-185
线粒体 ……8-185
线装书 ……8-186
练习曲 ……5-48
《织工》……9-292
织女一 ……9-292
织田信长 ……9-292
织物 ……9-292
织蛾 ……9-292
织锦 ……9-292
组曲 ……9-570
组合化学 ……9-569
组合电器 ……9-569
组合机床 ……9-569
组合最优化 ……9-570
组合数学 ……9-569
组织学 ……9-571
组织修复 ……9-571
细川护熙 ……8-153
细叶榕 ……8-155
细胞 ……8-148
细胞工程 ……8-150
细胞分化 ……8-149
细胞分裂 ……8-149
细胞分裂素 ……8-150
细胞因子 ……8-153
细胞坏死 ……8-151
细胞质基质 ……8-153
细胞周期 ……8-153
细胞学 ……8-152
细胞学说 ……8-153
细胞骨架 ……8-150
细胞核 ……8-151
细胞凋亡 ……8-149
细胞膜 ……8-151
细胞器 ……8-152
细胞壁 ……8-149
细菌 ……8-154
细菌性痢疾 ……8-154
细菌性感染 ……8-154
细菌学 ……8-155
细菌素 ……8-154
细密画 ……8-155
细晶岩 ……8-154
绉 ……9-479
《终身大事》……9-452
终身教育 ……9-452
终南山 ……9-452
终南山公路隧道 ……9-452
绍卡利斯基，Yu.M. ……6-476
绍兴市 ……6-476
绍兴和议 ……6-476
绍纳人 ……6-476
绍剧 ……6-476
《经世大典》……4-297
经世致用 ……4-297
经穴 ……4-298
经纪人 ……4-284
经叔平 ……4-297
经典力学 ……4-284
经学 ……4-298
经界法 ……4-296
经济 ……4-284
经济一体化 ……4-294
经济人 ……4-289
《经济与社会》……4-295
经济区 ……4-289
经济互助委员会 ……4-287
《经济日报》……4-290
经济计划 ……4-287
经济计量学 ……4-288
经济犯罪 ……4-286
经济生态化 ……4-290
经济发展 ……4-285
经济发展理论 ……4-285
经济地带 ……4-285
经济地理学 ……4-285
经济成长阶段论 ……4-284
经济过热 ……4-286
经济自由主义 ……4-296
经济全球化 ……4-289
经济合作与发展组织 ……4-286
经济危机 ……4-292
经济杠杆 ……4-286
经济技术开发区 ……4-288
经济体制改革 ……4-291
《经济、社会和文化权利国际公约》……4-290
经济规律 ……4-286
经济林 ……4-288
经济转型国家 ……4-296
经济软着陆 ……4-290
经济制裁 ……4-295
经济周期理论 ……4-296
经济法 ……4-285
经济学 ……4-293
《经济学手稿（1861～1863）》……4-294
《经济学原理》……4-294
经济政策 ……4-295
经济封锁 ……4-286
经济指标 ……4-295
经济适用房 ……4-290
经济起飞 ……4-288
经济特区 ……4-290
经济衰退 ……4-290
经济萧条 ……4-293
经济基础 ……4-287
经济控制论 ……4-288
经济混沌 ……4-287
经济禁运 ……4-288
经济数学模型 ……4-290
经济数量分析 ……4-290
经济模型 ……4-288
经济管理 ……4-286
经济增长理论 ……4-295
经院哲学 ……4-299
经络 ……4-297
经验 ……4-298
经验论 ……4-298
经验批判主义 ……4-299
经营权 ……4-299
经常转移收支 ……4-284
经量部 ……4-297
经筵 ……4-298
驻马店市 ……9-503
驻波 ……9-503
驻藏大臣 ……9-503
驼山石窟 ……7-458
驿传 ……8-562
孤立主义 ……3-157
孤岛戏剧运动 ……3-157
孤独 ……3-157
孢子丝菌病 ……1-238
孢子（植物）……1-238
孟人 ……5-387
孟小冬 ……5-389
孟子 ……5-389
《孟子》……5-390
孟少农 ……5-388
孟什维克 ……5-388
孟加拉人 ……5-386
孟加拉国 ……5-384
孟加拉语 ……5-386
孟加拉湾 ……5-386
孟庆元 ……5-387
孟买 ……5-387
孟良崮战役 ……5-387

孟知祥 …… 5-389
孟郊 …… 5-387
孟建柱 …… 5-386
孟轲 …… 5-387
孟尝君 …… 5-382
孟昭英 …… 5-389
孟宪承 …… 5-388
孟珙 …… 5-384
孟获 …… 5-384
孟特戈维诺 …… 5-388
孟称舜 …… 5-383
孟-高棉语族 …… 5-384
孟浩然 …… 5-384
孟继懋 …… 5-384
孟菲斯 …… 5-383
孟菲斯 …… 5-383
孟森 …… 5-388
孟塞尔颜色系统 …… 5-387
孟德尔，G. …… 5-383
孟德尔定律 …… 5-383
孟德斯鸠，C.-L.de S. …… 5-383
甾族化合物 …… 9-149
贯休 …… 3-216
贯众 …… 3-216
承压水 …… 1-582
承兑 …… 1-582
承德市 …… 1-581
承德避暑山庄 …… 1-581
函谷关 …… 3-357
函授教育 …… 3-358
函馆 …… 3-357
函数 …… 3-358
函数逼近论 …… 3-358

九画

〔一〕

珐琅 …… 2-461
珐琅彩 …… 2-461
珂勒惠支，K. …… 4-418
玳瑁 …… 2-130
珀金，W.H. …… 6-99
珀斯 …… 6-99
珀蒂，R. …… 6-99
珍妃 …… 9-250
珍宝岛 …… 9-250
珍宝岛自卫反击战 …… 9-250
珍珠 …… 9-250
珍珠贝科 …… 9-251
珍珠球 …… 9-252
珍珠梅 …… 9-252
珍珠港 …… 9-251
珍珠港事件 …… 9-251
《珍珠篇》诗人 …… 9-252
珍稀动物 …… 9-250
珍稀植物 …… 9-250
珊瑚 …… 6-442
《珊瑚网》 …… 6-443
珊瑚岛 …… 6-443
珊瑚海 …… 6-443
珊瑚礁 …… 6-443
玻尔，N. …… 1-389
玻尔，A.N. …… 1-389
玻尔氢原子理论 …… 1-389
玻尔磁子 …… 1-389
玻耳兹曼，L. …… 1-389
玻色，S. …… 1-393
玻色子 …… 1-393
玻色-爱因斯坦统计 …… 1-393
玻利瓦尔，S. …… 1-392
玻利瓦尔峰 …… 1-392
玻利维亚 …… 1-392
玻恩，M. …… 1-389
玻意耳，R. …… 1-394
玻意耳定律 …… 1-394
玻璃 …… 1-389
《玻璃动物园》 …… 1-390
玻璃纤维 …… 1-391
玻璃体积血 …… 1-391
玻璃体病 …… 1-391
玻璃画 …… 1-390
玻璃钢 …… 1-390
玻璃陨石 …… 1-391
玻璃器（古代） …… 1-390
毒麦 …… 2-351
毒草 …… 2-351
毒砂 …… 2-351
毒蛇 …… 2-351
毒蛾 …… 2-351
毒蜥属 …… 2-351
毒蜘蛛 …… 2-352
毒蕈 …… 2-351
毒蘑菇 …… 2-351
奏本 …… 9-563
奏折 …… 9-563
奏鸣曲 …… 9-563
奏疏 …… 9-563
春川 …… 2-34
《春之祭》 …… 2-39
春化作用 …… 2-35
春分点 …… 2-35
春节 …… 2-35
春申君 …… 2-38
《春江花月夜》 …… 2-35
春阳社 …… 2-39
春典 …… 2-34
春柳社 …… 2-35
《春草闯堂》 …… 2-34
春秋 …… 2-35
《春秋》 …… 2-38
春秋五霸 …… 2-38
《春秋繁露》 …… 2-38
《春香传》 …… 2-38
春联 …… 2-35
春温 …… 2-38
契丹 …… 6-153
契丹文 …… 6-153
契卡 …… 6-154
契尔年科，K.U. …… 6-154
契约 …… 6-154
契约自由 …… 6-154
契诃夫，A.P. …… 6-154
契税 …… 6-154
帮会 …… 1-234
项目法人责任制 …… 8-205
项羽 …… 8-206
项伯 …… 8-205
项英 …… 8-206
项城市 …… 8-205
项链 …… 8-205
城子崖遗址 …… 1-588
城乡一体化 …… 1-588
城乡交错带 …… 1-588
城乡规划卫生 …… 1-587
城市 …… 1-583
城市化 …… 1-586
城市气候 …… 1-586
城市地理学 …… 1-584
城市规划 …… 1-585
城市热岛 …… 1-587
城市病 …… 1-583
城市基础设施 …… 1-586
城市商业银行 …… 1-587
城市最低生活保障线 …… 1-587
城市道路 …… 1-583
城市群 …… 1-587
城市雕塑 …… 1-584
城头山古城 …… 1-587
城池 …… 1-582
城背溪文化 …… 1-582
城陵矶 …… 1-583
城隍 …… 1-583
城镇住房制度改革 …… 1-588
城濮之战 …… 1-583
标引 …… 1-353
标记化合物 …… 1-352
标枪 …… 1-352
标的 …… 1-351
标的物 …… 1-351
标点符号 …… 1-351
标准 …… 1-353
标准大气 …… 1-353
标准化 …… 1-353
标准电池 …… 1-353
标准物质 …… 1-354
标准音高 …… 1-354
标准·普尔股价指数 …… 1-354
标题音乐 …… 1-352
栈道 …… 9-180
枵口目 …… 9-318

柑橘 …… 3-43
枯水 …… 4-482
枯叶蛾 …… 4-482
柯九思 …… 4-420
柯切托夫，V.A. …… 4-422
柯瓦列夫斯卡娅，S. …… 4-422
柯本，W. …… 4-419
柯尔贝尔，J.-B. …… 4-419
柯尔克孜达斯坦 …… 4-419
柯尔克孜语 …… 4-419
柯尔克孜族 …… 4-419
柯尔律治，S.T. …… 4-420
柯立芝，C. …… 4-420
柯西，A.-L. …… 4-422
柯西金，A.N. …… 4-422
柯伊伯，G.P. …… 4-423
柯伊伯带 …… 4-423
柯庆施 …… 4-422
柯亨，H. …… 4-420
柯灵 …… 4-420
柯林伍德，R.G. …… 4-420
柯岩 …… 4-423
柯罗，C. …… 4-421
柯罗连科，V.G. …… 4-421
柯南道尔，A. …… 4-421
柯涅楚克，A.Ye. …… 4-421
柯勒，J. …… 4-420
柯象峰 …… 4-422
柘树 …… 9-242
相火妄动证 …… 8-207
相扑 …… 8-191
相对主义 …… 8-190
相对论 …… 8-190
相对论天体物理学 …… 8-190
相对运动 …… 8-190
相机抉择 …… 8-207
相关分析 …… 8-190
相声 …… 8-207
相邻关系 …… 8-191
相和相变 …… 8-206
相和歌 …… 8-191
相空间 …… 8-207
相面 …… 8-207
相思鸟 …… 8-191
相量法 …… 8-207
柚 …… 9-53
柚木 …… 9-41
柞丝绸 …… 9-581
柞蚕 …… 9-581
柏木 …… 1-217
柏辽兹，H. …… 1-405
柏吉斯，F. …… 1-404
柏孜克里克石窟 …… 1-408
柏林 …… 1-406
柏林大学 …… 1-406
柏林会议（1878） …… 1-406
柏林会议（1884～1885） …… 1-407
柏林危机 …… 1-407
柏林国际电影节 …… 1-406
柏林战役 …… 1-407
柏林爱乐乐团 …… 1-406
柏林墙 …… 1-407
柏拉图 …… 1-404
柏柏尔人 …… 1-403
柏柏尔语族 …… 1-403
柏科 …… 1-217
柏格森，H. …… 1-403
柏梁体 …… 1-217
柳大纲 …… 5-133
柳子戏 …… 5-135
柳公权 …… 5-133
《柳氏传》 …… 5-134
柳叶菜科 …… 5-135
柳永 …… 5-135
柳亚子 …… 5-135
柳州市 …… 5-135
柳江 …… 5-133
柳江人 …… 5-133
柳杉 …… 5-134
柳条边 …… 5-134
柳青 …… 5-134
柳宗元 …… 5-136
柳树 …… 5-134
柳琴 …… 5-134
柳敬亭 …… 5-133
柳湾墓地 …… 5-134
《柳毅传书》 …… 5-135
枸杞 …… 3-154
枸骨 …… 3-154
柱头虫 …… 9-504
柱式 …… 9-504
柿 …… 7-32
柿本人麻吕 …… 7-32
柠檬 …… 5-597
柠檬市场原理 …… 5-597
柠檬烯 …… 5-597
柠檬酸 …… 5-597
柠檬醛 …… 5-597
树木 …… 7-61
树枝状高分子 …… 7-61
树莓 …… 7-61
树脂 …… 7-62
树胶 …… 7-61
树袋熊 …… 7-60
树葬 …… 7-61
树蛙 …… 7-61
树蜂 …… 7-61
树懒 …… 7-61
树鼩科 …… 7-61
柽柳 …… 1-575
政体 …… 9-281
政事堂 …… 9-280
政变 …… 9-278
政府 …… 9-279
政府干预 …… 9-280
政府支出乘数 …… 9-280
《政府论》 …… 9-280
政府间贷款 …… 9-280
政府采购 …… 9-279
政府重塑 …… 9-280
政治 …… 9-281
政治义务 …… 9-286
政治不服从 …… 9-282
政治正义 …… 9-286
政治协商会议 …… 9-284
政治地理学 …… 9-282
政治权力 …… 9-283
政治权利 …… 9-284
政治权威 …… 9-284
政治共同体 …… 9-282
政治行为 …… 9-284
政治体制 …… 9-284
政治责任 …… 9-286
政治制度 …… 9-286
政治学 …… 9-285
《政治学》 …… 9-286
政治经济学 …… 9-282
《政治经济学及赋税原理》 …… 9-283
政治革命 …… 9-282
政治思想 …… 9-284
政治信仰 …… 9-284
政治哲学 …… 9-286
政治秩序 …… 9-287
政治资源 …… 9-287
政治家 …… 9-282
政治难民 …… 9-283
政治暴力 …… 9-281
政治避难 …… 9-281
政学系 …… 9-281
政党 …… 9-279
政党分赃制 …… 9-279
政教分离 …… 9-280
政教合一制度 …… 9-280
政策性银行 …… 9-279
故吏 …… 3-197
故事片 …… 3-197
故宫 …… 3-195
故宫博物院 …… 3-196
故意犯罪 …… 3-197
胡 …… 3-501
胡一川 …… 3-510
胡三省 …… 3-507
胡子昂 …… 3-511
胡什哈尔·哈塔克 …… 3-508
胡风 …… 3-501
胡文虎 …… 3-509
胡正详 …… 3-510
胡可 …… 3-505
胡仔 …… 3-511
胡汉民 …… 3-503
胡宁 …… 3-506

胡亚雷斯，B.P. …… 3–509
胡同 …… 3–509
胡乔木 …… 3–506
胡传揆 …… 3–501
胡华 …… 3–503
胡庆树 …… 3–507
胡安・卡洛斯一世 …… 3–501
胡安・曼努埃尔 …… 3–501
胡如雷 …… 3–507
胡克，R. …… 3–505
胡克定律 …… 3–506
胡志明 …… 3–511
胡志明市 …… 3–511
胡佛，H.C. …… 3–502
胡佛坝 …… 3–502
胡应麟 …… 3–510
胡宏 …… 3–503
胡启立 …… 3–506
胡林翼 …… 3–506
胡果刚 …… 3–503
胡服 …… 3–503
胡宗南 …… 3–511
胡宗宪 …… 3–511
胡经甫 …… 3–505
胡厚宣 …… 3–503
胡适 …… 3–508
胡格诺派与胡格诺战争 …… 3–503
胡桃 …… 3–509
胡萝卜 …… 3–506
胡萨克，G. …… 3–507
胡铨 …… 3–507
《胡笳十八拍》 …… 3–504
胡惟庸案 …… 3–509
胡焕庸 …… 3–504
胡寄窗 …… 3–504
胡绳 …… 3–508
胡椒科 …… 3–504
胡椒碱 …… 3–504
胡斯，H.van der …… 3–508
胡斯，J. …… 3–508
胡斯战争 …… 3–508
胡蒂拉 …… 3–501
胡厥文 …… 3–505
胡登洲 …… 3–501
胡瑗 …… 3–510
胡蜂 …… 3–502
胡锦涛 …… 3–504
胡锦涛“六点意见” …… 3–505
胡颓子科 …… 3–509
胡愈之 …… 3–510
胡塞尔，E. …… 3–507
胡蝶 …… 3–501
胡耀邦 …… 3–510
封氏墓群 …… 2–572
封印木 …… 2–572
封泥 …… 2–571
《封泥考略》 …… 2–571
封建主 …… 2–571
封建社会 …… 2–571
《封神演义》 …… 2–572
封禅 …… 2–571
勃兰特，W. …… 1–408
勃列日涅夫，L.I. …… 1–409
勃艮第 …… 1–408
勃拉姆斯，J. …… 1–408
勃律 …… 1–410
勃洛克，A.A. …… 1–410
勃留索夫，V.Ya. …… 1–409
勃朗峰 …… 1–408
勃朗特，C. …… 1–409
勃朗特，E. …… 1–409
勃勒东，A. …… 1–409
勃鲁盖尔，P. …… 1–409
郝寿臣 …… 3–406
郝建秀 …… 3–405
郝梦龄 …… 3–405
荆山 …… 4–300
荆门市 …… 4–300
荆刘拜杀 …… 4–300
荆州 …… 4–300
荆州市 …… 4–300
荆江 …… 4–299
荆江分洪工程 …… 4–300
荆其诚 …… 4–300
荆南 …… 4–300
荆浩 …… 4–299
《荆楚岁时记》 …… 4–299
郦道元 …… 5–34
南丁格尔，F. …… 5–521
南二行 …… 5–539
南大洋 …… 5–521
南川区 …… 5–520
南门二 …… 5–536
南开大学 …… 5–531
南开区 …… 5–532
南开新剧团 …… 5–532
南天竹 …… 5–543
南五祖 …… 5–544
南乌江 …… 5–543
南方古猿 …… 5–521
南书房 …… 5–540
南水北调工程 …… 5–540
南平 …… 5–538
南平市 …… 5–538
南北石窟寺 …… 5–517
南北对话 …… 5–516
南北和谈 …… 5–517
南北宗论 …… 5–517
南北朝 …… 5–516
南北榜案 …… 5–516
南北镇抚司 …… 5–517
《南史》 …… 5–540
南四行 …… 5–542
南四湖 …… 5–542
南瓜 …… 5–524
南汉 …… 5–525
《南汉书》 …… 5–525
南宁市 …… 5–537
南尼，P.S. …… 5–537
南亚 …… 5–544
南亚区域合作联盟 …… 5–544
南亚次大陆 …… 5–544
南亚语系 …… 5–544
南曲 …… 5–538
南传佛教 …… 5–520
南华寺 …… 5–525
《南齐书》 …… 5–538
南充市 …… 5–520
南设得兰群岛 …… 5–539
南阳市 …… 5–545
南阳盆地 …… 5–545
南戏 …… 5–544
南运河 …… 5–546
南极 …… 5–526
南极大磷虾 …… 5–526
南极考察 …… 5–526
《南极条约》 …… 5–526
南极洲 …… 5–526
南极洲陨石 …… 5–528
南极臭氧洞 …… 5–526
南投县 …… 5–543
南岛语系 …… 5–521
南怀仁 …… 5–526
南沙群岛 …… 5–539
南宋四大家 …… 5–542
南诏 …… 5–546
南诏德化碑 …… 5–547
南社 …… 5–540
南阿尔卑斯山 …… 5–516
南欧 …… 5–537
南非 …… 5–522
南非 …… 5–522
南非大学 …… 5–524
南非非洲人国民大会 …… 5–524
南岭 …… 5–532
南明 …… 5–536
南昌市 …… 5–518
南昌起义 …… 5–517
南国社 …… 5–524
《南征北战》 …… 5–547
南京大学 …… 5–529
南京大屠杀 …… 5–529
南京长江大桥 …… 5–529
南京市 …… 5–531
南京师范大学 …… 5–531
《南京条约》 …… 5–531
南京国民政府 …… 5–529
南京受降 …… 5–531
南京临时政府 …… 5–530
南京港 …… 5–529
南京路 …… 5–530

南京路上好八连 ……5-531
南京猿人 ……5-531
南河三 ……5-525
南学会 ……5-544
南迦巴瓦峰 ……5-528
《南柯太守传》……5-532
南南合作 ……5-537
南音 ……5-546
南美洲 ……5-533
南洋公学 ……5-545
南洋兄弟烟草公司 ……5-545
南津关 ……5-529
《南特敕令》……5-543
南凉 ……5-532
南部非洲发展共同体 ……5-517
南唐 ……5-542
南唐二陵 ……5-542
《南唐书》……5-543
南拳 ……5-539
南浦 ……5-538
南海 ……5-524
南海诸岛 ……5-525
南通市 ……5-543
南康市 ……5-532
南朝 ……5-518
南朝陵墓石刻 ……5-519
南斯拉夫 ……5-541
南森，F. ……5-539
南越王宫殿 ……5-546
南越王墓 ……5-546
南雄市 ……5-544
南奥塞梯 ……5-516
南普陀寺 ……5-538
南衙北司 ……5-544
南麂列岛海洋自然保护区 ……5-528
南满洲铁道株式会社 ……5-533
南酸枣 ……5-542
南燕 ……5-545
南麒北马关外唐 ……5-538
南疆铁路 ……5-528
茜草科 ……6-176
莒县－郯城地震 ……4-333
草木犀 ……1-482
草书 ……1-482
草本植物 ……1-481
《草叶集》……1-483
《草地上的午餐》……1-481
草甸 ……1-481
草甸土 ……1-481
草鱼 ……1-483
草珊瑚 ……1-482
草莓 ……1-481
草原 ……1-483
草原生态 ……1-484
草鸮科 ……1-483
草海 ……1-481
草婴 ……1-483
草裙 ……1-482
草裙舞 ……1-482
草酸 ……1-482
草履虫 ……1-481
茧蜂 ……4-154
茼蒿 ……7-400
茴鱼 ……3-611
茴香 ……3-611
荞麦 ……6-185
茯苓 ……2-602
茶 ……1-489
茶马 ……1-492
茶卡盐湖 ……1-491
茶花 ……1-490
《茶花女》……1-491
《茶经》……1-491
茶树 ……1-492
茶政 ……1-492
茶课 ……1-491
茶陵县 ……1-492
茶陵诗派 ……1-491
《茶馆》……1-490
茶道 ……1-490
茶碱 ……1-491
荀子 ……8-382
《荀子》……8-382
荀况 ……8-382
荀彧 ……8-382
荀慧生 ……8-381
茨韦格，A. ……2-42
茨韦格，S. ……2-42
茨瓦纳人 ……2-42
茨维塔耶娃，M.I. ……2-42
茨温利，U. ……2-42
荠菜 ……4-102
茭白 ……4-199
荒诞派戏剧 ……3-578
《荒凉山庄》……3-578
荒漠 ……3-578
《荡寇志》……2-153
荣成市 ……6-330
荣宝斋 ……6-329
荣格，C.G. ……6-330
荣高棠 ……6-330
荣禄 ……6-330
荣誉 ……6-330
荣誉权 ……6-331
荣毅仁 ……6-330
荧光 ……9-14
荧光分析 ……9-15
荧光光谱 ……9-15
荧光灯 ……9-15
荥阳市 ……8-323
荨麻科 ……6-160
荨麻疹 ……8-382
茹志鹃 ……6-338
茹茹公主墓 ……6-338
茹威，L. ……6-338
茹科夫，G.A. ……6-338
茹科夫斯基，V.A. ……6-338
茹潘契奇，O. ……6-338
荔枝 ……5-34
《荔镜记》……5-34
药王 ……8-484
药典 ……8-484
药物 ……8-484
药物中毒 ……8-485
药物依赖 ……8-485
药性 ……8-485
药疹 ……8-485
药酒 ……8-484
药膳 ……8-484
革拉特科夫，F.V. ……3-97
《革命烈士诗抄》……3-97
革翅目 ……3-97
带下 ……2-130
带电作业 ……2-130
带状疱疹 ……2-131
带鱼 ……2-131
《带经堂诗话》……2-130
带钩 ……2-130
带脉 ……2-130
带蛾 ……2-130
查士丁尼一世 ……1-494
查比尔·伊本·赫扬 ……1-493
查文文化 ……1-495
查尼，J.G. ……1-494
《查拉图斯特拉如是说》……1-493
查阜西 ……9-173
查莫罗人 ……1-494
查特吉，B.C. ……1-495
查特吉，S.C. ……1-495
查理一世 ……1-494
查理一世 ……1-494
查理大帝 ……1-493
查理五世 ……1-494
查理定律 ……1-493
查斯丁 ……1-495
查普曼，S. ……1-494
查慎行 ……9-173
查德威克，J. ……1-493
要素主义教育 ……8-485
赵 ……9-228
赵九章 ……9-231
赵士祯 ……9-233
赵之琛 ……9-235
赵飞燕 ……9-230
赵子岳 ……9-235
赵元任 ……9-234
赵无极 ……9-234
赵云 ……9-235
赵长军 ……9-229
《赵氏孤儿》……9-233
赵丹 ……9-229

赵玉峰 ……………… 9-234
赵世炎 ……………… 9-233
赵令穰 ……………… 9-231
赵匡胤 ……………… 9-231
赵朴初 ……………… 9-232
赵师秀 ……………… 9-233
赵州桥 ……………… 9-235
赵伯驹 ……………… 9-229
赵沨 ……………… 9-230
赵宏博 ……………… 9-230
赵君玉 ……………… 9-231
赵青 ……………… 9-232
赵叔孺 ……………… 9-233
赵尚志 ……………… 9-233
赵明诚 ……………… 9-232
赵明熙 ……………… 9-232
赵忠尧 ……………… 9-235
赵秉文 ……………… 9-228
赵宗燠 ……………… 9-236
赵孟頫 ……………… 9-231
赵承嘏 ……………… 9-229
赵树理 ……………… 9-234
赵南起 ……………… 9-232
赵恒惕 ……………… 9-230
赵洪璋 ……………… 9-230
赵祖康 ……………… 9-236
赵高 ……………… 9-230
赵家璧 ……………… 9-230
赵深 ……………… 9-233
赵超构 ……………… 9-229
赵紫阳 ……………… 9-236
赵紫宸 ……………… 9-235
赵景深 ……………… 9-231
赵普 ……………… 9-232
赵登禹 ……………… 9-229
赵翼 ……………… 9-234
甚长基线干涉测量 ……………… 6-525
柬埔寨 ……………… 4-154
鸥形目 ……………… 6-27
残疾 ……………… 1-473
残疾人保障 ……………… 1-473
残疾人奥林匹克运动会 ……………… 1-473
研究型大学 ……………… 8-433
砖雕 ……………… 9-509
砌末 ……………… 6-191
砗磲科 ……………… 1-548
砂土液化 ……………… 6-430
砂仁 ……………… 6-430
砂矿 ……………… 6-430
砂轮 ……………… 6-430
砂岩 ……………… 6-430
砚 ……………… 8-442
耐火材料 ……………… 5-515
奎屯市 ……………… 4-504
奎宁 ……………… 4-504
奎因，W.V.O. ……………… 4-504
奎年，P.H. ……………… 4-504
奎松 ……………… 4-504
泵 ……………… 1-312
要花盘 ……………… 7-75
厚朴 ……………… 3-496
厘金 ……………… 4-576
面人汤 ……………… 5-416
面包 ……………… 5-416
面具 ……………… 5-416
面神经麻痹 ……………… 5-417
面塑 ……………… 5-417
面瘫 ……………… 5-417
咸宁市 ……………… 8-175
咸兴 ……………… 8-175
咸阳市 ……………… 8-175
咸海 ……………… 8-175
威士忌 ……………… 7-532
威风锣鼓 ……………… 7-529
威尔士 ……………… 7-528
威尔士人 ……………… 7-528
威尔士语 ……………… 7-528
威尔克斯，M.V. ……………… 7-528
威尔金森，G. ……………… 7-527
威尔逊，J.T. ……………… 7-528
威尔逊，T.W. ……………… 7-529
威尔第，G. ……………… 7-527
威尔斯，H.G. ……………… 7-528
威尔斯，O. ……………… 7-528
威宁彝族回族苗族自治县 ……………… 7-532
威尼斯 ……………… 7-531
威尼斯电影节 ……………… 7-532
威尼斯共和国 ……………… 7-532
威尼斯画派 ……………… 7-532
《威尼斯商人》 ……………… 7-532
威耳孙，R.W. ……………… 7-529
威耳孙，C.T.R. ……………… 7-529
威克里夫，J. ……………… 7-530
威克岛 ……………… 7-530
威利，P.J. ……………… 7-530
威妥玛式拼音 ……………… 7-533
威灵顿，A.W. ……………… 7-531
威洛比，W.F. ……………… 7-531
威海市 ……………… 7-529
威斯汀豪斯，G. ……………… 7-533
《威斯特伐利亚和约》 ……………… 7-533
威斯敏斯特教堂 ……………… 7-533
威斯康星州 ……………… 7-533
威廉二世 ……………… 7-530
威廉明娜 ……………… 7-530
威廉姆斯姐妹 ……………… 7-530
威廉·配第 ……………… 7-530
威廉斯，R.H. ……………… 7-531
威廉斯，T. ……………… 7-531
威廉斯，W.C. ……………… 7-531
威廉斯塔德 ……………… 7-531
威德尔海 ……………… 7-527
持股公司 ……………… 1-595
拱北 ……………… 3-146
拱坝 ……………… 3-145
拱券 ……………… 3-146
拱桥 ……………… 3-146
挠度 ……………… 5-548
括户 ……………… 4-510
《拾遗记》 ……………… 7-2
《拾穗者》 ……………… 7-1
“挑战者”号航天飞机 ……………… 7-376
“挑战者”主战坦克 ……………… 7-376
指示电极 ……………… 9-310
指示生物 ……………… 9-310
指示剂 ……………… 9-310
指示种 ……………… 9-310
指甲 ……………… 9-309
指令性计划 ……………… 9-309
《指头画说》 ……………… 9-310
指导性计划 ……………… 9-308
指纹鉴定 ……………… 9-310
指画 ……………… 9-308
指南车 ……………… 9-309
指南针 ……………… 9-309
指挥 ……………… 9-309
指猴 ……………… 9-308
指腹婚 ……………… 9-308
挤压综合征 ……………… 4-83
挤兑 ……………… 4-83
拼贴画 ……………… 6-84
按劳分配 ……………… 1-113
按诊 ……………… 1-114
按要素分配 ……………… 1-114
按揭 ……………… 1-113
按摩 ……………… 1-114
挖掘机械 ……………… 7-463
挪亚 ……………… 6-8
挪亚方舟 ……………… 6-8
挪威 ……………… 6-6
挪威人 ……………… 6-7
挪威语 ……………… 6-8
挪威海 ……………… 6-7
挪威－瑞典联盟 ……………… 6-7
轴 ……………… 9-478
轴承 ……………… 9-478
轻工业 ……………… 6-215
轻子 ……………… 6-216
轻子数 ……………… 6-216
轻木 ……………… 6-216
轻质油 ……………… 6-216
轻金属 ……………… 6-215
鸦 ……………… 8-386
鸦片战争 ……………… 8-387
鸦片贸易 ……………… 8-387

〔丨〕

战区 ……………… 9-185
战区导弹防御系统 ……………… 9-185
战斗力 ……………… 9-180
战斗机 ……………… 9-180

《战斗里成长》…… 9-180
战术 …… 9-186
战术导弹 …… 9-187
战术核武器 …… 9-187
战犯 …… 9-180
战机 …… 9-184
战列舰 …… 9-185
战伤 …… 9-186
战争 …… 9-187
《战争与和平》…… 9-188
战争犯罪 …… 9-188
战争动员 …… 9-187
《战争论》…… 9-188
战争赔偿 …… 9-188
战争潜力 …… 9-188
战时共产主义 …… 9-186
战役 …… 9-187
战局 …… 9-184
战国 …… 9-181
《战国策》…… 9-184
"战斧"巡航导弹 …… 9-181
战俘 …… 9-180
《战舰波将金号》…… 9-184
战略导弹 …… 9-185
战略导弹潜艇 …… 9-185
战略突袭 …… 9-185
战略核力量 …… 9-185
战略核武器 …… 9-185
战略资源 …… 9-185
战壕热 …… 9-184
背风群岛 …… 1-303
背书 …… 1-303
背俞穴 …… 1-303
背斜 …… 1-303
点阵 …… 2-272
点苍山 …… 2-272
点彩派 …… 2-272
韭菜 …… 4-324
临江市 …… 5-90
临安市 …… 5-88
临时执政府 …… 5-91
临床营养 …… 5-89
临床酶学诊断 …… 5-89
临沂市 …… 5-91
临汾市 …… 5-90
临沧市 …… 5-88
临终关怀 …… 5-91
临界状态 …… 5-90
临洮县 …… 5-91
临夏市 …… 5-91
临夏回族自治州 …… 5-91
临高语 …… 5-90
临海市 …… 5-90
临清市 …… 5-90
临淄 …… 5-91
临摹 …… 5-90
竖笛 …… 7-62
竖琴 …… 7-62
省 …… 6-554
省制 …… 6-554
省港大罢工 …… 6-554
《尝试集》…… 1-523
哑 …… 8-392
哑语 …… 8-392
哑剧 …… 8-392
呎哒 …… 8-504
哔叽 …… 1-330
咽 …… 8-419
咽炎 …… 8-419
响尾蛇 …… 8-203
"响尾蛇"空空导弹 …… 8-203
响板 …… 8-202
响堂山石窟 …… 8-203
哈乃斐学派 …… 3-313
哈马斯 …… 3-311
哈比比 …… 3-304
哈扎拉人 …… 3-317
哈韦尔，V. …… 3-317
哈瓦那 …… 3-316
《哈瓦那宣言》…… 3-317
哈贝马斯，J. …… 3-304
哈巴罗夫斯克 …… 3-304
哈布斯堡家族 …… 3-305
哈卡斯人 …… 3-308
哈代，G.H. …… 3-305
哈代，T. …… 3-305
哈尔西，W.F. …… 3-307
哈尔克岛 …… 3-307
哈尔科夫 …… 3-307
哈尔施塔特文化 …… 3-307
哈尔格萨 …… 3-306
哈尔斯，F. …… 3-307
哈尔滨工业大学 …… 3-306
哈尔滨工程大学 …… 3-306
哈尔滨东正教堂 …… 3-306
哈尔滨市 …… 3-306
哈尔滨军事工程学院 …… 3-306
哈尼语 …… 3-313
哈尼族 …… 3-313
哈吉 …… 3-308
哈达 …… 3-318
哈伦·拉西德 …… 3-311
哈那克，A.von …… 3-312
哈克斯，P. …… 3-308
哈里发 …… 3-310
哈里发塔 …… 3-310
哈里斯，Z.S. …… 3-310
哈里森，R.G. …… 3-310
哈利伯顿，T.C. …… 3-310
哈利法克斯 …… 3-310
哈伯，F. …… 3-304
哈佛大学 …… 3-308
哈耶克，F.von …… 3-317
哈拉夫文化 …… 3-309
哈拉帕文化 …… 3-309
哈拉和林 …… 3-309
哈拉雷 …… 3-309
哈罗公学 …… 3-311
哈罗德-多马增长模型 …… 3-311
哈金斯，C.B. …… 3-308
《哈姆雷特》…… 3-312
哈珀兄弟 …… 3-313
哈勃，E.P. …… 3-304
哈勃定律 …… 3-304
哈勃空间望远镜 …… 3-304
哈科特港 …… 3-308
哈恰图良，A.I. …… 3-313
哈兹里特，W. …… 3-318
哈格斯特朗，T. …… 3-308
哈莱姆文艺复兴 …… 3-309
哈恩，O. …… 3-306
哈特，H.L.A. …… 3-316
哈特曼，N. …… 3-316
哈桑二世 …… 3-316
哈梅内伊 …… 3-311
哈菲兹 …… 3-307
哈萨克人 …… 3-314
哈萨克文 …… 3-315
哈萨克丘陵 …… 3-313
哈萨克语 …… 3-315
哈萨克族 …… 3-315
哈萨克斯坦 …… 3-314
哈基姆 …… 3-308
哈得孙湾 …… 3-305
哈得斯 …… 3-305
哈密尔顿 …… 3-312
哈密尔顿 …… 3-312
哈密市 …… 3-312
哈密地区 …… 3-312
哈密顿，W.R. …… 3-312
哈密顿原理 …… 3-312
哈维，W. …… 3-317
哈维尔莫，T. …… 3-317
哈博罗内 …… 3-304
哈斯宝 …… 3-316
哈普西科德 …… 3-313
哈谢克，J. …… 3-317
哈雷，E. …… 3-309
哈雷彗星 …… 3-309
哈德成 …… 3-318
哈德良长城 …… 3-305
咬鹃 …… 8-484
咳嗽 …… 4-443
咪唑 …… 5-390
峙峪文化 …… 7-32
映射 …… 9-22
昭武九姓 …… 9-225
昭和天皇 …… 9-224
昭陵六骏 …… 9-225
昭通市 …… 9-225
贴现 …… 7-378

贻贝 …… 8–541
毗诃罗 …… 6–76
毗舍佉达多 …… 6–76
毗湿奴 …… 6–76
虹 …… 3–478
虹口区 …… 3–478
虹桥 …… 3–478
虹膜睫状体炎 …… 3–478
虹鳟 …… 3–479
虾 …… 8–155
虾衣草 …… 8–155
蚁 …… 8–553
蚁鼻钱 …… 8–553
虻 …… 5–368
蚂蚁 …… 5–290
蚂蟥 …… 5–290
郢 …… 9–18
郢爯 …… 9–18
郧县猿人 …… 9–139
勋伯格，A. …… 8–379
品特，H. …… 6–85
炭疽 …… 7–289
显生宙 …… 8–176
显克维奇，H. …… 8–175
显像管 …… 8–176
显微摄影 …… 8–176
显微镜 …… 8–176
星天牛 …… 8–306
星云 …… 8–308
星风 …… 8–305
“星火计划” …… 8–305
《星火燎原》 …… 8–305
星协 …… 8–307
星团 …… 8–307
星虫动物门 …… 8–304
星名 …… 8–306
星系 …… 8–307
星系团 …… 8–307
《星岛日报》 …… 8–304
星际分子 …… 8–305
星际物质 …… 8–305
星际航行 …… 8–305
星表 …… 8–304
星图 …… 8–306
星星峡 …… 8–308
星座 …… 8–308
《星球大战》 …… 8–306
星球大战计划 …… 8–306
星盘 …… 8–306
星族 …… 8–308
星期日学校 …… 8–306
星等 …… 8–304
星鳗 …… 8–306
贵州省 …… 3–246
贵阳市 …… 3–245
贵金属 …… 3–245
贵港市 …… 3–245
贵溪市 …… 3–245
贵霜艺术 …… 3–245
胃 …… 7–570
胃切除术 …… 7–571
胃气上逆证 …… 7–571
胃扭转 …… 7–570
胃炎 …… 7–571
胃热证 …… 7–571
胃脘痛 …… 7–571
胃寒证 …… 7–570
胃癌 …… 7–570
界首市 …… 4–234
思茅市 …… 7–119
思孟学派 …… 7–119
思南县 …… 7–119
思维 …… 7–119
思维障碍 …… 7–119
《思想者》 …… 7–120
思辨哲学 …… 7–119
罚金 …… 2–434
囿 …… 9–53
幽门梗阻 …… 9–30
幽门螺杆菌感染 …… 9–30
幽州 …… 9–31
《幽明录》 …… 9–30
幽蓟十六州 …… 9–30
骨舌鱼目 …… 3–187
骨折 …… 3–188
骨软骨病 …… 3–187
骨质疏松症 …… 3–189
骨肿瘤 …… 3–189
骨性关节炎 …… 3–188
骨盆 …… 3–187
骨瓷 …… 3–186
骨粉 …… 3–186
骨董 …… 3–186
骨碎补 …… 3–188
骨骼 …… 3–186
骨雕 …… 3–186
骨螺 …… 3–186
骨髓 …… 3–187
骨髓异常增生综合征 …… 3–187
骨髓检查 …… 3–187
骨髓移植 …… 3–187

〔丿〕

拜上帝会 …… 1–218
拜占廷帝国 …… 1–219
拜占廷美术 …… 1–220
拜耳，A.von …… 1–218
拜伦，G.G. …… 1–218
拜住 …… 1–221
拜拉特夜 …… 1–218
拜物教 …… 1–219
拜科努尔航天中心 …… 1–218
拜堂 …… 1–219
拜塞涅伊 …… 1–218
钙 …… 3–26
钙肥 …… 3–26
钙拮抗剂 …… 3–26
钙铀云母 …… 3–26
钙磷代谢 …… 3–26
钚 …… 1–456
钛 …… 7–271
钛合金 …… 7–272
钛铁矿 …… 7–272
钝化 …… 2–379
钟 …… 9–452
钟 …… 9–453
钟虫科 …… 9–453
钟会 …… 9–453
钟兆琳 …… 9–455
钟乳石 …… 9–454
钟相、杨么起义 …… 9–455
钟祥市 …… 9–454
钟理和 …… 9–454
钟馗 …… 9–454
钟琴 …… 9–454
钟敬文 …… 9–454
钟嵘 …… 9–454
钟惺 …… 9–455
钟鼓楼 …… 9–453
钟蒯成 …… 9–454
钢 …… 3–54
钢化玻璃 …… 3–54
钢铁冶炼 …… 3–55
《钢铁是怎样炼成的》 …… 3–55
钢笔画 …… 3–54
钢琴 …… 3–55
钢鼓 …… 3–54
钡 …… 1–303
钠 …… 5–513
钦人 …… 6–192
钦州市 …… 6–192
钦州湾 …… 6–192
《钦定宪法大纲》 …… 6–192
《钦差大臣》 …… 6–192
钦察汗国 …… 6–192
钧瓷 …… 4–360
钧窑 …… 4–360
钨 …… 8–13
钩 …… 3–153
钩虫病 …… 3–154
钩吻碱 …… 3–154
钫 …… 2–493
钮经义 …… 5–608
钯 …… 1–189
矩阵 …… 4–334
秒 …… 5–419
秒差距 …… 5–419
种 …… 9–456
种子 …… 9–457
种子处理 …… 9–457
种子蕨 …… 9–457

种质 9-457
种族 9-457
种族灭绝 9-458
种族主义 9-458
种族歧视 9-458
种族隔离 9-457
种植业 9-460
种群 9-456
秭归县 9-531
秋千 6-242
秋分点 6-242
秋田雨雀 6-243
秋色叶树 6-243
秋狝 6-243
《秋胡戏妻》 6-242
秋海棠 6-242
《秋菊打官司》 6-242
秋瑾 6-242
秋燥 6-243
科马内奇，N. 4-432
科马语族 4-432
科幻小说 4-426
科布多 4-423
科尔，H. 4-425
科尔多凡语族 4-425
科尔多瓦 4-425
科尔多瓦 4-425
科尔多瓦哈里发国家 4-425
科尔沁草原 4-426
科尔莫戈罗夫，A.N. 4-425
科尔特斯港 4-426
科场案 4-424
科西加，F. 4-438
科西阿斯科山 4-438
科西嘉人 4-438
科西嘉岛 4-438
科达伊 4-424
科达类植物 4-424
科托努 4-437
科托帕希火山 4-437
科伦坡 4-430
科伊瓦岛 4-442
科伊桑语系 4-442
科米人 4-432
科克 4-429
科克，E. 4-429
科克托，J. 4-429
科技园区 4-426
科里布湖 4-430
科伯恩城 4-423
科纳克里 4-433
科纳拉克太阳神庙 4-433
科林斯，W. 4-430
科罗尔 4-431
科罗拉多大峡谷 4-431
科罗拉多河 4-431
科罗拉多高原 4-431
科罗廖夫，S.P. 4-431
科迪勒拉山系 4-424
科波，J. 4-423
科波拉，F.F. 4-423
科学 4-439
《科学》(美国) 4-439
科学主义 4-442
科学发展观 4-439
科学共产主义 4-441
科学技术哲学 4-441
科学社会主义 4-442
科学社会学 4-441
科学实验 4-442
科学学 4-442
科学革命 4-440
科学基金 4-441
科学模型 4-441
科南特，J.B. 4-433
科威特 4-437
科威特城 4-438
科钦 4-434
科恰班巴 4-434
科兹洛夫，P.K. 4-442
科洛尼尔成品油管道 4-431
科举制 4-427
科索沃和梅托希亚 4-435
科索沃战争 4-435
科莱特，S.-G. 4-430
科莫多龙 4-433
科莫埃河 4-433
科特迪瓦 4-436
科教片 4-427
科萨人 4-434
科隆 4-430
科隆 4-430
科隆大教堂 4-430
科隆群岛 4-430
科塔萨尔，J. 4-435
科斯，R.H. 4-435
科普兰，A. 4-434
科普特教会 4-434
科瑟尔，L.A. 4-435
科雷马河 4-430
科赫，R. 4-426
科摩罗 4-432
科潘古城 4-434
科穆宁王朝 4-433
复分解 3-9
复本位制 3-8
复旦大学 3-9
复印机 3-12
复式记账法 3-11
复合人才 3-10
复合材料 3-10
复合制 3-10
复合核反应 3-10
复杂原子光谱 3-12
复利 3-11
复社 3-11
复变函数 3-8
复变函数论 3-8
复种 3-12
《复活》 3-10
复活节 3-11
复活节岛 3-11
复活节岛人 3-11
复活节岛石雕像 3-11
复调音乐 3-9
复理石 3-11
复眼 3-12
复摆 3-8
复数 3-12
香山 8-198
香山慈幼院 8-198
香水 8-198
香石竹 8-198
香叶天竺葵 8-199
香叶醇 8-199
香卡，R. 8-197
香瓜茄 8-197
香包 8-191
香农，C.E. 8-198
香豆子 8-192
香豆素 8-192
香花石 8-197
香芹酮 8-198
香肠 8-192
香附子 8-192
香茅 8-197
香鱼 8-199
香格里拉县 8-196
香料 8-197
香菇 8-196
香港 8-192
香港大学 8-192
香港中文大学 8-196
香港电影 8-193
香港汇丰银行集团 8-195
香港回归 8-194
香港岛 8-192
香港国际机场 8-194
香港话剧团 8-194
香港科技大学 8-195
香港恒生股价指数 8-194
香港特别行政区 8-195
香港渣打银行 8-196
香港演艺学院 8-196
香榧 8-192
香榭丽舍大街 8-198
香槟酒 8-192
香槟集市 8-192
香精 8-197
香蕉 8-197
笈多王朝 4-71

笃哇 ……2-355
看守所 ……4-396
看守政府 ……4-396
氡 ……2-331
氟 ……2-603
氟利昂 ……2-603
氟纶 ……2-603
氢 ……6-216
氢原子光谱 ……6-217
氢氧化钙 ……6-217
氢氧化钠 ……6-217
氢脆 ……6-216
氢能 ……6-217
氢弹 ……6-216
氢键 ……6-217
毡房 ……9-178
毡帽 ……9-178
选士制度 ……8-367
选言命题 ……8-367
选矿 ……8-366
选择公理 ……8-367
选择定则 ……8-367
选举制度 ……8-366
选煤 ……8-366
适度消费 ……7 32
重力 ……9-461
重力仪 ……9-461
重力加速度 ……9-461
重力异常 ……9-461
重力测量 ……9 461
重力勘探 ……9-461
重工业 ……9-460
重子 ……9-464
重子数 ……9-464
重心 ……9-463
重水 ……9-462
重水堆 ……9-463
重正化 ……2-7
重舌目 ……2-6
重庆大学 ……2-5
重庆市 ……2-5
重庆谈判 ……2-6
重农抑商 ……9-462
重农学派 ……9-462
重阳木 ……2-7
重阳节 ……2-7
重阳宫 ……2-7
重质油 ……9-463
重金属 ……9-460
重金属 ……9-460
重建时期 ……2-4
重奏 ……2-7
重结晶 ……2-5
重载铁路 ……9-463
重症肌无力 ……9-463
重症监护 ……9-463
重排反应 ……2-5
重铬酸钠 ……2-4
重彩 ……9-460
重商主义 ……9-462
重婚 ……2-4
重量分析 ……9-461
重晶石 ……9-460
重氮化反应 ……2-4
重氮化合物 ……2-4
便利店 ……1-346
便秘 ……1-347
修正主义 ……8-338
修齐治平 ……8-338
修身 ……8-338
修昔底德 ……8-338
修拉，G. ……8-337
修档制度 ……8-337
修斯，E. ……8-338
修道院 ……8-337
修辞学 ……8-337
修辞格 ……8-337
保山市 ……1-245
保甲制度 ……1-244
保外就医 ……1-246
保加利亚 ……1-243
保加利亚人 ……1-244
保加利亚语 ……1-244
保民官 ……1-245
保守主义 ……1-246
保安语 ……1-241
保安族 ……1-241
《保护工业产权巴黎公约》……1-242
保护关税 ……1-242
保护贸易政策 ……1-242
保罗 ……1-245
保国会 ……1-242
保定市 ……1-241
保定陆军军官学校 ……1-241
保皇会 ……1-242
保亭黎族苗族自治县 ……1-246
保险 ……1-247
保险公司 ……1-247
保险监管法 ……1-247
保健食品 ……1-244
保健推拿 ……1-244
保密通信 ……1-245
保税区 ……1-246
保释 ……1-246
保龄球 ……1-245
俚语 ……5-10
俄土战争 ……2-404
俄亥俄州 ……2-396
俄亥俄河 ……2-396
俄狄浦斯 ……2-393
《俄狄浦斯王》……2-393
俄罗斯 ……2-397
俄罗斯人 ……2-401
《俄罗斯人》……2-401
俄罗斯文学 ……2-402
俄罗斯正教会 ……2-403
俄罗斯园林 ……2-403
俄罗斯国立图书馆 ……2-401
俄罗斯科学院 ……2-401
俄罗斯族 ……2-403
俄罗斯联邦中央国家档案馆 ……2-401
俄国二月革命 ……2-393
俄国十月社会主义革命 ……2-394
俄国－伊朗战争 ……2-395
俄国农奴制度 ……2-394
俄国社会民主工党 ……2-394
俄国征服中亚 ……2-395
俄国临时政府 ……2-393
俄国菜 ……2-393
俄国1812年卫国战争 ……2-395
俄国1861年改革 ……2-396
俄国1905年革命 ……2-396
俄语 ……2-404
俄通社－塔斯社 ……2-403
俄勒冈州 ……2-397
俄斯特拉发 ……2-403
信天翁 ……8-297
信天游 ……8-297
信风 ……8-296
信用 ……8-301
信用卡 ……8-301
信用证 ……8-302
信用社 ……8-301
信托 ……8-297
信托投资 ……8-297
信托投资公司 ……8-298
信阳市 ……8 301
《信使报》……8-297
信宜市 ……8-301
信经 ……8-297
信息处理 ……8-298
信息市场 ……8-300
信息光学 ……8-298
信息网络 ……8-300
信息网络安全 ……8-300
信息产业 ……8-298
信息论 ……8-299
信息技术 ……8-298
信息社会 ……8-299
信息经济 ……8-299
信息战 ……8-300
信息科学 ……8-299
信息素 ……8-300
信息资源 ……8-300
信陵君 ……8-297
信鸽竞翔 ……8-296
信道 ……8-296
信道编码 ……8-296
信源编码 ……8-302
信德人 ……8-296
信德语 ……8-296

信摩诃拉达塔拉 ……8－297
侵权行为 ……6－193
侵蚀作用 ……6－194
侵蚀轮回学说 ……6－193
侵略 ……6－193
侯马市 ……3－487
侯马金墓 ……3－487
侯马晋城 ……3－487
侯马盟书 ……3－487
侯仁之 ……3－487
侯氏制碱法 ……3－488
侯方域 ……3－486
侯玉山 ……3－489
侯外庐 ……3－488
侯加昌 ……3－486
侯光炯 ……3－486
侯孝贤 ……3－489
侯君集 ……3－487
侯宝林 ……3－485
侯宝璋 ……3－485
侯俊山 ……3－487
侯祥麟 ……3－489
侯喜瑞 ……3－488
侯景之乱 ……3－486
侯赛因・伊本・塔拉勒 ……3－488
侯赛因－麦克马洪信件 ……3－488
侯德封 ……3－486
侯德榜 ……3－485
侯镜如 ……3－486
俑 ……9－27
顺丁烯二酸酐 ……7－109
顺义区 ……7－110
顺化 ……7－109
《顺化条约》……7－109
顺世论 ……7－109
顺治帝 ……7－110
顺通蒲 ……7－109
顺德区 ……7－109
段玉裁 ……2－367
段成式 ……2－367
段克己 ……2－367
段祺瑞 ……2－367
贷款 ……2－131
皇历 ……3－579
皇太极 ……3－579
皇史宬 ……3－579
皇后 ……3－579
皇庄 ……3－580
皇甫混 ……3－578
皇甫谧 ……3－578
皇泽寺摩崖造像 ……3－580
皇姑屯事件 ……3－578
皇南大冢 ……3－579
皇家戏剧艺术学院 ……3－579
《皇舆全览图》……3－579
泉 ……6－266
《泉》……6－266
泉州市 ……6－266
泉州宋元港 ……6－266
鬼 ……3－244
鬼笔菌 ……3－244
《鬼魂奏鸣曲》……3－244
鬼鲉 ……3－244
禹 ……9－72
禹州市 ……9－72
禹城市 ……9－72
《禹迹图》……9－72
《追忆似水年华》……9－517
追诉时效 ……9－516
追索权 ……9－516
衍射 ……8－438
律师 ……5－183
律师事务所 ……5－184
律宗 ……5－184
律诗 ……5－184
须脚目 ……8－340
须腕动物门 ……8－340
盾皮鱼类 ……2－379
盾构掘进机 ……2－379
盾蚧 ……2－379
叙利亚 ……8－356
叙事诗 ……8－357
叙事谣曲 ……8－357
叙拉古 ……8－356
剑门山 ……4－168
剑齿象 ……4－167
剑鱼 ……4－168
剑桥 ……4－168
剑桥大学 ……4－168
剑桥学派 ……4－168
俞大猷 ……9－61
俞万春 ……9－62
俞子夷 ……9－62
俞正声 ……9－62
俞平伯 ……9－62
俞建章 ……9－62
俞振飞 ……9－62
俞菊笙 ……9－62
食人鱼 ……7－5
食毛目 ……7－4
食用色素 ……7－6
食用香精 ……7－6
食用菌 ……7－6
食虫目 ……7－2
食虫虻 ……7－2
食肉动物 ……7－5
食疗 ……7－3
食物中毒 ……7－5
食物链 ……7－5
食货志 ……7－3
食蚁兽 ……7－5
食品卫生 ……7－4
食品防腐剂 ……7－4
食品保藏 ……7－4
食品添加剂 ……7－4
食盐 ……7－5
食蚜蝇 ……7－5
食积证 ……7－3
食管 ……7－2
食管炎 ……7－3
食管癌 ……7－2
盆地 ……6－61
盆景 ……6－61
盆腔炎 ……6－62
逃人法 ……7－321
逃汇 ……7－321
《逃婚调》……7－321
逃税 ……7－321
狨 ……6－331
狭义相对论 ……8－156
狭邪小说 ……8－156
狭唇纲 ……8－156
狭窄性腱鞘炎 ……8－157
狭鳕 ……8－156
狮 ……6－576
狮子山汉墓 ……6－577
狮子鱼 ……6－577
狮子座 ……6－577
狮身人面像 ……6－577
狮泉河 ……6－576
狮舞 ……6－577
独山玉 ……2－353
独山县 ……2－353
独龙语 ……2－353
独龙族 ……2－353
独乐寺 ……2－352
独立国家联合体 ……2－353
独立派 ……2－353
《独立宣言》……2－353
独轨铁路 ……2－352
独秀峰 ……2－354
独居石 ……2－352
独奏 ……2－354
独柱寺 ……2－354
独贵龙运动 ……2－352
独脚戏 ……2－352
独裁 ……2－352
狩野派 ……7－45
饵料 ……2－422
饶宗颐 ……6－274
饶毓泰 ……6－273
饺子 ……4－206
饼干 ……1－367
胚胎学 ……6－52
胆石症 ……2－146
胆矾 ……2－145
胆固醇 ……2－145
胆经郁热证 ……2－146
胆甾醇 ……2－147
胆铜法 ……2－147
胆道系统疾病 ……2－145

胆酸类 ……2-147
胆囊 ……2-146
胆囊炎 ……2-146
胜论派 ……6-569
胍 ……3-202
胞族 ……1-238
脉 ……5-299
脉动变星 ……5-301
脉冲多普勒雷达 ……5-300
脉冲技术 ……5-300
脉冲星 ……5-301
脉诊 ……5-301
脉翅目 ……5-300
脉象 ……5-301
脉搏 ……5-300
胎儿 ……7-245
胎生动物 ……7-246
胎位 ……7-246
胎盘 ……7-246
急性上呼吸道感染 ……4-72
急性气管支气管炎 ……4-72
急性肾小球肾炎 ……4-73
急性肾功能衰竭 ……4-72
急性呼吸窘迫综合征 ……4-71
急性乳腺炎 ……4-72
急性胃扩张 ……4-73
急症医学 ……4-73
急流 ……4-71
急腹症 ……4-71
贸易议定书 ……5-328
贸易协定 ……5-328
贸易自由化 ……5-329
贸易条约 ……5-328
贸易补贴 ……5-328
贸易战 ……5-329
贸易顺差 ……5-328
贸易逆差 ……5-328
贸易摩擦 ……5-328
贸易壁垒 ……5-328
飑线 ……1-354
勉语 ……5-413

〔丶〕

将军崖岩画 ……4-185
《将相和》……4-193
施工导流 ……6-578
施万，T.A.H. ……6-583
施瓦岑贝格，F.zu ……6-583
施瓦辛格，A. ……6-583
施瓦茨科普夫，E. ……6-583
《施公案》……6-578
施今墨 ……6-578
施尼茨勒，A. ……6-580
施托克豪森，K. ……6-582
施托姆，T. ……6-583
施托梅尔，H.M. ……6-582
施光南 ……6-578
施米特，M. ……6-579
施米特，O.Yu. ……6-579
施汝为 ……6-581
施奈德勋，H. ……6-580
施罗德，G. ……6-579
施佩曼，H. ……6-580
施肥 ……6-578
施耐庵 ……6-580
施泰因贝格尔，J. ……6-581
施泰因和哈登堡改革 ……6-581
施泰因梅茨，C.P. ……6-581
施莱尔马赫，F.D.E. ……6-579
施莱格尔，J.E. ……6-579
施莱登，M.J. ……6-578
施莱歇尔，A. ……6-579
施特劳斯，B. ……6-582
施特劳斯，J. ……6-582
施特劳斯，R. ……6-582
施特恩海姆，C. ……6-582
施陶丁格，H. ……6-581
施琅 ……6-579
施密特，H. ……6-580
施密特，J. ……6-580
施密特，W. ……6-580
施塔姆勒，R. ……6-581
施蒂勒，W.H. ……6-578
施雅风 ……6-583
施蛰存 ……6-584
施普林格出版集团 ……6-581
哀牢山 ……1-61
亭 ……7-387
帝力 ……2-253
帝汶岛 ……2-253
帝国大厦 ……2-252
《帝国主义是资本主义的最高阶段》……2-252
《帝京景物略》……2-253
亲子鉴定 ……6-195
亲电试剂 ……6-194
亲民党 ……6-194
亲权 ……6-195
亲和数 ……6-194
亲亲相隐 ……6-194
亲核试剂 ……6-194
亲鸾 ……6-194
亲等 ……6-194
亲属 ……6-195
音 ……8-573
音乐 ……8-575
《音乐之声》……8-577
音乐厅 ……8-577
音乐疗法 ……8-577
音乐剧 ……8-576
音乐舞蹈史诗 ……8-577
音名 ……8-574
音阶 ……8-574
《音学五书》……8-575
音域 ……8-575
音程 ……8-574
音像出版 ……8-574
奖金 ……4-187
奖学金 ……4-188
弯曲时空 ……7-476
奕劻 ……8-562
奕訢 ……8-563
度 ……2-364
度量衡 ……2-364
度牒 ……2-364
庭州 ……7-387
庭荫树 ……7-387
庭院生态经济 ……7-387
疣 ……9-41
疥疮 ……4-234
疥螨 ……4-235
疯牛病 ……2-572
恒山 ……3-464
恒河 ……3-463
恒河－布拉马普特拉河三角洲 ……3-464
恒星 ……3-464
恒星光谱 ……3-464
恒星时 ……3-464
恒星质量 ……3-465
恒星演化 ……3-464
恰卡 ……6-155
恰尔达什 ……6-155
恰克图 ……6-155
《恰克图条约》……6-155
恰佑比，A.Z. ……6-156
恰佩克，K. ……6-155
恰恰恰 ……6-155
恽代英 ……9-144
恽寿平 ……9-144
闻一多 ……7-603
闻诊 ……7-603
闽 ……5-437
闽方言 ……5-437
闽江 ……5-437
闽剧 ……5-438
闽菜 ……5-437
阀门 ……2-435
阁罗凤 ……3-98
阁楼 ……3-98
炳灵寺石窟 ……1-368
炼丹术 ……5-48
炼金术 ……5-49
炯奈语 ……4-318
炸药 ……9-175
炯 ……9-29
炮击金门 ……6-51
炮兵 ……6-51
炮制 ……6-49
炮炙 ……6-50
烃 ……7-386
烃源岩 ……7-386

剃发令 7-345
前七子 6-162
前列腺 6-161
前列腺炎 6-161
前列腺增生 6-161
前列腺癌 6-161
前定和谐 6-160
《前线》 6-163
前奏曲 6-163
前赵 6-163
前秦 6-162
前凉 6-160
前郭尔罗斯蒙古族自治县 6-160
前寒武纪 6-160
前置胎盘 6-163
前蜀 6-162
前意识 6-163
前裸子植物 6-162
前燕 6-163
酋长 6-244
酋长国 6-244
首尔 7-41
首陀罗迦 7-43
首饰 7-42
首都剧场 7-41
兹马伊，J. 9-520
兹沃雷金，V.K. 9-520
兹威基，F. 9-520
总统制 9-560
总理各国事务衙门 9-560
总督 9-560
总鳍鱼 9-560
差序格局 1-488
养生 8-472
养老保险 8-472
养老保险基金 8-472
养阴清肺 8-473
《养性延命录》 8-473
养蚕 8-471
养蜂 8-471
美 5-341
美人鱼 5-356
美人蕉 5-356
美元 5-363
美术 5-357
美术片 5-361
美术史 5-361
美术创作 5-360
美术批评 5-361
美术流派 5-360
美术理论 5-360
美术馆 5-360
美西战争 5-362
美声歌唱 5-356
《美狄亚》 5-342
美英战争 5-363
美拉尼西亚 5-355
美拉尼西亚人 5-356
美拉尼西亚语族 5-356
美国 5-342
美国之音 5-354
美国中央情报局 5-355
美国中立法 5-354
美国文学 5-353
《美国-巴拿马条约》 5-347
美国电影 5-348
美国白蛾 5-348
美国民主党 5-353
美国民权运动 5-352
美国共产党 5-350
美国共和党 5-350
美国自然历史博物馆 5-355
美国全国有色人种协进会 5-353
美国芭蕾舞剧院 5-347
美国两党制 5-352
美国垄断财团 5-352
美国国会 5-351
美国国会图书馆 5-351
美国国家科学院 5-351
美国国家档案馆 5-351
美国国家航空航天局 5-351
美国废奴运动 5-350
美国参谋长联席会议 5-348
美国南北战争 5-353
美国侵略巴拿马 5-353
美国联邦调查局 5-352
美国联邦储备体系 5-352
美国黑人 5-352
美国1929～1933年经济危机 5-355
美育 5-363
美学 5-362
《美俄削减进攻性战略力量条约》 5-342
美洲印第安语 5-364
美洲国家组织 5-363
美洲肺鱼 5-363
美洲豹 5-363
美洲鸵 5-364
美浓部达吉 5-356
美索不达米亚 5-362
美索不达米亚神话 5-362
美容 5-356
美第奇家族 5-342
美联社 5-356
美属萨摩亚 5-357
美属维尔京群岛 5-357
美登木 5-342
美登素 5-342
姜 4-185
姜子牙 4-187
姜片虫病 4-186
姜文 4-186
姜伯驹 4-185
姜妙香 4-186
姜春云 4-185
姜科 4-186
姜亮夫 4-186
姜维 4-186
姜堰市 4-187
姜椿芳 4-185
姜寨遗址 4-187
姜夔 4-186
类人猿 4-573
类风湿性关节炎 4-573
类丹毒 4-572
类书 4-573
类固醇 4-573
类胡萝卜素 4-573
类星体 4-573
类脂 4-574
类病毒 4-572
娄山关 5-147
娄师德 5-147
娄底市 5-147
迷走神经 5-392
迷迭香 5-391
迷津 5-392
迷宫 5-391
“迷惘的一代” 5-392
逆反心理 5-583
逆向选择 5-583
逆合成分析 5-583
逆城市化 5-583
逆戟鲸 5-583
洁净煤技术 4-219
洱海 2-422
洪仁玕 3-482
洪水 3-483
洪水预报 3-483
洪迈 3-482
洪江市 3-482
洪秀全 3-484
洪泛区 3-481
洪昇 3-483
洪河 3-481
洪泽湖 3-484
洪学智 3-484
洪承畴 3-480
洪帮 3-479
洪亮吉 3-482
洪洞县 3-484
洪宪帝制 3-484
洪都拉斯 3-480
洪积扇 3-482
洪深 3-482
洪朝生 3-480
洪淼 3-482
洪堡，A.von 3-479
洪堡，K.W.von 3-479
洪堡大学 3-479
洪堡基金会 3-480
洪湖 3-481

洪湖市 ……3-481
《洪湖赤卫队》……3-481
洪谦 ……3-482
测不准关系 ……1-485
测地卫星 ……1-485
测绘学 ……1-485
测谎仪 ……1-485
测量平差 ……1-486
测量学 ……1-487
测量标准 ……1-486
测量船 ……1-486
浊水溪 ……9-519
洞口县 ……2-343
洞穴遗址 ……2-344
洞里萨湖 ……2-343
洞庭湖 ……2-343
洞螈 ……2-344
洄游 ……3-611
洗礼 ……8-137
洗衣机 ……8-138
洗胃 ……8-138
洗钱 ……8-137
洗涤剂 ……8-137
《洗冤集录》……8-138
洗碗机 ……8-138
活化分析 ……4-6
活化石 ……4-7
活化能 ……4-7
活动论 ……4-5
活动星系核 ……4-6
活动桥 ……4-5
活血化瘀 ……4-7
活字版印刷 ……4-8
活劳动 ……4-7
活佛 ……4-6
活性炭 ……4-7
活性聚合 ……4-7
活组织检查 ……4-8
活度 ……4-6
活塞 ……4-7
派力司 ……6-39
派出所 ……6-38
派克，G. ……6-38
派克，K.L. ……6-38
洮南市 ……7-321
洮砚 ……7-321
洛川会议 ……5-226
洛川县 ……5-227
洛比托 ……5-226
洛夫 ……5-227
洛可可 ……5-228
洛东江 ……5-227
洛加尼斯，G. ……5-227
洛伦茨，K. ……5-229
洛伦茨曲线 ……5-229
洛伦茨系数 ……5-229
洛伦兹，H.A. ……5-229
洛伦兹力 ……5-229
洛伦兹变换 ……5-229
洛阳 ……5-232
洛阳市 ……5-233
《洛阳伽蓝记》……5-233
洛阳桥 ……5-232
洛-约翰松，K.I. ……5-233
洛杉矶 ……5-231
《洛杉矶时报》……5-231
洛克，J. ……5-228
洛克比空难 ……5-228
洛克菲勒财团 ……5-228
洛阿河 ……5-226
洛林 ……5-228
洛佩斯，F. ……5-230
洛河 ……5-227
洛迦诺会议 ……5-228
洛威尔，J.R. ……5-232
洛美 ……5-230
《洛美协定》……5-230
《洛神赋图》……5-231
洛桑 ……5-230
洛桑会议 ……5-230
《洛桑条约》(1923) ……5-230
洛桑学派 ……5-231
洛斯安赫莱斯，V.de ……5-232
洛蒂，P. ……5-227
洛德依当巴，Ch. ……5-227
浏阳市 ……5-122
浏览器 ……5-121
济公 ……4-102
济宁市 ……4-84
济州岛 ……4-102
济南千佛崖造像 ……4-83
济南市 ……4-83
济南战役 ……4-84
济南惨案 ……4-83
济慈，J. ……4-102
济源市 ……4-84
洋务运动 ……8-469
洋地黄苷 ……8-468
洋行 ……8-469
洋泾浜语 ……8-469
洋钱 ……8-469
洋流 ……8-469
洋葱 ……8-468
洲际导弹 ……9-477
浒苔 ……3-520
浑天说 ……4-3
浑仪 ……4-3
浑言 ……4-3
浑象 ……4-3
浓红银矿 ……5-616
津巴布韦 ……4-264
津市市 ……4-266
津克维奇，L.A. ……4-266
津南区 ……4-266
津轻海峡 ……4-266
津液 ……4-266
津德尔 ……4-266
举刀拉弓 ……4-334
举证责任 ……4-334
举证责任倒置 ……4-334
举重 ……4-335
宣化辽墓 ……8-361
宣传 ……8-359
宣传画 ……8-359
宣告失踪 ……8-360
宣告死亡 ……8-360
宣纸 ……8-361
《宣和书谱》……8-360
《宣和画谱》……8-360
《宣和博古图》……8-360
《宣和遗事》……8-361
宣夜说 ……8-361
宣卷 ……8-361
宣城市 ……8-359
宣威市 ……8-361
宣叙调 ……8-361
宣统帝 ……8-361
宣德炉 ……8-360
宣德群岛 ……8-360
宦官 ……3-577
室女座 ……7-33
室女座星系团 ……7-33
室韦 ……7-33
室内乐 ……7-33
室内设计 ……7-33
室内空气质量 ……7-32
室内装饰 ……7-33
室利佛逝 ……7-32
宫本百合子 ……3-141
宫外孕 ……3-143
宫廷舞蹈 ……3-143
宫体诗 ……3-143
宫泽贤治 ……3-143
宫殿 ……3-142
宪兵 ……8-186
宪法 ……8-186
宪法法院 ……8-187
宪法解释 ……8-187
宪章运动 ……8-187
客户 ……4-462
客观唯心主义 ……4-462
客省庄文化 ……4-462
客家人 ……4-462
客家土楼 ……4-462
客家方言 ……4-462
客船 ……4-462
染色体 ……6-273
染色体病 ……6-273
染色质 ……6-273
染料 ……6-273
染整 ……6-273

突击 …… 7-417
突击步枪 …… 7-417
突尼斯 …… 7-418
突尼斯 …… 7-419
突尼斯人 …… 7-420
突发公共事件 …… 7-417
突变 …… 7-416
突变论 …… 7-416
突厥 …… 7-417
突厥文 …… 7-417
突厥语族 …… 7-417
突触 …… 7-417
窃听 …… 6-192
窃蠹 …… 6-192
穿山甲 …… 2-24
穿心莲 …… 2-24
穿孔贝 …… 2-24
穿刺 …… 2-23
语义学 …… 9-74
语丝社 …… 9-73
语体诗 …… 9-73
语言 …… 9-73
语言学 …… 9-73
语法学 …… 9-73
语录体 …… 9-73
语音学 …… 9-74
语音信号处理 …… 9-74
诬告反坐 …… 8-13
误差 …… 8-79
诰命 …… 3-82
诱发地震 …… 9-53
诱因 …… 9-53
诱导效应 …… 9-53
说一切有部 …… 7-111
《说文解字》…… 7-110
《说岳全传》…… 7-111
《说诗晬语》…… 7-110
说话 …… 7-110
说鼓子 …… 7-110
祛风除湿 …… 6-252
祛风湿剂 …… 6-252
祛湿利水剂 …… 6-252
祛痰 …… 6-253
祛痰药 …… 6-253
祝允明 …… 9-504
祝寿河 …… 9-504
祝希娟 …… 9-504
祖母绿 …… 9-571
祖先崇拜 …… 9-572
祖冲之 …… 9-571
祖咏 …… 9-572
祖逖 …… 9-572
祖博夫，N.N. …… 9-571
祖鲁人 …… 9-571
祖鲁语 …… 9-571
神 …… 6-509
《神女》…… 6-513
神父 …… 6-510
神户 …… 6-510
《神仙传》…… 6-515
神圣同盟 …… 6-515
神圣罗马帝国 …… 6-514
《神圣家族》…… 6-514
神圣家族教堂 …… 6-514
神权政治论 …… 6-514
《神曲》…… 6-513
“神舟”号飞船 …… 6-516
神会 …… 6-511
神农氏 …… 6-513
《神农本草经》…… 6-513
神农架林区 …… 6-513
神秀 …… 6-515
神社 …… 6-514
神学 …… 6-515
神话 …… 6-510
神经 …… 6-511
神经干细胞 …… 6-511
神经元 …… 6-512
神经系统 …… 6-512
神经性皮炎 …… 6-512
神经性厌食 …… 6-512
神经性贪食 …… 6-512
神经衰弱 …… 6-511
神经症 …… 6-512
神经递质 …… 6-511
神经梅毒 …… 6-511
神策军 …… 6-510
神道教 …… 6-510
神韵说 …… 6-515
祢衡 …… 5-392
祠堂 …… 2-42
祆 …… 1-117
冠心病 …… 3-211
冠礼 …… 3-216
冠状动脉 …… 3-211
冠状动脉性心脏病 …… 3-212
冠状病毒感染 …… 3-211
冠服制度 …… 3-211
冠醚 …… 3-211
冠螺 …… 3-211
扁平苔藓 …… 1-341
扁形动物门 …… 1-341
扁担戏 …… 1-340
扁卷螺 …… 1-341
扁桃体炎 …… 1-341
扁蚜 …… 1-341
扁鹊 …… 1-341
扁鲨目 …… 1-341

〔㇕〕

弭兵 …… 5-402
郡县制 …… 4-360
费马，P.de …… 2-540
费马大定理 …… 2-540
费马原理 …… 2-540
费马数 …… 2-540
费开扬 …… 2-539
费用效益分析 …… 2-543
费尔巴哈，L. …… 2-538
费尔南德斯·德·利萨尔迪，J.J. …… 2-538
费尔南德斯·德·莫拉廷父子 …… 2-538
费尔兹奖 …… 2-538
费尔斯曼，A.Ye. …… 2-538
费尔普斯，E.S. …… 2-538
《费加罗报》…… 2-539
《费加罗的婚姻》…… 2-539
费边社 …… 2-537
费因曼，R.P. …… 2-543
费米，E. …… 2-540
费米子 …… 2-541
费米-狄拉克统计 …… 2-541
费孝通 …… 2-542
费利尼，F. …… 2-539
费希尔，R.A. …… 2-541
费希纳，G.T. …… 2-542
费希特，J.G. …… 2-542
费改税 …… 2-539
费耶尔阿本德，P.K. …… 2-543
费图里 …… 2-541
费定，K.A. …… 2-537
费城 …… 2-537
费城交响乐团 …… 2-537
费兹 …… 2-543
费格尔，H. …… 2-539
费萨尔 …… 2-541
费森登，R.A. …… 2-541
费雯丽 …… 2-541
费奥多罗夫，Ye.S. …… 2-536
费歇尔，E. …… 2-542
费歇尔，E.O. …… 2-542
费德鲁斯 …… 2-537
费穆 …… 2-541
费彝民 …… 2-543
垦荒 …… 4-465
屋大维 …… 8-14
屋顶 …… 8-14
屋顶花园 …… 8-14
屏风 …… 6-95
屏东县 …… 6-95
屏南宜洋鸳鸯猕猴自然保护区 …… 6-95
屎壳郎 …… 7-14
退火 …… 7-450
退休制度 …… 7-450
退耕还林 …… 7-449
退税 …… 7-450
陨石 …… 9-139
陨石坑 …… 9-140
除夕 …… 2-17
除尘技术 …… 2-16
除虫菊 …… 2-16
除草剂 …… 2-16

险工 8-176
院士 9-116
院外集团 9-116
眉山市 5-330
眉豆 5-330
娃娃鱼 7-463
姻亲 8-578
姚广孝 8-478
姚从吾 8-478
姚文元 8-479
姚水娟 8-479
姚合 8-479
姚苌 8-478
姚连蔚 8-479
姚枢 8-479
姚明 8-479
姚依林 8-480
姚莹 8-480
姚雪垠 8-480
姚崇 8-478
姚鼐 8-479
姚璇秋 8-480
姚燮 8-480
盈亏平衡点 9-15
盈余公积 9-15
盈富基金 9-15
架上绘画 4-148
架阁库 4-148
贺友直 3-443
贺龙 3-441
贺兰山 3-441
贺州市 3-443
贺若弼 3-442
贺拉斯 3-441
贺国强 3-440
贺知章 3-443
贺宜 3-443
贺孟斧 3-442
贺盛瑞 3-442
贺绿汀 3-442
贺敬之 3-441
贺铸 3-443
贺麟 3-441
怒山 6-3
怒江 6-2
怒江傈僳族自治州 6-3
怒语 6-3
怒族 6-3
垒球 4-571
蚤目 9-163
癸卯学制 3-244
柔巴依 6-335
柔石 6-336
柔佛王国 6-335
柔佛海峡 6-335
柔鱼 6-336
柔性生产 6-336
柔性制造系统 6-336
柔然 6-336
柔道 6-335
绒 6-331
绒毛膜癌 6-331
结节性红斑 4-223
结节病 4-223
结石 4-224
结发 4-220
结合能 4-222
结关 4-222
结肠小袋纤毛虫病 4-219
结肠直肠癌 4-219
结社自由 4-224
结构力学 4-221
结构化学 4-221
结构功能主义 4-220
结构生物学 4-221
结构主义 4-222
结构材料 4-220
结构性失业 4-221
结构辨识 4-220
结拜 4-219
结核病 4-222
结婚 4-222
结婚周年纪念 4-223
结绳记事 4-224
结晶水 4-223
结集 4-223
结缔组织 4-219
结缔组织病 4-220
结算 4-224
结膜吸吮线虫病 4-224
结膜炎 4-224
绘画 3-613
绘图笔 3-614
给水和排水工程 4-84
绝灭 4-348
绝句 4-348
绝对主义 4-348
绝对地租 4-347
《绝对信号》 4-347
绝对真理和相对真理 4-348
绝对理念 4-347
绝对精神 4-347
绝育术 4-349
绝热去磁 4-349
绝热过程 4-348
绝缘材料 4-349
绛云楼 4-193
络穴 5-233
绞车 4-206
统一场论 7-409
统一战线 7-409
统万城 7-409
统计 7-405
统计决策理论 7-406
统计表 7-405
统计图 7-407
统计物理学 7-407
统计法 7-406
统计学 7-408
统计指标 7-408
统计指数 7-408
统计调查 7-406
统计推断 7-407
统叶护可汗 7-409
统收统支 7-408
统觉 7-408
统筹法 7-405
骆玉笙 5-234
骆驼 5-234
《骆驼泉》 5-234
骆驼蓬 5-234
骆宾王 5-233
骆宾基 5-233
骈文 6-82
骈赋 6-82
逊尼派 8-384

十画

〔一〕

珙桐 3-146
珠江 9-491
珠江三角洲 9-492
珠江三角洲经济区 9-492
珠江口外群岛 9-492
珠帘秀 9-492
珠蚌 9-490
珠海市 9-490
珠算 9-493
珠穆朗玛峰 9-492
珠穆朗玛峰自然保护区 9-493
珞巴语 5-234
珞巴族 5-234
班公错 1-223
班本杜人 1-221
班加西 1-224
班加罗尔 1-224
班吉 1-223
班达人 1-223
班达亚齐 1-223
班达拉奈克家族 1-223
班达海 1-223
班扬，J. 1-225
班廷，F.G. 1-224
班纳吉，M. 1-224
班纳吉，T. 1-224
班固 1-223
班图尼格罗人 1-225
班图诸语言 1-225
班昭 1-225

班勇 ……… 1-225
班珠尔 ……… 1-226
班彪 ……… 1-221
班清墓地 ……… 1-224
班超 ……… 1-222
班禅额尔德尼 ……… 1-221
班禅额尔德尼·罗桑确吉坚赞 ……… 1-222
班禅额尔德尼·班丹益希 ……… 1-222
班禅额尔德尼·确吉坚赞 ……… 1-222
班禅额尔德尼·确吉杰布 ……… 1-222
珲春市 ……… 4-4
耕地 ……… 3-119
耕作学 ……… 3-120
《耕织图》……… 3-119
耗散结构 ……… 3-406
耙 ……… 1-191
敖德萨 ……… 1-116
素三彩 ……… 7-202
素可泰王朝 ……… 7-201
素菜 ……… 7-201
素描 ……… 7-201
素数 ……… 7-202
蚕 ……… 1-473
《蚕书》……… 1-474
蚕业 ……… 1-474
蚕丝 ……… 1-474
蚕豆 ……… 1-473
蚕茧 ……… 1-474
蚕蛾 ……… 1-474
秦 ……… 6-196
秦二世胡亥 ……… 6-197
秦九韶 ……… 6-199
秦山核电站 ……… 6-200
秦仁昌 ……… 6-200
秦文君 ……… 6-202
秦汉 ……… 6-198
秦邦宪 ……… 6-196
秦兆阳 ……… 6-202
秦观 ……… 6-197
秦岭 ……… 6-199
秦牧 ……… 6-200
秦怡 ……… 6-202
秦始皇 ……… 6-201
秦始皇陵 ……… 6-201
秦始皇陵兵马俑 ……… 6-201
秦始皇陵铜车马 ……… 6-201
秦皇岛市 ……… 6-198
秦皇岛港 ……… 6-198
秦桧 ……… 6-198
秦基伟 ……… 6-199
秦淮河 ……… 6-198
秦朝 ……… 6-196
秦腔 ……… 6-200
秦简 ……… 6-199
秦鹏章 ……… 6-200
秦韬玉 ……… 6-202
秦穆公 ……… 6-200
泰人 ……… 7-277
泰山 ……… 7-278
《泰山金刚经》……… 7-278
泰戈尔，R. ……… 7-272
泰卢固人 ……… 7-276
泰卢固语 ……… 7-276
泰尔扎吉，K. ……… 7-272
泰西封古城 ……… 7-279
泰伦提乌斯 ……… 7-276
泰米尔人 ……… 7-276
泰米尔语 ……… 7-277
泰州市 ……… 7-279
泰安市 ……… 7-272
泰兴市 ……… 7-279
泰纳，H. ……… 7-277
泰纳，J.M.W. ……… 7-277
泰坦尼克号事件 ……… 7-278
泰国 ……… 7-273
泰国菜 ……… 7-274
泰国湾 ……… 7-274
泰语 ……… 7-279
泰特画廊 ……… 7-278
泰拳 ……… 7-277
泰姬陵 ……… 7-275
泰梅尔半岛 ……… 7-276
泰勒，B. ……… 7-275
泰勒，E.B. ……… 7-275
泰勒，F.W. ……… 7-275
泰勒，G.I. ……… 7-275
泰勒，P. ……… 7-275
泰勒规则 ……… 7-276
泰勒制 ……… 7-276
泰勒斯 ……… 7-276
《泰晤士世界地图集》……… 7-279
《泰晤士报》……… 7-278
泰晤士河 ……… 7-278
泰瑟，J.T. ……… 7-278
埙 ……… 8-379
埃卜拉古城 ……… 1-61
埃及 ……… 1-64
埃及七月革命 ……… 1-66
埃及圣书字 ……… 1-66
埃及－科普特语族 ……… 1-66
埃及博物馆 ……… 1-66
埃及60年代文学 ……… 1-66
埃切加赖－埃伊萨吉雷，J.de ……… 1-70
埃文思，W. ……… 1-73
埃可病毒感染 ……… 1-67
埃布罗河 ……… 1-61
埃尔加，E. ……… 1-62
埃尔米纳堡 ……… 1-62
埃尔贡火山 ……… 1-62
埃尔利希，P. ……… 1-62
埃尔库拉诺·德·卡尔瓦略·埃·阿劳若，A. ……… 1-62
埃尔舍默，A. ……… 1-63
埃尔顿，C.S. ……… 1-62
埃尔斯米尔岛 ……… 1-63
埃尔塞维尔家族 ……… 1-63
埃兰 ……… 1-68
埃弗里，O.T. ……… 1-63
埃皮达鲁斯戏剧节 ……… 1-70
埃地人 ……… 1-62
埃达 ……… 1-61
埃伦斯，F. ……… 1-69
埃克尔斯，J.C. ……… 1-67
埃克曼，V.W. ……… 1-67
埃克曼漂流 ……… 1-67
埃克脱，J.P. ……… 1-67
埃克森－美孚公司 ……… 1-67
埃里蒂斯，O. ……… 1-68
埃里温 ……… 1-68
埃利希，E. ……… 1-68
埃林－彼林 ……… 1-68
埃林顿，E.K. ……… 1-69
埃奈斯库，G. ……… 1-70
埃拉托色尼 ……… 1-68
埃罗斯 ……… 1-69
埃洛拉石窟 ……… 1-69
埃特纳火山 ……… 1-73
《埃涅阿斯纪》……… 1-70
埃梅，M. ……… 1-69
埃菲尔铁塔 ……… 1-63
埃菲社 ……… 1-63
埃萨·德·克罗兹，J.M. ……… 1-70
埃维人 ……… 1-73
《埃维昂协议》……… 1-73
埃博拉病毒 ……… 1-61
埃斯库罗斯 ……… 1-72
埃斯帕特罗，B. ……… 1-73
埃斯基维尔，L. ……… 1-72
埃森 ……… 1-72
埃鲁，P.-L.-T. ……… 1-69
埃富蒂米乌，V. ……… 1-64
埃塞俄比亚 ……… 1-70
埃塞俄比亚抗意战争 ……… 1-72
埃塞俄比亚高原 ……… 1-72
埃赫那吞改革 ……… 1-64
埃德尔施泰因，V.I. ……… 1-61
埃德蒙顿 ……… 1-61
梆子 ……… 1-235
桂平市 ……… 3-248
桂花 ……… 3-247
桂系军阀 ……… 3-248
桂林山水 ……… 3-247
桂林市 ……… 3-248
桂质廷 ……… 3-248
《桂河大桥》……… 3-247
桂圆 ……… 3-248
桂剧 ……… 3-247
栲树 ……… 4-418
栲胶 ……… 4-418
桔梗科 ……… 4-224
郴州市 ……… 1-548

桓玄 ……3－576
桓宽 ……3－576
桓温 ……3－576
栖霞山石刻 ……6－122
栖霞市 ……6－122
桡足纲 ……6－274
档房 ……2－154
档案 ……2－153
档案学 ……2－154
档案馆 ……2－154
桐乡市 ……7－400
桐庐县 ……7－400
桐油 ……7－400
桐油酸 ……7－401
桐城市 ……7－400
桐城派 ……7－400
桐柏县 ……7－400
桐梓人 ……7－401
桤木 ……6－123
株洲市 ……9－493
梃击案 ……7－388
栝楼 ……3－203
桥社 ……6－188
桥梁 ……6－185
桥梁工程 ……6－186
桥牌 ……6－188
桦甸市 ……3－559
桦树 ……3－559
栓塞 ……7－77
格 ……3－98
格比尔达斯 ……3－98
格木 ……3－109
格瓦拉，E. ……3－112
格瓦拉主义 ……3－112
格什姆岛 ……3－110
格什温，G. ……3－110
格巴尼 ……3－98
《格古要论》……3－99
格尔木市 ……3－99
格尔木河 ……3－99
格尔斯滕贝格，H.W.von ……3－99
格兰德河 ……3－101
格式合同 ……3－110
格式塔心理学 ……3－111
格式塔疗法 ……3－111
《格列佛游记》……3－104
格列柯，E. ……3－104
格列高利一世 ……3－104
格列高利七世 ……3－104
格则勒 ……3－112
格吕菲乌斯，A. ……3－109
格廷，T. ……3－111
格劳秀斯，H. ……3－101
格里戈罗维奇，Yu.N. ……3－103
格里戈雷斯库，N. ……3－102
格里尔帕策，F. ……3－102
格里尔逊，J. ……3－102
格里美豪森，H.J.C.von ……3－103
格里格，N. ……3－103
格里格，E.H. ……3－103
格里菲斯，D.W. ……3－102
格里奥特 ……3－102
格里鲍耶陀夫，A.S. ……3－102
格利雅，F.-A.-V. ……3－103
格利雅试剂 ……3－103
格但斯克 ……3－98
格林，A.S. ……3－104
格林，G. ……3－104
格林，T.H. ……3－105
格林卡，M.I. ……3－105
格林兄弟 ……3－106
格林尼治 ……3－105
格林尼治皇家天文台 ……3－106
格林纳达 ……3－105
格林斯潘，A. ……3－106
格拉古兄弟改革 ……3－100
格拉西莫夫，S.A. ……3－100
格拉芙，S. ……3－99
格拉肖，S.L. ……3－101
格拉泽，G. ……3－101
格拉茨 ……3－99
格拉祖诺夫，A.K. ……3－101
格拉斯，G. ……3－100
格拉斯哥 ……3－100
格拉斯曼，H.G. ……3－100
格罗皮乌斯，W. ……3－109
格罗斯，D.J. ……3－109
格罗斯曼－斯蒂格利茨悖论 ……3－109
格物致知 ……3－112
格底日 ……3－98
格洛托夫斯基，J. ……3－109
格莱斯顿，W.E. ……3－101
格致书院 ……3－112
格调说 ……3－99
格陵兰 ……3－106
格陵兰海 ……3－107
《格萨尔王传》……3－110
格塔尼 ……3－111
《格斯尔》……3－111
格奥尔格，S. ……3－98
格鲁贝尔，O.von ……3－107
格鲁吉亚 ……3－107
格鲁吉亚人 ……3－108
格鲁吉亚语 ……3－108
格鲁克，C.W. ……3－108
格鲁派 ……3－108
格雷厄姆，G. ……3－102
格雷戈里夫人 ……3－102
格雷布纳，R.F. ……3－101
桃 ……7－321
桃儿七 ……7－322
桃叶珊瑚 ……7－323
桃花心木 ……7－323
桃花水母 ……7－322
桃花坞年画 ……7－322
《桃花扇》……7－322
桃花源 ……7－323
桃园县 ……7－323
桃园国际机场 ……7－323
桃金娘科 ……7－323
桃符 ……7－322
桃源县 ……7－323
校对 ……4－206
校勘 ……4－207
校雠学 ……4－206
《校雠通义》……4－206
核力 ……3－436
核子 ……3－440
核仁 ……3－437
核化学 ……3－435
核反应 ……3－434
核反应堆 ……3－434
核反应截面 ……3－434
核心－边缘论 ……3－439
核心家庭 ……3－439
核电子学 ……3－433
核电四极矩 ……3－433
核电站 ……3－433
核冬天 ……3－434
核动力潜艇 ……3－434
核自旋 ……3－440
核材料 ……3－432
核医学 ……3－439
核武器 ……3－439
核苷 ……3－435
核苷酸 ……3－435
核乳胶 ……3－437
核废料 ……3－434
核威慑理论 ……3－438
核战略 ……3－440
核突击 ……3－438
核桃 ……3－438
核桃楸 ……3－438
核能 ……3－436
核裂变 ……3－436
核酸 ……3－437
核聚变 ……3－436
核磁共振 ……3－432
核磁共振波谱学 ……3－432
核潜艇 ……3－436
核燃料 ……3－436
核糖 ……3－438
核糖体 ……3－438
核糖核酸 ……3－438
样式主义 ……8－476
样式雷 ……8－476
样板戏 ……8－475
桉叶醇 ……1－110
桉树 ……1－110
根 ……3－117
《根》……3－117

根河市 …… 3–118
根腐病 …… 3–117
根瘤蚜 …… 3–118
根瘤菌 …… 3–118
根雕 …… 3–117
耿，J.B. …… 3–120
耿仲明 …… 3–120
耿济之 …… 3–120
耿飚 …… 3–120
豇豆 …… 4–187
酐 …… 3–43
配电 …… 6–59
配合饲料 …… 6–59
配位化合物 …… 6–59
配位化学 …… 6–60
配位场理论 …… 6–59
配位键 …… 6–60
配送中心 …… 6–59
配第–克拉克定理 …… 6–58
都匀市 …… 2–350
都市病 …… 2–350
都兰县 …… 2–350
都兰热水吐蕃墓群 …… 2–349
都江堰 …… 2–348
都江堰市 …… 2–349
都安瑶族自治县 …… 2–347
都灵 …… 2–350
都拉斯 …… 2–349
都柏林 …… 2–347
都铎王朝 …… 2–348
都督 …… 2–348
都察院 …… 2–347
都德，A. …… 2–348
真可 …… 9–253
真主 …… 9–256
真如 …… 9–255
真纳 …… 9–255
真武大帝 …… 9–256
真武阁 …… 9–256
真耶稣教会 …… 9–256
真空 …… 9–253
真空电子器件 …… 9–254
真空冶金 …… 9–254
真空泵 …… 9–254
真骨鱼类 …… 9–252
《真诰》 …… 9–252
真核生物 …… 9–253
真核细胞 …… 9–253
真理 …… 9–255
《真理报》 …… 9–255
真菌 …… 9–253
真菌学 …… 9–253
真兽类 …… 9–256
真谛 …… 9–252
真腊 …… 9–254
《真腊风土记》 …… 9–254
真鲨目 …… 9–255
真鲷 …… 9–252
索马里 …… 7–231
索马里半岛 …… 7–232
索马里语 …… 7–232
索比，H.C. …… 7–228
索引 …… 7–234
索末菲，A.J.W. …… 7–233
索尔仁尼琴，A.I. …… 7–229
索尔兹伯里，H.E. …… 7–229
索尔顿，G. …… 7–229
索宁克人 …… 7–233
索亚，C.E. …… 7–234
索托人 …… 7–233
索因卡，W. …… 7–234
索伦森，V. …… 7–230
索非亚 …… 7–229
索罗金，P.A. …… 7–230
索迪，F. …… 7–229
索姆河会战 …… 7–233
索科特拉岛 …… 7–230
索洛莫斯，D. …… 7–231
索洛萨诺，C. …… 7–231
索洛维约夫，V.S. …… 7–231
索菲亚・罗兰 …… 7–230
索萨，J.da …… 7–233
索绪尔，F.de …… 7–233
索赔 …… 7–233
索道 …… 7–229
索靖 …… 7–230
索福克勒斯 …… 7–230
索摩查家族 …… 7–232
索额图 …… 7–229
袁于令 …… 9–104
袁中道 …… 9–104
袁世凯 …… 9–102
袁世海 …… 9–102
袁术 …… 9–103
袁同礼 …… 9–103
袁伟民 …… 9–103
袁运甫 …… 9–104
袁宏道 …… 9–101
袁枢 …… 9–103
袁枚 …… 9–102
袁牧之 …… 9–102
袁宗道 …… 9–104
袁绍 …… 9–102
袁雪芬 …… 9–103
袁崇焕 …… 9–101
袁隆平 …… 9–101
袁翰青 …… 9–101
壶口瀑布 …… 3–512
荸荠 …… 1–313
莆田市 …… 6–100
莆仙戏 …… 6–100
莱比锡 …… 4–531
莱比锡会战 …… 4–532
莱比锡音乐学院 …… 4–532
莱布尼茨，G.W. …… 4–532
莱西市 …… 4–535
莱因哈特，M. …… 4–535
莱伊尔，C. …… 4–535
莱州市 …… 4–536
莱州湾 …… 4–536
莱阳市 …… 4–535
莱芜市 …… 4–535
莱辛，D. …… 4–535
莱辛，G.E. …… 4–535
莱昂 …… 4–530
莱昂，L.de …… 4–531
莱昂哈特，F. …… 4–531
莱茵河 …… 4–536
莱茵河–多瑙河水系航道 …… 4–536
莱茵–鲁尔区 …… 4–536
莱索托 …… 4–533
莱特兄弟 …… 4–534
莱维特，H. …… 4–534
莱奥纳多・达・芬奇 …… 4–531
莱奥纳多・达・芬奇科技博物馆 …… 4–531
莱奥帕尔迪，G. …… 4–531
莱蒙托夫，M.Yu. …… 4–533
莱蒙特，W.S. …… 4–533
莱德伯格，J. …… 4–533
莲花 …… 5–39
莲花生 …… 5–39
莲花尊 …… 5–40
莫力达瓦达斡尔族自治旗 …… 5–470
莫干山 …… 5–468
莫扎特，W.A. …… 5–478
莫内，J. …… 5–471
莫尔，T. …… 5–468
莫尔加尼，G.B. …… 5–468
莫尔纳尔 …… 5–468
莫尔兹比港 …… 5–468
莫尔斯，S.F.B. …… 5–468
莫尔蒂耶，G.de …… 5–468
莫西–格鲁西人 …… 5–477
莫西奥图尼亚瀑布 …… 5–477
莫企逊，R.I. …… 5–471
莫里，M.F. …… 5–469
莫里亚克，F. …… 5–470
莫里哀 …… 5–469
莫里兹 …… 5–470
莫里斯，C.W. …… 5–470
莫里森，T. …… 5–469
莫利纳，T.de …… 5–470
莫言 …… 5–477
莫卧儿王朝 …… 5–476
莫卧儿细密画 …… 5–477
莫奈，C. …… 5–470
莫奇卡文化 …… 5–471
莫奇利，J.W. …… 5–471
莫拉维亚，A. …… 5–468
莫罗尼 …… 5–470
莫迪利亚尼，F. …… 5–467

莫泊桑，G.de ……5-467
莫兹利，H. ……5-478
莫洛托夫，V.M. ……5-470
莫诺，J. ……5-471
莫桑比克 ……5-472
莫脱，N.F. ……5-476
莫斯，M. ……5-473
莫斯科 ……5-473
莫斯科大公国 ……5-474
莫斯科大学 ……5-475
莫斯科大剧院芭蕾舞团 ……5-474
莫斯科广播电台 ……5-475
莫斯科艺术剧院 ……5-476
《莫斯科不相信眼泪》……5-474
莫斯科地下铁道 ……5-475
莫斯科会战 ……5-475
莫斯科红场 ……5-475
莫斯科运河 ……5-476
莫斯科国际电影节 ……5-475
莫斯科音乐学院 ……5-476
《莫斯科宣言》(1957) ……5-476
莫斯特文化 ……5-476
莫舒舒 ……5-473
莫雷洛斯，J.M. ……5-469
莫塞莱定律 ……5-472
莫德格玛 ……5-467
莫霍界面 ……5-468
萬苣 ……7-607
荷马 ……3-432
荷马时代 ……3-432
荷包 ……3-428
荷包牡丹 ……3-429
荷尔拜因，H. ……3-429
荷尔蒙 ……3-429
荷尔德林，F. ……3-429
荷兰 ……3-429
荷兰人 ……3-431
荷兰豆 ……3-431
荷兰侵占台湾 ……3-431
荷兰语 ……3-431
荷加斯，W. ……3-429
荷花 ……3-429
荷属安的列斯 ……3-432
莜麦 ……9-42
获得性免疫缺陷综合征 ……4-19
荻村伊智朗 ……2-215
莎士比亚，W. ……6-431
莎士比亚纪念剧院 ……6-432
莎车 ……6-431
莎车县 ……6-431
《莎乐美》……6-431
莎草科 ……7-225
莨菪碱 ……4-551
莼菜 ……2-39
恭王府 ……3-143
莺 ……9-12
《莺莺传》……9-12
盐 ……8-433
盐土 ……8-435
盐丘 ……8-434
盐城市 ……8-433
盐度计 ……8-433
《盐铁论》……8-435
盐铁使 ……8-435
盐课 ……8-434
盐商 ……8-434
盐湖 ……8-433
盐湖城 ……8-433
盐腺 ……8-435
盐酸 ……8-434
盐碱地改良 ……8-434
哥巴文 ……3-87
哥打基纳巴卢 ……3-88
哥本哈根 ……3-87
哥白尼，N. ……3-87
哥白尼体系 ……3-87
哥尔多尼，C. ……3-89
哥尔德斯密斯，O. ……3-89
《哥达纲领批判》……3-88
哥伦比亚 ……3-89
哥伦比亚大学 ……3-90
“哥伦比亚”号航天飞机……3-90
哥伦比亚河 ……3-91
哥伦比亚特区 ……3-91
哥伦比亚影业公司 ……3-91
哥伦布 ……3-91
哥伦布，C. ……3-91
哥特小说 ……3-94
哥特式艺术 ……3-93
哥特战争 ……3-94
哥疾宁王朝 ……3-89
哥萨克 ……3-92
哥窑 ……3-94
哥斯达黎加 ……3-92
哥舒翰 ……3-92
哥德巴赫猜想 ……3-88
哥德尔，K. ……3-88
哥德堡 ……3-88
哥穆尔卡，W. ……3-91
聂士成 ……5-592
聂卫平 ……5-592
聂耳 ……5-590
聂华苓 ……5-591
聂米罗维奇－丹钦科，V.I. ……5-591
聂绀弩 ……5-591
聂荣臻 ……5-591
聂崇岐 ……5-590
聂鲁达，J. ……5-591
聂鲁达，P. ……5-591
聂毓禅 ……5-592
耆那教 ……6-133
恐龙 ……4-478
恐龙蛋 ……4-478
恐怖主义 ……4-478
恐惧 ……4-478
晋 ……4-272
晋元帝司马睿 ……4-276
晋中市 ……4-276
晋文公 ……4-275
《晋书》……4-275
晋州市 ……4-276
晋江 ……4-275
晋江市 ……4-275
晋怀帝司马炽 ……4-275
晋武帝司马炎 ……4-276
晋城市 ……4-274
晋侯墓地 ……4-275
晋语 ……4-276
晋祠 ……4-274
晋剧 ……4-275
晋朝 ……4-273
晋惠帝司马衷 ……4-275
《晋察冀日报》……4-273
恶性组织细胞病 ……2-410
恶性黑素瘤 ……2-410
栗钙土 ……5-34
栗原小卷 ……5-34
贾瓦希里 ……4-142
贾平凹 ……4-141
贾卡，J.M. ……4-140
贾让 ……4-141
贾兰坡 ……4-140
贾芝 ……4-142
贾似道 ……4-141
贾后 ……4-140
贾凫西 ……4-139
贾庆林 ……4-141
贾米 ……4-140
贾玛尔扎德 ……4-140
贾作光 ……4-142
贾希兹 ……4-142
贾岛 ……4-139
贾拓夫 ……4-141
贾春旺 ……4-139
贾树三 ……4-141
贾思勰 ……4-141
贾科梅蒂，A. ……4-140
贾宪 ……4-142
贾耽 ……4-139
贾谊 ……4-142
速不台 ……7-202
速示器 ……7-203
速记 ……7-203
速写 ……7-203
速度 ……7-202
速度滑冰 ……7-202
翅 ……2-1
起义 ……6-140
起动器 ……6-140
起诉 ……6-140
起居注 ……6-140

起重机 ……6-140
起搏器 ……6-139
起霸 ……6-139
载人飞船 ……9-152
载人航天 ……9-152
载瓦语 ……9-152
载沣 ……9-151
载荷 ……9-151
顾圣婴 ……3-198
《顾曲麈谈》……3-198
顾秀莲 ……3-199
顾况 ……3-198
顾炎武 ……3-199
顾柯，G. ……3-198
顾荣 ……3-198
顾拜旦，P.de ……3-197
顾顺章 ……3-198
顾恺之 ……3-198
顾宪成 ……3-199
顾祖禹 ……3-200
顾准 ……3-200
顾维钧 ……3-199
顾颉刚 ……3-197
顾毓琇 ……3-200
顾翼东 ……3-199
砹 ……1-81
砷 ……6-507
砷化镓 ……6-507
砾岩 ……5-35
破伤风 ……6-99
破产 ……6-99
《破瓮记》……6-99
《破窑记》……6-99
套汇 ……7-328
套头交易 ……7-329
套利 ……7-328
套作 ……7-329
套期保值 ……7-328
唇口目 ……2-39
唇形科 ……2-40
唇腭裂 ……2-39
夏 ……8-159
夏 ……8-161
夏历 ……8-163
夏内尔，G. ……8-164
夏巴尼，R. ……8-161
夏布 ……8-161
夏目漱石 ……8-164
夏令营 ……8-164
夏尔丹，J.-B.-S. ……8-162
夏尔丹，P.T.de ……8-162
夏尔多内，H.B. ……8-162
夏加尔，M. ……8-162
夏皮尔，D. ……8-165
夏圭 ……8-162
夏至点 ……8-167
夏多布里昂，F.-R.de ……8-161
夏连特拉王朝 ……8-164
夏坚白 ……8-163
夏县 ……8-167
夏里亚宾，F.I. ……8-163
夏言 ……8-167
夏完淳 ……8-166
夏承焘 ……8-161
夏枯草 ……8-163
夏威夷人 ……8-166
夏威夷州 ……8-166
夏威夷群岛 ……8-166
夏衍 ……8-167
夏洛特阿马利亚 ……8-164
夏鼐 ……8-161
夏娃 ……8-166
夏荷生 ……8-162
夏夏，L. ……8-167
夏原吉 ……8-167
夏眠 ……8-164
夏家店下层文化 ……8-163
夏培肃 ……8-165
夏菊花 ……8-163
夏梦 ……8-164
夏商周断代工程 ……8-165
夏鼐 ……8-164
原子 ……9-107
原子力显微镜 ……9-110
原子发射光谱法 ……9-108
原子光谱 ……9-108
原子吸收光谱法 ……9-112
原子论 ……9-111
原子时 ……9-111
原子序数 ……9-112
原子物理学 ……9-111
原子的亚稳态 ……9-108
原子荧光光谱法 ……9-112
原子钟 ……9-112
原子结构 ……9-109
原子核 ……9-108
原子核物理学 ……9-108
原子能 ……9-111
原子唯物论 ……9-111
原子弹 ……9-107
原子量 ……9-110
原子磁矩 ……9-107
原平市 ……9-105
原电池 ……9-104
原生动物门 ……9-105
原穴 ……9-107
原发性阿米巴脑膜脑炎 ……9-104
原虫病 ……9-104
原告 ……9-104
原尾目 ……9-107
原鸡 ……9-105
原油 ……9-107
原始文化 ……9-106
《原始文化》……9-106
原始佛教 ……9-105
原始社会 ……9-106
原始林 ……9-105
原始宗教 ……9-106
原始派艺术 ……9-106
原核生物 ……9-105
原核细胞 ……9-105
原绿藻 ……9-105
原罪 ……9-112
捕鸟蛛 ……1-424
捕虫堇 ……1-424
捕食 ……1-424
捕捞 ……1-424
振动 ……9-257
振动觉 ……9-257
捐输、捐纳、捐例 ……4-345
损伤力学 ……7-224
损害赔偿 ……7-224
捏脊 ……5-590
换汇 ……3-578
《捣练图》……2-158
轿子 ……4-208
轿车 ……4-207
顿河 ……2-380
顿悟 ……2-380
致良知 ……9-319
致敏 ……9-319
致密星 ……9-319
致畸作用 ……9-319
致癌物 ……9-319
挚虞 ……9-319
热力发动机 ……6-279
热力学 ……6-279
热力学系统 ……6-280
热力学第一定律 ……6-280
热力学第二定律 ……6-279
热力学第三定律 ……6-280
热力循环 ……6-280
热切割 ……6-281
热瓦甫 ……6-282
热内，J. ……6-281
热化学 ……6-278
热分析 ……6-277
热月政变 ……6-282
热功当量 ……6-278
热加工 ……6-279
热地 ……6-277
热成风 ……6-274
热传递 ……6-274
热污染 ……6-282
热那亚 ……6-281
热那亚共和国 ……6-281
热里科，T. ……6-279
热岛 ……6-277
热疗 ……6-280
热层 ……6-274
热罗姆斯基，S. ……6-280

热河生物群 ……6-278
热河鸟 ……6-278
热学 ……6-282
热带气旋 ……6-275
热带作物 ……6-277
热带雨林 ……6-276
热带雨林气候 ……6-276
热带季雨林 ……6-275
热带鱼 ……6-276
热带辐合带 ……6-275
热泵 ……6-274
热点 ……6-277
热核聚变 ……6-278
热盐环流 ……6-282
热容 ……6-282
热弹性力学 ……6-282
热量 ……6-280
热障 ……6-282
热管 ……6-278
热膨胀 ……6-281
哲马鲁丁·阿富汗尼 ……9-239
哲水蚤目 ……9-239
哲布尊丹巴呼图克图 ……9-239
哲罗姆 ……9-239
哲罗鲑属 ……9-239
哲学 ……9-239
《哲学史讲演录》……9-241
《哲学全书》……9-241
《哲学研究》……9-241
《哲学原理》……9-241
《哲学笔记》……9-240
《哲学通信》……9-241
哲学基本问题 ……9-240
哲学逻辑 ……9-241
哲蚌寺 ……9-239
哲赫林耶 ……9-239

〔丨〕

鸬鹚 ……5-159
柴尔德，V.G. ……1-498
柴达木盆地 ……1-497
柴伐蒂尼，C. ……1-498
柴油 ……1-499
柴油机 ……1-499
柴荣 ……1-499
柴科夫斯基，P.I. ……1-498
紧急状态 ……4-267
紧急避险 ……4-267
监外执行 ……4-152
监护 ……4-152
监事会 ……4-152
监视居住 ……4-152
监狱 ……4-152
监察制度 ……4-152
党卫军 ……2-152
《党同伐异》……2-152
党怀英 ……2-152
《党和国家领导制度的改革》……2-152
党参 ……2-152
党项 ……2-153
党锢 ……2-152
逍遥学派 ……8-212
逍遥津 ……8-212
哮证 ……8-233
哺乳动物 ……1-424
唢呐 ……7-234
崂山 ……4-556
峨眉山 ……2-404
峨眉山市 ……2-405
晒田 ……6-433
晓庄学校 ……8-232
眩晕 ……8-367
鸭 ……8-388
鸭茅 ……8-388
鸭绿江 ……8-388
鸭嘴兽 ……8-388
鸮形目 ……8-213
蚌埠市 ……1-312
蚜虫 ……8-391
蚋 ……6-347
蚬木 ……8-176
蚬科 ……8-176
蚧 ……4-235
蚊 ……7-604
蚓螈目 ……8-587
晁补之 ……1-536
晁错 ……1-536
《晏子春秋》……8-443
晏阳初 ……8-443
晏殊 ……8-442
晏幾道 ……8-442
晕 ……9-144
晕针 ……9-144
晕厥 ……9-132
罢工自由 ……1-191
罢黜百家 ……1-191
盎司 ……1-116
盎格鲁-撒克逊人 ……1-116
恩古吉 ……2-414
恩平市 ……2-415
恩尼乌斯 ……2-415
恩西纳，J.del……2-416
恩克鲁玛，K. ……2-415
恩里克斯·乌雷尼亚兄弟 ……2-415
恩施土家族苗族自治州 ……2-415
恩施市 ……2-415
恩格尔，R.F. ……2-414
恩格尔系数 ……2-414
恩格斯，F. ……2-414
恩贾梅纳 ……2-415
恩斯特，M. ……2-416
恩德贝莱人 ……2-413
哭嫁 ……4-482
哭墙 ……4-483
圆 ……9-112
圆口纲 ……9-113
圆仁 ……9-113
圆号 ……9-112
圆形动物门 ……9-113
圆明园 ……9-113
圆周率 ……9-113
圆柏 ……9-112
圆桌故事 ……9-114
圆寂 ……9-113

〔丿〕

特古西加尔巴 ……7-330
特写 ……7-335
特立尼达和多巴哥 ……7-331
特列恰可夫画廊 ……7-332
特吕弗，F. ……7-332
特级教师 ……7-330
特克斯和凯科斯群岛 ……7-330
特技飞行 ……7-330
特别行政区 ……7-329
特别提款权 ……7-329
特里丰诺夫，Yu.V. ……7-331
《特里亚农条约》……7-331
特里林，L. ……7-331
特里维西克，R. ……7-331
特里斯坦-达库尼亚群岛 ……7-331
《特利斯当和伊瑟》……7-332
特纳，F.J. ……7-333
特拉维夫-雅法 ……7-330
特罗洛普，A. ……7-333
特罗容，C. ……7-333
特命全权大使 ……7-333
特定穴 ……7-329
特种加工 ……7-335
特种作战部队 ……7-335
特种弹 ……7-335
特洛伊古城 ……7-333
特殊星系 ……7-334
特殊教育 ……7-334
特殊奥林匹克运动会 ……7-334
特赦 ……7-333
特斯拉 ……7-334
特斯拉，N. ……7-334
特提斯海 ……7-334
特奥蒂瓦坎古城 ……7-329
特鲁别茨科伊，N.S. ……7-332
特鲁希略家族 ……7-332
特雷莎嬷嬷 ……7-331
特辖制 ……7-335
钱七虎 ……6-166
钱人元 ……6-167
钱三强 ……6-167
钱大昕 ……6-164
钱正英 ……6-169
钱令希 ……6-166
钱永健 ……6-169

钱伟长 …… 6-168
钱仲联 …… 6-170
钱庄 …… 6-170
钱运录 …… 6-169
钱杏邨 …… 6-169
钱君匋 …… 6-165
钱松嵒 …… 6-167
钱其琛 …… 6-166
钱昌照 …… 6-164
钱金福 …… 6-165
钱宝琮 …… 6-164
钱学森 …… 6-169
钱南扬 …… 6-166
钱临照 …… 6-165
钱钟书 …… 6-170
钱俊瑞 …… 6-165
钱起 …… 6-167
钱能训 …… 6-166
钱崇澍 …… 6-164
钱谦益 …… 6-167
钱塘江 …… 6-168
钱塘江桥 …… 6-168
钱塘江涌潮 …… 6-168
钱端升 …… 6-165
钱德拉塞卡，S. …… 6-165
钱德勒，W.H. …… 6-165
钱潮 …… 6-164
钱澄之 …… 6-164
钱穆 …… 6-166
钳工 …… 6-170
钴 …… 3-189
钵水母纲 …… 1-394
钹 …… 1-410
钻井 …… 9-572
钻孔冲洗液 …… 9-572
钻石 …… 9-573
钻机 …… 9-573
钻具 …… 9-573
钻圈 …… 9-572
钽 …… 7-289
钽合金 …… 7-289
钽铁矿 …… 7-289
钼 …… 5-496
钼合金 …… 5-496
钼铅矿 …… 5-496
钾 …… 4-142
钾石盐 …… 4-143
钾肥 …… 4-143
钾－氩法定年 …… 4-143
铀 …… 9-42
铀同位素富集 …… 9-42
铀系不平衡法定年 …… 9-42
铀钍－铅法定年 …… 9-42
铀黑 …… 9-42
铁 …… 7-379
铁人三项运动 …… 7-384
铁刀木 …… 7-380
铁力市 …… 7-380
铁木尔·达瓦买提 …… 7-383
铁甲虫 …… 7-380
《铁皮鼓》 …… 7-383
铁托，J.B. …… 7-384
铁合金 …… 7-380
铁枝木偶戏 …… 7-385
铁岭市 …… 7-380
铁依甫江·艾里耶夫 …… 7-385
铁线莲 …… 7-384
铁线蕨 …… 7-384
铁树 …… 7-384
铁钦纳，E.B. …… 7-383
铁饼 …… 7-379
铁氧体 …… 7-385
铁勒 …… 7-380
铁琴铜剑楼 …… 7-384
铁帽 …… 7-383
铁路 …… 7-381
铁路车站 …… 7-381
铁路车辆 …… 7-381
铁路轨道 …… 7-381
铁路运输 …… 7-382
铁路国有案 …… 7-382
铁路信号 …… 7-382
铁磁性 …… 7-379
铁器时代 …… 7-383
铁凝 …… 7-383
铂 …… 1-410
铃木大拙 …… 5-97
铃木春信 …… 5-97
铃鼓 …… 5-97
铅 …… 6-159
铅矾 …… 6-159
铅玻璃 …… 6-159
铅笔 …… 6-159
铅笔画 …… 6-159
铅球 …… 6-160
铊 …… 7-236
铋 …… 1-330
铌 …… 5-581
铌铁矿 …… 5-581
铍 …… 6-76
秣市惨案 …… 5-478
秤 …… 1-594
租让制 …… 9-565
租界 …… 9-564
租借地 …… 9-564
租庸调 …… 9-565
租赋 …… 9-563
积分 …… 4-38
积分方程 …… 4-38
积分变换 …… 4-38
积石山保安族东乡族撒拉族自治县 …… 4-39
积雪 …… 4-39
积累 …… 4-39
积累率 …… 4-39
积温 …… 4-39
秧鸡 …… 8-446
秧歌 …… 8-445
秘色瓷 …… 5-403
秘密立储 …… 5-403
秘鲁 …… 1-330
秘鲁香 …… 1-331
缺翅目 …… 6-268
缺铁性贫血 …… 6-268
缺席判决 …… 6-268
敌百虫 …… 2-215
敌蛾 …… 2-215
笄礼 …… 4-39
笔 …… 1-323
笔石 …… 1-324
笔记文 …… 1-323
笔会 …… 1-323
笔名 …… 1-324
笔触 …… 1-323
笔墨 …… 1-324
《笑林》 …… 8-234
《笑府》 …… 8-233
笑噬亚热 …… 8-233
氩 …… 8-419
氦 …… 3-355
氦原子光谱 …… 3-355
氧 …… 8-473
氧化还原反应 …… 8-474
氧化还原电势 …… 8-474
氧化还原树脂 …… 8-474
氧化物 …… 8-475
氧化剂 …… 8-474
氧化钙 …… 8-473
氧化铁 …… 8-474
氧化铝 …… 8-474
氧化锌 …… 8-475
氧化镁 …… 8-474
氧气疗法 …… 8-475
氧循环 …… 8-475
氨 …… 1-110
氨纶 …… 1-112
氨基甲酸酯 …… 1-111
氨基葡萄糖 …… 1-111
氨基酸 …… 1-111
氨基糖苷类抗生素 …… 1-111
造山运动 …… 9-165
造父变星 …… 9-164
造纸术 …… 9-165
造纸机械 …… 9-165
造林 …… 9-164
造型艺术 …… 9-165
《造像量度经》 …… 9-165
造像碑 …… 9-165
透支 …… 7-416
透平 …… 7-415
透闪石 …… 7-415
透析 …… 7-415

透视学 ……7-415
透翅蛾 ……7-414
透镜 ……7-414
乘数原理 ……1-588
债 ……9-176
债务 ……9-177
债务人 ……9-177
债权 ……9-177
债权人 ……9-177
债转股 ……9-177
债券 ……9-177
借贷资本 ……4-235
俺答汗 ……1-113
倾转旋翼机 ……6-218
倾销与反倾销 ……6-218
倒立 ……2-159
倒伏 ……2-158
倒挂金钟 ……2-158
倒虹吸管 ……2-158
俳句 ……6-35
俳赋 ……6-35
候风地动仪 ……3-496
候鸟 ……3-496
倭马亚王朝 ……7-607
倪元璐 ……5-581
倪光南 ……5-581
倪志福 ……5-582
倪尚达 ……5-581
倪征燠 ……5-582
倪瓒 ……5-581
俾斯麦，O.von ……1-324
俾斯麦群岛 ……1-325
俾路支人 ……1-324
俾路支省 ……1-324
倍倍尔，A. ……1-303
倍赏千惠子 ……1-303
倍频器 ……1-303
健忘 ……4-169
健美 ……4-169
健美操 ……4-169
健康 ……4-169
健康岛 ……4-169
健脾化湿 ……4-169
健舞 ……4-169
射击 ……6-503
射电天文学 ……6-502
射电星系 ……6-503
射电望远镜 ……6-502
射流 ……6-503
射影几何学 ……6-503
射箭 ……6-503
臭汗症 ……2-12
臭氧 ……2-12
臭氧化物 ……2-12
臭氧武器 ……2-12
臭椿 ……2-12
息烽县 ……8-128
隼 ……7-225
隼形目 ……7-225
徕卡照相机集团公司 ……4-536
徐士高 ……8-346
徐才厚 ……8-343
徐小香 ……8-349
徐日昇 ……8-345
徐中舒 ……8-350
徐水县 ……8-346
徐世昌 ……8-346
徐汇区 ……8-344
徐玑 ……8-344
徐匡迪 ……8-345
徐达 ……8-343
徐光启 ……8-343
徐光宪 ……8-343
徐廷柱 ……8-347
徐向前 ……8-348
徐冰 ……8-342
徐州市 ……8-350
徐州会战 ……8-350
徐阶 ……8-344
徐寿 ……8-346
徐寿辉 ……8-346
徐克 ……8-345
徐志摩 ……8-349
徐肖冰 ……8-348
徐釚 ……8-345
徐怀中 ……8-344
徐迟 ……8-343
徐绍清 ……8-345
徐复观 ……8-343
徐闻县 ……8-347
徐晓钟 ……8-349
徐特立 ……8-346
徐铉 ……8-349
徐訏 ……8-349
徐朔方 ……8-346
徐海东 ……8-344
徐润 ……8-345
徐家福 ……8-344
徐祯卿 ……8-349
徐陵 ……8-345
徐庚体 ……8-349
徐敬业 ……8-344
徐悲鸿 ……8-342
徐铸成 ……8-350
徐渭 ……8-347
徐摛 ……8-343
徐照 ……8-349
徐锡麟 ……8-347
徐熙 ……8-347
徐锴 ……8-345
徐僖 ……8-347
徐霞客 ……8-348
《徐霞客游记》 ……8-348
殷夫 ……8-578
殷宏章 ……8-578
殷承宗 ……8-578
殷墟 ……8-578
舰队 ……4-169
舰空导弹 ……4-170
舰载机 ……4-170
舰载雷达 ……4-170
舰舰导弹 ……4-169
般若 ……1-394
般若经 ……1-394
舫 ……2-502
航天 ……3-396
航天工程 ……3-400
航天飞机 ……3-399
航天发射场 ……3-398
航天医学 ……3-402
航天员 ……3-402
航天侦察 ……3-403
航天服 ……3-399
航天学 ……3-402
航天食品 ……3-402
航天测控站 ……3-398
航天部队 ……3-398
航天救生 ……3-400
航天摄影测量 ……3-402
航天遥感 ……3-402
航天器 ……3-400
航天器发射 ……3-401
航天器轨道控制 ……3-401
航天器返回技术 ……3-401
航空 ……3-393
航空工程 ……3-393
航空气象学 ……3-395
航空仪表 ……3-396
航空发动机 ……3-393
航空母舰 ……3-394
航空考古 ……3-394
航空运动 ……3-396
航空运输 ……3-396
航空学 ……3-396
航空通信 ……3-395
航空领航 ……3-394
航空港 ……3-393
航空摄影测量 ……3-395
航空遥感 ……3-396
航空模型运动 ……3-394
航空器 ……3-395
航标 ……3-391
航标灯 ……3-391
航海 ……3-391
航海日志 ……3-392
航海气象 ……3-392
航海条例 ……3-393
航海学 ……3-393
航海模型运动 ……3-392
《颂》 ……7-176
颂壶 ……7-177

豹 ……1-249
豹魴鮄 ……1-249
“豹”Ⅱ主战坦克 ……1-249
豺 ……1-499
釜山 ……3-3
翁文灏 ……7-606
翁方纲 ……7-606
翁同龢 ……7-606
翁卷 ……7-606
爱丁顿，A.S. ……1-82
爱丁堡 ……1-82
爱尔兰 ……1-83
爱尔兰人 ……1-84
爱尔兰共和军 ……1-84
爱尔兰自治法案 ……1-84
爱尔兰岛 ……1-84
爱尔兰语 ……1-84
爱尔维修，C.-A. ……1-84
爱因汉姆，R. ……1-88
爱因托芬，W. ……1-89
爱因斯坦，A. ……1-88
爱因斯坦，H.A. ……1-89
爱伦·坡，E. ……1-85
爱伦堡，I.G. ……1-85
爱丽舍宫 ……1-85
爱克哈特，M.J. ……1-85
爱利亚学派 ……1-85
爱沙尼亚 ……1-87
爱沙尼亚人 ……1-87
爱沙尼亚语 ……1-88
爱明内斯库，M. ……1-86
爱国主义 ……1-85
“爱国者”导弹 ……1-84
爱迪生，T.A. ……1-82
爱泼斯坦，I. ……1-86
爱美剧 ……1-86
爱资哈尔大学 ……1-90
爱资哈尔清真大寺 ……1-90
爱情 ……1-86
爱琴文明 ……1-86
爱琴海 ……1-86
爱斯基摩人 ……1-88
爱斯基摩文化 ……1-88
爱斯基摩-阿留申语系 ……1-88
爱森斯坦，S.M. ……1-86
爱德华兹，J. ……1-82
爱德华湖 ……1-82
爱薛 ……1-88
爱默生，R.W. ……1-86
奚 ……8-128
拿破仑一世 ……5-505
拿破仑三世 ……5-505
《拿破仑法典》 ……5-505
拿破仑战争 ……5-505
拿骚 ……5-506
拿撒勒 ……5-506
狼 ……4-548
狼山鸡 ……4-548
狼牙山五壮士 ……4-549
狼毒大戟 ……4-548
狼孩 ……4-548
狼蛛科 ……4-549
狻猊 ……7-206
胰 ……8-541
胰岛 ……8-541
胰岛素 ……8-541
胰腺炎 ……8-541
胰腺癌 ……8-541
脆硫锑铅矿 ……2-57
脂质 ……9-294
脂肪 ……9-292
脂肪肝 ……9-293
脂肪抽吸术 ……9-292
脂肪栓塞综合征 ……9-293
脂肪酸 ……9-293
脂肪瘤 ……9-293
脂溢性皮炎 ……9-294
胸部 ……8-330
胸腔积液 ……8-331
胸痛 ……8-331
胸腺 ……8-331
胸膜肿瘤 ……8-331
胸膜炎 ……8-331
脏腑 ……9-155
脏腑相关 ……9-155
脏腑辨证 ……9-155
脐风 ……6-133
胶子 ……4-201
胶片 ……4-200
胶东半岛 ……4-199
胶印 ……4-201
胶州市 ……4-201
胶州湾 ……4-201
胶体 ……4-200
胶体化学 ……4-201
胶版印刷纸 ……4-199
胶南市 ……4-200
胶原 ……4-201
胶蚧 ……4-199
胶黏剂 ……4-200
脑 ……5-548
脑力劳动 ……5-550
脑干 ……5-549
脑水肿 ……5-551
脑功能侧化 ……5-549
脑电图 ……5-548
脑死亡 ……5-551
脑血管疾病 ……5-551
脑垂体 ……5-548
脑疝 ……5-551
脑性瘫痪 ……5-551
脑炎 ……5-552
脑桥 ……5-550
脑积水 ……5-549
脑脓肿 ……5-550
脑脊液 ……5-549
脑脊膜 ……5-549
脑膜炎 ……5-550
胼胝 ……6-82
胺 ……1-114
脓肿 ……5-616
脓胸 ……5-616
脓疱疮 ……5-616
鸵鸟 ……7-458
皱鳃鲨目 ……9-479
鸳鸯 ……9-85
鸳鸯蝴蝶派 ……9-85
留比莫夫，Yu.P. ……5-122
留鸟 ……5-123
留兰香 ……5-122
留尼汪 ……5-122
留里克王朝 ……5-122
留法勤工俭学运动 ……5-122
留置权 ……5-123
玺印 ……8-138
桀 ……4-225

〔、〕

凌子风 ……5-98
凌日 ……5-98
凌汛 ……5-98
凌纯声 ……5-97
凌家滩遗址 ……5-98
凌鸿勋 ……5-98
凌霄花 ……5-98
凌濛初 ……5-98
准货币 ……9-518
准备金 ……9-517
准据法 ……9-518
准噶尔盆地 ……9-517
凉山 ……5-50
凉山彝族自治州 ……5-50
旅鸟 ……5-181
“旅行者”号探测器 ……5-182
旅顺口区 ……5-181
旅客机 ……5-181
旅鸽 ……5-181
旅馆 ……5-181
旅游 ……5-182
旅游区 ……5-182
旅游业 ……5-182
旅游经济 ……5-182
旅游承载力 ……5-182
旅游保险 ……5-182
旅游消费 ……5-182
剖宫产 ……6-100
《部分禁止核试验条约》 ……1-457
部曲 ……1-457
部件 ……1-457
部刺史 ……1-456
部派佛教 ……1-457

部落 …… 1-457
郭士立 …… 3-252
郭大力 …… 3-250
郭小川 …… 3-253
郭子仪 …… 3-254
郭子兴 …… 3-254
郭汉城 …… 3-250
郭兰英 …… 3-251
郭永怀 …… 3-253
郭廷以 …… 3-252
郭守敬 …… 3-252
郭伯雄 …… 3-250
郭沔 …… 3-251
郭店楚简 …… 3-250
郭沫若 …… 3-251
郭宝臣 …… 3-249
郭宝钧 …… 3-249
郭绍虞 …… 3-252
郭威 …… 3-253
郭品文 …… 3-251
郭桓案 …… 3-250
郭象 …… 3-253
郭淑珍 …… 3-252
郭晶晶 …… 3-250
郭嵩焘 …… 3-252
郭嘉 …… 3-250
郭熙 …… 3-253
郭璞 …… 3-251
高乃依，P. …… 3-72
高力士 …… 3-69
高士其 …… 3-75
高山辰雄 …… 3-74
《高山流水》 …… 3-75
高山族 …… 3-75
高山滑雪 …… 3-75
高元钧 …… 3-80
高分子化合物 …… 3-63
高分子化学 …… 3-63
高分子老化 …… 3-64
高分子材料 …… 3-62
高分子灌浆材料 …… 3-63
高仓健 …… 3-58
高凤莲 …… 3-64
高凤翰 …… 3-64
高功率微波武器 …… 3-65
高平市 …… 3-72
高卢 …… 3-70
高甲戏 …… 3-68
高电压技术 …… 3-60
高仙芝 …… 3-78
高句丽 …… 3-66
高句丽遗迹 …… 3-66
高尔夫球 …… 3-61
高尔韦，J. …… 3-62
高尔顿，F. …… 3-61
高尔基，M. …… 3-61
高尔基体 …… 3-62
高尔斯华绥，J. …… 3-62
高加索 …… 3-67
高加索人种 …… 3-67
高加索语系 …… 3-67
高台教 …… 3-77
高边疆战略 …… 3-58
《高老头》 …… 3-69
高压汞灯 …… 3-79
高压物理学 …… 3-79
高血压 …… 3-79
高危妊娠 …… 3-77
高庆奎 …… 3-74
高庆狮 …… 3-74
高州市 …… 3-81
高安市 …… 3-57
高欢 …… 3-66
高红移星系 …… 3-66
高丽 …… 3-69
高克恭 …… 3-68
高志航 …… 3-81
高更，P. …… 3-65
高技术 …… 3-66
高技术产业 …… 3-67
高邮市 …… 3-80
高岗 …… 3-64
高岑 …… 3-58
高利贷 …… 3-69
高低杠 …… 3-60
高启 …… 3-73
高层大气 …… 3-58
高层建筑 …… 3-58
高君宇 …… 3-68
高附加值产品 …… 3-64
高松冢古坟 …… 3-76
高其佩 …… 3-73
高奇峰 …… 3-73
高尚荫 …… 3-75
高岭土 …… 3-70
高岭石 …… 3-70
高明 …… 3-71
高季兴 …… 3-67
高性能高分子 …… 3-78
高怡生 …… 3-80
高炉炼铁 …… 3-70
高空杂技 …… 3-69
高要市 …… 3-80
高拱 …… 3-65
高剑父 …… 3-68
高饶事件 …… 3-74
高济宇 …… 3-67
高觉敷 …… 3-68
高骈 …… 3-72
高速工具钢 …… 3-77
高速公路 …… 3-77
高速铁路 …… 3-77
高原 …… 3-80
高原气候 …… 3-81
高原病 …… 3-80
高射炮 …… 3-75
高润墓 …… 3-74
高朗亭 …… 3-69
高能天文台 …… 3-72
高能天体物理学 …… 3-72
高崇民 …… 3-59
高铭暄 …… 3-71
高敏 …… 3-71
《高逸图》 …… 3-80
高清晰度电视 …… 3-74
高密市 …… 3-71
高棉人 …… 3-71
高棉语 …… 3-71
高斯，A. …… 3-76
高斯，C.F. …… 3-76
高斯定理 …… 3-76
高雄市 …… 3-78
高雄县 …… 3-78
高景德 …… 3-68
高程系统 …… 3-59
高程测量 …… 3-59
高等学校图书馆 …… 3-60
高等教育 …… 3-59
高等教育自学考试制度 …… 3-60
高等植物 …… 3-60
高鲁 …… 3-71
高温合金 …… 3-78
高碕达之助 …… 3-73
高碑店市 …… 3-57
高跷 …… 3-73
高锟 …… 3-69
高锰酸钾 …… 3-71
高新技术产业 …… 3-78
高粱 …… 3-70
高鹗 …… 3-61
高鼻羚羊 …… 3-57
高適 …… 3-76
高攀龙 …… 3-72
衰老 …… 7-76
衰变纲图 …… 7-76
衰变规律 …… 7-76
亳 …… 1-410
亳州市 …… 1-411
离子 …… 4-578
离子化合物 …… 4-578
离子光谱 …… 4-578
离子交换 …… 4-578
离子交换树脂 …… 4-578
离子极化 …… 4-578
离子束 …… 4-578
离子型聚合 …… 4-579
离子选择性电极 …… 4-579
离子键 …… 4-578
离心力 …… 4-578
离心分离 …… 4-577
离心惯性力 …… 4-577

离合器 ……4-576
离坚白 ……4-577
离岸价格 ……4-576
离婚 ……4-576
离散数学 ……4-577
《离骚》……4-577
《离魂记》……4-577
离解 ……4-577
旁观者介入 ……6-47
旁观者冷漠 ……6-48
旁系血亲 ……6-48
旁遮普人 ……6-48
旁遮普邦 ……6-48
旁遮普省 ……6-48
旁遮普语 ……6-48
斋 ……9-175
斋月 ……9-176
斋戒 ……9-176
斋醮 ……9-175
竞走 ……4-314
竞技体操 ……4-314
竞选 ……4-314
畜产品加工 ……8-358
畜牧业 ……8-358
畜牧场 ……8-358
栾菊杰 ……5-189
恋父情结 ……5-49
恋母情结 ……5-49
浆体管道 ……4-187
资不抵债 ……9-524
资水 ……9-525
资本 ……9-520
资本公积 ……9-521
资本外逃 ……9-522
资本主义社会 ……9-523
资本主义所有制 ……9-524
资本市场 ……9-522
资本边际效率 ……9-520
资本有机构成 ……9-523
《资本论》……9-521
资本国际化 ……9-521
资本周转 ……9-523
资本原始积累 ……9-523
资本积累 ……9-521
资本积聚 ……9-521
资本密集型产业 ……9-522
资本循环 ……9-523
资本输出 ……9-522
资华筠 ……9-525
资产 ……9-524
资产负债表 ……9-525
资产评估 ……9-525
资产重组 ……9-524
资兴市 ……9-525
资阳人 ……9-525
资阳市 ……9-525
资金 ……9-525
《资治通鉴》……9-527
《资政新篇》……9-527
资源地理学 ……9-526
资源危机 ……9-526
资源委员会 ……9-526
资源保护 ……9-525
资源配置 ……9-526
资源税 ……9-526
资源管理 ……9-526
“资源”1号卫星 ……9-527
脊柱 ……4-86
脊柱侧凸 ……4-86
脊柱骨关节病 ……4-87
脊柱裂 ……4-87
脊索 ……4-86
脊索动物门 ……4-86
脊椎动物 ……4-87
脊髓 ……4-85
脊髓灰质炎 ……4-85
脊髓炎 ……4-86
脊髓损伤 ……4-86
席草 ……8-136
席格蒙迪，R.A. ……8-137
席勒，J.C.F.von ……8-137
座头鲸 ……9-581
《唐人小说》……7-311
《唐人选唐诗（十种）》……7-311
唐三彩 ……7-311
唐才常 ……7-300
唐山市 ……7-312
唐山地震 ……7-312
唐山瓷 ……7-312
《唐五代词》……7-315
唐太宗李世民 ……7-315
唐长孺 ……7-317
唐末农民战争 ……7-309
唐古拉山 ……7-306
唐卡 ……7-308
唐由之 ……7-317
唐代宗李豫 ……7-306
唐生智 ……7-312
唐宁街 ……7-310
唐玄宗李隆基 ……7-316
唐兰 ……7-308
唐加勒克·朱勒迪 ……7-307
唐圭璋 ……7-307
唐有祺 ……7-317
唐廷枢 ……7-315
《唐会要》……7-307
唐宋八大家 ……7-314
《唐宋文举要》……7-315
唐宋古文运动 ……7-314
《唐宋传奇集》……7-314
《唐宋名贤百家词》……7-314
《唐宋诗举要》……7-314
唐宋派 ……7-314
唐君毅 ……7-308
唐努乌梁海 ……7-310
唐纳，R. ……7-310
唐武宗李炎 ……7-315
唐松草 ……7-314
唐招提寺 ……7-317
《唐贤三昧集》……7-316
唐《金刚经》引首版画 ……7-307
唐诗 ……7-312
《唐诗三百首》……7-313
《唐诗别裁集》……7-313
唐弢 ……7-315
唐绍仪 ……7-312
唐昭陵 ……7-317
唐顺之 ……7-313
《唐律疏议》……7-309
唐宪宗李纯 ……7-316
《唐语林》……7-317
唐胥铁路 ……7-316
唐敖庆 ……7-300
唐徕渠 ……7-308
唐高宗李治 ……7-306
唐高祖李渊 ……7-306
唐家璇 ……7-307
唐陵 ……7-308
唐继尧 ……7-307
唐乾陵 ……7-310
唐菖蒲 ……7-300
唐寅 ……7-316
唐朝 ……7-300
《唐朝名画录》……7-306
唐森德税法 ……7-311
唐稚松 ……7-317
《唐璜》……7-307
唐蕃会盟碑 ……7-300
唐德宗李适 ……7-306
疳积 ……3-43
病机 ……1-370
病因 ……1-371
病因辨证 ……1-371
病态窦房结综合征 ……1-371
病毒 ……1-369
病毒性出血热 ……1-369
病毒性肝炎 ……1-369
病毒性呼吸道感染 ……1-370
病毒性胃肠炎 ……1-370
病毒性脑炎 ……1-370
病毒性感染 ……1-370
病毒学 ……1-370
病带 ……1-369
病原体 ……1-371
病理检查 ……1-370
疾病 ……4-73
疾病地理 ……4-74
疾病保险 ……4-74
痄腮 ……9-175
痈 ……9-23
疼痛 ……7-336

疱疹样皮炎 ……………………… 6–52
疱疹病毒 ………………………… 6–52
疲劳 ……………………………… 6–76
疲劳 ……………………………… 6–77
疲劳强度设计 …………………… 6–77
悖论 ……………………………… 1–304
《悟真篇》………………………… 8–80
阅兵 ……………………………… 9–126
阅读 ……………………………… 9–126
阆中市 …………………………… 4–551
烧心 ……………………………… 6–472
烧伤 ……………………………… 6–471
烧沟汉墓壁画 …………………… 6–471
烧炭党 …………………………… 6–471
烧瓷 ……………………………… 6–471
烧碱 ……………………………… 6–471
烟台市 …………………………… 8–420
《烟台条约》……………………… 8–421
烟囱 ……………………………… 8–420
烟草 ……………………………… 8–420
烟煤 ……………………………… 8–420
烟酸 ……………………………… 8–420
烟碱 ……………………………… 8–420
瓶子草科 ………………………… 6–95
粉末冶金 ………………………… 2–559
粉刺 ……………………………… 2–558
粉虱 ……………………………… 2–559
粉蚧 ……………………………… 2–558
粉笔画 …………………………… 2–558
粉彩 ……………………………… 2–558
粉碎“四人帮”…………………… 2–560
粉碎机械 ………………………… 2–559
粉蝶 ……………………………… 2–558
粉螨 ……………………………… 2–559
朔 ………………………………… 7–111
朔州市 …………………………… 7–111
朔望 ……………………………… 7–111
益虫 ……………………………… 8–563
益州 ……………………………… 8–563
《益州名画录》…………………… 8–563
益阳市 …………………………… 8–563
恙虫病 …………………………… 8–476
拳击 ……………………………… 6–266
兼并 ……………………………… 4–153
兼爱 ……………………………… 4–153
递归论 …………………………… 2–253
递归函数 ………………………… 2–253
递延资产 ………………………… 2–254
浦东新区 ………………………… 6–106
浦那 ……………………………… 6–106
浦项 ……………………………… 6–106
浦熙修 …………………………… 6–106
酒 ………………………………… 4–324
酒石酸 …………………………… 4–325
酒令 ……………………………… 4–324
酒剂 ……………………………… 4–324
《酒经》…………………………… 4–324
酒政 ……………………………… 4–325
酒泉卫星发射中心 ……………… 4–325
酒泉市 …………………………… 4–325
酒课 ……………………………… 4–324
酒渣鼻 …………………………… 4–325
酒精 ……………………………… 4–324
涟源市 …………………………… 5–40
浙东学派 ………………………… 9–243
浙江大学 ………………………… 9–243
浙江省 …………………………… 9–243
浙江美术学院 …………………… 9–243
浙江菜 …………………………… 9–243
浙派 ……………………………… 9–245
浙派词 …………………………… 9–245
浙菜 ……………………………… 9–243
浙赣走廊 ………………………… 9–243
浙赣战役 ………………………… 9–243
涉外民事诉讼 …………………… 6–504
消化 ……………………………… 8–215
消化性溃疡 ……………………… 8–215
消化道憩室 ……………………… 8–215
消导剂 …………………………… 8–213
消法 ……………………………… 8–213
消毒 ……………………………… 8–213
消食化滞 ………………………… 8–216
消费 ……………………………… 8–213
消费市场 ………………………… 8–214
消费者心理学 …………………… 8–214
消费者权益保护法 ……………… 8–214
消费函数 ………………………… 8–214
消费信贷 ………………………… 8–214
消费结构 ………………………… 8–214
消费基金 ………………………… 8–214
消费税 …………………………… 8–214
消除反应 ………………………… 8–213
消息 ……………………………… 8–216
消渴 ……………………………… 8–216
涅瓦河 …………………………… 5–593
涅克拉索夫，N.A. ……………… 5–592
涅槃 ……………………………… 5–593
涡电流 …………………………… 7–607
涡虫纲 …………………………… 7–607
浩罕汗国 ………………………… 3–406
浩然 ……………………………… 3–407
海上之盟 ………………………… 3–339
海上平台 ………………………… 3–339
海上安全机构 …………………… 3–338
《海上花列传》…………………… 3–339
海上画派 ………………………… 3–339
海上保险 ………………………… 3–338
海上航线 ………………………… 3–339
海口市 …………………………… 3–330
海山 ……………………………… 3–338
海门市 …………………………… 3–332
海马 ……………………………… 3–332
海丰县 …………………………… 3–326
海王星 …………………………… 3–343
海厄特，J.W. …………………… 3–325
海牙 ……………………………… 3–345
海牙公约 ………………………… 3–345
《海牙规则》……………………… 3–345
海牙画派 ………………………… 3–346
海牛 ……………………………… 3–337
海水 ……………………………… 3–341
海水淡化 ………………………… 3–341
海东地区 ………………………… 3–324
海北藏族自治州 ………………… 3–319
海卡尔 …………………………… 3–329
海尔曼，L. ……………………… 3–325
海尔集团公司 …………………… 3–325
海尔·塞拉西一世 ……………… 3–325
海宁市 …………………………… 3–336
海市蜃楼 ………………………… 3–340
海兰泡与江东六十四屯惨案 …… 3–330
海地 ……………………………… 3–322
海地地震 ………………………… 3–323
海地危机 ………………………… 3–323
海地革命 ………………………… 3–323
海权论 …………………………… 3–337
海耳，G.E. ……………………… 3–325
海西运动 ………………………… 3–344
海西蒙古族藏族自治州 ………… 3–344
海百合 …………………………… 3–319
海因茨，W. ……………………… 3–354
海伦 ……………………………… 3–332
海伦市 …………………………… 3–332
海色 ……………………………… 3–338
海冰 ……………………………… 3–319
海关 ……………………………… 3–327
海关进出口税则 ………………… 3–327
海关税务司 ……………………… 3–327
海米赛 …………………………… 3–332
海州湾 …………………………… 3–355
海军 ……………………………… 3–329
海军陆战队 ……………………… 3–329
海军航空兵 ……………………… 3–329
海阳市 …………………………… 3–346
海防 ……………………………… 3–326
海防 ……………………………… 3–326
海红豆 …………………………… 3–328
海进 ……………………………… 3–328
海克尔，E. ……………………… 3–329
海里 ……………………………… 3–331
海龟 ……………………………… 3–327
海沟 ……………………………… 3–327
海陆风 …………………………… 3–331
《海陆的起源》…………………… 3–331
海林市 …………………………… 3–331
海耶曼斯，H. …………………… 3–353
海事卫星 ………………………… 3–340
海事仲裁机构 …………………… 3–340
海事诉讼 ………………………… 3–340
海事法院 ………………………… 3–340
海拔 ……………………………… 3–319

海拉尔区 …… 3-330
海明威，E. …… 3-333
海岸 …… 3-318
海图 …… 3-342
海狗 …… 3-327
海兔科 …… 3-342
海底工程 …… 3-322
海底火山 …… 3-322
海底电缆 …… 3-321
海底地震 …… 3-321
海底扩张说 …… 3-322
海底峡谷 …… 3-322
海底热泉 …… 3-322
海底高原 …… 3-321
海底扇 …… 3-322
海底隧道 …… 3-322
海法 …… 3-326
海河 …… 3-328
海泡石 …… 3-337
海泽，P. …… 3-354
海姆，S. …… 3-333
海参纲 …… 3-339
海城市 …… 3-320
海城地震 …… 3-319
海南大风子 …… 3-334
海南岛 …… 3-334
海南省 …… 3-334
海南藏族自治州 …… 3-335
海草 …… 3-319
海带 …… 3-320
海鸥 …… 3-337
《海鸥》 …… 3-337
海面地形 …… 3-333
海战 …… 3-354
海峡 …… 3-344
海星 …… 3-345
海狮 …… 3-340
海胆 …… 3-320
海洛夫斯基，J. …… 3-332
海洛因 …… 3-332
海洋 …… 3-346
海洋工程 …… 3-349
海洋卫星 …… 3-352
海洋内波 …… 3-351
海洋化学 …… 3-349
海洋公园 …… 3-349
海洋生态 …… 3-351
海洋生物学 …… 3-351
海洋地质学 …… 3-348
海洋自净能力 …… 3-353
海洋沉积 …… 3-348
海洋灾害 …… 3-353
海洋环境污染 …… 3-350
海洋环境科学 …… 3-350
海洋物理学 …… 3-352
海洋性气候 …… 3-353
海洋法 …… 3-349
海洋科学 …… 3-350
海洋测绘 …… 3-347
海洋资源 …… 3-353
海洋浮标站 …… 3-349
海洋调查船 …… 3-348
海洋能 …… 3-351
海洋锋 …… 3-349
海洋湍流 …… 3-352
海洋遥感 …… 3-353
海洋潮汐 …… 3-348
海退 …… 3-342
《海－埃兰条约》 …… 3-318
海格特公墓 …… 3-327
海都 …… 3-324
海盐腔 …… 3-346
海原地震 …… 3-354
海原县 …… 3-354
海顿，J. …… 3-324
海笋科 …… 3-341
海豹 …… 3-319
海狸鼠 …… 3-331
海部俊树 …… 3-319
海涅，H. …… 3-336
海流 …… 3-331
海浪 …… 3-331
海难 …… 3-335
海难救助 …… 3-336
海勒，J. …… 3-331
海菲兹，J. …… 3-326
海啸 …… 3-344
海得拉巴 …… 3-320
海得拉巴 …… 3-320
海盘车科 …… 3-337
海豚 …… 3-343
海象 …… 3-344
海商法 …… 3-338
海盗 …… 3-320
海兽 …… 3-340
海淀区 …… 3-324
海隆 …… 3-331
海绵动物门 …… 3-333
海绿石 …… 3-332
海斯，H.K. …… 3-341
海葵目 …… 3-330
海森伯，W.K. …… 3-338
海棠 …… 3-342
海蛛纲 …… 3-355
海鲂目 …… 3-326
海港工程 …… 3-326
海湾 …… 3-343
海湾阿拉伯国家合作委员会 …… 3-343
海湾战争 …… 3-343
海登斯塔姆，C.G.V.von …… 3-321
海瑞 …… 3-337
《海瑞罢官》 …… 3-338
海塘 …… 3-342
海蓝宝石 …… 3-330
海禁 …… 3-328
海雾 …… 3-344
海蜇 …… 3-354
海蛾鱼目 …… 3-325
海鲇 …… 3-336
海源阁 …… 3-354
海滩 …… 3-342
海福德，J.F. …… 3-326
海德格尔，M. …… 3-321
海德堡人 …… 3-321
海德堡大学 …… 3-321
海鞘纲 …… 3-337
海燕 …… 3-346
海獭 …… 3-342
海藻 …… 3-354
涂长望 …… 7-428
涂尔干，É. …… 7-428
涂迈，J.W. …… 7-429
涂光炽 …… 7-428
涂鸦艺术 …… 7-429
涂料 …… 7-429
浴佛节 …… 9-80
浮力 …… 2-603
《浮士德》 …… 2-604
浮山堰 …… 2-604
《浮云》 …… 2-605
浮世绘 …… 2-604
浮动汇率 …… 2-603
浮桥 …… 2-604
浮萍科 …… 2-603
浮雕 …… 2-603
涤纶 …… 2-215
涤棉织物 …… 2-215
流亡政府 …… 5-127
流水别墅 …… 5-125
流动人口 …… 5-124
流动负债 …… 5-123
流动性陷阱 …… 5-124
流动注射分析 …… 5-124
流动资本 …… 5-125
流动资产 …… 5-125
流动稳定性 …… 5-124
流光室（管） …… 5-125
流血的星期日 …… 5-129
《流血的婚礼》 …… 5-129
流行艺术 …… 5-129
流行色 …… 5-128
流行性乙型脑炎 …… 5-129
流行性出血热病毒 …… 5-128
流行性脑脊髓膜炎 …… 5-128
流行性感冒 …… 5-128
流行性腮腺炎 …… 5-128
流行音乐 …… 5-129
流行舞 …… 5-128
流产 …… 5-123
流体 …… 5-126
流体力学 …… 5-126

流体动力学 ……5-126
流体机械 ……5-126
流体运动学 ……5-127
流体静力学 ……5-126
流言 ……5-129
流纹岩 ……5-128
流态化技术 ……5-125
流明 ……5-125
流变学 ……5-123
流星 ……5-128
流浪汉小说 ……5-125
流通 ……5-127
流通资本 ……5-127
流域 ……5-129
流量 ……5-125
流感病毒 ……5-125
润扬长江大桥 ……6-352
润滑 ……6-352
润滑油 ……6-352
润燥 ……6-352
浣熊 ……3-578
浪漫主义 ……4-551
浸礼宗 ……4-276
浸取 ……4-276
涨落 ……9-223
涨跌停板 ……9-223
涩艺术 ……6-418
涌吐剂 ……9-28
涌浪 ……9-28
涌潮 ……9-28
害虫 ……3-356
宽甸满族自治县 ……4-497
宽政改革 ……4-497
宽带 ……4-497
宸濠之乱 ……1-575
家长奴隶制 ……4-129
家长制 ……4-129
家务劳动社会化 ……4-129
家用电器 ……4-129
家具 ……4-125
家政 ……4-129
家政学 ……4-129
家庭公社 ……4-126
家庭心理治疗 ……4-128
家庭生命周期 ……4-128
家庭礼仪 ……4-127
家庭农场 ……4-128
《家庭、私有制和国家的起源》……4-128
家庭社会工作 ……4-128
家庭保健 ……4-126
家庭急救 ……4-126
家庭养老 ……4-128
家庭教育 ……4-127
家庭联产承包责任制 ……4-127
家庭影院 ……4-128
家庭暴力 ……4-126
家畜 ……4-125
家禽 ……4-125
家鼠 ……4-126
家蝇 ……4-129
家谱 ……4-125
宵禁 ……8-216
宴乐渔猎攻战纹壶 ……8-443
宾夕法尼亚州 ……1-359
宾客 ……1-359
《宾虚》……1-360
宰牲节 ……9-150
容克 ……6-332
容克斯，H. ……6-332
容志行 ……6-332
容县 ……6-332
容闳 ……6-332
容国团 ……6-331
容庚 ……6-331
容积率 ……6-332
《容斋随笔》……6-332
容量分析 ……6-332
娑罗树 ……7-225
诸子散文 ……9-494
诸城市 ……9-493
诸侯 ……9-494
诸宫调 ……9-494
诸葛亮 ……9-493
诸福棠 ……9-493
诸暨市 ……9-494
诺韦尔，J.-G. ……6-11
诺瓦利斯 ……6-11
诺贝尔，A.B. ……6-8
诺贝尔奖 ……6-9
诺卡氏菌病 ……6-9
诺列加，M. ……6-9
诺齐克，R. ……6-11
诺克雕塑 ……6-9
诺林根城 ……6-10
诺罗敦·西哈努克 ……6-10
诺思克利夫勋爵 ……6-11
诺彦乌拉墓地 ……6-12
诺特，E.……6-11
诺曼征服 ……6-11
诺曼底大桥 ……6-10
诺曼底公国 ……6-10
诺曼底登陆战役 ……6-10
诺鲁孜节 ……6-10
诺福克岛 ……6-9
《读史方舆纪要》……2-354
《读卖新闻》……2-354
《读者》……2-354
《读者文摘》……2-354
读者俱乐部 ……2-354
调 ……2-302
调节 ……7-375
调兵山市 ……2-303
调和分析 ……7-375
调和阴阳 ……7-375
调和脾胃 ……7-375
调制 ……7-376
调相器 ……7-376
调查设计 ……2-303
调速器 ……7-376
《调琴啜茗图》……7-376
调幅器 ……7-374
调频器 ……7-375
调解 ……7-375
谈迁 ……7-281
谈家桢 ……7-281
袍 ……6-50
袍带戏 ……6-50
被子植物门 ……1-304
被中香炉 ……1-304
被告 ……1-304
被唇纲 ……1-304
被害人 ……1-304
《被缚的普罗米修斯》……1-304
朗之万，P.……4-550
朗戈斯 ……4-550
朗吉努斯 ……4-550
朗松，G. ……4-550
朗费罗，H.W. ……4-549
朗格，F.A.……4-550
朗特，A. ……4-550
朗曼出版集团公司 ……4-550
朗道，L.D.……4-549
朗缪尔，I.……4-550
冥王星 ……5-452
冥婚 ……5-452
冤狱赔偿 ……9-85
扇 ……6-448
扇子功 ……6-448
扇贝 ……6-448

〔乛〕

弱用之术 ……6-353
弱相互作用 ……6-353
弱智儿童 ……6-354
剥夺政治权利 ……1-394
剥削 ……1-395
剧本 ……4-338
剧场 ……4-338
展子虔 ……9-179
陶力 ……7-325
陶大镛 ……7-325
陶艺 ……7-327
陶云逵 ……7-328
陶布，H. ……7-323
《陶记》……7-325
陶寺文化 ……7-326
陶成章 ……7-324
陶行知 ……7-327
陶里亚蒂，P.……7-325
陶侃 ……7-325
陶金 ……7-325

陶诗言 ……7-326
陶孟和 ……7-326
陶峙岳 ……7-328
《陶说》……7-326
陶瓷 ……7-324
陶渊明 ……7-327
陶铸 ……7-328
陶然 ……7-326
陪审制度 ……6-52
蚩尤 ……1-594
姬蜂 ……4-40
姬鼠 ……4-40
姬鹏飞 ……4-40
娘子关 ……5-588
《难夫难妻》……5-548
难民 ……5-548
难产 ……5-547
难熔金属 ……5-547
预后 ……9-81
预备立宪 ……9-80
预备役 ……9-81
预算 ……9-81
预警卫星 ……9-81
预警机 ……9-81
能人 ……5-563
能力 ……5-562
能力倾向测验 ……5-562
能乐 ……5-564
能级 ……5-562
能斯特公式 ……5-563
能量 ……5-562
能量代谢 ……5-562
能量守恒定律 ……5-562
能源 ……5-563
桑 ……6-409
桑干河 ……6-411
桑戈尔，L.S. ……6-411
桑巴 ……6-409
桑巴特，W. ……6-410
桑代克，E.L. ……6-410
桑弘羊 ……6-412
桑尼·阿里 ……6-412
桑地诺，C.A. ……6-411
桑托斯 ……6-413
桑坦德尔，F.de P. ……6-413
桑耶寺 ……6-413
桑奇大塔 ……6-412
桑国卫 ……6-411
桑科 ……6-412
桑给巴尔苏丹国 ……6-412
桑蚕 ……6-410
桑格，F. ……6-411
桑海人 ……6-412
桑海帝国 ……6-412
桑维翰 ……6-413
桑塔·克鲁斯，A.de ……6-412
桑塔利语 ……6-413
桑德尔，B. ……6-411
通化市 ……7-389
通风机 ……7-388
通心粉 ……7-391
通古斯大爆炸 ……7-388
通古斯语支 ……7-388
通布图 ……7-388
通史 ……7-391
通用电气公司 ……7-393
通用字 ……7-393
通用汽车公司 ……7-393
通训 ……7-393
通讯 ……7-393
通讯社 ……7-393
通加人 ……7-390
通辽市 ……7-391
通考 ……7-391
通关 ……7-389
通州区 ……7-394
《通志》……7-394
通识教育 ……7-391
《通典》……7-388
通货贬值 ……7-389
通货紧缩 ……7-389
通货膨胀 ……7-389
通货膨胀目标制度 ……7-390
通政使司 ……7-394
通俗音乐 ……7-391
通信卫星 ……7-392
通信网 ……7-392
通信自由 ……7-392
通信兵 ……7-391
通信系统 ……7-392
通航建筑物 ……7-389
通商行船条约 ……7-391
通惠河 ……7-389
通道侗族自治县 ……7-388
通缉 ……7-390
通榆县 ……7-394
《通鉴纪事本末》……7-390
绡 ……8-216
绢 ……4-346
绢毛猴 ……4-346
绢丝织物 ……4-346
绣花鞋 ……8-338
绣球花 ……8-339
绣眼鸟 ……8-339
《绣像小说》……8-339
《绣谱》……8-339
绥化市 ……7-210
绥远抗战 ……7-210
绥芬河市 ……7-210
绥拉菲莫维奇，A.S. ……7-210
绥靖政策 ……7-210
绦虫纲 ……7-320
绦虫病 ……7-320
继子女 ……4-104
继电保护 ……4-103
继电器 ……4-103
继昌隆缫丝厂 ……4-103
继承 ……4-103
继承权 ……4-103
继续教育 ……4-104
绨 ……7-345
骊山 ……4-579
验光 ……8-443
验潮 ……8-443
验潮仪 ……8-443

十一画

〔一〕

球 ……6-244
球根花卉 ……6-244
球蚜 ……6-244
球菌 ……6-244
琐罗亚斯德 ……7-234
琐罗亚斯德教 ……7-234
理 ……5-10
理一分殊 ……5-13
理气 ……5-11
理气剂 ……5-11
理血 ……5-13
理论力学 ……5-11
理论地理学 ……5-11
理念 ……5-11
理性人 ……5-12
理性认识 ……5-12
理性电影 ……5-12
理性预期学派 ……5-12
理性情绪疗法 ……5-12
理学 ……5-13
理查兹，D.W. ……5-10
理查兹，T.W. ……5-11
理查逊，S. ……5-10
理想气体 ……5-12
理想气体状态方程 ……5-12
《理想国》……5-11
理想流体 ……5-12
理想溶液 ……5-12
理藩院 ……5-11
琉球群岛 ……5-130
琉璃 ……5-129
琉璃厂 ……5-129
《琉璃志》……5-130
琉璃河燕都遗址 ……5-130
琅勃拉邦 ……4-549
彗星 ……3-614
域 ……9-82
域名 ……9-82
堆肥 ……2-370
堆垒数论 ……2-370
堆积作用 ……2-370

堆谱 …… 2-370
培生集团 …… 6-54
培根，F. …… 6-53
培根，R. …… 6-53
培根起义 …… 6-54
埽工 …… 6-414
梗死 …… 3-120
梧州市 …… 8-43
梧桐 …… 8-42
《梧桐雨》 …… 8-43
梧桐科 …… 8-43
梅 …… 5-330
梅切格，K. …… 5-335
梅厄，G. …… 5-331
梅文鼎 …… 5-336
梅尔维尔，H. …… 5-331
梅兰芳 …… 5-332
梅尼什科夫，O.E. …… 5-334
梅尼埃尔氏病 …… 5-334
梅西安，O. …… 5-336
梅列日科夫斯基，D.S. …… 5-334
梅尧臣 …… 5-336
梅州市 …… 5-338
梅汝璈 …… 5-335
梅农，V.N. …… 5-335
梅丽尔·斯特里普 …… 5-333
《梅花三弄》 …… 5-332
梅花大鼓 …… 5-332
梅花山自然保护区 …… 5-332
梅花鹿 …… 5-332
梅县 …… 5-336
梅里美，P. …… 5-333
梅里爱，G. …… 5-333
梅纽因，Y. …… 5-334
梅林，F. …… 5-334
梅耶，A. …… 5-337
梅耶荷德，V.E. …… 5-337
梅杰，J. …… 5-332
梅雨 …… 5-337
梅雨田 …… 5-337
梅河口市 …… 5-331
梅毒 …… 5-330
梅契尼科夫，I.I. …… 5-335
梅贻琦 …… 5-337
梅洛-庞蒂，M. …… 5-334
梅核气 …… 5-332
梅恩，H. …… 5-331
梅特林克，M. …… 5-335
梅特涅，K.W.N.L.von …… 5-336
梅益 …… 5-337
梅勒，N. …… 5-333
梅塔斯塔齐奥，P. …… 5-335
梅森数 …… 5-335
梅曾亮 …… 5-337
梅谢列尔，A.M. …… 5-336
梅德韦杰夫，D.A. …… 5-330
检波器 …… 4-155
检疫 …… 4-156
检察机关 …… 4-155
检察官 …… 4-155
《梓人遗制》 …… 9-532
梯也尔，A. …… 7-338
梯叶里，A. …… 7-338
梯田 …… 7-338
梯度 …… 7-337
梯度风 …… 7-338
梯恩梯 …… 7-338
桫椤 …… 7-225
桫椤自然保护区 …… 7-225
梭子蟹 …… 7-226
梭伦改革 …… 7-226
梭鲁特文化 …… 7-225
职工互助补充保险 …… 9-299
职工代表大会 …… 9-298
职业兴趣测验 …… 9-300
职业运动员 …… 9-300
职业体育 …… 9-300
职业性皮肤病 …… 9-300
职业病 …… 9-299
职业病待遇 …… 9-300
职业教育 …… 9-300
职田 …… 9-299
《职贡图》 …… 9-299
职位评估 …… 9-299
聊城市 …… 5-68
《聊斋志异》 …… 5-69
教区 …… 4-209
教父 …… 4-208
教长 …… 4-213
教师 …… 4-209
教师节 …… 4-209
教会法 …… 4-208
教育 …… 4-210
教育心理学 …… 4-211
教育收益率 …… 4-211
教育投资 …… 4-211
教育制度 …… 4-213
教育学 …… 4-212
教育救国 …… 4-211
教学大纲 …… 4-210
教练员 …… 4-209
教科书 …… 4-209
教皇 …… 4-208
教皇子午线 …… 4-208
教皇国 …… 4-208
教皇制 …… 4-208
教唆犯 …… 4-209
教案 …… 4-208
教堂 …… 4-209
《敕勒歌》 …… 2-1
酚 …… 2-557
酚醛树脂 …… 2-557
《乾隆平定准部回部战图》 …… 6-171
乾隆帝 …… 6-171
乾嘉学派 …… 6-171
勒瓦娄哇技术 …… 4-566
勒贝格，H.L. …… 4-564
勒贝格积分 …… 4-564
勒孔特·德·李勒，C.-M.-R. …… 4-565
勒让德，A.-M. …… 4-566
勒克斯 …… 4-564
勒利德布尔 …… 4-565
勒阿弗尔 …… 4-564
勒纳，P. …… 4-565
勒奇山隧道 …… 4-566
勒·柯布西耶 …… 4-564
勒南兄弟 …… 4-565
勒威耶，U.-J.-J. …… 4-566
勒科克，A.von …… 4-564
勒保 …… 4-564
勒拿河 …… 4-565
勒普累，F. …… 4-565
勒温，K. …… 4-566
副本收存制度 …… 3-13
副伤寒 …… 3-13
副热带高压 …… 3-13
副流感病毒感染 …… 3-13
著作权 …… 9-505
著作权法 …… 9-505
菱 …… 5-99
菱铁矿 …… 5-99
菱锌矿 …… 5-99
菱锰矿 …… 5-99
菱镁矿 …… 5-99
菘蓝 …… 7-162
萘 …… 5-515
萘胺 …… 5-516
萘酚 …… 5-516
萘醌 …… 5-516
菲 …… 2-524
菲尔丁，H. …… 2-524
菲尔多西 …… 2-524
菲尔肖，R. …… 2-525
菲尔普斯，M. …… 2-524
菲尔德，S. …… 2-524
菲尼克斯 …… 2-526
菲亚特汽车公司 …… 2-527
菲奇，V.L. …… 2-527
菲茨杰拉尔德，F.S. …… 2-524
菲律宾 …… 2-525
菲律宾人民抗日军 …… 2-526
菲律宾群岛 …… 2-526
菲美战争 …… 2-526
菲涅耳，A.-J. …… 2-527
菇 …… 7-379
萝卜 …… 5-222
萝芙木 …… 5-222
萝藦科 …… 5-222
萎缩 …… 7-564
菜瓜 …… 1-467
菜豆 …… 1-467

菜花 ……1-467
菜蛾 ……1-467
菜篮子工程 ……1-467
菟丝子 ……7-447
菊石 ……4-333
菊池宽 ……4-332
菊花 ……4-332
菊科 ……4-333
萃取 ……2-57
萃取色谱法 ……2-58
菩萨 ……6-100
菩提亚人 ……6-101
菩提达摩 ……6-100
菩提伽耶 ……6-101
菏泽市 ……3-440
萍乡市 ……6-96
菠萝 ……1-395
菠菜 ……1-395
菅直人 ……4-153
萧一山 ……8-219
萧三 ……8-218
萧山区 ……8-218
萧友梅 ……8-219
萧长华 ……8-216
萧华 ……8-217
萧军 ……8-218
萧红 ……8-217
萧克 ……8-218
萧县 ……8-218
萧何 ……8-217
萧伯纳 ……8-216
萧劲光 ……8-217
萧纲 ……8-217
萧统 ……8-218
萧逊 ……8-218
萧楚女 ……8-217
萨马兰奇，J.A. ……6-364
萨马拉 ……6-364
萨马科铁矿浆管道 ……6-364
萨瓦连斯基，F.P. ……6-368
萨冈，F. ……6-360
萨巴依 ……6-356
萨丕尔，E. ……6-366
萨本栋 ……6-356
萨布素 ……6-356
萨尔 ……6-358
萨尔马泰人 ……6-359
萨尔马泰文化 ……6-359
萨尔瓦多 ……6-359
萨尔瓦多 ……6-359
萨尔托 ……6-359
萨尔茨堡 ……6-358
萨尔浒之战 ……6-358
萨尔蒂科夫，M.Ye. ……6-358
萨尔温江 ……6-360
萨达姆·侯赛因 ……6-357
萨达特 ……6-357
萨伊，J.-B. ……6-368
萨伊定律 ……6-369
萨伊德 ……6-369
萨那 ……6-366
萨杜尔，G. ……6-358
萨克拉门托 ……6-361
萨克斯，C. ……6-361
萨克斯，H. ……6-361
萨克斯，J.von ……6-362
萨克斯管 ……6-362
萨克森王朝 ……6-361
萨克雷，W.M. ……6-361
萨利赫 ……6-363
萨拉丁 ……6-362
萨拉丁古堡 ……6-362
萨拉马戈，J. ……6-363
萨拉乌苏遗址 ……6-363
萨拉姆 ……6-363
萨拉查，A.de ……6-362
萨拉热窝 ……6-363
萨拉萨特，P.de ……6-363
萨非王朝 ……6-360
萨帕塔，E. ……6-366
萨迪 ……6-357
萨迪王朝 ……6-357
萨法尔王朝 ……6-360
萨空了 ……6-362
萨姆纳，J.B. ……6-366
萨姆纳，W.G. ……6-366
萨迦派 ……6-361
《萨迦格言》 ……6-361
萨珊王朝 ……6-366
萨哈林岛 ……6-360
萨洛特，N. ……6-363
《萨逊的大卫》 ……6-368
萨格勒布 ……6-360
萨都剌 ……6-358
萨莱诺 ……6-363
萨莫耶德语族 ……6-366
萨特，J.-P. ……6-367
萨曼王朝 ……6-364
萨维尼，F.K.von ……6-368
萨维奇，J.L. ……6-368
萨斯卡通 ……6-367
萨斯喀彻温河 ……6-367
萨蒂，E. ……6-357
萨满教 ……6-364
萨福 ……6-360
萨赫勒 ……6-361
萨缪尔森，P.A. ……6-364
萨镇冰 ……6-369
萨·德·米兰达，F.de ……6-357
萨摩亚 ……6-365
萨摩亚人 ……6-365
萨摩亚群岛 ……6-365
萤火虫 ……9-15
萤石 ……9-16
营口市 ……9-16
营气 ……9-16
营业外收入 ……9-17
营业收入 ……9-16
营业税 ……9-16
营养 ……9-16
营养不良 ……9-16
《营造法式》 ……9-17
黄土 ……3-599
《黄土地》 ……3-599
黄土高原 ……3-599
黄大仙 ……3-581
黄山 ……3-596
黄山市 ……3-596
黄巾起义 ……3-588
黄子卿 ……3-602
黄友葵 ……3-602
黄冈市 ……3-583
黄化现象 ……3-587
黄公略 ……3-583
黄公望 ……3-583
黄牛 ……3-593
黄文山 ……3-600
黄文狄 ……3-600
黄火青 ……3-587
黄玉 ……3-602
黄石市 ……3-597
黄石国家公园 ……3-597
黄龙寺-九寨沟自然风景区 ……3-592
黄瓜 ……3-583
黄包车 ……3-580
黄永玉 ……3-602
黄吉安 ……3-587
黄老之学 ……3-591
黄老道 ……3-591
黄百韬 ……3-580
黄华 ……3-586
黄华 ……3-587
黄自 ……3-603
黄羊 ……3-601
黄汲清 ……3-587
黄兴 ……3-601
黄杨科 ……3-601
黄克诚 ……3-590
黄志红 ……3-602
黄花岗七十二烈士 ……3-586
黄芪 ……3-594
黄连 ……3-591
黄连素 ……3-591
黄佐临 ……3-603
黄肠题凑 ……3-581
黄宏嘉 ……3-586
黄纬禄 ……3-600
黄鸣龙 ……3-593
黄昆 ……3-590
黄果树瀑布 ……3-583
黄秉维 ……3-581

黄金分割 …… 3-589
黄金世纪 …… 3-589
《黄金史》 …… 3-589
黄金市场 …… 3-589
黄金荣 …… 3-589
黄金储备 …… 3-588
黄昏鸟 …… 3-587
黄炎培 …… 3-601
黄河 …… 3-584
黄河三角洲 …… 3-586
《黄河大合唱》 …… 3-586
黄河大堤 …… 3-585
黄河凌汛 …… 3-586
黄宗羲 …… 3-603
黄建新 …… 3-588
黄孟复 …… 3-593
黄栌 …… 3-592
黄南藏族自治州 …… 3-593
黄胄 …… 3-602
黄种人 …… 3-602
黄秋葵 …… 3-595
黄帝 …… 3-582
《黄帝内经》 …… 3-583
黄庭坚 …… 3-598
《黄庭经》 …… 3-598
黄骅市 …… 3-587
黄埔军校 …… 3-593
《黄埔条约》 …… 3-594
黄桥战役 …… 3-595
黄热病 …… 3-596
黄铁矿 …… 3-597
黄疸 …… 3-582
黄浦区 …… 3-594
黄浦江 …… 3-594
黄酒 …… 3-590
黄海 …… 3-584
黄海海战 …… 3-584
黄润甫 …… 3-596
黄宽 …… 3-590
黄家驷 …… 3-588
黄宾虹 …… 3-580
黄陵县 …… 3-591
黄继光 …… 3-588
黄梅戏 …… 3-593
黄梅县 …… 3-593
黄菊 …… 3-590
黄雀 …… 3-595
黄铜 …… 3-598
黄铜矿 …… 3-598
黄麻 …… 3-592
黄淮海平原 …… 3-587
黄维 …… 3-600
黄维垣 …… 3-600
黄巢 …… 3-581
黄鹂 …… 3-591
黄量 …… 3-591
黄鼎臣 …… 3-583
黄筌 …… 3-595
黄翔鹏 …… 3-601
黄道 …… 3-582
黄道光 …… 3-582
黄道周 …… 3-582
黄道婆 …… 3-582
黄瑞纶 …… 3-596
黄瑞采 …… 3-596
黄酮类化合物 …… 3-598
黄蜀芹 …… 3-597
黄慎 …… 3-597
黄褐斑 …… 3-586
黄瘤病 …… 3-591
黄遵宪 …… 3-603
黄鹤楼 …… 3-586
黄檗 …… 3-581
黄藻门 …… 3-602
黄壤 …… 3-595
黄籍 …… 3-588
黄鳝 …… 3-597
堇青石 …… 4-267
堇菜科 …… 4-267
焉耆 …… 8-421
焉耆-龟兹文 …… 8-422
票友 …… 6-84
票号 …… 6-83
票据 …… 6-83
曹 …… 1-476
曹天钦 …… 1-478
曹日昌 …… 1-477
曹文轩 …… 1-478
曹丕 …… 1-477
曹本熹 …… 1-476
曹刚川 …… 1-476
曹仲达 …… 1-480
曹汝霖 …… 1-477
曹志 …… 1-479
曹建明 …… 1-477
曹参 …… 1-478
曹禺 …… 1-479
曹俊臣 …… 1-477
曹彬 …… 1-476
曹雪芹 …… 1-478
曹爽 …… 1-478
曹植 …… 1-479
曹锟 …… 1-477
曹靖华 …… 1-477
曹聚仁 …… 1-477
曹操 …… 1-476
《曹操与杨修》 …… 1-476
曹薰铉 …… 1-478
曹霸 …… 1-476
基 …… 4-40
基切人 …… 4-50
基什尼奥夫 …… 4-50
基本生活费用 …… 4-40
基本物理常数 …… 4-41
基本建设 …… 4-40
基本粒子 …… 4-40
基尔比，J.S. …… 4-46
基尔运河 …… 4-46
基尔库克 …… 4-46
基尔霍夫，G.R. …… 4-46
基尔霍夫定律 …… 4-46
基加利 …… 4-47
基尼利，T. …… 4-49
基尼系数 …… 4-49
基因 …… 4-52
基因工程 …… 4-53
基因武器 …… 4-53
基因组 …… 4-53
基因型 …… 4-53
基因重组 …… 4-53
基因突变 …… 4-53
基因调控 …… 4-53
基因隐私权 …… 4-53
基伍湖 …… 4-51
基多 …… 4-45
基克拉泽斯群岛 …… 4-47
基里巴斯 …… 4-48
基里巴斯语 …… 4-48
基希讷乌 …… 4-51
基希纳，E.L. …… 4-51
基辛格，H.A. …… 4-51
基库尤人 …… 4-47
基纳巴卢山 …… 4-49
基耶斯洛夫斯基，K. …… 4-52
基拉韦厄火山 …… 4-48
基拉宁，M.M. …… 4-47
基罗加，H. …… 4-49
基底细胞癌 …… 4-42
基要主义 …… 4-52
基施，E.E. …… 4-50
基洛夫，S.M. …… 4-49
基洛夫剧院芭蕾舞团 …… 4-49
基础工业 …… 4-42
基础货币 …… 4-42
基础标准 …… 4-42
基础科学 …… 4-42
基特韦 …… 4-51
基特加 …… 4-51
基准利率 …… 4-54
基诺语 …… 4-50
基诺族 …… 4-50
基桑加尼 …… 4-50
基辅 …… 4-46
基辅大学 …… 4-47
基辅罗斯 …… 4-47
基隆火山群 …… 4-48
基隆市 …… 4-48
基雅罗斯塔米 …… 4-52
基普哈特，H. …… 4-50
《基督山伯爵》 …… 4-45
基督论 …… 4-45

基督徒聚会处 …… 4-45
基督教 …… 4-42
基督教美术 …… 4-44
基督教神学 …… 4-45
基数 …… 4-50
梦 …… 5-390
《梦溪笔谈》 …… 5-390
梵 …… 2-484
梵天 …… 2-486
梵汉对音 …… 2-485
梵净山 …… 2-486
梵语 …… 2-486
梵蒂冈 …… 2-484
梵蒂冈公会议 …… 2-485
梵蒂冈秘密档案馆 …… 2-485
梵蒂冈博物馆 …… 2-485
硅 …… 3-242
硅化木 …… 3-243
硅灰石 …… 3-243
硅谷 …… 3-242
硅酸钠 …… 3-243
硅酸盐 …… 3-243
硅橡胶 …… 3-243
硅藻门 …… 3-243
硒 …… 8-128
硕士 …… 7-111
硕蚧 …… 7-111
鸸鹋 …… 2-419
瓠瓜 …… 3-524
龚云甫 …… 3-144
龚古尔文学奖 …… 3-143
龚古尔兄弟 …… 3-143
龚自珍 …… 3-144
龚贤 …… 3-144
龚祖同 …… 3-144
盔头 …… 4-504
驾形目 …… 5-76
盛世才 …… 6-570
盛华仁 …… 6-570
盛泽镇 …… 6-570
盛宣怀 …… 6-570
戛纳电影节 …… 4-133
厢坊制 …… 8-199
厢兵 …… 8-199
雪 …… 8-371
雪人 …… 8-372
雪山 …… 8-372
雪舟 …… 8-373
雪里蕻 …… 8-372
雪鸡 …… 8-371
雪松 …… 8-372
雪茄 …… 8-371
《雪国》 …… 8-371
雪线 …… 8-372
雪莱，P.B. …… 8-371
雪莲 …… 8-372
雪顿节 …… 8-371
雪豹 …… 8-371
雪崩 …… 8-371
雪暴 …… 8-371
雪橇运动 …… 8-372
戚夫人 …… 6-123
戚继光 …… 6-123
掩星 …… 8-438
捷尔任斯基，F.E. …… 4-225
捷克 …… 4-225
捷克人 …… 4-226
捷克公国 …… 4-226
捷克语 …… 4-227
捷克斯洛伐克 …… 4-226
捷克斯洛伐克1948年二月事件 …… 4-227
捷斯 …… 4-227
掉期 …… 2-303
排队论 …… 6-35
排列组合 …… 6-36
排污申报登记制度 …… 6-37
排污权交易 …… 6-37
排尿 …… 6-36
排尿异常 …… 6-36
排泄 …… 6-37
排律 …… 6-36
排球 …… 6-37
推古朝改革 …… 7-448
推进剂 …… 7-449
推荐性标准 …… 7-449
推恩令 …… 7-448
推拿 …… 7-449
推理 …… 7-449
《推销员之死》 …… 7-449
推覆构造 …… 7-448
授时 …… 7-45
捻军 …… 5-586
捻翅目 …… 5-586
掠夺性生产 …… 5-191
接力跑 …… 4-214
接力游泳 …… 4-214
接地 …… 4-214
接合菌 …… 4-214
接骨木 …… 4-214
接触性皮炎 …… 4-214
掸人 …… 6-448
掸邦高原 …… 6-448
控告权 …… 4-479
控制 …… 4-479
控制论 …… 4-479
《控制论》 …… 4-480
控制测量 …… 4-479
控制器 …… 4-480
探戈 …… 7-290
探针技术 …… 7-291
探矿机械 …… 7-290
探空火箭 …… 7-290
探测器 …… 7-289
“探险者”号卫星 …… 7-291
“探路者”号探测器 …… 7-290
掘土派 …… 4-349
辅仁大学 …… 3-3
辅酶 …… 3-3
救世主 …… 4-328
救世军 …… 4-328
救生塔 …… 4-328
救赎论 …… 4-328

〔丨〕

颅脑外伤 …… 5-159
颅裂 …… 5-159
虚云 …… 8-341
虚劳 …… 8-340
虚拟资本 …… 8-340
虚谷 …… 8-340
雀形目 …… 6-269
雀盲 …… 6-269
雀巢公司 …… 6-269
雀斑 …… 6-269
雀鳝 …… 6-269
《堂吉诃德》 …… 7-318
堂会 …… 7-318
常山碱 …… 1-525
常书鸿 …… 1-525
常平仓 …… 1-525
常宁市 …… 1-525
常州市 …… 1-527
常州词派 …… 1-527
常宝堃 …… 1-524
常建 …… 1-524
常春藤 …… 1-524
常迴 …… 1-526
常香玉 …… 1-527
常胜军 …… 1-525
常绿阔叶林 …… 1-524
常遇春 …… 1-527
常微分方程 …… 1-526
常德市 …… 1-524
常熟市 …… 1-526
啄木鸟 …… 9-519
啮虫目 …… 5-593
啮齿动物 …… 5-593
《唱论》 …… 1-529
唱和诗 …… 1-528
唱念做打 …… 1-529
唯心史观 …… 7-547
唯心主义 …… 7-547
唯名论 …… 7-546
唯识宗 …… 7-546
唯物史观 …… 7-547
唯物主义 …… 7-547
《唯物主义和经验批判主义》 …… 7-547
唯物辩证法 …… 7-546
唯美主义 …… 7-546
唯理论 …… 7-546
唯意志论 …… 7-547

啤酒 …… 6–77
啤酒花 …… 6–78
啤酒店暴动 …… 6–78
啥味呢 …… 6–433
崆峒山 …… 4–472
晚报 …… 7–479
晚香玉 …… 7–479
晚唐诗派 …… 7–479
《晚清文选》 …… 7–479
晚期智人 …… 7–479
眼 …… 8–439
眼子菜 …… 8–441
眼外伤 …… 8–440
眼底检查 …… 8–439
眼球震颤 …… 8–440
眼蝶 …… 8–439
眼镜 …… 8–439
眼镜蛇 …… 8–440
眼镜猴 …… 8–440
蚶 …… 3–356
蚯蚓 …… 6–243
蛀果蛾 …… 9–505
蛇 …… 6–479
蛇足石杉 …… 6–480
蛇岛自然保护区 …… 6–479
蛇纹石 …… 6–480
蛇纹石玉 …… 6–480
蛇纹岩 …… 6–480
蛇根碱 …… 6–479
蛇蛉目 …… 6–479
蛇颈龙 …… 6–479
蛇颈龟 …… 6–479
蛇绿岩 …… 6–479
蛇鳗 …… 6–480
野人 …… 8–493
野口英世 …… 8–492
野生动物园 …… 8–493
野牡丹科 …… 8–493
野间宏 …… 8–492
野牦牛 …… 8–493
《野草莓》 …… 8–492
野战军 …… 8–493
野猪 …… 8–493
《野猪林》 …… 8–493
野兽主义 …… 8–493
野蛮时代 …… 8–492
野燕麦 …… 8–493
距离测量 …… 4–339
跃层 …… 9–126
鄂木斯克 …… 2–412
鄂尔多斯市 …… 2–410
鄂尔多斯高原 …… 2–410
鄂尔泰 …… 2–411
鄂毕河 …… 2–410
鄂伦春自治旗 …… 2–411
鄂伦春语 …… 2–411
鄂伦春族 …… 2–412
鄂州市 …… 2–412
鄂君启节 …… 2–411
鄂陵湖 …… 2–411
鄂博 …… 2–410
鄂温克语 …… 2–412
鄂温克族 …… 2–412
鄂温克族自治旗 …… 2–412
鄂霍次克海 …… 2–411
崧泽文化 …… 7–162
崖墓 …… 8–391
崔子忠 …… 2–56
崔世安 …… 2–56
崔世珍 …… 2–56
崔白 …… 2–55
崔芬墓壁画 …… 2–55
崔承喜 …… 2–55
崔美善 …… 2–55
崔致远 …… 2–56
崔浩 …… 2–55
崔琦 …… 2–56
崔嵬 …… 2–56
崔颢 …… 2–55
崩塌 …… 1–312
崇文院 …… 2–8
崇左市 …… 2–8
崇州市 …… 2–8
崇明县 …… 2–7
崇明岛 …… 2–7
崇高 …… 2–7
崇祯帝 …… 2–8
《晨报》 …… 1–575
曼飞龙塔 …… 5–307
曼托瓦尼，A.P. …… 5–308
曼多林 …… 5–307
曼佐尼，A. …… 5–308
曼彻斯特 …… 5–306
曼谷 …… 5–307
曼谷大王宫 …… 5–307
曼谷王朝 …… 5–307
曼陀罗 …… 5–308
曼哈顿工程 …… 5–308
曼海姆，K. …… 5–308
曼萨·穆萨 …… 5–308
曼斯菲尔德，K. …… 5–308
曼森氏裂头蚴病 …… 5–308
曼德人 …… 5–306
曼德拉，N. …… 5–306
曼德海峡 …… 5–306
曼德勒 …… 5–306
累犯 …… 4–572
累西腓 …… 4–574
累进税 …… 4–572
悬空寺 …… 8–364
悬诗 …… 8–364
悬索桥 …… 8–364
悬铃木 …… 8–364
悬棺葬 …… 8–363
逻各斯 …… 5–222
逻辑 …… 5–222
逻辑电路 …… 5–224
逻辑实证主义 …… 5–224
《逻辑学》 …… 5–224
逻辑原子论 …… 5–224
圈地令 …… 6–257
圈地运动 …… 6–257
圈闭 …… 6–256

〔丿〕

铑 …… 4–562
铝 …… 5–183
铝土矿 …… 5–183
铝合金 …… 5–183
铝矾 …… 5–183
铜 …… 7–401
铜山区 …… 7–403
铜川市 …… 7–402
铜元 …… 7–404
铜仁市 …… 7–403
铜仁地区 …… 7–403
铜石并用时代 …… 7–404
铜合金 …… 7–402
铜奔马 …… 7–401
铜岭古矿冶遗址 …… 7–403
铜版纸 …… 7–401
铜铀云母 …… 7–404
铜陵市 …… 7–403
铜绿山古矿冶遗址 …… 7–403
铜鼓 …… 7–402
铜鼓舞 …… 7–402
铜蓝 …… 7–402
铜管乐队 …… 7–402
铜镜 …… 7–402
铟 …… 8–579
铠甲动物门 …… 4–396
铪 …… 3–318
铬 …… 3–116
铬铁矿 …… 3–117
铯 …… 6–418
铱 …… 8–536
铲 …… 1–504
银 …… 8–579
银川平原 …… 8–579
银川市 …… 8–580
银元 …… 8–584
银本位制 …… 8–579
银耳 …… 8–580
银团银行 …… 8–583
银行 …… 8–580
银行同业拆借利率 …… 8–581
银行券 …… 8–581
银合欢 …… 8–581
银杉 …… 8–583
银杏 …… 8–583
银杏内酯 …… 8–583

银环蛇 ……………………………… 8-582
银鱼 ……………………………… 8-583
银河 ……………………………… 8-581
银河系 ……………………………… 8-581
银河系自转 ……………………………… 8-582
银都机构有限公司 ……………………………… 8-580
银晕 ……………………………… 8-584
银胶菊 ……………………………… 8-582
银座 ……………………………… 8-584
银屑病 ……………………………… 8-583
银雀山汉简 ……………………………… 8-583
银盘 ……………………………… 8-582
银蓝 ……………………………… 8-582
银蛾 ……………………………… 8-580
银锭 ……………………………… 8-580
银鲛目 ……………………………… 8-582
银鲳 ……………………………… 8-579
铷 ……………………………… 6-339
铷－锶法定年 ……………………………… 6-339
秸秆还田 ……………………………… 4-214
移动通信 ……………………………… 8-542
移调 ……………………………… 8-542
移情 ……………………………… 8-542
移植苗 ……………………………… 8-542
甜白 ……………………………… 7-373
甜瓜 ……………………………… 7-373
甜味剂 ……………………………… 7-373
甜菜 ……………………………… 7-373
甜菊 ……………………………… 7-373
甜椒 ……………………………… 7-373
敏东改革 ……………………………… 5-438
笛 ……………………………… 2-215
笛卡尔，R. ……………………………… 2-215
笛旺诗歌流派 ……………………………… 2-216
笛福，D. ……………………………… 2-215
笙 ……………………………… 6-553
符山石 ……………………………… 2-605
符节 ……………………………… 2-605
符拉迪沃斯托克 ……………………………… 2-605
符咒 ……………………………… 2-605
符兹堡学派 ……………………………… 2-606
符箓 ……………………………… 2-605
《笠翁十种曲》……………………………… 5-35
第一劝银财团 ……………………………… 2-266
第一次世界大战 ……………………………… 2-263
第一次国内革命战争 ……………………………… 2-263
第一产业 ……………………………… 2-263
第一国际 ……………………………… 2-265
第一野战军 ……………………………… 2-266
《第二十二条军规》……………………………… 2-258
第二半国际 ……………………………… 2-254
第二次世界大战 ……………………………… 2-255
第二次国内革命战争 ……………………………… 2-254
第二次鸦片战争 ……………………………… 2-257
第二产业 ……………………………… 2-254
第二军医大学 ……………………………… 2-258
第二投标法 ……………………………… 2-258
第二国际 ……………………………… 2-258
第二经济 ……………………………… 2-258
第二职业 ……………………………… 2-259
第二野战军 ……………………………… 2-259
《第十二夜》……………………………… 2-262
第十八集团军 ……………………………… 2-262
第三世界 ……………………………… 2-261
第三世界科学院 ……………………………… 2-261
第三次国内革命战争 ……………………………… 2-260
第三产业 ……………………………… 2-259
第三纪 ……………………………… 2-261
第三国际 ……………………………… 2-260
第三帝国 ……………………………… 2-260
第三野战军 ……………………………… 2-261
第比利斯 ……………………………… 2-254
第巴桑结嘉措 ……………………………… 2-254
《第四十一个》……………………………… 2-262
第四产业 ……………………………… 2-262
第四军医大学 ……………………………… 2-262
第四纪 ……………………………… 2-262
第四国际 ……………………………… 2-262
第四堵墙 ……………………………… 2-262
第四野战军 ……………………………… 2-263
第戎 ……………………………… 2-259
第谷，B.……………………………… 2-259
第聂伯河 ……………………………… 2-259
第斯多惠，F.A.W. ……………………………… 2-262
第29届奥林匹克运动会 ……………………………… 2-266
梨 ……………………………… 4-579
梨花大鼓 ……………………………… 4-579
梨园 ……………………………… 4-579
梨园戏 ……………………………… 4-579
犁 ……………………………… 4-579
氪 ……………………………… 4-463
偃师市 ……………………………… 8-441
偃师商城 ……………………………… 8-441
偶人节 ……………………………… 6-27
偶发艺术 ……………………………… 6-27
偶氮化合物 ……………………………… 6-27
偶氮苯 ……………………………… 6-27
偶蹄目 ……………………………… 6-27
傀儡戏 ……………………………… 4-506
傀儡政府 ……………………………… 4-507
《偷自行车的人》……………………………… 7-410
偷税 ……………………………… 7-410
偏见 ……………………………… 6-81
偏头痛 ……………………………… 6-81
偏执性精神病 ……………………………… 6-81
偏导数 ……………………………… 6-81
偏微分方程 ……………………………… 6-81
假山 ……………………………… 4-145
假发 ……………………………… 4-144
假名 ……………………………… 4-145
假设检验 ……………………………… 4-145
假体腔动物 ……………………………… 4-145
假言命题 ……………………………… 4-146
假肢 ……………………………… 4-146
假单胞菌感染 ……………………………… 4-143
假面舞 ……………………………… 4-144
假冒伪劣商品 ……………………………… 4-144
假借字 ……………………………… 4-144
假基因 ……………………………… 4-144
假象 ……………………………… 4-145
假释 ……………………………… 4-145
躯干 ……………………………… 6-253
袋狼 ……………………………… 2-131
袋鼠 ……………………………… 2-131
鸸形目 ……………………………… 3-465
“徘徊者”号探测器 ……………………………… 6-37
得克萨斯州 ……………………………… 2-168
得墨忒尔 ……………………………… 2-168
《船山遗书》……………………………… 2-30
船级社 ……………………………… 2-29
船坞 ……………………………… 2-30
船闸 ……………………………… 2-30
船蛆 ……………………………… 2-30
船舶 ……………………………… 2-28
船舶代理 ……………………………… 2-29
船舶登记 ……………………………… 2-29
船棺葬 ……………………………… 2-29
船旗国 ……………………………… 2-30
舵 ……………………………… 2-392
盘古 ……………………………… 6-44
盘龙城遗址 ……………………………… 6-44
盘羊 ……………………………… 6-44
盘庚 ……………………………… 6-44
盘锦市 ……………………………… 6-44
领土 ……………………………… 5-103
领事 ……………………………… 5-102
领事特权与豁免 ……………………………… 5-103
领事裁判权 ……………………………… 5-102
领空 ……………………………… 5-102
领春木科 ……………………………… 5-101
领带 ……………………………… 5-102
领海 ……………………………… 5-102
翎子功 ……………………………… 5-99
鸽 ……………………………… 3-94
鸽形目 ……………………………… 3-94
斜长岩 ……………………………… 8-236
斜压大气 ……………………………… 8-237
斜纹布 ……………………………… 8-237
斜拉桥 ……………………………… 8-236
斜视 ……………………………… 8-237
斜颈 ……………………………… 8-236
彩色棉 ……………………………… 1-466
彩绘泥塑 ……………………………… 1-466
彩陶 ……………………………… 1-466
彩票 ……………………………… 1-466
悉尼 ……………………………… 8-128
悉尼大学 ……………………………… 8-129
悉尼奥林匹克体育场 ……………………………… 8-129
悉尼港桥 ……………………………… 8-129
悉尼歌剧院 ……………………………… 8-129
猪 ……………………………… 9-494

猪巨吻棘头虫病……9-495
猪笼草科……9-495
猪瘟……9-495
猪鬃……9-495
猪囊尾蚴病……9-495
猎户座……5-76
猎头……5-76
猎头公司……5-76
猎隼……5-76
猎豹……5-76
猫……5-312
《猫》……5-312
猫儿山……5-312
猫头鹰……5-312
猫抓病……5-312
猫科动物……5-312
猫眼石……5-312
猞猁……6-477
猝死……2-54
猕猴……5-392
猕猴桃……5-392
猛水蚤目……5-376
猛犸象……5-376
猛安谋克……5-376
馆阁体……3-212
脚色行当……4-349
豚鼠……7-451
脸谱……5-48
脱水……7-457
脱发……7-456
脱氢酶……7-456
脱氧核糖……7-457
脱氧核糖核酸……7-457
脱敏……7-456
脱脱……7-457
脱落酸……7-456
《脱影奇观》……7-457
脲醛树脂……5-590
象牙椰子……8-209
象甲……8-208
象生瓷……8-209
象岛石窟……8-207
象征主义……8-209
象征派……8-209
象脚鼓舞……8-208
象棋……8-208
象尊……8-209
《祭风台》……4-104
祭坛……4-104
祭灶……4-105
祭祀……4-104
祭堂子……4-105
祭蓝……4-104
《逸周书》……8-563

〔丶〕

减刑……4-157
减数分裂……4-156
族诛……9-568
旋毛虫病……8-365
旋光性……8-365
旋花科……8-365
旋角羚……8-365
旋律……8-365
旋度……8-365
旋耕……8-365
旋臂……8-364
旋翼机……8-365
毫米波……3-403
烹饪……6-62
商……6-451
商业……6-457
商业中心……6-458
商业贿赂……6-457
商业秘密……6-457
商业秘密法……6-458
商业银行……6-458
商业街……6-457
商业摄影……6-458
商务印书馆……6-457
商丘市……6-456
商陆……6-454
《商周彝器通考》……6-458
商法……6-454
商承祚……6-454
商标……6-453
商标权……6-453
《商标国际注册马德里协定》……6-453
商标法……6-453
商标管理……6-453
商品……6-455
商品交易所……6-456
商品的边际替代率……6-455
商品房……6-456
商品经济……6-456
商品拜物教……6-455
商品检验……6-456
商品粮基地……6-456
商洛市……6-455
商埠……6-454
商博良，J.-F.……6-453
商鞅……6-457
章开沅……9-220
章太炎……9-221
章丘市……9-221
章回小说……9-220
章名涛……9-220
章伯钧……9-219
章怀太子墓……9-220
章鱼……9-221
章学诚……9-221
章炳麟……9-219
章惇……9-220
章鸿钊……9-220
章嘉呼图克图……9-220
竟陵派……4-314
盗汗……2-159
盗版……2-159
望……7-524
望门居……7-525
《望乡》……7-525
《望夫云》……7-525
望远镜……7-525
望诊……7-525
望都汉壁画墓……7-524
《望厦条约》……7-525
庚肩吾……9-74
庚信……9-74
庚亮……9-74
廊……4-549
廊坊市……4-549
康子林……4-406
康心孚……4-406
康巴尔汗·艾买提……4-400
康世恩……4-404
康生……4-404
康有为……4-406
康托尔，G.……4-405
康托尔，T.……4-405
康克清……4-402
康里巎巎……4-402
康拉德，J.……4-402
康拉德界面……4-402
康帕内拉，T.……4-403
康昆仑……4-402
康采恩……4-400
康定县……4-401
康定斯基，W.……4-401
康居……4-402
康复……4-401
康泰……4-405
康格里夫，W.……4-401
康特，M.……4-405
康涅狄格州……4-403
康海……4-401
康家语……4-402
康朗英……4-402
康塔塔……4-404
康斯坦察……4-404
康斯特布尔，J.……4-404
康提……4-405
康普顿，A.H.……4-403
康普顿效应……4-403
康蒙斯，J.R.……4-403
康塞普西翁……4-404
《康熙字典》……4-405
《康熙南巡图》……4-405
康熙帝……4-405
康德，I.……4-400
康濯……4-406
鹿……5-171

鹿角蕨 …… 5–172
鹿特丹 …… 5–172
鹿野苑 …… 5–172
鹿蹄草科 …… 5–172
麻扎 …… 5–238
麻风 …… 5–237
麻纤维 …… 5–238
麻纱 …… 5–237
麻织物 …… 5–238
麻栎 …… 5–237
麻省理工学院 …… 5–238
麻将 …… 5–237
麻疹 …… 5–238
麻黄碱 …… 5–237
麻雀属 …… 5–237
麻喏巴歇 …… 5–237
麻醉 …… 5–238
痔 …… 9–319
症紘 …… 8–392
痕量分析 …… 3–461
情人节 …… 6–236
情书 …… 6–236
情节剧 …… 6–235
情报 …… 6–234
情报学 …… 6–234
情结 …… 6–235
情商 …… 6–236
情绪和情感 …… 6–236
情感障碍 …… 6–235
惊风 …… 4–301
惊厥 …… 4–301
惯犯 …… 3–216
惯性力 …… 3–217
惯性导航 …… 3–216
惯性约束聚变 …… 3–217
惯性制导系统 …… 3–217
惯性定律 …… 3–217
惯性参考系 …… 3–216
阉党 …… 8–422
阉割术 …… 8–422
阎甲 …… 8–435
阎立本 …… 8–436
阎立德 …… 8–436
阎若璩 …… 8–436
阎明复 …… 8–436
阎逢春 …… 8–435
阎锡山 …… 8–436
阎膏珍 …… 8–435
焊接 …… 3–389
烯烃 …… 8–129
烯烃复分解反应 …… 8–129
焓 …… 3–358
烷烃 …… 7–478
烷基 …… 7–478
烷基化反应 …… 7–478
羚牛 …… 5–99
羚羊 …… 5–100
粗放经营 …… 2–54
粒子加速器 …… 5–35
粒子束武器 …… 5–35
粒子物理学 …… 5–35
断代史 …… 2–368
断层 …… 2–367
断肢（指）再植 …… 2–368
断裂力学 …… 2–368
断路器 …… 2–368
剪刀差 …… 4–157
剪切带 …… 4–157
剪纸 …… 4–157
盖马高原 …… 3–28
盖天说 …… 3–28
盖瓦尔油田 …… 3–29
盖世太保 …… 3–28
盖叫天 …… 3–27
盖尔人 …… 3–27
盖尔范德，I.M. …… 3–27
盖头 …… 3–29
盖耳－曼，M. …… 3–27
盖－吕萨克，J.-L. …… 3–28
盖州市 …… 3–29
盖利克，O.von …… 3–28
盖革－米勒计数器 …… 3–27
盖洛普民意测验 …… 3–28
盖斯凯尔夫人 …… 3–28
盖德，J. …… 3–27
盖德尔夜 …… 3–27
兽用药物 …… 7–45
兽医学 …… 7–45
兽类 …… 7–45
清太宗皇太极 …… 6–231
清太祖努尔哈赤 …… 6–231
清少纳言 …… 6–230
清仁宗颙琰 …… 6–229
《清文汇》 …… 6–232
清文宗奕詝 …… 6–232
清末四大谴责小说 …… 6–228
清末留学运动 …… 6–228
清末“新政” …… 6–228
清世宗胤禛 …… 6–231
清世祖福临 …… 6–231
《清平山堂话本》 …… 6–229
清东陵 …… 6–224
《清史稿》 …… 6–231
清圣训 …… 6–230
清圣祖玄烨 …… 6–230
清西陵 …… 6–232
清迈 …… 6–227
清华大学 …… 6–226
“清华大学”（新竹） …… 6–226
清远市 …… 6–232
清利湿热 …… 6–227
《清词综》 …… 6–224
清初三大疑案 …… 6–224
《清明上河图》 …… 6–227
清明节 …… 6–227
《清忠谱》 …… 6–233
清法 …… 6–225
《清诗别裁集》 …… 6–230
清政府统一台湾 …… 6–233
清洁生产 …… 6–226
清洁汽车 …… 6–226
清津 …… 6–226
清宣宗旻宁 …… 6–232
清宫菜 …… 6–226
清格尔泰 …… 6–225
清真寺 …… 6–233
清真言 …… 6–233
《清真指南》 …… 6–233
清真菜 …… 6–233
清热剂 …… 6–229
清热凉血 …… 6–229
清热解毒 …… 6–229
清凉峰自然保护区 …… 6–227
清高宗弘历 …… 6–225
清酒 …… 6–227
清教 …… 6–226
清唱剧 …… 6–218
清商乐舞 …… 6–229
清商曲 …… 6–229
清朝 …… 6–218
清镇市 …… 6–233
清德宗载湉 …… 6–224
清穆宗载淳 …… 6–228
添加剂 …… 7–368
鸿沟 …… 3–485
鸿雁 …… 3–485
淋巴 …… 5–92
淋巴结肿大 …… 5–92
淋巴循环 …… 5–93
淋病 …… 5–95
淞沪会战 …… 7–163
淞沪铁路 …… 7–163
渎山大玉海 …… 2–355
涿州市 …… 9–519
涿鹿县 …… 9–519
渐江 …… 4–170
渐变与突变 …… 4–170
渐悟 …… 4–171
渐新世 …… 4–171
渑池县 …… 5–413
混合经济 …… 4–4
混合热 …… 4–4
混合联合企业 …… 4–4
混交林 …… 4–5
混汞法 …… 4–4
混作 …… 4–5
混沌 …… 4–4
混频器 …… 4–5
混凝土 …… 4–5
浬史杭灌区 …… 6–80
淮北市 …… 3–561

淮安市 …… 3-561
淮军 …… 3-562
淮河 …… 3-561
淮南小山 …… 3-562
《淮南子》 …… 3-562
淮南市 …… 3-562
淮海战役 …… 3-561
淫羊藿 …… 8-584
淝水之战 …… 2-528
渔业 …… 9-64
渔场 …… 9-63
《渔光曲》 …… 9-63
渔汛 …… 9-64
渔具 …… 9-63
渔船 …… 9-63
渔港 …… 9-63
《淘金记》 …… 7-328
《淳化阁帖》 …… 2-40
液化气船 …… 8-504
液化石油气 …… 8-505
液体发射药炮 …… 8-506
液体动力学 …… 8-506
液体疗法 …… 8-506
液态氦 …… 8-505
液相色谱法 …… 8-506
液晶 …… 8-505
液晶电视机 …… 8-505
淬火 …… 2-58
涪陵区 …… 2-606
淡水河 …… 2-148
淡红银矿 …… 2-148
淀山湖 …… 2-299
淀粉 …… 2-299
深大断裂 …… 6-507
深水炸弹 …… 6-508
深水散射层 …… 6-508
深圳市 …… 6-509
深圳证券交易所 …… 6-509
深圳证券交易所股价指数 …… 6-509
深州市 …… 6-509
深低温设备 …… 6-508
深松耕 …… 6-508
深海平原 …… 6-508
深海丘陵 …… 6-508
深海锰结核 …… 6-508
深温计 …… 6-509
渗析 …… 6-525
渗透 …… 6-525
渗流力学 …… 6-525
涵洞 …… 3-358
淄博市 …… 9-527
寇松线 …… 4-482
寇准 …… 4-482
寇谦之 …… 4-482
寄生 …… 4-105
寄生虫病 …… 4-105
寄生植物 …… 4-105
寄居蟹 …… 4-105
寄蝇 …… 4-105
宿务 …… 7-203
宿务语 …… 7-203
宿白 …… 7-203
宿迁市 …… 7-203
宿州市 …… 7-204
宿根花卉 …… 7-203
密山市 …… 5-406
密支那 …… 5-409
密云水库 …… 5-408
密云县 …… 5-408
密什勒，J. …… 5-406
密尔沃基 …… 5-404
密立根，R.A. …… 5-406
密立根油滴实验 …… 5-406
密西西比河 …… 5-407
密克罗尼西亚 …… 5-405
密克罗尼西亚人 …… 5-405
密克罗尼西亚语族 …… 5-406
密克罗尼西亚联邦 …… 5-405
密苏里妥协案 …… 5-407
密苏里河 …… 5-407
密近双星 …… 5-404
密码学 …… 5-406
密拉特密谋案 …… 5-406
密宗 …… 5-409
密封 …… 5-404
密茨凯维奇，A. …… 5-404
密度 …… 5-404
密度波理论 …… 5-404
密特朗，F. …… 5-407
密教 …… 5-404
密斯·范·德·罗，L. …… 5-406
密歇根州 …… 5-408
密歇根湖 …… 5-408
窑洞 …… 8-481
渠道 …… 6-253
梁 …… 5-51
梁九 …… 5-52
梁士诒 …… 5-53
梁山县 …… 5-53
《梁山伯与祝英台》 …… 5-53
梁元帝萧绎 …… 5-55
梁方仲 …… 5-51
《梁书》 …… 5-54
梁龙 …… 5-52
梁式桥 …… 5-53
梁光烈 …… 5-51
梁守槃 …… 5-54
梁羽生 …… 5-55
梁启超 …… 5-52
梁武帝萧衍 …… 5-55
梁实秋 …… 5-53
梁树权 …… 5-54
梁思永 …… 5-55
梁思成 …… 5-54
梁祝传说 …… 5-56
梁晓天 …… 5-55
梁晓声 …… 5-55
梁楷 …… 5-52
梁鼓角横吹曲 …… 5-51
梁漱溟 …… 5-54
梁冀 …… 5-52
梁赞诺夫，E.A. …… 5-56
婆罗门教 …… 6-97
婆罗米字母 …… 6-97
婆罗洲 …… 6-98
婆罗浮屠 …… 6-97
谏议理论 …… 4-171
谐体民歌 …… 8-237
谚语 …… 8-444
谜语 …… 5-392
袾宏 …… 9-494

〔一〕

弹词 …… 7-281
弹尾目 …… 7-282
弹拨尔 …… 7-281
弹劾 …… 7-281
弹性力 …… 7-283
弹性力学 …… 7-283
弹性合金 …… 7 283
弹性波 …… 7-283
弹性理论 …… 7-283
弹药 …… 2-148
弹射座椅 …… 7-282
弹涂鱼 …… 7 282
弹道导弹 …… 2-148
弹腿 …… 7-282
弹簧 …… 7-282
弹簧钢 …… 7-282
尉迟乙僧 …… 9-82
尉健行 …… 7-572
屠守锷 …… 7-429
屠苏酒 …… 7-430
屠拉蒂，F. …… 7-429
屠格涅夫，I.S. …… 7-429
逮捕 …… 2-131
隋文帝杨坚 …… 7-214
《隋书》 …… 7-213
隋末农民起义 …… 7-213
隋炀帝杨广 …… 7-214
《隋唐演义》 …… 7-213
隋朝 …… 7-210
随机过程 …… 7-214
随机变量 …… 7-214
随机振动 …… 7-215
随机控制 …… 7-215
随州市 …… 7-215
《随园诗话》 …… 7-215
随缘乐 …… 7-215
随想曲 …… 7-215
隐生宙 …… 8-590

隐形手枪 8－590
隐形经济 8－590
隐形眼镜 8－590
隐花色素 8－588
隐私权 8－590
隐身飞机 8－589
隐身材料 8－589
隐身技术 8－589
隐孢子虫病 8－588
隐函数 8－588
隐修制度 8－590
隐翅虫 8－588
隐秘派 8－589
隐球菌病 8－589
隐睾 8－588
隆达人 5－145
隆达王国 5－145
隆科多 5－145
隆美尔，E.J.E. 5－145
隆哥，L. 5－145
蛋白石 2－149
蛋白尿 2－149
蛋白质 2－149
蛋白质工程 2－150
蛋彩画 2－150
蛋糕 2－150
婚书 4－2
婚礼 4－1
婚礼服饰 4－2
婚姻 4－2
婚姻介绍所 4－3
婚姻自由 4－3
婚姻制度 4－3
婚姻法 4－3
婚姻登记 4－2
婉约派 7－479
颇罗鼐 6－97
袈裟 4－130
颈椎病 4－310
骑士 6－133
骑射 6－133
绩优股 4－106
绩效评估 4－106
绩溪县 4－106
绫 5－100
《续资治通鉴长编》 8－359
续随子 8－359
绳纹时代 6－554
维也纳 7－559
维也纳幻想现实主义画派 7－560
维也纳会议 7－560
维也纳国家歌剧院 7－559
维也纳学派 7－560
维也纳爱乐乐团 7－559
维戈茨基，L.S. 7－551
维瓦尔第，A. 7－557
维内，R. 7－554
维龙加国家公园 7－553
维生素 7－555
维生素A 7－555
维生素C 7－555
维生素E 7－556
维尔加，G. 7－550
维尔纳，A.G. 7－550
维尔纳茨基，V.I. 7－551
维尔纽斯 7－551
维尔京群岛 7－550
维尔哈伦，É. 7－550
维尔梅伦，A. 7－550
维尔雅姆松，T. 7－551
《维汉词典》 7－551
维兰德，C.M. 7－552
维加·卡尔皮奥，L.F.de 7－552
维尼亚夫斯基，H. 7－554
维吉尔 7－552
维达人 7－548
维达尔－白兰士，P. 7－548
维多里尼，E. 7－548
维多里诺 7－548
维多利亚 7－548
维多利亚 7－549
维多利亚女王 7－549
维多利亚州 7－550
维多利亚国家画廊 7－549
维多利亚港 7－549
维多利亚湖 7－549
维克多·哈苏公司 7－552
维克里，W. 7－552
维苏威火山 7－556
维吾尔文 7－557
维吾尔达斯坦 7－557
维吾尔语 7－557
维吾尔族 7－557
维吾尔族医学 7－558
维吾尔族舞蹈 7－558
维里西莫，É.L. 7－553
维希政府 7－559
维辛斯基，A.Y. 7－559
维纳，N. 7－553
维纳恩湖 7－553
维纳斯 7－554
《维纳斯》(米洛斯的) 7－554
《维纳斯的诞生》 7－554
维纶 7－553
维舍特，E. 7－555
维索茨基，G.N. 7－557
维贾亚纳加王国 7－552
维特根斯坦，L. 7－557
维特鲁威 7－557
维诺格拉多夫，A.P. 7－554
维诺格拉多夫，I.M. 7－554
维勒，F. 7－553
维萨里，A. 7－554
《维斯比规则》 7－556
维斯瓦河 7－556
维蒂希试剂 7－548
维森特，G. 7－555
维奥尔 7－548
维奥蒂，G.B. 7－548
维管植物 7－551
《维摩经》 7－553
绵羊 5－410
绵阳市 5－410
绸 2－10
绸吊 2－10
绸舞 2－11
综合指数 9－559
绿片岩 5－185
绿孔雀 5－185
绿头鸭 5－186
绿色化学 5－186
绿色产业 5－185
绿色和平运动 5－186
绿色革命 5－186
绿色食品 5－186
绿豆 5－184
绿岛 5－184
绿松石 5－186
绿岩带 5－187
绿肥作物 5－185
绿泥石 5－185
绿帘石 5－185
绿柱石 5－188
绿茶 5－184
绿洲 5－187
绿原 5－187
绿萝 5－185
绿营 5－172
《绿野仙踪》 5－187
绿藻门 5－187
巢县人 1－537
巢湖 1－537
巢湖市 1－537

十二画

〔一〕

琥珀 3－520
琼州海峡 6－239
琼结县 6－238
琼脂 6－239
琼海市 6－238
琼剧 6－238
琼斯，W. 6－239
琼斯，R.E. 6－238
琼森，B. 6－238
琼瑶 6－239
斑马 1－226
斑秃 1－226
斑鸠 1－226

斑岩 ……1–226
斑疹伤寒 ……1–227
斑铜矿 ……1–226
斑蛾 ……1–226
琵琶 ……6–78
《琵琶记》……6–78
琴 ……6–202
琴鸟 ……6–203
琶杰 ……6–28
替代效应 ……7–345
替身 ……7–346
博士 ……1–416
博士 ……1–416
博山炉 ……1–416
博马舍，P.-A.C.de ……1–415
博厄斯，F. ……1–413
博丹，J. ……1–412
博古 ……1–414
博卡热，M.M.B.du ……1–414
博尔代，J. ……1–413
博尔特，U. ……1–414
博尔塔拉蒙古自治州 ……1–413
博尔赫斯，J.L. ……1–413
博乐市 ……1–415
博尼法西奥，A. ……1–415
博亚尔，A. ……1–418
博亚尔多，M.M. ……1–418
博亚纳教堂 ……1–418
博乔尼，U. ……1–415
博伊德，M. ……1–418
博杜恩·德·库尔德内，J.N. ……1–413
博克拉 ……1–414
博阿兹柯伊古城 ……1–411
博若耶，B.de ……1–416
《博物志》……1–418
博物馆 ……1–417
博物馆学 ……1–417
博南帕克壁画 ……1–415
博茨瓦纳 ……1–411
博施，C. ……1–416
博弈论 ……1–418
博洛尼亚大学 ……1–415
博洛格，N.E. ……1–415
博客 ……1–414
博格，B. ……1–414
博格达峰 ……1–414
博爱 ……1–411
博彩业 ……1–411
博彩税 ……1–411
博斯，H. ……1–416
博斯普鲁斯海峡 ……1–417
博斯腾湖 ……1–417
博蒂切利，S. ……1–412
博湖县 ……1–414
博鳌亚洲论坛 ……1–411
堪培拉 ……4–396
《堪萨斯–内布拉斯加法案》……4–397
堪萨斯州 ……4–397
堪萨斯城 ……4–397
堪舆 ……4–397
堪察加半岛 ……4–396
塔 ……7–236
《塔木德》……7–242
塔什干 ……7–242
塔什库尔干塔吉克自治县 ……7–243
塔布依，G. ……7–237
塔尔马，F.-J. ……7–237
塔尔寺 ……7–238
塔尔沙漠 ……7–237
塔尔塔利亚，N. ……7–238
塔尔斯基，A. ……7–237
塔尔蒂尼，G. ……7–237
塔兰托 ……7–241
塔兰泰拉 ……7–240
塔台 ……7–244
塔皮罗人 ……7–242
塔吉克人 ……7–238
塔吉克语 ……7–240
塔吉克族 ……7–240
塔吉克斯坦 ……7–239
塔吉克斯坦内战 ……7–240
塔西佗 ……7–244
塔伊国家公园 ……7–244
塔那那利佛 ……7–242
《塔杜施先生》……7–237
塔克西拉古城 ……7–240
塔克拉玛干沙漠 ……7–240
塔里木河 ……7–241
塔里木盆地 ……7–241
“塔利班”运动 ……7–241
塔希提人 ……7–244
塔林 ……7–241
塔拉索娃，A.K. ……7–240
塔河县 ……7–238
塔姆，I.Ye. ……7–242
塔城市 ……7–237
塔城地区 ……7–237
塔哈·侯赛因 ……7–238
塔格架间歇泉 ……7–238
塔索，T. ……7–243
塔塔尔语 ……7–243
塔塔尔族 ……7–244
塔斯马尼亚人 ……7–243
塔斯马尼亚州 ……7–243
塔斯马尼亚岛 ……7–243
塔葬 ……7–244
塔雷加，F. ……7–241
堰 ……8–444
堰塞湖 ……8–444
堤 ……2–207
堺 ……4–235
堺利彦 ……4–235
棒球 ……1–235
椰子 ……8–488
椰子蟹 ……8–489
棱皮龟 ……4–574
棱镜 ……4–574
植物 ……9–301
植物人 ……9–304
植物区系 ……9–303
植物生理学 ……9–304
植物地理学 ……9–302
植物纤维 ……9–305
植物运动 ……9–306
植物抗性 ……9–303
植物园 ……9–306
植物表皮 ……9–302
植物矿质营养 ……9–303
植物呼吸 ……9–302
植物肿瘤 ……9–306
植物学 ……9–305
植物保护 ……9–301
植物神经系统疾病 ……9–304
植物病害 ……9–302
植物检疫 ……9–303
植物营养繁殖 ……9–305
植物群落 ……9–304
植物激素 ……9–303
植树节 ……9–301
植食 ……9–301
植被 ……9–301
植被区划 ……9–301
植被带 ……9–301
植醇 ……9–301
椅子頂 ……8–553
棍 ……3–249
椎间盘突出症 ……9–517
椎实螺科 ……9–517
椎管狭窄症 ……9–517
棉兰 ……5–411
棉兰老岛 ……5–411
棉纤维 ……5–412
棉麦借款 ……5–412
棉花 ……5–410
棉织物 ……5–412
棉铃虫 ……5–411
棉酚 ……5–410
棕枣 ……9–559
棕种人 ……9–560
棕榈科 ……9–559
棕熊 ……9–559
棣莫弗，A. ……2–269
椭圆 ……7–459
椭圆函数 ……7–459
颉利可汗 ……4–227
联句诗 ……5–46
联邦制 ……5–40
联邦诗人 ……5–40
联华影业公司 ……5–46
联合内阁 ……5–45
联合古陆 ……5–41

联合东印度公司 5-41
《联合早报》 5-46
联合收割机 5-46
联合运输 5-46
《联合报》 5-40
联合国 5-41
联合国人类环境会议 5-45
联合国开发计划署 5-44
联合国世界人口大会 5-45
联合国环境与发展大会 5-43
联合国环境规划署 5-43
联合国经济及社会理事会 5-44
联合国贸易和发展会议 5-45
《联合国宪章》 5-45
《联合国海洋法公约》 5-43
《联合国家宣言》 5-43
联合国教育、科学及文化组织 5-43
联合国维持和平部队 5-45
联合国粮食及农业组织 5-44
联苯 5-40
联苯胺 5-40
联省自治 5-47
联觉 5-46
联接 5-46
联绵字 5-47
联想 5-47
联想控股有限公司 5-47
“联盟”号飞船 5-47
棘头动物门 4-74
棘皮动物门 4-74
棘鱼类 4-74
酢浆草科 2-54
酥油茶 7-199
款识 4-497
敬老院 4-315
散手 6-409
散文 6-409
散文诗 6-409
散曲 6-408
散体赋 6-409
散货船 6-408
散剂 6-408
散度 6-408
斯大林，J. 7-122
斯大林格勒会战 7-123
斯大林格勒战役英雄纪念碑综合体 7-123
斯韦尔德鲁普，H.U. 7-140
斯匹次卑尔根群岛 7-132
斯瓦尔巴群岛 7-138
斯瓦希里人 7-139
斯瓦希里语 7-139
斯丹达尔 7-123
斯文·海定 7-140
斯巴达 7-120
《斯巴达克》 7-120
斯巴达克起义 7-120
斯巴达城邦 7-120
斯巴克，P.-H. 7-120
斯本格勒，O. 7-121
斯卡拉蒂，D. 7-125
斯卡拉歌剧院 7-125
斯卡格拉克海峡 7-125
斯皮尔伯格，S. 7-132
斯托克顿—达灵顿铁路 7-138
斯托克斯，G.G. 7-138
斯托帕德，T. 7-138
斯托科夫斯基，L. 7-138
斯托雷平土地改革 7-138
斯托默，F.C.M. 7-138
斯行健 7-141
斯多阿学派 7-124
斯坎德培 7-126
斯克里亚宾，A.N. 7-126
斯克里亚宾，K.I. 7-126
斯克利布，E. 7-126
斯里巴加湾市 7-127
斯里兰卡 7-127
斯库台 7-126
斯沃瓦茨基，J. 7-141
斯沃博达，J. 7-141
斯坦贝克，J. 7-133
斯坦尼斯拉夫斯基，K.S. 7-134
斯坦尼斯拉夫斯基演剧体系 7-134
斯坦因，A. 7-134
斯坦利·库布里克 7-133
斯坦福大学 7-133
斯拉夫人 7-127
斯拉夫-保加利亚王国 7-127
斯拉夫语族 7-127
斯拉法，P. 7-127
斯拉维伊科夫，P.P. 7-127
斯帕克，M. 7-132
斯图加特 7-137
斯图亚特，J.D. 7-137
斯图亚特王朝 7-138
斯图奇卡，P.I. 7-137
斯金纳，B.F. 7-125
斯金纳箱 7-125
斯法克斯 7-124
斯威士人 7-140
斯威士兰 7-139
斯威夫特，J. 7-139
斯科帕斯 7-126
斯科菲尔德，P. 7-126
斯科普里 7-126
斯美塔纳，B. 7-131
斯洛文尼亚 7-130
斯洛文尼亚人 7-131
斯洛文尼亚语 7-131
斯洛伐克 7-129
斯洛伐克人 7-130
斯洛伐克苏维埃共和国 7-130
斯洛伐克语 7-130
斯泰伦，W. 7-133
斯莱塞，K. 7-127
斯莫尔，A.W. 7-131
斯特凡大公 7-134
斯特凡·杜尚 7-135
斯特林堡，J.A. 7-136
斯特拉文斯基，I.F. 7-135
斯特拉迪瓦里，A. 7-135
斯特拉波 7-135
斯特拉斯堡 7-135
斯特拉霍夫，N.M. 7-135
斯特恩，I. 7-134
斯特恩，O. 7-134
斯特朗，A.L. 7-136
斯特鲁维家族 7-136
斯特雷勒，G. 7-136
斯宾诺莎，B. 7-121
斯宾塞，E. 7-122
斯宾塞，H. 7-122
斯诺，E. 7-132
斯诺，J. 7-132
斯通，M.H. 7-137
斯通亨奇 7-137
斯基克达 7-124
斯维尔德洛夫，Ya.M. 7-140
斯琴高娃 7-132
斯堪的纳维亚山脉 7-125
斯堪的纳维亚半岛 7-125
斯塔夫里阿诺斯，L.S. 7-132
斯塔尔夫人 7-132
斯塔克，J. 7-133
斯塔克效应 7-133
斯塔林，E.H. 7-133
斯蒂文斯，W. 7-124
斯蒂文森，R.L. 7-124
斯蒂芬森，G. 7-124
斯德哥尔摩 7-123
《斯德哥尔摩公约》 7-123
斯德哥尔摩学派 7-124
斯戴里亚戏剧中心 7-123
斯霞 7-141
期刊 6-124
期权 6-124
期间费用 6-123
期货 6-123
期货市场 6-123
期货交易 6-123
期货交易所 6-123
期票 6-124
期望理论 6-124
韩 3-359
韩小窗 3-364
韩世昌 3-363
韩世忠 3-364
韩礼德 3-362
韩永禄 3-365
韩先楚 3-364

韩企先 …… 3-363
韩江 …… 3-362
韩芙丽，D. …… 3-360
韩希孟 …… 3-364
韩启德 …… 3-363
韩林儿 …… 3-363
韩杼滨 …… 3-365
韩非 …… 3-359
《韩非子》…… 3-360
韩国 …… 3-360
韩国菜 …… 3-362
韩侂胄 …… 3-364
韩城市 …… 3-359
韩复榘 …… 3-360
韩信 …… 3-364
韩素音 …… 3-364
韩起祥 …… 3-363
韩翃 …… 3-362
韩琦 …… 3-363
韩幹 …… 3-360
韩愈 …… 3-365
韩滉 …… 3-362
韩擒虎 …… 3-363
韩德让 …… 3-359
韩德培 …… 3-359
韩儒林 …… 3-363
《朝日新闻》…… 9-226
朝永振一郎 …… 1-543
朝圣 …… 1-537
朝阳区 …… 1-542
朝阳市 …… 1-542
朝阳产业 …… 9-226
朝珠 …… 1-543
朝晚霞 …… 9-226
朝鲜 …… 1-537
朝鲜人 …… 1-540
朝鲜之役 …… 1-541
朝鲜文 …… 1-540
朝鲜半岛 …… 1-539
朝鲜劳动党 …… 1-539
朝鲜佛教 …… 1-539
朝鲜战争 …… 1-541
朝鲜语 …… 1-541
朝鲜菜 …… 1-539
《朝鲜停战协定》…… 1-540
朝鲜族 …… 1-541
朝鲜族医学 …… 1-542
朝鲜族舞蹈 …… 1-542
朝鲜蓟 …… 1-539
朝觐 …… 1-537
彭子冈 …… 6-66
《彭公案》…… 6-63
彭头山文化 …… 6-65
彭托皮丹，H. …… 6-65
彭冲 …… 6-62
彭齐亚斯，A. …… 6-64
彭克，A. …… 6-64
彭谷 …… 6-63
彭述之 …… 6-65
彭修文 …… 6-65
彭俐侬 …… 6-64
彭祖 …… 6-66
彭珮云 …… 6-64
彭桓武 …… 6-64
彭真 …… 6-65
彭雪枫 …… 6-65
彭斐章 …… 6-63
彭湃 …… 6-64
彭赛列，J.-V. …… 6-65
彭德怀 …… 6-63
喜马拉雅山脉 …… 8-139
喜马拉雅运动 …… 8-140
喜多川歌麿 …… 8-139
喜克索人 …… 8-139
喜树 …… 8-140
喜树碱 …… 8-140
喜剧 …… 8-139
喜鹊 …… 8-140
葫芦 …… 3-512
葫芦岛市 …… 3-512
葫芦科 …… 3-512
葫芦藓 …… 3-512
葬甲 …… 9-155
葬礼 …… 9-156
募穴 …… 5-497
募兵制 …… 5-496
葛 …… 3-112
葛兰西，A. …… 3-113
葛优 …… 3-114
葛利普，A.W. …… 3-113
葛饰北斋 …… 3-114
葛庭燧 …… 3-114
葛洲坝水利枢纽 …… 3-114
葛家澍 …… 3-113
《葛蓓莉娅》…… 3-113
董义芳 …… 2-334
董必武 …… 2-332
董存瑞 …… 2-332
董仲舒 …… 2-335
董志塬 …… 2-335
董每戡 …… 2-333
董作宾 …… 2-335
董希文 …… 2-334
董其武 …… 2-334
董其昌 …… 2-333
董事 …… 2-334
董事会 …… 2-334
董卓 …… 2-335
董狐 …… 2-332
董建华 …… 2-333
董说 …… 2-335
董辅礽 …… 2-332
董寅初 …… 2-335
《董解元西厢记》…… 2-333
董源 …… 2-335
董福祥 …… 2-332
董瑶阶 …… 2-334
葱 …… 2-53
葡萄 …… 6-101
葡萄牙 …… 6-102
葡萄牙人 …… 6-103
葡萄牙语 …… 6-103
葡萄牙资产阶级革命 …… 6-103
葡萄科 …… 6-101
葡萄胎 …… 6-102
葡萄酒 …… 6-101
葡萄球菌感染 …… 6-101
葡萄糖 …… 6-102
蒋士铨 …… 4-190
蒋子龙 …… 4-192
蒋介石 …… 4-189
蒋月泉 …… 4-191
蒋孔阳 …… 4-190
蒋正华 …… 4-192
蒋百里 …… 4-188
蒋光慈 …… 4-188
蒋光鼐 …… 4-188
蒋廷锡 …… 4-191
蒋廷黻 …… 4-190
蒋兆和 …… 4-191
蒋明谦 …… 4-190
蒋经国 …… 4-189
蒋树声 …… 4-190
蒋祖慧 …… 4-192
蒋桂战争 …… 4-188
蒋捷 …… 4-188
蒋阎冯大战 …… 4-191
蒋琬 …… 4-191
蒂卡尔古城 …… 2-267
蒂尔索·德·莫利纳 …… 2-267
蒂亚瓦纳科文化 …… 2-269
蒂克，J.L. …… 2-268
蒂利希，P.J. …… 2-268
蒂拉克，B.G. …… 2-268
蒂拉登特斯 …… 2-268
蒂施拜因，J.H.W. …… 2-268
蒂格赖人 …… 2-267
蒂格雷人 …… 2-267
蒂宾根 …… 2-267
蒂博，J. …… 2-267
蒂博尼哥罗起义 …… 2-267
《蒂鲁古拉尔》…… 2-268
蒎烯 …… 6-39
落下闳 …… 5-235
落子 …… 4-563
落叶松 …… 5-236
落叶阔叶林 …… 5-235
落花生 …… 5-235
落基山脉 …… 5-235
落葵科 …… 5-235
萱草 …… 8-362

蒿蓄 ……………… 1–339
蛩蠊目 ……………… 6–239
粟 ……………… 7–204
粟宗华 ……………… 7–204
粟特 ……………… 7–204
粟特文 ……………… 7–204
粟裕 ……………… 7–204
森，A.K. ……………… 6–418
森林 ……………… 6–418
森林气象 ……………… 6–420
森林火灾 ……………… 6–419
森林书 ……………… 6–420
森林古猿 ……………… 6–419
森林保护 ……………… 6–419
森林覆盖率 ……………… 6–419
森鸥外 ……………… 6–420
辜振甫 ……………… 3–157
焚风 ……………… 2–557
焚书坑儒 ……………… 2–558
惠州市 ……………… 3–616
惠安县 ……………… 3–614
惠更斯，C. ……………… 3–614
惠更斯－菲涅耳原理 ……………… 3–615
惠灵顿 ……………… 3–615
惠灵顿，A.M. ……………… 3–615
惠栋 ……………… 3–614
惠施 ……………… 3–615
惠特尼山 ……………… 3–616
惠特曼，W. ……………… 3–616
惠斯勒，J.M. ……………… 3–615
《逼上梁山》 ……………… 1–312
裁军 ……………… 1–464
裁判员 ……………… 1–465
裁定 ……………… 1–464
越 ……………… 9–127
越人 ……………… 9–131
《越人歌》 ……………… 9–131
越飞 ……………… 9–127
越轨行为 ……………… 9–127
越城岭 ……………… 9–127
越南 ……………… 9–128
越南八月革命 ……………… 9–129
越南共产党 ……………… 9–130
越南抗法战争 ……………… 9–130
越南战争 ……………… 9–131
越南语 ……………… 9–130
越南菜 ……………… 9–129
越剧 ……………… 9–128
越野跑 ……………… 9–131
越野滑雪 ……………… 9–131
越窑 ……………… 9–131
趋肤效应 ……………… 6–253
超分子 ……………… 1–531
超分子化学 ……………… 1–532
超导电机 ……………… 1–530
超导电性 ……………… 1–530
超导有机化合物 ……………… 1–531
超导材料 ……………… 1–529
超导输电 ……………… 1–531
超导微观理论 ……………… 1–531
超导磁体 ……………… 1–530
超级写实主义 ……………… 1–532
超级市场 ……………… 1–532
超戒寺 ……………… 1–532
超声心动图 ……………… 1–534
超声疗法 ……………… 1–534
超声诊断 ……………… 1–534
超声波 ……………… 1–534
超声速飞行 ……………… 1–534
超纯材料 ……………… 1–529
超现实主义 ……………… 1–535
超弦理论 ……………… 1–535
超经济强制 ……………… 1–532
超临界流体 ……………… 1–533
超星系团 ……………… 1–536
超重核 ……………… 1–536
超前卫艺术 ……………… 1–533
超荷 ……………… 1–532
超铀元素 ……………… 1–536
超氧化物 ……………… 1–536
超高层建筑 ……………… 1–532
超流动性 ……………… 1–533
超验托马斯主义 ……………… 1–536
超常儿童 ……………… 1–529
超距作用 ……………… 1–533
超敏反应 ……………… 1–533
超越数 ……………… 1–536
超短波传播 ……………… 1–531
超感官知觉 ……………… 1–532
超新星 ……………… 1–535
超精密加工 ……………… 1–533
超额利润 ……………… 1–531
殖民地 ……………… 9–307
雄黄 ……………… 8–332
硬水 ……………… 9–23
硬玉 ……………… 9–23
硬石膏 ……………… 9–23
硬皮病 ……………… 9–23
硬边艺术 ……………… 9–22
硬件 ……………… 9–22
硬货币 ……………… 9–22
硬质合金 ……………… 9–23
硬骨鱼纲 ……………… 9–22
硬度 ……………… 9–22
硬通货 ……………… 9–23
硬锰矿 ……………… 9–22
硝化甘油 ……………… 8–219
硝石 ……………… 8–220
硝基化合物 ……………… 8–219
硝基苯 ……………… 8–219
硝酸 ……………… 8–220
硝酸甘油 ……………… 8–220
硝酸纤维素 ……………… 8–220
硝酸铵 ……………… 8–220
硝酸银 ……………… 8–220
硫 ……………… 5–130
硫化汞 ……………… 5–131
硫化氢 ……………… 5–131
硫代硫酸钠 ……………… 5–131
硫肥 ……………… 5–131
硫细菌 ……………… 5–132
硫酸 ……………… 5–131
硫酸钙 ……………… 5–131
硫酸钡 ……………… 5–131
硫酸镁 ……………… 5–132
硫醇 ……………… 5–130
亩宋楼 ……………… 1–331
裂化 ……………… 5–77
裂叶荆芥 ……………… 5–78
裂谷 ……………… 5–77
裂变化学 ……………… 5–77
裂变反应堆 ……………… 5–76
裂变径迹法定年 ……………… 5–77
裂变链式反应 ……………… 5–77
裂盾目 ……………… 5–77
裂解 ……………… 5–78
裂膜纤维织物 ……………… 5–78
厨师 ……………… 2–17
厦门大学 ……………… 8–167
厦门市 ……………… 8–168
雁门关 ……………… 8–444
雁形目 ……………… 8–444
《雁南飞》 ……………… 8–444
雁荡山 ……………… 8–444
厥阴病 ……………… 4–349
提丢斯－波得定则 ……………… 7–339
提坦 ……………… 7–340
提姆加德古城 ……………… 7–340
提线木偶戏 ……………… 7–340
提香 ……………… 7–340
提洛同盟 ……………… 7–339
提埃波罗，G.B. ……………… 7–339
提格里尼亚语 ……………… 7–339
提格雷语 ……………… 7–339
提婆 ……………… 7–340
提奥多尔二世 ……………… 7–339
揭阳市 ……………… 4–215
插花 ……………… 1–489
插值 ……………… 1–489
《搜书院》 ……………… 7–177
《搜神记》 ……………… 7–177
搜索论 ……………… 7–177
辋川别业 ……………… 7–524
《雅》 ……………… 8–392
雅丹 ……………… 8–393
雅可比，C.G.J. ……………… 8–395
雅尔塔会议 ……………… 8–394
雅尔塔体系 ……………… 8–395
雅乐 ……………… 8–398
雅加达 ……………… 8–395
雅各宾派 ……………… 8–395

雅安市 …… 8-392
雅克萨之战 …… 8-396
雅里，A. …… 8-396
雅利安人 …… 8-396
雅库特人 …… 8-396
雅典 …… 8-393
雅典卫城 …… 8-394
雅典国立考古博物馆 …… 8-393
雅典城邦 …… 8-393
雅典娜 …… 8-394
雅典酒神剧场 …… 8-394
雅学 …… 8-398
雅柯布逊，R. …… 8-395
雅思考试 …… 8-397
雅莎伊 …… 8-397
雅浦人 …… 8-397
雅斯贝尔斯，K. …… 8-398
雅鲁泽尔斯基，W.W. …… 8-397
雅鲁藏布大峡谷 …… 8-396
雅鲁藏布江 …… 8-396
雅温得 …… 8-398
《雅歌》 …… 8-395
《翘传》 …… 6-188

［ | ］

紫云英 …… 9-535
紫外天文学 …… 9-534
紫外-可见分光光度法 …… 9-534
紫外线 …… 9-534
紫式部 …… 9-534
紫杉醇 …… 9-533
紫花苜蓿 …… 9-532
紫苏 …… 9-534
紫茉莉 …… 9-533
紫罗兰 …… 9-533
紫罗兰酮 …… 9-533
紫金山天文台 …… 9-532
紫绀 …… 9-532
紫荆关 …… 9-533
紫胶 …… 9-532
紫萁 …… 9-533
紫菜 …… 9-532
紫羚羊 …… 9-533
紫葳科 …… 9-535
紫薇 …… 9-535
紫穗槐 …… 9-534
紫藤 …… 9-534
紫癜 …… 9-532
凿齿 …… 9-162
斐扬派 …… 2-530
斐波那契，L. …… 2-529
斐波那契数 …… 2-529
斐济语 …… 2-530
斐济群岛 …… 2-530
斐索，A.H.L. …… 2-530
悲剧 …… 1-254
《悲惨世界》 …… 1-254
辉长岩 …… 3-605
辉石 …… 3-606
辉光放电 …… 3-606
辉县市 …… 3-607
辉格党 …… 3-605
辉钼矿 …… 3-606
辉铋矿 …… 3-605
辉铜矿 …… 3-607
辉银矿 …… 3-607
辉绿岩 …… 3-606
辉锑矿 …… 3-606
喷气飞机 …… 6-61
喷气发动机 …… 6-61
喷火器 …… 6-61
喷出岩 …… 6-61
喷泉 …… 6-61
喃字文学 …… 5-547
喇嘛 …… 4-529
喇嘛教 …… 4-529
喹啉 …… 4-505
喘证 …… 2-30
喉阻塞 …… 3-490
喉炎 …… 3-490
喉盘鱼 …… 3-489
喉麻痹 …… 3-489
喉癌 …… 3-489
《喻世明言》 …… 9-82
喻宜萱 …… 9-82
喻浩 …… 9-82
《喧哗与骚动》 …… 8-362
喀土穆 …… 4-365
喀山 …… 4-364
喀山大学 …… 4-364
喀山汗国 …… 4-364
喀什市 …… 4-364
喀什地区 …… 4-364
喀巴尼 …… 4-361
喀布尔 …… 4-361
喀尔巴阡山脉 …… 4-361
喀尔喀蒙古 …… 4-361
喀尔喀蒙古人 …… 4-361
喀西特王朝 …… 4-365
喀麦隆 …… 4-362
喀麦隆火山 …… 4-363
喀纳斯湖 …… 4-363
喀拉海 …… 4-362
喀斯特 …… 4-364
喀斯特高原 …… 4-365
喀斯喀特山脉 …… 4-364
喀喇昆仑山 …… 4-362
喙 …… 3-616
喙头蜥 …… 3-616
赋 …… 3-13
赋役 …… 3-13
赋格曲 …… 3-13
赎买政策 …… 7-57
赎罪日 …… 7-57
蛙 …… 7-463
《蛙》 …… 7-463
蛙泳 …… 7-463
蛱蝶 …… 4-133
蛲虫病 …… 5-548
蛭 …… 9-320
蛭石 …… 9-320
蛔虫病 …… 3-611
蛛网理论 …… 9-495
蛛形纲 …… 9-496
蛞蝓 …… 4-510
蛤仔 …… 3-112
蛟河市 …… 4-201
跋文 …… 1-189
跋娑 …… 1-189
跑旱船 …… 6-50
跆拳道 …… 7-254
鹃形目 …… 4-345
嵌金铜犀尊 …… 6-176
最大公因数 …… 9-574
最小二乘法 …… 9-575
最小公倍数 …… 9-575
最优控制方法 …… 9-575
最优控制算法 …… 9-575
最优增长定理 …… 9-575
《最后一个莫希干人》 …… 9-575
《最后的晚餐》 …… 9-574
最后通牒 …… 9-574
最低工资保障制度 …… 9-574
最惠国待遇 …… 9-575
最澄 …… 9-574
暑邪 …… 7-57
量 …… 5-60
量子 …… 5-60
量子力学 …… 5-62
量子化学 …… 5-61
量子电子学 …… 5-61
量子电动力学 …… 5-61
量子生物学 …… 5-62
量子场论 …… 5-60
量子光学 …… 5-61
量子色动力学 …… 5-62
量子统计 …… 5-63
量子跃迁 …… 5-63
量子频率标准 …… 5-62
量子数 …… 5-63
量刑 …… 5-60
量纲分析 …… 5-60
量具 …… 5-56
量变 …… 5-60
晶体 …… 4-301
晶体二极管 …… 4-302
晶体三极管 …… 4-302
晶体化学 …… 4-302
晶体材料 …… 4-301
晶体的X射线衍射 …… 4-302
晶系 …… 4-303

晶状体病 4-303
晶质铀矿 4-303
晶闸管 4-303
晶须 4-303
景天科 4-312
景宁畲族自治县 4-311
景观 4-311
景观生态学 4-311
景县 4-312
景洪市 4-311
景泰蓝 4-312
景教 4-311
景颇语 4-312
景颇语支 4-312
景颇族 4-312
《景德传灯录》 4-310
景德镇市 4-311
景德镇瓷 4-310
景德镇窑 4-311
鼎 2-311
鼎湖山 2-311
《黑人和马尔加什法语新诗选》 3-457
黑人性 3-457
黑土 3-460
黑山 3-458
黑山人 3-458
黑扎兹 3-461
黑井千次 3-454
黑天 3-459
黑贝尔，F. 3-451
黑贝尔，J.P. 3-451
黑火药 3-454
黑龙江 3-454
黑龙江省 3-455
黑田清辉 3-459
黑市交易 3-459
《黑奴吁天录》 3-457
黑色金属 3-457
黑色幽默 3-458
黑色影片 3-457
黑羊王朝 3-460
黑麦 3-456
黑麦草 3-456
黑克尔，E. 3-454
黑劳士制度 3-454
黑匣子 3-460
黑体辐射 3-459
黑角 3-454
黑社会 3-458
黑河 3-453
黑河市 3-454
黑泽明 3-461
黑视 3-459
黑钨矿 3-460
黑种人 3-461
黑便士邮票 3-451
黑洞 3-452
黑客 3-454
黑格尔，G.W.F. 3-452
《黑格尔哲学批判》 3-453
黑热病 3-457
黑粉病 3-452
黑海 3-453
黑海海峡 3-453
黑陶 3-459
黑梅萨煤浆管道 3-457
黑船事件 3-452
黑斑侧褶蛙 3-451
黑猩猩属 3-460
黑塞，H. 3-457
黑旗军 3-457
黑熊 3-460
黑箱 3-460
黑潮 3-451
遗传工程 8-543
遗传武器 8-543
遗传变异 8-542
遗传学 8-543
遗传病 8-543
遗传密码 8-543
遗传漂变 8-543
遗产 8-542
遗产税 8-542
遗忘 8-545
遗尿症 8-545
遗物 8-545
遗迹 8-544
遗迹化石 8-544
遗觉象 8-544
遗精 8-544
遗嘱 8-546
遗嘱继承 8-546
遗赠 8-545
遗赠扶养协议 8-545

〔丿〕

犍陀罗美术 4-153
铸币 9-505
铸钢 9-505
铸铁 9-506
铸造 9-506
铼 4-537
链反应 5-49
链球 5-49
锁 7-235
锁阳科 7-235
锁国令 7-235
锂 5-13
锅炉 3-251
锆 3-82
锆石 3-82
锇 2-405
锋 2-572
锌 8-262
锌合金 8-262
锑 7-338
锕系元素 1-60
嵇含 4-54
嵇康 4-54
程十髪 1-590
程大位 1-589
程千帆 1-590
程子华 1-593
程开甲 1-589
程长庚 1-589
程朱学派 1-593
程阳风雨桥 1-592
程序 1-591
程序设计 1-591
程序设计语言 1-591
程序法 1-591
程砚秋 1-592
程思远 1-590
程菲 1-589
程控电话交换机 1-589
程裕淇 1-593
程颐 1-592
程瑶田 1-592
程潜 1-590
程邃 1-590
程颢 1-589
稀土元素 8-130
稀有气体 8-131
稀有金属 8-131
稀树草原 8-130
稀缺资源 8-130
稀散金属 8-130
稀释热 8-130
税负转嫁 7-107
税收 7-107
税收抵免 7-107
税收乘数 7-107
税法 7-107
税率 7-107
短号 2-366
短波传播 2-366
短缺经济 2-367
短期经济行为 2-367
短期信贷 2-367
短期资金市场 2-367
短跑 2-366
短跑道速度滑冰 2-366
鹅 2-405
鹅掌楸 2-405
鹅湖之会 2-405
剩余价值 6-570
《剩余价值理论》 6-571
剩余劳动 6-571
等压过程 2-195
等成本线 2-193
等产量曲线 2-193

等级君主制 2–194
等时线年龄 2–195
等足目 2–195
《等待戈多》 2–193
等速螺线 2–195
等翅目 2–193
等效用曲线 2–195
等效原理 2–195
等离子电视机 2–194
等离子体 2–194
等离子体化学 2–194
等离子体物理学 2–194
等离子体辐射 2–194
等容过程 2–195
等温过程 2–195
筑 9–506
筑波 9–506
筑波大学 9–506
策兰，P. 1–487
策妄阿拉布坦 1–487
策伯格米德，D. 1–487
策棱 1–487
筒箭毒碱 7–409
筏 2–435
筏道 2–435
筝 9–261
黍稷 7–58
智人 9–323
智力 9–320
智力测验 9–320
智力障碍 9–321
智永 9–324
智旭 9–324
智𫖮 9–324
智利 9–321
智利地震海啸 9–322
《智取威虎山》 9–323
智者 9–324
智果 9–320
智育 9–324
智能地雷 9–322
智能网 9–323
智能交通 9–322
智能材料 9–322
智能武器 9–323
智能控制 9–323
智商 9–324
《智慧的痛苦》 9–320
氰化物 6–236
氰戊菊酯 6–236
氮 2–150
氮肥 2–151
氯 5–188
氯乙烯 5–189
氯乙烷 5–189
氯化亚汞 5–189
氯化苄 5–188
氯化钙 5–188
氯化钠 5–189
氯纶 5–189
氯醇橡胶 5–188
傣历 2–124
傣文 2–125
傣语 2–125
傣族 2–125
傣族舞蹈 2–125
傈僳语 5–36
傈僳族 5–36
傅三乾 3–16
傅山 3–16
傅天正 3–17
傅友德 3–18
傅东华 3–14
傅立叶，C. 3–16
傅玄 3–17
傅衣凌 3–17
傅里叶，J. 3–15
傅里叶光学 3–15
傅里叶级数 3–16
傅里叶变换 3–15
傅作义 3–18
傅抱石 3–13
傅京孙 3–14
傅承义 3–14
傅科，J.-B.-L. 3–14
傅振伦 3–18
傅铁山 3–17
傅斯年 3–16
傅雷 3–15
傅聪 3–14
傅懋勣 3–16
傅鹰 3–17
傧相 1–360
储安平 2–17
储氢材料 2–17
储能材料 2–17
储蓄 2–18
傩 6–8
傩戏 6–8
牌九 6–38
牌坊 6–38
皖系军阀 7–479
皖南事变 7–479
皖派 7–479
集权制 4–76
集成电路 4–74
集成光学 4–74
集会自由 4–76
集合 4–75
集合论 4–75
集安市 4–74
集约经营 4–78
集邮 4–77
集体心理治疗 4–77
集体行为 4–77
集体合同 4–76
集体企业 4–77
集体安全理论 4–76
集体农庄 4–77
集体所有权 4–77
集体所有制 4–77
《集结号》 4–76
集装箱运输 4–78
集装箱船 4–78
《集韵》 4–78
集镇 4–78
焦山碑林 4–202
焦耳 4–201
焦耳，J.P. 4–201
焦耳－汤姆孙效应 4–202
焦耳－楞次定律 4–202
焦作市 4–203
焦炭 4–203
焦虑 4–202
焦晃 4–202
焦菊隐 4–202
焦距 4–202
焦裕禄 4–203
奥万博人 1–133
奥义书 1–134
奥云，E. 1–134
奥文本杜人 1–133
奥巴马，B.H. 1–117
奥古斯丁 1–122
奥古斯都 1–122
奥古斯都时代 1–122
奥本海默，J.R. 1–117
奥尔 1–120
奥尔甫斯 1–121
奥尔洛夫快步马 1–121
奥尔特，J.H. 1–121
奥尔特云 1–121
奥尔梅克文化 1–121
奥尔斯特人 1–121
奥立弗，L. 1–124
奥兰 1–123
奥兰治河 1–124
奥尼尔，E. 1–126
奥地利 1–118
奥地利人 1–120
奥地利王位继承战争 1–120
奥地利帝国 1–120
奥托，R. 1–133
奥托，N.A. 1–133
奥伊米亚康 1–134
奥伊肯，R.C. 1–134
奥伊斯特拉赫，D. 1–134
奥匈帝国 1–134
奥羽山脉 1–134
奥杜韦文化 1–120
奥克兰 1–123

奥克兰 1-123
奥克桑，B. 1-123
奥芬巴赫，J. 1-121
奥里亚人 1-124
奥里亚语 1-124
奥里诺科河 1-124
奥利弗·斯通 1-125
奥利金 1-125
奥伯特，H. 1-117
奥希金斯，B. 1-133
奥林，B.G. 1-125
奥林匹亚遗址 1-126
奥林匹克运动会 1-125
奥林匹克剧场 1-125
奥拉比帕夏 1-123
奥拉涅斯塔德 1-123
奥凯西，S. 1-122
奥罗莫语 1-126
《奥勃洛莫夫》 1-117
奥兹，A. 1-134
奥格，G.-É. 1-121
奥格本，W.F. 1-122
《奥格斯堡宗教和约》 1-122
奥热什科娃，E. 1-127
奥恩布鲁格，J.L. 1-120
奥涅加湖 1-127
《奥涅金》 1-127
奥涅格，A. 1-126
奥海因，H.-J.P.von 1-122
奥朗则布 1-124
奥陶纪 1-132
奥得河 1-118
奥康奈尔，D. 1-122
奥维德 1-133
奥博莫绍 1-118
奥斯丁，J. 1-128
奥斯丁，J. 1-129
奥斯本，J.J. 1-128
奥斯卡金像奖 1-129
奥斯汀，D.W. 1-132
奥斯汀，J.L. 1-132
奥斯托斯，E.M.de 1-132
奥斯陆 1-129
奥斯陆大学 1-129
奥斯定会 1-129
奥斯威辛集中营 1-132
奥斯特，H.C. 1-131
奥斯特瓦尔德，W. 1-132
奥斯特利茨之战 1-131
奥斯特洛夫斯基，A.N. 1-131
奥斯特洛夫斯基，N.A. 1-131
奥斯勒，W. 1-129
奥斯曼一世 1-131
奥斯曼·伊本·阿凡 1-131
奥斯曼帝国 1-129
奥普艺术 1-127
奥登，W.H. 1-118
奥瑞纳文化 1-127
奥塞美术馆 1-127
奥塞梯人 1-128
《奥赛罗》 1-128
奥德姆，E.P. 1-118
《奥德修纪》 1-118
奥德修斯 1-118
奥德兹，C. 1-118
奥黛丽·赫本 1-118
粤方言 9-131
粤曲 9-132
粤海铁路通道 9-132
粤剧 9-132
粤绣 9-132
粤菜 9-131
街头（活报）剧 4-215
御史大夫 9-83
御史台 9-83
循化撒拉族自治县 8-382
循环系统 8-383
釉下五彩 9-54
釉中彩 9-54
釉里红 9-53
釉陶 9-54
释迦牟尼 7-33
貂 2-300
貂蝉 2-300
舒三和 7-53
舒马赫，M. 7-53
舒巧 7-53
舒尔茨，T.W. 7-52
舒兰市 7-52
舒克里 7-52
舒伯特，F. 7-51
舒茨，A. 7-52
舒巷城 7-54
舒莱金，V.V. 7-52
舒绣文 7-54
舒曼，R. 7-53
舒筋活络 7-52
舒婷 7-53
舒新城 7-54
畲语 6-477
畲族 6-477
禽流感 6-203
舜 7-110
番木瓜 2-462
番木鳖碱 2-462
番石榴 2-463
番红花 2-462
番杏科 2-463
番茄 2-463
《番例》 2-462
番泻树 2-463
番荔枝内酯 2-462
番荔枝科 2-462
番薯 2-463
逾越节 9-64
猩红热 8-309
猩猩 8-309
猴 3-490
猴面包树 3-490
猴拳 3-490
腈 4-303
腈纶 4-303
腊八 4-529
腊八粥 4-529
腊祭 4-529
腓力二世 2-528
腓力二世 2-528
腓力二世 2-528
腓尼基 2-528
腓尼基字母 2-529
腓特烈一世 2-529
腓特烈一世（红胡子） 2-529
腓特烈二世 2-529
脾 6-78
脾不统血证 6-79
脾气下陷证 6-79
脾气虚证 6-79
脾功能亢进 6-79
脾阳虚证 6-79
脾肾阳虚证 6-79
脾肿大 6-79
脾胃不和证 6-79
腙 9-560
腔上囊 6-178
腔肠动物门 6-177
腔静脉阻塞综合征 6-178
腕足动物门 7-484
觚 3-157
鲀形目 7-451
鲂 2-498
鲃 1-188
鲁 5-162
鲁，W. 5-162
鲁卜哈利沙漠 5-164
鲁瓦，G. 5-166
鲁内贝格，J.L. 5-165
鲁本斯，P.P. 5-162
鲁尔福，J.J. 5-164
鲁达基 5-164
鲁伊斯，J. 5-166
鲁伊斯·德·阿拉尔孔·伊·门多萨，J. 5-167
鲁迅 5-166
鲁迅艺术学院 5-166
鲁利亚，A.R. 5-164
鲁体民歌 5-165
鲁肃 5-165
鲁思，B. 5-165
鲁彦 5-166
鲁班 5-162
鲁热维奇，T. 5-165

鲁宾斯坦，A. …… 5-163
鲁宾斯坦，A.G. …… 5-163
鲁宾斯坦，S.L. …… 5-163
鲁菲吉河 …… 5-164
鲁菜 …… 5-164
鲁棒性 …… 5-162
鲁斯丹·埃芬迪 …… 5-165
鲁斯塔维里，S. …… 5-165
鲁提菲 …… 5-165
鲁道夫人 …… 5-164
鲁缅采夫，P.A. …… 5-164
鲁滨逊，J.H. …… 5-163
飓风 …… 4-339

〔丶〕

《就业、利息和货币通论》…… 4-329
就业率 …… 4-329
敦化市 …… 2-375
敦刻尔克 …… 2-379
敦刻尔克撤退 …… 2-379
敦煌石窟 …… 2-376
敦煌汉简 …… 2-376
敦煌市 …… 2-377
《敦煌曲子词集》…… 2-376
敦煌学 …… 2-377
敦煌研究院 …… 2-378
敦煌通俗文学 …… 2-377
敦煌遗书 …… 2-378
敦煌歌辞 …… 2-376
童心说 …… 7-405
童话 …… 7-404
童养媳 …… 7-405
童第周 …… 7-404
童寯 …… 7-404
装甲兵 …… 9-515
装饰艺术 …… 9-515
装载机 …… 9-515
装置艺术 …… 9-515
装裱 …… 9-514
《装潢志》…… 9-515
蛮 …… 5-302
痣 …… 9-325
痘病毒 …… 2-346
痞满 …… 6-80
痢疾 …… 5-37
痤疮 …… 2-60
痛风 …… 7-409
痛经 …… 7-410
痛觉 …… 7-410
痛痛病 …… 7-410
愤怒 …… 2-560
“愤怒的青年” …… 2-560
惰性气体 …… 2-392
阑尾炎 …… 4-543
阔嘴鸟 …… 4-510
焰口 …… 8-444
翔安海底隧道 …… 8-202
鹈形目 …… 7-341
鹈鹕 …… 7-341
善本 …… 6-448
善后大借款 …… 6-449
善导 …… 6-449
粪便检查 …… 2-560
粪类圆线虫病 …… 2-560
普及教育 …… 6-107
《普天忠愤集》…… 6-115
普什图人 …… 6-115
普什图语 …… 6-115
普世教会运动 …… 6-115
普卢塔克 …… 6-112
普宁市 …… 6-114
普兰巴南坎蒂 …… 6-109
普兰县 …… 6-109
普兰店市 …… 6-109
普吉岛 …… 6-108
普列汉诺夫，G.V. …… 6-111
普列姆昌德 …… 6-112
普伊格，M. …… 6-117
普多夫金，V.I. …… 6-107
普米语 …… 6-114
普米族 …… 6-114
普那路亚家庭 …… 6-114
普芬多夫，S.von …… 6-107
普劳图斯 …… 6-110
普里戈金，I. …… 6-110
普里斯特利，J. …… 6-111
普利茅斯 …… 6-111
普利斯卡 …… 6-111
普利策，J. …… 6-111
普利策奖 …… 6-111
普希金，A.S. …… 6-116
普陀山 …… 6-116
普陀区 …… 6-116
普林尼（老）…… 6-112
普林斯顿大学 …… 6-112
普拉亚 …… 6-109
普拉托利尼，V. …… 6-108
普拉托诺夫，A.P. …… 6-109
普拉克西特列斯 …… 6-108
普拉姆迪亚·阿南达·杜尔 …… 6-108
《普拉特修正案》…… 6-108
普拉斯，S. …… 6-108
普贤 …… 6-117
普罗夫迪夫 …… 6-113
普罗文斯顿剧社 …… 6-114
普罗米修斯 …… 6-113
普罗旺斯 …… 6-114
普罗科匹厄斯 …… 6-113
普罗科菲耶夫，S.S. …… 6-113
普罗泰戈拉 …… 6-114
普罗提诺 …… 6-114
普罗霍罗夫，A.M. …… 6-113
普京，V.V. …… 6-108
普法伊尔，F.W.L. …… 6-107
普法战争 …… 6-107
普契尼，G. …… 6-114
普选 …… 6-117
普洱市 …… 6-107
普埃布拉 …… 6-106
普莱斯利，E. …… 6-109
普特南，H. …… 6-115
普朗克，M. …… 6-110
普朗克常数 …… 6-110
普朗特，L. …… 6-110
普桑，N. …… 6-115
普通心理学 …… 6-116
普通股 …… 6-116
普通法 …… 6-116
普通话 …… 6-116
普通教育 …… 6-116
普救派 …… 6-108
普惠制 …… 6-107
普奥战争 …… 6-106
普鲁士 …… 6-112
普鲁斯特，M. …… 6-113
普遍优惠制 …… 6-107
普赖斯，D.J.de S. …… 6-109
普雷格尔，F. …… 6-110
曾三 …… 9-170
曾文坝 …… 9-170
曾世英 …… 9-170
曾布 …… 9-167
曾母暗沙 …… 9-169
曾巩 …… 9-167
曾朴 …… 9-169
曾庆存 …… 9-169
曾庆红 …… 9-169
曾纪泽 …… 9-168
曾呈奎 …… 9-167
曾国藩 …… 9-167
曾昭抡 …… 9-170
曾侯乙墓 …… 9-168
曾侯乙墓编钟 …… 9-168
曾宪九 …… 9-170
曾宪梓 …… 9-170
曾培炎 …… 9-169
曾琦 …… 9-169
曾幾 …… 9-168
尊 …… 9-576
尊王攘夷运动 …… 9-576
《尊前集》…… 9-576
道 …… 2-159
道 …… 2-159
道士 …… 2-165
道元 …… 2-166
道生 …… 2-165
道尔顿，J. …… 2-160
道尔顿分压定律 …… 2-160
道尔顿制 …… 2-160
道场 …… 2-159
道成肉身 …… 2-159

道光帝 …… 2-161
道安 …… 2-159
道观 …… 2-160
《道枢》 …… 2-166
道学 …… 2-166
道威斯计划 …… 2-166
道宣 …… 2-166
道统说 …… 2-166
道家 …… 2-161
道教 …… 2-161
道教美术 …… 2-163
道情戏 …… 2-165
道·琼斯指数 …… 2-165
道路工程 …… 2-163
道路交叉口 …… 2-164
道德 …… 2-160
道德风险 …… 2-160
《道德经》 …… 2-160
《道藏》 …… 2-166
遂宁市 …… 7-216
湘乡市 …… 8-201
湘乡派 …… 8-201
湘方言 …… 8-199
湘西土家族苗族自治州 …… 8-201
湘江 …… 8-200
湘军 …… 8-201
湘剧 …… 8-200
湘绣 …… 8-201
湘菜 …… 8-199
湘雅医学专门学校 …… 8-202
湘潭市 …… 8-201
湘赣边界秋收起义 …… 8-200
湖北评书 …… 3-512
湖北省 …… 3-512
湖丝 …… 3-516
湖羊 …… 3-517
湖州市 …… 3-517
湖社画会 …… 3-516
湖泊 …… 3-516
湖泊河道养鱼 …… 3-516
湖南大学 …… 3-514
湖南丝弦 …… 3-515
湖南师范大学 …… 3-515
湖南省 …… 3-514
湖南菜 …… 3-514
湖南渔鼓 …… 3-515
湖畔诗社 …… 3-515
湖笔 …… 3-514
湖湘学派 …… 3-516
渤海 …… 1-418
渤海 …… 1-419
渤海上京龙泉府城 …… 1-419
渤海湾 …… 1-419
港口 …… 3-56
港币 …… 3-56
港务船舶 …… 3-57
滞胀 …… 9-325
滞育 …… 9-325
湛江市 …… 9-188
湛然 …… 9-189
湍流 …… 7-447
湿地 …… 6-584
湿邪 …… 6-585
湿法冶金 …… 6-584
湿度 …… 6-584
湿度表 …… 6-584
湿疹 …… 6-585
湿婆 …… 6-585
温子昇 …… 7-585
温中祛寒 …… 7-584
温内特卡制 …… 7-581
温布尔登网球公开赛 …… 7-579
温尼伯 …… 7-582
温尼伯湖 …… 7-582
温邪 …… 7-584
温州市 …… 7-584
温州杂剧 …… 7-585
温州湾 …… 7-585
温阳利水 …… 7-584
温县 …… 7-584
温里剂 …… 7-581
温伯格，S. …… 7-578
温岭市 …… 7-581
温法 …… 7-580
温经通络 …… 7-581
温经散寒 …… 7-581
温毒 …… 7-580
温标 …… 7-578
温泉 …… 7-582
温度 …… 7-580
温度计 …… 7-580
温庭筠 …… 7-584
温疫 …… 7-584
温差电现象 …… 7-579
温室 …… 7-583
温室气体 …… 7-583
温室花卉 …… 7-583
温室效应 …… 7-583
温莎 …… 7-582
温莎王朝 …… 7-583
温莎堡 …… 7-582
温哥华 …… 7-580
温哥华岛 …… 7-580
温特，F.W. …… 7-583
温病 …… 7-578
温病学派 …… 7-578
温家宝 …… 7-581
温得和克 …… 7-579
温塞特，S. …… 7-582
渭河 …… 7-572
渭南市 …… 7-572
溃疡性结肠炎 …… 4-507
滑水 …… 3-541
滑石 …… 3-541
滑冰 …… 3-540
滑坡 …… 3-541
滑板 …… 3-540
滑轮 …… 3-541
滑铁卢 …… 3-542
滑铁卢之战 …… 3-542
滑雪 …… 3-542
滑翔机 …… 3-542
滑翔运动 …… 3-542
滑稽 …… 3-540
滑稽戏 …… 3-541
滑膛炮 …… 3-542
湟中县 …… 3-603
湟水 …… 3-603
渝中区 …… 9-64
游戏（儿童） …… 9-43
游国恩 …… 9-43
游泳 …… 9-43
《游春图》 …… 9-43
游离基 …… 9-43
游资 …… 9-44
湾流 …… 7-476
湾漳北朝壁画墓 …… 7-477
渡江战役 …… 2-364
渡船 …… 2-364
渡槽 …… 2-364
滋生人丁永不加赋 …… 9-528
渥太华 …… 7-612
渥太华大学 …… 7-612
渥巴锡 …… 7-611
湄公河 …… 5-338
湄南河 …… 5-338
湄洲湾 …… 5-338
滁州市 …… 2-17
割礼 …… 3-95
割圆术 …… 3-95
割裂脑 …… 3-95
寒人 …… 3-366
寒邪 …… 3-366
寒武纪 …… 3-366
寒食节 …… 3-366
寒流 …… 3-366
寒湿困脾证 …… 3-366
寒潮 …… 3-366
富士山 …… 3-21
富士财团 …… 3-20
富士胶片株式会社 …… 3-20
富冈铁斋 …… 3-19
富兰克林，B. …… 3-20
富加德，A. …… 3-19
富阳市 …… 3-21
富连成社 …… 3-20
富纳富提 …… 3-20
富拉尼人 …… 3-19
富拉尼帝国 …… 3-19
富拉尼语 …… 3-19
《富春山居图》 …… 3-18

富春江 …… 3–18
富祖里 …… 3–21
富恩特斯，C. …… 3–19
富特文格勒，W. …… 3–21
富勒，L.L. …… 3–20
富勒烯 …… 3–20
富营养化 …… 3–21
富弼 …… 3–18
富锦市 …… 3–19
窝阔台 …… 7–607
窝阔台汗国 …… 7–607
窗 …… 2–31
谢义炳 …… 8–245
谢瓦尔德纳泽，E.A. …… 8–244
谢瓦莱，C. …… 8–245
谢尔顿，S. …… 8–239
谢玄 …… 8–245
谢伦伯格，T.R. …… 8–243
谢多夫，L.I. …… 8–239
谢安 …… 8–239
谢军 …… 8–241
谢志光 …… 8–246
谢甫琴科，T.G. …… 8–240
谢时臣 …… 8–244
谢里丹，R.B. …… 8–241
谢里曼，H. …… 8–241
谢希德 …… 8–245
谢灵运 …… 8–242
谢灵顿，C.S. …… 8–242
谢林，T.C. …… 8–242
谢林，F.W.J.von …… 8–241
谢枋得 …… 8–239
谢苗诺夫，N.N. …… 8–243
谢拉，J.H. …… 8–241
谢非 …… 8–240
谢罗夫，V.A. …… 8–243
谢侠逊 …… 8–245
谢泼德，F.P. …… 8–243
谢泼德，S. …… 8–243
谢觉哉 …… 8–240
谢晋 …… 8–240
谢铁骊 …… 8–244
谢朓 …… 8–244
谢家泽 …… 8–240
谢诺阿，A. …… 8–243
谢雪红 …… 8–245
谢添 …… 8–244
谢惠连 …… 8–240
谢稚柳 …… 8–246
《谢瑶环》 …… 8–245
谢榛 …… 8–246
谢赫 …… 8–240
谢赫 …… 8–240
谢德林，R.K. …… 8–239
谢德曼，P. …… 8–239
谥号 …… 7–34
谦虚 …… 6–160
禅让 …… 6–449
禅宗 …… 1–499
禅定 …… 1–499
禄丰古猿 …… 5–172
禄丰龙 …… 5–172
禄丰县 …… 5–173
裕固族 …… 9–83
裤 …… 4–492
裙 …… 6–270
裙带菜 …… 6–270
雇佣劳动 …… 3–200

〔㇕〕

强子 …… 6–180
强化 …… 6–178
强化玻璃 …… 6–178
强化理论 …… 6–178
强心苷 …… 6–179
强击 …… 6–178
强直性脊柱炎 …… 6–180
强制执行 …… 6–180
强制性标准 …… 6–180
强迫状态 …… 6–181
强迫症 …… 6–181
强学会 …… 6–179
强相互作用 …… 6–179
强度 …… 6–178
《强盗》 …… 6–178
巽他人 …… 8–384
巽他语 …… 8–384
巽他海峡 …… 8–384
巽他群岛 …… 8–384
犀牛 …… 8–131
犀鸟 …… 8–131
属国 …… 7–58
隔振 …… 3–113
隔离 …… 3–112
疏肝解郁 …… 7–54
疏浚 …… 7–54
疏勒 …… 7–54
疏勒河 …… 7–55
皴法 …… 2–58
婺剧 …… 8–80
婺源县 …… 8–80
登山 …… 2–192
登月舱 …… 2–192
登陆作战 …… 2–191
登陆作战舰艇 …… 2–192
登封市 …… 2–191
登封观星台 …… 2–191
登革热 …… 2–191
登霄节 …… 2–192
骚体 …… 6–414
骚体赋 …… 6–414
缂丝 …… 4–463
缅人 …… 5–415
缅因州 …… 5–416
缅甸 …… 5–413
缅甸反法西斯人民自由同盟 …… 5–415
缅甸语 …… 5–415
缅语支 …… 5–416
缆车 …… 4–547
缎 …… 2–369
缓刑 …… 3–577
缓冲溶液 …… 3–576
缓步动物 …… 3–576
缓蚀剂 …… 3–576
缓释肥料 …… 3–576
编年体 …… 1–339
编译程序 …… 1–339
编织工艺品 …… 1–339
编钟 …… 1–340
编结工艺 …… 1–339
编辑 …… 1–339
编辑学 …… 1–339
缘起 …… 9–114

十三画

〔一〕

瑞士 …… 6–350
瑞士永久同盟 …… 6–352
瑞安市 …… 6–347
瑞丽市 …… 6–350
瑞利 …… 6–350
瑞昌市 …… 6–347
瑞典 …… 6–348
瑞典人 …… 6–349
瑞典古文石碑 …… 6–349
瑞典学派 …… 6–350
瑞典语 …… 6–350
瑞金市 …… 6–350
瑞香科 …… 6–352
瑞蚨祥 …… 6–350
瑜伽 …… 9–64
瑜伽行派 …… 9–64
瑜伽派 …… 9–64
瑙罗吉，D. …… 5–553
瑙鲁 …… 5–552
《魂断蓝桥》 …… 4–4
瑟 …… 6–418
塘鳢鱼 …… 7–318
楔叶类植物 …… 8–234
楔形字 …… 8–234
楠木 …… 5–548
楝科 …… 5–49
楷书 …… 4–396
楞次，H.F.E. …… 4–574
楞次定律 …… 4–574
《楞伽经》 …… 4–574
楸树 …… 6–243
椴树 …… 2–369
槐 …… 3–562

榆林市 …… 9-65
榆林窟 …… 9-65
榆树 …… 9-65
《榆树下的欲望》 …… 9-66
榆树市 …… 9-65
榆科 …… 9-65
楼兰 …… 5-147
楼观台 …… 5-147
楼观派 …… 5-147
楼适夷 …… 5-147
楼阁 …… 5-147
楼燕 …… 5-148
榉树 …… 4-335
概念 …… 3-31
概率 …… 3-29
概率分布 …… 3-29
概率论 …… 3-30
概率极限定理 …… 3-29
概率逻辑 …… 3-30
楹树 …… 9-17
楹联 …… 9-17
聘任制 …… 6-85
赖文光 …… 4-538
《赖古堂家印谱》 …… 4-537
赖尔，M. …… 4-537
赖伐尔，P. …… 4-537
赖兴巴赫，H. …… 4-539
赖其芳 …… 4-538
赖和 …… 4-537
赖特，F.L. …… 4-538
赖特，R. …… 4-538
赖特，S. …… 4-538
赖氨酸 …… 4-537
赖斯，E. …… 4-538
赖斯顿，J.B. …… 4-538
酮 …… 7-405
酰卤 …… 8-174
酰胺 …… 8-173
酯 …… 9-310
献血 …… 8-187
鼓 …… 3-189
鼓子词 …… 3-191
鼓风炉 …… 3-191
鼓风器 …… 3-191
鼓吹乐 …… 3-190
鼓板 …… 3-190
鼓浪屿 …… 3-191
蒯祥 …… 4-494
颐和园 …… 8-546
靳云鹏 …… 4-277
靳文然 …… 4-277
靳以 …… 4-277
靳尚谊 …… 4-276
靳辅 …… 4-276
鄢陵之战 …… 8-422
鄢陵县 …… 8-422
勤王运动 …… 6-203
蒜 …… 7-208
蓝玉案 …… 4-545
蓝布尔氏雅尔氏鞭毛虫病 …… 4-543
蓝田猿人 …… 4-545
蓝印花布 …… 4-545
蓝闪石 …… 4-545
蓝闪石片岩 …… 4-545
蓝皮书 …… 4-544
蓝玫瑰 …… 4-544
蓝宝石 …… 4-543
蓝点马鲛 …… 4-544
蓝毗尼 …… 4-545
蓝铜矿 …… 4-545
蓝领 …… 4-544
蓝领犯罪 …… 4-544
蓝晶石 …… 4-544
蓝筹股 …… 4-544
蓝鲸 …… 4-544
蓝藻 …… 4-546
墓志 …… 5-497
幕府政治 …… 5-497
蒽 …… 2-416
蒽醌 …… 2-416
蓖麻 …… 1-331
蓖麻酸 …… 1-332
蓟门地质剖面自然保护区 …… 4-106
蓟马 …… 4-106
蓟县 …… 4-106
蓬巴尔改革 …… 6-66
蓬皮杜，G.-J.-R. …… 6-66
蓬皮杜国家艺术文化中心 …… 6-66
蓬莱市 …… 6-66
蓬莱角 …… 6-66
蓬塔阿雷纳斯 …… 6-67
蓑衣 …… 7-226
蓑蛾 …… 7-226
蒺藜科 …… 4-79
蓄电池 …… 8-359
蒲元 …… 6-105
蒲风 …… 6-104
蒲甘王朝 …… 6-104
蒲团影 …… 6-105
《蒲安臣条约》 …… 6-104
蒲松龄 …… 6-105
蒲城火神会 …… 6-104
蒲柏，A. …… 6-104
蒲剧 …… 6-105
蒲绥里 …… 6-105
蒲菜 …… 6-104
蒲辅周 …… 6-104
蒲鲁东，P.-J. …… 6-105
蒙山 …… 5-371
蒙太奇 …… 5-372
蒙日，G. …… 5-371
蒙文通 …… 5-374
《蒙巴顿方案》 …… 5-368
蒙巴萨 …… 5-368
蒙古 …… 5-376
蒙古人 …… 5-378
蒙古人民革命党 …… 5-379
蒙古人种 …… 5-379
蒙古马 …… 5-378
蒙古牛 …… 5-378
蒙古文 …… 5-379
蒙古包 …… 5-377
蒙古羊 …… 5-379
蒙古军西征 …… 5-378
蒙古语 …… 5-379
蒙古语族 …… 5-380
蒙古高原 …… 5-377
蒙古袍 …… 5-378
蒙古族 …… 5-380
蒙古族医学 …… 5-381
蒙古族舞蹈 …… 5-380
《蒙古源流》 …… 5-380
蒙田，M.de …… 5-374
《蒙汉辞典》 …… 5-382
蒙台梭利，M. …… 5-372
蒙达人 …… 5-369
蒙（扪）达语族 …… 5-369
蒙自市 …… 5-375
蒙克，E. …… 5-370
蒙克，W.H. …… 5-371
蒙罗维亚 …… 5-371
蒙学 …… 5-375
蒙学读物 …… 5-375
蒙药 …… 5-382
蒙昧时代 …… 5-371
蒙恬 …… 5-374
《蒙娜丽莎》 …… 5-371
蒙泰朗，H.de …… 5-372
蒙哥 …… 5-370
蒙哥马利，B.L. …… 5-370
蒙哥尔费兄弟 …… 5-370
蒙特卡罗方法 …… 5-372
蒙特利尔 …… 5-373
蒙特利尔大学 …… 5-373
《蒙特利尔议定书》 …… 5-373
蒙特柳斯，O. …… 5-373
蒙特雷 …… 5-373
蒙特塞拉特 …… 5-374
蒙得维的亚 …… 5-369
蒙得维的亚保卫战 …… 5-369
蒙脱石 …… 5-374
蒙博托，S.S. …… 5-369
蒙塔古，W.P. …… 5-372
蒙塔莱，E. …… 5-372
蒙森，T. …… 5-371
蒙德里安，P. …… 5-369
蒙藏委员会 …… 5-382
蒸发 …… 9-261
蒸发岩 …… 9-262
蒸发器 …… 9-262
蒸汽机 …… 9-262

蒸馏 9－262
蒸馏水 9－262
蒸腾作用 9－263
禁寺 4－278
禁兵 4－277
禁忌 4－277
禁欲主义 4－278
禁渔期 4－278
禁锢 4－277
楚 2－18
楚 2－18
楚太子狱 2－20
楚瓦什人 2－20
楚文化 2－20
楚汉战争 2－19
楚庄王 2－21
楚克迈耶，C. 2－19
楚声 2－20
楚图南 2－20
楚帛书图像 2－18
楚科奇半岛 2－19
楚科奇海 2－19
楚雄市 2－21
楚雄彝族自治州 2－21
楚辞 2－18
想象 8－203
碘 2－272
碘缺乏病 2－272
碑 1－255
硼 6－67
硼化物 6－67
硼纤维 6－68
硼砂 6－67
硼烷 6－67
硼酸 6－67
碎叶 7－216
碰撞 6－69
鹌鹑 1－112
感化教育 3－44
感光化学 3－44
感光材料 3－44
感伤主义 3－45
感兴 3－45
感应地理 3－45
感受器 3－45
感性认识 3－45
感冒 3－45
感染 3－45
感染性心内膜炎 3－45
感觉 3－44
感觉异常 3－44
感觉阈限 3－44
感恩节 3－44
雷 4－566
雷乃，A. 4－569
雷马克，E.M. 4－568
雷天觉 4－570
雷公 4－568
雷文，P.H. 4－570
雷布查人 4－567
雷鸟 4－569
雷亚尔计划 4－570
雷列耶夫，K.F. 4－568
雷达 4－567
雷托罗曼人 4－570
雷伊莱斯，C. 4－570
雷州市 4－571
雷州半岛 4－571
雷克雅未克 4－568
《雷雨》 4－571
雷哈尼 4－568
雷洁琼 4－568
雷海宗 4－568
雷诺阿，J. 4－569
雷诺阿，P.-A. 4－569
雷诺兹，J. 4－569
雷诺数 4－569
雷斯皮吉，O. 4－570
雷锋 4－567
雷暴 4－566
雷德菲尔德，R. 4－567
零件 5－100
零售 5－100
零税率 5－100
雾 8－80
雾月政变 8－80
雾灵山自然保护区 8－80
雾凇 8－80
雹 1－239
摄氏度 6－504
摄关政治 6－504
摄政王 6－505
摄像机 6－504
摄影 6－504
摄影测量学 6－505
摄影瞬间思维 6－505
摆 1－217
摆线 1－217
搬运作用 1－227
摇蚊 8－481
摇滚乐 8－481
摇篮曲 8－481
搪瓷 7－318
搠思吉斡节儿 7－111
摊丁入地 7－279
辐射化学 2－606
辐射加工 2－607
辐射剂量 2－607
辐射度学和光度学 2－606
输气管道 7－55
输水管道 7－55
输电 7－55
输血 7－56
输油管道 7－56
输送机 7－56
输液 7－56
裘盛戎 6－245

〔丨〕

频率 6－85
督政府 2－350
督脉 2－350
髡残 4－510
虞允文 9－66
虞世南 9－66
虞美人 9－66
虞洽卿 9－66
鉴江 4－171
鉴相器 4－171
鉴真 4－171
鉴湖 4－171
鉴频器 4－171
嗉囊 7－205
嗜人按蚊 7－34
嗜铬细胞瘤 7－34
嗜酸性粒细胞增多症 7－34
唖唑 2－412
嗅觉 8－339
嗓音分类 6－413
嵊州市 6－571
暖流 6－5
暗示 1－115
暗示疗法 1－115
暗物质 1－115
暗河 1－115
暗房 1－115
暗星云 1－115
暗能量 1－115
暗礁 1－115
睦邻政策 5－497
睡虎地秦简 7－108
《睡美人》 7－108
睡莲科 7－108
睡眠 7－108
睡眠呼吸暂停综合征 7－108
睡眠障碍 7－108
睡鼠科 7－108
睢阳书院 7－209
睢景臣 7－209
畸胎瘤 4－54
蛸 8－220
蜈蚣草 8－43
蜗牛 7－608
蛾 2－405
蜉蝣目 2－607
蜂王浆 2－573
蜂鸟 2－573
蜂虎 2－573
蜂毒 2－573
蜂胶 2－573
蜂猴 2－573

蜂窝组织炎……2-573
蜂蜡……2-573
蜂蜜……2-573
蜂箱……2-573
蜣螂……6-178
蛹……9-28
跨声速飞行……4-494
跨国公司……4-493
跨国婚姻……4-493
跨栏跑……4-494
跨湖桥文化……4-493
跷功……6-181
跳马……7-377
跳水……7-377
跳台滑雪……7-378
跳伞运动……7-377
跳远……7-378
跳神……7-377
跳蚤市场……7-378
跳高……7-376
跳羚……7-376
跳绳……7-377
跳蛛……7-378
路由器……5-175
路甬祥……5-175
路环岛……5-173
路易十六……5-174
路易十四……5-174
路易斯，A.M.……5-174
路易斯，G.N.……5-174
路易斯安那州……5-175
路易斯维尔……5-175
路易港……5-174
路南石林……5-173
路透，P.J.……5-174
路透社……5-174
路家班……5-173
路翎……5-173
路德宗……5-173
歇后语……8-234
嵩山……7-163
嵩阳书院……7-163
嵩岳寺塔……7-163
《罪与罚》……9-575
罪刑法定原则……9-575
罪责刑相适应原则……9-576
蜀……7-58
蜀洛朔党争……7-58
蜀绣……7-58
蜀葵……7-58
蜀锦……7-58
《蜀锦谱》……7-58
盟旗制度……5-375
照明……9-236
照相写实主义……9-237
照相机……9-236
愚人节……9-66
遣唐使……6-175

〔丿〕

锚……5-327
锗……9-241
错金……2-60
错觉……2-60
错杂畸形……2-60
锝……2-168
锡……8-131
锡石……8-134
锡尔河……8-132
锡达莫人……8-132
锡合金……8-132
锡克人……8-133
锡克教……8-133
锡伯文……8-132
锡伯语……8-132
锡伯族……8-132
锡林郭勒草原自然保护区……8-133
锡林郭勒盟……8-133
锡林浩特市……8-134
锡耶纳画派……8-134
锡版法……8-132
锡特拉尔特佩特火山……8-134
锡剧……8-133
锡德尼，P.……8-132
锡霍特山脉……8-133
锣……5-224
锣鼓经……5-225
锤……2-34
锤角亚目……2-34
锦……4-267
锦衣卫……4-268
锦州市……4-268
锦纶……4-267
锦蛇……4-268
锦葵科……4-267
锥虫病……9-517
锯缘青蟹……4-339
锯鲨……4-339
键能……4-172
锰……5-382
锰合金……5-382
雉鸡……9-326
稗……1-221
《辞海》……2-43
《辞源》……2-43
《筹办夷务始末》……2-11
筹算……2-11
筱文艳……8-232
简又文……4-159
简·方达……4-158
简仪……4-159
简庆福……4-159
简阳市……4-159
简单机械……4-157
《简·爱》……4-157
简谐运动……4-159
简牍……4-158
简谱……4-158
筷子……4-497
催化……2-56
催化剂……2-57
催眠疗法……2-57
催熟……2-57
僈人……5-309
像差……8-209
牒……2-303
鹎……1-255
鼠鸟……7-59
鼠李糖……7-59
鼠兔……7-59
鼠咬热……7-60
鼠疫……7-60
鼠害……7-59
鼠鲨目……7-59
魁北克……4-505
魁北克会议（1943，1944）……4-505
魁北克省……4-505
魁北克桥……4-505
魁奈，F.……4-506
衙署……8-391
微山湖……7-538
微分……7-535
微分几何学……7-536
微分方程……7-536
微分流形……7-536
微电极……7-535
微生物……7-538
微生物学……7-539
微观经济学……7-536
微声枪……7-539
微体古生物学……7-539
微波……7-533
微波二极管……7-534
微波化学……7-534
微波电子管……7-534
微波光学……7-534
微波网络……7-535
微波物理学……7-535
微波炉……7-534
微波波谱学……7-534
微波振荡源……7-535
微波谐振腔……7-535
微波集成电路……7-534
微波集成接收机……7-534
微型计算机……7-539
微特电机……7-539
微积分……7-537
微量元素……7-538
微循环……7-539
貉……3-440
愈创醇……9-83

遥信 ……8–482
遥测 ……8–481
遥控 ……8–482
遥感 ……8–481
遥感考古 ……8–482
遥感图像处理 ……8–482
遥感测绘 ……8–482
遥感数字制图 ……8–482
猿 ……9–114
猿人 ……9–114
腠理 ……2–54
腰果 ……8–477
腰椎间盘突出症 ……8–478
腰牌 ……8–477
腰痛 ……8–477
腰鼓 ……8–476
腰鼓舞 ……8–476
腰腿痛 ……8–477
腰骶部劳损 ……8–476
腹毛动物门 ……3–22
腹水 ……3–22
腹地 ……3–21
《腹地》……3–22
腹足纲 ……3–23
腹诊 ……3–23
腹胀 ……3–22
腹泻 ……3–22
腹痛 ……3–22
腹膜炎 ……3–22
腺 ……8–188
腺苷三磷酸 ……8–188
腺样体炎 ……8–188
腺病毒 ……8–188
腧穴 ……7–62
腾冲火山温泉 ……7–336
腾冲火山群 ……7–336
腾格里沙漠 ……7–336
雏菊 ……2–17
触电 ……2–21
触发器 ……2–22
触觉 ……2–22
触媒 ……2–22
解表剂 ……4–228
解析几何学 ……4–231
解析函数 ……4–231
解析数论 ……4–231
解放区戏剧 ……4–228
《解放日报》(上海) ……4–229
解放社 ……4–229
解放战争 ……4–229
《解放思想，实事求是，团结一致向前看》……4–229
《解放宣言》……4–229
解放神学 ……4–229
解剖学 ……4–231
解调 ……4–231
解释学 ……4–231
鲇 ……5–585
鲈形目 ……5–160
鲉形目 ……9–44
鲌 ……1–420
鲄 ……4–332
鲍 ……1–249
鲍文，A.Ye. ……1–252
鲍林，L. ……1–250
《鲍林条约》……1–250
鲍叔牙 ……1–251
鲍罗丁，A.P. ……1–250
鲍罗廷，M.M. ……1–250
鲍威尔，C. ……1–251
鲍威尔，C.F. ……1–251
鲍威尔，M. ……1–251
鲍威尔，W. ……1–251
鲍恩，E. ……1–249
鲍恩氏病 ……1–249
鲍桑葵，B. ……1–251
鲍曼，I. ……1–250
鲍斯，S.C. ……1–251
鲍温，N.L. ……1–252
鲍蒙特，F. ……1–250
鲍照 ……1–252
鲍德温，S. ……1–249
詹天佑 ……9–179
詹纳，E. ……9–179
詹金森，H. ……9–178
詹姆斯，H. ……9–178
詹姆斯，W. ……9–178
詹姆斯敦 ……9–179

〔丶〕

靖江市 ……4–315
靖宇县 ……4–315
靖国神社 ……4–315
靖康之变 ……4–315
《韵光》……9–144
韵类 ……9–144
新人 ……8–280
新几内亚岛 ……8–269
新干商墓 ……8–266
《新工具论》……8–266
新义州 ……8–292
新小说派 ……8–291
新马尔萨斯主义 ……8–277
新乡市 ……8–290
新艺术运动 ……8–292
新井白石 ……8–275
新木刻运动 ……8–278
《新五代史》……8–288
新月社 ……8–293
新凤霞 ……8–266
新文化运动 ……8–285
新文学运动 ……8–286
新巴比伦王国 ……8–264
新功能主义 ……8–266
新正统神学 ……8–294
新古典主义美术 ……8–267
新古典宏观经济学 ……8–267
新古典经济学 ……8–267
新古典综合派 ……8–268
新古典增长模型 ……8–267
新石器时代 ……8–282
新四军 ……8–284
新印象主义 ……8–292
新生儿 ……8–281
新生代 ……8–281
新生活运动 ……8–281
新乐文化 ……8–277
新乐市 ……8–277
新乐府诗歌革新 ……8–293
新写实文学 ……8–291
新加坡 ……8–269
新加坡 ……8–271
新加坡海峡 ……8–271
新台币 ……8–285
《新民丛报》……8–278
《新民主主义论》……8–278
新民市 ……8–278
新民体 ……8–278
《新民晚报》……8–278
新地岛 ……8–265
新西兰 ……8–289
新西伯利亚 ……8–289
新西伯利亚群岛 ……8–289
新托马斯主义 ……8–285
新竹市 ……8–295
新竹县 ……8–295
新年 ……8–280
《新华日报》……8–268
新华书店 ……8–268
《新华字典》……8–269
新华通讯社 ……8–269
新自由主义 ……8–295
新行为主义 ……8–291
新安江 ……8–263
新安江水电站 ……8–263
新安沉船 ……8–263
新安画派 ……8–263
新军 ……8–276
《新约圣经》……8–293
新芬党 ……8–265
新护 ……8–268
新近纪 ……8–275
新余市 ……8–293
新沂市 ……8–292
新陈代谢 ……8–264
新现实主义 ……8–290
《新青年》……8–280
新表现主义 ……8–264
新构造运动 ……8–267
新罗 ……8–277
新制度学派 ……8–295

新制度经济学 …… 8-294
新郑市 …… 8-294
新法西斯主义 …… 8-265
新泽西州 …… 8-293
新实在论 …… 8-284
新诗 …… 8-282
新经济政策 …… 8-275
新柯沙里王国 …… 8-276
新柏拉图学派 …… 8-264
新政 …… 8-294
新南威尔士州 …… 8-280
新星 …… 8-291
新星 …… 8-291
新界 …… 8-275
新重商主义 …… 8-295
新保守主义 …… 8-264
新剑桥学派 …… 8-271
新剑桥增长模型 …… 8-271
新闻 …… 8-286
新闻业务综合网 …… 8-288
新闻立法 …… 8-287
新闻价值 …… 8-287
新闻自由 …… 8-288
新闻纸 …… 8-288
新闻要素 …… 8-288
新闻信息数字化 …… 8-288
新闻调查 …… 8-287
新闻检查 …… 8-287
新闻摄影 …… 8-287
新闻数据库 …… 8-288
新泰市 …… 8-285
《新爱洛绮丝》 …… 8-263
《新唐书》 …… 8-285
新浪潮 …… 8-276
新剧 …… 8-275
新理学 …… 8-277
新教 …… 8-274
《新教伦理与资本主义精神》 …… 8-274
新教育运动 …… 8-274
新野县 …… 8-292
新康德主义 …… 8-276
新密市 …… 8-277
新喀里多尼亚 …… 8-276
新喀里多尼亚人 …… 8-276
新黑格尔主义 …… 8-268
新奥尔良 …… 8-263
新奥斯曼人 …… 8-264
新概念武器 …… 8-266
新感觉派 …… 8-266
新赫布里底群岛 …… 8-268
新精神分析 …… 8-275
新德里 …… 8-265
新潟 …… 8-290
新儒学 …… 8-281
新藤兼人 …… 8-285
新疆大学 …… 8-272
新疆生产建设兵团 …… 8-272
新疆事件 …… 8-272
新疆细毛羊 …… 8-274
新疆维吾尔自治区 …… 8-272
禀 …… 1-368
雍正帝 …… 9-24
雍松，E.O.V. …… 9-23
雍和宫 …… 9-23
意土战争 …… 8-568
意大利 …… 8-564
意大利人 …… 8-566
意大利文艺复兴 …… 8-566
意大利半岛 …… 8-566
意大利国家法西斯党 …… 8-566
意大利战争 …… 8-567
意大利语 …… 8-566
意大利统一 …… 8-566
意大利菜 …… 8-566
意大利蜂 …… 8-566
意志 …… 8-568
意志障碍 …… 8-568
意识 …… 8-567
意识形态 …… 8-568
意识流 …… 8-567
意识流小说 …… 8-567
意识流电影 …… 8-567
意识障碍 …… 8-568
意符 …… 8-567
意象 …… 8-568
意境 …… 8-567
酱 …… 4-193
酱油 …… 4-194
廓尔王朝 …… 4-510
廓尔喀人 …… 4-510
廉江市 …… 5-47
廉颇 …… 5-47
廉想涉 …… 5-47
痱子 …… 2-543
痹证 …… 1-332
痴呆 …… 1-594
痿证 …… 7-564
瘀血 …… 9-54
痰火扰心证 …… 7-284
痰饮 …… 7-284
痰浊阻肺证 …… 7-284
慎到 …… 6-526
慎独 …… 6-526
阙 …… 6-269
煤 …… 5-338
煤化工 …… 5-339
煤气 …… 5-340
煤气化 …… 5-340
煤气机 …… 5-340
煤田 …… 5-340
煤成气 …… 5-339
煤层气 …… 5-339
煤层自燃 …… 5-339
煤油 …… 5-340
煤液化 …… 5-340
煌斑岩 …… 3-604
羧酸 …… 7-226
粮仓 …… 5-56
粮长制 …… 5-57
粮农组织 …… 5-56
粮食统购统销 …… 5-57
粮食流通体制改革 …… 5-57
粮票 …… 5-56
数 …… 7-63
数字化战场 …… 7-74
数字化部队 …… 7-74
数字计算机 …… 7-74
数字电视 …… 7-73
数字电影 …… 7-74
数字印刷 …… 7-75
数字地图 …… 7-73
数字地球 …… 7-73
数字图书馆 …… 7-75
数字经济 …… 7-74
数字相机 …… 7-75
数字信号处理 …… 7-75
数字通信 …… 7-74
数字控制系统 …… 7-74
数字程序控制系统 …… 7-73
数字摄影 …… 7-74
数字X射线摄影术 …… 7-75
数论 …… 7-67
数论派 …… 7-68
数来宝 …… 7-60
数码相机 …… 7-69
数码摄影 …… 7-68
数学 …… 7-69
《数学原理》 …… 7-73
数学期望 …… 7-73
数学模型 …… 7-72
数值天气预报 …… 7-73
数理学派 …… 7-66
数理统计学 …… 7-65
数理逻辑 …… 7-64
数控机床 …… 7-64
数控系统 …… 7-64
数据广播 …… 7-63
数据库系统 …… 7-63
数量地理学 …… 7-67
数量经济学 …… 7-67
数罪并罚 …… 7-75
慈云桂 …… 2-44
慈姑 …… 2-43
慈恩寺 …… 2-43
慈悲 …… 2-43
慈善事业 …… 2-43
慈善学校 …… 2-43
慈溪市 …… 2-43
慈禧太后 …… 2-44
塑性力学 …… 7-205
塑性动力学 …… 7-205

塑性波 …… 7–205
塑料 …… 7–205
塑料大棚 …… 7–205
塑料机械 …… 7–205
滇 …… 2–269
滇人青铜雕塑 …… 2–270
滇山茶 …… 2–270
滇池 …… 2–269
滇系军阀 …… 2–270
滇剧 …… 2–269
滇缅公路 …… 2–269
满月 …… 5–305
满文 …… 5–304
《满文老档》…… 5–305
满汉全席 …… 5–304
满江红 …… 5–304
满城汉墓 …… 5 303
满城县 …… 5–304
满洲里市 …… 5–305
满语 …… 5–305
满语支 …… 5–305
满–通古斯语族 …… 5–304
满族 …… 5–305
漠土 …… 5–479
漠阳江 …… 5–479
漠河县 …… 5–479
溧阳市 …… 5–37
溥心畬 …… 6–117
溥仪 …… 6–117
《源氏物语》…… 9–114
源空 …… 9–114
滤光镜 …… 5–189
滤波器 …… 5–189
溴 …… 8–339
溴氰菊酯 …… 8–340
溪口镇 …… 8–134
滦河 …… 5–190
漓江 …… 4–580
滚动摩擦 …… 3–249
滚环 …… 3–249
滚杯 …… 3–249
滚装船 …… 3–249
溢洪道 …… 8–569
滨田耕作 …… 1–360
滨州市 …… 1–360
滨海新区 …… 1–360
溶血性贫血 …… 6–333
溶剂 …… 6–332
溶剂萃取 …… 6–333
溶洞 …… 6–332
溶菌酶 …… 6–333
溶液 …… 6–334
溶解度 …… 6–333
溶解热 …… 6–333
溶酶体 …… 6–333
溺水 …… 5–584
滩羊 …… 7–280
塞万提斯，M.de …… 6–379
塞内加（小）…… 6–374
塞内加尔 …… 6–374
塞内加尔河 …… 6–375
塞文河 …… 6–380
塞甘蒂尼，G. …… 6–372
塞尔柱帝国 …… 6–371
塞尔维乌斯·图利乌斯改革 …… 6–370
塞尔维亚 …… 6–370
塞尔维亚人 …… 6–371
塞尔维亚–克罗地亚语 …… 6–371
塞尔维亚–克罗地亚–斯洛文尼亚王国 …… 6–370
塞尔维亚起义 …… 6–371
塞弗尔特，J. …… 6–372
塞舌尔 …… 6–378
塞舌尔人 …… 6–378
塞努尔 …… 6–375
塞纳，J.de …… 6–374
塞纳河 …… 6–374
塞林格，J.D. …… 6–373
塞拉，C.J. …… 6–372
塞拉利昂 …… 6–372
塞拉斯，R.W. …… 6–373
塞尚，P. …… 6–377
塞罗–德帕斯科 …… 6–374
塞种 …… 6–380
塞班 …… 6–369
塞格雷，E.G. …… 6–372
《塞莱斯蒂娜》…… 6–373
塞浦路斯 …… 6–375
塞浦路斯土耳其人 …… 6–377
塞浦路斯希腊人 …… 6–377
塞琉西王国 …… 6–373
塞菲里斯 …… 6–371
塞萨洛尼基 …… 6–377
塞曼效应 …… 6–374
塞得港 …… 6–369
塞维利亚 …… 6–379
《塞维利亚的理发师》…… 6–379
塞雷尔人 …… 6–373
窥基 …… 4–504
窦武 …… 2–347
窦叔蒙 …… 2–347
窦固 …… 2–346
窦建德 …… 2–347
窦宪 …… 2–347
《窦娥冤》…… 2–346
窦朝荣 …… 2–346
窦融 …… 2–347
窣利文 …… 7–199
蛍 …… 3–496
福，D. …… 2–607
福井谦一 …… 2–610
福冈 …… 2–608
福布斯，E. …… 2–607
福尔马林 …… 2–608
《福乐智慧》…… 2–611
福加扎罗，A. …… 2–608
福伊希特万格，L. …… 2–615
福州大学 …… 2–616
福州市 …… 3–1
福州伬艺 …… 2–616
福州评话 …… 2–616
福州船政局 …… 2–616
福安市 …… 2–607
福克纳，W. …… 2–611
福利国家 …… 2–611
福利国家制度 …… 2–612
福利经济学 …… 2–612
福岛核电站 …… 2–608
福金，M.M. …… 2–610
福泽谕吉 …… 2–616
福建事变 …… 2–610
福建柏 …… 2–608
福建省 …… 2–609
福建菜 …… 2–609
福柯，M. …… 2–610
福泉市 …… 2–614
福音书 …… 2–615
福音派 …… 2–615
福费廷 …… 2–608
福格尔，R.W. …… 2–608
福特，G.R. …… 2–614
福特，H. …… 2–614
福特，J. …… 2–614
福特汽车公司 …… 2–615
福特制 …… 2–615
福特基金会 …… 2–615
福勒，W.A. …… 2–611
福康安 …… 2–610
福清市 …… 2–613
福隆德运动 …… 2–613
福塔莱萨 …… 2–614
福斯特，E.M. …… 2–614
福斯特，S.C. …… 2–614
福鼎市 …… 2–608
福禄贝尔，F.W.A. …… 2–613
福禄寿 …… 2–613
福楼拜，G. …… 2–613
福雷，G. …… 2–611
福煦，F. …… 2–615
禃翅目 …… 4–54
褚人获 …… 2–21
褚应璜 …… 2–21
褚遂良 …… 2–21
裸子植物门 …… 5–226
裸吻鱼 …… 5–226
裸唇纲 …… 5–226
裸蕨植物 …… 5–226
裸藻门 …… 5–226

〔乛〕

辟雍 …… 1–332

群 ……6-270
群婚 ……6-270
《群舞演员》……6-270
殿堂 ……2-299
障碍跑 ……9-223
嫉妒 ……4-79
嫁接 ……4-148
叠层石 ……2-303
叠铸 ……2-303
叠韵 ……2-303
缙绅 ……4-278
缙绅会议 ……4-278
缝纫机 ……2-579
缠足 ……1-500
缢蛏 ……8-569
缣帛文献 ……4-153

十四画

〔一〕

瑶山遗址 ……8-482
瑶老制 ……8-482
瑶语支 ……8-483
瑶族 ……8-483
瑶族石牌制 ……8-483
瑶族舞蹈 ……8-483
瑷珲 ……1-90
《瑷珲条约》……1-90
韬奋出版奖 ……7-321
韬奋新闻奖 ……7-321
静力学 ……4-316
静电 ……4-315
静电加速器 ……4-316
静电防护 ……4-315
静电感应 ……4-316
《静江府修筑城池图》……4-316
静安区 ……4-315
静物画 ……4-316
静海县 ……4-316
《静静的顿河》……4-316
碧云寺 ……1-332
《碧鸡漫志》……1-332
碧玺 ……1-332
碧瑶 ……1-332
墙 ……6-180
《墙头马上》……6-181
墟市 ……8-341
境界说 ……4-317
榛 ……9-256
模 ……5-453
模式识别 ……5-454
模仿 ……5-453
模拟开关电路 ……5-454
模拟计算机 ……5-454
模拟模型 ……5-454
模范议会 ……5-453
模态逻辑 ……5-454
模具 ……5-486
模型 ……5-455
模型论 ……5-455
模特 ……5-455
模糊专家系统 ……5-454
模糊控制 ……5-453
模糊数学 ……5-453
榴弹发射器 ……5-132
榴弹炮 ……5-132
榴辉岩 ……5-132
槟城 ……1-365
槟榔 ……1-366
槟榔屿 ……1-366
榷场 ……6-269
椆石 ……8-246
赫尔巴特，J.F. ……3-444
赫尔岑，A.I. ……3-444
赫尔辛基 ……3-445
赫尔辛基大学 ……3-445
赫尔姆林，S. ……3-445
赫尔墨特，F.R. ……3-444
赫尔墨斯 ……3-444
赫尔德，J.G.von ……3-444
赫耳，A.W. ……3-445
赫西奥德 ……3-448
赫达亚特 ……3-443
赫迈扎尼 ……3-447
赫连勃勃 ……3-446
赫里谢金德尔，B. ……3-446
赫拉 ……3-445
赫拉克利特 ……3-446
赫拉克勒斯 ……3-445
赫拉特 ……3-446
赫罗图 ……3-447
赫图阿拉 ……3-448
赫茨普龙，E. ……3-443
赫兹 ……3-449
赫兹，H.R. ……3-449
赫胥黎，A. ……3-448
赫胥黎，T.H. ……3-448
赫顿，J. ……3-444
赫哲语 ……3-449
赫哲族 ……3-449
赫梯古王国 ……3-447
赫梯语 ……3-448
赫维西，G.C.de ……3-448
赫斯，H.H. ……3-447
赫鲁晓夫，N.S. ……3-446
赫蒙人 ……3-447
赫雷罗人 ……3-446
赫歇耳，F.W. ……3-448
赫德，R. ……3-443
酵母菌 ……4-213
酶 ……5-340
酶工程 ……5-341
酸 ……7-206
酸式盐 ……7-208
酸沉降 ……7-206
酸雨 ……7-208
酸性氧化物 ……7-208
酸酐 ……7-206
酸碱平衡 ……7-207
酸碱理论 ……7-207
斡鲁朵 ……7-612
斡道冲 ……7-612
歌川广重 ……3-95
歌仔戏 ……3-97
歌乐山烈士陵园 ……3-96
歌圩 ……3-97
歌行体 ……3-97
歌剧 ……3-96
歌舞片 ……3-97
歌舞伎 ……3-96
歌德，J.W.von ……3-95
歌德学院 ……3-96
嘉义市 ……4-132
嘉义县 ……4-132
嘉业堂 ……4-132
嘉戎语 ……4-131
嘉当，É. ……4-130
嘉当，H. ……4-130
嘉庆帝 ……4-131
嘉兴市 ……4-131
嘉宝，G. ……4-130
嘉定区 ……4-131
嘉峪关 ……4-132
嘉峪关市 ……4-132
嘉峪关魏晋墓室壁画 ……4-133
嘉陵江 ……4-131
嘉陵江小三峡 ……4-131
嘉隆帝 ……4-131
嘉善县 ……4-131
嘉靖帝 ……4-131
蔷薇科 ……6-181
慕士塔格山 ……5-499
慕田峪长城 ……5-499
慕尼黑 ……5-497
慕尼黑大学 ……5-498
慕尼黑会议 ……5-498
慕尼黑国际啤酒节 ……5-498
慕尼黑新画廊 ……5-498
慕容垂 ……5-498
慕容德 ……5-498
慕容皝 ……5-499
蔓足类 ……5-309
蔡 ……1-467
蔡元定 ……1-471
蔡元培 ……1-471
蔡尤本 ……1-470
蔡方荫 ……1-468
蔡仪 ……1-470
蔡廷锴 ……1-470
蔡伦 ……1-469

蔡旭 ……………………………1-470
蔡松年 …………………………1-469
蔡畅 ……………………………1-468
蔡昌年 …………………………1-467
蔡金涛 …………………………1-468
蔡京 ……………………………1-469
蔡侯墓 …………………………1-468
蔡美彪 …………………………1-469
蔡祖泉 …………………………1-471
蔡特金，C. ……………………1-469
蔡邕 ……………………………1-470
蔡琰 ……………………………1-470
蔡翘 ……………………………1-469
蔡楚生 …………………………1-468
蔡锷 ……………………………1-468
蔡镏生 …………………………1-469
蔡襄 ……………………………1-470
蔗糖 ……………………………9-245
蔚山 ……………………………7-572
蓼科 ……………………………5-70
綦母怀文 ………………………6-134
聚乙炔 …………………………4-344
聚乙烯 …………………………4-344
聚乙烯醇 ………………………4-344
聚乙烯醇缩丁醛 ………………4-345
聚乙酸乙烯酯 …………………4-344
聚丁二烯 ………………………4-341
聚三氟氯乙烯 …………………4-343
聚己内酰胺 ……………………4-342
聚双烯烃 ………………………4-343
聚丙烯 …………………………4-340
聚丙烯腈 ………………………4-340
聚丙烯酰胺 ……………………4-341
聚丙烯酸酯 ……………………4-340
聚甲基丙烯酸酯 ………………4-342
聚甲醛 …………………………4-342
聚电解质 ………………………4-341
聚四氟乙烯 ……………………4-343
聚四氢呋喃 ……………………4-343
聚对苯二甲酰对苯二胺 ………4-341
聚合 ……………………………4-341
聚合物 …………………………4-341
聚合物合金 ……………………4-342
聚异戊二烯 ……………………4-345
聚芳酰胺 ………………………4-341
聚环氧乙烷 ……………………4-342
聚环氧丙烷 ……………………4-342
聚苯乙烯 ………………………4-340
聚苯并咪唑 ……………………4-340
聚苯基喹噁啉 …………………4-340
聚苯硫醚 ………………………4-340
聚苯醚 …………………………4-340
聚氨酯 …………………………4-339
聚偏（二）氯乙烯………………4-343
聚脲 ……………………………4-343
聚烯烃 …………………………4-344
聚落 ……………………………4-343
聚氯乙烯 ………………………4-343
聚酰亚胺 ………………………4-344
聚酰胺 …………………………4-344
聚酯 ……………………………4-345
聚碳酸酯 ………………………4-344
《熙德》…………………………8-134
《熙德之歌》……………………8-134
截肢 ……………………………4-228
截流 ……………………………4-227
殡仪馆 …………………………1-361
碱 ………………………………4-160
碱土 ……………………………4-160
碱土金属 ………………………4-160
碱式盐 …………………………4-160
碱金属 …………………………4-160
碱金属原子光谱 ………………4-160
碱性氧化物 ……………………4-160
碳 ………………………………7-291
碳化物 …………………………7-292
碳化钙 …………………………7-292
碳化高分子 ……………………7-292
碳水化合物 ……………………7-293
碳纤维 …………………………7-294
碳纤维弹 ………………………7-294
碳氮循环 ………………………7-292
碳循环 …………………………7-294
碳酸岩 …………………………7-293
碳酸钙 …………………………7-293
碳酸钠 …………………………7-293
碳酸氢钠 ………………………7-293
碳酸盐岩 ………………………7-294
碳-14法定年 …………………7-294
碲 ………………………………2-269
磁力线 …………………………2-47
磁山文化 ………………………2-48
磁化学 …………………………2-46
磁化强度 ………………………2-46
磁介质 …………………………2-47
磁电阻材料 ……………………2-45
磁记录材料 ……………………2-47
磁场 ……………………………2-45
磁场强度 ………………………2-45
磁共振 …………………………2-45
磁共振成像 ……………………2-46
磁光效应 ………………………2-46
磁导率 …………………………2-45
磁约束聚变 ……………………2-50
磁县 ……………………………2-49
磁疗 ……………………………2-47
磁层亚暴 ………………………2-44
磁阻 ……………………………2-50
磁性材料 ………………………2-49
磁性物理学 ……………………2-49
磁单极子 ………………………2-45
磁法勘探 ………………………2-45
磁矩 ……………………………2-47
磁致伸缩 ………………………2-50
磁致伸缩材料 …………………2-50
磁铁矿 …………………………2-48
磁流体力学 ……………………2-48
磁流体发电机 …………………2-48
磁通量 …………………………2-49
磁黄铁矿 ………………………2-47
磁悬浮铁路 ……………………2-50
磁滞损耗 ………………………2-50
磁感应强度 ……………………2-45
磁路 ……………………………2-48
磁暴 ……………………………2-44
臧克家 …………………………9-154
臧懋循 …………………………9-155
需求弹性 ………………………8-341
需要 ……………………………8-341
捽跤 ……………………………7-76
舆论 ……………………………9-66
舆论导向 ………………………9-66
舆论监督 ………………………9-66

〔丨〕

雌黄 ……………………………2-50
雌雄同体 ………………………2-51
蜚蠊目 …………………………2-531
裴文中 …………………………6-55
裴伟，A.V.……………………6-55
裴行俭 …………………………6-56
裴多菲 …………………………6-54
裴李岗文化 ……………………6-54
裴秀 ……………………………6-56
裴松之 …………………………6-55
裴矩 ……………………………6-54
裴度 ……………………………6-54
裴桐 ……………………………6-55
裴斯泰洛齐，J.H. ……………6-55
裴蒂庄，F.J. …………………6-54
翡翠 ……………………………2-531
翡翠 ……………………………2-531
嘌呤 ……………………………6-84
嘎仙洞遗址 ……………………3-24
《嘎达梅林》……………………3-24
嘧啶 ……………………………5-409
蜻蜓 ……………………………6-234
蜻蜓目 …………………………6-234
蜥蜴 ……………………………8-134
蜡 ………………………………4-529
蜡染 ……………………………4-530
蜡蚧 ……………………………4-529
蜡笔画 …………………………4-529
蜡梅科 …………………………4-529
蜡蝉 ……………………………4-529
蜡螟 ……………………………4-530
蝇 ………………………………9-17
蝇蛆 ……………………………9-17
蜾蠃蜚类 ………………………3-300
蜘蛛 ……………………………9-294
蜱 ………………………………6-80

蜱螨亚纲 …… 6-80
蝉 …… 1-500
颗粒物 …… 4-443
鹗 …… 2-413
罂粟 …… 9-12
罂粟科 …… 9-12
罂粟碱 …… 9-12
锶 …… 7-141
锻造 …… 2-369
镁 …… 5-364
镁合金 …… 5-364
镁肥 …… 5-364
稳压器 …… 7-604
稳定性理论 …… 7-604
稳恒态宇宙模型 …… 7-604
箝位电路 …… 6-171
算术 …… 7-209
算术平均数 …… 7-209
算命 …… 7-209
算法 …… 7-208
《算经十书》…… 7-208
算盘 …… 7-209
《算数书》…… 7-209
箩纹蛾 …… 5-225
管 …… 3-212
《管子》…… 3-216
管风琴 …… 3-213
管平湖 …… 3-215
管乐队 …… 3-215
管同 …… 3-215
管仲 …… 3-216
管制 …… 3-215
管弦乐队 …… 3-215
管家 …… 3-213
管理 …… 3-214
管理会计 …… 3-214
管理学 …… 3-214
管理信息系统 …… 3-214
管理模式 …… 3-214
管惟炎 …… 3-215
管道 …… 3-213
管道运输 …… 3-213
箜篌 …… 4-472
箫 …… 8-220
舞龙 …… 8-64
舞台布景艺术 …… 8-66
舞台美术 …… 8-66
舞台摄影 …… 8-67
舞曲 …… 8-66
《舞论》…… 8-65
舞钢市 …… 8-64
舞流星 …… 8-64
舞剧 …… 8-64
《舞姬》…… 8-64
舞谱 …… 8-65
舞幡 …… 8-64
舞蹈 …… 8-63
舞蹈病 …… 8-63
熏洗法 …… 8-379
熏蒸剂 …… 8-379
僧伽罗人 …… 6-420
僧伽罗语 …… 6-421
僧伽制度 …… 6-421
僧格林沁 …… 6-420
僧帽水母属 …… 6-421
僧肇 …… 6-421
僜语 …… 2-205
鼻 …… 1-313
鼻出血 …… 1-313
鼻饲 …… 1-313
鼻炎 …… 1-314
鼻咽癌 …… 1-314
鼻病毒感染 …… 1-313
鼻烟 …… 1-314
鼻烟壶 …… 1-314
鼻涕虫 …… 1-314
鼻窦炎 …… 1-313
睾丸 …… 3-81
貌廷 …… 5-329
貌阅 …… 5-329
鄱阳湖 …… 6-98
獐 …… 9-221
膜翅目 …… 5-455
膀胱虚寒 …… 6-48
膀胱湿热证 …… 6-48
膀胱膨出 …… 6-48
疑源类 …… 8-546
鲑 …… 3-243
鲑鲈鱼 …… 3-244
鲑鲤目 …… 3-244
鲚 …… 4-106
鲜于枢 …… 8-174
鲜卑 …… 8-174
鮟鱇科 …… 1-112
鲟 …… 8-383

〔丶〕

旗地 …… 6-134
旗鱼 …… 6-134
旗袍 …… 6-134
端木蕻良 …… 2-366
端午节 …… 2-366
端方 …… 2-366
端砚 …… 2-366
辣根 …… 4-530
辣椒 …… 4-530
韶山市 …… 6-472
韶关市 …… 6-472
彰化县 …… 9-221
銮披汶·颂堪 …… 5-190
豪，J. …… 3-403
豪放派 …… 3-403
豪格 …… 3-403
豪恩斯费尔德，G.N. …… 3-403
豪萨人 …… 3-404
豪萨语 …… 3-404
豪猪科 …… 3-404
豪斯多夫，F. …… 3-404
豪斯霍弗尔，K.E. …… 3-404
豪普特曼，G. …… 3-403
膏剂 …… 3-81
腐蚀 …… 3-3
腐殖酸 …… 3-3
廖山涛 …… 5-71
廖汉生 …… 5-70
廖仲恺 …… 5-71
廖冰兄 …… 5-70
廖承志 …… 5-70
廖晖 …… 5-70
廖耀湘 …… 5-71
《瘗鹤铭》…… 8-569
瘦西湖 …… 7-46
瘦金书 …… 7-46
瘙痒症 …… 6-414
遮目鱼 …… 9-238
慢性支气管炎 …… 5-310
慢性阻塞性肺疾病 …… 5-310
慢性肾小球肾炎 …… 5-310
慢性肾功能衰竭 …… 5-309
慢病毒感染 …… 5-309
熄风 …… 8-135
熔炼 …… 6-334
熔断器 …… 6-334
熔解 …… 6-334
精 …… 4-304
精子 …… 4-307
精气 …… 4-304
精兵简政 …… 4-304
精灵 …… 4-304
精英理论 …… 4-307
精矿 …… 4-304
精油 …… 4-307
精细化工 …… 4-307
精细结构常数 …… 4-307
精神 …… 4-305
精神分析 …… 4-306
精神分裂症 …… 4-305
精神权利 …… 4-306
《精神现象学》…… 4-306
精神病学 …… 4-305
精神调养 …… 4-306
精索静脉曲张 …… 4-307
精确打击 …… 4-305
精确制导武器 …… 4-305
精馏 …… 4-304
精算 …… 4-307
粽子 …… 9-561
鄯善 …… 6-449
漆侠 …… 6-125
漆树 …… 6-125
漆树科 …… 6-125

漆器 …… 6–124
漕运 …… 1–480
漕运四渠 …… 1–480
漂白粉 …… 6–83
漂移室 …… 6–83
滹沱河 …… 3–500
漫反射 …… 5–309
漫画 …… 5–309
漫谈 …… 5–309
漯河市 …… 5–236
漳平市 …… 9–221
漳州市 …… 9–221
漳绒 …… 9–221
漳浦县 …… 9–221
滴虫病 …… 2–208
滴定分析 …… 2–208
演义小说 …… 8–441
演员 …… 8–441
演绎逻辑 …… 8–441
漏电保护器 …… 5–148
潍坊市 …… 7–560
潍县年画 …… 7–560
趺篤 …… 3–517
赛乃姆 …… 6–380
赛义德·伊本·苏丹 …… 6–381
赛马 …… 6–380
赛龙舟 …… 6–380
赛宋本 …… 6–381
赛典赤·赡思丁 …… 6–380
赛珍珠 …… 6–381
赛艇运动 …… 6–381
赛福鼎·艾则孜 …… 6–380
寡头市场 …… 3–203
寡头政治 …… 3–203
察布查尔锡伯自治县 …… 1–495
察尔汗盐湖 …… 1–495
察合台 …… 1–496
察合台文 …… 1–496
察合台汗国 …… 1–496
察罕帖木儿 …… 1–496
察哈尔民众抗日同盟军 …… 1–495
察举 …… 1–497
察隅县 …… 1–497
蜜蜂 …… 5–409
蜜源植物 …… 5–409
谭元春 …… 7–286
谭平山 …… 7–285
谭延闿 …… 7–286
谭其骧 …… 7–285
谭政 …… 7–286
谭盾 …… 7–284
谭峭 …… 7–285
谭富英 …… 7–284
谭嗣同 …… 7–285
谭震林 …… 7–286
谭鑫培 …… 7–285
谯纵 …… 6–188
谱斑 …… 6–117
谱牒 …… 6–118
褐几维 …… 3–449
褐土 …… 3–450
褐铁矿 …… 3–450
褐矮星 …… 3–449
褐煤 …… 3–449
褐藻门 …… 3–450
褐藻胶 …… 3–450
肇东市 …… 9–237
肇庆市 …… 9–237
《肇论》 …… 9–237

〔乛〕

暨南大学 …… 4–106
隧道 …… 7–217
隧道二极管 …… 7–217
隧道效应 …… 7–217
嫩江 …… 5–562
嫦娥 …… 1–527
嫘祖 …… 4–571
翟让 …… 9–176
翠鸟 …… 2–58
翠菊 …… 2–58
熊 …… 8–332
熊十力 …… 8–333
熊大闰 …… 8–332
熊井启 …… 8–333
熊廷弼 …… 8–334
熊庆来 …… 8–333
熊佛西 …… 8–333
熊希龄 …… 8–334
熊彼特，J.A. …… 8–332
熊彼特创新理论 …… 8–332
熊倪 …… 8–333
熊蜂 …… 8–333
熊毅 …… 8–334
缨翅目 …… 9–12
缩合反应 …… 7–227
缩合聚合 …… 7–227
缪天瑞 …… 5–420
缪云台 …… 5–421
缪勒，F.M. …… 5–452
缪勒，L. …… 5–452
缪斯 …… 5–453
缪塞，A.de …… 5–453
骠国 …… 6–84
骡 …… 5–225
鳌驹尊 …… 4–580

十五画

〔一〕

慧远 …… 4–1
慧能 …… 4–1
慧皎 …… 4–1
增长引擎论 …… 9–171
增长极 …… 9–171
增生 …… 9–171
增白剂 …… 9–170
增城市 …… 9–171
增值税 …… 9–171
横山大观 …… 3–466
横井小楠 …… 3–466
横光利一 …… 3–466
横贡缎 …… 3–466
横波 …… 3–466
横贯大陆铁路 …… 3–466
横须贺 …… 3–466
横断山脉 …… 3–466
横滨 …… 3–465
槭树 …… 6–154
樱花 …… 9–12
樱桃 …… 9–12
《樱桃园》 …… 9–13
樱桃番茄 …… 9–13
橡胶 …… 8–210
橡胶机械 …… 8–210
橡胶树 …… 8–210
樟柳碱 …… 9–222
樟树 …… 9–222
樟树市 …… 9–222
樟科 …… 9–222
樟蚕 …… 9–222
樟脑 …… 9–222
橄榄 …… 3–46
橄榄石 …… 3–46
橄榄岩 …… 3–46
橄榄球 …… 3–46
聪加人 …… 2–53
豌豆 …… 7–477
醋 …… 2–54
酲 …… 4–510
醇 …… 2–40
醇酸树脂 …… 2–40
醉鱼草 …… 9–576
醉拳 …… 9–576
鞋 …… 8–237
鞑靼 …… 2–71
鞑靼人 …… 2–71
鞑靼语 …… 2–71
鞑靼海峡 …… 2–71
鞍山市 …… 1–113
鞍马 …… 1–112
《縠梁传》 …… 3–191
飘尘 …… 6–83
蕈毒碱 …… 8–384
《蕙风词话》 …… 4–1
蕨类植物门 …… 4–350
蕨菜 …… 4–349
蕉麻 …… 4–203
蕃坊 …… 2–463
蕃兵 …… 2–463

蔬菜 ……… 7–57
磅 ……… 1–235
磅湛 ……… 1–235
震中 ……… 9–258
震旦大学 ……… 9–258
震旦纪 ……… 9–258
震级 ……… 9–258
震灾 ……… 9–258
震源 ……… 9–258
震颤 ……… 9–257
霉菌 ……… 5–341
撒丁岛 ……… 6–355
撒切尔夫人 ……… 6–356
撒旦 ……… 6–355
撒拉语 ……… 6–356
撒拉族 ……… 6–356
撒哈拉沙漠 ……… 6–355
撒哈拉岩画 ……… 6–355
撒哈拉语族 ……… 6–356
撑竿跳高 ……… 1–576
擒拿 ……… 6–203
播州之役 ……… 1–396
播种 ……… 1–396
播种机 ……… 1–395
撞击坑 ……… 9–516
撤诉 ……… 1–548
镳铲 ……… 5–175

〔丨〕

髯口 ……… 6–271
噎膈 ……… 8–489
噶卜伦 ……… 3–24
噶当派 ……… 3–24
噶举派 ……… 3–24
嘲剧 ……… 1–543
幢 ……… 2–31
蝽 ……… 2–39
蝴蝶 ……… 3–517
《蝴蝶夫人》……… 3–517
蝴蝶兰 ……… 3–517
蝴蝶鱼 ……… 3–517
蝾螈 ……… 6–334
蝾螈科 ……… 6–334
蝶泳 ……… 2–303
蝠鲼 ……… 3–1
蝎 ……… 8–234
蝎合物 ……… 8–234
蝎虎座BL型天体 ……… 8–234
蝮蛇 ……… 3–23
蝌蚪 ……… 4–443
蝗虫 ……… 3–604
蝗灾 ……… 3–604
蝼蛄 ……… 5–148
蝙蝠 ……… 1–340
蝙蝠鱼 ……… 1–340
蝙蝠蛾 ……… 1–340
踢踏舞 ……… 7–339
踏歌 ……… 7–245
颚虱目 ……… 2–413
影子内阁 ……… 9–20
影子价格 ……… 9–19
影印书 ……… 9–19
影视表演 ……… 9–19
影偶脸谱 ……… 9–18
影窗 ……… 9–18
影壁 ……… 9–18
暴雨 ……… 1–252
墨 ……… 5–479
墨子 ……… 5–484
墨卡托，G. ……… 5–480
墨尔本 ……… 5–479
墨尔本大学 ……… 5–480
墨兰 ……… 5–480
墨西卡利 ……… 5–484
墨西哥 ……… 5–481
墨西哥金融危机 ……… 5–484
墨西哥城 ……… 5–483
墨西哥高原 ……… 5–483
墨西哥资产阶级民主革命 ……… 5–484
墨西哥菜 ……… 5–483
墨西哥湾 ……… 5–484
墨西哥湾流 ……… 5–484
《墨经》……… 5–480
墨洛温王朝 ……… 5–481
墨索里尼，B. ……… 5–481
墨家 ……… 5–480
墨累－达令河 ……… 5–481
墨脱地震 ……… 5–481
墨脱县 ……… 5–481
暹罗 ……… 8–174
暹罗语 ……… 8–174

〔丿〕

镇 ……… 9–258
镇压反革命运动 ……… 9–260
镇江市 ……… 9–259
镇宅石 ……… 9–261
镇国寺彩塑 ……… 9–259
镇南关大捷 ……… 9–260
镇咳药 ……… 9–260
镇海 ……… 9–259
镇痛药 ……… 9–260
镇静催眠药 ……… 9–259
镉 ……… 3–113
镍 ……… 5–593
镍合金 ……… 5–594
镓 ……… 4–133
稷 ……… 4–107
稷下学宫 ……… 4–107
稻 ……… 2–167
稻螟虫 ……… 2–167
箭石 ……… 4–172
箭毒木 ……… 4–172
篆书 ……… 9–512
篆刻 ……… 9–511
《篆刻针度》……… 9–512
《篆刻学》……… 9–512
黎元洪 ……… 4–584
黎巴嫩 ……… 4–580
黎巴嫩真主党 ……… 4–581
黎民伟 ……… 4–583
黎念之 ……… 4–583
黎语 ……… 4–584
黎语支 ……… 4–584
黎桓 ……… 4–582
黎莉莉 ……… 4–582
黎笋 ……… 4–584
黎萨尔，J. ……… 4–583
黎曼，B. ……… 4–582
黎曼几何学 ……… 4–582
黎族 ……… 4–584
黎朝 ……… 4–581
黎锦晖 ……… 4–582
黎锦熙 ……… 4–582
黎塞留，A.-J.du P. ……… 4–583
黎澍 ……… 4–584
儋州市 ……… 2–145
德 ……… 2–168
德干高原 ……… 2–172
德川家康 ……… 2–171
德凡特，A. ……… 2–171
德日进 ……… 2–184
德化县 ……… 2–179
德化瓷 ……… 2–178
德巴里，H.A. ……… 2–169
德布罗意，L.V. ……… 2–170
德布鲁，G. ……… 2–170
德田球一 ……… 2–184
德令哈市 ……… 2–182
德尔图良 ……… 2–171
德尔格尔登，R. ……… 2–171
德尔萨特，F. ……… 2–171
德尔斐法 ……… 2–171
德兰，A. ……… 2–180
德加，E. ……… 2–179
德尼罗，R. ……… 2–183
德·西卡，V. ……… 2–185
德吕克，L. ……… 2–182
德州市 ……… 2–190
德兴市 ……… 2–185
德阳市 ……… 2–185
德克罗利，O. ……… 2–179
德克勒克，F.W. ……… 2–179
德里 ……… 2–181
德里达，J. ……… 2–181
德里芳丹国 ……… 2–181
德里施，H.A.E. ……… 2–181
德利维斯，M. ……… 2–182
德伯林，A. ……… 2–170
《德伯家的苔丝》……… 2–170
德沃金，R.M. ……… 2–184

德沃夏克，A. ……2-184
德宏傣族景颇族自治州 ……2-178
德拉肯斯山脉 ……2-180
德帕迪约，G. ……2-183
德昂语 ……2-169
德昂族 ……2-169
德罗斯特-许尔斯霍夫，A.von……2-182
德国 ……2-172
德国十一月革命 ……2-176
德国历史学派 ……2-175
德国文学 ……2-177
德国古典哲学 ……2-175
德国共产党 ……2-175
德国吞并奥地利 ……2-177
德国社会民主党 ……2-176
德国的重新统一 ……2-175
德国新自由主义 ……2-178
德育 ……2-189
德波林，A.M. ……2-170
德治 ……2-190
德政暴动 ……2-190
德奎利亚尔，J. ……2-179
德拜，P.J.W. ……2-169
德拜长度 ……2-169
德钦哥都迈 ……2-183
德·科斯特，C. ……2-179
德洛内，R. ……2-182
德洛特宁霍姆剧院 ……2-182
德语 ……2-189
德班 ……2-169
德格印经院 ……2-172
德莱塞，T. ……2-180
德诺芙，C. ……2-183
德·桑克蒂斯，F. ……2-184
德·桑蒂斯，G. ……2-184
德梅尔特，H.G. ……2-182
德·菲利波，E. ……2-171
德萨林，J.-J. ……2-184
德彪西，C. ……2-170
德累斯顿 ……2-180
德累斯顿国家艺术收藏馆 ……2-181
德累斯顿银行财团 ……2-181
德清 ……2-183
德惠市 ……2-179
德黑兰 ……2-178
德黑兰会议 ……2-178
德奥同盟 ……2-169
德谟克利特 ……2-183
德雷福斯案件 ……2-180
德新社 ……2-185
德意志人 ……2-188
德意志大话剧院 ……2-185
德意志民主共和国 ……2-187
德意志关税同盟 ……2-186
德意志农民战争 ……2-187
德意志帝国 ……2-186
德意志银行财团 ……2-189
德意志联邦共和国 ……2-186
德意志新闻社 ……2-188
《德意志意识形态》……2-188
德福雷斯特，L. ……2-172
德赫胡达 ……2-178
德·摩根，A. ……2-183
《虢国夫人游春图》……3-298
虢国墓地 ……3-298
虢季子白盘 ……3-298
“鹞”式战斗/攻击机 ……8-485
鹟 ……7-606
樊粹庭 ……2-468
膝半月板损伤 ……8-135
滕王阁 ……7-336
滕代远 ……7-336
滕尼斯，F. ……7-336
滕州市 ……7-337
鲢 ……5-48
鲋鱼 ……7-6
鲤 ……5-13
鲤形目 ……5-14
鲫 ……4-107

〔丶〕

颜之推 ……8-438
颜元 ……8-438
《颜氏家训》……8-437
颜文樑 ……8-437
颜延之 ……8-438
颜色釉陶瓷 ……8-437
颜李学派 ……8-437
颜真卿 ……8-438
颜料 ……8-437
颜福庆 ……8-437
褒斜道 ……1-239
褒斜道石刻 ……1-239
摩门教 ……5-461
摩尔 ……5-456
摩尔，G.E. ……5-456
摩尔人 ……5-458
摩尔多瓦 ……5-457
摩尔多瓦人 ……5-457
摩尔多瓦语 ……5-458
摩尔根，L.H. ……5-458
摩尔根，T.H. ……5-458
摩尔曼斯克 ……5-458
摩加迪沙 ……5-459
《摩奴法典》……5-463
摩尼教 ……5-462
摩西 ……5-464
摩托车 ……5-463
摩托车运动 ……5-464
摩托艇运动 ……5-464
摩苏尔 ……5-463
摩亨佐达罗古城 ……5-459
《摩诃婆罗多》……5-459
摩纳哥 ……5-462
摩纳哥 ……5-462
摩纳哥人 ……5-462
摩洛人 ……5-461
摩洛哥 ……5-459
摩洛哥危机 ……5-461
摩根财团 ……5-458
摩根索，H.J. ……5-458
摩揭陀 ……5-459
摩擦 ……5-456
摩擦化学 ……5-456
摩擦学 ……5-456
瘢痕疙瘩 ……1-227
瘤牛 ……5-132
瘫痪 ……7-280
熵 ……6-458
羯 ……4-228
羯磨 ……4-228
羰基 ……7-300
羰基金属 ……7-300
翦伯赞 ……4-160
遵义市 ……9-577
遵义会议 ……9-577
遵化市 ……9-577
潜口民宅 ……6-172
潜山县 ……6-172
《潜书》……6-172
潜水 ……6-172
潜水医学 ……6-173
潜水技术 ……6-173
潜水摄影 ……6-173
潜水器 ……6-173
潜台词 ……6-173
潜地导弹 ……6-171
潜江市 ……6-172
潜鱼 ……6-174
潜泳 ……6-174
潜科学 ……6-172
潜热 ……6-172
潜舰导弹 ……6-171
潜望镜 ……6-174
潜艇 ……6-173
潜艇战 ……6-174
潜意识 ……6-174
潜蝇 ……6-174
澎湖列岛 ……6-68
澎湖县 ……6-68
澎湖岛 ……6-68
潮土 ……1-544
潮白河 ……1-543
潮州市 ……1-545
潮州陶瓷 ……1-545
潮州歌 ……1-544
潮汕英歌 ……1-544
潮汐 ……1-544
潮汐电站 ……1-544
潮流 ……1-543
潮剧 ……1-543

潟湖 ……8-155
澳大利亚 ……1-135
澳大利亚人种 ……1-138
澳大利亚工党 ……1-137
澳大利亚黄金海岸 ……1-137
澳门 ……1-138
澳门元 ……1-140
《澳门日报》……1-139
澳门半岛 ……1-138
澳门圣保罗教堂 ……1-139
澳门回归 ……1-138
澳门特别行政区 ……1-139
澳新军团 ……1-140
潘天寿 ……6-42
潘凤霞 ……6-39
潘玉良 ……6-42
潘汉年 ……6-40
潘汉年扬帆冤案 ……6-40
潘光旦 ……6-39
潘多 ……6-39
潘多拉 ……6-39
潘帕斯草原 ……6-41
潘季驯 ……6-40
潘秉衡 ……6-39
潘佩珠 ……6-41
潘岳 ……6-43
潘念之 ……6-41
潘虹 ……6-40
潘美 ……6-41
潘家口水利枢纽 ……6-40
潘家洵 ……6-41
潘家铮 ……6-41
潘梓年 ……6-43
潘菽 ……6-42
潘菲洛夫，G.A. ……6-39
潼关 ……7-405
潼关县 ……7-405
澜沧江 ……4-546
澜沧拉祜族自治县 ……4-546
澄江动物群 ……1-593
澄江县 ……1-594
澄观 ……1-593
澄泥砚 ……1-594
额尔古纳市 ……2-406
额尔古纳河 ……2-406
额尔齐斯河 ……2-406
额尔登特 ……2-406
额尔德尼，S. ……2-406
额尔德尼召 ……2-406
寮人 ……5-69
鲨鱼 ……6-432
谴责小说 ……6-176
鹤 ……3-450
鹤山市 ……3-451
鹤形目 ……3-451
鹤岗市 ……3-450
《鹤林玉露》……3-450
鹤壁市 ……3-450
褥疮 ……6-343

〔乛〕

慰安妇问题 ……7-572
劈理 ……6-70
嬉皮士 ……8-135
豫州 ……9-84
豫园 ……9-84
豫剧 ……9-83
豫湘桂战役 ……9-83

十六画

〔一〕

螯合物 ……1-116
螯合树脂 ……1-116
螯虾 ……1-117
橙 ……1-594
醛 ……6-267
醛固酮增多症 ……6-267
《醒世恒言》……8-323
醚 ……5-393
翰林院 ……3-389
鞘翅目 ……6-189
鞘膜积液 ……6-189
颠茄碱 ……2-270
颠倒温度表 ……2-270
融水苗族自治县 ……6-335
融资租赁 ……6-335
瓢虫 ……6-83
《熹平石经》……8-135
《薑斋诗话》……4-187
薯蓣 ……7-60
薛仁贵 ……8-368
薛凤祚 ……8-368
薛岳 ……8-369
薛定谔，E. ……8-368
薛定谔方程 ……8-368
薛道衡 ……8-367
薛瑄 ……8-368
薛愚 ……8-369
薛福成 ……8-368
薛暮桥 ……8-368
薇甘菊 ……7-540
薪炭林 ……8-296
薏苡 ……8-569
蕹菜 ……7-607
薄一波 ……1-421
薄伽丘，G. ……1-420
《薄伽梵歌》……1-420
薄层色谱法 ……1-420
薄荷 ……1-421
薄荷醇 ……1-421
薄婆菩提 ……1-420
薄税敛论 ……1-420
薄熙来 ……1-421
燕 ……8-422
燕 ……8-444
燕下都古城 ……8-423
燕山 ……8-423
燕山运动 ……8-423
燕子矶 ……8-445
燕麦 ……8-445
燕京大学 ……8-423
燕肃 ……8-423
燕南芝庵 ……8-445
燕鸥 ……8-445
燕蛾 ……8-445
整风运动 ……9-264
整地 ……9-263
整形外科 ……9-265
整函数 ……9-264
整除 ……9-263
整流电路 ……9-264
整数分拆 ……9-264
整数规划 ……9-264
磬 ……6-237
磺胺类药 ……3-604
磺酸 ……3-604
霓虹灯 ……5-582
《霓虹灯下的哨兵》……5-582
《霓裳羽衣》……5-582
《霍小玉传》……4-27
霍夫，M.E. ……4-21
霍夫曼，A.W.von ……4-22
霍夫曼，E.T.A. ……4-22
霍夫曼定理 ……4-22
霍夫曼斯塔尔，H.von ……4-22
霍夫斯塔特，R. ……4-22
霍屯督人 ……4-27
霍去病 ……4-26
霍去病墓 ……4-26
霍布斯，T. ……4-19
霍布豪斯，L.T. ……4-19
霍尔，P. ……4-20
霍尔木兹海峡 ……4-21
霍尔丹，J.B.S. ……4-20
霍尔巴赫，P.-H.D. ……4-20
霍尔金娜，S. ……4-20
霍尔姆，H. ……4-20
霍尔堡，L. ……4-20
霍尼亚拉 ……4-25
霍耳效应 ……4-21
霍光 ……4-22
霍伊尔，F. ……4-27
霍州市 ……4-27
霍麦，W. ……4-24
霍克，R. ……4-23
霍克海默，M. ……4-23
霍乱 ……4-23
霍亨施陶芬王朝 ……4-23
霍亨索伦家族 ……4-23

霍林郭勒市 ……… 4-23
霍英东 ……… 4-27
霍奇金，A.L. ……… 4-25
霍奇金，D.M.C. ……… 4-26
霍罗威茨，V.S. ……… 4-24
霍金，S.W. ……… 4-23
霍姆斯 ……… 4-25
霍姆斯，A. ……… 4-25
霍姆斯，O.W. ……… 4-25
霍珀，G.M. ……… 4-25
霍树棠 ……… 4-26
霍查，E. ……… 4-20
霍桑，N. ……… 4-26
霍桑实验 ……… 4-26
霍梅尼 ……… 4-24
霍曼斯，G.C. ……… 4-24
霍斯陆 ……… 4-27
霍普金斯，G.M. ……… 4-25
霍赫胡特，R. ……… 4-22
霍懋征 ……… 4-24
操作主义 ……… 1-476
操作系统 ……… 1-475

〔丨〕

冀州市 ……… 4-107
《髹饰录》 ……… 8-338
噪光 ……… 9-165
噪声 ……… 9-165
噪声污染 ……… 9-166
噬人鲨 ……… 7-35
噬菌体 ……… 7-35
噻吩 ……… 6-369
噻唑 ……… 6-369
赠与合同 ……… 9-171
蟒 ……… 5-312
蛤虫动物门 ……… 8-569
螟蛾 ……… 5-452
鹦形目 ……… 9-14
鹦鹉 ……… 9-13
鹦鹉热 ……… 9-14
鹦鹉螺类 ……… 9-14
默多克，R. ……… 5-485
默里，J. ……… 5-485
默拉皮火山 ……… 5-485
默罗，E.R. ……… 5-485
默顿，R.K. ……… 5-485
黔东南苗族侗族
　自治州 ……… 6-174
黔西南布依族苗族
　自治州 ……… 6-175
黔南布依族苗族自治州 ……… 6-174
黔首 ……… 6-175
器官保存 ……… 6-154
器官移植 ……… 6-155

〔丿〕

镜子 ……… 4-318
镜中自我 ……… 4-318
镜头 ……… 4-317
《镜花缘》 ……… 4-317
镜泊湖 ……… 4-317
《穆天子传》 ……… 5-503
穆夫提 ……… 5-499
穆太奈比 ……… 5-503
穆瓦桑，H. ……… 5-503
穆巴拉克 ……… 5-499
穆旦 ……… 5-499
穆加贝，R.G. ……… 5-501
穆尼夫 ……… 5-501
穆齐尔，R. ……… 5-502
穆沙拉夫 ……… 5-502
穆罕默德 ……… 5-500
穆罕默德一世（阿斯基亚
　王朝的） ……… 5-501
穆罕默德二世 ……… 5-501
穆罕默德五世 ……… 5-501
穆罕默德·阿布杜 ……… 5-500
穆罕默德·阿里 ……… 5-500
穆青 ……… 5-502
穆拉维 ……… 5-501
穆修 ……… 5-503
穆施克，A. ……… 5-502
《穆桂英挂帅》 ……… 5-500
穆索尔斯基，M. ……… 5-502
穆祥雄 ……… 5-503
穆斯林兄弟会 ……… 5-502
穆斯堡尔谱学 ……… 5-502
穆智台希德 ……… 5-504
穆鲁山国家公园 ……… 5-501
穆德，J.R. ……… 5-499
穆藕初 ……… 5-501
篮球 ……… 4-546
篷盖布 ……… 6-68
赞比亚 ……… 9-153
赞比西河 ……… 9-152
氆氇 ……… 6-118
儒艮 ……… 6-339
《儒林外史》 ……… 6-340
儒家 ……… 6-339
儒略历 ……… 6-340
衡山 ……… 3-467
衡水市 ……… 3-467
衡平法 ……… 3-467
衡阳市 ……… 3-467
衡阳盆地 ……… 3-467
衡器 ……… 3-467
歙县 ……… 6-506
歙砚 ……… 6-506
《獭皮》 ……… 7-244
獬豸 ……… 8-246
膨化食品 ……… 6-68
膨胀合金 ……… 6-68
膨胀岩土 ……… 6-68
膳食 ……… 6-449
雕 ……… 2-300
雕版印刷 ……… 2-300
雕塑 ……… 2-301
鲭鲨 ……… 6-234
鲮 ……… 5-100
鲳 ……… 1-506
鲴 ……… 3-200
鲸 ……… 4-307
鲸口鱼目 ……… 4-307
鲸湾港 ……… 4-308
鲸鲨 ……… 4-308
鲹 ……… 6-509

〔丶〕

凝灰岩 ……… 5-598
凝血因子 ……… 5-599
凝固 ……… 5-598
凝固热 ……… 5-598
凝结 ……… 5-598
凝胶 ……… 5-598
凝聚态化学 ……… 5-598
凝聚态物理学 ……… 5-598
辨证论治 ……… 1-347
辨病论治 ……… 1-347
辨喜 ……… 1-347
辩才大女 ……… 1-348
辩护人 ……… 1-348
辩护制度 ……… 1-348
辩证法 ……… 1-348
辩证唯物主义 ……… 1-349
辩证逻辑 ……… 1-349
鹧鸪 ……… 9-245
鹧鸪菜 ……… 9-245
磨合 ……… 5-464
磨拉石 ……… 5-464
磨具 ……… 5-464
磨损 ……… 5-464
瘿蚊 ……… 9-20
瘿绵蚜 ……… 9-20
瘿蜂 ……… 9-20
瘰闭 ……… 5-145
懒猴 ……… 4-547
燎原计划 ……… 5-69
燃气轮机 ……… 6-271
燃气热水器 ……… 6-272
燃素说 ……… 6-272
燃烧弹 ……… 6-272
燃料 ……… 6-271
燃料化工 ……… 6-271
燃料电池 ……… 6-271
燃料油 ……… 6-271
燧人氏 ……… 7-217
燧石 ……… 7-217
糖 ……… 7-318
糖尿病 ……… 7-319
糖原 ……… 7-320
糖酵解 ……… 7-319

糖精 ……7-319
糖醇 ……7-318
糖磷酸酯 ……7-319
糕点 ……3-81
濑户大桥 ……4-539
濑户内海 ……4-539
濒危动物 ……1-360
濒危植物 ……1-361
潞西市 ……5-176
潞城市 ……5-176
澧水 ……5-14
激发态 ……4-54
激光 ……4-54
激光化学 ……4-55
激光光谱法 ……4-55
激光材料 ……4-55
激光武器 ……4-56
激光制导炸弹 ……4-56
激光测距 ……4-55
激光照排系统 ……4-56
激光器 ……4-56
激进主义 ……4-56
激励理论 ……4-57
激素 ……4-57
激情 ……4-57
澶渊 ……1-500
澶渊之盟 ……1-500
《寰宇通志》……3-576
褶皱 ……9-242

〔乛〕

壁画 ……1-333
壁虎 ……1-333
壁钱 ……1-333
壁球 ……1-333
避日目 ……1-334
避世运动 ……1-334
避孕 ……1-335
避孕药 ……1-335
避孕器 ……1-335
避讳 ……1-334
避役 ……1-335
避险过当 ……1-335
避暑山庄 ……1-334
避税港 ……1-335
避雷针 ……1-334
避雷器 ……1-334

十七画

〔一〕

檄 ……8-137
檀香 ……7-287
檀香山 ……7-287
檀香醇 ……7-287
檀道济 ……7-286
鞠躬 ……4-332
藏王陵 ……9-158
藏历 ……9-157
藏历年 ……9-157
藏文 ……9-158
藏文化 ……9-159
藏书楼 ……1-475
《藏汉大辞典》……9-157
藏传佛教 ……9-156
藏传佛教寺院壁画 ……9-156
藏药 ……9-159
藏语 ……9-159
藏语支 ……9-160
藏袍 ……9-158
藏剧 ……9-157
藏象学说 ……9-159
藏族 ……9-160
藏族医学 ……9-160
藏族舞蹈 ……9-160
藏羚 ……9-158
藏缅语族 ……9-158
藏獒 ……9-156
薰衣草 ……8-380
藁城市 ……3-82
戴文赛 ……2-136
戴尔，H.H. ……2-132
戴名世 ……2-134
戴安邦 ……2-132
戴安澜 ……2-132
戴进 ……2-133
戴克里先改革 ……2-134
戴芳澜 ……2-133
戴松恩 ……2-135
戴叔伦 ……2-134
戴季陶 ……2-133
戴秉国 ……2-132
戴姆勒，G. ……2-134
戴姆勒－克莱斯勒公司 ……2-134
戴复古 ……2-133
戴爱莲 ……2-131
戴高乐，C. ……2-133
戴高乐国际机场 ……2-133
戴逵 ……2-134
戴笠 ……2-134
戴逸 ……2-136
戴望舒 ……2-135
戴维，H. ……2-135
戴维斯，R. ……2-135
戴维斯，W.M. ……2-135
戴维斯杯网球赛 ……2-136
戴维森，C.J. ……2-135
戴粹伦 ……2-132
戴震 ……2-136
戴德金，J.W.R. ……2-132
磷 ……5-93
磷化铟 ……5-94
磷灰石 ……5-94
磷光 ……5-94
磷光分析 ……5-94
磷肥 ……5-93
磷虾目 ……5-94
磷脂 ……5-94
霜 ……7-81
霜冻 ……7-81
霞石 ……8-157
霞浦县 ……8-157

〔丨〕

龋病 ……6-256
曙暮光 ……7-60
赡养 ……6-450
螳螂目 ……7-320
螳螂拳 ……7-320
螺菌 ……5-225
螺旋桨飞机 ……5-225
螺旋藻 ……5-225
螺蛳 ……5-225
蟋蟀 ……8-135
蟑螂 ……9-222
蝗蚂 ……2-303
黝铜矿 ……9-51
阑宾 ……4-107

〔丿〕

镧系元素 ……4-547
魏 ……7-573
魏 ……7-573
魏太武帝拓跋焘 ……7-575
魏长生 ……7-573
魏文侯 ……7-576
魏文帝曹丕 ……7-576
《魏书》……7-575
魏华存 ……7-574
魏收 ……7-575
魏玛共和国 ……7-575
魏克拉玛辛诃，M. ……7-574
魏孝文帝改革 ……7-577
魏伯阳 ……7-573
魏良辅 ……7-574
魏武帝曹操 ……7-576
魏忠贤 ……7-578
魏荣爵 ……7-575
魏格尔，H. ……7-574
魏格纳，A.L. ……7-574
魏格曼，M. ……7-574
魏恩加特纳，F. ……7-574
魏特林，W. ……7-576
魏斯曼，A. ……7-575
魏森博恩，G. ……7-575
魏敦瑞，F. ……7-574
魏道武帝拓跋珪 ……7-573
魏源 ……7-577
魏德迈，J. ……7-573
魏德金德，F. ……7-573

魏徵 ……… 7－577
魏鹤龄 ……… 7－574
魏禧 ……… 7－577
魏巍 ……… 7－576
黏土岩 ……… 5－586
黏性 ……… 5－586
黏性流体 ……… 5－586
黏胶纤维 ……… 5－586
黏菌 ……… 5－586
黏弹性力学 ……… 5－586
黏膜 ……… 5－586
篁 ……… 3－245
徽号 ……… 3－607
徽语 ……… 3－608
徽剧 ……… 3－607
徽菜 ……… 3－607
徽商 ……… 3－607
貘 ……… 5－485
爵 ……… 4－350
爵士乐 ……… 4－350
爵床科 ……… 4－350
艨胧诗 ……… 5－376
蝶形目 ……… 2－303
鰕虎鱼 ……… 8－155
鳀鱼 ……… 7－341
鳄 ……… 2－413
鳄形目 ……… 2－413
鳄梨 ……… 2－413
鳄蜥 ……… 2－413
鳇 ……… 3－604
螽斯 ……… 9－455

〔丶〕

襄阳市 ……… 8－202
襄城县 ……… 8－202
縻棱岩 ……… 5－393
麋鹿 ……… 5－393
癌 ……… 1－74
癌基因 ……… 1－74
燥邪 ……… 9－166
燥湿 ……… 9－166
糠虾目 ……… 4－407
糠醛 ……… 4－406
濮阳市 ……… 6－105
蹇义 ……… 4－161

〔乛〕

鹬 ……… 9－84
翼龙目 ……… 8－569

十八画

〔一〕

鳌拜 ……… 1－117
檫树 ……… 1－497
鞭 ……… 1－340
鞭虫病 ……… 1－340
藕 ……… 6－27
藜科 ……… 4－585
藤之木古坟 ……… 7－337
藤井健雄 ……… 7－337
藤本植物 ……… 7－337
藤泽秀行 ……… 7－337
藤壶 ……… 7－337
藤黄科 ……… 7－337
藩封 ……… 2－463
藩镇割据 ……… 2－463

〔丨〕

蠊 ……… 7－387
蹦床 ……… 1－312
黟县 ……… 8－537
瞿式耜 ……… 6－254
瞿麦 ……… 6－254
瞿佑 ……… 6－254
瞿希贤 ……… 6－254
瞿昙悉达 ……… 6－254
瞿秋白 ……… 6－254
瞿塘峡 ……… 6－254
鹭 ……… 5－176

〔丿〕

镭 ……… 4－571
《簪花仕女图》……… 9－152
鼬 ……… 9－54
鼩鼱 ……… 6－255
翻车 ……… 2－463
翻车鲀 ……… 2－464
翻耕 ……… 2－464
蠖形目 ……… 3－524
鳍 ……… 6－134
鳎科 ……… 7－245
鳐形目 ……… 8－483
鳑鲏 ……… 6－48

〔丶〕

鹰 ……… 9－14
鹰潭市 ……… 9－14
鹰嘴豆 ……… 9－14
癔症 ……… 8－570
瀑布 ……… 6－118
鎏金 ……… 5－133

〔乛〕

璧 ……… 1－336
彝 ……… 8－547
彝文 ……… 8－547
彝年 ……… 8－547
彝语 ……… 8－547
彝语支 ……… 8－547
彝族 ……… 8－547
彝族舞蹈 ……… 8－547
彝器 ……… 8－547

十九画

〔一〕

《孽海花》……… 5－594
蘑菇 ……… 5－465
藻类植物 ……… 9－164
警犬 ……… 4－312
《警世通言》……… 4－313
警察机关 ……… 4－312
霭覃，F.W.van ……… 1－74

〔丨〕

曝光表 ……… 1－252
蠓 ……… 5－382
蟾鱼目 ……… 1－501
蟾蜍 ……… 1－500
蟾蜍素 ……… 1－501
蹼泳 ……… 6－118
蹴鞠 ……… 2－55
蹬技 ……… 2－193
髌骨软骨软化症 ……… 1－361

〔丿〕

籀文 ……… 9－479
簿记 ……… 1－457
攀枝花市 ……… 6－43
攀岩 ……… 6－43
攀登计划 ……… 6－43
鳕鱼 ……… 8－373
鳗鲡 ……… 5－303
鳗螈 ……… 5－303
鳙 ……… 9－24
蟹 ……… 8－246
蟹爪兰 ……… 8－247
蟹蛛 ……… 8－247

〔丶〕

颤振 ……… 1－505
麒麟 ……… 6－134
麒麟菜属 ……… 6－135
癣 ……… 8－367
爆竹 ……… 1－254
爆炸 ……… 1－253
爆炸力学 ……… 1－253
爆破技术 ……… 1－253
鳖 ……… 1－358
《瀛奎律髓》……… 9－17
谶纬 ……… 1－575

二十画

〔一〕

醴陵市 ……… 5－14
醴陵瓷 ……… 5－14

〔丨〕

耀州窑 …… 8-486
嚼烟 …… 4-203
蠕虫 …… 6-340
蠕形螨 …… 6-340
蠕变 …… 6-340

〔丿〕

鼯猴 …… 8-43
鼯鼠 …… 8-43
獾 …… 3-563
鳜 …… 3-248
鳞 …… 5-95
鳞木 …… 5-95
鳞状细胞癌 …… 5-95
鳞翅目 …… 5-95

〔丶〕

魔方 …… 5-465
魔幻现实主义 …… 5-465
魔术 …… 5-465
魔芋 …… 5-466
灌木 …… 3-218
灌木林 …… 3-218
灌肠 …… 3-217
灌顶 …… 3-217
灌钢 …… 3-218
灌浆 …… 3-218
灌溉 …… 3-217

二十一画及以上

〔一〕

霸王龙 …… 1-192
《霸王别姬》 …… 1-192
霸王鞭 …… 1-191
霸州市 …… 1-192
霸道 …… 1-191
露 …… 5-176
露天开采 …… 5-176
露西亚节 …… 5-176
露脊鲸 …… 5-176
霹雳舞 …… 6-70

〔丨〕

髓 …… 7-215

〔丶〕

赣方言 …… 3-47
赣州市 …… 3-47
赣江 …… 3-47
赣剧 …… 3-47
麝 …… 6-506
麝牛 …… 6-506
麝鼠 …… 6-506
癫证 …… 2-271
癫痫 …… 2-270
癫痫性精神障碍 …… 2-271

〔一〕

鹳形目 …… 3-218
懿德太子墓 …… 8-570
囊性肾疾病 …… 5-548
霾 …… 5-290

〔丿〕

镶牙 …… 8-202
罐头 …… 3-218
鼹鼠 …… 8-441
麋鹿科 …… 8-136
衢州市 …… 6-255
鬣狗 …… 5-78

字母

A股 …… 9-582
ABS树脂 …… 9-582
AH-64“阿帕奇”武装直升机 …… 9-582
AK47自动枪 …… 9-582
B股 …… 9-582
B型发射星 …… 9-582
B-2“幽灵”轰炸机 …… 9-582
B-52“同温层堡垒”轰炸机 …… 9-582
CI策划 …… 9-583
CT成像 …… 9-583
C-130“大力士”运输机 …… 9-583
DNA …… 9-584
DNA指纹 …… 9-584
DVD …… 9-584
EF-2000“台风”战斗机 …… 9-584
E-2C“鹰眼”预警机 …… 9-584
F/A-22“猛禽”战斗/攻击机 …… 9-584
F-16“战隼”战斗机 …… 9-584
F-35联合打击战斗机 …… 9-585
F-111战斗机 …… 9-585
GDP …… 9-585
GPS …… 9-585
GRE考试 …… 9-585
H股 …… 9-585
IP网 …… 9-585
IS-LM模型 …… 9-585
MOS集成电路 …… 9-586
MX导弹 …… 9-586
M1“艾布拉姆斯”
主战坦克 …… 9-586
PN结 …… 9-586
Q热 …… 9-587
RNA …… 9-587
SOS儿童村 …… 9-587
S-37“金雕”战斗机 …… 9-587
TCP/IP协议 …… 9-587
T-90主战坦克 …… 9-587
U-2侦察机 …… 9-587
VCD …… 9-587
X射线 …… 9-588
X射线荧光分析 …… 9-588
X射线检查 …… 9-588
X射线管 …… 9-588
X射线谱 …… 9-588
α-松油烯 …… 9-589
α衰变 …… 9-589
α粒子 …… 9-589
α粒子散射实验 …… 9-589
β衰变 …… 9-589
β稳定线 …… 9-590
γ射线 …… 9-590
γ射线暴 …… 9-590
γ跃迁 …… 9-590
μ子 …… 9-590
τ子 …… 9-590

数字

5-羟色胺 …… 9-590
20世纪福克斯电影公司 …… 9-590
《21世纪议程》 …… 9-591
211工程 …… 9-591
863计划 …… 9-591
9·11事件 …… 9-591
973计划 …… 9-592
《1844年经济学哲学手稿》 …… 9-592
1989年春夏之交的政治风波 …… 9-592

条目外文标题索引

(Index of Articles)

说　明

1. 本索引按照条目外文标题的逐词排列法顺序排列。无论是单词标题，还是多词标题，均以单词为单位，按字母顺序、单词在标题中所处的先后位置，顺序排列。如果第一个单词相同，再依次按第二个、第三个，余类推。

例如：acid
acid anhydride
acid deposition
acid-base balance
acidic oxide

2. 条目外文标题中英文以外的字母，按与其对应形式的英文字母顺序排列。

例如：	
‘a ä ā —— a	ć ç č —— c
ë ĕ é —— e	ḥ ḩ —— h
í ī ǐ —— i	ł —— l
ñ ń —— n	ö ø ó ō —— o
š ş š —— s	ū ú ü —— u

3. 为便于检索，部分条目外文标题将实质性内容的词（包括人名中的姓）放在最前面，用逗号与其他词分开。

例如：	
metal	Müller, Friedrich Max
metal carbonyl	Müller, Heiner
metal, corrosion of	Muller, Hermann Joseph
metal, heat treatment of	Müller, Leopold

4. 条目外文标题中如有括号，括号内部分一般不纳入字母排列顺序；外文标题相同时，没有括号的排在前；括号外的外文标题相同时，括号内的部分按字母顺序排列。

例如：Congo（Brazzaville）
Congo（Kinshasa）
Congo Basin
Congo eels

5. 外文人名中的 Sir 不纳入字母排列顺序。

例如：Thomson, Sir George Paget
Thomson, John
Thomson, Sir Joseph John

6. 条目外文标题中有数字（含罗马数字和阿拉伯数字）的，排列时分为两种情况：

①数字前有拉丁字母，先按字母顺序排再按数字顺序排列。

例如：	
F-16 Fighting Falcon	Alexander the Great
F-35 joint strike fighter	Alexander von Humboldt-Stiftung
F-111 fighter	Alexander Ⅰ
Fa Zheng	Alexander Ⅰ
F/A-22 Raptor	Alexander Ⅱ

②以数字开头的外文标题，排在条目外文标题索引的最后。

7. 与主条外文条头相同的参见条所在的页码以括注形式排在主条页码之后。

例如：Ghaznavid Dynasty　　4-124（3-89）

A

A Baoji ……… 1－2
A Brief History of Chinese Fiction ……… 9－401
A. C. machine ……… 4－195
A. C. power transmission ……… 4－195
A Chorus Line ……… 6－270
A Classified Collection of Yuan Poems ……… 9－94
A Clockwork Orange ……… 2－433
A Doll's House ……… 7－478
A Dream of Red Mansions ……… 3－471
A Flame-Foal ……… 4－15
A Hero of Our Time ……… 2－151
A la recherche du temps perdu ……… 9－517
A le ……… 1－38
a legally prescribed punishment for a specified crime, principle of ……… 9－575
A Lost Letter ……… 8－509
A Moonlit Spring Night by the River of Flowers ……… 2－35
A Nanda ……… 1－48
A New Treatise to Aid Government ……… 9－527
A Passage to India ……… 8－609
A Servant of Two Masters ……… 8－510
A share ……… 9－582
A Tale of Broken Cave Dwelling ……… 6－99
A Tale of Huo Xiaoyu ……… 4－27
A Treatise of Human Nature ……… 6－301
a white horse is not a horse ……… 1－202
A Woman's Life ……… 6－4
Aachen Cathedral ……… 8－398
Aaiun, El ……… 1－58
Aalto, Alvar ……… 1－17
aardvark ……… 7－443
AAS ……… 9－112
ABA ……… 7－456
Aba Tibetan-Qiang Autonomous Prefecture ……… 1－2
abaca ……… 4－203
abacus ……… 7－209
Abādān ……… 1－1
Abaj Kunanbayev ……… 1－2
Abakan, Palace at ……… 1－1
Abakhoja Mazār ……… 1－1
abalone ……… 1－249
Abbado, Claudio ……… 1－1
Abbas, Mahmoud ……… 1－1
'Abbās I ……… 1－2
Abbasid Dynasty ……… 1－2
Abbe, Ernst ……… 1－2
Abbevillian Culture ……… 1－5
Abbey Theatre ……… 1－3
abbot ……… 9－501
abdication ……… 6－449
abdominal distention ……… 3－22
abdominal examination ……… 3－23
abdominal pain ……… 3－22
Abdrashitov, Vadim Yusupovich ……… 1－5
Abdul Rahmman ……… 1－5
Abdullah bin Abdul Kadir ……… 1－4
Abe Kobo ……… 1－91
Abe Shinzō ……… 1－90
Abel, Niels Henrik ……… 1－2
aberration ……… 3－228
aberration ……… 8－209
Abhinavagupta ……… 8－268
Abidjan ……… 1－3
Abies ……… 4－575
abies balsam ……… 4－576
abietic acid ……… 7－162
ability ……… 5－562
Abing ……… 1－3
Ablät Abdurešit ……… 1－5
abnormal psychology ……… 1－343
abnormal sensation ……… 3－44
Abolishing Buddhism in Huichang Period ……… 3－612
Abolition Movement in United States ……… 5－350
abolition of extraterritoriality ……… 2－535
Aboriginal Office ……… 7－443
abortion ……… 5－123
Abraham ……… 8－398
abrasive tool ……… 5－464
abridged armilla ……… 4－159
Abrus precatorius ……… 7－253
ABS resin ……… 9－582
abscess ……… 5－616
abscisic acid ……… 7－456
absolute and relative truth ……… 4－348
absolute idea ……… 4－347
absolute mind ……… 4－347
absolute monarchy ……… 4－360
absolute rent ……… 4－347
Absolute Signals ……… 4－347
absolutism ……… 4－348
absorption of light ……… 3－220
abstinence theory ……… 4－216
abstract and concrete ……… 2－9
abstract art ……… 2－9
abstract labour ……… 2－9
abstract thinking ……… 2－9
abstract-expressionism ……… 2－9
abstractism ……… 2－10
absurd theatre ……… 3－578
ABU ……… 8－419
Abū Bakr ……… 1－75
Abu Dhabi ……… 1－5
Abū Nuwās ……… 1－75
Abū Zabī ……… 1－5
Abuja ……… 1－5
Abuladze, Tengiz Yevgeniyevich ……… 1－5
Abyad, Jurj ……… 1－74
abyssal hills ……… 6－508
abyssal plain ……… 6－508
Acacia catechu ……… 2－416
Acacia farnesiana ……… 4－241
Academia Sinica ……… 9－446
Academic Debate at Ehu Temple ……… 2－405
academic degree ……… 8－370
academic freedom ……… 8－369
academic library ……… 3－60
academic year system ……… 8－369
academician ……… 9－116
Académie des Sciences, France ……… 2－441
Academy Awards ……… 1－129
academy of classical learning ……… 7－49
Academy of Kunju Opera ……… 4－507
Academy of Motion Picture Arts and Sciences ……… 2－293
Acanthaceae ……… 4－350
Acanthocephala ……… 4－74
Acanthodii ……… 4－74
Acanthuridae ……… 2－52
acanthus family ……… 4－350
Acari ……… 6－80
acaricide ……… 6－421
Acaridae ……… 2－559
acarids mites ……… 2－559
acceleration ……… 4－120
acceptance ……… 1－582
Accidental Death of an Anarchist ……… 8－509
Accipiter ……… 9－14
Accipiter gentilis ……… 1－475
accomplice ……… 2－53
accomplishment of a crime ……… 2－478
accordion ……… 7－37
account, book of ……… 4－495
accountant ……… 4－494
accounting ……… 4－494
accounting ……… 4－495
accounting document ……… 4－494
accounting firm ……… 4－495
accounting standard ……… 4－496
accounting statement ……… 4－494
accounting system ……… 4－496
accouterments ……… 7－29
Accra ……… 1－28
accretion ……… 8－118
accrual basis ……… 6－258
accumulated depreciation method ……… 4－120
accumulated temperature ……… 4－39
accumulation ……… 4－39
accumulation, rate of ……… 4－39
accumulator ……… 8－359
Aceh ……… 8－408
acephate ……… 8－550

Acer ······ 6–154
acetaldehyde ······ 8–549
acetamide ······ 8–550
acetic acid ······ 8–549
acetic anhydride ······ 8–549
acetone ······ 1–366
acetophenone ······ 1–311
acetyl chloride ······ 8–550
acetylene ······ 8–549
ACFIC ······ 9–422
ACFROC ······ 9–423
ACFTU ······ 9–424
Achang ······ 1–6
Achang language ······ 1–6
Acharya, Bhanubhakta ······ 1–26
Achebe, Chinua ······ 1–50
Achculian Culture ······ 1–52
Achilleus ······ 1–26
Achinese ······ 8–409
Achyranthes bidentata ······ 5–603
acid ······ 7–206
acid anhydride ······ 7–206
acid deposition ······ 7–206
acid rain ······ 7–208
acid salt ······ 7–208
acid-base balance ······ 7–207
acid-base theory ······ 7–207
acidic oxide ······ 7–208
Acinonyx jubatus ······ 5–76
Acipenser sinensis ······ 9–432
Acipenseridae ······ 8–383
acne ······ 2–60
acne ······ 2–558
acoelomata ······ 8–19
Aconcagua, Cerro ······ 1–30
aconitine ······ 8–9
Aconitum carmichaeli ······ 8–9
acorn worm ······ 9–504
acoustics ······ 6–553
acquired immunodeficiency syndrome ······ 4–19
acquisitive prescription ······ 6–256
Acridoidal ······ 3–604
Acridotheres ······ 1–141
acritarchs ······ 8–546
acrobatic gymnastics ······ 4–99
acrobatic male role in Chinese opera ······ 8–59
acrobatics ······ 9–146
acrolein ······ 1–367
acromegaly ······ 9–291
Acropolis of Athens ······ 8–394
acrylic painting ······ 1–367
acrylonitrile ······ 1–367
Actiniaria ······ 3–330
actinide ······ 1–60
actinide element ······ 1–60
Actinidia chinensis ······ 9–415 (5–392)
actinolite ······ 8–451
actinomycetes ······ 2–506
actinomycosis ······ 2–506
Actinophryida ······ 7–265
action and reaction, law of ······ 9–580
action at distance ······ 1–533
action painting ······ 8–313
activated carbon ······ 4–7
activating qi flowing ······ 8–314
activation analysis ······ 4–6
activation energy ······ 4–7
active carbon ······ 4–7
active galactic nucleus ······ 4–6
activity ······ 4–6
actor ······ 8–441
actor' s costumes in Chinese opera ······ 8–314
actual gases, equation of state for ··· 6–612
actuary ······ 4–307
actuating element ······ 9–295
acupoint ······ 7–62
acupuncture accident ······ 9–247
acupuncture and moxibustion ······ 9–247
acupuncture anesthesia ······ 9–247
acupuncture prescription ······ 9–248
acute abdomen ······ 4–71
acute gastric dilatation ······ 4–73
acute glomerulonephritis ······ 4–73
acute mastitis ······ 4–72
acute renal failure ······ 4–72
acute respiratory distress syndrome ······ 4–71
acute tracheobronchitis ······ 4–72
acute upper respiratory tract infection ······ 4–72
ACWF ······ 9–422
ACYF ······ 9–423
acyl halide ······ 8–174
AD ······ 3–138
Ad Dawhah ······ 2–383
ad valorem duty ······ 2–53
Ada ······ 1–6
Adab al-Mahjar al- 'Arobī ······ 1–33
Adam ······ 8–399
Adam Smith ······ 8–400
adamantane ······ 4–240
Adamov, Arthur ······ 1–6
Adams, Ansel ······ 8–399
Adams, John Couch ······ 8–399
Adams, Samuel ······ 8–400
Adams-Sto-kes syndrome ······ 8–400
'Adan ······ 8–401
Adana ······ 1–6
Adansonia digitata ······ 3–490
ADB ······ 8–418
ADD ······ 9–503
addax ······ 8–365
Addax nasomaculatus ······ 8–365
Addis Ababa ······ 8–400
addition polymerization ······ 4–107
addition reaction ······ 4–107
additional tax ······ 3–7
additive ······ 7–368
additive theory of numbers ······ 2–370
Address to Officers at the Rank of General and above in Command of the Troops Enforcing Martial Law in Beijing ······ 9–151
Adelaide ······ 1–7
Adelgidae ······ 6–244
Aden ······ 8–401
Aden, Gulf of ······ 8–401
Adenanthera pavonina ······ 3–328
Adenauer, Konrad ······ 1–7
adenoiditis ······ 8–188
adenosine triphosphate ······ 8–188
Adenovirus ······ 8–188
Adherence to the Four Cardinal Principles ······ 4–151
adhesive ······ 4–200
adiabatic demagnetization ······ 4–349
adiabatic process ······ 4–348
Adiantum capillus-veneris ······ 7–384
adipic acid ······ 4–82
Ādīs Ābeba ······ 8–400
adjective law ······ 1–591
adjustment of observations ······ 1–486
administration ······ 8–316
administration ······ 8–321
administration according to law ··· 8–536
Administration Chamber ······ 9–280
administrative allotment of land use-right ······ 7–434
administrative appeal, right of ······ 7–200
administrative authority, excess of ······ 8–321
administrative behavior ······ 8–320
administrative coercive measures ··· 8–319
administrative compensation ······ 8–317
administrative compensation ······ 8–319
administrative counterappeal ······ 8–319
administrative decision-making ······ 8–319
administrative detention ······ 8–319
administrative division ······ 8–319
administrative division of China ··· 9–401
administrative duty, negligence of ······ 8–319
administrative ethics ······ 8–317
administrative illegality ······ 8–320
administrative law ······ 8–317
administrative litigation ······ 8–319
administrative litigation law ······ 8–320
administrative litigation,

parties in ··· 8–320
administrative litigation, period of limitation of ··· 8–320
administrative litigation with civil action ··· 8–318
administrative organs in the People's Republic of China ··· 9–429
administrative penalty ··· 8–317
Administrative Procedure Law of the People's Republic of China ··· 9–430
administrative reconsideration ··· 8–318
administrative regulation ··· 8–317
administrative reorganization ··· 8–318
administrative sanction ··· 8–317
administrative supervision ··· 8–318
administrative system ··· 8–320
admiralty action ··· 3–340
adolescence ··· 6–204
Adonis ··· 1–7
adoption ··· 7–36
Adorno, Theodor W. ··· 1–7
adrenal gland ··· 6–523
adrenogenital syndrome ··· 6–523
Adriatic Sea ··· 8–400
adsorption ··· 8–118
adult education ··· 1–579
Adūnīs 'Ali Asbar ··· 1–75
advance of Mercury's perihelion, problem of ··· 7–103
advance performance ··· 8–172
adverse rising of stomach qi, syndrome of ··· 7–571
adverse selection ··· 5–583
advertisement ··· 3–234
adzuki bean ··· 8–222 (3–469)
Aegean Civilizations ··· 1–86
Aegean Sea ··· 1–86
Aegypius monachus ··· 7–416
Aeneis ··· 1–70
aeolian soil ··· 2–566
Aequorea ··· 2–383
aeration zone ··· 1–237
aerial archaeology ··· 3–394
aerial remote sensing ··· 3–396
aerobatics ··· 7–330
aerobic exercise ··· 9–51
aerobic gymnastics ··· 4–169
Aerodramus ··· 4–257
aerodrome ··· 4–28
aerodynamics ··· 4–469
aeroelasticity ··· 6–141
aero-engine ··· 3–393
aeronautical engineering ··· 3–393
aeronautical meteorology ··· 3–395
aeronautics ··· 3–396
aerophotogrammetry ··· 3–395
aerosol ··· 6–144
Aeschylus ··· 1–72
Aesculus chinensis ··· 6–122 (7–225)
aesthetic delight, theory of ··· 8–323
aesthetic education ··· 5–363
aesthetic experience ··· 6–521
aesthetic judgement ··· 3–45
aestheticism ··· 7–546
aesthetics ··· 5–362
affective disorder ··· 6–235
affiliation ··· 3–410
affluent level ··· 8–224
Afghan Movement Against Soviet Union Aggression ··· 1–21
Afghan War ··· 1–21
Afghan Wars of Resistance against Britain ··· 1–21
Afghanistan ··· 1–19
AFM ··· 9–110
Afonso I ··· 1–18
AFP ··· 2–445 (2–456)
Afranius, Lucius ··· 1–19
Africa ··· 2–517
African elephant ··· 2–523
African National Congress of South Africa ··· 5–524
African oil palm ··· 9–41
African rock-paintings ··· 2–523
African Union ··· 2–521
African wood carving ··· 2–522
Africanized bee ··· 6–421
Afrikaans language ··· 1–18
Afrikaners ··· 1–18
Afro-Asiatic family ··· 1–18
AFS ··· 9–112
aftec dahlia ··· 2–90
āgama ··· 1–25
Agamemnon ··· 1–27
Agamemnon ··· 1–27
Agana ··· 1–26
Agaña ··· 1–26
agar ··· 6–239
agar ··· 6–595
agaric ··· 6–408
Agaricus bisporus ··· 5–465
agaristid moth ··· 3–518
Agaristidae ··· 3–518
Agassiz, Alexander Emmanuel Rodolphe ··· 1–26
agate ··· 5–288
age ··· 5–585
age of the universe ··· 9–68
Agence France-Presse ··· 2–445 (2–456)
agency ··· 2–126
Agenda in the 21st Century ··· 9–591
agent ad litem ··· 7–200
Agenzia Nazionale Stampa Associata ··· 1–105
aggregate social product ··· 6–499
aggregative index number ··· 9–559
aggression ··· 6–193
aging ··· 7–76
aging of polymer ··· 3–64
aging society ··· 4–557
Aglaia odorata ··· 5–396
AGN ··· 4–6
Agnatha ··· 8–15
Agnon, Shmuel Yosef ··· 1–22
agnosticism ··· 1–428
Agra ··· 1–22
Agra Fort ··· 1–22
Agrarian Revolutionary War ··· 7–430
Agreement on Returning Three Northeast Provinces ··· 4–195
Agricola, Mikael ··· 1–22
agricultural airplane ··· 5–613
agricultural allocation ··· 5–613
Agricultural Bank of China ··· 9–388
agricultural collectivization in the Soviet Union ··· 7–190
agricultural cooperativization ··· 5–614
Agricultural Development Bank of China ··· 9–388
agricultural engineering ··· 5–613
agricultural garrisons ··· 7–450
agricultural integration ··· 5–613
agricultural location theory ··· 5–615
agricultural machinery ··· 5–614
agricultural producers' cooperative ··· 5–615
agricultural products ··· 5–608
agricultural products and side products processing ··· 5–609
agricultural products, price subsidy of ··· 5–608
agricultural products, state monopoly over purchase and marketing of ··· 5–57
agricultural products, trade of ··· 5–608
agricultural region ··· 5–615
agricultural regionalization ··· 5–615
agricultural society ··· 5–615
agricultural surplus labour force ··· 5–615
agricultural-industrial-commercial integrated complex ··· 5–609
agriculture ··· 5–611
agriculture law ··· 5–613
Agrimonia pilosa ··· 5–144
agrometeorology ··· 5–614
Agromyzidae ··· 6–174
agronomy ··· 5–615
Agui ··· 1–24
Agung, Gunung ··· 1–24
Agyey ··· 1–23
AH-64 Apa-che armed helicopter ··· 9–582

Ahema 1–25
Ahl al-Sunnah wa' L-Jamā 'h 8–384
Ahmad Shāh Durrānī 1–25
Ahmad Talu 1–25
Ahmādabād 1–76
Ahn Joong Keun 1–110
Aho, Juhani 1–26
Ahvāz 1–56
AI 6–203
Ai Qing 1–79
Ai Siqi 1–80
Ai Wu 1–81
Aida 1–58
AIDS 1–81 (4–19)
aids to delivery 9–500
Aigun 1–90
aijik 1 77
Aiken, Howard Hathaway 1–77
ailanthus 2–12
Ailanthus altissima 2–12
Ailao Mountain 1–61
Ailey, Alvin 1–78
Ailuropoda melanoleuca 2–113
Ailurus fulgens 8–230
Aimaks 1–78
Ainu 1–57
air 4–469
air bombardment 3–467
air conditioner 4–470
air defense 2–496
air force 4–468
air humidity 4–469
air mass 6–146
air navigation 3–394 (4–472)
air pollution 2–100
air pollution control 2–100
air pollution index 4–470
air quality 4–470
air raid 4–470
air sports 3–396
air temperature 6–146
air territorial, defense of 4–466
air traffic control 4–471
air transportation 3–396
air warfare 4–471
air warfare theory 4–472
airborne forces 4–468
airborne operation 4–468
airborne radar 4–34
Airbus series aircraft 4–471
aircraft 3–395
aircraft accident and incident 2–510
aircraft carrier 3–394
aircraft hijacking 4–471
aircraft insignia 2–507
aircraft instrumentation 3–396
air-cushion craft 6–141
air-dried burial 2–569
airfield 4–28
airglow 6–143
airplane 2–506
airport 4–28 (3–393)
airship 2–508
air-to-air missile 4–469
air-to-ship missile 4–468
air-to-surface missile 4–465
Aisopos 8–531
Aitmatov, Chingiz 1–80
Aix galericulata 9–85
Aizoaceae 2–463
Ajanta Caves 1–59
Ajia 1–27
Ajney 1–23
Ak Koyunlu Dynasty 1–207
AK-47 assault rifle 9–582
Akan 1–29
Akashi Kaikyo Bridge 5–448
Akbar, Abū-ul-Fath Jalālud-din-Muhammad 1–27
Ak-Beshim 1–28
Akerlof, George Arthur 1–28
Akesson, Birgit 1–123
Akhenaton, Reforms of 1–64
Akhmatova, Anna Andreyevna 1–25
Akhūnd 1–25
Akihito Tennō 5–447
Akilan 1–26
Akita Ujaku 6–243
Akkad Kingdom 1–27
Aksay Kazak Autonomous County 1–29
Aksu City 1–29
Aksu Region 1–29
Aksu River 1–29
Aksum Kingdom 1–29
Akutagawa Ryūnosuke 4–234
Al Ahmad, Jalāl 1–8
Al Basrah 1–180
Al Ismâ 'îlîyah 8–531
Al Kuwayt 4–438
Al Mawsil 5–463
Al Urdunn 9–116
Al-Ahram 4–264
Alain Delon 1–39
Alamein, Battle of el 1–39
Alangiaceae 1–143
alangium family 1–143
Al-Aqsa Mosque 1–28
Al 'Arabīyah as-Sa 'udiyah 6–427
alarm 1–248
al-Ash 'arīyah 1–80
Alaska Earthquake 1–37
Alaska, Gulf of 1–37
Alaska Peninsula 1–37
Alaska pollack 8–156 (5–449)
Alaska State 1–38
Alauda 9–138
'Alavī, Bozorg 1–38
'al-Azhar, al-Jāmi 1–90
al-Azhar University 1–90
Albania 1–8
Albanian language 1–9
Albanians 1–9
Albee, Edward 1–10
Albéniz, Isaac (Manuel Francisco) 1–17
Alberta Dinosaur Provincial Park 1–74
Alberti, Leon Battista 1–10
Albizia chinensis 9–17
Albizia julibrissin 3–409
albumin 1–194
Alcedo 2–58
alchemy 5–48
alchemy 5–49
alcohol 2–40
alcoholic beverage 4–324
Alcyonacea 6–346
Aldebaran 1–328
aldehyde 6–267
alditol 7–318
aldose and ketose phosphates 7–319
Alecsandri, Vasily 1–43
Alegre, Porto 1–40
Aleixandre Merlo, Vicente 1–38
Alekseyev, Vasily Ivanovich 1–43
Alemán, Mateo 1–38
Alencar, José Martiniano de 1–44
Aleppo 1–40
Aleutian Islands 1–43
Aleutians 1–43
Alexander, Jeffrey 8–404
Alexander the Great 8–404
Alexander von Humboldt-Stiftung 3–480
Alexander I 8–405
Alexander I 8–405
Alexander II 8–405
Alexander' s Anabasis 8–404
Alexandria 8–404
Alexandria 8–405
alexandrite 1–343
Alexis, Jacques Stephen 1–38
Aleyrodidae 2–559
Alf layla wa layla 8–511
alfalfa lucerne 9–532
Alfieri, Vittorio 1–11
Alfvén, Hannes (Olof Gösta) 1–17
algae 9–164
algebra 2–128
algebraic equation 2–126
algebraic number 2–127

algebraic topology ················ 2–127
Alger ···························· 1–11
Algeria ·························· 1–12
Algerian War ····················· 1–14
Algerians ························ 1–13
algesia ·························· 7–410
algin ···························· 3–450
Algonkins ························ 1–11
algorithm ························ 7–208
al-Hadārah al- 'Arabiyyah ········ 1–34
Alhambra ························· 1–11
'Alī ibn Abī Tālib ··············· 1–40
Ali Mountain ····················· 1–41
Ali, Muhammad ···················· 1–40
alienated labour ················· 8–560
alienation ······················· 8–559
aliens, treatment of ············· 7–472
al-Ikhwān al-Muslimūn ············ 5–502
al-Ikhwāni ······················· 8–536
Alismataceae ····················· 9–167
al-Jahariyah ····················· 9–239
alkali metal ····················· 4–160
al-Kalīmah al-Tayyibah ··········· 6–233
alkaline metal, atomic spectrum of··· 4–160
alkaline-earth metal ············· 4–160
alkaloid ························· 6–538
alkane ··························· 7–478
alkene ··························· 8–129
al-Kutub al-Arba ' ah ············ 7–153
alkyl group ······················ 7–478
alkyl resin ······················ 2–40
alkylation ······················· 7–478
alkyne ··························· 6–268
All about Historiography ········ 7–12
all carbon molecule ·············· 6–263
All My Life ····················· 7–608
All Saints' Day ·················· 7–483
All-African Peoples' Conference ··· 6–259
Allāh ··················· 9–256 (1–101)
Allan Poe, Edgar ················· 1–85
All-China Federation of Industry
and Commerce ················· 9–422
All-China Federation of Returned
Overseas Chinese ············· 9–423
All-China Federation of Taiwan
Compatriots ·················· 9–423
All-China Federation of Trade
Unions ······················· 9–424
All-China Students' Federation ···· 9–424
All-China Women's Federation ····· 9–422
All-China Youth Federation ······· 9–423
Allee, Warder Clyde ·············· 1–42
allegory poems ··················· 2–579
allelopathy ······················ 3–543
Allen, Young John ················ 5–83
Allende Gossens, Salvador ········ 1–42
allergic purpura ················· 3–302
allergy ·························· 1–343
alleys in South China ············ 5–146
Alligator sinensis ········ 8–448 (9–414)
Allium ·························· 2–53
Allium cepa ····················· 8–468
Allium sativum ·················· 7–208
Allium tuberosum ················ 4–324
allocated cost of fixed assets ··· 3–192
alloy ···························· 3–409
alloy steel ······················ 3–409
All-Russian Extraordinary Com
mission for Combating Counter-
Revolution and Sabotage ······ 6–259
All-Story Monthly ················ 9–124
alluvial fan ····················· 2–2
alluvial plain ··················· 2–2
Alma-Ata ························· 1–36
Alma-Ata Earthquake ·············· 1–37
al-Madīnah ······················· 5–294
Almagest ························ 7–365
al-Mahdī Uprising ················ 5–251
Al-Masjid al-Ḥarām ··············· 4–278
al-Masjid al-Nabī ················ 8–172
al-Masjid al-Sakhrah ············· 8–431
Almaty ··························· 1–36
Almodóvar, Pedro ················· 1–14
Almond, Gabriel Abraham ·········· 1–14
Al-Murabitūn Dynasty ············· 1–15
Al-Muwahhidūn Dynasty ············ 1–15
Alnus ··························· 6–123
Alofi ···························· 1–45
*Along the River During Pure
Brightness Festival* ·········· 6–227*
alopecia ························· 7–456
alopecia areata ·················· 1–226
alpaca ··························· 8–450
Alpha Magnetic Spectrometer ······ 1–10
alpine butterwort ················ 1–424
alpine milkvetch ················· 3–594
Alpine movement ·················· 1–10
alpine skiing ···················· 3–75
Alps ····························· 1–9
Älqäm Äxtäm ······················ 1–78
al-Qur' ān ······················ 3–171
Alsace ··························· 1–15
Alsatians ························ 1–15
al-Sawm ·························· 1–189
Alseodaphne hainanensis ········· 9–37
Alsophila spinulosa ············· 7–225
Alsophila Spinulosa Nature
Reserve ······················ 7–225
al-Tagwīm al-Islāmī ·············· 8–529
al-Tahārah ······················· 4–314
Altaic family ···················· 1–16
Altair ··························· 3–422
Altamira Cave Paintings ·········· 1–16
Altamirano, Ignacio Manuel ······· 1–16
Altan qan ························ 1–113
altar ··················· 4–104 (7–281)
Altar of Land and Grain
(Beijing) ···················· 6–499
Altay City ······················· 1–40
Altay Mountains ·················· 1–16
Altay Region ····················· 1–40
Altdorfer, Albrecht ·············· 1–17
alternating current ·············· 4–195
alternating current machine ······ 4–195
alternation of generations ······· 7–15
Althaea rosea ··················· 7–58
Althusser, Louis ················· 1–10
Altiplanicie Mexicana ············ 5–483
altitude ························· 3–319
altitude acrobatics ·············· 3–69
altitude of bed ·················· 8–428
altitude sickness ················ 3–80
altruistic behaviour ············· 5–31
Altun Mountain ··················· 1–14
Altun Mountain Natural Reserve ··· 1–14
alum ····························· 2–467
alumina ·························· 8–474
aluminium ························ 5–183
aluminium alum ··················· 5–183
aluminum alloy ··················· 5–183
alunite ·························· 5–444
Alxa League ······················ 1–37
Alxa Plateau ····················· 1–37
Amado, Jorge ····················· 8–406
Amānollāh Khān ··················· 1–46
amaranth ························· 8–176
amaranth family ·················· 8–176
Amaranthaceae ···················· 8–176
Amaranthus ······················ 8–176
Amarna, Tell el- ················· 1–45
Amaryllidaceae ··················· 6–602
amaryllis family ················· 6–602
amateur drama ···················· 1–86
amateur performer ················ 6–84
Amazing Tales Second Series ····· 2–425
Amazon Basin ····················· 8–407
Amazon Cooperation Treaty
Organization ················· 8–406
Amazon River ····················· 8–406
amazon stone ····················· 7–349
amazonite ························ 7–349
Ambartsumian, Viktor
Amazaspovich ················· 1–46
ambassador extraordinary and
plenipotentiary ·············· 7–333
amber ···························· 3–520
ambiguous poetry ················· 5–376
Amblypygi ························ 8–14
Ambush on All Sides ············· 6–588
amenorrhea ······················· 1–328
American Aggression against

Panama ············ 5–353
American Ballet Theatre ············ 5–347
American cinema ············ 5–348
American Civil Rights Movement ··· 5–352
American Economic Crisis of 1929～1933 ············ 5–355
American ginseng ············ 8–108
American Indian languages ········ 5–364
American Indians ············ 8–591
American literature ············ 5–353
American monopoly financial groups ············ 5–352
American Museum of Natural History ············ 5–355
American neutrality acts ············ 5–354
American Samoa ············ 5–357
American Two-Party System ········ 5–352
American-British War ············ 5–363
American-Panaman Treaties ········ 5–347
Amhara ············ 1–97
Amharic language ············ 1–47
amicable numbers ············ 6–194
amide ············ 8–173
Amihai, Yehuda ············ 1–46
Amiiformes ············ 3–129
amine ············ 1–114
amino acid ············ 1–111
aminoglycoside antibiotic ············ 1–111
aminotransferase ············ 9–509
Amitābha ············ 2–393
Amitābhasūtra ············ 2–393
Amitāyurdhyānasūtra ············ 3–209
Amman ············ 1–102
ammeter ············ 2–285
ammonia ············ 1–110
ammonium nitrate ············ 8–220
ammonoid ············ 4–333
Ammonoidea ············ 4–333
ammunition ············ 2–148
amnesia ············ 4–169
amnesty ············ 2–103
Amnesty International ············ 2–103
amniotic fluid ············ 8–450
amniotic fluid embolism ············ 8–450
Amoeba ············ 1–344 (1–46)
amoebiasis ············ 1–46
Amoghavajra ············ 1–428
Amomum villosum ············ 6–430
Among the Flowers: the Hua-Chien Chi ············ 3–527
Amorpha fruticosa ············ 9–534
Amorphophallus ············ 5–466
amorphous metal ············ 2–513
amorphous semiconductor device ··· 2–513
amorphous state ············ 2–513
ampere ············ 1–103
Ampère, André-Marie ············ 1–103
Ampere' s law ············ 1–103
Amphibia ············ 5–58
amphibian ············ 5–58
amphibian ············ 7–93
amphibious landing operation ······ 2–191
amphibious warfare ············ 5–59
amphibious warfare ships ············ 2–192
amphibole ············ 4–205
Amphitheatre of El Jem ············ 4–218
Amphitrion ············ 1–95
Amphiuma ············ 5–58
amphoteric compound ············ 5–59
amplifier ············ 2–502
amplitude modulator ············ 7–374
amputation ············ 4–228
AMS ············ 1–10
Amsterdam ············ 1–47
Amu Darya ············ 1–47
Amu Darya Treasure ············ 1–47
amulet ············ 3–523
amur corktree ············ 3–581
Amursanaγ-a ············ 1–48
An Elegy on Encountering Sorrows ··· 4–577
An Essay on the Principle of Population ············ 6–290
An Inquiry into the Nature and Causes of the Wealth of Nations ···3–287 (3–255)
An Lushan ············ 1–101
An Nafūd ············ 5–554
An Najaf ············ 5–508
An Shigao ············ 1–106
An Zhimin ············ 1–110
An Zijie ············ 1–110
Anacardiaceae ············ 6–125
Anacardium occidentale ············ 8–477
Anadolu ············ 1–102
anaerobic bacterial infection ········ 8–442
anal fissure ············ 3–53
anal fistula ············ 3–53
Analects of Confucius ············ 5–195
analgesics ············ 9–260
analog computers ············ 5–454
analogue switching circuit ········ 5–454
analysis ············ 2–546
analysis ············ 2–548
Analysis of the Classes in Chinese Society ············ 9–396
analytic function ············ 4–231
analytic geometry ············ 4–231
analytic number theory ············ 4–231
analytic philosophy ············ 2–548
analytical chemistry ············ 2–546
Analytical Dictionary of Characters ············ 7–110
analytical mechanics ············ 2–548
anamnesis ············ 3–610
Ananas comosus ············ 1–395
Anand, Mulk Raj ············ 1–102
anarchism ············ 8–23
Anas domestica ············ 8–388
Anas platyrhynchos ············ 5–186
anātman ············ 8–20
Anatolia ············ 1–102
Anatolian group ············ 1–102
anatomy ············ 4–231
Anau Culture ············ 1–103
Anawrahta ············ 1–48
Anaxagoras ············ 1–48
Anaximandros ············ 1–48
Anaximenes ············ 1–48
Ancestor Peng ············ 6–66
ancestor worship ············ 9–572
ancestral temple ············ 2–42
anchor ············ 5–327
Anchorage ············ 1–101
Ancient and Modern Stories ········ 3–170
Ancient Babylonian Kingdom ······ 3–161
ancient Chinese architecture ········ 9–362
ancient Chinese censer to perfume the quilt ············ 1–304
ancient Chinese coins ············ 9–367
ancient Chinese dance ············ 9–366
ancient Chinese football ············ 2–55
ancient Chinese prose ············ 3–177
ancient Chinese texts, critical interpretation of ············ 3–383
Ancient City of Pingyao ············ 6–93
ancient Egypt ············ 3–158
ancient Egyptian art ············ 3–159
ancient glasses ············ 1–390
ancient Greece ············ 3–164
ancient Greek architecture ············ 3–178
ancient Greek art ············ 3–178
ancient Greek literature ············ 3–180
ancient literature from Dunhuang ··· 2–378
ancient map ············ 3–166
ancient Roman architecture ········ 3–172
ancient Roman literature ············ 3–173
ancient Roman mythology ········ 3–172
Ancient Rome ············ 5–207
ancient Rome ············ 3–163
ancient-modern characters ········ 3–170
ancylostomiasis ············ 3–154
Anda City ············ 1–91
andalusite ············ 3–477
Anders, Edward ············ 1–94
Andersen, Hans Christian ········ 1–108
Anderson, Maxwell ············ 1–93
Anderson, Sherwood ············ 1–94
Andersson, Johan Gunnar ········ 1–106
Andes Mountains ············ 1–94
andesite ············ 1–105
Andō Hiroshige ············ 1–107
Andō Shōeki ············ 1–107

Andorra ············ 1–91
Andorra la Vella ············ 1–92
Andorrans ············ 1–92
Andrade, Carlos Drummond de ··· 1–92
Andrade, Eugenio de ············ 1–92
Andrade, José Oswald de Sousa ··· 1–92
Andrade, Mario Raul de Morais ··· 1–93
Andresen, Sophia de Mello Breyner ············ 1–93
Andreyev, Leonid Nikolayevich ··· 1–93
Andrias davidianus ············ 2–97 (7–463)
Andrić, Ivo ············ 1–93
Andrographis paniculata ············ 2–24
Andromeda ············ 8–169
Andromeda galaxy ············ 8–168
Andronovo Culture ············ 1–93
Andropov, Yuri Vladimirovich ······ 1–93
Anecdotes About Spirits and Immortals ············ 7–177
Anecdotes of Xuanhe Era ············ 8–361
anemia ············ 6–84
anemometer ············ 2–568
anesthesia ············ 5–238
aneurysm ············ 2–337
Anfu Clique ············ 1–95
Angel ············ 7–359
Angel Falls ············ 1–98
Angelica dahurica ············ 1–210
Angelica sinensis ············ 2–151
Angelico, Fra ············ 1–100
Angelina Jolie ············ 1–100
Angelopouluos, Theo ············ 1–97
angelsharks ············ 1–341
anger ············ 2–560
angina pectoris ············ 8–249
angioedema ············ 8–373
Angiospermae ············ 1–304
Angkatan' 45 ············ 7–154
angklung ············ 1–97
Angkor ············ 8–28
Angkor Dynasty ············ 8–29
Angkor Vat ············ 8–28
anglers ············ 1–112
anglesite ············ 6–159
angleworm ············ 6–243
Anglican Churches ············ 6–561
Anglican Communion ············ 1–101
angling ············ 2–302
Anglo-American law system ········ 9–9
Anglo-Boer War ············ 8–615
Anglo-Burmese Wars ············ 9–10
Anglo-Dutch Wars ············ 9–9
Anglo-Iranian War ············ 9–6
Anglo-Irish Treaty ············ 8–614
Anglo-Japanese Alliance ············ 9–10
Anglo-Saxon ············ 1–116
Angola ············ 1–95
Angora goat ············ 1–96
Angry Young Men ············ 2–560
Anguilla ············ 1–97
Anguilla japonica ············ 5–303
angular acceleration ············ 4–204
angular displacement ············ 4–205
angular velocity ············ 4–205
Anguo City ············ 1–97
Anhak Palace ············ 1–98
Anhui cuisine ············ 1–98
Anhui Province ············ 1–98
Anhui seal cutting school ············ 7–479
Anhui University ············ 1–98
Anhui Warlords ············ 7–479
anhydride ············ 3–43
anhydrite ············ 9–23
Aniko ············ 1–48
aniline ············ 1–310
animal ············ 2–339
animal agriculture ············ 8–358
animal behaviour ············ 2–341
animal communication ············ 2–340
animal disease ············ 2–339
animal fauna ············ 2–340
animal glue and gelatin ············ 2–340
animal husbandry products processing ············ 8–358
animal intelligence ············ 2–341
animal quarantine ············ 2–340
animal welfare ············ 2–339
animal worship ············ 2–339
animated cartoon ············ 2–336
animation ············ 5–361
animism ············ 7–483
anisodine ············ 9–222
Anisodus tanguticus ············ 6–438
anisole ············ 1–311
Anisoptera ············ 6–234
anitya ············ 8–15
anjali ············ 3–410
Anji Bridge ············ 1–100
Ankang City ············ 1–101
Ankara ············ 1–100
ankylosaurs ············ 4–134
ankylosing spondylitis ············ 6–180
Anlu City ············ 1–101
Anna Karenina ············ 1–102
Annaba ············ 1–102
Annales school ············ 5–585
annalistic style ············ 1–339
Annals of Han ············ 3–375
Annan, Kofi ············ 1–103
Annaud, Jean-Jacques ············ 1–49
annealing ············ 7–450
Annelida ············ 3–564
Annexation of Austria by Germany ············ 2–177
Anning City ············ 1–103
Anno Domini ············ 3–138
Anno Hegirae ············ 8–121
Annonaceae ············ 2–462
annonaceous acetogenin ············ 2–462
annotate and punctuate ············ 6–94
annotation ············ 9–503
Annotation of Customs ············ 2–568
Annotations to the Book of Changes ··· 8–562
annual ring ············ 5–585
annuity ············ 5–585
Anobiidae ············ 6–192
anodic oxidation ············ 8–451
Anodonta ············ 3–420
Anopheles anthropophagus ············ 7–34
Anoplophora chinensis ············ 8–306
Anoplura ············ 6–576
anorexia nervosa ············ 6–512
anorthosite ············ 8–236
Anouilh, Jean ············ 1–49
Anqing City ············ 1–104
Anqiu City ············ 1–104
Anqiu Stone Sculptures ············ 1–104
ANSA ············ 1–105
Ansai waist drum dance ············ 1–105
Anselmus ············ 1–105
Anser cygnoides ············ 3–485
Anser domestica ············ 2–405
Anser fabalis ············ 2–346
Anseriformes ············ 8–444
Anshan City ············ 1–113
An-Shi Rebellion ············ 1–106
Anshun City ············ 1–106
ant ············ 8–553 (5–290)
antacids ············ 4–412
Antananarivo ············ 7–242
Antarctic investigation ············ 5–526
Antarctic krill ············ 5–526
Antarctic meteorites ············ 5–528
antarctic research of China ········ 9–387
Antarctic Treaty ············ 5–526
Antarctica ············ 5–526
Antares ············ 8–255
anteater ············ 7–5
antenna ············ 7–366
anthelmintics prescriptions ········ 6–250
Antheraea pernyi ············ 9–581
anthocyanin ············ 3–530
Anthologie de la Nouvelle Poésie Nègre et Malgache de Langue Française ············ 3–457
Anthology of Ancient Poetries ············ 3–175
Anthology of Ci-Poems ············ 2–41
Anthology of Literature Works of Yuan Dynasty ············ 9–97
Anthology of Modern Poetry ········ 4–272
Anthology of One Hundred and

Three Writers and Poets of Han, Wei and Six Dynasties ··· 3–379
Anthology of Yuan Drama ··· 9–94
Anthology of Yuan Dynasty's Poems ··· 9–94
Anthology of Zhongzhou Poetry ··· 9–450
anthomyiid fly ··· 3–532
Anthomyiidae ··· 3–532
Anthony, Susan Brownell ··· 1–94
Anthozoa ··· 6–442
anthracene ··· 2–416
anthracite ··· 8–22
anthraquinone ··· 2–416
anthrax ··· 7–289
Anthropogeographie ··· 6–291
Anthropoid ··· 4–573
anthropology ··· 6–283
anthropology ··· 6–292
anthroponomastics ··· 6–296
antiaircraft gun ··· 3–75
anti-airplane missile ··· 2–470
antianginal drug ··· 4–413
antianxiety drug ··· 4–408
Antiaris toxicaria ··· 4–161 (4–172)
antiarrhythmic drug ··· 4–413
antiasthmatic drugs ··· 6–87
Anti-Atrocity Movement ··· 4–407
antiballistic-missile missile ··· 2–469
antibiotics ··· 4–412
antibody ··· 4–412
anticline ··· 1–303
anti-counterfeiting mark ··· 2–496
anticyclone ··· 2–472
antidepressive drug ··· 4–413
antidiarrheal agents ··· 9–307
Antidorcas marsupialis ··· 7–376
anti-dumping ··· 2–472
anti-dumping law ··· 2–472
antiemetic drugs ··· 9–307
Anti-Enemy Troupe ··· 4–407
antifungal drug ··· 4–414
antigen ··· 4–413
antigen-antibody reaction ··· 4–413
Antigua and Barbuda ··· 1–107
antihistamines ··· 4–415
Anti-Hunger, Anti-Civil War and Anti-Persecution Movement ··· 2–470
antihypertensive drug ··· 4–408
Anti-Japanese Literature ··· 4–414
Anti-Japanese National United Front ··· 4–410
Antilocapra americana ··· 1–488
antimanic drug ··· 4–414
antimatter ··· 2–475
anti-missile operation ··· 2–469
anti-monopoly law ··· 2–471
antimony ··· 7–338
antinomies ··· 2–426
antioncogene ··· 4–407
antioxidant ··· 4–413
antiparticle ··· 2–471
antiproton ··· 2–477
antipsychotic drug ··· 4–408
anti-radiation missile ··· 2–470
antirheumatic formula ··· 6–252
Anti-Rightist Struggle ··· 2–476
Antirrhinum majus ··· 4–262
Anti-Russian Movement ··· 4–338
anti-satellite missile ··· 2–474
anti-satellite weapon ··· 2–475
Anti-Secession Law ··· 2–470
anti-semitism ··· 2–476
Anti-Socialist Laws ··· 6–485 (2–473)
anti-submarine missile ··· 2–472
anti-submarine patrol aircraft ··· 2–472
anti-submarine warfare ··· 2–472
anti-subsidy law ··· 2–468
antitank gun ··· 2–474
antitank missile ··· 2–474
antitank operation ··· 2–474
anti-terrorism activity ··· 2–471
antithetical couplet ··· 9–17 (2–372)
antitrust laws ··· 2–474
anti-tuberculosis drug ··· 4–408
antitussive drugs ··· 9–260
anti-unfair competition law ··· 2–468
anti-vessels missile ··· 2–471
antiviral drugs ··· 4–407
Antoine, André ··· 1–108
Anton, Farah ··· 1–95
Antonescu, Ion ··· 1–94
Antong ··· 1–108
Antoninus Dynasty ··· 1–95
Antonioni, Michelangelo ··· 1–94
Antonius, Marcus ··· 1–94
antonymous defining ··· 2–475
Antwerp ··· 1–107
Antwerpen ··· 1–107
Anuchin, Vsevolod Aleksandrovich ··· 1–49
Anura ··· 7–463
anura ··· 8–20
Anuradhapura ··· 1–49
anuria and vomiting ··· 3–204
anus ··· 3–53
anxiety ··· 4–202
Anyang City ··· 1–109
Anyuan Town ··· 1–109
Anyue Cliffside Engravings ··· 1–109
ANZAC ··· 1–140
Aorsoi ··· 8–438
AP ··· 5–356
apartheid ··· 9–457
apatite ··· 5–94
ape ··· 4–573
ape ··· 9–114
ape man ··· 9–114
APEC ··· 8–410
Apendi's stories ··· 1–17
Apennines ··· 8–408
aphid ··· 8–391
Aphididae ··· 8–391
Aphrodite ··· 1–18
Aphrodite of Melos ··· 1–19
API ··· 4–470
Apia ··· 1–49
apical dominance ··· 2–311
Apis ··· 5–409
Apis cerana sinensis ··· 9–415
Apis mellifera ligustica ··· 8–566
Apium graveolens ··· 6–195
aplastic anemia ··· 9–150
aplite ··· 8–154
Aplodontia rufa ··· 6–437
Aplysiidae ··· 3–342
Apocalypse Now ··· 8–179
Apocrypha ··· 2–51
Apocynaceae ··· 4–122
Apodemus ··· 4–40
Apodiformes ··· 9–72
Apollinaire, Guillaume ··· 1–3
Apollo ··· 1–4
Apollo Project ··· 1–4
Apollo spacecraft ··· 1–4
Apollonius ··· 1–4
Apollonius ··· 1–4
apomixis ··· 8–18
apoplexy ··· 9–459
apoptosis ··· 8–149
Apostichopus japonicus ··· 2–52
Appalachian Highlands ··· 1–1
apparel design ··· 2–601
apparel size and style series ··· 2–601
apparent movement ··· 7–157
appeal ··· 6–506
appellate ··· 6–468
appendicitis ··· 4–543
Appennino ··· 8–408
apperception ··· 7–408
Appia, Adolphe ··· 1–3
Appian ··· 1–3
apple ··· 6–94
Appleton, Sir Edward Victor ··· 1–49
applicable law ··· 9–518
application, reporting and registration rule for pollutant discharge ··· 6–37
applied computer technology ··· 4–93
applied geography ··· 9–21
applied science ··· 9–22
appropriate consumption ··· 7–32
approximation of functions ··· 3–358
apricot ··· 8–323
April Fifth Movement ··· 7–155

April Fool' s Day 9–66
April 12 Coup 7–155
apriorism 8–172
Aptenodytes patagonicus 7–506
Apterygiformes 4–28
Apteryx australis 3–449
aptitude test 5–562
Apuleius, Lucius 1–50
Apus apus 9–72 (5–148)
'Aqaba 8–402
'Aqqād, 'Abbās Mahmūd al- 1–27
aqua regia 7–510
aquamarine 3–330
Aquarius 7–367
aquatic plant 7–96
aquatic sports 7–96
aqueduct 2–364
aqueous organic reaction 7–102
Aquifoliaceae 2–331
Aquila 2–300
Aquino, Corazon 1–26
Aquitaine Basin 1–26
Ar Riyād 5–33
Arab Empire 1–31
Arabesque 1–35
Arabian calligraphy 1–33
Arabian Desert 1–30
Arabian horse 1–33
Arabian jasmine 5–467
Arabian Peninsula 1–30
Arabian Sea 1–31
Arabic civilization 1–34
Arabic language 1–35
Arabic literature 1–34
arabinose 1–34
Arabs 1–33
Araceae 7–355
arachidic acid 3–531
arachidonic acid 3–531
Arachis hypogaea 3–530 (5–235)
arachnid 9–496
Arachnida 9–496
'Arafāt, Yāsir 1–35
Arafura Sea 1–36
Arago, Dominique-François-Jean 1–36
Aragon, Kingdom of 1–36
Aragon, Louis 1–36
aragonite 7–593
Arai Hakuseki 8–275
Arakan Yoma 6–353
Arakanese 6–353
Aral City 1–35
Aral Šea 8–175
Araliaceae 8–48
Aralskoye More 8–175
Aramaic language 1–36
Arandas 1–39
Araneae 9–294
Araneida 9–294
Araneidae 9–100
Āraṇyaka 6–420
Arashiyama 4–543
arbitrage 7–328
arbitrage of exchange 7–328
arbitration 9–459
arbitration of international trade disputes 3–270
arbor 6–183
Arbor Day 9–301
Arbuzov, Aleksei Nikolayevich 1–10
arc discharge 3–501
arch 3–146
arch bridge 3–146
arch dam 3–145
Archaean Eon 7–255
Archaean Eonothem 7–255
archaeological chronology 4–415
archaeological culture 4–417
archaeology 4–416
Archaeopteryx 7–14
archaic Chinese four tones 3–176
archaic Chinese rhymes 3–182
archaic Chinese sounds 3–181
arche 1–309
archery 6–503
archery on horseback 6–133
Archimedes 1–26
Archimedes principle 1–26
architectural acoustics 4–165
architectural design 4–165
Architectural Model of Lei Family 8–476
architectural order 9–504
architecture 4–166
architecture decoration 4–167
archives 2–153
archives 2–154
archives amendment system 8–337
archives in Qing Dynasty 2–154
Archives Nationales de France 2–441
archives science 2–154
archon 9–295
Arcidae 3–356
arctic circle 4–70
arctic graylings 3–611
Arctic investigation 1–264
Arctic Ocean 1–256
Arctic Regions 1–264
arctic research of China 9–346
Arctiidae 2–190
Arctium lappa 5–599
Arcturus 2–88
Ardeidae 5–176
Ardennes 1–10
ARDS 4–71
Areca catechu 1–366
areopogos 9–93
Arequipa 1–40
Ares 1–50
argali 6–44
Argentina 1–23
argentite 3–607
Argerich, Martha 1–25
Arghezi, Tudor 1–11
argon 8–419
Argonautai 1–11
Arguedas, José María 1–22
argy sagebrush 1–74
Argyresthiidae 8–580
Arhat 5–204
Arhat Coin 5–204
aria 9–27
Ariane launch vehicle 1–42
Arias Sánchez, Oscar 1–41
Ariɣböke 1–41
Ariosto, Ludovico 1–41
Aristarchus 1–42
Aristichthys nobilis 9–24
Aristolochiaceae 5–245
Aristophanes 1–41
Aristotle 8–402
arithmetic 7–209
arithmetic average 7–209
Arithmetical Classic of the Gnomon and the Circular Paths of the Heaven 9–465
Arius thalassinus 3–336
Arizona State 8–405
ark clams 3–356
ark shell 5–314
Arkagun 8–489
arkān al-khams 8–48
Arkansas River 1–29
Arkansas State 1–30
Arleigh Burke Class Destroyer 1–42
armadillo 6–244
armed conflict 8–62
armed helicopter 8–62
Armenia 8–407
Armenian Highland 8–407
Armenian language 8–408
Armenians 8–408
armillary sphere 4–3
Arminius, Jacobus 1–46
Armistice Agreement of the Forest of Compiègne 3–151
Armoracia rusticana 4–530
armored scale 2–379
Armory Show 4–357
armoured forces 9–515
arms 1–365
arms race 4–350

arms trade ······ 4–353
Armstrong, Edwin Howard ······ 1–47
Armstrong, Louis ······ 1–47
Armstrong, Neil (Alden) ······ 1–48
army ······ 4–351
army ······ 5–168
Army of Inspired Strategy ······ 6–510
army weevil ······ 7–380
Arnheim, Rudolf ······ 1–88
Arnim, Ludwig Achim von ······ 1–15
Arnold, Thomas ······ 1–49
Arnon, Daniel Israel ······ 1–15
Aromanians ······ 1–44
aromatic compound ······ 2–493
aromatic hydrocarbon ······ 2–493
aromatic polyamide ······ 4–341
aromatic turmeric ······ 9–80
Arp, Jean ······ 1–15
ARPANET ······ 1–49d
Arquipélago da Madeira ······ 5–242
ar-Rābitah al-Qalami Yah ······ 1–323
arranged marriage ······ 1–235
arranging flower, art of ······ 1–489
arrest ······ 2–131
Arrhenius ionization theory ······ 1–44
Arrhenius, Svante August ······ 1–44
Arrow, Kenneth Joseph ······ 1–44
arrowhead ······ 2–43
Arrow' s impossibility theorem ······ 1–44
arsenic ······ 6–507
arsenopyrite ······ 2–351
art ······ 5–357
art anatomy ······ 8–558
Art and Craft Movement ······ 8–558
art brut ······ 6–418
art creation ······ 5–360
art criticism ······ 5–361
art, history of ······ 5–361
art market ······ 8–557
art museum ······ 5–360
Art Nouveau ······ 8–292
art of printing ······ 8–613
art, school of ······ 5–360
art theory ······ 5–360
Artaud, Antonin ······ 1–17
Artemia ······ 5–160
Artemisia argyi ······ 1–74
artemisinin ······ 6–207
arterial embolism ······ 2–337
arteriosclerosis ······ 2–338
arteriovenous fistula ······ 2–336
artesian well ······ 9–538
arthralgia ······ 1–332
arthritis ······ 3–205
Arthrophyta ······ 4–215
Arthropoda ······ 4–216
Arthurian legend ······ 8–409
artichoke ······ 1–539
articulation ······ 3–204
artificial limb ······ 4–146
artificial rockwork ······ 4–145
artifacts ······ 8–545
Artificers Record ······ 4–415
artificial abortion ······ 6–286
artificial calamity ······ 6–299
artificial celestial body ······ 6–303
artificial cochlea ······ 6–286
artificial earth satellite ······ 6–301
artificial element ······ 6–303
artificial fiber ······ 6–303
artificial insemination ······ 6–287
artificial intelligence ······ 6–287
artificial intelligence weapon ······ 9–323
artificial joint replacement ······ 6–286
artificial leather ······ 6–302
artificial musk ······ 6–302
artificial neural network ······ 6–287
artificial respiration ······ 6–286
artificial whiskers worn by actors
in Chinese opera ······ 6–271
Artigas, José Gervasio ······ 1–7
artillery ······ 4–13
artillery ······ 6–51
Artiodactyla ······ 6–27
artistic conception ······ 8–567
Artocarpus heterophyllus ······ 1–382
arts and crafts ······ 3–128
arts and crafts ······ 7–37
arts of walking in high-soled
boots in Chinese opera ······ 6–181
Arts poetica ······ 6–576
Artux City ······ 1–56
artwork auction ······ 8–556
Aruba ······ 1–43
arūd ······ 1–44
arum family ······ 7–355
Arusha ······ 1–43
aruz ······ 1–44
Arx, Cäsar von ······ 1–14
Arxan City ······ 1–16
Arxan Thermal Spring ······ 1–16
Āryabhata I ······ 1–57
Aryans ······ 8–396
āryāstāngika-mārga ······ 1–147
AS ······ 6–180
As Sūdān ······ 7–178
Asahi Shimbun ······ 9–226
ASAN ······ 2–324
Asanga ······ 8–23
Asanuma Inejirō ······ 6–175
asbestos ······ 6–600
ascariasis ······ 3–611
ascaridole ······ 6–250
Ascaris lumbricoides ······ 6–288
ascending and descending,
floating and sinking ······ 6–526
ascending, descending, exiting
and entering ······ 6–526
ascetic monk ······ 4–483
asceticism ······ 4–278
Aschelminthes ······ 9–113
Ascidiacea ······ 3–337
ascites ······ 3–22
Asclepiadaceae ······ 5–222
ascomycetes ······ 9–531
ASDW ······ 2–434
aseismic ridge ······ 8–23
ASEM ······ 8–408
asexual reproduction ······ 8–22
Ash Shāriqah ······ 6–424
Ashanti ······ 1–52
Ashanti Empire ······ 1–52
Ashcan school ······ 4–511
ashi point ······ 1–53
Ashina Helu ······ 1–53
Ashk, Upendranath ······ 1–57
Ashkenazy, Vladimir ······ 1–53
Ashkhabad ······ 1–53
Ashton, Frederick ······ 1–53
Ashur ······ 1–55
'Ashūrā' ······ 1–53
Ashurbanipal ······ 8–410
Ashymo ······ 1–53
Asia ······ 8–411
Asia Europe Meeting ······ 8–408
Asia Financial Crisis ······ 8–417
Asia Minor ······ 8–231
asiabell ······ 2–152
Asian Development Bank ······ 8–418
Asian elephant ······ 8–419
Asian Games ······ 8–419
Asian-African Conference ······ 8–401
Asia-Pacific Broadcasting Union ······ 8–419
Asia-Pacific Economic
Cooperation ······ 8–410
Asiatic black bear ······ 3–460 (3–154)
asiatic rice borer ······ 2–425
Asilidae ······ 7–2
Asitana Cemetery ······ 1–54
Asmara ······ 1–54
Aśoka ······ 1–59
Aso-san ······ 1–55
asparagus ······ 5–158
Asparagus cochinchinensis ······ 7–354
asparagus fern ······ 7–602
Asparagus officinalis ······ 6–594 (5–158)
Asparagus setaceus ······ 7–602
aspergillosis ······ 6–248
Assad, Bashar al- ······ 1–50
Assad, Hafiz al- ······ 1–50
Assal, Lac ······ 1–50

Assam Earthquake ········ 1–51
Assamese ········ 1–51
Assamese language ········ 1–51
assault ········ 6–178
assault rifle ········ 7–417
assembler ········ 3–612
Assembly ········ 4–76
assembly, freedom of ········ 4–76
assembly unit ········ 1–457
assessing system ········ 1–497
asset appraisal ········ 9–525
assets ········ 9–524
assets restructuring ········ 9–524
Associated Press ········ 5–356
association ········ 5–47
association, freedom of ········ 4–224
Association of Chinese Left-Wing Writers ········ 9–413
Association of Southeast Asian Nations ········ 2–324
Association Province Autonomous Movement ········ 5–47
assonance ········ 2–303
Assyria ········ 8–409
Assyriology ········ 8–410
Astana ········ 1–54
astatic ginseng ········ 6–297
astatine ········ 1–81
Asteriidae ········ 3–337
asteroid ········ 8–230
Asteroidea ········ 3–345
asthenosphere ········ 6–345
asthma ········ 8–233
Aston, Francis William ········ 1–54
Astonished Slaps upon the Desktop ········ 6–35
Astragalus ········ 3–594
Astragalus sinicus ········ 9–535
Astrakhan Khante ········ 1–54
astringent formula ········ 3–192
astringing method ········ 3–192
astrochemistry ········ 7–361
Astroconger myriaster ········ 8–306
astro-geodynamics ········ 7–362
astrology ········ 9–177
astrometry ········ 7–361
astronaut ········ 3–402 (9–67)
astronautical engineering ········ 3–400
astronautics ········ 3–402
astronomical chronicle ········ 7–363
astronomical constants ········ 7–362
astronomical coordinate system ········ 7–365
astronomical ephemeris ········ 7–363
astronomical phenomena ········ 7–366
astronomical satellite ········ 7–363
astronomical symbols ········ 7–363
astronomical telescope ········ 7–363
astronomical unit ········ 7–362
astronomy ········ 7–364
astrophysics ········ 7–361
Asturias, Miguel Angel ········ 1–54
Asunción ········ 8–410
Aśvaghosa ········ 5–269
Aswan ········ 1–55
Aswan High Dam ········ 1–55
asylum ········ 1–329
Atacama, Desierto de ········ 1–56
ataxia ········ 3–148
atelectasis ········ 2–533
Athanasius ········ 8–399
Athapascans ········ 1–56
atheism ········ 8–18
Athene ········ 8–394
Athens ········ 8–393
Athens City-State ········ 8–393
atherosclerosis ········ 2–338
Athinai ········ 8–393
athlete ········ 9–141
athletes transferring system ········ 9–141
athletics ········ 7–370
Atīśa ········ 1–7
Atlanta ········ 8–411
Atlantic, Battle of the ········ 2–111
Atlantic Charter ········ 2–111
Atlantic City ········ 2–110
Atlantic Ocean ········ 2–108
atlas moth ········ 7–616
Atlas Mountains ········ 1–56
Atlas of the Chinese Empire ········ 3–579
Atlas of the Past Dynasties ········ 5–16
atmosphere ········ 2–97
atmosphere ········ 2–99
atmospheric center of action ········ 2–98
atmospheric chemistry ········ 2–98
atmospheric electric field ········ 2–98
atmospheric extinction ········ 2–100
atmospheric noise ········ 2–101
atmospheric ozonosphere ········ 2–98
atmospheric physics ········ 2–100
atmospheric pressure ········ 6–149
atmospheric refraction ········ 2–101
atmospheric scattering ········ 2–99
atmospheric sciences ········ 2–99
atmospheric turbulence ········ 2–100
atmospheric visibility ········ 2–99
atoll ········ 3–564
atom ········ 9–107
atom, metastable state of ········ 9–108
atomic absorption spectrometry ········ 9–112
atomic bomb ········ 9–107
atomic clock ········ 9–112
atomic emission spectrometry ········ 9–108
atomic energy ········ 9–111
atomic fluorescence spectrometry ········ 9–112
atomic force microscope ········ 9–110
atomic magnetic moment ········ 9–107
atomic materialism ········ 9–111
atomic nucleus ········ 9–108
atomic number ········ 9–112
atomic physics ········ 9–111
atomic spectrum ········ 9–108
atomic spectrum of hydrogen ········ 6–217
atomic structure ········ 9–109
atomic time ········ 9–111
atomic weight ········ 9–110
atomism ········ 9–111
atopic dermatitis ········ 8–560
ATP ········ 8–188
Atractylodes macrocephala ········ 1–210
atrophy ········ 7–564
atropine ········ 1–56 (2–270)
attachment ········ 1–460
attack and defence behaviour ········ 3–140
Attacus atlas ········ 7–616
Attelabidae ········ 4–346
attempt of crime ········ 2–478
attendant of bride or bridegroom at a wedding ········ 1–360
attention ········ 9–503
attention deficit disorder ········ 9–503
attic ········ 3–98
Attila ········ 1–56
attitude ········ 7–271
Attlee, Clement Richard ········ 1–75
attribution theory ········ 3–240
atypical mycobacterial diseases ········ 2–512
Auckland ········ 1–123
Aucklandia lappa ········ 5–493
auction ········ 6–35
Aucuba chinensis ········ 7–323
Auden, Wystan Hugh ········ 1–118
audio-video publication ········ 8–574
audit ········ 6–521
auditing law ········ 6–521
audition ········ 7–385
Audrey Hepburn ········ 1–118
Auenbrugger, Joseph Leopold ········ 1–120
Auer Leopold ········ 1–120
aufheben ········ 8–446
August First Film Studio ········ 1–146
August Revolution in Vietnam ········ 9–129
August 1st Declaration ········ 1–146
August 7th Conference ········ 1–144
August 19th Coup ········ 1–146
August 23 Armed Insurrection in Romania ········ 5–210
Augustan Age ········ 1–122
Augustine ········ 1–122
Augustinian Order ········ 1–129
Augustus ········ 1–122
Aung San ········ 1–116
Aurangzeb ········ 1–124

Auricularia auricula ········ 5–489
Aurignacian Culture ········ 1–127
aurora ········ 4–69
Aurora Cruiser ········ 1–19
Aurora University ········ 9–258
Auschwitz Concentration Camp ··· 1–132
Austen, Jane ········ 1–129
Austerlitz, Battle of ········ 1–131
Austin, Derek William ········ 1–132
Austin, John ········ 1–128
Austin, John Langshaw ········ 1–132
Australia ········ 1–135
Australia and New Zealand Army Corps ········ 1–140
Australian Gold Coast ········ 1–137
Australian Labor Party ········ 1–137
australian lungfish ········ 4–204
Australoid race ········ 1–138
Australopithecus ········ 5–521
Austria ········ 1–118
Austria-Hungary ········ 1–134
Austrian Empire ········ 1–120
Austrian Succession, War of ········ 1–120
Austrians ········ 1–120
Austro-Asiatic family ········ 5–544
Austro-German Alliance ········ 2–169
Austronesian family ········ 5–521
Austro-Prussian War ········ 6–106
authoritarianism ········ 6–258
auto racing ········ 6–151
auto rally ········ 6–151
autocracy ········ 9–509
autogyro ········ 8–365
autoimmune diseases ········ 9–544
automatic control systems ········ 9–536
automatic production line ········ 9–537
automatic regulatory systems ········ 9–537
automation ········ 9–535
automation shopping ········ 9–537
automobile air bag ········ 6–151
autonomic nervous system ········ 9–551
autonomous prefecture ········ 9–551
autonomous region ········ 9–551
Autumn in the Han Palace ········ 3–374
autumnal equinox ········ 6–242
Autumnal Rose Revolution in Hungary ········ 8–330
Autumn-Harvest Uprising in the Hunan–Jiangxi Border Region ··· 8–200
autunite ········ 3–26
auxetic polymer ········ 4–529
auxiliary ········ 9–500
auxin ········ 6–549
Ava Dynasty ········ 1–57
avalanche ········ 8–371
Avalokitesvara ········ 3–209
avant-garde film ········ 8–169
avant-garde literature ········ 8–170
avant-garde music ········ 8–170
Avars ········ 1–56
Avarua ········ 1–56
Avatamsaka Sūtra ········ 3–539
Avatar ········ 1–17
Avena ········ 8–445
Avena fatua ········ 8–493
Avena nuda ········ 9–42
Avenarius, Richard (Heinrich Ludwig) ········ 1–18
Avenue des Champs Élysées ········ 8–198
avenue trees ········ 8–313
average ········ 6–90
Averrhoa carambola ········ 8–463
aversive therapy ········ 8–442
Avery, Oswald Theodore ········ 1–63
Aves ········ 5–588
Avestā ········ 1–385
avian influenza ········ 6–203
aviation ········ 3–393
aviation communications ········ 3–395
avidyā ········ 8–17
avocado ········ 2–413 (9–38)
Avogadro, Amedeo ········ 1–19
Avogadro constant ········ 1–19
Avogadro's law ········ 1–19
Aw Boon Haw ········ 3–509
awe-inspiring gong and drum ········ 7–529
awngrass ········ 5–310
AXA Group ········ 1–105
Axial Principles of Taoist Way ········ 2–166
axillary choerospondias ········ 5–542
axiom of choice ········ 8–367
axiomatic set theory ········ 3–133
Axixitjjie ········ 1–57
Ayatullah ········ 1–57
Aydingkol Lake ········ 1–75
aye-aye ········ 9–308
Ayer, Alfred Jules ········ 1–81
Ayers Rock ········ 1–76
Aying ········ 1–58
Aymara ········ 1–79
Aymé, Marcel ········ 1–69
Ayub Khan, Mohammad ········ 1–58
Ayutthaya Dynasty ········ 1–58
azadirachtin ········ 8–611
azalea ········ 2–358
Azande ········ 1–59
Azande, Plateau ········ 1–59
Azemiops feae ········ 1–205
Azerbaijan ········ 1–51
Azerbaijan language ········ 1–52
Azerbaijanians ········ 1–52
Azhu marriage ········ 1–59
Aziz, Shaukat ········ 1–50
azobenzene ········ 6–27
azo-compound ········ 6–27
Azolla ········ 5–304
Azores ········ 8–410
Azorín ········ 1–55
Aztec ········ 1–59
Aztec Civilization ········ 1–60
Aztec marigold ········ 7–483
Azuela, Mariano ········ 1–55
azure-winged magpie ········ 3–605
azurite ········ 4–545

B

B share ········ 9–582
B-2 Spirit bomber ········ 9–582
B-52 Stratofortress bomber ········ 9–582
Bab el Mandeb ········ 5–306
babbler ········ 3–557
Babel, Isaak Emmanuilovich ········ 1–149
Babeuf, François-Noël ········ 1–148
Babis Uprising ········ 1–149
baboon ········ 2–535
Bābur ········ 1–149
Babylon ········ 1–148
Babylon, Hanging Garden of ········ 1–148
Babylonian Exile ········ 1–148
Bach, Johann Sebastian ········ 1–157
bachelor's degree ········ 8–369
Bacillariophyta ········ 3–243
bacillary dysentery ········ 8–154
bacillus thuringiensis ········ 7–197
back-shu point ········ 1–303
backstroke ········ 8–471
Backus, John Warner ········ 1–161
Bacon, Francis ········ 6–53
Bacon, Roger ········ 6–53
Bacon's Rebellion ········ 6–54
Bacovia, George ········ 1–160
bacteria ········ 8–154
bacterial infection ········ 8–154
bacteriocin ········ 8–154
bacteriology ········ 8–155
bacteriophage ········ 7–35
Bactria, Kingdom of ········ 1–161
bad debt ········ 3–563
bad debt reserve ········ 3–563
Badain Jaran Desert ········ 1–150
Badaling Great Wall ········ 1–141
badgers ········ 3–563
badminton ········ 9–70
Bādshāhi, Masjidi ········ 1–151
baduanjin exercises ········ 1–141
Baekeland, Leo Hendrik ········ 1–294
Baer, Karl Ernst von ········ 1–290
Baeyer, Adolph von ········ 1–218
Baffin Bay ········ 1–154
Baffin Island ········ 1–154

Bagehot, Walter ······ 1–210
Bāgh Caves ······ 1–155
Baghdad ······ 1–155
Bagirmi ······ 1–160
bagpipe ······ 2–563
Baguio ······ 1–332
bagworm moth ······ 7–226
Bahā' ī Faith ······ 1–156
Bahamas, The ······ 1–156
Bahār, Muhammad Taqī ······ 1–155
Baheng language ······ 1–158
Bahmanī Kingdom ······ 1–158
Bahrain ······ 1–173
Bai ······ 1–210
Bai Chongxi ······ 1–193
Bai Jurong ······ 1–200
Bai Juyi ······ 1–199
Bai language ······ 1–209
Bai Lichen ······ 1–201
Bai Pu ······ 1–204
Bai Residence ······ 1–196
Bai Shouyi ······ 1–205
Bai Shuxiang ······ 1–205
Bai Xianyong ······ 1–206
Bai Xingjian ······ 1–206
Bai Yang ······ 1–208
Bai Yuchan ······ 1–209
Bai Yunpeng ······ 1–209
Bai Yushuang ······ 1–209
Bai Zhu ······ 1–221
Baicheng City ······ 1–193
Baidi City ······ 1–194
Baigui ······ 1–197
Baikal, Lake ······ 1–292
Baikonur Space Center ······ 1–218
bail ······ 1–246
bailan ······ 1–201
Bailey, Liberty Hyde ······ 1–296
Bailongjiang River ······ 1–202
Baimaxueshan Nature Reserve ······ 1–203
Baird, John Logie ······ 1–290
Baise ······ 1–215
Baise City ······ 1–214
Baisha Song Dynasty Tombs ······ 1–204
Baishan City ······ 1–204
Baisho Chieko ······ 1–303
Baitou Mountain ······ 1–206
Baitou Mountain Tianchi Lake ······ 1–206
Baiyangcun ······ 1–207
Baiyangdian Lake ······ 1–208
Baiyin City ······ 1–208
Baiyun Taoist Temple ······ 1–209
Baja California Peninsula ······ 8–158
Bajin ······ 1–160
Bakewell, Robert ······ 1–295
Bakhtyārī ······ 1–158
Bakongo ······ 1–155
Baku ······ 1–162
bakufu politics ······ 5–497
Bakunin, Mikhail Aleksandrovich ······ 1–161
Balabanov, Aleksei ······ 1–162
Balaenoptera musculus ······ 4–544
balance ······ 7–355
balance beam ······ 6–88
balance of payments ······ 3–273
balance sheet ······ 9–525
Balanchine, George ······ 1–164
balantidiasis coli ······ 4–219
Balaton Lake ······ 1–162
Baldwin, Stanley ······ 1–249
Balfour Declaration ······ 1–290
Bali, Pulau ······ 1–168
Balinese ······ 1–168
Balintang Channel ······ 1–174
Balkan League ······ 1–152
Balkan Peninsula ······ 1–152
Balkan Wars ······ 1–152
Balkhash Ozero ······ 1–153
ball fern ······ 3–188
Balla, Giacomo ······ 1–162
Ballad of Escaping From Marriage ······ 7–321
ballade ······ 8–357
ballet ······ 1–187
ballistic missile ······ 2–148
balloon ······ 6–144
ballroom dance ······ 3–258
Balmer, Johann Jakob ······ 1–154
balsa ······ 6–216
balsampear ······ 4–483
Balthus ······ 1–152
Baltic group ······ 1–382
Baltic Sea ······ 1–381
Baltimore ······ 1–152
Baltimore, David ······ 1–152
Baluchi ······ 1–324
Baluchistān ······ 1–324
Balzac, Honoré de ······ 1–153
Bama Yao Autonomous County ······ 1–176
Bamako ······ 1–175
bamboo ······ 9–496
bamboo and wooden slips ······ 4–158
Bamboo and Wooden Slips of the Western Han Dynasty from Yinqueshan ······ 8–583
Bamboo Annals ······ 9–497
bamboo carving ······ 9–497
bamboo charcoal fiber ······ 9–497
bamboo slips from the tomb of Ji Prefecture ······ 4–68
bamboo slips of Chu State unearthed in Guodian ······ 3–250
bamboo slips of Qin Dynasty ······ 6–199
Bamboo Slips of Qin Dynasty at Shuihudi ······ 7–108
Bamboo Slips of Western Han Dynasty from Zhangjiashan ······ 9–199
bamboo viper ······ 9–498
Bambundu ······ 1–221
Bambusoideae ······ 9–496
Bāmīān ······ 1–176
Bāmīān Caves ······ 1–176
Bamileke ······ 1–176
Ban Biao ······ 1–221
Ban Chao ······ 1–222
Ban Gu ······ 1–223
ban on maritime trade or relations with foreign countries ······ 3–328
Ban Yong ······ 1–225
Ban Zhao ······ 1–225
Banach space ······ 1–176
banana ······ 8–197
banana family ······ 1–187
Ban-Chiang Cemetery ······ 1–224
Banda ······ 1–223
Banda Aceh ······ 1–223
Banda Sea ······ 1–223
Bandaranaike, clan of ······ 1–223
banded krait ······ 4–242
Bandung ······ 7–481
Bandung Conference ······ 7–482
Bandung Conference, Ten Principles of ······ 7–482
Banerjee, Manik ······ 1–224
Banerjee, Tarashankar ······ 1–224
Bangalore ······ 1–224
Bangkok ······ 5–307
Bangkok Dynasty ······ 5–307
Bangkok Grand Palace ······ 5–307
Bangladesh ······ 5–384
Bangong Co ······ 1–223
Bangui ······ 1–223
banhu ······ 1–227
Banjarmasin ······ 5–240
Banjul ······ 1–226
bank ······ 8–580
Bank for International Settlements ······ 3–272
Bank of China ······ 9–405
Bank of Communications ······ 4–197
Bank of England ······ 8–616
Bank of Japan ······ 6–321
Bank of Taiwan ······ 7–253
bank run ······ 4–83
banknote ······ 8–581
bankruptcy ······ 6–99
banliang coin ······ 1–233
banner land ······ 6–134
banner system ······ 1–144
Banpo ······ 1–233
Banting, Frederick Grant ······ 1–224
Bantu languages ······ 1–225
Bantu-Negroes ······ 1–225

bao dai Bridge 1–240
Bao Huiseng 1–236
Bao Shichen 1–237
Bao Shuya 1–251
Bao Yugang 1–238
Bao Zhao 1–252
Bao Zheng 1–238
Baodi District 1–240
Baoding City 1–241
Baoding Military Academy 1–241
Baoji City 1–240
bao-jia system 1–244
Baoji-Chengdu Railway 1–239
Baoshan City 1–245
Baoshan District 1–240
Baoting Li-Miao Autonomous County 1–246
Baotou City 1–237
Baoxie Road 1–239
baptism 8–137
Baptist Churches 4–276
Baqianjuanlou Library 1–145
bar code 7–374
Baradla Caves 1–162
Baranga, Aurel 1–164
Baranov, Fiodor Ilich 1–163
Barbados 1–147
barbadoslily 9–481
Barbarian 5–302
barbarism 8–492
barbels 1–188
Barbinae 1–188
Barbizon school 1–149
Barbusse, Henri 1–148
Barcelona 1–179
Bardeen, John 1–151
Bardot, Brigitte 1–187
Baren 1–179
Barenboim, Daniel 1–174
Barents Sea 1–174
bargain money 2–312
barite 9–460
barium 1–303
barium sulfate 5–131
bark beetle 8–222
Barker, Ernest 1–161
Barker, Harley Granville 1–161
barley 2–95
barn owls 1–483
barnacle 7–337
Barnard, Christiaan (Neethling) 1–178
barnyardgrass 1–221
baroclinic atmosphere 8–237
Baroja y Nessi, Pío 1–174
barometer 6–149
Baroque 1–174
barotropic atmosphere 9–268
Barranquilla 1–164
Barrès, Maurice 1–168
barrier lake 8–444
Barth, Karl 1–183
Bartók Béla 1–183
Barton, Derek Harold Richard 1–151
Bārūdi, Mahamūd Sāmī al- 1–174
baryon 9–464
baryon number 9–464
basal cell carcinoma 4–42
basalt 8–362
base 4–160
base money 4–42
baseball 1–235
Basel Convention 1–179
basella family 5–235
Basellaceae 5–235
Bashi Channel 1–180
Bashkirs 1–180
Ba-Shu culture 1–180
basic contradictions in Society 6–488
basic industry 4–42
Basic Law of Hong Kong Special Administrative Region of the People's Republic of China 9–428
Basic Law of Macao Special Administrative Region of the People's Republic of China 9–424
basic line in the primary stage of socialism 6–496
basic living cost 4–40
basic oxide 4–160
basic salt 4–160
basic standard 4–42
basidiomycota 2–148
basin 6–61
basketball 4–546
Basov, Nikolay Gennadiyevich 1–182
Basque language 1–182
Basque problem 1–181
Basques 1–181
Bass Strait 1–181
Basseterre 1–182
bassoon 2–84
bast fabric 5–238
bast fiber and leaf fiber 5–238
Bastiat, Claude Frédéric 1–180
Basu, Budhadeva 1–182
Bataks 1–182
Batalov, Aleksei Vladimirovich 1–182
Bătdâmbâng 5–243
Bateke 1–183
batfish 1–340
bathy thermograph 6–509
batik 4–530
Batrachoidiformes 1–501
Battānī, al- 1–183
battery 2–273
battleship 9–185
Batu 1–188
Baty, Gaston 1–151
Baudelaire, Charles 1–374
Baudouin de Courtenay, Jan Niecisław 1–413
Bauer, Wolfgang 1–251
Bauhaus 1–236
Bauhinia variegata 8–450
bauxite 5–183
Bavarian State Picture Galleries 1–154
bay laurel 9–120
Bayan 1–402
Bayan Har Mountain 1–185
Bayannur City 1–185
Bayātī, 'Abdu al-Wahāb al- 1–207
Bayesian statistics 1–302
Bayingolin Mongol Autonomous Prefecture 1–186
Bayle, Pierre 1–295
Bayliss, William Maddock 1–296
Bayreuth Festspielhaus 1–300
Bazhong City 1–187
Bazhong Cliffside Sculptures 1–186
Bazhou City 1–192
Bazin, Andre 1–186
Bazin, Hervé 1–186
Be stars 9–582
beach 3–342
beach volleyball 6–427
Beacon Towers of Juyan 4–331
Beadle, George Wells 1–316
beak 3–616
beam bridge 5–53
bean goose 2–346
bean hawk moth 2–345
bean products 2–346
bean sprout 2–346
bean tree 9–534
bean weevil 2–346
Bean, William Jackson 1–316
bear 8–332
bearing 9–478
Bearman, David 1–316
Beat Movement 1–334
Beating the Princess 2–71
Beatles 6–70
Beaufort Sea 1–376
Beaujoyeulx, Balthasar de 1–416
Beaumarchais, Pierre-Augustin Caron de 1–415
Beaumont, Francis 1–250
beautiful sweetgum 2–570
beauty 5–341
Beauvoir, Simone de 1–377
beavers 3–423

Bebel, August ··· 1–303
Beccaria, Cesare ··· 1–292
Becher, Johannes Robert ··· 1–301
Beckenbauer, Franz ··· 1–295
Becker, Gary Stanley ··· 1–294
Beckett, Samuel ··· 1–295
Beckmann, Max ··· 1–294
becoming sworn brothers and sisters ··· 4–219
Bécquer, Gustavo Adolfo ··· 1–293
becquerel ··· 1–293
Becquerel family ··· 1–293
bedding ··· 1–488
Bedouin ··· 1–288
bedsore ··· 6–343
bee eaters ··· 2–582
bee venom ··· 2–573
beech family ··· 6–188
bee-eaters ··· 2–573
beef cattle ··· 6–337
beehive ··· 2–573
beekeeping ··· 8–471
beer ··· 6–77
Beer Hall Putsch ··· 6–78
beeswax ··· 2–573
beet ··· 7–373
Beethoven, Ludwig van ··· 1–288
beetle ··· 6–189 (4–134)
Begin, Menachem ··· 1–292
begonia ··· 6–242
Begonia grandis ··· 6–242
Begram ··· 1–292
Behan, Brendan ··· 1–292
behavior disorder ··· 8–315
behavior disorders in childhood ··· 2–418
behavior, geography of ··· 8–315
behavior therapy ··· 8–315
behavioral genetics ··· 8–315
behavioristic psychology ··· 8–315
Behistun Inscription ··· 1–301
Behring, Emil von ··· 1–296
Bei Shizhang ··· 1–300
Bei'an City ··· 1–255
Beibei District ··· 1–255
Beibu Gulf ··· 1–257
Beichen District ··· 1–258
Beichuan Qiang Autonomous County ··· 1–258
Beidaihe ··· 1–259
Beidao ··· 1–259
Beidou (COMPASS) navigation satellite system ··· 1–260
Beifu Imperial Troops ··· 1–262
Beihai City ··· 1–263
Beijiang River ··· 1–265
Beijing Ancient Observatory ··· 1–268
Beijing Astronomical Observatory ··· 1–272
Beijing Botanical Garden ··· 1–275
Beijing Broadcasting Institute ··· 1–268
Beijing Capital International Airport ··· 1–272
Beijing City ··· 1–265
Beijing City ··· 1–270
Beijing Coup ··· 1–274
Beijing Dancing Academy ··· 1–273
Beijing Duck ··· 1–273
Beijing electron positron collider ··· 1–274
Beijing enamel ware ··· 8–582
Beijing Film Academy ··· 1–268
Beijing Foreign Studies University ··· 1–272
Beijing glassware ··· 1–269
Beijing Grand View Garden ··· 1–267
Beijing Imperial Ancestral Shrine ··· 1–272
Beijing Institute of Technology ··· 1–269
Beijing International Book Fair ··· 1–268
Beijing Jiaotong University ··· 1–268
Beijing Language and Culture University ··· 1–274
Beijing Medical University ··· 1–273
Beijing Museum of Natural History ··· 1–276
Beijing Normal University ··· 1–270
Beijing People's Art Theatre ··· 1–270
Beijing Planetarium ··· 1–272
Beijing roast duck ··· 1–269
Beijing Spectrometer ··· 1–269
Beijing Sport University ··· 1–272
Beijing subway ··· 1–267
Beijing time ··· 1–270
Beijing University of Aeronautics and Astronautics ··· 1–268
Beijing University of Posts and Telecommunications ··· 1–273
Beijing University of Technology ··· 1–268
Beijing Xishiku Catholic Church ··· 1–273
Beijing Zoo ··· 1–268
Beijing-Guangzhou Railway ··· 4–280
Beijing-Kowloon Railway ··· 4–281
Beijing-Shanghai Expressway ··· 4–281
Beijing-Shanghai Railway ··· 4–281
Beijing-Tianjin-Tanggu Expressway ··· 4–281
Beijing-Zhangjiakou Railway ··· 4–283
Beiliu City ··· 1–276
Beilun Port ··· 1–277
being ··· 2–59
Being and Nothingness ··· 2–59
Being and Time ··· 2–59
Beipiao City ··· 1–283
Beiping-Tianjin Campaign ··· 6–89
Beira ··· 1–295
Beirut ··· 1–296
beise prince ··· 1–302
Beiyang Navy ··· 1–286
Beiyang University ··· 1–286
Beiyinyangying Culture ··· 1–286
Beizhen City ··· 1–287
Beja ··· 1–302
Bejart, Maurice ··· 1–301
bejel ··· 2–221
bel canto ··· 5–356
Belarus ··· 1–194
Belém ··· 1–297
belemnitid ··· 4–172
Belfast ··· 1–290
Belgian Revolution of 1830 ··· 1–319
Belgium ··· 1–318
Belgrade ··· 1–290
Beligan, Radu ··· 1–296
Belinsky, Vissarion Grigoryevich ··· 1–358
Belize ··· 1–399
bell ··· 9–452
Bell, Alexander Graham ··· 1–290
bell chime ··· 1–340
Bell, Daniel ··· 1–290
bell tower and drum tower ··· 9–453
bellflower family ··· 4–224
Bellini, Vincenzo ··· 1–296
Bellis perennis ··· 2–17
Bell-Lancaster system ··· 1–291
Bellman, Richard ··· 1–291
Bello, Andrés ··· 1–297
Bellow, Saul ··· 1–297
belly dance ··· 2–364
Belmondo, Jean-Paul ··· 1–291
Belmopan ··· 1–291
Belo Horizonte ··· 1–297
Belorussian language ··· 1–195
Belorussians ··· 1–195
belt channel ··· 2–130
belt hook ··· 2–130
belt vessel ··· 2–130
Beltrami, Eugenio ··· 1–292
Bely, Andrey ··· 1–358
Bemba ··· 1–305
Ben Bella, Ahmed ··· 1–305
Ben Jallūn, 'Abd al-Majīd ··· 1–307
Benavente y Martínez, Jacinto ··· 1–298
Bencao Gangmu ··· 1–305
bench work ··· 6–170
benchmark interest rate ··· 4–54
Benedict, Ruth Fulton ··· 1–307
Benedictine Order ··· 1–306
beneficial insect ··· 8–563
benefiting qi ··· 1–423
benefits for the disabled ··· 1–473
Beneš, Edvard ··· 1–298
Bengal, Bay of ··· 5–386
Bengali language ··· 5–386
bengaline ··· 7–345
Bengalis ··· 5–386

Bengbu City ··· 1–312
Benghāzī ··· 1–224
Ben-Gurion, David ··· 1–306
Ben-Hur ··· 1–360
benign hyperplasia of the prostate ··· 5–50
Benin ··· 1–298
Benin, Kingdom of ··· 1–299
Benincasa hispida ··· 2–330
Benioff zone ··· 1–298
Benn, Gottfried ··· 1–289
Bennett, Arnold ··· 1–307
Bentham, Jeremy ··· 1–338
Benton, Thomas Hart ··· 1–306
Benxi City ··· 1–309
Benz, Carl (Friedrich) ··· 1–305
benzaldehyde ··· 1–311
benzene ··· 1–310
Benzer, Seymour ··· 1–309
benzidine ··· 5–40
benzoic acid ··· 1–311
benzopyrene ··· 1–310
benzoquinone ··· 1–311
benzoyl chloride ··· 1–311
benzyl alcohol ··· 1–311
benzyl chloride ··· 5–188
Beowulf ··· 1–287
BEPC ··· 1–274
Beppu ··· 1–358
Berber group ··· 1–403
berberine ··· 8–221 (3–591)
Berbers ··· 1–403
berceuse ··· 8–481
Berchet, Giovanni ··· 1–196
Bergen ··· 1–254
Berger, Peter Ludwig ··· 1–397
Bergeron, Tor Harold Percival ··· 1–398
Bergius, Friedrich ··· 1–404
Bergman, Ingmar ··· 1–397
Bergson, Henri ··· 1–403
Bering Sea ··· 1–202
Berkeley ··· 1–399
Berkeley, George ··· 1–294
Berkshire ··· 1–161
Berlin ··· 1–406
Berlin, Battle of ··· 1–407
Berlin Conference (1884～1885) ··· 1–407
Berlin Crises ··· 1–407
Berlin International Film Festival ··· 1–406
Berlin Philharmonic Orchestra ··· 1–406
Berlin Wall ··· 1–407
Berlioz, (Louis-) Hector ··· 1–405
Bermuda ··· 1–213
Bern ··· 1–397
Bernal, John Desmond ··· 1–291
Berne Convention ··· 1–397
Berne International ··· 1–397
Bernhard, Thomas ··· 1–290
Bernhardt, Sarah ··· 1–289
Bernini, Gian Lorenzo ··· 1–298
Bernoulli family ··· 1–401
Bernoullis theorem ··· 1–401
Bernstein, Eduard ··· 1–396
Bernstein, Leonard ··· 1–396
Bertalanffy, Ludwig von ··· 1–301
Bertelsmann Verlag ··· 1–301
Bertolucci, Bernardo ··· 1–292
beryciform fishes ··· 4–260
Beryciformes ··· 4–260
beryl ··· 5–188
beryllium ··· 6–76
Berzelius, Jöns Jacob ··· 1–287
BES ··· 1–269
Bessa Luís, Maria Agustina ··· 1–300
Bessel, Friedrich Wilhelm ··· 1–300
Bessemer, Henry ··· 1–300
Bessenyei György ··· 1–218
Best, Charles Herbert ··· 1–300
Best Literary Works ··· 7–601
Beta vulgaris ··· 7–373
Betekhtin, Anatoly Georgievich ··· 1–358
Betelgeuse ··· 6–507
betelnutpalm ··· 1–366
Bethe, Hans Albrecht ··· 1–301
Bethlehem ··· 1–399
Beti, Mongo ··· 1–288
Betsuyaku Minoru ··· 1–359
better troops and simpler administration ··· 4–304
Betti, Ugo ··· 1–288
Betula ··· 3–559
Beuve-Mery, Hubert ··· 1–397
beverage ··· 8–587
Bezeklik Caves ··· 1–408
Bhagavadgitā ··· 1–420
bharal ··· 8–431
Bharatiya Janata Party ··· 8–604
Bhāsa ··· 1–189
Bhavabhūti ··· 1–420
Bhutan ··· 1–425
Bhutias ··· 6–101
Bhutto, Benazir ··· 1–453
Bhutto, Zulfikar Ali ··· 1–453
bi ··· 1–336
Bi Dexian ··· 1–326
bi disease ··· 1–332
Bi Sheng ··· 1–328
Bian Jingzhao ··· 1–337
Bian Que ··· 1–341
Bian Shoumin ··· 1–338
Bian Zhilin ··· 1–341
Bianqu Canal ··· 1–342
biathlon ··· 2–331
BIBF ··· 1–268
Bible ··· 6–563
bibliography ··· 5–494
Bibliothèque Nationale de France ··· 2–441
bichirs ··· 2–389
bicycle ··· 9–546
Bicycle Thieves ··· 7–410
bid ··· 7–412
Biedermeier literature ··· 1–326
Bierut, Bolesław ··· 1–297
bifidobacteria ··· 7–78
Big Dipper ··· 1–259
big drum and parasol dance ··· 2–84
Big Stick Policy ··· 2–73
Big Wild Goose Pagoda ··· 2–115
bigamy ··· 2–4
big-bang cosmology ··· 2–73
bighead carp ··· 9–24
big-head monk dance ··· 2–106
bignonia family ··· 9–535
Bignoniaceae ··· 9–535
Bihars ··· 1–316
Bijie City ··· 1–327
Bijie Region ··· 1–327
bilateral trade ··· 7–77
Bilbao ··· 1–326
bile acids ··· 2–147
biliary tract, diseases of ··· 2–145
bilingual teaching ··· 7–80
bill ··· 2–432
bill ··· 3–616
bill ··· 6–83
Bill of Rights ··· 6–258
billiards ··· 7–249
bimetallic standard ··· 3–8
Bin Laden, Osama ··· 1–307
binary star ··· 7–80
binding energy ··· 4–222
Binet-Simon Scale of Intelligence ··· 1–320
Bing Zhi ··· 1–367
Bingling Temple Grottoes ··· 1–368
Bingxin ··· 1–364
binomial distribution ··· 2–429
binomial nomenclature ··· 7–78
binturong ··· 5–96
Binzhou City ··· 1–360
bioacoustics ··· 6–542
bioceramics ··· 6–543
biochemistry ··· 6–537
biochips ··· 6–544
bio-concentration ··· 6–540
biocybernetics ··· 6–539
bio-degradation ··· 6–539
biodiversity ··· 6–536
bioelectricity ··· 6–536
bioenergetics ··· 6–540
bioengineering ··· 6–537
biofeedback ··· 6–537
biogas ··· 9–227

biogenetic reef ······ 6–539
biogeochemical cycle ······ 6–535
biographical style ······ 4–98
Biographies of Divine Immortals ······ 6–515
Biographies of Flowers of Shanghai ··· 3–339
Biography of the King Mu of Zhou Dynasty ······ 5–503
Biography of Yingying ······ 9–12
bioholography ······ 6–541
Bioko Island ······ 1–315
biological clock ······ 6–547
biological coloration ······ 6–542
biological community ······ 6–541
biological cybernetics ······ 6–539
biological cycle of substances ······ 8–79
biological membrane ······ 6–540
biological oxidation ······ 6–546
biological pest control ······ 6–537
biological pollution ······ 6–543
biological product ······ 6–547
biological purification ······ 6–539
biological resources ······ 6–547
biological rhythm ······ 6–539
biological toxin ······ 6–536
biological warfare ······ 6–547
biological weapon ······ 6–543
biology ······ 6–544
bioluminescence ······ 6–537
biomagnetism ······ 6–535
bio-marker ······ 9–310
biomathematics ······ 6–542
biomechanics ······ 6–540
biomedical engineering ······ 6–547
biomedical material ······ 6–546
biometallurgy ······ 6–546
bionic machine ······ 2–498
bionics ······ 2–499
biophysics ······ 6–543
biopsy ······ 4–8
biopsychology ······ 6–544
biosafety ······ 6–535
biosphere ······ 6–540
biosphere reserve ······ 6–541
Biot, Jean-Baptiste ······ 1–325
biotechnology ······ 6–538
biotic interaction ······ 6–539
Biot-Savart law ······ 1–325
biowater ······ 6–543
Bioy Casares, Adolfo ······ 1–315
biphenyl ······ 5–40
BIPM ······ 3–265
bipolar integrated circuit ······ 7–78
birch ······ 3–559
bird ······ 5–588
Bird Island ······ 5–589
bird lice ······ 7–4
bird nest ······ 5–588
bird of paradise ······ 4–69
bird-and-insect script ······ 5–588
birefringence ······ 7–80
Birendra Bir Bikram Shah Dev ······ 1–317
Birgus latro ······ 8–489
Biringuccio, Vannoccio ······ 1–319
Birkhoff, George David ······ 1–398
Birmingham ······ 1–400
Birmingham ······ 1–401
birth rate ······ 2–15
birth sex ratio ······ 2–15
birthday ······ 6–531
Bīrūnī, al- ······ 1–320
BIS ······ 3–272
Biscay, Bay of ······ 1–321
Bischofia javanica ······ 2–7
biscuit ······ 1–367
Bishkek ······ 1–321
bishop ······ 9–499
Bismarck Archipelago ······ 1–325
Bismarck, Otto von ······ 1–324
bismuth ······ 1–330
bismuthinite ······ 3–605
Bisonglou Library ······ 1–331
bisphenol A ······ 7–78
Bissau ······ 1–321
Bisu language ······ 1–328
biting midge ······ 5–382
bitterling ······ 6–48
bituminous coal ······ 8–420
Bivalvia ······ 7–78
Biyun Temple ······ 1–332
Bizerte ······ 1–321
Bizet, Georges ······ 1–315
Bjerknes, Jacob (Aall Bonnevie) ··· 6–75
Bjerknes, Vilhelm (Friman Koren) ······ 6–75
Bjørnson, Bjørnstjerne (Martinius) ······ 1–315
BJP ······ 8–604
Bka'-brgyud-pa sect ······ 3–24
Bka'-gdams-pa sect ······ 3–24
BL Lacertae Objects ······ 8–234
Black Americans ······ 5–352
black box ······ 3–460
black box ······ 3–461
black bream ······ 2–498
black butterfish ······ 7–613
black carp ······ 6–213
Black, Davidson ······ 1–455
Black Flag Army ······ 3–457
black fly ······ 6–347
black hole ······ 3–452
black humour ······ 3–458
black kite ······ 9–84
black market transaction ······ 3–459
Black Mesa Coal Slurry Pipeline ··· 3–457
black pottery ······ 3–459
black powder ······ 3–454
black race ······ 3–461
Black Sea ······ 3–453
Black Sea Straits ······ 3–453
Black Sheep Dynasty ······ 3–460
Black Ship's Event ······ 3–452
Black Slave's Cry to Heaven ······ 3–457
black soil ······ 3–460
black tea ······ 3–469
black-body radiation ······ 3–459
Blackett, Patrick Maynard Stuart ··· 1–441
blackout ······ 3–459
Blair, Tony ······ 1–441
Blake, William ······ 1–441
Blanc, Mont ······ 1–408
Blang ······ 1–444
Blang language ······ 1–444
Blanqui, Louis-Auguste ······ 1–443
Blantyre ······ 1–443
Blasco Ibáñez, Vicente ······ 1–441
blast device ······ 3–191
blast furnace ······ 3–191
blast furnace ironmaking ······ 3–70
blasting technique ······ 1–253
blastomycosis ······ 8–391
Blattaria ······ 2–531 (9–222)
Blau, Peter Michael ······ 1–444
bleaching powder ······ 6–83
Bleak House ······ 3–578
bleeding ······ 2–15
Blériot, Louis ······ 1–441
Blest Gana, Alberto ······ 1–442
bletilla ······ 1–198
Bletilla striata ······ 1–198
blister beetle ······ 9–99
blitzkrieg ······ 6–444
Blixen-Finecke, Karen ······ 1–446
block printing ······ 2–300
blockade of heart vessel, syndrome of ······ 8–255
blocking high ······ 9–569
Bloemfontein ······ 1–448
blog ······ 1–414
Blok, Aleksandr Aleksandrovich ··· 1–410
blood ······ 8–377
blood clam ······ 5–579
blood coagulation factor ······ 5–599
blood deficiency, syndrome of ··· 8–377
blood disease ······ 8–379
blood donation ······ 8–187
blood groups ······ 8–377
blood pressure ······ 8–377
blood stasis, syndrome of ······ 8–378
blood sugar ······ 8–376
blood transfusion ······ 7–56
blood vessel ······ 8–373

blood-stanching formula ············ 9–307
bloodstone ······························ 4–37
Bloody Case of Li Gongpu and
Wen Yiduo ···························· 4–614
Bloody Sunday ························ 5–129
Bloomfield, Leonard ················· 1–447
blow fly ································· 5–24
blowout ································· 4–308
blue book ······························ 4–544
blue chip ···················· 4–106 (4–544)
blue green algae ····················· 4–546
Blue Rose ······························ 4–544
blue sheep ····························· 8–431
blue whale ····························· 4–544
blue-collar crimes ··················· 4–544
blue-collar worker ··················· 4–544
blues ···································· 1–450
bluish-white ceramic ················ 6–203
bluntsnout bream ·········· 7–448 (8–55)
BME ····································· 6–547
BMT ····································· 3–187
Bo ······································· 1–410
Bo Xilai ································ 1–421
Bo Yibo ································ 1–421
Boal, Augusto ························ 1–418
Boao Forum for Asia ················ 1–411
board of directors ··················· 2–334
Boas, Franz ··························· 1–413
boat-coffin burial ···················· 2–29
Bocage, Manuel Maria Barbosa du ··· 1–414
Boccaccio, Giovanni ················· 1–420
Boccioni, Umberto ··················· 1–415
Bodas de sangre ····················· 5–129
Bodhidharma ·························· 6–100
bodhimanda ··························· 2–159
Bodhisattva ··························· 6–100
Bodhisattva hairstyle ················ 7–355
Bodin, Jean ··························· 1–412
body art ······························· 6–299
body fluid ····························· 7–343
Body Fluids ··························· 4–266
body palpation ······················· 1–114
body temperature ···················· 7–342
bodybuilding ························· 4–169
Boehmeria nivea ····················· 9–500
Boeing Company ····················· 1–388
Boeing series aircraft ··············· 1–388
Boeing, William Edward ············ 1–388
Boeng Tônlé Sab ····················· 2–343
Boers, Great Trek of ················· 1–435
bog soil ······························· 9–227
Bogazköy ····························· 1–411
Bogda Peak ··························· 1–414
Bogor ································· 5–328
Bogu ·································· 1–414
Bohai Bay ····························· 1–419
Bohai Sea ····························· 1–419
Bohai State ··························· 1–418
Böhm, Karl ··························· 1–401
Böhm-Bawerk, Eugen von ············ 6–45
Bohr, Aage Niels ····················· 1–389
Bohr magneton ······················· 1–389
Bohr, Niels (Henrik David) ·········· 1–389
Bohr's hydrogen atom theory ······· 1–389
Bohu County ························· 1–414
Boiardo, Matteo Maria ·············· 1–418
Boileau, Nicolas ····················· 1–453
boiler ·································· 3–254
boiling ································· 2–536
boiling point ·························· 2–536
Boisguillebert, Pierre Le Pesant,
Sieur de ······························ 1–432
Bojuli ·································· 1–398
Böke ··································· 1–437
Bokelan, Kristian ···················· 1–398
Bole City ····························· 1–415
Boletales ······························ 5–600
bolete ································· 5–600
Bolívar, Pico ························· 1–392
Bolívar, Simón ······················· 1–392
Bolivia ································ 1–392
Böll, Heinrich ························ 1–396
Bolshevik ····························· 1–435
Bolt, Usain ··························· 1–414
Boltzmann, Ludwig ·················· 1–389
Bolyai János ························· 1–376
Bombacaceae ························· 5–490
Bombardment of Jinmen Islands ···· 6–51
bombax family ······················· 5–490
Bombay ······························· 5–387
bomber ······························· 3–467
Bombus ······························· 8–333
bomby duck ·························· 5–143
Bombycidae ·························· 1–474
Bombyx mori ·························· 6–410
Bomi County ························· 1–382
Bon ··································· 1–307
Bonampak Murals ···················· 1–415
Bonan ································· 1–241
Bonan language ······················ 1–241
bond ·································· 9–177
Bond, Edward ························ 1–234
bond energy ·························· 4–172
Bondarchuk, Sergei Fiodorovich ···· 1–234
Bondarev, Yuri Vasilyevich ········· 1–234
bonded zone ························· 1–246
bone carving ························· 3–186
bone marrow ························· 3–187
bone marrow examination ·········· 3–187
bone marrow transplantation ······· 3–187
bone meal ···························· 3–186
bone porcelain ······················· 3–186
bone tumors ························· 3–189
boneless painting style ·············· 5–466
bongo ································· 9–533
Bonhoeffer, Dietrich ················· 6–62
Bonifacio, Andres ···················· 1–415
Bonn ·································· 1–375
bonnet shell ·························· 3–211
bonsai ································· 6–61
bonus ································· 4–187
bonytongue fishes ··················· 3–187
book ·································· 7–424
book edition, science of ············ 1–230
Book of Changes ············ 9–475 (8–561)
Book of Chinese Family Names ······ 1–212
Book of Etiquette and Ceremonial ··· 8–537
book of forms, pronunciations
and definitions of characters ······ 9–552
Book of Han ························· 3–379
Book of History ····················· 6–470
Book of Later Han ·················· 3–491
Book of Lineages ···················· 7–15
Book of Northern Qi Dynasty ········ 1–283
Book of Prince of Huainan ·········· 3–562
Book of Songs ······················· 6–574
Book on Agriculture ················· 5–610
Book on Sericulture ················· 1–474
bookbinding and layout, art of ······ 7–49
bookkeeping ························· 1–457
Boolean algebra ····················· 1–434
Booth, Charles ······················· 1–452
borane ································ 6–67
borax ································· 6–67
Bordeaux ····························· 1–375
Bordeaux mixture ···················· 1–375
Bordet, Jules (-Jean-Baptiste-
Vincent) ······························ 1–413
Borel, (Félix-Édouard-Justin-)
Émile ································· 1–377
Borg, Björn ·························· 1–414
Borges, Jorge Luis ··················· 1–413
boric acid ····························· 6–67
boride ································· 6–67
Borlaug, Norman Ernest ············ 1–415
Born, Max ···························· 1–389
Borneo ································ 6–98
borneo camphor ····················· 5–142
borneol ······························· 1–363
bornite ································ 1–226
Borobudur ···························· 6–97
Borodin, Aleksander Porfiryevich ··· 1–250
Borodin, Mikhail Markovich ········ 1–250
boron ································· 6–67
boron filament ························ 6–68
borrowed character ·················· 4–144
Bortala Mongol Autonomous
Prefecture ···························· 1–413
Bos ···································· 5–602
Bos grunniens ·············· 5–327 (8–493)
Bos indicus ··························· 5–132

Bosanquet, Bernard ··· 1–251
Bosch, Carl ··· 1–416
Bosch, Hiëronymus ··· 1–416
Bose, Satyendranath ··· 1–393
Bose, Subhas Chandra ··· 1–251
Bose-Einstein statistics ··· 1–393
boshan censer ··· 1–416
Bosnia and Herzegovina ··· 1–385
Bosnia-Herzegovina War ··· 1–377
Bosnian Crisis ··· 1–386
boson ··· 1–393
Bosten Lake ··· 1–417
Boston ··· 1–384
Boston ivy ··· 6–28
Boston Massacre ··· 1–384
Boston Symphony Orchestra ··· 1–384
Bostrychidae ··· 1–512
botanical garden ··· 9–306
botany ··· 9–305
Botou City ··· 1–403
Botswana ··· 1–411
Botticelli, Sandro ··· 1–412
bottle gourd ··· 3–524 (3–512)
botulism ··· 6–337
Bouaké ··· 1–453
Boucher, François ··· 1–453
Bougainville Island ··· 1–436
Boulanger Incident ··· 1–444
Boulez, Pierre ··· 1–446
Boumedienne, Houari ··· 1–451
boundary ··· 1–337
boundary layer ··· 1–337
Bourbaki school ··· 1–434
Bourbon, House of ··· 1–383
Bourbon Restoration ··· 1–383
Bourdelle, Antoine ··· 1–433
Bourgelat, Claude ··· 1–435
Bourgeois Democratic Revolution in Mexico ··· 5–484
Bourgeois Revolution in Netherlands ··· 5–567
Bourgeois Revolution in Portugal ··· 6–103
Bourget, Paul ··· 1–435
Bourgogne ··· 1–408
Boutros-Ghali, Boutros ··· 4–111
Bouts, Dirck ··· 1–235
Bouvet, Joachim ··· 1–199
Bovin, Aleksander Yevgenyevich ··· 1–252
bovine spongiform encephalopathy ··· 2–572
bow ··· 4–332
bow with a great show of respect ··· 9–580
Bowen, Elizabeth ··· 1–249
Bowen, Norman Levi ··· 1–252
Bowen's disease ··· 1–249
bowerbird ··· 9–99
bowfin ··· 3–129
bowling ··· 1–245
Bowman, Isaiah ··· 1–250
Bowring Treaty ··· 1–250
box principle ··· 2–9
Boxer Indemnity ··· 3–119
Boxer Movement ··· 8–553
Boxer Protocol ··· 8–257
boxing ··· 6–266
boxwood family ··· 3–601
Boya ··· 1–402
Boyana Church ··· 1–418
Boycotting American Goods, Movement of ··· 2–218
Boyd, Martin ··· 1–418
Boyle, Robert ··· 1–394
Boyle's law ··· 1–394
boy's coming of age ceremony ··· 3–216
Bozhou Campaign ··· 1–396
Bozhou City ··· 1–411
BP PLC ··· 9–5
Brachiopoda ··· 7–484
Brachyra ··· 8–246
bracket system ··· 2–344
braconid wasp ··· 4–154
Braconidae ··· 4–154
Bradford, Samuel Clement ··· 1–439
Bradford's law ··· 1–439
Bradley, James ··· 1–438
Bradybaenidae ··· 7–608 (1–183)
Bradypodidae ··· 7–61
Bragança, House of ··· 1–439
Bragg and his son ··· 1–440
Brahmā ··· 2–486
Brahmaeidae ··· 5–225
brahman ··· 2–484
Brahmanism ··· 6–97
Brahmaputra River ··· 1–441
Brahmī alphabet ··· 6–97
brahmin moth ··· 5–225
Brahms, Johannes ··· 1–408
Brahui Language ··· 1–440
Brahuis ··· 1–440
braille ··· 5–311
brain ··· 5–548
brain abscess ··· 5–550
brain death ··· 5–551
brain drain, theory of ··· 6–284
brain, hernia of ··· 5–551
brain stem ··· 5–549
brainstorming ··· 7–411
brake ··· 9–312
bramble ··· 7–61
Branch Secretariat ··· 8–321
Branchiostoma ··· 7–585
Brancusi, Constantin ··· 1–443
Brandes, Georg ··· 1–442
Brandt, Willy ··· 1–408
brandy ··· 1–201
Braque, Georges ··· 1–440
Brasenia schreberi ··· 2–39
Brasil ··· 1–184
Brasil, Planalto do ··· 1–185
Brasília ··· 1–185
brass ··· 3–598
brass band ··· 7–402
Brassica ··· 1–192
Brassica ··· 9–138
Brassica alboglabra ··· 3–26
Brassica campestris L.ssp.*chinensis* var.*rosularis* ··· 8–9
Brassica campestris pekinensis ··· 2–72
Brassica juncea ··· 4–234
Brassica juncea var. *multiceps* ··· 8–372
Brassica juncea var. *tumida* ··· 4–279
Brassica oleracea ··· 3–35
Brassica oleracea var. *botrytis* ··· 1–467
Brassica oleracea var. *italica* ··· 6–207
Bratislava ··· 1–439
Brattain, Walter Houser ··· 1–441
Braudel, Fernand ··· 1–450
Brauer, Richard Dagobert ··· 1–452
Braun, Karl (Ferdinand) ··· 1–444
Braun, Otto ··· 4–591
Braun, Wernher von ··· 1–444
Bravais, Auguste ··· 1–441
Bravo del Norte, Rio ··· 1–257
Brazilian economic miracle ··· 1–185
Brazzaville ··· 1–438
bread ··· 5–416
break dance ··· 6–70
Breakdown of the Soviet Union and Drastic Changes in Eastern Europe ··· 7–189
breakeven point ··· 9–15
breakwater ··· 2–494
breast, adenofibroma of ··· 6–341
breast, cancer of ··· 6–342
breaststroke ··· 7–463
Brecht, Bertolt ··· 1–442
Brecht's theory of acting ··· 1–442
breeders ··· 7–300
Bremen ··· 1–429
bremsstrahlung ··· 6–311
Brentano, Clemens ··· 1–450
Brentano, Lujo ··· 1–450
Brera Gallery ··· 1–445
Breton, André ··· 1–409
Breton language ··· 1–446
Bretons ··· 1–446
Breuil, Henri (-Édouard-Prosper) ··· 1–456
Brezhnev, Leonid Ilich ··· 1–409
Briand, Aristide ··· 1–201
brick relief ··· 3–558
bridge ··· 2–286

bridge ······ 6–185
bridge ······ 6–188
bridge engineering ······ 6–186
Bridgetown ······ 1–445
Bridgman, Percy Williams ······ 1–445
Bright, Richard ······ 1–442
brine shrimp ······ 5–160
Bringing a Single Broadsword to the Armed Banquet ······ 2–142
Brisbane ······ 1–445
bristle ······ 9–495
Britain ······ 9–1
British American Tobacco ······ 9–10
British Challenger Expedition ······ 9–5
British colonial expansion ······ 9–7
British colonies in North America ··· 9–10
British Columbia, Province of ······ 1–429
British Conservative Party ······ 9–3
British Constitutional Monarchy ··· 9–6
British East India Company ······ 9–3
British Empire and Commonwealth ······ 8–615
British Houses of Parliament ······ 9–4
British Isles ······ 1–430
British Labour Party ······ 9–3
British Library ······ 1–430
British literature ······ 9–5
British Museum ······ 1–429
British Natural History Museum ··· 9–8
British North America Act ······ 1–429
British Public Record Office ······ 9–3
British system of units ······ 9–11
British Virgin Islands ······ 9–11
British Wars of the Conquest of India ······ 9–7
Britten, (Edward) Benjamin ······ 1–445
Brno ······ 1–434
broad bean ······ 1–473
broadband ······ 4–497
broad-billed roller ······ 6–382
broadbills ······ 4–510
broadcast exercises ······ 3–231
broadcasting play ······ 3–231
broadening sources of income and reducing expenditure ······ 4–391
broadleaf cactus ······ 7–281
Broadway ······ 1–212
brocade ······ 4–267 (9–292)
broccoli ······ 6–207
Broch, Hermann ······ 1–450
Brockhaus, Friedrich Arnold ······ 1–451
Brodsky, Joseph ······ 1–450
broker ······ 4–284
brokerage firms ······ 8–389
bromelia family ······ 2–580
Bromeliaceae ······ 2–580
bromidrosis ······ 2–12
bromine ······ 8–339
bronchial asthma ······ 9–287
bronchiectasis ······ 9–287
Brontë, Charlotte ······ 1–409
Brontë, Emily (Jane) ······ 1–409
bronze ······ 6–211
Bronze Age ······ 6–211
Bronze Chariots and Horses in Mausoleum of First Emperor of Qin Dynasty ······ 6–201
Bronze Colt-shaped Zun of Lord Li··· 4–580
Bronze Ding of Duke Mao ······ 5–314
Bronze Ding of Yu ······ 9–59
bronze drum ······ 7–402
bronze drum dance ······ 7–402
Bronze Galloping Horse ······ 7–401
Bronze Gui of Ze, Marquis of Yi ··· 8–540
Bronze Hu of Lord Song ······ 7–177
Bronze Jian with Design of Water and Land Battle Scenes ······ 7–93
bronze mirror ······ 7–402
Bronze Square Ding with Human-mask Motif ······ 6–293
Bronze Square Zun Decorated with Four Rams ······ 7–155
Bronze Tiger-shaped Zun ······ 3–520
bronze ware ······ 6–211
bronzeware script ······ 4–259
Brook, Peter ······ 1–448
Brooklyn Bridge ······ 1–448
Brooks, Van Wyck ······ 1–449
broomcorn ······ 3–70
broomcorn millet ······ 7–58 (4–107)
broomrape family ······ 5–72
Broussonetia papyrifera ······ 3–155
Brouwer, Luitzen Egbertus Jan ······ 1–445
brown algae ······ 3–450
brown bear ······ 9–559
brown coal ······ 3–449
brown dwarf ······ 3–449
Brown, Ernest William ······ 1–443
Brown, Herbert Charles ······ 1–443
brown kiwi ······ 3–449
brown race ······ 9–560
Brownian movement ······ 1–444
Browning, Robert ······ 1–443
browser ······ 5–121
brucellosis ······ 1–450
Bruchuidae ······ 2–346
brucite ······ 7–94
Bruckner, Anton ······ 1–448
Bruckner, Ferdinand ······ 1–448
Bruegel, Pieter ······ 1–409
Brunei ······ 7–591
Brunel, Sir Marc Isambard ······ 1–450
Brunhes, Jean ······ 1–202
Bruno, Giordano ······ 1–449
brush stroke ······ 1–323
brush-footed butterfly ······ 4–133
Brussels ······ 1–449
Brussels Treaty Organization ······ 1–449
Bruzha ······ 1–410
Bryan, William Jennings ······ 1–442
Bryophyta ······ 7–254
bryophyte ······ 7–254
Bryozoa ······ 7–254
bryozoan ······ 7–254
Bryusov, Valery Yakovlevich ······ 1–409
Bsam-yas Temple ······ 6–413
BT ······ 6–509
Bt ······ 7–197
BUAA ······ 1–268
bubble chamber ······ 6–144
bubble economy ······ 6–51
Bubka, Sergej ······ 1–432
Bucerotidae ······ 8–131
Buchanan, James McGill ······ 1–438
Bucharest ······ 1–438
Büchner, Georg ······ 1–328
Buck, Pearl ······ 6–381
Buckingham Palace ······ 1–199
buckwheat ······ 6–185
buckwheat family ······ 5–70
Bucureşti ······ 1–438
bud ······ 8–391
Buda Castle ······ 1–432
Budapest ······ 1–433
Buddenbrooks ······ 1–434
Buddha ······ 2–581
Buddhagayā ······ 6–101
Buddha's Birthday Festival ······ 9–80
Buddhatā ······ 2–588
Buddhatva ······ 2–588
Buddhism ······ 2–582
Buddhism in Japan ······ 6–316
Buddhist art ······ 2–584
Buddhist Association of China ······ 9–354
buddhist bauhinia ······ 8–450
Buddhist nun ······ 5–568
Buddhist sculptures in Tibet ······ 8–110
Buddington, Arthur Francis ······ 1–374
Buddleja lindleyana ······ 9–576
budgerigar ······ 3–519
budget ······ 9–81
Budorcas taxicolor ······ 5–99
Buenaventura, Enrique ······ 1–432
Buenos Aires ······ 1–455
Buffalo ······ 1–435
buffaloes ······ 7–95
buffer solution ······ 3–576
buffet ······ 9–551
buffeting ······ 2–344
Buffon, Georges-Louis Leclerc, Comte de ······ 1–436

Bufo 1–500
bufogenins 1–501
Buganda, Kingdom of 1–436
bugging 6–192
Buginese 1–438
building engineering 2–498
building hardware 4–165
building material 4–164
Buir Lake 1–291
Bujumbura 1–451
Bukhara Khanates 1–436
Bukhārī, Abū ‘Abd Allah Muhammad ibn Isma ‘il al- 1–436
Bukharin, Nikolay Ivanovich 1–436
Bulawayo 1–441
bulbuls 1–255
Bulgakov, Mikhail Afanasyevich 1–434
Bulgaria 1–243
Bulgarian language 1–244
Bulgarians 1–244
bulimia nervosa 6–512
bulk cargo ship 6–408
bulk carrier 6–408
bull market and bear market 5–602
bulla 2–533
bulletproof clothing 2–494
bullfight 2–345
bullhead sharks 3–519
Bultmann, Rudolf 1–435
bumble bee 8–333
Bund der Gerechten 9–268
Bund, the 7–475
Bungarus fasciatus 4–242
Bungarus multicinctus 8–582
bunge pricklyash 3–528
Bunin, Ivan Alekseyevich 1–451
Bunsen, Robert Wilhelm 1–308
Bunu language 1–451
Buñuel, Luis 1–451
Bunyan, John 1–225
buoyancy 2–603
buprestid beetle 4–60
Buprestidae 4–60
Bûr Sa ‘îd 6–369
Būr Sūdān 7–180
Burbank, Luther 1–396
burden of proof 4–334
burden of proof, inversion of 4–334
Bureau International des Poids et Mesures 3–265
bureaucrat capital 3–210
bureaucrats 3–210
Burgess, Ernest Watson 1–397
Burgundy 1–408
Burhan Šähidi 1–235
burial goods made for the dead 5–445
burial rites 9–156
Buriats 1–446
Burj Khalifa 3–310
Burke, Edmund 1–398
Burkina Faso 1–437
Burlingame Treaty 6–104
Burma Anti-Fascist People' s Freedom League 5–415
Burmese 5–415
Burmese branch 5–416
Burmese language 5–415
burn 6–471
Burnet, Frank Macfarlane 1–401
burnet moth 1–226
Burning of Books and Burying of Scholars 2–558
Burnt by the Sun 7–269
Burroughs, William 1–164
Bursa 1–435
bursa of fabricii 6–178
Burundi 1–447
Burushaski language 1–450
Busch, Wilhelm 1–452
Bush, George 1–452
Bush, George Walker 1–452
bushbeech 6–608
Bushidō 8–59
Bushman rock-paintings 1–454
Bushmen 1–454
business accounting 6–138
business bribery 6–457
business cycle theory 4–296
business law 6–454
business organization, theory of 6–138
business tax 9–16
Būṣīrī, al- 6–105
butadiene 2–305
butane 2–309
butanol 2–304
butanone 2–308
butene dicarboxylic acid 2–309
butler 3–213
Butlerov, Aleksandr Mikhaylovich 1–453
butter tea 7–199
butterfish 1–506
butterfly 2–303
butterfly 3–517
Butterfly Lovers 5–53
butterfly orchis 3–517
butterflyfish 3–517
butyric acid 2–308
Buwayhid Dynasty 1–453
Buxaceae 3–601
buy back deal 3–608
Buyandelger 1–241
Buyang language 1–454
Buyannemekh, Sonombaljiriin 1–241
Buyei 1–454
Buyei language 1–454
buyer' s credit 5–291
buyer' s market 5–291
Buys Ballot, Christophorus Henricus Didericus 1–192
Buzo, Alexander 1–455
Byblos 1–315
Byblos alphabet 1–315
Bykov, Vasily Vladimirovich 1–293
Byron, George Gordon 1–218
bystander apathy 6–48
bystander intervention 6–47
Byzantine art 1–220
Byzantine Empire 1–219
Byzantine Empire 2–600

C

C-130 Hercules transport aircraft 9–583
CA 3–26
CA 3–551
cabbage 3–35
Cabinda 4–366
cabinet system 5–554
cable car 4–547
cable-stayed bridge 8–236
cablin patchouli 3–234
Cabo de Hornos 3–409
Cabo Verde 2–581
cacao 4–444
Cachin, Marcel 4–121
Cactaceae 8–169
cactus family 8–169
CAD 4–90
cadastral survey 2–222
cadmium 3–113
caecilian 8–587
caecum 5–311
Caesar, Gaius Julius 4–395
caesarean section 6–100
caesaropapism 9–280
caffeine 4–361
Cage, John 4–395
Čaɣadai 1–496
Čaɣadai Ulus 1–496
Čaɣantemür 1–496
CAI 4–90
Cai Chang 1–468
Cai Changnian 1–467
Cai Chusheng 1–468
Cai E 1–468
Cai Fangyin 1–468
Cai Jing 1–469
Cai Jintao 1–468
Cai Liusheng 1–469
Cai Lun 1–469
Cai Meibiao 1–469

Cai Qiao ······ 1–469
Cai Songnian ······ 1–469
Cai State ······ 1–467
Cai Tingkai ······ 1–470
Cai Xiang ······ 1–470
Cai Xu ······ 1–470
Cai Yan ······ 1–470
Cai Yi ······ 1–470
Cai Yong ······ 1–470
Cai Youben ······ 1–470
Cai Yuanding ······ 1–471
Cai Yuanpei ······ 1–471
Cai Zuquan ······ 1–471
Cairns ······ 4–392
Cairo Conference ······ 4–388
Cairo Declaration ······ 4–388
Çajupi, Andon Zako ······ 6–156
Caka Salt Lake ······ 1–491
cake ······ 2–150
cake ······ 3–81
Calanoida ······ 9–239
calcanodynia ······ 9–566
calcite ······ 2–489
calcium ······ 3–26
calcium and phosphorus metabolism ······ 3–26
calcium antagonists ······ 3–26
calcium carbide ······ 7–292
calcium carbonate ······ 7–293
calcium chloride ······ 5–188
calcium fertilizer ······ 3–26
calcium hydroxide ······ 6–217
calcium oxide ······ 8–473
calcium sulfate ······ 5–131
calcium superphosphate ······ 3–302
calculus ······ 7–537
calculus of functions of several variables ······ 2–391
calculus of variations ······ 1–342
Calcutta ······ 4–108
Calderón de la Barca, Pedro ······ 4–367
Caledonian movement ······ 4–111
calendar ······ 5–16
calendar poster ······ 9–120
Calendula officinalis ······ 4–263
Calgary ······ 4–367
Cali ······ 4–373
California, Golfo de ······ 4–111
California State ······ 4–112
Caligoida ······ 9–61
caliper ······ 4–366
calipn ······ 3–310
calixarene ······ 1–254
call a thing by its right name ······ 9–267
call loan ······ 1–497
Callaghan, Morley ······ 4–369
Callao ······ 4–383
Callas, Maria ······ 4–371
Calliaspidia guttata ······ 8–155
calligraphic copybook ······ 7–385
calligraphy ······ 7–47
calligraphy and painting, appraisal of ······ 7–048
calligraphy and painting coming from the same origin ······ 7–048
Calligraphy Manual of Xuanhe Era ······ 8–360
Calligraphy Postures of Four Styles ······ 7–154
calligraphy, theory of ······ 7–49
Callimachus ······ 4–373
Callimico goeldii ······ 4–216
Calliphoridae ······ 5–24
Callistephus chinensis ······ 2–58
Callorhinus ursinus ······ 3–327
callus ······ 6–82
calming endogenous wind ······ 8–135
Caloglossa leprieurii ······ 9–245
calorie ······ 4–365
caltrop family ······ 4–79
Calvin, John ······ 4–108
Calvin, Melvin ······ 4–369
Calvinists ······ 4–109
Calvino, Italo ······ 4–368
Calycanthaceae ······ 4–529
calycanthus family ······ 4–529
calypso ······ 6–301
CAM ······ 4–90
Camagüey ······ 4–373
Camargo, Marie (-Anne de Cupis de) ······ 4–373
Cambodia ······ 4–154
Cambrian Period ······ 3–366
Cambridge ······ 4–168
Cambridge school ······ 4–168
Cambyses II ······ 3–47
camel ······ 5–234
camellia ······ 1–490
Camellia nitidissima ······ 4–241
Camellia oleifera ······ 9–37
Camellia reticulata ······ 2–270
Camellia sinensis ······ 1–492
Camellia spp. ······ 1–490
Camelus ······ 5–234
camera ······ 9–236
Cameron, David William Donald ······ 4–374
Cameron, Julia Margaret ······ 4–374
Cameroon ······ 4–362
Cameroon, Mount ······ 4–363
Camões, Luis Vaz de ······ 4–374
campaign ······ 9–187
Campaigns to Suppress Counter-revolutionaries ······ 9–260
Campanella, Tommaso ······ 4–403
Campanulaceae ······ 4–224
camphor ······ 9–222
camphor-tree ······ 9–222
Campsis grandiflora ······ 5–98
Camptotheca acuminate ······ 8–140
camptothecin ······ 8–140
Camus, Albert ······ 4–113
Canada ······ 4–113
Canadian Arctic Archipelago ······ 4–116
canal ······ 6–253
canal ······ 9–142
canal transport ······ 1–480
Canarium album ······ 3–46
Canary Islands ······ 4–116
Canavalia gladiata ······ 2–155
Canaveral, Cape ······ 4–375
Canberra ······ 4–396
cancer ······ 1–74
cancer ······ 9–455
cancer biotherapy ······ 9–456
Cancún Summit ······ 4–398
candela ······ 4–398
Candi Prambanan ······ 6–109
candidiasis ······ 5–587
cane long-horned locust ······ 2–501
Canetti, Elias ······ 4–375
Cangshan Mountain ······ 1–475
Cangzhou City ······ 1–475
Cangzhou Iron Lion ······ 1–475
Canidae ······ 6–268
Canis familiaris ······ 6–267
Canis lupus ······ 4–548
Cankar, Ivan ······ 1 471
Canna indica ······ 5–356
Cannabis sativa ······ 2–94
canned food ······ 3–218
Cannes Film Festival ······ 4–133
Canning, George ······ 4–398
Cannizzaro, Stanislao ······ 4–398
Cannon, Walter Bradford ······ 4–399
canoeing ······ 6–72
Canon Co., Ltd ······ 4–124
canon law ······ 4–208
Canon of Iconometry for Buddhist Statues ······ 9–165
Canon of Liquors ······ 4–324
canonical equation ······ 9–268
Canopus ······ 4–558
canopytree ······ 3–534
cantata ······ 4–404
Canth, Minna ······ 4–405
Cantor, Georg (Ferdinand Ludwig Philipp) ······ 4–405
Canute the Great ······ 4–459
canvas ······ 2–461
Cao Ba ······ 1–476
Cao Benxi ······ 1–476
Cao Bin ······ 1–476
Cao Cao ······ 1–476

Cao Cao and Yang Xiu ···· 1–476
Cao Dai ···· 3–77
Cao Gangchuan ···· 1–476
Cao Jianming ···· 1–477
Cao Jinghua ···· 1–477
Cao Junchen ···· 1–477
Cao Juren ···· 1–477
Cao Kun ···· 1–477
Cao Pi ···· 1–477
Cao Richang ···· 1–477
Cao Rulin ···· 1–477
Cao Shen ···· 1–478
Cao Shuang ···· 1–478
Cao State ···· 1–476
Cao Tianqin ···· 1–478
Cao Wenxuan ···· 1–478
Cao Xueqin ···· 1–478
Cao Ying ···· 1–483
Cao Yu ···· 1–479
Cao Zhi ···· 1–479
Cao Zhi ···· 1–479
Cao Zhongda ···· 1–480
Caohai Lake ···· 1–481
caoutchouc tree ···· 8–210
Capa, Robert ···· 4–376
capable person ···· 9–50
capacitance ···· 2–287
capacitor ···· 2–287
capacity for criminal responsibility ···· 8–312
CAPD ···· 9–382
Cape Horn ···· 3–409
Cape, Mountains ···· 4–390
Cape Town ···· 4–389
Cape Verde ···· 2–581
Capek, Karel ···· 6–155
Capella ···· 8–44
capercaillie ···· 7–159
Capetian Dynasty ···· 4–377
capillarity ···· 5–319
Capital ···· 9–521
capital ···· 9–520
capital, accumulation of ···· 9–521
capital, circuit of ···· 9–523
capital, concentration of ···· 9–521
capital construction ···· 4–40
capital, export of ···· 9–522
capital flights ···· 9–522
capital intensive industry ···· 9–522
capital internationalization ···· 9–521
capital market ···· 9–522
capital, organic composition of ···· 9–523
capital, primitive accumulation of ···· 9–523
capital reserve ···· 9–521
Capital Site of Zheng and Han States ···· 9–273
Capital Theatre ···· 7–41
capital, turnover of ···· 9–523
Capital Yanshi of Shang Dynasty ···· 8–441
Capital Ying of Chu State ···· 9–18
capitalist ownership ···· 9–524
capitalist society ···· 9–523
Capitoline Museums ···· 4–377
Capra hircus ···· 6–441
Capreolus capreolus ···· 6–49
capriccio ···· 7–215
Caprifoliaceae ···· 6–309
Caprimulgiformes ···· 8–504
caprolactam ···· 4–82
Capsella bursapastoris ···· 4–102
Capsicum annuum ···· 4–530
Capsicum frutescens var.*grossum* ···· 7–373
capuchin monkey ···· 4–346
capybara ···· 7–99
Carabidae ···· 1–455
Caracas ···· 4–109
Caragiale, Ion Luca ···· 4–369
carambola ···· 8–463
carangid ···· 6–509
Carangidae ···· 6–509
Carapinae ···· 6–174
Carassius auratus ···· 4–107
carat ···· 4–446
Caravaggio ···· 4–371
Carballido, Emilio ···· 4–381
carbamate ···· 1–111
carbaryl ···· 8–103
carbendazim ···· 2–383
carbene ···· 4–365
carbide ···· 7–292
carbofuran ···· 2–589
carbohydrates ···· 7–293
carbolic acid ···· 6–602
carbon ···· 7–291
carbon cycle ···· 7–294
carbon dioxide ···· 2–429
carbon fiber ···· 7–294
carbon fiber projectile ···· 7–294
carbon monoxide ···· 8–512
carbon monoxide poisoning ···· 8–512
carbon tetrachloride ···· 7–151
carbon-14 dating ···· 7–294
Carbonari ···· 6–471
carbonate rock ···· 7–294
carbonatite ···· 7–293
Carboniferous Period ···· 6–602
carbonization ···· 3–32
carbonized polymer ···· 7–292
carbon-nitrogen cycle ···· 7–292
carbonyl group ···· 7–300
carboxylic acid ···· 7–226
carbuncle ···· 9–23
Carcharhiniformes ···· 9–255
Carcharodon carcharias ···· 7–35
carcinogen ···· 9–319
carcinoma of lung ···· 2–533
Cardenal, Ernesto ···· 4–367
cardiac arrhythmia ···· 8–254
cardiac catheterization ···· 8–247
cardiac cycle ···· 8–248
cardiac glycoside ···· 6–179
cardiac massage ···· 8–257
cardiac muscle ···· 8–249
cardinal bishop ···· 3–476
cardinal number ···· 4–50
cardio-pulmonary-cerebral resuscitation ···· 8–248
Carducci, Giosuè ···· 4–367
Carduelis spinus ···· 3–595
Carerras, Jose ···· 4–372
caretaker government ···· 4–396
Carex meyeriana ···· 8–68
cargo airplane ···· 4–19
cargo ship ···· 4–19
Caribbean Crisis ···· 4–110
Caribbean Sea ···· 4–110
Caribes ···· 4–110
caribou ···· 8–383
Carica papaya ···· 2–462
caricature ···· 5–309
Caridea ···· 8–155
Cario ···· 4–387
Carl Zeiss Company ···· 4–366
Carlos I ···· 1–494
Carmelites Order ···· 4–108
Carmen ···· 4–374
carminative formula ···· 5–11
carnallite ···· 3–224
Carnap, Rudolf ···· 4–368
carnation ···· 8–198
Carné, Marcel ···· 4–368
carnival ···· 4–498
Carnivora ···· 7–5
carnivore ···· 7–5
Carnot cycle and Carnot theorem ···· 4–376
Carnot, Sadi ···· 4–376
caroline coelococcus ···· 8–209
Caroline Islands ···· 4–113
Carolinese ···· 4–113
Carolingian Dynasty ···· 4–113
carotenoid ···· 4–573
Carothers, Wallace Hume ···· 4–373
carp ···· 5–13
Carpathian Mountains ···· 4–361
Carpentier (y Valmont), Alejo ···· 4–377
carpet ···· 2–238
carpet-weed famiky ···· 2–463
carplike fishes ···· 5–14
Carpodacus ···· 9–485
Carposinidae ···· 9–505
Carracci brothers ···· 4–370
Carranza, Venustiano ···· 4–372

Carrel, Alexis ········ 4-372
carrion beetle ········ 9-155
carrot ········ 3-506
carrot family ········ 6-408
Cartagena ········ 4-381
Cartan, Élie (Joseph) ········ 4-130
Cartan, Henri ········ 4-130
cartel ········ 4-381
Carter, Jimmy ········ 4-381
Carthage ········ 4-125
Carthamus tinctorius ········ 3-470
cartilage ········ 6-345
cartography ········ 2-239
cartoon ········ 2-336 (4-381)
Caruso, Enrico ········ 4-373
carvone ········ 8-198
Carya cathayensis ········ 6-438
Carylus hetrophylla ········ 9-256
Caryophyllaceae ········ 6-608
CAS ········ 9-377
Casablanca ········ 4-378
Casablanca ········ 4-378
Casablanca Conference ········ 4-378
Casals, Pablo ········ 4-378
Cascade Range ········ 4-364
case law ········ 6-45
Case of Hu Weiyong ········ 3-509
Case of Imperial Examination Fraud ········ 4-424
Case of Penggong ········ 6-63
Case of South-North Palace Examinations ········ 5-516
Case of *Su Bao Newspaper* ········ 7-177
Case of the Third Crown Prince Zhu ········ 9-486
case work ········ 3-115
case-filing ········ 5-20
Cases of Shigong ········ 6-578
cash flow statement ········ 8-183
cash gift as a token of congratulation ········ 5-31
cashew family ········ 6-125
cashier ········ 2-15
cashmere wool ········ 6-441
casing ········ 1-523
Caspian Sea ········ 5-7
Cassatt, Mary ········ 4-378
cassava ········ 5-492
Cassia siamea ········ 7-380
Cassidae ········ 3-211
Cassididae ········ 3-241
Cassini, Giovanni Domenico ········ 4-383
Cassiopeia ········ 8-168
cassiterite ········ 8-134
CAST ········ 9-376
cast iron ········ 9-506
cast steel ········ 9-505
Castanea mollissima ········ 1-228
castanets ········ 8-202
Castanopsis ········ 4-418
castanozem ········ 5-34
Castelo Branco, Camilo ········ 4-380
Castiglione, Giuseppe ········ 4-547
Castile, Kingdom of ········ 4-379
castor bean ········ 1-331
Castoridae ········ 3-423
castration ········ 8-422
Castries ········ 4-379
Castro Alves, Antônio de ········ 4-379
Castro, Fidel ········ 4-379
Castro, José Maria Ferreira de ········ 4-379
Castro, Raúl ········ 4-379
Casuarina equisetifolia ········ 5-490
cat ········ 5-312
cat ········ 5-312
Catacombs of Rome ········ 5-206
Catalogue of Complete Collection of Four Treasuries ········ 7-150
Catalonians ········ 4-120
Catalpa bungei ········ 6-243
catalysis ········ 2-56
catalyst ········ 2-57 (2-22)
Catanzaro ········ 4-381
cataract ········ 1-203
catastrophe theory ········ 7-416
Catch-22 ········ 2-258
catchment basin ········ 5-129
catechol ········ 5-78 (2-416)
categorical identification in terms of qi and blood ········ 6-149
categorical proposition ········ 9-298
categories ········ 2-482
cathay fir ········ 8-583
Cathay hickory ········ 6-438
Cathaya argyrophylla ········ 8-583
cathedrals and church buildings ········ 4-209
Cather, Willa (Sibert) ········ 4-395
cathode ray ········ 8-572
Catholicism ········ 7-367
catjang cowpea ········ 5-330
Cats ········ 5-312
cat-scratch disease ········ 5-312
cat's-eye ········ 5-312
cattle ········ 5-599
cattle grub ········ 5-602
Cattle King Festival ········ 5-602
Catullus, Gaius Valerius ········ 4-381
catursatya ········ 7-148
Caucasian family ········ 3-67
Caucasoid race ········ 3-67
Caucasus ········ 3-67
Cauchy, Augustin-Louis ········ 4-422
cauda ········ 7-561
Caudata ········ 9-49
Caudillismo ········ 4-415
cauliflower ········ 1-467
cause of disease ········ 1-371
caustic soda ········ 6-471
Cavalieri, (Francesco) Bonaventura ········ 4-382
cave in ········ 7-279
cave site ········ 2-344
cave swiftlets ········ 4-257
cave temple ········ 6-597
Cavendish, Henry ········ 4-382
Cavendish Laboratory ········ 4-382
Caviidae ········ 7-451
cavitation ········ 4-466
cavitation ········ 6-145
Cavour, Camillo Benso ········ 4-109
Cayenne ········ 4-383
Cayman Islands ········ 4-388
CBOT ········ 9-288
CCA ········ 9-401
CCD ········ 2-279
CCTV ········ 9-412
CDL ········ 9-383
CDNCA ········ 9-382
Ceauşescu, Nicolae ········ 6-127
Cebidae ········ 4-346
Cebu ········ 7-203
Cebuano language ········ 7-203
Cecchetti, Enrico ········ 6-190
Cecidomyiidae ········ 9-20
Cedrus deodara ········ 8-372
Cela, Camilo José ········ 6-372
celadon ········ 6-204
Celan, Paul ········ 1-487
celery ········ 6-195
celestial body ········ 7-360
celestial coordinate system ········ 7-357
celestial equator ········ 7-347
celestial geology ········ 7-361
celestial globe ········ 4-3
Celestial Master Zhang ········ 9-208
celestial mechanics ········ 7-361
celestial navigation ········ 7-362
celestial realm ········ 8-168
celestial reference system ········ 7-357
celestial sphere ········ 7-357
celestial stem and terrestrial branch ········ 3-33
celestite ········ 7-357
cell ········ 2-273
cell ········ 8-148
cell cycle ········ 8-153
cell differentiation ········ 8-149
cell division ········ 8-149
cell engineering ········ 8-150
cell membrane ········ 8-151
cell theory ········ 8-153
cell wall ········ 8-149

cellulites …… 2－573
cellulose …… 8－173
cellulose nitrate …… 8－220
Celosia …… 4－36
Celsius degree …… 6－504
Celtic group …… 4－393
Celts …… 4－393
cement …… 7－95
cemented carbide …… 9－23
Cemetery at Noyon Uul …… 6－12
Cemetery of Confucius and His Descendants …… 4－473
Cemetery of Marquis of Guo …… 3－298
Cemetery of Marquis of Jin …… 4－275
Cemetery of Revolutionary Martyrs at Yuhuatai …… 9－71
Cemetery of Tubo at Reshui, Dulan …… 2－349
Cen Shen …… 1－487
Cen Zhongmian …… 1－487
Cenggeltei …… 6－225
Cenozoic Era …… 8－281
censorate …… 9－83
Censorate …… 2－347
censor-in-chief …… 9－83
censorship …… 8－287
center of mass …… 9－317
centipedal brake …… 8－43
CENTO …… 9－446
Central Academy of Drama …… 9－446
Central Advisory Committee of the CPC …… 9－333
Central Africa …… 9－331
Central Africa …… 9－332
Central America …… 9－433
Central American Confederation …… 9－433
Central Archives of China …… 9－443
Central Asia …… 9－442
Central Asia Economic Union …… 9－442
central bank …… 9－447
Central Bureau of Investigation and Statistics of the Central Executive Committee …… 9－439
Central Capital …… 9－329
central city …… 9－441
Central Conservatory of Music …… 9－446
Central Daily News …… 9－445
central dogma …… 9－441
Central Europe …… 9－434
Central Experimental Drama Theatre …… 9－445
Central Institute of Arts and Crafts …… 9－444
Central Institute of Fine Arts …… 9－444
Central Intelligence Agency of the United States …… 5－355
central limit theorem …… 9－442
Central Military Commission …… 9－444
Central National Music Orchestra …… 9－445
central nervous system …… 9－438
central nervous system stimulant …… 9－439
Central News Agency …… 9－446
Central Opera Theatre …… 9－443
Central People's Government of the People's Republic of China …… 9－430
Central Philharmonic Society …… 9－447
central place theory …… 9－441
central processing unit …… 9－443
Central Radio and TV University …… 9－444
Central Siberian Plateau …… 9－440
Central Soviet Area …… 9－445
central tax …… 9－445
Central Treaty Organization …… 9－446
Central University …… 9－443
Central University for Nationalities …… 9－445
centralized type of organization …… 4－76
Centre National d' Art et de Culture Georges Pompidou …… 6－66
centrifugal force …… 4－578
centrifugal inertial force …… 4－577
centrifugal separation …… 4－577
centripetal acceleration …… 8－205
centripetal force …… 8－205
centrosome …… 9－442
Cenxi City …… 1－487
Cephalochordata …… 7－411
Cephalopoda …… 7－412
cephalosporins …… 7－411
Cephalotaxaceae …… 6－393
Cepheid variable stars …… 9－164
Cerambycidae …… 7－355
ceramics …… 7－324
Ceratitis capitata …… 2－251
Ceratodiformes …… 4－204
Ceratophyllaceae …… 4－262
Ceratopogonidae …… 5－382
Cercidiphyllum japonicum …… 5－38
Cercopidae …… 5－467
Cercopithecidae …… 3－490
cerebellum …… 8－226
cerebral edema …… 5－551
cerebral palsy …… 5－551
cerebrospinal fluid …… 5－549
cerebrovascular diseases …… 5－551
cerebrum …… 2－97
ceremonial object …… 8－547
ceremony to save the preta …… 8－444
Čereng …… 1－487
Cerenkov radiation …… 6－190
ceriman …… 3－241
Čering …… 1－487
cermet …… 4－256
cernuous clubmoss …… 2－190
Cerro de Pasco …… 6－374
certificate of ordination …… 2－364
certified public accountant …… 9－502
certified public valuer …… 9－502
Cervantes, Miguel de …… 6－379
cervical spondylosis …… 4－310
cervicitis …… 9－529
Cervidae …… 5－171
cervix, carcinoma of …… 9－529
Cervus albirostris …… 1－193
Cervus elaphus …… 5－269
Cervus nippon …… 5－332
cesium …… 6－418
Česká Rupublika …… 4－225
Cestoda …… 7－320
cestodiasis …… 7－320
Cetacea …… 4－307
Cetomimiformes …… 4－307
Čewangrabdan …… 1－487
Cézanne, Paul …… 6－377
CH …… 5－39
Cha-Cha-Cha …… 6－155
Chad …… 9－174
Chad Basin …… 9－175
Chad, Lake …… 9－175
Chadic group …… 9－175
Chadwick, Sir James …… 1－493
Chaenomeles sinensis …… 5－489
Chaetodontidae …… 3－517
Chaetognatha …… 5－313
Chagall, Marc …… 8－162
Chagatai …… 1－496
Chagatai Khanate …… 1－496
Chagatai script …… 1－496
Chai Rong …… 1－499
chain index of price …… 3－563
chain reaction …… 5－49
chain store …… 5－38
chair balancing …… 8－553
Chairil Anwar …… 4－394
Chairman Mao Zedong Memorial Hall …… 5－324
chaitya …… 9－287
chalcanthite …… 2－145
chalcedony …… 9－78
chalcid wasp …… 8－223
Chalcidoidea …… 8－223
chalcocite …… 3－607
Chalcolithic Age …… 7－404
chalcopyrite …… 3－598
Chaliapin, Feodor Ivanovich …… 8－163
Chaling County …… 1－492
Chaling Poetry School …… 1－491
chalk-and-talk …… 9－502
Challenger Main Battle Tank …… 7－376
Challenger space shuttle …… 7－376
Chamaecyparis formosensis …… 3－470
Chamaeleonidae …… 1－335（1－343）
chamber music …… 7－33

Chamberlain for Dependencies …… 2–86
chamberlain for imperial insignia … 9–294
chamberlain for the imperial clan … 9–558
Chamberlain, (Arthur) Neville … 9–190
Chamberlain, Owen ……… 9–190
chameleon ……… 1–335 (1–343)
Chamisso, Adelbert von ……… 6–425
Chamorros ……… 1–494
champagne ……… 8–192
Champagne, fairs of ……… 8–192
Champlain, Samuel de ……… 6–469
Champollion, Jean-François ……… 6–453
Cham-Re ……… 9–172
Chams ……… 9–177
Chan Chan ……… 1–505
Chancellery ……… 5–368
chancroid ……… 6–346
Chandler, William Henry ……… 6–165
Chandrasekhar, Subrahmanyan … 6–165
Chanel, Gabrielle ……… 8–164
Chang Baokun ……… 1–524
Chang Hsia Ch' ien ……… 9–212
Chang Jian ……… 1–524
Chang Shuhong ……… 1–525
Chang Tong ……… 1–526
Chang Wo-chiin ……… 9–210
Chang Xiangyu ……… 1–527
Chang Yuchun ……… 1–527
Chang' an ……… 1–507
Chang' an Avenue ……… 1–507
Chang' an District ……… 1–508
Chang' an school ……… 1–507
Changbai Mountain Range ……… 1–508
Changbai Mountain Tianchi Lake … 1–508
Changbin Culture ……… 1–508
Changchun City ……… 1–511
Changchun Film Studio ……… 1–511
Changchun Taoist Temple ……… 1–511
Changdao Natural Reserve ……… 1–512
Changde City ……… 1–524
Changdu County ……… 1–505
Changdu Region ……… 1–505
Chang' e ……… 1–527
Changge City ……… 1–512
Changhai County ……… 1–512
changhe poetry ……… 1–528
changing faces in Chinese opera … 1–343
Changji City ……… 1–506
Changji Hui Autonomous Prefecture ……… 1–505
Changji verse form ……… 1–512
Changjiang Li Autonomous County ……… 1–506
Changjiang River ……… 1–513
Changle City ……… 1–515
Changle Palace ……… 1–515
Changli County ……… 1–506
Changling Mausoleum (Han Dynasty) ……… 1–515
Changning City ……… 1–525
Changning District ……… 1–516
Changping, Battle of ……… 1–516
Changping District ……… 1–506
Changqing verse form ……… 1–516
changquan ……… 1–517
Changsha, Battle of ……… 1–517
Changsha City ……… 1–517
Changsha Fire ……… 1–517
Changshan Islands ……… 1–518
Changshou District ……… 1–519
Changshu City ……… 1–526
Changtaiguan Chu State Tombs … 1–519
Changting County ……… 1–520
Changtu County ……… 1–506
Changxin Palace Lantern ……… 1–520
Changyi City ……… 1–506
Changzheng launch vehicle ……… 1–520
Changzhi City ……… 1–521
changzhou ci-poem school ……… 1–527
Changzhou City ……… 1–527
channel ……… 3–345
channel ……… 4–297
channel coding ……… 8–296
channel point ……… 4–298
channel tropism ……… 3–239
Channel Tunnel ……… 9–9
Chanos chanos ……… 9–238
Chanson de Roland ……… 5–205
chanting "Amitabha" ……… 5–587
Chanyuan ……… 1–500
Chanyuan Treaty of Alliance ……… 1–500
Chao Buzhi ……… 1–536
Chao Cuo ……… 1–536
Chaobai River ……… 1–543
Chaohu City ……… 1–537
Chaohu Lake ……… 1–537
chaos ……… 4–4
Chaoyang City ……… 1–542
Chaoyang District ……… 1–542
Chaozhou ceramics ……… 1–545
Chaozhou City ……… 1–545
Chaozhou opera ……… 1–543
Chapel Sistine ……… 8–102
Chaplin, Charlie ……… 9–519
Chapman, Sydney ……… 1–494
chapter novel ……… 9–220
Characiformes ……… 3–244
characinlike fishes ……… 3–244
character ……… 4–347
character ……… 8–324
characters derived from the same root ……… 7–399
Charadriiformes ……… 3–465
Chardin, Jean-Baptiste-Siméon … 8–162
Chardin, Pierre Teilhard de ……… 8–162
Chardonnet, Hilaire Bernigaud, comte de ……… 8–162
charge coupled device ……… 2–279
chargé d' affaires ……… 2–126
Chari-Nile group ……… 6–424
chariot and horse pits ……… 1–547
charisma ……… 4–373
charity school ……… 2–43
Charles de Gaulle International Airport ……… 2–133
Charles the Great ……… 1–493
Charles I ……… 1–494
Charles' s law ……… 1–493
Charlotte Amalie ……… 8–164
Charney, Jule Gregory ……… 1–494
Charophyta ……… 5–197
charophytes ……… 5–197
chart ……… 3–342
Chartism ……… 8–187
Chateaubriand, François-René de … 8–161
Chatterjee, Bankim Chandra ……… 1–495
Chatterjee, Sarat Chandra ……… 1–495
Chaucer, Geoffrey ……… 6–183
Chavin Culture ……… 1–495
CHD ……… 3–212 (3–211)
Che Guevara, Ernesto ……… 3–112
Chebyshev, Pafnuty Ljvovich ……… 6–189
Chechen language ……… 1–546
Chechen Republic ……… 1–545
Chechen War ……… 1–546
Chechens ……… 1–545
cheetah ……… 5–76
Cheilostomata ……… 2–39
Cheju-do ……… 4–102
Cheka ……… 6–154
Chekhov, Anton Pavlovich ……… 6–154
chelate compound ……… 1–116
chelate resin ……… 1–116
Cheli ……… 1–547
Chelodina longicollis ……… 1–515 (6–479)
Chelonia mydas ……… 3–327
Chelyabinsk ……… 1–547
Chemical Abstracts ……… 3–551
chemical adsorption ……… 3–552
chemical biology ……… 3–551
chemical bond ……… 3–549
chemical change ……… 3–546
chemical chaos ……… 3–549
chemical compound ……… 3–543
chemical element ……… 3–552
chemical energy ……… 3–550
chemical engineering ……… 3–548
chemical equation ……… 3–548
chemical equilibrium ……… 3–550
chemical fertilizer ……… 3–543
chemical fiber ……… 3–552

chemical formula ········ 3–551
chemical geography ········ 3–546
chemical kinetics ········ 3–546
chemical machinery ········ 3–543
chemical oscillation ········ 3–553
chemical processing of coal ········ 5–339
chemical processing of fossil fuel ··· 6–271
chemical reaction ········ 3–547
chemical reaction engineering ········ 3–547
chemical reagent ········ 3–551
chemical symbol ········ 3–548
chemical technology ········ 3–549
chemical thermodynamics ········ 3–550
chemical weapon ········ 3–552
chemiluminescence ········ 3–546
chemiluminescence analysis ········ 3–547
chemistry ········ 3–545
chemistry, statistical mechanics for ········ 3–551
chemometrics ········ 3–549
chemzyme ········ 3–550
Chen Ailian ········ 1–551
Chen Baichen ········ 1–551
Chen Banding ········ 1–551
Chen Baoyi ········ 1–551
Chen Baxian ········ 1–551
Chen Bochui ········ 1–552
Chen Boda ········ 1–552
Chen Bo' er ········ 1–552
Chen Bohua ········ 1–552
Chen Bulei ········ 1–552
Chen Changheng ········ 1–553
Chen Changzhi ········ 1–552
Chen Chen ········ 1–553
Chen Cheng ········ 1–553
Chen Chun ········ 1–553
Chen Chun ········ 1–553
Chen Da ········ 1–553
Chen Daisun ········ 1–554
Chen Dezhi ········ 1–554
Chen Di ········ 1–554
Chen Duxiu ········ 1–554
Chen Dynasty ········ 1–553
Chen Enfeng ········ 1–554
Chen Fan ········ 1–554
Chen Fangyun ········ 1–555
Chen Fengtong ········ 1–555
Chen Fuli ········ 1–555
Chen Geng ········ 1–555
Chen Gongbo ········ 1–555
Chen Guangfu ········ 1–556
Chen Guangzhong ········ 1–556
Chen Guofu ········ 1–556
Chen Hanbo ········ 1–556
Chen Hansheng ········ 1–557
Chen Heqin ········ 1–557
Chen Hong ········ 1–557
Chen Hongshou ········ 1–557
Chen Huacheng ········ 1–557
Chen Huangmei ········ 1–558
Chen Huanyong ········ 1–558
Chen Jiageng ········ 1–558
Chen Jiangong ········ 1–558
Chen Jieqi ········ 1–558
Chen Jingkai ········ 1–559
Chen Jingrun ········ 1–559
Chen Jinhua ········ 1–558
Chen Jiongming ········ 1–559
Chen Jitang ········ 1–558
Chen Junsheng ········ 1–559
Chen Juzhong ········ 1–559
Chen Kaige ········ 1–559
Chen Kang ········ 1–560
Chen, Ko Kuei ········ 1–560
Chen Kuiyuan ········ 1–560
Chen Li ········ 1–560
Chen Lianbo ········ 1–561
Chen Liang ········ 1–561
Chen Lifu ········ 1–560
Chen Lin ········ 1–561
Chen Liting ········ 1–560
Chen Lu ········ 1–561
Chen Mengjia ········ 1–561
Chen Mingren ········ 1–561
Chen Moxiang ········ 1–562
Chen Muhua ········ 1–562
Chen Nengkuan ········ 1–562
Chen Ping ········ 1–562
Chen Pixian ········ 1–562
Chen Qiang ········ 1–563
Chen Qiao ········ 1–563
Chen Qimei ········ 1–562
Chen Qiyou ········ 1–563
Chen Qiyuan ········ 1–563
Chen Qubing ········ 1–563
Chen Sanli ········ 1–563
Chen Shaokuan ········ 1–564
Chen Shaomei ········ 1–564
Chen Shaoxin ········ 1–564
Chen Shidao ········ 1–564
Chen Shixiang ········ 1–565
Chen Shizeng ········ 1–565
Chen Shou ········ 1–565
Chen Shubao ········ 1–565
Chen Shupeng ········ 1–565
Chen Shuren ········ 1–566
Chen Shutong ········ 1–565
Chen State ········ 1–551
Chen Tanqiu ········ 1–566
Chen Tianhe ········ 1–566
Chen Tianhua ········ 1–566
Chen Tingzhuo ········ 1–567
Chen Tiqiang ········ 1–566
Chen Tuan ········ 1–567
Chen Wangdao ········ 1–567
Chen Wanli ········ 1–567
Chen Weiji ········ 1–567
Chen Wengui ········ 1–567
Chen Xianzhang ········ 1–568
Chen Xilian ········ 1–567
Chen Xiuzhai ········ 1–568
Chen Xujing ········ 1–568
Chen Xulu ········ 1–568
Chen Yan ········ 1–569
Chen Yanheng ········ 1–569
Chen Yi ········ 1–569
Chen Yingning ········ 1–570
Chen Yingzhen ········ 1–570
Chen Yinke ········ 1–569
Chen Yonggui ········ 1–570
Chen Yongling ········ 1–570
Chen Youliang ········ 1–571
Chen Yuan ········ 1–571
Chen Yuan ········ 1–571
Chen Yucheng ········ 1–571
Chen Yun ········ 1–571
Chen Yuyi ········ 1–571
Chen Zaidao ········ 1–573
Chen Zhang ········ 1–573
Chen Zhen ········ 1–573
Chen Zhi ········ 1–573
Chen Zhifo ········ 1–573
Chen Zhili ········ 1–574
Chen Zhong ········ 1–574
Chen Zhongfan ········ 1–574
Chen Zhongshi ········ 1–574
Chen Zhongwei ········ 1–574
Chen Zi' ang ········ 1–574
Chen Zilong ········ 1–575
Chen Zongxing ········ 1–575
Chen Zude ········ 1–575
Cheng Changgeng ········ 1–589
Cheng Dawei ········ 1–589
Cheng Fangwu ········ 1–577
Cheng Fei ········ 1–589
Cheng Hao ········ 1–589
Cheng Kaijia ········ 1–589
Cheng Qian ········ 1–590
Cheng Qianfan ········ 1–590
Cheng Shewo ········ 1–579
Cheng Shifa ········ 1–590
Cheng Siwei ········ 1–579
Cheng Siyuan ········ 1–590
Cheng Sui ········ 1–590
Cheng Xuanying ········ 1–580
Cheng Yanqiu ········ 1–592
Cheng Yaotian ········ 1–592
Cheng Yi ········ 1–592
Cheng Yin ········ 1–580
Cheng Yuqi ········ 1–593
Cheng Zhaocai ········ 1–580

Cheng Zihua ··· 1–593
Chengbeixi Culture ··· 1–582
Chengde City ··· 1–581
Chengde Imperial Summer Resort ··· 1–581
Chengdu City ··· 1–577
Chengdu Plain ··· 1–577
Chengdu-Kunming Railway ··· 1–578
Chengguan ··· 1–593
Chenghan ··· 1–578
Chengjiang County ··· 1–594
Chengjiang fauna ··· 1–593
Chenglingji Crag ··· 1–583
Chengpu, Battle of ··· 1–583
Chengshan Cape ··· 1–579
Chengtoushan Walled Enclosure ··· 1–587
Chengwang Square Ding ··· 1–580
Chengyang Wind-Rain Bridge ··· 1–592
Chengzhou ··· 1–581
Cheng-Zhu school ··· 1–593
Chengziya ··· 1–588
Chenhao, Rebellion of ··· 1–575
Chenla ··· 9–254
Chennai ··· 4–246
Chenopodiaceae ··· 4–585
Chenqiao, Soldiers Rebellion of ··· 1–563
Chenzhong Society ··· 1–551
Chenzhou City ··· 1–548
cheongsam ··· 6–134
cheque ··· 9–287
Cherkesses ··· 6–189
Chern Shiing-shen ··· 1–568
Chernenko, Konstantin Ustinovich ··· 6–154
Chernobyl Accident ··· 6–189
Chernyshevsky, Nikolay Gavrilovich ··· 1–547
Cherrapunji ··· 6–135
cherry ··· 9–12
cherry tomato ··· 9–13
Cherskogo, Gora ··· 6–190
chert ··· 7–217
Chesapeake Bay ··· 6–190
Cheshi ··· 1–548
chess ··· 3–275
chest ··· 8–330
chest pain ··· 8–331
Chevalley, Claude ··· 8–245
chewing tobacco ··· 4–203
Chexiang Canal ··· 1–548
Chi Cheng ··· 4–83
Chi Haotian ··· 1–595
Chiang Ching-kuo ··· 4–189
Chiang Kai-shek ··· 4–189
Chiang Mai ··· 6–227
Chiba ··· 6–157
chiba ··· 1–595
Chibcha ··· 6–131
Chibi ··· 1–596
Chibi, Battle of ··· 1–596
Chibi City ··· 1–596
Chicago ··· 9–288
Chicago Board of Trade ··· 9–288
Chicago school ··· 9–288
Chichén Itzá ··· 6–132
chicken ··· 4–36
chicken breast ··· 4–37
chicken-feather letter ··· 4–36
chickenpox ··· 7–83
chief ··· 6–244
Chiengmai ··· 6–227
Chifeng City ··· 1–598
chiffon ··· 8–216
Chihuahua ··· 6–132
Chikamatsu Monzaemon ··· 4–272
Chikan ··· 1–598
child bride ··· 7–405
child play ··· 2–417
child psychology ··· 2–418
childbirth insurance ··· 6–548
Childe, Vere Gordon ··· 1–498
childhood autism ··· 2–417
children of artificial insemination ··· 6–287
children's literature ··· 2–418
children's palace ··· 6–473
children's play ··· 9–43
children's stories ··· 7–404
Chile ··· 9–321
Chile Seismic Sea Wave ··· 9–322
Chilo suppressalis ··· 2–425
chimaera ··· 8–582
Chimaeriformes ··· 8–582
chime stone ··· 6–237
Chime-bells from the Tomb of Marquis Yi of Zeng State ··· 9–168
chimney ··· 8–420
chimpanzees ··· 3–460
China ··· 9–334
China Academy of Art ··· 9–381
China Acrobatic Troupe ··· 9–410
China Agricultural University ··· 9–388
China Anti-Japanese Association of Writers and Artists ··· 9–424
China Art Gallery ··· 9–381
China Association for Promoting Democracy ··· 9–382
China Association for Science and Technology ··· 9–376
China aster ··· 2–58
China Aviation Museum ··· 9–371
China Bookstore ··· 9–398
China Brazil Earth Resources satellite 1 ··· 9–527
China Central Television ··· 9–412
China Charity Federation ··· 9–414
China Christian Council ··· 9–374
China Conservatory ··· 9–405
China Construction Bank ··· 9–375
China Consumers Association ··· 9–401
China Daily ··· 9–396
China Democratic League ··· 9–383
China Democratic National Construction Association ··· 9–382
China Development Bank ··· 3–281
China Excellent Publication Award ··· 9–432
China Expeditionary Army ··· 9–408
China Faw Group Corporation ··· 9–350
China Federation of Literary and Art Circles ··· 9–400
China Film Archive ··· 9–352
China Film Group Corporation ··· 9–352
China ink ··· 5–479
China Islamic Association ··· 9–403
China Islamic Institute ··· 9–403
China Journalism Award ··· 9–401
China katsuratree ··· 5–38
China League of Left-Wing Writers ··· 9–578
China Left-Wing Drama Movement ··· 9–579
China Left-Wing Drama Writers Alliance ··· 9–413
China left-wing literature ··· 9–579
China Life Insurance (Group) Company ··· 9–396
China Manned Spacecraft Project ··· 9–410
China Mobile Communication Corporation ··· 9–403
China National Cereals, Oils & Foodstuffs Imp. & Exp. Corp. ··· 9–377
China National Peking Opera Company ··· 3–281
China National Petroleum Corporation ··· 9–398
China National Radio ··· 9–445
China National School of Administration ··· 3–285
China National Space Administration ··· 9–368
China National Symphony Orchestra ··· 9–375
China News Service ··· 9–401
China North Industries Group Corporation ··· 9–346
China Opera and Dance-Drama Theatre ··· 9–356
China orchis ··· 5–480
China Petrochemical Corporation ··· 9–398
China Power Investment Corporation ··· 9–350
China Publishing Government Prize ··· 9–347

China Publishing Group Corporation ······ 9–346
China Puppet Art Troup ······ 9–387
China Radio International ······ 9–367
China Railway Construction Corporation ······ 9–399
China Railway Group Limited ······ 9–412
China rōnin ······ 2–93
China savin ······ 9–112
China Science and Technology Museum ······ 9–376
China siris ······ 9–17
China spaceflight ······ 9–371
China State Construction Engineering Corporation ······ 9–375
China Telecom ······ 9–350
China Traveling Drama Troupe ······ 9–377
China University of Geosciences ··· 9–349
China University of Petroleum ······ 9–397
China University of Political Science and Law ······ 9–411
China Wuqiao International Circus Festival ······ 9–400
China Youth Art Theatre ······ 9–389
China Zhi Gong Party ······ 9–411
chinaberry family ······ 5–49
Chinandega ······ 6–132
China-Pakistan Highway ······ 9–326
China's Entry into WTO ······ 9–374
China's Great Wall Station in Antarctica ······ 9–387
China's Western Development Program ······ 8–89
China's Yellow River Station in Arctic ······ 9–346
China's Zhongshan Station in Antarctica ······ 9–388
chinchilla ······ 5–318
Chinchillidae ······ 5–318
Chinemys reevesii ······ 7–615
Chinese Academy of Arts ······ 9–403
Chinese Academy of Engineering ··· 9–357
Chinese Academy of Sciences ······ 9–377
Chinese Academy of Social Sciences ······ 9–397
Chinese acrobatics ······ 9–409
Chinese alligator ······ 8–448 (9–414)
Chinese alligator Nature Reserve ··· 8–449
Chinese and Western Cultures, Disputes on ······ 2–326
Chinese angelica ······ 1–210
Chinese angelica ······ 2–151
Chinese arborvitae ······ 1–485
Chinese ash ······ 1–200
Chinese aucuba ······ 7–323
Chinese Ballads ······ 9–357
Chinese Basketball Professional League Tournament ······ 9–411
Chinese bee ······ 9–415
Chinese brake ······ 8–43
Chinese brown frog ······ 9–377
Chinese buckeye ······ 6–122 (7–225)
Chinese Buddhist Academy ······ 9–354
Chinese cabbage ······ 1–192 (2–72)
Chinese calendar ······ 8–163
Chinese Catholic Patriotic Association ······ 9–399
Chinese characters ······ 3–386 (3–380)
Chinese characters, simplification of ······ 3–386
Chinese chess ······ 8–208
Chinese cinema ······ 9–350
Chinese cinquefoil ······ 7–562
Chinese classical dance ······ 9–366
Chinese Clothing and Adornment in Various Dynasties ······ 9–377
Chinese clover ······ 9–535
Chinese coastal cities opening to the outside world ······ 9–402
Chinese Communist Youth League ··· 9–362
Chinese costume ······ 9–354
Chinese crinum ······ 7–593
Chinese crocodile lizard ······ 2–413
Chinese cryptomeria ······ 5–134
Chinese cypress ······ 1–217
Chinese date ······ 9–163
Chinese dialects ······ 3–383
Chinese dodder ······ 7–447
Chinese dragon boat racing ······ 6–380
Chinese economic thoughts, history of ······ 9–375
Chinese Ensemble of Song and Dance ······ 9–357
Chinese Female University ······ 9–388
Chinese fern ······ 9–376
Chinese fine arts ······ 9–378
Chinese flowering-quince ······ 5–489
Chinese folk art forms ······ 9–389
Chinese folk religions ······ 9–381
Chinese Football Professional League Tournament ······ 9–411
Chinese francolin ······ 9–245
Chinese gallnut ······ 8–43
Chinese gardens ······ 9–406
Chinese giant salamander ··· 2–97 (7–463)
Chinese goldthread ······ 3–591
Chinese gooseberry ······ 9–415 (5–392)
Chinese grammar ······ 3–384
Chinese Grammar by Mr. Ma ······ 5–277
Chinese graphology ······ 3–386
Chinese hawthorn ······ 6–442
Chinese hibiscus ······ 2–599
Chinese historical phonetics ······ 3–384
chinese holly ······ 3–154
Chinese ivy ······ 1–524
Chinese kale ······ 3–26
Chinese Kuomintang ······ 9–368
Chinese lacquer ······ 6–531
Chinese landscape painting ······ 6–439
Chinese language ······ 3–382
Chinese learning ······ 3–294
Chinese legal genealogy ······ 9–414
Chinese lexicon ······ 3–382
Chinese liquor ······ 1–199
Chinese Lunar Exploration Program ······ 9–409
Chinese lute ······ 6–78
Chinese magnolia vine ······ 8–51
Chinese mahonia ······ 6–586
Chinese meal ······ 9–326
Chinese Medical Association ······ 9–432
Chinese medical massage ······ 1–244
Chinese milk vetch ······ 9–535
Chinese moral thought ······ 9–378
Chinese Muslim mosque education ··· 9–387
Chinese mythology ······ 9–397
Chinese Mythology and Legend ······ 9–397
Chinese Nation ······ 9–422
Chinese Nationalist Party ······ 9–368
Chinese opera ······ 8–143
Chinese opera, type of roles in ······ 4–349
Chinese paddle-fish ······ 1–207
Chinese pangolin ······ 2–24
Chinese pear psyllid ······ 9–377
Chinese pear-leared crabapple ······ 6–423
Chinese Peasants and Workers Democratic Party ······ 9–388
Chinese People's Anti-Japanese Military and Political College ··· 9–394
Chinese People's Liberation Army ··· 9–391
Chinese People's Political Consultative Conference ······ 9–394
Chinese People's Volunteers ······ 9–395
Chinese perch ······ 3–248
Chinese Phonetic System ······ 3–383
Chinese phonetics ······ 3–384
Chinese pinyin orthography ······ 3–383
Chinese Professional Society of Education ······ 9–432
Chinese puppet art ······ 9–385
Chinese pygmy dormouse ······ 9–478
Chinese Recovery of British Concessions in Hankou and Jiujiang ······ 7–35
Chinese Red Cross Society ······ 9–372
Chinese regional autonomy of minority nationalities ······ 9–383
Chinese remainder theorem ······ 7–224
Chinese Revolutionary Alliance ··· 9–399
Chinese rhetoric ······ 3–383
Chinese rice wine ······ 3–590

Chinese river deer ………… 9–221
Chinese rose ………… 9–120
Chinese sea-lavender ………… 1–423
Chinese shadow play ………… 9–405
Chinese silkvine ………… 3–57
Chinese silvergrass ………… 5–310
Chinese Society of Architecture ………… 9–405
Chinese space tracking, telemetering and command net ………… 9–371
Chinese stripe-necked turtle ………… 3–527
Chinese sturgeon ………… 9–432
Chinese sucker ………… 9–402
Chinese Swamp cypress ………… 7–96
Chinese system of weights and measures ………… 7–28
Chinese tallow tree ………… 7–616
Chinese tamarisk ………… 1–576
Chinese Thesaurus ………… 3–385
Chinese torreya ………… 8–192
Chinese traditional calendar ………… 5–609
Chinese traditional veterinary medicine ………… 9–438
Chinese traditional wind and percussion ensemble ………… 2–33
Chinese trumpet creeper ………… 5–98
Chinese tulip tree ………… 2–405
Chinese University of Hong Kong ………… 8–196
Chinese waxmyrtle ………… 8–459
Chinese wildrye ………… 8–449
Chinese wingnut ………… 2–571
Chinese wistaria ………… 9–534
Chinese wolfberry ………… 3–154
Chinese Workers' and Peasants' Red Army ………… 9–357
Chinese wrestling ………… 9–398
Chinese Young Pioneers ………… 9–396
Chinese-foreign cooperative enterprises ………… 9–440
Chinese-foreign joint venture enterprises ………… 9–440
Chinhae ………… 9–259
Chins ………… 6–192
Chipman, John ………… 6–132
Chirac, Jacques ………… 8–121
chiral asymmetric synthesis ………… 7–40
chirality ………… 7–40
Chironomidae ………… 8–481
chiropractic ………… 5–590
Chishui City ………… 1–600
Chishui River ………… 1–600
Chişinău ………… 4–51
Chisongzi ………… 1–600
chitin ………… 4–135 (4–28)
Chitinozoa ………… 4–28
Chittagong ………… 4–60
Chitwan National Park ………… 6–132
chivalrous and legal case novel ………… 8–156
chives ………… 4–324
Chiyou ………… 1–594
Chizhou City ………… 1–595
Chladni, Ernst Florenz Friedrich ………… 4–448
chlamydiosis ………… 8–534
Chlamydoselachiformes ………… 9–479
chloral ………… 6–396
Chloranthus spicatus ………… 4–257
Chlorella ………… 8–227
chlorine ………… 5–188
chlorite ………… 5–185
chloroethane ………… 5–189
chlorofiber ………… 5–189
chlorophyll ………… 8–498
Chlorophyta ………… 5–187
Chlorophytum comosum ………… 2–302
chloroplast ………… 8–498
chlorotrifluoroethylene ………… 6–385
Cho Hoon Hyun ………… 1–478
chocolate ………… 6–188
Choe Mi-seon ………… 2–55
Choerospondias axillaris ………… 5–542
Choi Chi-won ………… 2–56
Choi Se-jin ………… 2–56
Choi Sung-hui ………… 2–55
Choibalsan ………… 6–181
cholecystitis ………… 2–146
cholelithiasis ………… 2–146
cholera ………… 4–23
choleretics ………… 5–27
cholesterol ………… 2–147 (2–145)
Chomsky, Noam ………… 6–182
Chon Bon-dzhun ………… 6–259
Chondrichthyes ………… 6–345
chondromalacia patellae ………… 1–361
chong channel ………… 2–2
chong vessel ………… 2–2
Ch'ŏngjin ………… 6–226
Chongming County ………… 2–7
Chongming Island ………… 2–7
Chongqing City ………… 2–5
Chongqing Talks ………… 2–6
Chongqing University ………… 2–5
Chongwen Imperial Library ………… 2–8
Chongyang Taoist Temple ………… 2–7
Chongzhou City ………… 2–8
Chongzuo City ………… 2–8
Chopin, Fryderyk Franciszek ………… 8–210
chopsticks ………… 4–497
chorale ………… 9–460
chord ………… 3–420
Chordata ………… 4–86
chorea ………… 8–63
choriocarcinoma ………… 6–331
Chos-kyi hod-zer ………… 7–111
Christaller, Walter ………… 4–453
Christchurch ………… 4–449
Christian art ………… 4–44
Christian Literature Society for China ………… 3–237
Christian theology ………… 4–45
Christianity ………… 4–42
Christiansen, Wilbur Norman ………… 4–453
Christmas ………… 6–557
Christmas tree ………… 6–557
Christology ………… 4–45
Christov, Solveig ………… 4–453
chromatic aberration ………… 6–415
chromatin ………… 6–273
chromatograph ………… 6–417
chromatography ………… 6–416
chromite ………… 3–117
chromium ………… 3–116
chromosome ………… 6–273
chromosome diseases ………… 6–273
chromosphere ………… 6–417
chronic bronchitis ………… 5–310
chronic glomerulonephritis ………… 5–310
chronic obstructive pulmonary disease ………… 5–310
chronic renal failure ………… 5–309
Chronicle of Poetry in Yuan Dynasty ………… 9–94
chronicle record ………… 6–613
Chronicles of the States in the Eastern Zhou Dynasty ………… 2–330
chrysanthemum ………… 4–332
Chrysanthemum coronarium var. *spatiosum* ………… 7–400
chrysoberyl ………… 4–245
chrysoberyl cat's-eye ………… 5–312
Chrysomelidae ………… 8–496
Chrysophrys major ………… 9–252
Chrysophyta ………… 4–263
Chu ………… 2–18
Chu Anping ………… 2–17
Chu culture ………… 2–20
Chu music ………… 2–20
Chu Nom script literature ………… 5–547
Chu, Paul Ching-wu ………… 9–483
Chu Renhuo ………… 2–21
Chu State ………… 2–18
Chu, Steven ………… 9–481
Chu Suiliang ………… 2–21
Chu Tunan ………… 2–20
Chu Yinghuang ………… 2–21
Chuan cuisine ………… 2–22
Chuan-Chu White Lotus Uprising ………… 2–22
Chuanqi drama ………… 2–25
chuanqi of Ming and Qing Dynasties ………… 5–445
chuanxiong ligusticum ………… 2–23
Chuanzhong Hills ………… 2–23
Chubarian, Ogan Stepanovich ………… 6–239
chufa ………… 9–40

Chu-Han, War of ········ 2–19
Chukchi Peninsula ········ 2–19
Chukchi Sea ········ 2–19
Chukhrai, Grigory Naumovich ··· 6–240
Chukotskiy Poluostrov ········ 2–19
Chulalongkorn' s Reforms ········ 9–484
chu-lan tree ········ 4–257
chu-lan tree ········ 5–396
Chun Hyang Jeon ········ 2–38
Chuncao Barging into the Court Room ········ 2–34
Ch' unch' ŏn ········ 2–34
church fathers ········ 4–208
Church of England ········ 9–4
Churchill, Sir Winston (Leonard Spencer) ········ 6–240
Chuvash ········ 2–20
Chuxiong City ········ 2–21
Chuxiong Yi Autonomous Prefecture ········ 2–21
Chuzhou City ········ 2–17
Ci Poetry Comments of Huifeng ········ 4–1
Ci Yungui ········ 2–44
CIA ········ 5–355
cicada ········ 1–500
Cicadellidae ········ 8–495
Cicadidae ········ 1–500
Cicer arietinum ········ 9–14
Cicéri, Pierre-Luc-Charles ········ 8–101
Cicero, Marcus Tullius ········ 8–99
cicerone ········ 2–157
Cichlidae ········ 5–23
cichlids ········ 5–23
Cicindelidae ········ 3–518
Ciconia ········ 1–197
Ciconiiformes ········ 3–218
Cien Años de Soledad ········ 1–213
Ci' en Temple ········ 2–43
CIF ········ 2–158
cigar ········ 8–371
cigarette ········ 4–346
Cimabue ········ 6–132
CIMS ········ 4–91
Cinchona ledgeriana ········ 4–242
cinchonine ········ 8–260
Cincinnati ········ 8–261
cinema of Hong Kong ········ 8–193
cinema of Taiwan ········ 7–250
cinematography ········ 2–292
Činggis qaran ········ 1–578
cinnabar ········ 1–549
cinnamaldehyde ········ 6–337
Cinnamomum camphora ········ 9–222
cinnamon soil ········ 3–450
CIO ········ 3–275 (3–276)
ci-poem ········ 2–40
circle ········ 9–112
circuit ········ 2–159
circuit trial ········ 8–381
circuit-breaker ········ 2–368
circulating capital ········ 5–125
circulation ········ 5–127
circulation capital ········ 5–127
circulatory system ········ 8–383
circumcision ········ 3–95
circumference of a circle to its diameter, ratio of ········ 9–113
circum-Pacific, seismic zone of the ··· 3–575
circus ········ 5–282
cire purdue ········ 6–571
Cirrhinus molitorella ········ 5–100
cirrhosis ········ 3–42
Cirripedia ········ 5–309
CIS ········ 2–353
Cishan Culture ········ 2–48
Cistanche salsa ········ 6–336
CITIC Group ········ 9–412
citizen ········ 3–135
Citizen Kane ········ 3–135
Citizen's Charter ········ 3–136
citizen' s rights ········ 3–135
citizenship education ········ 3–135
Citlaltépetl, Volcán ········ 8–134
citral ········ 5–597
citric acid ········ 5–597
citron daylily ········ 4–263
Citrullus lanatus ········ 8–92
Citrus ········ 1–594
citrus fruit trees ········ 3–43
Citrus grandis ········ 9–53
Citrus limon ········ 5–597
citrus long-horned beetle ········ 8–306
citta ········ 8–247
City ········ 8–560
city ········ 1–583
city commercial bank ········ 1–587
city hall ········ 7–28
city proper ········ 7–28
city wall ········ 1–582
city-state of ancient Greece ········ 8–123
Ciudad de México ········ 5–483
civet ········ 5–96
civil act, capacity for ········ 5–428
civil air defence shelter ········ 6–285
civil aircraft ········ 5–430
civil disobedience ········ 9–282
civil duty ········ 5–429
civil engineering ········ 7–440
civil houses at Qiankou ········ 6–172
civil involving foreigners ········ 6–504
civil judgement ········ 5–425
civil jurisdiction ········ 5–428
civil law ········ 5–422
civil law, juristic acts in ········ 5–426
civil legal relation ········ 5–426
civil liability ········ 5–429
civil ordinary procedure ········ 5–426
civil prescription ········ 5–427
civil procedure law ········ 5–427
Civil Procedure Law of the People's Republic of China ········ 9–427
civil proceedings, coercive measures in ········ 5–426
civil right ········ 5–426
civil right, capacity for ········ 5–427
civil service ········ 3–137
civil suits, executive procedure in ··· 5–429
civil summary procedure ········ 5–426
civil transport ········ 5–423
Civilian Educational Movement ··· 6–91
civilization ········ 7–591
Cixi City ········ 2–43
Cixi Empress Dowager ········ 2–44
Cixian County ········ 2–49
Clactonian Culture ········ 4–447
claim ········ 7–233
claim ········ 9–177
clam ········ 3–112
clamping circuit ········ 6–171
clan ········ 7–14
Clanis bilineata ········ 2–345
clappers ········ 6–35
clarinet ········ 2–142
Clark Gable ········ 4–447
Clark, John Bates ········ 4–446
Clark, John Grahame Douglas ········ 4–447
class ········ 4–213
class struggle ········ 4–213
Classic Code ········ 2–447
Classic of Mountains and Seas ········ 6–437
Classic of Tea ········ 1–491
Classic of the Way and Virtue ········ 2–160
Classic of the Yellow Courts ········ 3–598
classical Chinese novels ········ 7–599
classical dance ········ 3–167
classical economics ········ 3–167
classical German philosophy ········ 2–175
classical logic ········ 3–167
classical mechanics ········ 4–284
classical political economy ········ 3–167
Classical Prose Movement in Tang and Song Dynasties ········ 7–314
classical quatrain ········ 3–171
classical revival architecture ········ 3–166
Classical Treatise on Literary Writing ········ 2–271
classical-style poetry ········ 3–176
classicisme ········ 3–167
Classification of Poets ········ 6–575
classification society ········ 2–29
Classified Collection of Ancient

Coins ············ 3–174
Classified Collection of Song Poetry ··· 7–172
Classified Conversations of Zhu Xi ··· 9–490
Classified Twenty-Four Kinds of Poetry ············ 2–428
clathrate ············ 1–236
Claudel, Paul ············ 4–458
Clausewitz, Carl (Philipp Gottlieb) von ············ 4–450
Clausius, Rudolf ············ 4–450
Clavicipitaceae ············ 5–295
clavus ············ 4–37
claw ············ 9–226
Clay Figurine Zhang ············ 5–580
clay rock ············ 5–586
clay seal ············ 2–571
clay tile ············ 7–463
Clayderman, Richard ············ 4–448
clean automobile ············ 6–226
clean coal technology ············ 4–219
Clean Government Party, Japan ······ 6–316
clean production ············ 6–226
clearance ············ 4–222
clearing heat and cooling blood ······ 6–229
clearing heat and eliminating dampness ············ 6–227
clearing heat and removing toxicity ··· 6–229
clearing method ············ 6–225
clearwing moth ············ 7–414
cleavage ············ 6–70
cleft lip and palate ············ 2–39
cleft point ············ 8–147
Cleisthenes, Reforms of ············ 4–454
Clematis ············ 7–384
Clemenceau, Georges ············ 4–454
Clementi, Muzio ············ 4–448
Clements, Sir John Selby ············ 4–448
Cleopatra Ⅶ ············ 4–451
clepsydra ············ 4–461
Cleveland ············ 4–454
click beetle ············ 4–482
cliff burial ············ 8–391
Cliffside Inscriptions and Carvings of the Baoxie Road ············ 1–239
Cliffside Sculptures at Huangze Temple ············ 3–580
climacteric ············ 3–118
climate ············ 6–142
climate index of national economy ··· 3–291
climatic change ············ 6–142
climatic system ············ 6–143
climatic zone ············ 6–143
climatology ············ 6–143
cline ············ 9–126
clingfishes ············ 3–489
clinical enzymological diagnosis ··· 5–89
clinical nutrition ············ 5–89
Clinton, William Jefferson ············ 4–454
Clivia miniata ············ 4–360
clock ············ 9–453
clock paradox ············ 6–611
clogs ············ 5–489
cloisonné enamal ············ 4–312
clone ············ 4–455
close binary star ············ 5–404
closed fishing season ············ 8–337
closed season ············ 4–278
closed-door policy ············ 1–328
cloth coupon ············ 1–451
clothing coupon ············ 1–451
cloud ············ 9–132
cloud chamber ············ 9–138
cloud computing ············ 9–134
Cloud, Preston ············ 4–450
clove pink ············ 8–198
clover ············ 6–404
Clovis I ············ 4–458
clown role in Chinese opera ············ 2–12
Club of Rome ············ 5–208
Cluj-Napoca ············ 4–455
Cluniac Movement ············ 4–456
cluster mallow ············ 2–330
clutch ············ 4–576
CMA ············ 9–432
CNIGC ············ 9–346
CNPC ············ 9–398
CNPOC ············ 3–281
CNR ············ 9–445
CNS ············ 9–401
CNS ············ 9–438
CNSA ············ 3–285
CNSA ············ 9–368
CNSO ············ 9–375
coach ············ 4–209
coal ············ 5–338
coal bed methane ············ 5–339
coal field ············ 5–340
coal gas ············ 5–340
coal gasification ············ 5–340
coal liquefaction ············ 5–340
coal mining ············ 1–466
coal preparation ············ 8–366
coal water slurry ············ 7–94
coal-bearing strata ············ 3–356
coalition cabinet ············ 5–45
Coase, Ronald Harry ············ 4–435
coast defense ············ 3–326
Coastal Hills in Southeast China ··· 2–324
coastline survey ············ 1–113
coated art paper ············ 7–401
coating ············ 7–429
cobalt ············ 3–189
Cobitinae ············ 3–530
cobra ············ 8–440
cobweb theorem ············ 9–495
Coca-Cola Company, The ············ 4–444
cocaine ············ 3–171 (4–444)
cocainetree ············ 3–171
Coccidae ············ 4–529
Coccinellidae ············ 6–83
Coccoidea ············ 4–235
coccus ············ 6–244
Cochabamba ············ 4–434
Cochin ············ 4–434
cochinchina momordica ············ 5–488
cochin-chinese asparagus ············ 7–354
Cockburn Town ············ 4–423
cockroach ············ 9–222
cocktail ············ 4–36
coconut ············ 8–488
coconut crab ············ 8–489
Cocos nucifera ············ 8–488
Cocteau, Jean ············ 4–429
cod ············ 8–373
cod liver oil ············ 9–59
Code Civil des Français ············ 2–443
Code Napoléon ············ 5–505
Code of Hammurabi ············ 3–378
code of warriors ············ 8–59
codeine ············ 4–443
Codonopsis pilosula ············ 2–152
Coelenterata ············ 6–177
Coelococcus carolinensis ············ 8–209
Coelomactra antiquata ············ 8–100
Coelomata ············ 7–342
coenzyme ············ 3–3
coerced accomplice ············ 8–235
Coetzee, John Maxwell ············ 4–489
COFCO ············ 9–377
coffea ············ 4–361
coffee ············ 4–361
co-fusion ············ 3–218
cognition ············ 6–309
cognitive behavioural therapy ······ 6–310
cognitive development ············ 6–310
cognitive psychology ············ 6–310
cognitive style ············ 6–310
cogon grass ············ 1–203
Cohen, Hermann ············ 4–420
Coiba, Isla de ············ 4–442
Coilia ············ 4–106
coin ············ 9–505
coins of the Wang Mang Period ··· 7–503
cointegration ············ 8–235
coir raincoat ············ 7–226
Coix lacryma-jobi ············ 8–569
coke ············ 4–203
Coke, Edward ············ 4–429
Colbert, Jean-Baptiste ············ 4–419
cold ············ 3–45
cold current ············ 3–366

Cold Food Festival ········ 3–366
cold pathogen ········ 3–366
cold pathogenic disease ········ 6–450
cold pathogenic diseases, school of ········ 6–451
cold processing of metal ········ 4–575
Cold Spring Harbour Laboratory ··· 4–575
cold storage ········ 4–575
cold therapy ········ 4–575
Cold War ········ 4–576
cold wave ········ 3–366
Coleoptera ········ 6–189 (4–134)
Coleridge, Samuel Taylor ········ 4–420
Colette, Sidonie-Gabrielle ········ 4–430
colicweed ········ 3–429
Coliiformes ········ 7–59
co-litigation ········ 3–150
collage ········ 6–84
collagen ········ 4–201
collapse ········ 1–312
collateral consanguinity ········ 6–48
collation ········ 4–207
Collected Military Writings of Mao Zedong ········ 5–322
Collected Records of the Northern Alliance during Three Reigns ······ 6–382
collected works ········ 7–590
Collected Works of Cheng Hao and Cheng Yi ········ 2–422
Collected Works of Mao Zedong ······ 5–323
Collection of Ci-poems in Tang and Five Dynasties ········ 7–315
Collection of Han Chunquan's Treatises on Landscape Painting ··· 6–438
Collection of Oracle Bone Inscriptions ········ 4–134
Collection of Outstanding Public Figures of Ming Dynasty ········ 3–254
Collection of Poets'Precious Remarks ··· 6–575
Collection of Tang Poetry Specially Compiled ········ 7–313
Collection of Ten Scripts by Li Yu ··· 5–35
Collection of Three Series of Chinese Folk Literature ········ 9–381
Collection of Yuefu Poetry ········ 9–124
Collections of Dunhuang Folksongs ··· 2–376
collective agreement ········ 4–76
collective behaviour ········ 4–77
collective farm ········ 4–77
collective ownership ········ 4–77
collective ownership ········ 4–77
collective security theory ········ 4–76
Collembola ········ 7–282
collider ········ 2–375
colligative property ········ 8–536
Collingwood, Robin George ······ 4–420
Collins, Wilkie ········ 4–430
collision ········ 6–69
colloid ········ 4–200
colloid chemistry ········ 4–201
Colobinae ········ 8–496
Colocasia esculenta ········ 9–79
Cologne ········ 4–430
Cologne Cathedral ········ 4–430
Colombia ········ 3–89
Colombo ········ 4–430
Colón ········ 4–430
colon and rectum, carcinoma of ··· 4–219
Colón, Archipiélago de ········ 4–430
coloni ········ 5–33
Colonial Product Pipeline ········ 4–431
colonnade ········ 4–549
colony ········ 9–307
Colorado Grand Canyon ········ 4–431
Colorado Plateau ········ 4–431
Colorado River ········ 4–431
Colosseum in Rome ········ 5–207
colour blindness ········ 6–416
colour cotton ········ 1–466
colour glaze ceramics ········ 8–437
colour instruments ········ 6–415
colour science ········ 6–415
coloured glaze ········ 5–129
Columba ········ 3–94
Columbia Pictures Corp. ········ 3–91
Columbia River ········ 3–91
Columbia space shuttle ········ 3–90
Columbia University ········ 3–90
Columbiformes ········ 3–94
columbine meadowrue ········ 7–314
columbite ········ 5–581
Columbus ········ 3–91
Columbus, Christopher ········ 3–91
coma ········ 4–1
Coma cluster ········ 3–491
Comaneci, Nadia ········ 4–432
Combat Book Worship ········ 2–469
combat power ········ 9–180
combination of technology and trade ········ 4–98
combinatorial chemistry ········ 9–569
combinatorial mathematics ········ 9–569
combinatorial optimization ········ 9–570
combine harvester ········ 5–46
combined events in athletics ········ 7–370
combined transportation ········ 5–46
combining weight, law of ········ 3–543
Comédie-Française ········ 2–450
comedy ········ 8–139
Comenius, John Amos ········ 4–492
comet ········ 3–614
comfort woman problem ········ 7–572
comic ········ 3–540
Cominform ········ 3–147
command of the air ········ 9–313
command of the sea ········ 9–313
command of the space ········ 9–314
commander unequalled in honour ··· 4–386
commander-in-chief ········ 2–348
commemorative stamp ········ 4–97
commencement of action ········ 6–140
commensuration of crime, criminal responsibility and punishment, principle of ········ 9–576
comment ········ 6–94
Commentary on Law Codes of Tang Dynasty ········ 7–309
Commentary on the Waterways Classic ········ 7–87
Comments Grading Paintings and Painters ········ 3–557
Comments on Canglang Peotries ··· 1–475
comments on paintings and painters ········ 3–557
Comments on Poetry across Dynasties ········ 5–16
Comments on Poetry across Dynasties (series) ········ 5–16
commerce ········ 6–457
commercial bank ········ 6–458
commercial center ········ 6–458
commercial law ········ 6–454
commercial photography ········ 6–458
commercial port ········ 6–454
Commercial Press ········ 6–457
commercial production base of agriculture ········ 5–615
commercial street ········ 6–457
commercial treaties ········ 5–328
comminution machinery ········ 2–559
commission ········ 9–29
Commissioner of Customs ········ 3–327
Committee for Language Reform of China ········ 9–400
Committee of Peaceful Uses of Outer Space ········ 3–418
commodities ········ 6–455
commodity economy ········ 6–456
commodity exchange ········ 6–456
commodity, fetishism of ········ 6–455
commodity grain base ········ 6–456
commodity house ········ 6–456
commodity inspection ········ 6–456
common andrographis ········ 2–24
common antiaris ········ 4–172
common asparagus ········ 6–594
common aucklandia ········ 5–493
common bleeding-heart ········ 3–429
common callalily ········ 5–279
common camptotheca ········ 8–140
common cashew ········ 8–477

common cattail ······ 6–104
common cockscomb ······ 4–36
common crape myrtle ······ 9–535
common eel ······ 5–303
common explanations of characters in ancient books ······ 7–393
common fuchsia ······ 2–158
common lantana ······ 5–285
common law ······ 6–116
common magpie ······ 8–140
common marchantia ······ 2–230
common monkshood ······ 8–9
common nandina ······ 5–543
common olive ······ 9–37
common pangolin ······ 2–24
common papermulberry ······ 3–155
common peach-seven ······ 7–322
common perilla ······ 1–205
common perilla ······ 9–534
common poinsettia ······ 8–510
common polytrichum ······ 4–239
Common Program of Chinese People's Political Consultative Conference ······ 9–395
common quail ······ 1–112
common reed ······ 5–158
common rush ······ 2–191
common scouring rush ······ 5–494
common selfheal ······ 8–163
common smoketree ······ 3–592
common snapdragon ······ 4–262
common spoken Chinese ······ 6–116
common stock ······ 9–533
common swift ······ 9–72 (5–148)
common yam ······ 7–60
Commons, John Rogers ······ 4–403
commontulip ······ 9–80
Commonwealth of Independent States ······ 2–353
Commune de Paris (1792～1794) ··· 1–170
Commune de Paris (1871) ······ 1–170
communication ······ 4–195
communication network ······ 7–392
communication satellite ······ 7–392
communication system ······ 7–392
communication theories ······ 2–24
Communication University of China ······ 9–347
communism ······ 3–147
Communist and Kuomintang Alliance ······ 3–256
Communist League ······ 3–147
Communist Party of China ······ 9–358
Communist Party of Greece ······ 8–123
Communist Party of India ······ 8–597
Communist Party of the Soviet Union ······ 7–188
Communist Party of the United States of America ······ 5–350
communitarianism ······ 6–501
community ······ 6–500
community culture ······ 6–500
community education ······ 6–500
community health services ······ 6–500
community prevention ······ 6–501
community service ······ 6–500
commutation ······ 4–157
Comnenian Dynasty ······ 4–433
Comoros ······ 4–432
compact star ······ 9–319
comparative advantage investment theory ······ 1–317
comparative jurisprudence ······ 1–316
comparative politics ······ 1–317
comparative psychology ······ 1–316
compass ······ 5–205
compass ······ 8–575
compass ······ 9–309
compass vehicle ······ 9–309
Compendium of Ancient and Modern Books ······ 3–169
Compendium of Chronicles ······ 7–7
Compendium of Materia Medica ··· 1–305
compensable transfer of use right for farming land ······ 5–616
compensation for damage ······ 7–224
compensation for wrong detentions and conviction ······ 9–85
compensation trade ······ 1–422
compensatory financing loan ······ 1–422
competitive gymnastics ······ 4–314
Compilation of Notes on Classical Poetry ······ 6–574
compiler ······ 1–339
complaint, right to ······ 4–479
Complete Ci-poem Copies of Qing Dynasty ······ 6–261
Complete Ci-poem Works of Song Dynasty ······ 6–263
Complete Collection of Six Codes ··· 5–137
Complete Edition of Poetries in Pre-Qin, Han, Wei, Jin, Northern and Southern Dynasties ······ 8–170
Complete Library of Four Treasuries ··· 7–150
Complete Literature Works of Liao Dynasty ······ 6–260
Complete Literature Works of Song Dynasty ······ 6–263
Complete Literature Works of Tang Dynasty ······ 6–264
Complete Non-dramatic Songs of Ming Dynasty ······ 6–261
Complete Non-dramatic Songs of Qing Dynasty ······ 6–261
Complete Non-dramatic Songs of Yuan Dynasty ······ 6–265
Complete Poetry Works of Han, Three Kingdoms, Jin, Northern and Southern Dynasties ······ 6–259
Complete Poetry Works of Song Dynasty ······ 6–263
Complete Poetry Works of Tang Dynasty ······ 6–263
Complete Record of Ancient Poetries ··· 3–176
Complete Works on Agricultural Administration ······ 5–616
complex ······ 6–235
complex function ······ 3–8
complex number ······ 3–12
Complutensian University of Madrid ······ 5–243
components ······ 9–536
Compositae ······ 4–333
composite apparatus ······ 9–569
composite family ······ 4–333
composite material ······ 3–10
composite number ······ 3–410
composite system ······ 3–10
composition ······ 3–155
composition ······ 3–155
compost ······ 2–370
compound eye ······ 3–12
compound interest ······ 3–11
compound nuclear reaction ······ 3–10
compound pendulum ······ 3–8
comprador ······ 5–290
Comprehensive and Interpretative Discussions on Classics at the White Tiger Temple ······ 1–198
comprehensive arrangement for serious disease ······ 2–74
Comprehensive Collection of Ci-Poems ······ 2–41
Comprehensive Geography of Great Ming Empire ······ 3–576
comprehensive history ······ 7–391
Comprehensive Institutions ······ 7–388
Comprehensive Mirror to Aid in Government ······ 9–527
Comprehensive Phonology ······ 3–239
Comprehensive Textual Research of Historical Documents ······ 7–596
compressor ······ 8–386
compromise ······ 3–417
Compton, Arthur Holly ······ 4–403
Compton effect ······ 4–403
compulsory appearance ······ 4–329
compulsory education ······ 8–555
compulsory service system ······ 8–555
computation with abacus ······ 9–493
computation with calculating rod ··· 2–11

computational chemistry ………… 4–89
computational fluid dynamics …… 4–94
computational mathematics ……… 4–94
computational mechanics ………… 4–94
computed tomography …… 9–583 (4–94)
computer……………………………… 4–89
computer aided design …………… 4–90
computer aided manufacturing …… 4–90
computer aided publishing ……… 4–90
computer art ……………………… 2–285
computer assisted instruction……… 4–90
computer hardware ……………… 4–94
computer integrated manufacturing systems ……………………… 4–91
computer network ………………… 4–93
computer science and technology … 4–91
computer software ………………… 4–92
computer virus …………………… 4–90
computing workstation …………… 4–91
Comte, Auguste ………………… 4–472
Conakry ………………………… 4–433
Conan Doyle, Arthur …………… 4–421
Conant, James Bryant …………… 4–433
concealer moth ………………… 9–292
concentrate ……………………… 4–304
Concepción ……………………… 4–404
concept …………………………… 3–31
conception channel ……………… 6–311
conception vessel ……………… 6–311
conceptual art …………………… 3–208
concern …………………………… 4–400
concert hall ……………………… 8–577
concerted reaction ……………… 8–235
concerto ………………………… 8–235
concession system ……………… 9–565
concession territories …………… 9–564
Concordat of Worms …………… 7–610
concrete …………………………… 4–5
concrete labour ………………… 4–338
concurrent engineering ………… 1–368
condemnatory novel …………… 6–176
condensation …………………… 5–598
condensation polymerization……… 7–227
condensation reaction …………… 7–227
condensed matter physics ……… 5–598
condensed state chemistry ……… 5–598
conditioned reflex ……………… 7–373
condoling ………………………… 2–302
conduct disorders in childhood…… 2–417
conductance ……………………… 2–277
conduction disturbance ………… 2–24
conductive polymer ……………… 2–156
conductor ………………………… 2–157
conductor ………………………… 9–309
conduit …………………………… 7–55
condyloma acuminatum ………… 4–150
cone shell ………………………… 9–79
Conference of Lausanne ………… 5–230
Conference of Locarno …………… 5–228
Conference of Non-Aligned Countries ……………………… 1–427
Conference of 7000 Cadres ……… 6–120
Conference on Security and Cooperation in Europe ………… 6–24
configuration …………………… 3–155
confined water ………………… 1–582
confirmation of honours and ranks… 1–484
confiscation of property ………… 5–466
conflict of laws …………………… 2–2
conflict rule ………………………… 2–2
conflict theory …………………… 2–3
conformal mapping ……………… 3–150
conformation …………………… 3–155
conformity ………………………… 2–53
confucian ethical code ………… 5–439
confucian orthodoxy…………… 2–166
confucian school of idealist philosophy……………………… 2–166
Confucianist interpersonal relations ………………………… 6–293
Confucianist school …………… 6–339
Confucius ………………………… 4–476
Confucius Institute ……………… 4–478
Confucius Temple ……………… 2–589
Confucius Temple ……………… 4–473
Confuciusornis ………………… 4–477
Cong Weixi ……………………… 2–53
congenital cardiovascular diseases… 8–171
congenital malformation ………… 8–171
congenital talipes equinovarus …… 8–171
congestion ………………………… 2–3
Conghua City …………………… 2–53
conglomerate ……………………… 4–4
conglomerate …………………… 5–35
Congo (Brazzaville) …………… 3–49
Congo (Kinshasa) ……………… 3–50
Congo Basin ……………………… 3–52
Congo eel ………………………… 5–58
Congo River ……………………… 3–52
congpeduncle alder ……………… 6–123
Congregationalists ……………… 3–134
congress ………………………… 3–256
Congress of Berlin (1878) ……… 1–406
Congress of Panama …………… 1–178
Congress of United States ……… 5–351
Congress Petition Movement …… 3–256
Congressional hearings ………… 3–256
Congreve, William ……………… 4–401
congruence ……………………… 7–399
Conidae …………………………… 9–79
conifer woolly aphid …………… 6–244
coniferous forest ………………… 9–248
conjugated effect ………………… 3–147
conjunctivitis …………………… 4–224
Connecticut State ……………… 4–403
connective tissue ………………… 4–219
connective tissue diseases ……… 4–220
Connochaetes …………………… 4–204
Conquest in the South and Battles in the North …………………… 5–547
Conrad discontinuity …………… 4–402
Conrad, Joseph ………………… 4–402
consanguine family ……………… 8–378
consanguineous marriage ……… 4–272
consanguinity …………………… 8–375
conscience ………………………… 5–50
Conscience, Hendrik …………… 4–475
consciousness …………………… 8–567
consciousness disorder ………… 8–568
Consciousness-only sect ………… 7–546
conservation of charge, law of …… 2–279
conservation of momentum, law of ……………………………… 2–337
conservatism …………………… 1–246
Conservatoire National Supérieur de Musique……………… 1–170
consortium bank ………………… 8–583
Constable, John ………………… 4–404
Constant, Benjamin …………… 4–475
constant capital ………………… 1–425
Constanta ………………………… 4–404
Constantine ……………………… 4–359
Constantinus I the Great ……… 4–359
constellation …………………… 8–308
constipation ……………………… 1–347
constitution ……………………… 7–345
constitution ……………………… 8–186
constitution, interpretation of …… 8–187
Constitution of Republic of China … 9–421
Constitution of the People's Republic of China ……………… 9–428
Constitution of the Soviet Union … 7–191
constitutional court …………… 8–187
constitutional monarchy ………… 4–359
Constitutional Outline of Chinese Soviet Republic ……………… 9–431
Constitutional Protection War …… 3–522
constitutive relations …………… 1–306
constraint ………………………… 9–119
construction cost ………………… 3–124
construction diversion ………… 6–578
construction machinery and equipment ……………………… 3–123
construction market …………… 4–165
construction project management … 4–165
construction supervision system … 3–123
Constructivism ………………… 3–155
consul …………………………… 5–102
consul …………………………… 9–295
consular jurisdiction …………… 5–102
consular privileges and immunities… 5–103

Consulate ………… 9–295
consumer credit ………… 8–214
consumer price index ………… 4–330
consumer protection law ………… 8–214
consumer psychology ………… 8–214
consumption ………… 8–213
consumption function ………… 8–214
consumption fund ………… 8–214
consumption market ………… 8–214
consumption structure ………… 8–214
consumption tax ………… 8–214
consumptive disease ………… 8–340
consumptive thirst ………… 8–216
contact dermatitis ………… 4–214
contact lens ………… 8–590
Contadora Group ………… 4–475
container ship ………… 4–78
container transportation ………… 4–78
Contemporary Chinese Dictionary ………… 8–178
contending colours ………… 2–344
content and form ………… 5–559
continent ………… 2–92
Continent rōnin ………… 2–93
continental climate ………… 2–94
Continental Congress ………… 2–93
continental drift, theory of ………… 2–93
continental ice sheet ………… 2–92
continental law system ………… 2–92
continental rise ………… 2–93
continental shelf ………… 2–93
continental slope ………… 2–93
Continental System ………… 2–93
contingency theory ………… 6–257
continued fraction ………… 5–37
continuing education ………… 4–104
continuous function ………… 5–38
continuum ………… 5–38
continuum hypothesis ………… 5–39
contraception ………… 1–335
contraceptive ………… 1–335
contraceptive devices ………… 1–335
contract ………… 3–410 (6–154)
contract, freedom of ………… 6–154
contract of sale ………… 5–291
contradiction ………… 5–325
control ………… 4–479
control survey ………… 4–479
control tower ………… 7–244
controller ………… 4–480
conurbation ………… 1–587
convection heat transfer ………… 2–372
convenience food ………… 2–486
convenience store ………… 1–346
convention ………… 3–138
convention center ………… 3–613
Convention Nationale ………… 3–289
Convention of International Organization of Legal Metrology ………… 3–262
Convention on Biological Diversity ………… 6–536
Convention on International Civil Aviation ………… 3–271
Convention on the Rights of the Child ………… 2–417
Conventional International Origin ………… 3–275 (3–276)
conversion of farming land to forest land ………… 7–449
converter steelmaking ………… 9–511
convertor ………… 9–510
conveyor ………… 7–56
Convolvulaceae ………… 8–365
Convolvulus arvensis ………… 7–371
convulsion ………… 4–301
cook ………… 2–17
Cook Islands ………… 4–486
Cook, James ………… 4–485
Cook, Michael ………… 4–486
Cook, Mount ………… 4–486
Cook Strait ………… 4–486
Cook, Terry ………… 4–486
cool island ………… 4–575
Cooley, Charles Horton ………… 4–487
Coolidge, Calvin ………… 4–420
Cooper, James Fenimore ………… 4–489
Cooper, Leon Neil ………… 4–489
Cooperation Council for the Arab States of the Gulf ………… 3–343
cooperation of international economics and technology ………… 3–267
cooperative medical services ………… 3–412
coordinate system ………… 9–580
coordinated universal time ………… 8–235
coordinating yin and yang ………… 7–375
coordination bond ………… 6–60
coordination chemistry ………… 6–60
coordination compound ………… 6–59
Copán ………… 4–434
COPD ………… 5–310
Copeau, Jacques ………… 4–423
Copenhagen ………… 3–87
Copepoda ………… 6–274
Copernican system ………… 3–87
Copernicus, Nicolaus ………… 3–87
Copland, Aaron ………… 4–434
copolymerization ………… 3–149
Coppelia ………… 3–113
copper ………… 7–401
copper alloy ………… 7–402
copper cementation process ………… 2–147
copper coin ………… 7–404
copper coins ………… 9–313
Coppola, Francis Ford ………… 4–423
co-precipitation ………… 3–147
Coptic Church ………… 4–434
Coptis chinensis ………… 3–591
copy ………… 5–90
Copy Collection of Song Poetry ………… 7–173
copy depositary system ………… 3–13
copying machine ………… 2–499
copying machine ………… 3–12
copyright ………… 9–505 (1–230)
copyright law ………… 9–505 (1–230)
copyright protection of computer software ………… 4–93
Coq-bber-tv ………… 2–32
cor pulmonale ………… 2–535
Coraciiformes ………… 2–582
coral ………… 6–442
coral island ………… 6–443
coral peatree ………… 3–328
coral reef ………… 6–443
Coral Sea ………… 6–443
Corban Festival ………… 3–168
Corbiculidae ………… 8–176
Corchorus ………… 3–592
cordaites ………… 4–424
cordate telosma ………… 8–504
cordierite ………… 4–267
Cordillera ………… 4–424
Cordillera de Los Andes ………… 1–94
Córdoba ………… 4–425
Córdoba ………… 4–425
Córdoba, Caliph State of ………… 4–425
corduroy ………… 2–191
core ………… 8–431
core-periphery theory ………… 3–439
coriander ………… 8–425
Coriandrum sativum ………… 8–425
Cork ………… 4–429
cork ………… 6–346
cormorants ………… 5–159
corn ………… 9–76
corn poppy ………… 9–66
Cornaceae ………… 6–442
corneal ulcer ………… 4–204
Corneille, Pierre ………… 3–72
cornet ………… 2–366
cornu ………… 4–203
corona ………… 3–532
corona ………… 6–325
corona discharge ………… 2–293
coronary artery ………… 3–211
coronary heart diseases ………… 3–212 (3–211)
coronaviral infection ………… 3–211
coroner ………… 8–55
Corophiids ………… 3–300
Corot, Camille ………… 4–421
corporate bond ………… 3–136
corporate identity planning ………… 9–583
corporate image ………… 6–138
corporation ………… 3–136

corporation share ······ 2–453
Correct Discipline for Beginners ······ 9–266
correlation analysis ······ 8–190
correspondence ······ 7–393
correspondence education ······ 3–358
correspondence, freedom of ······ 7–392
correspondences between Husayn ibn ʻAli and Henry McMahon ··· 3–488
Corrib, Lough ······ 4–430
corrosion ······ 3–3
corrosion inhibitor ······ 3–576
corrosion preventive technology ··· 2–494
Corse ······ 4–438
Corsica ······ 4–438
Corsicans ······ 4–438
Cortázar, Julio ······ 4–435
Cortés, Puerto ······ 4–426
corundum ······ 3–53
Corvus ······ 8–386
corydaline ······ 8–424
Coser, Lewis A. ······ 4–435
cosmetics ······ 3–553
cosmetics ······ 5–356
cosmic age ······ 9–68
cosmic dust ······ 9–67
cosmic ray ······ 9–68
cosmic velocity ······ 9–68
cosmochemistry ······ 9–68
cosmology ······ 9–69
Cossack ······ 3–92
Cossiga, Francesco ······ 4–438
cost accounting ······ 1–576
cost accounting ······ 1–576
cost function ······ 1–576
cost, insurance and freight ······ 2–158
Costa Rica ······ 3–92
costal chondritis ······ 4–572
cost-benefit analysis ······ 2–543
costume culture ······ 2–600
Côte d' Ivoire ······ 4–436
Cotinus coggygria ······ 3–592
Cotonou ······ 4–437
Cotopaxi, Volcán ······ 4–437
cotton ······ 5–410
cotton bollworm ······ 5–411
cotton fabric ······ 5–412
cotton fiber ······ 5–412
cotton-polyester fabric ······ 2–215
cotton-wheat loan ······ 5–412
Coturnix coturnix ······ 1–112
Coubertin, Pierre de ······ 3–197
cough ······ 4–443
coulomb ······ 4–487
Coulomb, Charles-Augustin de ··· 4–487
Coulomb's law ······ 4–488
coulometric analysis ······ 4–488
coumarin ······ 8–192
Council for Mutual Economic Assistance ······ 4–287
Council of State ······ 4–353
counsel ······ 1–348
counsellor ······ 1–472
count ······ 9–287
counter culture ······ 2–475
Counterattack in Self-Defense of Xisha Islands ······ 8–100
Counterattack in Self-Defense on the Sino-Indian Border ······ 9–449
Counterattack in Self-Defense on the Sino-Vietnamese Border ······ 9–450
counterfeiting and poor quality products ······ 4–144
counterglow ······ 2–373
counterintelligence ······ 2–473
counterpulsation therapy ······ 2–468
Counter-Reformation ······ 2–477
counterurbanization ······ 5–583
country dance ······ 8–189
country fair ······ 8–341
country music ······ 8–189
county ······ 8–177
county and prefecture of refugee residence ······ 6–185
coup d' état ······ 9–278
coup d' état of, 1884 ······ 4–135
couple ······ 5–14
Courbet, Gustave ······ 4–484
court ······ 2–455
court ······ 2–459
court beads ······ 1–543
court dance ······ 3–143
Court Ladies Preparing Newly Woven Silk ······ 2–158
court mediation ······ 2–459
Court of Censors ······ 2–347
Court of Colonial Affairs ······ 5–11
Court of Judicial Review ······ 2–90
Court Theatrical Office ······ 6–553
courtesan novel ······ 8–156
courtesy name ······ 9–551
court-martial ······ 4–354
court-style poetry ······ 3–143
couvade ······ 1–503
covalent bond ······ 3–148
covellite ······ 7–402
cow sharks ······ 5–138
cowboy suit ······ 5–603
cowpea ······ 4–187
cowry ······ 1–239
Coxsackie virus infection ······ 4–487
CPA ······ 9–502
CPC ······ 9–358
CPC Central Commission for Discipline Inspection ······ 9–334
CPCR ······ 8–248
CPI ······ 4–330
CPI ······ 8–597
CPLA ······ 9–391
CPPCC ······ 9–394
CPU ······ 9–443
CPV ······ 9–395
CPV ······ 9–502
CPWDP ······ 9–388
crab ······ 8–246
crab apple ······ 3–342
crab cactus ······ 8–247
crab spider ······ 8–247
cracking ······ 5–77
Cracow Uprising (1846) ······ 4–446
craftsman household ······ 4–192
Craig, Edward Gordon ······ 4–451
crane ······ 3–450
crane ······ 6–140 (2–301)
crane fly ······ 2–107
Crane, Stephen ······ 4–448
cranes ······ 3–451
craniocerebral trauma ······ 5–159
cranium bifidum ······ 5–159
Cranko, John ······ 4–450
Craspedacusta ······ 7–322
Crassulaceae ······ 4–312
Crassus Dives, Marcus Licinius ··· 4–448
Crataegus pinnatifida ······ 6–442
Crater Lake ······ 4–14
crater lake ······ 4–12
crawfish ······ 1–117
Cray, Seymour ······ 4–450
crayfish ······ 1–117
crayon ······ 4–529
cream clematis ······ 7–384
Creation of the Gods ······ 2–572
creativity thinking ······ 2–33
credit ······ 8–301
credit card ······ 8–301
credit cooperative ······ 8–301
credit, letter of ······ 8–302
credit system ······ 8–369
creed ······ 8–297
creep ······ 6–340
creeping rockfoil ······ 3–518
cremation ······ 4–16
Cremer, Sir (William) Randal ··· 4–451
Creole ······ 4–451
crepe ······ 9–479
Crescent Moon Society ······ 8–293
cresol ······ 4–134
Cretaceous Period ······ 1–196
Cretan Civilization ······ 4–453
Crete, Nísos Kríts ······ 4–453
cretinism ······ 2–124
CRF ······ 5–309

CRI ········· 9–367
Cricetidae ········· 1–474
Crick, Francis Harry Compton ········· 4–451
cricket ········· 8–135
crime ········· 2–477
Crime and Punishment ········· 9–575
crime prevention ········· 2–478
crime scene ········· 2–478
crime scene investigation ········· 8–178
Crimean Khanate ········· 4–452
Crimean Peninsula ········· 4–452
Crimean War ········· 4–452
crimes committed by a unit ········· 2–143
criminal compulsory measures ········· 8–310
criminal detention ········· 8–310
criminal fine ········· 2–434
criminal gang ········· 2–477
criminal group ········· 2–477
criminal law ········· 8–310
Criminal Law of the People's Republic of China ········· 9–428
criminal law, prescription in ········· 8–310
criminal liability ········· 8–311
criminal procedure law ········· 8–311
Criminal Procedure Law of the People's Republic of China ········· 9–429
criminal responsibility, age for ········· 8–312
criminology ········· 2–478
crinoid ········· 3–319
Crinoidea ········· 3–319
Crinum asiaticum var. *sinicum* ········· 7–593
Crioceridae ········· 3–4
crisis intervention ········· 7–527
critical levee section ········· 8–176
critical realism ········· 6–69
critical state ········· 5–90
Criticizing Lin Biao and Confucius Campaign ········· 6–69
Critique of Pure Reason ········· 2–39
Critique on *A Dream of Red Mansions Research* ········· 3–471
Crna Gora ········· 3–458
Croatia ········· 4–456
Croatians ········· 4–457
Croce, Benedetto ········· 4–458
crochordate ········· 7–562
crocodile ········· 2–413
Crocodiliformes ········· 2–413
Crocodilus porosus ········· 2–413
Crocus sativus ········· 2–462
Cro-Magnon man ········· 4–458
Cromwell, Oliver ········· 4–456
Cronin, James Watson ········· 4–458
crop ········· 7–205
crop ········· 9–580
crop rotation ········· 5–197
cropping industry ········· 9–460
Crosby, Bing ········· 4–458
Cross ········· 6–591
cross ········· 9–147
cross action ········· 2–473
cross breeding ········· 9–147
cross country race ········· 9–131
cross country skiing ········· 9–131
cross-cousin marriage ········· 4–194
cross-examination ········· 9–317
crossing ········· 9–147
Crossing Yangtze River, Campaign of ········· 2–364
crossopterygian ········· 9–560
crossover point ········· 2–364
Crossroads ········· 6–592
Crotalinae ········· 8–203
crow ········· 8–386 (8–9)
crown daisy ········· 7–400
crown ether ········· 3–211
Crows and Sparrows ········· 8–9
crucian carp ········· 4–107
Cruciferae ········· 6–591
crude oil ········· 9–107
cruise missile ········· 8–380 (2–506)
cruiser ········· 8–381
cruising flight ········· 8–381
Crusades Expeditions ········· 6–592
crush syndrome ········· 4–83
Crustacea ········· 4–135
crustacean ········· 4–135
crustal movement ········· 2–231
crustal stress ········· 2–244
Cruz e Sousa, João da ········· 7–233
Cruz, Sor Juana Inés de la ········· 4–455
cryogenic equipment ········· 6–508
cryogenics ········· 2–206
cryotherapy ········· 4–575
cryptochrome ········· 8–588
cryptococcosis ········· 8–589
cryptology ········· 5–406
Cryptomeria fortunei ········· 5–134
cryptorchidism ········· 8–588
cryptosporidiosis ········· 8–588
Cryptozoic ········· 8–590
crystal ········· 4–301
crystal chemistry ········· 4–302
crystal diode ········· 4–302
crystal material ········· 4–301
crystal system ········· 4–303
crystal whisker ········· 4–303
crystalline water ········· 4–223
csárdás ········· 6–155
Csoma Sándor Körösi ········· 6–182
CT ········· 4–94
Ctenizidae ········· 2–303
Ctenolepisma villosa ········· 5–319
Ctenopharyngodon idellus ········· 1–483
Ctenostomata ········· 9–318
Ctesiphon ········· 7–279
Cuauhtémoc ········· 4–493
Cuba ········· 3–160
Cuban Revolution ········· 3–162
cubism ········· 5–23
cuckoo ········· 1–436
cuckoos ········· 2–358
Cuculidae ········· 2–358
Cuculiformes ········· 4–345
Cuculus conorus ········· 1–436
cucumber ········· 3–583
Cucumis melo ········· 7–373
Cucumis melo var. *flexuosus* ········· 1–467
Cucumis sativus ········· 3–583
Cucurbita ········· 5–524
Cucurbita pepo ········· 8–93
Cucurbitaceae ········· 3–512
cudgel ········· 3–249
Cudrania tricuspidata ········· 9–242
Cuenca ········· 4–507
Cuenca ········· 4–508
Cui Bai ········· 2–55
Cui Hao ········· 2–55
Cui Hao ········· 2–55
Cui Shian ········· 2–56
Cui Wei ········· 2–56
Cui Zizhong ········· 2–56
cuisine ········· 6–62
cuisine of Muslim ········· 6–233
cuju ········· 2–55
Cukor, George ········· 3–198
Culex ········· 4–490
culex mosquito ········· 4–490
Culicidae ········· 7–604
cult of the individual ········· 3–115
cultivated land ········· 3–119
cultural adaptation ········· 7–589
cultural anthropology ········· 7–588
cultural determinism ········· 7–588
cultural evolution ········· 7–588
cultural geography ········· 7–587
cultural hearth ········· 7–589
cultural indeterminism ········· 7–587
cultural landscape ········· 7–588
cultural parallelism ········· 7–588
cultural process ········· 7–588
cultural relativism ········· 7–589
Cultural Revolution ········· 7–586
culture region ········· 7–588
Culture Revolution of Poem and Prose of Northern Song Dynasty, the Movement of ········· 1–284
culvert ········· 3–358
cun painting technique ········· 2–58
cuneiform ········· 8–234
Cunha, Euclides (Rodrigues

Pimenta) da ········ 4–488
Cunningham, Merce ········ 4–398
Cuon alpinus ········ 1–499
Cupid ········ 6–239
cupping therapy ········ 1–188
Cupressaceae ········ 1–217
Cupressus funebris ········ 1–217
cuprite ········ 1–600
cupronickel ········ 1–205
Curaçao ········ 4–487
Curculionidae ········ 8–208
Curcuma aromatica ········ 9–80
curfew ········ 8–216
Curia Romana ········ 5–207
Curie two generations ········ 4–329
curio ········ 3–186 (3–168)
Curitiba ········ 4–487
curling ········ 1–363
currant fruit moth ········ 9–505
currency ········ 4–16
currency appreciation ········ 4–17
currency crisis ········ 4–18
currency depreciation ········ 4–17 (7–389)
current asset ········ 5–125
current in shallow water ········ 6–175
current liability ········ 5–123
current transfer income and expenditure ········ 4–284
cursive hand ········ 1–482
curvature ········ 6–248
curve ········ 6–249
curved space-time ········ 7–476
Curzon Line ········ 4–482
Cuscuta chinensis ········ 7–447
Cush, Kingdom of ········ 4–489
Cushing's syndrome ········ 4–491
Cushites ········ 4–490
Cushitic group ········ 4–491
custard-apple family ········ 2–462
customary law ········ 8–136
customs ········ 3–327
customs clearance ········ 7–389
customs import and export tariff ········ 3–327
Customs of the People's Republic of China ········ 9–426
customs tariff ········ 3–206
customs territory ········ 3–205
customs union ········ 3–206
cut flower ········ 6–190
cutaneous sensation ········ 2–589
cut-off low ········ 6–189
cutting ········ 6–158
cutting tool ········ 2–155
cuttlefish ········ 8–10
cutworm ········ 2–223
Cuvier, Georges ········ 4–331
Cuzco ········ 4–490
CWPRA ········ 9–357
Cyamopsis tetragonolobus ········ 3–201
cyanide ········ 6–236
Cyanophyta ········ 4–546
Cyanopica cyana ········ 3–605
cyanosis ········ 9–532
cyanuramide ········ 6–396
Cybernetics ········ 4–480
cybernetics ········ 4–479
cycadophytes ········ 7–195
Cycas revoluta ········ 7–195 (7–384)
Cyclades ········ 4–47
Cyclamen persicum ········ 8–168
cycling ········ 9–546
cycloaddition reaction ········ 3–564
cyclodextrin ········ 3–564
cyclohexane ········ 3–564
cyclohexanone ········ 3–564
cycloid ········ 1–217
cyclone ········ 6–149
cyclopentadiene ········ 3–575
cyclopropane ········ 3–563
Cyclostomata ········ 9–113
cyclotron ········ 3–610
Cygnus ········ 7–348
cymbals ········ 1–410
Cymbidium sinense ········ 5–480
Cymbopogon ········ 8–197
Cynara scolymus ········ 1–539
Cynic school ········ 6–268
Cynipoidea ········ 9–20
Cynocephalidae ········ 8–43
Cynoglossidae ········ 6–478
Cynomoriaceae ········ 7–235
Cynops ········ 6–334
Cyperaceae ········ 7–225
Cyperus difformis ········ 8–560
Cyperus esculentus ········ 9–40
Cyperus papyrus ········ 9–308
Cyperus rotundus ········ 8–192
Cypraeidae ········ 1–239
cypress family ········ 1–217
cypress moth ········ 8–580
cypress-laths-made coffin framework ········ 3–581
Cypriniformes ········ 5–14
Cyprinus carpio ········ 5–13
Cyprus ········ 6–375
Cyrtomium fortunei ········ 3–216
Cyrus Ⅱ the Great ········ 4–330
cystic renal diseases ········ 5–548
cysticercosis cellulosae ········ 9–495
cystocele ········ 6–48
cytokines ········ 8–153
cytokinin ········ 8–150
cytology ········ 8–152
cytomegalovirus infection ········ 4–337
cytoplasmic ground substance ········ 8–153
cytoplasmic matrix ········ 8–153
cytoskeleton ········ 8–150
Czech Duchy ········ 4–226
Czech language ········ 4–227
Czech Republic ········ 4–225
Czechoslovakia ········ 4–226
Czechoslovakia's February Incident ········ 4–227
Czechs ········ 4–226
Czerny, Carl ········ 1–546
CZGP ········ 9–411

D

D & C ········ 3–202
D. C. machine ········ 9–297
D. C. power transmission ········ 9–297
D. P. R. Korea ········ 1–537
Da Hinggan Ling Region ········ 2–112
Da Hinggan Mountain Range ········ 2–112
Da Nang ········ 8–178
Da Pusheng ········ 2–68
Da Shichang ········ 2–68
Da'an City ········ 2–72
Daba Mountain ········ 2–72
Dabie Mountain ········ 2–74
Dachang Hui Autonomous County ········ 2–75
dacite ········ 8–614
dacron ········ 2–215
Dacrydium pierrei ········ 5–168
Dactylis glomerata ········ 8–388
dactylology ········ 8–392
Dactylopteridae ········ 1–249
Dadaism ········ 2–61
Dadié, Bernard ········ 2–61
Dadiwan ········ 2–78
Dadu River ········ 2–82
Dafeng City ········ 2–82
dagger moth ········ 8–445
Dagukou Fortification ········ 2–83
Dahai ········ 2–63
Dahao Island ········ 2–85
Dahecun ········ 2–86
Dahei River ········ 2–86
Dahezhuo and Xiaohezhuo, Rebellions of ········ 2–112
Dahl, Robert Alan ········ 2–61
Dahlia ········ 2–90
Dahomey, Kingdom of ········ 2–63
Dahong Mountain ········ 2–86
Dahrendorf, Ralf ········ 2–68
Dai ········ 2–125
Dai Ailian ········ 2–131
Dai Anbang ········ 2–132
Dai Anlan ········ 2–132
Dai Bingguo ········ 2–132

Dai calendar ······ 2–124
Dai Cuilun ······ 2–132
Dai dance ······ 2–125
Dai Fanglan ······ 2–133
Dai Fugu ······ 2–133
Dai Ichi Kangyo Bank Business Group ······ 2–266
Dai Jin ······ 2–133
Dai Jitao ······ 2–133
Dai Kui ······ 2–134
Dai language ······ 2–125
Dai Li ······ 2–134
Dai Mingshi ······ 2–134
Dai Regime ······ 2–125
Dai Shulun ······ 2–134
Dai Song' en ······ 2–135
Dai Wangshu ······ 2–135
Dai Wensai ······ 2–136
Dai writing ······ 2–125
Dai Yi ······ 2–136
Dai Zhen ······ 2–136
Daihai Lake ······ 2–129
Daijing ······ 2–126
daily paper ······ 6–313
Daimiao Temple ······ 2–129
Daimler Chrysler AG ······ 2–134
Daimler, Gottlieb ······ 2–134
dairy cattle ······ 5–514
Dai-tō-a kyōeiken ······ 2–79
Dajinchuan and Xiaojinchuan, Battles of ······ 2–112
Dakar ······ 2–63
Daladier, Édouard ······ 2–64
Dalai Lama ······ 2–64
Dale, Sir Henry Hallett ······ 2–132
D' Alembert, Jean le Rond ······ 2–66
D' Alembert' s principle ······ 2–66
Dali Ancient City ······ 2–89
Dali Bai Autonomous Prefecture ······ 2–89
Dali City ······ 2–90
Dalí, Salvador ······ 2–67
Dali State ······ 2–89
Dali Three Pagodas ······ 2–89
Dalian City ······ 2–91
Dalian, Port of ······ 2–91
Dalian University of Technology ······ 2–91
Dalin, Olof von ······ 2–67
Daling River ······ 2–91
Dallas ······ 2–64
dalmatian pyrethrum ······ 2–16
Dalnevostochny Republic ······ 9–115
Dalou Mountain ······ 2–92
Dalton, John ······ 2–160
Dalton plan ······ 2–160
Dalton' s partial pressure law ······ 2–160
dam ······ 1–190
damage mechanics ······ 7–224
Damascus ······ 2–94
Damascus Museum ······ 2–95
Damdinsuren, Tsendiin ······ 2–68
Damiani, Damiano ······ 2–68
Daming Lake ······ 2–96
Daming Mountain ······ 2–96
Daming Palace ······ 2–95
damping alloy ······ 9–568
damping vibration ······ 9–569
dampness pathogen ······ 6–585
dampness-heat of bladder, syndrome of ······ 6–48
dana ······ 1–452
Dana, James Dwight ······ 2–139
dance ······ 8–63
dance drama ······ 8–64
dance music ······ 8–66
dance notation ······ 8–65
dance of white ramie ······ 1–210
dance with waist drum ······ 8–476
dancing girls ······ 6–4
Dandong City ······ 2–137
Danes ······ 2–139
Dang Huaiying ······ 2–152
dangerous goods ······ 7–527
Dangshan County ······ 2–153
Dangyang City ······ 2–151
Dangzai Island ······ 2–153
Danish language ······ 2–139
Danjiang River ······ 2–137
Danjiangkou City ······ 2–138
Danjiangkou Water Control Project ······ 2–138
Danmark ······ 2–138
D' Annunzio, Gabriele ······ 2–197
danshen ······ 2–140
Danshui River ······ 2–148
Dante, Alighieri ······ 2–147
Danton, Georges-Jacques ······ 2–136
Danube River ······ 2–388
danxia landform ······ 2–140
Danxia Mountain ······ 2–140
Danyang City ······ 2–140
Danzhou City ······ 2–145
dao ······ 2–159
Dao Meilan ······ 2–155
Dao' an ······ 2–159
daoqing opera ······ 2–165
Daosheng ······ 2–165
Daoud, Mohammad ······ 2–69
Daoxuan ······ 2–166
Dapeng Bay ······ 2–97
Daqin ······ 2–101
Daqing City ······ 2–102
Daqing Mountain ······ 2–102
Daqing Oil Field ······ 2–102
Daqing River ······ 2–102
Daqing-Dalian Oil Pipeline ······ 2–102
Daqinggou Nature Reserve ······ 2–101
Dar el Baida ······ 2–61
Dar es Salaam ······ 2–67
Darcy, Henri-Philibert-Gaspard ······ 2–69
Darcy' s law ······ 2–70
Dardanelles Strait ······ 2–61
Darfur Plateau ······ 2–62
Darhan ······ 2–62
Darío, Rubén ······ 2–67
Darius I ······ 2–92
dark energy ······ 1–115
dark matter ······ 1–115
dark nebula ······ 1–115
dark room ······ 1–115
darkling beetle ······ 5–582
Darling River ······ 2–67
darnel ······ 2–351
darts ······ 2–506
daruqači ······ 2–67
Darwin, Charles Robert ······ 2–62
Darwinian theory ······ 2–62
Das Cabinet des Dr. Caligari ······ 4–372
Das Kapital ······ 9–521
Dasgupta, Surendranath ······ 2–69
Dashalan ······ 2–103
dasheen ······ 9–79
Dasheng Group ······ 2–103
Dashiqiao City ······ 2–104
Dasypodidae ······ 6–244
data broadcasting ······ 7–63
database system ······ 7–63
date palm ······ 9–559
Datong Basin ······ 2–106
Datong City ······ 2–106
Datong Volcanos ······ 2–106
Datong-Qinhuangdao Railway ······ 2–101
Datura stramonium ······ 5–308
Daubentonia madagascariensis ······ 9–308
Daucus carota var. *sativa* ······ 3–506
Daudet, Alphonse ······ 2–348
Daumier, Honoré ······ 2–360
Daur ······ 2–69
Daur language ······ 2–69
Davallia mariesii ······ 3–188
Davao ······ 2–69
Davenant, William ······ 2–69
David, Jacques-Louis ······ 2–107
David Ricardo ······ 2–107
David' s deer ······ 7–143
Davidia involucrata ······ 3–146
Davies, Robertson ······ 2–135
Davis Cup Tennis ······ 2–136
Davis, William Morris ······ 2–135
Davisson, Clinton Joseph ······ 2–135
Davy, Sir Humphry ······ 2–135
Dawaz ······ 2–69
Dawenkou Culture ······ 2–108

Dawes Plan 2–166
dawn redwood 7–96
Daxi culture 2–111
Daxing District 2–113
Daxue Mountain 2–114
day 6–312
Day of Atonement 7–57
Daya Gulf 2–114
Daya Gulf Nuclear Power Plant 2–114
Dayaks 2–70
Dayan, Moshe 2–70
dayan qiuyishu 2–115
Dayao Mountain 2–120
Daye City 2–120
daylighting 1–465
Dayu County 2–121
Dayu Mountain 2–121
Dazai Osamu 7–271
Dazhai Village 2–122
Dazhou City 2–70
Dazhou Island Marine Nature Reserve 2–124
Dazu County 2–124
Dazu Stone Sculptures 2–124
dBus gTsang mNgah-ris-skor-gsum 8–8
DDR 2–187
De Architectura Libri Decem 4–165
De Bary, Heinrich Anton 2–169
de Broglie, Louis Victor 2–170
De Coster, Charles 2–179
de facto marriage 7–29
De Filippo, Eduardo 2–171
De Forest, Lee 2–172
De humani corporis fabrica 6–299
De Klerk, Frederick Willem 2–179
De la division du travail social 6–486
De Moivre, Abraham 2–269
De Morgan, Augustus 2–183
De Natura Rerum 8–78
De Niro, Robert 2–183
De Revolutionibus Orbium Coelestium 7–361
De Sanctis, Francesco 2–184
De Santis, Giuseppe 2–184
De Sica, Vittorio 2–185
Deacon, Sir George Edward Raven 2–212
Dead Poets Society 7–142
Dead Sea 7–141
Dead Sea Scrolls 7–142
Dead Souls 7–142
deafness 2–420
Deang 2–169
Deang language 2–169
death 7–142
Death of A Salesman 7–449
Death of an Outstanding Actor 5–439
Death of Marat 5–260
death penalty 7–142
death sentence, procedure for judical review of 7–143
death sentence with a reprieve 7–142
Death Valley 7–141
Debate on Problem and Principle 7–605
Deborin, Abram Moiseyevich 2–170
Debreu, Gerard 2–170
debris flow 5–580
debt 9–177
debt statement of national assets 3–293
debt to equity 9–177
debtor 9–177
Debussy, (Achille-) Claude 2–170
Debye length 2–169
Debye, Peter Joseph William 2–169
decalin 6–589
decamethrin 8–340
Decapoda 6–592
decay law 7–76
decay scheme 7–76
Deccan Plateau 2–172
December 9th Movement 8–508
decibel 2–543
deciduous broad-leaf forest 5–235
decision analysis 4–346
decision making 4–346
decision problem 6–44
decision support system 4–347
decision tree 4–346
declaration 1–248
Declaration by United Nations 5–43
Déclaration des Droits de l' Homme 6–296
Declaration of Basel 1–179
declaration of death 8–360
declaration of disappearance 8–360
Declaration of Independence 2–353
Declaration of Lima on Industrial Development and Cooperation 5–29
declaring personal property system 1–461
decline of vital gate fire, syndrome of 5–452
decoction 7–295
decomposition 2–544
decoration art 9–515
decorative hat used in Chinese opera 4–504
Decree on Land 7–430
Decree On Peace 3–417
Decroly, Ovide 2–179
Dedekind, Julius Wilhelm Richard 2–132
deductive logic 8–441
deed tax 6–154
deep fracture 6–507
deep scattering layer 6–508
deep-sea fishing 9–115
deep-sea manganese nodule 6–508
deer 5–171
Defant, Albert 2–171
default judgement 6–268
defective vision 7–31
defendant 1–304
defensive qi 7–565
deferred asset 2–254
deficiency of both heart and spleen, syndrome of 8–255
deficiency of heart blood, syndrome of 8–256
deficiency of heart qi, syndrome of 8–255
deficiency of heart yang, syndrome of 8–256
deficiency of heart yin, syndrome of 8–256
deficiency of kidney yang, syndrome of 6–524
deficiency of kidney yin, syndrome of 6–524
deficiency of spleen qi, syndrome of 6–79
deficiency of spleen yang, syndrome of 6–79
deficient cold of bladder 6–48
definite proportion, law of 2–312
definition 2–313
deflation 7–389
deflection 5–548
deflection of light 3–228
Defoe, Daniel 2–215
Degas, (Hilaire-Germain) Edgar 2–179
Dege Sutra-Printing House 2–172
degradation 4–192
degree paper 8–370
Dehkhodā, 'Alī Akbar 2–178
Dehmelt, Hans Georg 2–182
Dehong Dai- Jingpo Autonomous Prefecture 2–178
Dehua County 2–179
Dehua porcelain 2–178
Dehui City 2–179
dehydration 7–457
dehydrogenases 7–456
Deinagkistrodon acutus 4–150 (8–43)
deism 9–542
Delaunay, Robert 2–182
delegated legislation 7–564
Delhi 2–181
Delhi Sultanates 2–181
Delian League 7–339
Delibes, Miguel 2–182
delict 7–545
Delingha City 2–182

delivery ······ 4–194
Delluc, Louis ······ 2–182
Delphacidae ······ 2–508
Delphi technique ······ 2–171
delphinid ······ 3–343
Delphinidae ······ 3–343
Delsarte, François ······ 2–171
delta ······ 6–395
delusion ······ 7–524
demand, elasticity of ······ 8–341
demandant ······ 9–104
dementia ······ 1–594
Demeter ······ 2–168
democracy ······ 5–430
democratic centralism ······ 5–430
Democratic Party of Japan ······ 6–319
Democratic Party, United States ······ 5–353
Democratic Progressive Party ······ 5–431
democratic revolution ······ 5–430
democratic supervision ······ 5–431
Democritus ······ 2–183
Demodicidae ······ 6–340
demodulation ······ 4–231
demolition settlement
compensation ······ 1–497
demology ······ 6–290
Demosthenes ······ 2–211
Dendranthema morifolium ······ 4–332
dendrimer ······ 7–61
dendritic polymer ······ 7–61
Dendrobium nobile ······ 6–594
dendroclimatology ······ 5–585
Dendrolimus ······ 7–160
Deneuve, Catherine ······ 2–183
Deng Ai ······ 2–196
Deng Enming ······ 2–196
Deng Fa ······ 2–196
Deng Guangming ······ 2–196
Deng Jiaxian ······ 2–196
Deng languages ······ 2–205
Deng Liqun ······ 2–196
Deng Pufang ······ 2–197
Deng Sanmu ······ 2–197
Deng Shichang ······ 2–197
Deng Shiru ······ 2–197
Deng Shuqun ······ 2–197
Deng Tietao ······ 2–198
Deng Tuo ······ 2–198
Deng Wenyuan ······ 2–198
Deng Xiaoping ······ 2–198
Deng Xiaoping Theory ······ 2–201
Deng Xiaoping's Six Principles ······ 2–202
Deng Xiaoping's "Talk in the
South" ······ 2–202
Deng Yanda ······ 2–203
Deng Yaping ······ 2–203
Deng Yingchao ······ 2–204
Deng Youmei ······ 2–204
Deng Yu ······ 2–204
Deng Zhaoxiang ······ 2–204
Deng Zhicheng ······ 2–204
Deng Zhiyi ······ 2–205
Deng Zhongxia ······ 2–205
Deng Zihui ······ 2–205
Dengfeng City ······ 2–191
Dengfeng Star Observatory ······ 2–191
Dengta City ······ 2–191
dengue fever ······ 2–191
Dengxian Brick-relief Tomb ······ 2–198
Dengzhou City ······ 2–205
Denishawn School of Dancing
and Related Arts ······ 2–140
Denmark ······ 2–138
density ······ 5–404
density wave theory ······ 5–404
dental caries ······ 6–256
dental restoration ······ 8–390
Denver ······ 2–137
Denzel Washington ······ 2–140
deodar cedar ······ 8–372
deoxyribonucleic acid ··· 7–457 (9–584)
deoxyribose ······ 7–457
Depardieu, Gerard ······ 2–183
Department of State Affairs ······ 6–470
department store ······ 1–211
dependent domains ······ 7–58
depleted uranium projectile ······ 6–85
deportation ······ 6–250
deposition ······ 2–370
depreciation ······ 9–238
depression ······ 8–560
depression, syndrome of ······ 9–80
depressive psychosis ······ 2–271
deprivation of political rights ······ 1–394
depth charge ······ 6–508
Dêqên Tibetan Autonomous
Prefecture ······ 2–213
Deqing ······ 2–183
Der Besuch der alten Dame ······ 4–557
Der Biberpelz ······ 7–244
Der Blaue Reiter ······ 6–210
Der Mann ohne Eigenschaften ······ 5–329
*Der Ursprung der Familie, des
Privateigentums und des Staats* ··· 4–128
Derain, André ······ 2–180
derivative ······ 2–157
Dermaptera ······ 3–97
dermatitis herpetiformis ······ 6–52
dermatomyositis ······ 6–72
Dermatophagoidinae ······ 1–549
Dermestidae ······ 6–71
Dermochelys coriacea ······ 4–574
Derrida, Jacques ······ 2–181
Derung ······ 2–353
Derung language ······ 2–353
Descartes, René ······ 2–215
descriptive geometry ······ 3–556
desensitization ······ 7–456
desert ······ 3–578
desert ······ 6–425
desert climate ······ 6–426
desert soil ······ 5–479
desertization ······ 6–426
desiccating formula ······ 6–252
design ······ 7–420
design art ······ 6–480
Desire Under the Elms ······ 9–66
Dessalines, Jean-Jacques ······ 2–184
destroyer ······ 6–250
Destruction of Opium at Humen ··· 3–519
detective story ······ 9–249
detector ······ 4–155
detector ······ 7–289
detention ······ 4–329
detention ······ 4–329
detergent ······ 8–137
determinant ······ 3–389
determination of social
consciousness by social being ··· 6–484
determinism ······ 4–347
Detroit ······ 2–218
deuterium ······ 2–155
Deuteromycotina ······ 1–233
Deutsch, Karl Wolfgang ······ 2–390
Deutsche Bank Group ······ 2–189
Deutsche Demokratische Republik ··· 2–187
Deutsche Presse Agentur ··· 2–188 (2–185)
Deutscher Zollverein ······ 2–186
Deutschland ······ 2–172
Deva ······ 7–340
Devanagari ······ 7–347
developed country ······ 2–431
developing country ······ 2–434
development ······ 2–433
development of creativity ······ 2–33
developmental biology ······ 2–433
deviance ······ 9–127
devil ray ······ 3–1
devilpepper ······ 5–222
Devonian Period ······ 5–579
dew ······ 5–176
Dewey Decimal Classification ······ 2–363
Dewey, John ······ 2–362
Dewey, Melvil ······ 2–362
Dexing City ······ 2–185
Deyang City ······ 2–185
Dezhou City ······ 2–190
DF ······ 2–191
Dge-lugs-pa ······ 3–108
Dhākā ······ 2–63
dharani sutra pillar ······ 2–31

Dharma 2–435
dharmadhātu 2–446
Dharmagupta-vinaya 7–149
Dharmakīrti 2–436
Dharmaksema 7–281
dharma-mudrā 2–458
Dhvanyāloka 9–144
dhyāna 1–499
Di 2–205
Di Qing 2–211
Di Renjie 2–211
diabase 3–606
diabetes insipidus 5–589
diabetes mellitus 7–319
diabolo 4–472
diagenesis 1–580
diagnosis 9–256
diagnostic method 9–257
diagnostic testing 9–257
dial and gnomon 3–240
dialectical logic 1–349
dialectical materialism 1–349
dialectics 1–348
dialectology 2–491
Dialektik der Natur 9–539
dialysis 6–525
dialysis 7–415
diamond 4–240
diamond 9–573
Dian Bronze Sculptures 2–270
Dian tribe 2–269
Diancang Mountain 2–272
Dianchi Lake 2–269
Dianju opera 2–269
Dianshan Lake 2–299
Dianthus caryophyllus 8–198
Dianthus superbus 6–254
Diao Guangtan 2–300
Diaobingshan City 2–303
Diaochan 2–300
Diaoyu Island 2–302
Diaoyucheng, Battle of 2–302
Diaoyudao Islands 2–302
diapause 9–325
diaphoresis 3–387
Diário de Macau 1–139
diarrhea 3–22
diarrhea 8–238
Diary of the Travels of Xu Xiake 8–348
Diaspididae 2–379
diastereomer 2–512
diatom 3–243
Díaz, José Ramos 2–213
Díaz Mirón, Salvador 2–214
Díaz, Porfirio 2–214
diazo-compound 2–4
diazo-reaction 2–4
diazotization 2–4
Dīb, Mohammed 2–208
Dibamidae 7–81
DIC 5–391
Dicentra spectabilis 3–429
dichloroethane 2–426
dichloromethane 2–426
dichotomy forked fern 5–310
dichroine 1–525
Dickens, Charles 2–210
dicotyledon 7–81
Dicotyledoneae 7–81
Dicranopteris pedata 5–310
dictatorship 2–352
dictatorship 9–509
dictionary 2–41
dictionary 9–551
Didelphidae 3–4
Diderot, Denis 2–209
Didot family 2–211
die 5–486
Die Blechtrommel 7–383
Die Brücke 6–188
Die Deutsche Ideologie 2–188
Die Entstehung der Kontinente und Ozeane 3–331
Die Erdkunde 2–244
Die heilige Familie, oder Kritik der kritischen Kritik, Gegen Bruno Bauer und Consorten 6–514
Die Leiden des Jungen Werthers 6–473
Die protestantische Ethik und der Geist des Kapitalismus 8–274
Die Räuber 6–178
Die Welt als Wille und Vorstellung 9–579
Diego Garcia Island 2–212
dielectric 2–282
dielectric constant 4–232
dielectric physics 2–282
Diels, Otto Paul Hermann 2–209
diencephalon 4–151
diesel engine 1–499
diesel oil 1–499
Diesel, Rudolf 2–211
Diesterweg, Friedrich Adolph Wilhelm 2–262
diet 6–449
dietetic contraindication 8–587
dietetic therapy 7–3
diethyl malonate 1–366
Dietzgen, Joseph 2–208
differentiable manifold 7–536
differential 7–535
differential equation 7–536
differential geometry 7–536
differential mode of association 1–488
differential rent 4–68
difformed galingale 8–560
diffraction 8–438
diffraction of light 3–220
diffuse reflection 5–309
digestion 8–215
digestive formula 8–213
digestive tract, diverticulum of 8–215
digger wasp 5–579
Diggers 4–349
digital camera 7–69 (7–75)
digital communication 7–74
digital computer 7–74
digital control system 7–74 (7–64)
digital earth 7–73
digital economy 7–74
digital film 7–74
digital library 7–75
digital map 7–73
digital photography 7–68 (7–74)
digital printing 7–75
digital signal processing 7–75
digital television 7–73
digital versatile disc 9–584
digital video disc 9–584
digitalis glycosides 8–468
digitalized radiography 7–75
digitized battlefield 7–74
digitized force 7–74
Dignāga 1–562
Dijon 2–259
dike 2–207
dilatation and curettage of uterine 3–202
dilemma 2–426
Dili 2–253
dillenia family 8–52
Dilleniaceae 8–52
Dilthey, Wilhelm 2–210
dilution, heat of 8–130
Dimashq 2–94
dimensional analysis 5–60
dimethyl ether 2–425
Dimitrov, Georgi Mikhailovich 4–101
Dimocarpus longan 5–144 (3–248)
ding 2–311
Ding Cong 2–304
Ding Daohu 2–305
Ding Gongchen 2–305
Ding Guangen 2–305
Ding Guangxun 2–305
Ding Guoxian 2–306
Ding Jing 2–306
Ding Kiln 2–313
Ding Ling 2–306
Ding Mausoleum of Ming Dynasty 5–444
Ding of Ke 4–445
Ding Ruchang 2–307
Ding Shande 2–307

Ding Shengshu …… 2–307
Ding Shi' e …… 2–308
Ding Shisun …… 2–308
Ding Shunnian …… 2–308
Ding Wei …… 2–309
Ding Wenjiang …… 2–309
Ding Xilin …… 2–309
Ding Xuxian …… 2–310
Ding Ying …… 2–310
Ding Yunpeng …… 2–310
Dingane …… 2–305
Dingcun …… 2–304
Dinghai District …… 2–312
Dinghu Mountain …… 2–311
Dingxi City …… 2–312
Dingzhou City …… 2–314
DINK family …… 2–306
Dinka …… 2–306
Dinodon rufozonatum …… 1–598
dinoflagellate …… 4–136
dinosaur …… 4–478
dinosaur egg …… 4–478
diocese …… 4–209
Diocletianus, Reforms of …… 2–134
Diodontidae …… 2–52
Diomedea albatrus …… 8–297
Dionysios …… 2–208
Dionysos …… 2–208
Diophantus …… 2–314
diorite …… 6–443
Dioscorea …… 6–441
Dioscorea opposita …… 7–60
Diospyros kaki …… 7–32
dioxin …… 2–424
diphenyl …… 5–40
diphenyl ether …… 2–422
diphtheria …… 1–197
Diplodocus …… 5–52
Diploglossata …… 2–6
diplomacy …… 7–473
diplomatic ceremony …… 7–474
diplomatic courier …… 7–474
diplomatic mission …… 7–13
diplomatic privilege and immunity …… 7–474
Diplura …… 7–80
Diponegoro' s Revolt …… 2–267
Diptera …… 7–77
Dirac, Paul Adrien Maurice …… 2–210
direct current …… 9–297
direct current machine …… 9–297
direct election …… 9–296
direct finance …… 9–296
directed energy weapon …… 2–313
Directeurs …… 2–350
director …… 2–157
director …… 2–334
Dirichlet, Peter Gustav Lejeune …… 2–210
disability …… 1–473
disabled person …… 8–21
disaccharide …… 7–80
disarmament …… 1–464
disasters economy …… 9–149
disasters index …… 9–149
disasters reserve …… 9–149
discharge …… 5–125
disciple …… 5–367
disco …… 2–213
discontinuance of crime …… 2–479
discount …… 7–378
discount …… 9–238
discounted price …… 7–1
Discours sur l' origine et les fondaments de l' inegalite parmi les hommes …… 5–197
Discourse of Sengzhao …… 9–237
Discourse on Dramatic Poetry …… 5–198
Discourses of Ancient Feudal States …… 3–297
Discourses on Salt and Iron …… 8–435
discrete mathematics …… 4–577
discretionary approaches …… 8–207
discus throw …… 7–379
Discussions at White Tiger Temple …… 1–198
disease …… 4–73
disease belt …… 1–369
disease, geography of …… 4–74
disease involving two or more channels …… 3–407
disease of one channel involving another channel …… 1–368
diseases of anus …… 3–54
diseases of sclera …… 3–145
diseases of vitreous body …… 1–391
diseconomies of scale …… 3–242
disguise acrobatics …… 6–184
disguise sumo …… 6–184
dish washer …… 8–138
disharmony between heart and kidney, syndrome of …… 8–255
dishcloth gourd …… 7–117
disinfection …… 8–213
disjunctive proposition …… 8–367
dislocation …… 3–205
dismutation reaction …… 6–133
Disney, Walt …… 2–213
Disneyland …… 2–213
disorder characterized by dyspnea …… 2–30
disorder system …… 8–22
dispelling pathogenic wind and removing dampness …… 6–252
dispersing stagnated liver qi for relieving qi stagnation …… 7–54
dispersion of light …… 3–220
displacement …… 7–569
displacement current …… 7–569
disproportionation reaction …… 6–133
Disputes among Shu, Luo and Shuo Cliques …… 7–58
disseminated intravascular coagulation …… 5–391
dissipating phlegm and relieving cough and asthma …… 3–544
dissipative structure …… 3–406
dissociation …… 4–577
distance measurement …… 4–339
distention and fullness …… 6–80
distillation …… 9–262
distilled water …… 9–262
distinct pondweed …… 8–441
distribution …… 2–546
distribution according to element …… 1–114
distribution according to work …… 1–113
distribution center …… 6–59
distribution function …… 2–544
District of Columbia …… 3–91
disyllabic roots …… 5–47
ditangquan …… 2–238
diuretics …… 5–29
Divehi …… 5–245
divergence …… 6–408
dividend …… 3–185
divination …… 9–177
divination combined with mystical confucianist belief …… 1–575
divine right of kings …… 4–359
diving …… 7–377
diving medicine …… 6–173
diving technology …… 6–173
divisibility …… 9–263
division of hardness and whiteness …… 4–577
divorce …… 4–576
dizziness …… 7–412
Djibouti …… 4–58
Djibouti …… 4–59
Djiboutis …… 4–59
dmangs-bshas …… 8–237
dmangs-glu …… 5–165
DNA …… 7–457
DNA fingerprint …… 9–584
Dnipro …… 2–259
Do Bamar Asiayon …… 7–608
Döblin, Alfred …… 2–170
dock …… 2–30
Doctor Zhivago …… 6–328
doctor' s degree …… 1–416
doctrine of the Holy Spirit …… 6–564
Doctrine of the Mean …… 9–449
Doctrine of the Mean …… 9–449
document …… 7–590
document …… 7–596
document classification, method of …… 7–596

document research ········ 7–596
documentary evidence ········ 7–50
documentary film ········ 4–97
documentary literature ········ 4–98
documentary photography········ 4–97
documentation science ········ 7–596
documentics ········ 7–596
documents from Lop Nur ········ 5–201
documents from Turpan········ 7–446
documents written on papyrus ········ 9–308
documents written on silk ········ 1–403
Documents written on Silk Unearthed from Mawangdui Han Tomb ········ 5–280
Dodo ········ 2–381
Dodoma ········ 2–381
dog ········ 6–267
dog ········ 6–268
Dog Days ········ 2–596
dogban family········ 4–122
Dōgen ········ 2–166
doggerel ········ 2–71
dogwood family········ 6–442
Doha ········ 2–383
Doll Festival ········ 6–27
dolomite ········ 1–209
dolomite ········ 1–210
Domagk, Gerhard Johannes Paul ··· 2–385
domain name ········ 9–82
dombira ········ 2–330
dome ········ 6–238
dome ········ 6–238
Domenico da Piacenza ········ 2–385
Domesday Book ········ 5–466
domestic animal ········ 4–125
domestic economy········ 4–129
Domingo, Placido ········ 2–387
Dominica ········ 2–387
Dominican Order ········ 2–387
Dominican Republic ········ 2–386
dominoes ········ 2–387
Don Juan ········ 7–307
Don Quijote de la Mancha ········ 7–318
Don River ········ 2–380
Donat, Robert ········ 7–310
Donatello ········ 2–388
Dong ········ 2–343
Dong Biwu ········ 2–332
Dong Cunrui ········ 2–332
Dong Fureng ········ 2–332
Dong Fuxiang ········ 2–332
Dong Hu ········ 2–332
Dong Jianhua ········ 2–333
Dong language ········ 2–343
Dong Meikan ········ 2–333
Dong Qichang ········ 2–333
Dong Qiwu ········ 2–334
Dong Xiwen ········ 2–334
Dong Yaojie ········ 2–334
Dong Yifang ········ 2–334
Dong Yinchu ········ 2–335
Dong Yuan ········ 2–335
Dong Yue ········ 2–335
Dong Zhongshu ········ 2–335
Dong Zhuo ········ 2–335
Dong Zuobin ········ 2–335
Dongba religion········ 2–314
Dongba script ········ 2–314
Dongcheng District ········ 2–316
Dong' e County········ 2–317
Dongfang City ········ 2–319
Dongfang Shuo ········ 2–319
Dongfanghong-1 satellite ········ 2–318
Dongfeng Motor Corporation ········ 2–320
Donggang City ········ 2–320
Dongguan City ········ 2–320
Donghai Bridge ········ 2–321
Donghai County ········ 2–321
Donghu Lake ········ 2–321
Donghua University ········ 2–322
Dongjiang River········ 2–322
Dongkou County ········ 2–343
Donglaishun Restaurant ········ 2–323
Dongli District ········ 2–323
Dongsha Archipelago ········ 2–325
Dongsha Island ········ 2–325
Dongshan County········ 2–325
Dongshan Island ········ 2–325
Dong-Shui branch ········ 2–343
Dongtai City ········ 2–325
Dongting Lake ········ 2–343
Dongxiang ········ 2–327
Dongxiang Autonomous County ··· 2–327
Dongxiang language ········ 2–326
Dongxing City ········ 2–327
Dongyang City ········ 2–328
Dongying City ········ 2–329
Dongzhai Port Nature Reserve ········ 2–329
Dongzhi Tableland ········ 2–335
Dönitz, Karl ········ 2–197
Donizetti, Gaetano ········ 2–388
donkey ········ 5–176
Donne, John ········ 2–381
Donoso, José ········ 2–388
door ········ 5–364
Door-god ········ 5–367
doping ········ 8–302
Doppler effect ········ 2–388
Dorgon ········ 2–381
dories ········ 3–326
dormancy ········ 8–335
dormice ········ 7–108
Dortmund ········ 2–389
Dos Passos, John ········ 2–389
Dostoyevsky, Fyodor Mikhaylovich ········ 7–458
Dou Chaorong ········ 2–346
Dou Gu ········ 2–346
Dou Jiande ········ 2–347
Dou Rong ········ 2–347
Dou Shumeng ········ 2–347
Dou Wu ········ 2–347
Dou Xian ········ 2–347
Douala ········ 2–355
double ········ 7–346
double bass ········ 2–207
double decomposition ········ 3–9
double entry bookkeeping ········ 3–11
double fertilization ········ 7–79
Double Nine Festival········ 2–7
Double Seven Festival ········ 6–121
doublet characters ········ 8–560
double-track price system········ 4–146
doucai ········ 2–344
Dough Figurine Tang········ 5–416
dough sculpture········ 5–417
Douhet, Giulio ········ 2–358
dove tree ········ 3–146
Dover, Strait of ········ 2–382
doves ········ 1–226
Dovzhenko, Aleksandr Petrovich 2–357
Dow-Jones indexes ········ 2–165
Downing Street ········ 7–310
downwelling ········ 8–158
DP ········ 2–338
DPA ········ 2–188 (2–185)
Dr. Sun Yat-sen Memorial Hall, Taibei ········ 7–247
Dracaena fragrans ········ 1–185
dracunculiasis ········ 5–294
draft bank ········ 6–83
Draft of Qing Dynasty ········ 6–231
dragon ········ 5–140
Dragon Beard Ditch ········ 5–144
dragon boat festival ········ 2–366
dragon bond ········ 5–144
Dragon Carving and the Literary Mind ········ 7–597
dragon dance········ 5–143
dragon dance········ 8–64
Dragon King ········ 5–143
dragonfly ········ 6–234
Dragon' s Head Raising Festival ··· 5–143
drainage network ········ 7–101
Drakensberg ········ 2–180
drama ········ 3–558
drama········ 8–141
drama in anti-Japanese base area ··· 4–410
Drama in the Liberated Region······ 4–228
drama script of Jin Dynasty ········ 4–263
Drama Troupe of General Political

Department of the CPLA ········ 9–394
dramatic literature ···················· 8–142
dramaturgical theory ················· 5–583
draught animal ······················ 8–561
Dravidian family···························· 2–68
Dravidians ································· 2–68
Drawing Lots from the Golden Urn··· 4–247
drawing pen ························· 3–614
dread ································· 4–478
dream ································· 5–390
Dream Pool Essays ··················· 5–390
dredging ···································· 7–54
Dreiser, Theodore ···················· 2–180
Drepung Monastery ·················· 9–239
Dresden ································ 2–180
Dresden State Art Collections ······ 2–181
Dresdner Bank Group··················· 2–181
dress hat ······························ 4–585
Dreyfus Affair ·························· 2–180
Driesch, Hans Adolf Eduard ········ 2–181
drift chamber ························· 6–83
drill ···································· 8–237
drill ···································· 9–573
drilling··································· 9–572
drilling fluid ·························· 9–572
drilling tool ···························· 9–573
drinker' s forfeit game ·············· 4–324
drive ··································· 6–250
Driven to Join the Liangshan Rebels··· 1–312
drizzle ································· 5–317
Dromaius novaehollandiae ··········· 2–419
Droseraceae···························· 5–326
Drosophilidae ·························· 3–300
Droste-Hülshoff, Annette von ······ 2–182
Drottningholm Court Theatre ······ 2–182
drought ······························· 3–388
drowning······························· 5–584
drug···································· 8–484
drug dependence ····················· 8–485
drug eruption ························· 8–485
drug poisoning ······················· 8–485
drugstore beetle ····················· 6–192
Druk ··································· 1–425
drum ·································· 3–189
drum and clappers ···················· 3–190
drunken boxing ······················ 9–576
dry and hot wind ····················· 3–32
dry deposition·························· 3–31
dry farming····························· 3–388
dry ice ································· 3–31
dryer ·································· 3–33
drying agent ························· 3–33
Dryness of Lung ······················ 2–535
dryness pathogen ···················· 9–166
Dryobalanops aromatica ············· 5–142
Dryopithecus ························ 6–419
DSL ··································· 6–508
Du Bois, William Edward Burghardt ························ 2–355
Du Dingyou ·························· 2–355
Du Fu ································· 2–356
Du Fu Thatched Cottage ············ 2–357
Du Fuwei ····························· 2–356
Du Gao ······························· 2–357
Du Guangting ························ 2–357
Du Guowei ··························· 2–358
Du Guoxiang ························ 2–358
Du Jinfang ··························· 2–358
Du Mingxin ·························· 2–360
Du Mu ································ 2–360
Du Pengcheng ······················· 2–361
Du Pont Financial Group ············ 2–355
Du Qinglin ··························· 2–361
Du Ruhui ····························· 2–361
Du Shenyan ·························· 2–362
Du Xunhe ···························· 2–363
Du You ······························· 2–363
Du Yu ································ 2–363
Du Yuesheng ························ 2–364
Du Yuming ·························· 2–363
dual economy ························ 2–430
dual nationality ························ 7–77
dual-fuel engine························ 7–79
dualism ······························ 2–430
dualistic nature of light ············· 3–219
Duan Chengshi ······················ 2–367
Duan keji ···························· 2–367
Duan Qirui ··························· 2–367
duan system of Chinese wushu ··· 9–400
Du' an Yao Autonomous County ··· 2–347
Duan Yucai ·························· 2–367
Duanfang ···························· 2–366
Duanmu Hongliang ·················· 2–366
Duanxi inkstone ····················· 2–366
Dubai ································· 2–211
Dublin ································ 2–347
Dubois, Eugène ······················ 2–355
Duchamp, Marcel ··················· 2–361
duck ·································· 8–388
duckweed family ····················· 2–603
dugong ······························· 6–339
Dugong dugon ······················· 6–339
Duguilong Movement ················ 2–352
Duguit, Léon ························ 2–210
duhkha ······························· 4–483
Dühring, Karl Eugen ················ 2–359
Duisburg ····························· 2–363
Duixie ································ 2–370
Dujiang Weir ························ 2–348
Dujiangyan City······················ 2–349
Duke Huan of Qi State ·············· 6–128
Duke Mu of Qin ····················· 6–200
Duke of Zhou ························ 9–468
Duke Wen of Jin ····················· 4–275
Duke Xiang of Song State ········ 7–174
Dulan County ························ 2–350
dulcimer······························· 8–446
Dule Temple ·························· 2–352
Duling Square Ding ················· 2–359
Dullin, Charles ······················ 2–359
Dumas, Alexandre, fils ············ 8–231
Dumas, Alexandre, père ··········· 2–123
dumping and anti-dumping ········ 6–218
dumpling ····························· 4–206
Dunant, Jean-Henri ················· 2–212
Duncan, Isadora ···················· 2–196
dung beetle ······ 4–240 (6–178, 7–14)
Dunhua City ························· 2–375
Dunhuang Academy ················· 2–378
Dunhuang Caves ···················· 2–376
Dunhuang City ······················ 2–377
Dunhuang peotry ···················· 2–376
Dunhuang popular literature ········ 2–377
Dunhuang Studies ··················· 2–377
Dunhuang wooden and bamboo slips of Han Dynasty ············· 2–376
Dunkerque ··························· 2–379
Dunkirk, Evacuation from ········ 2–379
Duns Scotus, John ················· 2–198
duodenum ···························· 6–587
duolocal residence··················· 7–525
Duolun Conference ················· 2–385
Duoyunxuan Studio ················· 2–392
Dupré, Jules ························· 2–361
Duras, Marguerite ·················· 2–359
Durban ······························· 2–169
Dürer, Albrecht ····················· 2–314
Durkheim, Émile ···················· 7–428
Duroc ································ 2–360
Dürrenmatt, Friedrich ·············· 2–212
Durrës································ 2–349
Duse, Eleonora ······················ 2–362
Dushan County ······················ 2–353
Dushan jade ························· 2–353
Dushanbe ···························· 2–362
dust ································· 6–83
dust and sand weather ············· 6–422
Dustin Hoffman ····················· 2–69
duststorm ···························· 1–548
Dutch ································ 3–431
Dutch language ····················· 3–431
dutchmanspipe family ·············· 5–245
duty ·································· 8–555
Duvalier family ······················ 2–362
Duwa ································ 2–355
Duxiu Peak ·························· 2–354
Duyun City ·························· 2–350
dvādasānga-pratītya-samutpāda ··· 6–587
Dvorák, Antonín (Leopold) ······ 2–184
dwarfism ···························· 9–490
Dworkin, Ronald Myles ··········· 2–184

Dyagilev, Sergey Pavlovich ········ 4–124
dye ········ 6–273
dyeing-and-finishing ········ 6–273
Dylan, Bob ········ 2–212
dynamic meteorology ········ 2–337
dynamic plasticity ········ 7–205
dynamic programming ········ 2–338
dynamics ········ 2–337
dynastic histories ········ 9–267
dynastic history ········ 2–368
dysentery ········ 5–37
dysfunctional uterine bleeding ········ 3–140
dysmenorrhea ········ 7–410
dysosma ········ 1–143
Dysosma versipellis ········ 1–143
dyspepsia syndrome ········ 7–3
dysphagia ········ 7–450
dysphagia ········ 8–489
dyspnea ········ 3–499
dystocia ········ 5–547
Dytiscidae ········ 5–142
Dzerzhinsky, Feliks Edmundovich ··· 4–225

E

E-2C Hawkeye early warning
aircraft ········ 9–584
eagles ········ 2–300
ear ········ 2–420
ear-acupuncture therapy ········ 2–421
early *homo sapiens* ········ 9–163
Early Iron Age ········ 9–162
Early Spring in February ········ 9–162
early warning aircraft ········ 9–81
early warning satellite ········ 9–81
earphone ········ 2–420
earring ········ 2–420
Earth ········ 2–231
earth ········ 4–214
Earth art ········ 2–78
earth burial ········ 7–444
earth construction ········ 6–534
earth core ········ 2–221
earth crust ········ 2–231
earth gravity field ········ 2–237
earth resources satellite ········ 2–237
Earth, revolution of ········ 2–234
earth rotation ········ 2–237
earth surface ········ 2–233
earthmoving machine ········ 7–438
earthquake ········ 2–245
earthquake disaster ········ 9–258
earthquake foci ········ 9–258
earthquake magnitude ········ 9–258
earthquake precursors ········ 2–248
earthquake prediction ········ 2–248
earthquake tsunami ········ 2–246
earth's radiation belt ········ 2–234
earthworm ········ 6–243
easel painting ········ 4–148
East African ········ 2–319
East African Plateau ········ 2–319
East African Rift Valley ········ 2–319
East Asia ········ 2–328
East Asia monetary crisis ········ 2–328
East Asia Summit ········ 2–328
East China Normal University ········ 3–533
East China Sea ········ 2–321
East China University of Science
and Technology ········ 3–533
East Europe ········ 2–325
East European Plain ········ 2–325
east Indian lily ········ 5–39
East Siberian Sea ········ 2–326
East Timor ········ 2–316
Easter ········ 3–11
Easter Island ········ 3–11
Easter Island, Stone Statues on ········ 3–11
Easter Islanders ········ 3–11
Eastern Battle of National
Revolutionary Army ········ 3–289
Eastern Depot ········ 2–316
Eastern Depot, Western Depot
and Imperial Bodyguard ········ 1–528
Eastern Han Dynasty ········ 2–321
Eastern Huns branch ········ 2–327
Eastern Jin Dynasty ········ 2–322
eastern long-necked turtle ········ 1–515
Eastern Mausoleums of Qing
Dynasty ········ 6–224
Eastern Orthodoxy ········ 2–329
Eastern Pact ········ 2–317
Eastern Samoa ········ 2–325
eastern snakenecked turtle ········ 6–479
Eastern Wei Dynasty ········ 2–326
Eastern Western Monthly Magazine ··· 2–326
Eastern Yugur language ········ 2–316
Eastern Zhou Dynasty ········ 2–330
Easton, David ········ 8–526
East-West relationship ········ 2–326
Ebbinghaus, Hermann ········ 1–74
Ebla ········ 1–61
ebola virus ········ 1–61
Ebro, Río ········ 1–61
EBU ········ 6–25
EBV ········ 1–61
Eça de Queiróz, José Maria ········ 1–70
ECB ········ 6–26
Eccles, John Carew ········ 1–67
ecclesia ········ 3–135
ECG ········ 8–248
Echegaray y Eizaguirre, José de ··· 1–70
Echinocactus grusonii ········ 4–241
Echinochloa crus-galli ········ 1–221
Echinodermata ········ 4–74
Echinoidae ········ 3–320
Echiura ········ 8–569
echo sounder ········ 3–610
ECHO virus infection ········ 1–67
echocardiogram ········ 1–534
Eckert, John Presper ········ 1–67
Eckhart, Meister Johannes ········ 1–85
eclectic architecture ········ 9–238
eclecticism ········ 9–238
ecliptic ········ 3–582
eclogite ········ 5–132
École Normale Supérieure de Paris··· 1–170
ecological adaptation ········ 6–533
ecological benefit ········ 6–533
ecological colonialism, policy of ··· 6–534
ecological crisis ········ 6–533
ecological engineering ········ 6–532
ecological equilibrium ········ 6–532
ecological factor ········ 6–534
ecological industry ········ 6–532
ecological niche ········ 6–533
ecological refugee ········ 6–532
ecological strategy ········ 6–532
ecology ········ 6–534
econometrics ········ 4–288
economic agent ········ 4–289
*Economic and Political Structures
of Tang Dynasty* ········ 7–307
economic and technological
development area ········ 4–288
economic blockade ········ 4–286
economic chaos ········ 4–287
economic crime ········ 4–286
economic crisis ········ 4–292
Economic Daily ········ 4–290
economic depression ········ 4–290 (4–293)
economic development ········ 4–285
economic development, theory of ··· 4–285
economic embargo ········ 4–288
economic forest ········ 4–288
economic formation of society ········ 6–488
economic geography ········ 4–285
economic globalization ········ 4–289
economic growth, theory of ········ 4–295
economic index ········ 4–295
economic integration ········ 4–294
economic law ········ 4–285
economic, laws of ········ 4–286
economic lever ········ 4–286
economic liberalism ········ 4–296
economic management ········ 4–286
Economic Manuscript of 1861~1863 ··· 4–294
economic mathematical model ··· 4–290
economic model ········ 4–288
economic overheating ········ 4–286
economic planning ········ 4–287

economic policy ········· 4–295
economic region ········· 4–289
economic region around the Bohai ··· 3–563
economic sanctions ········· 4–295
economic system, reforms in ········· 4–291
economic take-off ········· 4–288
economic transformation state ······ 4–296
economic zonality ········· 4–285
economical basis ········· 4–287
economical cybernetics ········· 4–288
economically affordable housing ··· 4–290
economics ········· 4–293
economies of scale ········· 3–242
economy ········· 4–284
Economy and Society ········· 4–295
economy, ecologization of ········· 4–290
economy, quantitative analysis of ··· 4–290
economy, soft landing of ········· 4–290
ECOSOC ········· 5–44
ecosystem ········· 6–533
ecotype ········· 6–534
ectopic pregnancy ········· 8–560
Ectopiste migratorius ········· 5–181
Ecuador ········· 2–407
eczema ········· 6–585
Edda ········· 1–61
Eddington, Arthur Stanley ········· 1–82
eddy current ········· 7–607
Ede ········· 1–62
Edelshtein, Vitaly Ivanovich ······ 1–61
edema ········· 7–106
Ediacaran fauna ········· 8–516
edible burdock ········· 5–599
edible fungi ········· 7–6
edible salt ········· 7–5
Edinburgh ········· 1–82
Edison, Thomas Alva ········· 1–82
Édit de Nantes ········· 5–543
edition ········· 1–229
editology ········· 1–339
editor ········· 1–339
editorial ········· 6–500
Edmonton ········· 1–61
EDTA ········· 8–548
education ········· 4–210
education ········· 4–212
education for the blind, deaf and mute ········· 5–311
education of juvenile delinquent ··· 3–124
educational investment ········· 4–211
educational psychology ········· 4–211
educational system ········· 4–213
Edward, Lake ········· 1–82
Edwards, Jorge ········· 1–82
EEC ········· 6–25
Eeden, Frederik Willem van ········· 1–74
EEG ········· 5–548
EF-2000 Typhoon fighter ········· 9–584
effective demand ········· 9–50
EFTA ········· 6–26
Eftimiu, Victor ········· 1–64
EFTS ········· 2–299
egg ········· 5–190
eggplant ········· 6–191
Egypt ········· 1–64
Egypt, July Revolution of ········· 1–66
Egyptian hieroglyphics ········· 1–66
Egyptian literature in 1960s ········· 1–66
Egyptian Museum ········· 1–66
Egyptian-Coptic group ········· 1–66
Ehrenburg, Ilya Grigorievich ······ 1–85
Ehrenfest, Paul ········· 2–409
Ehrlich, Eugen ········· 1–68
Ehrlich, Paul ········· 1–62
EIB ········· 6–26
Eichendorff, Joseph von ········· 1–81
eidetic image ········· 8–544
Eiffel Tower ········· 1–63
Eigen, Manfred ········· 1–76
eight characters ········· 1–147
eight confluential points ········· 1–144
Eight Eccentrics of the Yangzhou school ········· 8–447
eight extraordinary channels ········· 6–131
eight extraordinary meridians ······ 6–131
eight famous Chinese cuisines ······ 1–141
Eight Immortals ········· 1–146
eight influential points ········· 1–143
Eight Masters of Jinling ········· 4–244
Eight Princes, War of the ········· 1–145
eight principles of yong ········· 9–27
eight principles, syndrome differentiation of ········· 1–141
Eight Prose Masters of Tang and Song Dynasties ········· 7–314
Eight Specialists of Xiling ········· 8–95
Eight, The ········· 1–145
Eight Thousand Li of Clouds and the Moon ········· 1–145
eight trigrams ········· 1–142
Eight Trigrams Society ········· 1–142
eighteen arhats ········· 6–585
eighteen clashes ········· 6–585
eighteen craftsmanship of techniques in line-drawing ······ 6–586
eighteen kinds of weapons ········· 6–585
Eighteenth Army ········· 2–262
Eighth National Congress of CPC 9–360
Eighth Route Army ········· 1–144
Eighth Route Army of National Revolutionary Army ········· 3–289
eight-legged essay ········· 1–142
Eight-Power Allied Forces ········· 1–142
Eigteen Passages of Hujia Music ··· 3–504
Eijkman, Christiaan ········· 1–77
Einstein, Albert ········· 1–88
Einstein, Hans Albert ········· 1–89
Einthoven, Willem ········· 1–89
Eisenhower, Dwight David ········· 1–79
Eisenstadt, Shmuel Noah ········· 1–80
Eisenstein, Sergey Mikhaylovich ··· 1–86
Eisler, Hanns ········· 1–80
ejection seat ········· 7–282
EKG ········· 8–248
Ekman drift current ········· 1–67
Ekman, Vagn Walfrid ········· 1–67
El Cantar del Mio Cid ········· 8–134
El Gîza ········· 4–66
El Iskandrîya ········· 8–404
El Mercurio ········· 8–297
El Niño ········· 2–406
El Qâhira ········· 4–387
El Salvador ········· 6–359
El siglo de oro ········· 3–589
Elaeagnaceae ········· 3–509
Elaeagnus angustifolia ········· 6–429
Elaeis guineensis ········· 9–41
Elam ········· 1–68
Elaphe ········· 4–268
Elaphurus davidianus ······ 5–393 (7–143)
elastic alloy ········· 7–283
elastic force ········· 7–283
elastic wave ········· 7–283
elasticity ········· 7–283
elasticity of supply ········· 3–141
elasticity, theory of ········· 7–283
Elateridae ········· 4–482
Elbe River ········· 8–561
elder chief system of Yao ········· 8–482
Eleatic school ········· 1–85
electioneering ········· 4–314
electoral system ········· 8–366
Electra complex ········· 5–49
electric apparatus ········· 2–286
electric cable ········· 2–283
electric charge ········· 2–279
electric circuit ········· 2–285
electric current ········· 2–285
electric dipole ········· 2–286
electric eels ········· 2–285
electric engineering ········· 2–278
electric fan ········· 2–277
electric field ········· 2–273
electric field intensity ········· 2–273
electric generator ········· 2–431
electric iron ········· 2–294
electric leakage protector ········· 5–148
electric light source ········· 2–279
electric machine ········· 2–280
electric motor ········· 2–277
electric oven ········· 2–283

electric potential ························ 2–287
electric power ························ 2–278
electric power transmission ········ 7–55
electric quantity ························ 2–284
electric railway ························ 2–286
electric range ························ 2–294
electric rays ························ 2–289
electric rice cooker ························ 2–277
electric shock ························ 2–21
electric source ························ 2–293
electric water heater ························ 2–287
electric wire ························ 2–289
electrical insulating material ········ 4–349
electrical machining machine········ 2–281
electrical prospecting ························ 2–277
electricity ························ 2–289
electrified education ························ 2–279
electrocardiogram ························ 8–248
electrochemical analytical method ··· 2–279
electrochemical machining ········ 2–280
electrochemistry ························ 2–279
electrode ························ 2–280
electrode potential ························ 2–281
electrodynamics ························ 2–277
electroencephalogram ························ 5–548
electro-gas-dynamic power
generation ························ 2–286
electrolysis ························ 2–281
electrolyte ························ 2–281
electrolyte disturbance ························ 2–281
electrolytic analysis ························ 2–281
electromagnet ························ 2–275
electromagnetic dominance ········ 9–312
electromagnetic energy ························ 2–275
electromagnetic field ························ 2–274
electromagnetic gun ························ 2–275
electromagnetic induction ························ 2–275
electromagnetic interaction ········ 2–276
electromagnetic measurement ······ 2–274
electromagnetic pollution ························ 2–276
electromagnetic potentials ························ 2–275
electromagnetic pump ························ 2–274
electromagnetic radiation ························ 2–275
electromagnetic unit system ········ 2–274
electromagnetic wave ························ 2–274
electromagnetic wave propagation ··· 2–274
electromagnetism ························ 2–276
electrometallurgy ························ 2–290
electromotive force ························ 2–277
electromotive force of cell ························ 2–273
electron ························ 2–294
electron beam fabrication ························ 2–296
electron beam tube ························ 2–296
electron configuration ························ 2–299
electron microscope ························ 2–296
electron tube ························ 2–295
electronegativity ························ 2–277
electronic banking ························ 2–297
electronic commerce ························ 2–296
electronic component ························ 2–297
electronic computer ························ 2–295
electronic countermeasure airplane ··· 2–295
electronic effect ························ 2–296
electronic funds transfer systems ··· 2–299
electronic game ························ 2–297
electronic government ························ 2–298
electronic government ························ 2–298
electronic mail ························ 2–297
electronic map ························ 2–294
electronic music ························ 2–297
electronic musical instrument ······ 2–298
electronic payment system ········ 2–299
electronic publication ························ 2–294
electronic publication ························ 2–294
electronic reconnaissance ship ······ 2–298
electronic records ························ 2–296
electronic switch ························ 2–295
electronic warfare ························ 2–298
electronic warfare aircraft ························ 2–294
electronic warfare equipment ······ 2–294
electronics ························ 2–296
electron-volt ························ 2–295
electro-optic material ························ 2–278
electrophilic reagent ························ 6–194
electrophoresis ························ 2–293
electroplating ························ 2–277
electrostatic accelerator ························ 4–316
electrostatic induction ························ 4–316
electrostatic protection ························ 4–315
electrostatics ························ 4–315
electrotherapy ························ 2–284
electrothermal gun ························ 2–286
elegies of Chu State ························ 2–18
elementary education ························ 2–15
elementary number theory ········ 2–15
elementary particle ························ 4–40
elementary reaction ························ 9–91
elemento-organic compound ······ 9–95
Elements ························ 4–80
elements, periodic table of ········ 9–95
Eleocharis tuberosa ························ 1–313
eleostearic acid ························ 7–401
Eleotridae ························ 7–318
Elephanta Caves ························ 8–207
elephant-foot drum dance ························ 8–208
elephant-shaped bronze zun ········ 8–209
Elephas africanus ························ 2–523
Elephas maximus ························ 8–419
Eleut Mongols ························ 2–409
elevator ························ 2–289
Eleventh Five-Year Plan of China ··· 9–349
Eleventh Plenary Session of
Eighth Central Committee of
CPC ························ 9–360
Elfitory, Mohammed Moftahh ··· 2–541
Elgar, Edward ························ 1–62
Elgon, Mount ························ 1–62
Eliminating Battle ························ 5–402
eliminating dampness by means
of bitter rugs with drying effect ··· 9–166
elimination reaction ························ 8–213
Elin Pelin ························ 1–68
Eliot, George ························ 1–78
Eliot, Thomas Stearns ························ 1–78
elitist theory ························ 4–307
Elizabeth Taylor ························ 8–523
Elizabeth Ⅰ ························ 8–523
Elizabeth Ⅱ ························ 8–523
Ellás ························ 8–121
Ellesmere Island ························ 1–63
Ellington, Edward Kennedy ······ 1–69
ellipse ························ 7–459
elliptic function ························ 7–459
Ellora Caves ························ 1–69
elm ························ 9–65
elm family ························ 9–65
Elmina Castle ························ 1–62
Elsevier family ························ 1–63
Elsheimer, Adam ························ 1–63
Elton, Charles Sutherland ········ 1–62
Eluard, Paul ························ 1–78
Elysee, Palais de l' ························ 1–85
Elytis, Odysseus ························ 1–68
Elzevir family ························ 1–63
e-mail ························ 2–297
*Emancipate the Mind, Seek Truth
from Facts and Unite as One in
Looking to the Future* ························ 4–229
Emancipation Proclamation ········ 4–229
embolism ························ 7–77
embroidered shoes ························ 8–338
embroidery ························ 2–52
embryology ························ 6–52
Emei Mountain ························ 2–404
Emeishan City ························ 2–405
emerald ························ 9–571
emergency medicine ························ 4–73
Emerson, Ralph Waldo ························ 1–86
emesis method ························ 7–447
emetic formula ························ 9–28
emetine ························ 7–445
emigrant literature ························ 6–184
Eminescu, Mihai ························ 1–86
emission trading ························ 6–37
emodin ························ 2–87
emotion and affection ························ 6–236
emotional disorders in childhood··· 2–417
emotional expression ························ 1–356
emotional quotient ························ 6–236
empathy ························ 8–542
Emperor Chengzong of Yuan

Dynasty 9–91
Emperor Chengzu of Ming Dynasty 5–443
Emperor Chongzhen 2–8
Emperor Dadi of Wu 8–27
Emperor Daizong of Tang Dynasty 7–306
Emperor Daoguang 2–161
Emperor Daowu of Northern Wei 7–573
Emperor Dezong of Qing Dynasty 6–224
Emperor Dezong of Tang Dynasty 7–306
Emperor Gaodi of Qi Dynasty 6–128
Emperor Gaozong of Qing Dynasty 6–225
Emperor Gaozong of Song Dynasty 7–169
Emperor Gaozong of Tang Dynasty 7–306
Emperor Gaozu of Chen Dynasty 1–555
Emperor Gaozu of Han Dynasty 3–374
Emperor Gaozu of Later Han Dynasty 3–491
Emperor Gaozu of Later Jin Dynasty 3–492
Emperor Gaozu of Tang Dynasty 7–306
Emperor Guangwu of Han Dynasty 3–374
Emperor Guangxu 3–228
Emperor Houzhu of Chen Dynasty 1–557
Emperor Huaidi of Jin Dynasty 4–275
Emperor Huandi of Han Dynasty 3–375
Emperor Huidi of Jin Dynasty 4–275
Emperor Huizong of Song Dynasty 7–170
Emperor Jiajing 4–131
Emperor Jiaqing 4–131
Emperor Jingdi of Han Dynasty 3–377
Emperor Jingzong of Western Xia Dynasty 8–105
Emperor Kangxi 4–405
Emperor Lingdi of Han Dynasty 3–377
Emperor Lizong of Song Dynasty 7–171
Emperor Mingdi of Han Dynasty 3–378
emperor moth 2–75
Emperor Muzong of Qing Dynasty 6–228
Emperor opera 6–50
Emperor Qianlong 6–171
Emperor Renzong of Qing Dynasty 6–229
Emperor Renzong of Song Dynasty 7–172
Emperor Shengzong of Liao Dynasty 5–67
Emperor Shengzu of Qing Dynasty 6–230
Emperor Shenzong of Ming Dynasty 5–447
Emperor Shenzong of Song Dynasty 7–172
Emperor Shizong of Jin Dynasty 4–254
Emperor Shizong of Later Zhou Dynasty 3–495
Emperor Shizong of Ming Dynasty 5–448
Emperor Shizong of Qing Dynasty 6–231
Emperor Shizu of Qing Dynasty 6–231
Emperor Shizu of Yuan Dynasty 9–95
Emperor Shundi of Yuan Dynasty 9–95
Emperor Shunzhi of Qing Dynasty 7–110
Emperor Sizong of Ming Dynasty 5–449
Emperor Taiwu of Northern Wei 7–575
Emperor Taizong of Jin Dynasty 4–258
Emperor Taizong of Liao Dynasty 5–67
Emperor Taizong of Qing Dynasty 6–231
Emperor Taizong of Song Dynasty 7–173
Emperor Taizong of Tang Dynasty 7–315
Emperor Taizu of Jin Dynasty 4–258
Emperor Taizu of Later Zhou Dynasty 3–495
Emperor Taizu of Liao Dynasty 5–67
Emperor Taizu of Ming Dynasty 5–449
Emperor Taizu of Qing Dynasty 6–231
Emperor Taizu of Song Dynasty 7–173
Emperor Taizu of Yuan Dynasty 9–97
Emperor Tianzuodi of Liao Dynasty 5–68
Emperor Wendi of Han Dynasty 3–380
Emperor Wendi of Liu Song Dynasty 7–174
Emperor Wendi of Sui Dynasty 7–214
Emperor Wendi of Wei 7–576
Emperor Wenxuan of Northern Qi Dynasty 6–130
Emperor Wenzong of Qing Dynasty 6–232
Emperor Wenzong of Yuan Dynasty 9–97
Emperor Wudi of Han Dynasty 3–380
Emperor Wudi of Jin Dynasty 4–276
Emperor Wudi of Liang Dynasty 5–55
Emperor Wudi of Liu Song Dynasty 7–174
Emperor Wudi of Northern Zhou Dynasty 9–472
Emperor Wudi of Wei 7–576
Emperor Wuzong of Tang Dynasty 7–315
Emperor Xiandi of Han Dynasty 3–380
Emperor Xianzong of Tang Dynasty 7–316
Emperor Xiaozong of Song Dynasty 7–174
Emperor Xizong of Jin Dynasty 4–259
Emperor Xuandi of Han Dynasty 3–380
Emperor Xuantong of Qing Dynasty 8–361
Emperor Xuanzong of Qing Dynasty 6–232
Emperor Xuanzong of Tang Dynasty 7–316
Emperor Yandi 8–432
Emperor Yangdi of Sui Dynasty 7–214
Emperor Yingzong of Yuan Dynasty 9–98
Emperor Yongzheng of Qing Dynasty 9–24
Emperor Yuandi of Han Dynasty 3–385
Emperor Yuandi of Jin Dynasty 4–276
Emperor Yuandi of Liang Dynasty 5–55
Emperor Zhaolie of Han Dynasty 3–385
Emperor Zhenzong of Song Dynasty 7–176
Emperor Zhuangzong of Later Tang Dynasty 3–494
emperor's travelling equipage or escort 5–160
emphasizing agriculture and restricting commerce 9–462
emphysema 2–534
Empire State Building 2–252
empiricism 4–298
empirio-criticism 4–299
employed system 9–28
employment, rate of 4–329
empress 3–579
Empress Jia 4–140
Empress Lü 5–178
Empress Suiko's reforms 7–448
Empress Xiaozhuang 8–232
empty nest family 4–465
empyema 5–616
emu 2–419
emulsifier 6–341
emulsion 6–342
enacted law 9–312
enamel 2–461
enamel 7–318
enantiomer 2–375
encephalitis 5–552
Encina, Juan del 2–416
enclave 2–506
Enclosure Movement 6–257
enclosure order 6–257
encomienda 7–564
encyclopaedia 1–212
Encyclopædia Britannica 1–429
Encyclopaedia of China 9–348
Encyclopaedia of China Publishing House 9–348
encyclopedia 1–212
encyclopedistes 1–212
Encyklopädie der philosophischen Wissenschaften im Grundrisse 9–241
end of the world, the 7–20

endemic syphilis …… 2–221
endocrine system …… 5–553
endogamy …… 5–555
endometrial carcinoma …… 9–529
endometrial polyp …… 9–530
endometriosis …… 9–530
endoplasmic reticulum …… 5–561
endorsement …… 1–303
endoscopy …… 5–556
enema …… 3–217
energy …… 5–562
energy conservation law …… 5–562
energy level …… 5–562
energy metabolism …… 5–562
energy source …… 5–563
energy storage material …… 2–17
Enescu, George …… 1–70
engagement arranged by parents …… 2–312
engagement system …… 6–85
Engels, Friedrich …… 2–414
engine …… 2–431
engineering …… 3–121
engineering camouflage …… 3–124
engineering coordinate system …… 3–124
engineering cybernetics …… 3–123
engineering geology …… 3–122
engineering plastics …… 3–123
engineering psychology …… 3–124
engineering science …… 3–123
engineering seismology …… 3–122
engineering surveying …… 3–121
England …… 8–616
Engle coefficient …… 2–414
Engle, Robert Fry …… 2–414
English …… 8–616
English Bourgeois Revolution …… 9–8
english daisy …… 2–17
English horn …… 9–4
English language …… 9–11
English walnut …… 3–509
Engraulis japonicus …… 7–341
Enhydra lutris …… 3–342
enid snails …… 1–79
Enidae …… 1–79
Enlarged Terrestrial Atlas …… 3–238
enlightened despotism …… 4–389
Enlightenment …… 6–139
Ennin …… 9–113
Ennius, Quintus …… 2–415
Enping City …… 2–415
Enragés …… 2–560
ensemble …… 2–7
ensemble …… 8–147
Enshi City …… 2–415
Enshi Tujia-Miao Autonomous Prefecture …… 2–415
enteric dysbacteriosis …… 1–521
entering into marriage …… 4–222
enteritis …… 1–523
Enterobacteriaceae …… 1–522
enterobiasis …… 5–548
enterocele …… 1–522
Enteromorpha …… 3–520
Enteropneusta …… 9–504
enterprise …… 6–135
enterprise as legal person …… 6–136
enterprise culture …… 6–138
enterprise entrustment …… 6–138
enterprise management …… 6–136
enterprise merger …… 6–137
enterprise of collective ownership …… 4–77
enterprise workers representative congress …… 9–298
enthalpy …… 3–358
Entoprocta …… 5–554
entrepot trade …… 9–511
entropy …… 6–458
enuresis …… 8–545
envelopment on double flanks …… 3–411
environment …… 3–564
environmental abnormality …… 3–573
environmental archaeology …… 3–569
environmental art …… 3–573
environmental background value …… 3–565
environmental biology …… 3–571
environmental capacity …… 3–571
environmental carrying capacity …… 3–565
environmental chemistry …… 3–568
environmental crisis …… 3–572
environmental degradation …… 3–571
environmental determinism …… 3–569
environmental ecology …… 3–571
environmental economics …… 3–569
environmental economy accounting …… 3–568
environmental effect …… 3–573
environmental engineering …… 3–567
environmental epidemiology …… 3–570
environmental ethics …… 3–570
environmental function division …… 3–567
environmental geology …… 3–566
environmental geoscience …… 3–565
environmental hazard …… 3–574
environmental hormone …… 3–568
environmental impact assessment …… 3–574
environmental law …… 3–566
environmental management …… 3–567
environmental monitoring …… 3–568
environmental monitoring well …… 3–568
environmental physics …… 3–573
environmental planning …… 3–567
environmental pollution …… 3–572
environmental pollution, control of …… 3–572
environmental protection …… 3–565
environmental protection law …… 3–565
environmental right …… 3–570
environmental risk …… 3–567
environmental safety …… 3–565
environmental science …… 3–569
environmental self-purification …… 3–574
environmental supervision and management …… 3–568
environmental system …… 3–573
environmental toxicology …… 3–566
enzyme …… 5–340
enzyme engineering …… 5–341
Eocene Epoch …… 7–13
Eogene Period …… 3–170
eosinophilia …… 7–34
Eötvös experiment …… 2–407
Eötvös Roland …… 2–407
Epang Palace …… 2–393
ephedrine …… 5–237
Ephemeroptera …… 2–607
epic …… 7–12
epicenter …… 9–258
epichlorohydrin rubber …… 5–188
Epicopeiidae …… 2–580
Epidaurus Festival …… 1–70
epidemic cerebrospinal meningitis …… 5–128
epidemic encephalitis B …… 5–129
epidemic fever due to Autumn-Dryness …… 6–243
epidemic fever in spring …… 2–38
epidemic heat syndrome noxious damp …… 7–580
epidemic parotitis …… 5–128
epidiascope …… 3–577
epididymitis …… 3–7
epidote …… 5–185
epigeosphere …… 2–233
Epikouros …… 8–515
epilepsy …… 2–270 (8–450)
epileptic mental disorders …… 2–271
Epimedium brevicornum …… 8–584
Epinephelus …… 6–593
Epiphyllum oxypetalum …… 7–281
Epiplemidae …… 2–215
epistemology …… 6–309
epistolary writing …… 7–46
epitaph …… 5–497
Epitaph of Hua Fang, Wang Jun's Wife …… 7–501
epithelial tissue …… 6–467
epoxidation reaction …… 3–575
epoxy resin …… 3–575
EPR …… 8–548
Epstein, Israel …… 1–86
equal utility curve …… 2–195
equality …… 6–87

equation of motion of a partical with variable mass ········ 1–345
equation of state of ideal gas ········ 5–12
equation of time ········ 6–608
equator ········ 1–597
Equatorial Guinea ········ 1–597
Equatorial Tablet ········ 1–598
equatorial undercurrent ········ 1–598
equestrian sports ········ 5–277
Equidae ········ 5–253
equilibratory sensation ········ 6–88
equilibrium price ········ 4–358
equinoxes and solstices ········ 2–549
Equisetum hyemale ········ 5–494
equity ········ 3–467
equity theory ········ 3–136
Equus caballus ········ 5–239
ERA ········ 1–144
Erasmus, Desiderius ········ 8–520
Eratosthenes of Cyrene ········ 1–68
Erdene, Sengiin ········ 2–406
Erdenet ········ 2–406
Erdeni Dzu ········ 2–406
Erdeni Erike ········ 1–239
Erdeni Tobchi ········ 5–380
Erenhot City ········ 2–425
Eretmochelys imbricata ········ 2–130
Ergasilidae ········ 9–61
Ergong language ········ 2–419
ergonomics ········ 6–291 (6–299)
ergosterol ········ 5–295
ergotamine ········ 5–295
Ergun City ········ 2–406
Ergun River ········ 2–406
Erhai Lake ········ 2–422
Erhard, Ludwig ········ 1–76
erhu ········ 2–424
Erie Lake ········ 8–524
Erinaceidae ········ 2–52
Eriobotrya japonica ········ 6–76
Eriogyna pyretorum ········ 9–222
Eritrea ········ 2–408
Erlitou Culture ········ 2–425
Ernst, Max ········ 2–416
Eros ········ 1–69
erosion ········ 6–194
erosion cycle, theory of ········ 6–193
error ········ 8–79
error correcting code ········ 4–318
Erster Teil der Enzyklopädie der philosophischen Wissenschaften: Wissenschaft der Logik ········ 8–225
Ersu language ········ 2–419
Ertan Hydropower Station ········ 2–428
erudite ········ 1–416
Erya ········ 2–419
Erya, studies of ········ 8–398
erysipelas ········ 2–137
erysipeloid ········ 4–572
erythema infectiosum ········ 2–26
erythema nodosum ········ 4–223
erythrocyte ········ 3–475
Erythrophleum fordii ········ 3–109
erythrose ········ 1–600
Erythroxylum ········ 3–171
Erzhushi, Rebellion of ········ 2–419
ESA ········ 6–25
Esaki Leo ········ 4–176
escalator ········ 9–535
escape tower ········ 4–328
Escherichia coli ········ 2–75
Esen ········ 8–490
Esfahān ········ 8–526
Eskimo ········ 1–88
Eskimo Culture ········ 1–88
Eskimo-Aleut family ········ 1–88
esophageal, cancer ········ 7–2
esophagitis ········ 7–3
esophagus ········ 7–2
Esoteric Buddhism ········ 5–409 (5–404)
Esox ········ 3–154
España ········ 8–83
esparcet ········ 3–469
Espartero, Baldomero ········ 1–73
Esperanto ········ 7–24
Esquivel, Laura ········ 1–72
essay ········ 6–409
essay ········ 8–227
Essay Concerning Human Understanding ········ 6–291
Essay on the Theory of the Earth ········ 2–236
Essays on History of Ming Dynasty ········ 5–448
esseceloss of kidney, syndrome of ········ 6–523
Essen ········ 1–72
essence ········ 4–304
essence and phenomenon ········ 1–309
essence-energy ········ 4–304
Essential Account on Calligraphy ········ 2–454
essential oil ········ 4–307
essentialism education ········ 8–485
Essentials of Government in Zhenguan Period ········ 9–246
Essentials of Historial Geography ········ 2–354
Essentials of People's Livelihood ········ 6–129
establishing identity ········ 7–399
estate duty ········ 8–542
ester ········ 9–310
estivation ········ 8–164
Estonia ········ 1–87
Estonian language ········ 1–88
Estonians ········ 1–87
Estrecho de Magallanes ········ 5–299
estuaries ········ 3–423
États-généraux ········ 6–392
ethanol ········ 8–548
ethanolamines ········ 8–548
ether ········ 5–393
ether ········ 8–552
Ethernet ········ 8–552
ethic ········ 5–195
Ethica in Ordine Geometrico Demonstrata ········ 5–195
ethics ········ 5–195
Ethiopia ········ 1–70
Ethiopian Highland ········ 1–72
Ethiopian War of Resistance Against Italy ········ 1–72
ethnic costume ········ 5–433
ethnic group ········ 5–431
ethnic identity ········ 5–434
ethnic migration ········ 5–433
ethnic minority ········ 6–472
ethnic secessionism ········ 5–433
ethnology ········ 6–304
ethnomethodology ········ 1–308
ethyl acetate ········ 8–549
ethyl acetoacetate ········ 8–550
ethyl ether ········ 8–548
ethylene ········ 8–549
ethylene glycol ········ 8–548
ethylene oxide ········ 3–576
ethylenediamine ········ 8–548
ethylenediamine tetraacetic acid ········ 8–548
ethylene-propylene rubber ········ 8–548
etiolation ········ 3–587
etiquette and custom ········ 4–586
Etna, Monte ········ 1–73
Etoile, Triomphe de l' ········ 1–169
Eton College ········ 8–516
Etruscan art ········ 8–532
Etruscan Culture ········ 8–532
EU ········ 6–25
Eubalaena ········ 5–176
Eucalyptus ········ 1–110
eucalyptus ········ 1–110
eucaryotic cell ········ 9–253
Eucharist ········ 6–557
Eucheuma ········ 6–135
Eucken, Rudolf Christoph ········ 1–134
Euclid ········ 6–13
Euclidean space ········ 6–14
eucommia ········ 2–364
Eucommia ulmoides ········ 2–364
eudesmol ········ 1–110
Eudoxus ········ 6–13
Eugene Onegin ········ 8–496
eugenics ········ 9–29
Eugénie Grandet ········ 6–18
euglena ········ 5–226
Euglenophyta ········ 5–226

eukaryote 9–253
Euler, Leonhard 6–14
Eumeces 6–599
eumycetes 9–253
eunuch 3–577
Eunuchs Clique 8–422
Euphausia superba 5–526
Euphausiacea 5–94
Euphorbia fischeriana 4–548
Euphorbia lathyris 8–359
Euphorbia pulcherrima 8–510
Euphorbiaceae 2–87
Euphrates River 9–52
euptelea family 5–101
Eupteleaceae 5–101
Eupterotidae 2–130
Eurasian Railway 8–408
Eurasian siskin 3–595
Euripides 6–15
euro 6–19
Euro-dollar 6–25
Europa race 6–15
Europe 6–19
European black vulture 7–416
European Broadcasting Union 6–25
European Central Bank 6–26
European Court of Human Rights 6–25
European Defense Community 6–24
European Economic Community 6–25b
European Free Trade Association 6–26
European glorybind 7–371
European hop 6–78
European Investment Bank 6–26
European Revolution of 1848 6–26
European Space Agency 6–25
European Union 6–25
Europe, prehistoric art in 6–26
Euryale ferox 6–176
Eurylaimidae 4–510
eurypterids 1–229
Eurystomus orientalis 6–382
euthanasia 1–101
Eutheria 9–256
eutrophication 3–21
evangelicals 2–615
Evans, Sir Arthur 8–533
evaporation 9–261
evaporator 9–262
evaporites 9–262
evasion of foreign exchange 7–321
evasion of law 2–451
Eve 8–166
evening paper 7–479
evening-primrose family 5–135
Evens, Walker 1–73
Event of the Golden Temple 4–246
event-based historical records 4–98
even-toed ungulate 6–27
Ever Victorious Army 1–525
evergreen broad-leaf forest 1–524
evergreen chinkapin 4–418
ever-normal granary 1–525
Evian Agreement 1–73
evidence 9–269
evidence, preservation of 9–269
evil cult 8–235
evolution 4–269
Evolution and Ethics 7–366
Evolution Drama Society 4–271
evolution geography 8–432
Ewe 1–73
Ewenki 2–412
Ewenki Autonomous Banner 2–412
Ewenki language 2–412
Ewiger Bund, Schweiz 6–352
Ewing, William Maurice 9–33
examination 4–418
exanthema subitum 9–52
excavator 7–463
Excentrodendron hsienmu 8–176
excessive necessity 1–335
exchange 4–194
exchange, bill of 3–612
exchange rate 3–612
excited state 4–54
exclave 2–506
exclusive agency 9–508
exclusive economic zone 9–509
exclusive fishing zone 9–509
exclusive sales 1–237
exclusively foreign-owned enterprises 7–475
excretion 6–37
execution 6–180
execution of the whole clan relatives of a criminal 9–568
executive airplane 3–137
exemption from prosecution 5–413
exergy 9–29
existentialism 2–59
Exocet 2–510
Exocoetidae 2–510
exogamy 7–473
exoplanet 7–475
exorcise 6–8
exorcising opera 6–8
exosphere 7–475
exotic atom 6–132
Expanded Erya 3–237
expansion alloy 6–68
expectancy, theory of 6–124
expectorant drugs 6–253
expelling phlegm 6–253
experience 4–298
experimental design 7–29
experimental geography 6–615
experimental pedagogy 6–615
experimental stress analysis 6–615
experimental theatre 6–615
experimentalism 7–343
expert cabinet 9–507
expert system 9–507
explaining Chinese character by form and structure 8–322
explanation of character by meaning 8–555
Explanations of the Diagram of the Great Ultimate 7–257
exploitation 1–395
Exploitation of the Works of Nature 7–349
exploratory machinery 7–290
Explorer satellite 7–291
explosion 1–253
explosive 9–175
export credit 2–15
export duties 2–14
export industrial policy 2–14
export of service 4–556
export processing zone 2–14
export subsidies 2–14
export tax rebate 2–15
Export-Import Bank of China 9–375
export-oriented industry 2–14
export-substitution strategy 2–14
expository teaching 9–502
exposure burial 7–367
exposure meter 1–252
expressionism 1–357
expressway 3–77
Extensive Competition of Military Skills (1964) 2–73
extensive operation 2–54
Extensive Records compiled in the Taiping Years 7–257
Extermination of Bandits 2–153
external alchemy 7–472
external contraction 7–472
external oriented economy 7–475
external treatment 7–475
extinction 4–348
extra points 6–132
extra profit 1–531
extraction 2–57
extraction chromatography 2–58
extraction of tooth 1–189
extradition 8–585
extrameridional points 6–132
extraordinary fu-viscera 6–131
extrasensory perception 1–532
extraterrestrial civilization 2–240
extraterrestrial man 7–475

extraterritoriality 9–318
extra-uterine pregnancy 3–143
extravehicular activity 7–257
extrusive rock 6–61
Exxon Mobil Corporation 1–67
Eyck, Jan van and Hubert van 2–464
eye 8–439
eye-witness 4–161
Eyre, Lake 1–75
Eysenck Personality Inventory 1–80
Ezhou City 2–412

F

F-16 Fighting Falcon 9–584
F-35 joint strike fighter 9–585
F-111 fighter 9–585
Fa Zheng 2–460
F/A-22 Raptor 9–584
Fabian Society 2–537
fabric 9–292
Fabricated Case of Pan Hannian and Yang Fan Clique 6–40
Fabricated Case of "Village of Three Families" 6–392
face-inspection, system of 5–329
Fachang 2–435
facial paralysis 5–417
facilities for log passing 3–302
facsimile transmission 2–28
Faction Prohibition of Qingyuan Period 6–237
faculae 3–219
fad 6–610
Fadeyev, Aleksandr Aleksandrovich 2–446
Fagaceae 6–188
Fagih, Ahmad Ibrahim al- 2–437
Fagopyrum 6–185
Fahd 2–445
Fahrenheit temperature 3–538
fainting during acupuncture 9–144
fairy 4–304
fairy tales 7–404
Faiyum portrait 2–458
Faiz, Faiz Ahmad 2–543
fake fur 6–302
Fakhr ad-Din II 2–446
Falange Espanola 8–84
Falco 7–225
Falco cherrug 5–76
falcon 7–225
Falconiformes 7–225
fall colour tree 6–243
fall webworm 5–348
Falla, Manuel de 2–457
Fallaci, Oriana 2–447
Falling Water 5–125
false appearance 4–145
false gharial 5–260
false powderpost beetle 1–512
falseginseng ginseng 6–399
falsificationism 9–271
famille rose porcelain 2–558
family commune 4–126
family education 4–127
family farm 4–128
family first aid 4–126
family health care 4–126
Family Instructions of Yan Zhitui 8–437
family life cycle 4–128
family name 8–328
family planning 4–87
family psychotherapy 4–128
family rite 4–127
Family Seals Collections of Laigutang Studio 4–537
family social work 4–128
family support for the elderly 4–128
family tree 4–125
family violence 4–126
famous gardens of Yangzhou 8–448
fan 6–448
Fan Changjiang 2–481
Fan Changjiang Journalism Award 2–481
Fan Chengda 2–481
Fan Cuiting 2–468
Fan Ju 2–482
Fan Kuan 2–482
Fan Li 2–483
fan skill in Chinese opera 6–448
Fan Wencheng 2–483
Fan Wenlan 2–483
Fan Xudong 2–483
Fan Ye 2–483
Fan Yuanlian 2–483
Fan Zeng 2–484
Fan Zhen 2–484
Fan Zhongyan 2–484
Fan Zidong 2–484
fancy suiting 3–529
Fang 2–493
Fang Bao 2–486
Fang Dazeng 2–487
Fang Dongshu 2–487
Fang Guozhen 2–488
Fang Hanqi 2–488
Fang Hsien Chih 2–490
Fang Hui 2–488
Fang Jufen 2–489
Fang Jun 2–489
Fang La Rebellion 2–489
Fang Rending 2–490
Fang Xiaoru 2–490
Fang Xuanling 2–498
Fang Yi 2–491
Fang Yizhi 2–491
Fang Zhimin 2–492
Fangcheng Great Wall 2–487
Fangchenggang City 2–494
fangfeng 2–494
Fangshan District 2–497
Fang-yan 2–490
Fanjing Mountain 2–486
Fanshan Cemetery 2–473
fantasia 3–577
fantasy 3–577
fantasy stories 9–311
FAO 5–44 (5–56)
far east asian catfish 5–585
Fārābī, al- 2–447
farad 2–447
Faraday, Michael 2–447
Faraday's law of electrolysis 2–447
Faraday's law of electromagnetic induction 2–447
Farewell My Concubine 1–192
Farghana 2–121
farmers' frenzied hunt for work in cities 5–423
farmer's household ecological economy 7–387
farming season solar terms 5–610
farmland 5–610
farmland drainage 5–610
farmland irrigation and drainage 5–610
farmland microclimate 5–611
Faroe Islands 2–452
Faroese 2–452
Farrokhzād, Forūgh 2–452
fascine works 6–414
fascioliasis hepatica 3–41
fasciolopsiasis 4–186
Fascism 2–455
fashion 6–611
fashion colour 5–128
fashion show 6–611
Fashoda Incident 2–454
Fassbinder, Rainer Werner 2–455
fast food 4–496
fasting 9–175
fasting 9–176
fat 9–292
fat and oil 9–41
fat embolism syndrome 9–293
Fatah, al- 2–455
Father 6–510
Father 3–4
Father's Day 3–4
fatigue 6–76
fatigue 6–77

fatigue strength, design for ········ 6–77
Fātimid Dynasty ························ 2–436
fatty acid ························ 9–293
fatty liver ························ 9–293
Faulkner, William ························ 2–611
fault ························ 2–367
Fauré, Gabriel ························ 2–611
Faust ························ 2–604
Fauvism ························ 8–493
Favor-expansion Act ························ 7–448
Faxian ························ 2–456
Faxiang school ························ 2–456
Fayol, Henri ························ 2–459
Faysal, ibn ʻAbd al- Aziz ibn ʻAbd ar-Rahman as-Sa ʻūd ······ 2–541
Fayuan Temple ························ 2–459
Fazang ························ 2–460
FBI ························ 5–352
feasibility study ························ 4–445
feather ························ 9–69
feather and down ························ 9–70
feature film ························ 3–197
feature story ························ 7–335
February 7th Massacre ························ 2–426
February 28th Uprising ························ 2–424
fecal examination ························ 2–560
Fechner, Gustav Theodor ························ 2–542
Federal Bureau of Investigation, United States ························ 5–352
Federal Republic of Germang ······ 2–186
Federal Reserve System, the United States ························ 5–352
Federated Malay States ························ 5–260
federation ························ 5–40
Fédération Internationale de Football Association ························ 3–278
Fedin, Konstantin Aleksandrovich ··· 2–537
feed additive ························ 7–158
feed industry ························ 7–157
feedback ························ 2–471
feedback amplifier ························ 2–471
feedback control systems ························ 2–471
feeding behaviour ························ 6–256
feedstuff ························ 7–157
Fei Kaiyang ························ 2–539
Fei Mu ························ 2–541
Fei Xiaotong ························ 2–542
Fei Yimin ························ 2–543
Feicheng City ························ 2–527
Feigl, Herbert ························ 2–539
Feilaifeng Sculptures ························ 2–507
Feishui, Battle of ························ 2–528
feldspar ························ 1–519
Felidae ························ 5–312
Felipe II ························ 2–528
Felis catus ························ 5–312
Fellini, Federico ························ 2–539
felt hat ························ 9–178
female genital tract, fistula of ······ 6–4
female roles in traditional Chinese opera ························ 2–147
feminism ························ 6–4
femtochemistry ························ 2–508
fencing ························ 4–28
Feng and Hao ························ 2–561
Feng Baiju ························ 2–574
Feng Bingquan ························ 2–574
Feng Dao ························ 2–574
Feng Depei ························ 2–574
Feng Ding ························ 2–574
Feng Guifen ························ 2–575
Feng Guozhang ························ 2–575
Feng Jicai ························ 2–575
Feng Jinglan ························ 2–575
Feng Lanzhou ························ 2–575
Feng Menglong ························ 2–576
Feng Qi ························ 2–576
Feng Ru ························ 2–576
Feng Tzu-kai ························ 2–562
Feng Weimin ························ 2–577
Feng Xiaogang ························ 2–577
Feng Xuefeng ························ 2–577
Feng Yansi ························ 2–577
Feng Youlan ························ 2–577
Feng Yuanjun ························ 2–578
Feng Yuxiang ························ 2–578
Feng Zefang ························ 2–578
Feng Zhi ························ 2–578
Feng Zicai ························ 2–578
Feng Zihe ························ 2–579
Fengcheng City ························ 2–561
Fengcheng City ························ 2–580
Fengdu County ························ 2–561
Fenghua City ························ 2–581
Fenghuang County ························ 2–580
Fengjie County ························ 2–581
Fenglingdu ························ 2–566
Fengtai District ························ 2–561
Fengtian ························ 2–581
Fengtian Warlords ························ 2–581
Fengxian District ························ 2–581
Fengyang County ························ 2–580
Fengzhen City ························ 2–562
Fenhe River ························ 2–557
Fenian Movement ························ 2–557
fennel ························ 3–611
fenugreek ························ 8–192
fenvalerate ························ 6–236
Fenyang City ························ 2–557
Feodosia Morozova ························ 6–3
feoff system in West Europe ········ 8–98
Ferdausī, Abū al-Qāsem Mansūr ··· 2–524
Fergana ························ 2–121
Ferghana ························ 1–189
Ferguson, Harry George ························ 2–589
Fermat numbers ························ 2–540
Fermat, Pierre de ························ 2–540
Fermat' s last theorem ························ 2–540
Fermat' s principle ························ 2–540
fermentation ························ 2–431
fermentative microorganisms ······ 2–431
Fermi, Enrico ························ 2–540
Fermi-Dirac statistics ························ 2–541
fermion ························ 2–541
Fernández de Lizardi, José Joaquín ··· 2–538
Fernández de Moratín, Nicolás and Leandro ························ 2–538
ferrite ························ 7–385
ferroalloy ························ 7–380
ferrocene ························ 2–426
ferromagnetism ························ 7–379
ferrotype process ························ 8–132
ferrous metal ························ 3–457
ferry ························ 5–196
ferry-steamer ························ 2–364
Fersman, Aleksandr Yevgenyevich ··· 2–538
fertility rate ························ 6–548
fertilization ························ 6–578
fertilization (animal) ························ 7–44
fertilizers ························ 2–527
Fès ························ 2–515
Fessenden, Reginald Aubrey ······ 2–541
Festival of the Gods of Earth ······ 6–501
festive lantern ························ 3–526
FET ························ 1–528
fetal death ························ 7–142
fete of year-end ························ 4–529
fetishism ························ 1–219
fetus ························ 7–245
fetus, position of ························ 7–246
Feuchtwanger, Lion ························ 2–615
feudal lord ························ 2–571
feudal princes ························ 9–494
feudal serf system of Tibet ········ 8–112
feudal society ························ 2–571
Feuerbach, Ludwig (Andreas) ··· 2–538
Feuillants ························ 2–530
fever ························ 2–432
Feyerabend, Paul Karl ························ 2–543
Feynman, Richard Phillips ········ 2–543
Feyzābād ························ 2–460
FIA ························ 5–124
FIAT Corporation ························ 2–527
fiber optics ························ 8–173
Fibonacci, Leonardo ························ 2–529
Fibonacci numbers ························ 2–529
fibrillated fiber fabric ························ 5–78
Fichte, Johann Gottlieb ························ 2–542
fiction ························ 8–228
Ficus carica ························ 8–15
Ficus microcarpa ························ 8–155

field ········· 9–82
field army ········· 8–493
field effect transistor ········· 1–528
field hockey ········· 6–247
Field, Sally ········· 2–524
fieldbus ········· 8–178
Fielding, Henry ········· 2–524
Fields Medal ········· 2–538
FIFA ········· 3–278
FIFA World Cup ········· 7–15
Fifteen Circuits ········· 6–590
Fifteen Strings of Coins ········· 6–590
Fifth Moon Art Group ········· 8–53
fig ········· 8–15
fighter ········· 4–150
fighter ········· 9–180
fighter-bomber ········· 4–150
figo michelia ········· 3–357
figural art ········· 4–338
figure painting ········· 6–300
figure skating ········· 3–531
figures of speech ········· 8–337
figurine ········· 9–27
figwort family ········· 8–362
Fiji Islands ········· 2–530
Fijian language ········· 2–530
filariasis ········· 7–116
filbert ········· 9–256
filial piety ········· 8–232
filigree ········· 3–531
Filipino-American War ········· 2–526
filling ········· 1–423
film ········· 2–290
film ········· 4–200
film acting ········· 2–291
film and television acting ········· 9–19
film copy ········· 2–292
film exhibition ········· 2–291
film noir ········· 3–457
film poetry ········· 6–573
filter ········· 3–302
filter ········· 5–189
filter ········· 5–189
filtration ········· 3–302
fimbriate oro-stachys ········· 7–470
fin ········· 6–134
final accounts of budget ········· 4–347
final controlling element ········· 9–294
finance ········· 4–248
finance asset ········· 4–251
finance company ········· 1–462
finance distribution ········· 1–463
finance lease ········· 6–335
financial accounting ········· 1–462
financial budget ········· 1–464
financial capital ········· 4–251
financial crisis ········· 4–250
financial deficit ········· 1–462
financial derivatives ········· 4–251
financial globalization ········· 4–250
financial group ········· 1–462
financial innovation ········· 4–249
financial investment ········· 4–250
financial lease ········· 4–251
financial magnate ········· 1–461
financial market ········· 4–250
financial risk ········· 4–249
financial services holding company ········· 4–250
financial supervision ········· 4–249
fine ········· 2–434
fine chemicals, industry of ········· 4–307
fine structure constant ········· 4–307
fineleaf schizonepeta ········· 5–78
finger-painting ········· 9–308
fingerprints authentication ········· 9–310
finitude and infinitude ········· 9–49
Finland ········· 2–555
Finnish language ········· 2–556
Finno-Ugric group ········· 2–556
Finns ········· 2–556
Finsterwalder, Sebastian ········· 2–557
finswimming ········· 6–118
Fiodorov, Yevgraf Stepanovich ········· 2–536
fir ········· 4–575
fire ········· 4–8
fire and smoke effect in Chinese opera ········· 4–8
fire assay ········· 4–14
fire damage ········· 4–16
fire extinguisher ········· 5–421
fire pathogen ········· 4–14
fire protection in building ········· 4–165
firefly ········· 9–15
Firenze ········· 2–586
firewall ········· 2–496
firework ········· 1–254
firm theory ········· 1–527
Firmiana platanifolia ········· 8–42
First Emperor of Qin Dynasty ········· 6–201
First Empire of France ········· 2–450
First Field Army ········· 2–266
First Five-Year Plan of China ········· 9–350
First Historical Archives of China ········· 9–350
First International ········· 2–265
first land-taxation method ········· 2–16
first law of thermodynamics ········· 6–280
first marriage ········· 4–220
First National Congress of Chinese Nationalist Party ········· 9–370
First National Congress of CPC ········· 9–361
First Republic of Spain ········· 8–84
First Revolutionary Civil War ········· 2–263
First Session of First National People' s Congress ········· 8–510
Firth, John Rupert ········· 2–596
fiscal overdraft ········· 1–463
fiscal policy ········· 1–464
fiscal science ········· 1–463
fiscal subsidies ········· 1–462
fiscal surplus ········· 1–463
fiscal system ········· 3–287
fiscal transfer payment ········· 1–464
Fischer, Emil (Hermann) ········· 2–542
Fischer, Ernst Otto ········· 2–542
fischer spurge ········· 4–548
fish culture in lake and river ········· 3–516
fish feed ········· 2–422
fish finder ········· 9–61
fish glue and gelatin ········· 9–60
fish louse ········· 9–61
fish meal ········· 9–59
Fisher, Ronald Aylmer ········· 2–541
fishery ········· 7–82 (9–64)
fishes ········· 9–60
fishing ········· 1–424
fishing gear ········· 9–63
fishing ground ········· 9–63
fishing port ········· 9–63
fishing season ········· 9–64
fishing vessel ········· 9–63
fish-line silkworm ········· 9–222
fish-shaped woodblock ········· 5–493
fishway ········· 9–59
fission chain reaction ········· 5–77
fission chemistry ········· 5–77
fission reactor ········· 5–76
fission track dating ········· 5–77
Fitch, Val Logsdon ········· 2–527
Fitzgerald, Francis Scott ········· 2–524
Five Books of Phonology ········· 8–575
five chief forms of criminal punishment in ancient China ········· 8–51
Five Chief Military Commissions ········· 8–49
five colours ········· 8–43
five degrees of mourning clothing ········· 8–48
Five Dynasties and Ten Kingdoms ········· 8–45
Five Golden Flowers ········· 8–48
Five Heroes in the Battle of Langya Mountain ········· 4–549
Five Holy Mountains ········· 8–53
five mimic-animal exercise ········· 8–49
Five Overlords in Spring and Autumn Period ········· 2–38
Five Patriarchs of Southern Sect of Taoism ········· 5–544
five phases ········· 8–51
five pillars of islam ········· 8–48
five-phase theory ········· 8–52
five-power constitution ········· 8–49
five-shu point ········· 8–50
fixed asset ········· 3–192

fixed capital ··· 3–192
fixed exchange rate ··· 3–192
fixed price ··· 5–290
fixism ··· 3–192
Fizeau, Armand Hippolyte Louis ··· 2–530
flabby whalefishes ··· 4–307
flag state ··· 2–30
Flamands ··· 2–585
flame thrower ··· 6–61
flamenco ··· 2–590
Flanders ··· 2–585
flannel ··· 2–449
flash lamp ··· 6–444
flat foot ··· 6–94
flatfishes ··· 2–303 (1–320)
flattened moth ··· 9–292
Flaubert, Gustave ··· 2–613
Flavian Dynasty ··· 2–591
flavonoids ··· 3–598
flavour and fragrance compound ··· 8–197
flavour and fragrance material ··· 8–197
flax ··· 8–406
flea ··· 9–163
flea market ··· 7–378
fleet ··· 4–169
Fleming, John Ambrose ··· 2–591
Flemish art ··· 2–585
Flemish language ··· 2–585
flexible manufacturing systems ··· 6–336
flexible production ··· 6–336
flight ··· 2–509
flight control ··· 2–509
flight recorder ··· 2–509
flight vehicle ··· 2–510
flight vehicle propulsion system ··· 2–510
floating bridge ··· 2–604
floating exchange rate ··· 2–603
floating population ··· 5–124
flood ··· 3–483
flood control ··· 2–494
flood damage ··· 7–105
flood diversion project ··· 2–544
flood forecasting ··· 3–483
flood period ··· 8–383
flood plain ··· 3–424
flood prevention ··· 2–496
floodplain ··· 3–481
floor area ratio ··· 6–332
floor exercises ··· 9–549
flora ··· 9–303
Flora of China ··· 9–411
Florence ··· 2–586
Florence Cathedral ··· 2–587
Florence school ··· 2–587
Florey, Howard Walter ··· 2–595
Florida State ··· 2–586
florists cyclamen ··· 8–168
Flory, Paul John ··· 2–595
flow injection analysis ··· 5–124
flow through porous media, mechanics of ··· 6–525
flower ··· 3–524
flower and bird painting ··· 3–529
flower and greenery ··· 3–527
flower festival ··· 3–527
flower market ··· 3–531
flower-drum song-dance ··· 3–527
flowering bulbs ··· 6–244
flowering control ··· 3–530
flower-lantern song-dance ··· 3–526
Flowers in the Evil Sea ··· 5–594
Flowers in the Mirror ··· 4–317
fluctuation ··· 9–223
fluid ··· 5–126
fluid dynamics ··· 5–126
fluid kinematics ··· 5–127
fluid machinery ··· 5–126
fluid mechanics ··· 5–126
fluid therapy ··· 8–506
fluidization technique ··· 5–125
fluorescence ··· 9–14
fluorescence analysis ··· 9–15
fluorescence spectrum ··· 9–15
fluorescent lamp ··· 9–15
fluorine ··· 2–603
fluorite ··· 9–16
fluorofiber ··· 2–603
flute ··· 1–512
flute ··· 2–215
flutter ··· 1–505
fluvial landform ··· 3–424
fluvo-aquic soil ··· 1–544
fly ··· 9–17
flycatcher ··· 7–606
fly-fishes ··· 2–510
flying ··· 2–509
flying a flag at half-mast ··· 8–158
Flying Eagle ··· 2–510
flying foxes ··· 3–500
flying gurnards ··· 1–249
flying lemur ··· 8–43
flying squirrel ··· 8–43
flysch ··· 3–11
flywheel ··· 2–508
FMD ··· 4–481
FMS ··· 6–336
Fo, Dario ··· 2–607
foam ··· 6–51
foamed metal ··· 6–51
FOB ··· 4–576
focal length ··· 4–202
Foch, Ferdinand ··· 2–615
foehn ··· 2–557
Foeniculum vulgare ··· 3–611
fog ··· 8–80
Fogazzaro, Antonio ··· 2–608
Fogel, Robert William ··· 2–608
Foguang Shan ··· 2–582
Foguang Temple ··· 2–582
Fokienia hodginsii ··· 2–608
Fokin, Mikhail Mikhailovich ··· 2–610
folacin ··· 8–501
fold ··· 9–242
folic acid ··· 8–501
folk art ··· 5–424
folk dance ··· 5–425
folk literature ··· 5–424
folk song ··· 6–437
Folk Song of States ··· 3–255
Folk Songs of States ··· 2–563
folklore ··· 5–429
folklore ··· 5–430
folksong ··· 5–423
follicle mite ··· 6–340
folliculitis ··· 5–318
Fonda, Henry ··· 2–487
fonds ··· 6–265
Fontainebleau school ··· 2–570
Fontane, Theodor ··· 2–576
Fontanne, Lynn ··· 2–493
Fonvizin, Denis Ivanovich ··· 2–577
food additives ··· 7–4
Food and Agriculture Organization of the United Nations ··· 5–44 (5–56)
Food Basket Project ··· 1–467
food chain ··· 7–5
food colour ··· 7–6
food coupon ··· 5–56
food flavour ··· 7–6
food hygiene ··· 7–4
food poisoning ··· 7–5
food preservation ··· 7–4
food preservative ··· 7–4
food, structure of ··· 8–587
foot ··· 8–615
foot ··· 9–565
foot and mouth disease ··· 4–481
football ··· 9–566
Football War ··· 9–567
footbinding ··· 1–500
footprints identification ··· 9–566
forage plant ··· 5–495
foraminiferan ··· 9–48
Foraminiferida ··· 9–48
Forbes, Edward ··· 2–607
force ··· 5 14
force majeure ··· 1–428
force, moment of ··· 5–14
force system ··· 5–15
forced landing ··· 6–98
forced vibration ··· 7–44

forcing Japan to open door ········ 6–317
ford erythrophleum ················ 3–109
Ford Foundation···················· 2–615
Ford, Gerald Rudolph, Jr. ········· 2–614
Ford, Henry ······················· 2–614
Ford, John ························ 2–614
Ford Motor Company ················ 2–615
Fordism ··························· 2–615
foreign bank ······················ 7–476
foreign capital shares ············ 7–476
foreign coin······················· 8–469
foreign cooperation of labor services ··· 2–374
foreign exchange ········ 7–473 (3–264)
foreign exchange control ·········· 7–473
foreign exchange market ··········· 7–473
foreign exchange reserve ·········· 7–473
foreign firms ····················· 8–469
Foreign Office····················· 9–560
foreign protection ················ 7–474
foreign trade ····················· 2–374
foreign trade, control of·········· 2–375
forensic authentication ··········· 7–112
forensic medical examination of material evidence ··· 2–458
forensic medicine ················· 2–458
forensic psychiatric expertise····· 7–112
forest ···························· 6–418
forest fire························ 6–419
forest meteorology ················ 6–420
Forest of Jokes··················· 8–234
Forest of Steles in Xi' an········· 8–81
forest protection ················· 6–419
forestation ······················· 9–164
forestry ·························· 5–86
forestry machinery ················ 5–87
forfaiting························· 2–608
forgetting························· 8–545
forging···························· 2–369
fork ······························ 1–488
forklift truck ···················· 1–488
form of government ················ 9–281
form of state ····················· 3–294
formal logic ······················ 8–322
formaldehyde ······················ 4–135
formalin ·························· 2–608
formalism ························· 8–322
formalized zoubian in Chinese opera ··· 9–562
Former Liang······················· 6–160
Former Qin ························ 6–162
Former Seven Masters ·············· 6–162
Former Shu ························ 6–162
former subordinate················· 3–197
Former Yan ························ 6–163
Former Zhao ······················· 6–163
formic acid ······················· 4–135
Formicidae ············· 8–553 (5–290)
Formio niger ····················· 7–613
formosan cypress ·················· 3–470
formula feed ······················ 6–59
formula for purgation·············· 8–238
formula for suppressing hyperactive liver for calming endogenous wind ··· 6–88
fornalized qiba in Chinese opera ··· 6–139
Forrest Gump ····················· 1–22
Forster, Edward Morgan ············ 2–614
Fortaleza ························· 2–614
Fort-de-France ···················· 2–449
fortified building ················ 8–69
fortune holly fern ················ 3–216
fortune keteleeria ················ 9–40
Fortunella ······················· 4–243
fortune-telling···················· 7–209
Forum on China-Africa Cooperation ··· 9–333
forward bill discounting··········· 9–115
Foshan City························ 2–587
fossil ···························· 3–544
fossil ape ························ 3–182
foster ···························· 3–1
Foster, Stephen Collins ··········· 2–614
Fotucheng ························· 2–588
Foucault, Jean-Bernard-Léon ······· 3–14
Foucault, Michel ·················· 2–610
foundation soil ··················· 2–222
founding ·························· 9–506
Founding Ceremony················· 4–386
Founding Ceremony················· 4–386
Founding Ceremony of the People's Republic of China ··· 4–386
fountain ·························· 6–61
fountain pen ······················ 9–537
Four Banks of North China ········· 1–284
Four Banks of South ··············· 5–542
Four Big Huiban Opera Troupes ····· 7–148
Four Books ························ 7–154
four cardinal principles ·········· 7–155
four causes ······················· 7–156
Four Celestial Sovereigns ········· 7–156
Four Clean-ups Movement ··········· 7–152
four colour problem ··············· 7–152
Four Crossings of Chishui River ··· 7–148
Four Deva-Kings···················· 7–148
four diagnostic methods ··········· 7–157
four dimensional space-time ······· 7–154
Four Disciples of Su Shi ·········· 7–193
Four Executive Ministers Assisting Imperial Power ··· 7–147
Four Famous Dans ·················· 7–148
Four Garrisons of Anxi Protectorate ··· 1–109
four great inventions of ancient China ··· 7–147
Four Great Masters of Yuan Drama··· 9–94
four great poets of resurgence era ··· 9–442
four innate virtues ··············· 7–149
four kinds of sages and six kinds of unenlightened beings ··· 7–153
four little dragons in Asia ······· 8–418
four main condemnatory novels of Late Qing Dynasty ··· 6–228
Four Major Canals ················· 1–480
Four Masters of Yuan Dynasty ······ 9–95
Four Monks ························ 7–153
four natures and five flavours of drugs ··· 7–152
four operas by Li Yu ·············· 8–511
Four Poets in Southern Song ······· 5–542
four schools of Chinese cuisine···· 7–147
Four South Lakes ·················· 5–542
Four Suppressions of Buddhism ····· 6–401
Four Talents in Early Tang Dynasty··· 2–16
four tones of Chinese pronunciation ··· 7–153
four treasures of a Chinese scholar's study ··· 7–586
Four Wangs························· 7–154
four-character verse ·············· 7–155
Fourier, (François-Marie-) Charles ··· 3–16
Fourier, (Jean-Baptiste-) Joseph ··· 3–15
Fourier optics ···················· 3–15
Fourier series ···················· 3–16
Fourier transform ················· 3–15
four-six style parallel prose ····· 7–151
Fourth Field Army ················· 2–263
fourth industry ··················· 2–262
Fourth International ·············· 2–262
Fourth Military Medical University··· 2–262
fourth wall ······················· 2–262
Fowler, William Alfred ············ 2–611
fox ······························· 3–500
foxtail millet ·········· 7–204 (8–226)
fox-trot ·························· 3–500
fractal ··························· 2–548
fracture ·························· 3–188
fracture mechanics ················ 2–368
Fragaria ························· 1–481
Fragonard, Jean-Honoré ············ 2–590
fragrant dracaena ················· 1–185
Fragrant Hill ····················· 8–198
frame of reference ················ 1–472
France ···························· 2–438
France, Anatole ··················· 2–451
Franciscan Order ·················· 2–488
francium ·························· 2–493
Franck, César-Auguste ············· 2–592
Franck, James ····················· 2–588
Franco, Francisco ················· 2–586
Franco-American Alliance Treaty ··· 2–452

Francolinus pintadeanus ······ 9–245
Franco-Prussian War ······ 6–107
Franco-Russian Alliance ······ 2–437
Franco-Russian War ······ 2–437
Franco-Vietnamese War ······ 2–460
Frangi ······ 2–586
Frank, Frederick Charles ······ 2–588
Frank, Jerome New ······ 2–591
Frank, Robert ······ 2–591
Frankfurt am Main ······ 2–448
Frankfurter Allgemeine Zeitung ······ 2–448
Frankfurter Buchmesse ······ 2–448
Frankfurter National-versammlung ······ 2–448
Frankish Kingdom ······ 2–448
Franklin, Benjamin ······ 3–20
Franko, Ivan Yakovlevich ······ 2–591
Fraser River ······ 2–593
Frasheri, Naim ······ 2–590
fraternity ······ 1–411
Fraunhofer, Joseph von ······ 2–589
Fraxinus ······ 1–200
Fraxinus mandshurica ······ 7–95
Frazer, James George ······ 2–593
Fréchet, Maurice-René ······ 2–593
Fréchette, Louis-Honoré ······ 2–593
freckle ······ 6–269
Frederick William University of Berlin ······ 1–406
Frederick Ⅰ Barbarossa ······ 2–529
Fredro, Aleksander ······ 2–592
Free Contention Among Different Schools of Thought and Different Forms of Art ······ 1–211
free falling body, motion of ······ 9–548
free medical care ······ 3–130
free on board ······ 4–576
free perimeter ······ 9–547
free port ······ 9–547
free radical ······ 9–548 (9–43)
free radical polymerization ······ 9–548
free sparring combat ······ 6–409
Free Thai Movement ······ 9–549
free trade policy ······ 9–548
free trade zone ······ 9–548
free transit zone ······ 9–548
free vibration ······ 9–550
freedom ······ 9–547
Freedom and Civil Right, Movement of ······ 9–549
freedom, degrees of ······ 9–547
freedom of speech ······ 8–428
freedom of the press ······ 2–14
freedom of the press ······ 8–288
freehand brushwork ······ 8–238
freeing captive animals ······ 2–506
freelancer ······ 9–550
free-reed flute ······ 1–183
freestyle ······ 9–550
freestyle skiing ······ 9–549
Freetown ······ 2–594
freezing ······ 2–342
freezing ······ 5–598
freezing rain ······ 2–342
Fregata ······ 4–353
Frege, Gottlob ······ 2–592
Freiburg school ······ 2–591
freightage ······ 9–143
Freiligrath, Ferdinand ······ 2–591
French ······ 2–450
French art ······ 2–441
French cuisine ······ 2–439
French Fifth Republic ······ 2–450
French First Republic ······ 2–450
French Fourth Republic ······ 2–450
French garden ······ 2–445
French Guiana ······ 2–454
French language ······ 2–459
French literature ······ 2–444
French Polynesia ······ 2–454
French republican calendar ······ 2–441
French Revolution ······ 2–439
French Second Republic ······ 2–449
French Third Republic ······ 2–449
freon ······ 2–603
frequency ······ 6–85
frequency conversion ······ 1–343
frequency discriminator ······ 4–171
frequency divider ······ 2–546
frequency modulator ······ 7–375
frequency multiplier ······ 1–303
freshwater jellyfish ······ 7–322
freshwater mussel ······ 9–490
Fresnel, Augustin-Jean ······ 2–527
Freud, Sigmund ······ 2–595
friction ······ 5–456
Friedman, Milton ······ 2–593
Friedrich, Caspar David ······ 2–593
Friedrich Ⅰ ······ 2–529
Friedrich Ⅱ ······ 2–529
"Friendship" Oil Pipeline ······ 9–44
frigate ······ 3–524
frigatebird ······ 4–353
fringed pink ······ 6–254
Frisch, Karl von ······ 2–594
Frisch, Max ······ 2–594
Frisch, Ragnar (Anton Kittil) ······ 2–595
Frisian ······ 2–594
Frisians ······ 2–594
Fritillaria ······ 1–297
Fritillaria cirrhosa ······ 2–22
fritillary ······ 1–297
Froebel, Friedrich Wilhelm August ······ 2–613
Fromm, Erich ······ 2–595
Fronde, the ······ 2–613
front ······ 2–572
Front Populaire, France ······ 2–444
frontier trade ······ 1–338
frontier tribal troops ······ 2–463
front-mu point ······ 5–497
frost ······ 7–81
frost action ······ 7–81
Frost, Robert ······ 2–595
frostbite ······ 2–342
frozen ground ······ 2–342
fructose ······ 3–300
fruit ······ 3–299
fruit fly ······ 7–1
fruit pit carving ······ 3–298
fruit processing ······ 3–299
fruit shell carving ······ 3–299
fruit tree ······ 3–300
fruit wine ······ 3–299
fruitworm moth ······ 9–505
Frunze, Mikhail Vasilyevich ······ 2–598
Fry, Christopher ······ 2–592
Frye, Northrop ······ 2–591
fu ······ 3–13
Fu Baoshi ······ 3–13
Fu Bi ······ 3–18
Fu Chengyi ······ 3–14
Fu Cong ······ 3–14
Fu Donghua ······ 3–14
fu in the style of Li Sao ······ 6–414
Fu Jen Catholic University ······ 3–3
Fu Jian ······ 2–600
Fu kangan ······ 2–610
Fu, King-Sun ······ 3–14
Fu Lei ······ 3–15
Fu Maoji ······ 3–16
Fu Mingxia ······ 2–598
Fu Sanqian ······ 3–16
Fu Shan ······ 3–16
Fu Sheng ······ 2–598
Fu Sinian ······ 3–16
Fu Society ······ 3–11
Fu Tianzheng ······ 3–17
Fu Tieshan ······ 3–17
Fu Xuan ······ 3–17
Fu Yiling ······ 3–17
Fu Ying ······ 3–17
Fu Youde ······ 3–18
Fu Zhenlun ······ 3–18
Fu Zuoyi ······ 3–18
Fu' an City ······ 2–607
Fuchai ······ 2–588
Fuchsia hybrida ······ 2–158
Fuchun River ······ 3–18
Fučik, Julius ······ 2–598
Fudan University ······ 3–9
Fuding City ······ 2–608
Fuegians ······ 4–10

fuel ········ 6–271
fuel cell ········ 6–271
fuel oil ········ 6–271
fuelwood forest ········ 8–296
Fuenteovejuna ········ 8–450
Fuentes, Carlos ········ 3–19
Fufeng County ········ 2–599
Fugard, Athol ········ 3–19
fugue ········ 3–13
Fuji Business Group ········ 3–20
Fuji Film Co., Ltd. ········ 3–20
Fujian cuisine ········ 2–609
Fujian cypress ········ 2–608
Fujian Incident ········ 2–610
Fujian Province ········ 2–609
Fujii Takeo ········ 7–337
Fujin City ········ 3–19
Fujinoki Barrow ········ 7–337
Fuji-san ········ 3–21
Fujisawa Hideyuki ········ 7–337
Fukang City ········ 3–7
Fukui Kenichi ········ 2–610
Fukuoka ········ 2–608
Fukushima Nuclear Power Plant ········ 2–608
Fukuzawa Yukichi ········ 2–616
Fulani ········ 3–19
Fulani Empire ········ 3–19
Fulani language ········ 3–19
fulgorid planthopper ········ 4–529
Fulgoridae ········ 4–529
Fuliancheng Troupe ········ 3–20
Fuling District ········ 2–606
full employment ········ 2–3
full-dimension operations ········ 6–264
Fuller, Lon Luvois ········ 3–20
fullerene ········ 3–20
fumigant ········ 8–379
fumigation and washing therapy ········ 8–379
Funafuti ········ 3–20
Funan ········ 2–599
Funaria hygrometrica ········ 3–512
function ········ 3–358
functional analysis ········ 2–480
functional group ········ 3–210
functional material ········ 3–140
functional polymer ········ 3–140
functions of a complex variable, theory of ········ 3–8
fundamental constants of physics ········ 4–41
fundamental problems of philosophy ········ 9–240
fundamental science ········ 4–42
fundamental theorem of algebra ········ 2–127
fundamentalism ········ 4–52
funds ········ 9–525
fundus examination ········ 8–439
Fundy, Bay of ········ 2–555
funeral parlor ········ 1–361
fungi imperfecti ········ 1–233
fungicide ········ 6–421
fungus ········ 9–253
fungus moth ········ 3–183
Funiu Mountain ········ 2–598
Funj, Sultanate of ········ 2–561
Fuping County ········ 3–7
Fuqing City ········ 2–613
Fuquan City ········ 2–614
fur ········ 5–318
fur ········ 6–478
furan ········ 2–589
furfural ········ 4–406
furniture ········ 4–125
further education ········ 4–104
Furtwängler, Wilhelm ········ 3–21
furuncle ········ 4–213
fuse ········ 6–334
fusel oil ········ 9–145
Fushan Weir ········ 2–604
Fushun City ········ 3–1
fusible alloy ········ 2–206
Fusong County ········ 3–1
fussy expert system ········ 5–454
Fusulinid ········ 7–387
Futabatei Shimei ········ 2–430
futures ········ 6–123
futures exchange company ········ 6–123
futures market ········ 6–123
futures trading ········ 6–123
futurism ········ 7–569
futurology ········ 7–568
Fuxian Lake ········ 3–1
Fuxin City ········ 3–7
Fuxishi ········ 2–599
Fuyang City ········ 3–8
Fuyang City ········ 3–21
Fuyuan County ········ 3–1
Fuzhou City ········ 3–1
Fuzhou City ········ 3–2
Fuzhou Shipping Bureau ········ 2–616
Fuzhou University ········ 2–616
Fuzuli, Mehmed bin Süleyman ········ 3–21
fuzzy control ········ 5–453
fuzzy mathematics ········ 5–453

G

G-8 Summit ········ 1–142
G24 ········ 2–427
G77 ········ 6–121
gabardine ········ 3–533
gabbro ········ 3–605
Gabon ········ 4–118
Gaborone ········ 3–304
Gadamer, Hans-Georg ········ 4–107
Gadameren ········ 3–24
Gadfly ········ 5–602
Gadsden Purchase ········ 4–121
Gadus ········ 8–373
Gaels ········ 3–27
Gagarin, Yury Alekseyevich ········ 4–109
Gaijiaotian ········ 3–27
Gaileo probe ········ 4–123
Gainsborough, Thomas ········ 3–119
Gaizhou City ········ 3–29
galactic disk ········ 8–582
galactic halo ········ 8–584
galactic rotation ········ 8–582
galactose ········ 1–233
galaxies, cluster of ········ 8–307
galaxy ········ 8–307
Galaxy ········ 8–581
gale ········ 2–82
Galen, Claudius ········ 4–113
galena ········ 2–489
Galicians ········ 4–112
Galilei, Galileo ········ 4–122
Galileo Global Satellite Navigation Positioning System ········ 4–123
Galileo transformation ········ 4–123
gall midge ········ 9–20
gall wasp ········ 9–20
gallbladder ········ 2–146
Gallegos, Rómulo ········ 4–112
Galleria mellonella ········ 4–530
gallery ········ 3–556
Galli-Curci, Amelita ········ 4–112
Galliformes ········ 4–37
gallium ········ 4–133
gallium arsenide ········ 6–507
gallon ········ 4–112
Gallup poll ········ 3–28
Gallus domesticus ········ 4–36
Gallus gallus ········ 9–105
galoin ········ 3–24
Galois, Évariste ········ 4–123
Galsworthy, John ········ 3–62
Galton, Francis ········ 3–61
Galway, James ········ 3–62
Gama, Vasco da ········ 2–63
Gambetta, Léon ········ 3–33
Gambia ········ 3–48
gamble tax ········ 1–411
game theory ········ 1–418
game theory ········ 2–370
gaming industry ········ 1–411
Gamow, George ········ 4–124
Gan Bao ········ 3–31
Gan dialects ········ 3–47
Gan Jiang ········ 3–31
Gan Ku ········ 3–35
Gan opera ········ 3–47

Ganda ………… 3–31
Ganden Monastery ………… 3–34
Gandhara art ………… 4–153
Gandhi, Indira ………… 3–34
Gandhi, Mohandas Karamchand ………… 3–34
Gandhi, Rajiv ………… 3–35
Gang Yi ………… 3–53
Gangdisê Mountain ………… 3–48
Ganges River ………… 3–463
Ganges-Br ahmaputra Delta ………… 3–464
Gangtok ………… 3–38
Ganjiang River ………… 3–47
Ganlu Incident ………… 3–35
Gannan Tibetan Autonomous Prefecture ………… 3–35
Ganoderma lucidum ………… 5–97
Gansu Province ………… 3–36
Gansus ………… 3–36
GanYing ………… 3–38
Ganzhou City ………… 3–47
Gao Chongmin ………… 3–59
Gao E ………… 3–61
Gao Fenghan ………… 3–64
Gao Fenglian ………… 3–64
Gao Gang ………… 3–64
Gao Gong ………… 3–65
Gao Huan ………… 3–66
Gao Jianfu ………… 3–68
Gao Jingde ………… 3–68
Gao Jixing ………… 3–67
Gao Jiyu ………… 3–67
Gao Juefu ………… 3–68
Gao Junyu ………… 3–68
Gao Kegong ………… 3–68
Gao Langting ………… 3–69
Gao Lishi ………… 3–69
Gao Lu ………… 3–71
Gao Min ………… 3–71
Gao Ming ………… 3–71
Gao Mingxuan ………… 3–71
Gao Panlong ………… 3–72
Gao Pian ………… 3–72
Gao Qi ………… 3–73
Gao Qifeng ………… 3–73
Gao Qingkui ………… 3–74
Gao Qingshi ………… 3–74
Gao Qipei ………… 3–73
Gao Shangyin ………… 3–75
Gao Shi ………… 3–76
Gao Shi and Cen Shen ………… 3–58
Gao Shiqi ………… 3–75
Gao Xianzhi ………… 3–78
Gao Yisheng ………… 3–80
Gao Yuanjun ………… 3–80
Gao Zhihang ………… 3–81
Gao' an City ………… 3–57
Gaobeidian City ………… 3–57
Gaocheng City ………… 3–82
gaojia opera ………… 3–68
Gaomi City ………… 3–71
Gaoping City ………… 3–72
Gao-Rao Incident ………… 3–74
Gaoshan ………… 3–75
Gaoxiong (Kaohsiung) City ………… 3–78
Gaoxiong (Kaohsiung) County ………… 3–78
Gaoyao City ………… 3–80
Gaoyou City ………… 3–80
Gaozhou City ………… 3–81
Gapsin Coup ………… 4–135
gar ………… 6–269
Garbo, Greta ………… 4–130
García Lorca, Federico ………… 4–121
García, Manuel (Patricio Rodríguez) ………… 4–120
García Márquez, Gabriel ………… 4–121
Garcilaso de la Vega ………… 4–109
Garcilaso de la Vega, El Inca ………… 4–109
garcinia family ………… 7–337
Garde Nationale ………… 3–293
garden balsam ………… 2–580
garden burnet ………… 2–244
Garden of Eden ………… 8–516
garden pea ………… 7–477
garden spider ………… 9–100
Garfield, Eugene ………… 4–109
Gargantua et Pantagruel ………… 4–336
Garibaldi, Giuseppe ………… 4–110
Garland, Hamlin ………… 4–110
garlic ………… 7–208
garnet ………… 6–599
Garrett, João Baptista da Silva Leitão de Almeida ………… 4–110
Garrick, David ………… 4–111
garrison ………… 9–258
garrison militia system ………… 3–2
Garrulax canorus ………… 3–557
Garvey Movement ………… 4–120
Garzê County ………… 3–39
Garzê Tibetan Autonomous Prefecture ………… 3–39
gas ………… 6–145
gas chromatography ………… 6–146
gas engine ………… 6–145 (5–340)
gas explosion ………… 7–469
gas filled tube ………… 2–3
gas from coal ………… 5–339
gas gangrene ………… 6–148
gas turbine ………… 6–271
gas water heater ………… 6–272
gaseous discharge ………… 6–145
gasoline ………… 6–152
gasoline engine ………… 6–153
Gassendi, Pierre ………… 4–124
gastrectomy ………… 7–571
gastric cancer ………… 7–570
gastric volvulus ………… 7–570
gastritis ………… 7–571
Gastrodia elata ………… 7–353
gastrodine ………… 7–354
Gastropoda ………… 3–23
Gastrotricha ………… 3–22
gateball ………… 5–367
GATT ………… 3–206 (3–205)
Gatti, Armand ………… 4–108
gauge field ………… 3–242
Gauguin, Paul ………… 3–65
Gaul ………… 3–70
Gaulle, Charles (-André-Marie-Joseph) de ………… 2–133
Gauss, Carl Friedrich ………… 3–76
Gauss theorem ………… 3–76
Gautier, Théophile ………… 3–83
gauze ………… 6–429
Gavella ………… 4–120
Gaxiandong ………… 3–24
gayageum ………… 4–124
Gay-Lussac, Joseph-Louis ………… 3–28
Gaytānī, Jamāl al- ………… 3–111
Gaza ………… 4–119
gazelle ………… 5–100
GC ………… 6–146
Gdansk ………… 3–98
GDP ………… 3–293
GE ………… 7–393
Ge Baoquan ………… 3–83
Ge Gongzhen ………… 3–84
Ge Jiashu ………… 3–113
Ge Kiln ………… 3–94
Ge Tingsui ………… 3–114
Ge You ………… 3–114
gear ………… 1–596
Geba script ………… 3–87
gecko ………… 1–333
Geiger-Müller counter ………… 3–27
geisha ………… 8–556
Gejiu City ………… 3–115
Gekkonidae ………… 1–333
gel ………… 5–598
Gelao ………… 3–86
Gelao language ………… 3–86
gelechiid moth ………… 5–294
Gelechiidae ………… 5–294
Geleshan Cemetery of Revolutionary Martyrs ………… 3–96
Gelfand, Izrail Moiseyevich ………… 3–27
Gelidium ………… 6–595
Gell-Mann, Murray ………… 3–27
gelsemine ………… 3–154
Gémier, Firmin ………… 4–65
Gemini ………… 7–81
gemstone ………… 1–240

gender identity ······ 8–324
gene ······ 4–52
gene engineering ······ 4–53
gene mutation ······ 4–53
gene recombination ······ 4–53
gene weapon ······ 4–53
Genealogical Compilation of Family Names in Yuanhe Period ······ 9–92
genealogy ······ 6–118
Generación del 98 ······ 4–318
General Agreement on Tariffs and Trade ······ 3–206 (3–205)
general average ······ 3–149
general cargo ship ······ 9–146
general circulation of atmosphere ··· 2–98
General Collection of Qing Dynasty Proses ······ 6–232
general economic accounts ······ 6–260
general education ······ 6–116
general education ······ 7–391
general election ······ 2–114
general election ······ 6–117
General Electric Company ······ 7–393
general equation of dynamics ······ 2–337
general mechanics ······ 8–507
general meeting of shareholders ··· 3–183
General Motors Corporation ······ 7–393
General Outline of Regius Constitution ······ 6–192
General Principles of Civil Law of the People's Republic of China ··· 9–426
general psychology ······ 6–116
general relativity ······ 3–237
general war ······ 6–261
generalized coordinates ······ 3–238
generalized force ······ 3–237
generalized function, distribution ··· 3–237
generalized system of preference ··· 6–107
Generation of '27 ······ 2–426
genet ······ 5–96
Genet, Jean ······ 6–281
genetic code ······ 8–543
genetic diseases ······ 8–543
genetic drift ······ 8–543
genetic engineering ······ 4–53
genetic engineering ······ 8–543
genetic variation ······ 8–542
genetic weapon ······ 8–543
genetics ······ 8–543
Geneva ······ 6–326
Geneva Conferences, 1954 and 1961 ······ 6–327
Geneva Conventions ······ 6–326
Geneva, Lake ······ 6–326
Geneva school ······ 6–327
Genève ······ 6–326
Geng Biao ······ 3–120
Geng Jizhi ······ 3–120
Geng Zhongming ······ 3–120
Genghis Khan ······ 1–578
Genghis Khan Mausoleum ······ 1–578
Genhe City ······ 3–118
genital herpes ······ 6–549
genius ······ 7–347
Genji Monogatari ······ 9–114
Genkū ······ 9–114
Genoa ······ 6–281
Genoa, Republic of ······ 6–281
genocide ······ 9–458
genome ······ 4–53
genotype ······ 4–53
Genova ······ 6–281
genre painting ······ 2–567
gentian family ······ 5–140
Gentianaceae ······ 5–140
gentry with official titles ······ 4–278
geocentric system ······ 2–243
geochemical cycle ······ 2–235
geochemical exploration ······ 2–235
geochemical mapping ······ 2–235
geochemistry ······ 2–234
geochronology ······ 2–249
geocorona ······ 2–229
geocryology ······ 2–342
geodesy ······ 2–76
geodesy and cartography ······ 1–485
geodetic coordinate system ······ 2–78
geodetic satellite ······ 1–485
geoelectric field ······ 2–220
geographical mark ······ 2–223
geographical coordinate ······ 2–228
geographical crust ······ 2–225
geographical database ······ 2–226
geographical environment ······ 2–224
geographical expedition ······ 2–224
geographical field station ······ 2–224
geographical information system ··· 2–226
geographical mathematical model ··· 2–226
geographical name ······ 2–229
geographical race ······ 2–225
geographical system ······ 2–226
geography ······ 2–226
geography of ethnic groups ······ 5–433
geography of nation ······ 5–433
geography of perception ······ 3–45
geoheat ······ 2–237
geoid ······ 2–78
geological map ······ 2–249
Geological Museum of China ······ 9–349
geological process ······ 2–251
geological structure ······ 2–248
geological time scale ······ 2–249
geology ······ 2–250
geomagnetic field ······ 2–219
geomagnetic polarity reversal ······ 2–220
geomagnetic pole ······ 2–220
geomagnetism ······ 2–220
geomantic omen ······ 2–567
geomantic omen ······ 4–397
geomechanics ······ 2–249
geometric average ······ 4–79
geometrical optics ······ 4–79
geometrid moth ······ 1–595
Geometridae ······ 1–595
geometry ······ 4–79
geomorphology ······ 2–229
geopark ······ 2–248
geophysical prospecting ······ 2–236
geophysics ······ 2–236
geopolitics ······ 2–245
George Lucas ······ 6–184
George Sand ······ 6–184
George, Stefan ······ 3–98
Georgetown ······ 6–184
Georgetown ······ 6–184
Georgia ······ 3–107
Georgia State ······ 9–579
Georgian language ······ 3–108
Georgians ······ 3–108
geostrophic current ······ 2–252
geostrophic wind ······ 2–252
geosynchronous orbit ······ 2–236
geosyncline ······ 2–219
geothermal power station ······ 2–238
geothermal water ······ 2–241
geothermometer ······ 2–250
Geração de 70 ······ 6–121
geraniol ······ 8–199
Gerasimov, Sergei Apollinarievich ··· 3–100
Gerbillon, Jean François ······ 9–190
Géricault, Théodore ······ 6–279
germ plasm ······ 6–550
German Empire ······ 2–186
German historical school ······ 2–175
German language ······ 2–189
German literature ······ 2–177
German neo-liberalism ······ 2–178
German Peasants' War ······ 2–187
Germanic group ······ 6–323
germanium ······ 9–241
Germans ······ 2–188
Germans ······ 6–323
Germany ······ 2–172
germinal plasm ······ 6–550
germplasm ······ 9–457
Gershwin, George ······ 3–110
Gerstenberg, Heinrich Wilhelm von ······ 3–99
Gertsen, Aleksandr Ivanovich ······ 3–444
Geser ······ 3–111
Geshu Han ······ 3–92

Gestalt psychology ······ 3–111
Gestalt therapy ······ 7–477 (3–111)
Gestapo ······ 3–28
gexing-style verse ······ 3–97
Ge-Yang branch ······ 3–86
geyser ······ 4–161
gezai opera ······ 3–97
Gezhi Academy ······ 3–112
Gezhouba Water Control Project ··· 3–114
Ghalib, Mirza Asadullah Khan ······ 4–125
Ghana ······ 4–117
Ghana, Kingdom of ······ 4–118
ghatpot ······ 5–100
Ghawar Oil Field ······ 3–29
Ghazālī, al- ······ 1–105
Ghaznavid Dynasty ······ 4–124 (3–89)
GHD ······ 6–549
Ghiberti, Lorenzo ······ 4–57
Ghirlandajo, Domenico ······ 4–62
Ghose, Sri Aurobindo ······ 3–76
ghost ······ 3–244
ghost moth ······ 1–340
Ghurid Dynasty ······ 4–510
Gia Long, Emperor ······ 4–131
Giacometti, Alberto ······ 4–140
Giai Nui Truong Son ······ 1–518
giant arum ······ 5–466
giant clam ······ 1–548
giant false spiraea ······ 9–252
giant lappet moth ······ 2–130
giant panda ······ 2–113
giant roundworm ······ 6–288
giant sequoia ······ 4–336
giant silkworm moth ······ 2–75
Giant' s Causeway ······ 4–336
gibberellin ······ 1–599
Gibbon, Edward ······ 4–57
gibbons ······ 1–508
Gibbs free energy ······ 4–58
Gibbs, Josiah Willard ······ 4–58
Gibraltar ······ 9–295
Gibraltar, Strait of ······ 9–295
Giddens, Anthony ······ 4–60
Giddings, Franklin Henry ······ 4–60
Gide, André ······ 4–96
Gielgud, Sir Arthur John ······ 4–60
Giffen paradox ······ 4–62
gift, contract of ······ 9–171
gift money ······ 8–386
gift picking at one year old ······ 9–507
Gigantopithecus ······ 4–337
Gilanese ······ 4–62
Gilbert Islands ······ 4–60
Gilbert, William ······ 4–58
gilliflower ······ 9–533
Gin ······ 4–283
Gin language ······ 4–283
ginger ······ 4–185
ginger family ······ 4–186
Gini coefficient ······ 4–49
ginkgo ······ 8–583
Ginkgo biloba ······ 8–583
ginkgolide ······ 8–583
ginseng family ······ 8–48
Ginza ······ 8–584
Giorgione ······ 6–182
Giotto ······ 6–183
Gippius, Zinaida Nikolayevna ······ 4–65
Giraffa camelopardalis ······ 1–515
giraffe ······ 1–515
girl' s coming of age, ceremony of ··· 4–39
Giron Beach, Battle of ······ 4–65
Girondins ······ 4–65
Girtin, Thomas ······ 3–111
GIS ······ 2–226
Giscard d' Estaing, Valéry ······ 4–66
Giselle ······ 4–66
Gitega ······ 4–51
giving a farewell dinner ······ 4–162
Gjellerup, Karl Adolph ······ 4–63
glabrous herbcoral ······ 1–482
glabrous tanoak ······ 6–598
glacier ······ 1–361
Glacier National Park ······ 1–361
glaciology ······ 1–362
Gladiolus gan-davensis ······ 7–300
Gladkov, Fyodor Vasilyevich ······ 3–97
Gladstone, William Ewart ······ 3–101
gland ······ 8–188
Glaser, Günther ······ 3–101
Glasgow ······ 3–100
Glashow, Sheldon Lee ······ 3–101
glass ······ 1–389
glass fiber ······ 1–391
glass fiber reinforced plastic ······ 1–390
glass painting ······ 1–390
glasses balancing ······ 3–249
glaucoma ······ 6–205
glauconite ······ 3–332
glaucophane ······ 4–545
glaucophane schist ······ 4–545
glazed pottery ······ 9–54
Glazunov, Aleksandr Konstantinovich ······ 3–101
glider ······ 3–542
gliding ······ 3–542
Glinka, Mikhail Ivanovich ······ 3–105
Gliridae ······ 7–108
global environment problem ······ 6–262
Global Hawk unmanned reconnaissance aircraft ······ 6–263
Global Navigation Satellite System ··· 6–261
Global Positioning System ··· 6–262 (9–585)
global strategy ······ 6–263
global village ······ 2–234
global warming ······ 6–261
globe ······ 2–236
Globe Magazine ······ 7–480
globus hystericus ······ 5–332
glockenspiel ······ 9–454
GLONASS ······ 6–261
Glorious Revolution ······ 3–226
glorybind family ······ 8–365
glossy privet ······ 6–5
glow discharge ······ 3–606
Gloydius brevicaudus ······ 3–23
Gluck, Christoph Willibald ······ 3–108
glucosamine ······ 1–111
glucose ······ 6–102
gluon ······ 4–201
glutinous rice balls ······ 7–300
glyceraldehyde ······ 3–38
glycerin ······ 3–38
glycerol ······ 3–38
Glycine max ······ 2–79
glycogen ······ 7–320 (3–42)
glycols ······ 2–422
glycolysis ······ 7–319
glycoside ······ 3–43
Glycyrrhiza uralensis ······ 3–34
glycyrrhizic acid ······ 3–34
Glyptostrobus pensilis ······ 7–96
GM ······ 7–393
Gmelina ······ 6–608
gnathostomes ······ 9–45
gneiss ······ 6–82
GNP ······ 3–291
gnu ······ 4–204
go ······ 7–546
Go Seigen ······ 8–34
goat ······ 6–441
goatsucker ······ 8–504
gobang ······ 8–54
go-between ······ 3–472
gobi ······ 3–83
gobi bear ······ 9–559
Gobiesociformes ······ 3–489
Gobiidae ······ 8–155
Gobioninae ······ 4–332
goby ······ 8–155
God ······ 6–459
God ······ 7–367
God of Literature ······ 7–585
God of Literature ······ 7–592
god of the land ······ 6–481
God of Wealth ······ 1–462
God the Father ······ 6–560
God the Holy Spirit ······ 6–564
God the Son ······ 6–569
God Worshippers' Society ······ 1–218
Godard, Jean-Luc ······ 3–83

Goddard, Robert Hutchings ········ 3–83
Goddess ························ 6–4
Goddess Marriage ················· 7–366
Gödel, Kurt ······················ 3–88
Goebbels, Paul Joseph ·············· 3–85
goeldi's monkey ·················· 4–216
Goes, Hugo van der ················ 3–508
Goethe, Johann Wolfgang von ······ 3–95
Goethe-Institute ·················· 3–96
Gogol, Nikolay Vasilyevich ········ 3–298
Goh Chok Tong ···················· 8–42
Golan Heights ···················· 3–84
gold ···························· 4–236
gold and silver works ·············· 4–260
gold market ······················ 3–589
gold ore ························· 4–243
gold reserve ······················ 3–588
Gold Rush ······················ 7–328
gold standard ···················· 4–236
Gold Triangle Belt ················ 4–251
gold yuan certificate ·············· 4–262
Goldbach's conjecture ············· 3–88
golden algae ····················· 4–263
Golden Bear Awards ················ 4–260
Golden Bull of 1356 ··············· 4–259
golden camellia ··················· 4–241
Golden Gate Bridge ················ 4–245
Golden History of the Mongols ······ 3–589
Golden Horde ············· 4–263 (6–192)
Golden Horse Awards ··············· 4–245
golden larch ······················ 4–247
Golden Lion Award ················ 4–254
Golden Lotus ···················· 4–247
Golden Mirror of Medicine ·········· 8–536
Golden Mirror of Waterways ········ 8–314
golden monkeys ··················· 4–257
Golden Palm Awards ··············· 4–264
Golden Rooster Awards ············· 4–242
golden section ···················· 3–589
golden-ball ······················ 4–241
goldfish ························· 4–261
Golding, Sir William ·············· 3–84
gold-inlaid ······················ 2–60
Goldoni, Carlo ···················· 3–89
Goldschmidt, Victor Moritz ········ 3–84
Goldsmith, Oliver ················· 3–89
golf ···························· 3–61
Golgi body ······················ 3–62
Golitsyn, Boris Borisovich ········ 4–122
Golmud City ····················· 3–99
Golmud River ···················· 3–99
Golog Tibetan Autonomous
Prefecture ······················ 3–299
gombessa ························ 5–325
Gombrowicz, Witold ··············· 3–151
Gómez de Avellaneda, Gertrudis ··· 3–85
Gómez y Báez, Máximo ············ 3–85
gomoku ························· 8–54
Gomułka, Władysław ·············· 3–91
gonad ··················· 8–327 (6–550)
Gonçalves Dias, Antônio ··········· 3–152
Goncharov, Ivan Aleksandrovich ··· 3–48
Goncourt brothers ················· 3–143
Gondwanaland ···················· 3–49
Gone with the Wind ················ 5–191
gong ···························· 5–224
gong and drum, music score of ······ 5–225
Gong Li ························· 3–145
Gong Xian ······················· 3–144
Gong Yunfu ······················ 3–144
Gong Zizhen ····················· 3–144
Gong Zutong ····················· 3–144
Gong'an County ··················· 3–130
Gong'an school ··················· 3–130
gongche tablature ················· 3–121
Gonghe County ··················· 3–148
Gongliu ························· 3–134
Góngora y Argote, Luis de ········ 3–152
Gongshan Derung-Nu Autonomous
County ························· 3–152
Gongsun Hong ···················· 3–137
Gongsun Long ···················· 3–137
Gongsun Zan ····················· 3–137
Gongsunlongzi ··················· 3–137
Gongxian Caves ··················· 3–145
Gongyi City ······················ 3–145
Gongzhuling City ·················· 3–139
gonorrhea ······················· 5–95
González Martínez, Enrique ········ 3–152
Good Eighth Company on
Nanjing Road ···················· 5–531
Good Hope, Cape of ················ 3–405
Good Neighbour Policy ············· 5–497
Goodall, Jane ····················· 3–165
Goodman, Benny ·················· 3–165
Goodnow, Frank Johnson ··········· 3–165
Goodyear, Charles ················· 3–193
goose ··························· 2–405
goosefoot family ·················· 4–585
Gorbachev, Mikhail Sergeyevich ··· 3–84
Gordimer, Nadine ················· 3–83
gordon euryale ··················· 6–176
Gore ot uma ····················· 9–320
Gorée, Île de ····················· 3–85
Gorilla ························· 2–113
gorilla ·························· 2–113
Göring, Hermann ·················· 3–85
Gorky, Maksim ···················· 3–61
Gorshkov, Sergey Georgyevich ····· 3–84
Goryachkin, Vasily Prohorovich ··· 3–85
Gospels ························· 2–615
Gossypium ······················ 5–410
gossypol ························ 5–410
Göteborg ························ 3–88
Gothic art ······················· 3–93
Gothic novel ····················· 3–94
Gothic War ······················ 3–94
Gou Jian ························ 3–153
gouache ························· 7–84
Gounod, Charles (-François) ······· 3–174
gourd ··························· 3–202
gourd family ····················· 3–512
gout ···························· 7–409
government ······················ 9–279
government expenditure multiplier ··· 9–280
government intervene ·············· 9–280
government land ·················· 3–210
government of the Sessho and the
Kampaku ························ 6–504
government office ················· 8–391
government procurement ··········· 9–279
government referential price ······· 3–286
government school ················· 3–210
government-in-exile ··············· 5–127
governor ························ 7–376
governor ························ 8–584
governor channel ·················· 2–350
governor general ·················· 9–560
governor vessel ··················· 2–350
Goya, Francisco de ················ 3–86
Goytisolo brothers ················· 3–86
Gozzi, Carlo ····················· 3–85
GPS ···························· 6–262
Grabau, Amadeus William ·········· 3–113
graben ·························· 2–230
grade separation bridge ············ 5–20
gradient ························· 7–337
gradient wind ····················· 7–338
grading of calligraphers ············ 7–49
Grading of Calligraphers ··········· 7–49
gradual and sudden change ········· 4–170
gradual attainment to
enlightenment ··················· 4–171
Graduated Record Examination ···· 9–585
graduation project ················· 1–328
graduation thesis ·················· 1–328
Graebner, Robert Fritz ············ 3–101
Graf, Steffi ······················ 3–99
graffiti art ······················ 7–429
grafting ························· 4–148
Graham, George ··················· 3–102
grain alcohol ····················· 4–324
grain circulation, institutional
reform of ······················· 5–57
grain coupon ····················· 5–56
grain storage ····················· 5–56
grain-material-labour tax system ··· 9–565
gram chickpea ···················· 9–14
gramine ························· 3–407
Gramineae ······················· 3–407
grammar ························ 9–73

Gramsci, Antonio ······ 3–113
Gran Chaco ······ 2–75
Gran Colombia ······ 2–83
Grand Canal ······ 4–280 (2–122)
Grand Cayman ······ 2–88
Grand Chinese Dictionary ······ 3–382
Grand Coulee Hydropower Station ······ 2–83
Grand Dictionary of Chinese Characters ······ 3–382
grand minister resident of Tibet ······ 9–503
Grand Mosque in Mecca ······ 5–295
Grand Outline for the Construction of the Nation ······ 4–162
Grand Prayer Ceremony ······ 2–28
Grand Principality of Moscow ······ 5–474
grand secretariat ······ 5–554
grand torreya ······ 8–192
grand unified theory ······ 2–106
Grande Dixence Dam ······ 2–76
Grande, Rio ······ 3–101
Grande Sertão: Veredas ······ 3–235
granite ······ 3–526
granulation ······ 5–398
granuloma ······ 6–337
grape ······ 6–101
grape family ······ 6–101
graph theory ······ 7–422
graphic ······ 1–230
graphic design ······ 6–90
graphite ······ 6–600
Graptolites ······ 1–324
grass carp ······ 1–483
grass cloth ······ 8–161
grass family ······ 3–407
Grass, Günter ······ 3–100
grass skirt ······ 1–482
grassland ······ 1–483
Grassmann, Hermann Günther ······ 3–100
grave clothes ······ 7–44
gravimeter ······ 9–461
gravimetric analysis ······ 9–461
gravimetric survey ······ 9–461
gravitational acceleration ······ 9–461
gravitational collapse ······ 8–585
gravitational interaction ······ 8–586
gravitational lens ······ 8–586
gravitational wave ······ 8–585
gravity ······ 9–461
gravity anomaly ······ 9–461
gravity, center of ······ 9–463
gravity exploration ······ 9–461
gray ······ 3–85
Graz ······ 3–99
grazing ······ 2–502
GRE ······ 9–585
greasy filth sculpture ······ 9–39
Great Australian Bight ······ 2–72
Great Barrier Reef ······ 2–73
Great Bear Lake ······ 2–113
Great Britain Island ······ 2–74
Great Campaign by One Hundred Regiments ······ 1–215
Great Canon for Governing the World ······ 4–297
Great Capital ······ 2–80 (9–91)
Great Caucasus ······ 2–83
great chiliocosm ······ 2–101
great countries' accord, principle of ······ 2–84
Great Dividing Range ······ 2–82
Great Emperor of Genuine Prowess ······ 9–256
great geographical discovery ······ 2–223
Great Greece ······ 2–111
Great Hall of the People ······ 6–293
great harmony and well-off society ······ 2–106
great harmony, doctrine of ······ 2–106
Great Lakes ······ 8–44
Great Leap Forward ······ 2–121
Great Maravian State ······ 2–96
Great migrations of Tribes ······ 5–432
Great Mosque of Damascus ······ 2–95
Great Northern War ······ 1–262
Great Patriotic War ······ 7–190
Great Plains ······ 2–97
Great Purge in Soviet Union ······ 7–188
great reckoning ······ 2–88
Great Ritual Controversy ······ 2–89
Great Salt Lake ······ 2–114
Great Slave Lake ······ 2–97
great ultimate ······ 7–256
Great Victory at Zhennan Pass ······ 9–260
Great Wall ······ 1–509
Great Zimbabwe ······ 2–88
Greater Antilles ······ 2–72
Greater East Asia Co-Prosperity Sphere ······ 2–79
greater flamingo ······ 2–86 (4–12)
greater rhea ······ 5–364
greater wax moth ······ 4–530
greatest common divisor ······ 9–574
greatest harmony ······ 7–255
great-power chauvinism ······ 2–84
Greco, El ······ 3–104
Greco-Persian Wars ······ 8–119
Greco-Turkish Wars ······ 8–127
Greece ······ 8–121
Greek Civil War ······ 8–123
Greek language ······ 8–124
Greek mythology ······ 8–124
Greek War of Independence ······ 8–123
Greeks ······ 8–124
Greeks of Cyprus ······ 6–377
green algae ······ 5–187
green chemistry ······ 5–186
green food ······ 5–186
green forces ······ 5–172
Green Gang ······ 6–204
green industry ······ 5–185
green manure crop ······ 5–185
green peace movement ······ 5–186
green peafowl ······ 5–185 (9–227)
green revolution ······ 5–186
green schist ······ 5–185
green tea ······ 5–184
Green, Thomas Hill ······ 3–105
green turtle ······ 3–327
Greene, Graham ······ 3–104
greengage wine ······ 6–208
greenhouse ······ 7–583
greenhouse effect ······ 7–583
greenhouse floriculture ······ 7–583
greenhouse gas ······ 7–583
greenhouse whitefly ······ 1–196
Greenland ······ 3–106
Greenland Sea ······ 3–107
Greenspan, Alan ······ 3–106
greenstone belt ······ 5–187
Greenwich ······ 3–105
Gregorian calendar ······ 3–134
Gregory, Lady Augusta ······ 3–102
Gregory Ⅰ ······ 3–104
Gregory Ⅶ ······ 3–104
greisen ······ 9–138
Grenada ······ 3–105
grenade launcher ······ 5–132
grenadier anchovy ······ 4–106
grey market ······ 3–605
grey six-gilled shark ······ 3–605
Griboyedov, Aleksandr Sergeyevich ······ 3–102
Grieg, Edvard Hagerup ······ 3–103
Grieg, Nordahl ······ 3–103
Grierson, John ······ 3–102
Griffith, David Wark ······ 3–102
Grignard, François-Auguste-Victor ······ 3–103
Grignard reagent ······ 3–103
Grigorescu, Nikolae ······ 3–102
Grigorovich, Yuri Nikolayevich ······ 3–103
Grillparzer, Franz ······ 3–102
Grimm brothers ······ 3–106
Grimmelshausen, Hans Jakob Christoffel von ······ 3–103
Grin, Aleksandr Stepanovich ······ 3–104
grinding wheel ······ 6–430
Griot ······ 3–102
Grønland ······ 3–106
Gropius, Walter (Adolph) ······ 3–109
grosgrain ······ 3–112
Gross, David J. ······ 3–109

gross domestic product … 3–293 (9–585)
gross national product … 3–291
Grosses Schauspielhaus … 2–185
Grossman-Stiglitz paradox … 3–109
Grotius, Hugo … 3–101
Grotowski, Jerzy … 3–109
ground … 4–214
ground beetle … 1–455
ground boxing … 2–238
ground cleave … 2–228
ground to air missile … 2–222
ground wave propagation … 2–218
ground-effect vehicle … 2–243
ground-to-ground missile … 2–220
groundwater … 2–242
groundwater level … 2–243
group … 4–40
Group 8 … 1–142
group marriage … 6–270
Group of Eight … 1–142
group of enterprise … 6–137
Group of Seven … 6–120
Group of 24 … 2–427
Group of 77 … 6–121
group psychotherapy … 4–77
group technology … 1–581
group theory … 7–448
group work … 8–231
grouper … 6–593
groups … 6–270
grouse … 4–37
grouting … 3–218
Growing Up in the War … 9–180
growth … 6–548
growth engine, theory of … 9–171
growth enterprise market … 2–32
growth factor … 6–549
growth hormone deficiency … 6–549
growth pole … 9–171
Gruber, Otto von … 3–107
Gruiformes … 3–451
Grundlinien der Philosophie des Rechts … 2–460
Gruppe 47 … 7–152
Grus … 3–450
Grus japonensis … 2–136
Gryllidae … 8–135
grylloblattids … 6–239
Grylloblattodea … 6–239
Gryllotalpidae … 5–148
Gryphiüs, Andreas … 3–109
GSP … 6–107
GT … 1–581
gu … 3–157
Gu Chaohao … 3–182
Gu Jiegang … 3–197
Gu Kaizhi … 3–198
Gu Kuang … 3–198
Gu Long … 3–172
Gu Mu … 3–183
Gu Rong … 3–198
Gu Shengying … 3–198
Gu Shunzhang … 3–198
Gu Weijun … 3–199
Gu Xiancheng … 3–199
Gu Xiulian … 3–199
Gu Yanwu … 3–199
Gu Yidong … 3–199
Gu Yuan … 3–181
Gu Yuxiu … 3–200
Gu Zhenpu … 3–157
Gu Zhun … 3–200
Gu Zuyu … 3–200
Guadalajara … 3–200
Guadalcanal Island, Battle for … 3–200
Guadeloupe … 3–201
guaiol … 9–83
Guam … 3–203
Guan Hanqing … 3–204
Guan Hanqing … 3–204
Guan Pinghu … 3–215
Guan Shanyue … 3–205
Guan Sushuang … 3–206
Guan Tianpei … 3–207
Guan Tong … 3–207
Guan Tong … 3–215
Guan Weiyan … 3–215
Guan Xiu … 3–216
Guan Yu … 3–208
Guan Zhaozhi … 3–208
Guan Zhong … 3–216
Guandi … 3–203
Guanding … 3–217
Guandu, Battle of … 3–210
Guang' an City … 3–231
Guangdong cuisine … 3–232
Guangdong embroidery … 9–132
Guangdong music … 3–234
Guangdong overglaze-coloured porcelain … 3–232
Guangdong Province … 3–232
Guangdong-Hainan Railway Corridor … 9–132
Guanghan City … 3–234
Guangling … 3–235
Guangling Folk Strains … 3–235
Guangming Daily … 3–225
Guangshui City … 3–235
Guangweiran … 3–227
Guangxi opera … 3–247
Guangxi University … 3–235
Guangxi Warlords … 3–248
Guangxi Zhuang Autonomous Region … 3–235
Guangyuan City … 3–238
Guangyue Tower … 3–230
Guangzhou and Hong Kong Strike … 6–554
Guangzhou City … 3–239
Guangzhou Pumped Storage Power Station … 3–239
guanidine … 3–202
Guantánamo … 3–207
Guanyindong Culture … 3–209
Guanzhong Area … 3–208
Guanzhong Plain … 3–208
Guanzi … 3–216
guar … 3–201
Guaraní language … 3–201
Guaranies … 3–201
guardianship … 4–152
Guarneri, Giuseppe … 3–201
Guatemala … 7–526
Guatemala City … 7–526
guava … 2–463
Guayaquil … 3–202
guayule … 8–582
Guazhou Town … 3–202
Gubeikou Pass … 3–162
Gubkin, Ivan Mikhailovich … 3–162
Guderian, Heinz Wilhelm … 3–165
gudgeons … 4–332
Guericke, Otto von … 3–28
Guesde, Jules … 3–27
Guevaraism … 3–112
Guggenheim Museum … 3–169
Gugong Danfu … 3–169
gui … 3–245
Gui of Officer Li … 5–27
Gui Youguang … 3–240
Gui Zhiting … 3–248
Gui Zhuang … 3–240
Guiana Highlands … 3–241
guidance planning … 9–308
Guide to Healthy Life … 8–326
guided bomb … 9–312
guided missile … 2–155
Guidelines for Japan-US Defense Cooperation (1997) … 6–325
Guigang City … 3–245
Guiju opera … 3–247
guild hall … 3–612
Guilin City … 3–248
Guilin landscape … 3–247
Guillén, Nicolás … 4–97
guimao educational system … 3–244
Guinea … 4–80
Guinea Ecuatorial … 1–597
guinea grass … 2–104
Guinea, Gulf of … 4–82
Guinea Highlands … 4–82
guinea pig … 7–451

Guinea-Bissau 4–81
Guinée 4–80
Guinée-Bissau 4–81
Guiping City 3–248
Güiraldes, Ricardo 4–62
guitar 4–66
Guitry, Sacha 4–66
Guixi City 3–245
Guiyang City 3–245
Guizhou Province 3–246
Gujarati language 3–169
Gujaratis 3–169
Gujiao City 3–169
Gulangyu Island 3–191
gulf and bay 3–343
Gulf of Mexico 5–484
Gulf Stream 7–476 (5–484)
Gulf War 3–343
Gulick, Luther Halsey 3–172
gull 6–27
Gulliver's Travels 3–104
Gullstrand, Allvar 3–168
gum 7–61
Gumilyov, Nikolay Stepanovich 3–174
gun 4–118
gun family 6–177
gun propellant 2–432
gun salute 4–585
Gung thang bstan pa' i sgron me 3–152
Gungthan Thapai Dronme 3–152
gun-howitzer 4–118
Gunn, John Battiscombe 3–120
Gunong Tahan National Park 2–85
Gunung Mulu National Park 5–501
Guo Baochen 3–249
Guo Baojun 3–249
Guo Boxiong 3–250
Guo Dali 3–250
Guo Hancheng 3–250
Guo Huan, Case of 3–250
Guo Jia 3–250
Guo Jingjing 3–250
Guo Lanying 3–251
Guo Mian 3–251
Guo Moruo 3–251
Guo Pinwen 3–251
Guo Pu 3–251
Guo Shaoyu 3–252
Guo Shoujing 3–252
Guo Shuzhen 3–252
Guo Songtao 3–252
Guo Tingyi 3–252
Guo Wei 3–253
Guo Xi 3–253
Guo Xiang 3–253
Guo Xiaochuan 3–253
Guo Yonghuai 3–253
Guo Zixing 3–254
Guo Ziyi 3–254
Guoqing Temple 3–294
Gupta Dynasty 4–71
Gurbantünggüt Desert 3–168
Gurchenko, Lyudmila Markovna 3–168
Guri Hydropower Station 3–171
Gurkhas 4–510
Gurungs 3–172
gustatory sensation 7–570
Gustav I Vasa 3–176
Gutenberg, Beno 3–165
Gutenberg discontinuity 3–165
Gutenberg, Johannes 3–183
Gutian Conference 3–177
Gutian County 3–177
Gutiérrez, Juan María 3–177
Gutiérrez Nájera, Manuel 3–177
Guttiferae 7–337
Gützlaff, Karl Friedrich August 3–252
Guyana 3–240
guyot 6–87
Guyuan City 3–195
Guyue Library 3–182
Guzang 3–157
Gwon Pil 6–257
Gyangzê County 4–184
Gyaring Lake 9–172
Gyeongju 6–237
Gymnasium 7–590
gymnastics 7–341
Gymnolaemata 5–226
Gymnophiona 8–587
gymnosperm 5–226
Gymnospermae 5–226
Gymnotiformes 2–285
gynecological disease 3–5
Gypsies 4–65
gypsum 6–594
gyrodynamics 7–457
gyroscope 7–458
gyroscopes, mechanics of 7–457
gYu-thog rNying-ma Yon-tan mGon-po 9–67

H

H share 9–585
Ha Decheng 3–318
Ha Noi 3–427
Haavelmo, Trygve 3–317
Haber, Fritz 3–304
Habermas, Jürgen 3–304
Habibi, Imil 3–304
habit 8–136
habitat 6–530
habitual criminal 3–216
Habsburg, House of 3–305
habutai 2–500
Hachette Filipacchi Médias 1–57
hacker 3–454
Hacks, Peter 3–308
hada 3–318
Hadamard, Jacques (-Salomon) 1–6
Hades 3–305
Hadīth 6–569
Hadrian's Wall 3–305
hadron 6–180
Haeckel, Ernst 3–329
Ḥāfeẓ, Shams-al-dīn Moḥammad 3–307
hafnium 3–318
Hägerstrand, Torsten 3–308
Hague Conventions 3–345
Hague Rules 3–345
Hague school 3–346
Hahn, Otto 3–306
Hai Phong 3–326
Hai Rui 3–337
Hai Rui Dismissed from Office 3–338
Haibei Tibetan Autonomous Prefecture 3–319
Haicheng City 3–320
Haicheng Earthquake 3–319
Haidian District 3–324
Haidong Region 3–324
Haidu Qaidu 3–324
Haier Corporation 3–325
Haifa 3–326
Haifeng County 3–326
Haihe River 3–328
Haikou City 3–330
haiku 6–35
hail 1–361 (1–239)
Hailanpao and Jiangdong 64 Villages, Massacre of 3–330
Hailar District 3–330
Haile Selassie I 3–325
Hailin City 3–331
Hailun City 3–332
Haimen City 3–332
Hainan alseodaphne 9–37
Hainan chaulmoogratree 3–334
Hainan hopea 6–96
Hainan Island 3–334
Hainan Province 3–334
Hainan Tibetan Autonomous Prefecture 3–335
Haining City 3–336
Haiphong 3–326
hair cords 5–237
hair dryer 2–273
hair swinging skill in Chinese opera 7–76
hairtail 2–131
hairy chestnut 1–228

hairyvein agrimony ······ 5–144
Haiti ······ 3–322
Haiti, Crisis of ······ 3–323
Haiti Earthquake ······ 3–323
Haitian Revolution ······ 3–323
Haixi Mongol- Tibetan Autonomous Prefecture ······ 3–344
Haiyan tune ······ 3–346
Haiyang City ······ 3–346
Haiyuan County ······ 3–354
Haiyuan Earthquake ······ 3–354
Haiyuange Library ······ 3–354
Haizhou Gulf ······ 3–355
Ḥājj ······ 1–537
Ḥājj ······ 3–308
Ḥakīm, Tawfīq al- ······ 3–308
Hakka dialects ······ 4–462
Hakkas ······ 4–462
Hakkas adobe building ······ 4–462
Hakodate ······ 3–357
H, alab ······ 1–40
Halaf Culture ······ 3–309
Halcyon ······ 2–531
Haldane, John Burdon Sanderson ··· 4–20
Hale, George Ellery ······ 3–325
Haliburton, Thomas Chandler ······ 3–310
Halifax ······ 3–310
Haliotis ······ 1–249
halite ······ 6–604
halitosis ······ 4–480
Hall effect ······ 4–21
Hall, Peter ······ 4–20
Halley, Edmond ······ 3–309
Halley's comet ······ 3–309
Halliday, Michael Alexander Kirkwood ······ 3–362
Hallstatt Culture ······ 3–307
hallucination ······ 3–577
hallux valgus ······ 5–487
halo ······ 9–144
halo effect ······ 3–223
halogen ······ 5–161
halogen lamp ······ 5–161
halogenation ······ 5–161
halohydrocarbon ······ 5–161
Haloragidaceae ······ 8–223
Hals, Frans ······ 3–307
Halsey, William Frederick Jr. ······ 3–307
ham ······ 4–14
Hamada Kosaku ······ 1–360
Hamadhānī, Badī 'az-Zamān al- ··· 3–447
Hamamelidaceae ······ 4–244
Hamas, al- ······ 3–311
Hamburg ······ 3–367
Hamburg Dramaturgy ······ 3–367
Hamburg Rules ······ 3–367
Hamhŭng ······ 8–175
Hami City ······ 3–312
Hami Region ······ 3–312
Hamilton ······ 3–313
Hamilton ······ 3–312
Hamilton, Alexander ······ 3–377
Hamilton, William Rowan ······ 3–312
Hamilton's principle ······ 3–312
Hamites ······ 3–357
Hamlet ······ 3–312
hamlet ······ 9–540
hammer ······ 2–34
hammer throw ······ 5–49
Hampshire ······ 3–379
hamse ······ 3–332
hamster ······ 1–474
Hamsun, Knut ······ 3–378
Han ······ 3–387
Han ······ 3–367
Han chauvinism ······ 2–85
Han Depei ······ 3–359
Han Derang ······ 3–359
Han Dynasty ······ 3–367
Han Dynasty Mural Tomb at Horinger ······ 3–417
Han Dynasty Tomb at Shizishan ··· 6–577
Han Dynasty Tombs at Dabaotai ··· 2–73
Han Dynasty Tombs at Dahuting ··· 2–71
Han Dynasty Tombs at Mancheng ··· 5–303
Han Dynasty tombs at Wuwei ······ 8–60
Han Dynasty Tombs at Yongcheng ··· 9–24
Han Dynasty wooden and bamboo slips unearthed from Wuwei ······ 8–60
Han Fei ······ 3–359
Han Fuju ······ 3–360
Han Gan ······ 3–360
Han Hong ······ 3–362
Han Huang ······ 3–362
Han ju opera ······ 3–377
Han Lin' er ······ 3–363
Han Qi ······ 3–363
Han Qide ······ 3–363
Han Qinhu ······ 3–363
Han Qixian ······ 3–363
Han Qixiang ······ 3–363
Han Rulin ······ 3–363
Han Shichang ······ 3–363
Han Shizhong ······ 3–364
Han State ······ 3–359
Han Suyin ······ 3–364
Han Tuozhou ······ 3–364
Han, Wei and Six Dynasties poetry school ······ 3–380
Han Xianchu ······ 3–364
Han Xiaochuang ······ 3–364
Han Ximeng ······ 3–364
Han Xin ······ 3–364
Han Yonglu ······ 3–365
Han Yu ······ 3–365
Han Zhubin ······ 3–365
Ḥanafīyah ······ 3–313
Hanayagi Chiyo ······ 3–528
Ḥanbalīyah, al- ······ 3–367
Hancheng City ······ 3–359
Hanchuan City ······ 3–373
hand ······ 7–37
hand pollination ······ 6–287
hand shadow play ······ 7–41
Handan City ······ 3–356
Handan City Site of Zhao State ······ 3–356
Handan porcelain ······ 3–356
handedness ······ 5–31
Händel, George Friderich ······ 3–461
hand-foot-mouth disease ······ 7–41
handgun ······ 7–38
handicap ······ 1–473
handicraft industry ······ 7–37
handicraft picture ······ 3–128
Handke, Peter ······ 3–374
handstand ······ 2–159
Hanfeizi ······ 3–360
Hang Zihe ······ 3–391
Han-gang ······ 3–377
Hangayn Nuruu ······ 3–390
hanging-coffin burial ······ 8–363
Hangou Canal ······ 3–356
Hangu Pass ······ 3–357
Hangzhou Arts School ······ 3–391
Hangzhou Bay Cross-Sea Bridge ··· 3–390
Hangzhou brocade ······ 3–391
Hangzhou City ······ 3–390
Hangzhou Gulf ······ 3–390
Hangzhou silk umbrella ······ 3–390
Hani ······ 3–313
Hani language ······ 3–313
Hanjiang River ······ 3–362
Hanjiang River ······ 3–376
Hankou ······ 3–377
Hanlin Academy ······ 3–389
Hann, Julius Ferdinand von ······ 3–374
Hannibal ······ 3–378
Hannover ······ 3–378
Hanoi ······ 3–427
Hanover, House of ······ 3–378
Hanseatic League ······ 3–379
Hansen, Alvin Harvey ······ 3–379
Hanslick, Eduard ······ 3–379
hantavirus ······ 3–379 (5–128)
Hanyang District ······ 3–381
Hanyeping Corporation ······ 3–381
Hanzhong Basin ······ 3–385
Hanzhong City ······ 3–386
Hao Jianxiu ······ 3–405
Hao Mengling ······ 3–405
Hao Shouchen ······ 3–406

haoge ···· 3–403
Haoran ···· 3–407
Hapalinae ···· 6–331 (4–346)
happening art ···· 6–27
Harakah at-Tarjamah al- 'Arabiyah ··· 1–31
Harappan Culture ···· 3–309
Harare ···· 3–309
Harbin City ···· 3–306
Harbin Engineering University ···· 3–306
Harbin Institute of Technology ···· 3–306
Harbin Military Engineering College ···· 3–306
harbour engineering ···· 3–326
harbour service boat ···· 3–57
Harcourt, Port ···· 3–308
hard currency ···· 9–23 (9–22)
hard water ···· 9–23
hard-edge painting ···· 9–22
hardness ···· 9–22
hardware ···· 9–22
Hardy, Godfrey Harold ···· 3–305
Hardy, Thomas ···· 3–305
Hargeysa ···· 3–306
Harishchandra, Bharatendu ···· 3–446
Hark Tsui ···· 8–345
Harlem Renaissance ···· 3–309
harlequinade opera ···· 3–541
harmel peganum ···· 5–234
harmonic analysis ···· 7–375
harmonica ···· 4–481
harmonium ···· 2–566
harmonization theory ···· 8–235
harmonizing method ···· 3–416
harmonizing spleen and stomach ··· 7–375
harmony ···· 3–419
harmony and identity ···· 3–420
Harnack, Adolf von ···· 3–312
harp ···· 7–62
Harpacticoida ···· 5–376
Harpadon nehereus ···· 5–143
Harper brothers ···· 3–313
harpsichord ···· 3–313
Harrier Fighter/Attacker ···· 8–485
Harris, Zellig Sabbetai ···· 3–310
Harrison, Ross Granville ···· 3–310
Harrod-Domar growth model ···· 3–311
harrow ···· 1–191
Harrow School ···· 3–311
Harsa Dynasty ···· 4–233
Hart, Herbert Lionel Adolphus ···· 3–316
Hart, Sir Robert ···· 3–443
Hartmann, Nicolai ···· 3–316
Hartsfield-Jackson Atlanta International Airport ···· 8–411
Hārūn ar-Rashīd ···· 3–311
Harvard University ···· 3–308
Harvey, William ···· 3–317
Hasbao ···· 3–316
Hašek, Jaroslav ···· 3–317
Hassan II ···· 3–316
hassock shadow show ···· 6–105
hat boi ···· 2–54
hat cheo ···· 1–543
Haug, Gustave-Émile ···· 1–121
Hauptmann, Gerhart ···· 3–403
Hausa ···· 3–404
Hausa language ···· 3–404
Hausdorff, Felix ···· 3–404
Haushofer, Karl Ernst ···· 3–404
Havana ···· 3–316
Havana Declarations ···· 3–317
Havel, Václav ···· 3–317
Havelange, João Marie Faustin Godefroid ···· 1–57
Hawaii State ···· 8–166
Hawaiian Islands ···· 8–166
Hawaiians ···· 8–166
hawk ···· 7–225
hawk ···· 9–14
hawk moth ···· 7–349
Hawke, Robert ···· 4–23
Hawking, Stephen William ···· 4–23
hawksbill ···· 2–130
Ḥawrān ···· 3–84
Hawthorne, Nathaniel ···· 4–26
Hawthorne studies ···· 4–26
Hayastan ···· 8–407
Haydn, Joseph ···· 3–324
Hayek, Friedrich von ···· 3–317
Hayes, Herbert Kendall ···· 3–341
Hayford, John Fillmore ···· 3–326
Hay-Herran Treaty ···· 3–318
Haykal, Muhammad Husayn ···· 3–329
Haymarket Massacre ···· 5–478
Hazaras ···· 3–317
haze ···· 5–290
Hazlitt, William ···· 3–318
Hb ···· 8–374
HDTV ···· 3–74
He Binglin ···· 3–412
He Changgong ···· 3–412
He Chengtian ···· 3–412
He Chi ···· 3–412
He Ganzhi ···· 3–412
He Guoqiang ···· 3–440
He Houhua ···· 3–413
He Jie ···· 3–413
He Jingming ···· 3–413
He Jingzhi ···· 3–441
He Laofeng ···· 3–413
He Lin ···· 3–441
He Long ···· 3–441
He Luli ···· 3–413
He Luting ···· 3–442
He Mengfu ···· 3–442
He Qifang ···· 3–414
He Qiutao ···· 3–414
He Ruobi ···· 3–442
He Shaoji ···· 3–414
He Shengrui ···· 3–442
He Shuheng ···· 3–414
He Sijing ···· 3–414
He Tengjiao ···· 3–414
He Xiangning ···· 3–415
He Yan ···· 3–415
He Yi ···· 3–443
He Yingqin ···· 3–415
He Yong ···· 3–415
He Youzhi ···· 3–443
He Zehui ···· 3–415
He Zhen ···· 3–416
He Zhenliang ···· 3–415
He Zhizhang ···· 3–443
He Zhu ···· 3–443
He Zhuoqiang ···· 3–416
He Ziquan ···· 3–416
He Zuolin ···· 3–416
head ···· 7–410
head hunting ···· 5–76
head hunting company ···· 5–76
head land ···· 4–139
head of state ···· 3–286
Head Page Print of *Vajracchedikāsūtra*, Tang Dynasty ··· 7–307
headache ···· 7–411
headkerchief ···· 3–29
health ···· 4–169
health care for the elderly ···· 4–557
health care service ···· 8–534
health care system ···· 8–534
health food ···· 1–244
health island ···· 4–169
health maintenance ···· 8–472
health maintenance in four seasons ··· 7–153
Heaney, Seamus ···· 8–125
hearing ···· 7–385
hearing ···· 7–386
hearing aid ···· 9–500
hearing in private session ···· 1–427
hearing reconstruction ···· 7–386
heart ···· 8–256
heart failure ···· 8–254
heart sound ···· 8–256
heart urchin ···· 8–255
heartburn ···· 6–472
heartland theory ···· 5–169
heat ···· 6–280
heat ···· 6–282
heat barrier ···· 6–282
heat capacity ···· 6–282
heat engine ···· 6–279

heat in blood, syndrome of ········ 8–375
heat of solution ········ 6–333
heat pathogen ········ 7–584
heat pipe ········ 6–278
heat pump ········ 6–274
heat stroke ········ 9–459
heat therapy ········ 6–280
heat transfer ········ 6–274
heat transfer, study of ········ 2–26
heat-clearing formula ········ 6–229
Heath, Edward Richard George ··· 8–126
Heaven ········ 7–360
Heaven and Earth Society ········ 7–348
Heaviside, Oliver ········ 3–355
heavy haul railway ········ 9–463
heavy industry ········ 9–460
heavy mctal ········ 9–460
heavy metasl ········ 9–460
heavy oil ········ 9–463
heavy water ········ 9–462
heavy water reactor ········ 9–463
Hebbel, Friedrich ········ 3–451
Hebei clapper opera ········ 3–420
Hebei Province ········ 3–420
Hebel, Johann Peter ········ 3–451
Hebi City ········ 3–450
Hebrew Bible ········ 8–119
Hebrew language ········ 8–119
Hechi City ········ 3–422
Hechuan District ········ 3–408
Heckel, Erich ········ 3–454
hectare ········ 3–136
Hedāyat, Ṣādeq ········ 3–443
Hedera nepalensis var. *sinensis* ······ 1–524
hedge fund ········ 2–372
hedge transaction ········ 7–329
hedgehog ········ 2–52
hedging ········ 7–328 (2–371)
hedonism ········ 4–496
Heezen, Bruce Charles ········ 8–127
Hefa ········ 3–326
Hefei City ········ 3–409
Hegang City ········ 3–450
Hegel, Georg Wilhelm Friedrich ··· 3–452
Heidegger, Martin ········ 3–321
Heidenstam, Carl Gustaf Verner von ········ 3–321
Heifetz, Jascha ········ 3–326
height determination ········ 3–59
height system ········ 3–59
Heihe City ········ 3–454
Heihe River ········ 3–453
Heijermans, Herman ········ 3–353
Heijōkyō ········ 6–87
Heike Monogatari ········ 6–89
Heilongjiang Province ········ 3–455
Heilongjiang River ········ 3–454
Heine, Heinrich ········ 3–336
Heinkel, Ernst Heinrich ········ 3–462
Heinrich Mann ········ 3–463
Heinz, Wolfgang ········ 3–354
Heisenberg, Werner Karl ········ 3–338
Hejiacun Treasure ········ 3–413
Hejian City ········ 3–422
Hejin City ········ 3–423
Hekou Yao Autonomous County ··· 3–423
Helan Mountain ········ 3–441
Helarctos malayanus ········ 5–262
Helene ········ 3–332
Helian Bobo ········ 3–446
Helianthus annus ········ 8–204
Helicobacter pylori infection ········ 9–30
helicopter ········ 9–297
heliocentric system ········ 6–328
Helios probe ········ 7–267
Heliothis armigera ········ 5–411
helium ········ 3–355
helium, atomic spectrum of ········ 3–355
hell ········ 2–244
Hellenistic Age ········ 8–123
Hellens, Franz ········ 1–69
Heller, Joseph ········ 3–331
Hellman, Lillian ········ 3–325
Helmert, Friedrich Robert ········ 3–444
helmet-mounted gun ········ 7–411
Helmholtz, Hermann von ········ 3–355
Heloderma ········ 2–351
Helong City ········ 3–417
Helotry system ········ 3–454
Helsinki ········ 3–445
Helvétius, Claude-Adrien ········ 1–84
hemangioma ········ 8–373
hematite ········ 1–600
hematuria ········ 8–375
Hemerocallis citrina ········ 4–263
Hemerocallis fulva ········ 8–362
Hemichordata ········ 1–233
Hemingway, Ernest ········ 3–333
Hemiptera ········ 1–231
hemispherical cap ········ 3–202
hemispherical dome, theory of ······ 3–28
hemoglobin ········ 8–374
hemoglobinopathy ········ 8–374
hemoglobinuria ········ 8–375
hemolytic anemia ········ 6–333
hemophilia ········ 8–378
hemorrhage ········ 2–15
hemorrhoid ········ 9–319
hemostasis ········ 9–307
hemp ········ 2–94
Hempel, Carl Gustav ········ 3–463
Hemudu Culture ········ 3–424
Henan clapper opera ········ 3–425
Henan Longshan Culture ········ 3–425
Henan Museum ········ 3–425
Henan Province ········ 3–425
Hengduan Mountain Range ········ 3–466
Hengshan Mountain ········ 3–464
Hengshan Mountain ········ 3–467
Hengshui City ········ 3–467
Hengyang Basin ········ 3–467
Hengyang City ········ 3–467
Henríquez Ureña brothers ········ 2–415
henry ········ 3–462
Henry, Joseph ········ 3–462
Henry Ⅱ ········ 3–462
Henry Ⅳ ········ 3–462
Henry Ⅷ ········ 3–462
Henry' s law ········ 3–462
Henze, Hans Werner ········ 3–461
hepatic failure ········ 3–41
hepatitis ········ 3–42
hepatomegaly ········ 3–43
Hephthalites ········ 8–504
Hepialidae ········ 1–340
Heping District ········ 3–418
Heptarchy ········ 6–119
Hepu County ········ 3–410
Hequ horse ········ 3–427
Hera ········ 3–445
Herakleitos ········ 3–446
Herakles ········ 3–445
Herāt ········ 3–446
herbaceous plant ········ 1–481
Herbart, Johann Friedrich ········ 3–444
herbicide ········ 2–16
herbivory ········ 9–301
Herculano de Carvalhoe e Araújo, Alexandre ········ 1–62
Hercynian movement ········ 3–344
Herder, Johann Gottfried von ······ 3–444
Herero ········ 3–446
Herip and Senem ········ 1–77
hermaphrodite ········ 2–51
hermaphroditism ········ 2–51
hermaphroditism ········ 5–59
hermeneutics ········ 4–231
Hermes ········ 3–444
Hermlin, Stephan ········ 3–445
Hernani ········ 1–79
hernia ········ 6–447
Herodotus ········ 8–125
heroin ········ 3–332
heron ········ 5–176
Héroult, Paul-Louis-Toussaint ······ 1–69
herpes simplex ········ 2–141
herpes zoster ········ 2–131
herpesviruses ········ 6–52
Herrn Eugen Dühring's Umwälzung der Wissenschaft ········ 2–469
Herschel, Friedrich Wilhelm ········ 3–448

hertz ········ 3–449
Hertz, Heinrich Rudolf ········ 3–449
Hertzsprung, Ejnar ········ 3–443
Heshan City ········ 3–410
Heshan City ········ 3–451
Heshen ········ 3–419
Hesiodos ········ 3–448
Hesperiidae ········ 5–616
Hesperornis ········ 3–587
Hesse, Hermann ········ 3–457
Hess, Harry Hammond ········ 3–447
Hetao Irrigation District ········ 3–427
Hetao Plain ········ 3–427
Heterocera ········ 2–405
heterocyclic compound ········ 9–146
Heterodontiformes ········ 3–519
heterosis or hybrid vigor ········ 9–148
Hetuvidyā ········ 8–570
heuristic teaching ········ 6–139
Hevea brasiliensis ········ 8–210
Hevesy, George Charles de ········ 3–448
Hewish, Antony ········ 8–337
hexamethylene tetramine ········ 5–139
Hexanchiformes ········ 5–138
Hexanchus griseus ········ 3–605
Hexapoda ········ 5–140
Hexi Corridor ········ 3–428
Hexian County ········ 3–420
Heym, Stefan ········ 3–333
Heyrovský, Jaroslav ········ 3–332
Heyse, Paul (Johann Ludwig von) ··· 3–354
Heyuan City ········ 3–428
Hezbullah ········ 4–581
Heze City ········ 3–440
hezel ········ 3–112
Hezhen ········ 3–449
Hezhen language ········ 3–449
Hezhou City ········ 3–443
Hezuo City ········ 3–412
HGP ········ 6–291
hibernation ········ 2–331
Hibiscus cannabinus ········ 3–471
Hibiscus esculentus ········ 3–595
Hibiscus rosa-sinensis ········ 2–599
Hibiscus sabdariffa ········ 5–329
Hibiscus syriacus ········ 5–489
hiccup ········ 2–409
Hicks, John Richard ········ 8–121
Hidaka Kōji ········ 6–323
Hidalgo y Costilla, Miguel ········ 8–515
hidradenitis suppurativa ········ 3–544
Hierakonpolis ········ 8–486
hierarchical monarchy ········ 2–194
Higashiyama Kaii ········ 2–325
high definition television ········ 3–74
high energy astrophysics ········ 3–72
high frontier strategy ········ 3–58
high jump ········ 7–376
high performance polymer ········ 3–78
high pressure mercury lamp ········ 3–79
high pressure physics ········ 3–79
high risk pregnancy ········ 3–77
high seas ········ 3–132
high speed tool steel ········ 3–77
high technology ········ 3–66
high value added products ········ 3–64
high voltage technique ········ 3–60
high-energy observatory ········ 3–72
higher education ········ 3–59
higher plant ········ 3–60
higher power finite differences, method of ········ 9–224
Highgate Cemetery ········ 3–327
high-power microwave weapon ··· 3–65
high-redshift galaxies ········ 3–66
high-rise building ········ 3–58
high-speed railway ········ 3–77
high-tech industry ········ 3–78 (3–67)
highway ········ 3–134
highway engineering ········ 2–163
highway transportation ········ 3–134
Hijāzī, Salāma al- ········ 3–461
Hijrah ········ 6–159
Hikayat Hang Tuah ········ 3–390
Hilbert, David ········ 8–120
Hilbert space ········ 8–120
Hilbert' s problems ········ 8–121
Hilferding, Rudolf ········ 8–121
Hill, Robert ········ 8–120
Hillary, Edmund Percival ········ 8–121
hills ········ 6–241
Himalaya Mountain Range ········ 8–139
Himalayan movement ········ 8–140
Himmler, Heinrich ········ 8–125
Ḥimṣ ········ 4–25
Hinamatsuri ········ 6–27
Hinayāna Buddhism ········ 8–221
Hindemith, Paul ········ 8–262
Hindenburg, Paul von ········ 8–302
Hindhu ········ 9–101
Hindi language ········ 8–591
Hindu Kush ········ 8–302
Hindu law system ········ 8–596
hindu lotus ········ 5–39 (3–429)
Hinduism ········ 8–599
Hindustanis ········ 8–604
Hinggan League ········ 8–302
Hinshelwood, Sir Cyril Norman ··· 8–262
hinterland ········ 3–21
Hipparchus ········ 8–536
Hipparion ········ 6–407
Hippeastrum vittatum ········ 9–481
hippie ········ 8–135
Hippocampus ········ 3–332
Hippocratic oath ········ 8–119
Hippophae rhamnoides ········ 6–424
Hippopotamidae ········ 3–424
hippoptamines ········ 3–424
Hirayama Ikuo ········ 6–92
hired labour ········ 3–200
Hiroshima ········ 3–232
Hiroshima Mon Amour ········ 3–232
hirsutism ········ 2–385
Hirudinea ········ 9–320 (5–290)
Hirundo ········ 8–444
Hispidae ········ 7–380
hister beetle ········ 8–435
Histeridae ········ 8–435
Histiophorus orientalis ········ 6–134
histology ········ 9–571
historical companion ········ 7–391
historical dialectics ········ 5–17
historical geology ········ 2–238
historical idealism ········ 5–18
historical idealism ········ 7–547
historical materialism ········ 5–18
historical materialism ········ 7–547
historical novel ········ 5–19
historical novel ········ 8–441
historical painting ········ 5–17
historical prose ········ 5–18
historicism ········ 5–19
history ········ 5–17
History of Chen Dynasty ········ 1–565
History of Eastern Han Dynasty Compiled at Dongguan Palace ··· 2–320
History of Famous Paintings across Dynasties ········ 5–16
History of Irkutsk ········ 8–516
History of Jin ········ 4–254
History of Jin Dynasty ········ 4–275
History of Liang Dynasty ········ 5–54
History of Liao Dynasty ········ 5–67
History of Liu Song Dynasty ········ 7–173
History of Ming Dynasty ········ 5–448
history of music in China ········ 9–403
History of Northern Dynasties ········ 1–284
History of Northern Zhou Dynasty ··· 9–471
History of Song Dynasty ········ 7–173
History of Southern Dynasties ········ 5–540
History of Southern Han ········ 5–525
History of Southern Qi ········ 5–538
History of Southern Tang ········ 5–543
History of Sui Dynasty ········ 7–213
History of the Three Kingdoms ········ 6–390
History of Wei ········ 7–575
History of Yuan Dynasty ········ 9–94
history, philosophy of ········ 5–19
history play ········ 5–18
history, circulation theory of ········ 5–19
Hitachi, Ltd. ········ 6–325

Hitchcock, Sir Alfred (Joseph) …… 8–126
Hi-Tech Research and Development Program of China …… 9–591
Hitler, Adolf …… 8–126
Hittite language …… 3–448
Hittite Old Kingdom …… 3–447
Hjelmslev, Louis …… 8–495
Hmong …… 3–447
Ho Chi Minh …… 3–511
Ho Chi Minh City …… 3–511
Hoabinhian Culture …… 3–418
Hobbes, Thomas …… 4–19
Hobhouse, Leonard Trelawney …… 4–19
hobis …… 4–8
Hochhuth, Rolf …… 4–22
Hochschule für Musik und Theatre Felix Mendelssohn Leipzig …… 4–532
Hodgkin, Sir Alan Lloyd …… 4–25
Hodgkin, Dorothy Mary Crowfoot …… 4–26
Hodgsonia macrocarpa …… 9–41
Hoff, Marcian Edward …… 4–21
Hoffmann, Ernst Theodor Amadeus …… 4–22
Hoffmann theorem …… 4–22
Hofmann, August Wilhelm von …… 4–22
Hofmannsthal, Hugo von …… 4–22
Hofstadter, Robert …… 4–22
hog cholera …… 9–495
Hogarth, William …… 3–429
Hoh Xil Natural Reserve …… 4–444
Hohenstaufen Dynasty …… 4–23
Hohenzollern family …… 4–23
Hohhot City …… 3–496
Hokkaidō …… 1–263
Holbach, Paul-Henri Dietrich, baron d' …… 4–20
Holbein, Hans …… 3–429
Holberg, Ludvig …… 4–20
Hölderlin, Friedrich …… 3–429
holding company …… 1–595
holly family …… 2–331
hollyhock …… 7–58
Hollywood …… 3–405
Holm, Hanya …… 4–20
Holmes, Arthur …… 4–25
Holmes, Oliver Wendell, Jr. …… 4–25
Holocene Epoch …… 6–265
holographic motion picture …… 6–264
holography …… 6–264
Holothuroidea …… 3–339
Holotrichia diomphalia …… 2–315
Holy Alliance …… 6–515
Holy Communion …… 6–557
Holy Roman Empire …… 6–514
Homalium hainanense …… 3–470
Homans, George Caspar …… 4–24
home economics …… 4–129
home for the aged …… 4–315
Home Rule Bills in Ireland …… 1–84
home theatre …… 4–128
Homecoming …… 7–157
Homer …… 3–432
Homer, Winslow …… 4–24
Homeric Age …… 3–432
Homeros …… 3–432
Homestead Act …… 9–176
Hominidae …… 6–289
Homo …… 6–298
Homo erectus …… 9–297
Homo erectus from Hexian …… 3–420
Homo erectus from Java …… 9–227
Homo erectus from Lantian …… 4–545
Homo erectus from Nanjing …… 5–531
Homo erectus from Yuanmou …… 9–93
Homo erectus from Yunxian …… 9–139
Homo erectus pekinensis …… 1–274
Homo habilis …… 5–563
Homo heidelbergensis …… 3–321
Homo rudolfensis …… 5–164
Homo sapiens …… 9–323
homologous series …… 7–398
Homoptera …… 7–395
homosexuality …… 7–398
Homs …… 4–25
Honda Shiziroku …… 1–306
Honduras …… 3–480
Honecker, Erich …… 1–116
Honegger, Arthur …… 1–126
honey …… 2–573
honey plant …… 5–409
honeybee …… 5–409
honeysuckle family …… 6–309
Hong Bridge …… 3–478
Hong Chaosheng …… 3–480
Hong Chengchou …… 3–480
Hong Kong …… 8–192
Hong Kong Academy for Performing Arts …… 8–196
Hong Kong and Shanghai Banking Corporation …… 8–195
Hong Kong dollar …… 3–56
Hong Kong Hangseng Index …… 8–194
Hong Kong International Airport …… 8–194
Hong Kong Island …… 8–192
Hong Kong Repertory Theatre …… 8–194
Hong Kong Special Administrative Region …… 8–195
Hong Kong Standard Chartered Bank …… 8–196
Hong Kong University of Science and Technology …… 8–195
Hong Kong's Return to the Motherland …… 8–194
Hong Liangji …… 3–482
Hong Mai …… 3–482
Hong Qian …… 3–482
Hong Rengan …… 3–482
Hong Shen …… 3–482
Hong Sheng …… 3–483
Hong Xiuquan …… 3–484
Hong Xuezhi …… 3–484
Hong'an County …… 3–468
Honggou Canal …… 3–485
Honghe Hani-Yi Autonomous Prefecture …… 3–470
Honghe River …… 3–481
Honghu City …… 3–481
Honghu Lake …… 3–481
Hongjiang City …… 3–482
Hongkou District …… 3–478
Hongren …… 3–468
Hongshan Culture …… 3–472
Hongshui River …… 3–473
Hongtong County …… 3–484
Hongxian, Monarchy of …… 3–484
Hongxiannü …… 3–475
Hongze Lake …… 3–484
Honiara …… 4–25
Honolulu …… 4–12 (7–287)
honorific name …… 3–607
honour …… 6–330
honour guard …… 8–538
Honshu …… 1–309
hook …… 3–153
Hooke, Robert …… 3–505
hooker mayten …… 5–342
Hooke's law …… 3–506
hookworm infection …… 3–154
Hoover Dam …… 3–502
Hoover, Herbert Clark …… 3–502
hope project …… 8–127
Hopea hainanensis …… 6–96
Hopkins, Gerard Manley …… 4–25
Hopper, Grace Murray …… 4–25
Horatius, Flaccus Quintus …… 3–441
Hordeum vulgare …… 2–95
horizontal bar …… 2–142
Horkheimer, Max …… 4–23
Hormaphididae …… 1–341
hormaphids …… 1–341
hormone …… 4–57 (3–429)
Hormuz Strait …… 4–21
horn …… 9–112
horn carving …… 4–204
hornbill …… 8–131
horned toads …… 4–204
hornfels …… 4–206
horntail …… 7–61
hornwort family …… 4–262
Horowitz, Vladimir Samoilovich …… 4–24
Horqin Grasslands …… 4–426
horse …… 5–239

horse family ···· 5–253
horse fly ···· 5–368
horse racing ···· 6–380
horsepower ···· 5–266
horse-radish ···· 4–530
horseshoe crab ···· 3–496
horseshoe worm ···· 9–478
horsetail beefwood ···· 5–490
horst ···· 2–223
horticulture ···· 9–100
Hosokawa Morihiro ···· 8–153
hospice ···· 5–91
hospital ···· 8–536
hostage ···· 6–303
Hostos, Eugenio María de ···· 1–132
hot money ···· 9–44
hot pepper ···· 4–530
hot processing of metal ···· 6–279
hot spot ···· 6–277
hot spring ···· 7–582
hot spring on the ocean floor ···· 3–322
Hotan City ···· 3–419
Hotan jade ···· 3–419
Hotan Region ···· 3–419
Hotan River ···· 3–419
hotel ···· 5–181
Hottentots ···· 4–27
Hou Baolin ···· 3–485
Hou Baozhang ···· 3–485
Hou Debang ···· 3–485
Hou Defeng ···· 3–486
Hou Fangyu ···· 3–486
Hou Guangjiong ···· 3–486
Hou Jiachang ···· 3–486
Hou Jing, Riot of ···· 3–486
Hou Jingru ···· 3–486
Hou Junji ···· 3–487
Hou Junshan ···· 3–487
Hou Renzhi ···· 3–487
Hou Wailu ···· 3–488
Hou Xianglin ···· 3–489
Hou Xiaoxian ···· 3–489
Hou Xirui ···· 3–488
Hou Yushan ···· 3–489
Houcun's Comments on Poetry ···· 3–491
houfeng seismograph ···· 3–496
Hougang ···· 3–491
Houma City ···· 3–487
Houma City Site of Jin State ···· 3–487
Hounsfield, Godfrey Newbold ···· 3–403
Houphouët-Boigny, Félix ···· 7–614
houquan ···· 3–490
Hou's process ···· 3–488
House Committee on Un-American Activities ···· 2–514
house dust mite ···· 1–549
house of detention ···· 4–396
house of representatives ···· 9–460
house property tax ···· 2–497
house rats ···· 4–126
housefly ···· 4–129
household contract responsibility system ···· 4–127
household electric appliance ···· 4–129
household registration system ···· 3–522
household tax ···· 3–521
housework, socialization of ···· 4–129
housing accumulation fund ···· 9–501
housing for the age ···· 4–558
housing mortgage loan for individuals ···· 3–115
housing project for comparatively low-income urban residents ···· 1–100
Houston ···· 8–336
hover fly ···· 7–5
Hövsgöl Nuur ···· 4–490
How the Steel Was Tempered ···· 3–55
How to Take Wonderful Photographs ···· 7–457
Howe, Joseph ···· 3–403
howitzer ···· 5–132
Hoxha, Enver ···· 4–20
Hoyle, Fred ···· 4–27
HR diagram ···· 3–447
Hrvatska ···· 4–456
HSBC ···· 8–195
hsianghualite ···· 8–197
Hsieh Chih Kuang ···· 8–246
hsienmu ···· 8–176
Hsing Lee ···· 4–616
HST ···· 3–304
Hsü, Kenneth Jinghwa ···· 8–354
hu ···· 3–501
Hu Chuankui ···· 3–501
Hu Dengzhou ···· 3–501
Hu Die ···· 3–501
Hu dress ···· 3–503
Hu Feng ···· 3–501
Hu Gui ···· 3–517
Hu Guogang ···· 3–503
Hu Hanmin ···· 3–503
Hu Hong ···· 3–503
Hu Houxuan ···· 3–503
Hu Hua ···· 3–503
Hu Huanyong ···· 3–504
Hu Jichuang ···· 3–504
Hu Jingfu ···· 3–505
Hu Jintao ···· 3–504
Hu Jintao's Six Opinions ···· 3–505
Hu Juewen ···· 3–505
Hu Ke ···· 3–505
Hu Linyi ···· 3–506
Hu Ning ···· 3–506
Hu Qiaomu ···· 3–506
Hu Qili ···· 3–506
Hu Qingshu ···· 3–507
Hu Quan ···· 3–507
Hu Rulei ···· 3–507
Hu Sanxing ···· 3–507
Hu sheep ···· 3–517
Hu Sheng ···· 3–508
Hu Shi ···· 3–508
Hu Yaobang ···· 3–510
Hu Yichuan ···· 3–510
Hu Yinglin ···· 3–510
Hu Yuan ···· 3–510
Hu Yuzhi ···· 3–510
Hu Zhengxiang ···· 3–510
Hu Zi ···· 3–511
Hu Zi'ang ···· 3–511
Hu Zongnan ···· 3–511
Hu Zongxian ···· 3–511
Hua Gang ···· 3–553
Hua Guofeng ···· 3–553
Hua Hengfang ···· 3–554
Hua Jianmin ···· 3–554
Hua Junwu ···· 3–554
Hua Luogeng ···· 3–554
Hua Tuo ···· 3–555
Hua Yan ···· 3–555
Hua Yanjun ···· 3–556
Huabei Incident ···· 3–533
Huaben ···· 3–558
Huachanshi Studio's Essays ···· 3–556
Huadian City ···· 3–559
Huai Army ···· 3–562
Huai'an City ···· 3–561
Huaibei City ···· 3–561
Huaihai Campaign ···· 3–561
Huaihe River ···· 3–561
Huaihua City ···· 3–559
Huainan City ···· 3–562
Huainan Xiaoshan ···· 3–562
Huairou District ···· 3–559
Huaisheng Mosque ···· 3–559
Huaisu ···· 3–560
Huaisu's Calligraphy on Autobiographic Note ···· 3–560
Huaiyuan County ···· 3–560
Hualian County ···· 3–528
Hualong Hui Autonomous County ···· 3–544
Huan Kuan ···· 3–576
Huan Wen ···· 3–576
Huan Xuan ···· 3–576
Huang Baitao ···· 3–580
Huang Bingwei ···· 3–581
Huang Binhong ···· 3–580
Huang Chao ···· 3–581
Huang Daopo ···· 3–582
Huang Daozhou ···· 3–582
Huang Dingchen ···· 3–583
Huang Gong of East Sea ···· 2–321

Huang Gonglüe ········ 3–583
Huang Gongwang ········ 3–583
Huang Hongjia ········ 3–586
Huang Hua ········ 3–586
Huang Hua ········ 3–587
Huang Huoqing ········ 3–587
Huang Ji' an ········ 3–587
Huang Jianxin ········ 3–588
Huang Jiasi ········ 3–588
Huang Jiguang ········ 3–588
Huang Jinrong ········ 3–589
Huang Jiqing ········ 3–587
Huang Ju ········ 3–590
Huang Kecheng ········ 3–590
Huang Kun ········ 3–590
Huang Liang ········ 3–591
Huang Mengfu ········ 3–593
Huang Minglong ········ 3–593
Huang Quan ········ 3–595
Huang Ruicai ········ 3–596
Huang Ruilun ········ 3–596
Huang Runfu ········ 3–596
Huang Shen ········ 3–597
Huang Shuqin ········ 3–597
Huang Taiji ········ 3–579
Huang, the Grand Immortal ········ 3–581
Huang Tingjian ········ 3–598
Huang Wei ········ 3–600
Huang Weilu ········ 3–600
Huang Weiyuan ········ 3–600
Huang Wendi ········ 3–600
Huang Wenshan ········ 3–600
Huang Xiangpeng ········ 3–601
Huang Xing ········ 3–601
Huang Yanpei ········ 3–601
Huang Yongyu ········ 3–602
Huang Youkui ········ 3–602
Huang Zhihong ········ 3–602
Huang Zhou ········ 3–602
Huang Zi ········ 3–603
Huang Ziqing ········ 3–602
Huang Zongxi ········ 3–603
Huang Zunxian ········ 3–603
Huang Zuolin ········ 3–603
Huangfu Mi ········ 3–578
Huangfu Shi ········ 3–578
Huanggang City ········ 3–583
Huanggu Village Incident ········ 3–578
Huangguoshu Falls ········ 3–583
Huanghai Sea ········ 3–584
Huanghe River ········ 3–584
Huanghua City ········ 3–587
Huanghuaihai Plain ········ 3–587
Huang-Lao sect ········ 3–591
Huangling County ········ 3–591
Huanglongsi-Jiuzhaigou Scenic Spots ········ 3–592
Huangmei County ········ 3–593
Huangmei opera ········ 3–593
Huangnan Tibetan Autonomous Prefecture ········ 3–593
Huangpu District ········ 3–594
Huangpu River ········ 3–594
Huangqiao Campaign ········ 3–595
Huangshan City ········ 3–596
Huangshan Mountain ········ 3–596
Huangshi City ········ 3–597
Huangshui River ········ 3–603
Huangzhong County ········ 3–603
Huanjiang Maonan Autonomous County ········ 3–564
Huaping Nature Reserve ········ 3–530
Huaqing Palace ········ 3–535
Huarui Madam ········ 3–530
Huashan Festival ········ 3–530
Huashan Mountain ········ 3–555
Huaxia culture ········ 3–538
Huaxian Earthquake ········ 3–555
Huayan sect of Buddhism ········ 3–539
Huayin City ········ 3–556
Huaying City ········ 3–540
Huaying Mountain ········ 3–540
Huayuankou ········ 3–532
Huazhong University of Science and Technology ········ 3–540
Huazhou City ········ 3–553
Hubble, Edwin Powell ········ 3–304
Hubble Space Telescope ········ 3–304
Hubble' s law ········ 3–304
Hubei Province ········ 3–512
Hübner, Carl ········ 8–351
huchen ········ 9–239
Hucho ········ 9–239
Hudson Bay ········ 3–305
Hue ········ 7–109
Huggins, Charles B (renton) ········ 3–308
Hughes, Langston ········ 8–336
Hugo, Victor ········ 9–70
Huguenots and Huguenot Wars ········ 3–503
Hui ········ 3–610
Hui cuisine ········ 3–607
Hui cuisine ········ 3–611
Hui dialects ········ 3–608
Hui Dong ········ 3–614
Hui Liangyu ········ 3–609
Hui merchants ········ 3–607
Hui Shi ········ 3–615
Hui' an County ········ 3–614
Huijiao ········ 4–1
Huiju opera ········ 3–607
Huineng ········ 4–1
Huitong County ········ 3–613
Huixian City ········ 3–607
Huiyuan ········ 4–1
Huizhou City ········ 3–616
huizi ········ 3–613
Hukou Falls ········ 3–512
hula ········ 1–482 (3–496)
Hulao Pass ········ 3–518
Hulin City ········ 3–518
Hulingol City ········ 4–23
Hull, Albert Wallace ········ 3–445
Huludao City ········ 3–512
Hulun Buir City ········ 3–497
Hulun Buir Grassland ········ 3–496
Hulun Lake ········ 3–497
Huma County ········ 3–497
human ········ 6–291
human body ········ 6–298
human ecology ········ 6–292
Human Genome Project ········ 6–291
human geography ········ 6–300
Human remains from Changyang ········ 1–520
Human remains from Chaoxian ········ 1–537
Human remains from Dali ········ 2–91
Human remains from Jinniushan ········ 4–246
Human remains from Liujiang ········ 5–133
Human remains from Maba ········ 5–239
Human remains from Ordos ········ 3–427
Human remains from Tongzi ········ 7–401
Human remains from Upper Cave ········ 6–434
Human remains from Xuchang ········ 8–351
Human remains from Xujiayao ········ 8–354
Human remains from Ziyang ········ 9–525
human resource management ········ 6–293
human resources ········ 6–292
human rights ········ 6–296
human rights diplomacy ········ 6–296
human sacrifice ········ 6–298 (6–288)
human sacrifice ········ 6–301
humanism ········ 6–284
humanistic psychology ········ 6–283
humanistic psychotherapy ········ 6–283
humanitarian intervention ········ 6–284
humanities ········ 6–300
humanized nature ········ 6–288
human-machine engineering ········ 6–288
Humboldt, Alexander von ········ 3–479
Humboldt, Karl Wilhelm von ········ 3–479
Humboldt University ········ 3–479
Hume, David ········ 8–335
Humen ········ 3–519
Humen Battery ········ 3–519
Humen Fortress and Guangzhou, Battle of ········ 3–519
humic acid ········ 3–3
humidity ········ 6–584
humility ········ 6–160
hummingbird ········ 2–573
humpback whale ········ 9–581
humped cattle ········ 5–132

Humphrey, Doris ………… 3–360
Humulus lupulus ………… 6–78
Hun ………… 8–328
Hun Sen ………… 3–482
Hunan cuisine ………… 3–514
Hunan embroidery ………… 8–201
Hunan Normal University ………… 3–515
Hunan Province ………… 3–514
Hunan University ………… 3–514
Hunchun City ………… 4–4
Hundred Flowers Awards ………… 1–211
hundred schools of thought contend ………… 1–212
Hundred Years' War ………… 1–214
hundred-forging steel ………… 1–213
hundred-pace viper ………… 4–150 (8–43)
Hungarian Event ………… 8–330
Hungarian language ………… 8–330
Hungarians ………… 8–330
Hungary ………… 8–329
Huns ………… 8–328
hunting park ………… 9–53
Huntington, Ellsworth ………… 3–463
Huntington, Samuel Phillips ………… 3–463
Huo Guang ………… 4–22
Huo Maozheng ………… 4–24
Huo Qubing ………… 4–26
Huo Shutang ………… 4–26
Huo Yingdong ………… 4–27
Huoyan Mountain ………… 4–16
Huozhou City ………… 4–27
Huperzia serrata ………… 6–480
huperzine A ………… 6–601
hurdle race ………… 4–494
Huron Lake ………… 8–335
hurricane ………… 4–339
Hus, Jan ………… 3–508
Husák, Gustáv ………… 3–507
Huso dauricus ………… 3–604
huso sturgeon ………… 3–604
Hussein ibn Talal ………… 3–488
Husserl, Edmund ………… 3–507
Hussite Wars ………… 3–508
Hutiao Gorge ………… 3–520
hutong ………… 3–509
Hutton, James ………… 3–444
Hutuo River ………… 3–500
Hutyra Ference ………… 3–501
Huxian County ………… 3–522
Huxiang school ………… 3–516
Huxley, Aldous ………… 3–448
Huxley, Thomas Henry ………… 3–448
Huygens, Christiaan ………… 3–614
Huygens-Fresnel principle ………… 3–615
Huzhou City ………… 3–517
Huzhou silk ………… 3–516
Huzhou writing brush ………… 3–514
Huzhu Tu Autonomous County ………… 3–521
HV ………… 3–379 (5–128)
hwamei ………… 3–557
HWR ………… 9–463
Hyaenidae ………… 5–78
Hyatt, John Wesley ………… 3–325
hybrid orbital ………… 9–145
hybrid rice ………… 9–147
hybridization ………… 9–147
hydatidiform mole ………… 6–102
Hyderābād ………… 3–320
Hyderābād ………… 3–320
Hydnocarpus hainanensis ………… 3–334
Hydrangea macrophylla ………… 8–339
hydraulic forging press ………… 7–103
hydraulic model test ………… 7–85
hydraulic structure ………… 7–84
hydraulic turbine ………… 7–93
hydraulics ………… 7–90
hydrazine ………… 4–309
hydrazone ………… 9–560
hydrocarbon ………… 7–386
hydrocarbon source rock ………… 7–386
hydrocele of tunica vaginalis ………… 6–189
hydrocephalus ………… 5–549
hydrochloric acid ………… 8–434
Hydrochoerus hydrochaeris ………… 7–99
hydrodynamic stability ………… 5–124
hydrodynamics ………… 7–83 (8–506)
hydroelectric power ………… 7–88
hydrofoil craft ………… 7–104
hydrogen ………… 6–216
hydrogen bomb ………… 6–216
hydrogen bond ………… 6–217
hydrogen embrittlement ………… 6–216
hydrogen energy ………… 6–217
hydrogen peroxide ………… 3–303
hydrogen storage material ………… 2–17
hydrogen sulfide ………… 5–131
hydrogeography ………… 7–99
hydrogeology ………… 7–99
hydrological forecast ………… 7–100
hydrology ………… 7–100
hydrolysis ………… 7–87
hydrometallurgy ………… 6–584
hydrometric station ………… 7–99
Hydrophilidae ………… 7–85
Hydropotes inermis ………… 9–221
hydropower station ………… 7–89 (7–83)
hydroquinone ………… 2–370
hydrosphere ………… 7–95
hydrostatics ………… 5–126
Hydrozoa ………… 7–101
hyena ………… 5–78
hygienic principles in city and country planning ………… 1–587
hygrometer ………… 6–584
Hyksos ………… 8–139
Hyla ………… 9–72
Hylobates ………… 1–508
Hymenoptera ………… 5–455
Hynobiids ………… 8–226
hynobius ………… 8–226
hyolithoid ………… 6–346
hyoscyamine ………… 4–551
hyperactivity of ministerial fire, syndrome of ………… 8–207
hyperaldosteronism ………… 6–267
hyperbola ………… 7–79
hyperbolic function ………… 7–79
hypercharge ………… 1–532
hyperkinetic disorders ………… 2–381
hyperplasia ………… 9–171
hypersensitivity ………… 1–533
hypersplenism ………… 6–79
hypertension ………… 3–79
hyperthyroidism ………… 4–138
hypertrophic osteoarthropathy ………… 2–527
Hyphantria cunea ………… 5–348
hypnotic therapy ………… 2–57
Hypoderma ………… 5–602
hypoglycemia ………… 2–206
hypogonadism ………… 8–327
Hypophthalmichthys molitrix ………… 5–48
hypophysis ………… 2–33
hypothalamo-hypophysial portal veins ………… 8–159
hypothalamus ………… 8–158
hypothesis testing ………… 4–145
hypothetical proposition ………… 4–146
hypothyroidism ………… 4–137
Hyriopsis cumingii ………… 6–394
hysteresis loss ………… 2–50
hysteria ………… 8–570
Hystricidae ………… 3–404

I

I am a Cat ………… 7–608
I Ching ………… 8–561
IAEA ………… 3–277
ianfu mondai ………… 7–572
IAQ ………… 7–32
Iason ………… 8–513
Ibadan ………… 8–513
Ibarbourou, Juana de ………… 8–533
Ibarruri, Dolores ………… 8–513
Iberian American's Summit ………… 8–515
Iberian Peninsula ………… 8–514
Ibibio ………… 8–514
IBM ………… 3–272
Ibn al- 'Arabī ………… 8–513
Ibn al-Muqaffac ………… 8–514
Ibn Battūtah ………… 8–514

Ibn Rushd ········· 8–514
Ibn Sa ‘ūd ········· 8–514
Ibn Taymīyah ········· 8–514
Ibo ········· 8–515
IBRD ········· 3–263
Ibsen, Henrik ········· 8–561
IC ········· 4–74
ICAO ········· 3–271
Icaza, Jorge ········· 8–517
ICBC ········· 9–358
ice age ········· 1–363
ice cream ········· 1–364
ice hockey ········· 1–364
iceberg ········· 1–364
ice-jam flood ········· 5–98
Iceland ········· 1–362
iceland spar ········· 1–365
Icelanders ········· 1–363
Icelandic language ········· 1–363
ichneumon wasp ········· 4–40
Ichneumonidae ········· 4–40
ichthyosaur ········· 9–61
Ichthyostega ········· 9–61
icicle fish ········· 8–583
Iconoclasm ········· 6–569
iconology ········· 7–428
ICPO ········· 3–276
id ········· 1–308
‘Īd al-Aḍḥā ········· 9–150
’Īd al-Fiṭr ········· 4–391
‘Īd al-Qurbān ········· 3–168
Id Kah Mosque ········· 1–80
IDA ········· 3–268
IDD ········· 2–272
idea ········· 5–11
ideal fluid ········· 5–12
ideal gas ········· 5–12
ideal nutrition ········· 3–409
ideal solution ········· 5–12
ideal-expressing name ········· 3–406
idealism ········· 7–547
ideas ········· 3–208
identical particles ········· 6–264
identification of nationalities in China ········· 9–385
Ideological Remoulding of the Intellectuals ········· 9–290
ideology ········· 8–568
idioms ········· 1–580
IDNDR ········· 3–266
Idō Shinsui ········· 8–516
Idrīsī, al- ········· 8–516
idu ········· 5–23
IEA ········· 3–271
IELTS ········· 8–397
IFAC ········· 3–269
IFAD ········· 3–271
Ife ········· 8–517
IFN ········· 3–32
Ig ········· 5–412
Ignacio de Loyola ········· 8–525
igneous rock ········· 4–9
Iguaçu Falls ········· 8–517
Ihara Saikaku ········· 4–309
IIB ········· 3–274
Il Decameron ········· 6–589
Il principe ········· 4–359
Îles Saint-Pierre-et-Miquelon ········· 6–567
Ilex cornuta ········· 3–154
ILHR ········· 3–272
Ili ········· 8–522
Ili horse ········· 8–523
Ili Kazak Autonomous Prefecture ········· 8–522
Ili River ········· 8–523
Ilias ········· 8–523
illegitimate children ········· 2–512
Illicium verum ········· 1–143
Illig Qaγan ········· 4–227
Illinois State ········· 8–524
illness insurance ········· 4–74
illusion ········· 2–60
Illusions Perdues ········· 3–577
Illustrated Catalogue of Antiquities ········· 4–416
Illustrated Catalogue of Selected Works of Ancient Chinese Painting and Calligraphy ········· 9–366
ilmenite ········· 7–272
ILO ········· 3–269
Ilocans ········· 8–524
Il-qan ulus ········· 8–523
Ilyshin series aircraft ········· 8–516
IM ········· 2–26
image ········· 1–357
image communication ········· 7–427
image processing ········· 7–427
image signal processing ········· 7–427
images ········· 8–568
imagination ········· 8–203
Imām ········· 8–525
Imamura Shōhei ········· 4–235
Imerina ········· 8–525
IMF ········· 3–264
imidazole ········· 5–390
imine ········· 8–398
imitation ········· 5–453
imitation work of script for story-telling ········· 5–582
Imjin War 1592～1598 ········· 6–305
Immermann, Karl Leberecht ········· 8–525
immobilized enzyme ········· 3–191
immune system ········· 5–412
immunity ········· 5–413
immunization ········· 5–412
immunoglobulin ········· 5–412
immunologically competent cell ········· 5–412
immunology ········· 5–413
immunoregulation ········· 5–412
IMO ········· 3–263
impact crater ········· 9–516
Impatiens balsamina ········· 2–580
impeachment ········· 7–281
Imperata cylindrica var. *major* ········· 1–203
imperfectly competitive markets ········· 1–431
imperial academy ········· 1–332
imperial academy ········· 5–450
Imperial Archives of Ming and Qing Dynasties ········· 3–579
imperial armies ········· 4–277
Imperial Bodyguard ········· 4–268
imperial clan ········· 9–558
Imperial College ········· 3–297
imperial college ········· 7–263
imperial command ········· 9–313
imperial diary ········· 6–140
imperial edicts and orders ········· 9–228
imperial embassies to Tang Dynasty ········· 6–175
imperial examination system ········· 4–427
imperial household department ········· 5–560
imperial mandate ········· 3–82
imperial meals of Qing Dynasty ········· 6–226
Imperial Palace ········· 3–195
imperial park ········· 9–115
imperial pathway ········· 1–595
Imperial Summer Resort ········· 1–334
Imperial University of Beijing ········· 4–282
Imperialism is the Highest Stage of Capitalism ········· 2–252
impetigo ········· 5–616
implement of torture ········· 4–233
implicit function ········· 8–588
import and export commodity, inspection of ········· 4–268
import and export licence ········· 4–269
import duties ········· 4–271
import-substitution industry ········· 4–271
import-substitution strategy ········· 4–271
imposition of the same punishment for the false accuser as he has intended to inflict upon the accused ········· 8–13
impotence ········· 8–452
Impression, Sunrise ········· 6–322
imprinting ········· 8–611
improvisation ········· 4–71
impulse ········· 2–2
IMSO ········· 3–277
In the Silence ········· 9–56
Inao ········· 8–525
INC ········· 8–597
Inca civilization ········· 8–610
incandescent lamp ········· 1–193

incantation ······ 9–478
incarnation ······ 2–159
incendiary projectile ······ 6–272
incentive ······ 9–53
inch ······ 8–615
Inchon ······ 6–306
Inchon, Landing Campaign of ······ 6–306
incidental civil action in criminal proceedings ······ 3–6
incised notopterygium ······ 6–176
inclusion ······ 1–236
inclusion compound ······ 1–236
income effect ······ 7–36
income tax ······ 7–228
incompleteness theorem ······ 1–431
incontinence of feces ······ 2–74
incoordination between spleen and stomach, syndrome of ······ 6–79
indebted business ······ 3–5
Independence War of Spanish-America ······ 8–85
Independent Self-governing Trade Union "Solidarity" ······ 7–448
Independents ······ 2–353
indeterminate equation ······ 1–427
indeterminism ······ 2–514
index ······ 7–234
index of fixed base price ······ 2–312
indexing ······ 1–353
India ······ 8–592
India canna ······ 5–356
India, Great National Uprising of ··· 8–601
India pokeweed ······ 6–454
Indian art ······ 8–599
Indian Buddhism ······ 8–596
Indian cuisine ······ 8–596
Indian dance ······ 8–605
Indian kalimeris ······ 5–263
Indian literature ······ 8–604
Indian mustard ······ 8–372
Indian National Congress ······ 8–597
Indian Ocean ······ 8–606
Indian Ocean Earthquake ······ 8–608
Indian Ocean Tsunami ······ 8–608
Indian Peninsula ······ 8–595
Indian philosophy ······ 8–608
Indianapolis ······ 8–591
indicator ······ 9–310
indicator electrode ······ 9–310
indicator species ······ 9–310
indifference curve ······ 8–14
indigo printing fabric ······ 4–545
indigo woad ······ 7–162
indirect election ······ 4–161
indirect finance ······ 4–161
indium ······ 8–579
indium phosphide ······ 5–94
individual account ······ 3–116
individual economy ······ 3–116
individual household operating industry and commerce ······ 3–116
individual income tax ······ 3–115
individual medley ······ 3–115
individual ownership ······ 3–116
Indo Scyths ······ 9–124
Indochina ······ 8–609
Indo-China Peninsula ······ 9–434
Indochina Wars ······ 8–609
Indo-European family ······ 8–611
Indo-Iranian group ······ 8–608
indole ······ 8–586
Indonesia ······ 8–602
Indonesian group ······ 8–604
Indonesian language ······ 8–604
indoor air quality ······ 7–32
Indo-Pacific humpbacked dolphin ··· 9–414
Indo-Pakistani Wars ······ 8–590
Indosinian Movement ······ 8–613
Indriidae ······ 2–86
indris lemurs ······ 2–86
induced earthquake ······ 9–53
inducing resuscitation method ······ 4–390
inductance ······ 2–278
induction ······ 3–239
induction cooker ······ 2–276
induction of labour ······ 8–585
inductive effect ······ 9–53
Indus River ······ 8–598
Indus River Plain ······ 8–598
Indus Valley Civilization ······ 8–598
Industrial and Commercial Bank of China ······ 9–358
industrial base ······ 3–126
industrial design ······ 3–127
industrial district ······ 3–127
industrial explosive ······ 3–128
industrial furnace ······ 3–127
industrial injury insurance ······ 3–125
industrial location theory ······ 3–127
industrial measurement ······ 3–126
industrial property ······ 3–126
Industrial Revolution in Europe ······ 6–24
industrial robot ······ 1–504 (3–126)
industrial society ······ 3–128
industrial solid waste ······ 3–126
industrialization ······ 3–126
industry ······ 1–503
industry ······ 3–126
industry structure ······ 1–504
inequality ······ 1–426
inert gas ······ 2–392
inertial confinement fusion ······ 3–217
inertial force ······ 3–217
inertial guidance systems ······ 3–217
inertial navigation ······ 3–216
inertial reference frame ······ 3–216
infant education ······ 9–52
infant industry ······ 9–52
infant industry protection, theory of ······ 9–52
infantile consumption ······ 3–43
infantile convulsion ······ 4–301
infantile dyspepsia ······ 8–222
infantry fighting vehicle ······ 1–455
infarction ······ 3–120
infection ······ 3–45
infectious atypical pneumonia ······ 2–26
infectious diseases ······ 2–25
infectious mononucleosis ······ 2–26
infective endocarditis ······ 3–45
inference ······ 7–449
inferiority feeling ······ 9–535
infertility ······ 1–431
infinitesimal ······ 8–18
inflammation ······ 8–432
inflation ······ 7–389
inflation targeting ······ 7–390
influenza ······ 5–128
influenza virus ······ 5–125
information ······ 6–234
Information Bureau of the Communist and Workers' Parties ··· 3–147
information channels ······ 8–296
information database ······ 8–288
information dominance ······ 9–314
information economy ······ 8–299
information industry ······ 8–298
information internet security ······ 8–300
information market ······ 8–300
information network ······ 8–300
information optics ······ 8–298
information processing ······ 8–298
information resource ······ 8–300
information science ······ 6–234
information science ······ 8–299
information society ······ 8–299
information technology ······ 8–298
Information Telegraph Agency of Russia-TASS ······ 2–403
information theory ······ 8–299
information warfare ······ 8–300
infrared astronomy ······ 3–474
infrared photography ······ 3–474
infrared ray ······ 3–474
infrared spectroscopy ······ 3–473
infrared technique ······ 3–474
infrared telescope ······ 3–474
infrasonic wave ······ 2–51
infrasonic weapon ······ 2–51
Ingarden, Roman ······ 8–570
in-glaze decoration ······ 9–54

Ingres, Jean-Auguste-Dominique ··· 1–96
Ingrid Bergman ········ 8–616
Inguri Dam ········ 8–616
Ingush ········ 8–610
inhalable particle········ 4–445
inheritance ········ 8–542
in-home support services ········ 4–329
inimical stingfishes ········ 3–244
Inimicusi ········ 3–244
InJannasi ········ 8–585
injection ········ 9–502
injurious insect ········ 3–356
injury of ear········ 2–421
injury of ligament ········ 6–311
injury of muscle and tendon ········ 6–451
inkstone ········ 8–442
inland navigation, right of ········ 5–554
inland sea ········ 5–556
inland waterway ········ 5–554
innate goodness of human nature, theory of········ 8–327
innate ideas ········ 7–349
Inner Canon········ 5–555
Inner Canon of Yellow Emperor ······ 3–583
inner canthus, fold of········ 5–561
Inner Mongolia Autonomous Region········ 5–557
Inner Mongolia Plateau ········ 5–556
Inner Mongolia University········ 5–556
innocence, presumption of ········ 8–24
innocent mind theory········ 7–405
Innocent Ⅲ ········ 9–10
innovation ········ 2–32
inorganic chemistry ········ 8–16
inorganic fertilizer ········ 8–16
inorganic polymer ········ 8–17
inorganic salt ········ 8–17
inositol ········ 4–34
Inoue Kowashi ········ 4–309
Inoue Yasushi ········ 4–309
input-output analysis ········ 7–412
input-output model ········ 7–413
inquiry········ 7–605
inquisition ········ 9–555
inscription ········ 4–497
Inscription of Sweet Spring in Jiucheng Palace ········ 4–319
Inscription of the Poem Entitled Zhang Haohao and Prologue ······ 9–195
Inscription of Vajracchedikā-sūtra at Taishan Mountain········ 7–278
Inscription on Zhang Xuan's Tomb ··· 9–213
inscriptions on drum-like stone ······ 6–594
insect ········ 4–507
insect eating bats········ 1–340
insect hormone ········ 4–507
insect wax ········ 2–4
Insecta········ 4–507
insecticide ········ 6–421
Insectivora ········ 7–2
insolvency ········ 9–524
inspection ········ 7–525
inspiration ········ 5–96
installation ········ 9–515
installment plan ········ 2–546
instigator········ 4–209
instinct········ 1–307
Institut de France ········ 2–451
Institut Pasteur ········ 1–181
Institute for the Advancement of Literature········ 3–468
institutional history········ 3–613
institutional innovation ········ 9–312
institutional school········ 9–312
Instruction Stories to Enlighten the World ········ 9–82
instructional program········ 4–210
Instructions of Truth········ 9–252
instrument navigation········ 8–537
instrument shelter ········ 1–216
instrumentation ········ 8–537
instrumentation ship ········ 1–486
instruments ········ 9–536
insulin ········ 8–541
insurance········ 1–247
insurance company········ 1–247
insurance regulation law········ 1–247
intangible assets ········ 8–22
intangible culture heritage ········ 2–515
intangible depreciation ········ 8–22
integer number, partition of ········ 9–264
integer programming ········ 9–264
integral ········ 4–38
integral equation········ 4–38
integral function ········ 9–264
integral transform ········ 4–38
integrated circuit········ 4–74
integrated optics ········ 4–74
integration of Chinese traditional medicine and western medicine··· 9–440
integration of industry and foreign trade ········ 3–125
integration theory ········ 8–511
intellectual disorder ········ 9–321
intellectual education········ 9–324
intellectual property right ········ 9–290
intelligence ········ 9–320
intelligence quotient ········ 9–324
intelligence test ········ 9–320
intelligent control ········ 9–323
intelligent landmine ········ 9–322
intelligent material ········ 9–322
intelligent network ········ 9–323
intelligent transport········ 9–322
Intelsat········ 3–274
intension and extension ········ 5–554
intensive care ········ 9–463
intensive farming ········ 4–78
intentional crime········ 3–197
inter bank call loan, rate of ········ 8–581
intercalary month, period of ········ 6–352
interchangeable Chinese characters ··· 7–393
interconnection network ········ 3–521
interconnections of zang-fu viscera ··· 9–155
intercontinental missile ········ 9–477
interdisciplinary talent ········ 3–10
interest········ 5–32
interest········ 8–323
interest group ········ 5–33
interest rate ········ 5–29 (5–32)
interest tax ········ 5–33
interference········ 3–32
interference of light ········ 3–219
interferometer········ 3–32
interferon ········ 3–32
interglacial stage ········ 4–151
intergovernmental loan ········ 9–280
interior decoration ········ 7–33
interior design········ 7–33
intermediate water ········ 9–439
internal alchemy ········ 5–553
internal causes and external causes ··· 5–561
internal combustion engine ········ 5–558
internal energy ········ 5–558
internal environment ········ 5–555
internal treatment ········ 5–561
internal waters········ 5–560
international accounting········ 3–268
international acquisition········ 3–272
international air law ········ 3–264
international arbitration ········ 3–277
International Association of Poets, Playwrights, Editors, Essayists and Novelists ········ 3–258
International Atomic Energy Agency ········ 3–277
international auditing standard ······ 3–273
International Bank for Reconstruction and Development ········ 3–263
international bond ········ 3–277
International Book Fair ········ 3–275
International Brigades········ 3–278
International Business Machines Corporation········ 3–272
international capital flow ········ 3–278
international chart ········ 3–264
International Children's Day ········ 5–139
International Civil Aviation Organization ········ 3–271
international civil procedure law ··· 3–271
international code flags ········ 3–276

international commercial arbitration ······ 3–272
international competitiveness ······ 3–267
international conflict ······ 3–260
International Consumer Rights and Interests Day ······ 3–275
International Convention of Civil Rights and Political Rights ······ 3–136
international convention on salvage ······ 3–268
International Court of Justice ······ 3–262
International Covenant on Economic, Social and Cultural Rights ······ 4–290
international criminal law ······ 3–276
International Criminal Police Organization ······ 3–276
International Decade for Natural Disaster Reduction ······ 3–266
International Development Association ······ 3–268
international disarmament question ······ 3–259
international division of labor ······ 3–262
International Economic Cooperation Conference ······ 3–267
international economic law ······ 3–267
International Energy Agency ······ 3–271
international English language test system ······ 8–397
international environment law ······ 3–264
international exchange ······ 3–266
International Federation of Accountants ······ 3–269
international finance ······ 3–266
international financial center ······ 3–267
international financial market ······ 3–267
International Fund for Agriculture Development ······ 3–271
International Herald Tribune ······ 3–275
international investment ······ 3–274
International Investment Bank ······ 3–274
international investment law ······ 3–274
International Labour Day ······ 3–269
international labour movement ······ 3–263
International Labour Organization ······ 3–269
international law ······ 3–261
International League for Human Rights ······ 3–272
international liquidity ······ 3–272
international maritime law ······ 3–263
International Maritime Organization ······ 3–263
international market ······ 3–273
International Mobile Satellite Organization ······ 3–277
international monetary and financial law ······ 3–265
International Monetary Fund ······ 3–264
international monetary system ······ 3–265
International Olympic Committee ······ 3–257
International Organization for Standardization ······ 3–258
International Permanent Court of Arbitration ······ 3–259
International Phonetic Alphabet ······ 3–277
international practical temperature scale ······ 3–273
international project contract ······ 3–263
international sanctions ······ 3–277
international settlement ······ 3–266
International space station ······ 3–268
international standard ······ 3–258
International Standard Book Number ······ 3–258
International Standard Serial Number ······ 3–258
international system of units ······ 3–260
international tax avoidance ······ 3–258
international tax law ······ 3–273
international taxation ······ 3–274
International Telecommunication Union ······ 3–261
international trade ······ 3–270
international trade law ······ 3–270
international transfer of technology ······ 3–266
International Tribunal for the Law of the Sea ······ 3–264
international value ······ 3–266
International Working Women' s Day ······ 3–269
International Year of the Child ······ 3–261
internationalism ······ 3–278
Internet ······ 8–571
internet bank ······ 7–523
internet broadcasting ······ 7–522
internet of things ······ 8–77
interpellation ······ 9–317
interpersonal attraction ······ 6–288
interpersonal perception ······ 6–288
interplanetary and interstellar flight ······ 8–305
interplanetary matter ······ 8–316
interpolation ······ 1–489
inter-regional conflicts law ······ 6–245
Interregnum ······ 4–478
interstellar matter ······ 8–305
interstellar molecule ······ 8–305
interstitial nephritis ······ 4–151
intertillage ······ 9–333
intertropical convergence zone ······ 6–275
interval ······ 8–574
interventional therapy ······ 4–232
intestate succession ······ 2–436
intestinal fistula ······ 1–522
intestinal obstruction ······ 1–522
intestinal volvulus ······ 1–522
intestine ······ 1–521
Intolerance ······ 2–152
Intrigue and Love ······ 8–572
introduction ······ 8–586
Introduction to the Art and Literature ······ 8–556
introspective method ······ 5–561
intuition ······ 9–296
intuitionism ······ 9–297
intussusception ······ 1–523
Inuit ······ 8–570
inventory, theory of ······ 4–484
inverse function ······ 2–470
invertebrate ······ 8–17
inverted siphon ······ 2–158
invested capital ······ 6–614
investigation ······ 9–249
Investigation on Clay Seals ······ 2–571
Investigation Team of League of Nations ······ 3–269
Investiture Controversy ······ 9–499
investment ······ 7–413
investment bank ······ 7–414
investment economics ······ 7–414
investment funds ······ 7–414
investment multiplier ······ 7–413
invigorating spleen for eliminating dampness ······ 4–169
Invincible Armada ······ 8–15
invitation for bid ······ 9–223
in-vitro fertilization ······ 7–342
involuntary movement ······ 1–432
IOC ······ 3–257
iodine ······ 2–272
iodine deficiency disorders ······ 2–272
Ioffe, Abram Fiodorovich ······ 9–117
Ioffe, Adolf Abramovich ······ 9–127
Ioganson, Boris Vladimirovich ······ 9–117
ion ······ 4–578
ion beam ······ 4–578
ion exchange ······ 4–578
Ionesco, Eugène ······ 9–32
ion-exchange resin ······ 4–578
ionic bond ······ 4–578
ionic compound ······ 4–578
ionic polarization ······ 4–578
ionic polymerization ······ 4–579
ionic spectrum ······ 4–578
ionization chamber ······ 2–283
ionone ······ 9–533
ionosphere ······ 2–283
ionospheric disturbance ······ 2–283
ionospheric storm ······ 2–283
ion-selective electrode ······ 4–579

IOT ········ 8–77
IP ········ 4–445
IP network ········ 9–585
Ipoh ········ 8–539
Ipomoea aquatica ········ 7–607
Ipomoea batatas ········ 3–36 (2–463)
Iqbal, Sir Muhammad ········ 8–517
IRA ········ 1–84
Iran ········ 8–520
Iran-Iraq War ········ 5–59
Iraq ········ 8–517
Iraq Revolution ········ 8–519
Iraq War ········ 8–519
Ireland ········ 1–83
Ireland Island ········ 1–84
Irian, Pulau ········ 8–523
Iridaceae ········ 9–85
iridium ········ 8–536
iridocyclitis ········ 3–478
iris family ········ 9–85
Irish ········ 1–84
Irish language ········ 1–84
Irish Republican Army ········ 1–84
Irkutsk ········ 8–516
iron ········ 7–379
Iron Age ········ 7–383
iron and steel making ········ 3–55
iron deficiency anemia ········ 6–268
iron hat ········ 7–383
iron oxide ········ 8–474
iron-line puppet show ········ 7–385
ironman triathlon ········ 7–384
Iroquois ········ 8–561
irrational number ········ 8–17
irrationalism ········ 2–514
Irrawaddy River ········ 8–524
irrigation ········ 3–217
IRS ········ 3–473
Irtysh River ········ 2–406
Irving, Washington ········ 6–16
Isa ········ 1–88
Isatis indigotica ········ 7–162
Isaurian Dynasty ········ 8–531
ISBN ········ 3–258
Ise Shrine ········ 8–526
Isfahan ········ 8–526
Isfahānī, Abū al-Faraj al- ········ 8–526
Isla de Pascua ········ 3–11
Islam ········ 3–609
Islām ········ 8–528
Islam in China ········ 9–402
Islam, Nazrul ········ 8–526
Islamabad ········ 8–526
Islamic architecture ········ 8–527
Islamic art ········ 8–529
Islamic calendar ········ 8–529
Islamic funeral ········ 8–527
Islamic Guidebook ········ 6–233
Islamic law system ········ 8–527
Islamic Modernism ········ 8–530
Islamic Revolution of Iran ········ 8–522
island ········ 2–158
island arc ········ 2–157
Island of Saint Pierre and Miquelon ········ 6–567
IS-LM model ········ 9–585
ISM ········ 8–305
Ismailia ········ 8–531
Ismayil Ähmäd ········ 7–115
Ismayil Tiliwaldi ········ 7–115
ISO ········ 3–258
isobaric process ········ 2–195
isochoric process ········ 2–195
isochron age ········ 2–195
isocost line ········ 2–193
Isocrates ········ 8–531
isoenzyme ········ 7–395
Isola di Sicilia ········ 8–103
Isolated Island Drama Movement ········ 3–157
isolation ········ 3–112
isolationism ········ 3–157
isomer ········ 7–395 (8–559)
Isopoda ········ 2–195
isoprene ········ 8–560
isopropyl benzene ········ 8–559
Isoptera ········ 2–193
isoquant curve ········ 2–193
isospin ········ 7–398
isostasy ········ 2–231
isotactic polypropylene fiber ········ 1–366
isothermal process ········ 2–195
isotope ········ 7–396
isotope chemistry ········ 7–396
isotope effect ········ 7–397
isotope geochemistry ········ 7–396
isotope separation ········ 7–396
isotopic chronology ········ 7–397
isozyme ········ 7–395
Israel ········ 8–550
Israel, Kingdom of ········ 8–552
Israeli Labour Party ········ 8–552
Israelite religion ········ 8–508
ISSN ········ 3–258
Issue about Soviet Socialist Economy ········ 7–190
issues of aging ········ 4–558
Istanbul ········ 8–531
isthmus ········ 2–240
Itagaki Seishirō ········ 1–229
Itagaki Taisuke ········ 1–229
itai-itai disease ········ 7–410
Itaipu Hydropower Station ········ 8–532
Italia ········ 8–564
Italian bee ········ 8–566
Italian cuisine ········ 8–566
Italian language ········ 8–566
Italian National Fascist Party ········ 8–566
Italian Peninsula ········ 8–566
Italian Renaissance ········ 8–566
Italian Risorgimento ········ 8–566
Italian Wars ········ 8–567
Italians ········ 8–566
Italo-Turkish War ········ 8–568
Italy ········ 8–564
ITAR-TASS ········ 2–403
itch mites ········ 4–235
Itō Hirobumi ········ 8–532
ITU ········ 3–261
Ivan Ⅳ the Terrible ········ 8–517
Ivanhoe ········ 1–76
Ivanov, Anatoly Stepanovich ········ 8–517
Ivanov, Ilya Ivanovich ········ 8–533
Ivens, Joris ········ 8–533
Ives, Charles Edward ········ 1–76
IVF ········ 7–342
ivory carving ········ 8–389
Iwakura Mission ········ 8–428
Ixodida ········ 6–80
Izalco Volcano ········ 8–525
Izmir ········ 8–533

J

Jābir ibn Hayyān ········ 1–493
jack ········ 6–156
Jack London ········ 4–218
jackfruit ········ 1–382
Jackie Chan ········ 1–578
Jackson, Michael ········ 4–218
Jacksonville ········ 4–218
Jacobi, Carl Gustar Jacob ········ 8–395
Jacobins ········ 8–395
Jacquard, Joseph Marie ········ 4–140
jade ········ 9–78
jade burial suit ········ 9–79
Jade Carving of *Dayu's Flood Control* ········ 2–121
Jade Emperor ········ 9–75
jadeite ········ 2–531 (9–23)
jadeware ········ 9–76
Jagiellon Dynasty ········ 8–402
jaguar ········ 5–363
Jāhiz, al- ········ 4–142
Jahn, Friedrich Ludwig ········ 8–452
Jainism ········ 6–133
Jakarta ········ 8–395
Jakobson, Roman ········ 8–395
Jalāl-al-Dīn Moḥammad Moulavi ········ 5–501
Jamaica ········ 8–390
Jamāl ad-Dīn al- Afghāni ········ 9–239
Jamāl al-Din ········ 9–173

Jamālzādeh, Mohammad 'Alī …… 4–140
James, Henry …… 9–178
James, William …… 9–178
jamesonite …… 2–57
Jamestown …… 9–179
Jāmi 'al-Tawārīkh …… 7–7
Jāmī, Nūr al-Dīn (Abd al-Rahmān) …… 4–140
Janāzah, al- …… 8–527
Jane Eyre …… 4–157
Jane Fonda …… 4–158
Jangar …… 4–173
Jansky, Karl Guthe …… 8–445
January Seizure of Power …… 8–513
January 28 Battle of Resistance …… 8–508
Japan …… 6–313
Japan buttercup …… 5–313
Japan Expeditionary Force to China …… 9–389
Japan Islands …… 6–319
Japanese anchovy …… 7–341
Japanese Army, No.731 Units of …… 6–324
Japanese art …… 6–318
Japanese Combined Fleet …… 6–317
Japanese Communist Party …… 6–316
Japanese crested ibis …… 9–483
Japanese cuisine …… 6–317
Japanese fascism …… 6–315
Japanese flowering fern …… 9–533
Japanese food …… 3–419
Japanese history textbook controversies …… 5–18
Japanese honeysuckle …… 6–309
Japanese language …… 6–328
Japanese literature …… 6–320
Japanese pearl oyster …… 3–410
Japanese polypody …… 7–92
Japanese seabass …… 3–529
Japanese Shinkansen …… 6–321
Japanese yen …… 6–328
Japan-Korea Annexation Treaty …… 6–324
Jardine, Matheson Co., Ltd. …… 8–539
Jarmo …… 8–488
Järnefelt, Arvid …… 8–486
Jarry, Alfred …… 8–396
Jaruzelski, Wojciech Witold …… 8–397
Jasmine Flower Ditty …… 5–467
Jasminum nudiflorum …… 9–14
Jasminum sambac …… 5–467
Jaspers, Karl …… 8–398
Jaszai Mari …… 8–397
Jātaka …… 2–581
jaundice …… 3–582
Java …… 9–226
java bishopwood …… 2–7
Java Sea …… 9–227
Java tilapia …… 2–513
Javanese …… 9–227
Javanese language …… 9–227
javelin throw …… 1–352
Jawāhirī, Mohammad Mahdī al- …… 4–142
Jaws …… 2–72
jazz …… 4–350
JCP …… 6–316
jealousy …… 4–79
Jean Christophe …… 9–118
Jean Paul …… 6–273
Jeanne d' Arc, Sainte …… 9–246
Jeans, James Hopwood …… 4–257
jeep …… 4–65
Jefferson, Thomas …… 4–217
Jeffreys, Sir Harold …… 4–218
Jehol Biota …… 6–278
Jeholornis …… 6–278
Jelinek, Elfriede …… 8–487
Jellinek, Georg …… 8–487
jellyfish …… 3–354
jellyfish …… 7–94
Jemdet Nasr Culture …… 4–218
Jenkinson, Hilary …… 9–178
Jenner, Edward …… 9–179
Jensen, Johannes Vilhelm …… 8–425
Jeong Cheol …… 9–271
Jeong Yak-Yong …… 2–307
Jerba, Île de …… 4–217
Jericho …… 8–486
Jerome, Saint …… 9–239
Jerusalem …… 8–487
Jesus …… 8–488
Jesus Family …… 8–488
jet airplane …… 6–61
jet engine …… 6–61
jet flow …… 6–503
jet stream …… 4–71
Jevons, William Stanley …… 4–219
Jewelled Prayer Beads …… 1–239
jewelry …… 7–42
Jews …… 9–36
Jhering, Rudolf von …… 8–487
Ji Cheng …… 4–87
Ji Dengkui …… 4–82
Ji Fang …… 4–100
Ji Han …… 4–54
Ji Hongchang …… 4–62
Ji Kang …… 4–54
Ji Pengfei …… 4–40
Ji Xianlin …… 4–102
Ji Yufeng …… 4–82
Ji Yun …… 4–83
Jia Chunwang …… 4–139
Jia Dan …… 4–133
Jia Dan …… 4–139
Jia Dao …… 4–139
Jia Fuxi …… 4–139
Jia Lanpo …… 4–140
Jia Pingwa …… 4–141
Jia Qinglin …… 4–141
Jia Rang …… 4–141
Jia Shusan …… 4–141
Jia Sidao …… 4–141
Jia Sixie …… 4–141
Jia Tuofu …… 4–141
Jia Xian …… 4–142
Jia Yi …… 4–142
Jia Zhi …… 4–142
Jia Zuoguang …… 4–142
Jiading District …… 4–131
Jialing River …… 4–131
Jiamusi City …… 4–124
Jian Bozan …… 4–160
Ji' an City …… 4–57
Ji' an City …… 4–74
Jian Kiln …… 4–164
Jian Qingfu …… 4–159
Jian Yi …… 4–161
Jian Youwen …… 4–159
Jiande City …… 4–162
Jiang Baili …… 4–188
Jiang Boju …… 4–185
Jiang Chunfang …… 4–185
Jiang Chunyun …… 4–185
Jiang Dingxian …… 4–172
Jiang Feng …… 4–173
Jiang Guangci …… 4–188
Jiang Guangnai …… 4–188
Jiang Hanting …… 4–173
Jiang Heyi …… 4–174
Jiang Hua …… 4–174
Jiang Jiazou …… 4–174
Jiang Jie …… 4–188
Jiang Kongyang …… 4–190
Jiang Kui …… 4–186
Jiang Liangfu …… 4–186
Jiang Miaoxiang …… 4–186
Jiang Mingqian …… 4–190
Jiang Ping …… 4–176
Jiang Qing …… 4–177
Jiang Qing' s Counter-revolution Clique …… 4–177
Jiang Shaoyuan …… 4–177
Jiang Shiquan …… 4–190
Jiang Shusheng …… 4–190
Jiang Tingfu …… 4–190
Jiang Tingxi …… 4–191
Jiang Wan …… 4–191
Jiang Wei …… 4–186
Jiang Wen …… 4–186
Jiang Wenye …… 4–179
Jiang Yan …… 4–180
Jiang Yuequan …… 4–191
Jiang Zehan …… 4–181
Jiang Zemin …… 4–181

Jiang Zemin' s Eight Propositions … 4–184
Jiang Zhaohe … 4–191
Jiang Zhenghua … 4–192
Jiang Zilong … 4–192
Jiang Ziya … 4–187
Jiang Zong … 4–185
Jiang Zuhui … 4–192
Jiangdu City … 4–173
Jiangdu Irrigation and Drainage Pumping Station … 4–173
Jianghan Plain … 4–174
Jianghua Yao Autonomous County … 4–174
Jiangjin District … 4–175
Jiangjunya Petroglyphs … 4–185
Jiangling County … 4–175
Jiangmen City … 4–175
Jiangnan Canal … 4–176
Jiangnan Hills … 4–175
Jiangnan Shipbuilding Company … 4–176
Jiangshan City … 4–177
Jiangsu and Zhejiang Financial Syndicates … 4–184
Jiangsu cuisine … 4–178
Jiangsu Province … 4–178
Jiangxi opera … 3–47
Jiangxi poetry school … 4–180
Jiangxi Province … 4–179
Jiangxia Tidal Power Station … 4–180
Jiangyan City … 4–187
Jiangyin City … 4–181
Jiangyou City … 4–181
Jiangyunlou Library … 4–193
Jiangzhai … 4–187
Jiangzhou inkstone … 1–594
Jianhu Lake … 4–171
Jianjiang … 4–170
Jianjiang River … 4–171
Jiankang … 4–162
Jianmen Mountain … 4–168
Jian' ou City … 4–163
Jianyang City … 4–159
Jianyang City … 4–164
Jianzhang Palace … 4–164
Jianzhen … 4–171
Jiao Huang … 4–202
Jiao Juyin … 4–202
Jiao Yulu … 4–203
Jiaodong Peninsula … 4–199
Jiaohe City … 4–201
Jiaonan City … 4–200
Jiaozhi … 4–198
Jiaozhou Bay … 4–201
Jiaozhou City … 4–201
jiaozi … 4–199
Jiaozuo City … 4–203
Jiarong language … 4–131
Jiashan County … 4–131
Jiaxing City … 4–131
Jiayetang Library … 4–132
Jiayi City … 4–132
Jiayi County … 4–132
Jiayu Pass … 4–132
Jiayuguan City … 4–132
JibJundamba quturtu … 9–239
Jibran, Khalīl Jibran … 4–96
Jichanglong Filature Company … 4–103
Jiddah … 4–59
Jie … 4–228
Jiefang Daily (Shanghai) … 4–229
Jieshou City … 4–234
Jiexiu City … 4–233
Jieyang City … 4–215
Jigong … 4–102
Jigong Mountain … 4–36
Jigongshan … 4–36
Jiguge Library … 4–68
Jihād … 6–569
jilan glazed porcelain … 4–104
Jili, theory of … 4–35
Jilin City … 4–64
Jilin Meteorite Shower … 4–64
Jilin Province … 4–63
Jilin University … 4–63
Jiljāmaysh … 4–61
Jilong City … 4–48
Jilong Volcanos … 4–48
Jimen Geologic Column Nature Reserve … 4–106
Jiménez, Juan Ramón … 8–125
Jimo City … 4–71
jimsonweed datura … 5–308
Jin … 4–272
Jin Baoshan … 4–236
Jin Chongji … 4–239
Jin dialects … 4–276
Jin Dyke … 4–239
Jin Dynasty … 4–237
Jin Dynasty … 4–273
Jin Fu … 4–276
Jin Han … 4–241
Jin Jingfang … 4–243
Jin Kemu … 4–243
Jin Mao Tower … 4–245
Jin Nong … 4–246
Jin Shan … 4–252
Jin Shanbao … 4–253
Jin Shangyi … 4–276
Jin Shaoshan … 4–253
Jin Shengtan … 4–253
Jin Tianhe … 4–258
Jin Tielin … 4–258
Jin Wanchang … 4–258
Jin Wenran … 4–277
Jin Yan … 4–260
Jin Yi … 4–277
Jin Yilian … 4–260
Jin Yong … 4–261
Jin Yuelin … 4–263
Jin Yufu … 4–262
Jin Yunpeng … 4–277
Jinan Campaign … 4–84
Jinan City … 4–83
Jinan Massacre … 4–83
Jinan University … 4–106
Jin-Cha-Ji Daily … 4–273
Jinchang City … 4–237
Jincheng City … 4–274
Jinci Temple … 4–274
Jing Fang … 4–280
Jing Hao … 4–299
Jing Liu Bai Sha … 4–300
Jing Qicheng … 4–300
Jing Shuping … 4–297
Jing' an District … 4–315
Jingbo Lake … 4–317
Jingdezhen City … 4–311
Jingdezhen Kiln … 4–311
Jingdezhen porcelain … 4–310
Jinggang Mountain … 4–308
Jinggangshan City … 4–308
Jinggangshan Revolutionary Base Area … 4–308
Jinghai County … 4–316
Jinghe River … 4–283
Jinghong City … 4–311
jinghu … 4–281
Jingjiang City … 4–315
Jingjiang River … 4–299
Jingjiang River Flood Diversion Project … 4–300
Jingling school … 4–314
Jingmen City … 4–300
Jingming sect of Taoism … 4–313
Jingnan … 4–300
Jingning She Autonomous County … 4–311
Jingpo … 4–312
Jingpo branch … 4–312
Jingpo language … 4–312
Jingshan Mountain … 4–300
Jingxian County … 4–283
Jingxian County … 4–312
Jingye Temple … 4–314
Jingyu County … 4–315
Jingzhou … 4–300
Jingzhou City … 4–300
Jinhua City … 4–242
Jinhua pig … 4–242
Jining City … 4–84
Jinja … 4–242
Jinjiang City … 4–275

Jinjiang River ········ 4–275
Jinling Buddhism Publishing House ········ 4–244
Jinmen County ········ 4–246
Jinmen Island ········ 4–245
Jinnah, Mohammed Ali ········ 9–255
Jinnan District ········ 4–266
Jino ········ 4–50
Jino language ········ 4–50
Jinsha ········ 4–252
Jinshajiang River ········ 4–252
Jinshan District ········ 4–253
Jinshanling Great Wall ········ 4–253
Jinshi City ········ 4–266
Jintan City ········ 4–258
Jinxiu Yao Autonomous County ········ 4–260
Jinyaomen Archives ········ 4–260
Jinzhai County ········ 4–263
Jinzhong City ········ 4–276
Jinzhou City ········ 4–268
Jinzhou City ········ 4–276
Jiongnai language ········ 4–318
Jirásek, Alois ········ 8–519
Jishi-shan Bonan-Dongxiang-Salar Autonomous County ········ 4–39
Jishou City ········ 4–66
Jiu gong sect ········ 4–319
Jiu San Society ········ 4–322
Jiugong Mountain ········ 4–320
Jiuhua Mountain ········ 4–320
Jiujiang City ········ 4–320
Jiulong River ········ 4–321
Jiulongshan Nature Reserve ········ 4–321
Jiuquan City ········ 4–325
Jiuquan Satellite Launching Center ········ 4–325
Jiutai City ········ 4–322
Jiuyi Mountain ········ 4–322
Jiuzhaigou Scenic Area ········ 4–323
jive ········ 5–603
Jixi City ········ 4–37
Jixi County ········ 4–106
Jixia Academy ········ 4–107
Jixian County ········ 4–106
Jiyuan City ········ 4–84
Jiyū-Minshutō ········ 6–321
Jizang ········ 4–67
Jizhou City ········ 4–107
Jizhou Kiln ········ 4–68
Jizu Mountain ········ 4–37
Jo Myung Hee ········ 9–232
Joachim Joseph ········ 9–116
job evaluation ········ 9–299
job' s tears ········ 8–569
Joči ········ 9–496
Jodie Foster ········ 9–481
Johannesburg ········ 9–118
John Woo ········ 8–39
Johns Hopkins University ········ 9–118
Johnson, Clarence Leonard ········ 9–118
Johnson, Eyvind Olof Verner ········ 9–23
Johnson, Phillip ········ 9–119
Johnston Island ········ 9–118
Johor, Kingdom of ········ 6–335
Johor Strait ········ 6–335
joinder of punishments for plural crimes ········ 7–75
joint ········ 4–216
joint ········ 5–46
Joint Chiefs of Staff, U.S.A. ········ 5–348
joint lock ········ 6–203
joint offense ········ 3–149
joint ownership ········ 3–150
Joint Progressive Society ········ 3–149
joint replacement ········ 3–205
joint state-private ownership ········ 3–136
joint stock commercial bank ········ 3–184
jointly manager of affairs with the secretariat-chancellery ········ 7–399
joint-stock company ········ 3–184
joint-stock cooperative enterprise ········ 3–184
joint-stock limited partnership ········ 3–184
Jomda County ········ 4–172
Jomon Period ········ 6–554
Jones, Robert Edmond ········ 6–238
Jones, William ········ 6–239
Jonson, Ben ········ 6–238
Joohui ········ 9–228
Jordan ········ 9–116
Jordan, Michael ········ 6–181
Joseph ········ 9–119
Josephson, Brian David ········ 9–119
joule ········ 4–201
Joule, James Prescott ········ 4–201
Joule-Lenz law ········ 4–202
Joule-Thomson effect ········ 4–202
journalistic investigation ········ 8–287
Jouvet, Louis ········ 6–338
Joyce, James ········ 6–184
Juan Carlos I ········ 3–501
Juan Manuel ········ 3–501
Juárez, Benito Pablo ········ 3–509
Jubba River ········ 9–479
Juche Idea, the ········ 9–499
Judah, Kingdom of ········ 9–36
Judaism ········ 9–35
Judas ········ 9–35
judge ········ 2–437
Judgements on Calligraphers ········ 7–46
judgment ········ 6–45
judicial assistance ········ 7–113
judicial branch ········ 7–112
judicial combat ········ 7–113
judicial independence ········ 6–522
judicial interpretation ········ 7–112
judo ········ 6–335
jue ········ 4–350
Jueyin Liver Channel of Foot ········ 9–566
Jueyin Liver Meridian of Foot ········ 9–566
Jueyin Pericardium Channel of Hand ········ 7–37
Jueyin Pericardium Meridian of Hand ········ 7–37
jueyin syndrome ········ 4–349
jugglery ········ 1–189
Juglans mandshurica ········ 3–438
Juglans regia ········ 3–438
Juglans regia ········ 3–509
Jugo-Osetija ········ 5–516
Juilliard School ········ 9–485
Julia Roberts ········ 9–485
Julian calendar ········ 6–340
Julie ou La Nouvelle Héloïse ········ 8–263
Julu, Battle of ········ 4–335
July 7th Incident ········ 6–119
July Monarchy ········ 6–122
July Revolution ········ 6–122
jumping mice ········ 5–85
jumping plant louse ········ 5–492
jumping spider ········ 7–378
Jun Kiln ········ 4–360
Jun porcelain ········ 4–360
Juncus effusus ········ 2–191
Jung, Carl Gustav ········ 6–330
Junggar Basin ········ 9–517
Junker ········ 6–332
Junkers, Hugo ········ 6–332
Jupiter ········ 5–493
Jupiter cycle ········ 7–216
Juqu Mengxun ········ 4–333
Juran ········ 4–336
Jurassic Period ········ 9–490
Jurchen ········ 6–5
Jurchen script ········ 6–5
Jurong City ········ 4–338
jury system ········ 6–52
justice ········ 9–268
justice, theory of ········ 9–268
Justin Martyr ········ 1–495
Justinian I ········ 1–494
Jusup Mamay ········ 4–331
jute ········ 3–592
Jutland ········ 6–322
Jutland, Naval Battle of the ········ 6–322
juvenile delinquency ········ 6–210
Juxian-Tancheng Earthquake ········ 4–333
Juye Lake ········ 4–337
Juyong Pass ········ 4–332
Juzan ········ 4–337
Jylland ········ 6–322

K

Ka-52 Alligator Armed Helicopter ··· 4–384
Kā 'bah, al- ··· 4–445
Kabale und Liebe ··· 8–572
Kabirdas ··· 3–98
Kābol ··· 4–361
kabuki ··· 3–96
Kabul ··· 4–361
Kachins ··· 4–459
Kádár János ··· 4–366
Kadensho ··· 3–525
kadō ··· 3–525
Kaema Highlands ··· 3–28
Kaema-kowon ··· 3–28
Kaesŏng ··· 4–384
Kafka, Franz ··· 4–369
Kag la bong ··· 3–98
Kahn, Louis Isadore ··· 4–366
Kaieteur Falls ··· 4–392
Kaifeng City ··· 4–385
Kaifeng City ··· 4–385
Kaifeng Pagoda in Youguo Temple ··· 4–386
Kaifu Toshiki ··· 3–319
Kaili City ··· 4–394
Kailuan Coal Mine ··· 4–387
Kaiming Bookstore ··· 4–389
Kainz, Josef ··· 4–396
Kaiping City ··· 4–389
Kairov, Ivan Andreyevich ··· 4–394
Kaiser, Georg ··· 4–395
Kaiyuan City ··· 4–391
Kaiyuan City ··· 4–391
Kaiyuan coin ··· 4–390
Kakinomotono Hitomaro ··· 7–32
kala azar ··· 3–457
Kalachov, Nikolay Vasilevich ··· 4–371
Kalashnikov, Mikhail Timofeevich ··· 4–371
Kalevala ··· 4–372
Kalevipoeg ··· 4–373
Kaliah Wa Dimunah ··· 4–372
Kālidāsa ··· 4–125
Kalimantan ··· 4–111
Kalimeris indica ··· 5–263
Kalinin, Gennadi Pavlovich ··· 4–111
Kalinin, Mikhail Ivanovich ··· 4–111
Kaliningrad ··· 4–111
Kalman, Rudolf Emil ··· 4–368
Kalmar Union ··· 4–367
Kamchatskiy Poluostrov ··· 4–396
Kamenev, Lev Borisovich ··· 4–113
Kamensky, Gregory Nikolayevich 4–374
Kamerlingh Onnes, Heike ··· 4–389
Kampala ··· 4–399
Kan Naoto ··· 4–153
kana ··· 4–145
Kananga ··· 4–375
Kanas Lake ··· 4–363
Kandahār ··· 4–397
Kandinsky, Wassily ··· 4–401
Kandy ··· 4–405
Kanem-Bornu Kingdom ··· 4–375
Kang Hai ··· 4–401
Kang Keqing ··· 4–402
Kang Kunlun ··· 4–402
Kang Sheng ··· 4–404
Kang Shi' en ··· 4–404
Kang Tai ··· 4–405
Kang Xinfu ··· 4–406
Kang Youwei ··· 4–406
Kang Zhuo ··· 4–406
Kang Zilin ··· 4–406
Kangding County ··· 4–401
Kangjia language ··· 4–402
Kangju Tribe ··· 4–402
Kangli Naonao ··· 4–402
Kangrinboqê Peak ··· 3–49
Kangxi Dictionary ··· 4–405
Kaniska ··· 4–125
Kannada language ··· 4–398
Kano ··· 4–376
Kanō school ··· 7–45
Kanouri ··· 4–376
Kānpur ··· 4–399
Kansas City ··· 4–397
Kansas State ··· 4–397
Kansas-Nebraska Act ··· 4–397
Kansei Reforms ··· 4–497
Kant, Immanuel ··· 4–400
Kantō Earthquake ··· 3–204
Kantor, Tadeusz ··· 4–405
Kantorovich, Leonid Vitalyevich ··· 4–399
Kantorowicz, Hermann ··· 4–399
Kao, Charles ··· 3–69
kaoline ··· 3–70
kaolinite ··· 3–70
Kapisa ··· 4–107
Kapitsa, Pyotr Leonidovich ··· 4–377
Kapoor, Raj ··· 4–377
Kapteyn, Jacobus Cornelius ··· 4–377
Kara Koyunlu Dynasty ··· 3–460
Kara Sea ··· 4–362
Karāchi ··· 4–370
Karadeniz Bogazı ··· 3–453
Karaganda ··· 4–369
Karajan, Herbert von ··· 4–371
Karakoram Mountain ··· 4–362
Karakorum ··· 3–309
Karakum, Peski ··· 4–370
Karamay City ··· 4–447
Karasuk Culture ··· 4–371
karate ··· 4–470
Karens ··· 4–456
karez ··· 4–398
Karimata, Selat ··· 4–372
Karl Fischer titration ··· 4–367
Karl V ··· 1–494
Karl XII ··· 4–368
Karl X IV Johan ··· 4–368
Karlfeldt, Erik Axel ··· 4–367
Karlovy Vary International Film Festival ··· 4–373
Karlskrona ··· 4–368
karma ··· 8–494
karman ··· 4–228
Kármán, Theodore von ··· 4–374
Karnak Temple ··· 4–375
Karpov, Anatoly Yevgenyevich ··· 4–366
karst ··· 4–364
Karst ··· 4–365
Karthala Volcano ··· 4–368
Karuo ··· 4–378
Karwai Wong ··· 7–499
Karzai, Hamid ··· 4–369
kaṣāya ··· 4–130
Kashgar ··· 7–54
Kashi City ··· 4–364
Kashi Region ··· 4–364
Kashkai ··· 4–378
Kashmir ··· 4–460
Kashmiri language ··· 4–460
Kashmirians ··· 4–460
Kasparov, Gary ··· 4–379
Kassite Dynasty ··· 4–365
Katayama Sen ··· 6–82
Katherine Hepburn ··· 4–395
Kathie Wei-Sender ··· 8–465
Kathmandu ··· 4–108
Kato Shuichi ··· 4–120
Katona Józsf ··· 4–418
Katsushika Hokusai ··· 3–114
Kaunas ··· 4–418
Kaunda, Kenneth David ··· 4–382
Kautsky, Karl Johann ··· 4–415
Kavanagh, Patrick ··· 4–382
Kavkaz ··· 3–67
Kāvyādarṣa ··· 6–575
Kāvyaprakāṣa ··· 6–574
Kawabata Yasunari ··· 2–22
Kawakami Hajime ··· 3–427
Kawasaki ··· 2–23
Kawasaki disease ··· 2–23
kayagŭm ··· 4–124
Kayahs ··· 4–461
Kaysone Phomvihane ··· 4–395
Kazak ··· 3–315
Kazak language ··· 3–315
Kazak writing ··· 3–315
Kazakhs ··· 3–314
Kazakhskiy Melkosopochnik ··· 3–313

Kazakhstan ··· 3–314
Kazaki ··· 3–92
Kazan ··· 4–364
Kazan, Elia ··· 4–383
Kazan, Khanate of ··· 4–364
Kazan State Technical University ··· 4–364
Kazantzakis, Nikos ··· 4–383
Ke Jiusi ··· 4–420
Ke Ling ··· 4–420
Ke Qingshi ··· 4–422
Ke Xiangfeng ··· 4–422
Ke Yan ··· 4–423
Keats, John ··· 4–102
Kedrov, Bonifatii Mikhailovich ··· 4–392
keep records by notching wood ··· 4–462
keep records by tying knots ··· 4–224
Keio University ··· 6–237
Kekulé, Friedrich August ··· 4–393
Kelemen László ··· 4–393
Keller, Gottfried ··· 4–394
Kelly, William ··· 4–394
keloid ··· 1–227
kelp ··· 3–320
Kelsen, Hans ··· 4–393
kelvin ··· 4–384
Kelvin, William Thomson, Baron ··· 4–384
Kemal Atatürk, Mustafa ··· 4–394
Kemal's Revolution ··· 4–394
Kempff, Wilhelm ··· 4–465
kenaf ··· 3–471
Keneally, Thomas ··· 4–49
Kennedy, John Fitzgerald ··· 4–463
Kennedy Space Center ··· 4–463
Kenya ··· 4–463
Kenyatta, Jomo ··· 4–465
Kepler, Johannes ··· 4–390
Kepler's laws ··· 4–390
keratoderma ··· 4–204
keratophyre ··· 4–203
keratoplasty ··· 4–205
Kerensky, Aleksandr Fyodorovich ··· 4–456
kerogen theory of petroleum origin ··· 3–32
kerosene ··· 5–340
Kerschensteiner, Georg ··· 4–395
Kertész Imre ··· 4–393
Keshan disease ··· 4–460
Keshengzhuang Culture ··· 4–462
Keteleeria fortunei ··· 9–40
ketone ··· 7–405
Kew Gardens ··· 9–4
key ··· 2–302
Key Cultural Relics Units under State Protection ··· 6–259
Keynes, John Maynard ··· 4–392
Keynesianism ··· 4–392
Kgalagadi Desert ··· 4–369
KGB ··· 4–446
Khabarovsk ··· 3–304
Khachaturian, Aram Ilich ··· 3–313
khair-tree ··· 2–416
Khajuraho Temples ··· 4–384
Khakas ··· 3–308
khaki drill ··· 4–377
Khalkha ··· 4–361
Khalkha Mongols ··· 4–361
Khamenei, Sayyed Ali ··· 3–311
Khanbaliq ··· 2–80 (9–91)
Khārk, Jazīreh-ye ··· 3–307
Khar'kiv ··· 3–307
Khar'kov ··· 3–307
Kharosthī alphabet ··· 6–249
Khartūm, Al ··· 4–365
Khawārizmī, al- ··· 3–528
Khinchin, Aleksander Yakovlevich ··· 8–261
Khit San Literature Movement ··· 6–615
Khitan script ··· 6–153
Khiva, Khanate of ··· 8–127
Khmer ··· 3–71
Khmer language ··· 3–71
Khmu language ··· 4–458
Khmus ··· 4–458
Khoisan family ··· 4–442
Khomeini, Ayatollah Ruhollah ··· 4–24
Khorezm ··· 3–528
Khorkina, Svetlana ··· 4–20
Khotan script ··· 9–56
Khovd ··· 4–423
Khrushchev, Nikita Sergeyevich ··· 3–446
Khubilai ··· 3–500
Khudzhand ··· 4–483
Khukrit Pramote ··· 4–454
Khunchang and Khunphaen ··· 4–507
Khunjerab Pass ··· 3–472
Khushhal Khattak ··· 3–508
Khusro, Amir ··· 4–27
Khwārezm ··· 3–528
Khwārezm-Shāhs, Three Dynasties of ··· 3–528
Khyber Pass ··· 4–384
Kiaochow Bay ··· 4–201
Kiarostami, Abbas ··· 4–52
kidney ··· 6–522
kidney bean ··· 1–467
kidney, biopsy of ··· 6–523
kidney function test ··· 6–523
kidney, transplantation of ··· 6–524
Kiel Canal ··· 4–46
Kierkegaard, Søren (Aabye) ··· 4–445
Kieślowski, Krzysztof ··· 4–52
Kiev ··· 4–46
Kiev University ··· 4–47
Kievan Rus ··· 4–47
Kigali ··· 4–47
Kihara Hitoshi ··· 5–494
Kii-hantō ··· 4–98
Kikuchi Kan ··· 4–332
Kikuyu ··· 4–47
Kilauea Volcano ··· 4–48
Kilby, Jack S. ··· 4–46
Kilimanjaro, Mount ··· 6–135
Killanin, Michael Morris ··· 4–47
killer bee ··· 6–421
killer cell ··· 6–421
killer whale ··· 5–583 (3–518)
kilogram ··· 6–157
kilowatt hour meter ··· 2–285
kilt ··· 7–184
Kim ChongIl ··· 4–264
Kim Dae Jung ··· 4–239
Kim Dong Yin ··· 4–239
Kim Il-sung ··· 4–248
Kim Jong-il ··· 4–264
Kim Man-jung ··· 4–258
Kim Ok-kyun ··· 4–262
Kim So-wol ··· 4–257
Kimberley ··· 4–236
Kimberley Plateau ··· 4–236
kimberlite ··· 4–236
kimono ··· 3–416
Kinabalu, Gunung ··· 4–49
Kindling in Reed Marshes ··· 5–157
kinematics ··· 9–141
kinesthesis sense ··· 2–336
kinetic energy ··· 2–338
kinetic energy, theorem of ··· 2–338
kinetic energy weapon ··· 2–338
kinetic theory of gases ··· 6–145
King Cheng of Zhou Dynasty ··· 9–465
King Gesar ··· 3–110
King Hailing of Jin ··· 4–241
King Jie of Xia Dynasty ··· 4–225
King Lear ··· 4–593
King Li of Zhou Dynasty ··· 9–469
King, Martin Luther, Jr. ··· 4–236
king penguin ··· 7–506
King Ping of Zhou Dynasty ··· 9–471
King Tang of Shang Dynasty ··· 7–295
King Weiwang of Qi State ··· 6–130
King Wen of Zhou Dynasty ··· 9–472
King Wu of Zhou Dynasty ··· 9–472
King Xuan of Zhou Dynasty ··· 9–473
King Yong Sam ··· 4–261
King You of Zhou Dynasty ··· 9–476
King Zhou of Shang Dynasty ··· 9–478
King Zhuang of Chu State ··· 2–21
Kingdom of Poland ··· 1–380
kingfisher ··· 2–531
kingfishers ··· 2–58
kingfishers ··· 2–582
Kingston ··· 4–257

Kingstown ························ 4–257
Kinorhyncha ························ 2–338
Kinoshita Junji ························ 5–492
Kinshasa ························ 4–252
kinship ························ 6–195
kinship, degree of ························ 6–194
Kinship of the Three ························ 9–475
Kipling, Rudyard ························ 4–58
Kipphardt, Heinar ························ 4–50
Kirchhoff, Gustav Robert ························ 4–46
Kirchhoff' s laws ························ 4–46
Kirchner, Ernst Ludwig ························ 4–51
Kirghiz ························ 4–60
Kirghiz language ························ 4–61
Kirgiz ························ 4–419
Kirgiz language ························ 4–419
Kiribati ························ 4–48
Kiribati language ························ 4–48
Kirkūk ························ 4–46
Kirov Ballet ························ 4–49
Kirov, Sergey Mironovich ························ 4–49
Kisangani ························ 4–50
Kisch, Egon Erwin ························ 4–50
Kishi Nobusuke ························ 1–113
Kishinëv ························ 4–50
Kissinger, Henry Alfred ························ 4–51
Kitāb al-Mawtā ························ 7–488
Kitagawa Utamaro ························ 8–139
Kitakyūshū ························ 1–276
Kitamura Tōkoku ························ 1–259
Kitano Takeshi ························ 1–286
Kitchen God ························ 9–164
kite ························ 2–570
Kitwe ························ 4–51
Kivu Lake ························ 4–51
kiwis ························ 4–28
Kiyev ························ 4–46
Kizil Thousand Buddha Caves ························ 4–461
Kizilsu Kirgiz Autonomous Prefecture ························ 4–461
Klein, (Christian) Felix ························ 4–449
Klein, Lawrence Robert ························ 4–449
Kleist, Heinrich von ························ 4–449
Klimt, Gustav ························ 4–452
Klopstock, Friedrich Gottlieb ························ 4–458
KMT Reorganization Group ························ 3–289
knight ························ 6–133
knitting ························ 9–249
knitting craft ························ 1–339
Knossos Palace ························ 4–459
knot ························ 4–215
knotgrass ························ 1–339
knowledge and practice ························ 9–291
knowledge and practice, unity of ························ 9–291
knowledge economy ························ 9–291
knowledge innovation ························ 9–290
knowledge intensive industry ························ 9–291
knowledge management ························ 9–291
Knudsen, Martin Hans Christian ························ 4–459
koala ························ 7–60 (4–418)
Kobayashi Hideo ························ 8–224
Kobayashi Takiji ························ 8–224
Kōbe ························ 6–510
København ························ 3–87
Koch, Robert ························ 4–426
Kochetov, Vsevolod Anisimovich ························ 4–422
Kochi ························ 4–434
Kodaira Kunihiko ························ 8–227
Kodály Zoltán ························ 4–424
Kodansha ························ 4–187
Kofun Period ························ 3–168
Koguryo ························ 3–66
Kohl, Helmut ························ 4–425
Kohler, Josef ························ 4–420
Koizumi Junichirō ························ 8–227
Kojiki ························ 3–175
Kokand, Khanate of ························ 3–406
Kokin wakashū ························ 3–169
Kolkata ························ 4–108
Kollwitz, Käthe ························ 4–418
Kolmogorov, Andrey Nikolayevich ························ 4–425
Köln ························ 4–430
Kolyma River ························ 4–430
Koman group ························ 4–432
Komeitō ························ 6–316
Komi ························ 4–432
Kommunistische Partei Deutschlands ························ 2–175
komodo dragon ························ 4–433
Komoé River ························ 4–433
Kompong Cham ························ 1–235
Komsomol' sk ························ 3–149
Komsomolsk-na-Amure ························ 3–149
Konbaung Dynasty ························ 3–151
Kong Guang ························ 4–473
Kong Mansion cuisine ························ 4–473
Kong Qiu ························ 4–474
Kong Rong ························ 4–475
Kong Shangren ························ 4–475
Kong Xiangxi ························ 4–475
Kong Yingda ························ 4–475
Kong Zhigui ························ 4–476
Konggar County ························ 3–152
Konggar Mountain ························ 3–151
konghou ························ 4–472
Kongming lamp ························ 4–474
Kongo Kingdom ························ 3–52
Kongtong Mountain ························ 4–472
Kongur Mountain ························ 3–130
Konoe Fumimaro ························ 4–272
Kontinental Politik ························ 2–94
Koopmans, Tjalling Charles ························ 4–489
Kophen ························ 4–107
Köppen, Wladimir (Peter) ························ 4–419
Kordofanian group ························ 4–425
Korea, R. O. ························ 3–360
Korea Restoration Society ························ 3–221
Korean ························ 1–541
Korean Armistice Agreement ························ 1–540
Korean Buddhism ························ 1–539
Korean Campaign ························ 1–541
Korean cuisine ························ 1–539
Korean cuisine ························ 3–362
Korean dance ························ 1–542
Korean language ························ 1–541
Korean National Armed Struggle of Resistance Against Japan ························ 2–473
Korean Peninsula ························ 1–539
Korean War ························ 1–541
Korean writing ························ 1–540
Koreans ························ 1–540
Korla City ························ 4–485
Kornejchuk, Aleksandr Yevdokimovich ························ 4–421
Körner, (Karl) Theodor ························ 4–446
Korolenko, Vladimir Galaktionovich ························ 4–421
Korolyov, Sergey Pavlovich ························ 4–431
Koror ························ 4–431
Koryo ························ 3–69
Kosciusko, Mount ························ 4–438
Kosmos ························ 9–67
Kosmos launch vehicle ························ 9–68
Kosmos satellite ························ 9–68
Kosovo i Metohija ························ 4–435
Kosovo War ························ 4–435
K' o-ssy ························ 4–463
Kosygin, Aleksey Nikolayevich ························ 4–422
Kota Kinabalu ························ 3–88
Kōtoku Incident ························ 8–323
Kou Qianzhi ························ 4–482
Kou Zhun ························ 4–482
Kovalevskaya, Sofya (Vasilyevna) ························ 4–422
Kowloon ························ 4–320
Kowloon Peninsula ························ 4–320
Kozlov, Petr Kuzmich ························ 4–442
Kracauer, Siegfried ························ 4–446
Kraków ························ 4–446
Kramer vs Kramers ························ 4–448
Kramskoy, Ivan Nikolayevich ························ 4–447
Kras ························ 4–365
Krasnoyarsk ························ 4–448
Krasovsky, Feoclosy Nikorayevich ························ 4–448
Kraus, Karl ························ 4–450
Krebs cycle ························ 4–451
Krebs, Sir Hans Adolf ························ 4–450
Kreisler, Fritz ························ 4–448
Kremlin ························ 4–451
Kreutzwald, Friedrich Reinhold ························ 4–454
krill ························ 5–94

Kripke, Saul Aaron ········ 4–452
Krishan Chandar ········ 4–453
Krishna ········ 3–459
Krishna ········ 4–453
Krk Bridge ········ 4–446
Krleza, Miroslav ········ 4–446
Kroetz, Franz Xaver ········ 4–456
Krog, Helge ········ 4–457
Kronecker, Leopold ········ 4–458
Kropotkin, Peter Alekseyevich ········ 4–455
Kruczkowski, Leon ········ 4–455
Krung Thep ········ 5–307
Krupskaya, Nadezhda Konstantinovna ········ 4–455
Krylov, Ivan Andreyevich ········ 4–451
Krymskyy Pivostriv ········ 4–452
krypton ········ 4–463
Krzyzacy ········ 6–592
Ksitigarbha ········ 2–245
Ktsnokts ········ 2–293
Ku Klux Klan ········ 6–407
Kuafu ········ 4–492
Kuahuqiao Culture ········ 4–493
Kuai Xiang ········ 4–494
Kuaiji Mountain ········ 4–496
Kuala Lumpur ········ 4–64
Kuandian Man Autonomous County ········ 4–497
Kuang Ankun ········ 4–498
Kuang Zhong ········ 4–498
Kuang Zhouyi ········ 4–498
Kuba, Kingdom of ········ 4–484
Kubo Sakae ········ 4–324
Kuching ········ 3–170
Kudadku Bilik ········ 2–611
Kuenen, Philip Henry ········ 4–504
Kuhn, Thomas Samual ········ 4–484
Kuiji ········ 4–504
Kuiper belt ········ 4–423
Kuiper, Gerard Peter ········ 4–423
Kujūla Kadphises ········ 6–240
Kūkai ········ 4–466
kulapati ········ 4–331
Kuleshov, Lev Vladimirovich ········ 4–487
Külpe, Oswald ········ 6–251
Kumai Kei ········ 8–333
Kumar, Jainendra ········ 3–174
Kumārajīva ········ 4–318
Kumasi ········ 4–488
Kumutula Thousand Buddha Caves ········ 4–488
Kun Béla ········ 4–484
Kuncan ········ 4–510
Kundera, Milan ········ 4–507
Kunduz ········ 4–507
kung-fu film ········ 3–139
kung-fu tea ········ 3–139
Kunju opera ········ 4–507
Kunlun Mountain Range ········ 4–508
Kunlunguan, Battle of ········ 4–508
Kunming City ········ 4–508
Kunqu opera ········ 4–508
Kunshan City ········ 4–509
Kunshan tune ········ 4–509
Kuomintang ········ 3–289
Kupala, Yanka ········ 4–488
Kuprin, Aleksandr Ivanovich ········ 4–489
Kuqa County ········ 4–484
Kurchatov, Igor Vasilyevich ········ 4–485
Kurds ········ 4–485
Kurds question ········ 4–485
Kurihara Komaki ········ 5–34
Kuril Islands ········ 6–156
Kuril' skiye Ostrova ········ 6–156
Kuroda Seiki ········ 3–459
Kuroi Senji ········ 3–454
Kurosawa Akira ········ 3–461
Kuroshio Current ········ 3–451
Kuryongyon ········ 4–239
Kusevitsky, Sergey (Aleksandrovich) ········ 4–491
Kushan art ········ 3–245
Kuśinagara ········ 4–329
Kutaisi ········ 4–490
Kutluɣ Bilgä Kül Kaɣan ········ 3–559
Kutuzov, Mikhail Illarionovich ········ 4–490
Kuwait ········ 4–437
Kuwait City ········ 4–438
Kuwayt ········ 4–437
Kuytun City ········ 4–504
Kuzbass ········ 4–491
Kuznets, Simon (Smith) ········ 4–491
Kuznetsov class aircraft carrier ········ 4–492
Kwajalein Atoll ········ 4–492
Kwangju ········ 3–230
Kyakhta ········ 6–155
kyanite ········ 4–544
kylin ········ 6–134
Kyodo News Agency ········ 3–150
Kyōto ········ 4–279
Kyoto University ········ 4–279
Kyrgyzstan ········ 4–61
Kyūshū ········ 4–323
Kyzylkum ········ 4–461
Kzyl-Orda ········ 4–461

L

La Agencia EFE, S.A. ········ 1–63
La Araucana ········ 1–39
La Cantatrice Chauve ········ 7–416
La Celestina ········ 6–373
La Chalotais, Louis-René de Caradeuc de ········ 4–528
La Comédie Humaine ········ 6–289
La Divina Commedia ········ 6–513
La Fontaine ········ 4–515
La Fontaine, Jean de ········ 4–516
La Habana ········ 3–316
La Jeune Belgique ········ 6–209
La Jeunesse ········ 8–280
La Niña ········ 4–522
La Paz ········ 4–511
La Pérouse Strait ········ 4–512
La Plata ········ 4–523
La Plata, Planicie de ········ 4–523
La Plata, Río de ········ 4–523
La Pléiade ········ 6–121
La Querelle des Anciens et des Modernes ········ 3–170
La Scala ········ 7–125
La Sylphide ········ 8–168
La Tène Culture ········ 4–514
La Tour, Georges de ········ 4–526
Laba Festival ········ 4–529
laba porridge ········ 4–529
Laban, Rudolf von ········ 4–512
labelled compound ········ 1–352
Labiatae ········ 2–40
Labiche, Eugène-Marin ········ 4–512
laboratory animal ········ 6–615
laboratory diagnosis ········ 6–616
labour ········ 4–551
labour contract ········ 4–553
labour contract system ········ 4–553
labour dispute ········ 4–555
labour education and rehabilitation ········ 4–554
labour, intensity of ········ 4–554
labour intensive industry ········ 4–554
labour law ········ 4–552
labour mobility ········ 4–554
labour power ········ 4–554
labour productivity ········ 4–554
labour protection ········ 4–552
labour relationship ········ 4–553
labour union ········ 3–124
labour value, theory of ········ 4–553
Labrang Monastery ········ 4–513
Labriola, Antonio ········ 4–513
labyrinth ········ 5–391
lac ········ 9–532
lac scale ········ 4–199
Lacan, Jacques ········ 4–519
Lacciferidae ········ 4–199
lace ········ 3–525
lacebark pine ········ 1–204
laceration of birth canal ········ 6–345
lacquer tree ········ 6–125
lacquerware ········ 6–124
lacrimal apparatus, diseases of ········ 4–572

lactam ········· 5–560
lactation ········· 5–403
lactic acid ········· 6–341
lactic acid bacteria ········· 6–341
lactose ········· 6–341
Lactuca sativa ········· 7–607
ladder principle ········· 4–213
Ladodzhskoye Ozero ········· 4–515
Ladri di Biciclette ········· 7–410
lady beetle ········· 6–83
Laënnec, René-Théophile-Hyacinthe ········· 4–511
Lafargue, Paul ········· 4–515
Lagash ········· 4–517
Lagenaria siceraria ········· 3–524 (3–512)
Lagerkvist, Pär (Fabian) ········· 4–516
Lagerlöf, Selma (Ottiliana Lovisa) ··· 4–517
Lagerstroemia indica ········· 9–535
Lago de Maracaibo ········· 5–257
Lagomorpha ········· 7–447
lagoon ········· 8–155
Lagopus ········· 4–569
Lagos ········· 4–517
Lagrange, Joseph-Louis ········· 4–517
Lagrange' s equations ········· 4–517
Lahore ········· 4–518
Lahu ········· 4–518
Lahu language ········· 4–518
Lai He ········· 4–537
Lai Junchen ········· 4–530
Lai Qifang ········· 4–538
Lai Wenguang ········· 4–538
Laibin City ········· 4–530
Laiwu City ········· 4–535
Laixi City ········· 4–535
Laiyang City ········· 4–535
Laizhou City ········· 4–536
Laizhou Gulf ········· 4–536
Laji language ········· 4–518
Lakatos Imre ········· 4–519
lake ········· 3–516
Lake Maracaibo ········· 5–257
lake snail ········· 5–225
Lake Van ········· 2–467
Lakkia language ········· 4–518
Laksmi ········· 4–67
Lalitpur ········· 4–565
lama ········· 4–529
Lama pacos ········· 8–450
Lamaism ········· 4–529
Lamarck, Jean-Baptiste de Monet ··· 4–520
Lamarckian theory ········· 4–520
Lamb, Charles ········· 4–541
Lamb shift ········· 4–541
Lamb, Willis Eugene, Jr. ········· 4–541
Lambert Glacier ········· 4–539
Lambing Flat Riots ········· 4–541
lambliasis ········· 4–543
Lamentations of Jeremiah ········· 8–486
laminar flow ········· 1–488
Laminaria japonica ········· 3–320
Lamniformes ········· 7–59 (6–234)
Lampriformes ········· 9–124
lamprophyre ········· 3–604
Lampyridea ········· 9–15
Lan Yu Case ········· 4–545
Lancang Lahu Autonomous County ········· 4–546
Lancang River ········· 4–546
Lancaster, Frederick Wilfrid ········· 4–540
lancelet ········· 7–585
land ········· 7–430
land administration ········· 7–433
land attorn ········· 7–434
land boundary verification ········· 4–296
land compensation ········· 9–261
land equalization and tax exemption ········· 4–358
land expropriation ········· 7–435
land information system ········· 7–434
land law ········· 7–430
land market ········· 7–434
Land of Volcanic Ash ········· 4–14
land ownership ········· 7–434
land planning ········· 7–434
land preparation ········· 9–263
Land Reform Movement ········· 7–430
land rent ········· 2–252
land requisition ········· 7–435
land snail ········· 7–608 (1–183)
land subsidence ········· 2–229
land survey ········· 7–430
Land System of Heavenly Kingdom ··· 7–347
land use ········· 7–434
land used for construction ········· 4–163
land-bridge transport ········· 2–94
land-equalization system ········· 4–358
Landou, Lev Davidovich ········· 4–549
Landrace ········· 4–539
landscape ········· 4–311
landscape ········· 9–100
landscape architecture ········· 9–100
landscape ecology ········· 4–311
Landscape of Thousand Miles Territory ········· 6–157
landscape painting ········· 2–564
landslide ········· 3–541
Landsteiner, Karl ········· 4–539
Lang Jingshan ········· 4–547
Lang Ping ········· 4–547
Lange, Friedrich Albert ········· 4–550
Lange, Oscar ········· 4–540
Langerhans islets ········· 8–541
Langevin, Paul ········· 4–550
Langfang City ········· 4–549
Langland, William ········· 4–540
Langmuir, Irving ········· 4–550
Langshan chicken ········· 4–548
language ········· 9–73
language planning ········· 7–603
langur ········· 8–496
Langzhong City ········· 4–551
Lanius ········· 1–399
Lankao County ········· 4–540
La ṅ kāvatāra Sūtra ········· 4–574
Lannathai, Kingdom of ········· 4–541
lanolin ········· 8–450
lanosterol ········· 8–449
Lanping Bai-Pumi Autonomous County ········· 4–541
Lanson, Gustave ········· 4–550
Lantana camara ········· 5–285
Lantern Festival ········· 9–98
lanternfishes ········· 2–190
lanthanide elements ········· 4–547
Lanxi City ········· 4–542
Lanyu Island ········· 4–542
Lanzhou City ········· 4–543
Lanzhou University ········· 4–542
Lao language ········· 4–561
Lao Naixuan ········· 4–555
Lao, Supreme Master ········· 7–263
Laocoon ········· 4–511
Laocoon ········· 4–511
Laodan ········· 4–557
Laohekou City ········· 4–557
Laos ········· 4–560
Laoshan Mountain ········· 4–556
Laoshe ········· 4–559
Laosoungs ········· 4–559
Laotengs ········· 4–560
Laotian ········· 5–69
Laoting County ········· 4–562
Laoting shadow play of ········· 4–562
Laozi ········· 4–561
Laozi ········· 4–562
laozi ········· 4–563
lapis lazuli ········· 6–208
Laplace, Pierre-Simon ········· 4–522
Lapland ········· 4–523
lappet moth ········· 4–483
lappet moth ········· 5–225
Lapps ········· 4–523
Laptev Sea ········· 4–522
larch ········· 5–236
larderite ········· 7–43
lardizabala family ········· 5–492
Lardizabalaceae ········· 5–492
Large Dragon Stamps ········· 2–92
large number, laws of ········· 2–105
Large Tomb at Hwangnam-dong ··· 3–579

large yellow croaker ········ 2–87
large-bole transplanting ········ 2–104
largefruit Oilresiduefruit ········ 9–41
largehead atractylodes ········ 1–210
largeleaf hydrangea ········ 8–339
Lariformes ········ 6–27
Larimichthys crocea ········ 2–87
Larimichthys polyactis ········ 8–223
Larix ········ 5–236
Larousse, Pierre (-Athanase) ········ 4–520
L' Art Poétique ········ 6–573
Larus ········ 3–337
larva ········ 9–51
larva migrans ········ 9–51
laryngeal obstruction ········ 3–490
laryngitis ········ 3–490
laryngoparalysis ········ 3–489
larynx cancer ········ 3–489
LAS ········ 1–31
Las Hilanderas ········ 2–501
Las Vegas ········ 4–525
Lascaus Cave Paintings ········ 4–525
laser ········ 4–54
laser ········ 4–56
laser chemistry ········ 4–55
laser guidance bomb ········ 4–56
laser material ········ 4–55
laser ranging ········ 4–55
laser scanning phototypesetting system ········ 4–56
laser spectrometry ········ 4–55
laser weapon ········ 4–56
Lasiocampidae ········ 4–482
Laski, Harold Joseph ········ 4–525
Lassalle, Ferdinand ········ 4–523
Lasswell, Harold Dwight ········ 4–525
Lasting Words to Awaken the World ········ 8–323
Latakia ········ 4–526
late *Homo sapiens* ········ 7–479
Late Tang poetry school ········ 7–479
latent economy ········ 8–590
latent heat ········ 6–172
Lateolabrax japonicus ········ 3–529
Later Han Dynasty ········ 3–491
Later Jin ········ 3–492
Later Jin Dynasty ········ 3–492
Later Liang ········ 3–492
Later Liang Dynasty ········ 3–493
Later Qin ········ 3–493
Later Seven Masters ········ 3–493
Later Shu ········ 3–493
Later Tang Dynasty ········ 3–494
Later Yan ········ 3–494
Later Zhao ········ 3–495
Later Zhou Dynasty ········ 3–495
lateral line organ ········ 1–485
lateralization ········ 5–549
Latimeria chalumnae ········ 5–325
Latin America ········ 4–514
Latin Empire ········ 4–514
Latin language ········ 4–515
Latini ········ 4–514
lattice ········ 2–272
lattice ········ 3–98
Latvia ········ 4–526
Latvian language ········ 4–527
Latvians ········ 4–527
Laue, Max von ········ 4–555
Laughlin, Robert Betts ········ 4–555
Laughton, Charles ········ 4–555
launch vehicle ········ 9–143
Lauraceae ········ 9–222
Laurasia ········ 4–556
Laurel and Hardy ········ 4–555
laurel family ········ 9–222
Laurus nobilis ········ 9–120
Lausanne ········ 5–230
Lausanne school ········ 5–231
Laut Jawa ········ 9–227
Lautaro ········ 4–556
Laval, Pierre ········ 4–537
Lavandula angustifolia ········ 8–380
lavender ········ 8–380
laver ········ 9–532
Lavoisier, Antoine-Laurent ········ 4–527
Lavrovsky, Leonid Mikhailovich ········ 4–516
law ········ 2–451
law ········ 3–242
law of demand and supply ········ 3–141
law of diminishing marginal return ········ 1–336
law of inertia ········ 3–217
law of international technology trade ········ 3–266
law of international trade in services ········ 3–262
law of mass conservation ········ 9–316
law of supply ········ 3–141
Law of the People's Republic of China on Safeguarding the Consumer Rights and Interests ········ 9–428
Law of the Twelve Tables ········ 6–587
law of unity of opposites ········ 2–372
law suit ········ 7–199
lawful money ········ 2–435
Lawrence, David Herbert ········ 4–555
Lawrence of Arabia ········ 1–30
Lawson, Henry ········ 4–556
lawyer ········ 5–183
lawyers' office ········ 5–184
Laxiwa Hydropower Station ········ 4–528
Laxness, Halldór ········ 4–520
layering ········ 8–386
Laylat al-Barā' ah ········ 1–218
Laylat al-Qadr ········ 3–27
Lazarsfeld, Paul Felix ········ 4–529
lazurite ········ 6–208
LC ········ 8–506
Lcang-skya-ho-thog-thu ········ 9–220
LE ········ 3–468
Le Avventure di Pinocchio: Storia di un Burattino ········ 5–491
Le Barbier de Séville ········ 6–379
Le Bon, Gustave ········ 5–73
Le Cid ········ 8–134
Le Comte de Monte-Cristo ········ 4–45
Le Coq, Albert von ········ 4–564
Le Corbusier ········ 4–564
Le Coup d' État du18 Brumaire ········ 8–80
Le Duan ········ 4–584
Le Dynasty ········ 4–581
Le Figaro ········ 2–539
Le Havre ········ 4–564
Le Hoan ········ 4–582
Le Jingyi ········ 4–563
Le Monde ········ 7–15
Le Nain, Antoine, Louis and Mathieu ········ 4–565
Le Naturalisme ········ 9–543
le nouveau roman ········ 8–291
Le Parnasse ········ 6–29
Le Père Goriot ········ 3–69
Le Play, Frédéric ········ 4–565
Le Prix Goncourt ········ 3–143
Le Sacre du Printemps ········ 2–39
Le Suicide ········ 9–544
Le Tartuffe ou l' imposteur ········ 7–561 (2–62)
Le Théâtre Libre ········ 9–548
Le Verrier, Urbain-Jean-Joseph ········ 4–566
leaching ········ 4–276
lead ········ 6–159
lead glass ········ 6–159
leadwort family ········ 1–198
leaf ········ 8–494
leaf beetle ········ 8–496
leaf monkey ········ 8–496
leafhopper ········ 8–495
leaf-miner fly ········ 6–174
leaf-rolling weevil ········ 4–346
League of Arab States ········ 1–31
League of Nations ········ 3–269
league-banner system ········ 5–375
Leakey family ········ 5–28
leap ········ 2–510
leaping layer ········ 9–126
learning ········ 8–370
Learning About Ancient Seals ········ 8–369
learning curve ········ 8–370
lease territories ········ 9–564
least common multiple ········ 9–575
least square, method of ········ 9–575
leatherback sea turtle ········ 4–574

Leaves of Grass ······ 1–483
Lebanon ······ 4–580
Lebao ······ 4–564
lebensphilosophie ······ 6–531
Lebesgue, Henri Léon ······ 4–564
Lebesgue integral ······ 4–564
Lechang City ······ 4–563
lecithin ······ 5–191
Leconte de Lisle, Charles-Marie-René ······ 4–565
Lederberg, Joshua ······ 4–533
ledger cinchona ······ 4–242
Lee, Ang ······ 4–587
Lee, Bruce ······ 4–616
Lee Chang Ho ······ 4–589
Lee Gi Yung ······ 4–598
Lee Hsien Loong ······ 4–615
Lee Je Hyeon ······ 4–607
Lee Kuan Yew ······ 4–595
Lee Kuang Soo ······ 4–595
Lee, Thomas H. ······ 4–613
Lee, Tsung-Dao ······ 5–4
Lee, William ······ 4–586
leech ······ 9–320 (5–290)
Leeuwenhoek, Antonie van ······ 5–75
Leeward Islands ······ 1–303
left prefecture and left county ······ 9–577
left-hand rule ······ 9–578
legacy ······ 8–545
legacy-support agreement ······ 8–545
legal aid ······ 2–451
legal liability ······ 2–452
legal money ······ 2–435
legal person ······ 2–453
legal representative ······ 2–436 (2–453)
legal reserve ······ 2–437
legal science ······ 2–456
legal system ······ 2–460
Legalist school ······ 2–446
legality ······ 2–460
Legend Holdings Limited ······ 5–47
legend of Liang Shanbo and Zhu Yingtai ······ 5–56
Legend of Tianyun Mountain ······ 7–367
Legendary Emperor Yao ······ 8–478
Legendary Emperor Yu ······ 9–72
Legendre, Adrien-Marie ······ 4–566
Leghorn ······ 4–530
legionellosis ······ 4–357
Legislation for Mongols and Tibetan ··· 2–462
legislative body ······ 5–20
legislative interpretation ······ 5–20
legislative power ······ 5–20
legitimacy ······ 3–409
legitimate defense ······ 9–265
Leguminosae ······ 2–345
Lei Feng ······ 4–567
Lei Haizong ······ 4–568
Lei Jieqiong ······ 4–568
Lei Tianjue ······ 4–570
Leibniz, Gottfried Wilhelm ······ 4–532
Leica-Camera AG ······ 4–536
Leiothrix ······ 8–191
leiothrixes ······ 8–191
Leipzig ······ 4–531
Leipzig, Battle of ······ 4–532
Leishmania ······ 5–30
leishmaniases ······ 5–30
Leiyang City ······ 4–571
Leizhou City ······ 4–571
Leizhou Peninsula ······ 4–571
Leizu ······ 4–571
Leling City ······ 4–563
Lemesos ······ 5–29
Lemnaceae ······ 2–603
lemon ······ 5–597
lemon market, theory of ······ 5–597
lemongrass ······ 8–197
Lemuridae ······ 3–500
lemurs ······ 3–500
Lena River ······ 4–565
Lenard, Philipp ······ 4–565
Lengshuijiang City ······ 4–576
length of the tropical year and length of the synodic month ······ 7–216
lengthy poem ······ 6–36
Lenin, Vladimir Ilich ······ 5–72
Leningrad ······ 5–73
Leninism ······ 5–73
leno ······ 5–198
lens ······ 4–317
lens ······ 7–414
lens, diseases of ······ 4–303
Lensky, Aleksandr Pavlovich ······ 5–38
Lentinus edodes ······ 8–196
Lenz, Heinrich Friedrich Emil ······ 4–574
Lenz's law ······ 4–574
Leo ······ 6–577
León ······ 4–530
León, Luis de ······ 4–531
Leonardo da Vinci ······ 2–62 (4–531)
Leonardo da Vinci Museum of Science and Technology ··· 4–531 (2–63)
Leonhardt, Fritz ······ 4–531
Leonov, Leonid Maksimovich ······ 5–71
Leontief, Wassily ······ 5–6
leopard ······ 1–249 (4–247)
Leopard Ⅱ Main Battle Tank ······ 1–249
Leopardi, Giacomo ······ 4–531
Lepchas ······ 4–567
Lepidodendron ······ 5–95
Lepidoptera ······ 5–95
lepidopteran ······ 5–95
Lepidosiren paradoxa ······ 5–363
Lepidosteiformes ······ 6–269
Leping City ······ 4–563
Leporidae ······ 7–447
leprosy ······ 5–237
lepton ······ 6–216
lepton number ······ 6–216
L' ermetismo ······ 8–589
Lermontov, Mikhail Yuryevich ··· 4–533
Lernaeopodoida ······ 2–413
Les Lettres Persanes ······ 1–386
Les Misérables ······ 1–254
Les Règles de la méthode sociologique ······ 6–494
Les romans de la table ronde ······ 9–114
Lesgaft, Piotr Frantsevich ······ 5–74
Leshan City ······ 4–563
Leshan Giant Buddha ······ 4–563
Leskov, Nikolay Semyonovich ······ 5–74
Lesotho ······ 4–533
Lesser Antilles ······ 8–221
Lesser Bairam ······ 4–391
lesser panda ······ 8–230
Lessing, Doris ······ 4–535
Lessing, Gotthold Ephraim ······ 4–535
letter of credence ······ 3–294
letter writing ······ 1–595
letterpress printing ······ 4–8
Lettres philosophiques ······ 9–241
lettuce ······ 7–607
leucaena ······ 8–581
Leucaena leucocephala ······ 8–581
leucite ······ 1–202
leucocyte ······ 1–206
leukemia ······ 1–206
leukorrhea ······ 1–193
leukorrhea ······ 2–130
Levallois technique ······ 4–566
levee ······ 2–207
leveling ······ 7–106
Levellers ······ 6–87
lever ······ 3–57
Leviathan ······ 5–32
levirate ······ 2–589
Lévi-Strauss, Claude ······ 5–74
Levitan, Isaak Ilich ······ 5–74
Levitan, Yury Borisovich ······ 5–74
Levitt, Helen ······ 4–534
Lévy-Bruhl, Lucien ······ 5–74
Lewin, Kurt ······ 4–566
Lewis, Carl ······ 5–119
Lewis, Clarence Irving ······ 5–119
Lewis, Gilbert Newton ······ 5–174
Lewis, Sinclair ······ 5–120
Lewis, William Arthur ······ 5–120
lexicology ······ 2–41
Leymus chinensis ······ 8–449
LGV ······ 8–324

Lhasa City ······ 4–524
Lhasa River ······ 4–524
Lhasa Treaty ······ 4–524
Lhoba ······ 5–234
Lhoba languages ······ 5–234
L' homme machine ······ 6–298
Li ······ 4–584
li ······ 5–6
Li Anshi ······ 4–587
Li Anzhai ······ 4–587
Li Ao ······ 4–587
Li Bai ······ 4–587
Li Bai and Du Fu ······ 4–593
Li Baojia ······ 4–588
Li Bian ······ 4–589
Li Bing ······ 4–589
Li Bofen ······ 4–589
Li branch ······ 4–584
Li Changchun ······ 4–589
Li Chengliang ······ 4–590
Li Chengxiang ······ 4–590
Li Chun ······ 4–590
Li Ciming ······ 4–590
Li Cunbao ······ 4–590
Li Da ······ 4–590
Li Daoyuan ······ 5–34
Li Dazhao ······ 4–591
Li Decai ······ 4–591
Li Delun ······ 4–591
Li Deming ······ 4–591
Li Dequan ······ 4–591
Li Desheng ······ 4–592
Li Deyu ······ 4–592
Li Dingguo ······ 4–592
Li Dongyang ······ 4–592
Li Dongyuan ······ 4–592
Li Duokui ······ 4–593
Li Fangxun ······ 4–593
Li Fuchun ······ 4–593
Li Fuguo ······ 4–593
Li Gang ······ 4–594
Li Gong ······ 4–594
Li Gonglin ······ 4–594
Li Gongzuo ······ 4–594
Li Gou ······ 4–594
Li Gu ······ 4–595
Li Guang ······ 4–595
Li Guangbi ······ 4–595
Li Guangdi ······ 4–595
Li Guangli ······ 4–595
Li Guangtian ······ 4–596
Li Guixian ······ 4–596
Li Guohao ······ 4–596
Li Guowen ······ 4–596
Li Han-Hsiang ······ 4–596
Li Hanjun ······ 4–596
Li Hao ······ 4–597
Li Haopei ······ 4–597
Li He ······ 4–597
Li Hongzhang ······ 4–597
Li Hua ······ 4–597
Li Huanzhi ······ 4–598
Li Ji ······ 4–598
Li Ji ······ 4–598
Li Ji ······ 4–599
Li Jiancheng ······ 4–600
Li Jianguo ······ 4–600
Li Jiannong ······ 4–600
Li Jianwu ······ 4–600
Li Jiefu ······ 4–600
Li Jing ······ 4–601
Li Jing ······ 4–601
Li Jinghan ······ 4–601
Li Jingquan ······ 4–600
Li Jinhua ······ 4–600
Li Jinhui ······ 4–582
Li Jinxi ······ 4–582
Li Jiqian ······ 4–599
Li Jishen ······ 4–599
Li Jitong ······ 4–599
Li Jun ······ 4–601
Li Ka Shing ······ 4–599
Li Kaixian ······ 4–601
Li Kenong ······ 4–602
Li Keqiang ······ 4–602
Li Keran ······ 4–602
Li Keyong ······ 4–603
Li Kuchan ······ 4–603
Li Kui ······ 4–603
Li Laiheng ······ 4–603
Li language ······ 4–584
Li Lanqing ······ 4–603
Li Liangzuo ······ 4–604
Li Lianjie ······ 4–604
Li Lianjie ······ 4–604
Li Lili ······ 4–582
Li Linfu ······ 4–604
Li Ling ······ 4–604
Li Lingwei ······ 4–604
Li Lisan ······ 4–603
Li Longji ······ 4–605
Li Mangui ······ 4–605
Li Manzhu ······ 4–605
Li Maozhen ······ 4–605
Li Meng ······ 4–605
Li Menghua ······ 4–605
Li Mengyang ······ 4–605
Li Mi ······ 4–605
Li Minwei ······ 4–583
Li Moran ······ 4–606
Li Ning ······ 4–606
Li, Norman N. ······ 4–583
Li Panlong ······ 4–606
Li Peiyao ······ 4–606
Li Peng ······ 4–606
Li Qi ······ 4–607
Li Qiao ······ 4–607
Li Qiao ······ 4–607
Li Qingkui ······ 4–608
Li Qingshan ······ 4–607
Li Qingzhao ······ 4–607
Li Qun ······ 5–15
Li Rong ······ 4–608
Li Rongzong ······ 4–608
Li Rui ······ 4–608
Li Ruihuan ······ 4–608
Li Ruzhen ······ 4–608
Li Sancai ······ 4–608
Li Sao ······ 4–577
Li Shan ······ 4–609
Li Shanchang ······ 4–609
Li Shangyin ······ 4–609
Li Shanlan ······ 4–609
Li Shaochun ······ 4–609
Li Shen ······ 4–610
Li Shizhen ······ 4–610
Li Shu ······ 4–584
Li Shuhua ······ 4–610
Li Shulan ······ 4–611
Li Shuqing ······ 4–611
Li Shutong ······ 4–610
Li Si ······ 4–611
Li Siguang ······ 4–612
Li Sixun ······ 4–611
Li Siyuan ······ 4–612
Li Song ······ 4–612
Li Suwen ······ 4–612
Li Tang ······ 4–612
Li Tianlu ······ 4–613
Li Tieying ······ 4–613
Li Tingsong ······ 4–614
Li Wei ······ 4–614
Li Weihan ······ 4–614
Li Wuwei ······ 5–19
Li Xiannian ······ 4–615
Li Ximing ······ 4–615
Li Xin ······ 4–616
Li Xiong ······ 4–616
Li Xiucheng ······ 4–616
Li Xuefeng ······ 5–1
Li Xuejian ······ 5–1
Li Xueqin ······ 5–1
Li Xun ······ 5–1
Li Yan ······ 5–1
Li Yannian ······ 5–1
Li Yanshou ······ 5–1
Li Ye ······ 5–2
Li Yi ······ 5–2
Li Ying ······ 5–2
Li Ying ······ 5–2
Li Yining ······ 5–20

Li Yizhi 5–2
Li Yong 5–2
Li Yongbo 5–2
Li Yu 5–2
Li Yu 5–3
Li Yuan 5–3
Li Yuanchao 5–3
Li Yuanhao 5–3
Li Yuanhong 4–584
Li Zaiwen 5–3
Li Zhaodao 5–3
Li Zhaolin 5–3
Li Zhaozhuo 5–4
Li Zhengmin 5–4
Li Zhensheng 5–4
Li Zhi 5–4
Li Zhizao 5–4
Li Zhuchen 5–4
Li Zhun 5–5
Li Zicheng' s Uprising 5–5
Li Zongren 5–5
liabilities 3–4
liability without fault 8–15
Lian Kuoru 5–38
Lian Po 5–47
liane 7–337
Liang Dynasty 5–51
Liang Fangzhong 5–51
Liang Guanglie 5–51
Liang Ji 5–52
Liang Jiu 5–52
Liang Kai 5–52
Liang Qichao 5–52
Liang Shiqiu 5–53
Liang Shiyi 5–53
Liang Shoupan 5–54
Liang Shuming 5–54
Liang Shuquan 5–54
Liang Sicheng 5–54
Liang Siyong 5–55
Liang Xiaosheng 5–55
Liang Xiaotian 5–55
Liang Yusheng 5–55
Liangjiang Normal College 5–58
Liangshan County 5–53
Liangshan Mountain 5–50
Liangshan Yi Autonomous Prefecture 5–50
Liangzhu Culture 5–50
Lianhua Film Corp. 5–46
Lianjiang City 5–47
Lianyuan City 5–40
Lianyungang City 5–39
Lianyungang-Huo' erguosi Expressway 5–38
Lianzhou City 5–39
Liao Bingxiong 5–70
Liao Chengzhi 5–70
Liao Dynasty 5–63
Liao Hansheng 5–70
Liao Hui 5–70
Liao Shantao 5–71
Liao Yaoxiang 5–71
Liao Zhongkai 5–71
Liaocheng City 5–68
Liaodong Gulf 5–64
Liaodong Peninsula 5–64
Liaohe River 5–65
Liaoning Province 5–65
Liaoning University 5–65
Liaoxi Corridor 5–68
Liaoxi-Shenyang Campaign 5–67
Liaoyang City 5–68
Liaoyuan City 5–68
liaoyuan program 5–69
liberal education 9–548
Liberal Party, Canada 4–116
liberal theology 9–550
Liberal-Democratic Party, Japan 6–321
liberalism 9–550
Liberation of Labour 4–554
Liberation Publishing House 4–229
liberation theology 4–229
Liberia 5–24
Lībīyā 5–25
Lībīyah, Aş Şahrā' al 5–27
library 1–475
library 7–424
Library of Congress 5–351
library science 7–425
Libreville 5–27
Libya 5–25
Libyan Desert 5–27
Libyan War of Resistance against Italy 5–27
Libyans 5–27
licensing trade 8–355
lichen 2–244
lichen planus 1–341
Lichuan City 5–27
lie detector 1–485
Liebig, Justus von 4–588
Liebknecht, Karl 4–589
Liebknecht, Wilhelm 4–589
Liechtenstein 5–75
Liechtensteiners 5–75
Lien Suie King 5–85
Lietuva 5–21
Liezi 5–75
life 6–531
life form 6–530
life imprisonment 8–17
life insurance 6–298
life, modes of 6–529
life, quality of 6–530
life rite 6–297
lifelike painting, theory of 2–27
lifelong education 9–452
life-span development 1–328
LIFFE 5–194
lifting table 6–527
ligand field theory 6–59
light 3–219
Light Club 3–226
light distillate oil 6–216
light industry 6–215
light metal 6–215
light pollution 3–227
light pressure 3–230
light taxes and levies, theory of 1–420
light therapy 3–223
light wave propagation 3–219
light year 3–225
lighthouse 2–191
lighting 9–236
lighting effect in Chinese opera 2–190
lightning 6–444
lightning rod 1–334
lightning war 6–444
Ligusticum chuanxiong 2–23
Ligustrum lucidum 6–5
lijia 5–8
Lijiang City 5–24
Lijiang River 4–580
Lijiaxia Hydropower Station 4–599
likin tax 4–576
Likud 5–28
lilac 2–310
Lilburne, John 4–593
Lilienthal, Otto 4–604
Liling City 5–14
Liling porcelain 5–14
Lilium 1–211
Lille 5–7
Lilongwe 5–28
lily 1–211
lily magnolia 8–261
Lim Kha T' i 5–84
Lima 5–29
Lima Barreto, Afonso Henriques de 1–168
Lima, Jorge de 5–29
Limacodidae 2–51
Limassol 5–29
limbic system 1–338
lime 6–595
limestone 6–595
limestone cave 6–332
limit 4–70
limit up or down 9–223
limited company 9–49

limited government ………… 9–49
limited war ………… 9–49
limited war, theory of ………… 9–49
limonene ………… 5–597
limonite ………… 3–450
Limonium sinense ………… 1–423
L' Impartial ………… 2–83
Limpopo River ………… 5–79
L' Impressionisme ………… 8–613
Lin Biao ………… 5–78
Lin Biao Counterrevolution Group ………… 5–79
Lin Boqu ………… 5–79
Lin Bu ………… 5–79
Lin Changyi ………… 5–80
Lin Chao ………… 5–80
Lin, Chia-Chiao ………… 5–82
Lin Chuanding ………… 5–80
Lin Feng ………… 5–81
Lin Fengmian ………… 5–80
Lin Geng ………… 5–81
Lin Haiyin ………… 5–82
Lin Huaimin ………… 5–82
Lin Huixiang ………… 5–82
Lin Huiyin ………… 5–82
Lin Jinlan ………… 5–83
Lin Lepei ………… 5–83
Lin Mohan ………… 5–83
Lin Nong ………… 5–84
Lin Qingxia ………… 5–84
Lin Sen ………… 5–84
Lin Shan ………… 5–85
Lin Shu ………… 5–85
Lin Shuangwen' s Uprising ………… 5–85
Lin Tung-Yen ………… 5–85
Lin Wenyi ………… 5–85
Lin Yaohua ………… 5–86
Lin Yaoji ………… 5–86
Lin Yutang ………… 5–87
Lin Zexu ………… 5–87
Lin Zhao' en ………… 5–88
Lin Zhaohua ………… 5–88
Lin Zhaoliang ………… 5–87
Lin' an City ………… 5–88
Lincang City ………… 5–88
Lincoln, Abraham ………… 5–83
Lindbergh, Charles Augustus ………… 5–78
Linde, Carl (Paul Gottfried) von ………… 5–80
Linden ………… 5–80
linden ………… 2–369
Lindgren, Astrid ………… 5–81
Lindgren, Waldemar ………… 5–81
lindley butterflybush ………… 9–576
line drawing ………… 8–185
line of electric force ………… 2–284
lineal descent ………… 9–298
linear accelerator ………… 9–298
linear algebra ………… 8–185
linear integrated circuit ………… 8–186
linear programming ………… 8–186
linear systems ………… 8–186
lined Chinese-style jacket ………… 1–117
Linfen City ………… 5–90
Ling Chunsheng ………… 5–97
Ling Hongxun ………… 5–98
Ling Jihua ………… 5–103
Ling Mengchu ………… 5–98
Ling Zifeng ………… 5–98
Lingao language ………… 5–90
Lingbao City ………… 5–95
Lingbao sect of Taoism ………… 5–95
Lingbei Branch Secretariat ………… 5–100
Lingjiatan ………… 5–98
Lingnan culture ………… 5–101
Lingnan school ………… 5–100
Lingnan University ………… 5–100
Lingqu Canal ………… 5–96
linguistics ………… 9–73
lingulid ………… 6–478
Lingwu City ………… 5–96
Lingyin Temple ………… 5–96
Linhai City ………… 5–90
Linjiang City ………… 5–90
link and structural member ………… 3–155
linkage ………… 5–37
Linnakoski, Johaannes ………… 5–84
Linné, Carl von ………… 5–84
Linnean Society ………… 5–84
linoleic acid ………… 8–411
linolenic acid ………… 8–406
Linqing City ………… 5–90
Lintao County ………… 5–91
Linum usitatissimum ………… 8–406
Linxia City ………… 5–91
Linxia Hui Autonomous Prefecture ………… 5–91
Linyi City ………… 5–91
Linz ………… 5–80
Linzhi Region ………… 5–88
Linzhou City ………… 5–88
Linzi ………… 5–91
lion ………… 6–576
lion ………… 7–206
lion dance ………… 6–577
Liouville, Joseph ………… 5–117
Liparidinae ………… 6–577
lipid ………… 4–574
lipids ………… 9–294
lipoma ………… 9–293
liposuction ………… 9–292
Lipotes vexillifer ………… 1–198
Lippi, Fra Filippo and Filippino ………… 5–30
Lippincott, Joshua Ballinger ………… 5–30
Lippmann, Gabriel ………… 4–606
Lippmann, Walter ………… 4–606
Lipscomb, William Nunn, Jr. ………… 5–30
liquefied gas carrier ………… 8–504
liquefied petroleum gas ………… 8–505
liquid chromatography ………… 8–506
liquid crystal ………… 8–505
liquid crystal display television ………… 8–505
liquid helium ………… 8–505
liquid propellant gun ………… 8–506
Liquidambar formosana ………… 2–570
liquidity preference ………… 5–96
liquidity trap ………… 5–124
Liriodendron chinense ………… 2–405
Lisboa ………… 5–9
Lisbon ………… 5–9
Lishan Mountain ………… 4–579
Lishui City ………… 4–576
Lishui River ………… 5–14
List, Georg Friedrich ………… 4–612
listed company ………… 6–468
listening and smelling ………… 7–603
listeriosis ………… 5–31
Lisu ………… 5–36
Lisu language ………… 5–36
Liszt, Ferenc ………… 4–611
Liszt, Franz von ………… 4–611
Litchi chinensis ………… 5–34
literary criticism ………… 7–598
literary inquisition ………… 7–603
Literary Movement During the War of Resistance Against Japan ………… 4–414
Literary Position ………… 7–601
literary revolution ………… 7–590
literary theory ………… 7–598
literati ………… 7–14
literati painting ………… 7–592
Literature ………… 7–598
literature ………… 7–596
literature ………… 7–598
literature and art, science of ………… 7–601
Literature of the Common People ………… 6–91
lithiasis ………… 4–224
lithium ………… 5–13
Lithocarpus ………… 6–598
lithosphere ………… 8–430
Lithuania ………… 5–21
Lithuania, Grand Duchy of ………… 5–22
Lithuanian language ………… 5–22
Lithuanians ………… 5–22
litigant ………… 2–151
litigation conservatory, measures in ………… 7–199
litigation, object of ………… 7–199
litigation, prescription in ………… 7–200
litigation, suspension of ………… 7–200
litigation, termination of ………… 7–200
litre ………… 6–526
litse ………… 6–433
Litsea cubeba ………… 6–433

Little, Arthur Dehone ··· 5–31
Little Flock ··· 4–45
little mussel ··· 8–176
Little Organum for the Theatre ··· 8–142
Little Red Guard ··· 3–476
Little Tadpole Looking for Mummy ··· 8–224
little yellow croaker ··· 8–223
Littlewood, Joan ··· 5–31
Liu An ··· 5–103
Liu Baiyu ··· 5–103
Liu Bang ··· 5–104
Liu Bannong ··· 5–103
Liu Baoquan ··· 5–104
Liu Baorui ··· 5–104
Liu Bei ··· 5–104
Liu Biao ··· 5–104
Liu Bingzhong ··· 5–104
Liu Binyan ··· 5–104
Liu Bocheng ··· 5–105
Liu Chan ··· 5–105
Liu Changchun ··· 5–105
Liu Changqing ··· 5–105
Liu Chengji ··· 5–106
Liu Chenweng ··· 5–105
Liu Chong ··· 5–106
Liu Cong ··· 5–106
Liu Dabai ··· 5–106
Liu Dagang ··· 5–133
Liu Dajie ··· 5–106
Liu Dakui ··· 5–106
Liu Danian ··· 5–106
Liu Dehai ··· 5–107
Liu Ding ··· 5–107
Liu Dunzhen ··· 5–107
Liu E ··· 5–108
Liu Fei ··· 5–108
Liu Futong ··· 5–108
Liu Fuzhi ··· 5–108
Liu Gongquan ··· 5–133
Liu Guangding ··· 5–108
Liu Guo ··· 5–109
Liu Guoguang ··· 5–108
Liu Guojun ··· 5–109
Liu Guoliang ··· 5–109
Liu Haisu ··· 5–109
Liu Heita ··· 5–110
Liu Hejian ··· 5–110
Liu Hongsheng ··· 5–110
Liu Huaqing ··· 5–110
Liu Hui ··· 5–111
Liu Huixian ··· 5–111
Liu Hulan ··· 5–110
Liu Ji ··· 5–111
Liu Jie ··· 5–111
Liu Jin ··· 5–112
Liu Jingji ··· 5–112
Liu Jingting ··· 5–133
Liu Jun ··· 5–112
Liu Kaiqu ··· 5–112
Liu Kezhuang ··· 5–112
Liu Lantao ··· 5–113
Liu Laozhi ··· 5–113
Liu Mingchuan ··· 5–113
Liu Ningyi ··· 5–113
Liu Qi ··· 5–113
Liu Qi ··· 5–113
Liu Qiao' er ··· 5–114
Liu Qing ··· 5–134
liu renjing ··· 5–114
Liu Shaoqi ··· 5–114
Liu Shaotang ··· 5–116
Liu Shihao ··· 5–116
Liu Shikun ··· 5–116
Liu Shipei ··· 5–116
Liu Songnian ··· 5–116
Liu Tianhua ··· 5–116
Liu Tungsheng ··· 5–107
Liu Wei ··· 5–117
Liu Wenjin ··· 5–117
Liu Xi ··· 5–117
Liu Xiang ··· 5–117
Liu Xiang ··· 5–118
Liu Xianzhou ··· 5–117
Liu Xiaobiao ··· 5–118
Liu Xiaoqing ··· 5–118
Liu Xie ··· 5–118
Liu Xinwu ··· 5–118
Liu Xiu ··· 5–118
Liu Xiyi ··· 5–117
Liu Xizai ··· 5–117
Liu Xuan ··· 5–118
Liu Yalou ··· 5–118
Liu Yan ··· 5–119
Liu Yan ··· 5–119
Liu Yandong ··· 5–118
Liu Yao ··· 5–119
Liu Yazi ··· 5–135
Liu Yi Delivers a Letter ··· 5–135
Liu Yizhou ··· 5–119
Liu Yong ··· 5–135
Liu Yongfu ··· 5–120
Liu Yu ··· 5–120
Liu Yuan ··· 5–121
Liu Yunshan ··· 5–121
Liu Yuxi ··· 5–120
Liu Zhidan ··· 5–121
Liu Zhiji ··· 5–121
Liu Zongyuan ··· 5–136
Liu Zongzhou ··· 5–121
Liu Zunqi ··· 5–121
Liujiang River ··· 5–133
Liujiaxia Hydro power Station ··· 5–111
Liulichang ··· 5–129
Liupan Mountain ··· 5–138
Liupanshui City ··· 5–138
liuqin ··· 5–134
Liuwan Cemetery ··· 5–134
Liuyang City ··· 5–122
Liuzhi Special District ··· 5–139
Liuzhou City ··· 5–135
liuzi opera ··· 5–135
live working ··· 2–130
liver ··· 3–39
liver abscess ··· 3–41
liver biopsy ··· 3–40
liver cancer ··· 3–40
liver function tests ··· 3–41
Liverpool ··· 5–32
livestock ··· 4–125
livestock farm ··· 8–358
Living Buddha ··· 4–6
living fossil ··· 4–7
living labour ··· 4–7
living newspaper ··· 4–215
living polymerization ··· 4–7
Livingstone, David ··· 5–32
Liwa Oasis ··· 5–32
Liyang City ··· 5–37
Liye ··· 5–10
lizard ··· 8–134 (7–150)
lizardfish ··· 3–154
Ljubljana ··· 5–149
Loa River ··· 5–226
loaches ··· 3–530
load ··· 9–151
loader ··· 9–515
loan ··· 2–131
loan capital ··· 4–235
loaner ··· 9–177
Lobachevsky, Nikolay Ivanovich ··· 5–199
Lobby ··· 9–116
Lobito ··· 5–226
Lobsangdanjin Rebellion ··· 5–200
local area network ··· 4–332
local autonomy ··· 2–221
local chronicles ··· 2–221
local chronicles ··· 2–491
local group of galaxies ··· 1–309
local national chauvinism ··· 2–221
local police station ··· 6–38
local race ··· 2–245
local records ··· 2–491
local tax ··· 2–221
local time ··· 2–221
local topology ··· 2–492
local war ··· 4–332
location theory ··· 6–245
lock ··· 2–30
lock ··· 7–235
Locke, John ··· 5–228
Lockerbie Air Disaster ··· 5–228

lock-shaped longevity necklace …… 1–515
locomotive …… 4–28
locus …… 3–244
locust …… 3–604
locusts, plague of …… 3–604
lodging …… 2–158
Lodoidamba, Chadraabaliin …… 5–227
Łódź …… 5–221
loess …… 3–599
loess cave dwelling …… 8–481
Loess Plateau …… 3–599
Loetschberg tunnel …… 4–566
Lofty Mountains and Flowing Water …… 3–75
log book …… 3–392
logarithm …… 2–373
logic …… 5–222
logic circuit …… 5–224
logical atomism …… 5–224
logical positivism …… 5–224
Logicians, school of …… 5–438
logistic center …… 8–78
logos …… 5–222
Loire River …… 5–155
Lo-Johansson, Karl Ivar …… 5–233
Lokaksema …… 9–287
Lokayata …… 7–109
Lolium …… 3–456
Lolium temulentum …… 2–351
Lombroso, Cesare …… 5–140
Lomé …… 5–230
Lomé Convention …… 5–230
Lomonosov, Mikhail Vasilyevich 5–212
London …… 5–192
London …… 5–192
London brothers …… 5–194
London Heathrow Airport …… 5–194
London International Financial Futures and Options Exchange …… 5–194
London planetree …… 8–364
London subway …… 5–193
London Symphony Orchestra …… 5–194
London Wax Museum …… 5–194
loneliness …… 3–157
Long Beach …… 1–520
long drum dance …… 1–512
long gown …… 1–516
Long Guanhai …… 5–140
long jawed spider …… 8–212
long jump …… 7–378
Long March of Chinese Workers' and Peasants' Red Army …… 9–357
long sleeves dance …… 1–520
long sleeves skill in Chinese opera …… 7–103
long tune …… 1–512
long yellow daylily …… 4–263
Long Yun …… 5–144
longan …… 5–144 (3 – 248)
long-distance races …… 1–516
longevity noodles …… 1–519
longevous area …… 1–519
Longfellow, Henry Wadsworth …… 4–549
Longgupo …… 5–140
Long-Hai Railway …… 5–145
long-haired caterpillar …… 2–130
long-horned beetle …… 7–355
Longhua Town …… 5–140
Longinus …… 4–550
longitudinal wave …… 9–561
Longjing City …… 5–141
Longkeduo …… 5–145
Longkou City …… 5–141
longlived leaf …… 1–215
Longman Group Ltd. …… 4–550
Longmen Caves …… 5–141
Longmen Mountain …… 5–141
Longnan City …… 5–145
Longo, Luigi …… 5–145
Longos …… 4–550
Longquan ceramics …… 5–142
Longquan City …… 5–142
long-range boxing …… 1–517
Longshan Caves …… 5–142
Longsheng Pan-Nationalities Autonomous County …… 5–142
longtang …… 5–146
long-term liability …… 1–516
Longyan City …… 5–144
Longyangxia Hydropower Station …… 5–144
Lonicera japonica …… 6–309
looking-glass self …… 4–318
Lop Nur …… 5–201
Lopes, Fernão …… 5–230
Lophiidae …… 1–112
loquat …… 6–76
Lord Chunshen …… 2–38
Lord Mengchang …… 5–382
Lord Pingyuan …… 6–94
Lord Xinling …… 8–297
Lorentz force …… 5–229
Lorentz, Hendrik Antoon …… 5–229
Lorentz transformation …… 5–229
Lorenz coefficient …… 5–229
Lorenz curve …… 5–229
Lorenz, Konrad …… 5–229
Loricifera …… 4–396
Loris tardigradus …… 4–547
Lorraine …… 5–228
Los Angeles …… 5–231
Los Angeles Times …… 5–231
Los Angeles, Victoria de …… 5–232
Lost Generation …… 5–392
lost-wax process …… 6–571
Loti, Pierre …… 5–227
Lötschberg-Basistunnel …… 4–566
lottery ticket …… 1–466
lotus root …… 6–27
lotus-shaped zun …… 5–40
Lou Shide …… 5–147
Lou Shiyi …… 5–147
Louang Phrabang …… 4–549
Loucianos …… 5–152
Loudi City …… 5–147
Louganis, Gregory …… 5–227
Louguan sect of Taoism …… 5–147
Louguantai Taoist Temple …… 5–147
Louis XIV …… 5–174
Louis XVI …… 5–174
Louisiana State …… 5–175
Louisville …… 5–175
Loulan …… 5–147
Loushan Pass …… 5–147
love …… 1–86
love letter …… 6–236
love novel …… 8–428
low back and legs, pain in …… 8–477
low back pain …… 8–477
low temperature physics …… 2–206
low water …… 4–482
Lowell, James Russell …… 5–232
Lower Capital of Yan State …… 8–423
lower plant …… 2–206
Lower Xiajiadian Culture …… 8–163
lower-he-sea points …… 8–158
loyalty and forgiveness …… 9–451
loyalty, filiality, chastity and righteousness …… 9–452
LPG …… 8–505
Lu Ban …… 5–162
Lü Baowei …… 5–177
Lü Benzhong …… 5–177
Lü Buwei …… 5–177
Lu Chunling …… 5–167
Lu Clan's Residences at Dongyang …… 2–328
Lu cuisine …… 5–164
Lü Dalin …… 5–177
Lu Dingyi …… 5–167
Lü Dongbin …… 5–178
Lu family troupe …… 5–173
Lü Guang …… 5–178
Lu Guimeng …… 5–167
Lu Hefu …… 5–150
Lü Huiqing …… 5–178
Lu Ji …… 5–167
Lü Ji …… 5–178
Lu Jiaxi …… 5–150
Lu Jiuyuan …… 5–168
Lu Jiuyuan and Wang Shouren, school of …… 5–169
Lu Kanru …… 5–168
Lu Ling …… 5–173
Lu Lun …… 5–151

Lu Peizhang ········ 5–152
Lü Qin ········ 5–179
Lu Rongting ········ 5–169
Lü Shuxiang ········ 5–179
Lu Sidao ········ 5–154
Lü Simian ········ 5–179
Lu State ········ 5–162
Lu Su ········ 5–165
Lu Tanwei ········ 5–169
Lü Tiancheng ········ 5–180
Lü Wencheng ········ 5–180
Lu Wenfu ········ 5–169
Lu Xiangsheng ········ 5–156
Lu Xiufu ········ 5–170
Lu Xiujing ········ 5–169
Lu Xixing ········ 5–169
Lu Xueshan ········ 5–170
Lu Xun ········ 5–166
Lu Xun Literature and Art University ········ 5–166
Lu Yan ········ 5–166
Lü Yanzhi ········ 5–180
Lu Yongxiang ········ 5–175
Lu You ········ 5–170
Lu Yu ········ 5–171
Lu Yuanjiu ········ 5–171
Lu Yun ········ 5–171
Lu Zhaojun ········ 5–157
Lu Zhaolin ········ 5–157
Lü Zhengcao ········ 5–181
Lü Zhenyu ········ 5–180
Lu Zhi ········ 5–171
Lu Zhuangzhang ········ 5–157
Lu Zigang ········ 5–171
Lu Zuofu ········ 5–157
Lü Zuqian ········ 5–181
Lu' an City ········ 5–167
Luan Jujie ········ 5–189
Luanda ········ 5–198
Luang Pibul Songgram ········ 5–190
Luanhe River ········ 5–190
Luanhe River Diversion Project ········ 8–586
luantan tones ········ 5–191
Luba ········ 5–148
lubricating oil ········ 6–352
lubrication ········ 6–352
Lubumbashi ········ 5–148
Luc Besson ········ 5–179
Lucas, Robert Emerson, Jr. ········ 5–151
Lucheng City ········ 5–176
Lucia Festival ········ 5–176
Lucretius, Carus ········ 5–151
Lüdao Island ········ 5–184
Luddite Movement ········ 5–149
Lufeng City ········ 5–167
Lufeng County ········ 5–173
Lufengosaurus ········ 5–172
Lufengpithecus ········ 5–172
Luffa cylindrica ········ 7–117
Lugou Bridge ········ 5–149
Lugou Bridge Incident ········ 5–150
Lugu Lake ········ 5–159
Luhn, Hans Peter ········ 5–149
Luhuan Island ········ 5–173
Luhya ········ 5–156
Luis, Alejandrina Mireya ········ 5–174
Lujiang County ········ 5–158
lüju opera ········ 5–179
Lukács György ········ 5–150
Lüliang City ········ 5–179
Lüliang Mountain ········ 5–179
lumbar intervertebral disc, protrusion of ········ 8–478
Lumbinī ········ 4–545
lumbosacral strain ········ 8–476
lumen ········ 5–125
Lumière, Louis ········ 5–152
luminescence of solid ········ 3–193
luminescent material ········ 2–431
Lumumba, Patrice Hemery ········ 5–151
Luna probe ········ 9–123
Lunan Stone Forest ········ 5–173
lunar calendar ········ 8–572
lunar eclipse ········ 9–123
lunar exploration ········ 9–123
lunar landing module ········ 2–192
lunar probe ········ 9–123
Lunda ········ 5–145
Lunda Kingdom ········ 5–145
lung ········ 2–532
lung abscess ········ 2–534
Lunheng ········ 5–197
Lunt, Alfred ········ 4–550
Lunyu school ········ 5–195
Luo Binghui ········ 5–200
Luo Binji ········ 5–233
Luo Binwang ········ 5–233
Luo Changpei ········ 5–201
Luo Dagang ········ 5–201
Luo Ergang ········ 5–202
Luo Fu ········ 5–227
Luo Fuhe ········ 5–203
Luo Gan ········ 5–203
Luo Gongliu ········ 5–203
Luo Guanzhong ········ 5–204
Luo Haocai ········ 5–204
Luo Longji ········ 5–205
Luo Niansheng ········ 5–214
Luo Peilin ········ 5–215
Luo Qinshun ········ 5–215
Luo Ronghuan ········ 5–215
Luo Ruiqing ········ 5–215
Luo Shengjiao ········ 5–216
Luo Songchuang ········ 5–219
Luo Wenzao ········ 5–219
Luo Xiangpu ········ 5–220
Luo Yin ········ 5–221
Luo Yinggong ········ 5–221
Luo Yinong ········ 5–220
Luo Yuan ········ 5–221
Luo Yusheng ········ 5–234
Luo Zhanglong ········ 5–221
Luo Zhenyu ········ 5–221
Luo Zongluo ········ 5–221
Luocheng Mulao Autonomous County ········ 5–201
Luochuan Conference ········ 5–226
Luochuan County ········ 5–227
luo-connecting point ········ 5–233
Luofu Mountain ········ 5–203
Luohe City ········ 5–236
Luohe River ········ 5–227
Luoxia Hong ········ 5–235
Luoxiao Mountain Range ········ 5–220
Luoyang ········ 5–232
Luoyang Bridge ········ 5–232
Luoyang City ········ 5–233
Lupu Bridge ········ 5–152
lupus erythematosus ········ 3–468
Luria, Aleksandr Romanovich ········ 5–164
Luris ········ 5–151
Lusaka ········ 5–152
Lusatians ········ 5–152
Lushan Conference (1959) ········ 5–158
Lushan Mountain ········ 5–158
Lüshunkou District ········ 5–181
Lutfi ········ 5–165
Lutheran Church ········ 5–173
Luthuli, Albert John Mvumbi ········ 5–155
Lutosławski, Witold ········ 5–155
Lutra ········ 7–97
Luwan District ········ 5–155
lux ········ 4–564
Luxembourg ········ 5–153
Luxembourg ········ 5–154
Luxembourgian ········ 5–154
Luxembourgish ········ 5–154
Luxembourgues ········ 5–154
Luxemburg ········ 5–153
Luxemburg ········ 5–154
Luxemburg, Rosa ········ 5–154
Luxi City ········ 5–176
Luxor ········ 5–151
Luxor Temple ········ 5–151
Luxuriant Gems of the Spring and Autumn Annals ········ 2–38
Lüyuan ········ 5–187
Luzhou City ········ 5–159
Luzon Island ········ 5–180
Luzon State ········ 5–180
Lyapunov, Aleksandr

Mikhailovich ························ 5–1
Lyceum Theatre ························ 4–542
lychee ························ 5–34
Lycium ························ 3–154
Lycoperdaceae ························ 5–240
Lycopersicon esculentum ························ 2–463
Lycopersicon esculentum var.*cerasiforme* ························ 9–13
lycopods ························ 6–602
Lycosidae ························ 4–549
Lydian stone ························ 7–29
Lyell, Sir Charles ························ 4–535
Lymantridae ························ 2–351
Lymnaeidae ························ 9–517
lymph ························ 5–92
lymph circulation ························ 5–93
lymph node enlargement ························ 5–92
lymphogranuloma venereum ························ 8–324
Lynx ························ 6–477
lynx ························ 6–477
Lyon ························ 5–6
Lyra ························ 7–356
lyrebirds ························ 6–203
lyric poetry ························ 7–50
Lyrical Ballads ························ 7–50
lysine ························ 4–537
lysosome ························ 6–333
lysozyme ························ 6–333
Lyubimov, Yury Petrovich ························ 5–122

M

M1 Abrams main battle tank ························ 9–586
Ma Benzhai ························ 5–239
Ma Chao ························ 5–240
Ma Dayou ························ 5–242
Ma Duanlin ························ 5–245
Ma Feng ························ 5–248
Ma Heng ························ 5–251
Ma Hong ························ 5–251
Ma Ji ························ 5–251
Ma Jianling ························ 5–252
Ma Jianzhong ························ 5–252
Ma Jun ························ 5–253
Ma Junren ························ 5–253
Ma Junwu ························ 5–253
Ma Kai ························ 5–253
Ma Ke ························ 5–254
Ma Lianliang ························ 5–267
Ma Rong ························ 5–274
Ma Rongzhi ························ 5–274
Ma Rufei ························ 5–274
Ma Sanfeng ························ 5–275
Ma Sanli ························ 5–275
Ma Shiying ························ 5–277
Ma Shizeng ························ 5–276
Ma Shuilong ························ 5–277
Ma Sicong ························ 5–277
Ma Wanqi ························ 5–280
Ma Wenrui ························ 5–281
Ma Wenzhao ························ 5–281
Ma Xiangbo ························ 5–282
Ma Xiaochun ························ 5–282
Ma Xingye ························ 5–283
Ma Xiwu ························ 5–281
Ma Xueliang ························ 5–284
Ma Xulun ························ 5–283
Ma Yanhong ························ 5–284
Ma Yanxiang ························ 5–284
Ma Yin ························ 5–284
Ma Yinchu ························ 5–284
Ma Yong ························ 5–285
Ma Yuan ························ 5–285
Ma Yuan ························ 5–285
Ma Yuehan ························ 5–285
Ma Zhiyuan ························ 5–286
Ma Zhongxi ························ 5–286
Ma Zu ························ 5–237
Ma' anshan City ························ 5–239
Ma 'arrī, Abu' l- 'Ala' al- ························ 5–293
Maastricht Treaty ························ 5–278
Maban group ························ 5–239
Macaca ························ 5–392
Macao ························ 1–138
Macao pataca ························ 1–140
Macao Peninsula ························ 1–138
Macao Special Administrative Region ························ 1–139
Macao St. Paul' s Cathedral ························ 1–139
Macao' s Return ························ 1–138
macaques ························ 5–392
macaroni ························ 7–391
MacArthur, Douglas ························ 5–296
Macartney Mission ························ 5–252
Macbeth ························ 5–296
MacDonald, (James) Ramsay ························ 5–297
Macedonia ························ 5–272
Macedonian Dynasty ························ 5–272
Macedonian language ························ 5–273
Macedonian Royal Tombs ························ 5–273
Macedonian Wars ························ 5–273
Macedonians ························ 5–272
Mach, Ernst ························ 5–250
Mach number ························ 5–251
Mácha, Karel Hynek ························ 5–249
Machado brothers ························ 5–240
Machado de Assis, Joaquim Maria ························ 5–240
Machiavelli, Niccolò ························ 5–251
machine ························ 4–30
machine design ························ 4–32
machine drawing ························ 4–33
machine element ························ 4–32
machine gun ························ 4–30
machine part ························ 5–100
machine tool ························ 4–29
machine translation ························ 4–30
machinery and mechanical appliance ························ 4–30
machines and mechanisms, theory of ························ 4–32
machining by cutting ························ 6–190
Machism ························ 5–251
Machu Picchu ························ 5–273
Mackenzie River ························ 5–249
mackerel shark ························ 7–59
mackerel sharks ························ 6–234
Mackinder, Sir Halford John ························ 5–295
Mac-Mahon, Marie-Edme-Patrice-Maurice de ························ 5–296
MacMillan, Kenneth ························ 5–296
Macmillan Publishers Ltd. ························ 5–296
Macracanthorhynchus infection ························ 9–495
macroeconomic control ························ 3–477
macroeconomics ························ 3–477
macrolide antibiotics ························ 2–87
macromolecular compound ························ 3–63
macromolecule ························ 3–63
Macropodidae ························ 2–131
Macropodus ························ 2–345
macroscopic quantum phenomena ························ 3–478
Macrura reevesii ························ 7–6
mad cow disease ························ 2–572
Madagascar ························ 5–240
Madagasikara ························ 5–240
Madagasy language ························ 5–242
Madame Bovary ························ 1–236
Madame Butterfly ························ 3–517
Madame Tussaud' s Wax Museum ························ 7–425
madder family ························ 6–176
Madeira Islands ························ 5–242
Madeira, Río ························ 5–242
madhyamāpratipada ························ 9–327
Mādhyamika ························ 9–334
Mādhyamikaśāstra ························ 9–433
Madiun Affair ························ 5–467
Madoi County ························ 5–287
Madras ························ 5–242
Madrasah ad-Dīwān ························ 2–216
Madrid ························ 5–242
Madrid Agreement Concerning the International Registration of Marks ························ 6–453
Madurese ························ 5–245
Madurese language ························ 5–245
Mae Nam ························ 5–338
Maeterlinck, Maurice ························ 5–335
Maetzig, Kurt ························ 5–335
Maexirep ························ 5–298
Magadha ························ 5–459
Magdalena, Río ························ 5–249

Magdalenian Culture 5–249
Magellan, Ferdinand de 5–299
Magellanic clouds 5–299
Maggie Cheung 9–203
maggot 9–17
Maghreb 5–249
Maghrib 5–249
magic 2–455
magic 8–141
magic cube 5–465
magic-illusion 5–465
Maginot Line 5–273
magma 8–429
magmatic mineral deposit 8–429
magmatic rock 8–430
magmatism 8–430
Magna Carta 2–112
Magna Graecia 2–111
magnesite 5–99
magnesium 5–364
magnesium alloy 5–364
magnesium fertilizer 5–364
magnesium oxide 8–474
magnesium sulfate 5–132
magnetic circuit 2–48
magnetic confinement fusion 2–50
magnetic field 2–45
magnetic flux 2–49
magnetic force, line of 2–47
magnetic induction 2–45
magnetic intensity 2–45
magnetic levitation railway 2–50
magnetic material 2–49
magnetic medium 2–47
magnetic moment 2–47
magnetic monopole 2–45
magnetic permeability 2–45
magnetic physics 2–49
magnetic prospecting 2–45
magnetic recording material 2–47
magnetic reluctance 2–50
magnetic resonance 2–45
magnetic resonance imaging 2–46
magnetic storm 2–44
magnetite 2–48
magnetization 2–46
magnetochemistry 2–46
magnetohydrodynamic generator 2–48
magnetohydrodynamics 2–48
magneto-optic effect 2–46
magnetoresistance material 2–45
magnetosphere of the earth 2–233
magnetospheric substorm 2–44
magnetostriction 2–50
magnetostrictive material 2–50
magnetotherapy 2–47
magnific tigridiopalma 3–520
Magnitogorsk 5–249
magnitude 8–304
Magnolia 9–75
Magnolia family 5–490
Magnolia liliflora 8–261
Magnolia officinalis 3–496
Magnoliaceae 5–490
Magnum Photos 5–287
Magyarország 8–329
Mahābhārata 5–459
mahākāvya 2–104
mahamudra 2–104
Mahan, Alfred Thayer 5–250
Mahanuvara 5–250
Mahāparinirvāna-Sūtra 2–74
Mahāsanghika 2–123
Mahathir bin Mohamad 5–249
Mahāvairocana-sūtra 2–103
Mahāvira 2–113
Mahaweli Ganga 5–250
Mahayana 2–75
Mahāyāna-Sraddhotpāda- śāstra 2–76
Mahé Island 5–239
Mahfūz, Najib 5–250
mah-jong, game of 5–237
Mahler, Gustav 5–263
Mähmud Kašγäri 5–250
mahogany 7–323
Mahonia fortunei 6–586
maidenhair 7–384
Maihime 8–64
Maijishan Caves 5–294
Mailer, Norman 5–333
mail-order store 9–33
main battle tank 9–499
main memory 9–498
main sequence star 9–499
Maine, Sir Henry (James Sumner) 5–331
Maine State 5–416
maintenance 2–599
Maitreya 5–390
Maitreyasamiti-Nataka 5–390
Maitrī-karunā 2–43
maize 9–76
Majapahit 5–237
Majiabang Culture 5–252
Majiayao Culture 5–252
Major, John 5–332
Major Tamás 5–319
major-domo 6–100
Majuro 5–286
Makarenko, Anton Semyonovich 5–253
Makkah 5–295
Makua 5–256
Malabo 5–256
malabsorption syndrome 8–118
Malacca group 5–269
Malacca, Kingdom of 5–268
Malacca, Strait of 5–268
malachite 4–474
Malacosoma 7–355
Malamud, Bernard 5–257
Malan, Daniel François 5–263
Malan Flower 5–263
malaria 6–5
Malawi 5–258
Malawi Lake 5–259
Malawians 5–259
Malay Archipelago 5–260
Malay language 5–262
Malay Peninsula 5–260
Malayalams 5–260
Malayan People' s Anti Japanese Army 5–262
Malayan sun bear 5–262
Malayo-Polynesian family 5–260
Malays 5–260
Malaysia 5–261
Malčinküü 5–287
Maldives 5–245
Male 5–263
male role in Chinese opera 6–527
Malebranche, Nicolas 5–263
maleic anhydride 7–109
Mali 5–264
Mali Empire 5–265
malic acid 6–95
malignant histiocytosis 2–410
malignant melanoma 2–410
Mālikīyah, al 5–266
Maling, Battle of 5–268
malingering 9–175
Malinowski, Bronislaw Kaspar 5–267
mallard 5–186
Mallarmé, Stéphane 5–257
Mallophaga 7–4
mallow family 4–267
malnutrition 9–16
malocclusion 2–60
Malory, Sir Thomas 5–269
malt syrup 8–538
Malta 5–247
Maltese 5–248
Maltese language 5–248
Malthus, Thomas Robert 5–247
Malthus' population theory 5–247
maltose 5–299
Malus asiatica 6–423
Malus pumila 6–94
Malva verticillata 2–330
Malvaceae 4–267
Malvinas Islands 5–247
Malvinas Islands War 5–247
Maly Theatre 8–224

Mamenchisaurus ······ 5–269
mammal ······ 1–424
mammals ······ 7–45
mammary gland ······ 6–342
Mammeri, Mouloud ······ 5–270
mammoth ······ 5–376
Mammuthus ······ 5–376
Mamoulian, Rouben ······ 5–270
Ma' mūn, al- ······ 5–298
Man ······ 5–309
Man and the Biosphere Program ··· 6–301
man fish ······ 7–463
management ······ 3–214
management accounting ······ 3–214
management information system ··· 3–214
managerial responsibility system
of contracting in business ······ 6–135
managerial right ······ 4–299
managing disorder of blood
system ······ 5–13
Managua ······ 5–270
Manama ······ 5–298
Manāmah ······ 5–298
Manas ······ 5–287
Manas Lake ······ 5–288
Manaus ······ 5–271
Mancheng County ······ 5–304
Manchester ······ 5–306
Manchu ······ 5–305
Manchu branch ······ 5–305
Manchu language ······ 5–305
Manchu script ······ 5–304
Manchu-Han banquet ······ 5–304
manchurian ash ······ 7–95
manchurian catalpa ······ 6–243
manchurian walnut ······ 3–438
Manchu-Tungusic group ······ 5–304
Mandalay ······ 5–306
mandarin dialects ······ 3–210
mandarin duck ······ 9–85
mandarin ducks and butterflies,
school of ······ 9–85
mandarin jacket ······ 5–249
mandate of heaven ······ 7–354
mandatory planning ······ 9–309
mandatory standard ······ 6–180
Mande ······ 5–306
Mandela, Nelson ······ 5–306
mandolin ······ 5–307
man-eater shark ······ 7–35
Manet, Édouard ······ 5–270
maneuver ······ 4–29
Manfeilong Pagoda ······ 5–307
manganese ······ 5–382
manganese alloy ······ 5–382
Mangifera indica ······ 5–311
Manglietiastrum sinicum ······ 3–534
mango ······ 5–311
mangrove forest ······ 3–473
Mangshi City ······ 5–311
Manhattan Project ······ 5–308
Manic-5 Dam ······ 5–271
Manichaeism ······ 5–462
Manifest der kommunistischen Partei ··· 3–147
Manihot esculenta ······ 5–492
Manila ······ 5–271
Manis pentadactyla ······ 2–24
Mānjuśrī ······ 7–593
man-land relationship, theory of ··· 6–284
man-machine system ······ 6–288
manned space flight ······ 9–152
manned spacecraft ······ 9–152
mannerism ······ 8–476
Mannheim, Karl ······ 5–308
mannose ······ 3–35
manor ······ 9–513
manor system of West Europe ······ 8–98
Mansa Mūsā ······ 5–308
Mansfield, Katherine ······ 5–308
Mansion of Prince Gong ······ 3–143
mantid ······ 7–320
mantis boxing ······ 7–320
mantle ······ 2–229
mantle ······ 6–69
mantle convection hypothesis ······ 2–229
mantle plume ······ 2–229
Mantodea ······ 7–320
Mantovani, Annuzio Paulo ······ 5–308
manual agricultural implements ······ 8–226
manufacture ······ 3–121
manufacturing industry ······ 9–314
manure ······ 9–45
Manu-smrti ······ 5–462
Manu-smrti ······ 5–463
Manutius family ······ 5–271
many-banded krait ······ 8–582
Man' y ō -shū ······ 7–484
many-valued logic ······ 2–392
Manzhouli City ······ 5–305
Manzoni, Alessandro ······ 5–308
Mao Dun ······ 5–325
Mao Dun Literature Prize ······ 5–326
Mao Kun ······ 5–326
Mao Qiling ······ 5–318
Mao Shoubai ······ 5–318
Mao Xiejun ······ 5–319
Mao Yisheng ······ 5–326
Mao Zedong ······ 5–319
Mao Zedong Thought ······ 5–322
Mao Zhiyong ······ 5–324
Mao Ziyuan ······ 5–327
Mao Zonggang ······ 5–325
Mao' er Mountain ······ 5–312
Maojindu ······ 5–326
Maoling Mausoleum ······ 5–327
Maoming City ······ 5–328
Maonan ······ 5–317
Maonan language ······ 5–317
Maori ······ 5–316
Maori language ······ 5–317
Maori Rebellion ······ 5–317
Maoshan sect of Taoism ······ 5–326
Maotai Town ······ 5–326
map ······ 2–239
map projection ······ 2–239
Mapam Yumco ······ 5–288
maple ······ 6–154
mapping ······ 9–22
*Maps and Gazetter of the Provinces
and Countries in the Yuanhe
Period* ······ 9–92
Maps of Ptolemy ······ 7–453
Maps Unearthed form Fangmatan ··· 2–502
Maps Unearthed from
Mawangdui Han Tomb ······ 5–280
Maputo ······ 5–271
Mar del Plata ······ 5–243
Maracaibo ······ 5–257
Maracaibo Lake Bridge ······ 5–257
Maracana Stadium ······ 5–257
maracas ······ 6–422
Maradona, Diego Amando ······ 5–256
Marajó, Ilha de ······ 5–258
Marañón, Río ······ 5–258
Marathi language ······ 5–258
Marathis ······ 5–258
Marathon, Battle of ······ 5–258
Marathon race ······ 5–258
Marathon swimming ······ 5–258
marble ······ 2–90
Marcello, Claudio ······ 5–246
march ······ 4–271
March Community ······ 5–246
March into Dabie Mountains ······ 4–271
March 1st Movement ······ 6–405
Marchais, Georges ······ 5–282
Marchantia polymorpha ······ 2–230
Marco Polo ······ 5–254
Marconi, Guglielmo ······ 5–254
Marcos, Ferdinand Edralin ······ 5–254
Marcuse, Herbert ······ 5–246
mare' s milk-wine ······ 5–270
margarodid scale ······ 7–111
Margarodidae ······ 7–111
Margarya ······ 5–225
marginal efficiency of capital ······ 9–520
marginal efficiency of investment ··· 7–413
marginal productivity ······ 1–336
marginal propensity to save ······ 1–336
marginal rate of substitution of
commodities ······ 6–455

marginal science ······ 1–338
marginal sea ······ 1–338
marginal utility ······ 1–336
marginal utility school ······ 1–336
Maria ······ 5–267
Maria Theresia ······ 5–287
Mariana Islands ······ 5–266
Mariana Trench ······ 5–266
Mariátegui, José Carlos ······ 5–266
maries davallia ······ 3–188
Mariette, Auguste ······ 5–265
Marilyn Monroe ······ 5–287
marine algae ······ 3–354
marine biology ······ 3–351
marine chemistry ······ 3–349
marine corps ······ 3–329
marine disaster ······ 3–353
marine ecology ······ 3–351
marine environment pollution ······ 3–350
marine environmental science ······ 3–350
marine fog ······ 3–344
marine geology ······ 3–348
marine insurance ······ 3–338
marine mammal ······ 3–340
marine navigation ······ 3–391
marine physics ······ 3–352
marine resource ······ 3–353
marine salvage ······ 3–336
marine science ······ 3–350
marine sediment ······ 3–348
marine self-purification capability ······ 3–353
marine surveying and charting ······ 3–347
Marinetti, Filippo Tommaso ······ 5–266
Maritain, Jacques ······ 5–265
maritime arbitration organization ······ 3–340
maritime climate ······ 3–353
maritime court ······ 3–340
maritime distress ······ 3–335
maritime law ······ 3–338
maritime litigation ······ 3–340
maritime meteorology ······ 3–392
maritime safety agency ······ 3–338
maritime satellite ······ 3–340
Maritime Trade Commission ······ 7–25
Mark Six ······ 5–138
Mark Twain ······ 5–256
market ······ 7–25
market ······ 7–25
market access ······ 7–28
market access system ······ 7–28
market control ······ 7–26
market economy ······ 7–26
market failure ······ 7–27
market forecasting ······ 7–27
market mechanism ······ 7–26
market of technology ······ 4–100
market price ······ 7–26
market register ······ 7–28
market share ······ 7–27 (7–26)
market town ······ 4–78
marketing ······ 7–27
marketing survey ······ 7–26
Markov, Andrey Andreyevich ······ 5–246
Marlon Brando ······ 5–269
Marlowe, Christopher ······ 5–269
marmosets ······ 6–331 (4–346)
Marmota ······ 3–388
marmots ······ 3–388
Marne, Battles of the ······ 5–245
Marqués, René ······ 5–246
Marquess Wen of Wei ······ 7–576
Marquis Cai, Tomb of ······ 1–468
Marrâkech ······ 5–257
marriage ······ 4–2
marriage by capture ······ 6–181
marriage by exchange ······ 4–194
marriage certificate ······ 4–2
marriage, freedom of ······ 4–3
marriage law ······ 4–3
marriage, registration of ······ 4–2
marriage, service for ······ 4–3
marriage system ······ 4–3
marrow ······ 7–215
Mars ······ 4–15
Mars exploration ······ 4–15
Marseillaise ······ 5–275
Marseille ······ 5–275
marsh ······ 9–227
marsh gas ······ 9–227
Marshall, Alfred ······ 5–282
Marshall, George Catlett ······ 5–283
Marshall Islands ······ 5–276
Marshall Mediation ······ 5–283
Marshall Plan ······ 5–283
Marshallese ······ 5–276
Marsupialia ······ 9–45
marten ······ 2–300
Martens, Adolf ······ 5–279
Martes ······ 2–300
Martí, José ······ 5–243
martial law, enforcement of ······ 4–233
Martin du Gard, Roger ······ 5–244
Martin, John ······ 5–244
Martin Luther ······ 5–244
Martin Luther King, Jr. ······ 5–244
Martin, William Alexander Parsons ······ 2–309
Martinique ······ 5–279
Martinson, Harry (Edmund) ······ 5–244
Mārūn al-Nāqqāsh ······ 5–269
marvel of peru ······ 9–533
Marx, Karl (Heinrich) ······ 5–255
Marxism ······ 5–255
Maryland State ······ 5–266
Masan ······ 5–275
Masaoka Shiki ······ 9–265
Mascarene Islands ······ 5–278
Masereel, Frans ······ 5–298
Maseru ······ 5–274
Mashhad ······ 5–276
Masjid ······ 6–233
mask ······ 5–416
mask dance ······ 4–144
masked palm civet ······ 3–529 (3–300)
Maslow, Abraham Harold ······ 5–278
Masqat ······ 5–277
mass ······ 5–391
mass ······ 5–391
mass ······ 9–314
mass action law ······ 9–316
mass communication ······ 2–123
mass number ······ 9–316
mass organizations ······ 6–501
mass spectrometry ······ 9–316
Massachusetts Institute of Technology ······ 5–238
Massachusetts State ······ 5–274
massage ······ 7–449 (1–114)
massage for bone-setting ······ 9–266
mass-energy relation ······ 9–316
Massenet, Jules ······ 5–278
Massinger, Philip ······ 5–283
masson pine ······ 5–281
Master Embracing Simplicity ······ 1–248
Master Guliang's Commentary on Spring and Autumn Annals ······ 3–191
Master Lü's Spring and Autumn Annals ······ 5–179
master's degree ······ 7–111
masturbation ······ 9–545
Mas'ūdī, al- ······ 5–278
Masuri, bin Salikun ······ 5–278
mat grass ······ 8–136
Mata Utu ······ 5–279
Mataram ······ 5–242
Matataro Matsumoto ······ 7–158
matchmaker ······ 3–472
matchmaker in Chinese myth ······ 9–121
material ······ 1–458
material evidence ······ 8–78
material law ······ 6–615
material science and technology ······ 1–458
materialism ······ 7–547
Materialism and Empirio-criticism ······ 7–547
materialist dialectics ······ 7–546
materialized labour ······ 8–70
materials distribution ······ 8–77
materials handling equipment ······ 8–77
mathematical expectation ······ 7–73
mathematical logic ······ 7–64
mathematical model ······ 7–72
mathematical school ······ 7–66

mathematical statistics ······ 7–65
mathematics ······ 7–69
Mather, John Cromwell ······ 5–275
Mati Temple Caves ······ 5–279
Matisse, Henri (-Émile-Benoît) ··· 5–243
matriarchy ······ 5–486
matrimonial regime ······ 2–589
matrix ······ 4–334
Matsumoto Seichō ······ 7–158
Matsunaka Shōiji ······ 7–162
Matsuo Bashō ······ 7–161
Matsuzaki Kimiyo ······ 7–160
matter ······ 8–79
Matthew effect ······ 5–279
Matthiola incana ······ 9–533
Mau Mau Movement ······ 5–326
Mauchly, John William ······ 5–471
Maudslay, Henry ······ 5–478
Maugham, William Somerset ······ 5–317
Maung Htin ······ 5–329
Maupassant, Guy de ······ 5–467
Mauriac, François ······ 5–470
Mauritania ······ 5–315
Mauritanian ······ 5–316
Mauritanie ······ 5–315
Mauritius ······ 5–314
Maury, Matthew Fontaine ······ 5–469
Maurya Dynasty ······ 4–474
Mauser pistol ······ 5–318
Mausoleum of Dr. Sun Yat-sen ······ 9–436
Mausoleum of First Emperor of Qin Dynasty ······ 6–201
Mausoleum of Wang Jian ······ 7–500
Mausoleum Sculptures of Southern Dynasties ······ 5–519
Mausoleums of Han Dynasty ······ 3–377
Mausoleums of Liao Dynasty ······ 5–65
Mausoleums of Tang Dynasty ······ 7–308
Mausoleums of Tibetan Kings ······ 9–158
Mausoleums of Western Xia Dynasty ······ 8–105
Mauss, Marcel ······ 5–473
Mawangdui Han Tombs ······ 5–281
Mawei Port ······ 5–281
Mawlā ······ 5–314
Mawlid al-Nabī ······ 6–562
Max Planck Society for the Advancement of Science ······ 5–271
Maxim machine gun ······ 5–254
Maximilian I ······ 5–256
Maxwell equations ······ 5–297
Maxwell, James Clerk ······ 5–297
Maxwell, Robert ······ 5–256
Maxwell's distribution law of velocity ······ 5–297
May 7 Cadre School ······ 8–49
May Fourth Movement ······ 8–50
May Third Tragedy ······ 8–50
May Thirtieth Movement ······ 8–49
Maya ······ 5–289
Maya art ······ 5–288
Maya Civilization ······ 5–289
Maya language ······ 5–290
Maya script ······ 5–289
Mayakovsky, Vladimir Vladimirovich ······ 5–284
Mayflower ······ 8–53
Mayon Volcano ······ 5–274
Mayotte Island ······ 5–286
maytansine ······ 5–342
Maytenus hookeri ······ 5–342
Mazandarans ······ 5–286
mazār ······ 5–238
Mazarin, Jules ······ 5–286
maze ······ 5–392
Mazu ······ 5–286
Mazu Island ······ 5–286
Mazu Islands ······ 5–287
Mažuranić, Ivan ······ 5–274
mazurka ······ 5–287
Mazzini, Giuseppe ······ 5–286
Mb ······ 4–34
Mbabane ······ 5–487
McAdam, John Loudon ······ 5–254
McCarthyism ······ 5–295
McCormick, Cyrus Hall ······ 5–296
McDougall, William ······ 5–294
McGraw-Hill Companies, Inc. ······ 5–294
Mckinley, Mount ······ 5–295
McMahon Line ······ 5–296
MDS ······ 3–187
Mead, George Herbert ······ 5–393
Mead, Margaret ······ 5–394
meadow ······ 1–481
meadow soil ······ 1–481
mealybug ······ 2–558
mean and harmony ······ 9–414
mean sea level ······ 6–89
mean solar day ······ 6–92
mean solar time ······ 6–92
meaning symbol ······ 8–567
measles ······ 5–238
measure ······ 5–56
measurement of angle ······ 4–204
measurement standard ······ 1–486
measurement, unit of ······ 4–88
measurement units, system of ······ 4–88
measuring instrument ······ 9–536
MEC ······ 9–520
Mecca ······ 5–295
mechanical energy ······ 4–32
mechanical energy, conservation of ······ 4–32
mechanical engineering ······ 4–31
Mechanical Engineering Handbook ··· 4–31
mechanical equivalent of heat ······ 6–278
mechanical hand ······ 4–32
mechanical impedance ······ 4–34
mechanical materialism ······ 4–32
mechanical motion ······ 4–33
mechanical properties of material ··· 1–460
mechanical watch and clock ······ 4–34
mechanics ······ 5–15
mechanics of explosion ······ 1–253
mechanics of material ······ 1–460
mechanism, theory of ······ 4–29
mechanized warfare theory ······ 4–31
mechanochemistry ······ 5–14
Mechnikov, Ilya Ilyich ······ 5–335
Mecopoda elongata ······ 2–501
Mecoptera ······ 1–511
Medan ······ 5–411
Medea ······ 5–342
Medegm-a ······ 5–467
Medellín ······ 5–293
Media ······ 5–394
mediation ······ 7–375
Medicago sativa ······ 9–532
medical costs ······ 8–534
medical ethics ······ 8–535
medical geography ······ 8–535
medical imaging ······ 8–535
medical insurance ······ 8–534
medical psychology ······ 8–535
medical record ······ 8–534
medical services under labour insurance ······ 4–551
medicated diet ······ 8–484
medicated liquor ······ 4–324
medicated wine ······ 8–484
Medici family ······ 5–342
medicinal fatheadtree ······ 8–9
medicinal magnolia ······ 3–496
medicinal rhubarb ······ 2–87
Medicine King ······ 8–484
medico-legal expertise ······ 2–458
Medina ······ 5–294
meditation ······ 1–499
Meditationes de Prima Philosophia ··· 8–321
Mediterranean climate ······ 2–252
Mediterranean fruit fly ······ 2–251
Mediterranean Sea ······ 2–251
medium wave propagation ······ 9–326
medium-range missile ······ 9–327
Mêdog County ······ 5–481
Mêdog Earthquake ······ 5–481
medulla oblongata ······ 8–425
medusa ······ 7–94
Medusozoa ······ 7–94
Medvedev, Dmitry Anatolyevich ··· 5–330
Meerut Conspiracy Case ······ 5–406

Meeting in Stone Canal Pavilion ··· 6–601
megalith ··· 4–336
Megaliths at Carnac ··· 4–375
megaloblastic anemia ··· 4–337
Megalobrama amblycephala ··· 7–448
Megalobrama amkeycephala ··· 8–55
Megalobrama terminalis ··· 2–498
Megaloceros pachyosteus ··· 9–455
megalopolis ··· 2–82
Megaloptera ··· 3–232
Megaptera novaeangliae ··· 9–581
Megophrys ··· 4–204
Mehmed II ··· 5–501
Mehring, Franz ··· 5–334
Mei Cheng ··· 5–330
Mei Lanfang ··· 5–332
Mei Ru' ao ··· 5–335
Mei Wending ··· 5–336
Mei Yaochen ··· 5–336
Mei Yi ··· 5–337
Mei Yiqi ··· 5–337
Mei Yutian ··· 5–337
Mei Zengliang ··· 5–337
Meihekou City ··· 5–331
Meihuashan Nature Reserve ··· 5–332
Meiji Mura ··· 5–451
Meiji Restoration ··· 5–451
Meiji Tennō ··· 5–451
Meillet, Antoine ··· 5–337
meiosis ··· 4–156
Meir, Golda ··· 5–331
Meishan City ··· 5–330
Meitner, Lise ··· 5–292
Meixian County ··· 5–336
meiyu ··· 5–337
Meizhou City ··· 5–338
Meizhou Gulf ··· 5–338
Mekong River ··· 5–338
Melaka ··· 5–268
Melanesia ··· 5–355
Melanesian group ··· 5–356
Melanesians ··· 5–356
Melanocorypha mongolica ··· 1–213
melasma ··· 3–586
melastoma family ··· 8–493
Melastomataceae ··· 8–493
Melbourne ··· 5–479
Meleagris gallopavo ··· 4–11
Meliaceae ··· 5–49
Méliès, Georges ··· 5–333
Melilotus ··· 1–482
melodrama ··· 6–235
melody ··· 8–365 (6–255)
Meloidae ··· 9–99
melon ··· 7–373
melon pear ··· 8–197
Melopsittacus undulatus ··· 3–519
melting ··· 6–334
melton ··· 5–294
Melville, Herman ··· 5–331
Membracidae ··· 4–204
Memoir on Neglected Stories ··· 7–2
memorandum ··· 1–302
memorial ··· 9–563
memorial archway ··· 6–38
memorial building ··· 4–97
Memorial Complex Devoted to the Heroes of the Stalingrad Battle ··· 7–123
memorial hall ··· 2–42
memorial to emperor ··· 9–563
memory ··· 4–96
memory disorder ··· 4–96
memory organization ··· 2–59
Memphis ··· 5–383
Memphis ··· 5–383
MENA ··· 9–328
Menander ··· 5–399
Mencius ··· 5–390
Mencius ··· 5–389
Mendel, Gregor (Johann) ··· 5–383
Mendeleyev, Dmitry Ivanovich ··· 5–366
Mendel' s laws ··· 5–383
Mendelssohn, Felix ··· 5–365
Mendicant Orders ··· 7–451
Mendoza ··· 5–366
Meng Chengshun ··· 5–383
Meng Gong ··· 5–384
Meng Haoran ··· 5–384
Meng Huo ··· 5–384
Meng Jianzhu ··· 5–386
Meng Jiao ··· 5–387
Meng Jimiao ··· 5–384
Meng Ke ··· 5–387
Meng Qingyuan ··· 5–387
Meng Sen ··· 5–388
Meng Shaonong ··· 5–388
Meng Tian ··· 5–374
Meng Wentong ··· 5–374
Meng Xiancheng ··· 5–388
Meng Xiaodong ··· 5–389
Meng Zhaoying ··· 5–389
Meng Zhixiang ··· 5–389
Menglianggu, Battle of ··· 5–387
Mengshan Mountain ··· 5–371
Mengzi City ··· 5–375
menhuan system ··· 5–366
Ménière' s disease ··· 5–334
meninges ··· 5–549
meningitis ··· 5–550
meniscus tear ··· 8–135
Menispermaceae ··· 2–496
Menon, Vallathol Nārāyaṇa ··· 5–335
Menshen ··· 5–367
Menshevik ··· 5–388
Menshikov, Oleg Evgenyevich ··· 5–334
menstrual disorders ··· 9–121
menstruation ··· 9–120
mental activity ··· 6–509
mental age ··· 8–251
mental defense mechanism ··· 8–251
mental disorder ··· 8–253
mental health ··· 8–251
mental labour ··· 5–550
mental retarded child ··· 6–354
mental set ··· 8–250
mental workload ··· 8–251
Mentha haplocalyx ··· 1–421
Mentha spicata ··· 5–122
menthol ··· 1–421
Mentougou District ··· 5–368
Menuhin, Sir Yehudi ··· 5–334
Menura ··· 6–203
Menyuan Hui Autonomous County ··· 5–368
Menzel, Adolf von ··· 5–365
Merapi, Gunung ··· 5–485
mercantilism ··· 9–462
mercaptan ··· 5–130
Mercator, Gerhardus ··· 5–480
mercenary marriage ··· 5–291
mercenary recruit system ··· 5–496
merchant employer ··· 1–236
mercuric sulfide ··· 5–131
mercurous chloride ··· 5–189
Mercury ··· 7–102
mercury ··· 3–145 (7–101)
Mercury spacecraft ··· 7–102
Meretrix meretrix ··· 7–586
Merezhkovsky, Dmitry Sergeyevich ··· 5–334
merger ··· 4–153
meridian ··· 4–297
meridian point ··· 4–298
Mérimée, Prosper ··· 5–333
Merleau-Ponty, Maurice ··· 5–334
mermaid ··· 5–356
Meroe ··· 5–298
meromorphic function ··· 8–399
Meropidae ··· 2–573
Merovingian Dynasty ··· 5–481
Mersenne numbers ··· 5–335
Merton, Robert King ··· 5–485
Meryl Streep ··· 5–333
mesencephalon ··· 9–434
mesoclimate ··· 9–435
Mesolithic Period ··· 9–437
mesomer ··· 5–560
meson ··· 4–233
Mesopotamia ··· 5–362
Mesopotamian mythology ··· 5–362

mesosphere ········· 9–432
Mesozoa ········· 9–437
Mesozoic Era ········· 9–437
Messerer, Asaf Mikhailovich ········· 5–336
Messiaen, Olivier ········· 5–336
Messiah ········· 5–391
metabolism ········· 8–264
meta-ethics ········· 9–93
metal ········· 4–254
metal carbonyl ········· 7–300
metal, corrosion of ········· 4–255
metal, heat treatment of ········· 4–256
metal, optics of ········· 4–255
metal plastic forming ········· 4–256
metallic bond ········· 4–255
metallic material ········· 4–255
metallocene ········· 5–327
metallurgical furnace ········· 8–491
metallurgical machinery ········· 8–490
metallurgy ········· 8–491
metal-oxide-semiconductor field-effect transistor ········· 4–257
metal-oxide-semiconductor integrated circuit ········· 9–586
metals, electron theory of ········· 4–255
metamorphic mineral deposit ········· 1–345
metamorphic rock ········· 1–345
metamorphism ········· 1–346
Metamorphoses ········· 1–344
metamorphosis ········· 1–343
Metaphysica ········· 8–321
metaphysics ········· 8–321
metaphysics ········· 8–363
metaplasia ········· 3–544
Metasequoia glyptostroboides ········· 7–96
Metastasio, Pietro ········· 5–335
metazoa ········· 3–493
meteor ········· 5–128
meteorite ········· 9–139
meteorite crater ········· 9–140
meteorological aircraft ········· 6–146
meteorological balloon ········· 6–147
meteorological disaster ········· 6–148
meteorological observation ········· 6–147
meteorological radar ········· 6–147
meteorological rocket ········· 6–147
meteorological satellite ········· 6–148
meteorological station network ········· 6–147
meteorological tower ········· 6–147
meteorology ········· 6–148
meter ········· 4–216
meter-kilogram-second system ········· 5–400
methane ········· 4–135
methanogenic bacteria ········· 4–135
methanol ········· 4–134
method for determining segment areas ········· 3–95
methodology ········· 2–487
methylamine ········· 4–133
metre ········· 5–393
Metric Convention ········· 5–401
metric system ········· 3–139 (5–401)
metro ········· 2–243
Metro-Goldwyn-Mayer Inc. ········· 5–394
metrology ········· 4–87
metronome ········· 4–216
metropolitan commandant ········· 7–114
Metropolitan Library ········· 4–282
Metropolitan Museum of Art ········· 2–81
Metternich, Klemens Wenzel Nepomuk Lothar von ········· 5–336
Meunier, Constantin (Emile) ········· 5–298
Mexicali ········· 5–484
Mexican cuisine ········· 5–483
Mexican Financial Crisis ········· 5–484
Mexican Plateau ········· 5–483
Mexico ········· 5–481
México ········· 5–481
Mexico City ········· 5–483
Meyer, Julius Lothar ········· 5–292
meyer sedge ········· 8–68
Meyerbeer, Giacomo ········· 5–293
Meyerhold, Vsevolod Emilevich ········· 5–337
mezereum family ········· 6–352
MG ········· 9–463
Mi Fu ········· 5–394
Mi Heng ········· 5–392
Mi Wanzhong ········· 5–401
Mi Xizi ········· 5–401
Miami ········· 5–291
Mian language ········· 5–413
Mianchi County ········· 5–413
Mianyang City ········· 5–410
Miao ········· 5–418
Miao branch ········· 5–418
Miao dance ········· 5–419
Miao language ········· 5–418
Miao Tianrui ········· 5–420
Miao Xiu ········· 5–418
Miao Yuntai ········· 5–421
Miaodao Islands ········· 5–420
Miaodigou ········· 5–420
Miaoli County ········· 5–417
Miaoling Mountain ········· 5–417
Miao's New Year ········· 5–418
Miao's Uprising ········· 5–417
Miao-Yao group ········· 5–418
MIC ········· 7–534
mica ········· 9–135
mice ········· 4–126
Michelangelo ········· 5–395
Michelet, Jules ········· 5–406
Michelia alba ········· 1–201
Michelia figo ········· 3–357
Michelson, Albert Abraham ········· 5–292
Michelson-Morley experiment ········· 5–292
Michigan Lake ········· 5–408
Michigan State ········· 5–408
Michurin, Ivan Vladimirovich ········· 5–400
Mickiewicz, Adam ········· 5–404
microbe ········· 7–538
microbiology ········· 7–539
Microchiroptera ········· 1–340
microcirculation ········· 7–539
microclimate ········· 8–227
microcomputer ········· 7–539
microeconomics ········· 7–536
microelectrode ········· 7–535
micrometer ········· 6–156
Micronesia ········· 5–405
Micronesia, Federated States of ········· 5–405
Micronesian group ········· 5–406
Micronesians ········· 5–405
microorganism ········· 7–538
micropaleontology ········· 7–539
Microraptor ········· 8–222
microscope ········· 8–176
microscopic theory of superconductivity ········· 1–531
Microtinae ········· 7–371
microwave ········· 7–533
microwave chemistry ········· 7–534
microwave diode ········· 7–534
microwave integrated circuit ········· 7–534
microwave integrated receiver ········· 7–534
microwave network ········· 7–535
microwave optics ········· 7–534
microwave oscillator ········· 7–535
microwave oven ········· 7–534
microwave physics ········· 7–535
microwave resonator ········· 7–535
microwave spectroscopy ········· 7–534
microwave tube ········· 7–534
micturition ········· 6–36
Mid-Autumn Festival ········· 9–435
midbrain ········· 9–434
middle and long distance races ········· 9–327
Middle and Lower Reaches Plain of Yangtze River ········· 1–514
middle class ········· 9–326
Middle East ········· 9–328
Middle East News Agency ········· 9–328
Middle East Peace Process ········· 9–328
Middle East Wars ········· 9–328
Middle European Plain ········· 9–434
middle qi ········· 9–435
middle-distance race ········· 9–434
midfiber fabric ········· 9–327
Midnight ········· 9–531
mid-oceanic ridge ········· 2–116
Midsummer Day ········· 9–459

Midway, Battle of 9–439
Midway Islands 9–439
Mies van der Rohe, Ludwig 5–406
Mifune Toshirō 6–383
Mig–29 fighter 5–395
Mignet, François 5–399
migraine 6–81
migrant birds 3–496
migration 3–611
migration 6–158
Mihai Viteazul 5–395
Mikania micrantha 7–540
Mikhalkov, Nikita Sergeyevich 5–395
Mikoyan, Anastas Ivanovich 5–394
Mikoyan, Artem Ivanovich 5–394
Mikuni Rentaro 6–389
Milan 5–396
Milan, Dukedom of 5–397
Milano 5–396
mile 9–9
Milesian school 5–398
Milhaud, Darius 5–401
miliaria 2–543
militarism 4–352
Military Academy of Chinese Nationalist Party 9–370
military airplane 4–357
military archive 2–489
military attache 8–56
military automated command system 4–351
military band 4–358
Military Band of the Chinese People's Liberation Army 9–394
military base 4–355
military chess 4–353
military commissioner 4–215
military control 4–354
military emblem 4–353
military engineering 4–354
military exercise 4–356
military expenditures 4–351
military expenses 4–351
military government 4–354
military intelligence 4–355
Military Museum of Chinese People's Revolution 9–390
military music 4–357
military operations other than war 2–517
military police 8–186
military rank 4–357
military review 9–126
military song 4–352
Military Statistics Bureau 4–356
military system engineering 4–355
military treaties 4–355
military uniform 4–351
militia 5–421
milk 6–341
milk product 6–342
milk tea 5–514
milkfish 9–238
milkweed family 5–222
Milky Way 8–581
Millardet, Pierre-Marie-Alexis 5–401
Millennium Man 6–157
Miller, Arthur 5–397
Miller, Herta 5–397
Miller, William Hallowes 5–398
Millerand, Alexandre 5–398
Millet, Jean-François 5–397
Millettia reticulata 4–37
Millikan, Robert Andrews 5–406
Millikan's oil-drop experiment 5–406
millimeter wave 3–403
Millo, Matei 5–399
Milošević, Slobodan 5–399
Miłosz, Czesław 5–401
Milton, John 5–390
milu 5–393
Miluo City 5–402
Miluo River 5–402
Milvus korschun 9–84
Milwaukee 5–404
Mimansa 5–390
mimicry 5–583
Mimosa pudica 3–357
mimosa tree 3–409
Min 5–437
Min Bao 5–421
Min cuisine 5–437
Min dialects 5–437
Min Enze 5–436
Mina, Hanna 5–399
Minakami Tsutomi 7–96
minamata disease 7–104
Minangkabau 5–399
Minangkabau language 5–399
Mincer rate of return to education 5–447
mind 4–305
mind 8–250
Mindanao Island 5–411
Mindelo 5–444
Mindon's Reforms 5–438
mine 4–499
mine 4–500
mine earthquake 4–504
mine gas 4–500
mine hoist 4–499
mineragraphy 4–503
mineral 4–501
mineral deposit 4–499
mineral deposit by weathering 2–564
mineral matter 4–503
mineral processing 8–366
mineral resource 4–499
mineralogy 4–503
Ming Antu 5–439
Ming Dynasty 5–439
Ming Tombs 5–448
Ming-Dynasty-style furniture 5–448
Mingzhu 5–452
Minhang District 5–437
miniature 8–155
minimum living standard for urban residents 1–587
minimum-wage guarantee system 9–574
mining machinery 4–500
minister 3–136
Minister of Beiyang 1–286
minister of justice 7–114
minister without portfolio 1–427
Minjiang River 5–436
Minjiang River 5–437
Minju opera 5–438
mink 7–83
Minkowski, Hermann 5–437
Minneapolis 5–445
Minoan Civilization 5–400
Minobe Tatsukichi 5–356
minority nationality 6–472
Minshan Mountain 5–436
Minsheng Company 5–425
Minsk 5–449
mint 1–421
mint family 2–40
minute 2–543
Miocene Epoch 9–442
Mir Iskusstva 8–557
Mir space station 3–418
Mirabilis jalapa 9–533
mirabilite 5–311
mirage 3–340
Mirage 2000 fighter 3–577
Mi 'rāj 2–192
Miranda, Francisco de 5–396
mire 9–227
Miró, Joan 5–398
mirror 4–318
Mişc 1–64
Miscanthus sinensis 5–310
miscellaneous corvee 9–148
Miscellaneous Records of Historical Documents from Jianyan Period 4–164
Miscellaneous Records of the Western Capital 8–94
Mishan City 5–406
Mishima Yukio 6–384
Miskolc 5–400
Miss Julie 9–484

missionary case …… 4–208
Mississippi River …… 5–407
Missouri Compromise …… 5–407
Missouri River …… 5–407
Mistral, Gabriela …… 5–400
misused characters …… 1–359
MIT …… 5–238
mitochondrion …… 8–185
mitosis …… 9–48
Mitra, Dīnabandhu …… 5–401
Mitre, Bartolomé …… 5–401
Mitsubishi Business Group …… 6–396
Mitsui Business Group …… 6–395
Mitterrand, François …… 5–407
mixed court hearing in concessions between foreign colonial officials and the Qing Dynasty functionaries …… 3–612
mixed economy …… 4–4
mixed forest …… 4–5
mixed intercropping …… 4–5
mixer …… 4–5
mixing, heat of …… 4–4
Miyamoto Yuriko …… 3–141
Miyazawa Kenji …… 3–143
Miyun County …… 5–408
Miyun Reservoir …… 5–408
Mizhi County …… 5–401
Mizoguchi Kenji …… 3–153
Mjøsa, Lake …… 5–401
Mkhas Pai Gaton …… 8–174
mnemonics …… 4–96
Mnouchkine, Ariane …… 5–488
Mo Yan …… 5–477
mobile communication …… 8–542
mobilism …… 4–5
Möbius, August Ferdinand …… 5–293
Mobulidae …… 3–1
Mobutu, Sese Seko …… 5–369
Moçambique …… 5–472
Mochica Culture …… 5–471
modal logic …… 5–454
mode of management …… 3–214
model …… 5–455
model aircraft sports …… 3–394
model law on international electronic commerce …… 3–261
Model Parliament …… 5–453
model plays …… 8–475
model ship sport …… 3–392
model theory …… 5–455
models …… 5–455
modern Chinese drama …… 9–373
modern Chinese opera …… 8–180
modern dance …… 8–179
modern enterprise system …… 8–179
modern medicine …… 8–180
modern Neo-Confucianism …… 8–180
modern pentathlon …… 8–179
modernism art …… 8–182
modernism in architecture …… 8–181
Modernismo Hispanoamericano …… 8–86
modernismus …… 8–181
modern-style poetry …… 4–272 (4–236)
modes in Chinese operatic music …… 1–229
Modigliani, Franco …… 5–467
modulation …… 7–376
modulation …… 9–510
module …… 5–453
Mogadishu …… 5–459
Mogan Mountain …… 5–468
Mohammed I Askia of Songhai …… 5–501
Mohe County …… 5–479
Mohenjo Daro …… 5–459
Mohist Classic …… 5–480
Mohist school …… 5–480
Mohorovičić discontinuity …… 5–468
moiety …… 1–238
Moissan, Henri …… 5–503
moistening dryness …… 6–352
Mola mola …… 2–464
molasse …… 5–464
mold …… 5–341
Moldavian language …… 5–458
Moldavians …… 5–457
Moldova …… 5–457
mole …… 5–456
mole …… 8–441
mole cricket …… 5–148
molecular anthropology …… 2–551
molecular beacon …… 2–553
molecular beam spectra …… 2–553
molecular biology …… 2–552
molecular breeding …… 2–555
molecular chaperone …… 2–549
molecular cloud …… 2–555
molecular computer …… 2–551
molecular design …… 2–552
molecular electronic device …… 2–550
molecular engineering …… 2–550
molecular genetics …… 2–554
molecular hybridization …… 2–555
molecular imprinting …… 2–555
molecular machine …… 2–551
molecular mean free path …… 2–551
molecular orbital theory …… 2–550
molecular physics …… 2–553
molecular reaction dynamics …… 2–550
molecular recognition …… 2–552
molecular shuttle …… 2–553
molecular sieve …… 2–551
molecular simulation …… 2–551
molecular spectra …… 2–550
molecular structure …… 2–551
molecular theory …… 2–554
molecular weight …… 2–551
molecule …… 2–549
moleweed …… 8–359
Molière …… 5–469
Molina, Tirso de …… 5–470
Mollusca …… 6–346
molluscum contagiosum …… 2–26
Molnár Ferenc …… 5–468
Molotov, Vyacheslav Mikhailovich …… 5–470
Molpadida …… 9–79
molybdenite …… 3–606
molybdenum …… 5–496
molybdenum alloy …… 5–496
MoMA …… 5–607
Mombasa …… 5–368
moment of inertia …… 9–511
momentum …… 2–337
momentum, theorem of …… 2–337
Mommsen, Theodor …… 5–371
Momordica charantia …… 4–483
Momordica cochinchinensis …… 5–488
Mon …… 5–387
Mona Lisa …… 5–371
Monacan …… 5–462
Monaco …… 5–462
Monaco …… 5–462
Monadologie …… 2–145
monarchical state …… 4–359
monarchy …… 4–359
monastery …… 7–157
monastic regulations …… 2–54
Monasticism …… 8–590
monazite …… 2–352
Monba …… 5–365
Monba languages …… 5–365
Mondrian, Piet …… 5–369
Monet, Claude …… 5–470
monetarism …… 4–18
monetary audit …… 4–250
monetary policy …… 4–18
monetary school …… 4–18
monetary system …… 4–18
money …… 4–16
money capital …… 4–19
money laundering …… 8–137
money market …… 4–17 (2–367)
money multiplier …… 4–17
money supply …… 4–17
Mong Kok …… 7–524
Monge, Gaspard …… 5–371
Mongka …… 5–370
Möngke …… 5–370
Mongol …… 5–380
Mongol dance …… 5–380
Mongol traditional medicine …… 5–381

Mongolia 5-376
Mongolian 5-378
Mongolian Army's Western Expedition 5-378
Mongolian cattle 5-378
Mongolian gazelle 3-601
Mongolian group 5-380
Mongolian horse 5-378
Mongolian language 5-379
Mongolian lark 1-213
Mongolian medicine 5-382
mongolian mushroom 4-480
Mongolian People's Revolutionary Party 5-379
Mongolian Plateau 5-377
Mongolian robe 5-378
Mongolian sheep 5-379
mongolian snakegourd 3-203
Mongolian writing 5-379
Mongolian yurts 5-377
Mongolian-Chinese Dictionary 5-382
Mongolia-Tibet Affairs Committee 5-382
Mongoloid race 5-379
monism 8-513
monitor lizard 4-337
Monk Bitter-Melon's Comments on Painting 4-483
Monk Gianjin memorial Hall, Yangzhou 8-447
monkey 3-490
monkey boxing 3-490
monkeybread tree 3-490
Mon-Khmer group 5-384
Monnet, Jean 5-471
monoclonal antibody 2-142
monocotyledon 2-145
Monocotyledoneae 2-145
Monod, Jacques 5-471
monogamous family 8-509
monomer 2-143
monometallic standard 2-141
monopolistic competition market 5-146
monopoly 5-146
monopoly 5-299
monopoly capital 5-146
monopoly market 5-146
monopoly of sale 9-508
monopoly price 5-146
monopsony 5-291
Monopterus albus 3-597
monorail 2-352
monosaccharide 2-143
monosodium glutamate 7-569
monotheism 8-511
Monotremata 2-142
Monroe Doctrine 5-367
Monrovia 5-371
monsoon 4-101
monsoon climate 4-101
monster flower 2-86
Monstera deliciosa 3-241
Mont Nimba, Réserve Intégrale du 5-594
montage 5-372
Montague, William Pepperell 5-372
Montaigne, Michel de 5-374
Montale, Eugenio 5-372
Monte Albán 1-9
Monte Carlo method 5-372
Montecorvino, Giovanni da 5-388
Montelius, Oscar 5-373
Montenegrins 3-458
Montenegro 3-458
Monterrey 5-373
Montesquieu, Charles-Louis de Secondat 5-383
Montessori, Maria 5-372
Montevideo 5-369
Montgolfier brothers 5-370
Montgomery, Bernard Law 5-370
month 9-119
Montherlant, Henry de 5-372
Monthly Ordinances for the Four Classes of People 7-151
montmorillonite 5-374
Montreal 5-373
Montreal Protocol 5-373
Montserrat 5-374
Monument of Nanzhao Kingdom's Moralization 5-547
Monument of the Nestorianism Spread in China 2-101
Monument to the People's Heroes 6-295
monumental gateway or column 2-492
Monuments of Yongning Temple 9-26
mood 8-250
Moon 9-121
Moon, geology of 9-122
Moon, phases of 9-124
mooncake 9-120
moonseed family 2-496
moonstone 9-120
Moor 5-458
Moore, George Edward 5-456
Moouhin 5-319
Moraceae 6-412
moral education 2-189
moral hazard 2-160
moral integrity 4-215
moral right 4-306
morality 2-160
Moravia, Alberto 5-468
morbid vaginal discharge 2-130
More, Thomas 5-468
morel 8-449
Morelos (y Pavón), José María 5-469
Moresby, Port 5-468
Morgagni, Giovanni Battista 5-468
Morgan Financial Group 5-458
Morgan, Lewis Henry 5-458
Morgan, Thomas Hunt 5-458
Morgenthau, Hans Joachim 5-458
Mori Ōgai 6-420
Móricz Zsigmond 5-470
Morin Dawa Daur Autonomous Banner 5-470
morin khuur 5-280
Mormonism 5-461
Morning Post 1-575
Moroccan Crises 5-461
Morocco 5-459
Moroni 5-470
Moros 5-461
morphine 5-287
morphology 8-322
Morris, Charles William 5-470
Morrison, Robert 5-264
Morrison, Toni 5-469
Morse, Samuel Finley Breese 5-468
mortar 6-38
Morte accidentale di un anarchico 8-509
mortgage 1-113
mortgage 2-217
mortgage loan 2-217
Mortillet, Gabriel de 5-468
Morus 6-409
mosaic 5-275
Moschus 6-506
Moscow 5-473
Moscow Art Theatre 5-476
Moscow, Battle of 5-475
Moscow Bolshoi Ballet 5-474
Moscow Canal 5-476
Moscow Declaration of 1957 5-476
Moscow Does Not Believe in Tear 5-474
Moscow International Film Festival 5-475
Moscow P.I.Tchaikovsky State Conservatory 5-476
Moscow Radio 5-475
Moscow State University 5-475
Moscow subway 5-475
Moseley's law 5-472
Moses 5-464
MOSFET 4-257
MOSIC 9-586
Mosi-oa-Tunya 5-477
Moskva 5-473
Moskva Kanal 5-476
mosque 6-233
Mosque of Huajue Alley 3-543
Mosque of the Prophet 8-172
mosquito 7-604

mosquito eaters …… 4–336
mosquito fern …… 5–304
mosquito hawk …… 4–336
Mössbauer spectroscopy …… 5–502
Mossi-Grusi …… 5–477
most-favoured-nation treatment …… 9–575
Mosul …… 5–463
moth …… 2–405
Mother Teresa …… 7–331
Mother's Day …… 5–486
motion, law of …… 9–141
motion of a projectile …… 6–49
motion of mass center, theorem of …… 9–317
motion sickness …… 9–141
motion, stability of …… 9–141
motivation …… 2–336
motivation, theory of …… 4–57
motive and effect …… 2–336
motor coach train …… 2–336
motor development …… 2–342
motor vehicle …… 6–150
motorboat racing …… 5–464
motorcycle …… 5–463
motorcycle racing …… 5–464
Mott, John Raleigh …… 5–499
Mott, Nevill Francis …… 5–476
Mou Zongsan …… 5–486
mould …… 5–341
mould …… 5–486
Moulmein …… 5–313
mount …… 9–514
Mount Cook National Park …… 4–486
mountain and aquatic products, taxes of …… 6–441
mountain climate …… 6–434
mountain glacier …… 6–441
Mountain Man of the Eight Greats …… 1–141
mountaineering …… 2–192
mountain-nakesnout fishes …… 5–226
mountains …… 6–434
Mountbatten Plan …… 5–368
mourning apparel system …… 2–600
mourning dress …… 6–409
mousebird …… 7–59
mouse-hares …… 7–59
Mousterian Culture …… 5–476
Moutai Chinese liquor …… 5–326
moutain beaver …… 6–437
movable bridge …… 4–5
Movement of Eliminating Counterrevolutionaries …… 7–201
movement of life educational …… 6–530
moving sidewalk …… 9–536
moxibustion …… 4–324
moxibustion with moxa stick …… 1–77
Moyang River …… 5–479
Mozambique …… 5–472
Mozart, Wolfgang Amadeus …… 5–478
Mozi …… 5–484
MPAJA …… 5–262
Mrcchakatika …… 8–226
Mrgadāva …… 5–172
MRI …… 2–46
Mrs. Gaskell …… 3–28
Mrs. Warren's Profession …… 3–534
MS …… 9–316
Mshweshwe …… 5–473
MSOF …… 2–390
Mu Guiying Takes Command …… 5–500
Mu Ouchu …… 5–501
Mu Qing …… 5–502
Mu Us Sandland …… 5–318
Mu Xiangxiong …… 5–503
Mu Xiu …… 5–503
Mu Ying …… 5–495
Mu'allaqat …… 8–364
Muang Thai …… 7–273
Muay Thai …… 7–277
Mubārak, Muhammad Hosnī …… 5–499
mucor …… 5–317
mud carp …… 5–100
mud crab …… 4–339
mud eel …… 3–597
Mudan …… 5–499
Mudan River …… 5–487
Mudanjiang City …… 5–487
Mudge, Thomas …… 5–273
mudskipper …… 7–282
mudstone …… 5–581
mufti …… 5–499
Mugabe, Robert Gabriel …… 5–501
Mughal Dynasty …… 5–476
Mughal miniatures …… 5–477
Muḥammad …… 5–500
Muḥammad 'Abduh …… 5–500
Muhammad 'Alī …… 5–500
Muhammad V …… 5–501
Mujtahid …… 5–504
mukam …… 5–490
Mulan Hunting Ground …… 5–490
Mulao …… 5–495
Mulao language …… 5–495
mulberry …… 6–409
mulberry family …… 6–412
mule …… 5–225
Mulian opera …… 5–494
Müller, Friedrich Max …… 5–452
Müller, Heiner …… 5–397
Muller, Hermann Joseph …… 5–263
Müller, Leopold …… 5–452
Mulliken, Robert Sanderson …… 5–266
multiculturalism …… 7–588
multilateral doctrine …… 2–380
multilateral trade …… 2–380
multimedia communication …… 2–386
multimedia technology …… 2–385
multimeter …… 2–390
multi-part series of traditional Chinese opera …… 5–38
multi-party system …… 2–381
multiphase fluid dynamics …… 2–390
multiple access communication …… 2–392
multiple cropping …… 3–12
multiple myeloma …… 2–382
multiple objective programming …… 2–387
multiple operation …… 2–390
multiple pregnancy …… 2–389
multiple rocket launcher …… 4–12
multiple system organ failure …… 2–390
multiple unit train …… 2–336
multiplex communication …… 2–384
multiplication principle …… 1–588
multivariate statistical analysis …… 2–391
multi-wire proportional chamber …… 2–389
Mumbai …… 5–387
mummy …… 5–490
mumps …… 5–128 (9–175)
Munao Festival …… 5–494
Munazzamat al-Mu'tamar al-Islāmī …… 8–527
Munch, Edvard …… 5–370
München …… 5–497
Muṇḍā group …… 5–369
Muṇḍās …… 5–369
mung bean …… 5–184
Munich …… 5–497
Munich Conference …… 5–498
Munich Scheme in the Far East …… 9–115
Munich's Oktoberfest …… 5–498
municipality under central government …… 9–298
Munīf, 'Abd ar-Rahmān …… 5–501
Munk, Walter Heinrich …… 5–371
Munsell colour system …… 5–387
Müntzer, Thomas …… 5–436
muon …… 9–590
Muong …… 5–311
Muqali …… 5–489
Muqdisho …… 5–459
Murakami Haruki …… 2–58
Mural in Wang Gongshu's Tomb …… 7–496
Mural in Zhang Shiqing's Tomb …… 9–207
mural painting …… 1–333
Mural Tomb of the Northern Qi Dynasty at Wanzhang …… 7–477
Mural Tombs at Liaoyang …… 5–68
Mural Tombs of Han Dynasty at Wangdu …… 7–524
Murals in Cui Fen's Tomb …… 2–55
Murals in Fahai Temple …… 2–445
Murals in Li Chongrun's Tomb …… 4–590

Murals in Li Xian's Tomb ………… 4–615
Murals in Tomb of Bu Qianqiu …… 1–422
Murals in Tomb of Han Dynasty in Shaogou ……………………… 6–471
murals in tombs of Han Dynasty … 3–373
Murals in Tombs of Wei and Jin Dynasties in Jiayuguan ………… 4–133
Murasaki Shikibu ………………… 9–534
Murchison, Sir Roderick Impey … 5–471
Murdoch, Rupert ………………… 5–485
Muricidae ………………………… 3–186
Murmansk ………………………… 5–458
Murnau, Friedrich Wilhelm ……… 5–328
Murong Chui ……………………… 5–498
Murong De ………………………… 5–498
Murong Huang …………………… 5–499
Murray, Sir John ………………… 5–485
Murray-Darling River…………… 5–481
Murrow, Edward (Egbert) Roscoe… 5–485
Musa nana ……………………… 8–197
Musa textilis ………………… 4–203
Musaceae ………………………… 1–187
Musai ……………………………… 5–453
Musca domestica ……………… 4–129
muscae volitantes ……………… 2–509
muscarine ………………………… 8–384
Muscat …………………………… 5–277
Muschg, Adolf …………………… 5–502
Muscicapidae …………………… 7–606
Muscidae ………………………… 9–17
muscle tissue …………………… 4–35
Musée d'Orsay …………………… 1–127
Museo del Oro, Bogota ………… 1–377
museology ………………………… 1–417
museum …………………………… 1–417
Museum of Fine Arts, Boston …… 1–384
Museum of Modern Art ………… 5–607
Mushanokōji Saneatsu ………… 8–62
Musharraf, Pervez ……………… 5–502
Mushitage Mountain …………… 5–499
music ……………………………… 8–575
music and dance epic …………… 8–577
music drama ……………………… 8–576
music score of Chinese opera …… 8–145
music therapy …………………… 8–577
musical film ……………………… 3–97
Musil, Robert …………………… 5–502
musk deer ………………………… 6–506
musk ox …………………………… 6–506
muskrat …………………………… 6–506
Muslim Brotherhood …………… 5–502
Muslim World Congress ………… 7–23
Muslim World League ………… 8–530
Musset, Alfred de ……………… 5–453
Mussolini, Benito (Amilcare Andrea) …………………………… 5–481
Mussorgsky, Modest (Petrovich) 5–502
mustard …………………………… 4–234
mustard …………………………… 9–138
mustard family ………………… 6–591
mustard gas ……………………… 4–234
Mustard Seed Garden Manual of Painting ……………………… 4–234
Mustela ………………………… 9–54
Mu'tamar al-'Alam al-Islāmī …… 7–23
Mutanabbī, al- ………………… 5–503
mutation ………………………… 7–416
Mutianyu Great Wall …………… 5–499
mutism …………………………… 8–392
mutual aid team ………………… 3–521
mutual annotation ……………… 3–521
mutual change of quality and quantity, law of ……………… 9–315
mutual concealment of offenses among the kin ………………… 6–194
mutual-aid and complementary insurance for workers ………… 9–299
Muu'ükin ………………………… 5–319
Muxi ……………………………… 5–496
Muya language ………………… 5–493
Muye, Battle of ………………… 5–496
Mwene Matapa, Kingdom of …… 5–488
MWPC …………………………… 2–389
MX missile ……………………… 9–586
Myanmar ………………………… 5–413
myasthenia gravis ……………… 9–463
Mycenaean Civilization ………… 5–293
mycetoma ………………………… 9–566
mycology ………………………… 9–253
mycoplasma ……………………… 9–288
Myctophiformes ………………… 2–190
myelitis …………………………… 4–86
myelodysplasia syndrome ……… 3–187
Myitkyina ………………………… 5–409
Mykle, Agnar …………………… 5–396
mylonite ………………………… 5–393
Mylopharyngodon piceus …… 6–213
mynas …………………………… 1–141
myocardial infarction …………… 8–249
myocarditis ……………………… 8–249
Myocastor coypus …………… 3–331
myoglobin ………………………… 4–34
Myohyangsan …………………… 5–419
myopathy ………………………… 4–35
Myortvye dushi ……………… 7–142
Myrica rubra ………………… 8–459
Myristicaceae …………………… 6–337
Myrmecophagidae ……………… 7–5
Myron …………………………… 5–398
Myroxylon pereirae ………… 1–331
Myrtaceae ……………………… 7–323
myrtle family …………………… 7–323
Mysidacea ……………………… 4–407
myth ……………………………… 6–510
myth legend of Cowhand and Weaver Maid …………………… 5–601
Mytilidae ………………………… 8–541
Myxiniformes …………………… 5–311
Myxocyprinus asiaticus …… 9–402

N

Na. Sainchogtu ………………… 5–512
Na. Sainčortu …………………… 5–512
Na Xun …………………………… 5–513
nabi ……………………………… 8–172
Nabokov, Vladimir ……………… 5–507
Nacagdorj, Dashdorjīn ………… 5–507
Nadam Fair ……………………… 5–506
Nāder Shāh ……………………… 5–507
Nader Shah, Mohammed ……… 5–508
Naevius, Gnaeus ……………… 5–515
NAFTA …………………………… 1–282
Nag phod Ngag dbang 'jigs med … 1–49
Nagananda …………………… 5–144
Nagari …………………………… 7–347
Nāgārjuna ……………………… 5–143
Nagarjunakonda ……………… 5–508
Nagas …………………………… 5–506
Nagasaki ………………………… 1–516
nagi yaccatree ………………… 9–496
Nagoya …………………………… 5–438
Nagqu County ………………… 5–507
Nagqu Region ………………… 5–507
Nagy Imre ……………………… 5–508
Naiduila Pass ………………… 5–514
nail ……………………………… 9–309
Naipaul, Vidiadhar Surajprasad … 5–514
Nairobi ………………………… 5–556
naive art ………………………… 9–106
naive materialism …………… 6–106
Naja …………………………… 8–440
NAJUA ………………………… 2–315
Nakae Chōmin ………………… 9–432
Nakasone Yasuhiro …………… 9–450
Naktong-gang ………………… 5–227
Nalan Xingde ………………… 5–508
Nālandā ………………………… 5–506
Nam Co ………………………… 5–511
Namib Desert ………………… 5–510
Namibia ………………………… 5–509
Namjagbarwa Peak …………… 5–528
Namp'o ………………………… 5–538
namu …………………………… 5–548
Namunani Peak ……………… 5–511
Nanchang City ………………… 5–518
Nanchang Uprising …………… 5–517
Nanchong City ………………… 5–520
Nanchuan District …………… 5–520
Nandina domestica ………… 5–543
Nanhai Islands ………………… 5–525

Nanhai Sea ………… 5–524
Nanhua Temple ………… 5–525
Nanji Islands Marine Nature Reserve ………… 5–528
Nanjiang Railway ………… 5–528
Nanjing brocade ………… 9–134
Nanjing City ………… 5–531
Nanjing City of Ming Dynasty ………… 5–444
Nanjing Massacre ………… 5–529
Nanjing National Government ………… 5–529
Nanjing Normal University ………… 5–531
Nanjing, Port of ………… 5–529
Nanjing Provisional Government ………… 5–530
Nanjing Road ………… 5–530
Nanjing Union Theological Seminary ………… 4–244
Nanjing University ………… 5–529
Nanjing Yangtze River Bridge ………… 5–529
Nanjinguan Pass ………… 5–529
Nankai District ………… 5–532
Nankai New Drama Troupe ………… 5–532
Nankai University ………… 5–531
Nankang City ………… 5–532
Nanling Mountain ………… 5–532
Nanning City ………… 5–537
nanochemistry ………… 5–511
nanometer material ………… 5–510
nanotechnology ………… 5–511
Nanping ………… 5–538
Nanping City ………… 5–538
Nanputuo Temple ………… 5–538
nanquan ………… 5–539
Nansen, Fridtjof ………… 5–539
Nansha Archipelago ………… 5–539
Nantong City ………… 5–543
Nantou County ………… 5–543
Nanxiong City ………… 5–544
Nanyang Basin ………… 5–545
Nanyang Brothers Tobacco Co., Ltd. ………… 5–545
Nanyang City ………… 5–545
Nanyang University ………… 5–545
Nanyue King's Palace ………… 5–546
Nanyue King's Tomb ………… 5–546
Nanzhao Kingdom ………… 5–546
Naoero ………… 5–552
Naoroji, Dadabhai ………… 5–553
naphthalene ………… 5–515
naphthol ………… 5–516
naphthoquinone ………… 5–516
naphthyl amine ………… 5–516
Naples ………… 5–506
Napoléon I ………… 5–505
Napoléon III ………… 5–505
Napoleonic Wars ………… 5–505
Napoli ………… 5–506
nappe tectonics ………… 7–448
Nara ………… 5–515
Narayan, Rasipuram Krishnaswami ………… 5–508
Narcissus ………… 7–102
Naresuan ………… 5–509
Narodism ………… 5–422
Narodnik ………… 5–421
Narodnik literature ………… 5–422
Narrative Poem of Mulan ………… 5–490
narrative poetry ………… 8–357
NAS ………… 5–351
NASA ………… 5–351
nasal bleeding ………… 1–313
nasal feeding ………… 1–313
nasal sinusitis ………… 1–313
NASDAQ Stock Price Indexes ………… 5–512
Nash, John Forbes ………… 5–512
Nashville ………… 5–512
nasopharyngeal carcinoma ………… 1–314
Nasreddin Hoca ………… 5–512
Nassau ………… 5–506
Nasser, Gamal Abdel ………… 5–511
Nasturtium officinale ………… 2–345
Natal ………… 5–513
nation ………… 5–431
National Academy of Chinese Theatre Arts ………… 9–400
National Academy of Sciences, United States ………… 5–351
National Aeronautics and Space Administration ………… 5–351
National Agricultural Atlas of the People's Republic of China ………… 9–425
national anthem ………… 3–255
National Aquatics Center ………… 3–285
National Archaeological Museum of Athens ………… 8–393
national archives ………… 3–279
National Archives of the United States ………… 5–351
national assimilation ………… 5–434
National Association for the Advancement of Coloured People, United States ………… 5–353
national audit ………… 3–283
national autonomous areas, organs of self-government of ………… 5–435
National Ballet of China ………… 9–443
National Basic Research Program of China ………… 9–592
National Basketball Association ………… 6–260
National Beiping Academy ………… 3–287
National Beiping Art School ………… 3–287
national bibliography ………… 3–283
national bird ………… 3–293
national bonds ………… 3–286 (9–447)
national boundaries ………… 3–287
National Central Library, Taibei ………… 7–247
National Climbing Plan ………… 6–43
National Cultural Palace ………… 5–434
national culture ………… 5–434
national day ………… 3–294
national debt ………… 3–297
national debt law ………… 3–297
national defense drama ………… 3–255
national defense economics ………… 3–254
National Diet Library, Japan ………… 6–316
national discrimination ………… 5–433
national disposable income ………… 3–291
National Economic Atlas of the People's Republic of China ………… 9–425
national economy ………… 3–289
national emblem ………… 3–256
national flag ………… 3–293
national flower ………… 3–256
national fusion ………… 5–434
National Gallery, London ………… 5–194
National Gallery of Victoria ………… 7–549
National Gallery, Washington ………… 3–537
National Games for Ethnic Minorities of China ………… 6–259
National Games of the People's Republic of China ………… 9–430
National General Atlas of the People's Republic of China ………… 9–425
national geodetic network ………… 3–279
national gravity network ………… 3–286
national height control network ………… 3–280
national identity ………… 5–434
national income ………… 3–292
national income ………… 3–293
National Independent Movement (1905～1908) ………… 8–602
national interest ………… 3–282
National Language Romanization ………… 3–297
national leveling network ………… 3–283
national liberation movement ………… 5–433
national library ………… 3–285
National Library of China ………… 9–368 (1–272)
National Missile Defense ………… 3–280
National Museum of China ………… 9–367
National Museum of Modern Chinese Literature ………… 9–400
National Natural Science Foundation of China ………… 3–287
National Olympic Sports Centre ………… 3–279
national park ………… 3–280
National Peking Opera Theatre of China ………… 9–375
National People's Congress of the People's Republic of China ………… 9–427
National Physical Atlas of the People's Republic of China ………… 9–425
National Physical Training Standards ………… 3–284

National Protection War 3–523
National Revolutionary Army 3–289
national security 3–279
national self-determination 5–435
National Stadium 3–284
national standard 3–279
National Standards of the People's Republic of China 9–425
National Theatre Company of China 9–368
national treatment 3–288
national united front 5–434
National Winter Games of the People's Republic of China 9–424
nationalism 3–286
nationalism 5–435
Nationalist Army 3–291
nationalist music 5–434
nationality 3–257
nationality 5–431
Nationality Government of China 3–292
nationalization 3–295
native copper 9–542
native gold 9–541
native literature 8–189
native platinum 9–539
NATO 1–259
Natorp, Paul (Gerhard) 5–513
natron 6–50
Natsume Sōseki 8–164
Natta, Giulio 5–513
Natufian Culture 5–513
natural belt 9–540
natural calamity 9–543
natural conservation 9–538
natural economy 9–541
natural environment 9–540
natural epidemic focus 9–543
natural fiber 7–358
natural gas 7–357
natural gas engine 7–358
natural gas hydrate 7–358 (4–445)
natural gas pipeline 7–55
Natural Gas Pipeline System of Central Asia-Central District 9–443
natural inspiration, theory of 8–326
natural landscape 9–541
natural number 9–542
natural person 9–541
natural rate of unemployment 9–542
natural region 9–541
natural relic 9–543
natural reserve area 9–539
natural resource 9–544
natural resources, permanent sovereignty on 9–544
natural school 9–541
natural science 9–541
natural selection 9–542
Nature 9–538
nature of drug 8–485
nature, philosophy of 9–543
nature religion 9–544
nature worship 9–539
Nātya-śāstra 8–65
Nauclea officinalis 8–9
Nauru 5–552
nautical mile 3–331
nautical navigation 3–393
nautiloid 9–14
naval air force 3–329
Naval Battle of 1894 4–136
naval port 4–352
Navigation Acts 3–393
navigation aids 3–391
navigation mark light 3–391
navigation satellite 2–156
navigation structure 7–389
Navratilova, Martina 5–508
navy 3–329
Naxi 5–513
Naxi language 5–513
Nay Pyi Taw 5–553
Nayan 5–514
Nazareth 5–506
Nazca Culture 5–512
Nazi Party 5–507
NBA 6–260
Ndebele 2–413
NDI 3–291
N' Djamena 2–415
Neanderthal man 5–564
Nebuchadrezzar II 5–566
nebula 8–308
necessary labor 1–325
necessity 4–267
necessity and contingency 1–325
necessity and freedom 1–325
necklace 8–205
necktie 5–102
necromancy, astrology and medicine, etc, arts of 2–490
necrosis 3–562
necrosis 8–151
nectar 3–529
Nederland 3–429
need 8–341
Needham, Joseph 5–3
needling sensation 9–246
Néel, Louis-Eugène-Félix 5–515
negation of negation, law of 2–588
negative 3–4
negligent crime 3–303
Negrillo 5–567
Negritos 5–568
Négritude 3–457
Negroes 5–568
Negroid race 5–568
Nehe City 5–553
Nehru, Jawaharlal 5–569
Nehru, (Pandit) Motilal 5–570
neighbourhood relationship 8–191
Neijiang City 5–555
Neijiang pig 5–555
Nekrasov, Nikolay Alekseyevich 5–592
Nelson, Horatio 5–508
Nelumbo nucifera 5–39 (3–429)
Nematoda 8–184
Nematomorpha 8–185
Nemertinea 5–605
Nemirovich-Danchenko, Vladimir Ivanovich 5–591
Nenjiang River 5–562
Nenni, Pietro Sandro 5–537
Neoanthropus 8–280
Neo-Babylonian Empire 8–264
neo-behaviorism 8–291
neo-classical economics 8–267
neo-classical growth model 8–267
neo-classical macro-economics 8–267
neoclassical synthesis 8–268
neo-classicism art 8–267
Neo-Confucianism 5–13
Neo-Confucianism 8–281
Neo-Confucianism from Song to Ming Dynasties 7–171
neo-conservatism 8–264
neo-expressionism 8–264
neo-functionalism 8–266
Neogene Period 8–275
neo-Hegelianism 8–268
neo-impressionism 8–292
neo-institutional school 8–295
neo-Kantianism 8–276
neo-liberalism 8–295
Neolithic Period 8–282
neo-Malthusianism 8–277
neo-mercantilism 8–295
neon 5–514
neon light 5–582
neo-orthodoxy theology 8–294
neo-Platonists 8–264
neo-psychoanalysis 8–275
neo-realism 8–284
neorealismo 8–290
neosensualist writers 8–266
neo-tectonic movement 8–267
neo-Thomism 8–285
Nepal 5–565
Nepāl 5–565
Nepali language 5–566

Nepenthaceae ········ 9–495
nepenthes family ········ 9–495
nepheline ········ 8–157
nephrite ········ 6–346
nephritis ········ 6–523
nephrotic syndrome ········ 6–522
Neptune ········ 3–343
Nernst equation ········ 5–563
Neruda, Jan ········ 5–591
Neruda, Pablo ········ 5–591
nerve ········ 6–511
Nervi, Pier Luigi ········ 5–514
nervous system ········ 6–512
Nestle Alimmtann S.A. ········ 6–269
Nestorianism ········ 4–311
Nestroy, Johann (Nepomuk Eduard Ambrosius) ········ 5–560
net cliffbean ········ 4–37
Netanyahu, Benjamin ········ 5–560
Netherlanders ········ 3–431
Netherlands Antilles ········ 3–432
Netherlands, The ········ 3–429
nettle family ········ 6–160
network ········ 7–521
network bookstore ········ 7–524
network economy ········ 7–522
network flows ········ 7–522
network government ········ 7–523
network publication ········ 7–522
network techniques ········ 7–522
network warfare ········ 7–523
Neue Pinakothek ········ 5–498
Neufaschismus ········ 8–265
neural stem cell ········ 6–511
neurasthenia ········ 6–511
Neurath, Otto ········ 5–604
neurodermatitis ········ 6–512
neurodermatitis psoriasis ········ 5–602
neuron ········ 6–512
Neuroptera ········ 5–300
neurosis ········ 6–512
neurosyphilis ········ 6–511
neurotransmitters ········ 6–511
neutral money ········ 9–442
neutrality ········ 9–433
neutrality, law of ········ 9–433
neutralization, heat of ········ 9–414
neutrino ········ 9–440
neutrino astronomy ········ 9–440
neutron ········ 9–450
neutron bomb ········ 9–451
neutron detector ········ 9–451
neutron induced nuclear reaction ··· 9–451
neutron source ········ 9–451
neutron star ········ 9–451
Neva River ········ 5–593
Nevada, Sierra ········ 5–555
Nevada State ········ 5–555
nevus ········ 9–325
New Account of Tales of the World ··· 7–25
New Army ········ 8–276
New Atlas of Republic of China ········ 9–421
New Caledonia ········ 8–276
New Caledonians ········ 8–276
new Cambridge school ········ 8–271
new Cambridge-model of economic growth ········ 8–271
new concept weapon ········ 8–266
New Deal ········ 8–294
New Delhi ········ 8–265
new drama ········ 8–275
new drama with ancient costume ··· 3–182
New Economic Policy ········ 8–275
New Educational Movement ········ 8–274
New Fourth Army ········ 8–284
New Fourth Army of National Revolutionary Army ········ 3–289
New Guinea ········ 8–269
New Hebrides ········ 8–268
New History of Five Dynasties ········ 8–288
New History of Tang Dynasty ········ 8–285
new institutional economics ········ 8–294
new international order ········ 3–276
New Jersey State ········ 8–293
New Life Movement ········ 8–281
New Literature Movement ········ 8–286
new opera in modern clothing ········ 6–611
New Orleans ········ 8–263
new poesy ········ 8–282
New Politics during Qingli Period ··· 6–237
New Politics of Late Qing Dynasty ··· 6–228
new realism literature ········ 8–291
New Siberian Islands ········ 8–289
New South Wales, State of ········ 8–280
new Taiwan dollar ········ 8–285
New Territories ········ 8–275
New Testament ········ 8–293
New Woodcut Movement ········ 8–278
New Year ········ 8–280
New Year of Yi ········ 8–547
New Year picture ········ 5–584
New Year's Day ········ 9–91
New Year's Eve ········ 2–17 (2–97)
New York ········ 5–606
New York Central Park ········ 5–607
New York International Film Festival ········ 5–607
New York Public Library ········ 5–607
New York school ········ 5–607
New York State ········ 5–607
New York subway ········ 5–606
New Yuefu Poesy Renovation ········ 8–293
New Zealand ········ 8–289
Newark ········ 5–605
Newars ········ 5–578
newborn ········ 8–281
Newcastle disease ········ 4–37
Newcastle upon Tyne ········ 5–603
Newcomb, Simon ········ 5–604
Newcomen, Thomas ········ 5–604
newly-born family members should be exempt from poll tax forever ········ 9–528
Newman, Arnold ········ 5–605
Newman, John Henry ········ 5–605
Newman, Paul ········ 5–605
Newmark, Nathan Mortimore ········ 5–605
news ········ 8–286
news agency ········ 7–393
news, elements of ········ 8–288
news information, digitalization of ··· 8–288
news integrated service network ··· 8–288
news photography ········ 8–287
news print paper ········ 8–288
news story ········ 8–216
news value ········ 8–287
newspaper chain ········ 1–248
newspapers ········ 1–248
newton ········ 5–599
Newton, Sir Isaac ········ 5–599
Newtonian mechanics ········ 5–600
Newton's laws of motion ········ 5–600
Newton's rings ········ 5–600
Nexø, Martin Andersen ········ 5–572
Neẓāmī, Jamāl al-dīn Yousof ········ 5–561
NFA ········ 8–284
Ngapoi Ngawang Jigme ········ 1–49
Ngari Region ········ 1–41
NGC ········ 2–514
NGO ········ 2–517
Ngo Dinh Diem ········ 8–35
Ngoring Lake ········ 2–411
NGU ········ 2–514
Ngugi wa Thiong'o ········ 2–414
Nguyễn Công Hoan ········ 6–343
Nguyễn Du ········ 6–344
Nguyễn Minh Triết ········ 6–344
Nguyễn Tấn Dũng ········ 6–344
Nguyễn Trãi ········ 6–344
Nguyễn Văn Linh ········ 6–344
NI ········ 3–293
Ni Guangnan ········ 5–581
Ni Shangda ········ 5–581
Ni Yuanlu ········ 5–581
Ni Zan ········ 5–581
Ni Zhengyu ········ 5–582
Ni Zhifu ········ 5–582
niacin ········ 8–420
Niagara Falls ········ 5–579
Niamey ········ 5–579
Nian Army ········ 5–586

Nian Gengyao ······ 5–584
Niangzi Pass ······ 5–588
Nibelungenlied ······ 5–565
Nicaea, councils of ······ 5–578
Nicaragua ······ 5–570
Nicaragua, Lago de ······ 5–571
Nicaraguan Revolution ······ 5–571
Nice ······ 5–578
Nichiren ······ 6–325
Nicholas of Cusa ······ 5–568
Nicholas I ······ 5–569
Nicholas II ······ 5–568
nickel ······ 5–593
nickel alloy ······ 5–594
Nicobarese group ······ 5–571
Nicomachean Ethics ······ 5–568
Nicosia ······ 5–571
Nicotiana ······ 8–420
nicotine ······ 8–420 (5–568)
Nie Chongqi ······ 5–590
Nie Er ······ 5–590
Nie Gannu ······ 5–591
Nie Hualing ······ 5–591
Nie Rongzhen ······ 5–591
Nie Shicheng ······ 5–592
Nie Weiping ······ 5–592
Nieh Vero Y (ü) C (h' an) ······ 5–592
Niemeyer, Oscar ······ 5–574
Nietzsche, Friedrich ······ 5–566
Niger ······ 5–575
Niger River ······ 5–576
Niger-Congo group ······ 5–576
Nigeria ······ 5–576
Niger-Kordofanian family ······ 5–576
Niggli, Paul ······ 5–567
night blindness ······ 6–269
night sweat ······ 2–159
Night Watch ······ 8–504
Nightingale, Florence ······ 5–521
nightjar ······ 8–504
nightshade family ······ 6–191
Nihon Shakaitō ······ 6–319
Nihonga ······ 6–317
Niigata ······ 8–290
Nike of Samothrace ······ 5–571
Nikisch Arthur ······ 5–570
Nikkei Stock Average ······ 6–324
Nikolais, Alwin ······ 5–568
Nikolayeva-Tereshkova, Valentina Vladimirovna ······ 5–569
Nikon ······ 5–571
Nikon Corporation ······ 5–571
Nile Delta ······ 5–573
Nile River ······ 5–572
Nilo-Saharan family ······ 5–573
Nilotes ······ 5–573
Nīmā Yūshīj ······ 5–574
Nimitz, Chester William ······ 5–574
Nimitz class nuclear-powered aircraft carrier ······ 5–574
Nimšehit ······ 5–574
Nine Border-Garrisons ······ 4–319
Nine Chamberlains ······ 4–321
Nine Chapters on Mathematical Procedures ······ 4–323
Nine Clan Names of Zhaowu ······ 9–225
nine degrees of kindred ······ 4–323
Nine Divisions of China ······ 4–323
nine rank system ······ 4–321
nine-class tax system ······ 4–321
Nineteen Ancient Poems ······ 3–175
nineteen incompatibilities ······ 6–587
Nineveh ······ 5–574
Ning Mao's Stone Chamber ······ 5–595
Ning' an City ······ 5–594
Ningbo City ······ 5–594
Ningbo, Port of ······ 5–594
Ningde City ······ 5–594
Ningdu County ······ 5–595
Ningguta ······ 5–595
Ninghe County ······ 5–595
Ninghua County ······ 5–595
Ningxia Campaign ······ 5–597
Ningxia Hui Autonomous Region ······ 5–596
Ningxiang County ······ 5–597
Ningyuan, Battle of ······ 5–597
ninhydrin ······ 8–614
niobium ······ 5–581
Nippon ······ 6–313
Nipponia nippon ······ 9–483
Nippur ······ 5–574
nirvana ······ 5–593
Nisa ······ 5–578
Nishida Kitarō ······ 8–102
niter ······ 8–220
nitric acid ······ 8–220
nitrile ······ 4–303
nitrite poisoning ······ 8–411
nitrobenzene ······ 8–219
nitrocellulose ······ 8–220
nitro-compound ······ 8–219
nitrogen ······ 2–150
nitrogen fertilizer ······ 2–151
nitrogen-fixing microorganisms ······ 3–191
nitroglycerin ······ 8–219 (8–220)
Niu Jingyi ······ 5–608
Niu Sengru ······ 5–602
Niue ······ 5–603
Niues ······ 5–603
Niuheliang ······ 5–600
Niujie Mosque ······ 5–601
Nixon, Richard Milhous ······ 5–572
Nixon's visit to China ······ 5–572
Niya ······ 5–578
Nizari ······ 5–579
Nizhniy Novgorod ······ 8–158
Nkrumah, Kwame ······ 2–415
NMD ······ 3–280
no appeal resulting in additional punishment ······ 6–468
no confidence right of making motions ······ 1–431
no trial without complaint ······ 1–427
no trial without complaint ······ 3–82
Noah ······ 6–8
Noah's ark ······ 6–8
Nobel, Alfred Bernhard ······ 6–8
Nobel Prize ······ 6–9
nobile dendrobium ······ 6–594
nocardiosis ······ 6–9
noctiluca ······ 8–504
Noctiluca miliaris ······ 8–504
noctuid ······ 8–503
Noctuidae ······ 8–503
nocturne ······ 8–504
Noerdlingen ······ 6–10
Noether, (Amalie) Emmy ······ 6–11
Noguchi Hideyo ······ 8–492
noh ······ 5–564
noise ······ 9–165
noise pollution ······ 9–166
noisy light ······ 9–165
Nok sculptures ······ 6–9
Noma Hiroshi ······ 8–492
nominalism ······ 7–546
non bis in idem ······ 8–511
non-aligned movement ······ 1–428
non-alloy steel ······ 2–512
non-biting midge ······ 8–481
nonconscious ······ 6–174
nondestructive testing and evaluation ······ 8–18
non-electrolyte ······ 2–512
non-Euclidean geometry ······ 2–515
nonferrous metal ······ 9–48
nongonococcal urethritis or cervicitis ······ 2–514
non-governmental organizations ······ 2–517
non-inertial reference frame ······ 2–512
non-intervention in domestic affairs, principle of ······ 1–427
non-lethal ammunition ······ 2–517
nonlinear control system ······ 2–516
nonlinear optics ······ 2–515
nonlinear programming ······ 2–516
nonlinear science ······ 2–516
nonmetallic material ······ 2–513
non-native household registration ······ 4–462
non-Newtonian fluid mechanics ······ 2–514
non-operating income ······ 9–17
nonparametric statistics ······ 2–511

non-polluting process ················ 8–20
non-profit organization ·············· 2–516
non-prosecution ······················ 1–430
non-renewable resource ··············· 1–428
non-standard analysis ················ 2–511
non-steroid anti-inflammatory drug ··· 2–517
non-structural flood control measures ·· 2–495
non-tariff barriers ·················· 2–512
non-traditional machining ············ 7–335
Non-Violent and Non-Cooperation Movements ·· 2–511
non-woven fabric ····················· 2–517
Norbulingka ·························· 5–200
Nordic combined ······················ 1–283
Nordic myths ························· 1–283
Nordic sagas ························· 1–282
Nordkapp ····························· 1–265
Nord-Ostsee Kanal ···················· 1–263
Norfolk Island ······················· 6–9
Noriega, Manuel (Antonio) ············ 6–9
normal distribution ·················· 9–267
normal education ····················· 6–573
normalizing ·························· 9–266
Norman Conquest ······················ 6–11
Normandie, Duché de ·················· 6–10
Normandy Bridge ······················ 6–10
Normandy Landing Operation ··········· 6–10
Norodom Sihanouk ····················· 6–10
North Africa ························· 1–262
North Africa, Landing Operation in ··· 1–262
North America ························ 1–278
North American Free Trade Area ······ 1–282
North Atlantic Treaty Organization ··· 1–259
North China Daily News ············· 9–551
North China local race ··············· 3–532
North China Plain ···················· 3–532
North Europe ························· 1–282
North Gas Field ······················ 1–262
North Pole ··························· 1–264
North Sea ···························· 1–263
Northcliffe, Lord ···················· 6–11
Northeast Anti-Japanese United Army ·· 2–315
Northeast China Plain ················ 2–315
Northeast Normal University ·········· 2–316
Northeastern University ·············· 2–315
Northern Buddhism ···················· 1–258
Northern Cape ························ 1–276
northern dialect ····················· 1–262
Northern Dynasty ····················· 1–257
Northern Expedition War ·············· 1–260
northern fur seal ···················· 3–327
northern goshawk ····················· 1–475
Northern Grand Canal ················· 1–287
Northern Han ························· 1–263
Northern Ireland ····················· 1–255
Northern Jiaotong University ········· 1–262
Northern Liang ······················· 1–276
Northern Mariana Islands ············· 1–277
Northern Qi Dynasty ·················· 1–283
Northern Seven Perfected Beings ······ 1–283
Northern Seven Years' War ············ 1–262
Northern Song Dynasty Mausoleums ····· 1–284
Northern Territory problem ··········· 1–262
northern tunes ······················· 1–283
Northern Warlords ···················· 1–286
Northern Wei Dynasty ················· 1–285
Northern Yan ························· 1–285
Northern Zhou Dynasty ················ 1–287
North-South dialogue ················· 5–516
Northwest Union University ··········· 8–87
Northwest University ················· 8–86
Northwestern Polytechnical University ·· 8–87
Norway ······························· 6–6
Norwegian language ··················· 6–8
Norwegian Sea ························ 6–7
Norwegians ··························· 6–7
Norwegian-Swedish League ············· 6–7
nose ································· 1–313
nose balancing ······················· 2–311
(bride) not living in husband' s house ·· 1–430
notarization ························· 3–138
notation ····························· 4–95
notes ································ 1–323
Notes of Laoxue' an Studio ·········· 4–561
Notes of Silk Embroidery ············ 7–118
Notes on Liao Dynasty Poetries ······ 5–67
Notes on Poetry from the Ginger Studio ·· 4–187
no-tillage ··························· 5–412
notochord ···························· 4–86
notodontid moth ······················ 9–464
Notodontidae ························· 9–464
Notopterygium incisum ·············· 6–176
Notre-Dame de Paris ·················· 1–171
Notre-Dame de Paris ················· 1–171
Nouâdhibou ··························· 6–2
Nouakchott ··························· 6–2
Nouméa ······························ 6–2
nourishing yin to clear the lung ····· 8–473
nouvelle vague ······················· 8–276
nova ································· 8–291
Novalis ······························ 6–11
Novaya Zemlya ························ 8–265
novel ································ 8–228
Novel Monthly ······················ 8–229
Novel With Illustrated Fine-lined Portrait ·· 8–339
novela picaresca ····················· 5–125
novels of Ming and Qing Dynasties ···· 5–446
November Revolution in Germany ······ 2–176
Noverre, Jean-Georges ················ 6–11
Novosibirsk ·························· 8–289
Novosibirskiye Ostrova ··············· 8–289
Novum Organum ······················ 8–266
Nowruz Festival ······················ 6–10
Nozick, Robert ······················· 6–11
NPO ·································· 2–516
NPOTC ································ 9–375
NPT ·································· 1–428
NSAID ································ 2–517
NSFC ································· 3–287
NTB ·································· 2–512
NTCC ································· 9–368
Nu ··································· 6–3
Nu language ·························· 6–3
Nubians ······························ 6–1
nuclear attack ······················· 3–438
nuclear chemistry ···················· 3–435
nuclear deterrence theory ············ 3–438
nuclear electric quadrupole moment ··· 3–433
nuclear electronics ·················· 3–433
nuclear emulsion ····················· 3–437
nuclear energy ······················· 3–436
nuclear family ······················· 3–439
nuclear fission ······················ 3–436
nuclear force ························ 3–436
nuclear fuel ························· 3–436
nuclear fusion ······················· 3–436
nuclear magnetic resonance ··········· 3–432
nuclear magnetic resonance spectroscopy ·· 3–432
nuclear material ····················· 3–432
nuclear medicine ····················· 3–439
nuclear physics ······················ 9–108
nuclear power station ················ 3–433
Nuclear Power Station Accident at Three Mile Island ·· 6–396
nuclear reaction ····················· 3–434
nuclear reaction cross section ······· 3–434
nuclear reactor ······················ 3–434
nuclear spin ························· 3–440
nuclear strategy ····················· 3–440
nuclear waste material ··············· 3–434
nuclear weapon ······················· 3–439
nuclear winter ······················· 3–434
nuclear-free zone ···················· 8–15
nuclear-powered submarine ············ 3–434
nucleic acid ························· 3–437
nucleolus ···························· 3–437
nucleon ······························ 3–440
nucleophilic reagent ················· 6–194
nucleoside ··························· 3–435
nucleotide ··························· 3–435

nucleus ········ 8–151
nude fern ········ 7–162
nude photography ········ 6–299
nufmeg family ········ 6–337
Nujiang Lisu Autonomous Prefecture ········ 6–3
Nujiang River ········ 6–2
nuke ········ 3–436
Nuku 'alofa ········ 6–1
number ········ 7–63
Number One Restaurant under Heaven ········ 7–365
number system ········ 4–95
number, theory of ········ 7–67
numbered musical notation ········ 4–158
numerical control system ········ 7–73
numerical weather prediction ········ 7–73
numerically controlled machine tool ········ 7–64
Numidia, Kingdom of ········ 6–2
nuo opera ········ 6–8
Nurek Dam ········ 6–2
Nuremberg ········ 5–604
Nuremberg principle ········ 5–605
Nuremberg trials ········ 5–604
Nurhaqi ········ 6–1
Nuri as-Said ········ 6–1
Nürnberg ········ 5–604
nurse ········ 3–524
nursery ········ 5–418
nursery rhyme ········ 2–416
nursing ········ 3–523
Nushan Mountain ········ 6–3
Nušic, Branislav ········ 6–2
nutgrass flatsedge ········ 8–192
nutria ········ 3–331
nutrient qi ········ 9–16
nutrition ········ 9–16
Nuuk ········ 6–1
Nüwa ········ 6–4
nux vomica ········ 5–273
Nyainqêntanglha Mountains ········ 5–587
Nyctereutes procyonoides ········ 3–440
Nycticebus coucang ········ 2–573
Nyerere, Julius (Kambarage) ········ 5–572
Nyingchi County ········ 5–88
Nyingchi Region ········ 5–88
nylon ········ 4–267 (5–572)
Nymphaeaceae ········ 7–108
Nymphalidae ········ 4–133
Nyqya ········ 9–266
nystagmus ········ 8–440

O

O. Henry ········ 6–13
Oakland ········ 1–123
oasis ········ 5–187
oat ········ 8–445
Oath of Alliance from Houma ········ 3–487
OAU ········ 2–523
Ob' ········ 2–410
Ob River ········ 2–410
Obama, Barack Hussein ········ 1–117
Obara Kuniyoshi ········ 8–231
obelisk ········ 2–488
Oberth, Hermann ········ 1–117
obesity ········ 2–528
object ········ 1–351
objective idealism ········ 4–462
obligation ········ 9–176
Oblomov ········ 1–117
oboe ········ 7–78
observatory ········ 7–363
obsession ········ 6–181
obsessive-compulsive state ········ 6–181
obtaining a guarantor pending trail ········ 6–255
Ocadia sinensis ········ 3–527
O' Casey, Sean ········ 1–122
occultation ········ 8–438
occupational disease ········ 9–299
occupational skin disease ········ 9–300
ocean basin ········ 2–116
ocean buoy station ········ 3–349
ocean circulation ········ 2–115
ocean current ········ 3–331 (8–469)
ocean energy ········ 3–351
ocean engineering ········ 3–349
ocean front ········ 3–349
ocean internal wave ········ 3–351
ocean mesoscale eddy ········ 2–116
ocean remote sensing ········ 3–353
ocean science ········ 3–350
ocean sound channel ········ 2–116
ocean sunfishes ········ 2–464
ocean tide ········ 3–348
ocean turbulence ········ 3–352
Ocean University of China ········ 9–371
ocean wave ········ 3–331
Oceania ········ 2–116
oceanic dolphin ········ 3–343
oceanic island ········ 2–115
oceanic polymetallic nodule ········ 2–115
oceanic rise ········ 3–331
Oceanitidae ········ 3–346
oceanographic research vessel ········ 3–348
oceanographic satellite ········ 3–352
Ochotona ········ 7–59
Ochroma lagopus ········ 6–216
O' Connell, Daniel ········ 1–122
octane number ········ 8–261
Octavius, Gaius ········ 8–14
October Tenth Agreement ········ 7–79
Octobrist Party ········ 6–591
Octopodidae ········ 8–220 (9–221)
octopus ········ 8–220 (9–221)
ocular trauma ········ 8–440
Ocussi ········ 6–14
Oda Nobunaga ········ 9–292
Ode Inscription of Shimen ········ 6–599
Odense ········ 6–13
Oder River ········ 1–118
Odes ········ 7–176
Odesa ········ 1–116
Odessa ········ 1–116
Odets, Clifford ········ 1–118
Odobenus rosmarus ········ 3–344
Odocoileus virginianus ········ 1–206
Odonata ········ 6–234
Odum, Eugene Pleasants ········ 1–118
Odysseia ········ 1–118
Odysseus ········ 1–118
Oe Kenzaburo ········ 2–88
OECD ········ 4–286
Oecophoridae ········ 9–292
Oecumenical Council ········ 3–133
Oecumenical Movement ········ 6–115
Oedipus ········ 2–393
Oedipus complex ········ 5–49
Oedipus the King ········ 2–393
Oehlenschläger, Adam Gottlob ········ 6–15
Oersted, Hans Christian ········ 1–131
Offenbach, Jacques ········ 1–121
offer ········ 2–432
offering sacrifices to Kitchen God ········ 4–105
office automation ········ 1–231
office fields ········ 9–299
Office of Transmission ········ 7–394
official document ········ 2–303
official script ········ 5–34
official summons ········ 8–137
offset printing ········ 4–201
offset printing paper ········ 4–199
Offshore New District ········ 1–360
offshore platform ········ 3–339
Ogata Kōrin ········ 7–562
Ogbomosho ········ 1–118
Ogburn, William Fielding ········ 1–122
Ögedei ········ 7–607
Ogimura Ichiro ········ 2–215
Ohain, Hans-Joachim Pabst von ········ 1–122
O' Higgins, Bernardo ········ 1–133
Ohio River ········ 2–396
Ohio State ········ 2–396
Ōhira Masayoshi ········ 2–97
Ohlin, Bertil Gotthard ········ 1–125
ohm ········ 6–15
Ohm, Georg Simon ········ 6–15
Ohm' s law ········ 6–16
oil and gas accumulation ········ 9–39
oil and gas field ········ 9–39

oil and gas, migration of ………… 9–40
oil and gas shows ………… 9–40
oil and gas-bearing basin ………… 3–357
oil field water ………… 9–40
oil painting ………… 9–37
oil pipeline ………… 7–56
oil rape ………… 9–36
oil shale ………… 9–41
oil tanker ………… 9–37
oiltea camellia ………… 9–37
Oistrakh, David (Fiodorovich) … 1–134
Okamura Yasuji ………… 3–48
Okhotskoye More ………… 2–411
Öködei ………… 7–607
Öködei Ulus ………… 7–607
Ökonomisch-philosophische Manuskripte aus dem Jahre 1844 … 9–592
okra ………… 3–595
Ōkubo Toshimichi ………… 2–88
Ōkuma Shigenobu ………… 2–106
Old Archives in Manchu Script ………… 5–305
Old Chenghuang Temple ………… 4–557
Old History of Five Dynasties ………… 4–328
Old History of Tang ………… 4–328
Old Slavic ………… 3–176
Old Testament ………… 4–328
Old Town of Lijiang ………… 5–23
old tree and famous wood ………… 3–176
Old Well ………… 4–557
old world porcupines ………… 3–404
old world warbler ………… 9–12
Oldowan Culture ………… 1–120
old-style Chinese private bank ………… 6–170
Olea europaea ………… 9–37
Oleaceae ………… 5–492
oleaster ………… 6–429
oleaster family ………… 3–509
olefin ………… 8–129
olefin metathesis ………… 8–129
oleic acid ………… 9–40
olfactory sensation ………… 8–339
Oligocene Epoch ………… 4–171
oligopoly market ………… 3–203
oligosaccharide ………… 2–206
olive family ………… 5–492
olive green porcelain ………… 5–403
Oliveira Salazar, António de ………… 6–362
Oliver Stone ………… 1–125
Olivier, Laurence ………… 1–124
olivine ………… 3–46
olm ………… 2–344
Olmec Culture ………… 1–121
Olsters ………… 1–121
Olympia ………… 1–126
Olympic Games ………… 1–125
Olympic Winter Games ………… 2–330
Oman ………… 1–45
Ommastrephidae ………… 6–336
Ōmori Fusakichi ………… 2–103
omoto nipponlily ………… 7–482
Omsk ………… 2–412
On Contradiction ………… 5–325
On Golden Pond ………… 4–251
On Landscape Paintings ………… 3–557
On Liberty ………… 5–198
On New Democracy ………… 8–278
On Poetic Forms and Patterns ………… 6–576
On Practice ………… 6–613
On Protracted War ………… 5–197
On Seal Cutting ………… 9–512
On Singing ………… 1–529
On the Correct Handling of Contradictions among the People … 3–207
On the People's Democratic Dictatorship ………… 5–198
On the Principles of Political Economy and Taxation ………… 9–283
On the Revolutions of the Heavenly Spheres ………… 7–361
On the Ten Major Relationships ………… 5–198
On War ………… 9–188
Onagraceae ………… 5–135
Oncocephalida ………… 1–340
oncogene ………… 1–74
Oncomelania ………… 2–310
Oncorhynchus keta ………… 2–94
Oncorhynchus mykiss ………… 3–479
Ondatra zibethicus ………… 6–506
one country, two systems ………… 8–509
One Hundred Parables ………… 1–217
One Pillar Pagoda ………… 2–354
Onega, Lake ………… 1–127
Onegin ………… 1–127
O' Neill, Eugene ………… 1–126
one-man flight vehicle ………… 2–143
one-party system ………… 8–508
Onezhskoye Ozero ………… 1–127
ong-horned grasshopper ………… 9–455
onion ………… 2–53
onion ………… 8–468
on-line analysis ………… 9–151
online media ………… 7–522
online news editing ………… 7–523
online school ………… 7–524
Ono Hideo ………… 8–231
Onobrychis viciaefolia ………… 3–469
Ontario ………… 1–91
Ontario, Lake ………… 1–91
on-the-job training ………… 3–56
ontology ………… 1–308
Onychophora ………… 9–51
Oobai ………… 1–117
Oort cloud ………… 1–121
Oort, Jan Hendrik ………… 1–121
Op art ………… 1–127
opah ………… 9–124
opal ………… 2–149 (6–16)
OPEC ………… 6–606 (6–16)
Open Door Policy ………… 5–366
open economy ………… 4–385
open hearth steelmaking ………… 6–90
open market operations ………… 3–133
open system ………… 4–385
Open University ………… 9–4
opening along the borderland ………… 8–432
opening to the world ………… 2–373
opera ………… 3–96
opera film ………… 8–145
opera of soviet area ………… 7–193
operating revenue ………… 9–16
operating system ………… 1–475
operation ………… 7–38
Operation for Safeguarding Montevideo ………… 5–369
operationism ………… 1–476
Operations of Chinese Expeditionary Army along the Yunnan-Burma Road ………… 9–408
Operations of Suppressing Bandits by the Chinese People's Liberation Army ………… 9–394
operations research ………… 9–140
Ophichthyidae ………… 6–480
ophiolite ………… 6–479
Opiliones ………… 5–312
opium poppy ………… 9–12
opium trade ………… 8–387
Opium War ………… 8–387
opossum ………… 3–4
Oppenheimer, J. Robert ………… 1–117
opportunity cost ………… 4–29
opportunity for fighting ………… 9–184
opposition party ………… 2–470
Oprichnina ………… 7–335
optical activity ………… 8–365
optical art ………… 3–228
optical crystal ………… 3–229
optical disc storage ………… 3–225
optical fiber ………… 3–228
optical fiber ………… 3–229
optical fiber cable ………… 3–223
optical fiber communication ………… 3–228
optical glass ………… 3–229
optical medium material ………… 3–229
optical plastics ………… 3–229
optical thin film ………… 3–229
optical waveguide ………… 3–219
optics ………… 3–228
optimal control, algorithm for ………… 9–575
optimal control, method of ………… 9–575
optimization ………… 9–30

option ······ 6–124
optoelectronic integrated material ··· 3–221
optoelectronic material ······ 3–221
optometry ······ 8–443
oracle bone inscriptions ······ 4–134
Oral ······ 8–2
oral cavity ······ 4–480
oral history ······ 4–481
oral statement of defendant ······ 4–480
oral ulcer ······ 4–481
Oran ······ 1–123
orange ······ 1–594
Orange River ······ 1–124
orangutan ······ 8–309
Oranjestad ······ 1–123
oratorio ······ 6–218
orbit lifetime ······ 3–244
orb-weaver ······ 9–100
orchard ······ 3–300
orchard grass ······ 8–388
orchestra ······ 3–215 (4–198)
Orchestre de Paris ······ 1–171
orchid ······ 4–540
orchid family ······ 4–540
Orchid Pavilion ······ 4–542
Orchidaceae ······ 4–540
Orcinus orca ······ 5–583 (3–518)
order ······ 2–312
order and disorder ······ 9–50
order the arrest of a criminal at large ······ 7–390
ordinal number ······ 8–356
ordinary differential equation ······ 1–526
ordinary language, philosophy of ··· 6–321
ordinary shares ······ 6–116
ordo ······ 7–612
Ordos City ······ 2–410
Ordos Plateau ······ 2–410
Ordovician Period ······ 1–132
ore ······ 4–500
ore body ······ 4–500
ore deposit ······ 4–499
ore field ······ 4–501
ore mining ······ 1–465
Oregon State ······ 2–397
organ ······ 3–213
organ preservation ······ 6–154
organ transplantation ······ 6–155
organelle ······ 8–152
organic chemistry ······ 9–46
organic compound ······ 9–46
organic conductor ······ 9–45
organic pollutant ······ 9–47
organic semiconductors ······ 9–45
organic senses ······ 4–30
Organization for Economic Cooperation and Development ··· 4–286
Organization of African Unity ······ 2–523
Organization of American States ··· 5–363
Organization of Petroleum Exporting Countries ······ 6–606 (6–16)
Organization of the Islamic Conference ······ 8–527
organs of power ······ 6–258
Organum ······ 3–125
Orient Express ······ 2–318
oriental bean ······ 2–479
oriental cherry ······ 9–12
oriental dance ······ 2–319
Oriental Pearl TV Tower ······ 2–318
oriental sailfish ······ 6–134
oriental sesame ······ 9–288
Oriental Song and Dance Company ······ 2–317
oriental swallowtail moth ······ 2–580
orientalism ······ 2–319
Origen ······ 1–125
origin and evolution of humans ······ 6–291
Origin of Species ······ 8–79
original Buddhism ······ 9–105
Original Sin ······ 9–112
Orinoco, Río ······ 1–124
orioles ······ 3–591
Oriolus ······ 3–591
Orion ······ 5–76
Oriya language ······ 1–124
Oriyas ······ 1–124
Örkény István ······ 7–609
Orlov Trotter ······ 1–121
Ormosia ······ 3–469
ormosia hosiei ······ 3–469
Ornithorhynchus anatinus ······ 8–388
Orobanchaceae ······ 5–72
orogeny ······ 9–165
Oromo ······ 1–126
Oroqen ······ 2–412
Oroqen Autonomous Banner ······ 2–411
Oroqen language ······ 2–411
Orostachys fimbriatus ······ 7–470
Orphan of Zhao ······ 9–233
Orpheus ······ 1–121
orpiment ······ 2–50
orpine family ······ 4–312
Ortai ······ 2–411
Orthida ······ 9–267
Orthodox Eastern Church of Harbin ······ 3–306
orthodox treatment ······ 9–268
orthogonal coordinate system ······ 9–296
Orthoptera ······ 9–295
Orycteropus afer ······ 7–443
Oryx ······ 2–91
Oryza ······ 2–167
Oryzias latipes ······ 6–207
Orzeszkowa, Eliza ······ 1–127
Os Lusiadas ······ 5–150
Ōsaka ······ 2–72
Osanai Kaoru ······ 8–227
Osborne, John James ······ 1–128
Ôshima Nagisa ······ 2–76
Osler, William ······ 1–129
Oslo ······ 1–129
Osman I ······ 1–131
Osmanthus fragrans ······ 3–247
osmium ······ 2–405
osmose ······ 6–525
Osmunda japonica ······ 9–533
osprey ······ 2–413
Ossetians ······ 1–128
Osteichthyes ······ 9–22
osteoarthritis ······ 3–188
osteoarthrosis deformans endemica ······ 2–84
osteochondrosis ······ 3–187
Osteoglossiformes ······ 3–187
osteoporosis ······ 3–189
Österreich ······ 1–118
ostomid beetle ······ 3–182
Ostracoda ······ 4–233
Ostrava ······ 2–403
Ostreidal ······ 5–487
ostrich ······ 7–458
Ostrogothic Kingdom ······ 2–320
Ostrov Sakhalin ······ 6–360
Ostrovsky, Aleksandr Nikolayevich ······ 1–131
Ostrovsky, Nikolay Alekseyevich ······ 1–131
Ostwald, (Friedrich) Wilhelm ······ 1–132
Otariidae ······ 3–340
OTC ······ 2–511
Othello ······ 1–128
otitis media ······ 9–330
otosclerosis ······ 2–421
Otowa Nobuko ······ 8–550
Ottawa ······ 7–612
otters ······ 7–97
Otto, Nikolaus August ······ 1–133
Otto, Rudolf ······ 1–133
Ottoman Empire ······ 1–129
Otus ······ 4–205
Ou, Nam ······ 5–543
Oū Sammyakn ······ 1–134
Ou Yezi ······ 6–19
Ouagadougou ······ 7–466
Oubei's Comments on Poetry ······ 6–13
Oujiang River ······ 6–13
ounce ······ 1–116
Ousmane, Sembéne ······ 8–8
Outer Mongolia ······ 7–474
outer space ······ 7–472
Outlaws of the Marsh ······ 7–85

Outline History of Chinese Philosophy ········ 9–411
Outline of Calligraphy ········ 7–048
outlook of life ········ 6–297
Ouyang Duo ········ 6–16
Ouyang Jingwu ········ 6–16
Ouyang Qin ········ 6–16
Ouyang Shan ········ 6–17
Ouyang Shanzun ········ 6–17
Ouyang Xiu ········ 6–17
Ouyang Xun ········ 6–18
Ouyang Yuqian ········ 6–18
Ouyang Ziyuan ········ 6–18
Ovambo ········ 1–133
ovarian tumors ········ 5–190
ovarium ········ 5–190
overall planning method ········ 7–405
overall social pooling of insurance funds ········ 6–491
overcoat ········ 2–120
overdraft ········ 7–416
overpopulation ········ 6–289
overproduction ········ 6–528
Oversea Study Movement during Late Qing Dynasty ········ 6–228
over-tapping of groundwater ········ 2–242
over-the-counter ········ 2–511
overture ········ 8–356
Ovibos moschatus ········ 6–506
Ovid ········ 1–133
Ovimbundu ········ 1–133
Ovis ammon ········ 6–44
Ovis aries ········ 5–410
ovoviviparous animal ········ 5–191
ovum ········ 5–190
Owens, Jesse ········ 6–16
owl ········ 8–213 (5–312)
owners' equity ········ 7–228
ownership by the whole people ········ 6–261
oxalic acid ········ 1–482
Oxalidaceae ········ 2–54
oxazole ········ 2–412
Oxford ········ 5–601
oxidation-reduction potential ········ 8–474
oxidation-reduction reaction ········ 8–474
oxide ········ 8–475
oxidizing agent ········ 8–474
oxime ········ 7–608
oxygen ········ 8–473
oxygen cycle ········ 8–475
oxygen therapy ········ 8–475
Oymyakon ········ 1–134
oyster ········ 5–487
Oyun, Erdenebathaan ········ 1–134
Oz, Amos ········ 1–134
Ozawa Seiji ········ 8–231
O' zbekiston ········ 8–10
ozone ········ 2–12
ozone hole over the South Pole ········ 5–526
ozone weapon ········ 2–12
ozonide ········ 2–12
Ozu Yasujirō ········ 8–224

P

PA ········ 4–344
pacemaker ········ 6–139
pachira aquatica ········ 2–431
Pachira macrocarpa ········ 2–431
Pachyrhizus erosus ········ 2–345
Pacific Ocean ········ 7–259
Pacific War ········ 7–262
Pacino, Al ········ 6–35
packaging ········ 1–238
Paclitaxel ········ 9–533
paddy soil ········ 7–83
Padmasambhava ········ 5–39
Paekche ········ 1–211
paeonia family ········ 6–472
Paeonia suffruticosa ········ 5–486
Paeoniaceae ········ 6–472
Pagan Dynasty ········ 6–104
Paganini, Nicolò ········ 6–29
Pagbalha Geleg Namgyai ········ 6–28
Paget's disease ········ 6–56
Pagnol, Marcel ········ 6–33
Pago Pago ········ 6–29
pagoda ········ 7–236
pagoda burial ········ 7–244
Pagoda in Songyue Temple ········ 7–163
pagoda of bowls ········ 2–311
pagodatree ········ 3–562 (3–256)
Pagri Town ········ 6–32
Paguma larvata ········ 3–529 (3–300)
pagurids ········ 4–105
Pahlavi Dynasty ········ 1–172
Pahlavi, Mohammad Reza ········ 1–172
paid-in capital ········ 6–614
pai-gow game ········ 6–38
pai-miao painting ········ 1–203
pain ········ 7–336
paint from life ········ 8–238
painted clay sculpture ········ 1–466
Painted Clay Sculptures of Zhenguo Temple ········ 9–259
painted pottery ········ 1–466
painted-face role in Chinese opera ········ 4–313 (3–528)
painting ········ 3–613
painting academy ········ 3–558
painting enamel metal ware ········ 6–471
Painting Manual of Xuanhe Era ········ 8–360
Painting of Cai Wenji Returns to Her Homeland ········ 7–590
Painting of Court Ladies Adorning Their Hair with Flowers ········ 9–152
Painting of Court Ladies of the Former Shu ········ 7–510
Painting of Early Spring Scenery ········ 9–162
Painting of Emperor Kangxi's Southern Inspection Tour ········ 4–405
Painting of Mountain Village by the Fuchun River ········ 3–18
Painting of Ploughing and Weaving ········ 3–119
Painting of Poem to Goddess of River Luo ········ 5–231
Painting of Scenery in Lushan Mountain ········ 4–497
Painting of Spring Outing ········ 9–43
Painting of the Admonitions of the Preceptress to the Ladies of the Palace ········ 6–4
painting, theory of ········ 3–556
Paintings of China Primitive Society ········ 9–408
pairing family ········ 2–373
Pajai ········ 6–28
Pak Ji Won ········ 6–83
Pak Nam Crocodile Farm and Zoo ········ 1–276
Pakistan ········ 1–158
Pakse ········ 1–180
palace ········ 3–142
palace ········ 6–39
palace attendant-in-ordinary ········ 9–327
Palace Depot ········ 5–561
palace memorial ········ 9–563
Palace Museum ········ 3–196
Palace Museum, Taibei ········ 7–246
Palace of Eternal Life ········ 1–518
Palace Secretariat ········ 7–50
palace secretary ········ 7–50
Palacio Valdés, Armando ········ 6–31
Palaeoanthropus ········ 3–174
palaeomagnetism ········ 3–165
Palaeozoic Era ········ 3–174
Palais de Versailles ········ 2–465
Palais du Louvre ········ 5–149
Palamas, Kostis ········ 6–31
palatial hall ········ 2–299
Palau ········ 6–31
Palembang ········ 4–335
Palenque ········ 6–32
Paleocene Epoch ········ 3–181
paleoecology ········ 3–174
Paleogene Period ········ 3–170
paleogeography ········ 3–166
Paleolithic Period ········ 4–326
paleontology ········ 3–175
Paleo-Siberian languages ········ 3–178
Palestine ········ 1–164
Palestine Liberation Organization ········ 1–166
Palestine People's Uprising ········ 1–167

Palestine, The State of ······ 1–165
Palestinese ······ 1–167
Palhinhaea cernua ······ 2–190
Pali ······ 1–172
Palikir ······ 6–32
palindromic verse ······ 3–610
Palinuridae ······ 5–144
Palladio, Andrea ······ 6–30
palladium ······ 1–189
palm family ······ 9–559
Palma, Ricardo ······ 6–29
Palmae ······ 9–559
Palme, Olof ······ 6–29
Palmén, Erik Herbert ······ 6–29
palmistry ······ 7–40
palpation and pulse taking ······ 6–191
Palpigradi ······ 8–340
palpitation ······ 8–249
PAM ······ 9–104
Pamir ······ 6–32
Pampas ······ 6–41
Pampus ······ 1–506
Pamuk, Orhan ······ 6–33
PAN ······ 4–340
Pan ······ 3–460
Pan Bingheng ······ 6–39
Pañ chen er te ni ······ 1–221
Pañ chen sku phreng bcu gcig pa chos kyi rgyal po ······ 1–222
Pañ chen sku phreng bcu pa chos kyi rgyal mtshan ······ 1–222
Pañ chen sku phreng bzhi pa blo bzang chos kyi rgyal mtshan ······ 1–222
Pañ chen sku phreng drug pa dpal ldan ye shes ······ 1–222
Pan Fengxia ······ 6–39
Pan Geng ······ 6–44
Pan Guangdan ······ 6–39
Pan Hannian ······ 6–40
Pan Hong ······ 6–40
Pan Jiaxun ······ 6–41
Pan Jiazheng ······ 6–41
Pan Jixun ······ 6–40
Pan Mei ······ 6–41
Pan Nianzhi ······ 6–41
Pan Shu ······ 6–42
Pan Tadeusz ······ 7–237
Pan Tianshou ······ 6–42
Pan Yue ······ 6–43
Pan Yuliang ······ 6–42
Pan Zinian ······ 6–43
PANA ······ 2–479
Pan-African News Agency ······ 2–479
Pan-Africanism Movement ······ 2–479
Panama ······ 1–177
Panama Canal ······ 1–178
Panama City ······ 1–177
Pan-American Games ······ 2–480
Pan-American Union ······ 2–480
Pan-Arabism ······ 2–479
Panasonic Corporation ······ 7–161
Panax ginseng ······ 6–297
Panax pseudo-ginseng ······ 6–399
Panax quinquefolium ······ 8–108
panaxotriol ······ 6–297
pancaskandha ······ 8–53
Pañcatantra ······ 8–48
pancreas ······ 8–541
pancreatic carcinoma ······ 8–541
pancreatitis ······ 8–541
Pandion haliaetus ······ 2–413
Pandora ······ 6–39
Panduo ······ 6–39
Pane, Armyin ······ 1–178
panel display device ······ 6–86
Panfilov, Gleb Anatolyevich ······ 6–39
Pang Shangpeng ······ 6–47
Pang Tong ······ 6–47
Pang Xunqin ······ 6–47
Pangaea ······ 5–41
Pan-Germanism ······ 2–480
Pangu ······ 6–44
Panicum maximum ······ 2–104
Panicum miliaceum ······ 7–58 (4–107)
Pāṇini ······ 1–382
Pan-Islamism ······ 2–481
Panjiakou Water Control Project ······ 6–40
Panjin City ······ 6–44
Panlongcheng ······ 6–44
Panmunjom ······ 1–228
panorama ······ 6–260
Pan-Slavism ······ 2–480
pansy ······ 6–399
pantheism ······ 2–480
Pantheon, Rome ······ 5–211
Panthera leo ······ 6–576
Panthera onca ······ 5–363
Panthera pardus ······ 1–249 (4–247)
Panthera tigris ······ 3–518
Panthera tigris altaica ······ 2–315
Panthera tigris amoyensis ······ 3–535
Pantholops hodgsoni ······ 9–158
pantomime ······ 8–392
pantun ······ 1–227
Panzhihua City ······ 6–43
papacy ······ 4–208
Papal Meridian ······ 4–208
Papal States ······ 4–208
Papaver rhoeas ······ 9–66
Papaver somniferum ······ 9–12
Papaveraceae ······ 9–12
papaverine ······ 9–12
papaya ······ 2–462
Papeete ······ 6–33
paper ······ 9–307
paper cuts ······ 4–157
paper cyperus ······ 9–308
paper machinery ······ 9–165
paper money ······ 9–308
paper note ······ 4–199
papermaking ······ 9–165
Papilionidae ······ 2–580
papilledema ······ 7–31
Papio ······ 2–535
Papua New Guinea ······ 1–149
Papuan languages ······ 1–150
Papuans ······ 1–149
para rubber tree ······ 8–210
parabola ······ 6–49
parachute ······ 4–193
Paradisaea ······ 4–69
paradise fishes ······ 2–345
paradise flycatchers ······ 7–43
Paradise Lost ······ 6–572
paradox ······ 1–304
paraffin wax ······ 6–598
paragonimiasis ······ 1–369
Paraguai, Río ······ 1–163
Paraguay ······ 1–162
parainfluenza virus infection ······ 3–13
parakeet ······ 9–14
parallax ······ 7–30
parallel ······ 1–368
parallel bars ······ 7–78
parallel cousin marriage ······ 6–92
parallel fu ······ 6–35
parallel prose ······ 6–82
parallel prose ······ 6–82
parallel slope retreat, theory of ······ 6–438
Paralympic Games ······ 1–473
paralysis ······ 7–280
Paramaribo ······ 6–31
Paramārtha ······ 9–252
Paramecium ······ 1–481
parameter estimation ······ 1–472
Parana ······ 1–163
paranoiac psychosis ······ 6–81
parapet ······ 6–3
parapsychology ······ 8–254
parasitic plant ······ 4–105
parasitism ······ 4–105
parasitoses ······ 4–105
parathyroid diseases ······ 4–136
parathyroid gland ······ 4–136
paratroop ······ 6–408
paratyphoid ······ 3–13
parawing ······ 6–408
Parc National de Tai ······ 7–244
parentage testing ······ 6–195
parental power ······ 6–195
Pareto optimum ······ 6–32

Pareto, Vilfredo …… 6–31
Paridae …… 6–438
Parini, Giuseppe …… 6–32
Parinivana …… 9–113
Paris …… 1–168
Paris Agreement (1954) …… 1–172
Paris Convention for the Protection of Industrial Property …… 1–242
Paris Peace Conference (1946) …… 1–171
Paris Peace Conference (1919) …… 1–170
Paris subway …… 1–169
parity …… 9–67
Park Chung Hee …… 6–83
Park Kyeng Lee …… 6–83
Park, Robert Ezra …… 6–30
Parker, Francis Wayland …… 6–30
Parkinson's disease …… 6–30
Parkinson's Law …… 6–30
parliament …… 8–558
parliamentary government …… 8–559
Parmenides …… 1–176
Parnell, Charles Stewart …… 1–179
parole …… 4–145
parrot …… 9–13
parrots …… 9–14
parsec …… 5–419
Parsons, Charles Algernon …… 6–33
Parsons, Talcott …… 6–33
Parthenium argentatum …… 8–582
Parthenocissus tricuspidata …… 6–28
parthenogenesis …… 2–144
Parthenon …… 6–34
Parthia …… 1–109
Parthian Empire …… 6–34
Parti Communiste Français …… 2–440
Parti Ouvrier Français …… 2–440
Parti Socialiste, France …… 2–444
partial derivative …… 6–81
partial differential equation …… 6–81
Partial Nuclear Test Ban Treaty …… 1–457
particle …… 9–314
particle accelerator …… 5–35
particle beam weapon …… 5–35
particle physics …… 5–35
particular average …… 2–142
particular history …… 9–508
particulate control technology …… 2–16
particulate matter …… 4–443
Partido Comunista Cubano …… 3–162
Partido Socialista Obrero Espanol …… 8–85
Partidul Comunist Roman …… 5–210
Partition of Jin by Three States …… 6–392
Partito Nazionale Fascista Italiano …… 8–566
partnership …… 3–409
partridges …… 4–37
parturition …… 2–545
part-work and part-study movement in France …… 5–122
party out of power …… 9–151
Party Sanction …… 2–152
Party School of the CPC Central Committee …… 9–333
pascal …… 6–33
Pascal, Blaise …… 6–34
Pascal's law …… 6–34
Pashto language …… 6–115
passenger airplane …… 5–181
passenger car …… 4–207
passenger pigeon …… 5–181
passenger ship …… 4–462
Passer …… 5–237
Passeriformes …… 6–269
Passifloraceae …… 8–91
passing and marketing taxes in ancient China …… 3–206
passing migrant birds …… 5–181
passion …… 4–57
passionflower family …… 8–91
passivation …… 2–379
paste …… 3–81
paste …… 4–193
pastel …… 2–558
Pasternak, Boris Leonidovich …… 6–33
Pasteur, Louis …… 1–181
pasteurellosis …… 1–181
pastor …… 5–495
pastoral …… 5–495
Patagonia …… 1–182
Patagonians …… 1–182
patent …… 9–507
patent law …… 9–507
patent right …… 9–508
Pathfinder probe …… 7–290
pathogen …… 1–371
pathogenesis …… 1–370
pathological examination …… 1–370
pathological mechanism …… 1–370
pathway of qi …… 6–143
patio process …… 4–4
Paton, Yevgeny Oskarovich …… 1–151
Patos, Lagoa dos …… 6–34
patriarch …… 5–496
patriarchal clan rules …… 9–552
patriarchal slavery …… 4–129
patriarchy …… 3–4
patriarchy …… 4–129
Patriot Missile …… 1–84
patriotism …… 1–85
Pattaya …… 1–187
pattern …… 9–268
pattern recognition …… 5–454
pattern recognition …… 7–427
Patton …… 1–151
Patton, George Smith …… 1–151
Paul …… 1–245
Pauli, Wolfgang …… 6–51
Pauling, Linus (Carl) …… 1–250
Pauli's exclusion principle …… 6–51
Paulownia …… 6–49
paulownia …… 6–49
Pavarotti, Luciano …… 6–34
pavilion …… 7–387
Pavlov, Ivan Petrovich …… 1–154
Pavlov, Todor Dimitrov …… 1–155
Pavlova, Anna Pavlovna …… 1–155
Pavo …… 4–474
Pavo muticus …… 5–185 (9–227)
Pawlik, Kurt …… 1–154
Pawlikowski, Tadeusz …… 6–29
pawn …… 2–271
pawn shop …… 2–153
pawning right …… 2–271
pawpaw …… 2–462
Paying Supreme Tribute to Confucianism While Banning All Other Schools of Thought …… 1–191
payment by instalment for buying house …… 3–156
payment for occupational diseases …… 9–300
Pazyryk Barrows …… 1–186
PB …… 4–341
PBI …… 4–340
PC …… 4–344
PCB …… 2–384
PCTFE …… 4–343
PD …… 6–30
PE …… 2–534
PE …… 4–344
pea family …… 2–345
Peace Agreement of Central America …… 9–433
Peace Agreement of Shaoxing Period …… 6–476
peace drum dance of Lanzhou …… 4–543
Peace of Utrecht …… 7–613
Peace of Westphalia …… 7–533
peace through marriage …… 3–419
Peace Treaty of Paris (1856) …… 1–171
peaceful coexistence …… 3–417
Peaceful Coexistence, Five Principles of …… 3–418
peaceful liberation of Tibet …… 8–111
Peacekeeper missile …… 3–419
peach …… 7–321
peach wood charms …… 7–322
peacock dance …… 4–474
Peacock Flies Southeast, The …… 4–474
Peacock River …… 4–474
peafowl …… 4–474
Peano, Giuseppe …… 6–75
peanut …… 3–530 (5–235)

pear ········· 4–579
Pear Garden ········· 4–579
Pear Garden opera ········· 4–579
pearl ········· 9–250
pearl ball ········· 9–252
Pearl Harbor ········· 9–251
Pearl Harbor Incident ········· 9–251
Pearl Poet ········· 9–252
Pearl River ········· 9–491
pearlfish ········· 6–174
pearly-ash colored moth ········· 2–215
Pearson PLC ········· 6–54
Peasant Life in China ········· 4–172
Peasant War towards the End of the Tang Dynasty ········· 7–309
Peasants' Uprising in Late Sui Dynasty ········· 7–213
Peasants' Uprising of 1894 ········· 4–136
peat ········· 5–580
Pechora River ········· 1–396
Peck, Gregory ········· 6–38
pectin ········· 3–298
Pectinidae ········· 6–448
peculiar galaxy ········· 7–334
pedagogy ········· 4–212
pedalling acrobatics ········· 2–193
pedestrian street ········· 1–456
pedlar ········· 8–313
Pedro I ········· 6–56
Pedro II ········· 6–56
peep show ········· 4–528
Peer Gynt ········· 1–322
Peganum harmala ········· 5–234
Pegasiformes ········· 3–325
pegmatite ········· 7–561
Pegu Dynasty ········· 1–197
Pei Du ········· 6–54
Pei, Ieoh Ming ········· 1–302
Pei Ju ········· 6–54
Pei Songzhi ········· 6–55
Pei Tong ········· 6–55
Pei Wenzhong ········· 6–55
Pei Xingjian ········· 6–56
Pei Xiu ········· 6–56
Peiligang Culture ········· 6–54
peimine ········· 1–298
Peirce, Charles Sanders ········· 6–71
Peive, Aleksandr Voldemarovich ··· 6–55
Peiwenzhai Studio's Encyclopedia of Calligraphy and Painting ········· 6–58
Peixian County ········· 6–56
Peking Government during Warlord Period ········· 1–274
Peking Man ········· 1–270
Peking opera ········· 4–281
Peking Union Medical College ········· 1–273
Peking University ········· 1–267
Pelargonium graveolens ········· 8–199
Pelé ········· 1–296
Pelecaniformes ········· 7–341
Pelecanus ········· 7–341
pelicans ········· 7–341
pelicans ········· 7–341
pellet ········· 2–137
Pelliot, Paul ········· 1–402
Pelophylax nigromaculata ···3–451 (6–213)
Peloponnesian League ········· 1–400
Peloponnesian War ········· 1–400
Pelotas ········· 6–58
pelvic inflammatory disease ········· 6–62
pelvis ········· 3–187
Pemphigidae ········· 9–20
PEN ········· 3–258
pen ········· 1–323
pen drawing ········· 3–54
pen name ········· 1–324
pen shell ········· 4–180
Penaeus ········· 2–375
penal bonds ········· 7–545
penal servitude for a fixed term ······ 9–48
pencil ········· 6–159
pencil drawing ········· 6–159
Penck, Albrecht ········· 6–64
pendulum ········· 1–217
Peng Chong ········· 6–62
Peng Dehuai ········· 6–63
Peng Feizhang ········· 6–63
Peng Huanwu ········· 6–64
Peng Linong ········· 6–64
Peng Pai ········· 6–64
Peng Peiyun ········· 6–64
Peng Shuzhi ········· 6–65
Peng Xiuwen ········· 6–65
Peng Xuefeng ········· 6–65
Peng Zhen ········· 6–65
Peng Zigang ········· 6–66
Penghu County ········· 6–68
Penghu Island ········· 6–68
Penghu Islands ········· 6–68
Penglai Cape ········· 6–66
Penglai City ········· 6–66
Pengtoushan Culture ········· 6–65
penguin ········· 6–135
penicillins ········· 6–208
penile cancer ········· 8–572
peninsula ········· 1–233
Península de Yucatán ········· 9–32
penis ········· 8–572
Pennsylvania State ········· 1–359
Penny Black Stamp ········· 3–451
pension fund ········· 8–472
pension plan ········· 8–472
pentaerythritol ········· 4–101
Pentagon ········· 8–48
Pentatomidae ········· 2–39
Penzias, Arno ········· 6–64
People First Party ········· 6–194
People's Bank of China ········· 9–394
People's Commune ········· 6–294
People's Congress ········· 3–288
people's congress system ········· 6–294
people's courts of the People's Republic of China ········· 9–427
People's Daily ········· 6–295
People's Education Press ········· 6–294
People's Fine Arts Publishing House ········· 6–294
People's Insurance Company of China ········· 9–390
people's juror ········· 6–294
People's Literature Publishing House ········· 6–295
people's livelihoodism ········· 5–425
People's Music Publishing House ··· 6–295
People's Political Council ········· 3–288
people's procuratorates of the People's Republic of China ······ 9–427
People's Publishing House ········· 6–293
People's Republic of China ········· 9–424
pepper family ········· 3–504
Pepsi Co., Inc. ········· 1–215
peptic ulcer ········· 8–215
peptide ········· 7–271
perception ········· 9–289
perceptual cognition ········· 3–45
perceptual intuition ········· 9–296
perching birds ········· 6–269
perciform fishes ········· 5–160
Perciformes ········· 5–160
Percopsis omiscomycus ········· 3–244
Pere David's deer ········· 5–393
Perec, George ········· 6–57
Perederi, Grigory Petrovich ········· 6–57
Peredvizhniki ········· 8–381
Pereira, Thomas ········· 8–345
perennial flower ········· 7–203
Peres, Shimon ········· 6–57
Pérez de Cuéllar, Javier ········· 2–179
Pérez Galdós, Benito ········· 6–57
perfect number ········· 7–477
perfectly competitive market ········· 7–477
perfluorocarbon ········· 6–259
performance appraisal ········· 4–106
performance for home celebration ··· 7–318
perfume ········· 8–198
Pergamum ········· 6–30
periarthritis of shoulder ········· 4–151
pericardial diseases ········· 8–247
pericarditis (constrictive) ········· 8–247
pericardium ········· 8–247
Pericles ········· 1–399

peridotite ········ 3–46
Perilla frutescens ········ 1–205
Perilla frutescens ········ 9–534
period expenses ········ 6–123
periodic inventory system ········ 6–612
periodic law ········ 9–471
periodic law of elements ········ 9–97
periodical ········ 6–124
period-luminosity relation ········ 9–468
periodontal disease ········ 8–390
Periophthalmidae ········ 7–282
Peripatetic school ········ 8–212
peripheral nervous system ········ 7–476
Periploca sepium ········ 3–57
periscope ········ 6–174
Perissodactyla ········ 4–38
peritonitis ········ 3–22
Perkin, Sir William Henry ········ 6–99
Perm' ········ 1–322
permanent magnetic material ········ 9–24
Permian Period ········ 2–424
permittivity ········ 2–287
permutation and combination ········ 6–36
pernio ········ 2–342
Perón, Juan Domingo ········ 1–329
peroxide ········ 3–303
peroxisome ········ 3–303
perpetual inventory system ········ 9–27
perpetual motion machine ········ 9–25
Perrault, Pierre ········ 6–57
Perry, Ralph Barton ········ 6–57
Persea americana ········ 2–413 (9–38)
Persepolis ········ 1–385
Perseus ········ 6–56
Perseus cluster ········ 9–11
Persian cat ········ 1–385
Persian Gulf ········ 1–387
Persian language ········ 1–387
Persian miniatures ········ 1–387
persian walnut ········ 3–438
Persians ········ 1–386
persimmon ········ 7–32
person limited in disposing capacity ········ 8–184
personal dignity, infrangibility of ········ 6–285
personal freedom ········ 6–297
personal rights ········ 6–296
personal union ········ 4–359
personalism ········ 6–285
personality ········ 6–285 (3–116)
personality disorder ········ 6–285
personality, right of ········ 6–285
personnel management ········ 6–298
perspective ········ 7–415
Perth ········ 6–99
Pertini, Alessandro ········ 6–56
pertussis ········ 1–214
Peru ········ 1–330
Perú ········ 1–330
perubalsam balmtree ········ 1–331
Perutz, Max Ferdinand ········ 6–57
Pesah ········ 9–64
Peshāwar ········ 1–204
Pessoa, Fernando Antonio Nogueira ········ 6–58
pest ········ 9–45
Pestalozzi, Johann Heinrich ········ 6–55
pesticide ········ 5–611
pesticide pollution ········ 5–611
Pétain, Henri Philippe ········ 1–288
Petauristidae ········ 8–43
Peter I the Great ········ 1–322
Petit, Roland ········ 6–99
Petöfi Sándor ········ 6–54
Petra ········ 6–58
Petrarca, Francesco ········ 1–322
Petrazycki, Lew Josifowicz ········ 1–322
Petrie, Sir Flinders ········ 6–74
petro dollar ········ 6–606
petroleum ········ 6–605
petroleum crisis ········ 6–607
petroleum production ········ 6–606
petroleum wax ········ 6–606
petrology ········ 8–431
Petronius, Gaius Arbiter ········ 6–58
Pettenkofer, Max Josef von ········ 6–58
Pettijohn, Francis John ········ 6–54
Petty-Clark theorem ········ 6–58
Pfeil, Friedrich Wilhelm Leopold ········ 6–107
Phaedrus ········ 2–537
Phaeophyta ········ 3–450
Phags pa lha dge legs rnam rgyal ········ 6–28
'Phags-pa ········ 1–145
'Phags-pa script ········ 1–145
Phalacrocorax ········ 5–159
Phalaenopsis aphrodite ········ 3–517
Phallaceae ········ 3–244
Phan Boi Chau ········ 6–41
Phanerozoic Eon ········ 8–176
Phänomenologie des Geistes ········ 4–306
pharaoh ········ 2–451
pharmacopoeia ········ 8–484
Pharmacopoeia of the People's Republic of China ········ 9–430
pharyngitis ········ 8–419
pharynx ········ 8–419
Phascolarctos cinereus ········ 7–60
phase and phase transition ········ 8–206
phase discriminator ········ 4–171
phase modulator ········ 7–376
phase space ········ 8–207
Phaseolus calcaratus ········ 2–479
Phaseolus radiatus ········ 5–184
Phaseolus vulgaris ········ 1–467
phaser method ········ 8–207
Phasianus colchicus ········ 9–326
Phasmida ········ 9–496
Phellodendron amurense ········ 3–581
Phelps, Edmund S. ········ 2–538
Phelps, Michael ········ 2–524
phenanthrene ········ 2–524
phenol ········ 1–310
phenol ········ 2–557
phenolic resin ········ 2–557
phenological calendar ········ 8–70
phenological type ········ 8–70
phenology ········ 8–70
phenomenological sociology ········ 8–184
phenomenology ········ 8–184
phenotype ········ 1–357
phenylketonuria ········ 1–310
pheochromocytoma ········ 7–34
pheromone ········ 8–300
Philadelphia ········ 2–537
Philadelphia Orchestra ········ 2–537
philanthropic works ········ 2–43
Philanthropism, education of ········ 2–479
philately ········ 4–77
Philip II ········ 2–528
Philippe II ········ 2–528
Philippine Islands ········ 2–526
Philippine People's Anti-Japanese Army ········ 2–526
Philippines ········ 2–525
philosophical logic ········ 9–241
Philosophical Notebooks ········ 9–240
Philosophische Untersuchungen ········ 9–241
philosophy ········ 9–239
philosophy of mind ········ 8–255
phimosis ········ 1–236
phlegm and fluid retention ········ 7–284
phlegm-fire disturbing heart, syndrome of ········ 7–284
phlogiston theory ········ 6–272
Phnom Penh ········ 4–236
Phocidae ········ 3–319
Phoenicia ········ 2–528
Phoenician alphabet ········ 2–529
Phoenicopterus ruber ········ 2–86 (4–12)
Phoenix ········ 2–526
phoenix ········ 2–579
Phoenix dactylifera ········ 9–559
phoenix eye nut ········ 6–95
Phoenix Satellite Television Holdings Ltd. ········ 2–580
phoenix tree ········ 8–42
Pholadidae ········ 3–341
phonetic element ········ 6–551
phonetics ········ 9–74
Phonology of the Central Plains ········ 9–450
phonon ········ 6–553

Phoronida ··· 9–478
phosgene ··· 3–226
phosphatidylcholine ··· 5–191
phospholipids ··· 5–94
phosphor ··· 6–139
phosphorescence ··· 5–94
phosphorescence analysis ··· 5–94
phosphoric fertilizer ··· 5–93
phosphorus ··· 5–93
photoacoustic spectrum ··· 3–227
photochemical smog ··· 3–223
photochemistry ··· 3–222
photoelectric effect ··· 3–221
photogrammetry ··· 6–505
photographic material ··· 3–44
photographic realism ··· 9–237
photographic reconnaissance satellite ··· 1–580
photographing moment, thoughts in ··· 6–505
photography ··· 6–504
photolithographic book ··· 9–19
photolysis ··· 3–223
photomicrography ··· 8–176
photon ··· 3–230
photonuclear reaction ··· 3–222
photorespiration ··· 3–222
photosensitive ceramics ··· 3–224
photosensitive chemistry ··· 3–44
photosensitive polymer ··· 3–224
photosensitivity dermatitis ··· 3–224
photosphere ··· 3–226
photosynthesis ··· 3–222
photosynthetic bacteria ··· 3–221
phototransistor ··· 3–223
phototube ··· 3–220
Phra Nakhon Si Ayutthaya ··· 2–75
Phraaphaimani ··· 6–28
Phragmites communis ··· 5–158
phratry ··· 1–238
phreatic water ··· 6–172
phthalic acid ··· 5–78
phthalic anhydride ··· 5–78
Phuket, Ko ··· 6–108
Phylactolaemata ··· 1–304
phylloxerid ··· 3–118
Phylloxeridae ··· 3–118
Physalia ··· 6–421
Physeter macrocephalus ··· 5–466
physical anthropology ··· 7–345
physical chemistry ··· 8–71
physical diagnosis ··· 7–341
physical evidence techniques ··· 8–79
physical geography ··· 9–540
physical labour ··· 7–342
physical mechanics ··· 8–71
physical metallurgy ··· 4–256
physical quantity ··· 8–72
physical quantity, system of units of ··· 8–72
physical regionalization ··· 9–541
physical therapy ··· 8–72
physical traces of a crime ··· 2–477
physico-chemical hydrodynamics ··· 8–71
physics ··· 8–73
Physika ··· 8–77
physiocrats ··· 9–462
physiognomy ··· 8–207
physiological psychology ··· 6–530
physiology ··· 6–530
phytochrome ··· 3–224
phytogeography ··· 9–302
phytohormone ··· 9–303
phytol ··· 9–301
Phytolacca acinosa ··· 6–454
PI ··· 4–344
PI ··· 4–345
Pi Rixiu ··· 6–73
Pi Shushi ··· 6–74
Piaget, Jean ··· 6–75
Piai, Tanjong ··· 6–71
piano ··· 3–55
Piast Dynasty ··· 6–75
Pica pica ··· 8–140
Picasso, Pablo ··· 1–326
Piccard, Auguste ··· 6–72
Piccard, Jacques (-Ernest-Jean) ··· 6–72
Picea ··· 9–138
Picidae ··· 9–519
Piciformes ··· 5–76
pickup camera ··· 6–504
Picture of Official Promotion ··· 6–526
picture tube ··· 8–176
Pidgins ··· 6–73 (8–469)
Pieck, Wilhelm ··· 6–72
Pieridae ··· 2–558
Pierre Cardin ··· 6–71
pig ··· 9–494
pig iron ··· 6–534
pigeon ··· 3–94
pigeon racing ··· 8–296
pigeons ··· 3–94
pigment ··· 8–437
Pigou, Arthur Cecil ··· 1–329
Pig-shaped Bronze Zun ··· 7–13
Pike, Kenneth Lee ··· 6–38
pikes ··· 3–154
pile-dwelling ··· 3–31
pilgrimage ··· 1–537
Pilgrimage to the West ··· 8–108
Pilipinas ··· 2–525
pill ··· 7–477
Pillai, Thakazhi Sivasankara ··· 1–317
pilocarpine ··· 5–314
pilotless airplane ··· 8–18
Piltdown man ··· 6–71
Pinaceae ··· 7–160
Pinang ··· 1–365
Pinang, Pulau ··· 1–366
Pinchot, Gifford ··· 6–92
Pinctada martensi ··· 3–410
pine ··· 7–161
pine caterpillar ··· 7–160
pine family ··· 7–160
pine oleoresin ··· 7–162
pineal gland ··· 7–158
pineapple ··· 1–395
pinene ··· 6–39
Pinero, Sir Arthur Wing ··· 6–73
ping dialects ··· 6–89
Pingcheng ··· 6–86
Pingdingshan City ··· 6–87
Pingdong County ··· 6–95
Pinggu District ··· 6–88
Pinghu City ··· 6–88
Pingjiang Buxiaosheng ··· 6–89
pingju opera ··· 6–94
Pingliang City ··· 6–90
Pingliangtai ··· 6–90
ping-pong diplomacy ··· 6–86
Pingshan County ··· 6–91
Pinguicula alpina ··· 1–424
Pingxiang City ··· 6–95
Pingxiang City ··· 6–96
Pingxing Pass, Battle of ··· 6–92
Pingyao County ··· 6–93
pink family ··· 6–608
Pinnidae ··· 4–180
Pinter, Harold ··· 6–85
Pinto, Fernão Mendes ··· 6–92
Pinus ··· 7–161
Pinus bungeana ··· 1–204
Pinus massoniana ··· 5–281
Pipa ··· 3–5
pipa ··· 6–78
pipeline ··· 3–213
pipeline transportation ··· 3–213
Piperaceae ··· 3–504
piperine ··· 3–504
piracy ··· 2–159
Pirandello, Luigi ··· 6–72
piranha ··· 7–5
pirate ··· 3–320
Pisa Campanile ··· 1–320
Pisano, Nicola and Giovanni ··· 6–73
Piscator, Erwin ··· 6–74
Pi-Shi-Hang Irrigation District ··· 6–80
Pissarro, Camille ··· 1–327
pistol ··· 7–38
piston ··· 4–7
Pisum sativum ··· 7–477

Pisum sativum var. *macrocarpum* ··· 3–431
Pitcairn Islands ··· 6–74
pitch ··· 5–33
pitch names ··· 8–574
pitchblende ··· 5–33
Pitt, William, the Elder ··· 6–74
Pitt, William, the Younger ··· 6–74
pittas ··· 1–145
Pittidae ··· 1–145
Pittsburgh ··· 6–80
pituitary ··· 2–33
pituitary adenoma ··· 2–33
pituitary gland ··· 5–548
pityriasis rosea ··· 5–329
pizza ··· 1–320
PKU ··· 1–310
PL ··· 5–94
placebo ··· 1–109
placenta ··· 7–246
placenta previa ··· 6–163
placer ··· 6–430
Placodermi ··· 2–379
plages ··· 6–117
plague ··· 7–60
plague diseases ··· 7–584
plain ··· 6–93
plain cloth ··· 6–86
plain tricolour ··· 7–202
planation surface ··· 8–538
Planck constant ··· 6–110
Planck, Max (Karl Ernst Ludwig) ··· 6–110
plane ··· 6–90
planet ··· 8–316
planetarium ··· 7–363
planetarium ··· 7–366
planetary atmospheres ··· 8–316
planetary ring ··· 8–316
planing and shaping machine ··· 1–248
planispheric astrolabe ··· 8–306
plank road alongside cliffs ··· 9–180
planned economy ··· 4–87
planning of village and town ··· 2–58
Planorbidae ··· 1–341
plant ··· 9–301
plant community ··· 9–304
plant disease ··· 9–302
plant epidermis ··· 9–302
plant fiber ··· 9–305
plant hormone ··· 9–303
plant mineral nutrition ··· 9–303
plant movement ··· 9–306
plant physiology ··· 9–304
plant protection ··· 9–301
plant quarantine ··· 9–303
plant resistance to environmental stress ··· 9–303
plant respiration ··· 9–302
plant tumor ··· 9–306
Plantagenet, House of ··· 4–247
Plantago major var. *asiatica* ··· 1–547
plantain ··· 1–547
plantain-eaters ··· 4–345
planthopper ··· 2–508
plasma ··· 2–194
plasma chemistry ··· 2–194
plasma display panel television ··· 2–194
plasma physics ··· 2–194
plasma radiation ··· 2–194
Plasmodium ··· 6–6
plastic ··· 7–205
plastic arts ··· 9–165
plastic machinery ··· 7–205
plastic mulch culture ··· 2–230
plastic shelter ··· 7–205
plastic surgery ··· 9–265
plastic wave ··· 7–205
plasticity ··· 7–205
Platacanthomyidae ··· 9–478
Platanus acerifolia ··· 8–364
plate tectonics ··· 1–228
plateau ··· 3–80
plateau climate ··· 3–81
Plateau of Iran ··· 8–522
platelet ··· 8–376
platelet disorders ··· 8–376
plates collision ··· 1–228
plates, suture zone of ··· 1–228
platform ··· 2–238
platform ··· 7–247
Platform Sutra of the Sixth Patriarch ··· 5–140
Plath, Sylvia ··· 6–108
platinum ··· 1–410
Plato ··· 1–404
Platonov, Andrei Platonovich ··· 6–109
Platt Amendment ··· 6–108
Platycerium wallichii ··· 5–172
Platycladus orientalis ··· 1–485
Platyhelminthes ··· 1–341
platypus ··· 8–388
Plautus, Titus Maccius ··· 6–110
playing a reverse role in Chinese opera ··· 2–469
play-script ··· 4–338
plebiscite ··· 6–261
Plecoglossus altivelis ··· 8–199
Plecoptera ··· 4–54 (6–605)
pledge, right of ··· 9–316
pledging ··· 2–217
Pleistocene Epoch ··· 3–118
Plekhanov, Georgy Valentinovich ··· 6–111
plesiosaur ··· 6–479
pleural effusion ··· 8–331
pleural tumor ··· 8–331
pleurisy ··· 8–331
Pleuronectiformes ··· 2–303
Pliny the Elder ··· 6–112
Pliocene Epoch ··· 6–468
Pliska ··· 6–111
plot ratio ··· 6–332
Plotinos ··· 6–114
plough ··· 4–579
ploughing ··· 2–464
Plovdiv ··· 6–113
plovers ··· 3–465
pluckedstring instrument ··· 6–202
plum ··· 4–586
plum blossom ··· 5–330
plum rains ··· 5–337
Plumbaginaceae ··· 1–198
plume moth ··· 9–69
Plumularioidea ··· 9–70
pluralism ··· 2–390
pluralism ··· 2–391
Plutarch ··· 6–112
plutellid moth ··· 1–467
Plutellidae ··· 1–467
Pluto ··· 5–452
plutonium ··· 1–456
Plymouth ··· 6–111
PN junction ··· 9–586
pneumatology ··· 6–564
pneumoconiosises ··· 1–548
pneumocystosis ··· 2–533
pneumonia ··· 2–534
pneumothorax ··· 6–148
Po River ··· 1–377
Poaceae ··· 3–407
Podestá, José ··· 1–374
Podgoritsa ··· 1–373
Podocarpus macrophyllus ··· 5–204
Podocarpus nagi ··· 9–496
poem with five characters to a line ··· 8–52
poem with seven characters to a line ··· 6–121
poem written in the vernacular ··· 9–73
Poems of Tang Selected by People of Tang ··· 7–311
poetic drama ··· 9–148
poetic drama in Song and Jin Dynasties ··· 7–170
poetic drama of Jin Dynasty ··· 4–263
poetic drama of Ming and Qing Dynasties ··· 5–446
poetic drama of Yuan Dynasty ··· 9–98
Poetics ··· 6–576
poetry ··· 6–573
Poetry Comments of Siming ··· 7–151
poetry in the style of Li Sao ··· 6–414
poetry revolution ··· 6–574
Poetry Society by the Lake ··· 3–515

poets of the confederation school ··· 5–40
Pogodin, Nikolai Fyodorovich ··· 1–377
Pogonophora ··· 8–340
Pogostemon cablin ··· 3–234
Pohang ··· 6–106
Poincaré conjecture ··· 6–46
Poincaré, (Jules-) Henri ··· 6–46
point ··· 7–62
point discharge ··· 4–150
Pointe-à-Pitre ··· 6–74
Pointe-Noire ··· 3–454
pointillism ··· 2–272
poisoning ··· 9–458
poisoning in industry ··· 3–128
poisonous mushrooms ··· 2–351
poisonous spider ··· 2–352
poisonous weeds ··· 2–351
Poisson distribution ··· 6–96
Poisson, Siméon-Denis ··· 6–96
Poisson's ratio ··· 6–96
pokeberry ··· 6–454
poker ··· 6–100
Pokhara ··· 1–414
Poland ··· 1–377
Poland, three times partition of ··· 1–379
polar bear ··· 1–265
polar climate ··· 4–69
polar coordinates system ··· 4–70
polar orbit ··· 4–69
polar wandering ··· 4–70
Polaris ··· 1–264
polarization of light ··· 3–220
polarography and voltametry ··· 4–69
polder ··· 7–545
poldering of seashore ··· 7–545
pole climbing ··· 6–28
pole vault ··· 1–576
polecat ··· 1–77
Poles ··· 1–379
Polgar sisters ··· 1–375
Polianthes tuberosa ··· 7–479
police dog ··· 4–312
police station ··· 4–312
policy of appeasement ··· 7–210
policy-oriented bank ··· 9–279
poliomyelitis ··· 4–85
polis ··· 8–123
Polish language ··· 1–380
polishing ··· 6–49
political authority ··· 9–284
political behaviour ··· 9–284
political belief ··· 9–284
political community ··· 9–282
Political Consultative Conference ··· 9–284
political economy ··· 9–282
political geography ··· 9–282
political institution ··· 9–286
political justice ··· 9–286
political obligation ··· 9–286
political order ··· 9–287
political party ··· 9–279
political philosophy ··· 9–286
political power ··· 9–283
political reforms of Spain ··· 8–86
political refuge ··· 9–281
political refugee ··· 9–283
political resources ··· 9–287
political responsibility ··· 9–286
political revolution ··· 9–282
political rights ··· 9–284
political science ··· 9–285
political system ··· 9–284
political thought ··· 9–284
Political Turmoil between Spring and Summer of 1989 ··· 9–592
political violence ··· 9–281
Politics ··· 9–286
politics ··· 9–281
politics of behavioralism ··· 8–315
politics of oligarchy ··· 3–203
Poliziano ··· 1–381
polka ··· 1–376
pollen ··· 3–526
pollination ··· 2–25
Pollini, Maurizio ··· 1–380
pollinosis ··· 3–526
Pollitt, Harry ··· 1–380
Pollock, Jackson ··· 1–382
pollutant ··· 8–12
pollutant discharge, total amount control of ··· 8–12
pollution source ··· 8–12
pollution tax ··· 8–12
polonaise ··· 1–382
polonium ··· 6–96
Poluonai ··· 6–97
polyacetylene ··· 4–344
polyacrylamide ··· 4–341
polyacrylate ··· 4–340
polyacrylonitrile ··· 4–340
polyacrylonitrile fiber ··· 4–303
polyamide ··· 4–344
polyandrous family ··· 8–511
polybenzimidazole ··· 4–340
Polybius ··· 1–380
polybutadiene ··· 4–341
polycaprolactam ··· 4–342
polycarbonate ··· 4–344
polychlorinated biphenyl ··· 2–384
polychlorotrifluoroethylene ··· 4–343
Polychrome ··· 8–43
Polyclitus ··· 1–380
polydiene ··· 4–343
polyelectrolyte ··· 4–341
polyester ··· 4–345
polyethylene ··· 4–344
polyethylene oxide ··· 4–342
polyformaldehyde ··· 4–342
Polygala tenuifolia ··· 9–115
Polygonaceae ··· 5–70
Polygonum aviculare ··· 1–339
polygynous family ··· 8–509
polyimide ··· 4–344
polyisoprene ··· 4–345
polymer ··· 4–341
polymer alloy ··· 4–342
polymer chemistry ··· 3–63
polymer material ··· 3–62
polymeric grout ··· 3–63
polymerization ··· 4–341
polymethacrylate ··· 4–342
polymorphism ··· 7–399
Polynesia ··· 1–380
Polynesian group ··· 1–381
Polynesians ··· 1–381
polyneuritis ··· 2–382
polynomial ··· 2–390
polyolefin ··· 4–344
polyp of intestine ··· 1–522
polyphenylene oxide ··· 4–340
polyphenylene sulfide ··· 4–340
polyphenylquinoxaline ··· 4–340
polyphony ··· 3–9
Polyplacophora ··· 2–380
Polypodium nipponicum ··· 7–92
poly-*p*-phenylene terephthalamide ··· 4–341
polypropylene ··· 4–340
polypropylene oxide ··· 4–342
Polypteriformes ··· 2–389
polysaccharide ··· 2–389
polystyrene ··· 4–340
polysulfide ··· 2–384
polytetrafluoroethylene ··· 4–343
polytetrahydrofuran ··· 4–343
polytheism ··· 2–389
Polytrichum commune ··· 4–239
polytropic process ··· 2–382
polyurea ··· 4–343
polyurethane ··· 4–339
polyvinyl acetate ··· 4–344
polyvinyl alcohol ··· 4–344
polyvinyl butyral ··· 4–345
polyvinyl chloride ··· 4–343
polyvinylidine chloride ··· 4–343
POM ··· 4–342
pomace fly ··· 3–300
Pombal's Reform ··· 6–66
pomegranate ··· 6–599
pommel horse ··· 1–112
Pompeius, Gnaeus Magnus ··· 6–47
Pompidou, Georges-Jean-

Raymond 6–66
Poncelet, Jean-Victor 6–65
pond culture 1–594
pond green frog 3–451 (6–213)
pond snail 7–370
pond snail 9–517
Pongo 8–309
pons 5–550
Pontoppidan, Henrik 6–65
Pontryagin, Lev Semyonovich 6–47
Pop art 1–383
pope 4–208
Pope, Alexander 6–104
Pope Benedict XVI 1–306
poplar 8–462
poplin 3–2
Popol Vuh 1–372
Popov, Aleksandr Stepanovich 1–373
Popov, Alexey Dmitriyevich 1–372
Popovic, Jovan Steria 1–373
Popovici, Titus 1–373
Popper, Karl Raimund 1–383
poppy family 9–12
popular art 5–129
popular dance 5–128
popular form of narrative literature 1–344
popular music 7–391 (5–129)
Popular Photography 2–124
popular story 6–89
population 6–289
population 9–456
population age structure 6–289
population, capacity of 6–290
population census 6–289
population density 6–289
population distrbution 6–289
population growth rate 6–290
population policy 6–290
Populus 8–462
porcelain figures 8–209
porcelain with secret colour 5–403
porcelains with cloisonne enamel 2–461
porcupinefish 2–52
Poria cocos 2–602
Porifera 2–384
pork floss 6–337
Porphyra 9–532
porphyrin 1–422
porphyry 1–226
port 3–56
Port Said 6–369
Port Sudan 7–180
Porta, Carlo 1–376
portal hypertension 5–367
Port-au-Prince 7–271
portfolio investment 9–270
Portland 1–388
Port-Louis 5–174
Porto 1–376
Port-of-Spain 8–84
Porto-Novo 1–375
portrait drawing 8–238
portrait painting 8–233
portrait rights 8–233
Portraits of Periodical Offering 9–299
Portsmouth 6–105
Portugal 6–102
Portuguese 6–103
Portuguese language 6–103
portuguese man-of-war 6–421
Portunus 7–226
Poseidon 1–384
position 7–411
positivism 7–1
positron 9–265
Posner, Ernst 1–388
possession 9–179
possibility and actuality 4–444
post-agricultural society 3–493
Postal Delivery Service 8–562
postal service 9–34
postcard 5–450
postcode 9–35
poster 8–359 (9–224)
posthumous title 7–34
postimpressionism 3–494
post-industrial city 3–491
post-industrial society 3–491
postmodern art 3–494
postmortem examination 6–571
Postojnska Jama 1–386
post-partum hemorrhage 1–501
postponement of hearing 8–425
postscript 1–189
postscript 3–492
Potala Palace 1–433
Potamogeton distinctus 8–441
potash fertilizer 4–143
potassium 4–142
potassium ferrocyanide 8–411
potassium permanganate 3–71
potassium-argon dating 4–143
potato 5–267
potential energy 7–28
potential science 6–172
Potentilla chinensis 7–562
potentiometric analysis 2–288
potmarigold calendula 4–263
Potsdam 1–373
Potsdam Conference 1–373
pottery art 7–327
pottery figurines in Yangjiawan 8–456
pottery sculptures in Tianhuishan 7–350
pottery sculptures in Wuying Hill 8–23
pottery with stamped decorations 8–613
pouch 3–428
poultry 4–125
pound 1–235
Pound, Ezra 6–46
Pound, Roscoe 6–46
pound sterling 8–615
Poussin, Nicolas 6–115
poverty standard 6–84
powder 4–16
powder 6–408
powder form of prescriptions 2–137
powder metallurgy 2–559
powdery mildew 1–196
Powell, Cecil Frank 1–251
Powell, Colin 1–251
Powell, Michael 1–251
power 3–139
power 6–257
power distribution 6–59
power generation 2–431
power machinery 2–337
power of attorney 2–126
power system 2–284
power system load 2–283
power transformation 1–342
poxvirus 2–346
Poyang Lake 6–98
Poznań 1–388
Poznan Riots 1–389
PP 4–340
PPO 4–340
PPQ 4–340
PPS 4–340
practice 6–612
Practice is the Sole Criterion for Testing Truth 6–613
pragmatism 7–1
Prague 1–439
Prague Castle 1–440
Praha 1–439
Praia 6–109
Prajñā 1–394
Prajñā-pāramitā Sūtra 1–394
Pramudya Ananta Tur 6–108
Prandtl, Ludwig 6–110
Prasad, Jayashankar 1–399
Pratitya-samutpada 9–114
Pratolini, Vasco 6–108
Pravda 9–255
pravrajana 2–14
prawn 2–375
prawn 8–155
Praxiteles 6–108
Precambrian 6–160
Preceramic Period 8–19
precession and nutation 7–215

precious metal 3–245
Precious Mirror of Painting 7–421
Precious Works in Stone Canal Pavilion 6–601
precipitation 1–549
precipitation 4–193
precipitation 4–193
precision guided weapon 4–305
precision strike 4–305
precocious puberty 8–327
preconscious 6–163
predaceous diving beetle 5–142
predacious production 5–191
predation 1–424
pre-established harmony 6–160
preface 8–355
Preface to the Book of Songs 5–318
Preface to the Orchid Pavilion Collection 4–542
prefect 8–584
prefectural army 8–199
prefecture 3–2
prefecture 9–465
prefecture and county system 4–360
preferred stock 9–29
Pregl, Fritz 6–110
pregnancy 6–311
pregnancy, complication of 6–311
pregnancy, diagnosis of 6–312
pregnancy-induced hypertension 6–311
prehistoric archaeology 7–10
prehistoric art 7–10
prejudice 6–81
preliminary constitutionality 9–80
prelude 6–163
premature labour 9–162
Premchand 6–112
prenatal betrothal 9–308
prenatal examination 1–502
Pre-Qin prose 8–170
Pre-Raphaelites 4–516
presbyopia 4–559
presbyter 9–222
preschool education 8–369
prescription 2–488
prescription of prosecution 9–516
Prescriptions Worth a thousand Pieces of Gold for Emergencies 6–156
preserved egg 6–71
preserved fruits 3–298
president of the People's Republic of China 9–431
presidential government 9–560
Presley, Elvis 6–109
press digest 7–601
Press Gang of Able-Bodied Men 9–507
press legislation 8–287
Press Trust of India 8–595
pressure 8–385
pressure vessel 8–385
pressurized water reactor 8–385
Pretoria 1–317
preventive treatment of disease 9–318
Priapulida 8–503
price 4–146
price control 4–147
Price, Derek John de Solla 6–109
price duty paid 7–477
price elasticity 4–147
price index 4–147
price index 8–71
price scissors 4–146
price-earning ratio 7–28
Pridi Phanomyong 1–318
Priestley, Joseph 6–111
Prigogine, Ilya 6–110
primary amoebic meningoencephalitis 9–104
primary battery 9–104
primary energy 8–507
primary forest 9–105
primary group 2–16
primary industry 2–263
primary pollutant 8–508
primary products 2–16
primary stage of socialism, theory of 6–496
Primates 5–97
prime meridian 1–305
prime minister 1–581
prime number 7–202
Prime Tortoise of the Record Bureau 1–484
Primitive Culture 9–106
primitive culture 9–106
primitive religion 9–106
primitive sculptures of China 9–407
primitive society 9–106
primogeniture 9–223
primordial qi 9–94
primula family 1–247
Primulaceae 1–247
Prince E's Tallies 2–411
prince regent 6–505
Prince Regent Conference 8–559
Princess Wencheng 7–585
Princess Yang Kwei Fei 8–455
Princess Yongtai, Tomb of 9–26
Princeton University 6–112
principal offender 9–498
principal punishment 9–499
principal-agent 7–563
Principia Mathematica 7–73
Principiae Philosophiae 9–241
principle is one but its manifestations are many 5–13
principle of constancy of light velocity 3–227
principle of cropping system and soil management 3–120
principle of equivalence 2–195
principle of physical independence of forces 5–14
Principles of China Nature Conservation 9–413
Principles of Economics 4–294
Principles of Geology 2–251
Principles of Human Knowledge 6–292
printer 2–71
printing 8–612
printing 8–613
printing ink 9–39
prion 6–347
priority, right of 9–30
prism 4–574
prison 4–152
prisoner of war 9–180
prisoner-labourer 8–312
Pristiophoriformes 4–339
Prithviraj Raso 2–240
privacy, rights of 8–590
private education 5–421
private enterprise 7–118
private international law 3–274
private law 7–118
private plot 9–538
private prosecution 9–545
private retainer 1–457
private school 7–118
private sector of the economy 7–118
privately compiled history 1–359
privatization 7–119
probabilistic logic 3–30
probability 3–29
probability distribution 3–29
probability limit theorems 3–29
probability theory 3–30
probation 3–577
probe technique 7–291
problem child 7–604
problem solving 7–605
Procapra gutturosa 3–601
procaryotic organism 9–105
procedural law 1–591
procedure for supervision upon adjudication 6–522
procedure, law of 7–200
Procellariiformes 3–524
process control system 3–300
process engineering 3–300
processing 6–49 (6–50)

processing with buyer' s materials ··· 4–530
Prochloron didemni ··· 9–105
prochoryctis ··· 5–489
Procopius ··· 6–113
procurator ··· 4–155
procuratorial organ ··· 4–155
Procyon ··· 5–525
Procyonidae ··· 3–578
product conformity certification ··· 1–501
product life cycle ··· 1–502
product life cycle theory ··· 1–502
product quality certification system ··· 1–501
product quality law ··· 1–502
product serialization ··· 1–502
product standardization ··· 1–501
production ··· 6–527
production, factors of ··· 6–529
production function ··· 6–528
production, instrument of ··· 6–528
production internationalization ··· 6–528
production licenses system ··· 6–529
production, means of ··· 6–529
production, mode of ··· 6–527
production, relations of ··· 6–528
production, socialization of ··· 6–529
productive forces ··· 6–529
professional player ··· 9–300
professional sports ··· 9–300
Professor Mamlock ··· 5–269
profit ··· 5–30
profit maximization, principle of ··· 5–30
prognosis ··· 9–81
program ··· 1–591
program anchor ··· 4–216
program music ··· 1–352
programming ··· 1–591
programming language ··· 1–591
Progress Party ··· 4–268
Progressive Educational Movement ··· 4–268
progressive myodystrophy ··· 4–271
progressive tax ··· 4–572
progymnosperms ··· 6–162
project corporate responsibility system ··· 8–205
project method ··· 6–480
projection of force ··· 1–365
projective geometry ··· 6–503
projector ··· 7–413
prokaryotic cell ··· 9–105
Prokhorov, Aleksandr Mikhailovich ··· 6–113
Prokofiev, Sergey Sergeyevich ··· 6–113
proletarian dictatorship ··· 8–15
Proletkult ··· 8–14
prolonged pregnancy ··· 3–302
proluvial fan ··· 3–482
Prometheus ··· 6–113
Prometheus Bound ··· 1–304
prominent moth ··· 9–464
promissory note ··· 1–308
promissory note ··· 6–124
promoting blood circulation for removing blood stasis ··· 4–7
pronghorn ··· 1–488
proof theory ··· 9–269
proofreading ··· 4–206
propaganda ··· 8–359
propane ··· 1–367
propanol ··· 1–366
propellant ··· 4–16
propellant ··· 7–449
propeller airplane ··· 5–225
proper motion ··· 9–545
properties, taxation on ··· 1–461
property insurance ··· 1–461
property preservation ··· 1–460
property right ··· 1–503
property, right of ··· 1–461
property verification ··· 1–461
propionic acid ··· 1–366
propolis ··· 2–573
proportional counter ··· 9–265
proportional relations among agriculture, light industry and heavy industry ··· 5–610
propylene ··· 1–367
propylene oxide ··· 3–575
prose poetry ··· 6–409
prose style free from parallelism ··· 6–409
prosecutorial protest ··· 4–412
proses of various schools in Pre-Qin ··· 9–494
Prosperity of Emperor Cheng and Kang Era ··· 1–578
Prosperity of Emperor Wen and Jing Era ··· 7–590
Prosperity of Kaiyuan Era ··· 4–391
Prosperity of Zhenguan Era ··· 9–246
prospermia ··· 9–163
prostate ··· 6–161
prostate, hyperplasia of ··· 6–161
prostatic carcinoma ··· 6–161
prostatitis ··· 6–161
Protagoras ··· 6–114
protection forest ··· 2–495
protection of overvoltage ··· 3–301
protective tariff ··· 1–242
protective trade policy ··· 1–242
protein ··· 2–149
protein engineering ··· 2–150
proteinuria ··· 2–149
Proterozoic Eon ··· 9–91
Proterozoic Eonothem ··· 9–91
Protestantism ··· 8–274
Proteus anguinus ··· 2–344
protium ··· 6–84
protocol ··· 8–558
proton ··· 9–317
Proton launch vehicle ··· 9–317
proton-proton reaction ··· 9–318
Protozoa ··· 9–105
protozoiasis ··· 9–104
protrusion of intervertebral disc ··· 9–517
Protura ··· 9–107
Proudhon, Pierre-Joseph ··· 6–105
Proust, Marcel ··· 6–113
proustite ··· 2–148
Provence ··· 6–114
proverbs ··· 8–444
province ··· 6–554
Provincetown Players ··· 6–114
provincial governor ··· 8–380
provincial system ··· 6–554
Provisional Constitution of Republic of China ··· 9–421
Provisional Government ··· 5–91
Prunella vulgaris ··· 8–163
Prunus armeniaca ··· 8–323
Prunus mume ··· 5–330
Prunus persica ··· 7–321
Prunus salicina ··· 4–586
Prunus serrulata ··· 9–12
Prunus spp. ··· 9–12
pruritus ··· 6–414
Prussia ··· 6–112
Przewalskia tangutica ··· 5–278
PS ··· 4–340
Psephurus gladius ··· 1–207
pseudepigrapha ··· 7–561
Pseudococcidae ··· 2–558
pseudocoelomata ··· 4–145
pseudogene ··· 4–144
Pseudois nayaur ··· 8–431
Pseudolarix amabilis ··· 4–247
pseudomonas, infection due to ··· 4–143
Pseudoscorpionida ··· 7–561
Psidium guajava ··· 2–463
psilomelane ··· 9–22
psilophytes ··· 5–226
Psilorhynchidae ··· 5–226
Psilotum nudum ··· 7–162
Psittacidae ··· 9–13
Psittaciformes ··· 9–14
psittacosis ··· 9–14
Psocoptera ··· 5–593
PSOE ··· 8–85
psoriasis ··· 8–583
psychiatry ··· 4–305
Psychidae ··· 7–226
psychoanalysis ··· 4–306
psycholinguistics ··· 8–253

psychological counseling ………… 8–254
psychological development ……… 8–250
psychological reactance …………… 5–583
psychological test …………………… 8–250
psychological warfare ……………… 8–253
psychology …………………………… 8–251
psychotherapy ……………………… 8–253
Psylla chinensis …………………… 9–377
Psyllidae …………………………… 5–492
ptarmigan …………………………… 4–569
Pteridium aquilinum ……………… 4–349
Pteridophyta ………………………… 4–350
Pteridospermopsida ………………… 9–457
Pteriidae …………………………… 9–251
Pteris vittata ……………………… 8–43
Pterocarya stenoptera …………… 2–571
Pteroclidae ………………………… 6–424
Pterophoridae ……………………… 9–69
Pteropodidae ……………………… 3–500
Pterosauria ………………………… 8–569
Pterygota …………………………… 9–45
pterygote …………………………… 9–45
PTFE ………………………………… 4–343
PTI …………………………………… 8–595
Ptilonorhynchidae ………………… 9–99
Ptolemaeus, Claudius ……………… 7–453
Ptolemaic system ………………… 7–454
PU …………………………………… 4–339
Pu Feng …………………………… 6–104
Pu Fuzhou ………………………… 6–104
Pu Songling ……………………… 6–105
Pu Xinyu …………………………… 6–117
Pu Xixiu …………………………… 6–106
Pu Yuan …………………………… 6–105
public accountability ……………… 3–131
public administration ……………… 3–131
public control ……………………… 3–215
public debt ………………………… 3–138
public emergency ………………… 7–417
public figure ……………………… 3–139
public finance ……………………… 1–462
public finance audit ……………… 1–463
public law ………………………… 3–130
public library ……………………… 3–131
public nuisance …………………… 3–132
public nuisance events …………… 3–132
public opinion …………… 9–66 (6–495)
public opinion, guide of ………… 9–66
public opinion poll ……………… 5–430
public opinion, supervision of …… 9–66
public park ………………………… 3–138
public policy ……………………… 3–131
public power ……………………… 3–131
public prosecution ……………… 3–137
public reason ……………………… 3–130
public relations …………………… 3–130
public school ……………………… 3–138
Public Security Consolidation Movement ……………………… 9–318
public security detention ………… 9–318
public trial ………………………… 6–522
public welfare office ……………… 6–486
publication ………………………… 2–13
publishing ………………………… 2–12
Puccini, Giacomo ………………… 6–114
Pucheng Fire God Festival ……… 6–104
puddling steel …………………… 1–545
Pudong New District …………… 6–106
Pudovkin, Vsevolod Illarionovich … 6–107
Puebla ……………………………… 6–106
Pu' er City ………………………… 6–107
puerpural infection ……………… 1–503
Puerto Rico ……………………… 1–374
Pufendorf, Samuel von ………… 6–107
puff-ball …………………………… 5–240
puffed food ……………………… 6–68
pufferfish ………………………… 3–428
pug moth ………………………… 2–580
Puig, Manuel ……………………… 6–117
Puju opera ………………………… 6–105
Pulan County ……………………… 6–109
Pulandian City …………………… 6–109
Pulau Jawa ………………………… 9–226
Pulitzer, Joseph ………………… 6–111
Pulitzer Prizes …………………… 6–111
pulley ……………………………… 3–541
pulmonary edema ………………… 2–534
pulmonary embolism …………… 2–534
pulmonary function tests ……… 2–533
pulmonary tuberculosis … 2–533 (2–534)
pulpitis …………………………… 8–390
pulsar ……………………………… 5–301
pulsating variable star ………… 5–301
pulse ……………………………… 5–300
pulse manifestation …………… 5–301
pulse taking ……………………… 5–301
pulse taking over radial artery on the wrist ……………………… 2–59
pulse technique ………………… 5–300
pulse-doppler radar …………… 5–300
Pumi ……………………………… 6–114
Pumi language …………………… 6–114
pummelo ………………………… 9–53
pump ……………………………… 1–312
pumped storage power station …… 2–8
pumping station ………………… 7–82
pumpkin …………………………… 8–93
punaluan family ………………… 6–114
punctuation marks ……………… 1–351
puncture …………………………… 2–23
Pune ……………………………… 6–106
Pungguk …………………………… 6–63
Punic Wars ……………………… 1–451
Punica granatum ………………… 6–599
Puning City ……………………… 6–114
Punjab Pradesh ………………… 6–48
Punjab Province ………………… 6–48
Punjabi language ………………… 6–48
Punjabis …………………………… 6–48
Punta Arenas ……………………… 6–67
pupa ……………………………… 9–28
puppet facial makeup …………… 9–18
puppet government ……………… 4–507
puppet Manzhouguo …………… 7–561
puppet show ……………………… 1–434
puppet show ……………………… 4–506
puppet show ……………………… 5–491
Purāna …………………………… 7–524
purchasing power ……………… 3–156
Pure Brightness Festival ……… 6–227
pure land ………………………… 4–313
Pure Land Buddhism …………… 4–314
purgative method ……………… 8–158
purgatives and laxatives ……… 8–239
purine ……………………………… 6–84
Puritanism ……………………… 6–226
Purple Mountain Observatory …… 9–532
purpura …………………………… 9–532
Pusan ……………………………… 3–3
Pushkin, Aleksandr Sergeyevich … 6–116
Pushtuns ………………………… 6–115
put knowledge into practical use in society ……………………… 4–297
Putian City ……………………… 6–100
Putin, Vladimir Vladimirovich …… 6–108
Putnam, Hilary ………………… 6–115
Putuo District …………………… 6–116
Putuo, Mount …………………… 6–116
puxian opera …………………… 6–100
Puyang City ……………………… 6–105
Puyi ……………………………… 6–117
puzzle ring ……………………… 4–320
PVA ……………………………… 4–344
PVAc ……………………………… 4–344
PVC ……………………………… 4–343
PVDC ……………………………… 4–343
PWR ……………………………… 8–385
Pyanjikent ……………………… 6–82
Pycnogonida …………………… 3–355
Pycnonotidae …………………… 1–255
pyelonephritis ………………… 6–524
pyloric obstruction …………… 9–30
pyogenic osteomyelitis ……… 3–544
Pyongyang ……………………… 6–91
P' yŏngyang …………………… 6–91
Pyralidae ………………………… 5–452
pyramid ………………………… 4–264
pyramid selling ………………… 2–28
pyran ……………………………… 1–321
pyrargyrite ……………………… 5–616
pyrazine ………………………… 1–322

Pyrenees ······ 1–318
Pyrethrum cinerariifolium ······ 2–16
pyridine ······ 1–321
pyrimidine ······ 5–409
pyrite ······ 3–597
pyrola family ······ 5–172
Pyrolaceae ······ 5–172
pyrolusite ······ 6–345
pyrolysis ······ 5–78
pyrometallurgy ······ 4–10
pyrophyllite ······ 8–498
pyroxenes ······ 3–606
pyrrhotite ······ 2–47
pyrrole ······ 1–321
Pyrrophyta ······ 4–136
Pyrus ······ 4–579
Pythagoras ······ 1–326
Pythagorean ······ 1–326
Pythagorean theorem ······ 3–153
Python molarus bivittatus ······ 5–312
Pyu, Kingdom of ······ 6–84

Q

Q fever ······ 9–587
Qabbānī, Abū Khalil al- ······ 4–361
Qābbānī, Nizār ······ 3–98
Qaddafi, Muammar al- ······ 4–383
Qādi ······ 4–366
Qadim ······ 3–98
Qahar Anti-Japanese Allied Forces ······ 1–495
Qaidam Basin ······ 1–497
Qājār Dynasty ······ 4–383
Qämbärxan Ämät ······ 4–400
Qapqal Xibe Autonomous County ······ 1–495
Qarhan Salt Lake ······ 1–495
Qatar ······ 4–380
Qaṭar ······ 4–380
QCD ······ 5–62
QED ······ 5–61
Qeshm ······ 3–110
Qi ······ 6–138
qi ······ 6–141
Qi Baishi ······ 6–127
Qi Biaojia ······ 6–130
Qi Bo ······ 6–131
qi deficiency, syndrome of ······ 6–149
Qi Dynasty ······ 6–126
Qi Furen ······ 6–123
Qi Guanshan ······ 6–128
Qi Jiguang ······ 6–123
qi movement ······ 6–143
qi regulated formula ······ 5–11
Qi Rushan ······ 6–129
Qi Sihe ······ 6–130
qi sinking, syndrome of ······ 6–146
qi stagnation, syndrome of ······ 6–150
Qi State ······ 6–125
Qi Xia ······ 6–125
Qi Yi ······ 6–131
Qi Yongheng ······ 6–130
Qi Yue ······ 6–130
Qian Baocong ······ 6–164
Qian Changzhao ······ 6–164
Qian Chao ······ 6–164
Qian Chengzhi ······ 6–164
Qian Chongshu ······ 6–164
Qian Daxin ······ 6–164
Qian Duansheng ······ 6–165
Qian Gorlos Mongol Autonomous County ······ 6–160
Qian Jinfu ······ 6–165
Qian Junrui ······ 6–165
Qian Juntao ······ 6–165
Qian Lingxi ······ 6–166
Qian Linzhao ······ 6–165
Qian Mausoleum of Tang Dynasty ······ 7–310
Qian Mu ······ 6–166
Qian Nanyang ······ 6–166
Qian Nengxun ······ 6–166
Qian Qi ······ 6–167
Qian Qianyi ······ 6–167
Qian Qichen ······ 6–166
Qian Qihu ······ 6–166
Qian Renyuan ······ 6–167
Qian Sanqiang ······ 6–167
Qian Songyan ······ 6–167
Qian Weichang ······ 6–168
Qian Xingcun ······ 6–169
Qian Xuesen ······ 6–169
Qian Yunlu ······ 6–169
Qian Zhengying ······ 6–169
Qian Zhonglian ······ 6–170
Qian Zhongshu ······ 6–170
Qian' an City ······ 6–158
Qiandao Lake ······ 6–156
Qiandongnan Miao-Dong Autonomous Prefecture ······ 6–174
Qianfoya Cliffside Sculpture in Jiajiang ······ 4–122
Qianfoya Cliffside Sculptures in Jinan ······ 4–83
Qianfoya Sculptures in Guangyuan ······ 3–238
Qiang ······ 6–177
Qiang branch ······ 6–177
Qiang language ······ 6–177
Qiang Tribe ······ 6–176
Qiangtang Plateau Nature Reserve ······ 6–177
Qian-Jia school ······ 6–171
Qianjiang City ······ 6–172
Qiannan Buyei-Miao Autonomous Prefecture ······ 6–174
Qianshan County ······ 6–172
Qianshan Mountain ······ 6–157
Qiantang River ······ 6–168
Qiantang River Bridge ······ 6–168
Qianxinan Buyei-Miao Autonomous Prefecture ······ 6–175
Qiao Guanhua ······ 6–182
Qiao Ji ······ 6–182
Qiao Qingxiu ······ 6–183
Qiao Shi ······ 6–183
Qiao Zong ······ 6–188
Qidan script ······ 6–153
Qidan Tribe ······ 6–153
Qidong City ······ 6–138
Qifu Guoren ······ 6–135
qigong ······ 6–141
Qigong ······ 6–139
Qijia Culture ······ 6–128
Qilian Mountain ······ 6–131
Qilianshan Nature Reserve ······ 6–131
Qimu Huaiwen ······ 6–134
qin ······ 6–202
Qin Bangxian ······ 6–196
Qin Dynasty ······ 6–196
Qin Guan ······ 6–197
Qin Han ······ 6–198
Qin Hui ······ 6–198
Qin Jiushao ······ 6–199
Qin Jiwei ······ 6–199
Qin Mu ······ 6–200
Qin Pengzhang ······ 6–200
Qin Renchang ······ 6–200
Qin State ······ 6–196
Qin Taoyu ······ 6–202
Qin Wenjun ······ 6–202
Qin Yi ······ 6–202
Qin Zhaoyang ······ 6–202
Qing Dynasty ······ 6–218
Qing Government Unifying Taiwan ······ 6–233
Qingcheng Mountain ······ 6–204
Qingdao City ······ 6–205
Qinghai Lake ······ 6–205
Qinghai Province ······ 6–205
Qinghai-Tibet Highway ······ 6–214
Qinghai-Tibet Plateau ······ 6–213
Qinghai-Tibet Railway ······ 6–214
qingke-wine ······ 6–208
Qingliangfeng Nature Reserve ······ 6–227
Qingpu District ······ 6–210
qingshang music and dance ······ 6–229
qingshang tune ······ 6–229
Qingtian County ······ 6–210
Qingtongxia City ······ 6–213
Qingtongxia Water Control Project ······ 6–213
Qingyang City ······ 6–237
Qingyang Monastery ······ 6–213

Qingyang tune …… 6–213
Qingyi River …… 6–213
Qingyuan City …… 6–232
Qingzhen City …… 6–233
Qingzhou City …… 6–215
Qingzhu …… 6–215
Qinhuai River …… 6–198
Qinhuangdao City …… 6–198
Qinhuangdao, Port of …… 6–198
Qinling Range …… 6–199
qinna …… 6–203
Qinshan Nuclear Power Plant …… 6–200
Qinyang City …… 6–203
Qinzhou City …… 6–192
Qinzhou Gulf …… 6–192
Qionghai City …… 6–238
Qiongjie County …… 6–238
Qiongju opera …… 6–238
Qionglai City …… 6–238
Qionglai Mountain …… 6–237
Qiongyao …… 6–239
Qiongzhou Strait …… 6–239
Qiqihar City …… 6–129
Qishan County …… 6–131
Qitaihe City …… 6–121
Qiu Chi …… 6–240
Qiu Chuji …… 6–241
Qiu Fengjia …… 6–240
Qiu Jicai …… 6–241
Qiu Jin …… 6–242
Qiu Shaoyun …… 6–241
Qiu Shengrong …… 6–245
Qiu Shiliang …… 6–243
Qiu Ying …… 6–243
Qiu Yuefeng …… 6–241
Qiu Zhonghui …… 6–241
Qiuci …… 6–242
Qiuhu Flirting with His Wife …… 6–242
Qiuranke Legend …… 6–244
Qixia City …… 6–122
Qogir Peak …… 6–182
Qomolangma Peak …… 9–492
Qomolangma Peak Nature Reserve …… 9–493
Qu Dajun …… 6–250
Qu Qiubai …… 6–254
Qu Shisi …… 6–254
Qu Wu …… 6–251
Qu Xixian …… 6–254
Qu You …… 6–254
Qu Yuan …… 6–252
Qu Yuan …… 6–252
quadrangle …… 7–150
quadratic form …… 2–423
Quadruple Alliance …… 7–149
qualitative analysis …… 2–313
qualitative change …… 9–314
quality …… 9–314
quality certification …… 9–316
quality management …… 9–314
Quan Hansheng …… 6–259
Quan Zuwang …… 6–266
Quanjude …… 6–260
quantitative change …… 5–60
quantitative economics …… 7–67
quantitative geography …… 7–67
quantity …… 5–60
quantum …… 5–60
quantum biology …… 5–62
quantum chemistry …… 5–61
quantum chromodynamics …… 5–62
quantum electrodynamics …… 5–61
quantum electronics …… 5–61
quantum field theory …… 5–60
quantum frequency standard …… 5–62
quantum mechanics …… 5–62
quantum number …… 5–63
quantum optics …… 5–61
quantum statistics …… 5–63
quantum transition …… 5–63
Quanzhen Taoism …… 6–265
Quanzhou City …… 6–266
quarantine …… 4–156
quark …… 4–492
quartz …… 6–604
quartz electronic watch and clock …… 6–605
quartzite …… 6–605
quasar …… 4–573
quasi money …… 9–518
Quasimodo, Salvatore …… 4–493
Quaternary Period …… 2–262
quaternion …… 7–156
quatrain …… 4–348
qubbah …… 3–146
Qubilai …… 3–500
Quebec …… 4–505
Quebec Bridge …… 4–505
Quebec Conferences (1943, 1944) …… 4–505
Quebec Province …… 4–505
Quebei Irrigation Project …… 6–269
Quechua …… 4–459
Quechua language …… 4–459
Queen Mother of the West …… 8–103
Queensland, State of …… 4–509
Quelimane …… 4–454
quenching …… 2–58
Quental, Antero Tarquinio de …… 4–465
Quercus acutissima …… 5–237
Quesnay, François …… 4–506
question of Palestine …… 1–167
questionnaire …… 7–604
Queue Order …… 7–345
queueing theory …… 6–35
Quevedo y Villegas, Francisco Gómez de …… 4–460
Quezaltenango …… 4–460
Quezon …… 4–504
Qufu City …… 6–247
Qufu City of Lu State …… 6–247
Quiche …… 4–50
Quine, Willard Van Orman …… 4–504
quinine …… 4–504
quinoline …… 4–505
quinone …… 4–510
Quintilian, Marcus Fabius …… 4–509
Quiroga, Horacio …… 4–49
Quisling, Vidkun Abraham Lauritz Jonsson …… 4–66
Quito …… 4–45
Qujialing Culture …… 6–251
Qujiang Pool …… 6–248
Qujing City …… 6–248
Qumarlêb County …… 6–248
quota …… 4–268
quotation style …… 9–73
Quotations from Qing Dynasty Emperors …… 6–230
quotation-style …… 4–96
Qur'ān …… 4–444
qurilta …… 3–500
quriltai …… 3–500
Qutan Xida …… 6–254
Qutang Gorge …… 6–254
Quyang County …… 6–249
Quzhou City …… 6–255

R

R. U. R. …… 5–219
RA …… 4–573
Raabe, Wilhelm …… 4–512
Rabat …… 4–511
Rabban Sauma …… 5–71
rabbit …… 7–447
Rabelais, François …… 4–513
Rabemananjara, Jacques …… 4–512
Rabi, Isidor Isaac …… 4–512
rabies …… 4–498
Rabin, Yitzhak …… 4–512
Rābitat al- 'Ālam al-Islāmī …… 8–530
raccoon …… 3–578
raccoon-dog …… 3–440
race …… 6–303 (9–457)
race walking …… 4–314
racemate …… 7–475
Rachmaninoff, Sergey Vassilyevich …… 4–518
Rachycentron canadum …… 4–351
racial discrimination …… 9–458
racial geography …… 6–304
Racine, Jean …… 4–528
racism …… 9–458

radar ················ 4–567
Radbruch, Gustav ················ 4–513
Radhakrishnan, Sarvepalli ················ 4–513
radiation chemistry ················ 2–606
radiation dose ················ 2–607
radiation processing ················ 2–607
radiation sicknesses ················ 2–504
radicalism ················ 4–56
radio ················ 8–20
radio astronomy ················ 6–502
radio broadcasting ················ 3–231
radio communication ················ 8–21
radio galaxy ················ 6–503
radio navigation ················ 8–21
radio set ················ 7–36
radio sports ················ 8–21
radio telescope ················ 6–502
radio wave propagation ················ 8–21
radioactive aerosol ················ 2–505
radioactive element ················ 2–505
radioactive series ················ 2–504
radioactivity ················ 2–504
radioanalytical chemistry ················ 2–503
radiochemistry ················ 2–503
radio-controlled watch and clock ················ 2–273
radioisotope ················ 2–505
radiolarian ················ 2–503
radiological weapon ················ 2–505
radiometric prospecting ················ 2–504
radiometry and photometry ················ 2–606
radionuclide examination ················ 2–504
radiosonde ················ 8–21
radiotherapy ················ 2–505
radish ················ 5–222
radium ················ 4–571
radon ················ 2–331
Rafflesia arnoldii ················ 2–86
Rafsanjani, Akbar Hashemi ················ 4–516
raft ················ 2–435
raft sluice ················ 2–435
ragtime ················ 4–517
Raidi ················ 6–277
rail ················ 8–446
railway ················ 7–381
Railway and Mining Rights Recovery Movement ················ 7–35
Railway Nationalization, Case of ················ 7–382
railway rolling stock ················ 7–381
railway signaling ················ 7–382
railway station ················ 7–381
railway track ················ 7–381
railway transportation ················ 7–382
rain ················ 9–70
rain gauge ················ 9–71
Rain of Flowers on the Silk Road ················ 7–117
rainbow ················ 3–478
rainbow trout ················ 3–479
Rainbow-Coloured and Feathered Costumes ················ 5–582
rainstorm ················ 1–252
Rājagrha ················ 7–507
Rajasthanis ················ 4–519
Rajiformes ················ 8–483
Rajputs ················ 4–519
Rakata, Pulau ················ 4–519
Rákosi Mátyás ················ 4–519
Raleigh ················ 5–205
Rallus ················ 8–446
Ramadan ················ 9–176
Raman, Sir Chandrasekhara Venkata ················ 4–521
Raman spectrometry ················ 4–521
Ramanujan, Srinivasa Aaiyangar ················ 4–520
Rāmāyaṇa ················ 5–213
Rambert, Marie ················ 4–539
ramie ················ 9–500
Ramkhamhaeng ················ 4–540
Ramón y Cajal, Santiago ················ 4–521
Ramos, Fidel ················ 4–522
rampart of palace ················ 6–269
Ramsay, John G. ················ 4–541
Ramsay, William ················ 4–522
Ramses II ················ 4–521
Ramsey, Norman Foster ················ 4–522
Ramuje, Ibrahīm ················ 4–522
Rana chensinensis ················ 9–377
RAND Corporation ················ 4–539
random variable ················ 7–214
random vibration ················ 7–215
Ranganathan, Shiyali Ramamrita ················ 6–343
range of voices ················ 6–413
Ranger probe ················ 6–37
Rangifer tarandus ················ 8–383
Rangoon ················ 8–470
Ransom, John Crowe ················ 4–541
Ranunculus japonicus ················ 5–313
Ranwei ················ 6–272
Rao, K. L. ················ 4–511
Rao Yutai ················ 6–273
Rao Zongyi ················ 6–274
Raoult's law ················ 4–528
Raphael ················ 4–515
Raphanus sativus ················ 5–222
Raphidiodea ················ 6–479
Raphidioptera ················ 6–479
rapid response force ················ 4–496
RAPP ················ 4–522
rare animal ················ 9–250
rare earth element ················ 8–130
rare gas ················ 8–131
rare metal ················ 8–131
rare plant ················ 9–250
rare-dispersed metal ················ 8–130
RAS ················ 2–401
Ras Dashen ················ 2–68
Rashomon ················ 5–216
raspberry ················ 7–61
Rasputin, Valentin Grigoryevich ················ 4–525
rat snake ················ 4–268
rat-bite fever ················ 7–60
rate of forest coverage ················ 6–419
rates of customs duties ················ 3–206
rates of return to education ················ 4–211
rational cognition ················ 5–12
rational expectation school ················ 5–12
rational film ················ 5–12
rational man ················ 5–12
rational number ················ 9–48
rational-emotion therapy ················ 5–12
rationalism ················ 7–546
rattle stick dance ················ 1–191
rattlesnake ················ 8–203
Ratzel, Friedrich ················ 4–513
Rauschenberg, Robert ················ 4–556
Rauvolfia verticillata ················ 5–222
Ravel, (Joseph) Maurice ················ 4–527
raven ················ 8–386
Raven, Peter H. ················ 4–570
Rāwalpindi ················ 4–527
rawap ················ 6–282
Rawls, John Bordley ················ 5–203
Rayleigh, 3rd Baron ················ 6–350
Rāzī, Abū Bakr Muhammad ibn Zakarīya al- ················ 4–523
Razin's Uprising ················ 4–528
razor clam ················ 8–569
reaction, heat of ················ 2–475
reaction, rate of ················ 2–476
reaction time ················ 2–476
reactive psychosis ················ 2–476
reactor ················ 2–283
reactor ················ 2–475
reader of old-style private school ················ 5–375
Readers ················ 2–354
reader's club ················ 2–354
Reader's Digest ················ 2–354
reading ················ 9–126
Reagan Doctrine ················ 5–7
Reagan, Ronald Wilson ················ 5–7
real estate industry ················ 2–497
real estate market ················ 2–497
real estate mortgage loan ················ 2–497
real function theory ················ 6–611
real number ················ 6–614
Real Plan ················ 4–570
real rights granted by way of security ················ 2–141
real school ················ 6–613
realgar ················ 8–332
realism ················ 7–1
realism ················ 8–183

realism 8–238
réalisme poétique 6–576
realismo mágico 5–465
realization of the innate good 9–319
rearrangement reaction 2–5
rebate 3–609
rebate 9–238
Rebellion in the Backlands 3–22
Rebellion of A Dozen Local Military Chiefs 6–587
Rebellion of the Seven Principalities 8–26
receipt 2–432
receptor 3–45
recidivism 4–572
recidivist 4–572
Recifc 4–574
reciprocal treatment 3–521
recitative 8–361
reclaimed rubber 9–150
recoilless rifle 8–24
reconnaissance aircraft 9–249
reconnaissance satellite 9–249
Reconquista 7–35
Reconstruction 2–4
record of ancient China financial economy history 7–3
Record of Buddhist Kingdoms 2–582
Record of Buddhist Monasteries in Luoyang 5–233
Record of Experiences in Painting 7–421
Record of Xuanzang's Travels to the West in Tang Dynasty 2–105
recorder 7–62
records 7–593
records management 7–593
Records of Annual Functions in Jing-Chu Area 4–299
Records of Redressing Grievances 8–138
Records of the Grand Historian 7–8
Records of Waterways in the Western Region 8–109
Records on Painting and Mounting 9–515
recourse 9–516
recovery period of national economy 3–290
recrystallization 2–5
rectification 4–304
Rectification Campaign 9–264
rectifying circuit 9–264
rectocele 9–295
recursion theory 2–253
recursive function 2–253
red algae 3–477
red bean 1–598
Red Building of Peking University 1–267
red chip share 3–469
Red Coats Army 3–468
Red Crag 3–476
Red Cross Society 3–473
red deer 5–269
red dog 1–499
red earth 3–472
Red Flag Canal 3–472
Red Fort 3–469
red fox 1–598 (3–501)
Red Guard 3–475
Red Guards on Honghu Lake 3–481
red jungle fowl 9–105
Red Pills, Case of 3–475
Red River 3–470
Red Sea 3–470
red sea bream 9–252
red shift 3–476
Red Square 5–475
red tide 1–596
red-crowned crane 2–136
redemption, policy of 7–57
redeye carp 1–600
Red-Eyebrow and Green-Woodsmen's Uprising 1–599
Redfield, Robert 4–567
rediscount 9–151
rediscount, rate of 9–151
redology 3–476
redox resin 8–474
reducing agent 3–563
reduction or exemption of customs duties 3–206
reduction reaction 3–563
reductionism 3–563
redwood 1–277
Reed, Walter 5–6
reed-pipe 5–157
reed-pipe dance 5–157
Reeves' shad 7–6
Reeves' turtle 7–615
referee 1–465
reference books 3–125
reference electrode 1–471
reference material 1–354
Reference News 1–472
reflection 2–473
reflection literature 2–473
reflection of light 3–221
reflection, theory of 2–476
reflexion 2–473
Reform and Opening up 3–24
reform in postwar Japan 6–321
reform literature 3–25
Reform Movement of 1898 8–68
Reform of Emperor Xiaowen of Northern Wei 7–577
reform of state-owned enterprise 3–295
Reform of the Party and National Leading System 2–152
reform through labour 4–552
reformatory 3–44
Reforms of the Gracchi 3–100
refraction of light 3–230
refractive errors 6–251
refractive index 9–238
refractories 5–515
refractory metal 5–547
refrigerant 9–313
refrigerating machine 9–313
refrigerator 2–272
refugee 5–548
refuse to bear witness, right to 4–338
region 6–246
regional economic integration 6–247
regional economy 6–246
regional enteritis 4–332
regional geography 6–246
regional inspector 1–456
regional planning 6–246
Register of Ghosts 5–171
registration of enterprise 6–136
regression 3–342
regression analysis 3–608
regular script 4–396
regular tax 9–267
regulated verse 5–184
regulating qi-flowing method 5–11
regulation 7–375
regulation of gene expression 4–53
regulations on the exercise of autonomy 9–550
regurgitation 2–475
rehabilitation 4–401
rehmannia 2–222
Rehmannia glutinosa 2–222
Reichenbach, Hans 4–539
Reichstag Fire 3–257
reign title 5–584
reincarnated soul boy 9–511
reindeer 8–383
reinforcement 6–178
reinforcement and elimination in combination 3–140
reinforcement theory 6–178
reinforcing and reducing manipulations of acupuncture therapy 9–246
Reinhardt, Max 4–535
reinsurance 9–150
reinventing government 9–280
Rejection of "Rash Advance" in Economic Construction 2–471
relapsing fever 3–609
relation between generation 2–126
relation by marriage 8–578

relative motion ········ 8–190
relativism ········ 8–190
relativistic astrophysics ········ 8–190
relativity theory ········ 8–190
relaxation ········ 1–595
relay ········ 4–103
relay intercropping ········ 7–329
relay protection of power system ··· 4–103
relay race ········ 4–214
release on bail for medical treatment ········ 1–246
reliability ········ 4–444
reliable text ········ 6–448
relief ········ 2–603
Relief Stone Sculptures in Xiaotangshan ········ 8–232
Reliefs in Wang Chuzhi's Tomb ··· 7–492
relieving convulsion ········ 9–307
relieving rigidity of muscles and activating collaterals ········ 7–52
relieving stranguria by inducing diuresis ········ 5–31
relieving superficies syndrome with pungent and warm natured drugs ········ 8–261
religion ········ 9–553
religion, freedom of ········ 9–557
religion, geography of ········ 9–555
religion, philosophy of ········ 9–557
religion, science of ········ 9–556
religious law systems ········ 9–555
religious name for buddhist monk or nun ········ 2–453
Religious Peace of Augsburg ········ 1–122
Religious Reformation ········ 9–555
reloan ········ 9–150
remains ········ 8–544
Remains of Koguryo ········ 3–66
Remarque, Erich Maria ········ 4–568
Rembrandt ········ 5–192
remonstrance theory ········ 4–171
remote control ········ 8–482
remote education ········ 9–114
remote sensing ········ 8–481
remote sensing archaeology ········ 8–482
remote sensing digital mapping ········ 8–482
remote sensing image processing ··· 8–482
remote sensing of atmosphere ········ 2–100
remote sensing, surveying and mapping of ········ 8–482
remote signalling ········ 8–482
ren ········ 6–306
Ren Bishi ········ 6–306
Ren Bonian ········ 6–307
Ren Fangqiu ········ 6–307
Ren Guang ········ 6–307
Ren Jianxin ········ 6–307
Ren Jiyu ········ 6–307
Ren Mei'e ········ 6–308
Ren Rongrong ········ 6–308
Ren Tianzhi ········ 6–308
Ren Xinmin ········ 6–308
Ren Yi ········ 6–308
Ren Zhongmin ········ 6–309
Renaissance ········ 7–599
Renaissance art ········ 7–599
renal vasculitis ········ 6–524
rendezvous and docking ········ 4–194
renewable resource ········ 4–443
renga ········ 5–37
Renhuai City ········ 6–306
Renmin University of China ········ 9–390
renminbi ········ 6–293
Renoir, Jean ········ 4–569
Renoir, Pierre-Auguste ········ 4–569
renormalization ········ 2–7
Renqiu City ········ 6–308
Rent Collection Courtyard ········ 7–36
rent seeking ········ 8–380
Renziguichou Educational System ··· 6–305
Reorganization Loan ········ 6–449
repentance rituals ········ 1–505
Repin Academy of Fine Arts ········ 5–72
Repin, Ilya Yefimovich ········ 5–71
Repin Institute of Painting, Sculpture and Architecture ········ 5–72
replacement of profit by tax ········ 5–27
replantation of severed limb (finger) ········ 2–368
replenishing blood ········ 1–423
reportage ········ 1–247
reporter ········ 4–96
representation ········ 1–358
representative government system··· 2–129
repressing upward perversion of qi··· 4–193
reproduction ········ 6–549
reproduction ········ 9–150
reproductive behaviour ········ 6–550
reproductive organ ········ 6–549
reproductive system ········ 6–550
reptile ········ 6–28
Reptilia ········ 6–28
Republic ········ 5–11
Republic of China ········ 9–415
Republic of Florence ········ 2–587
Republican Party, United States ········ 5–350
republicanism ········ 3–148
repurchase agreement of treasury bill ········ 3–297
reputation, right of ········ 5–439
requiem ········ 1–100
requiem sharks ········ 9–255
requisition right ········ 9–261
research design ········ 2–303
research university ········ 8–433
reserpine ········ 5–33
reserve ········ 9–517
reserve duty ········ 9–81
reservoir ········ 7–88
reservoir induced earthquake ········ 7–88
reservoir storage ········ 4–489
resident birds ········ 5–123
resident identity card ········ 4–330
residential building ········ 9–501
residential surveillance ········ 4–152
resin ········ 7–62
resistance ········ 2–299
Resistance Against Japan around the Great Wall ········ 1–510
resistance movement ········ 2–217
resistivity ········ 2–299
resistor ········ 2–299
Resnais, Alain ········ 4–569
Resolution on Several Historical Questions for the Party since the Founding of the People's Republic of China ········ 3–207
resolving dampness with aromatics ········ 2–493
resolving food stagnation ········ 8–216
resolving method ········ 8–213
resolving superficies syndrome with pungent and cool natured drugs ········ 8–260
resonance ········ 3–151
resonance ········ 3–151
resonance theory ········ 3–151
resorcinol ········ 4–161
Resource Committee ········ 9–526
resource crisis ········ 9–526
resource distribution ········ 9–526
resource management ········ 9–526
resource protection ········ 9–525
resource tax ········ 9–526
resources, geography of ········ 9–526
Respighi, Ottorino ········ 4–570
respiration ········ 3–497
respiratory failure ········ 3–499
respiratory syncytial virus infection ··· 3–499
respiratory tract ········ 3–499
Ressemblement Democratique Africaine ········ 2–521
rest and leave ········ 8–336
Reston, James Barrett ········ 4–538
restoration ········ 8–202
Restoration of Taiwan ········ 7–250
Restoration Society ········ 3–11
restoring yang and rescuing patient from collapse ········ 3–610
Resurrection ········ 3–10
retail ········ 5–100

retaliatory tariff ······ 1–247
retention of urine ······ 5–145
reticulate camellia ······ 2–270
retina, disease of ······ 7–31
retinal detachment ······ 7–31
retirement system ······ 7–450
retrial ······ 9–150
retrograde treatment ······ 2–477
retro-synthetic analysis ······ 5–583
returnees literature ······ 3–609
Reunion ······ 5–122
Réunion ······ 5–122
Reuter, Paul Julius ······ 5–174
Reuters Ltd. ······ 5–174
Revealing Original Shape in Officialdom ······ 3–209
Revere the Emperor and Expel the Barbarians ······ 9–576
reversed flow of qi, syndrome of ······ 6–144
reversible process ······ 4–445
reversing thermometer ······ 2–270
review of constitutionality, system for the ······ 7–545
revisionism ······ 8–338
Revive China Society ······ 8–304
Revolt of the Fishing Folks ······ 2–71
Revolt of the Three Feudatories ······ 6–384
Revolts of Gentries in Vietnam ······ 6–203
Revolutionary Committee of Chinese Nationalist Party ······ 9–370
Revolutionary Party of China ······ 9–415
revolutionary road of encircling the cities from the countryside ······ 5–608
Reykjavík ······ 4–568
Reyles, Carlos ······ 4–570
Reymont, Władysław Stanisław ······ 4–533
Reynard the Fox ······ 5–72
Reynolds, Joshua ······ 4–569
Reynolds number ······ 4–569
Rgyal-Rabs-Gsal-B'i-Me-Long ······ 8–113
Rhacophorus ······ 7–61
Rhaeto-Romance dialects ······ 5–31
Rhaeto-Romances ······ 4–570
rhamnose ······ 7–59
rhapsody ······ 4–498
Rhapsody on Literature ······ 7–586
Rhea americana ······ 5–364
Rhee Syngman ······ 4–590
Rhein-Ruhr ······ 4–536
rhenium ······ 4–537
rheology ······ 5–123
rheostat ······ 1–346
rhetoric ······ 8–337
Rheum ······ 2–87
rheumatic arthritis ······ 2–566
rheumatic fever ······ 2–566
rheumatic heart disease ······ 2–567
rheumatoid arthritis ······ 4–573
rhinacanthus ······ 5–97
Rhincodon typus ······ 4–308
Rhine River ······ 4–536
Rhine River-Danube River system waterway ······ 4–536
rhinitis ······ 1–314
rhinoceros ······ 8–131
Rhinocero-shaped Bronze Zun with Gold Inlay ······ 6–176
Rhinocerotidae ······ 8–131
Rhinopithecus ······ 4–257
rhinovirus infection ······ 1–313
rhizobia ······ 3–118
Rhodeinae ······ 6–48
rhodium ······ 4–562
rhodochrosite ······ 5–99
Rhododendron ······ 2–358
Rhodophyta ······ 3–477
Rhône River ······ 5–214
Rhopalocera ······ 2–34 (3–517)
Rhopilema esculenta ······ 3–354
rhymes, category of ······ 9–144
Rhynchonellida ······ 8–231
rhyolite ······ 5–128
rhythm ······ 4–217
rhythmic gymnastics ······ 8–557
Ribeiro, Aquilino Gomes ······ 5–6
ribonucleic acid ······ 3–438 (9–587)
ribose ······ 3–438
ribosome ······ 3–438
Riboud, Marc ······ 5–177
Ricci, Matteo ······ 5–29
rice ······ 2–167
Rice, Elmer ······ 4–538
rice field sunning ······ 6–433
Rice Riot ······ 5–400
rice stem borer ······ 2–167
ricefish ······ 6–207
Richard, Timothy ······ 4–613
Richards, Dickinson Woodruff ······ 5–10
Richards, Theodore William ······ 5–11
Richardson, Samuel ······ 5–10
Richelieu, Armand-Jean du Plessis, duc de ······ 4–583
Richet, Charles Robert ······ 5–9
Richmond ······ 5–8
Richter scale ······ 5–8
Richthofen, Ferdinand von ······ 4–614
ricinoleic acid ······ 1–332
Ricinulei ······ 4–215
Ricinus communis ······ 1–331
Rickert, Henrich ······ 4–601
rickets ······ 3–153
Rickettsia ······ 5–21
rickettsial diseases ······ 5–21
rickshaw ······ 3–580 (2–328)
Ricoeur, Paul ······ 5–28
riddle ······ 5–392
riddles written on lanterns ······ 2–190
ridge culture ······ 5–146
Riemann, (Georg Friedrich) Bernhard ······ 4–582
Riemannian geometry ······ 4–582
rifle ······ 1–456
rift valley ······ 5–77
Riga ······ 5–7
Rigel ······ 6–507
right ······ 6–258
right in rem ······ 8–78
right of genetic privacy ······ 4–53
right of honour ······ 6–331
right of initiative ······ 2–33
right of invention ······ 2–432
right of lien ······ 5–123
right part of pictophonetic characters ······ 9–51
right to just remuneration ······ 3–136
right to know ······ 9–290
right to participate in government and political affairs ······ 1–472
right to rest ······ 8–336
right to scientific discovery ······ 2–433
right to silence ······ 1–550
right to use state-owned land ······ 3–296
right whale ······ 5–176
righteousness and profit ······ 8–556
right-hand rule ······ 9–51
right-handed screw rule ······ 9–51
rigid body ······ 3–53
rigid frame bridge ······ 3–53
Rigil Kent ······ 5–536
Rigoletto ······ 5–616
RIhan, NaguIb el- ······ 4–568
Ri-Huang ······ 4–598
Riis, Jacob August ······ 5–9
Rijeka ······ 5–10
Rilke, Rainer Maria ······ 5–7
rime ······ 8–80
rimland theory ······ 5–171
Rimsky-Korsakov, Nikolay Andreyevich ······ 5–8
rimu ······ 5–168
Rinchin, Biambiin ······ 6–306
ring ······ 4–234
ring opening polymerization ······ 4–387
ring theory ······ 3–575
ring-necked pheasant ······ 9–326
rings ······ 2–301
ringworm ······ 8–367
Rio de Janeiro ······ 5–10
Rio Group ······ 5–10
Rio Negro ······ 5–554
ripening ······ 2–57

rising and falling of vital qi and pathogen ··· 8–235
risk analysis ··· 2–568
risk investment ··· 2–568
risk investment fund ··· 2–568
rite of passage ··· 1–578
Rites of Zhou Dynasty ··· 9–469
Ritter, Carl ··· 4–613
ritual ··· 8–537
ritual music ··· 8–398
ritual vessels ··· 4–586
river ··· 3–423
river capture ··· 3–424
river channel ··· 3–422
river closure ··· 4–227
river regulation or channel improvement ··· 3–422
river sediment ··· 3–424
river terrace ··· 3–424
river valley ··· 3–422
Rivera, Diego ··· 5–9
Rivera, José Eustasio ··· 5–9
Riviere Sénégal ··· 6–375
Riyadh ··· 5–33
Riyue Lake ··· 6–329
Riyue Mountain ··· 6–329
Rizal, José ··· 4–583
Rizhao City ··· 6–329
Rje-btsun-dam-pa Ho-thog-thu ··· 9–239
RNA ··· 3–438
Rnying-ma-pa ··· 5–595
Roa Bastos, Augusto ··· 5–220
road engineering ··· 2–163
road intersection ··· 2–164
Road Town ··· 5–202
robayi ··· 6–335
Robbe-Grillet, Alain ··· 5–200
robber crab ··· 8–489
robber fly ··· 7–2
Robbins, Jerome ··· 5–199
robe ··· 6–50
Roberts-Austen, William Chandler ··· 5–200
Robeson, Paul ··· 5–200
Robespierre, Maximilien-François-Marie-Isidore de ··· 5–200
Robinia pseudoacacia ··· 2–52
Robins, Robert Henry ··· 5–199
Robinson, James Harvey ··· 5–163
Robinson, Joan Violet ··· 5–199
robot ··· 4–30
robustness ··· 5–162
rock ··· 8–430
rock burst ··· 8–428
rock climbing ··· 6–43
rock convoy ··· 3–531
rock crystal ··· 7–87
rock mechanics ··· 8–430
rock music ··· 8–481
rock painting ··· 8–429
rock shell ··· 3–186
Rockefeller Financial Group ··· 5–228
rockery ··· 4–145
rocket ··· 4–11
rocket engine ··· 4–11
Rock-hewn Churches, Lalibela ··· 4–520
Rocky Mountains ··· 5–235
Rococo ··· 5–228
rod puppet play ··· 2–105
rod puppet show ··· 9–223
rodent pest ··· 7–59
Rodentia ··· 5–593
rodenticide ··· 6–422
rodents ··· 5–593
Roderick, John Prescott ··· 5–202
Rodgers, Richard ··· 5–205
Rodin, Auguste ··· 5–202
roe deer ··· 6–49
Rogers, Carl (Ransom) ··· 5–205
Rogge, Jacques ··· 5–203
Roh Moo Hyun ··· 5–156
Rohdea japonica ··· 7–482
Rojas, Manuel ··· 5–204
role of an old or middle-aged man in Chinese opera ··· 5–466
roller ··· 8–385
Roller, Alfred ··· 5–205
roller skating ··· 5–196
rollers ··· 2–582
rolling resistance ··· 3–249
rolling rings ··· 3–249
roll-on/roll-off ship ··· 3–249
Roma ··· 5–205
Roma National Gallery of Modern Art ··· 5–207
Romain Rolland ··· 5–212
Romains, Jules ··· 5–211
Roman art ··· 5–208
Roman Empire ··· 5–206
Roman Holiday ··· 5–207
Roman law ··· 5–206
Roman Triumphal Arch ··· 5–208
Romance group ··· 5–212
Romance of Antar ··· 1–106
Romance of Sui and Tang Dynasties ··· 7–213
Romance of the Three Kingdoms ··· 6–390 (6–391)
Romance of the Western Bower ··· 8–106
Romance of the Yang Family ··· 8–455
Romance of Western Mansion ··· 8–95
Romanesque architecture ··· 5–212
Romanesque art ··· 5–211
Romania ··· 5–209
România ··· 5–209
Romanian Kingdom ··· 5–210
Romanian language ··· 5–211
Romanians ··· 5–210
Romanov Dynasty ··· 5–212
Romans ··· 5–211
Romanticism ··· 4–551
Romeo and Juliet ··· 5–213
Rømer, Ole (Christensen) ··· 5–214
Romm, Mikhail Ilich ··· 5–214
Rommel, Erwin Johannes Eugen ··· 5–145
Roms ··· 5–214
Romulus ··· 5–214
Romy Schneider ··· 5–213
Ronaldo Luiz Nazario de Lima ··· 5–214
Rong Gaotang ··· 6–330
Rong Geng ··· 6–331
Rong Guotuan ··· 6–331
Rong Hong ··· 6–332
Rong Tribes ··· 6–329
Rong Yiren ··· 6–330
Rong Zhihang ··· 6–332
Rongbaozhai Studio ··· 6–329
Rongcheng City ··· 6–330
Ronglu ··· 6–330
Rongshui Miao Autonomous County ··· 6–335
Rongxian County ··· 6–332
Röntgen, Wilhelm Konrad ··· 5–195
roof ··· 8–14
roof garden ··· 8–14
Roosevelt, Franklin Delano ··· 5–217
Roosevelt, Theodore ··· 5–218
root ··· 3–117
root carving ··· 3–117
root nodule bacteria ··· 3–118
root rot ··· 3–117
Roots ··· 3–117
root-seeking literature ··· 8–380
rope skipping ··· 7–377
ropedancing ··· 9–563
ropeway ··· 7–229
RORE ··· 4–211
Rorty, Richard ··· 5–202
Rosa chinesis ··· 9–120
Rosa, João Guimarães ··· 5–216
Rosa rugosa ··· 5–329
rosacea ··· 4–325
Rosaceae ··· 6–181
Rosario ··· 5–216
rose family ··· 6–181
rose pelargonium ··· 8–199
Roseau ··· 5–219
rosefinch ··· 9–485
roselle ··· 5–329
rosemary ··· 5–391
Rosenthal's effect ··· 5–216
Rosetta Stone ··· 5–216
Rosi, Francesco ··· 5–219

rosin 7–161
Rosmarinus officinalis 5–391
Ross, Edward Alsworth 5–217
Ross Ice Shelf 5–217
Rossby, Carl-Gustaf Arvid 5–217
Rossby wave 5–217
Rossellini, Roberto 5–220
Rossini, Gioachino 5–220
Rossiya 2–397
Rossum's Universal Robots 5–219
Rostand, Edmond 5–217
Rostock 5–219
Rostov-na Donu 5–218
Rostow benchmark 5–218
Rostropovich, Mstislav Leopoldovich 5–218
rotary tillage 8–365
rotation 8–365
rotavirus infection 5–197
rotifer 5–196
Rotifera 5–196
Rotterdam 5–172
Rou Shi 6–336
rouble 5–148
roughskin sculpin 7–159
Roumain, Jacques 5–212
round kumquat 4–243
Rouran Nomadic Tribes 6–336
Rousseau, Henri 5–154
Rousseau, Jean Jacques 5–154
router 5–175
Roux, Wilhelm 5–162
rove beetle 8–588
rowing 6–381
Roy, Gabrielle 5–166
Roy, Manabendra Nath 5–220
Royal Academy of Dramatic Art 3–579
Royal Ballet 9–4
Royal College of Music 9–4
royal decree 6–469
Royal Dutch Shell Group 9–9
royal fields 3–580
royal fields and private slaves 7–510
Royal Greenwich Observatory 3–106
royal jelly 2–573
royal palm 7–521
Royal Society of United Kingdom 9–4
Royal Tombs of Zhongshan State (Warring States Period) 9–437
royal waterplatter 7–502
royalty 1–230
Roystonea regia 7–521
Rozental, Mark Moiseyevich 5–216
Rózewicz, Tadeusz 5–165
Rozov, Viktor Sergeyevich 5–222
Ru Kiln 6–340
Ru Long 6–340
Ru Zhijuan 6–338
ruan 6–343
Ruan Dacheng 6–343
Ruan Ji 6–343
Ruan Lingyu 6–344
Ruan Yuan 6–344
Ruan Zhangjing 6–344
Rub 'al Khāli, Ar 5–164
rubber 8–210
rubber machinery 8–210
rubbings 7–245
rubella 2–570
Rubens, Peter Paul 5–162
Rubiaceae 6–176
rubidium 6–339
rubidium-strontium dating 6–339
Rubinstein, Anton Gregoryevich 5–163
Rubinstein, Artur 5–163
Rubinstein, Sergey Leonidovich 5–163
Rubus spp. 7–61
ruby 3–468
Rūdakī, Abū 'Abdallah Ja 'far 5–164
Rudd, Kevin 5–168
rudder 2–392
Rude, François 5–177
Ruditapes 3–112
rue family 9–138
Rufiji River 5–164
Rugao City 6–337
Rugby football 3–46
Ruggieri, Michael 5–213
rugose rose 5–329
Rui Xingwen 6–347
Rui' an City 6–347
Ruichang City 6–347
Ruicheng County 6–347
Ruifuxiang Silk Fabric Store 6–350
Ruijin City 6–350
Ruili City 6–350
Ruiz de Alarcón y Mendoza, Juan 5–167
Ruiz, Juan 5–166
rule by force 1–191
rule of conflict 2–217
rule of law 2–460
rule of man 6–303
rule of virtue 2–190
Rulfo, Juan José 5–164
ruling party 9–295
Rūm, Sultanate of 5–214
rumba 5–191
ruminant 2–468
ruminant stomach 2–468
rumor 5–129
Rumyantsev, Pyotr Aleksandrovich 5–164
runaway bannermen and slaves, law of 7–321
Runeberg, Johan Ludvig 5–165
runic 6–349
running land boat dance 6–50
running script 8–314
running-in 5–464
runoff 4–313
Runyang Yangtze River Bridge 6–352
Ruoqiang County 6–353
rūpa 6–415
rural 8–188
Rural Construction Movement 8–189
rural-urban fringe 1–588
Rurik Dynasty 5–122
Rushan City 6–341
Ruskin, John 5–218
Russ 2–403
Russell, Bertrand Arthur William 5–219
Russell, Edward Stuard 4–524
Russell, Henry Norris 5–219
Russia 2–397
Russian 2–401
Russian Academy of Science 2–401
Russian Association of Proletarian Writers 3–56
Russian Civil War 7–181
Russian Conquest of Central Asia 2–395
Russian cuisine 2–393
Russian February Revolution 2–393
Russian gardens 2–403
Russian language 2–401
Russian literature 2–402
Russian October Socialist Revolution 2–394
Russian olive 6–429
Russian Orthodox Church 2–403
Russian Patriotic War of 1812 2–395
Russian Provisional Government 2–393
Russian Reform of 1861 2–396
Russian Revolution in 1905 2–396
Russian Serfdom 2–394
Russian Social-Democratic Labour Party 2–394
Russian State Library 2–401
Russians 2–401
Russia's Aggression of Pamir 6–422
Russkaya Pravda 5–217
Russo-Iranian Wars 2–395
Russo-Japanese secret agreements 6–322
Russo-Japanese War 6–322
Russo-Turkish Wars 2–404
Rustam Effendi 5–165
Rustaveli, Shota 5–165
Rutaceae 9–138
Ruth, Babe 5–165
ruthenium 5–70
Rutherford, Ernest 5–153

rutile ······ 4–241
Ruzhou City ······ 6–340
Rwanda ······ 5–155
Ryazanov, Eldar Aleksandrovich ··· 5–56
Rydberg constant ······ 5–6
rye ······ 3–456
rye grass ······ 3–456
Rykov, Aleksey Ivanovich ······ 4–601
Ryle, Sir Martin ······ 4–537
Ryleyev, Kondraty Fyodorovich ··· 4–568
Ryukyu Islands ······ 5–130
Ryūkyū-guntō ······ 5–130

S

S-37 Golden Eagle ······ 9–587
SA ······ 2–1
Sa Bendong ······ 6–356
Sá de Miranda, Francisco de ······ 6–357
Sa Kongliao ······ 6–362
Sa Zhenbing ······ 6–369
Sa 'ādī Dynasty ······ 6–357
SAARC ······ 5–544
Saarinen, Eero ······ 6–424
sabay ······ 6–356
Sabbath ······ 1–109
Sabina chinensis ······ 9–112
Sabsu ······ 6–356
saccharin ······ 7–319
Saccharomyces ······ 4–213
Saccharum officinarum ······ 3–38
sachet ······ 8–191
Sachs, Curt ······ 6–361
Sachs, Hans ······ 6–361
Sachs, Julius von ······ 6–362
Sacramento ······ 6–361
sacrifice ······ 4–104
Sacrifice Feast ······ 9–150
sacrifices to heaven and earth ······ 2–571
sacrificial rite at palace temple ······ 4–105
Sadaharu Oh ······ 7–518
Sadat, Muhammad Anwar el ······ 6–357
SADC ······ 5–517
Saddam Hussein ······ 6–357
Saddharma-pundarīka Sūtra ······ 2–446
Sa 'dī, Moshlef al-dīn Mosleh ······ 6–357
Sadoul, Georges ······ 6–358
saḍ-pāramitā ······ 5–136
Saepyolgun ······ 8–291
safari park ······ 8–493
Safavid Dynasty ······ 6–360
Saffārid Dynasty ······ 6–360
safflower ······ 3–470
saffron crocus ······ 2–462
Sagan, Françoise ······ 6–360
Sagittaria sagittifolia ······ 2–43
sago cycas ······ 7–195 (7–384)
Sahara ······ 6–355
Sahara rock-paintings ······ 6–355
Saharan group ······ 6–356
Sahel ······ 6–361
Saichō ······ 9–574
Said, Edward Wadie ······ 6–369
Sa 'id ibn Sultān ······ 6–381
saiga ······ 3–57
saiga antelope ······ 3–57
Saiga tatarica ······ 3–57
Saigō Takamori ······ 8–106
Śailendra Dynasty ······ 8–164
sailing ······ 2–461
sailing boat ······ 2–461
Saint George' s ······ 6–567
Saint Helena ······ 6–561
Saint Helena Island ······ 6–562
Saint Helens, Mount ······ 6–561
Saint John ······ 6–569
Saint Kitts and Nevis ······ 6–562
Saint Lawrence, Gulf of ······ 6–564
Saint Lawrence River ······ 6–564
Saint Louis ······ 6–565
Saint Louis ······ 6–565
Saint Lucia ······ 6–564
Saint Patrick' s Day ······ 6–566
Saint Paul ······ 6–555
Saint Petersburg ······ 6–556
Saint Petersburg N.A. Rimsky-Korsakov State Conservatory ······ 6–556
Saint Vincent and the Grenadines ··· 6–568
Saint-Denis ······ 6–557
Saint-John Perse ······ 6–567
Saint-Léon, Arthur ······ 6–564
Saint-Pierre ······ 6–567
Saint-Saëns, Camille ······ 6–567
Saint-Simon, Claude-Henri de Rouvroy, Comte de ······ 6–568
Saionji Kinmochi ······ 8–110
Saipan ······ 6–369
Saiyid Ajall Shams al-Dīn ······ 6–380
Saja Legs Bzhad ······ 6–361
Saka ······ 6–380
Sakai ······ 4–235
Sakai Toshihiko ······ 4–235
Sakamoto Ryōma ······ 1–227
Sakartvelos ······ 3–107
saké ······ 6–227
saker falcon ······ 5–76
Sakhalin Island ······ 6–360
Sakoku Edicts ······ 7–235
Śākyamuni ······ 7–33
Sakyamuni Pagoda in Yingxian County ······ 9–21
Saladin, Citadel of ······ 6–362
Salāh ad-Dīn, Yūsuf ibn Ayyūb ······ 6–362
Salam, Abdus ······ 6–363
salamanders ······ 6–334
Salangidae ······ 8–583
Salar ······ 6–356
Salar language ······ 6–356
Salawusu ······ 6–363
saleratus ······ 8–229
Salerno ······ 6–363
Salicaceae ······ 8–458
salicylic acid ······ 7–104
Salientia ······ 8–20
Ṣāliḥ, al-Tayyib ······ 6–363
saline and alkaline land, reclamation of ······ 8–434
saline cistanche ······ 6–336
Salinger, Jerome David ······ 6–373
salinometer ······ 8–433
Salisbury, Harrison Evans ······ 7–229
Salix ······ 5–134
Salmanidae ······ 3–243
salmon ······ 2–94
salmon ······ 3–243
Salomé ······ 6–431
SALT ······ 7–192
salt ······ 8–433
salt and iron monopoly commissioner ······ 8–435
salt dome ······ 8–434
salt gland ······ 8–435
salt lake ······ 8–433
Salt Lake City ······ 8–433
salt merchant ······ 8–434
salt tax in ancient China ······ 8–434
Salticidae ······ 7–378
Salto ······ 6–359
Salto del Angel ······ 1–98
Salton, Gerard ······ 7–229
salt-secreting gland ······ 8–435
Saltykov, Mikhail Yevgrafovich ··· 6–358
Salvador ······ 6–359
Salvation Army ······ 4–328
Salvia miltiorrhiza ······ 2–140
Salvia splendens ······ 8–507
Salween ······ 6–360
Salyut space station ······ 4–585
Salzburg ······ 6–358
Sam Han ······ 6–391
Sāmānid Dynasty ······ 6–364
Samantabhadra ······ 6–117
Samantabhadra Statue in Wannian Temple ······ 7–482
Samara ······ 6–364
Samaranch, Juan Antonio ······ 6–364
Samarco Iron Slurry Pipeline ······ 6–364
samarium-neodymium dating ······ 6–442
samba ······ 6–409
Sambucus williamsii ······ 4–214
samgīti ······ 4–223

Samkhya school ······ 7–68
Samoa ······ 6–365
Samoa Islands ······ 6–365
Samoans ······ 6–365
Samoyed group ······ 6–366
sampling ······ 2–10
sampling survey ······ 2–10
samsāra ······ 5–196
Samuelson, Paul Anthony ······ 6–364
San Andreas fault zone ······ 6–555
San Antonio ······ 6–555
San Diego ······ 6–558
San Fernando ······ 6–560
San Francisco ······ 6–560 (4–326)
San Francisco Earthquake ······ 4–326
San Francisco Treaty of Peace with Japan ······ 4–326
San Jose ······ 6–561
San José ······ 6–561
San Juan ······ 6–562
San Marino ······ 6–566
San Marino ······ 6–566
San Martín, José de ······ 6–565
San Pedro ······ 6–566
San Pedro Sula ······ 6–567
San Salvador ······ 6–567
Sanaa ······ 6–366
sanam ······ 6–380
Sanchi, Great Stupa of ······ 6–412
sanction ······ 9–312
sand dunes ······ 6–427
sand liquefaction ······ 6–430
Sandakan No.8 ······ 7–525
sandalwood ······ 7–287
Sander, Bruno ······ 6–411
sandgrouse ······ 6–424
Sandino, César Augusto ······ 6–411
sandpipers ······ 3–465
sandstone ······ 6–430
Sandu Sui Autonomous County ······ 6–384
sandwich course ······ 6–398
Sang Guowei ······ 6–411
Sang Hongyang ······ 6–412
Sang Weihan ······ 6–413
Sanger, Frederick ······ 6–411
Sanggamryong Campaign ······ 6–460
Sanggan River ······ 6–411
sangha system ······ 6–421
Sanguisorba officinalis ······ 2–244
Sanhai (Beihai, Zhonghai and Nanhai) ······ 6–391
Sanhe cattle ······ 6–391
Sanhe City ······ 6–391
Sanhe horse ······ 6–391
Sanjiang Dong Autonomous County ······ 6–393
Sanjiang Plain ······ 6–393
sanjiao ······ 6–394
Sankt-Gotthard Highway Tunnel ······ 6–560
Sankt-Peterburg ······ 6–556
Sanmarinese ······ 6–566
Sanmen Gorge ······ 6–397
Sanmenxia City ······ 6–397
Sanmenxia Key Water Control Project ······ 6–397
Sanming City ······ 6–398
sanqu ······ 6–408
Sanriku Earthquake ······ 6–396
sans-culottes ······ 8–19
sanshou ······ 6–409
Sanskrit ······ 2–486
Sanskrit-Chinese transliteration ······ 2–485
Santa Ana ······ 6–555
Santa Clara ······ 6–564
Santa Claus ······ 6–557
Santa Cruz ······ 6–564
Santa Cruz, Andrés de ······ 6–412
Santa Sede ······ 2–484
Santa Sophia ······ 6–568
Santafé de Bogotá ······ 6–560
Santali language ······ 6–413
santalol ······ 7–287
Santalum album ······ 7–287
Santander, Francisco de Paula ······ 6–413
Santiago ······ 6–558
Santiago ······ 6–558
Santiago ······ 6–558
Santo Domingo ······ 6–559
santonin ······ 6–433
Santos ······ 6–413
Sanu, Yaqūb ······ 6–375
sanxian ······ 6–403
Sanxingdui ······ 6–403
Sanxitang Studio's Model Calligraphy ······ 6–401
Sanya City ······ 6–404
Sanya Coral Nature Reserve ······ 6–404
Sanyuanli People's Resistance against British Invasion ······ 6–405
São Paulo ······ 6–555
São Tomé ······ 6–558
São Tomé and Principe ······ 6–559
São Tomé e Príncipe ······ 6–559
Sapindaceae ······ 8–15
Sapir, Edward ······ 6–366
Sapium sebiferum ······ 7–616
saponification ······ 9–164
saponin ······ 9–164
Saposhnikovia divaricata ······ 2–494
Sapotaceae ······ 6–438
sapote family ······ 6–438
sapphire ······ 4–543
Sappho ······ 6–360
Sapporo ······ 9–173
Sarajevo ······ 6–363
Saramago, José ······ 6–363
Sarasate, Pablo de ······ 6–363
Sarasvati ······ 1–348
Sarawak ······ 6–424
Sarcandra glabra ······ 1–482
sarcoidosis ······ 4–223
Sarcopterygii ······ 6–337
Sarcoptidae ······ 4–235
Sardegna ······ 6–355
sardine ······ 6–422
Sardinia ······ 6–355
sargentgloryvine ······ 2–114
Sargentodoxa cuneata ······ 2–114
Sarh ······ 6–358
Sarhoo, Battle of ······ 6–358
sari ······ 6–430
śarīra ······ 6–502
Sariwŏn ······ 6–425
Sarmatian Culture ······ 6–359
Sarmatians ······ 6–359
sarracenia family ······ 6–95
Sarraceniaceae ······ 6–95
Sarraute, Nathalie ······ 6–363
Sartre, Jean-Paul ······ 6–367
Sarvāstivāda ······ 7–111
Sāsānid Dynasty ······ 6–366
Saskatchewan River ······ 6–367
Saskatoon ······ 6–367
Sa-skya-pa ······ 6–361
sassafras ······ 1–497
Sassafras tsumu ······ 1–497
Sasun's David ······ 6–368
Satan ······ 6–355
sateen ······ 3–466
satellite ······ 7–566
satellite altimetry ······ 7–567
satellite broadcasting ······ 7–567
satellite cloud imagery ······ 7–568
satellite communications ······ 7–567
satellite gravity exploring ······ 7–568
satellite guidance ······ 7–568
satellite navigation ······ 7–567
satellite search and rescue ······ 7–567
satellite town ······ 7–567
satellite virus ······ 7–567
Satie, Erik ······ 6–357
satin ······ 2–369
satirical essay ······ 9–148
Satula ······ 6–358
saturated solution ······ 1–239
saturated vapour pressure ······ 1–239
Saturn ······ 7–443
Saturn launch vehicle ······ 7–444
Saturniidae ······ 2–75
Satyasiddhi school ······ 1–579
satyr butterfly ······ 8–439

Satyridae ········· 8–439
Saudi Arabia ········· 6–427
Saudi Arabians ········· 6–428
Sault Sainte Marie Canals ········· 7–193
Sauria ········· 8–134 (7–150)
sausage ········· 8–192
Saussure, Ferdinand de ········· 7–233
Saussurea involucrata ········· 8–372
Sautrāntike ········· 4–297
Savage, John Lucian ········· 6–368
savagery ········· 5–371
savanna ········· 8–130
Savannakhét ········· 6–429
Savarensky, Fiodor Peterovich ········· 6–368
save the country by education ········· 4–211
Save the Emperor Association ········· 1–242
Savigny, Friedrich Karl von ········· 6–368
saving ········· 2–18
saving the nation by developing industry and commerce, theory of ········· 7–1
saw sharks ········· 4–339
sawfly ········· 8–495
sawtooth oak ········· 5–237
Saxifraga stolonifera ········· 3–518
Saxon Dynasty ········· 6–361
saxophone ········· 6–362
Say, Jean-Baptiste ········· 6–368
Säypidin Äzizi ········· 6–380
Say' s law ········· 6–369
SBR ········· 2–304
scabies ········· 4–234
scale ········· 1–594
scale ········· 5–95
scale ········· 8–574
scale insect ········· 4–235
scallop ········· 6–448
Scandinavian Mountains ········· 7–125
Scandinavian Peninsula ········· 7–125
scanner ········· 6–414
scanning probe microscope, micromanipulation by ········· 6–414
scanning tunneling microscope ········· 6–414
Scapharca subcrenata ········· 5–314
scapolite ········· 2–492
Scarabaeidae ········· 4–240 (6–178, 7–14)
scarce resource ········· 8–130
Scarlatti, Alessandro ········· 7–125
scarlet fever ········· 8–309
scarlet kafirlily ········· 4–360
scarlet sage ········· 8–507
scattering of light ········· 3–226
scenery on stage ········· 8–66
scenic resort and historic site in China ········· 9–353
scented plants ········· 2–493
scented tea ········· 3–525
sceptre ········· 6–258
Schäffle, Albert ········· 6–501
Schall von Bell, Johann Adam ········· 7–298
Scharnhorst, Gerhard Johann David von ········· 6–423
Scheele, Carl Wilhelm ········· 6–502
scheelite ········· 1–206
Scheidemann, Philipp ········· 8–239
Scheler, Max ········· 6–502
Schellenberg, Theodore Roosevelt ········· 8–243
Schelling, Friedrich Wilhelm Joseph von ········· 8–241
Schelling, Thomas Crombie ········· 8–242
Schiller, Johann Christoph Friedrich von ········· 8–137
schima ········· 5–489
Schima superba ········· 5–489
Schisandra chinensis ········· 8–51
schisandrin ········· 8–51
Schism of 1054 ········· 2–326
schist ········· 6–82
schistosomiasis ········· 8–376
Schizomida ········· 5–77
Schizonepeta tenuifolia ········· 5–78
schizophrenia ········· 4–305
Schlegel, Johann Elias ········· 6–579
Schleicher, August ········· 6–579
Schleiden, Matthias Jakob ········· 6–578
Schleiermacher, Friedrich Daniel Ernst ········· 6–579
Schlick, (Friedrich Albert) Moritz ········· 6–598
Schliemann, Heinrich ········· 8–241
Schmidt, Helmut ········· 6–580
Schmidt, Johannes ········· 6–580
Schmidt, Maarten ········· 6–579
Schmidt, Wilhelm ········· 6–580
schneider zelkova ········· 4–335
Schneiderhöhn, Hans ········· 6–580
Schnitzler, Arthur ········· 6–580
Schoenberg, Arnold ········· 8–379
scholar-officials ········· 7–14
scholarship ········· 4–188
scholasticism ········· 4–299
schools of expression ········· 1–356
Schopenhauer, Arthur ········· 7–51
Schröder, Gerhard ········· 6–579
Schrödinger equation ········· 8–368
Schrödinger, Erwin ········· 8–368
Schubert, Franz ········· 7–51
Schultz, Theodore William ········· 7–52
Schumacher, Michael ········· 7–53
Schumann, Robert ········· 7–53
Schumpeter, Joseph Alois ········· 8–332
Schumpeter' s innovation theory ········· 8–332
Schutz, Alfred ········· 7–52
Schutzstaffel ········· 2–152
Schwann, Theodor Ambrose Hubert ········· 6–583
Schwarzenberg, Felix zu ········· 6–583
Schwarzenegger, Arnold ········· 6–583
Schwarzkopf, Elisabeth ········· 6–583
Schwarzschild, Karl and his son Martin ········· 7–13
Sciascia, Leonardo ········· 8–167
science ········· 4–439
Science (America) ········· 4–439
Science and Civilization in China ········· 9–376
science and education film ········· 4–427
science and technology garden plot ········· 4–426
science and technology, philosophy of ········· 4–441
science fiction ········· 4–426
science, fund of ········· 4–441
Science in China ········· 9–376
science of science ········· 4–442
science park ········· 4–426
scientific sociology ········· 4–441
scientific communism ········· 4–441
Scientific Expedition to the Northwestern Provinces of China ········· 8–87
scientific experiment ········· 4–442
scientific model ········· 4–441
Scientific Outlook on Development ········· 4–439
scientific revolution ········· 4–440
scientific socialism ········· 4–442
scientism ········· 4–442
Scindapsus aureum ········· 5–185
scintillation counter ········· 6–444
scissors difference ········· 4–157
Sciuridae ········· 7–160
Scleractinia ········· 6–601
sclereid ········· 6–603
scleroderma ········· 9–23
SCO ········· 6–463
Scofield, Paul ········· 7–126
Scolioidea ········· 7–438
scoliosis ········· 4–86
Scolopacidae ········· 9–84
Scolytidae ········· 8–222
Scomberomorus niphonius ········· 4–544
Scopas ········· 7–126
scopolamine ········· 2–323
scops-owl ········· 4–205
Scorpaeniformes ········· 9–44
scorpaeniform-fishes ········· 9–44
scorpion ········· 8–231
scorpionate complex ········· 8–234
Scorpionida ········· 8–234
Scorpius ········· 7–366
Scot ········· 7–184
Scotch ········· 7–184

Scotland ······ 7–184
Scots Gaelic ······ 7–184
Scott, Walter ······ 7–113
Scottish Gaelic ······ 7–184
scrambling for a sheep ······ 2–300
scrapping therapy ······ 3–202
screamer ······ 8–444
screen ······ 6–95
screen of shadow play ······ 9–18
screen wall ······ 9–18
Scribe, Eugène ······ 7–126
script for storytelling ······ 3–558
Scripture of Great Peace ······ 7–258
Scrophulariaceae ······ 8–362
Scud ground-to-ground missile ······ 2–508
sculpture ······ 2–301
sculpture steles ······ 9–165
Scutari ······ 7–126
Scylla serrata ······ 4–339
Scyphozoa ······ 1–394
sde pa sangs rgyas rgya mtsho ······ 2–254
SDR ······ 7–329
SDX Joint Publishing Company ······ 6–529
se ······ 6–418
sea and ocean ······ 3–346
sea catfish ······ 3–336
sea coast ······ 3–318
sea colour ······ 3–338
sea cow ······ 6–339
sea cucumber ······ 2–52
sea floor spreading, theory of ······ 3–322
sea grass ······ 3–319
sea horse ······ 3–332
sea ice ······ 3–319
sea, law of the ······ 3–349
sea lion ······ 3–340
sea mine ······ 7–88
sea mussel ······ 8–541
Sea of Japan ······ 6–316
Sea of Okhotsk ······ 2–411
Sea of Words ······ 2–43
sea otter ······ 3–342
sea power theory ······ 3–337
sea route ······ 3–339
sea surface topography ······ 3–333
sea urchin ······ 3–320
sea warfare ······ 3–354
sea water ······ 3–341
sea water desalination ······ 3–341
Seaborg, Glenn Theodore ······ 8–89
seabuckthorn ······ 6–424
Seagull ······ 3–337
seagulls ······ 3–337
seal ······ 3–319
seal ······ 5–404
seal ······ 8–138 (8–613)
seal cutting ······ 9–511
seal script ······ 9–512
seal script of calligraphy ······ 9–479
sea-land breeze ······ 3–331
seamoths ······ 3–325
seamount ······ 3–338
seaplane ······ 7–96
Search the Academy ······ 7–177
search theory ······ 7–177
seashell money ······ 1–287
season ······ 4–101
sea-star ······ 3–345
Seattle ······ 8–107
seawall in China ······ 3–342
seborrheic dermatitis ······ 9–294
Secale cereale ······ 3–456
second ······ 5–419
Second Day of the Lunar February ······ 2–430
second degree curve ······ 2–423
second degree surface ······ 2–423
second economy ······ 2–258
Second Emperor of Qin Dynasty ······ 6–197
Second Empire of France ······ 2–449
Second Field Army ······ 2–259
Second Historical Archives of China ······ 9–349
Second International ······ 2–258
second job ······ 2–259
second law of thermodynamics ······ 6–279
Second Military Medical University ······ 2–258
Second Opium War ······ 2–257
second price sealed bidding ······ 2–258
Second Revolution ······ 2–422
Second Revolutionary Civil War ······ 2–254
Second-and-a-Half International ······ 2–254
secondary education ······ 9–327
secondary energy ······ 2–422
secondary forest ······ 2–51
secondary industry ······ 2–254
secondary pollutant ······ 2–423
secret appointment of crown prince, system of ······ 5–403
Secret History of the Mongols ······ 9–91
Secretariat ······ 9–438
secretariat style ······ 7–248
secretion ······ 2–545
sectarian Buddhism ······ 1–457
secure ······ 2–141
secure communication ······ 1–245
securities fraud ······ 9–270
securities regulation, law of ······ 9–270
securities trading ······ 9–270
security dilemma ······ 1–104
security market ······ 9–270
sedan ······ 4–208
sedative and tranquilizing prescriptions ······ 1–105
sedative-hypnotic drug ······ 9–259
sedge family ······ 7–225
sedimentary deposit ······ 1–549
sedimentary facies ······ 1–550
sedimentary rock ······ 1–550
sedimentation ······ 1–550
Sedov, Leonid Ivanovich ······ 8–239
Seeberg, Eva ······ 8–88
seed ······ 9–457
seed fern ······ 9–457
seed treatment ······ 9–457
seeder ······ 1–395
seedling ······ 6–614
Seek Truth ······ 6–244
seek truth from facts ······ 6–614
seepage of reservoir ······ 7–88
seersucker ······ 6–51
See-Yuen Ng ······ 8–34
Seferis, George ······ 6–371
Segantini, Giovanni ······ 6–372
Seghers, Anna ······ 8–92
Segrè, Emilio Gino ······ 6–372
Sei Shōnagon ······ 6–230
Seifert, Jaroslav ······ 6–372
Seikan Tunnel ······ 6–207
Seine ······ 6–374
seismic intensity ······ 2–247
seismic prospecting ······ 2–246
seismic tomography ······ 2–246
seismic wave ······ 2–246
seismic zone ······ 2–246
seismic zone of the Europe-Asia ······ 6–16
seismicity ······ 2–246
seismology ······ 2–248
Sejarah Melayu ······ 5–260
Selachomorpha ······ 6–432
Selaginella tamariscina ······ 4–345
Selat Sunda ······ 8–384
Selected Poems of Mao Zedong ······ 5–322
Selected Works of Chen Yun ······ 1–572
Selected Works of Deng Xiaoping ······ 2–203
Selected Works of Jiang Zemin ······ 4–184
Selected Works of Liu Shaoqi ······ 5–115
Selected Works of Mao Zedong ······ 5–324
Selected Works of Ming Dynasty Poems ······ 5–447
Selected Works of Prose in Late Qing Dynasty ······ 7–479
Selected Works of Zhu De ······ 9–481
selecting talented people, system of ······ 8–367
Selection of Best Proses in Ancient Time ······ 3–177
selection rule ······ 8–367
Selenge ······ 6–416
Selenge Mörön ······ 6–416
selenium ······ 8–128

Seleucid Kingdom ···················· 6–373
self mental care ···················· 4–306
self-consciousness ···················· 9–545
self-defense, right of ···················· 9–545
self-fiction ···················· 7–118
self-help ···················· 9–538
self-mutilation···················· 9–535
self-perception ···················· 9–545
self-propelled gun ···················· 9–546
self-stimulation ···················· 9–545
self-studying exam system in higher education···················· 3–60
Seljuq Empire ···················· 6–371
Sellars, Roy Wood ···················· 6–373
seller’ s credit ···················· 5–299
seller’ s market ···················· 5–299
Selling Rice in Chenzhou ···················· 1–574
Selten, Reinhard ···················· 9–166
Selye, Hans ···················· 8–94
Semana de Arte Moderna ···················· 8–181
semantics···················· 9–74
Semarang···················· 6–382
semi-colony ···················· 1–234
semiconductor ···················· 1–231
semiconductor chemistry ···················· 1–232
semiconductor material ···················· 1–231
semiconductor optoelectronic device ···················· 1–232
semiconductor physics ···················· 1–232
semiconductor ray-detector ···················· 1–232
semimetal ···················· 1–233
seminary ···················· 8–337
Semitic group ···················· 6–445
Semyonov, Nikolay Nikolayevich ··· 8–243
Sen, Amartya Kumar ···················· 6–418
Sena, Jorge de ···················· 6–374
senate ···················· 1–472
Senda Koreya ···················· 6–157
Sendai ···················· 8–169
sending power from west to east ··· 8–91
Seneca, Lucius Annaeus ···················· 6–374
Senegal ···················· 6–374
Sénégal ···················· 6–374
Senegal River ···················· 6–375
Senggerincin ···················· 6–420
Senghor, Léopold Sédar ···················· 6–411
Sengzhao ···················· 6–421
senile dementia ···················· 4–558
senile mental disorders ···················· 4–558
senna ···················· 2–463
Šenoa, August ···················· 8–243
Senposai greens ···················· 6–156
sensation ···················· 3–44
sensitive plant ···················· 3–357
sensitization ···················· 9–319
sensory limen ···················· 3–44
sentence ···················· 6–45
sentencing discretion ···················· 5–60
sentimentalism ···················· 3–45
Sentinels under the Neon Lights ······ 5–582
Sentosa Island ···················· 6–568
Seo Jung Joo ···················· 8–347
Seokguram ···················· 6–598
Seoul ···················· 7–41
separation engineering ···················· 2–545
separation of powers ···················· 6–399
separation of religion and politics ··· 9–280
separatist regime in the middle and late Tang Dynasty ···················· 2–463
Sepiidae ···················· 8–10
sepiolite ···················· 3–337
September 11 Incident ···················· 9–591
September 18th Incident ···················· 4–322
septicemia ···················· 1–217
sequential analysis ···················· 8–355
Sequoia sempervirens ···················· 1–277
Sequoiadendron giganteum ···················· 4–336
Sera Monastery ···················· 6–415
Serafimovich, Aleksander Serafimovich ···················· 7–210
Serasi ···················· 6–416
Serbia ···················· 6–370
Serbian Uprisings ···················· 6–371
Serbo-Croatian language ···················· 6–371
Serbs ···················· 6–371
Serbs, Croats and Slovenes, Kingdom of···················· 6–370
serenade ···················· 8–231
serfdom ···················· 5–610
serfdom in West Europe···················· 8–98
serge ···················· 1–330
sergeant fish ···················· 4–351
Seri Begawan, Bandar ···················· 7–127
serial pictures ···················· 5–37
sericulture ···················· 1–474
series ···················· 2–31
series ···················· 2–54
series ···················· 4–68
serious play···················· 9–266
Serov, Valentin Aleksandrovich ··· 8–243
serpent···················· 6–479
Serpentiformes ···················· 6–479
serpentine ···················· 6–479
serpentine ···················· 6–480
serpentine jade ···················· 6–480
serpentinite ···················· 6–480
Serrasalmus nattereri ···················· 7–5
serrate clubmoss ···················· 6–480
serum sickness ···················· 8–375
Server ···················· 6–373
server ···················· 2–600
service···················· 4–585
services ···················· 4–358
serving sentence outside the prison under surveillance ···················· 4–152
Servius Tullius’ s Reforms ···················· 6–370
servomechanism···················· 2–51
Sesamum indicum ···················· 9–288
sesbania ···················· 7–370
Sesbania cannabina···················· 7–370
Sesiidae ···················· 7–414
Sesshū ···················· 8–373
set ···················· 4–75
set theory ···················· 4–75
Setaria italica ···················· 7–204 (8–226)
Seto-naikai ···················· 4–539
Setonaikai Bridge ···················· 4–539
settlement ···················· 4–224
settlement ···················· 4–343
Seurat, Georges ···················· 8–337
Seven Bibliographies ···················· 6–119
Seven Bridges Problem ···················· 6–120
seven deities of good fortune···················· 6–119
seven emotions ···················· 6–120
Seven Honours Event···················· 6–119
seven liberal arts ···················· 6–122
Seven Masters of Jian’ an Period ··· 4–162
Seven Sages of the Bamboo Grove··· 9–497
Seven Sages of the Bamboo Grove and Rong Qiqi, Tomb Brick Reliefs of ···················· 9–497
Seven Slips from the Bookbag of the Clouds ···················· 9–134
seven types of criminal homicide ··· 6–120
Seven Wonders of the World···················· 7–21
Seven Years’ War···················· 6–119
Seventeen Warriors Crossing Dadu River ···················· 2–82
Seventeenth National Congress of CPC···················· 9–361
Seventh National Congress of CPC···················· 9–360
Severn River ···················· 6–380
Sevilla ···················· 6–379
sewing machine ···················· 2–579
sex crime···················· 8–324
sex education ···················· 8–326
sex hormone ···················· 8–325
sex hormone therapy ···················· 8–325
sex ratio ···················· 8–324
sex reversal ···················· 8–324
sex role ···················· 8–324
sex-linked inheritance ···················· 1–234
sexual cycle···················· 8–328
sexual dysfunction ···················· 8–325
sexual harassment ···················· 8–327
sexual perversion ···················· 8–323
sexual reproduction ···················· 9–50
sexually transmitted disease ···················· 8–324
Seychelles ···················· 6–378
Seychellese ···················· 6–378

Sfax ········ 7–124
's-Gravenhage ········ 3–345
Sha Fei ········ 6–423
Sha Jia Bang ········ 6–424
Sha Qi ········ 6–426
Sha Qianli ········ 6–426
Sha Ting ········ 6–429
Shaaban, Robert ········ 8–161
Shaanbei College ········ 6–445
Shaanxi and Gansu Hui People's Uprisings ········ 6–445
Shaanxi History Museum ········ 6–446
Shaanxi opera ········ 6–200
Shaanxi Province ········ 6–446
Shaanxi-Gansu-Ningxia Border Region ········ 6–445
Shābī, Abu al-Qāsim al- ········ 6–422
Shache ········ 6–431
Shache County ········ 6–431
shaddock ········ 9–53
shade tree ········ 7–387
shadow boxing ········ 7–256
shadow cabinet ········ 9–20
shadow play ········ 6–75
shadow price ········ 9–19
Shāfi 'īyah, al- ········ 6–423
shaft ········ 9–478
Shāh Rokh ········ 6–423
shaikh ········ 8–240
Shaka ········ 6–155
Shakespeare Memorial Theatre ········ 6–432
Shakespeare, William ········ 6–431
Shakuntala Cabhiyan Shakuntalam ········ 6–423
shale ········ 8–503
Shamanism ········ 6–364
Shan Highland ········ 6–448
Shandao ········ 6–449
Shandong cuisine ········ 6–434
Shandong Longshan Culture ········ 6–435
Shandong Peninsula ········ 6–434
Shandong Province ········ 6–435
Shandong University ········ 6–435
Shang Chengzuo ········ 6–454
Shang Dynasty ········ 6–451
Shang Heyu ········ 6–469
Shang Kexi ········ 6–469
Shang Tomb in Xingan ········ 8–266
Shang Xiaoyun ········ 6–470
Shang Yang ········ 6–457
Shang Yue ········ 6–470
Shang-ch' ing school ········ 6–467
Shangdang Campaign ········ 6–459
Shangdu ········ 6–459
Shangguan Yi ········ 6–460
Shangguan Yunzhu ········ 6–460
Shanghai Automotive Industry (Group) Corporation ········ 6–464
Shanghai Ballet ········ 6–460
Shanghai Baosteel Group Corporation ········ 6–460
Shanghai Chinese Painting Institute ········ 6–466
Shanghai City ········ 6–464
Shanghai Conservatory of Music ········ 6–466
Shanghai Cooperation Organization ········ 6–463
Shanghai Drama Art Center ········ 6–463
Shanghai Film Group Corporation ········ 6–462
Shanghai Fine Arts School ········ 6–464
Shanghai Grand Theatre ········ 6–461
Shanghai International Airport ········ 6–463
Shanghai International Film Festival ········ 6–463
Shanghai International Studies University ········ 6–466
Shanghai International Television Festival ········ 6–462
Shanghai "Isolated Island" literature ········ 6–462
Shanghai Jiaotong University ········ 6–464
Shanghai Lexicographic Publishing House ········ 6–461
Shanghai Museum ········ 6–461
Shanghai opera ········ 3–524
Shanghai painting school ········ 3–339
Shanghai, Port of ········ 6–462
Shanghai Power Company ········ 6–461
Shanghai Seag-ull Camera Co., Ltd. ········ 6–463
Shanghai Stock Exchange ········ 6–466
Shanghai Stock Exchange Stock Price Indexes ········ 6–466
Shanghai subway ········ 6–461
Shanghai Symphony Orchestra ········ 6–464
Shanghai Theatre Academy ········ 6–466
Shanghai University ········ 6–461
Shanghai Workers' Three Armed Uprisings ········ 6–462
Shanghai World Financial Center ········ 6–463
Shanghai-Wusong, Battle of ········ 7–163
Shanghai-Wusong Railway ········ 7–163
Shanghang County ········ 6–466
Shanglin Imperial Park ········ 6–467
Shangluo City ········ 6–455
Shangqiu City ········ 6–456
Shangrao City ········ 6–467
Shangshan ········ 6–467
Shangyou County ········ 6–468
Shangyu City ········ 6–469
Shangzhi City ········ 6–471
Shanhai Pass ········ 6–437
Shanhai Pass, Battle of ········ 6 437
Shanjingju Studio's Treatises on Painting ········ 6–438
Shankar, Ravi ········ 8–197
Shannan Region ········ 6–438
Shannon, Claude Elwood ········ 8–198
Shans ········ 6–448
Shanshan ········ 6–449
Shantou City ········ 6–447
Shanwangcun Paleontologic Fossil Reserve ········ 6–439
Shanwei City ········ 6–447
Shanxi clapper opera ········ 6–439
Shanxi opera ········ 4–275
Shanxi Province ········ 6–440
Shao Dazhen ········ 6–474
Shao Piaoping ········ 6–474
Shao Quanlin ········ 6–474
Shao Xunzheng ········ 6–475
Shao Yanxiang ········ 6–475
Shao Yifu ········ 6–475
Shao Yong ········ 6–476
Shao Zuiweng ········ 6–476
Shaoguan City ········ 6–472
Shaoju opera ········ 6–476
Shaokang ········ 6–473
Shaolin boxing ········ 6–473
Shaolin Temple ········ 6–473
Shaolinquan ········ 6–473
Shaoshan City ········ 6–472
Shaoshishanfang Studio's Notes ········ 6–473
Shaowu City ········ 6–475
Shaoxing City ········ 6–476
Shaoyang City ········ 6–475
shaoyang disorder ········ 6–473
Shaoyang Gallbladder Channel of Foot ········ 9–567
Shaoyang Gallbladder Meridian of Foot ········ 9–567
Shaoyang Sanjiao Channel of Hand ········ 7–38
Shaoyang Sanjiao Meridian of Hand ········ 7–38
shaoyin disorder ········ 6–474
Shaoyin Heart Channel of Hand ········ 7–38
Shaoyin Heart Meridian of Hand ········ 7–38
Shaoyin Kidney Channel of Foot ········ 9–567
Shaoyin Kidney Meridian of Foot ········ 9–567
shape memory material ········ 8–322
Shapere, Dudley ········ 8–165
Shapley, Harlow ········ 6–426
Shapotou ········ 6–426
share ········ 3–183
share capital ········ 3–183
share-based cooperative system ········ 3–184
shareholder ········ 3–183
Sharī 'a ········ 8–529
sharing tax ········ 3 150
Sharjah ········ 6–424
shark ········ 6–432

Sharon, Ariel ········ 6–425
Sharqāwī, 'Abdarrahmān ash· ········ 6–501
Shatrov, Mikhail Filippovich ········ 6–429
Shatsky, Nicolaj Sergeyevich ········ 6–422
Shavuot ········ 8–52
Shaw Brothers Ltd., Hong Kong ········ 6–474
Shaw, George Bernard ········ 8–216
Shaw, Sir Napier ········ 8–210
shawm ········ 3–212
shawm ········ 7–234
Shawn, Ted ········ 8–211
Shawqī, Ahmad ········ 6–474
Shaybani Khān ········ 8–127
Shchedrin, Rodion Konstantinovich ········ 8–239
Shchepkin, Mikhail Semyonovich ········ 7–10
Shchukin, Boris Vasilyevich ········ 7–7
She ········ 6–477
She language ········ 6–477
shear water ········ 3–524
shear zone ········ 4–157
Shedao Island Nature Reserve ········ 6–479
sheep ········ 5–410
sheep and goat ········ 8–449
sheet metal forming ········ 2–8
Sheffield ········ 6–480
Sheikh ········ 4–213
sheikhdom ········ 6–244
Sheldon, Sidney ········ 8–239
shell carving ········ 1–293
Shell Dikes in Tianjin ········ 7–350
shell mound ········ 1–300
Shelley, Percy Bysshe ········ 8–371
Shen Baozhen ········ 6–516
Shen Congwen ········ 6–516
Shen Daily ········ 6–506
Shen Dao ········ 6–526
Shen Deqian ········ 6–516
Shen Du ········ 6–517
Shen Fu ········ 6–517
Shen Fu ········ 6–517
Shen Hong ········ 6–517
Shen, James K. ········ 6–518
Shen Jiaben ········ 6–517
Shen Jiji ········ 6–517
Shen Jing ········ 6–518
Shen Junru ········ 6–518
Shen Kuo ········ 6–518
Shen Li ········ 6–518
Shen Quan ········ 6–518
Shen Quanqi ········ 6–518
Shen Quanqi and Song Zhiwen ········ 6–519
Shen Shao' an ········ 6–519
Shen Shou ········ 6–519
Shen Xiang ········ 6–519
Shen Xingong ········ 6–519
Shen Xue ········ 6–507
Shen Yanbing ········ 6–519
Shen Youding ········ 6–520
Shen Yuan ········ 6–520
Shen Yue ········ 6–520
Shen Yungai ········ 6–520
Shen Zengzhi ········ 6–520
Shen Zhou ········ 6–520
Shen Zongling ········ 6–521
sheng ········ 6–553
Sheng Huaren ········ 6–570
Sheng Shicai ········ 6–570
Sheng Xuanhuai ········ 6–570
Shengze Town ········ 6–570
Shengzhou City ········ 6–571
Shenhui ········ 6–511
Shenjiamen Port ········ 6–517
Shennong ········ 6–513
Shennongjia Forestry ········ 6–513
Shennong's Classic of Materia Medica ········ 6–513
Shenxin Textile Company ········ 6–507
Shenxiu ········ 6–515
Shenyang City ········ 6–520
Shenyang Imperial Palace ········ 6–519
Shenyang-Dalian Expressway ········ 6–516
Shenzhen City ········ 6–509
Shenzhen Stock Exchange ········ 6–509
Shenzhen Stock Exchange Stock Prices Indexes ········ 6–509
Shenzhou City ········ 6–509
Shenzhou spacecraft ········ 6–516
Shepard, Francis Parker ········ 8–243
Shepard, Sam ········ 8–243
shepherd' s purse ········ 4–102
Shera, Jesse Hauk ········ 8–241
Sheridan, Richard Brinsley ········ 8–241
Sherrington, Charles Scott ········ 8–242
Sherwood, Robert ········ 6–502
Shetland Islands ········ 6–480
Shevardnadze, Eduard Amvrosiyevich ········ 8–244
Shevchenko, Taras Grigoryevich ········ 8–240
Shexian County ········ 6–506
Shezhou inkstone ········ 6–506
Shi Changxu ········ 6–573
Shi Chong ········ 6–593
Shi Dakai ········ 6–593
Shi Dazu ········ 7–7
Shi Dongshan ········ 7–7
Shi Guangnan ········ 6–578
Shi Hu ········ 6–595
Shi Hui ········ 6–595
Shi Jie ········ 6–596
Shi Jingtang ········ 6–596
Shi Jinmo ········ 6–578
Shi Jiuyong ········ 7–8
Shi Jixiang ········ 7–8
Shi Kefa ········ 7–8
Shi Kuang ········ 6–573
Shi Lang ········ 6–579
Shi Le ········ 6–598
Shi Lemeng ········ 6–609
Shi Liang ········ 7–8
Shi Liangcai ········ 7–9
Shi Lu ········ 6–599
Shi Miyuan ········ 7–9
Shi Naian ········ 6–580
Shi Nianhai ········ 7–10
Shi Pu ········ 6–609
Shi Ruwei ········ 6–581
Shi Shaohua ········ 6–601
Shi Shaoxi ········ 7–12
Shi Shenghan ········ 6–601
Shi Shouxin ········ 6–602
Shi Siming ········ 7–12
Shi Tao ········ 6–602
Shi Tianze ········ 7–12
Shi Xi ········ 6–603
Shi Yafeng ········ 6–583
Shi Yuanchun ········ 6–607
Shi Yukun ········ 6–607
Shi Zhecun ········ 6–584
Shi Zhiren ········ 6–607
Shia ········ 6–592
Shi 'ah ········ 6–592
Shibh Jazīrat Sīnā' ········ 8–97
Shichi Fukujin ········ 6–119
shield ········ 2–221
shield machine ········ 2–379
Shield of David ········ 2–107
Shifang City ········ 6–592
Shiga Naoya ········ 9–311
Shihezi City ········ 6–594
shii-take ········ 8–196
Shijiahe Culture ········ 6–595
Shijian satellite ········ 6–612
Shijiazhuang City ········ 6–596
Shijingshan District ········ 6–596
Shikoku ········ 7–149
shikumen houses ········ 6–598
Shimazaki Tōson ········ 2–158
Shimen Cliffside Inscription ········ 6–599
Shimonoseki ········ 8–158
Shin Maha Rahtathara ········ 8–297
Shindo Kaneto ········ 8–285
Shinisaurus crocodilurus ········ 2–413
shinkankaku ha ········ 8–266
Shinran ········ 6–194
Shinto ········ 6–510
shiny head-standing moth ········ 8–580
shiny-leaved yellowhorn ········ 7–586
ship ········ 2–28
ship lift ········ 6–526
ship registry ········ 2–29

shipboard aircraft ········ 4–170
shipborne radar ········ 4–170
shipping agency ········ 2–29
Shipping Merchants Company ········ 5–196
ship-to-air missile ········ 4–170
ship-to-ship missile ········ 4–169
Shiquan River ········ 6–576
Shīrāz ········ 6–481
Shirley Temple ········ 8–338
Shishi City ········ 6–601
Shishkin, Ivan Ivanovich ········ 8–126
Shishou City ········ 6–602
Shiwan ceramics ········ 6–603
Shiwei Tribe ········ 7–33
Shixia Culture ········ 6–603
Shiyan City ········ 6–591
Shiyu Culture ········ 7–32
Shizhaishan Cemetery of the Dian People ········ 6–607
Shizhong Shanfang Studio's Collection of Seals ········ 6–591
Shizhongshan Caves ········ 6–607
Shizhuzhai Studio's Calligraphy and Painting Manual ········ 6–591
Shizhuzhai Studio's Stationery Manual ········ 6–591
Shizuishan City ········ 6–608
Shkodër ········ 7–126
Shmidt, Otto Yulyevich ········ 6–579
shock ········ 2–1
shock ········ 8–334
shock wave ········ 2–1
Shockley, William Bradford ········ 8–211
shoe ········ 8–237
Shōgakukan ········ 8–231
shogunate politics ········ 5–497
Shokalsky, Yuly Mikhailovich ········ 6–476
Sholokhov, Mikhail Aleksandrovich ········ 8–212
Shonas ········ 6–476
shooting ········ 6–503
shopping center ········ 3–157
shopping on internet ········ 7–524
shore-to-ship missile ········ 1–113
short and simple theatre creation ········ 8–227
short lyric ········ 5–103
Short Stories of Tang Dynasty ········ 7–311
short track speed skating ········ 2–366
short wave propagation ········ 2–366
shortage economy ········ 2–367
short-board effect ········ 5–492
short-distance race ········ 2–366
shorthorn barrenwort ········ 8–584
short-tailed albatross ········ 8–297
short-term economic behaviour ········ 2–367
short-term loan ········ 2–367
Sh ō setsu Shinzui ········ 8–228
Shostakovich, Dmitry Dmitriyevich ········ 8–212
shot ········ 2–292
shot put ········ 6–160
Shōtoku Taishi ········ 6–558
Shouchun ········ 7–43
Shouguang City ········ 7–43
Shoushan stone ········ 7–43
Shouxian County ········ 7–44
Shouxiang cheng ········ 7–45
shovel ········ 1–504
Shōwa Tennō ········ 9–224
shrews ········ 6–255
shrike ········ 1–399
shrimp ········ 8–155
shrimpplant ········ 8–155
shrine ········ 6–514
shrub ········ 3–218
shrub althea ········ 5–489
shrubbery ········ 3–218
shrubby false indigo ········ 9–534
Shu ········ 7–58
Shu Qiao ········ 7–53
Shu Sanhe ········ 7–53
Shu Ting ········ 7–53
Shu Xiangcheng ········ 7–54
Shu Xincheng ········ 7–54
Shu Xiuwen ········ 7–54
Shuang Houping ········ 7–78
Shuangcheng City ········ 7–77
Shuangliao City ········ 7–78
Shuangyashan City ········ 7–80
Shui Hua ········ 7–86
Shuidonggou Culture ········ 7–83
Shukri¯, Muhammad ········ 7–52
Shulan City ········ 7–52
Shule River ········ 7–55
Shulejkin, Vasily Vladimirovich ········ 7–52
Shun ········ 7–110
Shunde District ········ 7–109
Shunyi District ········ 7–110
Shuozhou City ········ 7–111
Shusun Tong ········ 7–51
Shwedagon Pagoda ········ 8–470
Si Ruixuan ········ 7–116
Si Xia ········ 7–141
Si Xingjian ········ 7–141
Siam ········ 8–174
Siamese language ········ 8–174
siamese senna ········ 7–380
Sibelius, Jean ········ 8–87
Siberia ········ 8–88
Siberia Khanate ········ 8–88
Siberian Railway ········ 8–89
Siberian tiger ········ 2–315
Sichuan Basin ········ 7–144
Sichuan brocade ········ 7–58
Sichuan cuisine ········ 7–144
Sichuan embroidery ········ 7–58
sichuan fritillary ········ 2–22
Sichuan opera ········ 2–22
Sichuan Province ········ 7–145
Sichuan Railways Protection Movement ········ 7–143
Sichuan University ········ 7–144
Sichuan-Tibet Highway ········ 2–23
Sicily ········ 8–103
sick sinus syndrome ········ 1–371
Sidamo ········ 8–132
side scan sonar ········ 1–485
sidereal time ········ 3–464
siderite ········ 5–99
sideshow ········ 9–148
Sidewinder air-to-air missile ········ 8–203
Sidney, Philip ········ 8–132
siemens ········ 8–95
Siemens AG ········ 8–96
Siemens, Ernst Werner von ········ 8–95
Sienese school ········ 8–134
Sienkiewicz, Henryk ········ 8–175
Sierra Leone ········ 6–372
sievert ········ 8–127
Sieyès, Emmanuel-Joseph ········ 8–81
sight stone ········ 3–209
sight-singing and training-ear ········ 7–30
Sigillaria ········ 2–572
sign language ········ 7–41
Signac, Paul ········ 8–98
signal corps ········ 7–391
signature ········ 4–497
signboard ········ 9–224
Siguniang Mountain ········ 7–149
Sihanoukville ········ 8–92
Sihe River ········ 7–158
sihu ········ 7–150
Sihui City ········ 7–150
sika deer ········ 5–332
Sikelianos, Angelos ········ 8–94
Sikhism ········ 8–133
Sikhot-Alin ········ 8–133
Sikhs ········ 8–133
Sikong Tu ········ 7–113
Śīlāditya ········ 4–233
silenced gun ········ 7–539
Silesia ········ 8–94
silicate ········ 3–243
silicified wood ········ 3–243
silicon ········ 3–242
silicon dioxide ········ 2–429
Silicon Valley ········ 3–242
silicone rubber ········ 3–243
silk ········ 1–474
silk dance ········ 2–11
silk fabric ········ 2–10

silk fabric ······ 7–118
silk making technology ······ 9–314
silk painting ······ 1–402
silk paintings of Chu State ······ 2–18
Silk Paintings Unearthed from Mawangdui Han Tombs ······ 5–281
Silk Road ······ 7–116
silk rope hanging ······ 2–10
silk rug ······ 7–117
silken document ······ 4–153
silk-like fabric ······ 2–499
silktree albizzia ······ 3–409
silkworm ······ 6–410 (1–473)
silkworm cocoon ······ 1–474
silkworm moth ······ 1–474
silkworm rearing ······ 8–471
Silla ······ 8–277
Sillanpää, Frans Eemil ······ 8–95
Sil-Metropole Organization Ltd. ······ 8–580
Silphidae ······ 9–155
Silurian Period ······ 9–311
Silurus asotus ······ 5–585
silver ······ 8–579
silver butterfish ······ 8–579
silver carp ······ 5–48
silver dollar ······ 8–584
silver nitrate ······ 8–220
silver standard ······ 8–579
silverfish ······ 5–319
Sima Chengzhen ······ 7–114
Sima Guang ······ 7–114
Sima Qian ······ 7–114
Sima Xiangru ······ 7–115
Sima Yan ······ 7–115
Sima Yi ······ 7–115
Sima Zhao ······ 7–115
Simao City ······ 7–119
Simenon, Georges ······ 8–96
Simla ······ 8–97
Simla Conference ······ 8–97
Simmel, Georg ······ 6–129
Simon, Claude ······ 8–96
Simon Commission ······ 8–96
Simon, Herbert Alexander ······ 8–96
Simonov, Konstatin Mikhailovich ······ 8–96
simple harmonic motion ······ 4–159
simple machine ······ 4–157
simple pendulum ······ 2–141
Simplon Tunnel ······ 8–260
Simpson, James Young ······ 8–260
simulated boat ······ 2–502
simulation ······ 2–499
simulation modeling ······ 5–454
Simuliidae ······ 6–347
Simuwu Ding ······ 7–115
Sin Jae Hyo ······ 6–507
Sinai Peninsula ······ 8–97
Sinan County ······ 7–119
Sinan Shipwreck ······ 8–263
Sinclair, Upton ······ 8–260
Sindhi language ······ 8–296
Sindhis ······ 8–296
Sindhu ······ 9–101
Sing Tao Jih Pao ······ 8–304
Singapore ······ 8–269
Singapore ······ 8–271
Singapore Strait ······ 8–271
Singer, Isaac Bashevis ······ 8–257
Singing Festival ······ 3–97
singing, recitation, acting and theatrical fighting ······ 1–529
single parent family ······ 2–143
single product economy ······ 2–144
single romanization of geographical names ······ 2–230
Singosari Kingdom ······ 8–276
Sinhalese ······ 6–420
Sinhalese language ······ 6–421
Sinian Period ······ 9–258
Siniperca chuatsi ······ 3–248
sinking of spleen qi, syndrome of ······ 6–79
Sinn Féin ······ 8–265
Sino-British Treaty on Tibet and India and Supplemental Treaty ······ 9–449
Sinochem Corporation ······ 9–412
Sinoconodon rigneyi ······ 9–413
Sino-French New Treaty ······ 9–330
Sino-French War ······ 9–330
Sino-Japanese War ······ 9–435
Sinology ······ 3–380
Sinonovacula constricta ······ 8–569
SINOPEC ······ 9–398
Sinopodophyllum emodi ······ 7–322
Sinopteris grevilleoides ······ 9–376
Sino-Russian Rectification Treaty ······ 9–329
Sino-Russian Secret Treaty ······ 9–330
Sinosauropteryx ······ 9–415
Sino-Soviet Treaty of Friendship, Alliance and Mutual Assistance ······ 9–439
Sino-Tibetan family ······ 3–385
Sinŭiju ······ 8–292
Siphonaptera ······ 9–163
Siping City ······ 7–151
Sipuncula ······ 8–304
Siqin Gaowa ······ 7–132
Siqueiros, David Alfaro ······ 8–94
Sir Thaddeus ······ 7–237
Siren ······ 5–303
siren ······ 5–303
Sirenia ······ 3–337
sirenians ······ 3–337
Siricidae ······ 7–61
Sirius ······ 7–353
Sisley, Alfred ······ 8–101
Sismondi, Jean-Charles-Léonard Simonde de ······ 8–101
Sisyphos ······ 8–106
sitar ······ 8–102
Site of the Central Committee of Chinese Communist Party at Xibaipo ······ 8–83
Site of the Guge Kingdom ······ 3–168
Site of the Tunnel Warfare at Ranzhuang ······ 6–272
Situ Huimin ······ 7–116
Situ Meitang ······ 7–116
Siva ······ 6–585
Śivāji ······ 8–102
Sivapithecus ······ 8–102
six believes ······ 5–136
six categories of Chinese characters ······ 5–138
Six Characters in Search of an Author ······ 5–137
six classical arts ······ 5–139
six climatic exopathogens ······ 5–139
six etiquettes in wedding ceremony ······ 5–138
Six Frontier Towns ······ 5–139
six indriyas being pure ······ 5–137
Six Ministries ······ 5–136
six principles of cartography ······ 9–314
six principles of Chinese painting ······ 5–136
six sigma approach ······ 5–138
Six Stone-Relief Steeds of Zhaoling Mausoleum ······ 9–225
six words apothegm ······ 5–139
Sixteen Kingdoms ······ 6–587
Sixteen Prefectures ······ 9–30
Sixteenth National Congress of CPC ······ 9–360
Sixty Famous Ci-Poets of Song Dynasty ······ 7–171
Siyouzhai Studio's Comment on Calligraphy and Painting ······ 7–156
Skagerrak ······ 7–125
Skanderbeg ······ 7–126
skarn ······ 8–81
skateboarding ······ 3–540
skates ······ 8–483
skating ······ 3–540
skeleton ······ 3–186
skepticism ······ 3–560
sketch ······ 7–201
sketch ······ 7–203
Sketches of Idle Pleasures ······ 8–174
ski jumping ······ 7–378
skiing ······ 3–542
Skikda ······ 7–124
skill ······ 4–98
skill of playing tail feather in

Chinese opera ········ 5–99
skin ········ 6–71
skin beetle ········ 6–71
skin disease ········ 6–72
skin effect ········ 6–253
skin raft ········ 6–71
Skinner box ········ 7–125
Skinner, Burrhus Frederick ········ 7–125
skipper butterfly ········ 5–616
skirt ········ 6–270
Skopje ········ 7–126
Skoplje ········ 7–126
Skryabin, Aleksander Nikolayevich ········ 7–126
Skryabin, Konstantin Ivanovich ··· 7–126
skydiving ········ 7–377
Skylab ········ 7–353
skylark ········ 9–138
skyscraper ········ 1–532
slang ········ 5–10
slash-and-burn cultivation ········ 2–155
slate ········ 1–229
Slav-Bulgaria, Kingdom of ········ 7–127
slave trade in Africa ········ 2–522
slave-owning society ········ 6–1
Slaveykov, Pencho Petkov ········ 7–127
Slavic group ········ 7–127
Slavonic group ········ 7–127
Slavs ········ 7–127
sleep ········ 7–108
sleep apnea syndrome ········ 7–108
sleep disorder ········ 7–108
sleeper ········ 7–318
slender gold style of calligraphy ··· 7–46
slender loris ········ 4–547
Slender West Lake ········ 7–46
Slessor, Kenneth ········ 7–127
slime mold ········ 5–586
sloth ········ 7–61
Slovak language ········ 7–130
Slovakia ········ 7–129
Slovaks ········ 7–130
Slovenia ········ 7–130
Slovenian language ········ 7–131
Slovenians ········ 7–131
Slovenija ········ 7–130
Slovensko ········ 7–129
slow loris ········ 2–573
Słowacki, Juliusz ········ 7–141
slow-release fertilizer ········ 3–576
slow-virus infection ········ 5–309
slug ········ 4–510 (1–314)
slug moth ········ 2–51
sluice ········ 7–105
sluice-gate ········ 9–174
Small, Albion Woodbury ········ 7–131
small and special electric machine ··· 7–539
small hydropower ········ 8–227
small peasant economy ········ 8–226
Small Sword Society ········ 8–222
Small Swords Society ········ 8–222
small theatre ········ 8–224
small watershed management ······ 8–224
smallflower mikania ········ 7–540
smallfruit fig ········ 8–155
smallpox virus ········ 7–350
Smash the "Gang of Four" ········ 2–560
Smedley, Agenes ········ 7–10
smelting ········ 6–334
Smetana, Bedrich ········ 7–131
Smith, Erwin Frin ········ 7–9
Smith, Vernon Lomax ········ 7–9
Smith, William ········ 7–9
Smithsonian Institution ········ 7–9
smithsonite ········ 5–99
smoke ejector ········ 8–118
smoking, harm of ········ 8–118
smoking tobacco ········ 7–118
smoothbore gun ········ 3–542
smuggled goods ········ 7–86
smuggling ········ 9–562
Smultronstället ········ 8–492
smut ········ 3–452
Smuts, Jan Christian ········ 7–9
SNA ········ 3–290
snailfish ········ 6–577
snake ········ 6–479
snake eel ········ 6–480
snake melon ········ 1–467
snap-leg boxing ········ 7–282
snipe ········ 9–84
snipes ········ 3–465
sniping rifle ········ 4–329
snout moth ········ 5–452
snow ········ 8–371
snow cock ········ 8–371
Snow Country ········ 8–371
snow cover ········ 4–39
Snow, Edgar ········ 7–132
Snow, John ········ 7–132
snow leopard ········ 8–371
Snow Mountain ········ 8–372
snow storm ········ 8–371
snowboard ········ 2–141
snowline ········ 8–372
snowlotus ········ 8–372
snowman ········ 8–372
snuff ········ 1–314
snuff bottle ········ 1–314
soap ········ 2–528
soapberry family ········ 8–15
soccer ········ 9–566
social aid ········ 6–488
social behaviour ········ 6–492
social change ········ 6–484
social consciousness ········ 6–495
social control ········ 6–489
social custom ········ 2–567
social Darwinism ········ 6–484
social development index ········ 6–485
social division of labour ········ 6–486
social elites ········ 7–14
social exchange theory ········ 6–488
social formation ········ 6–492
social goods, retail price index for ··· 6–490
social group ········ 6–490
social indicator ········ 6–495
social institution ········ 6–495
social insurance ········ 6–482
social insurance fund ········ 6–483
social insurance law ········ 6–482
social learning theory ········ 6–494
social maladjustment ········ 6–491
social market school ········ 6–491
social measurement ········ 6–484
social mobility ········ 6–490
social norm ········ 6–487
social organism ········ 6–495
social organization ········ 6–499
social pathology ········ 6–484
social perception ········ 6–495
social problem ········ 6–491
social relations ········ 6–487
social research ········ 6–494
social responsibility theory ········ 6–495
social retail goods, total volume of ········ 6–490
social retail goods, total volume of ········ 6–491
social role ········ 6–489
social safety valve ········ 6–482
social sciences ········ 6–489
Social Sciences in China ········ 9–396
social security ········ 6–483
social security, law of ········ 6–483
social security system ········ 6–483
social service ········ 6–486
social statistics ········ 6–491
social status ········ 6–485
social stratification ········ 6–486
social structure ········ 6–488
social survey ········ 6–485
Social War ········ 7–396
social welfare ········ 6–486
social work ········ 6–487
social worker ········ 6–487
social-cultural-historical school ······ 6–491
socialism ········ 6–496
socialism with Chinese characteristics ········ 9–398
Socialism with Chinese

Characteristics, Theory of ········ 9–399
Socialist International ················· 6–485
socialist market economy ··········· 6–498
Socialist Party, Japan ················· 6–319
socialist public ownership of the means of production ·············· 6–497
socialist society ······················· 6–497
socialization ·························· 6–487
socially necessary labour time ····· 6–483
society ································· 6–481
society and history, conception of ··· 6–489
Society for National Strengthening ··· 6–179
Society for the Revival of China ··· 3–539
Society of Creation ···················· 2–32
Society of Jesus ························ 8–488
Society of Researching in Literatures ························ 7–599
Society to Protect the Nation ········ 1–242
sociological imagination ·············· 6–493
sociological paradigm ················· 6–493
sociology ······························· 6–493
sociology, methods of ················· 6–493
Socotra ································· 7–230
Socrates ································ 7–183
soda ···································· 7–178
Soddy, Frederick ······················ 7–229
sodium ·································· 5–513
sodium bicarbonate ···················· 7–293
sodium carbonate ······················ 7–293
sodium chloride ························ 5–189
sodium dichromate ····················· 2–4
sodium hydroxide ······················ 6–217
sodium silicate ························· 3–243
sodium thiosulfate ····················· 5–131
Sofia ···································· 7–229
Sofija ··································· 7–229
soft dance ······························ 6–346
soft landing ···························· 6–347
soft scale ······························· 4–529
soft science ···························· 6–345
soft shelled turtle ····················· 1–358
soft water ······························ 6–346
softball ································· 4–571
softening and resolving hard mass ··· 6–345
software ································ 6–345
software industry ······················ 6–345
Sogdian language ······················ 7–199
Sogdian writing ························ 7–204
Sogdiana ································ 7–204
soil ······································ 7–442
soil enzyme ···························· 7–442
soil geography ························· 7–442
soil mechanics ························· 7–440
soil pollution ·························· 7–442
soil salinization ······················· 7–434
soil science ···························· 7–443
soil swamping ························· 7–435
soil water ······························ 7–442
soilless culture ························ 8–19
Solanaceae ····························· 6–191
Solanum melongena ··················· 6–191
Solanum muricatum ···················· 8–197
Solanum tuberosum ···················· 5–267
solar activity ·························· 7–267
solar activity, prediction of ········ 7–267
solar cell ······························· 7–266
solar eclipse ··························· 6–327
solar energy ··························· 7–267
solar flares ···························· 7–269
solar magnetic field ·················· 7–265
solar physics ·························· 7–268
solar power plant ····················· 7–267
solar prominences ···················· 6–323
solar radiation ························ 7–266
solar rotation ························· 7–270
solar system ··························· 7–268
solar system, origin and evolution of ································· 7–269
solar wind ····························· 7–266
solar-powered airplane ·············· 7–267
solar-terrestrial relationship ········ 6–322
Soldiers Rebellion of Im Ou ········ 6–305
sole ···································· 7–245
Soleoidae ······························ 7–245
solid ··································· 3–193
solid chemistry ······················· 3–194
solid earth geophysics ··············· 3–193
solid earth tide ······················· 3–193
solid mechanics ······················· 3–194
solid state physics ··················· 3–194
solid waste ···························· 4–511
solid waste pollution ················ 3–194
solidification, heat of ··············· 5–598
solid-slurry pipeline ················· 4–187
solid-state device ···················· 3–192
solid-state polymerization ··········· 3–192
Solifugae ····························· 1–334
solo ··································· 2–354
Solomon ······························ 7–228
Solomon Islands ····················· 7–228
Solomon Islands ivy ················· 5–185
Solomos, Dionysios ················· 7–231
solonchak ···························· 8–435
solonetz ······························ 4–160
Solon's Reforms ····················· 7–226
Solórzano, Carlos ··················· 7–231
Solovyov, Vladimir Sergeyevich ··· 7–231
solubility ····························· 6–333
soluble rock ·························· 8–430
solution ······························ 6–334
Solutrian Culture ··················· 7–225
solvent ······························· 6–332
solvent extraction ··················· 6–333
Solzhenitsyn, Alexandr Isayevich ··· 7–229
Somali language ···················· 7–232
Somalia ······························ 7–231
Somalia Peninsula ·················· 7–232
Sombart, Werner ···················· 6–410
Somme, Battle of ··················· 7–233
Sommerfeld, Arnold Johannes Wilhelm ···························· 7–233
Somoza family ······················ 7–232
sonar ································ 6–551
sonata ······························· 9–563
sonetto ······························ 6–590
Song ································ 7–163
song and dance duet ··············· 2–427
Song and Yuan Dynasties Harbor in Quanzhou ······················· 6–266
Song Ci ····························· 7–169
Song Dynasty ······················· 7–163
Song Dynasty ······················· 7–164
Song Dynasty brocade ············· 7–170
Song Dynasty ci-poetry ··········· 7–169
Song Hong ·························· 3–470
Song Hongzhao ····················· 7–169
Song Jian ··························· 7–170
Song Jiaoren ······················· 7–170
Song Jing ··························· 7–171
Song Ke ···························· 7–171
Song learning ······················ 7–174
Song Lian ·························· 7–171
Song of Long March ·············· 1–521
Song of Loyalty ·················· 2–140
Song of Solomon ················· 8–395
Song of the Fisherman ··········· 9–63
Song of the King White Wolf ····· 1–201
Song of Unending Sorrow ········ 1–512
Song Ping ·························· 7–171
Song Qi ···························· 7–171
Song Renqiong ···················· 7–172
Song Wan ·························· 7–173
Song Xing and Yin Wen, school of ··· 7–174
Song Yingxing ···················· 7–174
Song Yu ··························· 7–175
Song Yun ·························· 7–175
Song Zheyuan ····················· 7–176
Song Zhidi ························ 7–176
Song Zhiwen ······················ 7–176
Song Ziwen ······················· 7–176
Songhai ·························· 6–412
Songhai Empire ·················· 6–412
Songhua River ··················· 7–159
Songjiang District ··············· 7–159
Songshan Mountain ·············· 7–163
Songshan Nature Reserve ······· 7–160
Songyang College ··············· 7–163
Songyuan City ··················· 7–162
Songze Culture ·················· 7–162
sonic barrier ···················· 6–553
sonic boom ····················· 6–550

Soninke ········ 7–233
Sonni ʻAlī ········ 6–412
Sonnō-jōi Movement ········ 9–576
sonochemistry ········ 6–551
Sons and Lovers ········ 2–419
Soochow University ········ 7–198
Soomaaliya ········ 7–231
Soong Chingling ········ 7–172
Sophia Loren ········ 7–230
Sophie Marceau ········ 7–182
Sophists ········ 9–324
Sophocles ········ 7–230
Sophora ········ 3–562 (3–256)
Sorbaria kirilowii ········ 9–252
Sorby, Henry Clifton ········ 7–228
sorcerer ········ 8–13
sorcerer's dance in a trance ········ 7–377
Sørensen, Villy ········ 7–230
Sorge, Friedrich Adolph ········ 9–577
sorghum ········ 3–70
Sorghum sudanense ········ 7–180
Sorghum vulgare ········ 3–70
Soricidae ········ 6–255
Sorokin, Pitirim Alexandrovitch ········ 7–230
sororate ········ 6–122
SOS children's village ········ 9–587
soteriology ········ 4–328
Sotho ········ 7–233
soul ········ 5–96
sound explanation ········ 6–553
sound, speed of ········ 6–552
sound wave ········ 6–551
Soundiata ········ 7–158
sounding rocket ········ 7–290
sound-notating alphabet ········ 9–503
Sounds of Nature Anthology ········ 7–353
Souphanouvong ········ 7–182
source coding ········ 8–302
Sources of Ancient Poems ········ 3–176
Sources of Words ········ 2–43
Sousa chinensis ········ 9–414
South Africa ········ 5–522
South Africa ········ 5–522
South America ········ 5–533
South American lungfish ········ 5–363
South Asia ········ 5–544
South Asia Sub continent ········ 5–544
South Asian Association for Regional Cooperation ········ 5–544
South Canal ········ 5–546
South China Normal University ········ 3–535
South China Sea ········ 5–524
South China Study Society ········ 5–544
South China tiger ········ 3–535
South China University of Technology ········ 3–535
South Europe ········ 5–537
South Manchuria Railway Company ········ 5–533
South Pole ········ 5–526
South Shetland Islands ········ 5–539
South Society ········ 5–524
Southeast Asia ········ 2–324
Southeast Asian local race ········ 2–324
South-East Mutual Protection ········ 2–324
Southeast University ········ 2–324
Southern African Development Community ········ 5–517
Southern Alps ········ 5–516
Southern and Northern Caves ········ 5–517
Southern and Northern Dynasties ········ 5–516
Southern Anhui Incident ········ 7–479
Southern Buddhism ········ 5–520
Southern Command and Northern Offices ········ 5–544
Southern drama ········ 8–146
southern drama ········ 5–544
southern drama of Song and Yuan Dynasties ········ 7–175
Southern Dynasties ········ 5–518
Southern Han ········ 5–525
Southern Liang ········ 5–532
southern maidenhair fern ········ 7–384
Southern Ming ········ 5–536
Southern Ocean ········ 5–521
Southern Society ········ 5–540
Southern Study ········ 5–540
Southern Tang ········ 5–542
southern tunes ········ 5–538
Southern Yan ········ 5–545
southern-style boxing ········ 5–539
South-North painting schools, theory of ········ 5–517
South-North Peace Talk ········ 5–517
South-North Prison ········ 5–517
South-South cooperation ········ 5–537
South-to-North Water Diversion Project ········ 5–540
Southwest Jiaotong University ········ 8–97
Southwest Union University ········ 8–97
sovereignty ········ 9–499
soviet ········ 7–195
Soviet Red Army ········ 7–189
Soviet Republic of Slovakia ········ 7–130
Soviet Union ········ 7–188
Soviet Union, United Stated, United Kingdom and France Respective Occupation Zones in Germany ········ 7–192
Soviet-Finnish War ········ 7–183
Sovremenny class destroyer ········ 8–178
sowing ········ 1–396
soy sauce ········ 4–194
Soya, Carl Erik ········ 7–234
Soyakaikyo ········ 9–553
soybean ········ 2–79
Soyinka, Wole ········ 7–234
Soyuz spacecraft ········ 5–47
Sozialdemokratische Partei Deutschlands ········ 2–176
Sozialistengesetz ········ 6–485
Spaak, Paul-Henri ········ 7–120
space ········ 7–257
space arts ········ 4–467
space chemistry ········ 4–466
space escape ········ 3–400
space flight ········ 3–396
space food ········ 3–402
space forces ········ 3–398
space geology ········ 4–466
space junk ········ 4–466
space medicine ········ 3–402
space perception ········ 4–467
space photogrammetry ········ 3–402
space probe ········ 4–467
space reconnaissance ········ 3–403
space remote sensing ········ 3–402
space shuttle ········ 3–399
space station ········ 4–467
space suit ········ 9–67
space technology ········ 4–466
space telescope ········ 4–467
space tracking, telemetering and command station ········ 3–398
space walk ········ 7–257
space warfare ········ 7–367 (7–257)
space weapon ········ 4–467
space-based antiballistic missile weapon ········ 7–350
spacecraft ········ 3–400
spacecraft launching ········ 3–401
spacecraft launching complex ········ 3–398
spacecraft orbit control ········ 3–401
spacecraft returning technique ········ 3–401
spacesuit ········ 3–399
spade-shaped coin ········ 1–432
Spain ········ 8–83
spandex ········ 1–112
Spanish Civil War ········ 8–85
Spanish language ········ 8–86
Spanish mackerel ········ 4–544
Spanish Revolution (1808～1814) ········ 8–84
Spanish Succession, War of the ········ 8–86
Spanish-American War ········ 5–362
sparganosis mansoni ········ 5–308
spark chamber ········ 4–10
spark discharge ········ 4–10
Spark, Muriel ········ 7–132
"Spark-Fire" Program ········ 8–305
sparrows ········ 5–237
Sparta ········ 7–120

Spartacus 7–120
Spartacus' Uprising 7–120
Sparti 7–120
Spatangoida 8–255
spatial database 4–466
spearmint 5–122
special administrative district 7–329
special ammunition 7–335
special drawing right 7–329
special economic zone 4–290
special education 7–334
special fund 9–509
special library 9–508
Special Olympic World Games 7–334
special operation force 7–335
special pardon 7–333
special relativity 8–156
species 9–456 (8–79)
species analysis 8–322
species conservation 8–79
specific duty 2–53
specific elongation 8–425
specific gravity 1–321
specific heat 1–320
specific meaning, theory of 8–128
specific point 7–329
spectacles 8–439
spectra of complex atoms 3–12
spectrochemical analysis 3–225
spectroscopic instrument 3–225
spectroscopy 3–225
spectrum 3–225
speculative philosophy 7–119
speech 8–428
speech handicap 8–428
speech signal processing 9–74
speed of light 3–227
speed skating 7–202
Spemann, Hans 6–580
Spencer, Herbert 7–122
Spengler, Oswald 7–121
Spenser, Edmund 7–122
sperm 4–307
sperm whale 5–466
spermatorrhea 8–544
spermatozoa 4–307
sphagnum 5–580
Sphagnum palustre 5–580
sphalerite 6–445
Sphecidae 5–579
sphene 8–246
Sphenisciformes 6–135
Sphenodon punctatus 3–616
sphenophytes 8–234
sphere 6–244
Sphingidae 7–349
sphinx 6–577
sphinx moth 7–349
Spica 4–206
spider 9–294
spider mites 3–477
Spielberg, Steven 7–132
spillway 8–569
spin 9–547
spina bifida 4–87
spinach 1–395
Spinacia oleracea 1–395
spinal canal stenosis 9–517
spinal cord 4–85
spinal cord injury 4–86
spine, osteoarthrosis of 4–87
spinel 4–150
spinning 2–500
spinning wheel 2–500
Spinoza, Baruch 7–121
spiny anteater 9–248
spiny lobster 5–144
spiral arm 8–364
spiral of Archimedes 2–195
spiriferid 6–604
Spiriferida 6–604
spirilla 5–225
spirit 6–509
spirit of pulse 6–509
spiritual 5–96
Spirulina 5–225
Spitsbergen 7–132
spittlebug 5–467
spleen 6–78
spleen failing to manage blood, syndrome of 6–79
Splendid Isolation 3–223
splenomegaly 6–79
split-brain 3–95
spoils system 9–279
spoken parts of Chinese opera 5–587
sponge tree 4–241
Sponges 3–333
spontaneous combustion of coal layer 5–339
spontaneous fission 9–537
spontaneous sweating 9–537
spore (plant) 1–238
sporotrichosis 1–238
sport and exercise, human science in 9–141
sport parachuting 7–377
Sportaccord Combat Games 7–23
sports 7–343
sports agent 7–345
sports club 7–345
sports photography 7–345
sportsman 9–141
spot exchange trade 8–183
spot transaction 4–71
spring 6–266
spring 7–282
Spring and Autumn Annals 2–38
Spring and Autumn of Sixteen Kingdoms 6–588
Spring and Autumn of Yanzi 8–443
Spring and Autumn Period 2–35
spring buck 7–376
spring equinox 2–35
Spring Festival 2–35
Spring Festival couplets 2–35
Spring in a Small Town 8–221
spring steel 7–282
Spring Sun Society 2–39
Spring Willow Society 2–35
Springer-Verlag KG 6–581
springtail 7–282
spruce 9–138
sprul-sku 4–6
spun silk 4–346
spun silk fabric 4–346
spun-like fabric 2–498
spurge family 2–87
Sputnik-1 6–302
spy 4–161
squalene 4–205
Squaliformes 4–205
Squaliobarbus curriculus 1–600
squall line 1–354
squamous cell carcinoma 5–95
Square Kettle with a Standing Crane 5–20
square play 4–215
squash 1–333
squash 5–524
Squatiniformes 1–341
squid 6–336
squirrel 7–160
Sraffa, Piero 7–127
Srbija 6–370
Sri Lanka 7–127
Sriburapha 8–103
Śrivijaya 7–32
Srong-btsan Sgam-po 7–162
SS 2–152
s-shaped ornamental object 6–338
SSS 1–371
St. Denis, Ruth 6–557
St. John's University 6–569
St. Paul's Cathedral, London 6–555
St. Peter's Cathedral 6–556
Staatsoper 7–559
stability theory 7–604
stabilizing price by the State, theory of 6–94
stack archives 4–148

stadium and gymnasium ………… 7–344
Staël, Madame de ………… 7–132
staff ………… 8–51
stage art ………… 8–66
stage name ………… 8–556
stage of economic growth, theory of ………… 4–284
stage photography ………… 8–67
Stagecoach ………… 3–205
stagflation ………… 9–325
staghorn fern ………… 5–172
stainless steel ………… 1–431
stalactite ………… 9–454
Stalin, Joseph ………… 7–122
Stalingrad, Battle of ………… 7–123
stammering ………… 4–480
Stammler, Rudolf ………… 6–581
stamp ………… 9–33
Stamp Act 1765 ………… 8–610
stamp tax ………… 8–610
stamping ………… 2–8
standard ………… 1–353
standard ………… 4–353
Standard and Poor's Stock Price Index ………… 1–354
standard atmosphere ………… 1–353
standard cell ………… 1–353
standard form contract ………… 3–110
standard pitch ………… 1–354
standardization ………… 1–353
standardization of geographical names ………… 2–230
standing wave ………… 9–503
Stanford University ………… 7–133
Stanislavsky, Konstantin Sergeyevich ………… 7–134
Stanislavsky's acting system ………… 7–134
Stanley Kubrick ………… 7–133
Staphylinidae ………… 8–588
staphylococcal infection ………… 6–101
star ………… 3–464
star atlas ………… 8–306
star catalogue ………… 8–304
star cluster ………… 8–307
Star Film Corp. ………… 5–451
star names ………… 8–306
Star Wars ………… 8–306
Star Wars Plan ………… 8–306
starch ………… 2–299
star-conger eel ………… 8–306
Stark effect ………… 7–133
Stark, Johannes ………… 7–133
Starling, Ernest Henry ………… 7–133
starter ………… 6–140
state ………… 3–278
state act ………… 3–285
state analysis ………… 9–516
State Archive of Russian Federation ………… 2–401
state compensation ………… 3–282
State Council of the People's Republic of China ………… 9–425
State Duma ………… 3–280
state farm ………… 7–450
state farm, theory of ………… 7–451
state fiscal commissioner ………… 6–401
state functions ………… 3–286
State Hermitage Museum ………… 1–75
State Highest Science and Technology Award of China ………… 3–287
State Language Commission ………… 3–286
state monopoly capitalism ………… 3–282
state of matter ………… 8–78
state of the union message ………… 3–294
state organizations ………… 3–280
state ownership ………… 3–284
state responsibility ………… 3–286
State Science and Technology Award of China ………… 3–282
state succession ………… 3–280
state supervision ………… 3–281
stateless person ………… 8–15
statement for balance of international payments ………… 3–273
state-owned asset ………… 3–297
state-owned commercial bank ………… 3–296
state-owned enterprise ………… 3–295
state-owned farm ………… 3–295
state-owned share ………… 3–295
statesman ………… 9–282
static blood ………… 9–54
statics ………… 4–316
statistic ………… 7–405
statistical chart ………… 7–407
statistical decision theory ………… 7–406
statistical index number ………… 7–408
statistical indicator ………… 7–408
statistical inference ………… 7–407
statistical investigation ………… 7–406
statistical law ………… 7–406
statistical physics ………… 7–407
statistical table ………… 7–405
statistics ………… 7–408
Statue of Liberty ………… 9–549
status, right of ………… 6–507
Statutes and Regulations of Qing Dynasty ………… 2–102
Statutes of Great Ming Dynasty ………… 2–96
Staudinger, Hermann ………… 6–581
staurolite ………… 6–592
Stavrianos, Leften Stavros ………… 7–132
STD ………… 8–324
steady-state model ………… 7–604
stealth aircraft ………… 8–589
stealth technology ………… 8–589
stealthy material ………… 8–589
stealthy pistol ………… 8–590
steam engine ………… 9–262
steam turbine ………… 6–152
steel ………… 3–54
steel drum ………… 3–54
steeplechase ………… 9–223
Stefan Dušan ………… 7–135
Stegodon ………… 4–167
Stein, Aurel ………… 7–134
Steinbeck, John ………… 7–133
Steinberger, Jack ………… 6–581
Stein-Hardenberg Reforms ………… 6–581
Steinmetz, Charles Proteus ………… 6–581
stele ………… 1–255
stele exorcising evil spirits from the house ………… 9–261
Stele Inscription of Xuanmi Pagoda ………… 8–362
Stele of Alliance between Tang Dynasty and Tibetan Kingdom ………… 7–300
Stele of Confucius Temple ………… 4–477
Stele of Kong Zhou ………… 4–476
Stele of Pagoda Multi-Treasure ………… 2–380
Stele of Shangzunhao ………… 6–469
Stele of Shi Chen ………… 7–7
Stele of Songgaoling Temple in Zhongyue Mountain ………… 9–450
Stele of the Bilga Kaghan of Nine Uighur Tribes ………… 4–322
Stele of Tianfa Divine Prophesy ………… 7–349
Stele of Yi Ying ………… 8–550
Stele of Zhang Qian ………… 9–204
steles at Jiaoshan ………… 4–202
stellar association ………… 8–307
stellar evolution ………… 3–464
stellar mass ………… 3–465
stellar population ………… 8–308
stellar spectra ………… 3–464
stellar wind ………… 8–305
stellatehair vatica ………… 6–210
stem ………… 4–278
stem cell ………… 3–47
stem family ………… 9–498
stem mustard ………… 4–279
Stemonaceae ………… 1–211
Stendhal ………… 7–123
stenography ………… 7–203
Stenolaemata ………… 8–156
stenosal tendosynovitis ………… 8–157
step child ………… 4–104
Stephan the Great ………… 7–134
Stephen Chow ………… 9–473
Stephenson, George ………… 7–124
steppe ecology ………… 1–484
sterculia family ………… 8–43
Sterculia nobilis ………… 6–95
Sterculiaceae ………… 8–43

stereochemistry 5–22
stereophonic sound 5–23
stereoscopic motion picture 5–22
stereospecific polymerization 2–312
stereotype 4–461
steric effect 5–23
Sterijino Pozorje 7–123
sterilization 4–349
sterilization 5–421
Stern, Isaac 7–134
Stern, Otto 7–134
Sterna 8–445
Sternheim, Carl 6–582
steroid 9–149 (4–573)
Steuart, James Denham 7–137
Stevens, Wallace 7–124
Stevenson, Robert Louis 7–124
Stevia rebaudiana 7–373
Sthaviravāda 6–469
stibnite 3–606
stick insect 9–496
stiffness 3–49
Stille, Wilhelm Hans 6–578
still-life 4–316
stilts 3–73
Stilwell Incident 7–7
Stilwell, Joseph Warren 7–7
stink bug 2–39
stinkhorn 3–244
STM 6–414
stochastic control 7–215
stochastic process 7–214
stock 3–185
stock exchange 9–270
stock firm 9–269
stock market 3–185
stock price 3–185
stock price index 3–184
Stockhausen, Karlheinz 6–582
Stockholm 7–123
Stockholm Convention 7–123
Stockholm school 7–124
Stockton-Darlington Railway 7–138
Stoicism 7–124
Stokes, Sir George Gabriel 7–138
Stokowski, Leopold 7–138
Stolypin's Land Reform 7–138
stomach 7–570
stomach cold, syndrome of 7–570
stomach heat, syndrome of 7–571
stomach lavage 8–138
stomach pain 7–571
stomatology 4–481
Stommel, Henry Melson 6–582
Stone Age 6–601
stone carving 6–594
stone cell 6–603
Stone City 6–603
stone classics 6–596
Stone Classics of the Kaicheng Period 4–384
Stone Classics of the Xiping Reign 8–135
Stone Classics of Zhengshi Period 9–267
stone inscription 6–596
Stone Map of Water Systems of Song Dynasty 9–72
stone relief 3–557
Stone Reliefs in Wu's Memorial Hall 8–59
Stone, Sir Richard 7–137
Stone Sculptures at Qixia Hill 6–122
Stone Statues of Ten-Thousand-Buddha Temple in Chengdu 1–577
Stone Sutras at Fangshan 2–497
stone tool 6–600
stone vault and metal trunk 6–602
stone-chambered tomb 6–594
Stonecutters Bridge 1–115
stone-doorframe houses 6–598
stonefly 6–605
Stonehenge 7–137
stone-tablet system of local governance 8–483
Stoppard, Tom 7–138
storage battery 8–359
stored program controled telephone switching system 1–589
storeyed building 5–147
Stories to Warn Men 4–313
storks 3–218
Storm and Stress 4–498
storm petrel 3–346
storm surge 2–563
Storm, Theodor 6–583
Størmer, Fredrik Carl Mülertz 7–138
Story of a Lost Soul 4–577
Story of Chalk Circle 3–604
Story of Jade Hairpin 9–79
Story of Litchi and Mirror 5–34
Story of Nanke Prefect 5–532
Story of Red Plum 3–472
Story of West Garden 8–110
strabismus 8–237
Strabo 7–135
Stradivari, Antonio 7–135
straight line 9–298
Straight Road 9–296
straight-line depreciation method 9–298
strain 4–556
strain 9–20
strait 3–344
Strait of Bosporus 1–417
Strait of Magellan 5–299
Strait of Mandeb 5–306
Strakhov, Nikolay Mikhaylovich 7–135
strange particle 6–133
Strange Phenomena Witnessed within Twenty Years 2–427
Strange Tales from Make-do Studio 5–69
strangeness 6–133
Strasbourg 7–135
Strategic Arms Limitation Talks between Soviet Union (Russia) and United States 7–192
strategic missile 9–185
strategic missile submarine 9–185
strategic nuclear forces 9–185
strategic nuclear weapon 9–185
strategic resources 9–185
strategic surprise attack 9–185
Strategies of Warring States 9–184
stratigraphy 2–219
stratosphere 6–90
Strauss, Botho 6–582
Strauss, Johann 6–582
Strauss, Richard 6–582
Stravinsky, Igor Fyodorovich 7–135
straw return to field 4–214
strawberry 1–481
stream of consciousness 8–567
stream of consciousness film 8–567
stream of consciousness novel 8–567
streamer chamber (tube) 5–125
Street Angel 5–269
street vendor 4–19
Strehler, Giorgio 7–136
strength 6–178
strengthening glass 6–178
strengthening vital qi to eliminate pathogenic factor 2–599
Strepsiptera 5–586
Streptopelia 1–226
stress 9–20
stress 9–21
stress concentration 9–21
striae and interstitial space 2–54
Strigiformes 8–213 (5–312)
strike 7–417
strike, freedom of 1–191
Strindberg, Johan August 7–136
string and pipe ensemble in south of Yangtze River 4–176
string puppet show 7–340
Stromateoiudes argenteus 8–579
stromatolites 2–303
Strong, Anna Louise 7–136
strong colours 9–460
strong dance 4–169
strong gradientlayer of sea water characteristic 9–126
strong interaction 6–179

strongyloidiasis stercoralis ………… 2–560
strontium ………… 7–141
structural biology ………… 4–221
structural chemistry ………… 4–221
structural functionalism ………… 4–220
structural geology ………… 3–156
structural landform ………… 3–156
structural material ………… 4–220
structural mechanics ………… 4–221
structural system ………… 3–156
structural unemployment ………… 4–221
structuralism ………… 4–222
structure identification ………… 4–220
structure of state ………… 3–281
Struggle between the Li Party and the Niu Party ………… 5–601
Struggle for Benevolent Rule ………… 2–190
Struggle for the Root of the State ………… 9–261
Struthio camelus ………… 7–458
Struve family ………… 7–136
strychnine ………… 2–462
Strychnos nuxvomica ………… 5–273
Stuart, House of ………… 7–138
Stuart, John Leighton ………… 7–116
Stuchka, Piotr Ivanovich ………… 7–137
student loans ………… 9–501
student stipend ………… 9–501
student union ………… 8–369
studies of Confucian classics ………… 3–178
studies of inscriptional bronze and stone ………… 4–254
Studies on Sacrificial Vessels of Shang and Zhou Dynasties ………… 6–458
study ………… 5–48
Study of Ancient Chinese Costumes ………… 9–362
study of Confucian classics ………… 4–298
Study on Cultural Relic Identification ………… 3–99
sturgeon ………… 8–383
Sturmabteilung ………… 2–1
Stuttgart ………… 7–137
style of academic regular script ………… 3–212
style theory ………… 3–99
stylistics ………… 2–564
stylized forms of performance in Chinese opera ………… 1–357
styrene ………… 1–311
styrene-butadiene rubber ………… 2–304
Styron, William ………… 7–133
Su Bai ………… 7–203
Su Bingqi ………… 7–178
Su Buqing ………… 7–178
Su Chuo ………… 7–178
Su cuisine ………… 7–178
Su Delong ………… 7–181
Su Dingfang ………… 7–181
Su Dingqiang ………… 7–181
Su Dongpo ………… 7–181
Su Hanchen ………… 7–185
Su Jilan ………… 7–185
Su Manshu ………… 7–191
Su Qin ………… 7–193
Su Shi ………… 7–193
Su Shunqin ………… 7–194
Su Shunqin and Mei Yaochen ………… 7–191
Su Song ………… 7–195
Su Wei ………… 7–195
Su Weidao ………… 7–196
Su Wu ………… 7–196
Su Xing ………… 7–196
Su Xun ………… 7–197
Su Yu ………… 7–204
Su Zhaozheng ………… 7–197
Su Zhe ………… 7–198
Su Zhenhua ………… 7–198
Su Zonghua ………… 7–204
subculture ………… 8–411
Sübegetei ………… 7–202
Subei Mongol Autonomous County ………… 7–200
subhealth ………… 8–402
subject and object ………… 9–499
subject matter ………… 1–351
subjective idealism ………… 9–499
subjectivity ………… 9–499
sublimation ………… 6–526
sublimation ………… 6–526
sublime ………… 2–7
submachine gun ………… 2–1
submarine ………… 6–173
submarine canyon ………… 3–322
submarine earthquake ………… 3–321
submarine engineering ………… 3–322
submarine fan ………… 3–322
submarine plateau ………… 3–321
submarine tunnel ………… 3–322
submarine volcano ………… 3–322
submarine warfare ………… 6–174
submarine-to-ground missile ………… 6–171
submarine-to-ship missile ………… 6–171
submerged reef ………… 1–115
submersible ………… 6–173
submillimeter wave ………… 8–402
subnormal child ………… 2–205
subrogate succession ………… 2–129
subsoiling ………… 6–508
subsonic flight ………… 8–409
substance ………… 6–615
substation ………… 1–342
substitution effect ………… 7–345
substitution reaction ………… 6–255
subsuccession ………… 9–510
subsurface river ………… 1–115
subterranean river ………… 2–241
subtext ………… 6–173
subtropical high ………… 3–13
subway ………… 2–243
succession ………… 4–103
succession, right of ………… 4–103
succinic acid ………… 2–305
Sucre ………… 7–185
Sucre, Antonio José de ………… 7–186
sucrose ………… 9–245
Sudan ………… 7–178
Sudan grass ………… 7–180
Sudan-Negroes ………… 7–180
sudden death ………… 2–54
sudden enlightenment ………… 2–380
Sudraka ………… 7–43
Suess, Eduard ………… 8–338
Suez ………… 7–197
Suez Canal ………… 7–197
Sufism ………… 7–182
sugar ………… 7–318
sugar pod garden pea ………… 3–431
sugarcane ………… 3–38
suggestion ………… 1–115
suggestion therapy ………… 1–115
Sugimura Haruko ………… 6–442
Suharto ………… 7–184
Sui ………… 7–106
Sui Dynasty ………… 7–210
Sui Jingchen ………… 7–209
Sui language ………… 7–104
suicide prevention ………… 9–544
Suifenhe City ………… 7–210
Suihantang Studio's Comments on Poetry ………… 7–216
Suihua City ………… 7–210
Suining City ………… 7–216
Suirenshi ………… 7–217
suite ………… 9–570
suiting silk ………… 5–579
Suiyang College ………… 7–209
Suiyuan Campaign ………… 7–210
Suiyuan Studio's Comments on Poetry ………… 7–215
Suiyuanle ………… 7–215
Suizhou City ………… 7–215
Sukachiov, Vladimir Nikolayevich ………… 7–185
Sukarno ………… 7–185
Sukhāvati-vyūha ………… 8–17
Sukhomlynsky, Vasily Aleksandrovich ………… 7–185
Sukhothai Dynasty ………… 7–201
Sukkot ………… 9–501
Sulawesi ………… 7–186
Sulawesi Sea ………… 7–186
Süleyman I ………… 7–186
Suleymanoğlü, Naim ………… 7–186
sulfa drugs ………… 3–604
sulfonic acid ………… 3–604

sulfur ······ 5–130
sulfur ······ 9–541
sulfur bacteria ······ 5–132
sulfur dioxide ······ 2–429
sulfuric acid ······ 5–131
Sulla, Lucius Cornelius ······ 7–186
Sully-Prudhomme ······ 7–188
sulphur fertilizer ······ 5–131
Sultan ······ 7–180
Sulu Sea ······ 7–191
Sulu State ······ 7–191
Sumatera, Pulau ······ 7–192
Sumatra ······ 7–192
Sumba ······ 7–158
Sumba, Selat ······ 7–158
Sumerian language ······ 7–192
Sumitomo Business Group ······ 9–501
summer camp ······ 8–164
Summer Palace ······ 8–546
summer solstice ······ 8–167
summer squash ······ 8–93
summer-heat pathogen ······ 7–57
Summit between the European Union and Latin America ······ 6–15
Sumner, James Batcheller ······ 6–366
Sumner, William Graham ······ 6–366
sumo ······ 8–191
Sumy ······ 7–191
sun ······ 7–264
Sun Benwen ······ 7–217
Sun Bin ······ 7–217
Sun Bin's Art of War ······ 7–217
Sun Ce ······ 7–217
Sun Chengzong ······ 7–217
Sun Chuanfang ······ 7–218
Sun Chuo ······ 7–218
Sun Daolin ······ 7–218
Sun Dehe ······ 7–218
Sun Fuling ······ 7–218
Sun Fuyou ······ 7–218
Sun Guoting ······ 7–219
Sun Jiadong ······ 7–219
Sun Jian ······ 7–219
Sun Jiazheng ······ 7–219
Sun Jingxiu ······ 7–219
Sun Juxian ······ 7–219
Sun Kaidi ······ 7–219
Sun Ke ······ 7–219
Sun Li ······ 7–220
Sun Long ······ 7–220
Sun Qimeng ······ 7–220
Sun Quan ······ 7–220
Sun Shangqing ······ 7–220
Sun Simiao ······ 7–220
Sun Society ······ 7–267
sun synchronous orbit ······ 7–268
Sun Temple of Konarak ······ 4–433
Sun Wei ······ 7–221
Sun Weishi ······ 7–221
Sun Wen ······ 7–221
Sun Wu ······ 7–221
Sun Xiaocun ······ 7–221
Sun Yat-sen ······ 7–222
Sun Yat-sen University ······ 9–436
Sun Yefang ······ 7–221
Sun Yu ······ 7–222
Sun Yueqi ······ 7–222
Sun Yunqiu ······ 7–222
Sun Yunzhu ······ 7–222
Sun Yutang ······ 7–222
Sun Zhongxiu ······ 7–224
Sun Zi's Art of War ······ 7–224
Sun Zuochen ······ 7–224
Sunan Yugur Autonomous County ··· 7–201
sunbath ······ 6–324
sunburn ······ 6–327
Sunda Islands ······ 8–384
Sunda Strait ······ 8–384
Sundanese ······ 8–384
Sundanese language ······ 8–384
Sunday school ······ 8–306
sundew family ······ 5–326
sundial ······ 6–324
sunflower ······ 8–204
Sung Young ······ 7–174
Sunnite ······ 8–384
sun-rise industry ······ 9–226
sunshine ······ 6–329
Sunshu Ao ······ 7–220
sunspot ······ 7–266
Sunthon Phu ······ 7–109
sūnya ······ 4–465
Suo Jing ······ 7–230
Suo'etu ······ 7–229
Suomi ······ 2–555
super realism ······ 1–532
superalloy ······ 3–78
super-cluster ······ 1–536
supercomputer ······ 4–337
superconducting electric machine ··· 1–530
superconducting magnet ······ 1–530
superconducting material ······ 1–529
superconducting organic compound ······ 1–531
superconducting transmission ······ 1–531
superconductivity ······ 1–530
supercooling ······ 3–301
supercritical fluid ······ 1–533
super-economic power ······ 1–532
superficies-relieving formula ······ 4–228
superfine teacher ······ 7–330
superfluidity ······ 1–533
superheating ······ 3–303
superheavy nucleus ······ 1–536
Superior Lake ······ 7–178
supermarket ······ 1–532
Supernatural Beings in the Green Country ······ 5–187
supernormal child ······ 1–529
supernova ······ 1–535
superoxide ······ 1–536
supersonic flight ······ 1–534
superstring theory ······ 1–535
superstructure ······ 6–459
supervision system ······ 4–152
supervisors, board of ······ 4–152
Supplement to Historical Mirror to Aid in Government ······ 8–359
Supplement to History of Painting ··· 3–556
supplementary punishment ······ 3–7
supplementing (and boosting) formula ······ 1–424
supply ······ 3–141
supply chain ······ 3–141
supply system, the ······ 3–141
supply-side economics ······ 3–141
support ······ 6–450
suppressing hyperactive liver and subsiding yang ······ 6–88
suppression ······ 8–386
supramolecular ······ 1–531
supramolecular chemistry ······ 1–532
supreme one ······ 7–270
Suqian City ······ 7–203
Suquṭrá ······ 7–230
Sūr Dynasty ······ 7–182
Surabaya ······ 7–158
Surdas ······ 7–182
suren toona ······ 3–469
surface ······ 6–249
surface analysis technique ······ 1–355
surface chemistry ······ 1–355
surface heat treatment ······ 1–356
surface mining ······ 5–176
surface physics ······ 1–356
surface structure ······ 1–356
surface tension ······ 1–356
surfactant ······ 1–355
surfing ······ 2–2
surge arrester ······ 1–334
surgeon fishes ······ 2–52
surgical light ······ 8–23
Surikov, Vasily Ivanovich ······ 7–187
Surinam toad ······ 3–5
Suriname ······ 7–187
Sūrīyah ······ 8–356
surplus labour ······ 6–571
surplus reserve ······ 9–15
surplus value ······ 6–570
surrealism ······ 1–535
Surrender Ceremony in Nanjing ··· 5–531

surveying ······ 1–487
Surviving Works of Wang Chuanshan ······ 2–30
Sus ······ 9–494
Sus scrofa ······ 8–493
Susa ······ 7–193
Sushen Tribe ······ 7–201
Susi Susanti ······ 7–502
suspected offender ······ 2–478
suspension bridge ······ 8–364
Sùsruta ······ 5–419
Sutong Yangtze River Bridge ······ 7–195
Sutra of Forty-two Chapters ······ 7–153
Sutuq Bughrahan ······ 6–429
Suva ······ 7–195
Suvorov, Aleksandr Vasilyevich ······ 7–196
Suweis, El ······ 7–197
suzerain protector-general ······ 9–559
Suzhou City ······ 7–198
Suzhou City ······ 7–204
Suzhou embroidery ······ 7–196
Suzhou, famous gardens of ······ 7–198
Suzhou Industrial Park ······ 7–198
Suzhou River ······ 7–198
Suzuki Daisetsu ······ 5–97
Suzuki Harunobu ······ 5–97
Svalbard ······ 7–138
Sven Anders Hedin ······ 7–140
Sverdlov, Yakov Mikhailovich ······ 7–140
Sverdrup, Harald Ulrik ······ 7–140
Sverige ······ 6–348
Svoboda, Josef ······ 7–141
Swahili ······ 7–139
Swahili language ······ 7–139
swallow ······ 8–444
swallowtail butterfly ······ 2–580
swallowtail moth ······ 8–445
swamp ······ 9–227
swamp cabbage ······ 7–607
swan ······ 7–348
swan goose ······ 3–485
Swan Lake ······ 7–348
swan mussel ······ 3–420
Swan Theatre ······ 7–348
swap ······ 2–303
swap ······ 3–521
Swazi ······ 7–140
Swaziland ······ 7–139
sweat gland ······ 3–387
Sweden ······ 6–348
Swedes ······ 6–349
Swedish language ······ 6–350
Swedish school ······ 6–350
sweet clover ······ 1–482
sweet oat ······ 9–42
sweet osmanthus ······ 3–247
sweet pepper ······ 7–373
sweet potato ······ 3–36 (2–463)
sweet stevia ······ 7–373
sweetener ······ 7–373
sweet-fish ······ 8–199
sweet-white glaze ······ 7–373
swell ······ 9–28
swelling-shrinking rock/soil ······ 6–68
Swietenia ······ 7–323
Swift, Jonathan ······ 7–139
swift moth ······ 1–340
swifts ······ 9–72
swimcrab ······ 7–226
swimming ······ 9–43
swimming relays ······ 4–214
swimsuit ······ 9–27
swine fever ······ 9–495
swinging ······ 6–242
switch ······ 4–386
switch trade ······ 9–511
switching ······ 3–578
switching technology ······ 4–194
Switzerland ······ 6–350
swordbean ······ 2–155
swordfish ······ 4–168
sword-shaped coin ······ 2–155
sycee ······ 8–580
Sydney ······ 8–128
Sydney Harbour Bridge ······ 8–129
Sydney Olympic Stadium ······ 8–129
Sydney Opera House ······ 8–129
syenite ······ 9–265
syllogism ······ 6–384
Sylviidae ······ 9–12
sylvite ······ 4–143
symbiosis ······ 3–149
symbiotic star ······ 3–149
symbolism, school of ······ 8–209
symbolisme ······ 8–209
symmetry and conservation law ······ 2–371
sympathetic nerve ······ 4–194
symphonic ballet ······ 4–198
symphonic poem ······ 4–198
symphony ······ 4–198
synapse ······ 7–417
synchrocyclotron ······ 7–394
synchronized swimming ······ 3–532
synchronous radiation ······ 7–394
syncline ······ 8–205
syncope ······ 9–132
syndicalism ······ 3–125
syndicate ······ 8–257
syndrome ······ 9–268
syndrome differentiation of etiology ······ 1–371
syndrome differentiation of sanjiao theory ······ 6–394
syndrome differentiation of six channels theory ······ 5–138
syndrome differentiation of weifen, qifen, yingfen and xuefen ······ 7–565
syndrome of ascariasis ······ 2–3
syndrome of cold-dampness disturbing spleen ······ 3–366
syndrome of dampness-heat of liver channel ······ 3–41
syndrome of deficiency of liver blood ······ 3–42
syndrome of deficiency of liver yin ······ 3–42
syndrome of deficiency of lung qi ······ 2–534
syndrome of deficiency of lung yin ······ 2–535
syndrome of disharmony between liver and spleen ······ 3–41
syndrome of exuberance of heart fire ······ 8–248
syndrome of flaccidity ······ 7–564
syndrome of liver qi invading stomach ······ 3–41
syndrome of liver wind stirring up internally ······ 3–40
syndrome of stagnated heat of gallbladder channel ······ 2–146
syndrome of stagnation of liver qi ······ 3–42
syndrome of upper hyperactivity of liver yang ······ 3–42
syndrome of wind-cold attacking lung ······ 2–561
syndrome of wind-heat invading lung ······ 2–566
syndrome of yin deficiency of liver and kidney ······ 3–42
synergetics ······ 8–235
synesthesia ······ 5–46
Synge, John Millington ······ 8–257
Synodus ······ 3–154
Synopsis of Golden Chamber ······ 4–240
synoptic chart ······ 7–355
synoptic meteorology ······ 7–356
synthesis ······ 3–407
synthetic adhesive ······ 3–407
synthetic ammonia ······ 3–407
synthetic antibacterial agents ······ 3–407
synthetic crude oil ······ 6–303
synthetic detergent ······ 3–408
synthetic leather ······ 3–407
synthetic resin ······ 3–408
synthetic rubber ······ 3–408
synthetical judgments a priori ······ 8–172
synthon ······ 3–408
syphilis ······ 5–330
Syr Darya ······ 8–132
Syracuse ······ 8–356
Syria ······ 8–356

Syriac language ········ 3–181
Syringa ········ 2–310
Syrphidae ········ 7–5
system ········ 8–146
system analysis ········ 8–146
system bus ········ 3–13
system bus ········ 5–609
system bus ········ 8–147
system identification ········ 8–146
system modeling ········ 8–147
system of advocacy ········ 1–348
system of director or manager assuming responsibilities ········ 1–528
system of granting vassal states ········ 2–463
system of holdings ········ 1–472
system of military service ········ 1–365
system of multi-party co-operation and political consultation under the leadership of Communist Party of China ········ 9–362
system of national accounts ········ 3–290
system of official dressing ········ 3–211
system of personal post responsibility ········ 3–56
system of shares in enterprises ········ 3–184
system of the court of second instance being the final instance ········ 5–59
system reliability ········ 8–147
system science ········ 8–147
system, theory of ········ 8–147
systems engineering ········ 8–146
syzygy ········ 7–111
Szabadság, szerelem! ········ 9–550
Szczecin ········ 6–592
Szent-Györgyi, Albert ········ 6–563
Szilard, Leo ········ 8–94
Szymborska, Wislawa ········ 8–125

T

T-90 main battle tank ········ 9–587
tā la' i bla ma ········ 2–64
tā la' i bla ma sku phrehg bcu bzhi pa bstan' dzin rgya mtsho ········ 2–64
tā la' i bla ma sku phreng bcu gsum pa thub bstan rgya mtsho ········ 2–65
tā la' i bla ma sku phreng bdun pa skal bzang rgya mtsho ········ 2–64
tā la' i bla ma sku phreng bzhi pa yon bstan rgya mtsho ········ 2–66
tā la' i bla ma sku phreng dang po dge' dun grub pa ········ 2–65
tā la' i bla ma sku phreng gsum pa bsod nams rgya mtsho ········ 2–65
tā la' i bla ma sku phreng lnga pa blo bzang rgya mtsho ········ 2–65
Tabanidae ········ 5–368
Tabei Junko ········ 7–368
table tennis ········ 6–86
Tablet Inscription of Zhang Heinü ········ 9–195
taboo ········ 1–334
taboo ········ 4–277
Tabouis, Geneviève ········ 7–237
Tabriz ········ 2–74
tabula rasa ········ 1–192
Tacheng City ········ 7–237
Tacheng Protocol on the Delimitation of Sino-Russian Boundary ········ 9–330
Tacheng Region ········ 7–237
tachinid fly ········ 4–105
Tachinidae ········ 4–105
tachistoscope ········ 7–203
Tachyglossidae ········ 9–248
Tacitus, Cornelius ········ 7–244
tactical missile ········ 9–187
tactical nuclear weapon ········ 9–187
tactics ········ 9–186
tadpole ········ 4–443
Taegu ········ 2–103
Taejŏn ········ 2–105
taekwondo ········ 7–254
Ta' er Temple ········ 7–238
Taewŏn-gun ········ 2–121
Tagalog language ········ 7–236
Tagalogs ········ 7–236
Tagejia Geyser ········ 7–238
Tagetes erecta ········ 7–483
Tagore, Rabindranath ········ 7–272
Ṭahā Ḥussein ········ 7–238
Tahe County ········ 7–238
Tahitians ········ 7–244
Tai Jingnong ········ 7–248
Tai' an City ········ 7–272
Taibai Mountain ········ 7–255
Taibei City ········ 7–246
Taibei County ········ 7–247
Taibei 101 ········ 7–247
Taicang City ········ 7–255
Taidong County ········ 7–247
Tai' erzhuang ········ 7–248
Tai' erzhuang, Campaign of ········ 7–248
Taihang Mountain ········ 7–255
Taihang Tunnel ········ 7–255
Taihe City ········ 7–255
Taihu Lake ········ 7–256
Taihu Plain ········ 7–256
taiji push-hands exercises ········ 7–257
taijiquan ········ 7–256
taijituishou ········ 7–257
Taika Era Reforms ········ 2–86
Taikang-style poetry ········ 7–257
tailing ········ 7–561
Tainan City ········ 7–249
Tainan County ········ 7–249
Tainan Grand Mazu Temple ········ 7–248
Taine, Hippolyte ········ 7–277
taiping drum ········ 7–257
Taiping Heavenly Kingdom ········ 7–258
Taiping Imperial Encyclopedia ········ 7–263
Taiping Island ········ 7–257
Taiqing Taoist Temple ········ 7–263
Taisetsuzan ········ 2–114
Taishan City ········ 7–249
Taishan Mountain ········ 7–278
Taiwan acacia ········ 7–253
Taiwan Democratic Self-government League ········ 7–251
Taiwan ethnic minorities ········ 7–251
Taiwan Island ········ 7–249
Taiwan Issue and China's Reunification ········ 7–253
Taiwan Kenting Park ········ 7–251
Taiwan Province ········ 7–252
Taiwan Round-the-Island Highway ········ 7–251
Taiwan Strait ········ 7–251
Taiwan University ········ 7–249
Taiwan Yangmingshan Nature Reserve ········ 7–253
Taixing City ········ 7–279
Taixu ········ 7–263
Taiyang Bladder Channel of Foot ········ 9–567
Taiyang Bladder Meridian of Foot ········ 9–567
taiyang disorder ········ 7–265
Taiyang Island ········ 7–266
Taiyang Small Intestine Channel of Hand ········ 7–39
Taiyang Small Intestine Meridian of Hand ········ 7–39
taiyin disorder ········ 7–270
Taiyin Lung Channel of Hand ········ 7–40
Taiyin Lung Meridian of Hand ········ 7–40
Taiyin Spleen Channel of Foot ········ 9–568
Taiyin Spleen Meridian of Foot ········ 9–568
Taiyuan City ········ 7–270
Taiyuan, Decisive Battle of ········ 7–270
Taiyuan Satellite Launching Center ········ 7–271
Taiyuan Trial ········ 7–270
Taizhong City ········ 7–254
Taizhong County ········ 7–254
Taizhou Bay ········ 7–245
Taizhou City ········ 7–245
Taizhou City ········ 7–279
Taj Mahal ········ 7–275
Tajik ········ 7–238
Tajik ········ 7–240
Tajik language ········ 7–240
Tajikistan ········ 7–239
Tajikistan Civil War ········ 7–240
Takakura Ken ········ 3–58
Takamatsu Barrow ········ 3–76
Takasaki Tatsunosuke ········ 3–73

Takayama Tatsuo ············ 3–74
Takemitsu Tōru ············ 8–57
takin ············ 5–99
taking oaths as monk or nun, system of············ 7–44
Taking Tiger Mountain by Strategy ··· 9–323
Taklimakan Desert ············ 7–240
Taksin ············ 2–70
Talas ············ 2–70
talc ············ 3–541
Tale of the Western Chamber Written by Dong Jieyuan············ 2–333
talent ············ 6–283
talent and character, theory of ······ 1–458
talent market ············ 6–284
talents chain ············ 6–283
Taliban Movement ············ 7–241
Talks on Disarmament in Central Europe············ 9–434
tall gastrodia ············ 7–353
Tallinn ············ 7–241
tally ············ 2–605
tally pendant ············ 8–477
Talma, François-Joseph ············ 7–237
Talmüdh ············ 7–242
Talpidae ············ 8–441
Talypleidae ············ 3–496
tamarins ············ 6–331
tamarisklike spikemoss ············ 4–345
Tamarix chinensis ············ 1–576
tambourine ············ 5–97
tambur············ 7–281
tame grassland ············ 6–286
Tamil language ············ 7–277
Tamils ············ 7–276
taming beasts ············ 8–383
Tamm, Igor Yevgenyevich ········ 7–242
Tampa ············ 7–287
Tampere ············ 7–287
Tampico ············ 7–287
Tan Daoji ············ 7–286
Tan Dun ············ 7–284
Tan Fuying ············ 7–284
Tan Jiazhen ············ 7–281
Tan Pingshan ············ 7–285
Tan Qian ············ 7–281
Tan Qiao ············ 7–285
Tan Qixiang ············ 7–285
Tan sheep ············ 7–280
Tan Sitong ············ 7–285
Tan Xinpei ············ 7–285
Tan Yankai ············ 7–286
Tan Yuanchun ············ 7–286
Tan Zheng ············ 7–286
Tan Zhenlin ············ 7–286
Tanabe Hisao ············ 7–368
Tanaka Giichi ············ 7–372
Tanaka Kakuei ············ 7–372
Tanaka Kinuyo ············ 7–372
Tanaka Memorial ············ 7–372
Tanaka Yoshimaro ············ 7–372
Tanaka Yutaka ············ 7–372
tandem reaction ············ 2–31
Tang Aoqing ············ 7–300
Tang Bin ············ 7–295
Tang Caichang ············ 7–300
Tang Dynasty ············ 7–300
Tang Enbo ············ 7–295
Tang Feifan ············ 7–295
Tang Guizhang ············ 7–307
Tang He ············ 7–295
Tang Jiaxuan ············ 7–307
Tang Jiyao ············ 7–307
Tang Junyi ············ 7–308
Tang Lan ············ 7–308
Tang Peisong ············ 7–298
Tang Peng ············ 7–298
Tang poetry············ 7–312
Tang Shaoyi ············ 7–312
Tang Shengzhi ············ 7–312
Tang Shunzhi ············ 7–313
Tang Tao ············ 7–315
Tang Tingshu ············ 7–315
Tang tri-colored glazed pottery ······ 7–311
Tang Xianzu ············ 7–299
Tang Xiaodan ············ 7–299
Tang Yin ············ 7–316
Tang Yingzeng············ 7–299
Tang Yongtong ············ 7–299
Tang Youqi ············ 7–317
Tang Youzhi ············ 7–317
Tang Zhangru ············ 7–317
Tang Zhisong ············ 7–317
Tanganyika Lake············ 7–287
Tange Kenzō ············ 2–140
Tanggula Mountain ············ 7–306
tangible cultural heritage ············ 7–594
tangible cultural heritage, identification of ············ 7–595
tangible cultural heritage, reconstruction of ············ 7–596
Tangier ············ 2–137
Tangjarïq Joldï ············ 7–307
Tanglai Canal ············ 7–308
tanglang quan ············ 7–320
Tangnu Urīyangqai············ 7–310
tango ············ 7–290
Tangra Yumco············ 2–151
Tangshan City············ 7–312
Tangshan Earthquake ············ 7–312
Tangshan porcelain············ 7–312
Tangshan-Xugezhuang Railway······ 7–316
Tang-Song school ············ 7–314
Tangut············ 2–153
tangut anisodus ············ 6–438
tangut przewalskia ············ 5–278
Tanizaki Junichiro ············ 3–183
tank ············ 7–287
tanker airplane ············ 4–471
Tanluan ············ 7–281
tannic acid ············ 2–142
tannin extract ············ 4–418
tantalite ············ 7–289
tantalum ············ 7–289
tantalum alloy············ 7–289
Tantalus ············ 7–289
Tantrism ············ 5–404
tantui ············ 7–282
Tanzania ············ 7–288
tao ············ 2–159
Tao Chengzhang ············ 7–324
Tao Dayong ············ 7–325
Tao Jin ············ 7–325
Tao Kan ············ 7–325
Tao Menghe ············ 7–326
Tao Ran ············ 7–326
Tao Shiyan ············ 7–326
Tao Te Ching ············ 2–160
Tao Xingzhi ············ 7–327
Tao Yuanming ············ 7–327
Tao Yunkui ············ 7–328
Tao Zhiyue ············ 7–328
Tao Zhu ············ 7–328
Taofen Journalism Award ············ 7–321
Taofen Publishing Prize ············ 7–321
Taohe inkstone ············ 7–321
Taohuawu New-Year pictures ······ 7–322
Taohuayuan ············ 7–323
Taoism············ 2–161
Taoism of Five Bushels of Rice ······ 8–47
Taoist Association of China ········ 9–348
Taoist Canon ············ 2–166
Taoist exorcism ············ 2–605
Taoist priest············ 2–165
Taoist School ············ 2–161
Taoist talisman ············ 2–605
taoist temple ············ 2–160
Taoistic art ············ 2–163
Taonan City ············ 7–321
Taosi Culture ············ 7–326
Taoyuan County············ 7–323
Taoyuan County············ 7–323
Taoyuan International Airport ······ 7–323
tap dance············ 7–339
tapir ············ 5–485
Tapiros ············ 7–242
Tapirus············ 5–485
Tarabulus············ 2–214
Tarabulus············ 2–214
tarantella ············ 7–240
Taranto ············ 7–241

tarantula 1–424
Tarasova, Alla Konstantinovna 7–240
Tardigrada 3–576
tariff 3–206
tariff barrier 3–206
Tarim Basin 7–241
Tarim River 7–241
Tarkaratna, Rāmanārāyan 2–171
taro 9–79
tarpaulin 6–68
Tárrega, Francisco 7–241
tarsier 8–440
Tarsius 8–440
Tarski, Alfred 7–237
Tartaglia, Niccolò 7–238
tartaric acid 4–325
Tartini, Giuseppe 7–237
Tashan Weir 7–236
Tashilhunpo Temple 9–172
Tashkent 7–242
Tasmania Island 7–243
Tasmania, State of 7–243
Tasmanian tiger 2–131
Tasmanian wolf 2–131
Tasmanians 7–243
Tasso, Torquato 7–243
Tatar 2–71
Tatar 7–244
Tatar language 7–243 (2–71)
Tatar Strait 2–71
Tatars 2–71
Tate Gallery 7–278
Tathāgata 6–337
tathāgatagarbha 6–338
tathatā 9–255
tattoo 7–593
Taube, Henry 7–323
Taurotragus eurycerus 9–533
Taurus 4–246
Taurus Mountains 7–454
tautomerism 3–521
tawny daylily 8–362
tax assignment system 2–546
tax captain, system of 5–57
tax credit 7–107
tax evasion 7–321
tax evasion 7–410
tax haven 1–335
tax law 7–107
tax multiplier 7–107
tax payer 5–512
tax rate 7–107
tax refund 7–450
tax shifting 7–107
Taxaceae 3–469
taxation 7–107
taxes according to property 3–522
Taxila 7–240
Taxkorgan Tajik Autonomous County 7–243
Taxodiaceae 6–442
taxodium family 6–442
taxol 9–533
taxonomy 2–544
taxus family 3–469
Tay 2–130
Tayama Katai 7–371
Taylor, Brook 7–275
Taylor, Edward Burnett 7–275
Taylor, Frederick Winslow 7–275
Taylor, Geoffrey Ingram 7–275
Taylor, Paul 7–275
Taylor rule 7–276
Taylorism 7–276
Taymūr, Mahmūd 7–248
Taymyr Peninsula 7–276
Tāzī 2–104
Tāzīk 2–104
T' bilisi 2–254
TCD 9–447
TCD, compatibility of 9–447
TCD, contraindication of 9–448
Tchaikovsky, Peter Ilyich 1–498
Tcherepnin, Alexander Nikolayevich 6–190
TCM 9–347
TCM, schools of 9–448
TCM, Yin and Yang theory of 9–448
tea 1–489
tea ceremony 1–490
tea family 6–433
tea plant 1–492
tea tax 1–491
teacher 4–209
Teacher' s Day 4–209
tea-horse 1–492
Teahouse 1–490
teak 9–41
team handball 7–38
Teatro Farnese 2–437
Teatro Olimpico 1–125
technetium 2–168
technical barriers to trade 4–100
technical revolution 4–100
technical trade 4–100
technique-intensive industry 4–100
technological invention 4–100
technological science 4–100
technology 4–99
technology assignment 4–100
technology import 4–100
Tectona grandis 9–41
tectonic movement 3–156
teeth 8–388
Tegillarca granosa 5–579
Tegucigalpa 7–330
Teheran 2–178
Teheran Conference 2–178
Tehrān 2–178
Teilhard de Chardin, Pierre 2–184
tektite 1–391
Tel Aviv-Yafo 7–330
telecommunication industry 2–289
telegraph 2–272
telemetering 8–481
Teleostei 9–252
telephone 2–280
telescope 7–525
television 2–288
television movie 2–288
television set 2–288
tellurium 2–269
Telosma cordata 8–504
Telugu language 7–276
Telugus 7–276
tempera 2–150
temperament 6–150
temperature 7–580
temperature scale 7–578
tempered glass 3–54
tempering 3–609
temple 5–420
temple 7–157
temple fair 5–420
Temple of Heaven 7–360
temple title 5–420
Templo Expiatorio de la Sagrada Familia 6–514
Tempō Reforms 7–347
Temporary Central Government of Chinese Soviet Republic 9–431
Ten Big Military Actions 6–589
Ten Commandments 6–587
Ten Mathematical Classics 7–208
Ten Military Commissioners of Tianbao Period 7–346
ten ranks of taxes 6–586
Ten Talents in Dali Period 2–90
Ten Thousand Quatrains of Tang Dynasty 7–483
Ten Thousand Torrents and A Thousand Crags 7–483
ten-abominations 6–586
Tenebrionidae 5–582
Teng Daiyuan 7–336
Tengchong Volcanic Thermal Spring 7–336
Tengchong Volcanoes 7–336
Tengger Desert 7–336
Tengwang Pavilion 7–336
Tengzhou City 7–337

tenmoku glaze porcelain ………… 7－354
Tennessee River …………………… 7－370
tennis ……………………………… 7－523
tennō ……………………………… 7－350
Tennyson, Alfred ………………… 2－307
tense logic ………………………… 6－610
tensor ……………………………… 9－203
tent caterpillar …………………… 7－355
tent caterpillar moth …………… 4－482
tentaculitoid ……………………… 9－497
Tenthredinidal …………………… 8－495
Teotihuacán ……………………… 7－329
Tephritidae ……………………… 7－1
teratogenic effect ……………… 9－319
teratoma ………………………… 4－54
Terebratulida …………………… 2－24
Teredinidae ……………………… 2 30
teredo shipworm ………………… 2－30
Terence …………………………… 7－276
terephthalic acid ……………… 2－370
termite …………………………… 1－208
tern ……………………………… 8－445
terpene …………………………… 7－379
Terpsiphone ……………………… 7－43
terrace …………………………… 7－338
terraced building ……………… 7－253
Terra-cotta Warriors and Horses in Mausoleum of First Emperor of Qin Dynasty ………………… 6－201
terrestrial heat flow …………… 2－77
terrestrial reference system ………… 2－233
territorial airspace …………… 5－102
territorial behaviour ………… 9－180
territorial differentiation, rule of … 2－244
territorial resources ………… 3－294
territorial waters …………… 5－102
territory ………………………… 5－103
terrorism ……………………… 4－478
tertiary industry …………… 2－259
Tertiary Period ……………… 2－261
Tertullianus, Quintus Septimius Florens ……………………… 2－171
Terzaghi, Karl ……………… 7－272
tesla …………………………… 7－334
Tesla, Nikola ………………… 7－334
Tess of the d' Urbervilles ………… 2－170
test of English as a foreign language ……………………… 7－453
test pilot ……………………… 7－29
test tube seedling …………… 7－29
testament ……………………… 8－546
testamentary succession ………… 8－546
testis …………………………… 3－81
Testudinata ………………… 3－241
tetanus neonatorum ………… 6－133
tetany ………………………… 6－99
Tethys ………………………… 7－334
tetrachloroethane ………… 7－151
tetracyclines ………………… 7－150
tetraethyl lead …………… 7－156
tetrafluoroethylene ……… 7－149
Tetragnathidae …………… 8－212
tetrahedrite ……………… 9－51
tetrahydrocannabinol …… 7－152
Tetrao ……………………… 7－159
Tetraodontidae …………… 3－428
Tetraodontiformes ……… 7－451
Tetraogallus ……………… 8－371
Tettigoniidae …………… 9－455
Teutonic Knights ………… 6－592
Texas State ……………… 2－168
textbook ………………… 4－209
textile …………………… 2－500
textile …………………… 2－501
textile fibre ……………… 2－502
textile machinery ……… 2－501
Textile Worker' s Uprising in Silesia ……………………… 8－94
textual criticism ………… 4－206
textured yarn fabric …… 1－344
Teyipjan Eliyop ………… 7－385
Thackeray, William Makepeace … 6－361
Thai ……………………… 7－277
Thai boxing ……………… 7－277
Thai language …………… 7－279
Thailand ………………… 7－273
Thailand cuisine ……… 7－274
Thailand, Gulf of ……… 7－274
Thakhin Ko Taw Hmain ……… 2－183
Thales …………………… 7－276
Thalictrum aquilegifolium var. *sibiricum* ……………………… 7－314
thallium ………………… 7－236
Thälmann, Ernst ……… 7－248
Thames River …………… 7－278
thangka ………………… 7－308
Thanh Pho Ho Chi Minh ……… 3－511
Thanksgiving Day ……… 3－44
Thanlwin ………………… 6－360
Thar Desert …………… 7－237
Thatcher, Margaret Hilda ……… 6－356
The ABC Studies on Chinese Mythology ……………………… 9－397
The Academy of Sciences for the Developing World ……………… 2－434
The Adding Machine ………… 4－120
The Adventures of Tom Sawyer …… 7－298
The Ancient Boat …………… 3－163
The Arabian Nights ……… 7－349
The Barber of Siberia …… 8－88
The Battle of Dingjunshan …… 2－312
The Battleship Potemkin …… 9－184
The Beautiful Fish Woman …… 9－61
The Beaver Coat …………… 7－244
The Birth of Venus ………… 7－554
The Blue Bird ……………… 6－209
The Bold Soprano ………… 7－416
The Bridge on the River Kwai ……… 3－247
The Broken Jug …………… 6－99
The Camel Spring ………… 5－234
The Canterbury Tales …… 4－399
The Catena of Chinese New Literature ……………………… 9－401
The Charter of the United Nations … 5－45
The Cherry Orchard ……… 9－13
The Classificatory Compilation of Ancient Proses ……………… 3－177
The Cranes Are Flying …… 8－444
The Customs of Chenla …… 9－254
The Daily Telegraph ……… 5－341
The Decisive Engagement ……… 2－88
The Difficult Couple ……… 5－548
The Donkey' s Tail ………… 5－177
The East is Red …………… 2－318
the eight therapeutic methods …… 1－141
The English Patient ……… 9－3
The Essence of the Novel …… 8－228
The Ethnic Publishing House ……… 5－432
The Flower and the Moon Trace …… 3－532
The Flower of My Secret …… 7－608
the formless versus the formal …… 8－322
The Fortunate Union ……… 3－406
The Forty-first …………… 2－262
The Fountain of Bakhchisarai ……… 4－572
The Four Hundred Blows …… 7－143
The Four Medical Tantras ……… 7－143
The Framework Convention on Climate Change ……………… 6－142
The Frogs ………………… 7－463
The Front ………………… 6－163
The General Reconciled with the Chief Minister ……………… 4－193
The General Theory of Employment, Interest and Money ………… 4－329
The Ghost Sonata ………… 3－244
The Glass Menagerie …… 1－390
The Gleaners …………… 7－1
The Goddess …………… 6－513
The Good Soldier Schweik ……… 3－405
The Government Inspector ……… 6－192
The Great Canon of the Yongle Era … 9－26
The Great Dictator ……… 2－82
The Great Learning ……… 2－114
The Greatest Event in Life ……… 9－452
The Guinness Book of World Records … 4－65
The Hague ………………… 3－345
The Hairy Ape …………… 5－319
The Herald ……………… 8－171
The Imperial Carriage …… 1－456
The Important Thought of the Three Representatives ………… 6－386

The Injustice to Dou E ······ 2–346
The Internationale ······ 3–263
The Lady of the Camellias ······ 1–491
The Last of the Mohicans ······ 9–575
The Last Supper ······ 9–574
The Life of Klim Samgin ······ 4–452
The Little Foxes ······ 8–223
The Lower Depths ······ 2–218
The Luncheon on the Grass ······ 1–481
The March of the Volunteers ······ 8–556
The Marriage of Figaro ······ 2–539
The Master and Margarita ······ 2–104
The Merchant of Venice ······ 7–532
The Minister's Wife ······ 2–75
The Miser ······ 5–95
The Mistress of the Inn ······ 6–3
The Modernism ······ 8–178
The Moon Reflected in Erquan Spring ······ 2–426
The New People's Gazette ······ 8–278
The New York Times ······ 5–607
the Ocean Park ······ 3–349
The Old Man and the Sea ······ 4–559
the Palace Assault, Case of ······ 7–388
The Peach Blossom Fan ······ 7–322
The Peony Pavilion ······ 5–487
the people ······ 6–293
The Picture of Five Cattle ······ 8–49
The Picture of Five Horses ······ 8–49
The Pioneer ······ 8–171
The Poetic Tale of Tripitaka's Seeking for Scriptures in Tang Dynasty ······ 2–105
the problem of sanctioning Iraq ······ 2–375
The Rain Pattering on the Chinese Parasol ······ 8–43
The Red and the Black ······ 3–476
The Red Flag Waves ······ 3–472
The Red Lantern ······ 3–469
The Robbers ······ 6–178
The Romance of the Lute ······ 6–78
The Saviour ······ 4–328
The Scholars ······ 6–340
The Selected Poems of Revolutionary Martyrs ······ 3–97
The Selections of Refined Literature ······ 7–597
The Shop of the Lin Family ······ 5–82
The Silent Don ······ 4–316
The Sistine Madonna ······ 8–102
The Sleeping Beauty ······ 7–108
The Social Contract ······ 6–490
The Song of Chile ······ 2–1
The Song of Igor's Campaign ······ 8–517
The Song of Youth ······ 6–204
The Sound and Fury ······ 8–362
The Sound of Music ······ 8–577
The Spark Sets a Prairie Fire ······ 8–305
The Spirit of the Laws ······ 5–197
The Spring ······ 6–266
The Spring River Flows East ······ 8–509
The Story of Ancient Mirror ······ 3–171
The Story of Qiu Ju ······ 6–242
The Structure of Social Action ······ 6–492
The Studio ······ 3–557
The Tale of Genji ······ 9–114
The Tale of Heroic Sons and Daughters ······ 2–416
The Thinker ······ 7–120
The Thunderstorm ······ 2–89
The Times ······ 7–278
The Times Atlas of the World ······ 7–279
The Times of India ······ 8–604
The Tin Drum ······ 7–383
The Travels of Lao Ts'an ······ 4–557
The Treasure Lotus Lamp ······ 1–240
The True Story of Ah Q ······ 1–60
The University of Hong Kong ······ 8–192
The Voice of America ······ 5–354
The Wall Street Journal ······ 3–534
The Wanderers ······ 8–381
The Washington Post ······ 3–538
The Weaver ······ 9–292
The White Snake ······ 1–205
The White-Haired Girl ······ 1–203
The Whole Romance of the Three Kingdoms ······ 6–389
The Young Guards ······ 6–209
The Yue People's Song ······ 9–131
The Zoo Story ······ 2–341
The 29th Summer Olympic Games ··· 2–266
The 100-Years-Old Lady to be Commander ······ 1–215
Theaceae ······ 6–433
theatre ······ 4–338
theatre ······ 9–185
Théâtre du Vieux-Colombier ······ 4–557
Theatre Missile Defense ······ 9–185
Theatre of Dionysus in Athens ······ 8–394
theatricality ······ 8–143
Thebes ······ 2–218
thelaziasis ······ 4–224
Theobroma cacao ······ 4–444
theobromine ······ 4–444
Theodore II ······ 7–339
theologic-politics, theory of ······ 6–514
theology ······ 6–515
theophylline ······ 1–491
theoretical geography ······ 5–11
theoretical mechanics ······ 5–11
theory of fundamental and incidental ······ 1–307
Theory of Surplus Value ······ 6–571
theory of work-life quality ······ 3–129
Theragra chalcogramma ··· 8–156 (5–449)
therapeutical exercises ······ 8–534
Theraphosidae ······ 1–424
therapy ······ 9–318
thermae ······ 3–131
thermal analysis ······ 6–277
thermal cutting ······ 6–281
thermal electric generation ······ 4–12
thermal expansion ······ 6–281
thermal island ······ 6–277
thermal pollution ······ 6–282
thermal power plant ······ 4–10
thermal wind ······ 6–274
Thermidorian Reaction ······ 6–282
thermochemistry ······ 6–278
thermodynamical cycle ······ 6–280
thermodynamical system ······ 6–280
thermodynamics ······ 6–279
thermodynamics of irreversible process ······ 1–428
thermoelasticity ······ 6–282
thermoelectric phenomena ······ 7–579
thermohaline circulation ······ 6–282
thermometer ······ 7–580
thermonatrite ······ 7–86
thermonuclear fusion ······ 6–278
thermosphere ······ 6–274
Theseus ······ 7–329
Thessaloníki ······ 6–377
thiazole ······ 6–369
Thibaud, Jacques ······ 2–267
Thierry, (Jacques-Nicolas-) Augustin ······ 7–338
Thiers, (Louis-) Adolphe ······ 7–338
Thies ······ 4–227
Thijsse, Johannes Theodoor ······ 7–278
Thimbu ······ 7–387
Thimphu ······ 7–387
things ······ 8–70
things in themselves ······ 8–79
thinking ······ 7–119
thinking disorder ······ 7–119
thin-layer chromatography ······ 1–420
thinleaf milkwort ······ 9–115
thinning ······ 4–161
thiol ······ 5–130
thiophene ······ 6–369
Third Day of the Third Lunar Month, Festival on ······ 6–406
Third Field Army ······ 2–261
Third International ······ 2–260
third law of thermodynamics ······ 6–280
Third Plenary Session of Eleventh Central Committee of CPC ······ 9–361
Third Reich ······ 2–260
Third Revolutionary Civil War ······ 2–260
Third World ······ 2–261
Third World Academy of Sciences ··· 2–261

Thirteen Imperial Mausoleums of Ming Dynasty ······ 5–448
Thirty Years' War ······ 6–400
thirty-six stratagems ······ 6–400
Thirukkural ······ 2–268
Thomas Aquinas ······ 7–455
Thomas Cup Badminton Tournament ······ 7–297
Thomas Mann ······ 7–455
Thomas Mun ······ 7–455
Thomas, Sidney Gilchrist ······ 7–454
Thomas, William Isaac ······ 7–454
Thomisidae ······ 8–247
Thomsen, Christian Jürgensen ······ 7–296
Thomson, Sir George Paget ······ 7–298
Thomson, John ······ 7–297
Thomson, Sir Joseph John ······ 7–298
Thon mi Sambho ta ······ 7–424
Thorez, Maurice ······ 2–384
thorium ······ 7–447
Thorndike, Edward Lee ······ 6–410
Thorold's deer ······ 1–193
Thoroughbred ······ 2–39
Thousand and One Nights ······ 8–511
Thousand-Character Classic ······ 6 158
thread-bound book ······ 8–186
Threads Society ······ 9–73
threatened animals ······ 1–360
threatened plants ······ 1–361
Three Antis Movement and Five Antis Movement ······ 6–384
Three Attacks against Zhujia Village ······ 6–383
Three Attacks on White Skeleton Ghost ······ 6–383
Three Banks of South ······ 5–539
three calendars of the different first months ······ 6–407
three canons of Pure Land ······ 4–313
three cardinal guides and five constant virtues ······ 6–385
Three Cases ······ 6–381
Three Countries' Intervention in Japan Returning Liaodong Peninsula to China ······ 6–389
three criteria ······ 6–382
Three Departments and Six Ministries ······ 6–400
"three direct links" across the Taiwan Straits ······ 5–57
three dukes ······ 6–387
three elders system ······ 6–406
Three Emperors' League ······ 6–391
"Three Emphases" Education ······ 6–394
three enclosures and twenty-eight mansions ······ 6–405
three extra taxes ······ 6–403
Three Gorges of Minjiang River ······ 5–436
Three Gorges of Yangtze River ······ 1–514
Three Gorges Water Control Project ······ 6–402
three grades of human nature ······ 8–326
Three Great Poets of the Jiangzuo Area ······ 4–185
Three Heroes and Five Gallants ······ 6–402
Three Imperial Textile Manufactories of Jiangnan ······ 4–175
Three Indian Monks in Kaiyuan Era ······ 4–390
Three Kingdoms ······ 6–387
Three Main Rules of Discipline and Eight Points for Attention ······ 6–383
Three Major Campaigns of Wanli Reign ······ 7–481
Three Mao Perfect Sovereign Brothers ······ 6–397
Three Military Administrations of Jianzhou ······ 4–164
Three Palace Academies ······ 5–560
Three Parallel Rivers National Park ······ 6–393
Three Passes of Yiyang ······ 8–556
three poets of Lingnan ······ 5–101
Three Principles of the People ······ 6–398
Three Provincial Offices ······ 6–401
Three Pure Ones ······ 6–399
Three Red Banners ······ 6–397
Three Repetitions of the Yangguan Tune ······ 8–451
three sacrifice offerings ······ 6–400
Three Saints of the East ······ 2–318
Three Small Gorges of Jialing River ······ 4–131
Three Sovereigns and Five Emperors ······ 6–392
three supports and two military tasks ······ 6–407
Three Treatises on Military Tactics ······ 6–397
Three Treatises sect of Buddhism ······ 6–397
three unities ······ 6–404
Three Variations of the Plum Blossom Tune ······ 5–332
Three Worlds ······ 6–387
three years of economic hardship ······ 6–398
three-capital enterprises ······ 6–407
Three-Character Classic ······ 6–407
Three-Hundred Tang Poems ······ 7–313
three-phase A. C. circuit ······ 6–403
Three-self Patriotic Movement Committee of Protestant Churches in China ······ 9–374
thrips ······ 4–106
thromboangiitis obliterans ······ 8–376
thrombophlebitis ······ 8–376
thrombosis ······ 8–376
throwing arrows into bottle, game of ······ 7–412
Thucydides ······ 8–338
thumb ring ······ 1–221
thunder ······ 4–566
Thunder God ······ 4–568
thunderstorm ······ 4–566
Thunderstorm ······ 4–571
Thunnidae ······ 4–247
Thus Spoke Zarathustra ······ 1–493
Thutmose Ⅲ ······ 7–426
thylacine ······ 2–131
Thylcacinus cynocephalus ······ 2–131
Thymallus arcticus ······ 3–611
Thymelaeaceae ······ 6–352
thymus gland ······ 8–331
thyristor ······ 4–303
thyroid gland ······ 4–137
thyroid tumors ······ 4–138
thyroiditis ······ 4–138
Thysanoptera ······ 4–106 (9–12)
Tiahuanaco Culture ······ 2–269
Tian'anmen ······ 7–346
Tian Fen ······ 7–368
Tian Gengxin ······ 7–369
Tian Han ······ 7–369
Tian Heng ······ 7–369
Tian Hua ······ 7–369
Tian Jiyun ······ 7–369
Tian Jiyun ······ 7–369
Tian Liang ······ 7–370
Tian Qijun ······ 7–371
Tian Wenjing ······ 7–371
Tian Yuqing ······ 7–371
Tian Zhuangzhuang ······ 7–372
Tian'anmen Square ······ 7–346
Tianchang City ······ 7–347
Tianchi Lake ······ 7–347
Tianjin China-West University ······ 7–352
Tianjin City ······ 7–351
Tianjin, Port of ······ 7–351
Tianjin Quanyechang Department Store ······ 7–351
Tianjin University ······ 7–351
Tianli sect ······ 7–353
Tianlongshan Caves ······ 7–353
Tianmen City ······ 7–354
Tianmu Mountain ······ 7–354
Tianqiao ······ 7–356
Tianshan Mountain Range ······ 7–359
Tianshui City ······ 7–359
Tiantai Mountain ······ 7–360
Tiantai sect of Buddhism ······ 7–359
Tiantishan Caves ······ 7–360
Tianya Haijiao ······ 7–366
Tianyige Library ······ 7–366
Tianzhu Mountain ······ 7–368
Tibet Autonomous Region ······ 8–113

Tibet University ········· 8–110
Tibetan ········· 9–160
Tibetan antelope ········· 9–158
Tibetan branch ········· 9–160
Tibetan Buddhism ········· 9–156
Tibetan Buddhist temple murals ··· 9–156
Tibetan calendar ········· 9–157
Tibetan culture ········· 9–159
Tibetan dance ········· 9–160
Tibetan drug ········· 9–159
Tibetan language ········· 9–159
Tibetan local race ········· 8–110
Tibetan mastiff ········· 9–156
Tibetan New Year ········· 9–157
Tibetan opera ········· 9–157
Tibetan robe ········· 9–158
Tibetan temple murals ········· 8–112
Tibetan wool ········· 6–118
Tibetan writing ········· 9–158
Tibeto-Burman group ········· 9–158
Tibeto-Chinese Dictionary ········· 9–157
tick ········· 6–80
tidal bore ········· 9–28
tidal bore of Qiantang River ········· 6–168
tidal current ········· 1–543
tidal observation ········· 8–443
tidal power station ········· 1–544
tide ········· 1–544
tide gauge ········· 8–443
tie ········· 5–102
tie dyeing ········· 9–145
Tie Ning ········· 7–383
Tieck, Johann Ludwig ········· 2–268
Tiele Tribe ········· 7–380
Tieli City ········· 7–380
Tieling City ········· 7–380
Tiepolo, Giovanni Battista ········· 7–339
Tieqin Tongjian Library ········· 7–384
Tierra del Fuego, Isla Grande de ··· 4–10
tiger ········· 3–518
tiger beetle ········· 3–518
tiger moth ········· 2–190
tiger tally ········· 3–518
Tiger-designed Chime Stone ········· 3–520
Tigrai ········· 2–267
Tigre ········· 2–267
Tigre ········· 7–339
Tigridiopalma magnifica ········· 3–520
Tigrinya ········· 7–339
Tigris River ········· 2–218
Tikal ········· 2–267
Tikhonov, Vyacheslav Vasilyevich ··· 4–62
Tilak, Bal Gangadhar ········· 2–268
tilaka ········· 4–67
Tilapia ········· 2–513
tile carving ········· 9–509
tile-end ········· 7–463
Tilia ········· 2–369
Tillich, Paul Johannes ········· 2–268
tillite ········· 1–364
tilt-rotor aircraft ········· 6–218
timber production forest ········· 9–28
time management ········· 6–609
time measurement ········· 6–608
time series analysis ········· 6–609
time service ········· 6–609 (7–45)
time zone ········· 6–610
Time-Honoured Institutions of Carpenters ········· 9–532
time-resolved spectrum ········· 6–609
Timgad ········· 7–340
Timor Island ········· 2–253
Timor Timur ········· 2–316
timpani ········· 2–313
Timur ········· 7–378
Timurid Dynasty ········· 7–378
tin ········· 8–131
tin alloy ········· 8–132
Tinbergen, Jan ········· 2–304
Tinbergen, Nikolaas ········· 7–386
tinea ········· 8–367
tinea capitis ········· 7–412
tinea corporis ········· 7–343
tinea cruris ········· 3–185
tinea manuum et pedis ········· 7–41
tinea unguium ········· 3–605
tineid moth ········· 3–183
Tineidae ········· 3–183
Ting, Samuel Chao Chung ········· 2–310
Tingzhou Prefecture ········· 7–387
tinnitus ········· 2–420
Tintoretto ········· 2–308
tintype ········· 8–132
Tipulidae ········· 2–107
Tiradentes ········· 2–268
Tirana ········· 2–222
tire ········· 5–196
Tirso de Molina ········· 2–267
Tischbein, Johann Heinrich Wilhelm ········· 2–268
tissue repair ········· 9–571
tit family ········· 6–438
Titan ········· 7–340
Titan launch vehicle ········· 2–90
Titanic Event ········· 7–278
titanite ········· 8–246
titanium ········· 7–271
titanium alloy ········· 7–272
titanium dioxide ········· 2–429
Titchener, Edward Bradford ········· 7–383
Titian ········· 7–340
Titicaca, Lago ········· 2–214
titleless poem ········· 8–19
Tito, Josip Broz ········· 7–384
titration analysis ········· 2–208
Titus-Bode's law ········· 7–339
TLC ········· 1–420
TMD ········· 9–185
TNT ········· 7–338
toadfish ········· 1–501
tobacco ········· 8–420
Tobin, James ········· 7–451
tobogganing ········· 8–372
Tocantins, Rio ········· 7–453
Tochari ········· 2–111
Tocharian language ········· 7–445
Tōdai-ji ········· 2–316
TOEFL ········· 7–453
Togliatti, Palmiro ········· 7–325
Togo ········· 2–382
Tojikiston ········· 7–239
Tōjō Hideki ········· 2–326
Tokai Critical Reaction Accident ··· 2–321
tokamak ········· 7–453
Tokelau ········· 7–453
Tokhāra ········· 2–111
Tokmak ········· 7–216
Tokuda Kyūichi ········· 2–184
Tokugawa Ieyasu ········· 2–171
Tōkyō ········· 2–322
Tokyo ········· 2–322
Tokyo International Film Festival ··· 2–323
Tokyo Subway ········· 2–323
Tokyo Trial ········· 2–323
tolerance ········· 3–130
Toller, Ernst ········· 7–453
Tolstoy, Aleksey Nikolayevich ········· 7–452
Tolstoy, Lev Nikolayevich ········· 7–452
Toltec culture ········· 7–452
toluene ········· 4–134
Tolui ········· 7–456
Tom Hanks ········· 7–296
Tom Jones ········· 7–296
Tomahawk Cruise Missile ········· 9–181
tomato ········· 2–463
tomb containing personal effects of the deceased without remains ··· 8–533
Tomb of Crown Prince Yide ········· 8–570
Tomb of Crown Prince Zhanghuai ··· 9–220
Tomb of Fuhao ········· 3–5
Tomb of Gao Run ········· 3–74
Tomb of Huo Qubing ········· 4–26
Tomb of Marquis Yi of Zeng State ··· 9–168
Tomb of Princess of Chen State ········· 1–556
Tomb of Princess Ruru ········· 6–338
Tomb of Sima Jinlong ········· 7–114
Tomb of the King of Sulu State ········· 7–191
Tomb of Tutankhamen ········· 7–426
Tomb of Yang Can ········· 8–453
Tomb of Zhu Ran ········· 9–485
Tomb with Relief Stone

Sculptures at Yinan ········ 8–538
Tombouctou ········ 7–388
tombs in ancient China ········ 9–364
Tombs of Chu State at Jiangling ········ 4–175
Tombs of Chu State at Xiasi ········ 8–159
Tombs of Chu State in Changsha ········ 1–517
Tombs of Feng Family ········ 2–572
Tombs of Jin Dynasty at Houma ········ 3–487
Tombs of the Liao Dynasty at Xuanhua ········ 8–361
tomb-sweeping ········ 6–414
Tomb-Sweeping Festival ········ 6–227
Tomioka Tessai ········ 3–19
Tomistoma schlegelii ········ 5–260
Tomonaga Shinichirō ········ 1–543
Tömür Dawamät ········ 7–383
Tomür Peak ········ 7–455
ton ········ 2–375
tone ········ 8–573
Tong Dizhou ········ 7–404
Tong Jun ········ 7–404
Tong Linge ········ 7–399
Tonga ········ 7–296
Tonga ········ 7–390
Tongan language ········ 7–296
Tongbai County ········ 7–400
Tongcheng City ········ 7–400
Tongcheng school ········ 7–400
Tongchuan City ········ 7–402
Tongdao Dong Autonomous County ········ 7–388
Tongguan County ········ 7–405
Tongguan Pass ········ 7–405
Tongguang style ········ 7–395
Tonghua City ········ 7–389
Tonghui River ········ 7–389
Tongji University ········ 7–395
Tongjiang City ········ 7–395
Tongli Town ········ 7–396
Tongliao City ········ 7–391
Tongling City ········ 7–403
Tongling Mine Site ········ 7–403
Tonglu County ········ 7–400
Tonglüshan Mine Site ········ 7–403
Tongren City ········ 7–403
Tongren Region ········ 7–403
Tongrentang Chinese Pharmacy ········ 7–396
Tongshan District ········ 7–403
tongue ········ 6–477
tongue inspection ········ 6–478
tongue quality ········ 6–478
tongue sole ········ 6–478
tonguefish ········ 6–478
Tongwan Capital ········ 7–409
Tongxiang City ········ 7–400
Tongxin County ········ 7–398
Tongxin Mosque ········ 7–398
Tongyu County ········ 7–394
Tongzhou District ········ 7–394
tonifying heart ········ 1–423
tonifying kidney ········ 1–423
tonifying liver ········ 1–422
tonifying lung ········ 1–422
tonifying method ········ 1–422
tonifying spleen ········ 1–423
tonifying yang ········ 1–424
tonifying yin ········ 1–424
Tönnies, Ferdinand (Julius) ········ 7–336
tonsillitis ········ 1–341
tool steel ········ 3–125
Toona sureni ········ 3–469
toosendanin ········ 2–22
tooth decay ········ 6–256
tooth notching ········ 9–162
toothpaste ········ 8–389
top quark ········ 2–311
top shell ········ 5–279
topaz ········ 3–602
topographic map ········ 2–244
topographic survey ········ 2–243
topography ········ 2–221
topology ········ 7–459
toponomastics ········ 2–230
Toqtoha ········ 7–457
torbernite ········ 7–404
Torch Festival ········ 4–8
Torch Program ········ 4–12
Torga, Miguel ········ 7–452
Torii Ryuzo ········ 5–589
Torino ········ 2–350
tornado ········ 5–141
Toronto ········ 2–384
Toros Dağları ········ 7–454
Torpediniformes ········ 2–289
torpedo ········ 9–60
torpedo boat ········ 9–60
Torres Strait ········ 7–454
Torreya grandis ········ 8–192
Torricelli, Evangelista ········ 7–454
Tórshavn ········ 7–452
tort ········ 6–193
tortoise beetle ········ 3–241
Tory ········ 7–454
Tosca ········ 7–455
Toscanini, Arturo ········ 7–455
Toshkent ········ 7–242
Toshodaiji Monastery ········ 7–317
total differential ········ 6–264
total head ········ 8–446
total product of society ········ 6–499
total quality control ········ 6–261
total reflection ········ 6–259
totalitarianism ········ 4–70
totem ········ 7–426
touch sensation ········ 2–22
touchstone ········ 7–29
Toulouse ········ 7–422
Toulouse-Lautrec, Henri de ········ 7–422
Toumey, James William ········ 7–429
Toungoo Dynasty ········ 2–327
Touré, Ahmed Sékou ········ 2–356
tourism ········ 5–182
tourism carrying capacity ········ 5–182
tourism consumption ········ 5–182
tourism economy ········ 5–182
tourism industry ········ 5–182
tourist site ········ 5–182
tourmaline ········ 1–332
tourmaline ········ 2–286
Tournier, Michel ········ 7–424
Toussaint-Louverture ········ 2–361
Tovstonogov, Georgy Aleksandrovich ········ 7–452
Tower Bridge ········ 5–194
Tower of London ········ 5–194
Townes, Charles Hard ········ 7–298
Townshend Acts ········ 7–311
township ········ 8–188
township and precinct, system of ········ 8–199
toxic nephrosis ········ 9–459
Toxicodendron vernicifluum ········ 6–125
toxoplasmosis ········ 3–129
Toxorhynchites ········ 4–336
Toynbee, Arnold Joseph ········ 7–299
Toyota ········ 2–561
Toyota Motor Corporation ········ 2–561
Toyotomi Hideyoshi ········ 2–561
TPA ········ 2–370
trace analysis ········ 3–461
trace element ········ 7–538
trace fossil ········ 8–544
trachea ········ 6–142
tracheotomy ········ 6–142
Trachidermus fasciatus ········ 7–159
trachoma ········ 6–429
track and field ········ 7–370
Tracker Fund of Hong Kong ········ 9–15
Tractate of the Most High One on Actions and Consequences ········ 7–263
tractor ········ 7–455
Tracy, Spencer ········ 6–251
trade agreement ········ 5–328
trade barriers ········ 5–328
trade deficit ········ 5–328
trade friction ········ 5–328
trade, liberalization of ········ 5–329
trade protocol ········ 5–328
trade secret ········ 6–457
trade secret law ········ 6–458
trade subsidy ········ 5–328
trade surplus ········ 5–328

trade unionism …… 3–125
trade war …… 5–329
trade wind …… 8–296
trademark …… 6–453
trademark administration …… 6–453
trademark law …… 6–453
trademark rights …… 6–453
tradition almanac in China …… 3–579
traditional ceremonial obeisance … 1–219
traditional Chinese drugs …… 9–447
traditional Chinese fiction …… 9–220
traditional Chinese martial arts …… 8–59
traditional Chinese medicine …… 9–347 (9–448)
traditional Chinese opera …… 2–27
traditional Chinese painting …… 9–372
traditional Korean medicine …… 1–542
traditional Tibetan medicine …… 9–160
traffic volume …… 4–196
traffic control …… 4–196
traffic management …… 4–196
traffic network …… 4–196
traffic sign …… 4–196
traffic signal …… 4–197
traffic volume …… 9–143
tragedy …… 1–254
Tragulidae …… 8–136
traguline …… 8–136
train …… 4–9
trainer …… 4–209
Traiphumphraruang …… 6–395
Trajan …… 7–421
Trajan' s Column …… 7–421
trampolining …… 1–312
tranquilization …… 1–105
transaction cost …… 4–198
transaction on exchange …… 1–528
transaction outside exchange …… 1–528
transactions, cost of …… 4–198
Trans-Alaska Oil Pipeline …… 9–561
transaminase …… 9–509
trans-avantgardia art …… 1–533
transcendental number …… 1–536
transcendental Thomism …… 1–536
Transcontinental Railway of USA … 3–466
transducer …… 2–25
transfer and unit machine …… 9–569
transfer cell …… 2–25
transfer orbit …… 3–301
transfer price …… 9–511
transform fault …… 9–510
transformer …… 1–345
transforming administrative fees into taxes …… 2–539
transfusion …… 7–56
transgene …… 9–510
transgenic crop …… 9–510
transgression …… 3–328
transistor …… 4–302
transit …… 5–98
transit dues …… 9–530
Transit navigation satellite …… 9–531
transit trade …… 3–301
transition element …… 3–301
transition-state theory …… 3–301
transmission …… 2–24
transmission …… 2–25
Transmission Control Protocol/ Internet Protocol …… 9–587
transmission of Chinese science and technology in Europe …… 2–327
transmission of Western learning into China …… 8–106
transmitter …… 1–343
transnational corporation …… 4–493
transnational marriage …… 4–493
transonic flight …… 4–494
transpiration …… 9–263
transplant …… 8–542
transport commissioner …… 9–511
transport cost …… 9–142
transport in gases …… 6–145
transport industry …… 4–197
transport market …… 9–143
transport ship …… 9–142
transportation …… 1–227
transportation …… 9–142
transportation junction …… 4–197
transposition …… 8–542
transuranium element …… 1–536
transversal wave …… 3–466
trap …… 6–256
Trapa …… 5–99
trapdoor spider …… 2–303
Tratado de Cooperación Amazónica …… 8–406
trauma …… 2–31
trauma literature …… 6–451
travel insurance …… 5–182
Travel of Marco Polo …… 5–254
Treasure House of Funny Stories …… 8–233
treasury bills …… 3–287
Treaties of Brest-Litovsk …… 1–446
Treaties of Commerce and Navigation …… 7–391
Treaties of Hue …… 7–109
Treaties of Paris (1814, 1815) …… 1–171
Treaties of Tianjin …… 7–352
treating different diseases with the same method …… 8–559
treating same disease with different methods …… 7–394
Treatise on Architectural Methods … 9–17
Treatise on Cold Pathogenic Diseases …… 6–451
Treatise on Embroidery …… 8–339
Treatise on Superfluous Things …… 9–223
Treatise on the Advantages and Disadvantages of the Commanderies and States of the Empire …… 7–365
Treatise on the Establishment of the Doctrine of Consciousness Only …… 1–580
treatment …… 9–318
treatment aiming at its root causes … 9–318
treatment based on disease differentiation …… 1–347
treatment based on syndrome differentiation …… 1–347
treatment individualized to patient, season and locality …… 6–405
treatment, principle of …… 9–318
treaty …… 7–374
Treaty between the United States of America and the Russian Federation on Strategic Offensive Arms Reduction …… 5–342
Treaty for the Elimination of Medium-range Missile …… 9–327
Treaty of Adrianople …… 8–400
Treaty of Aigun …… 1–90
Treaty of Amiens …… 8–408
Treaty of Beijing …… 1–272
Treaty of Frankfurt …… 2–448
Treaty of Guadalupe Hidalgo …… 3–201
Treaty of Kanghwa …… 4–174
Treaty of Kyakhta …… 6–155
Treaty of Lausanne (1923) …… 5–230
Treaty of Nanjing …… 5–531
Treaty of Nerchinsk …… 5–566
Treaty of Non-Aggression Between Soviet Union and Germany …… 7–181
Treaty of Paris (1783) …… 1–171
Treaty of San Stefano …… 6–568
Treaty of Security and Safeguard Between Japan and United States … 6–325
Treaty of Sèvres …… 6–415
Treaty of Shimonoseki …… 5–249
Treaty of Three Eastern Provinces on Sino-Japan Conference …… 9–435
Treaty of Trianon …… 7–331
Treaty of Verdun …… 2–465
Treaty of Versailles …… 2–466
Treaty of Waitangi …… 3–560
Treaty of Wanghia …… 7–525
Treaty of Whampoa …… 3–594
Treaty of 1901 …… 8–257
Treaty on the Non-proliferation of Nuclear Weapons …… 1–428
Trechikov Gallery …… 7–332

tree ······ 7–61
tree burial ······ 7–61
tree ear ······ 5–489
tree ferns ······ 7–225
tree frog ······ 7–61
tree frogs ······ 9–72
tree of heaven ······ 2–12
tree peony ······ 5–486
tree shrew ······ 7–61
tree toad ······ 9–72
treehopper ······ 4–204
Trematoda ······ 8–117
Tremella fuciformis ······ 8–580
tremolite ······ 7–415
tremor ······ 9–257
trench ······ 3–327
Trench at the Jin Borders ······ 4–242
trench fever ······ 9–184
Trevithick, Richard ······ 7–331
triadimefon ······ 6–407
trial marriage ······ 7–29
Trialeurodes vaporariorum ······ 1–196
triangle ······ 6–395
triangle shell mussel ······ 6–394
triangular debt ······ 6–395
Triassic Period ······ 6–384
tribe ······ 1–457
Tribe hominini ······ 6–305
tribochemistry ······ 5–456
tribology ······ 5–456
tribuni ······ 1–245
tricarboxylic acid cycle ······ 6–401
trichinellosis ······ 8–365
trichinosis ······ 8–365
Trichiurus haumela ······ 2–131
trichloroethylene ······ 6–396
trichloromethane ······ 6–396
trichlorphon ······ 2–215
Tricholoma mongolicum ······ 4–480
trichomoniasis ······ 2–208
Trichoptera ······ 5–313
Trichosanthes kirilowii ······ 3–203
trichosanthin ······ 7–350
trichuriasis ······ 1–340
trick-cycling ······ 1–547
tricuspid cudrania ······ 9–242
Tridacnidae ······ 1–548
triethylamine ······ 6–405
trifluoroacetic acid ······ 6–385
trifluoroethanol ······ 6–385
Trifolium ······ 6–404
Trifonov, Yury Valentinovich ······ 7–331
trigeminal neuralgia ······ 6–382
trigger ······ 2–22
Trigonella foenum-graecum ······ 8–192
trigonometric function ······ 6–394
triketohydrindene ······ 8–614
trilateration ······ 6–382
Trilling, Lionel ······ 7–331
Trilobita ······ 6–404
trilobite ······ 6–404
trilokya ······ 6–395
Trimeresurus stejnegeri ······ 9–498
Trinidad and Tobago ······ 7–331
Trinity ······ 6–401
Trinity, doctrine of ······ 6–405
Trionyx sinensis ······ 1–358
Tripartite Pact (1940) ······ 6–389
triphenylmethane ······ 6–382
Tripitaka ······ 2–122
tri-pitaka ······ 6–406
Triple Alliance (1882) ······ 6–389
triple energy ······ 6–394
Triple Entente ······ 6–390
triple jump ······ 6–392
Tripoli ······ 2–214
Tripoli ······ 2–214
trips ······ 9–12
triratna ······ 6–382
trisiksa ······ 6–404
Tristan da Cunha Group ······ 7–331
Tristant et Yseult ······ 7–332
tri-svabhāva ······ 6–404
triticale ······ 8–223
Triticum ······ 8–225
tritium ······ 2–23
Triumvirate ······ 6–401
Trochidae ······ 5–279
Trochilidae ······ 2–573
trogon ······ 8–484
Trogoniformes ······ 8–484
Trogossitidae ······ 3–182
Trollope, Anthony ······ 7–333
trombone ······ 1–512
trona ······ 7–357
tropical crop ······ 6–277
tropical cyclone ······ 6–275
tropical fish ······ 6–276
tropical monsoon forest ······ 6–275
tropical rain forest ······ 6–276
tropical rain forest climate ······ 6–276
tropics ······ 3–609
troposphere ······ 2–372
Trotsky, Lev Davidovich ······ 7–454
trousers ······ 4–492
trout-perch ······ 3–244
Troy ······ 7–333
Troyon, Constant ······ 7–333
Trubetzkoy, Nikolai Sergeyevich ··· 7–332
true frog ······ 7–463
True Jesus Church ······ 9–256
true lice ······ 6–576
true toad ······ 1–500
truestar anisetree ······ 1–143
Truffaut, François ······ 7–332
Trujillo family ······ 7–332
Truman Doctrine ······ 2–359
trumpet ······ 8–223
trumpet snail ······ 1–341
trunk ······ 6–253
trust ······ 7–453
trust ······ 8–297
trust and investment company ······ 8–298
trust investment ······ 8–297
Truth ······ 9–255
truth ······ 9–255
Truyen Kieu ······ 6–188
trypanosomiasis ······ 9–517
Tryporyza incertulas ······ 6–391
Tsang Hin-Chi ······ 9–170
Tsangbyangs Rgyatsoi Mgurglu ······ 1–475
tsar ······ 6–424
Tsausuthun ······ 9–228
Tsebesmid, Dondogijn ······ 1–487
Tsedenbal, Umzhagin ······ 9–166
Tshe bstan sgrel ma ······ 1–458
Tshe ring dbang rgyal ······ 1–458
Tshering Wanggyal ······ 1–458
Tsien, Roger Yonchien ······ 6–169
Tsinghua University ······ 6–226
"Tsinghua University" (Xinzhu) ··· 6–226
Tsiolkovsky, Konstantin Eduardovich ······ 6–126
Tsonga ······ 2–53
Tsong-Kha-pa ······ 9–557
Tsoongiodendron odorum ······ 3–208
tsoong's tree ······ 3–208
Tsubouchi Shōyō ······ 6–94
Tsugaru-kaikyō ······ 4–266
Tsui, Daniel Chee ······ 2–56
Tsukuba ······ 9–506
tsunami ······ 3–344
Tsushima, Naval Battle of ······ 2–373
Tsushima-kaikyō ······ 2–373
tsutsugamushi disease ······ 8–476
Tsvetayeva, Marina Ivanovna ······ 2–42
Tswana ······ 2–42
Tu ······ 7–444
Tu Changwang ······ 7–428
Tu Guangchi ······ 7–428
Tu language ······ 7–444
Tu Shou'e ······ 7–429
tuatara ······ 3–616
tuba ······ 2–85
tuberculosis ······ 4–222
tuberose ······ 7–479
Tübingen ······ 2–267
Tu-bō ······ 7–445
tubocurarine ······ 7–409
Tucholsky, Kurt ······ 7–421
tuckahoe cocos poria ······ 2–602

Tudor, Antony ······ 7–420
Tudor, House of ······ 2–348
Tufa Rutan ······ 7–416
Tufa Wugu ······ 7–416
tuff ······ 5–598
tufted bracketplant ······ 2–302
Tugella Falls ······ 7–420
tug-of-war ······ 1–189
Tujia ······ 7–438
Tujia language ······ 7–438
Tukhachevsky, Mikhayl Nikolayevich ······ 7–420
Tukhāristān ······ 7–445
Tulasidas ······ 2–359
Tulipa gesneriana ······ 9–80
Tumen City ······ 7–424
Tumen River ······ 7–423
tumor immunity ······ 9–456
Tumu Crisis ······ 7–442
Tumushuke City ······ 7–424
tunas ······ 4–247
tundra ······ 2–342
tunes and operas ······ 6–552
tung oil ······ 7–400
Tung Yabgu Khagan ······ 7–409
Tung-lin Party ······ 2–324
tung-oil tree ······ 9–41
tungsten ······ 8–13
Tungusic branch ······ 7–388
Tunguska Explosion ······ 7–388
Tungwen College ······ 7–398
tunica mucosa ······ 5–586
Tunis ······ 7–419
Tunisia ······ 7–418
Tunisians ······ 7–420
tunnel ······ 7–217
tunnel diode ······ 7–217
tunnel effect ······ 7–217
Tunxi District ······ 7–451
Tuojiang River ······ 7–458
tuong ······ 2–54
Tuoshan Caves ······ 7–458
Tuotuo River ······ 7–458
Tupac Amaru I ······ 7–424
Tupaiidae ······ 7–61
Tupolev, Andrey Nikolayevich ······ 7–420
Turan Lowland ······ 7–421
Turandot ······ 7–421
Turanskaya Nizmennost' ······ 7–421
Turati, Filippo ······ 7–429
Turbellaria ······ 7–607
turbid phlegm obstructing lung, syndrome of ······ 7–284
turbine ······ 7–415
turbine shell ······ 6–334
Turbinidae ······ 6–334
turbulent flow ······ 7–447
Turfan Region ······ 7–445
Turgenev, Ivan Sergeyevich ······ 7–429
Turgot, Anne-Robert-Jacques ······ 2–356
Turhut Tribe ······ 7–435
Turin ······ 2–350
Turing, Alan Mathison ······ 7–421
Turing machine ······ 7–422
Türk ······ 7–417
Turkana Lake ······ 7–420
Turkey ······ 7–435
turkey ······ 4–11
Turkic group ······ 7–417
Turkic script ······ 7–417
Turkish language ······ 7–437
Turkish Revolution ······ 7–437
Türkiye ······ 7–435
Turkman ······ 7–438
Turkmen language ······ 7–439
Turkmenistan ······ 7–438
Turkmenostan ······ 7–438
Turks ······ 7–437
Turks and Caicos Islands ······ 7–330
Turks of Cyprus ······ 6–377
Turku ······ 7–420
Turner, Frederick Jackson ······ 7–333
Turner, Joseph Mallord William ······ 7–277
turning machine ······ 1–546
turning waterwheel ······ 2–463
turnpike theorem ······ 9–575
Turpan Basin ······ 7–446
Turpan City ······ 7–446
Turpan Region ······ 7–445
turpentine ······ 7–159
turquoise ······ 5–186
tussah cloth ······ 9–581
tussah silkworm ······ 9–581
tussock moth ······ 2–351
tussores ······ 5–202
tusu-wine ······ 7–430
tutorial system ······ 2–156
Tutu, Desmond Mpilo ······ 7–426
Tuva language ······ 7–427
Tuvalu ······ 7–426
Tuvinians ······ 7–427
Tuyugou Caves ······ 7–446
Tu-yü-hun ······ 7–446
TV shopping ······ 2–289
TWAS ······ 2–261
Twelfth Night ······ 2–262
Twelve Apostles ······ 6–587
twelve groups of meridional branches ······ 6–586
twelve meridional dermomeres ······ 6–586
twelve meridional muscle groups ······ 6–586
twelve regular channels ······ 6–586
twelve regular meridians ······ 6–586
twelve symbolic animals ······ 6–587
Twentieth Century Fox Film Corporation ······ 9–590
Twenty-Five Histories ······ 2–428
Twenty-Four Histories ······ 2–428
twenty-four solar terms ······ 2–427
Twenty-One Demands ······ 2–428
Twenty-two Warriors Dashing through Luding Bridge ······ 5–158
twilight ······ 7–60
twilight colour ······ 9–226
twill coating ······ 6–433
twirler moth ······ 5–294
Two Capitals and Thirteen Provincial Administration Commissions ······ 5–58
Two Mausoleums of Southern Tang ······ 5–542
Two Treatises of Government ······ 9–280
Two Wangs and Eight Prefectural Commanders ······ 2–429
two-factor theory ······ 7–80
two-part allegorical saying ······ 8–234
two-party system ······ 5–58
two-Stringed Chinese fiddle ······ 2–424
two-tax system ······ 5–59
two-tier management system ······ 7–77
twotooth achyranthes ······ 5–603
Tycho, Brahe ······ 2–259
Tyl, Josef Kajetán ······ 2–209
types of facial make-up in Chinese opera ······ 5–48
Typha latifolia ······ 6–104
typhoid fever ······ 6–451
typhoon ······ 7–248
Typhoon submarine ······ 7–248
typhus, endemic ······ 1–227
typical investigation ······ 2–272
Tyrannosaurus ······ 1–192
tyre ······ 5–196
Tytonidae ······ 1–483
Tyutchev, Fyodor Ivanovich ······ 6–241

U

U Kyin U ······ 8–31
U Ne Win ······ 8–33
U Nu ······ 8–33
U Ponnya ······ 8–25
U-2 reconnaissance airplane ······ 9–587
UAE ······ 1–32
Ubaidian Culture ······ 6–13
Ubasi ······ 7–611
Uber Cup Badminton Tournament ······ 9–31
Uccello, Paolo ······ 8–7
Uda Michitaka ······ 9–67
Udmurts ······ 7–613
Ueda Seiya ······ 6–468

Ufa ······ 7–614
Uffizi Gallery ······ 7–614
UFO ······ 1–430
Uganda ······ 7–614
Ugarit ······ 7–616
ugliness ······ 2–11
Uhland, Ludwig ······ 8–5
UIA Beijing Charter ······ 1–273
Uighur ······ 3–609
Uighur script ······ 3–609
Ujung Pandang ······ 8–7
UK ······ 9–4
Ukigumo ······ 2–605
ukiyo-e ······ 2–604
Ukraine ······ 8–1
Ukrainian language ······ 8–2
Ukrainians ······ 8–2
Ukrayina ······ 8–1
Ulaanbaatar ······ 8–4
ulamā ······ 8–4
Ulan Bator ······ 8–4
Ulan Qab City ······ 8–5
Ulanhot City ······ 8–5
Ulanova, Galina ······ 8–5
Ulansuhai Nur ······ 8–6
Ulbricht, Walter ······ 7–613
ulcerative colitis ······ 4–507
Ullambana Assemblage ······ 9–59
Ulmaceae ······ 9–65
Ulmus ······ 9–65
Ulsan ······ 7–572
ultimatum ······ 9–574
ultimogeniture ······ 9–52
ultraprecision machining ······ 1–533
ultra-pure material ······ 1–529
ultrashort wave propagation ······ 1–531
ultrasonic diagnosis ······ 1–534
ultrasonic therapy ······ 1–534
ultrasonic wave ······ 1–534
ultraviolet astronomy ······ 9–534
ultraviolet ray ······ 9–534
ultraviolet-visible spectrophotometry ······ 9–534
Ulūgh Beg ······ 8–68
Ulva ······ 6–593
Ulyanov, Mikhail Aleksandrovich ······ 8–5
Ulysses ······ 9–32
Ulysses probe ······ 9–32
'Umān ······ 1–45
'Umar I ······ 6–15
Umayyad Dynasty ······ 7–607
Umbelliferae ······ 6–408
UMP ······ 6–295
Unamuno, Miguel de ······ 8–7
uncertainty relation ······ 1–430 (1–485)
Uncia uncia ······ 8–371
Uncle Doggie's Nirvara ······ 3–154
Uncle Tom's Cabin ······ 7–297
unconditional surrender ······ 8–19
unconscious ······ 8–23
UNCTAD ······ 5–45
undaria ······ 6–270
Undaria pinnatifida ······ 6–270
Under the Roof of Shanghai ······ 6–466
Under the Yoke ······ 2–410
underdeveloped countries ······ 1–427
underglaze blue ······ 6–207
underglaze decoration ······ 9–54
underglaze red ······ 9–53
underground cave ······ 7–438
underground economy ······ 2–241
underground mining method ······ 2–240
underground power transmission ······ 2–242
underground railway ······ 2–243
underground reservoir ······ 2–243
Underground Structure of Famen Temple ······ 2–453
underground works ······ 2–240
undersea cable ······ 3–321
underwater archaeology ······ 7–101
underwater laboratory ······ 7–101
underwater photography ······ 7–101 (6–173)
underwater swimming ······ 6–174
underwear ······ 5–561
underworld society ······ 3–458
undistributed profit ······ 7–568
UNDP ······ 5–44
Undset, Sigrid ······ 7–582
unemployment ······ 6–572
unemployment insurance ······ 6–572
unemployment ratio ······ 6–572
UNEP ······ 5–43
unequal exchange, theory of ······ 1–426
UNESCO ······ 5–43
uneven bars ······ 3–60
unfair competition ······ 1–432
Unfederated Malay States ······ 5–261
Unicorn ······ 8–246
unidentified flying object ······ 1–430
unified electro-weak theory ······ 2–287
unified field theory ······ 7–409
unified revenue and expenditure ······ 7–408
unilateralism ······ 2–141
unincorporated society ······ 2–512
Unio ······ 9–490
Union Catalogue of Chinese Local Chronicles ······ 9–349
Union pour un Mouvement Populaire ······ 6–295
unit operation ······ 2–145
unit system ······ 2–144
unitary system ······ 2–145
United Arab Emirates ······ 1–32
United Daily News ······ 5–40
united front ······ 7–409
United Kingdom ······ 9–1
United Morning News ······ 5–46
United Nations ······ 5–41
United Nations Conference on Environment and Development ······ 5–43
United Nations Conference on the Human Environment ······ 5–45
United Nations Conference on Trade and Development ······ 5–45
United Nations Conference on World Population ······ 5–45
United Nations Convention on the Law of the Sea ······ 5–43
United Nations Development Program ······ 5–44
United Nations Economic and Social Council ······ 5–44
United Nations Educational, Scientific and Cultural Organization ······ 5–43
United Nations Environment Program ······ 5–43
United Nations Peace-keeping Forces ······ 5–45
United Press International ······ 3–411
United States of America ······ 5–342
universal ······ 3–150
Universal Copyright Convention ······ 7–15
Universal Declaration of Human Rights ······ 7–21
universal education ······ 6–107
universal gravitation ······ 7–484
universal love ······ 4–153
Universal Postal Union ······ 7–480
universal time ······ 7–22
Universalists ······ 6–108
universe ······ 9–67
Université de Paris ······ 1–169
University of Bologna ······ 1–415
University of Cambridge ······ 4–168
University of Heidelberg ······ 3–321
University of Helsinki ······ 3–445
University of London ······ 5–193
University of Melbourne ······ 5–480
University of Montreal ······ 5–373
University of Munich ······ 5–498
University of Nanking ······ 4–244
University of Oslo ······ 1–129
University of Ottawa ······ 7–612
University of Oxford ······ 5–601
University of Science and Technology of China ······ 9–376
University of South Africa ······ 5–524
University of Sydney ······ 8–129
University of Tokyo ······ 2–323
University of Toronto ······ 2–385

University of Tsukuba ··· 9–506
unjustifiable self-defense ··· 2–496
unjustified benefits ··· 1–426
unlawful seizure of aircraft ··· 4–217
unlined upper garment ··· 6–442
Unnamed Society ··· 7–569
unofficial history ··· 9–148
unsaturated polyester ··· 1–425
unwritten law ··· 1–425
UP ··· 1–425
Upādhyaya ··· 3–419
up-and-downwelling ··· 6–527
Upani Sad ··· 1–134
upas-tree ··· 4–161
Updike, John ··· 2–409
UPI ··· 3–411
Upit, Andrej Martynovich ··· 8–7
upper atmosphere ··· 3–58
Upper Capital-Longquanfu of Bohai State ··· 1–419
uprise ··· 6–140
Uprising of Chen Sheng and Wu Guang ··· 1–564
Uproar in Heaven ··· 2–97
UPU ··· 7–480
upwelling ··· 6–467
Ur ··· 7–613
'Urābī Pasha ··· 1–123
ural licorice ··· 3–34
Ural Mountains ··· 8–2
Ural River ··· 8–2
Uralic family ··· 8–3
Ural' skiy Khrebet ··· 8–2
Uraniidae ··· 8–445
uraninite ··· 4–303
uranium ··· 9–42
uranium blacks ··· 9–42
uranium isotopes, enrichment of ··· 9–42
uranium series disequilibrium dating ··· 9–42
uranium-thorium-lead dating ··· 9–42
Uranus ··· 7–361
Urartu Kingdom ··· 8–3
urban and rural integration ··· 1–588
urban climate ··· 1–586
urban geography ··· 1–584
urban heat island ··· 1–587
urban housing system reform ··· 1–588
urban infrastructure ··· 1–586
urban pathologies ··· 2–350 (1–583)
urban planning ··· 1–585
urban road ··· 1–583
urban sculpture ··· 1–584
urbanization ··· 1–586
Urdu language ··· 7–613
urea ··· 5–590
urea-formaldehyde resin ··· 5–590
uremia ··· 5–589
Urengoy Gas Field ··· 8–6
Urey, Harold Clayton ··· 9–32
urgent situation ··· 4–267
urinary incontinence ··· 5–590
urinary system, lithiasis in ··· 5–402
urinary system, obstruction of ··· 5–402
urinary tract infection ··· 5–589
urination disorders ··· 6–36
Uriyangqadai ··· 8–67
Urochorda ··· 7–562
Urocteidae ··· 1–333
Urodela ··· 9–49
Uropygi ··· 9–44
Ursa Major ··· 2–113
Ursidae ··· 8–332
Ursus arctos ··· 9–559
Ursus maritimus ··· 1–265
Ursus thibetanus ··· 3–460 (3–154)
Urticaceae ··· 6–160
urticaria ··· 8–382
Uruguay ··· 8–3
Uruguay Round ··· 8–4
Uruk Culture ··· 8–6
Ürümqi City ··· 8–6
US dollar ··· 5–363
Ushinsky, Konstantin Dmitrievich ··· 8–7
using curtilage, right of ··· 9–176
Uslar Pietri, Arturo ··· 8–8
Uspensky, Gleb Ivanovich ··· 8–8
Usu City ··· 8–8
usufruct ··· 9–29
usury ··· 3–69
usury ··· 8–614
UT ··· 7–22
Utagawa Hiroshige ··· 3–95
U' Tamsi, Tchicaya ··· 8–9
uterus ··· 6–5
uterus ··· 9–528
uterus, displacement of ··· 9–530
uterus, hypertrophy of ··· 9–529
uterus, myoma of ··· 9–529
uterus, prolapse of ··· 9–530
'Uthmān ibn 'Affān ··· 1–131
utilitarianism ··· 3–139
Utopia ··· 8–9
utopian socialism ··· 4–470
uxorilocal marriage ··· 6–343
Uygur ··· 7–557
Uygur dance ··· 7–558
Uygur language ··· 7–557
Uygur traditional medicine ··· 7–558
Uygur writing ··· 7–557
Uygur-Chinese Dictionary ··· 7–551
Uyunqimg ··· 8–10
Uzbek ··· 8–10
Uzbek language ··· 8–11 (8–10)
Uzbekistan ··· 8–10
Uzbeks ··· 8–10

V

Va ··· 7–471
Va language ··· 7–471
vacuum ··· 9–253
vacuum cleaner ··· 8–117
vacuum electronic device ··· 9–254
vacuum metallurgy ··· 9–254
vacuum pump ··· 9–254
Va-De' ang branch ··· 7–471
Vaduz ··· 7–464
vagina ··· 8–571
vaginal bleeding ··· 8–571
vaginitis ··· 8–571
vagus nerve ··· 5–392
Vaisheshika ··· 6–569
Vajracchedikā-sūtra ··· 4–239
Vakhtangov, Yevgeny Bagrationovich ··· 7–466
valence-bond theory ··· 4–147
Valencia, Guillermo ··· 1–174
Valentine' s Day ··· 6–236
Valera, Éamon de ··· 7–467
Valera, Juan ··· 1–164
validity of law ··· 2–451
Valle-Inclán, Ramón María del ··· 1–172
Vallejo, César ··· 1–172
Valletta ··· 7–467
Valley ··· 7–468
Valley of Ten Thousand Smokes ··· 7–483
Valley of the Kings ··· 7–503
Valois Dynasty ··· 7–468
Valparaiso ··· 7–465
valuable security ··· 9–48
value ··· 4–147
value, law of ··· 4–147
value outlook ··· 4–147
value, theory of ··· 4–148
value-added tax ··· 9–171
valve ··· 2–435
valvular heart diseases ··· 8–247
Vampilov, Aleksandr Valentinovich ··· 7–480
vampire bat ··· 8–118
Van Allen, James Alfred ··· 2–481
Van Allen radiation belt ··· 2–481
van der Waals force ··· 2–482
van der Waals, Johannes Diderik ··· 2–482
Van Dyck, Sir Anthony ··· 2–464
Van Gogh, Vincent ··· 2–466
Van Gölü ··· 2–467
vanadium ··· 2–468
vanadium pentoxide ··· 8–53
Vancouver ··· 7–580

Vancouver Island ···· 7–580
Vandals-Alani Kingdom ···· 7–485
Vanderbijlpark ···· 2–482
Vandervelde, Émile ···· 7–493
Vänern ···· 7–553
Vanity Fair ···· 5–439
van' t Hoff, Jacobus Henricus ···· 2–483
Vanuatu ···· 7–468
Vanuatuans ···· 7–469
vaporization ···· 6–152
vaporization, heat of ···· 6–152
Varanasi ···· 7–466
Varangians ···· 7–467
Varanus ···· 4–337
Varanus komodoensis ···· 4–433
Varenius, Bernhardus ···· 7–468
Varèse, Edgard ···· 7–467
Vargas Llosa, Mario ···· 1–153
variable capital ···· 4–443
variable star ···· 1–344
Varian, Russell Harrison ···· 7–467
variance ···· 2–487
varicocele of spermatic vein ···· 4–307
varicose vein of lower extremity ···· 8–159
variola virus ···· 7–350
Varyagi ···· 7–467
vascular plant ···· 7–551
vasculitis ···· 8–374
Vasilevsky, Aleksandr Mikhailovich ···· 3–538
Vasilyev brothers ···· 7–471
Vasnetsov, Viktor Mikhailovich ···· 7–470
Vasubandhu ···· 7–25
Vatica mangachapoi ···· 6–210
Vatican ···· 2–484
Vatican Councils ···· 2–485
Vatican Museums ···· 2–485
Vatican Secret Archives ···· 2–485
vault ···· 7–377
Vavilov, Sergei Ivanovich ···· 7–471
Vazov, Ivan Minchov ···· 2–434
VC ···· 2–533
vector analysis ···· 8–204
vector space ···· 8–204
Veda ···· 2–532
Vedanta ···· 2–532
Vedda ···· 7–548
Vega ···· 9–292
Vega Carpio, Lope Félix de ···· 7–552
vegetable ···· 7–57
vegetable dish ···· 7–201
vegetation ···· 9–301
vegetation regionalization ···· 9–301
vegetational zone ···· 9–301
vegetative being ···· 9–304
vegetative nervous system, disorders of ···· 9–304
vegetative reproduction ···· 9–305
vehicle acquisition tax ···· 1–547
vehicle and vessel usage tax ···· 1–546
Velarde, Ramón López ···· 1–295
Velázquez, Diego ···· 7–562
velocity ···· 7–202
velvet ···· 6–331 (7–349)
velveteen ···· 6–91
vena cava obstruction syndrome ···· 6–178
Venderbilt, Harold Stirling ···· 2–482
Venezia ···· 7–531
Venezuela ···· 7–563
Venice ···· 7–531
Venice Film Festival ···· 7–532
Venice, Republic of ···· 7–532
Venice school ···· 7–532
venomous snakes ···· 2–351
ventilator ···· 7–388
Ventura, Lino ···· 2–464
venture fund ···· 2–32
Venturi, Robert ···· 7–592
Venturi tube ···· 7–592
Venus ···· 4–259
Venus ···· 7–554
Venus of Melos ···· 7–554
Veracruz ···· 7–543
verbena family ···· 5–240
Verbenaceae ···· 5–240
Verbiest, Ferdinand ···· 5–526
Verdi, Giuseppe ···· 7–527
verdict ···· 1–464
Verdun, Battle of ···· 2–465
Vereenigde Oostindische Compagnie ···· 5–41
Verga, Giovanni ···· 7–550
Vergil ···· 7–552
Verhaeren, Émile ···· 7–550
Veríssimo, Érico Lopes ···· 7–553
Verkhoyansk ···· 6–468
Verkhoyansk Range ···· 6–468
Verkhoyanskiy Khrebet ···· 6–468
vermes ···· 6–340
Vermeylen, August ···· 7–550
vermiculite ···· 9–320
vernacular free verse ···· 1–198
vernacular literature ···· 1–198
vernacular novel ···· 1–198
Vernadsky, Vladimir Ivanovich ···· 7–551
vernal equinox ···· 2–35
vernalization ···· 2–35
Verne, Jules ···· 2–465
Vernicia fordii ···· 9–41
Vernov, Sergei Nikolayevich ···· 7–542
verruca ···· 9–41
Versailles ···· 2–465
Versailles system ···· 2–466
vertebral column ···· 4–86
vertebrate ···· 4–87
vertical and short take-off and landing airplane ···· 2–34
verticine ···· 1–298
vertigo ···· 8–367
verve theory ···· 6–515
very long baseline interferometry ···· 6–525
Vesalius, Andreas ···· 7–554
Vespidae ···· 3–502
vessel ···· 5–299
vesuvianite ···· 2–605
Vesuvio ···· 7–556
Vesuvius ···· 7–556
vetch ···· 6–472
veterinary drug ···· 7–45
veterinary science ···· 7–45
veto power ···· 2–588
Viang Chan ···· 7–483
vibration ···· 9–257
vibration isolation ···· 3–113
vibration sensation ···· 9–257
vice ···· 3–519
vice grand councilor ···· 1–473
Vicente, Gil ···· 7–555
Vichy Government ···· 7–559
Vicia ···· 6–472
Vicia faba ···· 1–473
Vickrey, William ···· 7–552
Vicols ···· 1–317
victim ···· 1–304
Victor Hasselblad AB ···· 7–552
Victoria ···· 7–548
Victoria ···· 7–549
Victoria amazonica ···· 7–502
Victoria Harbour ···· 7–549
Victoria Lake ···· 7–549
Victoria, Queen ···· 7–549
Victoria State ···· 7–550
Vidal de la Blache, Paul ···· 7–548
video compact disc ···· 9–587
Vienna ···· 7–559
Vienna Circle ···· 7–560
Vienna, Congress of ···· 7–560
Vienna Philharmonic Orchestra ···· 7–559
Vienna State Opera ···· 7–559
Vientiane ···· 7–483
Viet Nam ···· 9–128
Viète, François ···· 7–542
Vietnam ···· 9–128
Vietnam cuisine ···· 9–129
Vietnam War ···· 9–131
Vietnamese Communist Party ···· 9–130
Vietnamese language ···· 9–130
Vietnamese War of Resistance against France ···· 9–130
Viets ···· 9–131
view of history ···· 5–17

View of the Capital of the Empire ··· 2–253
vigilance in solitude ················ 6–526
Vigna ································ 4–187
Vigna angularis ··· 8–222 (1–598, 3–469)
Vigna cylindrica ····················· 5–330
vihara ································ 6–76
Vijayanagar Kingdom··················· 7–552
Viking Age ···························· 1–282
Vikramasīlavihāra ····················· 1–532
Vilhjálmsson, Thor ···················· 7–551
villa ·································· 1–359
village ································ 9–540
village commune ······················· 5–609
village regulations and folk conventions ························ 8–189
village theatrical performance ······ 6–501
village-and-town enterprise ········· 8–190
villagers agreement····················· 2–58
villous amomum ······················· 6–430
Vilnius································ 7–551
Vima Kadphises ························ 8–435
Vimalakīrti-nirdeśa-Sūtra·············· 7–553
Vinaya sect of Buddhism ············ 5–184
vinblastine ···························· 1–511
vincristine ···························· 1–511
vine ··································· 7–337
vinegar ································· 2–54
vinegar fly ···························· 3–300
Vinh Cam Ranh ························ 4–243
Vinogradov, Aleksander Pavlovich ························ 7–554
Vinogradov, Ivan Matveyevich······ 7–554
vinyl chloride ························· 5–189
vinylon ································ 7–553
viol ··································· 7–548
viola ·································· 9–439
Viola tricolour ························ 6–399
Violaceae······························ 4–267
violet family ·························· 4–267
violin ································· 8–229
violoncello ···························· 2–105
Viotti, Giovanni Battista ··········· 7–548
viral encephalitis······················ 1–370
viral gastroenteritis ··················· 1–370
viral hemorrhagic fever ·············· 1–369
viral hepatitis ························· 1–369
viral infection ························· 1–370
viral respiratory infection ··········· 1–370
Virchow, Rudolf (Ludwig Karl) ··· 2–525
Virgil ································· 7–552
Virgin Islands ························· 7–550
Virgin Islands of the United States··· 5–357
virgin land, exploitation of ········ 4–465
Virginia Beach ························ 2–590
Virginia State ························· 2–590
Virginian deer ························· 1–206
Virgo ·································· 7–33
Virgo cluster ·························· 7–33
viroid ································· 4–572
virology ······························· 1–370
virtual capital ························· 8–340
Virunga National Park ··············· 7–553
virus ·································· 1–369
Viśākhadatta ··························· 6–76
Visayans ······························ 1–320
Visby Rules ··························· 7–556
viscacha ······························ 5–318
visceral manifestations, theory of ··· 9–159
viscoelasticity, theory of ··········· 5–586
viscose fiber ·························· 5–586
viscosity ······························ 5–586
viscous fluid ·························· 5–586
visibility in water ···················· 7–106
visible light ··························· 4–443
Visigothic Kingdom ··················· 8–92
vision ·································· 7–30
Viṣṇu ·································· 6–76
Vistula River ·························· 7–556
visual function, examination of······ 7–30
Vitaceae ······························ 6–101
vital capacity ························· 2–533
vitality································ 6–509
vitamin ······························· 7–555
vitamin A····························· 7–555
vitamin C ····························· 7–555
vitamin E····························· 7–556
vitiligo································ 1–194
Vitis ································· 6–101
vitreous hemorrhage ·················· 1–391
Vitruvius ····························· 7–557
Vittorini, Elio ························ 7–548
Vittorino da Feltre ···················· 7–548
Vivaldi, Antonio (Lucio) ············ 7–557
Vivekananda ·························· 1–347
Viverridae ····························· 5–96
Vivien Leigh ·························· 2–541
Viviparidae ··························· 7–370
viviparous animal ····················· 7–246
Vladivostok ··························· 2–605
VLBI ································· 6–525
Vlorë ································· 2–432
VOA ·································· 5–354
VOC ··································· 5–41
vocal imitation ························ 4–480
vocal organ ··························· 2–432
vocational education ················· 9–300
vocational interest test ··············· 9–300
vodka ································· 2–599
void marriage ·························· 8–21
Vojnikov, Dobri ······················ 7–611
volcanic rock ·························· 4–14
volcano ································ 4–13
volcano island·························· 4–14
vole ·································· 7–371
Volga ································· 2–597
Volga Bargemen ······················ 2–597
Volgograd ···························· 2–596
volitional disorder ··················· 8–568
Volkswagen Group····················· 2–123
volleyball ······························ 6–37
volt ·································· 2–599
Volta, Alessandro (Giuseppe Antonio Anastasio) ·············· 2–596
Volta Redonda ························ 7–610
voltage ······························· 2–289
voltage stabilizing circuit ··········· 7–604
Voltaire ······························ 2–597
voltammetry ·························· 2–596
voltinism······························ 3–545
voltmeter······························ 2–289
volumetric analysis··················· 6–332
voluntarism··························· 7–547
voluntary service system ············ 9–311
voluntary standard ··················· 7–449
voluntary surrender ·················· 9–544
volunteer····························· 9–312
vomiting ······························· 6–27
von Neumann, John ·················· 2–576
Vondel, Joost van den ··············· 2–574
Vonnegut, Kurt, Jr. ·················· 2–576
Vorlesungenüber die Geschichte der Philosophie ················· 9–241
Vorovsky, Vatslav Vatslavovich ··· 7–610
Vorticellidae ························· 9–453
Vostochno-Sibirskoye More ········ 2–326
Vostok, Lake ························· 2–318
Vostok launch vehicle ··············· 2–317
Vostok spacecraft ···················· 2–317
Vouet, Simon ························· 7–612
Voyager probe ························ 5–182
Voyeykov, Aleksandr Ivanovich ··· 7–611
Voynich, Ethel Lilian ················ 2–598
Vuchetich, Yevgeny Viktorovich ··· 8–58
Vulpes vulpes ·············· 1–598 (3–501)
vulva, cancer of ······················ 7–475
Vurgun, Samed ························ 8–56
Vygotsky, Lev Semyonovich ······ 7–551
Vyshinsky, Andrey Yanuaryevich ··· 7–559
Vysotsky, Georgy Nikolayevich ··· 7–557

W

Wade-Giles Spelling System ········ 7–533
Wafangdian City······················ 7–465
wafermilfoil family··················· 8–223
Wagahai Ha Neko de Aru·············· 7–608
wages ································ 3–129
Wagner, Adolph Heinrich Gotthilf ··· 7–465
Wagner, (Wilhelm) Richard ······ 7–465
Wagner, Wieland ····················· 7–465
Wahhābīyah, al-······················ 7–466

Wailing Wall …… 4-483
Wain, John …… 7-542
waist drum …… 8-476
Waiting for Godot …… 2-193
waka …… 3-417
Wake Island …… 7-530
Waksman, Selman Abraham …… 7-466
Wala Tribes …… 7-467
Walachian Duchy …… 7-466
Walcott, Derek …… 7-609
Wald, Abraham …… 7-464
Waldheim, Kurt …… 7-464
Waldner, Jan-Ove …… 7-464
Wales …… 7-528
Wałęsa, Lech …… 7-471
Walker, Alice …… 7-610
walking tractor …… 7-37
walk-on …… 5-143
wall …… 6-180
wall painting at Pompeii …… 6-45
Wallace, Alfred Russel …… 3-534
Wallace, DeWitt …… 3-534
Wallis and Futuna …… 7-468
Wallis et Futuna …… 7-468
Walloons …… 7-468
Wal-Mart Stores …… 7-609
Walpole, Robert …… 7-608
Walras, (Marie-Esprit-) Léon …… 7-464
walrus …… 3-344
Walser, Robert …… 7-465
Walther, Johannes …… 7-465
waltz …… 3-534
Walvis Bay …… 4-308
WAN …… 3-238
Wan brothers …… 7-483
Wan Gang …… 7-480
Wan Guoding …… 7-480
Wan Guoquan …… 7-480
Wan Li …… 7-481
Wanfotang Caves …… 7-480
wang …… 7-524
Wang, An …… 7-488
Wang Anshi …… 7-488
Wang Anshi's Reform …… 7-489
Wang Anyi …… 7-489
Wang Bao …… 7-490
Wang Bao …… 7-490
Wang Baoren …… 7-490
Wang Bi …… 7-490
Wang Bingcheng …… 7-490
Wang Bingqian …… 7-490
Wang Bo …… 7-490
Wang Can …… 7-491
Wang Changling …… 7-491
Wang Chong …… 7-491
Wang Chong …… 7-492
Wang Chonghui …… 7-492
Wang Chongyang …… 7-491
Wang Chongyou …… 7-492
Wang Chuanshan …… 7-492
Wang Daheng …… 7-492
Wang Danfeng …… 7-493
Wang Dao …… 7-493
Wang Daohan …… 7-485
Wang Debao …… 7-493
Wang Dexi …… 7-485
Wang Dezhao …… 7-485
Wang Dongxing …… 7-485
Wang Dun …… 7-493
Wang Duo …… 7-494
Wang Enmao …… 7-494
Wang Fang …… 7-494
Wang Feng …… 7-485
Wang Feng …… 7-494
Wang Feng …… 7-495
Wang Fu …… 7-495
Wang Fu …… 7-495
Wang Fuzhi …… 7-495
Wang Fuzhou …… 7-496
Wang Ganchang …… 7-496
Wang Gang …… 7-496
Wang Gen …… 7-496
Wang Guan …… 7-486
Wang Guangqi …… 7-497
Wang Guangying …… 7-497
Wang Guifen …… 7-486
Wang Guotong …… 7-497
Wang Guowei …… 7-497
Wang Han …… 7-497
Wang Hanbin …… 7-497
Wang Heshou …… 7-498
Wang Hongwen …… 7-498
Wang Hongzhen …… 7-498
Wang Hui …… 7-498
Wang Huning …… 7-498
Wang Huzhen …… 7-486
Wang Ji …… 7-498
Wang Ji …… 7-498
Wang Ji …… 7-499
Wang Jiaji …… 7-499
Wang Jian …… 7-500
Wang Jian …… 7-500
Wang Jiaxiang …… 7-499
Wang Jiayi …… 7-499
Wang Jide …… 7-499
Wang Jing …… 7-500
Wang Jingru …… 7-501
Wang Jingwei …… 7-486
Wang Jingwei's Puppet Regime …… 7-487
Wang Jinmei …… 7-500
Wang Jinxi …… 7-500
Wang Jisi …… 7-499
Wang Junxia …… 7-501
Wang Juqian …… 7-486
Wang Kaiyun …… 7-501
Wang Kefen …… 7-502
Wang Kun …… 7-502
Wang Kunlun …… 7-502
Wang Lequan …… 7-502
Wang Li …… 7-502
Wang Lü …… 7-503
Wang Lun's Uprising …… 7-503
Wang Mang …… 7-503
Wang Mang's Reform …… 7-503
Wang Maoyin …… 7-503
Wang Meng …… 7-504
Wang Meng …… 7-504
Wang Meng …… 7-504
Wang Meng …… 7-504
Wang Mian …… 7-504
Wang Ming …… 7-505
Wang Niansun …… 7-505
Wang Ping …… 7-505
Wang Pu …… 7-505
Wang Qihan …… 7-505
Wang Qishan …… 7-505
Wang Renmei …… 7-506
Wang Renzhong …… 7-506
Wang Ruofei …… 7-506
Wang Ruoxu …… 7-506
Wang Sengbian …… 7-507
Wang Sengqian …… 7-507
Wang Shanyuan …… 7-507
Wang Shen …… 7-507
Wang Shengjun …… 7-507
Wang Shenzhong …… 7-507
Wang Shifu …… 7-508
Wang Shikuo …… 7-508
Wang Shimin …… 7-508
Wang Shishen …… 7-487
Wang Shixiang …… 7-508
Wang Shizhen …… 7-508
Wang Shizhen …… 7-508
Wang Shizhen …… 7-508
Wang Shoudao …… 7-509
Wang Shouguan …… 7-509
Wang Shoujue …… 7-509
Wang Shouren …… 7-509
Wang Shouwu …… 7-509
Wang Shusheng …… 7-510
Wang Tao …… 7-510
Wang, Taylor …… 7-496
Wang Tianmin …… 7-510
Wang Tieya …… 7-510
Wang Tong …… 7-511
Wang Tongzhao …… 7-511
Wang Wan …… 7-511
Wang Wan …… 7-487
Wang Wei …… 7-511
Wang Wenkun …… 7-512
Wang Wenyuan …… 7-512

Wang Wuneng ········· 7–512
Wang Xianghao ········· 7–513
Wang Xiangjin ········· 7–513
Wang Xianjun ········· 7–513
Wang Xianzhi ········· 7–513
Wang Xianzhi ········· 7–513
Wang Xiaobo and Li Shun's Uprising ········· 7–513
Wang Xiaonong ········· 7–487
Wang Xichan ········· 7–512
Wang Xiji ········· 7–512
Wang Xingang ········· 7–514
Wang Xiulan ········· 7–514
Wang Xizhi ········· 7–512
Wang Xu ········· 7–514
Wang Xuan ········· 7–514
Wang Xuetao ········· 7–514
Wang Xun ········· 7–514
Wang Yan ········· 7–515
Wang Yan ········· 7–515
Wang Yanan ········· 7–514
Wang Yang ········· 7–487
Wang Yangming ········· 7–515
Wang Yao ········· 7–515
Wang Yaoqing ········· 7–515
Wang Yifu ········· 7–515
Wang Yinglai ········· 7–516
Wang Yinzhi ········· 7–516
Wang Yisun ········· 7–515
Wang Yongzhi ········· 7–516
Wang You ········· 7–487
Wang Yuan ········· 7–517
Wang Yuanhua ········· 7–517
Wang Yuanliang ········· 7–488
Wang Yuanqi ········· 7–517
Wang Yucheng ········· 7–516
Wang Yuezhi ········· 7–517
Wang Yuhu ········· 7–516
Wang Yun ········· 7–518
Wang Yunwu ········· 7–517
Wang Yuquan ········· 7–516
Wang Zengqi ········· 7–488
Wang Zhao ········· 7–518
Wang Zhaoguo ········· 7–518
Wang Zhaowen ········· 7–518
Wang Zhen ········· 7–518
Wang Zhen ········· 7–519
Wang Zhen ········· 7–519
Wang Zhengfu ········· 7–519
Wang Zhengting ········· 7–519
Wang Zhenpeng ········· 7–518
Wang Zhenyi ········· 7–519
Wang Zhihuan ········· 7–520
Wang Zhixin ········· 7–520
Wang Zhizhen ········· 7–520
Wang Zhong ········· 7–488
Wang Zhongcheng ········· 7–520
Wang Zhongluo ········· 7–520
Wang Zhongmin ········· 7–521
Wang Zhongshu ········· 7–520
Wang Zhongyu ········· 7–520
Wang Zhoushi ········· 7–521
Wang Zhuquan ········· 7–521
Wang Zhuxi ········· 7–521
Wang Zunsan ········· 7–521
Wang Zuo ········· 7–521
Wangan, Lamajavin ········· 7–524
Wangchuan Villa ········· 7–524
Wangfujing Street ········· 7–496
Wang-Koo Talks ········· 7–486
Wanglang Nature Reserve ········· 7–502
Wankel, Felix ········· 7–487
Wanning City ········· 7–482
Wanquan River ········· 7–482
Wanrenmi ········· 7–482
Wanshan Special District ········· 7–482
Wanyan Zongbi ········· 7–478
Wanyuan City ········· 7–484
Wanzhou District ········· 7–484
wapiti ········· 5–269
war ········· 9–187
War against the Hun Tribes by the Western Han Dynasty ········· 8–92
War and Peace ········· 9–188
War between Chiang Kai-shek and Gui Clique ········· 4–188
War between Ning-Han ········· 5–595
War between Northern and Southern States, the United States ········· 5–353
War Communism ········· 9–186
war crime ········· 9–188
war criminal ········· 9–180
war game ········· 9–580
war mobilization ········· 9–187
War of Independence in North America ········· 1–277
War of Liberation ········· 4–229
War of Resistance Against Japan ········· 4–410
War of the Pacific ········· 7–262
War of 1812 ········· 5–363
war potential ········· 9–188
war reparations ········· 9–188
war situation ········· 9–184
War to Resist U.S. Aggression and Aid Korea ········· 4–408
war wound ········· 9–186
warble fly ········· 5–602
Warburg, Otto Heinrich ········· 7–461
Ward, Lester Frank ········· 7–608
warehouse ········· 1–474
Warhol, Andy ········· 7–610
warm current ········· 6–5
warm disease ········· 7–578
warm disease, school of ········· 7–578
warming channel for dispelling cold ········· 7–581
warming channel for dredging collateral ········· 7–581
warming interior formula ········· 7–581
warming method ········· 7–580
warming spleen and stomach for dispelling cold ········· 7–584
warming yang for diuresis ········· 7–584
Warner Bros. ········· 3–534
Warren, Robert Penn ········· 7–610
Warring States ········· 9–181
Warriors Dressed in Tiger Skin ········· 3–519
Wars of the Roses ········· 5–330
Warsaw ········· 3–535
Warsaw, Duchy of ········· 3–535
Warsaw Pact ········· 3–536
Warsaw Treaty Organization ········· 3–536
Warsaw Uprising ········· 3–536
Warszawa ········· 3–535
wart ········· 9–41
Waryński, Ludwik Tadeusz ········· 7–468
Waseda University ········· 9–162
washing machine ········· 8–138
Washington Conference ········· 3–537
Washington, D. C. ········· 3–536
Washington, George ········· 3–537
Washington State ········· 3–538
wasp ········· 3–502
wastewater treatment method ········· 2–536
watakushi shōsetsu ········· 7–118
watch ········· 1–354
watch tower ········· 6–269
water ········· 7–81
water administration ········· 7–105
water and electrolyte balance ········· 7–85
water and land service ········· 7–93
water and soil conservation ········· 7–97
water and soil loss ········· 7–98
water balance ········· 7–92
water bamboo ········· 4–199
water based printing ········· 7–103
Water Basin of Guojizibai ········· 3–298
water bloom ········· 7–86
water body, self-purification of ········· 7–97
water burial ········· 7–105
water bursting in excavation ········· 4–465
water cellar ········· 7–86
water chestnut ········· 1–313
water chestnut ········· 5–99
water conservancy ········· 7–90
water conservancy planning ········· 7–91
water control project ········· 7–92
water cycle ········· 7–103
water flower ········· 7–86
water law ········· 7–84

water level ········ 7–99
water mass ········ 7–98
water pollution ········ 7–101
water polo ········ 7–95
water project ········ 7–91
water project operation ········ 7–91
water resources ········ 7–106
water scavenger beetle ········ 7–85
water shield ········ 2–39
water skiing ········ 3–541
water supply and wastewater engineering ········ 4–84
water therapy ········ 7–92
water tower ········ 7–96
water transportation ········ 7–93
watercolour ········ 7–82
watercress ········ 2–345
waterdivide ········ 2–546
Water-driven Astronomical Clock Tower ········ 7–104
waterfall ········ 6–118
Watergate Affair ········ 7–94
water-heat balance ········ 7–96
water-ink painting ········ 7–94
waterless lithography ········ 8–18
waterlily family ········ 7–108
waterlogged compost ········ 6–27
Waterloo ········ 3–542
Waterloo, Battle of ········ 3–542
Waterloo Bridge ········ 4–4
watermelon ········ 8–92
waterplantain family ········ 9–167
waterproof material ········ 2–496
watershed, conservation of ········ 7–104
Water-Sprinkling Festival ········ 6–97
Watson, James Dewey ········ 7–611
Watson, John Broadus ········ 3–536
Watson-Watt, Robert Alexander ········ 7–611
watt ········ 7–470
Watt, James ········ 7–470
Watteau, Antoine ········ 7–470
wave ········ 1–372
wave guide ········ 1–373
wave plate ········ 1–383
wave velocity ········ 1–387
wave-particle duality ········ 1–381
wax ········ 4–529
wax gourd ········ 2–330
Way of Celestial Masters ········ 7–359
Wayaobu Conference ········ 7–471
Wayaobu Town ········ 7–471
wayka yambean ········ 2–345
We Burman Association ········ 7–608
weak interaction ········ 6–353
weak market ········ 7–27
wealth ········ 1–461
weapon fire-control system ········ 8–58
weapons of mass destruction ········ 2–84
wear ········ 5–464
weasel ········ 9–54
weather ········ 7–355
weather forecasting ········ 7–356
weather modification ········ 6–287
weather system ········ 7–356
weathering ········ 2–564
weathering crust ········ 2–564
weaving ········ 4–34
weaving handicraft ········ 1–339
web page ········ 7–524
web site ········ 7–524
Webb, Sidney James and Beatrice ········ 7–541
weber ········ 7–540
Weber, Alfred ········ 7–540
Weber, Carl Maria von ········ 7–540
Weber, Max ········ 7–540
Weber, Wilhelm Eduard ········ 7–541
Webi Jubba ········ 9–479
Wechsler Intelligence Scales ········ 7–543
Weddell Sea ········ 7–527
wedding ········ 4–1
wedding anniversary ········ 4–223
wedding ceremony for the dead ········ 5–452
wedding dress ········ 4–2
Wedekind, Frank ········ 7–573
weed ········ 9–145
weeping on being married off ········ 4–482
Weerth, Georg ········ 7–543
weevil ········ 8–208
WEF ········ 7–19
Wegener, Alfred Lothar ········ 7–574
Wei ········ 7–564
Wei ········ 7–573
Wei ········ 7–573
Wei Boyang ········ 7–573
Wei Changhui ········ 7–541
Wei Changsheng ········ 7–573
Wei Guan ········ 7–564
Wei Guoqing ········ 7–543
Wei Heling ········ 7–574
Wei Heng ········ 7–565
Wei Huacun ········ 7–574
Wei Jianxing ········ 7–572
Wei Junyi ········ 7–543
Wei Liangfu ········ 7–574
Wei Lihuang ········ 7–565
Wei Qing ········ 7–565
Wei Rongjue ········ 7–575
Wei Shou ········ 7–575
Wei Shuo ········ 7–566
Wei Tianlin ········ 7–566
Wei Wei ········ 7–576
Wei Xi ········ 7–577
Wei Xian ········ 7–566
Wei Yingwu ········ 7–544
Wei Yuan ········ 7–577
Wei Zheng ········ 7–577
Wei Zhongle ········ 7–568
Wei Zhongxian ········ 7–578
Wei Zhuang ········ 7–545
Weichang Man-Mongol Autonomous County ········ 7–545
Weidenreich, Franz ········ 7–574
Weierstrass, Karl (Theodor Wilhelm) ········ 7–472
Weifang City ········ 7–560
Weigel, Helene ········ 7–574
weighing instrument ········ 3–467
weight lifting ········ 4–335
weighted average ········ 4–119
weightlessness ········ 6–573
weights and measures ········ 2–364
Weihai City ········ 7–529
Weihe River ········ 7–564
Weihe River ········ 7–572
Weihui City ········ 7–565
Weil, André ········ 7–544
Weimar Republic ········ 7–575
Weimarer Republik ········ 7–575
Weinan City ········ 7–572
Weinberg, Steven ········ 7–578
Weingartner, Felix ········ 7–574
Weining Yi-Hui-Miao Autonomous County ········ 7–532
weiqi ········ 7–546
weir ········ 8–444
Weisenborn, Günter ········ 7–575
Weishan Lake ········ 7–538
Weismann, August ········ 7–575
Weitling, Wilhelm ········ 7–576
Weixian NewYear pictures ········ 7–560
Weiyang Palace ········ 7–569
welding ········ 3–389
welfare economics ········ 2–612
welfare state ········ 2–611
welfare state system ········ 2–612
well ········ 7–87
well-being ········ 8–323
Welles, Orson ········ 7–528
well-field system ········ 4–309
Wellington ········ 3–615
Wellington, Arthur Mellen ········ 3–615
Wellington, Arthur Wellesley, Duke of ········ 7–531
Wells, Herbert George ········ 7–528
Welsh ········ 7–528
Welsh language ········ 7–528
Weltpolitik ········ 7–24
Welwitschia mirabilis ········ 1–215
Wen Hui Bao ········ 7–589
Wen Jiabao ········ 7–581
Wen Kang ········ 7–590

Wen Peng ········ 7–591
Wen Tianxiang ········ 7–594
Wen Tingshi ········ 7–594
Wen Tingyun ········ 7–584
Wen Tong ········ 7–594
Wen Yanbo ········ 7–599
Wen Yiduo ········ 7–603
Wen Zhengming ········ 7–601
Wen Zisheng ········ 7–585
Wenchang City ········ 7–585
Wenchuan County ········ 7–605
Wenchuan Earthquake ········ 7–605
Wendeng City ········ 7–585
Weng Fanggang ········ 7–606
Weng Juan ········ 7–606
Weng Tonghe ········ 7–606
Weng Wenhao ········ 7–606
Weng' an biota ········ 7–606
Wen-Hyo ········ 9–98
Wenling City ········ 7–581
Wenshan Zhuang-Miao Autonomous Prefecture ········ 7–593
Wenshui County ········ 7–594
Went, Fritz Warmolt ········ 7–583
Wenxian County ········ 7–584
Wenxiang ········ 7–597
Wenzhou Bay ········ 7–585
Wenzhou City ········ 7–584
Wenzhou poetic drama ········ 7–585
Werfel, Franz ········ 7–542
Wergeland, Henrik Arnold ········ 7–543
Werner, Abraham Gottlob ········ 7–550
Werner, Alfred ········ 7–542
Wertheimer, Max ········ 7–544
Wesley, John ········ 7–566
Wesleyans ········ 7–566
West Africa ········ 8–92
West Asia ········ 8–108
West China Union University ········ 3–538
West Europe ········ 8–98
West Indies ········ 8–108
West Lake Scenic Area ········ 8–93
West Point Academy ········ 8–90
West Siberian Plain ········ 8–103
West to East Gas Pipeline ········ 8–99
Western ········ 8–89
Western Depot ········ 8–90
Western economics ········ 8–91
Western Han Dynasty ········ 8–92
Western Huns branch ········ 8–106
Western Jin Dynasty ········ 8–94
Western Marxism ········ 8–91
Western Mausoleums of Qing Dynasty ········ 6–232
Western meal ········ 8–90
western medicine ········ 8–108
Western Merchants ········ 8–100
Western Qin ········ 8–99
Western Regions ········ 8–109
Western Sahara ········ 8–99
western style suit ········ 8–117
Western system of civil service ········ 8–91
Western Wei Dynasty ········ 8–103
Western Xia Dynasty ········ 8–104
Western Yan ········ 8–108
Western Yugur language ········ 8–89
Western Zhou Dynasty ········ 8–115
Westernization Movement ········ 8–469
Westinghouse, George ········ 7–533
Westminster Abbey ········ 7–533
Weston, Edward ········ 7–544
Westward Movement ········ 8–93
wetland ········ 6–584
Weydemeyer, Joseph ········ 7–573
Weyden, Rogier van der ········ 7–542
Weyl, Hermann ········ 7–472
WFC ········ 7–20
WFP ········ 7–19
whale ········ 4–307
whale shark ········ 4–308
Whampoa Military Academy ········ 3–593
wharf ········ 5–290
Wharton, Edith ········ 3–534
wheat ········ 8–225
wheel animal ········ 5–196
Whig ········ 3–605
whip ········ 1–340
whish fern ········ 7–162
whisky ········ 7–532
Whistler, James McNeill ········ 3–615
White Australia Policy ········ 1–192
white birch school ········ 1–198
white book ········ 1–204
white butter ········ 8–580
White Canal ········ 1–197
white canary tree ········ 3–46
White Dagoba of Miaoying Temple ········ 5–419
White Deer Grotto College ········ 1–202
white dwarf ········ 1–192
white fly ········ 2–559
white hole ········ 1–194
White Horse Temple ········ 1–202
White House ········ 1–197
white knifebelly carps ········ 1–420
White, Leonard Dupee ········ 3–560
White Lotus Society ········ 1–201
white mushroom ········ 5–465
White, Patrick (Victor Martindale) ········ 3–560
white porcelain ········ 1–193
white pottery ········ 1–205
white race ········ 1–210
White Sea ········ 1–197
white shark ········ 7–35
White Sheep Dynasty ········ 1–207
White Snake, the legend of ········ 1–204
white stork ········ 1–197
white vulval lesions ········ 7–475
white-collar crimes ········ 1–202
white-collar worker ········ 1–201
white-eye ········ 8–339
Whitehead, Alfred North ········ 3–560
white-lipped deer ········ 1–193
whitener ········ 9–170
white-tail deer ········ 1–206
Whitman, Walt ········ 3–616
Whitney, Mount ········ 3–616
WHO ········ 7–22
Whole Story of Yue Fei ········ 7–111
wholesale ········ 6–69
wholesale market ········ 6–69
Whoopi Goldberg ········ 7–613
whooping cough ········ 1–214
Why is it that Red Political Power Can Exist in China ········ 9–348
wicker frontier ········ 5–134
Wickramasinghe, Martin ········ 7–574
wide area network ········ 3–238
Wiechert, Emil ········ 7–555
Wiedervereinigung Deutschlands ········ 2–175
Wieland, Christoph Martin ········ 7–552
wielding streamers ········ 8–64
Wien ········ 7–559
Wiene, Robert ········ 7–554
Wiener, Norbert ········ 7–553
Wiener Schule des Phantastischen Realismus ········ 7–560
Wieniawski, Henryk ········ 7–554
wife lending ········ 2–271
wig ········ 4–144
Wigman, Mary ········ 7–574
wild boar ········ 8–493
Wild Boar Forest ········ 8–493
wild brake ········ 4–349
wild man ········ 8–493
wild oat ········ 8–493
Wild Strawberries ········ 8–492
wild yak ········ 8–493
Wilde, Oscar ········ 7–494
Wilhelmina ········ 7–530
Wilkes, Sir Maurice Vincent ········ 7–528
Wilkinson, Sir Geoffrey ········ 7–527
will ········ 8–568
Willemstad ········ 7–531
William Petty ········ 7–530
William II ········ 7–530
williams elder ········ 4–214
Williams, Raymond Henry ········ 7–531
Williams sisters ········ 7–530
Williams, Tennessee ········ 7–531

Williams, William Carlos ………… 7–531
Willoughby, William Franklin …… 7–531
willow ………………………… 5–134
willow family ………………… 8–458
Wilson, Charles Thomson Rees … 7–529
Wilson, John Tuzo ……………… 7–528
Wilson, Robert Woodrow ……… 7–529
Wilson, Thomas Woodrow ……… 7–529
Wimbledon Lawn Tennis Championship ………………… 7–579
winch ………………………… 4–206
wind ………………………… 2–562
wind and drum music …………… 3–190
wind band ……………………… 3–215
wind damage …………………… 2–569
wind energy …………………… 2–566
Wind in the Pines Amid Ten Thousand Valleys ……………… 7–481
wind machine ………………… 2–565
wind pathogen ………………… 2–568
wind power station …………… 2–565
wind tunnel …………………… 2–563
wind vane ……………………… 2–568
wind wave ……………………… 2–565
Wind Worship Platform ………… 4–104
Wind-Cloud satellite …………… 2–569
wind-deposition landform ……… 2–564
Windelband, Wilhelm …………… 7–585
wind-erosion landform ………… 2–567
Windhoek ……………………… 7–579
windlass ……………………… 5–175
windmill ……………………… 2–563
window ………………………… 2–31
wind-rain bridge ……………… 2–569
Windsor ……………………… 7–582
Windsor Castle ………………… 7–582
Windsor, House of …………… 7–583
Windward Islands ……………… 8–203
wine ………………………… 6–101
wine tax in ancient China ……… 4–324
wing ………………………… 2–1
Winnetka Plan ………………… 7–581
Winning Victories in All Three Battles in Northwest China …… 8–87
Winnipeg ……………………… 7–582
Winnipeg Lake ………………… 7–582
winter jasmine ………………… 9–14
Winter Palace ………………… 2–330
winter solstice ………………… 2–331
Winter Solstice Festival ……… 2–331
winter sports ………………… 2–331
winter swimming ……………… 2–331
Wisconsin State ……………… 7–533
Wisła ………………………… 7–556
Wissenschaft der Logik ……… 5–224
Wisteria sinensis …………… 9–534
witchcraft …………………… 8–13
witchhazel family ……………… 4–244
withdrawal …………………… 3–608
withdrawal of an action ……… 1–548
witness ……………………… 9–270
witness' testimony …………… 9–271
Wittgenstein, Ludwig (Josef Johan) ……………………… 7–557
Wittig reagent ………………… 7–548
wizard dance ………………… 8–13
Wo Daochong ………………… 7–612
Woe from Wit ………………… 9–320
Wöhler, Friedrich ……………… 7–553
wolf ………………………… 4–548
wolf child …………………… 4–548
Wolf, Christa ………………… 7–609
Wolf, Friedrich ……………… 7–609
Wolf Prize …………………… 7–609
wolf spider …………………… 4–549
Wolff, Christian ……………… 7–609
Wolff, Wilhelm ……………… 7–609
wolfram ……………………… 8–13
wolframite …………………… 3–460
wollastonite ………………… 3–243
Wolof ………………………… 7–610
Wolong Nature Reserve ……… 7–611
womb ………………………… 6–5
women liberation …………… 3–6
women' s football …………… 6–5
Wonders of the Present and the Past … 4–235
Wong Fun …………………… 3–590
Wŏnsan ……………………… 9–94
wood ………………………… 5–488
wood based panel …………… 6–301
wood carving ………………… 5–488
wood ear …………………… 5–489
wood mice …………………… 4–40
wood wasp …………………… 7–61
wood working machinery ……… 5–489
wood-cut …………………… 5–490
wooden and bamboo slips of Han Dynasty ……………………… 3–375
Wooden and Bamboo Slips of the Han Dynasty Unearthed from Juyan ………………………… 4–331
wooden and bamboo slips of the Warring States Period and Qin Dynasty unearthed from Yunmeng ……………………… 9–135
Wooden and Bamboo Slips of the Western Han Dynasty from Yinwan ……………………… 8–584
Wooden and Bamboo Slips Unearthed at Zoumalou, Changsha ………… 1–518
wooden bucket theory ………… 5–492
wooden clappers ……………… 1–235
woodpecker ………………… 9–519
woodpeckers ………………… 5–76
woodsorrel family …………… 2–54
Woodward, Robert Burns ……… 8–54
Woody Allen ………………… 8–54
woody plant ………………… 5–488
wool ………………………… 8–449
wool fabric ………………… 5–324
wool/polyester fabric ………… 5–313
Woolf, (Adeline) Virginia …… 8–28
woollen overcoating ………… 2–120
Woolley, Sir (Charles) Leonard … 8–32
wool-like fabric ……………… 2–498
woolly aphid ………………… 9–20
Word Championships in Athletics … 7–22
word processing and typesetting … 7–602
words ………………………… 7–247
words derived from the same root … 7–399
Wordsworth, William ………… 3–540
work ………………………… 3–139
work piece …………………… 3–124
work point …………………… 3–124
work song …………………… 3–406
worker-peasant alliance ……… 3–125
workers' and peasants' armed independent regime ………… 3–125
Workers' Party of Korea ……… 1–539
Workers' Uprisings in Lyon …… 5–6
working ship ………………… 3–122
working substance …………… 3–129
Works of Fan Shengzhi ……… 2–467
World Bank ………………… 7–24
World Conservation Strategy …… 7–24
world crisis of economy ……… 7–19
world currency ……………… 7–17
World Daily ………………… 7–22
World Economic Forum ……… 7–19
world economy ……………… 7–18
World Environmental Day …… 7–17
World Food Council ………… 7–20
World Food Program ………… 7–19
World Health Organization …… 7–22
world heritage ……………… 7–23
World Horti-Expo …………… 7–24
World Intellectual Property Organization ………………… 7–24
world market ………………… 7–22
World of Art ………………… 8–557
world outlook ……………… 7–16
World Post Day ……………… 7–24
World Publishing House ……… 7–22
world system ………………… 7–16
World Table Tennis Championships ……………… 7–20
World Tourism Day ………… 7–20
World Trade Center ………… 7–20
World Trade Organization … 7–20 (7–25)
World University Games ……… 7–16
world war …………………… 7–16

World War Ⅰ ············ 2-263
World War Ⅱ ············ 2-255
World Weather Watch ············ 7-22
world wide web ············ 7-483
world-wide radio navigation
warning system ············ 7-23
Worth, Charles Frederick ············ 7-611
wound healing ············ 6-451
wounded and disabled insurance ··· 6-450
wrestling ············ 7-76
wriggling through hoops ············ 9-572
Wright brothers ············ 4-534
Wright, Frank Lloyd ············ 4-538
Wright, Richard ············ 4-538
Wright, Sewall ············ 4-538
writing ············ 7-602
writing brush ············ 5-313
Writings on Reckoning ············ 7-209
written law ············ 1-580
wryneck ············ 8-236
WTO ············ 7-20 (7-25)
Wu ············ 8-24
Wu ············ 8-24
Wu ············ 8-24
Wu Bangguo ············ 8-24
Wu Baokang ············ 8-25
Wu Bing ············ 8-25
Wu Changshun ············ 8-25
Wu Changshuo ············ 8-25
Wu Cheng' en ············ 8-26
Wu, Chien-Shiung ············ 8-30
Wu Chuanjun ············ 8-26
Wu Chuanyu ············ 8-26
Wu Daozi ············ 8-27
Wu Dayou ············ 8-27
Wu De ············ 8-27
Wu dialects ············ 8-28
Wu Dingliang ············ 8-28
Wu Faxian ············ 8-28
Wu Gengmin ············ 8-29
Wu Guanzheng ············ 8-29
Wu Guanzhong ············ 8-29
Wu Guixian ············ 8-29
Wu Han ············ 8-30
Wu Heng ············ 8-57
Wu Hou Shrine ············ 8-57
Wu Hufan ············ 8-30
Wu Ji ············ 8-30
Wu Jie ············ 8-31
Wu Jieping ············ 8-31
Wu Jikang ············ 8-30
Wu Jinglian ············ 8-31
Wu Jingzi ············ 8-31
Wu Jun ············ 8-31
Wu Lanfu ············ 8-5
Wu Lanying ············ 8-12
Wu Lengxi ············ 8-32
Wu Li ············ 8-32
Wu Liangyong ············ 8-32
Wu Lien Teh ············ 8-54
Wu Mei ············ 8-32
Wu Mi ············ 8-33
Wu opera ············ 8-80
Wu Peifu ············ 8-33
Wu Qi ············ 8-34
Wu Qiang ············ 8-34
Wu Qijun ············ 8-33
Wu Rukang ············ 8-34
Wu Sangui ············ 8-34
Wu Tianbao ············ 8-35
Wu Tianming ············ 8-35
Wu Tingfang ············ 8-54
Wu Wei ············ 8-35
Wu Weiye ············ 8-35
Wu Wenjun ············ 8-36
Wu Wenying ············ 8-36
Wu Wenzao ············ 8-36
Wu Woyao ············ 8-36
Wu Xianwen ············ 8-55
Wu Xiaobang ············ 8-37
Wu Xue ············ 8-37
Wu Xueqian ············ 8-37
Wu Xuezhou ············ 8-37
Wu Xun ············ 8-61
Wu Yanren ············ 8-37
Wu Yaozong ············ 8-37
Wu Yi ············ 8-37
Wu Yigong ············ 8-38
Wu Yin ············ 8-38
Wu Yinxian ············ 8-38
Wu Yonggang ············ 8-38
Wu Youxun ············ 8-38
Wu Yuanji ············ 8-39
Wu Yuanzhi ············ 8-61
Wu Yujin ············ 8-38
Wu Yunchu ············ 8-40
Wu Yuzhang ············ 8-39
Wu Zelin ············ 8-40
Wu Zetian ············ 8-61
Wu Zhen ············ 8-40
Wu Zhengkai ············ 8-40
Wu Zhengyi ············ 8-40
Wu Zhihui ············ 8-41
Wu Zhonghua ············ 8-41
Wu Zhuoliu ············ 8-41
Wu Zixu ············ 8-55
Wu Zuguang ············ 8-41
Wu Zuoren ············ 8-42
Wu Zuqiang ············ 8-12
Wu Zuxiang ············ 8-41
Wu' an City ············ 8-55
Wuchang City ············ 8-44
Wuchang District ············ 8-55
Wuchang Uprising ············ 8-55
Wucheng Culture ············ 8-26
Wuchuan City ············ 8-26
Wuchuan Gelao-Miao
Autonomous County ············ 8-69
Wudalianchi City ············ 8-45
Wudalianchi Volcanos ············ 8-45
Wudang Mountain ············ 8-55
Wudangzhao Lamasery ············ 8-47
Wuding ············ 8-56
Wugang City ············ 8-64
Wuhai City ············ 7-615
Wuhan City ············ 8-56
Wuhan University ············ 8-56
Wuhan University of Technology ··· 8-56
Wuhan Yangtze River Bridge ············ 8-56
Wuhu City ············ 8-24
Wuhu starch-dyeing ············ 8-24
Wuhuan tribe ············ 7-615
wuji baifeng pills ············ 7-616
Wujiang City ············ 8-31
Wujiang River ············ 7-616
Wujiaqu City ············ 8-48
Wujin District ············ 8-57
Wukui Bridge ············ 8-49
Wula Mountain ············ 8-4
wulfenite ············ 5-496
Wuling Mountain Natural Reserve ··· 8-80
Wulingyuan District ············ 8-57
Wumen school ············ 8-32
Wumeng Mountain ············ 8-7
Wuming County ············ 8-58
Wundt, Wilhelm ············ 2-576
Wuolijoki, Hella Maria ············ 7-610
Wuqi Town ············ 8-34
Wuqiang County ············ 8-58
Wuqiang New-Year pictures ············ 8-58
Wuqiao County ············ 8-34
Wuqing District ············ 8-58
wuqinxi ············ 8-49
Wurtz, Charles-Adolphe ············ 2-600
Würzburg school ············ 2-606
Wushan Mountain ············ 8-12
Wushao Ridge ············ 8-7
Wusheng Pass ············ 8-59
wushu ············ 8-59
Wusong River ············ 8-35
Wusong Town ············ 8-35
Wusuli River ············ 8-8
wuta-cai ············ 8-9
Wutai Mountain ············ 8-51
Wutai Poem Case ············ 8-9
Wuthering Heights ············ 3-499
Wuwei City ············ 8-60
Wuxi City ············ 8-20
Wuxia Gorge ············ 8-13
Wuxiang County ············ 8-61
Wuxue City ············ 8-61

Wuyi Mountain ········ 8–61
Wuyishan City ········ 8–61
Wuyuan County ········ 8–53
Wuyuan County ········ 8–80
Wuyue ········ 8–39
Wu-Yue culture ········ 8–39
Wuzhi Mountain ········ 8–53
Wuzhishan City ········ 8–53
Wuzhong City ········ 8–41
Wuzhong District ········ 8–41
Wuzhou City ········ 8–43
wuzhu coin ········ 8–54
WWW ········ 7–22
WWW ········ 7–483
Wycliffe, John ········ 7–530
Wyeth, Andrew ········ 3–559
Wyllie, Peter John ········ 7–530
Wyspiański, Stanisław ········ 7–544

X

Xaisômboun ········ 6–381
Xanaan Yin ········ 4–402
Xanadu ········ 6–459
Xanthoceras sorbifolia ········ 7–586
xanthomatosis ········ 3–591
xanthophyll ········ 8–496
Xanthophyta ········ 3–602
xenocyprid carps ········ 3–200
Xenocyprininae ········ 3–200
xenon ········ 8–173
xenon lamp ········ 8–173
Xenophon ········ 6–416
Xhosa ········ 4–434
Xi Jinping ········ 8–136
Xi Tribe ········ 8–128
Xi Zhongxun ········ 8–136
Xia ········ 8–161
Xia Chang ········ 8–161
Xia Chengtao ········ 8–161
Xia Dynasty ········ 8–159
Xia Gui ········ 8–162
Xia Hesheng ········ 8–162
Xia Jianbai ········ 8–163
Xia Juhua ········ 8–163
Xia Meng ········ 8–164
Xia Nai ········ 8–164
Xia Peisu ········ 8–165
Xia Wanchun ········ 8–166
Xia Yan ········ 8–167
Xia Yan ········ 8–167
Xia Yuanji ········ 8–167
Xiachuan Culture ········ 8–158
Xiamen City ········ 8–168
Xiamen University ········ 8–167
Xi' an City ········ 8–81
Xi' an Film Studio ········ 8–81
Xi' an Incident ········ 8–82
Xi' an Jiaotong University ········ 8–81
Xian Xinghai ········ 8–175
Xian Zhen ········ 8–172
Xianbei ········ 8–174
Xiang Army ········ 8–201
Xiang Bo ········ 8–205
Xiang cuisine ········ 8–199
Xiang Da ········ 8–203
Xiang dialects ········ 8–199
Xiang Jingyu ········ 8–204
Xiang Xiu ········ 8–205
Xiang Ying ········ 8–206
Xiang Yu ········ 8–206
Xiang Zhongfa ········ 8–205
Xiang' an Tunnel ········ 8–202
Xiangcheng City ········ 8–205
Xiangcheng County ········ 8–202
Xianggelila County ········ 8–196
Xianghai Nature Reserve ········ 8–204
xianghe songs ········ 8–191
Xiangjiang River ········ 8–200
Xiangju opera ········ 8–200
Xiangshan ········ 8–198
Xiangshan Charity School ········ 8–198
Xiangtan City ········ 8–201
Xiangtangshan Caves ········ 8–203
Xiangxi Tujia-Miao Autonomous Prefecture ········ 8–201
Xiangxiang City ········ 8–201
Xiangxiang school ········ 8–201
Xiangya Medical Academy ········ 8–202
Xiangyang City ········ 8–202
Xianning City ········ 8–175
Xianrendong ········ 8–169
Xiantao City ········ 8–169
Xianxia Mountain ········ 8–169
Xianyang City ········ 8–175
Xianyou County ········ 8–169
Xianyu Shu ········ 8–174
xianzi ········ 8–174
xiao ········ 8–220
Xiao Changhua ········ 8–216
Xiao Chunü ········ 8–217
Xiao Gang ········ 8–217
Xiao He ········ 8–217
Xiao Hinggan Range ········ 8–229
Xiao Hong ········ 8–217
Xiao Hua ········ 8–217
Xiao Jingguang ········ 8–217
Xiao Jun ········ 8–218
Xiao Ke ········ 8–218
Xiao Lun ········ 8–211
Xiao Mausoleum of Ming Dynasty ········ 5–450
Xiao San ········ 8–218
Xiao Tong ········ 8–218
Xiao Wenyan ········ 8–232
Xiao Xun ········ 8–218
Xiao Yang ········ 8–212
Xiao Yishan ········ 8–219
Xiao Youmei ········ 8–219
Xiaocaiwu ········ 8–221
Xiaogan City ········ 8–232
Xiaogushan ········ 8–223
Xiaoshan District ········ 8–218
Xiaowutai Mountain ········ 8–229
Xiaoxian County ········ 8–218
Xiaoyaojin ········ 8–212
Xiaoyi City ········ 8–232
Xiaozhuang School ········ 8–232
Xiapu County ········ 8–157
Xia-Shang-Zhou History Division Project ········ 8–165
Xiaxian County ········ 8–167
Xibe ········ 8–132
Xibe language ········ 8–132
Xibe writing ········ 8–132
Xichang City ········ 8–90
Xichang Satellite Launching Center ········ 8–90
Xicheng District ········ 8–90
Xie An ········ 8–239
Xie Bingde ········ 8–239
Xie Fei ········ 8–240
Xie He ········ 8–240
Xie Huilian ········ 8–240
Xie Jiaze ········ 8–240
Xie Jin ········ 8–240
Xie Juezai ········ 8–240
Xie Jun ········ 8–241
Xie Lingyun ········ 8–242
Xie Shichen ········ 8–244
Xie Tian ········ 8–244
Xie Tiao ········ 8–244
Xie Tieli ········ 8–244
Xie Xiaxun ········ 8–245
Xie Xide ········ 8–245
Xie Xuan ········ 8–245
Xie Xuehong ········ 8–245
Xie Yaohuan ········ 8–245
Xie Yibing ········ 8–245
Xie Zhen ········ 8–246
Xie Zhiliu ········ 8–246
Xifeng County ········ 8–128
Xigazê City ········ 6–325
Xigazê Region ········ 6–324
Xijiang River ········ 8–93
Xiju opera ········ 8–133
Xikou Town ········ 8–134
xikun style ········ 8–94
Xiliang ········ 8–95
Xilin Gol Grassland Nature Reserve ········ 8–133
Xilin Gol League ········ 8–133
Xiling Gorge ········ 8–95

Xiling Seal Engravers Society …… 8–95
Xilinhot City …… 8–134
Ximen Bao …… 8–95
Ximeng Va Autonomous County …… 8–96
Xin Fengxia …… 8–266
Xin Qiji …… 8–261
Xin' an painting school …… 8–263
Xin' an River …… 8–263
Xin' anjiang Hydropower Station …… 8–263
Xinchou Treaty …… 8–257
Xing Fen …… 8–312
Xing Gongwan …… 8–312
Xing Qiyi …… 8–313
Xing Shao …… 8–313
Xing Tong …… 8–313
Xingcheng City …… 8–302
Xingguo County …… 8–303
Xinghua City …… 8–303
Xingkai Lake …… 8–303
Xinglongwa Culture …… 8–303
Xingning City …… 8–303
Xingping City …… 8–303
Xingqingfu …… 8–303
Xingtai City …… 8–313
Xingtai Earthquake …… 8–313
Xingtian …… 8–312
Xingu River …… 8–262
Xingxing Gorge …… 8–308
Xingyang City …… 8–323
Xingyi City …… 8–304
Xinhai Revolution …… 8–257
Xinhua Bookstore …… 8–268
Xinhua Daily …… 8–268
Xinhua Dictionary …… 8–269
Xinhua News Agency …… 8–269
Xining City …… 8–98
Xinji City …… 8–260
Xinjiang fine wool sheep …… 8–274
Xinjiang Production and Construction Corps …… 8–272
Xinjiang University …… 8–272
Xinjiang Uygur Autonomous Region …… 8–272
Xinjie …… 8–275
Xinle City …… 8–277
Xinle Culture …… 8–277
Xinmi City …… 8–277
Xinmin City …… 8–278
Xinmin Evening News …… 8–278
xinmin style …… 8–278
Xintai City …… 8–285
xintianyou folk songs …… 8–297
Xinxiang City …… 8–290
Xinyang City …… 8–301
Xinye County …… 8–292
Xinyi City …… 8–292
Xinyi City …… 8–301
Xinyou Palace Coup …… 8–262
Xinyu City …… 8–293
Xinzheng City …… 8–294
Xinzhou City …… 8–262
Xinzhu City …… 8–295
Xinzhu County …… 8–295
Xiong Darun …… 8–332
Xiong Foxi …… 8–333
Xiong Ni …… 8–333
Xiong Qinglai …… 8–333
Xiong Shili …… 8–333
Xiong Tingbi …… 8–334
Xiong Xiling …… 8–334
Xiong Yi …… 8–334
Xiphias gladius …… 4–168
Xiqing District …… 8–99
Xisha Islands …… 8–100
Xishan Mountain …… 8–100
Xishan Mountain Conference School …… 8–100
Xishi …… 8–100
Xishuangbanna Dai Autonomous Prefecture …… 8–101
xiuyan jade …… 8–338
Xixabangma Peak …… 8–127
Xixia script …… 8–106
Xiyang County …… 8–127
Xizhou Lyric …… 8–117
X-ray …… 9–588
X-ray diffraction by crystal …… 4–302
X-ray examination …… 9–588
X-ray fluorescence analysis …… 9–588
X-ray spectrum …… 9–588
X-ray tube …… 9–588
Xu Anhua …… 8–351
Xu Baolu …… 8–351
Xu Beihong …… 8–342
Xu Bing …… 8–342
Xu Caihou …… 8–343
Xu Changhui …… 8–351
Xu Chi …… 8–343
Xu Chi …… 8–343
Xu Chongde …… 8–352
Xu Chongqing …… 8–352
Xu Da …… 8–343
Xu Daoning …… 8–352
Xu Deheng …… 8–352
Xu Dishan …… 8–353
Xu Dixin …… 8–352
Xu Fuguan …… 8–343
Xu Gu …… 8–340
Xu Guangda …… 8–353
Xu Guangqi …… 8–343
Xu Guangxian …… 8–343
Xu Guozhang …… 8–353
Xu Guozhi …… 8–353
Xu Haidong …… 8–344
Xu Haifeng …… 8–353
Xu Heng …… 8–353
Xu Huaizhong …… 8–344
Xu Hun …… 8–354
Xu Ji …… 8–344
Xu Jiafu …… 8–344
Xu Jialu …… 8–354
Xu Jie …… 8–344
Xu Jie …… 8–354
Xu Jingye …… 8–344
Xu Kai …… 8–345
Xu Kuangdi …… 8–345
Xu Ling …… 8–345
Xu Mei …… 8–355
Xu Qiu …… 8–345
Xu Run …… 8–345
Xu Shaoqing …… 8–345
Xu Shen …… 8–355
Xu Shichang …… 8–346
Xu Shigao …… 8–346
Xu Shilian …… 8–355
Xu Shiyou …… 8–355
Xu Shou …… 8–346
Xu Shouhui …… 8–346
Xu Shuofang …… 8–346
Xu Teli …… 8–346
Xu Wei …… 8–347
Xu Xi …… 8–347
Xu Xi …… 8–347
Xu Xiake …… 8–348
Xu Xiangqian …… 8–348
Xu Xiaobing …… 8–348
Xu Xiaoxiang …… 8–349
Xu Xiaozhong …… 8–349
Xu Xilin …… 8–347
Xu Xu …… 8–349
Xu Xuan …… 8–349
Xu Xun …… 8–355
Xu Yingkui …… 8–355
Xu Zhao …… 8–349
Xu Zhenqing …… 8–349
Xu Zhimo …… 8–349
Xu Zhongshu …… 8–350
Xu Zhucheng …… 8–350
Xuan paper …… 8–361
Xuancheng City …… 8–359
Xuande incense burner …… 8–360
Xuande Islands …… 8–360
Xuanhe Illustrated Catalogue of Antiquities …… 8–360
Xuankong Temple …… 8–364
Xuanwei City …… 8–361
Xuanwumen Incident …… 8–362
xuanyan poem …… 8–363
Xuanzang …… 8–363
Xuanzhong Temple …… 8–363
Xuchang City …… 8–351

Xue Daoheng ········· 8–367
Xue Fengzuo ········· 8–368
Xue Fucheng ········· 8–368
Xue Muqiao ········· 8–368
Xue Rengui ········· 8–368
Xue Xuan ········· 8–368
Xue Yu ········· 8–369
Xue Yue ········· 8–369
Xuedun Festival ········· 8–371
Xuhui District ········· 8–344
xun ········· 8–379
Xun Huisheng ········· 8–381
Xun Kuang ········· 8–382
Xun Yu ········· 8–382
Xunhua Salar Autonomous County ··· 8–382
Xunzi ········· 8–382
Xunzi ········· 8–382
Xushui County ········· 8–346
Xuwen County ········· 8–347
Xu-Yu style ········· 8–349
Xuyun ········· 8–341
Xuzhou City ········· 8–350
Xuzhou, Decisive Battle of ········· 8–350
xylene ········· 2–425
xylitol ········· 5–492
xylophone ········· 5–491
Xyloryctidae ········· 5–489
xylose ········· 5–492

Y

Ya Hanzhang ········· 8–389
Ya Xian ········· 8–392
Ya'an City ········· 8–392
Yabe Hisakatsu ········· 7–13
yaccatree ········· 5–204
Yadong County ········· 8–401
yak ········· 5–327
Yakesa, Battle of ········· 8–396
Yakeshi City ········· 8–390
Yakuts ········· 8–396
Yale University ········· 8–487
Yalta Conference ········· 8–394
Yalta system ········· 8–395
Yalu River ········· 8–388
yam ········· 6–441
Yamada Kōsaku ········· 6–439
Yamada Yoji ········· 6–439
Yamagata Aritomo ········· 6–441
Yamamoto Isoroku ········· 6–433
Yamamoto Satsuo ········· 6–433
Yamatai State ········· 8–489
Yamato state ········· 2–85
Yamato-e ········· 2–85
Yamoussoukro ········· 8–408
Yamzho Yumco ········· 8–450
Yan Capital Site at Liulihe ········· 5–130
Yan Dongsheng ········· 8–425
Yan Fengchun ········· 8–435
Yan Fengying ········· 8–425
Yan Fu ········· 8–425
Yan Fuqing ········· 8–437
Yan Gengwang ········· 8–426
Yan Jici ········· 8–426
Yan Jidao ········· 8–442
Yan Jingyao ········· 8–426
Yan Junqi ········· 8–426
Yan Jupeng ········· 8–427
Yan Liangkun ········· 8–427
Yan Liben ········· 8–436
Yan Lide ········· 8–436
Yan Mingfu ········· 8–436
Yan Ruoqu ········· 8–436
Yan Shu ········· 8–442
Yan Song ········· 8–427
Yan State ········· 8–422
Yan Su ········· 8–423
Yan Wenjing ········· 8–427
Yan Wenliang ········· 8–437
Yan Xinzhe ········· 8–428
Yan Xishan ········· 8–436
Yan Yangchu ········· 8–443
Yan Yanzhi ········· 8–438
Yan Yu ········· 8–427
Yan Yuan ········· 8–438
Yan Zhenqing ········· 8–438
Yan Zhitui ········· 8–438
Yan Zhiyi ········· 8–427
Yan'an City ········· 8–424
Yan'an Pingju Research Academy ··· 8–424
Yan'an Revolutionary Sites ········· 8–424
Yan'an University ········· 8–423
Yanbian Korean Autonomous County ········· 8–424
Yancheng City ········· 8–433
Yandang Mountain ········· 8–444
Yang Baibing ········· 8–453
Yang Baozhong ········· 8–453
Yang Chaoguan ········· 8–453
Yang, Chen Ning ········· 8–468
Yang Chengwu ········· 8–453
Yang Chengzhi ········· 8–453
Yang Ch'ing-k'un ········· 8–454
Yang, Ching-kun ········· 8–460
Yang Chongrui ········· 8–454
Yang Chung-chien ········· 8–468
yang deficiency of spleen and kidney, syndrome of ········· 6–79
yang depletion syndrome ········· 7–488
Yang Dezhi ········· 8–454
Yang Du ········· 8–454
Yang Fuqing ········· 8–454
Yang Gensi ········· 8–455
Yang Guang ········· 8–455
Yang Guozhong ········· 8–455
Yang Hansheng ········· 8–451
yang heel channel ········· 8–451
yang heel vessel ········· 8–451
Yang Hucheng ········· 8–455
Yang Hui ········· 8–455
Yang Jiachi ········· 8–456
Yang Jian ········· 8–456
Yang Jian ········· 8–456
Yang Jiang ········· 8–456
Yang Jie ········· 8–456
Yang Jingren ········· 8–457
Yang Jingyu ········· 8–457
Yang Jiong ········· 8–457
Yang Kaidao ········· 8–457
Yang Kaihui ········· 8–457
Yang Kui ········· 8–458
Yang Kun ········· 8–458
Yang Lian ········· 8–458
yang link channel ········· 8–452
yang link vessel ········· 8–452
Yang Liping ········· 8–458
Yang Liwei ········· 8–458
Yang Mao ········· 8–459
Yang Maochun ········· 8–459
Yang Mingxuan ········· 8–459
Yang Mo ········· 8–459
Yang Ningshi ········· 8–459
Yang Pu ········· 8–460
Yang Rongguo ········· 8–460
Yang Rudai ········· 8–460
Yang Sanlang ········· 8–460
Yang Shangkun ········· 8–460
Yang Shen ········· 8–461
Yang Sheng ········· 8–461
Yang Shiqi ········· 8–461
Yang Shixian ········· 8–461
Yang Shoujing ········· 8–462
Yang Shuda ········· 8–462
Yang Shuo ········· 8–462
Yang Sichang ········· 8–462
Yang Silang Visits His Mother ········· 7–151
Yang Su ········· 8–463
Yang Tingbao ········· 8–463
Yang Wanli ········· 8–463
Yang Wenhui ········· 8–463
Yang Xiangkui ········· 8–464
Yang Xianjiang ········· 8–464
Yang Xianyi ········· 8–464
Yang Xianzhen ········· 8–464
Yang Xiaolou ········· 8–464
Yang Xingfo ········· 8–465
Yang Xiong ········· 8–447
Yang Xiufeng ········· 8–465
Yang Xiuqing ········· 8–465
Yang Xuangan ········· 8–465
Yang Yan ········· 8–465

Yang Yang ··· 8–466
Yang Yang ··· 8–466
Yang Yanzhao ··· 8–465
Yang Yao ··· 8–466
Yang Ye ··· 8–466
Yang Yichen ··· 8–467
Yang Yin ··· 8–467
Yang Yinliu ··· 8–467
Yang Yiqing ··· 8–466
Yang Yisun ··· 8–466
Yang Yong ··· 8–467
Yang Youhe ··· 8–452
Yang Yuchun ··· 8–467
Yang Yun ··· 8–467
Yang Zaibao ··· 8–467
Yang Zhijiu ··· 8–468
Yang Zhu ··· 8–468
Yang Zihua ··· 8–468
Yangbajain ··· 8–449
Yangcheng Lake ··· 8–450
Yangchun City ··· 8–450
yangge ··· 8–445
Yangguan Pass ··· 8–451
Yanghu school ··· 8–451
Yanghuang language ··· 8–468
Yangjiang City ··· 8–451
Yangju opera ··· 8–446
Yangling District ··· 8–458
Yangliuqing ··· 8–458
Yangliuqing New Year pictures ··· 8–458
yangming disorder ··· 8–451
Yangming Large Intestine Channel of Hand ··· 7–41
Yangming Large Intestine Meridian of Hand ··· 7–41
Yangming school ··· 8–451
Yangming Stomach Channel of Foot ··· 9–568
Yangming Stomach Meridian of Foot ··· 9–568
Yangpu District ··· 8–460
Yangquan City ··· 8–452
Yangshao Culture ··· 8–470
Yangshuo County ··· 8–452
Yangtze Delta ··· 1–514
Yangtze Delta Economic Zone ··· 1–514
Yangtze River ··· 1–513 (8–449)
Yangtze River dolphin ··· 1–198
Yangyuan County ··· 8–452
Yangzhong City ··· 8–447
Yangzhou City ··· 8–448
Yangzi River ··· 8–449
Yanhe Tujia Autonomous County ··· 8–432
Yanji City ··· 8–424
Yanjing University ··· 8–423
Yan-Li school ··· 8–437
Yanling, Battle of ··· 8–422
Yanling County ··· 8–422
Yanling County ··· 8–432
Yanmen Pass ··· 8–444
Yannanzhi' an ··· 8–445
Yanqi ··· 8–421
Yanqing County ··· 8–425
Yanqi-Qiuci script ··· 8–422
Yanshan Mountain ··· 8–423
Yanshan movement ··· 8–423
Yanshi City ··· 8–441
Yantai City ··· 8–420
Yantai Treaty ··· 8–421
Yanzhou City ··· 8–438
Yanziji ··· 8–445
Yao ··· 8–478
Yao ··· 8–478
Yao ··· 8–483
Yao branch ··· 8–483
Yao Chang ··· 8–478
Yao Chong ··· 8–478
Yao Congwu ··· 8–478
Yao dance ··· 8–483
Yao Guangxiao ··· 8–478
Yao He ··· 8–479
Yao Lianwei ··· 8–479
Yao Ming ··· 8–479
Yao Nai ··· 8–479
Yao Shu ··· 8–479
Yao Shuijuan ··· 8–479
Yao Wenyuan ··· 8–479
Yao Xie ··· 8–480
Yao Xuanqiu ··· 8–480
Yao Xueyin ··· 8–480
Yao Yilin ··· 8–480
Yao Ying ··· 8–480
Yaoshan ··· 8–482
Yaoundé ··· 8–398
Yaozhou Kiln ··· 8–486
Yapese ··· 8–397
Yaqub Incident ··· 1–24
yardangs ··· 8–393
Yaren ··· 8–406
Yarkant River ··· 8–495
Yarlung Zangbo Big Gorge ··· 8–396
Yarlung Zangbo River ··· 8–396
Yashpal ··· 8–488
Yasukuni Shrine ··· 4–315
Yau, Shing-Tung ··· 6–239
Yayoi Period ··· 5–391
Ye ··· 8–503
Ye Duzheng ··· 8–495
Ye Fei ··· 8–495
Ye Jianying ··· 8–496
Ye Junjian ··· 8–497
Ye Mengde ··· 8–498
Ye Qianyu ··· 8–499
Ye Qiaobo ··· 8–499
Ye Qisun ··· 8–499
Ye Shaoweng ··· 8–499
Ye Shenglan ··· 8–500
Ye Shengtao ··· 8–500
Ye Shi ··· 8–500
Ye Shuifu ··· 8–500
Ye Tianshi ··· 8–501
Ye Ting ··· 8–501
Ye Xianzu ··· 8–501
Ye Xie ··· 8–501
Ye Xuanping ··· 8–502
Ye Xue' an ··· 8–502
Ye Yonglie ··· 8–502
Ye Zhishan ··· 8–502
Ye Zhupei ··· 8–502
Ye Zi ··· 8–502
year ··· 5–584
yearly salary system ··· 5–585
yeast ··· 4–213
Yeats, William Butler ··· 8–502
Yekaterina II Alekseyevna ··· 8–497
Yekaterinburg ··· 8–497
Yelang Culture ··· 8–504
yellow cattle ··· 3–593
Yellow Crane Tower ··· 3–586
yellow earth ··· 3–595
Yellow Emperor ··· 3–582
Yellow Emperor and Master Lao, school of ··· 3–591
yellow fever ··· 3–596
Yellow Land ··· 3–599
yellow locust ··· 2–52
yellow race ··· 3–602
yellow resident registration ··· 3–588
yellow rice borer ··· 6–391
Yellow River ··· 3–584
Yellow River Cantata ··· 3–586
Yellow River chart and Luo River writing ··· 3–428
Yellow River Delta ··· 3–586
Yellow River, ice-jam flood of ··· 3–586
Yellow River Levee System ··· 3–585
Yellow Sea ··· 3–584
Yellow Sea, Naval Battle of ··· 3–584
Yellow Turban Rebellion ··· 3–588
yellow-green algae ··· 3–602
Yellowstone National Park ··· 3–597
yellow-white butterfly ··· 2–558
Yeltsin, Boris Nikolayevich ··· 8–498
Yelü Chucai ··· 8–488
Yemen ··· 8–489
Yenangyaung ··· 6–306
Yenisey River ··· 8–498
Yeom Sang-seop ··· 5–47
Yerevan ··· 1–68
Yermolova, Maria Nikolayevna ··· 8–495
Yerushalayim ··· 8–487

Yesenin, Sergey Aleksandrovich … 8–499
yew family … 3–469
yew podocarpus … 5–204
Yi … 8–547
Yi … 8–560
yi … 8–547
Yi branch … 8–547
Yi dance … 8–547
Yi Dynasty of Korea … 4–610
Yi language … 8–547
Yi Shunding … 8–561
Yi tribes … 8–538
Yi writing … 8–547
Yi Xin … 8–563
Yi Yin … 8–533
Yiba Art Society … 8–507
Yibi Coin … 8–553
Yibin City … 8–539
Yichang City … 8–539
Yicheng City … 8–539
Yichun City … 8–515
Yichun City … 8–540
Yiddish language … 8–536
Yidu City … 8–540
Yiguandao sect … 8–509
Yihetuan Movement … 8–553
Yijiangshan Island, Campaign of … 8–510
Yijing … 8–555
Yikong … 8–562
Yilan County … 8–536
Yilan County … 8–540
Yilong County … 8–537
Yima City … 8–555
yin and yang … 8–573
yin and yang, school of … 8–573
Yin Chengzong … 8–578
yin depletion syndrome … 7–488
Yin Fu … 8–578
yin heel channel … 8–572
yin heel vessel … 8–572
Yin Hongzhang … 8–578
Yin Keng … 8–572
yin link channel … 8–573
yin link vessel … 8–573
Yin Xi … 8–584
Yin Zanxun … 8–585
Yinchuan City … 8–580
Yinchuan Plain … 8–579
Ying Chengyi … 8–614
Ying Qu … 8–614
Ying Ruocheng … 9–10
Ying Shao … 8–614
Ying Yunwei … 8–614
Yingcheng City … 9–20
Yingcheng gold coin … 9–18
Yingde City … 8–615
yingge dance of Chao-Shan area … 1–544
Yingkou City … 9–16
Yingtan City … 9–14
Yingtianfu College … 9–21
Yining City … 8–525
Yinshan Mountain … 8–573
Yinshan Petroglyphs … 8–573
Yinxu … 8–578
Yipiao's Comments on Poetry … 8–510
Yisrs' el … 8–550
Yisu Society … 8–561
Yitong Man Autonomous County … 8–532
Yiwu City … 8–555
Yixian County … 8–537
Yixian County … 8–561
Yixing … 8–512
Yixing ceramics … 8–540
Yixing City … 8–540
Yiyang City … 8–563
Yiyang County … 8–553
Yiyang Mandarin Duck and Macaque Nature Reserve in Pingnan … 6–95
Yiyang tune … 8–553
Yizheng City … 8–538
Yizhou … 8–533
Yizhou City … 8–540
Yizhou Prefecture … 8–563
YOG … 6–210
Yoga … 9–64
Yoga sect … 9–64
Yogācāra … 9–64
Yogyakarta … 6–327
yoke lake … 5–600
Yokohama … 3–465
Yokoi Shōnan … 3–466
Yokomitsu Riichi … 3–466
Yokosuka … 3–466
Yokoyama Taikan … 3–466
Yom Kippur … 7–57
Yomiuri Shimbun … 2–354
Yong'an City … 9–24
Yong'an Company … 9–24
Yongcheng City … 9–24
Yongchuan District … 9–24
Yongchun County … 9–24
Yongding River … 9–25
Yonggu Mausoleum at Fangshan … 2–490
Yonghe Temple … 9–23
Yongji Canal … 9–25
Yongji City … 9–25
Yongjia school … 9–25
Yongkang City … 9–25
Yongkang school … 9–26
Yongle Dadian … 9–26
Yongle Great Bell … 9–26
Yongle Islands … 9–26
Yongle Taoist Temple … 9–26
Yongming style … 9–26
Yongxing Island … 9–27
Yongzhou City … 9–27
Yoo Nam-Kyu … 5–113
Yorkshire … 9–119
Yoruba … 9–119
Yoruba language … 9–119
Yoshida Shigeru … 4–67
Yoshida Shōin … 4–67
Yoshinaga Sayuri … 4–67
Yoshinogasato … 4–67
Yŏsu … 5–24
You Dong … 9–32
You Guo'en … 9–43
You Mao … 9–32
Youchaoshi … 9–45
Youmeng … 9–29
Young Hegelians … 6–209
Young Ottomans … 8–264
Young Plan … 8–455
Young, Thomas … 8–453
Young's experiment … 8–462
Yourcenar, Marguerite … 9–33
youth … 6–208
youth culture … 6–209
youth hotel … 6–209
Youth League of Three Principles of the People … 6–398
Youth Olympic Games … 6–210
youth, socialization of … 6–209
Youyi Pass … 9–44
Youyi Peak … 9–44
Youzhou Prefecture … 9–31
Yo-Yo Ma … 5–285
Ysyk-Köl … 8–525
Yu … 9–72
Yu Bin … 9–54
Yu Dafu … 9–79
Yu Dayou … 9–61
Yu Guangyuan … 9–54
Yu Guangzhong … 9–57
Yu Guanying … 9–57
Yu Hao … 9–82
Yu Hongyuan … 9–57
Yu Jianwu … 9–74
Yu Jianzhang … 9–62
Yu Jiaxi … 9–57
Yu Jie … 9–58
Yu Jusheng … 9–62
Yu Lan … 9–55
Yu Liang … 9–74
Yu Ling … 9–55
Yu Min … 9–55
Yu Pingbo … 9–62
Yu Qian … 9–55
Yu Qiaqing … 9–66
Yu Qingsong … 9–58
Yu Qiuli … 9–58

Yu Ruihuang 9–58
Yu Sansheng 9–58
Yu Shinan 9–66
Yu Shizhi 9–55
Yu Shuyan 9–58
Yu Tangchun 9–78
Yu Wanchun 9–62
Yu Xin 9–74
Yu Xingwu 9–57
Yu Xuanji 9–61
Yu Yixuan 9–82
Yu Youren 9–57
Yu Yunwen 9–66
Yu Zhenfei 9–62
Yu Zhengsheng 9–62
Yu Ziyi 9–62
Yuan Chonghuan 9–101
Yuan drama 9–94
Yuan Dynasty 9–85
Yuan Hanqing 9–101
Yuan Haowen 9–92
Yuan Hongdao 9–101
Yuan Jie 9–93
Yuan Longping 9–101
Yuan Mei 9–102
Yuan Muzhi 9–102
Yuan Shao 9–102
Yuan Shihai 9–102
Yuan Shikai 9–102
Yuan Shu 9–103
Yuan Shu 9–103
Yuan Tongli 9–103
Yuan Weimin 9–103
Yuan Wenbing 9–115
Yuan Xuefen 9–103
Yuan Yuling 9–104
Yuan Yunfu 9–104
Yuan Zhen 9–99
Yuan Zhongdao 9–104
Yuan Zongdao 9–104
Yuanfeng Reform 9–91
Yuanhe style 9–92
Yuanjia style 9–92
Yuanjiang City 9–101
Yuanjiang River 9–93
Yuanjiang River 9–101
Yuanmingyuan Garden 9–113
Yuanmou County 9–93
Yuanping City 9–105
yuan-primary points 9–107
yuanxiao 9–98
Yuanyou poetry style 9–98
Yuanyou Revision 9–98
Yucatan Peninsula 9–32
Yuchanyan 9–75
Yucheng City 9–72
Yuchi Yiseng 9–82
Yudin, Pavel Fiodorovich 9–32
Yue cuisine 9–131
Yue dialects 9–131
Yue Fei 9–125
Yue Kiln 9–131
Yue Shi 9–125
Yue Tribe 9–127
Yue Yi 9–125
Yue Zhongqi 9–126
Yuecheng Ridge 9–127
yuefu poetry style 9–125
Yüeh-chin 9–124
Yueju opera 9–128
Yueju opera 9–132
Yuelu College 9–125
yueqin 9–121
Yueqing City 9–125
Yueshi Culture 9–125
Yueya Spring 9–124
Yueyang City 9–126
Yueyang Pavilion 9–125
Yugoslavia 5–541
Yugur 9–83
Yuhang District 9–57
Yuhua stone 9–71
Yujiang River 9–80
Yuju opera 9–83
Yukawa Hideki 7–295
Yukon River 9–80
yulan magnolia 9–75
Yulin Caves 9–65
Yulin City 9–65
Yulin City 9–75
Yulong Naxi Autonomous County 9–75
Yulong Snow Mountain 9–75
Yumen City 9–76
Yumen Pass 9–76
Yun Daiying 9–144
Yun Shouping 9–144
Yuncheng City 9–140
Yuncheng Salt Lake 9–140
Yun-Fat Chow 9–471
Yunfu City 9–133
Yungang Caves 9–133
Yungui Plateau 9–134
Yunju Temple 9–134
Yunlin County 9–134
Yunmeng County 9–135
Yunmenshan Caves 9–134
Yunnan Baiyao Powder 9–135
Yunnan Hui People Uprising 9–135
Yunnan Military Academy 9–136
Yunnan opera 2–269
Yunnan Province 9–136
Yunnan University 9–135
Yunnan Warlords 2–270
Yunnan-Burma Highway 2–269
Yuntai Mountain 9–138
Yuntai Mountain 9–138
Yuping Dong Autonomous County 9–76
yurt 9–178
Yushan Mountain 9–78
Yushu City 9–65
Yushu County 9–78
Yushu Zang Autonomous Prefecture 9–78
Yutian 9–55
Yutian County 9–55
Yutian script 9–56
Yuwen Hu 9–67
Yuwen Huaji 9–67
Yuwen Xuzhong 9–67
Yuxi City 9–78
Yu-Xiang-Gui Campaign 9–83
Yuyao City 9–59
Yuyao tune 9–59
Yuyuan Garden 9–84
Yuzhong District 9–64
Yuzhou City 9–72
Yuzhou Prefecture 9–84

Z

za 9–145
Zadeh, Lotfi Asker 9–171
Zaghlūl, Sa ‘d 9–171
Zagreb 6–360
Zagros Mountains 9–172
Zaifeng 9–151
Zaire 9–173
Zaïre 9–173
Zaiwa language 9–152
Zalantun City 9–172
Zambezi River 9–152
Zambia 9–153
Zamboanga 6–382
Zamyatin, Yevgeny Ivanovich 9–172
Zang Kejia 9–154
Zang Maoxun 9–155
zang-fu organs 9–155
zang-fu viscera, syndrome differentiation of 9–155
Zantedeschia aethiopica 5–279
Zanthoxylum bungeanum 3–528
Zanzibar, Sultanate of 6–412
Zao Wou-ki 9–234
Zaoyang City 9–163
Zaozhuang City 9–163
Zapadno-Sibirskaya Ravnina 8–103
zapan 9–145
Zapata, Emiliano 6–366
Zapodidae 5–85
Zavattini, Cesare 1–498

Zayü County 1–497
Zea mays 9–76
Zeami 7–14
zebra 1–226
Zeeman effect 6–374
Zeiformes 3–326
Zelkova schneideriana 4–335
zemsky sobor 4–278
Zen 1–499
Zeng Bu 9–167
Zeng Chengkui 9–167
Zeng Gong 9–167
Zeng Guofan 9–167
Zeng Ji 9–168
Zeng Jize 9–168
Zeng Peiyan 9–169
Zeng Pu 9–169
Zeng Qi 9–169
Zeng Qingcun 9–169
Zeng Qinghong 9–169
Zeng San 9–170
Zeng Shiying 9–170
Zeng Xianjiu 9–170
Zeng Zhaolun 9–170
Zengcheng City 9–171
Zengmu Ansha 9–169
Zengwen Dam 9–170
Zenkevich, Lev Aleksandrovich 4–266
Zenon Eleates 9–289
zeolites 2–536
Zeppelin, Ferdinand von 6–127
zero rate of customs duties 5–100
Zeromski, Stefan 6–280
Zêtang Town 9–166
Zetkin, Clara 1–469
Zeus 9–479
Zha Fuxi 9–173
Zha Shenxing 9–173
Zhabei District 9–173
Zhai Rang 9–176
Zhalong Nature Reserve 9–172
zham nian 9–173
Zhan Tianyou 9–179
Zhan Ziqian 9–179
Zhang Ailing 9–189
Zhang Aiping 9–189
Zhang Binggui 9–189
Zhang Binglin 9–219
Zhang Boduan 9–189
Zhang Bojun 9–219
Zhang Boling 9–190
Zhang Changshao 9–190
Zhang Chong 9–190
Zhang Chunqiao 9–191
Zhang Dafu 9–191
Zhang Dai 9–192
Zhang Dainian 9–192
Zhang Daqian 9–191
Zhang Dayu 9–191
Zhang Decheng 9–192
Zhang Dejiang 9–192
Zhang Deqing 9–192
Zhang Ding 9–192
Zhang Dingcheng 9–193
Zhang Dun 9–220
Zhang Erkui 9–193
Zhang Fangzuo 9–193
Zhang Fei 9–193
Zhang Fengyi 9–193
Zhang Gaoli 9–193
Zhang Geng 9–194
Zhang Geng 9–194
Zhang Guangda 9–194
Zhang Guangdou 9–194
Zhang Guangsi 9–194
Zhang Guotao 9–194
Zhang Han 9–195
Zhang Hanying 9–195
Zhang Heng 9–196
Zhang Heng's Seismoscope 9–196
Zhang Henshui 9–196
Zhang Hongzhao 9–220
Zhang Houcan 9–196
Zhang Hu 9–197
Zhang Hua 9–197
Zhang Huaixi 9–197
Zhang Huangyan 9–197
Zhang Huichong 9–197
Zhang Huiyan 9–197
Zhang Ji 9–198
Zhang Ji 9–198
Zhang Jian 9–199
Zhang Jianzhi 9–199
Zhang Jie 9–200
Zhang Jie 9–199
Zhang Jiliang 9–198
Zhang Jiluan 9–198
Zhang Jinfu 9–200
Zhang Jinghui 9–200
Zhang Jingyue 9–200
Zhang Jiuling 9–200
Zhang Jizhi 9–198
Zhang Jue 9–200
Zhang Jun 9–201
Zhang Jun 9–201
Zhang Junmai 9–201
Zhang Junqiu 9–201
Zhang Junxiang 9–201
Zhang Juzheng 9–200
Zhang Kaiyuan 9–220
Zhang Kehui 9–201
Zhang Kejiu 9–201
Zhang Kun 9–202
Zhang Lan 9–202
Zhang Leping 9–202
Zhang Lexing 9–202
Zhang Lian 9–203
Zhang Liang 9–203
Zhang Lichang 9–202
Zhang Ling 9–203
Zhang Lu 9–203
Zhang Meiying 9–203
Zhang, Michael 9–192
Zhang Mingshan 9–204
Zhang Mingtao 9–220
Zhang Pu 9–204
Zhang Qian 9–204
Zhang Qinglian 9–205
Zhang Qiyu 9–204
Zhang Qiyun 9–204
Zhang Qizhi 9–204
Zhang Quan 9–205
Zhang Quanyi 9–205
Zhang Qun 9–205
Zhang Rong 9–206
Zhang Rongming 9–205
Zhang Rou 9–206
Zhang Ruifang 9–206
Zhang Ruitu 9–206
Zhang Ruoxu 9–206
Zhang Sanfeng 9–206
Zhang Sengyao 9–206
Zhang Shi 9–207
Zhang Shicheng 9–207
Zhang Shichuan 9–206
Zhang Shiwen 9–207
Zhang Shouchen 9–207
Zhang Shu 9–207
Zhang Shunmin 9–208
Zhang Siqing 9–208
Zhang Tailei 9–208
Zhang Taiyan 9–221
Zhang Tang 9–208
Zhang Tianmin 9–208
Zhang Tianyi 9–209
Zhang Tingfa 9–209
Zhang Tingyu 9–209
Zhang Wannian 9–209
Zhang Wei 9–209
Zhang Wentian 9–210
Zhang Wenyou 9–209
Zhang Wenyu 9–210
Zhang Xian 9–211
Zhang Xiang 9–211
Zhang Xiangtong 9–211
Zhang Xiangwen 9–211
Zhang Xianliang 9–211
Zhang Xianzhong Uprising 9–211
Zhang Xiaolin 9–212
Zhang Xiaoxiang 9–212
Zhang Xiaoxiang 9–212

Zhang Xiaoxuan ········ 9–212
Zhang Xie ········ 9–212
Zhang Xijun ········ 9–210
Zhang Xinglang ········ 9–212
Zhang Xiruo ········ 9–210
Zhang Xiuyin ········ 9–213
Zhang Xu ········ 9–213
Zhang Xuan ········ 9–213
Zhang Xuecheng ········ 9–221
Zhang Xueliang ········ 9–213
Zhang Xueliangs' Allegiance to the Kuomintang ········ 2–316
Zhang Xun Restoration ········ 9–213
Zhang Yan ········ 9–213
Zhang Yanghao ········ 9–214
Zhang Yanyuan ········ 9–214
Zhang Yi ········ 9–214
Zhang Yi ········ 9–214
Zhang Yichao ········ 9–214
Zhang Yimou ········ 9–214
Zhang Youyu ········ 9–215
Zhang Yuangan ········ 9–215
Zhang Yuanji ········ 9–215
Zhang Yuansu ········ 9–215
Zhang Yunyi ········ 9–216
Zhang Yuzhe ········ 9–215
Zhang Zai ········ 9–216
Zhang Zai ········ 9–216
Zhang Zao ········ 9–216
Zhang Zeduan ········ 9–216
Zhang Zhao ········ 9–216
Zhang Zhaoqian ········ 9–216
Zhang Zhidong ········ 9–217
Zhang Zhihe ········ 9–217
Zhang Zhimin ········ 9–217
Zhang Zhizhong ········ 9–217
Zhang Zhongjing ········ 9–218
Zhang Zhongjun ········ 9–217
Zhang Zigao ········ 9–218
Zhang Zihe ········ 9–218
Zhang Ziping ········ 9–218
Zhang Zizhong ········ 9–218
Zhang Zongsui ········ 9–218
Zhang Zuolin ········ 9–219
Zhang Zuomei ········ 9–219
Zhangge' er Rebellion ········ 9–194
Zhangheotherium ········ 9–195
Zhanghua County ········ 9–221
Zhangjiagang City ········ 9–198
Zhangjiajie City ········ 9–199
Zhangjiajie National Forest Park ········ 9–198
Zhangjiakou City ········ 9–199
Zhangping City ········ 9–221
Zhangpu County ········ 9–221
Zhangqiu City ········ 9–221
Zhangshu City ········ 9–222
Zhangsun Wuji ········ 9–222
Zhangye City ········ 9–214
Zhangzhou City ········ 9–221
Zhangzhou velvet ········ 9–221
Zhanjiang City ········ 9–188
Zhanran ········ 9–189
Zhao Bingwen ········ 9–228
Zhao Boju ········ 9–229
Zhao Changjun ········ 9–229
Zhao Chaogou ········ 9–229
Zhao Chenggu ········ 9–229
Zhao Dan ········ 9–229
Zhao Dengyu ········ 9–229
Zhao Feiyan ········ 9–230
Zhao Feng ········ 9–230
Zhao Gao ········ 9–230
Zhao Hengti ········ 9–230
Zhao Hongbo ········ 9–230
Zhao Hongzhang ········ 9–230
Zhao Jiabi ········ 9–230
Zhao Jingshen ········ 9–231
Zhao Jiuzhang ········ 9–231
Zhao Junyu ········ 9–231
Zhao Kuangyin ········ 9–231
Zhao Lingrang ········ 9–231
Zhao Mausoleum of Tang Dynasty ········ 7–317
Zhao Mengfu ········ 9–231
Zhao Mingcheng ········ 9–232
Zhao Nanqi ········ 9–232
Zhao Pu ········ 9–232
Zhao Puchu ········ 9–232
Zhao Qing ········ 9–232
Zhao Shangzhi ········ 9–233
Zhao Shen ········ 9–233
Zhao Shixiu ········ 9–233
Zhao Shiyan ········ 9–233
Zhao Shizhen ········ 9–233
Zhao Shuli ········ 9–234
Zhao Shuru ········ 9–233
Zhao State ········ 9–228
Zhao Yi ········ 9–234
Zhao Yuanren ········ 9–234
Zhao Yufeng ········ 9–234
Zhao Yun ········ 9–235
Zhao Zhichen ········ 9–235
Zhao Zhongyao ········ 9–235
Zhao Zichen ········ 9–235
Zhao Ziyang ········ 9–236
Zhao Ziyue ········ 9–235
Zhao Zongyu ········ 9–236
Zhao Zukang ········ 9–236
Zhaodong City ········ 9–237
Zhaoqing City ········ 9–237
Zhaotong City ········ 9–225
Zhaoyuan City ········ 9–224
Zhaozhou Bridge ········ 9–235
Zhari Namco ········ 9–172
Zhe cuisine ········ 9–243
Zhe school of ci-poetry ········ 9–245
Zhe school of seal cutting ········ 9–245
Zhedong school ········ 9–243
Zhe-Gan Campaign ········ 9–243
Zhejiang Academy of Fine Arts ········ 9–243
Zhejiang cuisine ········ 9–243
Zhejiang Province ········ 9–243
Zhejiang University ········ 9–243
Zhejiang-Jiangxi Corridor ········ 9–243
Zhenbao Island ········ 9–250
Zhenbao Island, Counterattack in Self-Defense of ········ 9–250
Zhenfei ········ 9–250
zheng ········ 9–261
Zheng Banqiao ········ 9–271
Zheng Boqi ········ 9–271
Zheng Chenggong ········ 9–271
Zheng Chenggong's Battle to Recover Taiwan ········ 9–272
Zheng Fengrong ········ 9–272
Zheng Fuguang ········ 9–272
Zheng Guangzu ········ 9–273
Zheng Guanying ········ 9–272
Zheng Guo Canal ········ 9–273
Zheng Haixia ········ 9–273
Zheng He ········ 9–273
Zheng He Coral Reef ········ 9–273
Zheng He's Voyages to the Western Seas ········ 9–273
Zheng Hesheng ········ 9–274
Zheng Junli ········ 9–274
Zheng Lücheng ········ 9–274
Zheng Qiao ········ 9–275
Zheng State ········ 9–271
Zheng Tianting ········ 9–275
Zheng Tianxiang ········ 9–275
Zheng Wantong ········ 9–275
Zheng Wenguang ········ 9–275
Zheng Xiaocang ········ 9–276
Zheng Xiaoxu ········ 9–276
Zheng Xiaoying ········ 9–275
Zheng Xie ········ 9–276
Zheng Xin ········ 9–276
Zheng Xuan ········ 9–277
Zheng Yefu ········ 9–277
Zheng Yizou ········ 9–277
Zheng Zhemin ········ 9–277
Zheng Zhenduo ········ 9–277
Zheng Zhengqiu ········ 9–278
Zheng Zuoxin ········ 9–278
Zheng-Bai Canal ········ 9–271
Zhengding County ········ 9–265
Zhengshi style ········ 9–267
Zhengyi sect of Taoism ········ 9–268
Zhengzhou, Capital of Shang

Dynasty 9–278
Zhengzhou City 9–278
Zhengzhou University 9–278
Zhenjiang City 9–259
Zhenke 9–253
Zhenwu Taoist Temple 9–256
Zhi Bingyi 9–287
Zhi Yu 9–319
Zhidan County 9–311
Zhi-Feng War 9–296
Zhifu Island 9–288
Zhiguo 9–320
Zhijiang City 9–289
Zhivkov, Todor 6–323
Zhi-Wan War 9–297
Zhixi Warlords 9–297
Zhixu 9–324
Zhiyi 9–324
Zhiyong 9–324
Zhong Changtong 9–459
Zhong Hui 9–453
Zhong Jingwen 9–454
Zhong Lihe 9–454
Zhong Rong 9–454
Zhong Sicheng 9–454
Zhong Xiang and Yang Yao's Uprising 9–455
Zhong Xing 9–455
Zhong Zhaolin 9–455
Zhongguancun science park 9–334
Zhonghua Book Company 9–431
Zhonghua Great Dictionary 9–414
Zhonghuan 9–432
Zhongkui 9–454
Zhongnan Mountain 9–452
Zhongnanhai 9–434
Zhongnanshan Tunnel 9–452
Zhongsha Archipelago 9–436
Zhongshan City 9–437
Zhongshan State 9–436
zhongshan suit 9–437
Zhongshan Vessel 9–436
Zhongtong 9–439
Zhongwei City 9–440
Zhongxian County 9–452
Zhongxiang City 9–454
Zhou Bangyan 9–465
Zhou Bida 9–465
Zhou Bo 9–465
Zhou Chen 9–465
Zhou Chuanying 9–465
Zhou Dunyi 9–466
Zhou Enlai 9–466
Zhou Erfu 9–467
Zhou Fang 9–467
Zhou Fohai 9–467
Zhou Gengsheng 9–467
Zhou Guangren 9–468
Zhou Guangzhao 9–468
Zhou Gucheng 9–468
Zhou Huijiu 9–469
Zhou Jianren 9–469
Zhou Libo 9–470
Zhou Lisan 9–470
Zhou Mi 9–470
Zhou Mulian 9–470
Zhou Peiyuan 9–470
Zhou Qi 9–471
Zhou Ren 9–471
Zhou Shijing 9–471
Zhou Shuren 9–472
Zhou Tienong 9–472
Zhou Wenjun 9–472
Zhou Xiaoyan 9–472
Zhou Xinfang 9–473
Zhou Xinfang in South, Ma Lianliang in North and Tang Yunsheng in Northeast China 5–538
Zhou Xuan 9–473
Zhou Xuexi 9–473
Zhou Yafu 9–474
Zhou Yang 9–474
Zhou Yibai 9–474
Zhou Yiliang 9–474
Zhou Yongkang 9–475
Zhou Yu 9–476
Zhou Yunrui 9–476
Zhou Yutong 9–476
Zhou Zhimian 9–477
Zhou Zumo 9–477
Zhou Zuoren 9–477
Zhoukou City 9–469
Zhoukoudian Site 9–469
Zhoushan Archipelago 9–464
Zhoushan City 9–464
Zhoushan Cross-Sea Bridge 9–464
Zhoushan Island 9–464
Zhouyuan 9–476
Zhouzhi Golden Monkey Nature Reserve 9–477
zhu 9–506
Zhu Da 9–479
Zhu Danxi 9–480
Zhu De 9–480
Zhu Dexi 9–481
Zhu Dongrun 9–482
Zhu Dunru 9–482
Zhu Futang 9–493
Zhu Gongyi 9–482
Zhu Guangqian 9–482
Zhu Guangya 9–482
Zhu Hongyuan 9–483
Zhu Hualin 9–483
Zhu Jian'er 9–483
Zhu Jianhua 9–483
Zhu Junsheng 9–484
Zhu Kerou 9–484
Zhu Kezhen 9–498
Zhu Lin 9–485
Zhu Muzhi 9–485
Zhu Qiqian 9–485
Zhu Quan 9–485
Zhu Rongji 9–486
Zhu Shaowen 9–486
Zhu Shenghao 9–486
Zhu Shijie 9–486
Zhu Shilin 9–486
Zhu Shouhe 9–504
Zhu Shuzhen 9–486
Zhu Songlin 9–487
Zhu Su 9–487
Zhu Wan 9–487
Zhu Wen 9–487
Zhu Wenxin 9–487
Zhu Wuhua 9–487
Zhu Xi 9–487
Zhu Xi 9–488
Zhu Xiang 9–489
Zhu Xijuan 9–504
Zhu Xuefan 9–489
Zhu Ying 9–489
Zhu Yisong 9–489
Zhu Yizun 9–489
Zhu Yunming 9–504
Zhu Yunshan 9–489
Zhu Zhixin 9–489
Zhu Ziqing 9–490
Zhuang 9–516
Zhuang brocade 9–516
Zhuang Changgong 9–512
Zhuang dance 9–516
Zhuang Fenggan 9–513
Zhuang language 9–516
Zhuang Qiaosheng 9–513
Zhuang writing 9–516
Zhuang Xiaohui 9–513
Zhuang Xiquan 9–513
Zhuang Zedong 9–514
Zhuang-Dai branch 9–515
Zhuang-Dong group 9–515
Zhuanghe City 9–513
Zhuangzi 9–514
Zhuangzi 9–514
Zhucheng City 9–493
Zhufu Yan 9–498
Zhuge Liang 9–493
Zhuhai City 9–490
Zhuhong 9–494
zhuihu 9–517
Zhuji City 9–494
Zhujiang River 9–491

Zhujiang River Delta ········ 9–492
Zhujiang River Delta Economic Zone ········ 9–492
Zhujiangkouwai Archipelago ········ 9–492
Zhukov, Georgy Aleksandrovich ··· 6–338
Zhukov, Georgy Konstantinovich ··· 9–484
Zhukovsky, Vasily Andreyevich ··· 6–338
Zhulianxiu ········ 9–492
Zhumadian City ········ 9–503
Zhuolu County ········ 9–519
Zhuoshui River ········ 9–519
Zhuozheng Garden ········ 9–519
Zhuozhou City ········ 9–519
Zhuxi Temple ········ 9–497
Zhuxianzhen ········ 9–488
Zhuzhou City ········ 9–493
Zi Huayun ········ 9–525
Zia-ul-Haq, Mohammad ········ 6–130
Zibo City ········ 9–527
Zichan ········ 9–528
Zichang County ········ 9–528
Ziegler, Karl ········ 6–128
Ziegler-Natta catalyst ········ 6–128
Zigong City ········ 9–537
Zigui County ········ 9–531
Zijing Pass ········ 9–533
Zimbabwe ········ 4–264
zinc ········ 8–262
zinc alloy ········ 8–262
zinc oxide ········ 8–475
Zinder ········ 4–266
zineb ········ 2–126
Zingiber officinale ········ 4–185
Zingiberaceae ········ 4–186
Zinjanthropus ········ 2–320
Zinovyev, Grigory Yevseyevich ··· 4–101
Zionism ········ 9–35
Zipf' s law ········ 6–128
zipper ········ 4–520
zircon ········ 3–82
zirconium ········ 3–82
Zishui River ········ 9–525
Zisi-Mencius school ········ 7–119
Ziwu Road ········ 9–531
Zixing City ········ 9–525
Ziyang City ········ 9–525
Ziye ballad ········ 9–531
Zizania caduciflora ········ 4–199
Ziziphus jujube ········ 9–163
Zmaj, Jovan ········ 9–520
zodiacal light ········ 3–582
Zoigê Swamp ········ 6–353
Zola, Émile ········ 9–578
Zong Baihua ········ 9–552
Zong Pu ········ 9–558
Zong Ze ········ 9–558
Zongmi ········ 9–558
Zongzhou, Capital of Western Zhou Dynasty ········ 9–558
zoo ········ 2–341
zoogeography ········ 2–339
zoology ········ 2–341
Zoraptera ········ 6–268
Zorin, Valentin Sergeyevich ········ 9–579
Zoroaster ········ 7–234
Zoroastrianism ········ 7–234 (8–173)
Zoshchenko, Mikhail Mikhaylovich ········ 9–578
Zosterops ········ 8–339
Zou Bingwen ········ 9–561
Zou Boqi ········ 9–561
Zou Chenglu ········ 9–561
Zou Jiahua ········ 9–562
Zou Rong ········ 9–562
Zou Taofen ········ 9–562
Zou Yan ········ 9–562
Zoucheng City ········ 9–562
Zsigmondy, Richard Adolf ········ 8–137
Zu Chongzhi ········ 9–571
Zu Ti ········ 9–572
Zu Yong ········ 9–572
Zubov, Nikolay Nikolaevich ········ 9–571
Zuckmayer, Carl ········ 2–19
Zuglakang (Jokhang) Monastery ··· 2–122
Zukerman, Pinchas ········ 9–484
Zulu ········ 9–571
Zulu language ········ 9–571
zun ········ 9–576
Zunhua City ········ 9–577
Zunyi City ········ 9–577
Zunyi Conference ········ 9–577
Zuo Qiuming' s Commentary on Spring and Autumn Annals ········ 9–579
Zuo Quan ········ 9–578
Zuo Si ········ 9–578
Zuo Zongtang ········ 9–579
Zuojiang Petroglyphs ········ 9–577
Zuoqiu Ming ········ 9–578
Zuoquan County ········ 9–578
Župančič, Oton ········ 6–338
Zur Kritik der Hegelschen Philosophie ········ 3–453
Zur Kritik des sozialdemokratischen Parteiprogramms ········ 3–88
Zurbarán, Francisco de ········ 7–182
Zürich ········ 7–186
Züricher Dreigestirn ········ 7–187
Zweig, Arnold ········ 2–42
Zweig, Stefan ········ 2–42
Zwicky, Fritz ········ 9–520
Zwingli, Huldrych ········ 2–42
Zworykin, Vladimir Kosma ········ 9–520
Zygaenidae ········ 1–226
Zygentoma ········ 8–534
Zygocactus truncatus ········ 8–247
zygomycetes ········ 4–214
Zygophyllaceae ········ 4–79

Others

α particles scattering experiment ··· 9–589
α-decay ········ 9–589
α-particle ········ 9–589
α-terpinene ········ 9–589
β-decay ········ 9–589
β-stability ········ 9–590
γ transition ········ 9–590
γ-ray ········ 9–590
γ-ray bursts ········ 9–590
τ-particle ········ 9–590
$ ········ 5–363
5-hydroxytryptamine ········ 9–590
12 Canals of Zhangshui River ········ 8–586
13 masters of Jingqiang opera ········ 4–282
72 Revolutionary Martyrs at Huanghuagang ········ 3–586
95 Thesen ········ 4–322
211 Project ········ 9–591

内容索引

说　明

一、本索引是全书条目和条目内容的主题分析索引。索引主题按汉语拼音字母的顺序并辅以汉字笔画、起笔笔形顺序排列。同音时，按汉字笔画由少到多的顺序排列，笔画数相同的按起笔笔形横（一）、竖（丨）、撇（丿）、点（丶）、折（乛，包括乛㇄𡿨等）的顺序排列。第一字相同时，按第二字，余类推。索引主题中夹有外文字母、罗马数字和阿拉伯数字的，依次排在相应的汉字索引主题之后。索引主题以拉丁字母、希腊字母、罗马数字和阿拉伯数字开头的，依次排在全部汉字索引主题之后。

二、设有条目的主题用黑体字，未设条目的主题用宋体字。

三、不同概念（含人物）具有同一主题名称时，分别设置索引主题；未设条目的同名索引主题后括注简单说明或所属类别，以利检索。

四、索引主题之后的阿拉伯数字是主题内容所在的卷册、页码，数字之后的小写拉丁字母表示索引内容所在的版面区域。本书正文的版面区域划分如右图。

a	c	e
b	d	f

A

阿八哈　8-524a
阿巴岱汗　2-406a
阿巴丹　1-1a
阿巴多，C.　1-1a
阿巴公　5-469e
《阿巴哈依图界约》　1-446c
阿巴和卓麻扎　1-1b
阿巴坎宫殿　1-1d
阿巴坎市　1-1d
阿巴拉契亚高地　1-1d，1-278c，4-114a
阿巴拉契亚高原　1-1e
《阿巴拉契亚山的春天》　4-434c
阿巴拉契亚小道　1-1f
阿巴斯　1-1f，1-166f
阿巴斯·穆萨维　4-581e
阿巴伊河　1-70f，1-72b
《阿拔斯时代诗歌选》　1-174c
阿拔斯王朝　1-2a，1-31c，5-378c
阿拔斯一世　1-2a，6-360c
阿坝藏族羌族自治州　1-2b
阿拜多斯遗址　5-265e
阿拜·库南巴耶夫　1-2d
《阿宝》　5-69c
阿保机　1-2d，5-63e，5-67f
阿贝，E.　1-2d
阿贝尔，N.H.　1-2f，2-128d
阿贝尔定理　1-3a
阿贝尔积分　1-3a
阿贝尔判别法　4-69a
阿贝尔群　1-3a，7-71b
阿贝湖　1-70f，4-58e
阿贝剧院　1-3b
阿贝拉尔，P.　3-150e，4-329a，7-546f
《阿贝·林肯在伊利诺伊》　6-502d
《阿贝赛报》　8-84c
阿倍仲麻吕　6-175f，7-305e
阿苯哒唑　2-560f，3-154b，3-612a，5-294b，5-548e，8-365f，9-52a，9-495b，9-495d
阿比让　1-3b
阿比让大学　1-3d
阿比让港　1-3c
阿比让国际机场　4-436f
阿比西尼亚高原　1-72a
阿比西尼亚猫　5-312c
阿比西尼亚人　2-267d，2-267e
阿比西尼亚王国　1-71a，2-408e
阿庇安　1-3d，3-181a
阿庇亚，A.　1-3e，5-205d
阿别吉扬　6-368e
阿炳　1-3e，2-426f，2-453c，3-556a
《阿炳曲集》　8-467c
阿波　7-149e
阿波火山　2-525c，5-411e
阿波利纳里斯·西多尼乌斯　3-173f
阿波利奈尔，G.　1-3f，5-23c，7-569b
阿波隆尼　2-243f
阿波罗　1-4a，8-394a
"阿波罗"号飞船　1-4b，2-192f，7-353a
《阿波罗和达芙妮》　1-298f
"阿波罗"计划　1-4c
阿波罗尼奥斯　1-4e，3-181a
阿波罗尼奥斯　1-4e，4-231e，6-504a，7-453f
阿波罗尼奥斯问题　1-4f，4-422e
阿波罗群　8-230d
《阿波罗头像》　1-434a
阿波罗之子　1-121a
"阿波罗"11号飞船　9-123d
《阿波罗13号》　7-296e
阿波美　2-63b
阿波美皇宫　1-299e
阿波美王国　2-63b
阿伯蒂，F.A.von　6-384a
阿伯丁　7-184c
阿伯斯，J.　1-127d
阿博　5-576b
阿博茨霍姆学校　8-274e
阿卜·伯克尔　3-310b
阿卜杜·阿齐兹国王门　4-278c
阿卜杜拉　5-251b
阿卜杜拉·宾·阿卜杜尔·卡迪尔　1-4f
阿卜杜拉·达亚·拉齐　3-240b
阿卜杜拉港　4-438b
阿卜杜·拉赫曼汗　1-21f
阿卜杜·拉赫曼·舒克里　2-216e
阿卜杜拉·伊本·雅辛　1-15a
阿卜杜拉·詹马　2-561d
《阿卜杜拉传》　1-4f
阿卜杜勒·阿齐兹　7-466a
阿卜杜勒哈米德二世　2-481a，7-437d
阿卜杜勒·卡里姆·卡塞姆　8-519d

阿卜杜勒·拉赫曼 1－5a
阿卜杜勒·拉赫曼三世 1－31d
阿卜杜勒·拉赫曼一世 4－425d
阿卜杜勒·兰提斯 3－311e
阿卜杜勒·马利克 1－28f
阿卜杜勒·迈格拉希 5－228e
阿卜杜勒·穆明 1－15b，4－512a
阿卜杜勒·瓦哈卜 7－466a
阿卜杜·穆塔里布 5－500b
阿卜杜斯·萨马德 5－477b
阿卜·哈桑·阿里·伊本·侯赛因·马苏第 5－278e
阿卜·札伊德 2－104d
《阿不都热合曼汗》 7－557e
阿不来提·阿不都热西提 1－5a
阿布·阿拔斯 1－2a，1－31c
阿布·阿里 4－510f
阿布·阿马尔 1－35f
阿布·埃米尔·曼苏尔 4－425d
阿布·巴克尔 7－191c
阿布德拉什托夫，V.Yu. 1－5b
阿布都热依木 5－579c
阿布尔海尔 8－127e
阿布哈兹王国 3－107e
阿布哈兹语 3－67f
阿布贾 1－5c，4－518a
阿布·卡西姆·穆罕默德·本·阿卜杜拉·本·阿卜杜·穆塔里布·本·哈希姆 5－500b
《阿布拉昂峡谷》 1－300c
阿布拉泽，T.Ye. 1－5d
阿布里考索夫，A.A. 1－531b
阿布里植物园 4－118b
阿布·利凯立克 2－561d
阿布·马赞 1－1f
阿布·赛义德 1－207f
阿布森布勒神庙 1－55b
《阿布·台尔凡》 4－512c
阿布维利文化 1－5e，1－52f
阿布辛拜勒石窟 6－597c
阿布扎比 1－5f
阿布扎比发展基金会 1－33b
阿布扎比酋长国 1－32b
《阿部一族》 6－420d
阿查瓦人 8－478c
阿柴虏 7－446e
阿昌刀 1－6b
阿昌语 1－6a，1－6a
阿昌族 1－6a
阿城 8－380b
"阿城"遗迹 2－393b
阿闳佛 2－581e
阿茨贝，A. 4－401a
阿达 1－6c
《阿达》 5－507d
阿达河 1－377c
《阿达拉》 2－444e，8－161f
《阿达莉》 4－528d
阿达马，J. 1－6d
阿达马瓦－东部语支 5－576d
阿达马瓦高原 4－362d
阿达马瓦人 3－19f
阿达莫夫，A. 1－6e
阿达纳 1－6f
阿达纳省 1－6f
《阿达婆吠陀》 2－486e，2－532e
阿代尔制片公司 1－39f
阿丹 8－172f
阿道弗·科雷拉·达罗沙 7－452a
《阿德尔齐》 5－309a
阿德汗人 1－62b
阿德拉尔高原 5－316e
阿德莱德 1－7a
阿德莱德大学 1－7b
阿德莱德文艺节 1－7b
阿德勒，A. 8－275d，9－535c
阿德勒，D. 4－538c
阿德勒，F. 2－254e
阿德勒天文馆 9－288e
阿德利企鹅 6－135e
阿登纳，K. 1－7b，2－187a
《阿登纳回忆录》 1－7c
阿登群 8－230d
阿迪格人 6－189f
阿迪格语 3－67f
阿迪杰河 8－564c
阿迪朗达克山地 5－607e
阿迪力·吾守尔 2－69c
阿迪生－韦斯利出版社 4－550c
阿迪生－韦斯利公司 4－550c
阿迪生－韦斯利－朗文出版社 4－550c
《阿底格兰特》 8－133c
阿底峡 1－7c，1－532f
阿蒂博尼特河 3－323a
阿蒂加斯，J.G. 1－7e，5－369e，8－3e
《阿蒂拉和布达》 1－218f
阿蒂亚－辛格指标定理 4－80a，7－461f
阿杜德·道莱 1－453f
阿杜尔河 2－438c
阿杜瓦战役 8－401a
阿敦楚伦露天煤矿 6－181e
阿多尼斯 1－7e
《阿多尼斯》 8－372b
阿多诺，T.W. 1－7f
阿恩海姆，R. 1－88e
阿尔·阿赫玛德 1－8a
阿尔巴尼亚 1－8a
《阿尔巴尼亚》 2－591a
阿尔巴尼亚共产党 2－217b
阿尔巴尼亚共和国 1－8a
阿尔巴尼亚劳动党 4－20a，7－190a
阿尔巴尼亚民族解放军 4－20b
阿尔巴尼亚人 1－9a
阿尔巴尼亚社会主义人民共和国 1－8d
阿尔巴尼亚语 1－9b
阿尔巴尼亚正教会 2－329d
阿尔巴尼亚族 1－8a
阿尔巴诺伊人 1－9b
阿尔班山遗址 1－9c
阿尔卑斯滑雪 3－75a
阿尔卑斯猎人军团 4－111a
阿尔卑斯人种 3－67e
阿尔卑斯山脉 1－9d，4－361d
《阿尔卑斯山脉成因》 8－338c
阿尔卑斯型山脉 6－32f
阿尔卑斯运动 1－10a，2－192d
阿尔贝丹人 5－316f
阿尔贝蒂，L.B. 1－10b，7－599e，7－600c
《阿尔贝特》 7－452e
阿尔比，E. 1－10c，2－341e
阿尔比鲁尼 1－320a
《阿尔比塞的理由》 5－502d
阿尔伯特，A. 3－113d
阿尔布雷希茨贝格尔，J.G. 1－288f
阿尔布佐夫，A.N. 1－10d
阿尔茨海默氏病 4－558d
阿尔达班五世 6－34f
阿尔达布拉环礁 6－378f
阿尔达希尔一世 1－109b，1－385b，6－366f
阿尔达扎布 1－239f
阿尔德，K. 2－210a
《阿尔的风笛手》 5－40d
阿尔登马 1－10d
阿尔丁版本 5－271d
阿尔丁出版社 5－271d
阿尔杜塞，L. 1－10e
阿尔杜伊诺，G. 2－261b
阿尔顿曲克哈萨克族自治区 3－99c
阿尔多莫罗大桥 7－241b
阿尔法 8－565c
阿尔法草 7－418d
阿尔法磁谱仪 1－10f
阿尔法海岭 1－256c
阿尔法·罗密欧 2－527d
阿尔法诺，F. 6－115a
阿尔菲道斯城堡 1－40b
阿尔菲耶里，V. 1－11a
阿尔冯山 5－408d
阿尔盖齐，T. 1－11a
阿尔戈船英雄 1－11b
《阿尔戈船英雄纪》 1－4e，1－11c，3－173e，3－181a
阿尔贡金人 1－11c
阿尔衮琴人 1－11c，5－606b
阿尔汉格尔斯克 1－197f
阿尔汗布拉宫 1－11c
阿尔基洛科斯 3－180c
阿尔及尔 1－11e
阿尔及尔大学 1－13e
《阿尔及尔的交易》 6－379c
阿尔及利亚 1－12a

阿尔及利亚阿拉伯人 1-13f
《阿尔及利亚第一组曲》 6-567f
阿尔及利亚民主人民共和国 1-12e
阿尔及利亚民族解放阵线 1-14a, 1-305c
阿尔及利亚人 1-13f
《阿尔及利亚》三部曲 2-208e
《阿尔及利亚时事周刊》 1-13e
阿尔及利亚战争 1-14a
阿尔吉什蒂一世 8-3a
《阿尔加巴尔》 3-98d
阿尔金幕 4-111a
阿尔金山 1-14a
阿尔金山自然保护区 1-14c
阿尔卡底-塞浦路斯方言 8-125a
阿尔卡拉大学 5-243b
阿尔凯奥斯 3-180c
阿尔克迈翁 1-326c
阿尔克曼 3-180d
阿尔克斯,C.von 1-14d
《阿尔克提斯》 3-108e
阿尔克伊乐派 6-358a
阿尔勒王国 1-408c
阿尔利特 5-575b
阿尔马河之战 4-452f
阿尔马斯广场（秘鲁库斯科） 4-490a
阿尔马斯广场（智利圣地亚哥） 6-558d
阿尔玛斯 8-493b
阿尔芒,F. 2-443d, 3-209a
阿尔蒙德,G.A. 1-14d
《阿尔米达》 3-325a
《阿尔米达之宫》 4-124e
《阿尔米拉》 3-461e
阿尔米纳角 9-295d
阿尔明尼亚人 8-408a
阿尔摩哈德王朝 1-15b, 1-403e, 5-460c
阿尔摩拉维德王朝 1-15a, 1-403e, 5-257b, 5-458e
阿尔莫多瓦,P. 1-14f
阿尔姆桥 5-53f
阿尔穆拉比特王朝 1-15a, 4-118c
阿尔穆瓦希德王朝 1-15b
阿尔尼姆,B.von 4-551c
阿尔尼姆,L.A.von 1-15b, 2-416f
阿尔农,D.I. 1-15c
阿尔诺 4-533a
阿尔诺河 8-564c
阿尔普,J. 1-15d
阿尔普·阿尔斯兰 5-214c, 6-371e
阿尔奇彭克,A. 2-443c
阿尔钦,A.A. 8-294f
阿尔琼 8-133d
《阿尔热巴拉和阿尔穆卡巴拉》 3-528b
阿尔萨斯 1-15f
阿尔萨斯博物馆 7-135e
阿尔萨斯大区 7-135d
阿尔萨斯人 1-15f
阿尔山 1-16a
阿尔山市 1-16a
阿尔山温泉 1-16a
阿尔斯梅尔 1-47e
阿尔斯特湖公园 3-367e
《阿尔塔蒙之路》 5-166a
阿尔塔米拉洞窟 1-16b, 5-249b
《阿尔塔米拉洞窟》 1-456d
阿尔塔米拉洞窟壁画 1-16b
阿尔塔米拉诺 5-483b
阿尔塔米拉诺,I.M. 1-16c
阿尔泰山脉 1-16d, 3-314f
阿尔泰语系 1-16f, 8-416c
阿尔泰运动 3-344c
阿尔忒弥斯 1-4a
阿尔忒弥斯神庙 7-21c, 7-126b
阿尔特多费尔,A. 1-17a
阿尔特吉尔德,J.P. 5-479a
《阿尔特米奥·克鲁斯之死》 3-19a
《阿尔图洛岛》 2-68d
阿尔托,A. 1-17b
阿尔托,A. 1-17c
《阿尔瓦尔·贡萨莱斯的土地》 5-240e
阿尔瓦雷茨,L.W. 2-23e, 4-348f
阿尔瓦罗一世 3-52f
阿尔韦尼斯,I. 1-17c
阿尔文,H. 1-17d, 7-269c
阿尔文波 1-17e
阿尔文速度 1-17e
阿尔泽特公路桥 3-53b
阿法尔 2-408d
阿法尔低地 1-72b
阿法贾托山 4-117c
《阿凡达》 1-17e, 5-350b
阿凡提 1-17f, 5-513a
《阿凡提》 5-361e, 9-387b
《阿凡提的故事》 1-18a
阿凡提故事 1-17f
阿方索·德·巴尔·德斯 3-589e
阿方索十二世 1-181e
阿方索十世 4-479a
《阿非利加》 1-323a
阿非利加省 6-2c
阿非利加洲 2-517e
阿非利堪斯语 1-18c
阿非利坎人 1-18a
阿非利坎语 1-18c, 1-18a, 1-276c
阿非罗-亚细亚语系 1-18c, 1-35d, 1-47a, 7-180f
《阿吠斯陀》 8-608d
阿芬那留斯,R. 1-18e
阿丰索·恩里克斯 1-18e
阿丰索一世 1-18e
阿佛罗狄忒 1-18f, 1-19a
《阿佛罗狄忒》（米洛斯的） 1-19a
阿夫罗林,V.A. 5-304e
阿夫沙尔王朝 5-508a
阿弗拉尼乌斯 1-19b
《阿弗萨内》 5-574a
阿弗他口炎 4-481c
阿弗韦聪,J.A. 5-13e
阿伏伽德罗,A. 1-19c, 2-554c
阿伏伽德罗常数 1-19d
阿伏伽德罗定律 1-19d, 1-103f
阿伏伽德罗假说 2-554c
“阿芙乐尔”号巡洋舰 1-19e
阿富汗 1-19f
阿富汗抗苏战争 1-21c
阿富汗抗英战争 1-21d
阿富汗王国 4-361c
阿富汗伊斯兰共和国 1-20e
阿富汗伊斯兰酋长国 7-241e
阿富汗战争 1-21f
阿缚都底波陀 1-7d
《阿盖尔的第四个公爵约翰》 3-119b
《阿甘正传》 1-22a, 2-524d
阿戈斯蒂·卡拉奇 4-370c
阿格达斯,J.M. 1-22b
阿格拉 1-22c
阿格拉大学 1-22d
阿格拉古堡 1-22d, 1-22c
阿格拉市 1-22d
阿格里汉火山 1-277b
阿格里科拉,G. 2-250c, 8-492a
阿格里科拉,M. 1-22e
《阿格里皮纳》 3-461e
阿格农,S.Y. 1-22f
阿格桑德罗斯 4-511d
阿格耶伊,S.H.V. 1-23a
阿根廷 1-23b
阿根廷港 5-247c
阿根廷共和国 1-24a
阿根廷五月革命 8-85c
《阿贡》 7-136a
阿贡火山 1-24c, 1-168d
阿缑社 6-95d
阿古柏 1-24e, 2-332e, 3-406f
阿古柏事件 1-24d
《阿古诺》 1-22f
阿骨打 4-237c, 4-254e, 5-64a, 6-5b
阿瓜多,D. 4-66f
《阿贵流浪记》 1-179b
阿桂 1-24f
阿果 5-68b
阿哈出 4-164e, 4-605a
阿哈教 2-327b
阿·哈·卡塞姆 1-67a
阿哈罗诺夫-玻姆效应 2-275f
《阿哈奈人》 1-41e
阿含 1-25a
《阿含经》 7-153e
阿含暮 1-25a
阿铪 1-25a
阿合马 1-25c, 9-95c, 9-511d
阿赫里曼 7-235a

阿赫里奇,M. **1-25c**
阿赫马德·达鲁 **1-25e**
阿赫马托娃,A.A. **1-25e**
阿赫迈德沙·杜兰尼 **1-25f**
阿赫摩斯一世 8-139e
阿赫图巴河 2-597a
阿亨伐尔,G. 7-408a
阿衡 8-533d
阿訇 **1-25f**, 3-99a, 3-611a
阿胡拉·玛兹达 2-389c, 5-394c, 7-234f
阿霍,J. **1-26a**
阿霍米亚人 1-51a
阿基库尤人 4-47d
阿基拉达姆 1-26a
阿基兰 **1-26a**
阿基利·博尼托·奥利瓦 1-533f
阿基琉斯 **1-26b**, 3-332b
阿基米德 **1-26c**, 1-26d, 6-13e, 8-74b, 8-123e, 8-405c
阿基米德公理 6-13e
阿基米德螺线 2-195d
阿基米德原理 **1-26c**
阿基姆人 1-29e
阿基诺夫人 **1-26d**
阿基坦大区 1-375d
阿基坦盆地 **1-26e**, 2-438c
阿吉,J. 1-73f
阿吉杰亚 4-404d
阿吉拉姆 9-157c
阿吉默特号舰 3-594c
《阿吉什》 1-218f
阿笈摩 1-25a
阿加德米 1-404b
阿加德兹苏丹国 5-575d
阿加莱加群岛 5-314f
阿加里亚,B. **1-26f**
阿加姆,Y. 1-127d
阿加尼亚 **1-26f**
阿加莎·克里斯蒂 9-250a
阿加索克利斯 8-356d
阿加西,A.E.R. **1-26f**
阿加西,J.L.R. 6-142e
阿加西兹湖 7-582b
阿加扎国王 2-63b
阿伽门农 **1-27a**
《阿伽门农》 **1-27b**, 1-73a
《阿伽门农》(小塞内加) 6-374e
《阿伽门农的使者》 1-96e
阿迦·穆罕默德汗 2-395b
《阿迦通的故事》 7-552f
阿甲 **1-27c**
阿贾瓦人 8-478c
阿杰尔高原 2-523f
阿杰隆古堡 9-117c
阿捷尔拜疆人 1-52b
阿解阵 1-166e
《阿金的故事》 8-351a
阿卡德 **1-27d**, 2-216e
阿卡德(古城) 2-218d
阿卡德米 9-116b
阿卡德莫斯 9-116a
《阿卡德诗集》 1-27e
阿卡德王国 **1-27e**
阿卡德语 1-36e, 1-301e, 7-192a, 7-616b, 8-234b
《阿卡迪亚》(J.桑纳扎罗) 5-495f
《阿卡迪亚》(P.锡德尼) 8-132e
阿卡迪亚国家公园 5-416c
《阿卡迪亚牧人》 6-115c
阿卡方言 1-546a
阿卡胡特拉港 6-359f
阿卡利党 4-246a
阿卡·米拉克 1-387e
阿卡语 3-313b
阿凯布族 2-382e
阿考林克古人类博物馆 5-270c
阿科公司 9-5b
阿科松博 4-118b
阿克巴 **1-27f**, 5-477c
《阿克巴本记》 5-477c
阿克巴大帝 1-22c
阿克巴陵墓 1-22e
阿克巴誓约 6-159b
阿克别希姆废墟 7-216f
阿克别希姆古城 **1-28a**
阿克波索族 2-382e
阿克达尔橄榄园 5-257c
阿克敦 1-24f
阿克拉 **1-28c**
阿克拉平原 1-28c
阿克里西奥 6-56e
阿克洛夫,G.A. **1-28d**
阿克洛夫模型 1-28e
阿克·麦吉特 2-395c
阿克曼,W. 9-241b, 9-269e
阿克－梅切特 4-461c
阿克莫拉 1-36f, 1-54e
阿克莫林斯克 1-54e
阿克齐乌斯 3-173c
阿克茹特铜矿 5-316d
阿克萨科夫,I.S. 2-481a
阿克萨清真寺 **1-28f**
阿克塞哈萨克族自治区 1-29a
阿克塞哈萨克族自治县 **1-29a**
阿克什胡斯城堡 1-129d
阿克苏 1-29c
阿克苏道 1-29b
阿克苏地区 **1-29a**
阿克苏河 **1-29c**, 7-241b
阿克苏姆考古区 1-71f
阿克苏姆王国 **1-29c**
阿克苏市 **1-29d**
阿克苏县 1-29e
阿克苏行政督察区 1-29b
阿克苏行政区 1-29b
阿克索兰山 3-313f, 3-314c
阿克肖诺夫,V.P. 3-609b
阿克兴海战 1-122d
阿克雪里罗得,P.V. 4-554b
阿肯民族集团 1-52e
阿肯那顿王 1-45a
阿肯人 **1-29e**
阿肯色大学 1-30b
阿肯色河 **1-29f**, 1-30b
阿肯色站 1-30b
阿肯色州 **1-30a**
阿肯色州立大学 1-30b
阿空加瓜山 **1-30c**, 4-425a, 5-533c, 9-321e
阿夸平－多哥山脉 4-117c
阿奎纳多,E. 1-415f, 2-526f
阿拉伯埃及共和国 1-64f
阿拉伯半岛 **1-30c**, 1-30e
阿拉伯瓷器厂 3-445b
阿拉伯大羚羊 1-45d
阿拉伯大沙漠 **1-30e**
《阿拉伯的劳伦斯》 **1-30f**
阿拉伯帝国 **1-31a**, 1-33e, 1-45d, 1-64f, 4-380d
阿拉伯翻译运动 **1-31e**
阿拉伯狒狒 2-535e
阿拉伯复兴社会党 6-357a, 8-356f
阿拉伯高原 6-427d
阿拉伯国家联盟 **1-31e**, 2-479c
《阿拉伯国家联盟条约》 1-31f
阿拉伯海 **1-31f**
《阿拉伯海的女神》 8-349d
阿拉伯海盆 8-606f
阿拉伯河 2-218c, 5-59e, 5-362c
阿拉伯经济与社会发展基金会 4-438c
阿拉伯利比亚共和国 4-383f
阿拉伯利比亚人民社会主义民众国 4-384a, 5-25f
阿拉伯联合共和国 1-64f, 6-2a, 8-356f
阿拉伯联合酋长国 **1-32b**, 1-5f, 1-30c
阿拉伯联合酋长国通讯社 1-33b
阿拉伯旅美派文学 **1-33b**, 1-323e
阿拉伯逻辑 5-223c
阿拉伯马 **1-33c**, 1-121b
阿拉伯－美国石油公司 8-514e
阿拉伯民主纳赛尔主义党 1-65b
阿拉伯起义军 6-1f
阿拉伯人 **1-33d**, 1-64c
《阿拉伯人的诗歌想象力》 6-422b
阿拉伯人种 3-67d
阿拉伯撒哈拉民主共和国 8-99d
阿拉伯沙漠 1-64c
阿拉伯社会主义联盟 1-65b
阿拉伯书法 **1-33f**
阿拉伯树胶 6-361b, 7-61b, 7-180a
阿拉伯树胶树 6-361a

阿拉伯数字 1－34e, 9－542c
阿拉伯糖 1－34a
阿拉伯天文仪器 9－173d
阿拉伯驼 5－234a
阿拉伯卫星 7－392d
阿拉伯文化 1－34b
阿拉伯文化事务委员会 2－437e
阿拉伯文学 1－34e
阿拉伯纹样 1－35b
阿拉伯叙利亚共和国 8－356f
阿拉伯也门共和国 8－489f
阿拉伯－以色列战争 9－328f
阿拉伯语 1－35d, 1－18c, 1－31b
《阿拉伯周刊》 4－581d
阿拉布·穆罕默德 8－127b
《阿拉丁》 6－15c
《阿拉丁和神灯》 8－511b
阿拉丁·穆罕默德 3－528d
阿拉丁清真寺 1－101a
《阿拉丁之灯》 4－429f
阿拉尔市 1－35f
阿拉法特 1－35f
阿拉弗拉大陆架 1－36b
阿拉弗拉海 1－36a
阿拉富阿农学院 1－49f
阿拉干人 6－353b
阿拉干山脉 6－353c
阿拉戈,D.-F.-J. 1－36b, 3－227b, 8－74e
阿拉贡,L. 1－36c
《阿拉贡的霍塔》 3－105c
阿拉贡平原 8－83e
阿拉贡王国 1－36e, 4－120d
阿拉瓜亚河 7－453b
阿拉加茨山 3－67c, 8－407c, 8－408a
阿拉卡卢夫人 4－10c
阿拉克切耶夫,A.A. 8－405e
阿拉克斯河 8－407c
阿拉里克 8－92c
阿拉米语 1－36e
阿拉米字母 7－417f
阿拉姆吉尔 1－124c
阿拉木图 1－36f, 1－54e
阿拉木图地震 1－37a
《阿拉木图宣言》 2－398f, 7－188c
阿拉山口口岸 1－414a
阿拉善高原 1－37b
阿拉善高原温带荒漠区 5－557e
阿拉善和硕特旗 1－37d
阿拉善盟 1－37d, 5－596b
阿拉善右旗 1－37d
阿拉善自治区 1－37d
阿拉善左旗 1－37d
阿拉斯加 2－506d
阿拉斯加半岛 1－37e
阿拉斯加大学 1－38c
阿拉斯加地震 1－37f
阿拉斯加费尔班克斯大学 1－38c
阿拉斯加太平洋大学 1－38c
阿拉斯加湾 1－37f, 1－37e
阿拉斯加州 1－38a, 1－37e, 1－43b
阿拉特 2－611d
阿拉图工业区 6－360a
阿拉托斯 3－181a
阿拉瓦省 1－182a
阿拉维 1－38c
阿拉－乌德－丁 4－510f
阿拉－乌德－丁·卡尔吉 2－182a
阿剌吉八 9－97f
阿来 1－38d
《阿莱城姑娘》 1－316a
阿莱得火山 6－156c
阿莱克桑德雷·梅洛,V. 1－38e
《阿莱克索》 6－357d
阿莱克西斯 3－180e
阿莱克西斯,J.S. 1－38f
阿莱曼,M. 1－38f
阿莱曼战役 1－39a
阿莱奇冰川 1－9e
阿赖耶识 4－575a, 8－597a, 9－65a, 9－114c
阿赖耶识缘起 9－114c
阿兰 8－438e
阿兰达人 1－39c
阿兰·德隆 1－39e
阿兰人 1－128b, 5－433a, 6－359b, 7－485a
阿兰若 2－54a
阿兰若迦 6－420b
阿朗悉都 6－104f
阿劳干人 1－182d
《阿劳加纳》 1－39f
阿劳加人 1－182d
阿劳坎人 1－182d, 9－321e
阿勒波的斤 4－124c
阿勒大湾山 6－329a
阿勒格嫩达河 3－463e
阿勒格尼高原 1－359e, 2－396e, 5－607e
阿勒格尼河 1－359e, 2－396d, 6－80d
阿勒河 4－536a
阿勒锦 3－306e
《阿勒克西·卓尔巴斯的一生》 4－383e
《阿勒曼尼方言诗集》 3－451e
阿勒曼尼人 1－15f
阿勒芒德 9－570f
阿勒颇 1－40a
阿勒颇大学 1－40b
阿勒颇独立区 1－40a
阿勒颇省 1－40a
阿勒泰地区 1－40b, 8－522e
阿勒泰市 1－40b, 1－40b
阿勒泰县 1－40c
阿勒坦布拉格 6－155d
阿勒坦汗 3－496e
阿勒特 1－63d
阿雷格里港 1－40d
阿雷基帕 1－40e
阿雷基帕省 1－40e
阿雷西沃大河 1－374e
阿里 1－40e, 6－592f
阿里 1－40f
阿里埃勒·沙因内曼 6－425b
阿里·埃斯梵迪亚里 5－574a
阿里·艾斯巴尔 1－75e
阿里奥斯托,L. 1－41a
阿里奥特,G.B. 2－437d
《阿里巴巴和四十大盗》 8－511b
阿里波山 7－331e
阿里不哥 1－41b, 6－459f, 7－456c
阿里地区 1－41c
阿里·哈桑·姆维尼 5－572f
阿里·里达 5－276f
阿里·穆罕默德 1－156f
阿里清真寺 5－508e
阿里三部 8－8a
阿里山 1－41c
《阿里山风云》 7－250a
阿里山林场 4－132e
阿里山区 4－132d
阿里山森林铁路 1－41d
阿里山五奇 4－132e
阿里石窟 6－598a
阿里斯蒂德,J.-B. 3－324a
阿里斯塔戈拉斯 8－119e
阿里斯塔科斯 3－432b
阿里斯塔克 8－123e
阿里斯提得斯 3－181b
阿里斯托芬 1－41e, 3－180e, 3－432b
阿里王朝 5－500f
阿里翁 8－141b
阿里乌派 8－399b
阿里亚里 5－241e
《阿里亚斯计划》 9－433e
阿里亚斯·桑切斯,O. 1－41f
阿里专区 1－41c
阿历波德利斯 1－68b
阿历克塞一世 4－433d
阿历山德罗斯 1－19a
《阿丽尔》 6－108e
“阿丽亚娜”号运载火箭 1－42a
“阿丽亚娜”1号火箭 1－42a
“阿丽亚娜”2号火箭 1－42b
“阿丽亚娜”3号火箭 1－42b
“阿丽亚娜”4号火箭 1－42b
“阿丽亚娜”5号火箭 1－42b
阿利,W.C. 1－42c
阿利别依湖 8－1a
“阿利·伯克”级驱逐舰 1－42d, 6－250e
阿利法拉比大学 3－315c
阿利规律 1－42d
阿利姆 3－406f
阿利斯塔克 1－42e
阿利·苏阿维 8－264a
阿利索夫,B.P. 6－143a

阿连德·戈森斯,S. 1–42f
阿连斯基,A.S. 5–8e
阿联 8–356f
阿联酋 1–32b
阿联酋大学 1–33b
阿列克塞·马克西莫维奇·彼什科夫 3–61e
阿列克山德里,V. 1–43a
阿列克西·圣-莱热·莱热 6–567d
阿列克谢耶夫,V.I. 1–43a
阿留申低压 7–261b
阿留申群岛 1–43b
阿留申人 1–43c
阿留申山脉 1–37e
阿留申语 1–88b
阿留申语族 1–88b
阿龙塔人 1–39c
阿隆干累山 3–49a
阿卢拉-费尔泰海沟 8–401d
阿鲁埃,F.M. 2–597d
阿鲁巴 1–43d
阿鲁巴岛响尾蛇 8–203c
阿鲁巴人民党 1–43e
阿鲁巴人民选举运动 1–43e
阿鲁巴通讯社 1–43f
阿鲁海沟 1–36b
阿鲁忽 1–41b, 1–496c
阿鲁浑 5–71e, 8–524a
阿鲁沙 1–43f
《阿鲁沙集体自力更生纲领》 5–537b
阿鲁沙区 1–43f
《阿鲁沙协定》 5–230b
《阿鲁沙宣言》 1–43f
阿鲁维河 7–128c
阿鲁孜诗律 1–44a
阿伦卡尔,J.M.de 1–44a
阿伦尼乌斯,S.A. 1–44b
阿伦尼乌斯电离理论 1–44c
阿伦尼乌斯方程 1–44c, 2–56f, 4–7a
阿罗,K.J. 1–44d, 5–231b
阿罗不可能性定理 1–44f
阿罗汉 5–204c
阿罗蒙人 1–44f
阿罗投票悖论 1–44e, 6–418e
阿罗音乐出版社 4–434c
阿荦山 1–101f
阿洛菲 1–45a
阿洛特佩克-梅塔潘山脉 6–359c
阿洛维,L. 1–383f, 9–22d
阿马迪厄斯大盐湖 2–118b
阿马蒂,N. 3–201e, 7–135b
阿马蒂琴式 3–201e
阿马尔奈古城 1–45a
阿马戈萨山 7–141f
阿马卡斯谷地 6–567e
阿马科萨人 4–434f
阿马拉人 1–97f
阿马里尼亚语 1–47a
阿马林堡 8–164b
阿马纳 1–64b
阿马斯威士人 7–140c
阿马祖鲁人 9–571d
阿玛蒂,N. 8–229d
阿玛拉瓦蒂雕刻 5–508d
阿曼 1–45b, 1–30c
《阿曼报》 1–46b
阿曼广播电台 1–46b
阿曼教长国 1–45d
阿曼里亚尔 1–46b
阿曼纽斯 8–264e
阿曼努拉汗 1–46b
阿曼人 6–412d
阿曼苏丹国 1–45e
阿曼通讯社 1–46b
阿曼伊斯兰教长国 1–45e
阿芒戈,R. 6–271f
阿梅克巴遗址 8–283d
阿美人 3–528e
阿蒙 4–375b
阿蒙霍特普四世 1–64a, 1–66c
阿蒙神庙 1–64a, 3–158e, 3–160c, 4–375b, 7–426b
阿迷县 4–391f
阿迷州 4–391f
阿米阿努斯 3–173f
阿米巴 1–46d, 1–344d
阿米巴病 1–46d
阿米巴肝脓肿 3–41e, 9–104d
阿米巴脑膜炎 1–344e, 9–104f
阿米亥,Y. 1–46e
阿米卡星 1–112b
《阿米丽亚》 2–524e
阿米扎迪桥 6–186a
阿敏 6–218f, 6–231d
阿敏道 2–112b
《阿明达》 7–243e
阿明迪维群岛 8–592b
阿明尼乌,J. 1–46e
阿明尼乌派 1–46e
阿摩尔 1–69d, 6–239f
阿摩利人 3–161f
阿摩罗普罗派 5–520e
阿莫尔群 8–230d
“阿莫戈·卡迪茨”溢油事故 3–133a
阿莫科石油公司 9–5b
阿莫利加运动 3–344c
阿墨江 1–61a
《阿母拉斯》 1–290a
阿姆巴楚米扬,V.A. 1–46f
阿姆尔 6–360b
阿姆哈拉人 1–70d, 1–97f
阿姆哈拉语 1–47a, 1–18c
阿姆河 1–47a, 4–370a, 7–239c, 8–175a
阿姆河窖藏 1–47b
《阿姆雷特》 6–15c
阿姆利则 6–48b
阿姆利则惨案 2–511a
阿姆斯特丹 1–47c
阿姆斯特朗,E.H. 1–47e
阿姆斯特朗,L. 1–47f
阿姆斯特朗,N. 1–48a
阿姆斯特朗方式 7–376b
阿姆图 3–162a
阿木鲁 5–514b
阿睦尔撒纳 1–48b
《阿睦尔萨纳》 1–134f
阿慕尔·本·巴哈尔 4–142b
阿穆尔河 2–398a, 2–411c, 3–304a
阿穆尔溺谷 2–71b
阿穆方言 7–139c
阿那毕隆 2–327e
阿那克里翁 3–180c
阿那克萨戈拉 1–48c, 2–390f
阿那克西曼德 1–48c, 4–269b
阿那克西米尼 1–48d
阿那律 6–338b
阿纳德尔河 2–398a
阿纳德尔湾 1–202b
《阿纳底奥曼的维纳斯》 6–266c
阿纳多卢城堡 1–417b
《阿纳尔科斯》 1–174d
阿纳喀拉喀托 4–519d
阿纳姆地 7–11f
阿纳斯瓦国际机场 4–257d
《阿娜尔与萨吾列》 7–307e
《阿娜斯塔茜娅》 8–616e
阿娜希特 3–528c
阿奈扎人 6–428f
阿难 5–204e, 6–406d
阿难答 1–48d
阿难陀 4–223c
《阿难陀寺院》 1–495b
阿瑙帕雅王朝 3–151c
阿内加达 9–11a
阿内加达海峡 7–550d
阿内托峰 1–318c
《阿尼的亡灵书》 7–488d
阿尼哥 1–48e, 5–420a
阿尼哥公路 4–108b
阿尼玛卿山 4–508b
阿尼人 1–29e
《阿尼赛》 1–36d
阿尼亚查克国家保护区 1–37e
阿尼亚斯科大河 1–374e
《阿涅尔的浴场》 8–293a, 8–338a
阿涅利,G. 2–527d
阿纽斯凯维兹,R. 1–127d
阿侬语 6–3c
阿奴律陀 1–48f
阿努 7–424b
阿努拉·班达拉奈克 1–223b

阿努拉德普勒 1–49a, 7–128f
阿努钦,V.A. 1–49a, 2–227d
阿努伊,J. 1–49b
阿诺,J.-J. 1–49b
阿诺德,T. 1–49c
阿诺尔德,V.I. 4–426a
《阿诺尔芬尼夫妇肖像》 2–464e
阿诺尔福·迪坎比奥 2–587a, 7–600b
阿帕拉港 1–26f
阿帕网 1–49d, 8–571a
阿沛·阿旺晋美 1–49e, 2–64e
阿佩尔,K.I. 7–153a, 7–423f
阿佩莱斯 8–233b
阿皮亚 1–49f
阿皮亚天文台 1–49f
《阿毗达磨俱舍论》 7–25a
阿片 5–287b
阿片酚 9–260e
阿片生物碱类镇痛药 9–260d
阿片肽 6–511d
阿坡隆樟 1–524e
阿朴钩吻碱 3–154b
阿普顿,E.V. 1–49f
阿普顿层 1–50a
阿普列尤斯 1–50a
阿齐尔文化 5–249b, 9–438a
阿齐利文化 6–26b
阿齐齐耶 6–355d
《阿齐亚德》 5–227c
阿齐兹 1–50b
阿奇霉素 2–87c
阿耆多翅舍钦婆罗 7–109e
阿耆尼 8–421d
阿契贝,C. 1–50c
阿契尔,W. 8–142b
阿契美尼德王朝 1–385a, 4–330d
《阿让特伊小广场》 8–101d
阿荣旗 2–412c
阿如 6–338f
阿瑞奥帕戈 1–50c
阿瑞斯 1–50c
阿萨巴斯卡河 5–249d
阿萨巴斯卡湖 4–115a
阿萨布 2–409a
阿萨德 1–50d
阿萨德 1–50e
阿萨德水库 8–357d
阿萨汉河 7–192f
阿萨勒湖 1–50f
阿萨勒盐湖 1–50f
阿萨姆地震 1–51a
阿萨姆人 1–51a
阿萨姆语 1–51b, 1–51a
阿萨尼保护区 4–437a
阿萨尼亚·伊·迪亚斯,M. 8–85f
阿萨息斯王朝 6–34e
阿塞拜疆 1–51b, 2–353a
阿塞拜疆民族独立党 1–51e
阿塞拜疆人 1–52b, 1–51c
阿塞拜疆人民阵线党 1–51e
阿塞拜疆苏维埃社会主义共和国 1–51e
阿塞拜疆语 1–52c, 1–52b
阿塞里列尔人 1–52b
阿赛尔角 7–232e
阿散蒂帝国 1–52d, 1–52e
阿散蒂人 1–52e, 1–29e
阿散蒂王国 1–52d
阿散蒂语 1–52e
阿散蒂战争 1–52d
阿瑟山口大隧道 5–516d
阿瑟·斯坦利·杰斐逊 4–555d
阿瑟死火山 1–82d
《阿森夫妇肖像》 1–418d
阿森松岛 6–561f
阿尚博堡 6–358b
阿阇梨 3–419b
阿阇世 5–459e
阿舍利文化 1–52f
阿舍利遗址 5–28b
《阿诗玛》 1–53a, 8–547e
《阿诗玛》(版画) 3–602a
《阿诗玛文化丛书》 1–53a
阿什比,C.R. 8–558b
阿什杜德港 8–551f
阿什顿,F. 1–53b
阿什顿,K. 8–77c
阿什哈巴德 1–53c
阿什哈巴德地毯 1–53d
阿什克纳济,V. 1–53d
阿什肯纳齐人 9–36d
阿什莫尔博物馆 5–601d
阿史那贺鲁 1–53e, 7–417e
阿史那氏 7–417d
阿是穴 1–53f, 7–62f
阿淑尔 1–55d, 8–409d
阿舒拉日 1–53f
阿司咪唑 4–415b
阿司匹林 2–517a, 3–551b, 7–104a, 8–375f, 8–485c, 9–260c
阿斯顿,F.W. 1–54a, 9–316d
阿斯尔马拉提人 5–258d
阿斯基亚王朝 6–412b
阿斯奎斯,H.H. 1–84e
阿斯马拉 1–54b
阿斯马拉大学 2–409a
阿斯马拉机场 1–54c
《阿斯米安·达伊莱》 2–61c
阿斯纳尔新闻奖 1–63f
阿斯帕鲁赫 7–127b
阿斯普丁,J. 7–95b
阿斯恰 1–362b
阿斯塔那墓群 1–54c
阿斯塔纳 1–54e, 1–36f
阿斯特拉罕鞑靼人 2–71b
阿斯特拉罕汗国 1–54e
阿斯特莱 9–146f
阿斯特莱,P. 5–282c
阿斯图阿图什 1–56d
阿斯图里亚斯,M.A. 1–54f
阿斯托里亚公路桥 5–53f
阿斯旺 1–55a
阿斯旺高坝 1–55b, 1–55b, 1–64e
阿苏埃拉,M. 1–55c
阿苏艾大学 4–507f
阿苏尔 2–218d, 8–409d
阿苏尔城邦 8–409e
阿苏尔古城 1–55d
阿苏尔山 4–430e
阿苏国立公园 1–55f
阿苏火山博物馆 1–55f
阿苏山 1–55e, 4–323e
阿苏五岳 1–55f
阿索林 1–55f, 4–319a
《阿索托大鼓的祭祀》 5–212a
阿塔卡马沙漠 1–56a, 7–262c
阿塔科拉山 1–299a
阿塔克斯,C. 1–384e
阿塔利德王朝 6–30a
阿塔那修 8–399b
阿塔纽姆艺术博物馆 3–445c
阿塔诺多罗斯 4–511d
阿塔帕斯克人 1–56a
阿塔帕斯克语 1–56a
阿塔图尔克 8–531d
阿塔图尔克雕像 1–435d
阿塔图尔克陵墓 1–101a
阿塔依 3–112c
阿泰县 1–40c
阿忒昔思 3–528d
阿特巴拉河 5–573c
《阿特费尔德的雅科布》 4–475e
阿特拉帕新会议中心 1–178a
阿特拉斯山脉 1–56b
《阿特拉斯神像下的斗争》 1–307b
阿特拉笑剧 3–173b
《阿特兰蒂达》 2–458a
阿特纳奥斯 3–181b
阿特尼奥大学 2–526d
阿特·佩尚加·克纳 4–484a
阿特柔斯王宝库 5–293b
阿提加斯,L. 5–399a
阿提卡 8–393e
阿提卡数码 4–96a
《阿提卡之夜》 3–173f
阿提卡主义 2–208e
阿提克幕 1–10a
阿提拉 1–56c, 2–320d
《阿提斯》 4–381f
阿铁人 1–29e
阿廷,E. 2–128f, 3–575d
阿廷环 3–575b

阿图岛　1-43b
阿图什市　1-56c, 4-461d
阿图什县　1-56d
阿吞教　3-160d
阿吞神庙　1-45a
《阿吞颂诗》 1-64b
阿托品　1-56e, 9-260c
阿瓦城　1-57a
阿瓦蒂乌港　1-56f
阿瓦尔人　1-56e, 6-336a
阿瓦尔语　1-56e, 3-67f
阿瓦鲁阿　1-56f
阿瓦鲁阿国际机场　1-56f
阿瓦什河流域　1-72c
阿瓦士　1-56f
阿瓦斯山石灰岩洞　5-400f
阿瓦王朝　1-57a
阿旺罗桑嘉措　2-64e, 2-65c
阿旺罗桑曲丹　9-220e
阿威罗伊　8-514a
阿维,R.-J.　3-194f
阿维尔巴赫,L.L.　4-522e
阿维拉国家公园　4-110a
阿维兰热,J.M.F.G.　1-57b
阿维鲁　3-162a
阿维尼翁教皇宫　2-442b
阿维森纳　2-227b
《阿维斯塔》 1-385b
阿维斯陀　7-234f
《阿维斯陀》 1-385b
阿沃里斯人　4-517f
阿西莫夫,I.　4-426e
阿西尼博因河　7-582a
《阿西西的圣方济各圣歌》 4-611f
阿希达穆斯战争　1-400e
《阿细的先基》 1-57c
《阿细跳月》 6-200c
阿歇特,L.-C.F.　1-57d
阿歇特出版公司　1-57d
阿歇特传媒集团　1-57d
阿谢格,U.　1-57e
《阿信》 8-550f
阿修罗道　7-153d
阿雅克肖　4-438f
阿亚拉,F.J.　4-270a
《阿亚拉计划》 6-366d
阿亚图拉　1-57e
阿亚图拉·赛义德·阿里·哈梅内伊　3-311f
阿亚图拉·乌兹玛　1-57f
阿彦涛　9-486d
阿扬尤里亚赫河　4-430a
阿耶　4-107c
阿耶波多(第二)　1-57f
阿耶波多(第一)　1-57f
《阿耶波多历数书》 1-57f
《阿耶波提亚》 1-57f
《阿耶历数书》 1-57f
阿伊多纽斯　3-305d
《阿伊雷斯的回忆》 5-240d
阿伊努人　1-57f
阿伊努语　1-58a
《阿依达》 1-58a
《阿依古丽》 9-276a, 9-444a
阿以战争　9-328f
阿英　1-58b
阿尤布·汗　1-58d
阿尤布王朝　2-436c, 6-362e
阿尤恩　1-58e
阿瑜陀耶城　1-58f
阿瑜陀耶王朝　1-58f, 2-75d
阿玉奇汗　7-435f, 7-611f
阿育王　1-59a, 4-474e
阿育王石柱　2-181d, 8-600a
阿育王像　1-577f
阿赞德高原　1-59b, 3-50f
阿赞德人　1-59b
阿赞德语　1-59b
阿扎玛　8-111d
阿扎尼亚文明　7-139b
阿旃陀石窟　1-59c, 1-69f
阿治曼　1-32b
阿周那　1-420c
阿注　1-59e
阿注婚　1-59e, 7-525d
阿兹台克人　1-59f
阿兹特克　5-483c
阿兹特克帝国　1-59f
阿兹特克人　1-59f
阿兹特克文化　4-514e
阿兹特克文化大神庙遗址　5-483f
阿兹特克文明　1-60a, 1-60a, 4-105a, 7-452f
阿兹特克语　5-364c
《阿Q正传》 1-60b
《阿Q正传》(戏剧)　3-603e
《阿Q正传插画》 2-304e
《阿Q正传108图》 1-590e
《啊！》 2-575d
《啊,天主,你在祖国上空》 7-527e
《啊！拓荒者！》 4-395d
《啊,摇篮》 8-240e, 9-504f
《啊,野麦岭》 6-389e, 6-433c
锕　1-60d, 2-505c
锕射气　2-332a
锕系　2-504a, 2-504e
锕系理论　1-60c, 8-89b
锕系元素　1-60c, 9-95f
锕铀　9-42c
哀册　0 570c
《哀悼》 1-126f
《哀悼基督》(K.柯勒惠支)　4-419b
《哀悼基督》(A.曼泰尼亚)　1-445c
《哀悼基督》(米开朗琪罗)　5-395e
《哀悼基督》(乔托)　6-183f
《哀悼基督》(E.夏隆东)　2-442b
《哀悼耶稣》 1-235e
哀的美敦书　9-574f
哀歌　3-180c
《哀歌》(奥维德)　1-133e
《哀歌》(J.R.希梅内斯)　8-125d
《哀歌》(耶利米)　8-486f
哀歌体抒情诗　4-381f
《哀江南赋》 6-35d, 9-75a
哀牢山　1-61a
哀牢山梯田　3-470e
哀牢山自然保护区　1-61b
《哀求》 1-5d
《哀求者》 1-148f
《哀永逝文》 6-43b
《哀中国》 4-188c
《埃阿斯》 7-230b
埃庇丹努斯　2-349e
埃庇道鲁斯剧场　4-338f
埃庇米修斯　6-39d
埃伯特,E.　4-96d
埃博拉病毒　1-61b
埃博拉出血热　1-61b
埃卜拉古城　1-61b
埃卜拉苏美尔双语词典　1-61c
埃布罗河　1-61c, 1-318c
埃达　1-61d
埃达克岛　1-43c
埃代阿水电站　4-363c
埃德,S.　1-398f
埃德尔施泰因,V.I.　1-61e
埃德加·斯诺　3-587a
埃德蒙顿　1-61f
埃德蒙二世　4-459b
埃德萨伯国　6-592b
埃德赛克　4-91d, 7-528a
埃德逊·阿兰特斯·多·纳西门托　1-296a
埃地人　1-62a
埃地语　1-62b
埃都阿多剧团　2-171e
埃多　4-517f
埃尔阿尔加尔文化　6-212f
埃尔伯特山　5-235b
埃尔布朗,J.　2-254a
埃尔茨贝格尔,M.　2-265c, 3-151d
埃尔德雷奇,N.　4-270a
埃尔丁国际机场　5-498a
埃尔顿,C.S.　1-62b
埃尔·多拉多现代化国际机场　6-560b
埃尔贡火山　1-62c, 7-614f, 7-615d
埃尔贡山国家公园　1-62c
埃尔胡西遗址　4-327f
埃尔吉亚斯山　1-102e, 7-454d
埃尔加,E.　1-62c
《埃尔金斯法》 5-218c

埃尔卡诺,J.S.de 2-224b
埃尔科夫雷圣母教堂 6-558c
埃尔克河 7-371a
埃尔库拉诺·德·卡尔瓦略·埃·阿劳若,A. 1-62d
埃尔朗,A.K. 6-35e
埃尔利希,P. 1-62e, 5-335b
埃尔米纳堡 1-62f, 4-118b
埃尔米特,C. 7-68c
埃尔莫罗古堡 6-562c
埃尔穆波利斯 4-47d
《埃尔佩诺》 9-233d
埃尔切坝 3-146a
埃尔塞维尔,L. 1-63a
埃尔塞维尔版 1-63b
埃尔塞维尔版式 1-63b
埃尔塞维尔家族 1-63a
埃尔塞维尔字体 1-63b
埃尔桑报业集团 2-539c
埃尔舍默,A. 1-63b
埃尔斯米尔岛 1-63c
埃尔特尼恩特铜矿 9-321f
埃尔西,H.P. 7-207d
埃尔西利亚·伊·苏尼加,A.de 1-39f
《埃菲·布利斯特》 2-576f
埃菲尔,A. 9-549c
埃菲尔,G. 1-63d
《埃菲尔塔》 2-182d
埃菲尔铁塔 1-63d, 1-532d
《埃菲尔铁塔上的油漆工》 5-177e
埃菲社 1-63e, 8-84c
埃菲新闻奖 1-63f
埃弗拉德,W. 4-349d
埃弗里,O.T. 1-63f
埃富蒂米乌,V. 1-64a
埃格伯特 1-116c, 6-119c
埃格德,H. 6-1e
埃格河 6-416c
埃格勒,D.M. 5-511c
《埃格蒙特》 3-95e
《埃格蒙特》序曲 8-356a
《埃格内特和美人鱼》 1-108d
《埃古·扬巴·奥》 4-377b
埃赫伦石棺 1-315e
埃赫那吞 1-64b, 3-160d
埃赫那吞改革 1-64a
埃赫太吞 1-64b
《埃赫特男爵夫人》 4-452b
埃基诺西亚尔谷 1-598a
埃及 1-64b, 4-166a
埃及博物馆 1-66b, 4-388c
埃及彩陶 1-467a
《埃及的第五次瘟疫》 7-277d
《埃及故事》 3-329e
《埃及卷宗》 8-167a
埃及－科普特语族 1-66d, 1-18d
《埃及历史之概观》 5-265e
埃及七月革命 1-66d
《埃及前进报》 1-65f
《埃及人和战争》 3-111f
《埃及日报》 1-65f
埃及三部曲 5-250b
埃及圣书字 1-66e
《埃及十年之发掘》 6-74f
埃及学 2-319c, 6-453f
埃及研究协会 6-74f
《埃及艳后》 8-523d, 9-590f
埃及伊蚊 4-336f
埃及猿 4-573e
埃及自由军官 1-66d
埃及60年代文学 1-66f
埃杰顿,H. 6-444c
埃科,U. 1-49c
埃科贝 2-113c
埃可病毒感染 1-67a
埃克尔斯,J.C. 1-67b
埃克洛格 6-357d
埃克曼,O. 8-292e
埃克曼,V.W. 1-67c
埃克曼层 1-67e
埃克曼层深度 1-67e
埃克曼颠倒采水器 1-67d
埃克曼海流计 1-67d
埃克曼螺线 1-67d, 1-67e
埃克曼螺旋 1-67e
埃克曼漂流 1-67d
埃克森公司 1-67e, 5-606d
埃克森－美孚公司 1-67e
埃克寺 5-243d
埃克托尔·吉马尔 3-573e, 8-292d
埃克脱,J.P. 1-67f, 5-471f
埃拉特港 8-551f
埃拉托色尼 1-68a, 1-485f, 2-77a, 2-227a, 2-244e, 6-284f, 8-405c
埃拉托斯泰涅斯 3-181c
埃拉托斯特尼 1-68a, 2-16a
《埃莱娜》 5-240c
埃兰 1-68a, 6-212e
埃兰,T. 3-318d
埃兰人 1-68b
埃兰文字 1-68b
埃兰语 1-301e
埃朗根纲领 4-79f, 4-449c, 7-536d
埃勒格体 3-180c
《埃勒克特拉》(H.von.霍夫曼斯塔尔) 6-582d
《埃勒克特拉》(索福克勒斯) 1-70b 7-230c
埃雷斯曼,C. 7-536e
埃莉莎·巴乔基 6-29e
埃里蒂斯,O. 1-68b
埃里克七世 4-368a
埃里克森,E.H. 8-275d
埃里皮希尔 2-88d
埃里温 1-68c
埃利奥特湾 8-107e
埃利都文化 6-13b
《埃利森女士》 4-378f
埃利斯,A. 5-12d, 6-310f
埃利斯,W.W. 3-46a
埃利希,E. 1-68e
埃利泽·本－耶胡达 8-120a
埃列亚 2-111d
埃林－彼林 1-68f
埃林顿,E.K. 1-69a
埃卢亚尔,F. 8-13e
埃卢亚尔,J.J. 8-13e
埃鲁,P.-L.-T. 1-69a, 5-183c
埃吕尔,J. 4-441e
埃伦斯,F. 1-69b
埃罗斯 1-69c, 8-124d
埃洛拉石窟 1-69d
埃马兰吉尼 7-140c
《埃毛斯的晚餐》 4-371f
埃梅,M. 1-69f
埃蒙斯,S.F. 9-91f
埃弥·萧 8-218d
埃米尔 1-173d, 1-189a, 1-436e, 4-425d, 4-437e, 6-364e
埃明帕夏湾 7-549e
埃默里冰架 4-539d
埃默里大学 8-411b
埃默森,R. 6-488c
埃奈斯库,G. 1-70a
埃尼阿克计算机 1-68a, 4-89e, 4-91d
埃涅阿斯 1-18f, 7-554a
《埃涅阿斯纪》 1-70a, 7-552b
埃皮达鲁斯古剧场 1-70b
埃皮达鲁斯戏剧节 1-70b
埃皮卡斯忒 2-393b
埃奇米亚金 1-68e
埃奇沃思,E. 4-423c
埃奇沃思,F.Y. 8-14e
埃切加赖－埃伊萨吉雷,J.de 1-70b
埃萨·德·克罗兹,J.M. 1-70c
埃萨尔哈东 8-410a
埃塞俄比亚 1-70d, 6-600e
埃塞俄比亚帝国 1-71b
埃塞俄比亚高原 1-72a, 1-70e, 2-520b
埃塞俄比亚抗意战争 1-72c
埃塞俄比亚联邦民主共和国 1-71c
埃塞俄比亚人民革命民主阵线 1-71b
埃塞俄比亚人种 2-517f, 3-67d, 6-303e, 8-132d
埃塞俄比亚通讯社 1-71f
《埃塞俄比亚先驱报》 1-71f
埃森 1-72e
埃森,L. 9-112d
埃森巴赫,C. 2-537e
埃森博国际机场 1-101a
《埃绍与雅科》 5-240d

埃什特雷拉山 6-102e
埃斯比约 6-322c
埃斯基涅斯 3-180f
埃斯基维尔，L. 1-72e
埃斯科里亚尔宫 7-601b
埃斯库罗斯 1-72f, 1-304b
埃斯梅拉达斯 2-408a
埃斯帕特罗，B. 1-73a
《埃斯塔克码头》 1-440f
《埃斯塔克之屋》 1-440f
埃斯特哈齐，P.A. 3-324e
埃斯扎迪多河 5-570e
埃塔 1-181e
埃特鲁斯坎美术 8-532a
埃特鲁斯坎文化 8-532d
埃特纳火山 1-73b, 8-408f
埃托沙禁猎区 5-510c
埃托沙盐沼 5-509d
埃瓦雷王 1-299f
《埃维昂协议》 1-73c, 1-14b, 1-305d
埃维人 1-73d
埃维语 1-73d, 5-576c
埃维族 2-382e
埃文河 6-380a
埃文基文 5-304f
埃文基语 2-412c, 5-304d
埃文森，K.M. 3-227c
埃文思，W. 1-73e
埃文斯，A.G. 3-301b
埃文斯，W.R. 9-536a
埃文文 5-304f
埃文语 5-304d
《埃乌里科》 1-62e
埃亚德马·纳辛贝国际机场 2-383c
《埃以和约》 6-357c
埃泽尔雷德二世 4-459b
埃扎纳 1-29c, 4-490a
锿 1-60d
癌 1-74b
癌变 4-407b
《癌病房》 3-609b, 7-229e
《癌的电子生物学——癌的新理论》 6-563b
癌基因 1-74a
癌前病变 3-489d
嗳仔 7-234d
矮虎鱼 8-155f
矮豇豆 4-187d
矮林 6-418f
矮茄 6-191c
矮三趾马 5-254a, 6-407c
矮桃 1-247f
矮文竹 7-602d
矮星 3-447b, 9-499f
矮星系 7-33e
矮星序 3-447c
矮行星 5-452c, 8-230e, 8-316b
矮雄 5-309c
《矮子安东尼奥》 7-562f
矮子丕平 5-481c
霭覃，F.W.van 1-74c
艾 1-74c
艾昂甫 2-135b
艾拜都拉 5-165e
艾比湖 8-433f, 9-517f
艾比湖湿地自然保护区 3-168b
艾宾浩斯，H. 1-74d
艾伯斯，J. 9-22d
艾伯塔大学 1-62a, 4-116c
艾伯塔平原 2-97e
艾伯塔省 1-61f
艾伯塔省恐龙公园 1-74e
艾伯特，F. 2-176f, 7-575a
艾伯特，F.A. 7-425c
艾伯特纪念堂 7-583a
艾卜·哈米德·穆罕默德·本·穆罕默德·安萨里 1-105a
艾卜·哈尼法·努尔曼 3-313a
艾卜哈森·耶敏努丁 4-27a
艾卜·纳赛尔 2-447b
艾卜·塔里布 5-500b
艾卜耶德 1-74f
艾卜·优素福 3-313a
艾布·阿塔希叶 1-35a
艾布·伯克尔 1-75a, 1-31a
《艾布·达乌德圣训集》 6-569c
艾布·哈桑·阿里·艾什尔里 1-80b
艾布·贾法尔·图西 7-153e
艾布·努瓦斯 1-75b, 1-35a
艾布·欧贝德 1-34f
艾布·泰马姆 1-35a
艾达卜 4-142b
艾德尔克兰兹 2-182e
艾德莱斯绸 7-558a
艾德勒，S. 2-183c
艾德礼，C.R. 1-75b, 9-3f
艾德里安，E.D. 8-242e
艾登，R.A. 1-172a
艾迪生，T. 1-442f
艾蒂安港 6-2c
艾丁湖 1-75d, 7-446a, 8-433f
艾杜尼斯 1-75e
艾尔芬斯顿学院 5-553a
艾尔盖姆秘密会 1-75a
艾尔湖 1-75e
艾尔米塔什国家博物馆 1-75f, 2-330d, 2-401a, 6-556e
艾尔米叶大毛拉 5-574c
艾尔米叶·伊里·赛依拉姆 5-574b
艾尔斯，C.E. 9-313a
艾尔斯岩 1-76b
艾尔文·艾利美国舞蹈剧院 1-78b
《艾凡赫》 1-76c
《艾菲·卜利斯特》 2-177e
艾夫斯，C.E. 1-76c
艾根，M. 1-76d
艾哈德，L. 1-76e, 2-591c
艾哈迈达巴德 1-76f
艾哈迈德·阿卜杜拉 4-432e
艾哈迈德·曼苏尔 6-357e
艾哈迈德·舒凯里 1-166d
艾哈迈德·亚辛 3-311e
艾哈迈迪港 4-438b
艾蒿 1-74c
艾赫迈德 5-500b
艾赫泰勒 1-35a
艾呼 1-90c
艾虎 1-77a
艾虎（地名） 1-90c
艾虎皮 1-77b
艾浒 1-90c
艾浑 1-90c
艾吉姆 4-217e
艾捷克 1-77b
艾灸 1-77c
艾克，G. 8-466d
艾克利姆山 1-56c
艾克曼，C. 1-77d
艾克斯，E. 5-285d
艾肯，H.H. 1-77e
艾拉托逊纪 9-123a
艾莱剧场 8-336d
艾兰湖 5-288d
艾勒·贝塔大学 9-117e
艾勒里·奎恩 9-250a
艾里甫 1-77f
《艾里甫和赛乃姆》 1-77f, 7-557d
艾里-海伊斯卡宁地壳均衡模型 2-231d
艾里坎木·艾合坦木 1-78a
艾里克湖 5-288d
艾立克，L. 1-282f
《艾丽丝漫游奇境记》 2-418b
艾利，A. 1-78b
艾利森，A. 6-521f
艾林，H. 8-71b
艾吕雅，P. 1-78c
艾略特，G. 1-78d
艾略特，T.S. 1-78e
艾伦，H.L. 5-165c, 7-518e
艾伦伯格，S. 2-127c, 4-131a, 7-461b
艾伦费斯，C.von 4-148b
艾伦·斯图尔特·科尼斯伯格 8-54d
艾马克人 1-78f
艾马拉人 1-79a
艾马拉语 1-79a, 1-392d
艾米顿，D.M. 9-290e
艾摩那 5-149a
艾姆斯，A. 6-426d
《艾那尼》 1-79a, 9-71a
艾那尼事件 2-451a
艾纳螺 1-79c

艾纳螺科 1-79b
艾纳香 4-333d
艾能奇 4-592d
艾奇逊,D.G. 6-24c
艾启蒙 6-171c
艾青 1-79c
《艾青全集》 1-79e
艾秋飙 6-362c
艾日戈 5-270c
艾绒 1-74d
艾萨德,W. 3-127d
艾瑟尔湖 3-430a
艾森豪威尔,D.D. 1-79e, 1-262e
艾森豪威尔主义 1-79f
艾森克,H.J. 1-80a
艾森克,S.B.G. 1-80a
艾森克人格量表 1-80a
艾森施塔特,S.N. 1-80a
艾珊 1-259e
艾什尔里派 1-80b, 8-529a
艾什玛特·买买提 5-287f
艾氏琴鸟 6-203a
艾思奇 1-80c
艾斯勒,H. 1-80d
艾绥迈伊 1-106f
艾塔斯卡湖 5-407e
艾淘沙公园 5-510c
艾特尔伯赫特 6-119c
艾特马托夫,C. 1-80e
艾提卡尔清真寺 1-80f, 4-364e
艾条温和灸法 2-421e
艾沃 8-406b
艾芜 1-81a
艾兴多尔夫,J.von 1-81b
艾耶尔,A.J. 1-81c
艾叶 1-74d
艾叶豹 8-371b
艾叶青 2-90d
艾叶油 1-74d
艾因·舍姆斯大学 1-65f
艾因扎拉油田 5-463e
艾鼬 1-77a, 9-54d
艾鼬皮 1-77b
艾约瑟 8-107c
艾泽伦,E. 8-453a
《艾兹尤尔》 2-437e
艾滋病 1-81d
艾滋病相关复合征 1-81e
砹 1-81f, 2-505d, 5-161e, 6-372c
爱 6-288e
爱奥利方言 8-125a
爱奥尼亚字母记数法 4-96a
爱奥尼柱式 3-178d, 9-504b
《爱比死更冷酷》 2-455d
《爱,不及物动词》 1-93a
《爱达罗氏森林书》 6-420c
爱德华,S. 4-382e
爱德华八世 1-249f
《爱德华大夫》 6-38e, 8-126a
爱德华湖 1-82a, 7-553c
爱德华三世 1-214a, 4-248a
《爱德华·韦斯顿的艺术》 7-544c
《爱德华·韦斯顿50年》 7-544c
爱德华·约翰·艾尔 1-75f
爱德华兹,E. 7-425c
爱德华兹,J. 1-82a
爱德华兹,J.(美国作家) 5-354a
《爱的得失》 4-369f
《爱的欢乐》 4-449a
《爱的荒漠》 5-470b
《爱的情景》 6-29f
《爱的亡灵》 2-76e
爱迪生,T.A. 1-82b, 2-290c, 4-100b
爱迪生国家历史纪念地 5-605f
《爱迪生时代的伦敦生活》 8-313f
爱迪生实验室 1-82c, 2-541d
爱迪生通用电气公司 7-393c
爱迪生效应 1-82c, 2-297a
爱丁堡 1-82d
爱丁堡大学 1-82e
爱丁堡火成学派 2-250d
爱丁堡戏剧节 4-215c
《爱丁堡之恋》 2-437e
爱丁堡植物园 9-306b
爱丁堡中学 3-166f
爱丁顿,A.S. 1-82e, 1-89c, 3-228b, 8-44b
《爱尔德伊》 5-470c
爱尔兰 1-83a
爱尔兰岛 1-84a
爱尔兰革命兄弟会 2-557a
爱尔兰共和国 1-83d
爱尔兰共和军 1-84a, 2-557a
爱尔兰共和兄弟会 2-557a
爱尔兰国立大学 1-83f
爱尔兰教会大学 2-347f
爱尔兰人 1-84b, 1-83a
《爱尔兰时报》 1-83f
爱尔兰义勇军 1-84a
爱尔兰语 1-84d
爱尔兰证券交易所 2-347e
爱尔兰自治法案 1-84d, 3-101d
爱尔特曼,J.E. 2-145c
爱尔维修,C.-A. 1-84e
爱非斯学派 3-446a
爱国公党 1-229d, 9-549b
爱国老人 5-282d
爱国女学 1-471b
爱国社 9-549b
爱国统一战线 7-409e
爱国学社 1-471b
“爱国者”导弹 1-84f
爱国主义 1-85a
爱珲 1-90c
爱珲城 1-90c
爱浑 1-90c
爱克哈特,M.J. 1-85b, 2-387f
爱丽舍宫 1-85c, 2-438f, 2-439d
爱利亚学派 1-85d
爱莲君 1-209c
爱伦堡,I.G. 1-85d
爱伦·坡,E. 1-85e
爱马 7-413c
《爱玛》 1-129a
爱梅 8-218d
爱美的戏剧 1-86a
《爱美的戏剧》 1-86a
爱美剧 1-86a, 3-558f, 9-373e
《爱弥儿》 2-444e, 5-155b
《爱米丽雅·迦洛蒂》 4-535d
爱明内斯库,M. 1-86a
爱默别墅 1-359b
爱默生,R.W. 1-86b
爱泼斯坦,I. 1-86d
爱泼斯坦-巴尔二氏病毒 2-26a
爱浦斯坦,J. 6-573e
《爱妻物语》 8-285d
爱琴大学 8-533f
爱琴海 1-86e, 8-121f, 8-533e
《爱琴海群岛》 3-429d
爱琴文明 1-86e, 4-453d
爱情 1-86f
《爱情长诗集》 5-579c
《爱情的传说》 3-103b
《爱情的幻影》 1-420e
《爱情的检阅》 5-349a
《爱情的来信》 1-5a
爱情的三角形理论 1-86f
《爱情、疯狂和死亡的故事》 4-49b
《爱情故事集》 5-502d
《爱情麻辣烫》 9-352d
《爱情魔法师》 2-458a
《爱情三部曲》 1-160d
《爱情抒情诗》 7-385b
《爱情算术》 1-442b
《爱情万岁》 7-250d
《爱情与荣誉》 2-69c
《爱情与诗歌》 1-78c
《爱情至上》 3-364b
爱日精庐 7-384a
爱森斯坦,S.M. 1-86f
爱沙尼亚 1-87a, 2-353a, 2-398e
《爱沙尼亚古老的民间故事》 4-454d
爱沙尼亚科学院 7-242a
爱沙尼亚克朗 1-87e
爱沙尼亚人 1-87e
《爱沙尼亚日报》 1-87e
爱沙尼亚通讯社 1-87e
爱沙尼亚语 1-88a, 1-87f
《爱神的凯旋》 4-515e
《爱,是不能忘记的》 9-200a

《爱丝苔尔》 4-528d
爱斯基摩-阿留申语系 1-88b
爱斯基摩-阿留申诸语言 3-178b
爱斯基摩人 1-88b, 5-379c, 6-303f, 8-570e
爱斯基摩文化 1-88b
爱斯基摩语 1-88b, 5-364b
爱斯基摩语族 1-88b
爱斯特拉塞德人 1-87e
爱娃·布劳恩 2-257a
爱晚亭 1-518a
爱新觉罗氏 4-405d
爱序湾 7-549d
爱薛 1-88d, 9-90f
爱因汉姆,R. 1-88e
爱因斯坦,A. 1-88e, 1-444c, 2-195e, 2-279c, 3-33c, 3-195a, 3-221c, 3-228b, 3-228f, 3-237d, 3-436f, 3-480a, 4-80a, 4-583b, 5-61e, 7-103b, 8-75d
爱因斯坦,H.A. 1-89e
爱因斯坦公式 3-221c
爱因斯坦十字 8-586b
爱因托芬,W. 1-89f
"爱因托芬三角"理论 1-90a
《爱与死的较量》 5-212d
爱玉冰 4-132e
爱育黎拔力八达 9-88f
《爱在他乡的季节》 9-203d
《爱之罪》 1-435a
爱资哈尔城 4-388a
爱资哈尔大学 1-90a, 1-65f, 4-388c
爱资哈尔清真大寺 1-90b, 1-65e, 1-90a
瑷珲 1-90c
瑷珲道 3-454a
《瑷珲条约》 1-90e, 1-90c, 3-330e
瑷珲县 1-90e
锿 9-42f
锿-镤法 9-43a
锿-钍法 9-43a
锿-铀法 9-43a
安(物理量单位) 1-103d
安巴河 5-250c
安倍晋三 1-90f
安倍晋太郎 1-91a
《安倍逊大族》 7-528e
安本杜人 1-221d
《安般守意经》 1-106d
安伯格 5-282c
《安布拉基亚》 2-415d
安布希曼加的皇家蓝山行宫 5-242a
安部公房 1-91a
安成 9-84d
《安达卢西亚的浪漫曲》 6-363d
《安达卢西亚幻想曲》 2-458a
安达卢西亚文明 5-458e
安达市 1-91b, 2-102e
安达县 1-91b
安大略湖 1-91b, 2-384e, 8-44e
安大略科学中心 2-385c
安大略美术学院 2-385c
安大略省 1-91c, 2-384e, 2-385c
安代 5-380e
安道尔 1-91f
安道尔城 1-92c
安道尔人 1-92d
安得拉人 7-276d
安德郡 2-190c
安德拉德,C.D.de 1-92e
安德拉德,E.de 1-92e
安德拉德,J.O.de S. 1-92f
安德拉德,M.R.de M. 1-93a
安德拉希,G. 1-406f, 6-391f
安德雷森,S.de M.B. 1-93b
《安德雷亚·德尔芬》 3-354e
安德里昂扎卡 8-525b
安德里奇,I. 1-93b
安德里斯库斯 5-273c
安德列耶夫,L.N. 1-93d
安德烈 5-388f
安德烈,C. 2-78d
安德烈·弗里德曼 4-376f
安德烈斯·贝略天主教大学 4-110a
安德烈亚,J.de 9-237e
安德烈亚·瓜尔内里 3-201e
《安德鲁斯夫妇》 3-119a
《安德鲁索沃停战协定》 2-404a
安德罗波夫,Yu.V. 1-93e
《安德罗玛克》 4-528d
《安德罗梅达》 7-552c
《安德罗墨达》 6-56e
安德罗尼科 3-125b, 8-212f, 8-321c, 8-321d
安德罗诺沃类型 1-93f
安德罗诺沃文化 1-93e
《安德罗斯女子》 7-276e
安德森,C.D. 2-210f, 2-471e, 3-433f, 5-36a, 5-406c, 7-295c, 9-265f, 9-590d
安德森,M. 1-93f
安德森,P. 8-91d
安德森,P.W. 5-476f
安德森,S. 1-94a
安德斯,E. 1-94a
安德义 6-171c
安的列斯大学 4-487b
安的列斯暖流 2-109f, 5-484c
安的列斯群岛 8-108d
安第斯赤道语系 3-201f, 4-460a
安第斯大学 3-90a
《安第斯共同市场外国投资规则》 3-274f
安第斯山军 1-104a
安第斯山脉 1-94b, 1-30c, 2-407e, 4-425a, 4-514c
安第斯山区 1-392e
安第斯山雪线 8-373a
安蒂奥基亚大学 5-293f
安定郡 3-195d
安定先生 3-510e
安定县(金,今甘肃境内) 2-312f
安定县(元,今陕西境内) 9-528d
安定州 2-312f
安东都护府 3-66b
安东·克莱伊尼 4-65d
安东内斯库,I. 1-94d, 2-217d
安东尼 1-94e, 1-122d
安东尼,S.B. 1-94e
安东尼奥·埃切韦里亚,J. 3-162b
安东尼奥·古特雷斯 6-485a
安东尼奥·马查多·伊·鲁伊斯 5-240d
安东尼奥尼,M. 1-94f
安东尼奥一世 3-52f
安东尼岛 1-430c
安东尼·明赫拉 9-3c
安东尼王朝 1-95a
《安东尼与克莉奥佩特拉》 1-11a
安东市 2-137a
安东水坝 5-227d
安东县 2-137a, 2-320c
安东·扎科 6-156a
安敦 2-101d
安顿,F. 1-95a
安多 6-230f
《安菲特律翁》 1-95b
《安菲特律翁》(莫里埃) 5-469e
安丰军 7-43d
安丰路 7-43d
安丰塘 6-269a
安福国会 1-95c, 1-275c, 5-53e, 7-480a, 8-346c, 9-281b, 9-416e
安福胡同 1-95b
安福俱乐部 1-95c, 7-479f
安福系 1-95b
安抚司 7-443c
安戈斯图拉牌苦艾酒 8-84e
安哥拉 1-95c
安哥拉共和国 1-95f
安哥拉人民解放运动 1-96a
安哥拉山羊 1-96d
安格尔,J.-A.-D. 1-96e, 2-107d, 2-179b, 2-442f, 8-268a
安格隆 1-97b
安格罗普洛斯,T. 1-97c
安格洛人 1-73e
安根海斯特,G. 7-555a
安宫牛黄丸 7-396b
安归迦王 5-201c
安圭拉 1-97d
安国军政府 1-275e, 2-581c, 9-219b
安国市 1-97e
安国县 1-97e
安国乐 1-410d
安哈拉人 1-97f, 1-70d

安哈拉语 1-47a
安赫尔瀑布 1-98a
《安赫利卡的美丽》 7-552c
安鹤宫城 1-98b
安徽财政学校 1-98d
安徽菜 1-98c
安徽大学 1-98d
安徽农学院 1-98d
安徽省 1-98e
安徽省黄梅戏剧团 7-366b, 8-425f
安徽省立大学 1-98d
安徽省行政区划 1-98a
安徽师范学院 1-98d
安徽银行学校 1-98d
安魂曲 1-100a
《安魂曲》(A.A.阿赫马托娃) 1-25e
《安魂曲》(G.福雷) 2-611f
《安魂曲》(W.A.莫扎特) 5-478d
《安吉堡的磨工》 6-184f
安吉丽娜·朱莉 1-100b
安吉天荒坪蓄能电站 3-517b
安济桥 1-100b, 7-213b, 9-235d
安加拉河 8-516e
安加拉山脉 9-440f
安加罗阿 3-11b
安家之民 9-127c
安杰尔古城 4-581d
安杰利科,F. 1-100b
安杰洛·安布罗吉尼 1-381b
安解阵 1-95f
《安静的人》 4-534f
安久拉 5-587e
安居 1-100e
安居香山 1-576a
安卡拉 1-100e
安卡拉大学 1-101a
安卡拉毛 1-100f
安康地区 1-101a
安康汉江铁路桥 3-53c
安康市 1-101a
安康水电站 1-101b
安康县 1-101a
安克雷奇 1-101b, 1-38a, 1-38b
《安孔条约》 7-262d
安拉 1-101c, 9-256e
安乐死 1-101c
安乐县 6-306d
安立甘宗 1-101e
安联保险集团 2-181b
安陵 8-422c
安陆市 1-101e
安禄山 1-101f
安曼 1-102a
安盟 1-95f
安那度 9-260d
安那其 6-105b
安那其主义 8-23e
安那吐姆 4-517e
安纳巴 1-102c
安纳波利斯 5-266a
安纳布尔纳峰 1-414f
安纳德,M.R. 1-102c
“安纳吉姆”计划 4-378d
安纳托利亚 1-102e
安纳托利亚高原 1-102e
安纳托利亚和卢梅利亚保护权利协会 4-394e
安纳托利亚语 8-612d
安纳托利亚语族 1-102f
《安娜·博莱娜》 2-388e
《安娜·柴契奥找不到丈夫》 2-184c
《安娜·卡列尼娜》 1-102f, 1-483e, 7-452e
《安娜·卡列尼娜》(电影,1935) 2-541f
《安娜·卡列尼娜》(电影,1948) 4-130c
《安娜·瓦克》 2-464f
“安娜”1B号测地卫星 1-485d
安南 4-198e
安南,K. 1-103a
安南共产党 9-130a
安南王 7-109c
《安妮法令》 9-505c
《安妮·霍尔》 8-54e
安尼巴莱·卡拉奇 4-370c
安宁河 3-466b
安宁区 1-103c
安宁市 1-103b
安宁县(东汉,今广东境内) 8-451e
安宁县(唐,今云南境内) 1-103c
安依痛 9-260d
安诺本岛 1-597c
安诺文化 1-103c
安诺亚水牛 7-95c
安诺遗址 1-103d
安培 1-103d, 1-103f, 2-275b
安培,A.-M. 1-103e, 8-75b
安培定律 1-103f, 2-276c
安培多伽尔 8-597c
安培力 1-104b
安平桥 4-275d
安期生 3-591b
安其敏 9-307c
安琪儿 7-359d
安琪马 5-254a
安清帮 6-204a
安庆内军械所 8-469f
安庆市 1-104b, 1-98c
安庆绪 1-102a, 1-106b, 3-92c, 6-510a, 7-12e
安庆义园 3-69d
安丘画像石 1-104c
安丘市 1-104e
安丘县 1-104e
安全第一网络银行 7-523b
安全防护 3-433d
安全隔离围墙 1-168a
安全困境 1-104e
安全理事会 5-41f
安全利益 3-282b
安全气囊 6-151d
安人运 1-95f
安戎县 6-347b
安茹伯爵 6-10f
安茹帝国 4-247f
安茹王朝 3-462e, 4-247f
安萨里 1-105a
安塞腰鼓 1-105b, 8-477a
安瑟尔谟 1-105b
安莎社 1-105c
安莎通讯社 8-566a
安山岩 1-105c
安山岩线 1-105d
安山质岩浆 8-429d
安神 1-105e
安神剂 1-105e
安盛保险公司 1-105f
安石榴 6-599a
安史之乱 1-106a, 9-365e
安世高 1-106c
安顺场 1-106d
安顺军民府 1-106d
安顺市 1-106d
安顺县 1-106d
安顺州 1-106d
安肃县 8-346e
安塔拉 1-106f, 8-364c
《安塔拉传奇》 1-106f
《安塔雷斯事件》 7-553b
安塔那那利佛 7-242d
《安唐修士六行诗集》 3-152c
《安特罗·德·肯塔尔十四行诗全集》 4-465c
安特人 7-127c
安特生,J.G. 1-106f
安特卫普 1-107a
安特卫普静物画派 2-585f
安特20飞机 7-420c
安特25飞机 7-420c
安藤昌益 1-107c
安藤广重 1-107d
安藤利吉 4-508a, 7-251a
安提法奈斯 3-180e
安提丰 3-203c, 6-13e
《安提戈涅》(J.阿努伊) 1-49b
《安提戈涅》(A.奥涅格) 1-126f
《安提戈涅》(索福克勒斯) 7-230c
安提瓜岛 1-107e
安提瓜和巴布达 1-107e
安提斯泰尼 3-180f, 6-268b, 7-184a
安体舒通 6-267e
安田财阀 3-20e

安田火灾海上保险 3-20f
安田集团 3-20f
安田家族 3-20e
安田人寿保险 3-20f
安田善次郎 3-20e
安田信托银行 3-20f
安田银行 3-20e
安条克公国 6-592b
安条克三世 1-161c, 6-374a
安条克四世 6-374a
安亭事件 7-498b
安亭镇 4-131a
安童 1-108b
安徒生,H.C. 1-108c, 4-304d
《安徒生童话集》 2-418b
安托法加斯塔 7-262c
安托尼奥·吉斯兰佐尼 1-58a
安托尼兹,A. 3-95c
安托万,A. 1-108e
安托万剧院 1-108f
安妥 6-422a
安慰药 1-109a
《安慰者》 7-132c
安文思 9-211d
《安吴四种》 1-237d
安吴先生 1-237c
安西都护府 4-364d, 7-116f
安西节度使 7-346f
安西四镇 1-109a, 7-116f, 7-301c
安西县 2-312f
安息 1-109b, 6-34e
安息茴香 9-55f
安息日 1-109b, 9-36d
安息王国 5-578b
安息五案 8-553b
安息香 1-311c
安息香酸 1-311d
安息香缩合反应 1-311c, 4-406f
安延偃 1-101f
安阳钢铁厂 3-426d
《安阳集》 3-363b
安阳市 1-109c
安阳县(秦,今河南境内) 1-109d
安阳县(三国,今浙江境内) 6-347e
安阳殷墟 1-205d
安邺 2-460b, 5-120c, 9-331a
安邑 8-167b
安应七 1-110b
安源公务总汇 1-109e
安源煤矿 1-109e
安源运动 8-613f
安源镇 1-109e
安远驿古驿道 8-7e
安岳石刻 1-109e
安贞堡 9-24c
安贞门 2-81a
安政大狱 4-67c, 8-106b
《安政条约》 6-317e
安志敏 1-110a
安重根 1-110b
安重荣 6-413c
安子介 1-110c
安子介中文写字机 1-110d
桉树 1-110d, 1-305a, 1-524e
桉叶 1-110e
桉叶醇 1-110f
氨 1-110f, 9-313e
氨苯蝶啶 6-267e
氨苯砜 6-52c
氨苄青霉素 6-208d
氨茶碱 1-491c, 6-87b
氨非加 4-361b
氨分子钟 9-112d
氨合成法 3-304c
氨基丙二酸二乙酯 1-366d
氨基己醛糖 1-111c
氨基甲酸乙酯 1-111b
氨基甲酸酯 1-111b
氨基葡萄糖 1-111b
氨基酸 1-111c, 2-149e, 3-590a, 5-465b
氨基酸类递质 6-511c
氨基糖 1-111b
氨基糖苷类抗生素 1-111f
氨基乙醇 8-548c
氨基转移酶 5-89c
氨氯地平 3-26d
氨纶 1-112c
氨酰心安 4-413b
庵上石坊 1-104e
庵堂 2-163a
《庵堂认母》 6-520e
鹌鹑 1-112c
鮟鱇科 1-112d
鞍马 1-112e
鞍山城 1-113a
鞍山市 1-113a
鞍山驿 1-113a
鞍形花蟹蛛 8-247b
鞍之战 2-37c
俺答汗 1-113a, 3-119c
铵铬矾 2-468a
铵明矾 2-468a
铵态氮肥 2-151c
铵梯炸药 3-128b
铵油炸药 3-128b
《岸》 1-234e
岸边溢洪道 8-569a
《岸标》 6-567e
岸冰 1-257a
岸防导弹 1-113b
岸基航空兵 3-329b, 3-329c
岸舰导弹 1-113b, 2-471a
岸礁 6-443d
岸上接收设备 3-349d
岸线测量 1-113d
岸信介 1-113d
岸站 3-340e
按(武术) 7-257b
按(中医) 5-302b
按察使 6-401b
按察司 6-401b
按份共有 3-150f
按鉴演义 8-441e
按揭 1-113e
按揭贷款 2-497b
按劳分配 1-113f
按立仪式 5-495f
按脉 5-301f
按摩 1-114c, 7-449d
按跷 7-449d
按时取穴 9-248b
按实蝇属 7-1c
《按数理原则的英语语法》 3-310e
按蚊 7-604b
按要素分配 1-114c
按诊 1-114e, 5-381d, 6-191f
胺 1-114f
案比 3-522a
案达罗派 8-221c
案抚 7-449d
案户比民 3-522a
案头剧 4-338f
暗春 4-480e, 9-147b
《暗淡的故事》 5-574a
暗防 2-496e
暗房 1-115a
暗腹雪鸡 8-371e
暗管 7-55e
暗管排水 5-610e
暗河 1-115a, 2-241d
暗呼吸 3-222e
暗礁 1-115b
暗扣 9-238d
暗利王朝 8-552d
暗绿绣眼鸟 8-339d
暗罗属 2-462d
暗能量 1-115b
暗渠 6-253e, 7-55f
《暗日》 1-410a
暗色矿物 4-9d
暗杀希特勒事件 5-145e
暗示 1-115b
暗示疗法 1-115c
暗视觉 4-443f
暗视器官 7-30e
暗适应 7-30f
暗室 1-115a
《暗室王》 7-273b
暗条 6-323d
暗纹陶 3-459c
暗物质 1-115c

暗星云　1－115d, 8－308c
《暗夜行路》 9－311d
暗佣　9－29d
暗云　7－529d
暗晕　8－584c
暗针叶林　9－248e
暗紫贝母　1－297f
暗棕壤　7－442c
肮脏浮动　2－603e
《肮脏战争日记》 1－315d
昂布鲁瓦兹·迪多　2－211f
昂船洲大桥　1－115f, 8－236a
昂纳克,E.　1－116a
昂曲　4－546c
《昂然挺立的非洲》 2－61c
昂热　5－155d
昂儒昂岛　4－432e
昂萨格,L.　3－550f
昂山　1－116b
昂山将军纪念铜像　1－116c
昂松戈－梅纳卡动物季节保护区　5－265d
盎格鲁人　1－116c, 5－433a, 9－11d
《盎格鲁－撒克逊编年史》 9－5d
盎格鲁－撒克逊人　1－116c, 1－84c, 7－184e, 8－616c
盎格鲁－萨克逊美洲　1－281e
盎司　1－116c
盎西亚　1－116d, 8－615c
凹版版画　1－230d
凹版印刷　8－612f
凹面镜　4－318d
凹透镜　7－414e
凹凸棒黏土矿　5－531c
凹凸画法　9－82d
凹凸寺　9－206f
凹陷露天矿　5－176e
凹陷盆地　6－61e
敖包　2－410d, 5－506d
敖包圪瘩　3－441d
敖德萨　1－116d
敖德萨大学　8－2a
隞都　9－278c
《熬波图》 3－191b
熬年　2－17b
螯合树脂　1－116e
螯合物　1－116f
螯虾　1－117a
螯下齿寄居蟹　4－105c
璈阶　5－221d
翱翔　2－509c, 3－542d
《翱翔》 3－360c
鳌拜　1－117a
鳌花　3－248f
鳌山（花灯） 3－526b
鳌山（崂山） 4－556f
鳌山（秦岭） 6－199f
袄　1－117b
拗拉谷　5－77d, 6－422e
拗体　5－184d
《傲慢与偏见》 1－129a
奥阿格罗斯　1－121a
奥巴马,B.H.　1－117c
《奥倍曼兄妹》 2－615d
奥本海默,J.R.　1－117d, 3－452b, 5－296a, 5－308a, 9－451e
奥本海默极限　1－117e, 9－319d
奥伯林学院　2－397a
奥伯斯,H.W.M.　8－230b
奥伯特,H.　1－117e
《奥勃洛莫夫》 1－117f, 3－48e
奥博莫绍　1－118a
奥布　7－420d
奥布河　6－374c
奥布里,M.　2－444b
奥布里斯特,H.　8－292e
奥布鲁切夫,V.A.　8－267a
奥布瑞典大学　7－420e
奥长花岗岩　7－255c
奥茨　3－305a
奥黛丽·赫本　1－118a, 5－207e
奥当－拉哈,C.　1－187c
奥得河　1－118b, 1－381f
奥德姆,E.P.　1－118c
奥德姆,H.T.　1－118c
《奥德赛》 1－118d, 3－180b, 3－432a
“奥德赛”号火星探测器　4－15f
《奥德修纪》 1－118d, 3－432b
奥德修斯　1－118d
《奥德修续纪》 4－383e
奥德兹,C.　1－118e
奥登,W.H.　1－118e
奥狄浦斯　2－393b
奥迪恩管　2－172b
奥地利　1－118f
奥地利帝国　1－120a
奥地利共和国　1－118f
《奥地利国家条约》 2－177a
奥地利家族　3－305a
奥地利莱塞克水电站　7－90a
《奥地利联邦国际私法》 2－3a
奥地利幕　1－10a
奥地利人　1－120b
奥地利王位继承战争　1－120c
奥地利西里西亚　8－94e
奥地利－匈牙利君主国　1－134a
奥地利学派　6－45e
奥蒂河　2－383b
奥蒂斯陶泥革命　7－327d
奥杜瓦伊峡谷　2－320a
《奥杜瓦伊峡谷系列（第三册）》 5－28c
奥杜瓦伊遗址　5－28d
奥杜韦文化　1－120e
奥杜韦峡谷　1－120e, 2－320a, 5－28b
奥恩布鲁格,J.L.　1－120e
奥尔　1－120f
奥尔巴尼河　3－305e
奥尔波特,G.W.　5－129d
奥尔德弗,C.P.　8－341f
奥尔德林,E.E.　1－48b, 3－397c
奥尔迪斯,B.　4－426f
奥尔甫斯　1－121a
《奥尔甫斯》 1－381c
奥尔汗　1－130a
奥尔洪岛　1－292d
奥尔加农　3－9e
《奥尔加斯伯爵的葬礼》 3－104d
奥尔卡里亚地热电站　4－464f
奥尔科内斯河　1－30c
奥尔科特,J.　2－433b
奥尔库斯　3－305d
奥尔兰人　4－27b
奥尔良　5－155d
奥尔良王朝　6－122c
奥尔洛夫,M.M.　1－121b
奥尔洛夫兄弟　8－497f
奥尔洛夫快步马　1－121b
奥尔曼兄弟　9－460e
奥尔梅克“大力士”石像　7－12a
奥尔梅克文化　1－121b, 7－12a
《奥尔梅辛达》 2－538c
奥尔蒙德,J.　8－88f
《奥尔南的葬礼》 3－557e
奥尔赛美术馆　1－127f
奥尔施泰特　5－505f
奥尔斯克　8－2e
奥尔斯特　1－121d
奥尔斯特人　1－121d
奥尔特,J.H.　1－121d
奥尔特公式　1－121d
奥尔特河　5－209c
奥尔特云　1－121e, 3－614d
奥尔兹,J.　9－545d
奥非克莱德号　2－85e
奥菲奥岩　6－479f
《奥菲欧与尤丽狄茜》 3－108e
奥芬巴赫,J.　1－121e
奥夫雷贡,A.　4－372b, 5－484d
奥格,G.-É.　1－121f
奥格,J.A.　2－154c
奥格本,W.F.　1－122a
奥格门汀　6－208d
奥格斯堡学院　5－445b
《奥格斯堡宗教和约》 1－122b, 1－494a
奥古斯丁　1－122c
奥古斯丁会　1－129a
奥古斯都　1－122d
奥古斯都雕像　5－208e
奥古斯都二世　3－536a
奥古斯都三世　1－379c
奥古斯都神庙　1－101a
奥古斯都时代　1－122e

奥古斯塔 5－416b
奥古斯塔门 8－532b
奥古斯特·弗莱金 5－298d
奥古兹族国家 3－314d
奥果韦河 4－119b
奥哈 6－361a
奥海因,H.-J.P.von 1－122e, 3－462b
奥赫拉比斯瀑布 1－276d
奥赫里德湖 1－8c, 5－272c
奥胡斯大学 2－139c
奥基乔比湖 2－586d
《奥吉·玛琪历险记》 1－297e
奥佳克人 7－613d
奥杰布华语 5－364b
奥杰斯坦,J.J. 5－194b
奥卡河 2－597a
奥卡诺根河 3－91a
奥卡万戈河 1－412a
奥卡万戈三角洲 1－412c
奥凯西,S. 1－122f
奥康纳,D.J. 4－212e
奥康奈尔,D. 1－122f
奥康奈尔大桥 2－347f
奥克阿诺斯 1－18f
奥克兰 1－123a
奥克兰 1－123b
奥克兰地峡 1－123b
奥克兰凯泽中心屋顶花园 8－14c
奥克尼 7－184b
奥克桑,B. 1－123d
奥克森菲尔德,R. 1－529e, 1－530e
奥克斯,A.S. 5－607b
奥肯切机场 1－379a
奥拉比帕夏 1－123e
奥拉夫二世 4－368a
奥拉涅斯塔德 1－123f, 1－43d
奥拉山 4－154c
奥腊考保卫战 5－317b
奥赖恩银行 8－583c
奥兰 1－123f
《奥兰多》 3－461f
奥兰多迪斯尼世界 2－213f
奥兰加巴德市 1－69d
奥兰群岛 1－381f, 2－556a
奥兰治堡 5－607f
奥兰治河 1－124b, 5－509d, 5－510d
奥兰治自由邦 1－18a, 1－435c, 8－615b
奥朗则布 1－124c
奥勒留 7－124d
《奥雷采车马店》 3－103a
奥雷尔,E.von 6－505d
奥里诺科河 1－124e
奥里诺科平原 7－563a
奥里萨巴火山 8－134c
奥里维,M. 5－369e
奥里亚人 1－124e, 6－304c
奥里亚语 1－124f, 1－124e
奥立弗,L. 1－124f, 2－541f, 4－395e
《奥丽维亚·拉塔姆》 2－598e
《奥利昂》 5－40d
奥利芬特,M.L. 4－382f
奥利弗·诺埃尔·哈台 4－555e
奥利弗·斯通 1－125a
奥利金 1－125b
《奥利瓦和约》 6－112e
奥廖河 1－377c
奥廖克马河 4－565c
《奥列佛·特维斯特》 2－210b
奥列格 4－47a, 5－122e
奥林,B.G. 1－125b
奥林波斯火山 4－15d
奥林波斯山(塞浦路斯) 6－376b
奥林波斯山(希腊) 8－122a
奥林波斯众神 8－124d
奥林匹克博物馆 5－230d
奥林匹克剧场 1－125d
奥林匹克银质勋章 1－559c
奥林匹克运动会 1－125e, 1－126b, 2－330f
奥林匹克之父 3－197d
《奥林匹斯》 7－339c
奥林匹亚 3－164e
《奥林匹亚》(É.马奈) 5－270e
《奥林匹亚》(F.莫尔纳尔) 5－468d
奥林匹亚遗址 1－126b
奥林匹亚宙斯巨像 7－21c
奥林匹亚宙斯神庙 3－179a
奥卢斯·格利乌斯 3－173f
奥鲁 9－89d
奥伦,G. 8－294b
奥伦基山 4－486c
奥罗尔·杜邦 6－184e
奥罗克语 5－304d
奥罗莫人 1－70d
奥罗莫语 1－126d, 1－18d
奥罗奇语 5－304d
奥罗斯科,J.C. 5－9d, 8－94b
奥马尔·邦戈大学 5－27d
奥马尔汗 3－406f
奥马尔礼拜寺 8－431f
奥马尔·穆赫塔尔 5－27a
奥马尔·萨里夫 1－30f
奥马利达鲁瓦,J.-B.-J. 1－196a
奥玛尔·冬卡 2－561d
奥曼迪 2－537e
奥梅特佩岛 5－571c
奥美普拉唑 8－215f
奥米伽点 2－184b
奥莫低谷史前文化遗址 1－72a
奥莫河流域 1－72c
奥莫隆河 4－430b
奥姆河 2－406e
奥姆真理教 9－554d
奥纳人 4－10c
奥尼查河港 5－576b
奥尼尔,E. 1－126d, 5－319c, 9－66a
奥涅格,A. 1－126f
奥涅加 1－197f
奥涅加湖 1－127a
奥涅加湾 1－197e
《奥涅金》 1－127b, 4－450b
《奥帕吉的天堂》 1－495b
奥佩特节 5－151d
奥普艺术 1－127c, 2－443c
奥奇特罗尼纪念堂 4－108f
奥恰利尼,G.P.S. 1－251e
奥热,J.V. 3－323d
奥热什科娃,E. 1－127d
奥瑞略骑马像 5－208e
奥瑞纳-佩里戈尔文化 4－525d
奥瑞纳文化 1－127e, 6－26a, 7－10f
奥若吉纳河 4－430b
奥萨山 7－243d
奥塞·克瓦多 1－52d
奥塞雷·阿波皮一世 8－139d
奥塞美术馆 1－127f
奥塞梯人 1－128a, 5－516d
奥塞梯语 1－128a
奥塞·图图 1－52d
《奥赛罗》 1－128c, 5－220c, 7－527e
《奥色密色》 3－313c
奥瑟基尔桥 4－6a
奥舍罗夫,D.D. 8－506a
奥氏体 5－200b
奥氏体不锈钢 1－431e, 6－508c
奥氏体-铁素体双相不锈钢 1－431e
奥斯邦,E.G. 3－231c
奥斯本,D. 9－280a
奥斯本,J.J. 1－128d
奥斯丁,J. 1－128e
奥斯丁,J. 1－129a
奥斯定会 1－129a
奥斯古德,C.E. 8－253b
奥斯古德,R.E. 9－49f
奥斯卡金像奖 1－129a
奥斯卡金像奖终身成就特别奖 2－540a
奥斯勒,W. 1－129c
奥斯勒氏病 1－129d
奥斯陆 1－129d
奥斯陆北极研究所 7－140d
奥斯陆大学 1－129e, 1－129e, 6－7c
奥斯陆大学图书馆 3－285b
奥斯陆港 6－7b
奥斯陆峡湾 7－125c
《奥斯陆协议》 1－167f, 4－512f, 9－328d
奥斯曼,G.-E. 2－119d
奥斯曼本 3－171e
奥斯曼·丹·福迪奥 3－19d, 4－376a
奥斯曼帝国 1－129f
奥斯曼尼耶大学 3－321a
奥斯曼土耳其帝国 1－129f

奥斯曼土耳其人 7-437f
奥斯曼一世 1-131a, 1-130a
奥斯曼·伊本·阿凡 1-131a, 1-40f, 3-171d
《奥斯纳布吕克和约》 6-400f, 7-533c
奥斯特 1-131c
奥斯特,H.C. 1-131b, 5-183c, 8-75b
奥斯特利茨之战 1-131c
奥斯特洛夫斯基,A.N. 1-131e, 3-120e
奥斯特洛夫斯基,N.A. 1-131f, 3-55e
奥斯特洛夫斯基之家 8-224c
奥斯特瓦尔德,W. 1-132a, 1-389f, 8-75a
奥斯特瓦尔德法 1-132b
奥斯特瓦尔德稀释定律 1-132b
奥斯汀,D.W. 1-132b
奥斯汀,J.L. 1-132c, 6-322a
奥斯托斯,E.M.de 1-132d
奥斯瓦尔德·德·安德拉德 8-181d
奥斯瓦尔多·维埃拉国际机场 4-81f
奥斯威戈河 1-91c
奥斯威戈运河 1-91c
奥斯威辛集中营 1-132e
奥苏贝尔,D.P. 4-212a
奥苏姆河 1-8c
奥太,V. 2-586a
奥陶纪 1-132f
奥陶系 1-132f
《奥特朗托堡》 3-94b
奥托,N.A. 1-133a, 5-558e
奥托,R. 1-133b
奥托,V. 3-95c, 9-113e
奥托·布劳恩 4-591c
奥托公司 1-133a
《奥托皇帝的公审案》 1-235f
奥托曼帝国 1-129f
奥托米语 5-364c
奥托一世 6-361e, 6-514f
奥万博兰 5-509d
奥万博人 1-133c, 5-509b
奥万博语 1-133c
奥维德 1-133c, 1-344f, 4-370e
奥温本杜人 1-133e
奥文本杜人 1-133e
奥文本杜语 1-133e
奥文多深水港 5-27d
奥希金斯,B. 1-133f
《奥希瓦尔德的秘密》 1-94f
奥匈帝国 1-134a, 8-329c
奥亚波克河 2-454f
奥耶市 2-214c
奥伊肯,R.C. 1-134b
奥伊米亚康 1-134c
奥伊米亚康盆地 6-468f
奥伊斯特拉赫,D. 1-134c
奥义书 1-134d, 2-532c, 8-608e
奥尤伊图克国家公园 1-154d
奥羽山脉 1-134e
奥云,E. 1-134f
奥运会 1-125e
奥运会比赛项目 1-126b
奥哲尔,G. 3-125c
《奥州小路》 7-161e
奥兹,A. 1-134f
奥佐卢阿 1-299f
澳（澳门特别行政区简称） 1-139b
澳白蚁 1-208b
澳大利亚 1-135a, 6-339f
澳大利亚大陆 2-92d, 2-116f
澳大利亚大盆地 2-118f
澳大利亚地理人种 1-138b, 2-226b
澳大利亚工党 1-137e
澳大利亚国家图书馆 3-285b
澳大利亚国立大学 4-397a
澳大利亚黄金海岸 1-137f
澳大利亚居民 2-226b
澳大利亚科学院 1-67b
澳大利亚民主工党 1-137f
澳大利亚人种 1-138a, 6-303f, 6-305a
澳大利亚山脉 2-82e
澳大利亚树皮画 7-11f
澳大利亚网球公开赛 7-523f, 7-579a
澳大利亚新闻联合公司 9-591a
澳大利亚、新西兰英语 9-11e
澳大利亚元 5-552f
澳氹大桥 2-153c
澳呒 3-599a
澳门 1-138c, 1-411e
澳门半岛 1-138c
澳门大学 2-153c
澳门回归 1-138d
澳门货币暨汇兑监理署 1-140a
《澳门日报》 1-139a
澳门圣保罗教堂 1-139b
澳门特别行政区 1-139b
澳门特别行政区筹委会 1-138f
澳门文化中心花园 1-139a
《澳门新闻纸》 5-87e
澳门元 1-140a
澳属巴布亚领地 1-150b
澳斯特罗-亚细亚语系 5-544f
澳新军团 1-140e
澳新军团日 1-140e
澳洲红豆杉 3-469e
澳洲拟沙丁鱼 6-422e
澳洲瓢虫 6-189b
澳洲鸵鸟 2-419b

B

八白屋 1-578c
八百里秦川 3-208e
八百媳妇国 4-541e, 9-91c
《八百壮士》(电影,1938) 9-102c
《八百壮士》(电影,1975) 5-84e
八宝山革命公墓 6-596f
八倍体小黑麦 8-223e
八不偈 9-433d
八不正观 9-327f
《八部半》 2-540a
八部制度 3-2d
八重法 3-27e
《八出喜剧和八出幕间短剧》 6-379c
八达岭长城 1-141a
八达岭特区 8-425b
八大菜系 1-141b
《八大锤》 3-487b, 4-610a
《八大灵塔梵赞》 4-233d
八大山人 1-141b, 9-479e
八大王 9-211c
《八代文粹序》 7-501f
八点灰灯蛾 2-190e
八点蜡蝉 4-529e
八定 6-141f
八斗子渔港 4-49a
八段锦 1-141c
八·二三炮战 6-51f
八法 1-141c
八法（书法） 9-27d
八幡钢铁厂 1-276b
八分 5-34a
八分书 1-482e
八纲辨证 1-141d
八哥 1-141f
《八哥玉兰》 4-603b
八公山 3-562d
八股党 2-364a
八股文 1-142a, 4-429b
八卦 1-142b, 9-177d
八卦教 1-142c, 7-353d
《八卦图》 1-142c
八国峰会 1-142f
八国集团 1-142d, 1-142f, 4-475e, 5-10b
八国联军 1-142d
八国首脑会议 1-142f
八纮一宇 6-315f
八虎 5-112a, 8-422a
八会穴 1-143d
《八甲田山》 3-58b
八剑岳 4-98d
八角 1-143d, 2-493e, 3-236e
八角枫 1-143f
八角枫科 1-143f
八角枫属 1-143f
八角鼓 2-144c, 3-190d, 9-390c
八角茴香 1-143d
八角金盘属 8-48e
八角莲 1-143f
八角莲属 1-143f
八角帽 4-352b

八角属 1-143d
八戒斋 9-176a
《八骏图》 4-547f
八刺 1-496c, 2-355b
八鲁布 1-48e
八路军 1-144a, 3-289c
八路军后方总留守处 1-144c
《八路军进行曲》 9-275a
《八路军军歌》 4-352f, 9-275a
八路军留守兵团 1-144c
八脉交经八穴 1-144c
《八美图》 3-515f
八面山 4-308c, 5-220d
八闽 2-609d
八目鳗 1-343e
八女投江 5-487b
八女投江英烈群雕 5-487c
八盘峡水库 3-603f
八七会议 1-144c, 2-205b, 8-200c
八旗兵 6-219e, 8-189f
八旗制度 1-144d
八千卷楼 1-145a
《八千卷楼书目》 1-145b
《八千里路云和月》 1-145b, 9-351d
八千麻袋事件 1-145c
八桥嵌金漆砚盒 7-562d
《八桥图》 7-562c
八人画派 1-145d, 4-511a
八色鸫科 1-145d
八色姓 2-87b
八圣道 1-147b
八圣道分 1-147b
八十垱遗址 6-65c
《八十天环游地球》 2-465c
《八十一梦》 9-196b
八十种好 2-581e
《八时餐会》 5-349b
八司马 2-429a
八思巴 1-145d, 1-48e, 1-469d, 6-361c, 7-112a
八思巴文 1-145e, 5-379a
《八思巴字与元代汉语》 1-469d
八所港 2-319a, 3-335c
《八天讲道法》 9-131a
《八万大藏经》 5-419e
八王之乱 1-145f
《八喜·八爱》 5-104c
八仙 1-146b
《八仙出处东游记》 1-146c
八仙过海 1-146c
八仙海 1-481e
八仙台 7-255a
《八先生文集》 7-314b, 7-314d
八蛸 8-220e
八蛸干 8-220f
八校尉 3-369a, 3-380b
八一电影制片厂 1-146d
八一九事件 1-146d, 2-398f
"八一"军徽 4-353b
"八一"军旗 4-354a
《八一南昌起义》 7-193c
八一三上海抗战 7-163a
《八一宣言》 1-146e, 4-410b, 9-418d
八一镇 5-88d
八议 1-147a
八议制 9-558e
八音乐队 5-249e
《八咏》 9-78d
《八月》 7-1f
《八月的乡村》 8-218b
《八月桂花遍地开》 4-598b
八月节 9-435b
《八月三十日布尔什维克》 6-429a
八札萨克 4-361e
《八章书》 1-382f
八珍 1-147b
八珍菜 1-539d
八正道 1-147b
八正散 6-227c
八支行法 9-64e
八支正道 1-147b
八柱国 3-2d, 8-103d
八字 1-147c, 7-209a
八字方针 5-321f, 9-343a, 9-467a
八字军 5-114a
八字帖 4-2b
八总部体制 9-393b
八座 6-100c
巴（力学） 8-385b
巴（音乐） 9-121d
巴巴多斯 1-147d
《巴巴洛萨计划》 7-190e
巴巴山脉 8-302e
巴贝夫,F.-N. 1-148a
巴贝克起义 1-31e
巴贝奇,C. 4-89d
巴本,F.von 5-604e, 8-302e
巴本,N. 1-336d
巴比伦 9-52d
巴比伦第三王朝 4-365d
巴比伦古城 1-148b, 9-162f
巴比伦记数法 4-95d
巴比伦空中花园 1-148d
巴比伦历 8-572d
《巴比伦以来的科学》 6-109c
巴比伦语 1-36f
巴比伦之囚 1-148e, 5-566e, 9-36f
巴比塞,H. 1-148f
巴比松 1-149a
巴比松画派 1-149a, 2-361b, 2-442f, 3-102f
巴比托王朝 1-436b
巴比妥 1-366d, 9-260a
巴比妥酸 1-218b, 5-409c
巴别尔,I.E. 1-149b
巴别塔 1-148c
巴宾加人 5-568a
巴伯,J. 6-271f
巴伯尔道布岛 4-431a
巴博峰 1-63d, 4-116e
巴布 1-149d, 9-121d
巴布达岛 1-107e
巴布尔 1-149b, 5-476f
《巴布尔纳玛》 1-149c
巴布教 1-149d
巴布教徒起义 1-149c
巴布科夫 9-330b
巴布里乌斯 3-181b
巴布亚人 1-149d
巴布亚人种 5-260f
巴布亚新几内亚 1-149e
巴布亚新几内亚大学 5-468e
巴布亚新几内亚独立国 1-150b
巴布亚新几内亚领地 1-150b
巴布亚语 7-242e
巴布亚诸语言 1-150e
巴聪加人 2-53a
巴达嘎尔庙 8-47d
巴达赫尚省 2-460c
巴达维亚 8-395c
巴达维亚共和国 3-430c
巴丹吉林沙漠 1-150f, 1-37c
巴德,W. 8-308c, 9-451e, 9-520b
巴德尔 6-381d
"巴德吉尔"风斗 3-320f
巴德诺 9-331c
《巴德诺和约》 7-109d
巴德沙清真大寺 1-151a
巴登-符腾堡州 7-137d
巴迪 2-479c
巴迪二世 2-561d
巴氏 5-303a
巴蒂,G. 1-151b
巴蒂安峰 4-464a
巴蒂斯塔-萨尔迪瓦,F. 3-112a, 3-162b, 4-379d
巴丁,J. 1-151b, 1-531b
巴丁-库珀-施里弗理论 1-151c
巴东 7-193a
《巴东集》 4-482e
巴豆 2-88a
巴都葛叭答剌 7-191d
巴顿,D.H.R. 1-151c
巴顿,G.S. 1-151d, 1-262f
巴顿,Ye.O. 1-151e
巴顿反应 1-151d
巴顿焊接研究所 1-151f
《巴顿将军》 1-151f
巴多利奥,P. 2-256c
巴多利决议 2-511b
巴恩斯,K. 3-579c

巴尔巴里,J.de 4-316f
巴尔比峰 1-436c
巴尔博亚公园 6-558f
巴尔丹,A.B. 8-597d
巴尔迪斯 1-152a
巴尔迪亚 2-92a
巴尔的摩 1-152b
巴尔的摩 1-152c
巴尔的摩-华盛顿国际机场 5-266b
巴尔蒂斯 1-152a
巴尔杜国家博物馆 7-419f
巴尔干半岛 1-152d, 8-121f
巴尔干通讯社 1-243f
巴尔干同盟 1-152e
巴尔干战争 1-152f
巴尔基 2-227b
巴尔加斯·略萨,M. 1-153b
《巴尔杰利尼的圣母》 4-370d
巴尔喀什湖 1-153c, 3-314c
巴尔科姆,H.G. 2-252e
巴尔马克家族 3-311a
巴尔玛,J. 2-192d
巴尔米拉考古遗址 8-357d
巴尔塔扎·克罗索斯基 1-152a
巴尔特,R. 4-222a
巴尔托洛梅奥,F. 7-600d
巴尔逊,A. 5-478f
《巴尔扎克》 5-202b
巴尔扎克,H.de 1-153c, 3-69d, 3-577d, 6-18f
巴耳末,J.J. 1-154b, 6-217f
巴耳末公式 1-154b, 6-217f
巴伐利亚国家画廊 1-154c
巴伐利亚国家图书馆 5-498a
巴伐利亚苏维埃共和国 2-176f
巴菲特,W. 2-43e
巴芬,W. 1-63d, 1-154e
巴芬岛 1-154c, 4-116d
巴芬河 6-375e
巴芬湾 1-154e
巴甫利克,K. 1-154e
巴甫洛达尔 2-406f
巴甫洛达尔氧化铝厂 3-314f
巴甫洛夫,I.P. 1-154f
巴甫洛夫,T.D. 1-155a
巴甫洛夫斯克公园 2-403c
巴甫洛夫小胃 1-155a
巴甫洛娃,A.P. 1-155b
巴富尔,G. 9-564c
巴干达人 3-31e
巴干达语 1-225c
巴干山 7-591c
巴刚果人 1-155c, 1-225b, 3-52f, 4-366a
巴高达运动 3-164a
巴格达 1-155d, 4-425c
巴格达大学 8-519c
《巴格达窃贼》 1-251f
《巴格达条约》 9-446b
巴格达条约组织 9-446b
巴格达学派 5-223c
巴格拉什湖 1-417b
巴格拉特大教堂 4-490c
巴格莱,W.C. 8-485e
巴格马蒂河 4-108a
巴格石窟 1-155f
巴国 1-180f, 2-5e
巴哈杜尔·沙二世 8-602a
巴哈尔 1-155f
巴哈尔琴湖 7-439f
《巴哈尔诗集》 1-156a
巴哈教 1-156f
巴哈利神庙 5-151c
巴哈马 1-156a
巴哈马海底峡谷 3-322f
巴哈马群岛 8-108d
巴哈乌拉 1-157a
巴哈伊教 1-156f
巴海教 1-156f
巴赫,J.S. 1-157b, 3-9e
巴赫博物馆 4-532a
巴赫蒂亚里人 1-158a
巴赫蒂亚里语 1-158a
巴赫马尼王国 1-158b
《巴赫奇萨拉伊的泪泉》 4-572e
《巴赫奇萨赖和约》 2-404b
巴哼语 1-158b
巴霍芬,J.J. 5-486e
巴基斯坦 1-158c
《巴基斯坦决议》 9-255e
巴基斯坦人民党 1-453d
《巴基斯坦时报》 2-543e
巴基斯坦伊斯兰共和国 1-159c
巴基斯坦自治领 5-368e
巴吉尔米人 1-160b, 9-174c
巴吉尔米王国 1-160b
巴吉运河 1-91c, 8-524c
巴戟 6-276f
巴加尔神庙 6-32e
巴加尔王 6-32d
巴加人 2-522c
巴加人木雕 2-522c
巴解 1-165d
巴解阵 1-166e
巴金 1-160b, 3-258b, 4-277d
《巴金全集》 1-160e
巴苴 6-114d
巴郡 2-5e
巴郡南郡蛮 5-302e
巴卡达 6-560a
巴凯尔,R. 6-260b
巴科国家公园 3-171a
巴科维亚,G. 1-160f
巴科伊河 5-264c, 6-375e
巴克,E. 1-161a
巴克,H.G. 1-161b
巴克德·汗 8-602a
巴克基利得斯 3-180d
巴克科斯 2-208d
巴克斯,J.W. 1-161b
巴克斯范式 1-161c
巴克特里亚王国 1-161c
巴克夏猪 1-161e
巴控克什米尔 4-460b
巴枯宁,M.A. 1-161e, 8-23e
巴枯宁派 5-421f
巴枯宁主义 2-266a
巴库 1-162a, 1-52a
巴库巴国王雕像 2-522e
巴库巴人 2-522e
巴库巴人木雕 2-522e
巴库油田 1-51e
巴拉,G. 1-162b
《巴拉巴》 4-516f
巴拉巴诺夫,A. 1-162c
巴拉布拉人 6-1d
巴拉德,J.D. 4-426e
巴拉德,R. 3-322d
巴拉德拉洞穴群 1-162d
巴拉顿湖 1-162e, 8-330a
巴拉圭 1-162e
巴拉圭共和国 1-162f
巴拉圭河 1-163d
巴拉哈斯机场 5-243a
巴拉基列夫,M.A. 1-250d, 5-503a
巴拉凯,J. 5-336e
巴拉克,E. 8-552c, 9-328e
巴拉克拉瓦之役 4-452f
巴拉腊特 7-550b
巴拉那谷地 1-185b
巴拉那河 1-163e, 1-24a, 5-216b
巴拉那伊巴谷地 1-185b
巴拉涅什特山 5-457c
巴拉诺夫,F.I. 1-163f
巴拉沙衮 2-611c
巴拉斯陨铁 9-139e
巴拉塔胶 4-345c
巴莱拉,J. 1-164a
巴兰格,A. 1-164b
巴兰河 6-424e
巴兰基亚 1-164b, 3-90a
巴兰钦,G. 1-164c
巴兰斯基,N.N. 2-227d
巴勒,H.M. 1-262f
巴勒拜 4-331b
巴勒贝克古城 4-581d
巴勒莫 8-103f
巴勒姆机场 2-181d
巴勒斯,W. 1-164d
巴勒斯坦 1-164e, 8-487f
巴勒斯坦分治决议 8-550f

巴勒斯坦国 1–165a, 1–167f
巴勒斯坦解放军 1–166f
巴勒斯坦解放组织 1–166d
巴勒斯坦力量联盟 1–166f
巴勒斯坦民族解放运动 1–165d, 2–455d
巴勒斯坦全国委员会 1–166d
巴勒斯坦人 1–167a
巴勒斯坦人民起义 1–167b
巴勒斯坦问题 1–167c
巴勒斯坦战争 9–328f
巴雷,C. 9–4a
巴雷,E.M. 9–4a
《巴雷拉大主教》 2–415d
巴雷斯,M. 1–168a
巴雷托,A.H.de 1–168b
巴厘岛 1–168c
巴厘峰 1–24c
巴厘虎 3–518a
巴厘人 1–168d
巴黎 1–168e
《巴黎》 5–478d
巴黎奥林匹克音乐会 3–324e
巴黎芭蕾舞团 6–99a
《巴黎茶花女遗事》 5–85b
巴黎大凯旋门 1–169d
巴黎大学 1–169e, 2–439d
《巴黎、得克萨斯》 8–244a
《巴黎的房子》 1–249f
《巴黎的叫卖》 1–454a
《巴黎的陷落》 1–85d
《巴黎的乡人》 1–36d
《巴黎的忧郁》 1–374b
巴黎地下铁道 1–169f
《巴黎敦煌残卷叙录》 2–376c
巴黎法医学会 2–458c
巴黎高等师范学校 1–170a
巴黎高等艺术学院 9–238f
巴黎歌剧院 4–338f, 7–559e, 9–238f
《巴黎歌剧院的乐队》 2–179d
巴黎公社(1792～1794) 1–170b
巴黎公社(1871) 1–170c, 3–293b
巴黎国际经济合作会议 4–398c
巴黎国立高等音乐学院 1–170e
《巴黎航空公约》 3–264b, 5–102d
巴黎和会(1919) 1–170e
巴黎和会(1946) 1–171a
《巴黎和约》(1856) 1–171b
巴黎会议 3–267e
巴黎交响乐团 1–171c
《巴黎警察局》 3–458a
巴黎卢浮宫改建 1–302d
巴黎盆地 2–438c
巴黎人类学会 7–345d
巴黎人类学院 7–345d
《巴黎生涯》 1–121f
巴黎圣母院 1–171d, 2–439d, 2–442a
《巴黎圣母院》 1–171d, 9–71a
《巴黎圣母院》(舞剧) 1–205b
《巴黎手稿》 9–592c
巴黎天文台 7–363d
《巴黎条约》(1763) 2–387a
《巴黎条约》(1783) 1–171e, 2–396e, 3–537d
《巴黎条约》(1814, 1815) 1–171f, 7–149f
《巴黎条约》(1857) 9–6d
《巴黎条约》(1898) 5–362e
巴黎铁塔 1–63d
巴黎外港 4–564a
《巴黎屋檐下》 6–576c
《巴黎协定》(1815) 5–123a
《巴黎协定》(1954) 1–172a, 2–187c
巴黎亚洲学会 2–319c
《巴黎最后的探戈》 1–292b, 5–269b
巴里,A.L. 2–443a
巴里德王朝 1–158b
巴里的尼古拉 6–557e
《巴里·林登》 7–134a
巴里塞小说 7–333b
巴里桑山脉 7–192e
巴里纱 6–86f
巴里托河 6–98a
巴利阿克利 2–347e
巴利佛教 5–520e
巴利哈尔王朝 4–519b
巴利特,N. 8–131c
巴利文三藏 1–172c, 6–406e
巴利语 1–172b
巴利语系大藏经 6–406e
巴利语系佛学院 9–354d
巴列霍,C. 1–172c
巴列维 1–172d, 4–381e
巴列维王朝 1–172d, 1–386e
巴列维语 1–387f
巴列–因克兰,R.M.del 1–172f
巴林 1–173a
巴林彩石雕刻 6–594b
巴林鸡血石 4–37e
巴林美石 1–598d
巴林塘海峡 1–174b
巴隆达人 5–145a
巴卢巴人 2–522e, 5–148c
巴卢巴人木雕 2–522e
巴鲁迪 1–174b
巴鲁克,B.M. 4–576b
巴伦博伊姆,D. 1–174c
巴伦西亚,G. 1–174d
巴伦支海 1–174d
巴罗,I. 4–532e
巴罗,R.J. 5 12f
巴罗哈–内西,P. 1–174e
巴罗克 1–174f
巴罗克风格 4–317a, 4–367d
巴罗克绘画 4–371f
巴罗克美术 2–585d
巴洛,G. 9–7b
巴洛,W. 3–194f
巴马科 1–175f, 5–264c
巴马瑶族自治县 1–176a
巴麦尊 8–387e
巴门尼德 1–176b
巴米累克人 1–176b, 4–362d
巴米扬 1–176c
巴米扬山谷文化景观和考古遗址 1–176e
巴米扬石窟 1–176d
巴莫傀儡政府 1–116b
巴拿赫,S. 1–176e
巴拿赫空间 1–176e
巴拿马 1–177b
巴拿马城 1–177f
巴拿马大会 1–178a
巴拿马地峡 2–240b
巴拿马铁路 4–430c
巴拿马运河 1–178b, 6–560d
《巴拿马运河条约》 5–353e
巴那语 5–418c, 5–418e
巴纳德,C. 1–178e
巴纳克,O. 4–536f
巴纳纳 3–52a
巴奈,A. 1–178f
巴内修 7–124d
巴尼亚卢卡大学 1–386b
巴尼亚斯 3–84f
巴涅尔,C.S. 1–179a
巴佩迪人 7–233e
巴普努族 4–118f
巴齐尔,M. 3–27a
巴齐耶,J.-F. 5–470f
巴奇科伏修道院 1–243f
巴契·萨高 1–46d
巴人 1–179b
巴人(古代部落) 1–180f, 5–303a
巴人(鲁迅笔名) 1–60b
巴塞多氏病 4–138a
《巴塞尔的钟声》 1–36d
《巴塞尔公约》 1–179c
《巴塞尔宣言》 1–179d
巴塞尔艺术博览会 8–557e
巴塞河 4–236d
巴塞罗那 1–179e
巴塞罗那博览会德国馆 5–407b
巴塞罗那大学 8–84c
巴塞特郡小说 7–333a
《巴塞特寺院》 7–333b
巴色 1–180a
巴瑟斯特 1–226a
巴山 2–72c, 3–540c
巴山榧 8–192e
《巴山蜀水》 9–104b
巴山松 7–161b
《巴山夜雨》 8–38a

巴生河 4-64e
巴师夏,C.F. 1-180b
巴什基尔人 1-180c
巴什基尔语 1-180c
巴什科尔特人 1-180c
巴士底歌剧院 4-339a
巴士底广场 1-169c
巴士海峡 1-180d, 2-525b
巴士拉 1-180e
巴士拉大学 8-519c
巴氏合金 8-133a
巴氏灭菌 3-219a
巴氏消毒法 8-155a
巴氏小胃 6-530f
巴蜀文化 1-180f
巴斯,G. 1-181d
巴斯德,L. 1-181b, 5-22e, 9-46f
巴斯德毕赤酵母 4-213f
巴斯德氏菌 1-181c
巴斯德氏菌病 1-181c
巴斯德氏消毒法 1-181c
巴斯德研究所 1-181d
《巴斯德研究所年鉴》 1-181d
巴斯蒂恩,A. 6-426e
巴斯海峡 1-181d
巴斯加尔计算机 4-532c
巴斯卡科夫,N.A. 2-327c, 8-106c
巴斯克公民党 1-181e
巴斯克民族问题 1-181e
巴斯克民族主义党 1-181e
巴斯克人 1-181f, 2-438a, 8-83c
《巴斯克随想曲》 6-363d
巴斯克特,J.-M. 7-429c
《巴斯克土地》 1-174f
巴斯克语 1-182a
巴斯特尔 1-182a
巴苏,B. 1-182b
巴苏陀兰 4-533e, 7-233e
巴苏陀人 7-233e
巴苏陀王国 5-473d
巴索夫,N.G. 1-182b, 7-299a, 7-496c
巴塔哥尼亚高原 1-182d
巴塔哥尼亚人 1-182d
巴塔克人 1-182e
巴塔克语 1-182e
巴塔拉穆拉 4-431a
巴塔洛夫,A.V. 1-182f
巴塔尼 1-183a
巴泰凯高原 3-49e
巴塘弦子 8-174f
巴特,K. 1-183a
巴特尔·弗里尔山 4-509e
巴特尔河 6-367b
巴特尔天文馆 3-91d
《巴特菲尔德8号》 8-523d
巴特克人 1-183b
巴特勒,M. 3-285f
巴特寮 4-395f
巴特瓦人 5-567f
巴亭广场 9-129d, 9-129f
巴亭起义 6-203d
巴通加人 7-390f
巴图尔珲台吉 7-435d
巴图拉赫曼清真寺 1-223d
巴图鲁 1-117a
巴吞鲁日 5-175a
巴托卡峡谷 5-477d
巴托克 1-183c
巴托林,E. 7-80f
巴韦,A.V. 2-511c
巴文化 1-180f
巴蜗牛 1-183f, 7-608a
巴卧·祖拉陈哇 8-174f
巴乌 1-183f
巴乌方言 2-530e
巴乌莱河湾国家公园 5-265d
巴西 1-184a
巴西帝国 6-56b
巴西雕 9-14d
巴西尔二世 1-219e
巴西尔一世 5-272f
巴西高原 1-185a
巴西钩口线虫 9-52a
巴西古丹港 6-335f
《巴西红木宣言》 1-92f
巴西教育卫生部大厦 5-574b
巴西经济奇迹 1-185b
巴西狂欢节 4-498b
巴西利贝超科 8-232a
巴西利什曼原虫 5-31a
巴西利亚 1-185c
巴西联邦共和国 1-184c
巴西貘 5-485f
巴西木 1-185d, 7-337c
巴西尼小体 9-257e
巴西暖流 2-109f
巴西铁树 1-185d
巴西文学院 5-240c
巴西橡胶树 8-210c
巴西亚王宫 5-257c
《巴西音乐》 1-93b
巴希尔 7-179e
巴希拉湖 7-419e
巴昔卡 8-396e
巴夏礼,H.S. 2-257e
巴辛 7-101e
《巴雅泽》 4-528d
巴颜喀拉山 1-185d, 3-584e
巴彦淖尔盟 1-37d, 1-186a
巴彦淖尔市 1-185f
巴彦图门 6-181e
巴扬 7-37b
巴耶刺绣 5-211d
巴伊兰大学 8-552a
巴伊亚 6-360a
巴伊亚群岛 3-481b
巴音布鲁克草原 1-186c
巴音郭楞蒙古自治州 1-186a
巴尤,F. 3-86a
巴由兰 8-395c
巴渝舞 3-373c
《巴约安的漫游》 1-132d
巴赞,A. 1-186c
巴赞,H. 1-186d
《巴赞的唐塞扎尔》 5-278d
巴泽多,J.B. 2-479d
巴泽雷克冢 1-186e
巴泽利茨,G. 8-264e
巴扎尔迪聚山 1-51c
巴扎格德古城 6-481b
巴扎皇家遗址,S. 1-223d
巴扎罗夫,V.A. 7-547c
巴中地区 1-187b
巴中摩崖造像 1-186f
巴中市 1-187a
巴中县 1-187b
《扒马褂》 8-207f
扒原壳鲍鱼 6-434f
芭堤雅 1-187b
芭铎,B. 1-187b
芭蕉 1-187d
芭蕉科 1-187c
《芭蕉禽戏》 4-603c
芭蕉扇 6-448b
芭蕉属 4-203c, 8-197b
《芭蕉小鸟图》 4-174a
芭蕉鱼 6-134d
芭蕾 1-187d
《芭蕾舞的排练场》 2-179d
芭蕾肢体美学 4-374a
芭茅 5-310f
岜岜博物馆 5-268c
岜厘人 1-168d
鲃 1-188d
鲃亚科 1-188d
拔本塞源论 2-28a
拔车 2-463f
拔齿 9-162a
拔都 1-188e, 4-263e, 9-88b, 9-496c
拔都西征 5-378b
拔罐 1-188f, 8-477f
拔汗那 1-189a, 2-121d
拔河 1-189a
拔伸法 9-266b
拔筒疗法 1-188f
拔牙 1-189b, 4-481d
《拔牙者》 1-418c
跋 3-492b, 4-497e
跋达罗衍那 2-532c
跋弥 5-213d
跋南 2-599c

《跋涉》 8-217c, 8-218a
跋娑 1-189d
跋娑十三剧 1-189d
跋陀 6-473c
跋尾 1-189e
跋文 1-189e
把垛说书 2-315a
把汗那吉 3-65f
《把我国建设成为强大的社会主义的现代化的工业国家》 8-510c
把戏 1-189e, 9-146e
把斋 1-189e, 9-176b
把子功 1-529c
把作 2-17c
钯 1-189f
靶核 3-434c
靶机 8-18b
靶器官损伤 8-377f
靶血管 4-232c
坝 1-190a
坝后式水电站 7-90a
坝区渗漏 7-88b
坝上 3-421e
坝式水电站 7-90a
坝下埋管 7-55e
《爸爸不在家》 5-82b
耙 1-191b
耙刺 9-63f
耙地 9-263e
罢黜百家 1-191b
罢黜百家，独尊儒术 2-335d
《罢工》 1-87a
罢工自由 1-191c
罢免权 1-472f
罢遂 5-402a
鲅鱼 4-544a
霸道 1-191d, 7-493c
《霸术》 4-359e
霸王鞭 1-191f
《霸王别姬》 1-192a, 1-560a
《霸王别姬》(剧本) 5-478a
《霸王别姬》(戏曲) 4-253f, 5-333c, 8-216f
《霸王别姬》(小说) 9-189b
《霸王别姬》(音乐) 5-277e
霸王蝶 7-616e
霸王龙 1-192b
《霸王卸甲》 4-614b, 5-107b, 7-568e
霸鹟亚目 6-269e
霸县 1-192b
霸州 1-192b
霸州市 1-192b
灞陵桥 8-351f
白(评书) 1-269e
白矮星 1-192c, 1-83a, 3-447c, 3-465b, 6-165a, 7-265c
白案 9-326c
白澳政策 1-192d, 4-541b
白白业 8-494a
白斑狗鱼 3-154d
白斑角鲨 4-205b
白斑雨蛙 9-72a
白板笔 1-323c
白板说 1-192e
白保罗 3-385c
白贝罗，C.H.D. 1-192e, 3-392e
白贝罗定律 1-192e
《白比姆黑耳朵》 4-62c
白璧 1-336b
白边地老虎 2-223c
白卜鲔 4-247f
白簿 3-588b
白菜 1-192f
白菜类 7-57a
白菜型油菜 9-36f
白菜亚种 8-9a
白草塔遗址 8-471c
白茶 1-489f
白厂丝 4-132a
白车轴草 6-404d
白城 5-383f
白城市 1-193b
白城县 1-193b
《白痴》 3-120e, 3-461a, 7-458c
《白痴第一》 5-258a
白炽灯 1-193c, 1-82c
白翅叶蝉 8-495a
白崇禧 1-193c, 4-188f
白丑 8-365c
白川义则 8-508e
白川州 1-283c
白唇鹿 1-193e, 5-171f, 8-114d
白唇竹叶青蛇 2-351e
白绰卡若洞穴 4-327b
白瓷 1-193e, 7-303a
白鞑 2-71a
白带 1-193f
白带悬滴液检查 3-6a
白带异常 3-5f
白带鱼 2-131a
白蛋白 1-194a
白道 1-324a
白登之围 7-111e
白堤 8-93d
白狄 2-208c, 9-436c
白地彩绘陶 3-179f
白地湖 8-450e
白帝城 1-194b, 2-581b
白店古城 3-487d
白癜风 1-194b
白洞 1-194c
白豆蔻 4-186a
白豆杉属 3-469e, 5-226d
白俄罗斯 1-194c, 2-353a, 2-398f
白俄罗斯大学 5-449d
白俄罗斯共和国 1-194f
白俄罗斯人 1-195e, 2-401e
白俄罗斯语 1-195f
白鹅绒 9-70d
白垩 6-595d
白垩层 1-196a
白垩纪 1-196a, 9-437e
白垩系 1-196a
白尔谢，G. 1-196c
《白发魔女传》 5-55f
白发藓属 4-239f
白翡翠 2-531d
白痱 2-543e
白粉病 1-196d
白粉菌 1-196e
白粉虱 1-196e, 2-559f
白凤鸣 4-283c, 5-104c
白凤岩 3-365b, 4-283c
白奉霖 4-258f
白茯苓 2-603a
白浮泉 1-266e
白干 1-199c
白高大夏国 8-104b
白公馆 1-196f, 3-96e
白宫 1-197a, 3-537b
白沟 1-197b
白沟河 3-328c
白古王朝 1-197b
白谷战役 7-135a
白冠长尾雉 2-74c
白鹳 1-197c, 3-293e
《白鹳的踌躇》 1-97d
《白光》 3-443b
白圭 1-197d
白鬼笔 3-244d
白果 8-583e
白果树 8-583e
白海 1-197e, 1-174e
白海-波罗的海 5-593b
白海-波罗的海运河 1-127a
白合欢 8-581c
白河 1-543d
白河自然保护区 3-592c
白鹤梁石鱼题刻 2-6d
白恒 1-204a
白虹 3-478e
白喉 1-197f
《白喉的历史》 1-296f
白喉毒素 6-536e
白喉犀鸟 8-101b, 8-131d
白狐 3-500d
白胡椒 3-504d
白虎 3-518a
白虎复夷 5-302e
白虎观会议 1-198a
白虎汤 6-451b

《白虎通》 1-198a
《白虎通德论》 1-198a, 1-223f
《白虎通义》 1-198a
白虎夷 5-302e
白花草木犀 1-482b
白花除虫菊 2-16f
白花丹科 1-198b
白花丹属 1-198c
白花芥蓝 3-26a
白花曼陀罗 5-308f
白花泡桐 6-49d, 7-144f
白花色苷元 3-599a
白花蛇舌草 6-176c
《白华楼藏稿》 5-326d
白话 9-131f
《白话报》 6-242e
白话短篇小说 5-583a
白话诗 1-198c
白话文 3-508d
白话文学 1-198c
《白话文学史》 3-508d
白话小说 1-198d
白桦 3-559a, 4-288e
《白桦》(刊物) 1-198d, 8-62d, 9-311c
《白桦》(诗歌) 8 499f
《白桦丛》 5-74e
白桦派 1-198d, 9-311c
《白桦树》 2-595c
白鲩 1-483e
白肌病 8-128c
白及 1-198e
白籍 3-522b, 3-588a, 6-185a
白鲫 4-107b
白鱀豚 1-198f, 6-542d
白鱀豚属 1-198f
白颊长臂猿 8-101b, 9-136f
白肩雕 2-300e
白僵蚕 5-95c
白胶 4-344e
白介素 8-153b
白介素-Ⅱ 9-456c
白金葛 5-185d
白金汉公爵 1-199a
白金汉宫 1-199a
白金婚 4-223b
《白金龙》 6-475f
白进 1-199b
白晋 1-199b, 2-327f, 9-190e
白鲸 4-307f
《白鲸》 5-331f, 5-354b
白景瑞 7-250b
白酒 1-199c
白居寺 8-113c, 9-157a
白居易 1-199d, 5-120d
《白居易讽谏集》 5-67c
白驹 1-196f
白驹荣 1-200d
白菊 4-333b
白菊花 4-333b
白喀尔鄂博 3-580a
《白孔雀》 4-555f
白口铁 6-534f
白口铸铁 9-506a
白拉台夜 1-218d
白拉奕河 7-591c
白蜡 2-4a, 4-288e, 4-529f
白蜡虫 1-200f, 4-529f
白蜡蚧 4-529f
白蜡树 1-200e
白蜡树属 1-200e, 7-95f
白蜡叶蜂 8-496a
白兰 1-201a
白兰地 1-201a
白兰谷 1-204a
白兰花 1-201a, 2-493e
白榄 3-46a
《白狼歌》 1-201b
《白狼歌诗》 1-201b
《白狼王歌》 1-201b
白劳德,E.D. 5-350e
白梨 4-579d
白里安,A. 1-201c
白立忱 1-201d
《白丽尔小姐》 5-308e
白莲菜 1-201e
白莲菜人 5-327b
《白莲晨朝忏仪》 5-327b
白莲教 1-201e, 2-22c
白莲社 4-1b, 5-587c
白莲宗 5-327b
白鲢 5-48a
白蔹 6-101f
白亮污染 3-228a
白磷 5-93d
白蛉热病毒属 3-379f
白领 1-201f
白领犯罪 1-202a
《白领犯罪》 1-202a
白领翡翠 2-531b
白领阶层 1-201f
白令,V.J. 1-38c, 1-202b
白令海 1-202a, 1-278c
白令海大陆架过程和资源研究计划 1-264e
白令海底峡谷 3-322f
《白琉璃释难》 2-254d
白榴石 1-202c
白柳 5-134e
《白龙公主》 4-589c
白龙江 1-202d
白龙条 1-143f
白龙须 1-143f
白鹿洞书院 1-202e, 5-158c, 7-168d, 9-487f
《白鹿洞书院教规》 1-202e
《白鹿原》 1-574e
白露 2-427d
白吕纳,J. 1-202e, 7-548c
《白骡》 7-531c
白麻 2-94c
《白马》 5-100a
白马非马 1-202f, 3-137d
《白马骑士》 6-583b
白马寺 1-202f
白马行医院 8-106f
白马雪山 1-203a
白马雪山自然保护区 1-203a
白玛老本 9-157c
白麦迥乃 5-40a
白蛮 5-546f
白芒雪山 1-203a
《白毛女》 1-203b, 2-358d, 3-207a, 3-441b, 4-410a, 4-610b, 7-86d, 7-369e, 7-502b, 8-64e, 8-475f, 8-500e, 9-102e, 9-351f
白茅 1-203c
白茅属 1-203c
白眉长臂猿 9-136f
白眉可汗 3-559d, 7-417e
《白梅屏风》 7-562b
《白门楼》 3-251e
《白面》 3-458a
白苗语 4-560a
白描 1-203e, 4-594d
白描人物画 6-300d
白明远 1-199b
白摩尔人 5-316f
白蘑 4 480f
白蘑菇 5-465a
白牡丹 8-381e
白木耳 8-580e
白木香 8-101b
白楠 5-548a
白内障 1-203f
白内障针拨套出术 7-317b
白尼罗河 5-573b
白念珠菌 5-587e
白派(曲艺) 4-283c
白派(伊斯兰教派) 8-536e
白坯布 5-412b
白皮书 1-204a
白皮松 1-204a, 7-161b
白皮松组 7-161b
白皮蒜 7-208c
白琵鹭 3-293e
白平衡 7-69f
白葡萄酒 6-101d
白朴 1-204a
白齐文,H.A. 1-525f
白旗 1-198f
白鳍豚 1-198f

白起 1-516d, 2-18d, 2-482e, 6-252c
白铅矿 2-489f
白巧克力 6-188f
《白求恩大夫》(电影) 9-201e
《白求恩大夫》(摄影作品) 8-38d
《白求恩大夫》(小说) 9-467d
白求恩医科大学 4-63b
《白酋长》 2-540a
白屈菜 9-12e
白渠 3-380d, 9-271b
《白人的行径》 8-336b
白仁甫 1-204a
白三叶 6-404d
《白色》 4-52d
《白色城堡》 6-33a
《白色的船》 5-220a
《白色的黑人》 8-135c
白色革命 1-172e
《白色花》 5-187e
白色联盟 6-407f
白色人种 3-67d, 8-416b
《白色圣诞节》 4-458d
白色西洋菜 2-345c
《白色线条》 4-401c
《白色羽毛帽》 5-244a
《白色中的白色》 1-92f
白沙果 6-423f
白沙果品种群 6-423f
白沙宋墓 1-204b
《白沙宋墓》 7-203d
白沙瓦 1-204c
《白沙湾》 8-351f
白沙细乐 4-8e, 5-513e
白沙先生 1-568a
白沙洲大桥 8-236a
《白沙子全集》 1-568b
《白山的子孙》 2-185a
白山火山带 1-55f
白山市 1-204e
《白山檄文》 6-259a
白鳝 5-303c
白芍 6-472c
《白芍药》 7-566d
白蛇传说 1-204f
《白蛇传》 1-205a, 1-527c, 2-27f, 2-358d
《白蛇传》(歌剧) 8-351f
《白蛇传》(曲艺) 4-191d
《白蛇传宝卷》 1-240d
白石道人 4-186b
《白石道人歌曲》 4-186c, 9-404c
《白石道人诗集》 4-186c
《白石道人诗说》 1-205a, 4-186b
白石垒 4-163d
白石山 6-199e
白石山人 6-127b
《白石诗词集》 4-186c
白石体 7-169d
白石翁 6-520f
白氏斑马 1-226d
《白氏长庆集》 1-516f
白寿彝 1-205a
白淑湘 1-205b
白薯 3-36a
白霜 7-81d
白水河瀑布 3-583f
白水门事件 4-454f
《白睡莲》 8-125c
白四羯磨 4-228c
白松 1-204a
白苏 1-205c, 2-40b, 9-534b
白髓 6-79a
白塔(英国) 5-194e
白塔(中国) 7-237a
白苔 6-478b
白太素 1-204a
《白檀木》 5-399c
白陶 1-205d, 6-452b
白陶器 7-324c
白鹈鹕 7-341c
白蹄乌 9-225d
白体 5-190e
《白天报》 4-581d
白天派诗歌 4-120e
白条锦蛇 4-268a
白厅街 5-193d
白亭海 1-37c
白桐油 7-400f
白铜 1-205e, 7-401c
白头海雕 3-293e
白头蝰 1-205f
白头山 1-206a, 1-508b
白头山脉 3-28c
白头山天池 1-206a, 1-508d
白头叶猴 3-236c
《白头吟》 5-117d
白土城 7-409b
《白兔记》 4-300b, 5-136a, 7-175d, 8-146a
白臀鹿 5-269c
《白外衣》 5-331f
白薇 5-222d
白尾鹿 1-206a
《白卫军》 1-434f
白文 1-209b, 2-89e
白文印 8-138f
白纹伊蚊 4-336f
白巫术 8-13b
白巫术咒语 9-479a
《白屋遗诗》 5-106d
白钨矿 1-206b
白锡 8-131f
白细胞 1-206c, 8-376f
白细胞介素 9-456c
白夏基语 6-48d
白先勇 1-206d
白信蹈 5-516e
白行简 1-206f
白匈奴 8-504e
白胸翡翠 2-531b
白熊 1-265b
白癣 7-412a
《白雪歌送武判官归京》 1-487e
《白雪公主》 3-106d
《白雪公主和七个小矮人》 2-213d
《白雪皇后》 1-108d
《白雪遗音》 2-144c
白血病 1-206f, 6-85a
白血球 1-206c
白鲟 1-207d
白鸭绒 9-70d
《白牙》 4-218b
白亚帖 1-207e
白颜树属 9-65b
白彦虎 6-445f
白羊村遗址 1-207e
白羊王朝 1-207f
白阳淀 1-208a
白阳教 7-353d
白阳山人 1-553e
白杨 1-208a
《白杨》 8-399d
白杨河 7-55c
《白杨礼赞》 5-326a
白杨组 8-462c
白洋淀 1-208a
《白洋淀纪事》 7-220b
《白洋淀上雁翎队》 6-601d
白腰杓鹬 9-84f
白叶种苎麻 9-500a
白夜 7-60e
白衣大食 1-31d, 4-425d
白衣教士 2-329e
《白衣女郎》 3-615f
《白衣女人》 4-430b
白衣派 6-133c
白衣修士 4-108f
《白衣战士》 9-55a
白蚁 1-208b, 2-193f
白蚁防治方法 1-208e
白益王朝 1-453f
白翼吸血蝠 8-118d
白音长汗遗址 8-303d
白银 3-37d
白银市 1-208e
白银外流 8-387d
白釉黑花彩绘瓷 3-356c
白鼬 9-54d
《白鼬》 1-49b
白鱼 1-420a
白榆 9-65e

《白雨斋词存》 1-208f
《白雨斋词话》 1-208f
《白雨斋诗抄》 1-208f
白语 1-209a, 1-210e
白玉 3-420a
白玉蟾 1-209b, 5-544a
《白玉观音》 6-557c
白玉河 9-55f
白玉兰奖 6-463a
《白玉老虎》 3-172b
白玉霜 1-209c
白玉珍 4-258f
《白猿》 3-62e
《白云》 5-278f
白云道士 7-114c
白云鄂博 8-87b
白云鄂博铁矿 1-237e
白云峰 1-508b
白云观 1-209d, 2-161c
白云金丝鱼 6-276b
白云母 9-135c
白云鹏 1-209e, 4-283c
白云石 1-209f, 5-90c
《白云松舍图》 3-556a
白云外史 9-144c
白云先生 1-567a
白云岩 1-210a
白云子 7-114c
白噪声 9-166a
白毡帽 9-178c
白掌长臂猿 9-136f
白芝霍特,W. 1-210a, 6-484f
白知退 1-206f
白芷 1-210b
白种人 1-210c, 3-67d
《白种人大战》 2-42b
《白昼》 1-186d
白术 1-210c, 4-333c
白纻舞 1-210e
白字 3-386e
白族 1-210e, 2-89c
《白嘴鸟飞来了》 8-381d
百宝丹 9-135e
百宝嵌漆器 6-124f
百本疏主 4-504c
百本张 9-528e
《百步洪》 7-194c
百步蛇 4-150d
百部 1-211b
百部科 1-211a
《百草山》 2-71c
百岔铁蹄马 5-378d
《百吹图》 5-252a
《百断奇观》 6-578d
百多禄 4-131e
百分比 7-408d
百分度 4-204d
百分数 7-408d
百分制 4-204d
百岗尖 8-444c
百工 1-211b
百谷遗址 1-215a
《百官劝进表》 6-469c
百合 1-211c
百合纲 2-145d, 7-81b
《百合花》 6-338f
百花奖 1-211d
百花蜜 2-573d
百花齐放、百家争鸣 1-211e
《百花亭》 5-219c
百货商店 1-211f
百圾碎 3-94d
百鸡问题 2-16a
百济 1-211f, 3-360f, 7-211d, 7-305e
《百家姓》 1-212a, 5-375c
百家争鸣 1-212a
百脚蜈蚣 1-524b
《百句譬喻经》 1-217b
百科全书 1-212b
《百科全书,或科学、艺术与手工艺大词典》 1-212c, 1-212d, 2-66e, 2-209a
百科全书派 1-212d, 2-459b
百科性词典 2-41c
《百科知识》 9-348e
《百可亭摘稿》 6-47b
百浪多息 2-385e, 3-604d
百老汇 1-212e
《百老汇爵士乐》 5-370b
百里奚 6-196b, 6-200b
百里香 2-40b
《百炼成钢》 1-81b
百炼钢 1-213a
百灵 1-213b
百露拔尔撒谟树 1-331d
《百论》 4-318f, 7-340b
百脉泉 9-221b
百蛮 5-302c
《百梅书屋诗存》 1-565f
《百末词》 9-32a
百慕大 1-213c, 3-312c
百慕大,J. 1-213c
百慕大群岛 1-213c
百慕大三角区 1-213c
《百慕大太阳》 1-213e
百慕大学院 1-213e
百衲本 2-428d
《百年孤独》 1-213f, 4-121c
《百年槐树》 8-96b
百年战争 1-214a
《百鸟万卉画册》 4-174b
百骑大栗树 3-176d
百秋李油 3-235a
百泉 7-565a
百人留守队 2-153a
百人团大会 3-135c
百日红 9-535a
百日咳 1-214c
百日维新 5-52f, 6-222c, 8-69a
《百日缘》 7-366b
百色地区 1-215a
百色府 1-214f
百色起义 2-199b, 9-216b
百色起义纪念馆 1-215a
百色市 1-214f
百色厅 1-214f
百色遗址 1-215a
百色直隶厅 1-214f
百色专区 1-214f
百山祖冷杉 4-575e
百事公司 1-215b
百事可乐 1-215c
《百岁挂帅》 1-215c
百岁兰 1-215d
百岁叶 1-215d
《百头女子》 2-416b
百团大战 1-215e
百万分率 3-551d
《百万富翁》 6-576c
百万机会缺陷数 5-138f
《百万美元》 2 406a
《百万雄师过大江》(电影) 9-351f
《百万雄师过大江》(绘画) 2-334e
《百万英镑》 6-38f
百戏 1-216b, 9-146e
百戏奖 8 163d
百雁关 8-556a
百叶龙 8-65b
百叶箱 1-216f
《百一诗》 8-614c
《百喻经》 1-217a
百越 3-235f, 6-201b, 9-127b, 9-516c
百越民族 8-39e
百丈怀海 5-286f
《百丈清规》 2-54a
百褶裙 6-270d
百柱厅 4-375b
柏贵 2-257e
柏海 2-411e
《柏枧山房文集》 5-338a
柏科 1-217b
柏郎,H.A. 8-421b
《柏梁台诗》 5-46e
柏梁体 1-217c
柏木 1-217c
柏氏中喙鲸 4-307f
《柏树》 7-45b
《柏树的影子伸长了》 2-182b
柏葰 4-424b
柏文蔚 2-422f, 9-370c
柏叶文竹 7-602d
《柏庄诗草》 6-240c

摆 1-217d, 3-614f
摆动假说 4-451d
摆轮游丝式电子表 1-355a
摆铺 8-562d
摆砌末 1-269e
摆手舞 3-515c
摆线 1-217e
败德行为 2-160b
败毒散 4-228e
《败坏了哈德莱堡的人》 5-256d
败脉 5-301e
《败下阵来》 1-455c
败血症 1-217f, 4-72a, 4-143e, 5-616e
败野 9-101f
拜,J. 7-612a
拜巴噶斯 7-467b
拜把子 4-219d
拜达拉茨湾 8-2e
拜殿 6-514c
拜尔,J. 8-306a
拜耳,A.von 1-218a
拜功 8-48c
拜花堂 1-219b
拜火教 2-74f, 6-557f, 7-234f
拜科努尔航天中心 1-218b, 6-302d
拜拉达河 2-94f
拜拉姆汗 1-27f
拜拉特夜 1-218c
拜勒加应用大学 9-117e
拜里迷苏剌 5-268e
拜伦,G.G. 1-218d, 7-307b
拜伦式英雄 1-218e
拜罗伊特节庆剧场 4-338f
拜那克计算机 1-68a, 5-471f
拜萨哈节 8-133d
拜塞涅伊 1-218e
拜上帝会 1-218f, 8-465c
拜上帝教 6-220f
拜堂 1-219a
拜堂成亲 1-219b
拜天颁历 2-331f
拜天地 1-219b
拜通学院 7-612c
拜沃德市场 7-612c
拜物教 1-219c, 6-455e
《拜新年》 2-22f
《拜谒塞维利亚吾主腓力二世》 6-379c
拜伊吉炼油厂 8-518f
拜因,A. 2-28d
《拜月记》 6-64d, 8-144a
《拜月亭》 3-600f, 8-146a, 9-99c
《拜月亭记》 4-300b, 7-175d
拜占廷 1-219e, 4-339e, 8-531b
拜占廷帝国 1-219e, 2-586f, 8-393c
拜占廷建筑 4-166b
拜占廷美术 1-220a
拜占廷人 7-418d
拜占廷镶嵌画 1-220e
拜镇 7-612a
拜住 1-221a
稗 1-221b
稗草 1-221b
稗田阿礼 3-175d
稗子 1-221b
㖞 7-234e
扳机指 8-157d
扳指 1-221c
班巴拉人 2-522a
班巴拉人木雕 2-522a
班巴拉语 5-264c, 5-576c
班本杜人 1-221d
班彪 1-221f, 3-379d
班布蒂人 5-567f
班布特罗 6-87b
班禅 1-221f, 6-220b, 9-503e
班禅博克多 1-221f
班禅额尔德尼 1-221f, 9-159b
班禅额尔德尼·班丹益希 1-222a
班禅额尔德尼·罗桑确吉坚赞 1-222b
班禅额尔德尼·确吉坚赞 1-222c
班禅额尔德尼·确吉杰布 1-222d
《班禅额尔德尼传》 8-389f
班禅呼图克图 6-230d
班超 1-222e, 3-378b
班达海 1-223a
班达拉奈克家族 1-223a
班达人 1-223b
班达亚齐 1-223c
班丹巴扬巴鲁新镇工业区 1-365f
班第钦布 9-156c
班多尼昂 7-37b
班恩河 1-255d
班公错 1-223d
班固 1-223e, 2-567e
班惠班 1-225f
班吉 1-223f
班吉大学 9-332f
班吉姆波科 9-332f
班加罗尔 1-224a
班加罗尔大学 1-224c
班加西 1-224c
班匠银 4-192f
班克斯,H.P. 5-226b
班克斯岛 4-116d
班克斯湖 2-83f
班轮 4-462b
班孟坚 1-223e
班弥怛·功嘉监藏 8-8b
班纳吉,M. 1-224d
班纳吉,T. 1-224e
班匹 9-121d
班清墓地 1-224e, 6-212d, 9-163b
班清文化 8-283a
班叔皮 1-221f
班输 5-162d
班台·斯利寺庙 8-28e
班廷,F.G. 1-224f, 1-301a, 8-541c
班图尼格罗人 1-225a, 5-472b, 5-568b
班图人 1-225a, 5-156b
班图斯坦 4-434f
班图文化 1-225b
班图诸语言 1-225c, 5-576d
班委会 8-369f
班扬,J. 1-225e
班勇 1-225e, 3-370e
班用枪族 6-177f
班昭 1-225f, 3-379d
班指 1-221c
班智达 6-361c
班珠尔 1-226a
《班主任》 5-118c, 6-451d
《班主任工作札记》 4-24f
斑布 9-516a
斑达里沙 4-548b
斑蝶敌蛾 2-215b
斑蛾 1-226b
斑蛾科 1-226b
斑海马 3-332e
斑礁 6-443d
斑角蔗蝗 3-604c
斑晶 1-227a
斑颈食蚁兽 7-6a
斑鸠 1-226c
斑鬣狗 5-78b
斑羚 9-136f
斑马 1-226d
斑蝥素 6-189b, 9-99f
斑铜矿 1-226e
斑头大翠鸟 2-58c
斑秃 1-226f, 7-456c
斑脱岩 5-598c
斑鼷鹿属 8-136a
斑岩 1-226f
斑岩钼矿 1-227b
斑岩铜矿 1-227b
斑岩钨矿 1-227b
斑叶龟背竹 3-241d
斑叶君子兰 4-360c
斑芫菁属 6-189b
斑疹伤寒 1-227b
斑竹 4-323a
斑鳟子 3-611b
搬仓 1-475a
《搬家》 1-292d
搬运式标准 1-486e
搬运作用 1-227c
搬指 1-221c
瘢痕疙瘩 1-227d
瘢痕瘤 1-227d
瘢痕愈合 7-39a
阪神地震 2-73a

坂本龙马 1－227d
坂田藤十郎 4－272d
板（乐器） 6－35b
板层角膜移植术 4－205a
板凳果属 3－601f
板凳龙 5－144a, 8－65b
板顿 1－227e
板楯蛮 5－302e
板鼓 3－190b
板胡 1－227f
板块 1－228b, 7－528f
板块边界 1－228c
板块缝合带 1－228a
板块构造说 1－228a
板块构造与循环 2－236a
板块碰撞 1－228d
板蓝根 7－162f
板栗 1－228d
板料成形 4－256d
板龙科 5－173a
板门店 1－228f
板桥 9－276d
板桥市 7－247b
板桥体 9－276f
《板桥杂记》 8－156b
板式 1－229a
板式变化体 1－229a
板式塔 4－304d
板钛矿 2－429d, 4－241c
板鸭 8－388c
板牙 8－281e
板烟丝 7－118b
板岩 1－229c
板眼 1－229a, 4－216d, 8－145e
板眼符号 3－121d
板垣退助 1－229d, 2－88f, 9－549b
板垣征四郎 1－229d, 4－315b, 7－270c, 9－389b
板樟堂 8－106a
板状矿体 4－500f
板子风筝 2－570c
板子丝弦 3－515e
板足鲎类 1－229e
钣金工 2－301d
版 1－229f
版本 1－229f
版本目录学 5－494f
版本学 1－230a
版画 1－230b
版刻 2－300e
版纳鱼螈 8－588a
版权 1－230f, 9－290d, 9－505a
版权法 1－230f
版税 1－230f
《办公室的故事》 5－56b
办公自动化 1－231a
办理军机清（汉）档案处 8－337e
半霸 6－139f
半宝石 7－43a
半保留复制 7－457e
半臂 9－355e
半边川 5－227c
半边莲 4－225a
半边楼 2－301f
半变态 1－343e
半常绿季雨林 6－275d
半翅目 1－231b
半纯函数 8－399b
半导体 1－231c, 2－282b
半导体材料 1－231e, 2－278e
半导体催化剂 2－57b
半导体单晶 3－229d
半导体电子器件 3－192e
半导体发光二极管 4－302c
半导体光电二极管 4－302c
半导体光电器件 1－232c
半导体光电子器件 1－232b
半导体化学 1－232c
半导体激光材料 4－55b
半导体计数器 1－232d
半导体晶体 4－301e
半导体热敏电阻温度计 7－580c
半导体三极管 4－302f
半导体射线探测器 1－232d
半导体微腔 1－232f
半导体物理学 1－232e
《半导体物理学》 8－245c
半导体制冷 9－313c
半导体IC 4－74e
半岛 1－233a
半岛电视台 4－381a
半递归函数 2－253e
半电池 2－280f
半电池电势 2－281b
半冬眠动物 2－331b
半发酵茶 1－489f
半枫荷 4－245a, 8－43b
半干酒 8－192b
半个黄金世纪 4－319a
半灌木 3－218c, 5－488c
半胱氨酸 1－111d, 8－153b
半规管 6－88e
半合成高分子 3－63c
半合成四环素类抗生素 7－150d
半滑舌鳎 6－478a
半荒漠 3－578e
半集装箱船 4－78d
半脊荠属 6－591e
半减七和弦 3－420a
半焦 3－32d
半金属 1－233a, 4－254f, 9－48e
半金属光泽 4－502a
半经典理论 5－61f
半景画 6－260b
半径 9－112e
半开放截肢 4－228b
半抗原 4－540a
半两钱 1－233b, 9－367b
半淋溶土纲 7－442d
半流质膳 5－89e
半落叶季雨林 6－275e
《半农谈影》 1－233c
《半农杂文》 5－104a
半坡博物馆 1－233d
半坡遗址 1－233d, 9－501f
半潜式船 4－19c
半鞘翅 1－231b
半热锻 2－369e
《半人半马》 2－409e
半人马座α 5－536d
半乳糖 1－233e
半丧服 6－409e
《半上流社会》 8－231e
半身不遂 5－552a
半生半熟宣 8－362a
《半生缘》(电影） 8－351a
《半生缘》(小说） 9－189c
半衰期 3－547c, 7－76c, 9－451f, 9－589d
半水成土纲 7－442d
半碎叶 4 279c
半索 1－233f
半索动物门 1－233f
半塘 6－309a
半透膜 6－525e
半透性膜 8－498d
半夏 7－355b
半仙之戏 6－242f
半线华达呢 3－533e
半线社 9－221c
半相接双星系统 5－405b
半血缘兄弟姊妹 8－375d
半叶卷雪茄 8－371f
《半夜的故事》 5－240d
《半夜鸡叫》 9－387b
半阴阳 5－59e
半音 8－574a
《半音阶幻想曲与赋格》 1－157e
半音节文字 8－234c
半音音阶 8－574d
半影 7－266e
半硬式飞艇 2－509b
半永久性大气活动中心 2－98f
半永久性桥 6－186f
半有机肥料 2－528a
《半圆顶山的面孔》 8－399d
半远洋沉积 2－93e
半月板 8－135b
半月城 6－237e
《半月手册》 9－118a
半月形纤维软骨 8－135b
半知菌 1－233f, 5－341f

半殖民地 1－234a
半种 9－456f
半自动生产线 9－537b
伴癌综合征 3－40c
伴郎 1－360b
伴侣式爱情 1－86f
伴娘 1－360b
伴生 4－503b
伴生金 4－243f
伴生树种 4－5a
伴随矩阵 4－334c
伴随语言学 9－74a
伴性遗传 1－234b
伴奏宣叙调 8－361e
伴奏织体 3－55d
瓣膜型主动脉瓣狭窄 8－247c
瓣蹼鹬 5－588c
瓣鳃类 7－78f
瓣上型主动脉瓣狭窄 8－247c
瓣胃 2－468f, 2－469a, 7－570c
瓣下型主动脉瓣狭窄 8－247c
邦巴东号 2－85c
邦布瓦，C. 9－106b
邦达尔丘克，S.F. 1－234c
邦达列夫，Yu.V. 1－234d
邦达马河 4－436c
邦德，E. 1－234e
邦德里峰 5－555b
邦迪，H. 7－604d
邦迪耶 7－276f
邦吉，W. 5－11c
邦贾加拉陡崖 5－265d
邦景杭教 6－192e
邦卡眼镜猴 8－440c
邦科国家公园 4－437a
《邦克总督》 4－418b
《邦联条例》 2－93b, 8－400a
邦联制 3－281d
邦尼湾 4－82c
邦佩斯丘陵 5－153b
邦普朗，A.J.A. 3－479b
《邦斯舅舅》 1－153f
邦舞 3－96f
帮办大臣 9－503e
帮会 1－234f
《帮手》 7－465a
梆板 3－190e
梆笛 2－215e
《梆笛协奏曲》 5－277e
梆胡 1－227f
梆簧 9－132b
梆子 1－235a
梆子腔 1－227f, 1－235a, 5－191d, 5－445e, 6－200d, 6－552a, 9－404d, 9－475a
梆子腔系 6－552d
《绑架逸闻》 4－121d
榜眼 4－428c
蚌柑 1－594c
《蚌壳》 9－472f
蚌珠 9－250f
棒槌花边 3－525d
《棒打薄情郎》 2－147e
棒喝党 8－566c
棒球 1－235b
棒亚目 7－80a
棒栽 8－197a
棒针编结 1－339d
棒状海蜇 3－355a
棒子 9－76b
《傍晚》 6－54d
傍轴光学 4－79c
磅 1－235c, 1－116d
磅逊 8－92e
磅湛 1－235d
包办婚姻 1－235d, 4－2d
包边 7－43b
包藏 3－147f
包产到户 4－127f
包传铎 6－590c, 9－466a
包茨，D. 1－235e
包达列夫，A.A. 6－495e
《包待制陈州粜米》 1－574f
《包待制出身传》 5－443f
《包待制智勘灰阑记》 3－604f
包德温矿区 6－448e
包尔汉 1－235f
《包尔汉选集》 1－236a
包尔腾 7－398b
《包法利夫人》 1－236b, 2－613c
包干到户 4－127f
包干制 3－141d
《包公案》 6－183c, 6－402b, 6－607c, 9－234e
包裹体 1－236b
包涵体 6－429e
包豪斯 1－236c
包豪斯设计学院 3－127f
包豪斯校舍 4－166d, 8－181e
包合化合物 3－564b
包合剂 1－236e
包合物 1－236d
《包红头巾的小女孩》 3－102a
包晦生 1－236e
包惠僧 1－236e
《包惠僧回忆录》 1－236f
包茎 1－236f, 8－572b
包兰铁路 6－426c
包利 5－417f
包络检波器 4－155d
包头商 1－236f
包买主 1－237a, 9－524d
包膜肥料 3－577a
包皮过长 1－236f, 8－572b
包皮石 4－224e
包气带 1－237a
包气带水 2－242c
包青天 1－238c
包融 9－213b
包氏凤仙 2－580f
《包氏父子》 9－209a
包世臣 1－237c
包头市 1－237d
包头县 1－237e
包头镇 1－237e
包团旅游 5－182c
包文 4－244d
包犓 2－599b
《包厢》 4－569e
包销 1－237f
包心菜 3－35c
包衣 1－238a
包衣制度 5－560e
包玉刚 1－238a
包拯 1－238b
包装 1－238c
苞谷 9－76b
苞藜属 4－585a
苞鳞 5－226e
孢鹿 6－49e
孢螺菌 5－225d
孢囊孢子 5－317d
孢囊穗 6－602d
孢子(植物) 1－238c
孢子囊 4－350b
孢子囊穗 6－602d
孢子生殖 6－549d
孢子丝菌病 1－238e
孢子体 4－350a, 7－551f
孢子叶球 6－602d
孢子叶穗 6－602d
孢子异型 4－346a
胞二磷胆碱 9－439a
胞宫 6－5d
胞间层 8－149b
胞嘧啶阿拉伯糖苷 3－435d
胞嘧啶核苷 3－435c
胞囊生殖 8－22c
胞石 4－28a, 7－539d
胞质分裂 9－49a
胞质溶胶 8－153c
胞族 1－238f
褒姒 9－471a, 9－476b
褒斜道 1－239a
褒斜道石刻 1－239b
褒斜栈道 3－386b
褒衣博带式架裟 9－131a
雹 1－239c, 1－361b
雹块 1－361b
饱和化合物 9－46e
饱和溶液 1－239c
饱和式标准电池 1－353e

饱和烃 7-386e
饱和性 3-436d
饱和蒸气 1-239c, 6-152a
饱和蒸气压 1-239c, 6-152a
饱和脂肪酸 9-293e
饱水带 1-237b, 2-242b
饱中枢 8-159a
宝（印章） 9-512a
宝安县 8-192f
宝贝 1-239d
宝贝科 1-239d
《宝贝念珠》 1-239e
宝部心 5-139f
宝钞 5-440e, 8-580c
宝成铁路 1-239f
宝船 9-274a
宝带桥 1-240a
宝坻区 1-240a
宝坻县 1-240b
宝鼎煤田 6-43f
宝篆斋 1-558f
宝钢集团有限公司 1-240f, 6-461a
宝宫寺 9-21e
宝光寺 4-102f
《宝葫芦的秘密》 9-209a
宝鸡市 1-240b
《宝剑记》 1-313a, 4-601e, 8-493f
宝卷 1-240c, 8-361c
《宝卷》 5-380b
宝莱坞 5-387e
《宝莲灯》 1-240d, 6-520e, 9-357a
宝林寺 5-525f, 7-150f
《宝纶堂集》 1-557d
《宝马》 7-222c
《宝命真经》 3-171d
宝瓶口 2-349b
宝山 1-240e
宝山钢铁总厂 6-465e
宝山区 1-240e
宝山县 1-240e
宝胜和班 8-464e
宝石 1-240f
《宝石的红星》 1-79e
《宝石花》 3-103b
宝石蓝 4-104c
宝塔 7-236e
《宝塔王子》 4-450a
宝停司 1-246e
宝文阁 1-475f
《宝颜堂秘笈》 4-299e
宝音德力格尔 1-241b
宝音尼木和,S. 1-241c
宝银 8-580c
宝印 1-593e
《宝印斋印式》 7-486b
宝源祥茶栈 8-345f
宝月山人 9-235b
《宝蕴楼彝器图录》 6-331f
宝藏天女 4-67c
宝珠笔 1-323b
宝珠峰 2-140c
宝珠梨 9-137d
《宝座中的圣母子》 6-132b
保安刀 1-241e
保安县（民国，今河北涿鹿） 9-519c
保安县（元，今陕西境内） 9-311b
保安语 1-241d, 1-241d
保安族 1-241d
保本点 9-15e
《保镖》 6-383b
保持原意索引系统 1-132b
保川会 1-242b
保大皇帝 9-129f
保滇会 1-242b
保定府 1-241f
保定军校 1-241e
保定陆军军官学校 1-241e
保定路 1-241f
保定市 1-241f
保尔,A.W. 9-449e
保尔,E. 1-384e
保尔,J. 7-53b
保尔,W. 2-183a
保尔·安切尔 1-487b
保尔·汉宁森 3-127e
保尔·柯察金 1-132a, 3-55e
保尔逊,F. 8-276e
保国会 1-242a
《保国会章程》 1-242b
保和殿 1-266a, 3-195f
《保护工业产权巴黎公约》 1-242b, 3-126c, 9-507f, 9-508a
保护关税 1-242d
《保护继电器》 2-308d
《保护贸易及商业以免非法限制及垄断法案》 2-474e
保护贸易政策 1-242e
保护色 7-320d
《保护上海城厢内外章程》 2-324c
《保护世界文化和自然遗产公约》 7-24a
《保护文学艺术作品伯尔尼公约》 1-397b, 4-306d, 9-505d
保皇会 1-242f, 4-406c
保极宫 6-519f
保加利亚 1-243a
《保加利亚的悲哀》 2-434e
保加利亚第二王国 1-243c
保加利亚第一王国 1-243c
保加利亚电视台 1-243f
保加利亚共和国 1-243c
保加利亚国家广播电台 1-243f
保加利亚人 1-244a
保加利亚社会党 1-243d
保加利亚社会民主工党 4-101d
保加利亚通讯社 1-243f
保加利亚语 1-244b, 1-244a
保加利亚正教会 2-329d
《保家乡》 3-442d
保甲法 7-489e
《保甲条例》 1-244d
保甲制 5-530b
保甲制度 1-244c
保钾利尿药 4-408a
保健食品 1-244d
保健推拿 1-244e
保健盐 7-5f
保角映射 3-150e
《保利纳·阿尔多诺像》 2-464e
保龄球 1-245b
保留灌肠 3-217d
《保龙山》 8-48b
保卢斯·马努蒂乌斯 5-271d
保鲁奈马 5-239c
保路风潮 6-222d
保路同志会 7-143f
保罗 1-245d
保罗·第·多诺 8-7d
保罗领带 5-102a
保罗六世 2-485e
保罗齐,E. 1-383f
保罗书信 6-563f
保罗·泰勒舞蹈团 7-276a
保罗一世 8-405d
保密记号笔 1-323c
保密通信 1-245d
保民官 1-245e, 3-100a
保山市 1-245f
保山县 1-245f
保释 1-246a
保守力 7-28f
保守力场 7-28f
保守统一党 9-3b
保守主义 1-246b
保税区 1-246d
保亭黎族苗族自治县 1-246e
保亭县 1-246e
保外就医 1-246f
《保卫察里津》 7-471d
《保卫国土》 9-207f
《保卫和发扬法兰西语》 6-121e
《保卫和平》 7-176c
《保卫家乡》 4-173d
《保卫卢沟桥》 4-414d, 9-271e
《保卫马克思》 1-10e
《保卫人民和国家》 3-257a
《保卫延安》(纪录片） 1-552a
《保卫延安》(小说） 2-361a
保卫中国同盟 7-172b
保险 1-247a
保险粉 9-170f
保险公法 1-247d

保险公司 1-247c
保险公司法 1-247d
保险合同法 1-247d
保险监管法 1-247c
保险器 6-334d
保险丝 6-334d
保险私法 1-247d
保险业法 1-247d
保形映射 3-8e
保义可汗 4-322e
保幼激素 4-57c, 4-507d
保障河 7-46d
保障型 6-483e
保障制度 3-16b
保浙会 1-242b
保证金交易 9-270b
保证债券 9-177b
保佐 4-152a
保佐人 8-184f
堡礁 6-443d
《堡垒》 8-34c
堡坞 9-552f
《报仇神》 1-73a
《报春花》 4-606a
报春花科 1-247d
报春花属 1-247e
报恩寺 6-603d
《报复》(戏剧) 2-592d
《报复》(小说) 1-55d
《报复的道路》 1-446b
报复关税 1-247f
《报复者的妻子》 1-70c
报告期总量加权 9-559c
报告文学 1-247f, 4-98c
报关 1-248a
报关人 1-248a
《报海旧闻》 8-350f
报警器 1-248b
《报刊文摘》 7-601e
报身佛 2-581e
《报孙会宗书》 8-467f
报团 1-248b
报系 1-248b
报晓峰 4-36c
报业集团 1-248b
报章体 8-278c
《报知新闻》 2-354c
报纸 1-248c
《报纸的炮火》 4-538c
刨边机 1-248f
刨床 1-248e
刨花板 6-301e
刨花润楠 5-548a
刨模机 1-248f
抱冰老人 9-217a
抱残 5-108a
抱朴 1-248f
抱朴守一 1-248f
《抱朴子》 1-248f
《抱朴子内篇》 5-48e
抱笙 6-554a
抱提阁 4-166c
《抱幼童酒神的赫尔墨斯》 6-108c
抱子芥 4-279c
趵突泉 4-84b
豹 1-249a
豹兵鲇 6-276b
豹鲂鮄 1-249b
豹皮花属 5-222e
《豹皮武士》 5-165d
豹属 3-518a
豹鳎 7-245a
豹舟蛾 9-464b
“豹”Ⅱ主战坦克 1-249c
鲍 1-249d
鲍埃克,J.H. 2-430c
鲍参军 1-252c
《鲍参军集》 1-252d
《鲍参军诗注》 1-252d
鲍德温,S. 1-249e
鲍德温二世 4-514c
鲍德温一世 4-514c
鲍登学院 5-416c
鲍狄埃,E. 3-263c
鲍恩,B.P. 6-285f
鲍恩,E. 1-249f
鲍恩氏病 1-249f
鲍尔麝香 6-303a
鲍赫,B. 9-276f
鲍澥之 7-208e
鲍嘉,H. 4-378b
鲍康 3-174c
鲍乐乐 3-541b
鲍里斯波尔机场 8-2a
《鲍里斯·戈都诺夫》 5-503b
鲍林,J. 1-250b
鲍林,L. 1-250a, 2-278a, 3-549f, 6-60c
《鲍林条约》 1-250b
鲍留斯,F. 2-256c
鲍罗丁,A.P. 1-250c
鲍罗廷,M.M. 1-250d, 3-292c, 3-511a
鲍曼,I. 1-250e
鲍曼峰 2-382f
鲍蒙特,F. 1-250f
鲍明远 1-252c
鲍莫尔,W.J. 4-287c
鲍姆嘉通,A.G. 5-362e
鲍萨尼阿斯 3-432a
鲍桑葵,B. 1-251a
《鲍氏集》 1-252d
鲍叔牙 1-251b
鲍斯,S.C. 1-251b
《鲍斯曼和列娜》 3-19c
鲍特,E.S. 5-348c, 5-372d
鲍威尔,B. 2-189a, 6-209a
鲍威尔,C. 1-251c
鲍威尔,C.F. 1-251e
鲍威尔,H. 9-268d
鲍威尔,M. 1-251f
鲍威尔,W. 1-251f
鲍威尔主义 1-251d
鲍温,N.L. 1-252a
鲍温法则 1-252b
鲍温反应原理 1-252b
鲍文,A.Ye. 1-252b
鲍咸昌 6-457a
鲍咸恩 6-457a
鲍亚士,F. 1-413c
鲍一德 1-236e
鲍依特,S. 1-360a
鲍鱼 1-249d
鲍照 1-252c, 9-93a
鲍珠 1-249d
暴发性肝炎 1-370a
暴风 2-562b, 2-569f
“暴风”部队 2-455e
暴风雪 8-371c
《暴风雪：汉尼拔翻越阿尔卑斯山》 7-277e
《暴风眼》 3-560e
《暴风雨》(I.G.爱伦堡) 1-85d
《暴风雨》(乔尔乔涅) 6-182a
《暴风雨》(戏剧) 1-448d
《暴风雨和其他》 5-372b
《暴风雨所诞生的》 1-132a
《暴风骤雨》 9-235e, 9-470b
《暴君班德拉斯》 1-173a
《暴力的孩子们》 4-535b
暴露性角膜炎 4-204f
暴涛 2-562b
暴雨 1-252d, 9-70f
暴雨洪水 3-483d
暴雨洪水预报 3-484a
暴涨潮 9-28b
曝光表 1-252e
曝光窗 9-237a
爆炒地猴 2-609b
爆发变星 1-344d
爆发日珥 6-323e
爆竿 1-254a
爆轰波 1-253e
爆破方法 1-253b
爆破技术 1-253a
爆炸 1-253c
爆炸力学 1-253d
爆炸品 7-527b
爆仗 1-254a
爆仗竹 8-362d
爆竹 1-254a
爆牛 5-132f
杯芳烃 1-254b

杯冠醚 1-254c
杯龙类 9-61a
杯吸盘鱼 3-490a
杯苋属 8-177a
杯形秃马勃 5-240b
杯叶西番莲 8-91c
卑尔根 1-254d, 6-7b
卑弥呼 8-489b
卑南厅 7-248a
卑亲属 8-375d
《背篓》 6-47d
《背娃入府》 7-573c
《悲哀的咏叹调》 8-125d
《悲惨的追逐》 2-184c
《悲惨世界》 1-254e, 9-71b
《悲惨世界》(电影,1935) 4-555c
《悲惨世界》(电影,1982) 2-465a
《悲惨世界》(电影,1995) 1-291e
《悲陈陶》 2-356e
《悲怆》 1-288f, 1-499a
《悲翡达夫人》 6-57c
《悲愤诗》 1-470d
《悲观与乐观》 1-162c
悲华 7-263e
悲济会 7-93a
悲剧 1-254f, 6-576b
《悲剧的诞生》 5-566f
《悲剧的第二部》 1-443a
《悲剧诗》 4-565a
悲剧效果 8-403f
《悲剧心理学》 9-482e
《悲情城市》 3-489c, 7-250e
《悲伤的夜晚和欢乐的白天》 2-538c
《悲士不遇赋》 7-114f
《悲与喜》 6-64a
《悲壮的颂歌》 1-377b
碑 1-255b
碑刻 1-255c
碑铭体 1-66e
鹎 1-255c
鞞县 4-159d
北艾尔湖 1-75f, 2-118e
北爱尔兰 1-255d
《北爱尔兰地球化学实验图集》 2-235d
北爱尔兰问题 1-255e
北安市 1-255f
北安县 1-255f
北半球第四纪冰期对比表 1-364a
北榜 5-516e
北碚区 1-255f
北碚市 1-255f
北本涅槃 2-74d
北冰洋 1-256a
北冰洋中脊 1-256c
北毫说 1-410f
北布拉沃河 1-257d, 3-101d
北部沙漠 7-179b
北部湾 1-257d
北朝 1-257e
北朝鲜劳动党 1-539f
北辰 1-264f
北辰区 1-258a
北城调 9-528e
北赤道流 2-116a
北楚 5-538b
北川丰章 8-139a
北川羌族自治县 1-258b
北川县 1-258b
北传佛教 1-258b, 9-156b
《北词广正谱》 8-145c
北磁极 1-264b
北村透谷 1-259b
北大河 4-132e
《北大王墓志》 6-153f
《北大西洋风和海流图》 3-392e
《北大西洋公约》 1-259b
北大西洋公约组织 1-259b, 2-326d, 3-430e, 7-120f
北大西洋流 2-116a
北大西洋露脊鲸 4-307e, 5-176c
北大西洋暖流 2-110a, 7-476f
《北大西洋水深图》 5-469c
北大西洋中脊 2-108f
北戴河 1-259d
北戴河海滨公益会 9-485d
北戴河鸟类自然保护区 1-259e
北岛 1-259e, 8-289c
《北岛诗选》 1-259f
北道 7-117a
北德文斯克 1-197f
北德意志关税同盟 3-206f
北德意志联邦 1-303d, 6-107a
《北德意志日报》 3-100f
北狄 2-208c
北地郡 3-36f
北地三才 7-575d, 8-313b
北典农城 8-580a
北斗 1-259f
北斗七星 2-113f, 2-344e
“北斗”卫星导航系统 1-260a
北都 2-126c
北顿涅茨河 2-380b, 8-1a
北俄方言 2-404d
北伐 9-418a
北伐军 3-289b
北伐战争 1-260c, 2-363e
北法兰西人 2-450f
北方大陆 4-556f
《北方的纳努克》 4-97c
《北方的星》 3-105d
北方方言 1-262a
北方非政府组织 2-517c
北方官话 3-210c
北方国家 2-431b
北方话 3-210c
北方交通大学 1-262a
《北方来的人》 1-308a
北方栗 1-228e
北方领土日 1-262c
北方七年战争 1-262a
北方气田 1-262b
北方四岛问题 1-262b
北方同盟 1-262d
《北方文丛》 9-467d
《北方文物陈列指南》 7-297a
北方戏剧圈 9-94b
北方战争 1-262d
北方针叶林 9-248d
北非 1-262e
北非大学 2-137f
北非登陆战役 1-262e
北非台地 2-520b
北非岩画 7-11d
《北风》 8-7c
北佛罗里达大学 4-218d
北府兵 1-262f, 5-113b, 8-239b, 8-245d
北竿塘 5-287a
北高加索 2-83a, 3-67c
北格陵兰 3-107a
北海 1-263a, 1-292d, 6-391b
北海-波罗的海运河 1-263c, 2-172f, 4-46e
北海大帝国 1-282e, 4-459c
北海道岛 1-263c
北海道屋脊 2-114c
北海港 1-263f
北海公园 6-391b
北海狗 3-327b, 3-340a
北海九龙壁 5-129e
北海狮 3-340a
北海市 1-263e
北海银行 9-394e
北海镇 1-263e
北汉 1-263f, 8-45d
北汉江 3-377b
北航 1-268e
北荷兰省 1-47d
北胡 3-501b
《北华捷报》 9-551f
北黄海 3-584b
北黄花菜 8-362a
北回公路 7-251c
北回归线标志石碑 2-223d
北回归线标志塔 2-53c
北霍鲁逊湖 1-495e, 1-498a
北极 1-264a
北极冰丛 1-257a
北极村 5-479a
北极地区 1-264b
北极光 4-69c
北极狐 3-500d

北极狐属 3-500d
北极考察 1-264d
北极圈 4-70b，7-139a
北极群岛 4-114c
北极人群 6-305b
北极霞水母 7-95a
北极星 1-264f
北极熊 1-265b，3-341b
北极莺 9-12a
北江 1-265c，9-491c
《北江诗话》 3-482a
北角 1-265c
北角洋流 1-265c
《北徽汇编》 3-414b
北京（明，今北京） 1-265d，1-270e
北京（五代，今山西境内） 6-440d
北京奥运会 2-266e
北京芭蕾舞学校 1-273a
北京城 1-265d
北京大观园 1-267a
北京大学 1-267a，4-282f
北京大学东方文化研究所 2-319d
北京大学红楼 1-267d
北京大学美术专门部 3-287d
北京大学日本研究中心 2-319d
北京大学医学部 1-273f
北京大学医学院 1-273f
《北京的末日》 5-227c
北京地下铁道 1-267f，2-243c
北京地质学院 9-349d
北京第二儿童医院 9-493e
北京电力高等专科学院 1-269a
北京电视台 9-412f
北京电影学校 1-268a
北京电影学院 1-268a
北京电影制片厂 4-582d，5-82f，5-99a，9-351e
北京东安饮食公司 2-323e
北京东来顺集团有限责任公司 2-323e
北京动物园 1-268b
北京俄语学院 1-273a
北京房山大理岩 2-90d
北京丰泰照相馆 7-286a
《北京风俗画》 1-565b
北京钢铁学院 1-286b
北京高等师范学校 1-270c
北京工商管理专科学校 1-268c
北京工业大学 1-268c
北京工业学院 1-268c，1-269b
北京共产主义小组 4-591b
北京古观象台 1-268d，1-272d，8-106f
《北京光社年鉴》 1-233c，3-226f
北京广播电台 9-367e
北京广播学院 1-268e，9-347b
北京国际图书博览会 1-268e
北京翰海拍卖公司 8-557b
北京航空航天大学 1-268e
北京航空学院 1-268e
北京槐 2-328c
北京汇文大学 8-423a
北京基本粒子理论组 4-492e
北京计算机学院 1-268c
北京交通大学 1-268f
北京京剧团 6-424c
北京烤鸭 1-269a
北京孔庙 5-420b
《北京劳动人民文化宫》 3-181f
北京理工大学 1-269b
北京立新学校 8-198d
北京联合大学经济管理学院 1-268c
北京料器 1-269c
北京林学院 7-98a
北京琉璃厂 8-557d
北京美术学校 3-287d
《北京民间生活彩图》 8-313f
《北京，你早》 9-352b
北京农业大学 9-388e
北京农业工程大学 9-388e
北京女子师范大学 1-270c
北京潘家园旧货市场 7-378c
北京评书 1-269d
北京谱仪 1-269e，1-274d
北京琴书 1-269f
北京全聚德烤鸭店 6-260d
北京全聚德烤鸭股份有限公司 6-260d
《北京人》 1-270a，1-479c
北京人民艺术剧院 1-270a，9-275a
北京人民艺术剧院小剧场 8-224c
北京人文化 6-363e
《北京人在纽约》 4-187a
北京社稷坛 6-499f
北京师范大学 1-270c，1-268c
北京石油学院 1-476d，9-397f
北京时间 1-270c，6-609b，6-610c
北京市 1-270d
北京市工读学校 3-124e
北京市积水潭医院 5-384e
北京市劳动人民文化宫 1-272b
北京市土木建筑工程学院 1-268c
北京市行政区划 1-270e
北京首都国际机场 1-272a
北京水利电力函授学院 1-268c
北京苏联展览馆 3-613d
北京太庙 1-272b
北京特别通信 6-474d
北京体育大学 1-272c
北京体育学院 1-272c
北京天宁寺砖塔 5-64e
北京天文馆 1-272d
北京天文台 1-272e
北京填鸭 1-269a，1-273e
《北京条约》 1-272e
北京铁道学院 1-269a
北京图书馆 1-272f，1-271f，3-285b，4-283a，9-368d
北京外国语大学 1-272f
北京外国语学校 1-272f
北京外国语学院 1-273a
北京舞蹈学校 1-273a
北京舞蹈学校实验芭蕾舞团 1-273a，9-443a
北京舞蹈学院 1-273a
北京西郊机场 1-272a
北京西什库教堂 1-273b
《北京宪章》 1-273d
北京香山红叶 3-592e
北京协和医学院 1-273c，1-273c，6-226b
北京协和医院 1-273c
北京新技术产业开发试验区 9-334b
北京新文化运动纪念馆 1-267f
北京徐悲鸿纪念馆 8-342c
北京鸭 1-273e
北京牙雕 8-389d
北京杨 8-462d
北京医科大学 1-273f
北京医学院 1-273f
北京医学专门学校 1-273f
北京艺术学院 9-405a
《北京议定书》 8-257b，8-555a
北京音 3-382a
北京邮电大学 1-273f
北京邮电学校 5-545f
北京邮电学院 1-273f
北京语言大学 1-274a
北京语言文化大学 1-274a
北京语言学院 1-274a
北京猿人 1-274b，4-8c，6-55f，7-255e，9-334d，9-455e
北京猿人遗址 9-469c
北京展览馆 3-613d
北京—张家口铁路 9-179c
北京正负电子对撞机 1-274d
北京政变 1-274f，2-44b，8-262a
北京政法学院 9-411c
北京政府 1-274f
北京直立人 1-274b
北京植物园 1-275f，9-306c
北京中国银行大楼 1-302e
北京中国猿人 1-274b
北京中华民国政府 1-274f
北京中央公园 3-226f
北京钟鼓楼 9-453f
北京周口店洞穴 4-326f
北京自然博物馆 1-276a
北九州 1-276b，2-373a
北九州自然动物园 1-358d
北拒马河 3-328c
北卡罗来纳大学 5-205e
北卡罗来纳州立大学 5-205e
北开普省 1-276c

北口 6-435a
北库克群岛 4-486e
北昆 6-552c
北莱茵-威斯特法伦州 1-72e, 1-375b
北榄鳄鱼湖动物园 1-276d
北黎冲突 9-331c
北里湖 8-93d
《北里志》 2-40f
北凉 1-276e, 4-333e
北辽 5-64b
北流市 1-276f
北隆达人 5-145a
北路梆子 6-440a
北仑 5-594c
北仑港 1-277a
北罗布泊 5-201b
北罗得西亚 5 152f, 5-259c
北洛河 7-572c
北落师门 7-366d
北马里亚纳群岛 1-277a
北马里亚纳群岛自由联邦 1-277a
北梅南欧 3-182d
《北美标准化石》 3-114a
北美叉角羚 6-27f
北美大草原 1-484a
北美大负鼠 3-4d
北美独立战争 1-277d
北美鹅掌楸 2-405f
北美河狸 3-423d
北美黑人 5-568c
北美红杉 1-277f, 6-442d
北美红杉国家公园 4-336d
北美鸳 9-14d
北美水貂 7-83c, 9-54d
北美印第安语 5-364b
北美洲 1-278a
北美洲大陆 2-92d
北美洲居民 2-226a
北美自由贸易区 1-282b, 4-116b
《北美自由贸易协定》 1-281e, 1-282b
《北盟集补》 6-383a
北面官 5-64b
北莫尔斯克 5-458d
北宁市 1-287b
北欧 1-282c
北欧传说 1-282d
北欧地域人种 6-305b
北欧海盗时代 1-282e
北欧海域 3-107b
北欧滑雪 3-543a, 9-131d
北欧两项 1-283a
北欧两项全能 1-283a
北欧神话 1-283b
北欧史前艺术 7-11a
北欧学派 6-350a, 7-124a
北欧原子物理学研究所 1-389d
北派飞叉 2-506c
北派狮子 6-577d
北派螳螂拳 7-320d
北盘江 3-473c
北票市 1-283c
北票县 1-283c
北平 1-271a
北平北海图书馆 4-283a
北平承宣布政使司 3-421a
北平大学 8-87b
北平大学艺术学院 3-287d
北平工徒学校 8-198d
北平国剧学会 6-129f
《北平狂想曲》 9-482d
北平师范大学 8-87b
《北平时事日报》 1-86d
北平私立儿童医院 9-493e
北平戏曲专科学校 4-202c
北平新华广播电台 9-367d
北平研究院总办事处 3-287f
北平艺术馆 4-202d
北平幼稚师范学校 8-198d
北婆罗洲 5-261f
北七真 1-283c
北齐 1-283d, 6-130c
北齐长城 1-509f
《北齐校书图》 8-468e
《北齐律》 9-414e
《北齐书》 1-283e, 5-538e
北琴海 8-303c
北曲 1-283f
《北曲联乐府》 9-201f
北曲杂剧 4-239a
北日耳曼人 1 87f
北萨哈林低平原 6-360f
北萨斯喀彻温河 6-367b
北塞浦路斯土耳其共和国 6-376d
北沙岛 5-287a
《北山酒经》 4-324d, 4-324e
北山摩崖造像 2-124c
北山文化 8-283a
《北山移文》 4-476a
北石河 7-55c
北石窟寺 3-37e, 5-517d
《北史》 1-284a, 2-428d
北市 5-232e
北枢密院 5-64b
北水白山 3-28c
北水陆 7-93a
北朔州 7-111e
北司 5-544d
北四行 1-284b
北宋 7-164b
北宋皇陵 1-284c
北宋诗文革新运动 1-284e
北宋五子 3-516f
《北宋志传》 5-446d
北索托人 7-233e
北索托族 5-522b
北台顶 6-440e
北台叶斗峰 8-51a
北太平洋副热带高压 3-13b
北太平洋海流 3-366b
北太平洋环流 7-261c
北太平洋流 2-116a
北太平洋露脊鲸 4-307e, 5-176d
北太平洋暖流 7-261c
北堂 1-273b
《北堂书钞》 9-66c
北庭都护府 7-116f, 7-301c, 7-387e
北庭节度使 7-346f
北庭伊西节度使 7-387e
北通州协和大学 8-423a
北投观光柑橘园 7-247a
北投石 9-460f
北突厥 7-417e
《北望园的春天》 5-233e
北纬 2-228e, 2-78f
《北纬四十二度》 2-389d
北卫滩 5-525b
北魏 1-285a, 1-258a, 7-573d
北魏长城 1-509f
《北魏洛阳城与北邙陵墓》 7-203d
北魏明堂 6-87a
北魏太武帝禁佛 6-401e
北魏孝文帝元宏 7-577b
北乌 4-549c
北乌拉尔山脉 1-396c
北五加皮 3-57e
北五祖 1-146c
北武当 6-441c
北西奈省 8-97d
北溪先生 1-553d
北鲞 8-10b
北辛文化 2-108c
北新道 7-117a
北新庄耶稣教堂 8-488e
北匈奴 2-347c
北萱草 8-362a
北选 4-428a
北亚克河 2-386c
北亚美利加洲 1-278a
北燕 1-285f, 8-422d
北岩勋爵 6-11c
北雁荡山风景区 7-585b
北洋常备军 9-103a
北洋大臣 1-286b
北洋大学堂 1-286b, 7-351a
北洋工学院 1-286b, 8-87b
北洋海军 4-597e
北洋军 2-367e, 7-508c, 9-103a
北洋军阀 1-286b, 2-581c
北洋三杰 7-508c
北洋三军 1-286c
北洋水师 1-286d, 8-470a

北洋水师学堂 1-286e
《北洋水师章程》 1-286e
北洋通商大臣 1-286b, 9-560d
北洋西学堂 7-352e
北洋政府 1-274f
北野武 1-286f
北伊朗语 6-359a
北阴阳营文化 1-286f
北印度人种 3-67e
《北与南》 3-28f
北元 9-86a
北约东扩 1-259c
北约组织 1-259b
北岳 8-53e
北岳庙 8-53e
《北越的面孔》 5-177e
北运河 1-287a, 1-271b, 3-328b
北杂剧 8-143f, 9-98e
《北斋漫画》 3-114b
北张 4-547d
北镇满族自治县 1-287b
北镇庙 5-66f
北镇市 1-287b
北镇县 1-287b
《北征》 2-356e
北支 2-102b
北直隶 5-58d
北中国蒙古人种 3-532f, 5-379c
北周 1-287b
北周长城 1-510b
《北周地理志》 7-520f
《北周六典》 7-520e
北周武帝禁佛 6-401f
北宗 2-334a
北宗浙门 1-500a
贝阿铁路 8-89a, 8-88d
《贝奥武甫》 1-287d
《贝巴沙丽》 5-165c
贝贝 5-165b
贝币 1-287e
贝采利乌斯,J.J. 1-287f, 2-505c, 3-82e, 3-548c, 3-549f, 7-553a, 8-128c, 9-46c
贝茨,H.W. 5-583b
贝茨,M. 1-151f, 2-433b
贝茨氏拟态 5-583b, 5-583c
贝茨学院 5-416c
贝当,H.P. 1-288a
贝德福德湾 3-310f
贝德诺尔茨,J.G. 1-531b
贝蒂 5-282c
贝蒂,M. 1-288b
贝蒂,U. 1-288c
贝雕 1-293b
贝都因人 1-288c
贝督因人 1-288c
贝多芬,L.van 1-288e, 3-324f
贝多芬故居纪念馆 1-375d
《贝多芬和他的九个交响乐》 9-230c
《贝多芬传》 3-15c, 5-212d
贝恩,G. 1-289e
贝恩哈特,S. 1-289f
贝恩哈特,T. 1-290a
贝尔 2-543f
贝尔,A.G. 1-290a, 2-280c, 2-543f, 3-227a, 4-196a, 7-104b
贝尔,D. 1-290b, 3-491c, 8-300a
贝尔,J. 4-382f, 8-337a
贝尔,K.E.von 1-290c
贝尔,L. 9-297e
贝尔,S.J. 5-301b, 9-451e
贝尔岛海峡 6-564e
贝尔德,J.L. 1-290d
《贝尔登肖像》 1-97a
贝尔电话公司 1-290b
贝尔电话实验室 2-135e
贝尔法斯特 1-290e, 1-255d
贝尔法则 1-290d
贝尔福,A.J. 1-290f
《贝尔福宣言》 1-290f, 1-167b, 9-35c
贝尔港 4-399c
贝尔格,A. 8-379b
《贝尔格拉诺与阿根廷独立史》 5-401b
贝尔格莱德 1-290f, 2-388d, 6-370b
《贝尔格莱德和约》 2-404b
贝尔湖 1-291b
贝尔-兰卡斯特制 1-291b
贝尔曼,R. 1-291c
贝尔曼,S.N. 4-4a
贝尔曼方程 2-338f
贝尔蒙多,J.-P. 1-291d
贝尔莫潘 1-291e, 1-399e
贝尔纳,C. 5-555c, 6-530e
贝尔纳,J. 2-443c
贝尔纳,J.D. 1-291e, 4-441f, 4-442e
《贝尔纳达·阿尔瓦的家》 4-121b
贝尔纳多特,J.-B. 4-368e
贝尔纳多特家族 4-368e
贝尔实验室 9-315a
贝尔氏麻痹 5-417a
贝尔氏现象 5-417b
贝尔特,O. 2-585f
贝尔特拉米,E. 1-292a, 2-515b
《贝尔特朗和拉东》 7-126f
贝尔托尔多·迪乔瓦尼 5-395d
贝尔托卢奇,B. 1-292b
贝尔修伦马 5-239c
贝尔47直升机 9-297e
贝弗里奇,W.H. 2-612a, 6-482f
贝弗里奇报告 2-612a
《贝覆》 7-161e
贝盖尔,J. 2-464f
贝格拉姆古城 1-292c
贝格曼,T.O. 2-546f
贝格纳河 6-6e
贝海姆,M. 2-236f
贝汉,B. 1-292c
《贝汉的海岛》 1-292d
《贝玑传》 5-212e
贝加尔湖 1-292d, 2-398a
贝加尔针茅 8-133e
《贝加莫组曲》 2-170b
贝贾语 1-18d
贝杰尔 2-182f
贝京,M. 1-292e, 2-70e
贝卡谷地 4-580d
贝卡里亚,C. 1-292f, 2-478d
贝科夫,V.V. 1-293a
贝壳堤 7-350f
贝壳雕刻 1-293b
《贝壳里的维纳斯》 5-244b
贝壳镶嵌画 6-84d
《贝壳与僧侣》 8-170a
贝可 1-293c
贝可勒尔 1-293c
贝可勒尔,A.-C. 1-293d
贝可勒尔,A.-E. 1-293d
贝可勒尔,H. 1-293c, 1-293e, 2-504b, 2-505c, 2-606e, 4-330a, 9-108f
贝可勒尔家族 1-293d
贝可勒尔射线 1-293f
贝克,A. 6-310f
贝克,H.B. 3-49b, 4-5d
贝克,S. 8-557a
贝克堡 4-525f
贝克达什 7-439e
贝克尔,B. 7-579b
贝克尔,G.A. 1-293f
贝克尔,G.S. 1-294a
贝克莱,G. 1-294b
贝克兰,L.H. 1-294e
贝克勒,A.H. 1-516c
贝克曼,M. 1-294f, 1-357d
贝克特,S. 1-295a, 2-193f
贝克韦尔,R. 1-295b
贝肯鲍尔,F. 1-295c
贝拉 1-295d
《贝拉》 2-151c
贝拉尔德,R.L. 1-295e
贝拉港 5-473b
贝拉斯克斯,D. 4-373e
贝拉四世 1-432f
《贝拉扎尔特》 1-93b
贝拉走廊 3-309d
贝兰加山地 7-276f
贝勒,P. 1-295e
贝勒大学 2-168e
贝雷帽 4-352d
贝雷尼斯 1-224c
《贝蕾妮丝》 4-528d
贝类 6-346d
贝里贝里人 4-376a

贝利 1–296a
贝利,L.H. 1–296a
贝利,P.K. 1–531e
贝利干,R. 1–296b
贝利坑 9–122c
贝利尼,G. 1–445c, 2–314c, 6–182a, 7–532d
贝利尼,V. 1–296c
贝利萨留 3–94c
贝利斯,W.M. 1–296d
贝利希,E. 4–171a
贝利珠 6–328b
贝林,E.von 1–296e, 6–9b
《贝林时报》 2–139c
贝鲁特 1–296f
贝鲁特,B. 1–297b
贝鲁特港 1–297a, 4–581c
《贝吕松先生的旅程》 4–512e
贝略,A. 1–297b
《贝略全集》 1–297d
贝伦 1–297d
《贝伦的牧人》 7–552c
贝伦塔 5–9c
贝洛 3–19d
贝洛,S. 1–297e
贝洛奥里藏特 1–297f
贝母 1–297f
贝母甲素 1–298a
贝母素甲 1–298a
贝母云 6–90d, 9–133c
贝拿勒斯 7–466f
贝纳文特-马丁内斯,J. 1–298a
贝奈斯,E. 1–298b
贝奈斯,P. 4–76a
贝奈特,M. 6–270f
贝内特,H.H. 7–97e
贝内特,J.G. 3–275b
贝内特·科莱曼有限公司 8–604c
贝尼奥夫,H. 1–298c
贝尼奥夫带 1–298c, 3–321e
贝尼·哈迈德城堡 1–13d
贝尼河 1–392e
贝尼尼,G.L. 1–298d, 1–175a, 6–557a
贝尼尼,P. 1–298d
贝尼什记谱法 8–66a
贝宁 1–298f
贝宁共和国 1–299c
贝宁国立大学 4–437b
贝宁人民共和国 1–299c
贝宁湾 4–82c
贝宁王国 1–299f
贝努埃-刚果语支 5–576d
贝努埃河 5–576b, 5–576f
贝努利家族 1–401f
贝齐布卡河 5–241c
贝·奇达桑卡 5–190b
贝钦沃布 6–361c
贝丘 1–300a
贝若特节日剧院 1–300b
贝萨·路易斯,M.A. 1–300b
贝塞尔,F.W. 1–300c, 1–192c
贝塞麦,H. 1–300d, 4–100b, 8–491e
贝塞麦法 4–394c
《贝塞麦炼钢法的起源》 1–300e
贝时璋 1–300e
贝氏貘 5–485f
贝氏拟线水母 7–95a
贝斯特,C.H. 1–300f
贝斯特,P. 6–70c
贝塔兰朗,L.von 6–545f
贝塔朗菲,L.von 1–301a
贝塔斯曼,K. 1–301b
贝塔斯曼出版集团 1–301b
《贝塔伊诺瓦太上皇》 1–472a
贝泰峰 5–25e
贝特,H.A. 1–301b, 4–541e, 6–60c, 7–292c, 8–17a, 9–318a
贝特拉姆 1–399d
贝特朗,B. 6–296a
贝特朗猜想 6–189d
贝特朗曲线 6–249e
《贝西·史密斯之死》 1–10c
贝希尔,J.R. 1–301c
贝希尔·杰马耶勒 9–329d
贝希拉 5–500b
贝希斯顿铭文 1–301d
贝歇尔,J.J. 6–272d
《贝雪莱斯和西吉斯蒙达历险记》 6–379c
贝雅,M. 1–301e
贝雅洛桑芭蕾舞团 1–301e
贝雅特里齐 6–514a
贝耶伦,A.van 4–317a
贝叶经手稿 7–347e
贝叶斯,T. 1–302a
贝叶斯方法 1–302a
贝叶斯决策函数 7–406f
贝叶斯统计 1–302a
贝叶斯学派 1–302a, 7–407d
贝叶斯准则 7–406f
贝伊国 5–214c
《贝姨》 1–153f
贝茵,E.C. 4–256a
贝永大桥 6–186a
贝聿铭 1–302c, 1–384f, 5–149d
贝扎人 1–302e
贝专纳 1–412b, 5–32c
贝专纳人 2–42a
贝子 1–302e
贝子庙 8–134a
《邶风·谷风》 6–575a
《备边屯田车铳议》 9–233d
备查簿 4–496a
备查账簿 4–496a
备抵法 3–563a
《备急千金要方》 6–156f
备忘录 1–302f
备择假设 4–145c
背斑燕鳐鱼 2–510d
背侧丘脑 4–151e
背单眼 3–12c
背风群岛 1–303a, 7–550d
背海盘车亚科 3–337c
背角无齿蚌 3–420e
背壳 7–484f
背款 9–512d
背鳍 6–134e
背气门目 6–80b
背神经管 4–86c
背书 1–303a
背俞穴 1–303b
背斜 1–303b, 9–242b
背斜圈闭 6–257a
背心 5–561b
《背影》 9–490c
背泳 8–471d
钡 1–303c, 6–215f
钡餐 4–399a, 5–131f
钡长石 1–519a
钡天青石 7–357a
钡硬锰矿 9–22f
倍半萜 7–379b
倍倍尔,A. 1–303d
倍贷 9–182d
倍低音大号 2–85d
倍率 7–525f
倍频次数 1–303e
倍频器 1–303e
倍赏千惠子 1–303f
倍数 1–588f, 9–263d
倍数单位 4–88f
倍田 4–358d
倍蚜 8–43e
悖论 1–304a
《被爱情遗忘的角落》 2–473e
《被保护人要作保护人》 3–374c
《被出卖的新嫁娘》 7–131e
被唇纲 1–304b
《被逮住的人》 8–517e
被代位人 2–129d
被单戏 1–341a
被定义项 2–313e
被动场屏蔽 2–276a
被动隔振 3–113b
被动免疫 5–412d
被动声呐 6–551f
被动型裂谷 5–77e
被动性异位心律 8–254e
被动遥感 2–101a
被动运送 8–151f
被夺河 3–424d
被反切字 2–472e

《被缚的普罗米修斯》 1–304b, 1–73a
被覆上皮 6–467c
被告 1–304c
《被告》 9–481e
被告人 2–478c
被害人 1–304d
被害人陈述 1–304d
《被毁灭的爱情》 4–380a
被激导电 6–145e
《被激怒的羔羊》 1–164b
被继承国 3–280f
被监护人 4–152b
《被解放的耶路撒冷》 7–243f
《被解放者》 1–449a
《被开垦的处女地》 1–483e, 8–212a, 9–470a
《被开拓的诗世界》 1–590b
《被流放的语言》 4–393c
《被埋葬了的孩子》 8–244a
《被埋葬者的眼睛》 1–55a
被囊动物门 7–562a
《被盘问的宙斯》 5–152d
《被抛弃的狄多》 5–335e
《被抛弃的姑娘》 2–68e
《被抛弃的女人》 6–73a
《被欺凌与被侮辱的》 7–458c
被切字 2–472e
《被曲解的文明》 7–611e
《被杀害的诗人》 1–3f
《被释放的沃坦》 7–453e
《被围攻的自由人民》 7–231a
《被围困的努曼西亚》 6–379c
被窝戏 1–341a
被选举权 1–472f
《被遗忘的人们》 1–451e
《被遗忘的山丘》 5–270b
《被遗忘者的史诗》 2–434e
被蛹 9–28d
《被中断的鹳的脚步》 1–97d
被中香炉 1–304e
被子植物 1–196b
被子植物门 1–304f, 8–391e
被子植物时代 8–281c
訇 6–598d
焙烤 2–150f
焙烤食品 2–486f
焙烤型膨化食品 6–68e
焙烧炉 3–127b
《蓓蕾》 1–307b
奔驰公司 2–134e
《奔放的爱情》 1–418e
奔呼卢·盘陀诃黎 5–268f
奔龙类恐龙 6–278c
《奔马》 8–342d
奔宁山脉 8–616a, 9–1b
《奔腾》 5–380f
《奔跳者》 2–182d
贲古县 3–115c
贲门 7–570b
贲门部 7–570b
本（出版） 1–229f
本·阿里 7–418e
本巴人 1–305b
本白布 5–412b
《本报内部消息》 5–104f
本·贝拉 1–305c, 1–12e
《本本主义的王子》 1–298b
本币、外币和黄金出入境管制 7–473d
本草 9–447c
《本草补》 8–107a
《本草纲目》 1–305d, 2–327f, 2–328c, 4–610c, 6–78b
《本草纲目拾遗》 1–305e
《本草经》 6–513a
《本草原始》 1–305e
本初子午线 1–305e, 2–223, 2–228e, 3–106a, 6–610a
本初子午线标志 2–223e
本茨,C. 1–305f, 2–134f, 6–150e, 9–508a
本茨公司 1–305f
《本次列车终点》 7–490a
本岛方言 6–328e
本迪戈 5–479e, 7–550b
本迪克森,A. 4–221d
本地滩簧 3–524c
本蒂港 4–81a
本殿 6–514c
本动 9–545f
本笃 8–590f
本笃法规 4–456a
本笃会 1–306a
本笃会圣彼德隐修院 6–358d
本笃十六世 1–306b
本顿,R. 4–448f
本顿,T.H. 1–306b
本多尔,F. 8–120c
本多静六 1–306c
本菲尔德,A.E. 2–77f
本格拉港 5–226e
本格拉寒流 2–109f, 3–49e
本根论 1–308d
本工 1–306d
本构方程 1–306e, 2–277c
本构关系 1–306e, 6–96e
本–古里安,D. 1–306f, 6–57b
本–古里安大学 8–552a
《本国地理》 9–204c
本哈比伯,J. 4–287c
本合同 3–411c
本纪 4–98e
本校 4–207c
本校法 4–207a
本教 1–307a, 1–425e
本·杰隆 1–307a
本杰讷德河 8–598b
本经 7–330a
《本经》 6–513a
《本居宣长》 8–224f
本克劳夫特,G. 3–205e
本·拉登 1–307b, 1–22a, 9–592a
本垒打王 5–165b
本轮均轮系统 2–243f
本面注 9–503a
本明和尚 8–554a
本命年 6–587a
《本命年》 4–187a
本末 1–307c
本末（佛教术语） 2–458e
本末论 1–307d
本内苏铁目 7–195b
本内维斯山 7–184b, 9–1b
本能 1–307e
《本能的研究》 7–387a
本能寺之变 9–292c
本尼狄克 1–306a
本尼狄克会 1–306a
本尼狄克十四世 4–377d
本尼迪克特,P.K. 3–385c
本尼迪克特,R.F. 1–307e, 8–538a
本尼朗角 8–129a
《本年度的名女人》 4–395e
本涅特,A. 1–307f
本票 1–308a
本奇利,P. 2–72d
本奇维耶尼·迪佩波 6–132a
本气 9–435a
本芹 6–195f
本色演员 8–441f
本森,A.A. 4–369a
本生,R.W. 1–308b, 4–46b, 6–339a
本生灯 1–308c
本生电池 1–308c
本师 1–307a
本诉 2–473f
本特利,A.F. 7–448b
本特尼,R. 9–69b
本体 6–615a
本体感受器 3–45d
本体幻觉 3–577d
本体论 1–308c
本土方法 1–308e
本土方法论 1–308d
《本韦努托·切利尼》 1–405e
本位货币 3–588f
本我 1–308f, 4–306b
本溪湖 1–309b
本溪市 1–309a
本溪县 1–309b
本戏 5–38c
本星系群 1–309b
本业 1–307d

本益比 7-28d
本影 7-266e
本原 1-309c
本约 3-411c
本泽,S. 1-309c
本征半导体 1-231c, 1-231e
本征场致发光 3-194a
本征导电 1-231c
本征值 5-62c
本质 1-309d
本质与现象 1-309d
本州岛 1-309f
本庄繁 7-561d
本座说 9-518c
苯 1-310b
苯胺 1-310c
苯胺紫 4-22b, 6-99b
苯巴比妥 9-260a
苯巴比妥钠 9-260a
苯丙氨酸 1-111d
苯丙哌酮 9-260b
苯丙酮酸尿症 1-310d
苯并芘 1-310f
苯并吡啶 4-505a
苯并吡咯 8-586e
苯并咪唑类杀螨剂 6-421e
苯丁哌胺 9-307d
苯丁酸氮芥 5-191b
苯二氮草类 4-408b
苯二酚 2-370d, 4-161d, 5-78c
苯二甲酸 2-370e, 5-78d
苯酚 1-310f, 2-557b, 8-559d
苯酐 5-78e
苯海拉明 4-415a, 9-307c
苯甲醇 1-311a
苯甲醚 1-311b
苯甲醛 1-311c
苯甲酸 1-311d
苯甲酰氯 1-311d
苯肼 2-542f, 9-560a
苯醌 1-311e
苯咪唑青霉素 6-208e
苯偶姻缩合反应 7-227c
苯羟肟酸酯类杀螨剂 6-421e
苯噻啶 6-81d
《苯衍生物化学》 4-393f
苯氧甲青霉素 6-208d
苯乙哌啶 9-307d
苯乙酮 1-311f
苯乙烯 1-311f
苯乙烯丙烯腈共聚物 3-229e
苯乙烯共聚体 3-229e
苯腙 4-107e, 9-560a
苯腙类杀螨剂 6-421e
苯唑青霉素 2-413a
苯唑西林 6-208d
笨蝗 3-604c
崩解作用 2-564e
《崩溃和胜利》 1-301c
崩龙语 2-169a
崩龙族 2-169a
崩落采矿法 2-240d
崩塌 1-312a
崩塌倒石锥 1-312a
崩塌面 1-312a
崩塌体 1-312a
泵 1-312a
泵浦系统 4-56b
泵装置扬程 8-446e
蚌步集 1-312d
蚌埠港 1-312e
蚌埠市 1-312d, 1-98a
蹦蹦 2-427b, 6-94c
蹦蹦戏 1-209c, 1-580f
蹦床 1-312e
逼近函数 3-358e
《逼上梁山》 1-312f
荸荠 1-313a
鼻 1-313c, 6-299a
鼻白蚁 1-208b
鼻保健推拿 1-244f
鼻病毒感染 1-313d
鼻出血 1-313d
鼻道 1-313c
鼻窦 1-313c
鼻窦炎 1-313f
鼻疽 4-143f
鼻衄 1-313d
鼻腔 1-313c
鼻饲 1-313f
鼻饲膳 5-89e
鼻涕虫 1-314a, 4-510c
鼻咽癌 1-314a, 2-26b
鼻咽黏膜利什曼病 5-31a
鼻烟 1-314c
鼻烟壶 1-314c, 1-314d
鼻炎 1-314e
鼻盐腺 8-435d
比（文学） 6-575b
比阿特丽斯·韦伯 7-541e
《比哀兰德》 1-153e
比昂松,B. 1-315a
比奥科岛 1-315c, 1-597b
比奥伊·卡萨雷斯,A. 1-315d
比布鲁斯 1-315f
比布鲁斯古城 1-315d, 4-581d
比布鲁斯线形文字 1-315f
比布鲁斯字母 1-315f
比才,G. 1-315f
比德尔,G.W. 1-316a, 4-52e, 4-533b
比洞赛 3-61e
《比恶魔还狡猾》 7-248f
比恩,W.J. 1-316b
比尔·巴特勒 2-72d
比尔德,C.A. 5-164a
比尔街 5-384a
比尔·克林顿 4-454e
比尔曼,D. 1-316c
比尔莫特纲领 1-306f
比尔丘 7-240e
比尔森啤酒 4-225f
比弗岛 5-408c
比富特,J.M. 5-22f
比干 9-472e, 9-478f
比干墓 7-565b
比杆赛 3-61e
《比格罗诗稿》 5-232b
比哈尔人 1-316c
比哈尔语 1-316d, 8-591b
比基尼环礁 5-276d
比基尼装 9-27f
比较成本学说 2 107c
比较调查 2-303b
比较法学 1-316d
《比较法研究》 6-521c
《比较犯罪研究》 2-478e
比较目录学 5-494f
比较判别法 4-68f
比较胚胎学 6-52e
比较图书馆学 7-425f
比较文学史 2-486e
比较心理学 1-316f
比较形态学 7-121a
比较研究 6-494e
《比较音乐学纲要》 6-361f
比较优势投资论 1-317a
比较语言学 3-479e
比较政治学 1-317c
《比较政治学：体系、过程和政策》 1-14e
比较宗教学 9-556b
比京语 6-73d
比科尔人 1-317d
比科尔语 1-317d
比莱,T.S. 1-317d
比兰德拉 1-317e
比勒陀利亚 1-317f
比雷埃夫斯 8-393c
比雷埃夫斯港 1-86e
比里·帕侬荣 1-318a
《比利·巴德》 1-445d
比利牛斯半岛 8-514f
比利牛斯-大西洋省 1-182a
比利牛斯幕 1-10a
比利牛斯山 2-438c
比利牛斯山脉 1-318b, 1-9d
比利其人 5-154c, 7-468c
比利时 1-318c, 3-430e
比利时国家植物园 9-306c
比利时人 1-318c
比利时王国 1-318c, 7-468d
比利时1830年革命 1-319f

比利亚,P. 5-484c, 6-366e
比例 7-408d
比例尺 1-486b
比例极限 1-460c
比例论 6-13d
比例税率 7-107d
比量 6-570b, 7-68e
比邻星 3-464b
比林古乔,V. 1-319f
比鲁尼 1-320a
比率 7-408d
比率智商 9-324b
比伦 2-408d
比洛,B.H.M.K.von 7-24d, 7-530c
比洛塔图书馆 5-293f
比目鱼 1-320b, 2-304a
《比目鱼》(G.格拉斯) 3-100b
《比目鱼》(李渔) 5-35b
比内,A. 1-320b, 8-250e, 9-320e
比内-西蒙智力量表 1-320b, 9-320f
比拟法 6-616d
比丘羯磨 4-228d
比丘戒 2-583f
比丘尼 5-568d
比丘尼羯磨 4-228d
《比丘尼传》 5-568d
比热 1-320c
比热容 1-320c, 6-282a
比萨饼 1-320d
比萨大教堂 4-210a
《比萨诗章》 6-46b
比萨洗礼堂讲经台 6-73f
比萨斜塔 1-320d
比萨扬人 1-320f
比萨扬语 1-320f
比萨主教堂建筑群 5-212c
比塞大 1-321a
比绍 1-321a
比湿 4-469f
比什凯克 1-321b
比属刚果 3-51c, 8-9b
比斯迪拜塔 2-211f
比斯开省 1-182a
比斯开湾 1-321c
比斯雷特竞技场 1-129e
比苏县 4-541f
《比孙子还年轻的爷爷》 2-418c
比索 5-483a
比索洛尔 4-413b
比提尔王国 8-408f
比通 7-186d
《比武篇》 1-381c
比亚河(俄罗斯) 2 410c
比亚河(科特迪瓦) 4-433c
比亚克拉拉省 6-564a
比亚苏 3-323e
比亚沃韦扎国家公园 1-379b
比亚伊尼里国 8-3a
比翀 9-29d
比约格文+D15147 1-254d
比重 1-321d
吡啶 1-321e
吡喹酮 1-369b, 4-186f, 7-320f, 8-376f, 9-52a, 9-495d
吡咯 1-321f, 6-369d
吡喃 1-321f
吡喃糖 1-322a, 2-143d
吡喃盐 1-322a
吡哌酸 3-408a
吡嗪 1-322a
吡唑 5-390b
彼得 6-587c
彼得·奥图尔 1-30f
《彼得堡》 1-358f
彼得堡普梯洛夫工厂 2-396b
彼得堡数学学派 5-246c
《彼得堡议定书》 8-400d
彼得大帝 1-322c
《彼得大帝》 7-452c
彼得格勒 6-556b
彼得格勒武装起义 2-395a
彼得格勒音乐学院 6-556e
彼得宫 2-403b
彼得豪斯学院 4-168b, 4-168c
彼得·霍尔跨大西洋演出剧团 4-20c
《彼得·卡门青》 3-457e
彼得拉日茨基,L.J. 1-322b
《彼得里茨·克利姆普赫之歌》 4-446b
《彼得鲁什卡》 2-610d, 7-135f
彼得罗·达·科尔托纳 1-175b
彼得罗夫斯克 2-395c
彼得罗四世 3-52f
彼得森,G. 8-491f
《彼得·史莱米尔奇遇记》 6-425e
《彼得·斯库恩茨》 3-109b
彼得松,H. 3-348e
彼得要塞 4-515c
彼得要塞市 5-593b
彼得一世 1-322c, 2-401c, 5-165a
彼得一世宫 5-8a
《彼德·鲍斯》 4-20d
彼德罗·萨利纳斯 2-426f
《彼尔·金特》 1-322d, 3-103d
彼尔姆 1-322e
彼尔姆斯科耶村 3-149c
彼莱格里诺,E.D. 8-119c
彼桑奈罗 7-600c
彼特拉克,F. 1-322f, 6-590a
彼特罗·特拉帕西 5-335e
笔 1-323a
笔触 1-323c
《笔端》 1-477c
笔法 1-269d, 1-324b, 7-47b
《笔法记》 1-324b, 4-299f
笔会 1-323e
《笔记和反笔记》 9-33a
笔记文 1-323e
笔记小说 1-323f
笔迹鉴定 7-112b, 7-399a
笔力 7-47b
笔名 1-324a
笔墨 1-324a
笔石 1-324c
笔石纲 1-324c
笔势 7-47b
笔意 7-47b
《笔意赞》 7-507b
俾格米人 1-447e, 5-156b
俾路支人 1-324d, 4-370b
俾路支省 1-324e
俾路支斯坦 1-324e
俾路支语 1-324d, 1-440e
俾斯麦,O.von 1-324f, 2-448d
俾斯麦群岛 1-325a
币值 4-17e
必然 1-325c, 9-547c
必然论 6-284f
必然性与偶然性 1-325b
必然与自由 1-325c
必胜客公司 1-215b
必舒胃 8-215f
必需氨基酸 1-111e
《必要的天使》 7-124d
必要共同诉讼 3-150a
必要观测数 1-487b
必要劳动 1-325d, 1-325d
毕奥,E.-C. 2-328a
毕奥,J.-B. 1-325e, 2-276c, 5-22e, 8-75b
毕奥-萨伐尔定律 1-325f, 1-325f
毕达哥拉斯 1-326a, 1-485f
毕达哥拉斯定理 1-326b, 3-153a
毕达哥拉斯数 1-427b
毕达哥拉斯学派 1-326c
“毕德麦耶尔”文学 1-326d
毕德显 1-326e
毕豆 7-477b
毕尔 3-381c
毕尔巴鄂 1-326f
毕尔腾湖 4-317b
毕加索,P. 1-326f, 2-180d, 2-443a, 5-23b, 7-42d
毕节地区 1-327d
毕节市 1-327e
毕节卫 1-327e
毕节县 1-327e
毕节驿 1-327e
毕节专区 1-327e
毕卡定理 9-264e
毕岚 2-463f
毕乐 9-331e

毕连寿 5-38a
毕埒根 5-134e
毕摩 8-13a
毕沙罗,C. 1-327f
《毕生的事业》 3-538f
毕生发展 1-328a
毕生发展观 1-328b
毕昇 1-328b, 7-147f
《毕什瓦的房子》 5-514f
毕苏语 1-328c
毕万 7-573a
毕乌夫带 1-298c
毕希纳,G. 1-328c
毕晓普,B. 6-415e
毕孝普博物馆 4-13b
毕宿五 1-328d
毕旭甫光环 3-532e
《毕业歌》 5-591a
毕业论文 1-328d
毕业设计 1-328e
《毕业生》 2-69b, 5-349e
毕永年 7-300e
毕沅 7-308e
毕扎德 1-387c, 8-530c
闭关政策 1-328e
闭果 3-300a
闭合高度 6-257a
闭合骨折 3-189a
闭合流域 5-129d
闭合面积 6-257a
闭合性脑损伤 5-159e
闭合性气胸 6-148f
闭环复分解反应 8-130a
闭环控制 7-375d
闭环控制系统 2-471c, 2-471d, 9-536f
闭环仪表 3-396c
闭角型青光眼 6-205e
闭经 1-328f, 8-325e, 8-325f
闭口拉链 4-520d
《闭流形的可定向二叶覆叠流形》 4-181c
闭襻型肠梗阻 1-522e
闭气 4-227f
闭鞘姜 4-186b
闭锁卵泡 5-190d
闭锁综合征 4-1d
闭系 6-280d
闭斋 1-189e
庇古,A.C. 1-329c, 8-12a
庇古税 8-12a
庇护 1-329d
庇护九世 2-485d
庇护-克雷芒博物馆 2-485c
庇护权 9-281f
庇拉密斯 4-264c
庇里阿西 7-120c
庇隆,J.D. 1-329f
庇隆,M.E.M.de 1-330a
庇隆主义 1-330a
庇荫树 7-387d
邲之战 2-21, 2-37c
《闷宫》 7-177a
哔叽 1-330a
饽锣 7-303f
铋 1-330b, 9-460e
铋合金 1-330c
铋华 3-605e
秘鲁 1-330d
秘鲁阿普拉党 1-330f
秘鲁-玻利维亚联邦 6-413a
《秘鲁传说》 6-29a
《秘鲁对抗玻利维亚》 4-488f
秘鲁共产党 5-266e
秘鲁共和国 1-330f
秘鲁古柯 3-171b
秘鲁海流 3-479c
秘鲁寒流 7-261d
秘鲁社会党 5-266d
秘鲁香 1-331d
秘鲁子午弧 2-77c
皕宋楼 1-331e
赑屃 1-255c
筚篥 3-212e
蓖麻 1-331f, 2-88a
蓖麻酸 1-332b
蓖麻叶 1-332b
蓖麻油 1-332b
蓖麻子 1-332a
痹证 1-332b
辟（礼器） 1-332c
辟（征辟） 9-261c
辟除 9-261c
辟大夫虎节 2-605b
辟谷 2-600d
辟举制 7-211a
辟雍 1-332c, 6-87a
辟召 9-261c
辟召制 9-261c
辟支佛 7-153d
《碧成》 8-19b
《碧海情天》 5-179a
《碧海同舟》 7-250b
《碧鸡漫志》 1-332d, 2-40f, 9-494a
碧姬·芭铎电影 1-187c
碧口水电站 1-202e, 4-131c
碧罗雪山 6-3b
碧泉书院 3-516f
《碧山乐府》 7-515f
碧石 6-604f
《碧水红旗》 5-157d
碧桃 7-322a
碧玺 1-332d
碧玺猫眼 1-332d, 4-245c
碧霞元君祠 7-278d
碧玄岩 7-29d
《碧血花瓣》 2-415a
碧瑶 1-332e
碧玉 6-604f
碧玉湖 7-420d
《碧玉簪》(电影) 8-38e
《碧玉簪》(戏曲) 8-479f
碧云庵 1-332f
碧云寺 1-332f, 8-198c
碧绉 9-479c
觱篥 3-212e
篦子三尖杉 5-226d
壁虎 1-333a
壁虎科 1-333a
壁画 1-333b
壁虱 1-333e
壁垒 8-70a
壁钱 1-333e
壁球 1-333f
壁伍 2-332b
避风港 3-56d
避讳 1-334a
避讳学 1-334a
避雷器 1-334b
避雷针 1-334b, 2-276c, 4-150b
避日目 1-334c, 9-496b
避世运动 1-334d
避暑山庄 1-334e
避税 7-321e
避税港 1-335a
避嫌名 1-334b
避险不适时 4 267b
避险过当 1-335b, 4-267b
避险基金 2-372a
避役 1-335b
避役科 1-335b
避孕 1-335c
避孕环 1-335e
避孕器 1-335d
避孕套 1-335d
避孕药 1-335f
臂架型起重机 6-140e
璧 1-336a
璧克馥,M. 3-102f, 5-348d
边（边墙） 5-134e
边材 5-488d
边茶 1-493a
《边城》(电影) 5-99a, 9-352b
《边城》(小说) 6-516e
边楚芳 1-338a
边楚善 1-338a
《边陲线上》 5-233e
边舵 2-392f
边贡 6-162b
边际报酬递减规律 1-336b
边际产量 1-336b
边际产量递减规律 1-336b
边际储蓄倾向 1-336c

边际费用 5－291c
边际革命 8－267c
边际涵化 7－588c
边际技术替代率 2－193d
边际技术替代率递减规律 2－193d
边际价值 5－291c
边际明瑟收益率 4－211c
边际社会纯产值 1－329d
边际生产力 1－336d
边际生产力论 1－337b
边际收益递减规律 1－336b
边际私人纯产值 1－329d
边际效用 1－336d
边际效用递减规律 4－294e
边际效用价值论 4－293e
边际效用学派 1－336f
边际学派 1－337a
边迦勒迦河 5－378b
边疆学说 7－333f
边疆音乐舞蹈大会 2－131f
边角测量 4－479c
边界 1－337c, 3－287c
边界层 1－337d
边界层理论 1－337d, 5－126f
边界层湍流 2－100a
边界地区 6－246f
边界膜 6－352d
边界品位 4－500e
边界润滑 6－352d
边界网关协议 8－571c
边界战役 9－130d
边界值问题 1－526f
边景昭 1－337e
边境 1－337c
边境贸易 1－338a
边境小额贸易 1－338a
边款 9－512d
边芦雁 1－338d
边民 7－120c
边民互市贸易 1－338a
边墙 1－509a
边沁，J. 1－338a
《边区开发与社会调查》 2－542e
边区文学 8－605d
边塞汉简 3－375e
边寿民 1－338c
边水 9－40f
边滩 3－422d
边外影 9－405c
边维祺 1－338c
边文进 1－337e
边颐公 1－338c
边缘地带派 2－245b
边缘海 1－338d
边缘海台 3－322a
边缘礁 6－443d
边缘经济学 4－294b
边缘系统 1－338d
边缘性前置胎盘 6－163e
边缘学科 1－338f, 4－42e
边缘中脑区 1－338e
边栅 5－134e
边值问题 1－527a
边紫菜 9－532b
萹蓄 1－339a, 5－70b
编（假发） 4－144a
编镈 9－452f
编程 4－92d
编辑 1－339a
《编辑部的故事》 2－577c, 3－114e
编辑学 1－339c
《编辑忆旧》 9－231a
编结工艺 1－339d
编联会 5－431b
编码 4－318e
编码电报 2－272f
《编年纪》 2－415d
《编年史》 3－173f, 6－58d, 7－244c
编年体 1－339e
编炮 1－254b
编磬 6－237f
《编舞》 4－512b
《编舞艺术》 3－360c
编译程序 1－339e, 4－92f
编织巢 5－588e
编织工艺品 1－339f
编织物 2－501f
编制花边 3－525d
编钟 1－340a, 9－452e
编组木鱼 5－494a
编组站 7－381e
鳊鱼 5－48a
蝙蝠 1－340a, 6－541c, 6－542d
《蝙蝠》 6－582c
蝙蝠蛾 1－340b
蝙蝠蛾科 1－340b
蝙蝠琴 8－446f
《蝙蝠侠》 5－350a
《蝙蝠侠与罗宾》 6－583d
蝙蝠鱼 1－340c
蝙蝠鱼科 1－340c
鞭 1－340d
鞭虫 1－340e
鞭虫病 1－340e
鞭炮 1－254a
《鞭炮舞》 2－106f
扁刺蛾 2－52a
扁担山 4－154b
扁担舞 9－516e
扁担戏 1－340f
扁舵鲣 4－247f
扁骨 3－186e
扁浒苔 3－520e
扁花柿 7－32a
扁卷螺 1－341a
扁脸肯尼亚人 5－28d, 6－292a
扁平苔藓 1－341a
扁平疣 9－42a
扁平足 6－94b
扁蒲 3－524d
扁鹊 1－341b, 8－484c
扁鲨科 1－341c
扁鲨目 1－341c
扁鲨属 1－341c
扁桃体 4－481a
扁桃体炎 1－341c
扁形动物 9－438f
扁形动物门 1－341e
扁牙潜鱼属 6－174e
扁蚜 1－341e
扁蚜科 1－341f
扁爪 9－226d, 9－309c
扁竹莲 7－300e
匾食 4－206c
《卞昆冈》 8－350b
卞之琳 1－341f
卞祖善 9－443c
弁财天 6－119a
弁韩 3－360f, 6－391d
弁言 8－355e
苄醇 1－311a
苄基氯 5－188e
《汴都赋》 9－465b
汴河 1－342b, 1－480c
汴京 4－385c, 4－385f
汴梁 4－385c, 4－385f, 9－98e
汴渠 1－342b
汴州 4－385c, 4－385f
变（变文） 1－344a
变彩 4－502a
变成构造 1－346b
变成矿床 1－345d
变电 1－342c, 2－278d
变电所 1－342d
《变动美》 1－448d
变动现场 2－478c
《变法通议》 4－439a, 5－52f
变分法 1－342e
《变分学教程》 1－6e
《变革社会中的政治秩序》 3－463d
变更之诉 7－199f
变轨 3－301b
变轨控制和轨道机动 3－401f
《变化的音乐》 4－395a
变化麻纱 5－238a
变化身 2－76a
《变化小行星的光电测光》 9－215d
变化音程 8－574b
变价处分权 2－217f
变焦镜头 4－318a
变截面刚构分析 1－468e

《变截面刚构分析续编》 1-468e
《变截面柱的强度理论》 7-372b
变晶结构 1-346a
变口目 8-156b
变脸 1-343b
《变脸》 8-35d, 8-39a
变量 8-72b
变频 1-343c
变人戏 6-8e
变色 6-542b
变色笔 1-323c
变色龙 1-343d, 1-335b
变色铅笔 6-159d
变色效应 4-245c
变色釉 8-437e
变石 1-343d, 4-245c
变送器 1-343d, 2-25d
变态 1-343d, 5-58e
变态反应 1-343f, 1-533e
变态反应性接触性皮炎 4-214a
变态反应性血管性水肿 8-373f
变态根 3-117d
变态人格 6-285e
变态心理学 1-343f
《变态心理学》 9-482e
变温载荷 9-152a
变文 1-344a, 1-240c, 9-509f
变戏法 5-465e
变星 1-344b, 3-464d
《变星总表》 1-344c
变形 4-33b
变形虫 1-344d, 9-105e
变形虫科 1-344d
变形构造学 4-541d
变形红细胞性血尿 8-375c
《变形虹》 5-82b
《变形记》 1-344f, 1-133d
《变形记》(壁画) 4-370e
《变形记》(小说) 1-50b
变形金属材料 4-255b
变形连续规律 7-284a
变形铝合金 5-183e
变形模型 5-456d
变形丝 1-344f
变形丝织物 1-344f
变形锌合金 8-263a
变型步枪 6-177e
变型设计 4-32c
变性 7-457d
变性气团 6-146b
变压器 1-345a
变异逻辑 7-449d
变异系数 2-487a
变易 9-475b
变音 4-276b
变应性白细胞破碎性（坏死性）血管炎 8-374a
变应性鼻炎 1-314f
变应原 1-533e
变余构造 1-346b
变余结构 1-346a
变余糜棱岩 5-393d
变折射率光纤 3-229f
变质黑钙土 3-460a
变质矿床 1-345d
变质量质点 1-345e
变质量质点运动方程 1-345e
变质岩 1-345f, 8-430c
变质作用 1-346d
变阻器 1-346f
便换 7-303d
便捷法收益率 4-211b
便利店 1-346f
便帽 3-202a
便秘 1-347a
便携式喷火器 6-61a
便宜坊 1-269b
遍吉 6-117b
遍计所执性 6-404a, 9-65a
遍照金刚 4-466c
遍诊法 5-302a
辨病论治 1-347b
《辨迹论》 5-120e
《辨命论》 5-112c
《辨似》 4-405f
《辨亡论》 5-167f
辨喜 1-347c, 8-609c
辨证 1-347e, 9-269a
辨证论治 1-347e
辨证求因 1-371c
辨证施治 1-347e
辩才天女 1-348a
《辩护辞》 1-50b
辩护人 1-348a
辩护制度 1-348b
《辩显密二教论》 4-466d
辩者 5-438e
辩证法 1-348d, 1-404e, 4-299d
《辩证法唯物论（讲授提纲）》 5-325b, 6-613b
《辩证法与自然科学》 2-170c
《辩证理性批判》 6-367f
辩证逻辑 1-349a
辩证神学 8-294a
《辩证唯物论大纲》 3-553f
《辩证唯物论与历史唯物论的基本问题》 1-414d
辩证唯物主义 1-349e, 2-208f
《辩证唯物主义》 2-170c
《辩证唯物主义纲要》 1-80d
辩证唯物主义认识论 6-310b
《辩证唯物主义与历史唯物主义》 1-80d
《辩证唯物主义与哲学导论》 2-170c
辩证自然观 9-543e
辫线袄子 9-356b
辫子军 9-213e
标（建筑） 2-493a
标本 1-371a
标本中气 9-435a
标称波长 7-534a
标的 1-351e
标的物 1-351e
标点符号 1-351f
《标点符号使用法》 1-352b
《标点符号用法》 1-352c
标高 3-284b
标记化合物 1-352c
标量 8-72b
标量波 1-372b
标量介子 4-233c
标气 9-435a
标枪 1-352f
标枪头 8-223c
标识谱 9-588e
标题音乐 1-352f
标型特征 4-503b
标型学 4-415f, 4-417c
标引 1-353a
标引穷举度 1-353b
标引一致性 1-353b
标准 1-353c, 1-354a
《标准》 1-78e
《标准草书》 9-57b
标准差 2-487a
标准大气 1-353c
标准大气压 6-149e, 8-385b
标准电池 1-353d
标准电极电势 2-281b
标准公差 3-130c
标准轨距 7-381f
标准轨铁路 7-381c
标准合成商品 7-127a
标准合同 3-110f
标准化 1-353f
标准化产品 1-502c
《标准化的目的与原理》 1-354b
标准化石 6-604d, 9-14b
《标准化是一门新学科》 1-354b
标准件 1-501e
标准镜头 4-318b
标准量具 5-56d
标准摩尔燃烧焓 2-475f
标准摩尔生成焓 2-475f, 3-358f
标准摩尔中和焓 9-414b
标准·普尔公司 1-354c
标准·普尔股价指数 1-354c
标准氢电极 2-281b
标准时 6-609b, 6-610a
标准物质 1-354c
标准箱 4-78d
标准音高 1-354d
标准渣打银行 8-196e
标准正交基 6-14c

标准状态 2-281b
飑线 1-354e
《厲氏编钟图释附考释》 8-350c
彪罗,H.von 9-309c
滮池 7-572c
骠族 6-84c
表 1-354f
表（建筑） 2-493a
表（曲艺） 1-269e
表（文体） 4-98e
表层生态学 3-570d
表寒里热 2-31a
《表号图案》 1-573e
表里配穴法 9-248c
表面 1-355e
表面波 7-283b
表面波波导 1-373f
表面弛豫 1-356b
表面重构 1-356b
表面分析技术 1-355a
表面化学 1-355e
表面活性剂 1-355f
表面加热处理 4-256c
表面结构 1-356a, 1-356c
表面麻醉 5-239a
表面热处理 1-356b, 4-256c
表面生物活性陶瓷 6-543c
表面声道 2-116c
表面物理学 1-356c
表面修饰 4-255f
表面再构 1-356b
表面张力 1-356e
表面张力系数 1-356e
表面自由能 1-356e
表面自由能密度 1-356e
表面阻抗微扰 3-586e
表皮 6-71f
表皮葡萄球菌 6-101f
表皮松懈症 4-201c
表皮癣菌属 1-234a
表葡菌 6-101f
表葡菌感染 6-102a
表（堂）亲结婚 4-272b
表情 1-356f, 6-236c
表情风琴 2-566c
表生矿物 4-9d
表现度 1-357f, 4-52f
表现派 1-356f, 9-19d
表现型角色 6-489b
表现主义 2-443d
表现主义布景 8-66d
表现主义美术 1-357a
表象 1-357e
表型 1-357f
表兄妹结婚 4-272b
表演程式 1-357f
《表演权法》 4-306d
表演性桑巴 6-410b
表业 8-494a
表意字 4-134e
表征 1-358b
表字 9-551e
俵屋宗达 6-318f, 7-562b
鳖 1-358b
鳖甲 1-358c
《别本东田集》 5-286e
《别尔金小说集》 6-117a
别尔切克,Z. 6-332a
别府 1-358c, 6-313d
《别赋》 4-180f
别构效应 2-150a
别馆 1-359b
别号 3-406b
《别集》 7-248d
别技军 6-305e
别捷赫京,A.G. 1-358d
别克 7-393e
别克斯岛 1-374e
别拉罗斯人 1-195e
别拉亚河 7-614b
《别了,古里萨雷！》 1-80f
《别了皖南》 6-307e
别雷,A. 1-358e
别里哥选 9-89e
别利别克河 4-452c
别林斯基,V.G. 1-358f
《别林斯基全集》 1-359a
别鲁索夫,B.P. 3-553b
别鲁索夫－扎勃京斯基反应 3-553b
《别录》 5-118a
别洛克兰人 7-131c
别洛露西亚人 1-195e
别洛莫尔斯克 1-197f
别洛泽尔斯基生物物理－生物化学研究所 5-475b
别络 4-297c, 5-233d
别努阿－康斯坦·科格兰 9-19d
别努瓦,A.N. 8-557b
别恰罗夫野生动物保护区 1-37e
《别人的权利》 6-73a
《别人的窝》 1-298b
《别诗》 9-206a
别史 1-359a, 9-148c
别墅 1-359b
别行之正经 6-586e
别业 1-359b, 9-100a, 9-513f
别役实 1-359c
别庄 9-513f
别子 8-116d
别字 1-359c
别字(名、字之外的名称) 3-406b
邠（今陕西境内） 6-131d
玢岩 1-227a
玢岩铁矿 1-227b
宾,R.H. 7-461a
宾白 9-148a
宾本杜人 1-133e
宾川县 4-37f
宾德兰瓦拉 4-246b
宾蒂马尼峰 4-82b
宾蒂马尼山 6-372f
宾福德,L.R. 4-417b
宾加山 5-472c
宾客 1-359d
《宾夕法尼亚报》 3-20a
宾夕法尼亚大学 1-360a, 2-537d, 3-20a
宾夕法尼亚州 1-359e
宾夕法尼亚州立大学 1-360a
宾兴之制 8-367b
《宾虚》 1-360a
《宾虚传》 1-360a
宾仪式 9-204a
宾泽特 1-321a
宾主效应 8-505c
彬马都 5-553b
傧相 1-360b
滨海边疆区 2-605c
“滨海”级电子侦察船 2-298d
滨海洛蒂塞亚 4-526a
滨海平原 2-2b
滨海新区 1-360c
滨海盐碱土 7-435a
滨湖平原 5-607e
滨江省 5-4a
滨田耕作 1-360d
滨州 1-360e
滨州地区 1-360e
滨州市 1-360e
槟榔品种群 6-423f
镔铁 5-64c
《濒湖脉学》 4-610c
濒湖山人 4-610c
濒危动物 1-360e, 5-260e, 5-262f, 5-583f, 8-203c
《濒危野生动植物物种国际贸易公约》 2-24b, 4-548d, 6-477b, 6-506c, 8-231a
濒危植物 1-361a
濒危种 1-360f
豳（今陕西境内） 6-131d
《豳风·七月》 6-574f
摈相 1-360b
殡仪馆 1-361b
髌骨软骨软化症 1-361b
冰坝 3-483e
冰坝洪水 5-98e
冰雹 1-361b
冰川 1-361d
冰川搬运 1-227c
冰川冰 1-361e
冰川国家公园 1-361f
冰川洪水 3-483e

冰川积累区 1－361d
冰川期 1－363f
《冰川时期的阿尔卑斯山》 6－64c
冰川台地 7－247f
冰川湾 1－38c
冰川物理学 1－362b
冰川系统 1－361d
冰川消融区 1－361d
冰川学 1－362a, 2－228b
冰醋酸 3－551d, 8－549c
冰岛 1－362b
冰岛大学 4－568e
《冰岛的汉》 9－70f
冰岛共和国 1－362e
冰岛蓼属 5－70b
冰岛人 1－363b
《冰岛人萨迦》 1－282d
冰岛型火山喷发 4－13e
冰岛议会大厦 4－568e
《冰岛渔夫》 5－227c
冰岛语 1－363c, 1－363b
《冰岛之钟》 4－520b
冰风洞 2－563f
冰盖 1－361e, 2－92e
冰盖高原 3－80e
冰挂 2－342e
冰后期 6－265b
冰壶 1－363d
冰壶运动 1－363e
《冰壶韵墨》 6－165e
《冰湖和峭壁》 8－399d
冰激凌 1－364b
冰架 2－92e
冰窖 4－575c
冰晶石 3－107b
冰凌 2－342e, 5－98e
冰凌洪水 3－483e, 5－98e
冰菱 5－173d
冰棚 2－92e
冰片 1－363e, 5－142b
冰片草 4－333d
冰期 1－363f
冰淇淋 1－364b
冰碛物 2－370b
冰碛岩 1－364b
冰情预报 7－100e
冰球 1－364c
冰球运动 1－364c
冰圈 7－96a
冰塞 3－483e
冰塞洪水 5－98e
冰山 1－364e, 2－92e
冰上溜石 1－363d
冰上运动 2－331a
冰舌区 1－361d
冰水平原 6－93f
冰塔林 9－493b
冰糖湘莲 3－514b
冰雾 8－80d
冰嬉 3－532a, 7－202f
冰心 1－364e
《冰心全集》 1－365a
《冰兄漫画——1932至1982年作品选》 5－70d
冰雪圈 6－143b
冰洋锋 2－572f
冰原 1－280e
冰云 9－132f
冰洲石 1－365a
兵部 6－400a
《兵车行》 2－356d
兵丁份地 6－134b
兵符 3－518c
《兵工厂》 2－357e, 5－12d
兵舰 2－28f
兵库之津 6－510e
兵力投送 1－365b
《兵临城下》(法国电影) 1－49c
《兵临城下》(中国电影) 5－84c
兵马俑坑 4－579d
兵器工业集团公司 9－346e
兵书略 3－294f
兵团 5－168d
兵样 5－496e
兵蚁 1－208d, 8－553a
兵役制度 1－365c
兵种 1－365e
槟城 1－365e
槟榔 1－366a, 9－559e
槟榔碱 1－366a
槟榔屿 1－366b
槟榔屿州 1－365e, 1－366b
槟威大桥 1－365f
掤(武术) 7－257b
丙氨酸 1－111c
丙氨酸转氨酶 9－509f
丙醇 1－366c
丙二酸二乙酯 1－366c
丙腈 4－303e
丙卡特罗 6－87b
丙纶 1－366d
丙醛 1－366e
丙三醇 3－38b
丙酸 1－366e
丙糖 3－38c
丙酮 1－366f, 8－559d
丙烷 1－367a
丙戊酸钠 4－414a
丙烯 1－367a
丙烯画 1－367b
丙烯腈 1－367c
丙烯醛 1－367d
丙烯酸 8－549c
丙烯酸酯 4－340f, 8－549c
丙烯颜料 1－367b
丙型肝炎病毒 1－369e
丙种球蛋白 5－412e
邴尊 5－52c
秉志 1－367e
柄萼虫科 5－554b
柄海百合类 3－319a
饼干 1－367f
饼嚼烟 4－203d
炳灵寺石窟 1－368a, 1－285f
禀 1－368d
禀启 1－368d
禀帖 1－368d
并病 1－368d
并发性白内障 1－203f
并发语言 1－591e
《并非此时，并非此地》 1－46e
《并非为了记忆》 1－46e
并合散射效应 4－521b
并联 1－368e
并联电抗器 2－283a
并联式火箭 4－11d
并联组合 1－368e
并渠县 2－350d
并行处理计算机 4－90a
并行存储器 9－498e
并行工程 1－368f, 4－355f
并行进化 4－270e
并行语言 1－591e
并胸腹节 5－456a
并殖吸虫 1－369a
并殖吸虫病 1－369a
病残 1－473b
《病床六尺》 9－266a
病带 1－369b
病毒 1－369b, 6－544e
病毒防治法 7－523d
病毒复制 1－369c
病毒基因组 4－54a
病毒界 6－544e
病毒瘤 9－306f
病毒卫星RNA 7－567b
病毒携带者 3－45a
病毒性出血热 1－369d
病毒性肺炎 2－534f
病毒性肝炎 1－369e
病毒性感染 1－370b
病毒性呼吸道感染 1－370c
病毒性脑膜炎 5－550d
病毒性脑炎 1－370d, 5－550, 5－552d
病毒性上呼吸道感染 1－370c
病毒性胃肠炎 1－370e
病毒性下呼吸道感染 1－370c
病毒性咽喉气管炎 4－72d
病毒学 1－370f
《病毒学年鉴》 1－181d
《病孩》 5－370e

病患 4-73f
病机 1-370f
病理检查 1-370f
病理疲劳 6-77a
病理生理学 1-371a
病理损害 1-473b
病理心理学 1-343f
病理形态学 1-370f
病理性骨折 3-188f
病理性关节脱位 3-205a
病理性脱发 7-456c
病理性细胞死亡 8-151c
病理性意志增强 8-569a
病理性再生 6-467c
病理学 1-370f, 5-468b
《病理学》 3-510f
病脉 5-301d
病区 4-169a
病史采集 7-605f
病态的幽默 3-458b
病态窦房结综合征 1-371b
病态人格 6-285e
病因 1-371b
病因辨证 1-371e
病原体 1-371f, 2-25f
病原微生物 4-413e
《病中吟》 5-117a
拨蜡法 6-572a
拨婆跋摩 9-254e
拨弦古钢琴 3-313d
拨弦键琴 3-313d
拨子 3-607e, 4-281b
波 1-372a
波阿斯火山 3-92d
波阿斯火山国家公园 3-92f
波贝 1-375b
《波波尔·乌》 1-372e
波波夫,A.D. 1-372f
波波夫,A.S. 1-373a, 4-196a
波波夫,B. 3-257b
波波维奇,J.S. 1-373b
波波维奇,T. 1-373b
波长 1-372c
波茨坦 1-373c
波茨坦电影博物馆 1-373d
《波茨坦公告》 1-373e, 2-257c, 4-326b, 7-250, 7-262f
波茨坦广场 1-406c
波茨坦会议 1-373d, 1-373c
《波茨坦科长》 8-41e
《波茨坦协定》 1-373d, 2-187a, 2-187d, 6-361a, 9-130c
《波茨坦宣言》 1-373e
波茨坦重力系统 3-445a
波导 1-373f
波导管 1-373f
波得,J.E. 7-339e
波得定则 7-339e
波德戈里察 1-373f
波德格涅斯风格 7-562d
波德莱尔,C. 1-374a, 5-270d, 6-409d
波德平原 1-378a, 9-434f
波德斯塔,J. 1-374b
《波的传播教程》 1-6e
波的尼亚湾 1-381f
《波蒂纳里祭坛画》 3-508e
波丁顿,A.F. 1-374c
波丁顿石 1-374d
《波动》 1-259f
波动方程 6-81e
波动光学 8-74e
波动力学 5-62b, 8-368b
波动声学方法 4-165d
波动说 1-36c, 3-219e
波多黎各 1-374d
波多黎各大学 6-562c
波多黎各岛 1-374e, 2-72b, 6-562b, 7-550d
波多黎各海沟 2-108e
波多诺伏 1-375b
波恩 1-375b
《波恩巡天星表》 1-300d
《波恩巡天星图》 8-307a
波尔,H.von 5-604f
波尔布特 3-482e
波尔多 1-375d
波尔多港 1-375e
波尔多液 1-375f, 5-401d
波尔加姐妹 1-375f
波尔加·苏珊 1-375f
波尔加·索菲娅 1-375f
波尔加·尤迪特 1-375f
波尔卡 1-376a
波尔卡步 1-376b
《波尔-罗亚尔逻辑》 5-554d
波尔山羊 8-449c
波尔舍,F. 2-123f
波尔审判 5-604f
波尔湿伐 2-113c, 6-133c
波尔塔,C. 1-376b
波尔塔,G.della 6-557a
波尔图 1-376c
波尔图区 1-376c
波尔效应 8-374e
波尔约 1-376d, 2-515a
波尔约·福卡什 1-376d
波尔约·亚诺什 1-376d
波菲利 3-150d, 8-264e
波弗特,F. 1-377a
波弗特海 1-376f
波伏娃,S.de 1-377a
波伏瓦,S.de 1-377a, 2-59f, 6-4b
波腹 9-503d
波戈金,M.P. 2-481a
波戈廷,N.F. 1-377b
波哥大 6-560a
波哥大黄金博物馆 1-377b
波格丹诺夫,A.A. 7-547c, 8-15a
波根多夫,J.C. 8-76e
波函数 1-372c
波河 1-377c, 1-9e, 6-351b, 8-564c
波河平原 8-564b
波黑 1-385d
波黑联邦 1-385f
波黑塞族共和国 1-385f
波黑战争 1-377d
波痕 1-488c
波亨斯基,J.M. 8-285e
《波吉与贝丝》 3-110f
《波嘉尼小姐》 1-443f
波江座α 9-582d
波将金石阶 1-116e
波节 9-503d
波拉克,S. 5-350a
波拉尼,M. 3-301b, 8-71b
波拉特,M.U. 8-299a
波莱尔,É. 1-377e, 2-105b
波莱尔可测集 1-377f
波兰 1-377f
波兰大公国 1-378a
波兰的三次瓜分 1-379c
波兰工人党 2-217b, 3-91f
波兰共和国 1-378d
波兰-立陶宛王国 8-402a
《波兰农民在欧洲和美国》 7-455a
波兰人 1-379e
波兰通讯社 1-379b
波兰统一工人党 3-91f, 7-189f
波兰王国 1-380a
波兰王国(965) 7-127c
波兰王国和立陶宛大公国 8-402a
波兰问题 8-394f
波兰语 1-380b
波兰正教会 2-329d
波浪搬运 1-227c
波浪能 3-351c
波浪式梯田 7-338c
波浪式蛙泳 7-463e
波蕾若披风 6-69f
《波里卡尔布·夸莱斯马的悲惨结局》 1-168c
波立特,H. 1-380c
波利安人 4-47b
波利比奥斯 1-380d, 3-181a
波利策,H.D. 3-109d
波利多罗斯 4-511d
波利格,K. 2-537e
波利克里托斯 1-380d
波利尼,M. 1-380e
波利尼西亚 1-380f
波利尼西亚岛群 2-118a

波利尼西亚地理人种 1-138b, 2-226b
波利尼西亚人 1-381a
波利尼西亚人种 6-303e
波利尼西亚文化中心 8-166f
波利尼西亚语族 1-381b, 5-521d
波利尼西亚之礁 5-603d
波利齐亚诺 1-381b
波利萨里奥阵线 8-99d
波利亚科夫,V. 3-418d
《波利耶克特》 3-72b
波粒二象性 1-381c, 2-135e
波列诺夫,A.I. 6-139d
波隆那大学 1-415b
波隆纳鲁沃古城 7-128f
波陇曲 7-458e
波鲁,B. 1-283a
波吕玫斯 2-393b
《波吕斐摩斯和加拉特亚的寓言》 3-152b
波罗的海 1-381f
波罗的海-白海运河 6-556d
波罗的海-伏尔加河运河 6-556d
波罗的海通讯社 1-87e
波罗的-斯拉夫语族 1-382a, 8-612c
波罗的语族 1-382a
波罗蜜 1-382b, 6-412e
波罗蜜属 1-382b
波罗奈河 6-360f
波罗尼都 2-112b
波罗普陀罗 8-164a
波罗王朝 8-601d
波洛克,J. 1-382c
波洛奈兹 1-382d
波马雷家族 2-454d
波麦兰丘克致冷 2-206c
波密县 1-382e
波拿巴岛 5-123a
《波拿巴在圣·贝尔拿特险坡上》 2-107c
波纳佩人 4-113b
波尼 1-102c
波尼亚托夫斯基,S.A. 1-379c
波你尼 1-382f
《波你尼经》 1-382f
波旁大厦 1-85c
波旁岛 5-123a
波旁复辟王朝 6-122c
波旁宫 2-438f
波旁家族 1-383a
波旁王朝 1-383a
波旁王朝复辟 1-383b, 1-383b
波片 1-383c
波普尔,K.R. 1-383d
《波普尔·武》 5-290d
波普艺术 1-383e, 2-443c
波谱学 7-534a
波前 1-372e
波前重现 6-264f
波塞冬 1-384a, 9-479b
波什尼亚克族 1-385d
波士顿 1-384b
波士顿惨案 1-384d, 1-384c
波士顿大学 1-384d, 5-274f
“波士顿”号巡洋舰 4-170a
《波士顿环球报》 5-607b
波士顿交响乐团 1-384e, 1-384d
波士顿肯尼迪图书馆 1-302d
波士顿美术博物馆 1-384e
波士顿倾茶事件 8-400a
《波士顿颂》 1-86c
波束 4-567b
波数 1-372c
波斯阿拉伯乐系 7-497a
波斯波利斯古城 1-385a
波斯波利斯古王宫遗址 6-481b
波斯草 1-395c
波斯帝国 1-109b, 9-162f
《波斯古经》 1-385b, 7-234f
波斯历 8-529f
波斯猫 1-385c, 5-312c
波斯尼亚公国 1-385e
波斯尼亚和黑塞哥维那 1-385c
波斯尼亚危机 1-386b
波斯人 1-386d
《波斯人》 1-72f
《波斯人信札》 1-386e, 5-383e
波斯丝毯 7-117f
波斯特,E.L. 2-392b, 9-241a
波斯特曼,L. 5-129d
波斯托伊纳溶洞 1-386f, 7-130f
波斯湾 1-387a
《波斯湾和平条约》 1-173c
波斯王朝 1-64e, 3-159a
波斯细密画 1-387b
波斯学 2-319c
波斯语 1-387e
波斯珠母贝 9-251a
波速 1-387f, 1-372d
波特,A.B. 1-2e
波特,G. 1-76e
波特兰 1-388a
“波特兰”海图 3-347f
波特兰水泥 7-95b
波特兰州立大学 2-397d
波特西岛 6-105f
波提切利,S. 1-412f, 7-599e
波托波托非洲艺术学校 1-438f
波托马克河 6-190e
波西东尼 7-124d
《波西米亚人》 6-115a
波西色伽 4-125c
波希米亚高地 4-225c
波像差 8-209f
波雅尔 4-278e
波亚卡战役 2-83b
波依尔齐格,H. 2-185f
波因特州立公园 6-80e
波音,W.E. 1-388b, 1-388c
波音公司 1-388b, 8-107e, 9-582f
波音系列飞机 1-388d
波音707飞机 1-388d
波音727飞机 1-388e
波音737飞机 1-388e
波音747飞机 1-388e
波音747喷气飞机 6-61c
波音757飞机 1-388e
波音767飞机 1-388e
波音777飞机 1-388e
波音787飞机 1-388e
波阵面 1-372e
波状层理 1-488b
波状热 1-450b
波状压条 8-386c
波状运动 5-580d
波兹奈尔,E. 1-388f
波兹奈尔奖 1-388f
波兹南 1-388f, 1-378f
波兹南公国 3-536a
波兹南密茨凯维奇大学 1-379b
波兹南事件 1-389a
波兹南斯大林机车车辆厂 1-389a
波阻 4-494b
玻恩,M. 1-389a, 3-338c, 5-437c
玻尔,A.N. 1-389b
玻尔,N. 1-389c, 1-389e, 3-549f, 6-217f
玻尔磁子 1-389e
玻尔氢原子理论 1-389e, 5-6f, 9-109f
玻耳兹曼,L. 1-389e, 6-145c
玻璃 1-389f
玻璃别墅 1-359c
玻璃池窑 1-390a
玻璃的转变温度 1-390b
《玻璃动物园》 1-390c, 7-531b
玻璃钢 1-390e, 1-425b, 3-10a
玻璃汞温度计 7-580b
玻璃光泽 4-502a
玻璃画 1-390e
《玻璃铃铛》 4-62e
玻璃鲇鱼 6-276b
玻璃器(古代) 1-390f
玻璃铅笔 6-159d
《玻璃球游戏》 3-457e
玻璃纱 6-86f
玻璃湿版摄影法 8-132a
玻璃市 5-261b
玻璃态 2-513e
玻璃态聚合 3-192f
玻璃碳 7-292b, 7-292e
玻璃陶瓷 1-390c
玻璃体 8-439b
玻璃体病 1-391d
玻璃体出血 8-440f
玻璃体积血 1-391d

《玻璃屋》 6－108e
玻璃纤维 1－391e
玻璃纤维增强塑料 1－390e
玻璃液体温度计 7－580b
玻璃陨石 1－391f
玻利瓦尔,S. 1－392b, 1－392f, 3－89e
《玻利瓦尔》 5－401e
玻利瓦尔别墅 6－560b
玻利瓦尔峰 1－392c, 7－563a
玻利维亚 1－392d
《玻利维亚分析》 1－393d
玻利维亚共和国 1－392f
玻利维亚诺 1－393d
玻－马定律 1－394c
玻色,S. 1－393d
玻色－爱因斯坦凝聚 3－478b
玻色－爱因斯坦统计 1－393e, 1－393e
玻色统计 1－393e, 1－393f
玻色子 1－393f, 3－478c, 5－63c, 9－547b
玻意耳,R. 1－394a, 2－546f, 3－552f, 5－600c, 9－111c
玻意耳定律 1－394b, 1－394b
哱拜 7－481d
钵颠阇利 9－64d
钵和国 7－176a
钵教 1－307a
钵罗奢思多波陀 6－570a
钵水母纲 1－394c, 7－94f
《钵中莲》 6－200d
般涅槃 9－113a
般若 1－394d
般若波罗蜜 1－394d
般若经 1－394d
般若泉 8－51b
《般若心经》 4－465f
般若学 2－159f
剥采比 5－176e
剥夺政治权利 1－394f
剥茧 9－314a
剥蚀面 8－538d
剥蚀碎石石质戈壁 3－83c
剥苔 6－478c
剥脱性骨软骨炎 3－187b
剥削 1－395a
菠菜 1－395c, 4－585a
菠菜属 1－395c
菠薐 1－395c
菠萝 1－395d, 2－580e
菠萝香 2－308e
播散性黄瘤 3－592a
播散性隐球菌病 8－589b
《播音创作漫谈》 6－130f
播种机 1－395f
播种 1－396a
《播种者》 5－397e
《播州平野》 3－142a
播州之役 1－396b, 7－481e
孛老 9－99a
李印囊 2－327e
伯胺 1－114f
伯班克,L. 1－396b
《伯班克——他的方法、发现和实际应用》 1－396c
伯比斯河 3－241a
伯朝拉 1－396c
伯朝拉低地 1－396c
伯朝拉河 1－396c, 8－2e
伯醇 2－40d
伯顿,W. 2－588e
伯顿俱乐部 7－95d
伯恩施坦,E. 1－396c, 5－334b, 7－187b, 9－539d
伯恩施坦主义 5－154b
伯恩斯,A. 1－21e
伯恩斯坦,E. 5－18e
伯恩斯坦,L. 1－396e
伯尔,A. 3－378a
伯尔,H. 1－396f
伯尔克哈特,J.L. 6－58c
伯尔尼 1－397a
伯尔尼大学 1－397b
《伯尔尼公约》 1－397b, 2－13e
伯尔尼国际 1－397c
《伯尔尼条约》 7－480f
伯尔尼州 1－397a
伯尔诺 4－456a
伯尔萨 1－385a
伯尔塔语支 5－573e
伯夫－梅里,H. 1－397d
伯戈因,J. 1－277e
伯格,P.L. 1－397d, 7－52c
伯格曼,I. 1－397e
伯格曼,T. 1－330c, 8－492b
伯格森,A. 2－613b
伯根 8－293f
伯基特氏淋巴瘤 2－26b
伯吉斯,A. 2－433b
伯吉斯,E.W. 1－397f, 6－30e
伯杰,J. 9－119b
伯杰龙,T.H.P. 1－398b
伯矩鬲 1－398c
伯克,E. 1－398d, 1－246c
伯克,K. 5－583a
伯克霍夫,G.D. 1－398e
《伯克霍夫数学论文集》 1－398f
伯克郡 1－161e
伯克兰,K. 1－398f
伯克兰电流 1－399a
伯克利 1－399a
伯克利,G. 1－399a
伯克利,W. 6－54a
伯克利学派 7－587e
伯克斯,J. 3－434c
伯劳 1－399a
伯勒萨德,J. 1－399b
伯里克利 1－399c
伯力 3－304a, 9－115b
伯利,A. 9－313a
伯利・格里芬人工湖 4－396f
伯利恒 1－399d
伯利恒大学 1－399d
伯利恒教堂 4－452e
伯利兹 1－399e, 1－291e
伯利兹河 1－399f
《伯利兹时报》 1－400c
伯利兹元 1－400b
伯罗奔尼撒同盟 1－400c, 7－120c
伯罗奔尼撒战争 1－400d, 7－120c
《伯罗奔尼撒战争史》 1－400e, 8－338d
伯罗斯,M.T. 4－372d
伯明顿庄园 9－70a
伯明翰 1－400e
伯明翰 1－401a
伯明翰大学 1－401b
伯明翰－南方学院 1－401a
伯姆,K. 1－401b
伯木古鲁 8－8b
伯纳德流 3－406d
伯内特,F.M. 1－401c
伯努利,D. 5－126f, 6－145c
伯努利定理 1－401e
伯努利方程 1－526d
伯努利家族 1－401f
伯努利试验 2－429c
伯嚭 2－588d
伯奇兄弟 6－269b
伯禽 5－162a, 6－247d
伯申 7－516b
伯舒拉岭 8－114c
伯斯,L. 3－9a
伯希和 1－402c, 2－376c, 2－377f, 3－381d
《伯希和劫经录》 2－376c
《伯希和考察队丛刊》 1－402c
《伯希和考察队考古学丛刊》 1－402c
伯循 9－57a
伯牙 1－402c, 3－75b
《伯牙鼓琴图》 7－519a
伯颜 1－402d, 7－594b, 9－88d
伯阳父 8－573c
伯邑考 9－472e
伯益 6－138e
伯余 9－354e
《伯远帖》 1－402e, 3－196f, 7－514f
驳船 9－143a
《驳康有为论革命书》 9－219d
《驳塞尔苏斯》 1－125b
帛画 1－402f, 5－281b
帛屐 5－489e
帛流星 8－64f
帛琉群岛 4－113c
帛琉人 4－113b

帛书 1–403c, 4–153f
帛书《老子》 4–562a
泊克莱,A. 6–573e
《泊秦淮》 6–198c
泊头市 1–403d
泊头驿 1–403d
泊头镇 1–403d
泊位 3–57a
泊镇 1–403d
柏柏尔地区 5–249b
柏柏尔人 1–403d, 1–12, 1–14, 1–15a, 6–355e, 7–418d, 7–420a
柏柏尔语族 1–403f, 1–18d, 3–357a
柏尔罗里 5–361f
柏格森,H. 1–403f, 2–514b, 3–541a
柏吉斯,F. 1–404a
柏吉斯法 1–404a, 5–340f
柏拉图 1–404a, 1–348d, 2–227a, 2–243f, 3–610e, 4–79d, 4–293d, 5–11f, 8–124c, 9–74b, 9–116b
《柏拉图巴曼尼得斯篇》 1–560b
《柏拉图神学》 8–264e
《柏拉图文艺对话集》 9–482e
柏辽兹,H. 1–405d
柏林 1–406a
柏林爱乐乐团 1–406d, 4–372a
《柏林(波茨坦)会议公报》 1–373d
《柏林敕令》 2–93a
《柏林——大城市交响曲》 4–97c
柏林大莱植物园 9–306c
柏林大学 1–406e, 3–479f
柏林地理学会 4–613b
柏林动物园 1–406c
柏林广播交响乐团 4–372a
柏林国际电影节 1–406e
柏林国家歌剧院 4–372a
柏林洪堡大学 3–479f
柏林环 1–406d
柏林皇家警卫队新哨所 3–167a
柏林会议(1878) 1–406f
柏林会议(1884～1885) 1–407a
柏林会议(1945) 1–373d
柏林剧团 7–574b
柏林老博物馆 3–167a
柏林历史博物馆 2–174f
柏林–罗马轴心 8–126f
柏林墙 1–407b, 1–406b
柏林天文台 7–136e
《柏林条约》(1878) 1–386c, 1–407a, 2–404c, 6–568b
《柏林条约》(1940) 6–390a
《柏林晚报》 4–449b
柏林危机 1–407c
柏林小说 2–576e
柏林新国家美术馆 5–407b
《柏林,亚历山大广场》 2–170e
柏林战役 1–407f, 2–256f, 7–191a
柏罗丁 6–114a
柏尼埃,F. 6–303d, 6–304f
柏萨尔·本·布尔德 1–35a
柏孜克里克千佛洞 1–408a, 8–274a
柏孜克里克石窟 1–408a
勃勃 3–446d
勃艮第 1–408b
勃艮第伯国 1–408c
勃艮第雕刻学派 2–586a
勃艮第公国 1–408c
勃艮第公爵 3–430c
勃艮第人 5–433a
勃艮第王国 1–408c
勃固人 5–387f
勃固王朝 1–197b
勃极烈 4–238d
勃极烈辅政制 4–238d, 4–258a
勃极烈制度 4–259c
勃拉克,J. 7–42d
勃拉克顿,J.S. 5–361d
勃拉姆斯,J. 1–408c
勃兰登堡侯国 1–406b
勃兰登堡门 1–406c, 3–167a
《勃兰登堡协奏曲》 1–157c
勃兰登堡州 1–373c
勃兰特,W. 1–408e, 2–176e, 6–485a
《勃兰特在流亡中:随笔、感想与信件,1933～1947》 1–408f
勃朗,R. 3–134b
勃朗峰 1–408f, 1–9d, 2–438c, 8–564b
勃朗峰公路隧道 1–10a
勃朗派 3–134b
勃朗特,C. 1–409a, 4–157d
勃朗特,E. 1–409b
勃朗特三姐妹 1–409a, 1–409b
勃勒东,A. 1–409b, 1–535e
勃列日涅夫,L.I. 1–409c
勃留索夫,V.Ya. 1–409e
勃鲁盖尔,P. 1–409e, 2–585e
勃律 1–410a
勃罗马诺夫,P.I. 2–233c
勃洛克,A.A. 1–410b
勃泥 6–98a
勃起功能障碍 8–325b
勃生堂河 8–470d
钹 1–410c
铂 1–410d
铂电阻温度计 7–580c
铂黑 1–410e
铂铱合金 8–537b
铂族金属 3–245d
亳 1–410f
亳都 9–278c
亳县 1–411a
亳州市 1–411a, 1–98a
《亳州魏武帝帐庙记》 5–504a
浡泥 6–98a
舶脚 7–303f
舶牙 4–284c
博阿利瀑布群 9–332f
博阿利水电站 3–52d, 9–332e
博阿兹卡莱 1–411b
博阿兹柯伊古城 1–411a
博爱 1–411c
博鳌亚洲论坛 1–411c
博白大果油茶 9–37b
博堡中心 6–66f
博博托夫库克山 3–458d
博彩税 1–411d
博彩业 1–411d, 4–525f
博茨瓦纳 1–411e, 3–305a
博茨瓦纳大学 3–305a
博茨瓦纳共和国 1–412b, 2–42a
《博达河上的船夫》 1–224e
博丹,J. 1–412e, 6–284f
博德,R.B. 3–548e
博德里埃尔,Y. 5–336d
博德利图书馆 5–601d
博登国际网球赛 7–523f
博登湖 1–9f, 2–173b
博蒂切利,S. 1–412f, 2–150d, 2–587d
博杜恩·德·库尔德内,J.N. 1–413b
博多港 2–608d
博多娃 3–24d
博多织 2–608d
博厄斯,F. 1–413c, 7–588d, 7–589e
博厄斯学派 1–413d
博尔代,J. 1–413d
博尔德坝 3–502e
博尔丁,K.E. 8–295b
博尔顿,W.von 7–289d
博尔赫·马丁内斯,T. 5–571b
博尔赫斯,J.L. 1–413e
博尔忽 9–97c
博尔曼,M. 5–604e
博尔努王国 4–266c, 4–363a, 4–375f, 4–376b
博尔塞纳湖 8–564c
博尔塔拉蒙古自治州 1–413f
博尔塔拉县 1–415a
博尔特,U. 1–414a
博尔特伍德,B.B. 7–397c
博尔扎诺 1–10a
博尔术 9–97c
博夫朗,G.-G. 5–228c
博格,B. 1–414a
博格达峰 1–414b
博格达峰自然保护区 1–414c
博格达山 1–414b, 4–16a
博格多山 8–5a
博贡山 7–550a
博古 1–414c
博古画 4–317b
《博古图》 8–360e

博湖县 1–414d
博湖镇 1–414d
博济医院 3–590e
《博局占》 8–584f
博卡拉，A.C. 4–55e
博卡热，M.M.B.du 1–414e
博科里斯 3–158f
博克，E. 2–7e
博克拉 1–414e
博客 1–414f
《博莱罗》 4–528a
博莱斯瓦夫一世 1–378b，6–75c
博乐市 1–415a，1–413f
博乐县 1–415a
《博里纳日》 4–97c，8–533b
《博里斯的节日》 1–290a
博列斯拉夫一世 4–226c
博林，G.M. 1–447a
博罗米尼，F. 1–175a
博罗伊岛 2–452c
博洛格，N.E. 1–415a
博洛尼亚大学 1–415b，8–566a
博洛尼亚画派 4–370d
博落回 9–12e
博马 3–52a
博马舍，P.-A.C.de 1–415c，2–539c，6–379f
博蒙特－阿瑟港 5–484c
博纳 1–102c
博纳，L. 5–370e
博南帕克壁画 1–415d，5–289a，5–290c
博南山人 8–461b
博南戍史 8–461b
博尼法西奥，A. 1–415e
博帕尔农药泄漏事件 3–133b
博平岭 2–609d
博乔尼，U. 1–415f，7–569b
博若耶，B.de 1–416b
博萨尔特，A. 2–585f
博山炉 1–416b
博尚，A. 9–106b
博施，C. 1–416c
博施法 1–416d
博士 1–416d，7–263f
博士 1–416e，8–370c
博士弟子 7–263f
《博士来拜》 2–62e，7–614c
博思霍尔姆岛 1–381f
博斯，H. 1–416f
博斯顿，R. 7–378b
博斯坎－阿莫加维尔，J. 3–589f，4–109c
博斯普鲁斯大学 8–531d
博斯普鲁斯海峡 1–417a
博斯腾湖 1–417b，1–186c
博苏姆推湖 4–118b
博塔，P.E. 8–410b
博泰西尼弓 2–207c
博特，W. 1–493c，3–415f
博特朗日山 1–318d
博望侯 9–204f
《博望坡》 5–234e
博韦主教堂 3–93b
博舞 5–380e
博物馆 1–417c，5–360c
《博物馆》 1–418a
博物馆学 1–417e
《博物馆学》 1–417f，5–355d
《博物馆学概论》（费畊雨，费鸿年） 1–418a
《博物馆学概论》（傅振伦） 3–18c
《博物馆学通论》 1–418a
《博物馆员》 5–355d
《博物新编》 8–107c
《博物志》 1–418b，9–197c
《博物志》（老普林尼） 6–112b
《博物志校证》 1–418b
《博笑记》 6–518a
《博学者杂志》 6–124a
《博雅》 3–237b
博雅教育 9–548c
《博雅音》 3–237b
博亚尔，A. 1–418b
博亚尔多，M.M. 1–418c
博亚尔丘克，A.A. 3–149d
博亚纳教堂 1–418d
博伊德，M. 1–418e
博伊尔，W.S. 2–279d
博伊托，A. 7–527e
博伊西斯 3–150d
博伊于斯，J. 6–27d
博弈论 1–418e，2–370e，5–512b
《博弈论和经济行为：论文精选》 9–167a
《博弈论与经济行为》 2–576c
博约马瀑布 3–52b，3–52d
博扎克奇，G. 3–113d
博州 5–68f
博州路 5–68f
渤海 1–418f
渤海 1–419a
渤海国 2–375f，5–68a，5–594b，7–304a，8–45e，8–424f
渤海国古都遗址 2–375f
渤海马 1–10e
渤海三彩 7–311f
渤海上京龙泉府城 1–419d
渤海上京龙泉府城遗址 7–311f
渤海湾 1–419f
渤海油田 1–360c
搏动性血肿 2–337f
《搏斗》（版画） 9–277b
《搏斗》（摄影） 1–555c
《搏斗者》 1–301c
搏拊 8–398e
鲌 1–420a
僰文 2–89e
薄 1–410f
薄哔叽 1–330b
薄壁堰 8–444b
薄层层析法 1–420a
薄层色谱法 1–420a
薄赋敛 1–420f
薄拱坝 3–146b
薄姑 5–92a
薄花呢 3–529d
《薄伽梵歌》 1–420c，5–459c
《薄伽梵歌注》 2–532d
《薄伽梵往世书》 3–459e，7–182b，7–524d
薄伽丘，G. 1–420d
薄姜木 5–240b
薄敛 1–420f
薄膜晶体管 8–505e
薄膜水 7–442f
薄皮甜瓜 7–373c
薄皮猪 3–379a
薄婆菩提 1–420f
薄三明治课程 6–398f
薄税敛论 1–420f
薄胎彩陶 2–111e
薄胎瓷 4–310e
薄泰恰里耶，K.C. 8–609d
薄熙来 1–421a
薄一波 1–421b
《薄一波文选》 1–421e
《薄葬诏》 7–44b
薄纸大龙 2–92c
跛行本位制 3–8b
跛子帖木儿 7–378e
《簸谷的人》 5–397e
薄荷 1–421e，2–40b，2–493e
薄荷醇 1–421f
薄荷锭 1–421f
薄荷属 1–421e，5–122d
薄荷油 1–421f
薄荷原油 1–421f
晡礼 8–48d
卜辞 7–47c
卜儿 9–99a
卜法 8–117a
卜吉山 6–329b
卜鲁罕 9–91c
卜千秋墓壁画 1–422a
《卜商帖》 6–18b
卟啉 1–422b
补偿贷款 1–422c
补偿贸易 1–422c
补偿器 1–383d
补偿性违约金 7–545e
补充生殖蚁 1–208d
补充雄 5–309c
补充养老保险基金 8–472d
补充医疗保险 9–299a

补法 1–422d
补肺 1–422f
补服 6–50d
补肝 1–422f
补呼气容积 2–533e
补集 4–75c
补柳翁 5–85a
《补罗迦室集》 9–235b
补母泻子法 8–50d
《补农书》 6–223c
补脾 1–423a
补气 1–423a
补气剂 1–424b
补身炉 1–539d
补身汤 1–539d
补肾 1–423b
补肾固涩 1–423c
补肾纳气 1–423c
补肾填精 1–423c
补特伽罗 8–609b
补体 1–62f
补贴 2–468d
《补贴与反补贴措施协议》 2–468d
《补贴与反补贴税法典》 5–328d
补十派 4–593a
补吸气容积 2–533e
补心 1–423d
补血 1–423d
补血草 1–423e
补血草属 1–198c
补血剂 1–424b
补牙 1–423f, 6–256e
补阳 1–424a
补阳剂 1–424b
补益剂 1–424b
补阴 1–424c
补阴剂 1–424b
补子 9–356c
捕虫堇 1–424d
捕捞 1–424d
捕鸟蛛 1–424e
捕鸟蛛科 2–352a
捕食 1–424f
捕食寄生 4–105d
捕食链 7–5d
捕蝇草 5–326c
捕蝇草属 5–326c
捕鱼 1–424e
捕鱼专属水域 9–509b
哺乳动物 1–424f, 6–542d
哺乳动物克隆 4–455a
哺乳动物时代 8–281c
哺乳动物腺病毒属 8–188c
哺乳纲 1–424f, 4–87b
不饱和化合物 9–46e
不饱和聚酯 1–425a
不饱和聚酯树脂 4–345c
不饱和溶液 1–239c
不饱和烃 7–386e
不饱和脂肪酸 9–293f
不保留灌肠 3–217e
不闭合流域 5–129d
不变论 4–269c
不变资本 1–425b, 5–125a, 9–523c
不成熟的防御机制 8–251d
不成文法 1–425c
不重复抽样 2–10e
《不打雷的上帝》 4–542a
不丹 1–425c
不丹王国 1–425f
不丹夏宫 7–387b
不当得利 1–426c
不道 6–586c
不道德行为 9–127f
不等价交换论 1–426d
不等式 1–426e
《不等式》 3–305c
《不抵抗》 1–234e
不定方程 1–427a
不定根 3–117c, 4–350b
不定过去时 4–102b
不定积分 4–38b, 7–537f
不定胚 8–18d
不定穴 1–53f
不动孢子 1–238e
不动产 8–70b, 9–518d
不动产测量 2–222c
不动产取得时效 6–256c
不动产物权 8–78c
不动点 7–460c
不动点定理 7–66e
《不动点类理论》 4–181c
不动点理论 7–461a
不动点问题 7–460b
不断光佛 2–393a
不对称动物 3–493e
不对称三相负载 6–403d
不对称碳原子 9–46f
不二论 2–532c
不二论书院 1–347d
不发达国家 1–427c, 2–434b
不发酵茶 1–489e
《不伏老》 2–577b
不干涉内政原则 1–427c
不告不理 1–427d
不公开开标 9–224a
不公开审理 1–427d
不管部大臣 1–427e
不管部长 1–427e
不规则骨 3–186e
不规则星系 8–307d
不规则子宫出血 9–121c
《不合时宜的人》 5–287e
《不合时宜的思想》 3–62c
不黑不白业 8–494a
不活动海岭 8–23d
不记名背书 1–303a
《不见不散》 3–114e, 9–352d
不结盟国家 1–428a
不结盟国家和政府首脑会议 1–427e
不结盟国家会议 1–427e
不结盟运动 1–428a, 1–427f, 4–383a, 5–570a, 7–384c
不结球白菜 1–193a
《不尽山顶全图》 3–19c
不均等面积 4–49f
不可辨认无形资产 8–22b
不可拆联接 5–46d
不可兑换货币制度 4–18f
不可分物 8–70c
不可分原理 4–382a
不可更新资源 1–428b
不可抗力 1–428b
不可抗力条款 1–428c
不可逆过程 4–445b
不可逆过程热力学 1–428d
不可逆昏迷 9–304b
不可逆性昏迷 4–1d
不可数无穷 5–39a
《不可思议解脱经》 7–553d
不可诉补贴 2–468e
不可再生能源 8–507f
不可再生资源 1–428b, 3–294e
《不可战胜的人们》 4–450d
不可知论 1–428e, 3–449a
不肯去观音院 6–116e
不空 1–428f, 4–391b
不空金刚 4–391b
《不扩散核武器条约》 1–428f, 1–465a, 2–84e
不来梅 1–429b
不利行为 8–317b
不利选择 5–584a
不良资产 4–161e
《不列颠百科全书》 1–429c, 8–74a
《不列颠百科全书（国际中文版）》 9–348d
《不列颠北美法案》 1–429d
不列颠博物馆 1–429e
不列颠哥伦比亚大学 4–116c, 7–580f
不列颠哥伦比亚理工学院 7–580f
不列颠哥伦比亚省 1–429f
不列颠哥伦比亚体育馆 7–580f
《不列颠海星类生活史》 2–608a
《不列颠和不列颠海》 5–295e
《不列颠简明百科全书》 1–429d
不列颠考古学校 6–74f
不列颠尼亚 3–615c
不列颠群岛 1–430c
不列颠人 4–393d
《不列颠人的历史》 8–409b
《不列颠软体动物生活史》 2–608a

不列颠图书馆 1–430c, 1–429e
不列颠语 4–393e
不列颠语支 4–393e, 8–612b
《不列颠诸王纪》 8–409b
不落夫家 1–430d
《不毛之地》 6–433c
不明飞行物 1–430e
不睦 6–586d
《不能走那条路》(电影) 7–574e
《不能走那条路》(小说) 5–5a
不平等条约 8–388b
《不平等条约十讲》 9–468a
《不平凡的夏天》 2–537f
《不平衡的平衡》 5–309d
不平衡铀法 9–43a
不起诉 1–430e
《不屈的人们》 8–501a
不确定度关系 1–430f
不确定性 3–338c
不确定性模型 7–72f
《不忍》 4–406c
不溶性酶 3–191e
不赛因 8–524c
《不散的筵席》 3–333f
《不射之射》 9–387b
《不是精神失常，就是品德圣洁》 1–70c
《不是没有笑的》 8–336b
不适当行为 9–127f
《不守法的阿松的一生》 6–383b
《不受欢迎的人》 1–82b
《不死城》 2–61c
《不死的卡谢》 5–8d
不随意神经系统 9–551c
不随意想象 8–203d
《不同来源的电的同一性》 2–447d
不透明覆色法 9–37f
《不脱袜的女人》 9–203d
不完备性定理 1–431b
不完美主义 1–246b
不完全变态 1–343e
不完全骨折 3–189a
不完全花 3–525b
《不完全竞争经济学》 5–146c, 5–199f
不完全竞争市场 1–431b
不完全抗体 4–413a
不完全收养 4–104b
不完全协和音程 8–574b
不完全性定理 1–431b
不完全叶 8–494b
不完全真菌 5–341f
不完全致癌物 9–319a
不完全专卖 9–508d
《不完整的太阳》 5–246c
不稳定核素 2–504b
《不稳定经济下的农业》 7–52d
不稳定型心绞痛 8–250b
不系舟 2–502c
不相接双星系统 5–405b
《不祥的友情》 5–243e
《不祥之蛋》 1–434f
不孝 6–586d
不肖生 6–89c
《不肖子孙》 1–86b
不协和音程 8–574b
不协调褶皱 9–242e
不信任提案权 1–431d
《不幸的母亲》 6–372b
不锈钢 1–431e, 3–116f
不锈耐酸钢 1–431e
不须受领行为 8–320f
《不许犯我》 4–583e
不要式行为 8–321a
《不夜城》 4–421a
不夜县 6–330a
不一不异论 2–532c
不义 6–586d
《不予赦免》 2–170e
不育 1–431f
不孕 1–431f
不孕症 8–325e
不赞 1–496d
《不真空论》 9–237f
《不真实的事实》 8–488e
不争 6–353f
不正当竞争 1–432b
不准 4–68c
《不准动用这笔钱》 3–458a
不自觉角色 6–489b
不自主婚 1–235d
不自主运动 1–432b
布阿吉尔贝尔,P.Le P. 1–432c, 4–293e
布埃,A. 2–460b
布埃纳文图拉,E. 1–432d
布比人 1–597b
布币 1–432e
布勃卡,S. 1–432e
布策 9–329f
布查特花园 7–549c
布达 1–433d
布达城堡 1–432f
布达拉宫 1–433b, 8–115a
《布达拉宫志》 2–254c
布达佩斯 1–433d, 2–388d
布代尔,A. 1–433f
布代尔博物馆 1–434b
布袋过滤 3–302b
布袋和尚 5–390e, 6–119a
布袋和尚（大肚弥勒）群像 2–507f
布袋戏 1–434b
布袋盐场 4–132e
布丹,E. 5–470f
《布道后的幻象》 3–65d
布道僧团 7–452a
布道兄弟会 2–387f
布德－希阿里二氏综合征 3–41b, 6–178a
《布登勃洛克一家》 1–434b, 7–455b
布丁蛋糕 2–150f
布顿,L. 7–101e
布恩,C. 6–485d
布尔,G. 1–434e, 2–128e, 7–64c, 9–570c
布尔巴基学派 1–434c, 7–544e
布尔比埃风 8–371c
布尔比内渔港 4–433e
布尔代数 1–434e
布尔甘油田 4–437d
布尔格普拉茨峰 5–153b
布尔吉斯页岩动物群 1–593f
布尔加科夫,M.A. 1–434e, 2–104a
布尔津河 2–406e, 9–44d
布尔柳托别 1–153c
布尔内斯堡 6–67b
布尔诺 1–434f
布尔热,P. 1–435a
布尔热拉,C. 1–435b
布尔人 1–18a, 1–317f, 1–435b, 2–305d, 8–615b
布尔人大迁徙 1–435b
布尔萨 1–435d
布尔萨城堡 1–435d
布尔什维克 1–435d, 1–435d
布尔什维克维堡区委员会 2–393e
《布尔什维主义的胜利》 4–591b
《布尔什维主义的政治理论》 4–393c
布尔特曼,R. 1–435e
布尔夏德一世 4–23a
布尔语 1–18c
布尔扎霍姆文化 8–283a
布尔战争 8–615b
布法罗 1–435f
布丰,G.-L.L.de 1–436a, 7–269b
布干达王国 1–436b, 3–31e, 7–615a
布干维尔,L.-A.de 1–436c, 6–365c
布干维尔岛 1–436c
布干维尔岛战役 3–307f
布格定律 3–220d
布格河 7–556e
布格河－德涅斯特河文化 8–283d
《布格·雅加尔》 9–70f
布谷鸟 1–436c, 2–358e
布哈河 5–589a, 6–205e
布哈拉 7–239c
布哈拉埃米尔国 1–436e
布哈拉汗国 1–436e, 7–439a, 8–11a
布哈拉苏维埃人民共和国 1–436f
布哈里 1–436f
《布哈里圣训实录》 1–436f, 6–569c
布哈林,N.I. 1–436f, 7–122f
布赫 1–437b
《布赫诗集》 1–437c
布赫斯克半岛 5–6b
《布赫文集》 1–437c

布痕瓦尔德 2-153a
布基纳法索 1-437c
布基耶尔，A. 5-585b
布吉人 1-438a
布吉斯人 1-438a
布加拉岛 7-549e
布加勒斯特 1-438b
布加勒斯特世界人口大会 5-45c
《布加勒斯特条约》 1-153a, 2-404c
布卡得结节 3-188d
布坎南，J.M. 1-438c
布克，H.G. 1-531e
布克莫尔语 6-8a
《布拉班特故事集》 2-179d
布拉柴维尔 1-438e, 3-50d
布拉茨克水库 7-88a
布拉得雷，J. 1-438f
布拉德福，S.C. 1-439a, 1-439b
布拉德福定律 1-439b
布拉德福分布定律 1-439b
布拉德福分布曲线 1-439b
布拉德雷，F.H. 5-19d
布拉德雷，J. 3-227b
布拉迪斯拉发 1-439c, 2-388d, 7-129e
布拉迪斯拉发城堡 1-439d
布拉迪斯拉发古城堡 7-129f
布拉菲，A. 3-194f
布拉风 3-453e
布拉干萨王朝 1-439d, 6-102f
布拉戈维申斯克 3-330e
布拉格 1-439e
《布拉格》 5-478d
布拉格，W.H. 1-440c, 8-71b
布拉格，W.L. 1-440c, 4-302b, 4-382e
布拉格查理大学 4-226b
布拉格城堡 1-440a
《布拉格的浪荡子》 2-209f
布拉格父子 1-440b
布拉格公国 4-226c
布拉格公式 1-440d, 4-302c
《布拉格和约》 6-106f
布拉格音乐学校 7-131d
布拉灰人 1-440d
布拉灰语 1-440e, 1-440d
布拉会语 1-440e
布拉加，T. 6-104a
布拉克，G. 1-440e, 2-180d, 6-84e
布拉里-福蒂悖论 1-304a
布拉马普特拉河 1-441a, 8-592d
布拉曼特，D. 4-210a, 6-556f, 7-600d
布拉奇斯顿线 4-266e
布拉施克，W.J.E. 1-568b, 4-79f
布拉斯敦峰 9-579d
布拉斯科·伊巴涅斯，V. 1-441a
《布拉斯·库巴斯的死后回忆》 5-240c
布拉索斯河 2-168c
布拉坦，W.H. 1-441b, 1-151c
布拉瓦约 1-441c, 4-264f
布拉维，A. 1-441c
布拉维定向 1-441d
布拉维晶格 1-441d
布拉维-米勒指数 1-441d
布拉兹特里特，A. 5-354a
布莱达 1-56c
布莱德湖 7-130f
布莱恩特，W.C. 5-354b
布莱尔，E. 6-188c
布莱尔，L. 5-311f
布莱尔，T. 1-441d
布莱尔盲字 5-311f
《布莱尔字符表》 5-312a
布莱克，C. 5-341f
布莱克，H.S. 9-536a
布莱克，J. 4-31d, 8-74f
布莱克，W. 1-441e
布莱克河 7-533a
布莱克特，P.M.S. 1-441f, 3-433f
布莱里奥，L. 1-441f
“布莱里奥”11号单翼机 1-442a
布莱迈，R. 2-257b
布莱斯特·加纳，A. 1-442a
布莱希特，B. 1-442b, 1-80d, 3-605a, 8-142f
布莱希特演剧理论 1-442d
布莱兹 5-374a
布赖恩，W.J. 1-442e
布赖特，R. 1-442e
布赖特，T. 7-203a
布赖特曼，E.S. 6-285f
布赖特氏病 1-442f, 6-523f
布兰代斯，G. 1-442f
布兰代斯大学 5-274f
布兰德，A. 9-52e
布兰德，H. 5-93c
布兰德山 5-509d
布兰德斯，H.W. 2-99a
布兰法 1-311b
布兰卡，G. 6-152b
布兰太尔 1-443a
布兰特，G. 3-189d
布兰特，J. 3-91b
布朗，C.B. 4-392b
布朗，E.W. 1-443b
布朗，H.C. 1-443c, 7-548d
布朗，R. 1-444c
布朗，W. 4-13a
布朗基，L.-A. 1-443d, 1-396d
布朗基派 2-440f
布朗角 6-2c
布朗库，H.de A. 1-185b
布朗库西，C. 1-443e
布朗宁，R. 1-443f
布朗热，G. 1-444a
布朗热事件 1-444a
布朗语 1-444b, 1-444c
布朗运动 1-444b, 1-89a, 6-145d, 9-223b
布朗族 1-444c, 7-29c
布劳，P.M. 1-444d, 6-488c
布劳顿，J. 6-267a
布劳恩，E. 8-126f
布劳恩，K. 1-444e
布劳恩，W.von 1-444f
布劳恩管 1-444f
布劳威尔，L.E.J. 1-445a
《布勒丁尼和约》 1-214a
布勒伊，H. 4-525c
布勒伊拉 2-388d
布雷，W.C. 3-553b
布雷岑卡，W. 4-212e
《布雷达条约》 1-107f, 9-9c
布雷德福，W. 3-44a
布雷东，A. 1-327c, 2-61b
布雷顿森林会议 3-265e, 7-18b
布雷顿森林货币体系 4-18e
布雷尔拜塔尔 1-153c
布雷方言 2-169a
布雷拉画廊 1-445c
《布雷拉祭坛画》 1-445c
布冷风 8-371c
《布礼》 2-473e, 7-504d
布里顿，B. 1-445c
布里格斯，D.J. 9-22a
布里奇波特 4-403b
布里奇敦 1-445d
布里奇曼，P.W. 1-445e, 3-79d
布里奇曼容器 1-445e
布里斯班 1-445f
布里斯班河 1-445f
布里斯托尔湾 1-37e, 1-202b, 6-380a
《布里塔尼居斯》 4-528d
布里亚特蒙古人 1-446a
布里亚特人 1-446a
布里亚特舞 5-380e
布里亚特语 1-446a, 5-380a
布里渊，L.-N. 3-195a, 4-255d
《布利达》 8-297c
布利克森-芬纳克，K. 1-446b
《布利特沃的宴会》 4-446b
《布连斯奇条约》 1-446b, 2-410e, 6-231c
《布列达的投降》 7-562e
布列萨尼，T. 6-83a
《布列斯特-立陶夫斯克和约》 1-446c, 2-265a, 5-73a
布列塔尼俱乐部 8-395b
布列塔尼人 1-446e, 2-438a
布列塔尼石柱 2-441d
布列塔尼语 1-446e
布列塔尼语支 8-612b
布列札风 8-371c

布列兹,P. 1–446f
布柳赫尔,V.K. 3–594a, 9–115b
布龙 5–143f, 8–65b
布龙,V. 3–88d, 4–232a
布龙菲尔德,L. 1–447a
布龙菲尔德派 3–310e
布龙克,W. 9–113f
布龙纳,E. 8–294a
布龙尼亚尔,A. 2–250d, 4–331d, 9–490d
布隆迪 1–447b
布隆迪共和国 1–447e
布隆迪民主阵线 1–447e
布隆方丹 1–448c
布隆吉河 7–55c
布卢瓦,L. 5–265e
布卢希亚人 5–156e
布鲁奥克塞拉 1–449d
布鲁赫,M. 4–570b
布鲁金斯学院 7–531e
布鲁克,P. 1–448c
布鲁克黑文国家实验室 4–512d
布鲁克林桥 1–448d
布鲁克纳,A. 1–448e
布鲁克纳,F. 1–448f
布鲁克斯,B.C. 6–235a
布鲁克斯,C. 7–610e
布鲁克斯,C.E.P. 6–142e
布鲁克斯,N.C. 9–439f
布鲁克斯,V.W. 1–449a
布鲁克斯岭 1–38b
《布鲁库留斯夫妇像》 8–233c
布鲁门巴赫,J.F. 6–305a, 7–345d
布鲁姆,L. 2–444a, 2–450a
布鲁纳,J.S. 4–212a, 6–495e
布鲁内莱斯基,F. 2–587b, 2–587d, 4–166c, 7–599e, 7–600b
布鲁尼,L. 7–599e
布鲁诺,G. 1–449b
布鲁塞尔 1–449c
布鲁塞尔第一公民 1–449e
《布鲁塞尔纲领》 7–468f
布鲁塞尔共产主义通讯委员会 5–255b
《布鲁塞尔条约》 1–449f, 7–120f
布鲁塞尔条约组织 1–449f, 3–430e
布鲁沙斯克语 1–450a
布鲁斯 1–450a
布鲁斯,P. 2–440e
布鲁斯半岛 8–335a
布鲁斯氏菌 1–450b
布鲁斯氏菌病 1–450b
《布鲁斯组曲》 1–78c
《布鲁特》 8–409b
《布鲁特斯》 2–107b
布鲁图 1–94e, 4–395c
布鲁韦尔,A. 2–585e
布吕根 1–254e
布吕克,E.W.von 2–595f
布吕克纳,E. 1–364a
布吕默尔,F. 8–223e
布吕歇尔,G.L.von 4–450c, 4–532a
布律内尔,M.I. 1–450c
布律内尔盾构 1–450c
布仑斯惕,J.N. 7–207a
布伦,K.E. 4–218a
布伦伯格,R. 5–467f
布伦教堂战役 3–176e
布伦纳山口 1–9f
布伦塔诺,C. 1–450c, 2–416f
布伦塔诺,F. 3–507e, 4–148c, 8–184b
布伦塔诺,L. 1–450d, 2–176c
布伦特,R.P. 7–477e
布伦退尔,F. 8–142b
布伦托海 9–517f
布罗茨基,J. 1–450d
布罗代尔,F. 1–450e, 5–585b
布罗德,I.O. 9–39d
《布罗迪埃的报告》 1–413f
布罗赫,H. 1–450f
布罗卡,P.P. 5–549b, 7–345d
布罗卡区 5–549b
布罗卡失语症 5–549b
布罗克豪斯,F.A. 1–451a
《布罗克豪斯百科全书》 1–451a
布罗肯希尔 8–280c
布罗塞,C.de 1–219c
布罗托讷桥 6–186a
布罗耶德拉姆,M. 7–600e
布罗伊尔,J. 2–596a
布罗伊宁,F.von 1–288f
布洛,E. 9–482e
布洛赫,F. 2–50a, 3–195a, 3–432f, 4–255d, 7–379e
布洛克,M. 5–585a
“布洛克”号太阳同步轨道军事气象卫星 6–148b
布迈丁 1–451a
布纳赛尔山 1–56c
布尼亚病毒科 3–379f
布尼亚病毒科病毒 1–369d
布匿 1–451b
《布匿战纪》 3–173c, 3–173e, 5–515d
布匿战争 1–451b, 3–163e, 5–211b
布宁,I.A. 1–451c
布努艾尔,L. 1–451d
布努语 1–451e, 8–483b
布诺－瓦里拉,P. 5–347e
布票 1–451e
布琼布拉 1–451f
布泉 7–503f
布冉利,E.E. 1–373a
布饶尔,R.D. 1–452a
《布饶尔论文集》 1–452b
布萨日 2–583e
布山县 3–245c
布设式弹药 2–149b
布施 1–452b, 5–136f
布施,W. 1–452c
布施曼,F. 7–37b
布什,G. 1–452c, 8–306e
布什,G.W. 1–452e, 1–22a, 8–306e, 8–519f
布什罗德岛 5–371b
布氏定律 1–439b
布氏杆菌 1–450b
布氏姜片虫 4–186f
布氏硬度 9–22d
布思,C. 1–452f
布思,J.W. 5–83d
布斯,W. 4–328e
布斯拉古城 8–357d
布松果人 4–484a
布素鲁克汗 1–24e
布陶,M. 8–291b
布特哈旗 9–172b
布特列洛夫,A.M. 1–453a
布特罗斯·布特罗斯－加利 4–111e
布托,B. 1–453b
布托,Z.A. 1–453c
布瓦博德朗,P.-É.L.de 4–133b, 8–130d
《布瓦尔和白居谢》 2–613d
布瓦凯 1–453e
布瓦洛,N. 1–453e, 6–573d
布瓦索,J. 2–445c
布瓦耶,A. 4–520d
布瓦耶,J. 1–187c
布韦希王朝 1–453e, 6–481a
布文 2–574a
布武马岛 7–549e
布西县 5–470d
布西亚湾 1–154c
布线问题 7–460a
布歇,F. 1–453f, 2–107a, 2–442e, 2–590d, 8–124f
布雄 4–140c
布须曼人 1–454b, 2–523f, 4–369e
布须曼岩画 1–454c
布雅科夫斯基不等式 6–14b
布央语 1–454e, 3–87a
布耶王朝 1–453f
布依语 1–454e, 1–454f
布依族 1–454e, 6–406c
布宜诺斯艾利斯 1–455a, 1–24a, 4–523c, 5–243c
布宜诺斯艾利斯大学 1–24c, 1–455b
布宜诺斯艾利斯港 1–455b
布政使 5–58d, 6–401b
布政使司 5–58d
布政司 6–401b
布指 5–302b
布置构图 5–137a
布置图 4–33e

布佐,A.　1-455c
步兵　5-168b
步兵潜望镜　6-174c
步兵战车　1-455c
《步步高》　6-65e
步达生　1-455e, 7-574a
步打球　6-247f
步带系统　4-74b
步击　6-247f
步甲　1-455f
步甲科　1-455f
步甲总科　6-189b
步进电动机　7-539c
《步辇图》　1-456a, 8-436c
步枪　1-456a
步曲　1-595f
步日耶,H.　1-456c
步行　4-126d
步行街　1-456d
《步行男子》　4-140d
步行区　1-456d
步摇　7-42e
《步月》　3-251b
步韵　1-528f
钚　1-456e, 1-60e, 1-536d, 2-503e, 2-505d, 8-89b
钚-239　6-372c, 9-42c
部刺史　1-456f, 3-369a
部刺史制　1-457a
《部队文艺工作座谈会纪要》　4-177b
部队演习　4-356f
部分分离脑　3-95a
部分递归函数　2-253e
部分轨道轰炸武器　4-467b
《部分禁止核试验条约》　1-457b, 1-465a
部分偏振光　3-220b
部分刑事责任能力　8-312a
部分性尿崩症　5-589c
部分性葡萄胎　6-102b
部分性前置胎盘　6-163e
部分异体字　8-560b
部件　1-457c
部雷,E.L.　3-166f
部落　1-457c
部门档案馆　2-154c
部门化学地理　3-546c
部门环境规划　3-568a
部门经济地理学　4-285d
部门联系平衡表　7-413a
部门自然区划　9-541f
部民制　2-85e
部派佛教　1-457d, 8-596c, 9-105f
部曲　1-457e, 8-70a
部曲制　1-578b
部长级特别会议　8-410f
部族　5-432c
埠头　8-389f
簿阀　4-321d
簿记　1-457f
簿世　4-321d

C

擦尔瓦　8-547e
擦烂红斑　5-587f
《擦鞋童》　1-498c, 2-185c
《猜猜谁来吃晚餐》　3-91b, 4-395e, 6-251f
《猜度术》　1-402a, 9-570b
猜枚　4-324f
才旦卓玛　1-458a
《才调集》　1-458b
才让端智　9-157b
才仁旺阶　1-458b
才谈　1-458d, 5-309e
《才性与玄理》　5-486b
才性之学　1-458d
"才子佳人"小说　8-428b
材料　1-458d
材料反应　6-546f
材料工程　1-459b
《材料工作通讯》　6-55d
材料科学技术　1-458f
材料科学与工程　1-459a
材料科学与技术　1-459a
材料力学　1-460a
材料力学性能　1-460c
《财宝》　1-64a
财产保全　1-460e
财产保全措施　1-460f
财产保险　1-461a, 1-247b
财产课税　1-461a
财产清查　1-461b
财产权　1-461b, 9-505c
财产权制度　9-426f
财产申报制度　1-461c
财产损失险　1-461a
财产所有权　1-503c
财产增值税　1-461a
财产转移税　1-461a
财阀　1-461d
财富　1-461e
《财富的分配》(J.R.康蒙斯)　4-403b
《财富的分配》(J.B.克拉克)　4-447a
《财富的哲学》　4-447a
财富外流论　5-553a
《财贸战线报》　4-290a
财神　1-462a
财神庙　5-420c
财团　1-462b
财务　4-495e
财务保民官　1-245f
财务报表　4-494e
财务费用　6-123f
财务公司　1-462c
财务监督　3-281d
财务会计　1-462c
财务会计准则委员会　4-496c
财务投资咨询　1-462c
《财运亨通》　4-475e
财政　1-462e
财政包干制　4-292a
财政补贴　1-462e
财政补贴政策　1-464c
财政赤字　1-462f
财政分配　1-463a
财政监督　3-281d
财政结余　1-463b
《财政经济紧急处分令》　4-262f
财政决算审计　1-463c
财政决算收入审计　1-463d
财政决算收支平衡审计　1-463d
财政审计　1-463b
财政投资政策　1-464c
财政透支　1-463e
财政信用　1-464a
财政学　1-463e
财政预算　1-464a, 9-81f
财政预算审计　1-463c
财政预算收入执行情况审计　1-463c
财政预算支出执行情况审计　1-463c
财政政策　1-464c, 4-295e
财政周期平衡理论　1-463b
财政转移支付　1-464d
财政资金　9-525c
《财政总预算会计制度》　4-496b
《财主底儿女们》　5-173e
裁定　1-464d
裁定管辖　5-428f
裁定书　1-464e
《裁决》　5-605e
裁军　1-464e
裁军十年　1-464a
裁军谈判会议　1-465a
裁军谈判委员会　1-465a
裁军特别联大　1-464f
《裁军与国际法》　7-8d
《裁判部暂行组织及裁判条例》　6-53a
裁判离婚　4-576f
裁判员　1-465b
《裁判员技术等级制度》　1-465c
采（武术）　7-257b
采采蝇　9-517d
采茶　1-491c
采茶调　3-593a
采尔特,C.F.　5-366a
采光　1-465c
采光标准　1-465d
采光方式　1-465d
采光系数　1-465d
采掘工业　9-460d

采矿　1–465d
采矿工业　1–465e
采矿诱发地震　9–53d
采莲船　6–50e
采林格,A.　1–381d
采煤　1–466b
采青　6–577d
采诗　6–574d
采石大捷　9–66c
《采薇》 6–574f
《采薇图》 4–613b
采样　7–74e
采样数据系统　7–74f
采样系统　7–74f
采样周期　7–74e
《采用无线电方法探测飞机》 7–611b
采油工程　6–606d
采脂　7–162d
《采珠人》 1–316a
采准　2–240c
彩瓣扶桑　2–599e
彩带刺尾鱼　2–52c
彩旦　2–12c, 2–147e
彩灯博物馆　9–537f
彩雕　2–301b
彩绘木雕小座屏　4–175c
彩绘泥塑　1–466c
彩绘蟠龙纹陶盘　7–327a
彩绘唐卡　7–308b
《彩笺诗集》 5–16c
彩轿　4–208a
《彩楼记》 6–100a
彩钼铅矿　5–496d
彩票　1–466d
彩漆龙纹竹勺　9–497a
彩砌　2–190c
彩色玻板摄影术　4–606f
彩色补偿滤光镜　5–189f
《彩色的诗》 1–93b
彩色多普勒血流显像仪　1–535b
彩色负片　4–200c
彩色负像　3–4e
彩色高头　4–262a
彩色剪纸　4–157d
彩色棉　1–466d
彩色魔笔　1–323c
彩色墨水笔　1–323b
彩色摄影滤光镜　5–189e
彩色水笔　1–323b
彩色显像管　8–176c
彩色苋　8–176f
彩色眼镜法　5–22d
彩诗　1–95b
彩石　3–209c
彩塑　1–466c, 2–301b
彩陶　1–466e, 5–420d
彩头　2–190c
彩头班　2–190c
彩戏　2–190c
《彩云追月》 6–307e
《踩波曲》 1–563d
踩寸子　3–73f
踩大绳　9–563b
踩鼓舞　5–419b
踩花山　3–530e
踩街　3–527f
踩跷　6–181d
采邑　8–98e
菜蚌　3–420e
菜蝽　2–39c
菜豆　1–467b
菜豆根蚜　9–20c
菜豆属　1–467b, 2–479b, 5–184f
菜豆树属　9–535a
菜豆象　2–346a
菜蛾　1–467c
菜蛾科　1–467c
菜粉蝶　2–558f
菜根道人　3–71f
菜瓜　1–467d
菜花　1–467d, 3–35d
菜花原矛头蝮　2–351e
菜蓟　1–539e
菜蓟属　1–539e
菜椒　7–373d
菜篮子法　1–587c
菜篮子工程　1–467e
菜薹　1–193a
菜田　9–299c
菜系　1–141b
菜用苋　8–176f
菜油　8–411e
蔡　1–467e
蔡伯坚　1–469e
蔡伯喈　1–470e, 6–78e
《蔡伯喈》 1–543e, 4–579f, 7–48f
蔡昌年　1–467f
蔡畅　1–468a
蔡澄印　2–183f
蔡楚生　1–468b, 9–63e, 9–351c
蔡锷　1–468c
蔡方荫　1–468d
蔡公时　4–83d
蔡和森　5–122d
蔡河　1–480d
蔡鹤卿　1–471a
蔡侯墓　1–468e
蔡侯纸　3–373d
蔡继渭　2–88f
蔡孑民　1–471a
蔡金涛　1–468f
蔡京　1–469a, 3–531c, 7–170a, 8–360f
蔡觉之　4–141d
蔡镏生　1–469a
蔡伦　1–469b
蔡瑁　5–104d
蔡美彪　1–469c
蔡明亮　7–250d
蔡翘　1–469d
蔡确　9–91e
蔡荣桂　3–20d
蔡沈　6–470b
蔡氏区　1–469e
蔡寿生　1–470e
蔡水　1–480d
蔡司,C.　1–2e, 4–366f
蔡司依康　4–366f
蔡司依康公司　4–366f
蔡松年　1–469e
蔡松坡　1–468c
《蔡松坡集》 1–468d
蔡特金,C.　1–469f, 3–269b, 5–334b
蔡特金,O.　1–469f
蔡廷锴　1–470a, 2–610c, 8–508c
蔡文姬　1–470d, 7–590a
《蔡文姬》 3–251d, 4–202d, 8–67c
蔡西山　1–471a
蔡锡勇　7–203a
蔡襄　1–470b, 1–490c, 5–232e, 6–237a
蔡信　3–195e
蔡旭　1–470c
蔡琰　1–470d, 3–504c, 6–388b
蔡阳县　9–163e
蔡仪　1–470e
蔡邕　1–470e, 3–198a, 7–512f
蔡尤本　1–470f
蔡元长　1–469a
蔡元定　1–471a
蔡元放　2–330a
蔡元培　1–471a, 1–418a, 5–359f, 6–464c
蔡泽　2–482f
蔡昭侯　1–468e
蔡昭侯墓　9–18c
蔡昭姬　1–470d
《蔡中郎集》 1–470f
蔡州　9–84e
蔡祖泉　1–471d
参比电极　1–471e
参禅　6–141f
参军戏　1–471f, 7–170d, 8–139d, 8–141b, 8–48d, 9–147c
参卡尔,I.　1–471f
参考标准　1–486e
参考电极　1–471e
参考体　1–472a
参考椭球　2–78e
参考物质　1–354d
参考系　1–472a, 4–33a
《参考消息》 1–472b
参考坐标系　1–472b
参谋长联席会议　5–345f

参审制 6–53a
参数 7–407c
参数变送器 9–536d
参数辨识 8–146c
参数估计 1–472c, 7–407c
参数回归 3–608f
参数模型 7–73a
《参孙被弄瞎眼睛》 5–192c
《参孙与大利拉》 6–567f
《参同契》 9–475f
参心空间大地直角坐标系 2–78e
参心坐标系 2–78e
参验 1–472d, 3–359f, 6–382e
参议得失 6–400b
参议院 1–472e, 8–558f
参与制 1–472e
参赞 1–472f
参政 1–473a
参政权 1–472f
参知机务 6–400b
参知政事 1–473a, 9–438e
餐后低血糖症 2–206f
餐具清洗机 8–138a
残奥会 1–473d
残积砂矿床 2–564d
残疾 1–473b
残疾人奥林匹克运动会 1–473d
残疾人保障 1–473e
《残菊物语》 3–153f
《残酷的城市》 1–288b
《残酷的罗曼史》 5–56b, 5–395c
《残酷的谜》 1–435a
《残酷的游戏》 1–10d
“残酷戏剧”理论 1–17c
残留矿床 2–564d
残留应力 2–244c
残丘 6–241a
《残唐五代史演传》 5–204b
残胃癌 7–571c
残雪 8–170c
残余矿床 2–564d
残余铀黑 9–42d
残渣燃料油 6–271e
《残渣余孽们的政治》 1–6f
残障教育 7–334c
蚕 1–473f, 6–410c
《蚕的遗传和品种改良》 7–372d
《蚕的遗传讲话》 7–372d
蚕豆 1–473f
蚕豆粉 1–474a
蚕豆酱 4–194a
蚕豆辣酱 4–194a
蚕豆象 2–346a
蚕豆子粒 1–474a
蚕蛾 1–474a, 2–406a
蚕蛾科 1–474a
《蚕赋》 5–393a
蚕茧 1–474b, 9–581c
蚕羌 6–177a
蚕桑 7–146c
蚕神 4–571d
蚕食性角膜溃疡 4–205a
蚕市 7–303e
《蚕书》 1–474b
蚕丝 1–474c, 4–106a
蚕业 1–474d
蚕遗传学 7–372d
蚕蛹 1–474b
《蚕织图》 3–119f
蚕种催青 8–471e
《惨败》 4–393c
粲夸克 4–492e
粲模型 3–101a
仓城 4–163b
仓官 9–145c
仓海 6–240b
仓吉杰贝洛旦 1–458c
《仓颉篇》 5–375b
仓库 1–474e
仓库害虫 3–356a
《仓库里的黑猫》 8–550e
仓库之役 9–145f
仓洛语 5–365b
仓鼠 1–474f
仓硕 8–25d
仓鸮 1–483a
仓雅之学 8–398d
《仓央嘉措情歌》 1–475a
苍白密螺旋体 6–511f, 8–492f
苍璧 1–336b
苍池 7–569d
苍灯 3–526c
苍龙岭 3–555c
苍鹭 5–176b
《苍穹神剑》 3–172b
苍山 1–475b, 2–272a
《苍生》 3–407a
苍梧山 9–138b
苍梧县 8–43b
苍鹰 1–475b, 9–14c
苍术 4–333c
沧海钓徒 5–274c
沧浪逋客 8–427d
《沧浪诗话》 1–475c
《沧浪诗话笺注》 1–475d
《沧浪诗话校释》 1–475d
《沧浪诗话·诗体》 9–98e
《沧浪诗话注》 1–475d
《沧浪严先生吟卷》 8–427e
《沧县志》 7–41c
沧源岩画 5–89a, 8–429b
沧州 7–351d
《沧州集》 7–219f
《沧州趣图》 6–521b
沧州市 1–475d
沧州铁狮子 1–475e
舱内航天服 3–399e
舱外航天服 3–399e
《藏春集》 5–105a
藏春散人 5–104f
藏经洞 3–381c
藏识 8–597a
《藏书》 5–4f, 7–299b
藏书楼 1–475e
《藏园九种曲》 4–190e
《藏舟》 5–219c
《操行零分》 6–576c
操作过电压 3–60f
操作系统 1–475f, 4–92f
操作智商 7–543f
操作主义 1–476b
糙面内质网 5–561e
糙皮病 8–420e
糙皮侧耳 2–148c
糙叶树属 9–65b
曹 1–476b
曹霸 1–476b
曹白 5–15a
曹宝禄 5–332b
曹本熹 1–476c
曹彬 1–476d, 6–41c
曹不兴 6–586a
曹操 1–476d, 1–476b, 2–348b, 3–250e, 3–380d, 3–521f, 3–588e, 4–162b, 4–321c, 5–165c, 6–387c, 6–387d, 6–470c, 7–451b, 7–576f, 7–590a, 8–234a, 8–382a, 8–503c, 9–103d, 9–193d, 9–438d, 9–476c, 9–493f
曹操地下运兵道 1–411a
《曹操与杨修》 1–476e
曹成甫 9–198d
曹德奎 7–60b
曹荻秋 8–513c
曹洞宗 1–500b, 6–316b
曹娥江风景区 6–469a
曹刚川 1–476e
曹国华 1–476d
曹国舅 1–146b
曹黑娃 1–477d
曹奂 7–115e
曹吉祥 2–392c
《曹集考异》 1–479f
《曹集铨评》 1–479f
曹建明 1–477a
曹江 4–171e
曹京平 2–366b
曹靖华 1–477b
曹聚仁 1–477c
曹俊臣 1–477d
曹锟 1–477d, 1–275d, 2–426e, 9–298a
曹联亚 1–477b

曹髦 7-115e
曹眉仙 8-349b
曹门厅 6-172d
曹孟德 7-576e
曹梦阮 1-478d
曹鹏 6-464c
曹丕 1-477e, 3-380e, 6-387e, 7-576d, 8-351e, 9-438d
曹坪 2-366b
曹芹圃 1-478d
曹芹溪 1-478d
《曹全碑》 6-597b
曹仁 3-208b
曹日昌 1-477e
曹溶 4-193f
曹汝霖 1-477f, 4-197a, 8-50e
曹润田 1-477f
曹参 1-478a
曹圣洁 9-374e
曹爽 1-478b
曹嵩 7-576e
曹素功 5-479d
曹腾 7-576e
曹天钦 1-478b
曹廷杰 9-26f
曹挺岫 1-477c
曹文轩 1-478c
《曹文轩文集》 1-478d
曹溪宗 1-259a
曹玺 1-478e
曹喜 7-512f
曹旭 6-575f
曹雪芹 1-478d, 3-471a, 5-305f
《曹雪芹》 2-366b
曹薰铉 1-478f
曹衣出水 1-480a
曹寅 1-478e
曹禺 1-479a, 4-571a
曹禺戏剧文学奖 1-479d
曹增祥 3-593a
曹霑 1-478d
曹昭 3-99d
曹昭伯 1-478a
曹植 1-479d, 2-317c
《曹植集校注》 1-479f
曹植墓 2-317c, 5-69a
曹志 1-479f
曹仲达 1-480a
曹仲珊 1-477d
曹州 3-440d
曹州府 3-440d
曹子桓 7-576d
曹子建 1-479d
《曹子建集》 1-479f
漕船 2-461e
漕国 4-107c
漕河泾新兴技术开发区 8-344e
漕粮 1-480b
漕渠（汉） 3-380d
漕渠（金） 9-25d
漕渠（运河古称） 9-142a
漕司 9-511d
漕运 1-480b
漕运四河 1-481a
漕运四渠 1-480c
槽式鱼道 9-59d
草案创制 2-33d
草白蚁 1-208b
草本沼泽 9-227e
草本植物 1-481a
草本状竹 9-496c
草场 1-483f
草场退化 3-572a
草场资源 6-548a
《草船借箭》 7-285a
《草窗词》 9-470d
草地 1-483f
《草地上的圣母》 4-516a
《草地上的午餐》 1-481b, 2-442f, 5-270d
草地网球冠军赛 7-523e
草甸 1-481c
草甸土 1-481d
草甸植被 9-301a
草甸子 1-483f
《草房子》 1-478d, 2-418c
草根子 1-483e
草根组织 2-517c
草菇 2-148c, 6-408a
草龟 3-527c, 7-615e
草桂花 9-533c
草果 4-186a
草海 1-481e
草红花 3-470e
草狐 1-598d
草节铅 2-489f
草金 4-261f
《草笠舞》 1-551b, 1-563d
草蛉 5-300e
草龙 5-144a, 8-65b
草楼观 5-147e
草履虫 1-481f, 8-215c
草绿色军服 4-352b
《草莽集》 9-489a
《草莽英雄》 8-451c
草莓 1-481f
草棉 5-410e
草木犀 1-482a
《草坪上的影子》 1-446b
《草桥关》 4-253f
草曲 5-546a
草裙 1-482b
草裙舞 1-482c
草山（地理学） 1-483f
草山（台湾基隆） 4-48f
草珊瑚 1-482d
草珊瑚属 1-482d
草市 7-303e, 8-341b
草书 1-482e, 3-386d, 7-47f, 9-380e
《草书势》 1-482e
《草书写法》 2-197e
草酸 1-482f, 2-547a
草酸钙 1-482f
草酸钙结石 4-224d
草酸钙石 4-501e
草炭 5-580e
草堂派 5-521a
草体 7-199d
草田杜太郎 4-332f
草土坝 1-191a
草窝棚 3-449b
草酰氯 8-174a
草鸮 1-483a
草鸮科 1-483a
草鸮属 1-483a
草芽 6-104b
草药 9-447d
《草叶集》 1-483b, 3-616b, 5-354b
草婴 1-483d
草鱼 1-483e
草鱼属 1-483e
草原 1-483f, 1-484c
《草原》 1-234d
草原边疆公署 2-412c
草原道 7-117b
草原雕 2-300e
草原动物 1-484d
《草原儿女》(舞蹈) 5-381a
《草原儿女》(戏曲) 8-476a
草原古马 5-254a
《草原和群山的故事》 1-80f
草原红牛 5-378e
草原化草甸 1-481c
草原利用 1-484c
草原生态 1-484c
草原图瓦人 7-427c
《草原小姐妹》(戏剧) 2-417d
《草原小姐妹》(音乐) 8-42b
《草原勇士》 1-134f
草原植被 9-301a
草原住宅 4-167e
《草诏》 2-335a
草质藤本 7-337b
《草字杂体》 6-56a
册封 1-484e
册府 1-484e
《册府元龟》 1-484e
《〈册府元龟〉题跋》 1-484f
册命 9-494b
侧柏 1-485a
侧柏属 1-485a

侧槽溢洪道 8-569a
侧单眼 3-12c
侧根 3-117c
《侧帽集》 5-508f
侧面采光 1-465d
侧片布景体系 8-66c
侧扫声呐 1-485b
侧纹岩松鼠 7-160f
侧线感觉器官 1-485c
侧线器官 1-485c
侧线系统 1-485c
侧向叠合型复合油气田 9-39f
测不准关系 1-485c, 1-430f
测地卫星 1-485d
《测定财富集中的方法》 5-229b
《测定循环血容量的一氧化碳法》 9-212c
测度论 1-377f, 4-425e
测风气球 6-147e
测谎器 1-485d
测谎仪 1-485d
测绘学 1-485f
测交 9-147d
测井工程 6-606d
测量 4-87f, 4-88d
测量标准 1-486c
测量船 1-486f
测量单位 4-88e
测量单位制 4-88f
《测量地球》 3-326f
测量基准 1 486c
测量平差 1-486f
测量平差法 2-77c
《测量平差法》 1-570f
测量钳 2-285d
测量误差 8-80a
测量学 1-487b, 1-485f
测量仪器 4-88b
测绳 4-339c
测试法 1-485e
测速发电机 7-539c
测压水位 1-582b
《测圆海镜》 4-239b, 5-2a
测云气球 6-147e
恻隐之心 7-149b
策 2-11c
策伯格米德,D. 1-487b
策动心理学 5-294c
策兰,P. 1-487b
策棱 1-487c, 4-361e
策楞 3-24c, 9-503f
《策林》 1-200c
策凌 1-487c
策凌旺扎勒 1-458c
《策论·总叙》 7-194b
策梅洛,E.F.F. 3-133e, 4-75f, 8-356c, 8-367d
策梅洛-弗伦克尔公理系统 3-133e
策普里茨,K. 7-555a
策妄阿拉布坦 1-487d, 5-584c, 6-220b
《策杖寻幽图》 8-244b
岑港大桥 9-464c
岑嘉州 1-487e
《岑嘉州诗集》 1-487f
岑铭恕 1-487f
岑汝懋 1-487f
岑参 1-487e
《岑参集校注》 1-487f
岑文本 9-471f
岑溪市 1-487f
岑溪县 1-487f
岑勋 2-380d
岑毓英 9-135f
岑仲勉 1-487f
层次分析法 2-388a
层积处理 9-457e
层积云 9-133a
层间砾岩 5-35a
层间水 9-40f
层孔虫 7-539d
层理 1-488a
层流 1-488c, 3-352b, 4-569f
层流边界层 1-337e
层流运动 2-242d
层燧石 7-217c
层位学 4-415f
层析法 6-416f
层序地层学 2-219d
《层岩叠壑图》 6-603e
层云 9-133a
层状云 9-132f
层子模型 4-492e
曾冻结已融土 2-342e
叉 1-488c
叉车 1-488d
叉棘海盘车亚科 3-337c
叉角羚 1-488e, 6-27e
叉角羚科 6-27e
叉力失 8-421d
叉尾斗鱼 6-276b
叉柱花属 4-350d
差别感觉阈限 3-44f
差别化纤维 2-502b
差翅亚目 6-234b
差动平尾 2-507c
差额税 3-206b
差价税 3-206b
差拍检波器 4-5c
差热分析 6-277f
差序格局 1-488f
插花 1-489b, 3-526a
插花艺术 1-489b
插木 6-158b
《插曲》 8-616e
插头锥套式加油设备 4-471c
插烯原理 7-398d
插值 1-489c
插值函数 1-489d
插值结点 1-489d
插值问题 1-489d
茶 1-489d, 6-433e
茶氨酸 1-490a
茶白蛾 2-351b
茶苯海明 9-307c
茶饼 9-37b
茶翅蝽 2-39c
茶道 1-490b
茶多酚 1-490a
茶多糖 1-490a
茶秆竹 9-496d
《茶馆》 1-490c, 4-202d, 4-559e
茶果 9-37b
《茶行》 8-460f
茶花 1-490d
茶花鸡 9-105b
《茶花女》 1-491b, 7-527e, 8-231d, 9-205c
《茶花女》(电影) 3-198c
茶黄毒蛾 2-351b
茶碱 1-491b, 1-490a, 6-87b
茶碱类药 6-87b
《茶经》 1-491c, 1-490c
茶晶 6-604e, 7-87c
茶菊 4-333b
茶卡盐池 1-491d
茶卡盐湖 1-491d
茶壳 9-37b
茶课 1-491e
茶陵三宝 1-492a
茶陵诗派 1-491f
茶陵县 1-492a, 8-432c
《茶录》 1-470c, 1-490c
茶马 1-492a
茶马古道 5-514b, 6-393c
茶马互市 1-493a
茶马司 1-493a
茶梅 1-490f
茶木蛾 5-489b
茶榷 1-491e
《茶山集》 9-168e
茶山居士 9-168e
茶属 4-241f, 9-37b
茶树 1-492c
茶税 1-492f
茶条木属 8-15f
茶条槭 6-154e
茶叶 1-492c, 7-146c
茶衣丑 2-12b
茶引 1-491e
茶油 9-37b, 9-40e
茶政 1-492f
茶子 1-492e

查比尔·伊本·赫扬 1–493b
《查波罗什人写信给苏丹王》 5–72a
查德威克,G.H. 8–590c
查德威克,J. 1–493c, 4–6e, 8–76b
《查第格或命运》 2–598b
查顿 8–539b
查尔菲,M. 6–169e
查尔米纳四尖塔 3–321a
查尔默斯,T.A. 8–94e
查尔丘阿帕印第安人古城遗址 6–555d
《查尔斯的白房子》 3–112a
查尔斯敦 5–506b
查尔斯顿 3–500e
查尔斯·詹姆斯·约翰斯顿 9–118e
查尔斯·卓别林影片公司 2–82a
查尔朱 1–47b
查耳酮 3–599a
查戈斯群岛 5–315a
查哈尔艾马克 1–78f
查汉杰尔 5–477a
查黑江 6–360a
查缉走私 3–327d
查科战争 1–162f
查拉,T. 2–61a
查拉路甫石窟 6–598a, 8–111d
查拉图斯特拉 1–493d
《查拉图斯特拉如是说》 1–493d, 6–188c
《查拉图什特拉如是说》(R.施特劳斯) 6–582d
《查拉像》 1–15e
查理,J.-A.-C. 1–494a, 6–144c
查理大帝 1–493e, 8–398f
查理大桥 1–440a
查理定律 1–493f
查理二世(Charles Ⅱ;1630～1685) 9–8f
查理二世(Charles Ⅱ;1661～1700) 8–86b
《查理九世》 7–237e
《查理九世时代遗事》 5–333e
查理六世(Charles Ⅵ;1368～1422) 1–214c
查理六世(Charles Ⅵ;1685～1740) 8–86b
查理·马特 2–448f, 4–113c
查理曼大帝 1–493e
查理曼帝国 1–493e
查理十世 1–383c, 6–122c
查理四世 4–259d
《查理四世皇帝金玺诏书》 4–259d
查理·卫斯理 7–566b
查理五世 1–494a
查理五世(1337～1381) 1–214a
《查理五世骑马像》 7–341a
查理一世 1–494a
查理一世 1–494b
查理一世(1887～1922) 1–134b
查连 5–433d
查灵海 9–172b
查鲁亚印第安人 8–3c
查玛 5–380f, 9–160f
查曼 7–241e
查梅勒清真寺 2–214d
《查密利雅》 1–80f
查谟和克什米尔 4–460b
查莫罗人 1–494c
查莫罗语 1–494c
查尼,J.G. 1–494c
查尼奖 1–494d
查帕拉 1–483f
查普曼,D.L. 1–253e
查普曼,S. 1–494e
查普曼–恩斯库格气体理论 1–494e
查士丁 1–494f
《查士丁尼法典》 1–494f, 5–206e, 5–272f
《查士丁尼国法大全》 5–206e
《查士丁尼皇帝及其侍从》 1–220e
《查士丁尼皇帝征战史》 6–113f
《查士丁尼民法大全》 1–495a, 5–206e
查士丁尼一世 1–494f, 8–213a
《查士丁尼战争史》 6–113f
查斯丁 1–495a
查苏利奇,V.I. 4–554b
查特豪斯公学 3–138a
查特吉,B.C. 1–495a
查特吉,S.C. 1–495b
《查特莱夫人的情人》 4–555f
查特·辛格 9–7c
《查特修道院》 3–119a
查文·德万塔尔遗址 1–495c
查文文化 1–495c, 7–12b
查雅加达 8–395c
查亚峰 2–118c, 8–269d, 8–602e
查镇湖 9–173a
察八儿 7–608a
察毕那 6–155d
察布查尔 1–495d
察布查尔锡伯自治县 1–495d, 8–132c
察词 7–394a
察东事件 3–533d
察尔丁,J. 8–410b
察尔汗钾镁盐矿床 6–206e
察尔汗盐池 1–495e
察尔汗盐湖 1–495e, 6–214e, 9–262d
察哈尔盟 8–134a
察哈尔民众抗日同盟军 1–495f, 4–62d
察哈尔省 3–421a, 9–199b
察罕帖木儿 1–496a
察汗淖尔 2–410f
察合台 1–496b, 9–496c
察合台汗国 1–496b, 1–41b, 4–364d
察合台文 1–496f
察合台语 1–497a
察举 1–497a
察举制度 3–368f
察里津 2–596f, 7–182a
察里津保卫战 2–596f
察力失 8–421d
察士 5–438e
《察世俗每月统记传》 6–124a
察隅县 1–497b
檫树 1–497d
刹帝利 8–604d
刹那无常 8–15b
《差半车麦秸》 8–480d
拆除爆破 1–253c
拆放 1–497e
拆分 7–475c
拆借 1–497e
拆款 1–497e
拆票 1–497e
拆迁安置补偿费 1–497e
拆息 1–497e
《钗头凤》 1–562a
差科 9–148f
差使牌 8–477c
差役 9–145e
柴达木盆地 1–497f
柴大纪 2–610f
柴尔德,V.G. 1–498b, 4–417a
柴伐蒂尼,C. 1–498c, 2–68d
柴根 3–36a
柴胡疏肝散 3–42a
柴胡汤 6–451b
《柴霍甫短篇小说集》 3–120e
柴科夫斯基,P.I. 1–498d
柴门霍夫,L.L. 7–24b
柴明达尔 5–477a
柴荣 1–499b, 3–495d, 3–495e, 8–47a
柴瑞 6–234e
柴桑 4–320d
柴油 1–499b
柴油动车组 2–336b
柴油发电机 2–431d
柴油机 1–499c, 2–211d, 5–558f
柴丈人 3–144b
豺 1–499e, 6–268a
豺狗 1–499e
《谗书》 5–221b
禅城 2–587f
《禅的研究》 5–97f
禅定 1–499f, 5–136f
《禅法要解》 4–318f
禅窟 6–597c
《禅门师资承袭图》 9–558b
《禅思想史研究》 5–97f
禅学 2–159f
禅月大师 3–216b
《禅月集》 3–216b
禅宗 1–499f
禅宗样 6–318d
孱陵县 3–130a
缠达 3–212f
缠龙柱 4–275a

缠绕裙 6-270e
缠绕式矿井提升机 4-499e
缠绕藤本 7-337b
缠腰火丹 2-131b
缠腰龙 2-131b
缠足 1-500c
蝉 1-500d
蝉封 2-121e
《蝉及其他》 3-448f
蝉科 1-500d
蝉蜕 1-500e
澶渊 1-500e
澶渊之盟 1-500e, 5-67c
澶州 1-500e
蟾蜍 1-500f
蟾蜍毒素 1-501b
蟾蜍素 1-501b
蟾毒灵 1-501b
蟾毒素 1-501b
蟾毒他里定 1-501b
蟾酥 1-501b, 8-586f
蟾鱼目 1-501c
产地检疫 2-340c
产后出血 1-501d
产甲烷细菌 4-135f
产里 1-547c
产力 5-547d
产品饱和期 1-502e
产品标准化 1-501e
产品标准化阶段 1-502b
产品成熟阶段 1-502b
产品成熟期 1-502d
产品成长期 1-502d
产品创新阶段 1-502b
产品导入期 1-502d
产品合格认证 1-501f
产品认证制度 1-501f
产品生命周期 6-528d
产品生命周期论 1-502a
产品寿命周期 1-502d
产品衰退期 1-502e
产品涂料 7-429b
产品系列化 1-502c
产品质量法 1-502d
产品质量认证 1-501f, 9-316a
《产品质量认证管理条例》 1-502a
产品周期 1-502d
产前检查 1-502e
产前期 2-418f
产权 1-503c, 4-435c
产权理论 8-295a
产褥感染 1-503d
产褥热 1-503d
产生高次谐波 2-515f
产翁 1-503e
产物决定步骤 3-301d
产业 1-503f
产业部门分类 3-290e
产业革命 6-24d
产业工会 3-124f
产业关联表 7-413a
产业关系 4-553b
产业活动单位 3-290e
产业机器人 1-504b
产业结构 1-504e
产业投资基金 7-414a
产业政策 4-295e
产业资本 5-127f
铲 1-504f
铲币 1-432e
铲齿车床 1-546c
铲斗式挖泥船 3-122b
铲头堆砂白蚁 1-208d
铲土运输机械 7-438a
铲吻鲨 7-59d, 7-59e
铲形门齿 1-274c
忏法 1-505a
《忏悔的白刃》 8-224a
忏悔羯磨 4-228d
《忏悔录》(J.-J. 卢梭) 2-444e, 5-155a
《忏悔录》(奥古斯丁) 1-122d, 3-173f
颤振 1-505b
昌昌古城 1-505c
昌德宫 7-42a
昌都地区 1-505c
昌都县 1-505d
昌都战役 8-111f
昌杜莱人 3-201f
昌感县 2-319a
昌国县 2-312b
昌化鸡血石 4-37e
昌化县 1-506b
昌吉回族自治州 1-505e
昌吉市 1-506a
昌吉县 1-506a
昌江黎族自治县 1-506b
昌江县 1-506b
《昌黎方言志》 2-308a
昌黎县 1-506b
昌陵 6-229e, 6-232d
昌马大河 7-55c
昌南镇 4-310e
昌平区 1-506c
昌平县 1-506d
昌平园 9-334b
昌平州 1-506d
昌图厅 1-506d
昌图县 1-506d
《昌言》 9-459f
昌阳县 4-535b, 4-535e
昌邑市 1-506e
昌邑县 1-506e
倡优 1-216e
昌珠寺 9-166d
菖兰 7-300e
《菖兰》 7-84b
菖蒲 7-355b
鲳 1-506e
《长阿含经》 1-25b
长安 1-507a
《长安古意》 5-157a
长安画派 1-507e
《长安怀古》 8-499d
长安街 1-507e
长安区 1-508a
长安县 1-508a, 8-81f
长袄 1-117b
长白葱 2-53a
长白落叶松 5-236b
长白瀑布 1-508e
《长白情》 1-542d
长白山 1-508a, 6-157c
长白山天池 1-508d
长白山自然保护区 4-63e
长白松 7-161b
长白猪 4-539e
长摆线 1-217f
长坂坡 2-152a
《长坂坡》(曲艺) 3-364f
《长坂坡》(戏曲) 4-610a
长苞冷杉 4-575e
长臂猿 1-508e, 6-276f
长臂猿科 4-573d, 6-289a, 9-114c
长臂猿属 9-114c
长编 9-527d
长滨文化 1-508f
《长波混沌及系统经济转换》 4-287c
长城 1-509a, 6-197d
《长城》 6-202d
长城电影制片有限公司 8-193c
长城画片公司 9-351a
长城纪 9-91f
长城抗战 1-510f, 2-334b, 2-363e
《长城随想》 5-117c
《长城万里图》(绘画) 9-193a
《长城万里图》(小说) 9-467d
长城站 9-387e, 9-387f
长程力 5-14d
长程有序 2-513d
长程α粒子 9-589b
长翅目 1-511a
长春堡 1-511e
长春电影制片厂 1-511b, 4-136a, 4-386e, 5-85a, 9-351e
长春宫 2-161c
长春观 1-511d, 6-265d
长春光学精密机械研究所 7-493a
长春湖 7-46d
长春花 4-122b
长春碱 1-511d
长春碱硫酸盐 1-511e

长春居士 6-225a
长春科技大学 4-63b
长春市 1-511e
长春厅 1-511e
长春新碱 1-511f
长春邮电学院 4-63b
长春园 1-266e, 9-113b
长春真人 6-241b
长蝽科 1-231b
长大衣 2-120e
《长带观音》 4-594e
长岛 5-606b
《长岛人》 3-616b
长岛县 5-420c
长岛自然保护区 1-512a
长狄 2-208c
长笛 1-512b
《长笛、大提琴、钢琴三重奏》 5-277e
《长笛赋》 4-280a
《长笛幻想曲》 5-277e
长调 1-512b, 8-576d
长度收缩 8-156f
长度收缩因子 5-229e
长蠹 1-512c
长蠹科 1-512c
长短句 2-40f
《长短句集》 3-441b
长吨 2-375f
《长发》 7-176f
《长干曲》 2-55f
长冈京 4-279d, 5-515b
长葛市 1-512c
长葛县 1-512d
长庚 4-259e
长谷川辰之助 2-430a
长谷川清 7-163a
长骨 3-186e
长鼓 3-190c
长鼓舞 1-512d, 1-542b, 8-483d
《长鼓舞》 2-55c
长广县 4-535b, 4-535e
长果黄麻 3-592f
长果木棉 5-490e
长海县 1-512d, 2-91d
长号 1-512e
长河 7-389d
《长河》 4-24d
《长恨歌》 1-512f
《长恨歌》(电影) 7-7f, 7-506c
《长恨歌》(清唱剧) 3-603b
《长恨歌》(诗歌，白居易) 1-200b, 1-557e, 1-516f, 1-518d, 3-177a
《长恨歌》(诗歌，洛夫) 5-227e
《长恨歌传》 1-557e, 1-518d
长弧氙灯 8-173e
长湖 4-171d
长吉体 1-512f
长江 1-513a, 1-198f, 3-513b, 9-78c
长江第一弯 3-520b, 8-196f
《长江集》 4-139f
长江经济带 4-285b
《长江七号》 9-473c
长江三角洲 1-514b
长江三角洲城市经济协调会 1-514d
长江三角洲城镇群集聚地区 2-82a
长江三角洲和长江沿江地区经济带 6-247d
长江三角洲经济区 1-514d
长江三峡 1-514e, 2-6d, 3-513b
《长江三峡》 8-29f
长江三峡风景名胜区 8-13a
长江实业（集团）有限公司 4-599f
长江水利委员会 5-540f
长江韬奋奖 2-481e, 7-321c
《长江万里图》(吴伟) 8-35f
《长江万里图》(张大千) 9-191e
《长江文艺》 4-598e
长江中下游平原 1-514f
长豇豆 4-187d
长焦镜头 4-318b
长角果 3-300a
长角亚目 7-77e
长津川 3-28d
长津湖 3-28d
长颈龟 1-515b
长颈鹿 1-515c
长颈鹿科 6-27e
《长颈圣母》 8-476c
长距离跑 1-516c
长距离输油管道 7-56f
长距离游泳赛 5-258c
长靠书 7-198f
长靠武生 6-527e
《长空万里》 4-260c
“长空”1号靶机 8-18b
长乐宫 1-515d, 1-507b, 3-142d
长乐老 2-574d
《长乐老自叙》 2-574d
长乐市 1-515e
长连歌 5-37d
长陵(汉) 1-515e
长龄 9-194a
长芦盐区 1-420a
长律 1-515f, 4-272d, 6-36b
长脉 5-301e
长毛绒 5-324e
长毛泰国猫 5-312c
长毛燕麦 8-445b
长命锁 1-515f, 7-42f
长牡蛎 5-487e
长宁区 1-516a
长宁县 9-531f
长袍 1-516b, 5-249f
《长袍》 9-590f
长袍剧 1-19b, 3-173c
长袍马褂 1-516c
长跑 1-516c
长披风 6-69f
长篇书 3-427a
长平侯 7-565f
长平之战 1-516d
长期边际成本函数 1-576d
长期负债 1-516e
长期光行差 3-228c
长期纪日制度 5-290c
长期借款 1-516e
《长期经济关系：协整阅读材料》 2-414b
长期贸易协定 5-328f
长期生产函数 6-528f
长期视差 7-30b
长期议会 9-8c
长期应付款 1-516e
长期债券 9-177b
长期总成本函数 1-576d
长崎 1-516e
长崎县 1-516e
长枪会党 8-84c
长墙 1-509a
长跷伎 3-73e
长茄 6-191b
长庆碑 7-300c
《长庆会盟碑》 9-159a
长庆舅甥会盟碑 7-300c
长庆体 1-516f
长拳 1-517a
长裙竹荪 3-244d
《长日漫漫入夜行》 4-395e
长绒棉 5-410e, 5-412a, 7-180a, 8-11c
长柔毛野豌豆 6-472c
长沙楚墓 1-517c
长沙楚墓帛画 1-402f
长沙大火 1-517d
长沙府 1-517f
长沙国 1-517f
长沙会战 1-517e
长沙郡 1-517f, 1-548e, 3-514d
长沙临时大学 1-267b
长沙陆军讲武堂 5-114c
长沙蛮 5-302d
长沙女子师范学校 8-347a
长沙市 1-517f
长沙市渔鼓弹词业职业工会 7-53e
长沙市杂剧抗敌宣传队 7-53e
长沙丝弦 3-515d
长沙弹词 1-518a
长沙铁道学院 8-202b
长沙县 1-517f
长沙走马楼简牍 1-518b
长山列岛 1-518c
长山群岛 1-518c, 1-512d
长山山脉 1-518d, 9-128c

长山县 1-512d
长社县 1-512d
《长生殿》 1-518d, 1-557e, 3-483b
长生果 3-530f
长石 1-519a
长石砂岩 6-431a
长石石英岩 6-605b
长时记忆 6-310e
长时间疲劳 6-77a
长实金柑 4-243b
长寿金柑 4-243b
长寿橘 4-243b
长寿面 1-519d
长寿区 1-519d
长寿区 1-519e
长寿山 1-519e
长寿县 1-519c
《长寿药水》 1-154a
《长水集》 7-285c
《长水集续编》 7-285c
长台关 5-313a
长台关楚墓 1-519f
长滩 1-520a
长条书 7-144c
长汀县 1-520b
《长亭送别》 7-508c
长筒倒挂金钟 2-158e
长尾仓鼠 1-475a
长尾缝叶莺 9-12a
长尾阔嘴鸟 4-510d
长尾鲨科 7-59e
长尾叶猴 2-5f
长尾叶猴属 8-496b
长吻角鲨 4-205b
《长相思》 9-473f
长象脚鼓舞 8-208b
长效肥 1-520b, 3-576f
长效磺胺药 5-409c
长信宫灯 1-520b
《长兴集》 6-518d
《长兴学记》 4-406a
长型琴 7-135b
长袖舞 1-520c
长须鲸 4-307e
长须螨 6-80c
长雪橇 8-372d
长阳人 1-520d
长阳县 2-185e
《长杨赋》 6-409c
长叶榧 8-192e
长叶金柑 3-43e, 4-243b
长叶世界爷 1-277f
长叶松组 7-161b
《长夜》 8-480d
《长夜行》 9-55c
长英担 9-11f
长颖燕麦 8-445b
长影 1-511b
长余辉磷光体 3-193f
长屿山 5-287a
长垣 1-509a
长征 5-147b, 5-158f, 5-320c, 6-307b, 7-432f, 8-34b, 9-466e
《长征大合唱》 6-609f
“长征”号运载火箭 1-520d
《长征交响曲》 2-307f
《长征路线写生集》 2-334e
《长征——前所未闻的故事》 7-229f
《长征组歌》 1-521a, 8-217e
《长征组歌——红军不怕远征难》 1-521a
“长征”1号运载火箭 1-520e, 2-318b, 7-512d
“长征”2号运载火箭 1-520e
“长征”2号F运载火箭 1-520e, 9-371e, 9-410e
“长征”3号运载火箭 1-520f
“长征”4号运载火箭 1-520f
“长征”5号运载火箭 1-520f
长至 2-331f
长制 1-511c
长治市 1-521b
长治县 1-521b
长住娘家 1-430d
长紫菜 9-532b
长足虻科 7-77e
肠 1-521c
肠阿米巴病 1-46d, 9-104d
肠产毒素型大肠杆菌 2-75b
肠出血性大肠杆菌 2-75b
肠道穿孔 6-288c
肠道寄生虫病 6-250a
肠道菌群失调 1-521f
肠道息肉 1-522a
肠毒素性细菌性肠炎 1-523c
肠杆菌科 1-522b
肠梗阻 1-522c, 6-288c
肠浒苔 3-520e
肠结肠炎杆菌 1-522c
肠结核 4-222e
肠瘘 1-522d
肠膜明串珠菌 6-341f
肠黏附性大肠杆菌 2-75b
肠扭转 1-522e
肠膨出 1-522f
肠澼 5-37a
肠侵袭型大肠杆菌 2-75b
肠鳃动物门 9-504c
肠套叠 1-523a, 6-288c
肠体腔法 7-342c
肠系膜淋巴结肿大 5-93a
肠炎 1-523b
肠衣 1-523f
肠致病型大肠杆菌 2-75b
尝试错误 7-605a
《尝试集》 1-523f, 3-508d, 8-282a
尝新节 6-114e
常安 1-507a, 8-478d
常宝臣 3-485c
常宝华 5-275e
常宝堃 1-524a
《常宝堃相声选》 1-524b
常备军 4-351a
常伯仁 1-527c
常伯熊 1-490c
常春藤 1-524b
常春藤属 8-48e
常春藤属尼泊尔常春藤 1-524b
常德 2-104d
常德汉剧 6-241c
常德军 1-524c
常德明达学会 5-544c
常德市 1-524b
常德丝弦 3-515d
常德县 1-524c
常丰县 7-403e
常关税 9-531a
常规岛 3-433c
常规绝灭 4-348c
常规弥撒 5-391c
常规疲劳强度设计 6-77d
常规赛 6-260f
常规深水炸弹 6-508e
常规天然气 5-339f
常衮 8-465f
常衡盎司 9-11f
常衡磅 1-235d, 9-11f
常见食用菌 7-6b
《常见先天性心脏畸形的外科治疗》 1-178f
常见种 6-541e
常建 1-524c
《常建集》 1-524d
《常建诗集》 1-524d
常捷军 9-579c
常均 2-377f
常科 4-427d
常量 8-72b
常量元素 4-503f, 9-303f
常量组分 2-208b
常流河 3-423f
常绿果树 3-300a
常绿季节林 6-275f
常绿阔叶林 1-524d
常绿阔叶树 6-183a
常绿栎类林 1-524d
常绿树 6-183a
常绿樟栲林 1-524d
常绿针叶树 6-183a
常乃悳 2-326e
常年互助组 3-521e
常宁市 1-525a

常宁县 1-525a
常平仓 1-525b
常平义仓 1-525c
常璩 3-556b, 4-274c
常染色体病 6-273d
常染色质 6-273d
常任代办 2-126a
常任侠 9-405f
常山 1-525e
常山港 6-168b
常山碱 1-525e
常山饮 1-525e
常胜军 1-525f, 3-562b
常识谚 8-444a
常识知识 6-288b
《常氏相声选》 1-524b
常侍郎 9-327d
常书鸿 1-525f, 2-378d
常熟花边 1-526b
常熟市 1-526b
常熟县 1-526b
常数项 2-390b
常尌田 2-144c
常税 6-454b
常迵 1-526b
常微分方程 1-526c
《常微分方程》 6-47c
常微分方程的解析理论 1-526e
常微分方程实域定性理论 1-526e
常务委员会 6-294b
常锡文戏 8-133b
常羲 1-527f
常习惯犯 3-216d
常香玉 1-527b
常压灭菌 3-219a
常压潜水 6-173b
常业惯犯 3-216d
常异花授粉作物 9-149a
常用复合材料 4-220e
《常用药物》 8-516a
常遇春 1-527c
常州 1-527d
常州词派 1-527c
常州派 9-144d
常州市 1-527d, 8-57e
常住庄 9-513f
常子和 2-579a
《偿还旧债的新方法》 5-283e
嫦娥 1-527f
《嫦娥奔月》 3-182d
“嫦娥”工程 9-409b
“嫦娥”1号卫星 9-409c
厂商 1-527f
厂商均衡理论 7-537b
厂商理论 1-527f
厂卫 1-528a, 5-440c
厂长(经理)负责制 1-528b
场地鼓 8-477a
场地竞走 4-314e
场地障碍赛 5-277c
《场景与肖像：青少年时代的回忆》 1-449b
场流分级法 4-577f
场面 7-594e
场内交易 1-528c, 9-270e
场内交易市场 3-185e
场内交易衍生工具 4-251c
场逆程回扫时隙 7-63e
场强 2-273b
场所逻辑 8-102e
场外二级市场 3-185e
场外交易 1-528d, 9-270e
场外交易衍生工具 4-251c
场效化学工程 3-548f
场效应 1-528e
场效应晶体管 1-528e, 4-303a, 9-586f
场致发光 3-194a
场致发光材料 2-431f
《敞开的窗户》 5-243f
敞开式 9-569b
敞失 1-496e
畅春园 8-546c, 9-113b
畅滚 6-213d
倡和 1-528f
唱（戏曲） 1-529a
唱词 9-148a
唱歌册 1-544f
唱鼓子 7-110c
唱哈节 4-283e
唱和 1-528f
唱和诗 1-528f
唱剧 6-507b
《唱论》 1-529a
唱念做打 1-529a
唱琵琶 7-145b, 9-121d
唱评 1-518a
唱曲 6-255e
唱煞 7-110c
唱小曲 8-448d
唱月琴 7-145b, 9-121d
《唱支山歌给党听》 9-483f
唱赚 1-283f
抄网 9-63f
钞 9-90a
《钞币论》 8-355a
《钞币条划》 9-376a
钞子渔鼓 3-515f
超层合技术 7-103c
超长无缝线路 7-382b
超常儿童 1-529c, 2-418e
超纯材料 1-529d
超纯试剂 3-551d
超导材料 1-529e
超导磁体 1-530b
超导电磁铁 2-275f
超导电机 1-530c
超导电性 1-530d, 1-151c, 1-529e, 2-206e, 4-389d
超导电性现象 2-299c
超导电子对 4-489b
超导电子隧道效应 1-529f
超导结 9-119e
超导临界温度 1-530d
超导输电 1-531c
超导态 1-530d
超导体 1-530d, 1-531c
超导微观理论 1-531d, 1-531b
超导有机化合物 1-531d
超导元素 1-529f
超导转变温度 1-530d
超低空飞行 2-509d
超短波传播 1-531e
超短裙 6-270d
超额累进税 4-572c
超额利润 1-531e, 4-68d, 5-30e
超额准备金 9-517e
超额准备金率 9-517e
超二级结构 2-149f
超反铁磁性 5-515a
超泛神论 2-480f
超分子 1-531f
超分子化合物 6-60a
超分子化学 1-532a
超复数系 2-129a
超干旱荒漠 3-578e
超感官知觉 1-532b
超高层建筑 1-532c
超高空飞行 2-509d
超高麦芽糖浆 5-299b
超高能加速器 5-35e
超高声速飞行 2-509e
超高压短弧氙灯 8-173d
超高压输电 4-195b, 7-55d
超购加价 5-608e
超购加价补贴 5-608e
超固态 8-78d
超荷 1-532e
超昏迷 4-1c
超积 5-455e
超级长绒棉 5-411c
超级大回转 3-75b
超级大油田 9-39f
《超级肥皂》 1-6c
超级服务器 2-600f
超级计算机 4-337b
“超级空中堡垒”B-29 1-388b
超级年金 9-299a
超级浓缩饲料 6-59b
超级市场 1-532e
超级写实主义 1-532f, 9-237e
超级杂交稻 9-101f, 9-147e

超寄生 4-105e
超戒寺 1-532f, 1-7d
超经济强制 1-532f
超晶格 5-598f
超精密加工 1-533a
超精密切削加工 1-533a
超精密特种加工 1-533a
超距作用 1-533b, 5-297b, 5-600b
超快速化学反应 3-547c
超快速CT 9-583c
超离心机 7-396e
超链接 7-524b
超临界萃取 2-429f
超临界流体 1-533b
超临界流体技术 1-533c
超临界流体色谱法 6-417a
超流动性 1-533e, 2-206e, 4-377d
超流相 8-505f
超率累进税 4-572c
超滤 6-526a
超媒体 7-483d
超镁铁质杂岩 6-479f
超米粒组织 5-398e
超密态假说 1-46f
超幂 5-455e
超敏反应 1-533e
超前卫艺术 1-533f
超穷基数 7-64d
《超然台记》 7-194e
超人哲学 5-566f
超日月光佛 2-393a
超声 1-534a
超声波 1-534a, 4-550f
超声波疗法 8-73a
超声风速计 2-568c
超声化学 6-551e
超声检查 3-6c
超声疗法 1-534b
超声内镜 5-556b
超声速飞机 2-507b
超声速飞行 1-534d
超声速风洞 2-563e
超声心动图 1-534d
超声诊断 1-534f
超弹性 8-323a
超图理论 7-71f
超外差式收音机 7-36e
超微构造 2-248f
超微古生物学 3-175c
超微化石 3-544e, 7-539c
超文本 7-483d
超我 4-306c
超细碳酸钙 7-293c
超弦理论 1-535c
超显微镜 8-137a
超现实主义 1-535c, 2-443c, 8-66d
《超现实主义宣言》 1-409b
《超现实主义与绘画》 1-535e
超心理学 8-254c
超新星 1-535e, 7-168b, 9-520b
超新星爆发 1-535f
超新星遗迹 1-535e
超星系团 1-536a
超行寺 1-532f
超压式气球 6-144e
超岩寺 1-532f
超验托马斯主义 1-536b
超验主义运动 5-354b
超氧化钾 4-143a
超氧化钠 1-536c
超氧化物 1-536b
超氧自由基 9-548b
超引力理论 7-72d
超硬磨料固结磨具 5-464e
超硬X射线 9-588a
超铀元素 1-536c
超越不等式 1-426f
《超越混战之上》 5-212d
《超越市场与超越政府》 5-20b
超越数 1-536e
超越整函数 9-264e
《超越自我》 1-575d
超重 2-512e
超重岛 9-109d
超重核 1-536e
超重胶子 2-106e
超重氢 2-23e
超子 6-133a
晁补之 1-536f
晁错 1 536f
《晁错》 1-537a
晁无咎 1-536f
巢伯国 1-537c
巢湖 1-537a
巢湖帮 6-204a
巢湖地区 1-537c
巢湖市 1-537c, 1-98c
巢林子 4-272c
巢区 9-180a
巢县 1-537c
巢县人 1-537d
巢元方 7-213b
《朝报》 2-335a
朝代史 2-368c
朝功 1-537e, 8-48c
朝贡制度 6-454b
朝剑鱼 1-207d
朝觐 1-537e, 8-48d
朝觐考察 2-88b
朝觐者 3-308c
朝考 4-429a
《朝克图台吉》 6-306e
《朝律》 9-208d
《朝日修好条规》 4-174e
《朝日修好条规续约》 6-305f
朝圣 1-537e
《朝圣》 3-98d
朝圣对象 1-537f
《朝圣与漂流的年代》 3-321d
朝天宫 9-134f
朝天罐 8-493b
朝天吼 2-493a
朝天龙 4-262b
朝天门两江汇流观光区 9-64c
朝鲜 1-537f
朝鲜半岛 1-539c
朝鲜菜 1-539d
朝鲜佛教 1-539e, 1-259a
朝鲜共产党 1-539f
朝鲜黑金龟子 2-315b
朝鲜蓟 1-539e
朝鲜军事停战委员会总部 1-228f
朝鲜劳动党 1-539e, 4-248c
朝鲜柳属 8-458f
朝鲜民主主义人民共和国 1-538d, 1-541c, 4-248c
《朝鲜民主主义人民共和国社会主义宪法》 1-538e
朝鲜泡菜 1-539d
朝鲜青铜文化 6 212d
朝鲜人 1-540a
朝鲜人民党 1-539f
《朝鲜人民军最高司令官及中国人民志愿军司令员一方与联合国军总司令另一方关于朝鲜军事停战的协定》 1-540d
朝鲜三大市场 2-103a
朝鲜素 1-539e
《朝鲜停战协定》 1-540d, 1-79f, 9-393b
朝鲜文 1-540f
朝鲜研究中心 2-319d
朝鲜语 1-541b, 1-540a
朝鲜战争 1-541b
朝鲜之役 1-541e, 7-481e
朝鲜族 1-541f
朝鲜族舞蹈 1-542a
朝鲜族小鼓草高 3-190b
朝鲜族医学 1-542d
朝鲜族圆鼓 3-190b
朝鲜族杖鼓 3-190c
朝鲜祖国解放战争 1-539f
朝鲜祖国解放战争纪念日 1-541e
朝鲜祖国解放战争胜利日 1-541e
朝阳峰 3-555c
《朝阳沟》(绘画) 3-443b
《朝阳沟》(戏曲) 3-426f, 8-180d, 9-83f
朝阳区 1-542f
朝阳市 1-542f
朝阳县 1-543a
朝医 1-542d
朝医学 1-542d
朝永振一郎 1-543a, 2-543c

朝元 4-429a
朝中社 1-539b
朝中友谊塔 6-91e
朝珠 1-543c
嘲剧 1-543d
潮安县 1-545b
潮白河 1-543d, 3-328b, 5-408f
潮白新河 1-543e, 3-328b
潮波 3-348b
潮尔奇 7-325f
潮河 1-543d
潮间带 3-318f, 3-342a
潮解 4-224a
潮剧 1-543e
潮流 1-543f
潮流三角洲 3-344d
潮气容积 2-533e
潮仁乌力格尔 8-6a
潮汕话 5-101e
潮汕文化 5-101d
潮汕英歌 1-544a
潮上带 3-318f
潮湿半落叶林 6-275d
潮式糕点 3-81e
潮土 1-544a
潮汐 1-544b
潮汐电站 1-544c
潮汐发电 7-88e
《潮汐和船》 6-200b
《潮汐集》 3-251d
潮汐节律 6-539c
潮汐能 1-544c, 3-351c
潮下带 3-318f
潮绣 1-543f
潮音戏 1-543e
潮灾 7-105a
潮州彩瓷 1-545c
潮州菜 3-232f
潮州茶食 3-81e
潮州歌 1-544f
《潮州韩文公庙碑》 7-194e
潮州锣鼓 2-33d
潮州清音 8-480c
潮州市 1-545a
潮州俗曲 1-544f
潮州陶瓷 1-545b
潮州戏 1-543e
《潮州艺文志》 6-274a
《潮州志》 6-274b
炒钢 1-545c
炒钢法 1-213a
炒米 7-58a
炒西施舌 2-609b
耖田 9-263f
耖种 5-146f
车（螺旋桨） 3-392a
车扁鱼 1-506f
车兵 5-168c
车臣共和国 1-545d
车臣汗 4-361e
车臣人 1-545f
车臣语 1-546a, 1-545f
车臣战争 1-546a
车船使用税 1-546b
车床 1-546c
车尔尼,C. 1-546e, 4-611d
车尔尼雪夫斯基,N.G. 1-547a, 5-503a
《车尔尼雪夫斯基的哲学观点》 5-216d
车份儿 3-580e
车夫 3-580e
车鼓戏 3-97c
车技 1-547b
车客比 2-364e
车厘 1-547c
车里 1-547c
车里军民府 1-547c
车里县 4-311d
车里雅宾斯克 1-547d
车里雅宾斯克州 1-547d
车辆购置税 1-547e
车辆计税标准 1-546b
车辆控制系统 9-322f
车辆-散货船 6-408e
车轮菜 1-547f
车马坑 1-547e
车前 1-547f
车前草 1-547f
车师 1-548a
车厢 4-9a, 7-381c
车箱渠 1-548b
《车遥遥篇》 3-17d
车仔 3-580d
车载式喷火器 6-61a
《车站》 1-303f, 3-58c
砗磲 1-548c
砗磲科 1-548c
《扯符吊打》 3-16d
扯脸 1-343c
扯铃 4-472b
扯旗山 8-193a
彻彻都 1-402d
彻底的不可知论 1-428f
彻里 1-547c
掣电铳 9-233c
撤诉 1-548d
撤销权 9-177a
郴州 1-548e
郴州府 1-548e
郴州市 1-548d
郴州兴算学会 5-544c
《臣工》 7-176f
《臣仆》 3-463a
臣妾 2-36a
臣药 2-488d
《尘埃落定》 1-38e
尘暴 1-548f
尘肺 1-548f
《尘肺病的诊断》 1-549a
尘龙科 4-134f
尘螨 1-549a
辰韩 3-360f, 6-391d
辰河戏 6-552d, 8-553d
辰砂 1-549b, 3-145e
辰星 7-102b
辰沅道 3-559c
辰州 3-559c
《沉船》(R.泰戈尔) 7-273a
《沉船》(王统照) 7-511c
沉底雷 7-88e
沉淀 1-549d, 3-147e
沉淀滴定法 2-547a
沉淀滴定指示剂 9-310b
沉淀反应 1-549d
沉淀素 4-412f
沉淀碳酸钙 7-293c
沉淀重量法 9-462a
沉积场流分级法 4-577f
沉积矿床 1-549e
沉积盆地 3-357d
沉积水 9-41a
沉积物 1-550b
沉积相 1-550a
沉积岩 1-550b, 8-430c
《沉积岩石学手册》 6-54c
沉积作用 1-550d
沉降核素法定年 7-397f
沉降通量 3-31e
沉降药 6-527a
《沉静的美国人》 3-105a
《沉沦》(电影) 2-184b
《沉沦》(小说) 9-79e
沉脉 5-301e, 5-301f
《沉默的羔羊》 9-481e
《沉默的美人》 6-579b
《沉默的人》 2-615a
沉默权 1-550f
沉默权制度 1-550f
《沉默之眼》 2-416b
《沉睡的吉普赛人》 9-106b
《沉睡的缪斯》 1-443f
《沉思集》 5-165c
沉香属 6-352c
《沉吟楼诗选》 4-254a
《沉钟》 1-551a
沉钟社 1-551a, 2-578e
《沉重的翅膀》 3-25e, 9-199f
陈 1-551a
陈皑鸽 1-559f
陈霭翘 1-563d
陈爱莲 1-551b
陈爱桐 6-203a

陈巴尔虎方言 2-412c
陈巴尔虎旗 2-412c
陈霸先 1-551c, 1-553b, 3-486e, 5-518d, 6-130c, 7-507a
陈白尘 1-551c, 6-526c, 8-9f
陈半丁 1-551d
《陈半丁花卉画谱》 1-551e
《陈半丁画集》 1-551e
陈宝琛 7-395d
陈宝箴 1-569e, 5-544c, 8-334b
陈抱一 1-551f
陈炳焜 3-248d
陈波儿 1-552a
陈伯吹 1-552a
陈伯达 1-552b, 4-177b
陈伯华 1-552d
陈伯平 8-347c
《陈伯玉文集》 1-575a
陈-博特定理 1-568c
陈布雷 1-552d
《陈布雷回忆录》 1-552e
陈仓 1-240c
陈昌浩 7-432d, 8-496f
陈昌智 1-552e, 9-383a
陈长蘅 1-553a, 6-290c
陈朝 1-553a
陈忱 1-553b
陈诚 1-553c, 6-398d, 8-44d, 9-408e
陈澄 1-566c
陈炽 6-179f
陈传熙 9-309c
陈淳 1-553e, 1-593c
陈淳 1-553d
陈琮英 6-307a
陈达 1-553f
陈大悲 1-86a
陈大亮 1-557e
陈岱孙 1-554b, 1-267c
陈得才 1-571c, 4-538f, 5-587a
陈得芝 1-554b
陈德霖 6-165c, 6-470e, 7-224e, 7-515d, 9-58f
陈第 1-554c, 7-153b
陈定恩 1-563a
陈独秀 1-554d, 1-267c, 2-196b, 2-326e, 8-280e, 9-358f
《陈独秀著作选》 1-554e
陈端志 1-418a
陈恩凤 1-554e
陈蕃 1-555a, 2-152b
陈芳允 1-555a
《陈风·株林》 3-255e
陈凤桐 1-555c
陈専 7-168c
陈浮 4-420f
陈簠斋 6-591c
陈复礼 1-555c
陈傅良 9-243a
陈港生 1-578e
陈高祖陈霸先 1-555d
陈戈 5-547c, 9-507c
陈更新 3-586f
陈赓 1-555d, 3-306c
陈公博 1-555f, 3-289a, 7-487c
陈恭尹 5-101a, 6-222f
陈光甫 1-556a, 4-184f, 5-539b, 7-156a
陈光美 1-558b
陈光中 1-556b
《陈光中法学文集》 1-556c
陈国公主墓 1-556c
陈国凯 6-451d
陈果夫 1-556e
陈翰伯 1-556f
陈翰笙 1-557a
陈澔 4-585c
陈鹤琴 1-557b, 4-212f
陈衡恪 1-565a, 1-569e
陈弘志 7-316b
陈洪绶 1-557c, 6-300d
陈鸿 1-557e, 1-518d
陈后主陈叔宝 1-557e
陈厚滋 6-591d
陈化 1-549e
陈化成 1-557f
陈宦 3-523c
陈焕镛 1-558a
陈荒煤 1-558b
陈潢 4-276f, 9-318d
陈济棠 1-558c, 4-188f, 6-589a
陈继儒 5-465f
陈佳洱 3-287a
陈家大山楚墓 1-402f
陈家煜 1-562d
陈嘉庚 1-558c, 8-167f
陈嘉异 2-326e
陈简斋体 1-571a
陈建功 1-558d
《陈建功文集》 1-558f
陈健相 1-552b
陈谏 2-429a
陈鉴 1-569a
陈杰 1-573e
陈介祺 1-558f, 2-366a, 2-571f, 6-591c
陈金福 9-277c
陈锦华 1-558f
陈锦清 1-273a
陈景润 1-559a
陈景润定理 3-88d
陈镜花 4-271a
陈镜开 1-559b, 4-335b, 9-141f
陈炯明 1-559c, 1-563b, 3-289c
陈九德 9-487c
陈居中 1-559d, 7-590a
陈矩 8-476e
陈娟 7-523f
陈俊生 1-559e
陈凯歌 1-559f, 3-599e
陈康 1-560a
《陈康哲学论文集》 1-560b
陈克恢 1-560b
陈克恕 9-512e
陈奎元 1-560c, 9-396f, 9-397a
陈括 1-553f
陈览 6-587b
陈冷 6-506e
陈鲤庭 1-560d, 6-252e
陈澧 3-384d, 6-191d, 9-144f
陈立 1-560e
陈立夫 1-560f
陈廉伯 1-561a
陈亮 1-561b, 9-26a
陈琳 1-561c
陈露 1-561d
陈梦家 1-561e
陈梦雷 3-170a
陈敏 3-198e, 9-471b
陈明仁 1-561e, 1-590c
陈铭枢 2-610c, 4-188e, 7-502c
陈墨香 1-562a
陈慕华 1-562a
陈那 1-562c
陈那八论 1-562c
陈纳德 7-7e
陈楠 1-209b, 5-544a
陈能宽 1-562c
《陈农要疏》 2-363f
陈彭年 3-239a, 6-191d
陈鹏年 8-569d
陈丕显 1-562d
陈皮 3-599b
陈皮苷 3-599b
陈平 1-562e
陈齐贤 5-268c
陈其美 1-562f, 6-228c
陈其年 6-222f
陈其通 7-483d
陈其尤 1-563a, 9-412b
陈其璋 7-404d
陈琦 4-212a
陈启源 1-563b, 4-103b
陈蒨 1-553b
陈蒨陵 5-520c
陈强 1-563c
陈桥兵变 1-563d, 3-495e
陈翘 1-563d
陈清远 2-315b
《陈情表》 4-606a
《陈情事表》 4-605f
陈庆华 6-475c
陈庆三 1-563c
陈庆英 8-113d

陈庆真 8-222a
陈去病 1-563e, 5-540a
陈群 4-321d, 6-388a
陈然 1-196f
陈仁鉴 2-34e
陈荣 1-200d
陈三立 1-563f, 1-569e, 7-395d
《陈三五娘》 1-471a, 3-97c
陈少梅 1-564b
《陈少梅画集》 1-564c
《陈少梅画选》 1-564c
陈少卿 5-337d
陈绍本 1-573e
陈绍华 8-360a
陈绍宽 1-564c
陈绍馨 1-564d
陈绍禹 3-288c, 7-505a
陈设工艺 3-128f
陈胜 1-564e, 2-19a, 2-484a, 6-197e
陈胜、吴广起义 1-564e
《陈尸台》 1-69f
陈师道 1-564f, 9-98e
陈师曾 1-565a, 5-309d, 7-592d
《陈师曾先生遗墨集》 1-565b
《陈十思疏》 7-577f
陈拾遗 1-574f
《陈史》 1-565e
陈士和 1-269d
陈氏标准 1-574d
陈氏定理 1-559b
陈氏太极拳 7-256f
陈世骧 1-565b, 6-544e
陈寿 1-565d, 4-274c, 6-390e
陈寿卿 6-591c
陈受宜 1-565c
陈授 5-52c
《陈书》 1-565d
陈书舫 8-452e
陈叔宝 1-565e, 1-553b, 1-557f, 3-363e, 7-210f
陈叔通 1-565e, 9-422e
陈述 6-260d
陈述彭 1-565f
陈树人 1-566a
《陈树人画集》 1-566c
《陈树人中国画选集》 1-566c
陈庶康 1-555d
陈水扁 5-431c
陈思 7-49f
陈思白 1-560d
陈思王 1-479e
陈宋 9-489e
陈泰运 3-595b
陈潭秋 1-566c, 6-570c, 8-272c, 9-358f
陈汤 8-328d
陈体强 1-566d
陈天华 1-566e
《陈天华集》 1-566f
陈田鹤 1-566f
陈调元 6-589b
陈铁耕 8-507c
陈廷敬 4-405e, 5-448e
陈廷焯 1-567a
陈抟 1-567a
陈万里 1-567b
陈万清 2-82d
陈万言 7-592a
陈王 1-479e
陈王廷 7-256f
陈望道 1-567c
陈维稷 1-567d
陈维崧 9-489c
陈炜谟 1-551a
陈文贵 1-567e
陈文统 5-55e
陈卧子 1-575a
陈五子 4-282e
陈锡联 1-567f
《陈锡联回忆录》 1-568a
陈熙晋 5-234a
陈豨 5-178c
陈喜光 2-358c
陈县 9-84d
陈献章 1-568a, 5-169c
陈翔鹤 1-551a
陈肖霞 7-16c
陈燮阳 6-464c
陈心陶 7-321a
陈星 7-246f
陈省身 1-568b, 4-583c, 9-135e
陈省身示性类 8-36b
陈修斋 1-568d
陈秀华 5-389b
陈秀清 6-42e
陈项 1-557e
陈旭麓 1-568e
陈序经 1-568f
陈玄祐 4-577b
陈学棻 1-562a
陈循 3-576d
陈亚先 1-476e
陈延杰 6-575f
陈岩 5-437c
陈衍 1-569a, 4-272a, 7-395c, 9-94e
陈彦衡 1-569a
陈耀 3-119c
陈一冰 2-301f
陈宜瑜 3-287a
陈宜中 5-170a
陈贻范 8-97c
陈轶符 1-575a
陈毅 1-569b, 3-177b, 3-595a, 7-432b
陈寅恪 1-569e, 6-475b
陈尹莹 8-194c
陈英士 1-562f
陈撄宁 1-570a
陈映真 1-570b
陈颙 5-263c
陈永贵 1-570d
陈永华 7-348a
陈永龄 1-570e
陈永善 1-570b
陈友定 2-488a, 5-449e
陈友谅 1-571a
陈友谅故居 8-169e
陈幼容 9-277c
陈与义 1-571a
《陈与义集》 1-571b
陈雨农 7-510e
陈瑀 9-103d
陈玉成 1-571c, 7-259a
陈裕光 4-244d
陈豫钟 9-245c
陈元靓 3-121c, 7-216c
陈元赟 6-335d
陈垣 1-571c, 1-267c
陈原 1-571e
陈圆圆 8-34f
陈云 1-571f
《陈云文选》 1-572f
陈再道 1-573a
陈曾寿 7-395d
陈增鸿 1-551c
陈章 1-573b
陈喆 6-239a
陈贞慧 3-486b
陈桢 1-573c
陈正青 8-288a
陈正祥 9-255a
陈之端 7-81b
陈之佛 1-573d, 3-287e
陈植 1-573f
陈至立 1-574a
陈中 1-574b
陈中凡 1-574c
陈中伟 1-574d
陈忠寰 1-560a
《陈忠愍公死事诗》 9-198c
陈忠实 1-574d
《陈忠裕公全集》 1-575b
陈仲庚 1-80a
《陈州粜米》 1-574e
陈卓坤 8-507c
陈子昂 1-574f
《陈子昂集》 1-575a
陈子和 7-196d
陈子龙 1-575a, 5-616b
《陈子龙及其时代》 9-482b
陈字 1-557d
陈宗兴 1-575b
陈总 1-554a

陈祖德 1–575c
宸濠之乱 1–575d, 7–509b
棖 1–200e
《晨报》 1–575e
《晨报副刊》 1–575e
晨歌 8–231b
《晨光文学丛书》 9–231a
晨昏蒙影 7–60d
晨礼 8–48d
《晨思上天的伟大》 5–213b
《晨雾》 4–423d
《晨邮报》 5–341f
《晨钟报》 1–575e
衬裤 5–561c
衬裙 5–561c
趁墟 8–341c
谶纬 1–575e, 1–198a, 1–575f
柽柳 1–576a
柽柳猴 6–331b
柽柳属 1–576a
称名念佛 5–587c
称提之术 9–376a
蛏子 8–569b
撑竿跳高 1–576b
撑篙竹 9–496d
成本报表 4–494e
成本函数 1–576c
成本核算 1–576d
成本计算对象 1–576e
成本加保险费和运费价格 2–158d
成本会计 1–576e
成本理论 1–336c
"成本–收益"原则 9–312f
成本推进型通货膨胀 7–390a
《成本与产量之间的关系》 7–127a
成丁礼 1–578f
成都花会 3–527f
成都精木偶 9–386f
成都科技大学 7–144b
成都麻羊 7–606a
《成都名画记》 8–563e
成都平原 1–577a, 2–348f, 6–456e
成都市 1–577a
成都双流国际机场 7–146e
成都万佛寺石刻 1–577e
成仿吾 1–577f, 2–32e
《成仿吾教育文集》 1–578a
成分输血 7–56c
成分无序 8–22e
成分疫苗3 5–412d
成皋 9–465e
成皋关 3–518e
《成功》 2–615d
成功大学 7–249b
成国渠 7–572c
成蚶养殖 5–579f
成汉 1–578a, 6–588a
成华猪 7–146c
成吉思汗 1–578c, 1–496b, 2–80e, 4–332b, 5–378b, 8–104f, 9–97c
成吉思汗边墙 4–242f
《成吉思汗的后裔》 6–107b
《成吉思汗黄金史纲》 3–589d
《成吉思汗金鉴》 3–589d
成吉思汗陵 1–578c
成吉思汗庙 8–5e
成吉思汗西征 5–378a
《成吉思汗传》 3–363f
成济 7–115e
成键分子轨道 2–550f
成交汇报制 4–484c
成就动机归因 3–240a
成就角色 6–489b
成就需要 3–410c
成康之治 1–578d, 8–116a, 9–465f
成矿系列 4–501d
成昆铁路 1–578d
成立地说 9–518c
《成立世界知识产权组织公约》 2–433c
成龙 1–578e
成煤作用 5–339a
成年礼 1–578f, 6–554c
成年人劳动义务制 9–186d
成年神经干细胞 6–511d
成年特许 9–50b
成年型人口 6–289f
成品油船 9–37c
成品油管道 3–213c, 7–56f
成人服装系列 2–601e
成人呼吸窘迫综合征 9–504e
成人教育 1–579b
成人型多囊肾 5–548c
成纱 2–500d
成山角 1–579c
成山头 1–579d, 6–330b
成舍我 1–579d, 7–22a
《成实论》 1–579e, 4–297a, 8–221f
成实学派 1–579e
成实宗 1–579e
《成书杂记》 9–59a
成熟的防御机制 8–251d
成熟林 6–418f
成熟林采伐 2–51c
成思危 1–579f
成汤 7–295a
成体干细胞 8–150e
成条 2–500c
成王 4–272e
成王方鼎 1–580a
《成唯识论》 1–580b, 6–406e
《成唯识论述记》 1–580b, 4–504c
成文法 1–580b, 9–312c
成文法系 2–92f
成文宪法 8–187a
成无已 4–239b
成烯消除反应 8–213b
成仙说 6–515c
《成相篇》 6–121f
成像眼 8–439a
成像侦察 9–249d
成像侦察卫星 1–580b, 9–249f
成形刀具法 6–191a
成形法 6–191a
成玄英 1–580c, 3–411e, 9–514e
成勋 1–579d
成岩作用 1–580d
成荫 1–580d, 5–547c, 9–352b
成瘾 9–260d
成瘾性镇痛药 9–260d
成语 1–580e
成员 4–75d
成员星系 8–307e
成蕴保 1–580d
成灾 9–149d
成长产业 9–226c
成长小说 1–478d
成兆才 1–580f
《成兆才评剧剧本选集》 1–580f
《成兆才全集》 1–580f
成种作用 4–7c
成周 1–581a
成周八师 4–445e
成子实 1–580c
成组技术 1–581b
丞相 1–581c, 9–182f
呈王古城 3–487d
诚 9–450a
诚意伯 5–111d
《诚斋集》 8–463f
《诚斋诗话》 8–463e
诚斋体 8–463f
诚斋先生 8–463d
《诚斋易传》 1–142c, 8–463f
《诚斋乐府》 5–447b
《诚之诗稿》 5–180a
承担债务式 6–137f
承德避暑山庄 1–581e
承德府治 1–581f
承德离宫 1–334e
承德市 1–581e
承德州 1–581f
承兑 1–582a
承兑人 1–582a
承化县 1–40c
承诺 3–411d
承气汤 6–451b
《承认和执行外国仲裁裁决的公约》 3–340f, 9–459d
承受客体 2–477f
承题 1–142a
承天府 7–249a

承天宫 7－163d
承天门 7－346b
承宣布政使司 6－401a, 6－554f, 8－321c
承压井 7－87d
承压水 1－582b
承压水盆地 1－582b
承压水头 1－582b
承压水位 1－582b
承阳大师 2－166d
城（地理学） 1－583e
城邦 9－286a
《城堡》(俄罗斯电影) 1－162c
《城堡》(英国电影) 7－310d
城堡山 1－433f
《城堡戏剧》 8－487a
城背溪文化 1－582c
城池 1－582d
城旦 9－183b
城壕 1－583b
城隍 1－583b
城隍庙 4－557a, 5－420b, 9－84b
《城里人》 1－82a
城陵矶 1－583c
城陵矶港 9－126b
城门 1－582f, 9－363e
《城南旧事》(电影) 8－38b, 9－352b
《城南旧事》(小说) 5－82b
城南文社 4－610f
城濮之战 1－583d, 8－172d
城墙 1－582f, 1－587e, 9－363e
城墙城塔筑城体系 4－354d
城区皮肤利什曼病 5－31a
城市 1－583e, 4－343b
城市爆破 1－253c
城市边缘地区 1－588b
城市病 1－583f, 2－350c
城市道路 1－583f, 2－164a
《城市的两个人》 3－458a
城市地理学 1－584d, 2－228c
城市雕塑 1－584e
城市分散主义 1－585c
城市工程性基础设施 1－586d
城市工业区 3－127c
城市功能型流动人口 5－124a
城市规划 1－585a
《城市规划编制审批暂行办法》 1－586a
《城市规划条例》 1－586a
城市汉萨 3－379b
城市合作银行 1－587b
城市化 1－586b, 5－423d
城市基础设施 1－586d
城市集中主义 1－585b
城市建设用地 1－161a
《城市街道》 5－270a
城市居民最低生活保障标准 1－587c
《城市居民最低生活保障条例》 6－483d
城市爵士 4－350e
城市垃圾 4－511a
城市民谣 7－391e
城市气候 1－586f
城市区位论 6－245f
城市群 1－587a, 1－587a
城市热岛 1－587a
城市人口 6－289d
城市商业银行 1－587b
城市社会性基础设施 1－586d
城市生态学 6－30e
城市水污染防治 3－572e
城市隧道 2－164c
《城市太太》 5－283e
城市土地二级市场 2－497c
城市土地三级市场 2－497d
城市土地一级市场 2－497c
城市维护建设税 3－7c
城市“五反”运动 7－152e
城市型聚落 4－78c
《城市与狗》 1－153b
城市照明 9－236f
《城市之光》(美国电影) 5－349a, 9－519d
《城市之光》(中国电影) 2－541c
城市直下型地震 7－312b
城市最低生活保障线 1－587c
城头山 6－251d
城头山古城 1－587d
城头山遗址 2－111e
城乡地区 8－189a
城乡规划卫生 1－587e
城乡交错带 1－588b
城乡一体化 1－588c
城野宏 7－270e
城域网 4－93e
城镇 4－343b
城镇化 1－586b
城镇群 1－586d, 1－587a
城镇土地使用税 2－221c
城镇住房制度改革 1－588c
《城子崖》 5－55c
城子崖龙山古城 6－436f
城子崖遗址 1－588d
《乘除通变本末》 8－455f
乘法 8－204d
乘法公理 7－73c
《乘风破浪》 2－55c
乘积定理 8－367d
《乘龙快婿》 9－201e
乘率 2－115a
乘马岗 8－355b
乘人汽车的税额标准 1－546b
乘数 1－588f
乘数－加速数模型 4－296b, 4－296c
乘数原理 1－588e
乘用车 6－151a
乘用型马 5－239c
《盛着爱情琼浆的酒坛》 1－5a
程璧光 3－522f
程伯休父 9－473d
程长庚 1－589a
程大位 1－589b
程菲 1－589c, 7－377b
程菲跳 1－589c, 7－377b
程芙 5－140e
程福全 9－406f
程颢 1－589c, 2－422d, 7－451c
程继先 4－282d, 8－500e, 9－62d
程甲本 3－61b
程君房 5－479d
程开甲 1－589e
程控电话交换机 1－589f
程懋筠 9－416a
程门四先生 5－177f
程穆倩 1－590f
程派 3－427a
程其保 4－209c
程棨 3－119f
程千帆 1－590a
程潜 1－590b
程汝思 1－589b
程十髪 1－590d
《程氏汉语文学通史》 1－590b
《程氏家塾读书分年日程》 7－118e
《程氏墨苑》 5－479d
程氏三宅 7－451c
《程氏易传》 9－475f
程式（戏曲） 8－143d
程式诉讼 5－427d
程思远 1－590e
程颂云 1－590c
程遂 9－380e
程邃 1－590f
程廷祚 8－437b
程庭桂 4－424b
程潼 1－590d
程伟元 3－61a, 3－471d
程喜发 2－427c
程祥芑 1－589a
程珣 1－589d
程序 1－591a, 4－92d
程序保障 6－297b
程序单位 1－591a
程序法 1－591b, 7－200b
程序控制 4－479c
程序理论 4－92b
程序设计 1－591b
程序设计语言 1－591c
程砚秋 1－592a
《程砚秋文集》 1－592c
《程砚秋演出剧本选集》 1－592c
《程砚秋在舞台上》 8－499d
程阳风雨桥 1－592d, 2－569b
程阳永济桥 1－592d
程瑶田 1－592e

程颐 1-592e, 1-191e, 2-422d, 3-112b, 7-451c
程乙本 3-61b
程异 2-429a
程易畴 1-592e
程幼林 8-383f
程玉兰 3-427a, 6-183c
程昱 8-382a
程裕淇 1-593a
程元振 7-301e, 7-306b
程哲 7-366e
程正揆 6-603d
程正叔 1-592e
程知节 1-53f
程志 6-519d
程钟龄 1-141c
程朱理学 5-13a, 7-168d, 9-291d, 9-487f
程朱学派 1-593b, 7-168d, 7-295b
程子华 1-593c, 8-344b
《惩罚集》 9-71b
惩罚性违约金 7-545e
《惩治反革命条例》 2-457c
《惩治贪污条例》 2-457c
澂江府 1-594a
澂江路 1-594a
澂江县 1-594a
澄观 1-593d, 3-539f
《澄怀园文存》 9-209c
澄江动物群 1-593e, 3-366e
澄江县 1-594a
澄泥砚 1-594a
澄上人 9-574c
澄州 3-320a
橙 1-594b, 1-594b
橙花醇 8-199a
橙花醛 5-597d
橙黄鲨科 7-59e
橙色扶桑 2-599e
橙酮 3-599a
秤 1-594c, 3-467b
秤星树 2-331d
吃斋 9-175f, 9-176a
鸱鸮科 8-213a
鸱夷子皮 2-483a
蚩尤 1-594d
痴呆 1-594d, 4-558c, 9-321a
痴呆综合征 9-321a
《痴儿历险记》 2-177c, 3-103e
《池北偶谈》 7-508d
池财官 4-282e
池坊派 3-526a
池杉 6-442d
《池上双禽图》 8-347f
池式鱼道 9-59d
池塘养鱼 1-594f
池州调 6-213d
池州港 1-595b
池州市 1-595a, 1-98c
弛刑 8-312d
弛豫 1-595c
弛豫过程 1-595c
弛豫时间 1-595c
《驰骋在博登湖上》 3-374c
驰道 1-595b, 6-197c, 9-296b
迟发反应 8-375e
迟浩田 1-595c
迟脉 5-301e, 5-301f
迟闷 2-316f
迟水 9-531b
持股公司 1-595e
《持棍男人体》 7-201f
持国天王 7-148c
持节 2-348c
持节都督 4-215d
持戒 5-136f
持久极限 6-77c
持脉 5-301f
持续农业 5-612b
持续性非卧床式腹膜透析 7-415f
持续性全身淋巴结病 1-81d
持续性循环式腹膜透析 7-415f
持续言语 8-428d
持斋 9-175f
墀马类 1-410b
尺 5-393f, 7-28f
尺八 1-595e
尺寸公差 3-130b
尺寸偏差 3-130b
尺牍 1-595f, 7-46e
尺度效应 8-17b
尺蛾 1-595f
尺蛾科 1-595f
尺蠖 1-595f, 2-406a
尺蠖蛾 1-595f
《尺蠖蛾》 8-9b
尺脉 5-302a
尺尊公主 2-123a, 7-162c, 7-585e, 9-156b
伬唱 2-616c
伬社 2-616c
呎 8-615c
齿（机械） 1-596a
齿耙 1-191b
齿白蚁 1-208b
齿槽 1-596a
齿顶圆 1-596a
齿根圆 1-596a
齿痕舌 6-479a
齿屐 5-489f
齿距 1-596a
齿科材料 8-202d
齿轮 1-596a
齿轮测量 1-596b
齿圈压板冲裁 2-8d
齿数 1-596a
齿条千斤顶 6-156e
齿镶 7-43b
齿羊齿 9-457f
齿叶 8-389a
齿印舌 6-479a
豉油 4-194a
斥堠铺 8-562d
赤壁 1-596b
《赤壁赋》 7-194e, 7-586b
《赤壁怀古》 7-194d
赤壁市 1-596c
《赤壁图》 8-61f
赤壁之战 1-596c, 1-596b, 6-387e
《赤壁之战》 6-260c
赤壁之舟 3-298f
赤甓 1-336b
赤潮 1-596e, 4-546b
赤潮生物 8-504a
《赤诚的血》 1-295e
赤城居士 7-114c
赤鹑 1-112c
赤道 1-597a, 2-228d
赤道板 4-156e, 9-48f
赤道标志 2-223d
赤道槽 6-275c
赤道地平视差 7-30b
赤道辐合带 6-275c
赤道几内亚 1-597b
赤道几内亚共和国 1-597e
赤道几内亚民主党 1-597e
赤道纪念碑 1-598a, 2-223d, 7-232d
赤道距度 6-406a
赤道面 7-360f
赤道逆流 2-116a
赤道潜流 1-598b
赤道人种 1-138b
赤道日晷 6-324b
赤道之国 2-407e
赤道坐标系 7-357d, 7-360f
赤狄 2-208c
赤底统 2-424a
赤点石斑鱼 6-593c
赤豆 1-598c, 8-222d
赤翡翠 2-531b
赤峰市 1-598d
赤峰县 1-598d
赤茯苓 2-603a
赤根菜 1-395c
《赤光》 2-199a
赤褐色鹰 9-14d
赤狐 1-598d
赤虺河 1-600a
赤矶山 1-596c
赤间关 8-158c
赤肩鹰 9-14d
赤箭 7-353f

赤胶 9-532e
赤经 7-360f
赤嵌 1-598f, 7-249a
赤嵌城 9-272b
赤嵌街 1-598f
赤嵌楼 1-598f, 7-249a
赤老温 9-97c
赤链蛇 1-598f
赤鹿 5-172a, 5-269c
赤马关 8-158c
赤螨 6-80c
赤眉军 1-599a, 2-204d, 5-118d
赤眉、绿林起义 1-599a
赤霉素 1-599e, 3-530b
赤皮青冈 1-524f
《赤贫》 8-95e
《赤旗》 6-316e
赤旗事件 8-323e
《赤桑镇》 6-402c
《赤色的诗歌——第三国际颂歌》 3-120d
赤沙快火 6-499e
赤参 2-140b
赤式构型 1-600f
赤菽 8-222d
赤水河 1-600a, 5-326f, 7-149a, 7-225f
赤水十丈洞瀑布 9-577c
赤水市 1-600b
赤水厅 1-600b
赤水县 1-600b
赤松 7-161b
赤松大仙 3-581f
赤松德赞 1-258f, 5-39f, 9-156b, 9-157c
赤松德赞墓 6-438d
赤松观 3-582a
赤松子 1-600b, 3-582a
赤塔共和国 9-115a
赤铁矿 1-600c
赤铜矿 1-600d
赤纬 7-360f
赤乌场 6-347f
赤藓糖 1-600e
赤小豆 8-222d
赤胸步甲 6-189b
赤血盐 8-411c
赤眼蜂 6-537e
赤眼鱼 1-600f
赤眼鳟 1-600f
赤杨 6-123a
赤鱼 3-336c
赤芝 5-97c
赤字 1-462f
赤字财政 1-462f
赤字预算 1-162f
《炽盛光佛》 2-377a
翅 2-1a
翅抱 2-34d
翅果 3-300a
翅果蓼属 5-70b
翅茎草属 8-362d
翅荠 6-185c
翅叶木属 9-535a
翅嘴红鲌 8-303c
敕牒 3-82e
敕勒 2-1b, 7-380e, 7-417c
敕勒川 2-86b, 3-496d
《敕勒歌》 2-1b
《敕令国子监集博士儒徒》 2-13b
《敕修百丈清规》 2-54a
敕走马牌 8-477d
冲（天文） 4-15a
冲伯集团 5-152a
《冲出亚马逊》 1-146d
《冲出云围的月亮》 4-188d
冲动传导异常 8-254e
冲动发源异常 8-254e
冲动式汽轮机 6-152e
冲断层 2-368b
冲断推覆体 7-448e
冲锋队 2-1b
冲锋枪 2-1c
冲关 7-405c
冲击 2-1e
冲击变质岩 1-346b
冲击变质作用 1-346e
冲击波 2-1f, 1-253e
冲击回转钻机 7-290e
冲击式水轮机 7-93e
冲击钻 9-572e
冲积岛 5-258a
冲积河流阻力叠加原理 1-89f
冲积平原 2-2a, 6-93f
《冲积期化石》 9-218c
冲积砂矿 6-430c
冲积扇 2-2b, 2-370b
冲积扇平原 2-2b, 2-2c
冲积土 1-544a
冲浪运动 2-2c
冲力 2-2d
冲量 2-2d
冲脉 2-2d
冲末 9-99a
《冲破黎明前的黑暗》 9-394c
冲绳海槽 2-321b
冲绳诸岛 5-130d
冲刷面 1-488c
冲天炉 3-127c, 9-506a
冲天牌楼 2-492e
冲突 4-435b
冲突点 2-165a
冲突法 2-2f, 3-274b
冲突规范 2-2f, 2-217a
冲突理论 2-3c, 2-68a, 4-435a
冲泻质 3-424c
《冲虚真经》 5-75f
《冲虚至德真经》 5-75f
充分必要条件假言命题 4-146b
充分就业 2-3d
充分就业失业率 9-542b
充分条件假言命题 4-146b
《充满爱的时刻》 3-83f
《充满幻觉的保利赛娅》 1-93a
充气筏 2-435c
充气管 2-3e, 9-254d
充气光电管 3-220f
充血 2-3f
充盈性尿失禁 5-590a
春陵军 1-599c, 3-375a
《春陵行》 9-93b
虫白蜡 1-200f, 2-4a
虫草蝠蛾 1-340b
虫草属 5-295d
虫管化石 6-340d
虫积证 2-3f
虫胶 7-62b, 9-532e
虫蜡 2-4a
虫螨威 2-589e
虫媒植物 4-540f
虫苗 5-412d
虫书 5-588f
虫穴 6-340d
虫牙 4-481d, 6-256e
虫瘿 2-142f, 9-20b
重瓣白木槿 5-490a
重瓣白樱花 9-12f
重瓣红樱花 9-12f
重瓣胃 2-469a
重瓣一品红 8-510f
重瓣紫木槿 5-490a
重唱 3-96d, 6-218e
重氮化反应 2-4a
重氮化合物 2-4b
重氮化试剂 2-4b
重氮盐 1-310d, 5-40f, 5-516b, 6-27c
重叠法 7-415b
重叠寄生 4-105e
重对数律 2-105b, 4-425e
重耳 3-366d, 4-275f, 6-200b
《重逢》 6-451d
《重逢三部曲》 6-582b
重复抽样 2-10e
重复调查 2-303b
重铬酸钠 2-4c
重婚 2-4d, 4-2f
重积分 2-391c, 7-538b
《重辑李清照集》 4-608a
《重建独立和民主的奥地利国家条约》 1-119c
《重建国际秩序》 5-208b
重建时期 2-4e
《重建永宁寺记》 9-26e
重结晶 2-5a

重九节 2-7a
重九起义 9-480c
《重刊官话合声字母序例及关系论说》 7-518d
《重刊五色潮泉插科增入诗词北曲勾栏荔镜记戏文》 1-543e
重脉鬼笔 3-244d
重排反应 2-5a
重庆大学 2-5d
重庆府 2-5e
重庆嘉陵江公路桥 5-54a
重庆建筑大学 2-5d
重庆建筑高等专科学校 2-5d
重庆校场口事件 4-592a
重庆路 2-5e
重庆市 2-5d
重庆市行政区划 2-5e
重庆塑料厂 8-348a
重庆谈判 2-6e, 9-392b
重庆图书馆 2-6d
《重庆掌故》 7-490f
重舌目 2-6f
《重生》 2-452c
重碳酸钠 7-293e
重头小令 6-408f
重五节 2-366c
重午节 2-366c
《重熙条制》 5-64c
《重现的镜子》 5-200c
《重现的时光》 9-517a
《重详定刑统》 7-165e
《重写学术史》 5-1b
《重新计算》 3-86d
《重修兰亭记》 7-602d
《重修于忠肃庙碑》 9-102b
重玄之道 1-580c
重言 5-47b
重演律 3-330a
重阳 2-7a
重阳宫 2-7a, 7-492a
重阳节 2-7a
《重阳立教十五论》 7-492a
重阳木 2-7b
《重阳全真集》 7-492a
重阳万寿宫 2-7a, 7-492a
重阳子 7-491f
《重右卫门的末日》 7-371b
重褶齿猬 7-2c
《重整河山待后生》 5-234e
重整碰撞 3-434d
重正化 2-7c, 1-543b
重奏 2-7c
崇安县 8-61e
崇道 6-16e
崇德县 7-400e
崇福寺 2-459c
崇高 2-7d
《崇高的疾病》 6-33f
崇古派 8-536e
崇侯虎 9-472c
崇厚 9-168f, 9-329f
崇基学院 8-196e
崇陵 6-232d
崇明岛 2-7e, 6-138f
崇明水仙 7-102a
崇明县 2-7f
崇明镇 2-7f
崇明州 2-7f
崇谟阁 6-519f
《崇宁藏》 2-122c
崇庆府 2-8a
崇庆县 2-8a
崇仁门 2-81b
崇善县 2-8c
《崇尚自然的运动》 3-83f
崇圣寺 2-89f
崇圣寺千寻塔 2-89f, 7-236f
崇圣寺三塔 2-89f
崇天门 2-81b
崇文馆 2-8a, 3-468c
崇文寺塔 6-447c
崇文院 2-8a, 1-475f
《崇文总目》 2-8a
崇贤义塾 8-61b
崇雅社 7-370a
《崇祯长编》 6-614a
崇祯帝 2-8a
《崇祯历书》 7-298f, 8-368c
崇政殿 6-519f
崇政院 7-50f
崇政院使 8-45d
崇州 5-543d
崇州市 2-8a
崇左市 2-8b, 6-95d
崇左县 2-8c
冲裁 2-8c
冲裁模 5-486c
冲压 2-8c
冲压发动机 3-393f, 6-61b
冲压水压机 7-104a
抽搐 1-432c
抽词标引 1-353b
《抽离与情移》 2-10a
抽汽背压式汽轮机 6-152e
抽汽凝汽式汽轮机 6-152e
抽纱 3-525c
抽神经 6-256e
抽水蓄能电站 2-8e
抽水蓄能发电 7-88e
《抽思》 6-252c
抽屉原理 2-9a
抽象表现主义 2-9b
抽象代数学 2-128f, 7-71c
抽象电影 8-169f
抽象概括过程障碍 7-119f
抽象概念 3-31b, 4-441f
抽象劳动 2-9c
抽象派 2-10a
《抽象群论》 6-580a
抽象思维 2-9d, 2-9e, 7-119d
抽象行为 8-320f
抽象艺术 2-9e, 2-10a, 2-10b
抽象与具体 2-9e
抽象主义 2-10a, 2-443c, 4-401a
抽样 2-10c
抽样单元 2-10d
抽样调查 2-10d, 6-485e, 7-406b
抽样推断 2-10d
抽样误差 2-10e
抽样总体 2-10e
《抽着烟斗、包扎着耳朵的自画像》 2-467c
抽脂 9-292f
䌷 2-10f
绸 2-10e
绸吊 2-10f
绸缎 2-10f
绸舞 2-11a
《畴昔篇》 5-234a
酬神 6-8d
稠化 9-292d
稠环芳烃 2-493c
稠环杂环化合物 9-146b
稠密大气层 7-257c
《愁云》 4-611f
筹（计算工具） 2-11c
筹安会 3-484b, 8-454e, 9-103c
《筹办夷务始末》 2-11b
筹备立宪 9-80f
筹策 2-11c
《筹海初集》 3-207c
《筹海图编》 3-512a
筹算 2-11c, 9-340b, 9-493c
《筹洋刍议》 8-368d
筹资会计 1-462d
丑 2-11e
丑 2-12a
丑旦 2-147e
《丑角的晨曲》 4-528a
《丑角之花》 7-271b
丑脚脸谱 5-48b
《丑末寅初》 5-234e
丑生 5-276f, 9-132c
丑时 3-33f
《丑小鸭》 1-108d
丑鱼 1-112d
臭板虫 2-39b
臭椿 2-12c
臭葱石 2-351e
臭大姐 2-39b
臭汗症 2-12c

臭冷杉 4-575e
臭鼩 6-255a
臭梧桐 5-240b
臭腺 1-231b
臭氧 2-12d, 2-98b
臭氧层空洞 6-262d
臭氧化钾 2-12e
臭氧化物 2-12e
臭氧武器 2-12f
《出埃及记》 9-64b
出版 2-12f
出版电子 2-294c
出版物 2-13f
出版自由 2-14a
《出版自由》 2-360c
出差 7-365e
出超 3-270b, 5-328e
出典人 2-271f
出家 2-14b
出家道士 2-166a
出筋 5-142d
出口 2-374f
出口补贴 2-14b
出口产业政策 2-14c
出口导向工业 2-14d
出口加工区 2-14d
出口津贴 2-14b
出口贸易 3-270a
出口配额 4-268f
出口税 2-14e, 3-206b
出口替代战略 2-14f
出口退税 2-15a
出口信贷 2-15b
出口许可证 2-375a
出廓玉璧 1-336a
《出了毛病》 3-331b
出眠 2-331c
出纳 2-15b
出纳员 2-15b
出入相补原理 8-36c
《出塞》(诗，罗松窗) 5-219c
《出塞》(诗，王昌龄) 7-491c
出痧 3-202e
出生地主义原则 7-77f
出生国籍 3-257b
出生率 2-15c
出生婴儿性别比 2-15c
出手（戏曲） 2-71c
出售 9-524f
《出逃计划》 1-315d
出现电势谱 1-355c
《出现在圣海尔因斯前的圣母子》 4-370d
出血 2 15d
出血毒素 6-536c
出血性疾病 7-56c
出血证 5-13d
出芽生殖 6-549d, 8-22d
出镇 9-258f
出质人 9-316f
《出自蓟北门行》 8-345d
《出租》 3-62e
《出租汽车司机》 2-183c
初步勘验 8-178b
《初步总结》 7-331b
《初出茅庐的批评家》 1-70c
初次运移 9-40c
《初等代数和几何的判定法》 7-238a
《初等地理教科书》 9-212a
初等教育 2-15e
初等数论 2-15f
初等小学堂 3-245a
初级产品 2-16b
初级产业 2-263c
初级飞羽 2-1a
初级农业生产合作社 5-615e
初级群体 2-16c
初级人才 6-284a
初级溶酶体 6-333e
初级社 5-615e
初级师范学堂 3-245a
初级饲料 6-59c
初级宇宙线 9-68f
《初级中学乐理教科书》 8-219d
初见水位 2-243b
《初经》 6-133c
初萌 8-499b
《初梦》 4-455f
初民社会 6-481f
初目舞 1-542b
初期复苏 8-248d
初侵染 9-302d
初晴 5-318b
初乳 5-403c
《初审法院：美国司法的神话和现实》 2-591f
《初升的太阳》(诗集) 1-68b
《初升的太阳》(戏剧) 7-221b
初生壁 8-149b
初生菌丝体 2-148b
初生皮 6-346a
初生体腔 4-145f
初生纤维 3-552d
初始函数 2-253d
初始序数 3-133f
初释本 9-497e
初霜 7-81d
初税亩 2-16d, 9-563f
初岁 4-529d
《初潭集》 5-4e
初唐诗歌 7-313a
初唐四大书法家 7-47e
初唐四家 6-18b, 9-66c
初唐四杰 2-16d
《初吻》 7-183a
《初夏》 1-574e
初相位 1-372e
初旭（茹志鹃笔名） 6-338f
《初学集》 6-167c
《初雪》 5-173e
初育土纲 7-442d
《初月》 1-482e
初值问题 1-526f
《初中本国史》 1-568e
初转法轮 7-34a
樗 2-12c
樗鸡 4-529e
樗里疾 6-196c
除草剂 2-16e, 5-611c, 9-302a
除尘技术 2-16f
除尘器 2-16f
除尘装置 2-16f
除虫菊 2-16f, 4-333d
除虫菊酯 2-17a
除数 9-263d
除数函数 7-67e
除数和函数 7-67e
除夕 2-17a
除夜 2-17a
《除夜宿石头驿》 2-135a
《厨房》 8-437f
厨房电器 4-129c
厨房内阁 9-279d
厨房文学 1-72e
厨师 2-17b
厨师长 2-17c
《滁州西涧》 7-545a
滁州 2-17c
滁州市 2-17c, 1-98a
《雏鸽药苗图》 8-347f
雏鸡螺菌 5-225d
雏祭 6-27d
雏祭祭台 6-27d
雏菊 2-17d
雏菊属 2-17d
《雏鹰》 5-217e
处方药 2-512a
处境性同性恋者 7-398f
《处决公社社员》 5-270f
《处理海洋观测值的动力学方法》 9-571c
处理器（计算机） 9-443c
处罗可汗 7-211c
处女地 4-465d
《处女峰》 8-550e
处女林 9-105f
处女膜 8-571c
《处女泉》 1-397f
处女生殖 2-144d
处暑 2-427d
《处死》 1-36d
《处死侵略者》 8-94c
处置德国问题 8-394e

处置权 1-503d
楮 3-155c
储安平 2-17d
储备 9-517e
储备电池 2-273e
储能材料 2-17e
储氢材料 2-17f
储水式电热水器 2-287b
储蓄 2-18a
储蓄存款 2-18a
储蓄生命周期假说 5-467f
储蓄型 6-483e
储蓄医疗保险 8-535a
楚 2-18b
楚 2-18d, 8-45d
楚帛书 1-403d
楚帛书图像 2-18e
楚辞 2-18e
《楚辞地理考》 6-274a
《楚辞概论》 9-43b
《楚辞校补》 7-603e
《楚辞书录》 6-274c
楚辞体 6-414a
《楚辞学论文集》 4-186c
《楚辞纂义》 9-43b
楚德人 1-87f
楚调 2-20a, 7-148a
楚歌 3-373c
楚格峰 2-172e
楚共工 8-422d
《楚光日报》 2-332b
楚国 2-20e
楚国长城 1-509c
《楚汉春秋》 7-8a
《楚汉风云》 4-605c
楚汉战争 2-19a, 2-19a, 3-374d
楚怀王 8-206c
楚皇城遗址 8-540a
《楚江情》 8-95d
楚剧进化社 6-520e
楚科奇半岛 2-19e
楚科奇海 2-19e
楚科奇人 6-303f
楚科奇语 3-178b
楚克迈耶,C. 2-19e
《楚库克－凯那尔吉和约》 2-404b, 4-452d
《楚留香传奇》 3-172b
楚鲁特河 6-416c
楚梅布 4-308b, 7-579f
《楚囚之歌》 1-259b
楚曲 2-20a, 4-104b
《楚曲十种》 4-104b
楚人 2-20d
《楚人歌》 2-18e, 2-20b
楚声 2-20a
楚太子狱 2-20b
楚铜龙节 2-605b
楚图南 2-20c, 9-383e
楚瓦什人 2-20d
楚瓦什语 2-20d
楚威王 9-514b
楚文化 2-20d, 2-579f
楚武王 6-252a
楚舞 3-373c
楚雄市 2-21a
楚雄县 2-21a
楚雄彝族自治州 2-21a
楚泽,K. 4-89d
《楚泽流芳图》 2-310e
楚州 2-5e
楚庄王 2-21b, 2-37b
褚德彝 1-558f
褚稼轩 7-213f
褚临本 4-542c
褚人获 2-21c, 6-585f, 7-213f
褚石农 7-213f
褚遂良 2-21c, 2-115c, 7-306d, 7-315c, 9-223a
褚应璜 2-21d
畜生道 7-153d
《鄐君开通褒斜道记》 6-596f
触变性 5-598c
触错觉 2-60f
触电 2-21e
触发器 2-22a
触觉 2-22a
触觉定位 2-22b
触觉感受器 2-22a
触觉感受性 2-22b
触媒 2-22b, 2-57a
触摸觉 2-22a
触杀剂 6-421c
触痛 4-35b
触腕 6-336e
触压觉 2-22a
触诊 1-114e, 5-381c, 7-342a
啜里只 5-67f
川（四川省简称） 7-145b
川北医学院 5-520d
川贝母 2-22b, 1-297f
川菜 2-22b, 1-181b, 7-144a
川草花 8-362a
川楚白莲教起义 2-22b
川党参 2-152e
川东道 2-5e
川豆 1-474a
川端康成 2-22d, 3-466d, 8-266c
川归 2-151d
川汉铁路 7-143f
川江 1-513a
川金丝猴 6-513c
川剧 2-22e, 1-181b
《川剧丑脚表演程式》 5-106a
《川剧旦脚表演艺术》 8-452e
《川剧高腔乐府》 9-192c
《川康滇铜矿纪要》 2-575e
川康公路 2-23c
川口湖 3-21b
川蜡 2-4a
川梨 4-579d
川连 3-591d
川楝 5-49f
川楝素 2-22f
川龙河 4-154d
川木香属 4-333b
川泡桐 6-49d
川崎 2-23a
川崎大师 2-23a
川崎港 2-23a
川崎氏病 2-23a
川陕苏区 7-432e
川上冬崖 6-319c
川式糕点 3-81f
川乌 8-9d
川西平原 1-577a
川芎 2-23b
川芎嗪 2-23b
川藏公路 2-23c
川中丘陵 2-23e
川州 1-283c
氚 2-23e
《穿鼻草约》 8-387f
穿鼻洋 3-519a
穿刺 2-23f
穿宫牌 8-477c
穿孔贝 2-24a
穿孔贝超科 2-24a
《穿猎装的查理一世》 2-464f
《穿墙人》 1-69f
《穿僧侣衣服的多米尼克舅父》 6-377e
穿山甲 2-24a
穿山甲属 2-24a
穿通性眼外伤 8-441a
穿透深度 1-531a
穿心莲 2-24b, 4-350d
穿心莲内酯 2-24b
穿心莲属 2-24b
《穿靴的雄猫》 2-268b
《穿衣玛哈》 3-86b
《穿越亚洲》 7-141a
穿针节 6-121d
穿针乞巧 6-121e
传变 2-24c
传播权 9-290c
传播现象 2-24c
传播行为 2-24c
传播学 2-24c
传播学派 3-101f, 7-589b
传出神经 7-476b
传大招 2-28b, 9-558a

传导热疗法 6-280f
传导式（间接）干燥器 3-33d
传导紊乱 2-24f
传导性聋 2-420c
传灯 4-310d
传递标准 1-486e
传递细胞 2-25a
《传递现象》 3-548e
传动 2-25b
传动比 2-25b
传动系 4-34b
传动系统 3-123b
传动轴 9-478b
传粉 2-25c
传感器 2-25d
传感器总线 8-178d
传化 2-24c
传教大师 9-574c
传胪 4-428c
传胪大典 4-429a
传奇 2-25e, 5-445d
《传奇》(裴铏) 5-445d
《传奇》(张爱玲) 9-189c
传奇剧 8-142f, 9-266d
传奇戏曲 2-25e
传染病 2-25f, 2-339e
《传染病的免疫疗法》 1-413e
传染性单核细胞增多症 2-26a
传染性非典型肺炎 2-26b
传染性红斑 2-26e
传染性软疣 2-26e
传热方式 2-26f
传热过程 2-145b
传热系数 2-372f
传热学 2-26f
传入神经 7-476b
传入神经元 6-512d
传神 5-137a, 6-300f, 8-233a, 8-238e
传神论 2-27a
传输控制协议 9-587c
传输型成像侦察卫星 1-580c
《传说》 1-43a
《传说集》 1-294a
传说时期 2-27b
传统步枪 1-456b
传统材料 1-458e
传统集邮 4-78a
传统技术 9-131e
传统逻辑 3-167b, 5-222f, 8-322b
传统农业部门 2-430c
《传统是一条河流》 3-601b
传统陶瓷 7-324e
传统陶艺 7-327c
传统戏 2-27f
传统营销观念 7-27e
传统照相机 9-237b
《传习录》 2-28a
传像束 3-230a
传销 2-28a
传销员 2-28a
传小招 2-28c
传招 2-28b
传招法会 9-558a
传真 2-28d
传质分离 2-545c
传质分离过程 2-145b
船舶 2-28d
船舶操纵技术 3-392a
船舶操纵性能 3-392a
船舶代理 2-29c
船舶登记 2-29d
船舶计税标准 1-546b
船舶救生 3-392c
船舶气象仪 3-392f
船舶损害保险 1-247a
船舶天气公报 3-392f
船舶天气图 3-392e
船舶无线电导航 3-392b
船舶优先权 9-30a
船场溪 4-321b
船灯 6-50e
船底座α星 4-558f
《船歌》 4-239e
船棺葬 2-29e, 7-444e
船级社 2-29f
船旗国 2-30a, 3-132a
船蛆 2-30b
船山病叟 7-495b
船山老农 7-495b
船山老人 2-30c
船山先生 2-30c, 7-495b
船山遗老 7-495b
《船山遗书》 2-30c
船式分子构象 3-155e
船台 3-327a
船位船姿测量系统 1-486f
船坞 2-30c
船坞登陆舰 2-192b
船形拖拉机 7-456b
船艺 3-392a
船闸 2-30e, 3-302e, 7-389b
船站 3-340e
船政学堂 2-616d
船中八策 1-227e
椽笔 5-313b
喘证 2-30f
串级萃取理论 8-344a
串级反应 2-31c
串口 1-269e
串联 2-31b
串联反应 2-31c
串联式火箭 4-11d
串联组合 2-31b
《串龙珠》 2-306b
串式风筝 2-570c
串五（蚕丝） 3-516e
串行计算机 4-90a
串珠 3-153d
创伤 2-31d
创伤性磨牙根横断 1-189c
创伤性内窥镜术 5-556b
窗 2-31e
窗格目 8-156b
"窗帘"-1光电对抗系统 9-587d
《窗外》(电影) 5-84e, 6-198b
《窗外》(小说) 6-239b
《窗子以外》 5-82d
《床》 4-556c
床沙质 3-424c
幢 2-31f
《闯江湖》 8-42a
《闯入者》 1-441b
创价学会 1-259a, 6-316c
创垦出版社 8-349d
《创腔经验随谈》 1-592c
《创世记》 8-516b
《创世纪》 2-32b
创新 2-32c
创新大学 5-276a
创新的经济周期理论 4-296b
创新活动 4-296b
创新理论 8-332e
《创业》 9-208e
创业板市场 2-32d
《创业史》 5-134c
创业投资基金 2-32e
创意曲 3-9e
《创造》 5-9d
创造货币 6-458d
创造力测验 9-320f
《创造力、人和救世主》 7-543a
创造社 2-32e, 3-251c
创造社（韩国文学团体） 4-239e
《创造社丛书》 2-32f
创造想象 8-203e
创造性 2-33a
创造性发展 2-33a
创造性思维 2-33c
创造性投资理论 2-33b
《创造亚当》 5-396a
《创造月刊》 2-33a
《创造者和发现者》 1-449b
创制权 2-33c
创制原则 8-530f
创作版画 1-230c
《创作感受谈》 1-574e
创作科学 8-403e
《创作哲学》 1-85f
吹鞭 7-234e
吹拨 3-607e
吹吹腔 1-210f

吹打乐 2–33d, 3–190c, 5–224f
《吹笛少年》 5–270e
《吹肥皂泡的少年》 8–162b
吹粉 1–343c
吹风机 2–273f
吹歌会 2–215e
吹炼法 9–511e
吹沫虫 5–467c
吹牛皮 6–71f
吹泡虫 5–467c
吹腔 5–191e
吹扎布 7–435e
《垂拱集》 8–62c
垂虹亭长 1–563e
垂花门 7–150a
《垂老别》 2–356e
垂帘听政 2–44b
《垂帘听政》 4–597a, 8–193f
垂柳 5–134e, 8–458f
垂世八宝 4–313e
《垂死的高卢人》 3–179d, 4–377d
《垂死的奴隶》 5–396a
《垂死挣扎》 4–446b
垂体 2–33e, 8–159c
垂体本身受压症候群 2–34a
垂体促肾上腺皮质激素瘤 4–491c
垂体功能低减 2–33f
垂体功能亢进 2–33f
垂体激素 2–33f
垂体前叶功能亢进 2–34a
垂体前叶继发性功能减退症候群 9–291f
垂体腺瘤 2–33f
垂体性闭经 1–329a
垂体性身材矮小症 6–549a
垂体周围组织受压症候群 2–34a
《垂线偏差》 3–445a
垂笑君子兰 4–360c
垂枝桦 3–559a
垂枝梅类 5–330d
垂枝樱花 9–12f
垂直带谱 9–301c
垂直多元化经营 2–390e
垂直和短距起落飞机 2–34b
垂直兼并 4–153b
垂直论 3–156e
垂直能见度 2–99d
垂直起落 2–34c
垂直起落飞机 2–34b
垂直气候带 6–143b
垂直性差异 2–228a
垂直植被带 9–301b
垂直轴风力机 2–566a
垂轴色差 6–415e
槌球游戏 5–367d
锤 2–34c
锤角亚目 2–34d
《春》(S.博蒂切利) 1–413a, 7–614c
《春》(E.蒙克) 5–370e
春材 5–585d
春蚕 8–471e
《春蚕》 8–167c, 9–351b
《春草闯堂》 2–34e
《春潮》 3–333c
春川 2–34e
春大麦 2–95d
《春到西藏》 2–334e
《春的歌集》 3–515f
《春的喜歌》 5–287d
春灯 2–190f
春灯谜 2–190f
《春灯谜》 6–343d
春典 2–34f
春点 2–34f
春分 2–427f
春分点 2–35a, 1–597b, 2–549a, 7–360f
春分日 3–134c
《春风》 5–82b
《春歌》 3–112c
《春宫怨》 2–363b
春官宗伯 9–469e
《春光乍泄》 7–499d
《春寒》 8–167d
春航义务学校 2–579b
《春和修罗》 3–143d
春化作用 2–35a
春季养生 7–154a
《春江花月夜》 2–35b, 6–200c
《春江花月夜》(张若虚) 9–206d
《春江晓景》 3–253b
春讲 4–298d
春节 2–35b, 8–280e
《春节组曲》 4–598b
春菊 4–333b
春兰 4–540d
《春雷》 5–83b
春联 2–35d, 7–322c, 9–17d
春柳社 2–35d, 3–17b, 4–610f, 5–119d
春龙节 2–430e
春萝卜 5–222b
《春满人间》 1–208a
春梅 5–330d
《春明外史》 9–196a
《春牛图》 7–560f
《春暖花开的时候》 8–480d
春傩 6–8c
《春琴传》 3–183c
《春情》 5–370f
《春情寄子安》 9–61e
春秋 2–35f
《春秋》 2–38a, 3–191d, 8–135e, 8–171a
《春秋笔》 3–249f
《春秋笔削微言大义考》 4–406c
《春秋长历》 2–363f
《春秋繁露》 2–38b
《春秋繁露义证》 2–38c
《春秋繁露注》 2–38c
《春秋穀梁传》 3–191d
《春秋穀梁传集解》 3–191d
《春秋穀梁传注疏》 3–191d
《春秋经》 1–334a
春秋决狱 2–335e
春秋呢 6–433a
《春秋内传》 9–578c, 9–579a
《春秋配》 2–22f
《春秋三书》 9–204b
春秋三传 8–171b
《春秋释例》 2–363f
《春秋外传》 3–297c
春秋五霸 2–38c, 6–200b, 9–340a
《春秋阴阳》 1–575f
《春秋灾异》 1–575f
《春秋战国异辞》 6–134f
《春秋左氏经传集解》 2–363f
《春秋左氏传》 9–578c, 9–579a
春砂仁 4–186a
《春山积翠图》 2–133e
《春山晴霭图》 3–69a
《春山图》 8–423d
《春山行旅图》 5–3f
春社 6–501c
《春社图》 4–612e
春申 6–465a
春申江 6–465a
春申君 2–38e, 6–465a
春树 2–158a
《春树奇峰》 4–547d
《春水》 1–364f
春睡画院 3–68c, 5–100f
春台班 7–486c, 7–573c, 5–401c, 9–58e, 9–62c
《春桃》 8–353a, 9–352b
《春天》(艾青) 1–79e
《春天》(L.van 贝多芬) 1–289d
《春天》(R.舒曼) 7–53d
《春天大合唱》 5–277f
《春天·大水》 5–74e
《春天的十七个瞬间》 4–62c
《春天的雾》 1–81b
《春天的消息》 2–418c
《春天歌谣集》 8–125d
春贴 2–35d
春贴纸 7–322c
《春望》 2–356e
春闱 4–428c
春温 2–38e
《春溪渡牛图》 4–612e
春夏榜案 5–516e
春夏养阳 9–449b
《春香歌》 6–507b
《春香传》 2–38f, 1–542d
《春晓》 5–384c

春信式 5-97e
《春兄堂诗集》 1-566c
《春雪》 8-29f
春汛 8-383d
春阳社 2-39a
春阳友会 3-391c, 9-58f
《春与秋》 5-399c
《春雨之夜》 7-511c
《春园》 4-141a
《春云出岫》 7-517d
《春云晓霭图》 3-69a
《春之祭》 2-39a, 7-135f
《春之梦》 3-501f
《春之声》 6-582c
椿属 5-49f
椿树 2-12c
《椿园载记》 5-221e
蝽 2-39b
蝽科 1-231b, 2-39b
蝽类 1-231b
蝽象 2-39b
鲭鲣属 4-247e
纯产品学说 4-506c, 9-462b
纯常子 7-594c
《纯常子枝语》 7-594c
纯粹持股公司 1-595e
"纯粹的"神权政治 6-514b
《纯粹的真理》 1-414e
纯粹法学 4-393b
纯粹法学派 4-393a
《纯粹经济学要义》 7-465a
《纯粹经验批判》 5-251c
《纯粹理性批判》 2-39d
《纯粹数学教程》 3-305c
《纯粹现象学通论》 8-542c
《纯粹与应用化学词典》 7-553a
《纯粹与应用数学杂志》 1-2f, 5-117b
纯粹主义 2-443c
纯电热炮 2-287a
纯电影 8-169f
纯橄榄岩 3-47a
纯公共产品 1-463f
纯拱坝 3-146b
纯合体 4-52d
纯货币经济周期理论 4-296c
纯碱 7-293d
《纯碱制造》 3-486a
《纯洁篇》 9-252b
《纯金》 5-470c
《纯净食品药品法》 5-218c
《纯理社会学》 7-609a
纯麻夏布 9-500b
纯麦芽糖 5-299b
纯美术 5-358c
《纯朴的诗》 5-243e
纯摄影 8-399e
纯诗论 8-125d
纯水 7-81e
纯虚数 3-12a
纯血马 2-39e
纯循环连分数 5-37b
纯压式灌浆法 3-218b
纯阳演正警化真君 5-178b
纯阳子 5-178b
纯音听力曲线 2-421c
《纯真年代》 4-570a
纯整数规划 9-265a
纯重力异常 9-461f
纯装饰艺术 9-515c
莼菜 2-39e, 7-256c
唇达摩鲨 4-205c
唇腭裂 2-39f, 5-159d
唇口目 2-39f
唇裂 2-39f
《唇裂与腭裂的整复术》 9-193a
唇形科 2-40a
《淳化阁帖》 2-40b
《淳化秘阁法帖》 2-40b
淳于恭 1-198a
淳于意 3-373d
淳于越 2-558a
鹑 1-112c
醇 2-40c
《醇酒集》 1-3f
醇酸树脂 2-40e
《蠢驴与糖果》 4-568b
戳子 9-512a, 9-19a
绰板 6-35b
绰空 6-194d
绰木拉利山 6-32d
词 2-40f
词典 2-41b
词典学 9-73f
词法 9-73f
词话 2-41c, 3-558f
《词汇》 2-41b
词汇学 2-41d, 9-73f
词汇语义学 2-41d
《词籍考》 6-274b
《词林纪事》 2-41e
《词林纪事补证》 2-41e
词律 2-41a
《词律》 2-41a
《词论》 4-607e
《词谱》 2-41a
《词选》 2-41e
《词学》 8-161f
《词源》 9-213f
《词苑丛谈》 8-345e
《词则》 1-208f
《词综》 2-41f
茨防 6-414f
茨冈人 4-65f
《茨冈人》 5-249f
《茨里尼》 4-446b
茨瓦纳人 2-42a
茨瓦纳语 1-225d, 1-276c, 2-42a
茨瓦纳族 5-522b
茨瓦内市 1-318a
茨葳格,S. 2-42c
茨韦格,A. 2-42b
茨韦格,S. 2-42c
茨维塔耶娃,M.I. 2-42d
茨维特,M.S. 6-416f, 6-417b, 8-506f
茨维伊奇,J. 4-365b
茨温格宫 2-181a
茨温利,U. 2-42e
茨欣瓦利 5-516d
祠部牒 2-364c
祠祀建筑 9-363f
祠堂 2-42e, 9-552f
祠堂法 9-553a
瓷都 4-311a
瓷觚 3-158a
瓷花 1-545c
瓷器 7-324d
瓷器鼻烟壶 1-314e
瓷器婚 4-223b
《瓷器与浙江》 1-567c
瓷塑 1-545c
瓷胎画珐琅 2-461b
瓷土 3-70d
瓷釉 7-318f
瓷状菱镁矿 5-99b
辞典 2-41b
辞赋 2-18e
《辞赋学纲要》 1-563f
辞格 8-337c
《辞海》 2-43a, 2-41b, 6-461b, 9-431c, 9-476d
辞让之心 7-149b
辞式 8-337c
《辞书研究》 6-461b
《辞书与信息》 1-571f
《辞源》 2-43a, 2-41b
辞章之学 3-294f
慈安 2-44b
慈悲 2-43b
《慈悲水忏》 1-505a
慈恩寺 2-43c
慈恩寺塔 2-115b
慈恩宗 2-456b, 7-546f
慈姑 2-43c, 9-167a
慈姑属 9-167a
慈觉大师 9-113d
《慈母泪》 4-605b
《慈母曲》 9-486e
《慈善家》 4-453a
慈善事业 2-43d, 6-489a
慈善学校 2-43e
慈石 2-48f

慈氏 5-390d
慈氏塔 9-126b
慈溪市 2-43f
慈溪县 2-43f
慈谿县 2-43f
慈禧 2-44b
慈禧陵 6-225a
慈禧太后 2-44a, 8-69b
慈幼局 8-198d
慈云桂 2-44d
慈竹 9-496d
磁饱和 7-379f
磁暴 2-44e, 1-399a, 2-220a
磁暴初相 2-44e
磁暴主相 2-44e
磁层 2-233f, 2-283c
磁层的基本结构 2 234a
磁层顶 2-234b
磁层亚暴 2-44f, 1-399a
磁场 2-45a, 2-274f
《磁场》 1-409b
磁场强度 2-45b
磁（场）生物效应 6-535e
磁场治疗 6-535e
磁畴 2-47d, 7-379e
磁处理水疗法 2-48a
磁单极子 2-45b, 2-210f
磁导率 2-45c
磁电系电表 2-289e
磁电阻材料 2-45d, 2-49d
磁电阻率 2-45d
磁电阻效应 2-45d
磁法勘探 2-45d
磁感应强度 2-45e, 2-45a
磁共振 2-45f
磁共振成像 2-46a
磁光晶体 4-301f
磁光效应 2-46d
磁化 2-47c, 2-49f
磁化率 2-45e, 2-47d
磁化强度 2-46e, 2-47d
磁化水 6-535e
磁化学 2-46f
磁黄铁矿 2-47a
磁记录材料 2-47b
磁介质 2-47c, 2-276e
磁镜装置 2-50c
磁矩 2-47e
磁力勘探 2-45d
磁力线 2-47f, 2-45a, 2-447d
磁力轴承 9-478d
磁疗 2-47f, 6-535e
磁疗法 8-73a
磁流体动力学 2-48d
磁流体发电机 2-48b
磁流体静力学 2-48d
磁流体力学 2-48c
磁流体轴承 9-478d
磁路 2-48d
磁罗经 5-205b
磁墨水扫描仪 6-414d
磁偏角 5-205b
磁鞘 2-233f
磁塞反应器 2-50c
磁山文化 2-48e
磁山遗址 2-48e
磁石 2-48f
磁水 6-535e
磁弹（性）效应 2-50d
磁铁矿 2-48f
磁通 2-49b
磁通量 2-49b
磁通量子 3-478c
磁通密度 2-45e, 2-49c
磁县 2-49c
磁县北朝墓群 3-74f, 7-477a
磁县地震 3-421c
磁性材料 2-49c, 2-278e, 2-559d
磁性瓷 7-385a
磁性地层学 2-219c
磁性锰合金 5-382e
磁性物理学 2-49e
磁性氧化铁 8-475a
磁悬浮列车模型 2-50b
磁悬浮铁路 2-50a
磁选 8-366d
磁学量 2-274e
磁异常 2-45d
磁约束聚变 2-50c
磁致冷材料 2-49d
磁致伸缩 2-50c
磁致伸缩材料 2-50d
磁致双折射 2-46e
磁滞 2-50e
磁滞回线 7-379f
磁滞损耗 2-50e, 7-380a
磁滞效应 7-379e
磁州 2-49c
磁州窑 3-356c, 9-54b
磁阻 2-50e
磁阻效应 4-21f
雌二醇 6-550b, 8-325d
雌黄 2-50f
雌激素 5-190d, 8-325d
雌激素疗法 8-325e
雌马养殖场 7-137d
雌球花 5-226d
雌全同株 2-51a
雌蕊 6-549f
雌蕊群 3-525b
雌性生殖器 6-549f
雌雄同体 2-51a, 6-549e
雌雄同体动物 2-51a
雌雄同体植物 2-51a
雌雄同株 2-51a, 3-525b
雌雄异体 6-549e
雌雄异株 2-51a, 3-525b
《此恨绵绵无绝期》 9-85d
次（假发） 4-144a
《次北固山下》 7-511d
次波 3-615a
次大陆 5-544e
次法线 6-249c
次干路 1-584b
次高山 8-372e
次黄嘌呤核苷 3-435c
次级变态 1-343f
次级标准 1-486e
次级飞羽 2-1a
次级群体 2-16c
次级溶酶体 6-333e
次级社会群体 6-499c
次级宇宙线 9-69a
次级种质资源 9-457a
次经 2-51b, 6-564a
次氯酸钙 6-83d
次马 5-254a
次生包裹体 1-236c
次生壁 8-149b
次生分散晕 3-573f
次生构造 2-248e
次生灌木林 3-218d
次生环境 9-540f
次生菌丝体 2-148b
次生矿物 4-9d
次生林 2-51b
次生体腔 7-342e
次生演替 6-541f
次生灾害 9-543d
次声波 2-51c
次声武器 2-51d
次声学 2-51c
次碳酸铋 9-307d
次乌头碱 8-9d
次序统计量 2-511f
次要矿物 4-9d
次韵 1-528f
伺服放大器 9-294f
伺服机构 7-64b
伺服系统 2-51e, 2-471d
伺服仪表 3-396c
刺胞动物 3-53f, 9-438f
刺胞动物门 6-177f
刺蛾 2-51f
刺蛾科 2-51f
刺萼参属 4-224f
刺海马 3-332e
刺槐 2-52a
刺激弹药 2-517d
刺激性接触性皮炎 4-214a
刺激性祛痰药 6-253b

刺激性泻药 8-239a
刺栲 4-418d
《刺客》(J.F.库珀) 4-489a
《刺客》(L.夏夏) 8-167a
刺客蛛科 2-352a
刺毛虫 2-51f
刺毛鼠 9-478e
刺黾 2-52b
刺皮动物门 2-338f
刺葡萄 6-101f
刺茓 6-176b
《刺青》 3-183c
刺球 2-52d
《刺杀肯尼迪》 1-125b
刺身 6-317f
刺参 2-52b
刺参黏多糖 2-52b
刺食蚁兽 9-248c
刺史 1-457a, 3-380b
刺桐城 6-266e
刺桐港 6-266e
刺鲀 2-52b
刺鲀科 2-52b
刺网 9-63f
刺尾鱼 2-52c
刺尾鱼科 2-52c, 6-276c
刺猬 2-52d
刺猬科 2-52d
刺五加 8-48e
刺绣 2-52e, 5-424b
刺绣唐卡 7-308b
《赐儿集》 7-176c
《匆匆去夏》 8-523d
苁蓉 5-72d
苁蓉属 6-336f
葱 2-53a
葱白七味饮 4-228e
葱豉汤 4-228e
葱莲 6-602d
葱岭 6-422f
葱烧海参 6-434f
葱属 4-324c
葱蒜类 7-57a
葱头 8-468f
《葱与蜜》 5-187d
聪加人 2-53a
聪加语 1-225d
聪加族 5-522b
《聪明的鸭子》 5-361e
聪明馆 3-468c
《聪明误》 9-320d
《从彼得堡到莫斯科旅行记》 2-402c
从表（堂）亲结婚 4-272b
《从地球到火星》 9-275f
《从地上站起来》 6-363a
《从东北到庶联》 3-84e
从犯 2-53b
从合同 3-411c
《从赫伯特·斯宾塞到现代的英国政治思想》 1-161b
从化北回归线标志塔 2-223d
从化市 2-53c
从化县 2-53c
从价税 2-53c
《从九点到五点》 4-158e
《从旧金山来的先生》 1-451d
《从军北征》 5-2c
《从军诗》 7-491b
《从军行》(卢思道) 5-154d
《从军行》(骆宾王) 5-234a
《从军行》(王昌龄) 7-491c
《从军行》(杨炯) 8-457d
《从军行送田琢器之》 9-228f
从量税 2-53d
《从龙尾巴说起》 1-82b
《从拿破仑法典以来私法的变迁》 2-210d
《从奴隶到将军》 7-515b, 8-467f
从品 1-285c
《从前有一个老头和一个老太太》 6-240d
从切平面 6-249c
从轻处罚 5-60e
《从森林里来的孩子》 9-199f
《从十字架上放下基督遗体》 1-100c
《从事社会学五十年》 2-542e
从属种 9-304a
《从唯物史观论经济和法律》 6-581b
从维熙 2-53e
《从我到你》 6-70d
《从午夜到清晨》 4-395d
从物 8-70c
从物权 8-78c
《从西方来的路》 4-555f
《从莺莺传到西厢记》 7-499a
从治 2-477b
从众 2-53f
从重处罚 5-60e
《从资本主义到民主制度的时代》 7-132a
从坐 5-39d
《从E.德拉克洛瓦到新印象主义》 8-98b, 8-292e
丛钞 2-54a
丛稿 2-54a
丛规 2-54a
丛会 8-482f
丛刊 2-54a
丛刻 2-54a
丛林 2-54a
丛林斑疹伤寒 8-476c
《丛林儿童》 4-556b
丛林清规 2-54a
丛目 9-527d
丛书 2-54a
丛帖 7-385d
淙剧 2-54b
赍布 5-302d
赍钱 5-302e
赍人 5-302f
腠理 2-54c
粗铂矿 9-539f
粗布 6-86f
粗出生率 2-15c
粗吹锣鼓 2-33e
粗帆布 2-461d
粗纺呢绒 5-324e
粗放经营 2-54c
粗榧 5-226d
粗榧科 6-393a
粗管电热炮 2-287b
粗货 1-466d
粗胶 9-60a
粗毛哔叽 1-330b
粗毛皮 5-318b
粗柠檬 5-597c
粗平布 6-86f
粗绒棉 5-410e, 5-412b
粗饲料 7-157e
粗碎机 2-560a
粗文 7-602a
粗线期 4-156d
粗斜纹布 8-237d
《粗野的快板》 1-183d
《粗野的散文》 1-70d
粗制骨粉 3-186b
徂徕先生 6-596d
《徂徕先生全集》 6-596d
卒中 5-552a
促动治疗 8-545b
促卵泡成熟激素 8-326b
促脉 5-301e
促心律失常 4-413c
促性腺激素疗法 8-326b
促胰液素 1-296d
促织 9-455d
猝死 2-54d
猝死动脉 3-212a
酢（醋） 2-54f
酢浆草 2-54f
酢浆草科 2-54e
酢浆草属 2-54e
醋 2-54f, 8-549d
醋酐 8-549d
《醋栗》 6-154b
醋柳 6-424b
醋酸 8-549c
醋酸乙酯 8-549e
簇生椒 4-530d
蹙金 9-132e
蹙球 2-55a
蹴鞠 2-55a
蹴球 2-55a
攒宫 9-365f

攒招 2-28b
《爨龙颜碑》 6-127c
崔白 2-55b
崔伯渊 2-55e
崔承喜 2-55c
崔丹 2-56d
崔道母 2-56d
崔芬墓壁画 2-55d
《崔府君断冤家债主》 9-145c
崔孤云 2-56d
崔光 6-588d
崔浩 2-55e
崔颢 2-55f
《崔颢诗集》 2-55f
崔鸿 6-587f, 6-588d
崔济愚 4-136a
崔景文 2-56c
崔浚 2-56c
崔开予 2-56d
崔美善 2-55f
崔琦 2-56a
崔仁师 9-471f
崔寔 7-151e, 9-326f
崔世安 2-56a
崔世珍 2-56b
崔嵬 2-56c
崔伟 6-445f
崔玄暐 9-199e
崔铉 3-613b, 7-307c
崔郾 9-92e
崔彦曾 7-309e
崔胤 5-544d
崔应阶 9-318c
崔庸健 9-136b
崔玉贵 9-250d
崔徵晖 2-56c
崔致远 2-56d
崔子明 4-283c
崔子西 2-55b
崔子忠 2-56d
崔左夫 5-157d, 6-424c
催化 2-56e
催化功能高分子 3-140b
催化剂 2-57a
催化剂毒物 2-57b
催化裂化 5-77f
催眠疗法 2-57c
催眠曲 8-481d
催眠术 2-57c, 2-595f
催熟 2-57d
催吐法 1-141d, 7-447c
催吐萝芙木 5-222d
催芽 9-457d
《催租行》 2-481f
脆硫锑铅矿 2-57d
脆-韧性剪切带 4-157b
脆锡 8-131f
脆性材料 1-460d
脆性剪切带 4-157b
脆性涂层法 6-616d
萃锦园 3-143e
萃取 2-57e
萃取茶 1-490a
萃取剂 2-57e
萃取色谱法 2-58a
萃取相 2-57e
萃余相 2-57e
淬火 2-58b, 4-256a
瘁音 7-586d
《翠岗红旗》 9-55a
翠铬锂辉石 3-606e
翠湖公园 3-138d
翠华山 9-452c
翠菊 2-58c
翠菊属 2-58c
翠榴石 6-599b
翠鸟 2-58c, 2-582c
翠鸟科 2-582c
翠屏区 8-539c
翠屏山 4-472d
《翠屏山》 5-219c, 7-215e
《翠微北征录》 6-585e
翠薇 9-535b
村村通广播电视工程 3-231d
村冈长太郎 3-579a
村规民约 2-58d
村山富市 6-320a
村上春树 2-58e
村上龙 6-321a
村社 5-609b
村舍傩 6-8e
《村童戏蚁图》 3-362d
《村圩图》 3-166c
《村长大人》 4-568b
村镇规划 2-58e
《村中之月》 3-120e
《村庄》 2-409e
村庄与集镇规划 2-58e
皴法 2-58f
存储程序控制电话交换机 1-589f
存储器组织 2-59b
《存几希斋印存》 9-512e
《存见古琴曲谱辑览》 9-173b
存款货币 4-17c
存款货币供给 4-17d
存款货币银行 4-249a, 6-458e
存量房市场 2-497d
存园叟 5-4d
存在 2-59c, 1-176b
存在单一论 7-182f
《存在的勇气》 2-268e
存在分析治疗 6-283d
存在即是被感知 1-294c
存在论现象学 8-184b
存在命题 9-298f
《存在与时间》 2-59c
《存在与虚无》 2-59e
存在主义 2-59f
《存在主义是一种人道主义》 6-368a
存斋 1-331e
寸口脉 5-301f, 5-302a
寸口脉象 5-301d
寸口诊法 2-59f, 5-302a
寸脉 5-302a
寸跷 3-73f
吋 8-615c
磋却 2-28c
撮罗子 2-412b, 3-449b
痤疮 2-60a, 8-325e
措勤县 1-41c, 9-172e
锉削 6-170f
错刀 7-503e
错殆畸形 2-60a
错金 2-60b
错觉 2-60c, 4-146a
错门峡 1-514e
错木昂拉仁波 1-223d
错视 2-602e
错铜 2-60b
错位牙 1-189c
错银 2-60b

D

哒嗪 1-322a, 5 409c
搭腮肿 9-175f
达巴教 2-314e
达比,A. 8-491e
达卜 3-190d
达布,G. 7-536e
达布斯诺尔 2-425f
达布逊盐湖 1-495e, 1-498a, 3-224c
达城 2-103a
达川地区 2-70f
达村斯缩合反应 7-227c
达达 2-71a
达达尼尔海峡 2-61a
达达主义 2-61a, 2-443c
达达主义电影 8-170a
《达达主义宣言》 2-61a
达怛 2-71a, 7-244a
达靼 2-71a
达打 2-71a
达德语 1-35e
达迪耶,B. 2-61c
达顿,C.E. 2-231c
达尔,R.A. 2-61d, 2-392a, 7-448b, 9-287b
达尔贝达 2-61e
达尔杜弗 7-561c
《达尔杜弗》 2-62a, 7-561b

达尔富尔高原 2－62a, 7－179d
达尔汗 2－62b
达尔豪西大学 3－310f
达尔金语 3－67f
达尔朗德,M. 5－370d, 6－144c
达尔马帕尔 4－565a
达尔米亚－贾茵财团 8－604c
达尔文,C.R. 2－62b, 2－328c, 3－182a, 3－569f, 4－430e, 6－366b, 8－79e, 9－543e
达尔文,G.H. 1－443b
达尔文－华莱士学说 4－269e
达尔文学说 2－62d, 4－269e
达尔札 1－48b
达·芬奇 2－62d, 3－556f, 4－531c, 5－371c, 6－551f, 7－201e, 8－124f
达·芬奇科技博物馆 2－63a
《达佛涅》 3－96c
《达夫尼斯和赫洛亚》 3－181c, 4－550a
《达夫全集》 9－79f
达盖尔,L.-J.-M. 6－505a, 8－101f
达盖尔照相术 2－530f, 3－15a
达戈贝尔特 5－481c
达戈姆巴语 5－576c
达海 2－63b
达豪集中营 2－153a
达荷美 1－298f
达荷美共和国 1－299c
达荷美王国 2－63b
达赫拉 8－99c
达化县 6－206a
《达吉和她的父亲》 7－499e
《达吉亚人》 1－373c
达·伽马 2－63c, 4－454c, 5－369a
达·伽马墓 4－434f
达喀尔 2－63e, 6－374e
达喀尔大学 2－63f, 6－375d
达喀尔港 6－375d
达喀尔－尼日尔铁路 6－375d
达卡 2－63f
达卡大学 5－385f
达克河 7－371a
达拉第,É. 2－64b, 2－444a
达拉第防线 5－273d
《达拉尔》 1－415d
达拉斯 2－64c
达拉斯大学 2－64d
达拉斯浸礼会大学 2－64d
达拉斯棉花交易所 2－64c
达拉斯市场中心 2－64d
达拉塔瓦人 4－376a
达赖 2－64d, 6－220b, 9－159b, 9－503e
达赖喇嘛 2－64d
达赖喇嘛·仓央嘉措 2 64f
达赖喇嘛·丹增嘉措 2－64e
达赖喇嘛·格桑嘉措 2－64f
达赖喇嘛·根敦珠巴 2－65b
达赖喇嘛·罗桑嘉措 2－65c
达赖喇嘛·索朗嘉措 2－65e
达赖喇嘛·土丹嘉措 2－65f
达赖喇嘛·云丹嘉措 2－66c
《达赖喇嘛传》 8－389f
达赖三世 2－65f
达赖五世 9－239a
达赖一世 2－65f
达朗贝尔,J.le R. 2－66d, 3－8d, 4－57f
达朗贝尔定理 2－66f
达朗贝尔法 2－66f
达朗贝尔惯性力 3－217b
达朗贝尔解 2－66e
达朗贝尔－拉格朗日原理 2－337c
达朗贝尔原理 2－66f
达朗伯,J.le R. 2－66d
达勒斯 3－181c
达累斯萨拉姆 2－67a
达累斯萨拉姆大学 7－289b
达里奥,R. 2－67b, 4－531a
达里语 1－387e
达利,J.M. 6－47f
达利,S. 2－67c, 7－42d
《达利波》 7－131e
达利美术馆 2－67e
达利语方言 1－78f
达林,O.von 2－67e
达令草原高地 2－82d
达令河 2－67e, 5－481a
达鲁花赤 2－67e, 7－413b, 9－89d
达伦多夫,R. 2－68a, 2－3c
达罗毗荼人 2－68b, 1－51a, 1－124e, 8－598f
达罗毗荼语系 2－68b
达罗毗荼语系北部语族 1－440e
达马斯基乌斯 4－80b
达马万德山 8－520b
达玛树脂 7－62b
达麦多吉 7－111f
达米阿尼,D. 2－68d
达摩 6－100f
达摩笈多 4－239f
达摩鞠多 4－390f
《达摩至慧能六代像》 2－134a
达摩宗 1－499f
达磨波罗（波罗王朝） 1－532f
达磨波罗（斯里兰卡） 8－464a, 8－597b
达磨驮多 2－446f
《达姆施塔特的圣母》 3－429c
达木丁苏伦,Ts. 2－68d
《达木丁苏伦诗文集》 2－68e
达纳,J.D. 2－139f
达纳基尔人 4－59e
达纳基勒洼地 1－72b
达纳炸药 3－128c, 6－8f
达尼埃尔－勒絮尔 5－336d
达尼埃尔·佩纳克 2－445a
达尼尔·亚历山大罗维奇 5－474e
达努节 8－483c
达浦生 2－68e
达契亚国 5－209d
达契亚－罗马人 5－210f
达让语 2－205e
达·桑迦洛,G. 4－210a
《达莎的订婚礼》 1－409e
达尚峰 2－68f, 1－70f
达式常 2－68f
达斯,B. 8－609d
达斯,C.R. 1－251b, 5－570b
达斯古普塔,S. 2－69a, 8－609d
达斯卡 6－48c
达斯坦 4－419d, 7－557d
达斯坦奇 4－419d, 7－557d
达斯汀·霍夫曼 2－69b
达索飞机制造公司 3－577e
达头可汗 8－463b
达瓦河 9－479e
达瓦齐 1－48b
达瓦孜 2－69b
达维德,F. 9－116c
达维特,M. 1－179a
达维逊,D. 6－350a
达文南特,W. 2－69c
达沃 2－69c
达沃斯年会 7－19c
达沃斯世界经济讨论会 7－19d
达斡尔语 2－69d, 2－69e
达斡尔族 2－69e
达乌德 2－69f
达乌德国王 6－412b
达乌尔鼠兔 7－59f
达西,H.-P.-G. 2－69f, 6－525c
达西定律 2－70a, 2－70a
《达西玛》 1－134f
达西赛义德博物馆 5－257c
达西渗流定律 6－525e
达希尔·哈梅特 9－250a
达县地区 2－70f
达信 2－70c, 5－307f
达雅克人 2－70d
达雅克语 2－70d
达延汗 4－362a, 5－380c
达扬,M. 2－70d
达扎·阿旺松绕 8－111e
达扎人 4－376a
达州市 2－70e
达孜拉萨河桥 8－364e
呾叉始罗 7－240e
呾罗私 2－70f
怛罗斯城 2－70f
怛罗斯战役 1－31c
怛逻斯 1－410b, 2－70f
怛佗仪多 6－337f
笪重光 3－557d
答儿麻失里 1－496d

答己 1-221b
《答客难》 2-319a
答剌罕军 5-496f
《答李方叔》 7-193a
《答李翊书》 3-365d
答失都鲁 5-108c
答失蛮 9-402d
答塔葛达 6-337f
《答王十二寒夜独酌有怀》 4-588a
《答谢民师书》 7-194b
鞑靼 2-71a, 7-244a
鞑靼海槽 6-317a
鞑靼海峡 2-71a
鞑靼荞麦 6-185c
鞑靼人 2-71b, 1-116d
鞑靼语 2-71c, 2-71b, 7-243f
打（戏曲） 1-529a
打巴教 2-314e
打摆子 6-6a
《打不败的人》 3-333c
打出手 2-71c
《打电话》 5-252a, 8-207f
打糕 1-539d
打歌 8-547f
打嗝 2-409f
打狗 3-78d
《打狗劝夫》 5-3f
《打鼓舞》 4-400b
打官司 7-199e
《打棍出箱》 1-569b, 5-267d, 9-59a
打虎亭汉墓 2-71c, 9-278e
打花鼓 3-527a
《打花鼓》 2-334f
《打回老家去》 6-307e
《打火匣》 1-108d
打箭炉 4-401d
打街 1-518a
《打金钱》 2-427a
《打金枝》 2-71e, 6-439f
《打开的门》 1-448d
《打开你的窗户，亲爱的》 2-614c
《打猎的能手》 2-208f
打龙 8-65b
《打龙袍》 6-402c
《打銮驾》 6-402c
打轮 7-257b
《打面缸》 2-22f
《打喷嚏》 3-412f
《打起手鼓唱起歌》 6-578e
打千礼 5-305f
打琴 8-446f
《打杀汉奸》 4-173a
《打神》 9-470e
《打死父亲》 7-542d
打同年 5-418b
《打土豪》 7-193c
打玩艺儿 2-427a
打牙 9-162a
打腰鼓 8-476f
打野呵 9-99a, 9-390a
打印机 2-71e
打油诗 2-71f
《打油诗词》 5-70c
《打渔杀家》 2-71f
打制石器 6-600e
《打猪草》 3-593a
打桩船 3-122c
打坐腔 2-427a
大阿尔伯特 2-387f, 7-455a
大阿哥 2-44d
大阿拉伯利比亚人民社会主义民众国 5-25d
大阿勒山 7-436b
大阿特拉斯山脉 1-56b
大安的列斯群岛 2-72b, 8-108d
大安港 4-64a
大安市 2-72b
大安县 2-72b
大袄 1-117b
大澳大利亚湾 2-72c
大巴黎 1-168e
大巴黎区 9-298b
大巴山 2-72c
大巴山弧形褶皱带 2-72c
大巴西勒 8-590e
大白菜 2-72d, 1-193a
大白鹭 5-176b
《大白鲨》 2-72d
大白蚁属 1-208c
大白鱼 8-303d
大百部 1-211b
大阪 2-72e
大阪府 2-72e
大阪港 2-72f
大阪湾 6-314a
大板住宅 9-502b
大伴家持 7-484a
大伴旅人 7-484b
大棒加胡萝卜政策 2-73b
大棒外交 5-218c
大棒政策 2-73b
大包牙 2-60a
大包装 1-238c
大苞萱草 8-362a
大宝法王 8-110b
《大宝律令》 2-87b
大鸨 3-451b
大葆台汉墓 2-73b, 3-581f
大堡礁 2-73d, 2-158c, 4-392c, 6-443c
大暴雨 1-252d, 9-70f
大爆炸 9-68d
大爆炸模型 9-69c
大爆炸时刻 9-69c
大爆炸学说 4-124b
大爆炸宇宙学 2-73d, 7-529d
《大悲忏》 1-505b
《大悲观音》 9-157b
大悲菩萨 3-209e
大悲腔 7-53f
大本 7-147a
大本德国家公园 2-168e
《大本涅槃经》 2-74d
大本曲 1-210f
大本钟 5-193d
大坌坑贝丘遗址 1-300a
《大鼻子情圣》 2-183e
大比例尺地质图 2-250a
大比武(1964) 2-73f
大笔架山 4-268c
大筚篥 3-212f
大避静 8-488d
大变形虫 1-344e
大便不完全失禁 2-74b
大便失禁 2-74b
大便完全失禁 2-74b
大鳊鱼 4-308a
大别山 2-74b
大别山五针松 7-161b
大冰期 1-363f
大病统筹 2-74c
大病医疗费社会统筹 2-74c
大病医疗统筹基金 2-74c
大波兰方言 1-380b
大波兰省 1-388f
《大般泥洹经》 2-74d
《大般涅槃经》 2-74d
《大般涅槃经集解》 2-74e
《大般涅槃经疏》 3-217e
《大般若波罗蜜多经》 1-394e, 8-363f
“大柏林”区 7-192e
大勃律 1-410a
大不敬 6-586c
大不里士 2-74e
大不里士地毯 2-74f
大不里士画派 1-387c, 1-387e
大不列颠岛 2-74f
大不列颠及爱尔兰联合王国 1-83c
大不列颠及北爱尔兰联合王国 1-255e
《大不思议论》 3-539f
大蚕蛾 2-75a
大蚕蛾科 2-75a
大蚕饲养 8-471f
大仓鼠 1-475a, 7-59b
大草 7-48a
大策零敦多布 1-487d
大查科平原 2-75a
大查科战争 5-536b
大长鼓 3-189f
大长鼓舞 8-483e
大长和 8-45d
大长山岛 1-518c

大肠 1-521c, 6-298f
大肠杆菌 2-75b, 6-524d
大肠杆菌素 8-154d
大肠经 7-41a
大尝祭 6-510c
大厂回族自治县 2-75c
大朝 1-537e
大朝山电站 4-546d
大潮 1-544c
大车里 1-547c
大砗磲 1-548c
《大臣大象的故事》 1-93d
《大臣夫人》 2-75c, 6-2e
大陈岛 8-510a
大成 1-578b
大成殿 2-130a
大城 2-75c
大城市 1-583e
《大城市的十二首叙事谣曲》 3-445b
大城市集群区 1-587a, 2-82a
大城市圈 9-441e
大城王朝 1-58f
《大乘阿毗达磨集论》 8-24a
大乘阿毗昙 6-406e
《大乘百法明门论》 7-25a
《大乘大义章》 4-1b
大乘对法 6-406e
大乘法轮洲寺 2-65f
大乘法王 8-110b
大乘佛教 2-75e, 2-581e, 7-32f, 8-164a, 8-596e
大乘空宗 2-583c
大乘美术 2-584c
《大乘密严经》 4-391b
大乘毗尼 6-406e
《大乘起信论》 2-76d, 4-575a, 8-17f
《大乘起信论疏》 9-98c
《大乘起信论疏略》 2-184a
《大乘入楞伽经》 4-574f
大乘寺 6-129f
大乘修多罗 6-406d
大乘有宗 2-583d
大池 3-1d
大翅鲸 4-307e
大冲 4-15a
《大喘气》 9-352d
大串连 3-475c
大纯阳万寿宫 9-26d
《大辞海》 6-461b
大慈恩寺 6-447c
大慈法王 6-416a, 8-110b
大葱 2-53a
大村西崖 7-592d
《大达法师玄秘塔碑铭》 8-362c
大达因 5-599c
《大代华岳庙碑》 9-450b
《大戴礼记》 4-585c
《大丹直指》 6-241c
《大胆妈妈和她的孩子们》 1-442d, 7-574b
大岛渚 2-76e
大道定理 7-67a, 9-575e
《大道说》 8-326e
《大得胜》 2-33e
大德意志方案 6-583b
大迪克桑斯坝 2-76f
大涤子 6-602f
《大地》(C.-G.A.罗斯比) 5-217c
《大地》(秦兆阳) 6-202e
《大地》(赛珍珠) 6-381e
《大地测量法式》 3-279f
大地测量学 2-76f
《大地测量学》(F.N.克拉索夫斯基) 4-448c
《大地测量学》(叶雪安) 8-502b
《大地测量学的数学和物理学原理》 3-445a
大地赤道 1-597a
《大地的成长》 3-378b
《大地的海》 2-366b
《大地的阶梯》 1-38e
《大地的来访者》 7-127f
《大地的女儿》 7-10b, 9-481e
《大地的统治者》 4-361c
大地电场 2-220e
大地高 2-78f
大地高程 3-59d
大地高程系统 3-59c
大地构造学 3-156b
《大地和海洋的故事》 1-93b
《大地回春》 9-485b
大地经度 2-78e
大地经纬度 2-228e
大地老虎 2-223c
大地球形说 5-299c
大地热流 2-77f
《大地上的居所》 5-591d
《大地受难者》 7-238e
大地水准面 2-78a, 1-486a, 3-59c
大地水准面高 2-78a
《大地天文学》 3-326f
大地湾文化 1-466f, 2-78c
大地湾遗址 2-78b, 6-258f
大地纬度 2-78f
大地小说 4-112f, 5-9f
大地艺术 2-78c, 9-515e
大地原点 3-279e
大地震 2-245f
《大地之歌》 5-263d
《大地之谜》 5-40d
大地中海 5-556c
《大地诸神》 4-96f
大地驻波 7-334f
大地坐标系 2-78e
大甸子墓地 8-163a
大垫尖翅蝗 3-604c
大调 7-145b, 7-146f
大调曲子 2-79a
大定智悲 2-581e
大东沟海战 3-584d
“大东亚共荣圈” 2-79b
大斗篷 6-69f
大豆 2-79d, 2-346c
大豆蛋白质 2-346c
大豆粉 2-80c
大豆属 2-79d
大都 2-80e, 1-270e
大都城 2-81a
大都会艺术博物馆 2-81e, 5-606e
大都市带 2-82a
大都市区 8-411a
《大独裁者》 2-82a
大杜鹃 1-436d
大渡河 2-82b, 2-82c, 6-213d
《大渡河》 5-84c
大渡河十七勇士 2-82c
大墩 7-254a
大峨山 2-404f
大耳蝠 1-340b
《大二心河》 3-333c
大法官法院 3-467a
《大法国编年史》插图 2-442b
大法兰西帝国 2-84f
《大帆船的归来》 2-415d
《大饭店》 5-349b
大范围分析学 7-461e
《大方广佛华严经疏》 1-593e
大绯胸鹦鹉 9-136f
大分水岭 2-82d
大分县 1-358c
大分子 3-63c
大丰垦区 2-82e
大丰市 2-82e
大丰县 2-82e
大风 2-82f, 2-562b, 2-569f
《大风》 4-159f
《大风歌》(戏剧) 1-551d
《大风歌》(音乐) 2-20b
《大风集》 3-226f
大风日 2-82f
《大风堂临摹敦煌壁画》 2-378a, 9-191c
大风子属 3-334a
大风子油 9-292f
大豐簋 9-476e
大佛阁 4-563f
大佛寺 7-271a
大佛寺长江大桥 6-186b
大佛样 6-318d
大福塔莱萨 2-614d
《大复集》 3-413e
大复山人 3-413e
大腹皮 1-366b

大腹园蛛 9-100f
大港口 3-528f
大港油田 3-587b
大高加索山脉 2-83a, 3-67c, 3-107d
大高玄殿 2-161c
《大诰》 7-178e
大哥伦比亚 2-83b
大哥伦比亚共和国 2-407f, 6-560b
大革胡 2-425a
大格列高利 3-104d
大格洛克纳山 1-119a
大工山古铜矿遗址 8-24d
大公 5-153e
《大公》 1-289d
《大公报》 2-83c, 1-248e
大公格尔峰 3-130e
大公会议 3-133c
《大公鸡》 1-122f
大功九月 2-601a
《大宫女》 8-267f
大拱北 3-146c
大沽口 2-83e
大沽口保卫战 2-83e
大沽口炮台 2-83d
大沽口炮台遗址博物馆 2-83f
大姑山 6-98f
大古剌 1-197c
大古力坝 6-368e
大古力水电站 2-83f
大古猬 7-2c
大骨鸡 4-36c
大骨节病 2-84a, 8-128e
大鼓 3-190a
大鼓凉伞 2-84d
大鼓三弦 6-403b
大鼓书 6-403b, 8-93b
大观楼 4-508e
大观楼长联 9-17c
大官法 5-206d
大管 2-84d
大光 8-470c
大光明山 2-404f
大规模毁灭性武器 2-84e
大规模杀伤性武器 2-84e
大棍（武术器械） 3-249d
大国民议会 4-394f
大国沙文主义 2-84f
大国协调 2-381a
大国一致原则 2-84f
大国主义 2-84f
大果榉 4-335c
大哈拉雷地区 3-309c
《大海》(C.德彪西） 2-170b
《大海》(V.A.茹科夫斯基） 6-338c
大海带桥 6-186a
大海笛 7-234e
大海龟 4-430e
大海马 3-332e
《大海深处》 1-23a
《大海一样的深情》 5-117d
大韩帝国 3-361a
大韩民国 1-541c, 3-361a
大寒 2-427f
《大汉报》 1-563e
大汉峰 2-85a
大汉山 5-261e
大汉山国家公园 2-85a
大汉阳峰 5-158b
大汉义军 7-210d
大汉族主义 2-85b
大汗腺 3-387f
大汗腺臭汗症 2-12d
大汗腺脓肿 3-544c
大濠岛 2-85c
大号 2-85c
大和国 2-85e
大和绘 2-85f
大和政权 3-168e
《大河奔流》 5-5b, 8-244f
《大河彼岸：今日红色中国》 7-132b
大河村类型 2-86a
大河村仰韶文化遗址 9-278e
大河村遗址 2-86a
大河村遗址博物馆 2-86b
大河家方言 1-241d
《大河之舞》 7-339b
《大荷塘》 9-104b
大贺氏 6-153d
大黑河 2-86b
大黑鸡鸶 9-14d
大黑天 6-119a
大黑鹰 9-14d
大红斑 5-182b, 5-493c
《大红灯笼高高挂》 3-145a, 9-214e
大红鹳 2-86c
大红绫本 6-614b
大红袍花椒 4-535a
大洪河 3-481d
大洪山 2-86d
大鸿胪 2-86d
大喉 9-132d
大呼图克图 9-503e
大狐猴 2-86e
大湖 5-571c
大湖平原 5-408d
大湖-圣劳伦斯低地 1-91d, 4-114a
大湖-圣劳伦斯深水航道 2-218e
大花草 2-86f
大花扶桑 2-599e
大花君子兰 4-360b
大花剌子模沙王朝 3-528d
大花脸 4-313d
大花六道木 6-309d
大花曼陀罗 5-308f
《大华严经略策》 1-593e
大华严寺 2-316d
大化改新 2-86f
大化石 3-544d
《大话西游》 8-193f
大桦背山 8-4d
大环化合物探针 7-291d
大环醚 3-211d, 5-393b
大环内酯抗生素 8-54c
大环内酯类抗生素 2-87b
《大荒经》 6-437e
大黄 2-87c, 2-87e
大黄花鱼 2-87e
《大黄金史》 3-589e
大黄属 5-70b
大黄素 2-87d
大黄素蒽酚 2-87e
大黄素蒽酮 2-87e
大黄素-1-O-β-D-葡萄糖苷 2-87e
大黄素-8-O-β-D-葡萄糖苷 2-87e
大黄鱼 2-87e
大回转 3-75b
大茴香 1-143d, 3-611b
大活络丹 7-396b
大活血 2-114d
大火星 8-255e
大火地岛 4-10b
《大饥荒》 4-382c
大基数公理 3-134b
大急流城 5-408e
大戟花序 2-87f
大戟科 2-87f
大戟属 2-88a, 4-548d, 8-359b, 8-510f
大计 2-88a, 4-279c
大寂禅师 5-286f
大加蚋 7-246f
大佳腊 7-246f
大迦叶 4-223c, 5-204e
大家鼠 7-59a
大家鼠属 4-126a
《大家庭》 1-182f
大甲镇 7-254c
大驾卤簿 5-160d
大剑山 4-168a
大鉴禅师 4-1b
《大江东去》 6-215f
大江健三郎 2-88b
大酱 4-194a
大酱菜汤 1-539d
大角 2-88c
大角斑羚属 9-533b
大角鹿属 9-455e
大角散射 9-589b
大角羊 6-44e
大脚人沙斯夸支 8-493c
《大教堂》 1-441a
《大教堂凶杀案》 1-78f

《大教堂中的谈话》 1-153b
《大教学论》 4-493b
《大街》 5-120a
大结 1-142a
大金 6-218e
大金川 2-82c
《大金得胜陀颂碑》 5-304f, 7-162b
大金门岛 4-245f
大金沙江 8-524f
《大金玄都宝藏》 2-166e
大金字塔 4-264d
大津巴布韦 2-88c
大津巴布韦遗址 2-88c
大进化 4-270b
大进化趋势 4-271a
大经 7-264a
大净 4-314c
《大镜》 6-320c
大九和弦 3-420a
大九龙 4-321b
大九州 4-323d
大久保利通 2-88e
大菊 4-333b
《大决战》 2-88f
《大决战——三大战役》 6-260c
大军机 4-353c
大喀喇昆仑山 4-362b
大卡 4-365f
大卡鲁高原 4-390d
大开口（扬剧） 8-446e
大开罗 4-387f
大开曼岛 2-88f
大科摩罗岛 4-432c
大窠蓑蛾 7-226d
大克鼎 4-445d
大克里姆林宫 4-452a
大空位时期 4-479a
大口村 5-588a
大口井 7-87e
大口径机枪 4-30d
大苦湖 7-197d
大库因岛 4-21b
大矿带 4-265e
大奎官 9-193b
大蜡螟 4-530a
大莱普提斯考古遗址 5-26f
大蓝山地自然保护区 2-82e
大浪 2-562b
大浪石刻 8-193a
《大浪淘沙》 3-556a
“大老虎” 6-385b
《大雷雨》 2-89a
大累西肼 4-574b
大梨园 4-579f
大礼议 2-89a
大理白族自治州 2-89b, 1-211a
大理港 9-137f
大理古城 2-89c
大理国 2-89d, 1-210e, 8-45e
《大理画卷》 1-210f
大理菊 2-90f
大理三塔 2-89f
大理三月街民族节 1-211a
大理石 2-90c, 6-103c
大理市 2-90a, 2-89b
大理寺 2-90b, 2-459d, 7-165d
大理岩 2-90c
大力罗摩 4-453e
“大力神”号运载火箭 2-90d
“大力神”3号火箭 2-90e
“大力神”3C号运载火箭 2-90d
“大力神”4D号运载火箭 2-90e
《大力士经》 5-463b
大力子 5-599c
大历十才子 2-90e
大丽花 2-90f, 8-91c
大荔人 2-91b, 6-292c
大荔遗址 4-327a
大连大学 2-91c
大连港 2-91c, 2-91e, 5-66e
大连工学院 2-91c
大连理工大学 2-91c
大连商港 2-91c
大连市 2-91c
大连湾 2-91d, 5-64f
大连湾牡蛎 5-487e
大莲蓬 3-520d
大良造 9-182f
大凉山 5-50f
大梁 4-385c
大量问题 6-44f
大量元素 4-503f
大辽河 5-65a
《大林和小林》 9-209a
大鳞大麻哈鱼 3-243f
大灵猫 5-96c
大凌河 2-91e
大陵县 7-594a
大羚羊 2-91e
《大流士和他的养马人》 1-387d
大流士一世 2-92a, 1-301e, 1-385a, 1-386e, 7-193e
大龙冠 4-241e
大龙厚纸光齿 2-92c
大龙厚纸毛齿 2-92c
大龙山樵 8-218f
大龙邮票 2-92b
大聋 8-25d
大笼 7-234e
大隆 6-422a
大娄山 2-92c
大鲁阿哈河 5-164d
大陆 2-92d
大陆冰盖 2-92e, 1-361e
大陆岛 2-115e, 2-158b
大陆地壳 2-92d, 2-231a
大陆法系 2-92e, 2-457a
大陆封锁 2-93a
大陆概念股 3-469b
大陆会议 2-93a, 1-359f
大陆架 2-93b, 2-92d, 3-346f
《大陆架公约》 3-349b
大陆军 1-277e
大陆凯尔特语 4-393e
大陆浪人 2-93d, 8-59c
大陆隆 2-93e, 3-346f
大陆碰撞 1-228d
大陆漂移 2-93f
大陆漂移说 2-93e
大陆坡 2-93f, 2-92d, 3-346f
大陆浅滩 2-93b
大陆桥运输 2-94a
大陆裙 2-93e
大陆型岛屿 3-334d
大陆性（型）冰川 1-361e
大陆性气候 2-94b
大陆岩石层 8-430f
《大陆移动论》 3-331f
大陆政策 2-94b
《大路》(电影) 4-260c, 4-582d, 7-222a, 9-274e
《大路》(小说集) 4-110b
《大路歌》 5-591a
《大路之歌》 1-483b
大伦敦市 5-192e
大论 7-445a
大罗马尼亚人民党 5-210a
《大逻辑》 5-224e, 8-225e
大锣 5-224f
大麻 2-94c, 6-412e
大麻哈鱼 2-94e, 8-8f
大麻哈鱼属 3-243f
大马尔维纳斯岛 5-247c
大马哈鱼 2-94e
大马尼拉市 4-504e
大马士革 2-94f
大马士革博物馆 2-95a
大马士革古城 8-357d
大马士革清真寺 2-95b
《大买卖》 4-555e
大麦 2-95c
大麦茶 2-95f
大麦哲伦云 5-299d
大鳗鲡 5-303d
大曼谷 5-307c
大芒萁 5-311a
大毛丝鼠 5-318f
大毛细皮 5-318b
《大梅山馆集》 8-480c
大美国乐园 6-561d
《大美晚报》 1-248e

大美洲鸵 5-364a
《大门口的农家姑娘》 3-103a
大蒙古国 9-85f
大孟买 5-387c
大面（面具） 4-313c
大面（戏曲） 5-416d
大苗山苗族自治区 6-335b
大民族会议 3-135c
大民族主义 2-221a
《大名府》 9-387a
《大明》 6-574e，8-392e
大明殿 2-81b
大明宫 2-95f，9-115f
大明宫（高丽国） 4-384e
《大明宫图》 7-519a
大明宫遗址 2-96d，5-129e
大明湖 2-96d，4-84b
《大明湖》 4-559c
大明历 4-239b
《大明历》 9-571d
《大明律》 2-96e
《大明律直解》 5-23e
大明门 1-266a
大明渠 5-227e
大明山 2-96c
大明神 5-463a
《大明一统志》 3-576d
《大明英烈传》 9-55b
大明尊 5-463a
大螟 2-167c
大摩拉维亚波希米亚公国 2-96f
大摩拉维亚国 2-96f，4-225e，7-127c，7-129c，7-130b
《大末日审判书》 5-466d
大墨西哥 5-483d
大木漆 6-125a，6-531f
大目犍连 5-494d
《大穆格尔》 6-368e
大南沟乌孜别克民族乡 8-10c
大南关 9-44d
大南极洲 5-528a
大铙 1-410d
大脑 2-97a，5-548e
《大脑》 1-289f
大脑导水管 9-434c
大脑镰疝 5-551a
《大脑两半球活动讲义》 1-155a
大脑皮层 2-97a
大脑皮质 2-97a
《大闹画室》 2-336c，7-483b
《大闹天宫》 2-97b，7-483c
《大闹天宫》（木偶） 9-387a，9-387c
大内 4-385e
大鲵 2-97c，3-513b，8-82a
大鲵属 2-97c
大逆事件 8-323e
大年夜 2-97d，2-17a
《大涅槃经》 2-74d
大宁宫 2-81a
大宁河 2-5f
大宁河小三峡 8-13a
大奴湖 2-97d，4-115a
大傩 6-499d
大牌九 6-38c
“大炮号”琴 3-201e
大陪审团 6-52f
大鹏半岛 6-509b
大鹏湾 2-97d，2-114e
《大毗卢遮那成佛神变加持经》 2-103b，4-391a
《大毗婆沙论》 4-223c，8-596d
大辟 8-51f
大薸 7-355b
《大品般若经》 4-318f
大平原 2-97e
大平原蟾蜍 1-501b
大平正芳 2-97f
大菩提寺 6-101a
《大普瑞湖的低潮》 5-40d
大谱表 8-51e
大七和弦 3-420a
大漆 6-531f
大齐 7-302a
大齐皇帝 5-120f
大奇里波山 3-92d
大祈愿法会 2-28c
大鳍非鲫 2-513b
大气 2-97f
大气边界层 2-372e
大气边界层物理学 2-100e
大气变应原 6-543d
大气变应原污染 6-543d
大气层 2-99e，7-257c
大气潮汐 1-544b
大气臭氧层 2-98b
大气电场 2-98b
大气动力学 2-337b
大气辐射学 2-100e
大气过电压 3-60f
《大气红外遥测原理》 9-169e
大气候 6-142e
大气化学 2-98d
大气环境功能区划 3-567d
大气环流 2-98e，6-142d
《大气环流的若干基本问题》 8-495c
大气活动中心 2-98f
大气科学 2-99a，6-148d
《大气科学杂志》 5-217c
大气模式 7-73c
大气能见度 2-99d
大气圈 2-99e，2-225a，2-227e，2-232e，6-143b，8-475e
大气热力学 2-337b
《大气热力学》 8-210f
大气散射 2-99e
大气生物污染 6-543d
大气衰减 2-100f
大气探测 2-99c，6-147a
大气田 9-40a
大气湍流 2-100a
大气微生物污染 6-543d
大气污染 2-100b
大气污染防治 2-100c
大气污染防治工程 3-567b
大气污染指示生物 9-310c
大气物理学 2-100d
大气消光 2-100f
大气效应 7-583f
大气压 8-385a
大气压潜水 6-173b
大气遥感 2-100f
大气晕族 9-144d
大气噪声 2-101a
大气折射 2-101b
《大气中的气体》 4-522d
《大气准地转运动的形成》 8-495c
大契丹国 5-63e
大千世界 2-101c
大钱 7-503e
大乔 9-476c
大乔治敦 6-184c
大钦茂 1-418f
大秦 2-101c，1-219e，2-600b
大秦（后秦） 8-478d
《大秦景教流行中国碑》 2-101d，4-311f
《大秦景教三威蒙度赞》 7-305c
大秦铁路 2-101e
大青沟 2-101f
大青沟自然保护区 2-101f
大青蝗 3-604b
大青椒 7-373d
大青山 2-102a
大青山煤田 1-237e
大青杨 8-462c
大青叶 7-162f
大青叶蝉 8-495a
大清 6-218e
大清河 2-102b，3-328c
《大清会典》 1-543c，4-345e
《大清律集解》 2-102b
《大清律集解附例》 2-102b
《大清律例》 2-102b，2-456f
大清门（北京故宫） 1-266a
大清门（沈阳故宫） 6-519f
大清渠 7-308d
《大清刑事、民事诉讼法草案》 5-428b
《大清一统舆图》 2-239e
大清银币 8-584b
大清银行 6-228f，8-581a，9-405a，9-447a

大清邮政 9－34d
《大清著作权律》 9－505c
大庆长垣 2－102f
大庆—大连输油管道 2－102c
大庆市 2－102d
大庆油区 2－102e
大庆油田 2－102e, 2－102e
大邱 2－103a
大犰狳 6－244b
大曲 6－78d
大瞿越国 6－587b
大全 8－277d
大泉塔塔尔民族乡 7－244b
大泉五十 7－503f
大犬座α 7－353d
大人 7－615f
《大人先生传》 6－343f
大仁秀 1－418f
《大日本老树名木志》 1－306d
大日本赛璐珞株式会社 3－20f
大日耳曼主义 2－480d
《大日经》 2－103a
《大日经疏》 2－103b
《大日经·住心品》 2－43b
大日如来 2－103b
大乳钹 1－410d
大三巴牌坊 1－139b, 1－140a
大三和弦 3－420a
大森房吉 2－103b
大栅栏 2－103c
大山雀 6－438f
大杉荣 4－235e
大上海大戏院 9－233b
大上海电影院 9－233c
《大上海一日》 5－233e
大梢子棍 3－249d
大赦 2－103d
大赦国际 2－103d
《大赦与重建宣言》 2－4e
大生产运动 9－480f
大生资本集团 2－103e
大笙 6－554a
大圣宝塔 5－176a
大圣保罗 6－555d
大圣地亚哥 6－558c
大圣卢西亚沼泽公园 5－524a
大圣寿万安寺 5－419f
大圣战 6－569f
大圣祖玄元皇帝 2－162b
《大师与玛格丽特》 2－104a, 1－434f
大诗 2－104a
《大十二门经》 1－106d
大石花菜 6－595b
大石墓 7－444e
大石桥 9－235d
大石桥市 2－104b
大食 2－104b, 1－33e, 1－31a, 6－428a
大食蚁兽 7－5f
大寔 2－104b
大使 7－333d
大使馆 7－13e
大使桥 2－218f
《大使先生》 7－553b
《大使像》 3－429c
大士 6－100e
大手印 2－104e
大手印法 3－24e
大寿 6－532a
大授地制 7－564a
《大瘦腰肢》 5－219c
大书 6－89b, 7－198e, 7－199b
大暑 2－427f
大黍 2－104f
《大鼠和小鼠的防治》 1－62b
《大术》 7－238c
大树蜂 7－61a
大树移植 2－104f
大数律 2－105a
大睡蛇 2－413d
大顺 5－5d
大司空 9－83b
大斯德哥尔摩 7－123e
大嵩卫 3－346e
《大宋重修广韵》 3－239a, 6－191d
《大宋天宫宝藏》 2－166e, 9－134b
《大宋宣和遗事》 8－361a
大苏打 5－131b
大苏丹语族 5－573e, 6－424e
大蒜 7－208b
大隧 8－59a, 8－556a
大索貌阅 4－510b, 5－329c
大塔山 1－41d
大台宫戏 2－105b
大太白海 7－255a
《大太监李莲英》 7－372f
《大唐创业起居注》 2－105c
《大唐大慈恩寺三藏法师传》 8－109a
《大唐秦王词话》 2－41c, 5－443f
《大唐润州仁静观魏法师碑》 4－202f
《大唐三藏法师取经记》 2－105d
《大唐三藏取经诗话》 2－105d, 8－109a
《大唐三藏圣教序》 2－21d
大唐西京千福寺多宝佛塔感应碑文 2－380d
《大唐西域记》 2－105e, 2－227b, 2－319d, 8－109a
《大唐中兴颂》 8－438c
大套曲 8－448d
大特尔诺沃 1－243f
大滕峡起义 7－509c
大提琴 2－105e
大体解剖学 4－231a
大天鹅 7－348d
大天花病毒 7－350a
大天兴 8－45e
大田 2－105f
大田湾体育场 2－6d
大田庄 3－370c, 7－151e
大挑花 8－422c
大厅经纪人 4－284d
大通禅师 6－515d
大通汉简 3－376e
大通河 7－389d
大通湖 2－344a
大同 2－106c
大同场戏 8－133b
大同行 6－170e
大同火山群 2－106a
大同江 5－538c
大同教 1－156f
大同九龙壁 5－129e
大同煤矿 6－440f
大同煤田 2－106b
大同门 6－91d
大同盆地 2－106b
大同市 2－106b, 2－106b, 5－232e
《大同书》 2－106c, 4－406c, 6－108a
大同思想 2－106c
大同与小康 2－106d
大同镇 4－319c
大统一理论 2－106d
大筒 2－424f
大头菜 9－138f
大头官 4－282e
大头和尚 2－106e
《大头和尚戏柳翠》 2－106e
大头金蝇 5－24e, 7－77f
大头鲢 9－24a
大头泥蜂 5－579e
《大头娃娃舞》 2－106f
大头舞 2－106e
大头鳕 8－373c
大头羊 6－44e
大头鱼 8－273a
大秃马勃 5－240b
《大屠刀》 1－118e
《大屠杀》 5－334a
《大团花》 2－585e
大屯火山群 7－252c
大屯矿区 6－56b
《大碗岛星期日的下午》 8－338a
《大腕》 3－114e
大王 2－85e
大王乌贼 6－346d
大王椰子 7－521e
大往世书 7－524c
大威廉姆斯 7－530d
大限重信 2－106f, 9－162d
《大伟人江奈生·魏尔德传》 2－524e
大苇莺 1－436e
大尾墨龙睛 4－262a

大卫 8－552d, 9－36e
《大卫》(多纳太罗) 2－388b
《大卫》(米开朗琪罗) 5－395e
大卫,J.-L. 2－107a, 2－442f, 5－260b
《大卫·科波菲尔》 2－210c
大卫·李嘉图 2－107d, 4－293e, 4－295b, 9－283e
《大卫盟员舞曲》 7－53c
《大卫王》 1－126f
《大卫像》 1－298f
大卫星 2－107e
大卫之盾 2－107e
大文竹 7－602d
大蚊 2－107f
大蚊科 2－107f
大汶口陶文 6－436f
大汶口文化 2－108a, 1－205d, 1－466f, 7－11c, 7－404b
大汶口文化遗址 7－272d
大汶口遗址 2－108a
大倭国 2－85e
大我 2－484d
大鼯鼠属 8－43d
大雾山 8－195e
大西 9－211d
大西庇阿 3－378e
大西洋 2－108c, 2－581f
《大西洋彼岸素描》 9－178f
大西洋城 2－110f, 1－411e
大西洋鲑 3－243f
大西洋海龟 3－328a
大西洋海岭 2－108f
大西洋航线 3－339a
大西洋奴隶贸易 2－523b
《大西洋宪章》 2－111a, 2－111a, 5－43d
大西洋银行 1－140a
大西洋－印度洋海岭 8－606e
大西洋之战 2－111b
大希腊 2－111d
大溪 6－13b
大溪文化 2－111e, 1－466f, 3－459b
大溪文化关庙山类型 1－582d
大溪文化汤家岗遗址 1－205d
大蟋蟀 8－135e
大喜马拉雅山 8－139f
大虾 2－375a
大峡 1－514f
大峡谷国家公园 4－431c, 8－406b
大峡谷学院 2－527a
大夏 2－111f, 9－101a, 9－124e
大夏（十六国之一） 3－446d, 8－161b
大夏大学 3－533f
大夏国 5－596b, 8－104b
大夏河 3－35f
大仙人球 8－169c
大弦 1－227f
《大宪章》 2－112a
大像阁 4－563f
《大橡树》 2－361b
大萧条 5－218a, 5－355d
大小便失禁 3－54a
大小和卓之乱 2－112b
大小金川之战 2－112c
大小井古建筑群 5－27e
大小七和弦 3－420a
《大小手术》 1－6f
大协奏曲 8－235d
大写意 8－238d
大榭 5－594c
大兴安岭 2－112d
大兴安岭地区 2－112f
大兴城 1－507c, 7－210e
大兴府 1－270e
大兴凯湖 8－303c
大兴区 2－113a
大兴县 1－542f
大猩猩 2－113a
大猩猩属 9－114c
大行令 2－86d
大行台 6－470c
大行星 8－316b
大形山 7－255c
大型超市 1－532f
大型发电机线性最优励磁控制器 3－68d
大型构造 2－248e
大型矿井 4－499e
大型类人猿 9－114c
大型驴 5－176f
大型煤矿井 4－499e
《大型牧歌》 1－151b
大型强子对撞机 2－375e
大型水库 4－489f
大型屯兵堡寨 1－582d
大型渔港 9－63d
大型真菌 7－6c
大雄 2－113b
《大雄传》 1－420f
大熊湖 2－113c, 4－115a
大熊猫 2－113d, 1－361a
大熊猫科 7－5b
大熊座 2－113f
大修院 8－337e
大序变星 5－301c
大选 2－114a
大学 7－263f
《大学》 2－114b
《大学普通化学》 3－18a
《大学生物理学教程》 5－250f
大学堂 3－245a
大学研究园区 4－426f
《大学运动队的故事》 4－369f
大雪 2－427d
大雪山 2－114b
大雪山 2－114c
大雪山国家公园 2－114d
大血藤 2－114d
大巽他群岛 8－384d, 8－602d
《大雅》 6－574c, 8－392c
大雅典 8－393b
大亚美尼亚国 8－407c, 8－408b
大亚湾 2－114e
大亚湾核电站 2－114e
《大言赋》 7－175a
大研镇 5－24a
大盐湖 2－114e
《大衍历》 8－512d, 9－224c
大衍求一术 2－115a
《大衍玄基》 7－501a
大眼贼鱼 6－207f
《大堰河》 1－79d
《大堰河——我的保姆》 1－79d
大雁 2－346b
大雁塔 2－115b
大洋边缘火山 3－322a
大洋岛 2－115d
大洋地壳 2－231c
《大洋地势图》 3－347f
大洋多金属结核 2－115e
大洋环流 2－115f
大洋盆地 2－116a, 3－347b
《大洋深处》 5－485e
大洋声道 2－116b
大洋性远洋渔业 9－115d
大洋岩石层 8－430f
大洋洋脊 2－116d
大洋中尺度涡 2－116d
大洋中脊 2－116d
大洋中脊地震带 3－321e
《大洋中声的传播》 9－33c
大洋洲 2－116f
《大洋洲的文化圈和文化层》 3－101f
大洋洲地理人种 2－226c
大洋洲满江红 5－304c
大洋洲人种 1－138a
大洋洲土著 6－304c
大瑶山 2－120c, 8－483c
大瑶山瑶族自治区 4－260b
大瑶山瑶族自治县 4－260b
大爷海 7－255a
《大冶赋》 2－147b
大冶钢厂 3－513d
大冶市 2－120d
大冶县 2－120d
大野牛时期 7－11d
大野泽 4－337c
《大业拾遗记》 9－386a
大叶茶 9－137b
大叶合欢 3－409c
大叶桃花心木 7－323b
大叶茼蒿 7－400a
大叶型蕨类 4－350b

大叶性肺炎 2-534f
大叶杨组 8-462c
《大伊瑙》 8-525d
大衣 2-120e
大衣呢 2-120f
大义宁 8-45e
大艺 5-139d
大邑地主庄园 2-121a
大易 9-475f
大易洛魁学会 5-458b
大银鱼 8-584a
大尹 4-360e
《大英百科全书》 1-429c
大英博物馆 1-429e
大英剧团 4-542d
大影戏 9-405c
大庸市 8-57e, 9-199b
大庸县 9-199b
大油田 9-39f
大余县 2-121b
大盂鼎 6-131d, 9-59b
大屿山 2-85c, 8-195f
大羽羊齿 9-457f
大雨 9-70f
大禹 9-72c
《大禹开山图》 2-121b
大禹陵 9-72e
大禹治水 9-72c
《大禹治水图》玉山 2-121b
大庾岭 2-121c
《大浴女》(P.塞尚) 6-377f
《大浴女》(铁凝) 7-383d
大尉迟 9-82c
大宛 2-121d
《大宛骝图》 8-107b
《大元盛世青史演义》 8-585b
大元帅府 3-292c
《大元通制》 1-221b, 9-89a
《大元玄都宝藏》 2-166e
《大原谈义》 9-114d
大圆航线 3-339a
大圆满法 5-595e
大源溪 6-168b
大院君 2-121e
大愿地藏 2-245c
大约克夏猪 4-539f
大月氏 2-112a, 9-101a, 9-124e, 9-204f
大月氏人 1-161d, 6-380b
大岳山 9-126a
《大阅兵》 9-214e
"大跃进" 2-121f, 5-158d, 9-467a
大越国 4-198e, 5-525d
《大越史记全书》 2-54b
大运河 2-122b, 1-480b, 7-211c
大藏经 2-122b
《大藏经补遗》 2-122d
《大札撒》 9-88a
大斋节 9-176a
大寨 2-122f
大寨岭 8-556a
大章车 4-95a
大昭寺 2-122f, 2-28c, 4-247b, 7-585e, 8-113c, 8-115a
《大昭寺修建图》 2-123b
大沼泽地国家公园 2-586e
大赵天王 6-595a
《大正新修大藏经》 2-122d
大政殿 6-519f
大政翼赞会 4-272e
《大智度论》 5-143b, 6-406e
大中国 2-89e
大中华百合影片公司 5-46c, 9-351a
大中华火柴公司 5-110d
大中华影业公司 8-193c
大中华鱼蚤 9-61f
大钟寺 9-26c
大仲马 2-123b, 4-45e
大众部 2-123d, 8-221f
大众传播 2-123d
大众传播学 2-123d
《大众电影》 1-211d
大众电影公司 7-250c
《大众化与利用旧形式》 7-601c
大众汽车公司 2-123e
《大众摄影》 2-124a
《大众生活》 9-562d
大众体 1-66e, 7-602e
大众戏剧 4-456e
大众行为 4-77e
大众游泳 9-44a
《大众哲学》 1-80d
大洲岛 2-124b
大洲岛海洋生态自然保护区 2-124b
大洲燕窝 2-124c
大珠母贝 9-251b
大主教 9-499a
大主教府邸 6-358d
《大主教威廉·马卡姆》 4-570b
《大著作》 6-54a
大抓力锚 5-327d
大篆 9-512f
大自在天 6-585b
大字(契丹文) 6-153e
大宗 8-116d, 9-223a, 9-552d
大宗谱 4-125e
大宗散状物料出口港搬运系统 8-77e
大纵深战役和战斗理论 7-421a
大足教案 4-208b
大足石刻 2-124c, 2-6d, 2-124f
大足县 2-124e
《大醉侠》 8-193d
大樽 1-575a
大祚荣 1-418f
呆板行为 9-535d
《呆头呆脑的人》 5-258a
呆小病 4-137d
呆小症 2-124f, 4-137d
傣绷文 2-125a
傣端文 2-125a
傣肌松 7-409f
傣仂文 2-125a
傣历 2-124f
傣哪文 2-125a
傣文 2-125a
傣文大藏经 6-406f
傣语 2-125b
傣族 2-125c
傣族大鼓光拢 3-190b
傣族佛塔 7-237a
傣族舞蹈 2-125d
代 2-125f, 6-588a
代办 2-126a
代办处 7-13e
《代本》 7-15a
代表规格品 6-490f
代表商品 6-490f
《代出自蓟北门行》 1-252c
代达洛斯 5-392a
代代 1-594c
《代东武吟》 1-252c
《代顿协议》 1-377e, 1-385f
代尔夫特水力学研究所 7-278b
代罚制 2-144a
代沟 2-126b, 5-394b
《代号美洲豹》 3-114d
代赫纳沙漠 1-30d, 6-427e
代际关系 2-126a
代际流动 6-490c
《代价》 6-451d
代京 2-126b
代净 4-314c
《代苦热行》 1-252c
《代李敬业传檄天下文》 5-233f
代理 2-126d
代理服务器 2-496a
代理母亲 7-342e
代理权 2-126d
《代理人,一部基督的悲剧》 4-22f
代理投资委托 8-297f
代理业务 8-297e
代磷助洗剂 8-137e
代脉 5-301e
代米安,C. 7-37b
代面 5-416d
代纳尔 5-272e
《代女道士王灵妃赠道士李荣》 5-234a
代入 2-253d
代森锌 2-126e
代善 6-218f
代生母亲 6-287b
代数编码学 2-129b

代数不等式 1-426f
代数乘法 3-100d
代数多项式插值 1-489d
代数方程 2-126f
代数基本定理 2-127b, 4-422e
《代数几何学基础》 7-544f
代数结构 2-128b, 7-71b
代数亲等制 6-194b
《代数术》 3-554c
代数数 2-127c
《代数数域及代数函数域的理想理论的抽象构造》 6-11e
代数拓扑学 2-127c, 6-46f, 7-461a, 7-461c
代数稳定判据 7-604c
代数学 2-128b, 3-528b, 7-71c
《代数学引论》(丁石孙) 2-308b
《代数学引论》(L.欧拉) 2-128c
代数余子式 3-390a
代数组合学 7-71f
《代微积拾级》 8-107c
代位继承 2-129c
代位继承人 2-129d
代位权 9-177a
代希瓦勒-芒特拉维尼亚 4-431a
代谢 8-264f
代谢性白内障 1-203f
代谢性肌病 4-35d
代谢性碱中毒 7-207f
代谢性结石 5-402d
代谢性酸中毒 7-207f
代议制 2-129d
代议制民主 2-61d
甙(化学) 3-43d
岱(泰山) 2-129e
岱海 2-129e
岱庙 2-129e, 5-420b, 7-278d
岱喃字 2-130a
岱依族 2-130a
岱人 2-130a
岱日查好来宝 3-405b
岱山 7-278b
岱仙双瀑 2-179b
岱依人 2-130a
岱语 2-130a
岱宗 7-278b
玳瑁 2-130b
玳瑁县 3-330b
玳瑁釉 4-68a
带(纺织) 2-502a
带白 9-148a
带表卡尺 4-366b
带虫者 3-45a
带电粒子核反应 1-536d
带电粒子活化分析 4-6f
带电粒子束武器 5-35f
带电作业 2-130b
带蛾 2-130c
带蛾科 2-130c
带钩 2-130d
带光谱 3-225d
带过曲 6-408f
《带胡须的蒙娜丽莎》 2-361e
带环行星 8-316e
《带家具出租的房间》 6-13f
《带金莺的圣母》 4-516a
《带经堂集》 7-508d
《带经堂诗话》 2-130e
带菌者 3-45a
带扣 2-130d
带脉 2-130f
《带枪的人》 1-377b, 7-7b
带通滤波器 5-189e
带纹条鳎 7-245a
带下 2-130f
带下病 2-130f
《带烟斗的人》 2-467b
《带有复数色彩的单数》 1-75e
《带有七个尖角阁的房子》 4-26e
带鱼 2-131a
带状疱疹 2-131b
带状闪电 6-444b
带自由面渗流理论 6-525d
带阻滤波器 5-189e
贷款 2-131b
《待帆庄》 8-285c
待摊费用 2-254c, 6-258e
《待月西厢》 6-39c
袋狼 2-131c
袋鼠 2-131d
《袋鼠》 4-555f
袋鼠科 2-131c
袋形动物门 9-113d
袋衣蛾 3-183b
逮捕 2-131d
瑇瑁 2-130b
戴爱莲 2-131f, 1-273b, 2-11b
戴安邦 2-132a
戴安道 2-134b
戴安澜 2-132b, 9-408f
戴秉国 2-132c
戴秉衡 2-136b
戴勃 2-134b
戴传贤 2-133e
戴春风 2-134b
戴次公 2-134f
戴粹伦 2-132d
戴党 6-295f
戴德 4-585c, 8-537d
戴德金,J.W.R. 2-132e, 6-614f, 9-82b
戴德金分割 2-132e
戴德金整环 2-132f
《戴德姆溪谷》 4-404e
戴恩,J. 1-384a
戴尔,H.H. 2-132f
戴芳澜 2-133a
戴复古 2-133b
《戴复古诗集》 2-133b
戴竿 6-28a
戴高乐,C. 2-133b, 2-217a, 2-450b, 4-32a, 6-66f
戴高乐广场凯旋门 1-169e
戴高乐国际机场 2-133d
戴河 1-259d
戴褐夫 2-134c
戴鸿慈 9-80f
戴季陶 2-133e
戴进 2-133f
戴静庵 2-133f
戴菊 9-12a
戴克,W.P. 9-588b
戴克里先 2-134a, 3-164a
戴克里先改革 2-134a
戴逵 2-134b
戴笠 2-134b
戴廉增 8-459a
戴良弼 2-133e
《戴帽子的狼》 5-227b
《戴帽子的女人》 5-243f
戴梦欧 2-135b
戴密微 2-378c, 3-381d
戴名世 2-134c
戴姆勒,G. 2-134d, 2-134f, 5-463f, 6-150e
戴姆勒-奔驰汽车公司 2-134e
戴姆勒公司 2-134e
戴姆勒股份公司 2-134f
戴姆勒-克莱斯勒公司 2-134e
戴姆勒汽车公司 2-134e
戴绮霞 3-206f
戴森,F.W. 3-228b
戴圣 4-585c, 6-601c, 8-537d
戴胜科 2-582c
戴石屏 2-133b
戴式之 2-133b
戴叔伦 2-134f
戴斯,E. 3-111f
戴斯,M. 2-514c
戴斯委员会 2-514c
戴松恩 2-135a
戴嵩 3-360e
戴田有 2-134c
戴望舒 2-135b
戴维·卡梅伦 4-374a
戴维,H. 2-135c, 1-303c, 2-151a, 2-447c, 3-26a, 7-141e, 8-74f
戴维·格伦 1-306f
戴维森,B. 5-287d
戴维森,C.J. 2-135d, 2-171a
戴维森,D. 9-74b
戴维森,R. 6-150e

戴维斯，A.B. 4–357e, 4–511a
戴维斯，D.F. 2–136a
戴维斯，E.A. 5–476f
戴维斯，G.E. 2–145b, 3–548c
戴维斯，J.（美国南部同盟总统） 5–353c
戴维斯，J.（英国航海家） 1–154e
戴维斯，K. 3–240b
戴维斯，R. 2–135e
戴维斯，W.M. 2–135f, 2–229d, 6–193f
戴维斯杯网球赛 2–136a, 9–192d
戴维斯型无坐力炮 8–24b
戴维营协议 4–381d, 9–328c
戴文进 2–133f
戴文赛 2–136a
戴晓阳 7–543f
戴涯 9–377f
戴阳 6–450f
戴逸 2–136b
戴颙 2–134b
戴幼公 2–134f
戴雨农 2–134b
戴渊 4–276c
戴簪礼 4–39f
《戴珍珠的女人》 4–421d
戴震 2–136d, 7–208f, 7–505c
黛安娜峰 6–561d
《黛莱丝·德斯盖鲁》 5–470b
《黛莱丝·拉甘》 2–362d
《黛洛维夫人》 8–28b
黛蓑蛾 7–226d
《黛玉焚稿》 5–220d
《黛玉葬花》 3–182d, 4–186d, 5–4c, 9–277c
丹巴·索南坚赞 8–113d
丹陛桥 7–360c
丹不尔 7–281e
丹布尔 7–281e
丹布勒金寺 7–128f
丹川县 4–274e
丹丹马依里克遗址 3–419f
丹迪隆山 5–480a
丹第，V. 7–467e
丹顶 4–262a
丹顶鹤 2–136e, 9–172d
《丹东》 5–212c
丹东，G.-J. 2–136f
丹东港 2–137b
丹东市 2–137a
丹东–新义州大桥（中朝友谊桥） 8–388d
《丹东之死》 1–328d
丹毒 2–137c
丹兑 6–353c
《丹房镜源》 2 147b
丹凤（金鱼） 4–262a
丹凤（神鸟） 2–579f
丹凤门 2–96b
丹佛 2–137c
丹佛大学 2–137d
丹佛国际机场 2–137d
丹佛山区公园 2–137e
丹佛艺术博物馆 2–137e
丹佛造币厂 2–137d
丹佛自然与科学博物馆 2–137e
丹桂 3–247d
丹桂园 7–515d
丹豪色，J. 4–231b
丹河大桥 6–186b
丹吉，S.A. 8–597d
丹吉尔 2–137e
丹棘 8–362a
丹剂 2–137f
丹江 2–137f
丹江口市 2–138a
丹江口水库 2–138a
丹江口水利枢纽 2–138a
丹杰洞 4–328b
丹经王 7–573c, 9–475f
丹隆拉差努帕 4–507b
丹·马拉卡集团 5–467b
丹麦 2–138c
丹麦大海带桥 8–364d
丹麦科技大学 3–88a
丹麦理工大学 2–139c
丹麦马 1–121b
丹麦区 1–282e
丹麦人 2–139d
丹麦土种猪 4–539f
丹麦王国 2–138c
《丹麦舞台》 4–20d
丹麦语 2–139e, 2–139d
丹纳，H. 7–277b
丹纳，J.D. 2–139f
丹尼尔，G. 9–59d
丹尼尔第一·伯努利 1–401e, 1–402b, 2–66e
丹尼尔式鱼道 9–59e
丹尼尔·约翰逊坝 1–190e, 5–271b
丹尼洛夫，V.V. 4–448c
《丹尼斯的狮身人面像》 5–149e
丹尼斯–肖恩舞蹈学校 2–140a, 6–557c
丹皮 5–487a, 6–472c
丹齐克，G.B. 8–186a, 9–570d
《丹青引》 7–148c
丹丘生 4–420b
丹戎不碌 8–395d
丹砂 1–549b, 5–48f, 5–131c
丹参 2–140b, 2–40b
丹徒县 9–259e
《丹溪心法》 9–480b
丹霞地貌 2–140b, 2–575e
丹霞山 2–140c
丹下健三 2–140d
《丹心谱》 2–140e
丹辛克天文台 2–347f
《丹崖玉树图》 3–583e
丹阳胡桥吴家村墓 9–497d
丹阳黄酒 3–590b
丹阳建山金家村墓 9–497d
丹阳郡 8–359d
丹阳郡城 4–163d
丹阳市 2–140e
丹阳县 2–140f
《丹渊集》 7–594e
丹元真人 5–170a, 7–114d
丹泽尔·华盛顿 2–140f
丹增·诺尔盖 8–121f
《丹珠尔》 2–122e, 8–111a, 9–156c
担保 2–141a, 2–217d, 7–416b
担保物权 2–141b, 8–78c, 9–316f
担轮幼虫 3–564e
单胺类递质 6–511c
单摆 2–141c, 1–217e, 4–123a
单板纲 6–346d
单板滑雪 2–141c, 3–543b
单板机 7–539e
单包李子 2–34f
单倍单性生殖 2–144d
单倍体 6–273b
单倍体孤雌生殖 8–18c
单倍体孤雄生殖 8–18c
单倍体细胞 9–50c
单本位制 2–141d
单鼻孔纲 8–15e
单边冲突规范 2–3a
单边经济封锁 4–286b
"单边行动计划" 6–425c
单边主义 2–141e
单鞭金藻属 4–263c
单层仓库 1–474f
单层塔 7–236f
单场滑稽 9–147c
单出头 2–427b
单纯低温灌洗保存法 6–155a
单纯疱疹 2–141f
单纯疱疹病毒 6–549f
单纯乳房发育 8–327f
单纯形法 8–186a
单纯型精神分裂症 4–306a
单纯性肠梗阻 1–522c
单纯性肥胖 2–528b
单纯性三尖瓣狭窄 8–247c
单纯性肾囊肿 5–548c
单纯性糖尿病性视网膜病变 7–31d
单纯性哑 8–392a
单纯性阴毛早现 8–327f
单纯血管瘤 8–373e
《单刀会》 2–142a
单点定位 6–262c
单电子晶体管 1–232f
单调 2–41a
单斗挖掘机 7–463a

单独浮动 2-603d
单独概念 3-31b
单独海损 2-142b
单发畸形 8-171d
单罚制 2-144a
单方面出口管制 2-375a
单分子层吸附理论 4-550d
单分子亲核取代反应 6-256a
单峰驼 5-234a
单酐 7-206f
单缸发动机 6-150f
单杠 2-142c
单个问题 6-44f
单勾 1-203e
单冠白来航鸡 4-530e
单光眼镜 8-439f
单轨铁路 2-352b
单轨相机 9-237d
单果 3-299e
单花鼓 3-527c
单花蜜 2-573c
单环芳烃 2-493c
单环鼓 3-190e
单簧管 2-142d
《单簧管的独奏》 7-553b
单簧管五重奏 2-7d
单辉橄榄岩 3-47a
单基火药 2-432e
单基因遗传病 8-543b
单级工质电热炮 2-287b
单极神经元 6-512e
单极型晶体管 1-528e
单纪煤田 5-340d
单季茭 4-199e
单建掘开式工事 6-285b
单节亚纲 7-321a
单晶 4-301d
单晶体 4-301d
单精受精 7-44e
单镜头反光磨砂玻璃取景照相机 9-237c
单镜头反光五棱镜取景照相机 9-237c
《单据簿》 1-70c
单壳纲 3-23d
单克隆 2-142e
单克隆恶性浆细胞 2-382b
单克隆抗体 2-142e, 6-547f, 9-456d
单克隆细胞 4-455a
单孔目 2-142f
单口好来宝 3-405b
单口相声 8-207e, 9-486c
单库单向潮汐电站 1-544e
单库双向潮汐电站 1-544e
单跨门架桥 3-53a
单款 4-497e
单链DNA病毒 2-26e
单卵双胎 2-389e
单毛类 6-80b
单面华达呢 3-533e
单面卡其 4-378a
单面斜纹 8-237d
单面叶 8-494d
单模光纤 3-586e
单模光学纤维 8-173a
单宁酸 2-142f
单拍子 4-216d
单皮鼓 3-190b
单片光电集成材料 3-221a
单片机 7-539e
单片计算机 7-539e
单片微波集成电路 7-534e
单片斜裙 6-270d
单片子 8-448d
单亲家庭 2-143a
单琴大鼓 1-270a
单琴调 1-270a
单球菌 6-244f
单曲拱坝 3-146b
单人帮 1-341a
单人飞行器 2-143b
单色剪纸 4-157d
单色器 3-547a
单色仪 3-226a
单色釉 8-437d
单生花 3-525c
单声音乐 8-365d
单式记账法 1-457f
单式预算 9-81f
单式针刺补泻手法 9-246e
单索面斜拉桥 8-236f
单瘫 7-280c
单糖 2-143b, 7-293c
单体 2-143f
单体雄蕊 3-525a
单帖 7-385e
单萜 7-379b
单头制 8-320e
单维度概念 3-31c
单位犯罪 2-143f
单位矩阵 4-334b
单位运输成本 9-142e
单位载荷法 4-221c
单位制 2-144b
单稳态触发器 2-22a
单务合同 3-411b, 9-171e
单烯 8-129e
单细胞动物 3-493e, 6-545b
单细胞生物 9-50c
单弦 2-144c, 2-144c
单弦八角鼓 2-144c, 4-542f
单弦牌子曲 2-144c
单线态卡宾 4-365f
单线态氧 9-548b
单向导电性 9-586e
单相触电 2-21e
单相催化 3-547e
单相反应过程 3-547e
单相系 6-280d, 8-206d
单斜层理 1-488b
单斜辉石 3-606d
单斜硫 5-130e
单星导航 7-362f
单行法律 9-312d
单性发育 2-144d
单性花 2-51a, 3-525b
单性生殖 2-144d, 9-50c
单穴 4-298b
单雪橇 8-372d
单眼 3-12c
单叶 8-494c
单叶式立转桥 4-5f
单叶双曲面 2-423a
单一经济 2-144f
单一能力倾向测验 5-562d
单一物 8-70c
单一银行制 6-458e
单一元首 3-286c
单一制 2-145a
单一制国家 3-280f, 3-281d
单翼机 2-506e
单因子杂交 9-147d
单音 6-16a
单音程 8-574b
单用户操作系统 1-476a
单元操作 2-145b
单元推进剂 7-449b
单元系 6-280d
单元药 8-506c
单站预报 7-356d
单折 7-147a
单殖亚纲 8-117e
单轴晶体 7-80f
单子 4-532d
单子论 4-532d
《单子论》 2-145c, 4-533a
单子叶植物纲 2-145d
单自由度系统振动 9-257d
单作用式蒸汽机 7-470e
儋耳郡 2-145e
儋县 2-145e
儋州 2-145e
儋州市 2-145e
胆胺 8-548c
《胆巴碑》 9-232b
胆道感染 2-146d
胆道系统疾病 2-145e
胆矾 2-145f, 7-401e
胆固醇 2-145f, 2-147b, 3-39f, 3-40a
胆固醇结石 2-146e
胆红素 3-40a, 3-582a
胆碱酯酶 5-89d
《胆剑篇》(连环画) 1-590e

《胆剑篇》(戏剧) 1-479d, 9-55e
胆结石 4-224d
胆经 9-567c
胆经郁热证 2-146a
胆囊 2-146a
胆囊胆汁 3-39f
胆囊结石症 2-146e
胆囊炎 2-146c, 4-71e
胆青玛瑙 5-288d
胆色素 1-321f
胆色素结石 2-146e
胆石 2-147b
胆石症 2-146d, 4-71e
胆水 2-147b
胆酸 2-147a
胆酸类 2-147a
胆酸盐 2-147a
胆铜法 2-147b
胆烷酸 2-147a
胆小管 3-39d
胆小管性肝炎 1-370a
胆甾醇 2-147b, 9-149f
胆汁 2-147a, 3-39f
胆汁代谢异常 2-146d
胆汁淤积性肝炎 1-370a
胆总管结石症 2-146f
旦 2-147d
旦(纺织) 9-287f
旦本 9-148b
旦尼尔 9-287f
但丁 2-147e, 6-513e, 7-120b, 8-567a
《但丁》 4-611f, 5-570c
但丁·阿利吉耶里 2-147e
《但丁纪念碑》 4-531d
《但丁街凶杀案》 5-214b
但杜宇 5-46c, 9-351a
但歌 8-191a
《但愿人长久》 9-208e
但泽 3-98f
《但泽三部曲》 3-100b
担子果 2-148c
担子菌 2-148b
担子菌纲 7-6b
诞辰 6-531f
《诞生》 4-526c
诞生礼 6-297f
《疍民的研究》 1-568f
淡白舌 6-478f
淡菜 8-541a
淡腹雪鸡 8-371e
淡红银矿 2-148c
淡色库蚊 4-490e
淡色啤酒 6 77f
淡水 2-242e, 7-95f
淡水海鱼 5-571c
淡水河 2-148d
《淡水河畔》 4-605c
淡水湖 3-484e
淡水环境 9-540e
淡水热带鱼 6-276b
淡水渔船 9-63d
淡水珍珠 6-394d
《淡渍堂诗抄》 3-250d
弹道导弹 2-148e
弹道导弹潜艇 9-185c
弹道曲线 6-49b
弹道式空地导弹 4-466a
弹壳黄铜 3-598d
弹药 2-148f
蛋氨酸 1-367d
蛋白核小球藻 8-227e
蛋白尿 2-149b
蛋白浓缩料 6-59b
蛋白石 2-149c, 2-429c
蛋白质 2-149e
蛋白质变性 2-149f
蛋白质补充料 6-59b
蛋白质的α-螺旋结构模型 6-57e
蛋白质分子设计 2-552b
蛋白质复性 2-150a
蛋白质工程 2-150c
《蛋白质合成的遗传调节机制》 5-471d
《蛋白质和核酸:结构与功能》 6-57f
蛋白质晶体学 6-57f
蛋白质饲料 7-157e
蛋白质荧光探针 7-291d
蛋白质域 2-552c
蛋白质组学 2-150c
蛋彩画 2-150d
蛋凤 4-262a
蛋糕 2-150e
蛋黄果 4-132d, 6-438c
蛋金 4-262a
蛋卷 1-368a
蛋品加工 8-358a
蛋球 4-262a
蛋用鹑 1-112d
蛋圆饼干 1-368a
氮 2-150f, 6-502a
氮肥 2-151b
氮化物基金属陶瓷 4-256e
氮草脒青霉素 6-208e
《澹菴集》 3-507c
《澹菴文集》 3-507c
《澹圃恒言》 4-140a
《澹圃诗抄》 4-140a
膻中 8-247d
《当代》 6-295d
《当代报》 1-8f
《当代帕尔纳斯》 6-29d
《当代世界声乐发展趋势给我们的启示》 9-473a
《当代西方基本经济理论》 3-504c
《当代写作喜剧的新艺术》 7-552c
《当代英雄》 2-151c, 4-533d
《当代中国的航天事业》 6-308e
《当代中国经济改革:战略与实施》 8-31e
当都克伦 4-456b
当归 2-151d
当归四逆汤 7-581d
当拉山 7-306f
当量 3-543e
当量剂量 2-607b
当洛斯氏综合征 4-201c
当年浮冰 1-257a
当年结余 1-463b
《当前德国的军事计划》 7-421a
当穷错 2-151f
当惹雍错 2-151e, 5-507b
当山 4-436c
当事人 2-151f
当事人属人法 4-493e
《当她跳舞的时候》 5-334e
《当田野苏醒的时候》 4-453a
当阳蛮 5-302f
当阳桥 2-152a
当阳市 2-151f
当阳县 2-152a
当阳峪瓷窑遗址 4-203c
挡水建筑物 7-84d, 7-91e, 7-92d
《党的女儿》(电影) 5-84c, 7-369e
《党的女儿》(剧本) 5-85a
《党的生活》 7-189a
党甘亭 7-510e
党锢 2-152a
党锢之祸 3-375c
党国统一法 2-260b
《党和国家领导制度的改革》 2-152c, 2-200e
党河 7-55c
党怀英 2-152d
党派联盟 2-381b
《党人碑》 7-487d
党(古代基层组织) 6-407a
党参 2-152e, 4-225a
党世杰 2-152d
《党同伐异》 2-152e, 3-102f
党卫军 2-152f, 2-1c
党卫军特别行动部队审判 5-604f
党卫军种族局 2-153a
党务整理案 4-189b, 9-369b
党项 2-153a
党项羌 2-153a, 6-176f
党项族 5-596a
党营 1-556f
党员通讯局 9-439e
凼仔岛 2-153c
当铺 2-153d, 2-271d
砀山酥梨 2-153d
砀山县 2-153d

砀县 2-153d
《荡寇志》 2-153d, 9-62d
荡魔天尊 9-256c
档案 2-153f
档案房 2-154f
档案馆 2-154a
《档案管理》 4-486b
《档案管理手册》 9-178d
档案全宗 9-178e
档案学 2-154c, 6-265e
档案组合 6-265f, 9-178e
档房 2-154f
档子房 2-154f
《刀笔》 1-8a
刀币 2-155a
刀豆 2-155a
刀法（篆刻） 9-512d
《刀锋》 5-317e
刀杆节 5-36f
刀耕火耨 2-155b
刀耕火种 2-155b
刀鲚 4-106f
刀尖轨迹法 6-191a
刀具 2-155c
刀具材料 2-155b
刀开关 4-386c
刀朗艾捷克 1-77b
刀马旦 4-282c, 6-181e, 7-515d
《刀马旦》 5-84e, 8-345b
刀美兰 2-155e
刀枪把子 6-191f
刀鱼（带鱼） 2-131a
刀鱼（鲚） 4-106f
氘 2-155e, 9-32d, 9-462f
导出单位 2-275a, 4-88f
导出计量单位 4-88f
导出量 5-60b, 8-72b, 8-72c
导带 1-231c
导弹 2-155f, 2-510a
导弹驱逐舰 6-250e
导弹预警卫星 9-81e, 9-249f
导弹制导雷达 4-170d
导电材料 2-278e
导电高分子 2-156d
导电聚合物 2-156d
导电流体 2-48c
导电气体 2-48c
导电液体 2-48c
导函数 2-157b, 7-537e
导航定位系统 2-77e
导航卫星 2-156e
导航卫星网 2-156e
导航星座 2-156e
导航仪表 3-396b
导河县 5-91d
导路虫 3-518d
导生制 1-291b
导师制 2-156f
导数 2-157a
导体 2-157b, 2-282b
导线测量 4-479c
导泻药 8-138b
导演 2-157c
《导演的培养》 3-100f
导引 6-141e
导引功 6-141e
导引术 7-341f, 9-199d
导引养生 8-473b
导游 2-157e
岛弧 2-157e
岛津齐彬 8-106b
岛崎藤村 2-158a, 1-259b
岛山 6-241a
岛上瓜拉尼人 3-201f
《岛上漫步》 1-92e
岛素 1-225a
岛田雅彦 6-321a
岛夷 4-275e, 7-252b
《岛夷志略》 2-319d
岛屿 2-158b
《捣练图》 2-158c, 1-384f, 9-213c
倒吊笔 4-122b
倒伏 2-158c
倒阁 9-151e
到岸价格 2-158d
《到达极大高度的方法》 3-83d
《到大马士革去》 7-136c
《到灯塔去》 8-28b, 8-568a
《到敌人后方去》 8-175e
《到基菲拉旅行》 1-97c
“到民间去”运动 5-422a
《到天晴时》 6-33f
《到田间去》 2-490b
《到网走去》 9-311c
《到我死的那一天》 1-118e
《到远方去》 6-475d
倒霸 6-139f
倒车舵 2-392f
倒挂金钟 2-158e
倒挂金钟属 2-158e, 5-135d
倒虹吸管 2-158f
倒立 2-159a
倒立摆式机械地震仪 7-555b
《倒立的人》 5-399a
倒稔子 7-337d
倒淌河 6-205e
倒栽 7-76f
倒转褶皱 9-242d
倒座 7-150a
盗版 2-159a
盗毒蛾 2-351b
盗汗 2-159b
《盗马贼》 7-372f, 9-352c
盗虻 7-2b
《盗窃》 4-405a
盗窃罪 4-286a
《悼亡诗三首》 6-43a
《悼约翰·多恩》 1-450d
道 2-159b, 7-165d, 8-177d
道 2-159d, 6-141b
《道》(东山魁夷) 2-325d
《道》(高山辰雄) 3-74f
道,C.H. 3-534a
道安 2-159e, 4-274e
道场 2-159f
道成肉身 2-159f
道床 7-381f
道绰 6-449a
道德 2-160a, 5-195b
《道德宝章》 1-209c
道德发展理论 4-212b
道德风险 2-160b
道德感 6-236e
道德感化说 4-329a
道德规范 6-487e
《道德和立法原理导论》 1-338b
道德教育 2-189f
《道德经》 2-160b, 2-162b, 4-562a
道德剧 8-141e
道德绝对主义 4-348b
《道德论集》 3-181a, 6-112e
《道德情操论》 8-400b
道德神学 6-515f
道德天尊 4-562a, 6-399d, 7-263d
《道德五千言》 5-147e
道德相对主义 8-190f
《道德小品集》 4-531e
道德学 5-195c
道德哲学 5-195c
《道德真经广圣义》 2-358a
《道德真经义疏》 1-580d
道德之天 7-346b
《道地经》 1-106d
道地药材 9-447d
道谛 7-148f
道尔顿,J. 2-160b, 8-16c, 9-111c
道尔顿分压定律 2-160d
道尔顿实验室计划 2-160d
道尔顿原子论 2-160c
道尔顿制 2-160d
《道尔吉署长之歌》 6-28e
道尔马巴赫切宫 8-531d
道孚语 2-419c
道歌 2-165c
道格拉斯,A. 7-494e
道格拉斯,F. 5-350e
道格拉斯,S.A. 4-397c
道姑 2-165f
道冠 2-165f
道馆 2-162f
道观 2-160e

道光 6-232e
道光帝 2-161c, 3-519d, 8-387d
《道光咸丰两朝筹办夷务始末补遗》 2-11b
道果法 6-361c
道号 2-453c
《道极》 7-284d
道济 4-102e
道加瓦河 5-7f
道家 2-161d
道家气功 6-141e
道教 2-161f, 9-514e
道教美术 2-163a
《道经》 4-562a
道口 2-164e
《道理之光》 7-68e
《道林·格雷的肖像》 7-494e
道路 2-163e
《道路》 2-540a
道路标志 4-196d
《道路的转弯处》 4-379e
道路工程 2-163e
道路交叉口 2-164e
道路交通标志 4-196d
道路交通管理 4-196e
道路排水工程 2-164b
道路网规划 2-164a
道路运输 3-134f
《道论》 3-415c
道猛 1-579e
《道篇》 4-562a
道情 2-165c, 3-515e, 6-445d, 7-147a
道情戏 2-165c
道·琼斯公司 3-534a
道·琼斯指数 2-165d
道人 2-165f
道荣嘎 3-589e
《道荣传》 7-176a
道森,C. 6-71c
道森,J.W. 5-226b
道森曙人 6-71c
道生 2-165f
道士 2-165f
道释画 6-300c
《道枢》 2-166a
道邃 3-294b, 9-189b
道体 8-277d
道统说 2-166a
道筒 3-190d
道威 8-350b
道威斯,C.G. 2-166b
道威斯计划 2-166b
道问学 2-105c
道心 9-488b
道信 1-500a
《道行般若经》 9-287c
道宣 2-166c
道璿 3-539f
道学 2-166d, 5-13a
《道学兴废》 4-164b
道衍 8-478f
道一 1-500b, 5-286f
道义论伦理学 5-203b
道义逻辑 5-455a
《道因法师碑》 6-18b
道尹 2-159d
道隐 7-114c
道元 2-166d, 6-316b
道原 4-310d
《道藏》 2-166d
《道藏辑要全书》 2-166f
《道藏子目索引》 2-167a
道昭 2-456c
稻 2-167a, 9-106c
稻苞虫 5-616f
《稻草人》 8-500c
稻城亚丁自然保护区 3-39d
稻大蚊 2-107f
稻褐蝽 2-39c
稻黑蝽 2-39c
稻黑沫蝉 5-467c
稻蝗 3-604b
稻粒黑粉病 3-452d
稻绿蝽 2-39c
《稻米与单桅渔船》 1-441a
稻螟虫 2-167e
稻象属 8-208b
稻小赤曼蝽 2-39c
稻亚科 3-407c
稻作农业 6-65c
得安老人 1-566a
得撒销婚姻 8-21e
得克萨斯博览会公园 2-64d
得克萨斯大学 2-168e
得克萨斯热 2-340b
得克萨斯医疗中心 2-168e
得克萨斯州 2-168b
得楞人 5-387f
得冷国 1-197c
得墨忒尔 2-168e
得墨特里奥斯 3-181b
得气 9-246f
《得示》 1-482e
《得蜀中故人书》 7-286c
锝 2-168f, 2-505d, 6-372c
德 2-168f
德昂语 2-169a, 2-169a
德昂族 2-169a, 5-311b
德奥同盟 2-169c
《德奥同盟条约》 2-169c
德巴里,H.A. 2-169c
德拜,P.J.W. 2-169d, 3-195a, 3-226e, 8-71b
德拜长度 2-169e
德拜-谢勒法 2-169e
德班 2-169e
德班,A.F. 2-566c
德班貌瓦 6-615e
德班-韦斯特维尔大学 2-170a
德比埃尔,A.-L. 2-505c
德比帽 4-585d
德彪西,C. 2-170a
德彬瑞体 2-327d
德波林,A.M. 2-170c
《德伯家的苔丝》 2-170c
德伯林,A. 2-170d
德布朗基,L. 3-9a
德布鲁,G. 2-170e, 5-231b
德布罗意,L.V. 2-170f
德布罗意关系 1-381d
德布洛 8-392b
德操 4-215d
德昌松毛虫 7-160d
德川吉宗 8-275f
德川家康 2-171a
德川庆喜 5-451d, 5-497e
德璀琳 4-387e
德大纱厂 5-502a
德顿语 2-316f
德恩,S. 3-105b
德尔斐 3-164e, 3-178f
德尔斐法 2-171b
德尔芬·内托,A. 1-185b
德尔格尔登,R. 2-171c
德尔卡塞,T. 5-461d
德尔萨特,F. 2-171d
德尔萨特,J. 1-434c, 7-544e
德尔塔航空公司 8-411b
德尔图良 2-171e
德法尔,M. 1-516d
《德法年鉴》 2-414c, 5-255b
德凡特,A. 2-171f
德·菲利波,E. 2-171e
德·菲利波剧团 2-171e
德·弗里斯,H. 4-269f, 5-383c
德弗奇,M. 2-458c
德福雷斯特,L. 2-172a, 2-295d
德干半岛 8-595f
德干高原 2-172b, 8-592c
德戈利亚多剧院 3-201b
德格版大藏经 2-122e
《德格版藏文大藏经》 2-172d
德格·格桑旺堆 8-111f
德格拉斯,F.J.P. 1-277f
德格新路海 3-39d
德格印经寺 3-39d
德格印经院 2-172c
德国 2-172d, 2-173e, 4-353a
德国蔡斯光学仪器厂 7-366c
《德国传说》 3-106d
《德国，德国高于一切》 7-421c

德国的重新统一 2－175a
德国独立社会民主党 1－470a, 7－248b
德国法院 2－459e
德国工人党 5－507e
德国工人协会联合会 1－303d
德国弓 2－207c
德国共产党 2－175b, 2－217b
德国古典哲学 2－175c
德国国际文化交流组织 3－96b
德国国家社会主义工人党 5－507e
德国航空运输有限公司 6－128a
德国机械产品 2－174a
德国基尔周国际帆船赛 2－462a
德国检察机关 4－155f
德国教师节 4－209c
德国军旗 4－354c
德国科技博物馆 5－498a
德国劳埃德船级社 2－30a
德国历史学派 2－175f
德国联邦议会大厦 1－406c
德国麻疹 2－570a
《德国民法典》 2－444a, 5－422d, 9－50b
德国模式 1－408f
《德国三大哲人处国难时之态度》 3－441f
德国三月革命 2－414d
《德国商界趣闻》 7－543a
德国社会民主党 2－176d, 2－258d
德国社会民主工党（爱森纳赫派） 1－303e
德国社会学会 7－336e, 7－541a
德国十一月革命 2－176f, 8－302e
德国书业协会 2－448e
《德国体操》 8－453a
德国统一共产党 2－175b
德国统一社会党 6－72f, 7－189f
德国吞并奥地利 2－177a
德国文学 2－177b
德国现代舞 8－180a
德国新自由主义 2－178a, 2－591c
《德国，一个冬天的童话》 3－336f
德国元首法 2－260b
《德国韵体诗集》 3－109a
德国AEG电器公司 9－583b
德国DIN感光度 4－200f
德夯苗寨 4－66d
德赫胡达 2－178a
德赫拉新港 8－404c
德黑兰 2－178b
德黑兰会议 2－178c
《德黑兰宣言》 2－178d
《德黑兰1943年》 1－39f
德宏傣文 2－125a
德宏傣族景颇族自治区 2－178e
德宏傣族景颇族自治州 2－178e, 4－312c
德宏方言 2－125b
《德华字典》 5－253b
德化瓷 2－178f
德化瓷雕 2－179a
德化县 2－179a
德辉禅师 2－54a
德惠市 2－179b
德惠县 2－179b
德加，E. 2－179b, 2－558c
《德经》 4－562a
德珺如 4－253f, 7－224e
德·科斯特，C. 2－179d
德可乐利，O. 2－179e
德克哈托格岛 2－116f
德克金 7－487c
德·克莱央古 9－33a
德克勒克，F.W. 2－179d
德克鲁里王国 6－375b
德克罗利，O. 2－179e
德克罗利教学法 2－179f
德·库宁，W. 2－9c
德奎利亚尔，J. 2－179f
德拉夫克利斯跳水奖 3－251a
德拉古 8－393e
德拉克洛瓦，E. 1－97b, 9－38b
德拉肯斯山公园 5－524a
德拉肯斯山脉 2－180a, 5－522c, 7－420e
德拉瓦河 2－388c, 4－457a
德拉·瓦莱塔，J. 7－467c
德拉维达语系 2－68b
德拉耶 5－33c
德莱顿，J. 9－5e
德莱福斯，R. 2－72d
德莱克吕兹，É.-J. 5－228b
德莱克斯勒，A. 5－507e
德莱塞，T. 2－180b
德莱斯代尔，G. 8－277f
德莱斯代尔主义 8－277f
德赖费尔德，V.C. 1－252e
德兰 7－184b
德兰，A. 2－180d
德兰嬷嬷 7－331a
德兰士瓦共和国 1－18a, 1－435c, 7－9f, 7－140a, 8－615b
德朗布尔，J.B.J. 2－77c, 2－328a
德雷布尔，C. 6－173e
德雷达瓦－哈勒尔工业区 1－71e
德雷福斯案件 2－180e
《德雷福斯案件》 5－333e
德雷克，D. 6－69e
德雷克，F. 3－409a, 8－15b
德雷克塞尔大学 2－537d
德肋撒嬷嬷 7－331a
德累斯顿 2－180e
德累斯顿国家艺术收藏馆 2－181a, 2－181a
德累斯顿皇家剧院 4－339a
德累斯顿交响乐团 2－180f
《德累斯顿街道》 1－357b
德累斯顿银行 2－181b
德累斯顿银行财团 2－181a
德楞泰 8－467e
德里 2－181b, 8－265c
德里勃，C. 3－113d
德里博物馆 8－330a
德里达，J. 2－181d
德里国家首都区 8－265c
《德里纳河大桥》 1－93c
德里施，H.A.E. 2－181e
德里苏丹国 2－181f
德里协定 2－511b
德里亚，P. 7－94a
德里亚水轮机 7－94a
德利维斯，M. 2－182a
德林杰效应 2－283e
德令哈市 2－182b, 3－344b
德令哈县 2－182b
德鲁茨，I. 4－537a
德鲁克，D.C. 7－206a
德鲁克，P.F. 6－136e
德鲁苏斯 7－396b
德鲁特，P.K.L. 3－194f, 4－255c
德吕克，L. 2－182c
德罗斯特－许尔斯霍夫，A.von 2－182d
德罗伊森，J.G. 8－123e
德洛内，R. 2－182d
德洛特宁霍姆剧院 2－182e
德马尔盖，E.A. 8－130d
德玛尼西遗址 4－326e
德芒戎，A. 7－548c
德梅尔特，H.G. 2－182f
德梅拉拉河 3－241a, 5－80e
德梅隆，P. 3－284d
《德梅特里奥与波利比奥》 5－220b
《德米安》 3－457e
德米特里·顿斯科伊 5－474e
德米特里克，E. 3－458a
德米特里耶夫，I.I. 2－402c
德米特里一世 1－161c
德谟克利特 2－183a, 2－390f, 6－13e, 8－124c, 9－111c
《德谟克利特的自然哲学和伊壁鸠鲁的自然哲学的差别》 5－255a
德·摩根，A. 2－183a
德摩根律 2－183b
德莫林，E. 8－274f
德姆贝族 9－268a
德姆塞茨，H. 8－294f
德尼罗，R. 2－183c
德涅 1－56a
德涅斯特河 4－51d, 8－1a
德努瓦耶，J. 2－262d
德诺芙，C. 2－183d
德帕迪约，G. 2－183d
《德篇》 4－562a
《德沏河谷中的玫瑰》 4－110b
德钦丹东 5－415d
德钦党 7－608c

德钦丁 5-415e
德钦哥都迈 2-183e
德钦县 1-203a
德清 2-183f
德日进 2-184a
德瑞主教 4-336c
德萨林,J.-J. 2-184b
德赛,M. 8-597f
德·桑蒂斯,G. 2-184b
德·桑克蒂斯,F. 2-184c
《德尚博街》 5-166a
德舍尔,C.A. 9-171f
德寿宫舞谱 8-65e
德寿山 2-144c
德舒特河 2-397b
德属东非保护地 5-156b
德属喀麦隆保护地 2-355c
德顺影戏班 5-173d
德索尔,F. 4-441e
德特福德三部曲 2-135f
德田球一 2-184d
德娃子 4-591d, 7-147a
德瓦拉吉·乌尔斯 8-597f
德万画廊 2-78d
德维尔,G. 2-440e
德维尔,H.S.C. 1-69b
德维纳湾 1-197e
德温那格利数码 4-95e
德文港 6-111e
德文特河桥 2-604b
德文医学堂 7-395e
德沃,G.C. 1-504b
德沃金,R.M. 2-184e
德沃夏克,A. 2-184f
德·西卡,V. 2-185c
德希尼兹,E.A. 9-495d
德新社 2-185d, 2-188f
德兴市 2-185d
德兴铜矿 2-185d, 4-180b, 6-467e
德兴县 2-185d
《德性研究》 2-209a
德性之知 5-13b, 9-216d
德扬博物馆 6-560e
德阳市 2-185e
德阳县 2-185e
德阳州 2-185e
德依,R. 4-287c
《德意日三国同盟条约》 6-390a
德意志大话剧院 2-185f
德意志帝国 2-186a
德意志第一帝国 2-173b
德意志东方学会 2-319c
德意志工人党 8-126e
德意志关税同盟 2-186c
《德意志国家、教会与民生周报》 3-100f
《德意志国民性》 8-452f
《德意志号的沉没》 4-25f
德意志联邦 6-106f
德意志联邦共和国 2-186e, 2-172d, 2-173d
《德意志民歌集》 1-408e
德意志民主共和国 2-187c, 2-173d
《德意志民主共和国国歌》 1-80e
德意志民族的神圣罗马帝国 2-173b
德意志民族社会主义工人党 5-507e, 8-126e
德意志民族神圣罗马帝国 6-515a
德意志农民战争 2-187f
德意志人 2-188d
德意志图书馆 4-532a
德意志王朝 2-188e
德意志新教诸侯 6-400e
德意志新闻社 2-188f
德意志学院 3-96b
《德意志意识形态》 2-188f, 2-414c, 5-255b
《德意志意识形态。对费尔巴哈、布·鲍威尔和施蒂纳所代表的现代德国哲学以及各式各样先知所代表的德国社会主义的批判》 2-188f
德意志银行 2-189c
德意志银行财团 2-189b
德意志战争 6-106f
德意志诸侯 6-515b
德银 1-205e
德永直 6-320f
德语 2-189c, 2-188d
《德语词典》 3-106e
德育 2-189f
德育心理学 8-253a
德扎格,G. 4-79f
德贞 7-457e
德政暴动 2-190a
德治 2-190b
德治思想 4-476f
德智广深如海无所不纳之上师 2-64d
德州 2-190c
德州地区 2-190c
德州驴 5-176f
德州市 2-190b
德州专区 2-190c
德朱贡 3-168f
《德宗实录》 9-92e
德佐索腾艾里松沙漠 3-168b
灯彩 2-190c
灯彩砌末 2-190c
灯彩戏 2-190c
灯船 3-391d
灯调 9-405c
灯蛾 2-190d
灯蛾科 2-190d
灯光信号 4-197b
灯虎 2-190f
灯节 8-599d, 9-98b
《灯笼》 8-520a
灯笼草 2-190e
灯笼花 2-158e
灯笼椒 4-530c
灯笼鱼目 2-190e, 5-143c
灯录 4-310e
灯谜 2-190f
灯山 3-526b
灯市 3-526b
灯塔 2-191a, 3-391d
灯塔市 2-191b
灯塔县 2-191b
灯戏 2-190c
灯芯草 2-191c, 8-136f
灯芯绒 2-191c
灯影戏 9-405c
灯影峡 1-514f
灯影子 9-405c
灯用煤油 5-340f
《登多景楼》 5-109d
登封观星台 2-191d
登封少林寺 9-278e
登封市 2-191e
登封县 2-191e
《登高》 2-356e
登高节 2-7a
登高作业 6-527a
登革热 2-191e
登基拉国 1-52d
《登记》 5-204e
登记主义 7-28c
《登金山口绝顶》 7-507f
登科 4-427f
登笼国 1-197c
《登楼赋》 7-491b
登陆舰 2-192a
登陆艇 2-192a
登陆作战 2-191f
登陆作战舰艇 2-192a
登山 2-192c
登山宝训 2-616a
登山探险 2-192c
《登石头城》 6-358b
《登泰山记》 7-400c
《登徒子好色赋》 7-175a
登霄节 2-192f
《登幽州台歌》 1-575a
登月舱 2-192f, 9-152b
《登真隐诀》 6-467d
登州岬 6-66e
蹬技 2-193b
《蹬散梯》 2-193b
等板高度 4-304f
等臂天平 7-355c
等产量曲线 2-193b
等成本线 2-193d, 2-193e
等翅目 2-193e

《等待戈多》 2–193f
《等待老左》 1–118e
《等待黎明》 9–471d
《等到天黑》 1–118b
等电位作业 2–130c
等规聚丙烯 1–366d
等规聚丙烯纤维 1–366d
等规聚合物 2–312f
等级代表君主制 4–278e
等级君主制 2–194a, 4–360a
等级亲等制 6–194b
等价类 7–63e
等间距二次内插法 9–224c
等角航线 3–339a
等距圆柱投影 1–486a
等离子电视机 2–194a
等离子激元 3–195b
等离子切割 6–281f
等离子热处理炉 3–127c
等离子态 8–78d
等离子体 2–194b, 2–169e, 2–277c
等离子体层 2–234a
等离子体层顶 2–234a
等离子体辐射 2–194d
等离子体化学 2–194e
等离子体激元 2–195b
等离子体幔 2–234b
等离子体片 2–234b
等离子体片边界层 2–234b
等离子体频率 2–194c
等离子体天体物理学 2–195b
等离子体物理学 2–194f
等离子体隐身技术 8–590a
等离子体振荡 2–194c
等离子体质谱法 2–547e
等离子显示板 2–194a
等容过程 2–195c
等渗含钠液 8–506d
等渗性脱水 7–457a
等时线法定年 6–339c
等时线年龄 2–195d
等时性 1–217f
等势 4–75d
等势面 2–288a
等速螺线 2–195d
等体过程 2–195c
等外公路 2–164a
等位基因 4–52d
等温过程 2–195e
等温气层 2–372d
等效电子 9–110c
等效电阻 1–368f
等效伏特 2–295c
等效力系 5–15c
等效用曲线 2–195e, 8–14e
等效原理 2–195e, 1–89c, 3–237e
等压过程 2–195f
等压线 2–252b
等值命题 4–146b
等轴斑铜矿 1–226e
等轴辉铜矿 3–607a
《等轴晶系图形的对称性》 2–537a
等轴褶皱 9–242d
等轴状矿体 4–500f
等足目 2–195f
邓艾 2–196a, 4–186f, 6–388f
邓斌 2–199a
邓波夫斯基,E. 4–446e
邓椿 3–556d
邓恩铭 2–196a
邓发 2–196b
邓辅纶 3–380a
邓公场 2–185d
邓公寿 3–556d
邓光斗 8–448c
邓广铭 2–196c
邓弘 2–204d
邓华 9–395f
邓皇后 1–225f
邓家湾遗址 6–596a, 9–407f
邓稼先 2–196e
邓建中 2–205c
邓警亚 6–42a
邓九如 6–435f
邓肯,I. 2–196f, 8–179e
邓铿 1–559d
邓力群 2–196f
《邓力群文集》 2–197b
邓六条 2–202d
邓洛普,J.B. 9–546b
邓猛 5–52c
邓南遮,G. 2–197b
邓尼茨,K. 2–197b, 5–604e
邓尼金,A.I. 7–182a
邓派 7–479f
邓朴方 2–197c
邓散木 2–197d, 9–512e
邓石如 2–197e
邓实 1–558f, 7–156c
邓士杰 2–197d
邓士载 2–196a
邓世昌 2–197f, 3–584e
邓叔群 2–197f
邓斯·司各特,J. 2–198b
邓铁涛 2–198b
《邓铁涛医话集》 2–198c
《邓铁涛医集》 2–198c
《邓铁涛医学文集》 2–198c
邓廷桢 3–519d, 5–87e, 8–387e
邓拓 2–198c, 4–273a, 6–392e
《邓拓诗词选》 2–198d
邓文翚 3–149a
邓文原 2–198d
邓希贤 2–198f
邓析 5–438e
《邓析子》 5–438e
邓先圣 2–198f
邓县 2–205c
邓县画像砖墓 2–198e
邓小平 2–198f, 2–152c, 2–201c, 2–202d, 2–202e, 2–203a, 3–207e, 4–177b, 4–177d, 4–294a, 6–496c, 6–498c, 8–194d, 9–359b
邓小平故居 3–231b
邓小平理论 2–201c
邓小平"六条设想" 2–202d
邓小平南方谈话 2–202e
《邓小平文选》 2–203a
邓洵武 3–556d
邓亚萍 2–203d
邓琰 2–197e
邓演达 2–203f, 4–101a, 9–219f, 9–388c
《邓演达文集》 2–204a
邓飏 1–478b
邓颖超 2–204a
《邓颖超文集》 2–204c
邓友梅 2–204c
邓禹 2–204d
邓玉函 8–107a
邓约礼 8–255f
邓兆祥 2–204e
邓之诚 2–204f
邓植仪 2–205a
邓騭 3–370d, 4–386b
邓中夏 2–205b, 6–91a, 6–554d
《邓中夏文集》 2–205c
邓州 2–205c
邓州市 2–205c
邓子恢 2–205c
僜人 1–497c
僜语 2–205e
磴口县 5–596b
镫骨切除术 2–421c
镫骨手术 7–386b
氐 2–205e
低层拦截系统 9–186a
低常儿童 2–205f
低城 7–419e
低档品 7–36c
低档商品 4–62a
低等动物 2–51a
低等脊索动物 4–86c
低等植物 2–206a
低－低 SST 7–568d
低地德语 2–189c
低地国家 3–430c
低地立陶宛语 5–22d
低地僧伽罗人 6–421a
低非洲 2–520b
低钙血症 2–282a, 4–136f
低功率超声波 1–534a

低级晶系 4-303b
低级语言 1-591d
低级脂肪酸 7-226f
低钾血症 2-282a
低聚多糖 2-389e
低聚合反应 4-341e
低聚糖 2-206a
低聚体 4-341e, 4-342a
低聚物 4-341e, 4-342a
低空飞行 2-509d
低空急流 4-71f
低空救生 3-400b
低空拦截导弹 2-469c
低空遥感 3-396a
低蜡原油 6-606a
低磷血症 2-282b
低硫原油 6-606a
低颅压 5-549f
低锰沉积 1-256e
低钠血症 2-282a
低钠盐 7-5f
低男中音 6-414a
低能电子衍射 1-355b, 2-135e
低能加速器 5-35e
低牌子 8-200f
低膨胀合金 6-68f
低频脉冲电疗法 2-284f, 8-73a
低气压 6-149c
低热值煤气 5-340b
低熔点合金 2-206b
低散射外形技术 8-590a
低山 6-434a
低渗性脱水 7-457a
低收入国家 2-434c
低水头取水枢纽 7-92c
低速飞机 2-507b
低速飞行 2-509e
低速风洞 2-563e
低速太阳风 7-266c
低速炸药 9-175e
低铁假板钛矿 9-122f
低通滤波器 5-189d
低通气 7-108d
低瓦斯矿井 4-500b
低危种 1-360f
低维材料 1-459f
低纬边界层 2-234b
低位沼泽 9-227d
低温超导材料 1-529f
低温等离子体 2-194e
低温等离子体物理 2-195c
低温干馏 3-32d
低温工程学 2-206c
低温技术 2-206c
低温磷光法 5-94a
低温麻醉 5-239a
低温石英 6-604d
低温钛合金 7-272b
低温温泉 7-582b
低温物理学 2-206e, 4-389d
低温颜色釉 8-437d
低线 7-340d
低血容量休克 8-334d
低血糖 8-376d
低血糖症 2-206f
低血糖综合征 7-571c
低循环疲劳 6-77b
低压电器 2-286e
低压法聚乙烯 4-344e
低压配电网络 6-59b
低音谱号 8-51d
低音区 8-575b
低音萨克斯号 2-85d
低音提琴 2-207b
《低音提琴协奏曲》 4-491c
低音铜管乐器 2-85c
低周疲劳 6-77b
堤 2-207c
堤礁 6-443d
堤身横断面设计 2-207e
堤围 7-545b
堤线选择 2-207d
滴虫病 2-208a
滴虫性肠炎 2-208b
滴虫性阴道炎 2-208a, 8-571e, 9-104d
滴滴涕 7-124a
滴定分析 2-208b
滴定管 2-208c, 2-547a
滴汞电极 4-69f
《滴水集》 9-232e
镝 8-130d
鞮屦 5-489e
狄 2-208c
《狄安娜》 5-495f
《狄安娜出浴》 1-454a
《狄安娜行猎》 2-570e
狄奥多拉 5-272f, 6-569b
狄奥多里克 2-320d
狄奥多里克一世 8-92c
狄奥多罗斯 1-148e, 3-181a
狄奥多图斯一世 1-161c
《狄奥多西法典》 5-206e
狄奥多西三世 8-531d
狄奥多西一世 1-125e, 3-164b
狄奥番都方程 6-46e
狄奥墨得斯 8-513c
狄奥尼索斯 2-208c
《狄奥尼索斯的诞生》 2-415c
狄奥尼西奥斯 2-208e, 3-181a
狄奥涅 1-18f
狄奥普,B. 3-457d
狄奥普,D. 3-457d
狄布 2-208e
狄慈根,J. 2-208f, 1-350d
狄道县 5-91c
狄德罗,D. 2-209a, 1-212e, 1-356f, 5-198c
《狄多的仁慈》 5-478d
狄尔,J.K. 2-209e
狄尔斯,O.P.H. 2-209f
狄尔斯,R. 3-28d
狄尔斯-阿尔德反应 2-210a, 3-564c
狄尔斯酸 2-209f
狄尔斯烃 2-210a
狄尔泰,W. 2-210a, 4-212d
狄菲洛斯 3-180e
狄盖特,P. 3-263c
狄更生,E. 5-354b
狄更斯,C. 2-210b, 3-578c
狄更斯故里纪念馆 6-106a
狄怀英 2-211c
狄骥,L. 2-210c
《狄康卡近乡夜话》 3-298e
狄克提斯 3-181c
狄克西,L.R. 4-495c
狄克逊,W.K.L. 2-292e
狄拉克,P.A.M. 2-210e, 1-117e, 2-45c, 3-237c, 6-218a, 8-368b, 9-254a
狄拉克方程 2-210f
狄历 7-380e, 7-417c
狄利克雷,P.G.L. 2-210f, 3-358b, 7-68c
狄利克雷除数问题 7-68a
狄利克雷函数 3-358c, 4-564d
狄利克雷级数 2-211a
狄利克雷判别法 4-69a
狄利克雷特征 4-231f, 7-67f
狄利克雷问题 2-211b
狄利克雷原理 2-9a, 8-120d
狄利克雷L函数 4-231f
狄谟 3-120d
狄摩西尼 2-211b, 3-180f
狄青 2-211c
狄仁杰 2-211c
狄塞尔,R. 2-211d
狄塞尔循环 2-211e
狄塞尔引擎 1-499c, 5-558f
狄斯 3-305e
狄翁 3-181b
《狄亚斯的独裁》 8-94c
迪奥尔,C. 6-611b
迪拜 2-211e, 1-32b
迪拜酋长国 2-211e
迪拜塔 3-310b
迪比费,J. 6-418a
迪茨,R.S. 1-228b, 3-322c, 3-348e, 5-41c
迪顿,J. 5-207e
迪多家族 2-211f
迪多体 2-212a
迪尔,P.F. 8-243f
迪尔汗 1-33b
迪尔凯姆,É. 7-428d

迪戈·加西亚 2-212a
迪戈加西亚岛 2-212a
《迪功集》 8-349f
迪宫 9-224f
迪光殿 6-519f
迪化城 8-6f
迪化市 8-6f
迪克,R.H. 6-65a
迪克桑斯河 2-76f
迪克森,W.K.L. 1-82c
迪肯,G.E.R. 2-212b
迪拉姆 5-460e
《迪兰德宫》 1-81c
迪朗斯河 5-214f
迪里拜尔 6-519d
迪伦,B. 2-212c
迪伦马特,F. 2-212d, 4-557b
迪米尼文化 1-467a
迪米尼遗址 8-283b
迪米特尔·伊万诺夫 1-68f
迪纳拉山脉 1-9d, 6-370c
迪纳利峰 5-295f
迪纳利国家公园和保护区 5-295f
迪南,J.-H. 2-212f
迪皮隆陶瓶 3-179e
迪普雷,J. 9-484c
迪庆藏族自治州 2-213a
迪塞氏间隙 3-39e
迪斯康特 3-9e
迪斯科 2-213b
迪斯尼,W. 2-213c, 2-213d
迪斯尼乐园 2-213d, 2-213d, 8-193a
迪斯尼世界 2-213d
迪特里希,G. 2-172a
迪特马尔,W. 3-350a
迪图瓦,A.L. 4-556f, 5-41c
迪维希语 5-245d
迪乌拉语 4-436c
迪西岛 2-118a
《迪亚贝利主题变奏曲》 1-289a
迪亚霍特河 8-276b
迪亚曼蒂纳河 1-135c
迪亚士,B. 3-391f, 3-405d
迪亚斯,A. 6-411b
迪亚斯,J.R. 2-213f
迪亚斯,P. 2-214a, 5-484c, 6-366d
迪亚斯,W.K. 9-5b
迪亚斯·米龙,S. 2-214b
迪亚兹·德拉佩纳,N.-V. 1-149b
迪尤肯堡 6-80d
的的喀喀岛 2-214c
的的喀喀湖 2-214b, 1-330e, 1-392e
的笃班 9-128a
的黎波里 2-214c
的黎波里 2-214e
的黎波里伯国 6-592b
的黎波里斯 2-214c
的黎波里战争 8-568d
的里雅斯特 5-10b
“的里雅斯特”号潜水器 6-72e, 6-173c
荻村伊智朗 2-215a
荻林起义 6-203d
敌百虫 2-215a
敌虫菊酯 6-236f
敌敌畏 2-215a
敌蛾 2-215b
敌蛾科 2-215b
敌楼 1-583a
敌杀死 8-340b
敌鼠钠 6-422a
《敌中有我,我中有敌》 5-395c
涤除玄览 4-561e
涤纶 2-215b
涤纶仿真丝技术 2-499c
涤毛织物 5-313e
涤棉织物 2-215c
涤纤绸 2-10f
笛 2-215d
笛福,D. 2-215e
《笛赋》 7-175a
笛卡尔,R. 2-215f, 1-308c, 2-128c, 3-228e, 3-614e, 4-231d, 8-321f, 8-552e, 9-241f
《笛旺》 1-27d
笛旺派 1-27e, 2-216e
笛旺诗歌流派 2-216e
笛子 2-215d
嫡庶 9-552d
嫡长继承制 5-403f, 9-552d
翟（中国历史民族） 2-208c
篴（乐器） 8-220f
邸报 2-216f
抵触规则 2-217a
抵抗运动 2-217a
抵消关税 5-328d
抵押 2-217d
抵押财产 2-217f
抵押贷款 2-217e
抵押合同 2-217f
抵押权 2-217e, 2-141b
抵押权人 2-217f
抵押人 2-217e
抵押透支 7-416b
抵押物 2-217d, 2-217f
抵押债券 9-177b
抵制美货运动 2-218a
《抵制生命》 5-220e
抵制英货 2-268c
底比斯 2-218b
底比斯遗址 5-151b, 5-151c
《底层》 2-218b, 3-62a
底格里斯河 2-218c
底火 2-283b
底孔导流 6-578c
底夸克 4-492e
底砾岩 5-35a
底片 4-200c
《底片》 8-399e
“底栖生物-300”号水下实验室 7-102a
底水 9-40f
底特律 2-218d
底特律-安阿伯-弗林特大都市区 2-218d
底香 8-197d
底子书 3-512e
地包天 2-60a
地背斜 1-122a
地扁说 1-485f
地标定位法 3-394d
地表火 6-419f
地表径流 4-313b
地表水 2-242b, 4-85a
地表水设计排水流量 5-610e
《地表形态学》 6-64c
地鳖 2-531a
地波传播 2-218f
地蚕 2-223a
地蚕大铗姬蜂 4-40a
地槽 2-219a
地槽的极性 2-219b
地槽偶 2-219b
地槽学说 1-121f, 2-140a, 2-238d, 3-156e
地层（地质学） 2-219b
地层（考古学） 4-417c
地层层序律 2-219c, 2-249e
地层圈闭 6-257a
地层型油气田 9-39f
地层学 2-219b
《地层学原理》 3-114a
地层油气藏 9-39d
地磁北极 1-264b
地磁场 2-219e, 2-232f
地磁观测网 7-541e
地磁极 2-220a
地磁极性倒转 2-220b
地磁倾极 2-220b
地磁台 2-309e
地磁尾 2-234b
地磁学 2-220c
地胆草属 4-333c
地道 6-285b
地道桥 5-21a, 6-186d
地道药材 9-447d
《地道战》（罗工柳） 5-204a
《地道战》（石少华） 6-601d
地灯 3-526c
地地导弹 2-220d
地地战略导弹 2-220e
地地战术导弹 2-220e
地电场 2-220e
地电场的极化 2-220f

地电场干扰变化 2-220f
地电场平静变化 2-220e
地电位作业 2-130c
地电学 3-193d
地丁 7-279f
地丁合一 7-279f
地东宗 5-481f
地盾 2-221a
地尔硫卓 3-26e
地方报 1-248e
《地方法官》 4-448e, 6-73c
地方分权型单一制国家 2-145b
地方服务中心 4-78c
地方公债 3-138e
地方粮票 5-56f
地方民族主义 2-221a
地方陪同导游 2-157e
地方批发交易市场 6-69c
地方气候 9-435b
地方时 2-221b, 6-609a
地方税 2-221b
地方习惯法 5-422d
《地方戏曲选编》 2-34e
《地方戏演技溯原》 5-284d
地方性斑疹伤寒 1-227b
地方性分异 2-244f
地方性梅毒 2-221c
地方性商业中心 6-458e
地方预算 1-464c
地方志 2-221d, 2-491e
地方自治 2-221e
地方自治法案 1-84d
地肤 4-585a
地肤子 4-585a
地高辛 8-469a
地功拳 2-238f
地骨皮 3-154e
地瓜 3-36a
地官司徒 9-469e
地光 2-245e
地滚球 1-245b
地核 2-221f
地红霉素 2-87c
地皇 6-392b
地黄 2-222a
地黄连 5-49f
地黄属 8-362d
地积温 4-39e
地基 2-222b
地基反导弹武器 4-467b
地基反卫星武器 2-475b
地基空间武器 4-467b
地极移动 4-70e
地极坐标 4-70e
地极坐标原点 3-275b
地籍测量 2-222b
地籍管理信息系统 7-434f
地籍图 2-222d
地窖 7-438d
《地窖》 1-290a
地锦 6-28b
地经 6-91f
地景艺术 2-78d
地坑院 8-481b
地空导弹 2-222d, 2-470b
地拉那 2-222f, 1-8b
地拉网 9-63f
地腊节 2-366c
地蜡 6-606e
地老虎 2-223a
地垒 2-223d, 2-231a
地理标志 2-223d
地理赤道 1-597a
地理大发现 2-223f
地理顶级域名 9-82c
地理定位站 2-224b
地理工程学 6-615b
地理环境 2-224d, 2-233c
地理环境决定论 3-569c
地理计量革命 7-67a
地理考察 2-224f
地理轮回 6-193f
地理轮回说 6-193f
《地理年鉴》 7-548b
地理壳 2-225a, 2-233c
《地理全志》 8-107d
地理人种 2-225a, 6-303e
地理数据库 2-226c
地理数学模型 2-226c
地理数学模型库 2-226c
地理统计数据 4-466f
地理系统 2-226d
地理系统论 6-285a
地理信息系统 2-226d, 2-239f
地理学 2-226e, 1-68a
《地理学》(埃拉托色尼) 1-68a
《地理学》(斯特拉波) 2-227a, 2-250c, 7-135b
《地理学的理论问题》 1-49a
《地理学的性质与范围》 5-295f
《地理学独特性质》 7-548c
《地理学指南》 2-227a, 2-239e, 7-453f
《地理指掌图》 5-16b
地理坐标 2-228d
地理坐标系 7-365f
地栗 1-313a
地裂缝 2-228e
地龙 6-243d
地罗 9-309f
地幔 2-229a
地幔对流说 2-229b
地幔碳 7-294d
地幔柱 2-229b
地貌分异 2-244f
地貌轮回说 6-193f
地貌学 2-229c, 2-228b, 6-438e
地冕 2-229e
地面边界层 2-233c
地面巢 5-588e
地面沉降 2-229e
地面沉降监测井 3-568e
地面分水线 5-129d
地面灌 3-218a
地面立体测图仪 6-505d
地面立体摄影测量 6-505d
地面炮兵 6-51f
《地面气流生命史》 8-210f
地面气象观测平台 6-147b
地面天气图 7-356a
地面图 7-356a
地面效应 2-243e
地名 2-229f
地名标准化 2-230b
地名单一罗马化 2-230c
地名国际标准化 2-230c
地名考证学 2-230e
地名学 2-230d, 2-228c
地膜 2-230e
地膜覆盖栽培 2-230e
地内行星 8-316b
地菍 8-493b
地平日晷 6-324b
《地平线上的多里亚》 8-58a
地平坐标系 7-357d
地钱 2-230f
地堑 2-230f
地壳 2-231a
地壳成熟度理论 6-55e
地壳均衡 2-231c
地壳外层 2-233c
地壳物质学 7-551a
地壳运动 2-231d
地球 2-231f
《地球》 4-218b
地球变化磁场 2-220a
地球表层 2-233c, 2-227e
地球参考架 2-233f
地球参考系 2-233e
地球磁层 2-233f
地球村 2-234b
《地球村里的战争》 2-234c
《地球的地震活动性》 3-165e
《地球的红飘带》 7-576c
《地球的理论》 3-444b
《地球的理论及其证据和解说》 3-444b
《地球的面貌》 8-338c
地球电磁感应场 2-220a
地球辐射带 2-234c, 2-481c
地球高峰会议 5-43c
地球公转 2-234e, 2-231f
《地球和行星起源的陨星理论》 6-580a

地球化学 2-234f
《地球化学》 7-551b
《地球化学概论》 7-551b
地球化学活动库 8-475e
地球化学勘查 2-235a
地球化学填图 2-235d
地球化学旋回 2-235e
地球化学循环 2-235e
地球化学异常 2-235b
地球基本磁场 2-219f, 2-220c
地球静止轨道气象卫星 6-148b
地球静止轨道通信卫星 7-392c
地球静止卫星轨道 2-236d
地球科学体系 2-250f
《地球科学与自然和人类历史》 4-613b
地球空间 2-233f
《地球冷缩的某些结果，兼论山脉起源及地球内部的性质》 2-140a
《地球理论随笔》 2-236b
《地球历史上地壳外圈和沉积成岩过程的发展阶段》 7-135d
地球流体力学 5-127a
地球内部圈层结构 2-232f
地球内部温度 2-233a
地球内各圈层的放射性生成热 2-237f
地球年龄 2-233b
地球时 6-609a
地球同步轨道 2-236c
地球脱气化作用 7-294d
地球椭球 1-486c
地球外尘埃 9-67f
《地球，我的母亲！》 6-4c
地球物理场 2-236d, 3-193d
地球物理勘探 2-236d
地球物理武器 8-266c
地球物理学 2-236e
地球物质循环 2-235f
《地球系统科学》 1-566a
《地球宪章》 5-43c
《地球一日》 3-360c
地球仪 2-236f
地球引力场 2-237a
《地球与海洋》 2-250c
地球折射 2-101b
地球中心说 7-453f
地球重力场 2-237a, 2-232e
地球资源卫星 2-237a
地球资源卫星1号 2-237b
地球自由振荡 2-245e, 3-193d
地球自转 2-237c
地区性购物中心 3-157a
地圈 9-573a
地热 2-237e
地热电站 2-238b
地热能 2-237e, 5-564d
地热学 3-193d
地热资源 2-238a
地闪 6-444a
地上灌 3-217f
地上河 3-423f
地上权 9-29c
地生兰 4-541a
地生态学 4-311c
地声 2-245e
地史学 2-238b
地速向量 8-537c
地台 2-238c
地毯 2-238e
地趟拳 2-238f
地铁 2-243c
《地铁》 5-179a
地铁车站 2-243c
地铁通信 2-243d
地铁线路 2-243c
地图 2-239a
地图舌 6-478c
地图投影 2-239c
《地图投影》 8-502b
地图信息地理数据库 2-226c
地图学 2-239d, 2-228c
地外文明 2-240a
地外行星 8-316b
《地土颂》 2-240b
地纬 2-191c, 6-91f
地位结构观 6-488e
地温梯度 2-77f
地文导航 3-392b
地文航海 3-392b
《地文学》 9-212a
地汶 2-316f
地物回避雷达 4-34d
地戏 6-8e
地戏脸子 5-416f
地峡 2-240b
地下采矿方法 2-240c
地下采煤 1-466b
地下分水线 5-129d
地下工程 2-240d
地下灌 3-218a
地下河 2-241d, 3-423f
地下核爆炸诱发地震 9-53e
地下火 6-419f
地下建筑 2-240e
地下经济 2-241f, 2-258d
地下径流 4-313b
地下开采 1-466a
地下矿 4-500c
地下连续墙法 2-241c
地下热水 2-241f
地下输电 2-242a
地下水 2-242b
地下水坝 2-241e
地下水搬运 1-227c
地下水补给 2-242f
地下水超采 2-242f
地下水电站 2-241e
地下水动力学 7-99f
地下水动态 2-242f
地下水观测井 7-99c
地下水库 2-243a, 7-88a
地下水设计排水流量 5-610e
地下水位 2-243b
地下水位标高 2-243b
地下水位预报 7-100e
地下水污染监测井 3-568e
地下水硬度 2-242f
地下铁道 2-243b, 2-241a
“地下铁道” 5-350d
地下蓄水库 2-241e
地仙草 5-144b
地线 6-403d
地向斜 2-219a
地效飞行器 2-243d
地心大地坐标系 2-78f
地心空间大地直角坐标系 2-78f
地心说 2-243e
地心天球 7-357b
地心坐标时 6-609a
地心坐标系 2-78f, 3-216e
地形变 2-245e
地形测量 2-243f
地形跟随雷达 4-34d
地形罗斯比波 5-217c
地形图 2-244a
地形学 2-229d
《地学的探索》 1-566a
地学革命 4-441a
地学派 2-492b
《地学浅释》 2-251b, 3-554c, 4-535f, 8-107d
《地学通论》 2-244b, 4-613b
《地学在规划和管理人类环境中的重要作用》 3-566b
地秧歌 8-446a
地衣 2-244b, 5-187f
地衣化真菌 2-244b
地役权 5-207a, 9-29c
地应力 2-244c
地榆 2-244d
地狱 2-244e, 3-244c
《地狱》(H.巴比塞) 1-148f
《地狱》(但丁) 6-513e
地狱道 7-153d
《地狱里的角色》 1-432d
《地狱·天堂》 2-69a
《地狱之门》 5-202a, 7-120a
《地狱中的奥尔甫斯》 1-121f
地域分异规律 2-244e
地域管辖 5-428d
地域人种 2-245a, 2-225b
地圆说 1-485f

地缘型初级群体　2-16c
地缘政治学　2-245b
《地缘政治学原理、实质与目的》 3-404e
地猿　6-291f
地月系统　2-231f
地藏　2-245c
地震　2-245d
地震波　2-246a
地震层析成像　2-246c
地震带　2-246d
地震地层学　2-219d
地震定位　9-258e
地震动　2-245d
《地震工程基础》 5-605c
地震工程学　3-122d
地震海啸　2-246e
地震活动度　2-246f
地震活动空间分布　2-246e
地震活动强度分布　2-246e
地震活动时间分布　2-246e
地震活动性　2-246e
地震监测井　3-568e
地震勘探　2-246f
地震烈度　2-247a
地震烈度表　2-248a
地震龙　5-52d
地震前兆　2-248a
地震时间序列　2-246e
地震序列　2-245f
地震学　2-248b
地震预报　2-248b
地震预测　2-248b
地震灾害　9-258e
地震CT　2-246c
《地之子》 7-248d
地支　3-33e, 5-18a
地支纪时　3-33f
地支纪月　3-33f
地织机　2-500e
地植物学　9-305d
地质公园　2-248c
地质构造　2-248e
地质渐变论　9-543e
地质力学　2-249a
《地质力学概论》 2-249b
地质力学学派　4-612c
《地质力学之基础与方法》 4-612d
《地质历史中的大洋地壳》 6-55e
地质年表　2-249c
地质年代表　2-249c
地质年代单位　2-249d
地质年代学　2-249e, 7-397c
地质剖面　4-106d
地质时代表　2-249c
地质时期的气候变化　6-142e
地质图　2-249f
地质温度计　2-250b
地质学　2-250b
地质学方法　3-122f
《地质学纲要》 2-251a, 4-535f
《地质学基础》 4-535f
《地质学论》 1-122a
《地质学原理》 2-251a
地质遗迹　2-248c
地质营力　2-251b
地质灾害　3-566c
《地质之光》 8-343d
地质作用　2-251b
地中海　2-251e
《地中海和腓力二世时期的地中海世界》 1-450e
地中海红燕麦　8-445b
地中海贫血　6-85a, 8-374e
地中海人种　3-67e
地中海沙丁鱼　6-422e
地中海实蝇　2-251f
地中海-喜马拉雅地震带　6-16d
地中海型河流　8-414c
地中海型气候　2-252a, 2-251f
《地轴》 1-409e
地转风　2-252b
地转流　2-252b
地租　2-252c, 3-293d
《地租的性质和增长及其调节原则的研究》 5-247b
弟司·桑吉嘉措　7-143f
弟窑瓷　5-142d
弟子　5-367f
《弟子规》 5-375d
《帝范》 7-315c
帝国大厦　2-252e, 1-532d
帝国大学　2-323a
《帝国反击战》 5-350a, 6-184e
《帝国国策纲要》 9-225a
帝国联合报业集团　6-11c
帝国宪政会　1-243a, 4-406c
帝国银行　2-266b
《帝国银行事件·死囚》 8-333c
帝国州　2-252e, 5-607e
帝国州大厦　2-252e
《帝国主义》 4-415d
《帝国主义论》 2-252f
《帝国主义是资本主义的最高阶段》 2-252f, 5-73a
《帝国最后一人》 8-8e
帝鸿氏　3-582e
《帝鉴图说》 9-200f
《帝京景物略》 2-253b, 4-315a
《帝京篇》 5-234a
《帝京岁时纪胜》 7-377e
帝喾　6-392b, 8-478b
帝力　2-253b
帝企鹅　6-135e, 7-506b
帝丘　6-105f
《帝释梵天图》 2-445f
帝王池　8-330a
帝王谷　1-65e
帝王纪年法　5-17f
《帝王世纪》 9-558f
帝汶岛　2-253c, 1-228d
《帝系》 2-27d
帝辛　9-478f
帝轩氏　3-582e
帝尧　9-72c
帝尧陶唐氏　8-478b
《帝制论》 2-148a
递变层理　1-488b
递归半函数　2-253e
递归部分函数　2-253e
递归函数　2-253d
递归函数论　2-253f
递归集　2-254b
递归可枚举集　2-254b
递归例程　1-591b
递归论　2-253f
递归全函数　2-253e
递归算法　2-254a
递交国书仪式　3-294d
递角　8-562d
递盘　2-432c
递铺　8-562c
递氢体　8-420e
递延费用　6-258e
递延年金　5-585c
递延收入　6-258e
递延收益　6-258e
递延资产　2-254b
递运所　8-562e
递增脱敏　7-456e
递质　6-511b
《第八钢琴奏鸣曲》 1-288f
第巴　2-254c
第巴桑结嘉措　2-254c
第比利斯　2-254d
第比利斯海　2-254e
“第比利斯”号航空母舰　4-492b
第二半国际　2-254e, 4-415d
第二不完全性定理　1-431c
第二产程　9-500c
第二产业　2-254f, 1-504a, 3-290a
第二次产业　2-254f
第二次独立战争　5-363a
第二次梵蒂冈公会议　4-44c
第二次国共合作　3-256b
第二次国内革命战争　2-254f, 6-588f, 7-432a
《第二次呼吸》 3-458a
第二次结集　4-223c
第二次抗英战争　1-21e
第二次科学革命　4-441a
第二次内战　9-8c

第二次尼西亚会议 5-578e
第二次侵缅战争 9-10c
第二次三皇同盟 6-392a
第二次十字军东征 6-592b
第二次世界大战 2-255a
《第二次世界大战回忆录》 6-240f
《第二次世界大战中的德国海军战略》 2-197c
《第二次世界大战中的德国潜艇》 2-197c
第二次台海危机 6-51f
第二次“围剿” 7-432c
第二次西学东渐 8-107b
第二次鸦片战争 2-257d
《第二次鸦片战争》 6-130b
第二次印度支那战争 8-609f
第二次中东战争 9-329a
第二代保税区 1-246e
第二代导演 9-352c
第二代的基因工程 2-150c
第二代高温超导带材 1-530b
第二代果葡糖浆 3-300c
第二帝国 2-173d
第二枫丹白露画派 2-570e
《第二钢琴协奏曲》 8-210f
《第二个春天》 4-606a
第二国际 2-258b, 3-263e, 4-589e
第二国际音高 1-354e
《第二交响曲》 5-366b
第二交易系统 2-32d
《第二阶段削减战略武器条约》 7-192c
第二届裁军特别联大 3-259c
第二届大陆会议 1-277e, 2-93b
第二届泛非大会 2-479f
第二经济 2-258d, 2-241f, 8-590d
第二军医大学 2-258d
《第二狂想曲》 3-110f
第二类超导体 1-530e
第二类导体 2-157c
第二类对称因素 7-40d
第二类回火脆性 3-609e
第二类间断点 5-38f
第二类冷锋 2-572f
第二类永动机 9-25b
第二汽车制造厂 2-320b, 3-513d
《第二十二条军规》 2-258e, 3-331b
《第二十二小提琴协奏曲》 7-548b
《第二十三钢琴奏鸣曲》 1-289c
《第二十一钢琴奏鸣曲》 1-289c
第二世界 6-387a
第二松花江 7-159a
第二条亚欧大陆桥 8-408e
第二投标法 2-258f
《第二位坦科雷太太》 6-73d
第二西伯利亚铁路 8-89a
第二系 2-261b
第二线储备 3-272b
第二心音 8-256d
《第二性》 6-4b
第二性的质 6-291e
第二玄菟郡 3-66a
第二野战军 2-259a, 2-199e
第二宇宙速度 9-68e
第二职业 2-259b
第二质子带 2-234d
第谷,B. 2-259b, 5-600a
《第九交响曲》(L.van 贝多芬) 1-289a, 1-289d
《第九交响曲》(A.L.德沃夏克) 2-185b
《第六病室》 6-154b
第六代 9-352d
第六感官 6-522a
《第六交响曲》 1-289c
第六届泛非大会 2-480a
第六种病 9-52a
第纳尔 7-180a
第聂伯河 2-259d
第聂伯河-顿涅茨河文化 8-283d
第聂伯罗捷尔任斯克水库 8-1a
第聂伯湾 2-259d
第欧多鲁·克罗纳 9-241a
第欧根尼 6-268b
《第七封印》 1-397f
《第七个十字架》 8-92d
《第七交响曲》 8-212c
第祺 9-58e
第戎 2-259d
“第三部门”组织 2-517b
第三产程 9-500d
第三产业 2-259f, 1-504a, 3-290a
第三次产业 2-259f
第三次佛教结集 1-59a
第三次国内革命战争 2-260a, 4-229e
第三次结集 4-223c
第三次抗英战争 1-21f
第三次科学革命 4-441a
《第三次浪潮》 4-100b
《第三次浪潮——20世纪晚期的民主化》 3-463d
第三次民主化浪潮 3-463d
第三次侵缅战争 9-10c
第三次十字军东征 6-592b
第三次数学危机 4-75e
第三次“围剿” 7-432c
第三次中东战争 9-329b
第三代导演 9-352c
第三代高果糖浆 3-300b
《第三等级的形成与发展史》 7-338e
第三帝国 2-260a, 2-173d
第三方物流 8-77f
《第三个瓦尔普吉斯之夜》 4-450d
第三国际 2-260c
第三会(天主教) 2-488f
第三纪 2-261b
《第三交响曲》(L.van 贝多芬) 1-289a
《第三交响曲》(F.门德尔松) 5-366a
《第三交响曲》(C.圣-桑) 6-568a
《第三交响曲“卡迪什”》 1-396f
第三角投影法 4-34a
第三届泛非大会 2-479f
第三罗马 2-403d, 4-44c
第三脑室 4-151e
《第三篇反腓力辞》 2-211b
第三期儒学发展说 5-486b
第三人负担合同 3-411c
第三人合同 3-411c
第三人利益合同 3-411c
《第三十八交响曲》 5-478d
《第三十九交响曲》 5-478d
《第三十六交响曲》 5-478d
《第三十五交响曲》 5-478d
《第三十一交响曲》 5-478d
第三世界 2-261d, 6-387a
第三世界国家 2-434c
第三世界科学院 2-261e, 2-434d
《第三卫队》 1-409e
第三系 2-261b
第三心音 8-256d
第三野战军 2-261e, 2-199e
第三宇宙速度 9-68e
《第三著作》 6-54a
第十八集团军 2-262a
《第十二夜》 2-262a
《第十三号防空洞》 7-248e
《第十三号即兴曲》 8-182e
《第十四钢琴奏鸣曲》 1-289a
第十四旁遮普联队 1-58d
第斯 2-254c
第斯多惠,F.A.W. 2-262a
第四产业 2-262b
第四次结集 4-223c
第四次十字军东征 6-592b
第四次“围剿” 7-432e
第四次中东战争 9-329c
第四代导演 9-352c
第四堵墙 2-262b
《第四共和国的自我毁灭》 1-397d
第四国际 2-262c
第四环境 3-397b
第四纪 2-262d
第四纪冰川地层学 6-64c
第四纪冰期 3-118f
第四纪年代学 7-397c
《第四交响曲》 5-366a
第四军医大学 2-262e
第四媒体 2-123e
第四权力 8-318f
《第四十交响曲》 5-478d
《第四十一个》 2-262f
《第四十一交响曲》 5-478d
第四系 2-262d
第四心音 8-256d

第四野战军　2－263a, 2－263a
第五病　2－26e
第五次“围剿”　7－432e
第五次中东战争　9－329d
第五代导演　9－352c
《第五钢琴协奏曲》 1－289c
第五公设　4－79d
《第五交响曲》 1－289c
第五届泛非大会　2－479f
第五军医大学　2－262e
第五琦　7－306c, 8－435b
第五太阳石　1－60b
第一保加利亚王国　7－127b
《第一波洛奈兹舞曲》 7－554c
第一产程　9－500c
第一产业　2－263c, 1－504a, 3－290a
第一次产业　2－263c
第一次国共合作　3－256a
第一次国际人类学和史前考古学大会　5－468b
第一次国内革命战争　2－263c
第一次结集　4－223b
第一次抗英战争　1－21d
第一次科学革命　4－441a
第一次空间战争　7－367e
第一次内战　9－8c
第一次尼西亚会议　5－578e
第一次侵缅战争　9－10b
第一次三皇同盟　6－392a
第一次三级会议　6－392d
第一次十字军东征　6－592b
第一次世界大战　2－263d
第一次“围剿”　7－432c
第一次西学东渐　8－106d
第一次鸦片战争　8－387e
第一次印度支那战争　8－609f
第一次中东战争　8－487f, 9－328f
《第一大提琴协奏曲》 6－568a
第一代保税区　1－246d
第一代导演　9－352c
第一代高温超导带材　1－530b
第一代果葡糖浆　3－300b
《第一道曙光》 5－287d
第一对开本　6－432a
《第一钢琴协奏曲》 8－210f
《第一个台阶》 1－93b
第一共和国　2－449e
第一国际　2－265e, 4－451e
第一国际的老战士　9－577d
第一国际音高　1－354d
第一级教育　2－15e
第一交通大学　6－464a
《第一交响曲》(J.海顿)　3－324e
《第一交响曲》(N.A.里姆斯基－科萨科夫)　5－8c
《第一交响曲》(F.门德尔松)　5－366a
《第一交响曲“耶利米”》 1－396f
第一角投影法　4－34a
《第一阶段削减战略武器条约》 7－192c
第一届裁军特别联大　3－259c
第一届大陆会议　1－277d, 2－93a
第一届泛非大会　2－479f
第一类超导体　1－530e
第一类导体　2－157b
第一类回火脆性　3－609e
第一类间断点　5－38f
第一类冷锋　2－572f
第一类永动机　9－25b
第一历史档案馆　9－350b
《第一批异体字整理表》 8－560b
《第一批异形词整理表》 3－286b
《第一圈》 7－229d
第一劝业银行　2－266b
第一劝银财团　2－266a
第一世界　6－387a
第一套人民币　6－293e
《第一套威尼斯组画》 3－616b
《第一条出路》 1－57e
第一条亚欧大陆桥　8－408e
第一投标法　2－258f
第一系　2－261b
第一线储备　3－272b
第一心音　8－256d
第一性的质　6－291e
第一野战军　2－266b
第一银行　2－266b
第一宇宙速度　9－68e
《第兹先生进城》 3－91b
第1届全国摩托艇竞赛　5－464c
第1届世界射箭锦标赛　6－503d
第1届亚洲运动会　8－419b
《第2次埃斯基普拉斯会议协议》 9－433e
第4王朝王子安可哈夫石灰石胸像　1－384f
第7副族　9－97a
第7主族　9－97a
第11届亚运会　8－419b
第15届奥运会　9－43f
第15军团　7－433c
第18集团军　3－289c
第19路军　2－610c
第29届奥林匹克运动会　2－266e
第606号化合物　1－62f
谛听　2－245c
谛言　6－233c
蒂埃斯　4－227d
蒂宾根　2－267a
蒂宾根大学　2－267a
蒂宾根条约　2－267a
《蒂波·尼哥罗》 4－394b
蒂博,J.　2－267b
蒂博尼哥罗　2－267b
蒂博尼哥罗起义　2－267b
《蒂博一家》 5－244d
蒂策氏综合征　4－572d
蒂恩教堂　1－440a
《蒂尔顿－海斯协定》 2－4f
蒂尔加滕公园　1－406c
蒂尔皮茨,A.von　7－24d
《蒂尔普教授的解剖课》 5－192c
蒂尔森,J.　1－383f
蒂尔索·德·莫利纳　2－267c
蒂尔索河　6－355b
蒂凡尼,L.K.　8－292d
《蒂凡尼的早餐》 1－118b
蒂格赖人　2－267d
蒂格雷　2－408d
蒂格雷人　2－267d, 1－70e
蒂格雷语　7－339f
蒂格里尼亚语　2－267d
蒂卡尔古城　2－267e, 5－288f
蒂卡尔国家公园　2－268a
蒂卡尔玛雅文化遗址　7－526e
蒂克,J.L.　2－268a
蒂拉登特斯　2－268b
蒂拉登特斯宫　2－268b
蒂拉克,B.G.　2－268b, 8－597e
蒂勒尔,J.　1－74e
蒂勒尔恐龙博物馆　1－74f
蒂勒松,G.　6－534a
《蒂雷西娅的乳房》 1－3f
蒂里奇米尔峰　1－158c, 8－302f
蒂利希,P.J.　2－268d
《蒂鲁古拉尔》 2－268e
蒂鲁瓦尔卢瓦尔　2－268e
《蒂迈欧篇》 2－243f
蒂曼加峰　4－486e
蒂莫尼埃,B.　2－579c
蒂姆河　6－380a
蒂姆斯山　7－533a
蒂珀炼油厂　2－67b
蒂萨河　2－388c, 8－329b
蒂塞利乌斯,A.　2－293c
蒂施拜因,J.H.W.　2－268f
蒂索,B.P.　3－32b
蒂塔诺山　6－566a, 6－566d
《蒂托的仁慈》 5－335e
蒂瓦纳科文化中心　1－393b
蒂亚考古遗址　1－72a
蒂亚石刻　8－401a
蒂亚瓦纳科文化　2－269a, 1－79a, 2－214c
蒂亚瓦纳科遗址　2－269a
棣莫弗,A.　2－269b
棣莫弗公式　2－269c
棣莫弗－拉普拉斯极限定理　3－30c
缔纹天竺素　3－530e
碲　2－269c, 8－130c, 8－131b
碲化氢　2－269d
滇　2－269d
滇(云南省简称)　9－136b
滇案　8－421b

《滇案条约》 8-421b
滇梆子 2-269f
滇池 2-269d
滇池水系 2-269e
滇巅台 4-37f
滇国 2-89b, 2-270a
滇红 9-137b
滇金丝猴 1-203b, 9-136f
滇剧 2-269f
滇缅公路 2-269f
滇南道 6-107c
滇南泽 2-269d
滇楠 5-548a
滇人青铜雕塑 2-270a
滇润楠 5-548a
滇山茶 2-270c
滇王之印 6-607d
滇文化 6-607d
滇系军阀 2-270d
滇杨 8-462c
滇越 2-125c
颠倒温度表 2-270e
颠茄 6-191b
颠茄碱 2-270f, 1-56e
《癫狂与文明》 2-611a
癫痫 2-270f
癫痫蒙眬状态 2-271b
癫痫神游症 2-271b
癫痫性精神障碍 2-271a
癫痫性情绪改变 2-271b
癫痫自动症 2-271b
癫证 2-271c
典（档案学） 9-228b
典当 2-271d
典当行 2-271d
典范方程组 5-71a
典价 2-271f
《典诫》 5-499b, 6-588b
典客 2-86d
典礼院 5-136e
《典论》 7-576d
《典论·论文》 2-271e, 4-162b
典妻 2-271f
典权 2-271f, 9-29c
典权人 2-271f
典属国 7-58b
典物 2-271f
典型草甸 1-481c
典型调查 2-272a
典型库容 4-489f
典型流感 5-128e
典型落叶阔叶林 5-235f
典型尼人 5-565a
《典型群》 1-452a
典乐 2-86e
典志体 4-98d
点彩派 2-272a
点苍山 2-272a, 2-89, 2-90b
点测光 1-253a
点茶法 1-490c
点刺舌 6-479a
点灯节 5-416a
点滴灌肠 3-217e
点地梅属 1-247e
“点防御”系统 9-186a
点估计 7-407c
点鼓 3-190c
点集拓扑学 3-404d, 7-459d
点礁 6-443d
点接触晶体管 1-151c
点金术 5-48d
点蓝 4-312d
点螺 6-124f
点谱 1-177a
《点石斋画报》 2-568a
点弹性 7-283d
点突变 4-53d, 7-416e
点污染源 8-12d
点心 3-82a
《点与线》 7-158d
点阵 2-272b
点阵点 2-272b
点阵平面 4-302b
《点缀集》 9-277c
碘 2-272c, 2-272e, 5-161e, 7-538d
碘代烃 5-161c
碘代烷 5-161d
碘化氨基酸 2-272d
碘化钾 1-238e
碘甲烷盐 7-409f
碘量法 5-131b, 9-310b
碘缺乏病 2-272e
碘值 9-292e
电报 2-272e
电报机 4-196a
电爆炸 1-253d
电冰箱 2-272f
电波传播 8-21a
《电波传播》 1-326f
电波钟表 2-273a, 1-355a
电参数 2-274e
电场 2-273b, 2-274f
电场强度 2-273b
电场线 2-284d
电池 2-273d, 2-279e
电池电动势 2-273f
电池容量 2-293e
电除颤 8-248e
电触头材料 2-559d
电吹风 2-273f
电磁泵 2-274a
电磁波 2-274b, 1-372b, 3-355d, 3-449d, 5-297a
电磁波测距 4-339c
电磁波传播 2-274c
电磁测量 2-274c, 2-276f
电磁场 2-274f, 2-276e
《电磁场理论》 1-326f
电磁单位制 2-274f
电磁辐射 2-275b
《电磁辐射防护规定》 2-276a
电磁干扰弹 2-517e
电磁感应 2-275c, 2-276c, 2-447d
电磁轨道炮 7-350e
电磁环境及防护 3-61a
电磁绝缘法 7-523d
电磁开关 4-386c
电磁联轴器 2-275f
电磁疗法 2-48a
电磁脉冲武器 3-65f
电磁能 2-275d
电磁炮 2-275e, 2-338e
电磁起动器 6-140a
电磁拾音器 2-298b
电磁势 2-275e
电磁铁 2-275f
电磁通信系统 7-392f
电磁污染 2-276a
电磁吸盘 2-275f
电磁系测量机构 2-285d
电磁相互作用 2-276b
电磁效应 2-276f
电磁学 2-276b, 2-289e
电磁灶 2-276f
《电磁振荡和电磁波》 5-389d
电磁振动钟 9-453a
电磁制动器 9-312c
电导 2-277a, 2-299b
电导率 2-48c, 2-299b
电导率盐度计 8-433d
电导式电磁泵 2-274b
《电的化学作用和化学比例理论》 1-288a
电动电梯 2-289a
电动机 2-277a, 2-278e
电动机定则 2-280d, 9-578f
电动绞车 4-206e
电动力学 2-277b
《电动力学的新理论》 3-100e
《电动力学和狭义相对论》 9-219a
《电动力学现象的数学理论》 1-103f
电动汽车 6-150, 6-226e
电动势 2-277c
电动势法 2-273f
电动洗胃器 8-138c
电动系测量机构 2-285d
电动执行器 9-294f
电动执行元件 9-295a
电动V形球阀 9-294f
电度表 2-285f
电镀 2-277d
电镀法 6-51d

电法勘探 2-277e
电饭煲 2-277e
电饭锅 2-277e
电分析 2-280a
电分析化学 2-280a
电风琴 2-298a
电风扇 2-277f
电负性 2-277f
电感 2-278a
电工 2-278c
电工材料 2-278e
电工测量 2-278e
电工产品安全认证组织 1-502a
电工程 2-278c
电功率 2-278f
电光材料 2-278f
电光晶体 2-279a, 4-301e
电光量子阱结构材料 2-279a
电光效应 2-278f, 2-282f, 8-505c
电光液晶 2-279a
电光源 2-279a
电硅热法 7-380d
电荷 2-279b
电荷耦合器件 2-279c
电荷守恒定律 2-279d
电荷无关性 3-436d
电弧焊 3-389c
电弧炼钢炉 1-69b
电弧炉 9-506a
电弧炉炼钢 3-56a
电弧切割 6-281f
电化二元论 1-288a
电化教育 2-279e
电化学 2-279e
《电化学》 1-132b
电化学保护 4-255e
电化学分析 2-547e
电化学分析法 2-279f
电化学腐蚀 3-3f, 4-255e, 9-104e
电化学加工 2-280b, 7-335d
电化学振荡 3-553b
电化冶金 2-290a
电话 4-196a
电话保密 1-245e
电话机 2-280c
电话窃听 6-192b
电火花成形机床 2-281c
电火花加工 7-335d
电火花加工机床 2-281c
电火花磨削机床 2-281c
电火花线切割机床 2-281c
电火箭发动机 4-11f
电机 2-280d
《电机电磁场》 9-221a
电机多回路理论 3-68d
《电机工程手册》 6-517d
电机机组 7-539c
电机械钟 9-453a
《电机学》 9-221a
电吉他 2-298b
电极 2-280f
电极电势 2-281b
电极电位 2-281b
电极化 2-282c
电极化强度 2-282c
电极势 2-281b
电极学 2-279f
电加工机床 2-281c
电价键 4-578c
电解 2-281d
电解池 2-279f
电解分析 2-281e
电解负荷 2-284a
电解加工 2-280b
电解加工机床 2-281c
电解精炼 2-290a
电解提取 2-290a
电解制铝法 1-69b
电解质 2-281f
电解质紊乱 2-281f
电解质学 2-279f
电介质 2-282b, 2-282c, 4-232b
电介质激光材料 4-55b
电介质物理 2-282b
电镜 2-296d
电绝缘材料 2-513d
电绝缘技术 3-60f
电抗 6-15e
电抗器 2-283a
电烤箱 2-283b
电缆 2-283b
《电离》 7-467f
电离层 2-283c
电离层暴 2-283d
电离层骚扰 2-283e, 2-283d
电离度 1-44d
电离辐射 2-504c
电离剂 6-145e
电离理论 1-44c
电离室 2-283f
电离学说 1-44c
电力变压器 1-345a
电力传动 2-25c
电力电子技术 2-278e
电力动车组 2-336b
电力负荷 2-283f
电力机车 2-286b, 4-9a, 4-28f
电力系统 2-284a, 2-278d
电力系统干扰弹 7-294b
电力系统过电压 3-60f
电力线 2-284d, 2-447d
电联 3-261b
电量 2-284e, 2-274e
电量计 2-447f
电疗 2-284e
电流 2-285a
电流表 2-285c
电流场 2-285b
电流磁效应 1-131c
电流密度 2-285b
电流强度 2-285a
电流体轴承 9-478d
电流型指示电极 9-310a
电炉 3-127b, 8-491c
电炉电抗器 2-283b
电炉短流程 3-56a
电炉法 7-380d
电炉钢 3-54c
电炉紧凑式短流程 3-56a
电路 2-285d, 2-276f
电路元件 2-31b
电罗经 5-205b
电鳗目 2-285e
电母 4-568a
电木 2-557d
电脑 2-295e, 7-539e
电脑红娘 3-472b
电脑艺术 2-285f
电能表 2-285f
电暖器具 4-129c
电偶极矩 2-286a
电偶极子 2-286a
电喷雾电离源 9-316e
电气工程 3-121e
电气化铁路 2-286b
电气石 2-286b
电气体发电 2-286d
电气转换器 9-510d
电器 2-286d
《电器工业十年回顾与展望》 2-21e
电桥 2-286e
电热法 7-380d
电热负荷 2-284a
电热化学炮 2-287a
电热炮 2-286f
电热水器 2-287b
电热体 2-282f
电热效应 2-282f
电热冶金 2-290b
电容 2-287c
电容率 2-287d, 4-232a
电容器 2-287d, 2-287c
电容应变计法 6-616a
电弱统一理论 2-287e
电色谱法 6-417a
电扇 2-277f
电设备故障诊断技术 3-60f
电生滴定剂 4-488c
电石 7-292d
电势 2-287f
电势滴定法 2-288b

电势分析 2-288a
电势型指示电极 9-310a
电视 2-288b
《电视》 9-520d
电视电影 2-288f
电视广播 3-231b
电视机 2-288f
电视接收机 2-288f
电视连环画 5-37f
电视摄像机 6-504f
电视售货 2-289a
电视侦察弹 7-335c
电枢反应磁场 2-280f
电枢绕组 2-280f
电四极矩 3-433b
电碳热法 7-380d
电梯 2-289a
电通量 2-284e
电突触 7-417a
电网络 2-285d
电位分析 2-288a
电线 2-289c
电像法 4-385a
电信产业 2-289d
《电信网络》 9-218a
电信系统 7-392f
电休克疗法 6-82b
电选 8-366d
电学 2-289e
电学功能高分子 3-140c
电学量 2-274e
《电学原理》 7-242b
电讯 8-216b
《电讯报》 3-431c
电压 2-289e
电压表 2-289e
电鳐目 2-289f
电冶金 2-290a
电影 2-290b
《电影》 1-88e
电影表演 2-291c
《电影表演探索》 1-208a
电影表演艺术研究所 1-268a
电影放映 2-291c
《电影轨范》 1-560e
《电影季刊》 5-350c
电影镜头 2-292c
电影拷贝 2-292d
电影连环画 5-37f
《电影论文集》 8-167e
电影蒙太奇 5-372d
电影摄影 2-292d
《电影摄影爱好者》 4-52c
《电影是什么？》 1-186c
《电影手册》 8-277a
“电影手册”派 3-83e
《电影通史》 6-358b
《电影王国》 2-182d
电影眼睛派 2-293a
《电影艺术》 4-487d
《电影艺术史》 6-358b
电影艺术与科学学院 2-293b
《电影艺术在表现形式上的几个特点》 7-7f
《电影音乐作曲》 1-80e
《电影与公司》 2-182c
《电影真理报》 2-293b
《电影作为艺术》 1-88e
电泳 2-293c, 4-201b
电源 2-293d
电晕层 2-293e
电晕的伏库特性 2-293f
电晕放电 2-293e
电熨斗 2-294a
电灶 2-294a
电噪声 2-101a, 9-166a
电照明技术 4-100b
电针疗法 9-247f
电致发光 3-194a
电致发光材料 2-431f
电致伸缩 2-282e
电滞回线 2-282f
电重量分析法 2-281e
电子 2-294b, 2-279c, 3-192e, 4-382e, 7-298b
电子表 1-355a
电子材料 3-140a
电子城科技园 9-334b
电子出版 2-294c
电子出版技术 4-90c
电子出版物 2-294d
电子摧毁武器 2-295a
电子地图 2-294d
电子电离源 9-316d
《电子动力学》 6-46f
电子斗争 2-298c
电子杜威 2-363a
电子对键 4-147c
电子对抗 2-298c
电子对抗兵 5-168b
电子对抗飞机 2-294e
电子对抗侦察设备 2-294f
电子对抗装备 2-294f
电子防御 2-298c
电子放大器 2-502e
电子风琴 2-298a
电子伏 2-295b
电子伏特 2-295c
电子干扰飞机 2-295c, 2-294e
电子干扰设备 2-294f
电子构型 2-299a
电子管 2-295d
电子管计算机 4-91d
《电子光学与电子显微镜》 9-520d
电子海图 3-264a
电子合成器 2-297c, 2-298b
电子计算机 2-295d
电子计算机X射线扫描横断轴向体层摄影 9-583c
电子交换树脂 8-474c
电子进攻 2-298c
电子经纬仪 4-204d
电子卡尺 4-366c
电子开关 2-295f
电子－空穴对 1-231c, 3-195b
电子论 4-441b, 5-229d
电子内镜 5-556b
电子偶素 6-132e
电子配对理论 4-147b
电子气 6-145b
电子千分尺 6-156d
《电子签名示范法》 3-261c
电子琴 2-298a
电子情书 6-236c
电子商务 2-296a
《电子商务示范法》 3-261c
电子式深温计 6-509a
电子束曝光 2-296c
电子束管 2-296a, 9-254c
电子束焊接 2-296b
电子束加工 2-296b
电子束热处理 2-296c
电子束熔炼 2-296c
电子束蒸发镀膜 2-296b
电子束CT 9-583c
《电子数据处理》 7-229d
电子数字计算机 2-295e, 7-74d
电子速测仪 4-204d
电子天平 7-355d
电子文件 2-296c
电子显微镜 2-296d, 8-76d
电子显微镜摄影 8-176c
《电子显微镜下的病毒》 3-75d
电子效应 2-296f
电子信息产业 8-298c
电子学 2-296f
《电子音诗》 7-467f
电子音乐 2-297c
电子银行 2-297d, 2-299a
电子邮件 2-297e, 7-522f
电子邮件炸弹 7-523c
电子游戏机 2-297e
电子元器件 2-297f
电子元器件认证组织 1-502a
电子乐器 2-298a
电子战 2-298c
电子侦察 2-298c
电子侦察船 2-298d
电子侦察飞机 2-294e
电子侦察卫星 9-249f
《电子证据——当代机构文件管理战略》

1-316c
电子政府 2-298e
电子政务 2-298f
电子支付系统 2-299a, 2-297e, 2-299a
电子直线加速器 2-505f
电子制图 1-486b
电子转移器件振荡器 7-535d
电子资金汇兑系统 2-299a, 2-297d, 2-299a
电子自旋共振法 7-397f
电子组态 2-299a, 9-110d
电阻 2-299b, 2-299b, 6-16a
电阻材料 2-299c
电阻炉 3-127c
电阻率 2-299b
电阻器 2-299c
电阻温度计 7-580c
电阻应变计法 6-615f
佃富农 2-299d
佃客 1-359e
佃农 2-299c
佃贫农 2-299d
佃中农 2-299d
甸子地 4-426a
店（建筑） 7-25c
店铺 2-299d
店肆 2-299d
店头市场 3-185e
《店员》 5-258a
垫江 1-202d
垫头交易 9-270b
垫状驼绒藜 4-508b
钿钗礼衣 4-2a
淀粉 2-299e
淀粉胶电泳 8-374f
淀粉酶 5-89d
淀山湖 2-299e, 3-594c
奠边府战役 7-543c, 8-610a, 9-130e
奠基牲 6-298b
《奠酒人》 1-73a
奠仪 2-302c
殿（建筑） 2-299f, 3-142a
殿试 4-427f
殿堂 2-299f
《靛蓝园之镜》 5-401a
刁光覃 2-300a
《刁蛮公主》 4-20f
刁协 4-274b, 4-276c
刁羊 2-300b
《凋谢的玫瑰》 9-520a
貂蟟 1-500e
貂 2-300c
貂蝉 2-300d
《貂蝉》 6-475f
雕 2-300e
雕版印刷 2-300e, 7-147f, 7-168b, 7-305d, 8-45f
《雕虫纪历》 1-342a
《雕花烟斗》 2-575d
雕花漳绒 9-221f
雕金装饰 7-312a
雕刻器 6-600f
雕漆 6-124f
雕漆鼻烟壶 1-314e
雕塑 2-301a
雕填漆器 6-124f
《雕像也在死亡》 4-569a
雕印 2-300e
吊车 2-301f, 6-140e
吊环 2-301f
吊环李宁摆上 4-606b
吊脚楼 2-301f
吊巾鸽 3-94e
吊兰 2-302b
吊楼 2-301f
吊桥 6-186c, 8-364c
《吊屈原赋》 4-142c
吊丧 2-302c
吊水楼瀑布 4-317c
吊死鬼 1-595f
吊桶环遗址 8-169b
《吊魏武帝文》 5-167f
吊孝 2-302c
吊唁 2-302c
吊钟海棠 2-158e
《钓赋》 7-175a
《钓金龟》 3-144e, 3-207a, 4-593b
钓具 9-63f
钓兰 2-302b
《钓潭集》 1-567a
钓鱼 2-302c
钓鱼城之战 2-302d
钓鱼岛 2-302e, 2-302f, 8-540c
钓鱼岛列岛 2-302e
钓渔具 1-424e
调 2-302f
调兵山市 2-303a
《调查》 2-68d
《调查工作》 2-469f
调查设计 2-303a
调查性报道 8-287a
调查研究 2-470a
《调查者报》 5-25d
调车信号 7-382d
调式 2-302f
调式半音体系 1-183f
调式交替 9-510a
调头寸 7-411c
调性 2-302f
掉汇 2-303b
掉期 2-303b
跌水 3-424d, 6-118e
跌停板 9-223b
迭代力迫 3-134a
迭溪海子 1-2d
《谍中谍2》 8-39a
《喋血黑谷》 9-352b
《喋血双雄》 8-39a
牒 2-303b
叠臂式升降台 6-527d
叠层灰岩 6-595d
叠层石 2-303c
叠合梁桥 6-186d
叠加原理 8-186e
《叠山集》 8-239c
叠椅倒立 8-553b
叠音词 3-382e
叠韵 2-303c
叠置 2-253d
叠铸 2-303d
碟珠中型算盘 7-209c
蝶 5-95b
蝶庵居士 9-192a
《蝶变》 8-193e, 8-345b
蝶岛 2-325c
蝶窦 1-313d
蝶窦炎 1-313f
蝶结 5-102a
蝶结领带 5-102a
蝶兰属 4-541a
《蝶恋花·答李淑一》 4-600e
蝶尾墨龙睛 4-262a
蝶酰谷氨酸 8-501a
蝶亚目 2-34e
蝶泳 2-303e
蝶蛹 9-28d
蝰蛸 2-303f
蝰蛸科 2-303f
鲽科 2-303f
鲽形目 2-303f
鲽鱼 2-304a
丁（中国历史） 9-148f
丁巴什罗 2-314e
丁苯橡胶 2-304a, 1-312a
丁冰之 2-306e
丁丙 1-145a
丁伯根,J. 2-304b, 2-543d, 4-288a, 9-495f
丁部领 6-587b
丁醇 2-304c
丁聪 2-304e
《丁聪画集》 2-304e
《丁聪漫画选》 2-304e
丁村尖状器 2-305a
丁村人 2-305a
丁村文化 2-305a
丁村遗址 2-304f, 4-327a, 5-90b
丁道衡 8-87b
丁道护 2-305a
丁德尔国家公园 7-180b
《丁登寺》 7-50e

丁调 3-522a
丁丁虫 7-539d
丁度 4-78c
丁铎尔,J. 3-226e
丁铎尔散射 3-226e
丁铎尔效应 4-201a
丁二醛 4-407a
丁二酸 2-305b
丁二酸酐 2-305b
丁二酮肟 7-608e
丁二烯 2-305b, 5-513a
丁二烯橡胶 4-341c
丁房双阙 9-452a
丁福保 2-167a, 6-259f
丁刚 2-305c
丁公藤 8-365c
丁公雅 4-78c
丁拱辰 2-305d, 8-107d
丁关根 2-305e
丁光训 2-305f, 4-244f
丁果仙 2-306a
丁和寿 3-593a
丁缓 1-416b
丁吉斯 2-137e
丁加奴 5-261b
丁加奴河 5-261e
丁嘉鱼 1-145a
丁蒋伟 2-306e
丁腈橡胶 1-367d
丁敬 2-306c
丁卡人 2-306c
丁克家庭 2-306d
丁魁楚 5-537a
丁立钧 6-179f
丁琏 4-582a
丁玲 2-306e
丁零 2-1b, 7-380e, 7-417c
丁流民 2-82d
《丁卯集》 8-354a
丁男 9-148f
丁尼生,A. 2-307b
丁佩 8-339a
丁硼烷 6-68a
丁桥 4-132b
丁仁 8-95c
丁汝昌 2-307c, 3-584d
丁若镛 2-307d
丁善德 2-307e
《丁善德钢琴曲集》 2-307f
《丁善德艺术歌曲集》 2-307f
丁申 1-145a
丁声树 2-307f
丁石孙 2-308a, 9-383e
丁是娥 2-308b
丁蜀镇 8-540d
丁舜年 2-308c
丁松存 1-145a
丁松生 1-145a
丁酸 2-308d, 9-293c
丁随地起 7-279f
丁廷举 3-250d
丁酮 2-308e
丁托列托 2-308f, 7-532d
丁烷 2-309a
丁挽舅 4-168f
丁韪良 2-309b, 7-398c
丁谓 2-309b
丁文江 2-309c, 2-227d, 9-421f
丁西林 2-309e
丁烯 2-309b
丁烯二酸 2-309f, 6-95a
丁烯二酸酐 7-207a
丁香 2-310a
丁香花 2-310a
《丁香花园》 7-420c
《丁香结》 9-558d
丁香属 2-310a
丁香水仙 7-102a
丁燮林 2-309e
丁型肝炎病毒 1-369e
丁绪贤 2-310b
丁璇 4-582a
丁颖 2-310c
丁永泉 3-593a
丁云鹏 2-310d
丁肇中 2-310e
丁竹舟 1-145a
丁子杏 7-323c
盯住通货膨胀预测 7-390d
钉金绣 9-132e
钉螺 2-310f
钉螺分布规律 7-181c
钉头字 8-234b
钉住浮动 2-603e
顶（杂技） 2-159a
《顶玻璃塔》 2-311b
顶部采光 1-465d
顶端优势 2-311a
顶极群落 6-541f
顶技 2-311b
顶夸克 2-311b, 4-492e
顶款 9-512d
顶体反应 7-44e
顶碗 2-311c
鼎 2-311d, 9-364d, 9-452f
鼎（杂技） 2-159a,
鼎湖山 2-311e
鼎湖山自然保护区 2-311f
鼎堂 3-251c
订购 2-312a
订婚 2-312e
定（佛教） 6-404b
定比定律 2-312a
定边县 6-446e
定标电路 7-290a
定波 9-503d
定常流动 1-401e
定常热应力问题 6-282b
定常蠕变 6-340c
定常运动 5-127c
定车 1-547c
定点陪同导游 2-157e
定点转动 4-33b
定额税率 7-107d
定根 3-117c
定国军 9-297f
定海区 2-312b
定海县 2-312b, 9-464f
定滑轮 3-541b
定活两便储蓄 2-18b
定积分 4-38b, 7-538a
定基价格指数 2-312c
定基指数 7-408e
定金 2-312c
定金合同 2-312c
《定居记》 1-282d
定居型对虾 2-375b
定居型河鲑 3-243f
《定军山》 2-312d, 4-610a, 5-267d, 7-286a, 9-59a, 9-344e
定量地层学 2-219d
定量分析 9-534d
定量生物学 4-575e
定陵（清） 6-224f, 6-232d
定苗 4-161f
定年方程 7-397d
定年方法 7-397d
定膨胀合金 6-68f
定期储蓄存款 2-18b
定期检查制 4-484c
定期盘存制 6-612a
定气 2-428a
定亲 2-312e
定倾中心 2-603e
定区轮作 5-197c
定容超压气球 6-147e
定声 9-484a
定食 6-317f
定式合同 3-110f
定朔 7-111d
定态 9-110a
《定位法舞谱》 8-65f
定位井 4-398b
定武军 6-228d, 9-102f
定武兰亭 4-542c
《定武兰亭序》 7-385e
定西市 2-312e
定西县 2-312e
定西州 2-312f
定息 7-57e
定县 2-314a

定县汉简 3-376d
定县教育实验区 8-189a
定县农民戏剧实验 8-333c
《定县社会概况调查》 4-601b
定向爆破 1-253c
定向爆破坝 1-190c
定向聚合 2-312f
定向聚合物 2-312f
定向能反卫星武器 2-475c
定向能武器 2-313a, 8-266b
“定向型”培养模式 6-573d
定向眼 8-439a
定型动作模式 2-341a
定性分析 2-313c
《定性书》 1-589e
定窑 2-313d, 1-193f, 6-204a, 7-165f, 7-324d
定窑白瓷孩儿枕 3-196f
定义 2-313e
定义项 2-313e
定义域 3-358c
定音鼓 2-313f
定域干涉 3-220a
定域键 2-551c, 3-149a
定远侯 1-222f
定约桥牌 6-188a
定置渔具 9-63f
定州 2-314a
定州市 2-314a
定轴转动 4-33b
定子 2-280e
定组成定律 2-312a
啶 9-146b
锭子（纺织） 2-500b
锭子（乐器） 1-410d
丢番图 2-314a
丢番图逼近 5-437b
丢番图方程 1-427a, 2-314b, 7-70d
丢勒,A. 2-314b, 8-233c
丢巧针 6-121e
铥 8-130d
东阿尔卑斯 1-9d
东盎格里亚 6-119c
东巴 2-314e
东巴基斯坦 5-385d
东巴教 2-314e, 5-513e
东巴经 2-314e
东巴萨勒 2-314e
东巴什罗 2-314e
东巴文 2-314e, 5-513d
东巴舞谱 8-65e
东白山 4-496d
东北豹 1-249a
东北财经学院 5-65e
《东北大翻身》 9-55a
东北大鼓 2-315a
东北大黑鳃金龟 2-315b
东北大学 2-315c
东北大秧歌 2-427b
东北地区经济区 6-247d
东北电影公司 1-511b
东北电影制片厂 1-203c, 1-511b, 4-427a, 9-351e
东北反日联合军 2-315e
《东北风》 4-24d
东北工学院 2-315c
东北黑土漫岗丘陵地区 7-98f
东北黑熊 3-460e
东北虎 2-315c, 3-518a
东北黄芪 3-594e
东北抗日联军 2-315d
东北抗日同盟军 2-315e
东北流通券 4-263a
东北民主联军 2-315f
东北欧人种 3-67e
东北平原 2-315f
《东北人民大翻身》 4-228f
东北人民大学 4-63a
东北人民革命军 2-315e
东北人民解放军 9-392e
东北人民自治军 2-315f
东北三宝 8-424e
东北师范大学 2-316a
《东北史论丛》 8-478f
东北输油管道 2-102c
东北太平洋海盆 7-260e
《东北通史》 4-262f
东北挽马 1-10d
东北行政学院 4-63a
东北易帜 2-316a
东北自然科学研究会 9-376f
东北棕熊 9-559e
东本愿寺 4-279e
东璧龙珠 2-609b
东波莫瑞战役 7-191a
东布罗夫斯基,J. 2-480f
东布洲 3-332f
东部印地语 8-591b
东部裕固语 2-316b
《东藏记》 9-558c
东昌府 5-68f
东昌楼 3-230c
东昌路 5-68f
东厂 2-316c, 1-528a, 5-440c
东城调 2-315a
东城区 2-316c
东川魔芋 5-466b
东大墩 7-254a
东大寺 2-316d, 5-515c
东大寺（陕西西安） 3-543f
东丹国 5-63f
东岛（法罗群岛） 2-452c
东岛（西沙群岛） 8-100a
东岛（中途岛） 9-439e
《东道主》 1-82a
东德 2-173e
东帝汶 2-316d
东帝汶民主共和国 2-253d, 2-317a
东洞庭湖 2-344a
《东都八景》 1-107e
《东都名胜》 1-107d
东都苑 5-232e
东阿阿胶 5-68f
东阿王 2-317c
东阿县 2-317c
东法兰克王国 2-448b
东番 7-251f
《东方》 5-326c, 7-576c
“东方堡垒”三部曲 1-168b
《东方不败》 5-84e
东方草莓 1-482a
东方插花 1-489b
东方出版中心 9-348d
东方大学 6-558c
东方歌舞团 2-317c
《东方公约》 2-317d
“东方”号飞船 2-317e
“东方”号运载火箭 2-317f
“东方和西方之王” 6-371e
《东方红》 2-318b, 6-609f
《东方红》（康濯） 4-406e
东方红抽灌工程 7-572c
“东方红”1号卫星 2-318b, 1-520e, 6-302a, 9-371c
东方狐鲣 4-247f
东方湖 2-318c
东方幻梦型香水 8-198e
东方会议 4-67a
《东方集》 9-71a
《东方见闻录》 5-254e
东方剑齿象 4-167f
东方疖 5-31a
东方净琉璃世界 2-318f, 4-313f
东方剧社 4-252f
东方快车 2-318d
《东方快车谋杀案》 8-616e
东方梨系 4-579d
东方黎族自治县 2-319a
东方蝼蛄 5-148b
《东方洛迦诺公约》 2-317d
东方蜜蜂 5-409d, 9-415d
东方明珠电视塔 2-318e, 7-475b
东方区域性公约 2-317d
东方三博士 6-557d, 6-557f
东方三圣 2-318f
《东方三侠》 9-203d
《东方圣书集》 5-452f, 9-556f
东方市 2-319a
东方水貂 9-54e
东方朔 2-319a, 9-327d
《东方朔画赞碑》 8-438c

东方图书馆 7-133f
东方舞 2-319b
东方县 2-319a
东方学 2-319c
《东方学术概观》 5-54e
东方燕麦 8-445b
东方眼虫病 4-224a
《东方音乐史》 7-368e
东方犹太人 9-36d
《东方与欧洲上古文化诸时期》 5-374a
《东方欲晓》 8-459f
东方战争 4-452d
东方站 2-318c
“东方”1号飞船 2-317e, 4-109f, 9-152d
“东方”6号飞船 5-569c
东非 2-319d
东非大裂谷 2-319d, 1-70f, 1-72b, 3-50f, 7-288a
东非大猩猩 2-113a, 9-114c
东非蜂 6-421f
东非高原 2-319f, 2-520b
东非黑人 5-568c
东非湖群高原 2-520b
东非人 2-320a, 5-28c
《东非人类化石》 5-28b
《东风》 3-83e
东风带 2-98f
东风航天城 4-325b
“东风”牌汽车 2-320b
“东风”牌小轿车 9-350d
东风汽车公司 2-320a, 6-591b
东福克兰岛 5-247c
东府 7-50f
东府城 4-163d
东冈瓦纳 3-49b
东港市 2-320c
《东皋子集》 7-499b
东哥特人 2-586f, 5-433a
东哥特王国 2-320c
《东歌》 7-484b
东格陵兰 3-107a
东格陵兰寒流 1-257b
东宫 1-515d
东贡城堡 7-387a
东沟县 2-320c
东古·拉赫曼 5-250a
东关 8-556a
东关清真大寺 8-98d
东观 1-225f, 3-468c
《东观汉记》 2-320d, 3-491f
东莞市 2-320f
东莞县 2-321a, 8-192f
《东归的大雁》 5-381a
东郭先生 4-402a, 5-286e
东郭咸阳 6-412c
东哈萨克斯坦 3-314f
东海 2-321a
东海村临界反应事故 2-321c
东海大桥 2-321d, 7-441f
东海道铁路干线 6-510e
《东海道五十三次》 1-107d
东海道新干线 6-321a
《东海黄公》 2-321e
东海褰冥氏 7-285d
东海县 2-321e
《东海驯鹿图》 4-547f
东汉 2-321f
东汉（五代十国） 1-264a
东汉长城 1-509e
东汉崖墓 8-391e
《东航加的夫》 1-126d
东胡 3-501b, 6-336a, 9-184a
东胡林遗址 5-368a
东湖 2-321f
东华大学 2-322a
东华门 3-195f
东皇 6-392b
东昏侯 6-126e
东矶列岛 7-245d
东加勒比国家组织 1-278b
东加勒比元 1-108b, 2-387c
东江 2-322b, 9-491d
东江（中国黄浦江） 3-594c
东江菜 3-232f
东交民巷 2-332e
《东进序曲》 1-146d
东晋 2-322b, 4-273b, 4-276c
《东潽门阀政治》 7-372a
东京 2-322b
东京-大阪地区 2-82a
东京大学 2-323a, 4-279f
东京迪斯尼乐园 6-315d
东京地下铁道 2-323b
东京地震 3-204a
东京都 2-322c, 9-298b
东京都厅舍 2-140d
东京港 3-465e
《东京公约》 4-471e
东京国际电影节 2-323c
东京教育大学 9-506f
东京开封府 4-385c
东京陵 5-68e
东京美术学校 6-319a
《东京梦华录》 2-323c, 7-110d, 7-377e, 9-389f
东京审判 2-323d
东京市 2-322b
东京湾 6-314a
《东京物语》 8-224b
东京戏剧集团 6-157e
东京运动 8-613f
《东京朝日新闻》 9-226b
东京专门学校 9-162d
东经 2-78f, 2-228e
东久迩稔彦内阁 4-272e
东喀尔巴阡山脉 4-361d
东昆仑山 4-508c
东鲲 7-252b
东来顺 2-323e
东来顺羊肉馆 2-323e
东莱先生 5-181b
《东莱先生诗集》 5-177c
东莨菪碱 2-323f, 9-307c
东篱采菊图剔红盒 8-459c
《东篱乐府》 5-286d
《东里全集》 7-248d
东丽区 2-323f
东辽河 5-65a
东林党 2-324a, 5-442e
东林党人 5-121e
东林书院 2-324a, 3-199c, 5-121d, 7-50b
东灵山 8-100c
东柳 6-552e
东鲁米利亚 1-407a, 6-113b
东罗马帝国 1-64f, 1-219e, 2-600b, 3-163c
东马 5-261c
东马来西亚 5-261c
东盟 2-324e
东密 6-316a
《东溟文集》 8-481a
东南班图语言 1-225c
《东南保护约款》 2-324c
东南大学 2-324b
东南互保 2-324c, 8-554c
《东南互保章程》 6-570e, 8-554f
东南极洲 5-528a
《东南季风与中国之雨量》 2-227d, 9-498c
东南三贤 5-181b, 9-207d
东南社会学会 7-217d
东南太平洋海盆 5-521b
东南太平洋渔场 7-262a
东南亚 2-324d, 8-414f
东南亚地域人种 2-324d, 2-245a
东南亚国家联盟 2-324e
《东南亚国家联盟成立宣言》 2-324f
东南亚英语 9-11e
东南沿海地区经济圈 6-247d
东南沿海丘陵 2-324f
东内 2-95f
东捻军 4-539a
东宁县 7-210a
东努沙登加拉省 7-158c
东瓯 7-585a, 9-127b
东欧 2-325a
东欧剧变 7-189f
东欧平原 2-325b
东欧新马克思主义 8-91e
东平 9-98f
东平湖 6-436c, 7-272c

东平郡 7－272c
东平阳县 8－285b
东坡赤壁 3－583c
东坡居士 7－194a
东坡书院 2－145e
东坡体 7－169d
《东坡文》 3－451a
《东坡乌台诗案》 8－9c
《东坡志林》 7－110d
东七岛 8－100a
东千佛洞石窟 9－65d
东樵山 5－203c
东秦岭 6－199f
东萨哈林山脉 6－360f
东萨摩亚 2－325b, 5－357b, 6－365c
东萨彦岭 8－498f
东塞克斯 6－119b
东三省博物馆 6－519e
东沙岛 2－325b, 2－325c
东沙礁 2－325c
东沙群岛 2－325c, 5－525b
《东山词》 3－443e
东山岛 2－325c, 2－325f, 9－222a
东山港 2－325c
东山歌 1－544f
东山魁夷 2－325d
东山文化 6－212d
东山县 2－325e, 9－222a
东山嘴祭坛 3－473a, 4－104e, 8－284c
东胜煤田 2－410f
东市 5－232e
东受降城 7－45a
东斯海尔德挡潮闸 7－105c
东斯拉夫人 1－87f, 4－47a, 7－127b
东斯洛伐克钢铁厂 7－129e
东苏丹语支 5－573e
东台市 2－325f
东台县 2－325f
东太后 2－44b
东太平洋海隆 7－260c
东滩鸟类自然保护区 2－7f
《东堂老》 9－99c
《东田漫稿》 5－286e
东条英机 2－326a, 4－315b
东条英教 2－326a
东突厥 7－417e
东突主义分子 4－478c
东吐火罗语 7－445e
东魏 2－326b, 2－326b
东魏长城 1－509f
东吴大学 5－83e, 7－198c
东武县 9－493d
东西伯利亚海 2－326c
《东西方古代世界的音乐起源》 6－361f
东西方关系 2－326d
东西教会大分裂 2－326d
《东西均》 2－491c
《东西文化及其哲学》 2－326e, 5－54e
东西文化论战 2－326e
《东西洋考每月统记传》 2－326f
东下冯类型 2－425c
东下冯遗址 6－212b
东线工程 5－541c
东乡调 8－133a
东乡茂德 2－323e
东乡平八郎 2－373b, 6－317e
东乡语 2－326f, 2－327a
东乡自治区 2－327b
东乡族 2－327a
东乡族自治区 2－327b
东乡族自治县 2－327b, 2－326f
《东邪西毒》 5－84e, 7－499d
东兴都库什山脉 8－302f
东兴各族自治县 2－327c, 2－494b
东兴市 2－327c
东兴县 2－494b
东兴镇 4－124f
东匈语支 2－327c
东吁王朝 2－327d, 1－57b
东学党起义 4－136a, 9－435d
东学教 4－136a, 6－259a
东学西渐 2－327f
《东雅》 8－275f
东亚 2－328c, 8－414f
《东亚大气环流的研究》 7－326d
《东亚风云》 4－271a
东亚峰会 2－328d
东亚季风气候区 4－101c
东亚金融危机 2－328e, 8－417d
东亚钳蝎 8－234e
东亚文明 7－299e
东阳郡 4－242a
东阳卢宅 2－328e
东阳木雕 2－328f, 5－489a
东阳市 2－328f
东阳县 2－328f
东洋车 2－328f, 3－580d
东洋音乐学会 7－368e
东伊朗人种 6－359a
《东医寿世保元》 1－542d
东夷 3－582f, 9－125f
东印度公司 1－365f, 8－469b
东营黄河浮桥 2－604c
东营市 2－329a
东瀛珊瑚 7－323d
东游运动 6－42a
东幼发拉底河 2－467d
东垣县 9－265f
东垣邑 9－265f
东岳 7－278b, 8－53e
东岳庙 2－161b, 2－129e
东寨港 2－329b
东寨港自然保护区 2－329a
《东战场别动队》 5－233e
东震堂 8－509c
东征军 3－289c
《东征日记》 5－592d
东征战役 7－433d
东正教 2－329b
东正教文明 7－299d
东证修正平均股价 6－324c
东制敕房 5－554b
东周 2－330a, 9－181c
《东周列国志》 2－330a
东周王城 1－582d
东周殉马坑 9－528b
《东洲草堂诗钞》 3－414c
《东洲草堂文钞》 3－414c
东洲居士 3－414c
东珠 1－543c
《冬》 4－401d
冬奥会 2－330f
冬布拉 2－330b
冬虫夏草 1－340b, 5－95c, 5－295d, 6－206f
冬大麦 2－95d
《冬冬的假期》 3－489b
冬宫 2－330c, 2－395a
冬瓜 2－330d, 3－512d
冬瓜属 2－330d
冬官司空 9－469e
冬寒菜 2－330e
冬候鸟 3－496b, 5－588d
冬季 4－101c
冬季奥林匹克运动会 2－330f
冬季大三角 5－525f
冬季两项 2－331a
冬季养生 7－154a
冬季运动 2－331a
冬寄主植物 8－43e
冬节 2－331f
《冬景》 1－93f
冬菊 4－333b
冬葵 2－330e
《冬梅》 7－515b
冬眠 2－331b
冬眠型动物 2－331b
冬傩 6－8c
冬青 2－331d
冬青科 2－331d
冬青属 3－154d
《冬日的旅行》 7－52a
《冬日三乐章》 2－325d
《冬日伤志篇》 8－313b
《冬日钟声》 5－401c
《冬天的爱情》 3－364b
《冬天的故事》 1－16d, 1－446b
《冬天的玫瑰》 2－418c
《冬天的狮子》 4－395e
《冬天幻想曲》 4－516e
《冬天里的春天》 4－596d, 5－326c
《冬天·雪松林》 8－126c

《冬心诗集》 4-247a
《冬夜》 9-62d
冬泳 2-331e
冬油菜 9-37a
冬羽 9-70a
冬月年 8-547b
冬至 2-331f, 2-428a, 3-33f
冬至点 2-331f, 2-549b
冬至节 2-331f
戜篚 9-476f
氡 2-331f, 4-522d
氡浴 7-92f
蛛龙窟 5-419f
《董贝父子》 2-210c
董必武 2-332b, 9-358f
《董必武诗词选》 2-332c
《董必武选集》 2-332c
董伯仁 9-179c
董承 3-385e
董存瑞 2-332c
董存瑞班 2-332d
董鄂氏 6-224b, 6-231d
董福祥 2-332d
董辅礽 2-332e
《董辅礽选集》 2-332f
董柱枝 3-427a, 6-183c
董国清 2-333c
董浩云 2-333a
董狐 2-332f
董建华 2-333a
董解元 2-333b, 3-191d, 5-171f, 9-98f, 9-390a, 9-494b
《董解元西厢记》 2-333b
董酒 1-199d
董巨 7-168f
董每戡 2-333c
董派 3-427a
董其昌 2-333d, 3-556c, 9-95e
董其武 2-334a
董奇 4-212b
董玘坚墓 3-487c
董山 4-164e
董少文 4-608b
董事 2-334c
董事会 2-334c
董事长 2-334d
董琬 8-109e
《董西厢》 2-333c
董希文 2-334d, 2-378d, 4-386f
《董希文画辑》 2-334e
《董希文作品选集》 2-334e
《董小宛》 9-473f
董瑶阶 2-334f
董义芳 2-334f
董毅 2-41e
董寅初 2-335a, 9-412b
董永墓 8-232c
董元 2-335a
董元醇 8-262a
董源 2-335a, 8-47c
董说 2-335b
董增龄 3-297d
董寨鸟类自然保护区 2-74c
董展 9-179d
董震 2-301f
董志塬 2-335c
董仲舒 2-335d, 2-38b, 2-456e, 4-359c, 7-493c, 8-326f, 9-378b
董卓 2-335e, 6-387d
董作宾 2-335f
《董作宾先生全集》 2-336a
动产 8-70b, 9-518d
动产取得时效 6-256c
动产物权 8-78c
动车 2-336b
动车组 2-336b
《动词和形容词》 6-29b
《动荡》 1-50c
动刚度 3-49c, 4-34c
动功 6-141e
动滑轮 3-541b
动画 2-336c
动画片 2-336d, 5-361d
动机 2-336d
动机（生物学） 2-341b
动机层级说 5-278c
《动机初阶》 5-583a
动机论 2-336e
《动机与人格》 5-278c
动机与效果 2-336e
动景器 7-157b
动景运动 7-157b
动静法 2-66f
动静脉瘘 2-336e
动觉 2-336f
《动力》 3-97e
动力臂 3-57d
动力变质岩 1-346b, 5-393b
动力变质作用 1-346e
动力大地测量 2-77a, 2-77e
动力地貌学 2-229d
动力堆 5-76f
动力高度差 2-252c
动力工业 9-460d
动力滑翔机 3-542d
动力机 9-573a
动力机械 2-337a
动力气象学 2-337b, 2-99d
《动力气象学和水文学》 6-75e
动力驱动阀 2-435b
动力伞运动 3-396e
动力式泵 1-312d
动力式压缩机 8-386b
动力艇模型 3-392d
《动力系统》 1-398e
动力性肠梗阻 1-522c
动力学 2-337c, 5-11d, 8-507d
《动力学》 2-66e
动力学参考系 7-357c
动力学普遍方程 2-337c
动力学同位素效应 7-398a
动力学直径 4-443a
动力因 7-156c
“动力”1号蒸汽机车 7-124b, 7-138c
动粒 8-150a
动联接 5-46d
动量 2-337d
动量传递 3-548d
动量定理 2-337e
动量守恒定律 2-337e
《动乱》 3-58c
动脉 5-301e, 8-373c
动脉导管闭塞 4-232d
动脉导管未闭 8-171e
动脉瘤 2-337f
动脉栓塞 2-337f
动脉血气分析 2-533e
动脉血栓 8-376b
动脉压 8-377e
动脉氧分压 8-475c
动脉硬化 2-338a, 2-338b
动脉中层硬化 2-338b
动脉粥样硬化 2-338b
动脉注射 9-502f
动密封 5-404f
动能 2-338c
动能弹 7-350e
动能定理 2-338c
动能非致命弹药 2-517d
动能拦截弹 2-338e, 8-266b
动能拦截器 2-338d
动能杀伤飞行器 2-469c
动能武器 2-338d, 8-266b
动气功 6-141f
动情素 8-325d
动情周期 8-328a
动圈式耳机 2-420c
动生电动势 2-275d
动势 4-517c
动水位 2-243b
动态电路 2-285e
动态规划 2-338e
《动态规划》 1-291d
动态互联网 3-521c
动态汇兑 3-264f
动态经济 4-446f
动态勘验 8-178b
动态会计报表 4-494e
动态立体化学 5-22e
动态区位论 6-245f
动态散射效应 8-505c

动态社会经济 4-447a
动态随机存储器 9-498d
动态投入产出模型 7-413b
动态诱导效应 9-53c
动态元件 2-285e
动态制图 1-486b
动吻动物门 2-338f
动物 2-339a, 6-545b
动物崇拜 2-339b, 9-106f
《动物的地理分布》 2-339c
《动物的集群》 1-42d
《动物的社会行为》 7-387a
《动物的生活和社会增长》 1-42d
动物地理 2-240c
动物地理学 2-339c
动物淀粉 7-320b
动物毒素 6-536c
《动物对话七则》 4-430a
《动物发生史——观察与思考》 1-290d
动物福利 2-339d
动物福利论 3-570e
《动物高级神经活动客观性研究实验20年》 1-155a
动物激素 4-57c
动物疾病 2-339e
动物纪年 5-18b
动物检疫 2-340b
动物交往 2-340c
动物胶 2-340d, 9-60a
动物解放运动 3-570e
动物解剖学 4-231a
动物界 2-339a, 6-544d
动物区系 2-340d
《动物趣事》 7-452b
动物权利论 3-570e
《动物群落的类型》 1-62c
动物生态地理学 2-339d
《动物生态学》 1-62c
《动物生态学原理》 1-42d
《动物生态与进化》 1-62c
《动物书》 4-142b
动物通信 2-340e
动物戏 8-383f
动物细胞 8-149e
动物纤维 2-502b, 7-358f
《动物小唱》 1-3f
动物心理 8-251a
动物心理学 1-316f
《动物心血运动的研究》 6-530e
动物行为 2-341a
动物性饲料 7-157d
动物性香料 8-197e
动物学 2-341b, 6-546a
《动物学哲学》 4-520f
《动物寓言集》 4-435f
动物园 2-341c
《动物园故事》 2-341e, 1-10c
动物智力 2-341f
动压润滑 6-352d
动蛹 5-300e
动晕病 9-141a
动载荷 9-152a
《动植物的入侵生态学》 1-62c
《动植物结构和生长一致性的显微研究》 6-583e
动植物禁忌 4-278a
动作发展 2-342a
动作思维 7-119e
动作速记法 8-66a
冻藏 7-4b
冻疮 2-342b
冻胶墨水圆珠笔 1-323b
冻结 2-342b
冻结肩 4-151f
冻力 2-340d
冻露 5-176c
冻伤 2-342c
冻石 7-44a
冻土 2-342d
冻土学 2-342d, 2-228b
冻雨 2-342e, 9-70f
冻原 2-342f, 1-484a
冻原气候 4-69b
冻原植被 9-301a
侗布 2-343c
侗家 2-343c
侗水语支 2-343a
侗台语族 9-515f
侗语 2-343b
侗族 2-343b, 6-406c, 8-314a
侗族吹打 3-190c
侗族大鼓贡 3-190a
栋德勒角 5-386c
峒蛮（侗族） 2-343c
峒蛮（畲族） 6-477c
峒民 2-343c
峒人 2-343c
洞巢 5-588e
洞鸽山隘 6-353c
洞角 4-203d
洞角科 6-27e
洞口县 2-343d
洞库 2-241b
洞里萨河 4-236d, 5-338d
洞里萨湖 2-343e
洞室墓 7-444e
《洞天福地记》 2-358a
《洞天清录》 3-99e
《洞天清禄集》 6-572a, 7-48c
洞庭碧螺春 1-492e, 8-41b
洞庭湖 2-343f, 3-514d, 6-98e, 6-403a, 7-545c
《洞庭湖柳毅传书》 5-135d
洞庭湖平原 1-515a, 6-456e
洞庭郡 5-10a
洞箫 8-220f
《洞箫赋》 7-490a
《洞玄灵宝真灵位业图》 6-399d
洞穴遗址 2-344b
《洞渊测圆》 4-239b
洞螈 2-344c
《洞中人》 3-308c
胴甲鱼目 2-379f
《都不怨我》 5-251f
兜兰属 4-541a
兜笼 7-303f
兜题 1-222f
斗笔 5-313b
斗拱 2-344c
斗栱 2-344c
斗建 2-344e
斗科 2-344d
斗六市 9-134f
斗篷 6-69f
《斗篷颂》 6-105c
斗球 8-339b
斗烟丝 7-118b
抖振 2-344e
陡河 5-96d
陡门 2-30e
斗彩 2-344f, 4-310f
《斗狗行》 6-257e
斗魁 1-259f
《斗闹热》 4-537f
斗牛 2-345a
《斗牛》 4-309a
斗牛节 7-95d
斗鱼 2-345b
斗鱼科 6-276b
斗杀 6-121a
《斗兽者》 5-372e
斗水牛 7-95d
《斗争》(电影) 3-102f
《斗争》(小说) 3-22a
《斗争的土地》 6-501e
豆瓣菜 2-345c
豆瓣辣酱 4-194a
豆饼 2-80c
豆彩 2-344f
豆腐 7-44b
豆腐鱼 5-143c
豆酱 4-194a
豆酱清 4-194a
豆角 4-187d
豆秸 1-474a
豆科 2-345d
豆科牧草 5-495d
豆科植物 2-346a
豆蔻山脉 4-154c
豆类作物 7-57b, 9-580a
豆娘 6-234b

豆粕 2-80c
豆薯 2-345f
豆天蛾 2-345f, 7-349c
豆象 2-346a
豆象科 2-346a
豆芽菜 2-346a
豆雁 2-346b
豆油 2-80a, 8-411e
豆芫菁属 6-189b
豆渣样白带 1-194a
豆制品 2-346c
逗彩 2-344f
逗哏的 8-207e
逗号 1-352b
痘病毒 2-346d, 1-369c
窦伯度 2-347c
窦朝荣 2-346d
《窦娥冤》 2-346e, 3-204c, 7-177c
窦房结功能障碍 1-371b
窦固 2-346f, 3-378b, 7-368f
窦汉卿 1-144c
窦建德 2-347a, 5-110c, 7-211e, 9-67e
窦江 4-171e
窦蒙 3-557b
窦融 2-347a
窦氏八穴 1-144c
窦叔蒙 2-347b
窦团山 5-410d
窦绾 5-303e
窦绾墓 5-303e
窦文场 7-306d
窦武 2-347b, 2-152b
窦宪 2-347c
窦婴 7-368f
窦子美 2-356c
都阿 2-355b
都安县 2-347d
都安堰 2-349b
都安瑶族自治县 2-347d
都柏林 2-347d
都柏林阿贝剧院 1-3b
都柏林堡 2-347f
都柏林大学 1-83f, 2-347f
都柏林港 2-347e
都柏林国际戏剧节 2-347f
《都柏林人》 6-184b
都勃极烈 4-258b
都察院 2-347f, 6-231e, 9-83c
都昌县 1-506e
《都城纪胜》 7-41c, 7-110d, 8-48d, 9-389f, 9-405e
都大提举茶马司 1-492a
都德,A. 2-348a
都督 2-348b
都铎王朝 2-348d
《都会的一角》 3-255b
《都会的早晨》 7-506c, 9-351b
都江 5-436b
都江堰 2-348e, 1-181a
都江堰市 2-349d
都江堰水利工程 1-577a
都锦生 3-391b
都锦生丝织厂 3-391b
都锦生织锦 3-390d, 3-391b
都拉基乌姆 2-349e
都拉斯 2-349e
都拉斯港 1-8e
都兰理事 3-344b
都兰热水吐蕃墓群 2-349e
都兰县 2-350a, 2-182b, 3-344b
都里镇 5-181f
都灵 2-350a
都灵大学 2-350c
都灵劳动宫 5-515a
都灵展览馆B厅 5-515a
都柳江 5-133e, 6-384b
都庞岭 5-532e
都省 8-321b
《都市》 5-298f
都市病 2-350c
《都市风光》 9-102c, 9-351b
都市社会 4-567e
都市社会问题 2-350c
《都市诗抄》 7-54b
都市舞厅爵士 4-350e
都水监 7-105f
都司 6-401a
都司空 9-558f
都堂 9-281a
都哇 2-355b
都瓦 2-355b
都营地下铁 2-323b
都御史 9-83b
都元帅府 7-51a
都云安抚司 2-350d
都匀府 2-350d
都匀市 2-350d
都指挥使司 6-401a
都主教 9-499a
都主教区 2-403c
都转盐运使司盐运使 9-511d
都转运司 9-511d
《督捕则例》 7-321e
督抚 8-380d
督军 2-348d
督理 2-348d
督脉 2-350e
督脉之络 6-590f
督政府 2-350f, 2-440e
嘟噜胡 4-282e
毒草 2-351a
毒蛋白 6-347b, 6-536d
毒蛾 2-351a
毒蛾科 2-351a
毒菌 2-351f
毒麦 2-351b
毒蘑菇 2-351d, 2-351f, 6-408b, 7-6b
毒漆 2-88a
毒器 2-351e
毒芹 2-351a, 6-408c
毒伞属 6-408b
毒砂 2-351d
毒蛇 2-351e
《毒蛇在握》 1-186d
毒参 6-408c
《毒树》 1-495b
毒物受体 9-458f
毒蜥属 2-351f
毒性弥漫性甲状腺肿 4-138a, 4-138e
毒血症 5-616e
毒蕈 2-351f
毒蕈性肝炎 3-42d
毒蕈中毒 2-352a, 3-42d
毒隐翅虫属 8-588d
毒蜘蛛 2-352a
独白 7-247f, 9-148a
独裁 2-352b
独裁官 2-352b
独唱 3-96d, 6-218e
独峰山 2-354b
独幅版画 1-230e
独孤思贞墓 3-77a
独孤信 9-67c
独轨铁路 2-352b
独贵龙 2-352c
独贵龙运动 2-352c
独户住宅 9-502b
独花报春属 1-247e
独化论 3-253d, 8-363c
独活寄生汤 6-252f, 7-52d
独家承包 3-263d
独家代理 2-126d
独角兽 8-246e
独角犀牛 6-132d
独脚戏 2-352d, 7-512c
独脚戏三大名家 7-512c
独居石 2-352d, 3-234a
独乐寺 2-352f, 4-106e
独乐寺观音阁 2-352f
《独立报》 2-401a
《独立大队》 7-515b
独立党 5-460e
独立分配定律 5-383c
独立工业区 3-127c
独立国家联合体 2-353a, 2-398f
《独立国家联合体协议》 2-398f, 7-188c
《独立国家联合体协议议定书》 2-398f, 7-188c
《独立国家联合体章程》 3-315d
独立军运动 2-473c
独立派 2-353b, 9-8e

《独立评论》 3-508d
《独立宣言》 2-353b, 1-359f, 2-93b, 4-217f, 5-354a, 8-400a
独立宣言纪念馆 5-268c
独立艺术家协会 4-511b
独立英雄广场 7-271c
独立自治团结工会 7-448a
独联体 2-353a
独联体章程 2-353a
独龙阜 5-445a
独龙江 8-524f
独龙语 2-353c, 6-3c
独龙族 2-353d
独轮车技 1-547c
独木舟 4-493f, 6-72b
独幕芭蕾舞剧 2-610d
独山湖 5-542c
独山县 2-353e
独山玉 2-353f
独山州 2-353f
《独身者》 5-372e
独石教堂 4-520b
独塔斜拉桥 8-236e
独体字 3-386d
独弦琴 4-283d
独行菜属 6-591f
独秀峰 2-354a
《独秀文存》 1-554e
独眼将军 4-490d
独语症 8-428d
独柱寺 2-354b
独资银行 7-476c
独奏 2-354b
独奏协奏曲 8-235d
《独坐敬亭山》 4-587f
《读报纸的父亲像》 6-377e
《读和写》 7-609b
《读画图》 1-565b
《读卖报知》 2-354c
《读卖新闻》 2-354c, 6-315d
《读孟郊诗二首》 7-194c
《读山海经》 7-327f
《读诗四论》 9-482b
《读史兵略》 3-506b
《读史方舆纪要》 2-354c, 3-200c
《读史随笔》 7-213f
《读史札记》 8-30b
《读书》 6-529f
《读书的姑娘》 5-228c
《读书的女人》 4-569e
《读书录》 8-369a
《读书敏求记》 1-230a
读书生活出版社 6-529e
《读书杂志》 7-505d
《读通鉴论》 7-495c
《读张籍古乐府》 8-293d
《读者》 2-354d
读者俱乐部 2-354e
《读者文摘》 2-354f
《读者文摘》(中国) 2-354d
《读罪己诏》 8-463e
渎山大玉海 2-355a
“渎山大玉海”玉瓮 9-77c
犊子部 6-469d, 8-221c, 8-596d
牍 4-158b
笃本 1-307a
笃恭殿 6-519f
笃哇 2-355b
堵胤锡 5-537a, 6-254d
《赌徒》 4-371e
杜阿尔特峰 2-72b, 2-386c
杜阿拉 2-355c, 4-363c
杜阿拉港 2-355c
杜阿拉机场 2-355c
杜阿拉人 2-355c
杜阿托,N. 5-347f
《杜埃的钟楼》 4-421d
杜邦,E.I. 2-355c
杜邦财团 2-355c
杜贝莱,J. 6-121e
杜比特,J. 2-543d
杜比兄弟 9-460e
杜必简 2-362c
《杜宾的传记》 5-258a
杜宾圣 2-357f
杜波依斯,W.E.B. 2-355d, 2-479f, 2-523b, 4-120f
杜博斯,R. 3-570a
杜布,J.L. 7-214f
杜布菲,J. 9-515d
杜布瓦,E. 2-355e, 9-227c
杜布赞斯基,T. 4-270a
杜达耶夫,D.M. 1-545d, 1-546a
杜大桂 6-435a
杜德美 2-328c
杜蝶云 7-515d
杜定友 2-355f
《杜定友图书馆学论文选集》 2-356a
杜尔,A.S. 2-356a, 2-521f
杜尔贝科,R. 1-152d
杜尔伯特 2-409c, 7-467b
杜尔哥,A.-R.-J. 2-356b, 9-462a
杜尔迦节 8-599d
杜尔凯姆,É. 7-428d
杜夫海纳,M. 6-521f
杜伏威 2-356c, 7-211e
杜甫 2-356c
杜甫草堂 2-357c
杜甫草堂博物馆 2-357c
杜甫仁科,A.P. 2-357c
《杜甫诗意图》 2-356a
《杜甫叙论》 9-482b
《杜甫传》 2-578f
杜富尔峰 6-351b
杜杲 2-357f
杜工部 2-356c
《杜工部行次昭陵诗卷》 8-174d
杜公瞻 4-299e
杜瓜 3-203a
杜光亭 2-363e
杜光庭 2-357f, 6-244c
杜国威 2-358a
杜国庠 2-358b
杜汉油田 4-380e
杜黑,G. 2-358b, 4-472a
杜衡 8-178d
杜虎符 2-605b, 3-518d
杜近芳 2-358c, 8-245f
杜景硕 6-587b
杜菊秋 2-358c
杜鹃 2-358e
杜鹃花 2-358e
杜鹃科 4-345e
《杜鹃山》(电影) 8-244f
《杜鹃山》(戏曲) 6-245b, 8-475f
杜鹃属 1-436d
杜君卿 2-363d
杜卡斯王朝 4-433c
杜康 4-324d
杜康酒 6-447a
杜克大学 5-205e
杜克雷氏嗜血杆菌 6-346e
杜克里亚 1-374a, 3-458e
杜克里亚古城遗址 1-374a
杜克里亚王国 3-458b
杜克明 2-361d
杜拉克,G. 8-170a
杜拉斯,M. 2-359a, 8-291b
杜兰,C. 2-359a
杜兰德,R. 7-381b
杜兰尼人 6-115d
杜兰特,W.C. 7-393d
杜勒斯,J.F. 3-439a
杜勒西达斯 2-359c
杜冷丁 9-260d
《杜丽娘慕色还魂》 5-487d
《杜丽娘寻梦》 5-219c
杜林,K.E. 2-359c, 2-469e
杜林主义 2-359d
杜岭方鼎 2-359d
杜鲁门,D. 7-448b
杜鲁门,H.S. 1-79f, 1-541c, 2-359f, 5-353b
杜鲁门主义 2-359f, 6-263b
杜鲁诺佐约 5-242c
杜罗河 1-376c, 8-83e
杜洛克猪 2-360a
杜马 3-280d
杜米埃,H. 2-360a
杜鸣心 2-360d
杜姆亚特 5-573d

杜牧 2-360e
杜牧之 2-360e
《杜牧之诗酒扬州梦》 6-182d
杜纳马·达巴莱密 4-375f
杜派,T.N. 4-356a
杜鹏程 2-361a
杜平 9-395f
杜普雷,J. 2-361b, 1-149b
杜乔·迪博宁塞纳 3-94b, 8-134c
杜青林 2-361b
杜仁杰 4-239a
杜如晦 2-361d, 9-246b
杜桑,M. 2-361e, 2-61b
杜桑-卢维图尔,F.D. 2-361f, 2-184b
杜尚别 2-362a
《杜尚法典》 7-135a
杜少陵 2-356c
杜审言 2-362c
《杜诗七律二首》 9-198a
《杜十娘》 1-562a, 1-580f, 2-579b
《杜十娘怒沉百宝箱》 4-313b
杜顺 3-539f
杜丝,E. 2-362d
杜松 6-358f
杜台卿 7-151e
杜弢 3-31c, 7-325d
杜瓦利埃,F. 2-362d
杜瓦利埃,J.-C. 2-362e
杜瓦利埃家族 2-362d, 3-323b
《杜晚香》 2-307b
杜威 3-492d
杜威,J. 2-362e, 7-52b
杜威,M. 2-362f
杜威十进分类法 2-363a
《杜威十进分类法》 2-363a
杜韦兹,P. 2-513e
杜硊 6-222f
杜维明 8-180e
杜维威尔,J. 6-576c
杜文秀 9-135f
杜吴 1-599c
杜武库 2-363f
杜西特·玛哈普拉沙德宫 5-307e
杜县 8-81f
杜荀鹤 2-363b
《杜荀鹤文集》 2-363c
杜彦之 2-363b
杜伊斯堡 2-363c, 2-172f
杜伊斯堡港 2-174c
杜伊斯堡-新安坎普大桥 2-363d
《杜依诺哀歌》 5-7b
杜镛 2-364a
杜佑 2-363d
杜宇 2-358e
杜聿明 2-363e, 3-561d
杜预 2-363f
杜元凯 2-363f
杜月生 2-364a
杜月笙 2-364a, 4-184f, 6-204b
杜仲 2-364a
杜仲胶 4-345c
杜仲属 2-364a
杜仲藤属 4-122b
杜重威 3-492d
杜重远 6-570d
杜子昕 2-357f
杜遵道 3-363a, 5-108c
肚皮舞 2-364b, 2-319b
度 2-364b
度（计量） 2-364c
度牒 2-364c
度恩书院 6-569d
度规张量 7-476d
度戒铜铃舞 8-483f
度戒舞 8-483f
度量衡 2-364c, 4-87f
《度量衡法》 5-6b, 7-28f
度量空间 2-593a, 7-460d
渡槽 2-364c
渡船 2-364e
渡岛半岛 1-263d
《渡海观音图》 3-73a
渡海三大家 6-117e
《渡汉江》 7-176d
渡江战役 2-364e
《渡江侦察记》 7-299c
渡口 5-196c
渡口市 6-43f
渡鸟 8-9f
《渡桥》 2-361b
《渡青草湖》 8-572d
《镀金时代》 5-256b
蠹鱼 5-319b
端范 5-452a
端方 2-366a, 1-145b, 9-80f
端华 2-44b, 8-563b
端粒 6-273c
端美三布札 7-424b
端木蕻良 2-366a
端木正 3-260b
端脑 2-97a, 5-548e
端泡 4-106c
端墙 6-180f
端炔 6-268c
端始种 9-456f
端肃 7-371f
端午节 2-366c, 6-380e
端砚 2-366c, 7-586b, 9-238a
端阳节 2-366c
端州 2-366c
《端州石室记》 5-2e
《端宗哀史》 4-595e
短袄 1-117b
短白葱 2-53a
短摆线 1-217f
短波传播 2-366d
短波衰落 2-283e
短程性 3-436c
短程有序 3-193b
短程α粒子 9-589b
短翅芫菁属 6-189b
短打书 7-198f
短打武生 6-527e
短大衣 2-120f
短道速滑 2-366f
短吨 2-375f
短番匠 4-192d
短骨 3-186e
短号 2-366e, 8-223d
短颌鲚 4-106e
短角瓜蝽 2-39c
短角果 3-300a
短角亚目 7-77e
短距起落 2-34c
短距起落飞机 2-34c
《短裤党》 4-188d
短连歌 5-37d
短脉 5-301e
短跑 2-366e
短跑道速度滑冰 2-366f
短披风 6-69f
《短篇小说范例》 1-93b
《短篇小说集》 1-68f
短期边际成本函数 1-576d
短期负债 5-123f
短期经济行为 2-367a
短期贸易协定 5-328f
短期气候预测 7-356f
短期生产函数 6-528f
短期信贷 2-367b
短期信用 2-367b
短期信用工具 4-17f
短期议会 9-8c
短期预报（水文） 7-100e
短期预报（天气） 7-356e
短期债券 9-177b
短期资金市场 2-367c, 4-17f
短期总成本函数 1-576d
短缺经济 2-367c
短裙竹荪 3-244d
短绒棉 5-411b
《短诗和长诗》 1-450d
短时冻土 2-342d
短时性跃层 9-127a
短时预报（天气） 7-356e
短缩舌 6-479b
短筒倒挂金钟 2-158e
短头鱼龙科 9-61a
短尾次目 8-246f
短尾蝮 2-351e, 3-23e
短尾巨蜥 4-337a

短尾信天翁 3-524, 3-616e, 8-297d
短尾鳟 3-243f
短吻角鲨 4-205b
短箫铙歌 3-191a
短小棒状杆菌 9-456c
短星翅蝗 3-604c
短萱草 8-362a
短讯 8-216b
短英担 9-11f
短余辉磷光体 3-193f
《短暂的假日》 2-185d
短暂性脑缺血发作 5-552b
短暂性血小板增多 8-377a
短枝木麻黄 5-490d
短轴褶皱 9-242d
短嘴金丝燕 4-257c
段成己 2-367d, 9-532a
段成式 2-367d, 9-51c
《段成式诗》 9-51c
段儿书 3-427a
段柯古 9-51c
段克己 2-367d
段龙 8-65b
段茂堂 2-367f
段木栽培 8-197a
段祺瑞 2-367e, 1-275b, 1-286d, 5-91a
段启瑞 2-367e
段若膺 2-367f
段善本 4-402d
段氏大理 2-89e
段寿辉 2-89e
段思平 2-89e
段随 8-108b
段位服 9-400e
段文杰 2-378e
段兴智 8-67f
段业 1-276e, 4-333f, 4-597b
段玉裁 2-367f, 4-258c, 7-153c
段芝贵 7-479f
《断背山》 4-587b
断层 2-367f, 4-157b
断层海岸 3-318f
断层湖 9-136e
断层面 2-367f
《断肠词》 9-487a
《断肠集》 1-36d
《断肠诗集》 9-487a
《断肠心声》 6-188d
断代史 2-368b, 3-373b, 9-508f
《断发记》 4-601e
《断鸿零雁记》 7-191f
《断箭》 8-39a
断距 2-368a
断口 4-502b
《断块构造导论》 9-209f
断块山 1-16d
断裂带 2-367f
断裂动力学 2-368d
断裂基因 2-554e
断裂力学 2-368c
断裂生殖 8-22d
断路器 2-368e, 4-386c
断念 7-51e
断盘 2-368a
断片 6-11f
《断桥》 2-358e, 9-62e, 9-470e
断头河 3-424d
断陷盆地 2-230f, 6-61e, 7-446a
断肢(指)再植 2-368f, 7-39b
缎 2-369b
缎背华达呢 3-533e
缎背绉 9-479c
缎蓝园丁鸟 9-99f
《缎子鞋》 4-458e
椴树 2-369c, 2-369c
煅烧石膏 6-594d
《锻炼》 5-326a
锻铝 5-183e
锻压 4-256d
锻造 2-369e
《锻造、冲压工作技术问答》 4-606d
堆巴谐 9-160d
堆肥 2-370a, 4-215a, 9-46a
堆肥化技术 3-573a
堆积戈壁 3-83c
堆积平原 6-93f
堆积沙砾石戈壁 3-83c
堆积作用 2-370a
堆垒数论 2-370c
《堆垒素数论》 3-555a
堆漆漆器 6-124f
堆砂白蚁属 1-208c
堆砂蛀蛾 5-489a
堆土压条 8-386d
堆谐 2-370d, 9-160d
堆绣 7-308c
堆玉 4-261f
对白 7-247f, 9-148a
对白弦词 8-448f
对苯二酚 2-370d
对苯二甲酸 2-370d
对苯醌 1-311e
对比语言学 9-73e
对侧中枢性面瘫 7-280d
对侧中枢性偏瘫 7-280e
对策论 2-370e, 1-418e
对称矩阵 2-423e, 4-334c
对称三相负载 6-403d
对称双线性函数 2-423f
《对称图象的群论原理》 7-317c
对称性和守恒定律 2-371b
对冲 2-371e, 7-328f
对冲基金 2-372a
《对楚王问》 7-175a
《对德国工人党纲领的几点意见》 3-88b
《对笛卡尔〈沉思〉的诘难》 4-124d
对俄同志会 4-338c
《对儿童的发现》 5-372c
对二甲苯 2-425a
《对法战争备忘录》 6-444e
对红 4-207a
《对花枪》 3-413f
《对话》 4-423e
《对话集》 8-520a
对甲（苯）酚 4-134c
对校 4-207c
对校法 4-206f
对接舱 4-467f, 9-152c
对金牌 7-29d
对襟袄 1-117b
对句 4-324f
对抗涵化 7-588c
对抗性冲突 3-260b
对抗性强迫动作 6-181c
对抗性条件反射治疗 8-442a
对口好来宝 3-405b
对口数来宝 7-60c
对口相声 8-207e
对立假设 4-145c
对立统一规律 2-372a, 1-348f
对联 2-372d, 2-35d, 9-17b
对流层 2-372d
对流层顶 2-372e
对流传热 2-372e
对流换热 2-26f
对流式（直接）干燥器 3-33d
对流云湍流 2-100a
对马海峡 2-373a, 6-314a
对马海峡东水道 2-373a
对马海战 2-373a
对马盆地 6-317a
《对目前时局的宣言》 2-6e
对内主权 9-499b
对偶 6-504b
对偶婚 2-373c, 4-3c
对偶家庭 2-373c
对偶空间 1-177a
对偶理论 9-241b
对偶文 6-82b
对偶原理电工 5-224b
对偶原理数学 6-504c
《对青霉素的进一步观察》 2-595e
《对人类才能及其发展的调查研究》 3-61c
对人知觉 6-288f
《对日抗战胜利告全国军民及世界人士书》 5-531d
对日照 2-373c
《对山集》 4-402a
对数 2-373d, 4-382b
对数平均数 4-79c

《对数探源》 4–609a
对松山 7–278d
《对天七叹》 1–68c
对外技术交流 2–373e
对外开放 2–373e
对外开放港口 3–56e
对外劳务合作 2–374e
对外贸易 2–374f
对外贸易乘数论 8–295d
对外贸易管制 2–375a
对外贸易往来 2–373e
对外贸易自由化 5–329b
对外人力资源和劳务流动 2–373e
对外主权 9–499b
对外资金流动 2–373e
对位 3–9d
《对位》 6–582f
对虾 2–375a
《对相识字》 5–375c
《对耶稣基督“强使众人入教”之说的哲学评论》 1–295f
对伊拉克制裁问题 2–375b
对音 8–51c
对应理论 9–241b
对应态定律 2–482d
对应推论归因理论 3–240b
对映体 2–375c
对映异构体 2–375c
《对于时局的宣言》 9–382b
《对于左翼作家联盟的意见》 9–413e
对症治疗 9–318d
对撞机 2–375d
对子 2–35d, 9–17b
对子戏 3–524b, 8–133a
兑（八卦） 1–142b
兑换 2–303b
兑换率 3–612b
兑军解运之制 9–465e
吨 2–375f
吨公里 7–382f, 9–143c
敦巴顿橡树园会议 1–250f
敦化市 2–375f
敦化县 2–375f
《敦煌》 2–378b
《敦煌壁画》 2–378e
《敦煌壁画选》 2–378a
敦煌变文 1–344a, 2–377b
《敦煌变文汇录》 2–377d
《敦煌典》 6–274b
《敦煌洞窟》 1–402c
《敦煌洞窟——伯希和笔记》 1–402c
敦煌赋 2–377c
敦煌歌辞 2–376a, 2–377b
《敦煌歌辞总编》 2–376a, 6–309b
《敦煌古籍叙录》 7–521b
敦煌汉简 2–376b, 3–375e
敦煌话本小说 2–377c
敦煌缣帛信件 4–153f
敦煌郡 2–377a
《敦煌零拾》 2–377d
敦煌莫高窟 5–359b
敦煌莫高窟藏经洞 7–134d
敦煌菩萨 6–100f
《敦煌曲》 2–376b
《敦煌曲初探》 2–376d, 2–378b
《敦煌曲校录》 2–376b, 2–377d
《敦煌曲子词集》 2–376c, 2–376b
《敦煌曲子词斠证初编》 2–376b
敦煌诗歌 2–377b
敦煌石窟 2–376d, 1–402c
《敦煌石窟画像题识》 2–378a
《敦煌石窟全集》 2–378e
《敦煌石窟全集·舞蹈卷》 7–502a
《敦煌石窟艺术叙录》 8–246d
《敦煌石室发见物》 2–378d
《敦煌石室画像题识》 2–378e
敦煌市 2–377a
敦煌通俗文学 2–377b
《敦煌吐鲁番文书初探》 7–317e
《敦煌吐鲁番研究》 9–474f
《敦煌——伟大的文化宝库》 4–186c
敦煌文物研究所 2–378e
敦煌舞谱 8–65e
敦煌县 2–377a
《敦煌星图》 8–307a
敦煌学 2–377d, 2–319d, 2–377b, 2–379a
《敦煌学》 2–378b
《敦煌学概论》 4–186c
《敦煌学论文集》 4–186c
《敦煌研究》 2–378e
敦煌研究院 2–378d
敦煌遗书 2–378e
《敦煌遗书总目索引》 2–378a
《敦煌遗书总目索引新编》 2–378e
《敦煌艺术叙录》 2–378b
《敦煌乐》 7–585c
《敦煌云谣集新书》 9–138e
《敦煌云谣曲子词》 1–512b
《敦煌杂录》 2–377d
敦煌镇 2–377a
敦刻尔克 2–379a
敦刻尔克撤退 2–379b, 2–379b
敦罗布嗽什 7–435e
敦茂钱庄 8–345f
敦·斯里·拉囊 5–260c
墩台（长城烽火台） 1–510d
墩台（桥梁） 6–185f
墩圩 3–97b
蹲合十 3–410e
钝化 2–379c
钝化膜 2–379c
钝首刀 2–155a
《钝翁类稿》 7–487b
《盾》 7–233d
盾腹亚纲 8–117e
盾构法 2–241c
盾构机 2–379d
盾构掘进机 2–379d
盾会 6–384a
盾蚧 2–379f
盾鳞 5–95a
盾皮鱼类 2–379f
盾状火山 4–368f
顿号 1–352b
顿河 2–380a, 2–398a
顿河军 3–92a
顿河三角洲 2–380b
顿涅茨煤田 6–22a
《顿首州民帖》 7–564f
顿悟 2–380c, 4–171a, 6–515d
顿悟（心理） 3–111b, 7–605b
顿悟成佛 2–165f
顿钻 9–572e
多阿竭 6–337f
多巴哥岛 7–331e
多板纲 2–380c, 6–346d
《多宝塔碑》 2–380d, 8–438c
多贝尔曼–平舍犬 4–312f
多倍体 6–273b
多比尼，C.-F. 1–149b
多边出口管制 2–375a
多边经济封锁 4–286b
多边贸易 2–380e
多边贸易条约 5–328e
多边贸易协定 5–328f
多边条约 7–374b
多边投资担保机构 3–263b
《多边投资担保机构公约》 3–274f
多边主义 2–380f
多波束测深系统 3–347d
多波束声呐测深 2–77f
多层仓库 1–474f
多层次传销 2–28b
多层次着色法 9–37f
《多层钢筋混凝土房屋的抗震设计》 5–605c
多重能力倾向测验 5–562d
多处理机系统 4–90a
多党制 2–381a
多德夫人 3–4b
多地区进化说 6–292d, 9–324a
多电子共轭 3–148a
多调性 1–76d
多动障碍 2–381b
多斗挖掘机 7–463a
多段决策过程 2–338e
多多罗桥 6–186a, 8–236a
多多马 2–381c, 2–67a
多铎 2–381d
多恩，F.E. 2–331f
多恩，H.L.E. 7–53b

多恩,J. 2-381e
多尔衮 2-381f
多发动机飞机 2-506f
多发畸形 8-171d
多发性骨髓瘤 2-382b
多发性骨纤维发育不良伴性早熟综合征 8-327f
多发性神经炎 2-382c
多法域国家 6-245c
多方过程 2-382d
多佛尔海峡 2-382e
《多佛尔和约》 9-9d
《多佛尔秘密协定》 9-9d
多夫曼,R. 7-66f
多复变函数 3-8c, 6-46e
多杆机构 5-37c
多哥 2-382e
多哥-阿塔科拉高地 2-382f
多哥电视台 2-383d
多哥共和国 2-383b
多哥通讯社 2-383d
《多哥新闻报》 2-383d
多格浅滩 1-263b
《多个复变数典型域上的调和分析》 3-555b
多工式电报系统 1-82c
多功能人才 3-10f, 6-283e
多贡陡崖 5-265d
多贡人 2-522c, 5-265c
多贡人木雕 2-522c
多管水母属 2-383d
多光谱扫描仪 3-402c
多光束干涉仪 3-33a
多硅酸钠 3-243b
多国部队 1-452e
多国公司 4-493c
多哈 2-383e
多核配合物 6-59f
多户住宅 9-502b
多花黑麦草 3-456f
多花萱草 8-362a
多花紫藤 9-534d
多基因遗传病 8-543b
多级错流萃取 2-57f
多级错流萃取流程 2-57f
多级反动式汽轮机 6-33c
多级火箭 4-11d
多级离心泵 1-312c
多级逆流萃取 2-57f
多极神经元 6-512e
多棘海盘车 3-337c
多纪煤田 5-340d
多甲藻 4-136c
多价金属皂 2-528c
多角化经营 2-390e
多角数 2-370c
多节亚纲 7-321a
多晶体 4-301d
多晶型现象 7-399d
多精受精 7-44e
多聚甲醛 4-135c
多菌灵 2-383f
多喀夏仲·才仁旺阶 1-458c
多孔动物门 2-384a
多孔介质理论 6-525e
多孔螅目 7-101b
多孔螅属 7-101b
多孔型生物陶瓷 6-543c
多库恰耶夫,V.V. 2-244f, 7-442e
多库恰耶夫农学院 3-307a
多跨门架桥 3-53b
多兰艾捷克 1-77b
多兰乐队 1-77b
多朗热瓦甫 6-282c
多老 4-561b
多棱大麦 2-95d
多棱宫 4-452a
多棱裸大麦 2-95d
多棱皮大麦 2-95d
多立克式建筑 6-34d
多立克柱式 3-178d, 9-504b
多列士,M. 2-384b
多硫化铵 5-131c
多硫化物 2-384c
多禄某 7-453e
多路通信 2-384d
多氯代二苯并二噁英 2-424c
多氯代二苯并呋喃 2-424c
多氯联苯 2-384d, 7-124a
多伦多 2-384e
多伦多大学 2-385c, 1-91e, 4-116c
多伦多电视塔 7-441e
多伦多交响乐团 2-385c
多伦多市政府大厦 7-28e
《多伦多星报》 4-116c
多伦会盟 2-385c, 6-220b
多伦诺尔 2-385d
多罗方言 3-86e
多罗郡王 2-381e
多罗那他 9-239a
多罗皮雨衣 7-226e
多萝西 3-540d
《多洛雷斯的星期五》 1-55a
多洛雷斯河 4-431d
多马,E.D. 3-311b, 4-295c
多马克,G.J.P. 2-385d, 3-604d
多马模型 3-311c
多毛 2-385e
多梅尼科(皮亚琴察的) 2-385f
多媒体超级走廊 4-65a
多媒体计算机 2-385f
多媒体技术 2-385f
多媒体数据库系统 2-385f
多媒体通信 2-386b
多媒体通信系统 2-385f
多媒体艺术 2-285f
多米那斯 2-134a
多米尼加 2-386b
多米尼加革命党 2-386e
多米尼加共和国 2-386e
多米尼加基督教社会改革党 2-386e
多米尼加解放党 2-386e
《多米尼加轶事》 2-415d
多米尼克 2-387a, 7-452a
多米尼克会 2-387f
多米尼克派 7-452a
多米诺反应 2-31c
多米诺骨牌 2-387d
多米诺骨牌理论 1-79f
多米诺现象 2-387e
多面体公式 4-422e
多明戈,P. 2-387e
多明我 2-387f, 7-452a
多明我会 2-387f
多姆大教堂 2-448c
多目标规划 2-387f
多目标数学规划 2-387f
多纳太罗 2-388a, 7-599e
多纳特,J. 4-540a
多难推理 2-426d
多瑙河 2-388c, 1-9e, 5-209c, 7-129b
多瑙河风格 1-17a
《多瑙河风景》 1-17a
多瑙河画派 1-17a
多瑙河两公国 8-400e
多瑙河丘陵平原 1-243b
多瑙河水系航道 4-536c
多瑙河文化 8-283c
多瑙河中游平原 7-129b
多能干细胞 3-47b
多尼采蒂,G. 2-388d
多年冰 3-319e
多年冻土 2-342d
多年生草本果树 3-300a
多年生草本植物 1-481a
多年生黑麦草 3-456f
多年生蔬菜 7-57b
多诺拉事件 3-132e
多诺索,J. 2-388e
多片斜裙 6-270d
多普勒,J.C. 2-388f
多普勒测速 2-156f
多普勒超声心动图 1-534f
多普勒导航 3-394b
多普勒-斐索效应 2-530f
多普勒频移 2-388f
多普勒效应 2-388f
多普勒信号的FFT处理 1-535b
多鳍鱼目 2-389b
《多情的土地》 6-578e
《多情剑客无情剑》 3-172b

多赛特,M. 9-495d
多桑 6-189f
《多桑蒙古史》 6-189f
多色测光法 3-66e
多神教 2-389b
多食 2-104b
多氏 2-104b
多室胃 2-468f
《多收了三五斗》 8-500c
多首制渠首 6-253f
多数党 9-295a
多丝室探测器 3-434a
多丝正比室 2-389c
多斯·帕索斯,J. 2-389d
多斯特·穆罕默德汗 1-21e
多索茶碱 6-87b
多塔 8-236e
多胎妊娠 2-389e
多态性 8-543a
多肽类激素 7-271e
多坦 4-561b
多糖 2-389e, 7-293c
多特蒙德 2-389f
多特蒙德-埃姆斯运河 2-172f, 2-390a
《多特一家》 7-609f
多萜 7-379a
多通路环绕声系统 5-23a
多头寸 7-411c
多头套期保值 7-328f
多头统治 2-61d
多头政体 2-61d
《多头政体：参与和反对》 2-61d
多头制 8-320e
多陀阿伽陀 6-337f
多维存储器 9-498e
多维度概念 3-31c
多维尔嘉克 5-362a
多闻天王 7-148d
多西环素 7-150d
多烯 8-129f
多系统器官功能衰竭 2-390b
多细胞动物 3-493e, 6-545b
多细胞生物 9-50c
多向多元化经营 2-390f
多项式 2-390b
多相催化 2-57a, 3-547e
多相反应过程 3-547e
多相混输管道 3-213c
多相流动 7-83d
多相流体力学 2-390c
多效基因 4-52f
多效蒸发 9-262a
多谐振荡器 2-22a, 5-300f
多型 4-502f
多雄藏布 7-238c
多旋回叠合盆地 3-357d
《多研究些问题,少谈些主义》 7-605c
多样化经营 2-390e
多伊奇,K.W. 2-390d
多因素遗传疾病 2-39f
多用电表 2-390e
多用阀 2-435b
多用户操作系统 1-476a
多用途船 9-146c
多用途导弹 4-466a
多用途集装箱船 4-78e
多用途通信卫星 7-392c
多用途武装直升机 8-62f
多元醇 2-40e
多元多项式 2-390c
多元分析 2-391a
多元酚 2-557c
多元共聚物 3-149b
多元函数 7-538b
多元合金 3-409e
多元化经营 2-390e
多元论 2-390f
多元逻辑电路 7-509b
多元民主 2-61d, 2-392a
多元酸理论 4-588f
多元统计分析 2-391a
多元微积分 2-391c
多元文化主义 7-588a
多元系 6-280d
多元线性回归分析 2-391a
多元智力理论 9-320e
多元主义 2-391e
《多元主义民主的困境》 2-61d
《多原子分子的振动光谱及其结构》 8-27c
多值逻辑 2-392b
多址通信 2-392c
多种企业集团 4-400b
多自由度系统振动 9-257d
多综多蹑板 2-500f
多足海盘车亚科 3-337c
多足蕨属 7-92f
《哆来咪》 8-578a
《夺发记》 6-104b
《夺回来的权利》 2-406a
夺门之变 2-392c
度支部 5-136e
朵思麻 9-233c
朵哇 2-355b
朵瓦 2-355b
朵云轩 2-392d
朵云轩艺术品拍卖有限公司 2-392e
《垛积比类》 4-609a
垛句 1-269e
舵 2-392e
舵鲣属 4-247e
《舵手》 4-489a
《堕落》 4-113e
《堕入地狱简况》 4-535b
惰性配合物 6-60d
惰性气体 2-392f, 8-131c
惰性生物陶瓷 6-543c

E

阿弥陀佛 2-393a, 2-581e
《阿弥陀经》 2-393a, 6-449a
阿房宫 2-393b, 6-197, 6-201c
《阿房宫赋》 2-360f
讹答拉 7-378e
《讹诈》 8-126a
俄得克 2-599a
俄狄浦斯 2-393b
《俄狄浦斯》(歌剧) 1-70a
《俄狄浦斯》(戏剧) 1-448c
俄狄浦斯情结 2-596b, 5-49b
《俄狄浦斯王》 2-393d
《俄狄浦斯王》(哈基姆) 3-308c
《俄狄浦斯在科洛诺斯》 7-230c
俄底修斯 1-118d
《俄帝侵略中国史》 3-253a
俄耳甫斯 1-121a
俄共(布) 1-435e
俄国彼得格勒通讯社 2-403f
俄国菜 2-393e
《俄国撤兵条约》 4-195c
俄国二月革命 2-393e
《俄国和喀什噶尔条约》 1-24e
《俄国黑钙土》 7-442e
俄国科学院 2-401c
俄国临时政府 2-393f
俄国农奴制度 2-394b
俄国社会民主工党 2-394c
俄国圣彼得堡科学院 2-401c
俄国十月社会主义革命 2-394e
《俄国文学史略》 9-277f
《俄国象征派》 1-409e
俄国-伊朗战争 2-395b
《俄国与普世教会》 7-231c
俄国征服中亚 2-395b
俄国1812年卫国战争 2-395f, 2-437b
俄国1861年改革 2-396a
俄国1905年革命 2-396b
俄亥俄标准(美孚)石油公司 1-67e, 5-228e
俄亥俄大学 2-397a
俄亥俄河 2-396d, 5-344f
俄亥俄聋盲学校 3-91d
俄亥俄市 4-454b
俄亥俄州 2-396e
俄亥俄州立大学 2-397a, 3-91d
《俄克拉何马》 5-205b
俄勒冈 2-397b
俄勒冈大学 2-397d
俄勒冈领地 2-397b
《俄勒冈条约》 2-397b, 3-538c

俄勒冈州 2－397a
俄勒冈州立大学 2－397d
俄·雷必喜饶 3－24d
俄林，B.G. 1－125c
俄罗斯 2－397d
《俄罗斯报》 2－401a
俄罗斯博物馆 6－556d
俄罗斯帝国 1－322d，3－314d
《俄罗斯帝国前的法律史料档案》 4－371a
《俄罗斯帝国前的历史和实用资料档案》 4－371a
俄罗斯钢琴学派 1－53e
俄罗斯国立图书馆 2－401b
俄罗斯皇家美术学院 5－72b
俄罗斯经济 2－400b
俄罗斯科学与艺术研究院 2－401c
俄罗斯科学院 2－401c，6－556d
俄罗斯科学院巴什科尔托斯坦分院 7－614b
俄罗斯科学院图书馆 6－556e
《俄罗斯浪游散记》 3－120e
俄罗斯联邦 2－353a，2－397d，3－280d，3－314d
俄罗斯联邦安全总局 4－446c
俄罗斯联邦共产党 2－400a
《俄罗斯联邦劳动法典》 4－552d
俄罗斯联邦司法机关 2－400a
俄罗斯联邦议会 2－400a
俄罗斯联邦政府 2－400a
俄罗斯联邦中央国家档案馆 2－401d
俄罗斯农业 2－400e
俄罗斯平原 2－325b，2－397e
俄罗斯人 2－401d
《俄罗斯人》 2－401f
《俄罗斯四重奏》 3－324f
俄罗斯苏维埃联邦社会主义共和国 2－398e
《俄罗斯苏维埃联邦社会主义共和国联盟宪法（根本法）》 2－400a
《俄罗斯苏维埃联邦社会主义共和国宪法（根本法）》 7－191b
俄罗斯通讯社 2－403f
俄罗斯文学 2－402a
俄罗斯无产阶级作家联合会 4－522e
俄罗斯演出季 4－124e
俄罗斯音乐出版社 4－491b
俄罗斯语 2－403e
俄罗斯园林 2－403b
俄罗斯正教会 2－403c，2－329d
《俄罗斯之后》 2－42d
"俄罗斯之声"国家广播公司 5－475c
俄罗斯自由民主党 2－400a
俄罗斯族 2－403e
《俄蒙协约》 4－361f
《俄事警闻》 1－471b
俄斯特拉发 2－403f
俄斯特拉发－卡尔维纳煤田 2－403f，4－225d
俄通社－塔斯社 2－403f
俄土战争 2－404a，5－164f
俄文 2－403e
俄歇，P.-V. 1－355c
俄歇电子 1－355c
俄歇电子谱 1－355b
俄伊战争（1840～1813） 2－395b
俄伊战争（1826～1828） 2－395b
俄语 2－404c，2－398b
《俄语的形态音位系统》 7－332e
《俄语语法》 5－213b
莪昌 1－6b
莪加 1－79c
莪术 4－186a
峨昌 1－6b
峨眉连 3－591d
峨眉山 2－404f，7－144e
峨眉山市 2－405a
峨眉树蛙 7－61d
峨眉县 2－405a
锇 2－405b，5－237c
锇铱合金 2－405c
鹅 2－405d
鹅耳枥树 6－116e
鹅肥肝 2－405e
鹅湖书院 6－467f
鹅湖之会 2－405e，8－255f
《鹅幻汇编》 5－465f
鹅口疮 8－419f
《鹅妈妈》 4－528a
鹅麦河 4－64f
鹅去氧胆酸 2－147a
鹅绒 9－70d
鹅绒白 2－179a
鹅头 4－262b
鹅头峰 6－157d
《鹅掌草》 2－406a
鹅掌柴属 8－48e
《鹅掌女王烤肉店》 2－451c
鹅掌楸 2－405f
鹅掌楸属 2－405f
蛾 2－405f，5－95b
蛾昌 1－6b
《蛾眉》 5－116a
蛾眉月 8－572d
蛾蛹 9－28d
额不里沙滩 6－353c
额定功率 2－277b，5－559e
额窦 1－313d
额窦炎 1－313f
额尔德尼（满语，意为珍宝） 1－221f
额尔德尼（满族学者） 5－304f，6－232a
额尔德尼，Э. 2－406a
《额尔德尼·脱卜赤》 5－380b
额尔德尼召 2－406a，3－109a，3－309b
额尔德尼卓里克图珲台吉 1－487d
额尔登特 2－406b
额尔登特铜钼矿 5－377e
额尔登特铜钼矿联合企业 2－406b
额尔古纳方言 2－412c
额尔古纳河 2－406c，2－112d
额尔古纳旗 2－406e
额尔古纳市 2－406d
额尔金，J.B. 1－272f，2－257e
额尔齐斯河 2－406e，1－16e，2－410c，3－313f，3－314c，8－272f
额尔齐斯－卡拉干达运河 2－406f
额吉河 4－490b，6－416c
额济勒河 7－435d
额济纳河 1－37c，3－453f
额济纳旧土尔扈特旗 1－37d
额济纳旗 1－37d
额济纳旗胡杨林区 1－151a
额勒登保 8－467e
额鲁特 2－409b
额穆县 4－201e
额森 8－490f
额田王 7－484b
额外附加心音 8－256e
额外利润 1－531e
额外牙 1－189c
额哲 6－231f
《恶心》 6－368a
恶心祛痰药 6－253b
厄布罗河 1－61c
厄尔巴岛 5－505d
厄尔布尔士山脉 8－522b
厄尔布鲁士山 2－83a，2－397f，3－67c
厄尔河 6－374d
厄尔马里克 8－328e
厄尔尼诺 2－406f
厄尔尼诺－南方涛动循环 2－407a
厄尔区 5－206b
厄菲阿尔特 8－393e
厄缶 2－407c，2－407d
厄缶实验 2－407d
厄瓜多尔 2－407e
厄瓜多尔赤道纪念碑 1－598a
厄瓜多尔共和国 2－408a
厄瓜多尔新闻社 2－408c
厄瓜多尔中央大学 2－408c
厄加勒斯暖流 8－607d
厄克贝里，A.G. 7－289d
厄兰岛 1－381f
厄勒海峡 1－381f
厄勒克特拉情结 5－49b
厄立特里亚 2－408c，1－71b
厄立特里亚电视台 2－409a
厄立特里亚人民军 2－408f
厄立特里亚人民民主和正义阵线 2－408f
厄鲁特 2－409b
厄鲁特蒙古 2－409b
厄洛斯 1－69c
《厄洛斯在进早餐》 2－135e

厄普代克,J.　2–409d
厄任费斯脱,P.　2–409e
厄斯克门　2–406f
厄特沃什　2–407c
呃逆　2–409f
《轭下》　2–410a, 2–434e, 6–584b
恶法亦法　1–128f
《恶虎村》　3–28a
《恶魔》　4–533d
《恶魔罗贝尔》　5–293d
恶魔主义时代　3–183c
恶逆　6–586c
《恶人及其他故事》　8–8d
《恶人睡得香》　3–461a
《恶时辰》　1–55d
恶无限性　9–49d
恶溪　3–362e
恶性黑素瘤　2–410b
恶性疟原虫　6–6b
恶性贫血　7–572a
恶性肿瘤　9–455f
恶性组织细胞病　2–410b
恶性组织细胞增生症　2–410b
《恶意之山》　1–135a
《恶之花》　1–374a
恶组　2–410c
饿鬼道　7–153d
鄂（湖北省简称）　3–512e
《鄂巴》　5–329b
鄂毕河　2–410c, 2–398a, 4–362a, 8–2f, 8–103e
鄂毕湾　2–410c
鄂博　2–410d
鄂城县　2–412f
鄂东长江大桥　8–236a
鄂尔多斯高原　2–410e
鄂尔多斯高原干草原荒漠草原区　5–557e
鄂尔多斯市　2–410f
鄂尔多斯式青铜器　6–212c
《鄂尔多斯舞》　5–380f
鄂尔浑河　8–4f
鄂尔浑省　2–406c
鄂尔浑-叶尼塞文　7–417e
鄂尔奇　4–614e
鄂尔泰　2–411a
鄂黄长江大桥　6–186b
鄂辉　4–564b
鄂霍次克　2–411c
鄂霍次克海　2–411b
鄂君启节　2–411c
鄂灵海　2–411e
鄂陵湖　2–411e, 3–299c, 5–287c, 6–206f, 9–172b
《鄂伦春舞》　4–142d
鄂伦春语　2–411f, 2–412b
鄂伦春自治旗　2–411f, 2–411f, 2–412c
鄂伦春族　2–412b
鄂木斯克　2–412c, 2–406f, 8–88d
鄂斯曼帝国　1–129f
鄂温克语　2–412c, 2–412d
鄂温克族　2–412d
鄂温克族自治旗　2–412e, 2–412c
鄂西土家族苗族自治州　2–416a
鄂豫陕苏区　7–433a
鄂豫皖苏区　7–432d, 7–432e
《鄂州临时约法》　7–170d
鄂州市　2–412e
遏必隆　6–219d, 7–147b
遏蓝菜属　6–591f
哑　9–146b
噁唑　2–412f
鲕　1–483e
腭裂　2–39f
鹗　2–413a
鹗属　2–413a
颚口线虫　9–52a
颚虱目　2–413b
《噩梦录》　5–70c
鳄　2–413c
鳄梨　2–413c, 1–524e
鳄蜥　2–413d, 2–120d, 3–236c
鳄蜥属　2–413d
鳄形目　2 413c, 6–28c
鳄鱼动物园　1–276d
鳄鱼河　5–79e
恩丙茶碱　6–87b
恩达尔岛　6–565c
恩道人　6–476d
恩德贝莱人　2–413f
恩德贝莱语　2–413f, 4–264f
恩德贝莱族　4–264f, 5–522b
恩德尔,O.　8–292e
恩德培国际机场　4–399c, 7–615c
《恩底弥翁》　4–102e
恩戈罗恩戈罗火山口　7–288b
恩戈罗恩戈罗自然保护区　7–289b
恩格尔,E.　2–414b
恩格尔,G.　5–479a
恩格尔,R.F.　2–414a
恩格尔系数　2–414b, 8–224c
恩格尔系数法　6–84e
恩格尔语　9–83d
恩格斯,F.　2–414b, 1–348f, 2–188, 2–208f, 2–469e, 3–125e, 3–147b, 4–128c, 4–442a, 6–514d, 8–379a
《恩格斯与自然科学》　4–392a
恩格瓦纳方言　7–139c
恩古吉　2–414f
恩古瓦比大学　1–438f
恩赫伽尔　4–517e
恩济院　2–43e
恩加齐加方言　7–139c
恩加亚山　1–59b, 9–332a
恩贾梅纳　2–415a, 9–174b
恩贾梅纳大学　2–415a, 9–175a
恩贾梅纳机场　2–415a
恩坎塔达峰　8–158d
恩科西-德拉比尼部落　7–140d
恩克鲁玛,K.　2–415b
恩里基约湖　2–386c
恩里克斯·乌雷尼亚,M.　2–415c
恩里克斯·乌雷尼亚,P.　2–415c
恩里克斯·乌雷尼亚兄弟　2–415c
恩梅开江　8–524f
恩铭　8–347e, 9–489e
恩尼乌斯　2–415d
《恩培多克勒之死》　3–429d
恩平市　2–415d
恩平县　2–415e
恩齐洛瀑布　3–52d
恩施市　2–415e, 2–415f
恩施土家族苗族自治州　2–415f
恩施县　2–415e
恩斯特,M.　2–416a
恩图曼伊斯兰大学　7–180c
恩瓦托族　1–411f
恩西纳,J.del　2–416c
蒽　2–416c
蒽醌　2–416d
儿茶　2–416d
儿茶酚　2–416e, 5–78c
儿茶酚胺类递质　6–511b
儿茶精　2–416e
儿茶鞣酸　2–416e
儿歌　2 416c
《儿歌》　2–416f
儿科　8–180f
《儿女英雄传》　2–416f, 7–590f
《儿女英雄传》(曲艺)　3–515f
《儿女英雄传》(戏曲)　2–579b
《儿女英雄传评话》　2–416f
儿童读物工作者联谊会　1–552a
儿童多动症　2–381b
儿童孤独症　2–417b
《儿童教育讲座》　5–253d
儿童剧　2–417c
儿童品行障碍　2–417d
儿童情绪障碍　2–417f
《儿童权利公约》　2–417f
儿童权利委员会　2–418a
《儿童权利宣言》　3–261d
儿童文学　2–418a
《儿童文学研究》　1–552b
《儿童宪章》　8–275a
儿童心理学　2–418d
《儿童心理之研究》　1–557c
儿童行为障碍　2–418f
儿童遗尿　2–419a
《儿童与家庭童话集》　2–418b, 3–106d
儿童之家　5–372c
《儿子来作客》　4–488f

《儿子与情人》 **2-419a**, 4-555f
鸸鹋 2-419b
鲕绿泥石 5-185e
尔龚语 2-419c
尔撒 8-172f
尔苏语 2-419c
《尔雅》 2-419d, 2-41b
《尔雅疏》 2-419e
《尔雅翼》 5-221c
《尔雅注》 9-275b
尔朱荣 2-419f, 3-486d
尔朱氏之乱 2-419e
尔朱兆 2-419f
耳 2-420a
耳保健推拿 1-244f
耳鲍 1-249d
耳珰 2-420f
耳毒性 1-112b
耳房 7-150a
耳郭 2-420a
耳海 6-205e
耳环 7-43a
耳机 2-420b
耳级助听器 9-500f
耳廓 2-420a
耳聋 2-420c
耳鸣 2-420d
耳塞 2-420c
耳石 6-88e
耳饰 2-420f
耳外伤 2-421a
耳蜗聋 2-420c
耳穴 2-421d
耳穴国际标准化方案 2-421d
耳穴疗法 2-421c
耳耶（聂绀弩笔名） 5-591a
耳硬化症 2-421b
耳源性面神经麻痹 5-417c
耳罩 2-420f
耳针疗法 2-421c
耳坠 2-420f
饵料 2-422a
饵料生物 5-161a
洱海 2-422b, 2-89, 2-90b
珥（考古学） 2-420f, 3-245c
铒 8-130d
二氨基二氧偶砷苯 1-62f
二氨基己酸 4-537b
二·八维尼龙厂 8-175c
二板市场 2-32d
二宝花 6-309b
二倍半萜 7-379a
二倍单性生殖 2-144d
二倍体 6-273b, 9-50f
二倍体细胞 9-50c
二倍体小麦 8-225e
二苯铬 2-543a
二苯基醇类杀螨剂 6-421e
二苯基砜类杀螨剂 6-421e
二苯基磺酸酯类杀螨剂 6-421e
二苯基硫醚类杀螨剂 6-421e
二苯基醚类杀螨剂 6-421e
二苯醚 2-422c
二苯氧基甲烷类 6-421e
二苯乙烯 7-548d
二部图 7-423b
二程 1-592e, 7-168d
《二程集》 2-422c
《二程全书》 1-589e, 2-422d
《二程语录》 9-73b
二冲程工作循环 5-559c
二冲程汽油机 6-153b
二重积分 2-391d
二重证据法 7-497e
二重奏 2-7c
二窗 8-36d, 9-470c
二醇 2-422e
二次北伐 9-418b
二次电池 2-273e, 8-359c
二次革命 2-422e
二次互反律 4-566c
二次继承 9-510f
二次颗粒物 4-443b
二次离子谱 1-355d
二次能源 2-422f, 5-563e
二次配电网络 6-59b
二次齐次多项式 2-423d
二次气溶胶 6-144f
二次曲面 2-423a
二次曲线 2-423c
二次调节论 5-20a
二次污染物 2-423d
二次型 2-423d
二次硬化 3-609e
二次运移 9-40c
二次葬 7-444e
二等学堂 7-352e
二叠纪 2-424a, 7-387f
二叠系 2-424a, 5-472a
二度创造 8-67c
《二度梅》 1-552d
《二度梅·重台》 5-4c
二噁英 2-424c, 7-124a
二二八起义 2-424d, 8-245e
二二六事件 6-315f
二分点 2-549a
二分圈 2-549b
二分之一波片 1-383d
《二分之一的运气》 1-291e
二酚基丙烷 7-78a
二氟二氯甲烷 2-603c
二鼓子 4-281b
二硅酸钠 3-243b
《二荷花史》 5-494b
二胡 2-424f
二花脸 4-313d
二化螟 2-425a, 2-167e
二环戊二烯基合铁 2-426c
二黄调 4-282a, 5-191d
《二黄考原》 5-284d
二黄腔 3-377b, 4-282a, 6-552d
二辉橄榄岩 3-47a
二级产业 2-254f
二级处理（废水） 2-536c
二级公路 3-134e
二级结构 3-63c
二级市场 4-250d, 9-296e
二级试剂 3-551e
二级斯塔克效应 7-133b
二级相变 5-90d, 8-207a
二级准备金 9-517f
二极管 2-295d, 4-302c, 7-217a, 7-534c
二极管平衡鉴相器 4-171f
二甲胺 1-114f, 4-133f
二甲苯 2-425a
二甲苯麝香 6-303a, 8-220b
二甲麦角新碱 6-81d
二甲醚 2-425b
二价体 4-156d
二尖瓣病变 8-247c
二尖瓣关闭不全 8-247c
二尖瓣听诊区 8-256e
二尖瓣脱垂综合征 8-247c
二尖瓣狭窄 8-247c
二阶抽样 2-10d
二阶非线性光学晶体 4-302a
《二进宫》 4-253f
二进制 7-63c
二进制记数法 4-532f
二聚环戊二烯 3-575d
二聚体 4-342a
二均差 2-259c
《二刻拍案惊奇》 2-425c
二郎山 3-39d, 6-238a
《二老堂诗话》 9-465d
《二老相访》 3-451a
二棱大麦 2-95d
二棱裸大麦 2-95d
二棱皮大麦 2-95d
二里岗文化 6-212b
二里头类型 2-425c
二里头文化 2-425c, 2-86a
二里头遗址 2-425c
二连浩特市 2-425e
二连浩特镇 2-425f
二联性精神病 6-82a
二流体模型 1-500e
“二六”政变 2-270e, 7-307d
二陆 5-167e, 5-171d
二律背反 2-426a
二氯化钯 1-190a

二氯甲烷 2-426b
二氯乙烷 2-426b
《二马》 4-559b
二毛皮 7-280b
二茂铁 2-426c, 2-542f, 7-527f
二门 7-150a
《二妙集》 2-367e
二难推理 2-426d
二年生草本植物 1-481a
《二弩精舍印赏》 9-234a
二弩老人 9-233e
二拍 5-446e, 9-390b
二拍子 4-216d
二七惨案 2-426e
《二七惨案》 7-193c
二七大罢工 1-566c
二七纪念塔 9-278e
二七年诗群 2-426f
"二七年一代" 2-426f
二期梅毒 5-331a
二期愈合 7-39a
二强雄蕊 3-524f
二羟丙茶碱 6-87b
二羟甲基-1, 3-丙二醇 4-101f
二乔玉兰 9-75d
二氢吡啶类钙拮抗剂 3-26d
二氢查耳酮 3-599a
二氢黄酮 3-599a
二氢黄酮醇 3-599a
二氢青蒿素 6-207c
二氢羊毛甾醇 8-449f
二氢异黄酮 3-599a
二球悬铃木 8-364b
二巯基丙醇 8-485c
《二泉映月》 2-426f, 3-556a, 6-65e
二人零和对策 4-356b
二人台 2-427a
二人转 2-427b
二入四行 6-100f
二色髯 6-271b
二山山樵 1-566a
二沈 6-517a
二审判决 6-45c
二十八宿 8-117b, 8-309b, 9-168c
二十二史 2-428c
二十进位制 5-290c
《二十略》 7-394b
《二十年目睹之怪现状》 2-427c
"二十三条" 7-152e
《二十史朔闰表》 1-571d, 5-18b
《二十世纪》 1-292b
《二十世纪大舞台》 7-487d
《二十世纪末中国文学现象研究》 1-478d
《二十世纪天文学》 7-137a
《二十世纪之支那》 1-566f
《二十首情诗和一支绝望的歌》 5-591d
二十四国集团 2-427e
二十四节气 2-427e
二十四节气歌诀 2-428a
二十四军 3-2d
二十四开府 3-2d
《二十四诗品》 2-428b, 3-403e
二十四史 2-428c
二十四司 6-400a
二十四治 9-208f
《二十岁的爱情》 8-277b
二十五史 2-428d
二十一史 2-428c
《二十一史方舆纪要》 2-354c, 3-200c
《二十一史弹词》 8-461c
《二十一世纪的围棋》 8-34d
《二十一天》 2-541f
二十一条 2-428e, 1-478a, 2-107a, 9-103b
二石 6-603d
二世王 7-109f
二水石膏 6-594c
二税版籍 3-522b
二四谱 4-95c
二滩水电站 2-428f, 6-44a
二体雄蕊 3-525a
二条城 4-279e
二条良基 5-37d, 6-320d
二萜 7-379b
二酮二氢化茚 8-614a
二王 7-513d
二王八司马 2-429a, 9-27b
二维超声心动图 1-534e
二维磁性薄膜材料 2-49e
二烯 8-129e
二豁 6-603d
二弦 2-424f, 9-517e
《二乡亭词》 7-174a
二向色性效应 2-46e
二项分布 2-429b
二项式规划 9-30b
二相液体渗流理论 6-525d
二硝基酚类杀螨剂 6-421e
二效蒸发 9-262a
二星流 1-82f
二星流理论 4-377f
二型现象 5-317d
二溴乙烯 8-340a
二雅 8-392c
二晏 8-442e
二氧化氮 2-151b
二氧化碲 2-269c
二氧化硅 2-429c
二氧化硫 2-429d, 5-131b
二氧化钛 2-429d, 7-272a
二氧化碳 2-429e, 1-533d, 3-31d, 3-498d
二氧化碳发生剂 7-293e
二氧化碳麻醉 3-499e
二氧化碳浴 7-92f
二氧化钍 7-447b
二氧化硒 8-128d
二叶亭四迷 2-430a, 2-605a
二乙醇胺 8-548c
二乙基醚 8-548f
二硬石 4-544b
二元犯罪原因说 2-478e
二元酚 2-557c
二元合金 3-409e
二元经济 2-430b
二元经济结构 2-430c
二元论 2-430d, 2-390f
《二元乾度历》 2-363f
二元溶液理论 2-482d
二元说 9-46d
二元酸 7-206d
二元体系论 2-430c
二元推进剂 7-449b
二元乙丙橡胶 8-548b
二元脂肪酸 7-227a
二元制君主立宪制 4-360a
《二月》 6-336b, 9-162c
二月二 2-430e
"二月逆流" 4-615d
二杂环化合物 9 146b
二至点 2-549b
二至圈 2-549b
二宗三际说 5-462f
贰师马 2-121e

F

发布流行趋势 6-611c
《发财秘诀》 8-36f
发财树 2-431a
发陈 7-154a
发达国家 2-431a
发达商品流通 6-457d
发电 2-431c, 2-278d
发电厂 4-10d
发电机 2-431c, 2-278d
发电机定则 2-280d, 9-51e
发电效率 4-12f
发动机 2-431d
发动机仪表 3-396c
发光材料 2-431e, 3-221d
发光二极管 1-232c
发光强度 2-279a, 2-606e, 4-398a
发光体 2-431e
发光效率 2-279b
发光中心 3-193e
发货店 1-237a
发货票 2-432c
发酵 2-431f, 1-366e, 9-303a
《发酵》 4-533c
发酵饼干 1-367f

发酵法 8–549d
发酵工业 2–431f
发酵微生物 2–431f
发酵香料 8–197e
《发狂的美德勒》 7–126c
发罗拉 2–432a
发罗拉港 1–8e
发罗拉区 2–432a
发明 2–432b
发明权 2–432b
发盘 2–432c
发泡法 6–51d
发泡剂 6–51d
发票 2–432c
发情周期 8–328a
发券 3–146e
发热 2–432d
发热反应 7–56d
发散 4–68e
《发散级数》 3–305c
《发散级数论》 1–377f
发散困难 2–7c
发散思维 2–33b
发散思维测验 9–320f
发散透镜 7–414e
发色团 6–273a
发烧 2–432d
发射光谱 3–225c, 9–108c
发射光谱学 3–225e
发射式深水炸弹 6–508e
发射星云 8–308b
发射药 2–432e
《发生机械学，生物学的一个新分支》 5–162d
《发生认识论导论》 6–327d
发生认识论国际中心 6–327d
发声器 2–432f
发思巴 1–145d
《发条橘子》 2–433b
《发现号调查报告》 2–212b
“发现”号航天飞机 9–32e
发现权 2–433c
“发现者”19号预警卫星 9–81e
《发向月球的火箭》 1–118e
发行市场 4–250d
发烟硫酸 5–131e
发烟硝酸 8–220a
发育 2–433d, 9–305a
发育期 6–450a
发育生物学 2–433f
发展经济学 5–120a
发展派小组工作 8–231f
发展权 9 290c
发展心理学 1–328b, 5–583e, 8–251a
发展中国家 2–434b
发展中国家科学院 2–434c
发疹型药疹 8–485d
《发智论》 8–596d
《发舟西苔岛》 7–470f
发作性睡病 7–108e
乏空气 6–502a
伐里农，P. 4–316e
伐丽流 1–197b
《伐林》 7–452d
《伐檀》 6–575a
《伐子都》 3–487b
伐佐夫，I.M. 2–434d, 2–410a, 6–584b
罚金 2–434f
罚酒 4–325a
罚款 5–426f
阀键装置 9–113a
阀门 2–435a
阀门定位器 9–294f
阀式避雷器 1–334b
筏 2–435b
筏道 2–435c, 3–302f
筏式养殖法 3–320c
筏驮摩那 2–113b
筏闸 3–302f
法 2–435d, 6–382a
法（物理量单位） 2–447b
法阿机场 6–33c
《法埃同》 6–567f
法昂 5–520f
《法宝联璧》 9–74d
法本 2–458e
法本公司审判 5–604f
法币 2–435f, 4–262f, 9–419e
《法、不法和惩罚的社会伦理意义》 8–487a
法布里–珀罗干涉仪 3–33b
法布里奇乌斯，H. 6–178a
法部 5–136e
法曹区 1–516a
法常 2–435f
法偿货币 4–18f
《法场换子》 1–569b
法称 2–436b, 1–7d
《法岱特》 4–516e
《法的道德性》 3–20b
《法的概念》 3–316d
法的精神 5–197e
《法的目的论》 8–487c
法的三位一体说 1–128f
法的预测说 4–25c
《法的自相矛盾》 3–20b
《法的自由发现和自由法学》 1–68e
法蒂赫（征服者） 5–501b
法蒂玛 1–40f, 2–436b
法蒂玛王朝 2–436b, 1–90a, 6–362e, 6–593b
法典 9–312d
法定财产制 2–589b, 9–518f
法定传染病 2–25f
法定代表人 2–436c, 2–453f
法定反对党 2–470a, 9–20a
法定公益金 9–15f
法定继承 2–436e, 9–511a
法定监护 4–152b
法定节日 8–336f
法定情节 5–60e
法定人权 6–296c
法定施舍 8–48d
法定诉讼代理人 7–200a
法定听证 3–256f
法定义务 3–4f
法定盈余公积 9–15f
法定职业病 9–299f
法定准备金 2–437a, 9–517e
法定准备金率 9–517e
法定孳息 8–70c
法俄同盟 2–437a
法俄战争 2–437b
法恩斯沃思住宅 5–407b
《法尔哈德和希琳》 8–56c
法尔吉埃，A. 1–433f
法尔肯海恩，E.von 2–264b
法尔内塞宫 5–206b
法尔内塞宫画廊天顶壁画 4–370d
法尔尼斯剧场 2–437d, 4–338f
《法尔萨利亚》 3–173e
法尔思德，E. 1–525f
法尔斯山 3–430a
法尔斯语 1–387e
法尔廷斯，G. 2–540d
法弗尔，G.-C.-J. 2–448d
法弗尔—姆宾达支线 3–50d
法格海 2–437d
法古斯工厂 3–109b
法官 2–437e
法官创制法律 2–457b
《法官和他的刽子手》 2–212e
《法官们》 4–23a
法官审判 5–604f
法国 2–438a
法国巴黎国际船级社 2–30a
法国巴黎市立东方美术馆 3–520a
法国百合 1–539e
法国标致–雪铁龙集团 2–320b
法国菠菜 2–463d
法国菜 2–439e
法国船级社 2–30a
法国大革命 2–439f
《法国的社会改革》 4–566a
《法国地理学概貌》 7–548c
法国地理学派 7–548c
《法国电影在虚假中死去》 7–333a
法国独立音乐协会 2–611f
法国二月革命 2–449e
法国法医学会 2–458c
法国法院 2–459e

法国高速火车 2-439b
法国革命 9-523f
《法国革命和革命心理学》 5-73f
《法国革命论》 1-398d
《法国革命史》(J.密什勒) 5-406f
《法国革命史》(A.梯也尔) 7-338c
法国工人党 2-440e, 4-515d
法国弓 2-207c
法国公园 9-406e
法国共产党 2-440f, 2-217b, 2-384b, 4-121e
法国共和历 2-441a
法国国家档案馆 2-441b, 2-154a
法国国家图书馆 2-441c, 3-285a
法国国家植物园 9-306b
法国国立艺术博物馆 5-149c
法国国王 2-528e
法国号 9-112f
法国皇家科学院 2-441d, 9-116b
法国激进社会党 2-444a
法国检察机关 4-155f
《法国简史》 5-406f
法国旧石器时代年表 5-468b
《法国康康舞》 4-569d
法国科学院 2-441c, 5-393e
法国美术 2-441d
《法国民法典》 2-443e, 2-457a, 3-411a, 5-422d, 5-505a, 6-154e, 9-29b
法国民主联盟 2-455a
法国皮影戏 6-76a
法国人民阵线 2-444a, 2-444b
《法国商法典》 6-454e
法国社会党 2-444b, 2-384b, 3-27b, 4-515e
法国社会学年鉴派 7-428d
法国社会主义工人联合会 2-440e
《法国诗歌格律简论》 6-29e
法国四大哥特式教堂 3-93c
法国统一社会党 2-440f
法国网球公开赛 7-524a, 7-579a
法国文学 2-444c
《法国文学史》 4-550e
法国现实主义文学 7-123d
《法国详情》 1-432c
法国新闻社 2-445a
法国研究院 2-451b
法国伊尔国际帆船赛 2-462a
《法国艺术歌曲》 9-83a
法国园林 2-445a
法国远征军 3-323f
《法国中尉的女人》 5-334a
法国子午弧 2-77c
《法国组画》 3-616b
法海 5-140a
法海寺壁画 2-445e
法号 2-453c
《法和道德研究导论》 1-322b
《法和国家》 2-210d
《法和国家的革命作用》 7-137f
《法和现代精神》 2-591e
法赫德 2-445f
法赫德国王跨海大桥 1-174a
法赫德·伊本·阿卜杜勒·阿齐兹·沙特 2-445f
法赫鲁丁二世 2-446a
法护 4-391a
《法华经》 2-446b
《法华经会义》 2-446c
《法华经疏》 2-446c
《法华经玄赞》 2-446c
法华区 1-516a
《法华三昧忏仪》 1-505a
《法华文句》 9-324d
《法华文句记》 9-189a
《法华玄义》 2-446c, 9-324d
《法华玄义释签》 9-189a
《法华义疏》 6-318b
法华釉陶 9-54b
法华宗 7-359f
法讳 2-453c
《法吉赫政府》 4-24f
法加库 6-364e
法家 2-446d
法驾卤簿 5-160e
法捷耶夫,A.A. 2-446e
法界 2-446f
法界圣凡水陆普度大斋胜会 7-93a
法界缘起说 2-76c, 3-540a
《法经》 2-447a, 2-456e, 7-573a, 9-183b
法科峰 4-363d
法空 4-465e
法拉 2-447b, 2-447d
法拉本多·马蒂民族解放阵线 6-359e
法拉比 2-447b
法拉当斯,J.E.L. 6-234d
法拉第,M. 2-447c, 2-46d, 2-276c, 2-447e, 2-447f, 8-75b
法拉第常数 2-447d, 2-447f
法拉第磁致旋光效应 2-46d
法拉第电磁感应定律 2-447e
法拉第电解定律 2-447f
法拉第效应 2-447d
法拉利 2-527d
法拉略内斯天然国家公园 4-373b
法拉奇,O. 2-447f
法拉兹达格 1-35a
法莱奥诺机场 6-365d
法莱梅河 6-375e
法兰克,N. 3-457f
法兰克帝国 5-154c
法兰克福(美因河畔) 2-448a
《法兰克福报》 2-448c
法兰克福国民议会 2-448c
《法兰克福汇报》 2-448c
法兰克福书展 2-448e
《法兰克福条约》 2-448d, 6-107d
法兰克福图书博览会 2-448e, 3-275a
《法兰克福新闻》 1-248c
法兰克福学派 5-246e
法兰克人 1-15f, 2-188e, 2-438c, 2-448f, 2-585a, 5-154c, 5-433a, 7-468c
法兰克王国 2-448f, 2-173b, 2-350b, 2-438d, 7-422d, 7-468c
法兰绒 2-449b
法兰西 3-70f
法兰西堡 2-449b
《法兰西辩护书》 1-432c
法兰西岛 5-314f
法兰西帝国 3-430c
法兰西第二帝国 2-449d
法兰西第二共和国 2-449e
法兰西第三共和国 2-449f
法兰西第四共和国 2-450a
法兰西第五共和国 2-450b
法兰西第一帝国 2-450c
法兰西第一共和国 2-450d, 2-438e, 2-440a
法兰西共和国 2-438a
法兰西共同体 5-575d
法兰西皇帝 6-515b
法兰西科学院 2-441c
法兰西民主联盟 2-438f
《法兰西内战》 5-255d
法兰西人 2-450d, 2-438a
法兰西人国王 2-528e
法兰西社会党 2-440f, 2-444b, 3-27b, 4-515e
法兰西斯一世 7-468e
法兰西王国 2-438d
法兰西喜剧院 2-450f
法兰西学院 4-583f
法兰西研究院 2-451a
法兰西银行 5-505d
《法兰西银幕》 6-358b
法兰西院士院 2-451b
法郎吉 3-16b
《法郎吉》周刊 3-16c
法朗 4-67f, 6-397b
法朗士,A. 2-451b
法老 2-451d
《法老时期的埃及》 6-454a
法里德汗 7-182c
法理社会 6-482a
法理学 6-521c
《法理学》 6-46c
《法理学范围》 1-128e
《法理学和哲学论文集》 3-316c
《法理学讲义》 1-128e
《法理学中的定义和理论》 3-316c
法力 7-175f
《法令修正篇》 7-153e

法隆寺金堂壁画　6-318a
法鲁克·卡杜米　2-455e
法鲁克王朝　1-64f
法箓　2-605d
法律　2-451e
法律冲突法　3-274b
《法律大全》 2-394b
《法律帝国》 2-184e, 2-184f
法律方法　7-26e
法律风险　4-249f
法律关系主体　6-258b
法律规避　2-451e, 9-518c
法律规范　2-210d, 6-487e
法律规则　2-210d
《法律和经济学》 4-435c
法律婚　7-29a
《法律、立法与自由》 3-317f
法律拟制血亲　6-195c, 8-375d
法律区域　6-245c
法律社会学　2-457c
《法律社会学的基本原理》 1-68e
法律诉讼　5-427c
法律文书　5-429d
法律效力　2-451f
法律行为　5-422d
法律援助　2-451f
《法律援助条例》 2-452a
法律责任　2-452b
法律哲学　6-521c
法轮泉法会　1-145e
法罗赫扎德　2-452b
法罗群岛　2-452c
法罗人　2-452e
法罗斯灯塔　2-191b, 4-195e, 7-21e, 8-405c
法罗语　2-452e
法洛氏四联症　8-171e
法曼,J.　5-526c
《法美同盟条约》 2-452f
《法美友好通商条约》 2-452f, 3-20b
法门寺　1-240c, 2-599c
《法门寺》 1-569b, 3-489a
法门寺地宫　2-453a, 1-391c
法门寺塔　6-447c
法名　2-453c
法难　6-401e
法平面　6-249c
法区　6-245c
法曲　7-305a
法泉寺　5-525f
法然上人　9-114d
法人　2-453c
法人财产权　8-179b
法人代表　2-453f, 2-436c
法人犯罪　2-144a
法人股　2-453f
法人责任约束制度　8-205f
法人制度　5-207a
法萨罗战役　1-94e, 4-395c, 6-47a
法绍达冲突　2-454a
法社　6-481d
法身　6-338a, 9-255e
法身佛　2-581e
法师　2-165f
法氏囊　6-178a
《法书要录》 2-454a, 2-454a
法属阿法尔和伊萨领地　4-59a
法属波利尼西亚　2-454b
法属赤道非洲　9-174c
法属圭亚那　2-454e, 4-383c
《法属圭亚那报》 2-455b
法属几内亚　4-80e
法属喀麦隆　2-355c, 8-398b
法属圣多明各　3-323b
法属苏丹　2-521f
法属索马里　4-59a
法属西非　2-63f
法属西印度群岛　2-449b
法术　2-455b
法斯宾德,R.W.　2-455c
法塔赫　2-455d, 1-1f, 1-165d
法塔赫布尔·西格里古堡　1-22e
法提大学　2-214d
法帖　7-385d
法帖之祖　2-40c
法庭　2-455f
法庭调解　2-459f, 7-375e
法瓦尔,J.　3-358e
法沃斯基重排　2-5b
法无我　8-20e
法西尔·盖比　1-72a
法西斯文化专制主义　3-85e
法西斯武士道精神　8-59d
法西斯战斗团　5-481d, 8-566c
法西斯主义　2-455f
法显　2-456a, 2-319d
《法显传》 2-227b, 2-319d
《法相唯识学》 7-263f
法向加速度　4-120b, 8-205a
法向压力　7-283e
法向应力　9-21b
法相宗　2-456b
法孝直　2-460d
法新社　2-456c, 2-445a
法性宗　6-397b, 9-98c
法学　2-456c
《法学导论》(J.柯勒)　4-420d
《法学导论》(G.拉德勃鲁赫)　4-513e
《法学汇纂》 1-494f
《法学阶梯》 1-494f, 2-457a, 5-206e, 5-422d
《法学理论》 6-581b
《法学逻辑》 1-68e
法雅,M.de　2-457f
《法言》 8-447b
法眼宗　1-500b
法伊特,C.　6-58e
法医学　2-458b
法医学鉴定　2-458d, 7-112c
法医学鉴定人　2-458d
法医学物证检验　2-458e
《法意》 5-197e, 5-383f
《法音》 9-354c
法印　2-458e
法雍绿洲　3-158c
法尤姆肖像　2-458f
法雨寺　6-116e
法语　2-459a
法域　6-245c
《法源论纲》 6-423c
法源寺　2-459c
法院　2-459c
《法院编制法》 6-517f
《法院法》 3-537d
法院调解　2-459f, 7-375e
法约尔,H.　2-459f, 3-215a, 3-560d
法越战争　2-460a
《法在探求自己》 3-20b
法藏　2-460c
法藏部　6-469d
法藏佛教经典　1-25b
法则　3-242b
法扎巴德　2-460c
《法哲学》(J.柯勒)　4-420d
《法哲学》(G.拉德勃鲁赫)　4-513e
《法哲学导论》 6-46b
《法哲学教程》 6-581b
《法哲学论文集》 1-322b
《法哲学原理》 2-460d, 3-453a
《法哲学原理或自然法和国家学纲要》 2-460d
法正　2-460d
法制　2-460e
法制不统一国家　6-245c
《法制长生屋》 5-610c
法治　2-460f
《法住记》 5-204d
法兹尔·伊拉希·乔德里　6-130d
《法、自由和道德》 3-316c
砝码　4-87f
发菜　4-546b
发晶　7-87c
发蓝　2-461b
发绺　7-76f
发毛　8-449e
《发须爪》 4-178a
珐琅　2-461b
珐琅彩　2-461b, 4-310f
珐琅馆(故宫博物院)　3-197a
《珐琅与玉雕》 3-83f
珐瑯　2-461b

帆板运动 2-461f
帆蚌属 6-394d
帆布 2-461d
帆船 2-461d
帆船模型 3-392d
帆船运动 2-461e
《帆与风暴》 5-399c
番饼 8-469d
番菜馆 8-90c
番兜城 1-109b
番豆 3-530f
番红花 2-462b
番红花苷 2-462b
番红花苦苷 2-462c
番红花醛 2-462c
番红花属 2-462b
番红花酸二甲酯 2-462b
番匠 4-192d
番椒 4-530c
《番例》 2-462c
番荔枝 2-462d
番荔枝科 2-462c
番荔枝内酯 2-462d
番龙眼属 8-16a
《番律》 2-462c
番木鳖碱 2-462e
番木瓜 2-462f
番木瓜酶 2-463a
番木瓜属 2-462f
番钱 8-469d
番茄 2-463a, 6-191b
番茄酱 2-463b
番茄属 2-463a, 9-13a
番茄汁 2-463b
番上宿卫 3-2e
番石榴 2-463b, 7-323c
番石榴属 2-463b, 7-323c
番薯 2-463b, 3-36a
番薯属 2-463b, 7-607b
番寺 3-559e
番西邦峰 9-128c
番泻树 2-463b
番泻叶 2-463b
番泻叶苷 2-463c
番杏 2-463d
番杏科 2-463c
番役工匠 1-211c
番役制度 1-211b
番族 7-251f
番作 9-77d
蕃兵 2-463d, 7-165d
蕃坊 2-463d, 9-402d
蕃匠 4-192d
蕃客 3-610f, 9-402d
蕃蛮 1-454f
蕃商 9-402d
蕃巷 2-463d
蕃族 7-251f
《幡会》 8-64c
幡柱节 4-461b
幡柱舞 4-461b
藩封 2-463e
藩国 2-463e
藩司 6-401b
藩台 6-401b
藩镇 2-463f
藩镇割据 2-463e
翻（反切） 2-472e
《翻案诗》 4-531e
翻车 2-463f
翻车鲀 2-464a
翻车鲀属 2-464a
翻斗式雨量计 9-71f
翻耕 2-464b, 9-263e
翻领袄 1-117b
翻鳃 4-262a
翻砂法 9-367b
《翻身的日子》 9-483f
翻新小说 8-37a
翻译 9-73f, 9-442a
翻译记忆 4-30b
翻译进士出身 4-429c
翻译科 4-429c
凡·爱克,H. 2-464c
凡·爱克,J. 2-464c, 4-148e
凡·爱克兄弟 2-464c, 2-585c, 9-37e
凡勃伦,T. 9-313a
凡察 4-164e
凡城 8-3a
凡·戴克,A. 2-464e
凡杜拉,I 2-464f
凡尔登 5-229a
《凡尔登条约》 2-465a
凡尔登战役 2-465a
《凡尔杜先生》 2-82b, 6-241f, 9-519d
凡尔纳,J. 2-465c, 4-426e
凡尔赛 2-465d
凡尔赛宫 2-465e, 1-169c, 2-439d
《凡尔赛和约》 2-466a, 1-171a, 2-260b, 4-454e, 7-529b, 9-188c
《凡尔赛和约的经济后果》 4-392e
凡尔赛体系 2-466e, 2-255a
《凡尔赛条约》 3-105e
凡高,V. 2-466e, 3-495a
凡高美术馆 1-47e
《凡高在阿尔勒的卧室》 2-467c
凡湖 2-467d
《凡将斋金石丛稿》 5-251d
凡·曼德尔 5-361f
凡鸟 6-17a
凡人之父 9-479b
凡士林 6-606f
凡王国 8-3a
氾胜之 2-467e
《氾胜之》 2-467e
《氾胜之书》 2-467e, 3-373c
矾 2-467f
钒 2-468a, 8-131b
钒钢 2-468b
钒基合金 2-468b
蕃秀 7-154a
樊城堆文化 6-604a
樊崇 1-599a
《樊川集》 2-361a
樊粹庭 2-468c
樊樊山 6-127c
樊南生 4-609d
樊南四六 7-151c
《樊南文集》 4-609f
《樊南文集补编》 4-609f
樊圻 4-244c
樊尚氏咽峡炎 8-419f
樊参 2-204d
樊戏 2-468c
樊郁 2-468c
樊忠 7-442b
樊钟秀 6-589b
《繁荣与萧条的周期》 3-379d
《繁星》 1-364f
繁用电表 2-390e
反（反切） 2-472e
反爆炸 2-471b
反蓖麻酸 1-332b
反病毒软件 4-90b
反搏疗法 2-468c
反补贴 2-468d
反补贴法 2-468d
《反补贴守则》 2-468d
反补贴税 5-328d
反不正当竞争法 2-468e
反差 3-44b
反差滤光镜 5-189e
反常膨胀 6-281d
反常热膨胀 6-68f
反常色散 3-220d
反常塞曼效应 6-374b
反刍 2-468f, 2-469b
反刍动物 2-468f, 2-468f, 5-410b, 6-27e
反刍胃 2-468f
反刍亚目 2-468f
反串 2-469b
反弹道导弹导弹 2-469c
反氘核 2-475d
反导弹武器 4-467b
反导弹作战 2-469d
反雕 9-221f
反丁烯二酸 2-310a
反动式汽轮机 6-152e
《反杜林论》 2-469e, 1-350d, 2-359d, 2-414e
《反对本本主义》 2-469f, 5-320b

反对党 2－470a, 9－151e, 9－279c
《反对党八股》 5－320f, 9－264b
《反对方法：无政府主义知识理论纲要》 2－543b
《反对劫持人质国际公约》 6－303c
反对联俄会 4－338c
《反对社会民主党进行普遍危害活动法》 6－485b
《反对歪曲我党集体农庄运动路线》 7－190c
《反对文学理论中的庸俗社会学》 5－216c
反对西蒙调查团委员会 8－96d
《反对限制竞争法》 2－471f
《反对战争》 1－80e
反厄尔尼诺 4－522e
反法联盟 1－120a, 2－450d, 3－323e, 3－542c, 6－74c
反反冒进 2－472a
反飞机导弹 2－470a
《反分裂国家法》 2－470b
反分子 2－475d
《反浮雕》 3－155b
反辐射导弹 2－470c, 4－466a
反复体 3－610c
反攻大陆 9－369e
《反共产国际协定》 6－315f, 6－390a, 9－224f
反关脉 5－301d
反函数 2－470e
反合成分析 5－583e
反和平罪 5－605a
反后现代舞 8－180a
反击式水轮机 7－93f
反击型核战略 3－440b
“反击右倾翻案风”运动 2－200c, 3－510b, 4－177b, 4－615e, 7－587c
反饥饿、反内战、反迫害运动 2－470e
反舰导弹 2－471a, 4－466a
反键分子轨道 2－550f
反劫持 2－471b
反科幻小说 4－426e
反恐怖活动 2－471a
反馈 2－471b
《反馈》 3－168c, 8－6a
反馈放大器 2－471c
反馈回路 2－471b
反馈控制 4－479b
反馈控制系统 2－471d
反雷达导弹 4－466a
反雷达飞机 2－294e
反力 7－283e
反粒子 2－471e
反联邦党 5－352c, 5－353a
反联号商店法 2－474f
反流性食管炎 7－3c
反垄断法 2－471e
“反冒进” 2－471f
反美斗争日 1－541e
反面角色 4－347d
反坡梯田 7－338c
反气旋 2－472a
反器材步枪 1－456c
反潜导弹 2－472b, 2－472e
反潜反舰直升机 8－63a
反潜巡逻机 2－472d
反潜鱼雷 2－472e
反潜战 2－472d
反切 2－472e
反切上字 2－472e
反切下字 2－472e
反氢原子 2－475d
反倾销 2－472f, 6－218b
反倾销法 2－472f
《反倾销法典》 2－473a, 6－218b
《反倾销法典修订本》 6－218b
反倾销守则 2－473a
反情报 2－473a
反全球化运动 4－289e
反热岛效应 4－575a
反人道罪 5－605b
《反日反蒋的初步协定》 2－610c
反日义兵斗争 2－473b
反山墓地 2－473c
反扇形劈理 6－70f
《反社会党人法》 6－485b
《反社会党人非常法》 2－473d, 6－485b
反社会行为 8－253e, 9－127f
反射 2－473d
反射层 5－76f
反射高能电子衍射 1－355b
反射式曝光表 1－252f
反射望远镜 5－599e
反射星云 8－308c
反射型光纤 3－229e
反－十氢化萘 6－589d
反始咏叹调 7－125d
反书 7－104d
反思 2－473d
反思文学 2－473e
反斯托克斯－拉曼散射 4－521b
反诉 2－473f
反坦克 2－474a
反坦克导弹 2－474b, 4－466a
反坦克炮 2－474c
反套 1－434b
反铁磁体 2－47d
反铁磁性 2－47d, 5－515a
《反投机、拍卖和竞争性密封投标》 2－258f, 7－552f
反推力 1－345f
反托拉斯法 2－474e
反蛙泳 8－471d
反卫星导弹 2－474f
反卫星卫星 2－475c
反卫星武器 2－475a, 4－467b
反胃 2－475c
反文化 2－475d
反物质 2－475d
反物质星体 2－475d
反西皮 4－282b
“反希腊化”时期 6－34f
反袭击 2－471b
反戏剧 7－416e
反向推理 9－507e
反相流动注射分析 5－124d
反相色谱 8－507a
反省 2－473d
反训 2－475d
反言 2－472e
反演定理 4－422e
反演律 5－224b
《反异教大全》 7－455a
反音 2－472e
反应堆 2－475e, 5－76e
反应堆中子源 9－451f
反应机理 3－546d, 9－91d
反应潜伏期 2－476a
反应热 2－475e
反应时 2－476a
反应试剂 7－40e
反应速率 2－476a
反应速率常数 2－476b
反应速率方程式 2－476b
反应速率决定步骤 3－301d
反应物 3－546b
反应性精神病 2－476b
反应性木僵 2－476b
反应性偏执状态 2－476c
反应性兴奋 2－476c
反应性抑郁 2－476c
反应性意识模糊 2－476b
反应原性 4－413d
反映 2－473d
反映论 2－476d
反映运动 7－475d
反犹太主义 2－476d
反油酸 9－40e
反游老鼠 6－276b
反右派斗争 2－476e
反语 2－472e
反原子 2－475d
反原子核 2－475d
反远摄镜头 4－318b
反殖民主义烈士纪念碑 4－433e
反质子 2－477a, 6－372c
反治 2－477b, 9－318c
反转片 4－200c
反宗教改革 2－477b
返回舱 9－410e
返回式航天器 3－401c
返回型成像侦察卫星 1－580c
返回着陆段救生 3－400b
返回着陆系统 3－400f

返回座舱 9-152b
返流性食管炎 7-571c
返始咏叹调 4-405a
返售 3-133d
返祖现象 7-561f
《犯人李铜钟的故事》 2-473e
犯罪 2-477c
犯罪构成 2-477d
犯罪痕迹 2-477e
犯罪集团 2-477f
犯罪既遂 2-478a
犯罪客体 2-477d
犯罪情节测试法 1-485e
犯罪社会学 2-478e
犯罪未遂 2-478b
犯罪嫌疑人 2-478c
犯罪现场 2-478c
犯罪小说 2-212e
犯罪心理学 8-253a
犯罪行为 9-127f
犯罪学 2-478d
犯罪预防 2-478f
犯罪原因学 2-478d
犯罪侦查技术 8-79a
犯罪中止 2-479a
犯罪主体 2-477d
饭豆 2-479b
饭豇豆 5-330c
饭蝇 4-129b
泛阿拉伯主义 2-479c
泛爱主义教育 2-479d
《泛沧浪》 3-251b
泛川派 6-203a
泛大陆 2-93f, 5-41c
泛大洋 5-41c
泛德意志同盟 2-480d
泛发性脓疱型银屑病 8-583d
泛非会议 2-479f
泛非社 2-479e
泛非通讯社 2-479e
泛非运动之父 2-479f
泛非主义运动 2-479e, 2-355e
泛古陆 5-41c
泛函分析 2-480a
泛函数 7-460f
泛函微分方程 1-526e
《泛几何学》 5-199c
泛滥平原 2-2b
泛美公路 6-560b
《泛美互助条约》 2-480c
泛美会议 2-480b
泛美联盟 2-480b, 5-363f
泛美体育委员会 2-480d
泛美体育组织 2-480d
泛美天文台 6-558e
泛美运动会 2-480c
泛民族主义 2-479c
泛魔识别模型 7-427e
泛日耳曼同盟 2-480d
泛日耳曼主义 2-480d
泛神论 2-480e
泛神论者 7-121d
《泛石湖记》 2-482a
泛斯拉夫主义 2-480f
泛酸 3-3d
《泛希腊集会辞》 8-531f
泛雅典娜节 8-394c
泛雅典娜体育场 8-393d
泛言 4-3f
泛伊斯兰主义 2-481a, 2-479c, 9-239e
泛音 6-16a, 8-573f
范艾伦,J.A. 2-481c
范艾伦辐射带 2-481c, 2-234c, 2-481c, 7-291b
范白虎 6-587b
范长江 2-481c
范长江新闻奖 2-481d
范长生 1-578b
范成大 2-481e
范畴 2-482a
范畴论 9-569f
范德拜尔帕克 2-482b
范德比尔特,H.S. 2-482c
范德比尔特大学 5-512c
范德比尔特叫牌法 2-482c
范德格拉夫,R.J. 4-316b
范德格拉夫起电机 4-316b
范德胡斯特,B.L. 1-121e
范德华,J.D. 2-482c
范德列欧,G. 9-556f
范·德·卢贝,M. 3-257a
范·德·瓦尔登,B.L. 2-128f, 9-570d
范德瓦尔斯,J.D. 2-482c
范德瓦耳斯,J.D. 2-482c, 6-612b
范德瓦耳斯力 2-482d, 9-463a
范德韦登,M. 5-258c
范尔,A.L. 5-468d
范扶累克,J.H. 2-50a, 3-195a, 5-476f, 6-60c
范公祠 1-360e
范公堤 3-342d
范汉杰 5-67b
范雎 2-482e, 6-196c, 9-183e
《范巨卿鸡黍死生交》 3-170a
范宽 2-482f
范蠡 2-483a, 5-31a
范朋克,D. 3-102f, 5-348d
范澎 6-203d
范钦 7-366f
范瑞娟 9-104a
范石生 9-480d
范氏方程 6-612c
范寿康 4-212f
范数 1-176f, 8-120f
范托夫,J.H. 2-483b, 1-132b
范文程 2-483c
范文澜 2-483d
《范文澜全集》 2-483e
范希朝 7-316a
范县 5-53b
范旭东 2-483e, 3-488d
范阳节度使 7-346e
范阳郡 9-31c, 9-519c
范阳县 5-53b
范晔 2-483f, 2-320e, 3-60d, 3-491f, 5-318d
《范依·欧文》 1-300c
范源濂 2-483f
范愿 5-110c
范增 2-484a
《范张鸡黍》 9-99c
范缜 2-484b, 2-134b
范质 1-563d
范仲淹 2-484b, 1-284f
范铸法 9-367b
范紫东 2-484d
范祖禹 9-527d
梵 2-484d, 8-609a
梵蒂冈 2-484e
梵蒂冈博物馆 2-485c, 8-102a
梵蒂冈城 2-484f
梵蒂冈公会议 2-485d
梵蒂冈教皇宫壁画 4-370d
梵蒂冈秘密档案馆 2-485e
梵汉对音 2-485f
《梵经》 2-532c
《梵经注》(罗摩奴阇) 2-532d
《梵经注》(摩陀婆) 2-532d
梵净山 2-486a, 7-403e
梵净山自然保护区 2-486b
梵书 2-532e
梵天 2-486b, 2-389c, 6-76d
梵天花属 4-267f
《梵网经》 6-100f, 6-406e
《梵网经疏》 4-1a
梵我同一 2-484, 2-532d, 8-609a
梵我一如 8-609a
梵衍那 1-176d
梵鱼寺 3-3c
梵语 2-486c
《梵语文学史》 4-243d
梵钟 8-175c
方阿乌塔澙湖 6-1f
方苞 2-486e, 8-479d
方便领带 5-102a
方便旗船 2-29e
方便食品 2-486f
方伯 6-401b
方册藏 9-253e
方差 2-487a
方城 2-487a, 1-509c, 1-583a

方程 4-323c
《方程新术草》 4-608d
方从哲 6-381f
方达,H. 2-487b
方达,J. 4-169c
方大曾 2-487c
方典 7-517a
方东树 2-487e
方法论 2-487f
《方法论》 2-216a
方方锦 7-58d
方国安 5-536f
方国珍 2-488a, 5-449e
方汉奇 2-488b
方汉迁 2-488b
方辉橄榄岩 3-47a
方回 2-488b, 8-203e, 9-17f
方技略 3-294f
方剂 2-488c
方济各 2-488f, 7-451f
方济各第二会 2-488f
方济各会 2-488e
方济各派 2-488f, 7-451f
方家山核电工程 6-201a
方尖碑 2-488f, 3-160a
方解石 2-489a
方巾丑 2-12b
方茎 9-288f
方静吉 2-491c
方掬芬 2-489b
方俊 2-489c
方俊鑫 8-245c
方孔圆钱 9-182c
方口 7-198e
方块瑶字 5-413e
方腊 2-489d, 5-463c
方腊起义 2-489d
方兰坻 6-438b
方兰士 6-438b
方楼 4-462e
方略 2-489e
方面军 5-168d
方名 4-424b
方铅矿 2-489f, 6-159b
方清吉 2-491c
方人定 2-490a
方荣翔 4-313c, 6-245b
方山永固陵 2-490b
《方山子传》 7-194e
方声洞 3-586f, 6-228c
方笙 6-554a
方诗铭 9-497f
方石英 2-429c
《方氏墨谱》 5-479d, 6-5c
方术 2-490c
方水母纲 7-94f
方体字 1-145e
方天庚 3-365a
方田均税法 7-489d
方亭县 6-592e
方万里 9-17f
方维 7-54a
方尾金丝燕 4-257c
方玮德 8-350a
方位 3-393c
方位天文学 7-361c
方仙道 2-490d, 3-591b
方先之 2-490e
方相氏 6-8c
《方向》 1-68b
方向错觉 2-60e
方向听错觉 2-60e
方孝孺 2-490f
方心曲领 9-356a
方虚谷 9-17f
方薰 6-438b
《方言》 2-490f
《方言》(刊物) 4-608c
方言地理学 2-491a, 9-74a
方言学 2-491a
方言学堂 8-56e
方彝 8-547a
方以智 2-491b, 3-294f, 3-486b
方毅 2-491c, 2-43a, 9-377b
方猷 4-424a
方于鲁 5-479d
《方圆阐幽》 4-609a
《方圆书》 4-142b
方圆叟 4-102e
方丈 2-491d, 9-501c
《方丈记》 6-320d
方丈镜 7-303a
方振武 1-496a
方镇 2-463f
方志 2-491e, 2-221d, 2-228c
《方志辨体》 2-492c
方志敏 2-492a
方志学 2-492b, 2-228c
方诸生 7-499b
方诸仙史 7-499b
方竹 4-323a
方柱石 2-492c
坊 5-8a
坊表 2-492d
坊市制 7-303e, 8-199e
芳丹,L. 2-493a, 4-550e
芳林十哲 6-202a
芳纶 4-341d, 4-341e, 4-344c
《芳名卡门》 3-83e
《芳尼和亚历山大》 1-397f
芳人 2-493a, 1-597b, 4-362d, 5-27d
芳烃 2-493c
芳维人 2-493a
《芳香的薰衣草》 6-73d
芳香化湿 2-493d
芳香酸 7-227a
芳香烃 2-493c
芳香性 2-493d, 2-493f
芳香植物 2-493e
芳香族化合物 2-493f
芳香族亲电取代反应 6-256b
芳香族亲核取代反应 6-256b
芳香作物 1-421e, 9-580c
芳语 2-493a
芳族 4-118f
芳族化合物 2-493f
芳族聚酰亚胺 4-344c
钫 2-493f, 4-160a
防波堤 2-494a
《防波堤与海》 5-370a
防城港 2-494c
防城港市 2-494b
防城各族自治县 2-327c, 2-494b
防城县 2-494b
防冲击眼镜 8-440b
防弹背心 2-494c
防弹层 2-494c
防弹衣 2-494c
防盗报警器 1-248b
防风 2-494d
防风固沙林 2-495f
防风属 2-494d
防辐射玻璃 6-159f
防腐剂 6-421d
防腐蚀技术 2-494e
防感汤 8-484c
防洪 2-494f
防洪非工程措施 2-495f
防洪库容 4-489f
防洪墙 2-207d
防护林 2-495f
防护林气象效应 6-420a
防护眼镜 8-440a
防化兵 5-168b
防化学介质眼镜 8-440b
防火墙 2-496a
防激光眼镜 8-440b
防己科 2-496b
防空 2-496b
防空导弹 2-222d
防空地下室 6-285b
防空军 1-365e, 4-358a
防霉剂 6-421d
防强光护目镜 8-440a
《防人歌》 7-484b
防守牌 8-477d
防水材料 2-496c
防坦克炮 2-474c
防微波眼镜 8-440a
防伪标识 2-496d
防卫不适时 9-265e

防卫过当 2–496e
防卫刑 4–612a
防锈铝 5–183e
防锈水 8–548d
防汛 2–496f, 2–495e
防御墙 1–582d
防御行为 3–140f
防御性核战略 3–440b
《防御性神经精神病》 8–251c
《防止核武器扩散条约》 1–428f
《防止及惩治灭绝种族罪公约》 9–458c
防X射线眼镜 8–440a
房产税 2–497b, 2–221c
房地产抵押贷款 2–497b
房地产市场 2–497c
房地产业 2–497d
房杜 2–361d, 2–498d
房间空气调节器 4–470d
房间隔缺损 8–171e
房间隔缺损修补 4–232d
房间隔造口 4–232d
《房客》 5–258a
房劳 1–371b
房山 3–68f
房山区 2–497e
房山石经 2–497f
房山县 2–497e, 6–91f
房式仓 5–56e
房室传导阻滞 8–254e
房水 8–439b
房屋产权调换 1–497f
房屋工程 2–498a
房玄龄 2–498d, 2–361d, 9–223a
房印亭 3–163a
房英魁 7–521e
鲂 2–498d
鲂属 2–498d
《仿董巨山水》 6–521b
仿狐鲣属 4–247e
仿毛织物 2–498e
仿纱型变形丝 1–345a
仿纱型织物 2–498e
仿膳斋 6–226b
仿绍酒 3–590b
仿射微分几何学 4–79f, 7–178d, 7–536d
仿射坐标系 9–581a
仿生机械 2–498f
仿生机械学 2–498f
仿生武器 2–499a
仿生学 2–499b
仿生仪器 2–499a
仿视星等 8–305a
仿丝织物 2–499c
仿宋代哥窑纹片釉 8–540e
仿宋锦 7–170f
《仿王蒙山水图》 7–500c
仿形车床 1–546c
仿形机床 2–499c
仿真 2–499d
仿真方法 2–500a
仿真工具 2–499f
仿真航行模型 3–392d
仿真模型 2–499f, 3–392d, 5–455b
仿真实验 2–499f
仿真丝技术 2–499c
仿真绣 6–519c
《访苏杂谈》 5–326a
访谈法 6–494c
访问（古代吏制） 4–321d
《访问》 2–9c
访问调查表 7–604e
《访问葡萄牙》 1–108d
访问式问卷 7–604e
纺 2–500b
纺车 2–500b
纺绸 2–500b
纺锤虫 7–387f
纺锤体 8–150a, 9–442b
纺建呢 4–346d
纺纱 2–500c
纺织 2–500d
纺织玻璃纤维 1–391e
纺织材料学 2–501a
《纺织姑娘》 3–103a
纺织机械 2–501b
纺织科学 2–500f
纺织娘 2–501d
《纺织娘》 6–8e
《纺织女工》 2–501d, 7–562f
纺织品 2–501f
纺织纤维 2–502a
纺专 2–500e
舫 2–502c
《放大》 1–94f
放大定 2–312e
放大率 7–525f
放大器 2–502e
放电电阻 2–299c
放定 2–312e
放高升 6–97a
《放浪记》 7–118d
放疗 2–505e
放马滩地图 2–502f
放木道 3–302f
放牧 2–502f
《放牧》 2–524a
《放裴》 1–477d
放屁虫 2–39b, 3–54a
放青苗 3–70a
放热反应 3–548, 3–550b
放热系数 6–275b
放射虫 2–503b, 9–105e
放射虫化石 2–503c
《放射虫目》 3–329f
放射分析化学 2–503c, 2–503f
放射化分析 4–6e
放射化学 2–503d, 3–545f
放射免疫测定法 3–439f
放射受体测定法 3–439f
放射太阳虫 7–265f
放射系 2–504a
放射性 2–504b
放射性白内障 1–203f, 2–504d
放射性标记化合物 1–352d
放射性定年 7–397c
放射性核素 2–504b
放射性核素检查 2–504c
放射性活度 4–6d
放射性疾病 2–504c
放射性勘探 2–504e
放射性皮肤损伤 2–504d
放射性气溶胶 2–505a
放射性示踪法 3–448c
放射性衰变 7–76a, 9–108f
放射性碳定年 7–294f
放射性同位素 2–505b, 2–504b, 7–396c, 7–396d
放射性同位素标记化合物 1–352d
放射性同位素标记探针 7–291c
放射性武器 2–505b
《放射性物质及其辐射的研究》 4–330c
放射性药物 1–352e, 3–439e
放射性元素 2–505c
放射性元素化学 2–503e
放射性战剂 2–505b
放射学 8–246b
放射治疗 2–505e, 3–439f
放射状十河谷 6–355c
放生 2–506a
放生池 2–506a
放生会 2–506a
放文灯 4–474a
《放下你的鞭子》(电影) 9–206b
《放下你的鞭子》(戏剧) 4–414d, 9–485b
放线菌 2–506a
放线菌病 2–506b
《放线菌及其抗生素》 7–466e
放线菌目 2–506a
放线菌素D 5–191b
放小定 2–312e
放焰口 8–444f
《放杨枝》 3–494a
《飞吧，思想，鼓起金翅膀》 7–527f
飞镖 2–506b
飞镖运动 2–506b
飞叉 2–506c
飞地 2–506c
飞碟 1–430e
飞碟瓜 8–93c
飞歌 5–418f
飞汞炉 5–48e

飞航式导弹 2－506d, 8－380e
飞虹塔 3－484a
《飞虎队和野猪队》 1－552b, 2－418c
《飞花村》 1－468b
飞蝗 3－604b
飞机 2－506d
飞机板 9－148d
《飞机发动机》 5－54c
飞机识别标志 2－507e
飞机跳伞 7－377c
飞来峰（地质学） 7－448f
飞来峰（浙江杭州） 2－507f
飞来峰造像 2－507f
飞龙白塔 5－307a
飞轮 2－508a
“飞毛腿”地地导弹 2－508b
“飞毛腿”B型导弹 2－508c
飞秒 6－609b
飞秒化学 2－508d
《飞鸣吟》 3－251b
飞膜 8－43d
《飞鸟净御原律令》 2－87b
飞鸟寺 6－318a
飞奴 8－296f
飞钱 7－303c
飞人赛 2－366f
飞沙堰 2－349b
飞升气球 6－147d
飞虱 2－508e
飞虱科 2－508e
飞石素 8－64f
飞鼠 8－43d
飞套 1－434b
飞腾八法 1－144c
《飞天》 2－11b, 2－131f
“飞天”号探测器 9－123e
飞艇 2－508f
飞艇运动 3－396d
《飞跎传》 8－448c
《飞往星际空间的火箭》 1－117f
飞蚊症 2－509b, 1－391d
飞翔 2－509b
《飞翔中的实际试验》 4－604e
《飞向人马座》 2－418d, 4－426e
《飞象邓博》 2－213d
飞行 2－509c
飞行背囊 2－143b
飞行管制 2－509e
飞行记录器 2－509f
飞行器 2－510a, 2－509d
飞行器空气动力学 4－469e
飞行器推进系统 2－510a
飞行区 4－28d
飞行时间分析器 9－316e
飞行事故 2－510b
飞行仪表 3－396b
飞行运动 3－396d
“飞行者”1号飞机 2－506d, 4－534e
“飞行者”2号飞机 4－534e
“飞行者”3号飞机 4－534e
飞燕草 2－351a
飞燕草素 3－530e
飞蠼 1－208b
《飞鹰》 2－510c
飞鱼 2－510d, 2－510d
“飞鱼”反舰导弹 2－510e
飞鱼科 2－510d
飞羽 9－69e
飞跃 2－510f, 9－314d
《飞越疯人院》 5－349e
飞云顶 5－203c
非饱和带 1－237a
非饱水土渗流理论 6－525d
非暴力不合作 5－570a
非暴力不合作运动 2－511a
非暴力（不伤害）原则 8－609d
非背斜圈闭 6－257b
非苯芳烃 2－493c
非苯芳香族化合物 2－493f
非标准分析 2－511d, 5－455f
非参数回归 3－608f
非参数模型 7－73a
非参数统计 2－511e
《非草书》 7－49b
非常光 7－80f
非常规气藏 7－358a
非常规天然气 5－339c, 5－339f
非常规武器 2－84e
非常规油气藏 9－39e
非常溢洪道 8－569a
非处方药 2－511f
非传统安全 3－279a
非典 2－26b, 4－440a
非典型分枝杆菌病 2－512a
非典型尼人 5－565a
非点污染源 8－12d
非电解质 2－512b
非电离层 2－283c
非定常空气动力学 4－469e
非定常热应力问题 6－282b
非定常运动 5－127c
非定区轮作 5－197c
“非定向型”模式 6－573d
非定域干涉 3－220a
非断链反应 4－193a
非对映体 2－512b
非对映异构体 2－512b
非法侵入计算机信息系统罪 9－429b
非法人单位 2－512c
非法人团体 2－512c
非法收入 8－137f
非反刍动物 6－27e
非冯·诺伊曼式语言 1－591e
非辐毛总目 6－80b
非感染性非免疫性鼻炎 1－315a
非感染性皮肤病 6－72a
非感染性心肌炎 8－249d
非工程防洪措施 2－495f
非工业性油气藏 9－39c
非公文书证 7－50d
非共振荧光 9－112c
非构造节理 4－216a
非关税壁垒 2－512d, 3－270c, 5－328c
非关税壁垒措施 2－512d
非关税政策 1－242e
非官话方言 3－382c
非惯性参考系 2－512e, 1－472b, 3－216e
非惯性系 2－195e, 2－512e, 3－216e, 3－237f
非惯性坐标系 2－512e
非规则间歇泉 4－161f
非国大 5－306c, 5－523b, 5－524c
非过程式语言 1－591d
非合金钢 2－512e
非合金工具钢 3－125a
非合金弹簧钢 7－282d
非合同责任 7－224e
非合作博弈 5－512b
《非合作博弈》 5－512c
非还原糖 7－80a
非汇划庄 6－170e
非婚生子女 2－512f
非火山型温泉 7－582c
非货币性资产 9－524e
非极性分子 2－549d
非脊索动物 4－86d
非鲫 2－513a
非简谐波 1－372e
非简谐效应 6－553e
非交互式语言 1－591e
非接触动密封 5－404f
非接触在线分析 9－151e
非结核分枝杆菌病 2－512a
非金融资产 3－293a
非金属 4－255a
非金属材料 2－513b
非金属固体电阻 2－299c
非金属基体 3－10a
非金属元素 2－513b
非经典逻辑 5－224a, 9－241a
非经典配合物 6－59f
非经营性资产 3－297b
非晶超导体 1－530a
非晶硅太阳电池 2－513f
非晶态 2－513d, 3－63f
非晶态固体 3－193b
非晶态金属 2－513e, 4－256f
《非晶态物质的电子过程》 5－476f
非晶体 2－513f, 3－193b
非晶体半导体存储器 2－513f
非晶体半导体器件 2－513f
非晶形沉淀 1－549d

非静电力 2-293d
非决定论 2-514a
非均衡理论 7-67d
非均匀系 6-280d, 8-206e
非均质层 2-98a
非均质大气 3-58d
非开放性条约 7-374b
非孔源性视网膜脱离 7-32a
非控标引 1-353a
非快速眼动期 5-390b
非快速眼动睡眠 7-108c
非离子表面活性剂 1-356a
非理解的方式 5-569b
非理性主义 2-514a
非淋菌性尿道(宫颈)炎 2-514b
非洛地平 3-26d
非贸易结算 3-266f
非贸易外汇管制 7-473d
非美活动调查委员会 2-514c
非盟 2-521b
非命我 8-609a
非摩擦式制动器 9-312e
非那酮 9-260d
非南岛诸语言 1-150e
非牛顿流体 2-514d, 5-126c
非牛顿流体力学 2-514d
非牛顿流体流动 7-83d
非糯稻 2-167c
非欧几何 2-515a
非欧几里得几何 1-376e
非欧几里得几何学 2-515a
非配偶间人工授精 6-287d
非平衡态分布函数 7-407e
非平衡态热力学 1-428d, 3-550f
非平衡态统计物理 1-428d, 7-407f
非平衡现象 8-72a
非平衡相变 8-206f
非强制性标准 7-449a
非侵染性病害 9-302d
非球面透镜 7-414e
非确定型图灵机 7-422c
非人类中心主义 3-570e
非身 8-20d
非肾小球源血尿 8-375b
《非十二子》 8-382e
非手性 7-40d
非数理博弈理论 8-242d
非数值算法 7-208d
非斯 2-515c
非斯-埃尔-巴里 2-515d
非斯-埃尔-杰季德 2-515d
非斯方案 1-167f
《非斯条约》 5-461d
非素质性同性恋者 7-398f
非弹性碰撞 6-69b
非弹性散射 3-434d, 6-69b
非特异性反应理论 8-95a
非条件刺激 7-373f
非条件反射 7-373f
非调节性内斜视 8-237b
非铁金属 9-48d
非同位素标记化合物 1-352d
非同源重组 4-53a
非统 2-521b
非统组织 2-521e, 2-523d
《非退化牛顿位势的临界点》 4-181c
非完全弹性碰撞 6-69b
非完整系统 9-119f
非稳定流 2-242d
非稳态噪声 9-166a
非我 8-20d
非物质文化景观 7-588d
非物质文化遗产 2-515d
非系统性金融危机 4-250f
非系统性抗酸药 4-412e
非细胞生命形态 6-544e
非细胞总界 6-544e
非细菌性前列腺炎 6-161d
非显然因数 9-263e
非现金结算 4-224e
非线性差分方程组 2-516f
非线性动力学 2-516d
非线性光学 2-515e
非线性规划 2-516b
非线性回归 3-608f
非线性科学 2-516c, 4-287c
非线性控制系统 2-516e
非线性理论 5-124b
非线性模型 4-220c, 7-73a
非线性器件 7-375a
非线性微分方程组 2-516f
非线性系统 2-516f, 4-287c
《非线性系统的分析和控制》 3-200a
非线性现象 2-516c
非线性元件 2-285e
非相干叠加 3-220a
非相关传光束 3-229f
非消耗物 8-70c
非心源性肺水肿 2-534e
非性病性梅毒 2-221c
非血管管腔狭窄的扩张与支架置入术 4-232f
非亚语系 1-18c
非要式合同 3-411b
非衣(帛画) 1-403a
非银行金融机构 4-249b
非银盐感光材料 3-44c
非营利组织 2-516f
非甾体抗炎药 2-517a, 3-188f
非造床质 3-424c
非造礁石珊瑚 6-601d
《非战公约》 3-262a, 9-188b, 9-433b
非战争军事行动 2-517a
非整比化合物 3-543f
非正规经济 2-241f, 2-258d, 8-590d
非正式控制 6-489f
非正式群体 4-26f
非政府恐怖活动 4-478b
非政府组织 2-517b
非政治性结社 4-224c
非织造布 2-517c, 2-501f
非致命弹药 2-517d
非致命武器 8-266c
非中心力 3-436d
非肿瘤性淋巴结肿大 5-93a
非洲 2-517e, 2-522e
《非洲存在》 3-457d
《非洲大百科全书》 2-355e
非洲大陆 2-92d
非洲大厦 8-401a
非洲大猿 5-172f
《非洲的青山》 3-333e
《非洲的夏天》 2-208e
非洲地理人种 2-226a
非洲法郎 9-174d
《非洲革命》 1-13e
非洲共和国 2-479f
非洲古猿人化石 1-72a
非洲海牛 3-337a
非洲黑人 5-568c
非洲化蜜蜂 6-421f
《非洲皇后》 4-395e
非洲联盟 2-521e, 2-521b
《非洲联盟宪章》 1-412e
非洲楝 4-436e
非洲灵猫 5-96c
非洲蝼蛄 5-148b
非洲民间音乐 4-350d
非洲民主联盟 2-521f
非洲木雕 2-522a
非洲奴隶贸易 2-522e
《非洲女郎》 5-293d
非洲起源说(人类学) 6-292d, 6-304a, 9-324a
“非洲瑞士” 5-230b
非洲设拉子党 5-572f
非洲水牛 7-95c
非洲睡眠病 9-517d
非洲桃花心木 5-49f
非洲统一组织 2-523d, 2-521b
《非洲统一组织宪章》 2-523d
非洲鸵鸟 7-458f
非洲屋脊 2-520b
非洲象 2-523e
非洲岩画 2-523f
非洲鹞鹰 9-14d
非洲裔美国人 5-352a
非洲早期智人 6-304a
《非洲之声》 4-379f
非洲竹区 9-496d
非洲锥虫病 9-104d, 9-517d

非自持导电 6－145e
非自动衡器 3－467b
非自愿失业 6－572b
非自主导航 3－402a
非ST段抬高的心肌梗死 8－249a
菲 2－524a
《菲埃索勒的女神》 1－420e
菲安登抽水蓄能电站 2－8e
菲奥尔，A.M. 7－238c
菲奥克尔，E. 3－113d
菲奥雷利，G. 4－416f
菲茨杰拉德冰川 1－30c
菲茨杰拉尔德，F.S. 2－524b
菲德勒，A. 1－384e
菲德勒，K. 1－357b
《菲德里奥》 1－289c
菲迪亚斯 3－179b, 6－34c, 7－21c, 8－394c, 8－394e
菲多利公司 1－215b
菲尔德，J. 3－105b, 8－504c
菲尔德，S. 2－524c
菲尔德自然史博物馆 9－288d
菲尔丁，H. 2－524d, 7－296f
菲尔多西 2－524e, 1－387c
菲尔曼·迪多 2－212a
菲尔普斯，M. 2－524f
菲尔肖，R. 2－525a, 8－152c
菲尔肖氏淋巴结 7－570e
菲尔兹奖 2－538f
菲拉德谟 8－515c
菲拉尼人 3－19e
菲莱蒙 3－180e
菲莱神庙 1－55b
菲力普·卡特莱 6－74e
菲利，E. 2－478e
菲利宾 5－361f
菲利波·马里亚·维斯孔蒂大公 5－397b
菲利浦岛 6－9c
《菲利普二世》 7－550c
菲利普港湾 5－479e, 7－550a
《菲利普港先驱报》 8－171c
《菲利普·拉丁诺维奇的归来》 4－446b
菲利普·蒙巴顿 8－523c
菲利普·莫里斯烟厂 5－8e
菲利普斯，J. 6－602e, 9－437d
菲利普斯，W.D. 9－481f
菲利普维尔 7－124f
《菲莉芭胜诉》 6－589f
菲鲁兹（萨珊王） 6－367a
菲鲁兹库赫人 1－78f
菲律宾 2－525b, 4－203c
菲律宾大学 2－526d, 4－504e
菲律宾蚶仔 3 112f
菲律宾共和国 2－526a
菲律宾国语 7－236b
菲律宾群岛 2－526e
菲律宾人民抗日军 2－526e
菲律宾水牛 7－95c
菲律宾通讯社 2－526d
菲律宾同盟 1－415e
菲律宾语 7－236b
《菲洛柯洛》 1－420e
《菲洛克忒忒斯》 7－230c
《菲洛斯特拉托》 1－420e
菲洛斯特拉托斯·佛拉维乌斯 3－181b
菲美战争 2－526e
菲尼克斯 2－526f
菲尼克斯大学 2－527a
菲尼克斯－梅萨大都市区 2－526f
菲尼克斯市民广场 2－527a
菲涅耳，A.-J. 2－527b, 2－530f, 3－227c, 3－228e, 7－414f, 8－74e
菲涅耳波带理论 2－527b
菲涅耳公式 2－527c
菲涅耳透镜 7－414f
菲涅耳衍射 3－220f
菲奇，V.L. 2－527c
菲舍尔，E. 2－542e
菲舍尔，E.O. 2－542f
菲索那丁 4－415b
菲特，J. 2－585f
菲亚特 2－527d, 8－565c
菲亚特集团 2－527d
菲亚特派力欧 2－527d
菲亚特汽车公司 2－527d, 2－350b
菲亚特西耶那 2－527d
《菲娅美达的哀歌》 1－420e
鲱鱼 4－82c
《鲱鱼网》 4－24d
肥城市 2－527e
肥城桃 2－527e
肥城县 2－527e
肥大性骨关节病 2－527f
肥光 3－516e
肥厚性鼻炎 1－314f
肥厚性喉炎 3－490b
肥料 2－527f
肥料效应曲线 6－578b
《肥妈先生》 2－524d
肥胖症 2－528b
肥田草 6－472d
肥田萝卜 5－222c
肥皂 2－528c, 7－87b, 9－311a
肥子国 2－527e
淝水之战 2－528d
《腓力》 1－11a
腓力二世 2－528d
腓力二世 2－528e, 4－377a, 5－149c
腓力二世 2－528e, 8－15b
腓力二世·奥古斯都 6－592b
腓力六世 1－214a, 4－377b, 7－468d
腓力三世 4－377b
腓力斯人 1－167a
腓力四世 6－392d
腓力五世（前238～前179） 5－273c
腓力五世（1683～1746） 8－86b
腓尼基 2－528f, 1－315d, 1－315f
腓尼基人 1－32d, 7－418d, 7－419e, 8－402c
腓尼基字母 2－529b, 3－164d
腓尼基字母系统 1－315f
腓特烈大帝 2－529b
《腓特烈大帝的长笛音乐会》 5－365e
《腓特烈大帝生平》 5－365e
腓特烈二世 2－529b
腓特烈六世 4－23b
腓特烈三世 2－529c
腓特烈·威廉 2－529c, 4－23b
腓特烈·威廉二世 6－112f
腓特烈·威廉三世 6－112f, 6－515b, 6－581d, 7－560a
腓特烈一世 2－529c, 6－112e
腓特烈一世（红胡子） 2－529d, 2－260a, 4－23a, 6－362f
斐波那契，L. 2－529d
斐波那契数 2－529f
《斐德罗斯篇》 3－180f
斐迪南 1－134b
斐迪南七世 1－73a, 8－84e
斐迪南一世（卡斯蒂利亚王国） 4－379a
斐迪南一世（意大利） 2－446a
《斐多篇》 1－404c, 3－610e
斐济工党 2－530d
斐济共和国 2－530c
斐济群岛 2－530a
斐济群岛共和国 2－530c
《斐济时报》 2－530e
斐济语 2－530e, 2－530c
斐克扩散定律 1－306e, 6－146a
斐洛 5－222e
斐斯，J.A. 2－154d
斐索，A.H.L. 2－530e, 3－33c, 3－227b
斐扬派 2－530f
榧 8－192e
榧属 3－469e, 8－192e
蜚蠊 2－531a
蜚蠊目 2－531a
翡翠 2－531b
翡翠 2－531c, 9－77f
翡翠婚 4－223b
翡翠贻贝 8－541a
翡冷翠 2－586e
《翡冷翠的一夜》 8－350b
吠舍 8－604d
吠世史迦 6－569f
吠檀多派 2－532c
吠陀 2－532d, 1－134e, 6－97e, 6－420b, 8－604e, 8－608e
《吠陀经词典》 3－100e
吠陀人 7－548c
吠陀语 2－486c, 2－532d, 8－608d
吠陀支 2－532f

肺 2-532f
肺癌 2-533a
肺孢子虫病 2-533b
肺孢子虫肺炎 2-533b
肺保健推拿 1-245a
肺不张 2-533c
肺部结节病 4-223d
肺大泡 2-533c
肺动脉瓣病变 8-247d
肺动脉瓣听诊区 8-256e
肺动脉瓣狭窄 8-171e
肺功能测定 2-533d
肺功能检查 2-533d, 5-310e
肺呼吸 3-497f
肺换气 3-498c
肺活量 2-533e
肺结核 2-533e, 4-222c
肺经 7-40b
肺痨 2-534a
肺脓肿 2-534a
肺泡 2-533a
肺泡囊 2-533a
肺气虚 8-233e
肺气虚证 2-534b
肺气肿 2-534c
肺牵张反射 3-499a
肺容量测定 2-533d
《肺鼠疫专论》 8-54f
肺栓塞 4-443c
肺栓塞症 2-534d
肺水肿 2-534e, 4-72a
肺通气功能测定 2-533d
肺外结核 4-222d
肺萎陷反射 3-499a
肺吸虫 8-118a
肺吸虫病 1-369a
肺心病 2-535b
肺性脑病 3-499e
肺循环 2-533a
肺炎 2-534f
肺炎双球菌 6-244f
肺炎型流感 5-128e
肺阴虚证 2-535a
肺隐球菌病 8-589b
肺俞 1-303b
肺源性心脏病 2-535a
肺燥证 2-535c
狒狒 2-535d, 5-97b
废除治外法权 2-535e
"废佛毁释"运动 6-316b
废官 4-277f
废两改元 8-580d, 8-584b
废弃物肥料 9-46b
废水处理厂 4-85c
废水处理方法 2-536a
废屋葬 6-554c
废物的资源化 3-572f
《废物传》 1-81c
《废墟》 5-48a
《废墟上的月色》 1-81c
沸点 2-536c, 6-152b
沸喷泉 7-582c
沸泉 7-582c
沸泉瀑布 3-152a
沸石 2-536c
沸石分子筛 2-551f
沸腾 2-536f, 6-152a
《沸腾》 1-72e
沸腾钢 3-54c
费奥多罗夫,E.C. 3-194f
费奥多罗夫,Ye.S. 2-536f
费边 2-537a
费边社 2-537a, 4-525a
费城 2-537b
费城港 2-537d
《费城故事》 3-198c, 4-395e, 5-349c, 7-296e
费城交响乐团 2-537d, 1-360a, 2-537d
《费城宣言》 3-136c
费城艺术博物馆 1-360a, 2-537d
费达依汗 1-151a
费代莱,F. 2-458c
《费得尔》 4-528d
《费德尔曼的写照》 5-258a
费德鲁斯 2-537e
《费德罗娃契卡》 2-209f
费德钦科冰川 6-32f
费定,K.A. 2-537f
费多尔·伊凡诺维奇 5-122f
费尔巴哈,L. 2-538a, 2-188f, 2-189a, 2-208f, 2-414f
费尔巴哈,P. 2-478e
费尔巴哈唯物主义 5-255b, 7-547b
费尔班克斯 1-38, 1-101b
费尔德常数 2-46e
费尔登,S. 5-478f
《费尔迪杜凯》 3-151e
费尔法克斯,T. 9-8c
费尔干纳盆地 8-10e
费尔哈特·阿巴斯 1-14a
费尔勒 7-591d
费尔洛河 6-375e
费尔洛荒漠 6-375a
费尔南德斯·德·利萨尔迪,J.J. 2-538b
费尔南德斯·德·莫拉廷父子 2-538c
费尔南多波岛 1-315c
费尔南多·德·埃雷拉 3-589f
费尔南多·德·罗哈斯 6-373d
费尔普斯,E.S. 2-538d
费尔斯曼,A.Ye. 2-538e
费尔韦瑟山 1-430a
费尔兹,J.C. 2-538f
费尔兹奖 2-538f
费弗尔,L. 5-585a
费改税 2-539a
费格尔,H. 2-539b
费根堡姆,A.V. 9-315b
费根鲍姆,E.A. 6-288a
费赫勒港 1-46a
《费加罗报》 2-539c
《费加罗的婚姻》 2-539c, 5-478c
《费加罗妇女》 2-539c
《费加罗三部曲》 2-539d
费·加西亚·洛尔卡 2-426f
费俊龙 3-402f, 9-371e, 9-411b
费开扬 2-539e
费拉德尔菲亚(美国费城) 2-537b
费拉德尔菲亚(约旦安曼) 1-102a
《费莱诺、卡多尼奥和萨姆瓦尔多的牧歌》 2-416c
费勒,W. 9-442a
《费雷波篇》 1-404c
费雷尔环流 2-98f
费里 7-582f
费里埃城堡 3-323c
费里埃尔,A. 8-274f
费力最小原则 1-18e
费利克斯·鲁文·加西亚·萨米恩托 2-67b
费利尼,F. 2-539f
费利佩·冈萨雷斯 8-86f
费林试剂 2-143e
费卢瀑布 5-265d
费罗,M. 5-585b
费罗劳 1-326c
费马,P.de 2-540a, 2-370c, 2-540e, 3-228e, 4-79e
费马,S. 2-540b
费马大定理 2-540c, 1-427c, 2-540b
费马数 2-540d
费马素数定理 4-609c
费马小定理 2-540b
费马原理 2-540e
费马最后定理 2-540c
费米,E. 2-540f, 2-503e, 5-76e
费米-狄拉克统计 2-541b, 2-210f
费米国家实验室 4-492e
费米奖 2-541b
费米实验室 3-437e
费米统计 2-541b
费米子 2-541b, 5-63c, 6-51a, 9-547b
费米作用 6-353e
费穆 2-541c
费宁格,L. 6-210d
费农,R. 1-502a
《费诺罗萨和他的小圈子》 1-449b
费萨尔 2-541d
费萨尔二世 8-519d
费萨尔王朝 8-519d
费萨拉巴德 6-48c
费森登,R.A. 2-541d

费舍,K. 7-585f
费舍尔,A. 5-479a
费施尔,E. 4-539f
费氏化学四面体图示法 2-537a
费氏旋转台 2-537a
费斯廷格,L. 3-410d
费图里 2-541e
费托合成法 5-340f
费瓦湖 1-414f
费雯丽 2-541e, 4-4a
费雯·玛丽·哈特莱 2-541e
费希尔,R.A. 2-541f, 4-145c, 4-479d
费希迈 5-228e
费希纳,G.T. 2-542a, 5-363a
费希纳定律 2-542b
费希特,J.G. 2-542b, 3-286f, 3-479f, 5-435d
费孝通 2-542c, 1-488f, 4-172d, 9-383e
《费孝通社会学文集》 2-542e
费歇尔,E. 2-542e, 3-551a
费歇尔,E.O. 2-542f, 7-528a
费歇尔,K. 4-367d
费耶尔,L. 7-375b
费耶尔阿本德,P.K. 2-543a
费彝民 2-543b, 2-83d
费因曼,R.P. 2-543c
费因曼规则 2-543c
费因曼图 2-543c
费用效益分析 2-543d
费著 7-58d
费兹 2-543e
剕刑 8-51f
痱子 2-543e
镄 1-60d
分 2-543f
分包 3-263d
分保 9-150a
分贝 2-543f, 6-551c
分辨本领 3-44c
分辨率 3-44c
分别财产制 2-589c
分别共有 3-150f
分别自性缘起 9-114c
分波面干涉 3-220a
分布参数电路 2-285e
分布参数模型 7-72f
分布参数元件 2-285e
分布函数 2-544a
分布理论 3-237c
分布式操作系统 1-476a
分布式火控系统 8-58b
分布语言 1-591e
分布载荷 9-152a
分层抽样 2-10d, 6-490e
分层流 7-83d
分层序列法 2-388a
分叉点 2-164f
分岔 6-46e, 7-72f
分拆函数 9-264f
分成租制 7-451b
分葱 2-53a
分点潮 2-347b
分点月 9-119f
分莼法 9-500a
分度圆 1-596a
分封制 4-360f, 8-116a, 9-468b, 9-552e
分割法 8-292, 8-337f
分光双星 7-80b
分号 1-352b
分洪工程 2-544b
分化事权 7-173f
分级 8-366c
分解 2-544c
分解代谢 6-538a, 8-264f
分解作用 2-564e, 8-79d
《分界线》 4-587a
分科大学 3-245a
分块隔离法 7-523d
分类 2-544c
分类标引 1-353a
分类学 2-544c, 3-175d
《分类原理与分类问题》 2-356a
分类账簿 4-496a
分离大豆蛋白 2-80c
分离定律 5-383c
分离工程 2-545b
《分离过程》 2-545c
分离结晶作用 8-430b
分离命题 8-367c
分离脑 3-95a
分离派 8-53b
分离式立体交叉 2-165b
分列式 9-126d
《分裂的天空》 7-609b
分裂间期 9-48e
分裂情感性精神障碍 4-306b
分裂生殖 6-549d
分裂说 9-121f
分流点 2-164f
分流阀 2-435b
分流器 2-285d
分流术 7-39b
分米波复合干涉仪 7-510a
分泌 2-545d, 8-188a
分泌面 3-62d
分泌性腹泻 1-523c
分泌性激素的肿瘤伴性早熟 8-327f
分泌性中耳炎 9-330d
分娩 2-545d
分模面 5-486b
分蘖白菜 1-193a
分配 2-546a
分配律 5-224b
分配色谱法 8-506f
分配性冷库 4-575d
分频器 2-546b
分谱 8-51e
分期导流 6-578c
分期付款 2-546b, 8-214e
分期手术 7-39a
分球悖论 8-367e
分区法（摄影） 8-399e
分群 1-208d
分散系数 5-124e
分散相 2-57f
分色片 4-200f
分生区 3-117c
分时操作系统 1-476a
分数 7-63c, 7-209c, 9-48c
分数单位 4-88f
分数量子霍耳效应 4-555d
分水岭 2-546c
分水线 5-129d
分税制 2-546d, 2-221c, 4-292a
分析 2-546e, 4-299b
分析纯试剂 3-551d
分析法学派 1-128e, 2-457b
《分析方法入门》 7-542b
分析化学 2-546e, 3-545e
《分析化学的基础》 1-132b
《分析化学》杂志 2-546f
分析静力学 4-316e
分析力学 2-548a
《分析力学》 2-548b, 4-517b
分析流行学 8-181b
分析实证主义法学派 1-128e
分析统计方法 7-405f
分析学 2-548b
《分析研究》 1-153d
分析哲学 2-548d
《分享的女人》 1-69c
分销商 6-69b
分心 9-503b
分形 2-548e, 2-516e, 4-287c
分压器 2-289f
分野 9-178a
分业管理模式 4-249b
分音词 4-276b
分振幅干涉 3-220a
分支行制 6-458e
分支类型论 7-64e
分枝定界法 9-265b
分枝进化 4-270c
分至点 2-549a
分子 2-549b, 2-553c, 9-111d
分子伴侣 2-549e
分子变化速率 2-551e
分子电流假说 1-103f, 2-49f
分子电子器件 2-550a, 2-551a
分子反应动力学 2-550b
分子反应动态学 2-550b, 3-546f

分子仿生 2-499b
分子耕作 9-510e
分子工程学 2-550d
分子古生物学 3-175d
分子光谱 2-550e, 2-553e
分子光谱分析 2-547d
分子轨道对称守恒原理 3-564c, 8-54d
分子轨道理论 2-550e, 6-60d
分子轨道图形理论及方法 7-300c
《分子和人》 4-451e
分子化学 1-532a
分子机器 2-551a
分子计算机 2-551a
分子假说 1-19c
分子间相互作用 5-61f
分子结构 2-551b, 2-553d
分子空间结构 3-155f
分子扩散 4-33c
分子力 5-14d
分子力学 4-89c
分子量 2-551c
分子列车 2-553c
分子模拟 2-551c
分子内缩合反应 7-227b
分子胚胎学 6-52e
分子平均自由程 2-551d
分子人类学 2-551e
分子散射 3-226e
分子筛 2-551f, 3-33d
分子筛色谱法 8-507a
分子设计 2-552a
分子生物物理学 6-543f
分子生物学 2-552c, 5-471d, 8-181c, 8-368b
分子生物学中心法则 9-441f
分子识别 2-552e
分子式 3-551b
分子束 2-553a
分子束磁共振方法 4-512d
分子束光谱 2-553a
分子水平 2-550d
分子梭 2-553b
分子陀螺 2-553c
分子物理学 2-553c
分子信标 2-553f
分子学说 2-554b
分子遗传学 2-554d, 7-281d
分子印迹 2-555a
分子印迹聚合物 2-555a
分子荧光光谱分析 9-15a
分子育种 2-555b
分子云 2-555c
分子运动论 1-89a
分子杂交 2-555d
芬达 4-444f
芬迪湾 2-555d
芬皇宗 9-98c
芬克 7-391e
芬兰 2-555e
芬兰人 2-556d
《芬兰颂》 8-88a
芬兰湾 1-381f
芬兰-乌戈尔人 1-87c
芬兰-乌戈尔语族 2-556f, 8-3b
芬兰-乌戈尔语族芬兰语支 1-88a
芬兰语 2-556f
芬兰语支 8-3b
芬兰正教会 2-329d
芬娜 4-190a
芬尼,R. 8-485e
《芬尼根们的觉醒》 6-184c
芬尼兄弟会 2-557a
芬尼运动 2-557a
芬诺洛萨,E.F. 6-319a
《芬齐-孔蒂尼家的花园》 2-185d
芬切尔定理 6-249e
芬斯拉几何 4-80a
芬斯特瓦尔德,S. 2-557b
芬太尼 9-260d
芬通社 2-556d
吩嗪 5-78c
吩噻嗪 9-307c
酚 2-557b, 1-310f
酚醛高温热压成型 1-294f
酚醛树脂 2-557d, 1-294f, 4-407a
《坟》(鲁迅) 5-166b
《坟》(帕拉马斯) 6-31b
坟丘 9-364c
汾河 2-557d, 6-440e
《汾河湾》 7-515d, 9-231d
汾酒 2-557f, 6-441b
汾渭地堑 2-231a, 2-557d
汾型白酒 1-199d
汾阳市 2-557e
汾阳县 2-557e
汾阴后土祠碑图 2-161b
《汾阴行》 4-607d
焚风 2-557f
《焚风》 5-270b
《焚毁旧契》 3-181f
焚书坑儒 2-558a, 6-197c
《焚香记》 5-446b
粉笔画 2-558b
粉彩 2-558c
粉彩瓷 4-310e
粉彩铅笔 6-159d
粉刺 2-558d, 2-60a
粉蝶 2-558e
粉蝶科 2-558e
粉防己 2-496b
粉红噪声 9-166a
粉画 2-558b
粉蚧 2-558f
粉蚧科 2-558f
粉螨 2-559a
粉螨科 2-559a
粉螨目 6-80c
粉磨机械 2-559f
粉末钛合金 7-272b
粉末冶金 2-559b
粉末冶金材料 2-559c
粉末冶金高速钢 2-559d
《粉墨春秋》 3-28a
粉排 9-402a
粉青釉 6-204f
粉虱 2-559e
粉虱科 1-196e, 2-559e
粉碎比 2-560a
粉碎段 2-560a
粉碎骨折 3-189a
粉碎机械 2-559f
粉碎“四人帮” 2-560a, 4-177e
粉碎洗涤盐 7-5f
粉碎系统 2-560a
粉锈宁 6-407e
《份地法》 9-176b
奋乃静 9-307c
奋武 9-294d
忿激派 2-560d
粪便检查 2-560d
粪标本 6-616f
粪类圆线虫 2-560e
粪类圆线虫病 2-560e
粪瘘 6-4f
粪翁 2-197d
愤怒 2-560f
《愤怒的公牛》 2-183c
《愤怒的海》 6-200b
《愤怒的回顾》 1-128e, 2-561a
《愤怒的葡萄》(电影) 2-615a
《愤怒的葡萄》(小说) 7-133e
“愤怒的青年” 2-560f
《愤怒的新闻记者》 4-50e
《愤怒与骄傲》 2-448a
丰产女神 8-394b
丰臣秀吉 2-561a, 2-171b
丰城市 2-561b
丰都九溪沟桥 6-186b
丰都市 5-232e
丰都县 2-561b
丰富岛 5-239d
《丰富的眼睛》 1-78c
丰镐 2-561c
丰镐遗址 2-561c, 6-212b
丰吉人 2-561d
丰吉苏丹国 2-561d, 7-179e
《丰年》 7-176f
《丰宁系的分层》 2-309d
《丰饶的原野》 1-81b
丰沙尔 5-242e
丰绅殷德 3-419c

《丰收》 8-503a
《丰收马车》 3-119b
《丰收桥》 2-427c
《丰收舞》 2-106f
丰塔纳,D. 6-557a
《丰塔纳混合曲》 4-395b
丰台夺城事件 3-533d
丰台区 2-561d
丰台园 9-334b
丰台镇 2-561e
丰泰照相馆 2-312d, 9-350f
丰田 2-561e
丰田汽车博物馆 2-561f
丰田汽车公司 2-561f
丰田自动织机制作所 2-561f
丰田佐吉 2-561f
《丰衣足食图》 5-15a
丰邑 2-561c, 6-131d
丰语 5-576c
丰原市 7-254c
丰镇市 2-562a
丰镇县 2-562c
丰质子核 9-590a
丰中子核 9-590a
丰子恺 2-562c
风 2-562e
《风》 2-563a, 3-255b, 7-177a
风暴潮 2-563b, 3-353c, 3-483d
风暴潮灾害 2-563b
《风暴岛》 2-61c
风暴海浪 3-353c
风暴海啸 2-563b
风暴角 3-405d
风暴岩 1-550c
风暴洋 9-122c
风暴洋纪 9-123a
风暴增水 2-563b
风杯风速计 2-568b
风车 2-563c, 2-565e
风车风速计 2-568c
风尘三侠 6-244d
《风尘三侠》 9-193e
风成台地 7-247f
风城（新竹） 8-295e
风城（芝加哥） 9-288c
风笛 2-563c
风洞 2-563d
风帆战列舰 9-185a
风帆助推船 2-461e
风疙瘩 8-382e
风格论 6-575d
风格学 2-564a
风格主义 8-476a
风管 3-212f
风光摄影 8-399d
风寒表证 4-228d
风寒束肺证 2-564b
风寒袭肺 2-31a
风化 4-224a
风化矿床 2-564b
风化壳 2-564d
风化作用 2-564e, 4-503a
风积地貌 2-564f
风笺标志 1-501f
风景 4-311c
风景画 2-564f
风景画（地理学） 4-311c
《风景谈》 5-326a
风口 3-424d
风浪 2-565b, 2-562b, 3-331a
风棱石 3-209b
风力搬运 1-227c
风力电站 2-565c
风力机 2-565e
风力机械 2-337a
风铃草属 4-225a
风陵 2-566a
风陵渡 2-566a
《风陵渡》 2-366b
风陵关 2-566a
《风流寡妇》 5-349b
《风流剑客》 4-260c
《风流天子》 1-200e
风龙 2-496b
风毛菊属 8-372c
风能 2-566b, 5-564b
风漂流 3-331d
《风前美人画》 2-604f
风琴 2-566c
《风琴教科书》 8-219d
风热表证 4-228e
风热犯肺证 2-566c
风沙流 1-227c
风沙土 2-566d, 7-442c
《风神与竖琴》 6-338c
风湿病学 8-181a
风湿热 2-566d
风湿性关节炎 2-566f
风湿性舞蹈病 8-63f
风湿性心包炎 2-567a
风湿性心肌炎 2-567a
风湿性心内膜炎 2-567a
风湿性心脏病 2-567a
风蚀地貌 2-567c
风蚀戈壁 3-83c
风蚀沙砾石戈壁 3-83c
风水 4-397f
风水说 2-567d
风俗 2-567e
风俗画 2-567f, 6-300c
《风俗通》 2-568b
《风俗通义》 2-568b, 6-4e, 8-614d
风俗习惯 6-487d
《风俗研究》 1-153d
风速 2-563a
风速表 2-568b
《风土记》 6-320b
风团 8-382f
风险抵押金 5-585f
风险分析 2-568c
风险函数 7-406e
风险收入 5-585f
风险投资 2-568d
风险投资基金 2-568e, 2-32e
风箱树 6-176c
风箱峡 1-514e
风向 2-562e
风向标 2-568e
《风萧萧》 8-349c
风邪 2-568f
风心病 2-567a
《风信鸡的长处》 3-100b
风信子石 3-83a
《风雪太行山》 3-442e
《风雪小站》 1-80f
《风雪夜归人》 3-442e, 8-42a
《风鹰》 4-25f
《风雨归舟图》 2-133f
风雨花 6-602d
风雨桥 2-569b
《风雨文谈》 3-227f
《风雨之夜》 1-551d
《风云初记》 7-220b
《风云儿女》 3-442d, 7-506c, 8-556b
"风云"号卫星 2-569c
风灾 2-569e
风葬 2-569f
风疹 2-570a, 5-424b
风筝 2-570a, 5-424b
《风筝误》 5-35b
《风之手》 2-543e
《风中的玫瑰》 8-533a
《风中的声音》 2-61c
《风中的诗篇》 1-75e
《风中圣歌》 3-86d
《风竹图》 8-447e
《风姿花传》 3-525f
《枫》 6-451d
枫蚕 9-222b
枫丹白露宫 1-169c
枫丹白露画派 2-570d, 2-442c
枫丹白露现代档案城 2-441c
《枫鹤图》 7-562c
《枫桥夜泊》 9-198e
枫树 6-154e
枫树坝水电站 3-428e
枫香 4-245a
枫香树 2-570f
枫香树属 2-570f
枫杨 2-571a
枫杨属 2-571a

《枫叶拉格泰姆》 4-517f
枫岳山 4-240a
封包 5-31a
封闭波导 1-373f
《封闭的世界》 1-300b
封闭壳层 9-110c
封闭式基金 7-414a
封闭式问题 7-604f
封闭系统 4-385b, 6-280d
"封闭型"模式 6-573d
封常清 1-106a
封堆 2-410d
封藩 2-463e
封检 4-158b
封建法院 2-459d
封建领主制 5-610a
封建社会 2-571b
封建制国家财政 1-462e
封建制五刑 8-51f
封建制刑法 8-310c
封建主 2-571e, 8-98f
《封建主》 3-89c
封建主意识形态 8-568b
封建庄园 8-98f
封接合金 6-68f
封爵 1-144f
封面设计 7-49a
封泥 2-571e, 9-512a
《封泥考略》 2-571f, 1-558f
封山育林 2-51c
封禅 2-571f
《封神演义》 2-572a
封氏墓群 2-572b, 1-391b
封土 8-98e
封箱戏 2-469c
封邑 8-561a
封印木 2-572c
封斋 1-189e, 4-391f, 8-48d, 9-176b
《封诊式》 2-458b
《疯劫》 8-351a
《疯狂的赫拉克勒斯》 6-374e
《疯狂的鬣狗》 5-227c
《疯狂的罗兰》 1-41a
《疯狂女郎》 3-110f
疯蚂蚁 8-588d
疯牛病 2-572e
《疯人格林》 1-86b
《疯人院》 3-86a
《疯子们和专家们》 7-234c
峰 6-434a
峰峰煤矿 3-356e
烽 4-331f
烽堠 1-510d, 2-191b
烽火台 1-510d
烽火戏诸侯 9-476c
烽嵩 5-173d
烽燧 1-510d
烽台 1-510d
《葑山钓徒图》 8-340e
锋 2-572e
锋带 3-349c
锋钢 3-77a
锋面气旋 6-149c
锋面气旋学说 6-75d
锋面雾 8-80d
锋区 2-572e
锋线 2-572e
犎牛 5-132f
蜂出巢属 5-222e
蜂毒 2-573a, 6-536d
《蜂房》 6-372d
蜂鼓 3-190c
蜂猴 2-573a, 2-5f
蜂虎 2-573b
蜂虎科 2-573b, 2-582c
蜂花酸 9-293d
蜂胶 2-573c
蜂蜡 2-573c
蜂螨 6-80b
蜂虻 7-77e
蜂蜜 2-573c, 5-409e
蜂蜜山招垦局 5-406e
蜂鸟 2-573d
蜂鸟科 2-573d, 9-72b
蜂鸟亚目 9-72b
蜂乳 2-573e
蜂王 5-409d
蜂王浆 2-573e
蜂窝煤 4-219b
蜂窝组织炎 2-573f
蜂舞 5-409e
蜂箱 2-573f
蜂蛹 9-28d
酆（丰镐） 2-561c
酆都县 2-561b
酆悌 1-517d
冯安 1-285f
冯跋 1-285f
冯白驹 2-574a
冯保 5-447e
冯·贝尔，K.E. 1-290c
冯秉铨 2-574c
冯承素 9-27d
冯承植 2-578d
冯乘县 4-174f
冯道 2-574d
冯德尔，J.van den 2-574d
冯德培 2-574e
冯定 2-574f
冯巩 5-252a
《冯光禄集》 3-176b
冯桂芬 2-575a
冯国璋 2-575b, 1-275c, 1-286d, 9-297f
冯弘 1-286a
冯焕阙 6-269e
冯继周 2-574a
冯骥才 2-575c
冯家山 7-572c
冯劫 6-197f, 9-230c
冯景兰 2-575d
冯恺 4-423a
冯克，W. 5-604e
冯克善 7-353d
冯兰洲 2-575f
冯梅梅 8-12e
冯梦龙 2-576a, 2-330a, 4-313a, 5-446b, 8-233f, 8-323b
冯乃超 2-33a, 8-209c, 9-271d, 9-413e
冯内古特，B. 2-99b
冯尼格特，K. 2-576b
冯·诺伊曼，J. 2-576b, 2-370e, 4-75f
冯·诺伊曼代数 2-576c
冯·诺伊曼式计算机 2-576c, 4-90a, 4-92d
冯·诺伊曼式语言 1-591e
冯契 2-576c
冯巧 3-196b, 5-52c
冯去疾 6-197f, 9-230c
冯如 2-576d, 4-195f, 9-371b
冯如2号飞机 9-371b
冯汝言 3-176b
冯胜 4-132f
冯氏效应 2-574f
冯舒 3-176b
冯素弗墓 1-391b
冯塔纳，T. 2-576e
冯太后 7-577c
冯特，W. 2-576f, 5-267a
冯惟敏 2-577a
冯惟讷 3-176b
冯·维勒布兰德氏因子 8-378d
冯维辛，D.I. 2-577b
冯·乌却梯奥斯 2-290c
冯小刚 2-577c, 9-352d
冯雪峰 2-577c
冯亚珩 6-599d
冯延巳 2-577f
冯应科 5-313a
冯永 1-286a
冯友兰 2-577f, 1-267c, 2-326e, 9-135e
冯瑜宁 5-55e
冯玉祥 2-578a, 2-581c, 3-289b, 3-291e, 3-360c, 5-91b, 9-298a
冯玉祥墓 7-272d
冯裕球 2-574a
冯沅君 2-578c
《冯沅君古曲文学论文集》 2-578c
冯原文化 8-283a
《冯媛挡熊图》 2-310e
冯云山 7-258b, 7-542a
冯泽芳 2-578d

冯喆 5-547c
冯至 2-578d
《冯至全集》 2-578f
冯忠良 4-212a
冯钟璞 9-558c
冯仲云 9-233a
冯子材 2-578f, 3-457c, 9-44f
冯子和 2-579a
冯子振 9-492e
冯自由 6-242e
逢甲大学 7-254b
《逢雪宿芙蓉山主人》 5-105f
缝纫机 2-579c
《讽刺诗》 1-41a
《讽刺诗集》 3-441b
讽刺喜剧 8-139b
《讽刺与幽默》 6-295b
《讽赋》 7-175a
讽喻诗 2-579e
凤 2-579e, 5-140b
凤城市 2-580a
凤池园 5-138e
凤雏 3-406b, 6-47c
凤蝶 2-580b
凤蝶科 2-580b
凤蝶总科 2-34e
凤蛾 2-580c
凤冠霞帔 2-580a
《凤还巢》 2-147e
凤凰 2-579f
凤凰城 2-580a
《凤凰城》 8-42a
凤凰公园 2-347f
凤凰楼 6-519f
《凤凰涅槃》 6-4c
凤凰晒烟 2-580d
凤凰山 2-580b
凤凰山丹皮 7-403b
凤凰山革命旧址 8-424a
凤凰山汉简 3-376d
凤凰台大米 9-278d
凤凰卫视 2-580c
凤凰卫视控股有限公司 2-580c
凤凰卫视中文台 2-580d
凤凰县 2-580d
凤鲚 4-106f
凤椒 3-528a
凤梨 1-395d, 2-580e
凤梨饭 7-274f
凤梨科 2-580e
凤梨科花卉 7-583d
凤梨属 1-395d
凤鸟 4-69e
凤鸟形象牙匕状器 2-579f
凤山市 3-78f
凤山县 3-78e, 3-78f
凤山祖庙 6-447f
凤台县 4-274e
凤头鹮 9-483c
凤头鹦鹉科 9-14b
凤头雨燕 9-72b
凤头雨燕科 9-72b
凤尾鸡冠 4-36e
凤尾蕨属 8-43c
凤尾鱼 4-106f
凤仙花 2-580f
凤仙花属 2-580f
凤仙透骨草 2-580f
凤翔县 6-131d
凤翔罩金漆器 6-447b
凤眼果 6-95b
凤阳府 9-329e
凤阳花鼓 3-527b
凤阳县 2-580f
奉宸苑 5-560e
奉调 2-315a
奉恩寺 9-82d
奉化市 2-581a
奉节县 2-581a
奉陵邑 5-65d
《奉侍图》 7-492d
奉天 2-581b, 2-581c
奉天大鼓 2-315a
奉天宫殿 6-519e
奉天省 5-65f, 6-520b
奉系军阀 2-581c
奉系军阀统治时期 1-275e
奉先寺 5-142a
奉贤区 2-581d
奉献式爱情 1-86f
奉辛比克党 4-154f
《奉旨廉察到积城村舍作》 2-307d
俸禄 9-299c
佛 2-581d, 6-382a
佛宝 6-382a
《佛本生故事》 2-581e
佛部心 5-139f
佛成道日 9-80e
佛诞节 9-80e
佛诞日 6-532a
佛得角 2-581f
佛得角共和国 2-581f
佛殿窟 6-597c
佛顶山 6-116e
佛豆 1-474a
佛法僧科 2-582c, 6-382b
佛法僧目 2-582c
佛宫寺释迦塔 9-21e
佛骨 6-502c
佛瓜 3-512d
佛光山 2-582d
佛光山寺 2-582d
佛光寺 2-582d, 8-51b
佛国 4-313e
《佛国记》 2-582e
佛国寺 6-237e
佛护 8-596f
佛教 2-582f, 2-506a, 4-278d, 9-554a
《佛教常识答问》 9-232e
《佛教传来》 6-92a
佛教梵语 2-486e
佛教建筑 9-363f
佛教美术 2-584a
佛教青年服务团 4-338a
佛教神智会 8-597c
《佛教与基督教》 5-97f
佛经体 7-199d
佛经岳 4-98d
佛克脱,W. 2-46e
《佛拉芒传说集》 2-179d
佛拉芒人 2-585a, 2-438a
佛拉芒语 2-585a, 7-550e
佛拉芒族 1-318c
佛来米人 2-585a
佛兰德 2-585b
《佛兰德的狮子》 4-475e
佛兰德人 2-585a
佛兰德斯 2-585c
佛兰德斯美术 2-585c
佛郎机 2-586a, 2-461b
佛郎机炮 2-586b
佛郎嵌 2-461b
佛朗哥,F. 2-586b
佛狸 7-575f
佛历纪年法 5-18b
佛伦 5-452b
佛罗里达半岛 4-375c, 5-345c
佛罗里达国际大学 5-292b
佛罗里达海流 7-476f
佛罗里达暖流 2-110a, 5-484c
佛罗里达州 2-586c, 5-175a
佛罗伦蒂亚 2-586f
佛罗伦萨 2-586e
佛罗伦萨大教堂 2-587a, 6-184a
佛罗伦萨共和国 2-587c
佛罗伦萨画派 2-587d
《佛罗伦萨史》 5-251f
佛罗伦萨市体育场 5-515a
佛罗伦萨洗礼堂 4-57e
佛涅槃日 9-80e
佛桑 2-599e
佛山市 2-587e
佛山祖庙 2-587f
佛舍利 6-502c
佛寺 7-157a
《佛所行赞》 5-269f
佛塔 7-236e, 9-364a
佛跳墙 2-609b
佛图 7-236e
佛图澄 2-588a
佛驮 2-581d

佛陀 2-581d, 2-583a, 7-33f, 7-153d, 9-327f
佛陀跋陀罗 2-456b
《佛陀立像》 4-153e
佛陀耶舍 8-203e
《佛陀坐像》 4-153e
佛湾造像 2-124c
佛香阁 8-546d
佛心 2-43b
佛心宗 1-500a
佛性 2-588a, 2-43b
佛性传东国师 2-166d
《佛性与般若》 5-486b
佛学研究会 4-244e, 8-464a
佛牙寺 5-250c
《佛遗教经》 9-198a
佛粥 4-529c
佛子 6-100e
佛子岭水库 7-486d
缶庐 8-25d
《缶庐集》 8-26a
《缶庐近墨》 8-26a
《缶庐印存》 8-26a
《缶鸣集》 3-73e
否道人 4-87c
否定的辩证法 1-7f
《否定的辩证法》 1-8a
否定的美学 1-8a
否定之否定规律 2-588b, 1-348f
否定指标 6-495f
否决权 2-588c
否决权规则 2-84f
夫(杂傜) 9-148f
夫差 2-588d, 2-37d
夫妇关系 3-439d
夫妇家庭 3-439d
夫兰克,F.C. 2-588e
夫兰克,I.M. 6-190d, 7-242b
夫兰克,J. 2-588f
夫兰克-赫兹实验 2-588f
夫琅禾费,J.von 2-589a, 7-268b
夫琅禾费线 2-589a
夫琅禾费衍射 2-589b, 3-220f
夫南 2-599c
夫妻财产制 2-589b, 9-518f
夫妻财产制契约 9-518f
《夫妻财产制准据法公约》 9-518f
夫妻对拜 1-219b
《夫妻识字》 5-254d, 7-502b, 8-446b
夫兄弟婚 2-589c, 4-312b
夫夷水 9-525d
夫子庙 2-589c
呋喃 2-589d, 7-124a
呋喃丹 2-589e
呋喃甲醛 4-406f
呋喃类抗菌药 3-408b
呋喃糖 2-143d
呋喃西林 3-408b, 4-407a
呋喃型糖 2-589d
呋喃唑酮 3-408b, 4-544a
肤觉 2-589f
肤施县 8-424c
跗猴 8-440b
跗线螨 6-80c
鄜城县 5-227b
敷贴法 2-421e
敷网 9-63f
弗迪格里斯河 1-30a
弗尔巴斯河 1-385e
弗尔沃林,M. 9-165e
弗格森,D.F. 9-113f
弗格森,H.G. 2-589f
弗格森公司 2-590a
弗格森拖拉机 2-590a
弗格森系统 2-589f
弗格特勒,F. 7-62a
弗吉尼亚比奇 2-590a
弗吉尼亚大学 4-218a
弗吉尼亚栎 1-524e
弗吉尼亚美术博物馆 5-8f
弗吉尼亚通讯委员会 4-217e
弗吉尼亚州 2-590b
《弗吉尼亚宗教自由法案》 4-217f
弗拉底石窟 1-176d
弗拉戈纳尔,J.-H. 2-590d, 5-228c
弗拉哈迪,R. 3-102d
弗拉赫人 1-44f
弗拉基米尔大公 5-122e
弗拉基米尔二世·莫诺马赫 4-47b
弗拉基米尔一世 2-403c, 4-47b
弗拉基米尔·伊塞奇·乌里扬诺夫 5-72e
弗拉几亚人 5-210f
弗拉拉的多梅尼科 2-385f
弗拉拉画派 7-600d
弗拉门科 2-590e
弗拉明戈 2-590e
弗拉姆斯蒂德,J. 3-106a
弗拉舍里,N. 2-590f
弗拉施法 5-130f
弗拉斯,C.N. 3-569e
弗拉特二世 1-109b
弗拉维安·拉奈沃 3-457d
弗拉维大斗兽场 5-207f
弗拉维王朝 2-591a
弗莱,N. 2-591a
弗莱彻,J. 1-250f
弗莱彻·哈珀 3-313c
弗莱河 1-150a, 2-118e
弗莱明,J.A. 2-591b, 2-295d
弗莱切·亨德森 1-47f
弗莱希泰姆,O. 7-568f
弗赖,M.von 2-22b
弗赖堡水成学派 2-250d
弗赖堡学派 2-591c, 2-178a, 4-296e
弗赖堡学派(哲学) 8-276e
弗赖利格拉特,F. 2-591c
弗赖伊,R.E. 3-495a
弗兰茨二世 1-120a, 6-515b
弗兰茨·斐迪南 2-264a
《弗兰茨·冯·济金根》 4-524a
《弗兰茨·斯坦恩巴尔德的漫游》 2-268a
弗兰茨一世 1-120a, 1-120d, 6-515b, 7-560a
弗兰茨·约瑟夫一世 6-391f, 6-583b
《弗兰德公路》 8-96b
弗兰格尔,P.N. 7-182a
弗兰科,I.Ya. 2-591d
弗兰克,H. 5-604e
弗兰克,J.N. 2-591e, 4-25d
弗兰克,R. 2-591f
弗兰克,V.B. 6-283d
弗兰肯,P.A. 2-515f
弗兰肯海姆,M.L. 1-441c
《弗兰肯斯坦》 4-426d
弗兰芒语 2-585a
《弗兰妮与卓埃》 6-373f
弗兰西斯会 2-488f
弗兰西斯科·斯福尔扎 5-397b
弗朗克,C.-A. 2-592a
弗朗克,H.W. 4-426f
弗朗克,P. 7-560c
弗朗切斯科·乔孔达 5-371c
弗朗斯维尔机场 4-119e
弗朗索瓦,J. 3-323e
弗朗索瓦·迪多 2-211f
弗朗索瓦丝·夸雷 6-360e
弗朗西斯,J.B. 7-93f
弗朗西斯·恩威亚·科菲伊·恩克鲁玛 2-415b
弗朗西斯科·德·克维多 3-589f
《弗朗西斯科·德·萨·德·米兰达全集》 6-357d
《弗朗西斯科·德·萨·德·米兰达诗集》 6-357d
弗朗西斯科·希梅内斯 1-372f
弗朗西斯水轮机 7-93f
弗朗西亚,J.G.R.de 8-410c
弗勒德,H. 7-207d
弗勒里克,R. 2-443c
《弗·勒·维克》 8-520a
弗雷,C 2-592c
弗雷德霍姆,I. 4-38e
弗雷德霍姆积分方程 4-38f
弗雷德罗,A. 2-592c
弗雷登德尔,L.R. 1-262f
弗雷格,G. 2-592d
弗雷内标架 6-249c
弗雷内公式 6-249d
弗雷歇,M.-R. 2-593a
弗雷歇特,L.-H. 2-593b
弗雷泽,J.G. 2-593c, 6-122d

弗雷泽河 2-593c
弗雷泽河三角洲 7-580e
弗雷泽纽斯,C.R. 2-546f
弗里德里克国王大学 1-129e
弗里德里希,C.D. 2-593d
弗里德里希・茨维尔纳 4-430e
弗里德里希・威廉・布卢梅尔 5-328a
弗里德里希・威廉大学 1-406e, 3-479f
弗里德曼,A. 9-69c
弗里德曼,J. 3-439c
弗里德曼,M. 2-593e, 9-288e
弗里德曼,M.H. 6-47a
弗里德曼宇宙模型 9-69c
弗里敦 2-594a, 6-372d
《弗里多林之歌》 4-367d
弗里克,F. 5-604f
弗里克,R. 4-449c
弗里克,W. 5-604e
弗里克审判 5-604f
弗里曼,R. 8-129c
弗里曼特尔 6-99c
弗里切,H. 5-604e
弗里施,K.von 2-594c
弗里施,M. 2-594d
弗里斯（恰尔达什舞） 6-155b
弗里斯,D. 8-285e
弗里西斯・沃克奖 4-492a
弗里西亚人 2-594e, 2-585a
弗里西亚语 2-594f, 6-323c
弗里希,R. 2-595a, 2-304b, 4-288a
弗林特 5-408e
弗林特,C.R. 3-272f
弗留尔人 4-570d
弗留利语 5-31f
弗卢埃林,R.T. 6-285f
弗卢门多萨河 6-355b
弗鲁姆,V.H. 4-57b, 6-124b
《弗鲁瓦萨尔》 1-62d
弗鲁万氏征 5-549f
弗吕格,C. 4-426d
弗仑克尔,Ya.I. 9-117f
弗伦德,R.H. 4-382e
弗伦克尔,A.A. 3-133e, 4-75f
弗伦奇布罗德河 7-370f
弗罗茨瓦夫 1-378f
《弗罗尔・斯科别耶夫的故事》 2-402b
弗罗林 1-43f
弗罗马热,J. 8-613f
弗罗姆,E. 2-595b
弗罗姆,J.E. 4-94e
弗罗姆,K.D. 3-227c
弗罗斯特,R. 2-595c
弗洛拉 3-172f
弗洛里,H.W. 2-595d
弗洛里,P.J. 2-595e
弗洛里分布 2-595e
弗洛里-哈金斯晶格理论 2-595e
弗洛里温度 2-595f
弗洛姆,E. 2-595b
弗洛伊德,A. 6-526d, 8-251c
弗洛伊德,S. 2-595f, 4-79b, 5-394b
弗洛伊德主义 2-596c
弗斯,J.R. 2-596c, 3-362f
弗斯,R. 8-538a
伏 2-596d
伏（物理量单位） 2-599a
伏阿普 4-522e
伏安法 2-596e, 4-69f
伏波将军 5-285d
伏打,A. 2-596e, 2-599a, 8-75b
伏打电池 1-293d
伏打电池组 2-596f
伏打电堆 2-596f, 8-75b
伏尔加草木犀 1-482b
伏尔加顿斯克 2-380c
伏尔加格勒 2-596f, 7-182a
伏尔加格勒水电站 2-596f
伏尔加河 2-597a, 2-398a, 8-2e
伏尔加河-波罗的海航道 5-593b
伏尔加河-波罗的海运河 1-127b
伏尔加河-顿河运河 2-380b
伏尔加河-卡马河文化 8-283d
伏尔加河三角洲 6-22c
《伏尔加河上的纤夫》 2-597c
《伏尔加河组画》 5-74e
《伏尔松家族之歌》 1-61e
伏尔塔瓦河 1-440a, 4-225d, 8-561b
伏尔泰 2-597d, 3-15d, 9-241d
《伏尔泰全集》 1-415d
伏旱 2-596d
伏季休渔 8-337b
伏见稻荷神社 6-510c
伏见酒 4-279d
伏见院流 6-318e
伏灵 2-602f
伏流 2-241d
伏龙芝 1-321b
伏龙芝,M.V. 2-598b, 7-182a
伏脉 5-301e
伏明霞 2-598d
伏尼契,E.L. 2-598e, 5-602b
伏牛山 2-598e, 6-87e, 6-199e
伏契克,J. 2-598f, 4-507e
伏秋大汛 3-585d
伏日 2-596d
伏生 2-598f
伏胜 2-598f
伏俟城 3-148c
伏特 2-599a, 2-596f
伏特加 2-599a
伏天 2-596d
伏羲氏 2-599b, 6-392b
伏戏 2-599b
伏邪 7-584d
伏汛 8-383d
伏伊伏丁那平原 6-370c
伏翼蝠 1-340b
《伏园游记》 9-73d
《凫绎先生文集叙》 7-194b
《凫藻集》 3-73e
《扶锄的男子》 5-397f
扶风郡 1-240b, 6-131d
扶风县 2-599c
扶郿战役英烈纪念馆 1-240c
扶命生火丹 5-452e
扶南 2-599c, 4-154d, 9-163b
《扶南异物志》 9-489e
扶南乐 1-410d
扶清灭洋 8-554a
扶桑 2-599e, 6-403f
《扶桑游记》 7-510e
扶苏 1-564e, 5-374d, 9-230c
扶养 2-599e
扶养权利人 2-599e
扶养义务人 2-599e
扶摇子 1-567a
扶余市 7-162b
扶余县 7-162b
扶余油田 7-162b
扶正解表剂 4-228e
扶正祛邪 2-599f, 9-318e
芙蕖 5-39e
芙蓉财团 3-20e
芙蓉草 8-381f
芙蓉城 1-577b
芙蓉池 6-248b
芙蓉会 3-20f
芙蓉石 6-604e, 7-87d
芙蓉汤 3-535d
芙蓉园 6-248b
《芙蓉镇》(电影) 4-187a, 5-118b, 9-352b
《芙蓉镇》(小说) 5-326c
孚日山脉 5-229a
孚兹,C.-A. 2-600a
孚兹反应 2-600b
拂菻 1-219e, 2-461b
拂菻国 2-600b
苻登 3-493d, 6-162f, 8-478d
苻洪 6-162d
苻坚 2-600b, 1-285a, 2-528d, 3-493d, 5-178c, 6-160f, 6-162d, 6-163c, 6-588a, 7-504f, 8-239b, 8-478d
苻健 6-162c
苻朗 6-588b
苻丕 6-162e
苻融 6-588b
苻生 2-600c, 6-162d
苻文玉 2-600b
苻永固 2-600b
《苻子》 6-588b
服气 2-600d

服气辟谷 2-600d
《服气精义论》 7-114d
服丧 2-600f
《服色肩舆条例》 9-356c
服食术 2-162f
服饰 2-600d
《服饰条例》 1-516c, 5-249f
服饰文化 2-600d
《服田图》 4-612e
服务成本定价法 9-143b
《服务贸易总协定》 2-374f
服务器 2-600e, 4-90a
《服务院》 6-112a
服药饮食禁忌 9-448c
服役婚 4-2d
服制 2-600f
服制图 2-601d
服装构成 2-602e
服装号型系列 2-601e
服装结构 2-602e
服装配色 2-602d
服装人机效果 2-602a
服装设计 2-601f
服装设计目标 2-602a
服装造型 2-602d
茯苓 2-602f, 2-148c
茯苓皮 2-603a
茯神 2-603a
枹罕县 5-91d
氟 2-603a, 5-161e, 5-503e
氟代烃 5-161c
氟化氢 5-131e
氟康唑 5-588a
氟喹诺酮类 8-155a
氟离子电极 4-579b
氟利昂 2-603c
氟磷灰石 5-94d
氟氯烷 2-603c
氟纶 2-603d
氟灭酸 6-81d
氟哌啶醇 4-414a, 6-82b
氟哌酸 1-46d
氟石 9-16a
氟碳代血浆 6-259c
俘获反应 3-434e
俘获说 9-121f
《俘虏》 6-110e
浮冰 3-319d
浮尘 6-422c
《浮城》 5-55d
浮船坞 2-30d, 3-327a
浮稻 2-167d
浮雕 2-603d
浮吊 3-122c
浮动雕塑 4-167d
浮动汇率 2-603d, 8-417e
《浮华世界》 2-290f
浮力 2-603e, 1-321d
浮力中心 2-603e
浮梁县 4-311a
浮络 4-297c
浮脉 5-301e
浮萍 2-604a
浮萍科 2-603f
浮桥 2-604a
浮山所 6-205a
浮山堰 2-604c
浮生 4-501f
《浮生六记》 2-541c, 6-517c
浮石 4-13e
《浮士德》 2-604d, 4-531f
《浮士德》(歌剧) 3-174c
《浮士德》(交响曲) 4-611f, 5-570c
《浮士德博士的悲剧》 1-448c
《浮士德博士，魔鬼》 1-64a
《浮士德博士，由一个友人讲述的德国作曲家阿德里安·莱弗金的一生》 7-455c
《浮士德的惩罚》 1-405e
浮世草子 4-309f, 6-320e
浮世绘 2-604e
浮式平台 3-339e
浮筒锚 5-327d
浮图 2-581d, 7-236e
浮屠 2-581d, 7-236e
浮坞 2-30d, 3-327a
《浮现中的数字经济》 7-74d
《浮想录》 1-568e
浮心 2-603e
浮休居士 9-208a
浮选 8-366c
浮阳 1-475d
浮游选煤 8-367a
浮玉 7-354e
《浮云》 2-605a
《浮躁》 3-25e
浮子式验潮仪 8-443d
桴 2-435b
《桴鼓集》 1-483b
符（道教） 2-605d, 2-605f
符号函数 5-38e
符号互动论 4-318c, 5-394a, 7-455a
符号逻辑 7-64c, 7-238a, 8-322b
符号学 5-470b
符合电路 7-290a
符节 2-605b
符拉迪沃斯托克 2-605c, 6-317b, 7-181f, 9-115b
符类福音 2-616a
符箓 2-605d, 2-605f, 9-479a
符律衡 1-27c
符山石 2-605e
符腾堡国家图书馆 7-137e
符腾堡王宫 7-137e
符验 6-382e
符正 1-27c
符咒 2-605f
符兹堡学派 2-606a
匐生金鱼草 4-262d
匐行疹 9-52a
涪城县 5-410c
涪江 2-5f
涪陵区 2-606a
涪陵市 2-606b
涪陵县 2-606b
涪陵榨菜 2-606b
涪王 8-31d
涪州 2-606b
幅度解调器 4-155d
辐螨目 6-80c
辐毛总目 6-80c
辐射出射度 2-606c
辐射度学 2-606b
辐射度学和光度学 2-606b
辐射对称动物 3-493e
辐射工艺 2-607c
辐射光线主义 5-177a
《辐射和量子论的报告》 4-257d
辐射化学 2-606d
辐射换热 2-27a
辐射剂量 2-607a
辐射加工 2-607c
辐射井 7-87e
辐射亮度 2-606c
辐射瘤 9-307a
辐射强度 2-606c
辐射热疗法 6-280f
辐射式干燥器 3-33d
辐射衰变 5-94a, 9-14f
辐射通量 2-606c
辐射雾 8-80d
辐射遗传学 7-281c
辐射源 2-606f
辐射照度 2-606c
辐鳃目 7-101b
辐照爆炸 1-253d
蜉蝣 2-607d, 4-54e
蜉蝣目 2-607d
《鹏鸟赋》 4-142c
福，D. 2-607e, 8-509b
福安市 2-607e
福布尔东 3-9e
福布斯，E. 2-607f, 3-351d
福船 2-461e
福岛核电站 2-608a
福岛樱 9-12e
《福地》 4-533c
福鼎市 2-608a
福尔德曼，B. 3-571d
福尔宫 2-347f
《福尔孔世家》 3-321e
福尔马林 2-608b, 4-135d

福尔曼，G. 1－41a
《福尔弥昂》 7－276e
《福尔摩斯探案集》 4－421f, 9－250a
福尔史密司文化 1－53a
《福尔图纳达和哈辛达》 6－57c
福费廷 2－608b
福冈 2－608c, 2－373a
福格尔，R.W. 2－608d
福格勒，G.J. 7－540e
福古火山 2－581f
《福谷传奇》 4－26e
福海大尾羊 8－273d
福汉会 3－252c
福加扎罗，A. 2－608e
福建柏 2－608f, 1－217b
福建柏属 2－608f, 5－226d
福建菜 2－609a
福建船政学堂 3－59f, 6－516c
《福建佃农经济史丛考》 3－17e
福建肺吸虫 2－311a
福建佛学院 9－354d
福建海区 2－609e
福建经略使 2－609d
福建救亡同志会 9－513d
福建路 2－609d
福建肉松 6－337d
福建省 2－609b
《福建省农村社会经济参考资料汇编》 3－17e
福建省行政区划 2－609c
福建事变 2－610c, 9－418d
福建水师 8－470a
福建土楼 4－462f
福建竹叶青蛇 2－351e
福金，M.M. 2－610c
福井崇时 4－10f
福井谦一 2－610e, 8－71c
福康安 2－610f
福柯，M. 2－610f
福克，H. 9－297d
福克兰群岛 5－247c, 5－247d, 9－7e
福克纳，W. 2－611a, 8－362b
福克斯电影公司 9－590f
福克斯广播公司 9－591a
福兰阁 3－381d
福佬话 5－437d
福佬人 5－101e
《福乐智慧》 2－611b
福勒，W.A. 2－611d, 6－165a
福雷，G. 2－611e
《〈福力太子因缘经〉的吐火罗语本的诸异本》 4－102c
福利病 2－612b
福利服务 6－486e
福利国家 2－611f, 9－524c
福利国家样板 2－612a
福利国家制度 2－612c
福利机构 6－486f
福利经济学 2－612f
《福利经济学》 2－613a
《福利尼奥的圣母》 4－516b
福利特纳，W. 4－212e
福利型 6－483e
福临 2－381f, 6－219a, 6－231c, 8－232f
福陵 6－232b
福隆德 2－613b
福隆德运动 2－613b
福楼拜，G. 2－613c, 1－236b
福禄贝尔，F.W.A. 2－613d
福禄诺 9－331b
福禄寿 2－613f, 6－119a
福禄寿三星 2－613f
福罗英，R. 2－154d
福莫特罗 6－87b
福清市 2－613f
福清县 2－613f
福泉洒金谷 6－175a
福泉市 2－614a
福泉县 2－614a
《福赛特家史》 3－62e
福神 2－613f
《福神观记》 9－232b
福寿班 7－515d
福寿寺 7－347e
福顺影戏班 5－173d
《福斯蒂诺博士的幻想》 1－164a
福斯曼，W. 5－11a
《福斯塔夫》(E.埃尔加) 1－62d
《福斯塔夫》(G.威尔第) 7－527e
福斯塔特城 4－388a
福斯塔湾 5－540a
福斯特，E.M. 2－614b, 8－609e
福斯特，G.E. 3－223b
福斯特，S.C. 2－614c
福斯特山 5－540a
福斯湾桥 6－186a
福斯湾双线铁路桥 5－54a
福塔莱萨 2－614d
福特，E.B. 2－615a
福特，G.R. 2－614d, 4－381d, 5－351a
福特，H. 2－614e, 2－615a, 2－615c
福特，J. 2－614f, 3－205e
福特，L.R. 7－522d
福特基金会 2－615a, 2－43e, 4－539e
福特剧院 5－83d
福特里埃，J. 2－443c
福特汽车公司 2－615a, 2－614e, 2－615a
福特·特赖恩公园 2－81f
福特制 2－615c
《福翁自传》 2－616c
福吾康 3－381d
福希海默尔公式 2－70c
福禧 8－333b
福煦，F. 2－615c
福伊希特万格，L. 2－615d
福音传扬神学 8－294a
福音奋兴运动 2－615e
福音歌 6－109b
福音派 2－615e
福音书 2－615f
《福音书》 9－462e
福永武彦 4－120e
福泽谕吉 2－616b, 6－237b
福州 3－1a
福州白梗 2－330f
福州菜 2－609b
福州织艺 2－616c
福州船政局 2－616d, 8－469f, 9－579c
福州船政学堂 8－470b
福州大学 2－616e
《福州大学学报》 2－616f
福州模型Ⅰ 5－150d
福州模型Ⅱ 5－150d
福州评话 2－616f
福州市 3－1a
福州市织艺乐唱联谊会 2－616c
蝠鲼 3－1b
抚带蛾 2－130d
《抚今追昔》 5－72b
抚琴俑 7－350e
抚顺城 3－1c
抚顺市 3－1b
抚顺县 3－1c
抚松县 3－1d
抚台 8－380d
抚仙湖 3－1d
抚养 3－1f, 2－599f
抚育改造 2－51c
抚育间伐 2－51c
《抚豫宣化录》 7－371f
抚远县 3－1f
抚州地区 3－2a
抚州市 3－2a
抚州专区 3－2a
《甫田集》 7－602d
斧劈皴 2－59a
《斧头之歌》 1－377b
斧足类 7－78f
府 3－2b
府兵 3－2d
府兵制 3－2d
府绸 3－2f
府解 4－427f
府试 4－427f
府役 9－145e
府院之争 1－275c, 4－584e
府志 2－221d
《郙阁颂》 8－104a
俯冲边界 1－228c
俯冲消减带 1－298c
釜山 3－3a, 6－317b

釜山港 3-3b
釜山广域市 3-3a
釜山浦 3-3a
釜山塔 3-3c
釜山体育场 3-3c
辅基 3-3c, 7-40f, 7-555b
辅酶 3-3c, 7-555b
辅酶A 3-3d
辅酶B 3-3d
辅酶Ⅰ 3-3c
辅酶Ⅱ 3-3c
辅仁大学 3-3e, 1-267b
辅仁大学圣多马神哲学院 7-369a
辅仁社 3-3e
辅唐山 4-556f
辅唐县 1-104e
辅因子 3-3c
辅音 3-384f
辅政大臣 6-230c
辅助标志 4-196d
辅助病毒 7-567a
辅助登记簿 4-496a
辅助蜜源植物 5-409f
辅助移植 6-155a
脯氨酸 1-111d
腑会 1-143d
滏阳河 3-328c
腐生菌 9-253c
腐生兰 4-541a
腐生链 7-5d
腐食性异养 6-544d
腐蚀 3-3e
《腐蚀》（电影） 6-595f
《腐蚀》（小说） 5-326a
腐蚀电池 4-255e
腐蚀抑制剂 3-576f
腐植酸 3-3f
腐殖酸 3-3f
腐殖质火 6-419f
簠斋 1-558f
《簠斋藏古目》 1-558f
《簠斋尺牍》 1-558f
《簠斋吉金录》 1-558f
《簠斋金石文考释》 1-558f
《父归》 4-332f
《父母必读》 5-253d
父母会 7-348b
《父母心》 8-193d
《父亲》 3-4a
父亲节 3-4b
《父亲——托莫里山》 6-156a
父权奴隶制 4-129c
父权制 3-4c, 4-129d
父系大家庭 4-126f
父系亲 6-195b
父系氏族 7-14e
父系氏族制 3-4c
《父与子》 7-429d
付（昆曲） 2-12b
付梓 2-13a
负反馈 2-471b, 2-471c
负荷 2-283f
负荷开关 4-386c
负后象 7-31a
负积温 4-39e
负极 2-281a
负间隙冲裁 2-8d
负离子 4-578a
负离子聚合 4-579a
负泥虫 3-4c
负泥虫科 3-4c
负片 4-200c
《负曝闲谈》 8-339c
负鼠 3-4d
负鼠科 3-4d
负数 7-63c
《负水女》 8-42e
负透镜 7-414e
负吸附 8-118c
负像 3-4e
负压脂肪抽吸系统 9-293a
负有理数 9-48c
负诱因 9-53f
负债 3-4f
负债经营 3-5a
负子蟾 3-5a
妇好 8-56b
妇好墓 3-5b, 8-389d
妇好鸮尊 3-5c
妇科疾病 3-5c
妇科肿瘤 3-5d, 7-170a
《妇科肿瘤》 5-84d
《妇女的爱情与生活》 7-53d
《妇女的屈从地位》 6-4b
妇女解放 3-6e
妇女解放运动 6-4b
妇女禁忌 8-587e
妇女普选运动 6-4b
《妇女周报》 8-204a
《妇女自由歌》 3-251a
《妇人十态——妖娆之姿》 2-605a
《妇人之战》 7-126f
附壁血栓 8-376b
附带民事诉讼 3-6f
附睾 6-550a
附睾睾丸炎 3-7b
附睾炎 3-7a
附籍客户 4-462c
附加税 3-7c
附加刑 3-7c
附加值 3-64f
附件炎 4-71d
附建式工事 6-285b
附壳珍珠 9-251b
附款行为 8-321a
附生兰 4-541a
附属腺 6-550a
附息票债券 9-177b
《附言：我爱你》 6-70d
附益之法 3-380b
阜康市 3-7c
阜康县 3-7d
阜平县 3-7e
阜新市 3-7e
阜阳汉简 3-376d
阜阳市 3-8a, 1-98a
阜阳县 3-8a
《赴洛道中作》 5-167f
赴战湖 3-28d
赴战江 3-28d
赴战岭山脉 3-28c
复摆 3-8a, 1-217e
复孢子叶球 4-424d
复本位制 3-8a, 4-18e
复变函数 3-8c
复变函数论 3-8d, 4-231c
复变积分法 4-232a
复表皮 9-302b
《复仇》 8-5b
《复仇三女神》 1-300b
复出口 3-270b
《复初斋诗集》 7-606b
《复初斋文集》 7-606b
复旦大学 3-9a
复旦公学 3-9a
复旦剧社 8-49b
复道 9-180b
复等位基因 4-52e
复调 3-55d
复调音乐 3-9b
复发性阿弗他口炎 4-481b
复发性阿弗他溃疡 4-481b
复发性坏死性黏膜腺周围炎 4-481c
复发性口疮 4-481b
复发性口腔溃疡 4-481b
复方阿司匹林 4-361b
复方磺胺甲噁唑 8-155a
复方樟脑酊 9-260e, 9-307d
复方左旋多巴 6-30c
复分解 3-9f
复勾 1-203e
《复古编》 5-47b
复果 3-299e
复合（数学） 2-253d
复合（物理） 9-586e
复合材料 3-10a, 1-460a, 4-220e
复合超导体 1-531d
复合多元化经营 2-390f
复合法域国家 6-245c
复合反应 9-91d
复合辐射 2-194d

复合函数 3-358d
复合核 3-10e
复合核反应 3-10e
复合加工 7-335d
复合结石 4-224d
复合控制 2-471e, 4-479c
复合粒子 1-393f
复合麻醉 5-239a
复合脉 5-301e
复合情绪 6-236d
复合圈闭 6-257b
复合人才 3-10f, 6-283e
复合树脂牙 8-202e
复合添加剂 7-4f
复合透镜 7-414f
复合污染 2-100b
复合型高分子导电材料 2-156d
复合型人才 3-10f
复合型油气田 9-39f
复合性(型)冰川 1-361e
复合循环 6-280e
复合油气藏 9-39d
复合皂 2-528c
复合制 3-10f
复合制导 2-156c, 4-305c
复婚登记 4-3a
《复活》 3-10f, 1-483, 1-560e, 3-120e, 7-452e
《复活》(J.M.马查多·德·阿西斯) 5-240c
复活节 3-11b, 1-283c
复活节岛 3-11b
复活节岛人 3-11c
复活节岛石雕像 3-11c
复活节起义 1-83c
复活节音乐会 4-372a, 6-358e
《复活主日》 3-354a
复节奏 4-217b
复进口 3-270b
复决权 1-472f
《复乐园》 9-5e
复理石 3-11d
复利 3-11e
复毛类 6-80c
复拍子 4-216d
复色釉 8-437d
复社 3-11e
复式记账法 3-11f
复式辘轳 5-176a
复式预算 9-81f
复式针刺补泻手法 9-246e
复数 3-12a
复沓 6-575c
复胃 2-468f
复县 7-465c
《复现的星图》 1-570c
复相系 6-280d, 8-206e
《复兴》 8-125c
复兴岛 8-460b
复兴社 2-134c
复性(生物) 7-457d
复性(哲学) 4-587d
《复性书》 4-587d
复眼 3-12c
复摇(制丝工艺) 9-314a
复叶 8-494c
复音程 8-574b
复印机 3-12c
复原临摹 5-90f
复杂肛瘘 3-53f
复杂构成式 2-426d
复杂破坏式 2-426d
复杂型冲击 2-1f
复杂性理论学科 4-439b
复杂原子 9-111d
复杂原子光谱 3-12e
复杂原子能级结构 9-110d
复折射率 4-255f
复殖亚纲 8-117e
复制版画 1-230b
《复制权法》 4-306d
复种 3-12e, 7-329a
复种指数 3-12f
副(假发) 4-144a
副本收存制度 3-13a
副产品 5-608d
副朝 1-537e
副痘病毒 2-346d
副贡 4-428f
副硅灰石 3-243a
副虹 3-478d
副肌球蛋白 1-478c
副交感神经 9-551d
副净 8-48d
副矿物 4-9d
副领事 5-102e
副流感病毒感染 3-13a
副马 5-254a
副末 8-48d
副墨子 2-487e
副脾 6-79a
副醛 9-260b
副热带锋 2-572f
副热带辐合带 5-521a
副热带高压 3-13b
副热带高压带 3-13b
副热带急流 6-29d
副伤寒 3-13c
副王 9-3e
副语言学 9-74a
副族 9-97a
赋 3-13c, 6-575b
赋比兴 6-575b
赋词标引 1-353b
赋范线性空间 1-176e
赋格 3-9e, 6-163f
赋格曲 3-13d
《赋篇》 3-13c
赋税 3-13e
赋税乘数 7-107e
《赋税论》(F.魁奈) 4-506d
《赋税论》(威廉·配第) 1-463e
赋役 3-13e
赋役黄册 3-522c, 5-440a
《赋役全书》 6-231d
赋赞 1-269e
傅抱石 3-13f
傅承义 3-14c
《傅鹑觚集》 3-17d
傅聪 3-14d
傅德荣 3-17b
傅鼎臣 3-16e
傅东华 3-14e
傅嘏 1-458d
傅汉章 6-435c
傅家门遗址 5-252c
傅京孙 3-14f
傅科,J.-B.-L. 3-14f, 2-530f, 3-227b
傅科摆 3-15a
傅科电流 3-15a, 7-607d
傅科棱镜 3-15a
傅科钟 3-15a
傅莱生 4-406e
傅兰雅 3-112d, 3-554c, 7-398b, 8-346c
傅雷 3-15b, 3-14d
《傅雷家书》 3-15d
《傅雷译文集》 3-15d
傅里叶,J. 3-15d, 2-210f
傅里叶变换 3-15e
傅里叶变换核磁共振谱仪 3-433a
傅里叶变换红外光谱仪 3-474a
傅里叶定律 6-275a
傅里叶分析 7-375a
傅里叶光学 3-15f
傅里叶积分 3-15e
傅里叶级数 3-16a, 2-211a, 3-15e, 7-375b
傅里叶逆变换 3-15f
傅里叶热传导定律 6-146a
傅立叶,C. 3-16b, 4-470f
傅连暲 9-432b
傅良佐 7-479f
傅亮 7-174a
傅罗 4-244d
傅懋恭 6-65f
傅懋勣 3-16c
《傅孟真先生集》 3-17a
傅梦泉 5-169c, 8-255f
傅青主 3-16e
傅清 9-503f
傅三乾 3-16d
傅山 3-16e

《傅山全书》 3-16f
傅说 8-56b
傅斯年 3-16f
傅天正 3-17b
傅天正魔术团 3-17b
傅铁山 3-17c, 9-399e
傅惜华 9-528e
傅先伟 9-374e
傅玄 3-17d
傅璇琮 6-263d
傅衣凌 3-17d
《傅衣凌治史五十年文编》 3-17f
傅宜生 3-18c
傅鹰 3-17f
傅友德 3-18a
傅绰 1-565e
傅泽洪 8-314c
傅振伦 3-18b
傅志清 3-17b
《傅子》 3-17d
傅作义 3-18c, 6-89e
富比尼,G. 4-79f
富弼 3-18e, 7-172f
富查伊拉 1-32b, 1-32d
《富春大岭图》 3-583e
富春江 3-18e
富春江水电站 6 168d
富春江水利枢纽 3-18e
《富春山居图》 3-18f, 3-583d, 6-601b, 7-246e
《富春山居新图》 8-499d
富春县 3-21d
富电子重排反应 2-5b
富德 2-112c
富恩特斯,C. 3-19a
富尔贝人 3-19e, 4-362d
富尔贝语 3-19f
富尔贝族 4-80c
富尔顿,R. 4-195e
富尔富尔德语 3-19e, 3-19f
富尔克森,D.R. 7-522d
富尔曼诺夫,D.A. 2-402f
富尔奈斯火山 5-123a
富尔人 3-19e
富尔语 5-573e
富啡酸 3-3f
富冈铁斋 3-19b
《富贵浮云》 4-616a
《富国策》 4-595a
富集 2-547c
富加德,A. 3-19c
富锦矿业所 7-80d
富锦市 3-19c
富锦县 3-19d
富凯,J. 2-442b
富凯,N. 4-516d
富拉尼帝国 3-19d
富拉尼人 3-19e, 1-437d, 4-376c
富拉尼语 3-19f, 3-19e
富拉人 3-19e
富兰克林,B. 3-20a, 2-537d, 4-217f, 8-75b
富兰克林,J. 2-113c
富兰克林大学 3-91d
《富兰克林自传》 3-20b
富勒,J.F.C. 4-32a
富勒,L.L. 3-20b, 2-184e
富勒,R.C. 6-491e
富勒烯 3-20c, 6-263f, 6-600c
富里酸 3-3f
富连成 3-20c, 8-216f
富连成社 3-20c, 5-538e, 8-500e, 9-102d
富良山脉 1-518d
富铝斜长岩 9-122e
富马酸 2-310a
富纳富提 3-20e
富纳富提环礁 7-426f
富宁藤属 4-122a
富平县 8-41c
富气 7-358a
《富饶女神》 7-613a
富少舫 4-283c
富社 3-20c
富士八峰 3-21b
富士财团 3-20e
富士胶片株式会社 3-20f
富士山 3-21a, 1-309f, 6-313b
富士五湖 3-21b
富士箱根伊豆国立公园 3-21b
富士银行 3-20f
富士照相机株式会社 3-21a
富斯特,J. 3-183a
富塔贾隆高原 4-81b, 6-372d
富特文格勒,W. 3-21c
富听人 4-560a
富图纳群岛 7-468b
富硒茶 8-433a
富星系团 8-307f
富阳市 3-21d
富阳土纸 3-390d
富营养化 3-21d
富营养沼泽 9-227d
富永顺太郎 7-270e
富裕 8-224c
富裕县 4-419e
《富岳百景》 3-114c
《富岳三十六景》 3-114c
富祖里 3-21e
腹壁 6-253c
腹部 6-253c
腹部疾病 2-410a
腹侧丘脑 4-151e
腹地 3-21f
《腹地》 3-22a
《腹地人》 1-44b
腹股沟斜疝 6-447f
腹里 9-438e
腹毛动物门 3-22b
腹膜透析 7-415f
腹膜外剖宫产术 6-100b
腹膜炎 3-22c, 6-288d
腹鳍 6-134e
腹腔 6-253c
腹腔镜 3-43a
腹腔镜检查 3-6d
腹壳 7-484f
腹式呼吸法 8-223d
腹水 3-22d, 5-190f
腹水草属 8-362d
腹痛 3-22e, 3-5f, 4-71d
腹泻 3-22f, 9 307c
腹型过敏性紫癜 4-71e
腹言术 9-147b
腹胀 3-22f
腹诊 3-23a
腹主动脉瘤破裂 4-71d
腹足纲 3-23d, 6-346d
腹足纲盖螺科 2-310f
蝮蛇 3-23e, 6-479d
鳆（鲍） 1-249d
覆釜山 9-138c

G

嘎达梅林 3-24a
《嘎达梅林》 3-24a
嘎仙洞遗址 3-24b
嘎谐 8-174f
轧别丁 3-533e
轧头寸 7-411c
钆 8-130d
噶卜伦 3-24c
噶布伦 3-24c
噶当 3-24c
噶当派 3-24c, 1-7e
噶尔弼 9-126c
噶尔丹（清朝蒙古准噶尔部首领） 1-487d, 2-385d, 2-409d, 7-474e
噶尔丹（元朝作家） 1-239e
噶尔丹叛乱 6-220b
噶尔穆 3-99c
噶尔穆临时工委 3-99c
噶尔县 1-41c
噶尔藏布 6-576f
噶盖 5-304f, 6-232a
噶举 3-24d
噶举派 3-24d, 2-104e
噶隆 3-24c
噶伦 3-24c, 9-503f
《噶伦传》 1-458c

噶玛兰 8-540c
噶玛派 8-110c
噶厦 2-65a, 9-159b, 9-503f
尕海 6-205e
尕恰迪如岗雪山 7-458d
《该隐的种族》 4-570f
《垓下之战》 3-28a
改革开放 3-24e
改革文学 3-25e
《改革与新思维》 7-189c
《改革者》 3-25e
《改行》 8-207f
《改莫斯科特列恰可夫画廊为国家博物馆》 7-332d
《改善战地武装部队伤者境遇的公约》 6-326c
改土归流 3-25f
改向河 3-424d
改性聚苯醚 4-340c
改元建号制度 5-584d
《改造》 1-97c
《改造传统农业》 7-52d
《改造二流子》 7-509a
《改造我们的学习》 5-320f, 6-614c
改则县 1-41c
改组派 3-289a
芥蓝 3-26a
钙 3-26a, 6-215f
钙层土纲 7-442d
钙代谢紊乱 2-282a
钙肥 3-26c
钙铬榴石 6-599c
钙碱性岩 4-10a
钙拮抗剂 3-26d, 4-413b, 4-413c
钙结岩 6-595e
钙离子电极 4-579b
钙磷代谢 3-26e
钙铝榴石 6-599c
钙谱斑 6-118a
钙闪石组 4-205d
钙铁榴石 6-599c
钙通道阻滞剂 4-413c
钙钨矿 1-206b
钙铀云母 3-26f
钙质泥岩 5-581a
钙质夕卡岩 8-81a
盖埃斯语 2-267d
盖奥特 3-447e, 6-87e
盖奥特,A.H. 6-87e
盖板箱涵 3-359a
盖布勒,T. 9-280a
盖茨基金会 2-43e
《盖达尔选集》 1-477c
盖德,J. 3-27a, 2-440e
盖德尔夜 3-27b
盖德尔语 1-84d, 4-393e
盖德尔语支 4-393e, 8-612b
盖德派 2-440e
盖尔范德,I.M. 3-27c, 3-237c
盖尔丰德,A.O. 7-68c
盖尔吉清真寺 2-214d
《盖尔芒特家那边》 9-517a
盖尔人 3-27d, 1-84c
盖尔语 1-84c, 1-84d, 4-393e
盖尔语支 8-612b
盖耳-曼,M. 3-27d, 2-543d, 4-492e
盖革,H. 3-27e, 3-433f, 9-589b
盖革,L. 7-555a
盖革-米勒计数器 3-27e
盖格方言 1-9b
盖格人 1-9b
盖叫天 3-27f
《盖叫天》 8-499d
《盖叫天的舞台艺术》 8-145b
"盖京南" 9-483c
盖拉德,J. 1-354b
盖利克,O.von 3-28a
盖利默 7-485a
《盖庐》 9-199d
盖-吕萨克,J.-L. 3-28b, 2-546f, 2-554b, 3-242d, 6-67b
盖-吕萨克定律 2-554c, 3-28c
盖-吕萨克塔 3-28c
《盖罗尔施泰因公爵夫人》 1-121f
盖洛普,G.H. 3-28c
盖洛普民意测验 3-28c
盖马高原 3-28c
盖奈姆岛 4-21b
盖平县 3-29c
盖奇,M.T. 1-94f
盖奇,T. 1-277e
《盖瑞克狂欢》 5-205b
盖塞里克 7-485a
盖世太保 3-28d
盖斯凯尔夫人 3-28e
盖斯迈尔,M. 2-188b
《盖斯塞马尼·肯塔基》 4-367b
盖特威克机场 5-193b
盖天说 3-28f, 9-465d
盖头 3-29a
盖瓦德人 5-386c
盖瓦尔油田 3-29a, 1-387a, 6-427e
盖乌斯·格拉古 3-100a
盖乌斯·普林尼·塞扎都斯 6-112b
盖县 3-29c
盖亚 8-124d
盖尤斯 2-457a, 5-422d
盖州 3-29b
盖州市 3-29b
盖州卫 3-29b
盖孜河 3-130e
盖佐 2-63c
概化理论 8-250f
概率 3-29c, 3-30f
概率测度 3-29e
概率抽样 2-10c
《概率的分析理论》 4-523b
概率点 4-347a
概率分布 3-29e
概率分析 2-568c
概率归纳逻辑 3-240a, 7-449d
概率极限定理 3-29f
概率空间 3-29d
概率论 3-30a, 7-408b
《概率论的解析方法》 7-214f
《概率论基础》 3-30d
概率逻辑 3-30f, 7-64f
概率密度函数 8-147f
《概率演算》 5-246d
概率语义学 3-31a
概率枝 4-347a
概念 3-31a
概念和人体艺术 2-443c
概念论 7-546f
概念论法学 4-399f
概念形成 3-31b
概念学习 3-31b
《概念语言》 8-322c
干巴拉山 8-450f
干宝 3-31c, 4-274c, 7-177b
干贝 4-181a, 6-448d
干贝蛤 6-448c
干鼻烟 1-314c
干冰 3-31d
《干草车》(H.博斯) 1-417a
《干草车》(J.康斯特布尔) 4-404e
干沉降 3-31d
干沉降速率 3-31d
干城章嘉峰 8-592b
干船坞 2-30c, 3-327a
干达人 3-31e, 1-436b
干地黄 2-222a
干电池 2-273e
干法冶金 4-10e
干发器 2-273f
干粉灭火剂 7-293e
干腐蚀 3-3f
干果 3-299e
干旱风 3-32e
干旱荒漠 3-578d, 3-578e
干旱土纲 7-442d
干画法 7-84c
干货船 4-19b, 9-143a
干季 8-414a
干将 3-31f, 6-19a
干将剑 3-31f
《干将莫邪》 7-177c
干洁空气 2-98a
《干净的手》 6-429a
干酒 8-192b
干兰 3-31f

干栏式建筑 3–31f, 9–363e
干栏式住宅 9–501f
干阑 3–31f
干酪根 3–32a
干酪根成油说 3–32a
干酪根热降解成油说 3–32a
干馏 3–32d
《干禄字书》 9–552b
干摩擦 5–456b
干呕 6–27a
干气 7–358a
干切花 6–190a
干球温度表 6–584d
干扰弹 7–335c
干扰素 3–32d, 4–407d, 6–547f
干扰性竞争 6–492d
干热风 3–32e
干涉 3–32f
干涉图样 3 32f
干涉仪 3–32f, 3–220b
干湿度地带性 2–227f
干湿球湿度表 6–584d
干式溺水 5–584a
干香柏 1–217c
干性东方疖 5–31a
干性胸膜炎 8–331a
干眼病 7–555d
干燥剂 3–33c
干燥炉 3–127b
干燥潘帕 6–41e
干燥器 3–33d
干燥指数 3–578e
干支 3–33e, 5–18a
干支纪年法 5–18a
干支纪日法 6–452e, 8–161b
干枝梅 5–330d
甘（甘肃省简称） 3–36e
甘氨胆酸 2–147a
甘氨酸 1–111c
甘巴河 7–192f
甘比尔群岛 1–380f, 2–454d
甘必大，L. 3–33f
甘草 3–34a
甘草次酸 3–34b
甘草酸 3–34b, 3–34a
甘草甜素 3–34b
甘丹派 3–108f
甘丹颇章 9–239a
甘丹寺 3–34b, 4–524c
甘岛 5–246a
甘地，F. 3–34d
甘地，I. 3–34c
甘地，M.K. 3–34e, 2–511a, 5–569e, 8–609c
甘地，R. 3–35a
甘地，S. 3–35a, 8–598a
甘地夫人 3–35a
甘地讷格尔 1–76f
《甘地-欧文协定》 2–511b, 3–34f
甘地派，I. 8–597f
甘地隐居处 1–77a
甘蒂亚神庙 5–248d
甘恩，J.G. 1–303c, 5–382c
甘汞 5–189b
甘汞电极 1–471f
甘枸杞 3–154f
甘谷汉简 3–376b
甘家湖梭梭林自然保护区 3–168b
甘军 1–286c
甘苦 3–35b
甘蓝 3–35c, 9–138f
甘蓝类蔬菜 3–35c
甘林，B. 2–506b
《甘露街》 5–250b
《甘露四部》 5–381e
甘露糖 3–35d
甘露糖醇 7–318f
甘露王 2–393a
甘露之变 3–35e
甘茂 6–196c
甘南高原 3–37a
甘南藏族自治区 3–35f
甘南藏族自治州 3–35f
甘尼森河 4–431d
甘盘 8–56b
甘薯 3–36a
甘薯病虫害 3–36d
甘薯蜡龟甲 3–242a
甘薯台龟甲 3–242a
甘薯天蛾 7–349c
甘薯羽蛾 9–69e
甘泗淇 9–395f
甘肃贝母 1–297f
甘肃布政司 3–36f
甘肃大学 4–542e
《甘肃地震考》 7–606e
甘肃法政学堂 4–542e
甘肃公立法政专门学校 4–542e
《甘肃考古记》 1–107a
《甘肃林区及其生态》 2–198a
《甘肃林业的基础》 2–198a
甘肃鸟 3–36d
甘肃省 3–36e
甘肃省行政区划 3–36a
甘肃洮砚 3–37e
甘肃行省 6–206b
甘肃行政公署 3–36f
甘肃学院 4–542f
甘肃雪灵芝 6–608c
甘肃镇 4–319c
甘肃走廊 3–428c
甘托克 3–38a
甘英 3–38a, 1–222f, 2–101c
甘油 3–38b, 8–239b
甘油醛 3–38c
甘油三硝酸酯 3–38b, 8–219e
甘油三酯 9–292c
甘蔗 3–38d
甘蔗粉角蚜 1–341f
甘蔗压榨制糖机 3–325b
甘州 9–214c
甘州河 3–453f
甘州回鹘 3–609c
《甘珠尔》 2–122e, 9–156c
甘孜寺 3–39b
甘孜县 3–39a
甘孜藏族自治州 3–39b
甘子河 6–205e
甘紫菜 9–532b
杆火 6–104d
肝 3–39d
肝阿米巴病 1–46d
肝癌 3–40c
肝斑 3–586c
肝板 3–39e
肝保健推拿 1–244f
肝穿刺活组织检查 3–40e
肝胆湿热 3–41d
肝胆汁 3–39f
肝淀粉 7–320b
肝动脉导管 3–40e
肝风内动证 3–40f
肝功能试验 3–41a
肝功能衰竭 3–41b
肝昏迷 3–41c, 3–43a
肝经 9–566c
肝经湿热证 3–41d
肝静脉回流障碍综合征 6–178a
肝门 3–39e
肝内胆管结石症 2–146f
肝脓肿 3–41e
肝脾不和证 3–41e
肝片吸虫病 3–41f
肝气犯胃证 3–41f
肝气郁结证 3–42a
肝肾阴虚证 3–42b
肝肾综合征 3–43a
肝俞 1–303b
肝衰竭 3–41b
肝糖 3–42c, 7–320b
肝胃不和证 3–42a
肝吸虫 8–118a
肝细胞 3–39f
肝细胞性黄疸 3–582a
肝性昏迷 3–40d
肝性脑病 3–41c, 3–43a
肝血虚证 3–42c
肝炎 3–42c
肝阳化风 3–40f, 6–88d
肝阳上亢证 3–42e, 6–88c
肝阴不足 6–88c

肝阴虚证 3-42f
肝硬变 3-42f
肝硬化 3-42f, 3-40d
肝郁气滞 6-80f
肝脏穿刺 3-43a
肝掌 3-41c
肝肿大 3-43c
苷 3-43d
矸石 8-366f
柑果类 3-300a
柑橘 3-43d
柑橘类植物 7-583d
柑橘属 3-43e, 5-597c, 9-53a, 9-139a
酐 3-43e
疳积 3-43f
杆壁虫 1-233f
杆菌 8-154b
秆黑粉病 3-452d
赶集 8-341c
《赶集的马车》 3-119b
敢木丁 4-540a
感德场 5-594f
感恩节 3-44a
感恩县 2-319a
《感恩赞》 1-448f
感官鉴定 6-456b
《感官王国》 2-76e
《感官心理、生理杂志》 1-74d
《感官哲学》 4-403d
感光材料 3-44a
感光度 3-44b
感光化学 3-44c
感光性树脂 3-140c
感化教育 3-44d
感化军 6-609f
感觉 3-44e, 4-298e, 9-289c
感觉上皮 6-467c
感觉神经 7-476b
感觉神经元 6-512d
感觉适应 3-44e, 6-533a
感觉性共济失调 3-148e
感觉性失语症 5-549c
感觉异常 3-44e
感觉阈限 3-44f
感觉运动性认知结构 6-310c
感冒 3-45a, 4-72c
感染 3-45a
感染手术 7-39a
感染性肌病 4-35e
感染性结石 5-402d
感染性皮肤病 6-72a
感染性心肌炎 8-249c
感染性心内膜炎 3-45b
《感伤故事集》 9-578c
《感伤旅行》 3-45c
感伤主义 3-45c
感生电动势 2-275d
感生电偶极子 2-286a
《感士不遇赋》 7-327f
感受的分化 1-78f
感受器 3-45d
感受器电位 6-536b
感受性 3-44e, 3-44f
感受野 9-290b
感叹号 1-352b
感天大帝 8-355d
《感天动地窦娥冤》 2-346e
感物说 7-586c
《感谢生活》 2-575d
感兴 3-45e
感性 4-299a
感性认识 3-45f
感性文化区 7-588f
感音神经聋 2-420c
感音性耳聋 7-412c
感应磁化强度 2-45d
感应地理 3-45f
感应电场 2-275d
感应电动机 2-277a
《感应电动机论文集》 2-308d
感应电炉 3-127c, 7-607d, 9-506a
感应式电磁泵 2-274b
感应同步器 7-539c
感应性偏执性精神病 6-82a
《感遇》 1-575a
感知语音学 9-74d
橄长岩 3-605e
橄榄 3-46a
橄榄核雕刻 3-298f
橄榄球 3-46a
橄榄石 3-46e
橄榄石带 2-229a
《橄榄树下》 4-52a
橄榄岩 3-46f
橄榄油 6-103c, 9-292f
干堤 2-207c
干流 7-101c
干细胞 3-47a, 8-150d
干细胞工程 8-150d
干线截断阀室 7-55e
干线客机 5-181e
《干校六记》 8-456f
淦女士 2-578c
赣（江西省简称） 4-179e
赣方言 3-47b
赣江 3-47c
赣剧 3-47d
赣南暴动 2-205d
赣宁之役 2-422e
赣语 3-47b
赣州市 3-47e
冈比西斯二世 3-47f, 2-92a
冈比西斯一世 4-330d
冈比亚 3-48a
冈比亚大学 1-226b
冈比亚共和国 3-48a
《冈比亚日报》 3-48d
冈仓天心 6-319a
冈察洛夫，I.A. 3-48e, 1-117f
冈村宁次 3-48f, 5-531d
《冈达马克条约》 1-21e
冈底斯山 3-48f, 8-114c
冈兜法勒斯 4-107c
冈仁波齐峰 3-49a, 5-511e, 8-598a
冈萨雷斯，M. 2-214a
冈萨雷斯·马克斯，F. 8-85a
冈瓦纳大陆 3-49a
冈瓦纳古陆 3-49a
刚度 3-49c
刚度系数 7-283e
刚构桥 3-53a
刚果（布） 3-49d
刚果（金） 3-50e
刚果（利） 3-51c
《刚果革命战争回忆录》 3-112b
刚果共和国（布） 3-49f
刚果共和国（利） 5-152a
刚果国家人民军 3-50a
刚果河 3-52b, 1-59b
刚果民主共和国 3-51c
刚果民族运动党 5-151f
刚果盆地 3-52d, 4-375d, 9-333a
刚果人 1-155c, 6-559a
刚果人民共和国 3-49f
刚果王国 3-52f, 3-51c
刚果武装部队 3-50b
刚果语 1-225c
刚架桥 3-53a, 6-186c
《刚沙之死》 2-171c
刚体 3-53c
刚体静力学 4-316e
刚体转动 4-33a
刚性铰式支承斜拉桥 8-236f
刚性连接自动线 9-537b
刚毅 3-53c
《刚与柔集》 7-272f
刚玉 3-53d, 8-114f, 8-474e
肛道 3-54a
肛管 3-54a
肛管慢性感染 9-319f
肛后尾 4-86d
肛裂 3-53e
肛瘘 3-53f
肛门 3-53f
肛门疾病 3-54a
肛门失禁 2-74b
肛门腺 3-54a
纲（生物学） 2-511f
纲常 6-385f
《纲鉴易知录》 3-54b
纲目体 3-54b

钉灯 1-520b
钢 3-54b, 1-517c
钢坝 1-191a
钢板立筒仓 5-56e
钢笔 9-538a
钢笔画 3-54d
钢尺 4-339c
钢的合金化 3-409f
《钢锭》 6-601e
钢拱桥 5-152c
钢鼓 3-54e
钢鼓乐队 3-54f
钢号 3-54c
钢和泰 2-485f, 9-56f
钢化玻璃 3-54f
钢回火 3-609e
钢婚 4-223b
钢结硬质合金 2-559d
钢筋混凝土连拱坝 7-486d
钢筋混凝土桥 6-186c
钢筋混凝土筒仓 5-56e
《钢木兰》 9-485a
钢桥 6-186d
钢琴 3-55a
钢琴键式手风琴 7-37b
《钢琴教科书》 8-219d
《钢琴课》 5-244a
钢琴三重奏 2-7c
钢丝虫 4-482b
钢丝绳 4-206e
钢铁联合企业原料搬运系统 8-77e
《钢铁是怎样炼成的》 3-55e, 1-132a
钢铁冶炼 3-55f, 8-492c
《钢铁战士》 9-351f
钢斜拉桥 8-236e
钢质原油管道 4-195f
缸鼓 3-190e
岗布寺 3-24e
岗果日山 4-546c
岗上礼拜寺 5-601a
《岗亭》 8-8c
岗位派 3-56b, 4-522e
岗位培训 3-56b
岗位责任制 3-56b
港（香港特别行政区简称） 8-195b
港币 3-56c
港池 3-56f
港大桥 6-186a
港岛 8-192f
《港岛大街的背后》 7-54b
港工模型试验 7-85a
港海豹 3-319b
港济公司 2-364a
港口 3-56d, 4-78d
港口辅助设施 3-57b
港口腹地 3-21f
港口库场 3-57a
港口水深 3-327a
港口通过能力 3-56d
港口吸引范围 3-21f
港区道路 3-57b
港区铁路 3-57a
港人治港 8-194e
港务船舶 3-57b
港务监督 3-56e
港作拖船 3-57b
杠杆 3-57c, 3-541b, 4-157e
杠杆收购 3-272a
杠杆投资效应 2-372a
杠杆原理 4-157e
杠柳 3-57d
皋陶 8-246f
皋虞古城 4-71a
高阿特拉斯 1-56b
高安市 3-57e
高安县 3-57e
高傲者塔克文 3-163c
高白瓷 2-179a
高碑店市 3-57f
高本汉 3-381d, 6-191d
高鼻羚羊 3-57f
高鼻羚羊属 3-57f
高边疆战略 3-58a
高柬 3-73b, 9-310d
高钹 1-410d
《高布塞克》 1-153e
高步瀛 7-314f, 7-315a
高偲 3-576d
高仓健 3-58b
高岑 3-58c, 4-244c
高层大气 3-58c
高层建筑 3-58f
高层拦截系统 9-186a
高层云 9-133a
高层住宅 9-502a
高槎轩 3-73d
《高昌》 4-564f
高常侍 3-76a
《高常侍集》 3-76b
高超声速风洞 2-563e
高车 2-1b, 7-380e
高程 3-59b
高程测量 3-59b
高程基准面 3-59c
高程系统 3-59b
高程坐标系 3-124e
高澄 1-283d, 6-130c
高齿屐 9-355d
高崇民 3-59d
高床住居 3-31f
高纯试剂 3-551d
高登岛 5-287a
高登山 3-540b
《高等代数简明教程》 2-308b
高等法院福隆德运动 2-613c
《高等国文法》 8-462e
高等脊索动物 4-86c
高等教育 3-59f
《高等教育自学考试试行办法》 3-60b
《高等教育自学考试暂行条例》 3-60b
高等教育自学考试制度 3-60a
《高等会计学》 4-495c
高等灵长类 3-490e
高等美术-技术学校 5-72c
高等实业学堂 3-245b
高等小学堂 3-245a
高等学堂 3-245a
高等学校图书馆 3-60b
《高等药物化学》 4-190d
高等植物 3-60d
《高等植物学》 6-164e
高低杠 3-60d
高-低SST 7-568d
高迪-科尔内，A. 1-180a, 6-514e, 8-292d
高地德语 2-189c
高地立陶宛语 5-22d
高地僧伽罗人 6-421a
高电压技术 3-60e, 2-278e
高电压试验技术 3-60f
高顶大礼帽 4-585c
高东嘉 3-71f
高都县 4-274e
高度角 4-204d
高鹗 3-61a, 3-471d
高恩波 3-67b
高尔顿，F. 3-61c, 3-608f
高尔夫球 3-61c
高尔基 8-158e
高尔基，M. 3-61e, 1-324a, 2-218b, 3-120e, 4-452a, 9-43e
高尔基大街 5-474d
高尔基大学 3-307a
《高尔基的美学观》 8-218e
高尔基复合体 3-62d
高尔基工学团 3-124e, 5-253d
高尔基故居博物馆 8-158f
高尔基器 3-62d
高尔基体 3-62d, 3-39f, 8-152b
高尔基文化休息公园 3-138c
高尔吉亚 3-180f, 9-324f
高尔斯华绥，J. 3-62e, 3-258b
高尔斯基，D.P. 1-349d
高尔韦，J. 3-62e
高尔温影片公司 5-394e
高非洲 2-520b
高分子 3-63c, 3-63d
高分子半导体 2-156e, 3-140c
高分子材料 3-62f, 1-459f
高分子超导体 2-156e
高分子催化剂 3-140b
高分子电解质 4-341a

高分子防老化 3-64c
高分子复合材料 3-63b
高分子工程学 3-63d
高分子灌浆材料 3-63b
高分子合成 3-63e
高分子化合物 3-63c, 3-543e
高分子化学 3-63d, 3-545e
高分子化学反应 3-63f
高分子胶黏剂 3-63a
高分子金属 2-156e
高分子金属催化剂 3-140c
高分子科学 3-63d
高分子老化 3-64b
高分子两性电解质 4-341b
高分子膜 4-583e
高分子生物材料 3-140c
高分子试剂 3-140b
高分子涂料 3-63a
高分子物理 3-63d
高分子药物 3-140c
高峰 9-374e
高峰体验 5-278c
高峰自然保护区 7-128c
高凤池 6-457a
高凤翰 3-64c
高凤莲 3-64e
高浮雕玻璃 1-391c
高附 4-361c
高附加值产品 3-64f
高钙血症 2-282a
《高干大》 6-17b
高冈 4-173c
高岗 3-64f, 3-74d
《高岗独立图》 3-73a
《高高的白杨树》 6-338f
《高歌走向胜利》 1-49b
高格勒,R.S. 6-278a
《高跟鞋》 1-14f
高更,P. 3-65a, 3-495a
高功率超声波 1-534a
高功率微波射束 3-65e
高功率微波武器 3-65e
高拱 3-65f
高句骊 3-66a
高句丽 3-66a, 3-360f, 7-211d, 7-305e
高句丽王朝 8-424f
高句丽遗迹 3-66c
高顾 3-72e
高海夫 7-314b
高寒草甸 1-481d
高红移星系 3-66d
高胡 2-425a
高怀德 6-602b, 7 173c
高欢 3-66e, 2-326b, 3-486d
高絙 9-563b
《高皇歌》 6-477d
高肌介 7-539d
高积云 9-133a
高级滑翔机 3-542d
高级汇编程序 3-612b
高级耐火材料 5-515e
高级农业生产合作社 5-615e
高级人才 6-284a
高级社 5-615e
高级社会性情感 6-236e
《高级心理机能的发展》 7-551d
高级语言 1-591d
高级脂肪酸 7-226f
高技术 3-66f
《高技术》 3-66f
高技术产业 3-67a, 3-78c
高技术产业开发区 4-426f
高季迪 3-73d
高季兴 3-67a, 4-300c, 5-538a
高济宇 3-67b
高加索 3-67c
高加索地理人种 2-226a
高加索蜂 5-409d
《高加索俘虏》 5-334e
高加索红豆草 3-469d
《高加索灰阑记》 3-605a
高加索人种 3-67d, 1-138b, 6-303f
高加索语系 3-67f
高加索战线 7-182a
高甲戏 3-68a
高钾血症 2-282a
高架桥 2-165b, 6-186d
高尖石 8-100b
高碱玻璃纤维 1-391e
高剑父 3-68b, 5-101c
高渐离 9-506d
高角度正断层 2-223d
高脚贯众 9-533f
高接法 4-150a
高杰 7-8e
高金山 3-80c
高景德 3-68c
高颎 8-463a
高居诲 9-56d
高聚物 2-551c, 3-63c, 4-341f
《高聚物分子量测定》 6-167d
高觉敷 3-68d
高君宇 3-68e
《高康大》 2-360b
高抗冲聚苯乙烯 4-340d
高克恭 3-68f
高空臭氧层 1-494e
《高空大气物理学》 9-231c
高空等压面图 7-356a
高空对流层 9-432e
高空飞行 2-509d
高空急流 4-71f
高空救生 3-400b
高空拦截导弹 2-469c
高空气球 6-144c
高空气象观测平台 6-147b
高空天气图 7-356a
高空天气形势图 7-356a
高空遥感 3-396b
高空杂技 3-69b, 9-146f
高空走索 2-69b
高锟 3-69b
高蜡原油 6-606a
高兰墅 3-61a
高栏 3-31f
高朗亭 3-69c
《高老头》 3-69d, 3-15c
高离化态原子 4-578b
高力士 3-69d, 4-593e, 7-316c
高丽 3-69e, 3-66a, 9-90d, 9-404b
高丽民主联邦共和国 1-539f, 4-248c
高丽人参 4-384e
《高丽史》 4-610e
高丽王朝 4-384e
高丽镶嵌青瓷 6-205a
高丽乐 4-472e
《高丽藏》 2-122d, 5-419e
高利贷 3-69f
高利贷帝国主义 2-449f
高濂 9-79b
高梁河 7-389d
高粱 3-70a
高粱病害 3-70c
高粱属 7-180d
高粱条螟 5-95c
高粱舟蛾 9-464b
高岭坡遗址 1-215b
高岭石 3-70c
高岭石黏土 3-70d
高岭土 3-70d, 3-70d, 9-75e
高硫原油 6-606a
《高龙巴》 5-333f
高隆人 3-172c
高隆任 4-420f
高卢 3-70d
高卢-罗马风格 2-441f
高卢罗马人 2-450e
高卢-罗曼语 2-459a
高卢人 2-438c, 2-450e, 3-70e, 5-153d, 6-587c
《高卢战记》 3-173c, 4-395c
高炉 3-191a
高炉法 7-380d
高炉炼铁 3-70f, 3-55f
高炉-转炉长流程 3-56a
高鲁 3-71a
高铝玄武岩 8-363b
高履泰 7-557c
高马达 2-92a
高麦芽糖浆 5-299b
《高梅斯的名字叫高梅斯·流沙》 5-34f

高锰酸钾 3–71b
高密度超高分子聚乙烯 6–286c
高密度聚乙烯 4–344f
高密度印刷 8–613a
高密市 3–71b
高密县 3–71b
高密邑 3–71b
高棉 4–154d
高棉人 3–71c
高棉语 3–71d, 3–71c, 5–545b
高庙 1–515f
高庙“地狱” 9–440f
高敏 3–71e
高明 3–71f, 6–78e
高铭暄 3–71f
高钠血症 2–281f
高乃依，P. 3–72a, 8–124f, 8–134e
高男中音 6–414a
高能光子 3–72c
高能货币 4–42c
高能加速器 5–35e
高能束加工 7–335d
高能天体物理学 3–72b
高能天文台 3–72d
高能物理学 5–35f
高能中子 9–451c
高尿酸血症 7–410a
高奴县 8–424c
高攀龙 3–72e
高炮 3–75d
高膨胀锰合金 5–382e
高骈 3–72e
高频瓷 5–14c
高频电疗法 2–284f, 8–73a
高频透热疗法 6–280f
高平陵事件 6–388d
高平市 3–72f
高平县 3–72f
高平原 2–97e
高平镇 3–195d
高其佩 3–73a, 9–308f
高奇峰 3–73b, 5–100f
《高奇峰先生遗画集》 3–73c
高崎国际机场 8–168a
高崎山自然动物园 1–358d
高碕达之助 3–73d
高碕达之助事务所 3–73d
高启 3–73d, 7–603b
高起泡葡萄酒 6–101d
高气压 2–472b
高千里 3–72e
高腔腔系 6–552c, 6–552d
高腔（戏曲） 4–281f, 6–552c, 7–148a, 8–200f
高腔（音乐） 6–437b
高强度混凝土 4–5b
高强度钛合金 7–272b
高跷 3–73e
高跷秧歌 3–73e, 8–446a
高桥虫麻吕 7–484c
高桥式糕点 3–81e
高桥由一 6–319c
高桥之战 7–135a
高且园 3–73a
高钦泉 9–388b
高清晰度电视 3–74a
高庆奎 3–74b
高庆狮 3–74c
高俅 7–170a
高饶事件 3–74d
高热变质作用 1–346e
高热泉 7–582c
《高人的箴言》 1–61e
《高人一头的人》 5–275e
高荣远 4–277b
高绒 9–70e
高润 3–74f
高润墓 3–74f
《高僧法显传》 2–582e
《高僧传》 2–588a, 4–1a
《高砂》 7–14f
高砂族 7–251f
高山 6–434a
高山冰川 1–361e, 6–441f
高山病 3–80e
高山辰雄 3–74f
高山冻原 1–484a
高山高原风景区 9–354b
高山滑雪 3–75a, 3–543a
《高山巨人》 6–73b
《高山流水》 3–75b
高山松 7–161b
高山苔原 2–343a
高山土纲 7–442d
《高山下的花环》（电影） 5–5b, 8–240f
《高山下的花环》（小说） 4–590f
高山、亚高山灌木林 3–218c
高山植被 9–301a
高山族 3–75c
高杉晋作 9–576f
高尚德 3–68e
高尚荫 3–75c
高射炮 3–75d
高渗透性脱水 7–457a
高湿模量纤维 5–586a
高士其 3–75f
《高士其科普创作选集》 3–76a
《高士其科学小品甲集》 3–76a
高士奇 5–540e
《高士图》 7–566d
高仕镇 3–75f
《高市皇子殡宫挽歌》 7–32c
高適 3–76a
高叔钦 3–71a
高曙青 3–71a
高斯 2–219f
高斯，A. 3–76b, 8–609d
高斯，C.F. 3–76d, 1–376d, 1–472c, 1–486a, 1–487a, 2–77c, 2–78e, 2–115a, 2–127b, 2–128c, 2–210f, 2–219e, 2–220b, 2–515a, 7–399c, 7–541d
高斯–博内定理 4–80a
高斯–博内定理的内在证明 7–536e
高斯–博内公式 7–544e
高斯常数 3–76e
高斯单位制 5–60b
高斯定理 3–76e
高斯分布 9–267e
高斯光学 3–76e, 4–79c
高斯–克吕格尔平面直角坐标系 2–78e
高斯–克吕格尔投影 2–244a
高斯–勒让德方法 1–487b
高斯平面坐标系 2–78e
高斯曲率 6–248e
高斯特气球 6–147e
高斯系数 9–570c
高斯消去法 7–71f
高斯信道 8–296b
高斯圆问题 7–68a
高斯整数 7–68b
高斯制 2–275a
高松冢古坟 3–76f
高肃卿 3–65f
高速钢 3–77a
高速工具钢 3–77a
高速公路 3–77b, 3–134e
高速公路定理 9–575e
高速旅客列车 4–9b
高速碰撞 1–253d
高速摄像机 6–504f
高速水力学 7–90d
高速铁路 3–77c, 7–381c
《高速圆弧齿轮》 4–570c
高速炸药 9–175e
高台教 3–77d
高达夫 3–76a
高弹性合金 7–283b
高弹织物 1–344f
高汤水饺 4–206c
《高唐对》 7–175b
高唐县 9–221a
高通滤波器 5–189e
高头（金鱼） 4–262a
高瓦斯矿井 4–500b
高危妊娠 3–77f
高韦之 3–73a
高位沼泽 9–227d
高温超导薄膜 1–530b
高温超导材料 1–530a
高温超导带材 1–530a
高温超导块材 1–530b

高温等离子体 2-194e
高温干馏 3-32d
高温合金 3-78a
高温热管 6-278b
高温石英 6-604d
高温温泉 7-582b
高温颜色釉 8-437d
《高文爵士与绿衣骑士》 9-5d, 9-252b
《高文襄公集》 3-66a
高文秀 9-99a
高嵣 3-73b
高锡三 3-68e
高仙芝 3-78b, 1-106a, 2-104c
高线 7-340d
高向玄理 2-87a, 6-175f
高效抗逆转录病毒治疗 4-407e
高效液相色谱法 8-506f
高燮 4-258d
高新技术 3-66f
高新技术产业 3-78b
高兴桥 7-351c
高行健 4-347f, 9-374c
高性能服务器 2-600f
高性能高分子 3-78c
高性能陶瓷 1-459f
高性能纤维 2-502b
高雄港 3-78e
高雄加工出口区 3-78e
高雄市 3-78d
高雄县 3-78f
高旭 5-540a
高血钙 4-136d
高血糖 8-376d
高血压 3-79a, 5-189a
高血压病性头痛 7-411f
高循环疲劳 6-77b
高压倍加器 4-382f
高压性气胸 6-149a
高压液相色谱法 8-506f
高压电器 2-286e
高压法聚乙烯 4-344e
高压汞灯 3-79c
高压灭菌 3-219a
高压配电网络 6-59b
高压气体膨胀制冷 9-313c
高压潜水 6-173b
高压容器密封结构 8-385c
高压输电 2-278d, 4-195b, 7-55d
高压条 8-386d
高压物理学 3-79d
高亚声速飞机 2-507b
高延福 3-69d
高彦敬 3-68f
《高阳集》 1-567a
高洋 1-283d, 3-66e, 7-477a
高要市 3-80a
高要县 3-80a
高野房太郎 6-82d
高一功 4-603d, 6-254d
高怡生 3-80a, 8-140f
高颐阙 6-269e
高踦泰 2-89e
《高逸图》 3-80b
高音谱号 8-51d
高音区 8-575b
高音C之王 6-35a
高迎祥 3-480c, 5-5c, 9-211c
高邮市 3-80c
《高邮王氏遗书》 7-505d
高邮县 3-80c
高邮战役 9-207a
高诱 5-179d, 9-184c
高玉倩 3-469c
高元钧 3-80c
高原 3-80d
高原病 3-80e
高原肺水肿 3-80f
高原脑水肿 3-80f
高原气候 3-81a
高原性红细胞增多症 3-80f
高原性心脏病 3-80f
高原沼泽 9-227e
高远法 7-415d
高岳 1-55f
高甾族化合物 9-149f
高则诚 3-71f, 9-90b
高正臣 6-122e
高脂溶性毒物 9-458f
高脂血症 2-338b
高志航 3-81a
高州市 3-81b
高州水库 4-171e
高州县 3-81c
高周疲劳 6-77b
高卓 3-68d
《高子遗书》 3-72e
《高宗纯皇帝圣训》 6-230b
《高祖还乡》 7-209f
《羔羊的礼赞》 2-464d
羔羊县 8-537e
睾丸 3-81c, 6-550a, 8-327b
睾丸鞘膜积液 6-189c
睾丸下降不全 8-588d
膏剂 3-81c
膏药 3-81d
膏滋 3-81c
糕点 3-81d
缟玛瑙 5-288d
槁木林 2-335c
稿方言 3-86e
藁本属 2-23b
藁城市 3-82b
藁城县 3-82b
《告别》 1-301d
《告别了哈姆雷特》 9-24a
《告德国人民书》 2-217b
《告俄国公民书》 1-19f
《告法国人民书》 2-217a
《告密者》 2-615a
告缗 3-82b, 6-412c
告乃论 3-82c
《告全世界的文艺家书》 9-424a
告身 3-82d
告示效应 9-151b
告诉才处理 3-82c
《告台湾同胞书》 5-57d, 8-497c
《告匈牙利人民书》 8-330b
诰(文书) 9-228b
诰命 3-82d
锆 3-82e, 8-131b
锆石 3-82f
锆英石 3-82f, 3-234a
戈(古代兵器) 3-153f
戈(物理量单位) 2-607a, 3-85f
戈宝权 3-83b, 1-18a
《戈宝权译文集》 3-83b
戈贝尔斯伯格,F.X. 7-203a
戈比诺,J.A.de 9-458d
戈壁 3-83c
戈壁草原 3-83c
《戈壁沙漠横渡记》 7-141a
戈壁准平面 5-378a
戈宾德·辛格 8-133c
戈布多伊湖 5-384e
戈春霆 3-84e
戈达德,R.H. 3-83c
戈达尔,J.-L. 3-83d, 1-291d
戈达瓦里河 8-592d
《戈丹》 6-112a
戈德哈伯,M. 4-6e
戈德里奇 8-335b
戈德赛,N.V. 3-35a
戈德施米特,R.B. 4-270b
戈德史密斯,E. 3-570a
戈德温,H.T. 9-10c
戈德温－奥斯汀,R. 2-608a
戈登,C.G. 1-525f, 5-251b
戈登,W.E. 1-531e
戈迪默,N. 3-83f
戈蒂埃,E. 3-110f
戈蒂耶,T. 3-83f
戈尔巴乔夫,M.S. 3-84a
戈尔德,T. 5-301b, 7-604d
戈尔德科斯特 1-446a
戈尔德施密特,V.M. 3-84b, 3-448c
戈尔登欣德峰 7-580f
戈尔丁,W. 3-84c
戈尔恰科夫,A.M. 6-391f
戈尔什科夫,S.G. 3-84d
戈尔塔教堂 4-520b
戈尔韦 4-430b

戈夫岛 7-331c
戈夫岛野生生物保护区 6-562a, 7-331c
戈夫曼,E. 5-583a
戈公振 3-84e
戈甲戏 3-68a
戈康达古城 3-321a
戈科夫,L.P. 1-531b
《戈拉》 7-273a
戈拉尔,L. 7-533d
戈兰高地 3-84f
戈雷岛 3-85a
戈里亚奇金,V.P. 3-85a
戈里亚契金,V.P. 3-85b
戈利岑,B.B. 4-122b
戈林,H. 3-85b
戈龙戈萨国家公园 5-472e, 5-473c
《戈洛夫廖夫一家》 6-358e
戈洛文,F.A. 5-566d, 6-357a, 7-229c
戈麦斯-巴埃斯,M. 3-85c
戈麦斯·德·阿维利亚内达,G. 3-85d
戈莫里,R.E. 9-265a
戈纳夫岛 3-323a
戈纳夫湾 3-323a
戈纳伊夫 3-323c
戈纳遗址 4-326d
戈培尔,P.J. 3-85e
戈皮尔山 4-370b
戈齐,C. 3-85f
戈瑞 3-85f, 2-607a, 7-4c
戈瑞,L.H. 3-85f
戈森,H.H. 1-336e
戈沙尔特,J. 7-600f
戈绍发 3-84e
戈特,C.J. 1-530d
戈特霍布 6-1e
戈特利波,K. 2-72d
戈特芒,J. 2-82a, 7-588d, 9-282c
《戈雅》 2-615e
戈雅,F.de 3-86a, 8-84d
戈亚斯高原 1-185b
戈伊德人 3-27d
戈伊德水道 1-75f
戈伊蒂索洛兄弟 3-86d
戈因斯,R. 9-237e
戈佐岛 5-247e
仡佬语 3-86e
仡佬族 3-86e
仡僚 3-86f
仡央语支 3-86f, 1-454e
疙瘩绸 2-10f
哥巴文 3-87a, 5-513d
哥白尼,N. 3-87b, 4-440f
哥白尼纪 9-123a
哥白尼塔 3-87c
哥白尼体系 3-87e
《哥白尼天文学概要》 4-390b
哥本哈根 3-87e
哥本哈根大学 2-139c, 3-88a
哥本哈根大学图书馆 3-285b
哥本哈根工商管理学院 3-88a
哥本哈根学派 8-495d
哥本哈根语言学会 8-495d
哥达出版社 2-267a
《哥达纲领批判》 3-88a, 5-255e
哥打基纳巴卢 3-88b
哥打拉查 8-408f
哥当 5-329b
哥得兰岛 1-381f
哥德巴赫,C. 3-88c
哥德巴赫猜想 3-88c, 1-559b, 7-68b
《哥德巴赫猜想》 8-343d
哥德堡 3-88d
哥德堡大学 3-88e
哥德尔,K. 3-88e, 5-39b
哥德尔编号 1-431c
哥德尔第二不完全性定理 9-269f
哥德尔第一不完全性定理 9-269f
哥德斯堡大教堂 1-375d
哥尔德斯密斯,O. 3-89a
《哥尔德斯密斯传》 6-16c
哥尔迪,A.W. 3-575d
哥尔多尼,C. 3-89a, 6-3e, 8-510f
《哥哥的假期》 3-181f
《哥哥的秘密信》 4-598d
哥格兰,C. 1-356f
哥疾宁王朝 3-89c, 4-124b
《哥克尔和亨克尔的童话》 1-450d
《哥拉·布勒尼翁》 5-212d
哥老会 4-219d, 7-348b, 9-217b
《哥林多后书》 6-401e
哥隆维德 3-381d
哥伦比亚 3-89d
哥伦比亚博览会建筑 9-238f
哥伦比亚大学 3-90e, 5-606e
哥伦比亚大学教育研究生院 3-90e
哥伦比亚高原 2-397b, 5-344d
哥伦比亚共和国 2-83b, 3-89f, 6-560b
哥伦比亚广播公司 5-606e
哥伦比亚国立大学 3-90a, 6-560b
“哥伦比亚”号航天飞机 3-90e, 4-375c
“哥伦比亚”号事件 3-90f
哥伦比亚河 3-91a, 2-397b, 4-364e, 5-345a
哥伦比亚湖 3-91a
哥伦比亚角 1-63c
哥伦比亚历史科学院 6-560b
哥伦比亚三星电影集团公司 3-91c
哥伦比亚特区 3-91a
哥伦比亚新闻社 3-90a
哥伦比亚学院 3-90e
哥伦比亚影片工业公司 3-91b
哥伦比亚影业公司 3-91a, 4-448f
哥伦布 3-91c
哥伦布,C. 3-91d, 1-281b, 3-105e, 3-241a, 3-480e, 4-388f, 5-374a, 7-332a, 7-454a,
哥伦布宫 6-560a
哥伦布广场 5-243b
哥伦布美术馆 3-91d
哥穆尔卡,W. 3-91f
哥萨克 3-92a, 4-316e
《哥萨克》 7-452e
哥萨克人 3-307a
哥氏斑马 1-226e
哥舒翰 3-92b
哥斯达黎加 3-92c
哥斯达黎加大学 3-92f, 6-561c
哥斯达黎加共和国 3-92d
哥特复兴建筑 4-551d
哥特式雕塑 4-45a
哥特式建筑 3-93b
哥特式教堂建筑 4-166b
哥特式美术 2-442a
哥特式艺术 3-93a
哥特小说 3-94b
哥特战争 3-94c
哥窑 3-94c, 7-324d
哥窑瓷 5-142d
阁皂宗 5-95f
鸽 3-94d
鸽笼原理 2-9a, 9-570b
鸽舍 3-94f
鸽形目 3-94f
鸽子鱼 9-440e
搁田 6-433b
搁置否决权 2-588c
《割草归来》 4-565f
割礼 3-95a, 7-180f
割裂脑 3-95a
《割麦》 1-306c, 4-544f
割平面法 9-265a
割圆九法 5-439d
《割圆密率捷法》 5-439d
割圆术 3-95b, 4-70c
割棕 3-299b
《歌》 4-65e
歌册歌 1-544f
《歌唱二郎山》 6-609f
《歌唱二小放牛郎》 4-600d
歌唱男低音 6-414a
歌川广重 3-95c, 1-107d
歌德,J.W.von 3-95c, 2-188f, 2-268f, 2-604d, 6-473e, 8-124f
歌德博物馆 2-448c
歌德大学 2-448c
《歌德谈话录》 9-482e
歌德学院 3-96b
《歌德在坎帕尼亚》 2-268f
《歌德传》 1-443a
《歌集》(F.彼特拉克) 1-323a
《歌集》(H.海涅) 3-336d

《歌集》(杜勒西达斯) 2－359c
《歌集》(贺拉斯) 3－441c
歌剧 3－96b, 8－142d
歌剧、舞剧场 4－339b
《歌剧与戏剧》 7－465f
歌乐山烈士陵园 3－96e
《歌女红牡丹》 3－501e, 5－451a, 9－206f
《歌女之歌》 9－473f
《歌手的诅咒》 8－5b
歌舞伎 3－96f, 8－142a
歌舞伎（艺人） 6－4f
歌舞片 3－97a
歌行体 3－97a
歌圩 3－97b, 9－516d
《歌谣发凡》 9－357b
《歌谣周刊》 5－430b
《歌与短歌》 2－381f
歌仔册 3－97c
歌仔调 3－97c
歌仔馆 3－97c
歌仔戏 3－97b
歌仔阵 3－97c
革背龟 4－574c
革翅目 3－97d
革船 6－71e
革吉县 1－41c
革拉特科夫,F.V. 3－97e
革兰,C. 8－154b
革兰氏染色法 8－154b
革兰氏阳性菌 8－154b
革兰氏阴性菌 8－154b
革马拉 7－242c
革脉 5－301e
革螨目 6－80b
《革命》 7－573f
革命公社 1－170b
《革命家庭》 7－86d, 8－167e, 9－55a
革命历法 2－441a
《革命烈士诗抄》 3－97e
革命样板戏 8－475f
《革命者》 2－196f
革命制度党 5－482c
《革命自有后来人》 3－469d
革末,L.H. 2－135e, 2－171a
“革新战争” 3－509f
阁道 9－180b
阁栏 3－31f
阁楼 3－98a
阁罗凤 3－98b, 5－547b
阁沙梅岛 7－273e
阁皂山 6－467d
格 3－98c, 2－129a
格安德拉堡 9－2b
格奥尔格,S. 3－98d
格奥尔格学派 3－98d
格奥尔基·尼古拉耶维奇·瓦西里耶夫 7－471c
格巴尼 3－98d
格巴人 1－62b
格鲍 1－249d
格比尔达斯 3－98e
格波 6－553d
格伯 1－493b
格伯乌 4－225b
格查尔 7－526d
格茨,W. 4－285b
格达·洛桑丹增 8－111e
格但斯克 3－98e, 1－378f
格但斯克厂际罢工委员会 7－471c
格但斯克大学 3－98f
格但斯克湾 7－556e
格但斯克造船厂 3－98f
格德基尔 8－605d
《格的范畴》 8－495d
格迪斯,P. 1－585e, 1－587a
格底目 3－98f
格点 4－302b
格调 3－99a
格调说 3－99a
格丁根磁学联合会 7－541e
格丁根七君子 3－106d
格丁根式风洞 6－110d
格丁根学派（地球物理学） 7－555b
格丁根学派（数学） 4－449c
格丁尼亚 1－379a
《格尔巴舞》 8－605e
格尔达纳卡拉 8－276f
格尔拉赫峰 4－361d, 7－129b
格尔木河 3－99b
格尔木市 3－99c
格尔木县 3－99c
格尔斯滕贝格,H.W.von 3－99d
《格尔维尔海边的渔家姑娘》 3－103a
《格古要论》 3－99d
《格后敕》 9－92e
格拉布曼,M. 8－285e
格拉布斯催化剂 8－130a
格拉茨 3－99e
格拉代茨 6－360e
《格拉蒂安教令集》 7－368b
格拉芙,S. 3－99f
格拉哥里字母 3－176d
格拉古兄弟 3－173c
格拉古兄弟改革 3－100a
《格拉克一家》 1－68f
格拉肯斯,W.J. 4－511a
“格拉玛”号游艇 4－379d
格拉塞·阿拉尼亚,J.P.da 8－181c
格拉斯,G. 3－100b
格拉斯哥 3－100c
格拉斯曼,H.G. 3－100d, 2－128e
格拉斯曼代数 3－100d
格拉斯曼律 3－100e
格拉斯佩尔,S. 6－114c
《格拉斯－斯蒂高尔银行法》 8－294d
格拉提安努斯 4－208f
《格拉提安努斯教令》 4－208f
格拉西,P. 7－136b
格拉西莫夫,S.A. 3－100f
格拉肖,S.L. 3－101a, 2－287f
格拉泽,D.A. 6－144b
格拉泽,G. 3－101b
格拉泽,W. 6－283e
格拉祖诺夫,A.K. 3－101b
《格莱昂波》 5－212d
格莱尔画室,C. 5－470f
格莱姆,M. 1－188d
格莱姆训练体系 8－179f
格莱斯顿,W.E. 3－101c
格莱特,H. 5－510e
格莱兹维尔桥 6－186a
格兰扁岭 2－82e
格兰德岛 7－135e
格兰德河 3－101d, 1－30a, 2－168c
格兰德河（南美洲） 1－163e
格兰迪,A. 4－404f
格兰杰,C.W.J. 2－414a, 8－235c
《格兰奇·考普兰的第三次生命》 7－610c
格兰特,J. 6－290b, 7－408a
格兰特,U.S. 5－83d, 5－353d, 6－407f
格兰特,V. 8－524e
《格兰特船长的儿女》 2－465c
格兰维尔 7－580e
格劳峰 5－75b
格劳秀斯,H. 3－101e, 2－457a, 3－431f
《格老色斯特纪事》 8－306c
格勒尼埃,G.J. 2－566c
格勒诺布尔 1－10a
格勒诺布尔第一大学 2－439d
格雷,J. 4－77f
格雷,R.（化学家） 4－522d
格雷,R.（美国船长） 2－397b
格雷,T. 3－45c
格雷布纳,R.F. 3－101f
格雷厄姆,D. 3－58a
格雷厄姆,G. 3－102a
格雷厄姆擒纵机构 3－102a
格雷夫斯氏病 4－137f, 4－138a
《格雷戈里安努斯法典》 5－206e
格雷戈里夫人 3－102a
格雷哥尔,W. 7－271f
格雷格,J.R. 7－203a
格雷果里,J. 9－113f
格雷果里历 3－134b, 6－340c
格雷洛克山 5－274e
格雷嫩角 7－125c
格雷维斑马 1－226d
格雷欣,T. 3－8b
格雷欣定律 3－8b
格里奥特 3－102b
格里鲍耶陀夫,A.S. 3－102b, 9－320d

格里尔帕策，F.　3–102c，1–326e
格里尔逊，J.　3–102d
《格里尔逊论纪录电影》　3–102e
格里菲思，A.　8–265f，8–614f
格里菲斯，D.W.　3–102e
格里菲斯，H.　1–360a
格里戈雷斯库，N.　3–102f
格里戈里耶夫港　1–116e
格里戈罗维奇，Yu.N.　3–103b
格里格，E.H.　3–103b
格里格，N.　3–103e
格里格斯，D.T.　2–229b
格里克，P.C.　4–128b
格里克，W.　1–384e
格里历　2–329e，3–134b
格里马迪人　1–127e
格里马尔迪家族　5–462c
格里美豪森，H.J.C.von　3–103e
《格里沙中士案件》　2–42b
格里斯，J.　5–23c
格利高里·派克　5–207e
格利特峰　6–6b，7–126a
格利雅，F.-A.-V.　3–103f，3–104a
格利雅反应　3–104a
格利雅试剂　3–103f
《格利佐斯托莫致儿子半庄半谐的信》　1–196d
《格列佛游记》　3–104a，2–418b
格列高利·埃及博物馆　2–485c
格列高利大学　8–525d
格列高利九世　9–555d
格列高利圣咏　1–126f，3–9e，4–95c
格列高利四世　7–483a
格列高利颂调　1–306a
格列高利七世　3–104c，9–499b
格列高利一世　3–104c
格列高利·伊特鲁里亚博物馆　2–485c
格列柯，E.　3–104d，7–601b
《格列姆巴伊老爷们》　4–446b
格林，A.S.　3–104e
格林，G.　3–104f
格林，M.B.　1–535c
格林，N.　1–277f
格林，T.H.　3–105a
格林贝　5–408c
格林伯格，J.H.　1–150e，5–573e，5–576c
格林公式　7–538c
格林河　4–431d
格林卡，M.I.　3–105b
格林纳达　3–105d
格林纳达岛　6–567d
格林尼治　3–105f
格林尼治皇家天文台　3–106a，2–228e
格林尼治时间　1–270d，3–106a
格林尼治子午线　3–106a
格林斯卡娅，E.V.　8–517a
格林斯潘，A.　3–106b
《格林童话》　2–418c
《格林童话集》　5–430a
格林湾　5–408c
格林威治　3–105f
格林兄弟　3–106d，5–430a
格陵兰　3–106e，1–281c
格陵兰冰盖　1–361e，2–92e
格陵兰大学　6–1f
格陵兰岛　1–278a
格陵兰海　3–107b
格陵兰人　3–106e
格令　9–11f
格鲁，C.de　5–298d
格鲁贝尔，O.von　3–107c，6–505d
格鲁本曼，J.U.　5–567f
格鲁吉亚　3–107d，2–353a，2–395b
格鲁吉亚民族　3–107e
格鲁吉亚人　3–108b
格鲁吉亚苏维埃社会主义共和国　3–107e
格鲁吉亚语　3–108c
格鲁吉亚正教会　2–329d
格鲁克，C.W.　3–108d
格鲁克派与皮钦尼派之争　3–108e
格鲁派　3–108f，1–7e，2–28b，5–440f，9–239a，9–558b
格鲁派寺院集团　1–222c
格鲁斯*F*垂　1–439c
格吕菲乌斯，A.　3–109a
格律派　9–465c
格仑诗体　7–110a
格伦农，B.　3–205e
格伦峡谷国家休养地　4–431c
格论　7–71c
格罗查，P.　5–211a
格罗德芬，C.F.　9–556e
格罗夫山地区　5–528d
格罗夫斯，L.R.　5–308a
《格罗夫音乐和音乐家词典》　5–296f
格罗弗，G.M.　6–278a
格罗皮乌斯，W.　3–109b，1–236c
格罗斯，D.J.　3–109c，5–36d
格罗斯，G.　1–357d，5–309e
格罗斯，K.　8–542c
格罗斯曼，S.J.　3–109d
格罗斯曼–斯蒂格利茨悖论　3–109d
格罗特芬德，G.F.　8–410b
格罗提渥，O.　6–72f
格洛弗，H.C.　4–159a
格洛马河　6–6e
格洛托夫斯基，J.　3–109d
格迈纳，H.　9–587a
格麦林，L.　7–553a
格曼语　2–205e
格木　3–109e
格纳莱河　9–479d
格奈森瑙，A.W.A.von　4–532a
格木属　3–109e
格瑙克，M.　5–284d
格尼，R.W.　5–476e
《格诺菲娃》　7–53d
《格萨尔王传》　3–110a，7–325f，9–160b，9–390d
《格萨（斯）尔》　3–110a，3–111c
格赛尔发展量表　9–320f
格桑嘉措　2–64f，5–200f
格什姆岛　3–110d，8–520d
格什温，G.　3–110e
格什温，I.　3–110f
格氏斑马　1–226d
格氏试剂　3–104a
格式合同　3–110f，3–411a
格式塔疗法　3–111a，7–477f
格式塔心理学　3–111b，7–544d
格式塔原则　3–111b
《格术补》　9–561e
格思里，F.　7–152f
《格斯尔》　3–111c，3–110a，5–380d，7–325f
《格斯尔可汗传》　3–110d
《格斯尔射死哈日雅勒奇哈喇鄂姆根的故事》　3–111d
《格斯尔传》　3–111c
格塔尼　3–111e
《格塔尼计划》　3–111f
格廷，T.　3–111f
格瓦拉，E.　3–112a
《格瓦拉日记》　3–112b
格瓦拉主义　3–112b，3–112a
格万杜王国　3–19d
格纹蝴蝶鱼　3–517f
格物致知　3–112b，1–592f
格西　2–28c
格伊萨大河　1–374e
格则勒　3–112c
格值逻辑　2–392b
格致　4–439a
格致书院　3–112d，5–100e，8–346d
《格致余论》　9–480b
格致中学　3–112d
鬲昆　4–419f
葛　3–112e
葛布　5–238e
葛根芩连汤　6–227c
葛根汤　9–307b
葛紫清　1–209b
蛤蚧　1–333b
蛤蜊属　8–100f
蛤仔　3–112f
隔壁戏　4–480e，7–146f，7–512c
隔断　6–95f
隔栏放牧　2–503b
隔离　3–112f
隔离开关　4–386c
《隔膜》　8–500b

隔年冻土 2-342d
隔坡梯田 7-338c
隔墙 6-181a
隔山从表亲结婚 4-272b
隔山从堂亲结婚 4-272b
隔山亲表亲结婚 4-272b
隔山亲堂亲结婚 4-272b
隔振 3-113b
镉 3-113b, 9-460e
镉镍电池 8-359c
镉污染 7-410d
《葛蓓莉娅》 3-113c
葛不律 9-86b
葛长庚 1-209b
葛巢甫 5-95e
葛底斯堡大捷 5-353d
葛底斯堡国家军事公园 1-360a
葛福 5-517c
葛洪 1-248f, 2-162a, 3-581f, 5-48e, 6-507e, 6-515c
葛家澍 3-113e
葛兰西，A. 3-113e
葛栏 3-31f
葛利普，A.W. 3-113f
葛僚 3-86f
葛林亚试剂 4-593e
《葛林亚试剂的电池电动势测定》 4-593e
葛林芝火山 7-192e
葛罗，J.B.L. 1-272f, 2-257e
葛逻禄 3-314d
葛木森，W.A 6-500c
葛如晦 1-209b
葛氏摆 3-114d
葛氏峰 3-114d
葛饰北斋 3-114b
葛庭燧 3-114c
葛仙米 4-546b
葛玄 5-95f
葛阳县 8-553e
葛优 3-114d
葛云飞 8-388a
葛振林 4-549a
葛洲坝水利枢纽 3-114e
个案调查 6-485e
个案工作 3-115a
个案护理 3-523d
个案研究 6-494b
《个别性的》 6-582b
个别再生产 9-150c
个旧市 3-115c
个旧厅 3-115d
个旧锡矿山 8-131f
个旧县 3-115d
个量经济学 7-537a
个人崇拜 3-115d
《个人的体验》 2-88b
个人购房贷款 3-115e
个人归因理论 3-240a
个人混合泳 3-115f
个人计算机 7-539e
个人刻板印象 4-461e
个人礼炮 4-585e
个人荣誉 6-331a
《个人生活》 8-6a
个人所得税 3-115f, 2-221c
个人所有权 3-116b
个人文明不服从运动 2-511a
个人消费基金 8-214b
个人账户 3-116c
个人智力测验 9-320f
个体 7-65c
个体发育 6-545d
个体发展心理学 2-418d, 8-251c
个体工商户 3-116d
个体经济 3-116e
个体经济学 7-537a
个体私有企业 8-190b
个体心理学 8-275e
个体指数 7-408e
个性 3-116e, 2-418e
个性化印刷 7-75c
《各邦的预算制度改革运动》 7-531e
《各个时代的气候和植物界》 3-569e
《各国在探索与利用外层空间活动的法律原则的宣言》 7-472a
各拉丹冬雪山 1-513a, 7-306f
《各时代气候》 6-142e
《各式各样的问题与发明》 7-238c
各向异性 2-513d
《各种空气的实验和观察》 6-111b
铬 3-116e, 1-431f, 7-538d, 8-114f
铬矿 4-265e, 8-134a
铬铁矿 3-117a, 2-520c
《给奥·倍倍尔、威·李卜克内西、威·白拉克等人的通告》 7-187b
《给筹备莱比锡全德工人代表大会的中央委员会的公开答复》 4-524a
给电子诱导效应 9-53c
《给黄色寄生虫们》 6-306e
《给巨人的书》 2-418c
《给麻风病人的吻》 5-470b
《给农村贫农》 3-125e
《给青年的十二封信》 9-482e
《给圣母报信》 1-151b
《给斯特拉的信》 7-139d
《给〈泰晤士报〉主笔的公开信》 2-610d
《给未出生的孩子的祈祷》 4-393c
《给我红玫瑰》 1-122f
给氧 8-248e
《给爷爷读报》 4-191f
《给一个遭到挫败的欧洲革命者》 1-480b
《给在黑暗中的人》 5-256c
《给自己提出的问题》 8-125d
根 3-117b
根（化学） 4-578a
《根》 3-117e
根癌 9-307a
根本大师 9-574b
根本二部 8-596d
根菜类 7-57a
根插 6-158b
根倒伏 2-158c
根德公司 5-604d
根雕 3-117f
根敦嘉措 2-64d, 9-239a
根敦珠巴 2-64d, 9-172f, 9-558b
根腐病 3-117f
根冠 3-117c
根管治疗 6-256e
根河市 3-118a, 2-412c
根尖 3-117c
根尖周病 1-189b
《根据头骨测量进行亚洲种族的初步分析》 8-28a
根瘤 2-345e, 9-306f
根瘤菌 3-118b, 2-79d
根瘤菌属 3-118b
根瘤蚜 3-118b
根螨 6-80c
根内普，A.van 8-538a
根盘 9-224a
根式解 2-127a, 7-70d
根特大学 7-550f
《根特和约》 5-363b
《根特祭坛画》 2-464d
根窝 8-434e
根系 3-117c
根音 8-574a
《根源》 1-290a
根治性手术 7-39a
根治性胃大部分切除 7-571b
根肿菌型 5-586a
根状茎 4-350b
《跟单信用证统一惯例》 3-270f
艮（八卦） 1-142b, 3-118c
艮背法 5-88a
艮口运动 8-613f
艮岳 3-118c
艮斋 9-32a
更赋 3-118c, 3-13f
更名地 3-118d
更名田 3-118d, 6-230d
更年期 3-118e
更年期子宫出血 8-326a
更生居士 3-482a
更始帝 5-118d
更始政权 5-118d
更戍法 7-173e
更新世 3-118e
更新统 3-118f
更正教 8-274b

更卒 3-118d
更卒之役 3-118d
庚·安洛 8-276f
庚道 3-118f
《庚道集》 3-118f
庚斯勃罗,T. 3-119a
庚帖 1-147c
庚辛 3-118f
庚戌之变 3-119c
《庚子国变弹词》 4-588e
庚子赔款 3-119d, 8-555a
耕耙犁 4-579f
耕地 3-119e, 2-464b
耕地小气候 5-611c
耕田法 2-467f
《耕耘集》 2-198c
《耕耘记》 5-5b
《耕织图》 3-119f
耕作保墒 3-389a
耕作学 3-120a
耿,J.B. 3-120b
耿飚 3-120b
耿济之 3-120d
耿继茂 3-120e, 6-384e
耿介 7-163d
耿精忠 3-120e, 4-595c, 6-384e, 6-469f
耿匡 3-120d
耿勉之 3-120e
耿氏二极管振荡器 3-120b
耿氏振荡器 7-535d
耿寿昌 4-3e, 4-323b
耿忠 3-378b
耿仲明 3-120e
梗塞 3-120f
梗死 3-120f
梗阻性黄疸 3-582a
梗阻性肾病 9-459b
工笔 3-120f
工笔花鸟画 3-529e
工笔画 3-121a, 9-460c
工笔重彩 9-460b
工兵代表苏维埃 2-393f, 2-394e
工部 6-400a
工部局格致公学 3-112d
《工厂的大门》 2-290c, 4-97b
《工厂与作坊法》 9-574d
工场手工业 3-121a
工场手工业时期 3-121b
工尺谱 3-121c
工程 3-121e
工程兵 5-168b
工程兵部队 4-354d
工程测量学 3-121e
工程船舶 3-122a, 2-28f
工程地震学 3-122c
工程地质学 3-122e
工程地质专家系统 3-123a
工程地质钻探 8-431e
工程冻土学 2-342e
工程机械 3-123a
工程监理制 3-123b
工程结构 4-221c
《工程结构优化设计》 6-166b
工程科学 3-123c, 9-22a
工程控制论 3-123c
《工程控制论》 3-123c, 4-479f
工程塑料 3-123f, 4-220e
工程伪装 3-124a
工程心理学 3-124b, 6-288d, 8-253a
工程学的技术哲学 4-441d
工程造价 3-124c
工程装备 4-354f
工程坐标系 3-124d
《工地》 5-397c
工读交替制教学计划 6-398e
工读教育 3-124e
工分 3-124f
工蜂 3-502c, 5-409d
工夫茶 3-139d
工会 3-124f
工会促进会 6-82d
《工会法》 2-457c
工技之神 8-394b
工间操 3-232a
工件 3-124f, 5-100b
《工具发展小史》 1-498c
工具钢 3-125a
工具机 4-29a
《工具理性批判》 4-23f
《工具论》 3-125b, 2-487f
工具书 3-125b
工具主义 2-362f
工联主义 3-125c
工贸结合 3-125d
工农革命军 1-569c, 9-357c
工农革命军第4军 9-391b
工农剧社总社 7-193c
工农联盟 3-125d
工农武装割据 3-125e, 5-320b
《工人调查表》 6-485d
工人国际法国支部 2-440f, 2-444b
工人阶级专政 8-15a
《工人日报》 9-424e
工人社会主义革命党 2-444b
《工人之妻》 4-405a
工人自治 5-542a
工伤保险 3-125e
工伤保险待遇 9-300b
《工伤事故保险法》 2-612a
工商部地质研究所 2-309d
工团主义 3-125f
工效学 6-288d
工业 3-126a
《工业标准化原理》 1-354b
《工业标准化——原理与应用》 1-354b
工业测量 3-126c
《工业产品生产许可证试行条例》 6-529c
工业产权 3-126c, 9-290d
工业秤 1-594c
工业等离子体 2-195c
《工业电化学的理论基础》 3-304d
工业毒物 3-128c
工业港 3-56d
工业革命 6-24d
工业股价指数 2-165e
工业固体废物 3-126d
工业化 3-126e
工业机器人 3-126f, 1-504b, 2-499a
工业基地 3-126f
工业计量 4-88c
工业流体力学 5-127a
工业垄断资本 5-146e
工业炉 3-127a
工业美术 3-127d
工业品位 4-500e
工业普查 7-406a
《工业气体反应动力学》 3-304d
工业区 3-127c
《工业区位理论:区位的纯粹理论》 3-127d
工业区位论 3-127c, 4-285c, 6-245e
《工业区位论》 6-245f
工业设计 3-127d
工业社会 3-128a, 6-481f
工业数学 7-72e
工业水力学 7-90d
工业水污染防治 3-572e
《工业心理概观》 1-560f
工业心理学 8-253a
工业性油气藏 9-39c
工业遥控 8-482e
工业用拖拉机 7-456a
《工业与贸易》 5-283b
工业原料树种 4-288e
工业炸药 3-128b
工业中毒 3-128c
工业中毒性肝炎 3-42d
工蚁 1-208d, 8-553a
《工艺》 7-548e
工艺画 3-128e
工艺流程 3-549b
工艺美术 3-128f, 6-480f
工艺美术运动 8-558a
工艺纤维 5-238c
工艺用高粱 3-70a
工尹 8-584e
工质 3-129b
工资 3-129b, 9-522a
《工资理论》 8-121d
工作标准 1-486e
工作船舶 2-29a

工作服 4-352d
工作母机 4-29a
工作生活质量 3-129e
工作生活质量学说 3-129d
《工作时间法》 4-552c
《工作与激励》 6-124b
《工作与时日》 3-180b, 3-448c
《工作原理与方法》 5-400e
工作站 4-91b
弓 4-494a
弓兵 5-168c
《弓箭手赫拉克勒斯》 1-434a
弓鳍鱼 3-129e
弓鳍鱼科 3-129e
弓鳍鱼目 3-129e
弓手 7-165d
弓头鲸 4-307e
弓头燕鳐鱼 2-510d
《弓舞》 7-53e
弓形虫病 3-129f, 9-104d
弓形湖 5-600e
弓鱼 2-422b
公（行政区划） 8-177b
公安机关 9-249c
公安派 3-130a
公安委员会 3-289e
公安县 3-130a
公办教育 5-421c
公倍数 9-575c
公差 3-130b
公差带 3-130c
公差图解 3-130b
公车上书 4-406b, 5-52f, 6-222c, 8-68c
公尺 5-393e
公达卢普河 6-561c
公单制度 6-170f
《公断》 5-399d
公吨 2-375f
公法 3-130c
《公法的变迁》 2-210d
《公法研究》 2-210d
公费医疗 3-130d
《公费医疗》 5-275e
公格尔峰 5-499b
公格尔山 3-130e
公公 3-577f
《公宫情死》 4-272d
公共财政 9-279f
公共财政问题 1-463f
公共采购 9-279f
公共藏书楼 3-131c
公共产品 1-463f, 7-27d
公共档案馆 3-279f
公共关系 3-130e
公共管理信息协议 4-93f
公共航空运输 3-396e
公共交通系统 9-322f
公共理性 3-130f
公共利益 6-501b
公共品 7-27d
《公共汽车站》 5-287e
公共权力 3-131a
公共图书馆 3-131b
公共卫生事件 7-417b
公共卫生学 8-181a
公共物品 7-27d
公共行政 3-131c
公共行政学 8-321a
《公共行政学导论》 3-560d
《公共行政学原理》 7-531e
《公共选择理论》 1-438e
公共选择学派 4-296f
公共浴场 3-131d
公共责任 3-131e
公共政策 3-131f
公共政府 9-279f
公共租界 9-564c
公关 3-130e
公海 3-132a
公害 3-132d
公害事件 3-132e
公行 1-328f
公和祥码头公司 8-539b
公花园 3-138c
公会议 3-133c
公讳 1-334a
公季 3-169c
公教 4-42f, 7-367f
公斤 6-157a
公爵 1-69a
公开建储 5-403e
公开开标 9-224a
公开市场操作 3-133d
公开水域游泳比赛 5-258c
公开游资 9-44b
公理集合论 3-133e
公理演绎法 7-70c
公理宗 3-134b
公力监管 4-250a
公力救济 5-427a
公历 3-134b, 5-584c
公立教育 5-421c
公刘 3-134c
《公刘》 6-574e, 8-392e
公路 3-134e, 2-163f
公路交通量 4-196f
公路竞走 4-314f
公路隧道 2-164c
公路运输 3-134f
公民 3-135a
公民不服从运动 2-511c
公民大会 3-135c
《公民道德建设实施纲要》 2-190a
公民基本权利 3-135f
公民教育 3-135d
公民结社权 4-224c
公民军事训练制度 7-120c
《公民凯恩》 3-135e
公民联合阵线 7-288f
公民权 3-135f, 6-258c
公民权利 3-135b, 3-135f
《公民权利和政治权利国际公约》 3-136a, 8-428a
《公民投票》 8-8e
《公民宪章》 3-136b
公民义务 3-135c
公民自由权 7-393a
公亩 3-136d
公募债券 9-177b
公牛南迪 6-585b
公牛鲨 5-571c
公牛时期 7-11d
公平报酬权 3-136b
公平理论 3-136c
《公仆》 2-304e
《公卿将军上尊号奏》 6-469c
公顷 3-136d
公权利 6-258b
公认会计原则 4-496b
公设辩护人 5-184a
公社田 8-611d
《公社之书》 1-372f
公升 6-526b
公使 3-136d, 3-294c
公使馆 7-13e
公使衔参赞 1-472f
公输班 5-162d
公输盘 5-162d
公输子 5-162d
公署 8-391f
公司 3-136e, 6-136d
公司法 6-454e
《公司法》 2-436c
公司特许殖民地 9-10f
《公司文化》 6-138d
公司债券 3-136e, 9-177b
公司制改革 3-296a
公司资本成本定理 5-468a
公私合营 3-136f
公诉 3-137a
公孙丑 5-389e
公孙弘 3-137b
《公孙九娘》 5-69a
公孙龙 3-137c
《公孙龙子》 3-137d, 5-438e
公孙述 1-194b
公孙树 8-583e
公孙鞅 6-457b
公孙渊 6-388c, 9-216f
公孙瓒 3-137e, 3-385e
公孙支 6-200b

公田 4-309c, 8-116e
公同共有 3-151a
公文书证 7-50d
公武合体派 3-466e
公务机 3-137e
公务特权 4-338c
公务员 3-137f, 6-284a
公务员道德 8-317c
公廨 8-391f
公休假日 8-336f
公学 3-138a
公言 2-309b
《公羊春秋》 2-335d, 3-576a
《公羊传》 8-135e, 9-578c, 9-579a
公冶长书院 1-104e
公议 6-423d
公益 6-501b
公益政治学 6-501b
公谊派 6-557b
公因数 9-574c
公用事业股价指数 2-165e
公有云 9-134c
公有制 4-292a, 6-497f
公有制经济 7-118f
公寓式住宅 9-502a
公元 5-18b
公元纪年法 5-18a, 5-18b
公元纪元 3-138b
公园 3-138b
公约 3-138d
公约数 9-574c
公债 3-138e
公债券 9-177b
公振 3-84e
公正 9-268c
公证 3-138e
《公证程序规则》 3-138f
公证机构 3-138f
《公证人睡着了》 5-270b
公证遗嘱 8-546c
公政会 5-431b
公职道德 8-317c
公制 3-139b
公制克拉 4-446c
公制支数 9-287f
《公众的扇形购买》 5-256a
公众防伪 2-496e
公众人物 3-139c
《公众舆论》 1-164b
公主岭市 3-139c
公子午 8-159e
功 3-139d, 6-280e
《功德人物》 9-82d
功夫茶 3-139d
功夫片 3-139e
《功夫熊猫》 1-100b
功函数 3-221c
功利型角色 6-489b
功利主义 3-139f
功利主义法学 2-184f
功率 3-139f
功率谱 6-609e
功率因数 2-278f
功能材料 3-140a, 1-458e, 1-459e
功能高分子 3-140b
功能规约语言 4-93a
功能派个案工作 3-115b
功能失调性子宫出血 3-140c
功能食品 1-244d
功能钛合金 7-272b
功能体系 2-550d
功能团 3-210e
功能纤维 2-502b
功能性垂体腺瘤 2-33f
功能性聋 9-501a
功能性食品 1-244d
功能性痛经 7-410a
功能性子宫出血 3-140c, 8-325f, 9-121c
功能学派 5-267a, 7-589c
功能制护理 3-523d
功能主义 8-512a
功用主义 3-139f
攻补兼施 3-140e
攻补兼施剂 8-238f
攻击和防御行为 3-140f
攻击行为 3-140f
攻击直升机 8-62f
《攻克锦州》 6-260c
攻弱避坚战术 8-422d
攻下派 9-218d
供电方式 6-59a
供给 3-141a
供给法则 3-141b
供给规律 3-141b
供给价格弹性 3-141b, 4-147a, 7-283d
供给曲线 4-294e
供给弹性 3-141b, 7-283d
供给学派 3-141c
供给制 3-141c
供暖系数 6-280e
供求规律 3-141d
供水水文地质学 7-100a
供需价格弹性 4-147a
供应链 3-141f
宫（道观） 2-160e
宫（宫殿） 3-142a
宫本百合子 3-141f
《宫本百合子选集》 3-142a
《宫本武藏》 6-383b
宫本重德 4-10f
宫城 1-265e, 3-195e
宫城县 8-169d
《宫词》（顾况） 3-198d
《宫词》（王建） 7-500a
《宫词二首》 9-197b
宫大用 9-99c
宫灯 3-526b
宫殿 3-142a, 9-363e
《宫娥》 7-562f
宫观 2-160e
《宫间街》 5-250b
宫颈癌 9-529c
宫颈刮片 3-6a
宫颈黏液检查 3-6b
宫颈套 1-335e
宫颈炎 9-529d
宫内节育器 1-335e
宫谱 8-145e
宫崎寅藏 4-258d
宫腔镜检查 3-6d
宫腔粘连 6-287a
宫扇 6-448b
宫商谱 4-95c
宫塘 8-562f
宫体 8-217a
宫体诗 3-143a
宫天挺 5-171f, 9-90b
《宫廷歌手》 7-573e
宫廷古典主义 2-442d
宫廷画 9-372c
宫廷画院 3-558d
宫廷傩 6-8c
宫廷手工艺 7-37e
宫廷素菜 7-201d
宫廷舞蹈 3-143b
宫廷雅乐 6-418c
宫廷宴乐 6-237f
宫外孕 3-143d, 8-560b
宫下太吉 8-323e
宫相 2-448f
宫刑 8-51f
宫苑 9-100a, 9-115f
宫泽贤治 3-143d
恭城水柿 7-32a
恭亲王府 3-143d
恭王府 3-143d
恭王府花园 3-143e
恭州 2-5e
龚宝铨 7-324a, 8-347e
龚鼎孳 4-185b
龚定盦 3-144e
龚格尔山 3-130e
龚古尔,J.de 3-143f
龚古尔文学奖 3-143f
龚古尔兄弟 3-143f, 9-544a
龚佩瑜 7-53f
龚普洛维奇,L. 6-484f
龚扇 6-448b
龚午亭 9-390c
龚贤 3-144b, 4-244a
龚翔麟 9-245d

龚耀先　7-543f
龚云甫　3-144c
龚自珍　3-144e
龚祖同　3-144f
龚嘴水电站　2-82c, 4-563f
《巩德林的生平，普鲁士的腓特烈，莱辛的睡眠梦幻和叫喊》　5-397c
《巩金瓯》　3-255e
巩俐　3-145a
巩膜　3-145b, 8-439b
巩膜病　3-145b
巩膜色调异常　3-145b
巩膜炎　3-145b
巩乃斯河　8-523a
巩宁城　8-6f
巩县　3-145d
巩县石窟　3-145c
巩县窑　7-311e
巩义市　3-145d
汞　3-145e, 9-460e
汞矿　2-6a
汞|硫酸亚汞电极　1-471f
汞齐　3-145e
汞|氧化汞电极　1-471f
汞制剂　5-611d
拱坝　3-145f
拱北　3-146b, 9-491b
拱顶石州　1-359e
拱涵　3-358f
拱桥　3-146c, 6-186c
拱壳　3-146e
拱券　3-146e
拱手　9-580c
拱之大展　8-557e
珙桐　3-146f
珙桐属　3-146f
共伯国　3-607b
共伯和　3-148b
共产党和工人党情报局　3-147a
《共产党人》　7-189a
《共产党人管制法》　5-296a
《共产党宣言》　3-147a, 1-350c, 1-414d, 3-147c, 3-553f, 4-442b
《共产党员们》　1-36d
《共产党在德国的要求》　2-414d
共产国际　2-260c, 3-263e, 8-205c
《共产国际纲领》　2-260f
《共产国际行动纲领》　2-260d
《共产国际宣言》　2-260d
《共产国际章程》　2-260f
共产主义　3-147c
《共产主义法律理论》　4-393c
共产主义峰　6-32f
共产主义人生观　6-297e
共产主义社会　3-147d, 6-497a, 6-497f
《共产主义手册》　2-441a
共产主义通讯委员会　2-414d
共产主义小组　9-233e
《共产主义杂志》　7-609d
共产主义者同盟　3-147d, 3-263e
《共产主义之研究》　3-237b
共沉淀　3-147e
共城县　3-607b
共存社　9-144b
共轭　7-79d
共轭二烯　8-129e
共轭分子　3-147f
共轭剪节理系　4-216b
共轭效应　3-147f
共犯　3-149e
共沸物　1-366c, 2-304d, 8-548b
《共赴国难》　7-7f, 7-222a
共耕社　4-77a
共工　3-148a, 6-392b
共和　3-148b, 8-116b
共和党　5-352d
《共和国》　5-11f
《共和国报》(埃及)　1-65f
《共和国报》(乌拉圭)　8-4b
《共和国的歌》　8-343c
《共和三年宪法》　3-289e
《共和十二年宪法》　2-450c
共和县　3-148c, 3-335d
共和行政　8-116b
共和制　3-148c
共混聚合物　4-342a
共济失调　3-148e
共济失调型脑性瘫痪　5-551f
共济运动　3-148e
共价键　3-148e, 4-256a, 5-175a, 6-61a
共价型碳化物　7-293a
共焦拉曼光谱　4-521d
共进会　3-149a
共晶理论　5-200b
共聚方程　3-149c
共聚合　3-149b
共聚甲醛　4-343a
共聚物　3-149b, 4-341e, 4-342a
共鸣箱　8-229b
共青城　3-149c
《共青城》　3-100f
共青团　9-362c
共球藻属　2-244c
共生　3-149d
共生(地质学)　4-503b
“共生登陆”假说　2-244c
共生固氮微生物　3-191e
共生体　3-149d
共生星　3-149d
共生真菌　9-253c
共时语言学　9-73e
共缩聚　7-227f
共同财产　4-577b
共同财产制　2-589b
《共同的语言》　3-86b
共同犯罪　3-149e
共同犯罪人　3-149e
《共同防御条约》(韩美)　3-362c
《共同防御条约》(美蒋)　1-79f
《共同纲领》　9-395a, 9-466f
共同共有　3-150f
共同管辖　5-428e
共同海损　3-149f
共同进化　2-25c
共同均衡裁军　9-434e
共同社　3-150b
《共同施政纲领》　2-444b
共同斯堪的纳维亚语　6-323c
共同诉讼　3-150a
共同索马里语　7-232f
共同体　6-482a
共同通讯社　3-150b, 6-315d
共同性内斜视　8-237b
共同性外斜视　8-237b
共县　3-607b
共享税　3-150c
共相　3-150c, 7-1d
共形几何学　4-79f
共形微分几何学　4-79f, 7-536d
共形映射　3-150e
共益权　3-183d
共有　3-150f
共有经济规律　4-286d
共振　3-151a
共振拉曼光谱　4-521c
共振论　3-151a
共振散射　9-15d
共振态　3-151b
共振荧光　9-15d, 9-112c
共振中子　9-451c
贡(贡赋)　4-309c
贡榜王朝　3-151c
《贡贝的黑猩猩：行为模式》　3-165a
《贡比涅森林停战协定》　3-151d
《贡比涅停战协定》　1-288b
贡比约恩山　3-106e
贡舶　3-151d
贡布利希，E.　5-362a
贡布鲁登塞大学　5-243b
贡布罗维奇，W.　3-151e
贡茶　1-492f
贡噶宁布　6-361c
贡噶山　3-151f
贡嘎机场　3-152b, 4-524d
贡嘎山　3-151f, 2-114c, 3-39d
贡嘎县　3-152a
贡嘎宗　3-152a
贡戈拉-阿尔戈特，L.de　3-152b
贡戈拉主义　1-175d, 3-152b
贡格尔山　3-130e
贡井　9-537e

贡举 4-427c
《贡劳格传》 1-282d
贡恰洛娃,N.S. 4-544f, 5-177a
贡钦寺印经院 2-172c
贡萨尔维斯·迪亚斯,A. 3-152c
贡萨莱斯·马丁内斯,E. 3-152d, 8-86e
贡山独龙族怒族自治县 3-152e, 2-353e, 6-3d
贡山怒族 6-3d
贡山设治局 3-152e
贡山县 3-152e
贡唐·丹白准美 3-152f
贡院 4-427e, 4-428d
贡扎加,G. 7-548e
勾陈南极大帝 7-156e
勾陈一 1-264f
勾股定理 3-153a, 4-323c
勾股数 1-427b
《勾股算术细草》 4-608d
勾花点叶体 9-477b
勾践 3-153b, 2-37d
勾栏 3-153c
勾栏瓦舍 9-390a
勾阑 3-153c
勾脸武生戏 9-62c
勾漏石刻 1-276f
勾吴 8-39e
勾吴文化 8-39e
句丽 3-66a
句曲山 6-397c
佝偻病 3-153c
沟(水利) 9-142a
沟谷地貌 3-600a
沟间地地貌 3-600a
沟口健二 3-153e
枸橘 3-43e
枸头橙 1-594c
钩 3-153f
钩虫 3-154a
钩虫病 3-154a
钩虫性皮炎 3-154a
钩端螺旋体病 9-543c
钩端螺旋体属 8-492f
钩蚊 7-604b
钩吻碱 3-154b
钩云形玉佩 5-601a
钩针编结 1-339d
钩爪 9-226d
缑氏县 8-441d
《篝火的反光》 7-331b
苟利子 1-341a
岣嵝山 3-467b
狗 6-267e
《狗儿爷涅槃》 3-154b
狗肝草 4-350d
狗粘脑茶 3-47d
狗母鱼 3-154c
狗肉火锅 1-539d
狗虱 9-288f
狗头金块 4-243e
《狗头军》 8-520a
狗驼子 3-460e
《狗心》 1-434f
狗熊 3-154d, 3-460e
狗牙花 4-122b
狗牙花属 4-122b
狗鱼 3-154d
构骨 3-154d
枸杞 3-154e, 6-191b
枸杞子 3-154e, 6-191b
构成 3-155a
构成主义 3-155b, 8-66d
构件 3-155c
构件(计算机) 1-591b
构栏 3-153c
构属 3-155c
构树 3-155c, 6-412e
构图 3-155d
《构图·黄色的窗帘》 5-244a
《构图2号》 4-401c
构象 3-155e
构象同质多晶 7-399d
构形 7-153a
构型 3-155f
构型保留 3-155f
构型反转 3-155f
构型同质多晶 7-399d
构造 2-248e
构造变动 2-231e
构造层次 2-248f
构造尺度 2-248c
构造窗 7-448f
构造地貌 3-156a
构造地貌学 2-229d
构造地震 2-245e
构造地质学 3-156a
构造阶地 3-424b
构造节理 4-216a
构造类型 6-494c
构造裂缝 2-228f
构造盆地 6-61f, 6-238b, 9-242d
构造圈闭 6-257a
构造世代 2-249a
构造体系 3-156c
构造系统 3-156c
构造心理学 2-577a, 7-383f
构造型油气田 9-39f
构造序列 2-249a
构造旋回 3-156f
构造岩石学 3-156b
构造异构 7-395b
构造应力 2-244c
构造油气藏 9-39c
构造运动 3-156d
购房分期付款 3-156f
购买力 3-156f
购买式 6-137f
购买者价格 3-290f
购物中心 3-157a
垢道人 1-590f
垢区 1-590f
够保 6-380e
估价原则 3-290f
沽河 3-328a
孤(脚色名目) 9-99a
孤拔,A.-A.-P. 2-460b, 9-331b
孤雌生殖 2-144d, 3-477c
孤村 9-540a
孤岛 6-462f
《孤岛天堂》 1-468b, 4-582d
孤岛戏剧运动 3-157b
孤独 3-157c
《孤独》(L.de贡戈拉－阿尔戈特) 3-152c
《孤独》(苏利－普吕多姆) 7-188b
《孤独的麻雀》 4-531e
《孤独的生活》 4-531d
孤独量表 3-157c
孤独症 2-417b
《孤儿救祖记》 5-451a, 9-206f, 9-278a, 9-351a
《孤愤吟》 9-208a
孤府(中医) 6-394b
孤立波 2-516d
《孤立国对于农业及国民经济之关系》 6-245f
孤立系统 6-280d
孤立主义 3-157c
孤立子 4-287c
《孤立子理论中的达布变换及几何应用》 3-182f
孤挺花属 9-481f
孤云处士 7-518f
姑舅表婚 2-343d, 4-194b
《姑娘对我说》 3-98d
姑娘追 3-157d
姑苏词奴 2-576a
姑苏山 7-198f
姑息疗法 9-318d
姑息性手术 7-39a
姑息性胃大部切除术 7-571b
姑息政策 7-210b
姑洗律 1-354e
姑臧 3-157d, 3-492f, 4-333f, 6-160f, 6-161a, 6-588a
菰(茭白) 4-199d
菰手 4-199d
菰属 4-199d
蓇葖果 3-300a
辜濂松 3-157e
辜振甫 3-157e, 7-485b, 7-486a
觚 3-157f

觚（古代书写材料） 4-158b
古埃尔公园 1-180a
古埃尔宫 1-180a
古埃及 3-158a
古埃及记数法 4-95d
古埃及美术 3-159b
古埃及文物 1-66b
《古埃及象形文字体系纲要》 6-454a
古埃及语 1-18d
古埃兰时期 1-68b
古昂人 1-29e
古巴 3-160f
古巴比伦第一王朝 3-161f
古巴比伦王国 3-161f
古巴导弹危机 4-110d
古巴岛 2-72b, 8-108e
古巴革命 3-162b
《古巴革命战争回忆录》 3-112b
古巴共产党 3-162c, 4-379d
古巴共和国 3-161c
古巴圣地亚哥 6-558b
古巴柿 6-438c
《古巴序曲》 3-110f
古拜特·阿尔·卡拉卡魔渊 4-59b
古邦 2-253d
古保加尔人 1-244b
古保加利亚语 1-244b
古北口 3-162d, 5-408f
古贝壳堤自然保护区 3-587c
古本 9-497f
《古本竹书纪年辑校》 9-497f
《古本竹书纪年辑校订补》 9-497f
古比雪夫 6-364a
古病理学 3-175d
古波斯语 1-301e
古布金,I.M. 3-162e
古彩 8-44a
古彩戏法 3-162f
《古长城外》 6-599d
古长江 6-98c
古常道观 6-204c
《古城会》 9-212b
《古船》 3-163a, 2-473f
古茨-穆茨,J.C.F. 7-341e
《古从军行》 4-607b
古达米斯古镇 5-26f
古代半摩揭陀语 4-102b
古代波斯语 8-608d
《古代儿歌资料》 2-416f
《古代法》 5-331d
《古代法和习惯论文集》 5-331d
《古代高地德语与低地德语民歌集》 8-5c
古代罗马 3-163c
《古代罗马史》 2-208e
古代马赛博物馆 5-275b
古代民族 5-431f
古代砂矿 6-430b
《古代社会》 5-371c, 5-458b, 7-591f, 8-492f, 8-561e
《古代神话诗集》 6-7f
《古代诗篇》 4-565a
《古代世界的档案馆》 1-388f
古代文明 7-591f
《古代西藏史研究》 3-381d
古代希腊 3-164c
古代雅利安人 6-48b
《古代艺术史》 5-361f
古代邮驿 9-34b
《古代犹太教》 7-541b
古代占婆塔群遗迹 8-178a
《古代制度史》 5-331d
《古代诸国年代学》 1-320a
《古代字体论稿》 6-139c
古德 3-323c
古德,H.H. 8-146f
古德尔,J. 3-165a
古德里安,H.W. 3-165b, 4-32a
古德曼,B. 3-165c
古德纳河 6-322c
古德诺,F.J. 3-165d
古德伊尔,C. 3-193a
古登堡,B. 3-165e
古登堡间断面 3-165e
古登堡界面 3-165f
古迪纳夫,R.S. 5-84b
古地磁法 2-249f
古地磁极移 3-166a
古地磁学 3-165f
古地理 2-238c
古地理学 3-166a, 2-228b
古地图 3-166b
古地亚 4-517e
古地中海 2-251e, 7-334f
《古帝王图》 3-166d
古典芭蕾 1-188b
古典梵剧 8-142a
古典梵语 2-486c
古典复兴建筑 3-166e
古典概率 3-30c, 3-240a
古典经济学 3-167b
古典经济自由主义 4-296e
古典精英理论 4-307c
古典流体力学 7-90c
古典逻辑 3-167b
古典农业区位论 5-615b
古典区位论 6-245f
古典区域 9-586b
《古典诗歌论丛》 1-590b
古典数论派 7-68e
古典舞蹈 3-167b
古典现代舞 8-179e
《古典新义》 7-603e
古典政治经济学 3-167c, 4-293d
古典主义 3-167f
古典主义园林艺术 2-445b
古典自然法学派 2-457a
古典组织理论 6-138e
古董 3-168a, 3-186b, 7-594f
古董滩 8-451a
《古都》 2-22e, 6-320f
古多尔,J. 3-165a
古尔班赛汗山洞 4-424a
古尔班通古特沙漠 3-168b
古尔邦节 3-168b, 1-33e
古尔德,S.J. 4-270a
古尔德贝格,C.M. 9-316c
古尔马语 5-576c
古尔奈 2-218c, 9-52d
古尔琴柯,L.M. 3-168c
古尔斯特兰德,A. 3-168d
古尔王朝 4-510f
古尔语支 5-576c
古法语 2-450e
古仿生学 3-175d
古坟 3-168f
古坟时代 3-168d, 2-85e
古风 3-176f
《古风》 4-587e
古风时期岩画 6-356a
《古封泥集成》 2-571f
古阜农民起义 6-259a
古赋 3-168f, 6-409c
古格王国 3-168f
古格王国遗址 3-168f
古根海姆,S.R. 3-169a
古根海姆博物馆 3-169a, 4-538c, 5-606e
古公亶父 3-169b, 6-131d
古构造体系 3-156d
《古国志》 1-565d
《古杭梦游录》 7-110d
古荷兰语 3-431f
古华 5-326c
《古画品录》 3-557c, 6-150a, 6-515f
《古画微》 3-580f
古吉拉特邦 4-519c
古吉拉特大学 1-77a
古吉拉特人 3-169c
古吉拉特语 3-169d
古吉蔑人 9-254d
《古籍校读法》 9-58a
古贾尔人 6-48c
古交市 3-169d
古教堂斯拉夫语 1-244b, 8-612c
古杰兰瓦拉 6-48c
古介形虫 7-539d
《古今和歌集》 3-169e
古今华夷区域总要图 5-16b
《古今画品》 3-557c
《古今集》 3-169e
《古今郡国县道四夷述》 4-139e

古今论 8-382c
《古今名剧合选》 5-383a, 9-233d
《古今书评》 7-49c
古今通用字 7-393f
《古今图书集成》 3-169f, 4-573e, 6-58f, 9-431c
《古今文综》 9-211f
《古今小说》 3-170a
《古今姓氏书辨证》 9-92f
《古今乐录》 5-490b
《古今杂剧》 9-94d
《古今杂剧选》 9-94d
古今之争 3-170b
古今字 3-170b
《古今字诂》 9-214c
古近纪 3-170c, 2-261c
古近系 3-170c
古晋 3-170e
《古镜记》 3-171a
古臼 3-115c
《古剧说汇》 2-578c
古绝 3-171a
古绝句 3-171a, 4-348c
古柯 3-171b
古柯碱 3-171c
《古矿录》 9-220b
《古拉格群岛》 7-229e
古腊·塞巴立 8-103d
《古兰经》 3-171d, 1-35a, 1-35e, 1-151b, 7-180c, 9-256e
《古兰经》"穆斯哈福"本 1-75b
《古兰经注释大全》 8-384b
古兰门 6-481b
古兰学 8-384b
《古老的小世界》 2-608f
古老型智人 6-291b, 9-323f
古里水电站 3-171f
《古丽和诺鲁兹》 5-165e
古利克,L.H. 3-172a
《古利斯坦条约》 2-395b
古隶 5-34a
古砾石层 5-35b
古列维奇,M.I. 5-395a
古龙 3-172b
古隆人 3-172c
古隆语 3-172c
古隆中 8-202c
古卢格里人 5-27c
古鲁穆奇字母 8-133d
《古论语》 5-195f
《古罗马的大斗技场》 1-79e
古罗马广场 5-206b
古罗马记数法 4-96a
古罗马建筑 3-172d
古罗马竞技场 7-419c
古罗马剧场遗址 7-125a
古罗马露天剧场 6-58c
古罗马神话 3-172f
古罗马史诗 3-173c
古罗马文学 3-173a
古罗马戏剧 3-173b
古罗斯 4-47a
古马 5-254a
古马尔,J. 3-174a
《古马尔舞》 8-605e
古马拉提语 5-258e
古毛里塔尼亚人 5-458d
古米廖夫,N.S. 3-174a, 2-402e
《古名家杂剧》 9-94c, 9-99a
《古木寒泉图》 7-602a
《古木遥山图》 3-253b
《古墓丽影》 1-100b
古挪威人 1-83a
古诺,A.A. 7-66d
古诺,C. 3-174b
古匏笙 6-553f
古彭蠡泽 6-98c
古奇科夫,A.I. 6-591c
古气候 6-142f, 6-143e
古器物学 4-416d
《古器物研究专刊》 4-599a
古羌人部落 9-159a
古桥博物馆 8-41c
古琴 6-202e
《古琴曲汇编》 8-467c
古龟兹 4-461c
《古泉汇》 3-174c
古泉山 8-169e
古人 3-174c, 6-291a, 9-323f
古人类学 7-345d
古戎,J. 2-442c
古如仁波且 5-40a
古赛尔阿姆拉城堡 9-117c
古生代 3-174d
古生代特提斯 7-335a
古生花被类 7-81b
古生界 3-174d
古生态学 3-174f, 3-175c, 3-175d
古生物地理学 3-175c
古生物化学 3-175d
古生物数学 3-175d
古生物学 3-175a, 6-546a
古诗 3-176f
《古诗纪》 3-176b
《古诗考索》 1-590b
《古诗十九首》 3-175e
《古诗十九首初探》 3-175f
《古诗十九首集释》 3-175f
《古诗四帖》 9-213b
《古诗选》 3-175f
《古诗源》 3-176a
《古史》 1-359a
《古史辨》 2-27e, 3-197f
古史辨派 6-392c
《古史考存》 5-112a
《古史甄微》 5-374f
《古事记》 3-175d, 3-168f
《古书读校法》 1-574c
古蜀文明 4-252f
古树笔石目 1-324c
古树名木 3-176b
古水文地质学 7-100a
古斯拉夫语 3-176d
《古斯曼·德·阿尔法拉切的生平》 1-39a, 5-125c
古斯塔夫三世 2-182f
古斯塔夫一世·瓦萨 3-176e, 4-368a
《古斯泰·贝林的故事》 4-517d
《古斯特少尉》 6-580e
古四声 3-176f, 7-153b
古苏伊士运河 7-197c
《古算考原》 6-164a
古塔波胶 2-364b, 6-438c
古太古代 7-255b
古太平洋 5-41c
古陶 6-93a
古特提斯洋 7-335a
古提人 1-27f
古体诗 3-176f
古田会议 3-177a
古田会议旧址 5-144d
《古田会议决议》 5-320b, 7-432b
古田教案 4-208b
古田县 3-177c
古铁雷斯,J.M. 3-177d
古铁雷斯·纳赫拉,M. 3-177d, 8-86e
《古桐书屋六种》 8-556d
古铜辉石 3-606d
古铜滩 8-451a
古玩 3-186b, 7-594f
《古玩》 5-88b
《古王国的马斯塔巴墓》 5-265e
古王国美术 3-159d
古王国时代 3-158a
《古微书》 1-576a
古文 3-177e, 7-314b
《古文辞类纂》 3-177f, 8-479e
《古文观止》 3-177f
古文经 3-178a, 3-384a
古文经学 3-178a, 4-298c
《古文尚书》 6-470b, 7-114f
《古文尚书考》 3-614e
《古文尚书疏证》 8-436e
《古文字学初阶》 5-1b
《古文字学导论》 7-308e
古物陈列所 5-360c
古物学 4-416d
古西伯利亚诸语言 3-178a
古希腊记数法 4-95f
古希腊建筑 3-178c
古希腊美术 3-178e

古希腊民族 8-124b
古希腊文学 3–180a
古希腊戏剧 8-141c
古希腊语 8-125b
古希腊字母 2-529b
古稀天子 6-225a
古香缎 3-391b
古崤关 3-518e
古小脑 8-226c
《古小说钩沉》 9-401b
古新世 3–181c
古新统 3-181c
古叙利亚语 3–181d
古亚述 8-409e
古亚述帝国 8-409e
古亚细亚诸语言 3-178b
古羊齿目 6-162a
古羊齿属 4-424d
古阳洞 5-142a
古遗迹学 3-175d
《古逸丛书》 8-462b
《古意》 4-607b
古音 3–181e
古印第安人 4-328b
古印度记数法 4-95e
古英语 9-11d
古有三声 7-153c
《古愚心言》 6-63f
古元 3–181e, 8-279c
古元古代 9-91f
《古元木刻选集》 3-182a
《古元水彩画选》 3-182a
古猿 3–182a, 6-291f
《古怨》 4-186b
古月 2-88f, 4-386e
古月桥 8-555c
《古岳渎经》 4-594e
古越藏书楼 3–182b
古韵 3–182b, 9-484a
《古韵标准》 3-182c
古乍得海 9-175a
古镇港 8-157f
《古舟子咏》 4-420a, 7-50e
古装新戏 3–182c
谷氨酸 1-111d
谷氨酸钠盐 1-111e
谷氨酰胺 1-111d
谷波,A. 7-333c
谷柏林 2-427c
谷超豪 3–182e, 3-287c
谷城县 2-317c
谷大用 1-528a
谷盗 3–182f
谷盗科 3-182f
谷登堡,J. 3–183a
谷蛾 3–183a, 2-406a
谷蛾科 3-183a
谷儿只 5-378b
谷浆树 3-155c
谷类作物 9-580a
谷牧 3–183b
谷坡 3-422e
谷崎润一郎 3–183c
谷神星 8-230c
《谷物论》 1-432c, 4-506d
谷阳 9-259e
谷雨 2-427f
谷钟秀 9-281b
谷子 7-204a
《谷子成熟了》 6-54d
谷子敬 5-447b
诂经精舍 6-344e
股本 3–183d
股单 9-49f
股东 3–183d
股东大会 3–183e, 2-334d
股东代表大会 3-183e
股东会 3-183e
股东权益 7-228f
股份 3–183e
股份公司 3–184a, 9-524d
股份合作制 3–184b
股份合作制企业 3–184c
股份两合公司 3–184c
股份有限公司 3-184a, 3-184d, 4-292b
股份制 3–184d
股份制商业银行 3–184f
《股份制与现代市场经济》 5-20b
股骨嵴 6-291f
股价-收益比率 7-28d
股价指数 3–184f
股票 3–185a
股票初级市场 3-185d
股票发行市场 3-185d
股票发行价格 3-185c
股票价格 3–185c
股票交易价格 3-185c
股票交易市场 3-185d
股票流通市场 3-185d
股票期权 6-124b
股票市场 3–185d
股票一级市场 3-185d
股权 1-461c
股权公司 1-595e
股权式投资 8-298a
股市 8-417e
股市危机 8-418b
股息 3–185f
股癣 3–185f
骨筹 2-11c
骨瓷 3–186a
骨导助听器 9-500e
骨笛 6-55a
骨雕 3–186a
骨顶鸡 3-451b
骨董 3–186b
《骨董琐记》 2-204f
《骨董琐记全编》 2-204f
骨咄禄毗伽阙怀仁可汗 3-559d
骨咄禄毗伽阙可汗 3-559d
骨粉 3–186b
骨干排水 5-611b
骨骼 3–186b
骨骼肌 4-35e, 6-298f
骨关节结核 4-222d
《骨关节结核病灶清除疗法》 2-490f
骨关节炎 3-188c
骨灰瓷 3-186a
《骨灰罐里倒出来的沙》 1-487c
骨灰瓮文化 3-307b, 4-16d, 6-212e
骨架灰岩 6-595d
骨胶 2-340d
骨矿盐定量显示 9-583d
骨力裴罗 3-559d, 7-304c
骨鳞 5-95a
骨螺 3–186f
骨螺科 3-186f
骨迷路 2-420b
骨膜 3-186d
骨牌 6-38b
骨盆 3–187a
骨盆入口 3-187a
骨浦 5-275f
骨气 4-215d
骨软骨病 3–187a
骨软骨炎 3-187a
骨软化症 5-116e
骨哨 2-215d
骨舌鱼科 6-276b
骨舌鱼目 3–187b
骨生成缺陷症 4-201c
骨耜 3-424f
骨髓 3–187c
骨髓穿刺 3-187c
骨髓活检 3-187d
骨髓检查 3–187c, 1-371a
骨髓涂片检查 3-187d
骨髓象 3-188a
骨髓移植 3–187e, 1-207d, 6-85c
骨髓异常增生综合征 3–187f, 1-207a
骨碎补 3–188b
骨碎补属 3-188b
骨性关节炎 3–188c, 3-205b
《骨与关节损伤》 5-384e
骨折 3–188f
骨折二期愈合 3-189a
骨折临床愈合 3-189a
骨质疏松 8-325e
骨质疏松症 3–189c
骨肿瘤 3–189c
牯岭 5-158b

牯牛岭 5-158b
钴 3-189d, 9-460e
钴毒砂 2-351d
钴铬钼合金 6-286c
钴基高温合金 3-78b
钴-60源 3-189f
钴-60远距离治疗机 2-505f
鼓 3-189f
鼓板 3-190e, 6-35c
鼓边 9-562e
鼓吹 2-33d
《鼓吹集》 5-326a
鼓吹曲 4-357f
鼓吹署 9-404b
鼓吹乐 3-190f
鼓窦 2-420b
鼓风炉 3-191a
鼓风器 3-191b
鼓浪石 3-191c
鼓浪屿 3-191c, 8-168b
鼓楼 9-453c
鼓膜 2-420b
鼓膜病变 7-386b
鼓膜温度 7-343a
鼓皮法 2-301d
鼓室 2-420b
鼓室成形术 7-386b
《鼓书艺人》 7-372f
鼓舞 3-515c
鼓翼 2-509c
鼓音 7-342a
鼓子词 3-191c
鼓子曲 2-79a
鼓子秧歌 6-436f
縠（作物） 9-580a
《縠梁补注》 3-191d
《縠梁传》 3-191d, 9-579a
瞽姬 9-132c
瞽矇 3-297c
瞽阇 9-578c
瞽叟通文馆 7-334c
固氮根瘤菌属 3-118b
固氮蓝藻 4-546b
固氮微生物 3-191e
固氮细菌 3-118b
固定冰 3-319d
固定成本 1-576c
固定抽样 8-355f
固定床离子交换器 4-578e
固定床气化法 5-340c
固定调 3-9e
固定放牧 2-503b
固定工制度 9-28f
固定化酶 3-191e
固定汇率 3-192a
固定汇率制度 8-417e
固定-活动联合义齿 8-202d
固定假牙 8-202c
固定局部义齿 8-202c
固定论 3-192a, 3-156e, 4-5d
固定酶 3-191e
固定桥 8-202c
固定沙丘 6-355d
固定式平台 3-339e
固定式射电望远镜 6-502a
固定税率 8-610e
固定通信卫星 7-392b
固定型药疹 8-485d
固定翼飞机 9-297e
固定再保险 9-150a
固定资本 3-192a, 5-125a
固定资产 3-192b
固定资产折旧 3-192c, 9-238b
固定资金 9-525c
固关 5-588b
固化剂 4-200b, 5-590d
固结磨具 5-464e
固伦公主 3-419c
固涩法 3-192c
固涩剂 3-192d
固山 1-144f
固山贝子 1-302e
固始鸡 4-36c
固态 8-78d
固态等离子体 2-194c
固态电子器件 3-192d
固态降水 4-193c
固态结晶相聚合 3-192f
固态聚合 3-192f
固态缩聚反应 3-192f
固特异,C. 3-193a
固特异奖章 3-193a
固体 3-193b
固体比热容 3-195a
固体潮 3-193b
《固体地球科学与社会》 7-530c
固体地球物理学 3-193c
固体发光 3-193d
固体发光光谱 3-193f
固体肥料 2-528a
固体废物 3-194a
固体废物的处理与利用 3-567b
固体废物污染 3-194a
固体化学 3-194b
固体火箭 4-11c
固体激光材料 4-55b
固体径流 4-313b
固体聚合物燃料电池 6-271c
固体绝缘材料 4-349c
固体力学 3-194d
固体利胆药 5-27e
固体料浆管道 4-187e
固体能带理论 8-211e
固体培养 8-19f
固体燃料 6-271b
固体推进剂 7-449a
固体物理学 3-194e
《固体物理学》（程开甲） 1-589f
《固体物理学》（谢希德、方俊鑫） 8-245c
固体香精 7-6f
固相化学反应 3-194d
固相聚合 3-192f
固相酶 3-191e
固相缩聚 7-227f
固液萃取 2-57e, 4-276e
固-液相焊接 3-389d
固有结缔组织 4-219f
固有内分泌系统 5-553e
固有频率 9-550c
固原地区 3-195d
固原市 3-195c
固原县 3-195d
固原镇 4-319c
固原专区 3-195d
《故都春梦》（电影，1929） 4-583d, 5-46c, 6-344b, 7-222a, 9-351a
《故都春梦》（电影，1964） 8-164c
《故都素描》 4-179e
故宫 3-195e
故宫博物馆 8-5a
故宫博物院 3-196e, 1-402e, 4-542c, 5-360c
故宫博物院档案馆 9-350b
《故宫文物月刊》 7-246f
故关 5-588b
故吏 3-197a
故杀 6-121a
《故事初集》 5-216a
故事片 3-197b
故事诗 8-357f
《故事诗》 4-516d
《故事新编》 5-166c
《故事爷爷讲的故事》 7-219e
《故土》 3-25e
故文书仓 4-260d
故县水库 5-227f
《故乡》（电影） 1-303f, 6-439d
《故乡》（小说，艾芜） 1-81b
《故乡》（小说，李箕永） 4-598d
《故乡》（小说，钟理和） 9-454c
《故乡抒怀》 7-385b
故意犯罪 3-197c
《故园春梦》 8-167e
顾拜旦,P.de 3-197c
顾宝璋 5-547c
顾秉谦 7-578b
顾逋翁 3-198c
顾长康 3-198a
顾城 5-376a
顾大章 2-324b
《顾端文公遗书》 3-199c

顾凤鸣 3-198f
顾果庭 9-94f
顾闳中 8-47d
顾欢 5-432a, 9-252e
顾颉刚 3-197d, 7-10c, 9-405e
《顾颉刚通俗论著集》 3-198a
顾泾阳 3-199b
顾君恩 5-5d
顾恺之 3-198a, 1-429f, 2-27a, 3-121a, 3-556f, 4-163e, 5-231f, 6-4d, 9-206f, 9-460c
顾柯,G. 3-198b
顾况 3-198c
顾奎光 9-94f
顾命八大臣 6-228f
顾品珍 2-270d
《顾曲麈谈》 3-198d, 8-32f
顾曲散人 2-576a
顾荣 3-198e, 7-493b
顾圣婴 3-198e
顾盛,C. 7-525d
顾实汗 2-65d, 2-409d, 5-200f
顾氏小盗龙 8-222b
顾氏珠母贝 9-251a
顾叔时 3-199b
顾水如 1-575c
顾顺章 3-198f, 4-602d
顾嗣立 9-94f
顾维钧 3-199a, 3-270a
顾温厚 5-547c
顾侠君 9-94f
顾宪成 3-199b
顾秀莲 3-199c
顾绣 3-364d
顾炎武 3-199d, 6-329d, 7-365f, 8-575a
顾彦先 3-198e
顾野王 1-565e
顾翼东 3-199f
顾有孝 4-185b
顾毓琇 3-200a
顾正红 8-50a
顾仲彝 6-462f
顾祝同 7-479d, 9-243b
顾准 3-200b
《顾准文存》 3-200c
《顾准文集》 3-200c
顾祖禹 3-200c, 2-354c
雇佣关系 4-553b
雇佣劳动 3-200d
雇主责任制 6-572f
锢囚锋 2-572f
鲴 3-200d
瓜达尔卡纳尔岛 3-200e
瓜达尔卡纳尔岛争夺战 3-200e, 2-256b, 3-307f, 4-25e
瓜达拉哈拉 3-200f
瓜达拉哈拉大学 3-201a
《瓜达卢佩-伊达尔戈条约》 3-201b, 5-482c
瓜达卢普峰 2-168c
瓜达卢普山国家公园 2-168e
瓜岛 3-200e
瓜德罗普 3-201b
瓜德罗普大学 3-201d
瓜德罗普社会主义真理联盟 3-201c
瓜德鲁普统 2-424b
《瓜德罗普2000报》 3-201d
《瓜蒂莫欣,墨西哥的末代皇帝》 3-85d
瓜蒂散 7-447c
瓜瓞谱 4-125e
瓜尔豆 3-201d
瓜尔胶 3-201e, 7-61b
瓜尔内里,G. 3-201e, 8-229d
瓜尔内里琴 3-201f
瓜拉尼人 3-201f
瓜拉尼语 3-201f, 5-364c
瓜类 3-202a, 7-57b
瓜里尼,G. 1-175a
瓜栗 2-431a, 5-490f
瓜蒌 3-203a
瓜纳巴拉湾公路桥 5-53f
瓜皮帽 3-202a, 9-356c
瓜器官 6-541c
瓜香草 5-144b
瓜亚基尔 3-202c, 2-408a
瓜亚基尔大学 2-408c, 3-202c
瓜伊马斯 4-112a
瓜州 8-533d
瓜洲古渡 3-202d
瓜洲镇 3-202c
刮宫 3-202d, 6-286f
刮沙 3-202e
刮痧 3-202e
刮削器 6-600f, 8-223c
胍 3-202f
栝楼 3-203a, 3-512d, 7-350a
栝楼桂枝汤 9-307c
栝楼皮 3-203b
栝楼仁 3-203b
栝楼属 3-203a
《寡妇赋》 6-43b
寡妇内嫁 5-148e
寡聚核苷酸探针 7-291c
寡鳞刺 6-276b
寡糖 2-206a, 2-389e, 7-293c
寡头垄断市场 3-203b
寡头市场 3-203b
寡头统治铁律 4-307d
寡头政变 3-203c
寡头政治 3-203c
寡头制 3-203c, 5-12a
寡头制的铁律 3-203c
寡鬃实蝇属 7-1c
卦辞 9-475d
挂稍李子 2-34f
挂兰 2-302b
挂片 1-466d
拐棍足 8-171d
《怪诞故事集》 1-315d
《怪老头》 2-418d
怪脉 5-301e
《怪癖博士》 7-133f
《怪人》 1-308a
关隘 1-510c
《关八州系马》 4-272d
关白 6-504e
关城 1-582e
《关大王独赴单刀会》 2-142b
关岛 3-203c, 1-26f, 3-203e
关岛大学 3-203f
关帝 3-203f, 3-208c
关帝庙 5-420b
关帝山 5-179b
《关东别曲》 9-271f
关东地震 3-204a
关东军 7-191a, 7-561c
关东军防疫给水部队 6-324d
关东平原 6-313d
《关东奇人传》 5-104f
关东州 9-565b
《关渡随想》 5-277e
关防 8-138e, 9-512a
关格 3-204a
关公 3-203f
关公髯 6-271b
《关公斩貂蝉》 6-8e
《关公战秦琼》 3-485d
关沟 4-332a
关沟段 4-283d
关广志 7-82e
关汉卿 3-204b, 2-142b, 2-346e
《关汉卿》 3-204c
《关汉卿》(戏曲) 3-476a, 5-276f
《关汉卿战斗的一生》 7-499a
关虹 4-335c
关家山水 3-207c
关键刺激 2-341b
《关键的论文》 8-514a
关键期(心理学) 8-611e
关节 3-204e
关节半脱位 3-205a
关节半月板 3-204f
关节病型银屑病 8-583d
关节唇 3-204f
关节点 2-364c
关节面 3-204e
关节囊 3-204e
关节盘 3-204f
关节腔 3-204f
关节软骨 3-204e
关节脱位 3-205a

关节炎 3–205a
关节置换 3–205b, 7–39b
关津制 5–440a
关锦鹏 8–193e
关境 3–205c, 7–389a
《关雎》 8–19b
关陵庙 2–152a
关脉 5–302a
关贸总协定 3–205d, 3–206c
关门大桥 4–323e, 8–158c
关门海底隧道 4–323e
关门山 1–309b
关牧村 6–519d
关平 3–208c
关山草原 1–240c
《关山春雪图》 3–253b
《关山飞渡》 3–205e
《关山密雪图》 8–352d
《关山行旅图》 3–207d
关山月 3–205e
《关山月画集》 3–206a
《关山月纪游画集》 3–205f
《关山月作品选》 3–206a
关圣帝君 3–203f
关市之赋 3–206a
关税 3–206a, 4–271c, 7–389b
关税壁垒 3–206c, 5–328c
关税及贸易总协定 3–206c
《关税及贸易总协定》 3–288f, 5–328d
关税减免 3–206d
关税配额 4–268f
关税税率 3–206d
关税税则 3–206e
关税同盟 3–206f
关税政策 1–242e
关肃霜 3–206f, 2–71c
关素贞 3–206f
关索戏 6–8e
关塔那摩 3–207b
关塔那摩海军基地 6–108f
关天培 3–207b, 3–519c
关仝 3–207c, 4–87c, 8–47c
关同 3–207c
关外铁钱会子 4–199c
关外银会子 4–199c
关西国际机场 2–72f
《关系基础条约》 2–187c, 2–187f
关系妄想 7–524d
关学 5–13b
关学会 1–242b
《关于爱情的短片》 4–52c
《关于爱斯基摩社会季节性变化的研究》 5–473e
《关于巴拿马运河永久中立和运河营运条约》 5–353e
《关于把小型的农业合作社适当地合并为大社的意见》 6–294c
关于辩证法、逻辑与认识论的一致的原理 1–351c
《关于兵役制问题的决定》 1–365d
《关于财富的形成和分配的考察》 9–462a
《关于超穷集合论的基础》 4–75e
《关于朝鲜局势的声明》 1–541d
《关于承认的国际法》 1–566d
《关于惩治侮辱中华人民共和国国旗国徽罪的决定》 3–256e, 3–294a
《关于持久性有机污染物的斯德哥尔摩公约》 7–123f
《关于处理在押日本侵略中国战争中战争犯罪分子的决定》 7–270e
《关于促进世界和平和合作的宣言》 7–482a
《关于当前出版改革的若干意见》 2–13e
《关于当前图书发行体制改革的若干意见》 2–13e
《关于当前学术讨论的汇报提纲》 6–66b
《关于党政机关县（处）级以上领导干部收入申报的规定》 1–461d
《关于东北经济构成及经济建设基本方针的提纲》 9–210c
《关于对农民土地占有和土地使用现行法若干补充规定》 7–138d
《关于发展农业生产合作社的决议》 5–614b
《关于繁荣丹麦戏剧的想法》 6–579b
《关于费尔巴哈的提纲》 1–350c, 5–255b
《关于敷设自动触发水雷公约》 3–345e
《关于改革学制的决定》 9–328a
《关于概率的哲学探讨》 4–523b
《关于高贵的对话》 6–32b
《关于个人崇拜及其后果》 3–446f, 7–188f
《关于各国内政不容干涉及其独立与主权之保护宣言》 1–427c
《关于根治黄河水害和开发黄河水利的综合规划的决议》 3–585d
《关于工业发展与合作的利马宣言》 5–29d
《关于谷寿夫、松井石根和南京大屠杀事件》 5–335c
《关于光的产生和转化的探讨》 1–89a
《关于规律客观性质的几个问题》 9–55a
关于国际货币事务的二十四国政府间集团 2–427e
《关于国际劳工组织的目标和宗旨的宣言》 3–136c
《关于海峡制度公约》 1–417b
《关于海战中限制行使捕获权公约》 3–345e
《关于航空管理的公约》 2–507f
《关于划分农村阶级成分的决定》 7–430e
《关于几何学的基本假设》 4–582f
《关于加强和改进党的作风建设的决定》 4–183e
《关于建国以来党的若干历史问题的决议》 3–207d, 2–200f, 5–322a, 6–614d
《关于建立城镇职工基本医疗保险制度的决定》 6–483a, 6–483c
《关于建立国际捕获法院公约》 3–345e
《关于建立货币、经济和社会联盟条约》 2–187c
《关于建立社会主义市场经济体制若干问题决定》 4–292a
《关于建立世界贸易组织的协定》 8–4c
《关于建立统一的企业职工基本养老保险制度的决定》 6–482f, 6–483c
《关于建立新的国际经济秩序的宣言》 9–544b
《关于教会特权制的改革致德意志基督教贵族公开信》 9–555f
《关于结束“三反”运动和处理遗留问题的报告》 6–385b
《关于结束“五反”运动和处理遗留问题的报告》 6–385d
《关于解放以来文艺实践状况的报告》 3–502b
《关于进一步改革和发展成人高等教育的意见》 1–579c
《关于经济体制改革的初步意见》 4–291c
《关于控诉和惩处欧洲轴心国主要战犯的协定》 9–180d
《关于离婚与别居的法律冲突和管辖权冲突公约》 2–3a
《关于历史和历史剧》 5–326b
《关于立即抓紧“三反”斗争的指示》 6–385a
《关于两门新科学的对话与数学对话集》 4–122e
《关于林彪反党集团反革命罪行的审查报告》 5–79d
《关于鲁迅及其著作》 7–248e
《关于马可·波罗离华的一段汉文记载》 8–468b
《关于锰及其性质》 6–502b
《关于目前形势与党的任务的决定》 5–227a
《关于目前政治形势与党的任务决议》 7–471d
《关于难民地位的多边公约》 5–548b
《关于农村社会主义教育运动中一些具体政策的规定（草案）》 7–152e
《关于农民脱离农奴依附地位的总法令》 2–396b
《关于农业合作化问题的决议》 5–614b
《关于农业生产互助合作的决议（草案）》 5–614a
《关于女人》 1–365a
《关于企业职工养老保险制度改革的决定》 6–482f
《关于人类理智能力的理性思想》 7–609a
关于认识是辩证过程的原理 1–351c
《关于若干历史问题的决议》 5–114e, 5–321a, 6–307c, 9–264c
《关于杀人的短片》 4–52c
《关于莎士比亚讲演集》 4–420a

《关于商船改装为军舰公约》 3-345e
《关于社会主义法制的若干问题》 9-215c
《关于深化企业改革增强企业活力的若干规定》 6-135f
《关于诗歌和传说的历史文集》 8-5c
《关于实施加沙-杰里科自治原则宣言的最后协议》 1-167f
《关于实现德国统一的条约》 2-187c, 2-187f
《关于实行精兵简政、增产节约、反对贪污、反对浪费和反对官僚主义的决定》 6-385a
《关于实行政社分开建立乡政府的通知》 6-294e
《关于〈私生子〉的谈话》 5-198c
《关于死亡表的自然的和政治的考察》 6-290b
《关于苏联军队暂时驻在捷克斯洛伐克境内的条件的条约》 4-227a
《关于停战协定的临时补充协议》 1-540d
《关于停止国内冲突的命令和声明》 5-283d
《关于统一管理1950年年度财政收支的决定》 1-464a, 7-408f
《关于统一国家财政经济工作的决定》 1-464a, 3-291a, 7-408f
《关于托勒玫和哥白尼两大世界体系对话》 4-122d
《关于外层空间的国际法问题》 5-582c
《关于为刘少奇同志平反的决议》 5-115e
《关于我们的目标和原则》 9-361f
《关于无穷线性点集》 4-405c
关于物质世界普遍联系和永恒运动的原理 1-351a
《关于稀有生物保护办法》 1-360e, 9-250d
《关于限制海军军备的换文》 1-464f
《关于限制进攻型战略武器的某些措施的临时协定》 7-192b
《关于限制战略性进攻型武器条约》 7-192b
《关于消耗臭氧层物质的蒙特利尔议定书》 5-373e
《关于形态音位学》 7-332e
《关于修改党的章程的报告》 5-115a
《关于亚纯函数及代数体函数，奈望林纳的一个定理的推广》 8-333f
《关于〈耶稣会规程〉的报告》 4-528b
《关于一切实代数数的一个性质》 4-405b
《关于以使用原则和不审查原则为内容的制造标记和商标的法律》 6-453c
《关于英法意军队撤出土耳其被占领区的议定书》 5-230f
《关于原始交换形式——赠予的研究》 5-473e
《关于越南结束战争、恢复和平的协定》 8-610b
《关于在航空器内的犯罪和其他某些行为的公约》 4-471e
《关于在农村建立人民公社问题的决议》 6-294d
《关于在全国城镇分期分批推进住房制度改革的实施方案》 1-588d
《关于在塔吉克斯坦建立和平和民族和睦总协定》 7-240b
《关于战时保护平民的日内瓦公约》 6-303c
《关于战时海军轰击公约》 3-345e
《关于战争开始的公约》 3-345e
《关于战争开始时敌国商船地位公约》 3-345e
《关于张国焘同志错误的决定》 9-195b
《关于正确处理人民内部矛盾的问题》 3-207f, 5-321d
《关于知识分子问题的报告》 9-467a
《关于制止非法劫持航空器的公约》 3-264c
《关于制止危害民用航空安全的非法行为的公约》 3-264c, 4-471e
《关于秩序的思想》 7-124c
《关于中华人民共和国宪法草案的报告》 8-510c
《关于中立国在海战中的权利和义务公约》 3-345e
《关于中日争端的决议》 3-270a
《关于最完美的国家制度和乌托邦新岛的既有益又有趣的全书》 8-9e
《关于1864年8月22日日内瓦公约的原则适用于海战的公约》 3-345d
《关于1906年7月6日日内瓦公约原则适用于海战的公约》 3-345e
关羽 3-208a, 3-385f, 6-388d
关羽诞生日 6-532a
关玉和 9-410d
关岳庙 3-203f
关云长 3-208a
关云霞 6-435f
关肇直 3-208c
关中 3-208d, 3-208e
关中八惠 7-572c
关中驴 5-176f, 6-446f
关中马 1-10d
关中平原 3-208d, 3-600b, 7-572c
《关中诗》 6-43a
关中之关 8-59a
关仲因 3-207b
关子 3-613e
观（道观） 2-160e
观阿弥 7-14f
观测误差 1-487a
《观察家报》 6-11d
观察使 2-159d
《观潮图》(李嵩) 4-612e
《观潮图》(虚谷) 8-340e
《观感与评论》 9-178f
观光木 3-208e
观荷景区 5-39f
观剧道人 1-562a
观剧披风 6-70a
《观看的方法》 4-535a
《观楞伽经记》 2-184a
观念 3-208f
观念论 7-547d
观念艺术 3-208f
观念造型 9-165e
《观鸟捕蝉图》 9-220d
观赏动物 5-312f, 9-533c
观赏鸽 3-94e
观赏石 3-209a
观赏植物 7-58e
观世弥 5-564f
观世音 3-209d
观世自在 3-209d
《观所缘缘论》 1-562c, 9-64f
观堂 7-497d
观文殿 1-475f
《观无量寿经》 3-209d, 4-313e, 4-314b
《观无量寿经疏》 4-314b, 6-449a
观想念佛 4-313f, 5-587c
观象台 1-268d, 7-363c
《观心论疏》 3-217f
观星台 7-163c
《观刈麦》 1-199e
观音 3-209d
观音洞文化 3-209e
观音阁 5-147c
《观音经》 2-446c
观音柳 1-576a
观音六字咒 5-139f
观音菩萨 2-64e
观音桥事变 9-331c
《观音图》 2-436b
观音峡 4-131d
观兆测年 2-331f
观自在 3-209d
官办赌业 5-138a
官保慈丹 1-222c
官报 1-248e
官焙 1-492f
官部曲 1-457e
《官场现形记》 3-209f
官邸 8-392a
官督商办 6-570d
官渡之战 3-210a, 6-387e
官方救济 6-489a
官府 8-391f
官告 3-82d
官户（明代缙绅） 4-278e
官户（驱口） 6-250b
官话 3-382c
官话方言 3-210c, 3-382c
《官话合声字母》 7-518d
官话字母 7-518d
官话字母义塾 7-518d

官价上下限 3-192a
官井洋 8-157e
官僚 3-210d
《官僚制组织动力学》 1-444e
官僚主义 6-30a
官僚资本 3-210d
官民结合救济 6-489a
官能度 2-143f
官能团 3-210e, 4-40d
官袍 6-50d
官钱 9-313f
官山海 8-434c
《官氏志》 7-575e
官司草 1-547f
官寺 8-391f
官田 3-210e
官厅差遣之役 9-145f
官厅水库 7-98f, 8-425b, 9-25b
官亭湖 6-98c
官文书 4-331f
官学 3-210f
官窑 3-211b, 4-311b, 6-204f, 7-324d
官印 8-138f
官营会子 3-613d
官员庄田 6-134b
官中行头 8-314e
官庄 3-580c
冠（帽） 4-504b
冠斑犀鸟 8-131d
冠服制度 3-211c
冠海马 3-332e
冠螺 3-211c
冠醚 3-211d
冠五 9-54e
冠心病 3-211f, 3-212b
冠心病介入性治疗 8-250a
冠音 8-574a
冠瘿瘤 9-306f
冠状病毒感染 3-211f
冠状动脉 3-211f
冠状动脉搭桥术 8-250b
冠状动脉钙化积分显示 9-583e
冠状动脉性心脏病 3-212b
冠状动脉粥样硬化性心脏病 3-212b
《鳏夫的房产》 8-216d
馆（道观） 2-160e
馆阁 3-212d
馆阁体 3-212d, 6-517a
馆选 4-428d
管 3-212e
管胞植物 7-551f
管鼻类 3-524e
《管蔡论》 4-54c
管城县 8-323b
管道 3-213a
管道阀门 3-213b
管道防腐 3-213c
管道监控 3-213b
管道运输 3-213c
管放电式电热炮 2-287b
管风琴 3-213d
《管风琴小曲集》 1-157c
管虎 9-352d
管家 3-213f
《管家》 3-103a
管井 7-87d
管孔目 8-156b
管口校正 4-280a
管理 3-214a
管理层次 6-137c
管理的社会职能 6-136d
管理的自然属性 6-136d
管理费用 6-123f
管理浮动 2-603e
管理幅度 6-137c
管理控制论 4-479f
管理会计 3-214b
管理理论的丛林（学派） 3-215a
管理模式 3-214d
管理实验室 5-454e
管理心理学 8-253a
管理信息系统 3-214d
管理学 3-214e
管辂 2-567e
管梅谷 7-423d
管谟业 5-477f
管平湖 3-215b
管色指法谱 3-121c
管式避雷器 1-334b
管树笔石目 1-324c
管水母目 7-101b
管饲膳 5-89e
管同 3-215c
管帷炎 3-215c
管辖权的转移 5-428f
管辖与约束理论 6-182f
管弦乐队 3-215d
《管弦乐法》 1-405e
《管弦乐法原理》 5-8e
管线桥 6-186d
管夷吾 3-216a
管异之 3-215c
管涌 7-88b
管喻宜萱 9-82f
管乐队 3-215e
管制 3-215f
《管制颠覆活动法案》 2-514c
管制塔台 7-244b
管仲 3-216a, 6-128e
《管锥编》 6-170c
管子（乐器） 3-212f
《管子》 3-216a
《管子·地图》 2-239e
《管子·地员》 2-226f
《管子今编》 8-467a
《管子·内业》 4-304f
《管子·水地》 2-567d
《管子·心术上》 2-168f
管子学派 3-216a
管足苔虫型群体 1-304b
毌丘俭 9-453f
贯节 3-216b
贯口 4-27a
贯流式水轮机 7-94a
贯头衣 9-354e
贯休 3-216b
贯众 3-216b
冠礼 3-216c, 1-579a
惯犯 3-216d
惯性 3-217a
惯性参考系 3-216e, 1-472b
惯性导航 3-216f, 3-394c
惯性定律 3-217a, 5-600d
惯性矩 9-511e
惯性离心力 8-190e, 9-461b
惯性力 3-217a
惯性力场 2-195e
惯性平台 3-394c
惯性系 2-195e, 3-216e, 3-237e
惯性约束聚变 3-217b
惯性制导系统 3-217c
惯性质量 2-407d, 9-314e
惯性坐标系 3-216e
灌肠 3-217d
灌顶 3-217e, 7-359f
灌溉 3-217f
灌钢 3-218a
灌浆 3-218a
灌浆材料 3-218a
灌木 3-218b, 5-488c
灌木果树 3-300a
灌木林 3-218c
灌木树种 4-5a
灌县 2-349d
灌婴 3-47e
灌州 2-349d
鹳属 1-197c
鹳形目 3-218d
鹳鱼石斧图彩陶缸 8-471b
罐式起泡葡萄酒 6-101e
罐头 3-218e
罐头制品 2-486f
光 3-219a, 3-351e
光斑 3-219b, 7-264e
光笔 2-285f
光波 1-372b
光波传播 3-219c
光波刺激 7-30d
光波导 3-219d
光剥舌 6-478c
光钹 1-410d

光程 2-540e
光出射度 2-606e
光唇鱼 1-188e
光存储材料 3-221d
光大大厦 1-365f
光导高分子 3-140c
光导纤维 3-69c, 3-221d, 3-229e
《光的壁龛》 1-105b
光的波动说 3-506a, 8-74f
光的二象性 3-219e
光的反射定律 3-221e, 4-79b
光的干涉 3-219f
光的可逆性原理 2-540f
光的偏振 3-220b
光的色散 3-220c
光的吸收 3-220d
光的衍射 3-220e
《光的赞歌》 1-79e
光的折射定律 4-79b
光的直线传播定律 4-79b
光电倍增管 3-221a
光电池 7-266b
光电管 3-220f, 3-221b, 9-254d
《光电管及其应用》 9-520d
光电集成材料 3-221a, 3-221e
光电集成技术 1-232f
光电晶体管 3-223d
光电器件 9-586f
光电扫描仪 6-414d
光电探测器材料 3-221d
光电显示材料 3-221d
光电效应 3-221b, 1-89a, 4-565d, 5-406b, 9-590b
光电星等 8-305a
光电钟 9-453a
光电转换材料 3-221e
光电子 3-221b
光电子材料 3-221d
光电子能谱 1-355c
光动能手表 6-605b
光度学 2-606b
光反射 3-221e
光复会 3-221f, 1-471b
《光复时期》 1-442b
光复运动 1-179f
光固化涂层 3-224d
光光剧社 4-252f
光合磷酸化 1-15d
光合色素 9-105c, 9-164b
光合细菌 3-221f
光合自养 6-545a
光合作用 3-222a, 6-545a, 7-294e, 8-494d, 8-498d, 9-304e
光核反应 3-222d
光呼吸 3-222d, 9-303a
光华大学 3-533f
光华岛 6-329c
《光华日报》 7-324b
光化学 3-222e, 8-71c
光化学法 7-396f
光化学反应 3-222f, 3-223c
光化学复印 3-12e
光化学疗法 3-224a
光化学烟雾 3-223a
光环（天文学） 8-316e
光环效应 3-223b
光幻觉 5-46f
《光辉的里程》 2-361b
“光辉孤立” 3-223b
光活性高分子 3-140c
光极 2-547d
光解 3-223c
光晶体三极管 3-223d
光刻胶 3-224d
光控场致发光 3-194a
光缆 3-223e, 3-230b
光亮 9-78a
光亮度 2-606e
光量子 3-221c
光量子假说 1-89a, 8-75f
光疗 3-223e
光卤石 3-224b
光卤石矿床 9-262d
《光论》 3-615a
光密度计 1-420c
光密介质 9-238e
《光面包》 7-52e
光面爆破 1-253c
光面内质网 5-561e
光敏高分子 3-224c
光敏疗法 3-224b
光敏素 3-224d
光敏陶瓷 3-224e
光敏性皮炎 3-224f
《光明》(H.巴比塞) 1-148f
《光明》(戈伊蒂索洛兄弟) 3-86d
“光明道路”民主党 3-314e
光明顶 3-596e
《光明日报》 3-225a
光明日报报业集团 3-225b
“光明日本”议员联盟 5-18c
光明绒 6-331d
光明社 1-148f
《光明行》 5-117a
光能营养菌 5-132b
光年 3-225b
光耦合器 3-223e
光盘存储器 3-225b
光皮木瓜 5-489c
光平衡滤光镜 5-189e
光谱 3-225c
光谱法 7-397a
光谱分析 2-547c, 3-225d
光谱分析法 1-308c, 4-46b
光谱光视效率 2-606d
光谱光视效率函数 4-443f
光谱光视效能 2-606c
光谱化学分析 3-225d, 2-547c
《光谱化学分析》 1-308c
光谱双星 7-80c
光谱同位素效应 7-398a
光谱学 3-225e
光谱仪器 3-225f
光气 3-226a, 5-139b, 6-396e, 7-151d
光气候 1-465c
光气窒息弹 2-264e
光球 3-226b
光球层 3-226c, 7-264d
《光荣榜报》 3-52b
光荣革命 3-226c
《光荣之路》 7-133f
光散射 3-226d
光散射染料探针 7-291d
光社 3-226f, 1-567b
光声光谱 3-227a
光声效应 3-227a
光世音 3-209d
光适应 7-30f
光疏介质 9-238e
光速 3-227a
光速不变原理 3-227d, 8-156e
光塔寺 3-559f
光弹性法 6-616a
光通量 2-279a, 2-606e, 5-125e
光通信系统 7-392f
光未然 3-227d, 3-586a, 4-605a
光污染 3-227f
光熙门 2-81a
光细菌 3-221f
光纤 3-228a, 3-219d, 3-221d, 3-229e
光纤传感技术 6-616c
光纤面板 3-230a
光纤通信 3-228a, 3-230a
光纤通信系统 7-392f
光线 4-79b
光线偏折 3-228b
光线追迹 4-79c
光效 2-279b
光效应艺术 3-228c
光行差 3-228c, 1-439a
光性矿物学 4-503d
《光性矿物学》 3-416d
光绪帝 3-228d, 1-142e, 2-44c, 4-406a, 8-69a, 9-102f, 9-151e
光学 3-228d
《光学》(J.开普勒) 5-599f
《光学》(I.牛顿) 9-111c
《光学》(欧几里得) 6-14a
《光学》(托勒玫) 7-453f
光学保护膜 3-229b
光学变星 1-344d

光学玻璃 3–229a, 2–589a
光学薄膜 3–229a
光学参考系 7–357c
光学反射膜 3–229b
光学格波 6–553e
光学功能材料 3–221d
光学共振腔 4–56b
光学还音 2–292a
光学混频 2–515f
光学介质材料 3–229b
光学介质晶体 4–301e
光学晶体 3–229c
光学滤光膜 3–229b
光学声子 6–553e
光学双星 7–80b
光学水晶 6–605a
光学塑料 3–229d
光学天文学 7–361e
光学图像处理 8–482d
光学纤维 3–229e, 3–223e, 8–173a
光学显微镜 8–176a
光学显微镜摄影 8–176b
光学耀斑 7–269e
光学荧光 9–15c
光学增白剂 9–170f
光学增透膜 3–229b
光学整流 2–515f
光压 3–230b
光耀剧团 5–469d
光叶榉 4–335c
光叶蔷薇 9–120f
光叶苕子 6–472d
《光阴的飞逝》 1–25f
《光阴的故事》 7–250d
光莹石（中医） 6–478c
《光与影集》 9–71a
光裕公所 3–230c, 7–521b
光裕社 3–230c, 8–162e
光源寿命 2–279b
光岳楼 3–230c, 5–69a
光云锦 1–95c
光泽（矿物） 4–502a
光照度 2–606e
光折变晶体 4–301f
光折射 3–230d
《光之颈饰》 6–570a
光致变色聚合物 3–140c
光致发光 3–193f, 9–15c
光致发光材料 2–431e
光致抗蚀剂 3–224d
光州 3–230e
光州（南北朝，今山东境内） 4–536e
光州市 3–230f
光轴 7–80f
光子 3–230f, 2–287e, 3–219f, 3–221c
光子工厂 7–394e
光子活化分析 4–6f
光子计数摄像机 6–504f
咣咣子 6–200d
广安府 3–231a
广安军 3–231a
广安市 3–231a
广安州 3–231a
广播 3–231b
广播操 3–231f
广播电台 3–231b
《广播歌选》 9–445d
广播剧 3–231e
广播体操 3–231f
广播卫星 7–392e, 7–567d
广播星历 6–262c
广布野豌豆 6–472d
广彩 3–232a
广昌县 9–163e
《广场故事》 5–331f
广场剧 4–215c
《广成集》 2–358a
广翅目 3–232b
《广川画跋》 3–557b
广船 2–461e
广岛 3–232c
《广岛之恋》 3–232d, 2–359a, 4–569a
《广灯录》 8–47e
广东菜 3–232f
广东潮剧院 1–543f
广东大学 9–436d
广东汉剧 6–552d
广东话 9–131f
广东南洋烟草公司 5–546a
广东琼剧院 6–238e
广东琼崖道 3–334c
广东全省商团军联防总部 1–561b
广东省 3–232f
广东省立艺术专科学校舞蹈系 8–37a
广东省行政区划 3–233b
广东师范学院 3–535c
《广东土话字汇》 5–264b
《广东土壤之概况与农林利用之区分》 2–205a
广东香肠 8–192b
广东沿海图 9–179c
广东音乐 3–234c, 5–101d
广东粤剧团 5–276e
广东粤剧学校 1–200e
广东粤剧院 1–200e
广东猪 1–161e
广府话 9–131f
广府人 5–101d
广府文化 5–101d
广柑 1–594b
广告 3–234d
《广告管理条例》 3–234e
广告心理学 8–215a
广汉市 3–234e
《广汉魏丛书》 4–299e
广汉县 3–234e
广和成班 9–58e
广黑点瘤姬蜂 4–40a
《广弘明集》 2–166d
广化寺 4–282f
广惠司 1–88d
广藿香 3–234f
广济河 1–480f
广济楼 1–545b
广济渠 1–480c
广济县 8–61a
广肩小蜂 8–223b
广角镜头 4–318b
广九铁路 6–509b
广觉寺 8–47d
《广绝交论》 5–112c
《广阔的腹地:条条小路》 3–235a
广利桥 5–149f
广梁湾 5–538c
广陵 3–235b, 8–24e
《广陵潮》 9–85d
广陵国 8–448e
广陵派 6–203a
广陵清曲 8–448d
《广陵散》 3–235c, 3–215b
广陵县 4–173b, 8–448e
《广陵止息》 3–235c
广面涵化 7–588c
广目天王 7–148d
广南社 5–540b
广宁府 1–287b
广宁县（辽，今河北境内） 1–506c
广宁县（清，今辽宁境内） 1–287b
广宁油茶 9–37b
广谱抗生素 7–411b
广谱青霉素类 6–208d
广腔 9–132b
《广群芳谱》 6–223c
广柔县 1–258b
广胜寺 5–90b
广式糕点 3–81d
广式月饼 9–120b
广水市 3–235c
《广天籁集》 2–416f
广田弘毅 2–323e, 4–315b
广通渠 7–211c
广西八角枫 1–143f
广西博物馆 5–537f
广西大学 3–235d
广西桂剧团 8–585a
广西农学院 3–235d
广西文场 3–235e
广西壮族自治区 3–235e, 9–516d
广西壮族自治区行政区划 3–236b
广县 6–215d
广岘关 8–556a

《广现实主义》 7-601c
广绣 9-132d
广学会 3-237a, 7-480e
《广雅》 3-237b
《广雅疏证》 7-505c
广延量 8-72b
广阳郡 9-519c
广义导数 7-538c
广义德育 2-190a
广义犯罪学 2-478d
广义函数 3-237c
广义胡克定律 3-506a, 7-284a
广义环境经济核算 3-569a
广义建筑学 1-273d
广义力 3-237d
广义贸易条约 5-328e
广义牛顿流体 2-514d
广义人口政策 6-290f
广义天然气 7-357e
广义统筹模型 7-405e
广义透视学 7-415b
广义土地市场 7-434d
广义网络经济 7-522c
广义系统论 8-147e
广义相对论 3-237d, 8-75e, 9-69c
广义信息经济 8-299a
广义信息资源 8-300f
广义影子价格 9-19f
广义杂技 9-146e
广义宗教学 9-556c
广义坐标 3-238a
广义坐标位形空间 3-238b
《广艺舟双楫》 3-238b
《广舆图》 3-238c, 3-166c
《广语丝》 6-17b
广玉兰 9-75d
广郁县 1-176a
广域网 3-238d, 4-93e
广元千佛崖造像 3-238e
广元市 3-238f
广元县 3-238f
《广韵》 3-239a, 4-78c
《广州暴动》 4-410a, 7-193c
广州菜 3-232f
广州抽水蓄能电站 3-239b
广州豆瓣菜 2-345c
广州国际会议展览中心 3-613d
广州国民政府 3-292c
《广州和约》 3-519b, 6-405e, 8-387f
广州科学城 3-239d
广州起义 7-432a, 9-208c
广州市 3-239b
广州市立美术学校 3-68c
广州"四一五"反革命大屠杀 8-217a
广州通海夷道 5-101c
广州湾 9-188f
《广州湾租界条约》 9-564f
广州牙雕 8-389d
《广卓异记》 9-125c
归尔礼 3-240c
归化族 2-403e
归寂 9-113a
《归家》 4-158d
归经 3-239e
《归来的歌》 1-79e
《归来的羊群》 3-103a
《归来以后》 1-365a
归纳 3-239f, 4-299a
归纳逻辑 3-239f, 7-449c
归纳推理 5-222e, 7-449c
归纳推论 4-299a
《归潜志》 4-239a
《归去来辞》 9-232b
《归去来兮辞》 7-327f
归仁 1-410b
归绥市 3-496e
归田 8-426b
《归田祝寿图》 2-134a
《归途》 4-489a
归熙甫 3-240b
归乡 9-531f
《归心似箭》 1-146d, 4-601d, 7-132e
归玄恭 3-240c
归义军 7-445b, 9-214f
归因理论 3-240a
归有光 3-240b
归真 9-113a
《归真要道》 3-240b
《归真要道释义》 3-240b
归正会 4-44a, 4-109b
归庄 3-240c, 3-199d, 6-222f
《归庄集》 3-240c
归祚明 3-240c
圭笔 5-313b
圭表 3-240d
圭多 8-51e
圭多·迪彼得罗 1-100b
圭尔夫大学 1-91e
圭峰禅师 9-558b
圭纳瀑布 5-265d
圭亚那 3-240e
《圭亚那报》 2-455b
圭亚那大学 3-241c
圭亚那高原 3-241d
圭亚那广播公司 3-241c
圭亚那合作共和国 3-241a
圭亚那民主力量 2-455a
圭亚那暖流 2-109f
圭亚那社会党 2-455a
圭亚那新闻社 3-241c
龟板 7-615f
龟背竹 3-241d
龟鳖目 3-241e, 6-28c
龟符 2-605c
龟甲 3-241f
龟甲科 3-241f
龟灵崇拜 6-55a
龟龄岛 6-447f
龟蒙顶 5-371f
龟山岛 8-540c
《龟兔赛跑》(电影) 7-483b
《龟兔赛跑》(木偶剧) 9-387b
龟羊汤 3-514b
《龟与鹤》 9-387c
规定 8-317f
规定的职业病 9-299f
规定航线 3-339b
规定型角色 6-489b
规范变换 2-275f
规范场 3-242a
规范法学派 4-393a
规范性法律规则 2-210d
规范性培训 3-56b
规律 3-242b
《规律论》 3-553f
规模不经济 3-242c, 3-242d
规模经济 3-242c
《规训与惩罚》 2-611a
规元银 8-580d
规则间歇泉 4-161f
规则卫星 7-566f
闺门旦 2-147e, 3-364a
硅 3-242d
硅草原 2-64c
硅单晶气压表 6-150a
硅谷 3-242f, 4-426f, 5-346c, 6-560e, 6-561c
硅化木 3-243a
硅灰石 3-243a
硅胶 3-33c
硅晶体管 4-303a
硅铝酸盐分子筛 2-551f
硅青铜 6-211c
硅三角 5-346c
硅砂 2-325d, 9-222a
硅石 2-429c
硅酸钠 3-243b
硅酸盐 3-243c
硅酸盐夕卡岩 8-81a
硅橡胶 3-243d
硅氧四面体 3-243c
硅藻 3-243e
硅藻门 3-243e
硅藻土 5-90c, 6-571e
硅质泥岩 5-581a
硅质软泥 2-370c
硅质页岩 8-503a
鲑 3-243e
鲑鲫鱼属 3-244a
鲑鲤目 3-244a
鲑鲈鱼 3-244b, 9-253a

鲑属 3-243f
轨道变换 3-301b
轨道舱 4-467f, 9-152c, 9-410e
轨道磁量子数 5-63b
轨道电路自动闭塞信号 2-243d
轨道电子俘获 9-589e
轨道轰炸武器 4-467b
轨道控制系统 3-400f
轨道类型 7-381f
轨道量子数 9-110b
轨道器 3-399c
轨道寿命 3-244b
“轨道太阳观测台”卫星系列 7-363f
“轨道天文台”卫星 7-363f
轨道运行段救生 3-400b
轨道站 4-467d
轨迹 3-244c
轨生物解 2-435f
轨枕 7-381f
诡名析户 9-145e
鬼 3-244c
《鬼》 5-468c
鬼笔 3-244d
鬼笔菌 3-244d
鬼城 2-561b
鬼岛 6-397d
鬼督邮 7-353f
鬼方 2-208c, 5-302c
鬼谷先生 7-193b
鬼谷子 1-147c
鬼怪舞 9-160f
鬼魂拜物教 1-219c
《鬼魂奏鸣曲》 3-244d
鬼节 7-483a
鬼臼 7-322b
鬼脸 5-416d
鬼脸城 6-603c
鬼脸钱 8-553b
鬼脸天蛾 7-349c
《鬼恋》 8-349c
鬼媒人 5-452b
《鬼魅秀》 7-613a
鬼门道 3-153c
鬼门河 6-397d
鬼门瀑布 3-52d
鬼伞素 6-408b
鬼剃头 1-226f, 7-456c
鬼薪 9-183b
鬼鲉 3-244e
鬼仔班 9-223e
鬼仔戏 9-223e
《鬼子来了》 4-187a
癸丑之役 2-422e
癸二胺 1-332b
癸二酸 1-332b
癸卯学制 3-244f, 9-217c
癸硼烷 6-68a
癸酸 9-293c
《癸未和约》 7-109c
簋 3-245b, 9-364d
柜坊 7-303c
柜台交易 9-270e
柜台市场 3-185e
柜台药 2-512a
《柜中缘》 1-552d, 7-510f
《刽子手》(J.F.库珀) 4-489a
《刽子手》(P.拉格尔克维斯特) 4-516f
贵(贵州省简称) 3-246b
贵蛋白石 2-149d
《贵妃醉酒》 2-579b, 5-333c, 8-216f
《贵妇还乡》 9-485c
贵港 3-245c
贵港市 3-245c
《贵公子行》 6-202a
贵己 8-468d
贵金属 3-245d, 4-255a, 6-585a, 9-48e
《贵人迷》 5-469e
贵霜王 9-124f
贵霜王朝 2-112a, 7-445d, 8-600b
贵霜艺术 3-245e
贵无论 7-490d
贵溪市 3-245e
贵溪冶炼厂 3-245f
贵县 3-245c
贵阳府 3-245f
贵阳市 3-245f
贵由 1-496c, 7-607e, 7-607f, 9-88b
贵州 3-245f
贵州高原 9-134b
贵州省 3-246b
贵州省行政区划 3-246d
《贵族的荣誉高于一切》 2-171c
《贵族的上尉》 3-177d
贵族共和制 3-148d
贵族君主制 4-360a
贵族院 5-453d, 8-558f, 9-2b
《贵族之家》 7-429d
桂(广西壮族自治区简称) 3-235f
桂滇越联盟会 6-42a
桂馥 3-493f, 8-369d
桂格公司 1-215b
桂宫 1-507b
《桂河大桥》 3-247b, 3-91b
桂花 3-247c, 2-493e, 5-492f
桂花庄 3-532c
桂江 4-580a
桂剧 3-247e, 3-235e
桂剧四大名旦 8-585a
桂离宫 4-543d
桂良 2-257f, 7-352d, 7-352e, 7-597a, 8-469e
桂林道 3-248c
桂林郡 9-75e
桂林漓江风景名胜区 4-580a
桂林山水 3-247f
桂林市 3-248b
桂柳作战 9-84a
桂铭新 3-394e
桂南会战 2-363e, 4-508a
桂皮 3-236e, 9-222c
桂平市 3-248d
桂平县 3-248d
桂西运动 8-613f
桂系军阀 3-248d, 6-589a
桂香柳 6-429f
《桂学答问》 4-406a
桂阳府 1-548e
桂阳州 1-548e
桂圆 3-248e, 5-144d
《桂苑笔耕》 2-56d
桂枝汤 4-228e, 6-451b, 8-261e
桂质廷 3-248e
桂竹 9-496d
桂竹香属 6-591f
跪合十 3-410e
《跪着的人》 2-68d
鳜 3-248f
鳜属 3-248f
衮秋丹白准美 3-152f
辊子输送机 7-56b
滚杯 3-249a
滚唱 8-200f
滚存结余 1-463b
滚蛋包 4-278a
滚调 6-213c, 8-553c, 9-59a
滚动静摩擦因数 5-456c
滚动摩擦 3-249c, 5-456c
滚动摩擦因数 5-456c
滚动摩阻 3-249c
滚动轴承 9-478b
《滚滚红尘》 9-203d
滚环 3-249c
滚龙江 6-360a
滚切法 6-191a
滚石乐队 9-460d
滚弯 2-8d
滚针轴承 9-478c
滚珠笔 1-323b
滚珠轴承 3-325b
滚装船 3-249c, 9-143a
滚子轴承 9-478c
鲧 8-160c
棍 3-249d
过惕生 5-592d
郭宝臣 3-249e
郭宝钧 3-249f
郭伯琛 3-252e
郭伯雄 3-250a
郭晨 4-386e
郭楚望 3-251b
郭春山 3-20d

郭淳夫 3-253a
郭大力 3-250b, 7-514f
郭店楚简 3-250c
郭敦仁 7-521e
郭恩大 3-253d
郭尔罗斯部 6-160d
郭奉孝 3-250e
郭富 6-405f
郭公（大杜鹃） 1-436d
郭汉城 3-250c
《郭汉城诗文戏曲集》 3-250d
《郭弘农集》 3-251f
郭洪茹 2-367a
郭桓 3-250d
郭桓案 3-250d
《郭家庙碑》 8-438c
郭嘉 3-250e
郭晶晶 3-250e
郭景纯 3-251f
郭筠仙 3-252e
郭克兰纽，R. 1-308c
郭琨 9-387f, 9-388b
郭兰英 3-251a
郭乐 9-24b
郭雷枢 8-107b
郭量宇 3-252f
《郭林宗碑》 1-470f
郭茂倩 3-504c, 8-293d, 9-124f
郭沔 3-251b
郭沫若 3-251b, 2-32e, 2-326e, 6-4c, 9-377b
《郭沫若全集》 3-251d
郭品文 3-251e
郭璞 3-251f, 2-419e, 2-567e, 6-437e
郭启儒 3-485d
郭全宝 3-485d, 5-104d
郭任远 8-315e
郭若思 3-252c
郭若虚 3-556d, 7-421a
郭绍虞 3-252a, 2-130f
郭实腊 3-252b
郭士立 3-252b, 2-326f
郭世苍 2-82d
郭守敬 3-252c, 4-159d, 7-389d
郭书春 7-209a
郭淑珍 3-252d
郭思 5-84e
郭松龄 2-581c
郭嵩焘 3-252e
《郭嵩焘日记》 3-252f
郭廷以 3-252f
郭威 3-253a, 1-264a, 3-495d, 3-495e, 3-495f, 5-106b, 8-47a
郭文宝 2-427c
郭希汾 3-252a
郭熙 3-253a, 5-84e, 9-162c
郭象 3-253c, 9-514c
郭小川 3-253d
郭兴福 2-74a
郭兴福教学法 4-592b
郭杏红 9-546f
郭琇 5-452b
郭勋 5-446d
郭应祥 7-314e
郭英乂 6-510a
郭永怀 3-253e
郭元振 7-316c
郭占基 4-212b
郭正泉 7-512a
郭正域 2-20b, 8-476e
郭子兴 3-254a, 5-449e
郭子玄 3-253c
郭子仪 3-254a
郭宗皋 3-119c
崞县 9-105d
锅炉 3-254b
锅炉效率 3-254d
锅贴饺 4-206c
蝈蝈 9-455d
蝈蝈白菜 8-389d
国本社 6-315e
《国本诏书》 1-120c, 5-287f
《国币条例》 7-404d, 8-469d
国标舞 3-258f
国别配额 4-268f
《国朝词综》 6-224c
《国朝词综二集》 6-224c
《国朝词综续编》 6-224c
《国朝诗别裁集》 6-230f
《国朝文汇》 6-232b
《国朝文类》 9-97e
《国朝献徵录》 3-254d
《国策基准》 2-79b
国粹 3-294f
国大 3-288d
国大党（I.甘地派） 3-35b
国大党（社会主义派） 8-598a
国大党（印度国民大会党） 2-511b, 8-597e
国大党（组织派） 8-597f
国道 2-163f, 3-134e
国防部保密局 4-357a
国防部第二厅 4-357a
国防部第五研究院 9-371c
国防动员 9-187f
国防经济 3-254f
国防经济关系 3-254f
国防经济活动 3-255a
国防军最高统帅部审判（纽伦堡审判） 5-604f
国防坑道 2-240e
《国防论》 4-188c
国防设计委员会 9-526f
国防摄影 2-510d
国防文学 9-474b
国防戏剧 3-255b
《国防新论》 8-457a
国防最高委员会 9-418e
《国风》 3-255b, 6-574c
《国富论》 3-255e, 3-287f, 8-400b
国歌 3-255e
国共合作 3-256a
国共谈判 2-196c
国号纪年 5-18a
国后岛 1-262d, 5-330f
国花 3-256b
国槐 3-256c, 3-562f
国徽 3-256c, 5-55a, 5-82d
国会 3-256e, 8-558f
国会请愿运动 3-256e
国会听证会 3-256f
国会纵火案 3-257a
国籍 3-257b
国籍的积极冲突 3-257d, 7-77f
国籍的消极冲突 3-257d
《国籍法》 3-257e
《国籍问题的比较研究》 4-597b
国际安培 1-103d
国际奥林匹克委员会 3-257e, 2-203e
国际奥委会 3-257e
国际版权同盟 1-397b
国际棒球联合会 1-235b
国际磅 1-235d
国际保龄球联合会 1-245b
国际北极科学委员会 1-264f
国际笔会 3-258b
国际壁球联合会 1-333f
国际避税 3-258b
国际标准 3-258c
国际标准化组织 3-258c
国际标准刊号 3-258e
国际标准米尺 8-537b
国际标准书号 3-258f
国际标准舞 3-258f
国际冰壶联合会 1-363d
国际冰球联合会 1-364c
国际博览会 1-63d
国际博物馆协会 1-417f
国际捕鲸委员会 4-544d
国际不法行为 3-286c
国际裁军问题 3-259a
国际测量标准 1-486e
国际常设仲裁法院 3-259f, 3-278a
国际冲突 3-260b
国际船舶代理 2-29c
国际纯粹与应用化学联合会 9-46c
国际大地测量学协会 3-326f
国际大学生体育联合会 7-16a
国际大学生运动会 7-16a
国际单位制 3-260b, 2-275b, 4-89a, 8-72e
《国际单位制(SI)》 3-260e

国际登山协会联合会 6-43c
国际地理联合会 1-250f, 7-67a
国际地球物理年 5-526d
《国际电报公约》 3-261b
国际电报联盟 3-261b
国际电工委员会 1-501e
国际电联 3-261b
《国际电信公约》 3-261b
国际电信联盟 3-261b
国际电讯联盟 1-397b
国际电影电视院校联合会 1-268b
国际电子贸易示范法 3-261c
国际东方学会议 2-319c
国际儿童年 3-261d
国际二叠系地层委员会 2-424b
国际发生认识论中心 6-75a
国际法 3-261d
《国际法》 9-468a
《国际法大纲》 9-468a
国际法上的海盗 3-320d
国际法委员会 5-605a
《国际法原理》 7-511a
《国际法原则》 1-297d
国际法院 3-262c, 5-41f
国际法制计量大会 3-262e
国际法制计量局 3-262e
国际法制计量委员会 3-262e
《国际法制计量组织公约》 3-262d
国际帆船运动联合会 2-461f
国际犯罪 3-276d
国际分工 3-262e
国际风筝联合会 2-570d
国际服务贸易法 3-262f
国际服务贸易惯例 3-263a
国际妇女节 1-470a
国际妇女理事会 1-94f
国际妇女联合会书记处 1-470a
国际妇女年 7-368f
国际复兴开发银行 3-263b, 3-265e
《国际复兴开发银行协定》 3-265d
《国际歌》 3-263c, 1-169c, 3-120d, 8-526e
《国际革命协会的原则和组织》 1-161f
国际工程承包 3-263d
国际工人协会 2-265e, 3-263e
《国际工人协会成立宣言》 2-265f
国际工人运动 3-263e
国际工业博览会 3-378f
国际工业设计学会联合会 3-127f
国际公断 3-277f
国际公法 3-261d
国际公理宗协会 3-134b
国际公司 4-493c
国际公制 3-139b
国际共产主义通讯委员会 3-263e
国际共产主义运动 3-263e, 5-255a
国际广播电视组织 6-25b
国际圭亚那电台 2-455b
国际滚轮溜冰联合会 5-196d
国际海道测量组织 3-264a
国际海里 3-331c
国际海事法 3-263f
国际海事卫星组织 3-277b
《国际海事卫星组织公约》 3-277b
国际海事组织 3-263f
国际海图 3-264a
国际海洋法法庭 3-264b
《国际海洋考察会议杂志》 4-524f
国际海运航线 3-339a
国际航海会议 3-347f
国际航空法 3-264b
《国际航空管理公约》 3-264b
国际航空联合会滑翔委员会 3-542f
国际航空运动联合会 3-394e, 7-377c
国际和平公园 1-516f
国际核电子学会议 3-434a
国际亨利 3-462c
国际红十字 3-473b
国际护士节 5-521f
国际划艇联合会 6-72b
国际滑板滑雪联合会 2-141c
国际滑冰联盟 2-366f, 3-540f, 7-202f
国际滑水联合会 3-542a
国际滑雪联合会 2-141c, 3-542f, 7-378b
国际化学计量学学会 3-549c
国际环境法 3-264c
国际汇兑 3-264f, 3-266f, 7-473b
国际或涉外海事仲裁 3-272e
国际或涉外经济贸易仲裁 3-272e
国际货币法 3-265d
《国际货币基金协定》 3-265d
国际货币基金组织 3-264f, 3-265d, 4-392d
《国际货币基金组织协定条款》 5-363c
国际货币金融法 3-265c
国际货币体系 3-265e
国际货物多式联运 5-46b
国际击剑联合会 4-28b
国际机场 6-360f
国际级裁判员 1-465c
国际级运动健将 9-141e
国际极年 1-264d
国际计量大会 1-103d, 3-260b, 4-398a, 5-401f, 5-419c
国际计量局 3-265f, 3-139b, 5-393e, 5-401f, 6-157b
国际计量委员会 5-401f
国际技巧联合会 4-99b
国际技术贸易 3-266a
国际技术贸易法 3-266a
国际技术转让 3-266b
国际价格 3-266d
国际价值 3-266c
国际减轻自然灾害日 3-266d
国际减轻自然灾害十年 3-266d
国际健美联合会 1-559c, 4-169b
国际交换 3-266e
《国际教育标准分类法》 4-210c
国际节 4-215c
国际结算 3-266e, 3-267a
国际金融 3-266f
国际金融法 3-265d
国际金融市场 3-267a, 3-267a
国际金融中心 3-267b
国际经度会议 6-610a
国际经济法 3-267c
《国际经济合作》 2-304c
国际经济合作会议 3-267e
《国际经济合作会议报告》 3-267f
国际经济技术合作 3-267f
国际经济协调机制 7-18f
《国际经济一体化》 2-304c
国际经济组织 7-18e
国际景观生态学会 4-311d
国际竞争力 3-267f
国际旧秩序 3-276a
国际救助公约 3-268a
《国际局势和反对战争的统一行动宣言》 1-179e
国际举重联合会 1-559c
国际开尔文温度 3-273b
国际开发协会 3-268b
国际科学基金 4-441b
国际科学联合会 1-478c
国际空间年 3-397b
“国际”空间站 3-268c
国际库仑 4-487f
国际会计 3-268f
国际会计师联合会 3-269a
国际会计专业协调委员会 3-269a
国际篮球联合会 4-546f
国际劳动妇女节 3-269b
国际劳动节 3-269c, 5-479a
国际劳工大会 3-269d
国际劳工局 3-269d
国际劳工组织 3-269d
国际垒球联合会 4-572a
国际连珠联盟 8-54c
国际联合会 3-269d
国际联合银行 8-583b
国际联盟 3-269d, 4-76e
国际联盟调查团 3-269f
《国际联盟盟约》 2-466a, 7-529b
国际流通资金 3-272b
国际流行色委员会 5-128d
国际垄断资本 5-146e
国际轮滑联合会 5-196e
国际马格纳格雷西阿研究会 7-241b
国际贸易 3-270a
《国际贸易标准分类》 2-16b
国际贸易法 3-270c

国际贸易法委员会 3－270e
国际贸易惯例 3－270f
《国际贸易实务》 1－110d
《国际贸易术语解释通则》 3－263b, 3－270f
国际贸易仲裁 3－270f
国际民航组织 3－271b, 4－217c
国际民事诉讼法 3－271c
《国际民用航空公约》 3－271d, 2－507f, 3－264c, 3－271b, 5－102d
国际民主法律工作者协会 6－518c
国际民主妇女联合会 5－139b
国际摩托车运动俱乐部联合会 5－464a
国际摩托车运动联合会 5－464b
国际摩托艇联盟 5－464b
国际木偶协会 5－491f
国际木偶艺术节 5－491f
国际南极冰川计划 5－526e
国际南极科学委员会 5－526d
国际能源机构 3－271e
《国际能源机构协议》 3－271e
国际农业发展基金会 3－271e
国际女权运动联盟 1－94f
国际女子曲棍球联合会 6－248a
国际欧姆 6－15e
国际排球联合会 6－37b
国际乒乓球邀请赛 6－86a
国际平民教育之父 8－443b
《国际评论集》 6－182d
国际企业收购 3－272a
国际汽车联合会 6－151f
国际千克原器 6－157a
国际青年旅舍联盟 6－209c
国际清偿能力 3－272b
国际清算银行 3－272b
国际曲棍球联合会 6－248a
国际人的权利联盟 3－272d
国际人类基因组测序协作组 6－291d
国际人类学与史前考古学大会 4－416e
《国际人权公约》 3－136b
国际人权联盟 3－272d
国际日期变更线 6－610a
国际柔道联合会 6－335d
国际赛艇联合会 6－381b
国际商事仲裁 3－272e
《国际商事仲裁示范法》 9－459d
国际商用机器公司 3－272f
国际社会科学理事会 1－154f
国际射击联盟 6－503c
国际摄氏温度 3－273b
《国际审计指南》 3－269b
国际审计准则 3－273a
国际时间局 3－275b, 6－608f, 6－609c
国际实用温标 3－273a
国际市场 3－273b, 7－25f
国际市场价格 3－266d
“国际式”建筑 8－182a
国际事务局 3－260a
国际收支 3－273c, 3－266f
国际收支平衡表 3－273e
国际水法 7－84a
国际税法 3－273f
国际税收 3－274a
国际私法 3－274b, 2－2f
国际私法规则 2－217a
国际私法条约 6－245e
《国际私法总论》 4－597b
国际特赦组织 2－103d
国际特殊奥运会组织 7－334b
国际体操联合会 4－169d
国际体育奥斯卡金像奖 4－432b, 5－119f
国际天文学联合会 7－362e, 8－230c, 8－309b
国际田径联合会 5－258b, 7－370c
国际铁路联盟 1－397b
国际通信卫星 7－392c
“国际通信卫星” 3－274d
“国际通信卫星”Ⅴ号 3－340e
国际投资 3－274e, 3－267a
国际投资法 3－274e
国际投资银行 3－274f
国际投资争端清算中心 3－263b
国际图书博览会 3－275a
国际托福测验 7－453a
国际外科学会 6－518c
国际网球联合会 7－523e
国际温标 3－273a
国际文化馆 1－516f
《国际无线电报公约》 3－261b
国际习用原点 3－275a
《国际先驱论坛报》 3－275b
国际现代五项和冬季两项联盟 8－179d
国际现代五项联盟 8－179d
国际象棋 3－275c
国际象棋奥林匹克赛 3－275c
国际象棋奥斯卡奖 4－366f
国际消费者权益日 3－275f
国际协议原点 3－276a, 3－275a
国际心理分析协会 2－596c
国际新教育联谊会 8－275a
国际新闻社 3－411f
《国际新闻通讯》 1－557a
国际新秩序 3－276a
国际信德通讯社 2－485c
国际信鸽联盟 8－296f
《国际信号规则》 3－276b
国际信号旗 3－276b
国际信用 3－267a
国际刑法 3－276d
国际刑法学会 4－612a
国际刑警组织 3－276f, 7－390e
国际刑事合作 3－276f
国际刑事警察委员会 3－277a
国际刑事警察组织 3－277a
国际药典 8－484b
国际业余棒球联合会 1－235b
国际业余拳击联合会 6－267a
国际业余摔跤联合会 7－76f
国际伊斯兰圣战阵线 1－307b, 1－307c
国际移动卫星组织 3－277b
国际因素 3－274b
国际音标 3－277b
国际音高 1－354e
国际游泳联合会 3－532b, 9－44a
国际羽毛球联合会 7－297e, 9－31e, 9－70a
国际羽毛球挑战杯赛 7－297e
国际语音协会 3－277c
国际语音字母 3－277b
国际原子能机构 3－277c, 3－435a
国际在线 9－367e
国际债券 3－277d, 9－177b
国际政治格局 7－16e
国际知识产权保护联合局 9－290d
国际植物园协会 9－306a
国际制裁 3－277e
国际仲裁 3－277f
国际重力基准 3－445a
《国际重要湿地名录》 8－204a
国际重载协会 9－463b
国际烛光 4－398a
国际主义 3－278a
国际资本流动 3－278a
国际子午线会议 2－223e, 2－228e
国际自行车联盟 9－546e
国际宗教史协会 9－557b
国际宗教史研究协会 9－557b
国际纵队 3－278b
国际租借 9－564e
国际足联 3－278b
国际足联世界杯 7－16a
国际足球联合会 3－278b, 9－566e
国际足球联合会世界杯比赛 7－15e
国际组织成员资格的继承 3－281a
国际SOS儿童村组织 9－587a
国家 3－278c
国家安全 3－279a
《国家安全法》 5－355a
国家安全机关 9－249c
国家奥林匹克体育中心 3－279a
国家保护 5－427a
《国家报》(乌拉圭) 8－4b
《国家报》(西班牙) 8－84c
国家标准 3－279c
国家标准化管理委员会 3－258e
国家标准化协会国际联合会 3－258d
国家财政资金 2－612f
国家测绘局地名研究所 9－170b
国家测量标准 1－486e
国家出入境检验检疫局 4－269a
国家大地控制网 3－279d
国家大地网 3－279d
国家大呼拉尔 5－377c

国家大剧院 4-339b
国家档案馆 3-279f
国家档案全宗 6-265e
国家导弹防御系统 3-280b, 7-367e, 8-306e
国家的国际责任 3-286c
《国家的性质》 1-161b
国家杜马 3-280d, 2-400a
国家法 1-68e
国家防汛抗旱总指挥部 2-495e
国家防汛总指挥部 2-495e
国家高程控制网 3-280e, 3-284a
国家高技术研究发展计划 9-591d
《国家工作人员公费医疗预防实施办法》 3-130d
国家公共档案馆 3-279f
国家公园 3-280e, 3-597c
国家公债 3-138e, 3-297d
国家公债券 3-286d
国家宫（海地） 7-271c
国家宫（墨西哥） 5-483f
国家宫（西班牙） 5-243b
国家股 3-295a
国家管理和国防基金 8-214c
《国家海上威力》 3-84e
国家航天试验发射场 3-398d
《国家和法百科全书》 7-137f
国家回归学派 7-448c
国家机构 3-280f
国家机关用地 7-434b
国家级裁判员 1-465c
国家级批发交易市场 6-69c
国家技术发明奖 3-282a
国家继承 3-280f
《国家间的政治》 5-459a
国家监督 3-281c
国家建材局管理干部学院 1-268c
国家建设用地 4-163f
国家结构 3-281d
国家结构形式 3-278f
国家金库制 3-287d
国家紧急状态委员会 1-146e
国家京剧院 3-281e
国家开发银行 3-281f, 9-279a
国家科学基金 4-441b
国家科学技术奖 3-282a
《国家科学技术奖励条例》 2-433c, 3-282a
国家科学技术进步奖 3-282a
国家控股公司 4-292b
国家篮球联盟 6-260e
国家礼炮 4-585d
国家利益 3-282b
《国家利益》 2-183d
国家垄断资本 5-146e
国家垄断资本主义 3-282c
《国家论》 1-412f
国家秘密警察 3-28d
国家南极考察委员会 9-387f
国家赔偿 3-282e
《国家篇》 5-11f
国家权力 6-257f
国家三要素说 3-278c
国家社会科学基金 4-441b
国家审计 3-283c
国家书目 3-283c
《国家书目机构和国家书目准则》 3-283e
国家水准网 3-283e
国家税 9-445e
国家所有权 3-284c
国家体育场 3-284d
《国家体育锻炼标准》 3-284e, 7-376f, 7-378b
《国家体育锻炼标准施行办法》 3-284f
国家天文大地网 3-279d
国家图书馆 3-285a
国家土地所有权 7-434e
国家小呼拉尔 5-377d
国家信息基础设施 4-93f
国家星火奖 3-282b
国家行为 3-285c
国家行政管理 8-316f
国家行政学院(中国) 3-285d
《国家行政学院学报》 3-285e
国家型（社会保障制度） 6-483e
《国家学概论》 4-393a
国家研究委员会 5-351f
国家医疗保险 8-535a
国家游泳中心 3-285f
《国家与文化社会学思想》 7-540d
国家语言文字工作委员会 3-286a
国家元首 3-286b
国家责任 3-286c
国家债券 3-286d
国家政权组织形式 3-278f
国家政治保卫局（格伯乌） 4-225b, 6-154c
国家政治保卫总局 4-225b
国家职能 3-286d
国家指导价 3-286d
国家至上主义 3-286f
《国家制度和无政府状态》 1-162a
国家质量监督检验检疫总局 3-325c
《国家重点保护野生动物名录》 1-360f, 9-250d
国家重点基础研究发展计划 6-43c, 9-592b
国家重力基本网 3-286e
国家重力网 3-286e
《国家主权宣言》 1-194f
国家主义 3-286f
国家助学贷款 9-501a
国家自然地图集数据库 9-425e
国家自然科学基金委员会 3-287a, 4-441b, 9-376c
国家自然科学奖 3-282a, 5-3d
国家自限说 8-487a
国家自主 7-448c
国家综合档案馆 2-154c
国家最高科学技术奖 3-287b
国界 3-287c, 1-337c
国境卫生检疫 4-156b
《国境之夜》 6-243b
国剧 4-281e
国军 3-289b
国库 3-287d
国库券 3-287c
国库制度 3-287c
国立巴库拉苏尔扎德大学 1-52a
国立包豪斯学校 1-236c
国立北京历史博物馆 9-367f
国立北京美术专门学校 3-287d
国立北京艺术专门学校 3-287d
国立北平大学医学院 1-273f
国立北平图书馆 4-283a
国立北平研究院 3-287e
国立北平艺术专科学校 3-287d, 8-219c
国立北洋大学 1-286b, 7-351a
国立长崎大学 1-516f
国立第四中山大学 2-324c, 5-529e
国立东南大学 5-529d
国立敦煌艺术研究所 2-378d
《国立国会图书馆月报》 6-316f
国立杭州艺术专科学校 3-391a
国立江苏大学 5-529e
国立京都博物馆 4-279f
国立九州工业大学 1-276c
国立莱索托大学 5-275a
国立历史博物馆筹备处 9-367f
国立罗安达大学 5-199a
国立罗得斯美术馆 3-309d
国立马赫图姆库里大学 7-439e
国立模范小剧院 8-224c
国立莫斯科罗蒙诺索夫大学 5-475a
国立青岛大学 6-435b
国立山东大学 6-435b
国立圣彼得堡里姆斯基－科萨科夫音乐学院 6-556e
国立塔什干大学 8-11e
国立同济大学 7-395e
国立武昌高等师范学校 8-56e
国立西北大学 8-86f
国立西南联合大学 1-267b, 5-531f, 6-226b
国立戏剧专科学校 9-374a
国立湘雅医学院 8-202b
国立亚马孙河研究所 5-271a
国立艺术院 3-391a, 9-381c
国立艺术专科学校 3-287e, 3-391a
国立音乐院 6-466c
国立音乐专科学校 6-466c, 8-219d
国立云南大学 9-135e
国立浙江大学 9-243f

国立中央大学 2-324c, 5-529e
国立自由美术家工作室 5-72c
国联 3-269d
《国联调查团报告书》 3-270a
国联影片公司 7-250c
《国民报》 8-257f
国民财产 3-293a
国民财富 1-461e
《国民财富的性质和原因的研究》 3-287f, 1-463f, 3-255e, 4-293e, 4-294d
国民参政会 3-288b
《国民参政会组织条例》 3-288b
国民大会 3-288d
国民待遇 3-288f, 7-473a
国民党 3-289a
国民党改组派 3-289a, 6-589b
《国民党改组问题》 9-370c
国民党五届三中全会 4-410c
国民党中央组织部调查科 9-439e
国民党中央组织委员会党务调查处 9-439e
国民革命军 3-289b, 3-289d
国民革命军第八路军 3-289c, 1-144b, 3-289c
国民革命军东征 3-289c
《国民革命军海陆空大战记》 4-97c
国民革命军陆军新编第四军 3-289e, 8-284e
国民公会 3-289e, 2-441a
国民共和党 5-352d
《国民教育和民主主义》 4-455d
国民经济 3-289f
国民经济管理 4-286c
《国民经济行业分类与代码》 3-290a
国民经济和社会发展计划 4-287e
国民经济核算体系 3-290b, 3-292a, 3-293c
国民经济恢复时期 3-290f
国民经济景气指数 3-291d
《国民经济学和社会主义批判史》 2-359d
国民军 3-291e, 9-418a
国民军联军 3-291e
国民可支配净收入 3-291f
国民可支配收入 3-291f
国民生产净值 3-292a
国民生产总值 3-291f, 4-285e
国民收入 3-292a
国民收入分配政策 1-464c
国民收入使用总额 4-39c
《国民收入与支出》 7-137a
国民收入再分配 3-292b
国民同盟 6-362d
国民先政会 1-243a, 4-406c
国民议会 8-558f
国民原始总收入 3-293b
《国民账户体系》 7-137b
《国民账户体系及辅助表》 7-137a
国民政府 3-292b
《国民政府对日宣战文》 7-250f
《国民政府建国大纲》 4-162d
国民政府军事委员会调查统计局 4-356f
国民政府军事委员会政治部抗敌演剧队 4-407e
《国民政府组织法》 3-292c
国民资产 3-293a
国民资产负债表 3-293a
国民自卫军 3-293a, 1-383c
国民总收入 3-293b
国难教育社 6-530a
《国内安全法案》 2-514c
国内城 3-66a, 3-66c
《国内和平协定》 9-217e
国内检疫 2-340c
国内金融危机 4-250f
国内票据 6-84a
国内生产净值 3-293e
国内生产总值 3-293d, 3-292a, 4-285e
国内市场 7-25f
《国内岁入法》 7-107a
国内委员会 2-514d
国内债券 9-177b
《国内战争》 5-270f
国鸟 3-293e
国漆 6-531f
国旗 3-293f
国清寺 3-294a, 7-360a
国情普查 6-289f
国情咨文 3-294b
国庆节 3-294b
国庆日 3-294b
《国榷》 7-281d
国人暴动 9-469f
国人起义 8-116b, 9-473d
国社党 5-507e
国势调查 6-289f
国势学派 7-408a
国书 3-294c
国书副本 3-294d
国书正本 3-294d
国术 8-59f
国体 3-294d
国土防空 2-496c
《国土开发整治与规划》 8-26f
国土资源 3-294d
国外大跨度桥梁 6-186c
国外投资 3-274e
《国外图书馆学与目录学》 2-401c
《国王》 4-516f
《国王大臣法》 9-7a
《国王的笛子》 6-31b
《国王的人马》 7-610e
《国王街》 5-233d
《国王们》 4-435f
《国王取乐》 9-71b
国王学院（哥伦比亚大学） 3-90e
国王学院（剑桥大学） 4-168c
《国王与我》 5-205b
国文启蒙运动 9-471e
《国闻报》 8-68d
《国务会议》 5-72a
国务委员会 3-161c
《国务院关于改革海关管理体制的决定》 9-426b
《国务院关于建立城镇职工基本医疗保险制度的决定》 3-130e, 4-551f
《国务院关于进一步深化粮食流通体制改革的意见》 5-57b
《国务院关于完善粮食流通体制改革政策措施的意见》 5-57b
国务院总理 9-425e
《国姓爷合战》 4-272d
国选辩护人 5-184a
国学 3-294e, 3-59f, 3-297f
《国学报》 3-294f
《国学概论》 3-294f
国（春秋） 2-36a
国（西周） 8-116e
国邑 8-561a
国音符号 9-503d
《国音诗集》（阮廌） 6-345a
《国音诗集》（朱文安） 5-548a
国音字母 9-503c
《国营工业企业工作条例》 2-200a
国营农场 3-295b
国营企业 3-295c, 3-295d
《国营企业实行劳动合同制暂行规定》 4-553b
《国营企业职工待业保险暂行规定》 6-572f
国有独资公司 4-292b
国有法人股 2-453f, 3-295a
国有股权 3-295a
国有化 3-295a
国有经济 3-290b
国有农场 3-295b
国有企业 3-295c, 3-295d, 3-563a, 4-291c, 6-136c
国有企业改革 3-295d, 4-292b
《国有企业监事会暂行条例》 3-295f
《国有企业职工待业保险规定》 6-572f
国有商业银行 3-296f
国有土地 7-434e
国有土地使用权 3-296f
国有资产 3-297a
国有资产监督管理委员会 3-296d, 3-297c
国语 3-382a, 7-603b
《国语》 3-297c, 8-171b, 9-73b
《国语集解》 3-297d
《国语解》 5-67d
《国语留声片课本》 9-234f
国语罗马字 3-297d
国语罗马字拼音法式 3-297d

《国语文典音学》 9-471e
《国语文法》 9-471e
《国语正义》 3-297d
国乐改进社 5-117a
国债 3-297d, 3-286d, 3-297e
国债发行制度 3-297e
国债法 3-297e
国债管理制度 3-297e
国债回购 3-297f
国债政策 1-464c
国债转让与国债市场制度 3-297e
国子祭酒 3-298a, 4-475f
国子监 3-297f, 3-211a, 5-439f
国子生 3-298a
国子寺 3-297f
国子学 3-297f
国字 6-328e
《虢国夫人游春图》 3-298a, 9-213c
虢国墓地 3-298a
虢季墓 3-298b
虢季子白盘 3-298c
虢石父 9-476b
虢仲墓 3-298c
果阿 7-552d
果孢子 3-477b
《果尔果达》 4-446b
果蝠 3-500e
果脯 3-298d, 7-4d
果脯蜜饯 3-298d
果戈理,N.V. 3-298d, 5-503b, 6-192b, 7-142c
果核雕刻 3-298f
果酱 3-299d
果胶 3-298f
果胶酸 3-299a
果胶糖 1-34a
果胶酯酸 3-299a
果酒 3-299a
果壳雕刻 3-299b
《果赢转语记》 1-592e
果洛 3-299c
果洛山 2-82c
果洛藏族自治区 3-299c
果洛藏族自治州 3-299b
果品加工 3-299c
果葡糖浆 3-300b
《果亲王允礼像》 4-547f
果实 3-299e
果实纤维 7-358f
果实蝇 7-77f
果实蝇属 7-1c
果树 3-300a
《果树生产》 6-165b
《果树修剪学》 8-29c
果糖 3-300b, 2-143b
果谐 9-160c
果心 9-531a
果蝇 3-300c, 5-263e
果蝇科 3-300c
果园 3-300d
果园草 8-388d
果园管理 3-300d
果子红 2-306a
果子狸 3-300d, 3-529c
蜾蠃蜚类 3-300d
裹小脚 1-500c
过坝建筑物 7-84d
过饱和溶液 1-239c
过饱和蒸气 3-302a
《过汴梁故宫城》 2-367d
过程分析化学 9-151d
过程工程 3-300e
《过程工程学报》 3-300f
过程技术 3-300e
过程控制系统 3-300f
过程量 8-72b
过程式语言 1-591d
过程冶金学 8-492c
过程哲学 3-560e
过船建筑物 7-389b
过错责任原则 3-282f, 6-193e
过大礼 2-312e
过电压防护 3-301a
过度昏迷 4-1c
过渡带（地幔） 2-229a
《过渡纲领》 2-262c
过渡轨道 3-301b, 9-144b
过渡内阁 4-396d
过渡态（化学） 3-301c
过渡态理论 3-301b
过渡型人种 6-303e
过渡性泥石流 5-580e
过渡元素 3-301e
过渡政府 4-396d
过二硫酸钾 3-303e
过更 3-118d
《过故人庄》 5-384c
过会 3-527e
过继 4-104b, 7-36c
过家伙 2-71c
过碱性岩 4-10a
过街塔 7-237a
《过境》 8-92d
过境贸易 3-301f, 3-270a
过境税 3-206b
《过居庸关》 6-358a
过口白 1-270a
过冷 3-301f
过冷溶液 3-302a
过冷雾 8-80d
过冷液体 3-301f, 5-598a
过冷蒸气 3-302a
过磷酸钙 3-302a, 5-131c
《过零丁洋》 7-594b
过路黄 1-247f
《过路人》 1-27e
过滤 3-302a
过滤电场 2-220f
过滤机 3-302b
过滤路由器 2-496a
过敏反应 5-9f, 7-56d
《过敏反应》 5-10a
过敏性鼻炎 1-314f
过敏性紫癜 3-302d
过木机 3-302f
过木设施 3-302e
《过年》 3-114d, 9-352d
过期产儿 3-302f
过期妊娠 3-302f
过桥米线 5-375f
《过去的年代》 8-218b
《过去的气候》 6 142e
过去劳动 8-70f
过热 3-303a
过热（医学） 2-432d
过热液体 3-303a, 6-152b
《过沙洲》 2-307c
《过山榜》 8-483c
过剩人口 6-289d
过失犯罪 3-303b
过失杀 6-121a
过熟林 6-418f
过碳酸钠 3-303e
过洋性远洋渔业 9-115d
过氧化苯甲酰 1-311e
过氧化钠 3-303d
过氧化氢 3-303c
过氧化氢合碳酸钠 3-303d
过氧化氢酶 3-303e
过氧化碳酸钠 3-303d
过氧化物 3-303c
过氧化物酶体 3-303e, 8-152b
过氧化乙醚 8-549a
过氧化乙酰 8-549e
过氧酸 3-303e
过氧乙酸 3-303e

H

哈巴河 2-406e
哈巴罗夫卡 3-304a
哈巴罗夫斯克 3-304a, 9-115b
哈巴雪山 3-520c
哈贝马斯,J. 3-304a
哈比比 3-304b
哈比布拉汗 1-46b
哈俾路人 9-36d
哈伯,F. 3-304c
哈伯-博施法 1-416d
哈伯循环 3-304c
哈勃,E.P. 3-304d, 1-309b, 3-476f

哈勃半径 3-476f
哈勃常数 3-304e, 3-476f
哈勃定律 3-304e, 3-476f
哈勃分类法 3-304e
哈勃空间望远镜 3-304e, 3-474d
哈勃年龄 9-68d
哈博罗内 3-304f
哈布尔河 9-52d
哈布斯堡家族 3-305a, 5-256d
哈布斯堡王朝 1-119b, 4-226d
哈茨菲尔德-杰克逊国际机场 8-411b
哈达斯人 9-175c
哈代,G.H. 3-305b, 3-555a
哈代,T. 3-305c, 2-170c
哈代不等式 3-305b
哈代空间 3-305b
哈代-李特尔伍德极大函数 3-305b
哈代-温伯格定律 3-305c
哈得来环流 2-98f
哈得斯 3-305d, 9-479b
哈得孙,H. 3-305e, 5-606b, 8-293f
哈得孙海底峡谷 3-322f
哈得孙河 1-91c
哈得孙湾 3-305e
哈德,D.S. 9-535f
哈德巴森林 5-463e
哈德良 3-305f
哈德良长城 3-305f
《哈德良回忆录》 9-33b
哈登堡,K.A.von 6-581d
哈迪斯 6-569b
哈丁,K.L. 8-230b
哈定,W.G. 4-420e, 7-529b
哈杜尔舒艾卜峰 1-30d
哈多尔·古兹永松 4-520a
哈恩,O. 3-306a, 2-503e, 3-435f, 5-292f
哈尔滨船舶工程学院 3-306c
哈尔滨东正教堂 3-306b
哈尔滨动力机械工业区 3-127c
哈尔滨工程大学 3-306c
《哈尔滨工程大学学报》 3-306d
哈尔滨工业大学 3-306d
哈尔滨建筑艺术馆 3-306c
哈尔滨军事工程学院 3-306d, 3-306c
哈尔滨市 3-306e
哈尔滨医学专门学校 8-54f
哈尔滨中俄工业学校 3-306d
哈尔蒂山 2-555e
哈尔格萨 3-306f
哈尔哈 7-474e
哈尔科夫 3-307a
哈尔科夫大学 8-2a
哈尔科夫河 3-307a
哈尔克岛 3-307a, 8-520d
哈尔麻 8-110c
哈尔施塔特文化 3-307b
哈尔施塔特遗址 3-307b
哈尔斯,F. 3-307c, 2-585e
哈尔斯克,J.G. 8-96a
哈尔斯曼,P. 6-299d
哈尔腾河 3-37b
哈尔西,W.F. 3-307e
哈尔扎克 1-77c
哈菲兹 3-307f
哈菲兹·阿萨德 1-50d
哈菲佐拉·阿明 1-21c
哈丰角 7-232d
哈佛,J. 3-308a
哈佛大学 3-308a, 1-384d, 5-274f
哈佛大学森林试验站 2-224d
哈佛法 9-111a
《哈佛纪念会上朗诵的颂歌》 5-232b
哈佛系统 3-464e
哈佛学院 3-308a
哈佛艺术博物馆 3-308b
哈夫拉 4-66b, 6-577a
《哈夫拉法老像》 3-159e
哈夫拉金字塔 4-264e
《哈夫纳》 5-478d
哈夫斯王朝 1-403e, 7-418e
哈弗尔河 1-406a, 8-561b
哈弗尔湖 1-406c
哈弗斯氏管 3-186d
哈弗斯氏系统 3-186d
哈格斯特朗,T. 3-308b
哈给方言 3-86e
哈根贝克动物园 3-367e
哈基姆 3-308b
哈吉 3-308c, 1-537e
《哈吉老爷》 3-443f
哈吉·玉素甫 1-77f
哈加纳 2-70d, 6-425c
哈贾泰佩大学 1-101a
哈杰尔山脉 1-45b
哈金斯,C.B. 3-308d
哈喀尼耶语 1-497a
哈卡 4-462d
哈卡姆二世 4-425d
哈卡斯人 3-308e
哈卡斯语 3-308e
哈康七世 2-255d, 6-6e
哈科特大学 3-308f
哈科特港 3-308e
《哈克贝里·费恩历险记》 5-256c, 5-354c
哈克奈马 5-239c
哈克斯,P. 3-308f
哈肯,H. 8-235b
哈肯,W. 7-153a
哈拉巴数码 4-95e
哈拉巴文化 2-68b
《哈拉病》 8-8e
哈拉察山 5-516d
哈拉尔德 1-283a
哈拉夫文化 3-309a, 1-467a
哈拉汗国 3-314d
哈拉和林 3-309b
哈拉雷 3-309c
哈拉纳堡 9-117c
哈拉帕 8-598e
哈拉帕文化 3-309d, 7-11d, 8-598e
哈拉智 7-182f
哈剌察儿 1-41b
哈剌忽喇 7-467b
哈喇契丹 5-64b
哈莱姆派 3-309e
哈莱姆文艺复兴 3-309d
哈兰德-沃尔夫船厂 1-290e
哈勒,C. 5-507e
《哈勒姆养老院的男主持人》 3-307e
《哈勒姆养老院的女主持人》 3-307e
哈雷 4-532b
哈雷,E. 3-309e, 6-58a
哈雷彗星 3-309f
《哈雷彗星轨道的演化趋势和它的古代历史》 9-215d
哈雷线 3-309f
哈里发 3-310a, 1-31a
“哈里发的哈里发” 3-310b
哈里发帝国 6-569b, 8-528c
哈里发塔 3-310b
哈里河（阿富汗） 1-20c
哈里河（苏门答腊岛） 7-192f
哈里勒·伊本·艾合买德 1-44a
哈里森,R.G. 3-310c
哈里森·福特 8-306d
哈里森氏沟 3-153d
哈里斯,L.S. 6-120f
哈里斯,T.E. 7-522d
哈里斯,Z.S. 3-310d
哈里斯堡 1-359e
哈里斯大纸草 9-308d
哈里斯氏鹰 9-14d
哈里亚纳邦 6-48a
《哈里·亚诺什》 4-424e
《哈里詹》 2-511c
哈立德 2-446a
哈立德深水港 6-424c
哈立麻 8-110c
哈利,A. 3-117e
哈利伯顿,T.C. 3-310e
哈利戴 3-362f
哈利法克斯 3-310f
哈利·利利斯·克罗斯贝 4-458d
《哈利路亚》 5-349a
哈利森,G. 6-70c
哈林,K. 7-429c
哈伦·拉西德 3-311a, 1-31c
哈罗德,R.F. 3-311b, 8-295c
哈罗德-多马增长模型 3-311b
哈罗德增长模型 3-311b
《哈罗尔德在意大利》 1-405f

哈罗公学 3-311d
《哈罗和再见》 3-19c
哈洛,F.H. 4-94e
哈洛伦,J. 2-24f
哈马丹风 2-415a, 5-264e, 5-575d, 6-355d
哈马德·拉维叶 8-364c
哈马斯 3-311e, 1-13a, 1-165d
哈梅内伊 3-311f
哈梅人 2-556e
哈蒙,A.L. 2-252e
哈蒙德风琴 2-298a
哈蒙底儿寺 8-133d
哈米斯市场清真寺 5-298c
哈密艾捷克 1-77c
哈密地区 3-312a
哈密顿,W.R. 3-312a, 2-128e, 7-156e, 7-423d
哈密顿方程 9-268e
哈密顿函数 9-268c
哈密顿问题 7-423d
哈密顿原理 3-312b
哈密尔顿 3-312c
哈密尔顿 3-312c
哈密瓜 3-312e, 7-446b, 8-273c
哈密胡琴 1-77c
哈密赛乃姆 6-381a
哈密市 3-312d, 3-312a
哈密县 3-312e
哈默尔,G.A.van 4-612a
《哈姆雷特》 3-312e
《哈姆雷特或漫漫长夜有尽头》 2-170e
哈姆林大学 6-555f
哈姆人 3-357a
《哈姆宰韵基诗》 6-105c
哈那克,A.von 3-312f
哈纳斯 4-363e
哈乃斐学派 3-313a
哈尼 6-364e
哈尼文 3-313c
哈尼语 3-313b, 1-328c, 3-313c
哈尼族 3-313c
哈努曼多卡宫 4-108b
哈努伊河 6-416c
哈派群岛 7-296a
哈珀公司 3-313d
《哈珀斯新月刊》 3-313d
《哈珀斯杂志》 3-313d
哈珀兄弟 3-313c
哈珀兄弟出版公司 3-313d
哈珀与罗出版公司 3-313d
哈普西科德 3-313d, 3-55a
哈契扬,L.G. 8-186c
哈恰图良,A.I. 3-313e
哈切特,C. 5-581a
哈琼文 8-360a
哈撒儿 5-514c
哈萨克 3-315f
《哈萨克牧羊女》 2-334e
哈萨克丘陵 3-313f
哈萨克人 3-314a
哈萨克斯坦 3-314a, 1-36f, 1-54e, 2-353a
哈萨克斯坦共和国 3-314d
《哈萨克斯坦真理报》 3-315c
哈萨克斯坦"祖国之光"人民民主党 3-314e
哈萨克苏维埃社会主义自治共和国 3-314d
哈萨克文 3-315d
哈萨克羊 8-449c
哈萨克语 3-315e, 3-314a
哈萨克族 3-315e
哈萨尼,J.C. 5-512b, 7-66e, 9-166f
哈萨维龙特协议 1-546b
哈塞尔,O. 1-151d, 5-22f
哈桑 7-232a
哈桑·班纳 5-502e
哈桑·本·哈尼 1-75b
哈桑·本·萨比特 1-34f
哈桑二世 3-316a, 2-61f
哈桑二世大学 5-461a
哈桑二世清真寺 2-61f
哈桑·纳斯鲁拉 4-581e
哈桑清真寺 4-512a
哈桑·伊本·阿里 7-288e
《哈森与加米拉》 8-38e
哈氏器 6-80a
哈斯宝 3-316b
哈斯·哈吉甫 2-611c
哈斯卡拉 9-36a
哈叟 3-500e
哈苏纳文化 3-309a, 8-282d
哈特,B. 5-354b
哈特,H.L.A. 3-316c
哈特,L.M. 5-205b
哈特,W.S. 8-89f
哈特福德 4-403b
哈特莱,R.V.L. 8-299e
哈特劳布,G.F. 1-295a
哈特曼,N. 3-316d, 3-541a
哈特向,R. 9-282c
哈图西利斯三世 4-521d
哈图西利斯一世 3-447f
哈吐沙 1-411b
哈吐斯 1-411b
哈瓦利 4-438c
哈瓦利吉派 6-569e, 8-384a, 8-528f
哈瓦那 3-316e
哈瓦那大剧院 3-317a
哈瓦那大学 3-317a
哈瓦那港 3-317a
《哈瓦那宣言》 3-317a, 4-379d
哈瓦那雪茄 3-317a
哈瓦斯,C.-L. 7-393b
哈瓦斯通讯社 2-445a, 7-393b
哈韦尔,V. 3-317b, 4-227b
哈维,W. 3-317b
哈维尔莫,T. 3-317c
哈维里亚纳大学 3-90a
哈西德(虔诚者)运动 9-36a
哈西鲁迈勒气田 7-124f
哈西迈斯欧德油田 7-124f
哈希姆大学 9-117e
哈希姆王国 3-488b
哈谢克,J. 3-317d
哈雅方言 3-313b
哈耶克,F.von 3-317e, 1-246c, 9-288e
哈伊 8-408a
哈伊勒绿洲 6-427e
哈伊马角 1-32b
哈扎拉人 3-317f
哈扎语 4-442f
哈只 3-308c
哈志 3-308c
哈兹里特,W. 3-318a
哈兹纳赫殿堂 6-58c
铪 3-318b, 8-131b
蛤蟆头 4-262b
哈达 3-318b
哈达铺 9-358c
哈德成 3-318c
哈士蟆 9-377e
孩儿草 4-350d
《孩儿塔》 8-578c
《孩子们》 4-534f
《孩子们的挽歌》 5-263d
《孩子们在注视着我们》 1-498c, 2-185c
《孩子王》 9-352c
《孩子与魔法》 4-528a
海 3-346e
海,E. 3-351d
海,J.M. 3-318d, 5-347e, 5-366d
《海-埃兰条约》 3-318d
海安港 3-330b, 8-347d
海岸 3-318e
海岸带 3-566c
海岸带测量 1-113d
海岸地形测量 1-113d
海岸堆积 2-370b
海岸防护林 2-495f
海岸港 3-56d, 3-326f
海岸角堡 4-118b
海岸线 1-113d
海螯虾科 1-117a
海拔 3-319a, 3-59b, 3-284b
海拔高程 3-284b, 6-89f
海白菜 6-593e
海百合 3-319a
海百合纲 3-319a, 4-74b
海宝塔 5-596f
海豹 3-319a

海北藏族自治区 3–319c
海北藏族自治州 3–319c
海贝 6–346d
《海边的卡夫卡》 2–58e
海滨 3–318e, 3–342a
海滨风景区 9–354b
海滨木板大道 2–110f
海滨砂矿 6–430c
海滨台地 7–247f
海冰 3–319c, 1–364e
海波 5–131b
海勃湾市 7–615f
海部俊树 3–319e
《海藏楼诗集》 9–276d
海槽 2–116b
海草 3–319f
海昌县 3–336f
《海潮辑说》 2–347b
《海潮论》 8–423d
《海潮音》 7–263e
海成平原 6–93f
海城地震 3–319f
海城市 3–320a
海城县（清，今辽宁境内） 3–320a
海城县（清，今宁夏境内） 3–354b
《海达马克》 8–240b
《海·大风暴后的清晨》 4–24d
海带 3–320a, 3–450d
海带属 3–320a
《海带养殖学》 9–167d
海胆 3–320c
《海胆的重新分类》 1–27a
海胆纲 4–74b
海岛凯尔特语 1–446e, 4–393e
海岛棉 5–410e
《海岛算经》 4–323c, 5–111c, 7–208d
海盗 3–320d
《海盗》 1–405e
海盗餐厅 9–551d
《海盗船》 7–222c
《海得尔堡》 3–429d
海得拉巴 3–320e
海得拉巴 3–320f
海得拉巴大学 3–321a
海德，F. 3–240a, 6–495e
海德堡大学 3–321a
海德堡人 3–321b, 1–5f
海德格尔，M. 3–321c, 2–59c
海德公园 1–199a, 3–138c, 5–193d
海德里希，R.T.E. 3–28e
《海的女儿》 1–108d
海登海因，R.P.H. 6–530f
海登斯塔姆，C.G.V.von 3–321d
海堤 2–207c, 3–342c
海笛 7–234d
海底储油库 3–322a
海底地貌仪 1–485b
海底地震 3–321e
《海底地质学》 8–243f
海底电报电缆 8–96a
海底电缆 3–321f, 4–385a, 9–297d
海底翻 8–162e
海底高原 3–321f
海底工程 3–322a
海底公寓 3–322a
海底火山 3–322a
海底扩张说 3–322b
《海底两万里》 2–465c, 4–426e
海底平顶山 7–260e
海底热泉 3–322c
海底三角洲 3–322d
海底扇 3–322d
海底隧道 3–322e, 3–322a
海底峡谷 3–322e
《海底峡谷和其他海谷》 8–243f
海底浊流 2–245e
海地 3–322f
海地岛 2–72b, 8–108d
海地地震 3–323d
海地革命 3–323d
海地共和国 3–323b
海地瓜 9–79d
海地角 3–323c
海地社会民主党 3–323b
海地通讯社 3–323d
海地危机 3–323f
《海地宣言》 3–323f
《海蒂》 8–338f
海蒂，M. 1–127b
海淀区 3–324a
海淀园 9–334b
海丁，A. 9–241a
海东地区 3–324b
海东遗民 6–240b
海东宗 9–98c
海豆芽 7–485a
海豆芽属 6–478c
海都 3–324c, 9–86b
海顿，J. 3–324d
海顿，M. 7–540e
海顿图书馆 5–238b
海蛾鱼目 3–325a
海厄特，J.W. 3–325b
海鳄 2–413c
海尔电器 3–325b
海尔集团公司 3–325b
海尔季绿洲 6–427e
海尔曼，L. 3–325c, 8–223f
海尔·塞拉西一世 3–325d, 1–71b, 2–523d
海尔耶于岛 5–401e
海耳，G.E. 3–325e
海耳太阳实验室 3–325f
海耳天文台 3–326a
海耳望远镜 3–326a
海法 3–326a
海法大学 3–326a, 8–552a
海法港 8–551f
海防 3–326a
海防 3–326b
海防港 3–326c
海鲂目 3–326c
海菲兹，J. 3–326c
海菲棕属 9–559d
海粉丝 3–342f
《海丰农民运动》 6–64e
海丰县 3–326e
海风 3–331f
《海峰先生集》 5–106e
《海浮山堂词稿》 2–577b
海福德，J.F. 3–326e
海福德山 3–326f
海福德椭球 3–326f
《海赋》 9–206a
海竿 2–302d
海刚峰 3–337f
《海刚峰集》 3–337f
海港 3–56e, 3–326f
《海港》 8–244f, 8–475f
海港工程 3–326f
海格立斯 3–445f
海格特公墓 3–327a
海沟 3–327b
海狗 3–327b
海关 3–327c, 7–389a
海关大龙 2–92b
海关兼办邮政 9–34c
海关进出口税则 3–327d, 3–206e
海关境域 3–205d
海关税务司 3–327e
海光图书馆 4–190b
海龟 3–327f
海龟科 2–130b
《海国图志》 5–87f, 7–577e
海合都 8–524a
海河 3–328a
海河港区 7–351b
海河平原 1–208b, 3–328a
海河中下游平原 3–533a
海鹤藤属 8–365c
海红 8–541a
海红豆 3–328e
海红豆属 3–328e
《海华沙之歌》 4–549f
海基防御系统 3–280c
海基洲际导弹 9–477f
海脊 2–116b
海迹湖 5 7c
《海岬上》 1–79e
海角亭 3–410b
海金刚 4–240b

海津镇 7-351e
海进 3-328f
海进序列 3-328f
海禁 3-328f
《海经》 6-437d
《海景》 1-10c
海镜 1-139d
海军 3-329a, 1-365e, 4-358a
海军岸防兵 3-329c
海军步兵 3-329d
海军导航卫星系统 9-531c
海军航空兵 3-329c, 3-329c
海军黄铜 3-598d
海军基地 4-352e
海军军徽 4-353b
海军陆战队 3-329d, 3-329c
《海军上将纳希莫夫》 6-107b
《海军学术的发展》 3-84e
海军衙门 8-470a
海军营务处 1-286e
海军造船所 2-616e
《海军战略》 5-250d
海卡尔 3-329e
海凯勒,A.O. 4-322e
海康县 4-571c
海克尔,E. 3-329e, 8-513a
海克拉 1-362b
海克索斯人 8-139d
海口海港 3-330b
海口河 2-269e
海口美兰国际机场 3-330b
海口浦 3-330b
海口市 3-330a
海口所 3-330b
海口鱼 8-15e
海葵目 3-330b
海拉尔城 3-330e
海拉尔方言 2-412c
海拉尔河 2-406d, 3-330d, 3-496f
海拉尔区 3-330d
海拉尔市 3-330e
海兰泡 3-330e
海兰泡与江东六十四屯惨案 3-330e
海蓝宝石 3-330f
海蓝柱石 2-492d
海缆 3-321f
《海狼》 6-38f
海浪 3-331a
《海浪理论》 7-52f
海老鼠 9-79d
海勒,J. 3-331a, 2-258e
海狸 3-423d
海狸鼠 3-331b
海里 3-331c
海蛎子 5-487e
海鲢 5-571c
海鬣蜥 4-430e
海林市 3-331c
海林县 3-331d
海陵县 4-187a
海岭 2-116b
海流 3-331d, 3-351e
海流能 3-351c
海龙卷 5-141c
海龙县 5-332a
海隆 3-331e, 2-116b
海陆差异 2-227f
《海陆的起源》 3-331e, 2-93f
海陆风 3-331f, 3-331f
海陆过渡相 1-550a
海绿石 3-332a
海伦 3-332b
海伦府 3-332c
海伦市 3-332c
海伦县 3-332c
海螺沟冰川 3-152a
海螺沟冰川公园 3-152a
海洛夫斯基,J. 3-332c, 4-69f
海洛因 3-332d, 4-251f
海马 3-332d
海马沟回疝 5-551a
海马沟疝 5-551a
海马回疝 5-551a
海马鱼 3-332d
海梅历史博物馆 7-287f
海门市 3-332f
海门县 3-332f
海米赛 3-332f
海米赛现象 3-333a
海绵蛋糕 2-150f
海绵动物门 3-333a, 2-384a
海绵骨 3-186d
海绵骨针 7-539d
海绵状血管瘤 5-367b, 8-373e
海面地形 3-333a
海明威,E. 3-333b, 4-559a, 5-392b
《海摩格尼安努斯法典》 5-206e
海姆,J.D.de 2-585f, 4-317a
海姆,S. 3-333f
海南大风子 3-334a
海南岛 3-334b
海南岛汽车试验站 9-192f
海南经济特区 3-334b, 3-335a
《海南菊科志》 9-217a
海南柯比木 6-96c
海南萝芙木 5-222d
海南三七 4-186b
海南省 3-334b
海南省行政区划 3-334c
海南五针松 7-161b
海南行政区公署 3-334c
海南油丹 6-276f
海南藏族自治区 3-335d
海南藏族自治州 3-335d
《海南植物志》 9-217a
海难 3-335e
海难救助 3-336a
海难事故 3-335f
《海内华夷图》 3-166c, 4-139e
《海内经》 6-437e
《海内与海外》 9-423c
海鲇 3-336c
海鲇属 3-336c
海鸟 8-297d
海涅,H. 3-336c, 2-188f
海涅,H.E. 4-405b
海涅-波莱尔定理 1-377f
海宁潮 6-168e
海宁郡 3-336f
海宁市 3-336f
《海宁王静安先生遗书》 7-497e
海宁州 3-336f
海牛 3-337a
海牛目 3-337a, 3-341a
海鸥 3-337b
《海鸥》 3-337b
《"海鸥"飞入第六大洋》 5-569c
海派 3-339c
海派京剧 4-282a
海派旗袍 6-134d
海盘车 3-337c
海盘车科 3-337c
海盘车亚科 3-337c
海泡石 3-337d
海泡石烟斗 1-43f
海盆 2-116b
海螵蛸 8-10b
海平均海水面 6-205b
海平面 6-89f
海平面运河 9-142b
海埔新生地 7-249f
《海峤志》 2-347b
海鞘 7-404f, 7-562a
海鞘纲 3-337d
海侵 3-328f
海琴 7-328f
《海琼白真人语录》 1-209c
《海琼集》 1-209c
《海琼集词》 1-209c
《海琼问道集》 1-209c
《海琼玉蟾先生文集》 1-209c
海琼子 1-209b
海丘 6-508d
海区航标 3-391c
海曲县 6-329c
《海权的影响与1812年战争的关系》 5-250d
《海权对法国革命和帝国的影响,1793～1812》 5-250d
《海权对历史的影响,1660～1783》 5-250d
海权论 3-337f, 5-250d

海权派 2-245b
海群生 7-116d
海人草 2-325c
《海日楼诗集》 6-520f
《海日楼札丛》 6-520f
海瑞 3-337f
《海瑞罢官》 3-338a, 6-392f, 8-30b, 8-480a, 9-191a
《海瑞骂皇帝》(电影) 7-325d
《海瑞骂皇帝》(学术论文) 8-30b
海桑 3-473c
海桑科 3-473c
海色 3-338a
海森堡, W.K. 3-338b
海森伯, W.K. 3-338b, 2-50a, 3-195a, 7-379e
海森伯格, W.K. 3-338b
海山 3-338c, 9-88f
《海山仙馆丛书》 7-374f
海商法 3-338c
海上安全机构 3-338e
海上白云观 1-209e
海上保险 3-338f, 1-247a
海上测报设备 3-349d
《海上的红旗》 4-260d
海上航线 3-339a
《海上花》 3-339b
《海上花列传》 3-339b
海上画派 3-339c
海上救助 3-336a
《海上看花记》 3-339b
《海上劳工》 9-71b
《海上扁舟》 4-448d
《海上平寇记》 7-507e
海上平台 3-339d
《海上升明月》 2-593e
海上实力论 3-337f
海上丝绸之路 7-117b
海上搜寻救助中心 3-336a
海上危险 3-338f
海上之盟 3-339e
海参毒素 2-52b
海参纲 3-339f, 4-74b
海参崴 2-605c, 7-181f, 9-115b
海神 1-384a
《海神波塞冬》 3-179a
《海神号遇险记》 9-590f
海狮 3-340a
海氏小胃 6-530f
海市蜃楼 3-340b
《海事敕令》 6-454e
海事法院 3-340c, 3-340d
海事诉讼 3-340d
海事卫星 3-340e
海事仲裁机构 3-340f
海兽 3-340f
海水 3-341b
海水淡化 3-341d, 6-428b
海水化学资源 3-353e
《海水混合增密的计算》 9-571c
海水氯度测定法 4-459a
海水热带鱼 6-276c
海水脱盐 3-341e
海斯, H.K. 3-341e
海斯, R.B. 2-4f
海斯, W.H. 5-348e
海斯法典 5-348e
海斯廷斯·班达 5-259c
海松子 7-161d
《海粟国画》 5-110b
海笋科 3-341f
海索面 3-342f
海獭 3-342a, 3-341a
海胎鱼 8-199c
海台 2-116b, 3-321f
海滩 3-342a, 3-318e, 3-343b
海滩披风 6-70a
海棠 3-342b
《海棠红》 1-209c
海棠山摩崖造像 3-7f
海塘 3-342c, 2-495a
《海涛志》 2-347b
海特-埃斯伯里独立者 8-135c
海特勒, W.H. 3-549f, 5-195a, 8-16f, 9-47a
海特乃 3-95a
海廷战役 6-362f
海通 4-563e
海图 3-342d
海兔科 3-342e
海退 3-342f
海退序列 3-342f
海豚 3-343a, 4-307f, 6-541c
海豚科 3-343a
海豚泳 2-303e
《海外赤子》 6-202d
海外天体 4-423c
海外投资 3-274e
海湾 3-343b
海湾(波斯湾) 1-387a
海湾阿拉伯国家合作委员会 3-343b
《海湾报》 1-33b
海湾合作委员会 3-343b
海湾威尼斯 2-211e
《海湾新闻》 1-33b
海湾战争 3-343c, 1-387b, 4-437e
《海湾之花》 1-33b
海湾州 5-274e
海王星 3-343d, 1-36c, 4-566d, 8-399f
海王星大气 8-316d
海王星环 3-343e
海王星卫星 3-343f
海卫二 3-343f
海卫一 3-343f
海沃德, D. 3-110f
海沃西水电站 2-8e
海雾 3-344a
海西国 2-101c, 2-600b
海西蒙古族藏族哈萨克族自治州 3-344b
海西蒙古族藏族自治州 3-344a
海西蒙藏哈萨克族自治区 3-344b
海西相 5-579f
海西运动 3-344c, 3-174e
海西褶皱带 3-344c
《海侠》 1-205b
海峡 3-344c
《海峡两岸经济合作框架协议》 9-342e
“海峡钥匙” 9-295d
海峡殖民地 5-261f
《海峡制度公约》 5-230e
海鲜油 7-586e
海相 1-550a
海相火山岩 4-14c
海相烃源岩 7-386e
海象 3-344d
“海小槲树”舰空导弹 4-170b
海啸 3-344e, 3-353c
海星 3-345b
海星纲 3-345b, 4-74b
海牙 3-345c
海牙法规 3-345d
海牙公约 3-345d
《海牙公约》 4-471e
《海牙规则》 3-345f, 3-338d, 7-556d
海牙和平会议 3-345d, 3-259b
海牙画派 3-346a
《海牙-维斯比规则》 7-556d
海盐腔 3-346b
《海晏河清图》 6-602f
海燕 3-346d
海燕科 3-346d, 3-524e
《海燕之歌》 3-62a
海羊齿 3-319a
海阳 6-337f
海阳市 3-346e
海阳四家 8-263c
海阳县(晋,今广东境内) 1-545b
海阳县(清,今山东境内) 3-346e
海阳秧歌 6-436f
海洋 3-346e, 3-350e, 7-96a
《海洋》(H.U.斯韦尔德鲁普等) 3-351d, 7-140e
《海洋》(J.默里) 5-485e
海洋哺乳动物 3-341a
海洋测绘 3-347d
海洋潮汐 3-348b
海洋潮汐观测 8-443d
海洋沉积 3-348c
海洋穿孔动物 2-30b
海洋达雅克人 2-70d
《海洋大道461号》 9-460e

海洋大地测量　2-77f
海洋岛　1-518c
《海洋的微风》 1-69c
海洋地质学　3-348d
《海洋地质学》 4-504d
海洋电磁学　3-352f
海洋调查船　3-348f
海洋动物　3-351f
《海洋动物与生物生产力》 4-266d
海洋堆积　2-370b
海洋法　3-349a
海洋锋　3-349c
海洋浮标站　3-349d
海洋工程　3-349e
海洋公园　3-349f
海洋光学　3-352f
海洋化学　3-349f
海洋化学资源　3-353e
海洋环境监理　3-568f
海洋环境科学　3-350b
海洋环境污染　3-350c, 3-350b
海洋监视卫星　9-249f
海洋近岸波　3-331a
海洋科学　3-350e
海洋空间资源　3-353e
海洋矿产资源　3-353e
海洋内波　3-351a
海洋能　3-351b, 5-564d
海洋能资源　3-353e
海洋气象学　3-352f
《海洋气象学》 9-67b
海洋生态　3-351c
海洋生态学　3-351f
海洋生物毒素　6-536d
海洋生物分类学　3-351f
海洋生物化学　3-350a
海洋生物区系分布　3-351f
海洋生物形态学　3-351f
海洋生物学　3-351e
海洋生物资源　3-353d
海洋声学　3-352f
海洋声学层析术　5-371b
海洋水产资源　3-353d
海洋湍流　3-352a
海洋微生物　6-539f
海洋卫星　3-352c
海洋卫星传感器　3-352c
海洋温差能　3-351c
海洋污染　6-262f
海洋物理学　3-352d
《海洋物理学》 7-52f
海洋细菌　3-351f
海洋性（型）冰川　1-361e
海洋性气候　3-353a
《海洋学》 6-476c
《海洋研究发展史》 9-67b
海洋研究科学委员会　3-350f
《海洋研究杂志》 5-217c
海洋遥感　3-353a
海洋鱼类资源　3-353e
海洋渔船　9-63d
海洋渔业资源　3-353d
海洋灾害　3-353b
海洋真菌　3-351f
海洋植被　9-301a
海洋植物　3-351f
海洋植物地理　9-302e
海洋资源　3-353c
海洋资源化学　3-350a
海洋自净能力　3-353f
《海洋自然地理学》 3-350f, 5-469c
海耶曼斯，H.　3-353f
海因茨，W.　3-354a
海因里希·赫兹电视塔　3-367e
海印寺　3-362a
海萤　6-537a
《海与毒药》 8-333d
海芋属　7-355b
海域测量控制网　3-347f
海原地震　3-354a
海原县　3-354b
海源阁　3-354c, 7-384a
《海源阁宋元秘本书目》 3-354c
海月水母　1-394c
《海岳名言》 7-49d
海岳山人　5-394c
海云　5-104f
海云台海滨浴场　3-3c
海运博物馆　3-326a
海枣　9-559f
海藻　3-354c
海藻胶　7-61b
《海藻栽培学》 9-167d
海泽，P.　3-354d
海战　3-354e
海蜇　3-354f, 1-394c, 7-95a
海蜇的生物发光　6-537b
海蜇属　3-354f
《海之昼》 1-93b
海州（东魏，今江苏境内）　5-39c
海州（辽，今辽宁境内）　3-320a
海州常山　5-240b
海州骨碎补　3-188b
海州湾　3-355a
海州湾渔场　3-355a, 5-39c
海州卫　3-320a
海猪仔　3-342e
海蛛　4-217a
海蛛纲　3-355b
海竺鱼　4-351a
海樽　7-562a
醢酱（古代调料）　4-193f
亥尔姆霍茨，H.von　3-355c
亥姆霍兹，H.von　3-355b, 3-479f, 6-530f, 8-74f, 8-76f
亥市　7-303e
亥维赛，O.　3-355d
氦　3-355e, 4-522d, 8-131c
氦气球　6-144e
氦燃烧　7-265c
氦原子光谱　3-355f
害虫　3-356a, 8-391e
害口　8-587e
害鼠　7-59a
蚶　3-356b
蚶属　5-579e
憨山　2-183f
《憨山老人梦游集》 2-184a
邗（中国古城）　3-235b
邗沟　3-356c, 4-280c, 7-211c, 8-24e
邗沟居士　6-197f
邗江　3-356c
汗　9-86b
汗八里　1-270e, 2-80e
邯（郸）长（治）铁路浊漳河桥　3-53b
邯郸淳　8-234a
邯郸瓷　3-356c
邯郸市　3-356c
邯郸战役　2-199d
邯郸赵城　3-356c
含铋剂低剂量三联疗法　9-30f
含氮类激素　4-57c
含氟牙膏　6-256e
含蜡原油　6-606a
含硫原油　6-606a
含氯纤维　5-189b
含煤沉积　3-356f
含煤地层　3-356f
含煤建造　3-356f
含煤性　5-340e
含煤岩系　3-356e
含米特人　3-357a
含米特语族　3-357a
含气盆地　3-357d
含绒率　9-70e
含沙量　3-424c
含水炸药　3-128b
含笑　3-357b
含笑属　1-201a
含羞草　3-357c
含羞草属　3-357c
含氧酸　7-206d
含氧盐矿物　4-503b
含油气盆地　3-357d
含元殿　2-96b
含族　3-357a
函谷故关　3-357f
函谷关　3-357e, 5-95f
函谷新关　3-357f
函馆　3-357f
函授教育　3-358a

函数 3-358b, 6-145d
函数逼近论 3-358d
《函数空间的不动点》 1-398f
《函数演算教程》 4-517a
函数值 3-358c
函询调查 2-171b
函雨 7-517a
函丈 2-491d
焓 3-358e
涵洞 3-358f
涵洞导流 6-578c
涵洞式水闸 7-105e
《涵芬楼烬余书录》 9-215f
涵渠 3-358f
韩 3-359b
韩爱平 4-604f
韩邦庆 3-339b
韩秉谦 3-17b, 5-466b
韩昌黎 3-365b
韩城市 3-359c
韩城县 3-359c
韩纯全 6-438f
韩德福 5-332b
韩德培 3-359c
《韩德培文选》 3-359d
韩德勤 3-595a
韩德让 3-359d, 5-63f
韩昉 4-259c
韩非 3-359e, 2-456d, 3-360a
《韩非子》 3-360a, 8-171a
《韩非子集解》 3-360b
《韩非子集释》 3-360b
韩芙丽,D. 3-360b
韩芙丽-韦德曼训练体系 8-179f
韩复榘 3-360c, 4-188f, 6-589b
韩幹 3-360d
韩公廉 7-104e, 7-168b
韩光藻 9-374e
韩国 3-360e
韩国菜 3-362c
韩国长城 1-509c
韩国船级社 2-30a
韩国英 2-328c
韩国语 1-541b
韩翃 3-362c
韩鸿庵 3-363f
韩（侯）国 3-359c
韩滉 3-362d
韩江 3-362e
韩江三角洲 3-362f
韩景侯 9-228e
韩君平 3-362c
韩康子 3-359b, 9-228e
韩兰根 9-63e
韩乐卿 4-253e
韩礼德 3-362f
韩吏部 3-365b
韩良臣 3-364a
韩林儿 3-363a, 9-89c
"韩柳" 5-136a
《韩柳文研究法》 5-85c
韩律 5-548a
《韩凭夫妇》 7-177c
韩琦 3-363b
韩企先 3-363b
韩启德 3-363c, 9-377a
韩起祥 3-363d
韩擒虎 3-363e, 7-210f
韩全海 5-544d
韩诠 5-547f
韩儒林 3-363f
韩桑林 3-482e
韩莎 1-34f
韩山童 3-363a, 5-108c, 9-89c
韩山文 4-159f
韩少功 8-380b
《韩诗外传》 1-484e
韩氏刺猬 7-2c
韩世昌 3-363f
韩世忠 3-364a
韩素音 3-364b
韩遂 5-240e
韩太冲 3-362d
韩泰 2-429a
韩覃 9-329d
韩退之 3-365b
韩侂胄 3-364c
韩文 1-540f
韩文公 3-365b
韩偓 7-479b
韩武子 3-359b
韩希孟 3-364d
《韩熙载夜宴图》 6-329f, 8-47d
韩先楚 3-364d
《韩湘宝卷》 1-240d
韩湘子 1-146b
韩向方 3-360c
韩小窗 3-364f
韩晓鹏 3-543a, 9-549e
韩信 3-364f, 5-178d
韩延徽 5-68a
韩晔 2-429a
韩永禄 3-365a, 5-104c
韩永忠 3-365a, 5-332b
韩愈 3-365b, 3-177e, 3-362e, 5-120e
韩媛绣 3-364d
韩增 4-562f
韩知古 5-68a
韩稚圭 3-363b
韩中杰 9-309c
韩忠彦 1-469a
韩杼滨 3-365f
韩拙 6-438f
《韩子》 3-360a
寒潮 3-366a
《寒春风曲》 3-556a
寒带鸟类 4-569b
《寒冻》 1-290a
寒冻荒漠 3-578d
寒豆 7-477b
寒鲋 4-107b
《寒江独钓图》 5-285e
寒兰 4-540d
寒凉药 7-152a
《寒陵山寺碑》 7-585b
寒流 3-366b, 3-366a
寒露 2-427f
寒门 3-366b
寒漠 1-280e, 3-578d
寒漠土 7-442c
寒凝心脉 8-255b
《寒切帖》 7-512f
寒人 3-366b, 5-518e
《寒山堂新定九宫十三摄南曲谱》 9-191b
寒山子 9-191b
寒湿 8-222f
寒湿困脾证 3-366c
寒食节 3-366d
《寒塘㶉鶒图》 7-498f
寒体禁忌 8-587d
《寒汀宿雁》 7-154e
《寒驼残雪图》 3-555f
寒温带针叶林区 2-112e
寒武纪 3-366d
寒武山脉 3-366e
寒武系 3-366d
寒下 8-158b
寒下剂 8-238f
寒哮 8-233d
寒邪 3-366e
《寒夜》 1-160e
寒疫 7-584e
寒泥 6-473a, 8-160a
罕百里学派 3-367a
罕志 3-308c
喊"堂威" 5-143c
蔊菜属 6-591f
汉 3-367b
汉白玉 2-90d
汉柏 3-176c
汉堡 3-367c
汉堡港 3-367d
《汉堡规则》 3-367e, 3-338d
汉堡国家歌剧院 3-367e
汉堡汉萨 3-379b
汉堡交响乐团 3-367e
《汉堡剧评》 3-367f, 4-535d
汉堡帽 4-505d
汉伯里,J. 8-491f
汉伯桥 6-186a
汉朝 3-367f

汉成帝刘骜 9－230a
汉城 3－360e, 7－41f
汉城倡议 4－23e
汉城府 7－41f
汉川市 3－373d
汉川县 3－373d
汉传佛教 1－258c
汉传因明 8－570e
汉代长城 1－509e
汉代海上航线 5－101b
《汉代考古学概说》 7－521a
汉代墓室壁画 3－373e
汉档房 2－154f
汉德克,P. 3－374b
汉迪,W.C. 5－384a
汉地佛教 9－156b
汉调 4－282a, 6－552a, 7－148a, 8－201a, 9－58e
汉调二黄 6 552d
汉东王 5－110c
汉恩,A. 7－560c
汉恩,J.F.von 3－374c
汉儿 7－148d
汉弗莱,H.H. 5－572a
汉弗莱斯峰 8－406a
汉皋 3－377d
汉高祖刘邦 3－374d, 3 367f
《汉宫秋》 3－374f, 5－286d
《汉宫图》 9－229a
《汉官典职》 9－563b
《汉官仪》 8－614d
汉光武帝刘秀 3－374f
汉国 5－121a
汉画 6－318f, 8－112e
汉画派 8－373b
汉画像石 3－557f
汉桓帝刘志 3－375c
汉惠帝刘盈 5－178d
《汉纪》 3－375c
汉简 3－375d, 1－482e
《汉简缀述》 1－561e
汉江 3－376f, 6－446d
汉江 3－377a
《汉江女》 2－468c
汉景帝刘启 3－377b
汉剧 3－377b
汉军八旗 1－144f, 6－218f, 6－231f
汉考克,G. 4－572a
汉口 3－377c
《汉口丛谈》 9－78f
《汉口民国日报》 2－332b
汉口市 8－56f
汉隶 5－34a
汉梁王墓群 9－24c
汉灵帝刘宏 3－377d
汉陵 3－377e
《汉鲁相乙瑛请置孔庙百石卒史碑》 8－550e
汉麻 2－94c
汉玛城堡 3－367d
汉密尔顿,A. 3－377f
汉密尔顿,R. 1－383f, 2－285f
《汉密尔顿夫人》 2－541f
汉明,R.W. 8－299e
汉明帝 2－347b
汉明帝刘庄 3－378a
汉姆里克,M. 6－270f
汉姆生,K. 3－378b
汉穆拉比 3－161f, 3－378c
《汉穆拉比法典》 3－378c
汉穆拉比法典碑 1－68b, 5－149e, 7－193e
汉拿山 3－360e, 4－102f
《汉娜姐妹》 8－54e
《汉奈蕾升天记》 3－404a
汉尼拔 3－378d
汉宁县 9－525d
汉诺威 3－378e
汉诺威王朝 3－378f
汉琵琶 6－343b
汉普夏猪 3－379a
汉佉二体钱 9－56b
汉人 3－387d, 7－148d
汉人枢密院 7－51a
汉萨同盟 3－379b, 2－363c, 7－241f
汉三颂 8－104a
汉森,A.H. 3－379c, 2－304c, 4－296b
汉森,D. 9－237e
汉森,E.H. 5－124d
汉森－萨缪尔森模型 4－296b
汉沙瓦底王朝 1－197b
汉莎航空公司 2 174c
《汉石经》 8－135d
《汉石经集存》 5－251d, 6－596e, 8－135e
《汉书》 3－379d, 3－584e
《汉书·地理志》 2－230d
《汉书地理志稽疑》 6－266a
《汉书集解音义》 8－614d
《汉书·艺文志》 3－294f, 5－390a, 7－174e
汉水 3－376f
汉斯·里希特 5－194b
汉斯利克,E. 3－379e
汉斯·米克尔森 4－20d
汉坦病毒 3－379f
汉特－曼西斯克 2－406f
《汉天师世家》 9－208f
“汉委奴国王”金印 5－391f
汉魏壁画墓群 3－374a
《汉魏丛书》 6－515c
《汉魏两晋南北朝佛教史》 7－299f
《汉魏六朝百三家集》 3－379f
《汉魏六朝百三家集题辞注》 3－380a
汉魏六朝诗派 3－380a
《汉魏六朝诗选》 9－57c
汉文 3－380a
汉文大藏经 2－122b
汉文帝刘恒 3－380b
《汉文学史纲要》 5－166c
汉武帝刘彻 3－380b, 2－572a, 5－327f, 7－450e, 8－26e
《汉武都太守李翕西狭颂》 8－104a
《汉熹平残字集录》 8－135e
汉献帝刘协 3－380d
汉宣帝刘询 3－380e
汉学 3－380f, 2－319d, 3－295a
汉学（儒家经学学派） 6－171b, 6－222f
汉学派 8－90e
《汉学商兑》 2－487e
汉阳区 3－381e
汉阳铁厂 3－381e
汉冶萍公司 3－381e
汉冶萍煤铁厂矿有限公司 3－381e
汉语 3－382a, 3－387d, 3－539c
汉语词汇 3－382d
《汉语大词典》 3－382f
《汉语大字典》 3－382f
汉语方言 3－383a
《汉语方言调查简表》 2－308a
《汉语方言调查手册》 4－608c
汉语历史语音学 3－384c
汉语拼音方案 3－383d, 2－230c
汉语拼音手指字母 7－41d
汉语拼音正词法 3－383d
汉语文字学 3－386f
汉语修辞 3－383e
汉语训诂学 3 383f
汉语音韵学 3－384c
汉语语法 3－384e
《汉语语法》 5－264a
《汉语语法修辞新探》 3－252b
汉语语音 3－384f
《汉语主题词表》 3－385b
汉元帝刘奭 3－385b
《汉园集》 1－342a, 3－414a, 4－596a
汉藏教理院 7－263e
汉藏语系 3－385c, 5－418e, 8－416c
汉昭烈帝刘备 3－385e
汉昭烈庙 8－57d
汉志 6－1f
汉中道 3－386a
汉中府 3－386a
汉中郡 3－386a
汉中盆地 3－385f, 2－72d
汉中市 3－386a
汉中市博物馆 1－239b, 6－599f
汉中王 3－385f
汉砖 1－482e
汉字 3－386b, 3－382c, 3－539c
汉字改革 7－603a
汉字激光照排系统 7－514d, 7－603a
汉字简化 3－386e
《汉字简化方案》 7－603b

汉字学 3-386f
汉族 3-387c
汉族医学 9-347c
汗法 3-387e
汗衫 5-561b, 6-442f
汗褟儿 6-442f
汗腾格里峰 3-314c
汗腺 3-387f
汗血马 2-121e, 4-595f, 7-455d
汗疹 2-543e
旱莲 8-140e
旱柳 5-134e, 8-458f
旱龙船 6-50e
旱芹 6-195f
旱芹属 6-195f
旱生植物 8-494e
旱獭 3-388b
旱獭丘 3-388c
《旱天雷》 5-101d
旱田农业 8-417a
旱烟丝 7-118a
旱灾 3-388c
旱作农业 3-388e
焊工护目镜 8-440a
焊接 3-389a
焊锡 8-131f, 8-132f
翰林国史院 3-389e
翰林图画院 3-558e
翰林学士 3-389d
翰林学士院 3-389e
翰林院 3-389d
《翰苑集》 5-171e
《翰苑英华中州集》 9-450e
瀚海军 7-387e
行 7-303b, 8-15a
行化银 8-580d
行货 7-86e
行老 7-303b, 8-389f
《行列圣歌》 4-96f
行列式 3-389e, 4-422e, 8-185f
行首 7-303b
行头 7-303b
行业指标 4-295f
杭爱山脉 3-390a
杭爱准平面 5-378a
杭白菊 7-400e
杭白芷 1-210b
杭埠河 6-80f
杭菜 9-243e
杭·杜亚 3-390b
《杭·杜亚传》 3-390b
杭锦 3-391b
杭甬运河 4-281a
杭稺英 9-120d
杭州菜 9-243e
杭州绸伞 3-390b
杭州局 4-175f
杭州市 3-390c
杭州丝绸 3-390d
杭州湾 3-390e
杭州湾跨海大桥 3-390f
杭州艺术专科学校 3-391a, 3-287e
杭州织锦 3-391b
杭州植物园 9-306c
杭子和 3-391c
航标 3-391c
航标灯 3-391d
《航船在前进》 3-103e
航弹伞 4-193a
航海 3-391e
《航海》 1-93b
航海雷达 4-170d
航海模型运动 3-392c
航海气象 3-392e
航海日志 3-392f
航海设备 2-29c
航海曙暮光 7-60d
《航海天文年历》 3-106a
航海条例 3-393a
航海学 3-393b
航海仪器 3-392c
航海者群岛 6-365c
航迹推算 3-393c
航迹推算仪器 3-392c
航空 3-393e
航空导航 3-394a
航空发动机 3-393e, 2-510b
航空法 3-264b
航空港 3-393f, 4-28d
航空工程 3-393f
航空管制 2-509e
航空、航天模型运动 3-396d
航空考古 3-394a
航空领航 3-394a
航空模型运动 3-394e
航空母舰 3-394f
航空母舰编队 3-395b
航空气象学 3-395b
航空器 3-395b, 2-509d, 2-510a
航空摄影测量 3-395d
航空摄影导航系统 6-505e
航空摄影制图 2-239f
航空深水炸弹 6-508e
航空通信 3-395e
航空学 3-396a
航空遥感 3-396a
《航空遥感图集（腾冲试验区）》 1-566a
航空仪表 3-396b
航空运动 3-396d
航空运输 3-396e
《航路指南》 5-469c
航速 3-393c
航天 3-396f
航天病 9-141a
航天部队 3-398c
航天测控站 3-398d
航天发射场 3-398e
航天飞机 3-399a
航天服 3-399e
航天工程 3-400a
航天工程科学 3-402d
航天基础科学 3-402d
航天技术 3-400a, 4-466e
航天救生 3-400a
航天器 3-400b, 2-510a
航天器发射 3-401b
航天器返回技术 3-401c
航天器轨道 3-401e
航天器轨道控制 3-401e
航天社会科学 3-402d
航天摄影测量 3-402b
航天生命科学 3-402d
航天食品 3-402c
航天系统 3-400c
航天学 3-402d
航天遥感 3-402d
航天遥感平台 3-402d
航天医学 3-402e
航天用远洋测量船 3-349a
航天员 3-402f
航天员座舱 2-193a
航天站 4-467d
航天侦察 3-403b
航线飞机 5-430c
航向 3-393c
航行标志 3-391d
航行警告 7-23a
航行雷达 4-34d
《航运与商业日报》 9-551f
航站楼 4-28f
航站区 4-28f
蒿甲醚 6-207c
蒿柳 8-458f
蚝 5-487e
毫巴 6-149e
毫米波 3-403c
毫米波传输 3-586e
毫米波技术 3-403c
毫米汞柱 8-385b
毫希 8-127d
毫针法 2-421e
豪,J. 3-403c
豪,W. 1-277e
豪恩斯费尔德,G.N. 3-403d
豪尔赫·纪廉 2-426f
豪尔绍尼,J.C. 2-371b
豪放词 7-169c
豪放派 3-403e, 7-168e
豪夫,W. 1-326e
豪格 3-403f

《豪华旅馆》 8-96b
《豪家》 6-202a
豪迈特苏格 4-217e
《豪门巧妇》 5-605e
豪普特曼，G. 3-403f，7-244f，9-292a
豪萨部落 4-376c
豪萨城邦 3-19d
豪萨－富拉尼人 3-19f，3-404b，5-576d
豪萨兰高平原 5-576e
豪萨人 3-404a，1-437d
豪萨语 3-404b，1-18e，3-404a
豪萨族 2-382e
豪斯多夫，F. 3-404c
豪斯多夫空间 3-404d
豪斯霍弗尔，K.E. 3-404d，2-245b
豪泽尔，M. 9-116c
豪猪 3-404f
豪猪科 3-404e
豪猪属 3-404f
壕堑 4-242f
《嚎叫》 1-334d
濠河 5-543f
濠江 1-139d
濠镜 1-139d
《濠梁观鱼图》 8-238d
《好兵帅克》 3-405a，3-317e
《好兵帅克历险记》 3-405a
《好兵帅克在第一次世界大战中的遭遇》 3-405a
《好大王碑考释》 5-111f
好德格钦 5-380e
《好汉斯依提》 7-557e
《好家伙》 2 183c
好来宝 3-405b
好莱坞 3-405c，3-102e
《好莱坞的七大罪》 2-448a
好莱坞电影工作者案件 2-514c
好莱坞墓地 5-8f
好莱坞碗 3-405c
好莱坞影城 4-112d
好力宝 3-405b
好量子数 5-63a
《好人古斯曼》 2-538c
好太王碑 4-74d
《好望号渔船》 3-354a
好望角 3-405d，3-391f
好望角大学 5-524b
好望角航线 3-405d
好望角水牛 7-95c
《好望角照相巡天星表》 4-377f
好望角自然保护区 4-390a，5-524a
“好运”号机帆船 9-37c
郝大通 1-283d，6-265c
郝建秀 3-405e
郝建秀工作法 3-405e
郝丽春 5-15a
郝梦龄 3-405f
郝派 3-406a
郝氏沟 3-153d
郝寿臣 3-406a
《郝寿臣脸谱集》 3-406b
《郝寿臣演出剧本选集》 3-406b
郝锡九 3-405f
郝摇旗 4-603d，6-219b，6-254d
郝懿行 6-437f
郝振基 3-489c
号 3-406b
号房 4-428d
《号角报》 1-24c
号数 9-287f
号型服装 2-601e
《号召》 5-219f
号子 3-406c
《好逑传》 3-406c
《好色二代男》 4-309f
《好色一代男》 4-309e
《好色一代女》 4-309f
好生居士 7-513e
昊天金阙无上至尊自然妙有弥罗至真玉皇上帝 9-75b
耗散结构 3-406d，6-111a，8-22f
耗散力 7-29a
耗羡归公 6-231b
耗子会 2-28b
《浩歌堂诗钞》 1-563f
浩罕汗国 3-406e，8-11a
《浩沁夫》 5-507d
浩然 3-407a
浩然之气 2-7e
皓电 7-479d
镐京 2-561c，9-476b，9-558f
诃梨跋摩 8-596d
诃里诃罗一世 7-552d
《诃利世系》 3-459e
喝呼草 3-357c
嗬哒 8-504e
禾本科 3-407b
禾本科牧草 5-495d
禾草 9-145d
禾草碱 3-407c
禾稼 9-580a
禾兴县 4-131f
合瓣花 3-524f
合瓣花类 7-81b
合本安田银行 3-20e
合并（资产） 9-524f
合并管辖 5-428e
合病 3-407d
合伯 8-64c
合不勒 9-86b
合唱 3-96d，6-218e
《合唱交响曲》 1-289d
合成 3-407d
合成氨 3-407e，1-416d
合成宝石 1-241a
合成代谢 6-538a，8-264f
合成法 8-549d
合成高分子 3-63c
合成革 3-407e
合成骨瓷 3-186a
合成缓溶性无机肥 3-577a
合成缓溶性有机氮肥 3-577a
合成胶黏剂 3-407e
合成金属 4-344d
合成剧 5-266c
合成绝缘油 4-349c
合成抗菌药 3-407f
合成气 4-135f，5-340b，6-303a
合成树脂 3-408c
合成弹性体 3-408e
合成天然橡胶 4-345c
合成洗涤剂 3-408d
合成纤维 2-502b，3-63a，3-552d
合成香料 8-197f
合成橡胶 3-408e
合成药物 4-414f
合成元 3-408e
合成子 3-408e
合成作用 8-79c
合川马门溪龙 1-276b，5-269f
合川区 3-408f
合川市 3-408f
合川县 3-408f
合恩角 3-409a
合恩角国家旅游公园 3-409a
合儿班答 8-524b
合法传销 2-28b
合法性 3-409a
合肥市 3-409b，1-98a，1-537b
合肥县 3-409b
合果含笑属 5-490b
合欢 3-409c
合欢花 3-409d
合欢属 3-409c，9-17d
合伙制企业 3-409d
合计年限法 4-120c
合髻 4-220b
合江省 3-455f
合江县 6-306d
合金 3-409e，4-254f
合金超导体 1-529f
合金钢 3-409e，3-54d
合金工具钢 3-125a
合金结构钢 3-54d
合金生铁 6-534f
合金弹簧钢 7-282d
合金相 3-409e
合金铸铁 9-506a，9-506c
合剌 4-259b
合剌旭烈 1-496b，1-496c
合理情绪疗法 5-12d

合理膳食　4-126c
合理消费　7-32d
《合理选择与不规则行为》 4-287c
合理营养　3-409f
合理预期学派　8-267b
合流点　2-164f
合龙　4-227f
合罗　3-516e
合浦　5-275f
合浦县　3-410a
合浦珠母贝　3-410b, 9-251b
合取命题　8-367c
合群　3-410c
合群需要　3-410c
合蕊冠　5-222d
合山市　3-410d
合十礼　3-410d
合数　3-410e
《合数术》 3-554c
合诵　4-223b
合体字　3-386d
合同　3-410e
合同履行成本　4-198d
合同谈判成本　4-198d
合同异　3-411e
合同责任　7-224e
合围　3-411e
合线期　4-156d
合信　8-107b
合兴班　3-68a
合胸　6-234a
合穴　8-50c
合阳线戏　7-340d
合议庭　6-53a
合议制机关　9-427d
合意增长率　3-311c
合院　9-363e
合赞　2-355b, 8-524a
合赞算端　1-496e
合扎罕　1-496e
合掌礼　3-410d
合众国际社　3-411f
合众国岭　1-63d
合众社　3-411f
合州之战　2-302d
合纵　3-412a, 5-383a, 7-193a, 8-422f
合纵连横　3-412a
合作博弈　5-512b
合作市　3-412a, 3-35f
合作医疗　3-412b
纥升骨城　3-66a, 3-66c
何白坡　3-413e
何内郁　9-376e
何炳林　3-412c
何伯,J.　2-258a
何长工　3-412d
何长卿　3-416a
何长荣　9-449e
何朝宗　2-179a
何成碏　6-589b
何承天　3-412e, 7-68c
何迟　3-412f
何传启　9-290e
何凤仪　3-413e
何干之　3-412f
何光远　4-31f
何桂山　4-253e
何桂珍　9-167e
《何翰林集》 7-156c
何合春　1-511d
何厚铧　3-413b
何基沣　3-561c
何冀平　7-365f
何家村窖藏　3-413c
何家干　1-324a
何家槐　9-413e
何键　4-188f, 6-589b
何杰　3-413d
何进　3-380d, 9-102c
何景明　3-413e, 6-162b
何可欣　3-60e
何昆玉　6-591d
何老凤　3-413e
何良俊　6-78f, 7-156c
何了然　8-107c
何柳堂　3-234d
何鲁丽　3-413f
何鲁之　9-169c
《何梅协定》 3-415c, 4-189c
何平叔　3-415b
何其芳　3-414a
《何其芳文集》 3-414b
何启　7-223a
何秋涛　3-414b
《何去何从》 1-135a
何荣　9-77e
《何塞》 6-31b
何塞·阿古斯丁·戈伊蒂索洛　3-86d
何塞·马丁内斯·鲁伊斯　1-55f
何塞·玛丽亚·阿斯纳　8-86f
何少连　3-251e
何绍基　3-414c
何氏凤仙　2-580f
何氏系数　9-254c
何首乌　5-70b
何叔衡　3-414c
何澍　1-476e
何思敬　3-414e
何腾蛟　3-414f, 5-537a, 6-254d
《何谓“民族社会主义者”》 9-32b
何文焕　5-16e
何雯娜　1-312f
何吾驺　5-536f
何仙姑　1-146b
何贤　3-413b
何香凝　3-415a, 9-370f
《何香凝诗画集》 3-415b
何心田　4-406e
何休　4-298b
何雪渔　3-416a
何晏　3-415b
何也夫　5-16e
何应钦　3-415c
何永芳　3-414a
何勇　3-415d
何玉衡　3-414d
何愿船　3-414b
何泽慧　3-415e, 3-436d
何增禄　9-254c
何振梁　3-415f
何震　3-416a
何仲默　3-413e
何主臣　3-416a
何灼强　3-416a
何兹全　3-416b
何子贞　3-414c
何作霖　3-416d
和必斯　4-8e
和达清夫　1-298c
和达清夫-贝尼奥夫带　3-575d
和德　9-66b
《和德国人会面》 1-78d
和椟城　1-109b
和鄂尔勒克　2-409c, 7-435d
和法　3-416e
和风　2-562b
和服　3-416e
和服绸　4-346d
和歌　3-417a
和歌山　4-98e
和雇匠　1-211c
和合本　6-563d
和合二圣　3-417b
和合二仙　3-417a
《和合舞》 6-8e
《和济局方》 7-168c
和角公式　6-395b
和解　3-417b
《和解》 9-311c
和解协议　3-417c
和乐　5-87c
和林　3-309b
和林格尔汉壁画墓　3-417d
和龙市　3-417e
和龙县　3-417f
和嵘　2-458c
《和你在一起》 1-560a
和凝　2-458c
《和平砥柱》 6-240f
《和平地理学》 5-171d
《和平法令》 3-417f

《和平鸽》 2-131f
和平共处 3-417f, 5-321c
和平共处五项原则 3-418a, 7-482c
“和平”号空间站 3-418b
和平纪念公园 3-232d
《和平建国纲领》 9-284e, 9-419b
《和平解决国际争端公约》 3-277f, 3-345d
和平劳动女神 8-394b
和平利用外层空间委员会 3-418d
和平门 4-278c
和平区 3-418e, 8-15d
《和平颂》 6-127d
和平塔 7-612c
《和平泰斗》 7-237b
和平卫士导弹 3-418e
和平文化 3-418f
和平乡 7-254c
《和平议程》 3-565a
《和平之路》 8-218e
和亲 3-419a
和裘氏小沙丁鱼 6-422e
和上 3-419b
和尚 3-419b
和阇 3-419b
和社 3-419b
和珅 3-419b
和声 3-419c
和声进行 3-419d
《和声学》 8-379d
《和声学实用教程》 5-8e
和声音程 8-574a
和食 3-419d, 6-317f
和世琜 9-97f
和事 3-96f
和硕贝勒 1-302e
和硕滩黄牛 1-414e
和硕特 2-409c, 7-467b
和硕县 1-414d
和田地区 3-419d
和田河 3-419e, 7-241b
和田岬 6-510e
和田清 3-381d
和田市 3-419f
和田玉 3-419f, 9-77f
和同论 4-171c
和熹邓皇后 3-370d, 9-327d
和弦 3-420a, 3-419d
和县 3-420b
和县猿人 3-420b, 3-420b
《和谐》 5-468d
《和谐的灵感》 7-557d
“和谐号”动车组 2-336c
《和谐与自由的保证》 7-576b
和谐制度 3-16b
和义门 2-81b
和与同 3-420c
和州 3-420b
和卓 2-112b
“和子句”纠纷 6-564f
河岸落叶阔叶林 5-236a
河岸葡萄 6-101b
河蚌 3-420d
河北梆子 3-420e
河北大学宋史研究中心 6-125d
河北工学院 7-351a
河北省 3-420f
河北省行政区划 3-421b
河北西调 6-440a
河北县 6-347b
河滨教堂 4-210a
河槽 3-422c
河车通 5-553d
河成阶地 3-424b
河池市 3-422b
河池县 3-422c
河池州 3-422c
河川发电 7-88e
河床 3-422c
河床内导流 6-578c
河床式水电站 7-90a
河床式溢洪道 8-569a
河床外导流 6-578c
河道整治 3-422d
河道整治建筑物 7-84d, 7-91e
河东节度使 7-346e
河东县 9-25e
河东盐 9-140d
河东盐池 9-140d
《河防令》 2-495a
《河防述言》 9-318d
《河防通议》 2-495b
《河防一览》 2-495b, 6-40e
《河防一览图》 6-40e
河港 3-56e
河工模型试验 7-85a
河谷 3-422e
河谷地灌木林 3-218d
河谷地貌 3-422e
河鼓二 3-422f
河鼓三 7-367c
河鼓一 7-367c
河海工程专门学校 7-91a
河湖水系风景区 9-354b
河麂 9-221c
河间大鼓 8-93b
河间调 8-93b
河间居士 5-110b
河间市 3-422f
河间县 3-423a
河间学派 5-110c, 9-216a, 9-448e
河界 8-208d
河津市 3-423a, 7-511b
河津县 3-423a
河口 3-423a
河口段 3-423b
河口港 3-56d, 3-326f, 3-423c
河口海岸带动力学 3-353a
河口口岸 3-423d
河口市 3-423d
河口瑶族自治县 3-423c
河狸 3-423d, 6-437f
河狸科 3-423d
河狸属 3-423d
河狸鼠 3-331b
河狸香 3-423e
《河梁话别》 1-566f
河流 3-423f
河流地貌 3-424a
河流堆积地貌 3-424a
河流阶地 3-424b, 7-247f
河流近口段 3-423a
河流口明长城 6-158d
河流泥沙 3-424c
河流侵蚀地貌 3-424a
河流水力学 7-90d
河流台地 7-247f
河流袭夺 3-424d
河流型水牛 7-95c
河马 6-27e
河马科 3-424d
河马种 3-424d
河漫滩 3-424e, 3-422d
河姆渡文化 3-424f, 3-459b, 7-11c, 8-389d
河姆渡遗址 3-31f, 8-379d, 9-59b, 9-408a
河南板头曲 8-446f
河南梆子 3-425a, 9-83e
河南博物馆 3-425b
河南博物院 3-425a
河南彩 3-232a
河南城 8-421d
河南道 3-426a
河南府 3-2b, 5-233c, 9-84e
河南国 7-446e
河南会战 9-83f
河南郡 3-426a
河南科技大学 5-233c
河南龙山文化 3-425b, 2-86a, 5-252d
河南农业大学 9-278e
河南设治局 1-495d
河南省 3-425e
河南省博物馆 3-425b
河南省行政区划 3-425e
河南四大名镇 9-469e
《河南通志》 7-371f
河南县 1-495d
河南医科大学 9-278b
河南坠子 3-427a
河内 3-427b
河内国家大学 9-129d

河内县　6-203f
河桥之战　2-326c
河曲　3-35f
河曲马　3-427c, 3-37d
《河渠书》　7-90d
河上公　4-562b
河上丈人　3-591b
河上肇　3-427d
《河上肇全集》　3-427d
河朔三镇　7-301e
河套　3-427f
河套灌区　3-427e
河套平原　3-427e
河套人　3-427f, 6-363e
河图　3-428b
《河图》　1-575f
河图洛书　3-428a
河豚　3-428b
河豚毒素　3-428c, 6-536d, 7-451e
河鲀　3-428b
河外天文学　9-69c
河外星系　7-365a, 8-307c
《河外星系研究》　1-47a
《河湾》　5-514f
河西节度使　7-346f
河西鲜卑　5-532d
河西走廊　3-428c, 1-29a, 6-588c
河系　3-423f, 7-101c
河蚬　8-176e
河鸭属　8-388b
《河阳县作诗》　6-43a
河阴之变　2-419e
河源　3-424a
河源郡　6-206b
河源市　3-428e
河源县　3-428e
河志　2-221d
河州平弦　6-205f
河州学派　9-387d
河洲　3-422d
曷利沙帝国　4-233d
荷　5-39e
荷包　3-428e
荷包牡丹　3-429a, 7-203d
荷包牡丹属　3-429a
荷尔拜因,H.　3-429b
荷尔德林,F.　3-429c
荷尔蒙　3-429d
荷尔斯泰因　6-106f
荷花　3-429d, 5-39e
《荷花》　5-110a
荷花淀派　7-220b, 8-189f
《荷花图》　7-592f
《荷花舞》　2-131f
荷花玉兰　1-524e
《荷花鸳鸯图》　1-557d
荷加斯,W.　3-429d
《荷拉斯兄弟之誓》　2-107b
荷兰　3-429f
荷兰低地　4-536b
荷兰东印度公司　5-41a
荷兰豆　3-431c
荷兰共和国　3-430c
荷兰皇家石油公司　9-9b
荷兰街　5-268c
荷兰马　1-121b
《荷兰内地》　5-399b
荷兰侵占台湾　3-431d
荷兰人　3-431e
荷兰斯巴帆船赛　2-462a
荷兰王国　3-429f
荷兰语　3-431f
荷马　3-432a
《荷马礼赞》　1-96f
荷马诗颂　3-180b
荷马时代　3-432c, 5-293a
荷马史诗　2-415d, 3-432b, 8-394b
荷青花　9-12e
荷属安的列斯　3-432c
荷属东印度公司花园　4-389f
荷属圭亚那　7-187f
荷树　5-489d
荷斯坦牛　5-514d
《荷塘月色》　9-490c
荷泽大师　6-511a
荷泽宗　1-500b
核（函数）　4-38f
核（原子）　9-108d
核爆炸　1-253c
核爆炸探测卫星　9-249f
《核不扩散条约》　1-428f
核材料　3-432e
核裁军运动　5-186b
核磁共振　3-432f, 2-46a, 3-432f
核磁共振(NMR)波谱分析　2-547f
核磁共振波谱学　3-432f
核磁共振成像术　2-46b
核磁共振法　7-397a
核弹　3-439b
核弹比威力　6-217b
核弹头　3-439b
核岛　3-433c
核电厂　3-433c
《核电的经济学》　5-256a
核电荷数　9-112b
核电四极矩　3-433b
核电站　3-433c
核电子学　3-433e
核冬天　3-434c
核动力潜艇　3-434c
核法勘探　2-504e
核反应　3-434c, 7-265b
核反应堆　3-434e, 2-503e, 5-76e
核反应堆辐照　1-536d
核反应截面　3-434e
核废料　3-434f
核分裂　9-48e
核分析化学　2-503c
核苷　3-435a, 3-435e
核苷类抗病毒药　4-407d
核苷酸　3-435d, 3-437e
核苷酸代换　2-554f
核果　3-299e
核果类　3-300a
核红　4-207a
核化学　3-435f, 2-503e
核黄素　3-3c
核火箭发动机　4-11f
核基因　4-52d
核集团模型　1-389c
核聚变　3-436b, 3-464b, 7-496c, 8-76b
核聚变反应　6-217a
核绝热去磁　2-206d
核力　3-436c, 7-398b
核裂变　3-436d, 3-306b, 5-292f, 8-76b
核-幔界面　3-165f
核酶　3-438b
核内不均一核糖核酸　3-438b
核内小分子核糖核酸　3-438c
核能　3-436e, 2-503e, 3-436f, 5-563a, 5-564a
核能反卫星武器　2-475b
核潜艇　3-436f, 3-434c
核潜艇压水堆　8-385f
核壳　1-369c
核燃料　3-436f, 5-76e, 9-42c
核燃料后处理　3-437a
核仁　3-437b
核仁组织区　3-437b
核融合　9-50c
核乳胶　3-437c
核嬗变　1-441f
核上性面神经麻痹　5-417a
核深水炸弹　6-508e
核衰变　7-76a
核素图　1-536e, 9-590a
核酸　3-437e, 7-493e
《核酸——结构、功能与合成》　7-493e
核酸探针　2-553f, 7-291b
核酸探针法　3-439f
核燧石　7-217c
核糖　3-438a
核糖核苷　3-435a, 3-435e
核糖核苷酸　3-435d
核糖核酸　3-438b
核糖体　3-438c
核糖体核糖核酸　3-438b
核糖体失活蛋白　6-536d
核桃　3-438d, 3-509b
核桃雕刻　3-298f
核桃楸　3-438d

核桃仁 3-438d
核突击 3-438f
核外基因 4-52d
核威慑理论 3-438f
核武器 3-439a
核物理 9-108f
核下性面神经麻痹 5-417b
核小体 6-273b, 8-151a
核心-边缘论 3-439c
核心城市 9-441d
核心家庭 3-439d, 3-128b
核心区（自然保护区） 9-539c
核心坍缩超新星 8-585f
核型 6-273c
核性质 3-435f
核液滴模型 3-436e
核医学 3-439e
核医学成像技术 3-439f
核炸药 9-42c
核战略 3-440a
核战略方针 3-440b
核战略环境 3-440b
核战略力量 3-440b
核战略目标 3-440b
核战略手段 3-440b
核转变 3-436a
核转变的化学效应 3-436a
核装置 3-439b
核准主义 7-28c
核子 3-440c, 9-108d, 9-109d
核子交换反应 3-434d
核自旋 3-440c
核自旋角动量 3-440c
菏泽国际牡丹花会 3-440e
菏泽牡丹 3-440e
菏泽市 3-440d
《蚵女》 4-616d
盒子草 3-512d
颌（生物学） 9-45c
貉 3-440e
貉藻 5-326c
阖闾 2-37d, 8-24d
阖苏 8-438e
和韵诗 1-528f
佫树旺 9-410d
贺拔延嗣 4-215e
贺方回 3-443d
贺凤山 3-442f
贺国强 3-440f
贺季真 3-443c
贺敬之 3-441a
贺拉斯 3-441b
《贺拉斯》 3-72b
贺兰山 3-441d
贺兰山岩画 7-11c, 8-429b
贺兰山自然保护区 3-441e
贺兰石 8-580b
贺连起 4-277b
贺麟 3-441e
贺六浑 3-66e
贺龙 3-441f
贺绿汀 3-442c
《贺绿汀音乐论文选集》 3-442e
贺茂别雷神社 4-279f
贺孟斧 3-442e
贺姆鸽 3-94e
贺清 6-461f
贺清泰 2-443d
贺若弼 3-442e
贺胜桥 8-175b
贺盛瑞 3-442f
贺世魁 4-282e
贺世盛 7-603c
贺廷延 2-348c
贺文常 3-441f
贺循 7-493b
贺宜 3-443a
贺友直 3-443a
《贺友直谈连环画创作》 3-443b
贺知章 3-443c
贺州 3-443c
贺州市 3-443c
贺铸 3-443d
贺自昭 3-441e
《荷矛者》 1-380e, 3-179b
荷载 9-151f
荷质比 9-107e
荷重 9-151f
《喝彩》 5-270a, 5-348f
赫柏 3-446a
赫伯登结节 3-188d
《赫伯恩法》 5-218c
赫伯特，E. 6-139c
赫布里底 7-184b
《赫布里底群岛》 5-366b
赫策尔，B. 2-272e
赫茨尔，T. 9-35c
赫茨普龙，E. 3-443e, 3-447b
赫茨普龙空区 3-443f
赫茨普龙-罗素图 3-443e, 3-447b, 5-219d
赫达亚特 3-443f
《赫德》 5-605e
赫德，R. 3-443f, 3-327f, 8-368d, 9-34d
赫德博物馆 2-527a
赫德森，T. 4-569f
赫顿，J. 3-444a
赫尔，C. 8-291f
赫尔巴特，J.F. 3-444b, 7-408f
赫尔伯特，E. 9-542b
赫尔岑，A.I. 3-444d
赫尔德，J.G.von 3-444e, 5-19e
赫尔利，P.J. 2-6e
赫尔玛可 8-515c
《赫尔曼》 6-579b
赫尔曼，A. 7-116e
赫尔曼德河 1-20c
《赫尔曼与窦绿苔》 5-495f
赫尔莫莫 4-48a
赫尔墨斯 3-444f, 1-18f, 3-332b
赫尔墨特，F.R. 3-444f, 2-77d
赫尔姆林，S. 3-445a
赫尔辛基 3-445b
赫尔辛基大学 3-445c
《赫尔辛基最后建议蓝皮书》 6-24b
赫尔佐格，J. 3-284d
赫耳，A.W. 3-445d
赫菲斯托斯 1-18f
赫夫曼，D.R. 6-263f
《赫卡勒》 3-181a, 4-373b
赫克歇尔，E.F. 1-125c
赫库兰尼姆城 7-556f
赫拉 3-445e, 1-50c
赫拉克勒斯 3-445e
《赫拉克勒斯的青年时代》 6-567f
赫拉克利特 3-446a
赫拉罗语 1-225d
赫拉特 3-446b, 8-127f
赫拉特大学 1-21b
赫拉特画派 1-387c
赫勒万 4-388b
赫雷罗人 3-446b, 6-304c
赫雷罗语 3-446b
赫里斯托尔的丕平 5-481c
赫里特·赫立逊 8-520a
赫里谢金德尔，B. 3-446c
赫利奥波利斯 4-388c
赫利奥多罗斯 3-181b
《赫利奥斯》 8-125c
赫连勃勃 3-446d, 7-409a, 7-416b, 8-161b
赫连昌 3-446e, 8-161b
赫连定 8-161c
赫鲁晓夫，N.S. 3-446e
赫罗图 3-447a
赫罗兹尼，B. 3-448a
赫迈扎尼 3-447d
赫蒙人 3-447d
赫姆奇克河 8-498f
赫奈斯，M. 2-261b, 6-468e, 8-275b, 9-442c
赫尼希施密德，O. 9-111a
赫施公司 2-448b
赫氏泥鳅 2-304a
赫斯，H.H. 3-447e
赫斯，M. 6-209a
赫斯，R. 5-604e
赫斯登，C. 1-360a
赫斯佩里德斯城 1-224c
赫斯特，G.B. 4-55f
赫斯特，P.H. 4-212e
《赫索格》 1-297e

赫梯帝国 3-158f, 4-365e
《赫梯法典》 6-454e
赫梯古王国 3-447f
赫梯人 9-162f
赫梯王国 1-411a
赫梯语 3-448a
赫图阿拉 3-448b, 6-358f
赫图阿喇 3-448b
赫维茨,W. 7-461b
赫维留,J. 8-307a
赫维西,G.C.de 3-448b, 3-318b, 4-6e
赫西奥德 3-448c, 8-124d, 8-124e
赫希贝格,K. 7-187b
赫歇尔,F.W. 8-581e
赫歇尔,J.F. 8-581e
赫歇耳,C.L. 3-448e
赫歇耳,F.W. 3-448d, 3-474d, 3-474e, 7-361f
赫歇耳,J.F. 3-448e, 8-309b
赫歇耳一家 3-448e
赫胥黎,A. 3-448e
赫胥黎,A.F. 1-67c, 4-25f
赫胥黎,J. 4-270a
赫胥黎,T.H. 3-448f, 6-291e, 9-548d
赫裕昆 3-412f
赫哲人 8-8f
赫哲语 3-449b
赫哲族 3-449b, 7-395f
赫真话 3-449b
赫兹 3-449c, 3-449c, 3-449d, 6-85e,
赫兹,H.R. 3-449c, 2-548b, 3-449c, 5-297e, 8-75c
赫兹伯格,F. 4-57a, 7-80d
赫佐格,J.B.M. 5-263b
褐矮星 3-449d
褐矮星GL229B 3-449e
褐斑谷蛾 3-183b
褐边绿刺蛾 2-52a
褐边螟 2-167e
褐点粉灯蛾 2-190e
褐鲑 3-243f
褐环乳牛肝菌 5-600f
褐几维 3-449e, 3-293f, 4-28a
褐家鼠 4-126b
褐梨 4-579d
褐蛉 5-300d
褐马鸡 8-229e
褐煤 3-449f
褐煤二号 3-450a
褐煤酸 9-293d
褐煤一号 3-450a
褐拟鲛鳙 1-112d
褐软蜡蚧 4-529f
褐色森林土 3-450b
褐衫队 2-1b
褐铁矿 3-450a, 3-597f
褐土 3-450b
褐腰金丝燕 4-257c
褐藻胶 3-450c, 7-61b
褐藻门 3-450c
鹤 3-450d
鹤壁市 3-450e
鹤顶红 4-262a
鹤岗矿务局 3-450f
鹤岗市 3-450f
鹤立岗 3-450f
《鹤林玉露》 3-450f
《鹤鸣》 1-293a
鹤山市 3-451a
鹤山县 3-451a
鹤属 2-136e
鹤舞 1-542b
鹤形目 3-451a
鹤鹰 9-14d
黑（黑龙江省简称） 3-455b
黑矮星 7-265d
黑鲛鳙 1-112d
《黑暗》 1-93d
《黑暗的势力》 1-108f, 7-452e
《黑暗的中心》 4-402e
《黑暗前的夏天》 4-535c
《黑暗时代》 8-520a
《黑暗之势力》 3-120e
《黑暗中的城市》 9-24a
《黑暗中的呼喊》 5-334a
《黑暗中的舞者》 7-74a
黑巴克里索港 4-430e
黑白负片 4-200c
黑白负像 3-4e
黑白红外线胶片 4-200f
黑白猿 6-331c
黑白摄影滤光镜 5-189e
黑白显像管 8-176c
黑白业 8-494a
黑斑侧褶蛙 3-451b
黑斑狗鱼 3-154d
黑斑蛙 3-451b
《黑宝石》 9-275f
黑贝尔,F. 3-451c
黑贝尔,J.P. 3-451d
黑便士 3-451e
黑便士邮票 3-451e, 4-77f
黑-伯反射 3-499a
《黑部的太阳》 8-333d
黑茶 1-490a
黑茶山 2-196c
黑鲳 7-613c
黑潮 3-451f
《黑潮》 6-583a
黑潮续流 3-451f
黑城遗址 2-330d, 4-443a
黑翅土白蚁 1-208c
黑丑 8-365c
《黑船》 6-439c
黑船事件 3-452b
黑唇鼠兔 7-59f
黑瓷 8-486c
黑刺 6-424b
黑刺粉虱 2-559f
黑鞑 2-71a
黑岛 6-479c
黑道日 3-579d
黑帝 5-509a
黑点癣 7-412b
黑洞 3-452b, 3-465b, 9-319d
黑洞热力学第二定律 4-23c
黑额尔齐斯河 2-406e
黑尔戈兰岛 2-172e
黑尔格洛茨,G. 7-555b
黑耳鹰 9-84f
黑非鲫 2-513b
黑粉病 3-452c
黑粉菌 2-148c
《黑粉菌的研究》 2-169d
黑风暴 6-422c
黑蜂自然保护区 7-80d
《黑肤的奥尔甫斯》 3-457c
黑腹果蝇 3-300d
黑腹沙鸡 6-424b
黑钙土 7-442c
黑钙土型草甸土 3-460a
《黑歌手》 3-457c
黑格,W. 9-3c
黑格尔,G.W.F. 3-452d, 1-348e, 1-349b, 2-9e, 2-188f, 2-460d, 2-482b, 3-480a, 4-306e, 4-347f, 5-19d, 5-19e, 5-224e, 9-241b, 9-241c, 9-547c
《黑格尔法哲学批判》 4-287d
黑格尔故居 7-137d
《黑格尔理则学简述》 3-441f
《黑格尔早期神学著作》 3-441f
黑格尔哲学 2-414c
《黑格尔哲学讲演集》 3-441f
《黑格尔哲学批判》 3-453d
黑格斯机制 7-578f
黑寡妇 2-352a
黑管 2-142d
黑光疗法 3-224a
黑海 3-453d, 1-116d
黑海海峡 3-453f
黑海虎 3-518a
黑海舰队装甲舰“波将金号” 2-396c
《黑海零简》 1-133e
《黑海书简》 1-93c
黑汗王朝 3-609c
黑河 3-453f
黑河道 3-454a
黑河府 3-454a
黑河港 3-454a
黑河市 3-454a
黑河县 5-507c

黑盒子 3-460c
黑褐彩绘 9-54c
黑黑业 8-494a
黑胡椒 3-504d
黑虎泉 4-84b
黑虎玄坛 1-462b
黑桦 3-559a
黑鲩 6-213e
黑绘陶 3-179e
黑火药 3-454a
黑鸡鸶 9-14d
《黑籍冤魂》(电影) 9-206f
《黑籍冤魂》(戏曲) 2-579b
黑加尔氏征 6-312e
黑加勒比人 4-110c
黑角 3-454c, 3-49e
黑角港 3-50d
黑角机场 3-454c
黑金白郝 4-253f
黑金刚石 4-240c
黑荆树 4-241c, 4-288e
黑井千次 3-454c
黑颈鹤 8-114d
黑颈鹤自然保护区 6-207a
黑克尔,E. 3-454d, 1-357c
黑客 3-454e
黑客技术 3-454e
《黑兰花》 7-230b
黑劳士 3-454f, 7-120c
黑劳士制度 3-454f
黑肋非鲫 2-513b
黑栎 1-524c
黑林山 2-388c
黑磷 5-93d
黑龙江 3-454f, 2-398a, 2-411c
黑龙江城 1-90d
黑龙江省 3-455b
黑龙江省行政区划 3-455c
黑萝卜 5-222b
黑麦 3-456f
黑麦草 3-456f
黑麦属 8-223e
黑麦子 2-351b
黑脉羊肚菌 8-449e
黑莓类群 7-61c
黑梅萨煤浆管道 3-457a
黑木耳 5-489b
黑嫩省 3-455f
《黑奴吁天录》 3-457a, 2-35d
《黑奴吁天录》(小说) 5-350e
《黑炮事件》 3-588d, 9-352c
《黑皮手册》 5-470c
黑啤酒 6-77f
黑蹼树蛙 7-61e
《黑骑者》 4-448d
黑旗军 3-457b, 2-460b, 5-120c
黑契丹 5-64b
黑巧克力 6-188e
黑热病 3-457c, 5-30f
黑人 8-390a
《黑人百科全书》 2-355e
《黑人大学生》 3-457d
《黑人的重建时期1860～1880》 2-355e
《黑人的灵魂》 2-355e
黑人独立国 4-435a
《黑人和马尔加什法语新诗选》 3-457c
《黑人码头工》 8-8d
《黑人世界》 4-120f
黑人文艺复兴 3-309d
黑人性 3-457d
黑人学 3-457d
黑塞,H. 3-457e
《黑色的伴奏》 2-10b
《黑色的火焰》 2-355e
《黑色的使者》 1-172c
《黑色方尖碑》 4-569a
黑色金属 3-457f, 4-220d, 4-254f
黑色金属材料 4-255b
黑色人种 5-568c
黑色砑花陶 3-459c
黑色页岩 8-503a
黑色影片 3-457f
黑色幽默 3-458a
《黑色与棕色幻想曲》 1-69a
黑森州 2-448a
黑沙湾 1-140a
黑山 3-458b
黑山澳大利亚国家植物园 4-397a
黑山人 3-458e, 3-458b
黑山山脉 1-425d
黑山王国 3-458b
黑山岩画 8-429b
黑山语 3-458b
黑衫党 8-566c
黑衫队 2-153a
黑社会 3-458f
黑麝 9-136f
黑砷 6-507e
《黑石坡煤窑演义》 4-406d
黑市 3-459a
黑市交易 3-459a
黑视 3-459a
《黑手党》 2-68d
黑霜 7-81d
黑水 2-86b
黑水靺鞨 6-5b
黑水厅 6-129e
黑斯廷斯,W. 4-519c
黑死病 7-60a
黑松岩 5-173f
黑素瘤 2-410b
黑燧石 7-217c
黑穗病 3-452d
黑索今 5-139b
黑塔 4-433f
《黑太阳》 2-68d
黑檀木 4-80e
《黑檀木报》 1-597f
《黑桃皇后》 1-498e
黑陶 3-459b
黑锑 7-338f
黑体 3-459c
黑体辐射 3-459c
黑天 3-459e, 4-453e
《黑天歌集》 2-359c
黑田清辉 3-459f
黑田清隆 2-107a
黑条灰灯蛾 2-190e
黑桐油 7-400f
黑秃阿喇 3-448b
黑图阿拉 3-448b
黑土 3-460a, 7-442c
黑臀 3-500e
黑尾鸥 3-337b
黑尾叶蝉 8-495a
黑巫术 8-13b
黑巫术咒语 9-479a
黑钨矿 3-460b
黑瞎子 3-460e
黑瞎子岛 8-8f
黑匣子 3-460c, 2-509f
黑鹇 8-114d
黑线仓鼠 7-59b
黑线姬鼠 4-40c, 7-59b
黑线银鲛 8-582d
黑香豆 8-192c
黑箱 3-460c
黑箱方法 3-460d, 4-480a
黑猩猩 3-460d, 6-615c, 9-114c
黑猩猩属 3-460d, 9-114c
黑胸散白蚁 1-208c
黑熊 3-460e
《黑眼睛》 5-395c
黑羊箐 3-245f
黑羊王朝 3-460f
黑杨 8-462d
黑杨组 8-462c
黑夜派 5-269d
黑衣大食 1-2a, 5-378c
黑衣教士 2-329e
《黑衣教士》 4-489a
黑衣修士 2-387f
黑鹰 9-14d
黑蝇 6-347d
黑油山 4-447d
《黑鱼》 4-108c
《黑郁金香》 1-39f
黑鸢 9-84f
黑云母 9-135c
黑云母碳酸岩 7-293f
黑泽明 3-461a, 5-216e

黑扎兹 3–461b
黑枕黄鹂 3–591c
黑种人 3–461b, 5–568c
黑子 7–266d
黑子光谱片 3–325f
黑嘴鸥繁殖地 5–65c
黑嘴松鸡 7–159d
痕都斯坦玉器 9–77d
痕迹检验 7–399a
痕迹鉴定 7–112b
痕量分析 3–461b, 2–547b
痕量元素 4–503f
《痕与斑》 2–434e
《恨赋》 4–180f, 6–35d
《恨海》 8–36f, 8–428b
《恨世者》 3–180e
恨这关 8–556a
亨（物理量单位） 3–462c
亨伯大桥 8–364d
亨伯河 2–384f
亨策,H.W. 3–461c
亨茨曼,B. 8–491e
亨德尔,G.F. 3–461d
亨德尔森国际机场 4–25d
亨克尔,E.H. 3–462b
亨克尔176 6–61b
《亨莱的赛船》 2–292e
亨利 3–462c, 3–462c
亨利,J. 3–462c, 5–468d
亨利,P. 5–354a
亨利,R. 4–511a
亨利,W. 3–462e
亨利八世 3–462d
《亨利八世的私生活》 4–555b, 7–310d
亨利·贝尔 7–123d
亨利常数 3–462e
《亨利·德雷伯星表》 3–464e
亨利定律 3–462e
亨利·都铎 2–348d, 5–330a
亨利二世 3–462e
亨利·方达 2–487b
亨利–玛丽–雷蒙–德图卢兹–洛特雷克–蒙法 7–422e
亨利·穆奥 8–28f
亨利派 4–511a
亨利七世 2–348d
亨利三世 (Henry Ⅲ; 1207～1272) 4–248a
亨利三世 (Henry Ⅲ; 1551～1589) 7–468e
《亨利三世及其宫廷》 2–123c
亨利四世 (Henry Ⅳ; 1050～1106) 9–499b
亨利四世 (Henry Ⅳ; 1553～1610) 1–383a, 3–503b, 5–543b, 7–468e
《亨利四世》 3 462f
《亨利四世》(亨利希·曼) 3–463b
《亨利四世》(皮兰德娄,L.) 6–73b
亨利五世 1–214c, 7–610a
《亨利希·封·奥夫特丁根》 6–11f
亨利希·曼 3–463a
亨利一世 6–361e
《亨利·詹姆斯的旅程》 1–449a
亨纳肯人 1–182d
亨宁,H. 8–339f
亨佩尔,C.G. 3–463b
亨森,V. 3–351d
亨舍尔,G. 1–384e
亨特,J. 8–121e
亨特,J.M. 3–32a
亨特,M.A. 7–271f
亨特,W.H. 4–516c
亨廷顿,E. 3–463b, 2–227d, 6–284f
亨廷顿,E.V. 9–82b
亨廷顿,S.P. 3–463c
亨廷顿氏舞蹈病 8–64a
亨廷顿图书馆 5–231e
恒春半岛 6–95e
恒电流电解分析法 2–281e
恒电流库仑分析 4–488c
恒定电流 9–297b
恒河 3–463e, 8–592d
恒河–布拉马普特拉河三角洲 3–464a
《恒河降凡》 8–601a
恒河平原 8–592c
恒河三角洲 3–464a
恒山 3–464a, 8–53e
恒社 2–364a, 6–204b
恒弹性合金 7–283b
恒生指数 8–194b
恒向航线 3–339a
恒星 3–464b, 7–364e
《恒星的结构和演化》 7–13c
恒星的年变 9–545f
恒星光谱 3–464d
《恒星光谱的光度研究》 9–58b
恒星际航行 8–305e
恒星际空间 7–257d
恒星年 5–584c
恒星日 6–608f, 6–312f
恒星时 3–464f, 6–608f
《恒星天文学》 2–136b
恒星物理学 7–361e
恒星系空间 7–257d
恒星演化 3–464f
《恒星演化》 7–137a
《恒星演化与天体物理学》 1–47a
恒星月 9–119f
恒星质量 3–465c
恒星周期 7–270a
恒宗 3–464a
姮娥 1–527f
珩 7–42e
桁架刚构分析 1–468e
桁架理论 4–221c
桁架梁 5–53e
鸻形目 3–465d
横边缘海 1–338d
横滨 3–465e
横滨港 3–465e
横波 3–466a, 1–372b, 2–246b, 4–33c
横产式 7–246c
横城堡 5–597a
《横冲直撞》 5–347f
横吹 2–215d, 3–191a
横笛 2–215d
《横渡大西洋》 3–151e
横断山脉 3–466a, 8–114c
横纲 8–191d
横纲格 8–191e
《横戈马上》 8–454e
横隔板式鱼道 9–59e
横膈膜式呼吸法 8–223d
横贡缎 3–466c
横鼓 3–190c
横贯大陆铁路 3–466c
横贯南极山脉 5–528d
横贯性脊髓炎 4–86b
横光利一 3–466d, 8–266c
横节理 4–216b
横井小楠 3–466d
《横空出世》 5–1d
横流通风机 7–388e
横罗 5–198e, 5–202e
横剖调查 2–303b
横渠先生 9–216d
《横渠易说》 9–216e
横山大观 3–466e
《横山晴霭图》 8–32d
横山先生 8–501f
横竖错觉 2–60d
横纹肌 4–35e
横向短缺 2–367c
横向多普勒效应 2–389a
横向多元化经营 2–390e
横向兼并 4–153b
横须贺 3–466f
横痃 6–346e
《横越平原》 8–89f
横云山人明史稿 5–448e
衡（计量） 2–364c
衡宝战役 8–218a
衡碟子 7–75f
《衡量边际效用的新方法》 2–595b
衡平 3–467a
衡平法 3–467a, 6–116a
衡平法院 3–467a
衡器 3–467b
衡山 3–467b, 3–514d, 6–518a, 8–53e
衡山居士 7–601f
《衡书》 6–172f
衡水湖 3–467d, 4–107b
衡水市 3–467d
衡阳道 1–548e

衡阳盆地 3–467d
衡阳市 3–467e
衡阳丝弦 3–515e
衡州起义 5–463d
衡州任学会 5–544c
轰炸 3–467f
轰炸机 3–467f
烘干炉 3–127b
弘法大师 4–466c
弘光政权 5–536e, 6–219b
弘历 6–225a
弘名寺 3–466a
《弘明集》 3–468b
《弘明论》 3–468c
弘仁 3–468c, 7–153a
弘忍 1–500a, 4–1a, 6–515c
弘圣寺塔 2–89d
弘文馆 3–468c
弘一 2–562e, 4–610f
红安县 3–468d
红案 9–326c
红袄军 3–468d, 4–238b
红袄军起义 6–250c
《红白梅图屏风》 7–562c
红斑狼疮 3–468e
红斑性肢痛症 9–304c
红包 5–31a
红宝石 3–468f, 3–53e, 8–474e
红宝石婚 4–223b
《红宝石之歌》 5–396b
红堡 3–469a, 1–22c, 1–22d, 2–181d
《红草地上的青马（革命画稿）》 6–429a
《红册》 9–90c
红层盆地 3–467d, 7–144e
红茶 3–469a, 1–489f, 1–492e
红蝉 1–500e
红场 2–401a, 4–451f, 5–475d
红潮 1–596e
红车轴草 6–404d
《红绸舞》 2–11b, 8–446b
红筹 3–469a
红筹股 3–469a
《红窗》 1–127c
红椿 3–469b
红大 9–394c
红大麻哈鱼 3–243f
《红灯记》 3–469b
《红灯传》 3–469d
红点鲑属 3–243f
红豆 3–469d, 8–222d
红豆（海红豆） 3–328e
《红豆》 9–558c
红豆草 3–469d
红豆杉 4–288e
红豆杉科 3–469e
红豆杉属 3–469e
红豆树 3–469e
《红帆》 3–104f
红矾钠 2–4c
红痱 2–543f
《红粉骷髅》 6–299d
红枫湖国家风景名胜区 1–106e, 6–233e
《红拂记》 9–193e
《红拂私奔》 5–219c
《红拂传》 7–148c, 9–193e
《红高粱》 3–145a, 4–187a, 5–478a, 8–81e, 9–214e, 9–352c
《红高粱家族》 5–477f, 8–170c
红根 2–140b
《红公鸡》 6–209a
红菇目 6–408a
红骨髓 3–187c
红鬼笔 3–244d
红桧 3–470a
红果 6–442a
红海 3–470a
红海山脉 7–179d
红海省 7–180d
红海湾 6–447e
红海珠母贝 9–251a
红河 3–470c, 9–93a
红河哈尼族彝族自治州 3–470c, 3–313c
红河哈尼族自治区 3–470d
红河三角洲 9–128c, 9–129b
红河石 3–209c
红鹤 9–483c
红狐 1–598d
《红胡须》 6–383b
红胡子 2–260a, 4–23a, 6–362f
《红胡子》 3–461a
红虎头 4–262a
红花 3–470e, 4–333c, 8–273d
红花草 9–535c
红花除虫菊 2–17a
红花酢浆草 2–54f
红花岗 3–586e
红花曼陀罗 5–308f
红花忍冬 6–309c
红花天料木 3–470e
红花铁线莲类 7–384f
红花烟草 8–420a
红花羊蹄甲 8–450c
红桦 3–559a
红绘陶 3–179e
红活麻 6–160c
红鲫 4–107b, 4–261f
红绛舌 6–478f
红脚鲣鸟 7–341c
红脚隼 7–225b
红巾军 3–254a, 9–89c
红巾军农民起义 5–449e
红景天属 4–312e
红巨星 7–265c
红角大粉蝶 2–558f
红角鸮 4–206a
红军 7–432b
红军第二方面军 7–433e
红军第四方面军 7–432d
红军第一方面军 7–432c
红军第2军团 7–433d
红军服装 4–352b
《红军过草地》 2–334e
红军会师纪念塔 1–208f
红军建军节 7–189a
红军“四渡赤水”茅台渡口纪念碑 6–306d
《红军问题报告》 9–480e
红瞰湾 7–549d
红克伦人 4–461a
红蜡蚧 4–529f
红蓝花 3–470e
红狼 1–499e
《红梨诗画图》 1–553f
红利 3–185f, 3–293d
红帘石 5–185c
红楝子 3–469b
红蓼 5–70b
红磷 5–93d
红铃虫 2–406a, 5–294d
《红菱艳》 1–251f, 6–241f
红领巾 9–396d
红龙书社 7–608c
《红龙新闻》 7–608c
《红楼梦》 3–471a, 1–478e, 3–316b, 5–118d
《红楼梦》（电影故事片） 8–244f
《红楼梦》（电影戏曲片） 8–145b
《红楼梦》（舞蹈） 1–551c
《红楼梦八十回校本》 3–476c
《红楼梦辨》 3–476b, 9–62d
《红楼梦考证》 3–476b
《红楼梦评论》 3–476b
《红楼梦评论集》 3–476c
《红楼梦人物论》 3–476c
《红楼梦新证》 3–476b
《红楼梦研究》（李辰冬） 3–476c
《红楼梦研究》（俞平伯） 9–62d
《红楼梦研究》批判 3–471e
《红楼梦魇》 9–189d
红绿梅 5–330d
“红－绿”政府 2–612a
《红轮》 7–229e
红罗湾 7–549d
红麻 3–471f
《红玛瑙集》 5–103f
《红玫瑰白玫瑰》 8–193f
红莓类群 7–61c
《红梅阁》 5–234e
《红梅花》 3–472a
《红梅记》 3–472a
红霉素 2–87c

红门阑马墙 2-81b
红面鹌鹑 1-112c
红庙子 8-6f
红木 4-80e
红楠 1-524f, 5-548a
红娘 3-472b
红娘子 1-500e
红皮病型银屑病 8-583d
红萍 5-304b
红葡萄酒 6-101d
红其拉甫海关 3-472c
红其拉甫口岸 7-243b
红其拉甫山口 3-472b
《红旗》 2-197a, 6-244c
《红旗歌》(电影) 8-42a
《红旗歌》(戏剧) 4-228f
"红旗"牌高级轿车 9-350d
《红旗飘飘》 3-472c
《红旗谱》 2-56c, 5-99a, 9-235e
红旗渠 3-472c, 5-88e
红壤 3-472d, 3-514f, 3-596a
《红日》(小说) 8-34c
《红日》(电影) 7-299c, 8-467f
"红三角"牌纯碱 2-483e
红三叶 6-404d
《红色》 4-52d
红色阿克赛农机厂 5-218f
《红色的和谐》 5-244a
《红色的画室》 5-244a
《红色的树》 5-369f
红色高棉 3-482e
红色工会国际 4-101e
红色盲 6-416c
红色漠土 7-442c
《红色娘子军》(电影) 1-205b, 1-563c, 8-240e, 9-504e
《红色娘子军》(舞蹈) 2-360e, 3-281e, 4-590d, 8-42b, 8-64e, 8-475f
《红色沙漠》 1-94f
红色粟粒疹 2-543f
红色通缉令 3-277a, 7-390e
红色戏剧 7-193c
《红色英勇勋章》 4-448d, 5-354c
红色之家 8-558a
《红色中华》 8-269a
红色中华通讯社 8-269a
红沙果品种群 6-423f
红山后遗址 3-472e
红山文化 3-472e, 1-598d, 5-140b, 7-11c, 7-404b, 8-303e
红杉 1-277f, 4-336d, 5-236b, 6-442d
红杉属 1-277f
红衫军 4 110f
红舌 6-478f
红生 4-282c
红十字国际大会 3-473b
红十字国际委员会 2-212f, 3-473b
红十字会 3-473a, 2-212f
红十字会协会 3-473b
红十字会与红新月会国际联合会 3-473b
红石峡摩崖石刻 9-65e
《红石竹花》 7-548e
红视症 1-391d
《红柿小鸟》 3-68b
红薯 3-36a
红树林 3-473c
红树林沼泽 5-576f
红树属 3-473c
红水河 3-473c
红丝线 6-176c
红松 7-161a
红髓 6-79a
红隼 7-225b
红藤 2-114d
《红梯子》 1-93a
红甜果 6-423f
红桐油 7-400f
红铜铃 7-404b
红铜器 7-404b
红头咬鹃 8-484a
红头屿 4-542e
《红瓦》 1-478d
红外带状光谱 2-275c
红外二维光谱 3-473f
红外发射光谱 3-473f
红外辐射 3-474e
红外光谱 3-225c
红外光谱法 3-473e
红外光谱仪 3-473f
红外技术 3-474b
红外摄影 3-474f
红外天文学 3-474c
红外望远镜 3-474e
红外吸收光谱 3-225e, 3-473f
红外线 3-474e, 3-219b, 3-219c
红外线胶片 4-200f
红外线疗法 3-223f, 8-73a
红外线窃听 6-192b
红外线摄影 3-474f
红外遥感 8-482b
红外隐身材料 8-589d
红外隐身技术 8-590a
红外云图 7-568b
红丸案 3-475a, 6-381f
红薇 9-535b
红尾伯劳 1-399b
红尾鹰 9-14c
红卫兵 3-475b
红文鱼翻鳃 4-262a
红细胞 3-475d, 8-376f
红细胞系 3-188a
红细胞血型抗原 4-413f
《红霞》 3-251b
红苋 8-176f
红线女 3-475f
红箱补贴 2-468e
红小兵 3-476a, 9-396d
红小豆 8-222d
红新月会 3-473a
《红星》 2-199b
红星舌 6-479a
红星梭子蟹 7-226c
《红星照耀中国》 7-132a
《红杏出墙记》 9-85e
红学 3-476a, 3-471e
红血球 3-475d
《红岩》 3-476d
《红岩》(绘画) 6-167f
红岩室外圆形剧场 2-137e
红阳教 2-162d, 7-353d
红杨树 7-576c
红叶 3-592e
红叶树 2-571a
红一方面军 7-433d
《红衣罗汉图》 9-232a
红衣主教 3-476e
红衣主教团 2-485a
红移 3-476e, 4-573f
红釉瓷器 4-548b
《红与黑》 3-476f
红缘灯蛾 2-190e
红藻淀粉 3-477b
红藻门 3-477a
《红帐篷》 5-395c
红芝 5-97c
红蜘蛛 3-477c
红中社 8-269a
《红珠女》 2-468c
《红烛》(闻一多) 7-603d
《红烛》(靳以) 4-277d
红柱石 3-477d, 2-580b
《红字》 4-26d, 5-354b
红嘴鹲 7-341c
红嘴鸥 3-337b
红嘴相思鸟 7-354e, 8-191e
红6军团 7-433d
红7军 2-199b
红8军 2-199b
红25军 7-433a
宏村 1-100a
宏观化学动力学 3-546d
宏观结构理论 1-444e
《宏观经济计量模型构造史》 4-449e
宏观经济调控 3-477e
宏观经济学 3-477f, 4-294a
宏观经济指标 4-295f
宏观理论 3-550f
宏观量子态 3-478b
宏观量子现象 3-478b
宏观社会学 6-486a
宏观调控 9-526d

宏汇编程序 3–612b
宏透镜 8–586a
宏育书院 4–244d
虹 3–478d
《虹》 4–555f
虹彩光唇鱼 1–188e
虹口公园 9–406e
虹口区 3–478e
虹膜 8–439b
虹膜根部断离 8–440f
虹膜睫状体炎 3–478e
《虹霓关》 8–381f
虹桥 3–478f
虹桥国际机场 6–463b, 6–466a
虹吸式雨量计 9–71e
虹吸溢洪道 8–569b
虹鳟 3–479a, 3–243f
洪帮 3–479b, 7–348a
洪堡,A.von 3–479b, 2–227c, 2–244f, 3–480a, 3–480b, 6–143c, 6–284f, 9–540c, 9–490d
洪堡,K.W.von 3–479d
洪堡大学 3–479f
《洪堡的礼物》 1–297e
洪堡海流 3–479c
洪堡河 5–555b
洪堡基金会 3–480a
洪堡特,A.von 3–479b
洪堡特,K.W.von 3–479d
《洪堡王子弗里德里希》 4–449b
《洪波曲》 9–207f
洪博里山 5–264c
洪朝生 3–480b
洪承畴 3–480c
洪达 3–482f
《洪大泉考》 5–202f
洪德,F.H. 3–549f, 8–71b
《洪德国音诗集》 5–548a
洪都百炼生 4–557a, 5–108a
洪都拉斯 3–480e, 9–567b
洪都拉斯共和国 3–481a
洪泛平原 3–481c
洪泛区 3–481c
《洪范》 2–490d
《洪范口义》 3–510f
《洪范疏证》 5–111f
《洪范传》 7–489a
洪谷子 4–299e
洪河 3–481d
洪湖 3–481d
洪湖白莲 3–481e
《洪湖赤卫队》 3–481e
《洪湖赤卫队》(电影) 8–244c
洪湖市 3–481f
洪荒 6–344e
洪积–冲积平原 2–2b
洪积平原 6–93f
洪积扇 3–482a, 2–2b
洪积台地 7–247f
洪嘉与 1–242b
洪江会 3–539d
洪江市 3–482a
洪金宝 8–193e
洪括适 3–482b
洪亮吉 3–482a
洪迈 3–482b, 6–332f, 7–483c, 8–538c
洪脉 5–301e
洪门 7–348a
洪楩 6–229a
洪谦 3–482b, 6–475b
洪潜 3–482b
洪仁玕 3–482d, 9–376a, 9–527b
洪汝河 3–481d
洪若 2–327f
洪若翰 1–199b
洪森 3–482e
洪山镇 4–233b
洪尚圣母教堂 4–210b
洪深 3–482f, 3–558f, 8–49b
洪昇 3–483b, 1–518d
洪水 3–483d, 2–494f
《洪水》 2–33a
《洪水泛滥中的小舟》 8–101d
洪水河床 3–422c
洪水预报 3–483e, 7–100d
洪天贵福 7–259c, 7–353a
洪洞县 3–484a
洪武门 3–142f
《洪武南藏》 2–122d
洪宪帝制 3–484a
洪秀全 3–484b, 7–258a
《洪秀全之异梦及广西乱事之始原》 4–159f
洪学智 3–484d
洪焱祖 5–221d
《洪羊洞》 5–337f
洪业 5–590e
洪英植 4–135d, 4–262e
洪莹 9–92f
洪灾 7–105a
洪泽湖 3–484e, 3–561f
洪泽县 3–484f
洪赵县 3–484a
洪钟宇 4–262e
洪州 5–518b
洪州禅 1–500b, 5–286f
洪咨夔 2–147b
洪遵 3–482b
鸿宝 5–581e
鸿都门学 3–211a
鸿沟 3–485a
鸿基 5–5c
《鸿烈》 5–103e
鸿胪卿 2–86e
鸿山猎户 6–344c
鸿山文派 6–344c
鸿雁 3–485b
侯宝林 3–485b
侯宝璋 3–485d
侯保麟 3–485b
侯波 3–489a
侯朝宗 3–486b
《侯城集》 2–490f
侯德榜 3–485e, 3–488c
侯德比亚协议 5–500d
侯德封 3–486a
侯方域 3–486b, 6–222f, 7–322d
侯光炯 3–486c
侯国 8–177d
侯加昌 3–486c
侯家庄商王陵区 5–55b
侯景 5–51d, 5–55c, 5–56a
侯景之乱 3–486d, 4–163e, 5–519a
侯镜如 3–486e
侯君集 3–487a
侯俊山 3–487a
侯览 2–152b
侯勒 7–150d
侯连海 4–477f
侯马古城 6–440c
侯马金墓 3–487b
侯马晋城 3–487c
侯马盟誓遗址 3–487d
侯马盟书 3–487d
侯马市 3–487e
侯仁之 3–487f
侯润宇 6–464c
侯赛因大学 9–117e
侯赛因–麦克马洪信件 3–488a
侯赛因一世 6–360d
侯赛因·伊本·阿里 3–488a
侯赛因·伊本·塔拉勒 3–488b
侯生 2–558a
侯氏制碱法 3–488c, 3–485f
侯忒艾 1–34f
侯外庐 3–488d
侯万景 3–486d
侯喜瑞 3–488e
侯祥麟 3–489a
侯孝贤 3–489b, 7–250e
侯一尘 9–207e
侯玉山 3–489c
侯仲良 3–503d
喉 6–299a
喉癌 3–489d
喉返神经 5–392c
喉梗阻 3–490b
喉结核 4–222e
喉麻痹 3–489e
喉盘鱼 3–489f
喉上神经 5–392c
喉水肿 3–490c

喉外伤 3-490c
喉下神经 5-392d
喉炎 3-490a
喉异物 3-490c
喉源性呼吸困难 3-490b
喉阻塞 3-490b
猴 3-490d
猴类 4-573d
猴面包树 3-490e, 5-490f
猴拳 3-490f
《猴山之梦》 7-609e
猴头菌 2-148c
《猴子注》 2-183f
瘊子 9-41f
吼虹社 4-603c
后半世纪奖 1-494d
后沉淀 3-147f
《后赤壁赋》 7-194e
《后出塞》 2-356d
《后窗》 5-349e, 8-126a
《后催租行》 2-481f
《后村别调》 5-113a
后村居士 5-112e
《后村诗话》 3-491a, 5-112f
《后村先生大全集》 5-113a
后党 2-44c
后典 6-564a
后发酵茶 1-490a
后发酵普洱茶 1-490a
后发-室女团 7-33d
后发座星系团 3-491a
后蜂 3-502c
后冈遗址 3-491b, 5-55b
后工业城市 3-491c
后工业（化）社会 8-299f
后工业化时期 3-491c
后工业社会 3-491c, 6-482a, 8-299f
后工业社会理论 1-290c
《后宫诱逃》 5-478b
后股 1-142a
后汉 3-491c, 2-321f, 3-368a, 8-45b
后汉高祖刘知远 3-491e
《后汉三国梵汉对音谱》 2-486a
《后汉书》 3-491f
后杭爱 3-390b
后弘期 9-156c
后后现代舞 8-180a
后湖黄册库 3-492a
《后湖志》 3-492a
后基因组时代 2-150c
后记 3-492a, 1-189e
后稷 8-115c
后金 3-492b, 6-218e, 6-232b
后晋 3-492b, 3-492d, 8-45b
后晋高祖石敬瑭 3-492d
后京极流 6-318e
后口动物 7-342d
后莱茵河 4-536a
后黎 4-581f
后理国 2-89e
后凉 3-492f, 2-205f
后梁 3-493a, 8-45b
《后罗摩传》 1-420f
后马 5-253f
《后门》 3-501f
后弥曼差派 2-532c
后母戊 7-115f
后牛顿天体力学 8-190d
后农业社会 3-493b
后棚 1-544a
后七子 3-493c
后期法家 2-446d
后期复苏 8-248e
后期经院哲学 4-299d
后期墨家 5-480b
后期捻军 5-587a
后期陕公 6-445d
《后期随笔集》 4-541c
后期象征主义 8-209d
后期印象派 3-494f
后气门目 6-80b
后秦 3-493c, 8-478d
后穹隆穿刺术 3-6b
后三头同盟 1-94e, 1-122d
后三头政治 6-401d
《后山集》 1-565a
《后山诗话》 1-565a
后肾 6-522e
后生动物 3-493e
后生花被类 7-81b
后十条 7-152e
后兽次亚纲 1-425a
后蜀 3-493e, 8-45d
《后四声猿》 3-493f
后四王 7-154e
后唐 3-494a, 8-45b
后唐庄宗李存勖 3-494b
后套平原 3-427f
后滕新平 5-533a
后藤象二郎 9-549b
后醍醐天皇 5-497c
后天梅毒 5-330f
后天性白内障 1-203f
后天性疝 6-447f
后天之精 4-304a
后突厥汗国 7-417e
后土皇地祇 7-156e
后土娘娘 7-156e
后洼屯遗址 9-407f
后王朝美术 3-160e
后五刑 8-51f
后希波克拉底誓言 8-119c
后现代派 3-494d
后现代主义 2-403a
后现代主义美术 3-494d
后新潮小说 8-170c
《后形而上学思维》 3-304b
后序 3-492b
后燕 3-494e
后验信息 1-302b
后羿 8-160a
《后裔》 8-525c
后印象主义 3-494f, 2-443a, 2-466f
后造山相 5-464f
后赵 3-495b
后罩房 7-150b
后郑 9-277a
后殖民主义文化批评 6-369a
后周 3-495d, 8-45b
后周世宗柴荣 3-495e, 7-505e
后周世宗禁佛 6-401f
后周太祖郭威 3-495f
《后传》 1-221f
厚哔叽 1-330b
厚拱坝 3-146b
厚花呢 3-529d
厚环乳牛肝菌 5-600f
厚壳贻贝 8-541a
厚皮菜 4-585a, 7-373b
厚皮甜瓜 7-373c
厚朴 3-496a
厚三明治课程 6-398f
厚垣孢子 1-238e
厚载门 2-81b
厚纸大龙 2-92c
厚州川 3-28d
《候车室》 4-62c
《候车室》三部曲 2-615d
候风地动仪 3-496b, 3-373c, 9-196d
候鸟 3-496b
《候鸟》 1-48a
鲎 3-496b
呼韩邪单于 3-369d, 3-419a, 8-328d
呼和浩特市 3-496c
呼和色里瀑布 4-424a
《呼唤》(J.罗曼) 5-212a
《呼唤》(J.da索萨) 7-233d
呼啦舞 3-496e, 1-482c
《呼兰和我》 2-406a
《呼兰河传》 8-217d
呼伦贝尔草原 3-496f
呼伦贝尔城 3-330e
呼伦贝尔盟 3-497a
呼伦贝尔市 3-497a
呼伦城 3-330e
呼伦池 3-497b
呼伦湖 3-497b, 1-291b
呼伦县 3-330e
呼罗珊 2-355b
呼玛县 3-497c
呼瑞乌力格尔 8-6a

呼图克图彻辰·洪台吉 5–380c
呼吸 3–497c
《呼吸》 1–290a
呼吸道 3–499b, 6–299a
呼吸道感染 4–143e
呼吸道合胞病毒感染 3–499c
呼吸毒剂 6–421c
呼吸功能监测 9–463f
呼吸困难 3–499d
呼吸酶 7–464b
呼吸衰竭 3–499d
呼吸系统 6–298f
呼吸系统病变 3–128d
呼吸性碱中毒 7–208a
呼吸性酸中毒 7–207f
《呼吸钟摆》 5–397d
呼吸作用 9–304f
《呼啸的山风》 4–607c
《呼啸山庄》 3–499f, 1–409b
忽必烈 3–500a, 1–41b, 2–80e, 2–302e, 2–355b, 7–165a, 9–88b, 9–95b, 9–438e
《忽必烈汗》 4–420a
忽布 6–78b
忽都鲁火者 2–355b
忽汗城 1–419e
忽汗海 4–317b
忽里平寨 1–90c
忽里台 3–500a
忽邻勒塔 3–500a
忽思慧 6–233b
虖池河 3–500b
滹南遗老 7–506f
《滹南遗老集》 7–507a
滹沱河 3–500b, 3–328c
和牌 5–237d
狐 3–500c, 6–268a
狐步舞 3–500d
狐臭 2–12d
狐臭腺 3–388a
狐蝠 3–500e
狐蝠属 3–500e
狐猴 3–500f, 5–97b, 5–241c, 5–242a
狐鲣 4–247f
狐鲣属 4–247e
狐篮子鱼 6–276c
狐狸 3–501a, 1–598d
《狐狸》 6–238f
狐臊 1–598e
狐属 3–500c
狐尾木 8–155d
狐尾藻属 8–223a
狐偃 2–37a, 4–275f
弧长参数 6–249c
弧度测量 2–77b
弧度制 4–204d, 6–395a
弧额鱼虱 9–61c
弧光放电 3–501a
《弧矢启秘》 4–609a
《弧矢算术细草》 4–608d
弧弹性 7–283d
《弧线的增殖》 1–535d
胡 3–501b, 8–328c
胡阿里·布迈丁科技大学 1–13e
《胡安·德·阿利亚》 1–442b
《胡安·德尔·恩西纳诗歌集》 2–416c
胡安·戈伊蒂索洛 3–86d
胡安国 3–503d, 3–516e
胡安·卡洛斯一世 3–501b
胡安·路易斯·比维斯 3–589e
胡安·罗德里格斯·卡布里略 5–231c
胡安·曼努埃尔 3–501c
《胡安·莫雷拉》 1–374b
胡安娜·拉米雷斯·德·阿斯巴赫 4–455e
《胡贝图斯堡条约》 2–529b, 6–119e
胡饼 7–303f
胡拨斯 4–8e
胡曹 9–354e
胡茶辣 3–169c
胡楚里文 3–108d
胡传揆 3–501c
胡春香 5–548a
胡葱 2–53a
胡达 9–256e
胡德邻 4–54c
胡德林 4–549a
胡德亚尔汗 2–395d, 3–406f
胡登洲 3–501d, 9–387c, 9–402e
胡迪尼，H. 5–466a
胡蒂拉 3–501d
胡蝶 3–501e
胡定 7–97e
胡豆 1–474a
胡尔 7–150d
胡尔达 1–385b
胡尔奇 7–325f
胡尔特，F. 1–252e
胡风 3–501f
胡蜂 3–502c
胡蜂总科 3–502c
胡佛，D.N. 3–31a
胡佛，H.C. 3–502d, 5–353b
胡佛坝 3–502e, 4–525f
胡夫 4–66b, 7–21c
胡夫金字塔 4–264d, 7–21c
胡服 3–503a
胡服骑射 9–183e, 9–228e
胡福才 4–549a
胡格，D. 1–476b
《胡格诺派教徒》 5–293d
胡格诺派与胡格诺战争 3–503a
胡格诺战争 5–543b
胡贾 9–402d
胡瓜 3–583e
胡果，G.von 5–19e, 6–368c
胡果刚 3–503b
胡亥 4–611d, 5–374d, 9–230c
胡汉民 3–503c
胡貉 9–184a
胡宏 3–503d, 3–516f
《胡宏集》 3–503d
胡厚宣 3–503d, 4–134e
胡呼 1–227f
胡胡 2–424f
胡华 3–503e
胡焕庸 3–504a
《胡焕庸人口地理选集》 3–504b
胡恢 5–543a
胡吉藏 4–67f
胡继宗 5–375d
胡寄窗 3–504b
胡家骅 3–503f
《胡笳十八拍》 3–504c, 1–470d
《胡笳十八拍图》 1–559e
胡椒 6–98c
胡椒蜂蜜饼 5–604d
胡椒纲 7–81b
胡椒海岸 4–82c
胡椒碱 3–504c
胡椒科 3–504d
胡杰特·伊斯兰 1–57e
胡金铨 7–250c
胡锦涛 3–504e
胡锦涛"六点意见" 3–505a
胡经甫 3–505c
胡景岐 2–427c
胡景翼 3–291e
胡厥文 3–505d, 9–382e
胡开文 5–479d
胡可 3–505e
胡克 2–526e
胡克，R. 3–505f, 3–228e, 3–506a, 5–599e, 5–600c, 8–492b
胡克，S. 7–1d
胡克巴拉赫普 2–526e
胡克定律 3–506a, 7–283f
胡克体 5–586b
胡蓝之狱 3–509e, 4–546a
《胡狼嗥叫的地方》 1–135a
胡里改部 4–164e
胡里特人 8–139d
胡莲仙 8–201f
胡林翼 3–506b
胡卢巴 8–192d
胡卢巴属 8–192d
胡萝卜 3–506b
胡萝卜醇 4–573c, 8–496c
胡萝卜素 4–573c
胡麻 3–37c, 9–288f
胡麻属 9–288f
胡马雍 5–476f, 7–182c

胡马雍陵 2-181d
胡蛮 5-362b
胡敏酸 3-3f
胡宁 3-506d
胡培翚 8-537e
胡鹏云 3-207d
胡齐斯坦省 1-56f
胡琪 4-483d
胡启立 3-506e
胡乔木 3-506f, 9-397a
胡琴 2-424f, 4-281b
胡琴腔 2-269f
胡庆树 3-507a
胡庆余堂 2-299e
胡铨 3-507b
胡仁好来宝 3-405b
胡仁乌力格尔 8-6a
胡戎国 6-335f
胡蓉蓉 6-460f
胡如雷 3-507c
胡瑞华 3-501e
胡萨克,G. 3-507d, 4-227a
胡塞尔,E. 3-507e, 1-308d, 7-52b, 8-184a
胡塞尔现象学 8-184b
胡三省 3-507f
胡绳 3-508a, 9-396f, 9-397a
《胡绳全书》 3-508b
胡十 5-104b
胡什哈尔·哈塔克 3-508c
《胡什哈尔·哈塔克诗集》 3-508c
胡什哈尔汗 3-508c
胡世华 2-254a
胡适 3-508c, 1-267c, 1-352a, 1-523f, 2-326e, 3-476b, 4-212f, 8-286b, 9-411b, 9-452d
《胡适文存》 3-508d
胡适之 3-508c
胡适之体 1-524a
胡双喜 9-57e
胡斯,H.van der 3-508e
胡斯,J. 3-508e
《胡斯教派序曲》 2-185b
胡斯托·谢拉 8-86e
胡斯运动 4-225e
胡斯战争 3-508f
胡松华 9-375c
胡荽 8-425d
胡太后 2-419f
《胡太明》 8-41e
胡太师 3-501d
胡桃 3-509b, 3-438d
《胡桃夹子》 1-498f, 3-103b
胡桃楸 3-438d
胡桃属 3-438d
胡桃种仁 3-509b
胡滕,H.von 2-177c
胡滕,U.von 2-188e
胡同 3-509b
胡桐木 7-337c
胡桐属 7-337c
胡图 1-447b
胡图人 5-155f
胡颓子科 3-509c
胡颓子属 3-509d, 6-429e
胡惟庸案 3-509d
胡文豹 3-509e
胡文虎 3-509e, 8-304f
胡文澜 9-136a
《胡文忠公遗集》 3-506b
胡毋敬 5-375b
胡喜禄 9-62c
胡仙 8-304f
胡先骕 6-164e
胡修道 9-396b
胡雪岩 8-40a
胡亚雷斯,B.P. 3-509f, 2-214a
胡杨 5-236a, 8-462d
胡杨组 8-462c
胡耀邦 3-510a
胡也频 6-516d
胡一川 3-510c
胡以撰 3-510c
胡翼 3-207d
胡应麟 3-510d, 2-428b, 6-473e, 6-576b, 6-580d, 7-177c
《胡应麟年谱》 8-30a
胡愈之 3-510d, 9-383e
胡燏棻 1-286c
胡元瑞 6-576b
胡元玉 8-398d
胡瑗 3-510e, 6-596d
《胡越的故事》 8-351a, 9-471d
胡慥 4-244d
胡璋 7-177e
胡震亨 2-428b
胡正详 3-510f
胡正言 6-591d
胡政之 2-83d
胡祇遹 9-492e
胡志明 3-511a
《胡志明》 8-41e
胡志明陵墓 3-427c, 9-129d
胡志明市 3-511b
胡志明市国家大学 9-129d
胡子昂 3-511d
胡仔 3-511d
胡宗铎 6-589a
胡宗南 3-511e
胡宗宪 3-511f
壶关县 1-521b
壶口瀑布 3-512a, 3-585b, 5-90b
壶穴 3-422d
湖州竹派 7-594e
《湖庄清夏图》 9-231c
葫芦 3-512b, 3-524d
葫芦岛市 3-512b
葫芦雕刻 3-299b
葫芦河 7-572c
葫芦节 4-518f
葫芦科 3-512c
葫芦笙 5-157f
葫芦属 3-524d
葫芦藓 3-512d
湖蚌 3-420e
湖北钉螺 2-310f
湖北花鼓戏 3-527c
湖北会子 3-613e
湖北军政府 8-259d
湖北评书 3-512e
湖北省 3-512e
湖北省行政区划 3-512a
《湖北通志》 9-221b
《湖北学生界》 8-257f
湖北医科大学 8-56e
湖笔 3-514a, 5-313a, 7-586b
湖滨台地 7-247f
湖莩虫属 5-554b
湖帆 8-30c
湖广调 4-282a
湖广会子 3-613e
湖广铁路 7-382c
湖会 3-613e
湖积平原 6-93f
湖鲫 4-317c
湖陆风 3-332a
湖南菜 3-514a
《湖南常德鼠疫报告书》 1-567f
湖南大学 3-514b
湖南工业专门学校 3-514b, 9-125f
湖南国立师范学院 3-515d
湖南花鼓戏 3-527c
湖南话 8-199f
湖南教育学院 3-515d
《湖南锰矿志》 7-371b
《湖南泥盆纪之腕足类》 7-371b
《湖南农民运动考察报告》 5-320a, 5-609f, 6-485e
湖南省 3-514b
湖南省立第一师范学校 1-518a
湖南省湘剧团 6-64c
湖南省行政区划 3-514c
湖南师范大学 3-515d
湖南丝弦 3-515d
《湖南铁矿志》 7-371b
湖南医科大学 8-202b
湖南医学院 8-202b
湖南渔鼓 3-515e
湖南杖头傀儡戏 9-223e, 9-386f
《湖畔》(S.A.格拉西莫夫) 3-100f
《湖畔》(冯雪峰等) 3-515f

《湖畔》(黑田清辉) 3–460a
湖畔派诗人 3–540e
《湖畔日记》 7–118d
湖畔诗人 3–516a
湖畔诗社 3–515f
湖泊 3–516a
湖泊河道养鱼 3–516b
《湖山揽胜》 4–547d
《湖山类稿》 7–488b
《湖上的悲剧》 5–524e
湖上笠翁 5–2f
《湖社半月刊》 3–516d
湖社画会 3–516d
湖熟文化 6–212c
湖丝 3–516e
《湖天春色图》 8–32d
湖湘学派 3–516e
湖相烃源岩 7–386f
湖羊 3–517a
湖志 2–221d
《湖州歌》 7–488a
湖州市 3–517a
《湖州谢表》 8–9b
湖州鱼菜 9–243e
鹕簋 3–517c
槲蚕 9–581b
槲果壳 7–337c
蝴蝶 3–517d, 2–34d
《蝴蝶》(电影) 2–69b
《蝴蝶》(钢琴曲) 7–53c
《蝴蝶》(小说) 2–473e
蝴蝶斑 3–586c
《蝴蝶杯》(电影) 7–499d
《蝴蝶杯》(戏曲) 7–510f
《蝴蝶盃》 2–306b
《蝴蝶夫人》 3–517d
蝴蝶花 6–399f
蝴蝶兰 3–517e, 4–542e, 7–248a
蝴蝶兰属 3–517e
《蝴蝶梦》 5–349b, 8–126a
蝴蝶琴 8–446f
蝴蝶泉 2–90b
蝴蝶树 6–276f
蝴蝶鱼 3–517f
蝴蝶鱼科 6–276c
《蝴蝶与花朵》 2–611e
蝴蝶装 9–515a
衚衕 3–509b
糊精 2–95e
《糊涂世界》 8–36f
縠 9–479b
虎 3–518a
虎斑宝贝 1–239e
《虎报》 3–509f
虎北口 3–162d
虎必来 7–202d
虎撑 3–523f
虎蛾 3–518b
虎蛾科 3–518b
虎耳草 3–518c, 3–518c
虎耳草属 3–518c
虎夫耶 5–366e
虎符 3–518c, 6–197b, 8–297b, 9–183b
《虎符》 3–251d
虎甲 3–518d
虎甲科 3–518d, 6–189b
虎鲸 3–518e, 4–307f, 5–583f
虎牢关 3–518e
虎林市 3–518f
虎林厅 3–518f
虎门 3–519a
虎门大桥辅航道桥 6–186b
虎门、广州之战 3–519a
虎门炮台 3–519b
《虎门条约》 8–388b
虎门销烟 3–519c
《虎皮武士》 3–519d, 5–165d
虎皮鹦鹉 3–519d
虎钳 3–519e
虎鲨 3–519f
虎食人卣 3–520a
虎思斡鲁朵 2–611c
虎跳峡 3–520b, 4–252b, 6–393c, 8–196f, 9–75f
虎头 4–262b
虎头柑 1–594c
虎头金牌 8–477c
虎头帽 3–523f
《虎头牌》 9–99c
虎头埤 7–249c
虎纹大石磬 8–579a
虎纹石磬 3–520c
虎溪山汉简 3–376e
虎衔 3–523f
《虎啸》 3–73c
虎颜花 3–520d, 8–493b
虎鱼科 8–155e
虎张 4–282e
虎掌 7–355b
虎尊 3–520d
浒苔 3–520e
琥璜 3–414d
琥珀 3–520f
琥珀词 4–8e
《琥珀匙》 5–446b
琥珀酸 2–305b
琥珀酸亚铁 6–268e
“琥珀之路” 1–282e
笏 8–379e
互变异构 3–521a
互感（物理学） 2–278b
互感电动势 2–278b
互感系数 2–278b
互购贸易 3–608d
互换 3–521b
互惠待遇 3–521b
互郎 4–284c
互联网 3–521b
互联网经济 7–522c
互通式立交 2–165b
互训 3–521c
互质 9–574c
互助土族自治县 3–521d
互助县 3–521e
互助组 3–521e
户部 5–136d, 6–400a
户部银行 8–581a, 9–447a
户等 4–321c
户调 3–521f, 4–321c
户籍 3–522a
户口 3–522e
户口版籍 3–522b
户撒阿昌刀 1–6b
户税 3–522e
户税钱 3–522e
《户田家的兄弟》 8–224b
户县 3–522e
护城壕 1–267a
护城河 1–583b
护法（佛教） 8–597a
护法（舞蹈） 9–160f
护法战争 3–522f
护符 3–523f
护国公 4–456e, 9–8f
护国战争 3–523b, 3–484b
《护教论》 1–495a
《护教篇》 2–171e
护教士 1–495a
护理 3–523c
《护理笔记》 5–521f
护理类化妆品 3–553d
护理学 3–523c
护卵行为 6–550e
护羌校尉 6–176e, 6–206a
护身符 3–523f
护生草 4–102c
《护生画集》 2–562c
护士 3–524a
护士披风 6–70a
《护士日记》 7–493a
护世四天王 7–148c
护手双钩 3–154a
护卫舰 3–524a
沪（上海市简称） 6–464f
沪剧 3–524b
沪宁铁路 4–281d
沪上三熊 3–339c
沪式糕点 3–81e
沪西电力公司 6–461f
瓠瓜 3–524d
瓠子 3–524d

扈（捕鱼工具） 6-465a
《扈家庄》 2-147e
扈蒙 7-257f, 7-263a
鄠县 3-522f
鳠科 3-524e
鳠形目 3-524e
花 3-524e
花瓣鱼虱科 9-61c
花背仓鼠 1-475a
花被 3-524f
花边 3-525c
花布灯蛾 2-190e
花部 3-525e, 3-525f, 4-281f, 4-313c, 5-445e, 9-78f, 9-145c
花部 雅部 3-525e
《花部农谭》 3-525d
花材 1-489b
花菜 1-467d, 3-35d
花茶 3-525f, 1-490a
《花城》 6-200b
《花传书》 3-525f
花大姐 6-83d
花旦 2-147e, 4-282c, 6-181e, 7-514b
花道 3-525f
《花的草原》 5-287d
花灯 3-526a
花灯 3-526b
花萼 3-524f
花儿 8-576d
花粉 3-526d, 2-25c, 5-409e
花粉块 5-222d
花粉块柄 4-540f
花粉囊 9-457f
花粉症 3-526d
花岗结构 3-526f
花岗－绿岩带 5-187a
花岗伟晶岩 7-561a
花岗细晶岩 8-154a
花岗岩 3-526e
花羔红斑鲑 3-243f
花蛤 3-112f, 7-586e
花鼓舞 3-527a
花鼓阵 2-84d
花鼓子 3-527a
《花关索传》 5-443e
花冠 3-524f
花冠轿车 2-561f
花冠皱盔犀鸟 8-131d
花龟 3-527c
花棍 1-191f
《花果翎毛图》 2-436b
花果山 9-138c
花红 6-423f
《花环》 1-409e
花卉 3-527d
《花卉图》 4-609d
花卉纹瓦当 7-464a
花会 3-527e
《花火》 1-286f
花鲫鱼 3-248f
花甲 6-587a
花甲寿 6-532a
《花间集》 3-527f, 7-479c
《花间集序》 2-40f
花间派 7-584b
《花笺记》 5-494b
花剑 4-28c
《花溅泪》 9-55b
花键联接 5-46d
花鳉科 6-276b
花椒 3-528a
花轿 4-208a
花拉子米 3-528b, 2-253f
《花拉子米算术》 3-528b
花拉子模 3-528c
花剌子模 3-528c, 5-378b
花剌子模汗国 8-127b
花剌子模沙三王朝 3-528c
花剌子模苏维埃人民共和国 8-127b
花篮瑶 4-318d
花鲤 5-14a
花莲市 3-528e
花莲县 3-528e
花鲢 9-24a
花脸 3-528f, 3-489c, 4-253e, 4-313b, 5-276f, 7-151b
花绫 5-100b
花鲮 5-100c
花柳千代 3-528f
花笼 5-309c, 7-337c
花鲈 3-529a
花鲈属 3-529a
花鹿 5-332b
花罗缎 5-202e
花锚属 5-140d
花蜜 3-529b
花面 5-48b
花面狸 3-529c
《花名录》 5-401e
花魔芋 5-466b
《花木兰》 1-527c, 3-426f, 9-83f
花呢 3-529d
花内蜜腺 5-409f
《花鸟草虫图》 7-220c
花鸟岛 9-464e
花鸟画 3-529e
花鸟历 5-36f
花派 7-144c
花判 9-145a
花炮节 6-406c
花佩属 4-333b
花盆底 9-356e
花盆鼓 3-190e
花皮胶藤属 4-122b
花坪自然保护区 3-530a
花期 3-525c
花期控制 3-530b
花旗参 8-108c
花旗银行 1-50b
花器 1-489b
花腔 6-200d, 9-58e
花腔女高音 6-413f
花青素 3-530d
花鳅 3-530c
花鳅亚科 3-530c
花蕊夫人 3-530c
《花蕊夫人宫词》 3-530d
花色素 3-530d, 1-322a
花色素苷 3-530d
花色型膨化食品 6-68e
花色钻石 9-573e
花（色）锌 3-599a
花沙纳 2-257f, 7-352d
花纱 6-429f
花山节 3-530e
花山岩画 8-429b, 9-577e
《花蛇集》 8-347b
花蛇鳗 6-480a
花生 3-530f
花生酱 3-531b, 4-193f
花生四烯酸 3-531b, 9-293d
花生酥 3-531b
花生酸 3-531c, 9-293d
花生糖 3-531b
花生油 3-531b, 3-531c, 8-411e, 9-40e
花石纲 3-531c, 3-118c, 7-170b
花市 3-531d
花式大衣呢 2-121a
花式麻纱 5-238a
花式行车 1-547c
花丝 3-531d
花丝（生物学） 3-524f
花丝镶嵌 3-531e
花寺门宦 9-239b
花塔 7-237a
《花田错》 2-22f, 2-579b, 3-207a
花托 3-524e
《花外集》 7-515f
花外蜜腺 5-410a
《花为媒》 1-209c, 1-580f, 6-94d, 8-266a
《花下美人图》 2-604f
花县 5-101c
花线绨 7-345f
花香型香水 8-198e
花鞋 8-338f
花蟹 7-226c
花熊 2-113d
花序 3-525c
花序果 3-299e
花样滑冰 3-531f

花样滑水 3-541f
《花样年华》 9-203e
花样跳绳 7-377e
花样游泳 3-532b
花药 3-524f
花椰菜 1-467d, 3-35d
花也怜侬 3-339b
花叶马拉巴栗 2-431a
花叶万年青 7-482c
花衣 6-50d
花蝇 3-532b, 7-77e
花蝇科 3-532b
花釉 8-437d
花鱼 8-223f
花语 4-127e
《花园街五号》 4-596d
花园口 3-532c, 3-562a
《花园里的声音》 7-551d
花园学派 8-515b
《花园中的圣母》 4-516a
《花月痕》 3-532d
《花月因缘》 3-532d
花寨 3-529a
花漳绒 9-221f
花招儿 3-153c
花辙 7-60c
花约 9-479b
花柱 3-525b
划艇 6-72b
华 3-532e
华北豹 1-249a
华北大学工学院 1-269b
华北地块 1-346c
华北地域人种 3-532f, 2-245a
华北电影股份有限公司 9-351c
华北电影有限公司 5-46c
《华北高度自治方案》 3-533d
华北官话 3-210c
华北虎 3-518a
华北军区 9-392e
华北蝼蛄 5-148b
华北落叶松 5-236b
华北女子协和大学 8-423a
华北平剧院 8-424c
华北平原 3-532f
华北事变 3-533d
华北水利水电学院北京研究生部 1-268c
《华北水平运动产生之构造》 7-606e
华北土石山区 7-98f
华北五河 3-328b
华北银行 9-394d
华北油田 3-422a
华北珍珠梅 9-252a
华表 2-492f
华蟾毒精 1-501b
华蟾毒素 1-501b
华达呢 3-533d
华诞 6-532a
华顶山 7-360a
华东纺织工学院 2-322a
华东航空学院 8-87a
华东化工学院 3-533e
华东军区海军 3-329c
华东军区人民医学院 2-258e
华东理工大学 3-533e
华东楠 5-548a
华东师范大学 3-533f
华东石油学院 9-397f
华东野战军 2-199e
华东艺术专科学校 6-464d
华顿,E. 3-534a
华俄道胜银行 9-330c
华尔,F.T. 1-525f
华尔街 5-606c
《华尔街》 1-125b
《华尔街日报》 3-534a
《华尔斯坦》 1-289c
《华尔特》 2-182d
华尔兹 3-534b
《华尔兹舞女》 2-183d
华法教育会 5-122c
华夫 4-591c
华夫脱党 9-171f
华盖 3-532e
华盖殿 5-554b
华盖建筑师事务所 1-573f, 7-405a, 9-233b
华盖木 3-534b
华盖木属 3-534b
《华工周报》 4-603f
华工组合书记部 4-603f
华矶松 1-423e
华克尔,W.H. 3-548d, 5-31e
华莱士,A.R. 3-534d, 2-339c, 5-84b
华莱士,D. 3-534e, 2-354f
华莱士,N. 5-12f
华莱士线 3-534e
华力西运动 3-344c
《华丽家族》 6-433c
华丽巨蚊 4-336f
华丽琴鸟 6-203a
华林苑 9-115f
华伦,P.L. 2-324c
华伦,R.P. 7-610d
《华伦夫人的职业》 3-534e, 6-41a
华伦海特,D.G. 3-538e, 6-282e
《华伦斯坦》三部曲 8-137d
华美金凤鸟 9-490d
华美影片公司 8-193b
华纳,A. 3-534f
华纳,H. 3-534f
华纳达尔斯火山 1-362b
华纳交流公司 3-534f
华纳-七艺公司 3-534f
华纳兄弟影业公司 3-534f, 5-348e
华南豹 1-249a
华南洞穴大熊猫-剑齿象动物群 5-133f
华南工学院 3-535b
华南虎 3-535a, 1-361a, 2-5f, 3-518a
华南理工大学 3-535b
华南漂染厂 1-110d
华南师范大学 3-535c
华南师范学院 3-535c
《华南晚二叠世煤田形成条件及分布规律》 7-521c
华南五针松 7-161b
华南植物园 9-306c
华尼拉果 4-433a
华千里光属 4-333b
《华侨——关于劳动条件的专门考察》 1-554a
《华侨华人历史研究》 9-423c
华侨马戏团 7-218f
华清池 4-579c
华清宫 3-535c
华容道 1-596e
《华容道》 1-589b, 3-489d, 9-212b
华沙 3-535d, 1-378a
华沙大学 1-379b
《华沙歌》 7-544c
华沙工业大学 1-379b
华沙公国 3-535f
《华沙公约》 3-264c
华沙起义 3-536a
《华沙条约》 3-536b, 1-172b, 3-536c
华沙条约组织 3-536b, 2-326d
华生,J.B. 3-536d, 8-315d
华盛顿 3-536e
华盛顿,G. 3-537c, 3-157c, 3-377f
华盛顿大学 8-107f
华盛顿哥伦比亚特区 3-91a, 3-536e
华盛顿公园 2-137e
华盛顿国立美术馆 3-537e, 1-302d
华盛顿湖浮桥 2-604b
华盛顿会议 3-537f
华盛顿会议中国后援会 6-166e
华盛顿体系 3-538a
《华盛顿宣言》 9-328d
《华盛顿邮报》 3-538a, 3-275b
华盛顿州 3-538b
华盛顿总统纪念碑 4-97e
华氏城 4-71c, 4-474e
华氏度 3-538e
华氏温标 3-538e
华氏温度 3-538d
《华事夷言》 5-87e
华塔 7-237a
华亭煤田 6-90b
华亭县 6-210b
华童公学 3-112d
华西边疆研究所 4-587c

华西大学 3–538f
华西列夫斯基,A.M. 3–538e, 2–256b, 7–191a
华西协合大学 3–538f
华西医科大学 3–538f, 7–144b
华夏 3–387c, 3–538f, 3–582f
华夏构造体系 3–156d
华夏文化 3–538f
华夏族 3–539a, 3–582f
华相众生 7–285d
华蟹甲属 4–333b
华兴会 3–539d
华虚朋 7–581f
《华严法界玄镜》 1–593e
《华严金师子章》 3–539f
《华严经》 3–539e, 9–98c
《华严经纲要》 2–184a
《华严经疏》(澄观) 1–593e
《华严经疏》(元晓) 9–98c
《华严经探玄记》 2–460c, 3–539f
《华严经行愿品别行疏钞》 9–558b
《华严经旨归》 2–460c
华严疏主 1–593e
《华严搜玄记》 3–539f
华严宗 3–539f
华阳宫 3–118c
华阳山人 3–198c
《华夷图》 3–540a, 9–72f
《华英字典》(马礼逊) 5–264b, 8–107b
《华英字典》(翟理斯) 7–533e
华蓥山 3–540b, 3–231b
华蓥市 3–540c
华颖国际公司 2–580c
华语 3–382a, 7–603b
华约 3–536b
华中工学院 3–540d
华中科技大学 3–540c
华中理工大学 3–540c
华中屋脊 3–512f
华兹华斯,W. 3–540d, 7–50e
华族 5–451f
铧式犁 2–464c, 4–579f
滑板 3–540e
滑板滑雪 2–141c
滑冰 3–540f
《滑达尔各国律例》 5–87e
滑动电触头材料 2–559d
滑动静摩擦力 5–456b
滑动静摩擦因数 5–456b
滑动面 3–541d
滑动摩擦 5–456b
滑动摩擦力 5–456b
滑动平均模型 6–609e
滑动体 3–541d
滑动轴承 9–478c
滑积岩 1–550c
滑稽 3–540f
滑稽(曲艺) 2–352d
滑稽(杂技) 9–146e, 9–409e
滑稽大鼓 4–283c
滑稽快书 6–435c
《滑稽模仿》 1–6f
滑稽三大家 3–541b
《滑稽神秘剧》 2–607e
滑稽戏 3–541a, 4–71c, 8–141b
滑精 8–544e
滑轮 3–541b, 4–157f
滑轮组 3–541b
滑脉 5–301e
滑膜襞 3–204f
滑膜关节 3–204e
滑膜囊 3–204f
滑膜脂垫 3–204f
滑坡 3–541c
滑橇式飞机 2–507b
滑润性泻药 8–239b
滑石 3–541d, 3–320a, 5–142f
滑水 3–541e
滑台 9–84d
滑膛炮 3–542a
滑铁卢 3–542b, 5–505d
《滑铁卢大桥的揭幕礼》 4–404e
滑铁卢之战 3–542c
滑线式变阻器 1–346f
滑翔 2–509c, 3–542d
滑翔机 3–542c, 3–395c, 3–542e, 4–604d
滑翔伞运动 3–396e
滑翔运动 3–542e, 3–396d
滑行道 4–28e
滑雪 3–542f
滑雪运动 3–543a
滑褶皱作用 9–242f
化斑汤 6–229d
化地部 8–596d
化多为少法 2–388a
化肥 3–543b, 8–16a
化感作用 3–543b
化工 3–543b
化工机器 3–543c
化工机械 3–543c
化工技术 3–549b
化工设备 3–543c
化工系统工程 3–548e
《化工冶金》 3–300f
《化工原理》 3–548d
化合量 3–543e
化合量定律 3–543d
化合物 3–543e, 3–552f, 4–107d, 4–578b
化合物半导体 1–232a
化合物超导体 1–530a
化合物库 9–569c
《化剑为犁》 8–58e
化教 5–184e
化觉巷清真寺 3–543f
化疗 3–40e
化隆回族自治县 3–544a
化隆县 3–544b
化能营养菌 5–132b
化脓性肝脓肿 3–41e
化脓性骨髓炎 3–544b
化脓性汗腺炎 3–544c
化脓性脑膜炎 5–128f, 5–550c
《化身博士》(电影) 5–270a, 5–349a
《化身博士》(小说) 7–124b
化生 3–544c
化石 3–544d
化石化作用 3–544e
化石类人猿 4–573e
化石燃料 5–563f, 6–271d
化石珊瑚 6–442f
化石顺序律 2–219c
化石岩石学 3–175d
化石猿类 6–289a
《化书》 7–285d
化痰 6–253a
化痰开窍法 4–390e
化痰止咳平喘 3–544f
化铁炉 3–127c
《化铁炉之街》 4–67f
化纤 3–552d
化县 3–553c
化性 3–545a
化学 3–545b
化学爆炸 1–253c
化学变化 3–546b
化学标度 9–110f
化学沉积 4–503a
《化学初阶》 8–107d
化学传感器 2–547d
化学纯试剂 3–551e
化学地层学 2–219d
化学地理学 3–546c, 2–228b
化学电池 2–273d, 2–279f
化学电源 6–271c
化学动力学 3–546d, 8–71b
《化学动力学研究》 2–483b
化学动态学 2–550b
化学钝化 2–379c
化学发光 3–546f
化学发光反应 3–547a
化学发光分析 3–547a
化学发光分析仪器 3–547a
化学反应 3–547a, 2–508d, 3–550b
化学反应工程 3–547d
化学反应式 3–548a
化学方程式 3–548a
化学方法制冷 9–313c
化学肥料 8–16a
化学分析法 2–313d, 2–547b
《化学分原》 8–107d
化学风化作用 2–564e

化学符号 3-548b
化学腐蚀 3-3f, 4-255e
《化学概要》 4-527e
化学感受器 3-498f
化学革命 4-441a
化学工程 3-548c, 3-121e
《化学工程师手册》 3-548c
化学工艺 3-549b
化学过程 3-548c
化学海洋学 3-350a
化学合成饲料 7-157e
化学混沌 3-549b
化学火箭发动机 4-11e
化学基因学 3-551a
化学计量学 3-549c
化学加工 7-335d
《化学鉴原》 8-107c, 8-346d
化学键 3-549e
《化学键本质》 1-250b
化学键理论 2-550e, 3-549f, 5-61f
化学交换法 7-396e
《化学教程》 1-288a
化学结构理论 1-453b
《化学结构与取代理论》 1-453b
化学浸取 4-276e
化学净化 3-353f
化学净化过程 3-574f
《化学考质》 2-546f
化学疗法 1-62f
化学酶 3-550a
化学灭鼠 7-371e
化学能 3 550b
化学黏剂弹 2-517e
《化学胚胎学》 5-3d
化学平衡 3-550b
《化学求数》 2-546f
化学热处理 4-256c
化学热力学 3-550e, 8-71a
《化学热力学导论》 3-18a
化学生产技术 3-549b
化学生物学 3-551a
《化学史通考》 2-310c
化学式 3-551b
化学势 3-550c, 8-206f
化学试剂 3-551d
化学提纯 1-232a
化学提纯法 1-529d
化学统计力学 3-551e
化学突触 7-417a
《化学文摘》 3-551f
化学污染物 8-12b
化学武器 3-552a
化学吸附 3-552c
化学纤维 3-552d, 2-502b, 8-162c
化学消毒法 8-213e
化学性消化 8-215b
化学修饰电极 2-281a
化学选矿 8-366d
化学冶金学 8-492c
化学元素 3-552e, 1-394a, 2-505c, 3-301e, 8-130e
化学元素膳 5-89e
化学元素周期表 5-367a
《化学原理》 5-367b
《化学哲学教程概要》 2-554d
《化学哲学原理》 2-135d
化学振荡 3-553b
化学治疗 1-207c
《化学治疗剂青霉素》 2-595e
化学致癌物 9-319a
《化学重要史实》 9-101d
化验 9-257b
化州 3-553c
化州市 3-553c
化州县 3-553c
化妆品 3-553c
化装扬琴 5-179a
划拨价格 9-511c
划拨用地 7-434b
华壁 2-20b
华趆 2-20b
华芳 7-501c
华岗 3-553e, 8-268e
华国锋 3-553f, 4-177d, 7-155a
华汉 8-451b
华蘅芳 3-554b, 8-107c
华建敏 3-554c
华君武 3-554d
《华君武集》 3-554f
华奎 2-20b
华罗庚 3-554f, 4-258c, 9-135e
华清和 3-556a
华秋苹 6-588e
华山 3-555b, 8-53e
《华山碑》 6-597b
华山风景名胜区 7-572e
《华山秋色》 7-154d
华山松 7-161a
《华山图册》 7-503b
《华山之雄》 6-599e
华佗 3-555d, 6-388c
华佗五禽戏 8-49d
《华威先生》 7-601c, 9-209a
华县地震 3-555d
华岳 3-555e
华彦钧 3-556a, 2-453c
《华阳国志》 3-556b, 4-589b
华阴市 3-556b
华阴县 3-556c
华元 5-402a
画布 9-37f
《画禅室随笔》 3-556c
画刀 9-37e
《画断》 7-46f
画法 1-324a
画法几何 3-556d
《画法几何》 5-371e
画珐琅 6-471b
画舫 2-502c
画舫斋 2-502d
画画人 3-558e
画活 9-78a
《画记》 3-365d
《画继》 3-556d
《画家马蒂斯》 8-262c
《画家与模特》 5-244a
《画鉴》 2-483a
画绢 4-346c
画廊 3-556e, 8-557e
《画廊集》 4-596a
画廊派 7-124d
《画廊一夜》 1-6c
画龙点睛 9-206e
画论 3-556f
《画论》 2-63a
《画墁集》 2-40f, 9-208a
画眉 3-557a
画眉草亚科 3-407c
《画眉唱的时候》 1-418e
画眉科 3-557a
《画梦录》 3-414a
画墓 8-532e
《画皮》 1-590e
画品 3-557b
《画品》 3 557c
《画谱》 4-483d
《画筌》 3-557d
《画筌析览》 3-557d
画士 3-558e
《画室》 3-557e, 4-485a
画室绘画 4-148e
画线游标卡尺 4-366b
画像石 3-557f
画像石墓 9-364e
画像砖 3-558b
画像砖墓 8-391e, 9-364f
画院 3-558d
《画中女》 1-26b
《画中人》 8-25d
话 3-558e
话本 3-558e, 6-89a, 9-389e
话剧 3-558f, 8-142d
话剧剧场 4-339b
《话说陶然亭》 2-204d
桦甸市 3-559a
桦甸县 3-559a
桦木科 3-559a
桦树 3-559a
桦太 6-361a
桦银蛾 8-580e
《怀抱》 3-74f

怀表 1–355a
怀德县 3–139c
怀俄明盆地 5–235b
怀恩，W. 3–451e
怀尔德，B. 3–458a
《怀风藻》 6–320b
怀鼓 3–190c
怀海 1–500b
怀化市 3–559c
怀基基海滩 4–13a, 8–166f
《怀旧赋》 6–43b
怀卡托大学 3–312c
怀卡托河 2–118e, 3–312c
怀庆地黄 2–222a
怀让 4–1b, 5–286f
怀仁可汗 3–559d
怀柔区 3–559d
怀柔县 3–559d
《怀沙》 6–252d
怀圣寺 3–559e
怀斯，A. 3–559f
怀斯，R. 5–349d
怀素 3–560b, 1–482e, 3–560b
《怀素自叙帖》 3–560b, 3–560c
《怀唐伊条约》 3–560c, 8–290a
怀特，L.A. 7–588e
怀特，L.D. 3–560d
怀特，P. 3–560e
怀特，R. 1–22a
怀特海，A.N. 3–560e, 7–64d, 7–73b
怀特河 1–30b, 5–407c
怀特山区 5–416b
《怀星堂集》 9–505a
怀药 6–203f
《怀疑的时代》 6–364a
怀疑论 3–560f
怀疑论者 4–289c
《怀疑派化学家》 1–394b, 3–552f
"怀疑－知情－是你"测试法 1–485e
怀远县 3–560f
怀远县（宋，今广西三江境内） 6–393d
怀远镇 8–580a
淮安市 3–561a
淮安县 1–104e
淮北平原 1–98e
淮北市 3–561b, 1–98a
淮北盐场 5–39c
淮调 8–232c
《淮海词》 6–198b
《淮海集》 6–198b
淮海路 6–465f
淮海先生 6–198a
淮海战役 3–561b, 2–360f, 3–600e
淮河 3–561d, 4–280d
《淮河大合唱》 5–277f
淮河流域 3–561d
淮河中下游平原 3–533a
淮交 4–199c
淮军 3–562b, 8–469f
淮南八仙 1–146c
淮南格物说 7–496f
《淮南鸿烈》 3–562e
淮南交子 4–199c
淮南煤矿局 3–562c
淮南社 5–540b
淮南市 3–562c, 1–98a
《淮南万毕术》 2–147b
《淮南王蚕经》 4–571d
淮南小山 3–562d
《淮南子》 3–562e, 1–146c, 1–484e, 5–103e
《淮南子·览冥篇》 6–4e
《淮南子·天文训》 6–227e, 8–74b
淮山药 7–60d
淮水 4–259d, 6–198c
《淮扬洁秋图》 6–603b
淮扬运河 4–280e
淮夷蛮貊 5–302c
淮阴市 3–561a
淮阴县 3–561a
淮勇 3–562b
槐 3–562f
槐尺蠖 1–595f
槐花蜜 2–52a
槐花散 9–307e
槐花树 3–562f
槐米 3–599b
《槐树庄》 3–505f
《槐荫树》 7–366b
踝节目 9–256b
《坏孩子的天空》 1–286f
坏死 3–562f
坏死性胰腺炎 4–72a
坏账 3–563a
坏账损失 3–563a, 3–563b
坏账准备金 3–563b
《欢乐的葡萄园》 2–20a
《欢乐的时刻》 2–538c
《欢乐颂》 1–498d
《欢乐英雄》 3–172b
《欢乐之火》 1–36d
欢喜光佛 2–393a
《欢笑的金沙江》 4–607c
《欢宴的智者》 3–181b
欢音 6–200d
《欢迎太平军》 5–580c
欢增 9–144f
獾 3–563b
《獾》 5–71d
还丹 5–48d
还魂草 4–345f
《还魂记》 6–39f
还剑湖 9–129d
《还乡日记》 9–201e
《还乡杂记》 3–414a
还原反应 3–563c, 8–474c
还原剂 3–563d, 8–474b
还原论 3–563d, 6–531c
还原糖 7–80a
还原硝酸银染色法 4–521f
环（环论） 2–128f, 3–575b, 7–423b, 8–185f
环孢霉素 4–412b
《环保人士》 3–83f
环比价格指数 3–563e
环比指数 7–408e
环丙沙星 3–408a
环丙烷 3–563e
环柄菇属 6–408b
环渤海地区经济区 6–247d
环渤海经济圈 3–563f
环带透镜 7–414f
环电流区 2–234a
环锭纺纱 2–501a
环发大会 5–43c
环鼓 3–190b
环硅灰石 3–243a
环糊精 3–564a
环己六醇 4–34e
环己酮 3–564b, 3–521a
环己酮肟 3–564c, 4–82e
环己烷 3–564b, 3–155e
环加成反应 3–564c
环甲膜切开术 6–142c
环江毛南族自治县 3–564d, 5–318a
环江县 3–564d
环礁 3–564d, 6–443d
环节动物 3–54a, 9–438f
环节动物门 3–564e
环颈雉 2–509b, 9–326a
环境 3–564e
环境安全 3–565a
环境保护 3–565b
环境保护法 3–565d
环境保护运动 5–186b
环境背景值 3–565d
环境本底值 3–565d
环境承载力 3–565e
环境地理学 3–566a
环境地球化学 3–566a
环境地学 3–565f
环境地质学 3–566a, 3–566a
环境电磁学 3–573c
环境调查与评价 3–568a
环境毒理 3–566d
环境法 3–566e
环境分析化学 3–568c
环境风险 3–567a
环境辐射学 3–573c
环境工程学 3–567a
环境功能区划 3–567c
环境管理 3–567e

环境光学 3–573b
环境规划 3–567f
环境规划设计 3–568a
环境海洋学 3–566a
环境化学 3–568b
环境化学效应 3–573d
环境激素 3–568c
环境监测 3–568d
环境监测井 3–568e
环境监理 3–568f
环境经济核算 3–568f
环境经济学 3–569b, 4–294c
环境决定论 3–569c, 3–565f, 6–284f
环境考古 3–569d
环境科学 3–569e
环境空气动力学 3–573c
环境流体力学 5–127a
环境流行病学 3–570c
环境伦理观 3–570d
环境目标 3–568a
环境气候学 3–566a
环境权 3–570f
环境热学 3–573c
环境人口容量 6–290a
环境容量 3–571a, 6–533b
环境生态材料 4–257a
环境生态学 3–571c
《环境生态学》 3–571d
环境生物效应 3–573d
环境生物学 3–571e
环境声学 3–573b
环境水力学 7–90d
环境水文地质学 7–99f
环境水文学 3–566a
环境土壤学 3–566a
环境退化 3–571f
环境危机 3–572a
环境污染 3–572c
环境污染防治 3–572d
环境污染化学 3–568c
环境污染综合防治 3–567b
环境物理效应 3–573d
环境物理学 3–573b
环境系统 3–573c
环境系统工程 3–567c
环境效益 6–533e
环境效应 3–573d
环境养生 8–473c
环境要素 3–573c
环境艺术 3–573e, 9–515e
环境异常 3–573f
环境影响评价 3–574b
环境与自然资源经济学 3–569b
环境预测 3–568a
环境灾害 3–574d
环境自净 3–574e
环裂亚目 7–77e
环磷酰胺 5–191b, 6–85c
环流理论 6–75e
环流器 7–453b
环路定理 2–287f
环轮式挖掘机 7–463b
环论 3–575b
环模 5–453c
环片 5–95a
环球公司 4–493c
环球航线 3–339a
环球幻术学社 3–17b
《环球时报》 6–295b
环球影片公司 3–91b
《环球邮报》 4–116c
环球有限公司 1–238a
环蛇属 4–242b, 8–582b
环食带 6–328b
环太平洋地震带 3–575d, 3–321e
环同态 3–575c
环托式活动矫正器 5–319b
环烷基原油 6–606a
环烷酸 9–41b
环烷烃 6–605e
环尾狐猴 5–97b
环戊二烯 3–575d
环戊烷并氢化菲 9–149e
环烯烃 8–130a
环系 8–316e
环形反应器 2–50c
环形交叉 2–165a
环形山 9–122c
环亚氨基酸 1–111d
环氧丙烷 3–575e
环氧化反应 3–575f
环氧化酶 3–551b
环氧树脂 3–575f
环氧乙烷 3–576a
《环游世界》 4–379e
环州 3–564d
桓表 2–492f
桓冲 3–576c
桓公午 6–125f
桓侯 9–193e
桓宽 3–576a, 8–435a
桓仁墓群 3–66d
桓水 1–202d
桓谭 2–161e
桓温 3–576b, 8–245d
桓玄 3–576c, 7–287a
《寰宇通志》 3–576c
缓步动物 3–576d
缓冲区 9–539c
缓冲溶液 3–576e
《缓流》 5–347f
缓脉 5–301e
缓蚀剂 3–576f
缓释肥料 3–576f
缓释钾肥 3–577a
缓释磷肥 3–577a
缓释制剂 8–484f
缓下 8–158b
缓效性钾 4–143a
缓效性杀鼠剂 6–422a
缓刑 3–577a
幻触 3–577d
幻灯机 3–577c
幻觉 3–577c, 2–60c, 4–306a
幻龙类 6–479e
《幻灭》 3–577d, 1–153f
《幻灭》(电影) 4–569c
幻人 2–101d
幻视 3–577d
幻术 3–162f, 5–465e, 9–147a
幻听 3–577d
幻味 3–577d
幻想 3–577d
《幻想的生活》 1–174f
《幻想的天际》 2–611f
《幻想的玩具店》 4–570c
幻想建筑样式 6–46a
幻想曲 3–577e
《幻想曲》 2–213d, 7–138c
幻想现实主义 7–466c
幻嗅 3–577d
《幻影》 7–127e
“幻影”2000战斗机 3–577e, 9–584f
“幻影”2000C战斗机 3–577e
“幻影”2000–5战斗机 3–577f
宦官 3–577f, 3–577f
宦官专权 8–422a
《宦海潮》 6–611e
《宦门子弟错立身》 7–48f, 8–146a
换调 9–510b
换汇 3–578a, 2–303b
换届选举 2–114b
《换皮》 3–19a
换热系数 2–372e
换算吨公里 9–143c
换算周转量 9–143c
换帖 4–219d
换文 5–329a
换文卷夜 1–218d
换药 7–39f
换羽 9–70a
《换子疑云》 1–100b
浣花缎 2–369c
《浣花集》 7–545b
浣花锦 7–58d
《浣纱记》 2–25e, 4–508e, 4–509e, 5–446b, 8–100f
浣熊 3–578a
浣熊科 3–578a, 7–5b
患者中心疗法 6–283d
鲩 1–483e

《荒诞的现实》 1-69c
荒诞剧 5-266c
荒诞派戏剧 3-578b
荒江钓叟 4-426e
《荒凉岛的幸运者》 1-186d
《荒凉山庄》 3-578c, 2-210c
《荒林》 8-218a
荒漠 3-578d
荒漠灌丛草原 1-484a
荒漠湖 1-75d
荒漠化 6-262e, 6-426a
荒漠植被 9-301a
荒木田守武 6-35d
荒木贞夫 2-323e
《荒山泪》 1-592c, 3-489a
《荒山之夜》 5-503c
荒事 3-96f
荒溪流域 8-225a
荒溪治理 8-225a
《荒溪治理法》 7-97e
《荒野的呼唤》 4-218b
《荒野画卷》 2-182d
《荒原》 1-78e, 9-6b
《荒原狼》 3-457e
《皇朝经世大典》 4-297e
《皇朝经世文编》 7-577e
《皇朝礼乐图式》 6-35c
《皇朝实录》 5-64e
皇朝史 2-368c
《皇朝文鉴序》 9-465d
皇帝 6-201b
《皇帝》 3-324f
《皇帝的新装》 1-108d
《皇帝和无产者》 1-86b
《皇帝梦》(京剧) 5-119d
《皇帝梦》(木偶片) 1-552a
《皇帝圆舞曲》 6-582c
皇甫谧 3-578e
皇甫湜 3-578f
皇甫嵩 3-588f
皇姑屯 2-581d
皇姑屯事件 3-578f
皇后 3-579b
皇后菠萝 1-395e
《皇华四达记》 4-139e
皇华驿 8-562f
皇极 7-353d
《皇极经世》 6-476a
《皇极历》 2-428a, 7-213a
皇家安大略博物馆 2-385c
"皇家方舟"号航空母舰 9-295e
皇家卡罗琳外科医学院 6-9a
皇家科学院 2-401c
皇家清真寺 1-151a
《皇家日报》 1-213e
皇家兽医和农业大学 2-139c
皇家苏格兰博物馆 1-82e
皇家戏剧艺术学院 3-579c
皇家亚历山大大学 3-445d
《皇家亚洲学会会报》 3-381b
《皇览》 4-573e, 7-576e
皇历 3-579c
《皇明宝训》 6-614a
《皇明英烈传》 5-446d
皇南大冢 3-579d
皇南洞98号坟 3-579d
《皇清经解》 6-344e
皇穹宇 7-360c
皇史宬 3-579e
皇室神道 6-510b
皇太极 3-579f, 6-231d, 8-559c
皇泰主 7-211f, 7-213d
《皇唐玉牒》 9-92e
皇天后土 7-156e
《皇统制》 4-238e
《皇王大纪》 3-503d
皇位继承制 3-164a
《皇矣》 6-574e, 8-392e
《皇舆全览图》 3-579f, 1-199c, 1-486a, 2-239e, 3-166c, 9-492f
皇泽寺 3-580a
皇泽寺摩崖造像 3-580a
皇庄 3-580c, 6-134b, 9-513f
皇族公室 9-558d
皇族内阁 6-222d, 8-259b, 9-81a, 9-151f
黄安县 3-468d
黄鮟鱇 1-112d
黄白术 5-48d, 5-48e
黄百韬 3-580d, 3-561c
黄斑 7-30e
黄斑草毒蛾 2-351b
黄斑海蜇 3-355a, 7-95a
黄斑蝾螈 6-334a
黄榜 9-314a
黄包车 3-580d
黄宝生 1-420d
黄本 3-587e
黄边香龙血树 1-185d
黄变症 5-549f
黄宾虹 3-580e, 5-130c, 5-540a
《黄宾虹文集》 3-581c
黄秉维 3-581c
黄炳南 9-192b
黄波罗 3-581d
黄伯鸾 3-595e
黄伯思 8-569c
黄伯云 2-196a
黄柏 3-581d, 8-221b
黄檗 3-581d
黄檗碱 3-581e
黄草坝 8-304a
黄册 3-492a
黄茶 1-489f
黄蝉 4-122b
黄肠题凑 3-581e, 2-73c
黄巢 3-581f, 7-302a, 7-309f, 8-45f, 8-104b, 9-205c, 9-487c
黄成 8-338e
黄翅大白蚁 1-208c
黄唇鱼胶 9-60b
黄辞玉 3-595e
黄刺蛾 2-52a, 5-95c
黄琮 1-336b
黄大仙 3-581f
黄大仙祠 4-320f
黄带子 9-558d
黄疸 3-582a, 3-41c
黄档房 2-154f
黄道 3-582b
黄道光 3-582b
黄道婆 3-582c
黄道婆墓 5-437a
黄道日 3-579d
《黄道十二宫星象图》 2-377a
黄道游仪 8-512c
黄道周 3-582c, 3-480c, 5-536e
黄道坐标系 7-357d
黄地老虎 2-223b
黄帝 3-582d, 3-591b, 6-392b, 9-354e
《黄帝九章算经细草》 4-142c
黄帝陵 3-591f
《黄帝内经》 3-583a, 3-373c, 5-555f
《黄帝三部针灸甲乙经》 3-578e
黄帝手植柏 3-176c
《黄帝书》 3-591a
《黄帝阴符经》 8-571f
《黄帝阴符经集注》 8-571f
黄鼎臣 3-583a, 9-412b
黄泛区 3-562a
黄飞鸿 8-193d
《黄飞鸿》 8-193f
黄飞立 9-309c
黄蜂 3-502c
黄郛 4-83d
黄福 4-198e
黄腹鼬 9-54d
黄冈地区 3-583b
黄冈市 3-583b
黄冈专区 3-583b
黄岗梁 2-112e
黄岗山 8-61c
黄公度 3-603c
黄公略 3-583c
黄公望 3-583d, 3-18f
黄骨髓 3-187c
黄瓜 3-583e, 3-512d
黄瓜香 2-244d
黄归木 8-563e
黄桂鍪 1-242b
黄国材 2-354b
黄果 1-594b

黄果树瀑布 3–583f
黄海 3–584a
黄海海战 3–584c, 2–197f
黄海化学工业研究社 2–483e
黄海基准面 6–90a
黄海平均海面 3–284b
黄汉秋 1–593a
黄皓 5–105d
黄河 3–584e, 2–411e, 3–586a, 4–280d, 9–78c, 9–172c
黄河冲积平原 3–533a
黄河大堤 3–585e
《黄河大合唱》 3–586a, 3–227e, 8–175e
《黄河东流去》 5–5b
黄河古冲积扇 3–426a
黄河鲤鱼 3–248f, 7–159e, 8–6c, 8–580b, 9–278d
黄河凌汛 3–586a
黄河三角洲 3–586b
黄河三门 6–397d
黄河水利委员会 5–540f
《黄河以南剿灭共军作战计划》 7–479d
《黄河怨》 3–252e
《黄河月夜》 6–358a
黄河站 9–346b
黄河中游水土保持委员会 7–97f
黄褐斑 3–586c
黄鹤楼 3–586c, 9–125f
《黄鹤楼》 2–55f
黄宏嘉 3–586d
黄喉貂 2–300c
黄喉盘鱼 3–489f
“黄鹄”号江轮 3–554c, 8–346c
黄花菜 4–263f, 8–362a
黄花草木犀 1–482b
黄花岗 3–586e
黄花岗七十二烈士 3–586e
黄花岗起义 3–601c, 6–222d
黄花岗之役 7–223c
黄花夹竹桃 4–122b
黄花君子兰 4–360c
黄花列当 5–72d
黄花美人蕉 5–356d
黄花稔属 4–267f
黄花烟草 8–420a
黄花鱼 8–223f
黄花园嘉陵江大桥 6–186b
黄华 3–586f
黄华 3–587a
黄骅 3–587b
黄骅市 3–587b
黄骅县 3–587b
黄化现象 3–587c
黄淮海平原 3–587c, 3–532f
《黄淮海平原农业发展战略》 6–607c
《黄淮海平原农业图集》 6–607d
黄蕙 3–483b
《黄昏》(A.A.阿赫马托娃) 6–372b
《黄昏》(G.塞甘蒂尼) 1–25e
《黄昏歌集》 9–71a
《黄昏纪念册》 2–42d
黄昏鸟 3–587c
黄火青 3–587d
黄机 3–483b
黄吉安 3–587e, 7–147a
《黄吉安剧本选》 3–587e
黄汲清 3–587e, 8–423c
黄籍 3–588a, 3–522b, 6–185a
黄继光 3–588b
黄家驷 3–588c
《黄家驷外科学》 8–31c
黄钾铁矾 3–598a
黄碱素类化合物 3–598f
黄建新 3–588d
黄巾军 6–387d
黄巾起义 3–588e, 3–370f
黄金 3–588f, 7–17c
黄金比 3–589b
《黄金草原》 5–278e
《黄金草原和宝石宝藏》 5–278e
黄金储备 3–588f, 4–236b
黄金分割 3–589b
黄金分割法 3–589b, 9–30b
黄金分割数 3–589b
黄金葛 5–185d
黄金海岸 1–62f, 4–82c, 4–117a
《黄金海岸》 6–200b
《黄金号角》 6–15c
黄金零售市场 3–589f
黄金期货市场 3–589f
黄金球柏 1–485a
黄金荣 3–589c, 6–204b
《黄金十字架》演说 1–442e
《黄金史》 3–589c
黄金世纪 3–589e
黄金市场 3–589f, 4–250e
黄金现货市场 3–589f
黄溍 3–71f
黄荆 5–240b
黄精叶钩吻 1–211b
黄胫小车蝗 3–604c
黄酒 3–590a
黄居宝 3–595e
黄居寀 3–595e
黄菊 3–590b
黄菊(植物) 4–333b
黄桷树瀑布 3–583f
黄爵滋 3–519d, 5–87e
黄凯 4–386e
黄侃 1–590a
黄克诚 3–590d, 5–158e
黄宽 3–590e
黄昆 3–590f, 3–287b
黄蛞蝓 4–510d
黄老 9–475f
黄老道 3–591a
黄老思想 1–191c
黄老学派 3–591a, 3–591b
黄老之学 3–591b
黄梨 1–395d
黄鹂 3–591c
黄历 3–579d
黄连 3–591d
黄连解毒汤 6–229d
黄连木 6–125c
黄连属 3–591d
黄连素 3–591e, 8–221a
黄量 3–591e
黄磷 5–93d
黄陵县 3–591f
黄羚 3–601d
《黄琉璃史》 2–254d
黄瘤病 3–591f
黄龙国 1–286a
黄龙寺 3–592c, 5–436d
黄龙寺–九寨沟自然风景区 3–592b
黄龙宗 1–500c
黄栌 3–592d
黄栌属 3–592d
黄履庄 9–546a
黄绿宝石 5–188b
黄麻 3–592e
黄麻起义 6–199a
黄麻织物 5–238e
黄马褂 9–356d
黄毛鼠 7–59a
黄茅埂 5–50f
黄梅戏 3–593a
黄梅县 3–593b
黄门 5–368b
黄门鼓吹 3–191a
黄门侍郎 5–368b, 6–400a
黄孟复 3–593b
黄鸣龙 3–593c
黄鸣龙还原法 3–593d
黄南藏族自治区 3–593e
黄南藏族自治州 3–593d
黄泥堡裕固族乡 9–83c
《黄泥街》 8–170c
黄牛 3–593f, 8–561a
黄排 9–402a
黄袍 6–50c
黄－佩卡尔理论 3–591a
黄丕烈 3–354c
黄埔军校 3–593f, 9–369b
《黄埔条约》 3–594b
黄浦公园 3–138c
黄浦江 3–594c
《黄浦江边》 7–325d
黄浦区 3–594d
黄芪 3–594e

黄芪属 9-535c
黄耆 3-594e
黄琪翔 9-408e
黄潜善 7-164e, 7-169f
黄桥战役 3-595a
黄芩 2-40b
黄芩属 2-40a
黄秋葵 3-595c
黄楸树 1-497d
黄曲霉素 6-536e
黄筌 3-595e, 5-466e, 8-47c
黄雀 3-595e
黄群藻属 4-263c
黄壤 3-595f, 3-472e, 3-514f
黄热病 3-596a, 4-23f, 5-6e, 8-492f
黄热病毒科 5-129a
黄热病毒科病毒 1-369d
黄人 6-232b
黄日华 6-104d
黄如今 6-570d
黄儒 1-490c
黄瑞采 3-596a
黄瑞纶 3-596b
黄润甫 3-596b, 6-84b
黄三 3-596c
《黄色的火花》 1-160f
黄色国际 1-397c
黄色人种 5-379c, 8-416b
黄山 3-596c, 4-175f, 5-110a
《黄山记》 5-106e
黄山马峙 7-257e
黄山毛峰 3-596e, 6-506a
《黄山谜》 5-393a
黄山派（画派） 6-603b
黄山派（篆刻流派） 7-479e
《黄山人字瀑》 5-109f
黄山市 3-596e, 1-98c
黄山四绝 3-596e
黄山松 3-596e, 7-161b
《黄山图》 4-171a
《黄山云》 4-159c
黄杉 5-226d
黄杉属 7-160b
黄珊汕 1-312e
黄善夫 7-8b
黄鳝 3-597a
黄鳝属 3-597a
黄社 5-540a
黄砷 6-507e
黄慎 3-597a
黄石公 6-397a
《黄石公记》 6-397a
《黄石公三略》 6-397a
《黄石公素书》 2-63b
黄石国家公园 3-597c, 2-248d, 3-280e
黄石河 3-597c, 5-407c
黄石河大峡谷 3-597c
黄石湖 3-597c
黄石市 3-597d
黄奭 5-274c
黄蜀芹 3-597e
黄鼠狼 6-537e, 9-54d
黄水疮 5-616c
黄水晶 6-604e, 7-87c
黄水仙 7-102a
黄丝 7-447e
黄泗浦口 9-198f
黄素单核苷酸 3-3d
黄素腺嘌呤二核苷酸 3-3d
黄苔 6-478b
黄藤 9-559e
黄锑 7-338f
黄锑华 3-607a
黄体 5-190d
黄体功能不全 3-140e
黄体功能不足 8-325f
黄体生成素释放激素 8-326b
黄体酮 8-325d
黄体萎缩不全 3-140e, 8-325f
黄天道 2-162d
黄铁矿 3-597f
黄庭坚 3-598a, 1-482d, 9-98e
《黄庭经》 3-598c
《黄庭经讲义》 1-570b
黄铜 3-598d
黄铜矿 3-598e, 1-226e
黄酮 3-599a
黄酮醇 3-599a
黄酮类化合物 3-598f
黄图珌 6-78f
黄土 3-599c, 2-370b
《黄土地》 3-599e
黄土高原 3-599f, 7-98e
黄土谷间地貌 3-599d
黄土潜蚀地貌 3-599e
黄土塔 3-599d
黄土台地 3-599d
黄土汤 9-307e
黄土微地貌 3-600a
黄臀鹿 5-269c
黄烷 3-599a
黄烷醇 3-599a
黄烷二醇（3，4） 3-599a
黄烷酮 3-599a
黄烷酮醇 3-599a
黄维 3-600c, 3-561d
黄维垣 3-600d
黄纬禄 3-600e
黄文弼 3-376a, 8-87b
黄文狄 3-600f
黄文山 3-600f
黄纹石龙子 6-599c
黄纹香龙血树 1-185d
黄显声 1-196f
黄县 5-141c
黄岘关 8-556a
黄箱补贴 2-468e
黄祥鹏 3-601a
黄翔鹏 3-601a
黄歇 2-38e, 6-465a
黄兴 3-601b, 3-586e, 8-259f
《黄兴集》 3-601c
黄星等 8-305a
黄胸青腰隐翅虫 8-588d
黄胸散白蚁 1-208c
黄休复 8-563e
黄癣 7-412a
黄血盐 8-411c
黄训 8-175e
黄芽菜 1-193a, 2-72d
黄崖关古长城遗址 4-106e
黄岩 7-245c
黄岩岛 9-436b
黄岩蜜橘 7-245c
黄炎培 3-601c, 3-593b, 4-211a, 6-464c, 9-382e, 9-383e
《黄炎培教育文选》 3-601d
黄羊 3-601d, 8-449b
黄羊属 3-601d
黄羊水库 7-360e
黄杨 3-601f
黄杨科 3-601f
黄杨木雕 5-489a
黄杨属 3-601f
黄洋界 4-308c
黄叶 2-366b
黄叶村景区 1-276a
黄一正 7-373a
黄贻钧 9-309c
黄易 9-380e
黄奕柱 1-284b
黄鹰 1-475b
黄永玉 3-602a
黄油（润滑油） 6-352e
黄友葵 3-602b
黄鼬 9-54d
黄鱼属 8-223f
《黄与蓝》 5-370a
黄玉 3-602c
黄岳 3-596d
黄藻门 3-602d
黄樟 9-222c
黄振玉 3-226f
黄蜘蛛 3-477c
黄志红 3-602d
黄钟律 1-354e
黄种人 3-602e, 5-379c
黄仲长 4-547c
黄州 3-583b
黄州府 3-583b
《黄州快哉亭记》 7-198a

黄州路 3-583b
黄周士 7-521b
黄胄 3-602e
《黄胄作品选》 3-602f
黄竹坑花园 3-349f
黄子布 9-271d
黄子卿 3-602f
黄自 3-603a
黄宗羲 3-603b, 5-447d, 9-243b
黄嘴角鸮 4-206a
黄尊素 2-324b
黄遵宪 3-603c
黄佐临 3-603e
隍（城壕） 1-583b
湟河郡 6-206a
湟水 3-603f, 3-324c
湟鱼 6-205e
湟中县 3-603f
煌斑岩 3-604a
璜 7-42e
蝗虫 3-604a, 6-542c
蝗螨 3-604b
蝗灾 3-604b
磺胺 2-413a, 3-604e
磺胺类药 3-604d, 3-407f
磺胺噻唑 6-369e
磺苄青霉素 6-208e
磺基丁二酸 7-109b
磺酸 3-604d
磺酸酯 3-604e
磺酰胺类杀螨剂 6-421e
磺酰氯 3-604e
簧风琴 2-566c
鳇 3-604e
晃斡出 7-478a
《谎言》 1-435a
幌伞枫属 8-48e
幌子 9-224c
晃板 2-311b
灰仓鼠 1-475a
灰鲳 1-506f
灰地种蝇 3-532c
灰鹅绒 9-70d
灰钙土 7-442c
《灰姑娘》(法国电影) 2-290d, 5-333e
《灰姑娘》(美国电影) 2-213d
《灰姑娘》(歌剧) 5-220c
《灰姑娘》(童话) 3-106d
灰褐谷蛾 3-183b
灰黑苔 6-478b
灰化土 7-442c
灰黄霉素 7-412b
《灰烬》 1-358e
《灰烬对灰烬》 6-85f
《灰烬和玫瑰中的时间》 1-75e
灰鲸 4-307e
灰口铁 6-534f
灰口铸铁 9-506a
《灰阑记》 3-604f
《灰狼报》 6-377b
灰林负鼠 3-4e
灰六鳃鲨 3-605a
灰毛牡荆 5-240b
灰锰氧 3-71b
灰泥 6-594d
灰鲭鲨 6-433a
《灰色的月亮》 6-320f
灰色森林土 7-442c
灰砷 6-507e
灰市 3-605b
灰视 3-459b
灰四眼负鼠 3-4d
灰汤温泉 5-597a
灰锑 7-338f
灰头鹦鹉 9-136f
灰瓦克 6-431b
灰吻鲈 6-276b
灰锡 8-131f
灰喜鹊 3-605b
灰喜鹊属 3-605b
灰藓属 4-239f
灰鸭绒 9-70d
灰岩 6-595c
灰腰金丝燕 4-257c
灰叶堇菜 4-267c
灰衣修士 2-488f
灰婴综合征 4-412d
《灰沼泽在扩大》 7-551d
灰指(趾)甲 3-605c
灰质 2-97a
《挥扇仕女图》 3-196f
《恢复经济均衡：经济现代化中的人力资本》 7-52d
恢河 6-411c
辉铋矿 3-605d
辉长结构 3-605e
辉长苏长岩 3-605e
辉长岩 3-605e
辉长质杂岩 6-479f
辉格党 3-605f, 5-352d
辉光放电 3-606a
辉光放电质谱法 2-547e
辉绿岩 3-606a
辉钼矿 3-606b
辉石 3-606c
辉石橄榄岩 3-47a
辉特部 2-409c
辉锑矿 3-606f
辉铜矿 3-607a
辉县 3-607b
辉县市 3-607b
辉银矿 3-607c
辉州 3-607b
徽班 4-281f, 7-148a, 9-404d
徽菜 3-607d, 1-98c
徽调 3-607e, 6-552a, 8-201a
徽号 3-607d
徽剧 3-607e
徽墨 5-479d, 7-586b
徽派 3-416a, 7-479e
徽商 3-607f
徽语 3-608a
徽州 3-596e
徽州菜 1-98d
徽州方言 3-608a
徽州话 3-608a
徽州腔 6-552c
回避 3-608b
回采 2-240c
《回春之曲》 9-102c
《回答》 6-11d
回道人 5-178b
回购 3-133d
回购贸易 3-608c
回光返照 6-510a
《回归》 3-86d
回归方程 3-608e
回归分析 3-608d, 6-609e
回归函数 3-608e
回归年 5-581c
回归热 3-609a
回归热疏螺旋体 3-609a
回归文学 3-609a
回归线 3-609b
回归线标志 2-223d
回归月 9-119f
回纥 3-609b, 6-336a
回纥文 3-609c
回鹘 3-609b, 7-380e
回鹘汗国 8-421f
回鹘式蒙古文 5-379d
回鹘文 3-609c, 3-609c
回鹘文木活字 4-8b
回鹘五城 8-421f
回鹘语组 2-327d
回回 9-402d
回回大师 9-402d
回回法 9-402d
回回蕃客 3-610f
回回国子学 3-297f
回回家体例 9-402d
回回教 9-402d
回回教门 9-402d
《回回教入中国史略》 1-571d
回回历 8-121c, 8-529f
回回米 8-569d
《回回民族问题》 4-142a
《回回民族问题提纲》 4-142a
回回司天台 9-173d
回回寺 6-233c, 9-402d
回回图 7-22c

回回掌教 9-402d
回婚节 1-542a
回火 3-609d, 4-256a
回甲节 1-542a
回交 9-147c
回教 3-609f, 8-528a
《回教、基督教与学术文化》 5-500f
《回教哲学》 5-500f
回扣 3-609f, 9-238d
回廊 4-549d
回乐县 5-96f
回历 8-529f
回历纪年法 5-18b
回良玉 3-609f
回流比 4-304e
回流液 4-304e
回龙桥 2-569b
回龙塔 9-27c
回盲瓣 5-311d
回盲口 5-311d
回民义勇队 5-239f
回民支队 5-240a
《回民支队》 1-146d, 4-601d
回浦县 7-245c
《回声》 3-255b, 9-55b
回声测深仪 3-610a
回声定位 2-433b
回收硫 5-130f
回收伞 4-193b
回头青 8-192e
回文 6-57a
回文师范学堂 2-68e
回文诗 3-610b
《回乡偶书二首》 3-443c
回向 2-584a
回旋辐射 2-194e
回旋滑水 3-541f
回旋加速器 3-610c
回旋灸 1-77d
《回延安》 3-441b
回阳救逆 3-610d
《回忆》 6-240d
回忆错误 4-96e
《回忆春柳》 6-18e
《回忆集》 1-566f
《回忆克里斯塔·T》 7-609b
《回忆录》 3-89c
回忆说 3-610e, 1-404e
《回忆西班牙》 6-29b
《回忆与思考》 4-614d, 9-484b
《回忆中国》 5-298f
回音壁 7-360c
回转 3-75b
回转半径 9-511e
回转车床 1-546c
回转式立轴钻机 7-290d
回转式转盘钻机 7-290e
回转压缩机 8-386b
回转仪 7-458a
回转钻机 7-290d
回租租赁 6-335c
回族 3-610f
回族菜 3-611b, 6-233a
《回族人物志》 1-205b
茴香 3-611b
茴香醚 1-311b, 3-611b
茴香属 3-611b
茴香酮 3-611b
茴鱼 3-611b
廻文诗 3-610b
洄游 3-611c, 6-158f
洄游型对虾 2-375b
迴壮 8-482f
蛔虫 3-612a
蛔虫病 3-611f
蛔虫证 2-3f
蛔虫属 6-288c
《悔悟》 1-5e
《毁灭》 2-446f
《毁灭的城》 2-443d
《毁灭或爱情》 1-38e
毁灭之神 6-585a
《汇报》 2-448c
汇编程序 3-612a
汇编语言 1-591d
汇兑 4-224f
汇兑庄 6-83e
汇号 6-83e
汇合点 2-164f
汇划庄 6-170e
汇价 3-612b
汇交力系 5-15c
汇率 3-612b, 3-266f, 4-286c
汇率并轨 6-499a
汇票 3-612c
《汇票》 8-8e
汇市 8-417e
汇帖 7-385d
汇文书院 4-244d
会昌法难 3-612e, 6-401f
会昌废佛 3-612d
会督 9-499a
会馆 3-612e
会合周期 7-270a
会聚透镜 7-413c, 7-414e
会聚型边界 1-228c
会礼 8-48d
会宁府 4-237c
会审公堂 3-612f
会审公廨 3-612f, 2-197d
会试 4-428c
会诵 4-223b
会通河 4-280c, 9-25d
会同县 3-613b
《会心吟》 1-591a
会要 3-613b, 7-307b
《会要》 3-613b, 7-307c
《会议》 1-359c
《会议通则》 4-162f
会议王国 1-380a
会议展览中心 3-613c
《会议之书》 1-372f
会意 5-138e
《会饮篇》 1-404c, 3-180f
会元 4-428c
《会真记》 9-12b, 9-99e
《会正记》 5-184e
会子 3-613d
《绘本彩色通》 3-114c
绘画 3-613f
绘画工艺型壁画 1-333d
绘画馆 3-197a
绘画理论 3-556f
《绘画论》 7-600c
绘画派 2-292f
绘画型壁画 1-333c
绘身 7-593b
《绘事指蒙》 6-586a
绘图笔 3-614a
《绘图海上青楼奇缘》 3-339b
《绘图青楼宝鉴》 3-339b
贿选宪法 9-421e
彗差 8-209f
彗发 3-614b
彗核 3-614b
彗尾 3-614b
彗星 3-614b, 7-364d
《彗星》 8-526e
"彗星"号滚装船 3-249c
《彗星美人》 5-287e
彗星命名法 3-614b
"彗星"喷气飞机 5-423f
《彗星天文学论说》 3-309e
晦庵 7-315c
《晦庵诗话序》 7-602d
秽史 7-575d
惠安青石雕刻 6-594b
惠安县 3-614d
惠比寿 6-119a
惠栋 3-614d
惠更斯,C. 3-614e, 1-485f, 2-77a, 3-219e, 3-228e, 5-599e, 7-81a, 7-444b, 9-535f
惠更斯-菲涅耳原理 3-615a
惠更斯目镜 3-614f
惠更斯原理 3-614f
惠果 5-409c
惠勒,J.A. 3-436c
惠勒,W. 1-360a
惠灵顿 3-615b
惠灵顿,A.M. 3-615d

惠陵（清） 6-224f
惠陵（三国） 8-57d
惠民河 1-480f
惠民专区 1-360e
惠能 4-1a
惠农县 6-608d
《惠山茶会图》 7-602a
惠山泥人 8-20f
惠山园 8-546e
惠生 7-175f
《惠生行传》 7-176a
惠施 3-615e, 3-411e
惠斯勒，J.M. 3-615f
惠斯特桥牌 6-188a
惠特克，R.H. 6-544d, 9-253a
惠特拉姆，E.G. 1-137f
惠特曼，W. 3-616b
惠特尼，E. 4-29b
惠特尼，H. 2-127e, 7-416f, 7-461c
惠特尼，J.D. 3-616d
惠特尼电台和电视台 3-275b
惠特尼山 3-616d, 5-344c
惠廷，T.M. 4-484d
惠通桥 6-2f
《惠兴女士》 7-370a
惠阳鸡 4-36c
惠州市 3-616d
惠周惕 6-171b
惠宗 9-95d
喙 3-616e, 5-588c
喙壳纲 6-346d
喙头目 6-28c
喙头蜥 3-616f
喙嘴龙 8-570a
慧（宗教） 6-404b
慧超 5-409c
慧观 2-74d
慧光 5-184e
慧果 5-568d
慧济寺 6-116e
慧皎 4-1a
慧可 1-500a, 6-100f, 6-473c
慧能 4-1a
慧远 4-1b
慧月 6-570a
慧沼 2-456c
蕙草 8-191f
《蕙的风》 3-515f
《蕙风词话》 4-1b
蕙风词隐 4-498f
蟪蛄 1-500e
昏礼 8-48d
昏迷 4-1c
昏睡病 9-517d
荤菜 7-201c
婚礼 4-1e, 4-2e
《婚礼》(E.卡内蒂) 4-375e
《婚礼》(S.韦斯皮扬斯基) 7-544c
婚礼服饰 4-2a
婚恋诗 6-575a
婚龄 4-2e
婚配制度 6-492c
婚神星 8-230c
《婚事》 9-217d
婚书 4-2b
婚帖 4-2b
《婚颜》 1-446f
婚姻 4-2c
婚姻财产制 2-589b
《婚姻的寓意》 7-339c
婚姻登记 4-2f, 4-2f
《婚姻登记条例》 4-2f
婚姻法 4-3a
《婚姻法》 2-457c
婚姻家庭道德 2-160a
婚姻介绍所 4-3b
婚姻特权 4-338c
《婚姻效力涉及夫妻身份关系和财产权利义务法律抵触公约》 9-518f
《婚姻与迷信》 3-485d
婚姻制度 4-3c
婚姻自由 4-3d, 4-2d
《婚姻自由》 6-28e
婚羽 4-569b, 9-70a
浑不似 4-8e
浑江市 1-204e, 5-90c
浑天说 4-3d
浑天仪 3-373c, 4-3e, 4-3f
浑象 4-3e
浑言 4-3f
浑邪王 4-26b
浑仪 4-3f
浑源县 3-464b
珲春市 4-4a
珲春县 4-4a
《魂断蓝桥》 4-4a
《魂断旅馆》 6-109b
魂瓶 5-445d
混沌 4-4c, 2-516d
混沌（经济学） 4-287b
混酐 7-207a
混汞法 4-4d
混合比 4-469f
混合采光 1-465d
混合持股公司 1-595e
混合动力汽车 6-226e
混合梵语 2-486e
混合放牧 2-503b
混合腹地 3-21f
混合公民 7-77f
混合光电集成材料 3-221a
混合焓 4-4f
混合航线 3-339b
混合花边 3-525d
混合基原油 6-606a
混合计算机 2-295e
混合兼并 4-153b
混合经济 4-4d
“混合经济”政策 3-34d
混合酒 4-36f
混合居住地区 5-433b
混合扩频多址 2-392c
混合联合企业 4-4e
混合聋 2-420d
混合落叶林 6-275d
混合醚 5-393b
混合内阁 5-45f
混合拍子 4-216d
混合燃烧炸弹 6-272d
混合热 4-4f
混合润滑 6-352d
混合式抽水蓄能电站 2-8e
混合式防波堤 2-494b
混合税 3-206b
混合饲料 6-59c
混合所有制经济 4-4e
混合态 3-478d
混合推进剂 7-449c
混合微波集成电路 7-534e
混合型缓蚀剂 3-576f
混合型尿失禁 5-590a
混合型青光眼 6-205d
混合性结石 2-146e
混合性聋 2-421c
混合性脱水 7-457a
混合云 9-132f, 9-134d
混合整数规划 9-265a
混合痔 9-319e
混合重力异常 9-461f
混合柱式 9-504c
混合IC 4-74e
混茧 9-314a
混交林 4-5a, 6-541f
混晶 3-147e
混流式水轮机 7-93f
混流通风机 7-388e
混凝土 4-5b
混凝土坝 1-190c
混凝土块体坝 5-247a
混凝土桥 6-186e
混凝土斜拉桥 8-236e
混频器 4-5c
混气液体渗流理论 6-525d
混缩聚 7-227f
混填 2-599d
混业管理模式 4-249b
混鱼龙科 9-61a
混元老君 6-399d
混杂复合材料 3-10b
混作 4-5c
活曹操 3-596c

活产 2-15c
《活到黎明》 1-293b
活的法 1-68e
《活的艺术品》 1-3e
《活动变人形》 7-504d
活动大陆边缘地震带 3-321e
活动大木偶 9-386a
活动海岭 2-116e
活动海隆 3-331e
活动积温 4-39d
活动假牙 8-202d
活动论 4-5d, 3-156f
活动铅笔 6-159d
活动桥 4-5e, 6-186f
活动日珥 6-323e
活动星系核 4-6a
活动性构造体系 3-156d
活动性游戏 9-43d
活动性震颤 9-257f
活动义齿 8-202d
活度 4-6c
活度系数 4-6c
活佛 4-6d, 9-511b
活佛转世制度 1-258f, 3-108f, 4-6d
活化分析 4-6e
活化能 4-7a
活化石 4-7b, 2-113d, 4-270d, 9-14a
活化吸附 3-552c
活火山 4-13c, 5-123a
活检 4-8c
活口（苏州评话） 7-198e
活劳动 4-7c
活力 5-562e
活力论（生物） 4-269d
活力论（文学） 4-394b
《活埋》 3-443f
活管箩曲子 2-79b
活期储蓄存款 2-18b
活塞 4-7d
活塞合金 5-183e
活塞式航空发动机 3-393e
《活尸》 7-452e
活体染色法 1-62e
活体组织检查 1-371a
活细胞催化剂 2-57c
活性部位 5-341b
活性聚合 4-7d
活性聚合物 4-7e
活性染色质 6-273d
活性肽 7-271e
活性炭 4-7e, 7-292b
活性氧化铝 8-474e
活性中间体 3-301c
活血丹 2-40b
活血化瘀 4-7f
活疫苗 6-547e
《活着》 3-461a
《活着的人》 5-256a
活钟馗 3-489d
《活捉三郎》 2-334f
《活捉子都》 3-251e
活字版印刷 4-8a, 7-147f
活组织检查 4-8b
火 4-8c
火把节 4-8d, 1-211a, 8-547e
火不思 4-8e, 6-78d
火彩 4-8f
火柴烟草专卖局 5-110d
火车 4-9a
《火车大劫案》 5-348c, 5-372d
《火车到站》(电影,1895) 1-162d
《火车到站》(电影,1985) 4-97c
《火车上的战斗》 3-443b
《火车停驶》 1-5b
火车头 4-28f
火车站 7-381e
火成论 3-444a
火成说 8-431b
火成岩 4-9b, 8-430c
火赤链 1-598f
火葱 2-53a
火蛋白石 2-149d
《火的标志》 6-374c
《火的城堡》 5-401e
火地岛 4-10b
火地人 4-10c
火电厂 4-10d
火镀金 5-133a
《火法技艺》 1-319f, 8-492a
火法精炼 4-10e
火法冶金 4-10d
火风 3-32e
火罐气 1-188f
火鹤 5-258a
《火红的小花之歌》 5-84c
火花放电 4-10f, 2-293f
火花塞点火内燃机 1-305f
火花室 4-10f
火浣布 7-358f
火鸡 4-11a
火鸡节 3-44a
火鸡属 4-11a
《火记》 5-48d
火箭 4-11b, 1-42c, 2-510a
火箭兵 5-168b
火箭发动机 4-11e, 6-61b
火箭飞机X-1 6-553d
火箭溜 9-233c
火箭炮 4-12b
火箭燃料 6-271c
火箭推进剂 7-449a
火箭状闪电 6-444b
《火炬》 4-450d
火炬计划 4-12c
《火坑》 4-489c
火空气 6-502a
火控雷达 4-34d
火口湖 4-12c
火辣子 2-51f
火力发电 4-12d
火烈鸟 4-12f, 2-86c
火流星 5-128b, 8-64f, 9-139c
火龙 8-65a
《火龙》 6-40d
火龙果 8-169c
火麻 2-94c
火麻仁 2-94d
火毛虫 7-160b
火棉 8-220d
《火鸟》(芭蕾) 2-610d
《火鸟》(舞剧音乐) 7-135f
《火鸟之羽》 2-366b
火耨刀耕 2-155b
火奴鲁鲁 4-12f
火判 9-145a
火炮 4-13b
火器 7-148a
火器时代 4-351b
火球 9-139c
火热论 9-448d
火热之邪 4-14f
火绒草 4-333c
火山 4-13c
火山弹 4-13e
火山岛 4-14b, 2-115d, 2-158b, 5-123a
火山地震 2-245f
火山高原 3-80e
火山灰 4-13e
《火山灰地》 4-14b, 4-324a
火山灰流 4-13e
火山颈 4-13d
火山口 4-13d
火山口地下森林 5-487b
火山口湖 4-14b, 2-397b
火山口湖国家公园 4-14c
火山砾 4-13e
火山毛 4-13e
火山泥流 4-13e
火山气体 4-13d
火山穹丘 4-13d
火山碎屑 4-13e
火山通道 4-13d
火山型温泉 7-582c
火山学博物馆 6-567a
火山岩 4-14c
火山岩产状 4-9f
火山岩相 4-9f
火山渣 4-13e
火山锥 4-13d, 4-317c
火烧编 9-402a

火烧岛　5-184e
《火烧红莲寺》　2-290f, 5-451a, 9-206f, 9-351a
火烧花属　9-535a
火烧寮　7-252c
《火烧圆明园》　4-597a, 8-193f
火绳树属　8-43b
火石　6-604f
火石类光学玻璃　6-159f
火试金法　4-14d
火体虫　7-562a
火筒树属　6-101e
火腿　4-14e
火卫二　4-15e
火卫一　4-15e
火祆教　7-234f
《火祆教入中国考》　1-571d
火线　6-403c
《火线上的孩子们》　1-552b
《火线下》　4-584a
火硝　8-220a
火邪　4-14f
火星　4-15a
《火星报》　4-554b, 5-72f, 6-111f
火星赤道　4-15b
火星冲日　4-15a
火星大气　8-316d
火星公转轨道　4-15a
“火星快车”　4-15f
火星探测　4-15e
火星探测器　7-290f
火星陨石　5-528d
火寻　3-528c
火牙　4-481d, 8-391a
火炎山　6-199e
《火焰》　4-570c
《火焰的天使》　1-409e
火焰光度法　9-108a
《火焰驹》　4-15f
《火焰驹》(戏剧)　8-435e
《火焰驹》(戏曲片)　6-200e, 8-561f
火焰炉　8-491b
火焰喷射器　6-61a
火焰山　4-16a
《火焰山》　9-387a
《火焰山的怒吼》　1-236a
《火焰图》　6-319b
《火焰与花》　4-453a
火药　4-16b, 7-148a
火灾　4-16b
《火灾》　4-525d
火灾保险　1-247a
火灾报警器　1-248b
火葬　4-16c
火炸药　4-16b
火者·盖耶素丁　6-424a
《火之战》　1-49c
《火中无通道》　6-39e
《火柱》　3-174b
“伙伴”加油机　4-471c
钬　8-130d
或然论　6-285a
或有负债　9-115d
货币　4-16e, 1-287e, 1-432e
货币拜物教　1-219e, 6-455e
货币倍率　4-17b
货币贬值　4-17a, 8-417f
货币补偿　1-497e
货币差额论　9-462e
货币乘数　4-17b
货币虫　8-275b
货币虫纪　2-261c
货币错配　4-18a
货币地租　2-252d, 8-98f
货币工资　3-129c
货币供给　4-17c, 4-17c
货币供应　4-17c
货币供应量　4-17c, 7-390c
货币购买力　3-157a, 4-330f
货币购买力指数　4-331a
货币汇率　7-17d
货币基数　4-42c
货币价值　4-17a, 4-17f
《货币理论和经济周期理论》　3-317f
货币期权　6-124b
货币升值　4-17e
货币市场　4-17f, 4-250d, 7-25f
《货币数量论——重新表述》　4-18f
货币危机　4-18a, 8-418b
《货币、信用和商业》　5-283b
货币件　9-518b
货币性黄金　3-588f
货币性资产　9-524e
货币需求理论　5-124c
货币学派　4-18b, 4-18f
货币增值　4-17e
货币政策　4-18b
货币政策的工具　4-18c
货币政策的目标　4-18b
货币政策的中介目标　4-18c
货币政策最终目标　4-18c
货币制度　4-18d
货币主义　4-18f, 2-593e
《货币主义经济学》　2-594a
货币主义学派　9-442e
货币资本　4-19a, 5-127f, 9-523b
货币资本国际化　9-521b
货币资本循环　9-523b
货币总需求　5-96c
货布　7-503f
货船　4-19b
货柜　4-78e
货机　4-19d
货郎　4-19d
货郎鼓　4-19e
《货郎图》(李嵩)　4-612e
《货郎图》(苏汉臣)　2-568a, 4-19e
货泉　7-503f
货物渡船　2-364e
货物列车　4-9b
货物周转量　9-143c
货箱　4-78e
货运量　9-143c
货运码头　5-290d
货运站　7-381e
《获得性免疫的克隆选择学说》　1-401e
获得性免疫缺陷综合征　4-19e, 1-81d
获得性血小板功能缺陷　8-377b
获得性遗传　4-520f
《获虎之夜》　9-373e
获嘉县　8-291a
《获麟解》　3-365c
获鹿县　6-596b
获知权　9-290c
《祸起萧墙》　3-25e
霍巴特　7-243d
霍巴陨铁　9-139c
霍贝玛,M.　2-565a
霍布豪斯,L.T.　4-19f
霍布森,W.　3-560d
霍布斯,T.　4-19f, 2-457a, 5-32a, 7-336e
霍查,E.　4-20a
霍顿汽车公司　7-393f
霍恩,H.H.　3-124c, 8-485e
霍恩博斯特尔,E.M.von　6-361f
霍恩群岛　7-468b
霍尔,A.　4-15e
霍尔,A.D.　8-146f
霍尔,C.M.　1-69b, 5-183c
霍尔,J.　2-219a
霍尔,P.　4-20b
霍尔,P.(英国学者)　1-585f
霍尔-埃鲁法　1-69b
霍尔巴赫,P.-H.D.　4-20c
霍尔堡,L.　4-20c, 2-139e, 3-103d
《霍尔堡康塔塔》　3-103d
《霍尔堡时代》　3-103d
霍尔布蒂,M.T.　3-357d
《霍尔茨舒尔像》　2-314e
霍尔茨瓦特,H.　6-271f
霍尔丹,J.B.S.　4-20d
霍尔德曼,H.R.　7-94d
霍尔登,J.C.　5-41c
霍尔迪亚深水港区　4-108d
霍尔金娜,S.　4-20e
霍尔锚　5-327d
霍尔门科伦滑雪大奖赛　1-283a
霍尔米兹德四世　6-367a
霍尔姆,H.　4-20f
霍尔姆博,B.M.　1-2f

霍尔姆技术 4－21a
霍尔姆斯克 6－361a
霍尔木兹海峡 4－21a, 1－387a
霍尔纳 2－290c
霍尔斯顿河 7－370f
霍尔特,E.B. 8－284d
霍耳,E.H. 4－21c
霍耳电场 4－21c
霍耳系数 4－21d
霍耳效应 4－21c
霍夫,M.E. 4－21f
霍夫曼,A.W.von 4－22a, 3－479f
霍夫曼,E.T.A. 4－22b
霍夫曼,J. 8－292d
霍夫曼,R. 8－17a, 8－71d, 9－47a
霍夫曼,W.G. 4－22c
《霍夫曼的故事》 1－121f
霍夫曼定理 4－22c
霍夫曼法则 4－22c
《霍夫曼故事》 1－251f
霍夫曼规则 4－22b
霍夫曼斯塔尔,H.von 4－22c
霍夫曼紫 4－22b
霍夫斯塔特,R. 4－22d, 3－433f
霍夫特,G. 5－36d, 7－578f
霍光 4－22e, 6－412b
霍赫胡特,R. 4－22f
霍亨萨尔茨堡 6－358c
霍亨施陶芬王朝 4－23a
霍亨索伦家族 4－23a, 2－186c
霍胡德 4－423f
霍华德,C. 8－15b
霍华德,E. 7－567c
霍华德,J. 6－485d
《霍华德别业》 2－614b
霍集占 2－112b
霍加斯出版社 8－28b
霍金,S.W. 4－23b
霍金,W.E. 6－285f
霍景涅里辛沙漠 3－168b
霍克,R. 4－23d
霍克海默,M. 4－23e
霍克尼,D. 2－285f, 7－278f
霍拉纳,H.G. 2－554d
霍勒津布拉格 5－305e
霍雷姆铁路桥 3－53b
《霍里比利克里布里法克斯》 3－109b
霍利,R.W. 3－438b
霍利菲尔德,E. 6－267a
霍利节 8－599d
霍林郭勒市 4－23f
霍林河煤矿 4－23f
霍六 4－282e
霍乱 4－23f, 1－523c
霍乱毒素 6－536e
霍乱弧菌 4－426d
《霍乱时期的爱情》 4－121d
霍罗斯 3－333a
霍罗威茨,V.S. 4－24b
霍麻子 7－60b
霍麦,W. 4－24c
霍曼斯,G.C. 4－24d, 1－444e, 6－488c
霍曼斯氏征 8－376c
霍懋征 4－24e
霍梅尼 4－24f, 3－311f, 8－522c
霍明亮 5－104b
霍姆公园 7－583b
霍姆斯 4－25a
霍姆斯,A. 4－25b, 2－229b, 2－249d
霍姆斯,O. 5－354b
霍姆斯,O.W. 4－25c
霍姆斯湖 4－25a
霍妮,K. 8－275d
霍尼格,R.E. 4－55f
霍尼亚拉 4－25d
霍诺里乌斯三世 9－555d
霍皮奥尔河 2－380b
霍珀,G.M. 4－25e
霍普夫,H. 2－127e, 4－80a, 4－583b
霍普金斯,F.G. 1－77d
霍普金斯,G.M. 4－25f
霍普斯会 5－80f
霍奇金,A.L. 4－25f
霍奇金,D.M.C. 4－26a
霍奇拉加村 5－373b
霍去病 4－26b
霍去病墓 4－26c
霍润南 4－26f
霍桑,N. 4－26d
霍桑实验 4－26e, 6－136e
《霍桑探案》 9－85d
霍山 2－74b
霍树棠 4－26f
霍斯陆 4－27a
霍四究 9－98f
霍特里,R.G. 4－296c
霍屯督人 4－27b, 5－568c
《霍万斯基乱党》 5－503b
霍西煤田 8－232f
霍仙鸣 7－306d
霍县 4－27f
《霍小玉》 1－562a
《霍小玉传》 4－27c, 8－156b
霍伊尔,F. 4－27d
霍伊纳贝格遗址 3－307c
霍英东 4－27e
霍英东教育基金 4－27f
霍约山 3－52b
霍州鼓楼 4－27f
霍州市 4－27f
霍子孟 4－22e
藿朴夏苓汤 2－493e
藿香 2－40b
蠖庐 2－135b
獾㹢狓 7－553d

J

几丁虫 4－28a
几丁石 4－28a, 7－539d
几丁质 4－28a, 4－135b
几社 3－11f, 8－166b
几维目 4－28a
几维鸟 8－289e
击穿电压 6－145e, 9－586f
《击鼓骂曹》 5－389c
击剑 4－28b
击剑运动 4－28b
击奏安格隆 1－97b
《饥饿》 3－378b
《饥饿的郭素娥》 5－173e
《饥饿海峡》 7－96d
《饥饿牧师》 4－512c
《饥饿之王》 1－93d
《饥民诗》 2－307e
机背取景照相机 9－237c
机场 4－28d
机车 4－28f, 4－9a
机车牵引方式 4－29a
机床 4－29a
《机电局长的一天》 4－192c
机动 4－29e
机帆船 2－461e
机耕船 7－456b
机构分析 4－29f
机构学 4－29e
机构综合 4－29f
机关报 1－248e
机会成本 4－29f
机会性感染 1－81e
机会主义者 4－415d
机井 7－87e
机敏材料 1－460a, 9－322c
机敏复合材料 3－10c
机能文化区 7－588f
机坪 4－28e
机器 4－30a
机器翻译 4－30a
机器翻译系统 4－30b
机器人 4－30c, 2－499a
《机器舞蹈》 1－39f
机器学习 6－288b
机器语言 1－591d
机枪 4－30c
机体第三状态 8－402b
机体觉 4－30e
机体潜能说 6－283c
机械 4 30f
《机械》 3－466d
机械表 1－355a
机械波 1－372b, 4－33c

机械沉积矿床 1-549f
机械传动 2-25b
机械导纳 4-34c
机械电视试播 1-290e
机械钝化 2-379c
机械工程 4-31a, 3-121e, 9-22b
《机械工程手册》 4-31e
机械工业出版社 4-31e
机械功 3-139d
机械共混 4-342b
机械过坝 3-302f
机械化喷火器 6-61a
机械化战争论 4-31f
机械拣选 8-366d
机械决定论 1-325c
机械零件 4-32a
机械论 6-531c
机械能 4-32b, 5-564d
机械能守恒定律 4-32b, 5-563a
机械设计 4-32b
《机械师加夫里洛夫心爱的女人》 3-168c
机械式千分尺 6-156d
机械式深温计 6-509a
机械式挖泥船 7-54e
机械式仪表 2-25d
机械手 4-32d
机械天平 7-355d
机械通气 3-499f
机械通气机 6-286f
机械投影立体测图仪 6-505d
机械唯物主义 4-32f, 7-547b
机械性肠梗阻 1-522c
机械性能 1-460b
机械性消化 8-215b
《机械学》 5-117e
机械原理 4-32f
机械运动 4-33a
机械噪声 9-166a
机械振动钟 9-453a
机械制图 4-33c
机械钟表 4-34b
机械阻抗 4-34c
机翼 2-507b
机用虎钳 3-519f
机遇编舞法 4-398f
机载动目标显示 9-81d
机载飞行控制系统 8-18c
机载雷达 4-34c
机载设备 2-507c
机载天文台 7-363d
机载预警雷达 4-34d, 9-81d
机织 4-34d
机织物 2-501f, 4-34e, 9-292c
机制地毯 2-238f
机制花边 3-525d
机制纸 9-307f
机组 4-30a
肌壁间肌瘤 9-529b
肌病 4-35b
肌醇 4-34e
肌腠 2-54c
肌肥大 4-35c
肌苷 3-435c
肌红蛋白 4-34f
肌红蛋白晶体结构 4-221f
肌红蛋白尿症 4-35d
肌红蛋白血症 4-83d
肌-环己六醇 4-34e
肌浆 4-35e
肌理说 4-35a
肌膜 4-35e
肌内膜 4-35f
肌内注射 9-502e
肌疲劳 4-35b
肌强直 4-35c
肌强直性疾病 4-35d
肌球蛋白轻链 1-478c
肌肉不自主运动 4-35c
肌肉毒素 6-536c
肌肉骨关节 2-46c
肌肉疾病 4-35a, 7-280f
肌肉疲劳 6-77a
《肌肉收缩的化学》 6-563b
肌肉注射 9-502e
肌肉组织 4-35e
肌收缩性头痛 7-412a
肌束震颤 1-432c
肌丝 4-35e
肌酸激酶 5-89b
肌酸磷酸激酶 5-89b
肌痛 4-35b
肌外膜 4-35f
肌胃 7-570c
肌无力 4-35b
肌细胞 4-35e
肌纤维 4-35e
肌纤维炎症 4-35b
肌张力低下 4-35c
肌阵挛 1-432c
矶松科 1-198b
矶鹬 9-84f
鸡 4-36b
鸡蛋果 8-91c
鸡蛋花 4-122b
鸡蛋花属 4-122b
鸡豆 9-14e
鸡公山 4-36c, 8-301a
鸡公山遗址 4-36d
鸡公山自然保护区 4-36c
鸡骨常山属 4-122b
鸡冠花 4-36d, 8-177a
鸡冠石 8-332b
鸡脚菜 6-135a
鸡脚草 8-388d
鸡距笔 5-313c
《鸡肋集》 1-536f
鸡陵关 9-44d
鸡笼 9-272b
鸡笼山 2-311e
鸡盲 6-269d
《鸡毛飞上天》 3-524c
鸡毛信 4-36f
《鸡毛信》 6-595f, 9-201e
《鸡鸣早看天》 3-483a
鸡纳树 4-242d
鸡宁县 4-37a
《鸡胚在病毒研究中的应用》 1-401d
鸡屎鹰 9-84f
鸡头米 6-176b
《鸡图》 4-609d
鸡尾酒 4-36f
鸡西市 4-37a
鸡西县 4-37a
鸡心螺 9-79c
鸡新城疫 4-37b
鸡形目 4-37c
鸡胸 4-37c
鸡血石 4-37d
鸡血藤 4-37e
鸡血藤属 4-37e
鸡眼 4-37e
鸡鹰 1-475b, 9-14c
鸡爪黄连 3-591d
鸡爪柏 7-616d
鸡子草 8-441b
鸡足山 4-37f
奇奇核 9-108e
奇校验 8-296c
奇排列 3-389f
奇鳍 6-134e
奇蹄目 4-38a
奇A核 9-108e
积翠山 6-157c
积分 4-38b
积分变换 4-38d
积分方程 4-38e
积分溶解热 6-333c
积分稀释焓 8-130c
《积分学演习》 4-566b
《积古斋钟鼎彝器款识》 6-344e
积极防空 2-496c
积极隔振 3-113b
积极控制 6-489f
积极遗产 8-542e
积极优生 9-29f
积极自由 9-557e
积蓝 4-104c
积累 4-39b
积累基金 3-292b, 8-214b
积累率 4-39c
积石山保安族东乡族撒拉族自治县

4－39d, 2－326f
积水潭 2－81d, 7－389d
积水性脑膨出 5－159d
积温 4－39d
积雪 4－39e
积雪日 4－39e
积雨云 9－133c
积云 9－133c
积状云 9－132f
笄礼 4－39f, 1－579a
屐 8－237f
姬伯服 9－476b
姬蜂 4－40a
姬蜂科 4－40a
姬鹏飞 4－40a
姬鼠 4－40c
姬水 3－582f
姬素英 6－435a
姬宜臼 9－476b
基 4－40c
基阿连山脉 7－126a
基本本体论 2－59d, 3－321c
基本尺寸 3－130b
基本单位 2－275a, 4－88f
基本电荷 2－279c, 5－406d
基本电路符号 5－224a
《基本法》 2－187a
《基本国策纲要》 2－79c
基本计量单位 4－88f
基本建设 4－40d
基本空间 3－29c
基本粒子 4－40f
基本量 5－60b, 8－72b, 8－72c
基本情绪 6－236d
基本生活费用 4－40f
基本事件 3－29c, 3－30a, 7－214d
基本水准标石 7－106c
基本四边形 7－459d
基本物理常量 4－41a, 4－88a, 8－72b
基本物理常数 4－41a 积
基本星表 8－304e
基本需要法 1－587c
基本养老保险基金 8－472d
《基本要道》 4－52b
基本组织 9－571c
基博峰 2－319e, 2－319f, 2－520a, 6－135d
基础标准 4－42b
基础材料 1－458f
基础代谢 5－562f, 8－265a
基础地理数据库 2－226c
基础工业 4－42b
基础护理 3－523d
基础货币 4－42c
基础货币方程式 4－42d
基础金融商品 4－250e
基础科学 4－42d
基础空间信息 1－485f
《基础生态学》 1－118c
《基础数论》 7－544f
基础体温 1－329b, 3－6b, 7－343a
基础体温测定 3－6b
基础医学 8－181b
基础优生学 9－29e
基达图水电站 5－164d
基代波河谷国家公园 7－615d
基德，B. 6－484f
基底动脉型偏头痛 6－81c
基底核 2－97a
基底前脑区 1－338f
基底细胞癌 4－42e
基底细胞乳头瘤 4－42e
基地组织 1－307b, 4－478c
基督 8－488b
基督城 4－449e
《基督戴荆冠》 7－341b
《基督的名字》 4－531a
基督教 4－42e, 4－278d
基督教美术 4－44e
基督教民主党 6－359e
基督教民主联盟 1－7c, 1－76f
基督教社会主义运动 4－44b
基督教神学 4－45b
基督教文明 7－299d
基督教协进会 2－403e
《基督教信仰》 6－579b
《基督教与共产主义》 3－237b
《基督教原理》 4－108f, 4－109b
《基督教真谛》 8－161f
基督论 4－45d
《基督山伯爵》 4－45e, 2－123c
《基督使徒》 1－62d
《基督受难》 3－94a
《基督受刑》 2－308f
《基督停留在埃博利》 5－220a
《基督徒的佛学研究》 7－520c
基督徒聚会处 4－45f
《基督为罗曼努斯四世和皇后加冕》 1－221a
基督学 4－45d
《基督在十字架上的最后七句话》 3－324e
《基度山恩仇记》 3－405c, 7－310d
基多 4－45f
基尔比，J.S. 4－46a, 4－74e
基尔迪人 4－362d
基尔霍夫，G.R. 4－46b, 1－308c, 3－615b, 6－339a, 7－71f
基尔霍夫电流定律 4－46c
基尔霍夫电路定律 4－46c
基尔霍夫电压定律 4－46c
基尔霍夫定律 4－46c
基尔霍夫热辐射定律 4－46c
基尔库克 4－46d
基尔莫尔山口 5－479e
《基尔莫里子爵》 3－119a
基尔帕特里克，W.H. 6－480e
基尔施，G. 7－283f
基尔特社会主义 9－421c
基尔运河 4－46e
基肥 6－578b
《基夫的烟斗》 1－173a
基弗，J. 3－589b
基辅 4－46e
基辅大学 4－47a, 8－2a
基辅理工大学 8－2a
基辅罗斯 4－47a, 2－401e, 7－127c
基辅罗斯大公国 2－398c
基辅水库 8－1a
基辅塔拉斯·谢甫琴科国立大学 4－47a
基戈马 7－287c
基加利 4－47b
基金会 2－43e
《基卡》 1－14f
基克拉泽斯群岛 4－47d
基克拉泽斯文化 5－400a, 6－212e
基克拉泽斯文明 1－86e
基库尤人 4－47d, 4－464a
基拉宁，M.M. 4－47f, 6－364c
基拉韦厄火山 4－48a, 8－166e
基里巴斯 4－48a
基里巴斯共和国 4－48a
基里巴斯语 4－48e
基里科，G.de 1－533f
基里尼亚加峰 2－319e, 2－319f, 4－464a
《基丽查太太在雅西》 1－43a
基粒 3－222b, 8－498d, 9－442b
基林，D. 7－516c
基灵，W.K.J. 4－130d, 7－536d
基隆达语 5－145a
基隆迪语 1－447d
基隆火山群 4－48f
基隆山 4－48f
基隆市 4－48f
基卢瓦基西瓦尼 7－289b
基律纳 6－348a
基罗加，H. 4－49a
基洛夫，S.M. 4－49b
基洛夫芭蕾舞团 4－49c
基洛夫剧院芭蕾舞团 4－49c, 5－474f, 7－120d
基洛尼姆斯 3－173f
基马蒂 5－326e
基马尔·阿塔图尔克，M. 4－394d
基纳巴卢山 4－49d, 5－261e, 6－98a
基纳巴卢山国家公园 4－49d
基南，P.C. 3－464e
基尼，C. 4－49e
基尼，C. 5－229d
基尼利，T. 4－49e
基尼系数 4－49e
基涅提山 7－179d
基诺山基诺族乡 4－50b
基诺语 4－50a, 4－50a

基诺族 4-50a
基普 4-560d
基普弗，P. 6-72d
基普哈特，H. 4-50b
基期总量加权 9-559c
基切人 4-50c
基钦纳，H.H. 2-454a
基桑加尼 4-50d
基施，E.E. 4-50e
基什尼奥夫 4-50e, 4-51d
基什遗址 7-402e
基数 4-50f, 7-63b, 9-542d
基数效用论 1-336f
基斯勒，H.J. 5-455c
基-斯瓦希里语 7-139b
基态 5-61a
基特加 4-51a
基特韦 4-51a
基体 9-442b
基体钢 3-125a
基田 9-553a
基团 4-40c
基团理论 4-588f
基团迁移重排反应 2-5a
基韦斯特跨海公路 2-586e
基围 7-545b
基伍湖 4-51b, 7-553c
基希纳，E.L. 4-51b, 1-357c, 6-188c
基希讷乌 4-51d
基歇尔，A. 6-415d
基辛格，H.A. 4-51e, 3-439a, 5-572c, 9-49f
基薪 5-585f
基雅罗斯塔米 4-52a
基亚，C. 1-534a
基岩水准标石 7-106c
基要派 2-615e
基要主义 4-52a
基耶斯洛夫斯基，K. 4-52b
基因 4-52d
基因重组 4-53a
基因打靶 4-53b
《基因的分子生物学》 7-611b
基因复合体 4-52e
基因工程 4-53b, 6-538f
《基因工程安全管理办法》 9-510f
基因克隆 4-455a
基因扩增 3-437c
基因剔除 4-53b
基因调控 4-53c
基因突变 4-53d, 7-416e
基因武器 4-53e, 6-547e, 8-543e
基因型 4-53e
基因隐私权 4-53f
基因族 4-52e
基因组 4-53f
基音 6-16a
基尤皇家植物园 5-193d
基于性别的暴力 4-126e
基元反应 9-91d
基泽勒巴什 6-360c
基质（地质学） 1-227a, 3-193e
基质（生物学） 8-185b
基质辅助激光解吸电离（MALDI）源 9-316e
基准价格 3-286e
基准利率 4-54b
嵇含 4-54b
嵇君道 4-54b
嵇康 4-54c, 9-497b
嵇叔夜 4-54c
嵇永仁 5-447b
嵇中散 4-54c
《嵇中散集》 4-54d
缉毒犬 4-313a, 6-267f
《缉古算经》 7-208d
缉熙殿 9-368d
畸变 8-209f
畸变极化 2-282c
畸胎癌 4-54d
畸胎瘤 4-54d
畸形足 5-159d
畸羊齿 9-457f
畸叶槐 3-562f
禨翅目 4-54d
箕状构造 2-231a
箕子 9-472e
稽查特派员制度 3-295f
稽古阁 1-475f
《稽古录》 7-114e
稽琴 2-424f
稽瑞楼 7-384a
畿辅门户 7-351c
《畿辅通志》 4-614e
激变变星 8-291e
激波 4-494b
激动素 8-150b
激发辐射 2-194d
激发函数 3-436a
激发态 4-54f, 5-61a, 9-108c
激发态化学 4-54f
激光 4-54f, 3-40e
激光材料 4-55a, 3-221d
激光测距 4-55b
激光弹 2-517e
激光电离光谱法 4-55e
激光二极管 1-232c
激光放大器 4-56b
激光工作物质 4-56b
激光共振电离光谱法 4-55f
激光光谱法 4-55c
激光光谱学 3-225f
激光光热光谱法 4-55e
激光光热偏转光谱法 4-55e
激光光声光谱法 4-55d
激光核聚变 3-217b
激光化学 4-55f
激光解吸（LD）源 9-316e
激光晶体 4-302a
激光拉曼光谱法 4-55c
激光拉曼光谱仪 4-521c
激光雷达 6-147c
激光疗法 3-224b, 8-73a
激光频标 4-41b
激光频率变换晶体 4-302a
激光器 4-56b
激光切割 6-281f
激光窃听 6-192b
激光窃听器 6-192b
激光热透镜光谱法 4-55e
激光扫描成像型照排系统 4-56e
激光头盔枪 7-411c
激光武器 4-56c
激光诱导化学反应 3-223c
激光诱导荧光光谱法 4-55c
激光增强电离光谱法 4-55e
激光增益介质 4-56b
激光照排机 7-603a
激光照排系统 4-56e
激光振荡器 4-56b
激光制导炸弹 4-56e
激光质谱法 4-55f
激活剂 3-193e
激进公民联盟 1-24a
激进式经济转型 4-296d
激进主义 4-56f
激浪派 6-27d
激励-保健理论 7-80d
激励理论 4-57a, 6-124c
激流回旋比赛 6-72c
《激流三部曲》 1-160d
《激流之歌》 8-533b
激情 4-57b
激素 4-57b, 1-296e, 7-133c, 8-159a
激素治癌 3-308d
激脂激素 4-507d
激子 3-195b
羁縻州 7-216f
羁束行为 8-320f
及第 4-427e
及人 6-340e
吉安·加莱阿佐·维斯孔蒂 5-397b
吉安市 4-57d
吉奥克，W.F. 9-110f
吉保山脉 5-261d
吉贝 5-490f
吉贝尔蒂，L. 4-57e
吉备真备 6-175f, 7-305e
吉本，E. 4-57f
吉本芭娜娜 6-321a
吉伯，W. 4-58a, 2-219e, 8-75b

吉卜利勒 8-528e
吉卜林,R. 4-58b
吉卜赛人 4-65f
吉布里尔·塔姆西尔·尼亚奈 7-158f
《吉布赛的诱惑》 8-349c
吉布森,J.J. 9-289f
吉布斯,J.W. 4-58c, 3-550f, 6-145d, 7-407f, 8-207c
吉布斯函数 8-206f
吉布斯热函数 3-358e
吉布斯自由能 4-58d
吉布提 4-58d
吉布提 4-59d
吉布提采盐区 1-50f
吉布提港 4-59b
吉布提共和国 4-59a
吉布提人 4-59e
吉布提—亚的斯亚贝巴铁路 8-400f
吉达 4-59f
吉达港 6-428c
吉打 5-261b
吉大港 4-60a
吉登斯,A. 4-60b
吉丁虫 4-60c
吉丁科 6-189b
吉丁斯,F.H. 4-60c, 6-484f
吉尔伯特,T. 4-60d
吉尔伯特,W. 8-155b
吉尔伯特群岛 4-60d, 4-48a
吉尔伯特语 4-48f
吉尔福德,C.P. 2-33a
吉尔格朗图 4-423f
吉尔古德,A.J. 4-60e
吉尔吉斯共和国 4-61c
吉尔吉斯-哈萨克人 3-314a
吉尔吉斯汗国 4-61c
吉尔吉斯-凯萨克人 3-314a
吉尔吉斯人 4-60f, 6-33a
吉尔吉斯斯坦 4-61a, 2-353a
吉尔吉斯苏维埃社会主义自治共和国 3-314d, 4-61c
吉尔吉斯语 4-61f, 4-60f, 4-419e
吉尔加兰河 8-525f
《吉尔伽美什》 4-61f
吉尔克里斯特,P.C. 7-454f, 8-491f
吉尔曼,D.C. 9-118e
吉尔森林 8-592e
吉尔斯 9-329f
吉尔松,É. 8-285e
吉尔苏遗址 4-517e
吉尔特尔山脉 1-158e
《吉尔·维森特》 4-110f
吉尔扎伊人 6-115d
吉发赖平原 7-418d
吉法尔,H. 2-508f
吉芬,R. 4-62a
吉芬悖论 4-62a
吉芬商品 4-62a
吉芬之谜 4-62a
吉格 9-570f
吉哈德 6-569e
吉恒立 4-62c
吉洪诺夫,V.V. 4-62b
吉鸿昌 4-62c, 1-496a
吉库犹语 1-225c
吉拉德,J. 1-137f, 5-169a
吉拉尔德斯,R. 4-62e
吉拉尔东,F. 2-442e
吉兰达约,D. 4-62e
吉兰丹 5-261b
吉兰丹河 5-261e
吉兰人 4-62f
吉兰语 4-62f
吉朗 7-550b
吉勒鲁普,K.A. 4-63a
吉利亚克语 3-178b
吉林大学 4-63a
吉林工业大学 4-63b
吉林将军 4-64c
吉林省 4-63b
吉林省行政区划 4-63d
吉林市 4-64b, 1-511e
吉林乌拉 4-64b
吉林雾凇 4-64b
吉林陨石雨 4-64d
吉隆坡 4-64e, 5-261c
吉隆坡双塔 1-532d
吉隆滩事件 4-110d
吉隆滩战役 4-65b
吉伦特派 4-65b, 2-440a
吉伦特省 1-375d
吉罗,E. 1-121f, 2-170a
吉罗,H.-H. 4-378c
吉罗德,A. 2-171d
吉蒙,M. 2-443c
吉米山 6-565b
吉米耶,F. 4-65c
吉蔑 9-254d
吉蔑人 3-71c
《吉姆》 4-58b
《吉姆老爷》 4-402e
吉囊 1-113b
《吉内夫拉·德本奇像》 2-62e
《吉尼·巴拉卡特》 3-111f
《吉尼斯世界纪录大全》 4-65d
吉涅,J.de 8-329a
吉努,M.-I.-M. 6-468e, 9-442c
吉皮乌斯,Z.N. 4-65d
吉婆岛 3-326c
吉普车 4-65e
吉普赛 4-65f
《吉普赛的基督》 1-93b
《吉普赛男爵》 6-582c
《吉普赛女郎》 3-307d
吉普赛人 4-65f
《吉普赛人十二章》 6-31b
《吉普赛谣曲集》 4-121a
吉普赛音阶 8-574c
吉普赛语 8-612c
《吉普赛之歌》 6-363d
吉普斯夸省 1-182a
吉热格柏 6-2e
吉萨 4-66a
吉萨尔谷地 2-362b
吉塞尔,F.O. 2-331f
《吉赛尔》 4-66b
吉森实验室 4-588f
吉首市 4-66c
吉首酸肉 3-514b
吉首县 4-66c
吉斯卡尔·德斯坦,V. 4-66d, 2-450c
吉斯林,V.A.L.J. 4-66e
吉他 4-66e
《吉他》 1-440f
《吉他演奏教程》 4-66f
《吉檀迦利》 7-272f
吉特巴格舞 5-128d, 5-603a
《吉特拉瑜伽》 5-335a
吉特里,S. 4-66f
吉田兼好 6-320d
吉田茂 4-67a, 3-270a
吉田松阴 4-67b, 9-576f
吉田学校 4-67b
吉祥功德天 4-67c
吉祥街 4-565b
吉祥天 4-67c
吉祥天女 4-67c
吉祥痣 4-67d
吉星浦 6-425a
吉星浦港 6-425a
吉星文 6-52a, 6-120a
吉雅德·本·萨利赫 2-104c
吉亚梅什山 3-67c
吉亚斯-乌德-丁穆罕默德 4-510f
《吉娅》 1-100b
吉野里遗址 4-67e
吉永小百合 4-67e
吉藏 4-67f
吉州 4-57d
吉州窑 4-68a, 7-354f
吉子 7-234d
汲古阁 4-68b
汲桑 6-598d
汲县 7-565a
《汲冢纪年存真》 9-497f
汲冢书 4-68c
《汲冢周书》 8-563f
汲冢竹书 4-68c, 5-503d
级别管辖 5-428d
级差地租 4-68d, 2-252d
级差地租Ⅰ 4-68d

级差地租Ⅱ 4-68d
级联簇射理论 7-542f
级数 4-68e
极半径 4-70f
《极北地区》 5-539e
极北诸语言 3-178b
极磁铁矿 2-49a
极大极小定理 2-371a
极大理想 3-575c
极大平面图 7-152f
极大似然法 1-472c
极大（小）值 1-342f
极大原理 8-367d
极大值原理 6-47b
极地冰川 1-361e
极地冰盖 2-92e
极地冰原气候 1-280b
极地东风流 2-116a
极地冻原 1-484a
极地荒漠带 2-398a
极地急流 6-29d
极地考察船 3-349a
极地平流层云 6-90d
极地气候 4-69a
极地苔原 2-342f
极地苔原气候 1-280b
极点标志 2-223e
极端干旱荒漠 3-578e
极短光程原理 2-540e
极锋 2-572f
极锋气旋 6-149c
极锋学说 6-75e
极盖吸收 2-283e
极高山 6-434a
极光 4-69b
极光带吸收 2-283f
极轨道 4-69d
极轨气象卫星 6-148b
极化力 4-578c
极尖区 2-234b
极角 4-70f
极快化学反应 1-76e
极乐殿 5-307e
极乐鸟 4-69e
极乐世界 7-360d
极乐寺 1-366c
极谱波 4-70a
极谱法 3-332d, 4-69f
极谱法和伏安法 4-69f
《极区极光》 7-138e
极圈 4-70b
极圈标志 2-223e
极权 4-70c
极权主义 4-70b
极深水沉积 1-256e
极隧 7-298b
极完全协和音程 8-574b
极危种 1-360f
极微论 6-570a
极限 4-70c, 2-66e
极限尺寸 3-130b
极限集邮 5-451a
极限量规 5-56d
极限论 6-13e
极限明信片 5-451a
极限速度与光子的静质量 8-157b
极限序数 3-133f
极刑 7-142f
极性分子 2-549d
极性键 2-551c, 3-149a
极压性 6-352e
极移 4-70e, 2-237d
极移曲线 3-166a
极震区 2-245d
极值函数 1-342f
极质 6-550f
极轴 4-70f
极坐标系 4-70f
即付年金 5-585c
即墨老酒 3-590b
即墨市 4-71a
即期交易 4-71b
即期票据 6-84a
即时角加速度 4-204e
即时角速度 4-205f
即时消毒法 7-523d
即兴表演 4-71b
《即兴诗人》 1-108d
《即兴舞》 2-55c
笈多王朝 4-71c, 7-445d, 8-600d
《急不可待》 7-331b
急递铺 8-562d, 8-562e
急腹症 4-71d
急脚递 8-562d
急惊风 4-301a
急救 4-73e
急救医学 4-73d
急救止血 9-307d
《急就篇》 5-375b
《急就章》（史游） 5-375b
《急就章》（宋克） 7-171c
《急就章》（吴皇象） 1-482e
急流 4-71f
《急流》 4-130c
急迫性尿失禁 5-590a
急行跳高 7-376e
急行跳远 7-378b
急性白血病 1-207a, 3-187f
急性鼻窦炎 4-72d
急性鼻炎 1-314e
急性扁桃体炎 1-341d
急性肠套叠 1-523b
急性单剂量杀鼠剂 6-422a
急性反应性精神病 2-476c
急性肺栓塞 4-72a
急性肺心病 2-535b
急性肺源性心脏病 2-535b
急性附睾炎 3-7b
急性腹痛 4-71d
急性肝豆状核变性 3-41b
急性肝炎 1-369f
急性高原病 3-80e
急性高原反应 3-80f
急性过敏性间质性肾炎 9-459b
急性喉炎 3-490a
急性呼吸窘迫综合征 4-71f, 2-534e
急性呼吸衰竭 3-499e
急性化脓性中耳炎 9-330d
急性黄疸型肝炎 1-369f
急性黄色肝萎缩 1-370a
急性会厌炎 3-490b
急性菌痢 8-154e
急性克山病 4-460a
急性阑尾炎 4-543e
急性淋巴结肿大 5-93a
急性脑炎期 5-550f
急性尿路感染 5-589f
急性脓胸 5-616d
急性盆腔炎 6-62c
急性偏执性精神病 6-82a
急性气管支气管炎 4-72b
急性缺水 7-457a
急性乳腺炎 4-72b
急性上呼吸道感染 4-72c
急性肾功能衰竭 4-72e, 7-207f
急性肾功能衰竭综合征 9-459b
急性肾小球肾炎 4-73a
急性肾炎 4-73a
急性失血 7-56b
急性湿疹 6-585e
急性胃扩张 4-73c
急性胃扭转 7-571a
急性胃炎 7-571e
急性无黄疸型肝炎 1-370a
急性细菌性前列腺炎 6-161d
急性心包疾病 8-247e
急性心肌梗死 4-72a, 8-249a
急性血吸虫病 8-376e
急性咽炎 8-419e
急性胰腺炎 7-571c, 8-541e
急性中毒 3-128d, 9-459a
急性重型肝炎 1-370a
急性子（中药） 2-580f
急诊 4-73d
急诊医疗服务体系 4-73e
急诊医学 4-73d
急症手术 7-38f
急症医学 4-73d, 8-180f
疾病 4-73f
疾病保险 4-74a, 8-534d
《疾病保险法》 2-612a, 8-534d

《疾病的位置与病因》 5-468c
疾病地理 4-74a
疾病禁忌 8-587f
疾风 2-562b
疾脉 5-301e
棘变形虫属 1-344e
棘铠龙科 4-134f
棘龙虾 5-144a
棘面气球 6-147e
棘皮动物门 4-74b
棘鲨 4-205c
棘鲨科 4-205c
棘头虫 4-74b
棘头动物门 4-74b
棘鱼类 4-74c
棘鱼属 4-74c
集 4-75d
集安墓群 3-66d
集安市 4-74c
集安县 4-74d
集孢菌型 5-586a
集部 3-294f
集尘器 2-16f
集尘装置 2-16f
集成电路 4-74d, 4-46b
集成电路计算机 4-91e
集成光波导 3-219d
集成光路 4-75a
集成光学 4-74f
集谛 7-148e
《集古录》 4-254a, 7-169a
集合 4-75a
集合概念 3-31b
集合论 4-75c
《集合论的一个根本问题》 4-405c
集合物 8-70c
集合艺术 1-384a, 9-515d
集会自由 4-76b
《集结号》 4-76c
《集量论》 1-562c, 9-64f
《集论》 3-404d
集落刺激因子 8-153b
集美航海学校 1-558d
集美水产学校 1-558d
集美镇 8-168b
《集排法》 6-321e
集权制 4-76d
集群计算机 4-90a
集群绝灭 4-348d
集市贸易 8-192a
集水井 7-87f
集体安全理论 4-76d
集体安全制度 9-133c
集体非农建设用地 4-164a
集体合同 4-76f
集体农庄 4-77a, 7-190a
集体企业 4-77b, 8-190b
集体荣誉 6-331a
集体宿舍 9-502b
集体所有权 4-77b
集体所有土地 7-434e
集体所有制 4-77c
集体所有制企业 6-136c
集体统一经营 7-77c
集体土地所有权 7-434e
集体无意识 8-275e
集体协议 4-76f
集体心理治疗 4-77d
集体行为 4-77e
集体性坐视不救 6-48a
集体元首 3-286c
集团军 5-168c
集团银行制 6-458e
《集团住区法》 5-263c
《集拓新出汉魏石经残字》 8-135e
《集验方》 5-171e
集邮 4-77f, 5-451a
《集邮》 4-78b
集邮展览 4-78a
集鱼 1-424e
集元辨识 8-146c
集约经营 4-78b
《集韵》 4-78c
集镇 4-78c
《集中》 1-382c
集中参数模型 7-72f
集中式火控系统 8-58b
集中式教堂 4-209f
集中载荷 9-152a
集装化物料储存系统 8-77e
集装箱 4-78e
集装箱船 4-78c
集装箱运输 4-78e
集总参数电路 2-285e
集总参数元件 2-285e
集族 4-75b
蒺藜科 4-79a
辑安县 4-74d
嫉妒 4-79b
《嫉妒》 5-200b
嫉妒妄想 7-524d
《嫉妒，妄想症和同性恋的若干神经机制》 4-79b
蕺山先生 5-121d
蕺山学派 8-256a
籍端水 7-55b
籍里科，T. 6-279b
籍门 4-277f
籍薇 5-332b
《几度夕阳红》（电视剧） 6-198c
《几度夕阳红》（小说） 6-239b
几佛独立党 4-81e
几何边界线 1-337c
几何变星 1-344d
几何大地测量 2-77c
几何法 2-77a
几何分析 4-80a
《几何分析》 3-100e
几何光学 4-79b, 8-74d
《几何基础》 8-120d
几何静力学 4-316e
几何平均数 4-79c
几何声学方法 4-165d
《几何实用》 2-529f
几何数据 4-466f
几何像差 8-209f
几何学 4-79d, 4-449c, 7-459d, 7-536d
《几何学原理》 4-566c
《几何学原理的扼要阐述，暨平行线定理的一个严格证明》 5-199c
几何异构体 2-512c
几何印纹陶 8-613a
《几何原本》 4-80a, 2-16a, 2-515a, 3-153b, 4-79d, 8-106f, 8-343f
几何约束 9-119e
几内亚 4-80c
几内亚比绍 4-81b
几内亚比绍共和国 4-81e
几内亚比绍国家广播电台 4-82a
几内亚比绍国家通讯社 4-82a
几内亚草 2-104f
几内亚电视台 4-81b
几内亚高原 4-82b, 4-80e
几内亚共和国 4-80f
几内亚广播电台 4-81b
几内亚国家党 2-356a
几内亚和佛得角非洲独立党 4-81e
几内亚栗 2-431a
几内亚民主党 2-356a
几内亚暖流 2-110a
几内亚人民革命共和国 4-80e
几内亚通讯社 4-81b
几内亚湾 4-82b
《几时我们演喜剧？》 4-67a
己二酸 4-82d, 3-564b, 3-564c
己内酰胺 4-82d, 7-608e
己硼烷 6-68a
《己畦集》 8-501f
己酸 9-293c
纪春帆 4-83a
纪登奎 4-82e
纪君祥 8-144a, 9-99a, 9-233d
纪权 9-578d
纪晓岚 4-83a
纪育沣 4-82f
纪昀 4-83a, 7-150f
纪瞻 7-493b
纪政 4-83b
挤（武术） 7-257b
挤出机 7-205c
挤出胀缩现象 2-514f

挤兑 4-83c
挤压水压机 7-104a
挤压综合征 4-83c
挤压作用 2-564e
济南惨案 4-83d
济南千佛崖造像 4-83e
济南市 4-83f
济南战役 4-84c
济宁市 4-84d
济阴郡 3-440d
济源市 4-84f
济源县 4-84f
济州河 9-25d
给付之诉 7-199f
给排水工程 4-84f
给事中 6-400a
给水处理厂 4-85b
给水管网 4-85b
给水和排水工程 4-84f
《给予殖民地国家和人民独立宣言》 5-435d
脊膜 5-549e
脊神经 7-476a
脊髓 4-85c
脊髓病变 7-280e
脊髓灰质炎 4-85e
脊髓灰质炎减毒活疫苗 4-86a
脊髓损伤 4-86a
脊髓型颈椎病 4-310b
脊髓炎 4-86b
脊索 4-86c, 4-87c
脊索动物门 4-86c, 4-87b
脊柱 4-86d
脊柱侧凸 4-86f
脊柱骨关节病 4-87a
脊柱裂 4-87b, 5-159d
脊椎动物 4-87b, 3-54a, 6-542c, 7-2d, 8-439a, 9-438f
脊椎动物变态 1-343e
脊椎动物激素 4-57c
脊椎动物胚胎学 6-52d
脊椎公式 4-86e
脊椎骨 4-86d
戟门（社稷坛） 6-499f
戟门（太庙） 1-272b
戟枝木目 6-162a
计成 4-87c
《计出无奈》 3-305c
计划经济 4-87d, 4-291d
《计划经济还是市场经济》 8-31e
计划生育 4-87e
计划体系 4-287f
《计划与市场问题》 1-572e
计划指标体系 4-287f
计件工资 3-129c
计口授田 4-358d
计吏 4-471b
计量 4-87f
计量单位 4-88e
计量单位制 4-88f
计量地理学 7-67a
计量管理 4-88b
计量管理工作 4-87f
计量基准 9-112d
计量考古学 4-417a
计量器具 4-88b
计时工资 3-129c
《计时学和钟表技术手册》 3-101b
计数器 7-290a
计税依据 4-572c
计算动力学 4-94d
计算服务器 2-600e
计算固体力学 4-94d
计算化学 4-89b
计算机 4-89c
计算机病毒 4-90b, 7-523c
计算机代数 4-92b
计算机仿真技术 4-94b
计算机辅助测试 4-91c
计算机辅助出版 4-90c
计算机辅助翻译 4-30b
计算机辅助工艺规划 4-91a
计算机辅助教学 4-90c
计算机辅助教育 4-90c
计算机辅助设计 4-90e
计算机辅助生产控制 4-91c
计算机辅助系统 4-94b
计算机辅助制图 2-239f
计算机辅助制造 4-90f
计算机辅助质量控制 4-91c
计算机辅助轴向体层摄影 9-583c
计算机工作站 4-91a
计算机管理教学 4-90c
《计算机和汉字信息处理》 5-581e
计算机化体层摄影 9-583c
计算机绘图 4-34b, 7-69a
计算机绘图系统 4-34b
计算机集成制造系统 4-91b
计算机科学技术 4-91d
计算机控制系统 6-336d
计算机模拟 6-310e
计算机模式识别系统 5-454e
计算机软件 4-92d, 4-92b
《计算机软件保护条例》 4-93b
计算机软件著作权保护 4-93b
《计算机设计》 2-44e
计算机数学 4-92b
计算机数值控制 4-90f, 7-73d
计算机体系结构 4-92b
计算机图形学 4-94a
计算机网络 4-93c, 4-92c
计算机网络作战 7-523c
计算机系统 3-401a
计算机信息系统 4-94b
《计算机学报》 8-165b
计算机应用技术 4-93f
计算机硬件 4-94c, 4-92c
计算机组织 4-92b
计算机X射线摄影 7-75c
计算机X射线体层成像 4-94d, 9-583c
《计算几何》 7-178e
计算跨度 6-186a
计算理论 4-92b
计算力学 4-94d
计算流体力学 4-94e, 4-94d
计算数学 4-94e
计算水力学 7-90d
计算物理学 7-72a
计算语言学 9-74a
计算－制表－记录公司 3-272f
计无否 4-87c
计相 6-401c
计学 4-293d
《记得大海的人》 2-208f
记号笔 1-323b
记里鼓车 4-95a
记名背书 1-303a
记名票据 6-84a
记谱法 4-95b
《记谱法》 4-395b
《记事报》 4-266a
记数法 4-95d
记言体 4-96b, 9-73b
记忆 4-96b
《记忆》 1-74d
《记忆的永恒》 2-67e
记忆合金 7-272a
《记忆论》 4-96d
记忆术 4-96c
记忆障碍 4-96d
记月鱼 8-199c
《记载〈蒙古〉诸汗根源的宝卷》 5-380b
记账凭证 4-494f
记者 4-96e
《记者》 3-100f
《记者的笔记本》 1-86e
伎家故事 8-156b
伎乐 5-564f
伎作户 1-211b
纪伯伦 4-96e
《纪川》 8-58a
纪德,A. 4-96f
纪廉,N. 4-97b, 4-373f
纪录片 4-97b, 3-102d
纪南,P.L. 3-229a
纪南城 9-18b
纪年法 4-477d
《纪念阿布·阿拉》 7-238d
《纪念碑》 2-171f
《纪念布鲁诺·马代尔纳的仪式》 1-447a
纪念利基非洲史前学国际研究所 5-28c
《纪念亡灵大弥撒》 1-405e

纪念性建筑 4－97d
纪念邮票 4－97e
纪实派 2－292f
纪实摄影 4－97f
纪实文学 4－98a
纪实戏剧 4－98b
纪实小说 4－98c
《纪事报》 1－24c
纪事本末体 4－98c, 9－103d
《纪事诗》 6－567e
《纪文达公遗集》 4－83b
纪尧姆,G. 1－408f
纪伊半岛 4－98d
纪郢 9－18b
纪传体 4－98e, 2－428d
技贸结合 4－98f
技能 4－98f
技能负迁移 4－99a
技能干扰 4－99a
技能正迁移 4－99a
技巧运动 4－99a
技术 4－99c, 4－439c, 9－22a
技术成果交易会 4－100d
技术城 4－426f
技术发明 4－100a
技术革命 4－100a
技术革新 4－289e
技术决定论 1－122b
技术科学 4－100c
技术论 4－441e
技术贸易 4－100c, 3－266b, 4－100e
技术密集型产业 4－100d, 3－78c, 3－290a
技术圈 2－224d
技术市场 4－100d
技术试验卫星 6－302b
《技术文献的题内关键词索引》 5－149c
技术性法律规则 2－210d
技术性贸易壁垒 4－100e, 3－270c
《技术性贸易壁垒协定》 4－100e
技术引进 4－100e, 3－266c
技术有偿转让 3－266b
技术哲学 4－441d
技术转让 4－100f, 3－266b
技术咨询服务公司 4－100d
《系上安全带》 2－437e
《系鞋的尼凯》 3－179b
忌口 8－587b, 9－448c
剂型 8－484f
季铵盐 1－114f
季方 4－100f
季风 4－101b
季风辐合带 6－275c
季风气候 4－101b
季风区 7－261b
季风型河流 8－414c
季后赛 6－260f
季花鱼 3－248f
季佳京,A. 2－524f
季剑虹 9－374e
季节 4－101c
季节冻土 2－342d
季节积雪 4－39e
季节积雪区 4－39e
季节林 6－275d
“季节”系列 7－504d
季节性温跃层 9－126f
季节性跃层 9－126f
季节性再贴现信贷 9－151b
季节雨林 6－275f
季康 8－456e
季历 9－472b
季洛杜,J. 6－338e
季米特洛夫,G.M. 4－101d
季莫菲耶娃,N. 7－120d
季诺维也夫,G.Ye. 4－101e, 7－122f
季孙氏 5－162a
季提尤普河 8－525f
季通 1－471a
季戊四醇 4－101f
季羡林 4－102a
季相 9－304a
季亚尔王朝 6－360b
季雨林 6－275d
剂量当量 2－607a
荠菜 4－102c
荠属 6－591f
迹线 5－127c
济慈,J. 4－102d
济颠僧 4－102e
济渎庙 4－84f
济渡 9－271f
济尔哈朗 6－219a, 6－231d
济公 4－102e
《济公斗蟋蟀》 7－483c
济金绍尔 1－321b
济农仓 9－465e
《济贫法》 6－483c
《济世宝珠》 5－579c
济顺王 7－585c
《济物浦条约》 6－305f
济州岛 4－102f
既判力 8－511e
继昌隆缫丝厂 4－103a
继昌隆丝偈 1－563b, 4－103b
继承 4－103b, 9－519a
继承法 4－103b
继承国 3－280f
继承权 4－103d, 1－461c, 4－103b
《继承人》 3－84c
继承设计 4－32c
继电保护 4－103e, 1－342e
继电保护装置 4－103e
继电器 4－103f
继电器计算机 1－77f
继电特性 4－104a
继发青光眼 6－205d
继发性闭经 1－329a
继发性不孕 1－431f
继发性胆总管结石症 2－146f
继发性肥胖 2－528b
继发性腹膜炎 3－22c
继发性骨肿瘤 3－189d
继发性醛固酮增多症 6－267c
继发性糖尿病 7－319d
继发性痛经 7－410a
继发性脱水 7－457a
继发性性腺功能减退 8－327d
继发性血栓 2－338a
继思斋 6－519f
继续教育 4－104a
继续社会化 6－487e
继业 8－466d
继有国籍 3－257b
继园 1－268b
继子女 4－104a
祭地 4－104d
《祭风台》 4－104b, 1－306e
《祭皋陶》 7－174a
祭红 4－310f
祭红釉 8－437d
祭蓝 4－104c
祭礼 4－104d
《祭柳子厚文》 3－365d
《祭妹文》 9－102b
祭盘木偶戏 9－386c
祭社 4－104d
《祭十二郎文》 3－365d
《祭司长》 5－71f
祭祀 4－104d
《祭祀》 1－26f
祭坛 4－104e, 1－587e, 8－482f
祭坛拼板画 3－613f
祭堂子 4－105a
祭天 4－104d
祭天金人 3－369d, 3－380c
祭田 9－553a
《祭头巾》 6－241d
祭灶 4－105b, 2－35c, 4－104d
《祭侄季明文稿》 8－438c
祭祖 4－104d
祭祖贺冬 2－331f
寄居蟹 4－105b
《寄李伯纪丞相》 9－215e
《寄李亿员外》 9－61e
寄螨总目 6－80b
《寄彭民望》 1－491f
寄生 4－105c
寄生虫 1－371f, 6－288c
《寄生虫》 7－234b
寄生虫病 4－105e, 2－25f, 2－339e
《寄生虫病学》 5－318e

寄生虫性肠炎 1-523d
寄生火山 3-21b
寄生菌 9-253c
寄生链 7-5d
寄生蠕形螨 4-217a
寄生物 4-105d
寄生性肌瘤 9-529b
寄生植物 4-105f
《寄小读者》 1-364f
寄信谕旨 6-469b
寄蝇 4-105f, 7-77e
寄蝇科 4-105f
寄园 6-127b
寄主 4-105d, 9-253c
寄住户 4-462c
寄庄 4-462c
寂光 1-593e
寂护 1-258f, 5-39f
《寂静》 1-234e
《寂静的春天》 3-565b, 3-571c
《寂静的山林》 7-514a
寂静型甲状腺炎 4-138f
寂灭 5-593a
《寂寞的十七岁》 1-206e
寂天 9-334d
绩溪县 4-106a
绩效/报酬关系 6-124c
绩效评估 4-106a
绩优股 4-106b
蓟 8-422e
蓟马 4-106c
《蓟门不遇王之涣郭密之因以留赠》 7-520a
蓟门地质剖面自然保护区 4-106d
蓟门关 4-332a
《蓟门行五首》 3-76b
蓟县 4-106d, 9-31c
蓟县剖面 7-351e
蓟县纪 9-91f
蓟运河 3-328b, 7-351f
蓟镇 4-319b
蓟州 4-106e
霁蓝 4-104c
霁蓝釉 4-310e
鲚 4-106e
暨南大学 4-106f
暨南学堂 4-106f
暨阳县 9-198e
稷 4-107a, 7-58a
稷门 4-107a
稷慎 7-201b
稷下 5-92d
稷下学宫 4-107a, 3-591a, 6-130b
鲫 4-107b
鲫属 4-107b, 4-261e
鲫子 4-107b
冀（河北省简称） 3-420f
冀县 4-107b
《冀中平原上的地道斗争》 8-453f
冀州 7-351d
《冀州记》 6-56b
冀州市 4-107b
鲼 4-107b
罽宾 4-107c, 6-240f, 6-380b
鲸鱼酸 9-293d
加贝罗内斯 3-304f
加本,J. 2-464f
加布里埃尔·孔多尔坎基,J. 7-424e
《加布里埃拉》 8-406d
加布奇科伏水电站 2-388d
加成反应 4-107d
加成聚合 4-107f
加成聚合单体 2-143f
加达默尔,H.-G. 4-107f
加丹加高原 3-50f, 3-52e
加德满都 4-108a
加德纳,T. 5-231e
加德圣母院 5-275b
加的夫 7-528b
加蒂,A. 4-108b
加都西会 1-306a
加多基克大教堂 1-68d
加多林,J. 8-130d
加尔布雷思,J.K. 4-293f, 8-295b
加尔达湖 8-564c
加尔都西会 8-590f
加尔盖人 8-610d
加尔各答 4-108c
加尔河国家公园 7-128c
加尔默罗会 4-108f
加尔铁里,L.F. 5-247c
加尔文,J. 4-108f
加尔文宗 4-109b, 9-556a
加尔西班岩洞 5-373a
加尔西拉索·德·拉·维加 4-109b, 3-589f
加尔西拉索·德·拉·维加,E.I. 4-109c
加尔尤尼斯大学 1-224d
加法 8-204d
加饭酒 3-590b
加菲尔人 9-177f
加菲尔德,E. 4-109c
加芬克尔,H. 1-308d, 8-184d
加夫列尔·雷内·莫雷诺自治大学 6-564b
加夫列尔·特列斯 2-267c
加富尔,C.B. 4-109d
加格达奇 2-112f
加工工业 9-314c
加工性能改进剂 9-500e
加哈尔 4-388a
加笄礼 4-39f
加吉鱼 9-252d
加济兰加国家公园 8-592e
加加林,Yu.A. 4-109e
加减葳蕤汤 4-228e
加键笙 6-554a
加聚 4-107f
加克劳斯,C. 7-559f
加拉白垒峰 5-528f
加拉茨 2-388d
加拉加斯 4-109f, 4-110c
加拉帕戈斯国家公园 4-430f
加拉帕戈斯群岛 4-430e
《加拉泰亚的凯旋》 4-516a
加拉廷河 5-407b
加拉鱼 9-252d
加拉语 1-126d
加来海峡 2-379a, 2-382e
《加来市民》 4-395d
《加来义民》 5-202b
《加来之门》 3-429e
加莱,I. 8-292d
加莱尔 7-232a
加莱角港 5-123c
加兰,H. 4-110a
加兰,P. 4-158f
加兰巴国家公园 3-52b
《加勒比报》 2-386f
加勒比共同体 8-390c
加勒比共同体和共同市场 1-281e
加勒比国家联盟 1-278b
加勒比海 4-110b
加勒比海牛 3-337a
加勒比海暖流 5-484b
加勒比暖流 2-110a
加勒比群岛 8-221a
加勒比人 4-110c
加勒比危机 4-110d
加勒古城 7-128f
加勒什人 4-62f
加雷特,J.B.da 4-110e
加里波第,G. 4-110f, 5-286d
加里东运动 4-111a, 3-174d
加里东造山带 4-111a
加里克,D. 4-111a
加里曼丹 4-111b, 6-98a
加里宁,G.P. 4-111c
加里宁,M.I. 4-111d
加里宁格勒 4-111e
加里亚莫娃,A. 8-241b
加力特教 7-367f
加利,B. 4-111e
加利昂国际机场 5-10d
加利波利战役 1-140e
加利福尼亚大谷地 4-112b
加利福尼亚大学伯克利分校 6-560e
加利福尼亚大学洛杉矶分校 5-231e
加利福尼亚大学圣迭戈分校 6-558f
加利福尼亚大学圣弗朗西斯科分校 6-560e
加利福尼亚大学圣何塞分校 6-561c

加利福尼亚海流 3-366b
加利福尼亚湾 4-111f
加利福尼亚州 4-112a
加利福尼亚州立大学 6-361d
加利-库尔奇,A. 4-112d
加利利 1-164e
《加利齐亚》 4-446b
加利西亚人 4-112e, 8-83c
加利亚尼,F. 1-336d
加列布 1-29c
加列戈人 4-112e
加列戈斯,R. 4-112f
《加林抄本》 1-387b
加榴炮 4-118c
加龙河 1-318c, 2-438c, 7-422d
加龙盆地 1-26e
加仑 4-112f, 9-11f
加伦 4-113a, 3-594a, 6-30a
加伦解剖学 6-299c
加罗法洛,R. 2-478e
加罗林堡 4-218d
加罗林群岛 4-113b
加罗林人 4-113b
加洛林王朝 4-113c
加洛林王朝文艺复兴 1-493f, 2-441f
加米涅夫,L.B. 4-113c
加米涅夫,S.S. 7-181f
加密 5-406d
《加冕》 2-107c
《加冕礼》 2-388f
《加冕颂歌》 1-62d
加缪,A. 4-113e, 2-444f
加拿大 4-113e
加拿大北极群岛 4-116d
加拿大大陆桥 2-94a, 4-78f
加拿大地盾 1-278e
加拿大高速公路 4-116b
加拿大歌剧团 2-385c
加拿大国家芭蕾舞团 2-385c
加拿大国家铁路 4-116a
加拿大海盆 1-256e
加拿大合众社 4-116c
加拿大河 1-30a
加拿大河狸 3-423d
加拿大划艇 6-72b
加拿大建筑中心 5-373d
加拿大胶 7-62b
《加拿大历史》 5-40d
加拿大历史博物馆 5-373d
加拿大联合省 1-91d
《加拿大人权与自由宪章》 1-429e
加拿大太平洋铁路 4-116a
《加拿大统计法》 7-106d
《加拿大宪法法案》 4-115b
加拿大英语 9-11e
加拿大战争博物馆 7-612c
加拿大自然博物馆 7-612c
加拿大自由党 4-116e
加拿大自治领 1-429d
加那利寒流 2-110a
加那利群岛 4-116f, 1-185d
加那利月桂树 1-524e
加纳 4-117a
加纳城堡 1-63a
加纳共和国 2-415b, 4-117d
加纳通讯社 4-118a
加纳王国 4-118b
加囊亲王 5-438b
加尼埃,M.J.F. 2-460b, 5-120c
加涅米 4-376a
加农榴弹炮 4-118c
加农炮 4-118e, 4-13c
加-帕-谢氏记谱法 4-158f
加蓬 4-118f
加蓬共和国 4-119c
《加普里乔斯》 3-86b
加强防卫法 7-523e
加氢裂化 5-77f
加权均值 4-119f
加权平均数 4-119f
加权平均指数 9-559c
加权算术平均指数 9-559c
加权调和平均指数 9-559c
加权指数 7-408e
加热炉 3-127b
《加入共产国际的21个条件》 2-260e
《加塞塔报》 1-597f
加沙 4-119f
《加数器》 4-120a
加速度 4-120b, 4-122e
加速度阻抗 4-34c
加速器中子源 9-451f
加速蠕变 6-340c
加速性 6-151b
加速原理 3-478a
加速折旧法 4-120c
《加塔梅拉塔骑马像》 2-388b
加泰隆人 1-92d, 4-120d
加泰罗尼亚人 4-120d, 8-83c
加泰罗尼亚语 1-91f, 1-92d
加泰罗尼亚战争 4-367b
加泰罗尼亚族 1-91f
加藤清正 7-481e
加藤泽男 2-301f
加藤周一 4-120e
加瓦尔油田 3-29a
加万 1-158b
加韦拉 4-120e
加维,M.M. 2-415b, 2-479f, 4-120f
加维运动 4-120f
加乌乔 1-374c, 4-62e
《加乌乔》 1-44b
加西亚,M. 4-120f
加西亚二世 3-52f
加西亚·洛尔卡,F. 4-121a
加西亚·马尔克斯,G. 4-121b, 1-213f
加喜特巴比伦 4-365d
加香,M. 4-121e, 2-440f
加歇,P.-F. 6-377e
加性数论 2-370c
加压过滤 3-302b
加压过滤机 3-302c
《加雅涅》 3-313f
加亚人 4-376c
加杨 8-458f
加扎利 1-105a
加治信子 8-550e
加州 4-112a
加州拟沙丁鱼 6-422e
加州玉 2-605f
加兹登,J. 4-121f
加兹登购地 4-121f
夹层复合材料 3-10b
夹滚 6-213c
夹江千佛崖造像 4-122a
夹金山 6-238a
夹克裙 6-270d
夹色或混色大衣呢 2-121a
夹石 4-500f
夹心饼干 1-368a
夹心结构 2-543a
夹竹桃 4-122b
《夹竹桃》 9-454c
夹竹桃科 4-122a
夹注 9-503a
伽本 1-307a
伽伐尼,L. 2-596e, 6-530e
伽伐尼电 2-596e
《伽伐尼电路：数学研究》 6-15f
《伽拉苔亚》 6-379c
伽勒,J.G. 3-343d, 8-399f
伽利津,B.B. 4-122b
伽利津式地震仪 4-122c
伽利略 4-122c, 3-227b, 3-228d, 8-74c, 8-581e, 9-111c
伽利略变换 4-123a
"伽利略"号木星探测器 5-493e
"伽利略"号探测器 4-123c, 5-493e
伽利略全球卫星导航定位系统 4-123d
伽利略卫星 5-493e, 7-566f
伽利略相对性原理 3-216e, 8-74c
伽罗华 4-123e
伽罗瓦,E. 4-123e, 2-128d, 9-82b
伽罗瓦理论 4-124a
伽马（地磁场强度的单位） 2-219f
伽马（葡萄牙航海家） 2-63c
伽莫夫,G. 4-124a, 2-73f, 4-356b
伽内萨 6-585b
伽萨 1-385b
《伽萨》 7-234e
伽色尼王朝 4-124b, 4-518b

伽森狄,P.　4–124c
伽倻琴　4–124d
佳得乐　1–215c
佳吉列夫,S.P.　4–124e, 7–135f, 8–557b
佳吉列夫俄罗斯芭蕾舞团　4–124e
佳美兰乐队　1–97c
佳米驴　6–446f
佳木斯市　4–124e
佳能株式会社　4–124f
迦德菲塞斯二世　8–435f
迦德菲塞斯一世　6–240f
迦登纳,H.　2–33b
迦梨陀娑　4–125a, 6–423d
迦利布　4–125a
迦罗越　4–331a
迦逻沙曳　4–130b
《迦马耶尼》　1–399c
迦那陀　6–570a
迦南　1–315f
迦南地　1–167c
迦南人　1–167a
迦腻色伽　4–125b, 4–153c, 8–600b
迦腻色伽大塔　4–153c
迦沙　4–130b
迦湿弥罗　4–223c
迦太基　4–125c
迦太基城　4–125c, 7–419e
迦太基古城遗址　7–419c
迦太基语　5–248e
迦耶斯特种姓　5–386b
迦叶　6–406c, 7–34c
《迦茵小传》　2–39a
挟(筷子)　4–497b
《枷锁》　1–178f
《家》　1–160d, 1–479c, 3–442e, 7–493a
家艾　1–74c
家兵　1–457e
家蚕　1–474b, 6–410c
《家丑》　7–138e
家畜　4–125d
《家畜》　1–149b
《家畜人工授精》　8–533a
《家畜特殊病理和治疗学》　3–501e
家畜杂交育种　9–147f
家畜中毒　7–45e
家祠　2–42f
家牒　4–125e
家鹅　3–485b
《家范》　4–127c
家父权　5–206f
家讳　1–334a
家鸡　9–105b
家记　4–125e
《家纪》　7–176a
《家祭仪》　5–177f
家具　4–125d
家驴　5–176f
家马　5–239b
家猫　5–312c
家庙　2–42f, 5–420a
家谱　4–125e, 9–552f
《家谱学》　6–40a
家禽　4–125f
家山羊　6–441e
家乘　4–125e
《家事》　3–120e
家鼠　4–126a
家庭　2–16c, 8–403e
家庭保健　4–126c
家庭暴力　4–126e
家庭本位　9–414f
《家庭的组成》　4–566a
家庭法　4–3b
家庭分散经营　7–77c
家庭服务　4–128b
家庭公社　4–126f
家庭管理　4–129e
《家庭和儿童故事集》　5–430a
家庭急救　4–126f
《家庭交响曲》　6–582d
家庭教育　4–127c
家庭礼仪　4–127d
家庭联产承包责任制　4–127f, 4–291c
《家庭论》　1–294b
家庭农场　4–128a
家庭社会工作　4–128b
《家庭社会学二十年》　4–568d
家庭生命周期　4–128b
家庭式小公寓　4–558c
《家庭、私有制和国家的起源》　4–128c, 8–492f
家庭心理治疗　4–128e
《家庭幸福》　7–452e
家庭养老　4–128f, 4–329e
家庭药箱　4–127b
家庭影院　4–128f
家蚊　4–490e
家务劳动社会化　4–129a
《家乡面貌》　4–489a
家鸭　5–186f, 8–388b
家燕　3–293e, 8–445a
家蝇　4–129b
家用电器　4–129b
家用洗衣机　8–138c
《家有喜事》　9–203d
《家长》　1–442a
《家长的没落》　4–121c
家长奴隶制　4–129c
家长制　4–129d
家长制家庭公社　4–126f
家政　4–129e
家政学　4–129f
《家政月刊》　4–130a
家志　4–125e
家猪　9–494e
家传　4–125e
《家族》　6–439d
家族公社　4–126f
家族萨迦　1–282d
家族性震颤　9–258a
梜(筷子)　4–497b
袈裟　4–130b
袈裟野　4–130b
葭外渔子　1–566a
嘉宝,G.　4–130c
嘉布遣会　2–488f
嘉措　2–64e
嘉当,É.　4–130d, 4–583b
嘉当,H.　4–130f
嘉当分解　4–130e
《嘉定和议》　3–364d
嘉定派竹刻　9–487a
嘉定区　4–131a
嘉定县　4–131a
《嘉禾八景图》　8–40d
嘉禾电影机构　8–193f
嘉禾屿　8–168a
嘉惠堂　1–145b
嘉靖帝　4–131b
《嘉乐堂诗集》　3–419c
《嘉莉妹妹》　2–180b
嘉林机场　3–427c
嘉陵江　4–131b, 2–5f
《嘉陵江流域地理考察报告》　5–80b
《嘉陵江上》　3–442d
嘉陵江小三峡　4–131c
嘉隆帝　4–131d
《嘉隆法典》　4–131e
嘉木祥一世活佛　4–513b
嘉纳治五郎　6–335d
嘉诺,Z.N.M.　4–79f
嘉庆　6–229e
嘉庆帝　4–131e
嘉戎语　4–131e
嘉森　9–201a
嘉善县　4–131f
嘉尚　8–363f
嘉实多公司　9–5b
嘉祥大师　4–67f
《嘉兴藏》　9–253e
《嘉兴界》　8–500a
嘉兴市　4–131f, 6–89a
嘉兴堂藏书楼　3–517c
嘉兴县　4–132a
嘉业堂　4–132b
嘉义市　4–132c
嘉义县　4–132d
《嘉祐集》　7–197b
嘉玉桥　6–2e
嘉峪关　4–132e, 9–76b
嘉峪关市　4–132f

嘉峪关魏晋墓室壁画 4–133a
嘉峪山 4–132e
嘉约翰 3–590f, 8–107c, 9–432b
嘉州 4–563f
镓 4–133b, 8–130b, 8–131b
夹袄 1–117b
郏亶 4–133d, 7–92a
荚果 2–345d, 3–300a
荚蒾属 6–309d
荚膜 8–154c
荚头麻 3–592e
戛光 2–125e
戛纳电影节 4–133d, 2–439d
铗尾虫 7–80a
蛱蝶 4–133e
甲胺 4–133f
甲胺基甲酸-1-萘酯 8–103b
甲苯 4–134a
甲苯咪唑 2–560f, 3–154b, 3–612a, 5–294b, 5–548e, 9–495b
《甲辰八月辞故里》 9–197e
甲虫 4–134b, 6–189a
甲虫蛹 9–28d
甲醇 4–134b, 8–475c
甲醇燃料电池 6–271d
《甲方乙方》 3–114d, 9–352d
甲酚 4–134c
甲骨卜 9–177d
甲骨文 4–134d, 5–140b, 7–47c, 7–48d
甲骨文断代 2–336a
《甲骨文断代研究例》 2–336a
《甲骨文合集》 4–134e
甲骨文献 7–596c
《甲骨文字释林》 9–57a
《甲骨文字研究》 3–251c
《甲骨学商史论丛》 3–503e
甲磺酸 3–604e
甲基丙烯酸甲酯 3–229e
甲基丙烯酸酯 4–342e
甲基汞 7–104c
甲基红 6–27c
甲基戊糖 7–59c
甲基戊烯聚合物 3–229e
甲基橡胶 4–343e
甲基乙基醚 5–393b
甲基乙酸 1–366e
甲颊类 9–44c
甲减 4–137d
甲亢 4–138a
甲壳虫（昆虫） 6–189a
甲壳虫（汽车） 2–123f, 2–615b
甲壳虫（英国乐队） 6–70c
甲喇 1–144e
甲类古今字 3–170c
甲硫氨酸 1–111d
甲龙 4–134f
甲螨目 6–80c
甲醚 2–425b
甲萘威 8–103b
甲骑具装俑 9–28a
甲壳笔石目 1–324c
甲壳动物 4–135a
甲壳素 4–135b, 8–247a
甲壳质 4–135b
甲醛 4–135c, 2–426b, 5–139b
《甲申和约》 7–109d
《甲申三百年祭》 3–251d
甲申政变 4–135d
甲酸 4–135e
甲退 4–137d
甲烷 4–135f, 4–136a
甲烷菌 4–135f
甲烷水合物 7–358d
《甲午风云》 4–136a, 4–606a
甲午农民起义 4–136a
甲午战争 2–107a, 6–314b, 9–435d
甲酰氟 8–174a
甲酰氯 8–174a
甲硝唑 1–46d, 3–43c, 3–408b, 4–544a
甲型肝炎病毒 1–369e
甲戌邮票会 4–78a
甲氧西林 6–208d
甲乙醚 5–393b
甲乙酮 2–308e
甲异靛 3–591e
甲役 5–8a
甲鱼 1–358b
甲藻门 4–136b
甲状旁腺 4–136d
甲状旁腺功能减退 4–136f
甲状旁腺功能亢进 4–136d
甲状旁腺激素 4–136d
甲状旁腺疾病 4–136d
甲状腺 4–137b
甲状腺癌 4–139a
甲状腺功能减退 4–137d
甲状腺功能减退伴性早熟 8–327f
甲状腺功能亢进 4–138a
甲状腺激素 4–137c
甲状腺淋巴瘤 4–138d
甲状腺炎 4–138c
甲状腺肿块 4–138a, 4–138f
甲状腺肿瘤 4–138f
甲A联赛 9–411e
甲B联赛 9–411e
岬角 4–139b
贾埃沃，I. 4–177a
贾宝玉 3–471a
贾长江 4–139e
贾充 4–140a, 4–273c
贾春旺 4–139c
贾耽 4–139d, 3–166c
贾岛 4–139e
贾道布尔大学 4–108e
贾德耀 1–241f
贾蒂卢胡河 9–226e
贾尔德帕拉国家公园 8–592e
贾法尔·萨迪格 6–593a
贾法尔·谢里夫埃马尔 8–522c
贾夫纳半岛 7–128a
贾凫西 4–139f
贾·格塔尼 1–67a
贾河动物保护区 4–363d
贾后 4–140a
贾吉尔 5–477a
贾吉尔达尔 5–477a
贾敬颜 3–589d
贾卡，J.M. 4–140b
贾卡机 4–140b, 4–140c
贾科梅蒂，A. 4–140c
贾逵 1–198a, 4–324f, 8–355a, 9–224b
贾兰坡 4–140d
贾浪仙 4–139e
贾鲁 2–495b, 7–457b, 9–89b
贾鲁河 9–488f
贾玛大清真寺 1–77a, 2–181d
贾玛尔扎德 4–140f
贾迈勒·阿卜杜勒·纳赛尔清真寺 2–214e
贾米 4–140f
贾米拉古罗马遗迹 1–13d
贾谧 6–593d
贾姆希德人 1–78f
贾木纳河 1–441a
贾南风 1–146a
贾平凹 4–141a
贾平娃 4–141a
贾庆林 4–141b
贾铨 2–121c
贾让 4–141c
贾让三策 4–141c
贾师宪 4–141e
贾树三 4–141d
《贾树三竹琴演唱选集》 4–141e, 7–147b
贾思勰 4–141e, 5–479c, 6–129c, 9–326d
贾似道 4–141e
贾悚 3–35e
贾特人 6–48b
贾拓夫 4–141f
贾瓦疗养地 5–516e
贾瓦希里 4–142b
贾沃斯基，L. 7–94d
贾希兹 4–142b
贾宪 4–142c, 7–168c
贾宪三角形 7–168c
贾谊 4–142c
贾幼然 4–277b
贾芝 4–142d
贾仲明 5–447b, 6–580d
贾作光 4–142d, 1–273b
钾 4–142e, 4–143c, 6–215f

钾长石 1-519b
钾代谢紊乱 2-282a
钾电极 4-579c
钾矾 5-183e
钾肥 4-143a
钾铬矾 2-468a
钾铝矾 5-183e
钾钠长石 1-519a
钾石盐 4-143b
钾石盐矿床 9-262d
钾通道阻滞剂 4-413c
钾硝石 8-220a
钾-氩法定年 4-143c
钾盐 4-143b
钾质角斑岩 4-204a
假朝天罐 8-493b
假出狱 4-145e
假处分 7-199e
假单胞菌 4-143d
假单胞菌感染 4-143d
假定基面 7-99c
假定性戏剧 5-337b
假发 4-144a
《假凤虚凰》 6-595f
假服 4-2a
假戈壁 3-83c
假骨盆 3 187a
假硅灰石 3-243a
假果 3-299e
假化石 6-345f
假黄钺 2-348c
《假基督的奇迹》 4-517d
假基因 4-144b
假交配 6-550d
假节 2-348c
假借 5-138f
假借字 4-144c
假警戒色假说 5-583b
假扣押 7-199e
假两性畸形 2-51b
假冒商品 4-144e
假冒伪劣商品 4-144d
假面 5-416d
《假面的告白》 6-384a
《假面人物》 7-118d
假面舞 4-144e, 1-542b
假面喜剧 4-71b
假面戏 9-147b
假名 4-145a, 6-328f
《假魔鬼》 7-231b
假尼罗河源 4-242f
假年轮 5-585e
假捻变形丝 1-344f
《假如明天来临》 8-239f
《假如太阳死去》 2-448a
《假如一个城市位于山上……》 5-362d
假乳头 6-342b
假色 4-501f
假山 4-145a
假设边界线 1-337d
假设检验 4-145c
假神 6-510a
假释 4-145e
假释考验期 4-145e
假水晶兰属 5-172d
假税 6-442a
假说演绎法 3-240a
假胎生动物 7-246c
假体腔动物 4-145f, 3-493e
假同色图 6-416d, 7-30d
假头 5-416f
假想避险 4-267b
假想防卫 9-265e
假象 4-145f
假行舞 4-144e
假像赤铁矿 2-49b
假形 5-416f
假性雌雄同体 2-51a
假性动脉瘤 2-337f
假性性早熟 8-327f
假性血红蛋白尿 8-375b
《假勋章》 7-527e
假牙 4-481d, 8-202c
假言命题 4-146a
假阳性 9-257c
假叶目 7-321b
假叶目绦虫 7-320f
假阴性 9-257c
假月经 8-281e
假孕 6-312f
假泽兰属 7 540b
假肢 4-146b
假种皮 9-457b
假4节型 7-355c
价差补贴 5-608d
价电子 9-95f
价格 4-146c, 4-147f, 4-286b
价格单轨制 4-146f
价格剪刀差 4-146e
价格-收益比率 7-28d
价格双轨制 4-146f, 4-291e
价格弹性 4-147a
价格调控 4-147a
价格优惠 9-238c
价格指标 4-18c
价格指数 4-147b, 8-71a
《价格制定厂商的一般均衡》 9-166f
价格总水平 4-147a
价格总指数 4-147b
价键 9-46e
价键电子理论 9-47a
价键理论 4-147b, 6-60c
价数 9-46e
价态分析 8-322e
价值 4-147c
价值表 7-413a
价值的自由性 2-176d
价值观 4-147d
价值规律 4-147e, 4-286d
《价值理论，对经济均衡的公理分析》 2-170f
价值论 4-148a
价值论法学 2-184e
价值相对论 7-589d
价值形式 4-16e
价值兴趣理论 6-57d
价值哲学 4-148b
价值指标 4-295f
《驾辩》 2-599c
《驾出北郭门行》 4-162c
架阁 4-148d
架阁库 4-148d
架空索道 7-229a
架上绘画 4-148e
架上油画 3-614a
架子花 4-282c
架子花脸 3-406a, 3-596b
架子花面 5-48c
架子火 6-104d
架子头 4-144b
《假日》交响曲 1-76d
《假日酒店》 4-458d
嫁接 4-148f, 9-305f
嫁接亲和力 4-148f
《嫁妹》 9-145a
嫁殇婚 5-452b
《稼轩长短句》 8-261b
《稼轩词编年笺注》 8-261b
《稼轩词甲集》 8-261a
稼轩体 7-169d
尖顶羊肚菌 8-449e
尖顶油栗 1-228e
尖端放电 4-150b, 2-293e
尖端技术产业 3-78c
尖棘筛海盘车 3-337c
尖晶石 4-150b
尖晶石律双晶 4-150b
尖锐湿疣 4-150c
尖沙咀天星码头 4-321a
尖首刀 2-155a
尖头红鲌 8-303c
尖尾卷象 4-346c
尖吻蝮 4-150d, 2-351e
尖吻蝮属 4-150d
尖叶菠菜 1-395d
尖叶番泻树 2-463b
尖叶栲 1-524f
尖状器 6-600f
尖锥术 4-609a
歼击轰炸机 4-150e
歼击机 4-150f

歼-8Ⅱ歼击机　4-150a
坚白石　3-137c
坚壁清野　4-564b
《坚柄》　5-500e
《坚持四项基本原则》　4-151b, 2-200e
坚戈　3-314e
坚格人　2-306c
坚固呢　5-603c
坚果　3-300a
坚果类　3-300a
《坚瓠集》　6-585f, 7-213f
坚昆　4-419f
坚尼草　2-104f
坚赞诺布　1-222d
间冰期　4-151d, 1-363f
间翅亚目　6-234b
间充型碳化物　7-292f
间架　7-47b
间脑　4-151d, 5-549a
间体　8-148c, 8-149f
间质性肺炎　2-534f
间质性脑水肿　5-551c
间质性肾炎　4-151e
间奏曲　3-96d
肩担戏　1-341a
肩关节周围炎　4-151f
肩舆　7-303f
肩周炎　4-151f
《艰难的起飞》　5-104f
《艰难时世》　2-210c
《艰辛的米》　2-184c
监察机关　4-152a
监察御史　1-456f, 9-83c
监察制度　4-152a
监户　6-250b
监护　4-152a
《监护》　1-397a
监护人　4-152b, 6-195c, 8-184f
监郡御史　1-456f
监令　4-325a
监事　4-152d
监事会　4-152d
监事会制度　3-295f
监视居住　4-152e
监外执行　4-152e, 3-577a
监狱　4-152f, 9-249c
《监狱》　1-179b
《监狱和镣铐的世界》　1-27e
监镇　9-259a
兼爱　4-153a
兼并　4-153b, 9-524f
兼毫笔　5-313b
兼耋　1-269d
兼听论　4-171c
兼性腐生菌　9-253c
兼性寄生菌　9-253c
兼性寄生物　4-105d
兼性异染色质　6-273d
兼性滞育　9-325d
兼用船　4-19c, 9-143a
笺　9-503a
《笺注陶渊明集》　7-328a
犍陀罗　1-258c, 2-584b, 5-508d
犍陀罗佛教美术　2-584e
犍陀罗佛像　4-153e
犍陀罗国　7-240e
犍陀罗美术　4-153c, 4-461c, 8-600c
犍陀罗菩萨像　4-153e
犍陀罗山　7-148c
犍尾堰　2-349b
菅直人　4-153b
湔堰　2-349b
蒹葭　5-158a
煎膏　3-81c
煎剂　7-295f
缣帛地图　4-154a
缣帛文献　4-153f, 7-596c
缣书　1-403d, 2-13a
鲣鸟科　7-341c
鲣属　4-247e
拣选　8-366d
茧　6-82c
茧层　1-474b
茧蛾　4-482e
茧蜂　4-154a
茧丝　1-474c
茧衣　1-474b
柬埔寨　4-154a
柬埔寨人民党　4-154f
柬埔寨人民共和国　3-482e
柬埔寨王国　4-154d
柬埔寨语　3-71d
《柬埔寨之光报》　4-155c
柬新社　4-155c
笕桥地黄　2-222a
检波二极管　2-591b
检波器　4-155d
检察官　4-155d
检察机关　4-155e, 9-249c
检错重发　8-298e
检举权　1-472f
检眼镜　3-355d
检验的临界值　4-145d
检验吏　8-55c
检疫　4-156a
《检字》　4-405f
减毒活疫苗　5-412d
减反射膜　3-229b
减河　2-544b
减价拍卖　6-35d
减敏　7-456e
减七和弦　3-420a
减轻处罚　4-157a, 5-60e
减轻刑事责任能力　8-312a
减三和弦　3-420a
减少螺菌　5-225d
减数孢子　1-238e
减数分裂　4-156b, 8-150a
减数分裂Ⅰ　4-156c
减数分裂Ⅱ　4-156f
减水坝　2-495a
减税　3-206d
减速剂　5-76e
减小七和弦　3-420a
减刑　4-157a
减压起动器　6-140a
减振锰合金　5-382e
减征关税　3-206d
减字谱　4-95c, 6-202f
《剪辫通令》　9-356f
剪刀草　2-43c
剪刀差　4-157b
剪刀式升降台　6-527b
剪刀树　4-161b
《剪灯新话》　3-472b, 6-255a
《剪辑错了的故事》　2-473e, 6-339a
剪节理　4-216b
剪切变形　4-33b
剪切带　4-157b
剪切弹性模量　1-460d
剪秋罗属　6-608c
剪应力　9-21b
剪影片　5-361d
剪纸　4-157b
剪纸片　5-361d
睑黄瘤　3-591f
睑皮下气肿　8-440f
简　4-158b
《简·爱》　4-157d, 6-241f
简板书　3-427a
简并矮星　9-319d
简册制度　4-158c
简策　7-424e
简单肛瘘　3-53f
简单构成式　2-426d
简单机械　4-157e
简单连分数　5-37b
简单枚举法　3-239f
简单醚　5-393b
简单命题　9-298d
简单破坏式　2-426d
简单情感　6-236e
简单商品经济　6-456d
简单商品流通　6-457c
简单社会文化　9-106e
简单随机抽样　2-10d
简单再生产　9-150c
简单指数　7-408e
简牍　4-158b
简牍文献　7-596c
简·方达　4-158d

《简·方达健身操》 4-169c
简化画法 4-34a
简化字 3-386e
简寂先生 5-170a
《简明不列颠百科全书》 1-429d
《简明精确叫牌法》 8-465a
《简明清史》 2-136c
简明新闻 8-216b
《简明哲学辞典》 9-32b
简谱 4-158e, 4-95c
简庆福 4-159b
简日林 5-546a
简谐波 1-372c, 1-372d
简谐交流电 4-195a
简谐运动 4-159c
简谐振动 4-159c
简讯 8-216b
简阳市 4-159d
简阳县 4-159d
简仪 4-159d
简易呼吸囊 6-286f
简易领带 5-102a
简又文 4-159e
简玉阶 5-545f
《简斋词》 1-571b
《简斋集》 1-571b
简照南 5-545f
简子芥 4-279c
简字高等小学堂 4-556a
《简字全谱》 4-556a
简字学堂 4-556a
简字研究会 4-556b
简做工艺 8-117d
碱 4-160a, 1-394a
碱草（禾本科） 8-449d
碱草（莎草科） 8-560e
碱返流性胃炎 7-571c
碱酐 3-43f
碱基 3-435e
碱金属 4-160a
碱金属原子光谱 4-160b
碱菁 7-370a
碱式盐 4-160c, 8-433b
碱水浴 7-92f
碱土 4-160c
碱土金属 4-160d
碱性长石 1-519b, 3-526e
碱性辉石 3-606e
碱性磷酸酶 5-89c
《碱性平炉炼钢》 6-132c
碱性闪石组 4-205d
碱性水 2-242f
碱性玄武岩 8-362e
碱性氧化物 4-160e, 8-475a
碱性转炉炼钢法 8-491f
碱中毒 7-207f
翦伯赞 4-160e
《翦伯赞历史论文选集》 4-161a
蹇叔 6-196b, 6-200b
蹇先艾 8-189e
蹇义 4-161a
《见闻札记》 5-354a
见闻之知 5-13b, 9-216d
见血封喉 4-161b
见血封喉苷 4-161c
《见于英国舆论与行动中的中国鸦片问题》 8-36e
见真大师 6-194e
见证人 4-161c
间苯二酚 4-161d
间谍 4-161d
《间谍》(绘画) 3-103a
《间谍》(小说) 4-489a
间谍手枪 8-590e
间断层 2-2a
间断点 5-38f
间断模式 4-270e
间断平衡论 4-270a
间二甲苯 2-425b
间隔劈理 6-70e
间隔深松耕 6-508f
间规立构聚合物 2-312f
间甲（苯）酚 4-134c
间接标价法 3-612c
间接补偿贸易 3-608d
间接补贴 2-14c, 5-328c
《间接成本之研究》 1-110c
间接创制 2-33d
间接胆红素 3-582a
间接分裂 9-48e
间接故意 3-197c
间接过境贸易 3-301f
间接加热式电饭锅 2-277f
间接检眼镜检查法 8-439e
间接介入 6-47f
间接金融 4-161e
间接竞争行为 6-492c
间接贸易 3-270c, 9-511a
间接潜水 6-173b
间接收购 3-272a
间接调控手段 3-477f
间接调频 7-375f
间接调相 7-376b
《间接听诊法》 4-511c
间接投资 9-270e
间接选举 4-161e, 9-296f
间接研究 6-494b
间接印刷 4-201b
间接灾害 9-543d
间接震灾 9-258e
间接制冷 4-575c
间接致癌物 9-319b
间接转调 9-510b
间离方法 1-442d
间苗 4-161f
间热式电热炮 2-287a
间日疟原虫 6-6b
间同立构聚合物 2-312f
间歇精馏 4-304d
间歇灭菌法 8-155a
间歇喷泉 4-161f
间歇期 4-161f
间歇泉 4-161f, 7-238d
间歇式在线分析 9-151d
间歇性跛行 9-517c
间歇性河流 3-423f
间歇性雨 9-70f
饯别 4-162b
饯行 4-162a
建安风骨 6-388b
建安七子 4-162b, 6-388b
《建安七子集》 4-162c
建安文学 7-577a, 8-503d
建安县 4-163f
建白瓷 2-179a
建柏 2-608f
建昌卫 5-51a
建长寺 6-318d
建成县 3-57e
建初寺 7 157a
建楚 5-71b
建春门浮桥 2-604b
建德市 4-162c
建德县 4-162c
建构主义 8 512a
建构主义学习理论 4-90e
建鼓 8-398e
《建国大纲》 4-162d
《建国方略》 4-162e, 1-586a
《建国真铨》 1-95c
建康 4-162f, 5-51b, 8-39f
建康北郊坛 4-104f
建康宫 4-163c
《建康集》 8-498f
建立开放区域 2-373f
《建立欧洲经济共同体条约》 7-120f
《建立欧洲煤钢共同体条约》 6-25d
《建立欧洲原子能共同体条约》 7-120f
《建立世界知识产权组织公约》 7-24e
《建立在土的物理学基础上的土力学》 7-272e
建模理论 3-123d
建木 4-163f
建宁府 4-163f
建瓯市 4-163e
建瓯县 4-163f
建平县 4-164c
建群种 6-183b
建仁寺 6-318d
《建设》 7-223e
《建设地理新论》 6-308b

建设马门溪龙 5-269f
建设用地 4-163f
建设者同盟 6-175d
《建塔者》 7-248d
建文帝 5-440b, 5-444a
《建武式目》 5-497c
建溪 5-437f
《建炎以来朝野杂记》 4-164a
建阳市 4-164b
建阳县 4-164c
建阳窑 7-354f
建窑 4-164c
建业 4-162f, 4-273e, 5-531b
建邺县 4-163a
建盏 7-354e
建章宫 4-164d, 1-507b
建州三卫 4-164e
建州卫 4-164e
建州右卫 4-164e
建州左卫 4-164e
建筑材料 4-164f
《建筑采光设计标准》 1-465d
《建筑的复杂性和矛盾性》 7-592b
《建筑的七盏灯》 5-218d
建筑防火 4-165b
建筑防火原则与建筑设计措施 4-165b
建筑工程监理 4-165c
建筑环境噪声控制 4-165e
建筑理论 4-167a
《建筑论》 7-600c
建筑设计 4-165c
建筑设计原理 4-167a
建筑声学 4-165d
建筑施工噪声源 9-166b
《建筑十书》 4-165e, 1-10b, 1-585b, 5-208e, 7-557b
建筑市场 4-165e
《建筑四书》 6-30f
建筑图像学 7-428b
建筑涂料 7-429a
建筑五金 4-165f
建筑物害虫 3-356b
建筑物理学 3-573b
建筑学 4-166a
建筑样式 6-45f
建筑游戏 9-43d
建筑装饰 4-167b
贱口 1-457e
贱民 8-604d
《剑》 9-233a
剑齿象 4-167f
剑川石窟 6-607f
剑唇鱼 6-276c
剑阁柏木 1-217c
剑阁古柏 4-168b
《剑阁铭》 9-216c
《剑阁闻铃》 5-234e
剑江 5-437f
剑门七十二峰 4-168a
剑门山 4-168a
剑门蜀道风景名胜区 4-168a
剑南节度使 7-347a
《剑南诗稿》 5-170d
剑器浑脱 8-64e
剑桥 4-168b
剑桥大学 4-168c
《剑桥第三星表》 4-537d
剑桥学派 4-168e
剑桥学派（哲学） 6-322a
剑桥学院 3-308a
《剑鞘》 9-62d
《剑声集》 1-566f
剑水蚤 9-61f
剑尾鱼 2-51b
剑舞 1-542c
《剑舞》 7-53e
《剑啸阁传奇》 8-95d
《剑雪浮生》 2-358a
剑叶石蒜 4-360b
剑邑 2-561b
剑鱼 4-168f
剑鱼属 4-168f
监生 3-298a
健德门 2-81a
健康 4-169a
健康城市 2-406c
健康岛 4-169a
健康人格 8-251f
健康住宅 9-502a
健美 4-169b
健美操 4-169c
健脾化湿 4-169d
健脾丸 7-375c
健脾消食剂 8-213d
健忘 4-169d
健舞 4-169e
健行公学 5-540a
舰队 4-169e
舰队街拿破仑 6-11d
舰舰导弹 4-169f, 2-471a
舰空导弹 4-170a, 2-470b
舰艇 2-28f
舰艇防空导弹 4-170a
舰用深水炸弹 6-508e
舰载航空兵 3-329b, 3-329c
舰载机 4-170b
舰载机引导雷达 4-170d
舰载雷达 4-170c
渐变 4-170d, 5-60a
渐变模式 4-270e
渐变态 1-343e
渐变与突变 4-170d
渐江 4-170f, 6-168b
渐江（钱塘江支流） 6-223a
渐进多焦点眼镜 8-440a
渐进式经济转型 4-296d
渐近自由 6-179b
渐危种 1-360f
渐悟 4-171a, 2-380c, 6-515d
渐新马 5-253f
渐新世 4-171a
渐新统 4-171b
谏 4-171b
谏议大夫 4-171c
谏议理论 4-171b
谏院 6-400c, 7-165d
《谏逐客书》 4-611d
践成合同 2-312c
践卓翁 5-85a
腱反射低下 4-35d
腱黄瘤 3-592a
鉴定人 7-112d, 7-112f
鉴湖 4-171d
鉴湖女侠 6-242d
鉴画会 6-319a
鉴江 4-171e
鉴频鉴相器 4-171f
鉴频器 4-171e
鉴相器 4-171f
鉴相特性 4-171f
鉴真 4-171f, 4-194a, 6-318b, 8-447f
键合相色谱法 8-506f
键解离能 4-172c
键联接 5-46d
键能 4-172c, 6-217c
僭主政体 5-12a
《箭袋》 3-174b
箭毒木 4-172d, 4-161b
箭楼 1-582e
箭石 4-172d
箭体结构 4-11d
箭袖 6-134c
箭叶旋花 7-371f
箭猪 3-404f
箭竹 7-611f
江安县 3-130b
《江岸望山图》 5-582b
江八点 4-184b
江北帮 6-204b
江北派 2-315b
江川李家山 2-270c
《江村经济》 4-172d
《江村小景》 5-524e
江达县 4-172e
江达宗 4-172f
江荻 4-173f
江定仙 4-172f
江东布衣 1-590f
江东六十四屯 1-90e, 3-330e
《江东桥》 1-477d
江东生 5-221b

江都府 8-24e
江都国 8-448e
《江都和约》 6-231e
江都排灌站 4-173a
江都市 4-173b
江都水利枢纽 4-173a, 4-173b
江都县 4-173b, 8-448e
《江帆楼阁图》 4-611c
江舫 4-170f
江丰 4-173c
《江丰美术论集》 4-173d
江烽 4-173c
《江赋》 3-251f
《江格尔》 4-173e, 3-111c, 5-380d, 7-325f, 9-390d
江寒汀 4-173f
《江寒汀百鸟图》 4-174b
江汉道 3-583b
江汉平原 4-174b, 1-515a
江汉油田 6-172b
《江汉渔歌》 6-64d
江和义 4-174b
江河 5-376a
江鹤亭 7-573c
《江湖大侠传》 6-89d
《江湖儿女》 2-541c
江湖派 4-174c
《江湖奇侠传》 6-89d, 9-85d
《江湖三女侠》 5-55f
江湖散人 5-167e
《江湖行》 8-349d
江湖行头 8-314d
江户 2-322b, 8-275e
《江户近郊八景》 1-107e
江户幕府 2-171a, 5-497d
江华 4-174d
《江华条约》 4-174e, 5-452a
江华县 4-174f
江华瑶族自治县 4-174f
江淮官话 3-210c
江淮平原 6-456e
江淮丘陵 1-98f
江淮转运使 9-511c
江加走 4-174f, 9-387a
江界河大桥 6-186b, 7-616d
江界河渡口 7-616d
江金榜 4-174f
江津区 4-175a
江津县 4-175a
江蓠 3-477c
江陵城 4-300f
《江陵愁望寄子安》 9-61e
江陵楚墓 4-175b
江陵府 4-300c
江陵马山1号墓 2-20e, 9-249a
江陵区 4-175d
江陵县 4-175c, 4-300f
《江令君集》 4-185a
江门市 4-175d
江南帮 8-40a
江南船坞 4-176d
《江南春》(绘画) 1-564c
《江南春图》 7-602a
江南河 7-211c
江南话 8-28c
江南活武松 3-28a
江南机器制造总局 4-597e, 8-469f
江南绝笔 8-347f
江南煤城 1-109e
江南丘陵 4-175e
江南三大名楼 9-126a
江南三织造 4-175f
江南丝竹 4-176b
江南铁嗓 8-162e
江南西道 4-179e
江南园林 8-40a
《江南园林志》 7-405a
江南运河 4-176c, 4-280c
江南造船厂 4-176e
江南造船（集团）有限责任公司 4-176e
江南造船所 4-176c
江南制造局 8-346c
江南粽子 9-561c
江宁府 5-531b, 5-542d
《江宁条约》 8-388a
江宁县 4-163a
江宁织造局 4-175f
江平 4-176e
江崎二极管 7-217a
江崎玲於奈 4-176f, 1-232e, 7-217a
江青 4-177a, 3-587e, 8-475f, 9-359a
江青反革命集团 4-177b
《江山船曲》 9-198c
《江山美人》 6-475f, 8-193d
《江山秋色图》 9-229a
《江山如此多娇》 3-14b, 3-205f
江山市 4-177e
江山县 4-177f
《江山小景图》 4-613b
江上外史 3-557d
江上渔 4-173f
江绍原 4-177f
江思 2-135b
《江苏》 8-257f
江苏菜 4-178a
江苏丹阳鹤仙坳墓 9-497d
江苏赣榆太阳观测站 9-533a
江苏省 4-178b
江苏省立第一工业专科学校 2-324c
江苏省行政区划 4-178b
江苏师范学院 7-198c
江苏盱眙观测基地 9-533a
江韬 4-170f
江腾蛟 5-79b
江藤新平 9-549b
江文通 4-180e
《江文通集》 4-180f
江文也 4-179d
江西禅 5-286f
江西高等林业学堂 1-202e
江西话 3-47b
江西腊 2-58c
江西省 4-179e
江西省赣剧院 6-39f
江西省行政区划 4-180a
江西诗派 4-180d, 7-168e
《江西诗社宗派图》 5-177c
江西之学 5-13b
江喜佗 6-104f
江夏郡 3-583b
江夏派 8-35e
江厦潮汐电站 4-180e, 1-544d, 7-581e, 9-244e
江笑笑 3-541b, 7-512c
江心镜 7-303a
江心洲 3-422d
《江行》 9-61e
《江雪》 3-171b, 5-136d
江淹 4-180e
江阳县 4-175a
江珧科 4-180f
江珧柱 4-181a
江阴长江大桥 4-181a, 6-186b, 7-441f
江阴市 4-181a
江阴县 4-181a
江永 6-171b, 7-153b
江永华 9-546f
江油郡 4-181b
江油市 4-181a
江油县 4-181b
江幼宋 2-34e
江渔 4-173f
江玉祥 9-405f
江原道 9-94d
江源县 2-8a
江泽涵 4-181b
江泽民 4-181c, 6-386a, 9-66f, 9-359b
江泽民"八项主张" 4-184b
《江泽民文选》 4-184c
江彰县 4-181b
江浙财团 4-184e
江浙话 8-28c
江州 4-179e
江孜地毯 8-114f
江孜县 4-184f
江孜宗 4-184f
江总 4-185a
江总持 4-185a
江左三大家 4-185a
《江左三大家诗钞》 4-185b
江左遗民 7-281d

《将进酒》 4-587f
《将军不眠》 5-220e
《将军的女儿》 1-495b
将军峰 1-508c
《将军令》 2-33e
将军县 4-263e
将军崖岩画 4-185b, 8-429c
《将军吟》 5-326c, 6-451d
《将军之女》 3-442e
《将军族》 1-570c
将作监 6-401c
姜 4-185c, 4-186a
姜伯驹 4-185c
姜伯约 4-186f
《姜步畏家史》 5-233e
姜城北 8-349c
姜春云 4-185e
姜椿芳 4-185f
姜翠华 9-546f
姜德隐 3-216b
姜根迪如雪山 7-458d
姜花 3-161b, 4-186b
姜黄 4-186a
姜黄属 9-80b
姜科 4-186a
姜夔 4-186b, 3-121c, 5-582e, 7-168e
姜昆 5-252a
姜辣素 4-185c
姜立夫 4-185c, 9-436d
姜亮夫 4-186c, 2-378a
姜妙香 4-186d
姜片虫病 4-186e
姜绍书 8-18e
姜属 4-185c
姜水 3-582f
姜太公 4-187d
姜维 4-186f, 2-196a, 5-105d, 6-388f
姜文 4-186f
姜小军 4-186f
姜堰市 4-187a
姜尧章 4-186b
姜寅清 4-186c
姜应麟 9-261c
姜油酚 4-185c
姜油酮 4-185c
姜嫄 8-115c
姜寨遗址 4-187b, 1-466f
姜子群 4-185d
姜子牙 4-187c
豇豆 4-187d
豇豆属 5-330c, 8-222d
浆果 3-299e
浆果类 3-300a
浆膜下子宫肌瘤 9-529b
浆砌石坝 1-190c
浆体管道 4-187e, 3-213c
浆液管道 4-187e
浆液性脑膜炎 5-550e
浆状炸药 3-128b
僵烧石膏 5-132a
《薑斋诗话》 4-187e
疆堇属 9-12d
《讲给孩子们听的故事集》 1-108d
讲评 1-518a
讲史体 5-19b
讲谈社 4-187f
奖金 4-187f
奖券 1-466d
奖学金 4-188a
蒋百里 4-188b
蒋柄南 2-510c
蒋伯斧 2-378a
蒋调 4-191d
蒋方良 4-190a
蒋方震 4-188b
蒋防 4-27c
蒋冯战争 6-589a
《蒋干盗书》 1-434b, 9-387a
蒋光赤 4-188c
蒋光慈 4-188c
蒋光鼐 4-188e, 2-610c, 8-508c
蒋桂战争 4-188e, 6-589a
蒋海澄 1-79c
蒋记宪法 9-421f
蒋济 3-208b
蒋捷 4-188f
蒋介石 4-189a, 3-289b, 3-289c, 3-292e, 8-82b, 8-281f, 9-408f
蒋介石故居 8-134e
蒋经国 4-189f, 6-398d
蒋憬然 4-188e
蒋孔阳 4-190b
蒋梦麟 2-326e
蒋明谦 4-190d
蒋溥 6-402b
蒋祈 7-325c
蒋仁 9-245c
蒋如恒 4-188c
蒋瑞藻 4-590e
蒋山人 7-299e
蒋山佣 3-199d
蒋胜欲 4-188f
蒋士铨 4-190d, 5-446c, 5-447b
《蒋世隆》 1-471a
蒋述亮 4-190b
蒋树声 4-190e, 9-383e
蒋唐石战争 6-589a
蒋苕生 4-190d
蒋廷黻 4-190f
《蒋廷黻选集》 4-191b
蒋廷锡 4-191b, 3-170a
蒋琬 4-191b, 5-105d
蒋玮 2-306e
蒋西谷 4-191b
蒋侠僧 4-188c
蒋心馀 4-190d
蒋玄晖 7-50f
蒋阎冯大战 4-191c
蒋砚香 9-62d
蒋扬孙 4-191b
蒋翊武 7-598f
蒋英 6-519d
蒋友仁 6-223c
蒋酉君 4-191b
蒋月泉 4-191d
《蒋月泉唱腔选》 4-191e
蒋张桂战争 6-589a
蒋兆和 4-191e
《蒋兆和画集》 4-192a
蒋正华 4-192a
蒋智由 4-338b
蒋忠新 5-463e
蒋竹山 4-188f
蒋子龙 4-192b
《蒋子龙文集》 4-192c
蒋祖慧 4-192d
匠户 4-192d
匠籍 4-192e
匠人 9-297a
降解 4-192f, 3-64c
降落伞 4-193a
降落伞鱼 7-322d
降逆和胃 4-193b
降气 4-193b
降气定喘 4-193b
降生天尊 6-399d
降水 4-193b
降水化学 2-98e
降水量 4-193c, 9-71d
降水强度 4-193d, 9-71e
降水时数 9-71e
《降下十字架》 7-542c
降雪水当量 9-71f
降血糖药 7-320a
降压灵 5-33b
降甾族化合物 9-149f
《降A大调波洛奈兹舞曲》 8-211c
《降B大调三重奏》 1-289d
《降B大调弦乐四重奏》 3-324e
《降b小调钢琴奏鸣曲》 8-211c
《降E大调钢琴五重奏》 7-53d
《降E大调交响曲》 2-185a
将兵法 7-489e
将台堡 9-358d
《将相和》 4-193d, 6-245b
绛车轴草 6-404e
绛三叶 6-404d
绛舌 6-478f
绛央却杰 9-239a
绛云楼 4-193e
《绛云楼书目》 4-193f

酱 4-193f
酱瓜 1-467d
酱黄瓜 3-583f
酱木儿 1-539d
酱曲 4-194b
酱香型白酒 1-199d
酱油 4-194a
酱汁 4-194a
《犟妹子》 3-354d
交拜礼 1-219b
交比 6-504c
交叉存储器 9-498e
交叉点 2-165a
交叉价格弹性 4-147a
交叉弹性 7-283d
交叉配血试验 7-56c
交叉性瘫痪 7-280e
交叉柱镜 8-443f
交叉柱镜矫正 8-443f
交钞 4-238b, 4-241a
交错层理 1-488b
交错从表婚 4-194b
交错级数 4-68f
交错节奏 4-217b
交代残留结构 1-346b
交代假像结构 1-346b
交代结构 1-346a
交点年 5-584c
交点月 9-120a
交感神经 4-194b, 9-551d
交感（神经）型颈椎病 4-310c
《交感巫术的心理学》 4-587d
交割 4-194c
交河城 1-548a, 7-117a
交互反应派小组工作 8-231f
交互仿真 2-500b
交互式语言 1-591e
交换 4-194c
《交换》 7-331b
交换环 3-575b
交换婚 4-194d, 4-2d
交换技术 4-194e
交换价值 4-147d, 6-455c, 8-400c
交换兰谱 4-219d
交换律 5-224a
交换性（核力） 3-436d
交换酯化 9-292e
交会和对接 4-194f
交会技术 4-194f
交会摄影测量 6-505d
交会穴 7-330a
交集 4-75c
《交际花盛衰记》 1-153f
交际权 9-290c
交联 3-64c
交领大袖直裾式袍服 6-50c
交流电 4-195a
交流电动机 7-539c
交流电功率 2-278f
交流电机 4-195b
《交流电机》 6-356f
交流电流表 2-285d
交流电压表 2-289f
交流发电机 2-431c
《交流发电机与电动机》 2-308d
交流输电 4-195b
交流同步电钟 9-453a
交流异步电动机 2-277a
交莫克 4-419d
交配行为 6-492c
交配制度 6-550b
“交朋友”小组 6-283d
交沙霉素 2-87c
交生 4-501f
《交收东三省条约》 4-195c, 4-195c
交泰殿 1-266a
交替共聚物 3-149b
交通 4-195d
交通标线 2-164d
交通标志 4-196d, 2-164d
交通部上海工业专门学校 8-81e
交通传习所 5-545f
交通大学 5-545f
交通管理 4-196e
交通管理系统 9-322f
交通管制 4-196e, 4-233f
交通量 4-196f
交通枢纽 4-197d
交通网 4-196f
交通系 4-197a
交通线 4-196f
交通信号 4-197b
交通信息系统 9-322f
交通性鞘膜积液 6-189c
交通银行 4-197c, 3-184f
交通银行股份有限公司 4-197c
交通用地 4-164a
交通运输枢纽 4-197d
交通运输业 4-197e
交往社会 6-482a
交往行为 3-304b
《交往行为的理论》 3-304b
交响芭蕾 4-198a
《交响变奏曲》 1-53b
《交响练习曲》 4-516e
交响曲 4-198c, 5-478b
交响诗 4-198c
交响乐队 4-198d, 3-215e
交易成本 4-198d, 4-198e
交易动机 5-96c, 5-124c
交易费用 4-198e, 1-44e
交易费用理论 4-435c
《交织字母》 4-556c
交直流两用电动机 7-539c
交阯 4-198f
交阯布政使司 4-198e
交阯等处承宣布政使司 4-198e
交趾 4-198f
交趾郡 4-199a
交趾郡王 4-582a
交趾陶 4-132e
交趾支那 4-199a
交州 4-198f, 4-199a
交子 4-199a, 9-367c
交子务 4-199b
郊区城市化 1-586d, 1-588b
郊区化 1-586d, 1-588b
《郊叟曝言》 9-474f
《郊原牧马图》 4-547f
茭白 4-199d
茭草 3-70a
茭笋 4-199d
茭子 3-70a
浇河郡 6-206a
浇花布 4-545e
《娇红记》 5-383a, 5-447c
《娇红传》 5-383a
《娇生惯养的孩子们》 2-540a
胶 4-200a
胶澳 6-205a
《胶澳租界条约》 9-564e
胶版印刷纸 4-199e
胶东半岛 4-199f
胶合板 6-301e
胶接 5-46c
胶蚧 4-199f
胶卷 4-200f, 6-505b
胶磷矿 5-94d
胶岭石 5-374d
胶棉 8-220d
胶木属 6-438c
胶南市 4-200a
胶南县 4-200a
胶黏剂 4-200a, 4-339f, 4-418c
胶皮 3-580d
胶片 4-200b
胶溶 4-201b
胶乳共混 4-342b
胶蛇纹石 6-480b
胶束 1-356a
胶树 8-210c
胶体 4-200f
胶体和表面化学 4-201b
胶体化学 4-201b
胶体化学沉积矿床 1-549f
胶西县 1-104e, 4-201d
胶县 4-201d
胶印 4-201b, 8-612e
胶印油墨 9-39a
胶原 4-201c
胶原病 2-342b, 4-220b

胶原蛋白 4–220a
胶原血管病 4–220b
胶质 6–605e
胶州 4–201d
胶州市 4–201d
胶州湾 4–201d
胶州秧歌 6–436f
胶状沉淀 1–549d
胶子 4–201d, 4–492f
椒房殿 7–569d
蛟河市 4–201e
蛟河县 4–201e
《蛟湖诗钞》 3–597c
焦（物理量单位） 4–201f
焦秉贞 3–120a
焦达峰 3–149a, 6–228c
焦大麦芽 2–95f
焦澹园 3–254d
焦点 7–459b
焦点透视 7–415d
焦尔 7–276f
焦耳 4–201e, 3–139d, 4–202a
焦耳,J.P. 4–201f, 4–201f, 4–202a, 4–202b, 4–574e, 8–74f
焦耳定律 4–202a
焦耳–楞次定律 4–202a, 4–201f, 4–574e
焦耳–汤姆孙效应 4–202b, 4–202a
焦竑 3–254d
焦湖 1–537a
焦化 3–32d, 5–340a
焦晃 4–202c
焦景颜 7–612d
焦菊隐 4–202c
焦距 4–202d, 4–317e
焦硫酸 5–131e
焦炉煤气 5–339b
焦虑 4–202e, 2–417f
焦虑障碍 6–310f
焦虑症 4–202e, 6–513a
焦面 4–202e
焦木酸 1–366e
焦弱侯 3–254d
焦散线法 6–616b
焦山碑林 4–202f
焦炭 4–203a, 5–339b
焦勖 7–298f
焦循 3–525d, 5–390a
焦延寿 4–280a
焦油砂 9–40b
焦裕禄 4–203a
《焦裕禄》 5–1d
焦裕禄烈士陵园 4–540e
《焦躁的心》 2–42d
焦庄户地道战遗址 7–110a
焦卓尔实验室 9–5a
焦作矿区 4–203b
焦作市 4–203b
焦作镇 4–203b
鲛人 5–356e
鲛鱼 6–432f
蕉风 7–161e
蕉风俳谐 6–320e
蕉葛 1–187d
蕉鹃科 4–345e
蕉麻 4–203c
《蕉竹图》 4–609d
憍陈如 7–33f
憍陈如二世 2–599d
礁 4–203a
嚼烟 4–203d
角 4–203d
角斑岩 4–203f
角倍 9–20c
角倍蚜 9–20c
角蝉 4–204a
角蝉科 4–204a
角蟾 4–204a, 4–443c
角蟾科 4–204a
角齿鱼 4–204b
角抵 7–76e, 8–191d, 9–146e, 9–398c
角抵戏 1–216b
角雕 4–204c
角豆豆胶 7–61b
角度测量 4–204c
角度调制 7–376c
角法 1–188f
角分布 3–434f
角果木属 3–473c
角蒿属 9–535a
角化性皮肤病 4–204d
角加速度 4–204e
角量子数 5–63b
角鹿 8–383d
角马 4–204f
角膜 8–439b
角膜接触眼镜 8–590e
角膜溃疡 4–204f
角膜移植术 4–205a
角盘兰属 4–541a
角鲨科 4–205b
角鲨目 4–205b
角鲨烯 4–205c
角闪石 4–205d
角闪石石棉 4–205d
角速度 4–205e
角苔纲 7–254d
角位移 4–205f, 4–205e
角纹蝠蛾 1–340b
角响尾蛇 8–203c
角鸮 4–205f
角宿一 4–206b, 7–33d
角岩 4–206b
角页岩 4–206b
角榛 9–256f
角质层 9–302c
角质膜 9–302c
角子 4–206c
《狡猾的寡妇》 3–89c
饺子 4–206c
绞车 4–206d, 5–176a
绞脸 4–387d
绞磨 4–206d
绞杀植物 6–276e
绞吸式挖泥船 7–54e
绞线 2–289d
绞缬 9–145a
《绞刑》 2–76e
《绞刑架下的报告》 2–598f
《绞刑架下的舞蹈》 1–410a
《绞刑吏》 4–516f
绞窄性肠梗阻 1–522d, 1–522e
铰接式双车体自行反坦克炮 2–474d
矫公罕 6–587b
矫饰主义 8–476a
矫顺 6–587b
矫顽磁场强度 7–379f
矫顽力 7–379f
矫治器 2–60b
皎然 6–576a, 8–567c
《脚步集》 8–500c
脚气病 1–77d
脚气灵 1–332b
脚踏纺车 2–500b
脚踏机器提花机 4–140c
脚踏织机 2–500e
脚印 9–566a
脚注 9–503a
《剿匪区内各县编查保甲户口条例》 1–244d
剿饷 6–403c
缴纳股金 3–183e
《叫我幸运儿》 4–458d
叫鸭科 8–444e
校雠 4–206f
《校雠广义》 1–590b
《校雠通义》 4–206e, 9–221c
校雠学 4–206e
校对 4–206f
校勘 4–207a
校是非 4–206f
校异同 4–206f
轿车 4–207c
轿子 4–208a
较差微波辐射计 5–275f
较差自转 7–270a, 8–582b
教案 4–208b
教典派 3–24d
《教法捷要》 6–423c
《教法判例》 8–514f
《教法修正》 7–153e
《教法学家不予光顾的人》 7–153e

《教法札记》 5-266f
《教法自通》 7-153e
教坊 3-212f, 4-579e, 8-575e, 9-404b
教父 4-208b
《教父》 4-423e, 5-269b, 6-35b
《教父Ⅱ》 6-35b
《教父Ⅲ》 6-35b
教皇 4-208c
教皇国 4-208c, 4-208c
《教皇进行曲》 3-174c
《教皇英诺森十世肖像》 7-562f
教皇制 4-208d
教皇子午线 4-208e
教会法 4-208f, 6-515f
《教会法大全》 4-208f, 7-368b
教会改革运动 4-456a
《教会教义学》 1-183b
教诫派 3-24d
教科书 4-209a
《教理概论》 1-570b
《教理问答》 5-244e
教练员 4-209a
教母 4-208c
教牧神学 6-515e
教派神道 6-510b
教区 4-209b
《教区生活场景》 1-78d
教权至上说 6-514b
教师 4-209b
《教师》(电影) 3-100f
《教师》(小说) 1-409b
《教师报》 7-590a
教师教育 6-573d
教师节 4-209c
教授派 3-24d
《教授之餐》 5-70c
教随国定 1-122b
教唆犯 4-209d
教堂 4-209e, 5-248d
教堂康塔塔 4-405a
教堂斯拉夫语 3-176e
教堂协奏曲 8-235d
教廷 5-207e
《教廷文汇》 2-485c
教习 4-209c
《教行信证》 6-194e
教学大纲 4-210b
教学游戏 9-43d
教学做合一 8-232b
《教义的争论》 4-516a
教义神学 4-45b, 6-515e
教义师 7-455b
教义学 8-384c
《教义学原理的说明》 1-80c
教育 4-210c
《教育部直属高等学校暂行工作条例》 2-200a
《教育敕语》 4-309b, 5-451f
《教育的改良》 1-291c
《教育的果实》 7-452e
《教育概论》 5-389a
教育机构 4-213b
《教育今语》 7-324b
教育救国 4-211a
《教育人类学》 5-372d
《教育诗》 5-253d
《教育史》 5-389a
《教育史ABC》 8-464c
教育收益率 4-211b
教育投入 4-211d
教育投资 4-211d
教育心理学 4-211e
《教育心理学》 4-211f
教育学 4-212c
《教育学》(I.A.凯洛夫) 4-394d
《教育学》(立花铣三郎) 4-212f
《教育学教科书》 4-212f
《教育与教学原理》 4-212d
教育支出 4-211d
教育制度 4-213b
《教育中的科学》 7-133d
教阅厢军 8-199e
教长 4-213c
教长阿訇 1-26a
《教子家训》 4-127c
教宗 4-43d, 4-208c, 4-208d
酵母 5-341e
酵母菌 4-213c
藠头 4-266f
醮(宗教活动) 9-175f
阶地面 3-424b
阶地斜坡 3-424b
《阶段》 1-435a
阶和范畴的语法 3-363a
阶级 4-213d
阶级斗争 4-213e
阶级斗争扩大化 7-152e
阶数 7-459d
阶台式梯田 7-338c
《阶梯旁的圣母》 5-395e
阶梯透镜 7-414f
阶梯原则 4-213f
阶元系统 2-544c
阶跃型冲击 2-1e
阶跃折射率光纤 3-229e
疖 4-213f
皆骨山 4-240a
结实率 6-287c
接触变质作用 1-346e, 4-503a
接触动密封 5-404f
接触法 5-131e
接触交代变质岩 1-346b
接触觉 2-22a
接触器 4-386c
接触巫术 8-13b
接触性皮炎 4-214a
接触作用 1-533b
接地 4-214b
接地开关 4-386c
接根法 4-150a
接骨莲 1-482d
接骨木 4-214b
接骨木属 4-214b, 6-309d
《接过雷锋的枪》 9-483f
接合孢子 4-214c
接合菌 4-214c
接合菌病 5-317d
接合菌纲 4-214c
接合菌门 4-214c
接合生殖 9-50c
接力比赛 4-214f
接力跑 4-214d
接力赛 4-214d
接力游泳 4-214e
接穗 4-148f
接吻鱼 6-276b
接舷战 3-329b
接引佛 2-393a
《接早班》 5-372e
接枝共聚物 3-149c
秸秆过腹还田 4-215a
秸秆还田 4-214f
秸秆沤肥 4-215a
痎市 8-341c
《揭穿小人国的秘密》 3-76a
揭露黑幕运动 8-260d
揭阳市 4-215a
揭阳县 4-215a
《街坊罗西基》 4-395e
《街景》 4-538b
《街景,柏林》 4-51c
《街垒中的家庭》 2-360c
《街区》 6-108f
《街童》 3-501f
《街头》 4-534f
《街头的五个女人》 6-188d
街头(活报)剧 4-215b, 1-121f
《街头女郎梅季》 4-448d
《街头巷尾》 4-616d
街舞 5-128e, 6-70f
街子土语 6-356b
孑遗植物 5-38d, 7-96e
节 4-215c, 4-278f
节操 4-215d
节度 4-215d
节度使 4-215d, 1-106a
节段性回肠炎 4-332d
节腹螨总目 6-80b
节腹目 4-215f, 9-496b
节甲鱼目 2-379f
节间 4-278f

《节俭令》 4-497d
节蕨植物 4-215f
节理 4-216a
节理系 4-216b
节理组 4-216b
节流 4-391e
节律 5-300c
节目主持人 4-216c
节能 5-563f
节拍 4-216d, 4-217b
节拍器 4-216d
节气 2-428a
节裙 6-270e
《节日》 3-333c
《节日序曲》 9-483f
节省法 1-74d
节尾猴 4-216e
《节孝记》 9-79b
节育 4-87f
节欲 4-216f
节欲论 4-216f
节镇 9-259a
节肢动物 9-438f
节肢动物激素 4-57c
节肢动物门 4-216f
节制资本 5-425e
节子板 2-315a
节奏 4-217a
节奏布鲁斯 6-109b, 8-481c
节奏型 4-217b
节足动物的生物发光 6-537a
《劫后桃花》 3-501f
劫机 4-217b
《劫难的标志》 1-293b
劫杀 6-121a
杰巴 5-576b
杰贝勒河 5-573b
杰宾河 4-430b
杰尔 7-276f
杰尔巴岛 4-217d
杰尔查文,G.R. 2-402b
杰尔马人 6-412c
杰斐逊,T. 4-217e, 3-157c, 5-367c
杰斐逊国家开发纪念馆 6-565e
杰斐逊河 5-407b
杰斐逊纪念堂 3-537b
杰夫·贝克小组 9-460e
杰弗里 8-409b
杰弗里·普兰他日奈 3-462e
杰弗里斯,H. 4-218a
杰汉·沙 3-460f
杰克·伦敦 4-218b, 1-123b
杰克逊,A. 4-218d, 5-352d, 5-353b, 5-363b, 9-279d
杰克逊,C. 5-118a
杰克逊,M. 4-218c
杰克逊港湾 8-128e
杰克逊国际机场（巴布亚新几内亚） 5-468e
杰克逊国际机场（美国） 8-411b
杰克逊氏癫痫 4-301c
杰克逊氏综合征 7-280e
杰克逊维尔 4-218c
杰克逊维尔大学 4-218d
杰拉尔-费利克斯·契卡雅 8-9b
杰拉什 9-117c
杰利科,J.R. 6-322c
《杰龙修斯之梦》 1-62d
杰鲁东公园 7-591e
杰马央宗曲 8-397b
杰姆代特奈斯尔文化 4-218e, 7-404a
杰姆代特奈斯尔遗址 4-218e
杰姆斯·威廉逊 2-290d
杰姆圆形竞技场 4-218f
杰纳西河 1-91c
杰日尼奥夫角 2-19e
杰色·索朗贡布 2-172c
杰士卡,J. 3-509a
杰斯纳河 2-259d
杰文斯,W.S. 4-219a
“杰西·欧文斯”奖 6-16d, 7-501c
《杰西·詹姆士》 2-487c
杰希尔山 7-230e
《杰作》 1-409e
《洁白的羽毛寄深情》 6-578e
《洁古珍珠囊》 9-216a
洁净煤技术 4-219b
洁面 5-48b
结拜 4-219d
结肠小袋纤毛虫病 4-219d
结肠直肠癌 4-219e
《结仇》 5-74b
结缔组织 4-219f
结缔组织病 4-220b
结缔组织痣 9-325c
结发 4-220b
结发夫妻 4-220c
结构辨识 4-220c
结构材料 4-220c, 1-458e
结构动力学 4-221d
结构多糖 2-389e
结构功能主义 4-220f, 5-485a, 6-32a
结构化学 4-221a, 8-71b
《结构化学研究中若干辩证法问题》 5-150e
结构基因 4-52e
结构简式 3-551c
结构静力学 4-221d
结构可靠度 4-444b
结构力学 4-221c
结构流变学 5-123d
结构模式识别 5-454e
结构模型 5-455b
结构强度 6-178d
《结构人类学》 5-74d
结构生物学 4-221e
结构式 3-551b
结构稳定理论 4-221d
结构现实主义 1-153c
结构型高分子导电材料 2-156d
结构性流动 6-490c
结构性失业 4-221f, 6-572b
结构性通货膨胀 7-390b
结构异染色质 6-273d
结构隐身材料 8-589c
结构语言学 7-233f
《结构语言学的方法》 3-310e
结构语义学 9-74b
结构域 2-552c
结构主义 4-222a
结构主义学派 7-589c
结关 4-222b, 7-389b
结果犯 2-478b
结果责任原则 6-193e, 8-15d
结合胆红素 3-40b
结合环 3-575b
结合梁桥 6-186d
结合律 5-224b
结合酶 3-191e
结合能 4-222b
结合水 6-543b, 7-442f
结合物 8-70c
结核病 4-222c
结核杆菌 2-506b
结核菌素试验 4-222f
结核性腹膜炎 3-22c, 4-222d
结核性脑膜炎 4-222d, 5-550c
结核性胸膜炎 4-222d
结婚 4-222f, 4-2e
结婚必备条件 4-2e
结婚成年制 9-50b
结婚登记 4-2f
结婚证书 4-2c
结婚周年纪念 4-223a
结婚自由 4-3d
结集 4-223b, 6-406c
《结集史》 4-223c
《结髻记》 2-171c
结节病 4-223d
结节溃疡型基底细胞癌 4-42e
结节龙科 4-134f
结节性多动脉炎 6-524f, 8-374b
结节性红斑 4-223f
结节性黄瘤 3-592a
结节性甲状腺肿 4-139b
结节性血管炎 8-374c
结金兰 4-219d
结晶分异作用 8-430b
结晶化学 4-302d
《结晶化学》 7-317c
结晶灰岩 6-595e

结晶酶 6-366a
结晶牛胰岛素 8-541d
结晶水 4-223f
《结晶学研究》 1-441d
结晶釉 8-437e
结脉 5-301e
结盟 4-219d
结膜 8-439c
结膜吸吮线虫 4-224a
结膜吸吮线虫病 4-224a
结膜炎 4-224a
结球白菜 1-193a, 2-72d
结球甘蓝 3-35c
结球莴苣 7-607c
结社自由 4-224b
结绳记事 4-224c
结石 4-224d
《结束和开始》 8-125e
《结水浒传》 2-153d
结算 4-224e
《结体三十六法》 7-47c
结香属 6-352c
结型场致发光 3-194a
结雅河 3-455a
结义 4-219d
桔槔 9-182a
桔槔提水灌溉 5-611a
桔梗 4-225a
桔梗科 4-224f
桔逸势 6-175f
桀 4-225a, 7-295a
捷布洛斯姆塔山 1-545e
捷尔任斯基,F.E. 4-225a
捷尔任斯基儿童劳动公社 3-124e, 5-253d
捷尔维什·阿里 1-54f
捷克 4-225b
捷克公国 4-226b, 4-225e, 7-127c
捷克共和国 4-225e
捷克和摩拉维亚共产党 4-225e
捷克和斯洛伐克共和国 4-227b
捷克和斯洛伐克联邦共和国 4-225e, 4-227b, 7-129d
捷克技术大学 4-226b
捷克盆地 4-225c
捷克人 4-226d
捷克社会民主党 4-225e
捷克斯洛伐克 4-226e
捷克斯洛伐克共和国 4-225e, 4-226e, 4-226f, 7-129c
捷克斯洛伐克人民民主共和国 7-129c
捷克斯洛伐克社会主义共和国 4-225e, 4-227a, 7-129c
捷克斯洛伐克正教会 2-329d
捷克斯洛伐克1948年二月事件 4-227b
捷克语 4-227c, 4-226d
捷联式惯性制导系统 3-217d
捷梅山 4-436c
捷斯 4-227d
捷依奇,L.G. 4-554b
颉利可汗 4-227d, 7-315c
楬 4-158c
睫状体 8-439b
截断阀 2-435b
截断误差 8-80a
截击机 4-150f
截流 4-227e
截面收缩率 1-460d
截首刀 2-155a
截瘫 7-280c
截头堆砂白蚁 1-208d
截影 6-504a
截肢 4-228b
楶 9-165d
碣石山 1-506c
碣石湾 6-447e
《鲒埼亭集》 6-266a
羯 4-228c
羯鼓 3-190b
羯胡 4-228c
羯陵伽国 1-59a
羯磨 4-228c, 8-494a
羯磨法 4-228d
羯磨师 4-228c
羯若鞠阇国 4-233d
姐德秀围裙 3-152b
姐勒金塔 6-350e
《姐妹俩》 5-204b
解蔽 2-547c, 8-382c
解表法 1-141d, 3-387e
解表剂 4-228d
解乘数法 7-66e
《解毒剂》 9-33a
《解放》(电影,1940) 2-357e
《解放》(电影,1969~1972) 8-5f
《解放》(电影剧本) 1-234e
解放巴勒斯坦阿拉伯阵线 1-166e
解放巴勒斯坦人民阵线 1-166e
解放碑 2-6e, 9-64c
解放刚果民主力量同盟 3-51c
解放军电影制片厂 1-146d
《解放了的普罗米修斯》 8-372a
《解放了的中国》 3-100f, 8-349a
解放帽 4-352c
解放牌卡车 9-350d
解放桥 4-5f
解放区戏剧 4-228f
解放区总工会 9-424d
《解放日报》(延安) 1-80c, 5-167d
《解放日报》(上海) 4-229a
解放社 4-229b
解放神学 4-229c
《解放思想,实事求是,团结一致向前看》 4-229c, 2-201c
《解放宣言》 4-229d, 5-345d, 5-350e, 5-353d
解放宣言草案 5-83c
解放战争 4-229e
《解决国家与他国国民间投资争端公约》 3-274f
解决争议的方式 9-459d
《解开汉字之谜》 1-110d
《解渴》 7-331b
解理 4-502b
解理面 4-502b
解密 5-406d
《解剖规则》 2-458c
解剖学 4-231a
解剖学上现代人 6-291b, 6-292c
解剖学上现代智人 9-324a
《解剖杂录》 5-468c
"解散财阀" 6-321d
《解深密经》 2-456c, 8-597a
解释变量 2-391a, 3-608d
《解释的冲突》 5-28e
解释学 4-231b
解索皴 2-59a
解调 4-231b, 7-376b
解析 4-231c
解析测图仪 6-505e
解析法测图 3-395e
解析函数 4-231c
《解析函数论》 4-517a
解析集合论 3-134a
《解析几何》 2-308b
解析几何学 4-231d
解析空中三角测量 6-505e
解析摄影测量 6-505e
解析数论 4-231e
解易 9-475e
檞园居士 8-501e
介庵体 7-169d
介电常数 4-232a
介电式干燥器 3-33d
介电损耗 2-282d
介福 4-173c
介孔固体 5-510e
介壳虫 4-235b
介入放射学 4-232b
介入疗法 4-232b, 8-247f, 8-250a
介形虫 4-233a, 7-539d
介形纲 4-233a
介形类 4-233a
介休市 4-233b
介休县 4-233b
《介雅》 8-280d
介祉宫 6-519f
介质光波导 3-219d
介子 4-233b, 4-492e, 5-62e, 6-180e, 7-295c
介子推 3-366d, 4-233b

戒（佛教） 6-404a
戒敕 9-228c
戒幢律寺 4-102f
戒和尚 3-419b
戒护 1-7d
戒具 4-233c
戒名 2-453c
戒日王 4-233d, 4-233d
戒日王朝 4-233d
戒书 9-228c
戒贤 8-363e
戒严 4-233f
戒指 4-234a, 7-43a
芥菜 4-234a, 4-279b, 9-138f
芥菜型油菜 9-36f
芥川奖 4-234c
芥川龙之介 4-234b, 5-216e
芥子气 4-234c
芥子园 4-234d, 5-3a
《芥子园画谱》 4-234d
《芥子园画谱初集》 5-3a
《芥子园画传》 4-234d
界（生物学） 2-544f, 3-175b
界碑时代 4-365e
界画 6-439a
界面 1-355e
界面波 7-283b
界面化学 1-355e
界面缩聚 7-227f
界首关 9-44d
界首市 4-234e
界说 2-313e
界休县 4-233b
疥疮 4-234f, 4-235a
疥螨 4-235a, 4-234f
蚧 4-235b
借贷复式记账法 4-495c
《借贷记账法》 3-113e
借贷资本 4-235c
借贷资本输出 9-522f
《借东风》 7-285a
借入准备金 9-517f
《借山图册》 6-127c
堺 4-235d
堺利彦 4-235d
解元 4-428c, 4-428f
巾（盔头） 4-504b
巾帼 4-144a
斤 6-157b, 7-28f
今本 9-497e
《今本竹书纪年疏证》 9-497f
今草 1-482e, 7-47f
今村昌平 4-235e
《今古奇观》 4-235f, 3-316b
今钱 9-313f
今曲子 2-40f
《今日埃塞俄比亚》 1-71f
《今日报》 2-408c
《今日基督教》 2-615f
《今日美国》 8-287f
《今日世界大战中之我国教育》 2-484a
《今日苏丹》 7-180c
《今日新闻报》 7-180c
今日亚洲公司 2-580c
今体诗 4-236a, 4-272d
《今天》 1-259e
《今天的列宁辩证法》 5-216d
《今天是我的生日》 4-405c
今文经 3-384a, 4-236a
今文经学 4-236a, 4-298b, 6-222f
《今昔物语》 6-320c
《今夜有暴风雪》 5-55d
今虞琴社 9-173a
《今乐初集》 8-219d
《今乐府选》 8-480b
《今乐考证》 8-480b
今字 3-170c
金 4-236a
金，A. 5-208b
金，C.J. 2-545c
金，M.L. 4-236b
金巴亚人猿像 1-377c
金巴亚人之盆 1-377c
金霸王 4-253f
金斑喙凤蝶 2-580c, 8-61d
金榜 9-314a
金宝山 2-89c
金宝善 4-236b
金陂关 9-533b
金背斑鸠 1-226c
金奔巴瓶 4-247a
金本巴 4-247a
金本杜人 1-221d
金本位 3-588f
金本位国际货币制度 3-265e
金本位制 4-236c, 2-141e, 4-18e, 8-579e, 8-615a
金笔 9-538a
金币本位制 2-141e
金臂虫 7-539d
金边 4-236d
金边吊兰 2-302c
金边湖 2-343e
金边万年青 7-482c
金边债券 3-297e
《金鞭记》 5-179a
金饼 9-367c
《金波泛筏》 4-547d
金伯利 4-236d
金伯利高原 4-236e
金伯利金刚石矿废穴遗迹 1-276c
金伯利岩 4-236f, 4-236e
金伯利岩筒 2-520c
金不换 6-399b
金钗石斛 8-304a
金昌市 4-237b
金朝 4-237c, 9-450e
金成柱 4-248b
金城（城市） 6-237d, 8-277e
金城（画家） 3-516d
金城公主 7-304a
金城江区 3-422b
金城郡 6-206a
金城银行 1-284b
金翅雀属 3-595e
金冲及 4-239b
金川 3-37e
金错 2-60b
《金达莱花》 4-257f
金大白 5-104e
金大城 6-598a
金大中 4-239c
金代长城 1-510b
金丹 5-553d
金丹派南宗 2-162c, 6-265e
金丹术 5-48d, 5-49b, 7-472b
《金丹四百字》 9-190a
金弹 4-243b
金德·伯勒达伊 2-240b
金德拉王朝 4-384a
金德利费尔德机场 1-213e
金德麟 4-260c
金登干 9-331e
金堤 4-239d
金迪亚 4-81b
金地国 5-520e
金雕 2-300e, 7-225c
金蝶兰属 4-541a
金顶凤凰山铅锌矿 4-541f
金顶山 2-92c
金东仁 4-239e, 4-257f
金发藓 4-239e
金发藓属 4-239e
金翡翠 2-531e
《金粉世家》 9-196a
金丰 7-111c
金风亭长 9-489c
金凤蝶 5-95c
金佛山 2-6d, 2-92c, 7-144e
金佛山国家级风景名胜区 5-520e
金柑 4-243b
金柑属 3-43e
金刚宝座塔 7-237a
《金刚波罗蜜经》 7-307f
《金刚般若波罗蜜经》 7-278d
金刚部心 5-139f
金刚乘 5-409a, 8-597b
《金刚顶经》 4-391b
《金刚顶瑜伽中略出念诵法》 4-391a
金刚光泽 4-502a
金刚界 5-409b

《金刚经》 4－239f, 1－230c, 2－300f, 7－147f
《金刚经碑》 5－133d
《金刚三昧经论》 9－98c
金刚砂 7－293a
金刚山 4－239f
金刚石 4－240b, 2－520d, 3－229d, 4－236e, 4－236f, 6－98b, 7－292b
金刚腿 5－134a
金刚烷 4－240d
金刚烷胺 4－407e
金刚智 4－391a, 5－409b
金刚钻 7－43b
金阁寺 6－315d
金沟屯遗址 9－407f
金谷别墅 1－359b
《金谷集》 6－593d
《金谷诗序》 6－593e
金瓜石山 4－48f
金瓜武士 2－34d
《金冠辞》 2－211c
《金罐》 4－22b
《金光大道》(电影) 5－84c
《金光大道》(小说) 3－407a
《金光明经》 3－609d, 9－56f
金光明四天王护国寺 2－316d
金光小寄蝇 4－105f
金龟 7－615e
金龟橘子 6－509b
金龟科 4－240e
金龟子总科 6－189b
金桂 3－247d
金匮石室 6－602a
《金匮要略》 4－240e, 6－388c
《金匮要略方论》 4－240f
金匮之盟 9－232f
《金国语解》 4－254c
金果榄 2－496b
《金孩子》 1－118e
金海 9－434b
金海陵王完颜亮 4－241a
金瀚 4－241b
金合欢 4－241c, 2－493e
金合欢花 4－241c
金合欢属 4－241c, 7－253d
金河 6－451d
金衡盎司 9－11f
金衡磅 1－235d, 9－11f
金红石 4－241c, 2－429d, 3－234a, 8－202c
金琥 4－241e
金琥属 4－241e
金花茶 4－241f, 1－490f
金花茶保护区 2－494b
金花虫 8－496d
金花银 5－440d
《金华冲碧丹经秘旨》 1－209c
金华火腿 2－328f, 4－14e, 4－242a, 4－542d
金华市 4－242a
金华戏 8－80b
金华学派 9－243a
金华猪 4－242a
金化攻势 6－460c
金环蛇 4－242b, 2－351e
金黄色葡萄球菌 6－101f
金黄水母 1－394c
金汇兑本位制 2－141e, 3－589a, 4－18e
金婚 4－223b
《金鸡》 5－8d
金鸡百花电影节 4－242d
金鸡湖畔 7－198d
金鸡奖 4－242c
金鸡勒 4－242d
金鸡岭 4－563b
金鸡纳碱 4－504d, 4－505b
金鸡纳酒 6－101e
金鸡纳属 4－242d
金鸡纳树 4－242d
金鸡纳霜 4－504d
《金鸡纳霜》 4－516d
金鸡山 9－44e
金积堡鸿乐府拱北 3－146b
金鲫 4－107b
金鲫种 4－261f
金贾 4－242e
《金桨船》 7－551d
金角湾桥 2－604b
金界壕 4－242f
金金一 4－258c
金锦香 8－493b
金景芳 4－243a
金静庵 4－262e
《金镜》 7－552f
金橘 4－243b
金橘饼 4－243c
金橘属 9－139a
金爵奖 6－463b
《金卡斯·博尔巴》 5－240c
金开藩 3－516d
金克木 4－243c
金块本位制 2－141e, 3－589a, 4－18e
金矿 4－243d, 2－520d
金矿物 4－243d
金矿资源 4－243f
金盔银甲峡 1－514f
金兰角 4－244a
金兰结义 4－219d
金兰湾 4－243f
金兰柚 9－53b
《金鲤鱼的百裥裙》 5－82b
金利来（远东）有限公司 9－170d
金莲川 6－459e
《金莲调叔》 5－220d
金麟班 2－105c
金陵 5－531a
金陵八家 4－244a
金陵大学 4－244d
《金陵怀古》 6－358b
金陵机器制造局 4－597e
金陵机器制造总局 8－469f
金陵刻经处 4－244e
金陵女子文理学院 4－244d
金陵神学院 7－520c
《金陵神学志》 4－244f, 7－520c
金陵协和神学院 4－244f
金陵邑 4－162f, 5－531b
金龙 8－65a
《金龙禅寺》 5－227d
《金龙探监》 3－251e
金龙鱼 6－276b
《金楼子》 5－56a
《金驴记》 1－50b
金缕梅纲 7－81b
金缕梅科 4－244f
金缕玉衣 6－577e, 9－24d, 9－79a
金绿宝石 4－245a
金绿柱石 5－188b
金马碧鸡老兵 8－461b
金马奖 4－245c
金满贯 3－100a
金茂大厦 4－245d
金懋基 4－258c
金梅生 9－120d
金霉素 2－506b, 7－150d
金门大桥 4－245e, 6－560e
金门岛 4－245f
金门剧院 6－560f
金门湾 4－246a
金门县 4－246a
《金门相会》 6－183f
金庙 8－133d
金庙事件 4－246a
《金明池争标图》 9－216e
金姆里人 7－528c
金奈 4－246b
《金泥玉屑丛考》 7－520f
金猊 7－206b
金牛山人 4－246d
金牛眼 1－328d
金牛座 4－246e
金牛座α 1－328d
金农 4－246f
金派（京剧流派） 4－253f
金派（梅花大鼓流派） 4－258f
金平俸文 2－125a
《金苹果》 3－102b
金瓶掣签 4－247a, 9－159b, 9－239b, 9－511b
《金瓶梅》 4－247b, 9－390b
《金瓶梅词话》 4－247c, 5－446d
金葡菌 6－101f

《金七十论》 7–68e
金漆木雕　5–489a
金钱白花蛇　8–582c
金钱板　7–144c
金钱豹　4–247d, 1–249a, 3–513b
金钱豹属　4–225a
《金钱本色》 5–605e
金钱卜　9–177d
金钱棍　1–191f
金钱情结　6–236a
金钱松　4–247d
金钱松属　4–247d, 5–226d
金枪鱼　4–82c
金枪鱼科　4–247e
金枪鱼属　4–247e
金庆棪　5–106c
金球奖　8–609f
《金泉》 6–57b
《金雀花》 4–531e
金雀花王朝　4–247f, 3–462e
金雀山汉墓帛画　1–403c
金人瑞　4–253f
金日成　4–248b
金日成综合大学　1–539b
金日磾　4–22e
金融　4–248c
金融产品　4–249b
金融创新　4–249d
金融风暴　4–250c
金融风潮　4–83c
金融风险　4–249d
金融风险分析　4–249e
金融工具　4–249b, 4–251d
《金融公报》 4–266a
金融寡头　2–253a
金融活动　4–249d
金融机构　4–249a
金融机构危机　8–417d
金融监督　3–281d
金融监管　4–249f
金融借款　8–214e
金融控股公司　4–250a
金融期货　6–123d
《金融企业会计制度》 4–496b
金融全球化　4–250c
金融商品　4–249b, 4–250e
金融审计　4–250c
金融时报集团　6–54b
金融市场　4–250d, 4–249c
金融体系　4–249a
金融体制改革　4–292a
金融调控机制　4–249c
金融统计　7–65c
金融投资　4–250e, 7–413d
金融危机　4–250f
金融性负债　3–5a
金融衍生产品　4–251b
金融衍生工具　4–251b
金融衍生商品　4–251b
金融诈骗罪　4–286a
金融债券　9–177b
金融制度　4–249a
金融中介　4–249a
金融中介机构　4–249a
金融资本　4–251c, 5–146e, 9–524b
金融资本集团　1–462b
《金融资本论，对资本主义最新发展的研究》 8–121b
金融资本时代　9–524b
金融资产　4–251d, 3–293a
金融租赁　4–251d
金塞尔　4–429e
金三角　4–251e
《金色笔记》 4–535b
《金色池塘》 4–251f
《金色的海螺》(电影) 7–483c
《金色的海螺》(童话诗) 6–344f
《金色的孔雀》 2–155e
《金色的梦》 9–233a
《金色的秋天》 2–564a
《金色少年》 1–300b
金色小沙丁鱼　6–422e
《金色夜叉》 6–320e
金森博雄　9–258c
金沙江　4–252a, 1–513a, 3–466a, 6–393b
金沙萨　4–252c
金沙文化　3–539a
金沙遗址　4–252d
金山　4–252f, 1–511c
金山府　4–258c
金山岭长城　4–253a
金山农民画　4–253c
金山区　4–253c
《金山寺》 8–452e
金山卫　1–259e
金山县（清，今上海境内） 4–253c
金山县（隋，今江苏境内） 4–258c
金善宝　4–253c
金少山　4–253e
《金蛇狂舞》 6–65e, 6–200c
金声　3–480c
金圣叹　4–253f
金狮奖　4–254a, 9–400d
金狮领带公司　9–170d
金石　4–254b
金石并用时代　7–404a
《金石萃编校补》 5–203a
《金石灵砂论》 5–48f
《金石录》 4–254a, 4–607e, 9–204a
《金石论丛》 1–488a
《金石盟》 5–349c
金石声　2–510c
《金石识别》 3–554c, 8–107d
金石学　4–254b, 6–596f
《金石缘》 8–48b
金石之学　4–254c
《金实录》 9–206b
《金史》 4–254c
《金史纪事本末》 4–98d
《金史详校》 4–254e
金世宗完颜雍　4–254e
金寿门　4–246f
金属　4–254f
金属本位制　4–18e
金属玻璃　2–513e
金属卟啉　1–422b
金属材料　4–255a, 1–459f
金属磁致伸缩材料　2–50d
金属簇配合物　6–59f
金属催化剂　2–57b
金属电子论　4–255c, 3–194f
金属电阻　2–299c
金属钒　2–468a
《金属粉末与电振荡的关系》 1–373a
金属腐蚀　4–255e
金属光学　4–255f
金属光泽　4–502a
金属过氧化物　3–303c
金属合金　4–254f
金属基体　3–10a
金属键　4–255f
金属烤瓷牙　8–202e
金属矿山　4–500c
金属类防水材料　2–496d
金属离子探针　7–291d
金属硼烷　6–68a
金属切削机床　4–29a
金属切削加工　4–575b
金属热处理　4–256a
金属热还原法　3–563c
金属声　4–511c
金属塑性成形　4–256c
金属酞菁　1–422c
金属羰基化物　7–300a
金属陶瓷　4–256d, 2–559d
金属提取　6–585a
金属相　4–256d
金属学　4–256e
《金属学报》 5–1d
金属牙　8–202e
金属–氧化物–半导体晶体管　4–257a, 1–528f
金属荧光指示剂　9–310b
金属有机化合物　9–95e
金属有机化学　9–47f
《金属与合金性质的理论》 5–476e
金属皂　2–528c
金属指示剂　9–310b
金树仁　6–570c
金水河（河南） 1–480e

金水河（北京） 7-346c
《金水桥》 7-515d, 9-193c
金丝猴 4-257a, 1-361a, 2-5f, 3-513b, 9-477b
金丝琥珀蜜枣 6-506a
金丝李 7-337c
金丝楸 6-243e
金丝绒 6-331d
金丝铁线 5-142d
金丝小枣 4-563d
金丝燕 4-257b, 2-124b
金丝燕窝 2-124c
金斯,J.H. 4-257c
金斯堡,A. 1-334d
金斯不稳定性 4-257d
金斯敦 4-257d, 4-110c
金斯敦 4-257d
金斯敦（澳大利亚） 6-9c
金斯敦港 8-390d
金斯敦议会中心 4-257e
金寺 4-565b
金松 4-247d
金松岑 4-258c
金素琴 2-579c
金素月 4-257f
金粟 9-454a
金粟兰 4-257f
金粟兰属 4-257f
《金锁洪阳大策》 1-201f
《金锁记》(传奇) 2-346f, 8-95d, 8-501f
《金锁记》(戏曲) 5-136a
《金锁记》(小说) 9-189c
金塔柏 1-485a
《金台残泪记》 9-198d
《金台送别图》 2-134a
金太宗完颜晟 4-258a
金太祖完颜旻 4-258b
金坛市 4-258c
金坛县 4-258c
金堂峡 7-458d
金塘大桥 8-236a, 9-464c
金天翮 4-258c, 9-169b
金天羽 4-258c
金田村 7-258a
金田村太平天国起义遗址 3-248d
金田起义旧址 3-245d
《金田之游》 4-159f
金铁霖 4-258e
金铁锁 6-608c
金廷淣 4-257f
《金头》 4-458e
金图 1-436b
金万昌 4-258e
金万重 4-258f
金文 4-259a, 7-47c, 7-48d
《金文编》 6-331e
金文文献 7-596c
《金文新考》 5-233f
《金文续编》 6-331f
金熙宗完颜亶 4-259b
《金玺诏书》(1356) 4-259d, 6-515a
金仙公主塔 7-236f
金项链 8-205e
金心吊兰 2-302c
金星 4-259e
《金星》 1-86b
金星堂 8-90e
金星步甲 1-456a
金星大气 8-316c
“金星”号探测器 4-260a
金星凌日 4-259f
金熊奖 4-260b
金秀山 3-406a, 4-253e, 6-84b, 7-224e, 9-473a
金秀瑶族自治县 4-260b, 2-120c, 8-483c
金雪尘 9-120d
金眼鲷目 4-260b
金焰 4-260c
《金羊毛》 4-544e
金腰带 9-14e
金腰燕 8-445a
金耀门文书库 4-260d
金叶扶桑 2-599e
金液 5-48d
金怡濂 4-260d, 3-287b
金怡濂星 4-260e
《金翼》 5-86b, 6-500d
金银草素 3-530e
金银错 3-128e
《金银岛》 7-124b
金银蛾 8-580e
金银花 6-309b, 6-309d, 8-9e
金银矿 4-243e
金银器 4-260e
金银藤 6-309b
金英花 9-12e
金罂粟 9-12e
金庸 4-261b
金泳三 4-261d, 4-239d
金鱼 4-261e
金鱼草 4-262d, 8-362d
金鱼草属 4-262d
金鱼藻科 4-262d
金鱼藻属 4-262d
《金玉姬》 1-208a, 7-499d
金玉均 4-262e
《金玉奴棒打薄情郎》 3-170a
《金玉缘》 2-416f, 7-590f
金毓黻 4-262e
《金元总集》 9-450f
金圆券 4-262f, 2-435f
《金圆券发行办法》 4-262f
金源边堡 4-242f
金院本 4-263a
金岳霖 4-263b
金云母 9-135c
《金云翘传》 6-188d
金杂剧 4-263c, 4-263a, 7-170d
金枣 4-243b
金藻昆布糖 4-263d
金藻门 4-263c
《金泽八景》 1-107d
金寨 4-263d
金寨县 4-263d
金盏花 4-263e
金盏花属 4-263e
金盏菊 4-263e
金盏银台 6-602d
金帐汗国 4-263e, 1-188f, 2-398c, 3-315f
金针菜 4-263f
金针虫 4-482b, 6-189b
金针菇 2-148c, 7-6c
金正日 4-264a
《金枝》 2-593c
金中都 3-142f
金钟寺 2-316d
金仲华 9-401e
金竹贡菊 6-506a
金铸币本位制 4-18e
金子运动 8-613f
金字牌急脚递 8-562d
金字塔 4-264b, 1-64e, 3-159e
《金字塔》 3-84c
《金字塔报》 4-264f, 1-65f
金字塔式台庙 6-32e
金棕榈奖 4-264f, 1-560a, 2-439d
津（天津市简称） 7-351c
津巴布韦 4-264f, 2-414a
津巴布韦爱国阵线 5-501d
津巴布韦大学 3-309d, 4-266a
津巴布韦非洲民族联盟 4-265d, 5-501c
津巴布韦钢铁公司 4-265f
津巴布韦共和国 4-265c
津巴布韦元 4-265e
津巴扎扎公园 5-242a, 7-242e
津波 3-344e
《津逮秘书》 7-177c
津岛修治 7-271b
津德尔 4-266c, 5-575b
津克维奇,L.A. 4-266c
津门之屏 2-83e
津南区 4-266d
津浦铁路 4-281d
津轻海峡 4-266e, 6-314a
津市市 4-266f
津液 4-266f
《筋疲力尽》 1-291d, 3-83e, 8-277b
《紧闭双眼》 7-134a
紧凑型荧光灯 9-15a

紧急避险 4–267a, 9–538b
紧急救援管理系统 9–323a
紧急气管切开术 6–142c
《紧急银行法》 8–294c
紧急状态 4–267b
紧脉 5–301e
紧密结合水 6–543b
紧压茶 1–490a
紧张峰测试法 1–485e
紧张型精神分裂症 4–306a
紧致性定理 5–455d
堇菜花苷 3–530e
堇菜科 4–267c
堇菜属 4–267c
堇青石 4–267c
堇叶芥属 6–591e
锦 4–267d
锦城 1–181b
锦带花 6–309d
锦带花属 6–309d
锦地罗 5–326c
锦歌 3–97c
锦葵科 4–267e
锦葵属 2–330e, 4–267f
锦纶 4–267f, 4–344b
锦纶6 4–342d
锦马叻长滩 5–338c
锦屏磷矿 5–39c
锦屏一级水电站 1–190e
《锦瑟》 8–19b
锦蛇 4–268a
锦西市 3–512b
锦西县 3–512b
锦绣苋 8–177a
锦衣卫 4–268a, 1–528a
锦云 3–154b
锦州府 4–268b
锦州港 4–268c
锦州市 4–268b
锦州战役 6–231f
锦砖 5–275b
谨慎动机 5–124c
瑾妃 9–250c
槿麻 3–471f
尽爱 4–153a
尽善尽美论 4–477c
进步党 4–268c, 5–218c, 9–103b
“进步”号货运飞船 3–418c, 4–585f
进步教育运动 4–268d
《进步日报》 2–83d
进步乡村乐 8–189c
进步与社会主义党 5–460e
进步主义教育运动 4 268d, 7–581f
进步主义教育运动之父 6–30d
进出境检疫 2–340c
进出口贸易 2–374f
进出口贸易差额 3–270b
进出口配额 4–268f
进出口配额管理 4–269b
进出口商品检验 4–268f
进出口许可证 4–269b
进港航道 3–56f
进攻性核战略 3–440b
进化 4–269b, 2–62c, 6–545d
《进化的假说》 7–122d
《进化的原因》 4–20e
进化古生物学 3–175b
进化理论 3–175d
进化论 8–79e
《进化论的若干基本概念》 1–565c
《进化论与分类学》 1–565c
《进化论与伦理学》 3–449a
进化适应 6–533a
进化树 4–270c
进化团 4–271a
进化型式 4–270c
进化学派 5–458a, 7–589a
《进化与退化》 9–469c
进谏 4–171b
进谏论 4–171c
进军大别山 4–271b
“进军喀布尔”战役 7–241e
进口 2–374f
进口附加税 3–206b
进口贸易 3–270a
进口配额 4–268f
进口商品配额 4–268f
进口税 4–271c, 3–206b
进口替代工业 4–271d
进口替代战略 4–271e
《进口许可证程序守则》 4–269b
《进口许可证程序协定》 4–269b
进兰属 4–541a
进睦县 9–57d
进士 7–211a
进水建筑物 7–84d
进贤门城楼 4–215b
进行曲 4–271f
进行性痴呆 4–558f
进行性肌营养不良 4–271f, 4–35d
进学 4–428b
《进学解》(书法) 7–171c
《进学解》(杂文) 3–365d
进展性卒中 5–552a
进占 4–227e
近 9–328b
近岸带 3–318e
近场光学 3–228f
近程导引 4–194f
近程飞机 2–507b
近程舰舰/岸舰导弹 2–510e
近程力 5–14d
近程有序 2–513d
近代分类学 2–544c
近代古生物学 3–175c
近代荷兰语 3–432a
《近代精神思潮》 1–134c
近代科学 4–441a
《近代欧洲各国国势学纲要》 7–408a
《近代欧洲外交史》 9–468a
近代砂矿 6–430b
《近代诗钞》 4–272a, 1–569a, 4–272b
《近代史思辨录》 1–568e
近代文明 7–591f
近代希腊语 8–125b
《近代医学之进展》 1–129d
近代邮政 9–34c
《近代中国伦理思想的转折》 9–204d
《近代中国启蒙运动史》 3–413a
《近代中国社会的新陈代谢》 1–568e
《近代中国史事日志》 3–253a
近地轨道 9–410f
近地空间 7–257d
近地小行星 8–230d
近地小行星会合 8–230e
近点年 5–584c
近点月 9–120a
近古音 3–385a
近关系调 9–510b
近海工程 3–349e
近红外光谱 3–473f
近红外区 3–474e
《近江八景》 1–107d
《近江令》 2–87a
近江牡蛎 5–487e
《近郊》 3–86d
近距离治疗 2–505f
近距作用 1–533b
近邻同盟 3–164e
近拍 9–328b
近亲结婚 4–272b
近亲属 6–195c
近世代数学 7–71c
《近世代数学》 2–128f
近视力 7–30c
近受威胁种 1–361a
《近思录》 5–181b
近松门左卫门 4–272c, 6–320e
近缩法 7–415b
近体诗 4–272d
近卫笃麿 4–272e
《近卫军临刑的早晨》 7–187c
近卫文麿 4–272d
近现代保加利亚语 1–244b
近致癌物 9–319b
《劲节图》 4–603c
晋 4–272e, 6–388d
晋(山西省简称) 6–440a
晋北鼓乐 2–33e
晋鄙 8–297b
晋察冀边区工业专门学校 1–269b

晋察冀根据地 4-410a
《晋察冀画报时事专刊》 6-423c
《晋察冀日报》 4-273a
《晋察冀印象记》 9-470a
晋朝 4-273b
晋城山楂 4-274e
晋城市 4-274e
晋城县 4-274e
晋祠 4-274f, 7-271a
晋悼公 2-37c
晋法家 2-446d
晋侯墓地 4-275a
晋怀帝司马炽 4-275b
晋惠帝司马衷 4-275c
晋惠公 6-200b
《晋纪》 3-31c, 4-274c
晋江 4-275c
晋江市 4-275d
晋静公 6-393a
晋剧 4-275e, 2-27f, 2-71e, 2-306a, 5-35b, 5-99f, 6-439f, 7-151b
晋厉公 8-422d
晋南地区 5-90b
晋南花鼓 3-527c
晋南驴 5-176f
晋南盆地 3-600b
晋宁石寨山 2-270b
《晋书》 4-275e
《晋书·干宝传》 7-177b
晋文公 4-275f, 2-37a, 3-366d, 6-196b
《晋文公复国图》 4-613a
晋无公族 6-392f
晋武帝司马炎 4-276a
晋西北军区卫生学校 2-262e
晋县 4-276d
晋献公 4-275f
晋兴县 9-525d
晋阳 7-270f
《晋阳秋》 4-274c, 7-575e
晋语 4-276b
晋元帝司马睿 4-276b
晋中地区 4-276d
晋中盆地 3-600b
晋中市 4-276c
晋中战役 8-348e
晋州市 4-276d
浸出 4-276e, 6-584f
浸出液 4-276e
浸膏 3-81c
浸会 4-276d
浸礼宗 4-276d
浸取 4-276e, 2-57e, 6-584f
浸取采矿法 1-466a
浸润溃疡型癌 7-570d
浸种 9-457d
靳成彬 4-277b
靳辅 4-276f
靳尚谊 4-276f
靳文然 4-277b
《靳文襄公奏疏》 4-276f
靳夕 5-361e
靳以 4-277c
《靳以文集》 4-277e
靳云鹏 4-277b, 7-479f
靳质儒 4-277b
靳凖 3-367c, 5-106c, 6-163d
靳紫垣 4-276f
禁兵 4-277e
禁锢 4-277f
禁忌 4-277f, 1-219d
禁军 4-277e
禁口 8-587b
禁雷公约 3-259e
禁令标志 4-196d
禁门之变 9-577a
禁寺 4-278b
禁烟节 3-366d
禁厌师 8-13a
禁渔期 4-278c
禁欲主义 4-278d
禁欲主义人生观 6-297e
"禁运战略物资"法案 4-288d
《禁止从气球上或用其他新的类似方法投掷投射物和爆炸物宣言》 3-345d
《禁止从气球上投掷投射物和爆炸物宣言》 3-345f
《禁止化学武器公约》 2-84e, 3-259e
禁止结婚 4-272c
禁止结婚条件 4-2e
禁止流通物 8-70b
《禁止垄断法》 6-321e
《禁止生物武器公约》 2-84e, 6-543f, 6-547d
《禁止使用、储存、生产和转让杀伤人员地雷及销毁此种地雷的公约》 3-259e
《禁止使用在人体内易于膨胀或变形的投射物，如外壳坚硬而未全部包住弹心或外壳上刻有裂纹的子弹的宣言》 3-345e
《禁止使用专用于散布窒息性或有毒气体的投射物的宣言》 3-345d
《禁止私人垄断和确保公正交易法》 2-471f
禁止性补贴 2-468e
《禁止在大气层、外层空间和水下进行核武器试验条约》 1-457b
禁治产人 8-21f
禁治产制度 8-21f
缙绅 4-278d
《缙绅》 6-329e
缙绅会议 4-278e
缙云山 2-6d, 3-540c
缙云山自然保护区 3-540c
缙云氏 3-582e
《噤哑的论争》 1-570c
茎 4-278f
茎笔石目 1-324c
茎倒伏 2-158d
茎尖 4-279a
茎芥菜 4-279b
茎瘤芥 4-279b
茎纤维 7-358f
茎用莴苣 7-607c
京（北京市简称） 1-270d
京班 4-282a
京阪神工业地带 4-279e
京梆子 3-420e
京包铁路 4-283c, 9-199c
《京北昌平县西湖村锰矿》 2-309e
京察 4-279c, 2-88a
京茨堡，V.L. 1-531a
京茨堡－朗道理论 1-531a
京灯影 9-405c
京调 4-282a
京调大鼓 4-283b
京东板栗 7-312c
京都 4-279c
京都大学 4-279f
京都帝国大学 4-279f
《京都名胜》 1-107d
《京都内外图》 6-317c
京都市政督办 9-485d
京都学派 4-280a, 8-102d
《京都议定书》 6-143a
京都御所 4-279e
京房 4-280a, 4-298b, 8-220f
京府 3-2b
京糕点 4-279d
京广铁路 4-280a
京汉铁路 4-280b
京杭运河 4-280b
京胡 4-281b
京沪高速公路 4-281b
京沪铁路 4-281c
《京华碧血录》 5-85c
《京华时报》 6-295b
京华园 8-291a
《京津泰晤士报》 1-86d
京津塘高速公路 4-281d
京九铁路 4-281e
京剧 4-281e, 4-282a, 9-404d
《京剧表演艺术杂谈》 6-165d
京口 9-259e
《京洛四季组画》 2-325e
京南门户 2-113a
京派 9-193c
京派旗袍 6-134d
京旗 1-144f
京腔 4-281f, 4-282e, 5-191d, 5-445e, 6-552c, 7-148a, 8-553d
京腔十三绝 4-282d

京人 9-130e, 9-131a
京人形 4-279d
京仁工业地带 3-361f
京扇子 4-279d
京沈铁路 4-281d
京师兵 4-277e
京师大学堂 4-282e, 1-267b, 7-398c, 8-426b
京师大学堂农科 9-388e
京师大学堂师范馆 1-270c
京师法政学堂 2-483f
京师同文馆 3-60a, 4-282f, 7-398b
京师图书馆 4-282f
《京师图书馆及各省图书馆通行章程》 3-131c
京师译学馆 7-398c
京师优级师范学堂 1-270c
京氏学 4-280a
京式糕点 3-81d
京式月饼 9-120a
京町子 5-216e
"京味"话剧 7-365f
京戏 4-281e, 4-282a
京役 9-145e
京音大鼓 4-283b
京语 4-283b, 4-283d
京韵大鼓 4-283b
京张铁路 4-283c
京兆府 3-2b, 8-81f
京兆郡 8-81f
京族 4-283d
泾河 4-283e, 7-572c
泾惠渠 4-283f, 5-2b, 9-271b
泾洛渭 7-572c
泾县 4-283f
泾阳先生 3-199b
泾卒之变 6-510a
经 6-406d
经编 9-249b
经编机 2-500f
经变画 2-376f
经别 6-586e
经部 3-294f
经常转移 4-284a
经常转移收支 4-284a
经谶 1-575e
经幢 2-31f
经典测验理论 8-250e
经典大地测量学 2-77b
经典电动力学 2-277b, 5-297a
经典电子论 5-229f
经典控制理论 9-536a
经典力学 4-284b
经典逻辑 7-449d
经典数学 7-72b
经典物理大地测量 2-77d
经典新星 8-291e
经典造父变星 9-164f
经典组合学 9-570b
经度地带性 2-227f
经方 9-218b
经方学派 9-448d
经馆 7-118e
《经国大典》 4-610d
经国济民 4-284f
《经过轻元素散射后的钼Kα射线的波长》 8-38f
经合组织 4-286f
经互会 4-287a
《经集》 8-596b
《经籍志》 3-254e
《经籍纂诂》 6-344e
经纪 8-389f
经纪人 4-284c
《经纪人管理办法》 4-284c
经济 4-284e
经济变量 4-288a
经济变迁 6-484a
经济表 4-506c
《经济表》 4-506d
《经济成长的过程》 4-288f
经济成长阶段论 4-284f
经济承载力 3-565e
《经济的空间秩序》 3-127d
经济地带 4-285a
经济地理学 4-285b, 2-228c
《经济地理学的任务》 4-285b
《经济地质》 5-81e
经济电阻 2-299c
经济发展 4-285e
经济发展理论 4-285f, 8-332e
《经济发展理论》 2-32d, 8-332e
《经济发展理论的研究》 3-317d
经济法 4-285f
经济犯罪 4-286a
经济方法 7-26e
《经济分析的基础》 6-365a
经济分析法学 2-457c
经济封锁 4-286a
《经济改革问题探索》 8-31e
经济杠杆 4-286b
经济共同体 4-294f
经济关系 4-284e, 4-403a, 6-528b
经济管理 4-286c
经济管理学 7-67c
经济规律 4-286d
《经济诡辩》 1-180c
经济过程 4-284e
经济过渡国家 4-296d
经济过热 4-286e
《经济合同仲裁条例》 9-459e
经济合作与发展组织 4-286f
《经济合作与发展组织公约》 4-286f
经济互助委员会 4-287a, 3-274f
经济混沌 4-287b
经济活动 4-284e
经济基础 4-287d
经济计划 4-287e
经济计划学 7-67c
《经济计划原理》 5-120b
经济计量模型 4-449e
经济计量学 4-288a, 7-67c
《经济计量学的概率分析法》 3-317d
经济计量学会 4-288a
《经济计量学教程》 4-449e
经济技术开发区 4-288b, 4-291e
《经济结构与经济管理》 5-251e
《经济界》杂志 9-382f
经济禁运 4-288c
经济控制论 4-288d
经济浪漫主义 8-101e
经济利润 5-30e
经济利益 3-282c
经济利益中心 3-290d
经济联盟 4-294f
经济联盟条约 2-353a
经济林 4-288e
经济林商品基地 4-288f
经济领土 3-290c
《经济论》 4-284e
经济模型 4-288f, 4-290e
经济泡沫 8-418b
经济起飞 4-288f
经济区 4-289a, 5-615a
经济全球化 4-289a
经济人 4-289f, 5-12e
经济人假设 4-289f
《经济日报》 4-290a
《经济日报》(台湾) 5-41a
经济日报报业集团 4-290a
经济软着陆 4-290a
《经济、社会和文化年鉴》 5-585b
《经济、社会和文化权利国际公约》 4-290b
经济、社会、文化权利 6-296c
经济社会学 4-294b
经济生态化 4-290b
经济史 4-294a
《经济史理论》 8-121d
经济适用房 4-290c
经济手段 4-286c
经济数量分析 4-290d
经济数量关系 4-290d, 4-290e
经济数学方法 7-67c
经济数学分析 4-290d
经济数学模型 4-290e
经济衰退 4-290f, 4-293c
经济水平 4-284c
经济思想史 4-294b
经济特科 4-429c
经济特区 4-290f, 4-291e, 9-402b

经济体制改革 4–291b
经济停滞 9–325e
经济统计学 7–67c
经济统计指标 4–295e
经济危机 4–292e, 9–524a
经济唯物论 5–18e
经济系统论 7–67d
经济萧条 4–293c, 4–290f, 6–51e
经济效益 4–284e
经济信息论 7–67d
经济型地热资源 2–238a
经济学 4–293c, 4–294e
《经济学》 6–365a
《经济学的最优解》 4–400a
《经济学释义》 5–218d
《经济学手稿(1861～1863)》 4–294c, 6–571b
《经济学手稿(1863～1865)》 9–521f
经济学说史 4–294b
《经济学原理》 4–294d, 4–293d
《经济研究评论》 4–287c
经济一体化 4–294f
经济硬着陆 4–290a
《经济与管理》 7–220f
《经济与社会》 4–295a, 4–373a
《经济与社会史年鉴》 5–585a
经济预测学 7–67c
经济杂交 9–147f
《经济增长的数学模型》 2–304c
经济增长黄金律 2–538e
经济增长理论 4–295b
经济政策 4–295d
经济指标 4–295e
经济制裁 4–295f, 3–277e
经济中心 4–289a
经济周期 4–296a, 7–67d
《经济周期》 2–32d
经济周期分析 4–288b
经济周期理论 4–296a
《经济周期理论的统计检验》 2–304c
《经济周期理论研究》 5–151b
经济周期性波动 4–296c
经济转轨国家 4–296d
经济转型 4–296d
经济转型国家 4–296c
《经济资源的最佳利用》 4–400a
经济子系统 2–226d
经济自由主义 4–296d
经济租 8–380c
经界法 4–296f, 6–199a
经界所 4–296f
经今古文学 1–198a
《经今古文学》 9–476d
经锦 4–267d
经颈静脉肝内门－体静脉支架分流术 4–232d
经量部 4–297a, 8–221d, 8–221f
经录 2–122b
经论大诗 2–104b
经络 4–297b
经络辩证 1–347f
经络诊法 9–441b
经脉 4–297c
经脉交会穴 7–330a
经皮动脉粥样硬化斑旋切术 4–232d
经皮经导管血管内电凝 4–232d
经皮腔内血管成形术 4–232c
经皮取石术 4–232f
经皮引流术和造瘘 4–232f
经皮针吸活检技术 4–232e
经平绒 6–91f
经起绒织物 6–331d
经圈环流 2–98f
经绒 7–349a
经纱 4–34e
经社理事会 5–44a
《经史百家杂钞》 8–201d
《经史证类备急本草》 7–168c
《经世大典》 4–297e, 9–89b
经世之学 3–294f
经世致用 4–297f
经世致用之学 4–297f
经书时期 8–608e
经叔平 4–297f
经外奇穴 6–132f, 7–62f
经外穴名标准 6–133a
经纬仪 4–204d
经纬仪测距 4–339c
经文歌 3–9e, 3–13d
经线 2–228d
经向构造体系 3–156c
经向植被带 9–301b
《经行记》 2–70f, 2–319d
经穴 4–298a, 7–62f, 8–50c
经学 4–298b, 3–373a
《经学历史》 9–476d
经筵 4–298d
经验 4–298e
经验回归方程 2–391a
经验论 4–298f
经验批判主义 4–299b, 7–547c
经验取穴 9–248b
经验统计学派 4–491f
经验温标 7–578b
《经验与自然》 2–362f
经验主义 4–298f
经验自然主义 2–362f
《经义述闻》 7–516b
经营风险 4–249f
经营计划 6–137a
《经营经济学》 6–41e
经营权 4–299b, 1–503d
经营性处分权 4–299c
经营性负债 3–5a
经营性国有资产 3–297b
经营性使用权 4–299c
经营性收益权 4–299c
经营性占有权 4–299c
经营性资产 3–297b
经院逻辑 5–223d
经院哲学 4–299d, 4–44a
经藏 2–583e, 8–221d
荆（楚国） 2–18b
《荆钗记》 1–562a, 2–12c, 3–600f, 4–300b, 7–175e, 8–146a
《荆楚岁时记》 4–299e
荆楚文化 2–20d
荆川先生 7–313f
《荆川先生文集》 7–314a
荆当县 2–152a
荆浩 4–299e, 4–87c, 8–47c
荆江 4–299f, 1–513a
荆江分洪工程 4–300a
荆芥 2–40b
荆轲 8–423a, 9–506d
《荆轲刺秦王》 1–560a
荆刘拜杀 4–300b
荆门包山2号墓 6–258f
荆门市 4–300c
荆门县 4–300c
荆门州 4–300c
荆南 4–300c, 5–538a
荆其诚 4–300d
荆沙市 4–300f
荆山 4–300e
荆溪 7–256c
荆湘文化 2–20e
荆雍蛮 5–302f
荆州 4–300e
荆州长江大桥 6–186b
荆州古城 4–301a
荆州市 4–300f
菁染料 4–505b
旌阳真君 8–355d
惊风 4–301a
惊厥 4–301b
《惊梦》 9–62e
《惊梦记》 1–189d
惊叹号发 7–456d
《惊讶》 8–88a
惊隐诗社 1–553c
惊蛰 2–427d
晶胞 4–301d
晶面 4–302b
晶态 3–63f
晶态磷光体 2–431e
晶态硼 6–67c
晶体 4–301c, 3–193b, 4–578d
晶体材料 4–301d
晶体场理论 6–59d, 6–60c
《晶体的对称和结构论文精选》 2–537a

晶体的X射线衍射　4-302a
晶体二极管　4-302c, 9-586f
晶体管　4-302f
晶体管计算机　3-403d, 4-91e
晶体化学　4-302d
晶体化学分类　4-503b
晶体化学式　4-502f
晶体结构　4-502d
晶体三极管　4-302f
晶体学　8-71c
晶体闸流管　4-303c
晶系　4-303a
晶形沉淀　1-549d
晶形蜡　6-606e
晶形粟丘疹　2-543e
晶须　4-303b
晶闸管　4-303c
晶质铀黑　9-42d
晶质铀矿　4-303d
晶状硫　5-130e
晶状体　8-439b
晶状体病　4-303e
晶状体脱位　4-303e
腈　4-303e
腈氯纶　4-304a
腈纶　4-303f, 4-340e
粳稻　2-167b
精　4-304a
精氨酸　1-111d
精本　6-449a
精兵简政　4-304b
精巢　6-549f, 8-327b
精纺呢绒　5-324d
精夫　5-302d
精机光学工业株式会社　4-124f
精机光学研究所　4-124f
精进　5-136f
精矿　4-304c
精炼电炉　7-380d
精料混合料　6-59b
精灵　4-304c
精馏　4-304d
精馏段　4-304f
精馏法　7-396e
精馏塔　4-304d
精庐　7-118e
精卵融合　7-44e
精卵识别　7-44e
精煤　8-367a
精密播种机　1-396a
精密冲裁　2-8d
精密导线测量　1-486c
精密水准测量　3-284b
精密星历　6-262c
精气　4-304f
精、气、神　5-553c
精确打击　4-305a
精确制导武器　4-305a
精舍　7-118e
精舍殿　6-597c
精舍窟　1-59c
精神　4-305c, 4-306f
《精神病患者》　8-126a
精神病态人格　6-285e
精神病性防御机制　8-251d
精神病性障碍　8-253e
精神病学　4-305d
《精神病学概论》　7-205a
精神财富　1-461f
精神分裂症　4-305f, 6-82a, 6-512a
精神分析　4-306b
精神分析学派　2-595f
《精神分析引论》　2-596c
《精神分析与宗教》　2-595c
《精神界之战士》　9-474c
精神进化论　3-76c
精神科　8-180f
《精神科学序论》　2-210b
精神民俗　5-429e
精神磨损　8-22a
精神权利　4-306c
精神社区　6-500a
《精神生活的统一性》　1-134c
精神损耗　8-22a
精神损失　7-224f
精神调养　4-306e
精神文化　6-138d, 6-500f
《精神现象学》　4-306e
精神性人妖　6-301b
精神依赖　8-485a
精神障碍　8-253e
《精神哲学》　4-458c
精算　4-307a
精索睾丸鞘膜积液　6-189c
精索静脉曲张　4-307a
精索鞘膜积液　6-189c
精卫　4-304d
《精武门》　3-139e, 4-616b, 8-193e
精细化工　4-307b
精细化学工业　4-307b
精细化学品　4-307b
精细结构　9-110b
精细结构常数　4-307b
精液分析　1-432a
精英理论　4-307c
精英循环理论　4-307d
精英主义　4-307d
精油　4-307d, 6-39b
精制盐　7-5f
精忠庙　7-369f
《精忠旗》　5-446b
《精忠演义说本岳王全传》　7-111c
精子　4-307e
精子获能　7-44e
精子受体　7-44e
精做工艺　8-117d
鲸　4-307e
鲸口鱼目　4-307f
鲸鲨　4-308a
鲸鲨科　7-59e
鲸鲨属　4-308a
鲸湾　4-308b
鲸湾港　4-308b, 5-510c
鲸须　4-307f
《井》　6-40d
《井边会》　8-480c
《井底引银瓶》　7-48f
井冈山　4-308c, 4-308f
《井冈山的斗争》　3-125e, 5-320b, 5-609a
井冈山地区　4-308d
井冈山革命根据地　4-308d, 7-432b
井冈山革命遗址　4-308d
井冈山会师纪念碑　4-308c
井冈山市　4-308e, 4-308c
《井冈山土地法》　7-430d
井灌井排技术　7-435c
井幹式住宅　9-501f
井窖　7-438d
井辘轳　5-175f, 5-176a
井喷　4-308f
井渠　4-398b
井上靖　4-309a
井上毅　4-309b
井式炉　3-127a
井式溢洪道　8-569a
《井台会》　1-580f
井田　4-309c, 8-116e
井田制　4-309c
井下动力钻　9-572e
井陉煤矿　6-596c
井陉之战　3-364f
井穴　8-50c
井伊直弼　4-67c
井原氏　4-309e
井原西鹤　4-309e
井植岁男　7-161f
肼　4-309f
肼类燃料　4-310a
颈椎　3-188e
颈椎病　4-310a
景亳说　1-410f
景差　2-18f
《景德传灯录》　4-310d
景德镇　4-311a
景德镇昌河飞机公司　4-180b
景德镇瓷　4-310e
景德镇市　4-311a
景德镇陶瓷　4-180b
景德镇窑　4-311a, 7-165f
景德镇御器厂　7-373a

景德镇御窑厂 4-548b
《景福殿赋》 3-415c
景福宫 7-42a
景观 4-311c
景观保护 9-538f
景观壳 2-225a, 2-233c
景观生态学 4-311c
景观学派 7-587e
景海鹏 3-402f, 9-371e
景恒春 8-435e
景洪港 4-311e, 9-137f
景洪市 4-311d, 8-101a
景洪县 4-311d
景教 4-311e, 7-117c
景净 2-101e
景陵 6-224f
景陵县 7-354c
景明宫 6-459e
景宁畲族自治县 4-311f, 6-477d
景宁县 4-312a
景颇 4-459d
《景颇姑娘》 7-499e
景颇文 4-312a
景颇语 4-312a, 4-312b
景颇语支 4-312b, 2-205e, 9-158b
景颇族 4-312b, 4-459d, 7-29c, 9-152e
景颇族增疆 3-189f
景气循环统计指标 3-291d
景仁宫捐献文物专馆 3-197a
景山 1-266a
景泰蓝 4-312c
景天科 4-312d
景天属 4-312e
景县 4-312e
景线王国 4-541e
景襄皇帝 7-456b
景延广 6-413c
景岩湖 6-425a
景阳冈 5-69a
景逸先生 3-72e
景芝酒 1-199d
景州 4-312e
《警察》 2-183e
《警察故事》 8-193f
警察机关 4-312f
《警察与小偷》 6-241f
《警察与赞美诗》 6-13f
警告标志 4-196d
警戒雷达 4-170d
警戒色 6-542b
《警戒者报》 7-615d
警句主义 1-175d
警犬 4-312f, 6-267f
警犬技术 4-313a
警犬训导员 4-313a
《警世典范小说集》 6-379c
《警世通言》 4-313a, 8-323b
《警世通言·玉堂春落难逢夫》 9-78e
警纹地老虎 2-223c
《警钟日报》 1-471b
径迹探测器 7-290a
径流 4-313b
径流量 4-313b
径流式水电站 7-89f
径赛 7-370c
《径山藏》 9-253e
净 4-313b
净刹 4-313e
净慈寺 4-102e
净度 9-573e
净饭王 7-33f
净化建筑处理原则 4-167e
净检 5-568d
净脚脸谱 5-48b
净结余 1-463b
净界 4-313e
净空区 4-28f
净跨径 6-186a
净瑠璃 6-320e
《净名经文疏》 3-217e
净明 4-313d
净明道 4-313d
净明忠孝道 4-313d
净权益 7-228e
净土 4-313e, 7-360d
净土三经 4-313f
净土真宗 1-259a
净土宗 4-314a
《净唯识论》 1-580b
净业寺 4-314c
净仪 4-314c
净源 3-540a
痉咳期 1-214e
痉挛性口吃 4-480c
痉挛性脑性瘫痪 5-551e
痉挛性神经性膀胱 6-36e
痉证 9-307b
竞技 7-370c
竞技排球 6-37b
竞技体操 4-314d
竞技游泳 9-43f
竞技运动自治 1-49d
竞叫桥牌 6-188a
《竞赛论与经济行为》 2-370f
竞赛摩托车 5-464a
竞选 4-314d
竞争蛋白质结合分析法 3-439f
竞争－替代说 4-348e
竞争行为 6-492c
《竞争者》 7-542d
竞走 4-314e
竟陵八友 6-520e, 8-244c, 9-26e
竟陵派 4-314f
竟陵体 4-314f
竟陵县 7-354c
敬播 4-275e
敬典阁 6-519f
敬奠瀛 8-488e
《敬告青年》 8-285f
敬老院 4-315a
敬牛节 5-602f
敬事房 5-560e
《敬业堂诗集》 9-173b
敬斋 5-2a
《敬斋箴》 6-517a
敬州 5-336e
靖安县 1-193b
靖国军 2-270d, 7-307d
靖国神社 4-315b, 6-514c
靖江市 4-315c
《靖节先生集》 7-328a
靖康之变 4-315c
靖难之役 5-440b, 5-444a
《靖逸小稿》 8-500a
靖宇参 4-315e
靖宇县 4-315d
靖远 3-37e
静安区 4-315e
静安寺 4-315e
静磁疗法 2-48a
静磁学 2-276e
静电 4-315f, 4-315f, 4-316b
静电场 2-273b
静电防护 4-315f
静电复印 3-12c
静电复印机 3-12e
静电感应 4-316a
静电计 2-274d
静电加速器 4-316b
静电控制电子管 9-254c
静电力平方反比律 4-488a
静电疗法 2-285a
静电屏蔽 4-316b
静电起电机 3-28a
静电系电压表 2-289f
静电学 2-276e
静电轴承 9-478d
《静定结构学》 6-166b
静刚度 3-49c
静功 6-141e
《静功总说》 1-570b
静谷 6-391c
《静观集》 9-71b
静海石 9-122f
静海县 4-316b
《静寂的世界》 7-101f
《静江府修筑城池图》 4-316c
《静静的顿河》 4-316d, 8-212a
《静静的顿河》(电影) 1-234d, 3-100f
《静静的港湾》 5-56b
《静静的群山》 6-320f

静觉 6-88e
静力学 4-316e, 5-11d
静力学与动力学 5-11d
静联接 5-46d
静脉 8-373c
静脉病毒属 3-379f
静脉滴入 7-56e
静脉滴注 9-502e
静脉点滴 9-502e
静脉麻醉 5-238f
静脉血栓 8-376b
静脉营养 5-89f
静脉注射 9-502e
静密封 5-404f
静明园 1-266e, 8-546c, 9-113b
静摩擦力偶 5-456c
静气功 6-141f
静人县 7-403e
《静山摄影集》 4-547d
静室 2-162f
静水位 2-243b
静态互联网 3-521c
静态汇兑 3-264f
静态经济学 4-446f
静态勘验 8-178b
静态会计报表 4-494e
静态立体化学 5-22e
静态区位论 6-245f
静态社会经济 4-447a
静态随机存储器 9-498d
静态投入产出模型 7-413b
静态艺术 9-165d
静琬 2-497f, 9-134e
静闻 9-454a
《静物》 8-493d
静物画 4-316f
《静物：鹧鸪与铁臂铠》 4-316f
静息电位 6-536b
静息膜电位 6-536b
静心斋 6-391c
静压 8-385a
静压润滑 6-352d
《静夜思》 3-171b, 4-588b
静宜园 1-266e, 8-198b, 8-546c
静载荷 9-152a
《静止的生命》 6-31b
静止锋 2-572f
静止气象卫星 6-148b
静止通信卫星 7-392c
静止型人口 6-289e
静止性震颤 9-257f
静忠 4-593e
静作用压路机 8-385d
境界说 4-317b
境内上市外资股 7-476b, 9-582d
境外上市外资股 7-476b
《境遇》 5-372b
《镜》 8-516c
《镜泊飞瀑》 8-42f
镜泊湖 4-317b, 3-456a
镜泊湖风景区 4-317c
镜湖 4-171d
《镜花缘》 4-317d
《镜镜诊痴》 9-272f
镜廊 2-465f
镜面反射 3-221e
镜面舌 6-478c
镜面柿 7-32a
《镜史》 7-222e
镜铁矿 1-600c
镜头 4-317e
镜头感 9-19c
镜头快门 4-318c
《镜头与蒙太奇》 4-487d
镜下血尿 8-375b
镜像阶段 4-519f
《镜影灯说》 7-457e
镜鱼 1-506f, 8-579e
镜中自我 4-318c, 4-487e
镜子 4-318d
《駉》 7-176f
炯奈 4-318d
炯奈语 4-318d
纠错码 4-318e
纠偏运动 1-50d
纠问式诉讼 5-427e
《鸠赋》 6-343f
鸠鸽科 3-94f
鸠摩罗多 4-297a
鸠摩罗什 4-318e
鸠摩罗炎 4-318e
鸠山一郎 3-73d
鸠山由纪夫 4-153c, 6-319e
鸠杖 8-60e
"九八年一代" 4-318f
九绊犰狳 6-244b
九边 4-319a
九彩毽氆藏裙 6-118c
九朝古都 5-233c
九成宫 9-115f
《九成宫醴泉铭》 4-319e, 6-18b
九乘 5-595e
九重山 4-323e
九大地理人种 2-225f, 6-303e, 6-305a
九地合作 4-322c
《九点半钟的台球》 1-396f
九点计划 4-65b
九顶山 5-141e
九二共识 7-486a
九分法（烧伤） 6-471d
《九峰雪霁图》 3-583d
九凤神 2-20e
九佛堂组 6-278b
《九歌》(绘画) 3-14b
《九歌》(文学) 3-13c
《九歌图》 1-557d
九公封建 4-238d
九宫 8-208d
《九宫大成南北词宫谱》 8-145e, 9-173b
九宫道 4-319f
九宫教 7-353d
九宫山 4-320a
《九股山的英雄》 4-228f
九滚十八跌 2-239a
《九国公约》 3-538a, 5-366e
《九国志》 5-525e
九行诗节 7-122c
九和弦 3-420a
九华毛峰茶 4-320c
九华山 4-320b
九华山人 2-363b
九脊殿 7-346c
九家种 1-228f
九江长江大桥 6-186a
九江郡 4-179e, 4-320d
九江市 4-320c
九角戏 3-68a
九节茶 1-482e
九节花 1-482d
九节狼 8-230f
九经 4-298c
《九经字样》 9-552b
"九九"口诀 9-493c
九黎 5-418f
九里关 8-556a
九里香 3-247c
九鲤湖 8-169f
九连墩 1-547e
九连环 4-320e
九龙 4-320e, 4-321a
九龙半岛 4-320f
九龙壁 9-18e
九龙公园 8-196d
九龙江 4-321b, 5-338d
九龙牦牛 5-327d
九龙瀑 3-596e
九龙山 2-486a
九龙山汉墓 9-364e
九龙山自然保护区 4-321b
九龙湾 7-549d
九闵公路 4-320c
《九命奇冤》 8-36f
九女台墓区 8-423e
九品官人法 4-321d, 6-163d, 8-367b
九品官位制度 9-355c
九品混通 4-321c, 3-522a, 4-273d, 7-577c
九品相通 4-321c
九品中正制 4-321d, 6-388a, 8-367b
九卿 4-321f
"九曲黄河"灯 3-526b

九曲山 4-37f
九乳螺洲 8-100b
九三科技论坛 4-322c
“九三〇”事件 7-184f, 7-185f
《九三年》 9-71c
九三学社 4-322a
九十九商会 6-396c
《九十五条论纲》 4-322d, 9-555f
《九室指玄篇》 1-567a
九数 5-139d
九台市 4-322d
九台县 4-322d
九天阿胶 9-73a
九头鸟 2-20e
《九刑》 8-116e
九姓回鹘可汗碑 4-322d
九一八事变 4-322e, 6-314c
九一三事件 5-79d, 7-587c
九嶷派 6-203a
九嶷山 4-322f
九友画会 4-603c
《九月九日忆山东兄弟》 7-511f
九月起义 4-101e
《九云梦》 4-259a
九寨沟 3-592b, 5-436d, 7-146e
九寨沟风景名胜区 4-323a
九寨沟自然保护区 3-592c
《九章》 8-297c
《九章律》 3-368b, 8-217c
《九章算法》 8-343f
《九章算经》 4-323a
《九章算术》 4-323a, 7-208d, 8-185f
《九章算术注》 2-129b, 4-323c
九镇 4-319a
九州 4-323d
九州大学 1-358d, 2-608d
九州岛 4-323d, 1-55e
九州山脉 4-323e
九柱戏 1-245b
九子山 4-320b
九峻山 7-317f
九族 4-323f, 2-600f, 9-568f
九族古文说 4-323f
九族今文说 4-323f
九祖王 1-83b
久坂玄瑞 9-576f
久保荣 4-324a
《久等不来的女人》 8-285d
久迩宫良子 9-224f
久航速度 8-381a
久泻伤阳 8-223a
久泻伤阴 8-223a
久远寺 6-325e
灸法 4-324a, 9-247e
韭 4-324c
韭白 4-324c
韭菜 4-324c
韭菜岭 5-532e
韭黄 4-324c
韭莲 6-602d
酒 4-324c
《酒德颂》 9-497c
酒花 6-78b
酒剂 4-324d
“酒窖光线”画法 4-371f
《酒经》 4-324e
酒精 4-324e, 8-548b
酒精性低血糖症 2-207a
酒井直次 9-243b
酒课 4-324e
酒醴 4-324e
酒令 4-324f
《酒令》 4-324f
《酒令丛钞》 4-324f
酒旗 9-224d
酒泉 3-428d
酒泉地区 4-325a
酒泉简 3-375f
酒泉郡 4-325a
酒泉市 4-325a, 1-29a
酒泉卫星发射中心 4-325b
酒泉夜光杯 3-37e
酒泉专区 4-325a
《酒神巴克科斯》 2-196f
《酒神巴库斯》 7-562d
《酒神巴库斯的神秘崇拜者》 6-46a
《酒神的伴侣》 6-15b
《酒神的胜利》 4-370e
《酒神像》 5-395e
《酒神宴舞》 6-377f
酒诗人 1-75b
酒石 4-325c
酒石酸 4-325c, 2-309f, 4-161d
酒石酸麦角胺 6-81d
酒石酸氢钾 4-325c
《酒颂》 5-164b
《酒桶新立体几何》 4-390b
酒渣鼻 4-325d
酒政 4-325e
旧埃达 1-61e
旧瑷珲 1-90c
旧本 6-449a
《旧编南九宫词谱》 8-145d
《旧房子的遗物》 5-240d
旧桂系 5-169a
旧会子 7-9b
《旧剑》 6-358a
旧交通系 4-197a, 5-53d
旧金山 4-326a, 6-560c
旧金山地震 4-326a, 6-555a
《旧金山对日和约》 4-326a
旧金山会议 1-250f
《旧剧丛谈》 1-569b
旧历 5-609e
旧历史学派 2-175f
旧历新年 2-35b
《旧梦》 5-106d
旧尼萨 5-578b
《旧年的血迹》 1-38e
旧钱 9-313f
《旧墙》 3-168c
旧人 3-174c
旧三民主义 6-398a
旧石器时代 4-326b, 9-106c
旧石器时代文化序列 5-28d
《旧时代之死》 6-336b
旧式标点 1-352a
旧枢密院角市 2-81d
《旧唐书》 4-328c, 2-106e
《旧唐书·地理志》 5-232e
《旧唐书校勘记》 4-328c
《旧五代史》 4-328c, 2-428d
《旧五代史辑本发覆》 1-571d
旧五刑 8-51f
旧小脑 8-226c
旧刑法 5-137d
旧学 3-294e
旧义州 8-292b
《旧约·创世记》 6-8a, 9-112d
《旧约全书》 8-119f
《旧约圣经》 4-328d, 6-355a, 6-563d
旧政府大厦 3-615d
旧政协 9-284d
柏子 7-616d
救恩论 4-328f
《救风尘》 8-144a
《救国报》 1-146f
《救国军歌》 8-175e
救国委员会 3-289e
《救荒本草》 9-487b
《救生船》 8-126a
救生伞 4-193a
救生塔 4-328d
救世军 4-328e
救世主 4-328f, 5-391d
《救世主》 4-458e
救世主教堂 4-520b
救赎论 4-328f
《救亡周刊》 6-426f
救援信号转发器 7-567e
救主 4-328f
救助报酬 3-336b
厩肥 9-46a
就地十八滚 2-239a
《就是溜溜的她》 3-489b
《就是这样,“既然你们这样认为”》 6-73b
《就业、利息和货币通论》 4-329a, 4-293e
就业率 4-329b
就业人口 4-329b
《就这样日益丰盈》 1-38e

《就中国古生代地层论划分地史时代之原则》 7-222f
僦柜 7-303c
鹫峰山脉 2-609d
拘传 4-329c, 5-426e
拘留 4-329c, 5-426f
拘尸那迦 4-329d, 7-34a
拘尸那迦罗 4-329d
拘役 4-329d
狙击步枪 4-329e, 1-456b
洵错河 1-271b
居阿罗德 6-76a
居辅臣 2-616f
《居家必用事类全集》 6-233a
居家养老 4-329e
居勒·马莱伊 2-290c
居勒尼学派 7-184a
居里 1-293d, 4-330c
居里,J. 4-329f
居里常数 2-47d
居里点 7-379e
居里定律 2-47d, 4-329f
居里夫妇 2-505c, 6-96b
居里夫人 4-330a, 6-96b
居里两代人 4-329f
居里温度 2-47d, 4-330a, 7-379e
居鲁士大王 4-330d
居鲁士二世 4-330d, 8-264c
居鲁士一世 4-330d
居民部门的转移性收入 4-284b
居民点 4-343b
居民区购物中心 3-157a
居民身份证 4-330e
居民消费价格指数 4-330f
居诺,N.J. 6-150e
居群 9-456f
居仁堂 4-283a
居萨罗国 5-459e
居士 4-331a, 2-453c
居士林 4-331a
居素甫·阿洪和额不拉音 4-331b
居素甫·玛玛依 4-331a
居特斯洛,A.P. 7-560a
居维利埃,F.de 5-228d
居维叶,G. 4-331c, 2-236b, 4-170e
居延烽燧遗址 4-331e
居延汉简 4-331f, 3-375f
居延简 3-375f
居庸关 4-332a, 1-506d
居庸关过街塔 7-237a
居正 6-228c, 8-100d
居住适应地带学说 2-227a
驹尊盉 4-580b
掬焦油酸 9-293d
锔 1-60d
鮈 4-332b
鞠 4-332f
《鞠部丛谭》 5-221c
鞠躬 4-332c
鞠树林 7-53e
局部测光 1-253a
局部腐蚀 3-3f
局部惯性系 3-237f
局部浸润麻醉 5-239a
局部麻醉 5-238f
局部战争 4-332d
局地气候 9-435b
局地性环境异常 3-574b
《局方》 9-480b
《局方发挥》 9-480b
《局外人》 4-113e
局限性肠炎 4-332d
局限性皮肤瘙痒症 6-414f
局限性胸膜间皮瘤 8-331b
局域网 4-332e, 4-93d
菊池比吕志 4-332f
菊池宽 4-332f
《菊次郎的夏天》 1-286f
《菊豆》 3-145a, 9-214e
菊花 4-332f
《菊花和女人体》 6-42f
菊花酒 2-7a
菊花石 3-477d, 4-206b
《菊花与刀——日本文化的诸模式》 1-307f
菊蓟 1-539e
菊科 4-333b
《菊科一些新的和未全知种》 9-217a
《菊谱》 2-482a
菊石 4-333e
菊石时代 9-437d
菊石亚纲 4-333e
《菊子夫人》 5-227c
《橘夫人厨子》 6-318a
橘河 1-124b
橘黑粉虱 2-559f
橘鳞粉蚧 2-559a
橘绿粉虱 2-559f
橘绿绵蜡蚧 4-529f
橘络 3-43e
橘皮 3-43e
《橘浦记》 5-135d
橘色藻属 2-244c
橘味加力鱼 2-609b
橘腺刺粉蚧 2-559a
橘小粉蚧 2-559a
橘子洲头 1-518a
柜柳 2-571a
沮渠蒙逊 4-333e, 1-276e, 6-588c, 7-416b
沮渠男成 1-276e
莒县-郯城地震 4-333f
枸溶性磷肥 5-93f
枸橼酸 5-597e
矩磁材料 2-49d, 7-380a
矩额负蝗 3-604c
矩法 6-189d
矩阵 4-334a, 8-185f
矩阵对策 2-370f
矩阵力学 1-389a, 3-338c, 5-62b
矩州 3-245f
举案齐眉 7-566e
举大刀 4-334e
举刀拉弓 4-334e
《举刀拉弓》 4-334e
举母市 2-561f
举人 4-428c, 4-428f
《举贤良对策》 2-335d
举证责任 4-334e
举证责任倒置 4-334f, 4-334f
举重 4-335b
举重器 6-156e
蒟蒻 5-466b
榉(枫杨) 2-571a
榉柳 2-571a
榉属 4-335c
榉树 4-335c
巨螯蟹 4-217a
巨柏 1-217c
巨磁致伸缩材料 2-50e
巨大城市带 2-82a
《巨大的房间》 5-392b
《巨大的妥协》 5-574c
巨大地震 2-245f
巨大山带 6-32f
巨分子云 2-555d
巨港 4-335e, 7-193a
巨骨舌鱼 6-276b
巨海牛 3-337a, 3-341a
巨核细胞系 3-188a
巨蚩 3-496b
巨花蔷薇 9-120f
巨浪 2-562b
巨鹿之战 4-335f
巨马 5-254a
巨螨目 6-80b
《巨魔之女赛拉娅的荒诞》 3-304c
巨幕电影 2-292c
巨然 4-336a, 8-47c
巨人 4-337f
《巨人》(F.de 戈雅) 3-86c
《巨人》(S.普拉斯) 6-108e
巨人堤 4-336b
“巨人”电子计算机 4-89d
巨人起源说 4-337f
巨人症 2-33f, 2-34a
“巨人之路”海岸 4-336b
《巨人传》 4-330c, 4-513a
巨杉 4-336d, 6-442d
巨石斑鱼 6-593c
巨石建筑 4-336e

巨石墓 4-336e
巨石文化 4-336e, 4-438f, 5-406a, 6-26b
巨石阵 4-336e
巨石阵遗址 9-3a
巨噬细胞 5-92f
《巨手》 6-200b
巨蚊 4-336f, 7-604b
巨蜥 4-337a
巨细胞包涵体病 4-337a
巨细胞病毒感染 4-337a
巨星 3-447b, 3-447c, 9-499f
巨星序 3-447c
巨星影片公司 6-239b
巨型构造 2-248e
巨型机 4-337b
巨型计算机 4-337b
巨型油田 9-39f
巨野泽 4-337c
巨幼红细胞贫血 8-501b
巨幼贫 4-337d
巨幼细胞性贫血 4-337d
巨猿 4-337e, 4-573e, 6-55f
巨赞 4-337f
巨藻 3-450d
巨嘴鸟科 5-76a
句读 1-351f
句法 9-73f
《句法结构》 6-182f, 8-253c
《句法理论的若干问题》 6-182f
句法模式识别 5-454e
句号 1-352b
句容河 6-198c
句容市 4-338a
句容县 4-338b
拒俄事件 4-338b
拒俄义勇队 1-566e, 3-601b, 4-338b, 9-562c
拒绝服务攻击 7-523d
《拒绝临刑前的忏悔》 5-72a
拒绝作证权 4-338c
拒马河 1-271b, 8-229e
具盖瓶子草属 6-96a
具区 7-256a
具体 2-9e
具体共相 3-150e
具体劳动 4-338d
具体思维 7-119d
具体问题具体分析 5-325c
具象艺术 4-338d
具足戒 7-44c
钜阳 9-18a
钜野泽 4-337c
俱乐部职业运动员 9-141e
俱卢洲 7-147b
《俱舍论》 4-297b, 8-17f, 9-252d
俱尸那 4-329d
俱文珍 9-27b
剧本 4-338e
剧场 4-338f
剧联 9-413b
《剧院》(C.哥尔多尼) 3-89c
《剧院》(F.莫尔纳尔) 5-468d
剧种 6-552a
《据悉》 7-143e
距度 6-406a
距高比 2-8f
距离测量 4-339b
距离错觉 2-60f
距星 6-406a
飓风 4-339c, 2-562b, 6-276a
锯螯虾科 1-117a
锯齿鲤属 7-5a
锯蛋白 6-347b
锯切 6-170f
锯鲨 4-339d
锯鲨科 4-339d
锯鲨目 4-339d
锯鲨属 4-339d
锯天牛 7-355c
锯鱼 5-571c
锯缘青蟹 4-339d
聚氨基甲酸酯 4-339e
聚氨酯 4-339e, 4-529b
聚氨酯弹性纤维 1-112c
聚宝门 5-445a
聚宝山琉璃窑 5-129f
聚苯并咪唑 4-340a
聚苯基喹噁啉 4-340a
聚苯硫醚 4-340b
聚苯醚 4-340c
聚苯乙烯 4-340c, 3-229e
聚变核燃料 3-437a
聚变武器 6-216f
聚丙烯 4-340d
聚丙烯腈 4-340e
聚丙烯腈纤维 4-303f
聚丙烯酸酯 4-340f
聚丙烯酰胺 4-341a
聚电解质 4-341a
聚丁二醇醚 4-343f
聚丁二烯 4-341c
聚对苯二甲酸丁二酯 2-40e
聚对苯二甲酸乙二酯 2-40e, 2-425b, 4-345c
聚对苯二甲酰对苯二胺 4-341c
聚对苯甲酰胺纤维 4-341e
聚芳酰胺 4-341d
聚硅氧烷 8-17d
聚合 4-341e
聚合度 4-341f
聚合反应 4-341e
聚合果 1-482a, 3-299e
聚合酶链式反应 9-104e
聚合物 4-341f
聚合物共混物 4-342a
聚合物合金 4-342a
聚合助剂 9-500e
聚花果 3-299e
聚环氧丙烷 4-342b
聚环氧乙烷 4-342c
聚会处 4-45f
聚己内酰胺 4-342d
聚甲基丙烯酸甲酯 3-229e, 4-342f
聚甲基丙烯酸酯 4-342e
聚甲醛 4-342f
聚碱类 4-341b
聚间苯二甲酰间苯二胺 4-341d
聚喹噁啉 4-340a
聚类分析 2-391b
聚礼 8-48d
聚硫橡胶 2-384d
聚龙山 4-300e
聚氯乙烯 4-343a, 4-341f
聚落 4-343b
聚脲 4-343c
聚偏(二)氯乙烯 4-343c
聚三氟氯乙烯 4-343d
聚双烯烃 4-343e
聚四氟乙烯 4-343e
聚四氟乙烯纤维 2-603d
聚四氢呋喃 4-343f
聚四亚甲基二醇 4-343f
聚酸类 4-341b
聚碳酸酯 4-344a, 3-229c
《聚蚊谣》 5-120d
聚烯烃 4-344b
聚酰胺 4-344b, 5-572f
聚酰胺纤维 4-267f
聚酰胺6纤维 4-267f
聚酰胺66纤维 4-267f
聚酰亚胺 4-344c
聚星 7-364f
聚亚壬基脲 4-343c
聚氧化丙烯 4-342c
聚氧化乙烯 4-341f, 4-342d
聚氧亚甲基 4-342f
聚氧亚乙基 4-342d
聚药雄蕊 3-525b
聚乙二醇 4-342d
聚乙炔 4-344c
聚乙酸乙烯酯 4-344d
聚乙酸乙烯酯乳胶 4-344e
聚乙烯 4-344e
聚乙烯醇 4-344f
聚乙烯醇缩丁醛 4-345a
聚乙烯醇缩甲醛纤维 7-553d
聚乙烯基四氢吡咯酮 5-560f
聚异戊二烯 4-345b
聚珍版 6-225d
聚酯 4-345c, 2-370e

聚酯纤维 2-215b
聚1,2-丙二醇醚 4-342b
聚2,2′-间亚苯基-5,5′-双苯并咪唑
4-340a
屦 8-237f
捐班 4-345e
捐厘 4-576d
捐例 4-345d
捐纳 4-345d
捐输 4-345d
捐输、捐纳、捐例 4-345c
鹃形目 4-345e
卷柏 4-345f
卷柏属 4-345f, 6-602c
卷层云 9-133a
卷丹 1-211c
卷积云 9-133a
卷帘门 5-365a
卷筒新闻纸 8-288d
卷筒纸 9-307f
卷尾猴 4-346a
卷心菜 3-35c
卷烟 4-346a, 8-118e
卷扬机 4-206d, 9-573a
卷叶贝母 1-297f
卷叶象 4-346b
卷叶象科 4-346b
卷云 9-132f
卷（装裱） 9-515a
卷轴画 3-613f, 9-372c
卷宗 6-265f
绢 4-346c
绢毛猴 4-346c, 6-331b
绢丝 4-346c
绢丝织物 4-346c
绢云母 9-135c
绢云母质瓷 4-310f
孱 8-237f
决策 4-346d
决策分析 4-346e
决策集成 3-214e
决策理论学派 6-136e
决策树 4-346f
决策型统筹图 7-405e
决策支持系统 4-347b
决定论 4-347c, 3-569c, 6-284f
决定行止论 3-569d
《决定性的瞬间》 8-287f
决定性公理 3-134b, 8-367e
《决斗》(A.I.库普林) 4-489c
《决斗》(G.de莫泊桑) 5-467d
决澜社 3-15c
《决裂》 4 157f
决明属 2-463b, 7-380a
决算 4-347c
决算结余 1-463b
《决疑数学》 3-554c
《决疑要注》 7-601f
《决战淮海》 9-394c
《抉择》 1-234e
角斗士 7-120e
角力 7-76e, 8-191d, 9-398c
《角力记》 9-398c
角色 4-347d
角色崩溃 6-489d
角色不清 6-489d
角色冲突 6-489d
《角色的诞生》 9-274e
角色距离 6-489c
角色失败 6-489d
角色失调 6-489d
角色中断 6-489d
駃騠 5-225c
觉（宗教） 2-581d
觉本 1-307a
觉昌安 6-232a
《觉颠冥斋内言》 7-300e
觉康 2-123a
觉乐凤 3-98b
觉罗 9-558d
觉洛浣 1-75d
觉南派 9-239a
觉社 7-263e
《觉社丛书》 7-263e
觉生寺 9-26c
觉世稗官 5-2f
觉悟社 9-466c
《觉悟下的牺牲》 4-537f
觉贤 1-7d
觉有情 6-100e
觉者 2-581d
《绝代佳人》 3-501f, 8-164b
《绝代双骄》 3-172b
绝当 2-271e
《绝地大反攻》 6-184e
绝对安培 1-103d
绝对白体 6-275b
绝对磁导率 2-45c
绝对地质年代 2-249f
绝对地质时间 4-270f
绝对地租 4-347d, 2-252e
绝对电磁制 2-275a, 4-89a, 8-72c
绝对感觉阈限 3-44f
绝对高程 3-59b, 3-284b
绝对构型 3-155f
绝对黑体 3-459c, 4-46c, 6-275b
绝对环境权说 3-571a
绝对基面 7-99b
绝对介电常数 4-232a
绝对精神 4-347e, 4-306f
绝对静电制 2-275a, 4-89a, 8-72c
绝对库仑 4-487f
绝对理念 4-347f
绝对零度 7-578c
绝对零度不可达原理 6-280b
绝对命令 4-348b
绝对年代 4-417d
绝对黏度 5-586d
绝对欧姆 6-15e
绝对配额 4-268f
绝对贫困 8-224c
绝对人口过剩 6-289d
绝对熵 6-280b
绝对剩余价值 6-571a, 9-522a
绝对湿度 4-470a, 6-584c
绝对收敛 4-69a
绝对数 7-408c
绝对透明体 6-275b
《绝对微分法》 7-536d
绝对温标 7-578c
绝对误差 8-79f
《绝对信号》 4-347f, 5-88b
绝对星等 8-305b
绝对压力 8-385a
绝对真理 4-348a
绝对真理和相对真理 4-348a
《绝对之探求》 1-154a
绝对主义 4-348a
绝对自我 2-542c
绝干酒 8-192b
绝后岛 6-568c
绝经 9-120f
绝经后阴道出血 9-121c
绝经期促性腺激素 8-326b
绝经期综合征 8-325e
绝句 4-348b
绝脉 5-301e
绝灭 4-348c
绝灭种 1-360f
《绝命诗》 9-197e
《绝命书》 1-566f
绝热过程 4-348f
绝热去磁 4-349a
绝热退磁 4-349a
绝热指数 4-348f
《绝望》 5-400f
绝望的幽默 3-458b
绝育术 4-349b
绝缘材料 4-349b, 2-278e
绝缘电线 2-289d
绝缘体 2-282b, 2-282c
绝缘油 4-349c
掘沟压条 8-386c
掘进机开挖法 2-241d
掘土派 4-349d
掘足纲 6-346d
《崛起的诗群——评我国诗歌的现代倾向》
5-376b
崛田正俊 8-275f
脚色 4-347d
脚色行当 4-349d

厥阴病　4－349f, 6－450f
蕨菜　4－349f
蕨粉　4－350a
蕨类植物门　4－350a
蕨类植物学　6－546a
蕨属　4－349f
蕨苔　4－349f
蕨状满江红　5－304c
爵　4－350b
爵床科　4－350c
《爵士歌王》2－290e, 3－534f, 5－348f
爵士扭摆舞　5－603a
爵士舞　2－213b
爵士摇滚　8－481c
爵士乐　4－350d, 8－264a
攫腕　6－336e
军备竞赛　4－350f
军部　4－272e
军曹鱼　4－351a
军常服　4－352d
《军谶》6－397a
军都关　4－332a
军都山　1－271a
军都县　1－506d
军队　4－351a
军队保卫部门　9－249c
军队指挥信息系统　4－351d
军队指挥自动化系统　4－351d
军费　4－351e
军服　4－351f
军赋　4－351f
军港　4－352d, 3－56d
军港祭　9－259d
军歌　4－352f
军国民教育会　1－566e, 4－338c
军国主义　4－352f, 2－186a
军号　2－366e
军户制　7－15a
军徽　4－353a
军火贸易　4－353b
军火转让　4－353b
军机处　4－353c, 5－540e
军机大臣　4－353c
军机房　6－231c
军机章京　4－353d
军籍黄册　3－522d
军记物语　6－89b
军舰　2－28f
军舰鸟　4－353d
军舰鸟科　7－341c
军礼服　4－352d
《军帽徽》1－444a
军民府　3－2c, 7－443c
军傩　6－8e
军棋　4－353e
军旗　4－353f
《军旗手斯托尔的故事》5－165a
军器监　6－401c
军犬　6－267f
《军人敕谕》5－451f
军人政府　4－354c
军人政体　5－12a
军市　7－25c
《军势》6－397a
军事保民官　1－245f
军事采邑制　2－448f
军事法庭　4－354c
军事分配关系　3－255a
军事工程　4－354d
军事工程设施　4－354f
军事共产主义　9－186c
军事管制　4－354f
军事基地　4－355a
军事交换关系　3－255a
军事控制论　4－479f
军事民主制　6－449c
军事情报　4－355b
军事条约　4－355c
军事调处执行部　8－497b
军事停战委员会　1－540e
军事委员会密查组　4－356f
军事系统工程　4－355e
军事消费关系　3－255a
军事心理学　8－253b
军事演习　4－356d
军台　8－562f
军塘　8－562f
军统　4－356f
军团　5－168c
军团菌病　4－357a
军团菌肺炎　4－357a
军屯　6－388b, 7－450e, 7－451b
军衔　4－357a
军械库展览会　4－357e
军用船舶　2－28f
军用飞机　4－357e, 2－506e, 2－507e
军用浮桥　2－604a
军用鸽　3－94f
军用桥　6－186f
军用手枪　7－38a
军用通信卫星　7－392c
军乐　4－357f
军乐队　4－358a, 8－538a
《军中女郎》6－35a
军种　4－358a
军装　4－351f
均变论　3－444a, 4－269c
均翅亚目　6－234b
均方根差　2－487a
均衡价格　4－358a, 7－66e
均衡价格论　4－293e, 4－294e, 5－283a
均衡利率　7－276b
均衡失业率　2－538e, 9－542c
均衡数量　4－358a
均聚合　4－341e
均聚甲醛　4－342f
均聚物　4－341e, 4－342a
均链聚合物　8－17c
均裂取代反应　6－256c
均陵　2－138a
均贫富　7－514a
《均势战略》6－580a
均输　3－380c, 4－358c, 6－412b
均输法　7－489c
均输官　4－358c
均输论　4－358c
均四氯乙烷　7－151d
均缩聚　7－227f
均摊　6－16e
均陶　8－540e
均田令　7－211b
均田免赋　4－358d
均田免粮　5－5e
均田制　4－358d, 4－587b
均同蝎合物　8－234f
均县　2－138a
均相沉淀　1－549e
均相催化　2－56f, 3－547e
均徭法　9－145f
均一红细胞性血尿　8－375c
均一邮资制　9－33e
均匀腐蚀　3－3f
均匀系　6－280d, 8－206d
均值　7－73a
均质层　2－98a
均州　2－138a
君合国　4－359b, 3－281d
君民共主制　8－470c
君权神授　4－359b
君权神授论　6－514b, 9－283f
君士坦丁　4－359c
君士坦丁八世　5－272f
君士坦丁堡　4－359e, 4－425c, 6－592b, 8－531b
《君士坦丁堡和约》2－404b
君士坦丁大帝　4－359d
君士坦丁大学　1－13e
君士坦丁凯旋门　5－208c
君士坦丁十世·杜卡斯　4－433c
君士坦丁五世　6－569a
君士坦丁一世　4－359d, 3－164a
《君匋书籍装帧艺术选》6－165e
君王基督座堂　4－210b
《君王论》4－359e
君药　2－488d
君主国　4－359e
君主立宪制　4－359e, 4－360a
《君主论》4－359e, 5－251f
君主制　4－359f
君主主义　2－186a
君主专制制　4－360b, 2－446e, 4－360a

君子兰 4-360b, 6-602e
君子兰属 4-360b
钧瓷 4-360c, 7-165f, 9-73a
钧瓷釉 4-360d
钧台之享 6-138f, 8-160a
钧窑 4-360d, 7-324d
钧州 4-360c
莙荙菜 7-373b
《菌儿自传》 3-76a
菌痢 8-154e
菌苗 5-412d
菌物 5-586a
菌质体 9-288a
俊扮 5-48b
《俊友》 5-467e
郡 8-177b, 9-183a
郡公 9-82d
郡监 1-456f
郡将 4-360f
郡守 4-360e
郡县制 4-360d, 8-177c
峻下 8-158b

K

咖法地区 1-72c
咖啡 4-361a
咖啡豆 4-361a
咖啡粉 4-361a
咖啡碱 4-361b, 4-361a
咖啡因 4-361b, 9-439a
喀巴拉 9-36a
喀巴尼 4-361b
喀布尔 4-361c, 1-20a
喀布尔大学 1-21b
喀布尔河 1-20c, 8-598b
《喀布尔时报》 1-21b
《喀布尔周报》 1-21b
喀尔巴阡山脉 4-361d, 1-9d, 1-378a
喀尔喀河 4-361e
喀尔喀蒙古 4-361e, 5-377b, 6-219a, 7-474e
喀尔喀蒙古人 4-361f
喀尔喀七部 7-474e
喀拉海 4-362a, 8-2e, 8-498f
喀拉湖 6-32f
喀拉喀什河 3-419e, 9-55f
喀拉喀托岛 4-519c
喀拉喀托火山 4-519c, 8-384c
喀拉库勒湖 4-461e
喀喇汗王朝 4-364d
喀喇昆仑公路 9-326b
喀喇昆仑山 4-362b
《喀喇昆仑山巴托拉冰川考察与研究》 6-584a
喀喇昆仑山口 4-362b
喀喇沙尔 8-421d
喀麦隆 4-362c
喀麦隆共和国 4-363a
喀麦隆火山 4-363d
喀麦隆联合共和国 4-363a
《喀麦隆论坛报》 4-363d
喀麦隆人民民主联盟 4-363a
喀纳斯冰川 9-44d
喀纳斯湖 4-363e, 4-363f, 8-274a
喀纳斯自然保护区 4-363f
喀山 4-364a
喀山大学 4-364a, 4-364a
喀山汗国 4-364b, 4-364a
喀什地区 4-364c
喀什噶尔道 4-364c
《喀什噶尔姑娘》 1-78b
喀什噶尔语 1-497a
喀什河 8-523a
喀什兰巴山 2-180a
喀什热瓦甫 6-282c
喀什赛乃姆 6-381a
喀什市 4-364d, 4-364c
喀顺湖 8-414d
喀斯喀特山脉 4-364e, 2-397b, 6-561a
喀斯喀特隧道 4-364f
喀斯特 4-364f
喀斯特地貌 2-347d
喀斯特地形 7-294a
喀斯特高原 4-365a, 1-386f
喀土穆 4-365b, 5-573c
喀土穆大学 4-365d, 7-180c
喀土穆省 4-365b
喀土穆自然博物馆 4-365d, 7-180b
喀西特王朝 4-365d
喀西约·龙基纳 1-94e, 4-395c
卡 4-365e
卡奥火山 7-296b
卡奥斯 8-124d
卡巴尔达语 3-67f
卡巴卡 1-436b
卡巴卡国王陵墓 4-399c
卡巴雷加瀑布 7-615d
卡贝略港 7-563d
卡奔塔澳大利亚地域人种 2-226b
卡比拉,J. 3-51c
卡比拉,L.-D. 3-51c, 5-369b
《卡比利亚之夜》 2-540a
卡宾 4-365f
卡宾达 4-366a, 1-95c
卡宾达港 4-366a
卡宾枪 1-456b
卡宾碳 6-600c
卡波济氏肉瘤 1-81e
卡伯特海峡 6-564e
卡布拉巴萨 5-473a, 9-152f
卡布拉尔,P.Á. 1-184b, 2-223f
卡布拉尔大学 4-82a
卡布列族 2-382e
卡布斯大学 1-46b
卡尺 4-366a
卡茨,B. 4-25f
卡茨,N. 2-540d
卡达尔·亚诺什 4-366c
卡德罗夫,R.A. 1-545e
卡迪 4-366d
卡迪,H. 7-207d
卡迪拉克 7-393e
卡迪林耶 5-366e
卡蒂埃,J. 4-505c, 4-506a, 5-373c
卡蒂埃-布勒松,H. 4-534f, 5-177e, 5-287c, 8-287f
卡蒂埃广场 5-373c
卡蒂普南 1-415f
卡蒂耶,Y. 6-567b
卡多佐 4-570e
卡恩,L.I. 4-366e
卡恩,R.F. 1-588e
卡恩,R.S. 5-22f
卡恩,S.M. 1-138b, 2-225d, 2-245a, 2-324d, 3-532f, 6-303e, 6-304e, 8-110e
卡恩哈姆,L.T. 1-232f
卡恩韦勒,D.-H. 5-23c
《卡恩韦勒像》 1-327c
卡尔·安东 4-23b
卡尔巴拉 5-508e
卡尔波夫,A.Ye. 4-366e
卡尔·蔡司公司 4-366f
卡尔·蔡司光学基金会 4-366f
卡尔达诺,G. 3-12a, 7-238c
卡尔代拉 1-597c
卡尔德隆·德·拉·巴尔卡,P. 3-589f, 4-367a
卡尔德纳尔,E 4-367b
卡尔杜齐,G. 4-367c
卡尔多,N. 2-304c, 2-613b, 9-495f
卡尔费尔特,E.A. 4-367d
卡尔·费歇尔滴定 4-367d
卡尔·费歇尔试剂 4-367d
《卡尔·冯·克劳塞维茨将军遗著》 4-450c
卡尔·赫伯特·弗拉姆 1-408e
卡尔吉王朝 2-182a
卡尔加里 4-367e
《卡尔·马克思》 1-414d
卡尔·马克思大学 4-531f
《卡尔·马克思著作中的心理学问题》 5-163f
卡尔马联邦 4-368a
卡尔马联合 4-368a
卡尔马联盟 4-367f, 2-138c, 6-6e, 6-348b
卡尔曼,H.P. 6-444f
卡尔曼,R.E. 4-368a
卡尔曼,W.B. 5-40c
卡尔曼滤波 4-368b, 8-299f

卡尔曼滤波理论 7-72a
卡尔梅克 2-409b
卡尔梅克语 5-380a
《卡尔米德篇》 1-404c
卡尔纳普,R. 4-368b
卡尔内,M. 4-368c
卡尔内罗角 9-295d
卡尔萨文娜,T. 4-124e
卡尔森,J.F. 1-117e
卡尔森,L. 7-375b
卡尔十二世 4-368d
卡尔十三世 4-368e
卡尔十四世·约翰 4-368d
卡尔斯克鲁纳 4-368e
卡尔斯鲁厄国际化学会议 2-554d
卡尔塔 4-359c
卡尔塔拉火山 4-368f, 4-433b, 5-470e
卡尔特里方言 3-108c
卡尔滕布龙纳,E. 5-604e
卡尔维诺,I. 4-368f
卡尔文,M. 4-369a
卡尔文循环 4-369b
《卡尔·约翰街的夜晚》 5-370f
卡尔扎比吉,R.de 3-108e
卡尔扎伊 4-369b
卡法咖啡 8-132d
卡菲尔尼甘河 2-362b
卡夫卡,F. 4-369c
《卡夫卡全集》 4-369d
卡夫勒王坐像 1-66c
卡夫雷拉,N. 2-588e
卡富埃国家公园 9-153e
卡富埃河水利工程 9-154c
卡富埃盆地 9-153e
卡富河 7-614f
卡盖拉河 5-156a, 7-549e
卡盖拉河盆地联合开发组织 4-47d
卡盖卢 7-179e
《卡冈都亚和庞大固埃》 4-336c
卡格 6-430b
卡古尔湖 8-1a
卡规 5-56d
卡赫齐亚方言 3-108d
卡霍夫卡水库 8-1a
卡霍基亚土墩群 8-524e
卡吉贝伊 1-116d
卡吉米日三世 6-75c
卡加多斯-卡拉若斯群岛 5-314f
卡加延河 5-180b
卡介苗 2-534a, 4-222f, 9-456c, 9-502d
卡津加水道 1-82a
卡克拉克石窟 1-176d
卡拉 2-218d
卡拉·奥斯曼 1-207f
卡拉比猜想 6-240a
卡拉布里亚 4-381c
卡拉达格气田 1-51f
卡拉达里亚河 8-132e
卡拉额尔齐斯河 2-406e
卡拉干达 4-369d, 3-314f
卡拉哈迪大羚羊国家公园 1-412d
卡拉哈迪跨国公园 1-412d, 4-369e
卡拉哈迪盆地 9-153e
卡拉哈迪沙漠 4-369d
卡拉哈里盆地 5-522c
卡拉哈里沙漠 4-369d
卡拉汉,M. 4-369e
卡拉吉耶盆地 3-314b
卡拉吉耶洼地 7-421e
卡拉迦列,I.L. 4-369f, 8-509a
卡拉胶 3-477c
卡拉卡拉大浴场 3-131e
卡拉科罗河 6-375e
卡拉库尔羊 5-510b, 7-439d, 8-449c
卡拉库姆沙漠 4-370a, 7-421e
卡拉库姆运河 1-47b, 1-53d, 7-438f
卡拉马 7-262d
《卡拉马佐夫兄弟》(电影) 8-5f
《卡拉马佐夫兄弟》(小说) 3-120e, 7-458c
卡拉曼利清真寺 2-214d
卡拉姆津,N.M. 2-402c
卡拉·穆罕默德 3-460f
卡拉奇 4-370a
卡拉奇(俄罗斯) 2-381c
卡拉奇,A. 2-565a
卡拉奇大学 4-370c
卡拉奇港 1-160a
卡拉奇兄弟 4-370c
卡拉乔夫,N.V. 4-371a
卡拉乔夫档案时代 4-371a
卡拉什尼科夫,M.T. 4-371b
卡拉市 2-383d
《卡拉是条狗》 3-114e
卡拉斯,M. 4-371b
卡拉斯,M.(科学家) 4-55f
卡拉苏河 9-52c
卡拉苏克河 4-371c
卡拉苏克文化 4-371c, 6-212e
卡拉苏口岸 7-243b
卡拉特,P. 8-597e
卡拉特海滨 5-298c
卡拉瓦乔 4-371e
卡拉瓦乔主义艺术 4-565f
《卡拉韦拉斯县驰名的跳蛙》 5-256b
卡拉韦因大学 2-515d
卡拉韦因清真寺 2-515d
卡拉西奥多里,C. 3-8e
卡拉扬,H.von 4-371f
卡拉扬国际指挥家比赛会 4-372a
卡拉·优素福 3-460f
卡莱茨基,M. 8-271e
卡莱尔,R. 8-277f
卡莱尔主义 8-277f
卡莱梅格丹古城堡 1-291b
《卡莱瓦拉》 4-372b
卡兰博瀑布 9-154e
卡兰加人 6-476d
卡兰萨,V. 4-372b, 5-484d
卡朗图厄尔山 1-83a, 1-84a
《卡勒瓦拉》 4-372b, 2-556f
卡雷尔,A. 4-372c
卡雷尔-达金氏法 4-372c
卡雷方形神庙 2-441e
卡雷拉,R. 9-433f
卡雷拉斯,J. 4-372d
卡累利阿-芬兰 2-398e
卡累利阿人 2-556e
卡里巴水电站 5-477e
卡里霍人 3-201f
《卡里加里博士》 4-372e
《卡里莱和笛木乃》 4-372f
卡里马塔海峡 4-372f
卡里马塔群岛 4-372f
卡里尼亚诺宫 2-350b
卡里斯马 4-373a
《卡里斯托与梅丽贝娅的悲喜剧》 6-373d
卡里西米,G. 6-218e
卡里辛比火山 5-156a
卡里约人 3-201f
卡利 4-373a
卡利,J. 5-604b
卡利达(钱袋) 5-474e
卡利克斯图斯二世 7-610a
卡利马科斯 4-373b, 3-181a
卡利诺斯 3-180c, 3-432a
卡利普斯 2-243f
卡利斯坦 4-246b
卡列斯,P.E. 4-372b
《卡列维波埃格》 4-373c, 4-454d
卡林西亚公国 7-130e
卡隆特,M. 2-558c
卡鲁大厦 8-261f
卡鲁什,W. 2-516b
卡鲁索,E. 4-373c
卡路里 4-365e
卡吕吕马冶炼厂 5-156c
卡伦 9-330b
卡伦,H. 7-588a
卡伦津人 4-464a
卡罗尔,L. 2-418b
卡罗尔二世 5-211a
卡罗尔一世 4-23b
卡罗琳·维特根斯坦 4-611e
卡罗瑟斯,W.H. 4-373d, 3-63e
卡罗什奇数码 4-95e
卡罗索岛 6-559a
卡罗维发利国际电影节 4-373e
卡罗伊·米哈伊 8-330b
卡洛巴瀑布 3-52d
卡洛斯·戈梅斯 4-81e

卡洛扬,S. 1-418d
卡洛扬教堂 1-418d
卡马多修会 8-590f
卡马圭 4-373e
卡马河 2-597a, 7-614b
《卡马霍的婚事》 5-366a
卡马卡,N. 8-186c
卡马雷斯彩陶 1-467a
《卡马尼奥拉伯爵》 5-309a
卡马萨里 6-360a
卡马西平 4-414a, 6-382f
卡玛戈,M. 4-373f
《卡玛林斯卡雅》 3-105c
卡梅隆,J. 5-350b
卡梅伦,D.W.D. 4-374a, 9-3c
卡梅伦,J.M. 4-374b
卡门,T.von 4-374c
《卡门》 4-374e, 1-316a
《卡门》(德国剪影片) 5-363d
《卡门》(法国小说) 5-333f
《卡门》(意大利歌剧片) 5-220a
《卡门幻想曲》 6-363d
卡门涡街 4-374d
卡蒙斯,L.V.de 4-374e, 5-150b
卡米纳尔·胡尤 7-526f
卡米遗址 1-441c, 4-266b
卡明斯基,G.N. 4-374f
卡明斯基仪 4-374f
卡明斯基有限差分法 4-374f
卡莫·瓦·恩根吉 4-465c
卡姆萨深水港 4-81a
卡那霉素 1-112b
卡纳卡人 8-166c
《卡纳克》 5-265e
卡纳克列石 4-375a
卡纳克神庙 4-375a, 1-65e
卡纳拉莱霍斗牛场 4-373b
卡纳塔克国大党 8-598a
卡纳维拉尔国家海滨公园 4-375d
卡纳维拉尔角 4-375c, 2-586e
卡南布人 9-175c
卡南加 4-375d
卡内蒂,E. 4-375e
卡内基,A. 6-80d
卡内基-梅隆大学 1-360a, 6-80e
卡内基纽约基金会 2-43e
卡内罗,M. 8-106f
卡尼鄂拉蜂 5-409d
卡尼曼,D. 7-9d
卡涅姆-博尔努王国 4-375e
卡涅姆人 4-376a
卡涅姆王国 4-375e, 4-376a
卡宁,G. 5-349c
卡努里人 4-376a
卡努里语 4-376a, 5-573e
卡努尼(立法者) 7-186f
卡诺 4-376b
卡诺,S. 4-376c, 4-31d, 8-75a
卡诺城 4-376c
卡诺城邦 4-376b
卡诺定理 4-376d, 4-376e
卡诺方言 3-404c
卡诺涅尔斯基岛 6-556d
卡诺酋长国 4-376c
卡诺热机 4-376e
卡诺瓦河 2-396d
卡诺王国 4-376c
卡诺循环 4-376d
卡诺循环和卡诺定理 4-376e
卡诺依,M. 4-211c
卡帕,R. 4-376f, 5-287c
卡帕拉 6-562b
卡帕里斯瓦拉神庙 4-246d
卡帕斯半岛 6-376b
卡佩王朝 4-377a
卡彭,A. 8-137f
卡彭特,F. 7-191d
卡彭铁尔,A. 4-377b
卡皮察,P.L. 4-377c
卡皮察热阻 4-377d
卡皮托利内博物馆 4-377d
卡皮托利内绘画馆 4-377d
卡普 4-598d, 9-232c
卡普,E. 4-441e
卡普阿斯河 6-98a
卡普阿斯山脉 6-424d
卡普尔,R. 4-377e
卡普拉,F. 3-91b, 5-349a
卡普兰,M. 6-154c
卡普兰,V. 7-94a
卡普兰水轮机 7-94a
卡普罗,A. 6-27c
卡普坦,J.C. 4-377e, 8-581f
卡普坦选区 4-377f
卡普坦宇宙 4-377f
卡其 4-377f
卡奇马约河谷地 7-185f
卡奇纳娃娃 5-491e
卡奇尼,G. 5-356f
卡恰诺夫,P.M. 7-225a
卡钦冰川 5-587e
卡雀哇 2-353e
卡人 4-560b
卡戎星 5-452b
卡若文化 4-378b
卡若遗址 4-378a
卡萨布兰卡 4-378b, 2-61e
《卡萨布兰卡》 4-378b
卡萨布兰卡非洲国家集团 2-62a
卡萨布兰卡会议 4-378c
卡萨尔斯,P. 4-378d
卡萨尔斯音乐节 4-378e
卡萨·海尔·乔治斯 7-339d
卡萨诺瓦,E. 2-154d
卡萨特,M. 4-378e
卡萨武布,J. 5-369b
卡塞尔,G. 6-350a
《卡桑德拉》 7-609b
《卡桑德拉大桥》 7-230b
卡桑纳峡谷 5-209c
卡森,R. 3-571c
卡申-别克二氏病 2-84a
卡施卡依语 1-52c
卡什凯人 4-378f
卡什凯语 4-379a
卡什雷克城 8-88d
卡什塔 4-490a
卡氏第一定理 4-221c
卡氏肺孢子虫病 9-104d
卡氏瓶 4-372d
卡舒布方言 1-380b
卡斯巴城堡遗址 2-137f
卡斯巴古城 1-13e
卡斯巴古城堡 1-12a
卡斯巴乌达亚城堡 4-512a
卡斯楚普机场 2-139b
卡斯登士峰 8-269d
《卡斯蒂利亚的小公主》 5-372e
《卡斯蒂利亚法典》 4-379a
卡斯蒂利亚方言 8-86c
卡斯蒂利亚诺,A. 4-221c
卡斯蒂利亚人 8-83c
卡斯蒂利亚王国 4-379a, 5-242f
卡斯蒂利亚语 8-86d
《卡斯蒂廖内像》 4-516b
卡斯蒂略,R.S. 1-329f
卡斯蒂略金字塔 4-264e
卡斯蒂略内,G. 4-547f
卡斯蒂约神庙 1-495c
《卡斯帕尔》 3-374b
卡斯帕罗夫,G. 4-379b
卡斯泰利,B. 4-382a
卡斯特尔,L.-B. 6-415d
卡斯特里 4-379c
卡斯特罗,F. 4-379c, 3-112a
卡斯特罗,J.M.F.de 4-379e
卡斯特罗,R. 4-379e
卡斯特罗·阿尔维斯,A.de 4-379f
卡斯特洛·布兰科,C. 4-380a
卡苏比陵墓群 4-399c
卡他期 1-214e
卡塔丁山 5-416b
卡塔尔 4-380a, 1-30c, 2-383e
卡塔尔半岛 1-262b
卡塔尔大学 4-381a
卡塔尔国 4-380d
卡塔尔酋长国 4-380d
卡塔戈 6-561b
卡塔赫纳 4-381b
《卡塔赫纳协定》 3-266a
《卡塔赫纳宣言》 1-392c

《卡塔丽娜·封·格奥吉恩》 3-109a
卡塔尼亚 1-73c
卡塔伊城 4-388a
《卡泰林娜》 8-240b
卡坦朗猜想 7-68c
卡坦扎罗 4-381c
卡特,C.A. 7-425d
卡特,H. 7-426a
卡特,J. 4-381c, 6-296e
卡特巴城堡 1-65e
卡特尔 4-381e
卡特尔,J.M. 4-439e
卡特加特海峡 1-381f, 7-554a
卡特赖特,A.J. 1-235b
卡特兰属 4-541a
卡特迈国家公园和自然保护区 1-37e, 7-484a
卡特迈火山 1-37e, 1-38b, 7-484a
卡特维尔人 3-108b
卡特主义 4-381d
《卡提利那阴谋》 3-173c
卡通 4-381f, 2-336c
卡通河 2-410c
卡通加河 7-614f
卡通片 5-361d
卡图卢斯 4-381f
卡图纳耶克国际机场 4-430f
《卡图在乌提卡》 5-335e
《卡托-坎布雷西和约》 7-468e, 8-567b
卡瓦格博峰 6-3b
卡瓦拉河 4-436c, 5-24e
卡瓦利多,E. 4-381f
卡瓦列里,B. 4-382a
卡瓦列里,E.de 6-218e
卡瓦列里原理 4-382b
卡瓦纳,P. 4-382b
卡维尔,R. 9-550b
卡维龙多湾 7-549e
卡文迪什,H. 4-382c, 4-527e, 6-216c
卡文迪什实验 4-382d
卡文迪什实验室 4-382d, 5-297a
卡文杜山 6-375e
卡翁达,K.D. 4-382f
卡翁达广场 4-51b
卡翁达基金会 4-383a
卡西 3-95c, 9-113e
卡西米尔,H.B.G. 1-530e
卡西莫多 1-171e
卡西尼,C.-F. 4-383b
卡西尼,G.D. 4-383a, 5-493d
卡西尼,J. 4-383b
卡西尼,J.-D. 4-383b
卡西尼父子 2-77b
卡西尼环缝 4-383b
卡西尼家族 4-383b
卡谢乌河 4-81c
卡修斯·马塞勒斯·克莱 1-40f
卡亚俄 4-383b
卡宴 4-383c, 2-454f
卡伊班达,G. 5-156b
卡因菠萝 1-395e
卡因吉大坝 5-576b
卡语 4-560b
《卡约先生的有争议的选票》 2-182b
卡赞,E. 4-383c, 5-349c
卡赞扎基斯,N. 4-383d
卡泽,P.-J. 8-162a
卡扎尔王朝 4-383e
卡扎菲 4-383f
卡扎赫人 3-314a
卡扎克人 3-314a
《卡扎拉尔的女皇》 2-434f
卡扎林斯克 8-132f
卡州满江红 5-304c
卡朱拉霍神庙 4-384a, 8-601d
卡兹基尔山地 5-607e
卡-52"短吻鳄"武装直升机 4-384b
开（历史人物） 6-138e
开（物理量单位） 4-384f
《开宝本草》 9-12b
开宝寺 4-386a
《开宝藏》 2-122c
开闭 4-390d
开标 9-224a
开波导 1-373f
开伯尔山口 4-384c
开场舞 1-382d
开敞式水闸 7-105d
开敞式运河 9-142b
《开成石经》 4-384d, 8-81c
开城 4-384e
开城工业园区 4-384f
开刀 7-38f
开都河 1-417b, 7-241e
《开端》 6-39e
开尔文 4-384f, 7-578c
开尔文 4-384f, 3-550e, 4-202a, 8-75d
开尔文表述 6-280a
开尔文温标 7-578c
开发署 5-44d
开放骨折 3-189a
《开放社会及其敌人》 1-383e
开放式基金 7-414a
开放式问题 7-604f
开放系统 4-385b, 6-280d, 8-206f
开放型经济 4-385c
开放型角色 6-489b
开放性颅脑外伤 5-160b
开放性脑损伤 5-159e
开放性气胸 6-149a
开放性条约 7-374b
开封 4-385c, 7-165f, 7-170d
开封城 4-385c
开封市 4-385e
开封铁塔 4-386a
开夫拉 2-494c
开府仪同三司 4-386b
开关 4-386c
开国大典 4-386d
《开国大典》 4-386e
《开国大典》 4-386f, 2-334e
开花 3-525c
开化派 4-135d
开环聚合 4-387a, 4-341f
开环聚合单体 2-143f
开环控制 7-375d
开环控制系统 9-536f
开环甾族化合物 9-149f
《开荒》 3-181f
《开会迷》 3-412f, 5-275e
开豁为良 4-387b
开角型青光眼 6-205c
开京 3-69e, 4-384e, 4-610d
开掘足 9-295f
开口虹吸现象 2-514f
开口拉链 4-520d
开口期 9-500c
开口跳 2-12b
开口笑 4-480e
开拉斯峰 3-49a
开脸 4-387d
开脸儿 1-269e
《开镣》 3-510d
开裂作用 2-564e
开路 2-506c
开滦大罢工 5-221d
开滦（集团）有限责任公司 4-387f
开滦矿务局 4-387f
开滦矿务总局 4-387d
开滦煤矿 4-387d, 7-312d
开罗 4-387f
开罗博物馆 7-426a
开罗大学 1-65f, 4-388c
开罗会议 4-388d
《开罗宣言》 4-388e, 7-250f
开曼海沟 4-110b
开曼群岛 4-388e
《开曼人罗盘报》 4-389b
《开蒙要训》 5-375c
开面 4-387d
开明出版社 9-382d
《开明活页文选》 4-389b
开明书店 4-389b
《开明同化宣言》 2-526f
开明专制 4-389b
开默林·昂内斯,H. 4-389c, 1-529e, 1-530d, 2-206e, 3-195b, 6-612c
开默林·昂内斯实验室 4-389c
《开辟史诗》 6-274b
《开辟衍绎》 6-44c
开平 5-105a

开平府 6-459e
开平矿务局 4-387e
开平煤矿 7-315e
开平煤矿公司 7-381b
开平市 4-389d
开平铁路公司 7-316b
开平卫 6-460a
开普半岛 3-405d
开普点 3-405d
开普敦 4-389e
开普敦大学 4-389f, 5-523f
开普勒,J. 4-390a, 3-230b, 5-600a, 6-415b, 7-453f
开普勒超新星 4-390b
开普勒定律 4-390b
开普勒三定律 8-74d
开普勒望远镜 4-390b
开普平原 5-522e
开普山脉 4-390d
开普殖民地 1-435b
开启桥 4-5e
开窍醒神 4-390d
开塞姆,W.H. 1-530d
开赛河 4-375d
开上开下船 9-143a
《开设国会请愿书》 9-549b
开司米 6-441e
开通县 7-394a
开通元宝 4-390e
《开拓者》 4-595e
开系 6-280d, 8-206f
开弦弓村 4-172e
开胸心脏按压 8-257b
开学阿訇 1-26a, 9-387d
开阳 1-259f
《开元道藏》 2-166e
开元路 4-391d
开元钱 4-390e
开元三大士 4-390f
《开元升平源》 1-557e
《开元释教录》 2-122c
开元寺塔 2-314a, 7-168c, 7-236e
开元通宝 4-390e, 7-303c
《开元占经》 6-254e
开元之治 4-391b, 7-301d
开原市 4-391d
开原县 4-391d
开源 4-391e
开源节流 4-391e
开远市 4-391f
开远县 4-391f
开斋节 4-391f, 1-33c
开贞 3-251c
《开智录》 8-257f
《开宗义富贵孝义传》 5-443f
锎 1-60d
凯安保 8-340b
凯奥特河 6-561c
凯班 9-52c
凯布讷峰 6-348a
凯楚亚人 4-459f
凯楚亚语 4-460a, 5-364c
凯德洛夫,B.M. 4-392a
凯厄图尔瀑布 4-392b, 3-241a
凯恩斯 4-392c
凯恩斯,J.M. 4-392c, 2-3e, 4-293e, 4-329a, 8-207b, 9-50a
凯恩斯定律 3-141c
凯恩斯港 4-392c
凯恩斯革命 4-293e, 4-329a
《凯恩斯革命》 4-449e
《凯恩斯经济学的危机》 8-121d
凯恩斯区域 9-586b
《凯恩斯先生和“古典学派”：一种解释》 9-586c
凯恩斯陷阱 5-124d, 9-586b
凯恩斯消费理论 1-336c
《凯恩斯学说指南》 9-586c
凯恩斯主义 4-392f, 4-293f, 4-296e, 5-96c
凯尔盖朗海岭 5-521b
凯尔奈克 2-218b
凯尔奈克神庙 4-375b
凯尔森,H. 4-393a
凯尔泰斯 4-393c
凯尔特部落 1-15f
凯尔特-利古里亚人 4-393d
凯尔特人 4-393c, 1-83a, 2-450e, 3-70e, 7-184d, 7-483a, 9-163a
凯尔特铁器文化 3-307c, 4-514a
凯尔特-伊比利亚人 4-393d
凯尔特语言 1-446e
凯尔特语族 4-393d
凯基,Y. 2-301f
凯凯什峰 8-329a
凯库勒,F.A. 4-393e, 2-600b
凯拉库姆 7-239e
凯拉萨神庙 1-69e, 8-601c
凯莱,A. 2-128d, 2-128e, 7-71f
凯莱曼 4-393f
凯勒,G. 4-394a
凯勒-基连尼反应 7-457c
凯勒尼耶 4-431a
凯勒尼耶大学 4-431a
凯里尔·安哇尔 4-394a, 7-154f
凯里尼亚山脉 6-376b
凯里市 4-394b, 6-174f
凯利,H.H. 3-240a
凯利,W. 4-394c
凯利-贝塞麦法 4-394c
凯利空气吹炼法 4-394c
凯琳·埃伦·约翰森 7-613a
凯鲁亚克,J. 1-334d
凯洛夫,I.A. 4-394c
凯末尔·阿塔图尔克,M. 4-394d
凯末尔革命 4-394f
凯奇,J. 4-395a, 6-27d
凯撒 4-395b, 3-173c, 6-323a, 6-401d
《凯撒》 6-33b
凯撒圆柱 1-101a
凯瑟,G. 4-395c
凯瑟,W. 4-395d
凯瑟琳 3-462d
《凯瑟琳伯爵夫人》 8-502d
凯瑟琳·赫本 4-395e
凯瑟琳山 1-64c
凯山·丰威汉 4-395f
凯素灵 8-340b
凯特尔,W. 1-408a, 5-604e
凯特莱,L.A. 2-478e, 6-290b, 7-408a
凯文·路德 5-169a
凯兴斯泰纳,G. 4-395f
凯旋门 2-439d
《凯旋门》(贺宜) 3-443a
《凯旋门》(E.M.雷马克) 4-569a
《凯旋与和平》 6-439c
《凯旋之歌》 1-408d
《凯依特侯爵》 7-573e
凯因茨,J. 4-396a
铠甲动物门 4-396a
铠茗荷 5-309c
铠鲨 4-205c
铠鲨科 4-205c
楷木雕刻 5-489a
楷书 4-396b, 7-47e, 9-380e, 9-512c
刊板 2-13a
刊刻 2-13a
《刊谬补缺切韵》 6-191d
刊行 2-13a
《看门人的儿子》 1-108d
看守内阁 4-396d
看守所 4-396c
看守政府 4-396d
“勘测者”号探测器 1-4c
勘查地球化学 2-235d
勘合 8-562f
《勘书图》 7-505f
堪察加半岛 4-396d
堪察加河 4-396e
堪察加河鲑 3-243f
堪培拉 4-396f
堪萨斯城 4-397a
《堪萨斯-内布拉斯加法案》 4-397c
堪萨斯州 4-397d
堪舆 4-397f
坎（八卦） 1-142b
坎（物理量单位） 4-400a
坎巴人 4-464a
《坎波福尔米奥和约》 5-505e
坎波拉,H.J. 1-330a

坎伯兰半岛 1-154d
坎伯兰河 2-396d
坎布拉丹霞地貌 6-207a
坎布拉国家森林公园 3-593f
坎布里亚山脉 3-366e, 7-528b
坎达拉克沙 1-197f
坎达拉克沙湾 1-197e
坎达利亚·摩诃提婆神庙 8-601d
坎大哈 4-397f
坎德尔,I.L. 8-485e
坎德拉 4-398a
坎德勒,A.G. 4-444f
坎儿井 4-398b, 7-446b, 7-446c
《坎儿井》 6-601e
坎侯 4-472d
坎肩 6-134d, 9-356d
坎昆会议 4-398c
坎纳达语 4-398d
坎纳氏综合征 7-387a
坎囊宗 5-507c
坎尼扎罗,S. 4-398e, 1-19c, 2-554c
坎尼扎罗反应 4-398e
坎尼战役 3-378e
坎宁,G. 4-398e, 5-367c
坎宁安,A.B. 1-262e
坎宁安,I. 7-544b
坎宁安,J. 2-328c
坎宁汉,M. 4-398f
坎宁汉技术 4-399a
坎农,W.B. 4-399a
坎帕拉 4-399b
坎帕拉国会大厦 7-615b
坎彭东克,H. 1-357c, 6-210c
坎普尔 4-399c
坎普尔大学 4-399d
坎切莱里亚宫 5-206b
坎塔布连山脉 1-61c
坎塔布连山区 1-16b
坎特伯雷大教堂 3-93c, 9-3a
坎特伯雷大主教 1-101e
《坎特伯雷故事》 1-251f
《坎特伯雷故事集》 4-399d
坎特伯雷平原 4-449e, 5-516c
坎托罗维奇,H. 4-399e, 1-68e
坎托罗维奇,L.V. 4-399f, 8-186a
侃 2-34f
砍斫器 6-600f
《看吧,陌生人》 1-118f
《看不见的共济会》 6-273e
看不见的手 8-400b
看跌期权 6-124b
看火护目镜 8-440a
看涨期权 6-124b
阚尊民 5-107b
康巴尔汗·艾买提 4-400b
康邦,C. 3-113d
康采恩 4-400b, 4-4e
康长素 4-406a
康德,I. 4-400c, 1-349b, 2-39d, 2-188f, 2-227c, 2-482b, 2-542c, 3-541a, 4-212c, 7-269b, 7-408f, 8-581e, 9-543e
康德-拉普拉斯星云说 4-523b
康德哲学 1-348d
《康德传》 5-221e
康迪,K. 2-229c
康定府 4-401d
康定斯基,W. 4-401a, 1-357c, 2-10a, 8-182c, 8-379c
康定县 4-401d, 3-39c
康恩,J.W. 6-267c
康恩肯普,F. 1-151f
康恩氏综合征 6-267c
《康尔沃风景》 2-180d
康弗伦斯公园 2-137e
康复 4-401e
康格里夫,W. 4-401f
康更生 4-406a
康广仁 6-222c, 7-285e, 8-69e
康广厦 4-406a
康桂秀 4-402b
康国华 8-448c
康国乐 1-410d
康海 4-401f, 5-447b, 6-162b
《康家小院》 1-574e
康家语 4-402a
康进之 4-239a, 9-99a
康居 4-402b
康凯 6-198b
康克清 4-402b
《康克清回忆录》 4-402c
康昆仑 4-402c
康拉德,J. 4-402d
康拉德,V. 4-402e
康拉德界面 4-402e
康拉德三世 4-23a, 6-592b
康拉德四世 4-23a
康朗英 4-402e
康里巎巎 4-402f
康梁 5-52e
康茂德 1-95a
康蒙斯,J.R. 4-403a
康默记 5-68a
康乃馨 8-198d
康涅狄格州 4-403b
《康涅狄格州的美国佬》 5-205b
康帕内拉,T. 4-403c, 4-470f
康普顿,A.H. 4-403d, 3-221c, 5-61e
康普顿波长 4-403f
康普顿散射 4-403e
康普顿效应 4-403e, 4-403e, 9-590b
康乾盛世 6-230e
康塞普西翁 4-404a
康生 4-404a, 4-177b
康氏粉蚧 2-559a
康世恩 4-404c
《康世恩论中国石油工业》 4-404d
康叔 8-232e
康叔封 7-564d
康斯坦察 4-404d, 5-210b
康斯坦西亚农庄 4-390a
康斯特布尔,J. 4-404e, 3-119c, 9-38b
《康素爱萝》 6-184f
康梭 9-295b
康塔塔 4-404f
《康塔塔与咏叹调》 4-404f
康泰 4-405a, 9-489d
康泰克斯 4-366f
康特,M. 4-405a
康提 4-405a, 5-250c
康提博物馆 5-250c
康提湖 5-250c
康提僧伽罗人 6-421a
康铜 1-205f
康托尔,G. 4-405b, 6-614f, 7-209c, 8-356b
康托尔,T. 4-405c
康托尔悖论 1-304a, 4-75f
康托洛维奇,L.V. 4-399f
康沃尔半岛 6-111d
康沃尔三部曲 2-135f
康熙帝 4-405d, 6-230c, 9-528b
《康熙南巡图》 4-405d
《康熙字典》 4-405e
《康熙字典音读订误》 4-405f
康心孚 4-406a
康有为 4-406a, 3-238b, 3-580f, 6-108a, 8-68c
康藏公路 2-23c
康泽 6-398d
《康庄大道》 7-515b
康濯 4-406d
康子林 4-406e
康祖诒 4-406a
糠椴 2-369c
糠醛 4-406f, 2-589d, 6-267b
糠蚊 5-382e
糠虾目 4-407a
抗癌基因 4-407b
抗暴运动 4-407b
抗爆剂 7-156b, 8-261d
抗爆性（汽油） 2-425b, 4-134a, 6-153a, 8-261d, 8-559d
抗病毒抗体 4-413a
抗病毒药 4-407d
抗糙皮病因子 8-420e
抗磁性 2-47c
抗雌激素 8-326a
抗大 9-394c
抗胆碱能药 9-307c
《抗敌报》 4-273a

《抗敌歌》 3-603b
抗敌演剧队 4-407e
抗敌演剧宣传队 4-407f
抗毒素 1-296f, 4-413a
抗高血压药 4-408a
抗过敏类平喘药 6-87c
抗旱播种 3-389a
抗旱栽培 3-389a
抗坏血酸 6-563a, 7-555e
抗交感神经药 4-408a
抗焦虑药 4-408b
抗结核病药 4-408b, 2-533f
抗惊厥药 4-301c
抗精神病药 4-408c
抗菌抗体 4-413a
抗菌素 4-412b
抗菌药 3-407f
抗利尿激素 7-85f
抗联 2-315d
抗罗宗 8-274b
抗美援朝 1-541d, 5-321c
《抗美援朝》 8-349a
抗美援朝战争 4-408c
抗逆性 9-305b
抗疟剂 4-505b
抗疟药 4-504e
抗日根据地戏剧 4-410a
《抗日救国初步政治纲领》 6-119d
《抗日救国十大纲领》 5-227a, 5-320e
抗日军政大学 4-615b
抗日军政大学第三分校俄文大队 1-272f
《抗日军政大学校歌》 4-352f
抗日民族统一战线 4-410a, 7-433d, 9-391f
《抗日游击战争中各种基本政策问题》 5-114e
抗日战争 4-410c
抗生素 4-412a, 4-414f
抗生素类杀螨剂 6-421f
抗税罪 4-286a
抗诉 4-412d
抗诉书 4-412e
抗酸剂 8-550a
抗酸药 4-412e
抗体 4-412f
《抗体的产生》 1-401e
抗体工程 4-221f
抗微生物剂 7-4d
抗心绞痛药 4-413a
抗心律失常药 4-413b
抗性激素疗法 8-326a
抗雄激素 8-326a
抗氧化剂 4-413d
抗氧剂 4-413d, 2-370d, 6-39b
抗议美军暴行筹备会 4-407c
抗议宗 4-42f
抗抑郁药 4-413d
抗原 4-413d
抗原结合簇 4-413f
抗原决定簇 4-413e, 4-413f
抗原-抗体反应 4-413f
抗原漂移 5-125b
抗原转变 5-125b
抗孕激素 8-326a
抗躁狂药 4-414a
《抗战的基本观念》 4-188c
《抗战建国纲领》 3-288b
《抗战三部曲》 1-160d
《抗战文艺》 4-414b
抗战文艺编辑委员会 4-414b
抗战文艺运动 4-414d
抗真菌药 4-414e
抗震结构设计 7-372b
抗震性（汽油） 8-261d
抗组胺药 4-415a, 9-307c
抗HIV药 4-407e
钪 8-130d
尻海参科 9-79d
考察宪政馆 9-80f
考城县 4-540e
考茨贝 6-235f
考茨基,K.J. 4-415c, 5-334b, 7-547c
考迪略 4-415d
考迪略主义 4-415d
考尔夫,W. 4-317a
考夫曼,K.P. 2-395d
考夫曼别墅 5-125e
《考工创物小记》 4-415e
《考工记》 4-415e, 3-142c, 5-450b
《考工记解》 4-415e
《考工记图》 4-415e
考古地层学 4-415f
考古地磁学 3-165f
考古调查 4-417b
考古发掘 4-417b
考古类型学 4-415f, 4-416f
考古年代学 4-415e, 4-417d
《考古图》 4-416b, 4-254b
《考古图释文》 4-416c
考古学 4-416c
《考古学的方法与目的》 6-75a
《考古学的目的和方法》 4-416f
考古学文化 4-417f
《考古学与社会》 4-447b
考据之学 3-294f
考克饶夫,J.D. 4-382f
考克斯,A. 7-94c
考拉 4-418a, 7-60f
考纳斯 4-418a
《考纳斯日报》 5-22a
考任制 8-92a
考试 4-418a
《考试没有结束》 2-171f
《考数根法》 4-609b
考亭书院 4-164c
考托河 3-161a
考托纳 4-418b
考正本 9-497e
拷贝铅笔 6-159d
拷花大衣呢 2-121a
栲胶 4-418b, 3-469b, 6-424b, 7-563a
栲树 4-418c
烤田 6-433b
烤鸭 6-260c
靠（武术） 7-257b
靠接 4-148f
靠崖窑 8-481b
靠子 9-405c
苛性钠 6-217d
苛性苏打 5-513f
匼河遗址 6-347c
呵叻盆地 7-273d
珂勒惠支,K. 4-418e
《珂雪斋集》 9-104c
柯（石栎） 6-598f
柯本,W. 4-419b, 6-143a
柯本气候分类 4-419b
柯波特 6-70a
柯伯,T. 4-505f
柯达 3-474f
柯达,A. 1-251f
柯达一号相机 6-505c
柯蒂斯,C.G. 6-152b
柯恩,M. 5-337a
柯尔,R.F. 6-263e
柯尔贝尔,J.-B. 4-419c
柯尔贝尔主义 4-419c
柯尔克孜达斯坦 4-419c
柯尔克孜-克普恰克语组 2-327d
柯尔克孜语 4-419e
柯尔克孜族 4-419e
柯尔律治,S.T. 4-420a, 7-50e
《柯尔庄园的野天鹅》 8-502d
柯赫曲线 2-548e
柯亨,H. 4-420b
柯敬仲 4-420b
柯九思 4-420b
柯勒,J. 4-420d
柯立芝,C. 4-420e
柯立芝机场 6-569d
柯林森,J. 4-516c
柯林斯,A. 2-292e
柯林斯,M.（航空航天） 1-48b
柯林斯,M.（外国历史） 8-614f
柯林斯,R. 2-3c
柯林伍德,R.G. 4-420e
柯灵 4-420f
《柯灵电影剧本续编》 4-421a
《柯灵电影剧本选集》 4-421a
柯伦剧院 6-560f
柯罗,C. 4-421a

柯罗风格 4-421d
柯罗连科,V.G. 4–421d
柯南道尔,A. 4–421e
柯尼斯堡 4-111e
柯尼希,A. 1-74d
柯尼希,D. 7-423a
柯尼希树引理 3-134a
柯涅楚克,A.Ye. 4–421f, 6-163a, 8-501a
柯切托夫,V.A. 4–422a
柯琴 6-223c
柯庆施 4–422a
柯如宽 2-34e
柯萨语 1-225d
柯森 4-422f
柯尚惠 4-422a
柯绍忞 2-428d
柯塔宾斯基,T. 4-442e
柯瓦列夫斯卡娅,S. 4–422b
柯温,J. 4-159a
柯西,A.-L. 4–422c, 1-526e, 2-370c, 3-8d, 7-283f
柯西不等式 1-426f
柯西积分定理 3-8d, 4-422d
柯西积分公式 4-422d
柯西金,A.N. 4–422e
柯西-柯瓦列夫斯卡娅定理 4-422c
柯西-黎曼方程 4-231d, 4-582e, 6-81e
柯西-黎曼条件 3-8d
柯西-皮亚诺定理 1-526f
柯西-施瓦兹不等式 6-14b
柯西收敛原理 4-68e
柯西问题 1-526e, 1-526f
柯象峰 4–422f
柯歇尔,J.-L. 7-536e
柯兴氏综合征 4-491c
柯岩 4–423a
柯伊伯,G.P. 4–423b, 4-423c, 7-269b
柯伊伯带 4–423c
柯伊伯带天体 4-423c
科（生物学） 2-544f
科阿特佩克湖 6-555d
科昂-塔努吉,C. 9-481f
科班（戏曲教育组织） 5-538e, 6-241d, 8-500e, 9-128a
科班（古代仕途） 4-345e
科本,K.F. 6-209a
科波,J. 4–423d
科波菲尔,D. 5-466a
科波拉,F.F. 4–423e
科伯恩城 4–423f
科布多 4–423f
科场案 4–424a, 6-219c
科茨,R. 2-269c
科茨沃尔德丘陵 7-278f
科达类植物 4–424b
科达伊 4–424d
科达伊教学法 4-424e
科黛,C. 5-260b
科丹帕卡姆电影制片厂 4-246d
科迪勒拉山系 4–424f, 1-278d, 4-364e
科迪亚克岛 1-37f
科蒂斯,M. 3-458a
《科斗书后记》 3-492b
科顿,A. 2-46e
科顿,F.A. 8-17a
科顿-穆顿效应 2-46e
科多巴 5-571a
科多克 2-454a
科恩,G.L. 7-477e
科恩,H. 2-285f, 3-91b
科恩,J. 3-91b
科恩,P.J. 3-134a, 5-39b, 8-367e
科恩,W. 8-17a, 8-71d
科恩伯格,H.L. 4-451a
科尔,G.D.H. 2-537b
科尔,H. 4–425a
科尔,N. 5-231e
科尔贝,H. 3-545d
科尔贝尔,J.-B. 2-441c
科尔伯格,L. 4-212b
科尔布尔德,H. 3-451e
科尔布特,O.V. 6-88f
《科尔迪安》 7-141b
《科尔迪安和乡下佬》 4-455e
《科尔多巴的钟表匠》 4-382a
科尔多凡高原 7-179d
科尔多凡语族 4–425b, 5-576c
科尔多瓦 4–425b
科尔多瓦 4–425c
科尔多瓦大清真寺 7-441a
科尔多瓦大学 1-24c, 4-425c
科尔多瓦哈里发国家 4–425d
科尔科东河 4-430b
科尔克维茨,B. 3-571e, 9-310c
科尔劳施,R.H.A. 3-227b, 7-541e
科尔曼,J.S. 6-500c
科尔莫戈罗夫,A.N. 4–425e, 2-105b, 3-358e, 7-214f
科尔莫戈罗夫检验 2-511f
科尔莫戈罗夫统计量 4-425f
科尔莫戈罗夫系统 4-425f
科尔尼洛夫,L.G. 2-394a
科尔诺峰 8-408f
科尔沁草原 4–426a, 7-391a
《科尔沁草原的人们》 5-287d
《科尔沁旗草原》 2-366b
科尔沁沙地 4-426a
科尔人 5-369c
科尔萨科夫 6-361a
科尔施,K. 8-91d
科尔特曼,J.W. 6-444f
科尔特斯港 4–426b
科尔特斯省 6-567a
科尔托,A. 4-378d
科尔西,J. 3-96c
科尔希达低地 3-67c
科尔希达王国 3-107e
科法郎 4-433a
科菲尼乌姆 7-396b
科夫港 4-429e
科夫卡,K. 7-544d
科夫诺 4-418a
科赫,R. 4–426c, 6-9b
科赫法则 4-426c, 8-155a
科幻片 5-333e
科幻小说 4–426d
科技部干部管理学院 3-540c
科技商店 4-100d
科技园区 4–426f
科教片 4–427a
科介 3-600f, 9-148b
科举制 4–427b, 1-497b
科克 4–429d
科克,E. 4–429e
科克大学 4-429e
科克里尔,W. 6-24f
科克帽 4-585d
科克恰河 2-460c
科克斯,G. 2-585e
科克托,J. 4–429f
科拉比山 1-8b, 5-272c
科拉克斯 3-180f
科拉里亚人 5-369c
科拉里亚语族 5-369c
科拉利,J. 4-198a
科拉罗夫,V. 4-101e
科拉松·科胡昂科 1-26d
科拉湾 5-458d
科莱蒂,L. 8-91e
科莱特,S.-G. 4–430a
科朗 6-359e
科勒,E.A. 3-566b
科勒,R. 2-480f
科雷 3-178f
科雷科雷人 6-476d
科雷马河 4–430a
科雷马水电站 4-430b
科累万 7-241f
科里,E.J. 3-550a
科里奥利（惯性）力 8-190e
科里奥利加速度 8-190e
科里布湖 4–430b, 1-84a
科里亚克语 3-178b
科利普,J.B. 1-225a
科林斯,J. 7-384b
科林斯,W. 4–430b
科林斯地峡 2-240c
《科林斯人的婚礼》 2-451c
科林斯运河 9-142b
科林斯战争 3-164e

科林斯柱式 3-178c, 9-504b
科林特,L. 1-357c, 8-613d
科隆 4-430c, 4-110c
科隆 4-430c
科隆-波恩国际机场 1-375d
科隆布,M. 2-442b
科隆达达社团 2-416b
科隆大教堂 4-430d, 3-93d, 4-210a
科隆汉萨 3-379b
科隆尼亚 4-430d
科隆群岛 4-430e
科隆自由贸易区 4-430c
科鲁巴尔河 4-81c
科伦坡 4-430f
科伦坡大学 4-430f
科伦斯,C.E. 5-383c
科罗尔 4-431a
科罗拉多大峡谷 4-431b, 3-520c
科罗拉多高原 4-431c, 4-431b
科罗拉多河 4-431d, 1-182d, 2-168c, 5-345a, 8-406a
科罗拉多州历史博物馆 2-137e
科罗拉多州美国大气研究中心 1-302d
科罗廖夫,S.P. 4-431e, 2-317f
科罗曼德尔海岸 2-172c
科罗曼德尔漆器 6-124e
科罗托罗 6-355d
科洛迪,C. 2-418b, 5-491a
科洛姆,P.H. 3-337f
科洛尼 5-33f
科洛尼尔成品油管道 4-431f
科洛索夫斯基,N.N. 2-227d
科洛特 8-515c
科洛西姆竞技场 5-207f
科马克,A.M. 3-403e
科马内奇,N. 4-432a
科马佩德罗萨峰 1-91f
科马语族 4-432b, 5-573e
科曼尼斯图书馆 4-532a
科米-彼尔米亚克人 4-432b
科米人 4-432b
科米语 4-432b
科摩罗 4-432c
科摩罗法郎 4-433a
科摩罗共和国 4-432e
科摩罗广电中心 4-433b
科摩罗国家联盟 4-432f
科摩罗海岭 4-432c
科摩罗群岛 4-432c
科摩罗伊斯兰联邦共和国 4-432e
科摩罗语 4-432c
科莫埃国家公园 4-437a
科莫埃河 4-433b, 4-436c
科莫多巨蜥 4-337a, 4-433c
科莫多龙 4-433c
科莫湖 8-564c
科莫罗夫斯基,T. 3-536a
科姆扎克,K. 2-185a
科穆宁王朝 4-433c
科纳克里 4-433d
科纳克里大学 4-81b, 4-433e
科纳克里港 4-433e
科纳克里-康康铁路 4-433d
科纳克里自治港 4-81a
科纳拉克太阳神庙 4-433e, 8-601d
科南特,J.B. 4-433f
科尼比尔,W.D. 6-602e
科尼什语 4-393e
科尼亚 5-214c
科潘 5-288f
科潘古城 4-434a, 3-481b
《科佩尼克上尉》 2-20a
科佩特山脉 7-438f, 8-522b
科普重排反应 2-5c
科普兰,A. 4-434b
科普兰-塞欣斯音乐会 4-434c
科普特博物馆 1-66c
科普特教会 4-434d
科普特教派 2-267d
《科契提印第安人的故事》 1-307f
科恰班巴 4-434d
科恰班巴大教堂 4-434e
科钦 4-434e
科钦大学 4-434f
科萨,F. 7-600d
科萨人 4-434f
科萨语 4-434f
科萨族 5-522b
科瑟尔,L.A. 4-435a, 2-3c, 6-482b
科森,D.R. 1-81f, 2-505d
科什拉什 3-419e
科氏力 8-190e
科斯,R.H. 4-435c, 4-198d
科斯雷人 4-113b
科斯塔,L. 5-574a
《科斯塔·柏林的故事》 4-130c
科斯特,D. 3-318b, 3-448c
科斯特拉山脉火山带 6-359c
科斯特罗维茨基,W.A.de 1-3f
《科苏特》 1-183d
科索沃 4-435d
科索沃共和国 4-435d
科索沃和梅托希亚 4-435d
科索沃解放军 4-435d, 4-435e
科索沃盆地 6-370c
科索沃战争 4-435e
科塔萨尔,J. 4-435f
科特,H. 8-491f
科特迪瓦 4-436a
科特迪瓦共和国 4-436a
科特迪瓦国家博物馆 4-437a
科特迪瓦国立大学 4-437a
科托河 1-59b
科托吉国际机场 1-28c
科托努 4-437a, 1-298f, 1-375b, 5-575f
科托努港 1-299d
《科托努协定》 5-230c
科托帕希火山 4-437b
科瓦尔斯基,B.R. 3-549c
科威特 4-437b, 1-30c
科威特城 4-438c, 4-437d
科威特大学 4-438b
科威特第纳尔 4-438a
科文特加登皇家歌剧院 4-338f, 4-373c
科西阿斯科国家公园 4-438e
科西阿斯科山 4-438d
科西加,F. 4-438e
科西嘉岛 4-438e
科西嘉人 4-438f, 2-438a
科西莫·德·美第奇 5-342d
科希策 7-129e
科学 4-439a, 4-99f
《科学》 1-367e
《科学》(美国) 4-439e
科学博物馆 1-417e
科学补习所 8-257f
科学城 4-426f
《科学的春天》 3-251d
《科学的价值》 6-46f
科学的进化论 9-51a
科学的经验主义 5-470b
《科学的社会功能》 1-291f, 4-441f, 4-442e
《科学的新闻学概论》 6-362d
《科学发现国际登记日内瓦条约》 2-433c
科学发现权 2-433c
科学发展观 4-439f
科学革命 4-440f, 4-439b
《科学革命的结构》 4-484e
科学共产主义 4-441b, 4-442a
《科学怪人》 4-426d
科学观察 4-442d
科学管理理论 3-215a
《科学管理原理》 7-275e
《科学和方法》 6-46f
《科学和假设》 6-46f
科学基金 4-441b
《科学及其相互联系:历史、理论、实践》 4-392b
科学技术哲学 4-441c
科学理论 9-22a
科学模型 4-441e
《科学前哨》 5-3d
《科学情报工作》 6-234e
科学社会学 4-441f
科学社会主义 4-442a
《科学诗》 3-76a
科学实验 4-442c
《科学史教篇》 5-166b
《科学说明的诸方面》 3-463b

《科学统计》 2-447c
科学卫星 6-302a
科学文献指数增长定律 6-234f
科学消费 7-32d
科学学 4-442d
《科学引文索引》 4-109d, 6-109c
科学与工程基金 4-441b
科学园 4-426f
《科学院工作汇报提纲》 3-510b
科学哲学 4-441c
科学证明 8-403c
科学主义 4-442e
科伊科伊人 4-27b
科伊佩尔,N.-N. 8-162a
科伊人 5-522e
科伊桑 4-442f
科伊桑人 4-27b
科伊桑语系 4-442e
科伊瓦岛 4-442f
科英布拉派 1-70d, 6-121b
科兹洛夫,P.K. 4-442f
科兹洛夫城 5-400e
科佐卢波夫,C.M. 5-218e
钶 5-581a
颏舌肌瘫痪 7-280e
《窠石平远图》 3-253c
榼藤子 1-305a
颗粒黄体细胞 5-190d
颗粒灰岩 6-595d
颗粒态 8-322e
颗粒物 4-443a
颗粒物污染 2-100b
蝌蚪 4-443b, 1-343f
咳必清 9-260b
咳嗽 4 443c
咳嗽反射 3-499a
咳嗽晕厥 9-304c
咳血方 9-307e
《可爱的玫瑰》 3-109b
《可爱的中国》 2-492b
可编程序型机器人 1-504c
可变成本 1-576d
可变数据印刷 8-613a
可变信息标志 4-196d
可变信息印刷 7-75c
可变资本 4-443c, 5-125a, 9-523c
可辨认无形资产 8-22b
《可怖的永生梦》 1-414e
可测函数 4-564d
可拆联接 5-46d
可持续发展 6-292e
可待因 4-443d, 9-260b, 9-260d
可锻铸铁 9-506a
可纺性（纺织） 2-502a
可分物 8-70c
可更新资源 4-443e
可构成公理 3-134b
可化归性公理 7-73c
可计算性理论 2-253f
可见光 4-443e, 2-275c, 3-219d
可见光疗法 3-223f
可见光谱 3-225c
可见光隐身材料 8-589e
可见光隐身技术 8-590b
可见光云图 7-568a
可教育儿童 2-205f
可卡因 4-444a, 3-171c
可靠度 4-444b
可靠性 4-444a
可可 4-444c, 4-436e, 8-43b
《可可》 8-406d
可可碱 4-444d
可可属 4-444c
可可西里自然保护区 4-444e
可控硅 4-303c
可控气氛炉 3-127c
可控原子核裂变链式反应堆 2-541a
可口可乐 4-444e
可口可乐公司 4-444e, 8-411a
可拉 8-43a
《可兰经》 4-444f, 3-171d
可乐宁 6-81d
《可怜的理查德历书》 3-20a
《可怜的蓬巴基督》 1-288c
可鲁克湖 6-206f
可能派 2-440e
可能性 4-444f
可能性与现实性 4-444f
可逆电极 2-281a
可逆过程 4-445a
可去间断点 5-38f
可燃冰 4-445b, 7-358a, 7-358e
可燃空气 6-216c
可溶态 8-322e
可溶无水石膏 5-132a
可溶性淀粉 2-299e
《可视艺术家权利法》 4-306d
可数无穷 5-39a
可水解单宁酸 2-143a
可诉补贴 2-468e
可听声波 6-551a
可微 6-264c, 7-535f, 7-537e
可吸入颗粒物 4-445b
可吸收生物陶瓷 6-543c
《可笑的女才子》 5-469d
可行性研究 4-445c
可训练儿童 2-206a
《可疑的人》 6-2e
《可疑的真情》 5-167a
《可以作为地质学例证的地球及其生物的近代变化》 2-251a
可用度 4-444b
可用能 9-29d
可再生能源 2-237e, 8-507f
可再生资源 4-443e
可摘局部义齿 8-202d
可照时数 6-329c
可转换飞机 4-19d
《可尊敬的女议员》 3-308c
《渴望》 1-373c
克 6-157b
克阿 1-79c
克百威 2-589e
克鼎 4-445c
克尔,E.L. 4-55d
克尔,J. 2-46e
克尔白 4-445e
克尔磁光效应 2-46e
克尔格兹人 4-60f
克尔黑洞 3-452c
克尔捷米纳尔文化 8-282d
克尔凯郭尔,S. 4-445f
克尔克桥 4-446a, 6-186a
克尔莱扎,M. 4-446a
克尔纳,T. 4-446b
克尔特人 4-393c
克分子 5-456f
克格勃 4-446c
克伽自在 9-266e
克久拉霍 4-384a
克卡 4-365e
克科里安,K. 5-394e
《克扣工资者》 5-397c
克拉 4-446c, 7-43b, 9-574a
克拉勃罗德 3-381b
克拉地峡 7-32e
克拉尔河 7-554a
克拉夫丘克,L.M. 2-353a
克拉格特,C. 8-223d
克拉考尔,S. 4-446d
克拉科夫 4-446d
克拉科夫共和国 3-536a
克拉科夫起义(1846) 4-446e
克拉科夫雅盖隆大学 1-379b
克拉克,C. 6-59a
克拉克,D. 5-558e
克拉克,F.W. 8-431c
克拉克,J.B. 4-446f
克拉克,J.G.D. 4-447b
克拉克,L. 2-447b
克拉克,M. 1-541e
克拉克,R.D. 6-47f
克拉克当文化 4-447b, 4-326e, 5-476c
克拉克·盖博 4-447c
克拉拉会 2-488f
《克拉拉·加苏尔戏剧集》 5-333e
《克拉丽萨》 7-553b
《克拉伦斯》 4-550e
克拉伦斯宫 8-523c
克拉玛依市 4-447c
克拉霉素 2-87c

克拉默法则 3-390a
克拉姆斯科伊,I.N. 4-447d
克拉尼,E.F.F. 4-448a
克拉尼图形 4-448a
克拉普顿,E. 9-460e
克拉普罗特,M.H. 2-505c, 3-82e, 8-130d, 9-42a
《克拉瑞尔》 5-331f
克拉斯诺晓科夫,A.M. 9-115b
克拉斯诺亚尔斯克 4-448b, 8-88d
克拉斯诺亚尔斯克大学 4-448b
克拉斯诺亚尔斯克水电站 8-498f
《克拉斯提狄乌姆》 5-515d
克拉苏·迪弗斯 4-448b, 7-120f
克拉索夫斯基,F.N. 4-448b
克拉索夫斯基椭球 4-448c
克拉提努斯 3-180e
克拉通 2-219a, 6-578a
克拉托赫维洛娃,J. 9-435a
克拉维科德 3-55a
克拉维勒克斯 6-415e
克拉维乌斯,C. 5-29e
克拉维乌斯,G. 4-80b
克拉西斯河口遗址 4-327e
克拉香天气 5-317c
《克莱昂巴尔》 1-69f
《克莱采尔奏鸣曲》 3-120d, 7-452e
克莱德河 7-184c
克莱德曼,R. 4-448c
克莱顿,H.D.L. 2-474f
《克莱顿反托拉斯法》 2-474f
克莱恩,S. 4-448d
克莱尔,R. 6-576c
克莱夫,P.T. 8-130d
《克莱汉格》 1-308a
克莱里科钟楼 1-376d
克莱罗,A.-C. 2-77b
克莱罗定理 2-77b
克莱门茨,J.S. 4-448e
克莱门蒂,M. 4-448e, 5-48d
克莱门特,C. 1-534a
《克莱门西娅》 1-16d
《克莱默夫妇》 4-448f
克莱森重排反应 2-5d
克莱森-施密特缩合反应 7-227b
克莱森缩合反应 7-227c
克莱斯勒,F. 4-448f
《克莱斯勒偶记》 7-53c
克莱斯特,H.von 4-449a, 6-99f
克莱因,F. 4-449b, 2-128d, 2-515b
克莱因,L.R. 4-449d
克莱因,W. 2-592a
克莱因,Y. 2-443c, 6-299e
克赖斯特彻奇 4-449e
克兰,F. 2-9c, 8-313f
《克兰比埃》 2-61c
《克兰比尔事件》 2-451c
《克兰福德》 3-28e
克兰科,J. 4-450a
克朗代克淘金节 1-62a
克朗奎斯特,A. 2-145d, 7-81b
克朗山 5-357e
克朗塔夫战役 1-283a
克劳德,H. 3-269f
克劳德,P. 4-450b
克劳德液化循环 6-508b
克劳狄乌斯·克库斯 3-173b
克劳塞维茨,C.von 4-450c, 3-414e, 9-188c
克劳斯,K. 4-450c
克劳斯,W. 4-372e
克劳苏拉 3-9e
克劳修斯,R. 4-450d, 3-550e, 6-145c
克劳修斯表述 6-280a
克勒,G. 2-142e
克勒,W. 7-544d
克勒珀利纳塔 5-219b
克勒青河 8-495e
克雷,S. 4-450f
克雷安泰 7-124d
克雷伯氏菌 1-522c
克雷布斯,H.A. 4-450f, 4-451a
克雷布斯循环 4-451a, 6-401c
克雷蒂安·德·特鲁瓦 8-409b, 9-114a
克雷尔,A.L. 1-2f
克雷格,E.G. 4-451a, 5-205d
克雷基地 6-555c
克雷洛夫,I.A. 4-451b
克雷芒,R. 1-39e
克雷芒三世 3-104c
克雷芒十二世 4-377d
克雷莫纳 8-229d
克雷默,F.R. 2-553f
克雷奇默,W. 6-263f
克雷斯 3-172f
克雷特-哥达 2-267a
克雷研究公司 4-450f
《克里奥尔的爱之呼声》 1-69a
克里奥尔化语言 4-451c
《克里奥尔狂想曲》 1-69a
克里奥尔人 2-454f, 2-581f, 6-378a
克里奥尔英语 4-451c
克里奥尔语 4-451c, 2-581f, 4-81b, 6-378f, 6-559a
克里奥帕特拉七世 4-451c
克里波利方言 8-591b
克里登斯重新使水变清 9-460e
《克里多篇》 1-404c
克里克,F.H.C. 4-451d, 4-382f, 5-22f
克里克苏斯 7-120e
克里克语 5-364b
克里米亚汗国 4-452d
克里米亚会议 8-394e
克里默,R. 4-451e
克里姆林城堡 5-473f
克里姆林宫 4-451f
《克里姆林宫的钟声》 1-377b
《克里姆·萨姆金的一生》 4-452a, 3-62c
克里姆特,G. 4-452a
《克里姆希尔特的复仇》 5-565b
克里木半岛 4-452c, 7-182a
克里木汗国 4-452d
克里木山脉 4-452c
克里木战争 4-452d, 2-404c
克里普克,S.A. 4-452f
克里普斯,R.S. 2-511c
克里普岩 9-122f
克里山·钱达尔 4-453a
克里斯蒂,J.(拍卖公司创建人) 8-559a
克里斯蒂,J.(天文学家) 5-452c
克里斯蒂安堡 8-164b
克里斯蒂安尼亚 1-129e
《克里斯蒂诺和费贝阿的牧歌》 2-416c
克里斯蒂拍卖公司 8-557a
克里斯琴博堡 1-28d
克里斯琴森,W.N. 4-453a
克里斯塔勒,W. 4-453b, 4-285c, 6-245f, 9-441e
《克里斯特贝尔》 4-420a
克里斯特斯,P. 7-600f
《克里斯汀·拉夫朗斯多蒂》 7-582e
克里斯汀小教堂 3-88e
克里斯托费尔,E.B. 4-79f, 4-583b, 7-536d
《克里斯托夫·哥伦布》 5-401e
《克里斯托夫王的悲剧》 1-432d
克里斯托弗里,B. 3-55a
克里斯托芙,S. 4-453c
克里斯托瓦尔 4-430c
克里特岛 4-453c, 4-95f, 4-459c
《克里特人》 7-231a
克里特文化 5-400a
克里特文明 4-453e, 5-400a
克里希那 4-453e
克里希纳·迪瓦·拉亚 7-552d
克里希纳河 3-320f, 8-592d
克里语 5-364b
克立·巴莫 4-454a
克利 6-210d
克利,P. 6-210c
克利夫兰 4-454a
克利夫兰,M. 4-454a
克利马内 4-454b
克利斯提尼 4-454c
克利斯提尼改革 4-454c, 8-393e
克利斯托夫·哈蒙德 2-592c
克列茨瓦尔德,F.R. 4-454d
克列蒙梭,G. 4-454d
克列缅丘格水库 8-1a
克列沃联合 5-22b

克林,S.C. 2-254a
克林顿,H. 1-277e
克林顿,W.J. 4-454e
克林格,F.M.von 4-498a
克留奇科夫,V.A. 1-146e
克柳切夫火山 4-396e
克龙巴赫,L.J. 8-250f
克龙斯泰德,A.F. 5-593e
克隆 4-455a
克隆分析 8-544b
克隆技术 4-455a
克隆氏病 4-332d
克隆探针 7-291c
《克娄巴特拉》 9-590f
《克娄巴特拉女王的宴会》 7-339c
克娄巴特拉女王宫 1-65e
克卢埃,F. 7-600f
克卢埃,J. 2-442b
克卢埃父子 2-442c
克卢格,O. 7-377e
克卢姆波斯洞穴 4-327b
克卢日-纳波卡 4-455b
克虏伯,A. 6-25a
克虏伯故居 1-72e
克虏伯集团 1-72e
克虏伯审判 5-604f
克虏伯铸钢厂 1-72e
克鲁伯,A.L. 1-413d
《克鲁采奏鸣曲》 1-289d
克鲁岑,P.J. 3-434c
克鲁格,A.O. 8-380c
克鲁格曼,P.R. 9-52e
克鲁克斯,W. 2-447e
克鲁伦 6-181e
克鲁姆人公 7-127b
克鲁南城堡 3-88e
克鲁泡特金,P.A. 4-455c
克鲁普斯卡娅,N.K. 4-455c
《克鲁普斯卡娅教育文集》 4-455e
克鲁奇科夫斯基,L. 4-455e
克鲁斯,J.I.de la 4-455e
《克鲁特》 4-158d
克鲁兹,J. 8-89f
克鲁兹王莲 7-502f
克鲁佐,H.-G. 3-458a
克吕格尔,J.H.L. 2-78e
克吕尼派 4-456a
克吕尼修道院 4-456a
克吕尼运动 4-456a
克吕西波 7-124d
克伦宾,W.C. 6-54c
克伦尼 4-461a
克伦人 4-456b
克伦斯基,A.F. 4-456c, 2-394a
《克伦威尔》 9-71a
克伦威尔,O. 4-456c
克伦威尔,T.(法国改革派) 3-462d
克伦威尔,T.(海洋学者) 1-598c
克伦威尔海流 1-598c
《〈克伦威尔〉序》 9-71a
克伦语 4-456b, 4-461a
克伦泽 3-166f
克罗茨,F.X. 4-456e
克罗地亚 4-456e
克罗地亚共和国 4-457c
克罗地亚人 4-457e
克罗地亚-塞尔维亚语 4-457e, 6-371a
克罗地亚语 4-456f
克罗地亚族 1-8a, 1-385d
克罗恩氏病 4-332d, 4-507a
克罗格,C. 5-370e
克罗格,H. 4-457f
克罗科迪尔河 5-79e
克罗马农人 4-458a, 1-127e, 6-303f
克罗内克,L. 4-458a, 4-75e, 9-82b
克罗宁,J.W. 4-458b
克罗宁戏院 1-276d
克罗诺斯 9-479a
克罗齐,B. 4-458c, 2-184d, 9-297a
《克罗齐哲学述评》 9-482e
克罗斯,H.-E. 8-292f
克罗斯贝,B. 4-458c
克罗同 2-111d
克罗托,H.W. 6-263e
克洛卜施托克,F.G. 4-458d
克洛代尔,P. 4-458e, 1-151b
克洛代尔体 4-458e
《克洛德的忏悔》 9-578a
克洛德·洛兰 1-149a, 2-442d, 2-565a, 4-421d
克洛塔尔二世 5-481c
克洛塔尔一世 5-481c
克洛维 2-448f, 5-481c
克洛维奥,G. 1-409f
《克洛维和克洛提尔》 1-316a
克洛维斯文化 4-328a
克洛维一世 4-458f
克木人 4-458f
克木语 4-458f
克穆齐克乌梁海旗 7-310f
克尼多斯的欧多克斯 2-243f
克尼斯,K.G.A. 2-175f, 4-446f
《克努尔普》 3-457e
克努森,M.H.C. 4-459a
克努特大帝 4-459b
克努特大王 4-459b
克努曾,M.H.C. 4-459a
《克诺克医生或医学的胜利》 5-211f
克诺索斯 5-400b
克诺索斯王宫 4-459c
克诺索斯王宫遗址 8-533c
克诺文格尔反应 7-227d
克钦人 4-459d, 5-409a
克钦语 4-459d
克丘亚人 4-459e
克丘亚语 4-459f, 1-392d
《克日沃克拉德城堡》 5-249f
克萨尔特南戈 4-460a
克塞诺芬尼 1-85d, 1-176b, 7-183c, 9-556d
克赛纳吉斯,I. 5-336e
克山病 4-460a, 8-128e, 8-185c
克山病带 1-369b
克什米尔 4-460b, 4-107c
克什米尔(纺织) 6-442e
克什米尔人 4-460d
克什米尔语 4-460e
克什特姆城核泄漏事件 3-132f
克氏原螯虾 1-117a
克氏锥虫 9-517d
克丝 4-463b
克斯特纳博物馆 3-378f
克塔管 2-84e
克汀病 4-137d
克瓦查 9-154b
克瓦希涅夫斯基,A. 7-471c
克韦因氏试验 4-223e
克维多-比列加斯,F.G.de 4-460f
克维莱公司 5-604d
《克匈关系》 5-274c
克耶人 4-461a
克耶语 4-461a
克原子 5-456f
《克珠丹僧大师教诫释》 3-153a
克主杰 1-222a
克孜尔千佛洞 4-461b, 1-29b, 4-484b
克孜尔石窟 2-584f
克孜勒阿加奇自然保护区 1-51d
克孜勒奥尔达 4-461c, 8-132f
克孜勒库姆沙漠 4-461d, 7-421e
克孜勒苏柯尔克孜自治州 4-461d, 4-419e, 4-420a
刻板言语 8-428d
刻板印象 4-461e
刻本 1-229f
刻赤半岛 4-452c
刻赤河 4-452c
刻葫芦 3-299b
《刻经缘起》 9-253f
刻漏 4-461f
刻木记事 4-462a
刻石 6-596f
刻丝 4-463b
剋丝 4-463b
客(宾客) 1-359d
客车 6-151a
客/车渡船 2-364e
客船 4-462b
《客观》 2-17e
客观对应物 1-78f
客观法 2-210d

客观精神 4-306f
客观救赎论 4-328f
客观历史 5-17a
客观逻辑 5-224e
客观唯心主义 4-462b, 7-547e
客观验光法 8-443f
客观指标 6-495e
客河 5-573d
客户 4-462b, 3-522b
客户机 2-600e, 4-90a
客话 4-462c
客货运站 7-381e
客机 5-181e
客籍话 4-462c
客家方言 4-462c
客家话 4-462c
客家人 4-462d, 5-101e
客家土楼 4-462e
客家围屋 4-462e
客家文化 5-101e
客家祖地 5-595d
客居 5-181c
客省庄二期文化 4-462f
客省庄文化 4-462f
客氏 7-578a
客体 2-552e, 9-499e
客体分子 1-236e
客星 7-168b
客邮 9-34c
客运量 9-143c
客运站 7-381e
课本 4-209a
课功 8-48c
课间操 3-232a
课件 4-90d
氪 4-463b
缂丝 4-463b, 9-484c
缂丝唐卡 7-308c
肯德尔,D.G. 6-35e
肯德尔,M. 7-407a
肯德鲁,J.C. 6-57e
肯定指标 6-495f
肯明斯,E.E. 5-392b
肯尼迪,J.F. 4-463d, 4-52a
肯尼迪港 7-454b
肯尼迪广场 5-579b
肯尼迪国际机场 5-608a
肯尼迪航天中心 4-463e, 2-586e, 4-375c
肯尼迪纪念广场 2-64d
肯尼迪角 4-375c
肯尼迪图书馆 1-384d
肯尼科特铜矿 8-433f
肯尼亚 4-463f
肯尼亚非洲民族联盟 4-465c
肯尼亚非洲人联盟 5-326e
肯尼亚高地 4-464a
肯尼亚公立音乐学院 5-556e
肯尼亚共和国 4-464d
肯尼亚国家博物馆 5-556e
肯尼亚行政管理学院 5-556e
肯尼亚综合技术学校 5-556e
肯涅利-亥维赛层 3-355e
肯普,A.B. 7-152f
肯普夫,W. 4-465b
肯普夫国家公园 1-393b
肯塔尔,A.T.de 4-465b, 6-121b
肯塔基河 2-396d
肯塔基赛马会 5-175d
肯特 6-119c
肯特岛 6-190e
肯特山脉 8-4f
肯雅塔,J. 4-465c
肯雅塔大学 5-556e
肯雅塔国际机场 5-556e
《肯庸评论选：现代文学研究论文集》 4-542a
《垦春泥》 3-442d
垦荒 4-465d
垦利县 3-584e
坑道突水 4-465e
坑口电厂 4-10d
空 4-465e, 7-148b
空场采矿法 2-240c
空巢家庭 4-465f
空巢综合征 4-465f
《空城计》 1-306d, 1-569b, 2-306b, 3-249f, 9-59a
《空城计·城楼》 1-229c
《空的空间》 1-448d
空地导弹 4-465f
空地导弹,AS.30L 4-466a
空地导弹武器系统 4-466a
空洞型肺结核 2-15e
空防 4-466b
空分程控电话交换机 1-589f
空分多址 2-392c
空腹低血糖症 2-206f
空腹拱坝 3-146b
空腹血糖受损 7-319f
空腹重力坝 5-247a
空海 4-466c, 6-176a, 7-305e
空盒气压表 6-149f
空侯 4-472d
空化 4-466d
空化核 4-466d
空基反卫星导弹 2-475a
空基防御系统 3-280c
空棘鱼类 9-560e
空集 4-75b
空间 7-257c, 8-207c
空间测量技术 2-231f
空间等离子体物理学 2-195b
空间地质学 4-466e, 7-361d
《空间点》 4-399a
空间反导战 7-367e
空间飞行器 3-400b
空间化学 4-466e, 7-361d
空间环绕立体声系统 5-23a
空间技术 4-466e, 3-400a
空间科学 3-402d
空间垃圾 4-466e
空间力系 5-15c
空间连杆机构 5-37c
空间排阻色谱法 8-507a
空间甚长基线干涉仪 6-502f
空间实验室 3-400d, 4-467e
空间数据 2-226c, 4-466f
空间数据库 4-466f, 2-226c
空间数据库管理系统 4-467a
空间碎片 4-466e
空间探测器 4-467a
空间天文学 7-361e, 7-363f, 7-365d
空间望远镜 4-467a
空间武器 4-467a
空间效应 5-23b
空间信息系统 1-486d
空间艺术 4-467b, 9-165d
空间战 7-367d
空间站 4-467c
空间知觉 4-467f
空间直角坐标系 9-296e
《空间中连续的形》 1-416b
空间作战平台攻防战 7-367e
空舰导弹 4-468c, 2-471a, 2-510e
空降兵 4-468d, 4-193a, 5-168b
空降作战 4-468e
空角 4-203d
空晶石 3-477d
空军 4-468f, 1-365e, 4-358a
空军防空军 4-469b
空军机载激光助推段拦截 3-280c
空军军徽 4-353b
空军制胜论 2-358c, 4-472a
空空导弹 4-469b, 2-470b
空空战斗 4-471b
空难 2-510b
空泡 4-466d
空泡流 7-83d
空气 4-469d
空气变形丝 1-345a
空气动力学 4-469d, 5-127a
空气动力噪声 9-166a
空气舵 2-392f
空气空间 7-472a
空气喷气发动机 6-61b
空气湿度 4-469f
空气弹簧 7-282c
空气调节电器 4-129b
空气透视法 7-415b
空气污染指数 4-470b

空气液化装置 5-80e
空气质量 4-470b
空气质量标准 4-470c
空气质量基准 4-470c
空气质量指数 4-470b
《空山灵雨》 8-353b
《空山鸟语》 5-117a
空蚀 6-145a
空手道 4-470c
空首布 1-432e
空速向量 8-537c
空调电器 4-129c
空调器 4-470d
《空同集》 4-605f
空同子 4-605e
空桐 4-472c
空头套期保值 7-328f
空投鱼雷 9-60b
空袭 4-470e
空想社会理想 2-106c
空想社会主义 4-470f, 6-496b
空心菜 7-607b
空穴 1-231c, 3-192e
空衣派 6-133c
空印案 4-471b
空域迁徙 6-158e
空晕 9-141a
空战 4-471b
"空中堡垒"B-17 1-388b
空中导航 4-472a
空中电视台 5-485c
空中花园 1-148c, 5-566f, 7-21c, 8-264c
空中机动作战 4-468e
空中技巧（滑雪） 9-549d
空中加油机 4-471c
空中交通管制 4-471d
空中劫持 4-471d
空中客车系列飞机 4-471f
空中领航 4-472a
空中三角测量 3-107c
空中压条 8-386d
空中预警指挥机 9-81c
空中战争论 4-472a, 2-358b
空钟 4-472b
空竹 4-472b
空宗 9-334c
崆岭峡 1-514f
崆峒 4-472c
崆峒山 4-472c
箜篌 4-472d
孔安国 4-323f, 7-114f
孔版版画 1-230e
孔北海 4-475a
孔达河 2-406e
孔德,A. 4-472f, 2-210d, 4-220f, 6-493b, 7-541c, 7-609a
孔德城门 6-560a
《孔德的哲学》 5-74c
孔德璋 4-476a
孔多阿岩画遗址 7-289b
孔多塞,M.-J.-A.-N.de 6-139d
《孔夫子》 2-541c
孔府菜 4-473b
孔府一品锅 4-473c
孔光 4-473c
孔广德 6-115f
孔广森 7-153c
孔珪 4-476a
孔华联 5-248f
孔伋墓 4-473e
孔季将 4-476c
孔继涵 7-208f
孔甲 8-160a
孔仅 6-412c
孔鲤墓 4-473e
孔利,H. 3-258d
孔良 7-157c
孔林 4-473d
孔令辉 2-203e, 5-109b
孔孟学会 1-561a
《孔庙大晟乐章》 4-179d
孔庙(曲阜) 4-473f, 4-473e, 4-476b
《孔庙置守庙百石卒史碑》 8-550e
孔明灯 4-474a, 6-144c
孔膜扩散法 7-396e
孔帕尼亚大教堂 4-46a
孔瀑布 5-338d
孔庆元 8-448f
孔丘 4-474b, 4-476c
孔雀 4-474b
《孔雀胆》 9-485b
《孔雀东南飞》 4-474c, 9-78e
《孔雀东南飞》(音乐) 5-277e
孔雀鸽 3-94e
孔雀革命 6-611c
孔雀河 4-474c
孔雀开屏 4-474b
《孔雀毛》 4-455e
孔雀明王窟 2-124d
孔雀杉 5-134c
孔雀石 4-474d
孔雀属 5-185b
孔雀王朝 4-474e, 8-599f
孔雀舞 4-474f, 2-125e
孔雀雉 8-101b
孔融 4-475a, 4-162b
孔三传 9-98f, 9-494a
孔尚任 4-475b
《孔尚任诗文集》 4-475c
孔少府 4-475a
《孔少府集》 4-475b
孔石莼 6-593e
孔斯坦,B. 4-475c
孔塔多拉集团 4-475d, 5-10b
《孔塔多拉声明》 4-475d
孔文卿 9-99b
孔西延斯,H. 4-475e
孔隙泉 6-266b
孔祥熙 4-475e
《孔乙己》(绘画) 1-590e
《孔乙己》(小说) 5-166b, 8-189e, 8-286e
孔颖达 4-475f, 6-470b, 7-213e
孔庸之 4-475e
孔宇 8-175e
孔源性视网膜脱离 7-31f
《孔詹事集》 4-476a
孔稚珪 4-476a
孔仲尼 4-476c
孔宙 4-476c
《孔宙碑》 4-476a
孔子 4-476c, 4-391e, 6-134f
《孔子改制考》 4-406b
孔子纪年 4-477d
《孔子庙堂碑》 4-477d, 9-66c
孔子墓 4-473e
孔子鸟 4-477f
《孔子像》 2-37f, 5-285f
孔子杏坛讲学图 4-476a
孔子学院 4-478a
孔子周游列国图 4-476d
《恐怖笼罩城市》 1-291e
恐怖症 6-513a
恐怖主义 4-478b
恐惧 4-478c
恐龙 4-478d
恐龙蛋 4-478f
恐龙化石 4-478f
恐龙时代 4-478d, 9-437d
恐龙之路 1-74f
恐马 5-254b
空位时期 4-478f, 6-515a
控告权 4-479a, 1-472f
控股公司 1-595e
控股式 6-137f
控释制剂 8-484f
控制 4-479b
控制棒 5-76f
控制爆破 1-253c
控制部 2-149a
控制测量 4-479c
控制电势电解法 2-281e
控制电势库仑分析 4-488c
控制介质 7-64b
控制论 4-479d
《控制论》 4-480b, 2-498f, 4-479e
《控制论,或关于在动物和机器中控制与通信的科学》 7-553f
《控制企业合并条例》 2-471f
控制器 4-480b, 9-443c
《控制危险废物越境转移及其处置巴塞尔

公约》 1-179c
控制作用 4-479b
芤脉 5-301e
口吃 4-480c, 8-428d
口臭 4-480c
《口传律法典》 7-242b, 9-35f
《口传律法典诠释》 7-242c
口疮（口腔溃疡） 4-481b
口疮（口蹄疫） 4-481f
口服广谱抗生素 7-150e
口服青霉素类 6-208d
口疳 4-481b
口供 4-480d
口供主义 8-311c
《口红》 2-68d
口癀 4-481f
口技 4-480e
口孔 9-48b
口令入侵 7-523d
口面 6-271a
口蘑 4-480e, 7-6c
口蘑属 4-480f
口腔 4-480f
口腔保健推拿 1-244f
《口腔矫形学》 5-319b
口腔溃疡 4-481b
口腔链球菌 6-341f
口腔念珠菌病 5-587f
口腔温度 7-342f
口腔纤毛系统 1-481f
口腔医学 4-481d
口琴 4-481e
口述史 4-481e
口述史协会 4-481e
《口水龙》 2-418d
口索 1-233f
口索动物门 1-233f
口蹄疫 4-481f, 2-340b
口头传统 5-429e
口头合同 3-411d
口头起诉 6-140c
口头遗嘱 8-546c
口外海滨段 3-423b
口弦琴 2-412b
叩甲科 4-482a
叩头虫 4-482a
叩诊 1-120e, 7-342a
《叩诊人体胸廓诊断胸腔内疾患的新方法》 1-120f
扣带回疝 5-551a
扣式氧化银电池 6-605b
《扣舷集》 3-73e
扣种 5-146t
扣子 1-269d
寇德卡,J. 5-287d
寇辅真 4-482b
《寇莱公集》 4-482e
寇平仲 4-482d
寇谦 4-482b
寇谦之 4-482b, 8-571f
寇松,G.N. 2-66a, 4-482c, 8-602b
寇松线 4-482c
寇蛛 2-352a
寇准 4-482d, 1-500f
枯草热 3-526d
《枯槎鹳鸽图》 7-317a
《枯河》 8-170c
枯季径流预报 7-100e
枯马立拉 5-390f
《枯木寒鸦图》 7-519b
枯水 4-482e
枯水河床 3-422d
枯烯 8-559c
枯叶蛾 4-482e
枯叶蛾科 4-482e
哭嫁 4-482f
哭轿 4-482f
《哭妙根笃爷》 7-512c
《哭泣的威力》 1-48a
哭墙 4-483a
《哭秦庭》 3-74c
《哭祖庙》 7-487d, 8-35b
骷髅皴 2-59a
《骷髅的跳舞》 6-243b
骷髅队 2-153a
《骷髅幻戏图》 4-612e
苦 4-483b
苦谛 7-148e
《苦斗》 6-17b
苦古兹 4-506f
苦瓜 4-483c, 3-512d
苦瓜和尚 6-602f
《苦瓜和尚画语录》 4-483c
苦瓜属 4-483c, 5-488c
《苦海航乐府》 8-480b
苦寒燥湿 9-166b
苦喉 5-494b
《苦节传》 2-22f
苦酒 2-54f
苦乐观 6-297e
《苦炼》 9-33b
苦楝素 2-22f
《苦闷》 4-516f
《苦命的孩子们》 4-405a
《苦难的历程》 7-452c
苦难的一代 4-319a
《苦难情侣》 6-109a
《苦难树》 7-238e
《苦恼人的笑》 6-40c
苦荞 6-185c
苦铁 8-25d
《苦铁碎金》 8-26a
苦土 8-474e
苦温燥湿 9-166b
《苦相篇》 3-17d
《苦行的释迦》 4-153f
苦行僧 4-483e
苦行头陀 4-483e
苦行之神 6-585a
苦杏仁油 1-311c, 4-307e
苦盐 5-132a
苦音 6-200d
苦盏 4-483f, 7-239e
苦盏市 8-132f
苦槠 4-418d
苦梓 5-240b
库（物理量单位） 4-487f
库阿语支 5-576c
库埃瓦冒琳遗址 4-327f
库巴人 4-484a
库巴王国 4-484a, 3-51c
库柏勒 3-173a
库班军 3-92a
库比德 6-239f
库布林耶 5-366e
库车大寺 1-29b
库车羔皮羊 8-273d
库车县 4-484a
库楚姆 8-88e
库存论 4-484b
《库德职业兴趣调查表》 9-300e
库东,G. 6-282f
库缎 9-134d
库恩,H.W. 2-516b
库恩,T.S. 4-484e
库恩,W.（化学） 3-63e
库恩,W.（美术） 4-359e
库恩·贝拉 4-484e
库尔贝,G. 4-484f, 8-238b
库尔德人 4-485c
库尔德人问题 4-485d
库尔德语 4-485d
库尔勒市 4-485e, 1-186a
库尔勒县 4-485e
库尔曼,O. 8-294a
库尔曼,W.H. 6-110f
库尔纳 5-385b
库尔南,A.F. 5-11a
库尔恰托夫,I.V. 4-485f
库尔斯克磁异常区 6-19f
《库尔斯克省的宗教行列》 5-71f
库尔斯克战役 2-256c
《库尔斯克战役纪念碑》 8-58f
库法体 1-33f, 1-35c
库法学派 3-313a
库弗,J.E. 8-254d
库金 9-134d
库锦 9-134d
库克,G.K. 6-114c
库克,J. 4-485f, 1-135e, 1-138a, 3-615c, 4-13a, 4-486d, 4-486e, 5-528c,

6-9c, 7-469c, 8-166e, 8-276b
库克,M. 4–486a
库克,T. 4–486b
库克,T.(经济学家) 5-183f
库克·凡·阿尔斯特,P. 1-409f
库克峰 4–486c, 5-516d
库克峰国家公园 4–486c
库克海峡 4–486d
库克群岛 4–486e
《库克群岛新闻》 4-487a
库克萨基病毒 7-41d
库克萨基病毒感染 4–487a
库克湾油田 1-101b
库库诺尔 6-205e
库拉-阿拉克斯低地 3-67c
库拉河 1-51c
库拉索岛 4–487b
库拉托夫斯基,K. 7-423e, 7-460a
库莱布拉岛 1-374c
《库莱尔沃》 8-87f
库朗特 9-570f
库雷岛 2-118a
库里蒂巴 4–487c
库里让诺夫,L.A. 1-5b
库里肖夫,L.V. 4–487d
库里肖夫效应 4-487d
库里亚大会 3-135c
库里亚穆里亚群岛 1-45d
库里亚穆里亚湾 1-45d
库利,C.H. 4–487d, 4-318c
库利,J.W. 7-75b
库利吉,W.D. 9-588b
库利科夫战役 5-474f
库卢河 4-430a
库仑 4–487e
库仑,C.-A.de 4–487f, 4-487f, 4-488a
库仑场 2-273b
库仑滴定 4-488c
库仑定律 4–488a, 4-382d, 4-488a
库仑分析 4–488b
库仑扭秤 4-487f
库仑阻塞效应 1-232f
库伦 8-4f
《库伦条约》 4-361f
库罗尼亚语 1-382a
库罗斯 3-178f
库马西 4–488c, 1-52d, 4-117c
库马西文化中心 4-118b
库迈 2-111d
库莫奚 8-128a
库默尔,E.E. 2-540d, 4-458b
库木吐喇千佛洞 4–488d, 1-29b
库纳 4-457e
库纳马 2-408d
库纳马语支 5-573e
库奈特拉 3-84f
库内内河 5-510d
库尼亚,E.da 4–488e, 3-22a
库尼亚-乌尔根奇 7-439f
库帕拉,Ya. 4–488f
库珀,J.F. 4–489a
库珀,K. 4-169c
库珀,L.N. 4–489b, 1-531b
库珀等河 1-37f
库珀对 1-531b, 3-478c, 4-489b
库珀氏鹰 9-14c
库普费尔氏细胞 3-39e
《库普兰之墓》 4-528a
库普林,A.I. 4–489b, 6-340e
库普曼斯,T.C. 4–489c
库奇,C. 1-534a
库奇兰恩地区 8-591a
库切,J.M. 4–489e
库区渗漏 7-88c
库容 4–489e
库施王国 4–489f, 7-179e
库什王国 5-298a
库斯科 4–490a, 5-273f
库斯科大学 4-490b
库斯科古城 8-611a
库斯鲁二世 6-367a
库斯鲁一世 6-367a
库苏古尔湖 4–490b
库苏古尔乌梁海旗 7-310f
库塔伊西 4–490c
《库特纳山的矿工》 2-209f
《库特纳山法令》 2-209f
库特内河 3-91a
库特塔 2-181d
库提尼尔帕克国家公园 1-63d
库图比亚清真寺 5-257c
库图瓦,B. 2-272c
库图佐夫,M.I. 4–490d
库蚊 4–490e, 7-604b
库沃 4-380e
库西山 9-174c
库希特人 4–490f
库希特语族 4–491a, 1-18d, 1-126d, 3-357a
库谢维茨基,S. 4–491a, 1-384e
库谢维茨基音乐会 4-491b
库谢维茨基音乐基金 4-491b
库兴,H.W. 4-491c
库兴氏病 4-491c
库兴氏综合征 4–491c
库页岛 1-263d, 2-411b, 6-360f
《库页岛旅行记》 6-154b
《库页岛上的人》 4-421d
库伊特拉瓦克 4-493c
库银 9-134d
库兹巴斯 4–491e
库兹涅茨,S. 4–491f
库兹涅茨克煤田 4-491e
库兹涅茨周期 4-492a
库兹涅佐夫,V. 8-454c
"库兹涅佐夫"级航空母舰 4–492b
库子 9-145e
袴 4-492c
喾 7-110b
裤 4–492c
《裤子》 6-582a
《酷爱玫瑰的人》 7-52e
夸大妄想 7-524d
夸父 4–492c
夸胡高原 4-117c
夸贾林环礁 4–492d
《夸讲究》 9-207e
夸克 4–492e, 4-201e, 5-36b
夸克禁闭 4-492f
夸吕 3-148c
夸美纽斯,J.A. 4–492f, 2-418b
夸齐莫多,S. 4–493b
夸饰主义 1-175d, 3-152c
夸特马 5-239c
夸脱 9-11f
夸乌特莫克 4–493b
垮掉的一代 1-334d
挎鼓子 8-477a
跨步电压 2-21f
跨步电压触电 2-21f
跨度 6-186a
跨谷桥 6-186d
跨国公司 4–493c
跨国婚姻 4–493e
跨国因素 3-274b
跨国仲裁 3-272e
跨河桥 6-186d
跨湖桥文化 4–493f
跨湖桥遗址 4-493f
跨栏跑 4–494a
跨山影壁 9-18e
跨声速飞行 4–494b
跨声速风洞 2-563e
跨线桥 2-165b, 5-21a, 6-186d
跨座式独轨蒸汽铁路 2-352b
蒯祥 4–494c, 3-195e
蒯越 5-104d
会计 4–494d
会计报表 4–494e
会计标准 4-496b
会计程序委员会 4-496c
会计凭证 4–494f
会计师 4–494f
会计师事务所 4–495a
会计信息系统 3-113e
会计学 4–495a
《会计学全书》 4-495c
《会计学原理》 3-113e
会计原则 4-496b
会计原则委员会 4-496c
会计账簿 4–495f

会计制度 4-496a
《会计专业职务试行条例》 4-494f
会计准则 4-496b
会稽郡 6-476f
会稽山 4-496d
块根 3-36a, 3-117d
块金 4-243e
块炼铁 2-559b
块鳍鱼龙科 9-61a
快板书 4-496d
快步型马 5-239c
快餐 4-496e, 8-90b
快餐食品 2-486f
快口 7-198f
快乐领结 5-102a
《快乐王子》 7-494e
快乐之家 7-548e
《快乐之家》 3-534a
快乐主义 4-496e
快轮制陶 7-404b
快速部署部队 4-496f
快速打击部队 4-496f
快速反应部队 4-496f
快速反应行动组 7-22d
快速傅里叶变换 7-75b
快速干涉部队 4-496f
快速化学反应 3-547c
快速路 1-584a
快速旅客列车 4-9b
快速铁路 7-381c
快速行动部队 4-496f
快速眼动期 5-390b
快速眼动睡眠 7-108c
《快雪时晴帖》 1-402f, 7-246e, 7-512f
快中子 9-451c
快中子增殖反应堆 1-456f
筷子 4-497b
宽翅鸳 9-14d
宽翅鹰 9-14d
宽带 4-497b
宽带网 4-497c
宽甸满族自治县 4-497c
宽甸县 4-497c
宽顶堰 8-444b
宽多河 9-153a
宽轨铁路 7-381c, 7-381f
宽角羚 9-533b
宽框荠属 6-591e
宽阔 2-355b
《宽恕书》 5-293e
宽尾小角鲨 4-205c
宽纹虎鲨 3-519f
宽叶香蒲 6-104c
宽扎 1-96b
宽政改革 4-497d
款冬 4-333c
款识 4-497d, 9-512d
匡庐 4-498a, 5-158b
《匡庐图》 4-497f
匡山 5-158b
匡社 3-11f
匡氏兄弟 5-158b
匡特,M. 6-270d
匡义 7-173d
筐柳 8-458f
狂飙突进 4-498a
《狂飙与突进》 4-498a
《狂飙》杂志社 1-357d
狂草 1-482e, 7-48a
《狂潮》 9-471d
狂风 2-562b
《狂歌紫之卷》 1-107d
《狂欢》 3-168c
狂欢节 4-498a
《狂欢节》 7-53c
《狂欢之歌》 5-512a
《狂欢之夜》 5-56a
狂浪 2-562b
《狂流》 9-351b
《狂乱》 6-360e
狂犬病 4-498c
狂犬病疫苗 1-181c
《狂热》 2-182c
《狂人日记》 5-166b
《狂喜之诗》 7-126e
狂想曲 4-498d
《狂想曲》(电影) 8-523d
《狂想曲》(舞蹈) 1-53b
狂言 6-320d, 8-141c
诳 2-500b
鵟 9-14c
鵟鹰 9-14c
邝安堃 4-498e
邝健廉 3-475f
圹刻 5-497b
圹志 5-497b
况伯律 4-498f
况撰孙 4-498f
况夔笙 4-498f
况青天 4-498f
《况太守集》 4-498f
况钟 4-498f
况周颐 4-498f, 4-1b
矿层 4-500f
矿产 8-430e
矿产资源 4-499a
矿床 4-499b
矿床水文地质学 7-99f
矿灯 7-124b
矿点 4-499c
矿浆 8-429d
矿井 4-499d
矿井提升机 4-499e
矿井瓦斯 4-500a
矿脉 4-500f
矿区 4-499d
矿砂船 6-408e
矿山 4-500c
矿山机械 4-500c
矿石 4-500d
矿石矿物 4-500d
矿石品位 4-500e
矿体 4-500f
矿体产状 4-501b
矿田 4-501b
矿屯 7-451b
矿物 4-501d
矿物包裹体 1-236b
矿物包裹体地质温度计 2-250b
矿物等时线 6-339d
矿物集合体 4-501f
矿物加工 8-366b
矿物钾 4-143a
矿物绝缘油 4-349c
矿物温度计 2-250b
矿物纤维 2-502b, 7-358f
矿物学 4-503c
《矿物学系统》 2-139f
矿物油 4-349c
矿物质 4-503e
矿物质饲料 7-157d
矿物种 4-502e
矿相学 4-503f
矿心 8-431e
矿用蒸汽机车 7-124a
矿震 4-504a
矿质肥料 8-16a
矿质营养 9-303e
框架眼镜 8-440a
眶腺 8-435d
眶缘 8-439c
亏格 1-3a
盔 4-504b
盔头 4-504b
窥基 4-504c
《窥视者》 5-200b
窥阴症 8-323f
奎罗伊 9-435a
奎纳纳 6-99c
奎尼丁 4-242e
奎尼酸 2-370d
奎年,P.H. 4-504c
奎宁 4-504d, 4-242e
奎宁树 4-242d
奎派 9-193c
奎松 4-504e
奎松纪念大厦 4-504e
奎特扎尔考特神庙 7-329c
奎屯垦区 4-504e
奎屯市 4-504e
奎星阁 2-185f

奎因,W.V.O.　4-504f
奎章阁　9-97f
揆一　9-272a
葵菜　2-330e
葵花盘　8-204f
葵花子　8-204f
葵花子油　8-205a
葵扇　6-448b
《葵石蛱蝶图》 2-134a
《葵石图》 1-553f
葵涌集装箱码头　4-321a, 7-549d
喹恶啉类杀螨剂　6-421e
喹啉　4-505a
喹诺酮类抗菌药　3-408a
魁北克　4-505b
魁北克会议(1943,1944)　4-505d
魁北克桥　4-505e, 6-186a
魁北克省　4-505f
《魁本对相四言杂字》 9-493b
魁栗　1-228f
魁奈,F.　4-506b, 9-462a
魁普　4-224c
魁星　1-259f
魁扎尔科亚特尔神庙　7-452f
夔东十三家军　4-603d
夔峡　1-514e
《傀儡》 9-386e
傀儡戏　4-506d, 5-491c, 9-386d
《傀儡戏的故事》 1-224d
《傀儡戏考原》 7-219f
《傀儡吟》 9-386b
傀儡政府　4-507a
傀儡子　4-506d, 9-386a
馈赠　9-171e
溃坝洪水　3-483e
溃疡膜性咽峡炎　8-419f
溃疡型癌　7-570d
溃疡性结肠炎　4-507a
坤（八卦） 1-142b
坤兰甘亨　4-540a
坤宁宫　1-266a, 3-196b
坤宁门　3-196b
《坤舆万国全图》 8-106f
昆布　3-450d, 6-593e
《昆昌与昆平》 4-507b
昆虫　5-140a
昆虫纲　4-507c
昆虫激素　4-507d
昆虫激素类杀虫剂　6-421c
《昆虫世界》 5-83d
昆虫性信息素　8-300c
昆虫学　6-546a
昆德拉,M.　4-507e
昆都士　4-507e
昆都士河　4-507e
昆·贡却杰布　6-361b
昆剧　4-507e, 4-508e
昆剧传习所　4-507e
昆卡　4-507f
昆卡　4-508a
昆卡大学　2-408c, 4-507f
昆卡地毯　4-508a
昆仑瓜　6-191b
昆仑关大捷　2-363e
昆仑关之战　4-508a
昆仑河　3-99b
昆仑山脉　4-508b, 3-130e, 5-499b, 8-114c
昆仑站　9-388a
昆马力克河　1-29c
昆弥川　2-422b
昆明池（陕西） 1-507c, 6-467b
昆明池（云南） 2-422b
昆明凤凰山天文台　9-58b
昆明湖（北京） 2-81e, 7-389d
昆明湖（云南） 2-269d
昆明市　4-508c
昆明县　4-508d
昆明鱼　8-15e
昆明植物园　9-306c
昆腔腔系　6-552b
昆曲　4-508e, 4-509e
昆山腔　4-509c, 3-346b
昆山市　4-509c
昆山县　4-509e, 5-53b
昆士兰大学　1-446a
昆士兰州　4-509e
昆提利安　4-509f
昆体良　4-509f, 2-564a
昆畹公路　2-270a
昆阳大捷　5-118d
昆阳海　2-269d
昆弋大戏　8-553d
昆泽思巴　8-110c
髡残　4-510a, 7-153a
醌　4-510a
捆绑式火箭　4-11d
《捆住我》 1-14f
困豹党　8-597c
《困学集》 5-203a
《困知记》 5-215c
扩大平面　6-504a
扩大再生产　9-150c
扩肺反射　3-499a
扩廓帖木儿　2-488a
扩频多址　2-392c
扩散　3-194c, 4-33c, 4-445b, 6-145f
扩散电场　2-220f
扩散系数　4-33c
扩散指数　3-291e
扩张冲动　2-367c
《扩张理论》 3-100e
括号　1-352b
括户　4-510b, 4-462c
括客　4-510b
蛞蝓　4-510c, 1-314a
蛞蝓科　4-510c
阔鼻猴类　3-490d
阔边大龙　2-92c
阔布北-阿克库姆沙漠　3-168b
阔步转调　9-510b
阔端　7-607f
《阔斧之歌》 1-483b
阔里吉思　2-355b
《阔少爷》 4-60e
阔时节　5-36f
阔尾鳉鱼　6-207f
阔叶草　9-145d
阔叶树　6-183a
阔嘴鸟　4-510d
阔嘴鸟科　4-510d
阔嘴鸟亚目　6-269e
廓尔喀　2-610f
《廓尔喀报》 5-566c
廓尔喀人　4-510e
廓尔喀王朝　4-108a
廓尔喀语　5-566d
廓尔王朝　4-510f
廓羽　9-69e

L

垃圾　4-511a
垃圾发电　5-564d
《垃圾教授》 3-463a
垃圾箱画派　4-511a
垃圾乐　8-481c
拉埃内克,R.-T.-H.　4-511b
拉昂错　5-288f
拉奥,K.L.　4-511c
拉奥,P.V.N.　8-594a
拉奥孔　4-511d, 4-511e
《拉奥孔》 4-511d, 3-179d
《拉奥孔》(G.E.莱辛） 4-535d
拉巴德古堡　9-117c
拉巴尔纳斯　3-447f
拉巴赫·祖拜尔　4-376a
拉巴斯　4-511f
拉巴斯（墨西哥） 4-113a
拉巴斯·安蒙　1-102a
拉巴特　4-511f
拉巴特大学　4-512a
拉巴特-塞拉联合城市　4-511f
拉巴特王宫　4-512a
拉班,R.von　4-512a, 2-171d
拉班记谱法　8-66a
拉班舞谱　4-20f
拉帮套　2-271f
拉贝　4-81b
拉贝,W.　4-512b
拉贝河　4-225d

拉贝利,C. 5-194d
拉贝马南雅拉,J. 4-512c, 3-457d
拉本塔遗址 1-121c
拉比 9-35f
拉比,I.I. 4-512d
拉比什,E.-M. 4-512e
拉比犹太教 9-35f
拉彼鲁兹海峡 4-512e, 1-263c, 6-314a, 9-553b
拉宾,Y. 4-512e, 1-36a, 6-57b, 8-552c
拉宾德拉·婆罗多大学 4-108e
拉波包特,A. 1-301a
拉伯雷,F. 4-513a, 4-336c
拉博,H.B. 1-384e
拉博西叶尔 4-28b
拉卜楞寺 4-513b
拉布敦 9-503f
拉布胡兹 3-112c
拉布拉多寒流 1-257b, 2-110b
《拉布拉斯的长子继承权》 1-174f
拉布兰殿 2-406b
拉布里奥拉,A. 4-513b
拉布舍维奇,L.von 5-453a
拉采尔,F. 4-513c, 2-227d, 3-565f, 3-569d, 6-284f
拉策尔 4-513c
拉长岩 8-236a
拉场戏 2-427b
拉达克里希南,S. 4-513d, 8-609d
拉达马一世 8-525b
拉达塔拉 8-297c
拉打克河屯 3-580a
拉大片 4-528e
拉德 3-85f
拉德勃鲁赫,G. 4-513e
拉德克利夫,A. 3-94b
拉德克利夫-布朗,A.R. 4-220f, 4-567e
拉德克利夫学院 3-308a
拉德特,E. 4-326c
拉登风格 4-514a
拉登文化 4-514a, 3-307c
拉登遗址 4-514a
拉迪恩语 5-31f
拉迪里,E.le R. 5-585b
拉地人 1-62b
拉蒂迈鱼 9-560e
拉调 8-232c
拉丁帝国 4-514b
拉丁方 7-29f
拉丁方设计 7-29f
拉丁货币同盟 3-8c
拉丁美洲 4-514c
拉丁美洲和加勒比地区 4-514c
《拉丁美洲禁止核武器条约》 3-259d
拉丁美洲塔 5-483f
拉丁人 4-514f, 4-514b
拉丁同盟 3-163e
拉丁同盟战争 4-514f, 5-211b
拉丁舞 3-259a
拉丁语 4-515a
拉丁语族 5-212f, 8-612b
拉丁字母 4-515b, 8-125a
拉定人 4-570d
拉多加湖 4-515c, 5-593a
《拉·多罗特亚》 7-552c
拉尔 3-172f
拉法埃洛·圣乔奥 4-515e
拉法格,P. 4-515c, 2-440e
拉法兰,J.-P. 6-296a
拉法耶特,M.-J. 3-293b
拉·芳丹 4-515e
拉菲托,J.-F. 2-328c
拉斐德派 6-593a
拉斐尔 4-515e, 3-54e, 5-267b, 8-102b
拉斐尔·莫斯科索国家生态园 2-386f
拉斐尔前派 4-516c
拉斐尔·乌达内塔大学 5-257d
拉费拉西遗址 4-327b
拉封丹,J.de 4-516d
《拉封丹寓言诗》 4-516d
拉夫罗夫派,P.L. 5-421f
拉夫罗夫斯基,L.M. 4-516d
拉夫桑贾尼 4-516e, 3-311f
拉夫脱圣德桥 6-186a
拉福尔塔莱萨宫 6-562c
拉格比 3-46a
拉格比公学 3-138a
拉格比足球 3-46a
拉格迪河列黑湖 8-564c
拉格尔克维斯特,P. 4-516f
拉格朗日,J.-L. 4-517a, 2-370c, 2-548b
拉格朗日方程 4-517b, 4-517b, 9-119f
拉格朗日方法 4-517b, 5-127b
拉格朗日函数 4-517c
拉格洛夫,S. 4-517d
拉格什 4-517d
拉格泰姆 4-517e
拉各斯 4-517f, 5-575f
拉各斯大学 5-578a
拉各斯岛 4-517f
拉瓜伊拉 7-563d
拉哈苏苏 7-395f
拉合尔 4-518a
拉河 2-597a
拉赫玛尼诺夫,S.V. 4-518c
《拉赫曼巴巴诗集》 1-5a
拉赫莫诺夫,E.S. 7-240a
拉亨达语 6-48d
拉亨地语 6-48d
《拉胡泰普王子及妻子奈费尔特坐像》 1-66c, 3-159e
拉祜纳 4-518d
拉祜熙 4-518d
拉祜语 4-518d, 1-328c, 4-518e
拉祜族 4-518e, 4-36f
拉花 8-477a
拉基人 4-518f
拉基语 4-518f
拉季舍夫,A.N. 2-402c, 6-139d
拉加德尔传媒集团 1-57d
拉珈语 4-518f, 8-483b
《拉贾莫汉之妻》 1-495a
拉贾斯坦邦 4-519c
拉贾斯坦人 4-519a
拉贾斯坦语 4-519a, 8-591b
拉杰普特 4-519a
拉杰普特人 4-519a, 4-519b, 5-258d, 6-48c
拉杰普特细密画 8-601f
拉杰普特诸王公会议 1-27f
《拉结、拉结》 5-605e
拉卡塔岛 4-519c
拉卡托斯 4-519d
拉康,J. 4-519e, 4-222a
拉科夫斯基,K.G. 2-260d
拉科西·马加什 4-519f
拉克鲁瓦,J. 6-285f
拉克沙群岛 8-592b
拉克斯内斯,H. 4-520a
拉克坦提乌斯 3-173f
拉克语 3-67f
拉魁纳遗址 4-327b
拉拉蛄 5-148b
拉拉米幕 1-10a
《拉郎配》 2-27f
拉朗博 8-525b
拉雷斯起义 1-374e
拉里昂诺夫,M.F. 5-177a
拉利贝拉岩石教堂 4-520b, 1-71f
《拉利查》 7-127e
拉链 4-520c
拉鲁斯,P. 4-520d
拉鲁斯出版社 4-520d
《拉鲁斯词典》 4-520e
《拉鲁斯绘画辞典》 6-43a
拉罗马纳港 2-386f
拉罗汤加 4-486e
拉罗汤加岛 1-56f
拉马克,J.-B.de M. 4-520e, 4-269d
拉马克学说 4-520f, 4-269d
拉马克主义 4-269d
拉马·拉亚 7-552d
拉马努金,S.A. 4-520f
拉玛九世 5-308a
拉玛六世 5-307f
拉玛七世 5-307f
拉玛四世 2-75d, 5-307f, 9-484d
拉玛五世 5-307f, 9-484d
拉玛一世 2-75d, 5-307f
拉曼,C.V. 4-521a

拉曼光谱法　4–521b
拉曼光谱频率　4–521b
拉曼光谱学　2–553e, 3–225e
拉曼活性　4–521c
拉曼散射　4–521b
拉曼位移　4–521b
拉曼效应　4–521b
《拉毛驴》　2–427b
拉梅，G.　2–540d
拉梅扎伊宫　5–373d
《拉美莫尔的露契亚》　2–388e
拉美特里，J.O.de　6–298b, 9–543e
拉美西斯二世　4–521d, 1–66c, 3–158f, 4–375b
拉美西斯二世木乃伊　1–66d
拉美西斯一世　3–158f, 4–375b
拉蒙–卡哈尔，S.　4–521e
拉蒙特，N.　4–374a
拉蒙特地质研究所　9–33b
拉米罗·德·马埃斯图　4–319a
《拉摩的侄儿》　2–444e
拉磨雷　4–566f
拉莫斯，F.　4–522a, 1–26e, 4–23e, 8–154a
拉莫特，L.　2–179b
拉姆　9–157c
拉姆，J.　8–597f
拉姆，W.　7–549f
拉姆，W.F.　2–252e
拉姆博阿扎拉马　8–525b
拉姆拉尔　8–605d
《拉姆莱和约》　6–362f
拉姆齐，A.　4–570b
拉姆齐，F.P.　1–304a, 2–9b
拉姆齐，N.F.　4–522b
拉姆齐，W.　4–522c, 4–463b, 5–514d, 8–173c, 8–419d
拉姆齐定理　3–134a
拉姆齐理论　2–9b, 7–71f
拉姆山　9–116e
拉木登珠　2–64e
拉木兹　4–522d
拉穆特语　5–304d
拉尼娜　4–522e
拉尼斯，G.　2–14f
拉帕努伊　3–11c
拉帕努伊语　3–11c
拉皮埃，P.　4–148b
拉普　4–522e
拉普，F.　4–441e
拉普捷夫海　4–522f
拉普拉斯，P.-S.　4–522f, 2–276c, 2–328a, 3–452b, 7–269b, 8–74d
拉普拉斯方程　4–523a, 6–81e
拉普拉斯算子　6–408e
拉普拉斯无旋运动　5–126d
拉普拉斯学派　8–74d
拉普拉斯展开定理　4–523a
拉普拉塔　4–523c
拉普拉塔大学　1–24c, 4–523c
拉普拉塔河　4–523c
拉普拉塔平原　4–523d
拉普拉塔总督区　1–24a, 8–410c
拉普兰　4–523d
拉普人　4–523e, 2–245a, 6–348a
拉普沃思，C.　1–132f
拉普语　4–523e
拉齐　4–523e
拉齐奥　5–205f
拉齐斯　4–523e
拉青格，J.A.　1–306b
拉让河　5–261e, 6–98a, 6–424e
拉萨尔，F.　4–523f
拉萨尔，R.C.de　5–175b
拉萨河　4–524a
拉萨话　9–159f
拉萨三人寺　3–34b
拉萨市　4–524b
《拉萨条约》　4–524e
拉塞达伊蒙　7–120b
拉塞尔，E.S.　4–524f
拉塞尔，W.　3–343f
拉塞克氏征阳性　8–478a
拉沙伊达　2–408d
拉深　2–8d
拉施都丁　6–459f, 7–7f
拉氏方程　4–517c
拉氏指数　9–559b
拉舒　6–155b
拉斯贝尔斯，E.　9–559b
拉斯·冯·蒂尔　7–74a
拉斯基，H.J.　4–525a
拉斯金，J.　5–218d
拉斯科洞窟壁画　4–525c
拉斯科岩洞　2–441d
拉斯克科斯洞穴　8–13a
拉斯普京，V.G.　4–525d
拉斯沙姆拉　7–616b
拉斯坦努拉　6–428b
拉斯坦努拉港　6–428c
拉斯特雷利，B.　2–330c
拉斯韦尔，H.D.　4–525e, 2–24d, 2–123d
拉斯维加斯　4–525f, 1–411e
拉斯维加斯大道　4–525f
拉斯维加斯会议中心　4–526a
拉塔港　7–243e
拉塔基亚　4–526a
拉塔内，B.　6–47f
拉特　4–527b
拉特加尔人　4–527b
拉特杰尔，A.J.　1–530d
《拉特兰条约》　2–485a, 4–44c
拉特立尼达德谷地　1–332e
拉特维什人　4–527b
拉图尔，G.de　4–526b
拉托，A.　6–152b
拉脱维亚　4–526c, 2–353a, 2–398e
《拉脱维亚公报》　4–527b
拉脱维亚共和国　4–526e
拉脱维亚民主共和国　4–526d
拉脱维亚人　4–527b
《拉脱维亚人皮埃尔》　8–96f
拉脱维亚苏维埃社会主义共和国　4–526e
拉脱维亚语　4–527c, 1–382a
拉瓦波　6–282c
拉瓦尔，C.G.P.de　6–152b
拉瓦尔大学　4–505d
拉瓦尔大学蒙特利尔分校　5–373d
拉瓦尔品第　4–527c
拉瓦锡，A.-L.　4–527d, 4–441a, 6–216c, 6–530e, 8–16c
拉弯　2–8d
拉威尔，M.　4–527f
拉薇腊宛　6–28f
拉韦纳　1–221a
拉维利塔村　6–555d
拉维尼亚，V.　7–527d
拉文特岩画　8–429b
拉乌尔，F.-M.　4–528a
拉乌尔定律　4–528a
拉乌尔·塞德拉斯　3–323f
拉乌拉山　5–258a
拉西底梦　7–120b
拉西瓦水电站　4–528b
《拉西亚舞》　8–605e
拉希德　5–573d
拉希德港　1–33b
拉夏洛泰，L.-R.de C.de　4–528b
拉肖塞，P.C.N.de　2–444d
拉辛，J.　4–528c, 8–124f
拉辛，S.T.　4–528e, 7–435e
拉辛起义　4–528d
拉亚松森大教堂　6–558c
拉延　2–8d
拉洋片　4–528e
拉伊，L.　8–602b
拉伊，W.A.　4–212d, 6–615d
拉伊奥斯　2–393b
拉伊哈尼体　1–34a
拉硬弓　4–334e
拉藏汗　2–254c
拉扎勒斯，E.　9–549d
拉扎勒斯，R.S.　9–21a
拉扎斯菲尔德，P.F.　4–529a, 6–493e
拉胀高分子　4–529a
拉兹丹河　8–407c
拉兹·卡普尔电影公司　4–377e
拉兹语　3–67f
剌葶尼　3–594b
喇叭　7–234d
喇叭卜　6–282c
喇叭裙　6–270d

喇叭声鹤 3-451b
喇叭水仙 7-102a
喇嘛 4-529b
喇嘛教 4-529b, 9-156b
《喇嘛说》 9-23f
喇嘛塔 7-237a
腊八 4-529b
腊八节 4-529b
腊八蒜 4-529c
腊八粥 4-529c
腊波波特，A. 1-476b
腊肠 8-192b
腊伐尼 4-545a
腊鼓 4-529b
腊祭 4-529c, 4-529b
腊玛古猿 5-172f, 5-173b, 6-291e, 8-102f
腊日 4-529b, 4-529d
腊味合蒸 3-514b
腊月 4-529c
《腊月·正月》 4-141a
腊子口 9-358c
蜡 4-529d, 9-310f
蜡瓣花 4-245a
蜡笔画 4-529d
蜡彩蓑蛾 7-226d
蜡蝉 4-529e
蜡蝉科 4-529e
蜡祭 4-529c
蜡蚧 4-529e
蜡蚧科 4-529e
蜡块说 1-192e
蜡梅 4-530a
蜡梅科 4-529f
蜡螟 4-530a
蜡染 4-530a
蜡纱绨 7-345e
蜡酸 9-293d
蜡缬 4-530b
《蜡烛的故事》 2-447e
辣根 4-530c
辣根属 4-530c
辣酱 4-194a
辣椒 4-530c, 6-191b
辣椒酱 4-194a
辣椒属 4-530c
来宾市 4-530d
来宾县 3-410d
《来贡使行刊图》 1-107d
来航鸡 4-530e
《来鸿去燕录》 9-144c
来俊臣 4-530e
来料加工 4-530f
来檬 3-43e
《来南录》 4-587d
来栖三郎 6-390a
《来禽馆法帖》 8-313e
来禽生 8-313d
来檎 6-423f
来苏水 4-134c
来通杯 5-578c
来源原则 2-154d
《来自赤道太平洋的大气遥相关》 6-75d
《来自黑暗中的光明》 3-86c
《来自红色中国的报道》 4-538c
《来自克什米尔的织工》 4-520a
《来自森林的人们》 4-512b
《来自山的背阴面：我的暮年》 1-449b
《来自中心的反叛》 7-230f
俫儿 9-99a
莱昂 4-530f
莱昂，L.de 4-531a, 3-589f
莱昂·达马 3-457d
莱昂德罗·费尔南德斯·德·莫拉廷 2-538c
莱昂哈特，F. 4-531a
《莱昂和西丝娜》 8-372a
《莱奥波尔德国王的独白》 5-256d
莱奥纳多·达·芬奇 4-531c, 2-62d
莱奥纳多·达·芬奇科技博物馆 4-531c
《莱奥诺拉》 1-289c
莱奥帕尔迪，G. 4-531d
莱比锡 4-531e
莱比锡大辩论 4-531f
莱比锡大学 4-531f
莱比锡各民族大会战 4-532a
莱比锡国际博览会 4-531f
莱比锡国际图书博览会 3-275a
莱比锡会战 4-532a, 5-505f
莱比锡历史博物馆 4-532a
莱比锡音乐学院 4-532b
莱波维茨，R. 1-446f
莱卜洞 1-399e
莱布尼茨，G.W. 4-532b, 1-308c, 2-338c, 2-511d, 7-209c, 7-408f
莱布尼茨判别法 4-68f
莱布尼茨山 9-122c
《莱布尼茨著作与书信全集》 4-533a
莱布尼兹，G.W. 4-532b
莱德伯格，J. 4-533a
莱德曼，L.M. 6-581d
莱蒂语 1-382a, 4-527c, 8-612c
莱顿实验室 4-389c
莱顿植物园 9-306b
莱恩，J. 3-311d
《莱尔马公爵颂》 3-152b
莱菲尼保护区 3-50e
莱佛士镇 8-271d
莱夫谢茨，S. 2-127e
莱菔 5-222b
莱国 4-536e
《莱亨赛船》 2-290d
莱吉亚，A.B. 5-266d
莱卡（纺织） 1-112c
莱卡（照相机） 4-538f
莱凯蒂山 3-49e
莱拉·艾赫里娅 1-35a
莱拉·艾奇逊 2-354f, 3-534e
莱拉巴河 4-433c
《莱莉娅》 6-184f
莱岭 6-448e
莱曼间断面 2-221f
莱芒湖 1-9f, 6-326f, 6-351b
莱梅索斯 5-29c
莱蒙德，F. 1-326e
莱蒙特，W.S. 4-533b
莱蒙托夫，M.Yu. 4-533c, 2-151c
莱佩，C.-M.A.de 7-334c
莱热，F. 8-170a
莱热·迪多 2-212a
莱萨姆，D.S. 8-150b
莱塞帕斯，F.de 1-178c, 7-197c
莱氏鼩鼱 7-2c
莱斯卡尔洞穴 4-326f
莱斯坎机场 5-7a
莱斯科，P. 2-442c
莱斯勒起义，J. 9-11a
莱斯体育场 8-336e
莱索托 4-533d
莱索托大学 4-534c
莱索托农学院 5-275a
莱索托王国 4-533f, 5-473d, 7-233e
莱特，O. 4-534c
莱特，W. 4-534c
莱特大厦 4-108e
莱特飞机公司 4-534e
莱特湾海战 6-317f
莱特希尔，M.J. 3-253f
莱特兄弟 4-534c, 4-195f, 4-469a
莱特兄弟纪念碑 4-534e
莱托里遗址 5-28c
莱维，H. 3-448c, 4-6e
莱维，P. 7-214f, 9-442a
莱维-布律尔，L. 5-74b
莱维-米泽斯本构理论 7-205f
莱维特，H. 4-534e
《莱维西特或唯一的正义战争》 1-301d
《莱翁采和莱娜》 1-328d
莱芜市 4-535a
莱芜县 4-535a
莱西市 4-535b
莱辛，D. 4-535b
莱辛，G.E. 4-535c, 2-175d, 2-188f, 4-467c, 9-165d
《莱辛传奇》 5-334c
莱雪夫，R. 1-568c
莱雅蒙 8-409b
莱亚德，A.H. 8-410b
莱阳黑 4-535e
莱阳红 4-535e
莱阳梨 4-535e, 8-421b

莱阳绿 4–535e
莱阳市 4–535d
莱阳县 4–535b, 4–535e
莱伊 4–124c
莱伊尔,C. 4–535e, 2–251a, 3–118f, 7–13f, 9–543e
《莱伊拉》 2–608f
莱因,J.B. 8–254d
莱因,W. 4–212d
莱因哈特,A. 9–22d
莱因哈特,M. 4–535f, 2–185f
莱因斯,F. 9–440d
莱因斯道夫,E. 1–384e
《莱茵保安公约》 5–228a
《莱茵报》 5–255b
莱茵地堑 2–231a
莱茵河 4–536a, 1–9e, 2–438c, 3–430a, 6–351b
《莱茵河的黄金》 7–465f
莱茵河–多瑙河水系航道 4–536b
莱茵河–黑尔讷运河 1–72e, 2–390a
莱茵河–美因河–多瑙河运河 2–388d, 4–536c
莱茵河三角洲 4–536b
莱茵河水系航道 4–536b
莱茵河污染事件 3–133b
《莱茵军战歌》 5–275c
莱茵联邦 6–515b
莱茵–鲁尔区 4–536c, 2–389f
莱茵–罗讷运河 7–135d
莱茵–马恩运河 7–135d
《莱茵斯贝格,恋人的圣地》 7–421c
莱茵相 5–579f
莱州 4–536e
莱州滑石雕刻 6–594b
莱州市 4–536e
莱州湾 4–536e
莱兹父子 4–536f
莱兹股份有限公司 4–536f
莱兹金语 3–67f
徕卡照相机股份有限公司 4–536f
徕卡照相机集团公司 4–536f
梾木属 6–442c
铼 4–537a, 4–69f, 8–130c, 8–131b
赉广县 2–72b
赖氨酸 4–537b, 1–111d, 5–465b
赖草属 8–449d
赖德,C.W. 1–262f
赖德迈斯特,K. 7–560c
赖尔,C. 4–535e
赖尔,G. 6–322a
赖尔,M. 4–537c, 4–382f
赖尔森工业大学 2–385c
赖伐尔,P. 4–537d
《赖古堂家印谱》 4–537e
赖和 4–537f
赖河 4–537f
赖克斯,J. 2–3c
赖利,B. 1–127d
赖尼策尔,F. 8–505b
赖尼格,L. 5–361d
赖其芳 4–538a
赖秋发 2–82d
赖声川 9–374d
赖斯,E. 4–538b, 4–120a
赖斯大学 2–168e, 8–336d
赖斯顿,J.B. 4–538b
《赖斯曼阶梯》 1–308a
赖苏特港 1–46a
赖特,E.M. 2–540d
赖特,F.L. 4–538c, 3–169b, 5–125e
赖特,G.H.von 9–241b
赖特,R. 4–538d
赖特,S. 4–538e
赖特,T. 8–307c, 8–581e
赖特,W.L. 5–558e
赖特效应 8–543d
赖万杜兹峰 8–518b
赖文光 4–538f
赖希,F. 8–579a
赖希,W. 8–91e
赖兴巴赫,H. 4–539a
濑户大桥 4–539b, 7–149f
濑户内海 4–539b, 6–314a
濑户内海国立公园 4–539c, 7–149f
濑越宪作 1–478f, 8–34d
癞皮病 8–420e
《癞皮鹦鹉》 2–538c
籁歌 9–114a
《兰贝斯的丽莎》 5–317e
兰贝特,R. 9–106b
兰波,A. 8–209c
兰伯特,M. 4–539c
兰伯特芭蕾舞团 4–539d
兰伯特冰川 4–539d
兰伯特冰川盆地 4–539d
兰伯特舞蹈团 4–539d
兰德尔,M. 3–550e, 5–175a
兰德公司 4–539e, 5–231e
兰德基金 4–539e
兰德瑞斯猪 4–539e
兰德施泰纳,K. 4–539f
《兰灯》 5–399c
兰登书屋集团 1–301b
兰迪尼,F. 3–9d
兰迪尼终止式 3–9d
兰封县 4–540e
兰甘亨 4–540a
兰格,D. 1–73f
兰格,O. 4–540b
兰格尔–圣伊莱亚斯 1–38c
兰格伦,W. 4–540c
兰格模型 4–540c
兰根,E. 1–133a
兰贵人 2–44a
兰花 4–540d
《兰花花》 9–205c
兰江 6–168b
兰金,W.J.M. 1–253e, 4–31d
兰卡斯特,J. 1–291b
兰开斯特,F.W. 4–540d
兰开斯特海峡 1–154e
兰开斯特家族 5–330a
兰考泡桐 4–540e, 6–49d
兰考县 4–540e
兰科 4–540e
兰克,L.von 3–480a, 5–19e
兰客 6–18b
兰里岛 5–414a
兰陵笑笑生 1–324a, 4–247b
兰明低地事件 4–541a
兰姆,C. 4–541b
兰姆,W.E. 4–541c, 4–541e
兰姆波 1–534a
兰姆赛,J.G. 4–541d
兰姆移位 4–541d
兰那地夫,B.T. 8–597c
兰那泰王国 4–541e
兰纳,J. 9–22d
兰毗尼 7–33f
兰坪白族普米族自治县 4–541f, 6–114e
兰坪铅锌矿 6–3b
兰坪县 4–541f
兰普曼,A. 5–40c
兰泉 6–224c
兰若 2–54a, 3–612d
《兰萨罗特日记》 6–363b
兰塞姆,J.C. 4–541f
兰山道 4–543a
兰山县 5–91e
兰属 4–541a
《兰墅十艺》 3–61b
兰斯伯里,G. 1–75c
兰斯大教堂 2–442a, 3–93c
兰斯敦,H.C.K.P.-F. 9–449e
兰斯莫尔语 6–8a
兰潭泛月 4–132d
兰特 5–523c
兰特孔博拉山 7–186c
兰亭 4–542a
《兰亭集序》 4–542b
《兰亭诗画册》 9–480a
《兰亭帖》 4–542b
《兰亭序》 4–542b
《兰亭宴集序》 4–542b
兰溪市 4–542c
兰溪县 4–542c
兰心大戏院 4–542d
兰辛 5–408d
兰新铁路 8–308a
兰学塾 6–237b

兰阳 8-540c
兰仪县 4-540e
兰屿 4-542e, 7-248a
兰屿乡 4-542e
兰州百合 1-211c
兰州大学 4-542e
兰州府 4-543a
兰州鼓子 4-542f
兰州卵石雕刻 6-594b
兰州石油化学工业区 3-127c
兰州市 4-543a
兰州太平鼓舞 4-543c
兰州中山大学 4-542e
兰州总管府 4-543a
《兰竹》 4-603c
《兰竹石图》 9-276e
岚毗尼 4-545a
《岚容川色图》 2-333f
岚山 4-543d, 4-279e
岚山港 6-329d
拦截系统 9-185f
拦路虎 3-518d
阑尾 4-543e
阑尾粪石 4-224e
阑尾炎 4-543e
《蓝》 2-67c, 8-86e
蓝宝石 4-543e, 3-53e, 8-474e
蓝宝石婚 4-223b
蓝布尔氏雅尔氏鞭毛虫病 4-543f
蓝采和 1-146b
蓝草音乐 8-189c
蓝筹 4-106b, 4-544a
蓝筹股 4-544a, 4-106b
蓝带兵 6-203e
蓝点马鲛 4-544a
蓝调 1-450a
蓝调音乐 6-109b
蓝鼎元 9-376a
蓝耳翠鸟 2-58c
蓝矾 2-145f
蓝翡翠 2-531b
蓝黑树蜂 7-61a
蓝狐 3-500d
《蓝胡子》 5-333e
《蓝胡子公爵的城堡》 1-183d
蓝湖 3-50e
蓝花君子 6-472d
蓝晶石 4-544b
蓝鲸 4-544c, 4-307e
蓝鲸属 4-544c
蓝菊 2-58c
蓝菌 6-544f
蓝孔雀 3-293e, 4-474b
蓝翎 3-471e, 3-476c
蓝岭 1-1e
蓝领 4-544e
蓝领犯罪 4-544e
蓝领阶层 4-544e
蓝玫瑰 4-544e
蓝玫瑰画派 4-544f
《蓝鸟》 3-198c
《蓝袍先生》 1-574e
蓝皮书 4-544f
蓝毗尼 4-545a
蓝片岩 4-545b
蓝苹 4-177a
《蓝旗歌》 1-80e
《蓝桥》 2-427c
《蓝桥会》 6-183c
《蓝色》 4-52c
《蓝色的裸女》 5-244a
《蓝色的马》 1-357e
《蓝色的情绪》 1-69a
《蓝色的山》 4-401b
《蓝色的舞女》 2-179d
《蓝色洞穴》 1-533f
《蓝色多瑙河》 6-582c
《蓝色工厂》 3-454d
《蓝色狂想曲》 3-110e, 4-498e
蓝色师团 8-84d
《蓝色天空中的金子》 1-358e
《蓝色天使》 8-162f
《蓝色无意识》 1-382c
《蓝色乐章》 7-183a
《蓝色杂志》 3-177e
蓝山峰 8-390b
蓝山起义 4-581f
蓝山山脉 8-128e
蓝闪石 4-545a
蓝闪石片岩 4-545b
蓝石城堡 7-387a
蓝石棉 6-600b
蓝氏贾第鞭毛虫病 4-543f
《蓝天使》 3-463a
蓝田猿人 4-545c, 6-292b, 9-334d
蓝铜矿 4-545d
蓝外套学校 2-43e
蓝尾蝾螈 6-335a
蓝尾石龙子 6-599c
蓝细菌 2-244b
蓝蟹 7-226c
《蓝辛-石井协定》 7-529b
蓝星等 8-305a
蓝星诗社 9-57c
蓝星体 4-573f
蓝胸秧鸡 8-446c
蓝雪花属 1-198c
蓝雪科 1-198b
《蓝眼盗》 1-16d
蓝移 3-476e
蓝印花布 4-545e
蓝鱼洞遗址 4-328a
蓝庚 2-121e
蓝玉 4-545f
蓝玉案 4-545f
蓝玉春 8-448c
蓝圆鲹 6-509f
蓝藻 4-546a, 2-244b
蓝藻界 4-546a
蓝藻门 7-86e
蓝枕鼠鸟 7-59d
蓝猪齿鱼 6-276c
澜沧江 4-546b, 3-466a, 6-393b, 9-78c
澜沧拉祜族自治区 4-546e
澜沧拉祜族自治县 4-546d
澜沧王国 4-560c
澜沧县 4-546e
篮球 4-546e
篮子鱼科 6-276c
镧 8-130d
镧镍类材料 2-17f
镧系收缩 4-547a
镧系收缩原理 3-448c
镧系元素 4-547a, 9-95f
襕袍 6-50d
揽户 5-59b
《揽辔录》 2-482a
缆车 4-547a
缆索 8-236c
缆索承重桥 6-186c
榄核莲 2-24b
懒猴 4-547b, 2-573a, 5-97b
懒猴属 4-547b
懒蛇 2-413d
《懒寻旧梦录》 8-167e
《郎官石柱记序》 9-213b
郎锦堂 4-547c
郎静山 4-547c
郎酒 5-159b
郎里,F. 7-348f
郎木寺 1-202d
郎平 4-547d
郎世宁 4-547f, 1-390f, 6-223a, 8-107a
郎廷极 4-548b
郎艳芳 2-427c
郎窑红 4-548b, 8-437d
郎余令 3-166d
郎中 6-400b
狼 4-548c, 6-268a
狼毒 2-351a
狼毒大戟 4-548d
《狼谷》 4-446b
狼孩 4-548e
狼毫笔 5-313b
狼林山脉 3-28c
《狼山喋血记》 2-541c, 4-582d, 5-46d, 6-517b
狼山鸡 4-548f
狼汤渠 3-485a
狼牙山 4-549a

狼牙山五壮士 4–549a
狼牙山五壮士跳崖处 8–562a
狼咽 2–39f
狼烟台 1–510d
狼蛛科 4–549b
狼蛛属 2–352a
琅勃拉邦 4–549b
《琅华馆帖》 7–494c
琅威 1–286e
琅邪国 5–91e
《琅邪台刻石》 7–47e
《琅邪王歌》 5–51f
琅玡县 4–200a
琅琊山 2–17d
廊 4–549d
廊坊地区 4–549d
廊坊市 4–549d
《廊桥遗梦》 5–334a
榔规 8–189d
朗伯,J.H. 8–581e, 9–113e
朗伯–比尔定律 9–534d
朗达 9–157c
朗达玛 9–156c
朗道,L.D. 4–549e, 1–531a, 9–451e
朗德,H.J. 2–295d
朗德g因子 9–107e
朗方,P.-C. 3–536f
朗费罗,H.W. 4–549f
朗福德,B.T. 8–74f
朗戈斯 4–550a, 3–181b
朗格,F.A. 4–550a
朗格拉德岛 6–567b
朗格里特府邸 7–601a
朗格卢瓦,C. V. 2 154c
朗罕氏小岛 8–541c
朗吉努斯 4–550b, 3–181b
朗曼,T. 4–550c
朗曼出版集团公司 4–550c
朗曼出版社 4–550c
朗缪尔,I. 4–550c, 2–195a
朗缪尔连锁反应 4–550d
朗缪尔频率 2–194c
朗缪尔吸附等温方程 4–550d
朗诺 6–10c
朗日塘巴 3–24d
朗塞斯顿 7–243d
《朗莎雯波》 9–157d
朗氏蜂箱 2–573f
朗斯潮汐电站 1–544d
朗松,G. 4–550e
朗诵调 4–405a, 7–125d, 7–465f, 8–361d
《朗诵艺术》 6–130f
朗特,A. 4–550e
朗特–芳丹剧院 4–550f
朗文公司 4–550c
朗溪县 3–613b, 7–388c
朗伊尔城 7–139a
朗之万,P. 4–550f, 2–50a, 3–195a
朗之万–汪德昭–布里加理论 7–485d
莨菪碱 4–551a, 6–438c
阆水 4–131b
阆中古城 4–551b
阆中市 4–551a
阆中县 4–551a
《浪花》(林默涵) 5–84a
《浪花》(琼瑶) 6–241b
《浪花悲歌》 3–153f
浪卡子县 8–450e
《浪漫情侣》 5–217e
浪漫式爱情 1–86f
浪漫主义 4–551b
《浪漫主义》 1–376c
浪漫主义建筑 4–551d
浪漫主义美术 4–551c
浪漫主义戏剧 8–141f
《浪漫主义艺术》 1–374b
浪漫主义音乐 4–551d
浪人 8–59b
浪人会 8–59c
浪速 2–72e
《浪子》(C.德彪西) 2–170a
《浪子》(A.W.皮奈罗) 6–75d
《浪子的历程》 7–135f
《浪子回头》 1–76a
《浪子行径》 3–429e
劳埃德,W.F. 1–336e
劳埃德保险行 5–193a
劳保医疗 4–551e
劳丹,L. 4–441d
劳蒂人 1–29e
劳动 4–551f, 4–443d, 4–553c, 6–527e
劳动保护 4–552a
劳动保险医疗 4–551e
劳动对象 6–527e, 6–528a, 6–529a
劳动二重性 4–553e
劳动法 4–552c
《劳动法大纲》 4–552e
劳动改造 4–552f
劳动工分 3–124f
劳动工具 6–528b
劳动关系 4–553a
劳动合同 4–553b, 4–76f
劳动合同制 4–553c, 9–28f
《劳动纪念碑》 5–298d
劳动价值论 4–553c, 3–167d, 9–283e
劳动教养 4–554a
劳动教养管教所 4–554a
劳动解放社 4–554b
《劳动界》 6–91a
劳动纠纷 4–555a
劳动力 4–554b
劳动力流动 4–554c
劳动力市场 6–284a
劳动力资源 4–556e
劳动密集型产业 4–554d, 1–504e, 3–290a
劳动契约 4–553b
劳动强度 4–554e
劳动群众集体所有权 4–77b
劳动社会生产率 4–554f
劳动生产率 4–554f
劳动时间 9–523e
劳动市场 7–25f
劳动手段 6–529a
《劳动无限供给条件下的经济发展》 5–120b
劳动协约 4–76f
《劳动新闻》 1–539b, 1–540a
劳动异化 8–560a
《劳动音》 6–91a
劳动者 6–529a, 6–529d
《劳动者》 6–91a
《劳动者的力量》 5–218d
劳动争议 4–555a
劳动资料 6–527e, 6–529a
劳动自然生产率 4–554f
劳顿,C. 4–555b
劳俄大陆 4–556f
劳厄,M.von 4–555c, 3–194f, 4-302b, 4–503d
劳厄斑 4–302b
劳尔·卡斯特罗 4–379e
劳佛尔 3–381d
劳工代表委员会 9–3e
劳工党 1–13a
劳工法院 4–555a
劳工关系 4–553b
《劳工之爱情》 9–278a
劳卡瓦 4–486d
劳克林,R.B. 4–555d, 2–56a
劳莱 4–555d
劳莱和哈台 4–555d
劳里,T.M. 7–207b
《劳伦蒂斯传》 1–282d
劳伦琴低高原 1–91c, 1–278c
劳伦斯,D.H. 4–555f, 2–419a
劳伦斯,E.O. 3–610c
劳伦斯–穆恩–巴尔代–比德尔四氏综合征 7–31d
劳乃宣 4–555f
劳森,E. 4–511b
劳森,H. 4–556b
劳森,H.J. 9–546a
劳森,J.H. 8–142b
劳山 4–556f
《劳山道士》 5–69c
劳申伯格,R. 4–556c, 1–384a
《劳生论》 5–154d
劳使关系 4–553b
劳氏肉瘤病毒 1–74a

劳斯，P. 1-74a
劳损 4-556d
劳塔罗 4-556d
劳塔罗社 1-133f, 4-556e
《劳腾萨克兄弟》 2-615e
劳务 4-7c
劳务输出 4-556e
劳务租赁制 9-29a
劳亚大陆 4-556f
劳亚古陆 4-556e
劳役地租 2-252d
劳逸过度 1-371d
劳扎塔因油田 4-437d
劳资关系 4-553b
牢脉 5-301e
牢山 4-556f
牢脩 2-152b
《牢狱后面》 1-307b
崂山 4-556f, 6-205c
《崂山道士》 9-387b
崂山矿泉 4-557a
铹 1-60d
痨瘵 2-534a
《老北京的叙说》 9-352c
《老北京的一条街》 5-177e
《老北京天桥民俗风情》 9-410d
老北口 6-435a
《老背少》 2-131f
老边 5-134f
老边饺子 4-206c
《老兵骆驼》 9-394c
《老兵新传》 5-5b, 6-517b
《老布鲁图斯》 1-11a
老、残、遗保险 6-482e
《老残游记》 4-557a
老苍 8-25d
《老长工耶尔奈和他的权利》 1-472a
老城隍庙 4-557a
老丑 2-12b
《老处女罗茜达》 4-121b
老大党 5-350f
老聃 4-557b, 4-561c
老旦 2-147e, 3-144d, 4-282c
老地台 2-238d
老第三纪 2-261c, 3-170c
老第三系 3-170c
老刁 9-84f
《老调重弹》 4-569b
《老夫采玉歌》 4-597c
《老妇还乡》 4-557b
《老妇人的故事》 1-308a
《老干部别传》 7-543e
老鸽巢剧院 4-557c
老公李三 4-282e
《老古玩店》 2-210b
老官台文化 2-78b
老河口市 4-557c
老河口镇 4-557c
老荷尔拜因 3-429b
老褐煤 3-450a
《老黑奴》 2-614c
老红砂岩相 5-579f
老红卫兵 3-475c
老虎窗 3-98a
老虎牙 9-533f
老花眼 4-559f
老基米里幕 1-10a
老教 3-98f
《老井》 4-557d
《老君道德经想尔训》 4-562c
老卡斯蒂利亚盆地 8-83e
老莱子 4-561c
老利基 5-28b
《老林深处》 5-40d
老龄化社会 4-557d
老龄林 9-105f
老龄卫生 4-557f
老龄问题 4-558b
老龙人 4-560a, 5-69e
老龙头 6-437c
《老马》 9-155a
老满文 5-305a, 6-232b
老年斑 7-76c
《老年的回声》 1-483d
老年弓 7-76c
老年公寓 4-558c
《老年和残障保险法》 2-612a
老年环 7-76c
老年聋 9-501a
老年前期痴呆 4-558f
老年人保健医疗 4-558a
老年人个人卫生 4-557f
老年人合理营养 4-557f
老年人皮肤卫生 4-557f
老年人生活卫生 4-557f
老年人心理卫生 4-558a
老年人性生活 4-558a
老年社会问题 4-558b
老年型人口 6-289f
老年型社会 4-557d
老年性白内障 1-203f
老年性痴呆 4-558c, 4-558c, 8-118f, 9-321a
老年性精神障碍 4-558c
老年性血管瘤 8-373f
老年性阴道炎 8-325e, 8-571e
老年性谵妄 4-558d
老年性震颤 9-258a
老皮特 6-74b
《老贫农讲家史》 6-601e
老普林尼 6-112b
《老乞大谚解》 2-56b
老圈地 6-134b
《老人》 7-331b
《老人唱歌，青年吹笛》 2-585d
《老人和女孩》 2-538c
《老人河》 5-200e
老人会议 9-93c
老人节 2-7a
老人乐园 4-558c
老人星 4-558f
《老人与海》 4-559a
《老人与海》（电影） 6-252e
老人之家 4-558c
老人住宅 9-502b
老三论 4-441a
老沙岛 6-205e
老上单于 8-328c
老舍 4-559b, 1-490d, 4-414c, 5-144b, 9-424a
老生 3-74c, 4-282c, 5-234d, 5-267d, 6-383c, 6-527c, 7-151b, 7-284f, 9-58e, 9-193d
老生三杰 9-58e, 9-193c
老生新三杰 7-486c
老圣殿 3-467c
老石库门建筑 6-598c
老实证主义 7-1f
《老式喜剧》 1-10d
老视 4-559f
《老鼠嫁女》 9-387c
老鼠簕属 4-350d
《老水手的韵律》 7-610e
"老四大部"影经 8-48b
老松人 4-559f, 4-560a
《老獭稚型传说之发生地》 9-454b
老畲影 4-562f
老铁 5-108a
老铁山 5-64f, 5-182a
老听人 4-560a, 4-560a
《老顽固们》 3-89c
老挝 4-560b
老挝人民革命党 4-395f, 7-182d
老挝人民民主共和国 4-560c
老挝语 4-561a, 4-560b, 5-69e
老胥顶 6-204b
《老朽》 3-168c
《老学庵笔记》 4-561b, 1-323f, 5-171a, 7-194e
老盐仓 3-337a
老焱若 3-227a
老爷岭 8-133a
老鹰 9-84f
老宇陀 9-67c
《老妪赫尔卡》 5-399b
老鸢 9-84f
老元儿红 3-249e
《老张的哲学》 4-559b
老忠实泉 3-597d
老钟塔 3-311a
老子 4-561c, 2-161d, 2-163b, 3-591b

《老子》 4–562a, 1–403d, 3–415b
《老子道德经》 8–174c
《老子道德经注》 1–580d, 7–490d
《老子化胡经》 1–145e
《老子开题序诀义疏》 1–580d
老子庙 1–104e
老子说经台 5–147e
《老子思想朱注校证》 6–274c
《老子想尔注》 4–562c
《老子注》 7–489a
佬人 5–69d
姥鲨科 7–59e
铑 4–562c
铑铱合金 8–537b
乐亭翠荫堂影戏班 4–563a
乐亭大鼓 4–277b
乐亭皮影 4–277b
乐亭县 4–562e
乐亭影 4–562f
乐亭影戏 4–562f
《乐亭影戏音乐概论》 9–406a
乐子 4–563a
《烙印》 9–154f
涝坝 4–398b
涝豆 7–370a
涝灾 7–105a
落子 4–563a
耢地 9–263f
酪氨酸 1–111d
酪酥 6–191b
酪酸 2–308e, 7–226f, 9–293c
嫪毐 5–177d, 6–201a
乐安流坑 3–2b
乐安县 2–185d, 4–563d
乐昌市 4–563b
乐昌县 4–563b
乐成县 9–125b
《乐道堂诗钞》 8–563c
乐东藤属 1–558a, 4–122a
乐高积木城 2–139d
《乐观的悲剧》 8–349c
乐观主义人生观 6–297e
乐静宜 4–563b
乐利主义 3–139f
乐陵市 4–563d
乐陵县 4–563d
乐平腔 6–552c
乐平市 4–563d
乐平统 2–424b
乐平县 4–563d, 8–127f
乐山大佛 4–563e
乐山市 4–563f
乐山县 4–563f
《乐善堂诗文全集》 6–225e
乐善园 1–268b
“乐士文”号飞机 8–464b, 9–371b
乐事薯片 1–215c
《乐土》 4–493b
乐温县 1–519e
乐园 7–360d
乐源县 6–306d
乐僔和尚 2–376d
勒（物理量单位） 4–564f
勒阿弗尔 4–564a, 2–439b, 6–374c
勒巴杉 4–424d
勒保 4–564a
勒贝尔，J.-A. 9–46f
勒贝尔，R.G. 1–451a
勒贝格，H.L. 4–564b
勒贝格测度 6–611f
勒贝格积分 4–564c, 6–611f
《勒贝格全集》 4–564c
勒波尔 6–557c
勒布朗，H. 3–31a
勒布伦，C. 2–442d
勒得海 5–159a
勒杜，C.-N. 3–166f
勒杜克油田 4–367f
勒菲弗尔，T. 7–121a
勒斐伏尔，H. 8–91e
勒高夫，J. 5–585b
勒格罗，A. 3–615f
勒·柯布西耶 4–564d, 6–319b
勒科克，A.von 4–564f
勒克莱尔，C.-V.-E. 3–323f
勒克莱尔，J.M. 8–229e
勒克莱尔，J.-P. 2–256e
勒克斯 4–564f
勒克斯，H. 7–207d
勒克斯-弗勒德理论 7–207d
勒孔特·德·李勒，C.-M.-R. 4–565a, 6–29d
勒雷，J. 2–127f
勒利德布尔 4–565a
勒鲁，F.-P. 3–220d
勒鲁瓦，L. 8–613c
勒鲁瓦，M. 4–4a
勒洛，F. 4–32f
勒曼，O. 8–505b
勒梅尔，C. 6–271f
勒梅特，G. 9–69c
勒梅特宇宙模型 9–69c
勒梅西，J. 5–149d
勒蒙尼耶，C. 9–544a
《勒明基宁组曲》 8–87f
勒穆瓦纳，F. 1–453f
勒拿河 4–565b, 2–398a
勒拿河左岸高原 9–440f
勒那冬则 1–185e
勒纳，A.P. 2–613b
勒纳，P. 4–565d
勒纳窗 4–565d
勒纳尔，A.F. 5–485e
勒南，A. 4–565e
勒南，L. 4–565e
勒南，M. 4–565e
勒南兄弟 4–565e
《勒内》 8–162a
勒内·弗朗索瓦·阿芒·普吕多姆 7–188b
勒努瓦，É. 1–133a, 5–558e, 6–145e
勒诺芒，H.R. 1–151b
勒诺特尔，A. 2–445b, 2–465f
勒诺特尔式园林 2–445b
勒朋，G. 5–73f
勒皮雄，X. 1–228b, 3–348e
勒普累，F. 4–565f, 6–485d
勒奇山隧道 4–566a
勒让德，A.-M. 4–566b, 1–486c, 1–487b, 2–77c
勒让德多项式 4–566c
勒让德符号 7–67f
勒让德条件 4–566c
勒施奈天文台 7–136f
《勒斯维克条约》 3–323a
勒娑婆 6–133c
勒托 1–4a
勒瓦娄哇技术 4–566c, 4–326d
勒瓦娄哇文化 1–52f, 4–447b, 5–476c
勒瓦卢瓦-佩雷 4–566c
勒威克 6–480e
勒威耶，U.-J.-J. 4–566d, 1–36c, 3–343d
勒维，O. 2–132f
勒维特，H.S. 9–468d
勒温，K. 4–566d
勒文海姆-斯科朗定理 5–455d
勒沃，L. 2–465e
勒夏忒列，H.-L. 6–277f
勒辛 4–308b
雷 4–566f
雷巴科夫，A.N. 3–609b
雷暴 4–566f
《雷暴》 3–25e
雷暴大风 2–569f
雷贝克琴 8–229d
雷伯，G. 6–502d, 6–502f
雷布查人 4–567a
雷布查语 4–567a
雷次宗 6–128b
雷达 4–567b
雷达成像侦察卫星 1–580c
雷达高度计 7–567b
雷达气象学 2–100e
雷达隐身材料 8–589c
雷达隐身技术 8–589f
《雷得本》 5–331f
雷德迪尔河 1–74e, 6–367b
雷德尔，E. 5–604e
雷德尔，M. 4–252a
雷德菲尔德，R. 4–567d
雷德河 7–582a, 7–582b

雷德罗克湖 5-407b
雷迪,C. 8-274e
雷帝 8-517a
雷电 6-444a
雷电过电压 3-60f
雷电华影业股份有限公司 5-349a
雷东达岛 1-107e
雷都 5-328b
雷多瓦舞 1-376b
雷恩,C. 3-167f, 6-556a
雷发达 8-476a
雷凡尔,J. 5-585b
《雷峰塔》 9-62e
《雷峰塔传奇》 5-446f
雷锋 4-567e
雷锋班 4-568a
雷锋纪念馆 3-1c
《雷锋之歌》 3-441b
雷格蒙塔努斯,J. 2-314a
雷根,T. 3-570e
雷根河 2-388c
雷根斯堡 2-388d
雷公 4-568a
雷公墨 1-391f
雷公山（苗岭） 5-417e
雷公山（祁连山东段） 8-8e
雷鬼 7-391f
雷哈尼 4-568b
雷海宗 4-568b
雷吉斯坦沙漠 1-20b
雷吉斯学院 2-137d
《雷加尔佩特拉教区》 8-167a
雷洁琼 4-568c, 9-382c
雷金玉 8-476a
《雷卡米埃夫人》 2-107c
雷康吉斯达运动 7-35d
雷克斯,R. 8-306c
雷克斯罗思,K. 1-334e
雷克雅未克 4-568d
雷克兹 5-282c
雷恪生 6-242f
雷利 6-108c
《雷莉和马季农》 3-21f
雷列耶夫,K.F. 4-568f
雷履平 7-7c
雷马克,E.M. 4-568f
雷马内森,K.R. 4-521a
雷玛斯,A. 9-350f
《雷蒙达》 3-101c
雷蒙德 5-196d
雷蒙德,H. 5-607b
雷蒙德・钱德勒 9-250a
雷明所 8-476a
雷莫 8-565c
雷姆 8-127d
雷慕沙 3-381b
雷纳尔,M. 5-23c
雷纳托・西莫尼 7-421e
雷乃,A. 4-569a
雷尼,A. 3-88d
雷尼尔山 3-538b, 4-364e
雷鸟 4-569b, 5-123c, 5-588d
雷诺,O. 4-569f, 7-447e
雷诺,P. 2-255d
雷诺阿,J. 4-569c
雷诺阿,P.-A. 4-569d
雷诺氏病 9-304c
雷诺数 4-569e, 7-447f
雷诺兹,J. 4-569f
雷佩,W.J. 6-268c
雷棚 7-145a
雷瑟峰 1-378a
雷瑟福,R.C. 4-541e
雷神会 4-568a
雷师 4-568a
雷司令 1-15f
雷斯达尔,J.van 2-565a, 3-119b
雷斯皮吉,O. 4-570b
雷琐酚 4-161d
雷琐辛 4-161d
雷台汉墓 7-401f
雷天觉 4-570c
雷托罗曼人 4-570d
雷托罗曼语 4-570d
《雷万春打虎》 1-434b, 8-461d
雷王祭 4-568a
《雷维尔夫人肖像》 1-96f
雷文,P.H. 4-570e
雷喜福 3-20e, 9-201b
雷亚尔 4-570e
雷亚尔计划 4-570e
雷伊莱斯,C. 4-570f
《雷雨》 4-571a, 1-479b
《雷雨》(电影) 7-218d
雷州半岛 4-571b
雷州府 4-571c
雷州市 4-571c
雷祖 4-571d
嫘祖 4-571d
镭 4-571d, 2-503d, 2-505c
镭射气 2-331f
耒县 4-571f
耒阳市 4-571f
垒球 4-571f
累犯 4-572b
累进税 4-572c
《累进税纪事录》 7-552f
累进税率 7-107d
累祖 4-571d
傫祖 4 571d
肋脊 9-61c
肋软骨炎 4-572d
泪道 8-439c
泪剧 2-444d
泪器 4-572d, 8-439c
泪器病 4-572d
《泪泉》 4-572e
泪腺 8-439c
《泪与笑》 4-96f
泪竹 4-323a
类鼻疽 4-143f
类比 6-423d
类比推理 3-240a
类别顶级域名 9-82c
类病毒 4-572f, 6-544e
类剥苔 6-478c
类丹毒 4-572f
类地行星 7-268d, 8-316b
类范可尼氏综合征 7-150e
类风湿性关节炎 4-573a, 3-205b
类固醇 4-573b, 9-149e
类核体 3-303e
类胡萝卜素 4-573b
类胡萝卜素酸 4-573c
类寄生 4-105d
类晶体 3-303e
类木行星 7-268e, 7-444a, 8-316b
类囊体 8-498d
类尼人化石 5-565a
《类篇》 9-551f
类氢离子 4-578b
类人猿 4-573d, 1-508e
类书 4-573e
类属解密技术 4-90b
类星射电源 4-573f
类星体 4-573f
《类星体和活动星系核表》 4-573f
类型说（化学） 9-46d
类型学（考古） 4-417c
类型影片 5-349a
类型语言学 9-73e
类盐型碳化物 7-292f
类甾醇 9-149e
类脂 4-574a, 9-294a
类脂物质 4-574a
类质同象替代 4-502e
累西腓 4-574a
《酹江集》 5-383a, 9-94d, 9-99a
棱镜 4-574b
棱皮龟 4-574c
棱皮龟属 4-574c
楞次,H.F.E. 4-574e, 2-447f, 4-201f, 4-202a
楞次定律 4-574e, 4-574e
《楞伽阿跋多罗宝经》 4-574f
《楞伽经》 4-574f
《楞伽经疏》 4-575a
《楞伽经注》 4-575a
冷冰川 1-361e
冷兵器 4-351b
冷藏 7-4b

冷藏船 4-19b, 9-143a
冷抽象 2-10c
冷岛 4-575a
冷冻电器 4-129b
冷冻方便制品 2-486f
冷冻剂 9-313d
冷冻外科 4-575b
冷冻治疗 4-575a
冷锻 2-369e
冷发射 2-220e
冷锋 2-572f
冷感受器 7-343b
冷高压 2-472b
冷光 3-546f
冷焊 3-389c
冷红生 5-85a
冷荒漠灌丛草原 1-484a
冷挤压 4-575c
冷季 8-414a
冷加工 4-575b
冷节 3-366d
冷结节 2-504c
冷爵士 4-350e
冷库 4-575c
冷拉钢丝 7-282d
冷量 9-313c
冷疗 4-575d
冷面 1-539d
冷面滑稽家 5-104d
冷敏神经元 7-343c
冷模试验 3-547f
《冷漠的人们》 5-468f
冷凝器 4-304d
冷圈 4-39e
冷泉 7-582c
冷泉港实验室 4-575e
冷却剂 5-76f
冷然居士 9-193d
冷色 2-602c
冷杉 4-575e
冷杉胶 4-576a
冷杉属 4-575e, 7-160b
冷杉香胶 4-576a, 4-576a
冷杉油 4-576a
《冷手卢克》 5-605e
冷水江 4-576a
冷水江市 4-576a
冷水坑银矿 3-245f
冷天禄 8-467e
冷雾 8-80d
冷欣 5-531d
冷性反气旋 2-472b
冷阴极弧光放电 3-501a
冷阴极闪光X射线管 9-588b
冷云 6-526e, 9-132f
冷云催化 6-287e
冷轧 4-575b
冷轧拉弹簧钢 7-282d
冷战 4-576b, 2-326d, 2-360a
冷中子 9-451c
冷作活 2-301d
丽水市 4-576c
厘金 4-576d
厘捐 4-576d
厘米·克·秒制 8-72c
狸 6-268a
《狸猫换太子》 3-427a
狸獭 3-331b
离（八卦） 1-142b
离岸 4-576e
离岸工程 3-349e
离岸价格 4-576e
离岸中心 1-335a
离班 1-286a
离瓣花 3-524f, 7-81b
离差智商 7-543f, 9-324b
离调 9-510b
离堆 4-589b
离堆山 3-422d
离轨行为 9-127e
离合器 4-576e
离婚 4-576f, 4-2f
《离婚》 1-435b
离婚登记 4-3a
《离婚账单》 4-395e
离婚自由 4-3d
《离魂》 5-219c
《离魂记》 4-577b
离坚白 4-577c
离浆 5-598c
离解 4-577c
离去基团 8-213b
离散模拟模型 5-454d
离散数学 4-577d, 4-92b
离散系统 8-507d
离散型边界 1-228c
《离骚》 4-577d, 2-18f
《离骚纂义》 9-43b
离体培养法 4-599c
离心法 7-396e
离心分级 4-577e
离心分离 4-577e
离心惯性力 4-577f
离心过滤 3-302b
离心力 4-578a, 4-577f, 8-205b
离心率 2-423d, 7-459b
离心色谱 4-577f
离心式电风扇 2-277f
离心式调速器 7-376a
离心通风机 7-388e
离心压缩机 8-386b
离心制备薄层色谱法 4-577f
离蛹 9-28d, 9-164a
离域键 2-551c, 3-149a
离子 4-578a, 3-192e
离子半径 4-578a
离子表面活性剂 1-356a
离子存储技术 9-111f
离子方程式 3-548b
离子管 2-3e
离子光谱 4-578b
离子化合物 4-578b
离子极化 4-578c
离子键 4-578c, 6-61a
离子交换 4-578d
离子交换膜 4-578f
离子交换膜渗析 6-526a
离子交换树脂 4-578e, 1-312a
《离子晶体中电子过程》 5-476e
离子径流 4-313b
离子聚合 4-579a
离子扩散膜 8-498d
离子色谱法 8-507a
离子束 4-578f, 9-109e
离子束分析 4-579a
离子型活性聚合 4-7e
离子型聚合 4-579a
离子型碳化物 7-292f
离子选择性电极 4-579b, 7-535e
离子源 9-316d
离子中和谱 1-355d
骊山 4-579c
骊山墓 6-201c
骊山温泉 3-535c
梨 4-579d
梨果 3-299e, 4-579e
梨虎象 4-346c
梨花 7-234d
梨花大鼓 4-579e, 6-434f
梨黄粉蚜 3-118c
《梨俱吠陀》 2-486e, 2-532e, 8-608d
梨属 4-579d
梨香 2-308e
梨星毛虫 1-226b
梨形番茄 2-463a
梨形马勃 5-240b
梨叶斑蛾 1-226b
梨园 4-579e, 9-404b
梨园弟子 4-579e
梨园行 4-579e
梨园界 4-579e
《梨园岁时记》 1-562a
《梨园外史》 1-562a
梨园戏 4-579e
梨园子弟 4-579e
梨洲先生 3-603b
犁 4-579f
《犁和星》 1-122f
犁铧大鼓 6-434f
犁田 2-464b
犁头尖属 7-355b

犁头节 7-244b
犁头鳐亚目 8-483f
漓江 4-580a, 9-127d
《漓江春雨》 8-342d
漓江风光 3-248d
漓水 4-580a
蠡（人物） 4-580b
蠡驹尊 4-580b
黎巴嫩 4-580c
黎巴嫩广播电台 4-581d
黎巴嫩国家通讯社 4-581d
黎巴嫩山脉 4-580d
黎巴嫩真主党 4-581e
黎朝 4-581f
黎朝河 9-128e
黎城大青羊 6-441b
黎德寿 4-51f
黎地 4-596a
黎峨 8-304a
黎峩 2-460a
《黎恩济》 7-465e
黎凡特美术 6-26b
黎国荃 9-309c
黎桓 4-582a
黎锦 9-145b
黎锦晖 4-582a, 4-582d, 9-473e
黎锦熙 4-582b
黎靖德 9-490a
黎兰庭 3-515f
黎莉莉 4-582d
黎曼,B. 4-582e, 2-515b, 3-8e, 4-69a, 4-231f
黎曼几何 7-64d
黎曼几何学 4-582f, 4-79f
黎曼流形 4-583a, 7-536e
黎曼－罗赫定理 4-582f, 7-461f
黎曼映射定理 3-150e, 4-582e
黎曼ζ函数 4-232a
黎民伟 4-583c
黎明 3-198f
《黎明》(剧本) 7-550c
《黎明》(音乐) 1-289c
《黎明报》(津巴布韦) 4-266a
《黎明报》(塞浦路斯) 6-377b
《黎明报》(中国) 6-202d
黎明丹霞地貌 6-393b
《黎明的寂静》 3-534a
《黎明风景》 7-576c
黎明寺 5-307d
《黎明之前》 2-158b
黎念之 4-583d
黎萨尔,J. 4-583e, 1-415e
黎塞留,A.-J.du P. 4-583f
黎刹,J. 4-583e
黎圣宗 4-581f
黎世序 8-314d
黎庶 6-175b
黎澍 4-584a
黎笋 4-584b, 9-130a
黎文 4-584f
黎语 4-584c, 4-584e
黎语文字方案 4-584d
黎语支 4-584d
黎遇航 9-348e
黎元洪 4-584d, 1-275b, 8-259f, 9-298a
黎鹰 6-344f
黎族 4-584e, 4-36f
藜科 4-585a
藜杖 4-585a
欏檬 5-597c
黧蒴栲 4-418d
蠡叟 5-85a
蠡园 8-20f
礼 4-585b, 4-586c, 5-139c
《礼》 8-537d
礼拜 4-585b, 8-48d
《礼拜六》 9-85c
礼拜六派 9-85c
礼拜日 1-109c, 4-585b
礼拜寺 6-233c
礼拜堂 4-209e, 6-233c
《礼拜五——太平洋上的灵薄狱》 7-424d
礼不下庶人 4-586d
礼部 5-136d, 6-400a
礼佛图 3-145c
《礼记》 4-585c, 6-297f, 8-537d
《礼记·大学》 3-112b
《礼记集解》 4-585c
《礼记·内则》 1-147b
《礼记训纂》 4-585c
《礼记·乐记》 5-195b
《礼记正义》 4-585c
《礼记注》 4-585c
《礼经》 8-537d
《礼论》 4-595a
礼帽 4-585c
礼炮 4-585d
“礼炮”号空间站 4-585e
“礼炮”1号空间站 4-467d, 4-585f, 9-318a
“礼炮”4号空间站 4-585f
“礼炮”6号空间站 4-585f
“礼炮”7号空间站 4-585f
礼器 4-586a
《礼器碑》 6-597b
礼萨·巴列维 1-172e
礼萨汗 4-383f
礼山关 8-59a, 8-556a
礼俗 4-586b, 2-567f
礼俗社会 6-482a
礼闱 4-428c
礼物交换 5-473e
礼制建筑 9-363f
礼治 4-586c
李 4-586e
李,D.M. 8-506a
李,M.S. 2-128d
李,R.E. 5-353d
李,V. 8-542c
李,W. 4-586f, 9-249a
李安 4-587a, 7-250e
李安世 4-587b
李安宅 4-587b
李翱 4-587d, 3-578f
《李巴条约》 9-330e
李白 4-587d
《李白封官图》 3-360e
李白故里 5-410d, 7-146e
《李白诗卷》 4-403a
《李白与杜甫》 3-251d
李百川 5-187b
李百药 1-283e
李班 1-578b
李宝嘉 4-588d, 3-209f
李宝凯 4-588d
李宝章 6-462d
李北海 5-2d
李比希,J.von 4-588e, 2-547a, 4-22a
李必达 1-94e, 1-122d, 6-47a
李必湖 9-147e
李泌 7-451b
李昪 4-589a, 5-542e, 5-542f
李濒湖 4-610c
李冰 4-589b, 2-348f, 2-349d
李冰祠 4-589b
李冰石像 4-589b
李昞 7-306e
李伯芬 4-589b
李伯谦 8-165c
李伯黍 4-212b
李伯玉 4-601b
李伯元 6-223e, 8-339c
《李伯元全集》 4-588e
李卜克内西,K. 4-589c, 2-176f, 5-334b
李卜克内西,W. 4-589d
《李布舍》 7-131e
李沧溟 4-606c
李瀍 7-315f
李昌谷 4-597c
李昌镐 4-589e
李昌厚 4-608b
李昌龄 7-263b
李长春 4-589f
李长吉 4-597b
《李长吉歌诗》 1-512f
李敞 3-24c
李超兰 5-3f
李朝 4-610d
李成 2-483a
李成栋 5-536f

李成桂 3-69f, 4-610d
李成梁 4-590b
李诚善 4-164e, 4-605a
李承晚 4-590c
李承祥 4-590c, 1-273b
李承祐 3-491d
李冲 6-406f
李充嗣 7-601f
李重光 5-3a
李重俊 7-543c
李重茂 7-543d
李重润 4-590d, 8-570b
李重润墓壁画 4-590d
李初梨 2-33a
李俶 7-306b
李春 4-590d, 7-213b, 9-235d
李春华 8-27e
李春来 3-27f
李春森 2-334f
李春阳 2-142d
李椿年 4-296f
李淳 2-429b
李淳风 4-323c, 7-208e, 7-213e
李慈铭 4-590e
李从厚 3-494b
李从嘉 5-3a
李从珂 3-494b
李存葆 4-590e
李存勖 3-67a, 3-494a, 3-494c
李达 4-590f, 9-358f
李大酺 8-128b
李大师 5-1f
李大玉 6-435a
李大钊 4-591a, 1-267c, 1-267e, 2-326e, 9-358f
李大钊故居 4-562f
《李大钊全集》 4-591c
李旦 7-543d, 8-62a
李党 4-592c
李道宗 7-585e
李德 4-591c
李德才 4-591d
李德邻 5-5f
李德林 1-283e
李德伦 4-591d, 9-309c
李德明 4-591e, 8-104c, 8-303f
李德全 4-591f
李德生 4-592a
《李德生回忆录》 4-592c
李德锡 7-482e
李德裕 4-592c, 3-612d, 7-315f
李登辉 9-370a
李定国 4-592d, 6-219b, 9-211e
李东壁 4-610c
李东辉 3-221f
李东阳 4-592f, 1-491f
李东垣 4-592f
李侗 1-593b
李杜 4-593a
《李端端落籍图》 7-317a
李兑 7-573b, 9-228e
李顿调查团 3-269f
李多奎 4-593b
李多祚 8-62c
李尔本,J. 4-593c, 6-87d
《李尔王》 4-593c
《李尔王》(乐曲) 1-405e
《李二嫂改嫁》 5-179a, 8-180d
李方训 4-593d
李昉 7-257f, 7-263a, 7-601d
李丰 1-458d
李凤鸣 3-427a
李夫人 7-566a
李夫人墓 5-327f
李绂 7-371e
李福基 1-242f
李辅国 4-593e, 7-301e, 7-306b, 7-316d
李复言 9-121c
李富春 4-593f, 9-389a
《李富春选集》 4-594b
李纲 4-594b
李杲 4-592f
李格非 4-607d
李根源 9-136a, 9-281b
《李公案》 8-156a
李公麟 4-594c, 8-49b, 8-185d
李公朴 4-230a, 4-614e
李公蕴 4-582a
李公佐 4-594e, 5-532c
李塨 4-594f
李觏 4-594f
李固 4-595a
李光弼 4-595b
李光地 4-595c
李光羲 9-444a
李光俨 4-599c
李光耀 4-595d, 4-615f
《李光耀回忆录》 4-595e
李光洙 4-595e
李广 4-595e
李广利 4-595f, 2-121e, 4-402b, 9-76a
李广田 4-596a
《李广田文集》 4-596b
李贵鲜 4-596b
李桂春 4-609f
李桂珍 1-209c
李郭 7-168f
李国昌 3-494c, 4-603a
李国豪 4-596c, 1-478c
李国辉 8-448c
李国钦 7-492c
李国文 4-596d
李过 4-603d, 6-254d
李海舟 4-543a
李含光 6-467d
李汉俊 4-596e
李翰祥 4-596f
李杭育 8-380b
李好古 9-99b
李浩培 4-597a
李浩吾 8-464c
李暠 4-597b, 8-95a
李和彬 9-132d
李贺 4-597b
李亨 7-316d
李鸿藻 7-606c
李鸿章 4-597d, 2-44b, 4-195f, 8-69c, 9-330e, 9-331b
李湖隐 4-102e
李化龙 7-481e
李桦 4-597f
《李桦木刻选集》 4-598a
李怀光 7-306c
李怀宇 7-516a
李环 3-575b
李焕之 4-598a
李滉 4-598c
李慧敏 1-209c
《李慧娘》 3-472b
李箕永 4-598d
李吉甫 4-592c, 9-92c, 9-92e
李季 4-598d
《李季文集》 4-598f
李济 4-598f
李济马 1-542d
李济深 4-599a, 2-610c, 4-188e, 4-188f, 9-370f
李继侗 4-599b
《李继侗文集》 4-599c
李继迁 4-599c, 8-303f
《李寄》 7-177c
李勣 4-599d, 7-306d, 9-176d
李霁野 7-569b
李家发 9-396b
李家沱长江大桥 6-186b
李家峡水电站 4-599e
《李家庄的变迁》 9-234b
李嘉诚 4-599f
《李嘉图著作和通信集》 7-127a
李甲 3-221f
李建成 4-600a, 5-110d, 7-306e, 7-315b, 8-362d
李建国 4-600a
李剑晨 7-82e
李剑农 4-600b
李健吾 4-600c
《李健吾戏剧评论选》 4-600d
李将军山水 4-611c
李劫夫 4-600d
李杰 9-511c

李杰恩　5－38a
李诚　9－17a
李金华　4－600e
李金秀　6－183b
李进忠　7－578a
李晋玮　6－519d
李井泉　4－600f
李景　5－542e
李景汉　4－601a
李景通　4－601b
李璟　4－601b, 3－558e, 5－3a, 5－542e, 5－542f
《李璟李煜词》 5－3b
李靖　4－601c, 3－487a, 4－599d
李静训墓　1－391a
李君虞　5－2c
《李君虞集》 5－2c
李俊　4－601d
李俊兴　5－417d
李开芳　6－420e, 7－258d
李开先　4－601e
《李开先集》 4－601f
李凯尔特,H.　4－601f
李可夫,A.I.　4－601f, 7－122f
李可染　4－602a, 7－94e
《李可染论艺术》 4－602d
《李可染水墨写生画集》 4－602d
《李可染中国画集》 4－602d
李可亭　6－578e
李克农　4－602d
李克强　4－602e
李克弱　2－97b
李克用　4－603a, 3－493a, 3－494c, 7－310c
李苦禅　4－603b
李悝　4－603c, 2－446d, 2－456e
李奎　6－587b
李揆　4－593e
李来亨　4－603d, 6－219b
李岚清　4－603e
李立三　4－603f
李丽珊　2－462a
李笠翁　5－2f
李连杰　4－604a, 8－193f
李连捷　4－604b
李连生　4－591d
《李莲英》 4－187a
李凉庵　5－4d
李谅祚　4－604c
李林达尔,G.　4－604d
李林达尔,O.　4－604d, 3－542e
李林甫　4－604e
李玲蔚　4－604e
李凌　4－604f
李凌枫　9－201b
李流　1－578b
李流芳　7－592a
李隆基　4－605a, 5－582e, 7－543d
李隆郅　4－603f
李绿永　4－604f
李绿园　9－83e
李纶　6－383c
李满住　4－605a
李曼瑰　4－605b
李茂贞　4－605c, 3－494b
李蒙　4－605d
李梦华　4－605d
李梦阳　4－605e, 6－162b
李密　4－605f, 5－110c, 7－211e, 7－213c, 9－67d, 9－176d
李明瑞　4－188f
李明扬　3－595b
李铭　5－539c
李默然　4－606a, 4－136a
李牧　8－444d
李慕白　9－120d
李穆　7－257f
李娜　7－523f, 9－546f
李南桌　7－601c
李宁　4－606b, 2－301f
李攀龙　4－606c, 7－508e
李沛瑶　4－606d, 9－370f
李佩亭　7－482e
李鹏　4－606d
李普曼,F.A.　4－451a
李普曼,G.　4－606f
李普曼,O.　8－276e
李普曼,W.　4－606f
李普曼法　4－606f
李普希,H.　3－228d
李普希茨,R.　4－583b
李期　1－578b
李齐贤　4－607a
李奇微,M.B.　1－541d
李颀　4－607b
李前宽　4－386e
李虔　4－605f
李潜夫　3－604f
李乔　4－607b
李峤　4－607c
李青山　4－607d, 2－427c
李青云　1－518a
李清照　4－607d, 4－254a
《李清照》 3－14f
李清照故居　9－221b
《李清照集校注》 4－608a
李庆逵　4－608a
李全　3－468d
李筌　8－571f
李仁甫　8－359b
李仁卿　5－2a
李仁孝　8－104e
李日华　5－446a
李荣　4－608b, 2－308a
李荣宗　4－608c
李如柏　6－358f
李如松　6－305d
李汝珍　4－608d, 4－317d
李锐　4－608d
李瑞鸿　4－598c
李瑞环　4－608d
李润堡　9－84d
李润杰　4－496d
李三才　4－608f
《李三娘》 9－473f
李森科,T.D.　4－269f
李善长　4－609a
李善兰　4－609a, 8－107c
李善兰恒等式　4－609b
李鱓　4－609c, 6－223a
李商隐　4－609d
李少春　4－609f, 6－527d, 8－493f
李少君　7－472b
李少珍　6－118e
李绍成　4－606a
李绅　4－610b
李神通　5－110c
李生萱　1－80c
李昇　4－601b
李绳煌　4－608c
李圣天　9－56d
李盛铎　1－145c, 9－80f
李师道　7－301f, 8－39c
李石　6－243f
李石曾　5－122c, 5－529f, 7－155f
李时珍　4－610b, 1－305d
《李时珍》 6－517b
李时中　9－98f
李氏朝鲜　4－610c, 1－540c
李氏大宗祠　6－467a
李氏理论　4－596c
李世芳　5－333c
李世民　2－498d, 4－319f, 4－599d, 7－195f, 8－362d
《李世民传》 3－507d
李世贤　3－484d, 7－352f
李世倬　3－73b
李势　1－578b
李昰应　2－121e, 9－435e
李释戡　3－182d, 5－333d
李寿　1－578b
李寿卿　9－233d
李书华　4－610e, 3－287f
李叔同　4－610f, 2－35d, 3－17b
李淑兰　4－611a
李属　5－330d, 7－321f, 8－323d, 9－12e, 9－12f
李树青　4－611b
《李双双》(电影剧本)　5－5b
《李双双》(绘画)　3－443b
《李双双小传》 5－5b
李顺　7－513f

李舜臣 6-305d
李愬 8-39d
李思训 4-611b
李斯 4-611c, 3-386d, 5-375b, 7-512f
《李斯操兵》 6-8e
李斯特,F. 4-611d
李斯特,F.von 4-611f, 2-478e
李斯特,G.F. 4-612a, 2-175f, 9-52d
李四光 4-612b, 1-267c, 9-377a
《李四光》 5-99a
李泗元 4-612d
李嗣源 3-494b
李嗣真 3-557b
李松石 4-317d
李崧 7-51a
李嵩 4-612e
李诵 2-429a
李素文 4-612f
李太 2-427c
李太白 4-587d
《李太白匹配金钱记》 6-182d
李太师 1-284a, 5-540e
李泰国 3-327f
李泰和 5-2d
李璮 9-95c
李唐 4-612f
李焘 8-359b
李裪 1-540f
李特 1-578b, 4-616e
李特尔,C. 4-613b, 2-227c, 3-480a, 6-284f, 6-300a, 9-540c
李特尔伍德,J.E. 3-88c, 3-305b, 3-555a, 4-232a
李提摩太 4-613c, 3-237a
李大保 4-608d
李天和 4-613d
李天济 8-221b
李天禄 4-613d
李天禄布袋戏文教基金会 4-613f
李天禄布袋戏文物馆 4-613f
李铁映 4-613f, 9-396f, 9-397a
李廷珪 5-479c
李廷松 4-614a
李庭 5-514c
李庭芝 5-170a
李婷 7-523f
李桐轩 8-561f
李退溪 4-598c
李陀 8-380b
《李娃传》 1-206f, 8-156b
李完用 6-324b
李威利 3-457c
李维 3-164b, 3-173e
李维汉 4-614b, 5-122d
李维克,A. 5-349b
李维乌斯·安德罗尼库斯 3-173b
李维业 5-120c, 9-331a
李卫 4-614d
《李卫公兵法》 4-601d
李文成 7-353d
李文德 5-85a
《李文忠公全书》 4-597f
李闻血案 4-614e, 4-230c
李雯 5-447f
《李翁龟池五瑞图》 8-104a
李希凡 3-471e, 3-476c
李希霍芬,F.von 4-614f, 2-227d, 7-116e
李希烈 7-306c, 8-438b
《李翕颂》 8-104a
李锡铭 4-615a
李锡尼 4-359d
李熙 2-121e, 2-473c
李遐龄 5-1f
李仙蕙 9-26f
李先念 4-615b
《李先念将军印象记》 9-470b
《李先念文选》 4-615f
李贤 4-615f, 9-220c
李贤夫妇墓 1-391c
李贤墓壁画(唐) 4-615f
李咸池 8-222a
李显 4-590d, 8-62a
李显龙 4-615f
李显忠 4-605a
李晛 9-88a
李献敏 6-190c
李香君 7-322d
《李香君》 3-476a
李骧 1-578b
李向善 4-319f
李小龙 4-616a
《李小龙传奇》 8-35a
李心草 9-375c
李心传 4-164a
李心兰 4-609a
李心远 4-102e
李欣 9-352d
李新 4-616b
李兴钢 3-284e
李行 4-616c
李行道 3-604f
李雄 4-616e, 1-578b, 4-273e, 6-588a, 8-57d
李秀成 4-616e, 7-259a
《李秀成伪降考》 5-202f
《李秀成自述原稿注》 5-203a
李虚一 4-594c
李虚中 1-147c, 7-209a
李旭旦 3-331f
李续宾 1-571c, 4-616f, 7-259b, 8-201a
李学勤 5-1a
李雪峰 5-1b
《李雪峰回忆录》 5-1c
李雪健 5-1c
李薰 5-1d
李训 3-35e, 6-243e
李雅普诺夫,A.M. 5-1e, 6-46e, 9-141d
李雅普诺夫稳定性 9-141d
李雅普诺夫指数 5-71a
李亚次 3-494c
李延年 5-1e
李延寿 5-1f, 1-284a, 5-540d, 7-213e
李岩 5-5c
李俨 5-1f
《李俨钱宝琮科学史全集》 5-2a, 6-164a
李琰 2-367a
李彦 7-170a
李尧棠 1-160b
李冶 5-2a
李业阙 6-269e
李一氓 3-528a
李一秋 4-593f
李仪祉 5-2b
《李仪祉水利论著选集》 5-2b
李怡 7-315f
李义山 4-609d
《李义山诗集》 4-609f
李益 5-2c
《李益集》 5-2c
李谊 8-464c
李逸植 4-262e
李翊灼 2-378a
李毅士 7-82e
李翼清 4-588d
李瑛 5-2c
李膺 5-2d, 1-554f
李邕 5-2d
李永波 5-2e
《李有才板话》 9-234a
李渔 5-2f, 4-234d, 5-35b, 8-174d
李玉 5-446b, 8-511c
李彧 3-250d
李浴 2-378d
李煜 5-3a, 5-542f, 8-47c
李煜瀛 3-287e
李毓秀 5-375d
李渊 5-3b, 4-600a, 7-300f, 8-362d
李元昊 5-3b, 4-591f, 8-104c, 8-105e, 8-106a, 8-303f
李元吉 4-600a, 7-306e, 8-362e
李元礼 5-2d
李元庆 5-233f
李源潮 5-3c
李约翰,A. 1-86f
李约瑟 5-3d, 3-381d, 6-518d, 9-376e
李约瑟研究所 9-376e
李月久 7-78c
李云鹤 4-177a
李云亭 7-512a
李再雯 5-3f, 1-209d

李泽田 4–602d
李璋煜 6–591d
李昭道 5–3f
李兆麟 5–3f, 9–233a
李兆洛 8–451c
李兆焯 5–4a
李贞 2–211d
李振藩 4–616a
李振鹏 4–598d
李振声 5–4b, 3–287b
李震中 4–602d
李正敏 5–4c
李正一 1–273b
李政道 5–4c
李之藻 5–4d
李志民 9–396a
李治（金元时期） 5–2a
李治（唐） 2–21c
李贽 5–4e, 7–299b, 7–405a
李忠慎 4–616b
李钟隐 5–3a
李仲揆 4–612b
李烛尘 5–4f
李準 5–5a
《李準电影剧本选》 5–5b
李子达 4–616c
李紫珊 7–515d
李自成 4–332b, 5–5c, 5–439d
《李自成》 5–326c, 8–480e
李自成墓 4–320b, 8–175b
李自成起义 5–5c
李自成行宫 5–401f, 9–65e
李宗闵 5–601f
李宗仁 5–5f, 2–255b, 3–288f, 7–248a
《李宗仁先生晚年》 1–590f
李倧 6–231f
李祖原 7–247e
李佐贤 3–174c, 6–591d
里 5–6b
里（基层政权组织） 6–407a
里安加南水库 5–240f
里昂 5–6b, 1–408c
里昂第一大学 2–439d
里昂工人起义 5–6c
里昂惕夫,W. 5–6c, 7–413a
里奥,A.M.del 2–468a
里巴河 9–152f
里巴特 4–512a
里巴特-法特赫 4–512a
里贝罗,A.G. 5–6d
里宾特洛甫,J.von 5–604e, 6–390a, 7–181a
里布尼寮 1–371a
里查森,R.C. 8–506a
里德,C. 5–349c
里德,W. 5–6e
里德伯,J.R. 5–6f, 6–217f
里德伯常数 5–6f
里德学院 2–397d
《里丁监狱之歌》 7–494e
里多街 7–612c
里多运河 1–91c, 7–612a
里恩,D. 1–30f, 3–247b
里尔 5–7a
里尔,A. 8–276e
里尔第一大学 2–439d
里尔克,R.M. 5–7b
里坊 5–232c
里坊制 1–507d, 6–38a
里夫阿特拉斯山 1–56c, 5–460a
里夫山 5–460a
里格尔,A. 5–362a
里根,R.W. 5–7c, 1–452d, 3–106c, 4–381e, 5–7d, 5–351a
里根主义 5–7d, 5–7d
里古-弗莱平原 8–269d
里海 5–7e, 6–22f
里赫曼,G.V. 2–274d
里基诺,F.M. 1–445c
里加 5–7f, 4–527a
里加尔铝厂 7–239e
《里加条约》 7–182a
里甲 5–8a
《里卡多·雷伊斯死亡之年》 6–363a
里克斯莫尔语 6–8a
里克特,B. 2–310e, 3–434a
里克特,C.F. 2–246e, 3–165e, 9–258c
里魁 6–197b
里拉-罗多彼山地 1–243c
里拉修道院 1–243f
里兰吉尼 7–140c
里弄 5–147a
里绿 6–207e
《里米尼的弗兰契斯卡》 2–197b
《里米尼宣言》 5–309a
里明顿,A.W. 6–415e
里明顿色彩风琴 6–415e
里姆斯基-科萨科夫,N.A. 5–8b, 4–570b
《里纳尔多》 7–243e
《里纳尔多与阿尔米达》 1–453f
里努奇尼,O. 3–96c
里诺 5–555c
里旁战役 3–509a
里奇,G. 4–79f, 4–583b, 7–536d
里奇,H. 9–495f
里奇,M.N. 2–468a
里切卡尔 3–13d
里社 6–481c
里士满 5–8e, 7–582f
里士满,M.E. 3–115b
里士满国家战场公园 5–8f
里氏震级 5–8f
里斯 2–593a
里斯,J.A. 5–9a
里斯本 5–9b
《里斯本航海日记》 2–524e
《里斯本之夜》 4–569a
里斯尔,R. 4–495c
里特尔,c. 4–613b
《里瓦机亚条约》 9–168f, 9–329f
里韦拉,D. 5–9d
里韦拉,J.E. 5–9e
里维埃,H. 2–460b, 5–120c
里维拉,J.F. 5–369e
里窝那港 9–547f
里希埃,G. 2–443d
里希特,H.T. 8–579a
里希特,H.W. 3–45c, 7–152a
里希特霍芬 4–614f
里下河平原 1–515a
里歇,C.R. 5–9f
里歇,J. 4–383b
里虚寒证 7–270b
里亚布申斯基,N.P. 4–544e
里亚尔 8–490b
里耶古城 5–10a
里耶卡 5–10a
里耶卡大学 5–10b
里耶秦简 5–10a
里役 5–8a
里尹 8–584e
《里约后五年——环境政策的创新》 3–567e
《里约环境与发展宣言》 5–43c
里约集团 5–10b
里约热内卢 5–10c, 4–498b
《里约热内卢的故事》 5–240d
《里约热内卢声明》 6–15a
里约热内卢植物园 9–306c
《里约人》 1–291e
里运河 7–389c
里扎·阿·阿拔斯 1–387e
里正 6–197b, 9–145e
里兹尼钦科,Yu.V. 2–246f
俚语 5–10d
哩（计量单位） 9–9e
浬（计量单位） 3–331c
理 5–10e, 6–141b, 8–277d
理财会计 1–462d
理财租赁 6–335b
理查德·利基 5–28c
理查德医学实验楼 4–366e
理查二世 4–248b
《理查三世》 7–131e
理查森 5–196d
理查森,E. 7–94c
理查逊,S. 5–10f
理查一世 6–562f, 6–592b
理查兹,D.W. 5–10f
理查兹,T.W. 5–11a
《理发匠的恋爱》 9–454c

理藩部 5–136e
理藩院 5–11b, 6–219e, 6–231e, 8–113f
《理藩院则例》 1–239e
理佛性 2–588a
理化瓷 5–14c
理化鉴定 6–456b
理校法 4–207a, 4–207c
《理解诗歌》 7–610e
理筋手法 9–266c
理疗 8–72e
理论地理学 5–11c, 2–227e
《理论地理学》 5–11c
《理论动态》 9–333c
理论古生物学 3–175d
理论经济学 4–294a
理论力学 5–11d
理论模型 4–441f
理论神道 6–510b
理论生物物理学 6–544a
《理论物理学教程》 4–549e
理念 5–11e
理气 5–11e
理气剂 5–11e
理神论 9–542b
《理所当然》 1–68c
理县 7–149d
理想 3–575b
理想风景画 2–565a
理想光学系统 8–209f
《理想国》 5–11f
理想晶体 3–194b
理想流体 5–12b, 5–126c
理想气体 5–12b
理想气体状态方程 5–12b
《理想、情操、精神生活》 7–328d
理想溶液 5–12c, 4–528a
理想雪线 8–372f
理想液体 7–83d
理想液体混合物 5–12c
理想主义风景画 1–63c
理性 4–299a
《理性的呼声》 1–414e
《理性的毁灭》 5–150f
理性电影 5–12d
《理性和生存》 8–398b
理性情绪疗法 5–12d, 6–310f
理性情绪行为疗法 5–12d
理性人 5–12e, 4–289f
理性认识 5–12e
理性预期革命 5–12f
理性预期学派 5–12f, 4–296e, 5–151a
《理性预期与经济计量实践》 5–151b
理性主义 7–546d
理学 5–13a
《理学札记》 5–374f
理血 5–13c, 4–7f
理雅格 3–381c
理雅各 7–510d
理一分殊 5–13d
理智感 6–236e
《理智与情感》 4–587a
理中丸 6–451b
锂 5–13e, 8–131b
锂电池 9–104f
锂辉石 3–606e
锂离子电池 8–359c
锂钛电池 6–605b
锂云母 9–135d
锂–7 6–67d
鲤 5–13f
鲤拐子 5–13f
鲤科 6–276b
鲤形目 5–14a, 9–252f
《鲤鱼的解剖》 1–367f
《鲤鱼的组织学》 1–367f
鲤鱼潭 3–528f
鲤中华鱼蚤 9–61f
鲤子 5–13f
澧水 5–14b
醴陵瓷 5–14c
醴陵市 5–14c
醴陵县 5–14c
力 5–14c
力比多 6–285d
《力比多的变化与象征》 6–330d
力的叠加原理 5–14d
力的独立作用原理 5–14d
力的三要素 5–14d
力夫 6–474e
力高系统 3–59d
力化学 5–14e
力矩 5–14e
《力量》 1–148f
力偶 5–14f
力偶臂 5–15a
力偶矩 5–14f
力迫法 3–134a, 5–39b
力群 5–15a
《力群美术论文选集》 5–15b
力士 8–191d
《力士参孙》(G.F.亨德尔) 3–462a
《力士参孙》(J.弥尔顿) 9–5e
力系 5–15c, 5–14d
力行哲学 9–421b
力学 5–15c
《力学的统计方法概念之基础》 2–409f
力学的相对性原理 3–216e
力学仿生 2–499b
《力学教程》(J.-V.彭赛列) 6–65b
《力学教程》(S.-D.泊松) 6–96f
《力学史评》 5–250f
力学相对性原理 4–123b
力学冶金学 8–492d
力学运动 4–33a
《力学中的相似和量纲方法》 8–239f
力滞回线 2–283a
《历代传说》 9–71b
《历代地理指掌图》 5–16b
《历代帝王图》 1–384f, 3–166d
《历代名画记》 5–16b, 2–454a, 3–198b
《历代诗话》 5–16d
《历代诗话》(丛书) 5–16e
《历代诗话考索》 5–16e
《历代诗话续编》 7–151f
《历代史》 5–278e
《历代史略鼓词》 4–139f
《历代史论二编》 9–204b
《历代笑话集》 8–234b
《历代舆地图》 3–166c, 8–462c
《历代舆地沿革险要图》 8–462c
历法 5–16f, 9–224b
《历法通志》 9–487e
历画 5–584f
历届近现代奥运会一览表 1–125d
历史 5–17a
《历史》(塔西佗) 3–173f, 7–244c
《历史》(希罗多德) 6–297f
历史比较语言学 9–73e
历史辩证法 5–17b
历史博物馆 1–417d
历史大地构造 2–238c
历史大诗 2–104a
《历史的地理枢纽》 5–169e, 5–295f
《历史的起源与目标》 8–398b
历史地理学 2–228c
历史地质学 2–238b
历史动物地理学 2–339d
历史法学派 2–457b, 5–331d, 6–368c
《历史方法的国民经济学讲义大纲》 2–176a
《历史方法观的政治经济学》 2–176b
《历史概要》 8–9b
《历史纲鉴补》 5–17a
历史故事剧 5–18e
历史观 5–17d
《历史和阶级意识》 5–150e, 8–91d
历史画 5–17d
历史纪录片 4–97d
历史纪年法 5–17f
历史纪实剧 5–18e
历史教科书问题 5–18c
历史剧 5–18d
历史考古学 4–417e, 7–10d
《历史批判辞典》 1–295f
历史批评学派 1–413d
历史散文 5–18e
《历史上的科学》 1–291f
历史神学 4–45b
历史天气图 7–356a
历史唯物主义 5–18e
历史唯心主义 5–18f

《历史文库》 3-181a
历史小说 5-19a
历史形态学 7-121a
历史性建筑 4-97e
《历史性科学——地质学导论》 7-465c
历史学 4-417d, 5-17b
《历史学》 7-135b
历史学派 2-175f
历史循环论 5-19b
《历史研究》 5-19d, 7-299e
《历史研究法》 6-125d
《历史语言学中的比较方法》 5-337a
《历史语言研究所集刊》 3-17a
历史语义学 9-74b
历史哲学 5-19c
《历史哲学讲演录》 5-19d
《历史之梦》 1-82b
历史植物地理学 9-302f
历史主义 5-19e, 4-441d
历书参考系 7-357c
历书时 6-609a
历书时秒 5-419d
历水陂 2-96d
《历学会通》 8-368c
历阳县 3-420b
《历游天竺记》 2-582e
厉蝽 2-39c
厉山炎帝神农纪念馆 7-215e
厉王 9-473d
厉无畏 5-19e
厉以宁 5-20a
立案 5-20b
立波 9-503d
立春 2-427d
《立此存照》 2-212d
立达学园 2-562c
立档单位 6-266a
立德粉 5-131f
立冬 2-427d
立堵 4-228a
立顿红茶 1-215c
立法机关 5-20c
立法机关解释制 8-187e
立法解释 5-20c
立法女神 2-168e
立法权 5-20d
立法选举 2-114a
立方分米 6-526b
立方主义 5-23b
立构规整性 2-312f
立构规整性高分子 2-312f
立构规整性聚合物 2-312f
立瓜 2-34d
立圭 3-240e
立鹤方壶 5-20e
立花 3-526a
立花铣三郎 4-212f
立煌县 4-263d, 7-565c
立交 2-165b
立交桥 5-20f
立可定 3-599b
立克次, H.T. 5-21b
立克次氏体 5-21b
立克次氏体病 5-21b
立秋 2-427d
立绒 7-349a
立绒大衣呢 2-121a
立升 6-526b
立式车床 1-546c
立式钢琴 3-55b
立式汽油机 2-134d
立嗣 7-36c
立陶宛 5-21c, 2-353a, 2-398e
《立陶宛晨报》 5-22a
立陶宛大公国 5-22a
立陶宛共和国 5-21e
立陶宛科学院 7-551c
立陶宛人 5-22b
立陶宛语 5-22c, 1-382a, 4-527c
立体仓库 1-474f
立体地图 2-239c
立体电影 5-22d, 2-292c
立体风筝 2-570c
立体构成 3-155a
立体化学 5-22e
《立体化学教程》 7-542f
立体交叉 2-165b
《立体交叉桥》 5-118c
立体声 5-23a
立体诗 1-3f
立体视觉 4-467f
立体效应 5-23b
立体异构 7-395b
立体主义 5-23b, 2-443a, 8-66d
立体坐标量测仪 6-505d
立筒仓 5-56e
立窝尼亚 1-87c
立窝尼亚战争 8-517b
立夏 2-427d
立宪改进党 2-107a
立宪君主制 9-6d
立宪派 8-259a
《立业》 7-531c
立斋 9-201a
立正大师 6-325e
立正佼成会 1-259a
立志社 9-549b
立柱式升降台 6-527b
立转桥 4-5f
吏部 6-100a
吏道 5-23e
吏读 5-23e
吏读文 8-277e
吏吐 5-23e
吏札 5-23e
丽川工业区 5-24c
丽春花 9-66a
《丽达》 4-446b
丽鲷科 5-23e
丽鲷属 5-23e
丽蛱蝶 4-133f
丽江府 8-196f
丽江古城 5-23f
丽江古乐 5-513e
《丽江麽些象形文〈古事记〉研究》 3-16c
丽江纳西族自治县 5-513e, 9-75f
丽江市 4-576c
丽江榆树 9-76a
丽江云杉 9-76a
《丽人行》(电影) 1-560e, 6-460e, 9-229e
《丽人行》(话剧) 3-483a, 9-485b
《丽人行》(诗歌) 2-356d
《丽莎的哀怨》 4-188d
丽水 5-24c
丽水(伊洛瓦底江) 8-524f
丽水节度 2-178e
丽水黎明学校 5-24d
《丽塔·海华丝的叛变》 6-117d
丽蚜小蜂 1-196f, 6-537e
丽蝇 5-24d
丽蝇科 5-24d
丽鱼科 6-276b
丽泽书院 7-168d
丽正门 2-81b
丽子园 8-580a
励磁变阻器 1-346f
励磁绕组 2-280f
励新学会 2-196b
利阿赫维自然保护区 5-516e
利奥波德维尔 4-252c
利奥波德一世(奥地利边疆伯爵) 1-119b
利奥波德一世(奥地利皇帝) 2-529d
利奥波德一世(比利时国王) 1-319f
利奥会 2-488f
利奥三世 6-569a, 8-531d
利奥十三世 8-285d
利贝屈恩氏隐窝 1-521c
利比里亚 5-24e
利比里亚共和国 5-25a
利比亚 5-25d
利比亚阿拉伯人 5-27a
利比亚抗意战争 5-27a
利比亚人 5-27a
利比亚沙漠 5-27c, 7-179c
利伯维尔 5-27d
利伯维尔机场 4-119e
利柏尔 3-172f
利柏拉 3-172f
利漕渠 1-197b
利川 2-416a
利川润楠 5-548a

利川市 5–27d
利川腾龙风景区 2–416a
利川县 5–27e
利胆药 5–27e
利底亚石 7–29d
利多卡因 5–238f
利冯尼亚方言 4–527c
利改税 5–27f
利根川 1–310a, 6–313f
利古尔人 2–450e
利古里亚共和国 6–281b
利簋 5–27f
《利害关系》 1–298b
利厚生 4–103b
利基,L.N. 5–28d
利基,L.S.B. 2–320a, 5–28a, 5–563b
利基,M.D. 5–28b
利基,M.G. 5–28c
利基,R.E.F. 5–28c
利基夫人 5–28b
利基家族 5–28a
利己主义 3–139f
利科,P. 5–28d
利库德集团 5–28e, 8–551d
利拉罗 7–234e
利拉式钟琴 9–454d
利类思 9–211d
利林费尔德,P.von 6–495b
利隆圭 5–28f, 5–258f
利隆圭河 5–28f
利鹿孤 5–532d
利率 5–29a
利率期权 6–124b
《利论》 9–64d
利马 5–29a
利马,J.de 5–29c
利马集团 4–475e, 5–10b
利马索尔 5–29c, 6–377a
《利马宣言》 5–29d
利玛窦 5–29e, 2–227c, 2–327f, 8–106d
《利玛窦中国札记》 5–29f
利尿药 5–29f, 4–408a
《利帕诺·埃乌比利诺诗选》 6–32b
利皮,F. 5–30b
利皮,F.F. 5–30a
利皮父子 5–30a
利平科特,J.B. 5–30b
利平科特出版公司 5–30c
利普斯,T. 1–357c, 8–542c, 9–165e
利普斯科姆,W.N. 5–30c
利奇尔,A.B. 8–488c, 9–550e
利奇尔主义 9–550e
利群书社 9–144b
利润 5–30d, 5–30e
利润最大化原则 5–30e
利萨尼,C. 2–68d
利桑半岛 7–142b
利上滚利 3–11e
利蛇纹石 6–480b
利什曼病 5–30f
利什曼虫 5–30f
利什曼原虫 5–30f
利什曼原虫病 5–30f
利市 5–31a
利市封 5–31b
利手 5–31b
利水通淋 5–31c
利斯特氏菌病 5–31c
《利斯汀日报》 2–386f
利斯廷,J.B. 1–486a, 7–460e
利他林 9–439a
利他行为 5–31d, 6–47e
利塔尼河 4–580d
利特尔,A.D. 5–31e, 2–145b, 3–548d
利特尔顿 4 449f
利特尔咨询公司 5–31e
利特伍德,J. 5–31f
利托–罗曼诸方言 5–31f
利托–罗曼诸语言 5–31f
利瓦绿洲 5–32a
利维坦 5–32b
《利维坦》 5–32a
《利维坦,或教会国家和市民国家的实质、形式和权力》 5–32b
利维亚 2–506d
利未 6–587c
利文格德,J.J. 4–6e
利文斯敦,D. 5–32c
利文斯敦瀑布群 3–52b, 3–52d, 4–252d
利沃夫,A. 5–471d
利沃利 5–505e
利物浦 5–32d
利西波斯 3–179c
《利西达斯》 5–495f
利希滕斯坦,R. 1–384a
利息 5–32e, 3–293d
利息率 5–32f, 5–29a
利息税 5–33a
《利息与价格》 9–442d
利血平 5–33a
利雅得 5–33b
《利雅得报》 6–428e
利雅得广播电台 6–428e
利雅克·林肯塔 3–91d
利亚多夫,A.K. 5–8e
利耶帕,M. 7–120d
利益集团 5–33c
《利用喷气工具研究宇宙空间》 6–127a
利用性竞争 6–492d
沥濞峡 4–131c
沥青 5–33d
沥青感光法 6–505a
沥青类防水材料 2–496d
沥青铀矿 5–33e
沥青质 6–605f
例程 1–591a
例竟门 4–530f
疠气 1–371d
戾陵遏 1–548b
戾陵堰 1–548b
隶臣 9–183b
隶农 5–33f
《隶释》 7–169a
隶书 5–34a, 6–197d, 6–199d, 7–47e, 9–380d, 9–512c
隶属函数 5–453f
《隶续》 7–169a
荔波樟江风景名胜区 6–175a
荔蜯 2–39c
《荔镜记》 5–34b, 8–480c
荔枝 5–34c, 8–16a
《荔枝记》 5–34b
荔枝路 9–531b
荔枝属 8–16a
《荔枝小品》 9–454a
栎林 5–235f
栎属 5–237d
《栎翁稗说》 4–607b
郦道元 5–34d
郦寄 8–26d
郦善长 5–34d
郦学 5–34e
郦食其 7–369d
《莉莉·玛莲》 2–455d
《莉莉约姆》 5–468c
栗翅鸳 9–14d
栗钙土 5–34e, 7–442c
栗驹国定公园 1–134f
栗鹀 1–483a
栗鹀属 1–483a
栗原小卷 5–34f
砾浪 2–564f
砾漠 3–578d, 6–355c
砾丘 2–564f
砾石石器 6–600f
砾岩 5–35a
蛎菜 6–593e
蛎黄 5–487e
笠道人 5–2f
《笠山农场》 9–454c
笠亭 8–209a
《笠翁秘书第一种》 8–174d
《笠翁偶集》 8–174d
《笠翁十种曲》 5–35b
《笠翁一家言全集》 8–174d
笠泽 7–256a
《笠泽词征》 1–563f
粒黑粉病 3–452d
粒级层理 1–488b
粒细胞系 3–188a
粒雪 1–361e

粒雪化 1-361e
粒雪盆 1-361d
粒用高粱 3-70a
粒用苋 8-176f
粒状雾凇 8-80f
粒子 4-40f
粒子加速器 5-35c, 9-109a
粒子束武器 5-35e
粒子物理学 5-35f, 9-109a
傈僳语 5-36e, 1-328c, 6-3c
傈僳族 5-36e
痢疾 5-37a
痢疾杆菌 1-522c
痢疾内变形虫 1-344e
溧水河 6-198c
溧阳市 5-37a
《连昌宫词》 1-516f, 9-99d
《连城》 5-69c
连带责任 3-409d
连堤 2-487a
连蒂尼,I.da 6-590a
连分数 5-37a
连杆 5-37c
连杆机构 5-37c
连歌 5-37d
连横 3-412a, 7-193a
连环画 5-37e
《连环画报》 6-294f
《连环套》 4-253f
连霍高速公路 5-38a
连接号 1-352c
连接料 9-39a
连科兰低地 1-51c
连阔如 5-38a
连丽如 1-269d, 5-38b
连帽披风 6-69f
连绵咏叹调 9-27e
连南瑶族自治县 8-482f
连然县 1-103c
连蕊芥属 6-591e
连率 4-360e
连斯基,A.P. 5-38b
连锁聚合 4-107f
连锁商店 5-38c
连锁银行制 6-458e
连台本戏 5-38c
连通性 7-423c
连五子 8-54b
连喜 4-282e
连县 5-39d
连香树 5-38d, 8-82a
连续波多普勒 1-535b
连续波核磁共振谱仪 3-433a
连续出版物 2-54b
连续放牧 2-503a
连续函数 5-38e
连续介质 5-38f
《连续介质力学引论》 8-239f
连续精馏 4-304d
连续模拟模型 5-454d
连续逆流萃取 2-57f
连续谱电磁波 2-275c
《连续群》 6-47c
连续式炉 3-127b
连续式在线分析 9-151d
连续统假设 5-39a
《连续统假设的相容性》 3-88f
连续统问题 5-39a
连续系统 8-507d
连续相 2-57f
连续性降水 4-193c
连续性现象 7-459d
连续性雨 9-70f
连续压条 8-386c
《连营寨》 3-249f
连云港 3-355b
连云港港 5-39c
连云港市 5-39b
连云栈道 1-239a
连轧机 8-491f
连战 9-370b
连州市 5-39c
连坐 5-39d
帘栅极 2-295d
莲 5-39e
莲池大师 9-494d
《莲池书院法帖》 3-560c
莲鹤方壶 3-425b, 5-20e
莲花 5-39e
莲花部心 5-139f
莲花峰(安徽黄山) 3-596e
莲花峰(陕西华山) 3-555c
莲花光明 5-39f
莲花戒 1-258f, 9-334d
莲花金刚 5-39f
莲花落 2-427b, 6-94c
《莲花礼物》 7-43c
莲花漏 8-423d
《莲花漏法》 8-423d
莲花生 5-39f, 9-157c
莲花汤 3-535d
莲花塘港口 9-101c
莲花纹瓦当 7-464a
莲花尊 5-40b
莲藕 5-39e
莲蓬 5-39e
莲笙 6-18b
《莲笙贵子》 8-458a
《莲塘乳鸭图》 4-463c, 9-484d
《莲溪渔隐图》 6-213f
莲子草属 8-177a
莲子湖 2-96d
莲宗 4-314b, 9-494d
涟源市 5-40c
涟源县 5-40c
联氨 4-309f
联邦储备理事会 5-352b
《联邦储备条例》 5-352b
联邦储备银行 5-352b
联邦储备制度 9-447a
联邦党 5-352c
联邦德国 2-186e, 2-187f
联邦第七储备区银行 9-288d
联邦调查局 4-312f
联邦高等工业学院 7-187a
联邦公开市场委员会 5-352c
《联邦贸易委员会法》 2-474e
《联邦民事诉讼规则》 5-428b
联邦诗人 5-40c
《联邦食品和药品法》 8-214f
联邦首都区 1-5c
《联邦条例》 6-8a
联邦委员会 2-400a
《联邦刑事诉讼规则》 8-311a
联邦院 8-558f
联邦制 5-40e
联邦制国家 3-280f, 3-281d
联邦主义 8-511f
联苯 5-40e
联苯胺 5-40f
联苯胺试验 8-375a
联笔 5-313b
联产到户责任制 4-127f
联产品 5-608d
《联灯会要》 8-47e
联拱石桥 5-149f
联共(布) 1-435e
联合瓣膜病变 8-247d
《联合报》 5-40f
《联合报》(阿拉伯联合酋长国) 1-33b
联合财产制 2-589b
联合车床 1-546e
联合承包 3-263d
联合东印度公司 5-41a
联合浮动 2-603d
联合古陆 5-41c
联合古洋 5-41c
联合固氮微生物 3-191e
联合国 5-41d
联合国标准协调委员会 3-258d
联合国裁军审议委员会 1-464f
联合国地名标准化会议 2-230c
《联合国海上货物运输公约》 3-367e
《联合国海洋法公约》 5-43a, 2-93d, 3-320e, 3-349c, 5-102a, 9-509a, 9-509b
联合国和平奖 1-113e
联合国和平利用外层空间委员会 7-472a
联合国环境规划署 5-43b
联合国环境与发展大会 5-43c
联合国会员国 5-43c
联合国货币金融会议 3-265e

《联合国纪事》 5-41f
《联合国家宣言》 5-43d
联合国教科文组织 5-43e
联合国教育、科学及文化组织 5-43e
联合国经济及社会理事会 5-44a
联合国军 1-541c
联合国开发计划署 5-44d
联合国粮食及农业组织 5-44e
联合国贸易和发展会议 5-45a
联合国难民事务高级专员公署 5-548b
《联合国年鉴》 5-43a
《联合国气候变化框架公约》 6-142f
联合国人类环境会议 5-45b
《联合国人类环境会议宣言》 3-570f
联合国世界人口大会 5-45c
联合国维持和平部队 5-45d
《联合国维持和平合作法》 6-314d
联合国问题 8-395a
《联合国宪章》 5-45e, 2-84f, 3-262c, 5-41d, 6-284e
《联合国消除一切形式种族歧视宣言》 9-458a
联合国总部大厦 5-54f
联合会杯网球赛 7-524a
联合内阁 5-45f
联合收割机 5-46a
联合书院 8-196e
《联合晚报》 5-41a
联合循环 6-280e
联合用药 4-412c
联合运输 5-46b
《联合早报》 5-46c
联合制碱法 3-485f, 3-488c
《联华交响曲》 3-442e
联华影业公司 5-46c
联华影业制片印刷有限公司 5-46c, 8-193b
联会 4-156d, 4-157a
联接 5-46d
联句诗 5-46e
联觉 5-46f
联美公司 3-102f
“联盟”号飞船 5-47a, 4-585e
“联盟”号载人飞船 3-418b
“联盟”TM号载人飞船 3-268f
“联盟”T10号飞船 4-328e
“联盟”20号飞船 4-585f
联绵词 3-382e, 5-47b
联绵字 5-47b
联省自治 5-47b, 7-286b
联想 5-47c
联想汉字系统 5-581d
联想集团 5-47e
联想集团有限公司 5-47e
联想控股 5-47d
联想控股有限公司 5-47d
《联想系列微机研制报告》 5-581e
联想性思维 7-119c
联想主义心理学 4-96d
联言命题 8-367c
联营企业 6-136d
联运 5-46b
联韵 3-405b
《联珠集》 8-30d
廉江市 5-47e
廉江县 5-47e
廉颇 5-47f
廉想涉 5-47f
《廉政风暴》 8-35a
鲢 5-48a
鲢属 5-48a
鲢中华鱼蚤 9-61f
鲢子 5-48a
濂溪先生 9-466b
濂学 5-13b
镰仓幕府 5-497c
脸壳 5-416d
脸谱 5-48b
《脸上的红月亮》 8-492e
脸子 5-416d
练耳 7-30b
练习曲 5-48c
练习曲线 8-370f
练饷 6-403c
练子嘴 7-60b
炼厂气 8-505a
炼丹术 5-48d, 3-545c, 5-49b, 7-573c
炼钢 3-55f, 6-90d, 8-491e, 9-511e
炼钢生铁 6-534f
炼焦 5-339b
炼金术 5-49a, 1-493b
《炼金术士》 6-238f
炼精化气 5-553d
炼气化神 5-553d
炼神还虚 5-553d
炼师 2-165f
炼铁 3-55f, 3-70f, 8-491e
炼养方术 2-162f
《炼狱》(但丁) 6-513f
《炼狱》(W.B.叶芝) 8-502d
《恋爱日》 2-184c
《恋爱与义务》 4-260c, 5-46c, 9-486e
《恋爱中的女人》 4-555f
恋父情结 5-49b
《恋恋风尘》 3-489c
恋母情结 5-49b
恋物症 8-323f
链孢霉 8-588f
链斗式挖掘机 7-463b
链斗式挖泥船 3-122c
链反应 5-49c, 8-243d
链接 7-524b
链霉菌 1-111f
链霉素 1-112a, 2-506b
链末端终止法 6-411e
链球 5-49d
链球菌 6-244f
链球菌属 6-341f
链式解聚 4-192f
链式聚合 4-107f, 4-341e, 4-579a
链式罗 5-198f
链式索引 6-343e
链牙 4-520c
链载体 5-49d
楝科 5-49e
良币 3-8b
《良方》 6-518d
《良好的判断和健康的趣味》 4-465c, 6-121b
《“良民”塑像》 2-304e
《良耜》 7-176f
《良宵》 5-117a
良小楼 3-365a, 4-283c
良心 5-50a
《良心》 8-193b
良性卵巢囊肿蒂扭转 5-191a
良性葡萄胎 6-102b
良性前列腺肥大 5-50a
良性前列腺增生 5-50a
良性肿瘤 9-455f
良序定理 4-405c, 8-367d
良序集 4-75e, 8-356b
《良友文学丛书》 9-230f
《良知》 1-26a
良知归寂派 8-451f
良知日用派 8-451f
良知现成派 8-451f
良知修证派 8-451f
良知自我坎陷说 5-486b
良渚文化 5-50d, 2-473c, 7-11c
良渚文化遗址 9-408b
良渚遗址 5-50d
凉城县 2-129e
凉公 4-597b
凉瓜 4-483c
凉开法 4-390d
凉山 5-50f
凉山岩画 8-429c
《凉山彝家》 5-86c
凉山彝族自治州 5-50f
凉山猪 7-146c
凉薯 2-345f
凉陉 6-459e
凉友 6-448b
凉燥 2-535d, 6-353a, 9-166c
凉州 6-161a
《凉州词》 7-520a
《凉州词二首》 7-497f
凉州石窟 7-360d
《凉州乐歌》 7-585c
梁 5-51b

梁（战国魏国都城） 4-385c
梁安县 4-106a
梁朝伟 8-194a
梁辰鱼 2-25e, 4-509d, 5-446b, 7-281f
梁方仲 5-51e
梁凤岐 2-506c
梁鼓角横吹曲 5-51f
梁光烈 5-51f
梁国扬 9-424a
梁寒光 9-444a
梁河方言 1-6a
《梁红玉》 3-247f, 6-18c, 8-584f
梁鸿志 6-614a
梁焕鼎 5-54d
《梁皇忏》 1-505a, 7-93b
《梁皇帝实录》 6-613f
梁黄胄 3-602e
梁慧如 5-55e
梁济运河 4-281a
梁冀 5-52b, 3-375c
梁简文帝 8-217a
《梁建安王造剡山石城寺石像碑》 7-597b
梁建方 1-53f
梁金广 3-407a
梁金荣 3-275c
梁京 9-189b
梁九 5-52c
梁楷 5-52d
梁令瓒 8-512c
梁龙 5-52d
梁宁 6-519d
梁佩兰 5-101a
梁平柚 9-53b
梁启超 5-52e, 1-563e, 2-326e, 3-294f, 3-580f, 6-464c, 7-590c, 8-68c, 8-278a, 9-422b
梁丘临 6-601c
梁任公 5-52e
《梁山伯与祝英台》 5-53b, 2-27f, 5-56c, 9-128b
《梁山伯与祝英台》(电影) 4-596f, 6-475f, 8-145b, 9-104a
梁山泊 1-480f, 4-337d
梁山泊遗址 5-53b
梁山县 5-53b
梁商 5-52b
梁师成 7-170a
梁诗正 6-402a, 8-99c
梁实秋 5-53c
梁士诒 5-53d, 4-197a
梁式桥 5-53e, 6-186c
梁守槃 5-54a
梁寿铭 5-54d
《梁书》 5-54c
梁叔达 5-55c
梁树权 5-54c, 9-111a
梁漱溟 5-54d, 2-326e, 8-189a
梁思成 5-54e, 2-582e, 5-82c
《梁思成全集》 5-55a
梁思永 5-55a
《梁思永考古论文集》 5-55c
梁太后 5-52b
《梁唐晋汉周书》 4-328d
梁廷枏 5-525e
梁武帝萧衍 5-55c, 2-74d
《梁武帝御制集》 5-55c
《梁溪全集》 4-594c
《梁溪遗稿》 9-32f
梁县 6-341a
梁小斌 5-376a
梁晓声 5-55c
梁晓天 5-55d
梁羽生 5-55e, 4-261c
梁玉瑾 4-557d
梁元帝萧绎 5-55f
梁赞诺夫,E.A. 5-56a
梁昭生 5-55c
梁真 5-499d
梁州 3-386a
梁祝传说 5-56b
《梁祝姻缘》 6-39f
《梁传》 4-1a
梁卓如 5-52e
梁子 1-269d
量尺量距 4-339c
量具 5-56c
量具刃具钢 3-125a
量块 5-56d
量热法 6-278f
量热计 6-278f
量水堰 8-444b
量体 2-602e
量天尺 3-240e
量天尺属 8-169b
量诊 7-342b
粮帮 6-204a
粮仓 5-56d
粮船帮 6-204a
粮农组织 5-56f, 5-44e
粮票 5-56f
粮食计划署 7-19f
《粮食流通管理条例》 5-57b
粮食流通体制改革 5-57a
粮食统购统销 5-57c
粮食作物 9-460b, 9-580a
粮长制 5-57d
粱 7-204a
两岸"三通" 5-57d
《两把电椅之前的公众之声》 4-108c
两把头 9-356e
《两班传》 6-83c
两板贝超科 2-24a
两侧对称动物 3-493e
《两次大战之间的青年》 1-449a
两弹一星 9-467b
两党制 5-58a
《两都赋》 6-199e, 6-409c
《两都赋序》 1-583b
两个凡是 2-200c, 2-201c, 6-613c, 9-361d
《两个忙乱的小时》 1-251f
《两个奴才》 6-2d
《两个朋友》 5-467d
《两个骠骑兵》 7-452e
《两个人的车站》 3-168c, 5-56b
《两个塔希提妇女》 3-65d
《两个营请求火力支援》 1-234e
《两个掷弹兵》 7-53d
两个中国 6-52a
两关 8-451a
两广事变 1-558c, 9-219f
《两汉书姓名韵》 7-234c
《两汉思想史》 8-343e
《两汉太守刺史表》 8-426b
两行 4-158b
两河流域 5-362c
两湖平原 1-515a
两环系统 6-545b
两极-多元格局 7-16e
《两架钢琴与打击乐器的奏鸣曲》 1-183e
两江师范学堂 5-58b
两角菱 5-99a
《两晋会要》 3-613c
两京 7-300f
《两京鼎建记》 3-443a
《两京赋》 6-409c
两京十三布政使司 5-58c
《两狼山》 2-346d
两轮战车葬 4-514b
两面叶 8-494d
两栖船坞运输舰 2-192b
两栖动物 5-58d
两栖飞机 7-93c
两栖纲 4-87b
两栖攻击舰 2-192b
两栖火力支援舰 2-192c
两栖货船 2-192b
两栖类胚胎 6-580f
两栖鲵 5-58f
两栖指挥舰 2-192c
两栖作战 5-59a, 2-191f
两栖作战舰艇 2-192a
《两亲家》 5-252f
两人零和对策 2-370f
两审终审制 5-59a, 9-427e
《两世姻缘》 9-99c
两税 5-59b
两税法 5-59c, 8-465f
两税元额 5-59c
两似种 9-456f
《两宋思想述评》 1-574c

《两宋文学史》 1-590b
两台 6-401b
两头乌 4-242a
两相触电 2-21f
两性表面活性剂 1-356a
两性动物 2-51a
两性花 2-51a, 3-525b
两性化合物 5-59d
两性畸形 5-59e
两性离子交换树脂 4-578f
两性霉素B 5-31a, 9-104f
《两性社会学》 4-587d, 5-267a
两性氧化物 8-475a
两性植物 2-51a
《两兄弟》 1-49c
两伊战争 5-59e
两用式吸油烟机 8-119a
两院制议会 8-558f
《两只鸽子》 1-53c
《两周金文辞大系图录考释》 6-458f
唡 1-116c
亮氨酸 1-111d, 5-465b
亮地纱 6-430a
亮度 2-279b
亮度计 1-252f
《亮星系表》 6-426d
亮星云 8-308c
亮子 9-18f
《靓妆信使》 2-602a
量 5-60a, 2-364c
量变 5-60a
量变质变规律 9-315e
量纲分析 5-60b
量纲指数 5-60b
量化 7-74e
《量评释论》 9-64f
量刑 5-60d
量子 5-60e
量子场论 5-60f, 9-254a
量子电动力学 5-61a, 2-7c, 2-287e
《量子电动力学》 2-543d
量子电子学 5-61c
量子光学 5-61e
量子化学 5-61f, 2-553d
《量子化学》 8-344a
量子霍耳效应 4-21f
量子阱 1-232e
量子力学 5-62b, 2-170f, 8-75f
量子论 1-88f
量子频标 5-62e
量子频率标准 5-62d
量子色动力学 5-62e
量子生物学 5-62f
量子数 5-63a
量子统计 5-63b, 7-407f
量子统计物理学 5-63b
量子物种形成 9-456f
量子限制效应 1-232e
量子跃迁 5-63d
辽（辽宁省简称） 5-65e
辽滨县 8-278b
辽朝 5-63e
《辽代的西北路招讨司》 1-554c
辽东半岛 5-64e, 6-434d
辽东湾 5-64f
《辽东文献征略》 4-262f
辽东镇 4-319b
辽河 5-65a
辽河平原 2-315f
辽河油田 6-44d
辽金塔 5-64e
《辽金元姓谱》 5-67d
辽陵 5-65c
辽宁大鼓 2-315a
辽宁大学 5-65e
《辽宁大学学报》 5-65e
辽宁古果 1-196b
辽宁后洼遗址 9-385e
辽宁省 5-65e, 6-520b
辽宁省行政区划 5-66a
辽庆陵 5-65d
辽三彩 9-54b
辽山县 9-578e
辽社 5-540b
辽沈战役 5-67a, 5-68c
辽圣宗耶律隆绪 5-67b
《辽诗话》 5-67c
《辽史》 5-67d
《辽史纪事本末》 4-98d
辽太宗 5-63f
辽太宗耶律德光 5-67e
辽太祖耶律亿 5-67f
辽天祚帝耶律延禧 5-68b
《辽文汇》 6-260d
辽西会战 5-67b
辽西走廊 5-68c
辽县 9-578e
辽饷 6-403b
辽杏 8-323d
辽阳白塔 7-236f
辽阳壁画墓 5-68c
辽阳汉壁画墓群 5-68c
辽阳市 5-68d
辽阳县 5-68d
辽源市 5-68e
辽源县 7-78e
辽州 9-578e
《疗妒羹》 8-25d
《疗马图学》 9-438d
聊城地区 5-68f
聊城市 5-68f
聊城铁塔 5-69a
聊城县 5-68f
《聊斋新志》 2-358a
《聊斋志异》 5-69a
僚（布依族） 1-454f
僚（傣族） 2-125c
僚人 5-519d
寥天一阁主 7-285d
寮国 4-560b
寮国战斗部队 4-395f
寮人 5-69d
寮语 4-561b
燎原计划 5-69f
《了不起的盖茨比》 2-524b, 5-354d
了了 6-362c
钌 5-70a
蓼科 5-70b
蓼属 1-339a, 5-70b
料精 6-59b
料理 6-62e
料民 9-473e
撂档 3-527f
撂荒地 4-465d
廖冰 5-70b
廖冰兄 5-70b
廖承志 5-70d, 9-360f
廖承志办事处 3-73d
廖大珠 5-159a
廖恩煦 5-71b
廖汉生 5-70e
廖洪山 2-82d
廖晖 5-70f
廖克 9-425d
《廖丽娅与敏卡》 9-578c
廖沫沙 6-392e
廖乾吾 5-518a
廖山涛 5-71a
廖尚果 6-215e
廖什,A. 4-285c, 6-245f, 9-441f
廖什景观 9-441f
《廖添丁》 5-277e
廖耀湘 5-71b, 5-67b
廖仲恺 5-71b, 3-292c, 3-594a
《廖仲恺》 7-299d, 9-352b
瞭敌塔 7-168c
《镣铐》 1-148f
列昂节夫,A.N. 5-164e, 6-491d
列昂列昂史前期公园 8-7e
列昂诺夫,A.A. 7-257d
列昂诺夫,L.M. 5-71d
《列奥·阿美尼乌斯》 3-109a
列奥米尔,R.A.F.de 8-492b
列班·扫马 5-71d
列别捷夫,P.N. 3-230b
列宾,I.Ye. 5-71e, 2-597c
列宾绘画雕塑建筑学院 5-72b
列宾美术学院 5-72c, 5-72b
《列朝诗集》 6-167c
列车 4-9a
列车渡船 2-364e

列当 5-72d
列当科 5-72c
《列帝图》 3-166d
《列夫·托尔斯泰》 3-100f
列国 9-181c
列基昂 2-111d
列克星敦 5-345c
《列列维尔》 7-544c
列曼,A. 2-185a
《列那狐的故事》 5-72d
《列娜》 1-41a
列宁,V.I. 5-72e, 1-350d, 2-252f, 3-125e, 5-430f, 8-121b, 9-240c
《列宁》 1-241c
《列宁安魂曲》 1-80e
列宁格勒 5-73b, 6-556b, 7-190e
列宁格勒音乐学院 6-556e
《列宁和辩证法》 5-216d
《列宁和哲学》 1-10f
列宁纳巴德 4-483f
列宁山 5-473f
列宁题材三部曲 1-377b
《列宁与20世纪自然科学革命：哲学与自然科学》 4-392b
《列宁在十月》 5-214b, 7-7b
《列宁在1918》 5-214b, 7-7b
列宁主义 5-73b
列农,J. 6-70c
《列女仁智图》 3-198b
《列女图卷》 3-120a
列朋,G. 5-73f
列斯加夫特,P.F. 5-74a
列斯科夫,N.S. 5-74b
列斯里·林奇·金 2-614d
列斯纳,F. 2-414b
列肆 7-25c
列图维亚人 5-22b
列托-立陶宛人 1-87f
《列王》 3-305d, 9-6a
《列王纪》 2-524e
列韦利 7-241f
列维-布留尔,L. 5-74b
列维-布吕尔,L. 5-74b
列维-齐维塔,T. 4-79f, 7-536d
列维奇,V.G. 8-71e
列维-斯特劳斯,C. 5-74c
列维坦,I.I. 5-74d, 2-565b
列维坦,Yu.B. 5-74f
列文虎克,A.van 5-75a, 8-176a
列文特岩画 7-11a
列伊斯涅尔,M.A. 7-559c
列御寇 5-75f
列支敦士登 5-75a
列支敦士登公国 5-75c
列支敦士登人 5-75e
列支敦士登人文科学大学 5-75e
列传 4-98e
列兹吉语 3-67f
《列子》 5-75f
劣币 3-8b
劣币驱逐良币 3-8b, 5-597e
挒（武术） 7-257b
烈度表,M.M. 2-248a
烈风 2-562b
《烈火金刚》 3-114d
《烈火中的平原》 5-164d
《烈火中永生》 7-86d, 8-167e, 9-55a, 9-229e
《烈女春香守节歌》 2-38f
烈性传染病 2-25f
《烈祖》 7-177a
捩伤 6-311b
鬣形目 5-76a
猎豹 5-76a
《猎场札撒》 7-372f, 9-352b
猎蝽科 1-231b
猎号 9-113a
猎户座 5-76b
猎户座α 6-507d
猎户座β 6-507c
《猎鹿人》 5-333f, 5-349f
猎犬 6-267f
《猎人》 1-97c
《猎人笔记》 7-429d, 9-541d
《猎人和野兽》 4-453c
《猎人日记》 3-120e
猎人时期 6-355f
《猎人之死》 4-23a
猎首 5-76d
猎隼 5-76c
猎头 5-76d
猎头公司 5-76e
《猎物与影子》 5-212a
《猎鹰·赌局》 3-172b
猎鱼 9-252d
猎园 9-100a
裂变材料 5-76e
裂变弹 9-107e
裂变电离室 9-451d
裂变反应堆 5-76e
裂变核燃料 3-436f
裂变化学 5-77a
裂变径迹 5-77b
裂变径迹法定年 5-77a, 7-397f
裂变链式反应 5-77c
裂唇鱼 6-276c
裂盾目 5-77d, 9-496b
裂谷 5-77d
裂果 3-300a
裂化 5-77f
裂解 5-78a
裂解和蒸馏炉 3-127b
裂理 4-502b
裂膜纤维织物 5-78a
裂脑人 3-95a
裂片石莼 6-593e
裂体腔法 7-342c
裂体吸虫 8-117f
裂纹力学 2-368c
裂纹舌 6-479a
裂纹釉 8-437e
裂隙灯 3-168d
裂隙泉 6-266b
裂隙式喷发 4-13e
裂叶荆芥 5-78b
裂叶荆芥属 5-78b
鬣狗 5-78b
鬣狗科 5-78b, 7-5b
邻（北魏基层组织） 6-407a
邻苯二酚 5-78c
邻苯二甲酸 5-78d
邻苯二甲酸酐 5-78d, 7-207a
邻苯醌 1-311e
邻二甲苯 2-425b
邻和公主 6-338d
邻甲（苯）酚 4-134c
邻里 2-16d
《邻女语》 8-339c
邻羟基苯甲酸 7-104a
邻苏 8-462b
林霭民 1-477c
林白,C.A. 5-78e
林白水 8-454f
林宝 9-92e
林堡,P.de 7-600c
林贝 1-443b
林彪 5-78f, 3-177c, 3-587e, 9-359a
林彪反革命集团 5-79b
林彪、江青反革命集团 3-510b, 4-615d
林波波河 5-79e, 4-265b
林伯渠 5-79e, 6-445f
林逋 5-79f
林昌彝 5-80a
林长民 5-82c
林超 5-80b
林尘县 2-8c
林鸱科 8-504e
《林冲》 5-119d
林传鼎 5-80c
林椿 3-119c
林茨 5-80d, 2-388d
《林茨》 5-478d
林茨大学 5-80d
林茨艺术与工业设计大学 5-80d
林大椿 7-315e
林黛玉 3-471b
林丹汗 2-71a
林淡秋 9-413e
林道静 6-204e, 8-459f
林德,C.von 5-80e

林德,H.M. 6-500c
林德,R.S. 6-500c
林德贝克,A. 6-350a
林德伯格,Y.W. 9-442a
林德曼,F.von 7-68c, 9-113e
林德液化循环 6-508b
林登 5-80e
林蒂跳步舞 3-500e, 5-128d
林董 6-389d
林顿,R. 8-459c
林放 9-229c
《林放杂文选》 9-229d
林分 6-418f
林分改造 2-51c
林风眠 5-80f, 3-287d, 7-84b, 9-38e
《林风眠全集》 5-81c
林枫 5-81c
林凤鸣 5-80f
林凤祥 6-420e, 7-258d
林格伦,A. 5-81d
林格伦,W. 5-81e
林庚 5-81e
《林庚诗选》 5-82a
林冠层 6-420b
林圭 8-304c, 9-217b
《林海雪原》 9-323d
林海音 5-82a
林含英 5-82a
《林和靖诗集》 5-80a
林洪 4-194a
林胡 9-184a
林胡子 2-335c
林华寺 3-170f
林怀民 5 82b
林徽因 5-82c, 8-66e
《林徽因文集》 5-82d
林徽音 5-82c
林惠常 5-80a
林惠祥 5-82d
林基路 8-272c
林吉特 5-262a
林伽 6-585a
林伽罗阇神庙 8-601d
《林家铺子》 5-82f, 7-86d, 8-167d, 8-244c
林家翘 5-82f
林家遗址 5-252c
林间草原 1-484b
《林间小路》 5-74d
林斤澜 5-83a
林静希 5-81f
林居者 2-14b
林觉夫 6-200a
林觉民 3-586f
林君复 5-79f
林肯（汽车） 2-615b
林肯,A. 5-83b, 2-4e, 4-229d
林肯半细毛羊 8-449c
林肯表演艺术中心 4-339a
林肯纪念堂 3-167a, 3-537b
林肯艺术中心 9-485a
林乐培 5-83d
林乐知 5-83e, 7-480d
林立果 5-79b, 5-79c
林丽韫 9-424a
林烈 5-83f
林虑山 5-88e
林虑县 5-88e
《林莽中的岔路口》 4-453c
林茂勋 5-88a
林玫仪 2-376b
林默 2-161c, 5-237a
林默涵 5-83e
林姆巴山 5-25c
林奈,C.von 5-84a, 2-544c, 4-269c
林奈学会 5-84b
林南科斯基,J. 5-84b
林农 5-84c
林巧稚 5-84d
林琴南 5-85a
林檎 6-423f
林青霞 5-84d
林清 7-353d
林庆澜 5-83a
《林泉高致》 5-84e, 3-253c, 6-439b
林群玉 5-85a
林荣章 5-83e
林森 5-84e
林杉 5-85a
林少穆 5-87d
林麝 6-506b
林石城 5-107a
林石麟 5-87d
林纾 5-85a, 6-223e, 8-286a
林爽文 5-85c
林爽文起义 5-85c
林水镜 5-85d
林睡鼠 7-108f
林泰曾 6-228b
林跳鼠 5-85e
林同炎 5-85e
林微尼 4-545a
林畏庐 5-85a
林文肖 1-6c
林文漪 5-85f
林县 5-88e
林芗溪 5-80a
林祥谦 2-426e
《林榭煎茶图》 7-602a
林新泉 9-132d
《林型研究方法指南》 7-185f
林旭 6-222c, 6-224e, 7-285e, 8-69c
林耀华 5-86b
林耀基 5-86c
《林耀基论小提琴演奏艺术》 5-86c
林业 5-86c
林业机械 5-87b
林邑国 9-163b
林颖叔 9-233f
林永升 3-584e
林雨农 5-80f
林语堂 5-87c, 5-195f
林元抚 5-87d
林载赞 5-4e
林则徐 5-87d, 3-519b
《林则徐》 9-229e, 9-274f, 9-352a
林则徐纪念馆 8-525e
《林则徐全集》 5-87f
林则徐销烟池 3-519c
林昭亮 5-87f
林兆恩 5-88a
林兆华 5-88a
林芝地区 5-88b
林芝县 5-88d, 5-88b
林志刚 5-109b
《林中孤寂》 1-81c
《林中空地》 3-103a
林州 5-88e
林州市 5-88d
林祖涵 3-288c, 5-79e
林尊 6-601c
《临安春雨初霁》 5-170f
临安府 3-390d, 7-170d, 8-39f
临安市 5-88f
临安县 5-88f
临沧地区 5-89a
临沧市 5-88f
临川派 6-255c
临川先生 7-488f
《临川先生文集》 7-489b
临床酶学诊断 5-89a
《临床内科学原理》 1-129d
临床神经学 8-180f
临床死亡 7-142e
临床医学 8-180e
《临床医学基础》 1-442f
临床营养 5-89d
临床优生学 9-29f
临床诊断 9-257a
临汾地区 5-90b
临汾郡 5-90a
临汾市 5-90a
临汾战役 8-348e
临高佛子戏 9-223e
临高语 5-90b
临桂县 3-248c
临海市 5-90b
临海县 5-90b
临濠府 9-329e
《临急就章》 2-198e
临济宗 1-500b
临江府 7-395f

临江市 5－90c
临江县（民国，今黑龙江同江） 7－395f
临江县（清，今吉林白山） 1－204e，5－90c
《临江驿》 5－3f
临江州 7－395f
临界磁场强度 1－529e，1－530d
临界等温线 5－90d
临界点 2－364c，5－90d，8－206f
临界电流 1－529f
临界电流密度 1－529f
临界胶束浓度 1－356a
临界角 6－259b
临界雷诺数 4－569f
临界乳光 3－226f
临界温度 1－529e，5－598d，7－82a
临界压强 5－598d
临界状态 5－90d
《临柳公权兰亭诗》 2－334a
临摹 5－90e，5－137a
临清起义 7－503c
临清市 5－90f
临清县 5－90f
临汝县 6－341a
临汝窑 6－340f
《临十七帖》 4－403a
《临石鼓文》 8－25f
临时阿富汗大国民议会 4－369c
临时代办 1－472f
《临时纲领》 9－361f
临时互助组 3－521e
临时救 1－247f
临时性桥 6－186f
《临时约法》 4－584e，9－103b
临时再保险 9－150a
临时执政府 5－91a
《临时自治安排原则宣言》 1－167f，4－512f，6－57b
临水县 5－88f
临睢县 9－24e
临洮县 5－91c
《临韦偃牧放图》 4－594e
临夏回族自治州 5－91c
临夏市 5－91d，5－91d
临夏县 2－326f，5－91d
临沂城 5－91e
临沂市 5－91e
临沂县 5－91e
临沅县 1－524c
《临张旭古诗帖》 2－334a
临振郡 6－404c
《临证指南医案》 8－501c
临终关怀 5－91f
临菑 5－91f
临淄 5－91f
啉（化学） 9－146b
淋巴 5－92e
淋巴结 5－92f
淋巴结结核 4－222e，5－93a
淋巴结肿大 5－92f
淋巴丝虫 7－116c
淋巴系统 5－92e，6－299a
淋巴细胞 5－92e
淋巴细胞性血管炎 8－374b
淋巴循环 5－93b
淋巴液 5－92e
淋溶黑钙土 3－460a
淋溶土纲 7－442d
磷 5－93c
磷代谢紊乱 2－282b
磷肥 5－93f
磷光 5－94a，1－293e，3－193e，4－502c
磷光分析 5－94a
磷光光谱 9－15b
磷光计 5－94c
磷光体 3－193e
磷化氢 5－93e
磷化锌 6－422a
磷化铟 5－94c
磷灰石 5－94d
磷矿 9－455a
磷矿石 8－202b
磷青铜 6－211b
磷砷化镓 6－507f
磷铈镧矿 2－352e
磷酸肌酸 5－562e
磷虾 5－521c
磷虾目 5－94e
磷叶立德 7－548d
磷钇矿 3－234a
磷脂 5－94f
磷脂酰胆碱 5－191b
鳞 5－95a
鳞砗磲 1－548d
鳞翅目 5－95b
鳞虫 5－588f
鳞沟 5－95a
鳞焦 5－95a
鳞绿泥石 5－185e
鳞木 5－95c
鳞皮冷杉 4－575e
鳞舌形贝属 6－478c
鳞石英 2－429c
鳞衣鱼科 8－534a
鳞云母 9－135c
鳞状细胞癌 5－95c，8－572c
麟 6－134f
麟德殿 2－96d
廪君蛮 5－302e
《吝人传》 4－142b
《啬啬鬼》 5－95d
淋病 5－95e
淋饭酒 3－590b
淋积矿床 2－564d
蔺市草腰子 4－279c
蔺相如 5－47f
膦甲酸钠 4－407e
令狐德棻 4－275e，7－213e，9－471f
伶鼬 9－54d
灵宝 6－397d
《灵宝经》 5－95e
灵宝派 5－95e
灵宝市 5－95f
灵宝天尊 6－399d
灵宝县 5－95f
灵璧石 3－209b
灵峰藕益大师 9－324c
灵感 5－96a
灵歌 5－96a
灵龟八法 1－144c
灵魂 5－96b
《灵魂》 7－555a
灵魂不灭说 7－183d
《灵魂的搏斗》 8－34c
《灵魂归来》 3－308c
《灵魂和肉体的表白》 6－218e
《灵魂之舞》 1－38d
灵活偏好 5－96c
灵鹫寺 8－51a
灵猫 6－506a
灵猫科 5－96c，7－5b
灵猫酮 7－405c
灵猫香 5－96c，5－96d
灵猊 7－206b
灵巧炸弹 9－312b
灵渠 5－96d
灵泉寺 7－216f
灵山岛 4－200a
《灵山歌》 2－577e
灵寿古城 9－437a
《灵枢》 3－583a，5－556a
《灵枢经》 5－556a
灵塔 7－244e
灵塔殿 7－244f
《灵台》 4－257f
灵武市 5－96f
灵武县 5－96f
《灵宪》 4－3d
灵香草 1－247f，2－120d
灵虚观 2－7a
灵虚先生 9－193d
灵岩寺宋代彩塑罗汉 4－84b
灵隐寺 5－96f，2－507f，4－102e
《灵隐小志》 4－338a
灵应药王真君 8－484d
灵佑 1－500b
灵囿 9－53b
《灵与肉》 9－211c
灵长类学 5－97c
灵长目 5－97a
灵沼池 2－354b
灵芝 5－97c

灵州 5–96f
玲珑瓷 4–310e
《铃铛花》 1–570d
铃铛麦 8–493e
铃鼓 5–97d
铃鼓舞 9–160d
铃兰 7–203d
铃木春信 5–97d
铃木大拙 5–97e
玲珑青瓷 5–142c
凌波 5–98c
《凌晨4时的宫殿》 4–140d
凌初成 5–98c
凌纯声 5–97f
凌风 5–98f
凌桂明 6–460f
凌鸿勋 5–98a
凌家滩遗址 5–98b, 9–407f
凌洁 6–88f
凌景埏 6–261f
凌濛初 5–98c, 5–446b
凌日 5–98c
凌霄花 5–98d
凌霄塔 7–236f, 9–265f
《凌虚台记》 7–194e
凌玄房 5–98c
凌汛 5–98e, 8–383d
凌烟阁 7–578a
《凌烟阁功臣二十四人图》 8–436b
凌云阁 4–563f
凌准 2–429a
凌子风 5–98f, 9–352b
陵 9–363f
陵高履索 9–563b
陵墓建筑 9–363f
陵水宝停营 1–246e
陵下宫 7–308f
陵阳山 4–320b
菱 5–99a
菱背响尾蛇 8–203b
菱川师宣 2–604f, 6–319a
菱粉 5–99b
菱湖镇 3–516e
菱镁矿 5–99b, 2–104b
菱锰矿 5–99b
菱田春草 3–466f
菱铁矿 5–99c
菱纹叶蝉 8–495b
菱锌矿 5–99d
蛉 5–300d
翎子功 5–99e
翎子生 5–99f
羚牛 5–99f
羚羊 5–100a, 8–449b
《羚羊图》 4–547f
绫 5–100a
零 5–290c
零电阻性 1–529f
零度叙事 8–291d
《零度以上的风景》 1–259f
零级火箭 9–143f
零假设 4–145c
零件 5–100b
零件图 4–33e
零矩阵 4–334a
零龄主序 3–465a
零渠 5–96e
零时区 6–610a
零售 5–100b
零售商 6–69b
零税率 5–100c
零维超细纳米磁性粒子 2–49e
零压式气球 6–144e
零重力 6–573a
零子午线 1–305e
鲮 5–100c
鲮公 5–100c
岭北行省 5–100d
岭江 5–227c
岭南 5–101b
《岭南春色》 1–566c
岭南大学 5–100e
岭南工业地带 3–361f
岭南画派 5–100f, 5–101c
岭南画派第二代画家 5–101a
岭南派 6–203a
《岭南三大家诗选》 5–101b
岭南三家 5–101a, 6–251a
岭南三杰 1–566a, 5–100f
岭南诗派 5–101c
岭南文化 5–101b
岭南五府经略使 7–347a
岭南戏剧 5–101d
岭南学堂 5–100e
《岭外代答》 2–104d
《岭云海日楼诗钞》 6–240c
岭仲 5–101e
领春木科 5–101f
领春木属 5–101f
领带 5–102a
领带绸 2–10f
领导人非正式会议 8–410f
领馆信使 7–474e
领海 5–102a
领海基线 5–102b
《领海及毗连区公约》 5–102b
《领海宽度问题的历史和现状》 5–582c
领角鸮 4–206a
领结 5–102a
领空 5–102c, 7–472a
领陆 5–103b
领神经索 1–233f
领事 5–102e
领事裁判权 5–102f, 9–318e
领事代理人 5–102e
领事特权与豁免 5–103a
领水 5–103b
领土 5–103b
领土中立化 9–433b
领域 6–492e, 9–180a
领域行为 6–492e
领真巴儿吉监藏 8–110d
《另一半人是怎样生活的》 5–9a
《另一次》 1–118f
《另一条河流的记忆》 1–92f
《另一种生活》 7–331b
令 5–103c
令（古代官职） 8–177d
令（酒令） 4–324f
令官 4–325a
令计划 5–103c
令曲 5–103c
《令人气闷的朦胧》 5–376b
令尹 2–36e
令支县 6–158d
《溜冰者》 1–53b
溜旱冰 5–196d
溜山国 5–263f
刘阿斗 5–105d
刘安 5–103e, 1–146c
刘白 1–199f, 5–120d
刘白羽 5–103e
刘百昭 3–287d
刘半九 5–187d
刘半农 5–103f, 1–233c, 1–267c, 6–409d
刘邦 5–104b, 1–478a, 1–562e, 1–564f, 2–19a, 2–20b, 2–484a, 3–364f, 3–374d, 3–419a, 6–123b, 7–51e, 7–369d, 8–206d, 8–217b, 9–465e
刘宝全 5–104b, 4–283b
刘宝瑞 5–104c
《刘宝瑞表演单口相声选》 5–104d
刘保罗 9–413c
刘备 5–104d, 1–577b, 2–460d, 2–460e, 3–588e, 5–105d, 6–387e, 7–58c, 9–193d, 9–493f
刘贲 7–309c
刘必成 5–119d
刘辩 3–380d
刘表 5–104d
刘别谦, E. 5–348e
刘宾客 5–120d
刘宾雁 5–104e
《刘宾雁报告文学选》 5–104f
刘秉忠 5–104f, 9–88c
刘伯承 5–105a
刘伯简 8–556c
刘伯明 3–402f, 9–371e
刘伯温 5–111d
刘步蟾 6–228b
刘才甫 5–106e

刘粲 3-367c
刘禅 5-105d, 4-186f, 6-388d
刘长春 5-105d
刘长发 2-82d, 6-589d
刘长卿 5-105e
刘长瑜 3-469c, 8-382a
刘钬 5-525e
刘敞 4-254b
刘辰翁 5-105f, 6-94c
刘成基 5-106a
刘承幹 4-132b
刘崇 5-106a, 1-263f
刘处玄 1-283d, 6-265c
刘春山 3-541b, 7-512c
刘聪 5-106b, 3-367b, 4-275c, 6-163d, 9-25f
刘从谏 7-315f
刘琮 5-104e, 9-476c
刘大白 5-106c
刘大杰 5-106d
《刘大杰古典文学论文选集》 5-106e
刘大櫆 5-106e, 8-479d
刘大年 5-106f
《刘大年史学论文选集》 5-107a
刘党 4-338b
刘道醇 3-557b
刘道坚 5-113b
刘德海 5-107a
刘德华 8-194a
刘德盈 9-77e
刘德舆 7-174b
刘迪民 8-561f
刘鼎 5-107b
刘东生 5-107d, 3-287b, 3-566b
刘东生（杂剧作家） 5-447b
刘冬 7-22e
刘敦桢 5-107f
《刘敦桢文集》 5-108a
刘钝 7-209a
刘鹗 5-108a, 6-223e
刘二祖 3-468d
刘昉 7-214a
刘斐 5-108b
刘玢 5-525e
刘凤 4-193f
刘福通 5-108c
刘复 1-352a, 2-377d, 2-378a, 5-103f
刘复之 5-108d
刘富兰 5-110e
刘耕南 5-106e
刘耿直 3-134c
刘公 3-149a
刘公岛 7-529f
刘光第 6-222c, 6-224e, 7-285e, 8-69c
刘光鼎 5-108e
刘光先 6-519f
刘桂枝 3-427a
刘国光 5-108f
刘国杰 3-587a, 9-88f
刘国钧 5-109a
《刘国钧图书馆学论文选集》 5-109b
刘国梁 5-109b
刘国松 8-53d
刘国轩 6-233f
刘过 5-109c
刘海蟾 9-190a
刘海峰 5-106e
刘海粟 5-109d, 6-464c, 9-38e
《刘海粟艺术文选》 5-110b
刘翰怡 4-132b
刘瀚 3-231c
刘和 3-367b
刘河间 5-110b
刘黑闼 5-110c
刘衡如 5-109a
刘宏 3-377d
刘宏宇 7-22e
刘鸿霖 8-218a
刘鸿生 5-110d
刘鸿声 4-193d, 6-84b
刘胡兰 5-110e
《刘胡兰》 5-85a
刘胡兰纪念馆 7-594a
《刘胡兰就义》 9-477a
刘华清 5-110f
《刘怀民墓志铭》 5-497b
刘恢先 5-111b
刘徽 5-111c, 2-129b, 4-323c
刘徽原理 8-36c
刘会孟 5-105f
刘会远 4-347f
刘混康 6-467d
刘基 5-111d
刘季 3-374d
刘季芳 5-109d
刘继卣 5-37f
刘继元 1-264a
刘家峡水电站 5-111d, 5-91d
刘家峡峡谷 5-111e
刘建 2-73b
刘建锋 2-18d
刘节 5-111f
刘锦堂 7-517e
刘锦棠 2-332d
刘瑾 5-112a
刘靖 1-548b
刘靖基 5-112b
刘靖裔 5-106c
刘巨容 7-310b
刘峻 5-112c
刘骏 7-164b
刘开渠 5-112d
《刘开渠雕塑集》 5-112e
刘克 5-104e
刘克庄 5-112e, 3-491a, 5-375e
刘揆一 3-539d, 9-400a
刘坤一 2-324c, 8-554e
刘琨 9-572b
刘兰芳 1-269d
刘澜涛 5-113a
刘牢之 5-113b
刘立千 8-113d
刘丽川 8-222a
刘连玉 4-258f
刘琳 3-556b, 6-263e
刘伶 9-497b
刘浏 5-104e
刘麻子 7-60b
刘曼卿 2-66b
刘茂基 6-435c
刘梦得 5-120d
刘梦鹏 5-108a
刘明 1-81a
刘明昭 5-105a
刘明枝 3-427a
刘铭传 5-113b
刘木铎 5-119d
刘牧 3-428b
刘南奎 5-113d
刘宁一 5-113d
刘派 4-283c
刘槃 5-109d
刘沛丰 5-79c
刘佩琦 6-242f
刘盆子 1-599e
刘齐 6-118e
刘祁 4-239a
刘淇 5-113e
刘锜 5-113f, 4-259c
刘潜夫 5-112e
刘强 3-599e
《刘巧儿》 5-114a
《刘巧告状》 5-114b
《刘巧团圆》 5-114b
刘青山 6-385a
刘仁甫 5-187d
刘仁静 5-114b, 8-171c
刘融斋 8-556c
刘如汉 1-142d
刘若水 5-114c
刘三姐 6-406c, 9-516d
刘三吾 5-516e
刘少奇 5-114c, 2-197a, 4-177a
刘少奇故居 5-597b
《刘少奇选集》 5-115f
刘少然 4-277b
刘劭 1-458d, 7-164b, 7-174b
刘绍棠 5-116a
《刘绍棠文集》 5-116a
刘申叔 5-116b

《刘申叔先生遗书》 5-116c
刘深 9-88f
刘圣公 5-118d
刘胜 5-303e
刘胜墓 5-303e
刘晟 5-525e
刘师培 5-116b, 8-23f
刘诗昆 5-116c
刘时燕 4-591d
刘士豪 5-116d
刘适兰 3-275c
刘守真 5-110b
刘淑慧 5-332b
刘述先 8-180e
刘要和 9-99a
刘顺全 5-104b
刘松年 5-116e
刘松山 2-332d, 6-445e
刘宋 7-164a
刘蒜 4-595b
刘随州 5-105f
刘索拉 8-170c
刘唐髯 6-271b
刘体纯 4-603d, 6-219b, 6-254d
刘天花 7-369d
刘天华 5-116f
刘铁云 5-108a
刘廷禹 9-443c
刘綎 6-358f, 7-481e
刘侗 2-253b
刘桐玺 2-315b
刘完素 5-110b
刘维尔,J. 5-117a, 4-123f
刘维尔定理 9 264e
《刘维尔杂志》 5-117b
刘隗 5-117b, 4-274b, 4-276c
刘卫辰 3-446d
刘文彩 2-121a
刘文彩庄园 7-36e
刘文典 3-562e
刘文辉 6-589b
刘文金 5-117c
刘文静 7-306e
刘文叔 3-375a
刘文秀 4-592d
《刘文学》 3-443a
刘文哲 3-275c
刘武周 7-315b
刘戊 6-577e
刘希夷 5-117d
刘熙 5-117d, 6-553c
刘熙载 5-117e, 7-48b, 8-556c
刘喜阳 7-250a
刘仙洲 5-117e
刘贤墓志 5-497b
刘显 9-61f
刘翔 5-117f
刘向 5-118a, 2-20b, 4-206e, 9-131b
刘晓庆 5-118b
刘孝 5-519e
刘孝标 5-118c, 7-25b
刘协 3-380d, 6-387d
刘勰 5-118c, 2-564a, 7-597b
刘勰故居 6-329d
刘心武 5-118c
刘歆 3-373a, 4-206e, 4-298c, 5-118a, 5-450d, 6-119e, 6-437d
刘星 4-386e
刘省三 5-113b
刘秀 5-118d, 2-204d, 5-545d
刘须溪 5-105f
刘昫 4-328c, 7-168f, 8-47c
刘玄 5-118d, 1-599c, 3-368a, 3-375a
刘玄德 3-385e
刘玄明 5-106b
刘璇 6-88f
刘炫 7-213a
刘恂 1-391f
刘亚楼 5-118e
刘延东 5-118f
刘严 3-378a
刘岩 5-119a
刘龑 5-119a, 5-525d
刘晏 5-119b
刘曜 5-119c, 3-367b, 4-276c, 5-106b, 6-163d, 6-588b, 7-493b, 9-572b
刘义 5-120c
刘义符 7-164a, 7-174a
刘义康 2-483f, 7-287a
刘义隆 7-164a, 7-174a
刘义庆 7-25b, 9-30f
刘义真 7-174c
刘艺 7-517f
刘艺舟 5-119d
刘易斯,C. 5-119e
刘易斯,C.I. 5-119f, 4-148b, 9-241a
刘易斯,L. 6-267a
刘易斯,S. 5-120a
刘易斯,W.A. 5-120a
刘易斯,W.K. 3-548d
刘毅 3-576c
刘毅民 5-104b
刘隐 5-119a, 5-525d
刘胤 5-119c, 6-163d
刘胤祖 3-529e
刘盈 5-178d
刘永 3-510f
刘永福 5-120c, 3-457c
刘永明 5-119c
刘禹锡 5-120d
《刘禹锡集》 5-120f
《刘禹锡集笺证》 5-120f
刘玉 4-313d
刘玉声 7-490f
刘郁 2-104e
刘昱 7-164b
刘裕 2-483f, 3-493e, 3-576c, 4-273b, 4-275e, 5-516f, 5-518d, 5-545c, 7-163f, 7-174b, 7-174c, 7-287a
刘豫 5-120f, 4-258a, 9-125d
刘渊 5-121a, 3-367b, 4-273e, 4-276c, 5-106b, 5-119c, 9-25f
刘元海 5-121a
刘岳 9-425b
刘云山 5-121a
刘云抟 5-108a
刘允章 7-309d
刘蕴华 5-134b
刘湛 7-174b
刘璋 1-194b, 2-460e, 5-240f, 9-493f
刘昭 3-492a
刘肇基 7-8e
刘珍 8-355a
《刘桢公燕诗》 7-171c
刘箴俗 8-561f
刘稹 7-315f
刘振东 5-118e
刘震寰 5-71c, 7-307d
刘正彦 9-201d
刘知幾 5-121b, 7-12f
刘知远 3-491c, 5-106b
《刘知远》 1-471a
《刘知远诸宫调》 9-390a
刘志 4-595b
刘志丹 5-121c, 8-344b, 9-311b
《刘志丹》 3-181f
刘志方 3-251b
刘峙 3-561c, 4-188f, 6-589b
刘秩 7-388d
刘智 6-233c, 7-349b
刘庄 3-378a
《刘壮肃公奏议》 5-113c
刘準 7-164b
刘焯 2-428a, 7-213a
刘子安 5-104e
刘子歌 9-44a
《刘子全书》 5-121e
刘子玄 5-121b
刘宗琴 3-427a
刘宗周 5-121d
刘缵 4-595b
刘尊棋 5-121e
刘佐臣 1-142c
浏河港 7-255b
浏览器 5-121f
浏阳河 8-200f
《浏阳河》 5-107b
浏阳群萌学会 5-544c
浏阳市 5-122a
浏阳丝弦 3-515d
浏阳县 5-122a

留比莫夫，Yu.P. 5－122b
留存利润 7－228f
留存收益 7－568f
留豆 7－477b
留法俭学会 5－122c
留法勤工俭学运动 5－122b
留基波 9－111b，9－111e
留克特拉战役 1－400d
留兰香 5－122d，2－40b，2－493e
留兰香油 5－122e
留里克 4－47a，5－122e，7－467d
留里克王朝 5－122e
留尼汪 5－122f
留念性建筑 4－97e
留鸟 5－123c，5－588d，6－382b
留青 9－497b
留声机 1－82c
留数演算 4－422d
留斡岭 3－162d
留香约 9－479c
留验 3－113a
留置权 5－123c，2－141b
留中 9－563f
流（法学） 1－147b
流（计量） 5－125d
流变学 5－123d
流产 5－123e
《流灯》 3－466f
流动 4－33b
流动负债 5－123f
流动偏好陷阱 5－124b
流动人才 6－284a
流动人口 5－124a
流动失稳现象 5－124b
流动式起重机 6－140e
流动稳定性 5－124b
流动稳定性理论 5－124b
流动性风险 4－249f
流动性偏好 5－96c
流动性陷阱 5－124b
流动注射分析 5－124d，2－548a
流动资本 5－125a
流动资产 5－125a
流动资金 9－525c
《流放》 6－567e
《流放之歌》 3－152c
流感 3－45a，5－128e
流感病毒 5－125b，5－128e
流感病毒基因组 5－125b
流官 7－443e
流官制 3－25f
流光室（管） 5－125b
流函数 4－517b
流化 5－125f
流化床 5－126a
流环 2－116d
流环式中尺度涡 2－116d
流浸膏 3－81c
流控制技术 3－521c
流口影 6－105e
流口辙（蒲团影） 6－105e
流口辙（数来宝） 7－62b
《流浪》 1－578a
《流浪的人》 3－334a
《流浪汉的榜样，无赖们的借鉴，骗子堂巴勃罗斯的生平》 4－461a，5－125d
流浪汉小说 5－125c
《流浪女》 2－182c
《流浪女胡斯蒂娜》 5－125c
《流浪艺人》 1－97c
《流浪者》 4－377e
《流浪者罗梅罗·伊·弗洛雷斯》 8－517e
流量 5－125d
《流氓大亨》 9－471d
流民归还令 4－63c
《流民叹》 3－598b
流明 5－125d
流脑 5－128f
流求 7－211d，7－252b，9－272a
流求土人 7－251f，9－127c
《流沙河之歌》 4－402f
流觞 4－324f
《流逝》 7－490a
流数法 8－74d
流水别墅 5－125e，1－359b，4－538c
《流水操》 6－65e
流水式电热水器 2－287b
流送偶人 6－27d
流苏 1－339d
流态化 5－125f
流态化技术 5－125f
流态化炉 8－491c
流体 5－126a
流体包裹体 1－236c
流体传动 2－25b
流体动力过程 2－145b
流体动力学 5－126c
《流体动力学计算机实验》 4－94e
流体分布器 5－126a
流体机械 5－126d
流体静力学 5－126e
流体力学 5－126f
《流体力学概论》 6－110e
流体润滑 6－352d
流体弹塑性体模型 9－277e
流体运动学 5－127b
流通 5－127d
流通渠道非法 3－459a
流通时间 9－523e
流通市场 4－250d
流通物 8－70b
流通资本 5－127f
《流亡》 2－615d
《流亡曲》 4－569a
《流亡者之声》 2－593b
流亡政府 5－127f
流纹岩 5－128a
流纹质岩浆 8－429d
流线 1－401e，5－127c
流星 5－128b
《流星》 4－550e
《流星·蝴蝶·剑》 3－172b
流星体 7－364d
流星雨 5－128c
流行色 5－128c
流行舞 5－128d
流行性斑疹伤寒 1－227b
流行性出血热病毒 5－128e，3－379f
流行性感冒 5－128e
流行性脑脊髓膜炎 5－128f
流行性腮腺炎 5－128f
流行性乙型脑炎 5－129a
流行艺术 5－129b
流行音乐 5－129b，7－391d
《流血的婚礼》 5－129b
流血的星期日 5－129c
流言 5－129c
《流言心理学》 5－129d
流域 5－129d，5－129d
流褶皱 9－242f
流质膳 5－89e
《流转》 4－309a
琉璃 5－129d
琉璃鼻烟壶 1－314d
琉璃厂 5－129f，5－129f
《琉璃宫史》 6－105a
琉璃河古城 5－130a
琉璃河燕都遗址 5－130a
琉璃河遗址 5－130a
琉璃瓦 5－129e
《琉璃志》 5－130c
琉璃砖 5－129e
琉球方言 6－328e
琉球群岛 5－130c
《琉森》 7－452e
琉善 5－152d
琉提喜阿 1－168f
《琉西发》 2－574d
硫 5－130d
硫铵 5－131c
硫胺素 3－3c
硫胺素焦磷酸 3－3c
硫苯咪唑青霉素 6－208e
硫醇 5－130f
硫代硫酸钠 5－131b
硫代葡萄糖苷 4－234b
硫肥 5－131b
硫酚 5－131a
硫杆菌 5－132b
硫化 3－193a
硫化镉 3－224f

硫化汞 5–131c
硫化氢 5–131c
硫化氢浴 7–92f
硫化染料 2–384d
硫化铁 8–452b
硫化物矿物 4–503b, 5–130d
硫磺 5–130d, 5–131b, 5–132b
硫磺类杀螨剂 6–421e
硫氯酚 1–369b, 3–41f
硫砷银矿 2–148c
硫双二氯酚 4–186f
硫酸 5–131d, 5–132b
硫酸钡 5–131f
硫酸钙 5–131f
硫酸钾 5–131c
硫酸铝钾 5–183e
硫酸镁 5–132a, 8–239a
硫酸钠 8–239a
硫酸葡糖胺 3–188f
硫酸软骨素 3–188f
硫酸盐矿 5–130d
硫锑银矿 5–616b
硫铁矿 3–597f
硫细菌 5–132b
硫制剂 5–611d
硫唑嘌呤 6–85c
馏程 6–153a, 6–605f
馏分油 9–463f
榴弹发射器 5–132b
榴弹机枪 5–132d
榴弹炮 5–132d, 4–13c
榴弹枪 5–132d
榴辉岩 5–132e
榴连 5–490f, 6–277a
瘤黑粉病 3–452d
瘤牛 5–132f
瘤胃 2–468f, 2–469a, 7–570c
瘤样病损 3–189d
鎏金 5–133a
《柳暗花明》 6–17b
《柳堡的故事》 1–146d, 9–351f
“柳本尊十炼修行图” 1–110a
《柳比查》 8–243e
柳边 5–134e
《柳边纪略》 2–153f
柳蝙蛾 1–340b
柳绸 1–506e
柳穿鱼 8–362d
柳大纲 5–133b
柳公绰 8–57e
柳公权 5–133c, 8–362c
柳拐子病 2–84a
柳河东 5–136a
柳江 5–133e
柳江人 5–133e
柳京 6–91c
柳京饭店 6–91e
柳敬亭 5–133f
柳口镇 8–458f
柳雷鸟 4–569b
柳柳州 5–136a
柳美里 7–118d
柳念曾 1–563e
柳七 5–135e
柳琴 5–134a
柳琴戏 5–134a
柳青 5–134b
柳泉居士 6–105c
《柳如是别传》 1–570a
柳杉 5–134c
柳杉属 5–134c
《柳氏传》 5–134d
柳属 5–134d, 8–458f
柳树 5–134d
《柳丝下的摇船女》 4–547d
《柳塘聚禽图》 4–612f
柳体书派 5–133c
柳条边 5–134e
柳条湖事件 4–322e
柳条麻纱 5–238a
柳屯田 5–135e
柳湾墓地 5–134f, 5–252c
柳慰高 5–135a
柳无忌 7–191f
《柳西草堂日记》 9–199f
《柳下读书图》 8–35f
柳亚子 5–135a, 5–540a
《柳亚子诗词选》 5–135c
柳尧章 7–568e
柳叶 2–599d
柳叶菜科 5–135c
柳叶菜属 5–135c
柳叶琴 5–134a
柳诒徵 9–274c
《柳毅传书》 5–135d
《柳毅传》 5–135d
《柳荫记》 2–358d, 5–56c, 5–284d
柳永 5–135e
柳永体 7–169d
柳月琴 5–134a
《柳枝集》 5–383a, 9–94d, 9–99a
柳州市 5–135f
《柳庄相法》 8–207e
柳子厚 5–136a
《柳子厚墓志铭》 3–365d
柳子戏 5–135f, 8–553e
柳宗元 5–136a, 7–314c
《柳宗元梓人传》 4–403a
六八体诗 5–548a, 6–188d
六倍体小麦 8–225f
六波罗蜜多 5–136f
六部 5–136d
六部落联盟 8–561e
六部奚 8–128c
六才子书 4–253f
《六彩牙象王》 8–25b
六曹 5–136d
六朝 5–531b
六朝古都 4–162f
六朝三大家 9–206f
六畜 6–267e
六大关 8–169e
六大圣训集 6–569c, 8–384b
六大信仰 5–136e
六道 5–196e
六道木属 6–309d
六峒河 4–580a
六度 5–136f
六法 5–137b
六法论 5–136f
《六法全书》 5–137b
《六番图》 9–82c
六方辉铜矿 3–607a
六方金刚石 4–240b
六方堇青石 4–267c
六分仪 8–306c
《六福客栈》 7–310d
六辅渠 3–380d
六腑 9–155c
六纲脉 5–301e
《六个可爱的人》 1–10d
《六个寻找作者的剧中人》 5–137e
六根 2–435e, 5–137f
六根清净 5–137f
六国 9–181c
《六国论》 7–197a
六国文字 7–47d
六合彩 5–138a
六合一统帽 3–202b, 9–356c
六胡州 9–226a
六基症 9–348a
六家七宗 1–394f
六甲岛 6–510f
六甲山脉 6–510d
六界系统 2–545b, 6–544e
六经（六艺） 5–139d
六经（中医） 6–450d
六经辨证 5–138a
六经皆史 7–593d
六境 2–435e
《六军镜》 4–601d
六礼 5–138c, 4–1e
六岭 8–169e
六路弹腿 7–282f
六氯代苯 7–124a
六派哲学 8–608e
六盘山 5–138c
六盘水市 5–138d
六气 1–371c, 5–139d
六氢吡啶 1–321e
六氢吡咯酮 5–560f

六氢吡嗪 1-322b
六氢化苯 3-564b
六卿（官职） 8-116d
六卿（宗族） 6-393a
六氰合铁（Ⅲ）酸钾 8-411c
六泉 7-503f
六如居士 7-316e
六鳃锯鲨属 4-339d
六鳃鲨目 5-138e
六鳃鲨属 3-605a
六神丸 8-586f
六师 8-116e
六十干支表 3-33e
《六十家小说》 6-229a
六十甲子表 3-33e
《六十年摄影选辑》 4-547d
《六世达赖传》 2-254c
六书 5-138e, 5-139c
《六书略》 9-275b
《六天的六重奏》 3-304c
《六条诏书》 7-178e, 8-103d
六驮马 3-2e
六五战争 9-329b
六西格玛管理 5-138f
六弦琴 4-66e, 9-173e
六小龄童 8-556f
六邪 5-139d
六信 5-136e
六亚甲基四胺 5-139a
“六一八号召” 2-133c
六一国际儿童节 5-139b
六一居士 5-139c, 6-17c
《六一居士诗话》 5-139c
《六一诗话》 5-139b, 6-17e, 7-500a
六艺 5-139c, 8-117a, 9-324e
六艺略 3-294f
六因四缘说 7-111b
六音步 1-174d
六淫 5-139d, 1-371c
六淫辨证 1-371e
六月大会 8-51b
《六月的五天》 3-333f
六乐 5-139c
六脏 9-155c
六诏 5-546f
六哲 4-391b
六镇 5-139e
六镇起义 1-285d
六枝特区 5-139f
六种神通 9-64c
六柱制 9-132c
六字大明咒 5-139f
六字真言 5-139f
六足动物 5-140a
六足总纲 5-140a
《六祖大师法宝坛经》 5-140a
《六祖坛经》 5-140a
镏子 4-234a
龙 5-140b
《龙》 3-102b
龙编 3-427b
龙勃罗梭,C. 5-140c, 2-478e, 9-127f
龙藏浦 6-198c
龙城 5-135f
龙城县 1-487f
龙川先生 1-561b
《龙船》 3-556a
龙船花 6-176c
龙胆 5-140d
龙胆科 5-140d
龙胆紫 6-382d
《龙的传人》 9-233a
龙灯 8-65a
龙笛 2-215e
龙洞堡机场 3-246a
龙洞渠 9-271d
龙凤呈祥 5-140b
《龙凤人物》 7-202a
龙凤帖 4-2b
《龙凤艺术》 6-516e
龙岗秦简 9-135a
龙骨坡遗址 5-140d
龙骨水车 2-463f, 5-253b
龙冠海 5-140e
龙衮 6-50c
龙果 6-438c
《龙泓山人集》 2-306c
《龙虎斗京华》 4-261c, 5-55f
《龙虎风云》 9-471e
龙虎山（广西隆安） 6-467d
龙虎山（江西鹰潭） 9-14e
龙华烈士陵园 5-141a
龙华庙会 5-140f
龙华寺 5-140f
龙华塔 5-140f
龙华晚钟 5-140f
龙华运动 8-613f
龙华镇 5-140f
《龙江颂》 8-244e, 8-475f
龙金 4-262a
龙睛 4-262a
龙睛球 4-262a
龙井市 5-141a
龙卷 5-141a
龙卷对 5-141c
龙卷风 5-141b
龙口 4-227f, 4-398b
龙口粉丝 8-421b, 9-224e
龙口港 4-536f
龙口市 5-141c
龙鳞饼 2-430e
龙马影片公司 2-541c
龙门（山西） 3-423a
龙门（陕西） 3-359c
龙门刨床 1-248e
龙门洞省级森林公园 1-240c
《龙门二十品》 5-142a
《龙门客栈》 7-250c
龙门七十二泾 6-192f
龙门起重机 6-140e
龙门山 5-141d
龙门石窟 5-141e
龙门县（北魏，今山西境内） 3-423a
龙门县（民国，今黑龙江境内） 1-255f
龙猛 5-143a
龙眠愚者 2-491b
龙鸣剑 7-143f
龙目 5-144d
龙脑 1-363e, 5-142b
龙脑香 5-142b
龙脑香科 6-276e
《龙女牧羊》 5-135e, 9-231d
龙袍 6-50c
龙清泉 4-335c
龙泉宝剑 4-576d, 5-24d
龙泉青瓷 5-142c
龙泉市 5-142c
龙泉寺（北京） 2-445e
龙泉寺（辽宁千山） 6-157d
龙泉陶瓷 5-142c
龙泉溪 6-13b
龙泉县 5-142c
龙泉窑 6-204f
龙萨,P.de 2-444d, 6-121e
龙沙公园 3-138c, 9-406f
龙山石窟 5-142d
龙山寺 7-247b
龙山陶书 6-436f
龙山文化 1-588d, 8-471d
龙舌兰 6-602e
龙胜各族自治县 5-142f
龙胜县 5-142f
龙虱 5-142f
龙虱科 5-142f
龙首渠 3-380d, 7-572c
龙书 5-305a
龙淑萍 5-332b
龙树 5-143a, 5-508d, 9-433d
《龙朔功臣图》 3-360e
《龙宿郊民图》 2-335b
龙台 3-356e
龙抬头 5-143b, 2-430e, 4-278a
龙抬头日 2-430e
龙滩水电站 1-190e
龙潭洞遗址 3-420b
龙套 5-143b
龙腾苑 9-115f
龙头菜 4-349f
龙头山 2-96f
龙头山公园 3-3c

龙头鱼 5-143c
龙突骑支 8-421f
《龙图耳录》 6-402b, 6-607c
龙图阁 1-475f
《龙图公案》 6-402b, 6-607b
龙吞口 6-50d
龙王 5-143c
龙王庙 5-140b, 5-143d, 5-420b
龙王信仰 5-143d
龙王走丝山 3-512a
《龙尾裸体女神》 1-69c
龙尾砚 8-442e
《龙文鞭影》 5-375d
龙纹大石磬 8-579a
龙纹瓦当 7-464a
龙舞 5-143d, 8-64f
龙溪布袋木偶 9-386f
龙溪布袋戏 8-461c, 9-386f
《龙喜记》 5-144a, 4-233d
龙虾 5-144a
龙虾科 5-144a
龙虾属 5-144b
《龙绡记》 5-135d
龙姓王族 8-421f
《龙须沟》 5-144b, 4-202d, 4-559e, 9-55e
《龙须沟》(电影) 9-55a
龙须海棠 2-463d
龙须海棠属 2-463d
龙须面 2-430e
龙血树 8-101b
龙芽草 5-144b
龙岩市 5-144c
龙眼 5-144d, 8-16a
龙眼鸡 4-529e
龙眼木雕 5-489a
龙眼属 8-16a
龙羊峡水电站 5-144e
龙洋 8-584b
龙游梅类 5-330d
龙有九像 5-140b
龙渊 3-427b
龙渊庙 5-328a
龙云 5-144f
《龙藏》 2-122d
龙债 5-144f
龙爪槐 3-562f
龙镇 6-381a
龙镇县 1-255f
《龙争虎斗》 8-193e
龙支县 6-206a
龙舟 6-380e
龙舟竞渡 6-380e
龙州起义 2-199b
龙洲道人 5-109c
《龙洲集》 5-109d
龙子犹 2-576a
聋人耳蜗 6-286b
聋哑 8-392a
笼壶 9-63f
笼形包合物 4-463b, 8-131c
隆,M. 2-267b
隆达高原 3-52e
隆达-卢巴王国 1-305b
隆达人 5-145a, 5-145a
隆达王国 5-145a, 5-145a
隆迪人 1-225b
隆福宫 2-81b
隆福寺 4-494d
隆盖纳,B. 1-175a
隆哥,L. 5-145b
隆圭本古河 9-153a
隆科多 5-145c
隆礼重法 8-382d
隆虑县 5-88e
隆洛德节 5-235a
隆美尔,E.J.E. 5-145d, 1-39a
隆庆州 8-425b
隆头鱼科 6-276c
隆武政权 5-536e, 6-219b
隆兴和议 7-164f
隆裕太后 6-222d
隆中对策 9-493f
癃闭 5-145e, 6-48e
陇(甘肃省简称) 3-36e
陇川方言 1-6a
陇东师范学校 2-68e
陇海铁路 5-145e, 1-99b
陇剧 6-552f
陇南地区 5-145f
陇南山地 3-36f
陇南市 5-145f
陇山 5-138c
陇西高原 3-600a
陇西郡 3-36f
陇右节度使 7-346f
垅川 6-382a
垄断 5-146a
垄断厂商 5-146d
《垄断法》 9-507f
垄断价格 5-146b
垄断竞争理论 5-146c
《垄断竞争理论》 5-146c, 5-199f
垄断竞争市场 5-146b
垄断利润 5-146b, 5-146d
垄断市场 5-146c
垄断资本 5-146d
垄断组织 9-524b
垄沟 5-146e
垄台 5-146e
垄作 5-146e
弄唐 5-146f
弄堂 5-146f
娄底市 5-147a
娄东二张 9-204b
娄东派 7-154c, 7-486c, 7-517c
娄护 9-326d
娄敬 3-374e
娄山 2-92c
娄山关 5-147a, 2-92d
娄山关战役 5-147b
娄师德 5-147b
娄县 4-509e
娄子匡 4-178a
楼葱 2-53a
楼烦 9-184a
楼房仓 5-56e
楼阁 5-147c
楼阁式塔 7-236e
楼观道 5-147d
楼观派 5-147d
楼观台 5 147d
楼花 1-113f
楼建南 5-147f
楼兰 5-147e, 7-117a
楼兰古城 8-274a
楼兰汉简 3-376a
楼兰遗址 6-353d
楼适夷 5-147f
楼玙 3-119f
楼燕 5-148a, 9-72b
楼云 7-377b
蝼蛄 5-148b
蝼蛄科 5-148b, 9-295f
蝼蝈 5-148b
镂雕 9-509e
漏 6-408d
漏出性胸水 8-331d
漏电保护器 5-148c
漏电电流动作保护器 5-148c
漏电开关 5-148c
漏斗菜类 7-203d
漏斗颈陶文化 8-283c
漏斗胸 3-153d
漏壶 4-461f, 9-535f
漏尽通 9-64c
漏刻 4-461f
漏诊 9-257b
卢埃林,K.N. 4-25d
卢奥拉维特兰诸语言 3-178b
卢奥语 5-573e
卢巴人 5-148c
卢巴王国 5-148e
卢巴语 1-225c
卢本巴希 5-148e
卢比雅海洋公园 1-223d
卢弼 6-391a
卢伯克,J. 4-326c
卢布 5-148f, 2-400e
卢布尔雅那 5-149a
卢布尔雅那大学 5-149b

卢布兰斯基文学院 1-388f
卢布林合并 5-22b
《卢布林联合条约》 5-21d
卢道隆 4-95b
卢德铭 8-200d
卢德运动 5-149b
卢恩,H.P. 5-149b
《卢尔德》 9-578b
卢浮宫 5-149c, 2-439d
卢浮宫版 2-212a
卢浮宫博物馆 5-149d
卢浮宫博物馆学院 5-149e
卢格,A. 5-255b, 6-209a
卢沟桥 5-149f, 1-272a, 5-150a
卢沟桥抗战 6-119f
卢沟桥事变 5-150a, 2-483d, 5-149f, 6-119f
卢鹤绂 5-150a
《卢户部诗集》 5-151e
《卢济塔尼亚人之歌》 5-150b
卢嘉锡 5-150c, 8-17a, 9-377b
卢津,N.N. 7-375b
卢卡努斯 3-173e
《卢卡诺尔伯爵》 3-501c
卢卡奇 5-150e
卢卡斯,R.E. 5-151a
卢卡西维茨,J. 2-392b, 9-241a
卢克莱修 5-151b
《卢克莱修受辱记》 1-445d
《卢克雷西亚》 2-538c
卢克曼,T. 7-52c
卢克斯,G.B. 4-511a
卢克索 5-151b
卢克索村 2-218b
卢克索神庙 5-151c, 1-65e
卢库加河 7-287c
卢拉山 4-80d
卢里人 5-151d
卢里语 5-151d
卢列,E. 4-216d
卢龙 9-31d
卢纶 5-151e
《卢纶诗集》 5-151e
卢眉娘 9-132d
卢蒙巴,P.H. 5-151e
卢米埃尔,A. 2-290c
卢米埃尔,L. 5-152a, 2-290c
卢米埃尔兄弟 2-291c
卢纳察尔斯基,A.V. 4-569e, 7-547c
卢纳桥 6-186a
卢奴县 2-314a
卢帕河 5-261e, 6-424e
卢佩章 6 152b
卢浦大桥 5-152c, 6-186b
卢齐利乌斯 3-173c
卢奇安 5-152c, 3-181b
卢杞 8-438b, 8-465f
卢日尼基文化公园奥运场馆 5-474c
卢日支人 5-152e
卢日支塞尔维亚人 5-152e
卢日支语 5-152e
卢萨卡 5-152e, 9-153b
卢塞恩湖 1-9f
卢桑－马丁内斯,J. 3-86a
卢瑟福,D. 2-150f
卢瑟福,E. 5-153a, 2-23e, 2-331f, 5-35c, 8-76b, 9-109a, 9-317e, 9-450f, 9-589b
卢瑟福实验室 3-433f
卢瑟福α粒子散射实验 9-589b
卢森堡 5-153b
卢森堡 5-154a
卢森堡,R. 5-154b, 2-176f, 5-334b, 8-338d
卢森堡大公国 5-153b
卢森堡大学 5-154a
卢森堡人 5-154c
卢森堡语 5-154c
《卢森堡之雪》 5-110a
卢沙 5-157e
卢绍权 5-418b
卢生 2-558a
卢思道 5-154d
卢斯,H.R. 8-287f
《卢斯夫人》 1-164a
卢梭,H. 5-154e, 9-106a
卢梭,J.-J. 5-154f, 2-457a, 4-212c, 5-17c, 5-19e, 5-197f, 6-490d, 8-263a, 9-548d
卢梭,T. 1-149b
卢图利,A.J.M. 5-155c
卢托斯瓦夫斯基,W. 5-155d
卢瓦尔河 5-155d
卢瓦尔平原 2-438c
卢湾区 5-155e
卢旺达 5-155e
卢旺达爱国阵线 5-156b
卢旺达共和国 5-156b
卢旺达国防军 5-156c
卢旺达国立大学 4-47c, 5-156d
卢旺达火山公园 7-553c
卢旺达通讯社 5-156d
卢旺达语 1-225c, 5-155f
卢维加纳 5-149a
卢武铉 5-156d
《卢武阳集》 5-154e
卢希亚人 5-156e, 4-464a
卢希亚语 5-156e
卢乡县 4-535b
卢象昇 5-156f
卢新华 6-451d
卢彦伦 4-259c
卢永祥 7-218b
卢允言 5-151e
卢宅村 2-328e
卢照邻 5-157a
《卢照邻集》 5-157a
卢肇钧 5-157a
卢植 3-137e, 5-274c
卢挚 9-492e
卢仲衡 4-212a
卢戆章 5-157b
卢作孚 5-157c, 5-425d
芦 5-158a
《芦川归来集》 9-215e
《芦荡火种》 5-157d
《芦笛》 1-79d
芦丁 3-599b
芦葩 5-222b
芦根 5-158a
芦花黄雀 3-595e
芦荟大黄素双蒽酮苷 2-463c
芦穄 3-70a
芦木目 8-234c
芦笙 5-157e
芦笙舞 5-157f, 5-419a
芦粟 3-70a
芦笋 5-158a, 6-594a
芦田均 6-320a
芦苇 5-158a
芦苇荡 5-158a
芦苇属 5-158a
《芦鸭图》 3-597b
《芦雁图》 1-338c
庐 2-162f
《庐江冯媪传》 4-594e
庐江县 5-158b
庐陵 4-57d
庐鹿蛮 6-3d
庐山 5-158b, 6-98c
《庐山高图》 6-521b
庐山会议(1959) 5-158d, 6-63d
《庐山远公话》 2-377c
《庐山之雪》 7-193c
庐山植物园 9-306c
炉 3-127a
炉甘石 5-99e
炉火 9-475f
炉钧花釉 8-437d
炉山县 4-394b
炉油 6-271e
泸定桥二十二勇士 5-158f
泸沽湖 5-159a, 5-24c, 5-51b, 6-393c
泸水（金沙江） 4-252a
泸水（怒江） 6-2f
泸水县 6-3a
泸型白酒 1-199d
泸州长江二桥 6-186b
泸州老窖大曲 1-199d
泸州老窖特曲 5-159b, 7-146d
泸州市 5-159b

鸬鹚 5-159c
鸬鹚科 7-341c
颅底骨折 5-159e
颅高压危象 5-551a
颅骨骨折 5-159e
颅颊囊 2-33f
颅裂 5-159d
颅脑 2-46b
颅脑外伤 5-159d
颅内出血 2-15d
颅内压 5-160a
鲈形目 5-160c, 2-52c
鲈鱼 3-529a
卤簿 5-160d
卤虫 5-160e
卤代反应 5-161a
卤代酚 1-311a
卤代烃 5-161c
卤代烷 5-161d
卤化苄 1-311b
卤化氢 5-161e
卤化物 5-161f
卤化物单晶 3-229c
卤化物矿物 4-503b
卤化银电极 4-579b
卤化银感光材料 3-44c
卤水 2 242e
卤素 5-161e
卤钨灯 5-161f
卤族元素 5-161e
鲁 5-162a
鲁（山东省简称） 6-435f
鲁,J. 2-560d
鲁,W. 5-162c
鲁埃达,L.de 8-141e
鲁昂大教堂 2-442a
《鲁昂教堂》 5-471b, 8-613d
鲁奥,G. 4-45b
《鲁巴比卡之母》 3-304c
鲁巴塔峡谷 9-153a
鲁巴特,T.I. 2-33b
鲁拜 6-335c
鲁班 5-162d, 2-570b
鲁班诞生日 6-532a
《鲁班的子孙》 3-25e
鲁般 5-162d
鲁邦多岛 7-549e
鲁棒分析 5-162e
鲁棒控制理论 5-162e
鲁棒性 5-162e
鲁棒综合 5-162e
鲁贝尔,I.W. 8-612e
鲁本斯,P.P. 5-162e, 2-585d, 8-124f
鲁本斯主义者 5-163c
鲁毕克,E. 5-465b
鲁毕克方块 5-465b
鲁宾斯坦,A. 5-163c
鲁宾斯坦,A.G. 5-163d, 6-556e
鲁宾斯坦,N.G. 5-476c
鲁宾斯坦,S.L. 5-163e
鲁宾孙,A. 2-511d, 5-455c
《鲁宾逊-帕特曼法》 2-474f
鲁滨逊,J.H. 5-163f
《鲁滨逊漂流记》(电影) 2-290d
《鲁滨逊飘流记》(小说) 2-215e, 2-418b
鲁卜哈利沙漠 5-164a, 1-30d, 1-45c, 6-426a, 6-427e
鲁不古 6-153e
鲁布革峡谷 6-175c
鲁莱 5-164b, 6-434e
鲁达基 5-164b, 6-364f
鲁道夫湖 7-420d
鲁道夫·莱德 3-445a
鲁道夫人 5-164b, 5-28c
《鲁道夫星表》 4-390b
鲁道夫一世 4-479a, 6-352b
鲁登堡,C. 5-350e
鲁登道夫,E. 2-264f, 6-444e, 8-302d
鲁迪沙,D. 9-435a
鲁涤平 4-188e
鲁尔福,J.J. 5-164c
鲁尔河 1-72e, 4-536b
鲁尔硬煤 2-173b
鲁菲吉河 5-164d
鲁缟 7-302e
《鲁贡玛卡家族的命运》 9-578b
《鲁贡玛卡一家人的自然史和社会史》 4-98c
鲁桂珍 5-3d, 9-376e
鲁国 5-162a
鲁国故城 6 247f
鲁胡胡河 5-259e
鲁桓公 5-162a
鲁济济河 1-447d
鲁建 8-57e
鲁口 3-377d
鲁库阿体 1-34a
鲁利亚,A.R. 5-164d
《鲁论语》 5-195f
鲁梅利亚城堡 1-417b
《鲁勉采夫案件》 1-182f
鲁缅采夫,P.A. 5-164f
鲁姆特克寺 3-38a
鲁穆公 5-162b
鲁内贝格,J.L. 5-165a
鲁凝 7-525c
鲁普莱希特-卡尔大学 3-321b
鲁奇兰府邸 1-10c
鲁丘鲁河 1-82a
鲁丘鲁瀑布 7-553c
鲁热维奇,T. 5-165b
鲁日堡 7-582a
鲁日·德·李尔,C.-J. 5-275b
鲁日奇卡,J. 5-124d
鲁萨斯二世 8-3a
鲁萨斯一世 8-3a
鲁塞 2-388d
鲁塞尔,A. 7-467e
鲁山花瓷腰鼓 3-196f
《鲁诗》 8-135e
鲁氏,J. 4-423c
鲁思,B. 5-165b
鲁思荣誉奖 5-165c
鲁斯丹·埃芬迪 5-165c
鲁斯卡,E. 1-381e
《鲁斯兰与柳德米拉》(歌剧) 3-105c
《鲁斯兰与柳德米拉》(叙事诗) 6-116f
鲁斯塔维里,S. 5-165c
《鲁颂》 7-176f
鲁肃 5-165e, 9-126a
鲁肃墓 9-126b
鲁索洛,L. 1-162b
鲁滕堡,A. 6-209a
鲁提菲 5-165e, 3-112c
《鲁提菲集》 5-165e
鲁体民歌 5-165f
鲁瓦,G. 5-166a
鲁瓦,J. 9-521f
鲁王监国 5-536f, 6-219b
鲁韦斯炼油厂 1-32e
鲁文佐里国家公园 7-615d
鲁文佐里山 3-51a, 7-553c
鲁伍马河 7-288e
鲁西格达城 7-124f
鲁西南战役 4-271b
鲁西牛 4-84e
鲁西诺夫,L.I. 4-485f
《鲁相史晨祀孔子奏铭》 7-7a
《鲁相史晨飨孔子庙碑》 7-7a
鲁宣公 5-162a
鲁迅 5-166a, 1-60b, 1-267c, 1-267f, 1-324a, 5-166e, 5-359f, 6-409d, 7-314b, 8-169d, 9-401a
《鲁迅的故乡》 8-29f
《鲁迅的美学思想》 7-315d
鲁迅故居（北京） 1-272a
鲁迅故居（上海） 3-478e
《鲁迅全集》 3-510e, 5-166d, 6-462f
《鲁迅散论》 6-307e
鲁迅艺术文学院 5-166d
鲁迅艺术学院 5-166d, 1-203b, 4-410a, 8-423f, 8-427c
《鲁迅译文集》 5-166d
《鲁迅与中国文学》 7-515d
《鲁迅在世界文学上的地位》 3-83b
《鲁迅在文学战线上》 7-315d
《鲁迅作品论集》 7-515d
鲁彦 5-166e
鲁彦周 7-367c
鲁阳生 6-115f
鲁伊斯,J. 5-166f

鲁伊斯·德·阿拉尔孔·伊·门多萨，
J. 5-167a
鲁艺 4-410a, 5-166d
鲁因迪-鲁丘鲁平原 7-553c
鲁隐公 5-162a
鲁斋先生 8-353f
《鲁斋遗书》 8-354a
鲁直 3-598a
鲁子敬 5-165e
《鲁祖米亚特》 5-293e
镥 8-130d
六安市 5-167b, 1-98c
甪直镇 8-41c
陆贝 6-346d
陆壁 5-168f
陆标定位仪器 3-392c
陆冰 1-364e
陆参军 9-389e
陆潮 1-544b
陆春龄 5-167b
《陆春龄笛子曲集》 5-167c
陆春龙 1-312f
陆纯伯 1-331f
陆稻 2-167d
陆地测控站 1-486f
陆地达雅克人 2-70d
陆地堆积 2-370b
陆地棉 5-410e, 5-412b
陆地迁徙 6-158f
陆地生物群域 6-541f
陆地水文学 7-100b
"陆地卫星"1号地球资源卫星 2-237b
"陆地卫星"2号地球资源卫星 2-237b
"陆地卫星"4号地球资源卫星 2-237b
"陆地卫星"7号地球资源卫星 2-237b
陆地沼泽化 9-227d
陆地植被 9-301a
陆地植物地理学 9-302e
陆佃 1-147b
陆定一 5-167c, 1-211e
《陆定一文集》 5-167d
陆尔奎 2-43a
陆法言 6-191c, 7-213a
陆放翁 3-406b, 5-170c
《陆放翁全集》 5-171b
陆费逵 9-414d, 9-431c
陆丰市 5-167d
陆风 3-331f
陆龟蒙 5-167e, 5-403f
陆浑水库 5-227f
陆巩 5-318c
陆机 5-167e, 6-88b, 9-165d
陆基反卫星导弹 2 475a
陆基洲际弹道导弹 9-477f
陆家羲 9-570e
陆贾 3-368b
陆架 2-93b
陆架流 6-175c
陆间地中海 5-556c
陆间海 2-251e, 5-556c
陆九龄 2-405e
陆九渊 5-168a, 2-405e, 3-112b
《陆九渊集》 5-168b
陆军 5-168b, 1-365e, 4-358a
陆军部 5-136e
陆军航空兵 5-168b
陆军军官学校 7-224a
《陆军军官学校条例》 1-241e
陆军军徽 4-353b
陆军新编第四军 3-289c
陆君实 5-170a
陆均松 5-168d
陆侃如 5-168f, 2-578c
陆克文 5-168f, 1-137f
陆莉 3-60e
陆连岛 9-288a
陆良彩色沙林 6-248d
陆龙卷 5-141c
陆隆 2-93e
陆南山 7-317a
陆内地中海 5-556d
陆内海 5-556c
陆棚 2-93b
陆平原 5-167e, 6-88b
《陆平原集》 5-167f
《陆平原年谱》 4-186c
陆坡 2-93f
陆桥假说 4-5d
陆桥运输 4-78f
陆壳 2-92d, 2-231a
陆清河 5-171d
《陆清河集》 5-171d
陆琼 1-565e
陆权派 2-245b
陆荣廷 5-169a, 3-523a
陆容 5-445e
陆生环境 9-540e
《陆士衡集》 5-167f
陆士龙 5-171d
陆世廉 5-447b
陆台 2-238c
陆探微 5-169b, 4-163e, 9-206f
陆王心学 8-255e
陆王学派 5-169c
陆维钊 6-261e
陆文宝 5-313a
陆文夫 5-169d
陆文奎 5-104b
陆务观 5-170c
陆西星 5-169e, 2-572a
陆锡熊 7-150f
陆祥 3-195e
陆相 1-550a
陆相火山岩 4-14c
陆相烃源岩 7-386e
《陆小凤传奇》 3-172b
陆心说 5-169e, 5-295f
陆心源 1-331e, 1-484f
陆修静 5-169f, 5-519e
陆秀夫 5-170a, 7-165b
陆学善 5-170b
陆游 5-170c, 5-543b
陆羽 5-171b, 1-490b, 1-491c
陆元九 5-171c
陆缘冰 2-92e
陆缘海 1-338d
陆缘说 5-171c
陆源碎屑岩 1-550c
陆云 5-171d
《陆云集》 5-171d
《陆战法规和惯例公约》(1899) 3-345d
《陆战法规和惯例公约》(1907) 3-345e
《陆战法规和惯例章程》 3-345d
《陆战法规与惯例章程》 3-345e
陆真腊 9-254e
陆征祥 1-478a
陆志韦 1-320c
陆贽 5-171e
《陆忠烈集》 5-170b
陆子刚 5-171e
陆宗舆 4-197a, 8-50e, 8-346c
录副奏折 9-563f
《录鬼簿》 5-171f
《录鬼簿续编》 5-171f
录尚书事 6-470c
录音带音乐 4-395b
录音电话 1-82c
鹿 5-171f
鹿城县 8-260c
《鹿鼎记》 4-261c
鹿花菌 8-449e
鹿回头湾 6-404b, 6-404d
鹿角 4-203e
鹿角蕨 5-172b
鹿角藤属 4-122b
鹿圭 5-486e
鹿科 5-171f, 6-27e
鹿门子 6-73d
鹿巧玲 6-435a
鹿茸 4-315e, 5-172a, 5-269d, 5-332c
鹿寿草 5-172d
鹿属 5-269c, 5-332b
鹿特丹 5-172c, 3-431b
《鹿特丹人伊拉斯谟》 2-42d
鹿蹄草科 5-172e
鹿头山暴雨区 5-141e
鹿衔草 5-172d
鹿阳外史 7-499b
鹿野苑 5-172d, 7-466f, 8-604d
鹿钟麟 4-191c, 6-589b
逯钦立 8-170d

绿林军 1-599a
绿林起义 2-86d, 5-118d
绿营 5-172e, 6-219e
绿营兵 8-189f
《绿营兵志》 5-203a
《禄村农田》 2-542e
禄东赞 7-162c, 7-585e
禄丰古猿 5-172f, 5-173b
禄丰龙 5-172f, 5-173b
禄丰县 5-173b
禄丰组 9-413a
禄田 9-299c
禄星 2-613f
路 7-165d
《路》(电影) 4-616d, 7-250b
《路》(剧本) 7-234c
路阿 8-328f
路·阿迪生·卡明斯 4-550c
路安民 7-81b
路边黄 5-144b
路程 7-569e
路氹公路 5-173c
路德成 5-173c
路德港 1-97e
路德教堂 8-164b
路德派大教堂 7-287f
路德维希,C.F.W. 6-530e
路德宗 5-173b
路德宗世界联盟 5-173c
路登幕 1-10a
路福元 5-173d
路广才 5-173c
路环岛 5-173c
路基 2-164a
路基工程 2-164a
《路加福音》 2-616a
路迦耶多 7-109d
路迦耶陀 7-109d
路家班 5-173c
路肩 2-164a
路景达 5-173d
《路景达雕镂影人集》 5-173d
路翎 5-173d
路面工程 2-164b
路南石林 5-173e
《路畔旅舍的故事》 4-550a
路歧 9-98f
路歧人 9-390a
路寝 3-142c
路树 8-313e
路透,P.J. 5-174a, 5-174a
路透电报公司 5-174a
路透股份有限公司 5-174a
路透社 5-174a
路线勘测设计 2-164a
《路易·波拿巴的雾月十八日》 5-255c
《路易大帝的世纪》 3-170b
路易大王 5-174d
路易二世 2-613c
《路易法典》 5-427e
路易·法里古勒 5-211f
路易-菲利浦 6-122b, 6-122c
路易港 5-174b, 5-315c
路易·拿破仑·波拿巴 2-449d, 2-449e, 5-505a
路易七世 6-592b
路易·茹威剧院 6-338f
路易十八 1-383b, 6-515b, 8-81b
路易十六 5-174c
路易十三 1-383a
《路易十三肖像》 7-613a
路易十四 5-174d
《路易十四骑马像》 2-442e
路易十五式 5-228b
路易十一 7-468e
路易斯,A.M. 5-174e
路易斯,G.N. 5-174f, 3-550e, 8-16f
路易斯,J. 6-267a
《路易斯安那购地条约》 1-30b, 4-397e, 5-175b
路易斯安那州 5-175a
路易斯·德·贡戈拉 3-589f
路易斯·德·莱昂修士 4-531a
《路易斯·德·索萨教士》 4-110f
路易斯·戈伊蒂索洛 3-86d
路易斯结构 3-151b
路易斯·利基 5-28b
路易斯酸碱理论 5-175a, 7-207c
路易斯维尔 5-175c
路易斯维尔大学 5-175d
路甬祥 5-175d, 9-377b
路由技术 3-521c
路由器 5-175e
路子书 3-512e
路宗有 5-173d
箓(宗教) 2-605d, 2-605f
辘轳 5-175f
潞安县 5-176a
潞城市 5-176a
潞城县 5-176a
潞绸 3-516e
潞简王墓 8-291a
潞西方言 1-6a
潞西设治局 5-311b
潞西市 5-176b, 5-311b
潞西县 5-311b
潞县 5-176a
潞盐 9-140d
潞子婴儿墓 5-176a
鹭 5-176b
鹭岛 8-168a
鹭科 5-176b
麓台 7-517c
露 5-176b
露点温度 4-470a
露点仪 6-584d
露脊鲸 5-176c
露脊鲸科 5-176c
露莓类群 7-61c
《露青竹杖歌》 3-198c
《露水的统治者》 5-212a
《露丝》 3-28f
露丝玛丽·阿尔巴赫-莱蒂 5-213c
露天采煤 1-466b
露天开采 5-176d
露天矿 4-500c
露天音乐场 8-577c
露西拉·戈多伊·阿尔加亚伽 5-400f
露西亚节 5-176f
露香园绣 3-364d
《露辛达·布雷福德》 1-418e
露叶草属 5-326c
《露易莎·米勒》 8-572e
露阴症 8-323f
驴 5-176f
驴打滚 3-70a
驴豆 3-469d
驴豆属 3-469d
驴骡 5-225c
《驴皮记》 1-153d, 1-153e
驴皮影 9-405c
驴尾巴 5-177a
驴喜豆 3-469d
驴戏 5-179a
闾邻制 5-530b
吕班 6-592a
吕保维 5-177b
吕本中 5-177c
吕伯恭 5-181b
吕不韦 5-177c, 5-179d, 6-201a
吕布 2-300d
吕布,M. 5-177d
吕布兰法 6-24f, 7-293d
《吕布与貂蝉》 3-207a
吕诚之 5-179f
吕城 8-580a
吕大防 5-177f
吕大临 5-177f, 4-416b
吕得胜、吕坤父子 5-375d
吕德,F. 5-177f
吕德里茨 5-510b, 5-510d
吕洞宾 5-178b
吕凤子 3-287e
吕覆 5-178c
吕淦森 7-263d
吕光 5-178c, 1-276e, 3-492f, 4-318f, 6-162e
吕海寰 7-391b
吕后 5-178c, 6-123b
吕惠卿 5-178d, 9-167b
吕吉甫 5-178d

吕骥 5–178e
吕嘉问 9–167b
吕居仁 5–177c
吕剧 5–179a, 9–517e
吕康 8–212f
吕克昂 8–402d
吕克·贝松 5–179a
吕克石碑 6–349e
《吕览》 5–179d
吕丽萍 4–557d
吕利,J.-B. 4–515e, 7–135f
吕梁山 5–179b
吕梁市 5–179b
《吕梁英雄传》(电影) 5–85a, 9–235e
《吕梁英雄传》(小说) 5–248f
吕留良 6–231c, 7–173a
吕隆 3–492f
吕蒙（三国时期） 3–208b
吕蒙（现代） 6–466f
《吕蒙正》 1–471a, 6–99f
《吕蒙正风雪破窑记》 6–99f
吕品昌 7–327d
吕婆楼 5–178c
吕钦 5–179c
吕绍 3–492f
《吕氏春秋》 5–179d
《吕氏春秋集释》 5–179d
《吕氏春秋校释》 5–179d
《吕氏春秋·圜道》 4–304f
《吕氏春秋注》 5–179d
吕世明 5–178c
吕叔湘 5–179e, 2–308a
吕思勉 5–179f
《吕思勉史学论著》 5–180a
吕四港 6–138f
吕四渔场 6–138f
吕宋 5–180b
吕宋岛 5–180a
吕宋国 5–180b
吕唐 6–587b
吕天成 5–180c, 7–499b
吕文成 5–180c, 3–234d
吕文焕 7–165a
吕西阿斯 3–180f
吕西安·富莱 5–72d
吕贤基 4–597d
吕学 9–243a
吕彦直 5–180d, 9–436e
《吕伊·布拉斯》 1–289f, 9–71b
吕颐浩 9–201d
吕毅 4–198e
吕展青 5–178e
吕振羽 5–180e
吕正操 5–181a
吕雉 5–178c
吕紫微 5–177c
吕祖 1–146c
吕祖谦 5–181b, 2–405e
吕纂 3–492f
旅庵本月 6–602f
《旅泊遇郡中叛乱示同志》 2–363c
旅程 9–460e
《旅愁》 3–466d
旅大半岛 5–64e
旅大市 2–91d
旅鸽 5–181c
旅馆 5–181c
旅客渡船 2–364e
旅客机 5–181e
旅客列车 4–9b
旅客周转量 9–143c
旅鸟 5–181f, 5–588d
旅欧中国少年共产党 2–199a, 4–614b, 9–466c
旅顺 5–64f, 5–181f
旅顺口 2–91e, 5–64f, 5–181f
旅顺口区 5–181f
《旅途列国奇观录》 8–514a
《旅行集》 4–611e
《旅行可以开始》 8–88a
"旅行者"号探测器 5–182a
"旅行者" 1号探测器 5–182a, 5–493d
"旅行者" 2号探测器 3–343f, 5–182a, 7–362c
旅游 5–182b
旅游保险 5–182c
旅游承载力 5–182d
旅游船 9–143a
旅游经济 5–182d
旅游区 5–182e
旅游容量 5–182d
旅游消费 5–182f
旅游业 5–182f
《旅长》 2–577b
铝 5–183c, 6–215f
铝矾 5–183d
铝合金 5–183e
铝磷酸盐 6–375a
铝青铜 6–211b
铝热法 7–380d
铝热还原反应法 5–183d
铝土矿 5–183f, 8–390c
履带式拖拉机 7–456a
履带式装载机 9–515c
履癸 4–225a
履亩丈量 2–222c
律（宗教） 6–406d
律博士 2–456f
律法书 6–563d
律管 4–280a
律绝 3–171b, 4–348b
《律例馆校正洗冤录》 8–138d
律吕谱 4–95c
《律吕新书》 1–471a
律师 5–183f
律师事务所 5–184c
律诗 5–184d, 4–348b
《律疏》 7–309b, 9–223a
律学 2–456e
律藏 1–25b, 2–583e, 8–221d
律准 7–505f
律宗 5–184e
率水 6–168b
绿宝石婚 4–223b
绿波交通 1–584d
绿波剧团 4–252f
绿薄荷 5–122d
绿菜花 6–207e
绿茶 5–184e, 1–489a, 1–492e
《绿茶》 4–187a
绿党 5–186b
绿岛 5–184e
绿岛乡 5–184e
绿豆 5–184f, 8–9e
绿豆象 2–346a
绿度母 7–585f
《绿房子》 1–153b
绿肥 6–472d, 9–46a
绿肥作物 5–185a, 8–192d, 9–580c
绿华岛 9–464e
《绿化树》 9–211c
绿辉石 5–132e
《绿橘图》 5–285f
《绿卡》 2–183e
绿孔雀 5–185b, 4–474b
《绿，来自您的手》 8–360a
绿帘石 5–185c
绿岑 6–207e
绿萝 5–185d
绿麻 3–592e
《绿牡丹》 8–25d
绿泥石 5–185e
绿脓杆菌 4–143e
绿脓杆菌感染 4–143e
绿片岩 5–185e
绿萍 5–304b
绿旗兵 5–172e
绿绒蒿 9–12e
绿色安全 3–565a
绿色材料 7–33a
绿色草莓 1–482a
绿色产业 5–185f
《绿色长城》 3–205f
《绿色的教堂》 1–186d
《绿色的可口可乐瓶子》 7–610c
《绿色的土地》 8–7c
绿色革命 5–186a,
绿色革命（外国历史） 3–34d
绿色龟 3–327f
绿色海龟 6–562a
绿色和平运动 5–186b

绿色化学 5–186b
《绿色教皇》 1–55a
绿色盲 6–416c
绿色贸易壁垒 3–270c
绿色能源 2–237e, 5–564c
绿色片岩 5–185e
《绿色牝马》 1–69f
绿色清真寺 1–435d
绿色食品 5–186d
绿色食品标志 5–186e
绿色食品茶 1–489e
绿色住宅 9–502a
绿松石 5–186e
绿头鸭 5–186f
绿苋 8–176f
绿箱补贴 2–468e
绿岩 5–187b, 5–185f
绿岩带 5–187a
绿眼虫 8–22c
《绿野仙踪》 5–187b
《绿野仙踪》(美国电影) 5–349b
绿叶菜 7–57a
绿叶种苎麻 9–500a
绿衣大食 1–31d, 2–436b
《绿衣亨利》 4–394a
绿荫树 7–387d
绿芫菁属 6–189b
绿原 5–187d
绿藻 2–244b
绿藻门 5–187e
绿雉 3–293e
绿洲 5–187f
绿洲道 7–117b
《绿珠》 7–148c
绿柱石 5–188a
葎草属 6–78b
氯 5–188c, 5–161e, 6–502b
氯苯 1–310b
氯苄 5–188e
氯丙嗪 4–414a, 6–82b, 9–307c
氯铂酸 7–510d
氯醇橡胶 5–188e
氯代烃 5–161c
氯代烷 5–161d
氯丁橡胶 4–343e, 4–373e
氯仿 6–396e, 8–260f
氯化苄 5–188e
氯化钙 5–188f, 3–33d
氯化钠 5–189a
氯化筒箭毒碱 7–409f
氯化亚汞 5–189b
氯化银 8–579d
氯金酸 7–510d
氯喹 1–46d, 4–504e
氯雷他定 4–415b
氯磷灰石 5–94d
氯纶 5–189b
氯霉素类抗生素 4–412b
氯水 5–188d
氯乙烷 5–189b
氯乙烯 5–189c, 8–549b
氯唑西林 6–208d
滤饼 3–302b
滤波器 5–189d
滤光镜 5–189e
滤光片 5–189e
滤光器 5–189e
滤浆 3–302b
《滤净的生活》 1–92e
滤色镜 5–189e
滤液 3–302b
孪生素数猜想 7–202c
《孪生兄弟》(电影) 6–583d
《孪生兄弟》(戏剧) 6–110e
孪生子佯谬 6–611a
栾布 8–26d
《栾城集》 7–198b
栾菊杰 5–189f
栾少山 7–60c
栾树属 8–15f
《鸾锟记》 8–501f
鸾鸟城 3–157e
鸾书 4–2b
滦河 5–190a
滦河下游冲积扇平原 3–533a
滦州煤矿 4–387e
滦州影 4–563a, 6–105e, 6–130e, 9–405c
滦州影戏 9–405f
銮巴立 1–318b
銮驾卤簿 5–160e
銮披汶·颂堪 5–190b
卵 5–190c
卵白蛋白 1–194b
卵巢 5–190c, 8–327c
卵巢囊肿 5–190e
卵巢囊肿蒂扭转 4–71d
卵巢新生物 5–190e
卵巢性闭经 1–329a
卵巢炎 6–62c
卵巢肿瘤 5–190e
卵巢转移性癌 5–191a
卵齿 3–616f
卵黄宝贝 1–239e
卵黄胎盘 7–246c
卵磷脂 5–191b, 2–80e
卵配生殖 9–50d
卵生动物 5–191c
卵式生殖 6–549e
卵胎生动物 5–191c
卵形疟原虫 6–6b
卵子 5–190d
卵子结合蛋白 7–44e
《乱》 3–461b
乱柴皴 2–59a
《乱都之恋》 9–210e
《乱后逢村叟》 2–363c
"乱石铺街"体 9–276f
《乱世佳人》 5–191d
乱弹 5–191d, 5–134a, 6–501e
乱弹腔 3–47d
《乱莠集》 9–155a
《掠夺城市的手》 5–220a
掠夺婚 4–2d, 6–181b
掠夺性生产 5–191e
《略画早指南》 3–114b
略园 6–330d
伦巴 5–191f
伦巴德人 2–586f, 5–433a
伦巴德王国 2–350b, 5–433a, 6–363e
伦巴底同盟 4–23a
伦勃朗 5–192a, 3–431f, 8–124f, 8–504c
伦勃朗式的明暗画法 5–192b
《伦勃朗传》 4–555c
《伦布兰特的帽子》 5–258a
《伦茨·帕柏》 3–333f
伦达体文字 6–48d
《伦道夫·丘吉尔勋爵传》 6–240f
伦德尔,I. 9–192d
伦迪,B. 5–350d
伦丁季姆 5–192e
伦敦 5–192d
伦敦 5–192e
伦敦,F 1–530f, 3–549f, 5–195a, 8–16f
伦敦,H. 1–530f, 5–195a
《伦敦–巴黎协定》 3–430e
伦敦城 5–192e
伦敦大学 5–193e
伦敦地下铁道 5–193f
《伦敦调查》 6–485d
伦敦方程 5–194f
伦敦国际金融期货期权交易所 5–194a
伦敦国家画廊 5–194a
伦敦国家剧院 4–339a
伦敦皇家学会 9–4d
伦敦皇家亚洲学会 2–319c
伦敦会议 5–501a
伦敦集邮学会 4–77f
《伦敦交响曲》 3–324e
伦敦交响乐团 5–194b
伦敦经济学院 7–541f
《伦敦居民的生活和劳动》 1–452f, 6–485d
伦敦蜡像馆 5–194c
伦敦力 2–482d
伦敦桥 5–194d
《伦敦全景》 3–112a
伦敦塔 5–194e, 5–193d
《伦敦条约》 1–153a
伦敦五金交易所 5–193a

伦敦希思罗国际机场 5-194f, 9-2e
伦敦兄弟 5-194f
伦敦学派(经济学) 4-296e
伦敦学派(语言学) 2-596c
伦敦烟雾事件 3-132e
伦敦印度协会 5-553a
伦敦证券交易所 5-193a
伦敦政治经济学院 9-2f
伦敦自然知识皇家学会 9-4d
伦莱,Y. 6-299f
伦理 5-195b
《伦理丛谈》 3-104d
伦理德行学 7-124d
伦理学 5-195c
《伦理学》 5-195d
《伦理学》(朋霍费尔) 6-62e
伦理学说 4-477b
伦罗特,E. 4-372b
伦尼,J. 5-194d
伦帕河 6-359e
伦皮拉 3-481b
伦普弗特,R.G.K. 8-210f
伦钦夏托拉 8-97c
伦琴,W.K. 5-195d, 8-75d, 9-588a, 9-588c
伦琴射线 5-195e, 9-588a
伦琴线检查 9-588c
伦什,B. 2-225b, 2-245a, 6-303e, 6-304e
伦斯特宫 2-347f
《论语》 5-195e, 3-415b, 5-195f, 8-135e, 8-170f, 9-73b
《论语》(刊物) 5-195f
《论语集解》 3-244c, 3-415c
论语派 5-195f
《论语小义》 7-612d
《论语注》 4-406c
《沦陷之家》 4-605b
轮班匠 4-192e
轮齿 1-596a
轮虫 5-196a
轮虫动物门 5-196a
轮船招商局 5-196b, 7-315e, 8-345f, 8-470a
轮渡 5-196c
轮滑 5-196d
轮回 5-196e
《轮回》 9-352c
轮回杂交 9-147f
《轮廓》 1-38e
轮流放牧 2-503b
《轮盘》 8-350b
轮式拖拉机 7-456a
轮胎 5-196f
轮胎机械 8-210c
轮胎式装载机 9-515c
轮台城 8-6f
《轮台歌》 1-487e
《轮舞》 6-580e
轮藻门 5-197a
轮状病毒感染 5-197b
轮作 5-197c
论 6-406d
《论巴托克的创作》 9-230c
《论邦本疏》 2-481f
《论暴政》 1-11a
《论不大于一个给定值的素数个数》 4-231f
《论财富、货币和赋税的性质》 1-432c
《论常州词派》 1-527d
《论超灵》 1-86d
《论持久战》 5-197d, 5-320e
论充 3-24c
《论崇高》 2-7e, 3-181b, 4-550b
《论词的搭配》 2-208e
《论磁性》 8-75b
《论大气运动的尺度》 1-494d
《论党内斗争》 5-114f
《论道》 4-263c
《论道德·致卢齐利乌斯》 6-374d
《论德国与德国人的风俗》 7-132f
《论狄摩西尼的文体》 2-208e
《论地球表面的突变》 2-236b
《论第十八届总统选举》 3-616c
《论电影艺术》 3-100f
《论动体的电动力学》 1-89b, 3-216e
《论动物的生殖》 3-317c
《论俄文诗律书》 5-213b
《论恩格斯否定了思维和存在的同一性》 8-464d
《论法的精神》 5-197d, 5-383f
《论法国电影的某种倾向》 7-333a
《论反对日本帝国主义的策略》 4-410b, 5-320d, 7-471d
《论犯罪与刑罚》 1-292f, 2-478d
《论方程的识别与订正》 7-542b
《论方法》 2-488a
《论放射性》 4-330c
《论焚风起源》 3-374c
《论风格》 3-181b
《论佛骨表》 3-365c
《论概念化公式化》 6-202e
《论个性心理学与实验心理学》 2-179f
《论公共教育的民族性》 8-8a
《论共产党员的修养》 5-114f
《论古人的智慧》 6-53c
《论管辖与约束》 6-182f
《论国防音乐》 5-178f
《论国家》 8-99f
《论国民教育》 4-528c
《论海瑞》 8-30b
《论衡》 5-197e, 1-544b, 6-587a, 7-97d, 7-491d
《论衡·雷虚》 4-568a
《论画》 6-300e
《论绘画》 1-10c
《论火的动力》 4-376d
《论霍乱的传染方式》 7-132c
《论几何学基础》 5-199c
《论计算机推广应用一定要立足国内》 9-212e
《论家庭》 1-10c
《论家政》 4-129f
《论贾希利叶(蒙昧)时代的诗歌》 7-238d
《论建筑》 1-10b, 6-30f
《论健全的社会》 2-595c
《论鉴赏装裱古画》 9-514f
《论教会》 3-508f
《论教育书籍的益处》 8-7f
《论解放区战场》 9-481a
《论解剖操作程序》 4-113a
《论金属》 2-250d
《论君主和文学》 1-11a
《论科学和艺术》 2-259e
《论空气与火》 6-502a
论理学 5-222f
《论力的守恒》 3-355c
《论立法和法理学的现代使命》 6-368c
《论联合政府》 5-321a
《论列宁主义基础》 7-123a
《论六家要旨》 1-212a
《论氯仿》 7-132c
《论罗曼·罗兰》 5-201f
《论盲人书简》 2-209b
"论美国学者" 1-86c
《论美国作家》 1-449b
《论美苏关系》 1-556f
《论民主》 4-614a
《论模仿》(狄奥尼西奥斯) 2-208e
《论模仿》(J.E.施莱格尔) 6-579b
《论尼采》 7-230f
《论葡萄牙诗歌》 6-374c
《论气态和液态的连续性》 2-482d
《论权威》 2-414e
《论人类不平等的起源和基础》 5-197f
《论人类种族的不平等》 9-458e
《论人民民主专政》 5-198a, 5-321b
《论人体比例》 2-314d
《论日力国力人力疏》 2-481f
《论日月的大小和距离》 1-42e
《论三维天气分析》 1-398b
《论沙与泥之性状及土壤分类法》 2-205a
《论社会主义市场经济》 7-196f
《论神圣:关于神灵观念的非理性现象和它与理性的关系》 1-133b
《论诗的艺术》(T.塔索) 7-243f
《论诗经中"何"、"曷"、"胡"》 2-308a
《论诗绝句三十首》 9-92c
《论十大关系》 5-198b, 5-321d
《论时政疏》 7-577f
《论实业制度》 6-569a
《论事》 4-223c

《论书表》 7-49b
《论书帖》 3-560b
《论说文集》 6-53c
《论俗语》 2-148a
《论素朴的与感伤的诗》 8-137c
《论算术三角形》 9-570b
《论调速器》 9-536a
《论图形的射影性质》 6-65b
《论微分方程所定义的积分曲线》 6-46e
《论文偶记》 5-106e
《论文学与社会建制的关系》 7-132e
《论无限宇宙和世界》 1-449c
《论西班牙君主政体》 4-403d
《论席勒》 2-212e
《论戏剧》 5-337b
《论戏剧艺术》 5-198c
《论戏剧艺术》(E.G.克雷格) 4-451b
《论新时期的社会主义民主与法制建设》 6-66b
《论新闻报道》 9-485c
《论新中国的政法工作》 6-66b
《论修昔底德的特点》 2-208e
《论学者的使命》 2-542c
《论演说术的衰落》 4-510a
《论冶金》 8-492a
《论一元论历史观的发展》 6-111f
《论乙醚》 7-132c
《论艺术的精神》 4-401a
《论艺术对现实的审美关系》 9-474c
《论异教》 9-556e
《论音调的感觉——音乐理论的生理基础》 3-355d
《论音乐的美》 3-379e
《论英雄史诗》 7-243f
《论应用于判定问题的可计算数》 7-422a
《论有关机遇问题的求解》 1-302a
《论有学问的无知》 5-569a
《论渔业的生物学基础问题》 1-163f
《论原理》 1-125b
《论原因、本原和同一》 1-449c
《论运动稳定性一般问题》 5-1e
论藏 2-583e, 8-221d
《论战争艺术》 5-251f
《论张爱玲小说》 3-15c
《论爪哇岛的卡维语》 3-479e
论治 1-347e
《论智慧》(库萨的尼古拉斯) 5-569a
《论智慧》(H.泰纳) 7-277b
《论住宅问题》 4-442a
《论自然》(阿那克西曼德) 1-48d
《论自然》(R.W.爱默生) 1-86b
《论自由》 5-198d
《论自由教育》 9-548d
《论自助》 1-86d
《论组合的技巧》 9-570b
《论作曲的艺术》 4-598c
捋 7-257b
罗 5-198e
罗,F. 5-465d
罗阿坦岛 4-110c
罗安达 5-198f
罗昂别墅 7-135e
罗巴切夫斯基,N.I. 5-199a, 2-515a, 4-364a
罗巴切夫斯基几何学 2-515a, 5-199b
罗拔诺夫 9-330c
罗贝尔,N.-L. 2-212a
罗贝瓦尔,G.P.de 2-540c, 7-537c
罗本岛 5-524a
《罗别日尼耶克一家人》 8-7c
《罗宾涅塔》 4-570b
罗宾森,J. 6-288a
罗宾森增环反应 7-227c
罗宾斯,H. 8-351c
罗宾斯,J. 5-199d
罗宾斯,L. 4-296e
罗宾斯,R.H. 5-199e
罗宾逊,J.V. 5-199e
罗炳辉 5-200a
罗波安 9-36e
罗伯,L. 4-572a
罗伯茨,C.G.D. 5-40c
罗伯茨,P.C. 3-141c
罗伯茨,R. 4-29b
罗伯茨-奥斯汀,W.C. 5-200b
罗伯茨国际机场 5-25c
《罗伯茨先生》 2-487c
罗伯-格里耶,A. 5-200b
罗伯斯比尔,A.B.J.de 6-282f
罗伯斯比尔,M.-F.-M.-I.de 5-200c, 2-440c
罗伯斯比尔派 8-395b
罗伯特·博特 1-30f
罗伯特二世 5-603f
罗伯特·怀斯 8-577e
罗伯特·卡帕金奖 4-377a
罗伯逊,D.H. 9-171c
罗伯逊,P. 5-200e
罗伯逊海峡 1-154e
《罗勃特·奥姆上尉》 4-570b
罗卜藏丹津 3-589e, 5-200f
罗卜藏丹津叛乱 5-200f
罗布林,J.A. 1-448d
罗布林,W.A. 1-448d
罗布林卡 5-200f, 4-524c, 8-115a
罗布麻属 4-122b
罗布纳巴德群岛 5-384e
罗布诺尔 5-201b
罗布泊 5-201b, 7-241e
罗布泊汉简 3-376a
罗布泊文书 5-201c
罗布镇 6-353c
罗常培 5-201d
《罗成托梦》 5-219c
罗城 4-385e
罗城仫佬族自治县 5-201e, 5-495c
罗城县 5-201e
罗从彦 1-593b
罗大冈 5-201e
罗大经 3-450f
罗丹,A. 5-202a, 2-443a, 7-120a
罗丹博物馆(法国巴黎) 5-202c
罗丹博物馆(美国费城) 2-537d
罗得岛巨像 7-21d
罗得法 6-454e
罗得斯墓 1-441c
罗得西亚共和国 4-265c
罗得西亚和平协议 4-265c
罗德,A.de 9-131a
罗德城 5-202d, 9-11b
罗德富 5-200a
罗德里格斯,J. 1-73f
罗德里格斯岛 5-314d
罗德里克,J.P. 5-202d
《罗德林达》 3-461f
罗登·韦查耶 5-237f
罗登贤 6-307a
罗迪卡尔 3-172c
罗蒂,R. 5-202d
罗店抗日殉难烈士纪念碑 1-240f
罗殿王国 3-246b
罗东镇 8-540c
罗缎 5-202e
《罗恩格林》 7-465e
罗尔多斯党 2-408a
罗尔夫斯,C. 1-357c
罗尔纲 5-202f
罗尔斯,J.B. 5-203a, 9-268d
罗非鱼 2-513a
罗浮 3-43e, 4-243b
罗浮山 5-203c
罗福山 4-593b
罗富和 5-203b
罗干 5-203d
罗干河 7-192f
罗戈斯通讯社 8-84c
罗格,J. 5-203e
罗格特,P.M. 2-290c
罗工柳 5-203f
《罗工柳画集》 5-204b
罗古罗思坚藏 1-145d
罗冠宗 9-374e
罗贯中 5-204b, 6-390c
《罗贯中水浒传原本》 5-203a
罗光达 8-288a
罗广斌 3-476d
罗哈斯,M. 5-204c, 5-254b
罗汉 5-204c
罗汉草 5-172d
罗汉豆 1-474a
罗汉果 3-512d

《罗汉钱》 5–204e
罗汉松 5–204e, 1–524e
罗汉松科 5–168d
罗汉舞 2–106e
罗豪才 5–204f
罗赫,G. 4–582f
罗赫芬,J. 3–11b
罗衡 5–81c
罗红霉素 2–87c
罗洪先 1–486b, 3–166c, 3–238c, 8–451f
罗斛国 7–273e, 8–174d
《罗·黄金史》 3–589e
罗会明 2–82d
罗伽湖 3–1d
罗家角遗址 7–400e
罗江科,M.V. 6–591c
罗教 2–162d, 9–382a
罗杰,G. 5–287c
罗杰斯,A.K. 6–69e
罗杰斯,C. 5–205a, 6–283d
罗杰斯,R. 5–205b, 6–67a
罗杰斯,W.B. 5–238a
罗杰斯山 2–590b
《罗杰之书》 8–516a
罗经 5–205b
罗经盘 9–309f
罗觉 5–220f
罗俊林 7–146f
罗卡角 6–19c
罗开堂 3–16d
罗科托夫,F.S. 5–72b
罗克克里克公园 3–537c
罗拉什岛 6–559a
《罗拉特法》 3–34f
罗赖比多尔吉 9–220e
罗赖马山 3–241a
罗兰,L. 5–298e
罗兰骑士雕像 1–429c
《罗兰之歌》 5–205c, 2–459a
罗勒 2–40b
罗勒,A. 5–205d
罗勒塔 5–205d
罗利 5–205d
罗林森,H.C. 1–301e, 8–410b
罗隆基 5–205e
罗伦 6–10f
罗纶 7–143f
罗罗腔 5–191d
罗罗语 8–547c
罗马 5–205f
罗马玻璃 1–391a
《罗马,不设防的城市》 2–539f, 5–220a
罗马大斗兽场 5–207f
罗马大角斗场 5–207f
罗马大学 5–206b, 8–566a
《罗马的节日》 4–570c
《罗马的喷泉》 4–570c
《罗马的夜晚》 5–220b
罗马地下墓窟 5–206b
罗马帝国 5–206d, 1–122d, 2–101c, 3–164a, 7–468c, 8–564e
《罗马帝国衰亡史》 4–58a
罗马法 5–206d
《罗马法教程》 4–176f
《罗马法在其各个发展阶段中的精神》 8–487c
罗马风建筑 5–212a
罗马公教 4–42f, 7–367f
罗马公民权 7–396a
罗马共和国 2–352b, 6–47a
罗马古城 5–207b
《罗马故事》 5–469a
《罗马故事新编》 5–469a
《罗马观察家》 2–485c
罗马广场 5–207d
《罗马国家法》 5–371f
罗马国家现代艺术馆 5–207e
罗马绘画 5–209a
罗马基督教会 4–338f
《罗马记事》 1–10c
《罗马假日》 5–207e, 6–38f
罗马建筑 5–208d
罗马教堂 4–429e
罗马教廷 5–207e
罗马竞技场 5–207f
罗马俱乐部 5–208b
罗马凯旋门 5–208c
罗马美术 5–208d
罗马内战 6–401d
罗马尼亚 5–209b
罗马尼亚八二三武装起义 5–210c
《罗马尼亚的觉醒》 1–43a
罗马尼亚工人党 5–210e
罗马尼亚公国 5–211a
罗马尼亚共产党 5–210d
《罗马尼亚狂想曲》 1–70a
罗马尼亚人 5–210e
罗马尼亚社会主义共和国 6–127b
《罗马尼亚诗曲》 1–70a
罗马尼亚王国 5–210f
罗马尼亚语 5–211a
罗马尼亚正教会 2–329d
罗马尼亚族 5–209d
《罗马女人》 5–469a
罗马人 5–211b, 2–438c
罗马人的皇帝 1–493e
罗马－日耳曼法系 2–92f
《罗马盛衰原因论》 5–383e
《罗马史》(阿庇安) 1–3d
《罗马史》(李维) 3–173e
罗马式雕刻 5–211d
罗马式雕塑 5–211c
罗马式绘画 5–211d
罗马式建筑 5–211c, 5–212a
罗马式美术 5–211c
《罗马书注释》 1–183b
罗马数字 4–96a
罗马水泥 7–95b
《罗马颂歌》 3–441c
罗马天主教会法 5–422d
《罗马条约》 7–120f
罗马万神庙 5–211d, 3–172e
罗马文化 4–514a
罗马镶嵌画 5–209b
《罗马刑法》 5–371f
罗马学院 8–525d
罗马耶稣教堂 1–175a
罗马圆形剧场 1–102b
罗马乐派 5–391d
《罗马之松》 4–570c
《罗马11时》 2–184c
罗曼,J. 5–211f
罗曼,J. 5–212a
《罗曼采罗》 3–336e
罗曼建筑 5–212a
罗曼科什山 4–452d
罗曼罗夫王朝 2–330c
罗曼·罗兰 5–212c, 1–148f, 9–118a
罗曼那派 5–520e
罗曼诺夫 5–458d
罗曼诺夫王朝 5–212e, 2–398d, 5–568e
《罗曼诺夫王朝一家》 6–39e
罗曼什海沟 2–108f
罗曼什人 4–570d
罗曼什语 5–31f
罗曼语族 5–212f
罗曼诸语言 8–86c
罗门,A.van 7–542b
罗蒙诺索夫,M.V. 5–212f, 2–401d, 2–402b, 4–285b, 6–282e
罗蒙诺索夫海岭 1–256c
罗蒙县 7–388c
罗梦鸿 1–240d
罗密欧和朱丽叶效应 1–86f
《罗密欧与朱丽叶》 5–213b
《罗密欧与朱丽叶》(H.柏辽兹) 1–405f
《罗密欧与朱丽叶》(P.I.柴科夫斯基) 1–499a
《罗密欧与朱丽叶》(Yu.N.格里戈罗维奇) 3–103b
《罗密欧与朱丽叶》(C.古诺) 3–174c
《罗密欧与朱丽叶》(J.克兰科) 4–450b
《罗密欧与朱丽叶》(L.M.拉夫罗夫斯基) 4–516e
《罗密欧与朱丽叶》(S.S.普罗科菲耶夫) 6–113e
罗密·施奈德 5–213c
罗明坚 5–213c, 8–106d
罗明佑 5–46c, 9–351a
罗摩 5–213d

《罗摩功行录》 2-359c
罗摩克里希那 1-347d
罗摩奴阇 2-532d, 8-599c
《罗摩衍那》 5-213d, 1-26f, 5-491d
罗默,D. 4-295d
罗默,O. 5-214a
罗默利,O. 3-227b
罗姆 4-65f
罗姆,E. 2-1b, 2-153a
罗姆,M.I. 5-214b, 1-5b
罗姆,R.de 7-600f
罗姆人 5-214b
罗姆人国际委员会 4-66a
罗姆人文化中心 4-66a
罗姆苏丹国 5-214c, 6-371f
罗慕卢斯 5-214d, 5-211b
《罗慕卢斯》 5-515d
罗慕卢斯·奥古斯图卢斯 3-164b
罗慕洛 3-163c, 5-214d
《罗慕洛大帝》 2-212d, 2-212e
罗纳尔多 5-214d
罗纳根,B. 1-536b
罗讷河 5-214e, 1-9e, 6-351b
罗念生 5-214f
罗盘 5-205b, 7-168b, 9-309f
罗沛霖 5-215a
罗齐埃,F.P.de 5-370d, 6-144c
罗其清 8-467e
罗切斯特 4-157d
罗钦顺 5-215b, 3-112c
罗荣光 8-554c
罗荣桓 5-215c, 3-177c
罗容思 5-215a
罗汝芳 7-299a
罗瑞卿 5-215e, 2-74a, 5-79b
罗萨,J.G. 5-216a, 3-235a
罗萨里奥 5-216a
罗萨里奥大学 5-216b
罗萨姆斯特试验站 2-224d
罗萨斯,J.M.de 5-369e, 6-56c
罗塞,J.B. 4-232a
罗塞蒂,D.G. 3-615f, 4-516c, 7-278e
罗塞蒂,W.M. 4-516c
罗塞尔,J.B. 4-287c
罗塞塔石碑 5-216b, 6-453f
罗桑顿珠 1-222a
罗桑嘉措 2-254c
罗桑坚赞 4-524e
罗桑确吉坚赞 1-221f, 9-172f
罗桑扎巴 9-557f
罗瑟林、奥康的威廉 3-150d
罗森 6-384e
罗森堡夫妇 5-296a
罗森贝格,A. 5-604e
罗森贝格,L.D. 2-116b
罗森布卢埃特,A. 4-479e
罗森布施,K.H.F. 8-431c
罗森塔尔,M.M. 5-216c, 1-349d, 9-32b
罗森塔尔,R. 5-216d
罗森塔尔效应 5-216d
罗沙,A.E.B.de 1-133a
罗山自然保护区 7-398f
《罗生门》 5-216e, 6-383b
《罗生门》(小说) 4-234b
罗盛教 5-216f
罗士琳 4-328c
罗氏几何 2-515a
罗叔言 5-221e
罗叔蕴 5-221e
罗思柴尔德,L.W. 1-290f
罗思科,M. 2-9c
罗斯,E. 1-22a
罗斯,E.A. 5-217a, 6-46c
罗斯,J.C. 5-217d
罗斯比,C.-G.A. 5-217b, 5-217c
罗斯比波 5-217c
罗斯冰架 5-217d
罗斯冰障 5-217e
罗斯丹,E. 5-217e
罗斯岛 5-217e
罗斯蒂斯拉夫公爵 2-96f
《罗斯法典》 5-217f
罗斯福,F.D. 5-217f, 2-111a, 2-178d, 5-41d, 5-348b, 5-497e
罗斯福,T. 5-218b, 1-197a, 2-73b
罗斯福大学 9-288d
《罗斯福和霍普金斯》 6-502d
罗斯福湖 2-83f
罗斯福纪念堂,F.D. 3-537b
《罗斯福丘吉尔联合宣言》 2-111a
罗斯福水坝 2-527a
罗斯福推论 5-367d
罗斯国 4-47a
罗斯金,J. 5-218d
罗斯玛丽·罗斯福 7-334a
罗斯受洗 2-403c
罗斯塔 2-403f
罗斯特罗波维奇,M.L. 5-218e
罗斯托,W.W. 4-284f, 4-288f, 5-218f
罗斯托夫 5-218f, 2-380c
罗斯托夫农机厂 5-218f
罗斯托夫州 5-218f
罗斯托基准 5-218f
罗斯托克 5-219a
罗斯托克大学 5-219a
罗斯托克砖塔 5-219b
罗斯王国 4-47a
《罗斯真理》 5-217f
罗松窗 5-219b
罗素,B.A.W. 5-219c, 7-73b
罗素,H.N. 5-219d, 3-447b
罗素悖论 1-304a, 4-75f, 9-269e
《罗素姆万能机器人》 5-219e
罗索 5-219e, 2-387a
罗索,M. 5-207e
罗索宫 6-281b
罗特,K.F. 7-68c
《罗亭》 7-429d
罗退尔帝国 3-430c
罗退尔一世 2-465a
罗陀种姓 6-421a
罗王宾 5-336b
罗维,R.H. 1-413d
罗文藻 5-219f
罗西 6-17a
罗西,B. 3-433f
罗西,F. 5-219f
罗西里尼,R. 5-220a
罗西尼,G. 5-220b, 6-380a
罗县 5-402c
罗香圃 5-220c
罗霄山脉 5-220d, 4-308c
罗霄山人 7-594c
《罗霄山人醉语》 7-594c
罗莘田 5-201d
罗旋 2-366b
罗雪尔,W.G.F. 2-175f
罗雪堂 5-221e
罗亚·巴斯托斯,A. 5-220e
罗亚尔堡 2-449b
罗亚尔岛 7-178a
罗亚尔岛国家公园 5-408e
罗亚尔植物园 4-257f
罗阳县 6-347e
罗烨 9-389f
罗伊斯,F.von 2-293c
罗伊斯,J. 8-268c
罗亦农 5-220f
罗易,M.N. 5-220f
罗易,R.M. 8-609c
罗隐 5-221b
罗英 6-168d
罗瘿公 5-221b, 1-592b
罗愿 5-221c
罗藏丹森讲素 9-220e
罗泽,H. 5-581a
罗扎法特城堡遗址 7-126f
罗章龙 5-221d
罗昭谏 5-221b
罗振常 7-8e
罗振玉 5-221e, 2-377d, 4-254c, 6-319c, 9-92f
罗整庵 5-215b
《罗织经》 4-530e
罗中立 3-4a
罗忠镕 9-375c
罗仲言 5-221d
罗竹风 3-382f
罗卓英 9-408d
罗兹 5-221f, 1-378f
罗兹维人 6-476d

罗子国　5-402c
罗宗洛　5-221f
罗佐夫,V.S.　5-222a
萝卜　5-222b
萝卜灯　3-526b
萝卜属　5-222b, 6-591f
萝芙木　5-222c
萝芙木属　4-122b, 5-222c
萝藦　5-222d
萝藦科　5-222d
啰音　4-511c
逻各斯　5-222e, 2-159f, 7-124d
逻辑　5-222e
《逻辑》 4-263c
逻辑常项　9-298d
逻辑电路　5-224a
逻辑电路图　5-224a
逻辑概率　3-31a
《逻辑和逻辑学》 6-43c
逻辑经验主义　3-482c, 4-441c, 5-224e
逻辑实用主义　4-504f
逻辑实证主义　5-224c
逻辑思维　7-119e
逻辑维　4-355e
《逻辑学》 5-224e, 2-9f, 2-482b, 2-488a, 3-452f
逻辑演算系统　2-592f
《逻辑、语义学、元数学》 7-238a
逻辑元件　5-224c
逻辑原子论　5-224f
逻辑炸弹　7-523c
逻辑主义学派　7-64e
逻娑　8-113e
逻些　7-162c
锣　5-224f
锣鼓　2-33d
锣鼓经　5-225a
锣鼓谱　4-95c, 5-225a
锣鼓三件　4-529a
锣鼓杂戏　6-8e
锣经　5-225a
箩纹蛾　5-225b
箩纹蛾科　5-225b
骡　5-225c
骡马大会　8-51b
螺钿漆器　5-130b, 6-124f
螺钿镶嵌鼻烟壶　1-314e
螺菌　5-225c, 8-154b
螺菌科　5-225c
螺硫银矿　3-607c
螺蛳　5-225d, 7-85c
螺蛳青　6-213e
螺蛳属　5-225d
螺纹联接　5-46d
螺旋　4-158a
螺旋采集方式CT　9-583c
螺旋桨飞机　5-225e
螺旋霉素　2-87c
螺旋内酯　4-408a
螺旋千斤顶　6-156f
螺旋输送机　7-56b
《螺旋形防波堤》 2-78d
螺旋鱼腥藻　4-546b
螺旋藻　5-225f, 4-546b
螺旋藻属　5-225f
裸鼻鸱科　8-504e
裸唇纲　5-226a, 2-39f
裸大麦　2-95d
《裸岛》 8-285d, 8-550e
裸电线　2-289c
裸狐鲣属　4-247e
裸蕨属　5-226b
裸蕨植物　5-226a
裸粒短燕麦　8-445b
《裸脸》 8-239f
裸露药包法　1-253b
《裸女与狗》 8-238c
裸蛇　8-587f
《裸体玛哈》 3-86b
裸体人像彩陶壶　5-252c
《裸体午餐》 1-164e
裸吻鱼　5-226b
裸吻鱼科　5-226b
裸形外道　6-133b
裸燕麦　8-445b, 9-42a
裸衣派　6-133c
裸蛹　2-34e, 5-300e, 9-28d
裸藻　7-86e
裸藻门　5-226c
《裸者和死者》 5-333d, 5-354d
裸子植物　5-226d
裸子植物门　5-226c, 8-391e
裸子植物时代　9-437d
咯（化学） 9-146b
洛阿河　5-226e
洛班巴　7-140d
洛贝林　9-439a
洛本仁波且　5-40a
洛比托　5-226e
洛宾球　6-147e
《洛勃西茨之战》 3-309a
洛布,J.　3-563d
洛采,R.H.　7-585f, 8-535e
洛川会议　5-226f
洛川先生　9-482b
洛川县　5-227a
洛党　7-58e
洛德依当巴,Ch.　5-227b
洛迪苏丹　5-476f
洛迪王朝　2-182a
洛蒂　4-534b
洛蒂,P.　5-227c
《洛蒂的婚姻》 5-227c
洛蒂塞　4-526a
洛蒂塞亚　4-526a
洛东江　5-227c
《洛东江》 9-232c
洛多维科·卡拉奇　4-370c
洛法河　5-24e
洛峰　4-49d
洛夫　5-227d
洛夫乔伊,A.O.　6-69e
洛弗兰德镇　6-236a
洛福伊瀑布　3-52d
洛甫　9-210b
洛根国际机场　1-384c, 5-274f
洛根河　6-6e
洛根山　4-114c
洛贡河　2-415a
洛河　5-227e
洛基尔,J.N.　3-355e, 5-200b
洛加尼斯,G.　5-227f
《洛迦诺公约》 5-228a
洛迦诺会议　5-228a
洛迦悉·帕斯迦罗　6-570a
洛科奥河港　5-576b
洛可可　5-228b
洛可可风格　2-442e, 5-228c
洛可可绘画　7-470f
洛克,J.　5-228d, 2-457a, 4-212c, 9-280c
洛克,J.F.　3-87b
洛克比空难　5-228e
洛克菲勒,J.D.（老） 1-67e, 5-228e
洛克菲勒财团　5-228e, 4-454b
洛克菲勒基金会　2-43e, 5-228f
洛克菲勒兄弟基金会　5-228f
“洛克纳诉纽约州”案　4-25d
洛克齐　2-377f
洛克希德公司　9-583e, 9-587e
洛克希德·马丁公司　8-411a, 9-584e
洛朗,A.　9-46d
洛朗森,M.　5-23c
《洛丽塔》 5-507d
洛林　5-228f
洛林格,F.　4-537a
洛林天然公园　5-229a
洛林王国　5-154c
洛伦茨,K.　5-229a, 2-594d, 7-386f, 8-611e
洛伦茨,M.O.　5-229b
洛伦茨曲线　5-229b
洛伦茨系数　5-229c, 4-49e
洛伦索-马贵斯　5-271e
洛伦泽蒂兄弟　8-134d
洛伦兹,H.A.　5-229d, 2-276d, 3-228e, 4-255d, 8-75c
洛伦兹,M.A.　3-194f
洛伦兹变换　5-229f, 7-154f, 8-156e
洛伦兹力　5-229f
洛伦兹力公式　2-45f

洛伦佐·德·美第奇祖孙 5-342d
洛美 5-230a, 2-382e
洛美大学 5-230b
洛美道关国际机场 2-383c
洛美港 2-383c, 5-230a
洛美广播电台 2-383d
洛美沙星 3-408b
《洛美协定》 5-230b
洛奈港国家海洋公园 5-239e
洛帕京山 6-360f
洛哌丁胺 9-307d
洛潘河 3-307a
洛佩·德·维加 3-589f
洛佩斯,F. 5-230c
洛齐尔,W.W. 2-23e
洛奇,H.C. 4-463d
洛奇,O.J. 1-373a
洛塞尔的维纳斯 2-441d
洛赛克 8-215f
洛桑 5-230d
洛桑大学 5-230d
洛桑会议 5-230d, 8-455b
洛桑酒店管理学院 5-230d
《洛桑条约》(1923) 5-230f, 5-230e, 8-127a
洛桑学派 5-231a
洛杉矶 5-231b
洛杉矶迪斯尼乐园 2-213e
洛杉矶光化学烟雾事件 3-132e
《洛杉矶时报》 5-231e
洛杉矶时报-华盛顿邮报通讯社 3-538b, 5-231f
《洛神》(电影) 7-250a
《洛神》(戏曲) 3-182d, 4-186d
《洛神》(乐曲) 2-360e
《洛神赋》(诗歌) 1-479f, 5-231f
《洛神赋》(书法) 7-513d
《洛神赋图》 5-231f, 9-460c
洛神葵 5-329f
洛蚀文 7-517a
洛氏硬度 9-22d
洛书 3-428b
洛斯安赫莱斯,V.de 5-232a
洛斯达,A. 1-486c
洛威尔,J.R. 5-232b
洛维特,W. 8-187f
洛先科,A.P. 5-72b
洛学 1-589d, 1-593b, 5-13b
《洛亚哈吉》 6-2e
洛阳 5-232b
洛阳花 5-486e
洛阳牡丹花会 3-426f
洛阳盆地 5-227e
洛阳桥 5-232e
《洛阳伽蓝记》 5-233a, 7-176a
洛阳市 5-233b
洛阳市古墓博物馆 1-422a
洛阳铜加工厂 3-426d
洛邑 1-581a
洛-约翰松,K.I. 5-233c
洛州 3-2b
洛庄汉墓 6-436f
络合催化剂 2-57b
络麻 3-592e
络脉 4-297c
络纱娄 2-501d
络石属 4-122b
络纬 2-501d
络穴 5-233d
骆宾基 5-233e
骆宾王 5-233f
《骆宾王文集序》 5-234a
骆秉章 6-593f
骆彩武 5-234d
骆临海 5-233f
《骆临海集笺注》 5-234a
骆马湖 3-562a
骆驼 5-234a, 6-27e, 8-561a
《骆驼》 1-174d
骆驼奶 5-234c
骆驼蓬 5-234c
骆驼蓬属 5-234c
骆驼泉 8-383a
《骆驼泉》 5-234d
骆驼时期岩画 6-355f, 6-356a
骆驼属 5-234a
《骆驼祥子》(电影) 5-99a, 7-132d, 9-352b
《骆驼祥子》(话剧) 7-54d
《骆驼祥子》(小说) 4-559c
骆玉笙 5-234d, 4-283c
骆越人 5-311a, 9-131b
珞巴语 5-234f, 5-234f
珞巴族 5-234f
落潮流 1-543f
落袋式台球 7-249d
落地参 3-530f
落地生根属 4-312e
落干 6-433b
落花生 5-235a, 3-530f
《落花生》 8-353b
落花生属 3-530f
落华生 8-353a
落基山脉 5-235a, 1-278d
《落角》 4-422a
落葵 5-235d
落葵科 5-235d
落日征 5-549d
落水海子 5-159a
落下闳 5-235d
落星湖 6-98c
落叶 8-494f
落叶果树 3-300a
《落叶果树》 6-165b
落叶季雨林 6-275e
落叶阔叶林 5-235e
落叶阔叶树 6-183a
落叶树 6-183a
落叶松 5-236a
落叶松毛虫 7-160c
落叶松球果花蝇 3-532c
落叶松属 7-160b
落叶玉兰 9-75d
落叶针叶树 6-183a
雒水 5-227e
雒魏林 8-107b
雒县 3-234e
雒越 9-127b
漯河市 5-236e

M

犸地臣 8-539b
妈宫湾 6-68b
妈湾港 6-509c
妈祖 5-237a, 2-161c
妈祖诞生日 6-532a
妈祖宫 6-68d
麻痹 7-280c
麻痹性痴呆 9 321a
麻痹性斜视 8-237c
麻涤 9-500b
麻豆柚 9-53b
麻沸散 2-323f, 3-555d, 6-388c
麻风 5-237b
麻风杆菌 2-506b
《麻姑仙坛记》 8-438c
《麻姑献寿》 3-182d
麻哈没的 1-496e
麻黄 5-237c
麻黄碱 5-237c
麻黄科 5-226e
麻黄素 5-237c
麻黄汤 4-228d, 6-451b, 8-261e
麻黄细辛附子汤 4-228e
麻将 5-237c
麻将牌 5-237c
麻辣子鸡 3-514b
麻栎 5-237d
麻柳 2-571a
麻皮蝽 2-39c
麻皮皴 2-59a
麻雀 5-123c, 5-237e
麻雀牌 5-237c
麻雀属 5-237e
麻喏八歇 5-237e
麻喏巴歇 5-237e
麻纱 5-237f
麻省理工学院 5-238a, 1-384d, 5-274f
麻省理工学院贝克大楼 1-17b

麻素提 5–278e
麻纤维 5–238b
《麻衣相术》 8–207e
麻扎 5–238c, 1–1b
麻疹 5–238d
麻知几 9–218d
麻织物 5–238e
麻醉 5–238f
麻醉剂 2–426b, 5–189c, 8–549a
麻醉镇痛药 9–260d
蟆口鸱科 8–504e
马 5–239b
马阿鲁拉尔人 1–56e
马埃岛 5–239d, 6–378c
马埃斯特腊山区 4–379d
马鞍面 2–423a
马鞍山港 5–239e
马鞍山矿区 5–239e
马鞍山市 5–239e, 1–98a
马鞍山镇 5–239e
马岙镇原始村落遗址 2–312b
马巴语族 5–239e, 5–573e
马坝人 5–239f, 6–292c
马坝人遗址 6–472e
马霸图 2–18d
马廒儿 3–512d
马宝玉 4–549a
马本源 6–445f
马本斋 5–239f
马鞭草 5–240b
马鞭草科 5–240a
马波乔河 6–558c
马伯乐 2–378c, 2–485f
《马伯乐》 8–217d
马勃 5–240b
马勃菌 5–240b
马布尔峡谷国家保护区 4–431c
马布利,G.B.de 4–470f
马步芳 6–206b
马查多·德·阿西斯,J.M. 5–240b
马查多兄弟 5–240d
马查普查雷峰 1–414f
马超 5–240e
马辰 5–240f
马春帆 5–274c
马达 5–15a
马达加斯加 5–240f
马达加斯加大学 7–242e
马达加斯加岛 2–520c
《马达加斯加的神明》 4–512c
马达加斯加共和国 5–241d
马达加斯加民主共和国 5–241d
马达加斯加嗳流 0 607d
马达加斯加王国 5–241d
马达加斯加王陵 5–242a, 7–242e
马达加斯加语 5–242b
马达拉骑士浮雕 1–243f
马达里汗 3–406f
马达马宫 2–350b
马打兰 5–242c
马大河 5–275c
马大师 5–286f
马大猷 5–242d
马代尔诺,C. 1–175a, 6–557a
马代拉河 5–242e
《马黛琳娜1号稿》 5–244b
马丹 5–282c
马丹阳 2–7a
《马刀舞》 4–142d
马岛之战 6–356d
马德堡半球实验 3–28a
马德衡 5–253b
马德拉酒 5–242e
马德拉群岛 5–242e
马德拉斯 5–242f, 4–246b, 5–386d
马德拉斯大学 4–246d
马德拉自治区 5–242e
马德兰教堂 3–166f
马德里 5–242f
《马德里承诺》 6–15a
马德里大学 5–243b
马德里东方剧院 4–339a
马德里孔普鲁腾塞大学 8–84c
马德里框架 9–328c
《马德里斯科条约》 4–388f
《马德里条约》 5–461d
《马德里协定》 8–99d
《马德里之夜》 3–105c
马德里中央大学 5–243b
马德罗,F. 2–214b, 4–372b, 5–484c, 6–366d
《马德罗主义者安德列斯·佩雷斯》 1–55d
马德普拉塔 5–243c
马德普拉塔大学 5–243c
马德望 5–243c
马德新 7–148f
《马的故事》 2–67e
马登,J.W. 2–468a
马镫 6–359a
马地臣 8–539b
马蒂,J. 5–243d, 3–161b
马蒂格公路桥 3–53b
马蒂河 1–8c
马蒂拉,A. 2–24f
马蒂思想 3–161c
马蒂斯,H. 5–243e, 8–182b, 8–493c
马吊牌 5–237c
马丁,A.A. 8–132a
马丁,J. 5–244c
马丁,P.-E. 3–127a, 8–491f
马丁·安德森 5–572d
马丁·杜·加尔,R. 5–244c
马丁公理 5–39b
马丁极大原理 5–39b
《马丁·里瓦斯》 1–442b
马丁·路德 5–244d, 2–188e
马丁·路德·金 5–244e, 1–400f, 5–352f
马丁·玛丽埃特公司 2–90d
马丁·米尔斯 1–418e
马丁尼,S. 3–94b, 8–134d
《马丁·萨兰德》 4–394a
马丁松,H. 5–244f
马东篱 5–286d
马兜铃科 5–245a
马都拉人 5–245a
马都拉语 5–245b
马杜鲁国家公园 7–128c
马杜罗德自然保护区 7–128c
马端临 5–245b, 7–596b, 7–596d
马多尼乌斯 8–119e
马恩广场 1–406c
马恩河 6–374d
马恩河会战 5–245c
马恩语 4–393e
马儿·腆合 5–71e
马尔堡学派 8–276e
马尔伯勒公爵 8–86b
马尔采夫,A.I. 5–455c
马尔代夫 5–245c
马尔代夫鱼 5–245f
马尔代夫之声 5–246b
马尔登,K. 1–151f
马尔迪赫 1–61b
马尔杜克 2–389c
马尔杜克神庙 1–148c
马尔杜克神像 1–68b
马尔方氏综合征 4–86f
马尔盖拉 7–532a
马尔加拉山 8–526e
马尔加什共和国 5–241d
马尔加什人 5–241c
马尔凯,C. 8–277a
马尔康县 1–2b
马尔科夫尼科夫规则 4–107d
马尔可夫,A.A. 5–246b, 5–246d
马尔可夫链 5–246c, 7–214f
马尔克,F. 1–357c, 4–401a, 6–210c
马尔克公社 5–246d
马尔克斯,R. 5–246d
马尔克维奇·格鲁申贝格 1–250d
马尔库塞,H. 5–246e
马尔马拉大学 8–531d
马尔莫拉峰 6–355a
马尔皮基,M. 6–530e
马尔切罗,C. 5–246f
马尔切罗型双支墩大头坝 5–247a
马尔萨斯,T.R. 5–247a, 4–295b
马尔萨斯人口论 5–247b
马尔沙 8–389e
马尔尚,J. 2–454a

马尔斯 1－50d, 3－172f, 5－214d
《马尔特·劳里茨·布里格随笔》 5－7b
马尔特诺琴 2－298b
马尔提阿利斯 3－173e
马尔托夫,L. 1－435d, 5－388d
马尔维纳斯群岛 5－247c
马尔维纳斯群岛战争 5－247d, 1－24a
马耳 8－497d
马耳他 5－247e
马耳他岛 5－247e
马耳他里拉 5－248c
马耳他热 1－450b
马耳他人 5－248d
马耳他语 5－248e
《马耳他之鹰》 3－458a, 5－349c
马法兰 5－191b
马法氏综合征 4－201c
马坊战役 4－592b
马芬加山 9－153d
马烽 5－248f
马蜂 3－502c
马福益 3－539d
马复初 9－135f
马干 1－45d
马戈马多夫,A. 1－545e
马革顺 9－309c
马格达莱纳河 5－249a
马格达伦学院 4－168c
马格德林文化 5－249a, 6－26a, 7－11a
马格津山 1－30a
马格勒莫瑟文化 9－438a
马格里布 5－249b
马格里布阿拉伯通讯社 5－461a
马格里布联盟 7－419e
《马格里布史》 1－307b
马格利奇山 1－385e
马格禄 2－307d
马格尼特山 5－249c
马格尼托哥尔斯克 5－249c, 8－2e
马格尼托哥尔斯克钢铁联合企业 5－249c
马格努斯,A. 6－507e
马更些,A. 1－377a
马更些河 5－249d, 2－97d
马公港 7－253b
马公市 6－68c
马公湾 6－68b
马古大帝 5－307f
马古利斯,L. 9－253a
马骨 5－239d
马骨胡 5－249e
马褂 5－249e, 6－50d, 9－356d
马褂木 2－405f
马关 8－158c
《马关条约》 5－249f, 2－44c, 4－597f, 5－554f, 8－158c
马贵与 5－245b
马桂源 6－445f
马国翰 5－274c, 8－234a
马哈,K.H. 5－249f
马哈蒂尔·宾·穆罕默德 5－249f
马哈福兹 5－250a
马哈坎河 6－98a
马哈拉施特拉人 5－258d
马哈麻 5－500b
马哈茂德·阿巴斯 2－455e
马哈茂德·沙阿 5－269a
马哈努沃勒 5－250b
马哈韦利河 5－250c, 7－128c
马海毛 1－96d
马海晏 6－445f
马韩 3－360f, 6－391d
马汉,A.T. 5－250d, 2－245b, 3－337f
马合木德·本·胡赛音·本·穆罕默德·喀什噶里 5－250e
马合木德·喀什噶里 5－250e, 3－609c
马合木德·喀什噶里墓 4－364d
马和骆驼时期 7－11e
马和之 3－255c, 8－392d
马赫,E. 5－250e, 6－444c, 7－547c
马赫迪 1－149d, 5－251a
马赫迪宫 7－180b
马赫迪陵 7－180b
马赫迪起义 5－251a
马赫拉塔人 5－258d
马赫穆德（伽色尼王朝） 4－124c, 7－180c
马赫穆德（萨非王朝） 6－360d
马赫穆德·塞夫凯特帕夏 7－437e
马赫数 5－251b
马赫主义 5－251c, 7－547c
马亨德拉溶洞 1－414f
马衡 5－251c, 4－254c
马洪 5－251d, 9－397a
马厚山 5－253a
马忽思 5－71d
马化龙 6－445e
马鸡属 4－37c
马基雅维利,N. 5－251e, 4－359e
马基雅维利主义 5－251f
马吉,P. 2－433b
马吉尼琴式 3－201e
马吉卿 5－274c
马季 5－251f
马季长 5－274c
马加丹 2－411c
马加什教堂 1－433a
《马加志尼街》 6－108f
马家浜文化 5－252a
马家窑文化 5－252b, 1－466f, 5－134f, 7－404b
马嘉理 8－421b
马嘉理事件 3－252f, 8－421b
马戛尔尼,G. 5－252d
马戛尔尼使团 5－252d
马甲滑稽 7－512c
马架子 3－449b
马建忠 5－252e, 5－277b, 7－451b
马健翎 5－252f
马交 4－544a
马焦雷湖 1－9f, 6－351c
马鲛属 4－544a
马金凤 5－500a
马君武 5－253a
马钧 5－253b, 6－388c, 9－309d
马俊仁 5－253b
《马卡尔的梦》 4－421d
马卡尔耶夫斯基大市场 8－158e
马卡连柯,A.S. 5－253c, 3－124e
马开地 3－515f
马凯 5－253d
马柯迪,L.A. 3－270a
马科 5－253f, 4－38a
马利斯,F.E. 5－254b
马可 5－254c
马可·波罗 5－254d, 6－459f
《马可·波罗》 9－10f
《马可·波罗游记》 5－254e, 5－254e, 9－213a
《马可福音》 2－616a
马可尼,G. 5－254e, 1－444f, 4－196a
马可尼无线电报有限公司 5－254e
马可·维特鲁威·波利奥 7－557b
马克,A. 1－357c, 6－210c
马克,H.F. 3－63e
马克当,J.L. 5－254f
马克当路面 5－254f
马克迪西 2－227b
马克利尔角半岛 5－259e
马克·吕布 5－287d
马克沁,H.S. 5－254f
马克沁机枪 5－254f
马克萨斯群岛 1－380f, 2－454d
马克思,K. 5－255a, 1－348f, 2－9f, 2－188f, 2－208f, 3－125e, 3－147b, 4－210d, 4－442a, 4－443d, 4－553c, 4－554f, 5－17c, 6－514d, 8－288e, 8－379a, 9－521e
《马克思恩格斯全集》 5－255e, 7－590c
马克思格兰国际机场 6－358c
马克思共产主义学校 9－333c
马克思列宁学院 9－333d
马克思列宁主义 2－260f, 5－73c
《马克思列宁主义法学理论选集》 7－137f
马克思派 2－440e
《马克思体系的崩溃》 6－45e
马克思学说研究会 2－196b, 3－68f, 4－596e, 5－221d, 7－500d
《马克思研究》 8－121b
马克思主义 5－255e, 4－442a
《马克思主义辩证方法》 5－216d
马克思主义财政学 1－463f
《马克思主义和哲学》 8－91d
马克思主义伦理学 5－195c

《马克思主义与中国革命》 4-584b
马克思主义哲学 9-240a
《马克思主义哲学概论》 7-547c
马克思主义政治经济学 9-283c
《马克思传》 5-334c
马克斯·普朗克科学促进学会 5-271f
马克斯·瓦莱尔 6-209a
马克斯韦尔,R. 5-256a
马克·吐温 5-256b, 7-298c
《马克·吐温的磨难》 1-449a
马克西米利安 2-265b, 3-510a
马克西米利安一世 5-256d
《马克西米连宝座》 1-221a
马克西姆餐厅 6-71d
《马克西姆·马克西梅奇》 2-151c
马克-1计算机 1-77f
马克-2计算机 1-77f
马克-3计算机 1-77f
马孔代木雕 5-473c
马口铁板 8-132a
《马库奈伊玛》 1-93a
马裤呢大衣 2-120e
马夸内人 5-256e
马夸人 5-256e, 1-225b
马拉博 5-256e
马拉博机场 5-256f
马拉迪 5-575b
马拉蒂人 5-258d
马拉多纳,D.A. 5-256f
马拉河 7-549e
马拉加拉西河 1-447e
马拉喀什 5-257a, 1-15a
《马拉喀什建立世界贸易组织协定》 7-20d
《马拉喀什宣言》 8-4c
马拉卡勒 7-179d
马拉卡纳体育场 5-257c, 5-10d
马拉卡斯 6-422d
马拉开波 5-257d, 7-563d
马拉开波湖 5-257e
马拉开波湖桥 5-257e
马拉马尔海岸 2-172b
马拉梅,S. 5-257e
马拉默德,B. 5-257f
马拉尼翁河 5-258a
马拉若岛 5-258a
马拉松跑 5-258b
马拉松游泳 5-258c
马拉松战役 5-258d
马拉塔人 5-258d
马拉特人 4-519c, 5-258d
马拉提帝国 5-258d, 6-106b
马拉提人 5-258d
马拉提语 5-258e, 5-258d
马拉韦国家公园 4-437a
马拉维 5-258f
马拉维大会党 5-259c
马拉维大学 1-443b, 5-259e
马拉维高地 2-520b
马拉维共和国 5-259c
马拉维湖 5-259e, 5-259b
马拉维湖国家公园 5-259e
马拉维克瓦查 5-259d
马拉维人 5-259f, 1-225b
《马拉沃利亚一家》 7-550d
马拉雅拉姆人 5-260a
马拉雅兰人 5-260a
《马拉之死》 5-260b, 2-107c
马来半岛 5-260c
马来-波利尼西亚语系 5-260c, 5-521d, 8-416c
马来鳄 5-260e
《马来纪年》 5-260c
马来联邦 5-260d
马来民歌 1-227e
马来貘 5-485f
马来切喙鳄 5-260e
马来群岛 5-260e
马来人 5-260f, 5-260e
马来人种 5-260f
《马来诗歌的开拓者》 6-64a
马来属邦 5-261b
马来酸 2-309f
马来酸酐 7-109a
马来西亚 5-261c
马来西亚工业化之父 5-250a
马来西亚联邦 5-261f
马来西亚文化村 5-268c
马来西亚语 5-263a
马来熊 5-262e
马来熊属 5-262e
马来亚 5-261c
马来亚共产党 5-262f
马来亚联合邦 5-260d, 5-261c, 5-261f
马来亚人民抗日军 5-262f
马来由人 5-261b
马来语 5-262f, 7-591a
马莱,É. 7-428b
马莱伯,F.de 3-167f
马兰 5-263a
马兰,D.F. 5-263b
马兰比吉河 5-481b
《马兰花》 5-263c, 2-417d
马兰属 5-263a
马兰头 5-263a
马蓝 4-350d
马勒,G. 5-263c
马勒,H.J. 5-263d
马勒,L. 1-187c, 8-277a
马勒伯朗士,N. 5-263e, 2-216e
马勒夏尔,J. 1-536b
马雷布河 2-408d
马雷州 7-439c
马累 5-263f, 5-245d
马礼逊 5-264a, 3-252c, 8-107b
马里 5-264b
马里埃特,A. 5-265d, 1-66b
马里安·恩古瓦比大学 3-50e
马里奥·德·安德拉德 8-181d
马里奥·菲洛体育场 5-257c
马里旦,J. 5-265e
马里帝国 5-265f, 3-48a
马里共和国 5-264e
马里科河 5-79e
马里兰大学 5-266b
马里兰州 5-266a
马里联邦 6-375b
马里联盟党 5-264e
马里纳海滩 4-246d
马里内蒂,F.T. 5-266b, 1-162b, 1-415f
马里尼,M. 5-207e, 5-498e
马里尼亚克,J.C.G. de 8-130d
马里诺,G. 1-175d, 6-115b
马里诺派 1-175d
马里斯,J. 3-346b
马里斯,M. 3-346b
马里王国 7-388a
马里亚,C. 1-534a
马里亚纳海沟 5-266c, 5-405c
马里亚纳群岛 5-266c
《马里亚娜·皮内达》 4-121b
马里亚特吉,J.C. 5-266d
马力 5-266e
马力诺 6-566a
马立克学派 5-266e
马利筋属 5-222e
马利克沙 6-371e
马利肯,R.S. 5-266f, 3-549f
马利诺夫斯基,B.K. 5-267a, 4-172e, 4-220f, 4-567e, 4-587d
马利塔遗址 4-327e
马利亚 5-267b
马利亚教堂 5-219b
马连登 8-93b
马连良 5-267c, 5-538e
《马连良演出剧本选集》 5-267e
马列维奇,K. 8-182d
马林（明） 6-358f
马林（现代） 3-594a, 7-223e, , 9-361f
马林克语 5-576c
马林克族 4-80c
《马林诺·法里埃罗》 2-388e
马林诺夫斯基,B.K. 5-267a
马林斯基,J.A. 8-130d
马林斯基剧院芭蕾舞团 4-49d
马林斯基运河 6-556c
马林王朝 6-357e
马麟 5-285f, 9-72d
马铃薯 5-267e, 6-191b, 8-5b
马铃薯甲虫 8-496d
马铃薯块茎蛾 5-294d

马陵之战 5–268a
马令 5–543a
马六甲 5–268a
马六甲半岛 5–260c
马六甲博物院 5–268c
马六甲海峡 5–268c
马六甲王国 5–268e
马六甲语族 5–269a, 5–545a
马龙·白兰度 5–269a
马龙峰 2–272b
马龙·奈喀什 5–269b
《马隆布拉》 2–608e
马卢尔湖 2–397b
马鲁古海 7–186d
马鲁古群岛 5–41a, 8–602d
马鲁穆库特鲁山 5–241c
马鹿 5–269c, 5–171f, 5–172a
马鹿川西亚种 5–269c
《马路天使》 5–269d, 3–442d
马吕斯,É.-L. 1–36b
马略 7–186c
马略特,E. 1–394c, 6–58a, 6–615f
马罗基角 6–19c, 9–295d
马罗尼河 2–454f
马骡 5–225c
马洛,C. 5–269d
马洛蒂 4–534b
马洛蒂山 1–124b, 4–533e
马洛礼,T. 5–269e
马马卡斯克水电站 4–565c
马茂元 3–175f
马眉叔 5–252e
《马门教授》 5–269e, 7–609c
马门溪龙 5–269e
马蒙·伊本·穆罕默德 3–528d
马孟起 5–240e
马面 1–583a
马明心 9–239b
马鸣 5–269f, 2–76d
马莫雷河 1–392e, 5–242e
马莫里安,R. 5–270a
马默里 5–270a
马默斯温泉 3–597d
马那瓜 5–270b
马那瓜大学 5–270c
马纳尔 7–128f
马纳河 2–455a
马纳潭国家公园 4–266b
马奶酒 5–270c
马奈,É. 5–270d, 2–442f
马南邨 2–198c
马瑙斯 5–271a
马尼卡人 6–476d
马尼克五级坝 5–271b
马尼拉 5–271b
马尼拉麻 4–203c
马尼图林岛 8–335a
马尼托巴大学 7–582a
马尼托巴低地 2–97e
马年 4–282e
马宁王朝 1–403e
马努蒂乌斯,A. 5–271d
马努蒂乌斯家族 5–271d
马努考 1–123b
马努齐奥家族 5–271d
马努奇家族 5–271d
马篷古布韦文化景观 5–524a
马皮 5–239d
马普切人 1–182d
马普切语 9–321b
马普托 5–271e
马普托港 5–473b
马普托理工学院 5–271f
马普学会 5–271f
马其顿 5–272a
马其顿的腓力 2–528d
马其顿共和国 5–272c, 7–126c
马其顿科学和艺术院 7–126c
马其顿人 5–272e
马其顿王朝 5–272f
马其顿王国 6–113b, 8–123e, 8–404f
马其顿王陵 5–273a
马其顿语 5–273b
马其顿战争 5–273b, 1–380d, 5–211b
马其顿族 1–8a
马奇,T. 5–273c
马奇诺,A.-L.-R. 5–273d
马奇诺防线 5–273c
马启西 8–90e
马千里 5–286d
《马汧督诔并序》 6–43b
马钱子 5–273e
马钱子属 5–273e
马腔 5–276f
马乔尔,Z. 1–112f
《马乔尼的哀歌》 1–376c
马桥文化 5–50d
马桥文化遗址 5–437a
马钦山 5–285e
马丘比丘古城 5–273f
《马丘比丘宪章》 1–585b
《马球图》 9–220d
马荣火山 5–274a, 2–525c
马溶之 5–274b
马融 5–274c, 4–280a, 7–495f, 8–355a
马如飞 5–274c
《马如飞先生南词小引初集》 5–274d
马如龙 9–135f
马茹拉尼奇,I. 5–274d
马瑞河 5–275c
马瑞林 5–275c
马萨里克,T. 4–226f
马萨林,J. 5–286b
马萨乔 7–599e
马萨瓦 2–409a
马萨亚火山 5–570f
马萨伊马拉野生动物保护区 4–464f
马萨依语 5–573e
马萨诸塞州 5–274e, 1–384b
《马萨诸塞州的康科德,1840～1860》 1–76d
马塞奥纪念碑 6–558c
马塞尔,E. 7–468d
马塞尔,G. 2–59f
《马塞港的入口》 8–98b
马塞卢 5–274f, 4–534c
马赛 5–275a
马赛－福斯港 5–275a
马赛港 5–275a
马赛公寓大楼 4–564e
马赛克 5–275b
马赛美术馆 5–275b
马赛－普罗旺斯机场 5–275b
《马赛曲》 5–275b
《马赛曲》(雕塑) 1–169e, 5–178a
《马赛曲》(舞蹈) 2–196f
马三疯 5–275c
马三峰 5–275c
马三立 5–275d
马瑟,C. 5–354a
马瑟,J.C. 5–275e
马瑟韦尔,R. 2–9c
马沙姆,T. 5–84b
马山 5–275f
马山府 5–276a
马山浦 5–275f
马山石林 4–71a
马山1号墓 4–175c
《马上》 4–607a
《马上人与两个裸体战士的搏斗》 3–54e
马尚德 8–457b
马绍,G.de 3–9d
马绍尔群岛 5–276a
马绍尔群岛共和国 5–276a
马绍尔人 5–276d
马绍尔学院 5–286e
马绍尔语 5–276e
马绍纳人 6–476c
马神甫事件 2–257e
马师曾 5–276e
马什,G.P. 3–569e
马什哈德 5–276f
马什哈德·里达 5–276f
马石津 5–181f
马时霏 5–274c
马时期岩画 6–355f, 6–356a
马士英 5–277a, 5–536e
马氏体 5–279b
马氏体不锈钢 1–431e
马氏体淬火钢 3–54b
《马氏文通》 5–277b, 5–252f

《马氏文通读本》 5-277b
《马氏文通校注》 5-277b
马氏珠母贝 3-410b, 9-251a
马世龙 7-218a
马守清 5-239f
马书铭 5-248f
马舒尔港 8-521c
马属 5-239b
马术 5-277c
《马术图》 4-547f
马树槐 5-251f
马水龙 5-277d
马思聪 5-277e
马斯登,E. 9-589b
马斯顿荒原战役 4-456d
马斯哈多夫,A.A. 1-545e
马斯河 3-430a
马斯河谷事件 3-132e
马斯金格姆河 2-396e
马斯喀特 5-277f, 1-45b
马斯喀特电视台 1-46b
马斯喀特和阿曼苏丹国 1-45e
马斯喀特苏丹国 1-45e
马斯克林群岛 5-278b
马斯洛,A.H. 5-278b
马斯内,J. 5-278c
马斯塔巴 4-264d
《马斯特里赫特条约》 5-278d, 6-25d
马松,A. 2-443c
马松,M. 3-571e, 9-310c
马苏大麻哈鱼 3-243f
马苏德 1-21d
马苏第 5-278e
《马苏蒂天文典》 1-320a
马苏里 5-278f
马尿泡 5-278f
马尿泡属 5-278f, 6-191b
马谡 6-388f
马塔迪 3-52a
马塔兰 5-242c
马塔乌图 5-279a
“马踏匈奴”石雕 4-26d
马太 6-587c
《马太福音》 2-616a, 6-401e
《马太受难曲》 1-157f, 5-366a
马太效应 5-279a
《马太伊案件》 5-220a
马泰奥蒂,G. 7-429e
马陶赫,J.H. 9-110f
《马特奥·法尔哥内》 5-333f
马特罗索夫锚 5-327d
马特松,J. 3-461d
《马特维·科热米亚金的一生》 3-120c
马特维耶夫,N.M. 9-115b
马腾 5-240e
马滕斯,A. 5-279b
马提尼克 5-279b, 2-449b
马提翁宫 2-438f
马蹄 1-313a
马蹄金 8-365c
马蹄莲 5-279d, 7-355c
马蹄莲属 5-279d
马蹄螺科 5-279e
马蹄瀑布 5-579a
马蹄寺石窟 5-279f
马蹄寺石窟群 5-279f
马蹄蟹 3-496b
马蹄袖 6-134c
马蹄银 9-367c
马天禄 5-286e
马廷鸾 5-245b
马头琴 5-280b
马头星云 1-115e
马·图比亚 1-67a
马图拉 2-584b, 5-508d, 8-600c
马托格罗索高原 1-185b
马托帕 5-488b
《马湾的主人》 7-582e
马万福 9-402f
马万祺 5-280b
马王堆帛书 5-280c, 9-199d
马王堆出土西汉地图 5-280e
马王堆地图 5-280e
马王堆汉墓 5-281a, 1-518a, 8-233b
马王堆汉墓帛画 5-281c, 1-402f
马王堆汉墓竹简 3-376c
马嵬驿 7-316d
马尾船政局 2-616d
马尾港 5-281c
马尾松 5-281d, 7-161b
马尾松毛虫 7-160c
马尾藻 3-450d
马尾造船厂 5-281d
马尾综合征 3-188e
马文济峰 6-135d
马文禄 6-445f
马文瑞 5-281d
马文渊 5-285d
马文昭 5-281f
马悟真 6-445f
马西,W.L. 9-279d
马西埃岛 1-315c
马西·弗格森公司 2-590a
马西拉岛 1-45d
马西拉湾 1-45c
马西尼萨 6-2b
马西山 5-607e
马希特,R.F. 1-300e
马锡五 5-281f, 8-381b
马锡五审判方式 5-282a, 8-381b
马戏 5-282a
《马戏——没有边疆的世界》 7-495a
马先蒿属 8-362d
马显忠 5-366e
马香雪 5-463e
马相伯 5-282d, 3-3e, 3-9b, 9-258a
马晓春 5-282d
马歇,G. 5-282e, 2-440f
马歇尔,A. 5-282f, 4-293d, 4-294d, 6-492a, 7-283c
马歇尔,G.C. 5-283b
马歇尔计划 5-283c, 5-283b
马歇尔经济学体系 8-267c
马歇尔调处 5-283c
马辛,L. 4-198b
马辛杰,P. 5-283e
马星野 5-283e
《马修·阿诺德》 7-331b
马修斯,T.A. 4-573f
马叙伦 5-283f, 1-267c, 9-382c
《马叙伦学术论文集》 5-284a
马续 1-225f, 3-379d
马学良 5-284a, 9-381d
马牙 8-281e
马雅可夫斯基,V.V. 5-284b
马彦祥 5-284c
马燕红 5-284d
马燕红下 5-284e
马遥父 5-285e
马一飞 5-274d
马一角 5-285e
马伊索梅岛 7-549e
《马医醍醐》 9-438d
马彝初 5-283f
马邑县 7-111e
马邑之战 7-111e
马殷 5-284e, 2-18d
马寅初 5-284f, 1-267c
《马寅初演讲集》 5-284f
马英九 6-194f
马缨丹 5-285a
马缨丹属 5-285a
马樱花 3-409c
马蝇 5-368c
马雍 5-285b
马永成 1-528a
马友友 5-285c
马钰 1-283d, 6-265c
马裕藻 1-352a
马元驭 9-144d
马援 5-285d
马远 5-285e, 2-37f
马约翰 5-285f
《马约拉纳的失踪》 8-167a
马约特岛 5-286a, 4-433a
马赞达兰人 5-286a
马赞德兰起义 1-149d
马增芬 8-93b, 9-234e
马扎尔人 8-329a, 8-330b
马扎尔语 8-330e
马扎然,J. 5-286b

马扎然图书馆 5－286c
马渣坦珠母贝 9－251a
马占鳌 6－445e
马臻 4－171d
马植 3－339e
马志尼，G. 5－286c，6－26f
马致远 5－286d，3－374f
马中锡 5－286e
马朱罗 5－286e
马注 6－233c
马兹鲁伊王朝 6－412d
马兹尼 2－216e
马訾水 8－388c
马自达 2－615b
马宗达，C. 8－597e
马宗汉 8－347e
马鬃 5－239d
马鬃山区 7－200f
马鬃山设治局 7－200f
马祖 5－286f，1－500b
马祖庵 7－368d
马祖澳 5－286f
马祖岛 5－286f，5－287a
马祖道一 5－286f
马祖尔 5－287a
马祖海峡 5－287b
马祖卡 5－287a
马祖列岛 5－287a
马佐夫舍方言 1－380b
马佐维耶茨基，T. 7－448a
吗啡 5－287b，4－443d，9－12c，9－260d
吗啉 8－548c
《玛瑙矿阵图》 4－547f
玛垂错 5－288f
玛达尼，E.H. 5－453e
《玛地》 5－331f
玛蒂尔达 3－462e
玛多县 5－287b
玛尔巴 3－24e
《玛尔塔与马里亚》 6－31b
玛法木错 5－288e
玛高温 8－107d
玛格丽塔岛 7－563e
玛格丽塔峰 3－51a，7－553c，7－614d
玛格丽特 4－368a
玛格丽特·希尔达·罗伯茨 6－356c
玛格南图片社 5－287c
玛卡梅 3－447d
玛卡梅韵文故事 3－447d
玛拉沁夫 5－287d
玛雷，E.J. 5－152a
玛丽·安·埃文斯 1－78d
《玛丽·巴顿》 3－28e
玛丽城广场 5－373d
《玛丽·德·美第奇生平》 5－163b
《玛丽·都铎》 9－71b
玛丽二世 3－226d
玛丽皇后峰 6－561f，7－331c
玛丽·利基 5－28b
玛丽莲·梦露 5－287e
《玛丽莲·梦露》 7－610c
玛丽女王 8－523d
《玛丽蓉·德·洛尔墨》 9－71b
《玛丽雅》 1－149b
玛丽亚 5－267b
玛丽亚二世 6－56d
玛丽亚·特蕾西亚 5－287e
《玛丽娅·布劳恩的婚姻》 2－455d
《玛丽·珍妮的灾祸》 2－290e
《玛利亚迪尼西斯》 5－6e
《玛纳斯》 5－287f，3－111c，4－331b，4－419d，4－419f
玛纳斯湖 5－288d，9－518a
玛纳斯奇 5－287f
玛瑙 5－288d，3－497b，5－470d
玛瑙水胆 5－288e
玛瑙眼 4－262a
玛旁雍错 5－288e
玛沁县 3－299c
玛曲 3－584f
玛莎 5－181c
玛什，M. 2－152e
《玛斯古德》 1－2d
《玛斯纳维》 5－501d
《玛塔欧莉夫人》 7－582e
《玛雅》 1－151b
玛雅－基切人 4－50c
玛雅美术 5－288f
玛雅人 5－289c，3－480e
玛雅文 5－289d
玛雅文化 4－514e
玛雅文明 5－289e，4－105a
玛雅学 5－290a
玛雅遗址 6－32d
玛雅语 5－290d，5－364c
玛兹达教 7－234f
码（物理量单位） 4－88a，9－11f
码分多路通信系统 2－384d
码分多址 2－392c
码分遥控 8－482e
码头 5－290d
《码头风云》 5－269b
《码头工人》（版画） 4－173d
《码头工人》（歌曲） 5－591a
码洋 5－290e
蚂蟥 5－290e，9－320a
蚂蚁 5－290e，5－456a，8－553a
蚂蚱 3－604a
蚂蚱腿子属 4－333b
《骂王朗》 8－428a
埋藏矿体 4－501b
埋藏群 3－544e
《埋地雷》 6－601d
埋伏牙 1－189c
《埋玉》 1－518f
埋葬虫 9－155f
霾 5－290f
买办 5－290f，4－284c，8－469c
买方叫价拍卖 6－35c
买方垄断 5－291b，5－146a
买方期权 6－124b
买方市场 5－291c
买方信贷 5－291d，2－15b
买房放款 1－113f
《买猴儿》 3－412f，5－275e
买空卖空 6－456b
买麻藤科 5－226e
买卖城 6－155d
买卖合同 5－291d
买卖婚 4－2d
买卖婚姻 5－291e
买卖契约 5－291d
买米书 7－144c
买扑法 4－325f
“买丝招匠”制 4－175f
迈（物理量单位） 9－9e
迈阿密 5－291f
迈阿密大学 5－292b
迈阿密国际机场 2－586e，5－292a
迈阿密河 2－396e
迈巴赫，W. 2－134d
迈德拉萨 1－90a
迈尔，C. 3－105b
迈尔，E. 4－270a
迈尔，J. 3－429c
迈尔，J.L. 5－292b，9－471a
迈尔，J.R. 6－282f，8－74f，8－76f，9－543e
迈尔斯，R. 6－332a
迈尔斯东，L. 5－349a
迈赫迪·巴扎尔甘 8－522c
迈科普文化 4－261a
迈克尔八世 4－514c，6－592c
迈克尔加成反应 7－227c
迈克尔·杰克逊 4－218c
迈克尔里斯美术馆 4－389f
迈克尔三世 6－569a
迈克耳孙，A.A. 5－292c，3－33c，3－227b，6－71e
迈克耳孙干涉仪 5－292d
迈克耳孙－莫雷实验 5－292d
迈拉高地 2－62a
迈拉山 2－62a，7－179d
迈门辛 5－385b
迈蒙尼德，M. 1－105b
迈农，A. 8－284d
迈切尔斯基，J. 8－367e
迈萨奥里亚平原 6－376b
迈斯纳，W. 1－529e，1－530e，2－206e
迈斯纳效应 1－529e，1－530e
迈索尔博物馆 1－224c

迈特纳,L. 5-292f
迈锡尼 3-164c
迈锡尼人 8-393c
迈锡尼文明 5-293a, 3-164c, 8-533c
迈锡尼遗址 5-293a, 8-393f
迈耶,A. 3-109b
迈耶贝尔,G. 5-293c
《迈耶贝特的兴亡史》 1-81c
迈耶尔,J.L. 5-292b
麦(佛像量度单位) 9-165d
麦阿里 5-293d
麦比乌斯,A.F. 5-293e
麦比乌斯函数 7-67f
麦城 2-152a
麦德林 5-293f
麦德林大学 5-293f
麦迪奥冬季运动场 1-37a
麦迪霉素 2-87c
麦迪逊 7-533a
麦迪逊,J. 5-363a
麦迪逊河 5-407b
麦地那 5-294a
麦地那龙线虫病 5-294b
麦地那·乃比 5-294a
麦地那章 3-171e
麦地纳 7-419e
麦豆 7-477b
麦独孤,W. 5-294b, 5-217b
麦蛾 5-294c
麦蛾科 5-294c
麦尔登 5-294d
麦尔杰·塔格利德·穆特莱格 1-57f
麦尔斯,R. 3-95a
麦二叉蚜 8-391e
麦饭石 1-227b
麦秆贴画 6-84d
麦格劳,J.H. 5-294e
麦格劳-希尔出版公司 5-294e
麦格雷戈,D. 4-57a
麦华陀,W.H. 3-112d
麦积山石窟 5-294e
麦基诺城 8-335b
麦基诺大桥 5-408e
麦基诺水道 5-408c
麦吉尔大学 4-116c
麦加 5-295b, 6-159a
麦加大清真寺 5-295c, 4-278b
《麦加的默示》 8-513f
麦加拉-斯多阿学派 5-223c
麦加利烈度表 2-248a
《麦加宣言》 2-481b
麦加章 3-171e
麦角胺 5-295c
麦角碱 5-295d
麦角菌科 5-295d
麦角菌属 5-295d
麦角甾醇 5-295e, 8-197a
麦金德,H.J. 5-295e, 2-245b
麦金利,W. 1-442e, 5-218b
麦金利山 5-295f, 1-38b
麦金太尔,A. 6-501b
麦金托什,C.R. 8-292e
麦卡伦国际机场 5-555c
《麦卡伦国内安全法》 5-296a
麦卡特尼,P. 6-70c
麦卡锡,C. 1-52d
麦卡锡,G.T. 3-483f
麦卡锡,J. 6-287f, 8-198a
麦卡锡,J.R. 5-295f, 5-485f
麦卡锡,M. 1-63f
麦卡锡主义 5-295f
麦凯,S. 2-171d
麦坎德利斯,B. 7-257d
麦考密克,C.H. 5-296a
麦考益,F.R. 3-269f
麦科德,J.M. 7-94c
麦科尔,H. 5-455a
麦科米克广场 9-288d
麦克阿瑟,D. 5-296b, 1-541c, 2-256a, 5-254b, 6-306d, 7-262f
《麦克白》 5-296c
麦克丹尼尔,M. 9-272e
麦克道尔,M. 2-433b
麦克格瑞格博物馆 1-276d
麦克亨利堡 5-266b
麦克霍尔,R.E. 8-146f
麦克莱恩,B. 6-299f
麦克莱兰,D.C. 4-57a, 8-341f
麦克莱朗,I. 5-207e
麦克劳德,C. 1-63f
麦克雷雷大学 4-399c, 7-615d
《麦克林斯》 4-116c
麦克卢尔,J. 2-307d
麦克卢汉,H.M. 2-234c
麦克洛斯基,H.J. 3-570d
麦克马洪,H. 3-488a, 5-296e, 8-97c
麦克-马洪,M.-E.-P.-M.de 5-296d
麦克马洪线 5-296d
麦克马斯特大学 1-91e
麦克米伦,E.M. 2-503e, 2-505d, 8-89b
麦克米伦,K. 5-296e
麦克米伦出版公司 5-296f, 5-256a
麦克米伦天文馆 7-580f
麦克米伦图书馆 5-556e
麦克默多,A. 8-558b
麦克默多站 5-217e
麦克斯韦 7-540d
麦克斯韦,J.C. 5-297a, 2-276d, 3-227b, 3-230b, 3-355d, 3-355e, 6-145c, 8-75a, 9-536a
麦克斯韦-玻耳兹曼分布定律 1-389f
麦克斯韦方程组 5-297b, 8-75c
麦克斯韦分布 6-145c
麦克斯韦速度分布律 5-297e
麦克唐纳,J.E.H. 6-120f
麦克唐纳,R. 5-297f
麦克唐纳·卡蒂尔 7-612b
麦克唐纳天文台 7-136f
麦克亚当斯,W.H. 3-548d
麦克尤恩氏征 5-549d
麦肯齐,A. 4-116e
麦肯齐,D.P. 1-228b, 3-348e
《麦夸里》 1-455c
麦夸里岛 2-118a
麦夸里海岭 5-521b
麦奎因,R.G. 1-253e
麦里浩 8-194e
麦里梭 1-85d
麦利那国 8-525b
麦罗埃人 7-180f
麦罗埃王国 4-489f
麦罗埃遗址 5-298a
麦蒙 5-298a, 1-31c
麦蒙盛世 5-298b
麦纳麦 5-298b
麦尼埃,C. 5-298c
麦拟根蚜 9-20c
麦奇生,R.I. 5-471f
《麦琪的礼物》 6-13f
麦丘恩-奥尔布赖特二氏综合征 8-327f
麦什德 5-276f
麦斯吉德 6-233c
麦斯欧迪 5-278e
麦绥莱勒,F. 5-298e
麦特罗多洛 8-515c
《麦田里的守望者》 6-373e
麦洼牦牛 5-327d, 6-353b
麦西来普 5-298f
麦西乃普 5-299a
麦西热甫 5-299a
麦西亚 6-119b
麦芽 2-95f
麦芽糖 5-299a, 2-95e
麦芽糖浆 5-299a
麦芽糖全粉 5-299b
麦瘿蚊 7-77f
麦哲伦,F.de 5-299b, 1-277b, 3-203e, 4-10c, 5-299d
麦哲伦海峡 5-299c
"麦哲伦"号金星探测器 4-260b
麦哲伦流 5-299e
麦哲伦云 5-299d
《卖报歌》 5-591a
《卖冰的人来了》 1-126f
《卖菜女工》 2-107c
《卖残牡丹》 9-61e
卖断 2-608b
卖方叫价拍卖 6-35d
卖方垄断 5-299e, 5-146a
卖方期权 6-124b
卖方市场 5-299e

卖方信贷　5–299e, 2–15b
《卖火柴的小女孩》 1–108d
《卖牛歌图》 8–447f
《卖牛奶妇的一家》 4–565f
《卖水人》 7–562d
卖文社　4–235e
《卖虾女郎》 3–429e
卖引法　1–493a
《卖油郎独占花魁》 8–323c
脉　5–299f
脉搏　5–300a
脉搏波　5–300a
脉搏点　5–300a
脉搏压　5–300c
脉翅目　5–300d
脉冲波多普勒　1–535b
脉冲电镀　2–277d
脉冲多普勒　9–81d
脉冲多普勒雷达　5–300e
脉冲分频器　2–546b
脉冲傅里叶变换核磁共振　3–433a
脉冲技术　5–300f
《脉冲技术》 1–326f
脉冲调制　7–376c
脉冲氙灯　8–173e
脉冲星　5–301a, 9–319d
脉冲型冲击　2–1e
脉冲噪声　9–166a
脉动变星　5–301b, 1–344d
脉动假说　1–82f
脉管　4–86d
脉管炎　8–374a
《脉经》 4–274e
脉口　5–302a
脉律　5–301d
脉络膜　8–439b
脉络膜出血　8–440f
脉石　4–500f, 8–366a
脉石矿物　4–500d
脉势　5–301d
《脉书》 9–199d
脉数　5–301d
《脉望馆钞校本元明杂剧》 9–99a
脉位　5–301d
脉象　5–301d
脉形　5–301d
《脉学师承论》 9–67c
脉压　8–377e
脉羊齿　9–457f
脉诊　5–301f, 6–191f
脉证不相应　5–301e
脉证相应　5–301e
唛头笔　1–323b
蛮　5–302c
《蛮大妈》 5–467d
蛮方　5–302c
蛮荆　5–302c
蛮僚　6–477c
《蛮书校注》 8–203f
蛮蜒　5–303c
蛮夷长官司　7–443c
蛮子　7–148d
蛮族（欧洲） 1–219e, 4–359e, 5–433a
蛮族（中国） 5–519c
《蛮族诗集》 4–565a
鳗鲡　5–303c
鳗鲡属　5–303c
鳗潜鱼属　6–174e
《鳗鱼》 4–235f
鳗螈　5–303d
满城　8–6f
满城汉墓　5–303e
满城县　5–304a
《满床笏》 2–71e
满带　1–231c
满档房　2–154f
满都海彻辰夫人　5–380c
满桂　4–605b
满汉大席　5–304a
《满汉合璧清内府一统舆地秘图》 3–580a
满汉全席　5–304a
满江红　5–304b
《满江红》 2–358d
满拉　5–314c, 9–387d
满剌加王国　5–261e, 5–268e
《满蒙史前时代》 5–589c
满堂红　9–535a
满铁　5–533a
满–通古斯语　1–16f
满–通古斯语族　5–304d, 8–416d
满文　5–304f, 5–305e
《满文老档》 5–305b
满语　5–305c, 8–132b
满语支　5–305c, 5–304e
满月　5–305d, 7–111d
满月城　6–237e
《满月儿》 4–141a
满者伯夷　5–237e
满者伯夷王国　9–227b
满洲八旗　1–144f
满洲虎　2–315c
满洲里市　5–305d
《满洲实录》 6–614a
满洲映画株式会社　1–511b, 9–351c
满洲重工业开发公司　3–73d
满族　5–305e
螨类　6–80a
曼昂岛　5–414a
曼彻斯特　5–306a
曼彻斯特大学　5–306a
《曼彻斯特卫报》 5–306b
曼德富人　5–306e
曼德海峡　5–306b, 2–408c
曼德拉,N.　5–306c
曼德勒　5–306d
曼德勒王宫　5–306e
曼德人　5–306e
曼德瑞清真寺　5–369a
曼德坦人　5–306e
曼德语支　5–576c
曼德族系　1–437c
曼丁戈人　5–306e
曼丁人　5–306e
曼多林　5–307a
曼飞龙塔　5–307a, 4–311e, 9–137f
《曼弗雷德》 1–218e, 7–53d
曼戈基河　5–241c
曼格尔德特函数　7–67f
曼格什拉克半岛　3–315a
曼谷　5–307b
曼谷大王宫　5–307d
曼谷话　7–279d
曼谷陆军军官学校　5–190b
曼谷王朝　5–307f
《曼谷宣言》(1967) 2–324f
《曼谷邮报》 7–274f
《曼哈顿》 8–54e
曼哈顿工程　5–308a, 4–356c
曼哈顿计划　1–389b, 5–308a
曼海姆,K.　5–308b
曼凯维奇,H.J.　3–135e
曼科・卡帕克　8–610f
曼科・卡帕克二世　7–424d
曼拉　5–314c
曼米苹果　7–337d
曼摩吒　6–574a
曼内托　3–158a
曼尼普尔　3–151d
曼尼希反应　7–227d
《曼侬》(电影) 3–458a
《曼侬》(歌剧) 5–278d
曼努埃尔・马查多・伊・鲁伊斯　5–240e
曼诺利,G.　1–445b
曼诺斯　3–180f
曼齐尼国际机场　7–140b
曼萨布达尔　4–519c
曼萨布达尔制　1–28a
曼萨・穆萨　5–308c, 5–265f
曼森氏裂头蚴病　5–308c
曼殊　7–191e
曼殊室利　7–593e
曼斯菲尔德,K.　5–308d
《曼斯菲尔德清唱剧》 3–445b
曼苏尔・沙　5–268f
《曼苏腊的英雄们》 4–522d
曼泰尼亚,A.　7–600c
曼同改革　5–438b
曼图亚公爵贡扎加　5–162f
《曼荼罗之花》 6–439c
曼托瓦尼,A.P.　5–308e
曼陀罗　5–308f

曼陀罗属 5-308f, 6-191b
《曼陀罗寱词》 6-520f
曼陀那崩尼卑都 5-306d
曼辛河口 6-2f
曼兴城堡 4-514b
曼宰莱湖 6-369f, 7-197d
曼佐尼,A. 5-308f
僈人 5-309b
蔓长青花 4-122b
蔓足 5-309b
蔓足类 5-309b
漫才 1-286f
《漫长的旅程》 6-389e
《漫长的旅行》 8-425c
《漫长的炎夏》 5-605e
漫反射 5-309c, 3-221e
《漫歌》 5-591e
漫画 5-309c
漫咩 4-604c
漫滩电站 4-546d
漫谈 5-309e
漫游车 7-290f
《漫游的星星》 1-149b
《漫游随录》 7-510e
慢（长调） 1-512b
慢病毒感染 5-309f
慢惊风 4-301b
慢曲 1-512b
慢生根瘤菌属 3-118b
慢性鼻炎 1-314f
慢性扁桃体炎 1-341d
慢性低钙血症 4-137a
慢性多剂量杀鼠剂 6-422a
慢性肺脓肿 2-534b
慢性肺原性心脏病 2-535b, 5-310e
慢性附睾炎 3-7b
慢性腹泻 3-22f
慢性肝炎 1-370a
慢性高原病 3-80f
慢性喉炎 3-490b
慢性呼吸衰竭 3-499e
慢性化脓性鼻疽 4-143f
慢性化脓性中耳炎 9-330e
慢性结膜炎 6-429e
慢性进行性舞蹈病 8-64a
慢性菌痢 8-154f
慢性阑尾炎 4-543e
慢性粒细胞白血病 1-207b
慢性淋巴结肿大 5-93a
慢性淋巴细胞白血病 1-207c
慢性淋巴细胞性甲状腺炎 4-138c
慢性黏膜皮肤念珠菌病 5-587f
慢性尿潴留 5-50b
慢性脓胸 5-616d
慢性盆腔疼痛综合征 6-161d
慢性盆腔炎 6-62d
慢性疲劳 6-77a
慢性偏执性精神病 6-81f
慢性贫血 6-84f
慢性浅表性胃炎 7-571e
慢性肾功能衰竭 5-309f
慢性肾功能衰竭综合征 9-459b
慢性肾小球肾炎 5-310c
慢性肾炎 5-310c
慢性肾盂肾炎 5-589f
慢性湿疹 6-585e
慢性脱水 7-457a
慢性萎缩性胃炎 7-571e
慢性胃炎 7-571e, 9-30e
慢性细菌性前列腺炎 6-161d
慢性心包积液 8-247e
慢性心包炎 8-247f
慢性血吸虫病 8-376e
慢性咽炎 8-419f
慢性胰腺炎 8-541f
慢性支气管炎 5-310d
慢性中毒 3-128d, 9-458f
慢性重型肝炎 1-370a
慢性阻塞性肺疾病 5-310e, 2-534c, 2-535c
慢中子 2-541a, 6-372c, 9-451c
慢阻肺 5-310e
邙山 6-199f
邙山黄河风景区 9-278e
邙山之战 2-326c
芒 5-310f
芒砀山 9-24c
芒德尔,R.A. 3-141c
芒福德,L. 4-441e
芒戈盆地 2-383b
芒果 5-311c
芒海口岸 5-311b
芒孱 8-237f
芒康山 8-114c
芒罗,T. 3-111f
芒萁 5-310f
芒萁属 5-310f
芒人 5-311a
芒施路 5-311b
芒市 5-311b, 2-178e
芒市安抚司 5-311b
芒市长官司 5-311b
芒属 5-310f
芒县 9-24d
芒硝 5-311b
芒语 5-311a
芒种 2-427d
《芒种》 1-477c
忙哥帖木儿 1-108c
忙午 2-35c
杧果 5-311c, 6-125c
杧果属 5-311c
盲肠 5-311d
盲蝽科 1-231b
盲矿体 4-501b
盲聋哑教育 5-311e
盲鳗目 5-311e
盲鳗亚纲 8-15e
盲铆铆钉 5-46e
盲目搜索 6-288b
《盲人》 1-410a
盲（蠕）蛇附目 6-479c
盲文 5-311f
《盲音乐家》 4-421e
盲蛛目 5-312a, 9-496b
盲字 5-311f
莽古尔泰 6-218f, 6-231d
莽甲 7-246f
莽瑞体 2-327d
莽应里 2-327e
莽应龙 2-327e
《莽原》 5-166b, 7-569b
蟒 5-312b
蟒袍 6-50d
蟒山 6-479c
蟒蛇属 5-312b
蟒蝾 1-386f
猫 5-312b
《猫》 5-312d
猫城 3-171a
《猫城记》 4-559c
猫儿刺 3-154d
猫儿山 5-312e, 4-580a, 5-532e, 9-127d
猫儿山国家级自然保护区 5-312e
《猫国春秋》 5-70c
猫国春秋漫画展 5-70c
猫科动物 5-312e, 7-5b
猫里 5-417d
猫鲨 9-255f
猫属 5-312b
猫头玻璃鱼 6-276b
猫头鹰 5-312f, 6-537e, 8-213a
《猫头鹰的三叶草》 7-124c
《猫头鹰人》 3-152e
猫头鹰诗人 3-152d
猫王 6-109b
猫尾树属 9-535a
《猫戏》 7-609f
猫眼绿柱石 5-188c
猫眼石 5-312f, 4-245b
猫眼效应 4-245c
猫抓病 5-312f
毛白杨 8-462d, 8-458f
毛笔 5-313a, 7-47a
毛赤铜矿 1-600d
毛翅目 5-313c
毛虫 2-406a, 4-482f, 7-160b
毛大可 5-318b
毛淡棉 5-313d, 6-2e
毛的确良 5-313e

毛涤织物　5–313e
毛地黄属　8–362d
毛冬青　2–331d
毛颚动物门　5–313e
毛纺业大王　5–110d
毛凤苞　7–171d
毛茛　5–313f
毛茛纲　7–81b
毛茛属　5–313f
毛公鼎　5–314a, 1–558f, 2–366a, 6–131d, 7–246e
毛公厝　5–314a
毛冠鹿　3–513b, 8–114d
毛贵　5–108c
毛果芸香　9–139a
毛果芸香碱　5–314b, 9–139a
毛蚶　5–314b
毛蚶属　5–314b
毛红卫　3–285f
毛混纺织物　5–324e
毛季常　4–406d
毛脚鵟　9–14d
毛孑庵　5–325a
毛玠　7–576f
毛晋　2–428c, 4–68b, 7–171d
毛菌纲　4–214c
毛克　5–376c
毛拉　5–314c
毛喇　5–314c
毛兰属　4–541a
毛里求斯　5–314c
毛里求斯大学　5–174c
毛里求斯岛　5–278b, 5–314d
毛里求斯共和国　5–314f
毛里求斯教育学院　5–315c
毛里求斯战斗党　5–315a
毛里塔尼亚　5–315d, 1–12e
毛里塔尼亚电视台　5–316e
毛里塔尼亚广播电台　5–316e
毛里塔尼亚人　5–316f
毛里塔尼亚伊斯兰共和国　5–315d
毛利人　5–316f, 1–123b, 8–13b, 8–290a
毛利人起义　5–317b
毛利语　5–317c
毛利战争　5–317a, 5–317b
毛驴　5–177a
毛毛可　5–376c
毛毛山　8–7e
毛毛雨　5–317c, 4–193c
毛煤　8–366e
毛霉　5–317d
毛霉病　5–317d
毛霉目　5–317d
毛敏仲　3–251b
毛姆,W.S.　5–317d
毛南语　5–317e, 5–317f
毛南族　5–317f, 8–468e
毛难族　5–317f
毛囊蠕形螨　6–340d
毛囊蠕形螨中华种　6–340d
毛囊炎　5–318a
毛苳　8–493b
毛泡桐　6–49d
毛皮　5–318a
毛皮加工　8–358a
毛齐于　5–318b
毛奇,H.J.L.von　2–264b
毛奇,H.von　2–448d, 6–392a
毛奇龄　5–318b
毛青杨　8–462c
毛秋晴　5–318b
毛人凤　4–357a
毛蕊花属　8–362d
毛瑟手枪　5–318c
毛甡　5–318b
《毛诗大序》　5–318c
《毛诗古音考》　1–554c
《毛诗解》　9–455c
《毛诗序》　5–318c, 8–355f
毛石　4–224e
毛氏错合畸形分类　5–319b
毛守白　5–318d
毛丝鼠　5–318e
毛丝鼠科　5–318e
毛遂　6–94a
毛头雪莲花　8–372c
毛腿沙鸡属　6–424a
毛腿吸血蝠　8–118d
《毛委员的空山计》　7–193c
毛乌素沙地　5–318f
毛细胞白血病　1–207c
毛细管　5–319a
毛细管水　7–442f
毛细管柱　6–146e
毛细管柱气相色谱法　6–146e
《毛细管作用新理论》　6–96f
毛细现象　5–319a
毛细现象热力学理论　2–482d
毛细血管　8–373d
毛细血管扩张痣　8–373e, 9–325c
毛细血管瘤　8–373e
毛细血管内增生性肾小球肾炎　4–73b
毛象　4–331d, 5–376d
毛燮均　5–319b
毛型呢　5–579d
毛序始　5–325a
毛丫头　4–387d
毛叶苕子　6–472c
毛叶铁线莲类　7–384f
毛衣鱼　5–319b
毛依罕　5–319c
毛扆　7–208f
毛樱花　9–12f
《毛颖传》　3–365e
毛永煌　2–506c
毛用型羊　8–449c
毛于一　5–318b
《毛猿》　5–319c, 1–126e
毛远新　7–155a
毛约尔　5–319e
毛泽东　5–319e, 1–267e, 2–6e, 2–469f, 3–125e, 3–177b, 3–207f, 4–177a, 4–308c, 5–197d, 5–198a, 5–198b, 5–325b, 5–572c, 6–295a, 7–201a, 9–348f, 9–351f, 9–358f, 9–391b, 9–396e, 9–422c
毛泽东故居（湖南韶山）　6–472f
毛泽东旧居（河北西柏坡）　8–83b
《毛泽东军事文集》　5–322b
《毛泽东诗词集》　5–322c
《毛泽东诗词讲解》　9–155b
毛泽东思想　5–322e, 7–499f, 9–360f
《毛泽东同志的青少年时代》　8–218e
《毛泽东同志在井冈山上》　5–204a
《毛泽东文集》　5–323f
《毛泽东像》　7–518b
《毛泽东选集》　5–324b, 4–273b, 5–324a, 7–590c
《毛泽东主席像》　5–112e
《毛泽东著作选读》　2–469f, 3–208a, 5–198c
毛泽民　6–570c, 8–272c
毛枝五针松　7–161b
毛织物　5–324d
毛致用　5–324e
毛重倬　7–603c
毛竹　9–496d
《毛主席给晋绥干部作报告》　8–38d
毛主席纪念堂　5–324f
《毛主席在人民中》　8–342f
《毛主席朱总司令在北平阅兵》　8–349a
毛宗岗　5–325a
矛盾　5–325a
《矛盾的矛盾》　8–514a
矛盾分析　2–372d
矛盾规律　2–372a
矛盾律　8–403c
《矛盾论》　5–325b, 5–320d
矛盾情感　6–235e
《矛尖》　1–93a
矛木　2–462d
矛隼　3–293e
矛尾鱼　5–325c, 9–560e
矛形鱼　7–411d
茅草　1–203d
茅草哨　9–93a
茅盾　5–325d, 9–531d
茅盾文学奖　5–326b
茅膏菜科　5–326c
茅膏菜属　5–326c
茅根　1–203d

茅固 6-397b
茅惠芳 6-460f
茅津渡 5-326c
茅坤 5-326d
茅岭江 6-192f
茅鹿门 5-326d
茅茅运动 5-326d
茅山（江苏） 6-397c, 7-168d
茅山（浙江） 4-496d
茅山派 5-326e
茅山宗 6-467d
茅顺甫 5-326d
茅台酒 5-326e, 5-326f, 6-306d
茅台镇 5-326f
茅唐臣 5-326f
茅尾海 6-192f
《茅屋的大门》 3-119b
《茅屋为秋风所破歌》 2-356e
茅型白酒 1-199d
茅以升 5-326f
茅以昇 5-326f
茅盈 6-397b
茅针 1-203d
茅衷 6-397c
茅子元 5-327b
牦牛 5-327c
锚 5-327d
锚地 3-56f
锚定浮标站 3-349d
锚雷 7-88e
铆接 5-46e
茂才 1-497b
茂金属 5-327e
茂金属催化剂 2-313a
茂金属系聚烯烃 4-344b
《茂林清暑图》 7-94e
茂陵 5-327f, 8-303f
茂名港 5-328a
茂名市 5-328a
茂名县 3-81c, 5-328a
茂瑙,F.W. 5-328a
茂汶羌族自治县 7-605f
茂物 5-328b
茂物植物园 9-306c
冒地槽 2-219b
冒号 1-352b
冒号分类法 6-343e
冒纳凯阿火山 8-166e
冒纳罗亚火山 8-166e
冒南 5-317f
《冒险家萨拉卡因》 1-174f
冒襄 3-486b
《冒一切风险的阶级》 2-464f
贸发会议 5-45a
贸易壁垒 5-328c, 4-269b
贸易补贴 5-328c
贸易差额论 7-455d
贸易法 3-270e
贸易风 8-296e
“贸易风”舰载反潜巡逻机 4-170c
贸易结算 3-266f
贸易摩擦 5-328d, 5-329a
贸易逆差 5-328d
贸易平衡 3-270b
贸易顺差 5-328d
贸易条约 5-328e
贸易外汇管制 7-473d
贸易协定 5-328e
贸易议定书 5-328f
贸易战 5-329a
贸易自由化 5-329a
贸易总额 3-270b
帽 4-504b
帽徽 4-353b
帽正 3-202b
帽子 4-262a
《帽子和铃铛》 6-73b
貌茂 8-297c
貌廷 5-329b
貌阅 5-329c, 7-214c
《“没头脑”和“不高兴”》 6-308c
《没完没了》 3-114e
没影点 7-275c
《没有个性的人》 5-329c, 5-502a
《没有航标的河流》 8-35c, 8-81d, 9-352b
《没有界限的地方》 2-388f
《没有纽扣的红衬衫》 7-383d
《没有钱的情侣》 1-92f
《没有日期的故事》 5-240d
《没有上银幕的故事》 5-104f
《没有太阳的街》 6-320f
《没有天空的国土》 1-14d
《没有土地的胡安》 3-86d
《没有完的故事》 6-13f
《没有英雄的小说》 5-439b
《没有证人》 5-395c
《没有钟的家》 5-246e
《没有主人公的叙事诗》 1-25f
《没有做的总结》 5-56b
玫瑰 5-329d
《玫瑰》(S.热罗姆斯基) 6-281a
《玫瑰》(J.兹马伊) 9-520a
《玫瑰残了》 6-17a
《玫瑰的故事》 9-203d
《玫瑰的名字》 1-49c
玫瑰冠褐来航鸡 4-530e
《玫瑰花与白色》 6-184f
《玫瑰精》 2-610d
玫瑰糠疹 5-329e
玫瑰木 9-222c
《玫瑰骑士》 4-22d, 6-582d, 7-554c
玫瑰茄 5-329f
玫瑰圣母堂 1-515e, 8-106a
《玫瑰小说》三部曲 2-197b
玫瑰油 5-329e
玫瑰战争 5-330a
枚乘 5-330b
《枚叔集》 5-330c
眉豆 5-330c
眉户 5-252f, 7-151b
《眉山诗案广证》 8-9c
眉山市 5-330c
眉山水陆 7-93a
梅 5-330d
梅奥,G.E. 4-26e
梅百器 3-14d
梅葆玖 5-333c
梅碧华 1-556f
梅达尼 1-34f
《梅黛》 3-72a
梅德冰川 1-409a
梅德哈尼·阿莱姆教堂 4-520b
梅德韦季察河 2-380b
梅德韦杰夫,D.A. 5-330e, 1-262d
梅迪纳-西多尼亚公爵 8-15b
梅迪西,E.G. 1-185b
梅蒂卡尔 5-472f
梅鼎祚 8-156b
梅定九 5-336b
梅毒 5-330f, 6-511f
《梅杜萨之筏》 6-279c
梅多斯,D.L. 3-570a
梅厄,G. 5-331c
梅厄夫人 5-331c
梅恩,H. 5-331c, 4-567e
梅恩兰岛 6-480e
梅尔比,F. 1-327f
《梅尔波梅尼的故事》 6-154a
梅尔策尔,J.N. 4-216e
梅尔茨,A. 2-171f
梅尔夫 7-439f
梅尔·吉布森 7-183a
梅尔斯,C.R. 7-334d
梅尔维尔,H. 5-331e
梅尔维尔,J.-P. 3-458a
梅尔维尔机场 2-387c
梅尔希奥,H. 2-145d
梅尔·于比 8-396d
梅格雷探案 8-96f
梅光羲 8-464b
梅河口市 5-331f
梅河卫 5-331f
梅核气 5-332a
《梅鹤图》 8-340e
梅花（乐器） 7-234e
梅花大鼓 5-332a, 4-258e
梅花道人 8-40c
梅花点舌丹 2-137f
梅花调 5-332b, 8-93b
梅花钉 7-346c

梅花鼓王 4-258f
梅花馆主 7-519b
梅花岭 8-448b
梅花鹿 5-332b, 2-5f, 5-172a
梅花脑 5-142b
《梅花三弄》 5-332c, 6-65e
梅花山自然保护区 5-332d
梅花十八洞 5-332e
梅花寿 6-532a
《梅花香自苦寒来》 5-15b
《梅花引》 5-332c
梅鲚 4-106f
梅江 3-362e
《梅绛亵》 2-22f
梅杰,J. 5-332e, 9-3c
梅捷希教堂 2-254e
梅津湾 1-197e
梅克夫人 1-498d
梅克陵堡马 1-121b
梅克伦堡－前波美拉尼亚州 5-219a
梅拉伦湖 7-123d
梅莱 3-167f
梅莱凯奥克 4-431a, 6-31c
梅兰芳 5-332f, 2-11b, 5-337f
《梅兰芳》 8-499d
《梅兰芳的舞台艺术》 5-333d
《梅兰芳文集》 5-333d
《梅兰芳演出剧本选集》 5-333d
梅澜 8-556f
梅勒,N. 5-333d, 8-135c
梅里爱,G. 5-333d
梅里达山脉 1-392c
梅里尔,P.W. 3-149d
梅里尔生物制品研究所 5-6c
梅里美,P. 5-333e, 4-374e
梅里纳方言 5-242b
梅里雪山 6-3b, 6-393c
梅丽尔·斯特里普 5-333f
《梅丽郡主》 2-151c
《梅丽小姐》 2-151d
梅利利亚 5-460c
梅列日科夫斯基,D.S. 5-334a, 3-609b
梅林,F. 5-334b, 1-470a
梅岭 2-121c
梅龙山 1-164e, 8-551b
梅隆,A.W. 3-537e
梅隆画廊 3-537e
梅鲁火山 1-44a
梅洛-庞蒂,M. 5-334c, 8-91e
梅曼,T.H. 5-61d
梅姆灵,H. 7-600f
梅木蛾 5-489b
《梅那波》 7-548e
梅内克缪斯 1-4e, 4-79d
梅尼埃尔氏病 5-334d
梅尼什科夫,O.E. 5-334e, 8-88f
梅纽因,Y. 5-334f
梅农,V.N. 5-335a
《梅农为狄奥提马而哀叹》 3-429d
梅努亚 8-3a
梅诺蒂·德尔·皮克希亚 8-181c
梅·帕器 6-464c
《梅谱》(王冕) 7-505a
《梅谱》(范成大) 2-482a
梅契尼科夫,I.I. 5-335a
梅阡 2-140e
梅巧玲 2-190d, 5-332f, 5-337f
梅切格,K. 5-335b
梅钦,J. 9-113f
梅钦鲍姆,D. 6-310f
梅钦公式 9-113f
梅清 6-603b
梅汝璈 5-335c
梅塞塔高原 8-83e
梅森,B. 2-236b
梅森,M. 5-335d
梅森－狄克森线 5-266a
梅森数 5-335d
梅沙弥 8-40c
梅圣俞 5-336f
《梅圣俞诗集序》 6-17e
梅什科一世 6-75c
梅斯列海季纳陵墓 4-483f
梅松－狄克逊线 5-407c
梅苏拉多角 5-371b
梅塔斯塔齐奥,P. 5-335e
梅塘集团 9-544a
《梅塘晚会》 9-544a
梅特林克,M. 5-335e
梅特涅,K.W.N.L.von 5-336a
梅托希亚盆地 6-370c
梅畹华 5-332f
梅文鼎 5-336b, 6-223a
梅勿庵 5-336b
梅西安,O. 5-336c
梅西亚谷地 4-121f
《梅西耶星表》 8-168f
《梅溪词》 7-7c
梅县 5-336e
梅谢列尔,A.M. 5-336e
《梅休因条约》 6-102f
梅亚轩 5-335c
梅艳芳 8-194a
梅尧臣 5-336f
梅耶,A. 5-337a
梅耶,K.H. 3-63e
梅耶,L.B. 2-293b
梅耶荷德,V.E. 5-337b
梅伊曼,E. 4-212d, 6-615d
梅贻琦 5-337c
《梅贻琦教育论著选》 5-337d
梅益 5-337d
《梅益论百科全书》 5-337e
《梅益论广播电视》 5-337e
梅因,E. 6-209a
梅雨 5-337e
梅雨锋 5-337e
梅雨田 5-337f
梅育,C. 4-372e
梅月涵 5-337c
梅赜 6-470b
梅曾亮 5-337f
梅棹忠夫 8-298b
梅州 5-336e, 5-338a
梅州市 5-338a
梅子青釉 6-204f
湄公河 5-338b, 4-154c, 4-236d, 4-546c, 5-543f, 9-434a
湄公河第二大桥 6-429d
湄公河三角洲 9-128c
湄南河 5-338e
湄南河谷地 5-338e
湄沱湖 8-303c
湄洲妈祖庙 6-100d
湄洲湾 5-338f
媒体食物链 2-386a
煤 5-338f
煤层甲烷 5-339c, 7-357f
煤层气 5-339c, 4-500a
煤层瓦斯 5-339c, 7-357f
煤层自燃 5-339d
煤产地 5-340d
煤尘爆炸 7-470a
煤尘云 7-470a
煤成气 5-339c
煤成因 5-339a
煤干馏 3-32d
煤矸石 8-367a
煤海 2-106b
煤黑鸡鵟 9-14d
煤化工 5-339f
煤化作用 5-339b
煤间接液化 5-340f
煤焦油 5-339b
煤精 8-277d
煤矿 8-412e
煤矿爆炸 4-135f
煤矿矿震 4-504a
煤矿区 5-340d
煤矿瓦斯 5-339c
煤矿炸药 3-128c
煤泥 8-367a
煤盆地 5-340d
煤气 5-340b
《煤气灯下》 3-198c, 8-616e
煤气化 5-340b
煤气化联合发电 4-219c
煤气机 5-340c, 5-558e, 6-145e
《煤山恨》 7-487d
煤炭 5-339a
煤炭气化 4-219c

煤炭液化 4-219c
煤炭转化技术 4-219c
煤田 5-340c
煤污病 1-196f
煤系 3-356f
煤型气 7-357f
煤型热解气 7-357f
煤液化 5-340e
煤油 5-340f
煤与瓦斯突出矿井 4-500b
煤直接液化 5-340e
煤砖 4-219b
酶 5-340f, 7-395b
酶催化剂 2-57c
酶蛋白测定法 5-89b
《酶的化学和方法》 6-366b
酶工程 5-341e
《酶——化学及其作用机制》 6-366b
酶活性测定法 5-89b
酶树脂 3-191e
酶学 6-538c
《酶学》 4-20e
镅 1-60d
《霉登堂》 7-146f
霉菌 5-341e
霉菌毒素 6-536e
霉菌性咽炎 8-419f
霉菌性阴道炎 8-571e
《每况愈下》 2-560f, 7-542d
每球得分制 1-333f
《每日电讯》 1-472b
《每日电讯报》 5-341f
《每日电讯和晨邮报》 5-341f
《每日环球纪录报》 7-278f
《每日镜报》 6-11d
《每日太阳报》 7-129a
《每日新闻》 7-129a
《每日邮报》 6-11d
《每周评论》 1-554d
美 5-341f
美螯虾科 1-117a
《美巴条约》 5-347e
《美的分析》 3-429f
《美的旋律》 9-352c
美登木 5-342b, 8-101b
美登木属 5-342b
美登素 5-342b
美登新 5-342b
美狄亚 8-513d
《美狄亚》 5-342c
《美狄亚》(小塞内加) 6-374e
美第奇家族 5-342d, 5-251e, 7-614c
美第奇庭园 5-395d
《美杜莎》 8-9b
美吨 2-375f
美多心安 4-413b
《美俄削减进攻性战略力量条约》 5-342e
美尔库里亚利斯,H. 7-341e
美孚公司 1-67e
美孚石油托拉斯 1-67e
《美妇人诗集》 1-410b
美感教育 5-363b
美姑大风顶自然保护区 5-51b
美姑县 5-50f
美国 5-342f, 3-323b
《美国啊,美国》 4-383d
美国八大财团 5-352e
《美国-巴拿马条约》 5-347e
美国芭蕾舞剧院 5-347f
美国白蛾 5-348a, 2-190e
美国保龄球总会 1-245b
美国标准大气 1-353d
美国参谋长联席会议 5-348b
《美国侧面像》 5-121f
美国船舶局 2-30a
美国慈姑 2-43d
美国大金字塔 5-384a
美国大陆桥 2-94a, 4-78f
美国大学 2-137f
美国大学联合会协会 8-433a
《美国的悲剧》 2-180c, 5-354d
《美国的成年》 1-449a
《美国的个人主义》 3-502e
《美国的消费者支出》 2-594a
《美国的自由概念与政府》 3-165d
美国地理学会 1-250f
美国第1届射箭比赛 6-503d
美国电灯公司 4-12d
美国电话电报公司 5-606d
美国电话电报公司大楼 9-119b
美国电气和电子工程师学会 4-332e
美国电影 5-348b
《美国电影》 5-350c
美国东方协会 2-319c
美国独立战争 1-384c
《美国短篇小说选》 5-591c
美国法院 2-459d
美国废奴运动 5-350d
《美国风情画》 5-349f
美国钢铁公司大厦 6-80e
美国高尔夫球协会 3-61e
美国工人联合会 7-573f
美国共产党 5-350e
美国共和党 5-350f
美国广播公司 5-606e
美国国会 5-351a
美国国会大厦 3-167a
美国国会图书馆 5-351b
《美国国际私法导论》 3-359d
美国国家档案馆 5-351d
美国国家工程科学院 5-351f
美国国家航空航天局 5-351e, 8-336d
美国国家科学院 5-351f
美国国家篮球协会 6-260e
美国国家医学研究院 5-351f
美国国庆日 2-353b
美国海军学院 5-266b
美国航天司令部 3-398d
美国黑人 5-352a
《美国化学研究评论》 3-551f
美国环球航空公司候机楼 6-425a
美国计算机学会 1-161c
美国检察机关 4-155f
美国交响乐团 7-138c
美国教师节 4-209c
《美国经济结构》 5-352e
《美国经济结构,1919～1929》 5-6d
《美国经济史的重新解释》 2-608e
美国军事法庭 5-604e
美国空间运输系统 3-399a
美国兰德公司 2-171b
美国联邦储备体系 5-352b
美国联邦调查局 5-352c
美国联合航空公司 9-288d
美国联合通讯社 5-356b
美国两党制 5-352c
美国垄断财团 5-352d
美国陆军军官学校 5-608a, 8-90f
美国密苏里植物园 4-570e
美国民权运动 5-352f
美国民主党 5-353a
美国南北战争 5-353c
美国内战 4-397d, 5-350f, 5-353c
《美国侵华简史》 5-106f
《美国侵华史》 5-106f
美国侵略巴拿马 5-353d
《美国情报源指南》 5-351d
《美国区法院民事诉讼规则》 5-428b
美国全国有色人种协进会 5-353e
《美国人》 2-591f
《美国》三部曲 2-389d
美国商城 5-445b
美国社会学会 7-131f
《美国社会学杂志》 7-131f
《美国史诗》 1-306c
美国式风琴 2-566c
美国太平洋舰队 6-317e, 9-251e
《美国太平洋铁路：早熟企业实例》 2-608e
《美国通史》 5-121f
美国网球公开赛 7-524a, 7-579a
美国文官制度改革 8-92b
美国文学 5-353f
《美国舞史33年》 8-211e
美国西屋电气公司 4-12d
美国现代舞 8-179e
美国宪法 5-345d
美国乡村音乐协会 8-189c
美国心理学会 7-384a
《美国行政管理史》 3-560d

美国药典 8-484b
《美国英语词典》 2-41b
《美国英语语调》 6-39a
美国有线新闻网 8-411b
美国舆论研究所 3-28c
《美国与我》 2-182b
美国预应力混凝土学会 5-85f
《美国园艺百科全书》 1-296b
《美国杂交玉米在我国的利用问题》 2-135b
美国战略服务处 9-549f
美国正教会 2-329d
《美国政治经济学大纲》 4-612a
《美国政治学评论》 9-285b
《美国政治制度》 6-521c
《美国之梦》 1-10c
美国之音 5-354f
美国职业高尔夫球员协会锦标赛 3-61e
《美国制造》 7-613a
美国中立法 5-354f
美国中央情报局 5-355a
《美国州档案馆》 1-388f
美国自然历史博物馆 5-355b
美国自然史博物馆 5-606e
美国作曲家联盟 4-434c
美国ASA感光度 4-200f
美国F-117A隐身攻击机 8-589f
美国M1A2主战坦克 7-287b
美国1929～1933年经济危机 5-355d
《美韩共同防御条约》 1-540f
《美好的歌》 2-611f
《美好的文字》 1-3f
美颌龙科 9-415a
美加仑 4-113a
美拉尼西亚 5-355f
美拉尼西亚-巴布亚地理人种 2-226b
美拉尼西亚岛群 2-118a
美拉尼西亚地理人种 1-138b, 2-226b
美拉尼西亚人 5-356a, 7-469c
美拉尼西亚语族 5-356b, 5-521e
《美丽的海伦》 1-121f
《美丽的梅露西娜》 5-366b
《美丽的磨坊女》 7-52a
美丽骨舌鱼 6-276b
美利坚合众国 2-353c, 5-345c
《美利坚合众国宪法》 1-359f, 8-187a
《美利坚合众国药典》 5-30b
美利奴羊 8-449c
美联社 5-356b
美联社电视新闻网 5-356c
美罗港 2-253b
美罗华 9-456d
美墨战争 5-345d, 8-406a
美尼斯 1-64e, 2-521a, 3-158a
美年达 1-215c
美鲇科 6-276b
美浓部达吉 5-356c
《美女梦》 2-307c
《美女篇》 1-479e
《美女与野兽》 4-450a
《美诺篇》 3-610e
美泉宫 7-559e
《美人儿并不需要我》 1-5a
美人蕉 5-356d
美人蕉属 5-356d
美人靠 2-302a, 4-549d
美人鸟剧团 1-151b
美人鱼 5-356e
《美人鱼》 7-296e
《美人鱼的梦幻》 4-25f
美人鱼铜像 3-88a
美人醉 8-437d
美容 5-356e
美容保健推拿 1-245b
美塞尼亚 3-454f
美沙酮 9-260d
美声唱法 5-356e
美声歌唱 5-356e
《美食家》 5-169e
美式橄榄球 3-46b
美式鸡尾酒 4-37a
美属波多黎各 6-562b
美属萨摩亚 5-357b, 6-365d, 6-365e
美属维尔京群岛 5-357d
美术 5-357f, 4-467c, 9-165d
美术创作 5-360a
《美术创作规律二十讲》 4-598a
《美术丛书》 7-156c
美术工艺 3-128f
美术馆 5-360b
美术基础理论 5-360d
美术理论 5-360d
美术流派 5-360f
美术批评 5-361a
美术片 5-361c
美术设计 5-358c
美术史 5-361e
《美术研究》 9-445a
美术自由协会 5-298d
《美苏关于限制反弹道导弹系统条约》 1-452f, 7-192b
《美苏削减和限制进攻性战略武器条约》 5-342f
美索不达米亚 5-362c, 8-518a
美索不达米亚神话 5-362d
美体紫胸鱼 6-276c
美味牛肝菌 5-600f
美味羊肚菌 8-449e
美西战争 5-362d, 2-526a
美信县 6-592e
美学 5-362e
《美学》 8-542c
《美学管窥》 1-374b
《美学理论》 1-8a
《美学论要》 3-553f
《美学批判论文集》 9-482e
《美学散步》 9-552c
美荑 8-538d
美因河 4-536a
美因河-多瑙河运河 2-172f
美英战争 5-363a
美育 5-363b
美元 5-363c, 5-347c, 7-18b
《美元》 1-38f
"美在关系"说 2-209c
美洲 3-391f
美洲板口线虫 3-154a
美洲豹 5-363d
美洲杯国际帆船赛 2-461f
美洲彩陶 1-467a
美洲檫木 1-497d
美洲大陆会议 1 178a
美洲肺鱼 5-363e
美洲肺鱼属 5-363e
美洲各国国际事务局 2-480b
美洲各国商务局 2-480b
美洲共和国联盟 2-480b, 5-363f
美洲国家国际会议 2-480b
美洲国家组织 5-363f, 1-278b
美洲黑人 5-568b, 5-568c
美洲黑人宗教音乐 4-350d
美洲蚩 3-496b
美洲虎 5-363d
美洲瘤牛 5-133a
美洲蒙古人种 5-379d
美洲南瓜 5-524d, 8-93c
美洲葡萄 6-101b
美洲日报集团 8-297d
美洲驼 8-450d
美洲鸵 5-364a
美洲鸵属 5-364a
美洲印第安地理人种 2-226a
美洲印第安人 6-304c
美洲印第安语 5-364a
美洲有色人种 5-568c, 6-304a
美洲榛 9-256f
美洲之塔 6-555d
美洲种植园 2-523a
美洲竹区 9-496d
美洲锥虫病 9-517d
镁 5-364c, 3-320a, 6-215f
镁代谢紊乱 2-282a
镁肥 5-364e
镁橄榄石 3-46e
镁合金 5-364e
镁灰岩统 2-424b
镁铝榴石 6-599c
镁镍类材料 2-17f
镁缺乏 2-282b
镁铁锰闪石组 4-205d
镁铁质火山岩 6-479f

镁盐 8-239b
镁质夕卡岩 8-81a
昧蔡 2-121e
门 5-364f
门（生物学） 2-544f
门巴语 5-365b, 5-365c
门巴族 5-365c
门采尔,A.von 5-365e
门道桥 6-186a
门德博山脉 1-72b
门德尔,J.M. 9-323b
门德尔松,F. 5-365f, 4-532b
门德尔松音乐大学 4-532b
门德人 6-372d
门德语 5-576c
门的内哥罗 3-458b
门多萨 5-366b
门多萨河 1-30c
《门多萨骑士》 1-164a
门多萨省 1-30c
门阀 4-125e
门阀士族 3-370d, 4-273d, 5-367f
门阀制度 9-552f
门房之诛 9-568e
门格尔,C. 4-293e
“门户开放”政策 5-366d
门户网站 7-524c
门画 5-584f
门宦 5-366e
门吉岩画 8-429c
门架桥 3-53a
门捷列夫,D.I. 5-366f, 4-133b, 4-537a, 9-471a
门捷列夫海岭 1-256c
门捷列夫周期律 5-367a
门静脉高压症 5-367b, 3-43a
门静脉循环障碍 8-215c
门卡乌拉 4-66b
门卡乌拉金字塔 4-264e
门罗,J. 5-352d, 5-367c
门罗主义 5-367c, 2-73b
门脉高压 5-367b
门派 5-520f
门球 5-367d
门神 5-367e
门生 5-367f, 4-427e
门式刚架桥 3-53a
门太郎 1-259b
门头沟区 5-368a
《门徒》 1-435a
门下后省 6-400c
门下省 5-368a, 6-400a
门下侍郎 5-368b, 6-400a
门下四哲 1-593e
门源回族自治县 5-368b
门遮把逸 5-237e
门诛 9-568e
门座起重机 6-140e
扪达人 5-369b
钔 1-60d
亹源回族自治区 5-368c
亹源县 5-368c
闷雷 4-566f
虻 5-368c
虻虫 5-368d
虻科 5-368c
萌古 5-380c
萌芽林 6-418f
萌眼 5-376c
萌渚岭 5-532e
蒙骜 5-374c
蒙巴顿,L. 5-368d
《蒙巴顿方案》 5-368d
蒙巴萨 5-368f, 4-465a, 5-556d
蒙巴萨岛 5-368f
蒙博图塔瀑布 3-52d
蒙博托,S.S. 5-369a, 3-51c
蒙达里语 6-413a
蒙达人 5-369b
蒙达万加植物园 5-153a
蒙(扪)达语族 5-369d, 5-545a
蒙丹鸽 3-94e
蒙得维的亚 5-369d
蒙得维的亚保卫战 5-369e
蒙德拉纳大学 5-271f
蒙德里安,P. 5-369f
蒙椴 2-369c
蒙尔达 5-374e
蒙戈湖遗址 4-16d, 4-327f
蒙哥 5-370b, 2-104d, 2-302d, 6-459e, 7-413b, 7-456b, 9-88b
蒙哥尔费,J.E. 5-370c
蒙哥尔费,J.M. 5-370c
蒙哥尔费兄弟 5-370c
蒙哥马利,B.L. 5-370d, 1-39c
蒙固王 9-484d
蒙河 5-338c
蒙赫海尔汗山 5-377f
蒙克,E. 5-370e
蒙克,W.H. 5-371a
蒙克莱田,A.de 4-293c, 9-283a
蒙罗维亚 5-371b
蒙罗维亚自由港 5-371b
蒙昧阶段 5-371c
蒙昧时代 5-371c
蒙昧时期 3-16b
蒙面人 1-15a
蒙面人起义 1-31e
《蒙娜丽莎》 5-371c, 2-62e, 5-149e
蒙帕纳斯剧院 1-151b
蒙气差 2-101b, 7-453f
《蒙求》 5-375d
蒙日,G. 5-371e
蒙塞尔,A. 3-283e
蒙塞拉特山 6-514e
蒙森,T. 5-371f
蒙山 5-371f
蒙舍诏 5-546f
蒙塔古,W.P. 5-372a
蒙塔古宫 1-429e
蒙塔莱,E. 5-372b
蒙塔扎宫 1-65e
蒙台梭利,M. 5-372c
《蒙台梭利方法》 5-372c
蒙台梭利协会 5-372c
蒙台梭利学校 5-372c
蒙太奇 5-372d
蒙泰吉·玛哈尔 7-275b
蒙泰朗,H.de 5-372e
蒙泰涅,M.de 5-374c
蒙特,P. 1-384e
蒙特卡罗方法 5-372f, 4-356b
蒙特卡洛 1-411e
《蒙特克里斯蒂宣言》 3-85d
《蒙特勒公约》 5-230f
蒙特雷 5-373a
蒙特雷伯爵 5-373a
蒙特雷理工学院 5-373a
蒙特利尔 5-373b
蒙特利尔大学 5-373d, 4-116c
蒙特利尔岛 5-373b
《蒙特利尔公约》 4-471e
蒙特利尔美术馆 5-373d
《蒙特利尔议定书》 5-373e
蒙特利尔植物园 9-306c
蒙特柳斯,O. 5-373f, 4-416f
蒙特马约尔,J.de 5-495f
蒙特塞拉特 5-374a
蒙田,M.de 5-374c
蒙恬 5-374c, 5-313a, 6-197d
蒙脱石 5-374d
蒙文通 5-374e
蒙武 5-374c
蒙许 7-415c
蒙学 5-375a, 7-118e
蒙学读物 5-375a
《蒙养故事》 5-375d
蒙养书 5-375a
蒙毅 5-374d, 6-197f
蒙自坝 5-375e
蒙自道 3-470c
蒙自市 5-375e, 3-470c
蒙自县 3-115c, 5-375e
蒙自专区 3-470d
盟 5-376a
《盟会图》 2-363f
《盟军最高统帅部特别通告》 9-180d
盟旗制度 5-375f, 6-220b, 6-230d
盟器 5-445b
盟书 3-487d
濛江县 4-315d

濛江州 4－315d
濛雨天气 5－317d
檬果 5－311c
朦胧诗 5－376a, 1－259e
朦胧体 3－466f
鹲科 7－341c
勐卯安抚司 6－350e
猛安 4－238d
猛安谋克 5－376c, 3－522c
猛安谋克制 4－238d
猛洞河 8－201d
猛哥帖木儿 4－164e, 7－467a
《猛虎集》 8－350b
"猛虎"组织 7－128d
猛浪 2－562b
《猛龙过江》 4－616b, 8－193e
猛犸象 5－376d, 4－331d
猛兽 7－5b
猛水蚤目 5－376e
蒙鞑 2－71a
《蒙鞑备录》 3－609c
蒙古 5－376e
《蒙古、阿木道和哈拉和卓城址》 4－443a
蒙古八旗 1－144f, 6－218f, 6－231f
蒙古百灵 1－213b
蒙古包 5－377f, 9－178b
蒙古瞪羚 3－601d
蒙古地理人种 2－225f
"蒙古尔"语 7－444f
蒙古高原 5－377f
蒙古国 5－376e
蒙古国子学 3－297f
《蒙古和喀木》 4－443a
《蒙古黄金史纲》 3 589d
蒙古军西征 5－378a
蒙古口蘑 4－480f
蒙古马 5－378c, 2－39e
《蒙古秘史》 5－381e
蒙古牛 5－378d
蒙古袍 5－378e
蒙古曲 2－427a
蒙古人 5－378f, 7－148d
蒙古人民党 5－379a
《蒙古人民党告全民书》 5－379b
蒙古人民革命党 5－379a, 9－166d
蒙古人民共和国 5－377b
蒙古人种 5－379c, 1－58a, 2－517f, 6－303f
蒙古人种美洲支 1－11c
《蒙古史》 3－363f
蒙古－卫拉特法典 2－409c
蒙古文 5－379d, 5－380a, 9－86b
蒙古文三大历史文献 3－589d
《蒙古文学概况》 2－68e
《蒙古舞蹈文化》 5－467f
蒙古新字 1－145e
蒙古衙门 6－231e
蒙古羊 5－379e
《蒙古英特纳雄耐尔》 1－241c
《蒙古游牧记》 3－414c
蒙古游戏节 5－506d
蒙古语 5－379f, 1－16f, 4－362a
《蒙古语语法》 6－225f
蒙古语族 5－380a, 2－316b
蒙古原羚 3－601d
《蒙古源流》 5－380b
《蒙古源流笺证》 6－520f
蒙古褶 5－561f
蒙古种人 1－51a
蒙古准平面 5－378a
蒙古字 1－145e
蒙古族 5－380c, 4－362a
蒙古族鄂尔多斯部 1－578c
蒙古族舞蹈 5－380e
《蒙古族舞蹈》 5－381a
蒙古族医学 5－381a
《蒙汉辞典》 5－382b
《蒙文启蒙》 7－112a
《蒙文文法》 6－225f
蒙兀 5－380c
蒙兀室韦 7－33e
蒙药 5－382b
蒙医 5－381a
蒙医学 5－381a
蒙藏事务局 5－382b
蒙藏委员会 5－382b
锰 5－382c
锰白铜 1－205f
锰白云石 1－209f
锰合金 5－382e
锰结核 5－382c
锰矿 2－6a
锰铝榴石 6－599c
锰帽 7－383a
锰铁合金 5－382d
锰土 9－23a
艋舺 7－246f
蠓 5－382e
蠓科 5－382e
孟巴 5－387c
孟波 9－55c
孟驳 3－151c
孟尝君 5－382f, 1－359d
孟昶 3－493f, 3－558e, 7－322c, 9－17c
孟超 4－188d, 7－267e
孟称舜 5－383a
孟池 5－285b
孟达土语 6－356b
孟达自然保护区 6－207a, 8－383a
孟德尔, G. 5－383b, 4－269f
孟德尔定律 5－383c, 5－383b, 9－147d
《孟德尔式遗传的机制》 5－263e
孟德高维诺 2－488f
孟德鸠语义学 9－74b
孟德斯鸠, C.-L.de S. 5－383e, 1－386e, 2－227c, 2－457a, 5－17c, 5－197d, 6－284f
孟菲斯 5－383f
孟菲斯 5－383f
孟菲斯城 3－158a
孟斐斯 5－383f
孟福尔议会 9－6d
孟府 4－84e, 9－562a
孟高棉人 4－560b
孟－高棉语族 5－384a, 5－545a
孟－高棉语族佤－德昂语支 1－444b
孟珙 5－384a
孟关良 6－72c
孟贵彬 6－519d
孟浩然 5－384b
《孟浩然集》 5－384c
孟获 5－384c
孟继懋 5－384d
孟加拉白话文 5－386e
孟加拉国 5－384e, 2－64a
孟加拉国民族主义党 5－385d
孟加拉国人民联盟 5－385d
孟加拉国通讯社 5－386a
孟加拉海底扇 3－322e
孟加拉虎 3－518a
孟加拉民族党 5－385d
孟加拉人 5－386b
孟加拉湾 5－386c
孟加拉文 5－386b
孟加拉眼镜蛇 2－351e
孟加拉语 5－386d, 5－386b
孟建柱 5－386e
《孟姜女》 3－97c
《孟姜女宝卷》 1－240d
《孟姜女故事的歌曲（甲集）》 3－197e
《孟姜女故事的演变》 3－197e
孟郊 5－387a
孟轲 5－387a, 5－389f
孟莱王 4－541e
《孟丽君》 8－133b
孟良崮战役 5－387a
孟林 4－84e
孟买 5－387a
孟买岛 5－387c
孟买黑檀 7－380a
孟买蔷薇木 7－380a
《孟买时报》 8－604c
孟买协会 5－553a
孟庙 4－84e, 9－562a
孟明慧 9－348e
孟尼利克二世 1－71b, 1－72c, 8－400f
孟璞玉 5－384a
孟青山 3－24a
孟庆元 5－387e
孟然 5－234f
孟人 5－387f

孟萨,J.H. 2-465f
孟塞尔,A.H. 5-387f, 6-415c
孟塞尔彩度 5-388a
孟塞尔明度值 5-388a
孟塞尔色调 5-388a
《孟塞尔颜色图册》 5-388b
孟塞尔颜色系统 5-387f
孟森 5-388b, 6-224b
孟少农 5-388c
孟什维克 5-388d, 1-435e
孟氏颜色系统 6-415c
《孟蜀宫妓图》 7-510a
孟孙氏 5-162a
孟他努派 2-171e
孟特戈维诺 5-388e
孟文 5-387f
《孟夏观山樵书》 4-202f
孟宪承 5-388f
孟襄阳 5-384b
孟小冬 5-389a
孟语 5-545b, 5-387f
孟元老 2-323c, 7-377e, 9-389f
孟钺 2-323c
孟云 3-151c, 6-353b
孟云时期 3-151d
孟昭英 5-389c
孟知祥 5-389d, 3-493e, 3-494b
孟子 5-389e, 7-119b, 7-493c, 8-327b
《孟子》 5-390a, 8-170f, 9-73b
《孟子·告子下》 2-38d
孟子故里 6-247f
《孟子集注》 5-390a
《孟子要义》 2-307e
《孟子正义》 5-390a
《孟子注》(刘熙) 5-117d
《孟子注》(赵岐) 5-390a
孟宗政 5-384b
梦 5-390a
《梦》(绘画) 5-154f
《梦》(小说) 4-461a
《梦财》 2-171c
《梦窗甲乙丙丁稿》 8-36d
《梦的解析》 2-596b
《梦奠帖》 6-18b
《梦家诗存》 1-561e
《梦景》 1-472a
《梦剧》 7-136c
《梦珂》 2-306f
《梦粱录》 3-29a, 7-110d, 7-169a, 9-386d, 9-389f
《梦苕庵诗话》 6-170e
《梦溪笔谈》 5-390b, 2-227b, 6-510d, 9-82e
《梦溪忘怀录》 6-518d
《梦想家》 1-291e
梦魇 7-108e
梦遗 8-544e
《梦游女》 1-296d
梦占 9-177d
咪唑 5-390b
咪唑斯汀 4-415b
弥尔顿,J. 5-390c, 6-572a
弥勒 5-390d
弥勒佛 2-581e
《弥勒会见记》 5-390e, 8-422a
弥勒教 9-381f
弥勒尊者 5-204d
《弥曼差经》 5-390f
弥曼差派 5-390f
弥漫浸润型癌 7-570e
弥漫性胶原病 4-220b
弥漫性胸膜间皮瘤 8-331b
弥漫性血管内凝血 5-391a
弥涅尔瓦 3-172f, 8-394c
弥撒 5-391b
弥撒曲 5-391c
《弥撒书》 7-233d
弥赛亚 5-391d, 8-488b
《弥赛亚》 3-462a
弥散神经内分泌系统 5-553d
弥生时代 5-391e
弥生式陶器 5-391e
弥生文化 2-608d, 5-391e
迷彩服 4-352b
迷迭香 5-391f
迷迭香属 5-391f
迷宫 5-391f
《迷宫中的将军》 4-121d
迷胡子 4-542f
《迷惑》 4-512e
迷津 5-392a
迷路 2-420b
迷你番茄 9-13a
迷你裙 6-270d
迷鸟 5-588d
《迷人的城市》 3-364c
《迷失的女人》 8-533a
《迷途的姑娘》 4-555f
《迷惘》 4-375e
"迷惘的一代" 5-392b
迷走神经 5-392c
祢衡 5-392d
祢罗突 9-472c
猕猴 5-392e
《猕猴赋》 6-343f
猕猴螺杆菌 5-225d
猕猴桃 5-392f, 9-415c
猕猴桃属 9-415b
谜底 2-190f, 5-392f
谜面 2-190f, 5-392f
谜目 2-190f, 5-392f
《谜史》 5-393a
谜语 5-392f
《谜语变奏曲》(芭蕾) 1-53b
《谜语变奏曲》(乐曲) 1-62d
《谜中谜》 1-118b
醚 5-393b
糜烂性毒剂 4-234c
糜棱岩 5-393b
糜子 7-58a
麋鹿 5-393d
《麋鹿猎者》 5-165a
麋鹿属 5-393d
靡莫国 8-304a
米 5-393e, 4-88b
米,G. 3-226e
米仓山 2-72c
"米达斯"号导弹预警卫星 9-81e
米大麦 2-95d
米德,G.H. 5-393f, 1-308d, 4-318c, 5-453d, 5-470a, 7-1d, 7-52b
米德,J.E. 1-125c, 7-137a
米德,M. 5-394a
《米德尔马契》 1-78d
米德哈特帕夏 1-130e, 8-264b
米德湖 3-502f
米德湖国家保护区 4-431c
米德拉西 7-242c
米底 5-394b, 8-3b
米底人 5-394b
米点山水 5-394c
米杜朱 5-473c
米恩斯,G.C. 9-313a
《米而撒德》 3-240b
米尔迪拉 7-550b
米尔福德港 7-528b
米尔利斯,J. 7-552e
米尔诺,J.W. 7-461c
米尔·萨伊德·阿利 5-477b
米尔斯,C.W. 4-60b, 4-307d, 6-491e, 6-493e
米尔斯,R.L. 5-36c, 8-468a
米尔斯坦,C. 2-142e
米尔希,E. 5-604f
米尔希审判 5-604f
米尔扎·阿里·穆罕默德 1-149c
米尔扎·阿塞杜勒·汗 4-125b
米尔扎·侯赛因·阿里 1-156f
米非司酮 8-326a
米夫,P.A. 7-505b
米芙·利基 5-28c
米芾 5-394c, 8-360f
米黻 5-394c
米缸山 5-138c
米高梅公司 5-394e
米高梅-联美娱乐公司 5-394e
米高扬,A.I. 5-394f
米高扬,A.I. 5-394f
米高扬设计局 5-395a
米格尔 6-103f

米格1歼击机 5-395a
米格3歼击机 5-395a
米格9歼击机 5-395a
米格15歼击机 5-395a
米格19歼击机 5-395a
米格29战斗机 5-395a, 9-584f
米哈尔科夫,N.S. 5-395c
米哈伊·爱明诺维奇 1-86a
米哈伊(勇敢者)大公 5-395d
米哈伊尔·费多罗维奇·罗曼诺夫 5-212e
米哈伊洛夫,A.I. 6-234f
米哈伊诺夫,A.V. 9-536a
米迦勒教堂 3-367e
米开朗琪罗 5-395d
米开朗琪罗·梅里西 4-371e
《米开朗琪罗传》(G.布兰代斯) 1-443a
《米开朗琪罗传》(罗曼·罗兰) 5-212d
米糠油事件 3-133a
米壳 9-12c
米克莱,A. 5-396b
米寇克文化 1-52f
米奎尔·德·塞万提斯·萨维德拉 6-379a
米拉的尼古拉 6-557f
米拉公寓 1-180a
米拉日巴 3-24e
《米拉日巴道歌》 5-165f
米拉日巴九层佛阁 3-412b
米莱,J.E. 4-516c
米兰 5-396c
米兰 5-396e
《米兰敕令》 4-43d, 4-359e
米兰达,F.de 5-396f
米兰大教堂 3-93d, 4-210a, 5-396e
米兰公国 5-397a
米兰狂欢节 4-498c
米兰皮瑞里大厦 5-515a
米兰小剧院 7-136b
米老鼠 2-213d
《米老鼠和唐老鸭》 2-213d
米乐 9-331b
米勒 3-381d
米勒,A. 5-397b
米勒,F. 5-583c
米勒,G.A. 4-96c
米勒,H. 5-397c
米勒,H. 5-397d
米勒,H.(美国作家) 1-334e
米勒,J.-F. 5-397e, 2-442f, 7-1f
米勒,M.H. 5-468a
米勒,N.E. 6-537c
米勒,O. 6-188c
米勒,P. 3-27e
米勒,S.L. 9-32d
米勒,W.H. 5-398a
米勒·冯·赖兴施泰因,F.J. 2-269c
米勒符号 5-398a
米勒兰,A. 5-398b
米勒兰入阁事件 5-398b
米勒兰事件 5-398b
米勒兰主义 5-398c
米勒氏拟态 5-583c
米勒-尤里实验 9-32d
米勒指数 5-398a
《米利都传奇》 3-181b
米利都学派 5-398c
米粒组织 5-398d
米怜 5-264a
米梁茨卡河 6-363c
米留柯夫,P.I. 4-111c
米留科夫,P.N. 2-394a
米隆 5-398e
《米隆老爹》 5-467d
米罗,J. 5-398f
米洛,M. 5-399b
米洛舍维奇,S. 5-399b
米洛什·奥布雷诺维奇 6-371c
米洛斯岛 1-19a
米姆奈尔摩斯 3-180c
米纳劳动保护湾 2-555d
米纳斯密谋 2-268b
米纳族 2-382e
米奈 5-399c
米南德 5-399d, 3-180e
米南宫 5-394c
米南卡保人 5-399e
米南卡保语 5-399f
米囊子 9-12b
米尼科伊岛 8-592b
米涅,F. 5-399f
《米涅瓦与马尔斯的争斗》 2-107a
《米宁和波扎尔斯基》 6-107b
米努辛鞑靼人 3-308e
米诺环素 7-150d
米诺斯 5-391f, 5-400a
《米诺斯王宫》 8-533c
米诺斯王国 4-453d
《米诺斯文考》 8-533c
米诺斯文明 5-400a
米千克秒制 5-400c, 8-72c
米切尔,T. 3-205e
米切尔,W. 4-472a
米切尔山 1-1e, 5-344b
米丘林,I.V. 5-400c
米丘林果树遗传育种站 5-400d
米丘林斯克 5-400e
米丘林学说 4-269f
米仁 8-569d
米骚动 5-400e
米瑟里火山 6-562c
米沙鄢人 1-320f
米什科尔茨 5-400e
米氏符号 5-398a
米氏散射理论 3-226f
米氏云山 5-394d
米思翰 5-452a
米斯,H. 2-175c
米斯特克人 1-9c
米斯特克文化 1-9c
米斯特克语 5-364c
米斯特拉尔,F. 1-70c
米斯特拉尔,G. 5-400f
米塔-列夫勒定理 8-399b
米塔制 8-611d
米泰 8-372e
米特拉,D. 5-401a
米特拉达梯二世 6-34e
米特拉达梯六世 7-186c
米特拉达梯一世 1-109b, 6-34e
米特雷,B. 5-401a
《米特里达特》 4-528d
米特罗影片公司 5-394e
米通巴山脉 3-52e
米突 5-393e
米突制 3-139b
米万钟 5-401b
米翁内特城堡 3-88e
米沃什,C. 5-401c
米希勒,K.L. 9-241c
米喜子 5-401c
《米夏埃尔·科尔哈斯》 4-449b
米香型白酒 1-199d
米歇尔斯,R. 3-203c, 4-307c
米亚尔代,P.-M.-A. 5-401d, 1-375f
米亚尔-古布勒二氏综合征 7-280e
米亚罗 1-2d
米亚索耶多夫,G.G. 8-381c
米应先 5-401c
米友仁 7-168f
米元章 5-394c
米原器 4-88a, 5-393e
米约,D. 5-401d
米约萨湖 5-401e
米泽斯塑性条件 7-205f
米织蛾 9-292a
米脂县 5-401e
《米脂县杨家沟调查》 2-272a
米制 5-401f, 2-77c, 3-139b
《米制公约》 5-401f
米制马力 5-266e
米制外交大会 5-401f
米仔兰 5-49f
米仔兰属 5-396e
弭兵 5-402a
弭药 2-153b
脒类杀螨剂 6-421e
《汨罗沉流》 4-179e
汨罗江 5-402b
《汨罗江幻想曲》 4-598c
汨罗市 5-402b

汨罗县 5-402c
汨水 5-402b
泌尿生殖器结核 4-222e
《泌尿外科学》 8-31c
泌尿系统 6-299a
泌尿系统病变 3-128d
泌尿系统梗阻 5-402c
泌尿系统结石 5-402d
泌乳 5-403a, 6-342c
泌酸腺 7-570d
宓羲 2-599b, 6-392b
《秘藏宝钥》 4-466d
《秘册汇函》 7-177c
《秘密》 1-322f
《秘密的中国》 9-470a
《秘密附属议定书》 7-181b
《秘密警察向你致敬》 2-464f
秘密立储 5-403e, 6-220a
《秘密山冈》 5-166a
《秘密图纸》 7-514a
秘密游资 9-44b
《秘密账目》 4-453c
秘色瓷 5-403f, 2-453b, 8-45f, 9-131c
《秘色越器》 5-403f
秘书令 9-438d
密茨凯维奇,A. 5-404a, 7-237c
密德兰国际银行 8-583c
密度 5-404b
密度波理论 5-404c, 8-365a
密度泛函理论 8-17a
密度跃层 9-126e
密尔,J.S. 3-139f, 5-198d, 5-223e, 6-4b, 6-53f, 7-1e, 8-515d
密尔沃基 5-404d
密尔沃基博物馆 5-404e
密尔沃基动物园 5-404e
密耳福湾 5-516d
密封 5-404e
密封材料 2-513d
密封出价信式拍卖 6-35d
密鲴亚科 3-200d
《密迹经》 5-463b
密教 5-404f, 8-597a
密教美术 2-584c
密近双星 5-404f
密克隆岛 6-567b
密克罗尼西亚 5-405b
密克罗尼西亚岛群 2-118a
密克罗尼西亚地理人种 1-138b, 2-226b
密克罗尼西亚联邦 5-405c, 8-397f
密克罗尼西亚联邦学院 6-32d
密克罗尼西亚人 5-405f, 3-203e
密克罗尼西亚语族 5-406a, 5-521e
密拉特密谋案 5-406a
密勒,W.H. 5-398a
密勒指数 5-398a
密立根,R.A. 5-406b, 3-221c, 5-406c
密立根油滴实验 5-406c
密率 3-95c, 4-232a, 7-208e, 9-113e, 9-571d
密码编码学 5-406d
密码分析学 5-406d
密码密钥学 5-406e
密码破译学 5-406d
密码体制 5-406d
密码学 5-406d
《密谋者》 1-413f
密切平面 6-249c
密山府 5-406e
密山市 5-406e, 8-303c
密山县 5-406e
密什勒,J. 5-406f
密斯·范·德·罗,L. 5-406f
密斯风格 5-407b
"密苏里"号战列舰 5-296c, 5-574d
密苏里河 5-407b, 5-345a
密苏里河流域规划 5-407c
密苏里妥协案 5-407c
密苏里植物园 9-306c
密特朗,F. 5-407d, 2-444b, 2-450c, 4-66d
密位 4-204d
密文 5-406d
密西拿 7-242b
密西西比公司 8-469b
密西西比河 5-407e, 1-29f, 1-280d
《密西西比河的美人鱼》 1-291e, 3-458a
《密西西比河的往事》 5-256c
密西西比河及其支流工程计划 5-408a
《密西西比河上》 5-256c
密西西比河水系 5-408b
《密西西比先生的婚姻》 2-212e
《密西西比幽灵》 7-613a
密昔吉 9-402d
密县 8-277f
密歇尔斯基,I.V. 1-345f
密歇尔斯基方程 1-345f
密歇根湖 5-408b, 8-44e
密歇根州 5-408c
密须 9-472c
密檐塔 7-236f
密叶杉属 6-442c
密云郡 5-408f
密云水库 5-408f, 9-194d
密云县 5-408f
密折 9-563d
密折奏事 6-231c
密支那 5-409a
密质骨 3-186c
密州 9-493d
密宗 5-409a, 5-595e
《密宗道次第广论》 3-108f, 9-558a
幂等元 3-575c
幂集 4-75b
幂零元 3-575c
嘧啶 5-409c
嘧啶类核苷类似物 4-407d
蜜胺 6-396a
蜜蜂 5-409c
蜜蜂属 8-566b, 9-415d
蜜果 6-423f
蜜环菌 2-148c
蜜饯 3-298d, 3-299d, 7-4d
蜜腺 5-409f
蜜源植物 5-409f, 1-576b
绵池县 7-605f
绵绸 2-10f
绵槐 9-534c
绵马 8-588f
绵宁 6-232e
绵芪 3-594e
绵山 4-233b
绵水县 6-306d
绵头雪莲花 8-372c
绵羊 5-410b
绵羊属 5-410b, 8-449b
绵羊业 8-358f
绵阳市 5-410c
绵阳县 5-410c
绵竹剑南春 7-146d
绵竹县 2-185e
棉 5-410e
棉袄 1-117b
《棉被》 6-320e, 7-118c, 7-371c
棉哔叽 1-330b
棉的确良 2-215c
棉短绒 5-410e
棉酚 5-410d, 3-591e
棉花 5-410e, 5-412a
《棉花俱乐部》 4-423f
棉花狂欢节 5-384a
棉花滩水电站 5-144d
棉华达呢 3-533e
棉蝗 3-604b
棉婚 4-223b
棉兰 5-411d, 7-193a
棉兰老岛 5-411d, 2-69c
棉兰老河 5-411e
棉铃虫 5-411e
棉麦借款 5-412a
棉属 4-267f
棉纤维 5-412a, 5-410e
棉织 4-34e
棉织物 5-412b
棉子 5-410e
棉子油 4-267f
《緜》 6-574e, 8-392e
免除处罚 5-60e
免费教育 8-555e
免耕 5-412b
免耕播种机 1-396a

免税 3-206d
免行法 7-489c
免役法 7-489d
免疫 5-413a
免疫功能 5-413b
《免疫化学》 1-44c
免疫活性细胞 5-412c
《免疫监视》 1-401e
免疫接种 5-412d
免疫抗体 4-413a
免疫疗法 7-456e
免疫耐受 5-412f
免疫球蛋白 5-412e, 7-56c
免疫调节 5-412f
免疫系统 5-412f
免疫性 5-413a
免疫性不孕 1-432a
免疫性肾损害 9-459b
免疫学 5-413b
《免疫学年鉴》 1-181d
免疫应答 5-413b
免疫预防法 7-523d
免疫原 4-413d
免疫原性 4-413d
免予起诉 5-413d
免征关税 3-206d
沔口 3-377d
沔中蛮 5-302f
勉人 5-309b
勉语 5-413e, 8-483b
冕洞 6-326a
《渑池会》 4-193d
渑池县 5-413e
缅甸 5-413f
缅甸电视台 5-415c
缅甸独立军 1-116b
缅甸反法西斯人民自由同盟 5-415c
缅甸国民军 1-116b, 8-33c
缅甸联邦 5-414d
缅甸联邦社会主义共和国 5-414d
缅甸孟族起义 2-327e
缅甸社会主义纲领党 8-33c
缅甸竖琴 4-472e
缅甸通讯社 5-415c
缅甸语 5-415e, 5-413f, 5-416a
缅甸之声广播电台 5-415c
缅茄 3-81c
缅人 5-415f
缅文 5-416a
《缅希科夫在别廖佐夫》 7-187c
缅彝语支 5-416c
缅因大学 5-416c
缅因州 5-416b
缅语支 5-416c, 1-6a, 9-158b
面板堆石坝 1-190c
面包 5-416c
《面包》 4-419a
面包果 6-277a
《面包与酒：散文选集》 7-127f
面波 2-246b
面波震级 9-258c
面部五色诊 7-526a
面点师 2-17c
面糊搅打 2-150f
面火 2-283b
面肌瘫痪 5-417a
面积不减定理 3-452c
面积大小错觉 2-60d
面积法 2-77d
面积公式 9-112e
面酱 4-194a
面具 5-416d
《面具》(刊物) 4-451b
《面具》(小说) 1-82a
《面具和人》 8-163f
面膨胀 6-281d
面人 5-417c
面人汤 5-416f
面神经麻痹 5-417a
面塑 5-417c
《面摊》 1-570c
面瘫 5-417d, 5-417a
面天山 7-253e
面污染源 8-12d
面相术 8-207e
面衣 3-29a
面䩄 3-354f
苗贲皇 8-422d
苗傅 9-201d
苗栗市 5-417d
苗栗县 5-417d
苗岭 5-417e
苗蛮 3-582f
苗民起义 5-417f
苗年 5-418a, 5-419a
苗沛霖 1-571c
苗圃 5-418b
苗人 3-447d, 4-560a
苗山 4-496d
苗秀 5-418b
《苗瑶语声调问题》 9-202b
苗瑶语族 5-418c
苗语 5-418d, 5-418e
苗语支 5-418e
苗族 5-418e
《苗族古歌》 9-397d
苗族铜鼓舞 7-402c
苗族舞蹈 5-419a
《描金凤》 8-162e
描金诗集 8-364c
描述集合论 3-134a
描述胚胎学 6-546a
描述统计 7-405f
描述统计学 7-408b
描述现象学 3-507f
描述性指标 6-495f
描图铅笔 6-159d
描王 8-162e
秒 5-419c
秒差距 5-419d
渺瓦底 5-313d
妙德 7-593e
《妙法莲华经》 2-446b, 6-325d, 9-56f
《妙峰山》 3-198a
妙峰山庙会 3-527f
妙果山人 9-512e
妙吉祥 7-593e
“妙齐提”碑文 5-415f
《妙容传》 4-233d
妙首 7-593e
妙通真人 5-178b
妙瓦底电视台 5-415c
妙闻 5-419d
《妙闻集》 5-419e
妙悟 7-151e
妙喜世界 4-313e
妙香山 5-419e
妙应寺 5-419f
妙应寺白塔 5-419f
妙应真人 8-484d
庙 5-420a, 2-160e
庙岛海峡 6-66e
庙岛群岛 5-420c
庙底沟二期文化 5-420d
庙底沟类型 5-420d
庙底沟遗址 5-420c
庙号 5-420d
庙会 5-420e, 2-35d
庙首 3-69d
庙台 9-99a
缪嘉铭 5-421a
缪荃孙 1-145b, 2-105c
缪天瑞 5-420f
缪云台 5-421a
灭草灵 1-111b
灭滴灵 1-46d, 2-208b, 3-408c
灭谛 7-148e
灭度 5-593a, 9-113a
灭活疫苗 5-412d, 6-547e
灭火剂 2-426b
灭火器 5-421b
《灭惑论》 7-597b
灭绝 4-348c
灭绝人群罪 9-458b
灭绝种族罪 9-458b
灭菌 5-421b, 8-213d
《灭亡》 1-160d
灭喜派 5-521a
灭种罪 9-458c
篾刺合 5-378c, 8-524a
民办教育 5-421c

民胞物与 5–421d
《民报》 **5–421d**, 1–248e, 8–258a, 9–219d
民兵 5–421e
《民兵》 7–518b
民粹派 5–421f
民粹派文学 5–422a
民粹主义 5–422b
民党 1–318b
民法 5–422c
民法法系 2–92f, 2–457a, 5–422c
《民法教程》 4–176f
《民法通则》 4–176e, 9–426e
民防工程 6–285a
《民防学》 6–166f
民歌 5–423c
《民歌》 5–240e
民革 9–370d
民工潮 5–423d
民贵君轻 5–423e
民国 9–415e
《民国丛书》 9–468d
《民国档案》 9–349f
民国旧派通俗文学 9–85c
民航飞机 2–507f, 5–181e
民航运输机 5–423f
民华影业公司 2–541c
民籍黄册 3–522d
民间编结 1–339d
民间画 9–372e
民间救济 6–489a
民间美术 5–424b
民间谜语 2–191a, 5–393a
民间神道 6–510b
《民间诗歌》 1–43a
民间手工艺 7–37e
《民间俗语词典》 4–140f
民间素菜 7–201d
民间童话 7–404f
民间文学 5–424e
《民间文艺丛话》 9–454a
《民间文艺学卷》 9–454b
民间舞 8–63e
民间舞蹈 5–425c
民间宗教 9–555e
民建 9–382d
民进 9–382b
民进党 5–431a
民军 4–351b
民军制 8–555e
《民立报》 7–170d, 9–198d
民盟 9–383a
民袍 6–50d
《民权报》 1–248e
《民权初步》 4–162f
《民权法》 5–353a
民权主义 6–398b
民商分立 6–454f
民商合一 6–454f
《民神》 1–224e
民生公司 5–425d
民生轮船公司 5–157d
民生实业公司 5–425e
民生主义 5–425e, 6–398b
民事裁定 1–464e, 5–425f
民事裁判 5–425f
民事法律关系 5–426a
民事法律行为 5–426b
民事简易程序 5–426c
民事判决 5–425f, 6–45b
民事普通程序 5–426d
民事强制措施 5–426e
民事权利 5–426f
民事权利能力 5–427a, 2–453d
民事神学 6–515d
民事时效 5–427b
民事诉讼 7–199e
民事诉讼法 5–427b
民事诉讼管辖 5–428c
《民事诉讼律草案》 5–428c
《民事诉讼条例》 5–428c
民事违法行为 7–545c
民事行为能力 5–428f, 2–453d
民事义务 5–429b
民事责任 5–429b, 2–452b
民事责任能力 2–453d
民事执行程序 5–429d
《民四条约》 1–478a
民俗 5–429e
民俗方法 1–308e
民俗服 5–433c
民俗社会（农村） 4–567e
民俗舞蹈 9–366e
民俗学 5–430a
民俗学方法论 1–308d
《民俗学卷》 9–454b
民田 3–210f
民屯 7–450e, 7–451b
民新影片公司 5–46c, 8–193b, 9–351a
民窑 2–345a, 7–202b
民谣摇滚 8–481c
民意测验 5–430b
民用船舶 2–28f
民用电器 4–129b
民用航空器优先权 9–30a
民用航空运输 3–396e
民用机 5–430c, 2–506e
民用时 6–609a
民用手枪 7–38a
民用曙暮光 7–60d
民用运输机 2–506e, 5–423f
民用炸药 3–128b
《民约译解》 9–432f
民政部 5–136e
民众戏剧社 1–86a
民主 5–430c
《民主》 9–382d
《民主朝鲜》 1–539b
《民主大合唱》 5–277f
民主党 5–210a
民主德国 2–187c
《民主东北》 8–349a
民主发展党 7–288f
民主革命 5–430e
民主共和党 4–217f, 5–352c, 5–353a
民主共和制 3–148d
民主和社会大会－拉哈马党 5–575d
民主和社会主义左翼联盟 2–444b
《民主化的进程》 5–150f
民主集中制 5–430f
民主监督 5–431a
民主柬埔寨 4–154e
民主柬埔寨联合政府 6–10c
民主建国会 9–432d
民主进步党 5–431a
民主科学座谈会 4–322a
《民主理想和现实》 5–169f, 5–295f
民主力量联盟 1–243d
民主联盟 5–523c
民主论坛 7–189f
《民主评论》 8–343e
民主社会主义党 7–189f
民主与建设出版社 9–382f
《民主与科学》 4–322c
民主政体 5–12a
民族 5–431e
《民族报》 7–232c
民族出版社 5–432e
民族大迁徙 5–432e
民族地方认同 5–433c
民族地理 5–433b
民族方法 1–308e
民族分离主义 5–433c
民族服装 5–433c
民族归属感 5–434a
民族国家 5–433b
《民族和文化》 6–580c
民族教育 2–268c
民族解放运动 5–433e
民族解放阵线 1–12f
民族锦 7–58d
民族聚居地区 5–433b
民族联合党 2–530d
民族联盟党 2–530d
民族美术研究所 9–444f
《民族民间音乐散论》 4–598c
民族民主党 1–65b
民族民主联盟 1–13a
民族民主伊斯兰阵线 1–166f
民族歧视 5–433e
民族迁徙 5–433f

《民族区域自治实施纲要》 4-614d
民族人民解放军 8-123f
民族认同 5-434a
民族融合 5-434b
《民族声乐的学习和训练》 4-258e
民族同化 5-434c
民族统一战线 5-434c
民族文化 5-434d
《民族文化概论》 8-219b
民族文化宫 5-434e
民族舞 8-63f
民族心理学派 1-307f, 7-589c
《民族学》 3-102a
民族学方法论 1-308d
《民族学方法论》 3-102a
《民族学与历史》 3-102a
《民族轶事》 6-57c
民族音乐研究所 9-403d
民族优胜论 3-286f
民族语言学 9-74a
民族乐派 5-434f
《民族之光》 9-473e
《民族之声》 1-87e
民族主义 5-435b, 2-84f
民族主义共和联盟 6-359e
《民族主义和社会沟通》 2-390d
民族自决 5-435c
民族自治地方的自治机关 5-435e
旻宁 6-232e
岷江 5-436b, 7-458d
岷江柏木 1-217c
岷江冷杉 4-575e
岷江小三峡 5-436b, 5-436b
岷山 5-436c
闵采尔,T. 5-436d, 2-187f, 2-188e
闵恩泽 5-436e, 3-287b
闵妃 2-121f
闵行区 5-437a
闵河 1-480d
《闵荒诗》 9-93b
闵科夫斯基,H. 5-437a
闵可夫斯基,H. 5-437a, 7-154f, 8-157c
闵可夫斯基世界 5-437c
闵嗣鹤 7-68d
闵台镐 4-135d
《闵希豪生》 8-525c
《黾鉴》 1-567a
闽 5-437c, 8-45d
闽（福建省简称） 2-609b
闽菜 5-437d, 2-609a
闽方言 5-437d
闽广音谱 4-556a
闽江 5-437e
闽剧 5-438a
闽南菜 2-609b
闽南佛学院 5-538d
《闽南游记》 1-567c
闽楠 5-548a
闽式糕点 3-81e
闽台建设协进会 9-513d
闽台协会 9-513d
闽西菜 2-609b
闽学 5-13b, 9-207d
闽学会 1-242b
闽语 5-437d
闽越 9-127b
闽越国 2-609b
闽越王城遗址 8-61e
闽中郡 2-609b
闽中羊 3-513b
《悯农》 4-610b
悯忠寺 2-459c
敏达杰 1-5b
敏东 5-438b
敏东改革 5-438b
敏东王 3-151d
敏杜温 6-615e
敏感材料 3-140a, 9-322c
敏感期 8-611e
敏感器 2-25d
敏感性 9-257c
敏化生物发光现象 6-537b
敏化荧光 9-112c
敏慧 1-48f
敏克静 9-307c
《敏娜》 4-63a
名 9-551e
名港中央大桥 6-186a
名古屋 5-438c
名古屋大学 5-438e
名古屋港 5-438e
名古屋老城 5-438e, 6-315d
名家 5-438e
名教 5-439a
名教与自然之辩 5-439a
《名理探》 5-4e
《名利场》 5-439b
《名马图》 1-480a
《名人传》 3-173c
名数 3-522a
名田 9-179d
名学 5-222f
名学会 8-426b
《名医梁有志传》 7-504d
名义工资 3-129c
名义税率 7-107c
《名优之死》 5-439b
名誉权 5-439c
明安图 5-439c
《明暗》 8-164d
《明报》 4-261c
明昌新城 4-242f
明长陵 5-448b
明朝 5-439d
《明成化刊本说唱词话丛刊》 5-443e
明成祖朱棣 5-443f, 3-195e
明串珠菌属 6-341f
明春 4-480e, 9-147b
《明词综》 5-444b
明代长城 1-510b
《明代瓷器工艺》 3-18c
《明代江南市民经济试探》 3-17f
明代南戏四大声腔 3-346b
《明代私家藏书概略》 9-103e
明代西安城墙 6-447c
明德卢 5-444c
明德卢港 2-582b
《明谛论》 7-68e
《明定国是诏》 8-69a
明定陵 5-444c
明度对比 7-31a
明多夫格 5-22a
明发上谕 6-469b
明矾 5-183e
明矾石 5-444e
明防 2-496e
明分使群 8-382c
明盖恰乌尔水库 1-51d
明格雷利亚语 3-67f
明沟 5-610e
《明皇幸蜀图》 5-3f
《明会典》 3-613c
明吉斯伐修寄 1-57a
《明季滇黔佛教考》 1-571e
明季四公子 2-491b
明拣栗 1-228e
明胶 2-340d, 9-60a
明胶海绵 9-307e
明胶乳剂干法金属版 8-132a
明教 5-462e
明经 7-211a
明静庵 5-439d
《明朗的天》 1-479d
明栗 1-228e
明亮（清代将领） 4-564b
《明亮的眼睛》 8-338f
明亮针叶林 9-248d
明六社 2-616c
《明六杂志》 2-616c
明末四家 5-401c, 8-313e
《明娜·封·巴尔赫姆》 4-535d
明南京城 5-444f
明南京城墙 5-444f
明尼阿波利斯 5-445a
明尼阿波利斯谷物交易所 5-445b
明尼哈哈瀑布 5-445b
明尼苏达大学 5-445b
明涅斯克 5-449c
明农隐士 7-513e
明器 5-445b

明乔河 1-377c
明清传奇 5-445d
《明清农村社会经济》 3-17f
《明清社会经济史论文集》 3-17f
《明清时代商人及商业资本》 3-17f
明清小说 5-446c
明清杂剧 5-446f
明渠 6-253e
明仁天皇 5-447d
《明儒王心斋先生遗集》 7-496f
《明儒学案》 5-447d, 3-603c
明瑟,J. 4-211b, 5-447e
明瑟收益率 5-447e, 4-211b
明山茶 2-96f
明神宗朱翊钧 5-447e
《明诗别裁集》 5-447f
《明诗综》 5-448a
明十三陵 5-448a, 6-38b
明石海峡大桥 5-448c, 6-186a
《明实录》 6-614a
《明史》 5-448d
《明史稿》 5-448e
《明史纪事本末》 4-98d
《明史讲义》 5-388c
《明史·张三丰传》 9-206e
明世宗朱厚熜 5-448f, 2-89a, 3-119c
明式家具 5-448f
《明式家具研究》 8-466d
《明式家具珍赏》 7-508e
明视觉 4-443f
明视器官 7-30e
明水香稻 4-84a, 9-221b
明思宗朱由检 5-449b
明斯克 5-449c
明斯特尔,S. 2-227c
《明斯特和约》 6-400f, 7-533c
明斯特修道院 1-72e
明四家 8-33a
明太鱼 5-449d, 8-156c
明太祖朱元璋 5-449d, 7-34d
明堂 5-450b
明特尔,G. 1-357c, 6-210c
《明天》 7-193c
《明天的战斗》 2-437e
明铁盖山口 4-362b
明文 5-406d
明屋达格山 4-461b
明希,C. 1-384e
明熹宗朱由校 5-449b
明细分类账簿 4-496a
明细账 4-496a
明虾 2-375a
明显陵 3 513f
明孝陵 5-450e
明信片 5-450f
明星影片公司 5-451a, 5-269d
《明夷待访录》 3-603c
明谊 9-330b
《明遗民录》 1-563f
明佣 9-29c
明于天人之分 8-382b
明玉珍 7-295f
《明元清系通纪》 5-388c
明月歌舞团 4-582d
明章之治 3-378a
明征君碑 6-122e
明治村 5-451b
明治神宫 6-510c, 6-514c
明治天皇 5-451c
明治维新 5-451d, 6-314b
明中都城遗址 2-581a
明珠 5-452a
明尊教 5-462f
《鸣道集》 6-241c
《鸣凤记》 2-12b, 8-144b
鸣礼炮 4-585e
鸣梁海战 6-305d
鸣门海峡 4-539c
鸣禽亚目 6-269e
鸣沙县 2-377a
茗 1-489d
茗荷 5-309c, 7-337c
《茗柯词》 9-197e
《茗柯文》 9-197e
冥币 3-244c
冥阨 8-556a
冥府 3-305e
冥婚 5-452b
《冥间的对话》 5-152d
冥界 3-244c
冥器 3-244c, 5-445b
冥水 7-55b
冥王星 5-452b, 1-456e
《冥想曲》 5-278d
《铭辞集》 4-373b
铭军 5-113c
铭珊 9-169b
铭文神庙 6-32d
螟蛾 5-452d
螟蛾科 2-167e, 2-425a, 4-530a, 5-452d, 6-391f
螟蛉蚕 8-10b
螟蛉悬茧姬蜂 4-40a
命（诏令） 9-228b
命杆 5-491f
《命归威尼斯》 1-445d
《命蹇时乖的堂娜贝雅特里齐》 7-231b
命门火衰证 5-452e
《命名和必然性》 4-453a
《命命鸟》 8-353a
命书 9-228c
命题模态 5-223d
命我 8-609a
《命运》（诗集） 7-188b
《命运》（乐曲） 1-289c
命运悲剧 1-255a
《命运的坎坷》 5-240e
《命运之歌》 7-574c
缪尔达尔,G. 3-317f, 6-350a, 8-295b
缪拉,J. 2-437c
缪勒,F.M. 5-452e
缪勒,G.E. 5-294b
缪勒,K.A. 1-531b
缪勒,L. 5-452f, 4-2c
缪勒,S. 2-154d
缪勒-莱耳错觉 2-60d
缪塞,A.de 5-453a
缪斯 5-453b
《缪斯的主宰阿波罗》 7-135f
缪斯神庙 1-417c
《摸螺》 1-563d
《摸索》 5-81a
摸鱼歌 5-494a
谟罕蓦德 5-500b
摹本 5-90f
《摹古册》 9-144d
《摹印学》 3-14b
模 5-453c, 2-129a, 3-12b
模毒蛾 2-351b
模范议会 5-453c
模仿 5-453d
《模仿、表情与手势——F.德尔萨特体系的实践法则》 2-171d
模仿式咏叹调 9-27e
模仿说 4-338e, 8-403f
《模仿者的错误》 6-582b
模糊集理论 9-171f
模糊控制 5-453d
模糊逻辑 5-454a
模糊模型 5-455c
模糊数学 5-453e
模糊数学模型 7-73a
模糊专家系统 5-454a
模糊子集 5-453f
模糊综合评判方法 5-454a
模块 1-591b
模块汇编程序 3-612b
模论 7-71c
模拟 2-499e
模拟法测图 3-395e
模拟集成电路 8-186d
模拟计算机 5-454b, 3-123e
模拟开关电路 5-454c
模拟模型 5-454d
模拟式石英钟表 6-605a
模拟调制 7-376c
模拟图像通信 7-427e
模拟巫术 8-13b
模拟IC 4-74f
模式空间 5-454f

模式年龄 6-442e
模式识别 5-454e, 7-427e
模式信号处理 5-454e
《模式中的几个部分》 7-234b
模数转换器 9-510d
模态逻辑 5-454f, 5-119f, 7-64f, 9-241a
模态三段论 8-403c
模特 5-455a
模体 2-149f
模型 5-455b
模型分析 6-609e
模型化 8-147a
模型化方法 4-480a
模型论 5-455c
模型误差 8-80a
膜 6-543f
膜拜团体 8-235e
膜翅目 5-455f
膜蛋白 8-151d
膜电极 2-281a
膜电位 6-536b
膜毒素 6-536c
膜荚黄芪 3-594e
膜间腔 8-185b
膜迷路 2-420b
膜样月经 7-410b
膜原骨 3-186e
摩（物理量单位） 5-456e
《摩阿拿》 3-102d
摩擦 5-456b
摩擦层 2-372e
摩擦化学 5-456d
摩擦角 4-158a
摩擦力 5-456b
摩擦力偶 5-456b, 5-456c
摩擦式矿井提升机 4-499f
摩擦式制动器 9-312d
摩擦性失业 6-572b
摩擦学 5-456e
摩擦影响深度 1-67e
《摩登伽女》 7-148c
摩登剧社 9-413c
《摩登时代》 2-82b, 5-349a, 9-519d
摩登舞 3-258f
摩尔 5-456e
摩尔，A.C. 9-309f
摩尔，G.E. 5-456f
摩尔达维亚 2-398e
摩尔达维亚人 5-457f
摩尔达维亚苏维埃社会主义共和国 5-457c
摩尔达维亚语 5-458a
摩尔多瓦 5-457a, 2-353a, 5-164f, 5-395d
摩尔多瓦公国 5-209d, 7-134f
摩尔多瓦共和国 5-457d
摩尔多瓦丘陵 5-209c
摩尔多瓦人 5-457f
摩尔多瓦语 5-458a, 5-457c, 5-457f
摩尔多韦亚努峰 5-209c
摩尔根，L.H. 5-458a, 1-238f, 4-3c, 5-371c, 6-114e, 6-122d, 7-591f, 8-378f, 8-492f, 8-561e
摩尔根，T.H. 5-458c, 4-269f, 5-263d
摩尔古迪小说 5-508f
摩尔混合焓 4-4f
摩尔曼斯克 5-458c, 7-181f
摩尔热容 6-282a
摩尔人 5-458d, 1-123f, 5-242f
摩耳顿，F.R. 7-269b
摩藩士族 8-106c
摩根，L. 7-605a
摩根，W.G. 6-37a
摩根，W.J. 2-229c, 3-348e, 8-23e
摩根，W.W. 3-464e
摩根财团 5-458e
摩根大通银行 5-458f
摩根定理 5-224b
摩根公司 5-458e
摩根士丹利 5-458f
摩根士丹利添惠 5-458f
摩根索，H.J. 5-458f
摩诃波阇波提 5-568d
摩诃剌陀国 5-258d
摩诃摩耶 7-33f
摩诃末 5-500b
《摩诃婆罗多》 5-459a, 3-459e, 5-491d, 9-64d
《摩诃婆罗多·毗湿摩篇》 1-420d
摩诃菩提会 8-597b
摩诃僧衹部 2-123d
《摩诃僧衹律》 5-184e
摩诃陀罗跋摩 9-254e
《摩诃止观》 7-359f, 9-324d
《摩诃止观辅行传弘诀》 9-189a
《摩赫什》 1-495b
摩亨佐达罗 8-598e
摩亨佐达罗古城 5-459d
摩加迪沙 5-459d, 7-232c
摩揭陀 5-459e
摩拉木钦波 2-28b
摩拉水牛 7-95d
摩拉瓦河 4-225d
摩拉维亚弟兄会 7-566b
《摩拉维亚二重唱》 2-185a
摩里斯科人 5-458e
《摩罗诗力说》 5-166b
《摩罗维迦与火友王》 4-125a
摩洛哥 5-459f, 2-61e
摩洛哥电视台 5-461b
摩洛哥共产党 5-460e
摩洛哥广播电台 5-461b
摩洛哥人 1-318c
摩洛哥危机 5-461c, 7-530d
摩洛哥燕麦 8-445b
摩洛人 5-461e
摩门教 5-461e
《摩门经》 5-461e
摩门圣殿 8-433f
摩纳哥 5-462a
摩纳哥 5-462d
摩纳哥公国 5-462a
摩纳哥海洋博物馆 5-462e
摩纳哥人 5-462e
《摩纳哥周刊》 5-462d
摩尼 5-462f
摩尼教 5-462e, 2-489d, 3-609c, 7-117c
《摩尼教入中国考》 1-571d
摩尼门 5-462f
摩奴 5-463d
《摩奴法典》 5-463d, 8-596a
《摩奴法论》 5-463d, 5-463e
摩萨台 1-172d
摩沙夷 5-513d
摩哂陀 5-520e, 6-406e
摩斯硬度 4-502b
摩苏尔 5-463e
摩苏尔博物馆 5-463f
摩苏尔大学 5-463f, 8-519c
摩梭母系文化 7-146e
摩梭人 1-59e
摩索拉斯 7-21d
摩索拉斯陵墓 7-21d, 7-126b
《摩特枫丹的回忆》 4-421d
《摩特罗评注》 7-68e
摩天楼 1-532c
摩托车 5-463f
摩托车运动 5-464a
摩托船 2-134e
摩托化（机械化）步兵 5-168d
摩托罗拉公司 5-138f
摩托艇运动 5-464b
摩陀婆 2-532c
摩西 5-464d, 9-35e, 9-64b
《摩西》（雕塑） 5-396a
《摩西》（歌剧） 5-220c
《摩西的考验》 2-150e
《摩西井》 2-586a
摩西·迈蒙尼德 9-35f
摩西十诫 6-587e
《摩西五经》 6-563d, 7-242c, 8-119f
摩伊人 9-172b
摩泽尔河 2-438c, 5-229a
《磨好刀再杀》 3-554e
磨合 5-464d
《磨剑室文集》 5-135c
磨具 5-464e
磨拉石 5-464f
《磨镰刀》 4-418f

磨损 5–464f
磨削术 4–325e
磨些蛮 5–513d
磨制石器 6–600f
蘑菇 5–465a, 6–408a
蘑菇属 5–465a
魔 3–244c
《魔弹射手》 7–540e
《魔笛》 5–478d
魔方 5–465b
《魔歌》 5–227d
魔鬼 6–355a
《魔鬼》 7–452e
魔鬼城 4–447d
《魔鬼的颤音》 7–237e
《魔鬼的将军》 2–20a
《魔鬼的土地》 5–6e
《魔鬼的行动》 6–374c
《魔鬼的兄弟》 4–555e
《魔鬼情人》 1–249f
魔鬼效应 3–223b
《魔鬼与卡嘉》 2–185c
《魔鬼终结者》 6–583d
魔幻现实主义 5–465d, 4–121e
魔色笔 1–323c
《魔山》(J.罗曼) 5–212a
《魔山》(托马斯·曼) 7–455c
魔术 5–465e
《魔术》 9–198a
魔术立方体 5–465b
《魔术师》 1–397f
《魔桶》 5–258a
魔芋 5–466b
魔芋豆腐 5–466c
魔芋属 7–355b
“魔贼”起义 5–463d
《魔沼》 6–184f
抹暴眼 1–343b
抹帽戏 2–427a
抹香鲸 5–466c, 4–307f
抹香鲸社群 5–466d
抹香鲸属 5–466c
万俟卨 7–169f
末 5–466d
末本 9–148b
《末代皇帝》 1–292b, 4–187a, 6–40d
末广恭二 3–122c
末级火箭 9–143f
末尼教 5–462f
末泥 8–48d
《末日审判》 5–163a
《末日审判书》 5–466d, 9–4a
末世神权说 6–514b
末五子 6–576b
末业 1–307d
没骨 5–466e
没骨花卉画法 9–144d
没骨花枝 5–466e
没骨山水 5–466e
没骨图 5–466e
没谨忙 1–410a
没收财产 5–466f
没藏讹庞 4–604c
没藏氏 4–604c
茉莉 5–467a, 2–493e, 9–14f
茉莉芬事件 5–467a
《茉莉和青春》 1–420f
茉莉花 5–467a
《茉莉花》 5–467b, 5–117c, 6–115a
茉莉花属 5–467a
茉莉浸膏 5–467a
茉莉香精 5–467a
沫蝉 5–467c
沫蝉科 5–467c
沫水 2–82b
《陌上桑》 9–78e
陌生化方法 1–442d
《陌生人》 1–373c
《陌生人的抽屉》 1–69f
《陌生人的故事》 3–111f
《陌生人的世界》 3–83f
《陌生人肖像》 6–363f
冒顿单于 8–328c
莫埃 7–550b
《莫班小姐》 3–83f
莫比尔公司 5–606d
莫泊桑,G.de 5–467c
莫草得哇遗址 3–299c, 5–287c
《莫德》 2–307c
莫德尔,L.J. 7–544e
莫德尔猜想 7–461f
莫德格玛 5–467e
莫迪利亚尼,F. 5–467f
莫顿,S. 4–347b
莫顿,W.T.G. 8–260f
莫尔,J. 3–147d
莫尔,K.F. 2–547a
莫尔,T. 5–468a, 4–470f, 8–9e
莫尔贝希,C. 7–425c
莫尔伯勒山 7–137c
莫尔登堡国家历史公园 7–582f
莫尔蒂耶,G.de 5–468a
莫尔加尼,G.B. 5–468b
莫尔纳尔 5–468c, 6–584b
莫尔若韦茨群岛 1–197e
莫尔斯,S.F.B. 5–468d, 2–272e, 3–462d, 4–196a
莫尔斯电码 5–468d
莫尔旺天然公园 1–408c
莫尔盐 2–547a
莫尔兹比船长 5–468d
莫尔兹比港 5–468d
《莫菲》 1–295a
《莫负青春》 9–473f
莫干山 5–468e
莫高窟 2–376d, 2–377a, 2–378e, 2–584f, 3–37e, 6–597e, 9–65c
《莫高窟内容总录》 2–378e
莫戈勒语 5–380a
莫戈通峰 5–570d
莫根施特恩,O. 2–370e, 2–576c, 7–66f
莫哈夫电厂 3–457a
莫合烟 7–118b
莫慧兰 6–88f
莫霍界面 5–468f
莫霍克河谷 5–607e
莫霍洛维奇间断面 5–468f
莫霍面 5–468f
莫吉米尔二世 2–96f
莫吉米尔一世 2–96f
莫科山 1–95e
莫克兰山 8–522b
莫拉维亚,A. 5–468f
莫来石 3–477e, 4–544c
莫兰迪,G. 3–119c, 4–317a
莫兰第,R. 5–257e
莫兰第桥式 5–257e
莫勒图沃 4–431a
莫雷,E.W. 3–33c, 5–292d
《莫雷尔的发明》 1–315d
莫雷洛斯,J.M. 5–469a
莫雷诺冰川 1–362a
莫雷亚斯,J. 8–209c
莫里,M.F. 5–469b
莫里哀 5–469c, 5–95d
莫里哀之家 5–469d
《莫里茨·塔索夫》 3–308f
莫里森,T. 5–469f
莫里斯,C.W. 5–470a
莫里斯,W. 3–127e, 4–167e, 8–558a
《莫里斯的殉教》 3–104d
莫里斯记谱法 8–65f
莫里亚克,F. 5–470b
莫里兹 5–470c
莫力达瓦达斡尔族自治旗 5–470d, 2–69e, 2–412c
莫力达瓦旗 5–470d
莫力达瓦山 5–470d
莫利,M. 3–392e
莫利,M.D. 5–455c
《莫利恩西娅》 5–220e
莫利勒特,F. 1–127d
莫利纳,T.de 5–470d, 2–267c
莫利西试验 2–143d
莫林胡尔 5–280b
莫鲁瓦,P. 6–485a
莫罗尼 5–470d
莫罗佐夫,N.A. 5–422b
莫洛 5–314c
莫洛多瓦遗址 4–327b

莫洛夫 5-227d
莫洛坚斯基,M.S. 1-486a, 3-59c
莫洛坚斯基理论 2-77d
莫洛托夫 1-322e
莫洛托夫,V.M. 5-470e
莫奈,C. 5-470f, 2-442f, 4-569e, 6-322a
《莫奈像》 4-569e
莫内,J. 5-471c
莫内计划 2-450b
莫农格希拉河 2-396d, 6-80d
莫农格希拉河污染事件 3-133b
莫诺,J. 5-471c
莫诺河 2-383b
莫诺莫塔帕王国 5-472e, 5-488b
莫普 4-522e
《莫普拉》 6-184f
莫普提 5-265d, 5-576b
莫奇卡河谷 5-471d
莫奇卡文化 5-471d
莫奇利,J.W. 5-471e, 1-68a
莫企逊,R.I. 5-471f
莫企逊地质资金 5-472a
莫企逊奖章 5-472a
莫契生瀑布 7-614a
莫荣新 3-248d, 8-464b
莫塞莱,H.G.J. 5-472b, 9-112b
莫塞莱定律 5-472a
莫三鼻给 5-472b
莫桑比克 5-472b
莫桑比克岛 5-473c
莫桑比克电台 5-473c
莫桑比克非鲫 2-513b
莫桑比克共和国 5-472f
莫桑比克海峡 9-152f
莫桑比克解放阵线 5-472e
莫桑比克暖流 8-607d
莫桑比克平原 9-153a
莫桑比克人民共和国 5-472f
《莫桑比克日报》 5-473c
莫桑比克通讯社 5-473c
莫桑德尔,C.G. 8-130d
莫氏刀架 5-478e
莫氏硬度 4-502b, 9-22d
莫氏庄园 6-89a
莫舒舒 5-473d
莫斯,M. 5-473d
《莫斯比的回忆》 1-297e
莫斯卡,G. 4-307c
《莫斯卡特一家》 8-257c
莫斯科 5-473e
《莫斯科不相信眼泪》 5-474d
莫斯科大公国 5-474e, 2-398c
莫斯科大剧院 4-338f, 5-474f
莫斯科大剧院芭蕾舞团 5-474f, 7-120d
莫斯科大学 5-475a
莫斯科大学剧院 8-224c
莫斯科地下铁道 5-475b
莫斯科东方大学 5-122d
莫斯科俄罗斯剧院 8-224c
莫斯科－伏尔加运河 5-476c
莫斯科广播电台 5-475c
莫斯科国际电影节 5-475d, 1-234d
莫斯科国际广播电台 5-475c
莫斯科河 5-473f
莫斯科红场 5-475d, 5-474d
莫斯科会战 5-475e
莫斯科坦干卡剧院 5-122b
《莫斯科条约》 5-342e
莫斯科铁路枢纽 5-474b
莫斯科小说 7-331b
《莫斯科宣言》(1957) 5-476a
莫斯科艺术剧院 5-476b
莫斯科音乐学院 5-476b
莫斯科运河 5-476c
莫斯塔尔大学 1-386b
莫斯特文化 5-476c, 1-127f, 7-10e, 7-444d
莫塔马湾 5-313d
莫特,A. 5-600a
莫脱,N.F. 5-476e, 3-590f
莫脱转变 5-476e
莫卧儿帝国 6-106b
莫卧儿王朝 5-476f, 3-469a, 8-601e
莫卧儿细密画 5-477b
莫悟奇 3-17b
莫西奥图尼亚 5-477d
莫西奥图尼亚瀑布 5-477d
莫西帝国 7-466c
莫西－格鲁西人 5-477e
莫西人 5-477c
莫西王国 5-477e
莫西语 5-576c
莫希 1-44a
莫言 5-477f
莫阳县 8-450f
莫徭蛮 5-303c
莫邪 3-31f
莫邪剑 3-31f
莫伊曼,E. 4-96d
莫应丰 5-326c, 6-451d
莫韵 5-248f
莫泽尔,A. 9-116c
莫扎特,W.A. 5-478a, 3-324e
莫扎特纪念馆 6-358d
莫扎特音乐节 6-358e
莫兹利,H. 5-478e
《秣陵春》 5-446c, 8-36a
秣陵县 4-162f
秣市惨案 5-478f
秣市广场 5-478f
《蓦然回首》 1-206e
漠钙土 5-274b
漠河设治局 5-479a
漠河县 5-479a
漠河总卡衙门 5-479a
漠土 5-479b, 7-442c
漠土纲 7-442d
漠阳江 5-479b
靺鞨 1-418f, 6-5a, 7-201b
靺鞨族 7-304a
墨 5-479c
墨茶阁 3-516d
《墨池记》 9-167d
墨迪,W.H. 3-570d
墨翟 1-411c, 5-484e
墨锭 5-479c
墨尔本 5-479e
墨尔本大学 5-480a
墨尔本·韦斯利·卡明斯 4-550c
《墨尔本先驱晨报》 8-171c
墨尔根代青 2-381f
墨法 1-324b, 7-47c
墨憨斋主人 2-576a
墨家 5-480b
《墨经》 5-480c, 2-570b, 3-228d
《〈墨经〉的逻辑学》 6-520c
墨晶 6-604e, 7-87c
墨晶石雕刻 6-594b
墨井道人 8-32b
墨卡托,G. 5-480e, 2-227b, 2-239e, 3-342e, 3-347f
《墨卡托地图集》 2-227b, 5-480f
墨卡托投影 2-239e, 5-480f
墨兰 5-480f
墨勒阿格罗斯 3-181a
墨累－达令河 5-481a
墨累岛 7-454b
墨累河 5-481a, 7-550a
墨林,C.A. 4-387e
墨龙睛 4-262a
墨洛维 5-481c
《墨洛温时代叙事》 7-338e
墨洛温王朝 5-481c, 2-448f, 4-458f, 6-10f, 8-98e
《墨梅图》 7-317a
《墨妙轩法帖》 6-402b
墨囊干粉 8-10b
墨涅拉奥斯 3-332b
《墨葡萄图》 8-347c
墨丘利 3-444f
墨书 7-145b
墨水圆珠笔 1-323b
《墨说》 1-338d
墨索里尼,B. 5-481d
墨棠 5-242c
墨脱地震 5-481e
墨脱县 5-481e
墨脱宗 5-481f
墨蚊 5-382e
墨西哥 5-481f

《墨西哥》 7-553b
墨西哥比索危机 5-484a
墨西哥菜 5-483c
墨西哥城 5-483d
墨西哥池杉 6-442d
墨西哥大教堂 5-483f
墨西哥法 4-4d
墨西哥高原 5-483f
墨西哥革命 4-372b, 5-484c
墨西哥谷地 1-59f
墨西哥国立自治大学 5-483e
墨西哥合众国 5-482c
墨西哥黑鹰 9-14d
墨西哥金融危机 5-484a
墨西哥暖流 2-110a
墨西哥通讯社 5-483c
墨西哥湾 5-484b
墨西哥湾流 5-484c
墨西哥湾暖流 2-110a, 5-484c, 7-476e
《墨西哥万岁》 1-87a
墨西哥液化气爆炸事件 3-133b
墨西哥鹰洋 8-469d
墨西哥资产阶级民主革命 5-484c
墨西卡利 5-484d
墨西卡人 1-59f
墨西拿事件 1-451b
《墨香剧话》 1-562a
墨刑 8-51e
墨鱼 7-412e, 8-10b
墨玉 3-420a
墨玉河 9-55f
墨汁 5-479c
《墨汁一滴》 9-266a
《墨竹赋》 7-198a
《墨竹坡石图》 3-69a
《墨竹图》(文同) 7-594e
《墨竹图》(郑燮) 9-276f
墨子 5-484e, 2-336e, 4-148a, 4-153a, 4-391e
《墨子》 8-170f
默比乌斯,A.F. 5-293e
默比乌斯,K.A. 3-351d
默啜可汗 7-417e
默顿,R.K. 5-485a, 4-220f, 4-441f, 5-267b, 5-279a, 6-491e
默多克,R. 5-485b, 7-278f, 9-590f
默哈讷迪河 8-592d
默罕伯特汗清真寺 1-204e
默拉都斯山脉 5-240f
默拉皮火山 5-485c
默里,F.J. 2-576c
默里,H.A. 3-110c
默里,J. 5-485d
默里澳大利亚地域人种 2-226b
默利岛 5-414b
默罗,E.R. 5-485e
默奇森,R.I. 5-471f
《默示录》 1-157b
默斯·坎宁汉舞蹈团 4-399a
默西河 5-32e
默西亚 5-391d
默照禅 2-166d
默兹河 1-318d, 2-438c
《磨坊书简》 2-348a
《磨房》 4-63a
磨盘柿 7-32a
貘 5-485f
貘科 4-38a
牟 2-95c
牟山县 1-104e
牟氏庄园 6-123a
《牟子理惑论》 3-468b
牟宗三 5-486a
谋大逆 6-586c
谋反 6-586c
谋克 4-238d
谋叛 6-586c
谋杀 6-120f
《谋杀之后》 1-234f
《谋生》 5-348d
《某种微笑》 6-360e
模板匹配模型 7-427e
模锻 2-369e
模锻水压机 7-103f
模具 5-486b
模具设计 5-486b
模m的同余式 7-399b
母斑 5-329e
母草属 8-362d
母公司 1-472e
《母狗》 4-533c
母函数 9-570b
母核 7-76a, 9-589c
母金 5-32e
《母狼》 4-377d
《母亲》(朝鲜舞蹈) 2-55c
《母亲》(美国舞蹈) 2-196f
《母亲》(苏联电影,1926) 5-12d, 6-107b
《母亲》(苏联电影,1990) 6-39e
《母亲》(苏联小说M.高尔基) 3-62a
《母亲》(苏联小说,F.V.革拉特科夫) 3-97e
《母亲》(中国电影) 4-260d
《母亲》(中国小说) 2-306f
《母亲的爱抚》 4-378f
《母亲教我的歌》 2-185b
母亲节 5-486d
《母亲三十岁》 6-198b
《母权论》 5-486e
母权制 5-486d, 4-129d
母乳喂养 8-281e
母生 3-470e
母体 7-65c
母系氏族 7-14e
母系氏族制 5-486d
母细胞 8-149f
《母性之光》 5-46d
母岩浆 8-429e
母子公司 6-137e
《母子狮》 3-528f
母族 6-195b
牡丹 5-486e, 6-472c
《牡丹》 9-484d
牡丹峰自然保护区 5-487b
牡丹花 2-334f, 5-233c
《牡丹记》 7-209f
牡丹江 5-487a
牡丹江省 3-455f
牡丹江市 5-487b
《牡丹蕉石图》 8-347c
《牡丹芦雁图》 7-496f
《牡丹亭》 5-487c
牡蛎 5-487e
亩 3-136d
拇外翻 5-487f
拇战 4-324f
拇指 7-37a
拇指同身寸 7-62f
姆巴巴内 5-487f, 7-139e
姆贝基,T. 5-523b, 5-524c
姆本杜人 1-133e, 1-221d
姆比尼河 1-597b
姆菲坎之乱 1-225b
姆努什金,A. 5-488a
姆欧 8-95f
姆庞圭人 6-559a
姆蓬多王宫 5-488a
《姆钦斯克县的麦克白夫人》 5-74b, 8-212c
姆瓦塔·扬沃 5-145b
姆韦尼·马塔帕王国 5-488b
姆维塔方言 7-139c
姆扎卜山谷古城遗址 1-13d
木八剌沙 1-496c
木坝 1-191a
木白蚁 1-208b
木板大鼓 1-209e, 5-275c, 6-255e, 8-93b, 9-212a
木版画 5-490a
木版年画 5-584f
木本芳香树种 4-288e
木本食用树种 4-288e
木本食油树种 4-288e
木本纤维树种 4-288e
木本药用树种 4-288e
木本植物 5-488c
木鳖 5-488c
木鳖子 3-512d, 5-488d
木波罗 1-382b

木材 5–488d
木材之国 4–119b
木筹 2–11c
木传信 8–562b
木醇 4–134b
木醇油 2–308f
木醋酸 1–366e
木村兵太郎 4–315b
木村资生 4–270a
木蛋白石 2–149d
木雕 5–488f, 2–301d
木蛾 5–489a
木尔坦 6–48c
木耳 5–489b
木耳属 5–489b
木格错 3–39d
木工刀具 2–155c
木工机床 5–489c
《木工小史》 6–184f
木谷实 8–34d
木骨都束 5–459d
木鼓舞 5–419b
木瓜 5–489c
木瓜属 5–489c
木椁墓 7–444e
木荷 5–489d
木荷属 5–489d
木蝴蝶属 9–535a
木华黎 5–489e, 9–97c
木婚 4–223b
木屐 5–489e, 8–237f
木姜子 6–433d
木姜子属 6–433d
《木匠们，把屋梁升高；西摩，一个介绍》 6–373f
木槿 5–489f
木槿属 2–599e, 4–267f, 5–329f, 5–489f
《木经》 9–82e
木精 4–134b
木聚糖 5–492c
木卡姆 5–490a
木刻 5–490a, 3–602a
木刺夷国 5–378c
《木兰辞》 5–490b
《木兰从军》（电影） 6–18c, 9–351c
《木兰从军》（戏剧） 9–485b
《木兰从军》（戏曲） 2–358d, 3–247f, 8–584f
木兰纲 7–81b
木兰科 5–490a
木兰秋狝 5–490c
《木兰秋狝图》 5–490d
《木兰诗》 5–490b, 5–52a
木兰属 3–496a, 8–261f
木兰围场 5–490c, 1–334e, 7–545e
木榄属 3–473c
木垒子 6–114d
木立花椰菜 6–207e
木撩尺蛾 1–596a
木蓼属 5–70b
木灵芝 5–97c
木铃木刻研究会 5–15a
木砻树 2–12c
木伦河 6–416c
木麻黄 5–490d
木马轮 9–546a
木莓 7–61c
木霉 8–588f
木绵 2–364b
木棉 5–490e
木棉科 5–490e
《木棉图》 1–566c
木乃伊 5–490f, 1–186e, 5–274a
木牛流马 2–498f, 6–105e
木偶雕刻 4–174f
木偶国际联盟 4–506d
木偶片 5–361d
《木偶奇遇记》 5–491a, 2–418b
《木偶奇遇记》（电影） 2–213d
木偶戏 5–491c
木皮鼓词 9–390b
木皮散客 4–139f
《木皮散客传》 4–139f
木皮散人 4–139f
《木皮散人鼓词》 4–139f
木皮子 4–139f
木桥 6–186c
木琴 5–491f
木人戏 4–506d
木芍药 5–486e
木虱 5–492a
木虱科 9–377c
《木氏历代宗谱》 2–314f
木氏土司府邸 5–24a
木薯 5–492b, 2–88a
木薯蚕绢丝织物 4–346d
木薯绢纺绸 4–346d
木松节油 7–159f
木速蛮 9–402d
木糖 5–492c
木糖醇 5–492c
木通 5–492e
木通科 5–492d
木茼蒿 4–333d
木桶原理 5–492e
木头岛 7–123e
木卫二 5–493e
木卫三 5–493e, 7–566f
木卫四 5–493e
木卫一 5–493e
木犀科 5–492e
木犀榄 5–492f
木犀榄属 9–37d
木锡石 8–134b
木樨 3–247c
木下顺二 5–492f
木下藤吉郎 2–561a
木下祝郎 7–570a
木香 5–493a
木星 5–493b
木星冲日 5–214a
木星大气 8–316d
木星环 5–493d
木星卫星 5–493e
《木星与金星相会》 4–27a
木雅贡嘎 3–151f
木雅语 5–493f
木叶天目釉 7–355a
木油桐 9–41b
木鱼 5–493f
木鱼（曲艺） 5–494a
木鱼歌 5–494a
木鱼书 5–494b
木鱼宣卷 8–361c
木鸢 2–570b
木原均 5–494b
木贼 5–494c, 4–215f, 8–234c
木贼目 4–216a, 8–234c
木贼属 5–494c
《木曾海道六十九次》 1–107e
木札提河 4–461b
木栅观光茶园 7–247a
木质部 7–551e
木质藤本 7–337b
木子 7–616d
目（生物） 2–544f
目标变量 3–608d
目标程序 1–339f
目标分子 5–583e
目标航天器 4–194f
目标总量控制 8–12c
目的论 4–269c
目的树种 4–5a
目的心理学 5–294c
目的刑 4–612a
目的因 7–156c
目的指向性思维 7–119c
《目光的嘴巴》 1–92e
目键连子帝须 4–223c
目镜 4–317e, 7–525e
目老 8–482f
《目连救母》 2–190d, 5–38c
《目连救母劝善戏文》 5–494e
目连戏 5–494c, 6–501e
目录学 5–494e
《目录学》 6–63e
《目录学发微》 9–57f
《目录学概论》 6–63e
目瑙节 5–494f, 4–312b
目瑙柱 5–495a
目瑙纵歌 5–495a

目视航标 3-391c
目视双星 7-80b
目视星等 8-305a
目夷 7-174c
仫佬语 5-495a, 5-495b
仫佬族 5-495b
沐英 5-495c
《沐浴》 1-481b
苜蓿 9-532d
苜蓿属 9-532d
牧（奴隶名称） 2-36a
牧草 5-495c, 8-449d
《牧草》 5-40d
牧场防护林 2-495f
《牧笛》 4-488f
牧歌 5-495f
《牧歌》（诗集） 8-125d
《牧歌》（乐曲） 5-277f
《牧归》 1-410a
牧濑五一郎 4-212f
《牧驴图》 3-602f
《牧马人》 5-5b, 9-352b
《牧马图》 3-360e
《牧马舞》 4-142e
《牧民的喜悦》 4-142d
《牧牛人的独白》 7-555a
《牧人来拜》 4-526c
牧人时期岩画 6-355f
《牧人月历》 7-122c
《牧神的午后》 5-257f
《牧神午后》 2-170b
牧师 5-495f, 6-510d
《牧师之家》 4-405a
《牧誓》 9-472e
牧首 5-496a, 2-329e
牧首区 2-329e, 2-403d
牧首制 2-329d, 2-403d, 5-496a
牧首主教 7-368a
《牧童》 3-103a
《牧童短笛》 3-442d
《牧童乃当》 1-487b
牧溪 5-496a, 2-435f
牧羊犬 4-312f
《牧羊人的礼拜》 4-62f
《牧羊人膜拜》 3-508e
牧羊王朝 8-139d
牧野之战 5-496a
钼 5-496b, 8-131b
钼合金 5-496d
钼华 3-606c
钼精矿 4-537b
钼铅矿 5-496d
募兵制 5-496e, 1-365c, 3-2e, 9-312a
《募寒衣》 3-442d
募穴 5-497a
募役法 7-489d
墓 9-363f
墓版文 5-497b
墓表 2-493a
墓记 5-497b
墓碣 5-497b
《墓畔回忆录》 8-162a
墓葬汉简 3-375e
墓志 5-497a
墓志铭 5-497a, 6-597b
幕表 4-338e
幕表制 4-71b
幕府大老 9-576f
幕府政治 5-497b
幕枯叶蛾 7-355a
幕墙 3-59a, 6-180e
幕衣蛾 3-183b
睦邻政策 5-497e
睦南关 9-44e
睦仁 5-451c
慕陵 6-232d, 6-232f
慕尼黑 5-497f
慕尼黑奥林匹克体育场 4-531b
慕尼黑大学 5-498b
慕尼黑国际啤酒节 5-498b
慕尼黑会议 5-498c
慕尼黑啤酒 5-498b
慕尼黑现代艺术国家画廊 5-498e
《慕尼黑协定》 2-260c, 5-498d, 7-181a, 7-210b
慕尼黑新画廊 5-498e
慕容印 6-588b
慕容霸 5-498e
慕容宝 5-545b
慕容备德 5-498f
慕容超 5-545c
慕容冲 8-108b
慕容垂 5-498e, 2-600c, 3-494e, 6-162e
慕容德 5-498f, 5-545b
慕容伏允 7-315c
慕容泓 6-162e, 8-108a, 8-108b
慕容皝 5-499a, 6-163b, 6-588b
慕容儁 6-163b, 6-272f
慕容恪 6-163c
慕容万年 5-499a
慕容玮 6-163c
慕容廆 6-163b
慕容熙 1-285f
慕容顗 8-108b
慕容永 3-493d, 8-108b
慕容元真 5-499a
慕容云 1-285f
慕士塔格山 5-499b, 7-243b
慕梳 5-467b
慕田峪长城 5-499b, 3-559e
慕维廉 8-107d
慕西纳克，L. 6-573e
暮蝠 1-340b
暮光 7-60d
穆阿拉港 7-591e
穆阿莱葛特 8-364c
穆阿维亚 3-310b, 6-593a, 7-607c
穆巴拉克 5-499c
穆参军 5-503f
《穆参军集》 5-504c
穆达汉 6-429d
穆旦 5-499d
《穆旦诗选》 5-499e
穆德，J.R. 5-499f
穆蒂，R. 2-537e
穆顿，H. 2-46e
穆尔，J. 3-111f
穆尔德河 8-561c
穆尔河 3-99e
穆尔吉埃派 8-384a
穆尔太达 1-40f
穆尔太齐赖派 1-80b, 8-528d, 8-529a
穆尔维·穆罕默德·奥马尔 7-241e
穆尔西利斯一世 3-162a, 3-447f
穆夫提 5-499f
《穆桂英大战洪州》 2-56d
《穆桂英挂帅》 5-500a, 3-426f
穆哈咖啡 8-490d
穆哈卡克体 1-34a
穆哈拉格岛 5-298c
穆罕默德 5-500b, 6-159a
穆罕默德·阿布杜 5-500e
穆罕默德·阿里 5-500f, 6-363a, 8-404b
穆罕默德·阿里（体育） 1-40f
穆罕默德·阿里清真寺 6-363a
穆罕默德·阿里·真纳陵墓 4-370c
穆罕默德·阿明 4-364b
穆罕默德·艾哈迈德 7-180b
穆罕默德·布哈鲁巴 1-451a
穆罕默德·杜尔 6-412b
穆罕默德二世 5-501a
穆罕默德·汗·居内久 6-130d
穆罕默德·拉希姆二世 2-395e
穆罕默德·拉希姆汗 8-127b
穆罕默德·纳吉布 1-66d
穆罕默德·努尔 5-513e
穆罕默德三世 1-158b
穆罕默德·舍伊巴尼 3-313a
穆罕默德·塔基·阿卜杜勒卡里姆 4-432e
穆罕默德五世 5-501b, 2-62a
穆罕默德五世（土耳其苏丹） 1-130e
穆罕默德五世大学 5-461a
穆罕默德一世（阿斯基亚王朝的） 5-501c
穆罕默德·伊本·沙特 7-466a
穆罕默德·伊本·图格鲁克 2-182a, 7-552c
《穆罕默德传》 3-329e
《穆罕默斯集》 5-579c

穆胡岛 1-87b
穆基凯山 1-447d
穆吉布·拉赫曼 1-453d
穆加贝,R.G. 5-501c
穆贾诺人 8-478c
穆杰尤格岛 1-197e
《穆柯寨》 2-147e
穆克德讷 2-257e
穆克塔大桥 1-5f
穆拉德 1-207f
穆拉森山 8-83e
穆拉特河 2-467d, 9-52c
穆拉维 5-501d
穆拉维约夫,N.N. 1-90e
穆莱·优素福 5-501b
穆赖拜特遗址 7-11c
《穆雷沙努》 1-86b
穆里玛 1-117b
穆利塔诺夫斯基,B.P. 4-101d
穆列什河 5-209c
穆棱-兴凯平原 6-393e
穆卢耶河 5-460c
穆鲁峰 5-501e
穆鲁山国家公园 5-501e
穆木天 8-209c
穆尼埃,E. 6-285f
穆尼夫 5-501f
穆藕初 5-501f
穆齐尔,R. 5-502a, 5-329d
穆钦加山脉 9-153c
穆青 5-502b
穆萨 5-500c, 8-172f
穆萨阿里山 4-58e
《穆萨·达的四十天》 7-542e
穆萨拉峰 1-152e, 1-243c
穆萨塔堡 9-117c
穆萨瓦特党 1-51e
穆萨希尔 8-3a
穆塞韦尼,Y.K. 7-615b
穆瑟瑞纳斯及其王后双人像 1-384f
穆沙拉夫 5-502b
穆施克,A. 5-502c
穆什钦努 3-162a
穆思,J.F. 5-12f
穆斯堡尔,R.L. 5-502d
穆斯堡尔谱学 5-502d
穆斯堡尔同位素 5-502e
穆斯堡尔效应 5-502e
穆斯林 2-104b
穆斯林都城 6-363d
穆斯林三大节日 6-563a
《穆斯林圣训实录》 6-569c
穆斯林世界联盟 8-530d
《穆斯林世界周刊》 7-23e
穆斯林兄弟会 5-502e
《穆斯奈德》 3-367a
穆斯塔法·凯末尔 7-436d
穆索尔斯基,M. 5-502f
穆塔大学 9-117e
穆塔希姆 5-298b
"穆台卡里甫"调式 1-44a
穆太奈比 5-503c
穆特萨二世 1-436c
穆特萨一世 1-436b
穆特神庙 4-375c
《穆天子传》 5-503d, 4-274c, 9-559a
《穆天子传注疏》 5-503e
穆托塔 5-488b
穆瓦桑,H. 5-503e, 2-603a
穆瓦桑电炉 5-503e
穆瓦舍赫 1-35b
穆瓦希德 1-15b
穆瓦希德王朝 4-511f
穆王游行 8-116b
穆威廉 7-334c
穆文庆 5-466b
穆西河 3-320f, 7-192f
穆湘玥 5-501f
穆祥雄 5-503f, 9-44a
穆修 5-503f
穆亚才 5-502b
穆伊斯卡人 6-131e
穆伊斯卡人小船 1-377c
穆泽尼 6-423c
穆扎法尔 3-406f
穆扎法尔·沙 5-268e
穆彰阿 9-167e
穆智台希德 5-504c, 1-57e
《穆宗毅皇帝圣训》 6-230b

N

《那五》 2-204d
拿大顶 2-159a
拿法 6-203e
拿破仑 5-505c
拿破仑·波拿巴 2-440e, 2-450c, 4-208d, 4-438f, 5-505c, 7-532b, 9-295a
拿破仑帝国 4-368e
《拿破仑法典》 5-505a, 2-443e, 2-457a
拿破仑故居博物馆 4-438f
拿破仑三世 5-505a, 2-449f
拿破仑一世 5-505b, 2-450c, 3-535f, 4-523b, 6-561f
《拿破仑一世书信集》 5-505e
拿破仑战争 5-505e
《拿破仑奏鸣曲》 6-29f
《拿起武器!》 1-196c
拿撒勒 5-506a
拿骚 5-506a
镎 1-60d, 2-503e, 2-505d
镎系 2-504a, 2-504e
《哪里是我朋友的家》 4-52a
《那》 7-177a
那跋陀罗 4-574f
那波利 5-506b
那波利湾 7-556e
那波帕拉萨 5-566e, 8-264b
那不勒斯 5-506d, 5-506b
《那不勒斯,百万富翁之城》 2-171f
那不勒斯乐派 7-125d
那布尼德 8-264c
那达木德 3-24a
那达慕大会 5-506d, 5-380e
那尔迈调色板 6-258f, 8-486d
《那尔迈王石板》 3-159d
那伐鹤语 5-364b
《那个黑女人富洛》 5-29c
《那很不错》 6-109b
那加人 5-506e
那加语 5-506e
那伽达萨克 5-459f
那烂陀寺 5-506f, 4-71d
那洛波 1-7d
那木海札木苏 5-379d
那木罕 1-108c
那木卓巴尔山 5-528e
那纳克 8-133b
那乃文 5-304f
那乃语 3-449b, 5-304d
《那年夏天,最宁静的海》 1-286f
那曲地区 5-507b
那曲县 5-507b, 5-507b
那提亚 8-605f
那吾鲁孜节 6-10b
《那一天传奇》 7-296e
《呐喊》(绘画) 5-370f
《呐喊》(小说) 1-60b, 5-166b
纳昂方言 2-169a
纳比派 3-65e
纳比耶夫,R.N. 7-240a
纳波卡 4-455b
纳博科夫,V. 5-507c
纳采 2-312e, 5-138c
纳楚克道尔基,D. 5-507d
纳粹党 5-507e, 8-126e
纳粹德国 9-458b
纳粹妇女联合会 5-507f
纳迪尔沙 5-507f, 6-360d
纳迪尔沙,B. 5-508a
纳恩,T. 5-312d
纳尔布塔 3-406f
《纳尔齐斯和戈尔德蒙德》 3-457e
《纳尔瓦条约》 1-262d
纳尔维克 6-7d
纳尔逊,H. 5-508a, 6-556b
纳尔逊河 3-305e
纳尔逊美术馆 1-580a, 4-397c
纳尔逊氏综合征 2-34a
纳芙拉蒂洛娃,M. 5-508b
纳格尔,E. 3-563d

纳格拉 3-190e
纳赫乔人 1-545f
纳吉 5-138c
纳吉·伊姆雷 5-508c
纳济利 1-56f
纳加拉鼓 2-313f
纳伽尔朱那康达遗址 5-508d
纳谏 4-171b
纳谏论 4-171c
纳杰夫 5-508d
纳卡日曲 9-172c
纳卡塞罗山 4-399c
纳科达清真寺 4-108f
纳克斯,R. 9-171c
纳课 6-417f
纳库穆玛雅文化遗址 7-526e
纳款关 4-332a
纳拉 2-408d
纳拉姆辛战胜碑 7-193e
纳拉亚南,K.R. 8-594b
纳拉扬,R.K. 5-508e
纳拉扬希蒂宫 1-317f, 4-108b
纳兰成德 5-508f
纳兰容若 5-508f
纳兰性德 5-508f, 5-305f
纳雷王 1-58f
纳黎宣 5-509a, 1-58f
纳里奥科托姆直立人 9-297a
纳里卡尔城堡遗址 2-254e
纳里速古鲁孙 8-8a
纳里扬马尔 1-396c
纳伦河 4-61b, 8-132e
纳罗达峰 8-2f
纳马人 4-27b
纳米比亚 5-509a, 4-308b
纳米比亚大学 7-579f
纳米比亚共和国 5-509f
纳米布沙漠 5-510c
纳米材料 5-510d
纳米带 5-510f
纳米化学 5-511a
纳米技术 5-511b
纳米结构组装体 5-510e
纳米碳管 5-510f
纳秒 6-609b
纳默克·凯马尔 8-264a
纳木错 5-511d, 3-516b, 5-507b
纳木那尼峰 5-511e
纳奈莫 7-549b
纳普 6-320f
《纳切兹人》 8-162a
纳然 6-208a
纳赛尔 5-511f, 1-64f, 1-66d, 2-179c, 6-357c
纳赛尔湖 1-55b
纳赛尔水库 1-64e, 5-573c
纳·赛音朝克图 5-512a
纳什,J.F. 5-512a, 2-371a
纳什均衡 5-512b
纳什平衡点 2-371b
纳什维尔 5-512c
纳石失 4-267d
纳氏虫属 1-344e
纳氏锯齿鲤 7-5a
《纳书楹曲谱》 8-145f
纳税人 5-512c, 3-116a
纳税义务人 5-512d
纳斯达克股价指数 5-512d
纳斯达克证券市场 5-512d
纳斯达克综合指数 5-512e
纳斯尔丁·阿凡提 1-17f
纳斯尔·伊本·艾哈迈德 6-364e
纳斯黑体 1-34a
纳斯卡巨型图案 5-512f
纳斯卡文化 5-512e, 1-495d
纳斯列丁·霍加 5-512f
纳塔,G. 5-513a
纳塔尔 5-513b
纳塔尔大学 2-170a
纳塔尔港 2-169f
纳塔尔共和国 1-435c
纳塔尔印度人大会 3-34f
纳吐夫文化 5-513b, 9-438a
纳托尔普,P. 5-513c
纳瓦尔王国 4-379a
纳瓦拉省 1-182a
纳瓦里诺海战 8-123d
纳瓦列赫花园 1-440b
纳瓦人 1-59f
纳瓦特尔语 1-59f, 5-290d, 5-364c
纳瓦依 3-112c, 3-333a
纳维,C.-L.-M.-H. 4-221c, 5-15e, 5-126f, 7-138c, 7-283f
纳维,F.J. 5-298d
纳沃伊国立图书馆 7-243a
纳西拔二世 8-409f
纳西尔 2-561d
纳西古乐 9-137f
纳西里耶区 5-33b
《纳西象形文字字典》 9-202b
《纳西一奇》 9-483f
纳西语 5-513d, 5-513d
纳西族 5-513d, 1-59e
纳西族侗经音乐 3-190c
《纳西族文献中的洪水故事》 2-32b
纳希切万自治共和国 1-51b
纳欣曲 7-458e
纳训 5-513e
纳言 6-400a
纳征 2-312e, 5-138c
纳孜尔库姆 7-558c
纳资 6-417f
钠 5-513f, 6-215f
钠代谢紊乱 2-281f
钠钙玻璃 1-391a
钠钙长石 1-519a
钠钙闪石组 4-205d
钠汞齐 5-514a
钠明矾石 5-444e
钠通道阻滞药 4-413b
衲衣 4-130c
《娜拉出走后或社会中坚》 8-487a
《娜琳达》 1-542d
《娜孜古丽》 7-307e
捺钵 5-64b, 5-65e
乃城川 5-227c
乃东宗治所 9-166d
乃堆拉山口 5-514b
“乃古”石林 5-173f
乃日勒好来宝 3-405c
乃颜 5-514b, 9-88e
奶茶 5-514c
奶酪 4-439a
奶牛 5-514d
奶牛业 8-358e
奶汤蒲菜 6-434f
奶油蛋糕 2-150f
奶油黄 6-27c
氖 5-514d
奈保尔,V.S. 5-514e
奈波斯 3-173c
《奈达》 7-550c
奈丁格尔群岛 7-331c
奈尔维,P.L. 5-514f
奈耳,L.-E.-F. 5-515a
奈耳畴壁 5-515b
奈耳温度 2-47d, 5-515b
《奈费尔提蒂王后头像》 3-160d
奈夫西林 6-208d
奈格什班迪教团 9-239b
《奈赫德的童年》 3-98d
奈赫赖万灌溉渠道 5-610f
“奈基”Ⅰ型防空导弹系统 4-356d
奈奎斯特,H. 4-479e, 8-299e
奈奎斯特,N. 9-536a
奈拉姆达勒山 5-376f
奈良 5-515b
奈良大佛 2-316d
奈良六宗 1-259a, 6-316a
奈良三彩 7-311f
奈米克·凯末尔 2-481a
《奈萨仪圣训集》 6-569c
奈瑟,U.R.G. 6-310d
奈史密斯,J. 4-546e
奈氏拟鲶鳙 1-112d
奈特,F.H. 9-288e
《奈特·特纳的忏悔》 7-133d
奈替米星 1-112b
奈望林纳,R. 3-8f, 8-399b
奈维乌斯 5-515c, 3-173c
奈西湖 7-287f

耐冲击工具钢 3-125a
耐得翁 9-389f
耐腐蚀材料 2-513d
耐火材料 5-515d
耐久竞速模型 3-392d
耐纶 4-344b
耐纶6 4-342d
耐酶青霉素 6-208d
耐磨材料 2-513c
耐热钛合金 7-272b
耐辱居士 7-113f
耐蚀钛合金 7-272b
耐酸钢 1-431e
耐药性 8-485b
萘 5-515f
萘胺 5-516a
萘酚 5-516b
萘酚黄S 8-219f
萘醌 5-516c
男袄 1-117c
男霸 6-139f
男表 1-355a
《男儿第一志气高》 6-519e
《男高音换声区的训练》 9-473a
《男孩城》 6-251e
《男皇后》 7-499b
《男角四下》 6-343e
《男人的殴斗》 3-458a
《男人的一半是女人》 9-211c
《男人难当》 1-303f, 6-439d
《男生贾里》 2-418d
《男丨忙》 7-560f
男士（冰心笔名） 1-365a
《男童的神奇号角》 1-15c, 1-450d, 2-177d, 2-416f, 5-263d, 8-358a
男系亲 6-195b
男性更年期综合征 8-326a
男性绝育术 4-349b
男性尿道 6-550a
男性盆腔 6-253c
男性生殖器 6-550a
男性型秃发 7-456c
男性性功能障碍 8-325a, 8-452d
男性性腺功能减退 8-327d
男性性欲低下 8-325a
男性性欲亢进 8-325a
男性性欲异常 8-325a
男性学 8-181a
《男性与女性——有关变迁世界中性别角色的研究》 5-394b
男用避孕药 1-335f
《男子大群舞》 7-120e
男子竞走 4-314f
男子篮球 4-546f
男子女性型乳房 8-327f
男子十项全能 7-370b
男子110米栏 4-494a
南阿尔卑斯山 5-516c
南嗳 7-234d
南艾尔湖湖盆 1-75f
南安县（三国吴，今江西境内） 5-532b
南安县（唐，今福建境内） 4-275d
南奥塞梯 5-516d
南澳大利亚弗林德斯大学 1-7b
南梆子 1-235a
南榜 5-516e
南北榜案 5-516e
南北朝 5-516f
南北朝长城 1-509f
《南北词简谱》 8-145e
南北对话 5-516f, 3-267e
南北二宗 2-334a
南北和谈 5-517b
南北会谈 3-267e
南北会议 4-398c
《南北少林》 8-580d
南北石窟寺 5-517d
南北委员会 5-517a
南北镇抚司 5-517e
南北宗论 5-517e, 2-334a
南备赞桥 4-539b
南本涅槃 2-74d
南亳说 1-410f
南布迪里巴德，E.M.S. 8-597d
《南部德国的中心地》 4-453b
南部非洲发展共同体 5-517e
南部非洲发展协会会议 5-517e
南部联邦区 5-218f
南部斯拉夫人 7-127b
南部同盟 5-353c
南禅寺 8-51b
南昌洪都航空工业集团 4-180b
南昌起义 5-517f, 7-432a
《南昌起义》 7-299d, 9-352b
南昌市 5-518b
南长山岛 5-420c
南朝 5-518d, 5-516f
南朝陵墓石刻 5-519f
南朝鲜劳动党 1-539f
南城调 2-315b, 9-528e
南赤道流 2-116a
南充市 5-520c
南充县 5-520c
南川区 5-520d
南川县 5-520d
《南传大藏经》 6-406f
南传佛教 5-520e
南传上座部佛教 7-278a
《南窗记》 7-602c
《南窗寄傲图》 7-602a
《南窗漫记》 4-187e
《南词必览》 5-274d
《南词叙录》 5-544b, 8-347c
《南词引正》 7-575a
南磁极 5-526b
南从周 9-258a
南村 3-73a
《南村辍耕录》 4-263a, 7-170e, 8-48e
南达勃因 2-327e
南大西洋战争 5-247d
南大西洋中脊 2-108f
南大洋 5-521a, 3-347d
南岛（丹麦） 2-452c
南岛（新西兰） 8-289c
南岛语系 5-521d, 5-260c
南道（丝绸之路） 7-117a
《南德的中心地》 9-441e
南地磁极 5-526b
南蒂格雷人 2-267d
南丁格尔，F. 5-521f
南丁格尔护士学校 5-521f
南洞庭湖 2-344a
南都 2-126c
南朵北荣 2-392e
南俄方言 2-404d
南俄河水电站 4-560e
南法兰西人 2-450f
南蕃回回 3-610f
《南方草木状》 4-54b
南方大陆 3-49b
南方非政府组织 2-517c
南方古猿 5-521f, 2-320a, 6-292a
南方古猿阿法种 5-28c
南方古猿包氏种 2-320a, 5-28c
南方古猿湖畔种 5-28c
南方古猿鲁道夫人种 5-164c
南方国家 2-434c
南方红壤丘陵山区 7-98e
南方栗 1-228e
南方露脊鲸 5-176c
南方首脑会议 5-537c
南方谈话 2-201d, 2-202f
南方菟丝子 7-447e
南方卫理公会大学 2-64d
南方戏剧圈 9-94b
南方象 5-376d
南非 5-522a
南非 5-522b, 2-482b
南非博物馆 4-389f
南非草原 1-484a
南非大学 5-524b, 5-523f
南非非洲人国民大会 5-524c, 5-523b
南非高原 2-520b
南非共产党 5-523c
南非共和国 5-523a, 8-615b
南非广播公司 5-524a
南非国家美术馆 4-389f
南非国家植物园 4-390a, 9-306c
南非国立动物园 5-524a
南非国民大会党 9-458b
南非国民党 5-263b

南非荷兰语 1-18c
南非黑人 5-568c
南非金伯利岩 4-237b
《南非考察和传教旅行》 5-32d
南非联邦 1-18b
南非拟沙丁鱼 6-422e
南非通讯社 5-524a
南非英语 9-11e
南非战争 8-615b
南府 6-553e
南阜山人 3-64d
《南阜山人全集》 3-64e
南高加索 3-67c
南哥巴藏卜 8-110c
南宫复辟 2-392c
南宫生 7-171b
南宫说 1-485f, 2-77a, 8-512c
南共联盟 7-384e
南瓜 5-524d, 3-512d
南瓜属 8-93c
“南官”制度 9-356a
南冠 1-470e
南管 5-546a
《南归录》 9-465d
《南国玫瑰》 6-582c
南国社 5-524d
南国艺术学院 1-551c, 5-524d
《南国之春》 1-468b
《南国之夜》 1-81b
南哈萨克斯坦 3-314f
南海 5-524f, 3-233c
南海（北京） 6-391c
南海（朝鲜海峡） 5-227c
《南海长城》 4-601d
南海道 7-117b
南海钓徒 6-344c
《南海儿女》 9-482d
《南海寄归内法传》 8-555b
南海郡 3-239c
南海诸岛 5-525b, 5-525a
南汉 5-525d, 8-45d
南汉江 3-377b
《南汉书》 5-525e
南河三 5-525f
南湖 9-126b
南花苗寨 4-394c
南华纪 9-91f
南华寺 5-525f
南华医学堂 8-107c
南华医学院 3-590f
《南华真经》 9-514e
《南华真经注疏》 1-580d
南怀仁 5-526a, 2-327f, 4-3e, 8-106e
南黄海 3-584b
南回公路 7-251c
南霍尔斯特德街桥 4-6a
南霍鲁逊湖 1-495e, 1-498a
南极 5-526b
南极冰盖 1-361e, 2-92e
《南极冰及水团学术讨论会论文集》 2-212b
南极臭氧洞 5-526c
南极大磷虾 5-526c
南极大陆 2-92d
南极大陆冰盖 1-361d
南极地区全球变化研究计划 5-526e
南极光 4-69c
《南极海洋学》 2-212b
南极环极流 2-116a
南极考察 5-526d
南极老人 4-558f
南极圈 4-70b
南极绕极流 5-521b, 7-261c
《南极条约》 5-526f, 3-259d, 5-526d, 8-15e
南极仙翁 2-613f
南极洲 5-526f
南极洲陨石 5-528c
南麂岛 5-528e
南麂列岛 5-528e
南麂列岛海洋自然保护区 5-528e
南加利福尼亚大学 5-231e
南迦巴瓦峰 5-528e, 5-481f, 8-139f
南迦-帕尔巴特峰 8-139f
南江水坝 5-227d
南江县 2-72d
南疆铁路 5-528f
南交 4-198f
南津关 5-529a
“南进”战略 2-79c
南京惨案 5-529b
南京长江大桥 5-529a, 6-186b
南京长江二桥 5-529b, 6-186b, 8-236a
南京长江三桥 5-529b, 8-236a
南京大屠杀 5-529b
南京大戏院 9-233b
南京大学 5-529d
《南京大学学报》 5-529e
南京地质学校 2-324c
南京椴 2-369c
《南京夫子庙》 5-109e
南京港 5-529e, 4-179b, 5-531c
南京高等师范学校 2-324c, 5-58c, 5-529d, 9-443d
南京工学院 2-324c
南京国民政府 5-529f, 3-292b
南京河海工程专门学校 5-2b
南京交通高等专科学校 2-324c
南京两江优级师范学堂 9-38d
南京临时参议院 8-260a
南京临时政府 5-530d, 8-260a
南京禄口机场 5-531c
南京路 5-530e, 3-594d, 6-465f
南京路上好八连 5-531a
《南京路上好八连》 3-443b
南京农学院 4-244d
南京汽车集团公司 2-527d
南京师范大学 5-531a
《南京师范大学学报》 5-531a
南京师范学院 5-531a
南京史料整理处 9-349e
南京市 5-531a, 4-179a
南京受降 5-531d
南京天文历史博物馆 9-533a
《南京条约》 5-531e, 8-388a
南京铁道医学院 2-324c
南京西善桥宫山墓 9-497d
南京下关事件 9-382c
南京晓庄师范学校 8-232b
南京猿人 5-531f, 6-292b
南京杂技团 2-506c
南京中山植物园 9-306c
《南九宫十三调曲谱》 6-518a
南拒马河 3-328c
南喀尔巴阡山脉 4-361d
南开大学 5-531f
南开区 5-532a
南开新剧团 5-532b
南开学校 9-190a
南康市 5-532b
南康县 5-532b
《南柯太守传》 5-532c
南柯一梦 5-532d
南渴烈思巴 8-110c
南口 6-435a
南库克群岛 4-486e
南昆 6-552c
南鲲鯓代天府 7-249c
南里奥格兰德州 1-40d
南联盟 3-458c, 6-370c
南凉 5-532d, 6-206a
南寮 5-184f
南林 5-532b
南岭 5-532e
南隆达人 5-145a
南罗布泊 5-201b
南罗得西亚 4-265c, 5-259c
南满洲铁道株式会社 5-533a
南美大草原 1-484a
南美黑人 5-568c
南美槐属 1-331d
南美貘 5-485f
南美拟沙丁鱼 6-422e
南美太平洋战争 1-56a, 1-330f, 1-392f, 9-321e
南美土著马 5-254b
南美印第安语 5-364c
南美洲 5-533a
《南美洲》 1-250f
南美洲大陆 2-92d
《南美洲的革命》 1-418b

《南美洲几位诗人评传》 3-177d
南美洲居民 2-226b
南门二 5-536d
南盟 5-544f
南面官 5-64b
南明 5-536d
南南合作 5-537a
南尼,P.S. 5-537d, 7-429f
《南泥湾》 5-254d
南泥湾屯田开荒 7-519d
南泥湾政策 9-480f
南宁市 5-537e
南欧 5-537f
南欧北梅 5-538e
南欧联合海军司令部 9-295e
南帕拉伊巴河 7-610b
南派螳螂拳 7-320d
南盘江 3-473c
南平 5-538a, 4-300c, 8-45d
南平市 5-538b
南平王 3-67a, 4-582a
南平州 2-350d
南坪 7-424a
南屏樵者 3-483b
《南屏雅集图》 2-134a
南坡之变 9-98d
南浦 5-538b
南普陀寺 5-538c
南齐 6-126c, 6-128b
《南齐书》 5-538d
《南齐书·祖冲之列传》 9-309d
南麒北马关外唐 5-538c
南千岛 1-262c
南潜 2-335c
南曲 5-538f, 5-546a
《南曲九宫正始》 8-145e
南拳 5-539a
《南拳北腿》 8-35a
南人 7-148d, 9-145e
南萨斯喀彻温河 6-367b
南塞克斯 6-119b
南三行 5-539b, 4-184f
南桑威奇海沟 2-108f, 5-521b
南森,F. 5-539d
南森海岭 1-256c, 5-539e
南森海盆 1-256e
南森漂流站计划 1-264e
南沙马崎 7-257e
南沙群岛 5-539e, 5-525c
南山 6-131a
南山公园 2-527a
《南山集》 2-134d
南山律学院 4-610f
南山律宗 5-184e
《南山堂自订诗》 5-16d
南山学会鼓子研究会 4-543a
南山宗 5-184e
南设得兰群岛 5-539f
南社 5-540a, 3-11f, 6-223e, 7-395d
南社闽集 5-540c
《南社诗集》 5-540d
南社湘集 5-540c
《南社小说集》 5-540d
南参 3-332f
南石河 7-55c
南石窟寺 5-517d, 6-90b
《南史》 5-540d, 2-428d, 7-173c
南市（大同市） 5-232e
南书房 5-540e, 6-219d, 9-209c
《南书房记注》 5-540f
南枢密院 5-64b, 7-51a
南水北调工程 5-540f, 5-545d
《南水北调工程总体规划》 5-540f
南水陆 7-93a
南水青冈 1-524e
南斯拉夫 5-541d
南斯拉夫联邦人民共和国 1-385f, 5-541d, 6-370c, 6-371a, 7-130e, 7-384d
南斯拉夫联盟共和国 3-458c, 5-542b, 6-370c
南斯拉夫马其顿人民共和国 7-126c
南斯拉夫马其顿社会主义共和国 7-126c
南斯拉夫社会主义联邦共和国 1-385f, 3-458c, 5-542a, 7-130e
南斯拉夫王国 1-385f, 3-458c, 5-541f, 6-363c, 6-370c, 6-370e, 7-130e, 8-405f
南四行 5-542b
南四湖 5-542c, 3-562a, 7-538e
南四湖四鼻孔鲤鱼 4-84e
南宋 7-164c
南宋桂林城防图 4-316c
《南宋河北新兴道教考》 1-571e
南宋四大家 5-542d
南宋四家 4-613a, 5-116e, 5-285f, 7-168f
南酸枣 5-542d
南酸枣属 5-542d
南索托人 7-233e
南索托族 5-522b
南太平洋大学 7-195e
南太平洋环流 7-261c
南太平洋经济合作局 7-195d
南唐 5-542d, 8-24f, 8-45d
南唐二陵 5-542f
《南唐二主词》 4-601c
《南唐二主词校订》 5-3b
《南唐书》 5-543a
南唐中主 4-601b
南堂鼓 3-190e
南特 5-155d
《南特敕令》 5-543b
南天三关 9-44d
南天师道 5-170a
“南天一柱”石刻 2-354b
南天竹 5-543c
南天竹属 5-543c
《南田画跋》 9-144d
南条文雄 4-244e, 8-464a
《南亭四话》 4-588e
南通博物苑 1-417d
南通市 5-543d
南通县 5-543d
南通政使司 7-394b
南头半岛 6-509b
南投社 5-543e
南投市 5-543e
南投县 5-543e
南湾湖 8-301b
南纬 2-78f, 2-228e
南乌江 5-543f
南五台山 9-452b
南五祖 5-544a
南武山人 6-240b
南西伯利亚人种 6-303e
南西奈省 8-97d
《南西厢记》 5-446a
南锡 5-228f
南锡学派 2-595f
南溪 7-256c
南戏 5-544a, 8-141c, 8-143f, 8-146a
《南戏拾遗》 2-578c
《南下记》 9-470b
南下加利福尼亚州 8-158e
南下支队 7-519d
南弦 6-403b
南鲞 8-10b
南象海豹 3-319b
南象运动 8-613f
《南行记》 1-81b
《南行记续篇》 1-81b
《南行前集叙》 7-194b
南匈奴 2-347c, 5-121a
南雄府 5-544b
南雄路 5-544b
南雄市 5-544b
南雄县 5-544b
南雄州 5-544b
《南轩先生文集》 9-207e
南选 4-428a
南学会 5-544c
南衙 5-544d
南衙北司 5-544c
南衙北司之争 5-544d
南亚 5-544e, 8-414f
南亚次大陆 5-544e
南亚季风气候区 4-101c
南亚克河 2-386c
南亚美利加洲 5-533a
南亚区域合作联盟 5-544e
《南亚区域合作联盟宪章》 5-544f
《南亚区域合作宣言》 5-544f

南亚松 7–161b
《南亚特惠贸易安排协定》 5–544f
南亚语系 5–544f, 1–444b
南燕 5–545b
《南阳风俗传》 2–221d, 2–491e
南阳湖 5–542c
南阳黄牛 2–205c
南阳盆地 5–545c
南阳市 5–545d
南洋大学 6–464a
南洋公学 5–545e, 3–60c, 6–464a, 6–573c, 8–81e
南洋华侨筹赈祖国难民总会 1–558d
南洋华侨回国慰劳视察团 1–558d
南洋女校 9–513d
南洋群岛 5–260e
南洋杉 1–524e
《南洋商报》 5–46c
南洋参属 8–48e
南洋水师 8–470a
南洋通商大臣 9–560e
南洋兄弟烟草公司 5–545f
南洋楹 3–409c
南洋影片公司 6–474f
《南洋植物要览》 1–306d
南也门人民共和国 8–490a
南音 5–546a
南音（音乐） 2–20a
南印度人种 6–303e
南印度洋海盆 5–521b
南渊请安 2–87a
《南园丛稿》 9–212a
南猿 5–522a
南猿人骨化石遗址 5–524a
南猿头骨化石 3–513e
《南辕杂诗》 8–480b
南朗公园 3–349f
南乐 5–546a
南岳（安徽天柱山） 8–53e
南岳（湖南衡山） 3–514d
南岳佛道救难协会 4–338a
南岳怀让 1–500b
南岳魏夫人 7–574f
南越 9–127b
南越国 9–127c
南越王宫殿 5–546b
南越王墓 5–546c
南云忠一 2–255f
南运河 5–546f, 3–328c, 4–280c
南杂剧 5–447d
南掌国 4–581f
南诏 5–546f
南诏德化碑 5–547b, 2–89d, 2–90b
《南征北战》 5–547c
南直隶 5–58d
南中国海 5–524f
南中美术专科学校 3–68c
南中四郡 9–136c
南仲 9–473d
《南州草堂集》 8–345e
南珠 1–263f, 3–236f
南宗 2–334a
南宗顿门 1–500a
《难办的年青人》 1–418e
难波 2–72e
难波城遗址 6–315d
难产 5–547c
难近母节 8–599d
难溶性磷肥 5–93f
难熔金属 5–547e
难熔金属合金 5–547e
难思光佛 2–393a
难陀王朝 4–474e
《难忘的战斗》 2–69a
《难养生论》 8–205c
《难自然好学论》 4–54c
喃字 5–547f, 9–131a
喃字文学 5–547f
楠迪国际机场 2–530d
楠木 5–548a
楠属 5–548a
楠竹筷 4–497b
赧水 9–525d
《难夫难妻》 5–548b
难民 5–548b
囊虫病 9–495c
囊加歹 7–148d
囊论 3–24c
囊胚 6–311d
囊性脊柱裂 4–87b
囊性脑脑膜膨出 5–159d
囊性肾疾病 5–548c
挠度 5–548d
挠率 6–248e, 6–249d
挠性轴 9–478b
铙 1–410c
铙钹 1–410c
蛲虫病 5–548d, 2–4a
脑 5–548e
脑垂体 5–548f, 2–33f
脑垂体后叶 2–33f
脑垂体前叶 2–33f
脑垂体－下丘脑－肾上腺系统 6–236d
脑挫裂伤 5–159f
脑电图 5–548f
脑动脉硬化性精神障碍 6–512a
脑复苏 8–248f
脑苷 1–233e
脑干 5–549a, 5–548f, 9–304b
脑干病变 7–280e
脑干损伤 5–160a
脑梗死 7–280d
脑功能侧化 5–549b
脑积水 5–549c
脑脊膜 5–549e
脑脊膜炎 5–550c
脑脊液 5–549e, 2–97a
脑力负荷 8–251d
脑力劳动 5–550b
脑力疲劳 6–77a
脑颅 7–410f
脑膜 5–549e
脑膜膨出 5–159d
脑膜炎 5–550c, 4–443c
脑膜炎奈瑟氏球菌 5–128f
脑囊尾蚴病 9–495d
脑脑膜膨出 5–159d
脑脓肿 5–550e
脑膨出 5–159d
脑桥 5–550f, 5–549b
脑疝 5–551a
脑上腺 7–159a
脑神经 5–392c, 7–476a
脑实质内血肿 5–159e
脑水肿 5–551b
脑死亡 5–551d, 4–1d, 5–549a, 9–304b
脑损伤 5–159e
脑瘫 5–551e
脑下垂体 2–33f
脑性瘫痪 5–551e
脑血管病性痴呆 4–558e
脑血管疾病 5–551f
《脑血管造影术》 7–520d
脑血栓 5–552a
脑炎 5–552c, 4–443c
脑源性头晕 7–412b
脑震荡 5–159f
脑CT灌注成像 9–583e
瑙鲁 5–552d
瑙鲁岛 5–552d
瑙鲁共和国 5–552d
瑙鲁语 5–552d
瑙罗吉，D. 5–553a
瑙曼，B. 6–299f
瑙曼，C.F. 2–261b
瑙曼，K.F. 3–170c
闹剧 8–139c
闹伞灯 3–526b
《闹天宫》 4–610b
《哪吒闹海》（壁画） 9–193b
《哪吒闹海》（电影） 1–6c, 9–352c
《哪吒闹海》（木偶） 9–387b
讷尔默达河 8–592d
讷河市 5–553b
讷河县 2–412c, 5–553b
讷亲 9–194f
内摆线 1–217f
内班行头 8–314d
内包装 1–238c
内鼻鱼类 6–337c
内比都 5–553b

内变性乙醇 4-134b
内滨 3-318e
内禀角动量 9-547b
内波 3-351a
内部短缺 2-367c
内部放射治疗 3-439f
内部公共关系 3-130e
内部价格 9-511c
内部监管 4-250a
《内部市场》 7-52e
内部收益率 4-211b
内部网关协议 8-571b
内部县 3-591f
内部言语 8-428d
内部语言学 7-233f
内长城外三关 8-444d
内巢材 5-588f
内朝 3-369a, 9-498f
内臣 3-577f
内翅类 9-45b
内出血 2-15d
内存 9-498d
内存储器 9-498d
内丹 5-553c, 5-169e
内丹口诀 8-326e
内丹派 1-209c
内丹术 2-162f
内丹修炼 2-162c
内道场 2-159f
内地概念股 3-469b
内蒂·赖林 8-92d
内电解分析法 2 281e
内电子转换 9-590d
内(动)力地质作用 2-251c
内厄斯,G.S. 9-5c
内尔逊,L. 8-276e
内耳 2-420b
内藩蒙古 5-375f
内分泌 5-553e
内分泌失调 3-5d
内分泌系统 5-553d, 6-299b
内分泌腺 6-299b
内分泌学 1-296e
内分泌组织 6-299b
内风 2-568f
内风病证 8-135a
内夫得沙漠 5-554a, 1-30d, 6-427e
内夫塔利·里卡多·雷耶斯·巴索阿尔托 5-591d
内服散剂 6-408f
内辐射带 2-234c
内府卫士 3-2d
内感受器 3-45d
内肛动物门 5-554a
内阁 5-554b, 9-81a
内阁奉上谕 6-469b
内阁制 5-554c
内阁主义 5-398c
内格罗河 5-554c
内格罗斯岛 2-525e
内功 6-141e
内共生说 9-253a
内骨骼 4-74b
内固定 3-189c
内惯性重力波 3-351b
内国法人 9-518d
内国史院 5-560a
内含子 2-554e
内涵 3-31a, 5-554d
内涵和外延 5-554d
内寒 3-366f
内寒病证 3-366f
内翰林国史院 5-560a
内翰林弘文院 5-560a
内翰林秘书院 5-560a
内河港 3-56d
内河航标 3-391d
内河航道 5-554e
内河航行权 5-554f
内弘文院 5-560a
内华达领地 5-555b
内华达山脉 5-555a
内华达州 5-555a
内画壶 1-314e
内环境 5-555c, 6-530e
内环境稳定 4-399b
内环境稳态 6-298e
内婚制 5-555d
内混汞 4-4d
内积 6-14a, 8-120e
内积空间 8-120f
内积岩 1-550c
内江市 5-555d
内江县 5-555e
内江猪 5-555e, 7-146c
内金刚 4-240a
内金水河 1-267a
《内经》 5-555f, 3-578f, 3-583a, 6-120e
内镜诊断 5-556c
内镜治疗 5-556c
内卡尔河 7-137d
内科 8-180f
《内科学季刊》 1-129d
《内科学手册》 4-498e
内窥镜术 5-556b
内雷济隐修院 7-126c
内雷特瓦铁路桥 3-53b
内力 5-14c
内力作用 2-251c
《内利·奥布赖安》 4-570b
内联陛 2-103d
内流空气动力学 4-469e
内瘘 1-522e
内陆海 5-556c
内陆水系 7-101c
内陆盐碱土 7-435a
内陆运河 9-142b
内乱 6-586d
内伦敦 5-192e
内罗毕 5-556d
内罗毕大学 5-556e
内罗毕国家公园 4-464f, 5-556e
《内罗毕战略》 8-327a
内罗病毒属 3-379f
内蒙古 5-557b, 7-474e
内蒙古大学 5-556e
内蒙古高原 5-556f
内蒙古高原干草原荒漠草原区 5-557e
内蒙古黄芪 3-594e
《内蒙古植物志》 4-599c
内蒙古自治区 5 557b, 9-384e
内蒙古自治区行政区划 5-558a
《内蒙组曲》 5-277f
内秘书院 5-560a
内摩擦 6-145f
内能 5-558d, 6-279e, 6-280b
内皮尔,R.C. 7-339d
内气功 6-141f
内亲 6-195b
内秦淮 6-198c
内氢 6-216e
内氢键 6-217c
内驱力 9-53e
内燃机 5-558d, 2-211e, 2-337b, 4-195f
内燃机车 4-9a, 4-29a
内日峰 5-123a, 5-278b
内容与形式 5-559f
内三关 1-510c, 4-332b
内三院 5-560a, 5-554c
内伤 2-30f
内伤痉证 9-307c
内生翅类 1-343e
内生构造运动 3-156e
内生经济增长理论 4-295d
内生经济周期理论 4-296c
内生矿床 4-499c
内生五气 5-139d
内生五邪 5-139d
内生循环 2-235f
内圣 5-560b
内圣外王 5-560b
内湿 6-585c
内水 5-560b, 5-103b
内斯特罗伊,J. 5-560c, 1-326e
内塔尼亚胡,B. 5-560d
内太阳系 7-268e
内体 8-152c
内田三郎 4-124f
内团心 8-247c

内吞 8-152a
《内外伤寒辨惑论》 4-239b
内务府 5-560d, 6-219e
内吸杀虫剂 6-421c
内细胞团 3-47b
内酰胺 5-560e
内消旋酒石酸 4-325d
内消旋体 5-560f
《内心的揭秘》 1-105b
《内心旅程》 5-212e
《内心人》 3-104f
内新月形地带 5-169f
内行厂 5-561a, 1-528a, 5-112b
内行星 8-316b
内省法 5-561a
内省心理学 5-163f
内学 2-490d
内伊湖 1-255d
内衣 5-561a
内因 5-561c
内因变星 1-344c
内因与外因 5-561c
内营力 2-251c
内苑 9-115f
内晕 9-144e
内在感官 6-522a
内在控制 6-489f
内在膜蛋白 8-151e
内在性子宫内膜异位症 9-530b
内脏感觉 4-30e
内脏幻觉 3-577d
内脏利什曼病 5-30f
内脏淋巴结肿大 5-93a
内脏学习 6-537c
内脏血管瘤 8-373f
内脏幼虫移行症 9-52a
内燥 9-166c
内扎米 5-561d, 3-332f
内札萨克 5-375f
内债 3-286d
内战 9-278f
《内战记》(凯撒) 3-173c, 4-395c
《内战记》(卢卡努斯) 3-173e
内照射放射病 2-504d
内政部调查局 9-439e
内质网 5-561e, 8-152b
内治法 5-561f
内痔 9-319e
内眦褶 5-561f
内阻 2-293e
嫩加纳 8-133d
嫩荚用萝卜 5-222b
嫩江 5-562a, 2-112d, 7-159b
嫩江省 3-455f
能 6-320d
能变通 9-64c
能带理论 3-195a
《能断金刚般若波罗蜜经》 4-239f
能耗电阻 2-299c
能化通 9-64c
能级 5-562b
能级组 9-95f
能剧 5-564e
能力 5-562c
能力倾向 5-562c
能力倾向测验 5-562d
能量 5-562d
能量本征方程 8-368c
能量本征值 8-368c
能量代谢 5-562e, 6-538b, 8-264f
能量动量关系 8-157b
能量仿生 2-499b
能量均分定理 8-75a
能量量子 6-110b
能量守恒定律 5-562f
能量饲料 7-157e
能量损失谱 1-355d
能量转换 2-233d
能流密度 1-372e
能诺他遗址 6-212d, 8-283a
能谱 3-434e
能人 5-563b, 5-28c, 6-292a
能人化石 1-120e
能束武器 2-313a
能斯特,W.H. 5-563c, 6-280b, 6-282e
能斯特定理 6-280b
能斯特方程 5-563c
能斯特公式 5-563c
能行性理论 6-45a
能源 5-563d
《能源材料通讯》 6-573b
能源矿床 4-499d
能乐 5-564e, 4-144f, 8-141c
能造四大 7-148b
《能作书》 3-525f, 7-14f
《妮基塔》 5-179b
尼安德特人 5-564f, 4-416e, 5-476d, 6-291a, 6-292c, 9-323f
尼奥洞窟壁画 7-10f
尼奥科洛科巴国家公园 6-375d
《尼伯龙根的指环》 7-465f
《尼伯龙根之歌》 5-565b, 1-375c
尼泊尔 5-565b, 8-121f
尼泊尔大会党 5-565f
尼泊尔共产党 5-565f
尼泊尔国家通讯社 5-566c
尼泊尔画 8-112e
尼泊尔卢比 5-566a
尼泊尔人 4-510e
尼泊尔王国 5-565f
尼泊尔语 5-566c, 4-510e
尼布楚 8-396b
《尼布楚条约》 5-566d, 3-455e, 6-357a, 8-396b
《尼布楚议界条约》 5-566d
尼布尔,C. 8-410b
尼布尔,R. 3-479f
尼布甲尼撒二世 5-566e, 1-148b, 1-148d, 1-148f, 7-21c
尼采,F. 5-566f, 1-493d, 4-148c, 5-371a
尼达姆,J. 5-3d
尼德兰林堡兄弟 8-155b
尼德兰王国 1-318f, 1-319f
尼德兰乐派 1-157e
尼德兰资产阶级革命 5-567c, 3-431f
尼德兰总督 5-567d
尼德迈耶,S.H. 9-590d
《尼多斯的阿佛罗狄忒》 3-179c, 6-108c
尼尔森,J.B. 8-491e
《尼尔森不动点理论讲座》 4-185e
尼尔森数 4-185d
尼尔松,L.F. 8-130d
尼耳斯·玻尔研究所 1-389b
尼夫克语 3-178b
尼格里 2-579a
尼格里,P. 5-567e
尼格利罗人 5-567f
尼格利陀人 5-568a
尼格伦,A. 8-294b
尼格罗-澳大利亚人种 1-58a, 1-138b
尼格罗地理人种 2-226a
尼格罗人 5-568b
尼格罗人种 5-568c, 2-517f, 6-303f, 6-305a
尼各马可 5-568d
《尼各马可伦理学》 5-568d
尼姑 5-568d
尼古丁 5-568d, 8-420d
尼古拉,C.O.E. 7-559e
尼古拉·布尔巴基 1-434c
尼古拉二世 5-568e, 3-280d, 5-212e
尼古拉教堂 4-532a
尼古拉·尼古拉耶维奇 2-264c
尼古拉·普热瓦尔斯基 2-377f
尼古拉斯(库萨的) 5-568e
尼古拉斯,A. 5-568f
尼古拉斯·费尔南德斯·德·莫拉廷 2-538c
尼古拉耶夫水利枢纽 2-380b
尼古拉耶娃-捷列什科娃,V.V. 5-569c, 2-317f
尼古拉一世 5-569c
尼赫鲁,J. 5-569e, 2-511c, 8-593e
尼赫鲁,M. 5-570a
《尼赫鲁报告书》 5-570b
尼赫鲁大学 8-265d
尼赫鲁科技大学 3-321a
尼基什 5-570c, 1-384e
尼加拉瓜 5-570c

尼加拉瓜革命 5–571b
尼加拉瓜共和国 5–570e
尼加拉瓜湖 5–571c, 5–570e
尼金斯基，V. 4–49c
尼金斯卡，B. 4–124e
尼卡地平 3–26d
尼卡高原 4–464c
《尼凯女神像》（萨莫色雷斯的） 5–571c, 5–149e
尼康 5–571d
《尼康德拉奉纳像》 8–394a
尼康公司 5–571e
尼康株式会社 5–571e
尼科巴语族 5–571f, 5–545a
尼科尔森，G.L. 8–151f
尼科尔斯，D. 3–205e
尼科尔斯，M. 2–69b, 5–349e
尼科二世 3–158f
尼科西亚 5–571f, 6–376a
尼可刹米 9–439a
《尼克松》 1–125b
尼克松，R.M. 5–572a, 4–463d, 5–572b, 6–86d, 7–94c
尼克松访华 5–572b
尼克松图书馆 5–231e
尼克松政府 6–263b
尼克松主义 5–572a
尼克酸 8–420e
尼克索，M.A. 5–572d
尼克酰胺 3–3c
尼拉贡戈火山 7–553c
《尼勒德维》 3 446d
尼雷尔，J. 5–572e, 7–288f
尼里–拉菲水牛 7–95d
尼里士起义 1–149d
尼里塔 8–605f
尼里提亚 8–605f
尼龙 5–572f, 3–229e, 4–267f, 4–344b
尼龙涤纶纺绸 2–500b
尼龙6 4–342d
尼龙9 7–490c
尼龙66 4–373e
尼伦伯格，M.W. 2–554d
尼罗德，A. 2–254b
尼罗非鲫 2–513b
尼罗河 5–572f, 1–45a, 1–55b, 1–59b, 1–64c, 7–179e
《尼罗河流域的大事件》 6–474c
尼罗河三角洲 5–573d
尼罗六瀑布 5–573c
尼罗满江红 5–304c
尼罗人 5–573f
尼罗–撒哈拉语系 5–573d, 7–180f
尼罗特人 5–573f, 5–156b, 6–304c
尼罗特语支 5–573f
尼玛诗 5–574a
尼玛·尤什吉 5–574a
尼迈尔，A.H. 4–212d
尼迈耶，O. 5–574a
尼米兰语 3–178b
尼米希依提 5–574b
尼米兹，C.W. 5–574c, 2–256a
“尼米兹”级核动力航空母舰 5–574d
尼莫地平 3–26e
尼穆莱 5–573a
尼尼微古城 5–574f, 2–218d, 8–410a
尼努瓦 5–574f
尼皮恩岛 6–9c
尼皮贡河 7–178b
尼普顿 1–384b
尼普尔古城 5–574f
尼普科夫，P.G. 2–288c
尼普科夫圆盘 2–288c
尼乾陀·若提子 2–113b
尼乾外道 6–133b
尼人 5–564f
尼日尔 5–575a
尼日尔–刚果语族 5–576a, 5–576c
尼日尔共和国 5–575d
尼日尔河 5–576a, 5–264c, 5–575d, 5–576f, 5–579b, 7–388a
《尼日尔河畔》 6–601e
尼日尔河三角洲 3–308e, 5–576b, 5–576f
尼日尔河上游高平原 4–80e
尼日尔–科尔多凡语系 5–576b, 7–180f
尼日尔W河段国家公园 5–576a
尼日利亚 5–576d
尼日利亚大学 5–578a
尼日利亚广播公司 5–578b
尼日利亚国家电视台 5–578b
尼日利亚联邦 5 577b
尼日利亚联邦共和国 5–577b
尼日利亚四部曲 1–50c
尼日利亚通讯社 5–578b
尼日利亚殖民地和保护国 5–577b
尼萨古城 5–578b, 6–34e, 7–439f
尼森，G. 1–312e
《尼山萨满》 5–305a, 9–344c
《尼什塔特和约》 1–262e
尼斯 5–578c
《尼斯晨报摩纳哥专版》 5–462d
《尼斯景象》 8–170a
《尼斯卡沃里的妇女们》 7–610d
《尼斯卡沃里的海达》 7–610d
《尼斯卡沃里的面包》 7–610d
《尼斯卡沃里的女主人》 7–610d
尼斯狂欢节 5–578c
尼泰，C. 3–113d
尼泰罗伊当代艺术博物馆 5–574b
尼廷·加德卡里 8–604b
尼瓦尔人 5–578d
尼瓦尔语 5–578d
尼西亚会议 5–578e
《尼西亚斯和约》 1–400e
《尼西亚信经》 4–45d, 6–560f, 6–564e, 6–564f, 6–569f, 8–297a, 8–399b
尼雅俗语 6–250a
尼雅遗址 5–578e
尼亚加拉公园 5–579b
尼亚加拉河 1–91c, 5–579a, 8–44f
尼亚加拉瀑布 5–579a, 1–91c, 1–435f, 5–607f, 5–608a, 8–44f, 8–524c
尼亚卡班戈钨矿 5–156d
尼亚里斯河 7–551b
尼亚卢旺达人 1–225a
尼亚美 5–579b, 5–576b
尼亚美大学 5–579b
尼亚美机场 5–576a
尼亚穆纳斯河 5–21d
尼亚尼 5–265f
尼亚萨湖 5–259e
尼亚萨兰 5 259c
尼扬尼扬人 1–59b
尼耶也 9–266e
尼扎里 5–579c
呢 5–579d
呢绒 5–324d
泥板地图 3–125b
泥板文书 8–124f, 8–410a
泥板文献 7–596b
泥卤石林 8–304a
泥封 2–571e, 9–512a
泥蜂 5–579d
泥蜂科 5–579d
泥咕咕（彩塑玩具） 1–466d
泥龟 7–615e
泥蚶 5–579e, 3–356b
泥河湾盆地 8–452f
泥洹 5–593a
泥火山 9–40b
泥晶灰岩 6–595d
泥蛉科 3–232b
泥流 5–580d
泥鳗 5–363e
泥煤 5–580e
泥漠 3–578d
泥畔 5–593a
泥盆纪 5–579f
泥盆系 5–472a, 5–579f
泥人张 5–580a, 9–204a
泥石流 5–580c
《泥潭》 6–240d
泥炭 5–580e
泥炭化作用 5–339b
泥炭火 6–419f
泥炭藓 5–580f
泥炭藓属 5–580f
《泥土的歌》 9–155a
泥岩 5–581a
泥质石膏 6–594c
泥质岩 5–586c

铌 5－581a, 8－131b
铌锰矿 5－581c
铌钽铁矿 5－581c
铌铁矿 5－581c
秜 2－167a
倪观湖 5－336b
倪光南 5－581d
《倪焕之》 8－500b
《倪宽赞》 2－21d
倪朴 9－26a
倪汝玉 5－581e
倪尚达 5－581e
倪嗣冲 1－284b, 7－479f
倪柝声 4－45f
倪文俊 1－571a, 8－346e
《倪文贞集》 5－581f
倪贻德 3－15c
倪玉汝 5－581e
倪元璐 5－581e
倪瓒 5－581f
倪征燠 5－582b, 3－262c
倪志福 5－582c
倪志福钻头 5－582c
倪志钦 7－376f, 9－483d
霓 3－478d
霓虹灯 5－582d, 5－514e
《霓虹灯下的哨兵》 5－582d
霓辉石 3－606e
《霓裳羽衣》 5－582e
霓石 3－606e
拟螯虾科 1－117a
拟斑马 1－226d
拟保形映射 3－9a
拟步甲 5－582e
拟步甲科 5－582e
《拟古乐府》 1－491f
拟核 8－148c, 8－149f
拟话本 5－582f, 3－558f
拟寄生 4－105d
拟金茅 8－137a
拟剧论 5－583a
拟蕨类 4－350b
拟南芥 8－589a
拟沙丁鱼属 6－422e
《拟山园帖》 7－494c
拟苏铁目 7－195b
拟态 5－583b, 7－320d
《拟行路难》 1－252c, 6－121f
拟阵理论 7－71f
《你别无选择》 8－170c
《你对中华人民共和国应该知道的情况》 5－202d
《你们知道我是谁》 3－76a
《你属于我》 3－98d
《你往何处去》 8－175f
逆城市化 5－583d, 1－586d
逆断层 2－368b
逆反心理 5－583d
逆涵化 7－588c
逆合成分析 5－583e
逆戟鲸 5－583f
逆戟鲸属 5－583f
逆经济风向行事 8－207b
逆矩阵 4－334b
逆凝结 7－358c
逆温 2－372d
逆温层 2－372d
逆向选择 5－583f
逆行 4－259f
逆行射精 8－325b
逆行卫星 7－566f
逆序 3－389e
逆压电效应 4－301e
逆蒸发 7－358c
逆治 9－268f
逆转性雌雄同体 2－51a
腻缝的 8－207f
溺水 5－584a
年 5－584c
年代地层单位 2－249d
年代地层学 2－219c
年都乎寺 9－157b
年羹尧 5－584c
年号 5－584d
年号国号纪年 5－17f
年号纪年法 5－18a
年画 5－584e
年鉴学派 5－585a
《年将军兵法》 5－584d
年较差 6－89f
《年节和眼泪》 5－507e
年节律 6－539c
年金 5－585b
年金保险 8－472c
年金债券 9－177b
年距环比价格指数 3－563e
年亮工 5－584c
年龄 5－585c
年龄别性别比 8－324a
年龄禁忌 8－587d
年轮 5－585d
年轮谱 4－416b
年轮气候学 5－585e
《年青的一代》（电影） 2－68f
《年青的一代》（话剧） 8－349c
《年轻的佛兰德尔》 7－550f
年轻褐煤 3－450a
年轻型人口 6－289f
年数总和法 4－120c
年希尧 4－548b
年薪 5－585f
年薪制 5－585f
年休假 8－337a
年夜饭 2－17a
年鱼 8－199c
鲇 5－585f
鲇川义介 3－20f
鲇拐 5－585f
鲇科 6－276b
鲶 5－585f
黏度 5－586d, 6－352e
黏度指数 6－352e
黏管目 7－283a
黏合剂 3－63a, 4－200a
黏合血栓 8－376b
黏胶纤维 5－586a
黏菌 5－586a, 6－545a
黏糜子 7－58a
黏棉绉 9－479c
黏膜 5－586b
黏膜皮肤利什曼病 5－31a
黏盘 4－540f
黏弹性理论 5－586b
黏弹性力学 5－586b
黏弹性流体 2－514d
黏土 2－370b, 5－586c
黏土矿物 5－586c
黏土岩 5－586c
黏性 5－586c, 5－126b
黏性流动 4－94e
黏性流体 5－586d, 5－126c
黏性泥石流 5－580e
黏性土 7－440a
黏性系数 5－586d
黏性应力 5－586d
黏液水肿性昏迷 4－137f
黏液性水肿 4－137e
黏滞 4－445b, 6－145f
黏滞系数 3－193b
黏着语 1－16f
捻翅目 5－586e
捻党 5－586f
《捻花菩萨》 1－59d
捻军 5－586f, 2－44b, 4－538f
碾压混凝土坝 1－190c
廿八都古镇 4－177f
《廿二史考异》 6－164f
《廿二史札记》 9－234e
《廿九日帖》 7－513d
念 1－529a
念白 5－587b
《念白要领》 9－62e
念佛 5－587c
念佛法门 4－314b
念功 8－48c
念青唐古拉峰 5－587d
念青唐古拉山 5－587c, 3－49a, 8－114c
念一和尚 9－486c
《念珠》 1－25e
念珠菌病 5－587e
念珠菌外阴阴道炎 5－587f

念珠菌性包皮龟头炎 5-587f
念珠菌性甲床炎 5-587f
念珠菌性甲沟炎 5-587f
念珠菌性间擦疹 5-587f
念珠藻目 4-546b
念珠藻属 2-244c
娘子关 5-588a, 6-441c
娘子关防御战 7-270d
《酿酒厂》 1-441b
酿酒酵母 4-213f
鸟 5-588b, 6-542c
鸟浜贝丘遗址 1-300b
鸟巢 5-588e
鸟巢（国家体育场） 2-266f, 3-284d
鸟城 3-157e
鸟虫书 5-588f
鸟虫篆 5-588f
鸟船 2-461e
鸟岛 5-589a, 6-205e
鸟岛自然保护区 5-589b
《鸟的苏醒》 5-336e
鸟粪磷矿 5-94e
鸟纲 4-87b, 5-588b
鸟谷蛾 3-183b
鸟居 6-514c
鸟居龙藏 5-589b
《鸟居龙藏全集》 5-589c
《鸟类飞行——航空的基础》 4-604d
《鸟类目录》 5-336e
鸟类迁徙 5-588d
鸟类学 6-546a
鸟猎犬 6-267f
鸟嘌呤 2-542f, 6-84b
鸟嘌呤核苷 3-435c
鸟热 9-14b
鸟虱 7-4a
《鸟兽戏画卷》 5-309e
鸟兽形尊 9-576e
鸟书 5-588f
鸟臀目 4-478e
鸟羽、伏见之战 5-451e
鸟葬 7-367d
鸟篆 5-588f
鸟撞 5-588d
尿崩症 5-589c, 4-223e
尿标本 6-616f
尿床 8-545a
尿胆素原 3-582a
尿道 6-549f
尿毒症 5-589e
尿毒症性贫血 6-85a
尿红细胞容积分布曲线检查 8-375c
尿红细胞形态检查 8-375b
尿急 6-36f
尿流率 5-402d
尿瘘 6-4f
尿路刺激症 6-36f
尿路感染 5-589e
尿路结石 4-224d
尿嘧啶核苷 3-435b
尿囊素 5-390c
尿频 6-36f
尿失禁 5-590a, 6-37a, 9-304d
尿石症 5-402d
尿素 5-590c, 1-111a, 7-553a, 8-16a
尿素小球菌 6-244f
尿酸 3-205b, 6-84b
尿酸结石 4-224d
尿痛 6-36f
尿液 6-299a
尿意 6-36d
尿诊 9-161d
脲 5-590c
脲基青霉素 6-208e
脲甲醛树脂 5-590d
脲酶 6-366a
脲醛树脂 5-590d
溺褥 9-304d
捏积 5-590d
捏脊 5-590d
捏三提一法 5-590e
捏相 1-466d
聂豹 8-451f
聂崇岐 5-590e
聂耳 5-590f
《聂耳》 9-55c, 9-206b, 9-229e
聂绀弩 5-591a
聂海胜 3-402f, 9-371e, 9-411b
聂华苓 5-591b
聂拉木县 8-127d
聂鲁达,J. 5-591c
聂鲁达,P. 5-591d, 1-38e
聂米罗维奇-丹钦科,V.I. 5-591e
聂米罗维奇-丹钦科学说 5-591f
聂米罗维奇-丹钦科音乐剧院 5-591f
聂聂雄拉山口 8-139f
聂荣臻 5-591f
聂士成 5-592c, 8-554d
聂斯脱利派 4-311e
聂卫平 5-592d
聂毓禅 5-592e
聂元梓 4-404b
臬司 6-401b
臬台 6-401b
涅尔瓦,M.C. 7-421d
涅基达尔语 5-304d
涅克拉索夫,N.A. 5-592f
涅曼河 5-505f
涅墨西安 3-173f
涅涅茨语 8-3b
涅涅茨自治区 1-396c
涅槃 5-593a
《涅槃讲疏》 2-74d
《涅槃经玄义》 3-217e
《涅槃经义记》 2-74e
《涅槃经宗要》 9-98c
涅槃那 5-593a
《涅槃义疏》(慧皎) 4-1a
《涅槃义疏》(萧衍) 2-74d
涅普斯,N. 6-505a
涅氏县 8-61a
涅瓦河 5-593a, 6-556c
涅瓦湖 4-515c
涅韦利斯基海峡 2-71b
涅县 8-61a
啮齿动物 5-593b
啮齿目 5-593b
啮虫 5-593d
啮虫目 5-593d
镍 5-593e, 8-276c, 9-460e
镍合金 5-594a
镍基磁性材料 5-594a
镍基电热合金 5-594a
镍基电子管材料 5-594a
镍基高温合金 3-78a, 5-594a
镍基精密合金 5-594a
镍氢电池 8-359c
镍铜合金 1-205e
镍纹石 9-139e
镍银 1-205e
颞动脉炎头痛 7-411f
《孽海花》 5-594b
《孽海花》(电影) 8-164b
《孽子》 1-206e
《您好，忧伤》 6-360e
《您喜欢勃拉姆斯吗？》 6-360e
宁（南京市简称） 5-531a
宁（宁夏回族自治区简称） 5-596a
宁安府 5-595b
宁安市 5-594b
宁巴山 4-80e, 4-82b, 5-594c
宁巴山铁矿 5-594c
宁巴山自然保护区 5-594b, 4-81a, 4-437a
宁边城 1-506a
宁波帮 8-40a
宁波菜 9-243e
宁波大学 1-238b
宁波府 5-594e
宁波港 5-594c
宁波市 5-594d
宁波-舟山港 5-594d
《宁城图》 3-417d
宁城（辽中京）砖塔 5-64e
宁德市 5-594f
宁都县 5-595a
宁芬堡宫 5-498a
宁古塔 5-595a
宁古塔贝勒 5-595a
宁古塔将军 4-63c
宁国 4-387c

宁汉战争 5–595b, 7–312f
宁河县 5–595c
宁化县 5–595c
宁锦之战 5–68c, 9–101c
宁静日珥 6–323d
宁静太阳风 7–266c
宁玛 5–595d
宁玛派 5–595d
宁懋石室 5–595e
宁明县 3–236c
宁秦县 3–556c
宁绍式糕点 3–81e
宁朔县 6–213a
宁武关 8–444d
《宁武关》 5–104c
宁西军 3–231a
宁西县 1–495d
宁夏城 8–580a
宁夏府 5–596b
宁夏枸杞 3–154f, 3–195d, 6–191b
宁夏回族自治区 5–596a
宁夏回族自治区行政区划 5–596a
宁夏平原 3–427f, 8–579f
宁夏省 5–596b
宁夏卫 5–596b
宁夏镇 4–319c
宁夏之役 5–597a, 7–481d
宁乡县 5–597a
宁音谱 4–556a
宁远 2–121d
宁远府 5–51a
宁远之战 5–597b, 9–101c
宁州 1–103c
柠檬 5–597c, 3–43e
柠檬桉 1–110e, 4–288e
柠檬醛 5–597c
柠檬市场 5–597e
柠檬市场模型 1–28e
柠檬市场原理 5–597d
《柠檬市场：质量的不确定性与市场机制》 1–28e
柠檬酸 5–597e, 3–43e
柠檬酸循环 6–401c
柠檬烯 5–597f
柠檬油 5–597c
凝固 5–598a
凝固点 5–598a
凝固汽油炸弹 6–272d
凝固热 5–598a, 6–172e
凝华 6–526e
凝华热 6–172e, 6–526e
凝灰岩 5–598b
《凝晖遗音》 5–389b
凝集素 4–412f
凝胶 5–598c
凝胶色谱法 8–507a
凝结 5–598c, 6–152a
凝结热 5–598d, 6–172e
凝聚态 5–598d
凝聚态电子理论 1–589f
凝聚态化学 5–598d
凝聚态物理学 5–598e
凝聚态物质 5–598e
凝聚相 5–598d
凝块灰岩 6–595d
凝乳状沉淀 1–549d
凝析气 7–357f
凝析油 6–605f
凝血 5–599a
凝血功能障碍性产后出血 1–501e
凝血机制障碍 9–532c
凝血因子 5–599a, 7–56c
牛 5–599b
牛（物理量单位） 5–599c
《牛》 9–470a
牛蒡 5–599c, 4–333c
牛蒡属 5–599c
牛鞞县 4–159d
牛苍蝇 5–368c
牛肠衣 1–523f
牛村古城 3–487d
牛胆酸 2–147b
牛痘接种法 9–179b
牛顿 5–599c
牛顿,I. 5–599d, 1–485f, 2–511d, 3–228e, 5–126f, 5–600c, 9–111c
牛顿第二定律 5–600d, 9–141b
牛顿第三定律 5–600d, 9–580d
牛顿第一定律 3–217a, 5–600d
牛顿法 9–30c
牛顿峰 7–139a
牛顿环 5–600c, 8–453a
牛顿－莱布尼茨公式 4–38d, 7–538b
牛顿冷却定律 6–275b
牛顿力学 5–600d, 4–284c
牛顿流体 2–514e, 5–126c, 5–586b
牛顿黏性定律 1–306e, 5–126c, 6–146a
牛顿运动定律 5–600d
牛顿招差公式 9–224b
牛轭湖 5–600e
牛儿灯 3–526b
牛肝菌 5–600e, 6–408a
牛肝菌目 6–408a
牛肝马肺峡 1–514f
牛海绵状脑病 2–572e
牛汉 5–187e
牛河梁遗址 5–600f, 3–472e, 5–66f, 9–408b
牛弘 6–54f
牛虎铜祭案 2–270c
牛黄清心丸 7–396b
牛惠生 9–432b
牛魂节 5–602f
牛货洲 7–147b
牛鉴 1–557f
牛角 4–203d
牛角叉 1–488d
牛角雕 4–204c
牛街礼拜寺 5–601a
牛金星 5–5c
牛津 5–601b
牛津大学 5–601b
牛津大学出版社 5–601d
牛津街 5–193d
牛津学派 6–322a
《牛津英语词典》 2–41b
牛口蹄疫 4–481f
牛郎 5–601d
牛郎星 3–422f, 7–356f, 7–367b
《牛郎织女》 2–358d, 3–593b, 8–425f
牛郎织女传说 5–601d
牛李党争 5–601f
牛录 1–144e
牛录额真 1–144d
牛录制 1–144d
牛毛皴 2–59a
牛虻 5–368d
《牛虻》 5–602b, 2–598e
牛奶金柑 4–243b
牛奶巧克力 6–188e
《牛棚小品》 2–307b
牛皮菜 7–373b
牛皮筏 6–71e
牛皮癣 5–602b, 8–583c
牛皮蝇 5–602c
牛皮蝇属 5–602c
《牛全德与红萝卜》 8–480d
《牛群》 3–181f
《牛群，劳动归来》 7–333c
牛僧孺 5–602c, 5–601f
牛神节 5–602f
牛时期岩画 6–356a
牛氏 9–124e
牛市 5–602d
牛市与熊市 5–602d
牛属 5–602e, 5–327c, 8–493a
牛思黯 5–602c
牛头刨床 1–248e
牛头税 4–258b
牛王节 5–602f
牛尾草 5–495d
牛尾狸 3–529c
牛瘟 2–339f
牛文质 6–226b
牛蚊子 5–368c
牛膝 5–603a
牛膝属 5–603a, 8–177a
牛歇节 6–477d
牛心柿饼 6–397e
牛油 8–411e

牛油果属 6-438c
牛仔布 5-603c
牛仔裤 5-603b
牛仔领带 5-102a
牛仔舞 5-603a
牛仔装 5-603b
牛子厚 3-20c
扭摆 1-217e
扭秤实验 2-276c
扭动构造体系 3-156c
《扭断天鹅的脖子》 3-152d, 8-86e
扭角羚 5-99f, 7-146c, 9-136f
扭曲式分子构象 3-155e
扭转痉挛 1-432c
纽埃 5-603d
纽埃岛 1-380f
纽埃人 5-603e
纽埃语 5-603f
纽波特纽斯 2-590b
纽厄尔,A. 6-287f, 6-310d, 7-605b
纽芬兰岛 4-115b
纽芬兰渔场 2-110b
纽河 1-399f
纽黑文 4-403b
纽结问题 7-459f
纽卡斯尔 5-603f
纽康,S. 5-604a
纽康天文常数系统 5-604a
纽科门,T. 5-604b
纽科门蒸汽机 5-604c, 7-470e, 9-262f
纽拉特,O. 5-604c
纽赖特,K.F.von 5-604c
纽伦堡 5-604d
《纽伦堡的名歌手》 7-465f, 7-466a
纽伦堡国际法庭 5-604d
纽伦堡审判 5-604e
纽伦堡原则 5-605a
纽马克,N.M. 5-605b
纽曼,A. 5-605c
纽曼,B. 9-22d
纽曼,J.H. 5-605d
纽曼,P. 5-605e
纽姆记谱法 4-95c, 8-51e
《纽沁根银行》 1-153f
纽鳃樽 7-562a
纽瓦克 5-605f
纽瓦克港 5-605f
纽瓦克国际机场 5-605f, 8-294a
纽形动物门 5-605f
纽约 5-606a
《纽约》 2-592a
纽约芭蕾舞团 5-606f
纽约大学 5-606e
《纽约的太阳》 5-9a
纽约地下铁道 5-606f
纽约港 5-606d
纽约港口新闻联合社 5-356c
纽约歌剧院 5-606e
纽约公共图书馆 5-607a
纽约共产主义俱乐部 9-577d
《纽约故事》 4-423f
纽约国际电影节 5-607a
纽约画派 5-607b, 2-9b, 8-182e
纽约交响乐团 5-606e
纽约肯尼迪机场美国环球航空公司候机楼 4-167f
《纽约每日论坛报》 5-255c
《纽约每日时报》 5-607b
纽约商品交易所 3-590a
《纽约时报》 5-607b, 3-275b
纽约市管弦乐团 1-396e
《纽约外史》 6-16b
纽约西格拉姆大厦 5-407b, 9-119b
《纽约先驱报》 3-275b
《纽约先驱论坛报》 3-275b
纽约现代艺术博物馆 5-607b
纽约写实派 4-511a
纽约证券交易所 5-606c
《纽约之光》 2-290e, 5-348f
纽约植物园 9-306c
纽约中央公园 5-607d, 3-138c
纽约州 5-607e
钮（印章） 9-512a
钮祜禄氏 2-44b
钮经义 5-608a
钮永建 5-529f, 6-462d
钮钟 9-452f
农本论 5-608c
农产品 5-608d
农产品价格补贴 5-608d
农产品贸易 5-608e
农产品批发交易市场 6-69c
农村 8-188f
农村包围城市的革命道路 5-608f
农村改革 4-291c
农村革命根据地 3-125e, 7-432b
农村公社 5-609b, 5-246d
《农村合作医疗章程（试行草案）》 3-412c
农村集体建设用地 4-164a
农村家庭联产承包责任制 7-481c
农村能源工程 5-613f
农村社会学 8-457e
《农村社会主义教育运动中目前提出的一些问题》 7-152e
农村水污染防治 3-572e
农村税费改革 2-539a
农村维达人 7-548c
农德孟 9-130b
《农地改革法》 6-321e
《农夫的妻子》 4-448e
《农夫皮尔斯》 4-540c, 9-5e
《农夫与仙女》 6-190c, 9-472f
农副产品加工 5-609c
农副产品加工工程 5-613f
农耕文明 3-539c
农工党 9-388c
农工联合公司 5-609d
农工商部 5-136e
农工商联合企业 5-609d
农工综合体 5-609d
农户承包地使用权 5-616a
农户庭院生态经济 7-387d
《农吉娅》 6-416b
农家 5-609d
农家肥料 9-45f
《农家室内》 4-565f
农乐舞 1-542a
《农乐舞》 1-542d
农历 5-609d, 8-280d, 9-119f
《农民》(H.de 巴尔扎克) 1-153f
《农民》(W.S.莱蒙特) 4-533c
《农民》(舍尔卡维) 6-501c
《农民从市场归来》 3-119b
《农民和农民劳动》 8-8c
农民劳动党 6-175d
《农民起义》 8-243e
农民运动讲习所 5-609e
《农民战争》 4-418f
《农牧之神在树林中行走》 5-6e
农奴 8-98e
《农奴》 4-601d
农奴制 5-610a
《农器图谱》 5-610c
农轻重关系 5-610b
农轻重结构 1-504e
《农桑辑要》 9-89f, 9-90c
《农桑衣食撮要》 9-90c
农时节令 5-610b
农事诗 6-574f
《农事诗》 7-552b
《农书》 5-610b, 3-191b, 7-518f
《农书》(陈旉) 7-168c
《农书》(老卡托) 3-173c
农田 5-610c
农田防护林 2-495f
农田灌溉 3-217f
农田排水 5-610d
农田水利 5-610f
农田水利法 7-489d
农田水利工程 5-613e
《农田水利约束》 5-611a
农田小气候 5-611b
农畜 4-125d
农学会 8-304c
农谚 2-596d, 8-444a
农药 5-611c
农药污染 5-611e
农药助剂 9-500e
农业 5-611e
农业布局 5-613a
农业部门布局 5-613a

农业产业化 5–613a
农业产业化经营 5–613a
《农业刺激的扭曲》 7–52d
农业地带 5–615b
农业电气化 5–613f
农业法 5–613c
农业飞机 5–613d
农业革命 4–99c, 6–24d
农业工程 5–613e
农业工程管理 5–613f
农业工程经济 5–613f
农业公社 4–77a
农业公司 5–609d
农业害虫 3–356a
农业合作化 5–614a
农业合作社 5–615c, 5–615d
《农业化学原理》 2–135d
农业机械 5–614c
农业机械化 5–613e
《农业基本法》 5–613c
农业集体化运动 7–190c
农业决策 5–615b
农业劳动组合 4–77a
农业配置 5–613a
农业普查 7–406a
农业气象学 5–614d
农业区 5–615a, 5–615b
农业区划 5–615a
农业区位论 5–615b, 4–285b, 6–245e
农业商品生产基地 5–615c
农业社 5–615c, 5–615d
农业社会 5–615c, 6–481f
农业生产地域综合体 5–615a
农业生产合作社 5–615d
《农业生产合作社示范章程草案》 9–538c
农业生产互助组 3–521e
农业剩余劳动力 5–615f
农业水文地质学 7–100a
农业税 2–221c
《农业调整法》 8–294d
《农业推广和普及科学思想》 1–555c
农业物料加工 5–609c
农业系统工程 5–613f
农业小地带 5–615b
农业小区 5–615b
《农业学家》 1–317e
农业亚地带 5–615b
农业亚区 5–615b
农业用拖拉机 7–456a
农业专家系统 9–507d
农艺 5–615f
农用船舶 2–29a
农用动力机械 5–614c
农用建设用地 4–164a
农用抗生素 5–611d
农用土地使用权有偿转移 5–616a
《农友歌》 7–502b
《农政全书》 5–616b, 5–611a
农作学 3–120a
侬智高 2–211c
浓红银矿 5–616b
浓煎剂 7–296a
浓硫酸 3–33d, 5–131e
浓色啤酒 6–77f
浓缩白细胞 7–56c
浓缩红细胞 7–56c
浓缩饲料 6–59b
浓缩血小板 7–56c
浓缩铀 9–42e
浓雾 8–80c
浓线期 4–156e
浓香型白酒 1–199d
脓毒血症 5–616e
脓痱 2–543f
脓疱疮 5–616c
脓疱型银屑病 8–583d
脓细胞 5–616e
脓性白带 1–194a
脓胸 5–616d
脓癣 7–412b
脓肿 5–616d
弄参军 9–389e
《弄臣》 5–616e
弄蝶 5–616f
弄蝶科 5–616f
弄蝶总科 2–34e
弄舌 6–479b
奴儿干都司 6–1a
奴儿干都指挥使司 6–1a
奴河 2–97d
奴客 1–359e
《奴隶》 5–244b
奴隶贩运 2–523a
奴隶海岸 4–82c, 5–577b
奴隶贸易 6–559c
奴隶王朝 2–182a
奴隶占有制 6–1b
奴隶占有制社会 6–1b
奴隶制国家财政 1–462e
奴隶制五刑 8–51f
奴隶制刑法 8–310c
奴隶主意识形态 8–568b
奴斯 1–48c
《奴孜贡姆》 7–557e
努埃尔语 5–573e
努比亚 4–489f
努比亚人 6–1d, 1–64c, 7–179e
努比亚沙漠 7–179d
努比亚语 5–573e, 6–1d
努尔哈赤 6–1e, 3–448b, 6–231f, 6–358f
努海 8–172f
努克 6–1e
努库阿洛法 6–1f
努拉河 3–313f
努拉吉 6–355b
努兰瀑布 5–463e
努里·赛义德 6–1f
努力/绩效关系 6–124c
《努力周报》 3–508d
努列克坝 6–2a
努列克水电站 7–239e
《努曼》 9–557b
努美阿 6–2a
努米底亚王国 6–2b, 1–12e, 4–359c
努纳武特地区 1–63c, 1–154c
努沙登加拉群岛 8–384d, 8–602d
努瓦迪布 6–2c
努瓦迪布港 5–316e
努瓦迪布机场 5–316e
努瓦克肖特 6–2c
努瓦克肖特大学 5–316e
努瓦克肖特机场 5–316e
努瓦克肖特炼油厂 5–316d
努瓦克肖特友谊港 5–316e
努西贝岛 5–242a
努希奇，B. 6–2d
努扎姆 1–426a
弩兵 5–168c
弩箭型无坐力炮 8–24c
怒潮 9–28b
《怒放图》 4–603c
《怒吼吧，中国！》 6–18c, 8–614e
《怒火之花》 2–487c, 2–615a, 9–590f
怒江 6–2e, 3–466a, 6–393b
怒江大峡谷 6–3b, 6–393c
怒江第一弯 3–152f
怒江红杉 5–236b
怒江冷杉 4–575e
怒江傈僳族自治区 5–36f
怒江傈僳族自治州 6–3a
怒山 6–3b
《怒狮》 3–73c
怒苏语 6–3c
怒语 6–3c, 6–3d
怒族 6–3d, 7–29c
女袄 1–117c
女霸 6–139f
女表 1–354f
《女宾》 1–377a
“女兵下士”火箭 7–290c
女丑 2–147e
《女村长安娜》 7–609c
女低音 6–413f
《女店主》 6–3e
女儿节（端午节） 2–366c
女儿节（偶人节） 6–27d
女儿墙 6–3e, 6–180f
女儿氏族 1–238f
《女飞行员》 1–580e
《女驸马》 3–593b, 6–50e, 8–425f

《女工》 4-455d
女冠 2-165f
《女冠子》 8-351f
《女贵族莫洛卓娃》 6-3f, 7-187c
女孩球 4-572a
《女孩子们的允诺》 2-538c
《女画家像》 8-233b
女皇旅馆 7-549c
《女诫》 1-226a
《女篮五号》 6-202d, 8-240e
《女理发师》 7-493b
女伶 6-4f, 9-132c
《女奴》 3-152c
《女仆》 3-578c, 6-281d
女墙 6-3e
《女囚》 9-517a
《女权辩护》 6-4a
女权主义 6-4a
女权主义法学 2-457c
《女人的三个阶段》 4-452c
《女人的一生》 6-4b
《女人和她的影子》 6-190c
《女人心》 5-478c
《女神》 6-4c, 3-251c
《女神之再生》 6-4c
《女生贾梅全传》 6-202b
《女十忙》 7-560f
《女史箴》 6-4d
《女史箴图》 6-4d, 1-429f
“女士品茶”问题 4-145c
女手 4-145a
《女逃亡者》 9-517a
女娲 6-4d, 2-599c, 6-392b
女王宫 1-199a
女王国 4-541e
《女武神》 7-465f
《女喜剧演员》 4-533c
女系亲 6-195b
《女仙外史》 5-446f
《女先知》 1-300b
女像柱 8-394e
女星介 6-278d
女形 3-96f
《女性》 1-172f
《女性的象征》 7-612f
女性电影 3-153f
女性绝育术 4-349b
女性盆腔 6-253c
女性生殖道瘘 6-4e
女性生殖器 6-550a
女性性功能障碍 8-325c
女性性腺功能低下 8-327d
女性性欲低下 8-325c
女性性欲亢进 8-325c
女性性欲异常 8-325c
《女巡按》 8-245f
《女移民》 5-397c
女用避孕药 1-335f
女垣 6-3e
女乐 6-4f
《女占卜者的预言》 1-61e
《女丈夫》 9-193f
女贞 6-5a, 5-492f
女贞子 6-5a
女真 6-5a
女真大字 6-5b
女真进士科 4-428a
女真人 3-455d
女真文 6-5b, 5-304f, 9-26e
女真小字 4-259c, 6-5b
女真语 5-304d
女真字 6-5b
《女真字文书》 6-5c
女直 6-5a
女中音 6-413f
《女主人》 1-288c
女子胞 6-5d
女子竞走 4-314f
女子静宜大学 7-254b
女子篮球 4-546f
女子七项全能 7-370b
女子曲棍球 6-248a
女子文戏 9-128b
女子足球 6-5e
女子100米栏 4-494a
钕 8-130d
暖层 6-274e
暖锋 2-572f
暖高压 2-472b
《暖积云中连锁反应所导致的降雨》 1-550d
暖流 6-5f, 3-366b
暖色 2-602c
暖雾 8-80d
暖性反气旋 2-472b
暖云 9-132f
暖云催化 6-287e
疟疾 6-5f
疟原虫 6-6a
挪瑞联盟 6-8a
挪威 6-6b
挪威船级社 2-30a
《挪威的森林》 2-58e
挪威海 6-7d
挪威海盗 1-282f
挪威克朗 6-7b
《挪威列王传》 1-282d
《挪威民间生活素描》 3-103d
挪威民族统一党 4-66e
《挪威农民歌曲》 3-103d
挪威诺贝尔奖评定委员会 6-9b
挪威人 6-7d
挪威-瑞典联盟 6-7f
挪威商船队 6-7b
挪威王国 6-6b
《挪威宪法史》 7-543b
挪威语 6-8a
挪亚 6-8a, 8-398f
挪亚方舟 6-8b, 6-8b
挪用公款罪 4-286a
傩 6-8b
傩神 6-8d
傩堂戏 6-8e
傩文化 6-96b
傩舞 4-144e, 6-8b
傩戏 6-8e, 6-8b
傩艺 6-96b
诺埃曼,F.E. 2-447f
诺贝尔,A.B. 6-8e, 1-253e, 6-9a
诺贝尔和平奖 6-9a
诺贝尔化学奖 6-9a
诺贝尔基金会 6-9a
诺贝尔奖 6-9a, 6-8f
诺贝尔经济学奖 6-9a
诺贝尔生理学或医学奖 6-9a
诺贝尔文学奖 6-9a
诺贝尔物理学奖 6-9a
诺成合同 3-411b
诺达,I. 3-473f
诺达克,W. 4-537a
诺顿,B.G. 3-570d
诺顿湾 1-202b, 9-80d
诺厄 6-8a
诺尔,H. 4-212d
诺尔辰角 1-265c
诺尔德,E. 1-357c, 6-188c
《诺尔玛》 1-296d
诺夫哥罗德 5-122e, 7-335b
诺氟沙星 3-408a
诺福克岛 6-9c
诺福克岛国家公园 6-9d
诺福克岛领地 6-9c
诺福克马 5-239c
诺福克语 6-9c
诺曷钵 7-446e
诺卡氏菌病 6-9e
诺克雕塑 6-9e
诺克斯堡 5-175c
诺拉克,R. 3-103c
诺劳孜节 6-10b
诺里什,R.G.W. 1-76e
诺列加,M. 6-9f
诺林根城 6-10a
诺鲁孜饭 6-10b
诺鲁孜节 6-10b, 1-386e
诺罗敦·西哈努克 6-10b
《诺玛·雷》 2-524d
诺曼底大桥 6-10d
诺曼底登陆战役 6-10e, 1-79f, 2-256e, 4-377a
《诺曼底洞穴》 1-187c

诺曼底公国 6-10e
诺曼底桥 6-186a, 8-236a
诺曼底人 8-616c
诺曼底塔楼 5-194e
诺曼人 1-83a, 1-84c, 1-282e, 6-7e, 6-10f, 6-323b
诺曼征服 6-11a
《诺姆和阿赫默德》 1-455c
诺齐克,R. 6-11b, 9-268d
《诺桑王子》 9-157d
诺森伯里亚 6-119b
诺思,D.C. 2-608e, 8-294f
诺思克利夫勋爵 6-11c
诺斯,E. 4-423e
《诺斯费拉杜——恐惧的交响曲》 5-328b
诺斯克,G. 2-176f
诺斯罗普·格鲁门公司 9-582e, 9-584d
诺特,E. 6-11d, 2-128f
诺特,M. 6-11d
诺特定理 2-371c
诺瓦拉,D.M. 3-87c
《诺瓦拉的背叛》 1-14d
诺瓦利斯 6-11f
诺威 2-218b
诺韦尔,J.-G. 6-11f
诺维科夫,N.I. 2-402b, 6-139d
诺维萨德 2-388d
诺沃西比尔斯克 8-289a
诺吾鲁孜节 6-10b
诺夏克峰 1-20a
诺亚 6-8a
诺亚方舟 6-8b
《诺言》 2-212e
诺彦乌拉墓地 6-12c, 4-443a
诺伊霍夫 6-55b
诺伊迈尔,M. 7-334f
诺伊斯,R.N. 4-74e
锘 1-60d
糯稻 2-167c
糯米椴 2-369c

O

《噢！苏珊娜》 2-614c
《哦，香雪》 7-383d
区适子 6-407d
区田法 2-467f
瓯北 9-234d
《瓯北诗话》 6-13a, 9-234d
《瓯北诗集》 9-234d
瓯江 6-13a
瓯塑 7-585a, 9-39c
《瓯香馆集》 9-144d
瓯香散人 9-144c
瓯绣 7-585a
瓯窑 6-204f
瓯越 7-585a
欧（物理量单位） 6-15d
欧安会 6-24a
欧斑鸠 1-226c
欧贝德文化 6-13b, 3-309a, 4-105a, 7-404a
欧贝德遗址 6-13b
欧波利斯 3-180e
欧波同联合企业 4-367a
欧登塞 6-13c
欧登塞大学 6-13d
欧多克索斯 6-13d
《欧根·杜林先生在科学中实行的变革》 2-469e
欧共体 6-25d
欧黑美鲁 9-556d
欧·亨利 6-13e, 1-324a
欧几里得 6-13f, 4-79d, 4-80a, 8-123e, 8-405c
欧几里得空间 6-14a
欧几里得算法 2-16a
《欧几里得原本》 4-80b
欧家蝇 4-129b
欧库西 6-14d
欧拉,L. 6-14e, 2-115a, 2-128c, 2-237d, 3-8d, 4-422e, 6-120d, 7-423a, 7-459e, 9-141b
欧拉变量 5-127c
欧拉方程 1-343b, 1-526d
欧拉方法 5-127b
欧拉公式 3-8d
欧拉函数 7-67f
欧拉静平衡方程 5-126e
欧拉-拉格朗日方程 1-343b
欧拉路 7-423c
欧拉首脑会议 6-15a
欧拉数 7-459f
欧拉羊 3-37d
欧里庇得斯 6-15b, 3-180d, 5-342c
欧伦施莱厄,A.G. 6-15c
《欧伦施皮格尔的传说》 2-179d
《欧伦施皮格尔和拉姆·戈查克在佛兰德和其他地方的光荣、快活、英勇的奇遇和传说》 2-179d
《欧罗巴》 7-125e
《欧罗巴的劫夺》 7-341b
欧罗巴角 9-295d
欧罗巴人种 6-15d, 1-120b, 1-446e, 2-517f, 3-67d, 5-154c, 6-19c
欧罗巴人种地中海类型 1-403e
欧罗巴洲 6-19b
欧玛尔·海亚姆 6-371e
欧麦尔·本·艾比·拉比尔 1-35a
欧麦尔一世 6-15d, 1-31a
欧贸联 6-26e
欧梅 5-336f, 7-194f
欧美杨 8-462d
欧美中心主义 7-589e
欧盟 6-23d, 6-25d
欧姆 6-15d, 6-15f
欧姆,G.S. 6-15e, 2-210f, 6-553b
欧姆定律 6-16a, 2-299b
欧姆赖门 4-278c
《欧穆》 5-331f
欧佩克 6-16b, 6-607a
欧佩克部长级会议 6-607a
欧泊 6-16b, 2-149d
欧仁·格兰代尔 1-78c
欧氏几何 5-199c
欧氏空间 6-14a
欧式鸡尾酒 4-37a
欧苏 7-194f
《欧韦的教堂》 2-467c
欧韦纳特山 5-27c
欧文,H. 7-343d
欧文,R. 4-470f, 4-478d
欧文,S. 7-94c
欧文,W. 6-16b
欧文顿,M. 5-353f
欧文瀑布 7-549e, 7-615d
欧文氏杆菌属 7-9c
欧文斯,J. 6-16c
欧文斯,R.B. 2-331f
欧西德穆斯 1-161c
欧亚大草原 1-484a
欧亚大陆 2-92d
《欧亚大陆地壳的成熟度》 6-55e
欧亚地震带 6-16d
《欧亚地质图（1:600万）》 6-422e
欧亚鸲 3-293e
欧亚人种 3-67d
欧阳本义 8-451b
欧阳德 8-451f
欧阳铎 6-16e
《欧阳公诗话》 5-139c
《欧阳结体三十六法》 2-197e
欧阳竟无 6-16e, 5-374e
欧阳镜蓉 1-160c
欧阳炯 8-47c
欧阳溥存 9-414d
欧阳钦 6-16f
欧阳山 6-17a
《欧阳山文集》 6-17b
欧阳山尊 6-17c
欧阳生 2-599a
欧阳寿 6-17c
欧阳通 6-18b
《欧阳文忠公全集》 6-18a
欧阳修 6-17c, 1-284f, 5-139b
欧阳玄 4-254d
欧阳询 6-18a, 4-319f
《欧阳永叔诗话》 5-139c
欧阳予倩 6-18b, 2-11b, 2-72a, 3-17b, 3-182d, 3-247e, 4-282a, 8-584f, 9-400e

《欧阳予倩选集》 6–18d
欧阳月枫 6–241e
欧阳云台 6–124e
欧阳自远 6–18e
《欧也妮·葛朗台》 6–18f
欧冶子 6–19a
《欧游心影录》 2–326e
欧元 6–19a, 5–248c, 5–462d, 6–26d
欧元区 6–19b, 6–23d
欧洲 6–19b
欧洲安全与合作会议 6–24a
《欧洲安全与合作会议最后文件》 6–24b
欧洲安全与合作组织 6–24c
欧洲鲢鳙 1–112e
欧洲彩陶 1–467a
《欧洲常规武装力量条约》 3–259e
《欧洲大地构造图》 6–422e
《欧洲地理》 4–613b
欧洲地理人种 2–226a, 3–67e
《欧洲地震烈度表》 2–248a
《欧洲–地中海国家联系国协议》 7–419d
欧洲电视节目交换网 6–25b
欧洲防务共同体 6–24c
《欧洲防务共同体条约》 3–430e, 6–24c
欧洲复兴计划 5–283c
《欧洲工人》 4–566a, 6–485d
欧洲工业革命 6–24c
欧洲共同市场 6–25c
欧洲共同体 5–278e, 6–25d, 6–25e
欧洲古典舞蹈 3–167c
欧洲古典音乐 4–350d
欧洲广播联盟 6–25b
欧洲国际军事法庭 9–180e
《欧洲国际军事法庭宪章》 9–180d, 9–188b
《欧洲海的自然史》 2–608a, 3–350f, 3–351d
欧洲合众国行动委员会 5–471c
欧洲核子研究中心 1–389d, 2–375e
欧洲黑蜂 5–409d
欧洲黑杨 8–462d
欧洲鸡瘟 6–203b
欧洲家蝇 4–129b
欧洲交易所–伦敦国际金融期货期权交易所 5–194a
欧洲经济共同体 6–25b, 6–25d
《欧洲经济共同体与非洲、加勒比和太平洋地区国家之间的洛美协定》 5–230b
欧洲经济合作组织 4–286f
欧洲经济与货币联盟 5–278e
欧洲剧院 7–136b
欧洲科学基金 4–441b
欧洲空间局 6–25c
欧洲空间研究组织 6–25c
欧洲空中客车工业公司 4–471f
欧洲栗 1–228e
欧洲联盟 6–25d, 6–23d
《欧洲联盟条约》 6–23d, 6–25d, 5–278d
欧洲落叶松 5–236c
欧洲煤钢共同体 3–430e, 5–471c, 6–25d, 7–120f
《欧洲美学小史》 1–471d
欧洲美元 6–25e
欧洲蜜蜂 6–421f
欧洲木皮栎 6–346a
欧洲牛 5–133a
《欧洲气旋选例分析》 6–29c
《欧洲人报》 5–256a
欧洲人情剧 6–110e
欧洲人权法院 6–25f
《欧洲人权公约第十一议定书》 6–25f
欧洲人权委员会 6–25f
欧洲人种 3–67d
欧洲三大赛（帆船运动） 2–462a
欧洲沙丁鱼 6–422e
欧洲商品编码 7–374b
欧洲史前美术 6–26a
欧洲水貂 7–83c
欧洲隧道 9–9d
欧洲通信卫星 7–392d
欧洲通讯社 8–84c
欧洲投资银行 6–26b
欧洲投资银行集团 6–26c
欧洲晚期智人 6–292c, 9 324a
欧洲文化城市 2–347f
欧洲宪兵 8–405e
欧洲协调 2–381a
欧洲新秩序 2–217a
欧洲鳕 8–373b
《欧洲演剧技巧》 6–239a
欧洲鼹鼠 8–441f
“欧洲遥感卫星”1号 3–352d
欧洲药典 8–484b
《欧洲与美国重力测量新联测》 3–326f
欧洲原子能共同体 6–25d
欧洲运载火箭研制组织 6–25c
欧洲早期智人 6–292c
《欧洲哲学史稿》 1–568d
欧洲政治联盟 5–278e
欧洲中心主义 6–485a
欧洲中央银行 6–26c
欧洲自由贸易联盟 6–26e
欧洲棕熊 9–559e
欧洲左翼 1–243d
欧洲1848年革命 6–26f
殴杀 6–121a
鸥形目 6–27a
呕吐 6–27a
偶氮苯 6–27b
偶氮化合物 6–27c
偶氮基 6–27c
偶氮染料 6–27c
偶发艺术 6–27c, 1–384a
偶方彝 8–547b
偶极子磁极 2–220b
偶见种 6–541e
偶校验 8–296c
偶居 7–525c
偶偶核 9–108e
偶排列 3–389f
偶鳍 6–134e
偶然误差 1–487a, 8–80a
偶然性雌雄同体 2–51a
偶然性河流 3–423f
偶然音乐 4–395a
偶人 6–27d
偶人节 6–27d
偶蹄目 6–27e
偶戏 9–147b
偶线期 4–156d
偶因论 5–263f
偶姻缩合反应 7–227d
偶A核 9–108e
耦合 3–300f
耦合波理论 3–586e
耦合热弹性问题 6–282b
藕 6–27f, 5–39e
《藕与莼菜》 8–500c
沤肥 6–27f, 4–215a, 9–46a

P

爬竿 6–28a
爬坡度 6–151b
爬墙虎 6–28b
爬山虎 6–28b, 6–101f
爬山虎属 6–28b, 6–101e
爬行动物 6–28c, 2 424b
爬行纲 4–87b, 6–28c
爬泳 9–550b
琶杰 6–28e
帕（物理量单位） 6–33f, 6–149e, 8–385b
《帕阿派玛尼》 6–28e, 7–109f
帕巴拉·格列朗杰 6–28f
帕查库蒂·印加·尤潘基 8–611a
帕多瓦植物园 9–306b
《帕尔加的逃亡者》 1–196c
帕尔马 2–437d
帕尔马赫突击队 4–512f
帕尔玛,R. 6–29a
帕尔曼,I. 5–285d
帕尔梅,O. 6–29b
帕尔门,E.H. 6–29c
帕尔米斯特国家公园 6–560c
帕尔纳斯 6–29d
帕尔纳斯派 6–29d
《帕尔纳索斯之旅》 6–379c
帕尔尼部 6–34d
帕尔尼斯山 8–393b
《帕尔齐法尔》 2–177b

帕夫利科夫斯基,T. 6–29e
帕夫罗夫遗址 4–327e
帕夫洛夫,V.S. 1–146e
帕福斯考古遗址 6–377a
帕格曼山脉 8–302e
帕格尼尼,N. 6–29e
《帕格尼尼肖像》 1–97a
《帕格尼尼主题狂想曲》 4–518d
帕果帕果 6–29f
帕胡因人 2–493a
帕吉勒提河 3–463e
帕加马古城 6–30a
帕金森,C. N. 6–30a
帕金森,J. 6–30b
帕金森定律 6–30a
《帕金森定律》 6–30a
帕金森氏病 6–30b
帕卡尔,M.G. 2–192d
帕克,F.W. 6–30c
帕克,J. 7–95b
帕克,R.E. 6–30d, 1–398a
帕克赫斯特,H.H. 2–160d
帕克斯,H. 1–192d
帕克斯夫人 5–352f
帕库维乌斯 3–173c
帕拉奥波利城 5–506c
帕拉茨基,F. 2–480f
帕拉德,G.E. 5–471d
帕拉迪奥,A. 6–30e
帕拉第奥,A. 6–30e, 7–600d
帕拉第奥母题 6–30f
帕拉第奥式建筑 6–31a
帕拉蒂诺皇宫 5–207d
帕拉马里博 6–31a
帕拉马斯 6–31a
帕拉马塔河 8–128e
帕拉瓦文字 5–263a
《帕拉沃斯海景》 4–485a
帕拉西奥·巴尔德斯,A. 6–31b
帕拉泽斯基,A. 7–569a
帕莱斯特里纳,G.P.da 5–391d
帕劳 6–31c
帕劳共和国 6–31c
帕劳人 4–113b, 6–31c
帕勒登杜 8–605c
帕雷托,V. 6–31f, 2–388a, 4–307c, 6–492a
帕雷托改进 6–32b
帕雷托效率 6–32a
帕雷托最优 6–32a, 2–371b
帕雷托最优状态 6–32b
帕里尼,G. 6–32b
帕里诺氏眼–淋巴结综合征 5–312f
帕里盆地 6–32d
帕里斯 3–332b
帕里斯,A. 4–158f
《帕里斯和海伦》 3–108e
帕里亚湾 6–560b, 8–84e
帕里镇 6–32c
帕利基尔 6–32d
帕利梅港 2–383c
帕烈格里诺 5–388f
帕隆河 5–578c
帕鲁帕米苏斯山脉 1–20b, 8–302e
帕伦克 5–288f
帕伦克古城 6–32d
帕洛马山天文台 3–66d, 3–326a
《帕洛玛尔》 4–369a
帕曼齐岛 5–286a
帕米尔高原 6–32f, 1–47a
《帕米拉,又名美德受到了奖赏》 5–10f
帕莫尔,J. 3–570d
帕慕克,O. 6–33a
帕那莱 5–509a
帕纳罗河 1–377c
帕纳明特山 7–141f
帕纳耶夫,I.I. 5–592f
帕尼奥尔,M. 6–33b
帕尼巴特战争 2–182a, 5–476f
帕尼齐,A. 7–425c
帕涅山 8–276b
帕努科河 7–287f
帕诺夫斯基,E. 7–428a
帕帕戈公园 2–527a
帕帕莉卡,A. 8–123e
帕潘,D. 4–31d
帕潘德里欧,G. 6–485a
帕皮尼,G. 7–569a
《帕皮尼阿努斯》 3–109a
帕皮提 6–33c, 2–454c
帕乔利,L. 4–495c
帕切科,F. 7–562d
帕萨尔格,S. 2–227d
帕萨卡里亚 3–9e
帕塞瓦尔等式 3–15f, 3–16b
帕森斯,C.A. 6–33c, 6–152b
帕森斯,T. 6–33d, 1–80b, 4–24e, 4–220f, 5–267b, 6–209e, 6–492a, 6–493e, 8–266e
帕森斯航海用蒸汽涡轮公司 6–33d
帕氏指数 9–559c
帕舒卡尼斯,Ye.B. 7–137f, 7–559c
帕斯捷尔纳克,B.L. 6–33f, 3–609b, 6–328c
帕斯卡 6–33f, 6–34b
帕斯卡,B. 6–34a, 4–89c, 7–70b, 9–535f, 9–570b
帕斯卡定理 6–34a
帕斯卡定律 6–34b, 6–34b
帕斯卡尔,B. 6–34a
帕斯卡三角形 6–34a
帕斯科–肯纳威克桥 6–186a
帕斯科省 6–374a
《帕斯夸尔·杜阿尔特一家》 6–372d
帕索里尼,P.P. 6–573f
帕塔亚 1–187b
帕坦 4–565a
帕坦人 6–115d
帕坦王国 4–565a
《帕特罗尼奥之书》 3–501c
帕提农神庙 6–34c, 8–393d
帕提–萨拉姆模型 6–363c
帕提亚帝国 6–34d, 6–380b
帕图斯潟湖 6–34f
帕瓦罗蒂,L. 6–34f
帕西,F. 2–213a
《帕西法尔》 7–465f
帕西格河 5–271b
帕西内蒂,L. 8–271d, 8–271f
帕西诺,A. 6–35a
帕西人 7–234f
帕煦,H. 9–559c
帕耶立泰 6–395f
帕伊米奥结核病疗养院 1–17b
帕竹万户府 9–166d
《拍案惊奇》 6–35b
拍板 6–35b
拍号 4–216d
拍节器 8–574a
拍卖 6–35c
拍子 4–216d
俳赋 6–35d
俳句 6–35d, 9–266a
俳谐 6–35d
俳谐连歌 5–37e
《俳谐七部集》 7–161e
俳优 8–139d
俳优座剧团 6–157e
排便失禁 2–74b
排斥法 6–53f
排除归纳法 3–239f
排队论 6–35e
排筏 2–435b
排列 6–36a
排列组合 6–36a
排律 6–36b, 4–272d
排卵 5–190d
排尿 6–36c
排尿反射 6–36c
排尿困难 6–36f
排尿性晕厥 9–304c
排尿异常 6–36e
排球 6–37a
排笙 6–554a
排水 5–610e
排水闸 7–91c, 7–545f
排橐 3–191b
《排王赞》 4–27a
排污权交易 6–37c
排污申报登记制度 6–37d
排污许可证 6–37c, 6–37d

排污许可证交易 6-37c
排箫 6-553f
排泄 6-37e
排序不等式 1-427a
排移厚度 1-337d
排异反应 6-524b
排犹主义 2-476d
排中律 7-64e
“徘徊者”号探测器 6-37f
“徘徊者”7号探测器 6-38a
“徘徊者”8号探测器 6-38a
牌坊 6-38a, 2-492e
牌九 6-38b
牌楼 2-492e, 6-38a
牌子大鼓 4-258f
牌子曲 2-144c
牌子丝弦 3-515e
迫击炮 6-38c, 4-13c
迫击炮型榴弹发射器 5-132d
哌吡氮平 8-215f
哌醋甲酯 9-439a
哌啶 1-321e
哌拉西林 6-208e
哌嗪 1-322b
哌替啶 9-260d
派出所 6-38e
派恩波因特 2-97d
派尔努河 1-87c
派克,G. 6-38e
派克,K.L. 6-38f
派拉蒙案 5-349c
派力司 6-39a
派洛斯 3-164c
派遣国书 3-294c
派生存款 6-458d
派生岩浆 8-429e
派西威尔,J.A. 2-231b
派乡 8-396e
蒎烯 6-39b
湃倪尼遗址 4-326e
番禺城 3-239c
番禺大桥 6-186b
潘秉衡 6-39c, 9-77e
《潘秉衡琢玉画稿》 6-39c
潘承洞 1-559b
潘楚桐 4-337f
潘大颐 6-42c
潘迪特 4-460e
潘鼎新 3-562c, 9-331d
潘多 6-39c
潘多拉 6-39d
潘恩,T. 5-354a, 6-139d
潘菲洛夫,G.A. 6-39e
潘凤霞 6-39e
潘古纳铜矿 1-436c
潘光旦 6-39f
《潘光旦文集》 6-40b
潘汉年 6-40b, 6-40c
潘汉年扬帆冤案 6-40c
潘虹 6-40c
《潘黄门集》 6-43b
潘季驯 6-40e, 4-276f
潘家 6-204a
潘家口大坝 6-40f
潘家口水电站 6-41a
潘家口水库 6-40f
潘家口水利枢纽 6-40e
潘家洵 6-41a
潘家铮 6-41a
潘洁兹 2-378e
潘璟琍 3-593b
潘罗支 4-591f, 4-599d
潘美 6-41c, 8-466e
潘门 6-204a
潘谟华 3-515f
潘念之 6-41d
潘帕斯草原 6-41e, 1-484a
潘帕斯平原 6-41e
潘佩珠 6-41f
潘清 6-204a
潘庆澜 1-242b
潘师正 6-467d
潘是汉 6-41f
潘菽 6-42a
潘思同 7-82e
潘特 4-446c
潘特马卡萨 6-14d
潘天寿 6-42c, 3-287e, 8-238d
《潘天寿画集》 6-42e
《潘天寿谈艺录》 6-42e
潘天授 6-42c
潘廷逢 6-203d
潘文珊 6-41f
《潘先生在难中》 8-500b
潘训 8-189e
潘咏华 2-308b
潘玉良 6-42e
《潘玉良美术作品选集》 6-43a
潘岳 6-43a
潘赞化 6-42e
潘重规 9-138e
潘梓年 6-43b
攀登计划 6-43c
攀登A项目 6-43c
攀登B项目 6-43c
攀岩 6-43c
攀缘藤本 7-337b
攀缘植物 7-384f
攀枝花 5-490e
攀枝花市 6-43e
攀枝花铁矿 6-43f, 7-272c
盘柴槌 6-477d
《盘夫索夫》 8-479f
盘庚 6-44a
盘古 6-44a
《盘古开山》 6-8e
盘瓠 6-44c
《盘瓠神话考察》 9-454b
盘槐 3-562f
盘锦市 6-44c
盘孔喉盘鱼 3-489f
盘龙城遗址 6-44d
盘山风景区 4-106e
盘山柿子 4-106e
盘山厅 6-44d
盘山县 6-44d
盘蛇驿 6-44d
盘狮 6-577b
《盘丝洞》 2-190d
盘头礼 4-39f
盘陀罗 5-268f
盘王 5-309b
盘王节 8-483c
盘羊 6-44e
盘羊属 6-44e
盘中体 3-610c
《盘珠算法》 9-493b
盘状红斑狼疮 3-468e
盘状器 6-600f
盘子舞 7-558c
《盘子舞》 4-400b
槃瓠蛮 5-302d
磐境 6-514c
磐梯朝日国立公园 1-134f
蟠龙战役 8-87e
蟠桃 7-322a
判别分析 2-391b
判定问题 6-44f
判监事 3-298a
判决 6-45b
判决书 6-45c
判例法 6-45c, 8-136c, 9-312c
判例法系 9-9e
泮东渔夫 4-401f
《泮东乐府》 4-402a
《泮水》 7-177a
《盼》 5-277e
《盼春》 1-78b
《叛舰喋血记》 4-447c, 4-555c
《叛逆》 2-452c
《叛逆者》 8-526e
襻利尿药 5-30a
《彷徨》 5-166b
庞巴维克,E.von 6-45e, 1-337a
庞贝壁画 6-45f
庞贝古城 4-416e, 6-45f, 7-556f
庞德,E. 6-46a
庞德,R. 6-46b
庞德,R.V. 2-182f
庞蒂亚克热 4-357a
庞多雷河 3-91a

庞圭人 2-493a
庞加莱,H. 6-46d, 2-127c, 2-128d, 2-515b, 2-516d, 4-75e, 7-460b
庞加莱－伯克霍夫－维特定理 6-46e
庞加莱猜想 6-46f
《庞加莱全集》 6-46f
庞加莱研究所 1-377f
庞克 8-481c
庞培 6-47a, 6-374a
庞培古城 6-45f
《庞培之死》 3-72b
庞普勒穆斯植物园 5-315d
庞恰特雷恩湖 5-175a
庞恰特雷恩湖双跨大桥 8-263f
庞尚鹏 6-47b
庞特里亚金,L.S. 6-47b
庞特里亚金示性类 8-36b
庞统 6-47c
庞统祠墓 2-185f
庞勋 7-309e
庞勋起义 7-309d
庞薰琹 6-47d, 2-304e
旁白 7-247f, 9-148a
旁侧运河 9-142c
旁分泌 5-553e, 6-549d
旁观者介入 6-47e
旁观者冷漠 6-48a, 6-47e
旁谱 3-121c
《旁人的脸》 1-91b
旁系血亲 6-48a, 8-375d
旁系姻亲 8-578a
旁遮普邦 6-48a
旁遮普平原 8-598b, 8-598d
旁遮普人 6-48b, 8-133d
旁遮普省 6-48c
旁遮普语 6-48d, 6-48b, 8-133d
旁轴取景照相机 9-237b
膀胱 6-299a
膀胱刺激症 6-36f
膀胱过度活动症 5-590a
膀胱经 9-567f
膀胱膨出 6-48d
膀胱湿热证 6-48e
膀胱虚寒 6-48f
膀胱虚寒证 6-524a
鳑鲏 6-48f
鳑鲏亚科 6-48f
胖大海 8-43b
胖大舌 6-478f
胖头鱼 9-24a
胖子查理 4-113c
抛（植物） 9-53a
抛光 0-49a
抛光轮 6-49a
《抛锚》 2-212e
抛射角 6-49b
抛射体运动 6-49a
抛物面 2-423a
抛物面射电望远镜 6-502f
抛物线 6-49b, 6-49b
《抛引集》 3-507d
泡桐 6-49d, 7-403b
泡桐属 8-362d
《咆哮的石油河》 3-443a
咆哮西风带 5-521b
狍 6-49e
狍子 6-49e
庖牺氏 2-599b
炮制 6-49f
炮炙 6-50c, 6-49f
袍 6-50c
袍带丑 2-12b
袍带戏 6-50e
匏器 3-299b
跑道 4-28e
跑旱船 6-50e
跑合 5-464d
跑马卖解 9-410b
跑马山 3-39d
泡铋矿 3-605e
泡花碱 3-243b
泡碱 6-50f
泡脚目 4-106c
泡孔目 8-156b
泡利,W. 6-51a, 3-338c, 6-51b
泡利不相容原理 6-51b, 6-51a
泡利原理 6-51b
泡林,L. 1-250a
泡令,L. 1-250a
泡沫 6-51b
泡沫浮选 8-366c
泡沫金属 6-51d
泡沫经济 6-51e
泡沫灭火剂 7-293e
泡沫塑料 4-339f
泡沫碳 7-292e
泡囊草属 6-191b
泡泡纱 6-51f
泡式温度计 4-123a
炮兵 6-51f, 5-168b
炮兵潜望镜 6-174c
《炮兵研究指南》 6-423b
《炮打司令部——我的一张大字报》 9-360d
《炮火——一个步兵班的日记》 1-148f
炮击金门 6-51f
炮舰政策 7-235e
炮舰直升机 8-62f
炮孔法 1-253b
炮烙之法 9-478f
炮山河 7-46d
炮台要塞筑城体系 4-354d
炮铜 3-598d
炮仗 1-254a
疱疹病毒 6-52c
疱疹后遗神经痛 2-131b
疱疹性咽峡炎 4-72d
疱疹样阿弗他溃疡 4-481c
疱疹样皮炎 6-52c
胚 7-80a, 9-457b
胚根 9-457b
胚后发育 2-433f
胚盘 6-311d
胚泡 6-311d
胚前发育 2-433f
胚乳 7-80a, 9-457c
胚胎 2-433e, 6-311d, 7-245d
胚胎癌 4-54d
胚胎发育 2-433e
胚胎干细胞 8-150e
胚胎神经干细胞 6-511d
胚胎性癌细胞 4-54d
胚胎学 6-52c
胚胎异常 5-123f
胚胎转移 7-342e
胚芽 9-457b
胚轴 9-457b
胚珠 9-457f
陪集 3-575c
陪审法庭 6-52f
陪审法院 6-52f
陪审官 6-52e
陪审员 6-52e
陪审制度 6-52e
培长岩 8-236a
培尔,P. 6-139d
培尔·拉美斯 4-521e
培肥地力 3-389a
培氟沙星 3-408b
培格蒙出版公司 5-256a
培根,F. 6-53b
培根,F.（地质学家） 3-49b, 4-5d
培根,N. 6-54a
培根,R. 6-53f
培根起义 6-54a
培雷火山 5-279c, 6-567a
培雷型喷发 4-13f
培生,S. 6-54b
培生集团 6-54b
培生教育出版集团 4-550c, 6-54b
培土 9-333c
培雅书院 6-569d
锫 1-60d
裴蒂庄,F.J. 6-54c
裴度 6-54c, 8-39d, 8-57e
裴多菲 6-54d
裴多菲俱乐部 5-150f
裴季彦 6-56a
裴矩 6-54e, 7-116e
裴李岗文化 6-54f, 3-425b
裴李岗遗址 3-425b, 6-54f, 9-408a

裴满氏 4-259d
裴斯泰洛齐,J.H. 6-55b, 3-124e
裴松之 6-55c, 6-390e
裴桐 6-55d
裴伟,A.V. 6-55d
裴頠 8-363c
裴文中 6-55e, 4-337f
裴行俭 6-56a
裴铏 5-445d
裴休 8-362c
裴秀 6-56a, 2-239e, 4-274d, 9-314b
裴耀卿 9-511c
裴蕴 5-329c
沛公狗肉 4-178b
沛县 6-56b
帔(披风) 6-69f
《佩比塔·希梅内斯》(I.阿尔韦尼斯) 1-17d
《佩比塔·希梅内斯》(J.巴莱拉) 1-164a
佩德雷利,F. 2-457f
佩德罗·阿巴德 8-134f
佩德罗二世 6-56b
《佩德罗·帕拉莫》 5-164d, 5-465e
佩德罗四世 6-56d
佩德罗一世 6-56c
佩迪人 7-233e
佩蒂,R. 6-99a
佩蒂奥法 4-4d
佩蒂帕,M. 4-49c, 7-348e
佩恩,W. 2-537c
佩尔蒂尼,A. 6-56d
佩尔顿,L.A. 7-93e
佩尔顿水轮机 7-93f
佩尔方程 1-427b
佩尔斯,F.S. 3-111a, 7-477f
佩尔西乌斯 3-173e
佩尔修斯 6-56e, 5-273c
佩竿 1-160c
佩戈莱西,G.B. 7-135f
佩吉特氏病 6-56e
佩剑 4-28c
《佩科尔夫人像》 2-107c
佩兰 4-333c
佩兰,J.B. 1-444c
佩勒代尼耶大学 5-250c
佩勒代尼耶植物园 5-250c
佩雷,M. 2-493f
佩雷茨,A. 8-552c
佩雷克,G. 6-57a
佩雷斯,S. 6-57a, 1-36a
佩雷斯·德·古斯曼,A. 8-15b
佩雷斯·加尔多斯,B. 6-57b
佩雷希尔岛 9-295d
佩里,C.A. 1-585c
佩里,J. 3-96c
佩里,M.C. 6-317d
佩里,R.B. 6-57c, 4-148b
佩里埃,C. 2-168f, 2-505d
佩里戈尔文化 6-26a, 7-10e
佩里尼翁,D. 8-192b
《佩里亚斯与梅丽桑德》(歌剧) 2-170b
《佩里亚斯与梅丽桑德》(戏剧) 5-335f
《佩里亚斯与梅丽桑德》(乐曲) 2-611f
佩利阿斯 8-513c
佩利若,E.-M. 9-42a
佩列杰里,G.P. 6-57d
《佩琉斯和忒提斯的婚礼》 4-381f
佩鲁茨,M.F. 6-57e
佩罗,C. 3-170b
佩罗,P. 6-57f
佩罗夫斯克 4-461c
佩罗内,D. 9-106b
佩洛塔斯 6-58a
佩纳特斯 3-172f
佩尼韦蒂科山脉 8-83e
《佩帕军士孤独的心俱乐部乐队》 6-70d
佩奇 4-435e
佩切伊,A. 5-208b
佩绶制度 9-355c
佩斯 1-433d
佩斯塔洛奇,J.H. 6-55b
佩索阿,F.A.N. 6-58a
佩特拉 6-58c
佩特拉古城 9-117c
佩特拉石窟博物馆 6-58d
佩特拉通讯社 9-117e
佩特罗尼乌斯 6-58d
《佩特森》 7-531c
佩特斯,C. 2-585f
佩滕科弗,M.J.von 6-58e
《佩文斋书画谱》 6-58c
佩希施泰因,M. 6-188c
佩系钧 2-130d
配第,W. 6-613e
配第-克拉克定理 6-58f
配电 6-59a
配电线路 6-59b
配合饵料 2-422b
配合饲料 6-59b, 7-157f
配合物 6-59e, 6-60c
配偶 6-195c
配偶间人工授精 6-287d
配偶制度 6-492c
配送中心 6-59c
配糖体 2-143e, 3-43d
配体 6-59d
配位场 6-59d
配位场理论 6-59c
《配位场理论方法》 7-300c
配位催化剂 2-57b
配位滴定 2-547a
配位滴定指示剂 9-310b
配位多面体 4-502e
配位负离子聚合 4-579b
配位化合物 6-59d, 8-16b
配位化学 6-60b, 7-542f
配位键 6-60f, 2-551c
配位键理论 6-60c
配位聚合 4-579a, 6-128d
配位理论 1-250a
配位数 4-502e, 6-59e, 7-542e
配位体 6-59d, 6-60c
配伍禁忌 9-448b
配穴法 9-248b
配乐咏叹调 9-27e
配制膳 5-89e
配子器 6-549f
配子生殖 6-549e, 9-50d
配子体 4-350a, 7-551f
霈禅师 1-593d
喷彩装饰 7-312a
喷赤河 1-47a
喷出岩 6-61a, 4-10a, 4-14c
喷瓜 3-512d
喷管型无坐力炮 8-24b
喷灌 3-218a
喷火器 6-61a
喷墨印刷 8-612f
喷气发动机 6-61b
喷气飞机 6-61b
喷气飞机He-178 1-122f
喷气式发动机 2-510b
喷气式客机 5-181e
喷泉 6-61c
《喷泉的艺术家肖像》 6-299f
喷泉效应 8-505f
喷射成型金属材料 4-255b
喷射式洗碗机 8-138a
喷水冒砂现象 6-430e
喷嚏反射 3-499b
喷托维林 9-260b
盆部(躯干) 6-253c
盆地 6-61e
盆架树 4-122b
盆景 6-61f
盆岭构造 2-231a
盆腔 2-46d
盆腔结缔组织炎 6-62c
盆腔炎 6-62b
盆腔肿块 3-5f
盆西平原 1-577a
盆中丘陵 2-23e
烹饪 6-62d
烹调 6-62e
朋(贝币) 1-287f
《朋党论》 6-220a
朋霍费尔,D. 6-62e
朋九万 8-9c
彭伯顿,J.S. 4-444e
彭城 8-350e
彭城县 7-403f, 8-350e

彭冲 6-62f
彭春 8-396b
彭大顺 6-593f
《彭德尔顿法》 9-279e
彭德怀 6-63a, 1-541d, 1-541e, 5-158d, 9-358c, 9-391c
彭定求 2-166f
彭斐章 6-63e
《彭公案》 6-63e, 8-156a
彭公达 8-200a
彭谷 6-63f
彭亨河 5-261e
彭湖 6-98c
彭华廷 1-477c, 9-192b
彭桓武 6-64a
彭加勒,H. 6-46d
彭家煌 8-189e
彭金山 3-515f
彭菊生 6-64c
彭克,A. 6-64b
彭克,W. 2-229d, 6-438e
彭蠡 6-98c
彭丽萍 4-335c
彭俐侬 6-64c
彭林武 5-464c
彭宁离子源 4-579a
彭湃 6-64d
彭湃故居 3-326e
彭珮云 6-64e
彭鹏 6-63f
彭齐亚斯,A. 6-64f
彭赛列,J.-V. 6-65a, 8-74f
彭述之 6-65c
彭斯,R. 9-5f
彭松 1-273b
彭头山文化 6-65c
彭托皮丹,H. 6-65d
彭修道 6-65e
彭修文 6-65d
彭雪枫 6-65e, 9-24e
彭雪珍 6-66b
彭玉麟 2-579a
彭元子 4-406e
彭越 3-374e, 5-178d
彭泽 6-98c
彭真 6-65f
《彭真文选》 6-66b
彭子冈 6-66b
彭祖 6-66c
棚窖 7-438d
蓬巴尔,S.J. 6-66d
蓬巴尔改革 6-66d
蓬主河 1 295d
蓬圭人 5-27d
蓬蒿 7-400a
蓬黑阿·亚特 8-29b
蓬莱池 2-96d
蓬莱宫 2-95f
蓬莱角 6-66d, 6-434d
《蓬莱曲》 1-259b
蓬莱山 4-240a
蓬莱市 6-66e
蓬莱水城 6-66f
蓬莱县 5-141c
蓬皮杜,G.-J.-R. 6-66f, 2-450c
蓬皮杜国家艺术文化中心 6-66f
蓬塞艺术博物馆 1-375a
蓬塔阿雷纳斯 6-67b
蓬塔德尔加达 8-410d
蓬塔尔多坝 3-146a
蓬塔山 1-374e
蓬塔旺画派 3-65b
蓬头鸳科 5-76a
硼 6-67b
硼钢 6-67f
硼化镍 6-67e
硼化物 6-67d
硼矿 2-137a
硼氢化反应 1-443c
硼氢化合物 6-67f
硼砂 6-67e
硼砂矿 7-141f
硼霜 6-67e
硼酸 6-67f
硼铁 6-67f
硼烷 6-67f
硼纤维 6-68a
硼循环 2-235f
鹏利国际 9-377e
澎湖岛 6-68b
澎湖列岛 6-68b
澎湖湾 6-68c
澎湖县 6-68c, 6-68c
篷盖布 6-68d
膨化食品 6-68e
膨润土 2-104b, 5-598c
膨松剂 7-293e
膨胀合金 6-68e
膨胀系数 6-281e
膨胀性指标 6-69a
膨胀岩土 6-68f
捧哏的 8-207e
《碰碑》 1-569b, 2-335a
碰头潮 3-337a
碰砧技术 4-447b
碰撞 6-69a
碰撞边界 1-228c
丕林岛 8-489f
丕平（矮子） 4-113c, 4-208d
批陈整风运动 5-79c
批发 6-69b
批发交易市场 6-69c
批发商业 6-69b
"批林批孔"运动 6-69d, 4-177b, 4-177d, 7-587c
"批林整风"运动 5-79d
批判本体论 3-316d, 3-316e
批判的科幻小说 4-426e
批判法学 2-457c
批判理性主义 1-383e, 2-548e, 4-441c
《批判历史学的前程》 5-19d
批判实在论 6-69e
《批判实在论》 6-373c
《批判实在论论文集》 6-69f
《批评的解剖》 2-591a
《批评文集》 2-184d
纰论 3-24c
坯织物整理 4-34e
披帛 9-355e
披风 6-69f
披肩 6-69f
披肩鸽 3-94e
披麻皴 2-58f
披麻戴孝 6-409e
披膜病毒科病毒 1-369d
《披纱女子像》 4-516b
披衫剧 3-173b
披头士 6-70c
披耶达 2-70c
劈（机械） 4-158b
劈蚌 6-394d
劈理 6-70d
劈理域 6-70d
《劈山救母》 2-468c, 6-104d
《劈文切字集》 1-110d
霹雷摩芝窟 3-362b, 4-103a
《霹雳贝贝》 2-418d
霹雳河 5-261e
霹雳舞 6-70f
霹雳州 8-539a
皮阿诺,R. 6-67a
皮阿威,F.M. 1-491b
《皮埃尔》 5-331f
皮埃尔·迪多 2-212a
《皮埃尔和吕丝》 5-212d
皮艾角 6-71a
皮安基 4-490a
皮袄 1-117b
皮博迪自然历史博物馆 8-487e
皮部 6-586f
皮尺 4-339c
皮齿 5-95a
皮达可夫,Yu.L. 7-188d
皮大麦 2-95d
皮蛋 6-71a
皮德蒙特高原 1-1e, 1-359e
皮杜鲁塔拉格勒山 7-128a
皮蠹 6-71b
皮蠹科 6-71b
皮儿·马黑麻 7-378e
皮尔,R. 4-398f, 9-3b

皮尔茨,M. 2-39a
皮尔当人 6-71c
皮尔·卡丹 6-71c
皮尔森国际机场 1-91e, 2-385b
皮尔士,C.S. 6-71d
皮尔斯,F. 4-121f
皮尔斯坦,P. 9-237e
皮尔孙,R.G. 7-207d
《皮尔条例》 8-616d
皮尔逊,A. 8-107b
皮尔逊,K. 7-408b
皮筏 6-71e, 2-435c
皮法拉 2-447b
皮肤 6-71f
皮肤病 6-72a
皮肤结节病 4-223d
皮肤科 8-180f
皮肤利什曼病 5-31a, 9-104d
皮肤黏膜淋巴结综合征 2-23a
皮肤隐球菌病 8-589b
皮肤幼虫移行症 9-52a
皮肤针法 2-421e
皮革婚 4-223b
皮革胃 7-570e
《皮格马利翁》 3-308c
皮格马利翁效应 5-216d
皮古,A.C. 1-329c
皮鼓舞 8-548a
皮海湖 7-287f
皮猴戏 9-405c
皮划艇静水比赛 6-72c
皮划艇运动 6-72a
皮黄 6-552d
皮黄腔 4-282a, 5-191d, 9-404d
皮黄腔系 6-552d
皮肌囊 1-341e
皮肌炎 6-72c, 4-35d
皮胶 2-340d
皮卡,É. 4-39a
皮卡德,A. 6-72d
皮卡德,J. 6-72e
皮卡德,J.-F. 6-72d
《皮卡第通讯》 1-148a
皮卡尔,J. 4-383b
皮克,A. 4-558f
皮克,W. 6-72f
皮克峰 6-561f
皮克氏病 4-558f
皮克特人 3-27d, 7-184e
皮库岛 8-410d
皮库斯 3-172f
皮拉内西,G.B. 8-268a
皮兰德娄,L. 6-72f, 5-137e
皮浪 3-560f
皮勒·安德勒塞尔 1-446b
皮利察河 7-556e
皮利岛 8-524c
《皮利格里姆·卡马尼塔》 4-63a
皮隆,G. 2-442c
皮陆 5-167e
皮逻阁 3-98b, 7-255f, 7-304c
皮洛斯 3-164c
皮毛贴画 6-84d
皮棉 5-412a
皮秒 2-508d
皮膜呼吸 3-497d
皮奈罗,A.W. 6-73c
皮囊 6-71f
皮内针法 2-421e
皮内注射 9-502d
皮帕德,A.B. 1-531a, 4-382e
皮钦尼,N. 3-108e
皮钦语 6-73d
皮热,P. 2-442e
皮人戏 9-405c
皮日休 6-73d
《皮若与潘多》 1-69a
皮萨诺,G. 6-73e, 7-600b
皮萨诺,N. 6-73e, 7-600a
皮萨诺父子 6-73e
皮什佩克 1-321b
皮氏县 3-423a
皮漱石 6-74a
皮斯河 5-249d
皮斯卡托,E. 6-74a
皮忒阿斯 3-391e
皮特(老),W. 6-74b
皮特(小),W. 6-74b
皮特尔角城 6-74c
皮特凯恩、奥埃诺、迪西和亨德森岛 6-74d
皮特凯恩岛 6-9c, 6-74d
皮特凯恩群岛 6-74d
《皮特凯恩杂集》 6-74f
皮特兰猪 9-495a
皮特里,F. 6-74f, 4-416f
皮特里亚 1-411b
皮特曼,I. 7-203a
皮艇 6-72b
皮托集团 5-23c
《皮袜子故事集》 4-489a, 9-575a
皮锡瑞 5-544c
皮戏 9-405c
皮下点滴 7-56e
《皮下之狗》 1-118f
皮下注射 9-502d
皮下组织 6-71f, 6-72a
皮性硬骨 3-186e
皮亚尔科机场 8-84e
皮亚杰,J. 6-75a
皮亚杰学派 6-327d
皮亚诺,G. 6-75b, 7-209c, 7-460a, 9-542d
皮亚诺面积 6-75b
皮亚诺曲线 6-75b
皮亚齐,G. 8-230b
皮亚斯特 6-75c
皮亚斯特王朝 6-75b, 1-388f
皮延宗 9-113e
皮燕麦 8-445b
皮耶克尼斯,J. 6-75c
皮耶克尼斯,V. 6-75d
皮影 9-405c
皮影戏 6-75f
皮影子戏 9-405c
皮用型羊 8-449c
皮疹 6-208e, 8-382f
皮脂蠕形螨 6-340d
皮脂腺痣 9-325c
《皮子文薮》 6-73e
枇杷 6-76b
枇杷膏 6-76c
枇杷属 6-76b
枇杷叶膏 6-76c
毗诃罗 6-76c
毗诃罗窟 6-76c, 6-597c
毗陵县 1-527d, 4-181a
毗卢洞 1-110a
毗卢洞石刻造像 1-109f
毗卢峰 4-240a, 5-419e
毗沙门天 6-119a
毗舍离结集 4-223c
毗舍佉达多 6-76c
毗湿奴 6-76d, 7-182b
毗湿奴派 6-76d, 8-599c
《毗湿奴往世书》 6-76d
毗世师 6-569f
毗耶娑 5-459a
铍 6-76e, 4-538b, 6-215f, 7-553a, 8-131b
铍尖晶石 4-245a
铍青铜 6-211b
铍铜 6-211b
疲劳 6-77a
疲劳 6-76f
疲劳骨折 3-189a
疲劳极限 6-77c
疲劳破坏 6-77a
疲劳强度 6-77c
疲劳强度设计 6-77c
疲劳寿命 6-77b
疲劳源 6-77b
疲劳综合征 8-402b
《埤仓》 9-214c
《埤雅》 1-147b
啤酒 6-77d
啤酒大麦 2-95e
啤酒店暴动 6-78a, 2-1c, 3-85b
啤酒花 6-78b
琵琶 6-78c
琵琶歌 2-343c

《琵琶和仙赐》 7-43c
琵琶湖 6-314a
《琵琶记》 6-78e
《琵琶记》 4-300b, 8-346a
《琵琶谱》 6-588e
《琵琶上路》 6-64d
琵琶书 6-445d
《琵琶行》 1-199e, 1-200b, 1-516f, 3-177a
《琵琶行图》 8-32d
脾 6-78f
脾保健推拿 1-245a
脾不统血证 6-79a
脾功能亢进 6-79b
脾经 9-568b
脾门 6-78f
脾气下陷证 6-79b
脾气虚证 6-79c
脾肾阳虚 8-223a
脾肾阳虚证 6-79d
脾索 6-79a
脾胃不和证 6-79d
《脾胃论》 4-239b, 9-448d
脾胃虚寒证 6-79e, 7-570f
脾胃虚弱 6-80f
脾胃学说 4-593a, 8-501c
脾胃之气 9-435a
脾虚 8-222f, 8-233e
脾阳虚证 6-79e
脾之大络 5-233d, 6-591a
脾肿大 6-79e
蜱 6-80a
蜱传（地方性）回归热 3-609a
蜱螨目 9-496b
蜱螨亚纲 6-80a
蜱目 6-80a, 6-80b
《匹克威克外传》 2-210b
匹兹堡 6-80d
匹兹堡大学 1-360a
痞满 6-80e
淠河 6-80f
淠史杭灌区 6-80f
《甓余录》 9-487c
偏差 3-130b
偏导数 6-81a
偏肥燕麦 8-445b
偏关 4-319c, 8-444d
偏光眼镜法 5-22d
偏硅酸钠 3-243b
偏见 6-81a
偏离行为 9-127e
偏氯腈纶 4-304a
偏氯纶 4-343c
偏盲 5-159f
偏瘫 5-159f, 5-552b, 7-280c
偏瘫型偏头痛 6-81c
偏头关 6-441c
偏头痛 6-81b, 7-411e
偏微分方程 6-81d
偏微分方程论 2-66e
《偏微分方程论》 1-6e
偏向角 4-574c
偏振光 3-220b
偏振镜 1-36c, 5-189f
偏振棱镜 4-574b
偏振眼镜 8-440b
偏执狂 6-82a
偏执型精神分裂症 4-306a
偏执性精神病 6-81f
偏执性人格障碍 6-82a
篇末注 9-503a
骈赋 6-82b, 6-35d
骈俪文 6-82b
骈文 6-82b
胼胝 6-82c
胼胝体 2-97a, 5-176c
片冈健吉 9-549b
片假名 4-145a, 6-328f
片麻岩 6-82c
片马口岸 6-3b
片山潜 6-82d
片山哲 6-320a
《片石集》 9-232e
片岩 6-82e
《片玉词》 9-465c
片治肯特古城 6-82e
片状闪电 6-444b
《骗子》 5-605e, 7-561b
《骗子和大骗子》 1-373b
《骗子手托马斯》 4-429f
《骗子外传》 4-461a
《骗总爷》 7-146f
漂变 8-543d
《漂泊的荷兰人》 7-465e
漂泊鸠 5-181c
《漂泊杂记》 1-81b
《漂泊者之歌》 5-263d
《漂网渔船》 3-102d
漂移浮标 3-349d
漂移室 6-83a
飘尘 6-83b
飘萍 6-474d
飘色 9-147b
朴景利 6-83b
《朴通事谚解》 2-56b
朴正熙 6-83b
朴趾源 6-83c
瓢（乐器） 1-227f
瓢虫 6-83d
瓢虫科 6-189b
薸（植物） 5-304b
漂白粉 6-83d
漂白剂 1-482f, 9-170f
漂白胶 9-532f
票房 6-84a
票号 6-83e
票据 6-83f
票据背书人 9-517a
票据承兑市场 4-250e
票据权利 6-83f
票据权利人 6-83f
票据贴现 2-367c
票据贴现市场 4-250e
票据行为 1-582a
票据债务人 6-84a
票盐法 8-434f
票友 6-84a
票庄 6-83e
嘌呤 6-84b
嘌呤类核苷类似物 4-407d
《漂亮的塞尔日》 8-277b
《漂亮女人》 9-485a
骠国 6-84c, 5-520e
骠国乐 4-472e
《骠国乐》 6-84c
骠国乐团 6-84c
《骠骑兵》 3-103a
氕 6-84c, 2-155e
拼合宝石 1-241a
拼合石 1-241a
拼贴画 6-84d
《拼贴作品第Ⅲ号》 4-399a
拼写法 3-383d
拼音字母 9-503c
姘居 7-29a
贫金属 8-308e
《贫困的哲学》 6-105b
贫困地区 6-246f
贫困线 6-84e, 4-40f, 4-41a, 6-489a
《贫困与饥荒——论权利与剥夺》 6-418e
贫民进军 5-244f
《贫女》 6-202a
贫气 7-358a
《贫穷的康拉德》 7-609b
贫穷戏剧 3-109e
贫血 6-84e, 7-56c, 8-326a
贫营养沼泽 9-227d
贫铀 6-85d
贫铀穿甲弹 6-85c
贫铀弹 6-85c
贫铀合金 6-85d
贫铀破甲弹 6-85d
贫铀炸弹 6-85d
贫有本 9-486d
频分多路通信系统 2-384d
频分多址 2-392c
频分遥控 8-482e
《频伽藏》 2-122d
频率 6-85e, 1-372c, 5-300c
频率概率 3-240a
频率学派 7-407d

频毗娑罗王 5-459e
频散 1-372d
频数多边形图 7-407b
频头娑罗王 1-59a, 4-474e
频耶乾 8-470e
频域分析 6-609d
《品茶要录》 1-490c
品达罗斯 3-180d, 8-124c
品红 4-22b, 6-382d
品牌商品 9-508d
品式 9-515a
品特,H. 6-85e, 3-578c
品脱 9-11f
品种间杂交 9-147f
聘定 2-312e
聘任制 6-85f
聘用合同制 6-85f
《乒乓》 1-6f
乒乓球 6-86a
乒乓外交 6-86d
《平安春信图》 4-547f
平安东寺 5-409c
平安京 4-279d, 6-318c
《平安帖·何如帖·奉橘帖》 7-512f
平安县 3-324c
平板探测器CT 9-583c
平板显示器件 6-86e
平板新闻纸 8-288d
平板纸 9-307f
平版 8-612e
平版版画 1-230d
平鲍 1-249d
平布 6-86e
平成天皇 5-447d
平城 6-86f, 2-106b, 2-126c
平城宫 6-87b
平城京 6-87a, 5-515b
平城县 2-126b
平赤道 7-361a
平赤道坐标系 7-361a
平喘药 6-87b
平春分点 7-361a
平等 6-87c
《平等报》 3-27b
平等派 6-87d, 9-8e
平籴 1-525b
平籴法 4-603d
《平底锅之歌》 7-96c
平地 9-263f
平地草甸 1-481d
平地窖 8-481b
平顶凤仙 2-580f
平顶海山 6-87e
平顶猴 9-136f
平顶山 8-229f
平顶山市 6-87e
《平定金川方略》 2-489e
《平定三逆方略》 2-489e
《平定三省教匪纪略》 4-564b
《平定朔漠方略》 2-489e
平定准噶尔 6-87f
平动 4-33a
平堵 4-228a
平阿县 2-317c
平额象 5-376d
平而关 9-44d
《平凡的故事》 3-48e
平方和问题 2-370d
平方数 2-370c
《平方数书》 2-529f
平房仓 5-56e
平伏键 3-155f
《平复帖》 6-88b, 3-196f
平腹小蜂 6-537e
平肝潜阳 6-88c
平肝熄风剂 6-88c
平冈公威 6-384a
平菇 2-148c
平谷区 6-88d
平谷县 6-88d
平固县 8-303b
平郭县 3-29b
平果铝矿 9-80b
平果县 3-236c
平衡不完全区组设计 7-29f
平衡常数 3-550c
平衡点 2-371b
平衡非目标论 5-20a
平衡党 6-88e
平衡力系 5-15c
平衡木 6-88e
平衡现象 8-72a
平衡线 1-361d, 8-372f
平衡相变 8-206f
平衡预算乘数 1-588f
平衡重叉车 1-488d
平喉 9-132d
平厚大衣呢 2-120f
平湖市 6-88f
平湖县 6-89a
平滑肌 4-35e
平话 6-89a
平话 6-89a, 1-198d, 3-558f, 7-110d
《平淮西碑》 3-365d
《平家琵琶曲》 6-89b
《平家物语》 6-89b
平假名 4-145a, 6-328f
平江不肖生 6-89c
平江起义 7-336d
平江丝弦 3-515d
平讲 5-438a
平讲曲 1-518a
平津战役 6-89d
平靖关 8-556a
《平静的海和幸福的航行》 5-366b
平静果酒 3-299a
平静葡萄酒 6-101d
平剧 4-281e, 8-424b
平均测光 1-253a
平均地权 5-425e
平均动脉压 8-377e
平均海平面 6-89f
平均加速度 4-120b
平均角加速度 4-204e
平均角速度 4-205f
平均卡 4-365e
《平均律钢琴曲集》 1-157c, 3-9e
平均寿命 4-444b
平均数 6-90a, 7-408d
平均速度 7-202e
平均值不等式 1-426f
平均自由程 6-145c
平开门 5-365a
平口钳 3-519f
平乐观 1-216e
平乐县 4-580a
平立堵 4-228a
平凉府 6-90b
平凉郡 6-90b
平凉市 6-90a
平梁 3-599d
平粮台古城 6-90b
平林兵 1-599c
平流层 6-90c
平流层和中间层大气物理学 2-100e
平流层化学 2-98d
平流冷却雾 3-344a
平流雾 8-80d
平流岩 1-550c
平流蒸发雾 3-344a
平卢节度使 7-346e
平炉 3-127a, 6-90d
平炉炼钢 6-90d
平虏渠 1-197b
平律格仑 4-507b
平脉 5-301d
平米法 9-465e
平面 6-90e
平面的法向量 6-90e
平面方程的点法式 6-90e
平面方程的三点式 6-90e
平面方程的一般式 6-90e
平面风筝 2-570c
平面构成 3-155a
平面环绕立体声系统 5-23a
平面交叉 2-165a
平面介质光波导 3-219e
平面镜 4-318d
平面力系 5-15c
平面连杆机构 5-37c
平面偏振光 3-220b

平面全息图 6-264f
平面设计 6-90f
平面图 7-423e
《平面与立体轨迹引论》 2-540c
平面坐标系 3-124d
平民保民官 1-245e
平民大会 3-135d
平民教育 6-91a
《平民教育概论》 8-443b
平民教育讲演团 6-91a
平民教育运动 6-91a
《平民试验起义》 3-100b
平民文学 6-91b
《平民文学》 6-91c
《平民新闻》 4-235d
平民院 5-453d, 8-558f, 9-2b
平片检查 9-588c
平埔人 4-132c
平鳍裸吻鱼 5-226b
平气 2-428a
平羌 4-563f
平羌江 5-436c
平羌峡 5-436c
《平羌峡》 9-191d
平腔 6-437b
平腔梆子戏 6-94d
平曲 6-205f
《平曲》 6-89b
平壤 6-91c
平壤八景 6-91e
平壤报时钟 6-91d
平壤特别市 6-91d
平绒 6-91f
平沙地 2-564f
平山堂 8-448a
平山藤五 4-309e
平山县 6-91f
平山郁夫 6-92a
平时（天文学） 6-92c
平时戒严 4-233f
平时中立 9-433b
平式蛙泳 7-463e
平视取景照相机 9-237b
平首布 1-432e
《平书》 7-517d
平水河床 3-422d
平朔 7-111d
平朔露天煤矿 7-111e
平太阳 6-92b
平太阳分 6-92c
平太阳秒 6-92c
平太阳日 6-92b, 6-312f, 6-608f
平太阳时 6-92c, 6-608f
平太阳小时 6-92b
平潭 2-610a
平陶县 6-93a, 6-93c
平托,F.M. 6-92c
平王 9-476c
平位置 7-360f
《平稳过程的相关理论》 7-214f
平稳自回归-滑动平均模型 6-609e
平卧褶皱 9-242d
《平西册》 8-48b
《平西收北檄文》 6-41f
平肖,G. 6-92d
平行 4-270e
平行从表 6-92e
平行从表婚 6-92e
平行光单缝衍射 2-589b
平行进化 4-270e
平行力系 5-15c
《平行线理论的几何研究》 5-199c
平行移动 4-33a
平行褶皱 9-242d
平行轴定理 9-511e
平型关 6-441c
平型关战斗 6-92e, 2-334b, 7-270c
平胸鳊 2-498d
平阳 9-98e
平阳公主 7-565f
平阳县 8-303b
平遥古城 6-93a, 4-276d
平遥县 6-93c
平野谦 7-118c
平移断层 2-368b
平移气球 6-147e
平阴县 2-317c
平园老叟 9-465c
《平园续稿》 9-465d
平原 6-93e
平原君 6-94a, 1-359d
《平原老人》 3-253e
平原派 3-289e
《平原上》 6-202d
平原水库 7-88a
平原县 8-554a
平原沼泽 9-227e
《平原作战》 8-475f
平远法 7-415d
平越县 2-614a
平则门 2-81b
平章政事 8-321b
平周分裂 9-302b
平转桥 4-6a
平准法 1-525b, 3-380c, 6-412c
平准论 6-94a
平足症 6-94b
评（评书） 1-269e
评点 6-94c
评话 3-558f, 6-89b, 7-110d
评话伬 2-616d
评皇券牒 5-309b
评价性指标 6-495f
评讲 1-518a
评剧 6-94c, 7-312d
评论 6-94e
评论法学派 2-457a
《评“三家村”——〈燕山夜话〉、〈三家村札记〉的反动本质》 6-392f
评书 1-269d, 3-512e, 6-89b, 7-110d
“评《水浒》”活动 4-177d
《评王券牒》 8-483c
《评新编历史剧〈海瑞罢官〉》 5-322a, 7-590a, 8-30b
《评艺录》 4-57f
坪内逍遥 6-94e, 6-320e, 8-228f
苹果 6-94f
苹果绵蚜 9-20c
苹果属 6-94f
苹果酸 6-95a, 7-109b
苹果香 2-308e
苹婆 6-95b
苹婆属 6-95b
苹掌舟蛾 9-464b
凭祥市 6-95c
凭祥厅 6-95c
屏笔 5-313b
屏东市 6-95d
屏东县 6-95d
屏风 6-95e
《屏风》 6-281d
屏南宜洋鸳鸯猕猴自然保护区 6-95f
《瓶庐诗稿》 7-606c
《瓶中之宝》 1-134f
瓶子草 6-96a
瓶子草科 6-95f
瓶子草属 6-95f
萍乡煤矿 3-381f
萍乡市 6-96a
《萍踪寄语》 9-562d
《萍踪剑影录》 5-55f
钋 6-96b, 2-503d, 2-505c
坡,E.A. 9-250a
坡地土壤水蚀 3-572a
坡垒 6-96c
坡莫合金 5-594a
坡式梯田 7-338c
坡印廷定理 3-355e
泊松,S.-D. 6-96d, 4-123f, 6-96f
泊松比 6-96f, 1-460d
泊松分布 6-96f
泊松括号 6-96e
泼墨人物画 6-300d
《泼墨山水》 6-603b
《泼墨仙人图》 5-52d
泼水节 6-97a, 2-125d, 6-350e
颇尔人 1-437d, 3-19e, 4-80c
颇罗鼐 6-97b, 9-503f
《颇罗鼐传》 1-458c
婆察斯巴蒂·弥尸罗 7-68e
婆利 6-98a

婆利王国 5-261e
《婆罗多舞》 8-499d
婆罗浮图 6-97b
婆罗浮屠 6-97b
婆罗门 4-510e, 5-260a, 5-386b, 6-97e, 8-604d
婆罗门祭司 6-97e
婆罗门教 6-97d, 2-532c, 4-278d, 8-604d
婆罗门牛 5-133a
婆罗门数码 4-95e
《婆罗门图并千钵文殊像》 9-82d
婆罗米体 6-421b
婆罗米字母 6-97f
婆罗摩笈多 1-427b, 7-63d
婆罗乃 7-591a
婆罗洲 6-98a, 3-88b
《婆罗洲公报》 7-591e
婆罗洲猩猩 8-309f, 9-114c
婆婆纳属 8-362d
鄱阳湖 6-98c, 4-179f
鄱阳湖平原 1-515a
鄱阳湖自然保护区 6-98f
鄱阳县 2-185d, 4-563d
钷 8-130d
朴属 9-65b
迫害妄想 7-524d
迫降 6-98f
珀蒂,R. 6-99a
珀尔默,P.H. 2-352b
珀尔·赛登斯特里克·布克 6-381d
珀耳帖,J.C.A. 7-579c
珀耳帖系数 7-579c
珀耳帖效应 7-579c
珀金,W.H. 6-99b
珀金反应 6-99b
珀金合成法 6-99b
珀金缩合反应 7-227c
珀罗普斯 1-126c
珀塞耳,E.M. 3-432f
珀斯 6-99c
珀斯国际机场 6-99d
《破草鞋》 7-193d
破产 6-99d, 9-524e, 9-524f
《破产》 8-8c
《破产者》 2-209f
破荷亭长 8-25d
《破洪州》 2-71c
破壶音 5-549d
破坏力学 7-224f
破坏社会主义市场经济秩序罪 4-286a
破坏之神 6-585a
《破戒》 2-158b, 6-320e
《破镜圆》 9-78f
《破烂货》 6-29b
破洛那 2-121d
《破魔之术》 5-502d
《破盆中的玫瑰》 5-201f
破伤风 6-99e, 9-307c
破伤风类毒素 6-99e
破四旧 3-475c
破碎机械 2-559f
《破桃山》 7-512b
破题 1-142a
《破瓮记》 6-99f, 4-449b
《破屋》 1-179b
《破窑记》 6-99f
《破幽梦孤雁汉宫秋》 3-374f
破折号 1-352b
剖腹产 6-100a
剖宫产 6-100a
剖宫产子宫切除术 6-100b
剖面图 4-34a
剖视图 4-34a
扑尔敏 4-415a
扑灰年画 3-71c
扑克牌 6-100b
扑翼机 3-395d
铺地锦 7-58d
铺马圣旨 8-562e
铺膜播种机 1-396a
铺作 2-344d
仆 2-36a
仆固俊 9-215a
仆射 6-100c
匍匐金鱼草 4-262d
莆田市 6-100c
莆田县 6-100d
莆仙 6-100c
莆仙戏 6-100d
《莆仙戏传统科介》 3-600f
莆阳 6-100c
菩萨 6-100e
菩萨乘 2-446b, 6-100f
菩萨戒 2-583f, 6-100f
《菩萨戒经》 6-406e
《菩萨戒品释》 9-558a
菩萨律 6-406e
菩萨毗尼 6-406e
菩萨行 6-100f
菩萨藏 6-100f, 6-406d
菩提达摩 6-100f
《菩提道次第广论》 3-108f, 9-558a
《菩提道灯论》 1-7d, 3-24d, 3-108f
菩提伽耶 6-101a, 7-34a
菩提流支 4-239f, 4-574f, 7-281b
菩提曼拏罗 2-159f
菩提萨埵 6-100e
菩提树下大街 1-406d
菩提索多 6-100e
菩提心 2-43b
菩提亚人 6-101b
菩提亚语 6-101b
《菩提资粮论颂》 5-143b
葡属安哥拉 4-366a
葡属帝汶 2-253b
葡属东非 5-472e
葡属几内亚 4-81d
葡萄 6-101b
葡萄白兰地 1-201a
葡萄干 6-101c
葡萄根瘤蚜 3-118c
葡萄沟 8-274a
葡萄酒 6-101c, 6-101c
葡萄酒博物馆 4-390a
葡萄酒色痣 8-373e
葡萄柏 7-616d
葡萄卷象 4-346c
葡萄科 6-101e
葡萄膜 8-439b
葡萄膜病 3-478f
葡萄球菌 6-101f
葡萄球菌感染 6-101f
葡萄属 6-101e
葡萄胎 6-102b
葡萄糖 6-102c
葡萄糖醇 7-319a
葡萄糖酸锑钠 5-31a
葡萄修虎蛾 3-518b
葡萄牙 6-102d
葡萄牙共和国 6-102d, 6-104a
葡萄牙人 6-103d
《葡萄牙人》 1-440f
《葡萄牙史》 1-62e
《葡萄牙文学研究》 6-374c
葡萄牙语 6-103e, 6-103d
葡萄牙资产阶级革命 6-103f
《葡萄牙宗教裁判所始末》 1-62e
《葡萄园里的狐狸》 2-615e
《葡萄园中的休息》 5-397f
葡萄汁 6-101c
蒲安臣 6-104a
《蒲安臣条约》 6-104a
蒲柏,A. 6-104b
蒲坂县 9-25e
蒲包花 8-362d
蒲菜 6-104b
蒲草 8-136f
蒲昌海 5-201b
蒲城火神会 6-104c
蒲殿俊 7-143f
蒲反县 9-25e
蒲风 6-104d
《蒲风诗选》 6-104e
蒲福,F. 2-563a, 3-392e
蒲福风级 1-377a, 3-392e
蒲辅周 6-104e
蒲甘碑铭 6-615e
蒲甘佛塔群 5-415b
蒲甘敏 5-438b
蒲甘王朝 6-104f

蒲公英 4-333d
蒲剧 6-105a, 2-27f, 2-346f, 5-99f, 6-439e, 7-514b
蒲葵 9-559e
《蒲雷曹夫》 3-120e
蒲犁县 7-243b
《蒲柳人家》 5-116a
蒲鲁东,P.-J. 6-105a, 8-23e
《蒲鲁东像》 4-485b
蒲鲁东主义 2-266a
蒲蛮 1-444d
蒲螨 6-80c
蒲圻市 1-596c
蒲圻县 1-596c
蒲赛奈 1-35a
蒲式耳 9-11f
蒲松龄 6-105c, 5-69a
蒲松龄故居 9-528b
《蒲松龄集》 6-105c
蒲绥里 6-105c
蒲桃 6-101b, 7-323c
蒲萄 6-101b
蒲团影 6-105d
蒲吾县 6-91f
蒲元 6-105e
蒲原津 8-290e
蒲州梆子 6-439f, 6-552d
璞鼎查 5-531e, 8-387f
镤 1-60d
镤-镤法 9-43a
镤-铀法 9-43a
濮 1-444d
濮阳市 6-105e
濮越 1-454f
朴次茅斯 6-105f
《朴次茅斯和约》 5-218c, 6-323a, 9-435c
朴素集合论 4-75c
朴素唯物主义 6-106a, 7-547a
朴学 6-171b
朴渊瀑布 4-384e
朴子蛮 1-444d
浦城派 6-203a
浦东国际机场 6-106b, 6-463b, 6-466a
浦东鸡 4-36c
浦东新区 6-106a
《浦尔叟雅克先生》 5-469e
浦江 4-242a
浦口战役 7-259a
浦琳 8-448c, 9-390c
浦那 6-106b
浦那大学 6-106c
《浦派历书白琉璃》 2-254d
浦熙修 6-106c
浦项 6-106d
浦项制铁所 6-106d
浦阳江 9-494c
浦寨国际商城 6-95d
普阿松,S.-D. 6-96d
普埃布拉 6-106e
普埃布拉大学 6-106f
普埃布拉-德萨拉戈萨 6-106e
普安县 6-114f
《普庵咒》 2-33e
普奥战争 6-106f
普比亚山 4-560b
普遍的善 6-501b
“普遍的”神权政治 6-514b
普遍调查 6-485e
普遍概念 3-31b
《普遍解放思潮》 5-350d
普遍优惠制 6-107a
普遍主义-国际主义学派 6-368d
普标语 3-87a
普布利乌斯·奥维狄乌斯·那素 1-133d
普布利乌斯·泰伦提乌斯·阿非尔 7-276e
普查 6-485e, 7-406a
《普灯录》 8-47e
普多夫金,V.I. 6-107a
普尔 7-249d
普尔弗里希,C. 6-505d
普尔加托里猴 5-97b
普尔科沃 6-556d
普尔科沃天文台 7-136d
《普尔钦奈拉》 7-135f
普洱茶 8-101b, 9-137b
普洱港 9-137f
普洱市 6-107b
普法伊尔,F.W.L. 6-107c
普法战争 6-107c, 2-448d
普芬多夫,S.von 6-107e
普夫莱格尔-莫拉夫斯基,G. 2-185a
普钙 3-302a
普化尺八 1-595f
普惠制 6-107f, 6-107a
普及教育 6-107f
普及义务教育 6-108a, 8-555e
普吉岛 6-108a, 7-273e
普吉市 6-108a
普济 8-47e
普济桥 2-299f
普济寺 6-116e
普济消毒饮 6-229d
普加风 8-371c
普金,A.W.N. 9-4a
普金斯公司 8-469c
普京,V.V. 6-108b
普救派 6-108c
普拉 1-412c
普拉巴卡兰,V. 7-128d
普拉·毕沙基庙 1-24d
普拉德尔-维利综合征 7-319e
普拉德霍湾 1-38c, 1-377a
普拉德音乐节 4-378e
普拉多博物馆 5-243b
普拉河 4-117c
《普拉卡条约》 1-425f
普拉克利特语 6-48d
普拉克西特列斯 6-108c, 1-126d
普拉兰岛 6-378c
普拉姆迪亚·阿南达·杜尔 6-108d
普拉努得斯 8-531e
普拉帕格拉 5-390f
普拉塞,R.P.F. 4-5d
普拉斯,S. 6-108e
普拉塔港 2-386f
普拉特,J.B. 6-69e
普拉特,O.H. 6-108e
普拉特-海福德地壳均衡模型 2-231d
《普拉特修正案》 6-108e
普拉廷,F. 2-260d
普拉托,J.A.F. 7-157b
普拉托利尼,V. 6-108f
普拉托诺夫,A.P. 6-109a
《普拉西达和维多利亚诺的牧歌》 2-416c
普拉西之战 8-593a, 9-7b
普拉亚 6-109a
普莱格尔河 7-459e
普莱利运河 3-320f
普莱桑斯机场 5-315c
普莱斯,F. 8-277f
《普莱斯堡和约》 5-505e
普莱斯利,E. 6-109b, 5-384a
普莱斯利热 6-109c
普莱斯主义 8-277f
普莱卫,J. 4-368c
普赖尔,A.N. 6-610e, 9-241b
普赖斯,D.J.de S. 6-109c
普赖斯曲线 6-109c
普赖斯指数 6-234f
普兰,A. 4-612a
普兰巴南坎蒂 6-109d
普兰巴南寺庙群 6-327e
普兰查斯,N. 8-91e
普兰店市 6-109e, 2-91d
普兰口岸 6-109f
普兰奇 6-235f
普兰县 6-109f, 1-41c, 3-49a, 5-288f, 5-511e
普朗克,M. 6-110a, 3-228f, 3-480a, 5-61e, 5-271f, 8-75f
普朗克常数 6-110b, 3-221c, 5-406b, 6-110b
普朗克公式 1-393e, 6-110b, 6-110c
《普朗克准则和光量子假设》 1-393e
普朗特,L. 6-110c, 2-372f, 5-15e, 7-90c
普朗特-罗伊斯理论 7-206a
普劳图斯 6-110e
普雷格尔,F. 6-110f

普雷克斯流程 1-456f
普雷洛格，V. 5-22f
普雷米尔金刚石矿 1-318a
普雷斯帕湖 1-8c, 5-272c
普雷托利厄斯，A. 2-305d
普里昂 6-347b
普里奥焦尔斯克 4-515c
普里高津，I. 6-111a
普里戈金，I. 6-110f
普里果金，I. 6-111a
普里莫·德·里维拉，J.A. 8-84c
普里皮亚季河 2-259d
普里斯伯格，E. 1-251f
普里斯特利，J. 6-111b, 4-527e, 6-139d, 6-502a, 8-210a, 8-473d
普里特维公路 4-108b
普里兹伦 4-435e
普利策，J. 6-111b
普利策奖 6 111c
普利茅斯 6-111d
普利姆河 6-111d
普利姆普顿，J. 5-196d
普利斯卡 6-111e
普列格尔，F. 6-110f
普列汉诺夫，G.V. 6-111e, 1-414d, 5-388e
普列利 1-484a
普列姆昌德 6-112a
普列特尼约夫 8-15a
普列文斯黑头羊 8-449c
普林利蒙山 6-380a
普林尼(老) 6-112b, 2-546f
普林尼型喷发 4-14a
普林斯顿大学 6-112c, 8-294a
普林西比岛 6-559c
普林西比峰 6-559c
普林西帕尔剧院 6-106f
普林西普，G. 2-264a
《普留施的浪漫曲》 1-14d
普卢塔克 6-112d, 3-181a
《普鲁弗洛克的情歌》 1-78e
普鲁卡因 9-260c
普鲁士 6-112e, 4-353a
普鲁士改革 6-581d
《普鲁士科学院史》 3-313a
普鲁士蓝 8-411c
《普鲁士主义和社会主义》 7-121a
普鲁斯特，J.-L. 8-16c
普鲁斯特，M. 6-113a, 9-517a
普鲁塔克 7-120d
《普鲁特和约》 2-404b
普鲁特河 2-388d, 5-209c, 5-457c, 8-1a
普鲁伊特，E.L. 8-482a
普路同 3-305d
普伦德加斯特，M.B. 4-511a
普罗夫迪夫 6-113b, 1-243f
普罗霍罗夫，A.M. 6-113c, 7-299a
普罗科菲耶夫，S.S. 6-113d
普罗科匹厄斯 6-113e
普罗米修斯 6-113f
《普罗米修斯》（交响诗） 7-126e
《普罗米修斯》（散文） 5-152d
《普罗米修斯》（戏剧） 1-64a
普罗佩提乌斯 3-173d
普罗泰戈拉 6-114a, 8-190f
普罗提诺 6-114a
普罗旺斯 6-114b
普罗旺斯人 2-450f
普罗文查城 1-598f, 3-431d, 7-249a, 9-272b
普罗文斯顿剧社 6-114c
普洛格山 5-180a
普洛克洛 8-264e
普洛米奥，A. 2-292e
普米语 6-114c, 6-114d
普米族 6-114d
普密蓬·阿杜德 5-308a
普那路亚 6-114e
普那路亚家庭 6-114e, 2-373c
普尼亚尼，G. 7-548a
《普宁》 5-507d
普宁市 6-114e
普宁县 6-114f
《普宁藏》 2-122c
普契尼，G. 6-114f
《普劝坐禅仪》 2-166d
普桑，N. 6-115a, 2-442d, 6-377f, 8 124f
普森，N.R. 8-305a
普什图人 6-115d
普什图语 6-115d, 6-115d
普氏立克次氏体 4-540a, 5-21b
普氏野马 8-273a
普世合一运动 2-403e, 6-115e
普世教会运动 6-115e, 9-235f
普世牧首 5-496a
普世信经 8-297a
普适常量 4-88b
《普斯科夫的姑娘》 5-8c
普特南，H. 6-115e
普提鱼 6-276c
《普天忠愤集》 6-115f
普通白菜 1-193a
普通斑马 1-226d
《普通病理学》 2-595e
普通车床 1-546c
普通翠鸟 2-58c
《普通地理学》 2-227c, 7-468e
普通地名学 2-230e
普通地图 2-239b
《普通地质学》 9-218c
《普通地质学教科书》 2-251b
普通冻土学 2-342e
普通法 6-116a, 4-429f
普通法法系 2-457a, 9-9e
普通法院 2-459d
普通方柱石 2-492d
普通感冒 1-370c, 3-45a
《普通高等学校人民助学金暂行办法》 9-501c
普通共同诉讼 3-150a
普通股 6-116a
普通股东权 3-183d
《普通故事》 8-5f
普通管辖 5-428d
普通过磷酸钙 3-302a
普通黑鹰 9-14d
普通红豆草 3-469d
普通化学地理 3-546c
《普通化学教程》 1-132b
普通话 6-116b, 3-382a
普通话四声 7-153c
普通黄铜 3-598d
普通混凝土 4-5b
普通货船 9-146c
普通豇豆 4-187d
普通教育 6-116c
《普通结构学》 1-468e
普通经济 4-446f
普通经济地理学 4-285d
普通精馏 4-304d
普通蝼蛄 5-148b
普通鸬鹚 7-341c
普通鹿蹄草 5-172d
普通旅客列车 4-9b
普通麻纱 5-238a
普通磨料固结磨具 5-461c
普通目录学 5-494f
普通耐火材料 5-515e
普通能力测验 9-320e
普通年金 5-585c
普通培训雅思 8-397f
普通荞麦 6-185c
《普通蠕虫学》 7-126e
普通砂型铸造 9-506b
《普通生理学原理》 1-296e
普通石膏 6-594c
《普通事件》 6-107b
普通水准标石 7-106c
普通丝瓜 7-117c
普通松鸡 7-159d
普通诉讼时效 7-200b
普通陶瓷 7-324e
普通甜橙 1-594b
普通铁路 7-381c
普通投资信托 8-297f
普通图书馆学 7-425f
普通外科 8-180f
《普通物理实验》 6-356f
《普通物理学》 6-356f

普通吸血蝠 8-118d
普通心理学 6-116c
《普通心理学原理》 5-163f
普通信托投资 8-298a
普通型电熨斗 2-294a
普通烟草 8-420a
普通燕鸥 8-445e
普通秧鸡 8-446c
普通夜鹰 8-504e
《普通语法学原理》 8-495d
普通语言学 9-73e
《普通语言学》 5-199e
《普通语言学教程》 7-233f
《普通语言学文选》 1-413c
普通预算 9-81f
普通栽培燕麦 8-445b
普通支票 9-287d
普通纸静电复印机 3-12d
普通铸铁 9-506a
普图什柯,A. 5-361e
普托拉纳山 9-440f
普陀区 6-116d
普陀山 6-116e, 9-464e, 9-465a
普瓦雷,P. 5-561b
普瓦提埃之战 1-214a
普文楠 5-548a
普沃茨克 1-378f
普沃克伦 4-456b
普沃克伦语 4-456b
《普西赫和丘比德的爱情》 4-516d
普希金,A.S. 6-116f
普希金故居 4-51e
普希金文学博物馆 6-556e
普贤 6-117b
普贤寺 5-419e
普肖尔河 7-191f
普选 6-117c
普伊格,M. 6-117c
普泽寺 5-520e
普照 4-172a
普照寺（福建厦门） 5-538c
普照寺（山东泰安） 7-278d
溥侗 8-427f, 9-58f
溥儁 6-224e
溥儒 6-117d
溥心畬 6-117d
溥绪 8-493f
溥仪 6-117e, 2-44d
谱斑 6-117f, 3-325f, 7-264e
谱牒 6-118a
谱牒之学 5-519e, 9-552f
谱分析 6-609e, 7-75c
谱截面 3-434e
谱录 4-125e
谱略 4-125e
谱系进化趋势 4-271a
谱序列 7-461b
谱学 6-118a
氆氇 6-118c, 6-438d
镨 8-130d
蹼泳 6-118d
蹼足鹛 6-255a
瀑布 6-118e
《曝书亭集》 9-489c

Q

《七哀诗》(曹植) 1-479e
《七哀诗》(王粲) 4-162c, 7-491b
《七哀诗》(张载) 9-216c
七宝避风台 9-230a
七宝粥 4-529c
《七宝座》 4-140f
七钹 1-410d
七大古都 5-233b
七大选帝侯 6-515a
七二六运动 3-112a, 3-162b, 4-379d
《七发》 5-330b
七峰山 1-375b
七佛 2-581e
七福神 6-119a
七福神诣 6-119b
《七个短剧》 3-102b
《七个绞刑犯的故事》 1-93d
《七个可汗》 4-331c
《七个铜板》 5-470c
《七个昼夜》 4-453c
七古 3-176f
七国峰会 1-143a
七国集团 1-143a
七国时代 6-119b
七和弦 3-420a
七衡六间图 3-28f
《七剑下天山》 5-55f
《七将攻忒拜》 1-72f
七姐果 6-95b
《七经纬》 1-575f
《七句义论》 6-570a
七觉士 6-413e
七绝 4-348b
七君子事件 6-119c, 7-8f, 9-562d
七里海 8-155d
七里垅水库 3-18e
七里泊 2-81e
七里丝 3-516e
《七里滩》 9-99c
七连烛台 9-36c
《七录斋集》 9-204b
《七略》 6-119e, 3-294f, 3-373a
七年战争 6-119e, 5-164f
《七年之痒》 5-287e
《七品芝麻官》(电影) 8-244c
《七品芝麻官》(豫剧) 9-83f
七七节 8-52e
七七事变 6-119f, 5-114e
七千人大会 6-120a, 2-200a
七桥问题 6-120c, 7-459e
七情 6-120e, 1-371c, 4-306e
七情辨证 1-371e
七丘城 5-9b
七人画派 6-120f
七鳃鳗 1-343e
七鳃鳗亚纲 8-15e
"七三一"遗址 1-91b
七杀 6-120f
七声体系 7-497a
七声音阶 2-302f
七胜事 2-581e
七十二候 8-70e
"七十年代派" 6-121b, 1-70d
《七十年奋斗与思考》 1-421e
七十七国集团 6-121b, 2-427e
《七十七国联合宣言》 6-121b
七司三院 5-560e
七丝鲚 4-106e
七台河区 6-121d
七台河市 6-121d
七台河镇 6-121d
七五调 3-169f
《七武士》 3-461a, 6-383b
七夕 6-121d
《七夕歌》 7-32c
《七夕诗》 9-78e
七喜 1-215c
《七侠五义》 6-402c, 6-607c
七弦琴 6-202e
《七星白纸马》 2-616f
七星瓢虫 6-83d
七星山 7-253e
七星诗社 6-121e
七星岩 9-238a
七言排律 6-36b
七言诗 6-121f
七叶树 6-122a
七叶树属 6-122a
《七一年春天》 1-6f
七伊玛目派 6-593a
七艺 6-122a
《七音略》 9-275b
《七勇士》 3-100f
《七月》 3-502a
《七月敕令》 1-383c
七月革命 6-122b
《七月流火》 9-55c
七月派 5-173d
《七月诗丛》 3-502a
《七月十四日》 4-65c, 5-212c
七月事件 5-73a
七月王朝 6-122c
《七月文丛》 3-502a
《七章法典》 4-379a

《七政缠度经纬历》 7-363c
《七种武器》 3-172b
七周战争 6-106f
七洲洋 8-100b
七子花属 6-309c
七姊妹岛 6-378c
七族 9-568e
七祖 1-500b
妻亲 6-195b
妻姊妹婚 6-122d, 4-312b, 5-148e
栖梧老人 1-236e
栖霞山石刻 6-122e
栖霞市 6-122f
栖霞寺 5-542e
栖霞寺舍利塔 6-122e, 7-236f
栖霞县 6-122f
桤木 6-123a
《桤木王》 7-424d
倛（面具） 5-416d
戚夫人 6-123b
戚继光 6-123b, 4-319c, 5-499b
戚继光祠 7-245d
戚家军 6-123c
戚烈云 9-44a
戚同文 9-21d
期波德,J. 3-186a
《期待》 8-379c
期货 6-123c
期货合同 6-123d
期货交易 6-123d, 9-270b
期货交易所 6-123d
期货结算所 6-123e
期货经纪商 6-123f
期货市场 6-123e, 3-267a, 4-250e, 6-456b
期间费用 6-123f
期刊 6-124a
期门 3-380b
期门军 3-369a
期票 6-124a
期权 6-124b
期权交易 9-270b
期权市场 3-267a
期思雩娄灌区 5-610f
期望 7-73a
期望理论 6-124b
期望值 4-347a
期颐寿 6-532a
欺骗岛 5-540a
漆 7-429a
漆痤 6-531f
漆觚 3-157f
漆筷 4-497b
漆蜡 6-125b
漆履 9-355a
漆屏风 7-114e
漆器 6-124c
漆器鼻烟壶 1-314e
漆仁油 6-125b
漆纱笼冠 9-355c
漆书 4-247a
漆树 6-125a, 6-125c
漆树科 6-125b
漆树属 6-125a
漆侠 6-125c
漆脂 6-125b
魌首 4-506e
魌头 5-416d
齐 6-125e, 5-91f
齐 6-126a
齐安郡 3-583b
齐安县 2-415e
齐奥尔科夫斯基,K.E. 6-126e
《齐奥尔科夫斯基选集》 6-127a
齐奥塞斯库,N. 6-127a
齐白石 6-127b, 2-153d
《齐白石全集》 6-127f
《齐白石像》 8-42e, 8-42f
齐斌濡 6-130e
齐秉勋 6-130e
齐伯林,F.von 6-127f, 2-508f
“齐伯林伯爵”号飞艇 2-508f
齐伯林飞艇 2-509b
齐伯林飞艇队 2-508f
齐伯林飞艇公司 6-128a
齐伯林硬式飞艇 2-509b, 6-128a
齐长城 1-509c, 6-436f
齐次坐标 5-293f, 6-504b
《齐东野语》 9-470d
齐墩果 9-37d
齐尔-内尔森抗酸染色法 4-222f
齐尔品 3-442d, 4-173a, 4-179d, 6-190c
齐尔山 2-118b
齐法化刀 2-155a
齐法家 2-446d
齐夫,G.K. 6-128a
齐夫定律 6-128a
齐高帝萧道成 6-128b
《齐格弗里德》 7-465f
《齐格弗里德之死》 5-565b
齐格勒,K. 6-128c
齐格勒-纳塔催化剂 6-128d, 4-340d, 6-128c
齐公子小白 1-251b
齐观山 6-128d, 8-288a
《齐观山摄影作品选集》 6-128e
齐国长城 1-509c, 6-436f
齐河黄河浮桥 2-604c
齐赫文运河 6-556c
齐化门 2-81b
齐怀 4-562f
齐桓公 6-128e, 2-36e, 8-422e
齐家坪遗址 6-128f
齐家文化 6-128f, 5-134f, 6-301b
齐健隆 8-459a
齐聚物 4-341e, 4-342a
齐克尔,F. 8-431c
齐口裂腹鱼 5-14b
齐勒,T. 4-212d
齐勒贝超科 2-24a
齐里比希纳河 5-241c
齐良人 4-432b
齐鲁大学药学系 8-369a
《齐论语》 5-195f
齐眉棍 3-249d
齐眉杖 6-477d
齐美尔,G. 6-129a, 7-541a
《齐民要术》 6-129c, 2-328c, 4-193f, 5-479c
齐湣王 6-196c
齐明刀 2-155a
齐明帝萧鸾 5-55c, 6-126c
齐明点 8-210a
齐姆良大坝 2-380b
齐姆良水库 2-380a
齐姆森,H. 6-58e
齐齐哈尔 6-129e
齐齐哈尔市 6-129d
齐如山 6-129f
《齐如山全集》 6-129f
《齐史》 5-538e
《齐书》(《北齐书》) 1-283e
《齐书》(《南齐书》) 5-538e
齐衰 2-601a
齐思和 6-130a
《齐孙子》 7-217e
齐纨 7-302e
齐威王 6-130b
齐文宣帝高洋 6-130b
齐熙县 6-335b
《齐性空间微分几何学》 3-182f
齐亚 8-264a
齐亚·哈克 6-130c
齐亚尼德王朝 1-403e
齐亚诺,G. 6-390a
齐永恒 6-130e, 6-383c
齐越 6-130e
齐云峰 5-220d
齐祯 4-277b
祁彪佳 6-130f
祁剧 3-247e, 3-251e, 6-552d, 7-151b, 8-553d
祁连山 6-131a, 3-428d
祁连山区 7-200f
祁连山自然保护区 6-131b
祁门县 8-537b
祁州 1-97e
岐伯 6-131c
岐黄之术 6-131c
岐山县 6-131c
岐阳水利灌溉网 5-538c

岐邑 6-131d
奇阿依·摩佐 2-267c
奇布查人 6-131e
奇布尔达尼泽，M.G. 8-241b
奇楚亚人 4-459f
奇点 7-460b, 9-69c
奇点理论 7-416f, 8-36b
奇尔奇克河 8-132f
《奇怪的故事》 7-230e
《奇怪的亡命之徒》 4-369f
奇恒之腑 6-131f, 9-155c
奇基托斯耶稣会传教区 1-393b
《奇迹般的中国》 1-38f
奇迹剧 8-141e
奇经八脉 6-131f
《奇经八脉考》 4-610c
奇卡马河谷 5-471d
奇科苏卢布坑 9-140b
奇科瓦尼，G.Y. 5-125b
奇楞话 3-449b
奇卢巴语 5-148d
奇马布埃 6-132a, 7-600a
《奇妙的插曲》 1-126f
奇穆帝国 1-505c
奇南德加 6-132b
奇尼扬贾语 1-225c
奇珀瓦河 7-533a
奇普曼，J. 6-132b
奇奇卡斯特南戈 7-526e
奇恰酒 4-434e
奇乾县 2-406e
奇切瓦语 5-259b
奇琴伊察 5-289a
奇琴伊察古城 6-132c
《奇情异想的绅士堂吉诃德·德·拉·曼却》 7-318b
奇石 3-209a
奇斯曼公园 2-137e
《奇特曲》 7-557d
奇特旺国家公园 6-132d
奇特原子 6-132e
奇特原子化学 3-436b
奇通加语 7-390f
奇瓦瓦 6-132e
奇维塔韦基亚 5-206a
《奇袭白虎团》 8-475f
奇戏 5-465e, 9-147a
奇穴 6-132f, 7-62f
《奇异的满大人》 1-183d
奇异积分 4-422d
奇异积分方程 4-39a
奇异夸克 4-492e
奇异粒子 6-133a
奇异摄动法 3-254a, 6-169a
奇异数 6-133a, 1-532e
《奇遇》 1-94f
奇踪 9-82d
歧化反应 6-133b, 8-474b
《歧路》 1-551d
《歧路灯》 9-83e
《歧视经济学》 1-294b
歧叶目 4-216a
《祈祷》 1-376c
《祈祷书》 5-7b
《祈祷文插图》 8-155b
《祈祷者》 1-443f
祈年殿 7-360c
祈年祭 6-510c
祈愿法会 9-558a
祇洹精舍 8-464a
祇园精舍 4-244e, 7-34a
陭洲 6-248b
耆那教 6-133b, 7-466f
耆那教寺庙 5-369a
耆寿 6-532a
耆英 3-594b, 5-531e, 7-525d, 8-388a
脐橙 1-594c
脐带 7-246b
脐风 6-133d
脐疝 6-447f
畦 9-263f
跂织亭 3-582c
淇水 9-25c
骐麟 6-134f
骑兵 5-168c, 9-183c
《骑兵队》 1-149b
《骑兵歌》 7-193c
骑兵营地浴池 3-306a
骑传马节 2-605b
骑吹 3-191a
《骑鹅旅行记》 4-517d
《骑虎》 3-62e
骑驾卤簿 5-160e
骑劫 8-423a
《骑驴归思图》 7-316e
《骑马下海人》 8-257d
骑射 6-133e
骑士 6-133f
《骑士》 1-41e
骑士七技 6-134a
《骑士、死神与魔鬼》 2-314d
骑士团城堡 5-8a
骑士制度 6-133f
骑田岭 5-532e
《琪琡康陶》 2-197b
琦善 3-519b, 8-387e
棋盘琴 3-313d
《棋盘山》 7-515d
棋盘蛇 4-150d
棋盘陀峰 4-549b
《棋坛少帅吕钦专集》 5-179c
《棋王》 8-380b
蛴螬 2-315b
祺祥 2-44b, 6-228f
祺祥政变 2-44b, 8-262a
《碁盘太平记》 4-272d
綦江 2-5f
綦母怀文 6-134a
綦毋闿 5-104e
旗（行政区域） 5-375f, 8-177f
旗地 6-134b
旗顶 4-354a
旗幅 4-353f
旗杆 4-353f
旗后港 3-78e
旗民交产 6-134b
《旗民交产章程》 6-134b
旗袍 6-134c, 9-356e
旗袍裙 6-270c
旗人 6-134c
旗亭 7-25c
旗鱼 6-134d
旗鱼舅 4-168f
《旗与琴》 2-434e
《旗正飘飘》 3-603b
旗帜派 2-69f
旗宗地 6-134b
鳍 6-134e
鳍甲鱼形纲 8-15e
鳍脚 6-134f
麒麟 6-134f
麒麟菜 3-477c, 6-135a
麒麟菜属 6-135a
麒麟儿 6-134f
麒麟送子 6-135a
麒麟童 9-473a
《麒麟吐书》 6-134f
麒麟叶属 5-185d
麒派 9-473b
乞叉底蘖婆 2-245c
乞伏炽磐 7-416b
乞伏国仁 6-135b
乞伏司繁 6-135b
《乞丐歌剧》 3-461f
《乞丐卢卡》 8-243e
乞戈 5-270c
乞拉朋齐 6-135b, 8-412f
《乞力马扎罗的雪》 3-333e
乞力马扎罗国家公园 6-135d, 7-289b
乞力马扎罗机场 1-44a
乞力马扎罗山 6-135c, 1-44a, 2-319e
乞利奇亚门 1-6f, 7-454d
乞乞科夫 7-142c
乞巧 5-601e
乞巧节 6-121d
《乞巧文》 7-151c
乞食修会 2-488f, 7-451f
《乞援人》 1-72f
岂青 5-87c
企鹅出版集团 6-54b
企鹅目 6-135d

企鹅－普特南出版公司 6-54b
企鹅珍珠贝 9-251b
企业 6-135e
企业承包经营责任制 6-135f
《企业的性质》 4-435c
企业登记 6-136b, 6-136c
企业法人 6-136c
《企业法人的法定代表人审批条件和登记管理暂行规定》 2-436d
企业法人登记 6-136c
企业改革 4-291d
企业管理 6-136d
企业管理的二重性 6-136d
企业集团 6-137d
企业集团财务公司 1-462c
企业家同盟 7-453d
企业兼并 6-137e
企业经济管理 4-286c
企业会计 6-138a
《企业会计制度》 3-192b, 4-496b
《企业会计准则》 4-496c, 9-27a
企业亏损 9-15e
企业亏损补贴 5-608e
企业理论 8-295a
企业理念识别系统 9-583b
企业年金 9-299a
企业识别系统 6-138d
《企业、市场与法律》 4-435c
企业、事业档案馆 2-154c
企业视觉识别系统 9-583b
企业托管 6-138c
企业托管公司 6-138c
企业文化 6-138c
企业行为识别系统 9-583b
企业形象 6-138d
企业形象识别系统 9-583b
企业赢利 9-15e
企业债券 9-177b
企业指标 4-295f
企业组织论 6-138e
《企业最低工资规定》 9-574e
《企喻歌》 5-51f
杞柳 8-458f
启 6-138e, 8-159e
《启程》 1-295a
启东市 6-138f
启东县 6-138f
启东烟公司 9-10a
启动器 6-140a
启发 6-139a
启发式教学 6-139a
启发式搜索 6-288b
《启法寺碑》 2-305a
启功 6-139a
《启功丛稿》 6-139c
《启蒙记》 3-198b
启蒙运动 6-139c
启民可汗 6-54f, 7-211c, 7-214b
启明 4-259e
启明瞽目院 7-334c
启明星 6-139f
《启示光辉和经文奥秘》 8-384b
《启示录》(版画) 2-314d
《启示录》(《圣经》) 6-563f, 7-20f
《启示录的四骑士》 1-441b
启示神学 4-45b, 6-515e
启示文学 6-563e
启瘖学馆 7-334d
起霸 6-139f
起搏器 6-139f
起潮力 1-544b
起动变阻器 1-346f
起动电阻 2-299c
起动器 6-140a, 9-569b
起伏 9-223b
起股 1-142a
起家官 4-321e
起讲 1-142a
《起居间》 3-105a
起居郎 6-400c
起居舍人 6-400c
《起居室音乐》 4-395a
起居注 6-140b
《起居注册》 6-140b
《起来，饥寒交迫的奴隶》 4-598a
起垄 9-263f
起落架 2-507c
起泡果酒 3-299a
起泡剂 6-51c
起泡葡萄酒 6-101d, 8-192b
起始磁化曲线 7-379f
《起誓》 1-25e
起诉 6-140b
起诉垄断主义 4-156a
起诉期限 8-320c
起诉状 6-140c
起阳草 4-324c
起义 6-140d
《起义》(绘画) 2-360c
《起义》(著作) 1-292f
《起义者》 4-583e
起音 5-356f
《起源》 3-181a, 4-373b
起重船 3-122c
起重机 6-140e, 2-301f
绮春园 9-113b
气 6-141a, 8-277d
气本论 5-13a
气病辨证 6-149c
气藏气 7-357f
气导助听器 9-500e
气道管 6-286f
气垫船 6-141b
气垫艇 2-192a
气顶气 7-357f
气顶驱 6-606c
气动单座调节阀 9-294f
气动力学 4-469d, 6-141d
气动热力学 4-469e
气动弹性理论 6-141d
气动弹性力学 6-141d
气动执行器 9-294f
气动执行元件 9-295a
气分湿热证 7-565e
气分证 7-565d
气割 6-281e
气功 6-141e
气－固色谱 6-146d
气管 6-142a
气管杈 6-142b
气管呼吸 3-497e
气管肌 6-142b
气管隆嵴 6-142b
气管膜壁 6-142b
气管切开 6-142c
气管软骨 6-142b
气管树 3-499b
气管造口术 6-142d
气管支气管性胸痛 8-331e
气管－支气管炎 4-72d
气候 6-142d, 7-355f
气候变化 6-142e
《气候变化框架公约》 6-142f, 5-43c
气候带 6-143a
气候地貌学 2-229d
气候分异 2-244e
气候季节 4-101c
气候阶地 3-424b
气候纬度地带 2-520d
气候系统 6-143b
气候学 6-143c, 2-228b
气候学概论 6-143d
《气候学手册》 3-374d
气候雪线 8-372f
《气候与文明》 3-569d
气候预测 6-143d
气候灾害 6-148d
气候资源 4-443e
气化剂 5-340c
气辉 6-143e
气机 6-143f
气机不畅 6-143f
气机不利 6-143f
气机逆乱 6-143f
气机失调 6-143f
气机阻滞 6-143f
气街 6-143f
气节 4-215d
气孔蒸腾 9-263c
气口 5-302a
气流床气化法 5-340c

气苗 9-40a
气逆 6-149d
气逆证 6-144a, 5-11e
气泡室 6-144b, 3-303a, 3-434a
气球 6-144b
气球运动 3-396d
气溶胶 6-144f
气溶胶层 6-145a
气溶胶化学 2-98e
气蚀 6-145a
气水浴 7-92f
气态 8-78d
气态水 7-442f
气体 6-145b, 5-126b
《气体测量方法》 1-308c
《气体导电》 7-298c
气体动理论 6-145b, 8-75a
《气体动力论》 4-257c
气体放电 6-145d
气体放电光源 2-279a
气体分压定律 2-160c
气体分子动力论 8-75a
气体分子运动论 4-450e, 5-213a, 6-145b, 7-407e
气体化合体积定律 2-554c
气体还原法 3-563c
气体交换膜 2-532f
气体绝缘材料 4-349c
气体扩散 3-498c
气体扩散法 7-396e
气体迁移现象 6-145f
气体燃料 6-271b
气体燃料发动机 6-145e
气体燃料内燃机 5-340c
气体热膨胀定律 3-28c
气体渗流理论 6-525d
气体输运 6-145f
气体涡流制冷 9-313c
气体轴承 9-478c
气体自持导电 6-145e
气田 9-39e
气田气 7-357e
气团 6-146a
气团源地 6-146b
《气味》 1-382c
气温 6-146b
气陷 6-149d
气陷证 6-146c
气相色谱法 6-146c, 6-417a, 7-397a
气象飞机 6-146f
气象观测 6-147a
气象观测网 6-147b
气象观测系统 6-147a
气象火箭 6-147b
气象雷达 6-147c
气象气球 6-147d
气象视程 2-99d
气象塔 6-147f
气象台站网 6-147f
气象卫星 6-148a
气象学 6-148c
《气象学》 7-611d
《气象学大全》 8-210f
《气象学基础》 2-135f
《气象学家的海洋学》 7-140e
《气象学杂志》 5-217c
气象灾害 6-148d
气性坏疽 6-148e
气胸 6-148f, 4-443c
气虚 6-149c
气虚证 6-149b
气旋 6-149c
气旋族 6-149c
气血辨证 6-149c
气血两清法 6-229d
气血两清剂 6-229c
气血两虚证 6-149e
气血双补剂 1-424b
气压 6-149e
气压表 6-149f
气压传动 2-25c
气压高程测量 3-59b
气岩 7-386e
气液变质岩 1-346b
气液变质作用 1-346e
气-液色谱 6-146d
气一元论 7-547a
气阴两虚 2-31a
气印 9-139d
气源岩 5-339e
气韵 6-150a, 5-136f
气闸舱 4-467f
气至 9-246f
气至病所 9-247a
气质 6-150b
气质学说 7-558e
气质之性 5-13b, 9-488b
气滞 6-149d
气滞心脉 8-255b
气滞证 6-150d, 5-11e
弃(周人始祖) 8-115c
《弃妇诗》 9-78e
弃隶蹜赞 7-304a
《弃民图》 7-517f
汽车 6-150d
汽车安全气囊 6-151d
汽车电话 2-280d
汽车渡船 2-364e
汽车拉力赛 6-151e
汽车轮胎 5-197a
汽车运动 6-151f
汽车运输 3-134f
《汽车中的结婚》 2-292e
汽化 6-152a
汽化潜热 6-172e
汽化热 6-152b, 6-172e
汽轮发电机 2-431d
汽轮机 6-152b, 6-33c
汽油 6-152f
汽油标号 6-153a
汽油机 6-153a, 5-558e
《泣妇》 1-148f
《泣红亭》 8-585c
《泣荆花》 8-193c
契(木刻) 4-462a
契(中国历史) 7-295a
契若 6-474e
契苾何力 1-53f
契宾达·伊隆加 5-145b
契此 5-390e
契丹 6-153d, 3-492d
契丹国 8-45f
契丹枢密院 7-51a
契丹文 6-153e
契丹小字 5-65e
《契丹小字研究》 6-226a
契刀 7-503e
契刀五百 7-503f
契尔卡斯人 6-189e
契尔年科,K.U. 6-154a
契骨 4-419f
契诃夫,A.P. 6-154a, 3-337b, 9-13b
契诃夫故居 7-192a
契后按揭 1-113f
契经 6-406c
契卡 6-154c, 4-225b, 4-446c
《契兰·巴兰》 5-289d
契洛,A.A. 6-476c
契前按揭 1-113f
契税 6-154c
《契税暂行条例》 6-154c
契约 6-154d, 3-410e
契约科 5-488c
契约论 3-278d, 9-283f
契约式投资 8-298a
契约性条约 7-374b
契约自由 6-154d
砌石坝 1-190c
《碛砂藏》 2-122c
槭树 6-154e
器官 6-298e
器官保存 6-154f
《器官培养》 4-372d
器官显影 2-504c
器官相关律 4-331d
器官移植 6-155a
器官轴扭转 7-571a
器物形态学 4-415f, 4-417c
器械杂技 9-146e, 9-409e
器乐复调 3-9e
器质性精神病 6-82a

器质性脑病所致性早熟 8-327f
恰尔达什 6-155b
《恰尔德·哈罗尔德游记》 1-218d
恰卡 6-155c, 9-571e
恰克里宫 5-307e
恰克图 6-155c
《恰克图条约》 6-155d, 6-454b
《恰克图协约》 4-361f
恰空 3-9e
《恰利耶歌集》 8-605b
恰纳卡莱海峡 2-61a
恰佩克,K. 6-155e
恰恰恰 6-155f
恰恰舞 6-155f
《恰似水之于巧克力》 1-72e
恰苏玛 7-199b
恰塔尔休于遗址 8-282d
恰托巴底亚耶,D. 8-609e
恰瓦什人 2-20d
恰西迪派 9-36a
恰佑比,A.Z. 6-156a
恰约尼遗址 8-282d
千宝菜 6-156b
《千钵文殊》 9-82d
千层塔 6-480d
《千疮百孔的山河》 6-433c
千代 8-169d
千担戏 1-341a
千岛海沟 6-156c
千岛海盆 2-411b
千岛寒流 6-314a
千岛湖 6-156b, 8-263c, 8-263e
千岛群岛 6-156c, 1-262c, 2-411b
千岛人种 6-303e
千朵莲花山 6-157d
千分尺 6-156d
千分数 7-408d
千佛山 4-84b
千佛崖造像 4-83f
《千鹤》 2-22e
《千鹤图》 7-562d
千湖之国 2-556a
千华山 6-157c
千华山民 4-262e
《千家诗》 5-375e
千斤顶 6-156e
《千金方》 6-157a
《千金记》 8-143d
《千金要方》 6-156f, 7-220f
《千金一笑》 3-182d
《千金翼方》 6-157a, 7-220f
千卡 4-365f
千克 6-157a, 3-139b
千克原器 4-88a
千里巴山 2-72c
千里长沙 8-100b
千里光 4-333c
《千里江山图》 6-157b
千里马铜像 6-91e
《千里送京娘》 8-232c
千里眼 8-254c
《千利休》 6-383b
《千虑策》 8-463e
千枚状糜棱岩 5-393d
千糜岩 5-393d
千米 5-393f
千秒差距 5-419d
千亩之战 9-473e
千年健 7-355b
《千年开罗》 3-111f
《千年前一个青年的日记》 3-111f
千年桐 9-41b
《千千万万中国人民》 7-136a
《千顷堂书目》 1-359a
千秋县 7-347c
千泉 1-53e
《千人交响曲》 5-263d
千日红 8-177a
千山 6-157c
千山风景区 1-113a
千山山脉 5-64e
《千手千眼大悲心咒行法》 1-505a
千岁兰 1-215d
千田是也 6-157e
千头柏 1-485a
千瓦 3-140a
千瓦时表 2-286a
《千禧年星图》 8-307a
千禧人 6-157e, 6-291f
《千言万语》 8-351a
《千岩万壑图》(龚贤) 3-144c
《千岩万壑图》(王翚) 7-498f
千叶 6-157f
千叶大学 6-158a
千叶钢铁联合企业 6-158a
千叶港 6-158a
《千羽鹤》 6-320f
千丈 8-140e
《千忠戮》 9-62e
千柱建筑群 6-132c
《千字文》 6-158a, 5-375b
扦插 6-158a, 9-305f
迁安市 6-158d
迁安县 6-158d
迁飞 6-158e
迁飞前躁动 6-158f
迁海令 6-158d, 6-219c
迁化 9-113a
迁江县 3-410d
迁陵县 5-10a
迁徙 6-158e
迁徙 6-159a
《迁徙之书》 1-75e
迁移农业 8-417b
瓩 7-470e
钎焊 3-389d
牵连惯性力 8-190e
《牵牛花》 8-517a
牵牛星 3-422f
牵引法 9-266b
牵引流 1-550d
牵引伞运动 3-396e
牵引式高射炮 3-75e
铅 6-159b, 9-460e
《铅》 1-160f
铅钡玻璃 1-391a
铅笔 6-159c
铅笔淡彩画 6-159e
铅笔画 6-159e
铅玻璃 6-159e
铅垂线 9-461a
铅矾 6-159f
铅合金活字 4-8b
铅黄铜 3-598d
铅晶质玻璃 6-159f
铅青铜 7-404b
铅球 6-160a
铅室法 5-131e
铅酸电池 8-359c
铅釉陶 9-54b
铅中毒 6-159c, 7-280f
铅-210法 9-43a
《悭吝人》 5-95d
谦比西河 3-52c
《谦恭书》 2-359c
谦虚 6-160b
签书枢密院事 7-51a
签占 9-177d
签字笔 1-323a
荨麻科 6-160c
《钤山堂集》 8-427c
前阿特拉斯山 1-56b
前包钦格复合体 3-498f
前朝后寝 1-265e
《前出塞》 2-356d
前达罗毗荼人 2-68b
前定和谐 6-160d, 2-216e
前端机 4-337c
前房出血 8-440f
前高加索 2-83a, 3-67c
前工业社会 6-481f
前郭尔罗斯蒙古族自治县 6-160d
前寒武纪 6-160e
前寒武纪地盾 1-346c
前寒武系 6-160e
前汉 3-367f, 8-92f
前杭爱 3-390b
前颌间银鱼 8-584a
前弘期 9-156b
前后配穴法 9-248b
前进党 8-551d

前进进化 4－270c
《前进中的战斗》 8－5f
《前进中的中国经济》 7－220f
《前景》 5－12d
前馈控制 4－479b
前莱茵河 4－536a
前浪漫主义 3－45c
前凉 6－160f, 6－588a
《前列》 3－445b
前列腺 6－161a
前列腺癌 6－161b, 8－325e
前列腺底 6－161b
前列腺沟 6－161b
前列腺尖 6－161b
前列腺痛 6－161d
前列腺炎 6－161d
前列腺增生 6－161e
前裸子植物 6－162a, 5－226d
《前门》 5－110a
前弥曼差派 5－390f
前棚（潮汕英歌） 1－544a
前葡萄膜炎 3－478f
前七子 6－162b
前期法家 2－446d
前期墨家 5－480b
前期捻军 5－586f
前气门目 6－80c
前秦 6－162c, 2－205f
前驱斑 5－329e
前三头同盟 4－395c
前三头政治 6－47a, 6－401d
前肾 6－522e
前绳纹时代 8－19e
前十条 7－152e
前蜀 6－162f, 8－45d
前四史 6－390e
前陶新石器时代 8－282b
前套平原 3－427f
前庭性共济失调 3－148e
前胃 2－469a
前五刑 8－51f
前现代人 3－174d
《前线》 6－163a
《前线报》 6－202d
前线轨道 2－610e
前线轨道理论 2－610e
《前线周报》 1－477c
前向纠错编码 8－298e
前胸腺 4－507d
前燕 6－163b, 6－272f, 6－588a
前言 8－355e
前意识 6－163c
前雨海纪 9－123a
前月面 9－61c
前赵 6－163d
前震 2－246a
前致癌物 9－319b
前置胎盘 6－163e
前奏曲 6－163f, 3－96d
《前奏曲和练习曲》 5－48d
虔诚者路易 4－113c
虔州 3－47e
钱宝琮 6－164a
钱秉镫 6－164d
钱伯坰 9－197e
《钱财之中》 7－531c
钱彩 7－111c
钱昌照 6－164b
钱潮 6－164c
钱澄之 6－164d, 6－222f
钱崇澍 6－164d
钱俶 8－39e
钱大昕 6－164f
钱德富 1－58c
钱德洪 8－451f
钱德拉塞卡，S. 6－165a, 1－192c
钱德拉塞卡极限 1－192d, 6－165a, 9－319d
钱德勒，W.H. 6－165b
钱德里卡·班达拉奈克·库马拉通加 1－223b
钱端升 6－165b
钱萼孙 6－170d
钱幹丞 6－166e
钱弘佐 8－39e
钱槐聚 6－170b
钱璯 9－471b
钱基博 6－170b
钱家骏 8－224d
钱嘉徵 7－578b
钱坚 6－204a
钱金福 6－165c
钱景华 3－226f
钱君匋 6－165d, 6－295d
钱俊瑞 6－165e
钱开宗 4－424a
钱炌 5－448a
钱考功 6－167b
《钱考功集》 6－167b
《钱兰芳替嫁》 4－608d
钱临照 6－165f
钱令希 6－166a
钱镠 8－39d
钱蒙叟 4－193e, 6－167b
钱梦苕 6－170d
钱默存 6－170b
钱牧斋 4－193e, 6－167b
钱穆 6－166b
钱南扬 6－166d
钱能训 6－166d
钱宁 1－575d
钱皮恩 7－591d
钱铺 6－170e
钱七虎 6－166e
钱其琛 6－166f, 7－486b
钱起 6－167b
钱谦益 6－167b, 4－185b, 4－193e, 5－536e, 6－222f, 8－436e
钱青望 5－337f
钱庆成 6－63e
钱人元 6－167c
钱三强 6－167d, 3－436d
钱食芝 4－602a
钱受之 4－193e, 6－167b
钱松嵒 6－167f
《钱松嵒画选》 6－168a
钱摊 6－170e
钱唐县 3－390d
钱塘湖 8－93c
钱塘江 6－168a, 9－244c
钱塘江潮 6－168c
钱塘江桥 6－168d
钱塘江涌潮 6－168e
钱塘涌潮 6－168e
钱苕隐 6－170d
钱伟长 6－168f
钱无量 7－512c
钱晓征 6－164f
钱辛楣 6－164f
钱新之 4－184f
钱杏邨 6－169a, 1－58c, 4－188d, 7－267e
钱玄同 1－267c, 1－352a
钱学森 6－169a, 4－356a, 8－71f, 8－147c, 9－376c, 9－377a
钱一本 2－324a
钱引 4－199c
钱饮光 6－164d
钱永健 6－169d
钱幼光 6－164d
钱幼卿 8－162e
钱元瓘 8－39e
钱允治 4－193f
钱运录 4－169e
钱曾 4－193f
钱蓁蓁 4－582d
钱震华 8－179e
钱正英 6－169f
钱钟书 6－170b
《钱钟书集》 6－170d
钱仲联 6－170d, 4－272b
钱竹汀 6－164f
钱庄 6－170e
钱琢如 6－164a
钱佐 8－39e
钳工 6－170f
钳工八字宪法 5－107c
钳工虎钳 3－519f
钳形电流表 2－285d
钳亚目 7－80a
掮客 4－284c
乾（八卦） 1－142b
乾城县 4－66c

乾亨行 8-304b
乾嘉汉学 4-298d
乾嘉学派 6-171b
《乾坤体义》 5-4e
乾陵 7-306e
乾隆玻璃 1-269d
乾隆帝 6-171c, 2-382b, 6-225b, 7-435f
《乾隆皇帝及后妃像》 4-547f
《乾隆平定准部回部战图》 6-171c
乾隆三大家 4-190e, 9-102a
乾清宫 1-266a, 3-196b
《乾天剑》 8-48b
乾陀罗 7-176a
乾县 4-66c
乾元禅寺 7-368d
乾州厅 4-66c
箝位电路 6-171d
潜菴 7-295b
潜病状态 8-402b
潜地弹道导弹 6-171e
潜地导弹 6-171d
潜地巡航导弹 6-171f
《潜夫论》 7-495f
《潜夫论笺》 7-496a
潜伏梅毒 5-331b
潜伏性感染 3-45b
潜舰导弹 6-171f, 2-471a, 2-510e
潜江市 6-172b
潜江县 6-172b
潜科学 6-172c
潜口民宅 6-172c
潜能 4-444f, 5-562c, 8-252e
《潜丘札记》 8-436f
潜热 6-172d, 4-450e
潜人才 6-283f
潜山县 6-172e
潜蚀地貌 3-600b
《潜书》 6-172e
潜水 6-172f
潜水病 2-151a
潜水技术 6-173a
潜水面 6-173a
潜水器 6-173b
潜水摄影 6-173c, 7-101d
潜水艇 6-173e
《潜水艇S4》 7-575c
潜水医学 6-173c
潜台词 6-173d
潜艇 6-173e
潜艇潜望镜 6-174c
潜艇战 6-174a, 2-197c
潜望镜 6-174b
《潜研堂丛书》 6-165a
潜意识 6-174c, 8-23a
潜隐记忆 4-96d
潜蝇 6-174c
潜蝇科 6-174d
潜影 3-44a
潜泳 6-174d
潜鱼 6-174e
潜鱼属 6-174e
潜园老人 1-331e
潜在文学工场 6-57a
黔（贵州省简称） 3-246b
黔东南苗族侗族自治州 6-174e, 2-343d
黔东苏区 7-432e
黔江（红水河中段） 3-473d, 9-491c
黔江（乌江） 7-616b
《黔岭素描》 9-483f
黔南布依族苗族自治州 6-174f, 1-455a
黔首 6-175a
黔台语族 9-515f
黔西南布依族苗族自治州 6-175b, 1-455a
黔阳 9-101b
黔中郡 3-514d
浅表性血栓性静脉炎 8-376c
浅草社 1-551a, 2-578e
浅成相 4-9f
浅刺大板栗 1-228f
浅耕灭茬 9-263e
浅海 6-175c
浅海海流 6-175c
浅昏迷 4-1c
浅孔爆破 1-253b
浅色草甸土 1-544a
浅色矿物 4-9d
浅松耕 6-508f
浅滩 3-422d
浅源地震 1-298d, 2-245f, 9-258d
浅沼稻次郎 6-175d
浅Ⅱ°烧伤 6-471e
《遣悲怀三首》 9-99d
遣策 5-281b
遣唐使 6-175e
谴责小说 6-176a
芡实 6-176b
芡属 6-176b
茜草 6-176c
茜草科 6-176c
茜素 6-99b
《倩女离魂》 4-577b, 9-90b, 9-99c, 9-273b
《倩女幽魂》 4-596f
堑壕炮 6-38c
嵌段共聚物 3-149b, 4-7e
嵌段聚氨酯 4-343f
嵌段聚氨酯橡胶 4-344a
嵌段聚醚聚酯 4-344a
嵌金铜犀尊 6-176d
嵌入问题 7-460a
嵌入原理 2-338e
嵌丝珐琅 7-318e
嵌镶砖 5-275b
嵌l词 4-276b
羌 6-176e, 8-220f
《羌村》 2-356e
羌笛 4-280a
羌方 6-176e
羌河 6-213d
羌活 6-176f, 6-206f
羌活胜湿汤 6-252f, 9-307b
羌活属 6-176f
羌姆 9-160f
羌人 6-176e
羌塘高原 3-49a
羌塘高原自然保护区 6-177a
羌语 6-177b
羌语支 6-177c, 9-158b
羌族 6-177c
《羌族拼音文字方案》 6-177c
枪杆了里面出政权 5-322f
《枪杀》 4-485b
《枪手的影子》 1-122f
枪乌贼属 7-412d
枪械型榴弹发射器 5-132d
枪蟹 7-226c
枪族 6-177e
戗金漆器 6-124f
腔笔石目 1-324c
腔肠动物门 6-177f
《腔调考源》 4-282e
腔静脉阻塞综合征 6-178a
腔镜术 5-556b
腔上囊 6-178a
腔系 6-552a
蜣螂 6-178c, 4-240e
强巴佛 8-111b
强巴林寺 1-505e
强磁物质 2-50a
强大数律 2-105b, 4-425e
强大蚊 2-107f
《强盗》 6-178c
强道 1-191e
强电解质 2-281f
强度 6-178d
强度极限 1-460d
强度量 8-72c
强风 2-562b
《强风》 1-55a
强化 6-178d
强化玻璃 6-178e, 3-54f
强化理论 6-178e
强击 6-178f
强肌健力胶囊 2-198c
强激光武器 8-266b
强碱 4-160a
《强劫留基伯的女儿们》 5-163a
强结合水 7-442e
强力霉素 7-150d
强烈地震 2-245f

《强男弱女》 8-550f
强热带风暴 6-275f
强沙尘暴 6-422c
强生公司 8-293f
强酸 7-206d
强相互作用 6-179a
强心甙 6-179b
强心苷 6-179b
强心配糖体 6-179b
强型家长主义 8-535d
《强学报》 4-406b
强学会 6-179e
《强者为王》 2-69b
强直性脊柱炎 6-180a
强直性口吃 4-480c
《强制法令》 2-93a
强制扩散 4-33c
强制拍卖 6-35c
强制式密封 8-385c
强制退休 7-450b
强制猥亵、侮辱妇女罪 8-327b
强制性保险 6-482d
强制性标准 6-180c
强制性认证 9-316a
强制执行 6-180d
强子 6-180e, 5-36b, 8-76c
墙 6-180e
《墙》 2-290c
《墙壁——卡尔马氏的犯罪》 1-91a
《墙头马上》 6-181a
《墙头马上》(京剧) 9-62e
蔷薇纲 7-81b
蔷薇科 6-181a
蔷薇石英 6-604e
蔷薇属 5-329d, 9-120e
蔷薇水晶 7-87c
蔷薇战争 5-330a
《蔷薇战争》 4-20b
抢婚 6-181b
抢劫婚 6-181b
抢劫罪 4-286a
抢亲 6-181b
《抢亲》 1-434b
羟基丁二酸 6-95a
羟基自由基 9-548b
羟磷灰石 5-94d
羟醛缩合反应 7-227b
强迫表象 6-181c
强迫动作 6-181c, 6-181d
强迫对流 6-275b
强迫观念 6-181c, 6-181d
强迫教育 8-555e
强迫恐惧 6-181c
强迫性情绪 6-235e
强迫性神经症 6-181c
强迫休眠 8-335c
强迫意向 6-181c
强迫振动 7-44f
强迫症 6-181c
强迫状态 6-181d
悄吟 8-217c
跷功 6-181d
锹甲科 6-189b
敲琴 8-446f
敲砸器 6-600f
敲诈勒索罪 4-286a
乔巴山 6-181e
乔巴山,K. 9-166d
乔巴山大学 8-5a
乔贝国家公园 1-412d
《乔厂长上任记》 3-25e, 4-192c
乔城 1-81a
乔答摩 9-266e
乔丹,M. 6-181f
乔德雷尔班克 6-525b
乔尔乔涅 6-182a, 7-532d
乔戈里峰 6-182b, 4-362b, 7-243b
乔冠华 6-182c
乔海尔 2-436b
乔红 2-203d
乔吉 6-182d, 9-90b, 9-99c
乔吉,G. 4-89a
乔吉甫 6-182d
乔家大院 4-276d
《乔孔达》 5-371d
乔丽 6-430b
乔利元 3-427a, 6-183b
乔林 6-418f
乔卢奥人 4-464a
乔洛夫人 7-610f
乔玛 6-182e, 3-381c
乔玛学会 6-182e
乔姆斯基,N. 6-182e, 7-349f, 8-253c
乔木 6-183a, 5-488c
乔木果树 3-300a
《乔木图》 8-352d
乔派 3-427a
乔普林,S. 4-517f
乔其绒 6-331d
乔其绉 9-479b
《乔恰拉》(电影) 2-185d, 7-230b
《乔恰拉》(剧本) 1-498c
乔清心 9-348e
乔清秀 6-183b, 3-427a
《乔什多基森林书》 6-420c
乔石 6-183c
乔斯高原 5-576e
乔松 7-161b
乔叟,G. 6-183d, 4-399d
乔荼波陀 2-532c
《乔荼波陀注》 7-68e
乔托 6-183f
乔托画派 2-587d, 6-184a
“乔托”探测器 3-310a
乔瓦尼,J. 3-458a
乔瓦尼·德·美第奇 5-342d
《乔万尼·朋杰埃的不幸》 1-376c
乔戏 6-184a
乔相扑 6-184b
乔伊斯,J. 6-184b, 4-492e, 9-32d
乔影戏 9-405c
乔羽 9-357a
乔园 7-279f
乔治·奥逊·威尔斯 7-528e
乔治·巴尔的摩 5-266a
乔治敦 6-184c
乔治敦 6-184d
乔治敦开曼群岛国家博物馆 2-88f
“乔治·华盛顿”号 6-173e
乔治·卡斯特里奥蒂 7-126a
乔治六世 8-523c
乔治·卢卡斯 6-184d, 4-423e
乔治·桑 6-184e, 8-211a
乔治市 1-365e
乔治·斯坦利 1-129b
《乔治·唐丹》 5-469e
乔治·图普一世 7-296c
乔治·瓦西里乌 1-160f
乔治王岛 9-387e, 9-387f
乔治乌-德治 2-380c
乔治乌-德治,G. 5-210e
乔治五世 3-379a
乔治五世国家公园 2-85a
乔治·西姆 8-96f
乔治亚人 3-108b
乔治一世 3-378f
乔装动物戏 9-147b
乔装戏 6-184a, 9-146e, 9-409e
侨汇专用粮票 5-57a
《侨居》 7-172a
《侨民》 4-379e
侨民文学 6-184f
侨人 6-185a, 7-435c
侨州郡县 6-185a, 3-588b, 4-273f
侨州郡县制度 8-177d
荞麦 6-185b, 5-70b
桥 6-185c
《桥》 1-511b
桥下净空高度 6-186a
桥本龙太郎 4-153c
桥本氏病 4-137d, 4-138c, 4-139b
桥本雅邦 7-45c
桥墩 6-185f
桥高 6-186a
桥涵工程 2-164b
《桥话》 5-327b
桥基 6-59f
桥架型起重机 6-140e
桥接法 4-150a
桥跨结构 6-185d
桥联基团 6-59f

桥联配合物 6－59f
桥梁 6－185c
桥梁长度 6－186a
桥梁高度 6－186a
桥梁工程 6－186f
《桥梁——美学和造型》 4－531b
桥门架 6－185e
桥牌 6－188a
桥社 6－188b, 1－357c, 4－51c
桥式倒虹吸管 2－159a
桥台 6－185f
桥头纽扣市场 7－585a
《翘传》 6－188d
谯县 1－411a
谯纵 6－188e
《樵歌》 9－482c
《瞧这一家子》 5－118b
巧克力 6－188e
《巧克力研磨机1号》 2－361e
巧人 5－563b
壳斗科 6－188f
壳粒 1－369c
壳木鳖 5－488d
壳牌石油公司 9－9c
壳牌石油有限公司 9－9c
壳糖 4－135b
俏皮话儿 8－234d
翘摇 9－535c
鞘翅 6－189a
鞘翅目 6－189a
鞘磷脂 5－94f
鞘膜积液 6－189c
切比雪夫,P.L. 6－189c, 3－358d
切比雪夫多项式 3－358d, 6－189d
切比雪夫函数 6－189d
切比雪夫奖金 6－189e
切除术 7－39b
切断低压 6－189e
《切尔卡什》 8－501a
切尔克斯人 6－189e
切尔克斯语 6－189f
切尔马克,E.von 5－383c
切尔内河 4－452c
切尔尼亚耶夫,M.G. 2－395d
切尔诺贝利核电站 6－189f
切尔诺贝利核事故 6－189f, 3－133b
切尔诺夫,D.K. 4－256a
切尔斯基,I.D. 6－190a
切尔斯基山 6－190a, 8－88b
切尔瓦,J.de la 8－365f
切尔西塔人 6－189f
切夫伦神庙 3－159e
切割疗法 4－325e
切·格瓦拉 3－112a
切·格瓦拉城 6－564a
切根虫 2－223a
切根夜蛾亚科 2－223a
切工 9－573f
切花 6－190a
切基尔盖温泉 1－435d
切接 4－148f
切开术 7－39a
切凯蒂,E. 6－190b
切凯蒂教学体系 6－190c
《切利尼》 1－405e
切利尼,B. 2－442c
切利诺格勒 1－54e
切列帕诺夫,A.I. 3－594a
切列普宁,A.N. 6－190c, 9－472f
切柳斯金角 7－276f
切伦科夫,P.A. 6－190d, 7－471b
切伦科夫辐射 6－190c
切伦科夫计数器 6－190d
切伦科夫角 6－190d
切罗基语 5－364b
切钦人 1－545f
切蛆 2－107f
切萨皮克湾 6－190d, 5－266a
切萨皮克湾桥 6－190e
切斯特—特拉华公路桥 5－53f
切苏美曲 7－458e
切苏旺加遗址 4－326f
切特里 4－510e
切特韦里科夫,C.C. 4－270a
切瓦族 5－258f
切线 6－249c
切向加速度 4－120b
切削加工 6－190e
切应变 9－20d
伽蓝 2－54a
伽蓝菜属 4－312e
茄冬 2－7b
茄果类 7－57b
茄科 6－191a
茄参属 6－191b
茄属 5－267e, 8－197a
茄子 6－191b
且介 1－324a
切(注音方法) 2－472e
切口 2－34f
切脉 5－300a, 5－301f, 5－381c
切末 6－191f
切音 8－51c
切音法 2－63b
切音字运动 7－603a
《切韵》 6－191c, 7－213a
《"切韵"纯四等韵的主要元音》 5－284b
《切韵》音 6－191d
《切韵音系》 4－608c
切诊 6－191e
怯的不花 5－378c
怯绵里 9－221e
怯薛 9－89e
怯薛军 4－277e
砌末 6－191f
窃蠹 6－192a
窃蠹科 6－192a
窃法舞弊 2－451e
窃听 6－192b
《窃贼们的舞会》 1－49b
《窃贼之子》 5－204c
《箧中集》 9－93c
钦安殿 3－196b
钦·巴赫鲁姆 6－32e
《钦颁州县事宜》 4－614e, 7－371f
钦察汗国 6－192b, 1－188f, 4－263e, 5－378b
钦察兀鲁思 1－188f
《钦差大臣》 6－192b, 3－298e
钦差驻藏办事大臣 9－503e
《钦定善后章程》 9－503f
《钦定外藩蒙古回部王公表传》 1－239e
《钦定西藏章程》 2－610f, 3－24c, 6－225c
《钦定宪法大纲》 6－192c
《钦定学堂章程》 9－300d
钦基·贝马拉哈自然保护区 5－242a
钦江 6－192f
钦陵 5－542f
钦命总理西藏事务大臣 9－503e
《钦契》 1－17c
《钦契一家》 8－372a
钦人 6－192d
钦使 7－109d
钦天端庆宫 4－320a
《钦天历》 7－505e
钦托山 4－438e
钦县 6－192e
钦语 6－192e
钦州港 6－192f
钦州市 6－192e
钦州湾 6－192f
钦州湾地区 6－192f
《钦遵圣谕条例事宜》 4－614e
侵犯财产罪 4－286a
侵犯知识产权罪 4－286a
侵略 6－193a
《侵略》 1－477c
《侵略定义》 6－193a
《侵略者》(电影) 1－251f
侵缅战争 9－408d
侵权行为 6－193c
侵染性病害 9－302d
侵染循环 9－302d
侵入体产状 4－9f
侵入岩相 4－9f
侵蚀海岸 3－318e
侵蚀轮回 6－193f
侵蚀轮回学说 6－193f, 2－135f
侵蚀平原 6－93f
侵蚀作用 6－194a
侵袭性细菌性肠炎 1－523d

《亲爱的克莱蒙丁》 2－487c, 2－615a
亲等 6－194b
亲电取代反应 6－256b
亲电试剂 6－194c
亲告罪 3－82c
《亲和力》 3－96a
亲和数 6－194d
亲核取代反应 6－256a
亲核试剂 6－194d, 1－114f
亲鸾 6－194d
亲民党 6－194e
亲亲相隐 6－194f
亲权 6－195a
亲权鉴定 6－195e
亲属 6－195b
亲属法 4－3b, 6－287c
亲水亲油平衡值 6－341d
亲王福隆德运动 2－613c
亲魏倭王 8－489c
“亲魏倭王”金印 5－391f
亲迎 5－138c
亲缘关系 4－148f
亲子关系 3－439d, 9－519a
亲子间依恋 3－410c
亲子鉴定 6－195e
亲子试验 6－195e
芹菜 6－195f
秦 6－196a
秦（陕西省简称） 6－446b
秦邦宪 6－196e, 1－414c, 7－471d
秦笔 5－313a
秦策 6－202d
秦朝 6－196e
秦川牛 6－446f
秦道古 6－199e
秦德公 6－196b
秦德和 6－202c
秦二世胡亥 6－197f
《秦风》 6－575a
《秦妇吟》 7－545a
秦公一号大墓 6－301b
秦观 6－197f, 1－474b
秦光煜 3－510f
秦归 2－151d
秦国长城 1－509c
秦汉 6－198b
秦汉褒斜道 1－239b
《秦汉农民战争史》 6－125d
秦汉瓦当 7－464a
秦鹤鸣 3－215b
秦胡 1－227f
秦淮河 6－198c
秦准寓各 8－31e
秦皇岛港 6－198c
秦皇岛市 6－198d
《秦会要》 3－613c
秦会之 6－198f
秦桧 6－198f, 3－364b, 6－476e, 7－164e, 7－169f
秦惠文王 6－196c
秦基伟 6－199a
秦简 6－199b
秦简夫 9－90b, 9－99c
秦艽 5－140d
秦椒 3－528a
秦晋大贾 8－100e
秦晋法家 2－446d
秦九韶 6－199e, 2－115a
秦九韶程序 6－199e
秦剧 3－420e
秦侃滢 3－275d
秦力山 9－217b, 9－219d
秦隶 5－34a, 6－199d
秦岭 6－199e
秦岭地槽 2－5f
秦岭金矿 5－95f
秦楼外史 7－499b
秦牧 6－200a
《秦牧全集》 6－200b
秦穆公 6－200b, 2－37b, 6－196b
《秦女休行》 3－17d
秦鹏章 6－200c
秦皮 1－200f, 5－492f
秦琵琶 6－343b
秦腔 6－200d
《秦腔》 4－141a
《秦腔考》 5－284d
秦琼 5－367f
秦仁昌 6－200e
秦日纲 8－465d
秦润卿 4－184f
秦瑟,H. 7－295e
秦山 6－199e
秦山核电站 6－200f, 3－390f, 3－433c, 9－244e
秦上林苑 2－393b
秦少游 6－197f
秦始皇 6－201a, 6－197a
秦始皇兵马俑博物馆 6－201d
秦始皇陵 6－201c, 2－240f
秦始皇陵兵马俑 6－201d
秦始皇陵铜车马 6－201f
秦始皇万里长城 1－509e
秦韬玉 6－202a
秦王浩 7－211f
秦王寨类型 2－86a
秦王政 9－230c
秦文君 6－202b
《秦文君花香文集》 6－202c
《秦文君文集》 6－202c
秦武王 6－196c
秦西宁 7－54a
秦咸阳城 9－163c
秦献公 6－196b
《秦香莲》 5－3f, 6－50e, 6－94d, 9－83f
秦襄公 6－196a
秦孝公 6－196b
秦怡 6－202c
秦嬴 6－196a
秦雍城 1－582d
《秦俑魂》 1－273b
秦榆市 6－198e
秦元清 7－14f
《秦赞尧像》 8－340e
秦凿渠 5－96e
秦昭王 6－196c, 6－252c
秦昭襄王 6－196c
秦兆阳 6－202d
秦振安 9－405f
秦筝 9－261e
秦中 3－208d
秦仲 6－196a
秦仲明 6－202a
秦州骨碎补 3－188c
秦砖汉瓦 7－463f
秦篆 9－512f
秦庄公 6－196a
秦宗权 6－609f
琴 6－202e
琴马 8－229c
琴鸟 6－203a
琴鸟亚目 6－269e
《琴曲集成》 9－173b
琴书 1－270a
琴堂 6－438f
《琴挑》 9－79b
琴弦 8－229c
琴鱼 1－207d
《琴与剑》 4－446b
《琴志楼易氏丛书》 8－561f
覃加耀 8－467e
覃塘毛尖茶 3－245c
《禽海石》 8－428b
禽流感 6－203b
禽流行性感冒 6－203b
禽腺病毒属 8－188c
勤工俭学会 5－122c
《勤劳者》 1－540a
勤王运动 6－203d, 6－41f
嗪 9－146b
擒拿 6－203e
擒纵调速系 4－34b
寝汗 2－159b
沁河 9－25c
沁阳市 6－203e
沁阳县 6－203f
青（青海省简称） 6－205f
青奥会 6－210d
青白瓷 6－203f
青白口纪 9－91f
青白釉双狮枕 3－196f

青帮 6–204a, 2–364a
青贝母 6–206f
《青卞隐居图》 7–504b
青菜 1–193a
青菜头 4–279b
《青草在歌唱》 4–535b
青册 3–492a
青茶 1–489f
青城 3–496d
青城山 6–204b, 7–144e
青虫 5–411e
《青春病》 1–449a
《青春残酷物语》 2–76e
《青春常在》 4–422a
《青春的觉醒》 7–573e
青春痘 2–60a
《青春祭》 9–352b
青春期 6–204c, 2–418f
《青春期》 5–233d
青春期功能失调性子宫出血 8–325e
青春期逆反心理 5–583e
《青春万岁》 7–504c
《青春线》 1–552a
青春型精神分裂症 4–306a
《青春与聪明的美杜莎》 4–395e
《青春之歌》 6–204d, 8–459f
青瓷 6–204e, 7–303a, 8–486c
青瓷谷仓罐 5–445d
青瓷釉下彩 5–142c
青岛电冰箱总厂 3–325b
青岛港 4–201d, 6–205b
青岛观象台 9–533a
青岛海平面 6–90a
青岛海洋大学 9–371a
青岛啤酒厂 6–77e
青岛市 6–205a
青岛验潮站 6–205b
青风藤 2–496b
青冈树 1–524f
青戈河 4–283f
青根子 6–213e
青钩栲 4–418d
青光眼 6–205c
青海大学 6–206f
青海高原牦牛 5–327d
青海毫米波天文观测站 9–533a
青海后子河拱北 3–146c
青海湖 6–205d, 3–319c, 3–516b
青海湖国家级自然保护区 5–589b
青海钾肥厂 1–495f
青海铝业公司 8–98d
青海平弦 6–205f
青海省 6–205f
青海省行政区划 6–206a
青海师范大学 6–206f
青函海底隧道 6–207a, 3–322e, 3–358a
青蒿 4–333c
青蒿琥酯 6–207c, 8–376f
青蒿素 6–207b
青红帮 4–219d
青花 6–207c, 4–310e
青花菜 6–207d, 3–35c
青花瓷 4–310e, 4–311b
青花玲珑 4–310f
青花五彩 8–43f
青花釉里红镂雕盖罐 6–207e
青化砭战役 8–87c
青荚叶属 6–442c
青鳉 6–207f
青角薄稻 6–210c
青脚鹬 9–84e
青金石 6–208a
青稞 2–95d
青稞酒 6–208a
青榄 3–46a
青莲居士 4–587d
青莲院流 6–318f
《青莲乐府》 4–614b
青龙宝塔 5–176a
青龙江 6–210b
青龙节 2–430e
青龙山公园 2–120e
《青龙潭》 3–483a
青龙镇 6–462b, 6–465a
《青楼集》 9–99a
《青楼姊妹》 3–153f
青绿饲料 7–157e
青绿釉瓷 8–486c
青麻 6–160c
青马大桥 6–186b, 8–364e
青梅 6 210b
青梅酒 6–208b
青楣 6–210b
青霉素 2–137c, 2–595e, 6–369e, 8–485c
青霉素类抗生素 6–208c
青霉素G 6–208c
青霉素V 6–208d
青苗法 7–489c
青木 7–323d
青木正儿 5–35b
青尼罗河 1–70f, 5–573b
《青泥莲花记》 8–156b
青年 6–208f
《青年》 1–554d
《青年比利时》 6–209a
青年出版社 4–389b
青年初期 2–418f
《青年的任务》 1–241c
《青年黑格尔》 5–150f
青年黑格尔派 6–209a, 2–188f
青年后期社会化 6–209d
《青年近卫军》 6–209b, 2–446f, 8–501a
《青年近卫军》(电影) 3–100f, 4–62b
《青年林肯》 2–487c, 2–615a
青年旅舍 6–209c
《青年旅舍指南》 6–209c
《青年麦赫朗》 6–501f
《青年女子像》 2–314e
青年派 8–292b
青年前期社会化 6–209d
青年社会化 6–209c
《青年时期的周恩来》 3–503f
《青年体操》 7–341e
青年土耳其党人 1–130e, 7–437d
青年文化 6–209e
《青年先锋》 8–5f
青年意大利党 5–286c, 8–566e
《青年杂志》 8–285f
《青年之环》 8–492e
《青年之友》 6–426f
青年中期社会化 6–209d
《青鸟》 6–209f
《青鸟》(电影) 8–338f
青鸟剧社 3–157b
青牛胆 2–496b
青皮 6–210a
青皮书 4–545a
青皮属 6–210a
青皮竹 9–496d
《青坡》 6–429c
青浦区 6–210b
青浦县 6–210b
《青骑士》 1–357c
青骑士社 6–210c, 1–357c, 5–498e
《青青河边草》 7–493a
青丘子 3–73d
青色四人社 6–210d
《青纱帐》 4–395f
青山 9–44e
《青山翠谷》 2–615a, 5–349b
《青山恋》 9–229e
《青衫泪》 9–196a
青鳝 5–303c
青少年奥林匹克运动会 6–210d
青少年犯罪 6–210e
《青少年管弦乐队指南》 1–445d
青少年期 2–418f
《青少年体育锻炼标准》 3–284f
青舌 6–478f
《青蛇》 8–345b
青石斑鱼 6–593c
《青石山》 2–71c
《青史演义》 8–585b
青水澳 5–286f
青松鱼 3–336c
青锁龙属 4–312e
青檀 4–288e
青檀属 9–65b
青藤 2–496b
青田石雕 4–576d
青田县 6–210f

青桐 8-42f
青铜 6-211a, 7-401c, 8-131f, 8-491e
青铜刀 5-252c
青铜觚 3-157f
青铜簋 3-245c
青铜爵 4-350b
青铜空首布 9-182c
青铜器 6-211c, 7-404b
青铜器馆 3-196f
青铜时代 6-211f
《青铜时代》 5-202a
《青铜时代年代问题》 5-374a
青铜峡市 6-213a
青铜峡水利枢纽 6-213b, 8-579f
青铜像 2-301c
青铜尊 9-576e
青蛙 6-213c, 3-451b
《青蛙检察官》 1-64a
青乌子 2-567e
青溪 1-590f
青谿道人 6-603d
《青霞自述》 5-84e
青葙 4-36e
青葙属 8-177a
青蟹 4-339d
青蟹属 4-339d
青心才人 6-188d
青秀山 5-537f
青羊 8-431f, 8-449b
青羊宫 6-213c
青阳教 7-353d
青阳腔 6-213c
青杨 8-458f, 8-462c
青杨组 8-462c
青衣 2-147e, 4-282c, 7-151b, 7-515d, 9-58e, 9-201b
青衣江 6-213d
青蚓 2-56d
青鱼 6-213e
青鱼属 6-213e
青玉 3-420a, 6-346f
青原行思 1-500b
青藏高原 6-213e, 2-342d, 3-80e, 3-466a
青藏公路 6-214e
青藏铁路 6-214f, 8-115a
青藏文化 9-159a
青榨槭 6-154e
青州兵 6-387d, 7-576f
青州闽江大桥 6-186b
青州市 6-215d
青竹蛇 9-498a
青王 6-215e
青贮饲料 7-157e
青骓 9-225d
青紫蓝兔 7-447d
青紫舌 6-478f
轻便摩托车 5-464a
轻便自行车 9-546e
《轻薄篇》 9-197c
轻柴油 1-499b
轻蹬技 2-193b
轻度烧伤 6-471e
轻度一氧化碳中毒 8-512f
轻发酵茶 1-489f
轻风 2-562b
轻干热风 3-32e
轻工业 6-215f, 3-126b
轻核 9-450f
轻机枪 4-30d
轻金属 6-215f, 4-255a, 8-131b, 9-48d
轻夸克 4-492e
轻快型抒情男高音 6-413f
轻木 6-216a, 6-277a
轻木属 6-216a
《轻骑兵军官》 6-279c
轻潜水 6-173b
轻烧氧化镁 8-474e
轻微脑功能障碍 2-381b
轻文学 6-320e
轻雾 8-80c
轻稀土 8-130e
轻型阿弗他溃疡 4-481c
轻型护卫舰 3-524a
轻型流感 5-128e
轻型投物伞 4-193a
轻宣外燥 6-352f
轻质碳酸钙 7-293c
轻质油 6-216b
轻重两用机枪 4-30d
轻子 6-216b, 5-36a, 5-36c, 8-76c
轻子数 6-216c, 6-216b
氢 6-216c, 4-527e
氢脆 6-216e
氢弹 6-216f, 3-439b
氢电极 1-471f
氢分子 2-551b
氢腐蚀 6-216f
氢化可的松 9-150a
氢键 6-217b, 9-463a
氢醌 2-370d, 4-510b, 7-553a
氢硫酸 5-131d
氢卤酸 5-161f
氢能 6-217c, 5-564e
氢谱斑 6-118a
氢气 7-82b
氢气球 6-144e
氢氰酸 4-135f
氢燃烧 7-265b
氢氧化钙 6-217d
氢氧化钾 3-33c
氢氧化钠 6-217d, 3-33d
氢氧化物矿物 4-503b
氢氧镁石 7-94b
氢氧燃料电池 6-271d
氢原子光谱 6-217e
氢原子能级 5-562b
氢原子钟 9-112d
倾茶事件 1-384c, 7-312a
《倾城反魂香》 4-272d
《倾城佛之原》 4-272d
《倾城壬生大念佛》 4-272d
《倾城之恋》(电影) 8-193f, 9-471d
《倾城之恋》(小说) 8-351a
倾倒综合征 7-571c
倾伏褶皱 9-242d
倾向滑动断层 2-368b
倾向节理 4-216b
倾销 2-472f, 6-218b
倾销与反倾销 6-218b
倾斜轨道通信卫星 7-392c
倾转旋翼机 6-218c
卿士 2-36c
《卿云歌》 8-219d, 9-416a
清帮 6-204a
《清闷阁集》 5-582b
《清闷阁墨竹图》 4-420d
清辨 8-596f, 9-334d
《清波杂志》 6-340f
清唱剧 6-218e
清朝 6-218e
《清朝前纪》 5-388c
《清朝统治阶级诬蔑太平军杀人放火奸淫掳掠考谬》 5-202f
《清澈的塔米尔河》 5-227b
清初六家 7-498e, 7-500d, 7-517d, 8-32d
清初三大家 3-486b, 7-577b
清初三大疑案 6-224a, 8-233a
《清初僧诤记》 1-571e
清初四僧 6-223a
《清词综》 6-224c
清代七阁 1-475f
清代三陵 5-66f
《清代私家藏书概略》 9-103e
清代四大诗歌理论流派 8-326d
《清代通史》 8-219a
《清代学术概论》 5-53a
《清代中叶川陕湖三省地区的手工业生产形态》 3-17e
清蛋白 1-194a
清德宗载湉 6-224c
清东陵 6-224f
清法 6-225e
清风店战役 9-481a
《清风亭》 2-12c, 3-525e
《清风闸》 8-448c, 9-390c
清高宗弘历 6-225a
《清高宗实录》 4-83a
清格尔泰 6-225e
清供 6-61f
清宫菜 6-226a

《清宫秘史》 9-486f
清宫谱 8-145f
清关 4-222b
《清国留学生取缔规则》 1-566f
《清河书画舫》 6-443f
清华大学 6-226b
“清华大学”(新竹) 6-226d
清华大学美术学院 6-226b
清华大学医学部 6-226b
“清华大学”原子科学研究所 6-226d
清华学堂 6-226b
清华学校 6-226b
《清会要》 3-613c
清江郡 2-416a
清江市 3-561a
清江县 2-415e
清酱 4-194a
清教 6-226d
《清教徒》 1-296c
清教徒革命 9-8a
清洁电器 4-129c
清洁浮动 2-603e
清洁类化妆品 3-553c
清洁汽车 6-226d
清洁生产 6-226f, 3-567c
清洁新能源 4-445b
清津 6-226f, 6 317b
清劲风 2-562b
清净 5-137f
清净光佛 2-393a
清净世界 7-360d
清酒 6-227a
清口大鼓 4-258e, 5-332b
清利湿热 6-227b
清凉峰 7-354e
清凉峰自然保护区 6-227c
清凉国师 1-593e, 3-540a
《清凉环翠图》 3-144c
《清凉寺的钟声》 5-5b
清凉油 1-421f
清迈 6-227d
清明 2-427f
清明歌会 3-515c
清明节 6-227e
《清明前后》 5-326a
《清明上河图》 6-227e, 3-196f
清末留学运动 6-228a
清末四大藏书楼 3-354c, 7-384a
清末四大谴责小说 6-228c, 6-176a
清末“新政” 6-228d
清穆宗载淳 6-228f
清宁宫 6-519f
清派 7-144c
清棚 7-145a
清棚派 7-490f
《清贫》 2-492b
《清平调》 4-348c
《清平山堂话本》 6-229a, 3-191d
《清奇古怪》 9-104b
清气分热剂 6-229b
清曲 6-408f
清泉沟渠首工程 2-138b
清热法 6-225e
清热剂 6-229a
清热解毒 6-229c
清热解毒剂 6-229b
清热凉血 6-229d
清仁宗颙琰 6-229e
清容居士 4-190e
清商曲 6-229f
清商乐 4-472d, 6-229f, 8-191b
清商乐舞 6-229f
清少纳言 6-230a
《清少纳言集》 6-230b
清圣训 6-230b
清圣祖玄烨 6-230b
《清诗别裁集》 6-230f
《清诗纪事初编》 2-204f
《清诗精华录》 6-170e
《清史》 8-219b
《清史大纲》 8-219b
《清史稿》 6-231a
清史馆 6-231a
《清史简述》 9-275c
《清史讲义》 5-388c
《清史探微》 9-275c
清世宗胤禛 6-231b
清世祖福临 6-231c
清水 9-25c
清水大断崖 3-528f
清水大闸蟹 8 450f
清水沟汉简 3-376a
清水河塘仙坝 1-190c
清水江 9-101b
清水教 7-503c
清水教起义 1-142d
清水陶瓷 4-279d
《清思赋》 6-343f
清太宗皇太极 6-231d
清太祖努尔哈赤 6-231f
清泰 5-29e
清谈玄学 7-515b
《清通鉴》 2-136d
清微派 2-162c
清瘟败毒散 6-229d
《清文汇》 6-232b
清文宗奕詝 6-232c
清西陵 6-232d
《清溪行》 4-587f
《清溪渔隐图》 4-613b
清乡运动 9-389b
清香型白酒 1-199d
清湘老人 6-602f
《清湘书画稿》 6-603b
清醒岛 6-561f
清修寺 3-543f
清虚热剂 6-229c
清宣叙调 8-361e
清宣宗旻宁 6-232e
清宴舫 2-502d
清漪园 1-266e, 2-44c, 8-546c, 9-113b
清议 3-370e
《清议报》 1-242f, 5-52f
清逸居士 8-493f
清音 7-342a
清营凉血剂 6-229b
清园 7-517a
清源县 8-169f
清远楼 9-199c
清远市 6-232f
清苑县 1-241f, 6-272f
清乐 6-229f, 6-418c
清脏腑热剂 6-229c
《清藏》 2-122d
清真 6-233c
清真菜 6-233a
清真菜宴席 6-233b
清真糕点 3-81f
《清真集》 9-465c
清真教 8-528a
清真居士 9-465b
清真寺 6-233c, 3-611a
《清真寺内景》 1-387e
清真言 6-233c
《清真指南》 6 233c
清镇市 6-233d
清镇县 6-233e
清政府统一台湾 6-233e
《清忠谱》 6-233f
清洲桥 7-372b
清装戏 3-524b
蜻科 6-234b
蜻蜓 6-234a, 6-234b
蜻蜓目 6-234a
鲭鲨 6-234b
鲭鲨目 7-59d
鲭鲨属 7-59e
情报 6-234c
《情报检索理论》 7-229d
《情报检索语言》 9-204c
情报学 6-234d
《情报语言学基础》 9-204c
情操 6-236e
《情敌》 4-448e
情感 6-236c
情感淡漠 6-235e
情感倒错 6-235e
《情感教育》 2-613d
情感三维学说 2-577a
情感性精神病 6-82a
情感移入 8-542b

情感障碍 6-235e
情节剧 6-235e
情结 6-235f
情境定义 7-455a
《情人》 1-49c
《情人归来》 4-453c
情人节 6-236a
《情人们》 8-277b
情商 6-236b
情诗 3-112c
《情诗》 1-472a
《情史》 9-78e
情书 6-236b
《情死万年草》 4-272d
《情探》 9-470e
情信 6-236b
情绪 2-418d, 6-236c
情绪和情感 6-236c
情绪障碍 4-306a, 4-558e
情意综合感 6-235f
《情邮记》 8-25d
情综 6-235f
晴川大桥 6-186b
《晴川江畔围歼战》 6-260c
晴空湍流 2-100a
《晴朗的天空》 6-240c
晴天电场 2-98c
《晴雯补裘》 9-277c
《晴雪》 4-603c
氰氨化钙 7-292d
氰钴胺素 3-3d
氰化法 8-579d
氰化氢 6-236e
氰化物 6-236e
氰（基）乙烯 1-367c
氰戊菊酯 6-236f
氰中毒 6-236f
苘麻属 4-267f
顷襄王 6-252c, 7-175a
《请把波塔波夫留下！》 1-5b
《请颁行新式标点符号议案》 1-352a
《请长年》 2-22f
《请令我愉快》 6-70d
请期 5-138c
《请求派王的青蛙》 8-531e
请神 6-8d
《请原谅我们》 4-555e
请愿团 9-103c
庆常 6-423a
庆春班 1-580f
庆大霉素 1-112a
庆典礼炮 4-585d
《庆顶珠》 2-71f
庆湖遗老 3-443d
《庆湖遗老前后集》 3-443e
《庆历民言》 4-595a
庆历新政 6-237a
庆那公司 8-563a
庆南大学 5-276a
庆派 6-318d
庆亲王 8-563a
庆阳市 6-237b
庆应大学 6-237b
庆应义塾 2-616b
庆应义塾大学 6-237b
庆友 5-204d
庆元党禁 6-237c
庆元府 5-594d
庆源郡 8-291d
庆云寺 2-311e
庆州 6-237d
磬 6-237f, 8-398e
邛崃山 6-237f
邛崃市 6-238a
邛崃县 6-238a
邛南王 7-514a
《穷街陋巷》 2-183c
《穷马周遭际卖馅媪》 3-170a
《穷人》（宫本百合子） 3-141f
《穷人》（莫里兹） 5-470c
《穷人》（F.M.陀思妥耶夫斯基） 7-458b
《穷人恨》 5-252f
《穷人们》 2-209f
穷人运动 5-244f
《穹》 3-74f
穹隆 6-238b
穹隆部骨折 5-159e
穹窿 6-238c
穹庐 9-178b
《穹庐集》 3-363f
穹幕电影 2-292c
琼（海南省简称） 3-334b
琼波南交 3-24d
琼岛春阴 6-391c
琼海关 3-334c
琼海市 6-238c
琼海县 6-238c
琼花 6-309d
琼华岛 2-81a, 2-355a
《琼基：一个未能戒瘾的吸毒者的自白》 1-164e
琼胶 3-477c, 7-61b
琼结达孜宗 6-238d
琼结县 6-238d
琼剧 6-238e
琼森，B. 6-238e
琼山道人 1-209b
琼山县 3-330b
琼斯，E.E. 3-240b
琼斯，H. 5-476e
琼斯，R.E. 6-238f
琼斯，T.W. 9-147d
琼斯，W. 6-239a, 8-596a, 8-612a
琼斯谷地 1-400e
琼斯海峡 1-154e
琼斯氏标准 2-566f
琼斯氏诊断 2-567a
琼崖 3-334b
琼瑶 6-239a
琼枝 6-135a
琼脂 6-239c
琼脂糖 6-239c
琼中黎族苗族自治县 8-53f
琼州 3-334b
琼州海峡 6-239c
琼州海峡轮渡 9-132a
琼棕属 1-558a
蛩蠊 6-239d
蛩蠊科 6-239d
蛩蠊目 6-239d
丘巴良，O.S. 6-239f
丘比特 6-239f
丘成桐 6-239f
丘迟 6-240b
丘慈 6-242a
丘达基古城 6-359b
丘尔干 2-409c
丘逢甲 6-240b
丘赫莱伊，G.N. 6-240c
丘基卡马塔铜矿 9-321f
丘吉尔，W. 6-240d, 2-111a, 2-178d
丘吉尔草原 5-175d
《丘吉尔岛》 3-102d
丘吉尔港 3-305f
丘吉尔河 3-305e
丘吉甫 6-240b
丘就却 6-240f, 9-124f
丘库罗瓦大学 1-6f
丘雷姆河 2-410d
丘力居 3-137e
丘陵 6-241a
丘伦梅鲁瀑布 1-98a
丘脑 4-151e
丘脑下部 8-158f
丘奇，A. 2-254a
丘奇，E. 6-505e
丘奇论题 2-254a
《丘司空集》 6-240b
丘特切夫，F.I. 6-241a
丘希范 6-240b
丘仙根 6-240b
丘雍 3-239a
丘疹性皮肤念珠菌病 5-587f
丘兹 6-242a
邱处机 6-241b, 2-7a
邱呼生 6-241e
邱吉彩 6-241c
邱江海 7-54a
邱少云 6-241d, 9-396b
邱园公报 9-5a
邱园索引 9-5a

邱岳峰 6-241e
邱钟惠 6-241f
邱兹 6-242a
龟兹 6-242a, 4-484b
龟兹方言 7-445e
龟兹琵琶 6-78d
龟兹文 6-98a
龟兹乐 1-410d
《秋》 4-401d
《秋阿之声》 4-603c
秋材 5-585d
《秋刀鱼的味道》 8-224b
《秋登万山寄张五》 5-384c
《秋登宣城谢朓北楼》 4-587f
秋冬养阴 9-449b
秋分 2-427f
秋分点 6-242c, 1-597b, 2-549b
《秋风纨扇图》 7-317a
秋枫 2-7b
《秋高气爽》 8-224b
秋官司寇 9-469e
秋海棠 6-242c
《秋海棠》(绘画) 9-191d
《秋海棠》(小说) 9-85e
秋海棠类植物 7-583d
秋海棠属 6-242c
《秋胡戏妻》 6-242d
《秋胡行》 3-17d
秋季 4-101c
秋季腹泻 5-197b
秋季养生 7-154a
《秋江》 9-79b
《秋江待渡图》 6-243f
《秋江雨渡》 1-564c
秋讲 4-298d
《秋郊饮马图》 9-232a
秋瑾 6-242d
《秋瑾集》 6-242f
秋竞雄 6-242d
秋菊 4-333b
《秋菊打官司》 6-242f, 9-352d
《秋决》 7-250c
秋葵 3-595c
《秋葵蜻蜓》 9-234a
秋葵属 3-595c, 4-267f
《秋林散牧图》 9-233f
秋萝卜 5-222b
秋帽 3-202a
秋明油田 8-103e, 8-412e
秋傩 6-8c
《秋浦歌》 4-588a
秋千 6-242f
《秋千》 2-590e
秋茄树属 3-473c
《秋日》 7-218c
《秋色秋香》 9-104b
秋色叶树 6-243a
《秋山读书图》 3-64d
《秋山平远》 3-253b
《秋山晚翠》 6-439b
《秋山万木图》 4-244c
《秋山问道图》 4-336b
《秋山萧寺图》(王翚) 7-498f
《秋山萧寺图》(许道宁) 8-352d
《秋山行旅图》 1-561c
秋社 6-501c
《秋声赋》 6-17e, 7-194e
秋试 4-428c
秋收起义 1-144d, 3-125e, 4-308e, 7-432a
《秋树斗禽图》 3-555f
秋税 5-59b
秋四脉绵蚜 9-20c
《秋天的梦》 1-566f
《秋天的童话》 9-471d
《秋天的奏鸣曲》 8-616e
秋田雨雀 6-243b
《秋庭戏婴图》 7-185b
秋闱 4-428c
秋猕 6-243c
《秋兴八首》 2-356e
《秋兴赋》 6-43b
秋汛 8-383d
《秋阳》 3-255b
《秋夜》 5-166f
秋燥 6-243c
秋子梨 4-579d
蚯蚓 6-243d, 3-54a
蚯蚓走泥纹 4-360d
萩 6-243e
楸树 6-243e
楸叶泡桐 6-49d
楸子 3-438d
仇池 2-205f
仇靖 8-104a
仇匡美 6-243e
仇派仕女画风 6-243f
仇实甫 6-243f
仇实父 6-243f
仇士华 8-165c
仇士良 6-243e, 3-35e, 7-315f
仇英 6-243f, 8-33a
《囚徒》(J.O.de S.安德拉德) 1-93a
《囚徒》(法罗赫扎德) 2-452c
犰狳 6-244a
犰狳科 6-244a
《求婚者》 1-81c
求那毗地 1-217b
求偶表演 6-550c
求偶场 6-492b
求偶素 8-325d
求偶行为 6-492b
《求乞的贝利萨里》 2-107b
求签 9-177d
《求是》 6-244c
求是书院 9-243e
求是堂艺局 2-616d
求恕居士 4-132b
求因果五法 5-223e
《虬髯客传》 6-244c, 9-193f
《虬松列岫图》 3-73a
俅语 2-353c
《訄书》 9-219d
酋长 6-244d
《酋长的凳子》 2-522a
酋长国 6-244d
球 6-244e
球差 8-209f
球根花卉 6-244e
球果花蝇属 3-532c
球菌 6-244f, 8-154b
球兰属 5-222e
球粒陨石 9-139d
球面三角学 8-536c
球面三角余弦定律 1-183a
球面天文学 7-361c
《球面天文学纲要》 5-604b
球面透镜 7-414e
球墨铸铁 9-506a
球囊成形术 8-248a
球囊心瓣膜成形术 4-232d
球权得分制 1-333f
球穗莎草 8-560e
球心 6-244e
球形珍珠鱼 4-262a
球蚜 6-244f
球蚜科 6-244f
球载天文台 7-363d
球轴承 9-478b
球蛛科 2-352a
球状闪电 6-444c
球状星团 8-307b, 9-68e
裘甫 7-302a, 7-309d
裘甫起义 7-309d
裘桂仙 6-245a
裘派 6-245b
裘皮 5-318a
裘盛戎 6-245a
裘特 5-433a
蝤蛑 7-226b
区分能力倾向测验 5-562d
区际冲突法 6-245b
区际司法协助 7-113e
区际私法 6-245b
区间估计 7-407c
区时 6-609b, 6-610a
《区位经济学》 4-285c, 9-441f
区位论 6-245e
《区宇图志》 7-213b
区域 6-246a
区域变质岩 1-346b, 1-346c

区域变质作用 1–346e, 4–503a
区域产业结构 6–246e
区域地理学 6–246a, 2–228c
区域地名学 2–230e
区域防御系统 9–186a
区域分异 2–227e
区域管辖 5–428d
区域规划 6–246c
区域化学地理 3–546c
区域环境规划 3–568a
区域金融危机 4–250f
区域经济 6–246c
区域经济地理学 4–285d
区域经济发展战略 6–246d
区域经济一体化 6–247b
区域经济一体化组织 7–18e
区域经济增长 6–246d
区域农业总体布局 5–613a
区域批发交易市场 6–69c
《区域人口与经济协调发展规划方法》 4–192b
区域人文地理学 2–228c, 6–246c
区域水文地质学 7–99f
区域性环境异常 3–574b
区域性指数 7–408e
《区域预测与社会工程》 3–308b
区域自然地理学 2–228c, 6–246c
《区域自治法》 8–86f
区域阻滞 5–239a
区种法 2–467f
区组设计 7–29e
曲背蝗 3–604c
曲尺形护门墙 1–582d
曲笛 2–215e
曲阜 5–162a
曲阜鲁城 6–247d, 1–582d
曲阜鲁国故城 6–247d
曲阜市 6–247e
曲棍球 6–247f
曲焕章 9–135e
曲江池 6–248b
《曲江集》 9–200d
曲靖市 6–248c
曲靖县 6–248d
曲率 6–248d
《曲论初探》 9–231a
曲麻莱县 6–248f
曲霉病 6–248f
曲面 6–249a
曲面镜 4–318d
曲面论 4–79f
《曲面通论》 2–77c
曲女城 4–233d
曲奇饼干 1–368a
曲同丰 1–241f
曲纹稻弄蝶 5–616f
曲线 6–249b
曲线论基本定理 6–249d
曲线拟合 9–575c
曲阳定窑 6–249f
曲阳汉白玉雕刻 6–594b
曲阳县 6–249e
曲辕犁 3–539c
曲云霞 7–22e, 9–435a
曲轴 9–478a
佉卢文 5–201c
佉卢字母 6–249f
驱虫剂 6–250a
驱虫止痛剂 6–250a
驱蛔素 6–250a
驱口 6–250b
驱力 6–250c, 2–336d
驱力状态 6–250c
驱傩 2–35c, 6–499d
驱氢处理 6–216f
驱逐出境 6–250d
驱逐机 4–150f
驱逐舰 6–250e
屈艾,M. 5–228b
屈从性强迫动作 6–181c
《屈打成医》 5–469e
屈大均 6–250f, 5–101a, 5–101c, 6–222f
屈尔佩,O. 6–251a
屈尔佩学派 2–606a
屈夫谬勒,K. 8–299e
屈服强度 1–460d
屈服条件 7–205f
屈光不正 6–251b
屈光计 3–355d
屈光检查 8–443e
屈家岭文化 6–251c
屈家岭遗址 6–251c
屈孑 3–446d
屈赛,S. 6–251e
屈宋 7–175b
屈沱五书 6–251a
屈武 6–251f, 9–370f
屈瑕 6–252a
屈原 6–252a, 2–18f, 2–20b, 4–577d, 5–402b, 6–414a, 7–175a
《屈原》 6–252e, 1–560e, 3–251d
《屈原》(歌剧) 6–578e
屈原祠 8–539e, 8–539f
屈原赋 3–13c
《屈原贾生列传》 7–175b
《屈原投江》 7–209f
屈折型语言 4–527c
屈子祠 5–402c
祛风除湿 6–252e
祛风胜湿 6–252f
祛风湿剂 6–252f
祛寒剂 7–581d
祛湿利水剂 6–252f
祛痰 6–253a
祛痰药 6–253b
祛邪 2–600a
蛆 9–17f
蛆症金蝇 5–24e
躯干 6–253c
躯体性应激源 9–20f
躯体依赖 8–485b
躯体障碍 8–570b
趋肤深度 6–253d
趋肤效应 6–253c
趋化因子 8–153b
趋同 4–270d
趋同进化 4–270d
蛐蟺 6–243d
朐县 2–321f, 5–39c
渠 9–142a
渠道 6–253e
渠首 6–253f
渠水 3–356c
渠系建筑物 7–84d
瞿鸿禨 9–435c
瞿麦 6–254a
瞿懋淼 6–254b
瞿秋白 6–254a, 2–326e, 3–120d
《瞿秋白》 4–277b
《瞿秋白文集》 6–254c
瞿绍基 7–384a
瞿式耜 6–254c, 5–537a
瞿昙寺 6–207a
瞿昙悉达 6–254d, 7–305e
瞿塘峡 6–254e, 1–514e
瞿维种姓 6–421a
瞿希贤 6–254e
《瞿希贤歌曲选》 6–254f
瞿荫棠 7–384a
瞿镛 7–384a
瞿佑 6–254f, 9–405e
瞿折罗 3–169c
瞿折罗人 3–169c
瞿子雍 7–384a
鼩鼱 6–255a
鼩鼱科 6–255a, 7–2c
衢江 6–168b
衢州市 6–255b, 4–177f
蠼螋 3–97d
曲调 6–255b, 8–365d
曲胡 9–517e
曲剧 9–517e
《曲律》 6–255b
曲牌联套体 6–255c
《曲品》 6–255d, 5–180c
曲谱 8–145c
曲弦 6–403b
曲艺 6–255d
《曲藻》 7–508f
取保候审 6–255e
《取长沙》 2–335a

取代反应 6–255f
取得时效 6–256c
《取火镜》 1–4f
取食行为 6–256d
《取帅印》 1–569b
取水构筑物 4–85a
取水建筑物 4–85a, 7–84d, 7–92d
取向力 2–482d
取消派 1–435e, 5–388e
取心钻头 9–573d
取样 2–547b
娶殇婚 5–452b
《娶哑妻的人》 6–238f
龋病 6–256e, 1–189b, 4–481d
去甲基金霉素 7–150d
去甲肾上腺素 8–484e
《去年在马里昂巴德》 4–569a
《去年在玛丽亚温泉市》 5–200c
去皮质状态 4–1d
去氢吐根碱 7–445c
去势 8–422b
去氧胆酸 2–147a
去乙酰华蟾毒精 1–501b
去乙酰华蟾毒素 1–501b
趣 8–323c
圈闭 6–256f
圈地 1–145a, 6–219b
圈地令 6–257b
圈地运动 6–257c
圈河 7–424a
权辟 6–257d
权变理论 6–257e
权变学派的组织理论 6–138e
权力 6–257f
《权力和个性》 4–525e
《权力和真理》 1–373c
权力机关 6–258a
权力意志论 7–547f
权力制衡 6–137c
权利 6–258a, 6–258a
权利法案 6–258c
权利客体 5–426b
权利能力 5–427a, 9–542a
《权利宣言》 2–93b
权利政治学 6–501b
权利主体 5–426b
权数 4–119f
权威主义 6–258c
权威主义国家 6–258d
权威主义政体 6–258d
权现山遗址 8–19e
权责发生制 6–258e
权责发生制原则 3–290e
权杖 6–258f
全包（工程承包） 3–263d
全琫准 6–259a
《全部知识学基础》 2–542c
全层角膜移植术 4–205a
全厂性核算 6–261a
全称否定判断 6–384d
全称肯定判断 6–384d
全称命题 2–313e
全程导游 2–157e
全纯 4–231c
全德工人联合会 4–524a, 4–589e
全德苏维埃代表大会 2–176f
全（电磁）波段天文学 7–361e
全电路欧姆定律 6–16a
全动平尾 2–507b
全斗焕 4–239d
全俄工兵代表苏维埃第二次代表大会 3–417f, 7–430c
全俄罗斯美术学院 5–72c
全俄肃反委员会 6–259a, 6–154c
全俄肃清反革命及怠工非常委员会 4–225b, 6–154c
全额累进税 4–572c
全发酵茶 1–489f
全反射 6–259b
全反射棱镜 4–574b
全非人民大会 6–259b
全封闭组合电器 9–569c
全氟醚 6–259c
全氟润滑油 3–600d
全氟叔胺 6–259c
全氟碳 6–259c
全栝楼 3–203b
全国棒球联合会 1–235b
全国冬运会 9–424f
全国发展社会运动－纳萨拉 5–575d
全国防治碘缺乏日 2–272e
全国妇联 9–422c
全国妇女代表大会 9–422e
全国工商联 9–422e
《全国工业复兴法》 8–294d
全国汉语方言学会 4–608c
《全国和解法》 1–12e
全国黑人委员会 5–353f
全国科联 9–377a
全国科普 9–377a
全国劳工管理法 2–260b
《全国联合目录》 5–351c
全国民族形式体育表演及竞赛大会 6–259d
全国农业展览馆 3–613d
全国侨联 9–423b
全国青联 9–423d
全国少数民族传统体育运动会 6–259c
《全国生态环境保护纲要》 7–97f
《全国生态环境建设规划》 7–97f
全国台联 9–423e
全国通用粮票 5–56f
全国小剧场戏剧节 8–224c
全国协和党 6–359e
全国协商议会 1–32e
全国性商业中心 6–458e
全国学联 8–369f, 9–424b
《全国业余游泳锻炼标准》 9–44b
《全国运动员交流管理办法》 9–141f
全国贞德节 9–246b
全国职业棒球运动员组织 1–235b
全国重点文物保护单位 6–259e
全国自由联盟（以色列） 5–28e
全国自由人士联盟（摩洛哥） 5–460e
全过程核算 6–261a
《全汉三国晋南北朝诗》 6–259e
全汉昇 6–259f
全合一束身衣 5–561c
全花麻将 5–237d
全及总体 2–10e
全集 7–590b
全集装箱船 4–78d
全价配合饲料 6–59b
《全校水经注》 6–266a
《全金属外壳》 7–134a
《全金元词》 6–260a
全景画 6–260b
全景式山水画 4–299f
全聚德 6–260c, 1–269b
全口义齿 8 202d
全量子理论 5–61f
《全辽诗话》 5–67d
《全辽文》 6–260d
全鹿丸 9–73a
全毛织物 5 324e
全美篮球协会 6–260e
全美职业棒球联合会 1–235b
全美职业篮球联赛 6–260e
全面腐蚀 3–3f
《全面建设小康社会，开创中国特色社会主义事业新局面》 9–361a
全面经济核算 6–260f
全面深松耕 6–508f
全面战争 6–261a
全面质量管理 6–261a, 9–315b
全面质量控制 6–261a
全民复决 6–261c
全民公决 6–261b
全民所有制 6–261c
《全民所有制工业企业厂长工作条例》 1–528b
《全民所有制工业企业承包经营责任制暂行条例》 6–136a
《全民所有制工业企业法》 2–436c
《全民所有制工业企业职工代表大会条例》 9–298f
《全民所有制工业企业转换经营机制条例》 3–295e
全民所有制企业 3–295c
全民投票 6–261b
全民医疗保健服务 8–534d

全民医疗保险 8-534d
《全民总动员》 1-479c, 9-374a
《全明散曲》 6-261d
全木协 8-279d
全能银行 4-250a
全尼日利亚人民党 5-577c
《全盘西化与中国本位》 9-210f
《全清词钞》 6-261d
《全清散曲》 6-261f
全球变暖 6-261f, 6-262d
全球导航卫星系统 6-261f
全球岛弧分布 2-157d
全球等温线图 6-143c
全球地磁图 2-220b
全球地球化学填图 2-235e
全球电信系统 7-22c
全球定位系统 6-262a, 2-77e
全球观测系统 7-22c
全球化 4-289a
全球环境问题 6-262d
全球金融危机 4-250f
全球配额 4-268f
《全球气候及俄国气候》 7-611d
全球生态系统 2-233c
《全球通史：1500年以来的世界》 7-132f
《全球行动计划》 5-43c, 9-591a
全球性环境异常 3-574b
全球性生态危机 6-533c
“全球鹰”无人驾驶侦察机 6-263a
全球战略 6-263b
全球主义 3-157d
全球资料处理系统 7-22d
全权公民 7-120c
全人教育 8-231c
全日粮配合饲料 6-59b
《全日制六年制重点中学教学计划（试行草案）》 9-328a
全色盲 6-416c
全色片 4-200f
全疝 5-551a
《全上古三代秦汉三国六朝文》 6-263b
全身麻醉 5-238f
全身适应综合征 8-95a, 9-21a
全身性痴呆 9-321a
全身性皮肤瘙痒症 6-414f
全食带 6-328b
《全世界人民一条心》 6-254f
全视膜光凝 7-31e
《全是我的儿子》 5-397b
全数字化测图 3-395e
《全宋词》 6-263c
《全宋词补辑》 6-263d
《全宋诗》 6-263d
《全宋文》 6-263e
《全苏大地构造图》 6-422e
全素肥料 4-215a
全碳分子 6-263e
《全唐诗》 6-263f, 5-117d
《全唐文》 6-264a
全堂伿 2-616d
全体调查 6-485e
《全体新论》 8-107d
全同立构聚合物 2-312f
全同粒子 6-264b, 5-62c
全微分 6-264c, 7-536a
全维作战 6-264d
全翁 6-438f
全息电影 6-264e
全息干涉法 6-616b
全息摄影术 6-264e
全息术 6-264e
全息图 6-264f
全息照相术 6-264e
全线华达呢 3-533e
《全相平话五种》 6-265a
全心衰竭 8-254b
《全新的社会，全新的人》 6-294c
全新世 6-265b
全新统 6-265b
全血缘兄弟姊妹 8-375d
全音 8-574a
全音音阶 8-574d
全英草地网球锦标赛 7-579a
全英男子单打锦标赛（网球） 7-579b
全英羽毛球锦标赛 9-31e, 9-70a
《全元散曲》 6-265c
全员性核算 6-261a
全月如 1-209e, 2-144c
全运会 9-430d
全真道 6-265c, 7-491f
全真教 6-265c
全真教七真人 7-491f
全真龙门派 6-265e
全真派 6-265c
全真七子 6-265c
全植物神经系统功能不全 9-304d
全智商 7-543f
全自动照相机 9-237d
全宗 6-265e
全宗不可分散性原则 6-265f
全宗理论 6-265e
全宗原则 6-265e
全总 9-424d
全祖望 6-266a
泉 6-266a
《泉》 6-266c, 1-97a
《泉》(M.杜桑) 2-361e
《泉》(G.库尔贝) 4-485b
泉城 4-83f
泉岭山 8-169e
《泉声松色图》 8-32d
《泉水之源》 6-57f
泉州木偶剧团 9-387a
泉州渠 1-197b
泉州市 6-266d
泉州宋元港 6-266e
拳厂 8-554a
拳击 6-266f
拳毛骊 9-225d
拳参 5-70b
拳王挑战赛 6-267a
醛 6-267b
醛固酮 6-267c, 7-85f
醛固酮拮抗剂 4-408a
醛固酮增多症 6-267c
醛基长春碱 1-511f
醛糖 2-143b
醛糖磷酸酯 7-319c
醛酮类 7-300a
醛肟 7-608e
犬 6-267e
犬钩口线虫 9-52a
犬科 7-5b
犬科动物 6-268a
犬丘邑 8-303e
犬儒学派 6-268a
犬属 4-548c, 6-267e
犬牙潜鱼属 6-174e
《劝进碑》 6-469c
《劝进表》 6-469c
劝农司 9-89f
《劝善金科》 5-494e
《劝世良言》 3-484c
《劝说君主返回布哈拉》 5-164b
劝业商场 7-351c
券（建筑学） 3-146e
券契 4-462a
券柱式 9-504c
炔烃 6-268b
缺翅虫 6-268c
缺翅虫科 6-268c
缺翅虫属 6-268c
缺翅虎甲属 3-518e
缺翅目 6-268c
缺电子重排反应 2-5b
缺电子共轭 3-148a
缺襟袍 6-50d
缺胯袄子 1-117b
缺铁性贫血 6-268e
缺头寸 7-411c
缺席判决 6-268f, 6-45c
缺陷教育 7-334c
缺血性肠梗阻 1-522c
缺血性心脏病 3-212b
缺牙修复 8-202c
缺牙修复体 8-202c
缺氧处理法 2-536b
缺质子核 9-590a
缺中子核 9-590a
芍陂 6-269a
却杰·登巴泽仁 2-172c

却克里王朝 5-307f
雀斑 6-269b
雀巢·阿里孟塔那公司 6-269c
雀巢公司 6-269b
雀巢·英瑞炼乳公司 6-269b
雀鲷科 6-276c
雀儿山 3-39d
雀离大寺 4-484b
雀盲 6-269d
雀目 4-573c
雀牌 5-237c
雀鳝 6-269d
雀鳝目 6-269d
《雀蓑记》 4-596a
雀形目 6-269e
雀鹰 9-14c
雀啄灸 1-77d
确定型图灵机 7-422c
确定性模型 7-72f
确吉坚赞 1-222d
确吉杰布 1-222e
确吉尼玛 9-173a
确龙堂良中 1-107c
确切年龄 5-585c
确认之诉 7-199f
《鹊华秋色图》 7-246f
《鹊桥密誓》 5-219c
鹊桥相会 5-601e
鹊属 8-140d
阙 6-269e
《阙里人家》 8-38b
阙文 8-360a
榷茶 1-493a
榷场 6-269f, 7-168a
榷货务 1-493a
榷盐院 1-240b
裙 6-270b
裙带菜 6-270e
裙带菜属 6-270e
裙礁 6-443d
裙套 8-117c
群 6-270f, 2-128f
群岛 2-158b
群岛海 1-86e
群的字问题 6-45a
群分论 8-382c
《群峰雪霁》 8-30d
《群鬼》 6-41a
群婚 6-270f, 2-589c, 4-3c
《群己权界论》 8-426a
《群经概论》 9-476d
群控 7-73d
群口相声 8-207e
《群狼》 5-212c
群落结构 6-541e
群落演替 6-541e
《群马》 8-342d
《群栖》 3-454d
《群乞图》 3-597b, 8-447f
《群神》 1-224e
《群神会》 5-335b
《群书治要》 7-578a
群体 9-456f
群体刻板印象 4-461f
群体医学 8-181a
群体遗传学 4-270a
群体中心观 2-126b
群舞台 5-220d
《群舞演员》 6-270f
《群仙高会图》 3-19c
《群仙祝寿图》 6-308e
《群学肄言》 8-426a
《群言》 9-383e
《群英会》(电影) 8-145b
《群英会》(戏曲) 1-306e, 1-589b, 3-489a, 3-596c, 4-104c, 5-267e, 6-50e, 6-245b, 7-285a, 8-216f, 8-500e, 9-57f, 9-62e, 9-102e
群治学社 7-598f
《群众和人》 7-453e
《群众心理学》 5-73f
群众性桑巴 6-410a
《群众与权势》 4-375e

R

髯口 6-271a
髯口功 6-271a
燃灯佛 2-581e
燃灯佛塔 7-394d
燃灯吉祥智 1-7c
燃灯节 1-542a
燃灯寺塔 7-237a
燃料 6-271b
燃料电池 6-271c, 2-273e, 3-402c
燃料电池汽车 6-226e
燃料化工 6-271d
燃料炉 3-127b, 8-491b
燃料油 6-271e
燃煤过程净化 4-219c
燃气轮动车组 2-336b
燃气轮机 6-271e
燃气汽车 6-226e
燃气热水器 6-272b
燃气透平 6-272a, 7-415a
燃气涡轮发动机 3-393e
燃气泄漏报警自闭器 1-248b
《燃烧吧，火鸟》 5-84e
燃烧弹 6-272c
《燃烧的村庄》 5-270b
《燃烧的轮子》 3-448f
燃烧性能改进剂 9-500e
燃烧增强等离子炮 2-287a
燃素 6-272e
燃素说 6-272d, 4-527e
蘘荷 4-186b
冉·达克 9-246a
冉督 5-249e
冉列 5-249e
冉闵 3-495c, 4-228c, 6-272e
冉森（乐器） 5-249e
冉魏 6-272e, 6-588a
冉永曾 6-272e
冉羽 9-69f
冉瞻 6-272e
冉庄地道战遗址 6-272f
《染仓室印集》 1-565b
染料 6-273a
染料探针 7-291c
染料作物 9-580b
染色体 6-273a, 8-151a
染色体病 6-273d, 8-543b
染色体分带技术 6-273c
染色体工程 8-150c
染色体畸变 6-273d, 7-416e, 8-543b
染色体外核仁 3-437c
染色体异常 6-273d
染色体组 4-54a
染色体组工程 8-150d
染色体组型 6-273c
染色质 6-273d, 6-273b
染色质纤维 6-273b
《染香庵集》 7-500d
染整 6-273e
染整助剂 9-500c
让-巴蒂斯特·波克兰 5-469c
让·保尔 6-273e
让蒂尔港 4-119e
让蒂尔机场 4-119e
让渡利润 7-138a
让古，O. 1-413e
《让内特》 5-244b
让-皮埃尔·莱奥 7-143d
让桑，P.-J.-C. 3-355e
《让我们现在就赞扬著名的人吧》 1-73f
《让徐州》 2-469b, 8-428a
让-约瑟夫·拉伯亚利维洛 3-457d
《让中书令表》 9-74e
荛花属 6-352c
饶锷 6-274a
饶固庵 6-274a
饶乐都督府 8-128b
饶申布什，W. 9-550f
饶漱石 3-74d, 8-285a
饶选堂 6-274a
饶玉 4-311b, 6-204a
饶毓泰 6-273f
饶州窑 4-311a
饶宗颐 6-274a, 2-376b, 4-562c
桡足纲 6-274c, 9-61f
扰动太阳风 7-266c

扰动天气电场 2–98d
扰动重力 9–461f
《绕口令》 4–27a
绕实蝇属 7–1c
惹刹 2–123a
《热》 5–40d
热巴－巴法塔低高原 4–81c
热巴河 4–81c
热泵 6–274d
热痹 1–332c
热层 6–274e
热层顶 6–274e
热成风 6–274e
热抽象 2–10c
热处理炉 3–127c
热传导 2–26f, 4–445b, 6–145f, 6–274f
热传导方程 6–81e
热传递 6–274f
热带草原 1–483f
热带草原气候区 2–520f
热带产胶作物 6–277b
热带次生草原 1–483f
《热带大气环流系统》 6–29d
热带低压 6–275f
热带芳香作物 6–277b
热带风暴 6–275f
热带风暴潮 2–563b
热带辐合带 6–275c
热带观赏鱼 6–276a
热带果树 3–300a, 6–277b
热带环流 6–29d
热带季风型河流 8–414c
热带季雨林 6–275d
热带经济林木 6–277b
热带粮食或淀粉作物 6–277b
热带绿肥作物 6–277b
热带气旋 6–275f
热带沙漠气候 6–426b
热带水生植物 7–583d
热带饲料作物 6–277b
热带纤维作物 6–277b
热带香辛作物 6–277b
《热带星报》 2–387c
热带药用植物 6–277b
热带饮料作物 6–277b
热带油料作物 6–277b
热带鱼 6–276a
热带雨林 6–276d
热带雨林气候 6–276f
热带雨林气候区 2–520f
热带植被 9–301a
热带作物 6–277a
热导率 6–275a
热岛 6–277c
热岛强度 1–587a
《热的解析理论》 3–15e
《热的雪》 1–234e
热地 6–277c
热点 6–277d, 2–229c
热点火山 6–277e
热点模型 5–456d
热电厂 4–10d
热电高分子 3–140c
热电晶体 2–282e
热电偶温度计 7–580c
热电效应 2–282e
热电子发射 6–145e
热锻 2–369e
热对流 2–26f, 6–275b
热尔曼娜・内克 7–132e
《热尔森画铺》 7–471a
热尔韦,P. 6–265b
热发射 2–220e
热分析 6–277e
热风 3–32e
《热风》 5–166b
热辐射 2–26f, 6–275a
热辐射光源 2–279a
热感受器 7–343b
热工处理 8–491b
热工学 8–75a
热功当量 6–278a
热贡艺术 3–593f, 6–207a
热固性树脂 3–408d
热固性塑料 7–205b
热管 6–278a
热管的有效热导率 6–278b
热海 6–313d
热函数 3–358e
热焓 3–358e
热河抗战 5–181a
热河鸟 6–278b
《热河日记》 6–83d
热河生物群 6–278c
热河省 1–581f, 3–421a
热河厅 1–581f
热河行宫 1–334e
《热河血泪史》 9–197f
热核爆炸 1–536d
热核弹 3–436c
热核反应 1–301c, 6–217a
热核聚变 6–278e
热核聚变反应 6–217a
热核武器 6–216f
热化学 6–278f, 8–75a
热化学方程式 3–548b
热荒漠灌丛草原 1–484a
热机 4–376d, 6–279d
热机循环 6–280d
热极生风 3–40f, 6–88d
热季 8–414a
热剂焊 3–389b
热寂说 4–450e, 9–51a
热加工 6–279b
热接触变质岩 1–346b
热结节 2–504c
热痉挛 9–459c
热扩散 4–33c
热拉多 5–388f
热拉尔,C.-F. 9–46d
热拉尔多 1–320e
热兰遮城 3–431d, 7–249a, 9–272a
热雷米 3–323c
热里科,T. 6–279b
热力发动机 6–279d, 2–337a
热力过程 2–145b
热力机车 4–29a
热力机械 6–279d
热力系 6–280c
热力系统 6–280c
热力学 6–279e, 4–450e
《热力学》 7–521d
热力学第二定律 6–279f, 3–550e, 4–385a, 4–450e, 6–110a, 6–279e, 6–458f, 8–75a
热力学第零定律 6–279e, 7–580b
热力学第三定律 6–280a, 3–550e, 6–279f
热力学第一定律 6–280b, 3–550e, 4–450e, 6–279e
热力学同位素效应 7–398a
热力学温标 4–376f, 4–385a, 7–578c
热力学系统 6–280c
热力循环 6–280d
《热恋的罗兰》 1–418c
热量 6–280e
热量传递 3–548d
热疗 6–280f
热裂化 5–77f
热流密度 2–372f
热罗姆斯基,S. 6–280f
热罗尼莫斯修道院 5–9c
热敏神经元 7–343b
热那亚 6–281a
热那亚共和国 6–281c, 7–532c
热那亚国际经济会议 7–18a
热内,J. 6–281c
热能 5–564d
热努耶,R.D. 2–460a
热膨胀 6–281d
热气球 6–144e
热气球跳伞 7–377c
热钱 9–44b
热切割 6–281e
《热情》 1–288f, 1–289c
《热情似火》 5–287e
热情之花 8–513e
热泉 7–582c
热容 6–282a
热容量 3–358e, 6–282a
热入心包证 8–247e

热闪电 6-444b
热射病 9-459c
热盛 6-229d
热释电晶体 4-301f
热释光法定年 4-416b, 7-397f
热衰竭 9-459d
热水壶温泉 8-539a
热塑性高分子 4-343d
热塑性树脂 3-408c
热塑性塑料 7-205b
热弹性理论 6-282b
热弹性力学 6-282b
热体禁忌 8-587d
热田神宫 5-438e, 6-510c
《热铁皮屋顶上的猫》(电影) 5-605e, 8-523d
《热铁皮屋顶上的猫》(剧本) 7-531b
热瓦甫 6-282c
热污染 6-282d
热哮 8-233e
热邪 4-14f
热星等 8-305b
热学 6-282e
《热学的数学理论》 6-96f
《热血》 2-35e
热压光学多晶 3-229d
热盐环流 6-282f
热液作用 4-503a
热印复印 3-12e
热宇宙模型 7-529d
热原子 3-436b
热原子化学 3-436b
热月政变 6-282f, 2-440c
热在三伏 2-596d
热在中伏 2-596d
热轧弹簧钢 7-282d
热胀冷缩 5-126b
热胀性 5-126b
热障 6-282f
热振寺 3-24d
热质结合过程 2-145b
热质说 6-280e, 6-282e, 8-74f
热致性液晶 8-505b
热中子 9-451c
人阿米巴痢疾 1-344e
人本管理 3-215b
人本学 6-283b
《人本欲生经》 1-106d
人本主义心理学 6-283c
人本主义心理治疗 6-283d
人病模型 7-45e
人才 6-283e, 6-284a
人才链 6-283f
人才内阁 9-507c
人才市场 6-284a
人才外流 6-284b
人才外流论 6-284b
人称不定式 6-103f
《人到中年》 2-68f, 6-40d, 9-352b
人道 7-153d
《人道》 5-81a
《人道报》 1-148f, 2-441a
“人道的、民主的社会主义” 3-84b, 7-189d
人道主义 6-284c
人道主义干涉 6-284d
《人的本性》 5-335b
《人的命运》 8-212a
《人的现象》 2-184b
《人的形成》 5-372d
人地关系 6-284e
人地关系论 6-284e
人动电能手表 6-605b
人斗阵 1-166e
人防工程 6-285a
人粪尿 9-46a
人格 6-285c
人格类型学说 6-330d
人格权 6-285d
《人格宣言》 9-225a
人格障碍 6-285e, 7-113b, 8-253e
人格-职业匹配理论 9-300e
人格主义 6-285f
人格尊严不受侵犯 6-285f
人工宝石 1-241a
人工边界 1-337c
人工草地 6-286a, 8-449d
人工单性生殖 2-144f
人工冻土 2-342e
人工耳蜗 6-286b
人工饵料 2-422a
人工繁殖香鱼 8-199d
人工放射性 2-503d, 2-504b, 4-330c
人工放射性核素 3-435f
人工放射性系列 2-504e
人工放射性元素 2-505d
人工概念 3-31c
人工干燥 7-4b
人工关节并发症 6-286d
人工关节置换 6-286c
人工航道 5-554e
人工合成翡翠 2-532b
人工合成矿物 4-501d
人工合成牛胰岛素 7-488a
人工合成镇痛药 9-260d
人工核反应 9-109a
人工呼吸 6-286d
人工呼吸机 6-286f
人工间歇泉 4-161f
人工降雨 3-31d
人工髋关节 3-205b
人工林 9-164f
人工流产 6-286f
人工乳 6-59c
人工神经网络 6-287a
人工肾 2-499a
人工生育子女 6-287b
人工生殖技术 6-287b
人工授粉 6-287c
人工授精 6-287c
人工喂养 8-281e
人工物理因素理疗法 8-72e
人工岩壁 6-43c
人工营养繁殖 9-305f
人工影响天气 6-287d
人工育王 8-472a
人工支护采矿法 2-240c
人工植被 9-301a
人工智能 6-287f, 4-92c, 8-252c
人公里 7-382f, 9-143c
《人·鬼·情》 3-597e, 9-352b
人合公司 9-49e
人合国 3-281d, 4-359b
《人和人的劳动》 7-589e
《人和世界》 1-134c
人和猿分界标志 6-291f
人化自然 6-288b
人蛔虫 6-288c
人机工程学 6-288d
人机交互技术 4-94a
人机系统 6-288d, 6-288d
人际交往 4-77e
人际吸引 6-288e
人际知觉 6-288f
人祭 6-288f, 6-298a, 6-452d
《人间词话》 6-288f, 4-317b, 7-497c
人间佛教 7-263f
《人间食粮》 4-97a
《人间天堂》 2-524b
《人间喜剧》 6-289a, 1-153d, 2-54b
《人境庐诗草》 3-603e
《人境庐诗草笺注》 6-170d
人均国民收入 3-292b
人均国内生产总值 3-293e
人科 6-289a, 9-114c
人空 4-465e
人口 6-289b
人口比重 6-289c
人口变迁 6-484a
人口承载力 3-565e
人口地理数据库 2-226c
人口地理学 6-289c
人口发展政策 6-290f
人口分布 6-289c
《人口分析与规划》 4-192b
人口过剩 6-289d
人口老龄化 4-558b
《人口论》 4-506d
人口密度 6-289d
人口年龄构成 6-289e
人口年龄结构 6-289e
人口平均预期寿命 1-519d

人口普查 6–289f, 7–406a
人口迁移政策 6–290f
人口容量 6–290a
人口生育双向极限定律 7–170c
人口问题 6–292d
人口学 6–290b
人口学分析 6–290b
人口研究 6–290b
《人口原理》 6–290c
人口增长率 6–290e
人口政策 6–290f
人口自然规律 5–247c
人口自然增长率 6–290e
人类 6–291a, 4–573d
人类白细胞抗原 4–413f
《人类的故事》 3–360c
《人类的基本政体》 4–566a
《人类的末日》 4–450d
《人类的目的》 5–208b
《人类的起源》 5–28b
《人类的升天》 2–608f
《人类的诗篇》 1–172c
《人类的痛苦》 5–81a
《人类的五分之一》 7–136a
《人类的演化》 5–28c
《人类地理学》 6–291b, 3–569d, 4–513c
人类地球环境系统 3–565f
人类发展学 4–130a
人类发展指数 4–285f
人类工程学 6–288d
人类工效学 6–291b
《人类和脊椎动物神经系统的结构》 4–521f
人类基因组计划 6–291c, 8–543f
《人类理智论》 6–291d
《人类理智新论》 4–533a
人类免疫缺陷病毒 1–81d
《人类面骨扁平度的生物测量学研究》 8–28a
人类起源与演化 6–291e
人类圈 2–227e, 6–540f
人类生存四要素 4–99c
人类生态学 6–292d
《人类行为的经济分析》 1–294b
人类学 6–292e, 7–345c
《人类学》 7–275e
《人类学学报》 8–34e
《人类学与现代生活》 8–454a
《人类学志》 8–28b
人类牙齿 6–292c
《人类与大地母亲》 7–299e
人类语言学 9–74a
《人类早期史探讨》 7–275e
《人类之树》 3–560e
《人类知识原理》 6–292f
人类中心主义 3–570d
人类宗教 1–347e
人力不可抗拒条款 1–428c
人力车 3–580d
人力飞机 2–506f
人力资本 6–293a, 7–52d
《人力资本》 1–294b
人力资源 6–292f
人力资源管理 6–293b, 6–298b
人力资源率 6–293a
人伦 6–293b
《人马图》 9–232a
人门岛 6–397d
人门河 6–397d
《人们称我女预言家》 7–237b
《人们将莫知其然》 2–416b
人免疫缺陷病毒 6–511f
人面方鼎 6–293c
《人面桃花》 3–207a, 3–247f, 5–383a, 5–447b, 8–584f
人面子（植物） 6–125c
人民 6–293d
《人民》 3–22a
人民币 6–293e
人民币普通股票 9–582a
人民出版社 6–293e, 4–229b
《人民传说》 2–593b
人民大会堂 6–293f
人民代表大会制度 6–294a
《人民的鸽子在飞翔》 4–97b
《人民的玫瑰》 1–92e
人民防空 2–496c
人民防空工程 6–285a
人民公安机关 4–312f
《人民公敌蒋介石》 1–552c
《人民公仆》 1–50c
人民公社 6–294b
《人民公约》 4–593c
人民宫 5–210c
《人民呼声报》 7–573f
人民奖学金 9–501c
人民教育出版社 6–294e
人民解放军总装备部 9–393f
人民解放战争先锋队 1–166d
人民近卫军 2–217b
人民警察机关 4–312f
人民军 2–217d
人民抗日剧社 4–410a
人民力量社会主义联盟 5–460e
《人民罗马报》 5–286d
人民美术出版社 6–294f
人民民主党 5–577c
人民民主运动 2–408a
《人民民主专政在我国社会主义革命和社会主义建设中的作用》 6–41e
人民派 2–69f
人民陪审员 6–294f, 6–53b
《人民权利宣言》 2–610c
《人民日报》 6–295a, 1–248e, 2–198d, 3–208a, 4–273b, 5–115d, 6–613b
《人民日报》(海外版) 6–295b
《人民日报》(网络版) 6–295b
人民商场 7–351c
人民胜利渠 7–564f
人民调解 7–375e
人民调解委员会 7–375e
人民网 6–295b
人民文学出版社 6–295c, 8–427c
《人民宪章》 8–187f
人民行动党 8–42c
人民音乐出版社 6–295d
人民英雄纪念碑 6–295e, 5–112e
人民运动（尼泊尔） 1–317f
人民运动联盟 6–295f, 2–438f
人民运动联盟党团（摩洛哥） 5–460e
人民运动同盟（法属圭亚那） 2–455a
人民战争 6–261a
人民阵线纲领 2–444a
人民政协 9–394f
《人民之声报》(阿尔巴尼亚) 1–8f
《人民之声报》(赤道几内亚) 1–597f
人民之声电台 3–52b
《人民之书》 4–520a
《人民之战》 1–86e
人名学 6–296a
《人脑活动的本质》 2–209a
人年数 6–290e
人胚胎干细胞 8–150e
《人骑图》 9–232a
《人桥》 3–181f
人禽流感病 6–203c
人情小说 4–247c
人权 6–296b
《人权公报》 3–272d
人权客体 6–296b
人权日 7–22a
人权事务委员会 3–136a
人权外交 6–296e
《人权宣言》 6–296f
《人权与公民权宣言》 2–440a, 6–296f, 8–81b
《人权原则》 1–297d
人权主体 6–296b
《人人高兴》 6–238f
《人身保护法》 9–85e
人身保险 1–247a
人身权 6–296f
人身权利 6–296b
人身权制度 9–426f
《人身说概》 8–107a
人身自由 6–297a
人参 6–297b, 6–297d, 8–48e
人参茶 6–297d
人参果 8–197a
人参花晶 6–297d
人参三醇 6–297d

人参三七 6-399b
人参属 6-399b, 8-108c
《人参娃娃》 7-483c
人参皂苷 9-164d
《人生》(电影) 8-35d
《人生》(绘画) 1-327a
《人生的转折时刻》 2-42c
《人生短暂》 2-458a
人生观 6-297d
人生礼仪 6-297f
人生礼仪禁忌 4-278a
《人生如梦》 4-367b
人生长激素过度分泌症候群 9-291e
《人生咨询》 4-423a
人性 6-298a
人虱 6-576d
《人世间》(A.巴奈) 1-178f
《人世间》(普拉姆迪亚·阿南达·杜尔) 6-108e
人事管理 6-298b
人是机器 9-543e
《人是机器》 6-298b
《人是教育的对象(教育人类学初探)》 8-7f
人寿保险 6-298c
《人兽关》 8-511c
《人·兽·鬼》 6-170c
人属 6-298d
人丝纺绸 2-500b
人体 6-298d
人体测量学 7-345d
《人体的奥秘》 1-67c
人体地球卫星 7-257d
人体仿生机械 2-499a
人体工程学 6-299b
《人体构造论》 6-299c, 4-440f, 7-554f
人体结构 6-298e
《人体结构》 6-299c
人体解剖学 4-231a
人体蠕形螨 6-340e
人体摄影 6-299c
人体生理学 6-530d
《人体生理学原理》 7-133d
人体特异功能 1-532b, 8-254d
人体体型 2-602e
人体形态学 7-345d
人体血液循环系统 3-317c
人体艺术 6-299e
人体组织蛋白质 9-16e
人为赤潮 1-597a
《人为的天堂》 1-374b
人为环境效应 3-573d
人为火源 6-419e
人为景观 9-541b
人为态灾害 6-299f
人为土纲 7-442d
人为污染源 8-12d
人为有机污染物 9-47f
人为灾害 6-299f
人为自然灾害 6-300a
人文地理环境 2-224d
人文地理片 4-97d
人文地理学 6-300a, 2-228b, 4-285b, 6-284e
《人文地理学原理》 7-548c
人文圈 2-224d
人文社会科学 6-489e
人文学科 6-300c
人文主义 5-358e
人文主义法学派 2-457a
人文主义技术哲学 4-441d
人纹污灯蛾 2-190e
人无我 8-20e
人物画 6-300c, 9-372c
《人物龙凤》 1-402f, 5-359a, 6-300d
《人物御龙》 1-402f, 5-359a, 6-300d
《人物志》 1-458d
人相照片鉴定 7-399a
《人像》 8-233b
人像彩陶罐 5-252c
人像雕塑 9-407d
人心 9-488b
人心果 6-438c
人形动物 8-493b
人形净琉璃 4-506f
人形剧 4-506f, 5-491c
人形灵长类动物 4-573d
人性 9-499d
人性本善 5-389e
《人性的枷锁》 5-317e
《人性和社会秩序》 4-318c
人性论 8-382c
《人性论》 6-301a
人性社会主义 6-316c
人学 3-479e
人殉 6-301a, 6-452d
《人羊》 2-88b
人妖 6-301b
《人妖之间》 5-104f
人役权 5-207a, 9-29c
《人有人的用处——控制论与社会》 7-553f
人鱼 5-356e
《人与超人》 4-448e
《人与非人》 7-548e
《人与孩子》 1-6f
《人与马》 1-93a
人与生物圈国家委员会 6-301e
人与生物圈计划 6-301c
《人与诗:忆旧说新》 1-342a
《人与兽》 3-100f
《人与自然》 3-569f
人猿超科 6-289a
人猿同祖 3-449a
《人约黄昏后》 9-486f
《人在纽约》 9-203d
《人在天涯》 6-239b
《人在宇宙中的地位》 6-502c
人造板 6-301e
人造宝石 1-241a
人造地球卫星 6-301f
“人造地球卫星”1号 6-302d
人造飞行器 2-570b
人造革 6-302e
人造金刚石 4-240d
人造毛皮 6-302f
人造麝香 6-302f
人造石墨 6-600d
人造石油 6-303a
人造天体 6-303b, 7-360f
人造卫星 3-400c, 6-301f, 7-472a
人造纤维 6-303b, 2-502b, 3-63a, 3-552d
人造牙冠 6-256e
人造羊毛 4-340e
人造元素 6-303b, 2-505d
人阵执政党 6-378d
人阵(总部) 1-166e
《人之诗》 5-187d
人质 6-303b
《人质》 3-333f
人治 6-303c, 2-460f
人治社会 1-489a
人-智能机器系统 6-288e
人种 6-303c
人种差异 6-305a
《人种的自然起源》 6-305a
人种分类体系 2-225b
人种交融 6-305a
人种起源单中心理论 6-304a
人种起源多中心理论 6-303e
人种地理学 6-304e
《人种地理学》 6-304e
人种学 6-304e, 7-345d
人种-智能-遗传 8-211f
《人子》 5-220e
人字卡其 4-378a
人字瀑 3-596e
《人总是要死的》 1-377a
人族 6-305b
壬辰丁酉之役 6-305d
壬辰卫国战争 6-305d
壬申之乱 2-87b
壬午兵变 6-305e, 9-102f
壬子癸丑学制 6-305f
《壬子学制》 2-484a, 6-305f
仁 6-306b
仁爱传教会 7-331a
仁安门 2-129f
仁安羌 6-306b
仁川 6-306c

仁川登陆战役 6–306c
仁川广域市 6–306c
仁德天皇陵墓 4–235d
仁果类 3–300a
仁化县 2–140c
仁怀市 6–306d
仁怀县（明，今贵州省境内） 1–600b
仁怀县（宋，今贵州省境内） 6–306d
仁济医院 8–107b
仁钦桑布 1–258f
仁亲,B. 6–306e
仁庆扎西 8–113d
仁山 5–16d
仁社 6–204b
《仁王般若经》 4–391b
《仁学》 7–285e
仁学思想 4–476f
仁政 6–306e
《仁宗睿皇帝圣训》 6–230b
任白戈 9–413e
任半塘 2–376a
任弼时 6–306f
《任弼时选集》 6–307d
任伯安 5–516e
任伯年 6–307d, 6–308e
任得敬 7–612d
任德耀 5–263c
任二北 2–376d, 2–377d, 6–309a
任访秋 6–307d
任根鎏 6–308c
任光 6–307e
任桂林 6–383c
任继愈 6–307f
任建新 6–307f
任金祥 8–435e
任景丰 9–350f
任克溥 4–424a
任美锷 6–308a
任丘市 6–308b
任丘县 6–308b
任溶溶 6–308c
任润 6–308e
《任氏传》 6–517e
任天全 9–57e
任天知 6–308d, 4–271a
任维焜 6–307d
任锡圭 9–55b
任新民 6–308d
任颐 6–308e
任颐熙 6–308e
任以奇 6–308c
任占奎 2–315a
任中敏 6–309a
任柱 4–539a
任子楚 8–349c
《忍川》 5–34f, 8–333d
忍冬 6–309b
忍冬科 6–309c
忍冬属 6–309b
忍冬藤 6–309b
《忍耐篇》 9–252b
忍辱 5–136f
忍受限度论 3–571a
荏（植物） 1–205c
刃利之喻 2–484b
认识 6–309d
《认识的火焰》 7–544c
《认识的形而上学纲要》 3–316e
认识论 6–309f
《认识与生命》 1–134c
《认真的重要》 7–494e
《认真对待权利》 2–184e
认知 2–418d
认知发展 6–310b
认知反应 9–21a
认知方式 6–310c
认知风格 6–310c
认知改变策略 9–21a
认知疗法 6–310f
认知逻辑 5–455a
认知心理学 6–310d
认知行为矫正法 6–310f
认知行为治疗 6–310f
认知学习理论 4–90e
任脉 6–311a
任脉之络 6–590f
任侠影片 3–58b
任意力系 5–15c
任意项级数 4–69a
任意盈余公积 9–15f
韧带 3–204f
韧带损伤 6–311b
韧皮部 7–551f
韧皮纤维 7–358f
韧性饼干 1–367f
韧性材料 1–460c
韧致辐射 6–311b, 2–194d, 2–275c, 9–588e
妊高征 6–311e
妊娠 6–311c
妊娠高血压综合征 6–311e
妊娠合并症 6–311f
妊娠禁忌 9–448b
妊娠梅毒 5–331b
妊娠期 5–123e
妊娠试验 3–6b
妊娠诊断 6–312d
妊娠中毒症 6–311e
《仍然是白天》 2–182b
日 6–312f
日报 6–313a, 1–248d
日本 6–313a, 4–353a, 8–417b
日本茶道 1–490b, 3–139e
《日本沉没》 6–321a
日本慈姑 2–43d
日本大鲵 2–97c
《日本的地热流》 6–468e
《日本的黑雾》 6–321a, 7–158e
《日本的夜与雾》 2–76e
《日本的乐器》 7–368e
日本地球资源卫星1号 2–237b
日本法西斯 6–315e
日本法院 2–459e
《日本风土记》 2–134d
日本佛教 6–316a, 1–258f
《日本改造法案大纲》 6–315f
日本工艺会 6–319e
日本公明党 6–316c
日本共产党 6–316d
《日本共产党的当前要求》 2–184e
日本光学株式会社 5–571e
日本广播协会 6–315d
日本国 6–313a
《日本国和美利坚合众国共同合作和安全保障条约》 6–325e
《日本国和美利坚合众国之间的安全保障条约》 6–325e
日本国立国会图书馆 6–316f
《日本国宪法》 6–321c
日本海 6–316f
《日本海大海战》 6–383b
日本海龟 3–328a
日本海马 3–332e
日本海事协会 2–30a
日本画 6–317b
日本黄脊蝗 3–604b
《日本及日本人》 3–404e
日本纪局 9–534a
日本检察机关 4–156a
日本锦鲤 5–14a
日本经济新闻社股票价格平均指数 6–324c
日本酒 6–227a
日本锯鲨 4–339d
日本开国 6–317d
《日本昆虫记》 4–235f
日本蜡蚧 4–529f
日本劳农党 6–175d
日本栗 1–228e
日本联合舰队 6–317e
日本料理 6–317f
日本列岛 6–319f
《日本列岛》 8–333c
日本柳杉 6–442d
日本落叶松 5–236c
日本鳗鲡 5–303c
日本满江红 5–304c
日本美术 6–318a
日本美术院 3–466f, 6–319b
日本民主党 6–319e, 6–321f
日本盆地 6–317a

《日本全国书志》 6–316f
日本泉屋博物馆 3–520a
日本群岛 6–319f
日本瑞穗金融集团 2–266b
日本社会党 6–319f
日本社会主义同盟 2–184d
日本式对外直接投资模式 1–317a
《日本书纪》 3–168f, 6–320b, 6–510c
《日本书目志》 4–439a
日本藤萝 9–534d
日本鳀 7–341d
日本天台宗 6–316a
日本晚樱 9–12f
《日本文化的杂种性》 4–120e
日本文人画 6–317c
日本文学 6–320b
日本舞蹈 3–96f
《日本舞蹈基础》 3–529a
《日本宪法的基本主义》 5–356d
日本新干线 6–321a
《日本新闻发达史》 8–231b
日本学 2–319d
日本雪大蚊 2–107f
日本血吸虫 2–311a, 8–376d
日本血吸虫病 8–376d
日本药局方 8–484b
日本乙型脑炎 5–129a
《日本音乐史》 7–368e
日本银行 6–321b
日本樱花 9–12f
《日本永代藏》 4–309f
日本战后改革 6–321b
日本真言宗 6–316a
日本正教会 2–329d
日本自由民主党 6–321e
日蟾毒素 1–501b
日产汽车公司 3–20f
《日长山静图》 8–340e
《日常生活的精神分析》 2–596c
日常生活方法论 1–308d
日常生活禁忌 4–278a
《日常生活中的自我表现》 5–583a
日常语言学派 2–548e, 6–322a
日常语言哲学 6–321f
《日出》(电影) 5–328b
《日出》(戏剧) 1–208a, 1–479b, 9–55a
《日出》(音乐) 3–324f
《日出·印象》 6–322a, 2–442f, 5–471a
《日出之前》 3–404a
日德兰半岛 6–322b
日德兰海战 6–322c
日德兰桥 2–138c
《日德兰邮报》 2–139c
日地关系 6–322d
日地物理学 6–322d
《日俄和约》 9–435c
日俄密约 6–322d
日俄战争 6–322f, 4–195d, 6–314b
日耳曼部落 2–188d
日耳曼法 5–422d
日耳曼化 5–154c
《日耳曼尼亚志》 7–244c
日耳曼啤酒公司青岛股份公司 6–77e
日耳曼人 6–323a, 1–116c, 2–450e, 5–246d, 5–432f
日耳曼人路易 2–465a
日耳曼语音变 6–323c
日耳曼语族 6–323b, 2–189c, 2–585a
日珥 6–323d, 7–264f
日夫科夫,T. 6–323e
《日复一日》 4–493b
日高海洋科学振兴财团 6–323f
日高孝次 6–323f
日光遍照菩萨 2–319a
日光国立公园 1–134f
日光–棱镜折射实验 6–415b
日光疗法 3–224b
日光石 1–519b
日光浴 6–324a
日晷 6–324a
《日晷通论》 3–71b
《日韩合并条约》 6–324b
日核 7–264c
日化香精 8–197c
日环食 6–328a
日吉丸 2–561a
日己觥 7–157d
《日记故事》 5–375d
日记账 4–496a
日间遗尿 8–545a
日间遗尿或继发性遗尿症 8–545b
日节律 6–539c
日界线 6–610a
日经股价指数 6–324c
日经225种道·琼斯平均股价指数 6–324c
日经500种道·琼斯平均股价指数 6–324c
日军731部队 6–324d
日喀则地区 6–324f
日喀则市 6–325a
日喀则县 6–325b
日喀则宗 6–325a
日历年制 1–464c
日立公司 6–325c
日莲 6–325c
日莲宗 1–259a, 2–76d, 6–316b
《日落大道》 3–458a, 5–349c
《日美安全保障条约》 6–325e
《日美防卫合作指针》(1997) 6–325f
《日美和好条约》 6–317e
《日美行政协定》 6–325e
日冕 6–325f, 7–264e
日冕轿车 2–561f
日内瓦 6–326b, 7–24e
日内瓦裁军谈判会议 1–465a
日内瓦第1公约 6–326d
日内瓦第2公约 6–326d
日内瓦第3公约 6–326d
日内瓦第4公约 6–326e
日内瓦公约 6–326c, 2–213a
日内瓦湖 6–326f, 1–9f, 6–351b
日内瓦会议(1954, 1961) 6–327a
日内瓦四公约 6–326c
《日内瓦协议》(1954) 8–610b, 9–128f
《日内瓦协议》(1988) 1–21d
《日内瓦宣言》 8–119b
日内瓦学派 6–327d
日内瓦州 6–326b
日偏食 6–328a
日全食 6–328a
日惹 6–327e, 5–242c
日惹特别自治区 6–327e
《日日新报》 9–219d
《日日夜夜》 8–96e
日晒伤 6–327f
日晒盐 7–5f
日涉园 7–279f
日升昌 6–83e, 6–93d
日食 6–327f
《日台条约》 4–67b
日土县 1–41c, 1–223e
《日瓦戈医生》 6–328c, 3–609b
日旺语 2–353c
日舞 3–96f
《日下新书》 2–416f
日心地动说 6–328d
日心说 6–328d, 6–328d, 7–361f
日心体系 6–328d, 3–87d
日心天球 7–357b
日心学说 7–365b
日用电器 4–129b
日用工业品批发交易市场 6–69c
日用工艺 3–128f
日语 6–328e
日元 6–328f
日月山 6–329a, 3–335e
日月岁差 7–216a
日月潭 6–329b, 5–543e
《日月星辰》 3–74f
日照 6–329c
日照港 6–329d
日照时数 6–329c
日照市 6–329c
日照县 6–329d
日照镇 6–329d
日知会 7–598f
《日知录》 6–329d
日置益 2–428e
日中友好二十一世纪委员会 9–450e
日周光 2–99f

《日子》 7-238e
戎 6-329e
戎禹 9-72c
茸鹿 5-171f
荣宝斋 6-329e
《荣宝斋》 6-330a
荣成市 6-330a
荣成县 6-330a
"荣春社"科班 6-470f
荣德生 6-507a
荣蝶仙 7-515e
荣高棠 6-330b
荣格,C.G. 6-330c
荣赫鹏 2-66am, 4-524e
荣华会 7-353d
荣剑尘 2-144c
荣禄 6-330d, 3-244f
荣启期 9-497d
荣气 9-16c
荣千祥 6-330b
荣辱观 6-297e
荣睿 4-172a
荣社 3-589c, 6-204b
荣西 6-316b
荣县大佛 9-537f
《荣耀的斯特拉文斯基》 5-605d
荣夷 8-116b, 9-469f
荣毅仁 6-330e
荣誉 6-330f
荣誉感 6-330f
荣誉权 6-331a
《荣誉值几个钱?》 1-93f
荣宗敬 4-184f, 6-507a
狨 6-331a, 6-615c
绒 6-331c
绒癌 6-331d
绒巴人 4-567a
绒巴语 4-567a
绒朵 9-70e
绒花树 3-409c
绒经 6-91f
绒螨 6-80c
绒毛 8-449e
绒毛膜癌 6-331d
绒毛膜促性腺激素 8-326b
绒毛膜上皮癌 6-331d
《绒毛膜上皮癌和葡萄胎的诊断处理》 5-84d
绒毛苹婆 8-43b
绒球蛋 4-262a
绒圈锦 5-281c, 9-221e
绒山羊 3-29c
绒纬 2-191c, 6-91f
绒羽 9-69f
容错技术 3-521c
容庚 6-331e, 4-259a, 6-458f, 8-350b
容国团 6-331f, 9-141f
容闳 6-332a
容积率 6-332b
容积式泵 1-312c
容积式压缩机 8-386a
容积性泻药 8-239a
容积性CT 9-583d
容克 6-332c
容克斯,H. 6-332d
容克斯飞机发动机公司 6-332e
容克主义 2-186a
容量分析 6-332e, 2-208b, 2-546f, 4-488c
《容量分析法》 5-54d
容量瓶 2-208c
容量仪器 2-208c
容量总量控制 8-12c
《容台别集》 2-333f, 9-95e
《容台集》 3-556d
容县 6-332e
容臭 8-191f
容许性准则 7-406e
容斋 6-332f
《容斋随笔》 6-332f, 3-482b
容肇祖 8-454a
容志行 6-332f
容重 5-404c
蓉城 1-577c
蓉城三绝 4-591d
溶出 6-584f
溶洞 6-332f
溶度积常数 1-549d
溶剂 6-332f, 4-407a, 6-334c
溶剂萃取 6-333b, 2-57e
溶剂基油墨 9-39a
溶剂体系理论 7-207d
溶江 4-580a
溶解度 6-333b
溶解焓 6-333c
溶解气 7-357f
溶解气驱 6-606c
溶解热 6-333c
溶解作用 2-564f
溶浸 6-584f
溶菌酶 6-333d
溶菌素 4-412f
溶酶体 6-333e, 8-152b
溶血 6-85b, 7-556c
溶血毒素 6-536c
溶血反应 7-56c
溶血链球菌 6-244f
溶血素 4-412f
溶血性黄疸 3-582a, 3-582b
溶血性疟患 6-333f
溶血性贫血 6-333f, 6-85a
溶液 6-334b
溶液的比旋光率 8-365c
溶液共混 4-342b
溶液净化 6-585a
《溶液理论》 1-44c
溶液缩聚 7-227f
《溶液中无机配位化合物取代反应的速率及机理》 7-324a
溶质 6-334c
溶致性液晶 8-505b
榕城 3-1a
榕村老人 4-595c
《榕村全集》 4-595c
《榕村语录》 4-595c
榕属 8-15f, 8-155c
榕树 1-524e, 6-412e
榕小蜂 5-456a
熔点 6-334d
熔断器 6-334d
熔焊 3-389b
熔解 6-334d
熔解点 5-598a
熔解潜热 6-172e, 6-334d
熔解热 6-172e, 6-334d
熔炼 6-334e, 4-10e
熔炼炉 3-127c
熔模铸造 6-572a
熔融还原炼铁 3-55f
熔融缩聚 7-227f
熔融冶炼 6-334e
熔岩 4-13e
熔岩高原 3-80e
熔岩台地 7-247f
蝾螺科 6-334e
蝾螈 6-334f
蝾螈科 6-334f
融冰洪水 5-98e
融合爵士 4-350e
融合生殖 9-50c
融合牙 1-189c
融合遗传 4-269e
融合乐 8-481c
融江 5-133e
融水苗族自治县 6-335b
融水县 6-335b
融雪洪水 3-483d
融雪径流预报 7-100e
融资模式 8-418c
融资租赁 6-335b, 4-251e
融资租赁合同 4-251e
冗余技术 3-123e
柔巴依 6-335c
柔道 6-335d
柔度 3-49c
柔佛 5-261b
柔佛海峡 6-335e
柔佛王国 6-335f, 8-409a
《柔情》 5-400f
柔然 6-336a
柔若语 6-3c

柔弱胜刚强 4-561e
柔石 6-336a, 4-419a, 8-279a, 9-162c
柔术 6-335d
柔性连接自动线 9-537c
柔性生产 6-336c
柔性制造系统 6-336c
柔鱼 6-336e
柔鱼干 6-336e
柔鱼科 6-336e
柔鱼属 7-412d
蝚蠕 6-336a
鞣酸 2-142f
鞣酸蛋白 9-307d
鞣质 2-142f
肉苁蓉 6-336f
肉苁蓉属 5-72d
肉豆蔻 6-337b
肉豆蔻科 6-337a, 6-276e
肉豆蔻酸 9-41e, 9-293d
肉毒素 6-536e
肉毒中毒 6-337b
肉桂 2-493e
肉桂醛 6-337b
肉桂酸 8-549e
肉果 3-299e
肉傀儡 9-386d
肉牛 6-337e
肉牛业 8-358e
肉品加工 8-358a
肉鳍鱼类 6-337c
肉色宝贝 1-239e
肉食螨 6-80c
肉松 6-337c
肉芽肿 6-337d
肉芽肿性甲状腺炎 4-138d
肉芽肿性血管炎 8-374b
肉眼血尿 8-375b
肉用鹑 1-112d
肉用鸽 3-94e
肉用牛 6-337d
肉用型羊 8-449c
《肉与魔》 4-130c
肉质根 3-117d
肉粥 4-282e
肉孜 1-189f
肉孜节 4-392a
如（宗教） 9-255e
《如唇之剑》 1-38f
《如此世道》 4-448e
如答斯 9-35b
如皋市 6-337f
如皋县 6-337f
如歌咏叹调 9-27e
《如果不是人……》 1-307b
《如果敌人不投降》 8-5f
《如果一个冬天的夜晚，一个旅行者……》 4-369a
《如何嫁给百万富翁》 5-287e
《如何培育植物供人类使用》 1-396c
如来 6-337f, 2-581e
如来藏 6-338a, 2-76d
如来藏缘起 9-114c
《如梦录》 2-323d
《如面潭》 9-455c
如派盆景 6-337f
如去 6-338a
如如 9-255e
《如是观》 5-446c, 9-191b
《如是语经》 8-596b
如馨 5-184e
如意 6-338a
《茹尔宾一家》 4-422a
茹费理 2-579a
茹科夫，G.A. 6-338b
茹科夫斯基，N.Ye. 3-8e, 3-150f, 7-420b
茹科夫斯基，V.A. 6-338c
茹莱卿 3-20d
茹茅黎菜 5-327b
茹潘契奇，O. 6-338c
茹茹公主 6-336a
茹茹公主墓 6-338d
茹威，L. 6-338e
茹兴礼 6-435f
茹雍 6-598a
茹志鹃 6-338f
铷 6-339a, 8-131b
铷-锶法定年 6-339b
铷原子钟 9-112d
儒 6-339f
《儒比亚巴》 8-406d
儒盖，E. 1-253e
儒艮 6-339d
儒艮科 3-337a, 3-341a
儒艮属 6-339d
儒家 6-339f
儒家气功 6-141e
《儒教和道教》 7-541b
《儒林外史》 6-340a
儒略·凯撒 6-340b
儒略历 6-340b, 2-329e, 3-134c
儒学思想 3-539b
《儒学五论》 5-374f
濡脉 5-301e
濡水 5-190a
《孺子歌》 2-18e
襦裙 9-355e
蠕变 6-340c
蠕变断裂 6-340c
蠕虫 6-340c
蠕墨铸铁 9-506a
蠕蠕 6-336a
蠕形动物 6-340d
蠕形螨 6-340d
蠕形螨科 6-340d
蠕虫移行症 9-51f
汝箕沟无烟煤 5-596f
汝拉山 2-438c
汝龙 6-340e
《汝南公主墓志铭》 9-66c
汝窑 6-340f, 6-204f, 7-165f, 7-324d
汝州市 6-340f
乳 6-341a
乳白蚁属 1-208c
乳齿象 4-331d
乳导管系统 6-342b
乳房 6-550b
乳房疾病 3-5e
乳房外佩吉特氏病 6-56f
乳房腺纤维瘤 6-341c
乳杆菌 6-341f
乳杆菌属 6-341f
乳鸽 3-94e
乳瓜 2-462f
乳化剂 6-341c, 6-343a
乳化香精 7-6f
乳化炸药 3-128c
乳胶 4-344e
乳酒 5-270c
乳糜尿 7-116d
乳囊 6-342b
乳品加工 8-358a
乳山口港 6-341d
乳山市 6-341d
乳山县 6-341d
乳酸 6-341e
乳酸钙 6-341e
乳酸链球菌 6-244f
乳酸链球菌素 7-4e
乳酸脱氢酶 5-89c
乳酸细菌 6-341e
乳酸酯 6-341e
乳糖 6-341f, 6-341a
乳糖酶 6-342a
乳头瘤病毒 4-150c
乳突 2-420b
乳腺 6-342a
乳腺癌 6-342c, 8-325e, 8-325f
乳腺泡 6-342b
乳腺纤维腺瘤 6-341c
乳腺肿大及泌乳 8-281e
乳香 6-381d
乳用水牛 7-95d
乳用型羊 8-449c
乳罩 5-561b
乳汁 5-403c
乳制品 6-342f, 6-341b
乳状液 6-342f
乳浊液 6-342f
入超 3-270b, 5-328d
《入朝洛堤步月》 6-460e
入汉楼 6-603b

入籍 3-257c
入寂 9-113a
入境后隔离种植检验 9-303d
入境口岸检验 9-303d
入静 6-142a
《入楞伽经》 4-574f
入眠 2-331c
入灭 9-113a
《入菩提行论》 7-112a
《入菩提行论疏》 7-112a
《入若耶溪》 7-498f
入射式曝光表 1-252e
《入睡的维纳斯》 6-182a
《入唐求法巡礼记》 9-113d
入题 1-142a
入伍生制度 3-594b
《入中论科判》 3-153a
入赘 6-343a
褥草 9-46a
褥疮 6-343b
阮 6-343b, 6-78d
阮爱国 3-511a, 9-130a
阮必成 3-511a
阮步兵 6-343e
《阮步兵集》 6-343f
《阮步兵咏怀诗注》 6-343f
阮超 6-587b
阮朝 4-131d
阮大铖 6-343c, 5-277a, 5-536f
阮福淳 4-131d
阮福时 9-331a
阮福映 4-131d
阮冈纳赞，S.R. 6-343d
阮公欢 6-343e
阮光碧 6-203d
阮籍 6-343e, 9-497b
阮晋勇 6-344a
阮宽 6-587b
阮玲玉 6-344a
《阮玲玉》 8-194a, 9-203d
阮明哲 6-344b
阮善述 6-203d
阮十菊 6-344c
阮氏封建集团 9-128e
阮守捷 6-587b
阮嗣宗 6-343e
阮文灵 6-344c
阮咸（人物） 6-78d, 9-497b
阮咸（乐器） 6-343b
阮咸琵琶 6-78d, 9-121c
阮孝绪 9-267b
阮攸 6-344c, 6-188d
阮玉英 6-311a
阮元 6-344d
阮阅 6-574a, 7-374f
阮章竞 6-344e
《阮章竞诗选》 6-344f
阮正隆 8-467e
阮知方 2-460b
阮鹰 6-344f
软笔 1-323b
软壁亚目 2-40a
软鞭 1-340d
软产道损伤 6-345a
软产道损伤性产后出血 1-501d
软翅风筝 2-570c
软磁材料 2-49d, 7-380a
软风 2-562b
软骨 6-345a
软骨颅 7-410f
软骨鱼纲 6-345b, 4-87b, 5-138e
软骨原骨 3-186e
软骨组织 4-219f
软管加油系统 4-471c
软毫 5-313b
软化水 6-346c
软荚菜豆 1-467c
软荚豌豆 3-431c, 7-477c
软坚散结 6-345b
软碱 7-207e
软件 6-345c, 4-89f, 4-91f, 4-92d
软件产业 6-345c
软件方法学 4-93a
软件工程 4-93a
软件技术 4-100e
软件危机 4-91f, 4-92e
软件系统 4-93b
软件语言 4-92f
软接线 2-289d
软科学 6-345e
软流层 6-345e
软流圈 6-345e
软锰矿 6-345f
软木 6-346a, 6-103c
软木棕榈 3-161b
软呢帽 4-585d
软跷 6-181d
软杀伤弹药 2-517d
软杀伤手段 2-294e, 9-312c
软珊瑚 6-346b
软珊瑚目 6-346b
软舌螺 6-346c
软式飞艇 2-509a
软式橄榄球 3-46c
软式面包 5-416d
软水 6-346c
软酸 7-207e
软体动物门 6-346d
软舞 6-346e
软下疳 0-340e
软型潜望镜 6-174c
《软腰咬花》 8-163c
软摇滚 8-481c
软饮料 8-587a
软硬酸碱理论 7-207d
软玉 6-346e
软枝扦插 6-158b
软脂酸 9-293d
软质纤维 7-358f
软－蛛网膜或软性膜 5-549e
软着陆 6-347a
软X射线 9-588a
朊病毒 6-347b
朊毒体 6-347b
朊粒 6-544e
蕊喙 4-540f
蕊喙柄 4-540f
芮城县 6-347b, 2-566a
芮良夫 3-148b
芮芮 6-336a
芮文斯，A. 4-481e
芮杏文 6-347c
蚋 6-347d
蚋科 6-347d
锐钛矿 2-429d, 4-241c
瑞安市 6-347e
瑞安县 6-347e
瑞波王朝 3-151c
瑞昌市 6-347f
瑞昌县 6-347f
瑞澂 8-259d
瑞德宫塔 8-470e
瑞典 6-348a
《瑞典》 3-321d
《瑞典风光》 1-108d
瑞典古文石碑 6-349e
瑞典国家舞蹈学院 1-123e
瑞典皇家科学院 6-9a
瑞典人 6-349e
瑞典社会民主工人党 6-29b
瑞典王国 6-348a
瑞典文学院 6-9a
瑞典学派 6-350a
瑞典银行 6-9a
瑞典语 6-350b
瑞菲安语 1-18d
瑞蚨祥 6-350c, 2-103d
瑞光大金塔 8-470e
瑞河戏 8-553d
瑞金监 6-350c
瑞金市 6-350c
瑞金县 6-350c
瑞京 9-431d
瑞丽设治局 6-350e
瑞丽市 6-350d
瑞丽县 6-350e
瑞利 6-350e, 3-226e, 4-522d, 6-553b, 8-419d
瑞利波 1-534a
瑞利－金斯公式 4-257d, 6-110c, 6-350f
瑞利散射 3-226e, 4-521b

瑞利散射定律 3-226e, 6-350f
瑞帽王朝 3-151c
瑞穆斯 5-214d
瑞-挪联盟 6-348e
《瑞-挪联盟法》 6-7f
瑞琴派 5-520f
瑞士 6-350f
瑞士勃朗-鲍威利有限公司 4-12d
瑞士联邦 6-350f
瑞士联邦理工学院 5-230d
《瑞士民法典》 2-444a
瑞士永久同盟 6-352a
瑞兽 6-135a
瑞穗实业银行 2-266b
瑞穗银行 2-266b
瑞文推理测验 9-320f
瑞喜宫佛塔 1-48f
瑞香 6-352c
瑞香科 6-352b
瑞香属 6-352c
瑞兴湖 6-425a
瑞亚·西尔维亚 5-214d
瑞泽尔,G. 6-493f
叡山大师 9-574b
闰察 2-88b
闰月 5-609e
闰周 6-352c
润版药水 8-18e
润滑 6-352d
润滑性 6-352e
润滑油 6-352d
润滑脂 6-352e
润楠 5-548a
润楠属 5-548a
润下 8-158b
润下剂 8-238f
润扬长江大桥 6-352e, 6-186b
润余社 8-162e
润燥 6-352f
润州 9-259e
若昂二世 4-208e
若昂六世 6-56c, 6-56d, 6-103f
若虫 1-343e
若尔当,C. 2-128d, 4-564b
若尔当环 3-575b
若尔盖沼泽 6-353a
若弗鲁瓦,C. 1-330c
若弗鲁瓦,C.J. 2-208b
《若干重大决策与事件的回顾》 1-421e
若开人 6-353b
若开山脉 6-353c
若开语 6-353b
若利韦,A. 5-336d
若买方言 2-169a
若木 6-403f
若羌县 6-353c, 1-14c
《若泽》 1-92e
都(地名) 9-18a
弱磁物质 2-50a
弱大数律 2-105b
弱电解质 2-281f
弱碱 4-160a
弱脉 5-301e
弱水 3-453f
弱酸 7-206d
弱相互作用 6-353d
弱型家长主义 8-535d
弱音器 8-223d
弱用之术 6-353e
《弱者的悲哀》 4-239e
弱智 2-205f
弱智儿童 6-354e, 2-205f, 2-418e
弱作用 6-353e

S

撒班节 7-244a
撒旦 6-355a
《撒旦颂》 4-367c
撒丁岛 6-355a
撒丁王国 4-109d, 6-355b, 8-566e
撒丁自治区 6-355a
撒夫幕 1-10a
撒哈拉阿特拉斯山脉 1-12c
《撒哈拉晨报》 5-461a
撒哈拉沙漠 6-355b
撒哈拉岩画 6-355f
撒哈拉语族 6-356a, 5-573e
撒海尔人 6-291f
《撒谎集》 5-233d
撒火彩 4-8f
撒克逊 5-433a
《撒克逊劫后英雄略》 1-76c
撒克逊人 1-116c, 2-585a
《撒拉丁素丹和耶路撒冷王国》 1-95b
撒拉儿 6-356b
撒拉回 6-356b
撒拉语 6-356a
撒拉族 6-356b, 5-234d
撒剌 6-356b
撒里 1-547c
《撒尼彝语研究》 5-284b
撒普,M. 8-127e
撒切尔,D. 6-356c
撒切尔夫人 6-356c, 8-195d
洒红节 8-599d
洒金谷风景区 2-614b
靸(拖鞋) 8-237f
撒播机 1-395f
飒露紫 9-225d
萨巴蒂埃,P. 3-103f
萨巴赫家族 4-437e
萨巴赫医院 4-438d
萨巴社 8-490e
《萨巴塔万岁》 5-269b
萨巴依 6-356d
萨班 8-8b
萨班·贡噶坚赞 6-361b, 6-361c
萨保 9-67c
萨本栋 6-356e
萨比河 4-265b
《萨比历数书》 1-183a
《萨比尼女子》 2-415d
萨波特克文化 1-9c
萨波特克语 5-364c
《萨博》 3-85d
《萨布里娜》 1-118b
萨布素 6-356f, 8-396b
萨布族系 7-231c
萨长倒幕联盟 1-227d
萨达姆·侯赛因 6-357a
萨达特 6-357c
萨道义,E.M. 4-524e
《萨德科》 5-8d
萨·德·米兰达,F.de 6-357c
萨迪 6-357d
《萨迪克与萨丽哈》 7-307e
《萨迪全集》 6-357e
萨迪王朝 6-357e
萨蒂 6-585b
萨蒂,E. 6-357f
《萨蒂利孔》 3-173e, 6-58d
萨都剌 6-358a
萨杜尔,G. 6-358b
萨多查依氏族 1-25f
萨尔 6-358b
《萨尔拜条约》 9-7b
萨尔堡冰碛岭 2-556a
萨尔察赫河 6-358c
萨尔茨堡 6-358c
萨尔茨堡老城粮食街 6-358d
萨尔茨堡艺术节 6-358e
萨尔蒂科夫,M.Ye. 6-358e
萨尔杜里二世 8-3a
萨尔杜里一世 8-3a
萨尔贡一世 1-27e
萨尔赫 6-358b
萨尔浒之战 6-358f
萨尔马泰人 6-359a, 1-128b
萨尔马泰文化 6-359a
萨尔蒙,A. 5-23c
萨尔纳特狮子柱头 8-600a
《萨尔坦沙皇的童话》 5-8d
萨尔特顿三部曲 2-135f
萨尔托 6-359b
萨尔托,A.del 2-587d, 7-600d
萨尔瓦多 6-359c, 9-567b
萨尔瓦多 6-359f
《萨尔瓦多》 1-125b
萨尔瓦多共和国 6-359e
《萨尔瓦托雷·裘连诺》 5-220a

萨尔韦斯特罗·德·美第奇 5-342d
萨尔维尼,T. 7-343d, 9-19d
萨尔温江 6-360a, 6-2e, 6-448e
萨伐尔,F. 1-325f, 2-276c, 8-75b
萨法尔王朝 6-360b
萨法维王朝细密画 1-387e
萨凡纳 9-579e
萨凡纳公园 2-449d
萨凡奇,J.L. 6-368d
萨非丁 6-360b
萨非王朝 6-360b, 2-74f
萨夫拉索夫,A.K. 8-381d
萨夫罗马泰 6-359b
萨弗里,T. 4-31d, 9-262f
萨伏依家族 2-350b
萨福 6-360d, 8-124c
《萨福》 3-102d
《萨福的最后之歌》 4-531e
萨福体 6-360d
萨冈,F. 6-360d
萨刚彻辰·洪台吉 5-380b
萨格勒布 6-360e
萨瓜罗仙人掌国家公园 8-406b
萨哈连乌喇 1-90c
萨哈林岛 6-360f, 3-580a
萨哈罗夫,A.D. 7-242b
萨哈马峰 1-392e
萨哈马国家公园 1-392e
萨哈人 8-396c
萨赫莱清真寺 8-431f
萨赫勒 6-361a
《萨赫勒报》 5-576a
萨赫勒带 5-315e
萨赫勒地区常年抗旱委员会 6-361b
萨赫勒电视台 5-576a
萨赫勒平原 7-418d
萨赫勒之声 5-576a
萨呼尔大陆架 1-36b
萨胡兰 1-138b
萨霍 2-408d
萨吉达南德·希岚南德·瓦德斯亚衍 1-23a
《萨加拉纳》 5-216a
萨加玛塔 5-565d
萨迦 1-282d
《萨迦格言》 6-361b
萨迦派 6-361b
萨迦寺 8-111c, 8-113c
《萨迦五祖集》 1-145e
萨金特,T.J. 5-12f
萨卡拉墓地 5-265e
萨卡里亚河 8-127a
萨卡萨,J.B. 6-411c, 7-232f
萨科齐,N. 2-450c, 6-296a
萨科－万泽蒂 1-93f
萨克迪纳制 9-484e
萨克拉门托 6-361c
萨克拉门托河 6-560c
萨克拉门托－约洛大都市区 6-361c
萨克雷,W.M. 6-361d, 5-439b
萨克赛瓦曼古堡 8-611b
萨克森豪森区 2-448c
萨克森人民党 1-303d
萨克森王朝 6-361e
萨克斯,C. 6-361f
萨克斯,H. 6-361f
萨克斯,J.von 6-362a
萨克斯,N. 1-23a
萨克斯管 6-362b
萨克斯克湖 4-452c
萨空了 6-362c
《萨拉》 1-27e
萨拉拜清真寺 1-102c
萨拉班德 9-570f
萨拉查,A.de 6-362d
萨拉德派国大党 8-598a
萨拉丁 6-362e, 2-436c
萨拉丁古堡 6-362f
萨拉吉克乌梁海旗 7-310f
萨拉拉电视台 1-46b
萨拉拉电台 1-46b
萨拉马戈,J. 6-363a
萨拉曼卡大学 8-84c
萨拉曼卡派 3-589f
萨拉米湾战役 1-72f
萨拉姆 6-363b, 2-287f, 2-434d
萨拉热窝 6-363c
萨拉热窝大学 1-386b
萨拉热窝事件 7-530d
萨拉人 9-174c
萨拉萨蒂,P.de 6-363d
《萨拉·萨姆逊小姐》 4-535d
萨拉萨特,P.de 6-363d
萨拉塞维克,T. 6-235a
萨拉森帝国 1-31a
萨拉托加温泉 5-608a
萨拉乌苏动物群 6-363e
萨拉乌苏河 6-363d
萨拉乌苏遗址 6-363d, 4-327d
萨拉语 5-573e
萨莱诺 6-363e
萨莱诺大学 6-363e
萨莱特,B. 1-170e
萨兰达 1-8e
《萨朗波》 2-613d
萨朗山口 8-302f
萨勒,D. 8-264e
萨勒河 8-561b
萨雷马岛 1-87b, 1-381f
萨雷苏河 3-313f
萨里迪斯,G.N. 9-323b
《萨丽哈与萨曼》 3-315f
萨利赫 6-363f, 2-104c
萨利克法兰克人 2-450e
萨利米耶 4-438c
萨利纳斯,C. 5-484a
萨列里,A. 1-288f, 7-125e
萨林斯,M. 7-588e
萨隆加国家公园 3-52b
萨卢姆河三角洲 6-375d
萨卢斯提乌斯 3-173c
萨罗 7-104a
萨洛蒙,E. 8-287f
萨洛特,N. 6-363f
萨马蒂尼,G.B. 3-108d
萨马科铁矿浆管道 6-364a
萨马拉 6-364a
萨马拉水电站 6-364b
萨马拉州 6-364a
萨马兰奇,J.A. 6-364b
萨马兰语 7-204a
萨马勒族系 7-231c
萨玛舞 7-558b
萨迈拉文化 1-467a
萨迈帕塔考古遗址 1-393b
萨满 6-364c, 8-570f
萨满鼓 3-190e
萨满教 6-364c, 4-362a, 6-153e, 8-396c
萨满跳神 7-377d
萨曼王朝 6-364e, 6-360b
萨米人 4-523e, 6-348a
萨缪尔森,P.A. 6-364f, 4-296b
萨摩公国 4-226e, 7-127c, 7-130b
《萨摩斯女子》 3-180e
萨摩、土佐两藩盟约 1-227e
萨摩亚 6-365b, 1-49f
萨摩亚群岛 6-365e
萨摩亚人 6-365e
《萨摩亚人的成年——为西方文明所作的原始人类的青年心理研究》 5-394b
萨莫公国 7-130e
萨莫拉·马谢尔,M. 5-472f
萨莫色雷斯岛 5-571d
萨莫耶德语族 6-366a, 8-3b
萨秣建体 7-199d
萨默塞特岛 4-116d
萨姆纳,J.B. 6-366a
萨姆纳,T.H. 3-392b
萨姆纳,W.G. 6-366b, 6-484f
萨姆尼特战争 5-211b
萨姆提克一世 3-158f
萨姆·沃辛顿 1-17e
萨木萨克 9-193f
萨穆尔·宾 8-292b
萨穆加迪 7-340a
萨那 6-366c
萨那古城 8-490e
萨那盆地 6-366c
萨那伊奈底斯艺术团 1-78a
《萨纳萨尔和巴格达萨尔》 6-368e
萨南诸岛 5-130d

萨能山羊 8-449c
萨尼亚 8-45a, 8-335b
萨帕塔,E. 6-366d, 5-484c
萨帕特拉岛 5-571c
萨帕印加 8-611d
萨丕尔,E. 6-366e
萨丕尔－沃尔夫假说 6-366f
《萨丕尔选集》 6-366f
萨皮图瓦峰 5-259b
萨皮与切沃雷自然保护区 4-266b
萨普,T. 5-347f
萨其玛 5-305f
萨奇,C. 9-515e
《萨奇莫：我在新奥尔良的生涯》 1-48a
萨赛,F. 8-142b
萨赛格湖 8-1a
萨桑德拉河 4-436c
萨桑王朝 6-366f
萨瑟兰,E.H. 1-202a
萨瑟兰,J. 6-35a
萨珊 6-366f
萨珊玻璃器 1-391c
萨珊帝国 7-193e
萨珊王朝 6-366f, 4-380d
萨斯迦 8-8b
萨斯喀彻温河 6-367b
萨斯喀彻温平原 2-97e
萨斯卡通 6-367b
萨斯奎汉纳河 1-359e, 6-190e
萨斯特鱼龙科 9-61a
萨塔普列亚自然保护区 4-490c
萨泰里琴 8-446f
萨特,J.-P. 6-367c, 2-59e
萨特堡 6-361d
萨天锡 6-358a
萨图尔努斯 3-172f
萨图尔努斯诗体 3-173b
萨土盟约 1-227e
萨土艺三藩约定 1-227e
《萨托里斯》 2-611a
《萨瓦·格鲁德岑的故事》 2-402a
萨瓦河 2-388c, 4-457a
萨瓦连斯基,F.P. 6-368b
萨瓦·务拉的思拉维赤 1-446c, 6-155d
萨瓦伊岛 6-365e
萨旺那 1-483f, 8-130e
萨维茨基,K.A. 8-126c
萨维茨卡娅,Ye.S. 4-586a
萨维兰山 2-74f
萨维尼,F.K.von 6-368c, 3-479f
萨维奇,J.L. 6-368d
萨沃奇岭 1-30a
《萨逊的大卫》 6-368e
萨彦－舒申斯克坝 1-190e
萨彦－舒申斯克水电站 8-498f
萨伊,J.-B. 6-368f, 2-3d
萨伊德 6-369a
萨伊定律 6-369b, 6-369a
萨伊市场定律 6-369b
萨镇冰 6-369b, 6-228b
腮鼠 1-475a
腮腺炎病毒 5-128f
噻 9-146b
噻吩 6-369d
噻嘧啶 3-154b, 5-548e
噻嗪类药物 9-307c
噻唑 6-369d
鳃弓 3-497e
鳃呼吸 3-497e
鳃裂 4-86d, 4-87c
鳃丝 3-497e
塞班 6-369e
塞班岛 1-277d, 6-369e
《塞保同盟条约》 1-152e
塞贝奥克,T. 8-253b
塞贝克,T.J. 7-579d
塞贝克效应 7-579d
塞本特 1-117b
塞卜拉泰考古遗址 5-26f
塞卜泰 5-460c
塞布尔角 2-586d
塞布河 5-460c
塞得 6-369f
塞得港 6-369f
塞迪略,E. 5-484a
塞多姆 7-142b
塞恩·阿洛伊修斯·奥费尼 2-614f
塞尔,J.-P. 2-127f, 4-131a, 7-461b
塞尔伯格,A. 4-232a
塞尔克南人 4-10c
塞尔库普语 8-3b
塞尔彭科学城 8-395d
《塞尔特维拉的人们》 4-394a
塞尔维乌斯·图利乌斯 3-163c, 6-370a
塞尔维乌斯·图利乌斯改革 6-370a
塞尔维亚 6-370a, 7-126c
塞尔维亚帝国 7-135a
塞尔维亚共和国 5-542b, 6-370c
塞尔维亚和黑山 3-458c, 6-370c
塞尔维亚－克罗地亚－斯洛文尼亚王国 6-370e, 1-385f, 4-435d, 6-363c, 7-130e, 8-405f
塞尔维亚－克罗地亚语 6-371a
塞尔维亚卢德人 5-152e
塞尔维亚起义 6-371b
塞尔维亚人 6-371c
塞尔维亚王国 3-458b
塞尔维亚正教会 2-329d
塞尔维亚族 1-8a, 1-385d
塞尔柱帝国 6-371d
塞尔柱画派 1-387b
塞尔柱人 7-437e, 7-438e
塞法尼耶 1-387a
塞法瓦王朝 4-376a
塞凡湖 3-67c, 8-407c, 8-408a
塞菲里斯 6-371f
《塞夫顿的女伯爵伊沙贝拉》 3-119b
《塞夫勒条约》 6-415f
塞夫斯特穆,N.G. 2-468a
塞弗尔特,J. 6-372a
塞甘蒂尼,G. 6-372a
《塞哥维亚的织布匠》 5-167a
塞格雷,E.G. 6-372b, 2-477a
塞规 5-56d
塞黑 6-370c
塞洪洪遗址 4-327d
塞基亚河 1-377c
塞建陀 6-585b
塞坎达尔·洛提 1-22d
塞康德拉巴德 3-320f
塞拉 4-460a
塞拉,C.J. 6-372c
塞拉菲娜,L. 9-106b
塞拉利昂 6-372d
塞拉利昂共和国 6-372f
塞拉斯,R.W. 6-373b
塞拉西一世 1-71b
塞拉镇 4-511f
塞莱拉基因组公司 6-291d
《塞莱斯蒂娜》 6-373c
塞勒峰 3-323a
塞勒姆 2-397a
塞雷尔人 6-373d
塞雷尔语 6-373e
塞蕾娜·威廉姆斯 7-530d
塞利米耶清真寺 8-530c
塞利姆清真寺 5-571f
塞林格,J.D. 6-373e
塞琉古一世 6-373f
塞琉西王国 6-373f, 8-404f
塞琉西亚 2-218d
塞卢斯禁猎区 7-289b
《塞绿吟草》 1-566c
塞伦盖蒂国家公园 7-289b
塞罗－德帕斯科 6-374a
塞罗尼亚语 1-382a
塞马湖 2-556a
塞曼,P. 5-229e, 6-374a
塞曼分裂 3-433a
塞曼河 1-8c
塞曼效应 6-374a
塞梅鲁火山 9-226e
《塞弥拉弥斯》 5-220c
塞米巴拉金斯克 2-406f
塞米加里亚语 1-382a
塞缪尔·朗赫恩·克莱门斯 5-256b
塞姆利基河 1-82a
塞姆语系人 8-139d
塞纳,J.de 6-374b
塞纳河 6-374c, 2-438c
《塞纳河滨》 2-467b

塞纳河口 9-28b
《塞纳河畔》 8-533b
塞内费尔德,A. 8-612e
塞内加（老） 7-124d
塞内加(小) 6-374d
塞内加尔 6-374e
塞内加尔共和国 6-375b
塞内加尔河 6-375e, 5-315e, 6-374e
塞内加尔民主党 6-375b
塞涅卡 6-374d
塞努尔 6-375e
塞努福人 2-522c
塞努福人木雕 2-522c
塞努福语 5-576c
塞欧德港 4-438b
塞皮克河 2-118e
塞浦路斯 6-375f
塞浦路斯共和国 6-376d
塞浦路斯土耳其人 6-377b
塞浦路斯土族邦 6-376d
塞浦路斯希腊人 6-377c
塞浦路斯正教会 2-329d
塞奇山 7-550e
塞奇威克,A. 3-366e, 5-472a, 5-579f
塞萨尔河 5-249a
塞萨洛尼基 6-377c
塞萨洛尼基港 1-86e
《塞上》 3-76b
《塞上行》 2-481d
塞尚,P. 6-377d, 3-495a, 8-182b
《塞舌岛之旅》 1-97c
塞舌尔 6-378a, 5-239d
塞舌尔共和国 6-378c
塞舌尔克里奥尔人 6-378f
《塞舌尔民族报》 6-378f
塞舌尔人 6-378f
塞舌尔人民进步阵线 6-378d
塞舌尔山 5-239d, 6-378c
塞斯托斯河 5-24e
塞苏海滩 5-313e
《塞瓦斯托波尔故事》 7-452d
塞万提斯,M.de 6-379a, 3-589f, 7-318b
《塞维勒的理发师》 6-379f
塞维利亚 6-379e
《塞维利亚的嘲弄者》 2-267c
《塞维利亚的理发师》 6-379f, 1-415d, 2-539d
《塞维利亚的魅力》 4-570f
塞维利亚派 3-589f
塞维利亚文学协会 2-426f
塞维鲁凯旋门 5-208c
塞维索化学污染事件 3-133a
塞文河 6-380a
塞乌拉萨里岛 9-460a
塞西莉亚宫 1-373d
塞西亚河 1-377c
《塞下曲》(卢纶) 5-151e
《塞下曲》(张籍) 9-198b
塞欣斯,R. 4-434c
塞亚博物馆 5-293f
塞耶,S. 8-90f
塞泽尔,A. 3-457d
塞种 6-380a, 9-56f
塞种人 1-161d, 6-48b
塞种王国 6-380b
赛宾,W.C. 6-553b, 8-577b
赛春嘎 5-512a
赛达城堡 4-581c
赛典赤·赡思丁 6-380b
赛尔德·宛葛斯 3-559f
赛法尔迪人 9-36d
赛弗特星系 8-307e
赛福鼎·艾则孜 6-380c
赛福鼎清真寺 7-127f, 7-591e
赛庚啶 4-415a
赛加羚羊 3-57f
《赛金花》 8-167d, 9-373f
《赛克斯-皮科协定》 3-488b
赛来非耶派 8-536e
赛莨菪属 6-191b
《赛里兹夫人及其小女儿》 2-107c
赛帘秀 9-492e
赛龙舟 6-380e, 5-140c
赛璐珞 3-325b
赛马 6-380e
《赛姆勒先生的行星》 1-297e
赛乃姆 6-380f, 1-77c
赛欧托河 2-396e
《赛琵琶》 3-525e
“赛其”半自动化防空预警和指挥系统 4-356d
赛斯-英夸特,A. 2-177a, 5-604e
赛宋本 6-381a
赛艇运动 6-381b
赛驼 5-234c
赛义德王朝 2-182a
赛义德·伊本·苏丹 6-381c, 6-412d
赛义尔,M.D. 7-477e
赛义夫·道莱 5-503c
赛因汗 1-188f
赛于奈察洛市政厅建筑群 1-17b
赛珍珠 6-381d
三案 6-381e
三凹征 3-490d
三八国际妇女节 3-269b
《三八节有感》 2-307a
三八线 1-228f
三白法 7-510b
三白渠 9-271c
《三百咏》 8-604f
三宝 6-382a, 6-133d
三宝公像 2-75e
三宝公庙 6-382b
三宝井 6-382b
三宝垄 6-382a
三宝鸟 6-382b
三宝鸟属 6-382b
三宝颜 6-382c
三宝颜半岛 6-382c
三保 6-382a
三保洞 6-382b
“三北”防护林工程 5-557f
三北轮船公司 9-66b
三贝子花园 1-268b, 2-341c
三倍过磷酸钙 3-302a
三苯甲烷 6-382c
三苯甲烷染料 6-382d
三边（地名） 4-598e
三边测量 6-382d, 1-486c
三边贸易 9-511b
三表 6-382d
三表法 5-223e, 6-53f
三别 2-356e
三部九候法 5-302a
三部脉诊法 5-302a
三才（人物合称） 7-585b
三彩陶 7-324d, 8-437c
《三仓》 5-375b
《三曹诗选》 9-57c
三叉神经痛 6-382e
三叉神经血管瘤病 8-373f
《三岔口》 2-12b, 4-610b
三朝（建筑形式） 3-142f
《三朝北盟会编》 6-382f
《三朝筹办夷务始末》 2-11b
三朝五门 3-142c
《三朝要典》 6-381f
三车凌 2-409d
三辰影库 8-127c
三乘 6-100e
《三重滚灯》 3-249b
三重积分 2-391d
三重奏 2-7c
三川 3-426a
三船敏郎 6-383a
三窗神庙 5-273f, 8-611b
三春柳 1-576a
三次东征 7-211e
三次方程式 7-305c
“三次技术革命”说 4-100b
三寸金莲 1-500c
《三打白骨精》 6-383b
《三打陶三春》 8-42a
《三打祝家庄》 6-383c
三大改造 6-383d
三大亨（帮派名） 6-204b
三大纪律八项注意 6-383f
三大纪律六项注意 6-383f, 9-391b
三大区域经济板块 7-16f
三大人种 6-303d
三大世界经济中心 7-16f

三大营 4-277e
《三代》 5-48a
三代九州 4-323d
三代头孢菌素 8-155a
三岛由纪夫 6-384a
三道沟矿 4-37a
《三等车厢》 2-360c
《三滴血》 2-484d, 6-200e, 8-561f
三点会 7-348b
三点式泳装 9-27f
三点蟹 7-226c
三叠纪 6-384a, 9-437e
三叠泉 5-158c
三叠系 6-384a
三鼎甲（汉剧） 1-552d
三鼎甲（京剧） 1-589b, 9-58e, 9-193d
三鼎甲（科举制） 4-428c
三定江南 9-471c
三洞 2-166f
《三洞经书目录》 2-166e, 5-170a, 5-519e
三斗坪 6-402d
《三都赋》 9-578f
三都水族自治县 6-384b, 7-107a
三都县 6-384b
三独坐 7-114c
三毒 8-17f
三度四分法 6-471e
《三段碑》 7-349a
三段分期法 7-297a
三段论 6-384c
三堆子金沙江大桥 6-186a
三多 7-479b
三恶道 5-196e
三二九起义 9-490a
三法六门 9-218d
三法司 2-90c, 5-439f, 5-449f
三法司会审 2-348a
三法印 2-458e
三藩 6-384e, 6-469f, 8-34f
三藩市 4-326a, 6-560c
三藩之乱 6-384e
“三反”、“五反”运动 6-384f
“三反”运动 5-321c, 6-384f
三方承诺放款 1-113f
三方约 1-113f
三防 6-285a
三防峡瀑布 9-94d
三分损益法 4-280a
《三峰寓言》 1-567a
三缝县 9-93e
三佛齐 7-32e
《三佛应劫统观通书》 7-353d
三伏 2-596d
三氟拉嗪 9-307c
三氟氯乙烯 6-385d
三氟乙醇 6-385e
三氟乙腈 6-385f
三氟乙酸 6-385e
三辅 4-360e
《三辅黄图》 1-515d, 4-164d
《三辅决录注》 7-601f
三纲 4-586e, 6-385f
三纲五常 6-385f, 2-335e
三纲先生 5-88a
《三高祠记》 2-481f
《三个橙子的爱情》 3-85f
“三个代表”重要思想 6-386a
《三个和尚》 1-6c, 9-352c
《三个火枪手》 2-123c
《三个摩登女性》 5-46c
《三个叛逆的女性》 9-373e
《三个士兵》(J.多斯·帕索斯） 2-389d, 5-392b
《三个士兵》(R.吉卜林） 4-58b
三个世界 6-387a, 2-261e
《三个世界的西班牙人》 8-125d
三个有利于 4-292c
《三个原始社会中的性和气质》 5-394b
三公 6-387b, 4-386b, 9-83b
三公九卿 4-321f
三古桥 7-255b
《三故事》 2-613d
《三顾茅庐图》 2-134a
三馆楷书 3-212d
“三光”政策 3-48f, 9-318c
三国 6-387c
三国干涉还辽 6-389d
《三国会要》 3-613c
三国连太郎 6-389e
《三国全传》 6-389e
《三国史记》 3-69f
三国同盟（1865） 5-401b
三国同盟(1882) 6-389f
三国同盟(1940) 6-389f
《三国协定》 6-392a
三国协约 6-390b
《三国演义》 6-390c
《三国遗事》 3-69f
《三国志》 6-390e, 1-565d, 7-173c
《三国志集解》 6-391a
《三国志通俗演义》 5-204b, 6-390c
《三国志·魏志》 6-391d
《三国志演义》 6-391a, 6-390c
《三国志注》 6-55c, 6-391a
三果（藏药名） 9-162a
三海(北海、中海、南海) 6-391a
三韩 6-391d, 3-360f
三合会 7-348b
三合班品玉科班 4-174b
三合班文锦班 4-174b
三和弦 3-420a
三和一少 7-500a
三河马 6-391d, 3-497a, 5-239c
三河牛 6-391e, 3-497a
三河市 6-391e
三河县 6-391e
三洪 3-482b
三湖红橘 3-47d
三花脸 2-12b
三化螟 6-391f, 2-167e
三环系统 6-545b
三桓 5-162a
三皇 6-392b, 6-513d, 8-484d
三皇会战 1-131c
三皇庙 6-392c
三皇同盟 6-391f
三皇五帝 6-392b
三机式机组 2-8e
三基火药 2-432e
三级产业 2-259f
三级处理 2-536c
三级醇 8-174a
三级公路 3-134e
三级会议 6-392c
三级结构 3-63d
三级试剂 3-551e
三级跳远 6-392d
三极管 2-295d, 4-303a
“三际”说 7-353d
三迹 6-318d
《三寄小读者》 1-365a
“三家村”冤案 6-392e
《三家村札记》 6-392e, 8-30b
三家分晋 6-392f
《三家巷》 6-17b
三甲胺 1-114f, 4-133f
三甲蝶呤 4-408a
三尖瓣病变 8-247c
三尖瓣关闭不全 8-247d
三尖瓣听诊区 8-256e
三尖杉 4-288e
三尖杉科 6-393a
三尖杉酯碱 3-591e
三监 8-115e, 9-472e
三江并流风景名胜区 2-213b
三江并流国家公园 6-393a
三江侗族自治县 6-393c
三江黄牛 7-606a
三江平原 6-393d, 2-316a
三江师范学堂 5-58b, 5-529d, 5-531a, 9-443d
三江县 3-613b, 6-393d
三江源地区 6-207a, 6-393f
三江源自然保护区 6-393f
“三讲”教育 6-394a
三绛县 9-93e
三胶 2-340d
三焦 6-394b
三焦辨证 6-394c
三焦经 7-38d
三角鳊 2-498d

三角测量 4-479c
三角测量法 1-486b
三角插值 1-489d
三角车属 4-267c
三角帆蚌 6-394d
三角鲂 2-498d
三角钢琴 3-55b
三角高程测量 3-59b, 4-479d
《三角轨道》 3-100b
三角函数 6-394e
三角级数 6-395c
《三角级数论》 1-558e
三角裤 5-561b
三角贸易 2-523b, 9-511b
《三角帽》 2-458a
三角槭 6-154e
三角绕标航程 2-462a
三角视差法 3-464c, 7-30b
《三角数理》 3-554c
三角铁 6-395c
三角学 8-536c
三角叶黄连 3-591d
三角债 6-395c
三角洲 6-395d, 2-370b
三角洲海岸 3-318f
三角洲平原 2-2b, 6-395d
三铰拱 3-146d
三教 9-554e
三教合一 5-88a
三教论衡 7-305b
三教堂 5-88a
《三教图》 2-310e
三阶立方体魔方 5-465c
三节棍 3-249d
《三戒》 5-136c
三界 6-395e, 7-68f
《三界经》 6-395e
三井财团 6-395f
三井三屋问题 7-423d
三井物产公司 6-395f
三井银行 6-395f
三九政变 9-129e
三聚环戊二烯 3-575e
三聚甲醛 4-135c
三聚净戒 6-404b
三聚氰胺 6-396a, 3-202f
三聚氰酰胺 6-396a
三聚乙醛 8-549a, 9-260b
三绝碑 8-57e
三俊 3-198e
三郡 4-360e
三开瓢 8-91c
三科 2-435e
《三棵橡树》 8-126c
三颗星 7-187b
三口通商大臣 9-560d
三跨两腿门架桥 3-53b
三块石岛 6-205e
三来一补 2-374f
三郎 8-218a
三乐科班 4-593b
三勒浆 7-305f
三棱大尖状器 2-305a, 4-545d
三棱镜 4-574b, 5-599e
三棱镜摄谱仪 3-226a
三棱针法 2-421e
《三里湾》 9-234b
三哩岛核事故 6-396b, 3-133b
三吏 2-356e
三连星 7-367c
三联密码 4-451d
《三联生活周刊》 6-529f
三联书店 6-529e
三联书店（香港）有限公司 6-529f
三凉 9-162a
三列桨战舰 3-164d
三菱财团 6-396b
三菱东京金融控股集团 6-396c
三菱联合金融控股集团 6-396c
三菱商事 6-396c
三菱重工 6-396c
三陆地震 6-396c
《三鹭图》 2-134a
三旅儿旗 4-277e
三率法 4-323b
三氯苯唑 1-369b, 3-41f
三氯甲烷 6-396e
三氯乙醛 6-396e
三氯乙烯 6-396f
《三略》 6-397a
三轮汽车 1-306a
三轮清净 1-452c
三轮体空 1-452c
三论（科学） 8-147d
三论（宗教） 9-433d
《三论玄义》 4-68a
三论宗 6-397a
三芒草 6-355e
《三毛从军记》(电影) 9-352d
《三毛从军记》(漫画) 9-202e
《三毛今昔》 9-202e
《三毛流浪记》(电影) 8-38c, 9-351d
《三毛流浪记》(漫画) 9-202e
《三毛流浪记》(木偶片) 9-387b
三茅真君 6-397b
《三美人图》 8-139b
《三美神》 1-175d
三门山 6-397c
三门天险 3-585b
三门峡 6-397c
《三门峡》 8-42f
《三门峡畅想曲》 5-117c
三门峡市 6-397d
三门峡水利枢纽 6-397e, 3-585b, 7-486d
《三梦记》 1-206f
“三面红旗” 6-397f
三面墙硬景 8-66e
三苗 8-159f
三民主义 6-398a
《三民主义》 5-425e
三民主义青年团 6-398d
三民主义同志联合会 8-457a
《三名城》 9-578b
三明市 6-398e
三明治教学计划 6-398e
三明治课程 6-398e
《三墨东绮谭》 8-285d
三木休 9-161b
三年经济困难 6-398f
三年桐 9-41b
《三年早知道》(电影) 7-515b
《三年早知道》(小说) 5-248f
《三娘教子》 2-579b, 7-219e
三拍子 4-216d
三喷注现象 2-310f
三七 6-399b, 8-48e
三七膏 6-399c
三七根 6-399c
三七花 6-399c
三期梅毒 5-331a
《三气周瑜》 3-251e
三千大千世界 2-101c
《三千里江山》 8-462f
《三千万》 3-25e
三秦 6-446c
三青团 6-398d
三清 6-399c, 2-162e
三清山 6-467e
三清尊神 2-162e, 6-399c
三庆班 3-596c, 3-607e, 4-281f, 5-38d, 8-216e, 8-349b
三庆会 4-406e
《三秋草》 1-342a
三区革命 6-380c
三圈环流 2-98f
三权分立 6-399d, 5-383f
三权广场 5-574b
《三人对话录》 7-530b
三人军事指挥小组 5-320c
三仁汤 6-227b
三日疟原虫 6-6b
三日浦 4-240b
三日天下 4-135e, 4-262e
三色堇 6-399f, 4-267c
三山两江 2-213a
三山五园 1-270f, 9-113b
三善道 5-196e
三生菌丝体 2-148b
《三生石》 9-558c
三牲 6-400a

三省都堂 9-281a
三省六部 6-400a
三圣传授 7-110b
《三圣圆融观门》 1-593e
三盛公水利枢纽 3-427e
三师 4-237e
三十二相 2-581e
《三十九级台阶》 7-310d, 8-126a
《三十六个字》 1-6c
三十六计 6-400d
《三十六计与围棋》 5-282e
《三十年和二十五部影片》 1-291e
三十年战争 6-400e
《三十人和他们的影子》 8-8d
"三十天战争" 8-127a
《三十五举》 8-369d
三石塔 7-137c
三史 2-320e, 2-428c
三世 6-587e
《三世诰命》 2-334a
三世王 7-109f
三是偈 9-433d
三受降城 7-45a
三水铝矿 3-245c
三水县 7-398e
三司 6-401a, 5-439f
三司（北宋） 6-401b, 7-165c
三司（魏晋南北朝、隋唐至元） 4-386b
三司副使 6-401c
三司使 6-401b
三司使（五代） 8-435c
三司文书仓 4-260d
《三死》 7-452e
《三松堂全集》 2-578a
三颂 7-176e
三苏 7-197a, 7-198a
三苏祠 5-330d
三素尔 5-595e
三素数定理 3-88c
《三遂平妖传》 5-204b
三羧酸循环 6-401c, 3-303f
三塔中国鸟 7-14c
三台村 8-503b
三台洞 8-445e
三抬 8-536e
《三体石经》 6-596e, 6-597b, 9-267b
三萜 7-379a
三萜皂苷 9-164c
三通（古书合称） 7-169a
三统三正学说 2-335e
《三统术衍》 6-164f
三头叉 1-488d
三头同盟 6-401d, 8-99e
三头政治 6-401d
三突花蛛 8-247b
三湾改编 5-320a, 8-200d, 9-391b
《三王来拜》(S.博蒂切利) 1-413a
《三王来拜》(达·芬奇) 2-62e
《三王历纪》 2-27e
三维空间 5-358c
《三位博士》 6-182a
三位一体 6-401e
三位一体论 6-405a
三武灭佛 9-472d
三武一宗灭佛 6-401e
三武之祸 7-315f
三悟山 2-486a
三希 1-402f
三希堂 6-402a, 7-513a
《三希堂法帖》 6-401f
三烯生育酚 7-556b
三溪园 3-466a
《三侠五义》 6-402b, 8-156a
三峡石 3-209b
三峡水电站 7-89b
三峡水利枢纽 6-402d, 3-513b
三仙洞 2-584f
《三闲集·我和〈语丝〉的始终》 9-73c
三弦 6-403a, 9-404d
三弦书 6-445d
三线态卡宾 4-365f
三饷 6-403b, 6-219c
三相 6-404a
三相点 4-384f, 7-81f, 8-206e
三相电路 6-403c
三相交流电路 6-403c
三相交流电源 6-403c
三相交流发电机 6-403c
三项赛 5-277c
《三笑》 9-477a
三斜铁辉石 9-122f
三谢 8-240d
三鑫公司 2-364a
三兴学校 1-110b
三星 6-507d
三星导航 7-362f
三星堆古城 6-403e
三星堆器物坑 6-403f
三星堆文化 6-403f
三星堆遗址 6-403e, 6-258f
三性 6-404a
三性三无性 9-65a
三性说 8-24a, 9-327f
《三续彭公案》 6-63f
三玄 8-363b, 9-514e
三学 6-404a
三亚港 3-335c
三亚珊瑚礁自然保护区 6-404b
三亚市 6-404c
三言 5-446e, 8-323b, 9-390b
三言二拍 6-404d
三阳病 6-450d
三阳合病 3-407d
三阳劫变 4-319f
三阳寺塔 6-447c
三杨 7-248c, 8-460b, 8-461f
三洋电机 9-501e
三氧化二氮 2-151b
三氧化二磷 5-93e
三氧化二硼 6-67f
三氧化二锑 7-339a
三氧化二铁 8-474f
三叶草 6-404d
三叶虫 6-404e
三叶胶 4-345b
三叶橡胶树 8-210c
三一八惨案 2-367f, 5-91b
三一教 5-88a
三一律 6-404f, 3-167f
三一论 6-405a, 4-45d
三一学院（都柏林） 2-347f
三一学院（剑桥） 4-168c
三一运动 6-405b
三乙胺 6-405b
三乙醇胺 8-548c
三因 9-161a
《三因方》 9-347f
三因学说 9-161a
三因制宜 6-405c, 9-347f
三阴病 6-450d
《三勇士》 7-470c
三疣梭子蟹 7-226c
三友式电影光学录音机 7-116a
三友影会 4-547c
三元合金 3-409e
三元里抗英斗争 6-405e
三元里人民抗英斗争纪念馆 3-239e
三元日 2-35b
三元说 1-569a
三元酸 7-206d
三元塔 4-571c
三元乙丙橡胶 8-548b
三元智力理论 9-320e
三垣 8-309b
三垣二十八宿 6-405f
三袁 9-101e, 9-104b
三原色理论 8-453b
三圆定理 1-6d
三远 6-439a
三月街 1-210f
三月三 6-406b, 9-516d
《三月三》 1-563d
三韵律诗 4-272d, 5-184d
三藏 6-406c, 2-583d
三藏法师 8-363e
三张 9-212f
三长制 6-406f
三掌教制 3-99a
三整一律 6-404f
三正 6-407a
三之丞 1-107c

三支比量 8-570d
三支两军 6-407b
《三支旋律》 2-458a
《三只鸡》 2-427c
三脂酰甘油 9-292c
三指两栖鲵 5-59a
三趾鹑 3-451b, 5-588c
三趾马 6-407c, 5-254a
三趾马动物群 6-407c
《三至九世纪江南大土地所有制的发展》 7-317e
《三传异同说》 5-274c
三锥齿兽类 9-413a
三资企业 6-407d
《三姊妹》 6-154b
《三字经》 6-407d, 4-127c, 5-375d
三自相 6-404a
三族 9-568e
三组分陶瓷 7-324e
《三祖大师碑阴记》 2-454a
三祖寺 7-368d
三唑酮 6-407e
《三座山》 5-507e
三座塔厅 1-543a
三D症状 8-420e
三K党 6-407f
伞兵 6-408a, 4-468d
伞兵伞 4-193a
伞花木属 8-15f
伞菌 6-408a
伞菌目 6-408a
伞塔跳伞 7-377c
伞头 8-477a
伞形科 6-408b
伞翼机 6-408c
伞藻 5-187e, 8-149e
散白 1-529b, 5-587b
散白蚁属 1-208c
散班阿訇 1-26a
散斑干涉法 6-616b
散板 1-229a
散打 6-409a
散点透视 7-415d
散度 6-408d
散工制 1-237a
散光 8-443f
散光表验光法 8-443f
散货船 6-408e
散剂 6-408f
散粮船 6-408e
散脉 5-301e
散曲 6-408f, 5-546a
散射波 2-99f
散射光 3-226d
散射角 3-226e
散氏盘 7-246e
散手 6-409a
散体大赋 6-409c
散体赋 6-409c
散文 6-409c
散文埃达 1-61e
《散文集》 4-465c
散文诗 6-409d
《散文随笔卷》 9-454b
散文小品 8-227b
散原 1-563f
《散原精舍诗集》 1-564a
《散原精舍文集》 1-564a
散乐 1-216b, 9-146e
《散乐图》(王处直墓浮雕) 7-492e
《散乐图》(张世卿墓壁画) 8-361b, 9-207b
散装水泥船 6-408e
散逸层 7-475d
《丧巴邱》 3-207a
丧服 6-409e, 2-600f
《丧钟为谁而鸣》 3-333e
桑 6-409e, 6-412e
桑昂曲宗 1-497c
桑昂曲宗县 1-497c
桑巴 6-409f
《桑巴》 3-98d
桑巴特,W. 6-410b, 7-541a
桑贝山 4-436c
桑贝子 6-181e
桑蚕 6-410c, 1-474d
桑蚕绢丝织物 4-346c
桑蚕丝 1-474c
桑达维语 4-442f
桑代克,E.L. 6-410f
桑岛 2-452c
桑德岛 9-439e
桑德尔,B. 6-411a
桑德尔,M. 6-501b
桑德奇,A.R. 4-573f
桑德人 1-59b
桑德斯,I.T. 6-500c
桑德斯,T.R.B. 1-354b
桑德威奇 7-582f
桑迪角 6-190e
桑地诺,C.A. 6-411b, 5-570e
桑地诺民族解放阵线 5-571b
桑福德大学 1-401a
桑干河 6-411c, 3-328c, 9-25a
桑戈尔,L.S. 6-411c, 3-457c, 3-457d
桑戈尔机场 2-63f, 6-375d
桑戈文化 1-53a
桑戈语 5-576d
桑格,F. 6-411d
桑国卫 6-411e, 9-388d
桑哈贾人 5-458d
桑海帝国 6-412a, 4-376b, 5-265f, 7-388a
桑海人 6-412b
桑海桑尼 6-412e
桑海语 5-573e, 6-412b
桑河 7-556e
桑弘羊 6-412c, 1-191e, 1-525b, 3-576a, 4-358c
桑基鱼塘 3-233f, 9-492c
桑吉拉 4-419d
桑给巴尔 5-572f, 6-412d, 7-288a
桑给巴尔人民共和国 7-288e
桑给巴尔石头城 7-289b
桑给巴尔苏丹国 6-412d
桑给巴尔珠母贝 9-251b
桑给帝国 7-288e
桑贾尔 6-371e
桑结嘉措 2-65d, 2-254c
桑菊饮 4-228e
桑科 6-412e
桑科尔清真寺 7-388b
《桑里斯的约会》 1-49b
桑马尔人 6-428f
桑纳扎罗,J. 5-495f
桑尼·阿里 6-412e, 5-501c
桑尼·巴罗 5-501c
桑皮 6-409e
桑浦寺 3-24d
桑奇大塔 6-412f
《桑青与桃红》 5-591c
桑人 1-454b, 5-522e
桑撒·拉马·罗 8-609e
桑椹 6-409e
桑椹胚 6-311d
桑树 6-409f
《桑树坪纪事》 8-349c
桑塔安纳,A.L.de 4-121f
桑塔·克鲁斯,A.de 6-412f
桑塔利语 6-413a
桑塔纳轿车 6-464e
桑塔雅那,G. 6-69e, 6-373c
桑坦德尔,F.de P. 6-413a
桑特,M. 9-22a
桑托岛 7-469a
桑托斯 6-413b
桑托斯队 1-296a
桑维翰 6-413c
桑夏恩区 1-446a
桑雄拉 5-587e
桑逊投影法 3-580a
桑亚尔,K. 8-597e
桑洋驴 8-452f
桑耶寺 6-413d, 1-258f, 8-113c, 8-115a, 9-156c
桑鸢寺 8-111d
《桑园读书记》 2-204f
《桑园会》 6-242d
《桑园寄子》 9-59a
桑志华 6-363d
桑珠 3-110d

嗓音分类 6–413e
丧乱诗 4–239a
《丧失了名誉的卡塔琳娜·勃罗姆》 1–397a
《丧失为人资格》 7–271b
搔杖 6–338b
骚（楚辞） 2–18e
骚体 6–414a
骚体赋 6–414b
缫车 2–500e
缫丝 9–314a
扫叭石柱 3–528f
扫罗 1–245d, 8–552d
《扫罗》 1–11a
扫描式电镜 2–296f
扫描隧道显微镜 6–414b, 1–355e
扫描探针显微加工 6–414c
扫描仪 6–414d
扫墓 6–414e
《扫墓日》 8–499f
扫帚星 3–614b
埽 6–414f
埽个 6–414f
埽工 6–414e
埽捆 6–414f
瘙痒症 6–414f
色 6–415a
色氨酸 1–111d
色彩（服装设计） 2–602c
色彩风琴 6–415d
色彩感知 6–415c
色彩构成 3–155a
色彩深度 7–69a
色彩透视法 7–415b
色彩学 6–415a
色彩乐器 6–415d
色层法 6–416f
色差 6–415e
《色差实体镜》 1–90a
色调 5–128d
色调对比 7–31a
色法 2–435e
色粉画 2–558b
《色佛尔条约》 6–415f, 5–230e
色甘酸二钠 6–87c
色感 6–415c
色界 6–395e
色觉 7–30c
色觉镜 6–416e
色拉寺 6–415f, 4–524c
色拉西 6–416a
色雷斯人 1–243c, 5–210f
色楞格河 6–416b
《色楞格界约》 1–446c
色鲤 5–14a
色林错 5–507b
色路拉里乌 2–326d
色路拉里乌分裂 2–326d
色盲 6–416c
色盲本 6–416d
色盲片 4–200f
色木槭 6–154e
色目人 7–148d, 9–89d, 9–145e
色诺芬 6–416e, 4–293d
色诺芬尼,Z. 3–175a
色谱法 6–416f
色谱分析 2–547e, 5–152c
色谱峰 6–417c
色谱–光谱联用仪 6–417b
《色谱理论基础》 5–152c
色谱仪 6–417b
色谱–质谱联用仪 6–417b
色谱柱 6–146c, 6–417c, 8–507c
色球 6–417c
色球爆发 7–269d
色球层 7–264e
色弱 6–416c
色散 1–372d, 5–599e, 9–238e
色散棱镜 4–574b
色散力 2–482d
色身 6–415a
色素膜 8–439b
色素型基底细胞癌 4–42e
色素痣 9–325b
色素P450酶 4–415b
色堂李子 2–34f
色腾,V. 8–66a
色听联觉 5–46f
色听者 5–46f
色温 2–279b
色烯 1–322a
色烯酮 1–322a
色相互作用 4–492f, 5–62e
色役 6–417e, 9–148f
色釉瓷 8–437c
色蕴 8–53e
色织布 5–412b
色自由度 5–62e
涩脉 5–301e
涩柿类 7–32a
涩艺术 6–418a
铯 6–418a, 8–131b
铯绿柱石 5–188b
铯原子钟 9–112d, 9–453a
铯–137 6–418b
瑟 6–418b
瑟门国家公园 1–71f
瑟门山脉 2–68f
森,A.K. 6–418c
森巴旺港 6–335f
森本薰 6–4b, 6–442c
森格,A.M.C. 5–77d
森格藏布 6–576f, 8–598a
森朗西党 4–154f
森林 6–418e
森林保护 6–419c
森林草莓 1–482a
森林草原风景区 9–354b
森林带 2–398a
《森林的魅力》 1–81c
森林覆盖率 6–419c
森林工业产业 5–86e
森林古猿 6–419d, 4–573e, 6–291e
森林古猿方氏种 6–419d
森林古猿型 3–321c
森林环境产业 5–86e
森林火灾 6–419e
森林几内亚 4–80e
《森林家必携》 1–306d
森林脑炎 9–543c
森林培育产业 5–86e
森林气象 6–420a
森林气象灾害 6–420b
森林书 6–420b, 2–532f
森林苔原带 2–398a
森林太郎 6–420c
森林王国 9–119c
森林维达人 7–548c
《森林之歌》 8–212d
《森林之舞》 7–234c
森林植被 9–301a
森林植物群落 6–418e
森林资源 6–548a
《森林自然地理学》 1–250e
森林自然灾害 6–419c
森鸥外 6–420c
森珀歌剧院 2–181a
森普尔,E.C. 2–227d, 6–284f
森特–哲尔吉,A. 6–563a
森图里亚大会 3–135c
森雅之 5–216e
森有礼 2–616c
僧 6–382a
僧宝 6–382a
僧璨 1–500a
僧导 1–579e
《僧端甫塔铭》 8–362c
僧房窟 6–597c
僧格 1–487d
僧格林沁 6–420d, 2–258a
僧伽 2–583e
僧伽罗人 6–420f
僧伽罗语 6–421a, 6–420f
僧伽斯那 1–217b
僧伽制度 6–421b
僧侣体 1–66e, 7–602e
僧帽水母属 6–421b, 7–101b
《僧尼共犯》 2–577b
《僧尼会》 6–39f
僧伽蓝 2–54a, 7–157a
僧伽蓝摩 2–54a

僧佉 7-68d
《僧人》 3-94b
僧睿 1-593e, 4-318f
僧嵩 1-579e
僧舞 1-542c
僧祐 3-468b
僧鱼 1-341c
僧渊 1-579e
僧肇 6-421c, 6-397b
僧子聪 6-459e
杀虫剂 6-421c, 9-302a
杀虫止痒剂 6-250a
《杀狗记》 4-300b, 7-175d, 8-146a
《杀狗劝夫》 4-300b, 9-99c
杀害人质审判 5-604f
杀菌剂 6-421d
杀螨剂 6-421e, 5-611c
杀灭菊酯 6-236f
杀青 4-158c
杀人蜂 6-421f
《杀人者》 3-333d
杀软体动物剂 5-611c
杀伤细胞 6-421f
杀神经 6-256e
《杀手莱昂》 5-179b
杀鼠剂 6-422a, 9-302a
杀细菌剂 6-421d
杀线虫剂 5-611c
沙巴 5-261c
沙暴 1-548f
沙比 6-422a
《沙比回忆录》 6-422b
《沙比书信集》 6-422b
沙钵略可汗 7-210e
沙钵罗可汗 1-53e
沙尘暴 1-548f, 6-422c
沙尘天气 6-422b
沙船 2-461e
沙槌 6-422c
沙茨基,N.S. 6-422d
《沙茨基选集》 6-422e
《沙黛提汗》 1-78b
沙殚 6-355a
沙旦,T.L. 2-388a
沙地 6-426a
沙地、盐碱地灌木林 3-218d
沙丁胺醇 6-87b
沙丁鱼 6-422e, 4-82c, 6-422e
沙丁鱼属 6-422e
沙俄侵占帕米尔事件 6-422f
沙恩霍斯特,G.J.D.von 6-423a, 4-450c, 6-581e
沙尔湖 3-312e
沙尔科,J.M. 2-595f
沙尔马内塞尔三世 8-409f
沙飞 6-423b
沙斐仪 6-423c
沙斐仪学派 6-423c
沙峰 3-424c
沙夫,K. 7-429c
沙夫茨伯里,A.A.C. 2-209a
沙夫纳,F. 1-151f
沙夫纳,K.F. 3-563d
沙葛 2-345f
《沙恭达罗》 6-423d, 4-102c
沙拐枣属 5-70b
沙果 6-423e
沙果系统 6-423f
沙哈鲁 6-423f
《沙哈鲁遣使中国记》 6-424a
沙海 6-355c
沙禾 4-585a
沙河调 9-83e
《沙赫·封·乌特诺》 2-576e
沙赫特,H.G.H. 5-604e
沙湖 6-608d
沙皇 6-424a, 2-398c, 2-401e
《沙皇的独白》 5-256d
《沙皇的新娘》 5-8d
沙皇俄国 2-401f
沙鸡科 6-424a, 3-94f
沙鸡属 6-424a
沙基惨案 6-554d
沙吉留 6-426d
沙棘 6-424b, 3-509d
沙棘属 3-509d, 6-424b
沙加尔 3-385c
沙加什氏病 9-517d
沙迦 6-424c, 1-32b
沙迦购物中心 6-424c
沙迦国际机场 6-424c
《沙家浜》 6-424c
沙·贾汗 1-124c, 2-181b, 4-518b, 5-477a
《沙·贾汗本纪》 5-477d
《沙·贾汗的3个儿子》 5-477d
《沙·贾汗1628年在阿格拉接见他的儿子们与阿沙夫·汗》 5-477c
沙贾汗纳巴德 2-181b
沙涧渡 5-326c
沙江口 8-452b
沙金,J.S. 8-613d
沙晶兰属 5-172d
沙井 9-124b
沙井蚝 6-509b
沙可夫 5-166d
沙拉达文 4-460f
沙喇簇 6-356b
沙捞越 6-424d, 5-261c
沙捞越博物馆 3-170f
沙捞越文化村 3-171a
沙梨 4-579d
沙里河 2-415a, 9-175b
沙里-尼罗语族 6-424e, 5-573e
沙里宁,E. 6-424e, 3-445c
沙里宁,G.E. 6-424e
沙里院 6-425a
沙利文,D.P. 2-127f
沙利文,J.L. 6-267a
沙利文,L.H. 4-538c
沙砾石戈壁 3-83c
沙(砾)质堆积海岸 3-318f
沙粒病毒科病毒 1-369d
沙疗 7-558a
沙龙,A. 6-425b
沙龙画展 4-378e
沙龙文学 1-175e
沙垅 6-427a
沙鲁里山 8-114c
沙罗奔 9-126c, 9-194f
沙罗室伐底,D. 8-609c
沙马什 1-61c
沙美特罗 6-87b
《沙门不敬王者论》 4-1b
沙门不敬王之争 6-425d
沙门氏菌 1-522c
沙门氏菌病 1-522c
沙蒙 6-592a
沙孟海 8-95c
沙弥戒 2-583f
沙米索,A.von 6-425e
沙没巴干 1-276d, 5-338e
沙莫尼 1-409a
沙漠 6-425e, 3-578d
"沙漠风暴"行动 3-343c
沙漠风景区 9-354b
沙漠化 6-426a
沙漠气候 6-426b
沙漠人参 6-337a
沙漠学 2-228b
沙漠之狐 8-519e
《沙漠中的基督》 4-447f
沙姆沙伊赫 8-97e
沙姆山 1-45b
沙姆什·阿达得一世 8-409e
《沙姆斯丁·大不里士诗集》 5-501e
沙穆立德 1-436e
沙尼达尔遗址 4-327b
《沙鸥》 9-352b
沙排 5-539e, 9-169a
沙牌水电站 1-190e
沙佩尔,K. 9-268d
沙佩维尔事件 5-155c
沙蓬 4-585a
沙坡鸣钟 6-426c
沙坡头 6-426c
沙普 3-394a
沙普尔·巴赫蒂亚尔 8-522c
沙普尔二世 7-193f
沙普尔一世 6-367a
沙普利,H. 6-426c, 8-581f, 9-468d
沙耆 6-426d

沙千里 6–426e, 6–119c
沙情预报 7–100e
沙丘 6–427a
沙球 6–422c
沙渠县 2–415e
沙参 4–225a
沙参属 4–225a
沙市港 4–301a
沙鼠 6–615c
沙滩排球 6–427b
《沙滩上的船长们》 8–406d
沙特阿拉伯 6–427c, 1–30c
沙特阿拉伯人 6–428f
《沙特报》 6–428e
沙特尔大教堂 2–442b, 3–93c, 4–210a
《沙特尔大教堂》 4–421b
《沙特经济概览》 6–428e
沙特里亚尔 6–428d
沙特罗夫,M.F. 6–429a
《沙特商业》 6–428e
沙田柚 9–53b
沙汀 6–429a
《沙汀文集》 6–429c
沙图克·波格拉汗 6–429c
沙图克·波格拉汗麻扎 5–238d
沙土渗透试验 2–70a
沙湾拿吉 6–429c
沙畹,E.É. 2–378c, 3–381d
沙文,N. 2–84f
沙文汉 3–157b
沙文主义 2–84f, 2–480d
沙噀 2–52b
沙亚·马拉沙洲 5–315b
《沙炎叻日报》 4–454a
沙眼 6–429d
《沙眼病原研究的最新进展》 7–295e
沙眼衣原体 7–295e
沙叶新 9–374d
沙伊德,R. 2–72d
沙引年 6–426d
沙隐虫 1–343e
沙鱼 6–432f
沙浴法 7–4a
沙苑之战 2–326c
沙枣 6–429e, 3–509d
《沙之书》 1–413f
沙质荒漠化 3–572a
沙州 2–377a, 8–533d
沙州路 2–377a
沙州卫 2–377a
《沙州伊州地志》 9–226a
沙洲县 9–198e
沙嘴 1–366b
纱 6–429f
纱窗影 9–405c
纱灯 3–526b
纱卡其 4–378a
纱丽 6–430a
纱笼 5–416a, 5–433e
纱罗缎 5–202e
纱帽山 7–253e
纱帽舞 1–542c
刹车 9–312d
砂地葡萄 6–101b
砂金 4–243f
砂金石 6–604e
砂矿 6–430b
砂矿金刚石 4–240d
砂砾质海滩 2–370b
砂轮 6–430c
砂囊 7–570c
《砂女》 1–91b
砂仁 6–430d, 6–276f
砂土液化 6–430d
砂锡 8–134c
砂性土 7–440a
砂岩 6–430f
砂岩峡谷 2–180f
砂燕麦 8–445b
莎车 6–431b
莎车县 6–431d
《莎菲女士的日记》 2–306f
《莎乐美》 6–431e
《莎乐美》(歌剧) 6–582d
莎纶 4–343c
莎士比亚,W. 6–431f, 4–593c, 5–213b, 5–296c, 8–142e
《莎士比亚悲剧论痕》 1–342b
《莎士比亚故事集》 4–541b
莎士比亚纪念剧院 6–432f
《莎士比亚剧集》 2–54b
《莎士比亚情史》 7–138e
《莎士比亚戏剧集》 9–486e
《莎士比亚戏剧全集》 9–486e
鲨鱼 6–432f
《鲨鱼》 7–231a
鲨鱼海 6–443c
啥味呢 6–433a
啥味羊毛 6–433a
《傻瓜吉姆佩尔和其他故事》 8–257c
《傻瓜威尔逊》 5–256c
《傻子成亲》 3–69d
箑(扇) 6–448b
筛窦 1–313d
筛窦炎 1–313f
筛分 8–366c
筛海 8–240c
筛海盘车亚科 3–337c
《筛麦的女人》 4–485a
晒斑 6–327f
晒红烟 7–400e
晒田 6–433b
晒图铅笔 6–159d
晒种 9–457d
《山庵杂记》 1–259b
山斑鸠 1–226c
山斑马 1–226d
山本萨夫 6–433c
山本五十铃 1–303f
山本五十六 6–433c, 9–251e
《山本五十六》 6–383b
山崩 1–312a
《山彪镇与琉璃阁》 3–250a
山部赤人 7–484c
山苍子 6–433d
山苍子油 6–433e
山茶 1–490d, 6–433e
《山茶》 9–484d
山茶半岛 8–178a
山茶花 1–490d, 9–136e
山茶科 6–433e
山茶属 1–492c
山川柳 1–576a
《山村》 8–497d
山打根 6–98c
山丹 1–211c
山丹马 5–239c
山丹马营滩 3–428d
《山盗》 5–470c
山道,E. 4–169b
山道年 6–433f
山地 6–434a
山地冰川 1–361e, 6–441f
山地草甸 1–481d
《山地的烧炭党人》 7–550c
山地高原 3–80e
山地貘 5–485f
山地气候 6–434b
山地杨桦林 5–236a
山地印地语 8–591b
山地沼泽 9–227e
山帝王朝 8–164a
山雕刻 2–301d
山丁子银蛾 8–580e
山顶洞期 9–469d
山顶洞人 6–434b
山顶洞遗址 6–55f, 9–364b, 9–469c
山东半岛 6–434d
山东梆子 1–340f, 6–552d
山东菜 6–434e
山东大鼓 6–434f
山东大学 6–435b
山东大学堂 6–435b
山东高等学堂 6–435b
山东高等学校 6–435b
山东工业大学 6–435b
山东共产主义小组 7–500d
山东鼓吹 2–33d
山东海洋学院 9–371a
山东快书 6–435b, 3–80d
《山东快书漫谈》 3–80d

山东龙山文化 6-435c, 1-205d, 3-459c, 7-11c
山东琴曲 8-446f
山东琴书 6-435f, 9-517e
山东三大秧歌 6-436f
山东省 6-435f
山东省行政区划 6-436b
山东学派 9-387d, 9-402e
山东扬琴 6-435f
山东医科大学 6-435b
山东枣梆 6-440a
山东作战军 9-435f
山都蜡 5-40f
山多威 6-353c
山粉 4-350a
山峰 6-434a
山甫鲁,T. 6-505d
《山高水长》 3-73c
山歌 6-437a
山梗菜碱 9-439a
山谷道人 3-598a
山谷水库 7-88a
山谷寺 7-368d
山海工学团 6-530a, 7-327b
山海关 6-437b
山海关北洋铁路官学堂 8-97f
山海关之战 6-437c
《山海经》 6-437d, 4-304d
《山海经集释》 6-437f
《山海经笺疏》 6-437f
《〈山海经〉神话研究的讨论及其它》 9-454b
《山海图》 3-125b
山河狸 6-437f
山河狸科 6-437f
山核桃 6-438a, 3-438d, 4-288e
《山核桃集》 3-14f
山核桃属 6-438a
《山洪》 8-41f
山胡 1-283d
山槐 3-409c
山鸡椒 6-433d
山家大师 9-574b
《山家清供》 4-194a
山金豆 4-243b
山金柑 3-43e, 4-243b
山金橘 4-243b
《山经》 6-437d
《山静居论画》 6-438a
《山居秋暝》 7-511e
《山居图》 4-336b
山橘 4-243b
山坑石 7-44a
山葵萝卜 4-530c
山榄科 6-438b
山莨菪 6-438c
山莨菪碱 9-504d
山莨菪属 6-191b, 6-438c
山烙铁头蛇 2-351e
山梨糖醇 7-318f
山梨县文化会馆 2-140d
《山里的冬天》 7-542d
山里红 6-442a
山楝属 5-49f
山列 6-434a
山林原白蚁 1-208d
《山林之歌》 5-277f
山岭隧道 2-164c
《山鲁佐德》(戏剧) 3-308c
《山鲁佐德》(音乐) 5-8d
山鹿素行 8-59c
《山路》(绘画) 3-466f
《山路》(小说) 1-570d
《山路松声图》 7-316e
山麓平原 6-438e
山麓夷平过程 6-438e
山麻黄属 9-138f
山马 5-253f
山马塘顶 5-532e
山脉 6-434a
山猫眼宝贝 1-239e
《山姆·斯利克名言和实例》 3-310f
《山姆·斯利克在英国》 3-310f
山南地区 6-438d
山内高卢 3-70d
山坡露天矿 5-176e
山坡平行后退理论 6-438d
《山坡上的黄昏》 1-86b
山漆 6-399b
山漆树 6-125a
山崎朋子 7-525d
山崎实 7-20b
山崎宗鉴 6-320d
山牵牛属 4-350d
山前平原 2-2b
山墙 6-180f
山区流域管理 8-225a
《山区收购站》 5-233f
《山区语言》 6-85f
《山雀爱梅图》 3-555f
山雀科 6-438e
山戎 8-422e
山陕班 6-439f
山陕梆子 3-249f, 6-439f
山陕商人 8-100e
《山上的狐狸和山下的狐狸》 1-22c
《山上的十字架》 2-593e
《山上的小屋》 8-170c
《山上茅舍》 7-543b
山上忆良 7-484b
《山水册》 3-597b
《山水纯全集》 6-438f
山水宫苑 9-406c
《山水花鸟图册》 5-466e
山水画 6-439a
《山水诀》 4-299f
山水盆景 6-61f
《山水人物册》 4-247a
山水园 9-406b
《山寺》 9-94f
山涛 4-273c, 9-497b
山田耕筰 6-439c
山田洋次 6-439c
《山亭文会图》 7-495f
山铜材属 1-558a
《山陀儿之战》 5-395e
山外高卢 3-70e, 4-395c
山旺村古生物化石自然保护区 6-439d
山西梆子 6-439e, 4-16a
山西梆子上路调 6-440a
山西北路梆子 3-487b
山西大学 4-613c
山西高原 3-600a, 6-440e
《山西开矿制铁以及转运各色矿产章程》 7-36a
山西铝厂 3-423a
山西票号 6-83e
山西省 6-440a
山西省晋剧团 2-71e
山西省行政区划 6-440b
山西同济矿务公司 7-36a
《山西西阴村史前遗址的新石器时代的陶器》 5-55b
山西亚种 5-332b
山西镇 4-319c
《山豁待渡图》 3-207d
山喜鹊 3-605b
山系 6-434a
山县有朋 6-441c
《山乡故事》 8-519f
《山乡巨变》(连环画) 3-443b
《山乡巨变》(小说) 9-470b
《山行诗》 2-454a
山羊 6-441d
山羊绒 6-441e
山羊属 6-441d, 6-441e, 8-449b
山阳公 3-380e
山杨 8-458f
山药 6-441f, 7-60c
山药蛋 5-267e
山药蛋派 5-249a, 8-189f
《山野》 1-81b
山夷 7-251f, 9-127c
山阴 3-443c
山樱花 9-12e, 9-12f
山萮酸 9-293d
《山雨》 7-511c
山玉兰 9-75d
山芋 3-36a
山岳冰川 6-441f, 1-361d, 4-362b
《山岳的召唤》 1-127a

山岳风景区 9-354b
山岳派 3-289e
山越 6-389a, 8-39f, 9-127c
山泽之赋 6-441f
山楂 6-442a
山楂属 6-442a
《山鹛棘雀图》 3-595e
山芝麻 8-43b
山志 2-221d
《山中》 1-566f
《山中白云词》 9-214a
《山中寡妇》 2-363c
《山中那十九座坟茔》 4-590f
《山中圣诞节》 1-16d
《山中杂记》 1-364f
《山中杂咏卷》 3-582d
山茱萸 5-545d
山茱萸科 6-442b
山猪 9-494e
杉村春子 6-442c, 6-4c
杉科 6-442c
杉森信盛 4-272c
杉山彬 2-332e
杉松 4-575e
苫国 2-600b
钐 8-130d
钐-钕等时线法定年 6-442e
钐-钕法定年 6-442d
钐-147 6-442e
衫 6-442e
珊瑚 6-442f, 6-68d
珊瑚虫 6-442f
珊瑚虫纲 6-442f
珊瑚岛 6-443b, 2-115e, 2-158c
《珊瑚岛上的死光》 4-426e
珊瑚海 6-443b
珊瑚海海战 2-256b, 5-574d, 7-262f
珊瑚花 4-350d
珊瑚婚 4-223b
珊瑚礁 6-443c
《珊瑚礁的构造和分布》 3-350e
《珊瑚礁问题》 2-135f
《珊瑚木难》 6-443f
珊瑚藤 5-70b
《珊瑚网》 6-443e
珊瑚洲 5-525b
珊阇耶家族 8-164a
《栅草纸》 6-420c
栅居 3-31f
栅形多天线射电干涉仪 4-453b
闪长岩 6-443f
闪电 6-444a
"闪电"(巴解组织成员) 1-166d
闪电放电 4-566f
闪电河 5-190a
闪电战 6-444c, 6-444d
闪光弹 2-517e
闪光灯 6-444c
闪光电晕 2-293f
闪光光解技术 3-223d
闪-含语系 1-18c
闪辉正煌岩 3-604a
闪击战 6-444d, 3-165b
闪米特-含米特语系 8-416c
闪米特人 2-267d, 2-267e
《闪闪的红星》 1-146d, 4-601d
闪石石棉 6-600b
闪烁计数器 6-444f, 3-433f
闪烁晶体 4-302a
闪锌矿 6-445a
闪语族 6-445b, 1-18d, 1-35d
陕(陕西省简称) 6-446b
陕北公学 6-445b
陕北说书 6-445d
陕北新华广播电台 3-231c
《陕北之行》 2-481d
《陕北中生代延长层植物群》 7-141e
陕城 9-84d
陕甘黄土高原 3-600a
陕甘回民起义 6-445e
陕甘宁边区 6-445f
陕甘宁边区政府旧址 8-424b
陕甘宁晋绥联防军 9-392b
陕甘宁特区 6-445f
陕甘宁油气田 5-558b
陕甘苏区 7-433c
陕甘支队 7-433c
陕公 6-445b
陕南山地 6-446c
陕西财经学院 8-81c
陕西大学堂 8-86f
陕西历史博物馆 6-446b
陕西龙山文化 4-462f
陕西庙 9-537f
陕西皮影戏 9-405f
陕西省 6-446b
陕西省法政学堂 8-86f
陕西省戏曲研究院 8-245f
陕西省行政区划 6-446d
陕西师范大学 6-447b
陕西学派 9-387d, 9-402e
陕西影戏 4-16a
汕甘碧镇 6-227e
汕头港 6-447e
汕头海湾大桥 6-447e
汕头市 6-447d
汕尾港 6-447f
汕尾市 6-447e
汕尾渔场 6-447f
疝 6-447f
单超 3-375c, 5-52c
单田芳 1-269d
单雄信 9-176d
《剡溪访戴图》 3-583e
剡县 6-571e
扇 6-448a
扇贝 6-448c
扇贝科 6-448c
扇鼓傩戏 6-8e
扇面琴 8-446f
扇鳍鱼类 9-560e
扇尾鸽 3-94e
扇形聚焦回旋加速器 7-394f
扇子陡 9-75f
扇子功 6-448d
掸 2-125c
掸邦高原 6-448e
掸人 6-448e
掸人三兄弟 6-105a
善本 6-448f
《善本书室藏书志》 1-145b
善导 6-449a
《善的研究》 8-102d
善端 7-149c
善恶混 8-447b
善法派 5-520f
善后大借款 6-449a
善后会议 5-91b
善化亭 6-172d
善慧法幢 1-222b
善柯 3-442e
善扑营 9-398c
善听 2-245c
《善文》 2-363f
善无畏 4-390f, 5-409b
善信 6-194d
《善意的人们》 5-211f
禅让 6-449b, 8-159f, 9-72d
禅让制 8-478c
鄯阐城 4-508d
鄯城县 8-98c
鄯善 6-449c
鄯善俗语 6-250a
鄯善王国遗址 6-250a
鄯阳县 7-111e
鄯州 6-206a
《擅长装扮的老猫经》 5-312d
蝙 5-586e
膳夫克鼎 4-445d
膳食 6-449d
膳食结构 6-449e
赡部洲 7-147b
赡思 2-495a
赡养 6-450b, 2-599f
鳝 3-597a
伤残 1-473b
伤残保险 6-450c
《伤春》 1-571b
伤风 1-370c, 4-72c
《伤感的泪水》 6-422b
伤寒 6-450d

伤寒 6-451a
《伤寒标本心法类萃》 5-110b
《伤寒调查报告》 5-6f
《伤寒九十论》 8-534c
《伤寒论》 6-451a, 6-388c
伤寒学派 6-451c
《伤寒杂病论》 4-240f, 6-388c, 9-218a
《伤痕》 6-451d
伤痕文学 6-451d
伤痕小说 6-451d
伤筋 6-451d
伤科推拿 9-266a
伤口愈合 6-451e
伤食 8-222f
《伤逝》 7-86d, 7-514a, 9-352b
商 6-451f
《商报》(厄瓜多尔) 2-408c
《商报》(中国) 1-552e
商标 6-453a, 3-266a
商标法 6-453c
商标管理 6-453c
《商标国际注册马德里协定》 6-453d
商标权 6-453e, 8-22b
商标注册 6-453e
《商标注册条约》 3-266b
商标专用权 6-453e
商博良,J.-F. 6-453f, 9-556e
商部 5-136e
商部高等实业学堂 5-545f
商埠 6-454a
商承祚 6-454d
商船 9-142f
商船买办 5-291a
商灯 2-190f
商法 6-454e
商港 3-56d
商高 1-427b
商高定理 3-153a
商高数 1-427b
商馆买办 5-291a
商环 3-575c
商羯罗 2-532c, 8-599a, 8-604d
商羯罗·弥尸罗 6-570a
商君 6-457b
《商君书》 6-457b
商籁体 6-590a
商陆 6-454f
商陆属 6-454f
商洛市 6-455a
商品 6-455b, 9-522a
商品拜物教 6-455e, 1-219d
商品草酸 1-482f
商品的边际替代率 6-455f
商品二重性 4-553d
商品房 6-456a
商品购买力 3-156f
商品广告摄影 6-458d
商品过剩 6-528e
商品价值 4-553d
商品检验 6-456a
商品交易所 6-456b
商品经济 6-456c, 4-291d
商品粮基地 6-456e
商品零售 5-100c
商品流通 5-127e
商品期货 6-123c
商品市场 7-25f
商品资本 5-127f, 9-523b
商品资本循环 9-523b
商契斋 6-454d
商丘市 6-456f
商丘县 6-456f
商人 6-457d
商人法 5-422d, 6-454e
商人汉萨 3-379b
《商山四皓图》 3-597b
《商山早行》 7-584b
《商事敕令》 6-454e
商事法 6-454e
商税 7-301e
《商颂》 7-176f
商汤 4-225a
商特皮 9-556f
商屯 7-450f, 7-451b
商文化 2-86a
商务飞机 3-137e
商务印书馆 6-457a, 2-428d, 3-358a, 8-178f
商锡永 6-454d
商县 6-455a
商鞅 6-457b, 2-456d
商鞅变法 4-309e
商业 6-457c
商业贿赂 6-457e
商业街 6-457f
商业秘密 6-457f
商业秘密法 6-458a
商业票据 6-84a
商业摄影 6-458c
商业事务所 9-3d
商业无菌 3-219a
商业心理学 8-215a, 8-253a
商业兴 6-435f
商业性时装表演 6-611d
商业性养老保险基金 8-472d
商业医疗保险 8-534f
商业银行 6-458d, 4-249a
商业中心 6-458e
《商业周刊》 1-354c, 5-294e
商业资本 5-127f, 9-520f
商用秤 1-594c
商誉 8-22b
商约 5-328e
商战 5-329a
商州市 6-455b
《商周彝器通考》 6-458f, 6-331f
《商子》 6-457b
墒情预报 7-100e
熵 6-458f, 6-279f
熵判据 6-280a
熵增加原理 6-279f, 6-459a
晌礼 8-48d
赏竺监藏 8-8b
上把 2-71c
《上班族的一日》 1-570d
上秘鲁 1-392f
上层建筑 6-459b, 4-287e
上层滞水 2-242c
上承式桥 6-186d
上党梆子 6-440a, 7-151b
上党宫调 6-440a
上党县 1-521b
上党战役 6-459c
上低音号 2-85c
上地幔 2-229a
上地信息产业基地 9-334b
上帝 6-459d
《上帝创造女人》 1-187c
《上帝的艾格妮丝》 4-158e
《上帝的母亲》 8-94b
《上帝的右手》 1-432d
《上帝观念的起源》 6-580c
上帝圣父 6-560f
上帝圣灵 6-564e
上帝圣子 6-569f
上帝永约会 5-436e
《上帝之城》 1-122c
上帝之道神学 1-183b, 8-294a
“上帝之死”神学 6-62e
《上帝知道》 3-331b
上都 6-459e
上都城遗址 6-460a
上都留后 9-511d
上翻门 5-365a
上方寺 4-386a
上坟 6-414e
《上甘岭》 5-85a
上甘岭战役 6-460b, 3-588b, 4-592b, 6-199b
上感 4-72c
《上高宗封事》 3-507b
上古生界 3-174e
上古四声 7-153b
上古音 3-181e, 3-385a
上官安 7-196d
上官桀 4-22e, 6-412d, 7-196d
上官体 6-460d
上官婉儿 7-543c
上官仪 6-460d
上官游韶 6-460d
上官云珠 6-460e

上光油 9-37f
上海芭蕾舞团 6–460e
上海宝钢 6-460f
上海宝钢集团公司 6–460f
《上海报》 8-241a
上海博物馆 6–461a
上海长江大桥 8-236a
《上海春秋》 9-85d
上海辞书出版社 6–461b
上海大剧院 6–461b
上海大学 6–461c
《上海大学学报》 6-461d
上海大众汽车公司 2-124a, 6-465d
《上海的早晨》 9-467d
上海地下铁道 6–461d
上海第二教育学院 3-533f
上海第二医科大学 6-464b
上海电光公司 6-461e
上海电力公司 6–461e
上海电影集团有限公司 6–462a
上海电影制片公司 6-462a
上海电影总公司 6-462a
上海独脚戏 2-352d
上海俄文学校 6-466b
上海法律高等专科学校 6-461c
上海飞乐音响公司 3-184e
上海佛学院 9-354d
上海港 6–462b
上海高等实业学堂 5-545f
上海工部局乐队 6-464c
上海工人三次武装起义 6–462c
上海工人武装起义 6-254c
上海工业大学 6-461c
上海工业专门学校 5-545f
上海共产主义小组 4-596e
上海"孤岛"文学 6–462e
《上海姑娘》 1-580e
上海冠龙照相材料行 2-510c
上海广方言馆 2-575a
上海国际电视节 6–462f
上海国际电影节 6–463a
上海国际机场 6–463b
上海国立音乐专科学校 6-215e
上海海鸥照相机厂 6-463d
上海海鸥照相机有限公司 6–463c
上海合作组织 6–463d
上海画院 6-466f
上海话剧艺术中心 6–463e
上海环球金融中心 6–463f
上海交通大学 6–464a
《上海交通大学学报》 6-464b
上海交响乐团 6–464b
上海教育学院 3-533f
上海京剧院 9-323d
上海剧艺社 3-157b
上海剧作者协会 3-255b
上海军医大学 2-258e
《上海抗日血战史》 9-197f
上海科技大学 6-461c
上海科技高等专科学校 6-461c
上海临时法院 3-613a
上海梅山（集团）有限公司 6-460f
上海美术院 5-109e, 6-464c
上海美术专科学校 6–464c
上海美术专门学校 6-464c
上海魔术团 3-17b
上海木刻工作者协会 5-15a
上海农学院 6-464b
上海期货交易所 6-123e
上海汽车 6-464e
上海汽车工业(集团)总公司 6–464e
上海汽车工业总公司 6-464e
上海汽车集团股份有限公司 6-464e
上海汽车拖拉机联营公司 6-464e
上海青年话剧团 6-463e
上海人民公社 7-498b
上海人民团体联合会 9-382b
上海人民艺术剧院 6-463e
上海软件园 6-465d
上海商科大学 4-106f
上海商学院 9-443d
上海商业储蓄银行 5-539b, 5-542b
上海神州邮票研究会 4-78a
上海圣教书院 5-83e
上海市 6–464f
上海市第一百货商店 5-530f
上海市动力机械制造公司 6-464e
上海市立格致中学 3-112d
上海市内燃机配件制造公司 6-464e
上海市农业机械制造公司 6-464e
上海市人民沪剧团 5-157d, 6-424c
上海市烧伤研究所 7-8c
上海市拖拉机汽车工业公司 6-464e
上海市戏曲学校 9-62e
上海市行政区划 6-464f
上海书画公会 4-610f
上海水泥厂 5-110d
上海四川路桥 5-54a
《上海滩》 9-471d
上海特区法院 3-613a
上海通用汽车有限公司 6-464e, 6-465d
上海图画美术学校 6-464c
上海图画美术院 6-464c
上海拖拉机厂 2-527d
上海外国语大学 6–466b
上海外国语学院 6-466b
《上海屋檐下》 6–466b, 8-67c, 8-167d
上海戏剧界联谊会 3-255b
上海戏剧学院 6–466c
上海戏剧运动联合会 9-413c
上海县 5-437a, 6-465b
上海小刀会刘丽川起义 6-220f
上海小刀会起义 8-222a
上海亚细亚影戏公司 8-193b
《上海洋泾浜设官会审章程》 3-613a
上海冶金控股（集团）公司 6-460f
上海业余剧人协会 4-252f, 9-373f
上海业余戏剧交谊社 3-157b
上海伊斯兰师范学校 2-68e
上海医科大学 3-9b
上海医学院 9-443d
上海艺术剧场 4-542d
上海艺术剧社 2-541c, 9-271d, 9-373e, 9-413c
上海音乐学院 6–466c
上海银行 2-140e
上海影戏公司 5-46c
上海邮界联欢会 4-78a
《上海游骖录》 8-36f
上海幼儿师范专科学校 3-533f
《上海杂记》 8-345f
上海照相机厂 6-463d
上海镇 6-465a
上海证券交易所 6–466d
上海证券交易所股价指数 6–466d
《上海之夜》 8-345b
上海植物园 9-306c
上海中国画院 6–466e
上海中西女塾 5-83e
上杭场 6-466f
上杭县 6–466f
上颌窦 1-313d
上颌窦炎 1-313f
上呼吸道 3-499b, 6-299a
上呼吸道感染 3-45a, 4-72c, 4-443c
上湖 8-93c
上滑锋 2-572f
上皇 6-392b
上计制度 8-177c
上加丹加矿业联合公司 5-148e
上加拿大 1-91d, 4-115b
上焦如雾 6-394c
上京 1-419a, 1-419e, 4-237f, 5-68a
上京临潢府 5-63e
上京龙泉府故址 5-595a
上荆江 1-513d, 4-299f
上绝对阈限 3-44f
上克拉马斯湖 2-397b
上夸克 4-492e
上里砌石拱坝 3-146a
《上林赋》 7-115a
上林湖越窑遗址 2-44a, 5-594e
上林三官五铢 8-54b
上林苑 6–467a, 1-507b, 4-164d
上龙亚目 6-479e
上卢日支人 5-152e
"上路"戏 4-579f
上洛县 6-455a
上缅甸 5-414c
上面发酵啤酒 6-77e
上尿路感染 5-589e

上盘 2-368a
上皮 6-467b
上皮组织 6-467b
上偏差 3-130b
上汽集团 6-464e
上腔静脉阻塞 6-178a
上清大帝 6-399d
《上清帝第二书》 8-68c
《上清帝第六书》 8-68f
《上清帝第三书》 4-406b
《上清集》 1-209c
上清派 6-467c, 7-305b
上丘脑 4-151e
上饶红葵 2-330f
上饶市 6-467d
《上任》 5-219c
上日耳曼总督 7-421d
上三旗 5-560e
《上山采蘼芜》 9-78e
上山遗址 6-467f
上杉慎吉 5-356c
上升流 6-467f
上升泉 6-266b
“上升”2号飞船 7-257d
上师 4-529b
上市公司 6-468a
上寿 6-532a
上书 9-563d
上书房 3-389e
《上枢密韩太尉书》 7-198a
上水 9-439a
上驷院 5-560e
上诉 6-468b
上诉不加刑 6-468c
上田诚也 6-468d
上条拨针系 4-34b
上沃尔特 1-437c
上沃尔特共和国 1-437e
上沃洛乔克运河 6-556c
上下配穴法 9-248b
上弦 9-124a
上现蜃景 3-340c
上消化道 6-298f
上新马 5-254b
上新世 6-468e
上扬斯克 6-468e
上扬斯克盆地 6-468f
上扬斯克山脉 6-468f, 8-88b
上议院 5-453d, 8-558f
上印度河平原 8-598d
上犹场 6-468f
上犹江水电站 7-90a
上犹县 6-468f
上游效应 5-217d
上友 9-290c
上虞市 6-469a
上虞县 6-469a
上谕 6-469b
上元节 9-98b
上月幔 9-122e
上运动神经元 7-280c
上证成分指数 6-466e
上证30指数 6-466e
上证180指数 6-466e
上肢保健推拿 1-245a
上智编译馆 7-369a
上中等收入国家 2-434c
上冢 6-414e
上柱国 9-182f
上字 2-472e
《上尊号碑》 6-469c
上座部 6-469d, 8-221c
上座部佛教 9-554b
上座部结集 4-223c
尚安县 8-452b
尚博瀑布 3-52d
尚长荣 1-476e
尚德泉 6-470d
尚法拉 1-34f
尚弗勒里 8-238b
尚和玉 6-469e
尚加内河 5-79e
尚加人 2-53a
尚健庵 6-470f
尚可喜 6-469f, 6-219d
尚普兰,S.de 6-469f, 4-505c, 4-506a, 7-612a
《尚普兰全集》 6-470a
尚其亨 9-80f
尚让 6-609f
尚塞拉德人 5-249b
尚书 6-400b
《尚书》 6-470a, 8-135e, 9-73b
《尚书大传》 1-575f, 2-599a, 9-468b
尚书令 6-400b
尚书仆射 6-100c
尚书省 6-470c, 6-400a
《尚书·舜典》 2-364c
尚书台 3-370c, 6-400a
《尚书·禹贡》 2-226f, 2-244f
《尚书正义》 6-470b
《尚书注疏》 6-470b
尚同 5-480b
尚贤 6-470d, 5-480b
尚小云 6-470d
尚燮 5-47f
尚友 9-290c
尚钺 6-470f
尚之信 6-219d, 6-230c, 6-469f
尚志市 6-471a
尚志县 9-233b
尚仲贤 5-135d, 9-99a
尚宗武 6-470f
烧瓷 6-471b
烧刀子 1-199c
烧沟汉墓壁画 6-471c
烧碱 6-471d, 6-217d
烧结 7-325a
烧酒 1-199c
烧烤席 5-304a
烧蓝 8-582e
烧伤 6-471d
烧石膏 5-131f
烧炭党 6-471f
烧心 6-472a
烧银蓝 8-582e
烧灼灸法 4-324b
梢子 7-77a
梢子功 7-77a
勺海亭长 5-401b
勺庭先生 7-577b
勺园 1-359b
芍药 6-472c
芍药花苷 3-530e
芍药科 6-472b
芍药属 6-472b
杓兰属 4-541a
苕子 6-472c
《韶》 9-403e
韶关 6-472e
韶关市 6-472d
韶山市 6-472e
少数民族 6-472f
少数民族手工艺 7-37e
少数人种 2-245a
少数载流子 1-231e
少白派 4-283c
少帝 7-543d
少府 6-470c, 7-569d
少昊陵 6-247f
少康 6-473a, 8-160a
少林拳 6-473b, 7-163c
少林寺 6-473c, 2-191e, 7-163c
《少林寺》 3-139e, 4-604b, 8-193f, 8-580d
少林寺武术节 3-426f
《少林小子》 8-580d
《少林足球》 9-473c
少陵草堂 2-357c
《少奶奶的扇子》 3-483a
《少年》(北野武) 1-286f
《少年》(L.N.托尔斯泰) 7-452d
《少年》(F.M.陀思妥耶夫斯基) 3-120e
《少年的悲哀》 4-595e
《少年的魔角》 5-263d
少年宫 6-473d
少年共和国 3-124e
《少年凯歌》 1-560a
《少年飘泊者》 4-188c
少年期 2-418f
《少年维特之烦恼》 6-473e

少年之家 6-473d
少年中国共产党 3-412d
少年中国学会 4-591b, 7-497a
《少女艾尔莎》 3-144a
《少女的誓言》 2-592d
少女节 6-121d
《少女们》 5-372e
《少女头像》 2-179d
《少女西丽娅》 8-95e
《少室山房笔丛》 6-473e
少室山人 6-576b
少先队 9-396d
少先队队歌 9-396e
少阳病 6-473f, 6-450e
少阳阳明合病 3-407d
少阴病 6-474a, 6-450e
少阴虚寒证 6-474a
少阴虚热证 6-474b
少洲 3-176b
召公 9-472e
召穆公 3-148b
召南 3-255b
邵郇人 6-474f
邵大箴 6-474c
邵基 6-474c
《邵基诗集》 6-474d
邵晋涵 4-328d, 9-243a
邵骏远 6-474e
邵力子 2-6f, 7-79e
邵陵郡 6-475e
邵飘萍 6-474d, 8-287b
邵荃麟 6-474e
《邵荃麟评论选集》 6-474f
邵仁杰 6-476a
邵仁楞 6-475e
邵仁枚 6-474f, 6-475e
邵瑞珍 9-452e
邵氏公司 6-474f
邵氏兄弟(香港)有限公司 6-474f, 8-193d
邵氏影城 6-474f
邵同章 6-476a
邵伟萍 8-12e
邵武民俗博物馆 6-475a
邵武市 6-475a
邵武县 6-475a
邵心恒 6-475a
邵新成 6-474d
邵循正 6-475a
邵燕祥 6-475d
邵阳市 6-475d
邵阳丝弦 3-515e
邵阳县 2-343d
邵亦民 6-474e
邵逸夫 6-475e, 6-474f
邵逸夫数学奖 8-36c
邵逸民 6-474e
邵雍 6-476a
邵州 6-475e
邵醉翁 6-476a, 6-474f
绍菜 9-243e
绍德尔, J.P. 7-461e
绍丁, F.R. 8-492e
绍剧 6-476b
《绍剧传统唱腔》 8-25d
绍卡利斯基, Yu.M. 6-476c
绍克尔, F. 5-604e
绍纳人 6-476c, 1-225b
绍纳语 1-225d, 4-264f
绍纳族 4-264f
绍述 9-167b, 9-220a
绍陶 9-562b
绍托拉, M.de 1-16b
绍武政权 5-536f, 6-219b
绍兴菜 9-243e
绍兴大班 6-476b, 9-128a
绍兴府 6-476f
绍兴高调班 6-476b
绍兴和议 6-476e
绍兴酒 3-590b
绍兴老酒 6-476f
绍兴乱弹班 6-476b
绍兴市 6-476e
绍兴文戏 9-128a
《哨鹿图》 4-547f
《奢侈、宁静和享乐》 8-182b
《奢摩他室曲》 8-32f
《奢摩他室曲话》 8-32f
赊销 8-214e
猞猁 6-477a
畲军 3-586f
畲语 6-477b, 6-477c
畲族 6-477c, 6-406c
舌 6-477d
舌扁桃体 6-477e
舌侧缘 6-477e
舌颤 6-479a
舌唇兰属 4-541a
舌淡 6-478f
舌根 6-477e
舌肌 6-477e
舌尖 6-477e
舌老 6-478f
舌盲孔 6-477e
舌内肌 6-477e
舌嫩 6-478f
舌黏膜 6-477e
舌强 6-479a
舌乳头 6-477e
舌色 6-478f
舌神 6-478f
舌鳎 6-478a
舌鳎科 6-478a
舌苔 6-478a
舌态 6-479a
舌体 6-478e
《舌头的趣味》 1-92f
舌歪 6-479a
舌外肌 6-477e
舌系带 6-477e
舌下襞 6-477e
舌下阜 6-477e
舌象 6-478f
舌形 6-478f
舌形贝 6-478c
舌形贝类 6-478c
舌蝇 9-517d
舌诊 6-478c
舌质 6-478e
舌纵 6-479b
《佘赛花》 9-231d
佘山天文台 7-159f
蛇 6-479b
蛇胞藻属 3-602d
蛇串疮 2-131b
蛇岛 5-64f, 5-181f, 6-479c
蛇岛蝮 6-479d
蛇岛自然保护区 6-479c
蛇毒 6-536c
《蛇毒》 8-492f
蛇根草 6-176c
蛇根碱 6-479d
蛇瓜 3-512d
蛇节 9-88f
《蛇结》 5-470b
蛇颈龟 6-479e, 1-515b
蛇颈龙 6-479e
蛇颈龙亚目 6-479e
蛇蛉科 6-479e
蛇蛉目 6-479e
蛇绿岩 6-479f
蛇绿岩套 6-479f
蛇麻花 6-78b
蛇鳗 6-480a
蛇鳗科 6-480a
蛇葡萄 6-101f
蛇葡萄属 6-101e
蛇神 5-260a
蛇甜瓜 1-467d
蛇头荠属 6-591e
蛇尾纲 4-74b
蛇纹石 6-480a, 9-76f
蛇纹石石棉 6-600b
蛇纹石岩 6-480c
蛇纹石玉 6-480b
蛇纹岩 6-480c
《蛇形刁手》 3-139e, 8-193e
蛇亚目 6-28c, 6-479b
蛇足石杉 6-480d, 6-601c
阇弥尼 5-390f
阇耶跋摩二世 8-29a, 9-254e

阇耶跋摩七世　5-520f
阇耶跋摩五世　9-254e
舍入误差　8-80a
设备进口　4-100e
设备总线　8-178d
设得兰群岛　6-480d
设菲尔德　6-480e
设计规约语言　4-93a
设计教学法　6-480e
设计排涝流量　5-610e
设计排渍流量　5-610e
设计艺术　6-480f
设拉子　6-481a
设拉子画派　1-387c
设利罗　6-502c
社　6-481b, 6-501d
社办企业　8-190a
社保基金　6-483a
社仓　1-525d
社队企业　8-190a
社革党　4-81e
社会　6-481e
社会安全　6-483b
社会安全阀　6-482b
社会安全阀制度　6-482b
社会安全事件　7-417b
社会保险　6-482c, 2-612c, 6-482e
社会保险法　6-482e, 1-247d
社会保险费　6-491b
《社会保险和有关的福利问题》 2-612a
社会保险基金　6-483a
社会保险税　2-612f
社会保障　6-483b, 2-612c, 4-284b, 6-483c
社会保障法　6-483b
《社会保障法》 2-612a, 6-483c, 8-294e
社会保障基金　8-214c
社会保障基金管理法　6-483d
社会保障制度　6-483d
社会必要劳动时间　6-483f, 4-147d, 4-147f, 4-553f
社会变迁　6-484a
《社会变迁：关于文化和本性》 1-122b
社会病态　6-484c
社会补贴　2-612d
社会财富　1-461e
社会测量　6-484c
《社会成本问题》 4-435c
《社会冲突的功能》 2-3c, 4-435c
《社会冲突研究续篇》 4-435c
《社会传播的构造与功能》 2-24d, 2-123e
社会存在　1-351a, 6-484e, 6-495a
社会存在决定社会意识　6-484e
社会达尔文主义　6-484f, 6-366b
社会党国际　6-485a
社会党国际工人联合会　2-254e
社会党国际局　2-258c
《社会党人法》 6-485b
《社会党事务》 6-485b
《社会道德》 1-132d
社会等级　6-492d
社会地位　6-485c
社会调查　6-485d
社会调查法　6-235d
社会动力学　4-473b
《社会发展史纲》 3-553f
社会发展指数　6-485f
社会方言学　2-491a
社会分层　6-486a
社会分工　6-486c
社会分工论　4-293d
《社会分工论》 6-486d
社会风俗　2-567f
社会服务　6-486e, 2-612d
社会福利　6-486e, 2-612c, 4-284b
社会福利服务　6-486e
社会福利函数论派　2-613b
社会福利院　6-486f
《社会福音》 8-37f
社会革命　9-282e
社会革新党　4-81e
社会工作　6-487a
社会工作者　6-487b
《社会公共性的结构转变》 3-304b
社会功能障碍　1-473b
社会购买力　3-157a
社会关系　6-487c
社会归因理论　3-240b
社会规范　6-487d, 2-210d
社会互动　4-77e, 4-318c, 4-487e, 5-583a, 6-487d, 6-490d,
社会化　6-487e
社会化不足非攻击型　2-417e
社会化不足攻击型　2-417d
社会化非攻击型　2-417e
社会化攻击型　2-417e
社会化经济　4-4e
社会环境　3-564f
社会环境障碍　1-473b
社会基本矛盾　6-488a
社会纪实摄影　4-97f
社会间接投资　4-211d
社会交换论　6-488b
社会结构　6-488e, 6-492f
社会结构变迁　6-484b
社会界定范式　6-493f
社会进步或发展指标　6-495f
社会经济信息数据库　2-226c
社会经济形态　6-488e
社会经济资源　9-526a
社会静力学　4-473b
社会救济　6-488f
社会救助　2-612d, 6-489a
社会距离　6-30e
社会角色　6-489a
社会角色障碍　1-473b
社会科学　6-489d
《社会科学和社会政策认识的“客观性”》 2-176d
《社会科学和社会政策文库》 7-541a
《社会科学引文索引》 4-109d
《社会科学与社会政策》 6-410b
社会控制　6-489e, 5-217a
《社会劳动分工论》 2-210d
社会冷漠　6-48a
《社会力量办学条例》 5-421c
社会历史观　6-489f
社会连带关系　2-210d
社会连带主义法学派　2-210c
社会流动　6-490b
社会流言　9-66e
社会民主党（罗马尼亚） 5-210a
社会民主党（日本） 6-82d, 6-320a
《社会民主党人报》 1-303e
社会美　5-342a
社会平均必要劳动时间　6-483f
《社会契约论》 6-490d
社会圈　2-224d
《社会权利、个人权利和国家》 2-210d
社会群岛　1-380f, 2-454d
社会群体　6-490d, 6-489a
社会群体工作　8-231e
社会认识　6-495e
社会商品零售价格指数　6-490e
社会商品零售总额　6-490f
社会生产力　6-529a
社会生产能力短缺　2-367c
《社会生活中的交换与权力》 1-444e
社会生态学　1-398a
社会失调　6-491a
社会市场经济理论　2-591c
社会市场学派　6-491b, 2-591c
社会事实　6-494d
社会事实范式　6-493f
社会统筹　6-491b
社会统计分析　6-491c
社会统计学　6-491b
社会团体　6-490d
社会网络研究　6-235d
社会文化地理学　2-228b
社会文化历史学派　6-491d
社会问题　6-491e
社会问题剧　9-266d
《社会问题研究》 3-427e
社会系统　4-220f
《社会系统》 6 [illegible]e
社会消费品零售总额　6-491f
社会心理学　5-217b, 8-214f
《社会心理学》 5-217b
《社会心理学导论》 5-217b
《社会行动的结构》 6-492a, 6-33e

社会行动范式 6-493f
社会行动理论 7-541a
社会行为 6-492b, 6-489e
社会行为模式 4-147e
社会形态 6-492f, 6-495f
社会性基础设施 1-586f
社会性情感 6-236e
社会性养老保险基金 8-472d
社会选择理论 1-44e
社会学 6-493a
《社会学》 1-132d
《社会学导论》 1-398a, 6-30d
《社会学的想象力》 6-493e
《社会学法学的范围和目的》 6-46b
社会学法学派 1-68e, 4-25d, 4-399e, 4-420e, 6-46b, 8-487d
社会学范式 6-493e
社会学方法 6-493f
《社会学方法的规则》 6-494d
《社会学方法论》 6-494d
《社会学界》 8-355c
《社会学刊》 7-217d
《社会学理论中的关键问题》 2-3c
社会学年鉴派 7-589c
《社会学思想大师》 4-435c
社会学习论 6-494d
《社会学原理》(E.A.罗斯) 5-217a
《社会学原理》(H.斯宾塞) 7-122d
《社会学原理》(应成一) 8-614b
社会研究 6-494e
《社会研究导论》 7-131f
《社会研究杂志》 4-23e
《社会一幕》 1-442b
社会医疗保险 8-535a
社会意识 6-495a, 6-484e
社会优抚法 6-483d
社会优生学 9-29e
社会有机体论 6-495b
社会舆论 6-495c
《社会与教育》 7-326b
社会语言学 9-74a
《社会语言学》 1-571f
社会再生产 9-150c
社会责任论 6-495c
《社会哲学研究》 4-23f
《社会诊断》 3-115b
《社会正义之要素》 4-19f
社会知觉 6-495d
社会直接投资 4-211d
社会指标 6-495e
社会制度 6-495f, 6-33e, 6-495f
社会秩序 7-428e
社会主义 6-496a
社会主义初级阶段 6-497e
社会主义初级阶段基本路线 6-496b
社会主义初级阶段理论 6-496d
《社会主义从空想到科学的发展》 1-414d, 2-414e
《社会主义的精华》 6-501f
《社会主义的前提和社会民主党的任务》 1-396d
《社会主义反对国家》 7-493f
社会主义犯罪学 2-478f
《社会主义改造基本完成以后的新问题》 1-572c
社会主义工党 1-65b
社会主义工人国际 2-254f
社会主义国家财政 1-462e
《社会主义国家共产党和工人党代表会议宣言》 5-476a
社会主义国家所有制 6-261c
社会主义宏观经济管理制度 4-291d
社会主义加盟共和国 7-188c
社会主义教育运动 5-321f
《社会主义经济的若干理论问题》 7-222a
《社会主义经济核算与经济效果》 3-113e
《社会主义经济计划原理》 5-221e
《社会主义经济论稿》 7-222a
社会主义力量阵线 1-13a
社会主义民主 5-430e
社会主义青年团 3-412d
社会主义全民所有制经济 6-261c
社会主义社会 6-497a
社会主义生产资料公有制 6-497f
社会主义市场经济 6-498a
社会主义市场经济体制 4-291f
社会主义问题 1-396d
社会主义刑法 8-310c
《社会主义与战争》 1-234b
《社会主义再生产和国民收入问题》 2-332f
《社会主义再生产问题》 5-109a
社会主义战斗党 5-315a
社会资本平均有机构成 9-523c
社会子系统 2-226d
社会自治 5-542a
社会总产品 6-499a
社会总产值 6-499b
社会组织 6-499c
社火 6-499d
社祭 6-481d, 6-501c
社稷坛(北京) 6-499e, 1-265e
社仓 6-336a
社论 6-500a
社尼·巴莫 9-549e
社帕 7-109f
社区 6-500a
社区冲突 6-500c
社区服务 6-500d
社区购物中心 3-157a
社区合作医疗保险 8-535a
《社区和社会》 6-500c, 7-336f
社区护理 3-523e
社区教育 6-500e
社区社会服务 6-500d
社区卫生服务 6-500e
社区文化 6-500f
社区研究 6-500c
社区预防 6-501a
社群 6-501b
社群主义 6-501b
社日 6-501c, 2-430e
社神 2-430e
社鼠 7-59a
社团 6-501d
社戏 6-501d
《社约论考》 9-210f
舍阿奈比山 7-418c
舍巴林,Yu.A. 5-218e
舍恩,R. 6-240a
舍恩拜因,C.F. 2-12d, 2-234f
舍恩布龙宫 7-559e
舍尔加特堡 1-55d
舍尔卡维 6-501e
舍尔沙 7-182c
舍尔·辛格 9-7c
舍芬庭 6-52f
舍夫勒,A. 6-501f, 6-495b
舍赫 8-240c
舍胡土朝 4-376a
舍勒,C.W. 6-502a, 1-303c, 5-382c, 5-496b, 8-13e, 8-473d
舍勒,M. 6-502b
舍利 6-502c, 7-236e
舍利大白塔 8-51b
《舍利弗》 5-270a
舍利会 6-502c
舍利瓶 6-502c
舍利塔 6-502c
舍伦山脉 7-126a
舍宁根遗址 4-326e
舍瓦利埃,A. 4-123f
舍伍德,R. 6-502c
舍蝇 4-129b
射 5-139c
射电 6-502f
射电参考系 7-357c
射电干涉仪 6-502e
射电天文台 6-525b
射电天文学 6-502d, 4-453b, 7-365d
射电望远镜 6-502f
射电星系 6-503a
射覆 4-324f
射干 7-203d
射干属 9-85a
射击 6-503b
射击控制系统 8-58a
射击式弹药 2-149b
射箭 6-503c
射箭运动 6-503c
射精功能异常 8-325b

射礼 7-412f
射流 6-503e
射流泵 1-312d
射频波谱学 4-512d
射频离子源 4-579a
射频武器 3-65e
射频消融术 4-232d
射频消融治疗 8-248a
射气 2-331f, 2-504e
射束武器 2-313a
射水鱼 6-276c
射水鱼科 6-276b
射线 7-298b
射线发光材料 2-431f
射线探测器 2-504f
射阳山人 8-26a
《射阳先生存稿》 8-26b
《射鹰楼诗话》 5-80a
射影变换 6-504c
射影几何的子几何 6-504c
射影几何学 6-503f
射影空间 6-504a
射影平面 6-504a
《射影曲面论》 7-178e
《射影曲线概论》 7-178e
射影微分几何学 4-79f, 7-178d, 7-536d
涉他合同 3-411c
涉外民事案件 6-504c
涉外民事诉讼 6-504c
涉外民事诉讼法 3-271c
涉外票据 6-84a
赦书 9-228c
《摄大乘论》 8-24a, 9-64f, 9-252d
摄动理论 1-526e
摄尔西乌斯,A. 6-504e
摄关时代 6-504e
摄关政治 6-504d
《摄句义法论》 6-570a
摄领疮 5-602b
摄摩腾 1-202f
《摄生消息论》 6-241c
摄食中枢 8-159a
摄氏度 6-504e
摄氏温标 7-578b
摄像机 6-504e
摄影 6-504f
摄影测量 6-505c
摄影测量学 6-505c
《摄影测量学的几何基础》 2-557b
摄影分类说 1-233c
摄影机 1-82c
摄影连环画 5-37f
摄影瞬间思维 6-505f
《摄影艺术》 4-547c
《摄影用光》 8-38d
摄影之友 8-399e
摄政 6-504e
摄政公园 5-193d
摄政王 6-505f
《摄政者》 1-308a
歙商 3-607f
歙四家 7-479e
歙县 6-506a
歙砚 6-506a
歙州 3-596e
麝 6-506b, 6-27e
麝掘鼹 7-2c
麝牛 6-506c
麝牛属 6-506c
麝鼩 6-255a
麝属 6-506b
麝鼠 6-506d
麝鼠属 6-506d
麝香 6-302f, 6-506c, 8-219f
麝香百合 1-211c
麝香酮 6-302f, 7-405c
麝鼹鼠 8-442a
申（上海市别称） 6-464f, 6-465a
申百源 6-507b
《申报》 6-506e, 1-248e, 7-9a
《申报地图》 9-170b, 9-422a
申报妇女补习学校 7-9a
申报流通图书馆 7-9a
申报通道 9-426d
《申辩篇》 1-404c
申不害 3-359b
申采浩 3-221f
申毒 9-101a
申国 9-476b
申侯 9-476c
申克尔,K.F. 3-166f
"申克诉美国"案 4-25d
申利公园 6-80e
申明 5-104e
申曲 3-524c
申生 4-275f
申诉 6-506f
《申屠氏》 3-483b
申五卫将 6-507b
《申五卫将歌本》 6-507b
申新纺织公司 6-507a
申胥 8-55c
申雪 6-507b
申在孝 6-507b
申扎县 2-151e
伸长变形 4-33b
伸缩管式加油设备 4-471c
《伸张正义》 6-35b
《伸子》 3-141f
身份权 6-507b
身份障碍 8-570a
身合国 3-281d, 4-359b
《身体的智慧》 4-399b
身体自由 6-297a
身业 8-494a
参苓白术散 6-79e, 7-375c
参苏饮 4-228e
参宿七 6-507c
参宿三星 7-367c
参宿四 6-507d
绅士犯罪 1-202a
砷 6-507e
砷凡纳明 1-62f
砷化镓 6-507f, 3-221a
砷化镓晶体管 4-303a
砷黄铁矿 2-351d
砷酸 6-507f
砷黝铜矿 9-51d
砷制剂 5-611d
深槽（河床） 3-422d
《深沉的河流》 1-22c
《深沉的民歌》 5-240e
深沉男低音 6-414a
深成水 9-41a
深成相 4-9f
《深橙色》 8-264d
深大断裂 6-507f
深弹 6-508d
深低温分凝 6-508b
深低温精馏 6-508b
深低温设备 6-508b
深低温吸附 6-508c
深度处理 2-536c
深度冷冻设备 6-508b
深度视差 4-468b
深度温度计 6-509a
深度知觉 4-467f
深断裂 6-507f
《深歌诗集》 4-121b
《深海沉积》 5-485e
深海工程 3-349e
深海锰结核 6-508c, 2-115e
《深海面貌》 8-127e
深海平原 6-508c
深海丘陵 6-508d, 6-508d
深海散射层 6-508d
深海扇 3-322d
深海渔业 9-115d
深海资源 3-353d
深海钻探船 3-349a
《深海钻探计划初步报告》 8-354f
深红扶桑 2-599e
深红一品红 8-510f
深红银矿 5-616b
深昏迷 4-1c
深筋膜 4-35f
深井地震 9-53d
深静脉血栓 2-534d
深开断裂 6-508a
深空 7-257d
深空探测器 3-400c, 4-467a

"深空"2号火星探测器 4-15f
深孔爆破 1-253b
"深蓝"系统 6-288a
深冷热管 6-278b
深眠 2-331c
深逆冲断裂 6-508a
深平移断裂 6-508a
深水稻 2-167d
深水散射层 6-508d, 6-508d
深水石珊瑚 6-601d
深水炸弹 6-508d, 2-472e, 6-508d
深松耕 6-508f, 9-263e
深温计 6-509a
深县 6-509e
深衣 1-516b, 9-355b
《深渊》 8-392c
《深渊中的人们》 4-218b
深源地震 1-298d, 2-245f, 9-258d
深远法 7-415d
深在性痱 2-543f
深圳成分指数 6-509e
深圳港 6-509c
深圳市 6-509a
深圳湾 6-509b
深圳证券交易所 6-509c
深圳证券交易所股价指数 6-509d
深正断裂 6-508a
深证综合指数 6-509d
深证A股指数 6-509d
深证B股指数 6-509d
深州 6-509e
深州市 6-509e
深Ⅱ°烧伤 6-471e
鲹 6-509e
鲹科 6-509e
《什么是康托尔的连续统假设》 3-89a
《什么是所有权》 8-23e
《什么是唯物主义》 8-464d
《什么是新文学》 1-198d
《什么是最主要的？》 5-329b
神 6-509f
《神笔》 5-361e, 9-351f
《神笔马良》(木偶剧) 9-387c
《神笔马良》(童话) 2-418c
《神鞭》 2-575d
《神操》 8-525d
神策军 6-510a, 4-277e
《神策军碑》 5-133d
神创论 6-284f
神岛 6-397d
神道 6-510b
神道教 6-510b, 8-416e
《神的安慰》 1-85c
《神的儿女》 8-8d
《神雕侠侣》 4-261c
神都 8-62a
神都苑 5-232e
神昉 8-363f
《神佛分离令》 6-316b
神甫 6-510d
神府煤田 6-446e
神父 6-510c
神宫 6-514b
神光钟瑛 3-230d
神户 6-510d
神户港 6-510e
神话 6-510f
神话片 5-333e
神话萨迦 1-282d
神话学 6-515d
《神话与诗》 7-603e
神会 6-511a
《神箭》 1-50c
神交社 5-540a
神经 6-511a
《神经冲动的传导》 4-26a
《神经、大脑和记忆模型》 7-553f
神经递质 6-511b
神经毒剂 6-421c
神经毒素 6-536c
神经仿生 2-499b
神经分泌 8-159a
神经分泌细胞 8-159a
神经干细胞 6-511d, 8-150e
神经根型颈椎病 4-310b
神经官能症 6-512f
神经肌肉性胸痛 8-331e
《神经近于崩溃的女人》 1-14f
神经精神病变 3-128d
神经控制论 6-540a
《神经控制论》 7-553f
神经梅毒 6-511f
神经内分泌 5-553e
神经内膜 6-511a
神经生物物理学 6-544a
神经束膜 6-511a
神经衰弱 6-511f
神经衰弱综合征 7-412c
神经酸 9-293d
神经肽 4-507d
神经肽类递质 6-511d
神经外科 8-181a
神经外膜 6-511a
神经网络模型 5-455c
神经系统 6-512a, 6-299b
《神经系统变性和再生的研究》 4-521f
《神经系统的整合作用》 8-242e
神经细胞 6-512d
《神经细胞生理学》 1-67c
神经纤维 6-511a
神经心理学 5-164e
神经性垂体 8-159c
神经性聋 2-420c
神经性皮炎 6-512b
神经性贪食 6-512b
神经性厌食 6-512c
神经语音学 9-74d
神经元 6-512d
神经原性直立性低血压 9-304d
神经障碍 6-288c
神经症 6-512f, 2-417f, 8-253e
神经症耳聋 9-501a
神经症性防御机制 8-251d
神经阻滞 5-239a
神篱 6-514c
神力拜物教 1-219c
神龙本 4-542c
神鸾 7-281b
神门河 6-397d
《神秘岛》 2-465c
《神秘的宇宙》 4-257d
神秘果 6-438c
神秘剧 8-141e
神秘套语 9-478f
神秘小铠甲虫 4-396b
《神灭论》 3-468c, 5-519e
神明裁判 8-311b
神明造 8-526b
《神奈川冲浪》 3-114c
《神奈川条约》 6-317c
神奈川县 3-465e
神农 6-513a
《神农本草》 6-513a
《神农本草经》 6-513a, 2-23b, 9-347f
神农涧 7-215e
神农架 3-512f
神农架林区 6-513b
神农架毛人 8-493c
神农架山 2-72c
神农架自然保护区 6-513c
神农氏 6-513c, 8-484c
神农溪 2-416a
《神女》 6-513e
神女峰 8-13a
《神女赋》 7-175a
《神谱》 3-180c, 3-448d, 8-124e
《神奇的宫廷》 1-173a
《神奇秘谱》 3-75b, 5-332c, 9-404d
神崎武法 6-316c
《神器谱》 9-233c
《神曲》 6-513e, 2-148a
神权论 3-278d, 9-283f
《神权政体的历史与未来》 7-231c
神权政治论 6-514a
《神拳》 4-559e
神人交感 1-133c
神入 8-542b
神社 6-514b
神社神道 6-510b
《神圣的爱和痛苦》 1-168b
《神圣的使命》 6-451d

《神圣家族》 **6-514d**, 2-414c
《神圣家族，或对批判的批判所做的批判。驳布鲁诺·鲍威尔及其伙伴》 6-514d
神圣家族教堂 6-514e
神圣论 6-564f
神圣罗马帝国 6-514f, 2-173b, 2-448b
神圣同盟 6-515b
《神圣同盟宣言》 6-515b
神誓 8-311b
神泰 8-363f
《神天圣书》 5-264a
神童 1-529c
神头发电厂 7-111e
神头海 7-111e
神荼 5-367e, 7-322c
《神驼马》 8-239d
"神威"巨型计算机 4-260e
《神威图说》 5-526b
神文 1-66e
神我 7-68e
《神乌傅》 8-584f
神武门 3-195f
神仙炉 1-539d
《神仙戏术》 5-465f
《神仙传》 6-515c
《神相全编》 8-207e
神霄派 2-162c
神霄散吏 1-209b
神秀 6-515c
神学 6-515d
《神学大全》 6-515e, 7-455a
神学福音 2-616b
神学历史观 5-18f
《神学院致辞》 1-86c
神异动物 5-140b
神御阁 3-579e
神韵说 6-515f
神志异常 6-510a
神智 7-182e
"神舟"号飞船 6-516a
"神舟"1号飞船 6-516a
"神舟"5号飞船 6-516a, 9-371e, 9-411a
"神舟"6号飞船 4-325c, 6-516b, 9-371e, 9-411b
"神舟"7号飞船 4-325c, 6-516b
神州数码控股有限公司 5-47e
神州影片公司 9-351a
神足通 9-64c
沈哀鹏 6-517a
沈宝钧 3-391c
沈葆桢 6-516b
沈秉甫 6-518a
沈秉堃 9-230d
沈粲 6-517a
沈春和 9-486d
沈从文 6-516c, 3-602b, 9-362e
沈粹芬 6-232b
沈存中 6-518d
沈大高速公路 6-516e
沈德符 7-281f, 7-481f
沈德鸿 5-325d
沈德潜 6-516f, 3-99b, 3-176a, 5-447f, 6-222f, 7-110e, 9-94e
沈度 6-517a, 3-212e
沈恩孚 6-464c
沈浮 6-517a
沈复 6-517b
沈海高速公路 6-516f
沈和中 8-561f
沈鸿 6-517c, 4-31e
《沈鸿论机械科技》 6-517d
沈鸿英 3-248d
沈虎臣 7-481f
沈焕 5-169c, 8-255f
沈既济 6-517d
沈寄簃 6-517e
沈家本 6-517e, 2-456f
沈家门港 6-517f
沈家门渔港 6-517f, 9-464f
沈兼士 9-350b
沈俭安 9-477a
沈景倩 7-481f
沈璟 6-518a
沈钧德 9-94e
沈钧儒 6-518a, 9-383e
沈克非 6-518c
沈括 6-518d, 9-82e, 9-309f, 9-404d
沈括星 6-518e
沈鲤 8-476e
沈力 6-518e
《沈麟元像》 8-340e
沈梅逸 6-517b
沈默君 5-547c
沈那遗址 6-128f
沈乃熙 8-167c
沈启南 6-520f
《沈清歌》 6-507b
沈庆鸿 6-519d
沈佺期 6-518e, 6-519c
沈铨 6-518f
沈绍安 6-519b
沈石田 6-520f
沈寿 6-519b
沈宋 6-519c, 7-176d
沈惟岳 6-176a
《沈文肃公政书》 6-516c
沈西苓 6-592a, 9-271d
沈西蒙 5-547c, 5-582e
沈锡卿 9-62d
沈湘 6-519c
沈心工 6-519d
沈心友 4-234d
沈休文 6-520d
沈雁冰 6-519e, 5-325d, 8-189e, 8-229a, 9-397e
沈阳俄文专科学校 5-65e
沈阳工学院 2-315c
沈阳故宫 6-519e, 5-66f
沈阳故宫博物院 6-519e
沈阳师范学院 5-65e
沈阳市 6-520a
沈颐 2-43a
沈尹默 9-344d
沈有鼎 6-520c, 6-475b
沈元 6-520c
沈约 6-520d, 1-210e, 5-540e, 7-173c
沈月泉 4-507f, 9-62d
沈岳焕 6-516c
沈云陔 6-520e
沈藻 6-517a
沈曾植 6-520f, 6-179f, 7-395d
沈知方 7-22b
沈周 6-520f, 7-602a, 8-33a
沈宗灵 6-521b
沈祖棻 1-590b
审计 6-521c, 3-281d
审计法 6-521d
审计法院 3-283c
审计机关 3-283c
审计内容 6-521d
审计实体 6-521d
审计学 4-495d
审美感 6-236e
审美教育 5-363b
审美经验 6-521e
审美书馆 3-68b
审美心理学 5-362f
审美意象世界 6-522a
《审判》 5-213c, 7-528e
《审判的概率研究》 6-96f
审判独立 6-522b
审判公开 6-522c
《审判官们》 7-544c
审判监督程序 6-522c
审判庭 2-455f
审判心理学 8-253b
审批主义 7-28c
《审讯》 4-538b
《审讯共产党员》 9-118a
审证求因 1-371c
肾 6-522d, 6-299a
肾保健推拿 1-245a
肾病综合征 6-522f, 9-459c
肾不纳气 2-31b
肾穿刺活体组织检查 6-523b
肾单位 6-522e
肾毒物质 9-459a
肾毒性 1-112b
肾功能检查 6-523b
肾间质 4-151f
肾绞痛 5-402c

肾经 9-567e
肾精亏损证 6-523d
肾缺血 4-72f
肾乳头 9-459b
肾上腺 6-523e
肾上腺皮质大结节样增生 4-491c
肾上腺皮质激素 3-302e
肾上腺皮质腺癌 4-491d
肾上腺皮质增生 4-491c
肾上腺皮质肿瘤 4-491d
肾上腺素受体激动药 6-87b
肾上腺性征异常综合征 6-523e
肾水凌心证 6-524a
肾素-血管紧张素系统抑制剂 4-408a
肾图 2-504c
肾小管功能障碍症状群 9-459b
肾小管-间质性肾脏病 4-151f
肾小管上皮细胞 9-459b
肾小管性蛋白尿 2-149b
肾小球 9-459b
肾小球疾病 6-522f
肾小球肾炎 6-524a
肾小球性蛋白尿 2-149b
肾小球源血尿 8-375b
肾性骨营养不良 5-116e
肾性尿崩症 5-589d
肾虚 8-233e
肾虚水泛证 6-524a
肾炎 6-523f, 9-459c
肾阳虚证 6-524a
肾移植 6-524a
肾移植免疫反应 6-524b
肾阴虚证 6-524d
肾盂肾炎 6-524d
肾脏病 4-151f
《肾脏病学》 8-31c
肾脏小血管炎 6-524e
肾中毒 4-72e
肾综合征出血热病毒 3-379f, 5-128e
甚长基线干涉测量 6-525b, 2-77e
甚高频波段 3-395f
渗出性胸膜炎 8-331a
渗出性胸水 8-331d
渗灌 3-218a
渗流电场 2-220f
渗流基本定律 6-525d
渗流力学 6-525c
渗入水 9-41a
渗碳 4-256a
渗透 6-525e
渗透系数 2-70b
渗透性泻药 8-239a
渗透压 6-525e
渗析 6-525f
渗压性脑水肿 5-551c
蜃景 3-340b
《蜃中楼》 5-135e, 5-35b
慎到 6-526a
慎独 6-526b
《慎图》 7-562c
《慎子》 6-526a
升 6-526b, 3-139b
《升庵集》 8-461c
《升庵簪花图》 1-557d
升船机 6-526c, 7-389b
升浮药 6-527a
《升官图》 6-526c, 1-551d
《升官图》(I.M.伐佐夫) 2-434f
升华 6-526d
升华 6-526d
升华潜热 6-172e
升华热 6-172e, 6-526d
升降出入 6-526e
升降浮沉 6-526f
《升降机》 6-85f
升降流 6-527a, 6-467f
升降桥 4-6a
升降台 6-527a
升科地 6-134b
升龙 4-131e
升麻葛根汤 4-228e
升平堂 4-406f
升旗山 5-268c
升泰 9-449e
升钟水库 4-131c
生 6-527c
《生》 6-372b
生产 6-527e
生产标准化 2 615c
《生产大合唱》 8-175e
生产方式 6-527f
生产风俗 2-567f
生产工具 6-528a
生产工人岗位责任制 3-56c
生产关系 6-528b, 4-286d, 4-287d, 6-528a
生产国际化 6-528c
生产过剩 6-528e, 4-292e
生产函数 6-528f
生产基金 6-529e
生产价格规律 4-553f
生产禁忌 4-278a
生产理论 1-336c
生产力 6-529a, 4-287d, 4-439d, 6-528a
《生产忙》 4-598b
生产区位经济景观 9-441f
生产社会化 6-529b
生产时间 9-523e
生产手段 6-529d
生产消费 8-213f
生产型增值税 9-171d
生产性毒物 3-128c
生产性基础设施 1-586f
生产性冷库 4-575c
生产许可证制度 6-529c
生产要素 6-529c, 4-294e
生产要素禀赋学说 1-125c
生产者价格 3-290f
生产者均衡理论 7-537a
生产资本 5-127f, 6-529e, 9-523b
生产资本国际化 9-521b
生产资本输出 9-522f
生产资本循环 9-523b
生产资料 6-529d, 4-78b
生产资料价格双轨制 4-146f
生产资料批发交易市场 6-69c
生产资料生产部类 9-150d
生产资料所有制 4-287e
《生产组织与计划的数学方法》 4-400a, 8-186a
生辰 6-531f
生辰八字 1-147c
生成面 3-62d
生成物 3-546c
生成语法 3-310e
生成语法学派语义学 9-74b
生澄泥石砚 1-594b
生存保险 6-298c
《生存的欲望》 8-285d
《生存的战略》 3-570a
生存函数 4-444b
生存空间派 2-245b
生地 2-222a
生户 2-463d
生化工程 2-432a
生荒地 4-465d
《生活》 8-287f
《生活不是梦》 4-493b
《生活的颤音》 8-35c
《生活的海洋》 8-486c
《生活的回忆》 1-134c
《生活的路》 6-451d
《生活的使用说明》 6-57a
《生活的意义与价值》 1-134c
《生活的重音》 7-544c
生活·读书·新知三联书店 6-529e
生活法 8-232b
生活方式 6-529f
生活风俗 2-567f
生活服务性冷库 4-575d
生活教育 4-211a, 8-232b
生活教育运动 6-530a
《生活世界的结构》 7-52b
《生活是美好的》 6-240d
生活书店 6-529e
生活水准权 4-290b
《生活铁蹄下的俘虏》 5-418c
《生活，我的姊妹》 6-33f
生活消费 8-213f
生活型 6-530b
生活学校 2-179e

《生活与美学》 9-474c
《生活在人类的阴影中》 3-165a
《生活知识》 6-426f
生活质量 6-530c
生机论 6-531d
生计学 4-293d
生甲 6-531f
生姜 4-185c
生金本位制 2-141e
生境 6-530c
《生理动物学》 1-42d
生理功能障碍 1-473b
《生理光学手册》 3-355d
生理疲劳 6-77a
生理适应 6-533a
生理系统分析 6-540a
生理心理学 6-530d, 4-305f, 6-544a, 8-252b
生理性干旱 3-578d
生理性黄疸 3-582a
生理性人妖 6-301b
生理性脱发 7-456c
生理性细胞死亡 8-149c
生理性再生 6-467c
生理学 6-530d
《生理学报》 6-531a
《生理学辞典》 5-10a
生理钟 6-539d
《生民》 6-574e, 8-392e
生命 6-531a
《生命》 5-370f
生命保险 6-298c
生命保障系统 3-400f
《生命不息》 6-557c
《生命的紧张状态》 8-95a
《生命的零度》 9-155a
《生命的门槛》 1-397f
《生命的序曲》 8-94b
《生命的语言》 1-316b
《生命和太阳》 8-95d
生命力说 3-545d, 7-553a
《生命是什么》 8-368b
《生命统计方法》 9-207d
生命现象数量化 6-542e
生命刑 7-142f
生命形态 6-531a
《生命与希望之歌》 2-67c
《生命在继续》 4-52a
生命哲学 6-531e
《生命之歌》 6-422b
《生命之雨》 1-574e
《生命中不能承受之轻》 4-507e
《生命中之生命》 1-178f
生命周期假说 8-214b
生牛肉河粉 9-129f
生啤酒 6-77e
生漆 6-531f
生前赠与 8-545e
生日 6-531f
《生日》 8-162f
《生日晚会》 3-578c, 6-85f
生申 6-531f
生石膏 5-131f, 6-594c
生石灰 6-595c, 8-473f
生丝 1-474c
《生死场》 8-217c
《生死存亡的年代》 4-569a
生死观 6-297e
《生死恨》(电影) 2-541c, 9-351d
《生死恨》(戏曲) 4-186d, 5-333a
《生死抉择》 9-352d
生死两全保险 6-298c
《生死同心》 1-552a, 5-451b, 8-244b, 9-102c
生态安全 3-565a
生态策略 6-532b
生态地层学 2-219d, 3-175d
生态工程 6-532c
生态工业 6-532d
生态经济学 4-294b
生态伦理 3-570d
生态难民 6-532e
生态农业 5-612b
生态女权主义 3-570f
生态平衡 6-532e
生态破坏 3-350b
生态圈 6-540f
生态失调疾病 2-340b
生态适应 6-533a
生态特色经济 4-290b
生态危机 6-533b
生态位 6-533c
生态系统 6-533d, 6-545e
生态效益 6-533e
生态型 6-534a
生态学 6-534a, 6-531b
生态演替 6-541f
生态因子 6-534d
生态植物地理学 9-302f
生态殖民政策 6-534e
生态中心论 3-570f
生铁 6-534f
《生铁炼成钢》 9-180b
生桐油 7-400f
生徒 4-427d
生土建筑 6-534f, 8-481a
生物 6-544d
生物安全 6-535a
生物胺类递质 6-511c
生物搬运 1-227d
生物材料 1-459f, 6-546e
生物柴油 5-564d
生物沉积 4-503a
生物成因气 7-357f
生物传感器 3-191f
生物磁场 6-535c
生物磁图 6-535c
生物磁性材料 2-49d
生物磁学 6-535b
生物催化 2-57a
《生物的界级分类》 1-565c
《生物的进化》 9-488e
生物地层法 2-249e
生物地层学 2-219c, 3-175b, 3-175d
生物地理群落学 7-185f
《生物地理群落学的理论基础》 7-185f
生物地理学 2-228b
《生物地球化学概论》 7-551b
生物地球化学省 7-554d
生物地球化学循环 6-535f
生物地质学 4-450b
生物电 6-536a
生物毒素 6-536c
生物多样性 6-536e
《生物多样性公约》 6-536f, 5-43c
生物发光 6-537a
生物发光分析 3-547a
《生物发生机械学》 5-162d
生物发生律 3-330a
《生物发展的历史规律》 1-565c
生物反馈 6-537c
生物反馈疗法 6-537d
生物反应调节剂 9-456b
生物防治 6-537d, 6-546c
生物分类学 2-544c, 5-84a
生物分子 6-298e
生物个体克隆 4-455a
生物工程 6-537e, 6-538e
生物工艺学陶瓷 6-543d
生物固氮 6-546c
生物海岸 3-318f
生物海洋学 3-352a
生物核磁共振波谱学 3-433b
生物化学 6-537f
生物化学沉积矿床 1-549f
《生物化学与临床医学的联系》 5-116e
《生物化学与形态发生》 5-3d
《生物化学中的定量定律》 1-44c
生物计算机 2-551b
生物技术 6-538e
生物碱 6-538f, 9-47e
生物降解 6-539a
生物交互作用 6-539b
生物礁 6-539c
生物礁灰岩 6-595d
生物节律 6-539c
生物进化论 9-543e
《生物进化浅说》 9-469c
生物浸取 6-546e
生物净化 6-539d, 3-353f
生物净化过程 3-574f

生物颗粒物污染 6-543d
生物控制论 6-539f, 6-547c
《生物控制论进展》 7-553f
生物矿物学 3-175d
生物累积 6-546d
生物力能学 6-540d
生物力学 6-540a, 6-547b
生物量 6-546c
生物流体力学 5-127a
生物灭鼠 7-371e
生物膜 6-540c, 2-552d
生物膜法 2-536b
生物能力学 6-540d
生物能学 6-540d
生物能源 6-546c
生物浓缩 6-540e
生物圈 6-540e, 2-224d, 2-225a, 2-227e, 2-232e, 2-233c, 7-294e
生物圈保护区 6-541b
生物圈碳 7-294e
生物全息术 6-541c
生物群落 6-541e
生物群域 6-541f
生物人类学 7-345c
生物色 6-542a
生物色现象 6-542a
生物杀虫剂 7-197e
生物声学 6-542b
生物数学 6-542e
生物水 6-543a
生物素 3-3d
生物陶瓷 6-543c
生物陶瓷复合材料 6-543c
《生物体内的能量转化》 4-451a
生物体内分泌干扰物 3-568c
《生物体普通形态学》 3-329f
生物体陶瓷 6-543d
生物污染 6-543d
生物污染物 8-12b
生物武器 6-543e
生物物理风化作用 2-564e
生物物理学 6-543f
生物吸附 6-546d
生物相容性 6-546f
生物心理学 6-544a
生物芯片 6-544c
生物学 6-544d
生物学富集 6-540e
生物学革命 4-441a
生物学死亡 7-142e
生物学同位素效应 7-398a
生物学种 2-544d
生物衍生材料 6-547a
生物氧化 6-546d
生物冶金 6-546d
生物医学材料 6-546e
生物医学高分子 3-140c
生物医学工程 6-547b
生物医学陶瓷 6-543c
生物有机化学 9-47e
生物战 6-547c
生物战剂 6-547c
生物制品 6-547e
生物质能 5-564c
生物中心论 3-570e
生物钟 6-547f, 6-539d, 7-153f
生物资源 6-547f, 3-294e, 4-443e, 6-546c
生物资源保护 9-538f
生宣 8-361f
生油母岩 7-386e
生油岩 1-550a, 7-386e
《生于昨天》 3-91b
《生于7月4日》 1-125b
生育保险 6-548a, 8-534d
生育醇 7-556b
生育酚 7-556b
生育率 6-548b
生育素 7-556b
生育政策 6-290f
生员 4-428b, 4-428e
生长 6-548c, 9-305a
生长边界 1-228c
生长激素缺乏症 6-549a
生长轮 5-585d
生长素 6-549b
生长型 6-530b
生长因子 6-549c
生殖 6-549d
生殖器 6-549f
生殖器官 6-549f, 6-550a
生殖器疱疹 6-549f
生殖器位置异常 3-5e
生殖生物学 6-546b
生殖生长 9-305a
生殖系统 6-550a, 6-299a
生殖细胞决定子 6-550f
生殖腺 6-550b, 6-299a, 6-550a, 8-327b
生殖行为 6-550b
生殖蚁 1-208d
生殖之精 4-304a
生殖质 6-550f
声爆 6-550f
声波 6-551a, 1-372b
声波隐身技术 8-590c
声带麻痹 7-280e
声道 2-51d
声道轴 2-116b
《声调语言》 6-39a
声发射技术 6-616c
声符 6-551d
声光晶体 4-301f
声光效应 4-301f
声化学 6-551e
声级 9-166a
声级差型双通路立体声系统 5-23a
声雷达 6-147c
声类 6-551f
《声类考》 6-551f
《声名狼藉》 8-616e
声母 3-384f, 6-551f
声呐 6-551f
声能 6-551c
声旁 6-551d
声腔 6-552a
声腔剧种 6-552a
声强 6-551c
声全息法 6-616c
声鼠 7-59e
声速 6-552f, 6-551b
声速跃层 9-126e
声弹性法 6-616c
声闻 7-153d
声闻乘 2-446b
《声无哀乐论》 4-54c
声吸收 6-551c
声像电器 4-129c
声学 6-553a
声学格波 6-553e
声学环境功能区划 3-567d
声学欧姆定律 6-16a
《声学在中国》 8-346d
声训 6-553c
声压 6-551b
声压级 6-551c
声遥感 6-553b
声音广播 3-231b
声源 6-551a
声韵学 3-384c
声障 6-553c
声子 6-553d, 3-195b, 6-553c
昇平署 6-553e, 3-487b
笙 6-553f
笙鹤翁 6-182d
绳 2-502a
绳水 4-252a
《绳梯》 5-396b
绳纹时代 6-554a, 8-282f
绳纹式陶器 6-554a
绳纹文化 6-554a
省 6-554c, 8-321b
《省城轶事》 9-172e
省道 2-163f, 3-134e
省港大罢工 6-554d, 2-196c, 2-205b
省力法则 6-128a
省略号 1-352b
省试 4-427f
省藤 9-559e
省志 2-221d
省制 6-554e
圣阿古斯丁大学 1-40e

圣阿古斯丁教堂 5-271d
圣埃吉迪马斯大教堂 3-99e
圣埃斯皮里图岛 7-469a
《圣爱与俗爱》 7-340e
圣安德烈斯断裂带 6-555a
《圣安德烈亚祭坛》 1-298f
圣安德烈亚教堂讲经台 6-73f
《圣安东的诱惑》 2-613c
圣安东尼奥 6-555c
圣安东尼奥河 6-555c
圣安东尼奥学院 6-555d
《圣安东尼的诱惑》 1-417a
圣安东尼瀑布 5-407f, 5-445b
圣安娜 6-555d
圣安娜风 5-231b
圣安娜火山 6-359c
圣安娜湾 7-531c
《圣安娜之弓》 4-110e
圣安妮国家海洋公园 5-239e
圣安琪尔古堡 5-206b
圣奥多 4-456a
《圣奥古斯丁的心醉神迷》 2-464e
圣巴托罗缪惨案 3-503a
圣巴托洛梅乌斯教堂 2-448c
圣保罗 6-555d
圣保罗 6-555f
圣保罗大教堂(伦敦) 6-555f, 3-167d
圣保罗公学 3-138a
圣保罗河 5-24e
圣保罗教堂 2-448c
圣保罗医院 1-180a
圣杯派 3-509a
《圣贝尔纳德的幻觉》 5-30b
圣贝特利大教堂 1-429c
圣彼得堡 6-556b, 1-262d
《圣彼得堡的末日》 5-12d, 6-107b
圣彼得堡国立基洛夫歌剧舞剧院芭蕾舞团 4-49c
圣彼得堡科学院 3-480b
圣彼得堡女子医科大学 1-250c
《圣彼得堡条约》 9-329f
圣彼得堡音乐学院 6-556e
圣彼得堡自由美术家协会 4-447e
圣彼得大教堂 6-556e, 4-210a
圣彼得大教堂(拉脱维亚里加) 5-8a
圣彼得广场 1-298f
圣彼得和圣保罗教堂 1-434f
圣彼得教堂 7-187a
圣彼得克拉弗大教堂 4-381c
圣彼得罗炮台 7-203f
圣彼得学院 3-138a
《圣彼得殉教》 1-100c
《圣波尼法乔的奥贝扎伯爵》 7-527d
《圣・布莱斯街的十三个太阳》 4-108c
圣布兰登群岛 5-314f
圣餐 6-557a
《圣餐三叶祭坛画》 1-235f
圣查尔斯铁路桥 4-5f
《圣朝名画评》 3-529e
圣朝升改废置州郡图 5-16b
圣城康提 5-250c, 7-128f
圣戴维岛 1-213e
圣丹尼斯,R. 6-557b, 2-171d, 3-360b
圣但尼 6-557c
圣但尼-吉洛国际机场 5-123c
圣诞节 6-557c, 1-283c
《圣诞节》 2-416c
圣诞老人 6-557e, 6-557d
圣诞树 6-557f, 6-557d
圣诞夜 6-557c
圣德尼教堂 3-93b
圣德太子 6-558a, 7-211d
圣灯山气田 3-588a
《圣地》 6-17b
“圣地”问题 4-452e
圣地亚哥 6-558a
圣地亚哥 6-558b
圣地亚哥 6-558c, 9-321b
圣地亚哥城堡 5-268c
圣地亚哥城堡遗迹 5-271d
圣地亚哥岛 2-581f, 6-109a
圣地亚哥・德莱昂・德加拉加斯 4-109f
圣地亚哥・德・洛斯・卡瓦列罗斯 6-558a
圣地亚哥科技馆 6-558e
圣殿(耶路撒冷) 9-35e
《圣殿古卷》 7-142b
圣迭戈 6-558e
圣迭戈动物园 6-558f
圣迭戈湾 6-558f
圣迭戈县 6-558e
圣迭戈州立大学 6-558f
圣多马 2-387f
圣多美 6-558f
圣多美岛 6-559c
圣多美峰 6-559c
圣多美和普林西比 6-559a
圣多美和普林西比通讯社 6-559e
圣多米尼克 2-387f
圣多明各 6-559f, 2-386c
圣多明各大学 6-560a
圣多明各港 2-386f
圣多纳托教堂 6-281b
圣方济各会教堂 6-358d
圣方济各・沙勿略大教堂 1-7b
圣方济教堂 5-173c
圣菲波哥大 6-560a
圣费尔南多 6-560b
圣弗兰西斯 7-452a
《圣弗兰西斯科》 5-220b
圣弗朗西斯科 6-560c
圣弗朗西斯科-奥克兰海湾大桥 1-123b, 6-560e
圣弗朗西斯科-奥克兰-圣何塞大都市区 1-399a, 6-560c, 6-561c
圣弗朗西斯科・哈维尔大学 1-393d
圣弗朗西斯科现代艺术博物馆 6-560e
圣弗朗西斯科修道院 4-46a
圣父 6-560f
圣哥达公路隧道 6-560f, 1-10a, 2-240f
圣哥达山口 1-9f
圣格拉尔传说 9-114a
圣公会 6-561a, 1-101e, 4-44b
圣哈辛托古战场遗址 8-336e
圣海伦那教堂 1-40b
圣海伦斯火山 6-561a, 4-364e, 5-344c
圣海伦斯山国家火山保护区 6-561a
圣何塞 6-561a
圣何塞 6-561c, 4-112b, 6-560e
圣何塞都市区 6-561c
圣何塞瓜达拉普教堂 6-561d
圣何塞教堂 6-555d
圣何塞艺术博物馆 6-561c
圣赫勒拿 6-561d
圣赫勒拿岛 6-562b, 3-542c, 5-505d, 5-505f, 6-561d
《圣赫勒拿回忆录》 5-505e
圣赫勒拿人 6-561d
《圣赫勒拿新闻》 6-562b
圣胡安 6-562b
圣胡安大教堂 1-375a, 6-562c
圣胡安岛 1-374e
圣胡安-德潘帕斯 6-374a
圣胡安河 4-431d
圣胡安老城 1-375a
《圣胡安明星报》 1-375a
圣华金河 6-560c
圣辉 5-538d
圣会 6-563a
圣基茨岛 1-182b, 6-562c
圣基茨和尼维斯 6-562c
圣基茨和尼维斯联邦 6-562e
圣纪 6-562f
圣忌 6-562f
《圣家族》(E.格列柯) 3-104d
《圣家族》(米开朗琪罗) 7-614c
《圣教实录》 5-213d
《圣杰罗姆》 2-314d
圣洁会 7-566b
《圣洁女》 4-130c
圣捷尔吉,A. 6-563a
《圣经》 6-563b, 8-125b, 9-11d, 9-556a
《圣经・旧约》 8-125b
《圣经山道德经》 6-596e
圣经神学 4-45b, 6-515e
圣卡利克都斯墓窟 5-206c
圣卡洛斯大学 7-203f
圣凯瑟琳大街 5-373d
圣凯瑟琳山 3-105e
圣凯瑟琳学院 6-555f
圣康坦市政厅 2-442a

圣克拉拉　6－564a
圣克拉拉大学　6－561c
圣克拉拉谷地　4－112d, 6－561c
圣克莱尔河　8－44f
《圣克卢之夜》 5－370e
圣克鲁斯　6－564b
圣克鲁斯－德特内里费　4－116f
圣克鲁斯古城堡　1－124b
圣克鲁斯省　6－564b
《圣·克鲁兹》 2－594e
圣克罗伊河　7－533a
圣库制度　7－258f, 7－347d
圣－莱昂,A.　6－564b, 3－113d
圣莱杰,B.　1－277e
圣劳伦斯谷地　5－607c
圣劳伦斯河　6－564c, 1－91c, 1－91e, 4－505b, 5－345a, 5－373b, 5－607f
圣劳伦斯厅　2－385b
圣劳伦斯湾　6－564e
圣礼神学　6－515e
圣灵　6－564e
圣灵降临节音乐会　6－358e
圣灵论　6－564f
圣卢西亚　6－564f
圣录　6－563d
圣路易　6－565c
圣路易教堂　1－124b
圣路易市杰斐逊国家纪念碑　6－424f
圣路易斯　6－565d
《圣路易斯布鲁斯》 1－450b
圣路易斯河　7－178b
“圣路易斯精神”号单翼机　5－78e
《圣罗马诺之战》 8－7d
圣洛伦佐大教堂　5－506d, 6－281b
圣马丁,J.de　6－565e, 1－24a, 5－366c
圣马丁广场　5－29b
圣马丁教堂　1－439d
《圣马丁与南美洲解放史》 5－401b
圣马科斯大学　5－29b
《圣马可的奇迹》 1－445c
圣马可广场　7－532a
圣马可教堂　7－532a
《圣马可解救奴隶的奇迹》 2－308f
圣马可图书馆　7－532a
圣马克金狮奖　7－532b
圣马克银狮奖　7－532b
圣马力诺　6－566a, 2－506d
圣马力诺　6－566d
圣马力诺人　6－566e
圣马利亚教堂　4－446e
《圣马太被召》 4－371e
《圣马太与天使》 4－371f
圣玛丽岛　3－48a, 5－242a
圣玛丽教堂　4－423f, 5－275b
圣玛丽斯河　7－178b, 7－193f, 8－44f
圣玛丽天主教大教堂　4－257d
圣玛丽亚岛　8－410d
圣玛丽亚·拉梅诺尔教堂　6－560a
圣蒙戈大教堂　3－100d
圣弥勒教会　8－597c
圣米歇尔公路桥　3－53b
圣莫尼卡湾　5－231b
圣莫尼卡隐修院　6－106f
《圣母哀子像》 3－93e
《圣母参拜神庙》 2－308f
《圣母悼歌》 2－185b
《圣母的诞生》 4－62f
《圣母的婚礼》 1－445c, 4－515f
《圣母加冕》 2－442b
圣母教堂　5－498a
圣母马利亚教堂　1－433a
《圣母升天》(安尼巴莱·卡拉奇)　4－370d
《圣母升天》(E.格列柯)　3－104d
《圣母升天》(提香)　7－340f
圣母升天教堂　4－452a
《圣母颂》 3－174c
圣母院建筑博物馆　7－135e
《圣母子像》 1－445c
《圣母子与圣安娜》 2－62e
《圣母子与施洗者约翰》 2－587e
圣尼古拉　6－557e
圣尼古拉堡　5－275b
圣尼古拉教堂壁画　5－211d
圣尼古拉斯教堂　1－440a
圣年历　5－290c
圣牛碑　5－265e
圣牛墓地　5－265e
圣女宫　6－34c
《圣女与魔女》 6－83b
《圣女贞德》 8－216d, 8－616e
《圣女贞德生平》 2－451c
圣帕特里克教堂　2－347f
圣帕特里克节　6－566f
圣佩德罗　6－566f
圣佩德罗苏拉　6－567a, 4－426b
圣佩德罗湾　5－231b
圣皮埃尔　6－567a, 6－567b
圣皮埃尔岛　6－567b
圣皮埃尔和密克隆　6－567b
圣乔治　6－567d
《圣乔治》 1－17a
圣乔治·达·埃尔米纳　1－62f
圣乔治大教堂　6－184c
圣乔治宫　6－281b
圣乔治教堂（埃塞俄比亚拉利贝拉）　4－520b
圣乔治教堂（保加利亚索非亚）　1－243f
圣乔治教堂（德国诺林根城）　6－10a
圣乔治教堂（捷克布拉格）　1－440b
《圣乔治射击手连军官们的宴会》 3－307c
《圣乔治像》 2－388b
圣乔治小教堂　7－583a
《圣乔治战龙》 2－442b
圣琼·佩斯　6－567d
圣让堡　5－275b
圣人　8－172f
《圣人》 2－608f
圣茹斯特,L.-A.-L.de　6－282f
圣萨尔瓦多　6－567e, 6－359c
圣萨尔瓦多岛　1－156c
圣萨尔瓦多火山　6－567e
圣萨万教堂壁画　5－211d
《圣塞夫林》 2－182d
《圣塞勒萨的沉迷》 1－175e
《圣塞西勒庆典弥撒曲》 3－174b
《圣塞西勒颂歌》 6－567f
圣－桑,C.　6－567f
圣社　8－609c
圣神　4－42f, 6－564e, 8－297a
圣十字架宫　1－82e
圣石圆顶寺　8－530a
圣识一切瓦齐尔达喇达赖喇嘛　2－64d
圣事　2－329e, 7－368c
《圣寿乐》 5－465f
《圣书》 1－372e
圣书体　7－602e
圣书字　1－66e
《圣斯蒂芬被石块击毙》 5－192b
《圣斯特凡诺条约》 6－568a
圣索非亚教堂　1－243f, 7－230a
圣索非亚博物馆　8－531d
圣索非亚大教堂　6－568b, 8－530c
圣索非亚教堂　3－306b
圣塔安纳,A.L.de　3－509f
《圣塔伦的刀匠》 4－110f
圣堂山　2－120c
圣淘沙岛　6－568c
圣体　5－391c, 6－557b
圣天　7－340b
圣徒马力诺　6－566c
圣托马斯（地名）　8－164b
圣托马斯（人名）　2－579c
圣托马斯岛　5－357e
圣托马斯学院　6－555f
圣维克多教堂　5－275b
圣维南,A.J.C.B.de　7－283f
圣维塔莱教堂　4－209f
圣维特教堂　1－440a
圣文采斯拉斯大教堂　2－403f
圣文集　6－563d
圣文森特港　1－7b
圣文森特和格林纳丁斯　6－568c
《圣武记》 7－577e
圣西门,C.-H.de　6－568f, 4－470f
圣西蒙大学　4－434e
圣洗　8－137e
圣像破坏运动　6－569a
圣像艺术　2－329e
圣心教堂　9－238f
圣雄　3－34e
圣血　5－391c

圣训 6–569b
《圣训辨异》 7–153e
圣训集 8–528d
圣训学 8–384b
圣雅各布教堂 1–434f
圣言会 7–369a
圣言量 7–68e
圣岩寺 8–431f
圣伊菲赫尼亚公墓 6–558c
圣伊丽莎白教堂 3–93d
圣伊萨贝尔 5–256e
圣伊斯特万大教堂 8–330a
圣友寺 3–559e
圣谕论 4–348b
圣约翰 6–569c
圣约翰大学 6–569d
圣约翰教堂（美国里士满） 5–8f
圣约翰教堂（美国纽约） 4–210b
圣约翰教堂（斯洛伐克布拉迪斯拉发） 1–439d
圣约翰教堂（叙利亚大马士革） 2–95c
圣约翰书院（中国上海） 6–569d
圣约翰学院（美国马里兰州） 5–266b
圣约翰学院（英国剑桥郡） 4–168c
圣·约瑟学院 7–612c
圣詹姆士公园 7–310e
圣战 6–569e
《圣战者报》 1–13e
圣哲罗姆派修道院 5–9c
圣旨 6–469b
《圣著》 8–119f
圣传 2–329d
圣子 6–569f
《圣祖仁皇帝圣训》 6–230b
胜保 6–420e
胜川春章 3–114b
胜家，I.M. 2–579c
《胜利冲昏头脑》 7–190c
《胜利的祭坛》 1–409e
《胜利的前奏》 4–538c
《胜利渡长江，解放全中国》 5–112e
胜利峰 6–190a
《胜利归来》 3–510d
《胜利进行曲》 3–442d
胜利女神 5–571c
胜利神庙 8–394d
《胜利腰鼓》 8–477a
胜利油田 2–329a, 3–586c, 6–436e
《胜利之歌》 8–94b
胜利之节 8–599d
《胜论经》 6–570a
胜论派 6–569f
胜任能力 5–562c
胜身洲 7–147b
《胜宗十句义论》 6–570a
盛华仁 6–570b
盛捷 1–273b
盛晋庸 6–570c
盛京边墙 5–134e
盛京将军 2–581b
盛京围场 5–68e
盛峻峰 1–483d
盛世才 6–570c, 8–272c
《盛世危言》 9–273a
盛唐诗歌 7–313a
盛锡福 4–585d
《盛夏图》 4–603c
盛杏荪 6–570d
盛宣怀 6–570d, 2–324c, 3–381f, 5–545e, 7–352e
盛幼勖 6–570d
盛泽荡 6–570e
盛泽市 6–570e
盛泽镇 6–570e, 8–31a
盛寨 6–570e
盛振甲 6–570c
盛装舞步赛 5–277c
剩磁 7–379e
《剩山图》 3–19a
剩余（数学） 7–399b
剩余磁化强度 2–45e, 7–379f
剩余核 3–434c
剩余价值 6–570e
剩余价值规律 4–286d
《剩余价值理论》 6–571b, 9–522c
剩余价值论 4–293f, 5–255d
剩余价值学说 9–462c
《剩余价值学说史》 3–250b
剩余劳动 6–571d, 1–325d
剩余类环 3–575c
嵊山 6–571e
嵊山渔场 9–464e
嵊泗列岛 9–245b
嵊县 6–571e
嵊州市 6–571e
《尸骨存放所》 1–327d
尸积群 3–544e
尸体检验 6–571e
尸乡沟商城遗址 8–441b
《失败》（N.格里格） 3–103e
《失败》（克里山·钱达尔） 4–453a
失必儿汗国 8–88d
失超 1–531d
《失聪者哀吟》 5–335a
《失街亭》 3–489a
《失空斩》 1–569b
失蜡法 6–571f
《失乐园》 6–572a, 9–5e
失眠症 7–108e
失能弹药 2–517d
《失去的金铃子》 5–591c
《失去影子的人》 6–425e
失事 2–510b
失水苹果酸酐 7–109a
失韦 7–33e
失围 7–33e
失效 4–444a
失效分布 4–444b
失效率 4–444b
失业 6–572b
失业保险 6–572d, 4–284b
《失业保险条例》 6–572f
失业率 6–572f
失业人口 6–572f
失重 6–573a, 2–512e
《失踪的女人》 8–126a
失踪宣告 8–360d
师保 4–42f
师昌绪 6–573a, 3–287c
师范教育 6–573b
师范学堂 3–245a
师公舞 3–190c
师公戏 3–190c
师旷 6–573d
师娘 9–132c
师僧 2–89f
师氏剑齿象 4–167f
《师说》 3–177e, 3–365c
师同鼎 9–476f
师徒型人才链 6–284a
诗 6–574c
《诗抄》 4–403d
《诗词曲语辞汇释》 9–211f
《诗大序》 5–318c
《诗的电影》 6–573f
《诗的格律》 7–603e
《诗的美洲》 3–177d
《诗的批评》 4–430a
《诗的艺术》 6–573d, 1–453e
诗电影 6–573e
诗佛 7–512a
诗赋略 3–294f
《诗稿五种》 7–602c
诗歌 6–573f
《诗歌》 1–93b
《诗歌的生活》 8–94b
《诗歌集成》 8–526c
《诗歌卷》 9–454b
《诗歌全集》 3–177e
《诗歌三十年》 6–374c
《诗歌原理》 1–85f
《诗格》 4–317b
《诗光》 6–574a
《诗归》 7–286b
《诗和魔鬼》 7–230f
《诗和它的发展》 5–278f
《诗话》 5–139b
《诗话总龟》 6–574a
《诗祸》 3–450f
《诗集》（W.H.奥登） 1–118f
《诗集》（S.迪亚斯·米龙） 2–214b

《诗集》(R.帕尔玛) 6-29a
诗集派 1-27e, 2-216e
《诗纪》 3-176b
《诗纪匡谬》 3-176b, 6-259f
诗界革命 6-574b
《诗经》 6-574c, 5-429f
《诗经·豳风》 3-255c
《诗经"式"字说》 2-307f
《诗经图史合考》 9-455c
《诗经选译》 9-57c
《诗经注疏大全合纂》 9-204b
《诗镜》 6-575c
《诗礼传家》 7-325d
诗里亚 7-591d
《诗论》(艾青) 1-79e
《诗论》(朱光潜) 9-482e
《诗品》 6-575d
《诗品》(《二十四诗品》) 2-428b
《诗品集解》 2-428c
《诗品集注》 6-575f
《诗品讲疏》 6-575f
《诗品注》 6-575f
《诗评》 6-575d
《诗全集》 6-362a
诗人车间 3-174a
《诗人的嘱托》 8-347b
《诗人玉屑》 6-575f
《诗人在纽约》 4-121b
《诗人之镜》 5-227e
《诗人之恋》 7-53c
《诗人之死》 4-533d
诗三百 6-574c
《诗声类》 3-182c
诗圣 2-357b
《诗式》 6-576a
《诗数首》 1-92e
《诗薮》 6-576b
诗体埃达 1-61e
诗头子 7-144c
诗仙 4-593a
《诗选,1966～1987》 8-125f
《诗学》 6-576b, 8-403f
《诗学纲要》 1-563f
《诗学及文艺论卷》 9-454b
《诗谳》 8-9c
《诗艺》 6-576c, 3-441c
《诗译》 4-187e
诗意现实主义 6-576c
诗馀 2-40f
《诗与诚实》 3-134e
《诗与真》 3-96a
《诗与真理》 1-78d
《诗苑掇华》 3-181a
《诗韵集》(G.A.贝克尔) 1-294a
《诗韵集》(L.F.de 维加·卡尔皮奥) 7-552c
《诗之辩护》 8-372b
《诗总》 6-574a
虱传(流行性)回归热 3-609a
虱目 6-576d
虱目鱼 9-238b
虱型斑疹伤寒 1-227b
虱子 6-576d
《虱子协奏曲》 1-69a
狮 6-576e
狮堡 4-551d
狮城 1-475d
狮灯 3-526b, 6-577b
《狮和龙》 5-84a
狮泉河 6-576f, 8-598a
《狮身人面兽》 6-474c
《狮身人面兽在飞翔》 7-248f
狮身人面像 6-577a, 1-64e, 4-66b, 4-264e
狮首女性人身石像 4 375c
狮头山 5-417e, 8-295f
狮舞 6-577b
狮子 7-206b
狮子滚绣球 4-262b
狮子口 5-181f
狮子山汉墓 6-577d
狮子寺 3-559e
狮子头 4-262b
狮子鱼 6-577e
狮子鱼亚科 6-577e
狮子院 1-11d
狮子座 6-577f
狮子座流星雨 8-399f
施 1-452b
《施案奇闻》 6-578d
施本格勒,O. 4-568c
施波尔,L. 9-309b
施餠 6-601c
施存统 8-171c
施德,S.H. 4-439e
施蒂格勒,G.J. 9-288e
《施蒂勒》 2-594e
施蒂勒,W.H. 6-578a, 1-10a
施蒂纳,M. 2-189a
施蒂尼,J. 5-453a
施肥 6-578b
施复亮 9-382e
施工导流 6-578c
《施公案》 6-578c
《施公案传》 6-578d
施古德 3-381c
施光南 6-578d
施建岚 7-367c
施今墨 6-578e
施拉姆,K.A. 7-187b
施拉姆,W. 2-24d
施莱登,M.J. 6-578f
施莱尔马赫,F.D.E. 6-579a, 3-479f, 4-231b
施莱格尔,J.E. 6-579b
施莱格尔兄弟 4-551c
施莱歇尔,A. 6-579b
施琅 6-579c, 5-538c, 6-233e
施雷廷格,M. 7-425c
施累格尔,F.von 2-11f
施里夫,R.H. 2-252e
施里弗,J.R. 1-531b
施利芬,A.von 6-444d
施吕特尔,O. 2-227d, 7-588d
施罗德,G. 6-579d, 2-176e
《施罗芬施泰因一家》 4-449b
施罗克催化剂 8-130a
施米特,M. 6-579e
施米特,O.Yu. 6-579f, 7-269b
施米特定理 6-580a
施密特,C. 8-91e
施密特,H. 6-580a, 2-176e
施密特,H.(测量学) 6-505e
施密特,J. 6-580b
施密特,M. 3-66d
施密特,W. 6-580b
施密特-罗特卢夫,K. 4-51c, 6-188c
《施密特中尉》 6-33f
施穆尔·约瑟夫·查兹克斯 1-22f
施穆勒,G.von 2-176b
施纳贝尔,J. 8-264e
施奈德勋,H. 6-580c
施耐庵 6-580d, 7-85f
施耐庵故居 2-82f
施南府 2-416a
施尼茨勒,A. 6-580d
施尼雷尔曼,L.G. 4-232a
施虐症 8-323f
施佩尔,A. 5-604e
施佩曼,H. 6-580e
施皮茨,M. 2-524f
施皮勒贝格城堡遗址 1-434f
施普雷河 1-406a
施普林格,J. 6-581a
施普林格出版集团 6-581a
施汝为 6-581a
施世纶 6-578d
施仕纶 6-578d
施塔德尔美术馆 2-174f
施塔尔,G.E. 6-272d
施塔姆勒,R. 6-581b
施泰纳,J. 7-472e
施泰尼茨,E. 2-128f, 9-82b
施泰因,E. 8-542d
施泰因,H.F.K.von 6-581d
施泰因贝格尔,J. 6-581c
施泰因和哈登堡改革 6-581d
施泰因梅茨,C.P. 6-581e, 8-207c
施陶丁格,H. 6-581f, 3-63e
施陶丁格定律 6-582a
施特恩贝格国家天文研究所,P.K. 5-475b

施特恩海姆,C.　6–582a
施特尔,H.　2–175c
施特尔策尔,H.　8–223d
施特凡大教堂　7–559e
施特赖歇尔,J.　5–604e
施特劳斯,B.　6–582b
施特劳斯,D.F.　6–209a
施特劳斯,J.　6–582b
施特劳斯,J.B.　4–245e
施特劳斯,R.　6–582c
施特罗迈尔,F.　3–113c
施特默,H.L.　2–56a, 4–555d
施图克,F.von　4–401a
施托克豪森,K.　6–582e
施托梅尔,H.M.　6–582f
施托姆,T.　6–583a
《施瓦本风土志》　8–5b
施瓦布,K.　7–19a
《施瓦岑贝格》　3–333f
施瓦岑贝格,F.zu　6–583b
施瓦茨,M.　6–581d
施瓦茨巴赫,M.　6–142e
施瓦茨科普夫,E.　6–583c
施瓦尔茨,L.　3–237c
施瓦辛格,A.　6–583d
施万,T.A.H.　6–583d, 9–543e
施维特斯,K.　2–61b
施温格,J.S.　2–543c, 5–61b
《施洗约翰》　5–202a
《施洗中的圣约翰》　2–442a
施雅风　6–583f
施洋　2–426e
施英　9–233e
施约瑟　6–569d
施蛰存　6–584a, 2–135b, 8–178d, 8–178e
施州　2–416a
施州卫　2–416a
施主　1–231d
施琢公　6–579c
施尊侯　6–579c
湿鼻烟　1–314c
湿壁画　2–150d
湿草原土　3–460a
湿地　6–584b
《湿地公约》　6–584c
湿度　6–584c, 4–469f
湿度表　6–584d
《湿耳狮子》　9–82d
湿法分解　6–584f
湿法冶金　6–584f
湿腐蚀　3–3e
湿画法　7–84c
湿敏电容　6–584c
湿摩擦　5–456b
湿婆　6–585a, 2–486b, 6–76d, 7–466f
湿婆迭蒂　6–570a
湿婆教派　2–68b
湿婆庙　7–467a
湿婆派　8–599c
湿婆神庙　5–369a
湿气　7–358a
湿球温度表　6–584d
湿热　8–222f
湿润潘帕　6–41e
湿邪　6–585c
湿性东方疖　5–31a
湿疹　6–585e
湿疹样癌　6–56f
十八般兵器　6–585e
十八般武艺　6–585e
十八地狱　2–244e
十八反　6–585f
十八界　2–435e
十八科母　4–579f
十八罗汉　6–585f, 5–204d
十八描　6–586a
《十杯酒》　8–448e
十布　7–503f
十部伎　7–305a
十部算经　7–305c
十朝圣训　6–230b
十次突击　2–256d
十大功劳　6–586a, 8–221b
十大计量　4–88b
《十道四蕃志》　5–56b
《十地经论》　3–539f
十段册法　6–586b
十段锦法　6–586b
十段田法　6–586b
十恶　6–586c
《十二把镰刀》　5–252f
十二处　2–435e
《十二次痛苦》　1–25e
十二大将军　3–2d
《十二个》　1–410b
《十二寡妇征西》　1–215c
十二经　6–586e
十二经别　6–586e, 4–297c
十二经筋　6–586e, 4–297c
十二经脉　6–586e
十二经脉之海　2–2d
《十二凯撒列传》　3–173f
《十二楼》　5–3a
十二路弹腿　7–282f
《十二门论》　4–318f, 6–397a
《十二门疏》　4–68a
十二门徒　6–587b
十二木卡姆　5–299a
《十二努汉》　2–487c
十二皮部　6–586f, 4–297c
十二生肖　6–587a
十二时辰　3–33f
十二时辰俑　9–365d
十二使君之乱　6–587a
十二使徒　6–587b
十二属相　6–587a
《十二条款》　2–188b
《十二铜表法》　6–587c, 5–206d, 5–427c
十二伊玛目派　1–57e, 1–156f, 6–593b, 8–528f
十二因缘　6–587d
十二音技法　8–379c
十二音体系　7–136a
十二原　9–107b
十二缘生　6–587d
十二月党人起义　2–398d
《十二月会议》　4–277b
十二月建　2–344e
十二正经　6–586e
十二支缘起　6–587d
十二指肠　6–587e
十二指肠钩口线虫　3–154a
十二指肠溃疡　8–215e
十二主神　8–124d
十二宗徒　6–587b
十番鼓　3–190c
十番锣鼓　2–33d
十非法事　4–223c
十国　8–45d
《十国春秋》　1–458b, 5–525e
《十国世家年谱》　8–288f
十和田八幡平国立公园　1–134f
十笏园　7–560e
十灰散　9–307e
《十驾斋养新录》　6–164f
《十渐疏》　7–577f
十戒　7–44c
十界　7–153d
十诫　6–587e, 5–464d
《十进分类法及相关索引》　2–363a
十进位值制　4–95d
十进制　7–63c
十九日灵宴会　1–157b
《十九世纪文学主流》　1–442f
《十九世纪意大利文学》　2–184d
十九畏　6–587e
《十骏马图》　8–107b
十款天条　3–484c, 7–347d
十框蜂箱　2–573f
十里香冬菜　5–520d
《十粒金丹》　7–215e
十六谛　9–266e
十六观法　4–313f
十六国　6–587f
《十六国春秋》　6–588d, 6–507f
《十六国春秋辑补》　6–588e
十六会　1–394e
十六罗汉　5–204d
《十六岁少女》　6–202b
十六烷值　1–499c
十六字诀　9–480d

十路弹腿 7-282f
《十门和诤论》 9-98c
《十面埋伏》 6-588e
《十面埋伏》(电影) 9-214e
《十面埋伏》(民乐合奏曲) 6-200c
《十年矮凳》 5-83b
《十年纷纭话股市》 8-31e
十年内战 6-588f
《十年诗抄》 2-578f
《十年十癔》 5-83b
十七年蝉 8-335d
十七史 2-428c
《十七史天文诸志之研究》 9-487e
《十七条协议》 2-64f, 8-112a
十七勇士 6-589c
十氢化萘 6-589d
十全老人 6-225a, 6-589e
十全武功 6-589e
《十日谈》 6-589f, 1-420e
十三本经 9-387d
《十三朝会要》 4-164a
十三旦 3-487b
十三行 1-328f, 8-469b
《十三行》 7-513d
十三经 4-298c
十三鳞 2-130b
十三排剧院 3-109e
十三史 2-428c
十三头网子 6-200d
十三翼之战 9-97b
十色笺 7-303b
《十束光》 3-174a
十四点计划 7-529b
《十四行集》 2-578e
十四行诗 6-590a
《十四行诗集》 1-55a
十四节气 3-373c
十四经穴 4-298a, 6-132f, 7-62f
《十诵律》 5-184e
《十万个为什么》 8-502c
十王亭 6-520a
《十王子传》 6-575c
十五别络 6-590c
《十五贯》 6-590a
十五络脉 6-590c
十五省 5-58d
《十五、十六世纪东西方历史初学集》 8-39a
十堰市 6-591b
十样锦 7-300e
十一届三中全会 9-361d
《十一年的统治(1958～1969)》 1-397d
“十一五”规划 9-349f
《十一月十四夜发南昌月江舟行》 1-564a
《十一月之夜》 7-544c
十亿分率 3-551d
十翼 8-562a, 9-475d
十月党 6-591b
十月革命 2-395b
十月革命博物馆 6-556e
十月节 5-498b
十月年 8-547b
十月十七日同盟 6-591b
《十月十七日宣言》 2-396c
十月战争 9-329c
十丈洞瀑布 1-600b
十钟山房 6-591c
《十钟山房印举》 6-591c, 1-558f
十重戒 6-404b
《十竹斋笺谱》 6-591d
《十竹斋书画谱》 6-591e
《十住毗婆沙论》 5-143b
《十住心论》 4-466d
十字花科 6-591e
十字架 6-591f
《十字架上的魔鬼》 2-414f
《十字街头》 6-592a
十字军 4-357f, 6-592a
十字军东征 6-592a, 6-362e, 6-362f
《十字军骑士》 6-592c, 8-175f
《十字军在埃及》 5-293d
《十字坡》 2-147e, 7-60c
十字石 6-592c
十字水母 1-394c
十足目 6-592d
十族 9-568f
什刹海 7-389d
什伐亦 9-225d
什邡市 6-592e
什邡县 6-592e
什基普语 1-9b
什昆比尼河 1-8c
什连克,L. 5-304d
什卢赫语 1-18d
什鲁斯伯里公学 3-138a
什切青 6-592f, 1-378f
《什切青和约》 1-262a
什切青湾 6-592f
什托方言 6-371d
什叶派 6-592f
什约克河 8-598b
石斑鱼 6-593c
石板墓 7-444e
石宝寨 9-452a
石蛃目 8-534b
石蚕 5-313c
石菖蒲 7-355c
《石菖蒲图》 7-153b
《石巢四种》 6-343d
石巢园 4-87d
石城(佩特拉) 6-58c
石城(石头城) 6-603b
石城县 5-47e
石城镇 6-353c
石重贵 3-492c
石崇 6-593d
石幢 2-32a
石莼属 6-593e
《石淙类稿》 8-466f
石淙先生 8-466e
石达开 6-593e, 7-258c
《石达开》 5-119e
《石达开的末路》 1-551d
石胆 2-145f
石胆酸 2-147a
石岛 5-525b, 8-100a, 8-100b
石岛港 7-529f
石蒂 7-510f
石刁柏 6-594a
石貂 2-300c
石雕 6-594a
石雕像 9-365a
石豆兰属 4-540f
石铎禄 8-107a
石蛾 5-313c
石房蛤毒素 4-136c
石佛寺 6-598a
石敢当 9-261b
石膏 6-594c, 5-131f, 9-440f
石膏板 6-594d
石根华 4-185d
石骨拉柔达 7-149d
石鼓 6-597a
《石鼓歌》 7-194c
石鼓馆 3-197a
石鼓书院 3-467f
石鼓文 6-594d, 6-597a, 7-47d
石棺墓 6-594e
石棺葬 6-594e, 7-444e
《石壕吏》 2-356e
石河子市 6-594e
石核 6-600e
石核石器 6-600f
石亨 2-392c
石弘 6-595a
石斛 6-594f
石斛属 4-541a
石湖居士 2-481e
《石湖居士诗集》 2-482a
石虎 6-595a, 5-119c, 6-272f
石花菜 3-477c, 6-595b
石花菜属 6-595b
《石化林》 6-502d
石灰 6-595c, 3-26c, 8-473f
石灰硫磺合剂 1-196e, 2-384d
石灰乳 6-217d
石灰消化法 6-217d
石灰岩 6-595c
石挥 6-595f
石季龙 6-595a
石家大院 8-458f

石家河古城 6-251d, 6-596a
石家河文化 6-595f
石家庄火车站 6-596c
石家庄市 6-596b
石家庄邮政枢纽 6-596c
《石坚文存》 1-566a
石鉴 3-495c
石匠公社 6-566a
石介 6-596d
石经 6-596d
《石经考》 6-596e
石井四郎 6-324d
石景山 6-596e
石景山发电厂 6-596f
石景山区 6-596e
石敬瑭 6-596f, 3-491e, 3-492b, 3-494b, 5-63f, 5-67f
石拒 8-220e
石决明 1-249d
石君宝 6-242d, 9-99a
石刻文献 7-596c
石刻文字 6-596f
石窟 6-597b
石窟庵 6-598a
石窟庵石窟 6-598a
石窟寺 6-597b
石窟艺术 2-584f
石库门 6-598b
石蜡 6-598d, 6-606e, 8-239b
石蜡基原油 6-606a
石勒 6-598d, 3-495b, 5-119c, 7-325e, 7-515b
石勒苏益格 6-106f
石里克,M. 6-598e, 3-88e
石栎 6-598f
石栗 1-524e
石梁飞瀑 7-360b
石林 5-173f
《石林词》 8-498f
石林居士 8-498e
《石林诗话》 8-498f
《石林燕语》 8-498f
石淋 5-402d
石凌鹤 3-47e
石硫磺 5-130d
石榴 6-599a
石榴花 6-599a
石榴碱 6-599a
石榴子石 6-599a
石柳邓 5-417f
石龙坝水电站 7-89b, 8-228b
石龙子 6-599c
石鲁 6-599d
《石鲁作品选集》 6-599d
石碌铁矿 3-335b
石马寺 4-276d
石门二路 4-315e
《石门二十四景图》 6-127c
《石门集》 9-489a
《石门铭》 6-599e, 1-239a
石门山 5-332d
石门十三品 1-239b
石门水库 2-148e
《石门颂》 6-599f, 6-596f, 8-104a
石门栈道题刻 6-447d
石棉 6-600b
石闵 3-495c
石磨蓝 5-603c
石漠 6-355c
石墨 6-600c
石墨池外史 6-443e
石墨铅笔 6-159c
石墨烯 6-263f
石默 1-259e
石牛仙 5-220d
石牌 8-483d
石牌律 8-483d
石派书 6-607c
石棚 4-336e
石片石器 6-600f
《石屏诗集》 2-133b
石浦港 5-594e
石器 6-600d
石器时代 6-601b
石青 4-545e
石球 2-305a, 6-600f
《石渠宝笈》 6-601b
石渠阁 1-475f
石渠阁会议 6-601b
《石渠论》 6-601c
《石渠议奏》 6-601c
石泉县 1-258b
《石山医案》 8-534c
石杉碱甲 6-601c
石杉属 6-480d
石珊瑚目 6-601c
石少华 6-601d
石申 8-304d
石声汉 6-601e
石师道人 7-517c
石狮市 6-601f
《石氏星经》 8-304d
石世龙 6-598d
石室金匮 6-602a
石室墓 4-336e, 7-444e
石室先生 7-594d
《石室之死亡》 5-227d
石守信 6-602a
石首城 6-603b
石首市 6-602b
石首县 6-602b
石松类植物 6-602c
石松属 6-602c
石松亚门 4-350a
石蒜 6-602e
石蒜科 6-602d
石髓 9-78d
石笋 9-454e
石太铁路客运专线 7-255e
石泰 5-544a
石炭纪 6-602e, 7-387f
石炭酸 6-602f, 1-310f
石炭系 6-602e
石涛 6-602f, 4-483d, 6-223a
石梯坪 3-528f
石铁陨石 9-139e
石头 8-430c
石头城 6-603b, 4-163d
石头城（津巴布韦） 4-264f
《石头公园》 4-423f
《石头记》 3-471a
《石头记索隐》 3-476b
石兔 7-59e
石湾陶瓷 6-603c
石维坚 7-367c
石豁 6-603d
石鳚 6-223a
石细胞 6-603f
石峡文化 6-603f
石峡遗址 6-604a
石像生 5-448b
石筱英 5-204e
《石雅》 9-220b
石盐 6-604a
石燕 6-604c
石燕贝 6-604c
石羊 8-431f
石羊生 6-576b
石叶 6-600e, 7-83e
《石遗室丛书》 1-569a
《石遗室论文》 1-569a
《石遗室诗话》 1-569a
石隐庵居士 5-401b
石印 8-612e
石英 6-604d, 2-429c
石英电子钟表 6-605a
石英角斑岩 4-204a
石英猫眼 4-245c
石英砂 6-605a, 6-430b
石英砂岩 6-430f
石英闪长岩 6-444a
石英岩 6-605b
石英钟 9-453a
石英钟表 6-605a
《石英钟表技术》 3-101b
石蝇 6-605c, 4-54d
石油 6-605c
石油大厦双子塔 4-65a
石油膏（脂） 6-606f
石油河 7-55c
“石油换食品”协议 2-375b

石油禁运 4-288d
石油开采 6-606b
石油蜡 6-606e
《石油论》 3-162f
石油美元 6-606f
石油润滑油 6-352e
石油剩余资金 6-606f
石油输出港 3-307a
石油输出国 8-417c
石油输出国组织 6-606f
石油王国 6-427e
石油危机 6-607a
石玉昆 6-607b, 6-402b
石毓涛 6-595f
石元春 6-607c
石云 4-83a
石陨石 9-139d
《石斋集》 3-582d
《石斋逸诗》 3-582d
石寨山滇墓 6-607d
石祇 6-272f
石志仁 6-607e
石钟琴 6-460f
石钟乳 9-454e
石钟山 6-98f
石钟山石窟 6-607f
《石洲集》 6-257e
《石洲诗话》 7-606a
石竹纲 7-81b
石竹科 6-608b
石竹类 7-203d
石竹属 6-608c, 8-198d
石柱 9-454e
石柱法 3-378c
石柱参 2-137a
石梓 6-608c, 5-240b
石镞 8-158a
石嘴山市 6-608c
石尊者 8-25d
时变变换函数 9-171f
时不变电路 2-285e
时不变元件 2-285e
时差 6-608e, 6-92c
时差利息论 1-337b, 6-45e
《时代》 4-185f
《时代的儿女》 9-271d
时代-华纳公司 3-535a
《时代日报》 4-185f
《时代史志》 5-278e
《时代书册》 5-605d
《时代在改变》 2-212c
时点数 7-408c
时点指标 7-408c
时殿元 5-179a
时分程控电话交换机 1-589f
时分多路通信系统 2-384d
时分多址 2-392c
时分遥控 8-482e
《时间》 3-454d
时间测距导航卫星 2-156f
时间测距卫星导航系统 7-567d
时间测量 6-608e
时间分辨光谱 6-609b
时间分计制 8-209a
时间服务 6-609b
时间管理 6-609c
《时间和天体运动的知识》 7-363c
时间记录法 6-609c
《时间简史——从大爆炸到黑洞》 4-23d
时间间隔 6-608e
《时间，空间，物质》 7-536e
时间零点 3-465a
时间维 4-355e
时间性指数 7-408e
时间序列 6-609d
时间序列分析 6-609d
时间延缓 8-156f
《时间与风》 7-553b
《时间与音色的模式》 5-336d
《时间终结四重奏》 5-336d
时间总计制 8-209a
《时局的色彩》 5-278f
时刻 6-608e
时空理论 8-190c
时空弯曲 3-237f
时乐濛 6-609e
时立爱墓 9-366b
时溥 6-609f
时期数 7-408c
时期指标 7-408c
时区 6-610a
时区界线 6-610a
时尚 6-610c
时事报道片 4-97d
《时事画报》 1-571d, 3-68b
《时事要闻》 3-234d
《时事月报》 7-372e
时思寺 4-312a
时态逻辑 6-610e, 5-455a, 7-64f
时态算子 6-610e
时文 1-142a
《时宪历》 6-223a, 7-298f
时小福 5-333b, 7-515d
时效 3-609d, 4-256a
时效停止 7-200d
时效中断 7-200c
时效中止 7-200c
时行腮肿 9-175f
《时序逻辑程序设计与软件工程》 7-318a
时艺 1-142a
时鱼 7-6f
时域分析 6-609e
《时震》 2-576b
时值 8-574a
时趾周 5-532b
《时至今日》 5-218d
时滞常微分方程 1-526e
时钟佯谬 6-611a
时装 6-611b
时装表演 6-611d
《时装的悲剧》 4-539d
时装流行预测 6-611c
时装模特 6-611d
时装新戏 6-611e
时宗 1-259a
识 8-247b
《识别贵重矿物的资料汇编》 2-250c
识记 4-96c
《识仁篇》 1-589e
识蕴 8-53e
实按灸 1-77d
实变函数论 6-611e
实部 3-12a
实测地图 1-486a
实叉难陀 4-574f, 8-555b
实地盘存制 6-612a
实地纱 6-430a
实地研究 6-494e
实腹梁 5-53e
实际尺寸 3-130b
实际工资 3-129c
实际航程 3-393c
实际航速 3-393c
实际气体 6-145b
实际气体状态方程 6-612b
实际增长率 3-311c
实践 6-612c
“实践”号卫星 6-612f
实践合同 3-411b
实践科学 8-403c
《实践论》 6-613b, 5-320d
《实践是检验真理的唯一标准》 6-613c
“实践”1号科学试验卫星 6-302a
“实践”2号卫星 6-612f
“实践”4号卫星 6-613a
“实践”5号卫星 6-613a
“实践”7号卫星 6-613b
“实践”8号卫星 6-613b
实角 4-203d
实科学校 6-613e
实况分析图 7-355f
实利 6-502c
实录 6-613f
《实录》 5-67d
实脉 5-301e, 5-301f
实盘 2-432c, 9-224a
实然人权 6-296c
实生林 6-418f
实生苗 6-614b
实施细则 8-317f

实时操作系统 1-476a
实事求是 6-614c
实收资本 6-614e
实数 6-614e
实数集 5-39a
实数系 7-63d
实体 6-615a, 7-121c
实体保障 6-297a
实体法 6-615a
实体规范 3-274d
实体禁忌 8-587d
实位元首 9-560f
实物表 7-413a
实物地租 2-252d
实物概念 3-31b
实物模型 4-441e
实物投资 7-413d
实物指标 4-295f
实物转移 4-284b
实现祖国统一的九点建议 8-497c
实相 9-255e
实相念佛 5-587c
实效主义 6-71e, 7-1c
实验地理学 6-615a, 5-11c
实验地貌学 6-615a
实验动物 6-615b
《实验动物学杂志》 3-310d
实验构造地质学 3-156b
《实验教学法》 6-615d
实验教育学 4-212d
实验教育学派 6-615d
实验经济学 7-9d
《实验经济学论文集》 7-9e
实验苗圃 5-418b
实验胚胎学 6-52e
实验区（自然保护区） 9-539d
实验式 3-551b
实验室流量 5-125d
实验室盐度计 8-433d
实验室诊断 9-257b
实验水力学 7-90c
实验水文学 6-58a, 6-615a
《实验文学三人集》 6-615f
实验文学运动 6-615e
实验戏剧 6-615f, 8-224b
实验小剧场 9-446d
《实验小说》 9-544a
实验心理学家学会 7-384a
《实验心理学十讲》 7-158f
实验形态学 6-546a
实验研究 6-494e
实验应力分析 6-615f
实验站 7-99c
实验针灸学 9-441c
实验诊断 6-616e
实验诊断学 6-616e
实验主义 7-1c
实洋 7-1a, 5-290e
《实业计划》 4-162e, 6-398c
实业救国论 7-1a
实业学堂 3-245a
《实业学校令》 6-306a
实业制度 6-569a
实音 7-342a
实蝇 7-1b
实蝇科 7-1b
实用单位制 2-275a
实用地名学 2-230e
《实用儿科学》 9-493e
《实用美容外科学》 9-193a
《实用内分泌学》 4-498e
实用神学 4-45b
实用天文学 7-361c
《实用小麦论》 4-253d
实用堰 8-444b
实用游泳 9-44b
《实用有机药物化学》 8-369b
《实用乐器词典》 6-361f
实用主义 7-1c
实用主义法学 4-25c
实在法 1-322b, 2-210d
实在论 7-1d
实在社区 6-500a
实照时数 6-329c
实证派犯罪学 2-478e
实证哲学 7-1e
《实证哲学教程》 4-473b, 6-493b
《实证政治体系》 4-473b
实证主义 7-1e, 4-472f, 7-541c
实质教育 9-324f
实质蕴涵 4-146a
《拾荒集》 8-41f
《拾来的孩子》 4-393f
《拾破烂人家》 5-9a
《拾穗者》 7-1f
《拾遗记》 7-2a
《拾遗录》 7-2a
《拾玉镯》 2-147e, 6-39f, 8-585a
食变星 1-344d, 7-80c
食虫虻 7-2b
食虫虻科 7-2b, 7-77e
食虫目 7-2c, 9-256b
食虫鸟 6-438f
食虫植物 1-424d, 9-306f
食醋 2-54f
食蜂鸟 2-573b
食管 7-2d
食管癌 7-2f
《食管癌的实验研究》 8-456e
食管痉挛 7-3c
食管静脉曲张 3-43a
食管痛 8-331f
食管温度 7-342f
食管炎 7-3c
《食荷花人》 2-307c
食猴鹰 5-411e
食货志 7-3c
食积证 7-3d
食疗 7-3d
食毛目 7-4a
食年 5-584c
食品保藏 7-4b
食品防腐剂 7-4d
食品乳化剂 6-341d
食品添加剂 7-4e
食品卫生 7-4f
食客 1-359d
食人鲳 7-5a
《食人派宣言》 1-92f
食人鱼 7-5a
食肉动物 7-5b
食肉目 3-341a, 7-5b
食肉兽 7-5b
食肉植物 1-424f
食双星 1-344d, 7-80b
食田制 9-484e
《食土豆者》 2-467b
食物环 7-5d
食物链 7-5c
食物网 7-5d
食物中毒 7-5d
食心虫 2-406a
食蚜蝇 7-5e, 7-77e
食蚜蝇姬蜂 4-40a
食蚜蝇科 7-5e
食盐 7-5f, 5-189a, 8-433b
食盐进军 2-511b
食养 8-484b
食蚁兽 7-5f
食蚁兽科 7-5f
食用合成色素 7-6d
食用菌 7-6b, 7-57b
食用蘑菇 7-6b
食用色素 7-6d
食用天然色素 7-6d
食用香精 7-6e, 8-197c
食指 7-37a
《蚀》 1-94f
蚀余平原 6-93f
炻器 7-324e
鲥鱼 7-6f, 7-400d
史宾塞·屈塞 4-395e
史斌 8-31c
史伯 3-420c, 8-51f
史部 3-294f
史朝清 7-12e
史朝义 7-12e
《史晨碑》 7-7a
《史晨后碑》 7-7a
《史晨前碑》 7-7a
《史晨前后碑》 7-7a

史楚金,B.V. 7-7b
史达祖 7-7b
史大刚 8-349c
《史道邻先生遗稿》 7-8e
史德威 7-8e
史迪尔钢鼓乐队 7-332a
史迪威,J.W. 7-7c, 9-408d, 9-408f
史迪威公路 7-7d
史迪威事件 7-7d
史东山 7-7e
史笃默,F.C.M. 7-138e
史国禄 8-454a
《史汉论稿》 8-346f
史河 6-80f
史弘肇 3-491d
史狐 2-332f
《史讳举例》 1-571d
史讳学 1-334a
《史集》 7-7f
《史记》 7-8a, 1-223e, 2-18f, 2-111f, 2-428d, 3-142c
《史记考索》 9-482b
史济湘 7-8c
史久镛 7-8d, 3-262c
史开纯 7-8e
史可法 7-8d
《史可法别传》 7-8e
《史可法集》 7-8e
史连甲 5-113d
史良 7-8e, 6-119d, 9-383e
史量才 7-9a, 1-284b
《史料丛刊初编》 1-145c
史料学 5-17b
史留 9-479d
史弥远 7-9b, 3-364d, 7-165a, 7-171c
史密森,J. 7-9b
史密森,R. 2-78e
《史密森星图》 8-307a
史密森学会 7-9b
史密斯,A. 7-297b
史密斯,B. 1-450b
史密斯,E.F. 7-9c
史密斯,E.J. 7-278e
史密斯,G.E. 2-279d
史密斯,H.J.S. 5-437b
史密斯,I.D. 9-3c
史密斯,J. 5-461e
史密斯,J.E. 5-84b
史密斯,L. 6-299f
史密斯,S.M. 7-119d
史密斯,V.L. 7-9c
史密斯,W. 7-9e, 5-540a
史密斯堡 1-30c
《史密斯先生到华盛顿》 3-91b
史末资,J.C. 7-9f
史沫特莱,A. 7-10a
史念海 7-10b
史迁普金,M.S. 7-10c
史前考古学 7-10d, 4-417e
《史前欧洲经济基础》 4-447b
《史前期的日本》 5-589c
史前期美术 3-159c
《史前时代的多瑙河》 1-498c
史前史 7-10d
史前文化 9-106e
史前学 7-10d
史前艺术 7-10e
史前宗教 9-106f
史墙盘 7-12b, 9-476f
史若虚 9-400e
史绍华 7-12c
史绍熙 7-12c
史诗 7-12d
史诗梵语 2-486c
史书 5-34b
史思明 7-12d
史特尔茨纳,K.F. 8-287e
史天倪 5-489e
史天泽 7-12f
《史通》 7-12f
《史通笺记》 1-590b
《史通通释》 7-13a
史瓦西,K. 7-13a
史瓦西,M. 4-27e, 7-13c
史瓦西半径 7-13c
史瓦西父子 7-13a
史瓦西黑洞 3-452c
史瓦西解 7-13b
史苇湘 2-378e
史文彬 2-426e
《史姓韵编》 7-234c
史学概论 5-17b
《史学名著选读》 9-275c
史学派 2-492b
史学史 5-17b
史游 5-375b
史振林 1-209e
《史忠正公集》 7-8e
《史籀》 3-125b
史籀大篆 9-479d
《史籀篇》 9-479d
《史籀篇疏证》 9-479d
史传萨迦 1-282d
矢部长克 7-13c
矢车菊双苷 3-530e
矢车菊素 3-530e
矢量 8-72b
矢量波 1-372b
矢量介子 4-233c
豕尊 7-13d
使持节 2-348c
使馆 7-13e
《使虏图抄》 6-518d
《使命》 1-578a
《使徒彼得的否认》 4-526c
《使徒信经》 8-297a
《使徒行传》 6-563e
《使西纪程》 3-252f
使相 7-399f
使药 2-488d
使用价值 8-400c
使者 8-172e
使者校尉领护 3-369e
《使至塞上》 7-511e
始安县 3-248c
始皇帝 6-201b
始基 1-309c
始马 5-253f
始平县 8-303f
始太古代 7-255b
始新马 5-253f
始新世 7-13f
始新统 7-14a
《始与终》 2-42e
始祖马 5-253f
始祖鸟 7-14b, 9-490d
始祖神 7-110b
屎壳郎 7-14c, 4-240e
士 7-14c
《士兵的报酬》 5-392b
《士兵的故事》(舞蹈) 1-123d
《士兵的故事》(音乐) 7-135f
《士兵们》 4-22f
《士兵之歌》 6-240c
《士兵之家》 5-574a
士大夫 7-14d
士的宁 2-462e
士家 4-273d, 6-388a
士家制 7-15a
《士礼》 8-537d
士林馆 3-468c
士林哲学 4-299d
士名 7-14d
士人 7-14d
士燮 5-402a
士元 6-47c
士族 6-118b, 6-387f, 7-14e
氏族 7-14e
氏族长老会议 9-93c
示波管 2-296b
示波极谱法 3-332d
《示儿》 5-170e
示寂 9-113a
示教再现机器人 1-504d
示嵌类 8-36b
示指 7-37a
示踪化合物 1-352c
世阿弥 7-14f, 5-564f
世阿弥陀佛 7-14f
《世本》 7-15a, 6-118a, 7-8a
《世本八种》 7-15a

世兵制 7–15a
世代隔阂 2–126b
世代交替 7–15b
《世纪之歌》 3–441c
《世界》 1–71f
《世界安全与平等》 2–304c
《世界版权公约》 7–15c, 2–13e, 9–505d
世界棒球冠军赛 1–235b
世界棒球锦标赛 1–235c
《世界报》 7–15e, 1–397d
《世界报》(波多黎各) 1–375a
《世界报》(美国) 4–606f
世界杯排球赛 6–37b
世界杯曲棍球赛 6–248a
世界杯足球赛 7–15e, 9–567b
世界壁球联合会 1–333f
世界冰壶联合会 1–363e
《世界大地构造图(1:1 600万)》 6–55e
世界大学生运动会 7–16a
世界大战 7–16c
《世界大战》 1–443a
《世界大战时期的宣传技术》 2–24d
《世界的孩子们》 3–354d
《世界的逻辑结构》 4–368c
《世界的躯体》 4–542a
世界的物质统一性原理 1–350f
《世界的终点》 8–260d
世界地质公园 2–248d, 2–598e
世界电视新闻社 5–356c
《世界儿女》 2–541c
《世界繁华报》 4–588d
世界飞镖联合会 2–506b
世界佛学苑 7–263e
世界格局 7–16e
世界古典文明研究所 8–410c
世界观 7–16f
世界国际象棋联合会 3–275c
世界国家 4–393c, 7–124e
《世界还年青》 3–103e
世界海事大学 3–264a
《世界汉语教学》 1–274b
世界黑人进步协会 4–120f
《世界黑人权利宣言》 2–479f
《世界画家、雕塑家、素描家大辞典》 6–43a
世界环境日 7–17a, 5–45c
世界环球航海赛 2–462a
世界货币 7–17a
世界基督教教会联合会 9–235f
世界基督教协进会 2–330a, 5–499f, 8–274c
世界基督教学生同盟 5–499f
世界级大油田 9–39f
世界技巧锦标赛 4–99b
世界健美操锦标赛 4–169d
世界教会联合会 2–403e
世界教育联谊会 8–275a
世界金融危机 4–250f
《世界尽头的花园》 5–166a
世界经济 7–18d
世界经济格局 7–16e
《世界经济和帝国主义》 3–266e
世界经济论坛 7–19a
世界经济危机 7–19d
《世界经济与世界经济学》 6–165f
世界举重锦标赛 4–335b
世界空间周 3–397b
世界理性 7–124d
世界粮食计划署 7–19f
世界粮食理事会 7–20a
世界旅游日 7–20a
世界贸易 3–270a
世界贸易中心大厦 7–20b, 9–591f
世界贸易组织 7–20c, 3–289a
《世界贸易组织补贴反补贴措施协议》 2–14c
《世界贸易组织海关估价协定》 9–426d
《世界美如斯》 6–372a
《世界美术》 9–445a
《世界美术全集》 5–362c
世界末日 7–20f
世界穆斯林大会 7–23c
世界男子羽毛球团体锦标赛 7–297c
世界女子举重锦标赛 4–335c
世界女子拳击运动 6–267a
世界女子羽毛球团体锦标赛 9–31e
世界女子足球锦标赛 6–5e
世界排球锦标赛 6–37b
世界乒乓球锦标赛 7–20f
世界七大奇观 7–21c
世界期刊联盟 2–354e
《世界气候图集》 2–227b
世界汽车拉力锦标赛 6–151f
世界桥牌联合会 6–188a
世界青年联欢节 2–311d, 8–163d
世界曲棍球锦标赛 6–248a
世界人口 6–289c
《世界人口行动计划》 5–45d
《世界人权宪章》 2–103e
《世界人权宣言》 7–21e, 3–136c, 8–288e, 8–428a
《世界日报》 7–22a
世界三大贝壳堤 7–350f
世界三大歌剧院 7–559e
世界三大文明 3–539d
世界三大宗教 9–554a
世界沙滩排球联合会 6–427b
世界社会主义革命党 2–262c
世界社会主义联邦 2–262c
世界时 7–22a, 1–270d, 6–608f, 6–609c, 6–610a
世界时秒 5–419c
世界时区 3–106a
《世界史前考古大纲》 4–447b
世界市场 7–22a, 7–25f
世界室内田径锦标赛 7–370d
世界书局 7–22b
世界台球联合会 7–249d
世界跆拳道联盟 7–254f
世界体操锦标赛 7–377b
世界天气监视网 7–22c
世界田径锦标赛 7–22d
世界跳伞锦标赛 7–377c
世界铁人三项锦标赛 7–384c
《世界通史》 9–468c
《世界图解》 2–418b
《世界图书分类法》 2–356a
《世界危机》 6–240f
《世界卫生》 7–23a
《世界卫生论坛》 7–22f
《世界卫生年鉴》 4–236c
世界卫生组织 7–22e, 8–484b
《世界卫生组织药物信息》 7–23a
《世界未来》 4–287c
《世界文化丛书》 9–468d
《世界文学史》 8–7c
世界钨都 2–121b, 3–47e
世界无线电航行警告系统 7–23a
世界武搏运动会 7–23b
世界象棋锦标赛 8–208d
世界象棋联合会 8–208d
世界新闻摄影荷兰基金会 8–287f
世界性主教会议 5–578e
世界洋底立体地形图 8–127e
世界爷 4–336d, 6–442d
世界伊斯兰大会 7–23b
世界遗产 7–23e
《世界遗产名录》 7–23e
世界银行 7–24b, 3–263b
世界银行集团 3–263b
世界邮政日 7–24b
《世界犹太复国主义纲领》 9–35c
世界羽毛球锦标赛 9–70a
世界羽毛球联合会 9–70a
世界语 7–24b
《世界语言》 5–337a
世界语者 7–24b
世界园艺博览会 7–24c
世界政策 7–24d
世界知识产权组织 7–24d, 9–290d
《世界知识产权组织表演和录音制品条约》 4–306d
世界雉类协会 9–278e
世界自然保护同盟 1–360f, 8–432b
《世界自然资源保护纲要》 7–24f
《世界最高峰上的奇迹》 8–502c
《世经堂集》 8–344f
世贸组织 7–25a, 7–20c
世乒赛 7–20f
世亲 7–25a
《世上欢乐之园》 1–417a

《世说新书》 7-25b
《世说新语》 7-25a
《世说新语笺疏》 7-25b
《世说新语校笺》(徐震堮) 7-25b
《世说新语校笺》(杨勇) 7-25b
《世俗的圣歌》 2-67c
世俗康塔塔 4-405a
《世俗康塔塔》 1-183d
世俗神庙会 5-420e
世俗神学 6-62e
《世说》 7-25b
《〈世说新语〉疏笺》 9-58a
世传 4-125e
《世宗实录》 9-200e
《世宗宪皇帝圣训》 6-230b
世族 2-36c
《世祖本纪》 2-320e
《世祖章皇帝圣训》 6-230b
世尊 2-581e, 2-583a, 7-33f
《世尊歌》 1-420c
仕女画 6-300c
市 7-25b, 1-583e
市舶 3-151d, 3-151e
市舶使 3-206a, 7-25c, 7-303f
市舶司 7-25c, 7-168a
市舶务 7-25d
市布 6-86f
市场 7-25e, 7-27a
《市场报》 6-295b
市场出清状态 4-358a
市场导向型 1-317b
市场调查 7-26a
市场份额 7-26b, 7-27f
市场风险 4-249f
市场供给预测 7-27f
市场供求状况预测 7-27f
市场管理 7-26c
市场机制 7-26e, 7-26a
市场价格 7-26f, 3-290f
市场监督 3-281c
市场经济 7-26f
市场马来语 8-604a
市场疲软 7-27b
市场区与市场网理论 6-245f
市场失灵 7-27c
市场调节价格 7-26f
市场信息成本 4-198d
市场需求分析 4-288b
市场需求预测 7-27f
市场盈利率 7-28d
市场营销 7-27d
市场预测 7-27e
市场预期 6-51e
市场占有率 7-27f
市场准入 7-28a
市场准入制度 7-28a
市尺 5-393f
市府公园 3-138d
市集 7-25c
市籍 7-28c
市斤 6-157b
市里 5-6b
市令 7-25c
市楼 7-25c
市民法 5-206e
市民社会 4-287d
市区 7-28c, 8-411a
市肆 7-25c
市田忠义 6-316e
市亭 7-25c
市易法 7-489c
市盈率 7-28d
市用制 7-28f
《市政当局》 2-171f
市政厅 7-28d
市制 7-28f
式百龄 1-286e
式卜术 9-177d
《式部物语》 8-333d
式量 2-551c
势（数学） 4-50f, 7-460e
势垒贯穿 7-217b
《势利小人》 6-582a
势能 7-28f
柹（简牍） 4-158c
事故 2-510b
事故灾难 7-417b
事件 3-30a
事件地层学 2-219d
《事件周刊》 4-581d
事理谚 8-444a
事例 4-345d
《事茗图》 7-316e
《事情正在起变化》 2-476f
事实婚 7-29a
事务官 8-92a
《事物的性质》 7-552f
《事物绀珠》 6-233b, 7-373a
事物管辖 5-428d
《事物纪原》 9-405d
事物模态 5-223d
《事业单位会计制度》 4-496b
事由原则 2-154d
《侍女图》 9-27a
《侍卫官》 5-468c
侍御史 9-83b
侍中 5-368b
侍中寺 5-368a
饰物 7-29a
试儿 9-507b
试飞员 7-29b
试馆 3-612e
试管苗 7-29c
试管婴儿 7-342e
试婚制 7-29c
试金石 7-29d
《试论经济地理学的几个基本理论问题》 9-470c
《试论农业区域的形成演变、内部结构及其区划体系》 9-470c
《试论莎士比亚的作品和天才》 3-99d
《试论社会主义制度下的商品生产和价值规律》 3-200c
试探电荷 2-273c
试验单元 7-29e
试验膳 5-89f
试验设计 7-29d
试验乡村师范学校 7-327b, 8-232a
试样分解 2-547b
试纸 2-546f
试周 9-507b
试晬 9-507b
视差 7-30b
视差动 7-30b, 9-545f
视场角 4-318b
视唱 7-30b
视唱练耳 7-30b
视窗杜威 2-363a
视错 2-602e
视杆细胞 7-30e
视功能检查 7-30c
视光盘 9-587f
视黄醇 7-555d
视见函数 2-606d, 4-443f
视界 7 13c
视距测量 4-339c
视觉 7-30d
视觉哈普西科德 6-415d
视觉航标 3-391c
视觉后象 7-31a, 8-545a
视觉空间知觉 4-468a
视觉迷津 5-392b
视觉神经细胞 7-30d
视觉适应 7-30f
视觉细胞 7-30e
《视觉新论》 1-294e
视觉遗觉象 8-545a
视觉艺术 9-165d
《视觉艺术的意义》 7-428a
视力 7-30f
视力障碍 7-31a
视敏度 7-30c, 7-30f
视盘 9-587f
视乳头水肿 7-31a
视听联觉 5-46f
视图 4-34a
视网膜 7-30d, 8-439b
视网膜病 7-31b
视网膜检影法 8-443f
视网膜静脉分支阻塞 7-31c
视网膜脱离 7-31f, 1-391d

视网膜震荡 8-440f
视网膜中央动脉阻塞 7-31b
视网膜中央静脉阻塞 7-31c
视位置 7-361a
视星等 8-305a
《视学》 4-548b
视诊 7-342a
视锥细胞 7-30e
柿 7-32a
柿本人麻吕 7-32b, 7-484b
柿本人麿 7-32b
柿饼 7-32b
柿石 4-224e
柿属 7-32a
柿霜 7-32b
柿星尺蛾 1-596a
是非之心 7-149b
峙峪文化 7-32c, 6-363e
峙峪遗址 4-327d
适度消费 7-32d
《适可斋记言记行》 5-252f
适口性 5-495e
《适夷散文选》 5-148a
适应 8-235a
适应辐射 4-270d, 9-456f
适应控制 4-479c
适应性培训 3-56b
适用规则 2-217a
《适用于中国的兰勃脱圆锥投影》 2-489d
恃强治弱 6-353f
室町幕府 5-497d
室昉 3-359e
室间隔缺损 8-171e
室间隔缺损修补 4-232d
室间隔造口 4-232d
室利 4-67c
室利佛逝 7-32e
室利佛逝大学 4-335f
室利佛逝王国 4-335e
室利罗 6-502c
室内传导阻滞 8-254f
室内剧电影 5-328b
室内空气质量 7-32f
室内设计 7-33a
室内声学 4-165d
室内田径比赛 7-370d
室内乐 7-33b
室内照明 9-236e
室内装饰 7-33c
室女座 7-33d
室女座星系团 7-33d
室女座W型变星 9-164f
室女座α星 4-206b
室式炉 3-127b
室外照明 9-236f
室韦 7-33e
室韦县 2-406e
室温磷光法 5-94b
铈 8-130d
铈萤石 9-16a
释（注释） 9-503a
释菜 7-201c
释道安 6-588c
《释否定词“弗”、“不”》 2-307f
释加奴 4-605a
《释迦》 8-62d
《释迦灵鹫山说法图》 6-318c
释迦牟尼 7-33e, 2-583a, 7-466f, 9-105f
释迦舍利灵通之塔 5-420a
释迦也失 8-110d
释迦坐佛 9-133f
释家气功 6-141f
《释量论》 2-436b
释梦 2-596b
《释名》 6-553c
释奴 5-314c
释儒 2-89f
释义学 4-231b
释尊 7-33f
谥法 7-34c
谥号 7-34c
嗜肺军团菌 4-357a
嗜铬细胞瘤 7-34d
嗜黏液蛞蝓科 4-510c
嗜人按蚊 7-34e
嗜睡症 7-108e
嗜酸性粒细胞增多症 7-34f
嗜异癖 3-154b
嗜异性抗原 4-413f
筮占之书 9-475e
誓（古代文书） 9-228b, 9-313f
誓幢 9-98b
誓金法律诉讼 5-427c
噬菌体 7-35b
噬人鲨 7-35c
噬人鲨属 7-35c, 7-59e
收藏节 9-501d
收复失地运动 7-35d
收购 9-524f
《收谷》 7-193c
收回汉口九江英租界 7-35e
收回路矿权运动 7-35f
《收回上海公共租界会审公堂暂行章程》 3-613a
《收回粤汉铁路美国合兴公司售让合同》 7-36a
收获节 8-52e
收敛 4-68e
《收买吴淞铁路条款》 7-163c
收抛活 2-301d
收入 8-214a
收入分配政策 4-295e
收入税 4-284b
收入税收支 4-284b
收入弹性 7-283d
收入效应 7-36b
收入型增值税 9-171d
收入政策 7-390c
收涩固脱法 3-192c
收缩压 8-377e
收养 7-36c
收益权 1-503d
收音机 7-36e
《收租院》 7-36e
手 7-37a
手背 7-37a
手臂利拉琴 8-229d
手彩魔术 5-465e
手持式测光表 1-252f
手持式电话受话器 2-420b
手动阀 2-435b
手动绞盘 4-206d
手锻炉 3-127a
手法 7-449e
手风琴 7-37a
手扶拖拉机 7-37c
手斧 1-215b, 9-297b
手斧文化 1-53a
手竿 2-302d
手杆 5-491f
手镐 1-215b
手工地毯 2-238f
手工农具 8-226f
手工业 7-37d
手工艺 7-37e
手工艺运动 4-167e
手工针织机 4-586f
手骨 7-37a
手鼓 3-190e
《手机》 3-114e
手卷 9-515a
手厥阴络脉 6-590d
手厥阴心包络经 7-37f
手枪 7-38a
手球 7-38b
手梢子棍 3-249d
手少阳络脉 6-590d
手少阳三焦经 7-38d
手少阴络脉 6-590c
手少阴心经 7-38e
手势信号 4-197b
手术 7-38f
手术记录 7-39d
手术外治法 7-476a
手术指征 7-39b
手太阳络脉 6-590d
手太阳小肠经 7-39f
手太阴肺经 7-40b
手太阴络脉 6-590c
手套木偶 5-491f
手提式灭火器 5-421b

手相术 7–40c
手心主络脉 6–590d
手性 7–40d
手性不对称合成 7–40e
手性面 2–375c
手性碳原子 9–46f
手性轴 2–375c
手选 8–366d
手阳明大肠经 7–41a
手阳明络脉 6–590d
手摇纺车 2–500b
手艺疗法 7–559a
手淫 9–545d
手影戏 7–41b, 9–405c
《手与果实》 1–92e
《手与手套》 5–240c
手语 7–41c, 8–392b
手诊 7–40c
手征性 7–40d
手镯 7–43a
手–足–口病 7–41d
手足徐动 1–432c
手、足癣 7–41d
守安息 1–109c
守冬献履 2–331f
守宫 1–333a
守恒型边界 1–228c
《守令图》 6–518d
守强以弱 6–354a
守遂 7–153e
守岁 2–17b, 2–35c
守岁钱 8–386a
守夜头 3–27c
守一 1–248f
首都博物馆 1–398c
首都钢铁公司 6–596f
首都剧场 7–41e
首舵 2–392f
首尔 7–41e, 3–360e
首付 2–497c
首饰 7–42c
首属群体 2–16c, 4–487e
首陀罗 5–386c, 8–604d
首陀罗迦 7–43c, 8–226d
首席文字 6–94e
首席执政官 7–226a
《首相》 7–333b
《首阳山赋》 6–343f
首长机关演习 4–356f
首子午线 2–228e
寿春 7–43c, 9–18c
寿春县 7–44a
寿带 7–43e
寿带属 7–43e
寿诞 6–532a
寿佛寺 6–608d
寿光鸡 4–36c
寿光市 7–43f
寿光县 7–43f
寿老人 6–119a
寿命分布 4–444b
寿山艮岳 3–118c
寿山石 7–43f
《寿世保元》 7–616a
寿司 6–317f
寿翁 2–613f
寿县 7–44a
寿星 4–558f
寿星桃 7–322a
寿序 8–355f
寿阳 7–43d
寿阳县 7–44a
寿衣 7–44b
寿岳 3–118c
寿张县 5–53b
寿州 7–44a
受变质矿床 1–345e
受害人 6–193d
受话器 2–280c
受贿罪 4–286a
受激辐射 5–63e
受激拉曼散射 2–516a
受激吸收 5–63e
受戒 7–44c
受戒羯磨 4–228c
受精(动物) 7–44d, 6–550d, 7–342e
受精卵 6–311c, 9–50d
受控标引 1–353a
受控链式裂变核反应 2–503e
《受控热核反应》 5–150b
受控热核聚变反应 2–195a, 6–278e
受理 6–140b
《受凌辱者去朝圣》 7–555a
《受难者》 5–233d
《受难周》 1–36d
受虐症 8–323f
受迫摆动 2–237d
受迫对流 2–373a
受迫对流传热 2–373a
受迫振动 7–44f
《受伤的亚马孙人》 1–380e
受审能力受损 7–113b
受水型刻漏 4–461f
《受胎告知》(F.安杰利科) 1–100c
《受胎告知》(达·芬奇) 2–62e
受体 2–552e
受体拮抗剂 4–415a, 4–415c
受威胁种 1–360f
《受降》 5–2c
受降城 7–45a
受阳县 7–594a
受要约人 3–411d
受用身 2–76a
受用缘起 9–114b
受蕴 8–53e
受灾 9–149d
受赠人 8–545e
受主 1–231d
狩猎时期 7–11d
狩猎与采集社会 6–481f
狩野芳崖 7–45c
狩野景信 7–45b
狩野派 7–45b
狩野山乐 7–45b
狩野探幽 7–45c
狩野永德 6–317c, 7–45b
狩野永纳 3–120a
狩野元信 7–45b
狩野正信 7–45b
《授权变革》 1–80a
授权立法 5–20d
授时 7–45c, 6–609c, 7–365b
《授时历》 3–252c, 9–224c
《授时通考》 6–223c
售出与回租 6–335c
兽脚亚目 4–478e
兽圈 9–53b
兽类 7–45c, 1–424f
兽面瓦当 7–464a
兽亚纲 1–425a
兽医学 7–45c
兽用解毒药物 7–46c
兽用药物 7–45f
瘦薄舌 6–479a
瘦金书 7–46c
瘦金体 7–46d, 7–168f, 7–170b
瘦西湖 7–46d
书(古代教育课程) 9–228b
书(古代文书) 5–139c
书道三笔 6–318d
书道三贤 6–318d
书调 7–199b
书牍文 7–46e
《书断》 7–46f
《书筏》 3–557d
书法 7–47a
书法笔 1–323b
《书愤》 5–170e
《书概》 7–48b
书鼓 3–190b
书馆 7–118e
书后 3–492b
《书后品》 7–49d
《书画传习录》 1–324b
书画鉴定 7–48b
《书画鉴影》 3–174c
书画毛笔 5–313b
《书画铭心录》 7–156c
书画同源 7–48d
书会 9–98f
书会才人 7–48e

《书集传》 6-470b
书籍装帧艺术 7-49a
书简 7-46e
《书简》 2-188b
《书简集》 6-357d
《书剑恩仇录》 4-261c
《书镜》 3-238b
书拉密 8-395a
书论 7-49b
书面合同 3-411d
书名号 1-352c
《书目情报需求服务组织》 6-63e
书品 7-49c
《书品》 7-49d, 9-74e
《书蒲永昇画后》 7-194b
《书谱》 7-49e, 1-482e
《书谱序》 7-219a
书契 4-462a
书圣 7-512f
书师 7-118e
书虱 5-593d
书诗 4-596e
《书史》 7-49f
《书史会要》 6-153e
书弦 6-403b
书信 7-46e
《书信》 3-173e
《书言故事》 5-375d
书友会 2-354e
《书苑菁华》 7-49f
书院 7-49f, 7-168d
书札 7-46e
《书札》 3-441c
书斋剧 4-338f
书证 7-50b
《书传》 7-194f
《抒情歌谣集》 7-50e, 3-540e
抒情男高音 6-413f
抒情男中音 6-414a
抒情女高音 6-413e
《抒情曲》 4-401b
抒情诗 7-50e
枢机神父 5-207f
枢机团 7-368b
枢机执事 5-207f
枢机主教 5-207f
枢密副使 7-50f
枢密使 7-50e, 7-165c, 7-173e
枢密院 7-50f, 5-64b, 7-173e
枢密院大厦 4-452a
叔胺 1-114f
叔本华,A. 7-51b, 2-514b, 9-579f
叔醇 2-40d
叔丁醇 2-304d
叔丁醇钾 2-304d
叔梁纥 4-476c
叔孺 9-233e
叔孙氏 5-162a
叔孙通 7-51e
叔虞 4-272e
叔振铎 1-476b
《菽园杂记》 3-346b, 5-445e
梳齿导流 6-578c
梳齿滤波器 5-189e
《梳发女子》 2-558b
《舒昂党人》 1-153d
舒伯特,F. 7-51f
《舒伯特的华尔兹》 2-196f
舒茨,A. 7-52a, 1-308d, 8-184d
《舒茨文选》 7-52b
舒尔策,M. 8-152c
舒尔茨,H. 9-495f
舒尔茨,T.W. 7-52c
舒赫德 5-305b, 7-503c
舒筋活络 7-52d
舒筋汤 7-52e
舒克里 7-52e
舒莱金,V.V. 7-52e
舒兰市 7-52f
舒兰县 7-52f
舒璘 5-169c, 8-255f
舒马赫,K. 2-176e
舒马赫,M. 7-53a
舒曼,R. 7-53b
舒曼马戏场 2-185f
舒巧 7-53d
舒庆春 4-559b
舒三和 7-53e
舒舍予 4-559b
舒施尼格,K. 2-177a
舒什 7-193d
舒什科维奇,S.S. 2-353a
舒婷 7-53f
《舒婷文集》 7-54a
舒瓦洛夫,I.I. 1-262d
舒威赫 4-438b, 4-438c
舒县 5-158b
舒巷城 7-54a
舒新城 7-54b, 2-43a, 4-212f
舒绣文 7-54c
舒伊斯基,I.V. 8-517a
舒元舆 3-35e
舒张压 8-377e
舒州 9-84d
舒州骨碎补 3-188c
疏 9-503a
疏导论 4-171c
疏肝解郁 7-54d
疏浚 7-54d
疏勒 7-54f, 4-364d
疏勒河 7-55b
疏勒县 4-364d
疏毛魔芋 5-466c
疏密波 9-561a
疏苗 4-161f
疏散星团 8-307c
输出变量 9-536e
输出功率 5-559e
输电 7-55c
输籍之法 4-510b
输精管 6-550a
输精管结扎术 4-349b
输酒 4-325a
输卵管 6-549f, 6-550b
输卵管堵塞 4-349b
输卵管绝育术 4-349b
输卵管卵巢炎 6-62c
输卵管妊娠 8-560c
输卵管手术结扎 4-349b
输卵管通畅试验 3-6b
输卵管通气术 3-6b
输卵管通液术 3-6b
输卵管炎 6-62c
输尿管 6-299a
输气管道 7-55d
输入变量 9-536e
输入介质 7-64b
输沙量 3-424c
输水道 4-85b
输水管道 7-55e
输水建筑物 7-84d, 7-91e
输水桥 6-186d
输送机 7-56a
输穴 8-50c
输血 7-56b
输液 7-56d
输油管道 7-56f
输作 8-312c
蔬菜 7-57a
《蔬菜的栽培技术》 7-337e
《蔬菜园艺学总论》 7-337e
《蔬菜栽培学》 1-61f
秫 7-204a
秫秫 3-70a
赎买政策 7-57d
赎罪券 9-555f
赎罪日 7-57e
熟蚕 6-410d
熟地 2-222a
熟地黄 2-222a
熟附片煎剂 8-9d
熟户 2-463d
熟荒地 4-465d
熟季花 7-58e
熟啤酒 6-77e
熟漆 6-531f
熟石膏 5-131f, 6-594d
熟石灰 6-217d, 6-595c
熟桐油 7-400f
《熟悉的面孔,混杂的感情》 6-582b
熟宣 8-362a

《暑假中》 2–306f
暑湿 7–57f
暑邪 7–57f
黍 7–58a
黍稷 7–58a
黍稷子粒 7–58b
黍米 7–58a
黍米寸金丹 2–137f
黍属 2–104f, 7–58a
黍亚科 3–407c
黍子 7–58a
属（生物学） 2–544f
属邦 7–58b
属府 3–2c
属国 7–58b
属国都尉 7–58b
属和弦 3 420b
属名 9–456e
属七和弦 3–420a
属人优越权 7–473a
属人最高权 7–473a
属性 7–121d, 9–314d
属性数据 2–226c, 4–467a
《属玉堂传奇》 6–518a
蜀 7–58c, 6–387c
蜀（十六国） 6–588a
蜀（四川省简称） 7–145b
《蜀丞相诸葛武侯祠堂碑》 8–57e
蜀党 7–58e
《蜀道难》 3–176f, 4–587f
《蜀道难行图》 8–219a
蜀国 1–180f
蜀汉 6–387e, 7–58c
蜀锦 7–58c, 1–181b
《蜀锦谱》 7–58d
蜀郡 8–563e
蜀葵 7–58e, 7–203d
蜀葵属 4–267f, 7–58e
蜀洛朔党争 7–58e
蜀南竹海 8–539d
蜀人 1–180f
《蜀山》 5–84e
《蜀山剑侠传》 9–85e
蜀黍 3–70a
《蜀素帖》 5–394d
蜀文化 1–180f
《蜀相诸葛亮集》 1–565d
蜀绣 7–58f, 1–577c
蜀学会 1–242b
蜀州 2–8a
鼠道排水 5–610e
鼠得克 6–422a
鼠耳蝠 1–340b
鼠害 7–59a
鼠李糖 7–59c
鼠鸟 7–59c
鼠鸟目 7–59c
鼠鲨 6–234b
鼠鲨科 7–59e
鼠鲨目 7–59d
鼠鲨属 7–59e
鼠螋 2–6f
鼠螋科 2–6f, 3–97d
鼠兔 7–59e
鼠兔科 7–447d
鼠豚 4–307f
鼠尾草属 2–140b, 8–507e
鼠型斑疹伤寒 1–227b
鼠咬热 7–60a
鼠疫 7–60a, 4–23f
《鼠崽》 4–108c
数来宝 7–60b
薯类作物 9–580b
薯芋类 7–57b
薯蓣 7–60c
薯蓣属 7–60c
薯蓣皂苷配基 9–164d
曙光 7–60d
《曙光》(刊物) 4–554b, 6–306e
《曙光》(戏剧) 6–17c
“曙光”号核心功能舱 3–268f
曙光计算机系统 9–591f
《曙光照耀莫斯科》 4–606a
曙暮光 7–60d
曙暮气辉 6–143e
曙暮霞 9–226b
术士 8–13a
术数略 3–294f
束带钩 2–130d
束腹 5–561c
束股 1–142a
束鹿县 8–260c
束腰 5–561c
《述理论》 4–606a
《述行赋》 1–470f
《述异集》 1–85f
《述张长史笔法十二意》 8–438c
述旨 6–469c
《述志》 9–459f
沭河 3–561e
树波罗 1–382b
树袋熊 7–60f
树蜂 7–61a
树蜂科 7–61a
树干 5–488d
树冠火 6–419f
树胶 7–61a
树蕨 7–225d
树懒 7–61b
树懒科 7–61b
树莓 7–61c
树木 7–61c, 6–183a
《树木和马尔祖格的被杀》 5–501f
树木年轮法定年 4–416b
树木园 9–306c
树皮贴画 6–84d
树栖动物 8–43d
树栖虎甲属 3–518e
树鼩 7–61c
树鼩科 7–61c
树鼩类 7–2c
《树神药叉女》 6–412f
树薯 5–492b
树獭 9–226d
树蛙 7–61d
树形笔石目 1–324c
树野牡丹属 8–493b
《树与男人》 1–323d
树葬 7–61e
树枝状高分子 7–61f
树脂 7–62b
树脂酸 7–161f, 7–162a, 7–162d
树桩盆景 6–61f
竖（中国古代奴隶） 2–36a
竖笛 7–62b
竖井排水 5–610e
竖立纵行脊形 9–464a
竖笠 4–278a
竖炉 8–491c
竖琴 7–62c
竖琴星 9–292b
竖蜻蜓 2–159a
竖穴墓 7–444d
竖直角 4–204d
《庶民的胜利》 4–591b
庶民女星 4–67f
庶人 2–36a, 2–36c
庶子 8–116d
庶族 5–368a
腧穴 7–62e
腧穴配伍 9–248b
腧穴特种疗法 9–247f
腧穴药物注射疗法 9–248a
数 7–63a, 5–139d
《数的度量通论》 7–238c
数的几何 5–437b
数据分析 7–72a
数据服务器 2–600e
数据广播 7–63e
数据库 4–94a, 7–63f
数据库管理系统 7–63f
数据库管理员 7–64a
数据库系统 7–63f
数据库知识发现研究 6–235d
数据驱动计算机模型 8–344f
数据中继卫星 7–392b
数控 4–90f
数控车床 1–546c
数控机床 7–64a
数控机器人 1–504c
数控加工中心 6–336d

数控系统 7－64c, 7－73c
数控装置 7－64b
数理地理 1－68a
数理经济学 7－66d, 7－67c
《数理经济学杂志》 7－72d
数理逻辑 7－64c
数理统计方法 7－66a
数理统计学 7－65a, 7－408b
数理学派 7－66d
数理语言学 9－74a
数量乘法 8－204d
数量乘积 8－204d
数量冲动 2－367c
数量地理学 7－67a
数量经济学 7－67b, 4－288a
数量指标 4－18c, 4－295e
数量指数 7－408e
数论 7－67d
《数论：从汉穆拉比到勒让德》 7－544f
数论函数 7－67e
《数论基础》 7－554f
《数论讲义》 2－211a
《数论经》 7－68e
数论派 7－68d
《数论颂》 7－68e
《数论随笔，1798》 2－16b
《数论中的三角和方法》 7－554f
数码 4－95d
数码暗房 1－115a
数码变焦 7－69e
数码电影 7－74a
数码摄影 7－68f
数码相机 7－69c
数码影像 7－69a
数密度 6－145a
《数书九章》 6－199e
《数术记遗》 9－493b
数显卡尺 4－366c
数学 7－69f
数学规划 8－186a
《数学化学杂志》 7－72d
数学机械化方法 2－127b
数学建模和实验方法 6－235d
数学结构理论 7－71b
数学逻辑 7－64c
数学模拟模型 5－454d
数学模型 7－72f, 3－549a, 5－455b, 6－542f
《数学年刊》(德国) 8－120d
《数学年刊》(中国) 7－178d
数学期望 7－73a
《数学手册》 2－66f
《数学文集》 1－292b
《数学问题》 5－39a
数学物理方程 6－81f
《数学物理方法》 4－218b
数学系统论 8－147e
《数学原理》 7－73b, 1－434d
数值逼近 4－95a
数值代数 4－95a
数值分析 7－71f
数值计算 4－92a
数值计算传热学 2－372f
数值模拟 7－72e
数值算法 7－208d
数值天气预报 7－73c
《数值天气预报的数学物理基础》 9－169e
《数字》 1－413f
数字保密 1－245e
数字测图 2－244a
数字程序控制系统 7－73c
数字传真 7－74f
数字地球 7－73d
数字地图 7－73e
数字电话 7－74f
数字电视 7－73f, 7－74f
数字电影 7－74a
数字分频器 2－546b
数字化部队 7－74a
数字化战场 7－74b
数字计算机 7－74d, 4－89c
数字减影血管造影 7－75c
数字简谱 4－158f
数字经济 7－74d
数字控制系统 7－74d
数字滤波器 7－75b
数字免疫系统 4－90b
数字摄像机 6－504f
数字摄影 7－74f
数字摄影测量 6－505e
数字摄影测量测图技术 3－395e
数字神经系统 8－300c
数字声音广播 7－522a
数字式声呐 6－552a
数字式石英电子表 1－355a
数字式石英钟表 6－605b
数字视盘 9－584b
数字调制 7－376c
数字通信 7－74f
数字通用光盘 9－584b
数字图书馆 7－75a
数字图书馆研究 6－235d
数字图像 7－427f
数字图像处理 6－616c, 8－482d
数字图像通信 7－427f
数字微分计算机 2－295e
数字相机 7－75b, 7－69c
数字信号 7－74e
数字信号处理 7－75b
数字信号处理机 4－89f
数字遥控 8－482e
数字印刷 7－75c
数字制图 1－486b
数字IC 4－74f
数字X射线摄影术 7－75c
数罪并罚 7－75d
《漱石捧砚图》 3－597b
《漱玉词》 4－608a
刷经寺镇 1－2b
刷新 9－498d
耍花盘 7－75f
耍花山 3－530e
耍货 1－466d
耍翎子 5－99e
耍龙灯 5－143d
耍盘子 7－75f
耍狮 6－577b
耍中幡 8－64a
衰变 7－76a
衰变纲图 7－76a
衰变规律 7－76b
衰减蠕变 6－340c
衰老 7－76c
摔跤 7－76e
甩发 7－76f
甩发功 7－76f
甩湾子 7－424a
拴捕艳段 4－263b
《拴着皮带的狗》 1－162c
栓皮 6－346a
栓皮栎 6－346a
栓塞 7－77a
栓子 7－77a
“双百”方针 1－211e
双斑黄虻 7－77f
双孢蘑菇 2－148c, 5－465a
双胞笔石目 1－324c
双保 6－136a
双保一挂 6－136a
双倍余额递减法 4－120c
双鼻孔纲 8－15e
双筚篥 3－212f
双边冲突规范 2－3a
双边对等主义 1－58e
双边垄断 5－146a
双边贸易 7－77b
双边贸易条约 5－328e
双边贸易协定 5－328f
双边条约 7－374b
双层经营体制 7－77b
双层桥 6－186d
双唱梅花调 5－332b
《双城记》 2－210c
双城市 7－77c
双城县 7－77d
双翅目 7－77d, 4－54e
双重国籍 7－77f, 3－257d
双重国籍人 7－77f
双重汇率 5－149a
双重介质渗流理论 6－525d
《双重人格》 7－458b
《双重误》 5－333f

双重真理说 8-514b, 9-255b
双刀会 7-348b
双甸县 3-1d
双调 2-41a
双顶径 7-246a
双顶径值 7-246a
双对子戏 8-133a
双盾木属 6-309c
双耳听觉 7-386a
双罚制 2-144a
双分子亲核取代反应 6-256a
双酚A 7-78a
双酚A型聚碳酸酯 4-344a
双峰 5-584c
双峰热 4-85f
双峰驼 5-234a
双缝干涉实验 8-462a
双杠 7-78b
双杠李宁大回环 4-606b
双工式电报系统 1-82c
双宫绸 2-10f
双管 3-213a
双光钹 1-410d
双光束干涉仪 3-33a
双轨相机 9-237d
《双桧平远图》 8-40d
双行夹注 9-503a
《双行诗集》 2-359c
双厚坪 7-78c
双花 6-309b
双花鼓 3-527c
双环戊二烯 3-575d
双簧管 7-78d
《双婚记》 8-48b
双击式水轮机 7-93f
双基火药 2-432e
双级工质电热炮 2-287b
双极神经元 6-512e
双极型集成电路 7-78d
双极型晶体管 4-303a, 9-586f
双季茭 4-199e
双髻鲨 6-433a
双剑誃主人 9-57a
双键异构体 2-512c
双江拉祜族佤族布朗族傣族自治县 1-444d
双焦眼镜 8-440a
双角犀鸟 6-276f, 8-131d
双铰拱 3-146d
双金属温度计 7-580b
双晶 6-604d
双镜头反光照相机 9-237c
双开拉链 4-520d
双库连续发电潮汐电站 1-544f
双款 4-497e
双利手 5-31b
双联病毒科 1-369c
双辽市 7-78e
双辽县 7-78e
双林寺 6-93c
双六节 4-209d
双氯西林 6-208d
双卵双胎 2-389e
《双罗衫》 2-306b
《双螺旋》 7-611b
双马石 4-308c
双面华达呢 3-533e
双面卡其 4-378a
双面全异绣 8-202a
双面绣 7-197a
双名法 7-78e, 2-544c, 5-84a
双平行索面斜拉桥 8-236f
双谱分光双星 7-80b
双歧杆菌 7-78e
双歧杆菌属 6-341f
双钳海盘车亚科 3-337c
双壳纲 7-78f, 6-346d
双氢速变固醇 5-116e
双倾斜索面斜拉桥 8-236f
双清别墅 8-198c
双球菌 6-244f
双曲拱坝 3-146b
双曲函数 7-79b
双曲几何 2-515a, 6-504c
双曲面 2-423a
双曲抛物面 2-423a
双曲平面 6-504c
双曲群 6-504c
双曲线 7-79b
双曲余切函数 7-79b
双曲余弦函数 7-79b
双曲正切函数 7-79b
双曲正弦函数 7-79b
双圈反射测角仪 2-537a
双燃料发动机 7-79d
《双人滚杯》 3-249b
双色野鲮 6-276b
双十节 3-294b
《双十协定》 7-79e, 4-189e, 4-229f, 9-369d
双受精 7-79f, 1-305a
双书 2-54b
双属公国 1-92a
双塔大教堂 6-106f
双塔教堂 5-498a
双塔圣母院 5-373d
双塔寺 6-441c
双台子河 5-65a
双瘫 7-280c
双糖 7-80a
双体水翼船 7-104c
双天线射电干涉仪 4-537c
双条鼓 3-527b
双条件命题 4-146b
双条落 6-477d
双头垄断 5-146a
“双头鹰”外交 8-498c
双头制 8-320e
《双推磨》 8-133b
双玩艺 2-427b
双微分截面 3-434f
双尾虫 7-80a
双尾纲 7-80a
双尾目 7-80a
双文兴 7-78c
双文星 7-78c
双纹卡其 4-378a
双稳态触发器 2-22a
双务合同 3-411b
双烯合成 2-210a
《双喜图》 2-55c
双显式石英钟表 6-605b
双线分光双星 7-80b
双线期 4-156e
双香豆素 8-192c
双小行星 8-230d
双星 7-80b
双星导航 7-362f
《双熊梦》 6-590b
双须骨舌鱼 6-276b
双悬臂单跨门架桥 3-53a
双穴 4-298b
双鸭山矿务局 7-80d
双鸭山市 7-80c
《双崖集》 9-465f
双氧水 3-303c
双叶式立转桥 4-5f
双叶双曲面 2-423a
双（乙烯基二硫）四硫富瓦烯 1-531d
双翼机 2-506e, 4-195f
双因素理论 7-80d
双因子杂交 9-147d
双语教学 7-80e
双元药 8-506c
双折射 7-80f, 3-615a
双褶齿猬类 7-2c
双轴晶体 7-81a
双绉 9-479b
《双竹图》 4-420d
双子城 5-445a
“双子星座”号飞船 1-4c
“双子星座”8号飞船 1-48b
双子叶植物纲 7-81a
双子座 7-81b
双足蜥科 7-81c
双足蜥属 7-81c
双作用式蒸汽机 7-470f
霜 7-81c
霜点 7-81c
霜点温度 4-470a
霜冻 7-81d, 7-81d

《霜红龛集》 3-16f
霜降 2-427f
《霜叶红似二月花》 5-326a
《谁的脚印》 8-502c
《谁害怕弗吉尼亚·沃尔夫？》 1-10c, 8-523d
《谁是最可爱的人》 7-576c
《谁陷害了兔子罗杰？》 5-350a
《谁在俄罗斯能过好日子》 5-592f
《谁之过》 7-250a
《谁之罪》 3-444d
水 7-81e, 1-533d
《水》(小说,J.M.阿格达斯) 1-22b
《水》(小说,丁玲) 2-306f
《水》(舞蹈) 2-155e
水铵长石 1-374d
水案板 8-441b
水百戏 1-216f
水包油乳剂 8-484f
水包油型乳化剂 6-341d
水泵水轮机 7-94a
水泵站 7-82c
《水兵贝拉斯科历险记》 4-121c
《水兵之歌》 5-335b
《水波的旋律》 4-159c
水玻璃 3-243b
水不溶酶 3-191e
水布垭水电站 1-190e
《水部式》 2-379a, 7-302b
水彩画 7-82d
水彩铅笔 6-159d
水产捕捞 7-82f
水产品保藏加工 7-83a
水产养殖 7-82f
水产业 7-82e
水产增殖 7-82f
水产资源 7-82e
水产资源繁殖保护 9-538e
水产资源学 4-525a
水厂 4-85b
水成砂矿 6-430b
水成说 7-550f, 8-431b
水成土纲 7-442d
水成岩 1-550b
水次仓 9-465e
水村 7-591e
水胆 7-87b
水担子 8-64e
水稻 2-167a, 8-416f
《水稻丰产的土壤环境》 5-274b
水稻铁甲 7-380e
水稻土 7-83b
水稻钻心虫 2-167e
水底雷 7-88e
水底隧道 2-164c
水电厂 7-89d
水电站 7-83c, 7-89d
水电站建筑物 7-84d
水电站枢纽 7-89e
水貂 7-83c
水动力圈闭 6-257b
水动力学 7-83c, 5-127a, 7-90c, 7-454b
《水动力学,关于流体中力和运动的说明》 1-402b
水动力油气藏 9-39d
水动力油气田 9-39f
水动力噪声 9-166a
水洞沟文化 7-83e
水洞沟遗址 4-327d
水斗式水轮机 7-93e
水痘 7-83f
水法 7-84a
水法冶金 6-584f
水飞蓟 4-333d
水飞蓟素 3-599b
水粉画 7-84b
水分利胆药 5-27e
水分利用效率 9-263c
水分循环 7-103d
水丰发电站 8-388d
水凤仙 2-580f
水芙蓉 5-39e
水负鼠 3-4d
水耕 8-19f
水工程 7-91d
水工建筑物 7-84c
《水工结构》 9-194d
水工模型试验 7-85a
水工水力学 7-90d
水谷之精 4-304a
水骨菜 9-533f
水管系统 4-74b
水光 3-459f
水龟虫 7-85b
水龟虫科 7-85b
水果催熟剂 8-550a
水果婚 4-223b
水过多(水中毒) 2-282a
水葶菜 2-345c
水耗子 6-506d
水合肼 4-309f
水合三酮化茚 8-614a
水合水 4-223f
水合茚满三酮 8-614a
水和电解质平衡 7-85c
《水浒》 7-85f
《水浒后传》 1-553c, 2-72a
《水浒传》 7-85f, 1-312f, 8-493f
《水浒传真义考》 5-202f
水花 7-86e
水华 7-86d
水华 7-86d
水环境功能区划 3-567c
水火既济 9-155d
水货 7-86e
水机 7-96b
水基油墨 9-39a
水碱 7-86f
《水浇园丁》 2-290c
水胶炸药 3-128c
水饺 4-206c, 4-278a
水脚 6-50c
水湫池 9-452c
水窖 7-86f
水节 5-445b
水解 7-87a
《水经》 5-34d
《水经注》 7-87b, 2-96d, 2-227b, 2-230d, 4-171d, 5-34d
《水经注疏》 8-462b
水晶 7-87b, 6-604e
水晶宫 4-166d
水晶宫道人 9-231f
水晶婚 4-223b
水晶教堂 9-119b
水晶柿 7-32a
水井 7-87d
水静力学 7-90c
水韭属 6-602c
水韭亚门 4-350a
水坑石 7-44a
水口关 9-44d
水库 7-88a
水库地震 9-53c
水库渗漏 7-88b
水库诱发地震 7-88d
水葵 2-39e
水傀儡 5-491e, 9-386d
水蜡蛾 5-225b
水老鼠 6-506d
水雷 7-88e
水力发电 7-88e
水力发电建筑物 7-91e
水力发电站 7-89d
水力过坝 3-302f
水力机械 2-337a
水力式挖泥船 7-54e
水力学 7-90b, 5-127a
《水力学》 1-402b
水立方 2-266f, 3-285f
水利 7-90d
《水利》 5-2b
水利调度 7-91c
水利工程 7-91d, 7-90e
水利规划 7-91f
水利科学 7-90e
水利枢纽 7-92c
水量平衡 7-92d
水疗 7-92e
水流搬运 1-227c
水流星 8-64f

水龙（舞龙） 8-65b
水龙骨 7-92f
水龙骨科 6-200e
水龙卷 5-141c
水陆大会 7-93a
《水陆大斋仪轨会本》 7-93b
水陆道场 7-93a
水陆法会 7-93a
水陆攻战纹鉴 7-93b
水陆过渡性生物群域 6-541f
水陆两用飞机 7-93c
《水陆修斋仪轨》 7-93b
水鹿 5-172a
水路运输 7-93c
水铝英石 4-501e
水轮 7-93e
水轮发电机 2-431d
水轮发电机组 7-93e
水轮机 7-93e
水轮机调速器 7-89f
水麻柳 2-571a
水马驿 8-562e
水螨 6-80c
水蟒 6-479b
水煤浆 7-94a, 4-219c
水煤气 7-82b
水煤气法 6-216e
水镁石 7-94b
水门事件 7-94c
水门事件委员会 7-94c
水面浮巢 5-588e
水面供气式潜水 6-173b
水面舰艇部队 3-329c
水磨调 4-509d
水磨钢鞭 1-340d
水墨画 7-94d, 9-460c
水墨浅绛画法 6-521a
《水墨山水图》 3-144c
《水墨杂画册》 3-73a
水母 7-94f, 3-354f
水母雪莲花 8-372c
水能 5-564b
水泥 7-95a
《水泥》 3-97e
水泥搅拌机 1-82c
水泥类防水材料 2-496d
水宁寺摩崖造像 1-187a
水牛 7-95c
水牛儿（蜗牛） 7-608a
水牛角 7-95d
水泡饼干 1-368a
水泡眼 4-262a
水泡音 4-511c
水泡状胎块 6-102b
水培（水耕） 8-19f
水平层理 1-488b
水平多元化经营 2-390e
水平舵 2-392f
水平环流 2-98e
水平兼并 4-153b
水平角 4-204d
水平论（地质学） 3-156f
水平能见度 2-99d
水平梯田 7-338c
水平压条 8-386c
水平褶皱 9-242d
水平轴风力机 2-566a
水汽密度 4-470a
水汽压 4-470a
水青冈林 5-235f
水青树 8-82a
水球 7-95d
水曲柳 7-95f
水驱油藏 6-606c
水鼩属 7-2c
水圈 7-95f, 2-225a, 2-232e, 6-143b
水圈碳 7-294d
水热平衡 7-96a
水溶采矿法 1-466a
水溶性代谢产物 6-299a
水溶性磷肥 5-93f
水溶性镁肥 5-364e
水溶性维生素 7-555b
水溶性香精 7-6f
水色计 3-338b
水杉 7-96a
水杉属 5-226d
水上飞机 7-96b, 2-507b
水上勉 7-96c
水上漂 8-441b
水上三角洲 6-395d
《水上音乐》 3-462a
水上运动 7-96d
水上杂技 9-146f, 9-409e
水社大山 6-329b
水神崇拜 5-143d
水神庙 2-161b
水生花卉 7-96e
水生环境 9-540e
水生镰刀霉 8-588f
水生生物群域 6-541f
水生蔬菜 7-57b
水生植被 9-301a
水生植物 8-494e
水声学 6-553b
《水声学》 7-485e
水石流 5-580e
水饰 1-216e
“水手”号行星际探测器 4-260a
“水手”10号行星际探测器 7-102f
水书 7-104d, 7-106f
《水树格言》 3-153a, 9-344c
水松 7-96e, 7-160a
水松属 5-226d, 7-96e
水塔 7-96f
水獭 7-97a
水獭属 7-97a
水弹性力学 7-83d
水体 7-95f
水体生物污染 6-543d
水体沼泽化 9-227d
水体自净 7-97b
水田耙 1-191b
水田集约化农业 8-416f
水田芥 2-345c
水田小气候 5-611c
水土保持 7-97c, 9-539a
《水土保持》 9-351f
《水土保持法案》 7-97e
水土保持非结构性措施 8-225d
水土保持耕作法 8-225b
水土保持工程措施 8-225c
水土保持林 2-495f
水土保持林草措施 8-225b
水土保持农业措施 8-225b
《水土保持学概论》 1-554f
水土流失 7-98c, 3-600c
水土损失 7-98c
水团 7-98f
水豚 7-99a
水委一 9-582d
水位 7-99b
水位计 8-443d
水位站 7-99c
水文测站 7-99c
《水文常用表》 4-459b
水文地理学 7-99d, 2-228b
水文地球化学 7-99f
水文地质普查勘探 7-100a
水文地质学 7-99f
水文规律 7-100c
水文学 7-100b
水文循环 7-103d
水文预报 7-100d
水文站 7-99c
水文站网 7-99c
水文资料 7-100c
水涡流制动器 9-312e
水污染 7-101a
《水污染防治法实施细则》 6-37d
水污染防治工程 3-567b
水污染指示生物 9-310c
水蜈蚣 5-142f
水螅虫纲 7-101b
水螅虫目 7-101b
水螅属 7-101b
水螅水母纲 7-94f
水鼷鹿属 8-136a
水系 7-101c
水下居住舱 7-101f
水下考古 7-101c

水下切割 6-281f
水下三角洲 6-395d
水下闪光灯 7-101e
水下摄影 7-101d
水下声道 2-116b
水下实验室 7-101f
水下洗肠浴 7-92f
水下医学 6-173c
水仙 7-102a
《水仙》 1-551f
水仙花 6-602d, 7-102a
水仙门 8-271c
《水仙女》 2-185c
水相有机反应 7-102b
水象属 8-208b
水榭 7-254a
水心先生 8-500e
《水心先生文集》 8-500f
水星 7-102b
《水星》 4-277c
水星大气 8-316c
"水星"号飞船 7-102f
水星近日点反常进动 1-89c
水星近日点进动问题 7-103a
水星凌日 7-102d, 7-102e
水性白带 1-194a
水性印刷 7-103b
水性油墨 7-103b
水袖 7-103c
水袖功 7-103c
水循环 7-103d
水压机 7-103f
水烟丝 7-118b
水杨酸 7-104a
水杨酸苯酯 7-104a
水杨酸甲酯 7-104a
水杨酸钠 7-104a
水药菜 9-167a
水野忠邦 7-347b
水翼船 7-104b
水银 7-104c, 3-145e
水银补偿摆 3-102a
水银气压表 6-149f
水银温度计 7-342f
水蝇科 7-77e
水硬性石膏 6-594d
水/油型乳化剂 6-341d
水/油型乳状液 6-343a
水鱼 1-358b
《水与土》 4-493b
水俣病 7-104c
水俣湾汞污染事件 3-132f
水语 7-104c, 7-106f
水域迁徙 6-158f
水圆 9-98a
水源保护 9-538f
水源地 7-104d
水源地保护 7-104d
水源涵养林 2-495f
水月宫 4-335f
水云 9-132f
《水云集》 7-488b
水运浑象 8-512c
水运仪象台 7-104e
水灾 7-105a
水葬 7-105b
水闸 7-105b
水真腊 9-254e
水政 7-105e
水质预报 7-100e
水雉 5-588c
《水中姑娘》 4-569c
水中能见度 7-106a
水中摄影 7-101d
水中视程 7-106a
《水中仙女》 1-53c
水中运动 7-92f
水中足球 7-95d
水肿 7-106a
水中毒 2-282a
《水竹居图》 5-582b
水竹凉席 8-563d
水烛 8-137a
水转百戏 5-253b, 9-386a
水准测量 7-106b, 3-59b
水准基面 3-284b
水准面 2-78a
水准网 4-479d
水准原点 3-284b
水资源 7-106c, 4-443e
水族 7-106f, 6-384b
水族箱 6-276d
税安礼 5-16b
税法 7-107a
税负转嫁 7-107b
税境 3-205d, 3-258b
税酒 4-325f
税率 7-107c
税收 7-107d, 4-286b
税收乘数 7-107e, 1-588f
税收抵免 7-107f
税收监督 3-281d
税收政策 1-464c
税收资本化 7-107c
税务司署 3-327e
睡菜 5-140d
睡虎地秦简 7-108a, 9-135a
睡惊症 7-108e
《睡莲》 5-471b
睡莲科 7-108a
《睡美人》 7-108b, 1-498f
《睡美人》(美国电影) 2-213d
《睡美人》(诗歌) 4-380a
《睡美人》(苏联电影) 7-471d
睡眠 7-108c
睡眠呼吸暂停 7-108d
睡眠呼吸暂停综合征 7-108d
睡眠-觉醒节律障碍 7-108e
《睡眠与诗》 4-102e
睡眠障碍 7-108e
睡鼠 7-108f
睡鼠科 7-108f
睡行症 7-108e
睡熊沙丘国家滨湖区 5-408e
顺安机场 6-91d
顺蓖麻酸 1-332b
顺铂 5-191b, 6-60f
顺承门 2-81b
顺磁共振 2-46a
顺磁体 2-47c
顺磁性 2-47c
顺磁盐绝热去磁 2-206d
顺德区 7-109a
顺德市 7-109a
顺德县 7-109a
顺丁烯二酸 2-309f
顺丁烯二酸酐 7-109a, 2-309f
顺丁橡胶 4-343e
顺, 反, 反-9, 11, 13-十八碳三烯酸 7-401a
顺反异构体 2-512b
顺反子 1-309d
《顺风》 4-24d
顺酐 7-109a
顺涵化 7-588c
顺化 7-109b
顺化大学 9-129d
顺化古宫 7-109c
顺化皇城 7-109c
《顺化条约》 7-109c, 2-460b, 6-203d, 9-331a
顺芥子酸 9-293d
顺口溜 7-60b
顺陵 5-542f
顺毛大衣呢 2-121a
顺庆大绸 5-520d
顺庆冬菜 5-520d
顺庆府 5-520c
顺-十氢化萘 6-589e
顺世 9-113a
顺世论 7-109d
顺式-9-十八(碳)烯酸 9-40e
顺式-12-羟基-9-十八烯酸 1-332b
顺, 顺, 顺, 顺-5, 8, 11, 14-二十(碳)四烯酸 3-531b
顺, 顺, 顺-9, 12, 15-十八(碳)三烯酸 8-406c
顺, 顺-9, 12-十八(碳)二烯酸 8-411e
《顺天时报》 7-148c
顺通蒲 7-109f, 6-28e
顺行卫星 7-566f

顺序控制器 4－480c
顺序控制系统 9－536f
顺序年代法 6－74f
顺序语言 1－591e
顺序注射分析 5－124f
顺义区 7－110a
顺义县 7－110a
顺治 2－381f
顺治出家 6－224b
顺治帝 7－110a, 6－231d
顺州 7－110a
《顺宗实录》 6－613f
舜 7－110b, 6－392b, 9－72c
舜帝陵 4－322a
舜若 4－465e
舜陟 3－511d
《瞬变和推挽电路》 6－356f
《瞬间》 1－234e
瞬时加速度 4－120b
瞬时角加速度 4－204e
瞬时角速度 4－205f
瞬时速度 7－202e
瞬态振动 2－1f
说白咏叹调 9－27e
说唱 6－255d, 9－509f
说唱音乐 7－150d
说唱俑 3－373c, 7－350e, 9－389f
说出世部 8－221e
说鼓子 7－110c
《说卦》 9－475d
说话 7－110c
说话四家 7－110d
《说谎的堕落》 7－494f
《说谎的日子》 3－83f
说谎者悖论 1－304a
《说剧》 2－333d
《说仁说义》 9－202d
《说诗晬语》 7－110e
说书 6－255d, 7－198e
《说谭》 1－569b
说文 9－484a
《说文》 7－110f
《说文段注驳正》 3－414c
《说文解字》 7－110e
《说文解字段注考证》 2－575b
《说文解字句读》 7－518a
《说文解字六书疏证》 5－284a
《说文解字系传》 8－345a
《说文释例》 7－518a
《说文通训定声》 9－484a
说武老二的 6－435b
《说戏》 6－129f
《说新教育之弊》 2－484a
说一切有部 7－111a
《说苑》 2－18e
《说岳全传》 7－111c
朔 7－111d, 7－111d
朔策 7－216c
朔党 7－58f
《朔方备乘》 3－414b
朔方节度使 7－346f
朔方郡 7－565f
朔日 7－111d
朔望 7－111d
朔望月 5－609e, 9－119f
朔县 7－111e
朔学 5－13b
朔州 7－111e
朔州市 7－111e
硕蝽 2－39c
硕大利什曼原虫 5－31a
硕桦 3－559a
硕蚧 7－111e
硕蚧科 7－111e
硕士 7－111f, 8－370b
《硕鼠》 6－575a, 8－19b
搠思吉斡节儿 7－111f
蒴果 3－300a
数脉 5－301e, 5－301f
司铎 6－510d
《司铎的任命》 1－376c
《司法大楼里的堕落》 1－288c
司法豁免权 6－504d
司法机关 7－112a
司法机关解释制 8－187e
司法鉴定 7－112b
司法解释 7－112e
司法精神病鉴定 7－112f, 7－112c
司法拘留 5－426f
司法决斗 7－113c, 8－311c
司法理化鉴定 7－112c
司法协助 7－113d
司各特,D.C. 5－40c
司各特,W. 7－113e
司各特主义 2－198b
《司机陶昭》 7－524e
司祭 6－510d
司谏第 6－172d
《司空表圣文集》 7－114a
《司空律》 8－312d
司空图 7－113f, 2－428b, 8－567c
司寇 7－114b
司隶 7－114b
司隶部 7－114c
司隶校尉 7－114b
司隶校尉部 7－114c
司马彪 3－491f
司马长卿 7－115a
司马承祯 7－114c, 6－467d
司马德戡 7－214d, 9－67d
司马光 7－114d, 9－527d
司马金龙 7－114e
司马金龙墓 7－114e
司马觐 4－276c
司马景文 4－276c
司马冏 1－145f
司马亮 1－145f
司马伦 1－145f, 4－275c, 6－593e
司马迁 7－114f, 7－8a
司马迁祠 7－572d, 7－572e
司马迁墓 7－572e
司马睿 2－322b, 4－273b, 4－276c, 7－493b, 7－493f, 9－572b
司马师 4－276a, 9－453f
司马氏代魏 7－115e
司马谈 7－114f
司马恬 1－263a
司马玮 1－145f
司马相如 7－115a
司马消难 7－210e
司马炎 7－115b, 4－273b, 4－276a, 6－388d
司马曜 8－239b
司马乂 1－145f
司马义·艾买提 7－115b
司马义·铁力瓦尔地 7－115c
司马懿 7－115d, 1－478b, 3－208b, 4－276c
司马懿故里 7－584c
司马颖 1－145f
司马颙 1－145f
司马元显 3－576c
司马越 1－145f, 4－275c, 7－515b
司马昭 7－115e
司马衷 4－275c, 4－276a
司马子长 7－114f
司母戊鼎 7－115e, 6－452b
《司牧训话》 3－104d
司南 7－147d
司农寺 7－489b
司瑞轩 7－116a, 7－215d
司汤达 7－123d
《司汤达尔小说集》 4－600d
司天台 1－268d
司徒传 6－423c
司徒汉 9－309c
司徒慧敏 7－116a
司徒靖镳 7－215d
司徒雷登 7－116b, 8－423a
司徒美堂 7－116c
司徒・却吉迥乃 2－172d
司徒瑞轩 7－215d
司徒逸民 7－116a
司徒泽,M.J. 4－287c
丝氨酸 1－111d
丝虫 7－116c
丝虫病 7－116c
丝绸 2－10f
丝绸之路 7－116d, 3－311a, 3－428c, 7－211c
《丝绸之路古遗址保护》 2－378e
丝带婚 4－223b
丝瓜 7－117c, 3－512d

丝瓜络 7-117c
丝瓜属 7-117c
丝婚 4-223b
丝茧育 8-471e
丝胶 6-410e
丝路 7-116d
《丝路》 7-141a
《丝路花雨》 7-117d
丝缕玉衣 5-546e
丝麻织物 4-346d
丝毛织物 4-346d
丝绒 7-349a
丝绒织物 6-331c
丝素 1-474c, 6-410e
丝毯 7-117e
丝网印刷 8-612f
丝物质 6-410e
丝弦腔 2-269f
丝弦宣卷 8-361c
丝腺 6-410e
丝型呢 5-579d
《丝绣笔记》 7-118a
丝烟 7-118a
丝织物 7-118b
丝竹乐 4-176b
丝状病毒科病毒 1-369d
丝状体 5-341e
丝状疣 9-42a
私兵 1-457e
私法 7-118c, 5-422c
私房行头 8-314e
私力监管 4-250a
私力救济 5-427a
私立北京辅仁大学 3-3e
私立北平美术学院 7-517e
私立东陆大学 9-135e
私立华西协合大学 7-144b
私立青岛大学 9-371a
私募合伙制 2-372a
私募债券 9-177b
私权利 6-258b
私人经济法 7-137f
私人垄断资本 5-146e
私人行政 3-131c
私社 6-481c
《私生活》 1-187c
私属 7-503d
私田 4-309c
《私通》 2-576e
私文书 4-331f
私小说 7-118c
《私小说论》 8-224f
私学 7-118d
私营经济 7-118f
私营企业 7-118f, 6-136c
私有化 7-119a
私有云 9-134c
私庄 9-513f
思辨哲学 7-119b, 4-299d
思高本 6-563d
《思宫街》 5-250b
思古桥 6-570e
《思归吟》 9-198c
《思归引序》 6-593e
《思旧赋》 8-205c, 9-497c
《思考与回忆》 1-325a
思力俟斤 8-463b
思茅地区 6-107c
思茅市 7-119b, 6-107c
思茅松 7-161b
《思美人曲》 9-271f
思孟学派 7-119b
思南府 7-119c
思南县 7-119b
思锛 6-166b
《思堂记》 7-194e
《思痛录》 7-543e
思维 7-119c
思维共振法 7-411d
思维规律 8-403c
《思维和言语》 7-551e
思维联想过程障碍 7-120a
思维障碍 7-119f, 4-305f
思仙 2-364b
《思想录》 6-34b
思想上层建筑 6-459c
《思想与社会》 4-307d
《思想者》 7-120a
思岩 2-41e
思远 5-591b
《思择月光》 6-570a
思仲 2-364b
斯巴达 7-120b
斯巴达城邦 7-120b
《斯巴达的海伦》 7-550c
斯巴达克 3-163e, 7-120e
《斯巴达克》 7-120d, 3-103b, 3-313f
《斯巴达克》(电影) 7-133f
斯巴达克派 1-470a, 5-154b
斯巴达克起义 7-120e
斯巴达克同盟 4-589d, 5-334c
斯巴达人 3-454f, 7-120c
斯巴克,P.-H. 7-120f
斯本格勒,O. 7-121a, 5-19d
斯必泽空间望远镜 3-474e
斯宾诺莎,B. 7-121b, 3-431f, 5-195d, 6-139c
斯宾塞,E. 7-122b, 4-304d
斯宾塞,H. 7-122c, 6-484f, 6-493b, 6-495b, 7-483e
斯宾塞,M. 9-52e
斯宾塞诗节 7-122c
斯波坎 3-538b
斯波坎河 3-91a
斯波克曼,N.J. 5-171d
斯大林,J. 7-122e, 2-178d, 4-293f, 6-459b, 7-190d
斯大林格勒 2-596f
《斯大林格勒大会战》 6-260b
斯大林格勒会战 7-123a, 2-256b, 2-596f
斯大林格勒战役英雄纪念碑综合体 7-123b, 8-58e
斯大林模式 3-446f
斯大林纳巴德 2-362b
斯戴里亚奖 7-123c
斯戴里亚戏剧中心 7-123c
斯丹茨公司 5-604d
斯丹达尔 7-123c, 1-324a, 3-476f
斯德丁湾 1-118b
斯德哥尔摩 7-123d
《斯德哥尔摩公约》 7-123f
斯德哥尔摩文本 1-242b
斯德哥尔摩学派 7-124a, 6-350a
斯蒂贝尔火山 1-597c, 5-256f
斯蒂芬森,G. 7-124a
斯蒂芬森,R. 7-124b
斯蒂芬斯,J. 2-557a
斯蒂格利茨,J.E. 3-109d
斯蒂克利,G. 8-558b
斯蒂里亚大水电站 3-99e
斯蒂文森,R.L. 7-124b
斯蒂文森博物馆 1-49f
斯蒂文斯,W. 7-124c
斯多阿学派 7-124d
斯多葛学派 7-124d
斯多亚学派 7-124d
斯尔万兹江 6-368e
斯尔希体 1-34a
斯法克斯 7-124e
斯法拉沙公路桥 3-53c
斯凡语 3-67f
斯芬克斯 2-393c, 6-577a, 7-206c
斯芬克斯大道 5-151c
斯芬克斯猫 5-312c
斯芬克斯石像 4-375c, 5-151c
斯高克伦 4-456b
斯高克伦语 4-456b
斯海尔德河 1-318d, 3-430a
斯豪滕,W. 3-409a
斯基克达 7-124f
斯基泰人 1-128b, 9-163a
斯基泰文化 9-163a
斯基泰－西伯利亚式带钩 2-130d
斯基亚帕雷利,G.V. 4-15d
《斯捷潘·拉辛》(绘画) 7-187d
《斯捷潘·拉辛》(音乐) 3-101c
《斯捷潘·拉辛的死刑》 8-212d
斯金纳,B.F. 7-125a, 1-476b, 6-178e, 6-488c, 6-493f, 8-253c
斯金纳箱 7-125b

《斯卡包鲁一家》 7-333b
斯卡比丘历代国王陵墓 7-615d
斯卡达利亚街 1-291b
斯卡迪诺,M. 6-54b
斯卡恩 2-139d
斯卡格拉克海槽 7-125c
斯卡格拉克海峡 7-125c, 1-381f
斯卡格拉克海战 6-322c
斯卡拉蒂,A. 9-27e
斯卡拉蒂,D. 7-125c, 3-461e
斯卡拉歌剧院 7-125d, 4-338f, 5-396e, 7-559e
《斯卡拉克一家》 8-519f
斯卡林遗址 4-327b
斯卡莫齐,V. 1-585b
《斯凯岛捕鱼堤》 3-102d
《斯堪德培的一生》 2-591a
斯堪的纳维亚半岛 7-125f
斯堪的纳维亚联盟 4-367f
斯堪的纳维亚人 6-7e
斯堪的纳维亚山脉 7-125f, 6-348a
斯堪的纳维亚语支 6-8a
斯坎德培 7-126a
斯坎德培广场 2-223a
斯坎森露天博物馆 7-123f
斯考特加特港 7-531c
斯科别利岑核物理研究所 5-475b
斯科别列夫,M.D. 2-395f
斯科菲尔德,P. 7-126a
斯科朗,A.T. 3-133e, 4-75f, 5-455c
斯科雷尔,J.van 7-600f
斯科帕斯 7-126b, 3-179c
斯科普里 7-126c
斯科普里大学 7-126c
斯科舍岛弧 5-521a
斯科舍海岭 5-521a
斯科特,D.R. 1-48a
斯科特,G. 1-151f
斯科特人 3-27d, 7-184d, 7-184e
斯科特站 5-217e
斯克拉布岛 1-97d
斯克莱特,P.L. 2-339c
斯克里普斯报业集团 3-411f
斯克里普斯-霍华德报业集团 3-411f
斯克里亚宾,A.N. 7-126c
斯克里亚宾,K.I. 7-126e
斯克利布,E. 7-126f
斯克罗多夫斯卡,M. 4-330a
斯克洛浦合成法 4-505b
斯库台 7-126f
斯库台湖 1-8c, 7-126f
斯拉法,P. 7-127a
斯拉夫-保加利亚王国 7-127b, 1-243c
斯拉夫人 7-127b
斯拉夫文字 7-127c
斯拉夫语 7-127b
斯拉夫语族 7-127d
斯拉维伊科夫,P.P. 7-127e
斯拉文人 7-127c
斯莱弗,V.M. 3-476e
斯莱塞,K. 7-127e
斯莱特,J.C. 8-16f, 8-71b, 8-245b
斯勒福格特,M. 8-613d
斯雷德茨 7-229f
斯里巴加湾市 7-127f
斯里弗,V.M. 3-304d
《斯里甘特》 1-495b
斯里贾瓦德纳普拉 4-431a
斯里兰卡 7-127f
斯里兰卡共和国 7-128d
斯里兰卡自由党 7-128d
斯列金内山脉 4-396e
斯隆,H. 1-429e
斯隆,J.F. 4-511a
斯隆数字巡天 3-66e
斯吕特,C. 2-586a, 7-600e
斯罗期卢 8-277e
斯洛伐克 7-129a
斯洛伐克共和国 7-129d
斯洛伐克平原 7-129b
斯洛伐克人 7-130a
斯洛伐克山地 7-129b
斯洛伐克苏维埃共和国 7-130b
斯洛伐克语 7-130c
斯洛文尼亚 7-130d
斯洛文尼亚共和国 7-131b
斯洛文尼亚人 7-131b
斯洛文尼亚通讯社 7-131b
斯洛文尼亚现代派 1-472a
《斯洛文尼亚新闻》 7-131b
斯洛文尼亚语 7-131d
《斯玛伊尔·泰吉奇之死》 5-274d
斯梅尔,S. 6-47a, 7-461d
《斯美尔塘的冲锋》 3-103a
斯美塔纳,B. 7-131d
斯米尔诺夫检验 2-511f
斯密教条 4-553d
斯密士,G.A. 2-290e, 2-292e
斯密斯菲尔德文化 9-438a
斯莫尔,A.W. 7-131f
斯莫利,R.E. 6-263e
斯穆次 1-318a, 9-118d
斯穆特,G.F. 5-275f
斯奈德-佩利格里尼,A. 4-5d
斯内克河 2-397b, 3-91a
斯尼亚法 4-82e
斯涅耳,W. 1-486b, 3-228d
斯涅耳定律 3-230e
斯诺,E. 7-132a, 5-572c
斯诺,J. 7-132b
斯诺巴迪 5-242c
斯诺登山 7-528b
斯诺克 7-249d
斯诺里·斯图鲁松 1-282d
斯诺普斯三部曲 2-611b
斯诺伊雪山工程 2-82e
斯帕克,M. 7-132c
斯帕克街 7-612c
斯帕特,O.H.K. 6-285a
斯帕特尔角 9-295d
斯派洞穴 4-327b
斯潘迪亚罗夫歌剧院 1-68d
斯潘塞,D.C. 8-227c
斯佩里,R.W. 3-95a
斯皮尔伯格,S. 7-132c, 2-72d
斯皮克曼,N.J. 2-245b
斯皮克湾 7-549e
斯皮内特 3-313e
斯皮斯,A. 5-478f
斯匹次卑尔根 7-139a
斯匹次卑尔根群岛 7-132d, 7-138f
《斯匹次卑尔根条约》 7-139a
斯珀林,G. 4-96c
斯普朗格,E.E. 4-212d
斯普雷特纳克 3-570f
斯普林菲尔德 8-524d
斯琴高娃 7-132d
斯塔,J.-S. 8-16c, 9-110f
斯塔埃尔,N.de 2-443c
斯塔比亚 7-556f
斯塔尔,R. 6-70c
斯塔尔夫人 7-132e
斯塔尔切沃文化 8-283c
斯塔夫里阿诺斯,L.S. 7-132f
斯塔克,J. 7-133a, 7-133b
斯塔克效应 7-133b
斯塔拉山脉 1-243b, 6-370c
斯塔里拉斯古城遗迹 6-370e
斯塔利,J.K. 9-546a
斯塔林,E.H. 7-133c
斯塔林平衡 7-133c
斯塔林效应 7-133c
斯塔林心脏定律 7-133c
斯塔斯岛 7-123e
斯太普 1-484a
斯泰尔比尼,C. 6-380a
斯泰尔-霍尔斯泰因,A.von 9-56f
斯泰伦,W. 7-133d
斯泰斯,W.T. 2-11f
斯泰因,G. 3-333c, 5-392b
斯坦贝克,J. 7-133d
《斯坦布尔列车》 3-104f
斯坦顿,E.C. 1-94f
斯坦福-比内智力量表 1-320c, 9-320f
斯坦福大学 7-133e, 4-426f, 6-561c
斯坦福工业园 3-242f
斯坦福直线加速器中心 9-590e
斯坦利港 5-247c
《斯坦利和艾丽丝》 4-158e
斯坦利·库布里克 7-133f, 2-433b
斯坦利山 7-553c

斯坦利维尔 4-50d
斯坦尼斯拉夫斯基,K.S. 7-134a, 2-183c, 9-10f
斯坦尼斯拉夫斯基演剧体系 7-134c, 5-591f
斯坦普,L.D. 9-21f
斯坦因,A. 7-134c, 2-377f, 2-378e, 3-375d, 3-381d
斯坦因,C.S. 1-585c
斯坦因贝尔格,S.S. 4-256a
《斯坦因西域考古记》 7-134d
斯陶尔河 6-380a
斯忒藩,J. 1-389f
斯忒藩-玻耳兹曼常数 6-275a
斯忒藩-玻耳兹曼定律 1-389f, 6-275a
斯特宾斯,G.L. 4-270a
斯特蒂文特,E.H. 1-447a
斯特恩,D. 6-260e
斯特恩,I. 7-134d
斯特恩,O. 7-134e
斯特恩,W. 8-251e
斯特恩-革拉赫实验 7-134f
斯特凡大公 7-134f
斯特凡·杜尚 7-135a
斯特凡三世 7-134f
斯特凡·乌罗什四世 7-135a
《斯特科德尔》 6-15c
斯特拉波 7-135a, 1-148e, 2-227a
斯特拉博 7-135b
斯特拉迪 7-135b
斯特拉迪瓦里,A. 7-135b, 2-105f, 8-229d
斯特拉迪瓦柳斯 7-135b
《斯特拉尔松德和约》 3-379b
斯特拉霍夫,N.M. 7-135c
《斯特拉科尼采的风笛手》 2-209f
斯特拉思科纳省立公园 7-581a
斯特拉斯堡 7-135d, 1-15f
斯特拉斯堡第一大学 2-439d
斯特拉斯堡哥特式大教堂 7-135e
《斯特拉斯堡盟约》 2-444c
斯特拉斯曼,F. 3-306a, 3-436d, 5-292f, 9-109b
斯特拉图 8-212f
斯特拉文斯基,I.F. 7-135e, 2-39a
斯特朗,A.L. 7-136a
斯特朗,C.A. 6-69e
《斯特朗职业兴趣表》 9-300e
斯特劳姆桑德桥 8-237a
斯特劳森,P.F. 6-322a
斯特劳斯,L. 5-603b
斯特勒姆岛 2-452c
斯特雷勒,G. 7-136b
斯特里特,R. 5-558e
斯特利亚马里斯大学 5-243c
斯特林堡,J.A. 7-136b
斯特林公式 2-269b
斯特龙博利型喷发 4-13f
《斯特隆波里火山》 5-220b
斯特鲁维,G. 7-136e
斯特鲁维,L.O. 7-136e
斯特鲁维,O. 7-136f
斯特鲁维,O.V. 7-136e
斯特鲁维,V.Y. 7-136d
斯特鲁维家族 7-136d
斯特罗加诺夫家族 8-88e
斯特罗齐,B. 1-175b
斯特奇-韦伯二氏综合征 8-373f
斯特西科罗斯 3-180d
斯滕,J. 2-585e
斯滕伯格,R.J. 1-86f, 2-33b
斯廷博特泉 3-597d
斯廷罗德,N.E. 2-127e, 7-461b
斯通,M.E. 8-288c
斯通,M.H. 7-137a, 1-434e
斯通豪斯镇 6-111e
斯通亨奇 7-137b, 3-394a
斯图代尼察修道院 6-370e
斯图尔特,E. 1-212f
斯图尔特,R.(航天) 7-257d
斯图尔特,R.(音乐) 9-460e
斯图加特 7-137d
斯图加特预应力混凝土电视塔 4-531b
斯图利幕 1-10a
斯图姆-刘维尔问题 1-527a
斯图奇卡,P.I. 7-137e
斯图亚特,J.D. 7-137f
斯图亚特王朝 7-138a
斯托,H.B. 3-457b, 5-350e, 5-354b, 7-297b
斯托,J. 6-485d
斯托尔马桥 6-186a
斯托夫人 5-350e
斯托福,S.A. 6-493e
斯托科夫斯基,L. 7-138b
斯托克顿—达灵顿铁路 7-138c
斯托克斯,G.G. 7-138c
斯托克斯,W. 8-400c
斯托克斯-拉曼散射 4-521b
斯托克斯理论 2-77d
斯托克斯效应 7-138d
斯托拉 7-124f
斯托雷平,P.A. 7-138d
斯托雷平土地改革 7-138d
斯托列托夫,A.G. 5-475a
斯托林斯,L. 1-93f
斯托末,F.C.M. 7-138e
斯托默,F.C.M. 7-138e
斯托帕德,T. 7-138e
《斯托扬大队长》 7-611e
斯托伊,K. 4-212d
斯瓦德希 2-268c
斯瓦蒂语 7-139e
斯瓦尔巴群岛 7-138f, 9-433b
斯瓦拉吉 2-268c, 5-553b
斯瓦特克朗洞穴 4-326f
斯瓦托普卢克公爵 2-96f
斯瓦希里人 7-139a
斯瓦希里文化 5-256e
斯瓦希里语 7-139b, 1-225c, 1-447d, 4-464a, 7-139b, 7-614d, 8-478c
斯万一世 1-282e, 4-459b
斯旺,T.W. 4-295d, 8-267c
斯旺河 6-99c
斯威夫特,J. 7-139c, 3-104a
斯威士兰 7-139d
斯威士兰大学 5-488a, 7-140c
斯威士兰电视台 7-140c
斯威士兰王国 7-140a
斯威士人 7-140c
斯威士族 5-522b
斯韦尔德鲁普,H.U. 7-140d
斯韦尔斯卡亚街 5-474d
斯维尔德洛夫,Ya.M. 7-140e
斯维尔德洛夫斯克 8-497e
斯维里河 1-127a
斯维特,H. 9-11c
斯维托尼乌斯 3-173f
《斯维托斯拉夫·杰尔杰尔》 2-434f
斯维雅托斯拉夫一世 4-47b
斯维亚方言 6-350b
《斯维亚王国史》 2-67e
斯温森氏鵟 9-14d
斯温森氏鹰 9-14d
斯文犯罪 1-202a
斯文·海定 7-140f, 8-87a
斯文·赫定 7-140f
斯沃博达,J. 7-141a
斯沃瓦茨基,J. 7-141b
斯霞 7-141c
斯行健 7-141d
缌麻三月 2-601a
锶 7-141e, 6-215f
锶矿 2-6a
锶-90 7-141e
《死》(绘画) 6-372b
《死》(小说) 4-533c
死当 2-271d
《死岛》 4-518d
《死的十四行诗》 5-400f
死谷 7-141f, 3-616d
死谷国家公园 7-141f
《死光》 4-487d
死海 7-141f, 8-551b
《死海》 8-406d
死海古卷 7-142b, 9-308d
死海文书 8-120a
死缓 7-142b, 7-143a
《死魂灵》 7-142c
死火山 4-13d
死库容 4-489f

死劳动 8-70f
《死里逃生的国王》 1-288b
死脉 5-301e
《死囚》 1-292c
《死人班级》 4-405c
死人之城 2-218b
《死神的恰尔达斯》 4-611f
《死神赋格曲》 1-487c
《死神与樵夫》 5-397e
《死神之舞》 3-429c
《死生说》 8-326e
《死水》 7-603e
死水现象 3-351b
死胎 7-142d
死亡 7-142d, 5-551d
死亡保险 6-298c
《死亡后三天》 8-88a
死亡群 3-544e
《死亡诗社》 7-142e
死亡行军 5-254b
死亡宣告 8-360d
《死亡游戏》 4-616b
《死屋手记》 3-120e
《死线上》 1-179b
死刑 7-142f
死刑的存废 7-142f
死刑复核程序 7-143b
死刑核准权 7-143c
死刑缓期执行 7-142c, 7-143a
死刑决定权 7-143b
《死在午后》 3-333d
《死者的孩子》 8-487a
《死者青春常在》 8-92d
死者之书 7-488d
《死者致生者》 2-591d
《死之舞》 6-567f
四八支队 2-526e
四坝文化 6-212b
四百人会议 3-203c
《四百下》 7-143d
四倍体小麦 8-225e
四本才性 1-458d
四不像 7-143e, 5-393d
四步活结领带 5-102a
《四部备要》 2-41f, 7-374f, 9-431c
《四部丛刊》 9-450f
《四部医典》 7-143e, 2-172d
《四部医典蓝琉璃》 7-143f
《四部医典释义蓝琉璃》 2-254d
《四婵娟》 3-483c
四禅四定 1-499f
《四朝代》 4-454a
《四朝闻见录》 8-500a
四冲程工作循环 5-559b
四冲程汽油机 6-153b
四川保路运动 7-143f
四川布政使司 7-145c
四川菜 7-144a
四川大学 7-144b
四川黑熊 3-460e
四川会子 4-199c
四川金钱板 7-144b
四川凉山彝族自治州 8-547d
四川毛尾睡鼠 7-109a
四川尼众佛学院 9-354d
四川盆地 7-144c, 2-72d
四川评书 7-145a
四川清音 7-145b, 9-121d
四川省 7-145b
四川省行政区划 7-145c
四川卧龙大熊猫研究中心 7-146b
四川相书 7-146f
四川虓将 9-200f
四川行省 7-145c
四川扬琴 7-146f
四川医学院 3-538f
《四川彝文规范方案》 8-547c
四川银会 4-199c
四川中西学堂 7-144b
四川竹琴 7-147a
四大（宗教） 7-148b
四大梆子 6-439e
四大部洲 7-147b
四大菜系 7-147b, 1-141b
四大臣辅政 7-147b
四大淡水名鱼 7-159e
四大发明 7-147c
四大哈里发时期 1-31a
四大徽班 7-148a
四大家鱼 6-213e
四大教法学派 8-384b
四大皆空 7-148b
四大界 7-148b
四大金刚 7-148c
四大名旦 7-148b
四大名旦（桂剧） 8-585a
四大名旦（话剧） 9-206b
四大名绣 2-52f
四大名鱼 3-248f
四大名镇 3-377d, 4-311a, 9-488f
四大热带水果 1-395f
四大人种 6-303e
四大人种分类法 3-449a
四大声腔 6-552b
四大圣训经 7-153d
四大天王 7-148c
四大物质学说 7-558e, 9-348a
四大玉（山东大鼓） 6-435a
四德 7-149c
四等人制 7-148d
《四滴水》 5-222b
四帝共治制 2-134a, 3-164a
四谛 7-148e
四典 7-148f
《四典要会》 7-148f
四点谷蛾 3-183b
四点眼 9-156a
四叠体 9-434c
四渡赤水 7-148f
四端 7-149b
四法印 2-458e
四方草 2-24b
四方平定巾 9-356c
四方山 2-412a
四方台 6-405e
四分历 6-452e, 9-465d
《四分历》 6-352c, 7-216d
《四分律》 7-149c, 7-44c
《四分律删繁补阙行事钞》 2-166c, 7-149c
四分之三音体系 7-497a
四分之一波片 1-383d
《四分之一的人类》 7-132b
四氟乙烯 7-149c
四福音书 2-616a, 6-563e
四辅 2-166f
四辅政时期 7-147b
四功 5-587b
四姑娘山 7-149d, 6-237f
四贵 7-50f
四国岛 7-149e
四国军事同盟 2-264e
《四国条约》 3-537f
四国同盟 7-149f
《四国同盟条约》 7-149f
四行联合营业事务所 1-284b
四行诗 6-335c
四合院 7-150a, 9-501f
四胡 7-150c
四环素 7-150d
四环素类抗生素 7-150d
四会市 7-150e
四会县 7-150e
四机式机组 2-8e
四级公路 3-134f
四极杆分析器 9-316e
四极管 2-295d, 3-445d
《四季》 7-557d
四季春科班 9-103f
四季豆 1-467b
《四季歌》 3-442d, 9-473f
四季桂 3-247d
四季菊 4-333b
四季萝卜 5-222b
《四季山水图卷》 8-373b
四季社 9-268d
四季养生 7-154a
《四季奏鸣曲》 1-172f
四角号码检字法 7-518a
四角菱 5-99a
四脚蛇 7-150f, 8-134f

四教 2–74e
四街 6–143f
《四进士》 7–219e, 9–57e, 9–473b
四腈基对醌二甲烷 9–45e
《四景山水图》 5–116f
四境界说 2–578a
四句教 2–28a
四君子画 3–529f
《四库全书》 7–150f, 3–510f, 6–515c, 7–246f
《四库全书总目》 7–150f
《四库全书总目提要》 7–150f
《四库提要》 7–150f
《四库提要辨证》 9–57f
《四郎探母》 7–151a
四联疗法 9–30f
四联总处 9–447b
四灵 5–140b, 6–134f
四灵体 7–151b
四硫富瓦烯 9–45e
《四六丛话》 6–35d
《四六话》 7–151c
《四六谈麈》 7–151c
四六文 7–151c
四氯化碳 7–151c, 6–396e
四氯甲烷 7–151d
四氯乙烷 7–151d
四轮汽车 1–306a, 2–134e
四轮战车葬 3–307c
四罗缎 5–202e
《四马盖车》 8–232d
《四美图》 7–317a, 7–510a
《四妹子》 1–574e
四门孔虫 2–503c
四门学 3–297f
《四勉一戒》 9–202d
四面山 2–6d
四民 9–182d
《四民月令》 7–151e, 3–370c, 3–373c
四明狂客 3–443c
四明银行 9–66b
《四溟集》 8–246b
四溟山人 8–246a
《四溟诗话》 7–151e
四难推理 2–426d
四逆散 3–42a
四逆汤 6–451b
《四牌楼》 5–118c
四片瓦 9–178c
《四篇小故事》 2–68d
四平街市 7–151f
四平市 7–151f
四七论辩 4–598c
四七社 7–152a
四骑会 3–461b
四气 7–152a
四气门目 6–80b
四气五味 7–152a
《四千金》 8–193d
《四签名》 4–421f
四强雄蕊 3–524f
四羟甲基甲烷 4–101f
四氢吡咯 1–321f
四氢吡咯酮 5–560e
四氢大麻酚 7–152c
四氢呋喃 2–589e
四清 5–115d
“四清”运动 7–152d
四球开伦 7–249d
“四人帮” 4–177b, 6–69e, 7–155a
《“四人帮”兴衰》 8–502c
四日市哮喘事件 3–132f
四鳃鲈 7–159e
四色猜想 7–152f
四色问题 7–152f, 7–459f
四僧 7–153a
四声 7–153b
四声八病 6–520e
四声八调 7–153c
四声不拘 7–153b
《四声谱》 6–520e
《四声通解》 2–56b
“四声一贯”说 7–153b
《四声猿》 3–494a, 5–447b, 8–347c
四圣谛 7–148e
四圣六凡 7–153d
四圣书 7–153d
四十八轻戒 6–404b
《四十不惑》 5–1d
《四十的启示》 1–27e
四十二行本《圣经》 3–183a
《四十二街》 3–97a
《四十二章经》 7–153e
四十年代剧社 4–252f, 9–373f
四十年战争 1–57a, 1–197c
《四十诗综》 8–349c
四十殉教者教堂 1–243f
《四时白纻歌》 1–210e
《四时田园杂兴》 2–481f
四时调摄 7–153f
《四史朔闰考》 6–164f
《四使徒》 1–154c, 2–314d
《四世同堂》 4–559d
四世王 7–109f
《四首四重奏》 1–78f
四书 7–154b, 2–114b, 9–449f
《四书集注》 7–154b
《四书释地》 8–436e
《四书章句集注》 4–298c, 7–154b
四水潜夫 9–470c
四税关 6–454a
四羰基镍 7–300b
四特酒 1–199d
《四体书势》 7–154b, 7–49b
四天下 7–147b
四萜 7–379a
四王 7–154b, 7–498e, 7–508a
四王吴恽 6–223a, 7–500d, 7–517d
四维庞加莱猜想 6–47a
四维时空 7–154f
四纹豆象 2–346a
《四五花洞》 7–148c
四五年派 7–154f
四五运动 7–155a, 4–177d, 7–587c
四喜班 2–190d, 8–216f
四弦 7–150d
四弦胡 7–150c
四贤味 9–162a
四相（清代西藏官员） 3–24c
四相（佛教） 8–15b
四项基本原则 7–155c
四象病理学 1–542e
四象四行论 1–542d
四象药物方剂学 1–542e
四象医学 1–542d
四象阴阳论 1–542d
四象预防学 1–542f
四象脏腑论 1–542e
四象诊断学 1–542e
四硝酸季戊四醇酯 4–102a
四信 2–76d
四性 7–152a
四姓小侯学 3–211a
四言诗 7–155d
四言体 7–155d
四眼狗 9–156a
四眼鱼 6–276c
《四艳记》 8–501f
四羊方尊 7–155e
《四羊图》 1–559e
四羊尊 7–155e
四氧化钌 5–70a
四氧化三铁 8–475a
四要素学说 7–558e
《四夜组诗》 5–453b
四一二政变 7–155f, 2–133f, 2–199a, 3–415a, 8–100e
四乙基铅 7–156b, 8–261d
四乙铅 7–156b
四义班 2–105c
四因 7–156c
“四因”说 8–77b
《四友斋丛说》 7–156c
《四友斋书画论》 7–156c
《四友斋书论》 7–156c
四御 7–156d, 2–162e
四御辅佐三清 7–156e
四元数 7–156e, 3–312b
四元素说 3–545b
《四元玉鉴》 9–224c
《四月提纲》 2–394e, 5–73a

四照花属 6–442c
四折一楔子 7–156f
《四箴铭》 6–517a
四箴堂科班 1–589b, 6–165c
四诊 7–157a, 1–347e
四诊合参 7–157a
四正谛 7–148e
四肢瘫 7–280c
四种体液学说 7–558e
《四种运动论》 3–16c
四州府 5–260d
《四洲志》 5–87e, 7–577e
四柱 1–147c
四柱命学 9–178a
四子学派 9–448d
《四足动物骨化石研究》 2–236b
寺内正毅 5–400e
《寺塔记》 9–51c
寺檀关系 6–316b
寺洼文化 4–16d, 6–212c
寺院 7–157a
寺院查玛 5–380f
寺院法 4–208f
《寺院法大全》 4–208f
寺院傩 6–8e
寺主 9–501c
似大地水准面 1–486a, 3–59c
似动 7–157a
似海底反射层 7–358e
似矿物 4–501c
似罗马建筑 5–212a
似恰尼虫 9–92a
《似水流年》 7–157c
似蚓蛔线虫 3–611f
汜水关 3–518e
兕觥 7–157c
祀灶节 4–105b
饲料 7–157d
饲料工业 7–157f
饲料加工 7–157e
饲料添加剂 7–158a, 7–368d
饲料作物 9–580c
饲用高粱 3–70a
泗河 7–158a, 3–561e
泗水 7–158b, 5–542c, 7–158b
泗水尹家城墓地 6–435e
泗州戏 5–134a
泗洲院 5–538c
《饲育》 2–88b
竢村老人 5–87d
肆（店肆） 2–299d
松阿察河 8–8e
《松霭诗钞》 5–67d
松巴布 7–158d
松巴岛 7–158c
松巴峰 7–158c
松巴海峡 7–158d
松本清张 7–158d
松本亦太郎 7–158e
松波湖 1–481e
松蚕 7–160b
松禅 7–606c
《松岛秋色》 7–118d
《松的旋律》 4–97b
《松迪亚塔》 7–158f
《松迪亚塔，或曼丁戈人的史诗》 7–158f
松都 4–384e
松都水库 4–384e
松恩峡湾 6–6b
《松风兰气》 4–603c
松冈洋右 2–79c
《松戈罗·科松戈》 4–97b
松果戈纳拉遗址 7–289b
松果体 7–158f
松果腺 7–158f, 2–430e
《松鹤图》 6–519a
松花蛋 6–71a
松花江 7–159a, 1–508b, 1–508d, 4–63d
松花江鱖 3–248f, 7–159e
《松花江怒吼了》 6–202d
《松花江下游的赫哲族》 5–97f
松鸡 7–159d, 5–123c, 5–588c
松江 8–35a
《松江歌辞》 9–271f
松江鲈 7–159e, 3–248f
松江鲈属 7–159e
松江派 4–244b
松江区 7–159e
松江省 3–455f
松江唐经幢 2–32a
松江专区行政公署 7–159f
松节油 7–159f, 4–148e, 6–39b
松锦之战 5–68c
松井石根 4–315b
松筠 8–109f
松科 7–160a
松口蘑 6–408a
松辽分水岭 2–315f
松辽平原 2–315f, 6–456f
《松林中的早晨》 8–126c
《松陵文集》 1–563f
《松龄鹤寿》 1–573f
《松萝玉液》 9–266a
松毛虫 7–160b, 4–482f
松木薯 2–602f
松嫩平原 2–315f, 6–456f
松潘草地 6–353a
松片反应 1–321f, 2–589d
松平定信 4–497d
松平广忠 2–171a
松坪沟 1–2d
松浦四郎 1–354b
松崎 1–145c
松崎君代 7–160d
松侨老人 3–16e
松茸毒蛾 2–351b
松散花序 4–424d
松山机场 7–247b
松山自然保护区 7–160e
松十二齿小蠹 8–222e
松属 7–161a
松鼠 7–160f
《松鼠》 7–193c
松鼠科 7–160f
松树 7–161a
《松树林》 8–126c
松涛园 9–94d
松尾芭蕉 7–161e
松尾宗房 7–161e
松下电器 9–501e
松下电器公司 7–161f
松下电器器具制作所 7–161f
松下幸之助 7–161f
松香 7–161f
松香酸 7–162a
松烟 5–479d
松叶菊 2–463d
松叶蕨 7–162a
松叶蕨亚门 4–350a
松叶兰 7–162a
《松鹰》 6–42d
松永贞德 6–35d
松原市 7–162b
《松猿图》 3–73c
松赞干布 7–162c, 3–419a
松赞干布和文成公主合葬墓 6–438d
松脂 7–162d
松脂灯 6–144c
松脂浴 7–92f
松质骨 3–186d
松中昭一 7–162e
松竹斋 6–329e
菘蓝 7–162e
崧泽文化 7–162f
淞沪别动总队 2–364a
淞沪会战 7–163a, 2–363e
淞沪抗战 2–134c
淞沪铁路 7–163b
《淞沪停战协定》 4–189c, 8–508e
淞沪支线 7–163c
嵩高山 7–163c
嵩山 7–163c, 2–191e, 8–53e
《嵩献英芝图》 4–547f
嵩阳观 7–163d
嵩阳书院 7–163d, 2–191e, 7–163c
嵩阳寺 7–163d
嵩岳寺 7–163e
嵩岳寺塔 7–163d, 7–236f
宋 7–163e
宋 7–163f
宋霭龄 4–475f

宋白 7-263a, 7-601d
宋长庚 7-174f
宋朝 7-164b
宋初三先生 3-510e
宋初四大书院 7-163d, 7-168d
宋楚瑜 9-370a
宋词 7-169b, 1-283f
《宋词三百首笺》 7-307a
宋慈 7-169e, 2-327f, 2-458c, 8-138d
宋琮 5-516e
宋存寿 7-250c
《宋代北方民间瓷器》 1-567c
宋德方 9-26d
宋邇初 7-170c
宋飞 9-445b
宋高宗赵构 7-169e
《宋国夫人出行图》 2-376f
宋鸿钊 7-169f
宋徽宗赵佶 7-170a, 3-531c
宋惠父 7-169e
宋加洛瓷器 4-540b
宋钘 7-174e
宋健 7-170b, 4-479f, 9-357c
宋江戏 3-68a
宋江仔 3-68a
宋教仁 7-170c, 8-259f
《宋教仁集》 7-170d
宋教仁墓 9-174a
宋街 1-99e
宋金刚 7-315b
宋金杂剧 7-170d
宋锦 7-170f
宋锦缎 2-369c
宋景濂 7-171c
《宋景文集》 7-172a
宋璟 7-171a
宋君荣 2-327f
宋骏业 6-58f
宋康王 7-163f
宋克 7-171b
《宋刻算经六种》 7-208f
宋礼 4-280c
宋理宗赵昀 7-171c
宋荔裳 7-173f
宋濂 7-171c, 9-94f
《宋辽金史》 4-262f
宋陵石刻 1-284d
《宋六十名家词》 7-171d
宋隆济 9-88f
宋梅洞 5-383a
宋敏求 5-387a
《宋名家词》 7-171d
宋明理学 7-171e
《宋明理学史》 3-488e, 9-204d
宋披云 5-142e
宋平 7-171e
《宋齐语录》 9-73b
宋祁 7-171f, 8-285b
宋起山 3-20d
宋绮云 1-196f
宋潜溪 7-171c
宋庆龄 7-172a, 2-203f
宋仁宗赵祯 7-172c
宋任穷 7-172c
《宋任穷回忆录》 7-172e
宋汝昭 7-176c
宋三彩 9-54b
宋少连 7-176c
宋神宗赵顼 7-172f
《宋诗百一钞》 7-173a
《宋诗别裁集》 7-172f
《宋诗钞》 7-173a
《宋诗钞补》 7-173b
《宋诗话辑佚》 3-252b
宋诗派 7-395c
《宋诗选注》 6-170c
《宋史》 7-173b, 9-465d
《宋史丛考》 5-590f
《宋史纪事本末》 4-98d
《宋史校勘记》 7-173c
《宋史·舆服志》 9-309d
《宋士杰》 9-473b
宋式锦 7-170f
《宋书》 7-173c
《宋书·礼制》 9-309d
宋四家 1-470b
宋太宗赵炅 7-173c, 7-173d
宋太祖赵匡胤 7-173d
宋琬 7-173f
宋维新 6-203d
宋文帝刘义隆 7-174a
宋文通 4-605c
宋武帝刘裕 7-174b
宋武铉 7-174f
宋献策 5-5c
宋襄公 7-174c, 7-163f
宋翔凤 1-512b
宋晓东 2-222a
宋孝宗赵昚 7-174d
宋学 7-174d
《宋学士全集》 7-171d
宋学义 4-549a
宋延清 7-176c
宋义 4-335f, 8-206c
《宋役法述》 5-590f
宋尹学派 7-174e
宋应星 7-174f, 4-256a, 8-492b
宋影 7-174f
宋渔父 7-170c
宋玉 7-175a
宋玉赋 3-13c
宋玉故居 8-540a
宋玉叔 7-173f
宋元嘉 4-608b
《宋元名迹册页》 3-364d
宋元南戏 7-175b
《宋元戏文本事》 9-231a
《宋元戏文辑佚》 6-166d
《宋元学案》 3-603c
宋云 7-175f
宋杂剧 7-170d, 8-143f, 9-98e, 9-147c
宋哲元 7-176a, 3-533d, 7-399f, 9-229f
宋真宗回銮碑 6-105f
宋真宗赵恒 7-176b
宋之的 7-176c
《宋之的剧作选》 7-176c
宋之问 7-176c, 6-519c, 7-524d
《宋之问集》 7-176d
宋忠 5-104e
宋仲温 7-171b
宋州 3-2b
《宋子》 7-174e
宋子京 7-171f
宋子文 7-176d
送灯 8-65c
《送杜少府之任蜀川》 7-491a
《送故人归鲁》 3-362d
《送胡邦衡待制赴新州》 9-215e
送话器 2-280c
《送梨帖题跋》 5-133d
《送马》 5-15a
《送孟东野序》 3-365d
《送奶工之死》 1-92e
《送穷文》 3-365d
送神 6-8d
送信局 4-195f
《送徐君奇入燕序》 2-488c
《送应氏》 1-479e
《送元二使安西》 7-511f
《送子天王图》 8-27d
《送梓州李使君》 7-511e
《送邹判官往陈留》 9-198e
《诵芬室丛刊初编》 9-450f
《颂》 7-176e, 6-574d
《颂歌》 3-98d
《颂歌和杂咏》 9-70f
《颂歌集》(G.帕里尼) 6-32c
《颂歌集》(V.雨果) 9-70f
颂壶 7-177a
《搜孤救孤》 5-389c
《搜集证据》 6-85f
《搜尽奇峰打草稿图》 6-603b
搜牢 2-335f
《搜庙反正》 3-247f
《搜神记》 7-177b
《搜书院》 7-177c
搜索论 7-177d
《搜索者》 2-615a
溲种法 2-467f
叟猴 5-97b
薮枝螅属 7-101b

苏（江苏省简称） 4－178b
苏艾蒂,J.J. 4－158f
苏氨酸 1－111d
苏奥米人 2－556e
苏澳港 8－540d
《苏报》案 7－177e
苏北香火戏 8－446e
苏必利尔高地 7－533a
苏必利尔湖 7－178a, 8－44e
苏秉琦 7－178b
《苏秉琦考古学论述选集》 7－178c
苏波,P. 1－409b
苏步青 7－178c
苏莱 7－178e, 4－178a
苏长岩 3－605e
苏绰 7－178e, 7－195e, 8－103c
苏达尔多 5－467b
苏打 7－178f, 6－50f, 7－293d
苏打灰 7－357d
苏丹 7－180c
苏丹 7－178f, 4－510f
苏丹·阿贡 5－242c
苏丹艾哈迈德清真寺 8－531d
苏丹草 7－180d
苏丹风仙 2－580f
苏丹港 7－180d
苏丹共和国 7－179e
苏丹故宫 2－137f
苏丹·穆罕默德 1－387e
苏丹尼格罗人 7－180e, 5－568b
苏丹盆地 7－179b
苏丹人 7－180e
《苏丹现代诗歌概论》 2－541e
《苏德互不侵犯条约》 7－181a, 1－87c, 4－526d, 5－21e
苏德隆 7－181c
苏堤 8－93d
苏迪曼杯赛 9－70a
苏笛 2－215e
苏定方 7－181d
苏定强 7－181d
苏东坡 7－181e, 3－406b
苏俄 2－398e
苏俄国内战争 7－181f
苏俄红军 1－436e
《苏俄民法典》 5－422e
苏厄德 1－38a, 1－101b
苏尔达斯 7－182a
苏尔古特第二火电厂 4－12e
苏尔汉河 1－47b
苏尔霍布河 1－47b
苏尔奈 7－234d
《苏尔诗海》 7－182b
苏尔塔尼亚城堡 1－40a
苏尔坦·本·艾哈迈德 6－381c
苏尔瓦兰,F.de 7－182b
苏尔王朝 7－182c
苏尔维格·弗莱德列克森 4－453c
苏发努冯 7－182d
苏非教团 5－366e
苏非派 5－238c, 8－384c, 8－529a, 9－256f
苏非主义 7－182e
《苏菲的选择》 5－334a
苏菲·玛索 7－182f
苏芬战争 7－183a
苏夫洛,J.-G. 3－166f
苏弗里耶尔火山 6－568c
苏福省 4－616f
苏钢 3－218a
苏格拉底 7－183b, 1－348d, 6－416e
《苏格拉底》 6－357f
苏格拉底的讽刺 7－183f
苏格兰 7－184b, 1－82d
苏格兰爱尔兰人 1－121d
苏格兰常识学派 5－457a
苏格兰短裙 7－184c
苏格兰盖尔语 7－184d
苏格兰格子花呢 7－184c
苏格兰国家画廊 1－82e
苏格兰国家现代艺术馆 1－82e
苏格兰人 7－184e
苏格兰圣安德鲁斯皇家古老高尔夫球俱乐部 3－61e
苏格兰议会大厦 1－82e
苏梗 1－205d
苏公塔 8－274a
苏观生 5－536f
苏哈托 7－184f
苏汉臣 7－185a, 2－568a, 4－19e
苏赫拉瓦尔迪 7－182f
苏呼米 2－83b
苏焕亭 5－234d
苏黄 3－598a
苏惠 3－610b
苏霍姆林斯基,V.A. 7－185b
《苏霍姆林斯基文选》 7－185c
《苏霍姆林斯基著作选集》 7－185c
苏纪兰 7－185c
苏加诺 7－185e
苏戳 7－191e
苏军 7－189c
《苏军战士》 8－58e
苏峻 4－274b, 7－325e, 7－493c
苏卡乔夫,V.N. 7－185f
苏克雷 7－185f, 1－393b
苏克雷,A.J.de 7－186b
苏克萨哈 1－117b, 7－147b
苏拉 7－186c, 3－163e
《苏拉拉》 2－541e
苏拉威西岛 7－186c
苏拉威西海 7－186d
苏腊巴亚 7－158b
苏莱马诺吕,N. 7－186e
苏莱曼（阿拉伯商人） 2－104d
苏莱曼（吕宋国王） 5－180b
苏莱曼沙 6－371f
苏莱曼山脉 1－158e, 8－522b
《苏莱曼苏丹法典》 7－186f
苏莱曼一世 7－186f
苏莱曼一世清真寺 8－530c
苏老泉 7－197a
苏黎世 7－186f, 6－351e
苏黎世大学 7－187a
苏黎世湖 1－9f
《苏黎世湖》 4－458e
苏黎世三人团 7－187a
苏李 4－607d, 7－196a
苏里科夫,V.I. 7－187b, 6－3f
苏里南 7－187d
苏里南大学 7－188a
苏里南共和国 7－187f
《苏里唐尼·杰米其曼》 7－557d
苏利-普吕多姆 7－188b
苏利亚大学 5－257d
《苏利亚历数书》 1－57f
苏联 7－188b, 2－398e, 3－314d
《苏联博物馆学基础》 1－417f
苏联部长会议国家安全委员会 4－446c
苏联大清洗运动 7－188d
苏联工农红军 7－189a
苏联共产党 7－188e, 1－435e
《苏联共产党（布）历史简明教程》 1－414d
苏联国家安全委员会 4－446c
《苏联国民收入动态分析》 2－332f
苏联海军中央博物馆分馆 1－19f
《苏联和各加盟共和国劳动立法纲要》 4－552d
苏联红军 7－189a
《苏联见闻录》 5－326a
苏联解体 7－189c
苏联解体和东欧剧变 7－189c
《苏联境内永久冻结土壤》 2－342e
苏联科学院 2－401c
苏联农业集体化 7－190a
《苏联蠕虫学的创建和实践》 7－126e
《苏联社会主义经济问题》 7－190d, 4－293f
《苏联图书馆事业的理论与实践问题》 6－239f
苏联卫国战争 7－190e
《苏联文学史》 8－501a
苏联无线电节 1－373b
苏联武装力量 7－189c
苏联宪法 7－191b
苏联最高苏维埃 7－196a
苏烈 7－181d
苏卢 6－104f
苏鲁德峰 7－231e, 7－232e
苏禄东王 7－191d
苏禄国 7－191c
苏禄海 7－191d, 7－186d

苏禄群岛 7–186d
苏禄王墓 7–191d, 2–190c
苏马罗科夫,A.P. 2–402b
苏曼古鲁 4–118c
苏曼殊 7–191e
《苏曼殊全集》 7–191f
《苏曼殊文集》 7–191f
苏梅 7–191f, 5–336f, 7–194f
苏梅 7–191f
苏美尔人 8–234b
《苏美尔人》 8–32a
苏美尔文字 7–602f
苏美尔语 7–192a, 8–234b
苏(俄)美限制战略武器会谈 7–192a
苏美英法分区占领德国 7–192c
《苏美英三国柏林(波茨坦)会议议定书》 1–373d
苏门答腊飑 5–268e
苏门答腊岛 7–192e
苏门答腊虎 3–518a
苏门答腊猩猩 8–309f, 9–114c
苏门羚 3–513b
苏门六君子 7–193a
苏门山 7–564f
苏门四学士 7–193a
《苏蒙友好条约》 9–415e
苏密城 3–559a
苏冕 3–613b, 7–307b
苏明允 7–197a
苏姆金,M.I. 2–342e
苏木阿布 3–161f
《苏木茹》 6–416b
苏纳海 1–117b
苏南运河 4–281a
《苏尼达》 3–174a
苏尼克,O.P. 5–304e
苏尼且 8–548a
苏派(伊斯兰教教派) 8–536e
苏潘,A. 6–143a
苏七生 7–198b
苏启元 3–365a, 5–332b
苏秦 7–193a, 9–561b
《苏秦传》 7–193b
苏区 7–196a
苏区戏剧 7–193c
苏萨古城 7–193d
苏萨 1–68b
苏三 9–78e
苏三监狱 3–484a
《苏三起解》 9–78f
苏桑 7–193d
苏珊·波尔加 8–241b
苏少楼 6–42a
苏绍礼,S.L. 2–390c
苏笙 6–554a
苏圣玛丽运河 7–193f
苏失利之 1–410b
苏式糕点 3–81e
苏式月饼 9–120b
苏轼 7–193f, 3–403e, 9–98e
苏叔阳 2–140e
苏舜钦 7–194f
苏斯拉他 5–419d
苏四十三 1–25a
苏四十三、田五起义 6–220d
苏颂 7–195a, 4–33c, 7–104e, 7–168b
苏台柴 5–514c
苏台德山 1–378a
苏特克里弗,S. 6–70c
苏天爵 9–97e
苏铁 7–195b
苏铁蕨 9–457e
苏铁类植物 7–195b
苏铁目 7–195b
苏铁羊齿 9–457e
苏通长江大桥 7–195c, 8–236a
苏陀人 7–233e
苏瓦 7–195d
苏瓦迪瓦环礁 5–245e
苏瓦港 2–530d, 7–195e
苏瓦松 6–503d
苏婉玛丽 6–28f
苏皖沿江平原 1–515a
苏威 7–195e
苏维埃 7–195f
苏维埃代表大会 7–196a
苏维埃俄国共产党 2–394e
《苏维埃民法教程》 7–137f
苏维埃区域 7–196a
苏维埃社会主义共和国联盟 2–398e, 7–188b
苏维埃政权 7–196a
苏维汇人 5–433a
苏味道 7–196a
《苏魏公集》 7–195a
苏我入鹿 2–87a
苏我氏 2–85e, 6–558a
苏沃洛夫,A.V. 7–196b
《苏沃洛夫越过阿尔卑斯山》 7–187d
苏无畏 7–195e
苏武 7–196c
《苏武牧羊》 6–308e
《苏武牧羊图》 7–196d
苏西特纳河 1–37f
苏辛词派 7–169e
苏星 7–196e
《苏星选集》 7–196f
苏绣 7–196f
苏玄瑛 7–191e
苏洵 7–197a
苏亚雷斯,A. 8–86f
苏亚雷斯·冈萨雷斯 1–181e
苏伊士 7–197b
苏伊士地峡 2–240b
苏伊士—地中海复线输油管 7–197b
苏伊士运河 7–197c, 1–65e, 2–251e
苏伊士运河公司 7–197d
苏伊士运河桥 4–6a
苏伊士运河战争 9–329a
苏易简 7–586a
苏永元 4–258e
苏雨卿 3–20d
苏语 5–364b
苏云金杆菌 7–197e
苏运河 7–193f
苏兆征 7–197f, 6–554d, 7–285b
苏辙 7–198a
苏振华 7–198b
苏州蚕桑专科学校 7–198c
《苏州阊门图》 7–323a
苏州大学 7–198c
《苏州大学学报》 7–198c
苏州工业园区 7–198c
苏州国学会 4–258c
苏州河 7–198d, 3–478e, 3–594d, 8–35a
《苏州河斜阳》 7–82d
苏州鸿生火柴厂 5–110d
苏州局 4–175f
苏州名园 7–198d
苏州评话 7–198e
苏州评弹 3–230c, 5–274c, 7–198e, 7–521b, 8–162e
苏州芡实 6–176b
苏州市 7–198f
苏州丝绸工学院 7–198c
苏州弹词 7–199a, 9–477a
《苏州天文图》 8–307a
《苏州万年桥》 7–323a
苏州医学院 7–198c
苏兹达尔大公领地 5–473f
《苏兹达尔团条令》 7–196b
苏子谷 7–191e
苏子美 7–194f
苏子卿 7–196c
苏子容 7–195a
苏子由 7–198a
苏子瞻 7–193f
酥性饼干 1–367f
酥油茶 7–199b
酥油灯节 2–28c
窣堵波 4–153c, 7–236e
窣干 7–12e
窣利文 7–199c
窣利语 7–199d
俗 4–586c
俗赋 2–377d
俗讲 1–240c, 9–509f
俗拉丁语 2–459a, 4–515a, 8–86c, 8–566f
俗曲 6–552e
俗乐 2–40f
俗字谱 3–121c

夙兴叟 9－57a
诉前财产保全 1－460e
诉讼 7－199e
诉讼保全 7－199e
诉讼标的 7－199f
诉讼财产保全 1－460e
诉讼代理权 7－200a
诉讼代理人 7－200a
诉讼代理行为 7－200a
诉讼法 7－200b, 1－591b
诉讼权利 2－478c
诉讼上和解 3－417b
诉讼时效 7－200b
诉讼外调解 7－375e
诉讼义务 2－478c
诉讼中调解 2－459f, 7－375e
诉讼中止 7－200d, 8－425a
诉讼终结 7－200e
《诉怨》 2－543e
诉愿权 7－200e
肃北蒙古族自治区 7－200f
肃北蒙古族自治县 7－200f
肃北设治局 7－200f
肃北自治区 7－200f
"肃反"运动 7－201a
肃南裕固族自治区 7－201a
肃南裕固族自治县 7－201a, 9－83c
肃清反革命运动 7－201a
肃清门 2－81b
肃慎 7－201b
肃顺 2－44b, 6－228f, 8－563b
肃雍堂 2－328e
肃政按察司 6－401b
素巴斯瓦德·斯瓦斯滴瓦德亲王 9－549f
素菜 7－201b
素丹 7－180c
素葛 3－112e
素局 7－201c
素可泰王朝 7－201d
素理想 3－575b
素绫 5－100b
素履先生 2－198d
素昧 6－474d
素面 5－48b
素描 7－201d
素三彩 7－202a
素纱 6－429f
素纱禅衣 2－501f, 5－281c
素书 1－403d, 2－13a
素数 7－202b
素贴山 6－227e
素王 6－134f
《素问》 3－583a, 5－555f, 5－556a
《素问要旨论》 5－110b
素线绨 7－345f
素绡 8－216c
素馨 5－492f, 9－14f
素馨属 9－14e
素因数 9－263d
素漳绒 9－221f
素质性同性恋者 7－398f
速别额台 7－202c
速不台 7－202c, 9－206b
速差制信号 7－382d
速度 7－202e
《速度》 1－377b
速度变换公式 8－156f
速度滑冰 7－202e
速度势 4－517b
速度跳绳 7－377e
速度阻抗 4－34c
速古台王朝 7－201d
速记 7－203a
速降 3－75a
速率分布函数 5－297e
速灭杀丁 6－236f
速示器 7－203a
速效性钾 4－143b
速效性杀鼠剂 6－422a
速写 7－203b
涑水先生 7－114d
宿白 7－203c
宿北县抗日民主政府 8－292a
宿根花卉 7－203d
宿命论 1－325c, 1－325d, 4－347c
《宿命论者》 2－151d
宿命通 9－64c
宿迁市 7－203e
宿迁县 7－203e
宿铁刀 6－134b
宿卫牌 8－477d
宿务 7－203e
宿务语 7－203f
宿县 7－204a
宿县地区 7－204a
宿县专区 7－204a
《宿夜的客人》 1－23a
宿预县 7－203e
《宿站》 1－134f
宿州 7－204a
宿州市 7－204a, 1－98a
宿主 4－105d
宿主反应 6－546f
宿作因论 6－133c
粟 7－204a
粟多泽 5－84c
粟粒性结核 4－222f
粟末靺鞨 1－418f
粟特 7－204b
粟特人 9－225f
粟特文 7－204d, 3－609c, 3－609d, 7－199d
粟特字母 9－226b
粟裕 7－204d, 3－595a
粟宗华 7－204f
嗉囊 7－205a
嗉囊乳 7－205a
塑胶透镜 7－414f
塑料 7－205a, 3－63a, 3－408c
塑料大棚 7－205b
塑料机械 7－205c
塑料绝缘屏蔽线 2－289d
塑料/塑料共混物 4－342b
塑料筒仓 5－56f
塑料/橡胶共混物 4－342a
塑料牙 8－202e
塑料助剂 9－500e
塑性波 7－205d
塑性成形 4－256c
塑性动力学 7－205e
塑性力学 7－205e
塑性流动理论 7－205f
塑性流体 2－514e
塑性增量理论 7－205f
《溯洄集》 7－503a
缩砂密 6－430d
狻猊 7－206b
酸 7－206d, 1－394a
酸败 9－292e
酸沉降 7－206e
酸橙 1－594c
酸刺 6－424b
酸酐 7－206f, 6－95b, 7－208b
酸碱催化剂 2－57b
酸碱滴定法 2－547a
酸碱理论 7－207a
酸碱平衡 7－207e
酸碱指示剂 9－310a
酸碱质子理论 7－207a
酸奶 6－342a
酸皮肉丝 9－129f
酸稔 2－54e
酸沙果 6－423f
酸式盐 7－208a, 8－433b
酸树 6－608c
酸味草 2－54f
酸型防腐剂 7－4e
酸性磷酸酶 5－89c
酸性水 2－242f
酸性土壤 5－311a
酸性腺体 3－211d
酸性氧化物 7－208b, 8－475a
酸雨 7－208b, 2－429d, 7－206e
酸枣 5－542d
酸值 9－292e
酸中毒 7－207f
酸渍 7－4d
蒜 7－208b
蒜黄 7－208c
算筹 2－11c, 4－95f
算法 7－208c, 2－253f
算法可判定集 2－254b

《算法统宗》 1-589c
《算法纂要》 1-589c
《算经十书》 7-208d
算缗 3-82b, 3-380c, 6-412c
算缗钱 3-369b
算命 7-209a
算盘 7-209b, 9-493b
算盘结 3-202b
《算盘书》 2-529e
算术 7-209c
《算术》 1-427a, 2-540b
《算术的基础——对数概念的逻辑数学研究》 2-592e
算术函数 7-67e
《算术、几何、比例与比例性大全》 4-495c
算术平均数 7-209d
算术平均值 7-65f
《算术研究》 2-211a, 7-399c
《算术哲学》 3-507f
《算数书》 7-209e, 9-199d
《算学启蒙》 9-486f, 9-493c
算子 2-11c
算子环理论 2-576c
睢景臣 7-209f
睢景贤 7-209f
《睢水十年》 6-429c
睢舜臣 7-209f
睢阳 7-43d
睢阳书院 7-209f, 9-21d
睢阳先生 9-21d
睢阳县 6-456f
濉溪市 3-561b
绥芬府 5-595b
绥芬河市 7-210a
绥化地区 7-210a
绥化市 7-210a
绥化专署 7-210a
绥靖政策 7-210b
绥拉菲莫维奇,A.S. 7-210c
绥宁省 3-455f
绥山县 2-405b
绥远抗战 7-210c, 2-334b
绥远省 3-496e
绥远事件 1-229e
绥远县 3-2a, 3-496e
绥远州 3-2a
隋抱朴 3-163b
隋朝 7-210e
隋代长城 1-510b
隋国公 7-214a
隋九部乐 3-212f
隋末农民起义 7-213b
隋世新 3-542e
《隋书》 7-213e
《隋书·经籍志》 9-74e
《隋书·天文志》 6-324b
隋树森 6-265c
《隋唐》 9-234e
隋唐长安 1-507c
《隋唐佛教史稿》 7-299f
《隋唐两朝志传》 5-204b
《隋唐史》 1-488a
《隋唐五代史纲要》 8-468b
《隋唐演义》 7-213e
《隋唐制度渊源略论稿》 1-570a
隋文帝杨坚 7-214a, 7-210e, 8-458e
隋炀帝杨广 7-214c, 1-480b
随庵主人 5-2f
随笔 1-323f, 8-227b
《随笔集》 2-444d, 5-374c
随动控制 4-479c
随动系统 2-51e, 2-471d
随动作用式仿形 2-499d
《随风而去》 4-52a
随机变量 7-214d, 7-215b
随机抽样 2-10c
随机抽样技术 5-372f
随机服务系统理论 6-35e
随机过程 7-214e
《随机过程论》 7-214f
随机控制 7-215a
随机控制理论 7-215a
随机逻辑大规模IC 4-74e
随机模型 7-72f
随机事件 3-29c, 3-30a
随机试验 3-30a
随机水力学 7-90d
随机系统 7-215a
随机现象 3-30a
随机型统筹图 7-405e
随机遗传漂变 8-543d
随机原则 2-10d
随机振动 7-215b
《随军散记》 6-429b
《随疏演义钞》 1-593e
随体染色体 3-437c
随县 7-215e
《随想录》 1-160e
随想曲 7-215c
《随想曲》 3-374c
《随心所欲》(法国电影) 1-49c
《随心所欲》(美国电影) 1-100b
《随姨母旅行》 3-105a
随意想象 8-203d
《随雨声入山而不见雨》 5-227d
随园 9-102a
随园老人 9-102a
《随园诗话》 7-215d
随园先生 9-102a
随缘乐 7-215d
随州 7-215e
随州市 7-215e
随坐 5-39d
髓 7-215f
髓质 2-97a
岁差 2-237e, 7-215f, 8-536c
岁差和章动 7-215f
《岁朝清供图》 8-25e
《岁朝图》 4-191b
岁除 2-17b
岁寒三友 5-330e
《岁寒三友图》 4-191b
《岁寒堂诗话》 7-216b
《岁寒图》 1-551d
岁举 1-497b
《岁暮江南四忆》 8-30d
岁时风俗 2-567f
《岁时广记》 7-216c
《岁时记》 1-133d
岁时禁忌 4-278a
岁实 7-216c
岁实和朔策 7-216c
岁星 5-493b, 7-216d
岁星纪年 7-216c
岁星纪年法 7-216d
岁阳岁名纪年 5-18b
《岁月如歌》 7-326c
《遂初赋》 7-218c
遂初居士 9-32f
《遂初堂书目》 1-230a
遂绿茶 4-162d
遂宁府 7-216e
遂宁郡 7-216e
遂宁市 7-216e
遂宁县 7-216e
遂宁州 7-216e
遂州 7-216e
碎部测量 2-244a
碎部点 2-244a
《碎瓶》 7-188b
《碎石》 2-214b
《碎石工》 4-485a
碎叶 7-216f
碎叶城 1-28b, 7-216f
碎叶镇 7-216f
隧道 7-217a, 2-241a
隧道盾构 1-450c
隧道二极管 7-217a
隧道工程 2-164c
隧道效应 7-217b
燧 1-510d, 4-331f
《燧火》 5-293e
燧人 6-392b
燧人氏 7-217c
燧石 7-217c
燧石板岩 7-29d
穗(广州市简称) 3-239b
穗花槐 9-534c
穗花杉 5-226d
穗花杉属 3-469e
穗积八束 5-356c

襚服 7-44b
《孙安动本》 5-136a
孙安荣 7-514b
孙本文 7-217c, 6-290c, 6-491e
孙膑 7-217d, 6-130b, 7-217e
《孙膑兵法》 7-217e
孙炳文 7-221a
孙伯符 7-217f
孙不二 1-283d, 6-265c
孙策 7-217f, 6-388f, 9-476c
孙长卿 7-221d
孙成玙 7-222a
孙承宗 7-217f, 5-449b
孙传芳 7-218a, 1-260d, 2-581c, 6-588f, 9-297f
孙传庭 5-5d, 5-449b
孙绰 7-218b, 8-363d
孙从吉 7-220b
孙达拉雅,P. 8-597d
孙大玉 6-435a
《孙大元帅誓师北伐》 4-583d
孙丹尼牙 8-524b
孙道临 7-218c
孙德尔本斯国家公园 8-592e
孙德和 7-218d
孙德明 7-222f
孙德崖 3-254a
孙殿英 6-224f
孙恩卢循起义 4-274c
孙恩起义 5 113b
孙飞虎 4-386e
孙冯翼 3-562e
孙凤鸣 1-209c
《孙夫人试剑》 5-580b
孙孚凌 7-218d
孙福有 7-218e
孙复 6-596d
孙馥 2-335f
孙公司 1-472e
孙共 7-217c
孙广盛 7-514b
孙过庭 7-219a, 1-482e, 7-49e
孙皓 4-163b
孙灏 1-242b
孙洪伊 4-268d
孙家栋 7-219a, 3-287c
孙家正 7-219b, 9-400c
孙嘉绩 5-536f
孙坚 7-219c, 2-335f, 3-588e, 6-388f
孙敬修 7-219d
孙菊仙 7-219e, 6-84b
孙楷 3-613c
孙楷第 7-219e
孙科 7-219f
孙可望 4-592d, 5-537a, 6-219b, 9-211e
孙犁 7-220a
孙良诚 6-588f
孙烈臣 2-581c
孙龙 7-220b
孙隆 7-220b
孙络 4-297c
孙眉 7-222f
孙铭九 8-82e
孙奇 6-451b
孙奇逢 7-295b
孙起孟 7-220d, 9-382e
孙权 7-220e, 4-163b, 5-165e, 6-387e, 8-24e, 8-27a, 9-493f
孙权墓 6-602c
孙髯 9-17c
孙仁玉 8-561f
孙日新 7-222f
孙儒 2-18d
孙尚清 7-220e
孙绍然 6-226b
孙盛 4-274c
孙奭 1-484e
孙叔敖 7-220f, 5-610f, 6-269a, 9-29e
孙树林 1-241f
孙思邈 7-220f, 6-157a, 8-484d
孙泰 4-480e
孙甜甜 7-523f
孙廷铨 5-130c
孙威凤 4-548b
孙维世 7-221a
孙位 7-221b, 3-80b, 8-563f
孙慰祖 2-571f
孙文 7-222f
孙文台 7-219c
《孙文学说》 4-162c
《孙文越飞宣言》 5-71c, 7-223f, 9-127e
孙雯 7-221c
孙武 7-221d, 7-217d, 7-224c, 8-259d
《孙悟空三打白骨精》 6-476c
孙祥钟 6-198b
孙晓村 7-221d
孙馨远 7-218a
孙兴公 7-218b
孙星衍 9-92f
孙许 7-218b
孙炎 2-472f
孙冶方 7-221e
孙怡云 6-470e
孙逸 8-263c
孙逸仙 7-222f
孙颖 7-245c
孙瑜 7-222a
孙羽 9-352b
孙玉卿 5-104b
孙遇 7-221b
孙煜明 4-212b
孙毓筠 8-454e, 9-400a
孙毓棠 7-222b, 6-475b
孙岳 3-291e
孙岳颁 6-58f
孙越崎 7-222c
孙云球 7-222d
孙云铸 7-222e
孙在丰 4-475b
孙占元 9-396b
孙哲生 7-219f
《孙真人山居图》 3-19c
孙振学 8-383f
孙中山 7-222f, 3-586e, 3-594a, 4-162d, 4-162e, 6-560f, 8-49f, 8-280e
孙中山纪念堂 1-333a
《孙中山先生坐像》 5-112d
孙中山衣冠冢 8-534a
孙钟秀 7-224b
孙洙 5-375e, 7-313f
孙子 7-221d
《孙子》 7-224c
《孙子兵法》 7-224d, 7-224c
孙子定理 7-224e, 2-115a
孙子剩余定理 2-115a
《孙子算经》 2-16a, 7-208d
孙佐臣 7-224e
损害赔偿 7-224e
损伤 3-5e, 7-225a
损伤力学 7-224f
损伤容限设计 6-77d
损失函数 7-406e
损失函数数量化 7-407a
笋尖笔 5-313b
箰箨 9-496d
隼 7-225a
隼属 5-76c
隼形目 7-225b
莎草 9-145d
莎草科 7-225c
莎草科牧草 5-495d
莎草属 8-192e, 8-560e, 9-40e, 9-308b
唆里迷 8-421d
唆鲁禾帖尼 7-456b, 9-95b
娑罗湿伐底 2-486b
娑罗树 7-225d, 6-122a
娑罗子 6-122a
《娑摩吠陀》 2-486e, 2-532e
桫椤 7-225d, 7-225f, 8-101a, 9-221d
桫椤自然保护区 7-225e
梭鲁特文化 7-225f, 6-26a
梭伦 3-180c, 4-454d, 7-226a, 8-393e
梭伦改革 7-226a
梭罗 5-242c
梭罗,H.D. 5-354b
《梭罗镜》 7-512b
《梭磨河》 1-38d
梭砂贝母 1-297f
梭子果属 6-438c
梭子蟹 7-226b
蓑草 7-226d

蓑蛾 7–226c
蓑蛾科 7–226c
蓑衣 7–226d
蓑衣工尺谱 3–121d
羧苄青霉素 6–208d
羧基 7–226e
羧噻吩甲氧青霉素 6–208e
羧噻吩青霉素 6–208e
羧酸 7–226e, 7–300a
缩氨脲 4–107e
缩短变形 4–33b
缩二醇醚 5–393b
缩合单宁酸 2–143a
缩合反应 7–227b, 6–385f
缩合聚合 7–227d
缩合聚合单体 2–143f
缩合聚合反应 7–227d
缩减型人口 6–289e
缩脚语 8–234d
缩聚 7–227d
缩醛磷脂 3–303f
《缩图》 7–118d
所得税 7–228a
所罗门 7–228a, 9–36e
所罗门·班达拉奈克 1–223a
所罗门池 1–399e
《所罗门的审判》 6–218e
所罗门海 6–443c
所罗门群岛 7–228b
所罗门圣殿 4–483a
所罗门王 8–395a
《所罗门星报》 7–228e
《所罗门之歌》 8–395a
《所罗门智训》 7–228a
《所有的血》 1–22c
所有权资本 4–235c
所有者权益 7–228e
索比,H.C. 7–228f, 4–503c
索波查尼修道院 6–370e
索布古尔布格莱沙漠 3–168b
索布人 4–531f, 5–152e
索布语 8–612c
索布扎二世 7–140a
索达山 4–580d
索道 7–229a
索德布鲁姆 9–556f
索迪,F. 7–229a, 4–522d, 5–153b
索额图 7–229b
索恩,J. 3–166f
索恩河 5–214f
索尔 7–391e
索尔,C.O. 7–587e, 7–588d, 7–589e
索尔登 7–7e
索尔顿,G. 7–229c
索尔顿湖 4–112b
索尔克生物研究所 6–558f
索尔仁尼琴,A.I. 7–229d
索尔塔瓦拉 4–515c
索尔特福克河 1–30a
索尔特河 2–526f
索尔维,E. 7–293d
索尔维法 7–293d
索尔兹伯里 3–309c
索尔兹伯里,H.E. 7–229e
索尔兹伯里城 7–137b
索尔兹伯里主教堂 3–93d
索非亚 7–229f, 1–243f
《索菲的选择》 7–133d
《索菲亚公主》 5–72a
索菲亚·罗兰 7–230a
索菲娅·弗里德里克·奥古斯特 8–497f
索福克勒斯 7–230b, 2–393d, 3–180d, 8–125c
索古王朝 1–8d
索基拉湾 1–45c
索吉山口 8–139f
索杰纳 7–290f
索靖 7–230d, 4–274e
《索柯尔尼基之秋》 5–74d
索科德 2–382e
索科特拉岛 7–230e
索科托哈里发 3–19d
索科托王国 3–19d
索拉纳,J. 4–435f
索莱达岛 5–247c
索莱尔斯,P. 8–291c
索朗嘉措 2–64d
索虏 4–275e
索伦 2–412d
索伦旗 2–412e
索伦森,V. 7–230e
索伦语 5–304d
索罗金,P.A. 7–230f
《索罗钦斯克集市》 5–503b
索洛,R.M. 8–268b
索洛莫斯,D. 7–231a
索洛萨诺,C. 7–231b
《索洛图恩的圣母》 3–429c
索洛韦茨群岛 1–197e
索洛维约夫,V.S. 7–231b
索马里 7–231c
索马里半岛 7–232e
索马里赤道纪念碑 1–598a
索马里高原 1–72b
索马里国立大学 5–459e
索马里联邦共和国 7–231c
索马里民主共和国 7–231f
索马里民族联盟 7–232a
索马里民族运动 7–232a
索马里语 7–232f, 1–18d
索摩查·德瓦伊莱,A. 5–571b, 7–233a
索摩查·德瓦伊莱,L.A. 7–233a
索摩查·加西亚,A. 5–570f, 6–411c, 7–232f
索摩查家族 7–232f, 5–571b
索末菲,A.J.W. 7–233a, 3–194f, 4–255d, 4–307c, 7–13b
索莫夫,K.A. 8–557b
索莫尼峰 6–32f, 7–239c
索姆河会战 7–233b
索南乔朗 1–222a
索南桑波 2–65b
索南塔杰 8–111b
索南孜摩 6–361c
索尼 7–229c, 7–147b
索尼电子公司 3–91b
索尼影业 3–91c
索宁克人 7–233c, 4–118b
索宁克语 7–233c
索诺木阿拉布坦 1–487d
索赔 7–233c
索齐尼派 9–542b
索契 2–83b
索日河 2–259d
索萨,J.da 7–233d
索瑟姆通讯社 4–116c
索氏裂盾蝎 5–77d
索斯比拍卖公司 8–557a
索斯纳河 2–380a
索斯特拉托斯 4–195e
索特纳木多布斋 6–420d
索托,J.R. 1–127d
索托人 7–233d
索托语 1–225d
索韦托 9–118c
索西琴尼 6–340b
索绪尔,F.de 7–233e, 9–73e
索亚,C.E. 7–234b
索因卡,W. 7–234b
索引 7–234c
索引病人 4–128e
索引法 1–353a
索幼安 7–230d
索元礼 4–530e, 8–62a
唢呐 7–234d
唢嗉 7–234d
琐罗亚斯德 7–234e
琐罗亚斯德教 7–234f, 2–74f, 9–176a
琐南多结 6–97b
锁 7–235c
锁国令 7–235d
锁国政策 7–235e
锁南坚错 2–65e
锁阳 7–235e
锁钥关系学说 3–551a
锁阳科 7–235e
锁钥学说 2–542f

T

《他的妹妹》 8–62d
他加禄人 7–236a

他加禄语 7-236b
他校法 4-207a, 4-207c
他经 7-330a
他楼县 3-354b
《他们来了》 5-266c
《他们走向东方》 2-184c
他念他翁山 6-3b, 8-114c
他依 5-433d
他权人 5-206f
他人暗示 1-115c
《他人的血》 1-377a
他色 4-501f
他山 9-173b
他生矿物 4-9d
他拖弥婆耶 1-57a
他物权 1-461c, 5-207a, 8-78c
他心通 9-64c
他序 8-355f
《他知道你很孤独》 7-296e
《他左, 她右》 7-554b
它山堰 7-236b
《她》 1-57d
《她爱你》 6-70d
《她从那条路上来》 6-339a
《她的眼睛》 1-38d
《她是莎尔玛?》 1-25e
铊 7-236c, 8-130c, 8-131b
塌菜 1-193a
塌地钱 1-492f
塌方 3-541c
塌棵菜 8-9a
塔 7-236e
塔阿巴塔·舍拉 1-34f
塔阿尔湖 2-525e
塔阿尔火山 2-525e
塔巴尔那 3-448a
塔巴纳恩特莱尼亚纳山 2-180b, 4-533e
塔巴萨兰语 3-67f
《塔巴协议》 1-167f
塔贝拉水电站 1-190e
塔波乔山 5-266d, 6-369e
塔博尔派 3-509a
塔布 4-277f
塔布富阿阿莫图国际机场 6-1f
塔布噶举 3-24e
塔布拉 8-102c
塔布拉杰 3-24e
塔布曼, H. 5-350d
塔布依, G. 7-237a
塔城地区 7-237b, 8-522e
塔城市 7-237b, 7-237b
塔城县 7-237b
《塔城议定书》 9-330b
塔德拉尔特·阿卡库斯岩画 5-26e
塔德努瓦文化 9-438a
《塔杜施先生》 7-237c
塔墩 8-236c
塔墩固结 8-236c
塔墩铰接 8-236d
塔尔博特, W.H.F. 6-505a, 8-612f
塔尔德, G. 1-210b, 2-478e
塔尔蒂尼, G. 7-237d
塔尔马, F.-J. 7-237e
塔尔沙漠 7-237e, 8-598d
塔尔斯基, A. 7-237f, 1-431d, 5-224e
塔尔寺 7-238a, 1-578c, 9-157b
塔尔塔利亚, N. 7-238b
塔尔塔罗斯 3-305e, 8-124d
塔尔图方言 1-88a
塔尔图天文台 7-136e
塔尔辛古庙群 5-248d
塔法里·马康南 3-325d
塔夫绸 2-10f
塔夫茨大学 5-274f
塔夫脱, W.H. 1-235b, 1-442e, 5-218c, 7-529a
《塔夫脱-哈特莱法》 4-552d
塔甘罗格湾 2-380a
塔甘特高原 5-316e
塔格架间歇泉 7-238c
塔各加间歇泉 7-238c
塔哈·侯赛因 7-238d
塔河县 7-238e
塔赫马斯普二世 5-507f, 6-360d
塔赫马斯普一世 6-360c
塔赫米亚方言 4-527c
塔赫塔江, A.L. 2-145d, 7-81b
塔赫特贾姆希德 1 385a
塔霍河 8-83e
《塔霍河的预言》 4-531a
塔霍湖 5-555a
塔吉克人 7-238f, 6-33a
塔吉克斯坦 7-239a, 2-353a, 2-362b
塔吉克斯坦共和国 7-239c
塔吉克斯坦内战 7-240a
塔吉克苏维埃社会主义共和国 7-239c
塔吉克苏维埃社会主义自治共和国 7-239c
《塔吉克新娘》 4-277b
塔吉克语 7-240b, 7-238f, 7-239b
塔吉克族 7-240c, 2-460c
塔康幕 4-111a
塔科拉迪 4-118a
塔科马 3-538b
塔克尔, A.W. 2-516b
塔克拉玛干沙漠 7-240d, 6-426a
塔克世 6-232a
塔克西拉古城 7-240e
塔克-伊·卡斯拉王宫 7-279c
塔拉 6-365d
《塔拉》 5-400f
塔拉法·本·阿卜德 8-364c
塔拉哈西 2-586d
塔拉勒国王 3-488b
塔拉马林国际机场 5-479f
塔拉纳基战争 5-317b
《塔拉纳教授》 1-6f
塔拉帕卡 7-262d
塔拉什 2-70f
塔拉索娃, A.K. 7-240f
塔拉瓦 4-48c
塔拉瓦环礁 4-60e
塔刺海 1-402d
塔刺思 2-70f
塔刺寺 2-70f
塔兰泰拉 7-240f
塔兰图拉蛛 1-424e, 2-352a
塔兰托 7-241a
塔雷加, F. 7-241b
塔雷什山 1-51c
塔里法岛 9-295d
塔里木大学 1-35f
塔里木地块 1-346c
塔里木河 7-241b, 8-272f
塔里木盆地 7-241d
塔里木兔 8-273a
塔利奥尼, F. 1-187f
塔利奥尼, M. 1-188a
塔利班 1-22a, 1-176d, 4-369b, 4-398a, 7-241e
"塔利班"运动 7-241e
塔利科战役 7-552d
塔利什人 4-62f
塔连同 2-111d
塔梁固结 8-236d
塔林 7-241f
塔林方言 1-88a
塔林港 1-87e
塔鲁克, L. 2-526e
塔洛克, G. 8-380c
塔马腊沃水牛 7-95c
塔马齐格特语 1-18d
塔马舍克语 1-18d
塔马塔夫 5-241f
《塔麦拉诺》 3-461f
《塔曼》 2-151d
《塔曼果》 5-333f
塔庙窟 1-59c, 6-597c
塔姆, I.Ye. 7-242a, 6-190d
塔姆能级 7-242b
《塔木德》 7-242b
塔那那利佛 7-242d, 5-241a
塔那那利佛王宫 7-242e
《塔那那利佛协议》 4-432f
塔纳罗河 1-377c
《塔讷尔兄弟姐妹》 7-465a
塔内夫, W. 3-257b
《塔尼娅》 1-10d
塔诺河 4-117c
塔潘兄弟 5-350e
塔蓬博格多山汇 9-44d

《塔皮奥拉》 8-88a
塔皮罗人 7-242e
塔瓶 7-244e
塔婆 7-236e
塔裙 6-270e
塔热错 9-172e
塔萨文化 8-283e
塔山 5-468e
塔山阻击战 9-209d
《塔上旗》 5-253d
《塔什德尔的父亲》 1-317e
塔什干 7-242e
《塔什干宣言》 8-591a
塔什库尔干河 7-243b, 8-495e
塔什库尔干塔吉克自治县 7-243a, 7-240d
塔什库尔干县 7-243b
塔式起重机 6-140e
塔斯干柱式 9-504c
塔斯洛山 6-374c
塔斯马尼亚岛 7-243b, 7-243d
塔斯马尼亚地域人种 2-226b
塔斯马尼亚虎 2-131c
塔斯马尼亚荒原 7-243e
塔斯马尼亚狼 2-131c
塔斯马尼亚人 7-243c, 6-304c
塔斯马尼亚州 7-243d
塔斯曼,A.J. 8-290a
塔斯曼冰川 4-486c
塔斯曼海 8-128e
塔斯社 2-403f
塔索,T. 7-243e
塔塔尔部 2-71a
塔塔尔语 7-243f
塔塔尔族 7-244a
塔台 7-244b
塔坦 2-71a
塔特画廊 7-278e
塔特林,V.Ye. 3-155c, 5-177a
塔特姆,E.L. 4-533b
塔乌奇体 1-34a
塔西佗 7-244c, 6-58d
塔希尔王朝 6-360b
塔希提岛 2-454d, 3-65b, 6-33c
《塔希提海滨快报》 2-454e
《塔希提快报》 2-454e
塔希提人 7-244d
《塔希提新闻》 2-454e
塔希提语 7-244d
塔希主义 2-443c
塔伊国家公园 7-244d, 4-437a
塔伊森林保护区 7-244e
《塔依尔与查哈拉》 7-557e
塔院寺白塔 7-237a
塔葬 7-244e
塔柱 8-236c
《獭祭屋俳话》 9-266a
《獭皮》 7-244f
獭鼩 5-594c
鳎科 7-245a
鳎目鱼 6-478a
拓片 7-245a
拓石 7-147f
鞋 6-118c
鞋毲 6-118c
踏车 2-463f
踏歌 7-245b
《踏歌》 7-245c
《踏歌图》 5-285e
《踏浪女人》 3-104f
踏棚 7-340d
踏跷 3-73e
踏青节 6-227e
《踏雪观瘞鹤铭》 4-202f
蹋鞠 2-55a
台州 7-245c
台州港 7-245d
台州市 7-245c
台州湾 7-245d
苔色 6-478b
苔质 6-478b
胎藏界 5-409b
胎藏密法 4-391a
胎产式 7-246c
胎儿 7-245d
胎儿娩出期 9-500d
胎方位 7-246d
胎婚 9-308e
胎记 9-325b
胎教 8-437e, 8-472f
胎壳 4-333e
胎里红 6-423f
胎盘 7-246a, 7-246b
胎盘娩出期 9-500d
胎盘滞留性产后出血 1-501d
胎生动物 7-246b
胎生植物 7-246c
胎位 7-246c
胎先露 7-246c
胎座 3-525b
台（建筑） 7-253f
台（台湾省简称） 7-252a
台北笔会中心 3-258b
台北大学 7-247b
台北帝国大学 7-249f
台北府 7-246f
台北"故宫博物院" 7-246e, 3-196e, 7-247b
台北国际金融中心 7-247e
《台北人》 1-206e
台北市 7-246f
台北厅 7-246f
台北县 7-247b
台北植物园 9-306c
台北中山纪念馆 7-247c
台北"中央图书馆" 7-247d
台北州 7-246f
台北101大楼 7-247e, 1-532d
台背斜 2-238d
台伯河 5-207b, 8-564c
台伯简 7-248d
台车式炉 3-127b
台城 4-163c
台词 7-247e
台地 7-247f
台地式花园 2-445c
台东市 7-248a
台东厅 7-248a
台东县 7-247f
台东直隶州 7-248a
台儿庄 7-248a
台儿庄大捷 2-255b
台儿庄战役 7-248a, 7-248a, 8-350d
台儿庄战役遗址 9-163f
台尔曼,E. 7-248a, 7-575a
《台尔曼传》 5-335b
台尔门琴 2-298b
台风 7-248c, 6-276a
台风暴潮预报 7-100e
台风级潜艇 7-248c
台风眼 6-276a
"台风"作战计划 5-475e
台阁体 7-248c, 3-212d, 6-517a
台吉 1-48b
台礁 6-443d
台静农 7-248d
台盟 7-251d, 8-245e
台密 6-316a
台木尔 7-248e
台南大天后宫 7-248f
台南府 7-249a
台南人民起义 2-424e
台南市 7-249a
台南厅凤山支厅 3-78e
台南县 7-249c
台南盐场 7-249b
台南州 7-249a
台屏 6-95e
台球 7-249c
台山市 7-249e
台山县 7-249e
台声杂志社 9-424a
台特马湖 5-201b, 7-241c
台湾檫木 1-497d
台湾城 9-272a
台湾大学 7-249f, 7-247b
台湾岛 7-249f, 7-252a, 7-252b
台湾道 7-249a
台湾稻螟 2-167e
《台湾的人口变迁与社会变迁》 1-564e
台湾电影 7-250a

台湾电影图书馆 7-250c
《台湾番族之原始文化》 5-82e
《台湾福佬系民歌》 8-352a
台湾府 7-249a, 7-252b
台湾光复 7-250f
台湾光复日 7-252b
台湾海基会 7-485b
台湾海峡 7-251a
台湾黑熊 3-460e
台湾环岛公路 7-251b
台湾金融控股公司 7-253f
台湾榉 4-335c
台湾垦丁公园 7-251c
台湾冷杉 4-575e
台湾蝼蛄 5-148b
台湾民主自治同盟 7-251c
台湾乳白蚁 1-208c
台湾杉 5-226d
台湾少数民族 7-251e
台湾省 7-252a
台湾省地理中心碑 5-543f
台湾省电影制片厂 7-250a
台湾省行政区划 7-252a
《台湾史事概说》 3-253a
《台湾问题与中国的统一》 7-253c
台湾五针松 7-161b
台湾县 5-543e, 7-254c
《台湾乡土文学·皇民文学的清理与批判》 1-570c
台湾相思 7-253c, 4-241c
台湾阳明山自然保护区 7-253e
《台湾轶事》 5-591c
台湾银行 7-253f
台湾映画研究会 7-250a
《台湾组曲》 5-277e
台维斯, W.M. 2-135f
台西遗址 9-163b
台向斜 2-238e
台榭 7-253f
台语支 9-515f
台褶带 2-238e
台中市 7-254a
台中县 7-254b, 5-543e, 7-254a
台中州 7-254a
邰爽秋 4-209c
抬钹 2-301d
苔草属 8-68a
苔虫动物 7-254c
苔纲 7-254d
苔条 3-520e
苔纹玛瑙 5-288e
苔藓虫 1-304b, 7-539d
苔藓动物 7-254c
苔藓植物门 7-254d
苔藓植物学 6-546a
《苔依丝》 2-451c
苔原 2-342f
苔原－冰沼土 1-280e
苔原地带 2-342f, 2-398a
苔原气候 4-69b
跆拳道 7-254e
薹菜 1-193a
太安万侣 3-175e
太巴列湖 8-551b
太白 4-259e
太白祠 4-181b
太白故里 4-181b
太白纪念堂 1-101f
太白楼 6-506a
太白落叶松 5-236b
太白山 7-255a, 6-199e
太白山国家森林公园 1-240c
太白山脉 3-360e
太白山自然保护区 7-255a
《太白醉酒》 2-346d
《太白醉写》 9-62e, 9-192c
太保市 4-132d
太伯 8-39f
太仓 4-163b
太仓港 7-255b
太仓肉松 6-337d
太仓市 7-255a
太仓州 7-255a
太常寺 4-579e
《太初历》 2-35b, 3-373c, 5-235e, 7-114f
《太阁洛东五妻游观》 8-139a
太公和 6-125f
《太公家教》 4-127c, 5-375d
太公姜尚 6-397a
太公望 6-125e
太古代 7-255b
太古宇 7-255b, 7-255b
太古宙 7-255b
太行八陉 7-255d
太行山 7-255c
太行山国家公园 4-203c
太行山隧道 7-255e, 2-241b
太昊 6-392b
太和 7-255e
太和城 7-255f, 2-89d, 5-547b
太和城遗址 2-90b
太和殿 1-266a, 2-130a, 3-195f
太和山 8-55f
太和县 2-90b
《太和正音谱》 7-256a
太赫频段 8-402b
太恒山 3-464a
太后下嫁 6-224b
太湖 7-256a, 2-299f, 7-545c, 8-450f
《太湖风光》 6-168a
太湖平原 7-256d
太湖七十二峰 7-256c
太湖石 3-209b
太湖新银鱼 8-584a
太华山 3-555b
太极 7-256d, 7-353d
太极宫 2-95f
太极拳 7-256e
《太极图说》 7-257a
《太极图易说》 7-257a
太极推手 7-257a
太监 3-577f
太康 8-160a
太康体 7-257c
太空 7-257c, 3-397b
太空兵 3-398c
太空垃圾 4-466e
太空行走 7-257d
太空遥感 3-402d
太空战 7-257e, 7-367d
太空战场 9-314b
太罗, M.T. 7-203a
太庙 1-265e, 5-420a
太姥山 2-608b
太平岛 7-257e
太平道 2-161f, 3-373b
太平歌词 8-207f, 9-486c
太平公主 7-301c, 7-316b, 7-543d
太平鼓 7-257f, 3-190d, 4-543c
《太平广记》 7-257f, 4-568a, 7-584b
《太平寰宇记》 2-221d
太平京剧社 7-285a
《太平经》 7-258a, 7-348c
《太平军广西首义史》 4-159f
《太平樵唱》 9-482c
《太平清领书》 7-258a
太平球 4-241e
太平山林场 8-540c
《太平十二策》 7-511b
太平天国 7-258a, 2-44b, 6-108a
《太平天国丛书》 8-219b
《太平天国典制通考》 4-159f
《太平天国革命运动史》 4-159f
《太平天国历法考订》 3-253a
《太平天国起义记》 4-159f
《太平天国全史》 4-159f
《太平天国史纲》 5-202f
《太平天国史料》 7-372a
《太平天国史论文集》 5-203a
《太平天国史事日志》 3-253a
《太平天国诏谕》 8-219b
太平县 7-484e
太平洋 7-259e
太平洋滨海国家公园 7-581a
太平洋岛屿 2-118a
太平洋岛屿托管地 1-277b, 5-276c, 5-405e, 6-31d
太平洋地理人种 2-226b
太平洋法郎 2-454e
太平洋工业地带 6-314f
太平洋海龟 3-328a

太平洋海啸警报中心 3-345a
太平洋航空制品公司 1-388c
太平洋航线 3-339a
太平洋会议 3-537f
《太平洋铁路法案》 3-466c
太平洋运动 9-437e
太平洋战争 7-262c, 5-536a,
太平洋战争 7-262d, 6-314c, 6-390b
《太平洋231》 1-126f
《太平御览》 7-263a
太平乐 6-577b
《太平总类》 7-263a
太清大道君 6-399d
太清大帝 6-399d
太清宫 7-263b
太沙基,K. 7-272d
太上道君 6-399d
《太上感应篇》 7-263b
太上老君 7-263c, 2-162d, 4-562a, 6-399d
《太上灵宝净明飞仙度人经法》 8-355d
太上玉晨大道君 6-399d
《太上章》 5-499b, 6-588b
太师淮王 8-490f
太史儋 4-561c
《太史公记》 7-8a
《太史公书》 7-8a
《太史记》 7-8a
太室山 7-163c
太室书院 7-163d
《太誓》 9-472e
太守 4-360e
太岁 7-216d
太岁纪年法 7-216d
《太太万岁》 6-460e, 6-595f
太特 5-472e
太特盆地 9-153a
太西煤 1-37e, 5-596f, 6-608d
太虚 7-263d
太虚 7-263d, 4-244e
《太虚大师全书》 7-263f
太虚即气 7-263d, 9-266f
《太玄》 8-447b
太学 7-263f, 3-211a, 3-368f, 7-168d
太学生 3-298a, 7-263f
太阳 7-264a, 3-464b, 7-269a, 9-499f
《太阳》 5-370f
太阳爆发 7-267a
太阳本体 7-264e
太阳病 7-265d, 6-450d
太阳常数 7-264b
太阳潮 1-544b, 3-348b
《太阳城》 4-403d
太阳虫目 7-265d
太阳磁场 7-265f
太阳大气 7-264e
太阳单色光观测镜 3-325f
太阳岛 7-266a
《太阳的玟地》 2-76e
太阳电池 7-266b, 1-232c, 5-564c
太阳对流层 7-264d
太阳风 7-266c, 7-265a, 8-316e
太阳辐射 7-266c, 7-265a
太阳辐射监测卫星 7-363f
太阳腑证 6-450e, 7-265d
太阳高速公路 5-396e
太阳黑子 7-266d, 7-264e
太阳活动 7-267a
太阳活动区 7-267a
太阳活动预报 7-267b
太阳极区磁场 7-266a
太阳金字塔（秘鲁） 5-471d
太阳金字塔（墨西哥） 4-264e, 5-483f, 7-329c
太阳经证 6-450d, 7-265d
太阳剧社 5-488a
《太阳老爷》 1-38f
太阳历 5-290c
太阳米波多天线干涉仪 7-510a
太阳能 7-267b, 5-564b
太阳能电池 7-266b
太阳能-电能转换 7-267c
太阳能电站 7-267d
太阳能飞机 7-267d, 2-506f
太阳能光发电站 7-267d
太阳能光伏发电 5-564c
太阳能-化学能转换 7-267d
太阳能集热器 7-267c
太阳能利用技术 7-267c
太阳能热发电站 7-267d
太阳能-热能转换 7-267c
《太阳鸟》 8-458c
《太阳鸟和秃鹰》 2-418c
太阳日 6-608f
太阳伤寒证 6-450e, 7-265d
太阳少阳并病 1-368e
太阳少阳合病 3-407d
太阳社 7-267e
“太阳神”号探测器 7-267f
“太阳神”1号探测器 7-268a
“太阳神”2号探测器 7-268a
太阳视差值 5-604a
《太阳四重奏》 3-324f
《太阳探险记》 9-275f
太阳田 8-611d
“太阳挑战者”号单座太阳能飞机 7-267d
太阳同步轨道 7-268a
太阳同步轨道气象卫星 6-148b
太阳物理学 7-268b
太阳系 7-268c
太阳系的起源和演化 7-269b
太阳系内空间 7-257c
太阳系物理学 7-361e
太阳系小天体 8-316b
《太阳系演化学》 2-136b
《太阳下山了》 7-54b
太阳向点 7-269a
太阳熊 5-262e
太阳蓄水证 7-265d
太阳蓄血证 7-265d
太阳阳明并病 1-368d
太阳阳明合病 3-407d
太阳耀斑 7-269d
《太阳与夜晚》 7-248f
太阳宇宙中心说 4-439b
《太阳浴血记》 5-349c, 6-38f
太阳元素 4-522d
《太阳月刊》 4-188d, 7-267e
《太阳照常升起》 3-333c, 5-354d, 5-392b
《太阳照在桑干河上》 2-307a
“太阳之门”广场 5-243b
太阳中层 7-264d
太阳中微子 7-265a
太阳中风证 6-450e, 7-265d
《太阳灼人》 7-269f
太阳自转 7-270a
太要恩 7-266a
太液池（唐，大明宫） 2-96d, 9-406c
太液池（元，今北京中海、南海） 1-266c, 2-81b, 9-434b
太液秋风 6-391c
太一 7-270a
太一道 2-162c
太乙山 9-452b, 9-452c
太乙书院 7-163d
太阴 9-121d
太阴病 7-270b, 6-450e
太阴潮 1-544b, 3-348b
太阴历 8-280d
太阴虚寒证 7-270b
太原保卫战 2-334b, 7-270d
太原大学 9-129d
太原钢铁公司 6-441a
太原会战 7-270c
太原火车站 7-270f
太原审判 7-270d
太原市 7-270f
太原市晋剧团 2-71e
太原卫星发射中心 7-271a
太原镇 4-319c
太宰 2-36c, 9-182f
太宰治 7-271b
太真 8-455c
《太真外传》 7-148c
太子港 7-271b, 3-323c
太子河石雕刻 6-594b
《太子舍人王琰帖》 7-507b
太子参 6-608c
太子雪山 6-3b
《太宗实录》 6-613f

《太宗文皇帝圣训》 6-230b
《太祖高皇帝圣训》 6-230b
《太祖母》 3-102c
态度 7-271d
态-态反应 2-550c, 3-546e
肽 7-271e
肽键 8-173e
肽抗菌素 7-271e
钛 7-271f, 8-131b
钛白 2-429d, 4-241e
钛铬铁矿 9-122f
钛合金 7-272a, 6-286c
钛铁矿 7-272b, 3-234a
钛铁类材料 2-17f
泰安桥 2-569b
泰安市 7-272c
泰奥弗拉斯托斯 8-212f
泰奥格尼斯 3-180c
泰德峰 4-116f
泰恩河 5-603f
泰恩河畔纽卡斯尔 5-603f
泰尔米努斯 3-172f
泰尔潘德罗斯 3-180c
泰尔扎吉,K. 7-272d, 7-440a
泰戈尔,R. 7-272e, 8-609c
《泰戈尔传》 9-277f
泰国 7-273c
泰国菜 7-274f
泰国斗鱼 6-276b
泰国教师节 4-209c
泰国山扁豆 7-380a
泰国水牛 7-95c
泰国湾 7-274f
泰国1932年政变 1-318b, 5-190b
《泰和律义》 4-238e
泰河 7-184c
泰皇 6-392b
泰皇鸡 7-274f
泰姬陵 7-275b, 1-22c, 1-22e, 5-477a, 8-530c
泰加林 9-248d
泰拉马拉文化 6-212f
《泰叻报》 7-274e
泰勒,B. 7-275c
泰勒,E. 5-354a
泰勒,E.B. 7-275c, 7-483e, 9-106e
泰勒,F.B. 3-49b, 4-5d
泰勒,F.W. 7-275e, 3-214c, 7-276c
泰勒,G. 3-569d, 6-304e
泰勒,G.I. 7-275e, 1-253e
泰勒,J.B. 7-276a
泰勒,J.H. 8-585f
泰勒,N.B. 1-301a
泰勒,P. 7-275f
泰勒,R.(电影演员) 4-4a
泰勒,R.(数学家) 2-540d
泰勒阿特拉斯山脉 1-12c, 1-56c
泰勒定理 7-275c
泰勒规则 7-276a
《泰勒级数所定义的函数的解析开拓》 1-6d
泰勒技术 7-276a
泰勒凯比尔战役 1-123f
《泰勒科学文集》 7-275f
泰勒山地 7-418c
泰勒斯 7-276b, 4-79d
泰勒制 7-276c
《泰里梅什旅行记》 1-218f
泰陵(清) 6-232d
泰陵(唐) 7-316e
泰卢固人 7-276d
泰卢固语 7-276d, 7-276d
泰伦提乌斯 7-276e
泰罗,F.W. 7-275e
泰罗制 7-276c
泰马丁山 7-179d
泰马河 6-111d
泰曼干涉仪 3-33b
泰曼尼人 1-78f
泰梅尔半岛 7-276f
泰米尔分裂分子 3-35b
泰米尔人 7-276f
泰米尔语 7-277a, 7-276f
泰庙 2-129e
泰穆尔人 1-78f
泰纳,H. 7-277b, 5-360e
泰纳,J.M.W. 7-277c, 3-119c, 4-404f
泰纳尔,L.-J. 3-242d, 6-67b
《泰皮》 5-331f
泰拳 7-277c
泰人 7-277f
泰瑟,J.T. 7-278a
泰森,M. 6-267a
泰山 7-278b, 8-53e
《泰山金刚经》 7-278d
泰山郡 7-272c
《泰山刻石》 7-47e
泰山灵芝 7-272d
《泰山神启跸回銮图》 2-130a
泰山石敢当 9-261b
泰式鱼饼 7-274f
《泰坦尼克号》 5-350b
泰坦尼克号事件 7-278e
泰特,H. 7-278e
泰特画廊 7-278e
泰图 8-400f
泰王国 7-273f
《泰晤士报》 7-278f
泰晤士河 7-278f
《泰晤士河组画》 3-616b
《泰晤士世界测量地图集》 7-279a
《泰晤士世界地图集》 7-279a
泰西封古城 7-279b
《泰西人身说概》 8-107a
《泰西水法》 5-611a, 8-343f
泰希克-塔什遗址 4-327b
泰县 4-187b, 7-279e
泰兴市 7-279c
泰兴县 7-279c
泰雅人 3-528e
泰亚吉,S. 2-553f
《泰扬觉醒了》 7-609c
泰语 7-279d
泰州 4-187b
泰州港 7-279e
泰州市 7-279d, 4-187b
泰州学派 7-496e, 8-255f
酞菁 9-45e, 1-422b
酞酸酐 5-78e
坍塌 7-279f
贪梦道人 6-63e
贪食症 6-512b
贪污罪 4-286a
摊丁入地 7-279f, 6-16e
摊丁入亩 7-279f
摊饭酒 3-590b
摊逃 7-309c
滩簧 8-133a
《滩头葬地》 7-127f
滩羊 7-280b, 5-596e
滩羊皮 5-596e
瘫痪 7-280c
坛 7-281a, 4-104e
坛场 8-554a
《坛经》 5-140a
坛紫菜 9-532a
昙花 7-281a
昙柯迦罗 5-184e
昙峦 7-281b
昙鸾 7-281b
昙曼克塔 5-172e
昙无谶 7-281b, 6-588c
《昙无德律》 7-149c
昙曜五窟 9-133f
《谈窦娥》 1-592c
谈家桢 7-281c
谈恺 7-257f
《谈录》 2-309c
《谈美》 9-482e
《谈美书简》 9-482e
谈迁 7-281d
《谈天》 4-609b
谈天画 3-429e
谈天衍 9-562e
《谈文学》 9-482e
《谈戏曲演唱》 1-592c
《谈艺录》(钱钟书) 6-170b
《谈艺录》(徐祯卿) 8-349f
弹壁灯 2-190f
弹拨尔 7-281e
弹布尔 7-281e

弹唱词话 7-281f
弹词 7-281f, 1-518a, 1-544f
《弹词》 1-519a
弹劾 7-281f
弹簧 7-282b
弹簧钢 7-282c
弹簧特性曲线 7-282c
弹力 7-283e
《弹曼多林的女人》 5-244a
《弹曼多林的少女》 5-23b
弹射座椅 7-282d
弹塑性断裂力学 2-368d
弹涂鱼 7-282e
弹腿 7-282f
弹尾虫 4-217a, 7-283a
弹尾纲 7-282f
弹尾目 7-282f
弹性 7-283c
《弹性》 1-416a
弹性波 7-283a, 1-372b
弹性合金 7-283b
弹性极限 1-460c
弹性理论 7-283c, 7-283e
弹性力 7-283e
弹性力学 7-283e
弹性硫 5-130e
弹性模量 1-460c, 3-506a, 5-126b
弹性碰撞 6-69b
弹性散射 3-434d, 6-69b
弹性水驱 6-606c
弹性体 3-63a, 8-210a
弹性体纤维 1-112c
弹性限度 7-283e
痰火扰心证 7-284b
痰蒙心包证 7-284c
痰迷心窍证 7-284c
痰气壅盛 8-233e
痰热壅肺 2-31a
痰湿阻滞 6-80e
痰饮 7-284c, 1-371d
痰浊阻肺证 2-31a, 7-284c
痰阻心脉 8-255b
谭处端 1-283d, 6-265c
谭盾 7-284d
谭富英 7-284e, 2-72a
谭浩明 3-248d
谭派 7-286a
谭平山 7-285a, 7-502c, 8-457a
谭其骧 7-285b
谭峭 7-285c
谭人凤 1-562f
谭世名 7-286e
谭嗣同 7-285d, 2-44c, 3-580f, 5-544c, 8-69c
《谭嗣同》 2-68f
《谭嗣同全集》 7-285e
谭托 3-599e
谭鑫培 7-285e, 2-72a, 2-312d
《谭鑫培唱腔集》 7-286a
谭秀峰 3-412f
谭延闿 7-286a, 5-47b
《谭友夏合集》 7-286c
谭毓均 3-412f
谭元春 7-286b
谭元寿 3-20e
谭稹 2-489d
谭震林 7-286c, 3-177c
谭政 7-286e
谭宗亮 7-516a
潭州 1-517f
檀板 6-35b
《檀板弦歌七十秋》 5-234f
檀波罗蜜 1-452b
檀道济 7-286f
檀丁 6-575c
檀杠 2-142c
檀那 1-452b
檀石槐 8-174b
檀香 7-287a
檀香醇 7-287b
檀香岛 7-158d
檀香海峡 7-158d
檀香木 7-287a
檀香山 7-287b, 4-12f, 8-166e
《檀香刑》 5-478a
檀越 1-452b
檀州 5-408f
坦博,O. 5-306d, 5-524c
坦布尔 7-281e
坦布拉 8-102c
坦叉始罗 6-240f
坦噶尼喀 5-572f
坦噶尼喀非洲民族联盟 5-572e
坦噶尼喀非洲人协会 5-572e
坦噶尼喀共和国 7-288e
坦噶尼喀湖 7-287b, 5-32d
坦豪泽尔画廊 6-210c
坦克 7-287c
坦克兵 9-515b
坦克登陆舰 2-192a
《坦克雷迪》 5-220b
坦克潜望镜 6-174c
坦克战理论 3-165b
坦克制胜论 4-31f
坦盟 5-572f
坦南特,S. 2-405b, 8-536f
坦嫩贝格战役 8-302d
坦帕 7-287e, 2-586e
坦佩 2-527a
坦佩雷 7-287f
坦皮恩战役 1-72d
坦皮科 7-287f
坦普尔大学 1-360a, 2-537d
坦普尔顿学院 5-601c
坦桑尼亚 7-288a, 2-381c
坦桑尼亚革命党 5-572f
坦桑尼亚劳动党 7-288f
坦桑尼亚联合共和国 7-288f
坦桑尼亚人民国防学院 1-44a
坦桑石 5-185d
坦塔罗斯 7-289c
坦塔洛斯 7-289c, 7-289d
坦塔洛斯式的苦难 7-289c
袒免亲 2-601a
钽 7-289c, 8-131b
钽合金 7-289e
钽锰矿 5-581c
钽铌合金 7-289e
钽铌矿 3-234a
钽铁矿 7-289e, 5-472e
钽钨合金 7-289e
毯子功 1-529c
叹号 1-352c
叹情 4-482f
《叹逝赋》 5-167f
炭黑 5-78a, 5-479d, 7-292b
炭画铅笔 6-159d
炭疽 7-289f, 2-340b
炭疽疫苗 1-181c
炭素铅笔 6-159d
探测器 7-289f
探春 9-14f
探戈 7-290a
探花 4-428c
探空火箭 7-290b
探空气球 6-144e, 6-147d
探空仪 8-21c
探矿机械 7-290d
“探路者”号探测器 7-290f
探马赤军 2-67f, 9-89d
探亲假 8-337a
《探索我们自我表现的六篇论文》 2-415c
《探讨与挑衅》 2-539c
《探微集》 9-275c
“探险者”号卫星 7-291a
“探险者”1号卫星 7-291a
《探窑》 5-4c
探鱼 1-424e
探鱼仪 9-61b
探针技术 7-291b
碳 7-291e
碳宾 4-365f
碳薄膜 7-292e
碳氮循环 7-292c
《碳的一家》 8-502c
碳钢 2-512f
碳化 7-292e
碳化层压塑料 7-292e
碳化钙 7-292d
碳化高分子 7-292e
《碳化合物的光合作用》 4-369b

碳化合物化学 9-46c
碳化硼 7-293a
碳化钨 8-13f
碳化物 7-292e, 7-292e
碳化物基金属陶瓷 4-256e
碳膜湿度片 6-584e
碳纳米管 6-263e
碳氢化合物 7-386d
碳热法 7-380d
碳热还原法 3-563c
碳水化合物 7-293b
碳素钢 2-512f, 3-54c
碳素工具钢 3-54d, 3-125a
碳素结构钢 3-54d
碳酸 2-429f
碳酸钙 7-293c
碳酸化法 7-293c
碳酸化作用 2-564f
碳酸钠 7-293d, 3-488c
碳酸氢铵 2-429f
碳酸氢钙 7-293c
碳酸氢钠 7-293e
碳酸岩 7-293e
碳酸盐岩 7-294a
碳烯 4-365f
碳纤维 7-294b, 7-292b, 7-292e
碳纤维弹 7-294b
碳酰胺 5-590c
碳酰二胺 5-590c
碳酰氯 3-226a
碳循环 7-294c
碳氧血红蛋白 8-512f
碳质页岩 8-503a
碳-12 7-291e
碳-13 7-291e
碳-14 7-291e, 7-294f
《碳-14测定年代和中国史前考古》 8-164e
碳-14法定年 7-294f, 4-416a
汤 7-295a
汤爱吾 1-81a
汤斌 7-295b
汤博,C.W. 5-452b
汤川秀树 7-295b
汤道耕 1-81a
汤东杰布 9-157c
汤恩伯 7-295c
汤飞凡 7-295d, 6-429d
《汤诰》 7-295a
《汤豪泽》 7-465e
汤和 7-295e, 5-449f
汤和墓 1-312e
汤化龙 4-268d, 6-222c
汤剂 7-295f
汤加 7-296a
汤加海沟 7-296b
汤加群岛 1-380f
汤加塔布群岛 7-296a
汤加王国 7-296a
汤加语 7-296d
《汤姆》 1-455c
《汤姆大叔的孩子们》 4-538d
汤姆·汉克斯 7-296e
《汤姆·琼斯》 7-296f, 2-524e
汤姆森,C.J. 7-296f
汤姆森,J. 7-297a
汤姆森-豪斯顿电气公司 7-393c
汤姆森-豪斯顿国际电气公司 7-393c
《汤姆叔叔的小屋》 7-297b, 5-350e
汤姆·舒尔曼,T. 7-142e
汤姆斯,G.A. 7-297c, 9-70a
汤姆斯,W.J. 5-429f, 5-430a
汤姆斯杯赛 7-297c
汤姆孙,C.W. 5-485d, 9-5c
汤姆孙,G.P. 7-298a, 7-298c
汤姆孙,J.J. 7-298a, 2-294b, 8-75c, 9-316d, 9-589b
汤姆孙,T. 3-548c
汤姆孙,W. 4-31d, 4-202a, 4-202b, 4-384f, 7-579c
汤姆孙热 7-579c
汤姆孙系数 7-579d
汤姆孙效应 4-385a, 7-579c
《汤姆·索亚历险记》 7-298c, 5-256c
汤佩松 7-298d
汤鹏 7-298e
汤琵琶 7-299e
汤普森,E. 4-252a
汤普森,W. 7-101e
汤球 6-588e
汤泉宫 3-535c
汤若望 7-298e, 2-327f
《汤誓》 7-295a
汤斯,C.H. 7-298f
汤夙国 5-417a
汤天绣 9-63e
汤头温泉 3-464b
汤团 9-98b
《汤文正公全集》 7-295b
汤显祖 7-299a, 5-487c
《汤显祖评传》 8-346f
《汤显祖全集》 8-346f
汤晓丹 7-299c, 5-547c
汤彦承 7-81b
汤液 7-295f
汤贻汾 3-557d
汤因比,A.J. 7-299d, 5-19d, 7-121b
汤应曾 7-299e
汤用彤 7-299f, 1-267c
汤圆 7-300a, 9-98a
汤震 7-1b
汤执中 2-328c
汤子博 5-416f
《汤子遗书》 7-295b
羰基 7-300a
羰基金属 7-300a
羰基亲核加成反应 4-107e
唐 7-300f
唐敖庆 7-300b, 3-287a, 8-17a
《唐百家诗》 5-2c
《唐百名家全集》 5-2c
《唐本草》 7-305d
唐蕃会盟碑 7-300c, 2-123b, 7-445b
唐伯虎 7-316e
《唐不空和尚碑》 8-81c
唐才常 7-300d, 5-544c
《唐才常集》 7-300e
唐菖蒲 7-300e
唐菖蒲属 7-300e, 9-85a
唐朝 7-300f
《唐朝名画录》 7-306a
《唐大和上东征传》 4-172c
唐大陶 6-172f
《唐代长安方音》 2-485f
《唐代长安与西域文明》 8-203e
《唐代交通图考》 8-426c
《唐代进士行卷与文学》 1-590b
《唐代印度来华密宗三僧考》 9-474e
《唐代政治史述论稿》 1-570a
唐代宗李豫 7-306b
唐德彝 9-470e
唐德宗李适 7-306c
唐端毅 7-315c
《唐·费尔南多编年史》 5-230c
唐嘎 7-308b
唐高宗李治 7-306d
唐高祖李渊 7-306e
《唐宫逸史》 3-316b
《唐宫逸史补》 3-316b
唐古拉湖 2-151e
唐古拉山 7-306f
唐古拉山口 7-306f
唐古拉攸木错 2-151e
唐古特大黄 2-87c
唐古特铁线莲 7-384f
唐挂 7-308b
唐广体 4-406e, 9-470e
唐圭璋 7-307a, 6-260a
唐豪 7-256e
唐河 2-384f
唐鸿学 7-151e
《唐画断》 7-306a
《唐璜》 7-307b
《唐璜》(奥地利歌剧) 5-478c
《唐璜》(德国舞剧) 3-108e
《唐璜》(法国戏剧) 5-469e
《唐璜》(罗马尼亚戏剧) 1-64a
《唐璜》(美国电影) 5-348f
《唐璜的最后一夜》 5-217e
《唐会要》 7-307b
唐绘 6-318c

唐继尧 7-307c
唐加勒克·朱勒迪 7-307e
唐家璇 7-307e
唐《金刚经》引首版画 7-307f
唐景嵩 7-249a
唐居伊,Y. 1-327c, 2-443c
唐剧 6-552f
唐君毅 7-308a
唐喀 7-308b
唐卡 7-308b, 9-159c
《唐卡洛斯》 7-527e
唐克尔曼,E. 2-529c
唐克马 6-353b
唐拉山口 8-139f
唐徕渠 7-308d
唐兰 7-308d
唐老鸭 2-213d
唐勒 2-18f
唐勒赋 3-13c
唐陵 7-308e
唐陵石刻 7-308f
《唐刘随州诗集》 5-105f
唐律 6-120f
《唐律》 9-223a
《唐律疏义》 7-309b
《唐律疏议》 7-309a, 2-456e
唐满城 1-273b
唐蒙 3-369f
《唐明皇秋夜梧桐雨》 1-204b
《唐明皇游月宫》 2-190c
唐蓂赓 7-307c
唐末农民战争 7-309b, 3-581f, 7-513b
《唐末农民战争》 3-507d
唐纳,R. 7-310d
唐奈,L.H. 7-205d
唐宁街 7-310d
唐宁爵士,J. 7-310d
唐努乌拉山 8-498f
唐努乌梁海 7-310e
唐努乌梁海旗 7-310f
《唐女诗人集三种》 9-61e
《唐帕斯卡莱》 2-388e
《唐·佩德罗编年史》 5-230c
《唐仆尚丞郎表》 8-426c
唐其势 1-402d
唐乾陵 7-310f
唐清兰 3-251e
唐渠 7-308d
《唐人百戏——中华魂》 9-410d
《唐人小说》 7-311b
《唐人选唐诗(十种)》 7-311b
唐人乐府 4-348c
《唐·若昂一世编年史》 5-230c
唐赛儿起义 5-439f
唐三彩 7-311d, 7-324d, 9-54b
唐森德,C. 7-311f, 7-608f
《唐森德法》 7-311f
唐森德税法 7-311f
《唐僧取经》 6-104d
唐山茶花 6-433f
唐山瓷 7-312a
《唐山大地震》 2-577c
《唐山大兄》 4-616b
唐山地震 7-312a
唐山钢铁公司 7-312c
唐山工业专门学校 5-545f
唐山交通大学 8-97f
唐山抗震纪念碑 7-312d
唐山落子 1-580f
唐山路矿学堂 8-97f
唐山市 7-312b
唐山市皮影剧团 6-383b
唐山铁道学院 8-97f
唐绍仪 7-312d
唐生智 7-312e, 1-260d, 4-188f
唐诗 7-312f
《唐诗别裁集》 7-313e
《唐诗三百首》 7-313f, 5-375e
《唐诗选》 9-57c
《唐诗杂论》 7-603e
唐十部乐 1-410d, 3-212f
《唐石经》 4-384d, 6-596e
唐手 4-470c
《唐书》 9-246b
《唐书兵志笺正》 7-317e
唐叔虞祠 4-274f
唐顺之 7-313f
唐松草 7-314a
唐松草属 7-314a
唐宋八大家 7-314a, 5-326d, 7-489a
《唐宋八大家文钞》 5-326d, 7-314b
《唐宋八大家文钞校注集评》 7-314b
唐宋褒斜道 1-239b
《唐宋传奇集》 7-314b
《唐宋词简释》 7-307b
《唐宋词录最》 8-161f
唐宋大曲 1-283f
唐宋古文运动 7-314b
《唐宋名贤百家词》 7-314e
唐宋派 7-314e
《唐宋人诗》 7-171c
《唐宋诗举要》 7-314f
《唐宋时期的雕版印刷》 7-203d
《唐宋铜镜》 6-516e
《唐宋文举要》 7-315a
唐太宗李世民 7-315a, 4-227e, 4-275e, 6-54e
唐弢 7-315c
唐套儿 4-282e
唐廷枢 7-315e, 6-475c
《唐五代词》 7-315e
《唐五代韵书集存》 9-477d
唐武宗禁佛 6-401f
唐武宗李炎 7-315f
唐兀 2-153c
唐兀惕 2-153c
《唐戏弄》 6-309a
《唐贤三昧集》 7-316a
唐宪宗李纯 7-316a
《唐小西在“下次开船”港》 8-427d
唐胥铁路 7-316b, 4-281d
唐玄宗李隆基 7-316b
唐一行山河两戒图 5-16b
唐衣 3-416f
唐寅 7-316e, 7-510a, 8-33a
唐由之 7-317a
唐有祺 7-317b
唐鱼 6-276b
《唐语林》 7-317c
《唐语林校证》 7-317d
唐寓之 5-519c
《唐韵》 8-575a
唐韵笙 5-538e
唐再丰 5-465f
唐长孺 7-317d
唐招提寺 7-317e, 4-172b
《唐招提寺壁画》 2-325e
唐昭陵 7-317f
唐稚松 7-317f
唐宗成 3-20d
堂（建筑） 2-299f
堂鼓 3-190b
堂后官 9-280f
《堂胡安之子》 1-70c
堂会 7-318a
《堂吉诃德》 7-318b, 7-599f, 8-456f
《堂吉诃德和桑丘的一生》 8-7b
堂祭 4-105a
《堂卡斯穆罗》 5-240c
《堂·卡特林·德·拉·法骞达》 2-538c
堂茗 8-25d
《堂娜芭芭拉》 4-112f
《堂娜布兰卡》 4-110e
《堂娜菲莉帕·德·维列娜》 4-110f
堂派 7-147a
《堂塞贡多·松布拉》 4-62e
堂头 2-491d
堂子 4-105a
《棠棣之花》 6-4c
棠樾七牌坊 6-38b
塘沽海门升降桥 4-6a
《塘沽协定》 1-511a, 3-415c, 4-189c, 9-418d
塘鳢科 7-318d
塘鳢鱼 7-318d
塘田战时讲学院 5-180f
塘子沟温泉 7-160e
搪瓷 7-318e
糖 7-318f, 7-373e
糖橙 1-594b
糖醇 7-318f

糖粉蚧 2-559a
糖苷 2-143e, 3-43d
糖苷键 3-43d
糖果婚 4-223b
糖果巧克力 2-486f
糖胶 6-359e
糖胶树 9-580b
糖酵解 7-319a
糖芥属 6-591f
糖精 7-319b
糖精铵 7-319b
糖精钙 7-319b
糖精钾 7-319b
糖精钠 7-319b
糖类 7-293b
糖料作物 9-580b
糖磷酸酯 7-319c
糖耐量低减 7-319f
糖尿病 7-319d
糖尿病肾病 7-319f
《糖尿病酸中毒时的血容量》 9-212c
糖尿病性视网膜病变 7-31d
糖皮质激素类药 6-87b
糖脎 2-143f
糖用高粱 3-70a
糖用甜菜 7-373b
糖原 7-320b
糖脂 9-294b
糖渍 7-4d
醣 7-293b
螳螂 7-320c
螳螂目 7-320c
螳螂拳 7-320d
螳螂嘴 8-281e
螳蛉 5-300d
烫样 8-476a
《弢园尺牍》 7-510e
弢园老人 7-510d
《弢园文录外编》 7-510e
《涛声》 1-477c
涛时推算图 2-347b
绦虫 7-320e
绦虫病 7-320e
绦虫纲 7-320f
绦虫证 2-4a
掏鉢种 2-467f
《掏粪工之子》 1-317e
滔江 3-470c
韬奋出版奖 7-321b
韬奋出版新人奖 7-321b
《韬奋全集》 9-562d
韬奋新闻奖 7-321b
韬园系 4-268d
《逃避自由》 2-595c
《逃兵》 6-107b
逃汇 7-321c
《逃婚调》 7-321d
《逃跑者》 1-292d
逃人法 7-321d, 6-219b
逃税 7-321e
逃税港 1-335a
《逃亡》 1-434f
《逃亡埃及》(安尼巴莱·卡拉奇) 4-371a
《逃亡埃及》(乔托) 6-183f
《逃亡地主归来》 3-181f
《逃亡者》(绘画) 2-360c
《逃亡者》(刊物) 4-542a
《逃亡者》(小说) 5-84c
《逃往埃及》 1-63c
《逃虚集》 8-479a
逃虚子 8-478f
逃逸速度 9-68f
洮安县 1-193b, 7-321f
洮河砚 8-442e
洮南府 7-321f
洮南市 7-321f
洮南县 7-321f
洮砚 7-321f
桃 7-321f
桃儿七 7-322b
桃儿七属 7-322b
桃符 7-322c, 9-17c
《桃符记》 6-518a
桃河 5-588a
桃核雕刻 3-298f
桃红葡萄酒 6-101d
桃花庵主 7-316e
桃花不疑庵主 6-18b
《桃花村》 2-358d
桃花岛 9-465a
桃花节 6-27d
《桃花开》 8-351f
桃花片 8-437d
《桃花泣血记》 4-260c
《桃花扇》 7-322c, 4-475c
《桃花扇》(电影) 7-493b
《桃花扇》(戏剧) 6-18d
《桃花扇》(戏曲) 2-358d, 3-247f, 4-202d
桃花水母 7-322d
桃花水母属 7-101b
桃花潭 4-284a
桃花坞 7-322f
桃花坞年画 7-322f
桃花心木 7-323a, 4-436e, 5-49f, 7-323b
桃花汛 8-383d
桃花鱼 7-322d
桃花源 7-323b
《桃花源记》 7-323b, 7-323f, 7-328a
《桃花源诗并记》 7-327f
桃胶 2-570c, 7-61b
桃金娘 7-323c
桃金娘科 7-323c
桃榄 6-438c
《桃李劫》 1-552a, 9-102c
桃里寺 8-524a
桃青 7-161e
桃山陵 5-451d
《桃潭浴鸭图》 3-555f
桃小食心虫 9-505e
桃汛 8-383d
桃夭门大桥 9-464c
桃叶灰木 1-524f
桃叶珊瑚 7-323c
桃叶珊瑚属 6-442c, 7-323c
桃园国际机场 7-323d
桃园三结义 4-219d
桃园市 7-323e
桃园县 7-323e
桃源鸡 4-36c
桃源县 7-323e
桃源县(后唐,今福建境内) 9-24f
桃蛀果蛾 9-505e
陶庵 9-192a
《陶庵梦忆》 9-192a
《陶庵图》 4-170f
陶拜 1-35a
陶布,H. 7-323f, 6-60d
陶岔引水闸 2-138b
陶成章 7-324a
《陶成章集》 7-324b
陶瓷 7-324b, 4-311a
陶瓷馆 3-197a
陶瓷镶嵌画 5-399a
陶瓷相 4-256d
陶瓷牙 8-202e
陶大镛 7-325b
陶尔斐斯,E. 2-177a
陶法阿豪 7-296c
陶菲格·哈基姆 3-308b
陶菲克港 7-197b
陶瓴 3-157f
《陶縠赠词图》 7-317a
陶篁 3-245c
陶弘景 2-162a, 5-519e, 6-399d, 6-467d, 8-473c, 9-252e
《陶记》 7-325c
陶金 7-325c
《陶靖节诗笺定本》 7-328a
陶侃 7-325d, 4-274b
陶礼器 4-586b
陶里亚蒂,P. 7-325e, 3-113f, 7-548e
陶力 7-325f
《陶丽历险记》 3-102e
陶鲁宁 1-49c, 8-452f
陶孟和 7-326a
《陶努斯的农夫》 2-20a
陶瓶画 3-179e
陶器 7-324e
陶器婚 4-223b
陶谦 3-385e

陶潜 3-406b, 7-327d
陶然 7-326b
陶然亭公园 9-407b
陶诗言 7-326c
陶澍 8-434d
《陶说》 7-326d, 8-209a
陶寺古城 6-596a, 7-326f
陶寺文化 7-326e
陶寺遗址 5-143d, 7-326e, 7-404b, 9-364b
陶希圣 6-260a
陶湘如 9-207e
陶行知 7-327a, 4-211a, 4-212f, 6-530a
陶埙 8-379d
陶艺 7-327c
陶俑 9-365b
《陶俑》 1-567c
陶渊明 7-327d
陶云逵 7-328a
《陶斋藏石记》 2-366a
《陶斋藏印》 2-366a
《陶斋吉金录》 2-366a
《陶斋吉金续录》 2-366a
陶真 9-389f
《陶枕》 1-567c
陶质偶人 6-554c
陶峙岳 7-328b, 1-236a
陶朱公 2-483b, 5-31a, 8-40a
陶铸 7-328c
陶尊 9-576d
淘金 4-236b
《淘金记》 7-328d
《淘金记》(小说) 6-429b
鼗鼓 6-78c
讨八字 5-138c
讨口彩 4-278a
讨赖河 4-132f
讨幕战争 5-497c
讨逆军（段祺瑞） 9-213e
讨逆军（蒋介石） 4-188f
《讨武曌檄》 5-234a, 8-345a
《讨渔税》 2-71f
讨袁军 2-422f
套彩 1-314d
套汇 7-328e
套利 7-328e
套料 1-269c, 1-314d
套期保值 7-328f
套期保值者 6-456b
套索鱼镖 1-88c
套头 5-416f
套头交易 7-329a, 7-328f
《套中人》 6-154b
套作 7-329a
忒奥克里托斯 3-181a, 5-495f
《忒拜战纪》 3-173e
《忒米斯托克勒》 5-335e
忒斯庇斯 8-141b
忒修斯 7-329b, 3-332b, 5-392a
《忒修斯记》 1-420e
特（纱线单位） 9-287f
特（物理量单位） 2-219f, 7-334e
特奥蒂瓦坎 7-329b
特奥蒂瓦坎古城 7-329b, 5-483f
特奥蒂瓦坎文化 7-329b
特奥多尔·塔格尔 1-448f
特奥会 7-334a
特奥托科波洛斯,D. 3-104d
特贝萨山 7-418c
特比萘芬 7-412b
特别奥林匹克运动会国际 7-334a
特别法 6-116a
特别关税 3-206b
特别管辖 5-428e
特别护理 3-523e
特别教育 7-334b
特别勤务队 5-604e
特别权股票 9-29f
特别权利能力 9-518b
特别市 9-298a
特别诉讼 5-427d
特别诉讼时效 7-200b
特别提款权 7-329d
特别信使 7-474d
特别行动队 3-28e
特别行政区 7-329e
特别夜战队 2-70e
特别优先权 9-30a
特别预算 9-81f
特布里班公路 4-108b
特布他林 6-87b
特超声波 6-551a
特称否定判断 6-384d
特称肯定判断 6-384d
特创论 4-269c
特大暴雨 1-252d, 9-70f
特大城市 1-583e
特大城市区 2-82a
特定弥撒 5-391c
特定同一 7-399a
特定物 8-70b
特定穴 7-329f
特尔斐法 4-539e
特发性腹膜炎 3-22c
特发性震颤 9-258a
特非那丁 4-415b
特夫耶石柱 1-315e
特富龙 4-343e
特高频电台 3-395f
特高压输电 7-55d
特古忒 6-155d
特古西加尔巴 7-330a
特惠关税 3-206b
特级教师 7-330b
《特级教师评选规定》 7-330b
特级耐火材料 5-515e
特技飞行 7-330b
特卡乔夫派 5-421f
特克人 1-183b
特克斯 9-287f
特克斯和凯科斯群岛 7-330c
特克斯河 8-523a
特克语 1-183c
特拉伯会女隐修院 3-358a
特拉弗斯,M.W. 4-463b, 5-514e, 8-173c
《特拉基斯少女》 7-230c
特拉凯湖泊群 7-551c
特拉克宁马 5-239c
特拉特洛尔科 5-483f
特拉维夫大学 8-552a
特拉维夫-雅法 7-330e
特拉西梅诺湖 8-564c
特拉西梅诺湖战役 3-378e
特莱维萨 5-483c
特赖因战役 4-519b
特兰托公会议 4-209a
特兰西瓦尼亚 5-395d
特兰西瓦尼亚高原 5-209c
特·劳伯拉赫 5-317b
特劳恩河 5-80d
特勒骠 9-225d
《特雷庇的姑娘》 3-354e
特雷莎 1-18e
特雷莎嬷嬷 7-331a
特雷斯·比赫纳斯火山 8-158d
特雷斯卡条件 7-205f
特雷斯萨波特斯遗址 1-121c
特雷维喷泉 5-206b
特里,H.B. 3-579c
特里布大会 3-135d
特里达·瑞安航空公司 6-263a
特里丰诺夫,Yu.V. 7-331b
特里格拉夫峰 7-130e
特里格拉夫山自然风景区 7-130f
特里林,L. 7-331b
特里尼蒂河 2-168c
特里斯坦-达库尼亚岛 7-331c
特里斯坦-达库尼亚群岛 7-331c, 6-561f
《特里斯坦与伊索尔德》 7-332c
特里维西克,R. 7-331c
《特里亚农条约》 7-331d
特立尼达岛 7-331e, 8-108e
特立尼达和多巴哥 7-331e
《特利斯当和伊瑟》 7-332c, 2-177c
特列季亚科夫,S.M. 8-614e
《特列帕克》 6-190c
特列恰可夫,P.M. 7-332d
特列恰可夫,S.M. 7-332d
特列恰可夫画廊 7-332d
特林 6-1a

特隆赫姆 6-7b, 6-7d
特鲁别茨科伊,N.S. 7-332d
特鲁布里奇,T.H. 1-262f
《特鲁哈代克》 5-211f
特鲁克人 4-113b
《特鲁瓦条约》 1-214c
特鲁希略城 6-559f
特鲁希略家族 7-332e
特鲁希略·马丁内斯,R.L. 7-332f
特鲁希略·莫利纳,H.B. 7-332f
特鲁希略·莫利纳,R.L. 7-332e
特吕弗,F. 7-332f
特伦查德,H. M.T. 4-472a
特伦顿运河 1-91c
特伦特河 8-616a
特罗多斯彩绘教堂 6-377a
特罗尔,C. 4-311d
特罗尔海运河 7-554a
《特罗尔花园》 4-395d
特罗菲缅科,S. 8-234f
特罗格拉夫山 4-456f
特罗洛普,A. 7-333a
特罗姆兰岛 5-315a
特罗容,C. 7-333b, 1-149b
特罗胥,L.J. 6-107d
特洛大陆 2-599d
《特洛伊妇女》(欧里庇得斯) 6-15b
《特洛伊妇女》(F.韦尔弗) 7-542d
特洛伊古城 7-333c
《特洛伊古物志》 8-241e
特洛伊木马 7-523d
特洛伊战争 3-332b
特马港 1-28d, 4-118a
特曼,L.M. 1-320c
特毛且 4-50b
特米-波罗奈谷地 6-360f
特米河 6-360f
特明,H.M. 1-152d
特命全权大使 7-333d, 3-294c
特命全权公使 3-136d
特纳,F.J. 7-333e
特纳,J. 4-116f
特纳,M.J. 3-194e
特纳谷地油田 4-367f
特纳氏综合征 8-327e
特尼河 3-496f
特诺奇蒂特兰城 1-59f, 1-60a
特诺奇卡人 1-59f
特强沙尘暴 6-422c
特磬 6-237f
特茹河 5-9b
特赦 7-333f
特赦令 7-334a
特赦权 7-333f
特殊奥林匹克运动会 7-334a
《特殊病理学及治疗学手册》 2-525a
特殊博物馆 1-417e
特殊采矿法 1-466a
特殊地域管辖 5-428e
特殊儿童教育 7-334b
特殊防伪 2-496e
《特殊函数概论》 7-521e
《特殊恒星光谱的分光光度研究》 2-136a
特殊黄铜 3-598d
特殊监护 9-463f
特殊教育 7-334b
特殊精馏 4-304d
特殊累犯 4-572c
特殊社会学 7-336f
特殊星系 7-334d
《特殊形式的三角和方法》 7-554f
特殊形式的物 8-70d
特殊性能弹簧钢 7-282d
特殊选煤 8 367a
特殊预防 2-478f
特殊智力测验 9-320f
特殊主义伦理 1-489a
特斯拉 7-334e
特斯拉,N. 7-334e, 1-82b, 7-533d
特斯拉电气公司 7-334f
特斯拉线圈 7-334f
特提斯海 7-334f, 2-251e
特提斯洋 7-335a
特瓦 1-447b
特瓦人 7-427c
特威语 5-576c
特韦雷河 5-205f, 8-564c
特维尔切人 1-182d
特维尔切语 1-182d
特伟 8-224d
特沃利水电站 7-89a
特辖制 7-335a
特写 7-335b
特写镜头 7-335b
特许主义 7-28c
特许专营合同 4-100c
特异性 9-257c
特异性杀虫剂 6-421c
特有经济规律 4-286d
特元 7-332b
特约信托投资 8-298a
特诏 9-261c
特征 9-261c
特征河长 4-111c
特征觉察器 9-290b
特征值 1-177a, 1-527a
特制钱 8-386a
特质焦虑 4-202f
特种变压器 1-345a
特种部队 7-335e
特种弹 7-335c
特种地图 2-239c
特种非致命弹药 2-517e
特种高速钢 3-77a
特种海洋调查船 3-349a
特种机器人 2-499a
特种加工 7-335c
特种加工机床 4-29a
特种金属材料 4-255b
特种经纪人 4-284d
特种葡萄酒 6-101e
特种手工艺 7-37e
特种水泥 7-95c
特种坦克 7-287d
特种陶瓷 7-324e
特种投资委托 8-297f
特种涂料 7-429b
特种橡胶 3-408e, 5-188e, 8-210a
特种冶炼工艺钢 3-54c
特种用途手枪 7-38a
特种轴承 9-478c
特种铸造 9-506b
特种作战部队 7-335e, 5-168b
特重烧伤 6-471e
特重油 6-605f
铽 8-130d
疼痛 7-336a
《疼痛、饥饿、恐怖、暴怒时的身体变化》 4-399b
腾冲府 2-178e
腾冲红花油茶 9-37b
腾冲火山群 7-336a
腾冲火山温泉 7-336b
腾格里海 5-511d
腾格里沙漠 7-336b, 1-37c
腾龙洞 2-416a
腾原京 5-515b
腾越道 2-178e
滕伯德·拉伊 6-112a
滕代远 7-336d
滕固 3-287e
滕家鸣 9-201b
滕尼斯,F. 7-336e, 4-567e, 6-482a, 6-500c, 7-541a
滕升 6-515c
滕王阁 7-336f, 5-518c, 9-125f
《滕王阁》 3-177a
《滕王阁序》 7-491a
滕文骥 8-35c
滕州市 7-337a
藤本果树 3-300a
藤本植物 7-337b
《藤姑娘》 3-528f
藤壶 7-337b, 5-309c
藤壶属 7-337c
藤黄 7-337d
藤黄科 7-337c
藤黄属 7-337c
藤金合欢 4-241c
藤井健雄 7-337d
藤萝 9-534c

藤式部 9－534a
藤田东湖 3－466d
藤原道长 6－504e
藤原基经 6－504e
藤原京 6－87a
藤原赖通 6－504e
藤原良忠 7－161e
藤泽保 7－337e
藤泽秀行 7－337e
藤之木古坟 7－337f
剔红观瀑图八方盘 8－459b
剔红牡丹纹漆尊 3－196f
《梯波兹特兰，一个墨西哥村庄》 4－567d
梯度 7－337f
梯度风 7－338a
梯度复合材料 3－10c
梯度折射率光纤 3－229f
梯恩梯 7－338a
《梯尔·欧伦施皮格尔》2－177c
梯弗里斯 2－254d
梯级式鱼道 9－59e
梯林斯 3－164c
梯玛 8－13a
《梯琴与他的弟兄们》 7－609e
梯田 7－338b
梯也尔，A. 7－338c, 2－448d
梯叶里，A. 7－338e
锑 7－338f, 5－147a, 9－460e
《锑》 7－492c
锑华 3－607a
锑矿 8－412e
锑赭石 3－607a
踢鼓子 8－477a
踢鞠 2－55a
踢弄家 2－193b
踢踏舞 7－339a
《绨袍记》 9－192c
《提阿纳人阿波罗尼奥斯传》 3－181b
提埃波罗，G.B. 7－339b, 4－144d
提奥多尔二世 7－339d
提贝斯提高原 9－174c
提比留·格拉古 3－100a
提比略 3－164a
提笔 5－313b
提伯里亚系统 8－120b
提布卢斯 3－173d
提灯藓属 8－43e
提迪因山 5－460a
提丢斯，J.D. 7－339e
提丢斯－波得定则 7－339d
提丢斯定则 7－339e
提尔城 4－581d
《提尔密济圣训集》 6－569c
提尔泰奥斯 3－180c
《提尔西特和约》 3－535f, 5－505f
提格拉－帕拉萨三世 8－3a, 8－409f
提格拉－帕拉萨一世 8－409f
提格雷 2－408d
提格雷人 1－70e, 2－267d
提格雷语 7－339f, 2－408d
提格里尼亚 2－408d
提格里尼亚语 7－339f, 2－408d
提花葛 3－112e
提花绡 8－216c
提拉特采维 8－412f
提馏段 4－304f
提洛同盟 7－339f
提姆加德古城 7－340a, 1－13d
提姆萨湖 7－197d
提尼安岛 5－266d
提帕萨考古遗迹 1－13d
提婆 7－340b
提破 7－110e
提契诺河 1－377c
提琴 7－150d
提取冶金学 8－492c
提坦 7－340c
提图拉 2－591a
提图斯凯旋门 5－208c
提图斯浴场 3－131e
提西阿斯 3－180f
提线木偶 5－491f, 9－385e
提线木偶戏 7－340c
提香 7－340e, 7－532d, 8－124f
提刑按察使司 6－401a
提阳戏 6－8e
《啼笑因缘》（电影） 3－501e, 9－207a
《啼笑因缘》（小说） 9－85e, 9－196a
鹈鹕 7－341b
鹈鹕科 7－341c
鹈形目 7－341c, 3－36e, 5－159c
缇骑 1－528a
题 4－497e
题跋 1－189e, 4－497e
题本 5－554c
《题材及其他》 1－82a
《题长安逆旅》 4－607a
《题大庾岭北驿》 7－176d
题额 1－255c
《题红记》 7－499b
《题李凝幽居》 4－139e
《题陆务观送其子赴官诗》 9－465d
题目院本 4－263b
《题欧阳生哀辞后》 3－177e
《题司空图诗卷末》 7－172a
《题园壁》 3－494a
《题宗之家初序潇湘图》 8－30d
醍醐寺 4－279f
蹄 9－226d
鳀鱼 7－341d
体波 2－246b, 7－283b
体波震级 9－258c
体操 7－341d
体操运动 4－169c
体格检查 7－341f
体核温度 7－342f
体积成形 4－256d
体积流量 5－125d
体积排斥色谱法 8－507a
体积压缩系数 5－126b
体力劳动 7－342b
体力疲劳 6－77a
体力型劳务输出 4－556e
体疗 8－534e
体内放射性药物 3－439e
体内受精 7－44d
体能游戏 9－43d
体膨胀 6－281d
体腔动物 7－342c, 3－493e
体腔内注射 9－503a
体全息图 6－264f
体虱 6－576d
体外反搏 2－468d
体外放射性药物 3－439e
体外受精 7－342e, 6－550d, 7－44d
体位性低血压 9－132e, 9－304d
体温 7－342f
体温调节 7－343a, 8－159a
体系防护法 7－523d
体细胞杂交 8－150d, 9－147c
体香 8－197d
体相形态学 7－121a
体效应振荡器 7－535d
体型 2－601e
体型高分子 2－143f
体癣 7－343c
体验派 7－343d, 9－19d
体液 7－343e, 7－85c
体用 7－343e
《体用论》 8－334a
体育 7－343f
体育产业 6－37b, 7－344e
体育场馆 7－344f
体育经纪人 7－345a
体育俱乐部 7－345a
体育科学 7－344d
体育摄影 7－345b
体育游戏 9－43d
体育运动 7－343f
体育运动荣誉奖章 9－141f
体征 7－342a
体质 7－345c
体质禁忌 8－587d
体质人类学 7－345c
体质性性早熟 8－327f
剃发令 7－345e
剃龙头 2－430e
悌 8－232e
绨 7－345e
替代效应 7－345f
替代性骨 3－186e

替身 7–346a
替硝唑 3–408c, 4–544a
替罪羊机制 6–482b
天 7–346a
天（太空） 7–257c
天安门 7–346b
天安门广场 7–346d, 1–271f, 1–508a, 7–346c
天安门事件 1–572e, 7–155b
天宝十节度使 7–346d
《天宝图》 3–515f
天保改革 7–347a
天保县 5–401f
《天边外》 1–126e
天才 7–347b, 1–529c
《天才的杂技演员》 6–308c
天蚕蛾 2–75a, 2–406a
天蟾舞台 5–538e
天长观 1–209d
天长市 7–347c
天长县 7–347c
《天朝田亩制度》 7–347c, 7–258e
天城书 7–347e
天城体 7–347e, 8–591b
天池 7–347e
天池（长白山） 4–12d
《天池石壁图》 3–583e
天池县 5–413f
天赤道 7–347f, 1–597a
天仇 2–133e
天道 7–153d
天道与人道 7–347f
天敌 6–537d, 9–294d
天敌小蜂 8–223c
天地会 7–348a, 3–479b, 6–220d
天地君亲师 7–348c
天地坛 4–105a, 7–360c
天地之性 5–13b, 9–488b
天电干扰 2–101a
天冬 7–354c
天冬氨酸 1–111d, 9–509f
天冬氨酸转氨酶 9–509f
天冬草 7–354b
天冬门属 5–158a
天冬酰胺 1–111d
天都峰 3–596e
天鹅 7–348d, 5–588d
《天鹅》 5–468d
天鹅号小提琴 7–135c
《天鹅湖》 7–348e, 1–498f, 3–103b
天鹅剧场 7–348f
天鹅绒 7–349a, 6–331d, 9–221e
天鹅绒城堡遗址 8–533f
《天鹅之死》（芭蕾舞剧） 1–155b, 2–610d
《天鹅之死》（诗歌） 3–152d
《天鹅之歌》（戏剧） 3–62e
《天鹅之歌》（音乐） 7–52a
《天鹅座CG星的光变曲线和轨道》 9–58b
天鹅座α 1–265b
天蛾 7–349c
天蛾科 7–349c
天耳通 9–64c
《天发神谶碑》 7–349a
天方教 8–528a
《天方性理》 7–349b
《天方夜谭》 7–349b, 2–418c, 5–513f, 8–511a
《天方至圣实录》 7–349b
《天方至圣实录年谱》 7–349b
天房 2–104e, 4–445e, 5–295c
天放楼主人 4–258c
天妃 5–237a
天妃宫 7–255b
《天妃灵应之记》碑 1–515e
天麸罗 6–317f
天府之国 1–181a
天父 6–560f
天赋观念 7–349c, 4–348b
天赋人权论 6–284c
天干 3–33e, 5–18a
《天工开物》 7–349f, 4–29a, 4–33e, 7–174f, 8–262e
《天狗》 6–4c
天狗岳 7–149e
天官冢宰 9–469e
天癸 4–304b
《天国车站》 4–67f
《天国春秋》 8–451c
《天国之门》 1–498c
天河 8–581d
天河石 7–349f
天后 5–237a
天后宫 2–161c
天湖水电站 7–90a
天花 2–346d, 7–350a
天花病毒 7–350a, 2–346d
天花粉 3–203b, 7–350a
天花粉蛋白 7–350a
天皇 7–350c, 6–392b
天回山陶塑 7–350d
天皇制专制主义 5–451f
天机 7–151e
天玑 1–259f
天基定向能武器 7–350e
天基动能武器 7–350e
天基对地攻击战 7–367e
天基反导武器 7–350e, 4–467b
天基反卫星武器 2–475b
天基防御系统 3–280d
天基红外导弹预警星座系统 9–81f
天基激光拦截系统 3–280d
天基空间武器 4–467b
《天街》 6–202a
天津贝壳堤 7–350f
天津博物院 8–427f
天津大学 7–351a
天津电视塔 7–352c
天津府 7–351e
天津港 7–351b, 1–360c
天津鼓楼商业街 7–352b
天津红小豆 8–222d
天津机场 7–352c
天津机器制造局 4–597e, 8–469f
天津内燃机研究所 7–12c
天津劝业场 7–351c
天津劝业场集团 7–351c
天津三卫 7–351e
天津市 7–351c
天津市行政区划 7–351c
《天津水灾》 9–212b
《天津条约》 7–352d, 5–554f
天津卫 4 266d
天津西学堂 3–60c
天津中西学堂 7–352e
天津专区 4–549d
天尽头 1–579d
天京 5–531b, 7–258b, 7–258d
天京保卫战 7–352f
天京事变 7–258f
天井堰 8–586d
天眷新制 4–259c
天军 9–314b
天开图画楼 8–373a
天可汗 7–315c
天课 8–48d
“天空实验室” 7–353a
《天空、土地》 8–533b
天贶殿 2–129f
《天籁集》 7–353c, 1–204b
《天籁集醒语》 7–353c
天蓝绣球 7–203d
天狼 7–353d
天狼伴星 7–353d
天狼星 1–192c, 4–259e, 5–493b, 8–306a
天雷 2–475c
天理会 7–353d
天理教 7–353d
天理教起义 1–142d, 6–229e
天料木属 3–470e
天龙 1–333b
《天龙八部》 5–84e
天龙山 7–353e
天龙山石窟 7–353e, 6–441c
天龙座α. 1–265a
天禄阁 1–475f
《天路历程》 1–225e, 9–5e
《天论》 5–120e
天麻 7–353f, 4–541a
天麻钩藤饮 3–42e
天麻素 7–354b
天马 7–455d

天满神社 6-510c
天门冬 7-354b
天门冬属 6-594a, 7-602d
天门市 7-354c
天门县 7-354c
天猛公 5-268f
天名精 4-333c
天命 7-354c
《天命》 4-569a
天命鬼神思想 4-476d
天目湖 5-37a
天目三宝 5-88f
天目山 7-354d, 5-468e
天目山自然保护区 7-354e
天目釉瓷 7-354e
天幕裂孔疝 5-551a
天幕毛虫 7-355a
天南遯叟 7-510d
天南星科 7-355a, 7-583d
天宁阁 4-563f
天宁寺三圣塔 6-203f
天宁寺塔 7-236f
天牛 7-355c
天牛科 6-189b, 7-355c, 8-306e
《天女散花》 3-182d
天蓬子属 6-191b
天平 7-355c
天平动 9-121f
天平渠 8-586d
《天平之甍》(电影) 8-333d
《天平之甍》(小说) 4-309a, 6-320f
天菩萨 7-355d
天启经 6-97e
天启律法说 6-514b
天气 7-355e
天气气候学 6-143d
天气图 7-355f
天气图预报 7-356d
天气系统 7-356a
天气学 7-356b
天气谚语 8-444a
天气预报 7-356d
天桥 7-356f
天桥百货股份公司 3-184e
天琴座 7-356f
天琴座α 1-265b, 9-292b
天青石 7-357a
天球 7-357b
天球参考系 7-357c
天球赤道 1-597a
天球仪 8-536c
天球坐标系 7-357d
天权 1-259f
天然宝石 1-240f
天然边界 1-337c
天然蛋白质纤维 7-358f
天然堤 3-422d
天然饵料 2-422a
天然放射性 2-504b
天然放射性系列 2-504e
天然放射性元素 2-505c
天然高分子 3-63c
天然航道 5-554e
天然碱 7-357d
天然景观 9-541a
天然抗体 4-413a
天然林 9-105f
天然能源 8-507f
天然漆 6-531f
天然气 7-357e, 4-437d
天然气发动机 7-358d
天然气管道 3-213c, 7-55e
天然气水合物 7-358d
天然青霉素 6-208c
天然树脂 7-62b
天然水泥 7-95b
天然丝 1-474c
天然松香 7-161f
天然铜 8-491d
天然污染源 8-12d
天然无机纤维 7-358f
天然纤维 7-358f, 2-502b
天然纤维素纤维 7-358f
天然香料 8-197e
天然橡胶 4-345b, 8-210a, 8-210d
天然铀 5-77c, 9-42d
天然有机宝石 1-241a
天然有机化学 9-47e
天然有机污染物 9-47f
天然玉石 1-241a
天然珠宝玉石 1-240f
天然孳息 8-70c
《天壤阁丛书》 4-140a
天人感应 7-359a, 7-347f
天人观 8-382b
天人合一 7-359a
天人相与 4-359c
《天山积雪图》 3-555f
天山马鹿 8-525e
天山桥水电站 3-473d
天山山脉 7-359b
天山岩画 8-429b
《天上来的百兽王》 2-418c
天上圣母 5-237a
天社蛾 9-464a
天神 9-479b
天生犯罪说 9-128a
《天盛年改定新律》 8-105a
天师 2-166a, 9-208f
天师道 7-359d, 3-373b, 4-274e, 8-48a, 9-208f
天师治 2-160f
天使 7-359d
《天使的愤怒》 8-239f
《天使的梦》 7-231b
《天使访问圣母》 3-93e
天使鱼 1-341c
天市垣 8-309b
天枢 1-259f
天水雕漆 3-37e
天水郡 7-359e
天水市 7-359e
《天台赋》 7-218c
天台县 7-360a
天台宗 7-359f, 6-176a, 7-213a
天台山 7-360a, 7-245d, 8-169e
天台山风景名胜区 1-240c
天台山云雾茶 7-245c
天坛 7-360b
天坛砚 4-84f
《天谈》 8-107c
天堂 7-360d, 3-244c
《天堂》(电影) 5-56b
《天堂》(诗歌) 6-514a
《天堂的影子》 1-38f
《天堂儿女》 4-368c, 6-576d
《天堂里的笑声》 1-118b
《天堂里的阴影》 4-569a
天堂寨 2-74c, 4-263e
天堂之门 4-57f
《天棠街三号》 6-202b
天梯山石窟 7-360d
天体 7-360f
天体测量双星 7-80c
天体测量学 7-361c, 7-365c
天体崇拜 9-106f
《天体的演化》 2-136b
天体等离子体 2-195b
天体地质学 7-361d
天体化学 7-361d
《天体化学》 6-18f
天体力学 7-361e, 7-365c
《天体力学》 4-523b
《天体力学新方法》 6-46e
天体论 4-269c
天体物理学 7-361e
《天体物理学杂志》 3-325f
天体演化学 7-361e
天体运动 7-361e
《天体运动的理论》 1-487a
《天体运行论》 7-361f, 6-299c, 6-328d
天王星 7-361f, 3-448d
天王星大气 8-316d
天王星环 7-362b
《天网岛情死》 4-272d
天卫三 7-362c
天卫四 7-362c
《天文爱好者》 1-272d
天文堡 2-259c
天文常数 7-362c
天文大地测量 2-77c

天文单位 7–362e
天文导航 7–362e, 3–392b
天文地球动力学 7–362f, 7–361c
天文定位法 3–394d
天文定位仪器 3–392c
天文符号 7–363a
天文馆 7–363b
天文航海 3–392b
天文季节 4–101c
天文经纬度 2–228e
天文历书 7–363b
天文年历 7–363b
《天文普及年历》 1–272d, 7–363c
天文曙暮光 7–60d
天文台 7–363c
《天文图志》 8–307a
天文望远镜 7–363d, 7–525f
天文卫星 7–363e
天文学 7–364b
《天文学大成》 7–365d, 2–243f
天文学革命 4–441a
《天文学和宇宙学》 4–27e
天文折射 2–101b
《天文志》 1–225f
天文钟 9–453a
天文坐标系 7–365e
天武天皇 2–87b
天下北库 9–25d
天下第一关 6–437c
《天下第一楼》 7–365f
《天下归心》 8–349c
《天下郡国利病书》 7–365f, 3–199c
《天仙配》 7–366a
天仙子碱 4–551a
天仙子属 6–191b
天线 7–366b
《天香传》 2–309c
天象 7–366c
天象分野图 5–16b
天象仪 7–366c, 7–363b
天蝎座 7–366d
天蝎座α 8–255e
天星观1号墓 4–175b
天璇 1–259f
天璇式中文打字机 3–71a
《天学初函》 5–4e
《天涯芳草》 1–552b
《天涯歌女》(电影) 4–583d
《天涯歌女》(音乐) 3–442d, 5–269d, 9–473f
天涯海角 7–366e, 6–404d
《天涯·明月·刀》 3–172b
《天涯若比邻——中外文化交流史略》 9–194e
天眼通 9–64c
《天演论》 7–366f, 8–426a
天一阁 7–366f, 5–147d, 5–594e
《天一阁善本书目》 7–367b
天一影片公司 6–474f, 6–475e, 6–476b, 9–351a
天衣派 6–133c
天鹰座 7–367b, 3–422f
天鹰座α 3–422f
天应穴 1–53f
《天与地》 1–125b
天元术 5–2a
《天云山传奇》 7–367c, 2–473e
天葬 7–367d
天葬师 7–367d
天造 5–110c
天战 7–367d
天章阁 1–475f
天照大神 2–389c
《天真的圣人》 2–182b
《天真老实人》 8–62d
《天真之歌》 2–418b
天正幻术创研实验社 3–17b
天知派新剧 4–271a
天智天皇 2–87a
天竺 9–404b
天竺桂 1–524f
天竺教 8–508b
《天竺旧事》 4–243d
天竺筷 4–497b
天竺葵属 8–199b
天竺乐 1–410d, 4–472e
天主 7–367e, 5–213d
天主教 7–367f
天主教大学 2–408c, 5–270c
《天主教会法典》 4–208f, 7–368b
天主圣父 6–560f
天主圣神 6–564e
天主圣子 6–569f
天主堂 4–209e
天柱峰（安徽天柱山） 7–368c
天柱峰（湖北武当山） 8–55f
天柱峰（山东泰山） 7–278c
天柱山 7–368c, 8–53e
天祝白牦牛 5–327d
天子 6–514b
天子门生 4–427f
《天子游猎赋》 7–115a
添弟 7–348b
添加剂 7–368d
添加剂预混料 6–59b
添加抑制剂肥料 3–577a
《添品妙法莲华经》 2–446b
田宝林 7–515d
田边尚雄 7–368e
田边元 8–102d
田秉毅 5–2e
田部井淳子 7–368e
田畴 9–553a
田单 9–183d
田儋 7–369c
田娣 8–217c
田蚡 7–368f
田丰 1–496a
田赋征实 9–420b
田耕莘 7–369a
田汉 7–369a, 2–32e, 3–204c, 3–207a, 5–439b, 8–556b
田横 7–369c
田横山 6–66d
《田横五百士》 8–342c
田弘正 7–301f
田华 7–369d
田黄石 7–44a
田鸡 3–451b
田吉兹湖 3–313f
田纪云 7–369e
田忌 6–130b
田际云 7–369f
《田家风俗图》 3–362d
《田家三咏》 8–500a
田间 6–164d
田间排水 5–611b
《田间诗集》 6–164d
田菁 7–370a
田径 7–370c
田径全能运动 7–370b
田径运动 7–370c
田军 8–218a
田坑石 7–44a
田口玄一 7–30a
田连元 1–269d
田亮 7–370d
《田猎图》 3–166c
田令孜 6–202a
田螺 7–370e
田螺科 7–370e
《田亩比类乘除捷法》 8–455f
田纳西河 7–370f
田纳西河流域管理局 7–371a
田纳西河流域治理 9–21f
田纳西州立大学 5–512c
田七 6–399b
田奇㻪 7–371a
田荣 2–19a
田汝成 7–281f
田赛 7–370d
田山花袋 7–371b
《田舍赋》 5–167e
田氏代齐 7–371c
田鼠 7–371d
《田鼠》 3–100b
《田鼠、小鼠和旅鼠：种群动态问题》 1–62b
田鼠亚科 7–371d
田完 7–371c
田文 5–382f

田文镜 7-371e, 4-614e
田五 2-610f
田五起义 1-25a, 8-467e
田旋花 7-371f
田亚梅 9-452d
《田野的风》 4-188d
田野考古 4-598f
田野考古学 4-417c
《田野生活》 7-550d
田因齐 6-130b
田荫亭 9-234e
田婴 5-382f
田嬴 7-370f
田余庆 7-371f
《田园》 1-289c
田园城市 7-567c
田园洞 9-469c
《田园合奏》 7-340e
《田园诗歌》 1-43a
田中丰 7-372a
田中角荣 7-372b
田中绢代 7-372c
田中义麻吕 7-372d
田中义一 7-372d, 7-372e
田中義磨 7-372d
田中奏折 7-372e
田壮壮 7-372f
畑俊六 9-84a, 9-243b, 9-389b
恭菜 7-373a
甜白 7-373a
甜菜 7-373a, 4-585a
甜菜大龟甲 3-242a
甜菜粕 7-373c
甜菜属 7-373a
甜城 5-555e
甜橙 1-594b
甜脆豌豆 3-431c
甜瓜 7-373c, 1-467d
甜瓜属 7-373c
甜荷仁豆 3-431c
甜酱 4-194a
甜椒 7-373d
《甜椒30号》 7-544b
甜酒 8-192b
甜菊 7-373d
甜菊糖苷 7-373e
《甜蜜的生活》 2-540a
《甜蜜的事业》 8-244c
《甜蜜蜜》 8-193f
甜面酱 4-194a
甜苜蓿 8-192c
甜荞 6-185c
甜沙果 6-423f
甜味剂 7-373e
甜叶菊 7-373d
甜槠 4-418d
填白 7-373a
填充柱气相色谱法 6-146c
填料 4-200b
填料塔 4-304d
填埋场 3-573a
填漆漆器 6-124f
填星 7-443f
填鸭式教学法 9-502d
条斑紫菜 9-532a
条编 8-512b
条播机 1-395f
条顿十字骑士团 8-402a
条痕 4-502a
条件刺激 7-373f
条件反射 7-373f, 1-155a, 6-494e
条件概率 3-29e
条件汇编程序 3-612b
条件命题 4-146a
条件屈服强度 1-460d
条件收敛 4-69a
条件致病病原体 1-371f
条件致病微生物 1-371f
条嚼烟 4-203d
条例 8-317f
条码 7-374a
条书 7-145b
条纹鹰 9-14c
条形介质光波导 3-219e
条形码 7-374a
条约 7-374b
条约的继承 3-281a
《条约法概论》 4-597b
条约以外事项的继承 3-281a
条约终止 7-374e
条子边 5-134e
苕溪 7-256c
苕溪渔隐 3-511e
《苕溪渔隐丛话》 7-374f
调幅器 7-374f
调幅特性 7-374f
调和方程 6-81e
调和分析 7-375a
调和脾胃 7-375c
调和阴阳 7-375c
调节 7-375d
调节电阻 2-299c
调节阀 2-435b
调节基因 4-52f
调节器 4-480c
调节人口自然增殖的政策 6-290f
调节性内斜视 8-237b
调解 7-375d, 4-555b
调料作物 9-580b
调频器 7-375f
《调琴啜茗图》 7-376a, 9-467e
调色刀 9-37f
《调叔》 2-334f
调速变阻器 1-346f
调速器 7-376a
调味品 2-487a
调味盐 7-5f
调温型电熨斗 2-294a
调相器 7-376b
调谐式无线电报 5-254f
《调整敕令》 6-581e
调整性再贴现信贷 9-151b
调制 7-376b
调质 3-609e
《挑耳图》 7-505f
挑筋教 8-508b
《挑帘裁衣》 2-334f
挑越式水电站 7-90a
“挑战者”号海洋调查船 9-5b
“挑战者”号航天飞机 7-376c, 7-496d
“挑战者”主战坦克 7-376d
跳八丈 3-604c
跳白索 7-377e
跳布扎 9-160f
跳虫 7-282f
跳大神 7-377d
《跳房子》 4-436a
跳高 7-376e
跳歌 8-547f
跳鬼 7-377d
跳花节 3-530e
跳脚 8-547f
《跳来跳去的女人》 1-234d
跳岭头 9-516e
跳羚 7-376f
跳罗汉 2-106e
跳马 7-377a
跳马王 7-377b
跳庙 7-377d
跳傩 6-8d
跳盘王 8-483f
跳频多址 2-392c
跳坡节 3-530e
跳欠 9-160f
跳伞运动 7-377b, 3-396d
跳神 7-377d, 6-8d, 9-160f
跳绳 7-377e
跳狮子 6-577b
跳水 7-377e
跳台滑雪 7-378a, 1-283a, 7-378b
跳汰机 8-366f
跳汰选煤 8-366f
跳跳鱼 7-282e
跳鱼 7-282e
跳远 7-378b
《跳跃和旋转的艺术——舞蹈手册》 2-385f
跳跃滑水 3-541e
跳蚤 9-163f
跳蚤市场 7-378c
跳灶王 2-35c

跳蛛 7–378c
跳蛛科 7–378c
帖木儿 7–378d
帖木儿不花 1–402d
帖木儿帝国 1–496f
帖木儿王朝 7–378e
贴梗海棠 5–489d
贴梗木瓜 5–489d
贴花唐卡 7–308c
贴黄 9–497b
贴水 7–379a
贴现 7–378f
贴现利息 7–379a
贴现率 9–115c
贴现息 9–115c
萜 7–379a
铁 7–379b, 7–538d
铁铵矾 2–468a
铁白云石 1–209f
铁半两 9–367c
铁笔（刀法） 9–512d
铁笔（光笔） 2–285f
铁饼 7–379d
铁铂矿 9–539f
铁卟啉 8–374d
铁筹 2–11c
铁磁共振 2–46a
铁磁体 2–47d, 2–50a
铁磁性 7–379d
铁磁学 2–50a
铁刀木 7–380a
铁道 7–381a
《铁道游击队》 6–202c
《铁的显微镜研究》 5–279b
《铁的真理》 1–414e
铁灯 7–298e
《铁笛图》 8–35f
铁电畴 2–282f
铁电体 2–282f
铁电性 2–282f
铁法区 2–303a
铁法市 2–303a
铁法县 2–303a
铁佛寺 3–517b
铁橄榄石 3–46e
铁淦氧 7–385a
《铁弓缘》 3–207a
铁骨 3–94d
《铁骨兰心》 8–193c
铁拐李 1–146b
铁官徒 3–370a
铁合金 7–380c
铁合金电炉 1–69b
铁画 7–298e
铁辉石 3–606d
铁婚 4–223b
铁基高温合金 3–78a
铁甲虫 7–380d
铁甲科 7–380d
铁钾矾 2–468a
《铁匠铺》 4–565f
铁堇青石 4–267c
《铁军》 5–15a
铁矿 8–412e
《铁矿分析法》 5–54d
铁拉登特罗人脸谱 1–377c
铁蓝闪石 4–545a
铁狼萁 5–310f
铁勒 7–380e, 7–417c
铁骊县 7–380f
铁锂云母 9–135d
铁力木 7–337c, 8–101b
铁力木属 7–337c
铁力市 7–380f
铁力县 7–380f
铁良 9–103a
铁列平 3–447f
铁岭市 7–380f
铁岭卫 7–380f
铁岭县 7–380f
《铁流》(曹靖华) 1–477c
《铁流》(A.S.绥拉菲莫维奇) 7–210c
《铁笼山》 8–452e, 9–62c
铁路 7–381a
《铁路》 1–26a
铁路车辆 7–381c
铁路车站 7–381e
铁路管理传习所 1–268f
铁路管理学院 1–268f
铁路轨道 7–381f
铁路国有案 7–382b
铁路货车 7–381d
铁路客车 7–381d
铁路桥 6–185e
铁路特种用途车 7–381d
铁路信号 7–382d
《铁路选线经济理论》 3–615e
铁路用制动器 1–82c
铁路运输 7–382e
铁路蒸汽机车 7–124b
铁铝榴石 6–599b
铁铝土纲 7–442d
《铁马集》 1–561e
铁芒萁 5–311a
铁帽 7–383a, 4–585d
铁帽型金矿 7–383a
铁帽子王 2–382b
铁门关 4–485f
铁门关水电站 4–474d
铁门关水库 1–417b
《铁门里》 9–470a
铁门水电站 2–388d
铁门峡 2–388c
铁门峡谷 5–209c
铁锰结核 2–370c
铁木 3–109e
铁木迭儿 1–221b
铁木尔·达瓦买提 7–383b
《铁木前传》 7–220b
铁木真 5–557c, 9–86b, 9–97b
铁穆耳 9–88e, 9–91c
铁镍基高温合金 3–78a
铁凝 7–383c
《铁皮鼓》 7–383d
《铁骑》 2–614f
铁器 1–517c, 8–491e
铁器时代 7–383e
铁钱 4–199b
铁钦纳,E.B. 7–383f
铁琴铜剑楼 7–384a
铁人三项运动 7–384b
铁沙滩 9–273e
铁杉 5–226d
铁杉属 7–160b
铁闪锌矿 6–445a
《铁扇公主》 7–483b
铁失 9–98d
铁狮子胡同 1–272a
《铁手骑士葛兹·封·贝利欣根》 2–177c
铁树 7–384c, 7–195b
《铁水奔流》 9–470b
铁丝虫 4–482b
铁素体不锈钢 1–431e
铁遂城 8–465f
铁索罗 5–568d
铁塔 4–386a
铁塔寺 4–84e
铁弹畴 2–283a
铁弹体 2–283a
铁弹性 2–283a
铁碳状态图 4–256a
《铁蹄下的歌女》 5–591a
铁托,J.B. 7–384c, 2–217b, 5–542a
铁托格勒 1–374a
铁托桥 4–446a
铁瓦寺 7–347e
铁纹石 9–139e
铁线虫纲 8–185e
铁线蕨 7–384e, 8–588f
铁线蕨属 7–384e
铁线莲 7–384e
铁线莲类 7–384f
铁线戏 7–385b
《铁血传奇》 3–172b
《铁血英雄传》 6–89d
铁血政策 1–303d, 1–324f
铁阳起石 8–451f
铁氧体 7–385a, 2–50a
铁氧体磁致伸缩材料 2–50d
铁依甫江·艾里耶夫 7–385a
《铁原子量修订》 5–54d

《铁云藏龟》 5－108b
《铁云诗存》 5－108b
铁陨石 9－139d
铁赭石 1－600c
铁砧山剑井 7－254c
“铁砧”作战计划 4－505d
铁枝木偶戏 7－385b
铁质泥岩 5－581a
铁质页岩 8－503b
铁质原油管道 4－195f
帖 7－385d
厅志 2－221d
汀江 3－362e
汀泗桥 8－175b
《听董大弹胡笳弄兼寄语房给事》 4－607b
听骨链病变 7－386b
听骨链重建术 7－386b
听觉 7－385f
听觉倒错 2－421c
听觉空间定位 4－468c
听觉疲劳 7－386a
听觉适应 7－386a
听力重建 7－386a
《听妈妈讲那过去的故事》 6－254f
《听那风之歌》 2－58e
听琴俑 7－350e
听事 8－392a
《听松》 3－556a
《听天阁画谈随笔》 6－42e
听诊 7－342b
听诊器 4－511b
听证 7－386b
听证当事人 7－386c
听证会 3－256f
听证会制度 7－386c
听证主持人 7－386c
烃 7－386d
烃类化合物 6－605e
烃源岩 7－386e, 2－503c
鞓 6－50d
廷巴克图 5－308c, 6－412b, 7－388a
《廷比拉人》 3－152c
廷伯根,N. 7－386f, 2－594d
廷布 7－387a
廷布水电站 7－387b
廷达瑞奥斯 3－332b
廷德尔,J. 8－155a
廷德尔氏现象 3－478f
廷寄 6－469b
廷氏灭菌法 8－155a
廷试 4－428c
亭 7－387b, 7－25c
亭（烽火台） 1－510d
亭（秦汉机构名） 6－197b, 8－562b
亭林先生 3－199d
亭子 7－387c
庭荫树 7－387c
《庭园》 5－271a
《庭院的门槛》 1－23a
《庭院深深》 6－239b
庭院生态经济 7－387d
庭州 7－387e
停靠对接 4－194f
《停尸房》 1－289e
《停战以后》 1－580e
《停战议和一致抗日通电》 4－410b
停滞进化 4－270d
蜓科 6－234b
筳篿 9－177d
蝏 7－387f
挺县 4－535b
梃击案 7－388a, 6－381e
《通报》 1－402c
《通变论》 3－137d
通布卡语 5－259b
通布图 7－388a
通布图大清真寺 7－388b
通才教育 9－548d
通带 5－189e
通道侗族自治县 7－388b
通道县 7－388c
《通典》 7－388c, 2－363e
通顿马库特 2－362e
通风机 7－388d
通风机轴效率 7－388e
通稿 7－393c
通沟 4－74c
通古斯 2－412d
通古斯大爆炸 7－388f
通古斯－满语族 5－304d
通古斯人 6－303f
通古斯语 5－304d
通古斯语支 7－388f, 5－304e
通古斯语族 5－304d
通关 7－389a
通过税 3－206b
通海案 6－219c
通海运河 9－142b
通航建筑物 7－389b, 7－91e
通航水工建筑物 7－84d
通花 1－545c
通化市 7－389c
通化县 1－204e, 7－389c
通惠河 7－389c, 4－280c
通惠河工程 3－252d
通货 4－17c
通货贬值 7－389d, 4－17a
通货供给 4－17d
通货紧缩 7－389d
通货膨胀 7－389f
通货膨胀率 4－330f, 7－276b
通货膨胀目标制度 7－390d
通货升值 4－17e
通缉 7－390e
通缉令 7－390e
通几 2－491c, 3－294f
通济渠 1－342b, 1－480b, 1－480c, 7－211c
通加人 7－390f
通检 7－234c
通检推排 4－238f
《通鉴地理通释》 9－527f
《通鉴纲目》 3－54b
《通鉴纲目续编》 3－54b
《通鉴胡注表微》 1－571e
《通鉴纪事本末》 7－390f
《通鉴》体 7－169a
《通鉴续编》 3－54b
通鉴学校 2－39a
通江银耳 8－580e
通津渠 5－227e
通经断纬 4－463b
通经剂 2－140b
通考 7－391a
《通考》 7－596d
通辽市 7－391a
通密散布剌 7－424b
通名 2－230a
通气衰竭 3－499e
通泉草属 8－362d
通儒院 3－245a
《通商各口统共章程》 9－530f
通商口岸 6－454a
通商行船条约 7－391b
《通商章程善后条约》 8－387b
通梢 7－76f
通什市 8－53f
通识教育 7－391c
通史 7－391d, 2－428d, 9－508f
《通史》(波利比奥斯) 1－380d
《通史》(吴均) 7－391d
通史体例 2－428d
通事舍人 3－366c
《通书》 9－466b
《通俗编》 7－110d
通俗拉丁文本《圣经》 6－563c, 9－239d
《通俗诗和幽默诗》 4－556b
《通俗天文学》 5－604b
通俗小说 1－198d
通俗演义 8－441e
通俗艺术 1－383e
通俗音乐 7－391d
通套相协 6－255d
通天河 1－513a
通脱木 8－48e
通县 7－394c
《通向航天之路》 1－117f
《通向罗马之路》 6－502d
《通向奴役的道路》 3－317f
《通向诗国之路》 5－48d
《通向印度之路》 1－483c
通心粉 7－391f

通心面 7-391f
通信兵 7-391f
通信电抗器 2-283a
通信秘密自由 7-393a
通信网 7-392a
通信卫星 7-392b
通信系统 7-392e
通信行为自由 7-393a
通信自由 7-392f
通训 7-393a, 9-484a
通讯 7-393a
通讯社 7-393b
《通讯与论文》 2-481d
《通艺录》 1-592e
通用产品码 7-374b
通用电气公司 7-393c
通用高速钢 3-77a
通用航空 5-430c
通用机场 4-28d
通用机枪 4-30d
通用计算机 4-89f
通用量具 5-56d
通用两栖攻击舰 2-192c
通用滤光镜 5-189f
通用汽车公司 7-393d
通用水泥 7-95b
通用塑料 7-205b
通用橡胶 8-210a
通用型合成橡胶 3-408e
通用语言 1-591d
通用字 7-393f
通榆县 7-394a
通语 2-491a
通远市 5-232e
通政卿 7-394b
通政使 7-394a
通政使司 7-394a
通政司 7-394a
通政寺 7-394b
通志 2-221d
《通志》 7-394b, 9-275b
《通志·校雠略》 5-494e
《通志堂诗集》 5-509a
通州 7-394c
通州区 7-394c
通州师范学校 2-103f
通奏低音 3-313e
同苯系物 7-398d
同变性 7-406f
同病异食 7-3f
同病异治 7-394d, 9-318c
同步电机 4-195b
同步发电机 2-431c
同步辐射 7-394d, 2-194e
同步辐射源 2-275c
同步合成 9-569c
同步回旋加速器 7-394f
同步加速器辐射 7-394d
同步检波器 4-155d
同步经济指标 3-291d
同侧软腭麻痹 7-280e
同侧周缘性面瘫 7-280e
同场戏 3-524b
同城结算 4-224e
同翅目 7-395a
《同窗记》 5-56c
同春班 7-286a
《同崔邠登鹳雀楼》 5-2c
《同调代数学》 4-131a
同动态昆虫 3-545a
同度咏叹调 9-27e
同分异构 7-395b
同分异构体 7-395b, 3-551d
同凤阁鸾台平章事 7-399e
同凤阁鸾台三品 7-399e
同工酶 7-395b
同功 4-270d
同共轭 3-148a
同构 3-575c, 6-14d
同鼓 3-190b
同观福音 2-616a
同官县 7-402a
同光体 7-395c
同害刑主义 8-14a
同化混染作用 8-430b
同化作用 6-538a
同基因骨髓移植 3-187f
同济大学 7-395e
同济德文医学堂 7-395e
同济医工专门学校 7-395e
同济医科大学 3-540c
同江市 7-395f
同江县 7-395f
《同居之爱》 7-7e
同里镇 7-396a
同量异位素 9-108e
同龄林 6-418f
同伦不变量 7-460e
同伦论 7-461b
同懋增纸店 1-145c
同盟会 1-558c, 1-562f, 1-566a, 2-422f, 3-586e, 3-601d, 4-188e, 5-119d, 5-283f, 6-222d, 6-242e, 9-399f
同盟通讯社 3-150c
同盟者战争 7-396a, 5-211b
同胚 7-460d
同胚不变量 7-460d
同配接合 9-50d
同配生殖 6-549e, 9-50d
同普县 4-172e
同签书枢密院事 7-51a
同庆班 7-515d, 8-464e
同庆帝 6-203e
同仁堂 7-396b, 2-103d
同仁县 3-593e
同仁医院 8-107b
《同生死的时代》 3-445b
同时犯 3-149e
同时性的相对性 8-156e
《同斯特拉文斯基的谈话》 7-136a
同素异形体 7-399d
同塔梅平原 9-129c
同位素 7-396b, 3-552f, 7-229b, 9-108e, 9-109e
同位素标记化合物 1-352d
同位素地层学 2-219d
同位素地球化学 7-396c
同位素地质年代 2-249f
同位素地质温度计 2-250b
同位素定年 7-397c
同位素分离 7-396e, 7-397b
同位素分析 7-397a
同位素化学 7-396f
《同位素及其组成》 4-330c
同位素年代学 7-397b
同位素效应 7-397f
同位素中子源 9-451e
同位旋 7-398a, 3-338c
同文馆 7-398b, 6-129f
同文书会 3-237a
《同文算指》 5-4e
同烯系物 7-398d
同系列 7-398c
同系物 7-398c
同系线性规律 4-190d
同系原理 7-398d
同乡会馆 3-612e
同乡移民会馆 3-612e
同心纲 4-74b
同心清真大寺 7-398d
同心球理论 6-13d
同心圈原则 1-398a
同心县 7-398e
同姓诸侯王 3-368c
同性恋 7-398f
同性恋行为 7-398f
同训不讳 1-334a
《同样的话》 3-86d
同业拆借市场 4-250e
同业透支 7-416b
同一认定 7-399a
同一哲学 8-242a
同义通用 7-393f
“同意的革命”理论 4-525c
同意婚 4-2d
同音通用 7-393f
同余 7-399b
同源 4-270e
同源重组 4-53a
同源词 7-399c, 7-399c
同源多倍体 5-494b, 8-150d

同源国际旅行社 9-424a
同源染色体 4-156d
同源说 9-121f
同源字 7-399c
同知枢密院事 7-50f
同质多晶 7-399d
同质多糖 2-389f
同质多象 4-502e, 7-399d
同质结 9-586e
同质链聚合物 8-17c
同质毛 8-449e
同质人工授精 6-287b
同质移植 6-155a
同质异晶 7-399d
同质异象 7-399d
同治 6-228f
同治帝 2-44c
同治中兴 6-229a
同中书门下平章事 7-399d
同中书门下三品 5-368b, 7-399e, 9-280f
同钟花属 4-224f
同种相残 1-424f
同种异体抗原 4-413f
同种异体输血 7-56c
同种（异体）移植 6-155a
同州梆子 6-439f, 6-552d, 7-151b
佟国维 5-145c
佟佳氏 5-145c
佟麟阁 7-399f
佟兆麟 7-151e
茼蒿 7-400a, 4-333d
茼蒿属 7-400a
桐柏县 7-400b
桐城派 7-400b, 8-201d, 8-479d, 9-168b
桐城派三祖 8-479d
桐城市 7-400c
桐城县 7-400c
桐国 7-400c
桐花树 3-473c
桐江 6-168b
《桐江集》 2-488c, 9-17f
《桐江续集》 2-488c, 9-17f
桐里 6-507b
桐庐县 7-400d
桐木岭 4-308c
桐酸 7-401a
桐乡市 7-400e
桐乡县 7-400e
桐油 7-400f
桐油酸 7-401a
桐梓人 7-401a
桐梓树 1-497d
铜 7-401b, 2-281f, 9-460e
铜铵 8-173b
铜板 7-404d
铜版纸 7-401e
铜奔马 7-401f
铜车马 4-579d
铜川市 7-402a
铜川县 7-402a
铜错金博山炉 1-416c
铜刀币 9-182c
铜笛 7-234d
铜铎 5-391e
《铜古卷》 7-142b
铜鼓 7-402a, 5-537f, 6-607d, 7-402c, 9-516d
铜鼓岭 7-585d
铜鼓舞 7-402c
铜官山市 7-403a
铜官窑 9-54b
铜管乐队 7-402d
铜合金 7-402d
铜河 2-82b
铜婚 4-223b
铜镜 7-402e, 1-517d, 3-5c, 4-318d
铜蓝 7-402f
铜里 7-396a
铜梁大龙 5-143f
铜陵长江大桥 7-403b
铜陵市 7-403a, 1-98c
铜陵县 7-403a
铜岭古矿冶遗址 7-403b, 6-347f
铜绿 7-401c
铜绿山古矿冶遗址 7-403c, 5-176a, 7-403c
铜马帝 3-375a
铜马军 1-599c
铜盆鱼 9-252d
铜钱 9-313e
《铜墙铁壁》 5-134b
铜雀园 8-503c
《铜人腧穴针灸图经》 7-168c
铜仁地区 7-403d
铜仁府 7-403e
铜仁市 7-403e, 7-403e
铜仁县 7-403e
铜仁专区 7-403e
铜色牛肝菌 5-600f
铜山区 7-403f
铜山县 7-403f
铜石并用时代 7-404a
《铜水箱》 8-162b
铜胎画珐琅 6-471b
铜像 2-301c
铜乙二胺 8-173b
铜铀云母 7-404c
铜元 7-404d
铜族 3-301e
《童痴二弄》 3-197e
童第周 7-404e
童恩正 4-426e
童非 2-142d
童贯 1-469a, 2-489d, 7-170a
童话 7-404f
《童话的特征、要素及其他》 3-443a
童寯 7-404f, 9-233b
《童年》(本·杰隆) 1-307b
《童年》(M.高尔基) 3-62b
《童年》(L.N.托尔斯泰) 7-452d
《童年的秘密》 5-372d
《童年典范》 7-609b
《童年往事》 3-489c, 7-250e
童女 2-453c
《童僧》 4-533d
童生 4-428b, 4-428e
童试 4-428e
童祥苓 9-323e
《童心》 7-511c
童心说 7-405a
《童心说》 7-405a
童养媳 7-405b
童样痴呆 9-321a
童芷苓 4-282d, 8-382a
童装系列 2-601e
童子 2-453c
酮 7-405b
酮康唑 7-412b
酮麝香 6-303a
酮糖 2-143b
酮糖磷酸酯 7-319c
酮替芬 4-415a, 6-87c
酮肟 7-608e
酮症酸中毒 7-319f
僮客 1-359e
僮子戏 6-8e
僮族 9-516d
潼关 7-405c, 7-405d
《潼关吏》 2-356e
潼关厅 7-405c
潼关卫 7-405c
潼关县 7-405c, 7-405c
潼津县 7-405c
橦技 6-28a
统筹法 7-405d
《统筹方法平话及补充》 7-405d
统筹图 7-405d
《统道真传》 1-107c
统和之政 5-67b
统计 7-405e, 7-406c
统计报表 7-406c
统计表 7-405f
统计调查 7-406a, 6-494e
统计法 7-406c
统计概率 3-240a
《统计工作试行条例》 7-406d
统计假设 4-145c
统计决策 7-66a
统计决策函数 7-406e
《统计决策函数论》 7-464c
统计决策理论 7-406d

统计力学 3-551e, 7-407e
《统计力学的基本原理》 4-58d
《统计力学及其在物理化学中的应用》 7-317c
统计量 7-65f, 7-408b
统计模拟法 5-372f
统计模式识别 5-454e
统计声学方法 4-165d
统计数学 7-72a
统计图 7-407a
统计推断 7-407b, 7-66a
统计推论 6-491c
统计物理学 7-407d, 3-551e
《统计物理学导论》 7-521d
统计系综 8-147f
统计学 7-408a, 7-405f
统计指标 7-408c
统计指数 7-408d
统计质量控制 9-315a
统计资料 7-405f
统监 7-109d
统党 7-408e
统收统支 7-408f
统率义和团大臣 3-53d
《统天历》 7-168c
统万城 7-409a, 3-446d, 8-161b, 9-65e
统万突 7-409a
统言 4-3f
统叶护可汗 7-409b
《“统一”病》 3-412f
统一财产制 2-589b
统一场论 7-409c, 1-89d
“统一俄罗斯”党 2-400a
《统一国际航空运输某些规则的公约》 3-264c
统一国民党 7-128d
统一建国同志会 9-202c
统一进步协会 7-437d
统一实体规范 3-274d
《统一提单的若干法律规定的国际公约》 3-345f
统一战线 7-409d
《统一战线问题与民族问题》 4-614d
《统治阶级》 4-307c
桶形风筝 2-570c
筒仓 5-56e
筒拱 3-146e
筒箭毒碱 7-409f
筒井 7-87e
筒裙 6-270c
筒式仓 5-56e
筒蝗属 7-101b
筒粽 9-561b
痛痹 1-332c
痛风 7-409f, 3-205b
痛风石 7-410a
痛经 7-410a
痛惊宁 6-382f
痛觉 7-410c
《痛苦》 3-458a
《痛苦的首都》 1-78c
《痛史》 8-36f
痛痛病 7-410d
痛痛病事件 3-132f
痛性抽搐 6-382f
《偷拳》 9-85e
《偷石榴》 3-427a
偷税 7-410e
偷税罪 4-286a
《偷自行车的人》 7-410e
头 7-410f
《头版新闻》 5-349a
头孢氨苄 7-411a
头孢吡肟 7-411a
头孢菌素类抗生素 7-411a
头孢拉定 7-411a
头孢哌酮 7-411a
头孢匹罗 7-411a
头孢羟唑 7-411a
头孢他定 7-411a
头孢唑啉 7-411a
《头部》 7-201e
头部保健推拿 1-244e
头部器官疾病头痛 7-411f
头楂 6-76a
头衬 7-411b
头寸 7-411b
头寸紧 7-411c
头寸松 7-411c
头戴式受话器 2-420b
头等学堂 7-352e
头管 3-212f
头喙亚目 7-395a
头甲鱼形纲 8-15e
头盔枪 7-411c
头脑风暴法 7-411c
头盘虫 1-233f
头皮撕脱伤 5-159e
头皮外伤 5-159d
头皮血肿 5-159e
头虱 6-576d
头索动物门 7-411d
头痛 7-411e
头痛型癫痫 7-412a
头陀军 3-586f
头下制 5-64b, 7-413b
头香 8-197d
头项 7-413b
《头像》 5-83b
头胸甲 1-229e
头癣 7-412a
头晕 7-412b
《头撞墙》 1-186d
头足纲 7-412d, 6-346d
投保型社会保障制度 2-612c
《投奔怒海》 8-351a
投标 7-412e, 3-263e, 9-224a
投标式拍卖 6-35d
投充 9-145e
投放式深水炸弹 6-508e
投壶 7-412f
《投溷中》 3-494a
投机动机 5-96c, 5-124c
投机性短期资本 9-44b
投弃式深温计 6-509a
《投枪》 1-70d
投入产出表 7-413a
投入产出分析 7-412f, 4-288b
《投入产出经济学》 5-6d
投入产出模型 7-413b
《投入火热的斗争》 3-253e
投入资本 7-228f
投射部 2-149a
投石党运动 2-613b
投下 7-413b
投项 7-413b
投影 6-504a
投影机 7-413c
投掷式弹药 2-149b
投资 7-413d
投资报酬率 7-413e
投资边际效率 7-413e
投资乘数 7-413f, 1-588f
投资管理 7-414c
投资饥渴 2-367c
投资基金 7-414a
投资结构 7-413e
投资经济学 7-414b
《投资理论的研究》 3-317d
投资信托 8-297f
投资银行 7-414d
骰子令 4-324f
《骰子一掷永远取消不了偶然》 5-257f
透长石 1-519b
透翅蛾 7-414e
透翅蛾科 7-414e
透辉石 3-606e
透剑门 9-572f
透镜 7-414e
透棱镜改正器 7-181e
《透明的红萝卜》 8-170c
透明覆色法 9-37f
透明黏性白带 1-194a
透明铅墙 6-159f
透明软骨 6-345a
透明细胞癌 9-529f
透明质 8-153c
透明质酸 3-188f
透平 7-415a
透平机械 5-126d
“透平尼亚”号战舰 6-33d

透平压缩机 8-386b
透闪石 7-415a, 9-76f
透闪石石棉 7-415b
透射式电镜 2-296d
透射式幻灯机 3-577c
透射式投影机 7-413c
透石膏 6-594c
透视 9-588c
透视形 7-415c
透视学 7-415b
透特 3-444f
透析 7-415d
透细胞液 7-85c
透支 7-416a, 2-367c
凸版 8-612e
凸版版画 1-230d
凸面镜 4-318d
凸透镜 7-414e
凸旋螺 1-341a
凸缘垫片式强制密封 5-404f
秃发利鹿孤 7-416b
秃发傉檀 7-416b, 5-532d
秃发乌孤 7-416c, 5-532d
秃呵 2-355b
秃忽鲁帖木儿 1-496e
秃鹫 7-416c
秃鹫星 9-292b
秃杉 6-442d
秃头悖论 5-453f
秃头查理 2-465a
《秃头歌女》 7-416d, 9-33a
秃鹰属 7-416c
突变 7-416e, 4-170d
突变理论 4-170e, 7-416f, 7-462c
突变论 7-416f
突变型动物 6-615c
突触 7-417a, 6-512f
《突触生理学》 1-67c
突发电离层骚扰 2-283e
突发公共事件 7-417b
突发事件 4-196e
突发性强大应激事件 7-527a
突格里勒贝格 7-180c
突击 7-417b
突击步枪 7-417c, 1-456b
突厥 7-417c, 7-445d
突厥第二汗国 7-417e
突厥第一汗国 7-417d
突厥汗国 3-314d
突厥人 7-438e
突厥如尼文 7-417e
突厥斯坦苏维埃社会主义共和国 8-11a
突厥文 7-417e, 3-609c
突厥语 1-16f
《突厥语大词典》 3-609c, 5-250e
《突厥语句法精华》 5-250e
突厥语族 7-417f, 2-20d, 2-327d, 8-416d
突厥族奴隶 4-124b
突利可汗 4-227e
突吕不 6-153e
突尼斯 7-418b
突尼斯 7-419e
突尼斯阿拉伯人 7-420a
突尼斯第纳尔 7-419a
突尼斯二大 7-419b
突尼斯非洲通讯社 7-419c
突尼斯共产党 7-419a
突尼斯共和国 7-418e
突尼斯湖 7-419e
突尼斯人 7-420a
突尼斯三大 7-419b
突尼斯山 7-418c
突尼斯一大 7-419b
突骑施 3-314d
图 7-423a
图阿雷格人 7-388a
图阿雷格语 1-18d
图阿马西纳 5-241f, 7-242d
图案 7-420a
《图案法ABC》 1-573e
《图案教材》 1-573e
图巴堡 9-117c
图波列夫,A.N. 7-420b
图卜卡勒山 1-56b
图谶 1-575f, 2-490d
图德,A. 7-420c
图尔 5-155d
图尔,N.B. 3-141c
图尔卡纳湖 7-420d
图尔库 7-420d
图尔库大学 3-445d, 7-420e
图尔明,S. 4-441d
《图尔墨克的酋长》 3-85d
《图菲里派的传说》 8-526c
图盖拉河 7-420e
图盖拉瀑布 7-420e
图盖拉峡谷 7-420f
图格鲁克王朝 1-158b, 2-182a
图根控制测量 2-244a
图哈切夫斯基,M.N. 7-420f, 7-182a, 7-188d
《图画见闻志》 7-421a, 3-556d, 8-347f
《图画时报》 3-84e
《图绘宝鉴》 7-421b
图霍尔斯基,K. 7-421c
图基,J.W. 7-72a, 7-75b
《图解天文学》 3-71b
图库尔提·尼努尔塔一世 8-409e
图拉,C. 7-600d
图拉山 4-436c
图拉遗址 7-452f
图拉真 7-421c, 7-340a
图拉真广场 7-421d
图拉真纪念柱 7-421d
《图拉真颂》 3-173e
图兰低地 7-421e
《图兰多》 7-421e, 8-349c, 9-214e
《图兰多》(戏剧) 3-85f
图兰平原 7-421e
图勒河 8-4f
图勒文化 1-88d
图灵,A.M. 7-421f
图灵测试 7-422a
图灵机 7-422a, 2-254a
图灵论题 7-422c
图灵实验 6-287f
图卢兹 7-422d
图卢兹-洛特雷克,H.de 7-422e
图录 1-575f
图论 7-422f
图们 7-424a
图们江 7-423f, 1-508b
图们市 7-424a
图弥 7-424b
图弥三菩札 7-424b, 2-122d
图密善 2-591a
图木舒克公社 7-424c
图木舒克市 7-424c
图木舒克总场 7-424c
图尼埃,M. 7-424d
图帕克·阿马鲁一世 7-424d
图蓬加托山 9-321e
图皮-瓜拉尼语族 3-202a
图片摄影 6-504f
图森,A. 1-353c
图式说 7-557b
图书 7-424e
图书分类法 7-596c
图书馆 7-424f
《图书馆服务的测量与评价》 4-540e
《图书馆工作概要》 9-472b
《图书馆目录》 5-109b
《图书馆情报机械化编码与检索用的统计方法》 5-149c
《图书馆图书小册子排架及编目适用的分类法与主题索引》 2-363a
图书馆学 7-425c
《图书馆学教育基础》 8-241c
图书馆学五定律 6-343e
《图书馆杂志》 2-363a
图书俱乐部 2-354e
《图书目录学》 2-356a
图斯城 5-276f
图斯池 8-525f
图索德夫人蜡像馆 7-425f, 5-194c
《图塔梅亚》 5-216a
图坦哈蒙 1-45a, 1-66c, 7-426a
图坦哈蒙金面具 7-426b
图坦哈蒙墓 7-426a
图坦哈蒙王座 3-160e

图坦哈吞 7－426b
图特摩斯三世 7－426b, 1－66c, 3－158e
图特摩斯三世方尖碑 2－489a
图特摩斯三世木乃伊 1－66d
图腾 7－426c, 3－523f, 5－140b
图腾崇拜 2－339c, 7－426d, 9－544c
图帖睦尔 9－97f
图图,D.M. 7－426e
图图伊拉岛 5－357c
图瓦共和国 7－310f
图瓦卢 7－426e
图瓦卢群岛 7－426f
图瓦人 7－427c, 4－363f
图瓦语 7－427c
图瓦自治共和国 7－310f
图瓦自治州 7－310f
图佤语 7－427c, 7－427c
图纬 1－575f
图西 1－447b
图西人 5－568c
图像处理 7－427d, 7－428a
图像分析 7－428a
《图像集》 5－7b
图像理解 7－428a
图像谱 4－95c
图像识别 7－427d
图像数据 4－466f
图像通信 7－427e
图像信号处理 7－427f
图像学 7－428a
图像再认 7－427e
图像志 7－428a
图像志分析 7－428b
《图像中国建筑史》 5－55a, 5－82d
《图形的分割》 6－14a
图形工作站 4－91b
图形设计 6－90f
图形数据 4－466f
图形统计社会学 5－604d
《图形学基础》 2－537a
《图雅的婚事》 8－81e
图章 8－138e, 9－512a
图兹拉大学 1－386b
图16轰炸机 7－420c
图20轰炸机 7－420c
图22轰炸机 7－420c
图26轰炸机 7－420c
图104超声速旅客机 7－420c
图134超声速旅客机 7－420c
图144超声速旅客机 7－420c
图154超声速旅客机 7－420c
徒兵 5－168c
徒歌 8－191a
《徒劳无功》 6－281a
《徒然草》 6－320d
《徒然的柔情》 7－188b
涂长望 7－428c
涂尔干,É. 7－428d, 1－308f, 2－210d, 2－478e, 4－24e, 4－220f, 4－567e, 5－473d, 6－493b, 6－494d, 9－544c
涂附磨具 5－464e
涂光炽 7－428e
涂料 7－429a, 4－339f
涂迈,J.W. 7－429b
涂乃贤 7－326b
涂山 4－496d
涂氏宗祠 2－42f
涂鸦艺术 7－429c
《屠场》 8－260d
屠格涅夫,I.S. 7－429c
屠拉蒂,F. 7－429e
屠能,J.H.von 4－285b, 5－615b, 6－245f
屠乔孙 6－588e
《屠杀婴儿》 6－115c
屠守锷 7－429f
屠苏酒 7－430a
屠睢 9－127b
屠宰检疫 2－340c
稌 2－167a
土阿莫土群岛 1－380f, 2－454d
土白蚁属 1－208c
土崩 1－312a
土鳖 2－531a, 5－488d
土兵 7－165d
土兵起义 8－601f
土伯特国王 2－254c
土布艾群岛 1－380f, 2－454d
土沉香 6－352c
土地 7－430a
《土地》(电影) 2－357e
《土地》(小说,E.da库尼亚) 3－22a
《土地》(小说,李篔永) 4－598d
《土地》(小说,朴景利) 6－83b
《土地》(小说,舍尔卡维) 6－501e
土地表层侵蚀 7－98c
土地测量 7－430b, 2－222c
土地承包经营权 5－616a
土地出让 7－434d
土地出租 7－434d
《土地的威力》 8－8c
土地二级市场 7－434d
土地法 7－430b
《土地法令》 7－430c
《土地改革法》 2－457c
土地改革运动 7－430d
《土地改革中的几个问题》 6－307c
土地革命战争 7－430f, 6－588f
土地公公 2－430e
土地管理 7－433f
《土地管理法》 7－430b
土地管辖 5－428d
土地规划 7－434a
《土地规划条例》 7－138d
土地贵族 7－454c
土地合作社 5－615e
土地划拨 7－434b
土地利用 7－434b
土地利用工程 5－613e
土地利用规划 7－434a
土地买卖 7－434c
土地庙 5－420b
土地清丈 2－222c
《土地清丈册》 5－466d
土地神 2－430e
土地神诞日 2－430e
土地使用权 7－434d, 8－22b
土地使用权市场 7－434d
土地市场 7－434d
土地所有权 7－434d
土地所有制 7－434e
土地所有制关系 7－434e
土地退化 3－571f
土地信息系统 7－434e
土地行政法 7－430b
土地盐碱化 7－434f
土地爷 2－430e
土地一级市场 7－434d
土地与自由社 1－161f
土地增值税 2－221c
土地沼泽化 7－435b
土地征用 7－435c
土地转让和转租市场 7－434d
土地资产管理 7－434a
土地资源 4－443e
土豆 5－267e
土断 7－435c, 8－177d
土尔扈特部 7－435d, 1－186b, 2－409c, 7－467b
《土尔扈特全部归顺记》 7－435f
土尔克明尼亚人 7－438e
土耳帕拉提峰 1－414b
土耳其 7－435f
土耳其革命 7－437d
土耳其共和国 4－395a
土耳其海峡 3－453f
土耳其人 7－437e
土耳其语 7－437f, 7－437e
土耳其玉 5－186e
《土耳其浴室》 2－442d
土番 7－251f
土方工程 2－78d
土方机械 7－438a
土方与志 6－157e, 8－227f
土肥原贤二 4－315b
《土匪》 6－235f
土蜂 7－438a
土蜂总科 7－438a
土府 3－2c
土府同知 7－443c
土根原初人 6－157f, 6－291f
土狗 5－148b

土官制度 7-443c
土虺蛇 3-23e
土活真 1-107c
土家语 7-438b
土家族 7-438c
土家族丝弦锣鼓 3-190c
土窖 7-438d
土槿皮 4-247e
土荆芥 4-585a
土剧 6-238e
土坑墓 7-444d
土库曼巴希 7-439e
《土库曼查伊条约》 2-395b
土库曼人 7-438e
土库曼斯坦 7-438f, 2-353a
土库曼斯坦大学 1-53d
土库曼斯坦科学院 1-53d
土库曼斯坦民主党 7-439c
土库曼苏维埃社会主义共和国 7-439a
土库曼语 7-439f, 7-438e, 7-438f
土库曼族 7-438f
土力学 7-440a
土鲮鱼 5-100c
土龙 8-448f
土垅大白蚁 1-208c
土楼 4-462e
土伦 8-178a
土伦试剂 2-143e, 8-220d
土霉素 7-150d
土弥桑布札 7-424b
土默特川 3-496e
土默特平原 3-427f
土默特右翼旗 1-283c
土默特中旗 1-283c
土木堡之战 7-442a
土木工程 7-440d, 2-240d
土木之变 7-442a
土木之役 9-145f
土鲇 5-585f
土判官 7-443c
土琵琶 5-134a
土器 7-324e
《土墙蝶花图》 4-609d
土壤 7-442b
《土壤地理微形态特征》 4-604c
土壤地理学 7-442d, 2-228b
《土壤分析法》 4-608b
土壤分析化学 4-608b
《土壤胶体》 8-334d
土壤酶 7-442e
土壤侵蚀 7-98c
土壤水 7-442e, 2-242c
《土壤微生物原理》 7-466e
土壤污染 7-442f
土壤学 7-443a
土壤盐渍化 3-572a
土人 2-130a
《土色的菱形》 1-93a
土生蕃客 3-610f, 9-402d
《土生子》 4-538d
土师器 3-168e
土石坝 1-190c
土司 7-443b, 5-442a, 6-220b
土司制 3-25f
土通判 7-443c
土豚 7-443e
土豚属 7-443e
土卫六 2-240b, 7-444b
土县丞 7-443c
土谢图汗 4-361e
土星 7-443f
土星大气 7-444a, 8-316d
“土星”号运载火箭 7-444c
土星环 7-444b
土星卫星 7-444b
“土星”5号运载火箭 1-445a, 7-353a
土巡检 7-443c
《土伊勒里宫花园音乐会》 5-270d
土衣鱼科 8-534a
土驿丞 7-443c
土圆仓 5-56e
土葬 7-444d
土葬墓 7-444d
土知府 7-443c
土知县 7-443c
土知州 7-443c
土质滑坡 3-541d
土种猪 9-495e
土州同知 7-443c
土主簿 7-443c
《土著评论》 5-212a
土著人 5-432c
《土著人吉米的歌声》 4-49e
土孜塔格 4-16a
土族 7-444e
土族文 7-445a
土族语 7-444f
土佐 7-149e
土佐勤王党 1-227d
吐蕃 7-445a, 5-147b, 8-421f
《吐蕃佛教源流》 9-90c
《吐蕃僧诤记》 3-381d
吐根碱 7-445c
吐浑 7-446e
吐火罗 7-445c
吐火罗叶护 7-445e
吐火罗语 7-445e, 4-102c
吐火罗语A 7-445e
吐火罗语B 7-445e
吐来抗 9-307c
《吐鲁番的葡萄熟了》 6-578e
吐鲁番地区 7-445f
吐鲁番盆地 7-446a, 7-446a
吐鲁番市 7-446b, 7-446a
吐鲁番文书 7-446c
吐鲁番学 7-446e
吐纳 6-141e
吐纳功 6-141e
吐施帕城 8-3a
吐斯塔格 4-16a
吐万突 7-409a
吐谷浑 7-446e, 4-601c
吐谷浑国 6-206a
吐峪沟石窟 7-446f
钍 7-447a, 1-60d, 2-505c
钍镁合金 7-447b
钍-铅法定年 9-42e
钍射气 2-331f
钍系 2-504a, 2-504e
钍铀矿 4-303d
吐法 7-447c
兔 7-447c
兔唇 2-39f
兔岛 6-556c
兔耳草属 8-362d
兔耳花 8-168d
兔毫 4-164c
兔毫笔 5-313b
兔毫釉 7-354f
兔科 7-447c, 7-447d
《兔年的夏天》 5-502d
兔形目 7-447d
兔眼 4-204f, 5-417b
兔鹰 1-475b
《兔园册》 5-375d
《兔子，跑吧》 2-409e
《菟玖波集》 5-37d
菟丝子 7-447e, 8-365c
菟丝子属 7-447e
湍流 7-447e, 3-352b, 4-569f, 9-470f
湍流边界层 1-337e
湍射流 6-503f
团城 2-355a
团钢 3-218a
团河行宫旧址 2-113a
《团结》 9-370f
《团结报》 9-370f
团结的斐济党 2-530d
团结峰 6-131a
团结工会 7-448a, 1-378b
团结工会选举联盟 7-448b
团练 6-219e
团楼 1-583a
团貌 5-329c
团泊水库 4-316c
团沙群岛 5-539e
团体格局 1-489a
团体工作 8-231e
团体理论 7-448b
团体旅游 5-182c
团体协约 4-76f

团体智力测验 9-320f
团头鳊 7-448c
团头鲂 7-448c
团鱼 1-358b
《团圆》 9-78f
团圆节 9-435b
《团圆之后》 6-100e
彖辞 9-475d
《彖传》 9-475d
《推背集》 7-315d
《推步》 3-252d
推测领航 3-394a
《推测术》 9-570b
推车式灭火器 5-421b
推定义务 3-4f
《推动全面合作，促进共同发展》 5-517a
推断统计 7-405f
推断统计学 7-408b
推恩令 7-448c
推覆构造 7-448d, 1-9e
推覆体 7-448d
推杆式炉 3-127b
推古朝改革 7-448f, 6-558a
推古女帝 7-448f
推古天皇 6-558a
推荐航线 3-339b
推荐性标准 7-449a
推进舱 9-410e
推进剂 7-449a
推进药 7-449a
推拉门 5-365a
推理 7-449c, 8-403c
推理小说 9-250a
推力轴承 9-478b
推命术 9-177d
推拿 7-449d
推蓬装 9-515a
推铅球 6-160b
推手 7-257a
《推手》 4-587a, 7-250f
《推销员之死》 7-449f, 5-397b
《推销员之死》(电影) 2-69b
推移质 3-424c
推茵神 5-462f
“退出印度”运动 2-511a
退耕还林 7-449f
退化黑钙土 3-460a
退浑 7-446e
退火 7-450a, 4-256a, 5-77b
退热碱 1-525e
退税 7-450a
《退溪集》 4-598c
退休保险 4-284b
退休基金 7-450c
退休金 7-450b
退休制度 7-450b
《蜕变》 1-479c, 9-374b
《蜕变中的中国社会》 4-611b
蜕壳激素 4-507d
蜕皮激素 4-57c, 4-507d
吞食异养 6-544d
吞噬细胞 5-335b
吞武里王朝 2-70c
吞咽困难 7-450c
吞咽神经痛性晕厥 9-304c
吞咽性晕厥 9-304c
屯 9-258f, 9-540b
屯垦论 7-451a
屯田 7-450d
屯田论 7-451a
屯溪绿茶 7-451c
屯溪区 7-451c
屯溪市 7-451c
屯驻大军 7-165d
囤积倾向 2-367c
豚鼠 7-451c
豚鼠科 7-451c
鲀形目 7-451d, 2-52b
臀鳍 6-134e
臀疣 3-490e
托比，M. 2-9c
托宾，J. 7-451e
托波奇科温泉 5-373a
托钵会 8-590f
托钵僧团 7-451f
托钵修会 2-488f, 4-43f, 7-451f
托博尔河 2-406e
托达罗，M.P. 6-284b
《托德西利亚斯条约》 4-208e
托尔布津 6-356f, 8-396b
托尔蒂岛 3-323c
托尔多基-亚尼山 8-133a
托尔格勒，E. 3-257a
托尔加，M. 7-452a
托尔曼，E. 8-291f
托尔曼，R.C. 4-7a
托尔斯港 7-452b, 2-452c
托尔斯泰，A.N. 7-452b, 2-402f
托尔斯泰，L.N. 7-452c, 1-102f, 3-10f, 3-120d
《托尔斯泰戏剧集》 4-600d
《托尔斯泰传》 5-212d
托尔特克人 7-452f
托尔特克文化 7-452f, 6-132d
托尔托拉 9-11a
托尔文，E. 4-96d
托夫勒，A. 4-100b, 9-226c
托夫斯托诺戈夫，G.A. 7-452f
托福考试 7-453a
托福中心测验 7-453b
《托戈-格尼尼老爷》 2-61c
托古改制 7-503d
托管 9-524f
托管理事会 5-41f
托颌手法 8-248d
托吉克人 7-238f
托锦乌梁海旗 7-310f
托卡马克 7-453b
托卡马克装置 2-50c
托坎廷斯河 7-453b
托克劳 7-453c
托克劳群岛 7-453c
《托克马达》 1-418c
《托夸多·塔索》 3-95f
托拉斯 7-453d
《托莱多风景》 3-104d
《托莱多天文表》 3-528b
托兰德，J. 2-480e
托勒尔，E. 7-453e
托勒玫 7-453e, 2-227a, 2-239e, 2-243f
《托勒玫地图》 7-453f
托勒玫体系 7-454a, 7-365d
托勒密 7-453e
托勒密九世 2-218b
托勒密十二世 4-451c
托勒密·索特尔 1-64f
托勒密王朝 1-64f, 3-159a, 8-404b, 8-405b
托勒密王国 8-123e, 8-404f
托勒密五世 5-216c
托雷山 4-442f
托雷斯，L. 7-454a
托雷斯海峡 7-454a, 1-36b
托里拆利，E. 7-454b, 4-122e
托里拆利真空 7-454c
托利党 7-454c
托林寺 9-156e
托伦斯河 1-7a
托罗斯山脉 7-454c
托洛茨基，L.D. 7-454d, 9-127d
“托洛茨基-季诺维也夫反苏联合总部”案件 4-101f, 4-113d
托洛洛山天文台 9-322a
托马利亚，D.A. 7-62a
托马斯，K. 1-113a
托马斯，M.F. 6-103f
托马斯，P. 2-514c
托马斯，S.G. 7-454e
托马斯，W.I. 7-454f
托马斯·阿奎那 7-455a, 2-387f
托马斯法 7-454f
托马斯教堂 4-532a
托马斯·拉尼尔·威廉斯 7-531b
托马斯马，D.C. 8-119c
托马斯·曼 7-455b
托马斯·曼 7-455d
托马斯·孟 7-455d
《托马斯·闵采尔》 7-609c
托马斯全旋 1-113a
托马斯主义 7-455b
托米斯 4-404d

托姆,R. 4-170e, 7-416f
托木尔峰 7-455d
托帕石 3-602c
《托帕兹》 6-33b
托皮卡 4-397d
托普卡珀宫博物馆 8-531d
托什干河 1-29c
托收承付 4-224f
《托斯卡》 7-455e
托斯卡纳大公国 2-587a, 2-587c
托斯卡尼尼,A. 7-455e
托斯克方言 1-9b
托斯克人 1-9b
托素湖 2-182c
托忒文 2-409c, 5-379d
托提拉 2-320d
托叶 8-494b
托真人 7-427c
拖拉机 7-455f
拖雷 7-456b, 9-88a
拖泥带水皴 8-162d
拖网 9-63f
脱出功 3-221c
脱发 7-456c
脱懽 7-467b
脱蜡法 6-571f
脱落酸 7-456d
脱敏 7-456e
脱氢酶 7-456f
脱燃素气 4-527e, 6-111b
脱燃素盐酸 6-502b
脱水 7-457a, 7-4b, 8-506e
脱髓鞘疾病 5-552d
脱羧 7-227a
脱胎漆器 6-124f, 6-519b
脱脱 7-457b, 4-254c, 5-67d, 9-89b
脱脱不花 7-467b, 8-490f
脱脱更化 9-95d
脱屣山人 8-246a
《脱亚论》 2-616c
脱氧穿心莲内酯 2-24b
脱氧核苷 3-435d, 3-435e
脱氧核糖 7-457c
脱氧核糖核苷 3-435b, 3-435e
脱氧核糖核酸 7-457c
脱氧血红蛋白 8-374d
《脱影奇观》 7-457e
《脱影源流史传》 7-457f
《陀罗尼经》 2-300f, 7-147e
陀螺 7-457f
陀螺定轴性 7-458a
陀螺动力学 7-457f
《陀螺及惯性导航原理》 5-171c
陀螺力学 7-457f
陀螺罗经 5-205b
陀螺系统 7-457f
陀螺旋进 7-458b
陀螺仪 7-458a, 1-304f, 7-457f
陀螺仪理论 7-457f
陀螺章动 7-458b
陀螺装置 7-457f
陀思妥耶夫斯基,F.M. 7-458b, 3-120e, 3-461a
坨子地 4-426a
沱茶 9-137b
沱江 7-458d
沱灢 8-178a
沱沱河 7-458d
驼背大麻哈鱼 3-243f
驼峰航线 6-393c
驼海豚属 9-414b
驼科 6-27e
驼山石窟 7-458e
柁子 1-269d
鸵鸟 7-458f, 5-588c
鸵鸟属 7-458f
橐（鼓风器） 3-191b
橐驼 5-234a
橐籥 3-191b
鼍 8-448f
妥布霉素 1-112a
妥欢帖睦尔 9-89b, 9-95d
椭球变星 7-80c
椭球面 2-423a, 3-59c
椭球双星 7-80c
椭圆 7-459a
椭圆的非欧几何学 4-79e
椭圆函数 7-459c
椭圆函数论 1-3a
《椭圆函数论》 4-566b
椭圆几何 2-515b, 6-504c
椭圆抛物面 2-423a
椭圆偏振光 3-220b
椭圆群 6-504c
椭圆星系 7-334e, 8-307d
拓跋赤辞 8-104b
拓跋珪 1-285a, 7-573d, 7-576a
拓跋弘 7-577b
拓跋宏 7-577b
拓跋力微 2-125f
拓跋什翼犍 1-285a, 2-126a
拓跋思恭 2-153b
拓跋嗣 1-285b
拓跋焘 2-55e, 3-24c, 5-139e, 7-576a
《拓跋新探》 7-372a
拓跋猗卢 2-126a
《拓荒者》(刊物) 7-267e
《拓荒者》(小说) 4-489a
拓扑不变量 7-72b, 7-460d
拓扑结构 7-71c
拓扑心理学 4-566e
拓扑学 7-459d, 4-181c
《拓扑学引论》 4-181c
拓扑K理论 7-461f
唾液腺导管结石 4-224e

W

挖掘机械 7-463a, 7-438a
挖泥船 3-122a, 7-54e
《洼地上的战役》 5-173e
洼狸镇 3-163a
蛙 7-463b
《蛙》 7-463d, 1-41e
《蛙胚主轴的决定时间》 5-162c
蛙式仰泳 8-471d
《蛙鼠之战续篇》 4-531e
蛙形目 7-463b, 8-20b
蛙泳 7-463d
娃娃调 4-281b
娃娃生 4-282c, 6-527e, 8-216e
娃娃鱼 7-463e, 2-97c
瓦 7-463e
瓦（物理量单位） 7-470d
瓦采季斯,I.I. 7-181f
瓦城 5-306d
瓦当 7-463f
瓦德西,A.von 1-142e, 8-554e
瓦迪 5-554a
瓦迪哈勒法 7-179d
瓦迪姆,R. 1-187c
瓦迪斯瓦夫二世·亚盖洛 5-22b
瓦迪斯瓦夫一世 6-75c
瓦迪·谢赫温泉 5-463e
瓦蒂人 1-73e
瓦杜兹 7-464a
瓦尔堡,O.H. 7-464a
瓦尔堡氏检压计 7-464b
瓦尔达尔河 5-272c, 7-126c
瓦尔达尔马其顿 5-272c
瓦尔代丘陵 2-259d
瓦尔德,A. 7-464c, 5-231b, 7-406d
瓦尔德海姆,K. 7-464d
瓦尔德内尔,J.-O. 7-464e
瓦尔登,H. 1-357a
瓦尔迪维亚,P.de 6-558d, 7-465a
瓦尔迪兹港 1-38a, 3-344f
“瓦尔迪兹”号油轮漏油事件 3-133b
瓦尔都 3-162a
瓦尔顿,E.T.S. 4-382f
《瓦尔基扎协定》 8-124a
瓦尔拉斯,L. 7-464e, 4-293e, 7-413a
瓦尔莱,J.F. 2-560d
瓦尔纳 1-243f
瓦尔讷明德 5-219a
瓦尔诺河 5-219a
瓦尔帕莱索 7-465a
瓦尔萨尔瓦氏操作 9-132e
瓦尔瑟,R. 7-465a
瓦尔塔河 1-388f, 5-221f
瓦尔特,B. 5-334f

瓦尔特,J. 7–465b
瓦尔特·封·德尔·福格威德 2–177c
《瓦尔腾堡的约克中尉》 3–445b
瓦尔佐布河 2–362b
瓦尔佐布山峡谷 2–362c
瓦房店市 7–465c, 2–91d
瓦菲阿迪斯,M. 8–124a
瓦干达人 3–31e
瓦冈诺娃舞蹈学校 4–49d
瓦岗军 7–211e, 7–213b
瓦格,P. 9–316c
瓦格腊姆 5–505f
瓦格纳,A.H.G. 7–465c, 2–176c
瓦格纳,R. 7–465e, 4–338f
瓦格纳,W. 7–465f
瓦格纳风格的男高音 6–414a
《瓦格纳音乐剧的演出》 1 3c
《瓦鬲之研究》 7–178c
瓦鼓 3–190c
瓦哈比派 7–466a, 7–182f, 8–514d
瓦哈比派王朝 7–466b
瓦哈比派运动 7–466a, 8–514f
瓦罕河 1–47a
瓦赫兰 1–123f
瓦赫兰湾 1–123f
瓦赫什河 1–47a, 7–239c
瓦赫坦戈夫,Ye.B. 7–466b
瓦胡岛 2–255f, 9–251e
《瓦吉夫》 8–56c
瓦加杜古 7–466c
瓦加杜古大学 7–466d
瓦加加伊峰 1–62c, 4–464a, 7–614f
瓦杰帕伊,A.B. 8–594a, 8–604b
《瓦解》 1–50c
瓦卡塔卡王国 4–71c
瓦克斯曼,S.A. 7–466d
瓦夸人 5–256e
瓦拉,L. 7–599e
瓦拉赤幕 1–10a
瓦拉几亚 5–164f
瓦拉几亚公国 7–466e, 5–209d, 5–395d
瓦拉几亚平原 6–19e
瓦拉几亚人 5–210f
瓦拉纳西 7–466f
瓦剌 7–467a
瓦莱里,P. 8–209d
瓦莱－普桑,C.-J.de la 7–68a
瓦莱塔 7–467b, 5–248a
《瓦朗蒂娜》 6–184f
瓦朗几亚人 7–467d
瓦勒抵累抛物线形拱坝 5–247a
瓦勒拉,É.de 7–467d
瓦勒里乌斯·弗拉库斯 3–173e
瓦雷兹,E. 7–467e
瓦楞蛤 5–579e
瓦里安,R.H. 7–467f
瓦里安,S.F. 7–468a
瓦里鲁 1–197b
《瓦里鲁法典》 1–197c
瓦里亚格人 4–47b
瓦利 7–468a, 1–97d
瓦利德 1–28f
瓦利拉河 1–91f, 1–92c
瓦利斯和富图纳 7–468a
瓦利斯群岛 7–468b
瓦利斯群岛和富图纳群岛 7–468a
瓦利亚加河 5–258a
瓦连廷诺夫,B.H. 7–547c
《瓦列金娜》 6–39e
瓦隆人 7–468c
瓦隆族 1–318c
瓦垄子 3–356b
瓦卢瓦王朝 7–468d
瓦伦达,A.H. 6–83a
瓦伦丁 6–236a
瓦伦丁,B. 1–330b
瓦伦丁,J.W. 4–270a
瓦伦丁博物馆 5–8f
瓦伦丁节 6–236a
瓦伦纽斯,B. 7–468e, 2–227c
瓦伦斯基,L.T. 7–468f
瓦罗 6–122b
瓦罗德2号公路桥 5–53f
瓦努阿图 7–468f
瓦努阿图共和国 7–469c, 7–469e
瓦努阿图人 7–469e
瓦努阿图语 7–469e
《瓦盆伸冤》 8–193b
《瓦平松的浴女》 1–97a
瓦普 4–522c
瓦普庙 1–180b
瓦琴洛德,L. 3–87b
瓦萨里,G. 5–361f, 7–614c
瓦萨王朝 3–176e
瓦塞 2–218b
《瓦桑村的道路》 1–328a
瓦瑟曼氏反应 4–540a
瓦舍勾栏 9–98f
瓦市 3–153c
瓦斯 4–500a, 7–469f
瓦斯爆炸 7–469f
瓦斯抽放 4–500b
瓦斯戈穆沃国家公园 7–128c
瓦斯涅佐夫,V.M. 7–470b
瓦斯喷出 4–500b
瓦斯突出 4–500b
瓦斯涌出 4–500a
瓦肆 3–153c
瓦松 7–470c
瓦松属 4–312e, 7–470c
瓦塔拉计划 4–436d
瓦特 7–470d, 3–140a, 7–470f
《瓦特》 1–295b
瓦特,J. 7–470e, 5–266e, 6–24d, 8–74f, 9–535f
瓦特纳冰原 1–362c
瓦托,A. 7–470f, 2–442e, 2–590e
瓦瓦乌群岛 7–296a
瓦韦尔城堡 4–446e
瓦维洛夫,S.I. 7–471a
瓦维洛夫定律 7–471b
瓦维洛夫－切伦科夫效应 7–471b
瓦维洛夫燕麦 8–445b
瓦文萨,L. 7–471b
《瓦西里·波尔特尼柯夫的归来》 6–107b
瓦西里升天教堂 4–452a
瓦西里耶夫兄弟 7–471c
瓦西列维奇,G.M. 5–304e
《瓦西蓬戈》 8–517e
瓦希里耶夫 3–589d
瓦扬·戈勒克 5–491d
瓦扬·塔尔 5 491d
瓦窑堡会议 7–471d
瓦窑堡镇 7–471e
瓦伊河 7–528b
瓦伊加奇岛 8–265d
瓦伊纳,J. 9–288e
瓦孜嘿 8–548a
瓦兹河 6–374d
佤－崩龙语支 7–471e
佤–德昂语支 7–471e
佤文 7–471f
佤语 7–471e, 7–471f
佤族 7–471f, 4–36f, 7–29c
佤族文字方案 7–471f
佤族竹鼓 3–190d
《瓦刀》 9–55b
《歪批三国》 5–104d
歪斜舌 6–479b
歪斜褶皱 9–242d
歪嘴病 5–417d
崴子 2–605c
外八庙 1–582a
外百老汇 1–212f
外摆线 1–217f
外包装 1–238c
外被 8–151c
外鼻 1–313c
外滨 3–318e
外部放射治疗 3–439f
外部公共关系 3–130e
外部过电压 3–60f
外部监管 4–250a
外部网关协议 8–571c
外部言语 8–428d
外部语言学 7–233f
外层 6–274e
外层空间 7–472a, 7–257c
外层空间法 7–472a
《外层空间条约》 3–259d, 7–472a
外差原理 2–541e

外察 2-88b
外巢材 5-588f
外朝 3-369a
外翅类 9-45b
外出血 2-15d
外出幼体 1-343f
外丹 7-472a, 2-162f
外旦 9-99a
外荡养鱼 3-516b
外（动）力地质作用 2-251c
外尔,H. 7-472b, 1-568c
外尔斯特拉斯,K. 7-472d, 3-8e, 3-358d
外尔斯特拉斯完全解析函数 3-8f
外耳 2-420a
外耳道 2-420a
外耳道病变 7-386b
外耳道成形术 7-386b
外藩蒙古 5-375f
外翻平足 6-94b
外方山 7-163c
外分泌汗腺 3-388a
外分泌酶 5-89b
外风 2-568f
外风证 8-135a
外辐射带 2-234d
外府卫士 3-2d
外感 7-472e, 2-30f
外感受器 3-45d
外高加索 3-67c, 8-414f
外高加索苏维埃社会主义联邦共和国 3-107e
外固定 3-189c
外观设计 3-266a
《外国宝树图》 9-82c
外国法人 9-518c
外国留学生高等预备学校 1-274a
外国人待遇 7-472f
《外国文学》 1-273a
外国银行分行 7-476c
《外国语》 6-466b
外寒 3-366f
外寒病证 3-366f
外汇 7-473b, 3-266f
外汇储备 7-473c
外汇管制 7-473c, 3-267a
外汇买卖管制 7-473d
外汇市场 7-473d, 4-250e
外婚制 7-473e
外混汞 4-4d
外激素 2-340f, 4-57c, 8-300b
外江 7-458d
外交 7-473f
外交保护 7-474b, 7-473a
外交庇护 1-329e
《外交法手册》 2-180a
外交礼宾 7-474c
外交礼节 7-474c
外交礼仪 7-474b
外交青书 4-545a
《外交十记》 6-167b
外交特权 7-474c
外交特权与豁免 7-474c
外交文书 7-474c
外交信差 7-474d
外交信使 7-474d
外界（系统科学） 6-280d
外金刚 4-240a
外景 5-372d
外科急腹症 4-71e
《外科学》(黄家驷) 3-588d
《外科学》(沈克非) 6-518c
《外科学》(吴阶平) 8-31c
外空委员会 7-472a
外来有害植物 7-540c
外黎巴嫩山 4-580d
外力 5-14c
外力作用 2-251c
外辽河 5-65a
外流水系 7-101c
外瘘 1-522e
外伦敦 5-192e
外蒙古 7-474e, 4-361f, 5-377b, 5-557c
外蒙古人民党 5-379a
外末 9-99a
外排（生物） 8-152a
外排式吸油烟机 8-119a
外气功 6-141f
外切晕 9-144e
外亲 6-195b
外秦淮 6-198c
外三关 1-510c
外伤辨证 1-371f
外伤性白内障 1-203f, 8-440f
外伤性骨折 3-188f
外伤性颅内血肿 5-160a
外伤性气胸 6-148f
外伤性瞳孔散大 8-440f
外商独资企业 7-475a, 6-136d
外生翅类 1-343e
外生构造运动 3-156e
外生经济周期理论 4-296c
外生矿床 4-499c
外生循环 2-236a
外生殖器 6-299a
外湿 6-585c
外斯,P.-E. 2-50a, 3-195a, 7-379d
外台 9-83c
外太阳系 7-268e
外滩 7-475a, 3-594d
外滩公园 9-406e
外滩观光隧道 7-475b
《外套》 3-100f
外外百老汇 1-212f
外王 5-560b
外围电子 9-95f
外务部 5-136e, 6-228e, 9-560e
外显率 1-357f, 4-52f
外显子 2-554e
外向型经济 7-475b
外消旋酒石酸 4-325d
外消旋乳酸 6-341e
外消旋体 7-475c
外小阿特拉斯山 1-56b
外新月形地带 5-169f
外星人 7-475c
《外星人》 2-291a, 5-350a
外星行星 7-475d, 8-316b
外行星 8-316b
外学 2-490d
外延 3-31a, 5-554d
外伊犁 1-36f
外逸层 7-475d
外因 5-561c
外因变星 1-344c
外因论 5-561d
外阴癌 7-475e
外阴白色病变 7-475f
外阴瘙痒 3-6a
外营力 2-251c
外用散剂 6-408f
外用药疗法 7-475f
《外语教学与研究》 1-273a
外约旦 9-116f
外约旦哈希姆王国 9-116f
外晕 9-144e
外在控制 6-489f
外燥 9-166b
外札萨克 4-362a, 5-375f
外债 3-286d
外照射急性放射病 2-504d
外照射慢性放射病 2-504d
外照射亚急性放射病 2-504d
外治法 7-475f
外痔 9-319e
外周膜 8-151c
外周膜蛋白 8-151e
外周神经系统 7-476a
外周温度感受器 7-343b
外周性镇咳药 9-260b
外资股 7-476b
外资企业 6-136c
外资银行 7-476c
弯调 6-440a
弯桥 6-186e
弯曲 2-8d
弯曲时空 7-476d
弯针 9-247d
剜补术 7-461d
湾鳄 2-413c
湾口坝 3-343b
湾流 7-476e

《湾流》 6-583a
湾漳北朝壁画墓 7-477a
湾中坝 3-343b
豌豆 7-477b
豌豆粉 7-477c
豌豆黄 7-477c
《豌豆上的公主》 1-108d
豌豆属 7-477b
豌豆象 2-346a
丸都山城 3-66a, 3-66c
丸红公司 3-20f
丸剂 7-477c
《纨绔少年》 2-402b, 2-577b
《纨绔子弟们的诡计》 4-448e
《纨扇仕女图》 7-477d, 9-467e
《完璧归赵》 4-193d, 7-219e
《完成的使命》 1-288b
完达山 3-518f
《完好的尸体》 2-465a
《完美的和平》 1-135a
完全变态 1-343e
完全不均等面积 4-49f
完全非弹性碰撞 6-69b
完全骨折 3-189a
完全花 2-51a, 3-525b
完全解析函数 3-8f
完全竞争市场 7-477d
完全均等线 4-49f
完全抗磁性 1-529e
完全抗体 4-413a
完全垄断 5-146a
完全垄断市场 5-146d
完全民事行为能力人 5-429a
完全数 7-477e
完全弹性碰撞 6-69a
完全图 7-423b
完全无刑事责任能力 8-312a
完全无责任能力 8-312a
完全物权 8-78c
完全协和音程 8-574b
完全刑事责任能力 8-312a
完全性卒中 5-552a
完全性关节脱位 3-205a
完全性理论 9-241b
完全性尿崩症 5-589c
完全性尿失禁 5-590b
完全性葡萄胎 6-102b
完全性前置胎盘 6-163e
完全叶 8-494b
完全致癌物 9-319a
完全专卖 9-508d
完全自由港 9-547f
完人 8-513f
完税价格 7-477e
完形 9-289e
完形疗法 7-477f
完形心理学 3-111b
完颜阿骨打 3-339e, 4-258b, 5-68b
完颜昌 4-259c
完颜亶 4-259b, 6-5b
完颜亮 4-259d, 7-169f
完颜旻 4-258b
完颜晟 4-258a
完颜希尹 4-259c, 6-5b
完颜褒 4-254e
完颜雍 4-254e
完颜元宜 4-241b
完颜宗弼 7-478a, 3-364b, 4-237e, 4-259c, 8-31c
完颜宗幹 4-259c
完颜宗翰 4-259c
完颜宗隽 4-259c
完颜宗峻 4-259b
完颜宗磐 4-259c
完颜宗望 4-315d
完整系统 9-119f
《玩灯》 5-277e
《玩会跳船》 5-136a
玩局 6-435f
《玩具总动员》 2-291b
《玩偶》 1-286f
玩偶宫 7-583b
《玩偶之家》 7-478b
《玩牌的作弊者》 4-526c
玩票 6-84a
玩赏动物 5-312b
玩赏犬 6-267f
玩耍 9-43c
《玩笑》 4-507e
《玩纸牌者》 6-377f
玩子班 3-235e
玩子馆 3-235e
顽固性呃逆 2-410a
顽火辉石 3-606d
《顽主》 3-114d, 9-352c
烷基 7-478c
烷基苯 1-310b
烷基化反应 7-478c
烷基氯化镁 3-103f
烷烃 7-478e
《宛陵集》 5-337a
宛陵先生 5-336f
宛温县 8-304a
宛溪先生 3-200c
宛县 5-545d
挽乘兼用型马 5-239c
挽歌 7-484b
挽联 9-17d
《晚安吧，大地》 5-233d
晚白柚 9-53b
晚报 7-479a, 1-248d
晚材 5-585d
晚成性 6-550e
《晚出新亭》 8-572d
《晚登三山还望京邑》 8-244d
晚第三纪 2-261b, 8-275b
晚古生代 3-174e
晚婚 4-87f
《晚年盲言》 6-166c
晚期成油说 6-606b
晚期流产 5-123e
晚期卵巢癌 5-191b
晚期倾倒综合征 7-571c
晚期先天梅毒 5-331b
晚期血吸虫病 8-376e
晚期岩浆矿床 8-429f
晚期引产 8-585d
晚期猿人 6-291a, 9-114d, 9-297a
晚期智人 7-479a, 6-291a, 6-292c, 8-280f, 9-323f
晚期重商主义 9-462e
晚期资本主义 3-304b
《晚清文选》 7-479a
《晚晴赋》 8-313e
《晚晴集》 1-365a
《晚晴簃诗汇》 3-215c
晚秋蚕 8-471e
晚唐诗派 7-479b
晚霞 9-226b
《晚霞》 1-149b
晚香玉 7-479b
晚香玉属 7-479b
《晚钟》(电影) 1-146d
《晚钟》(绘画) 5-397f
《婉君表妹》 4-616d
婉约词 7-169c
婉约派 7-479c, 7-168e, 9-465c
皖（安徽省简称） 1-98e
皖菜 1-98c
皖南山区 1-98f
皖南事变 7-479d, 8-284e, 8-501e
皖派 7-479e
皖山 2-74b
《皖水词存》 3-215c
皖西大别山区 1-98f
皖系军阀 7-479f
皖系军阀统治时期 1-275b
皖县 6-172e
碗碗腔 6-552f
万安暴动 4-402c
万安桥 5-232e
《万安桥记》 1-470c
万安溪 4-321b
万安县（唐，今贵州境内） 7-403e
万安县（唐，今海南境内） 7-482d
万宝路杯全国甲级队A组联赛 9-411e
万比洛夫，A.V. 7-480a
万比洛夫纪念馆 7-480a
万超尘 2-336c, 7-483b
万春园 1-266e, 9-113b
万带兰属 4-541a

万丹方言 8－384e
万丹王国 8－395c
万迪达德 1－385b
万涤寰 2－336c, 7－483b
《万法精理》 5－197d
万佛山 7－388c
万佛堂石窟 7－480a
万佛峡 9－65b
万蚨祥 6－350c
《万福莲》 8－245f
万盖国家公园 4－266b
万冈县 1－176a
万钢 7－480b
万古蟾 2－336c, 5－361e, 7－483b
万国鼎 7－480c
万国法 3－261d
《万国公报》 7－480d, 1－248e, 3－237b, 4－406b, 5－52f, 5－83e, 6－179f, 8－68d
万国宫 6－326c
万国桥 4－6a
万国权 7－480e
万国鼠疫研究会 8－54e
《万国图志》 8－106f
万国邮联 7－480f
万国邮联日 7－24b
《万国邮政公约》 7－480f, 9－34d
万国邮政联盟 7－480f, 1－397b
《万国邮政联盟组织法》 7－480f
《万国之子》 6－108e
《万壑松风图》 7－481a, 4－613b
《万壑松风图》(巨然) 4－336b
万花筒制片公司 4－423e
万华岩 1－548f
万家宝 1－479a
《万家灯火》 6－460e, 6－517b, 8－38c
万家岭大捷 8－369c
万教归一 4－319f
万金渠 8－586d
万爆 7－578a
万卷楼 5－520d
万籁鸣 2－97b, 2－336c, 7－483b
万里 7－481b
万里长城 1－509a
万里长堤 5－539e
万里长江第一桥 8－56d
《万里长空》 7－506d
万里长沙 5－539e
万里石塘 5－539e
万里云程踏车老会 1－547b
万历三大征 7－481d
《万历野获编》 7－481f, 7－281f
万隆 7－481f
万隆会议 7－482a, 7－481f, 8－401e
万隆会议十项原则 7－482a, 8－401f
万绿湖 3－428e
万民法 3－261f, 5－206f
万明礼 7－481b
万木草堂 5－52e
万能旋转台 2－537a
万尼斯基,J. 3－141c
《万尼亚舅舅》 3－354a, 6－154b
《万年春》 6－17b
万年大窟 5－419f
《万年历》 9－90f, 9－173d
万年青 7－482c, 4－345f
万年青属 7－482c
万年寺普贤像 7－482d
万年县(北周,今陕西境内) 8－81f
万年县(清,今台湾境内) 3－78e
万宁市 7－482d
万宁县 7－482e
万泉河 7－482e
万人敌 1－582e
万人迷 7－482e
万荣大黄牛 6－441b
《万山红遍》 4－602c
万山群岛 9－492a
万山特区 7－482f
万山渔场 9－491a
《万商帝君》 1－570d
万牲园 1－268b
万圣节 7－483a
《万圣节》 3－354a
万石 1－581d
万氏兄弟 7－483b
《万世师表》(电影) 7－310d
《万世师表》(话剧) 9－201e
《万首唐人绝句》 7－483c
《万寿道藏》 2－166e
万寿果 2－462f, 3－530f
万寿菊 7－483d
万寿菊属 7－483d
万寿寺 9－26c
万寿塔 2－140f
万寿邮票 4－97f
《万水千山》 7－483d
《万水千山》(电影) 1－580e
万斯大 9－243a
《万斯-欧文方案》 1－377d
万斯同 5－448d, 5－448e
《万松金阙图》 9－229a
万松行秀 8－488a
《万松烟霭》 3－581b
万岁山 3－118c
万岁山广寒殿 2－355a
万维网 7－483d, 7－524c
万物有灵 7－483e, 9－544c
《万物之名》 1－93b
万县 7－484e
万县长江大桥 6－186b
万县市 7－484e
万象 7－483e
万象方言 4－561b
万象影片公司 7－250a
万小石 1－479a
万烟谷 7－483f, 1－37e, 1－38b
《万延元年的足球赛》 2－88b
万洋山 5－220d
万叶和歌 3－169e
《万叶集》 7－484a, 3－417a, 6－320b
万叶书店 6－295d
万用电表 2－390e
《万有文库》 7－518a
万有引力 7－484c
万有引力常数 7－484c
万有引力定律 4－382d, 4－390d, 5－600a, 7－484c, 7－537c, 8－74d
万有在神论 2－480f
万愚节 9－66d
万源市 7－484e
万盏灯 1－552d
万章 5－389e
万丈盐桥 3－99d, 3－344c
万州港 7－484f
万州区 7－484e
腕尺 4－88a
腕足 7－484f
腕足动物门 7－484f
汪柏 2－586a
汪碧巢 2－41f
汪伯彦 7－164e, 7－169f
汪达尔-阿兰王国 7－485a
汪达尔人 5－433a, 7－418d, 7－485a
汪大有 7－488a
汪大渊 2－137e, 4－430f, 5－459d, 9－90e
汪道涵 7－485a, 3－157f, 7－486a
汪德臣 2－302e
汪德熙 7－485c
汪德昭 7－485d
汪东兴 7－485e, 2－560c
汪东阳 7－486b
汪钝庵 7－487b
汪锋 7－485f
汪馥泉 8－178d
汪杲叔 7－486b
汪辜会谈 7－486a
《汪辜会谈共同协议》 7－485b
汪关 7－486b
汪桂芬 7－486c
汪胡桢 7－486c
汪辉祖 7－234c
汪季新 7－486e
汪继培 7－496a
汪节庵 5－479d
汪近人 7－487a
汪近圣 5－479d
汪晋贤 2－41f
汪精卫 7－486e, 3－289a, 7－312f, 7－487b
汪静之 3－515f
汪菊潜 7－486f

汪康年 4-338b
汪砢玉 6-443e
汪克尔,F. 7–487a
汪克尔发动机 5-558f
汪乐卿 6-443e
汪隆 2-377f
汪鸣銮 7-594c
汪辟疆 1-590a, 7-311b
汪齐凤 6-460f
汪荣宝 2-485f, 4-556b
汪容甫 7-488c
《汪容甫文笺》 7-488c
汪森 2-41f, 5-448a
汪士慎 7–487a
汪寿华 6-204b, 7-156a
汪曙云 9-357a
汪水云 7-488a
汪天目 8-34b
汪苕文 7-487b
汪琬 7–487b, 6-222f
汪伪“国民政府” 7–487b
汪笑侬 7–487c, 6-84b
《汪笑侬戏曲集》 7-487d
汪煦昌 9-351a
汪洋 7–487d
《汪洋中的一条船》 4-616d, 6-198b, 7-250c
汪优游 1-86a
汪猷 7–487f
汪有龄 4-197a
汪玉水 6-443e
汪昱庭 4-614a, 7-568e
汪元量 7–488a
汪曾祺 7–488b
《汪曾祺文集》 7-488c
汪兆铭 7-486e
汪之端 8-263c
汪直 1-528a, 8-90d
汪中 7–488c
亡灵书 7–488d
《亡人》 6-2e
亡阳证 7–488d
亡阴证 7–488e
王阿善造像 9-165b
王安 7–488e
王安道 7-503a
王安国 7-516b
王安石 7–488f, 7-172f
王安石变法 7–489b
王安忆 7–489f, 1-512f
王桉 1-110d
王鏊 1-142a
王百谷 8-32a
王百合 1-211c
王半山 7-488f
王褒 7–490a
王褒 7–490b
王葆仁 7–490b
王弼 7–490c, 1-307c, 2-27a
《王弼集》 7-490d
王碧山 7-515e
王丙乾 7–490e
王秉诚 7–490f
王炳南 9-132d
王伯敏 5-362c
王伯善 7-518f
王伯隅 7-497d
王勃 7–490f
王薄 7-211e
王不留行 6-608c
王粲 7–491b, 4-162c
《王粲登楼》 9-99c
王昌龄 7–491c
王长林 3-20d, 4-282d, 9-58f
王常月 6-265e
王昶 4-254c, 5-444b, 6-224c
王畅 3-370e
王朝文学 6-89c
王潮 5-437c
王宸 7-498e
王承宗 7-301f, 8-39c
王城 1-581a
王城岗城址 3-425c
王澄 7-515b
王迟园 7-514d
王充 7–491d, 5-197e
王重阳 7–491f, 2-7a
王宠 7–492a
王宠惠 7–492b
王宠佑 7–492c
王处一 1-283d, 6-265c
王处直 7-492d
王处直墓浮雕 7–492d
王处仲 7-493f
王楚 8-360e
王传淞 4-507f, 6-590c, 9-466a
王船山 7–492f
《王船山丛书校勘记》 2-30c
王春泉 8-48a
王聪儿 2-22c
王从之 7-506f
王存才 7-514b
王大珩 7–492f
王大闳 7-247c
王丹凤 7–493a
王党暴动 9-8e
王谠 7-317c
王导 7–493b, 4-276c, 7-493f, 7-514f
王道 7–493c
王道思 7-507e
王德榜 2-579a
王德宝 7–493d
王德威尔得,É. 7–493e
王德信 7-508a
王灯影 7-512b
王登联 1-117b
王独清 8-209c
王度 3-171a
王敦 7–493f, 7-493b, 7-515b, 9-572b
王铎 7–494a
王恩茂 7–494c
王而农 7-495b
王尔德,O. 7–494d, 6-431e
王尔琢 5-518b
王二 5-442e
《王二姐思夫》 6-183c
王方庆 7-512f
王芳 7–494f
王妃之谷 2-218b
王峰 7–494f
王锋 5-536e
王凤 7–495a, 1-599a
王凤卿 7-486c
王凤山 5-275e
王凤香 6-39e
王夫之 7–495b, 1-348e, 2-30c, 3-112c, 4-187e, 5-447b
王绂 7–495d
王符 7–495f
王府大街 7 496a
王府井大街 7–496a
王府役 9-145e
王辅嗣 7-490c
王黼 7-170a, 8-360e
王富洲 7–496a
王馥荔 7-367c
王概 4-234d
王淦昌 7–496b
王赣骏 7–496d
王刚 7–496d
王杲 4-164f
王个簃 8-95c
王艮 7–496e, 7-299a
王公浦 8-48a
王公淑墓壁画 7–496f
王恭 1-263a
王塨 3-394e
王瓜 3-512d
王官乙 7-36e
王贯山 7-518a
王光祈 7–497a, 9-169c
王光英 7–497b
王光珍 7-505d
王广 1-458d
王珪 9-246b
《王贵与李香香》(歌剧) 9-443f
《王贵与李香香》(诗歌) 4-598e
《王贵与李香香》(戏曲) 8-232c
《王国》 1-62d
王国潼 7–497c
王国维 7–497d, 4-254c, 6-319c

王国维故居 3-337a
王海 9-371b
王汉斌 7-497e
王翰 7-497f
《王翰考》 7-498a
王瀚 7-497f
王好古 9-448d
王鹤寿 7-498a
王衡 5-166e
王宏信 7-510b
王洪文 7-498b
王铁 7-316d
王鸿兴 1-269d
王鸿绪 5-448e
王鸿祯 7-498c
王后城堡 5-400f
《王后喜剧芭蕾》 1-416b
王沪宁 7-498d
王华 4-562f
王华亭 2-82d
王怀祖 7-505c
王翚 7-498c, 4-405d, 6-223a, 7-154b
王晦叔 1-332d
王畿 7-498f
王畿之乐 8-392d
王籍 7-498f
王季 3-169c, 8-115e
王季凌 7-520a
王季思 7-499a
王济远 6-42e
王继恩 7-513f
王绩 7-499a
王骥德 7-499b
王家楫 7-499b
王家坪革命旧址 8-424b
《王家述评》 4-109c
王家卫 7-499c, 8-193e
王家乙 7-499d
王家增 9-136b
王嘉 7-2a
王稼祥 7-499e, 9-360f, 9-391c
王坚 5-370b
王翦 2-18d, 6-197d, 9-183f
王建 7-500a
王建（高丽太祖） 3-361a
王建（前蜀高祖） 6-162f, 7-500b
《王建集》 7-500a
王建疆 7-494f
王建墓 7-500b
王剑三 7-511b
《王谏议集》 7-490a
王鉴 7-500b, 6-223a, 7-154b, 8-32d
王江泾大捷 3-511f
王江宁 7-491c
王姜斋 7-495b
王节信 7-495f
王颉竹 4-193d
王介甫 7-488f
王金才 7-521e
王金龙 9-78e
王金山 4-463d
王尽美 7-500d
王进喜 7-500e
王晋卿 7-507d
王烬美 7-500d
王荆公 7-489b
王景 7-500f
王景弘 9-274a
王景略 7-504f
王景愚 8-392b
王敬则 8-244c
王静安 7-497d
王静如 7-501a
王九如 7-521e
王九思 5-447b, 6-162b
王玖 7-498e
王巨君 7-503c
王觉斯 7-494b
王觉一 8-509c
王觉之 7-494b
王军霞 7-501b
王君才 7-507a
王君直 9-58f
王钧治 7-485f
王浚 7-501c
《王浚妻华芳墓志》 7-501c
王鵕 3-198d
王闿运 7-501d, 3-380a
王克芬 7-502a
王克贞 7-263a
王匡 1-599a, 2-204d
王夔 9-14d
《王魁》 4-579f, 7-175c
《王魁负桂英》 9-477a
王昆 7-502a
王昆仑 7-502b, 8-457a, 9-370f
王朗 7-320d
王朗自然保护区 7-502c, 1-2d
《王老虎抢亲》 8-164c
王烙 7-54a
王乐泉 7-502c
王蕾 3-275d
王楞仙 8-349b
王力 7-502d, 6-486d
《王力文集》 7-502f
王立 2-302e
王利宾 7-510d
王利发 1-490d, 9-55e
王利器 8-234b
王连伯 7-516e
王莲 7-502f
王莲属 7-502f
王莲香 7-502f
王亮畴 7-492b
王镣 7-310a
王灵期 6-467d
王铃 9-376e
王陵 1-562f
王陵之谷 7-503a, 2-218b, 5-151c
王龙标 7-491c
王龙溪 7-498f
王鸬鹚 7-514a
王鲁彦 5-166e
王菉友 7-518a
王露 9-416a
王履 7-503a
王履吉 7-492a
王履仁 7-492a
王伦 7-503c
王伦起义 7-503b, 6-220d
《王伦三跳》 2-170e
王蛮盛 5-547b
王莽 7-503c, 3-368a, 5-118d
王莽改制 7-503c
王莽钱 7-503f
王毛仲 7-316c
王茂弘 7-493b
王茂京 7-517c
王茂荫 7-503f
王帽戏 9-193d
王蒙 7-504a
王蒙 7-504b
《王蒙文集》 7-504e
王萌生 7-506e
王濛 7-504e, 7-202f
王猛 7-504e, 2-600c, 6-162f, 6-163c
王孟 5-384c
王孟端 7-495d
王孟韦柳 5-136d
王孟英 7-578e
王弥 3-367b, 5-106b
王谧 6-425e
王冕 7-504f
王珉 7-514f
王明 7-505a, 7-258a, 9-389a
王鸣盛 4-254c
王摩诘 7-511d
王漠 7-151e
王楠 7-21b
王念经 5-463d
王念孙 7-505c, 7-516b
王念祖 7-512c
王朋梅 7-518f
王伾 2-429a, 9-27b
王聘卿 7-508c
王苹 7-505d
王朴 7-505e
王溥 7-307b
王七爸 4-282e
王齐翰 7-505f
王岐山 7-505f

王企鹅 7-506b
王企鹅属 7-506b
王启民 9-352b
王洽 7-514f
王谦 7-210e
王嫱 8-328d
王乔洞石刻 1-537d
王钦若 1-484e, 1-500f, 7-176c, 8-94d
王清任 6-223c
王清源 2-506c
王庆纯 7-510f
王庆麟 8-392c
王庆一 8-554a
王人美 7-506c, 9-63e
王壬父 7-501d
王壬秋 7-501d
土仁和 7-512a
王仁山 6-329f
王仁昫 6-191d
王任叔 1-179b
王任重 7-506d
王戎 9-497b
王融 8-244d
王儒堂 7-519f
王汝梅 3 587a
王汝贤 1-241f
王汝止 7-496e
王阮亭 7-508c
王瑞俊 7-500d
王润巧 7 497a
王若飞 7-506e, 2-6e
王若虚 7-506f
王僧辩 7-507a, 3-486e, 5-56a
王僧虔 7-507b
王善源 7-507c
王少伯 7-491c
王少舫 3-593b, 7-366b
王少卿 5-333c
王舍城 7-507d
王诜 7-507d
王深泉 7-54a
王审琦 6-602b, 7-173e
王审知 5-437c
王慎中 7-507e
王圣美 9-51f
王圣与 7-515e
王胜俊 7-507f
《王十朋》 4-579e
王石谷 7-498e
王时敏 7-508a, 6-223a, 7-154b, 8-32d
《王时敏像》 8-233b
王实甫 7-508a, 9-99e, 9-104a
王士诚 1-496a
王士珍 7-508c
王士禛 7-508c, 3-175f, 6-222f
王世伧 2-30c
王世充 5-110c, 7-211f
王世襄 7-508d, 8-338e
王世雄 7-491f
王世贞 7-508e, 7-48e, 8-558d, 9-95e
王世珍 7-508c
王式 7-309e
王式廓 7-508f
《王式廓画集》 7-508f
《王侍中集》 7-491b
《王室基尔酒》 4-456e
王室萨迦 1-282d
王守觉 7-509a
王守仁 7-509b, 2-28a, 3-112b, 5-169c, 9-319c
王守武 7-509d
王首道 7-509e
《王首道同志和别的几个领导者》 9-470b
王绶琯 7-509f
王绶卿 5-274d
《王书》(美术) 1-387c
《王书》(文学) 2-524e
王叔和 4-274e
王叔明 7-504a
王叔文 2-429a, 9-27b
王淑英 2-506c
《王蜀宫妓图》 7-510a, 6-300e
王树森 9-77e
王树声 7-510b
王树艺 8-279e
王水 7-510c
王朔 9-352c
《王司空集》 7-490b
王思玷 8-189e
王似泉 9-477a
王松 9-228a
王素 6-237a
王愫 7-498e
王唐 7-507e
王韬 7-510d, 6-94e
王禔 8-95c
王天杰 7-143f
王天民 7-510e
王田 7-503d
王田私属 7-510f
王铁锤 9-445b
王铁崖 7-510f
《王铁崖文选》 7-511a
王廷钧 6-242d
王廷相 6-162b
王廷诏 8-467e
王通 7-511a
王通讯 6-283f
王统照 7-511b
《王统照文集》 7-511c
王湾 7-511c
王忘我 5-166e
王威德 7-491f
王惟一 7-168c
王维 7-511d
王维德 6-223c
《王位上的尸体》 1-301d
王位世袭制 8-160a
王文 2-392c, 3-576d
《王文成公全书》 2-28a
王文公 7-489b
王文海 7-498f
王文慧 1-160c
王文坤 7-512a
王文濡 6-232b
王文韶 7-352e
王文元 7-512b
王无功 7-499a
《王无功文集》 7-499b
王无能 7-512c, 3-541a
王吴 7-500f
王兀堂 4 164f
王希季 7-512d
王希孟 6-157b
王锡阐 7-512e, 6-223a
王锡爵 9-261c
王锡朋 8-388a
王羲之 7-512e, 1-482e, 4-542a, 4-542b, 7-513c
王仙芝 7-513b, 7-302a, 7-309f
王先谦 9-436c
《王先生》 8-499c
王宪钧 7-513b
王献臣 9-519b
王献之 7-513c
王湘浩 7-513d
王相 5-375e
王象晋 7-513e
王小波 7-513f
王小波李顺起义 7-513f
《王小赶脚》 5-179a
王小亭 8-287f
王晓籁 4-184f
王孝风 1-556f
王孝祺 2-579a
王心刚 7-514a
王星记扇子 3-390d
王修龄 9-497f
王秀纯 7-512b
王秀兰 7-514b
王秀丽 7-202f
王序 7-514b
王煦华 7-13a
王玄策 4-233e, 7-305e
王选 7-514c, 3-287b
王学圻 3-599e
王雪涛 7-514d
王恂 3-252c, 9-90c
王珣 7-514f
王涯 3-35e
王亚男 7-181e

王亚南 7–514f
王亚平 6–451d
王炎 7–515a, 9–352b
王衍 7–515b, 6–163a, 7–493b, 7–493f
王雁 5–114b
王阳明 7–515c
王瑶 7–515c
王瑶卿 7–515d, 2–72a, 6–470e
王一魁 1–209e
王一亭 7–519b
王祎 9–94f
王揖唐 1–95c
王夷甫 7–515b
王沂暖 8–113d
王沂孙 7–515e
王贻上 7–508c
王义夫 7–515f
王易风 2–71e
王逸少 7–512e
王毅 3–298f
王懿荣 4–134e
王引之 7–516b
王印川 1–95c
王应睐 7–516b
王应麟 5–375d, 6–407d
王永祺 7–172f, 9–94e
王永志 7–516d, 3–287b
王幽兰 2–144e
王猷定 6–588e, 7–299e
王又宸 9–201b
王右丞 7–511e
王右军 7–512f
王禹偁 7–516d
王玉凤 7–493a
王玉蓉 7–515e
王玉山 6–226b
王昱 7–498e
王毓瑚 7–516e
王毓铨 7–516f
王元 1–559b, 3–88d
王元化 7–517a
王元琳 7–514f
王元美 7–508e
王元顺 7–512a
王元暐 7–236b
王元章 7–504f
王元照 7–500b
王元之 7–516d
王原祁 7–517c, 6–223a, 7–154b
王圆箓 2–376e, 2–377f, 2–378e
王圆照 7–500b
王源 7–517d, 8–437b
王远知 6–467d
王曰俞 4–424b
王月芳 7–286a
王悦之 7–517e
王云客 7–498e
王云五 7–517f
王筠 7–518a
王允卿 7–491f
王恽 9–492e
王蕴章 8–229a
王造时 6–119c
王章 7–495a
王杖 8–60d
王杖十简 8–60d
王杖诏书令简 3–376b, 8–60d
王昭君 3–369d, 3–419a
《王昭君》 1–479d
王朝闻 7–518a
《王朝闻集》 7–518c
王兆国 7–518c
王照 7–518d
王嚞 7–491f
王贞治 7–518e
王祯 7–518f, 5–610b
王振铎 9–309f
王振朋 7–518f
王振鹏 7–518f
王振义 7–519a, 3–287c
王震 7–519b
王震 7–519c
《王震将军记》 9–470a
王震将军铜像 6–594f
王征葵 5–80c
王正黼 7–519e
王正廷 7–519f
《王政复古大号令》 5–451e
“王政复古”政变 2–88e
王政君 7–495a
王之春 2–30c
王之涣 7–520a
《王之涣墓志铭》 7–520a
王之仁 5–536f
王知明 7–491f
王芷章 4–282e
王志珍 7–520b
王郅隆 2–83c
王治心 7–520c
王致诚 2–443d, 6–171c, 6–223c
王铚 7–151c
王稚登 8–32a
王中孚 7–491f
王中林 5–510f
《王中王》 1–291e
王中仙 7–515e
王忠诚 7–520c, 3–287b
王忠禹 7–520d
王钟声 2–39a, 7–370a, 8–180c
王仲初 7–500a
王仲荦 7–520e
王仲任 7–491d
王仲殊 7–520f
王仲舒 1–240a
王仲弢 7–510d
王仲通 7–500f
王仲宣 7–491b
王仲域 7–494f
王仲子 7–507e
王重 3–576d
王重民 7–521a, 2–376b, 2–376c, 2–377d, 2–378a
王重荣 4–603a, 7–310c
王周士 7–521b
王竹泉 7–521c
王竹溪 7–521d, 7–298d
王著 2–40b
王庄 6–134b, 9–513f
王灼 1–332d, 9–494a
王灼斋 7–500d
王子安 7–490f
《王子安集》 7–491a
《王子和舞女》 5–287e
王子敬 7–513c
《王子年拾遗记》 7–2a
王子平 7–282f
《王子菩萨》 4–153f
“王子午”铜鼎 3–425b
王子一 5–447b
王子羽 7–497f
王子渊 7–490b
王自中 9–26a
王宗岳 7–256e
王棕 7–521e
王棕属 7–521e
王尊三 7–521e
《王遵岩文选》 7–507f
王佐 7–521f, 4–308d
王佐（明） 3–99e
《王佐断臂》 2–468c
王佐良 1–273a
网蝽科 1–231b
网关 2–496b
网际协议 9–587c
网肩龙氏鱼 4–308a
网络 7–521f, 7–522b
网络安全 4–93f
网络操作系统 1–476a
网络产业 7–522c
网络出版 7–522a
网络磁场 7–266a
网络分析 7–522b
网络管理 4–93e
网络广播 7–522a
网络互连 4–93e
网络技术 7–522b
网络结构观 6–488e
网络经济 7–522c
网络课程 9–115a
网络聊天 7–522f
网络流 7–522d

网络论坛 7-522f
网络媒体 7-522f
网络窃听 7-523d
网络日志 1-414f
网络软件 4-92e
网络社区 6-500b
网络丝 1-345a
网络体系结构 4-93d
网络协议 4-93d
网络新闻编辑 7-523a
网络银行 7-523b
网络战 7-523b
网络政府 7-523e
网络综合 7-535b
网球 7-523e
网球场誓词 8-81b
网上购物 7-524a
网上书店 7-524a
网上学校 7-524b
网胃 2-468f, 2-469a, 7-570c
网纹马勃 5-240b
网页 7-524b, 7-524c
网渔具 9-63f
网站 7-524c
网走 2-411c
往复活塞式内燃机 5-559a
往复活塞压缩机 8-386a
往复式动密封 5-404f
往复式索道 7-229a
《往生礼赞偈》 6-449a
往世书 7-524c
《往事》 1-364f
《往事与随想》 1-160e, 3-444e
辋川别业 7-524d, 1-359b
妄想 7-524d, 7-119f
妄想性障碍 6-81f
《忘掉巴勒莫》 5-220a
《忘却》 1-290a
《旺多姆广场》 2-183d
旺干,L. 7-524e
旺河 7-387a
旺角 7-524e
《旺角卡门》 7-499d, 8-193e, 9-203d
望 7-524f, 7-111d
《望洞庭湖赠张丞相》 5-384c
望都汉壁画墓 7-524f
望佛山 4-300e
《望夫云》 7-525a
《望夫云》(歌剧) 9-275b
望果节 5-365d, 9-156d
《望蓟门》 9-572d
望加锡 8-7e
望加锡海峡 7-186d
《望江南》 1-516f
《望江亭》 8-144a
望陵县 3-145d
《望庐山瀑布》 4-587f
望门居 7-525c, 2-373c
望平县 8-278b
望日 7-111d
望山1号墓 4-175c
《望舒草》 2-135c
望天树 8-101a
望霞峰 8-13a
《望厦条约》 7-525d
《望乡》 7-525d
望夷宫 6-197f
望远镜 7-525e, 4-122d
望远型镜头 4-318b
望月 7-111d
《望月》 7-491d
《望岳》 2-356d
望诊 7-525f, 5-381b
望诸君 9-125d
望柱 1-284d, 2-493a
望子 9-224d
危地马拉 7-526a
危地马拉城 7-526f
《危地马拉传说》 1-54f
危地马拉都督辖区 9-433f
危地马拉共和国 7-526d
《危地马拉协定》 9-433e
危害和平罪 9-188b
《危机》(电影) 1-397f
《危机》(刊物) 2-355e, 5-353f
危机干预 7-527a
危机神学 8-294a
《危楼记事》 4-596e
《危险》 3-231e
危险犯 2-478b
危险废物 1-179c, 3-126e
危险物品 7-527b
威伯恩,A.von 8-379b
威楚府 2-21a
威楚县 2-21a
威丹 9-562b
威德尔海 7-527c
《威德摩尔和约》 1-282e
威尔第,G. 7-527d, 1-491b, 5-616e
威尔第之声 4-372d
威尔顿文化 9-438a
威尔金森,G. 7-527f, 2-543a
威尔金森,J. 4-29b
威尔金森催化剂 7-528a
威尔金斯,M. 4-451e, 7-611b
威尔金斯,W. 5-194b
威尔克斯,M.V. 7-528a
威尔梅桑,H.de 2-539c
威尔切克,F. 3-109c
威尔森,W. 7-95d
威尔士 7-528b
威尔士亲王 9-4e
威尔士人 7-528b
威尔士王子岛 4-116d
威尔士饮用水污染事件 3-133b
威尔士语 7-528c, 7-528c
威尔斯,H.G. 7-528d, 4-426e
威尔斯,O. 7-528d
威尔逊,J. 8-196d
威尔逊,J.T. 7-528e, 1-228b, 3-348e, 6-277d, 9-510c
威尔逊,T.W. 7-529a, 1-442e, 2-474e
威尔逊山太阳观象台 3-325f
威尔逊旋回 7-528f
威耳孙,C.T.R. 7-529b
威耳孙,R.W. 7-529d, 6-65a
威耳孙云室 9-138b
威风锣鼓 7-529d
《威风堂堂进行曲》 1-62d
《威弗利》 7-113f
威海市 7-529f
威海卫 7-529f
威海卫之战 2-307c
威化饼干 1-368a
威克岛 7-530a
威克里夫,J. 7-530a
威拉米特河 2-397b, 3-91a
威利,P.J. 7-530b
威廉,P. 7-142e
威廉·巴伦支 7-139a
威廉·布莱 2-530c
威廉大街审判 5-604f
威廉二世 7-530c, 7-24d
《威廉·凡·拿骚》 3-255e
威廉·冯·洪堡 3-479d, 3-479f
威廉·格雷戈里 3-102a
威廉·格林 3-106d
“威廉”号船 4-195e
威廉皇家学会 5-271f
威廉·惠勒 5-207e
《威廉·洛弗尔先生的故事》 2-268a
《威廉·迈斯特》 3-96a
威廉敏娜山 7-187d
威廉明娜 7-530d
威廉姆森,O.E. 8-294f
威廉姆斯姐妹 7-530d
威廉·配第 7-530f
威廉三世(大不列颠国王) 3-226d
威廉三世(尼德兰国王) 7-530d
威廉森合成法 3-211e
威廉山 1-149f
威廉斯,E.R. 4-488b
威廉斯,R.H. 7-531a
威廉斯,T. 7-531b, 1-390c
威廉斯,W.C. 7-531b
威廉斯塔德 7-531c, 4-110c
《威廉·退尔》 4-396a, 5-220c, 8-137d
威廉·西德尼·波特 6-13e
威廉逊,J.E. 2-292e, 7-101e
威廉一世(德意志帝国皇帝) 2-186a, 6-485b

威廉一世（英格兰国王） 5－466d, 9－1c
威灵顿，A.W. 7－531d, 3－542c, 6－556b
《威龙二世》 6－583d
威洛比，W.F. 7－531e
威默拉河 7－550a
威尼斯 7－531f, 3－96c
威尼斯玻璃 1－391a
威尼斯簿记法 4－495c
威尼斯电影节 7－532b
威尼斯共和国 7－532b
威尼斯海关 3－327c
威尼斯花边 3－525d
威尼斯画派 7－532c, 7－532c
威尼斯狂欢节 4－498c
《威尼斯商人》 7－532e
《威尼斯宪章》 1－585d
《威尼斯之石》 5－218d
威宁火腿 7－532f
威宁细鱼 1－481e
威宁彝族回族苗族自治县 7－532f
威宁州 7－532f
威奇托 4－397d
威士忌 7－532f
威斯顿，J.T.D. 6－322a
威斯康星河 7－533a
威斯康星州 7－533a
威斯敏斯特出版社 6－54b
威斯敏斯特公学 3－138a
威斯敏斯特宫 5－193d
《威斯敏斯特和约》 9－9c
威斯敏斯特教堂 7－533c, 4－210a
威斯敏斯特教堂墓地 6－74b
威斯敏斯特条例 9－1e
《威斯特伐利亚和约》 7－533c, 4－44b, 6－351c, 6－400f, 7－474a
威斯汀豪斯，G. 7－533c
威斯汀豪斯空气制动器公司 7－533c
威斯汀桃树广场旅馆 8－411b
《威坦哲条约》 3－560c, 8－290a
威特金，H.A. 6－310c
威特沃特斯兰德大学 9－118d
威妥玛 7－533d, 8－421b
威妥玛式拼音 7－533d
威妥玛－翟理斯式拼音 7－533d
威胁喜剧 6－85f
威仪师 2－166a
威远炮台 3－519c
威州草莓 1－482a
威兹勒光学研究所 4－536f
隈板内阁 2－107a
微波 7－533f
微波背景辐射 2－73f, 6－65a
微波波谱学 7－534a, 2－553e, 5－389d, 7－299a
微波超导技术 7－535c
微波磁性材料 2－49d
微波磁学 7－535c
微波等离子体化学 7－534e
微波等离子体物理学 7－535c
微波电子管 7－534b, 9－254c
微波二极管 7－534c
微波固态振荡源 7－535d
微波管 7－534b
微波管振荡源 7－535d
微波光学 7－534d
微波化学 7－534e
微波激射器 5－61c, 7－299a
微波集成电路 7－534e
微波集成接收机 7－534f
微波几何光学 7－534d
《微波技术》 2－44e
微波经典物理学 7－535c
微波晶体管振荡器 7－535e
微波量子电子学 7－535c
微波量子物理学 7－535c
微波炉 7－534f
微波声学 7－535c
微波食品 2－486f
微波网络 7－535b
微波物理光学 7－534d
微波物理学 7－535c
微波谐振腔 7－535d
《微波树丛书》 7－208f
微波遥感 8－482b
微波振荡源 7－535d
微玻璃陨石 1－392b
微博 1－415a
微差爆破 1－253b
微颤 5－357b
微－电－机械系统装置 5－127a
微电极 7－535e
微发酵茶 1－489f
微法拉 2－447b
微分 7－535f, 7－537e
微分法测图 6－505d
微分方程 7－536a
微分方程定性理论 6－46e
微分方程数值解 4－95a
微分几何学 7－536a
微分流形 7－536f, 7－461c
微分熔解热 6－333c
微分拓扑学 7－461c
微分稀释热 8－130c
微分约束 9－119e
微风 2－562b
微观反应动力学 2－550b
微观化学动力学 3－546e
微观经济学 7－536f, 4－294a
《微观静态学》 7－552f
微观语言学 9－73f
微管 8－150e
微管组织中心 9－442b
微光摄像机 6－504f
微虎鱼 8－155f
微机 7－539e
微积分 7－537b, 2－391c, 5－599d
微积分基本定理 4－38d, 7－538b
《微积分学》 2－183c
《微积溯源》 3－554c, 8－107c
微胶粒 3－40a
微胶囊香精 7－6f
微进化 3－175b
微晶玻璃 1－390c
微晶高岭石 5－374d
微晶蜡 6－606e
微孔记号笔 1－323a
微孔墨水笔 1－323a
微粒说 1－36c, 3－219e
微梁网络 8－153c
微量分析 2－313c
微量元素 7－538d, 3－553b, 9－303f
微脉 5－301e
微秒 2－508d
微劈石 6－70d
微气候 8－227d
微人种 2－245a
微溶性镁肥 5－364e
微软公司 8－107e
微山岛 5－542d, 7－538e
微山湖 7－538d, 5－542c
微山麻鸭 4－84e
微山县 7－538d
微商 2－157a, 7－537d
微生物 7－538e, 1－371f
微生物毒素 6－536d
微生物学 7－539a, 6－546a
微生物冶金 6－546d
微声冲锋枪 7－539b
微声狙击步枪 7－539b
微声枪 7－539a
微声手枪 7－539b
微声突击步枪 7－539b
微室亚目 2－40a
微丝 8－150e
微特电机 7－539b
微体 8－152b
微体古生物学 7－539c
微体化石 3－544e
《微痛》 6－85f
微团 5－38f
微温泉 7－582c
微咸水 2－242e
微小胃癌 7－570d
《微笑的中尉》 5－349a
微斜长石 1－519b
微型机 7－539e
微型计算机 7－539e
微型水电站 8－228a
微循环 7－539f
微循环障碍 9－504d
《微循环障碍和莨菪类药》 6－164d

微音窃听 6-192b
《微雨》 8-209c
微子 9-472e
微子墓 5-542d, 7-538e
微子启 7-163f
薇甘菊 7-540b
《薇罗里卡·福斯的渴念》 2-455d
巍霸山城清泉寺 6-109e
韦（物理量单位） 7-540c
韦邦宽 7-543b
韦贝尔,M. 7-541a
韦伯 7-540c, 7-541d
韦伯,A. 7-540d, 3-127c, 4-453c, 6-245f
韦伯,A.L. 5-312d
韦伯,C.M.von 7-540e
韦伯,F. 8-558a
韦伯,H. 9-82b
韦伯,M. 7-540f, 1-80b, 1-308f, 3-215a, 4-295a, 6-486a, 6-493f, 7-52b, 7-540d
韦伯,S. 5-350f
韦伯,W.E. 7-541d, 3-227b
韦伯夫妇 7-541e
韦伯氏综合征 7-280e
《韦伯主题交响变奏曲》 8-262c
韦昌辉 7-541f, 7-258c
韦慈藏 8-484d
韦达,F. 7-542a, 2-128c
韦德曼,C. 2-140b, 6-557c
韦登,R.van der 7-542c, 2-585c
韦端己 7-545a
韦恩,J. 7-542d
韦恩,J.（美国演员） 3-205e
韦尔德,H.van de 2-586a
韦尔弗,F. 7-542d
韦尔吉纳 5-273a
韦尔纳,A. 7-542e
韦尔内,C. 6-279b
韦尔诺夫,S.N. 7-542f
韦尔塔,V. 4-372b, 5-484d, 6-366e
韦尔特,G. 7-543a
《韦尔特全集》 7-543a
韦尔托夫,D. 2-293a
韦耳斯拔,C.A.von 8-130d
韦皋 4-563e
韦格朗,H.A. 7-543a
韦格纳,A.L. 7-574c
韦格纳氏肉芽肿病 6-525a
韦古 8-484d
韦国清 7-543b, 9-130e
韦纥 3-609b
韦后之乱 7-543c
韦毅 1-458b
《韦护》 2-306f
韦基奥宫 2-586f
韦江州 7-544f
《韦江州集》 7-545a
韦君莘 6-460e
韦君宜 7-543d
韦俊 9-445b
韦克斯勒,D. 7-543e
韦克斯勒-贝鲁弗量表 7-543e
韦克斯勒军队智力量表 7-543f
韦克斯勒智力量表 7-543e, 9-320f
韦夸,I.N. 3-9a
韦拉克鲁斯 7-543f
韦拉扎诺,G.da 5-606b, 8-293f
韦拉扎诺海峡桥 8-364d
韦兰运河 1-91c, 8-44f, 8-524c
韦勒贝超科 8-232a
韦廉 2-88f
韦廉臣 3-237a, 8-107d
韦林 7-567c
韦罗内塞,P. 7-532d
《韦茅斯海湾》 4-404f
韦梅河 1-299a
韦宁·迈内兹地壳均衡模型 2-231d
韦晴光 2-203e
韦森布吕赫,J.H. 3-346b
韦士顿光电曝光表 1-252e
韦氏儿童智力量表中国修订本 7-543f
韦氏量表 7-543e
韦斯巴芗 2-591a
韦斯顿,E. 7-544a, 6-299d
韦斯顿,E.（美国电气工程师） 1-353e
韦斯顿电池 1-353e
韦斯曼,F. 6-322a
韦斯皮扬斯基,S. 7-544c
韦斯普奇,A. 2-223f, 3-391f
韦斯特马克,E.A. 7-589d
韦苏州 7-544f
《韦苏州集》 7-545a
《韦苏州诗集》 7-545a
韦特海默,M. 7-544c
韦特卢加河 2-597a
韦玄成 6-601c
韦伊,A. 7-544d
韦伊猜想 7-461f, 7-544f
韦鷖 3-457c
韦应物 7-544f
韦昭 3-297d
韦正 7-541f
韦执谊 2-429a
韦庄 7-545a, 2-357d, 8-47c
《韦庄集》 7-545b
韦左司 7-544f
《为奴隶的母亲》 6-336b
为无为 8-20a
为政以德 4-476f
为知 5-480b
圩堤 2-207c
圩田 7-545b
圩垸 7-545b
《违法的人们》 7-575c
违法加过错责任原则 3-282f
违法行为 7-545c
违法责任原则 3-282f
违反人道罪 9-188b
违宪审查制度 7-545c
违宪责任 2-452b
违约风险 4-249f
违约金 7-545d
围班 5-490d
围产医学 8-180f
围场满族蒙古族自治县 7-545e
围场县 7-545e
《围城》(电视剧） 3-597e
《围城》(小说） 6-170c
围堤 2-207c, 7-545f
《围攻》 2-360c
《围攻罗得岛》 2-69c
围裹裙 6-270d
围海造田 7-545f, 3-430a
《围困》 8-5f
围屏 6-95e
围棋 7-546a
《围棋人生》 5-592e
《围墙》(F.法罗赫扎德） 2-452c
《围墙》(陆文夫） 5-169e
围田 7-545b
围涂 7-545f
围网 9-63f
围魏救赵 7-217e
围蛹 9-28d
沩仰宗 1-500b
桅杆起重机 6-140e
唯才是举 7-577a
唯理论 7-546d, 7-121e
唯美主义 7-546e
唯名论 7-546e
唯生论 9-421b
《唯识二十论》 7-25a, 9-64f
《唯识论》 1-580b
《唯识三十颂》 7-25a, 9-64f
唯识宗 7-546f, 2-456b
唯实论 7-1d
唯物辩证法 7-546f, 1-348f
唯物史观 7-547a, 5-18e
《唯物史观论丛》 4-513c
《唯物史观研究》 3-427e
唯物主义 7-547a
《唯物主义和经验批判主义》 7-547c, 1-350e
《唯物主义和文化中的问题》 7-531a
唯物主义经验论 4-298f, 6-53d
唯物主义历史观 7-547a
唯物主义历史理论 5-18e
《唯物主义世界观和宗教世界观》 9-32b
唯象化学动力学 3-546d
唯象理论 3-550f
唯心史观 7-547d, 5-18f, 6-490a

唯心主义 7–547d
唯心主义辩证法 8–225e
唯心主义经验论 4–298f
唯意志论 7–547e
维埃特,F. 7–542a
维埃耶证券交易所 5–7a
维奥蒂,G.B. 7–548a
维奥尔 7–548b
维奥尔琴 8–229d
维布伦,O. 1–568c
《维持社会秩序临时办法》 2–470f
维达尔–白兰士,P. 7–548b, 3–565f, 6–284f
维达尔传统 7–548c
维达人 7–548c
维达语 7–548c
维德罗,R. 9–298b
维德曼–夫兰兹定律 4–255c
维迪耶种姓 5–386b
维蒂吉斯 2–320d, 3–94c
维蒂希,E.G. 1–443c, 7–548d
维蒂希试剂 7–548d
维多里尼,E. 7–548e
维多里诺 7–548e
维多利亚 7–548f, 5–239e
维多利亚 7–549b
维多利亚大学 3–615d
维多利亚岛 4–116d
维多利亚峰（伯利兹） 1–399f
维多利亚峰（缅甸） 6–353c
维多利亚港 7–549c
维多利亚公爵 1–73b
维多利亚公园 8–196d
维多利亚国家画廊 7–549d
"维多利亚"号船 5–299c
维多利亚湖 7–549e, 2–319f, 7–614f
维多利亚·卢卡斯 6–108e
维多利亚女王 7–549f, 1–199a
维多利亚女王公园 5–579b
维多利亚瀑布 4–266b, 5–477d, 6–118f
维多利亚瀑布国家公园 5–477e
维多利亚时代 7–550a
维多利亚图书馆 4–423f
维多利亚州 7–550a
维厄瑟尔,T.N. 9–290a
维恩,J.-M. 2–107a
维恩公式 6–110c
维尔布兰德,J. 7–338b
维尔布鲁根,H. 7–23b
维尔德 1–484a
维尔德,H.van de 8–292e
维尔夫雷德,T. 6–415e
维尔哈伦,É. 7–550b
维尔霍扬斯克 6–468e
维尔霍扬斯克山脉 6–468f
维尔加,G. 7–550c
维尔京戈尔达 9–11a
维尔京群岛 7–550d
维尔京群岛大学 9–11b
维尔京群岛广播有线公司 9–11c
维尔梅伦,A. 7–550e
维尔姆,A. 4–256b
维尔纳,A.G. 7–550f
维尔纳,F. 1–406d
维尔纳茨基,V.I. 7–551a, 5–475a
维尔内 1–36f
维尔尼克,C. 5–549b
维尔尼克区 5–549c
维尔纽斯 7–551b
维尔纽斯大学 7–551c
维尔纽斯旧城历史区 7–551c
维尔诺堡 2–395c
维尔斯,A. 2–540b, 2–540d, 7–68b
维尔斯波尔斯卡公园 1–388f
维尔雅姆松,T. 7–551c
维戈茨基,L.S. 7–551d, 2–33c, 5–164e, 6–491d
维格兰,G. 1–129e
维格纳,E.P. 5–61a
维管植物 7–551e
维管组织 7–551e
维果,J. 6–576c, 8–170a
《维汉词典》 7–551f
《维汉俄辞典》 1–236a
维赫托利·佩尔托宁 5–84b
维化巧克力 6–188f
维吉尔 7–552a
《维吉尔之死》 1–450f
维吉纳 3–313e
《维吉尼娅》 1–11a
维加·卡尔皮奥,L.F.de 7–552b
维加诺,S. 4–198a
维贾亚纳加王国 7–552c
维金人 4–568e, 6–323b
维柯,G. 5–17b, 5–19c, 5–19e, 8–241f
维克,F. 7–53b
维克多·哈苏公司 7–552d
维克里,W. 7–552e, 2–258f
维克里拍卖法 2–258f, 7–552f
维克塞尔,K. 6–350a, 9–442d
维克斯墓 3–307c
维克托·伊曼纽尔二世 8–566f
维拉德,O. 5–353f
维拉尔,P. 9–590b
维拉港 7–469a, 7–469d
维拉帕米 3–26d
《维莱特》 1–409b
维兰德,C.M. 7–552f
维勒,F. 7–553a, 2–468a, 4–588f, 5–590c, 9–46d
维勒珀图国家公园 7–128c
维里西莫,É.L. 7–553b
维利巴尔特·阿莱克斯 1–326e
维利亚河 7–551b
维列夫金 2–395d
维列鲁学派 6–491d
维林吉利岛 5–245e
维柳伊高原 9–440f
维柳伊河 4–565c
维柳伊斯克水电站 4–565c
维龙加国家公园 7–553c, 3–52b
维龙加火山群 7–553c, 7–614f
维鲁帕克沙神庙 8–601b
维纶 7–553d
《维罗尼卡的双重生活》 4–52c
维马·迦德菲塞斯 8–435f
维米尔,J. 2–565a
《维摩诘》 3–198a
《维摩诘经》 7–553d
《维摩诘所说经》 7–553d
《维摩经》 7–553d
维那 9–501c
维纳,B. 3–240a
维纳,N. 7–553e, 2–498f, 4–399b, 4–480b
维纳恩湖 7–553f
维纳过程 7–214f
维纳滤波 7–553f
维纳恰,P. 5–307a
维纳斯 7–554a, 1–18f
维纳斯（雕像） 4–327e
《维纳斯》(米洛斯的) 7–554a, 1–19a, 5–149e
《维纳斯的诞生》 7–554a, 1–413a
《维纳斯的胜利》 1–454a
维纳斯幻术社 3–17b
《维纳斯与美少年》 7–532d
维纳预测理论 9–171f
维娜斯·威廉姆斯 7–530d
维内,R. 7–554b
维内德人 7–127c
维尼,A.de 2–444e
维尼奥拉,G.B.da 1–175a, 6–557a
维尼纶 7–553d
维尼亚夫斯基,H. 7–554c
维诺格拉多夫,A.P. 7–554c
维诺格拉多夫,I.M. 7–554e, 4–232a
维普日河 7–556e
维琴察会堂 6–30f
《维若波勒、维若波勒》 4–405c
维萨里,A. 7–554f, 4–440f, 6–299c
维森特,G. 7–555a
维舍特,E. 7–555a
维生素 7–555b
维生素戊 7–556b
维生素原 7–555b
维生素A 7–555c, 7–555c, 9–533e
维生素A原 4–573c
维生素B 8–197a
维生素B1 1–77e, 3–3c, 5–409c, 6–369e
维生素B2 3–3c
维生素B6 3–3d

维生素C　7–555e, 6–563a, 7–555c
维生素D　5–116e, 7–555c
维生素D原　8–197a
维生素D2　5–295e
维生素D3　2–147d
维生素D4　5–295e
维生素E　7–556a
维生素F　8–420d
维生素H　5–390c
维生素K　7–555c
维生素PP　8–420e
维什努马蒂河　4–108a
维氏硬度　4–502b, 9–22d
维数　8–204e
维数问题　7–460a
《维斯比规则》　7–556c, 3–338d
维斯康蒂,L.　1–39e, 2–184b
维斯帕拉德　1–385b
维斯塔　3–172f
维斯瓦河　7–556d, 1–381f, 4–361d, 5–221f
维斯瓦河－奥得河战役　7–191a
维斯新闻社　5–174b
维苏威火山　7–556e, 1–202d, 6–112b, 8–408f
维索茨基,G.N.　7–557a
维塔乌托教堂　4–418a
维太放映机　5–348c
维泰勒温泉城　5–229a
维唐华丹　9–157b
维特,S.Yu.　6–323a, 9–330c
维特根斯坦,L.　7–557a, 9–74b, 9–241e
维特科维斯炼铁厂　2–403f
维特拉克,R.　1–17c
《维特莱室内》　3–103a
维特鲁威　7–557b
《维滕贝格的夜莺》　6–362a
维提岛　7–195d
维瓦尔第,A.　7–557c
维万,L.　9–106b
维维亚尼,V.　4–122e
维吾尔达斯坦　7–557d
维吾尔文　7–557e
维吾尔语　7–557f
维吾尔族　7–557f, 1–77f, 5–298f
维吾尔族舞蹈　7–558b
维吾尔族医学　7–558e
维西傈僳族自治县　5–36f
《维西麽些语研究》　3–16c
维希政府　7–559a
维辛斯基,A.Y.　7–559b, 9–439b
维新变法　3–580f
维新派　8–68c
维亚季奇人　1–195e
维亚雷焦狂欢节　4–498c
维扬大班　8–446e
维扬清曲　8–448d
维扬文戏　8–446e
维扬戏　8–446e
维药　7–559a
维也纳　7–559c
维也纳爱乐乐团　7–559e, 1–1b, 1–120a, 1–401c
《维也纳创世记》　1–220f
《维也纳的音乐会史》　3–379f
维也纳法学派　4–393b
维也纳分离派　4–452b, 8–292b
《维也纳规则》　7–333d
维也纳国际　2–254e
维也纳国家歌剧院　7–559f, 4–372a
维也纳国立图书馆　4–259d
维也纳华尔兹　3–259a
维也纳幻想派　7–560a
维也纳幻想现实主义画派　7–560a
维也纳皇家剧院　4–338f
维也纳会议　7–560a
《维也纳老龄问题国际行动计划》　4–558b
《维也纳领事关系公约》　5–103a, 7–474e
《维也纳森林的故事》　6–582c
维也纳体系　7–560c
《维也纳条约法公约》　7–374e
维也纳童声合唱团　1–120a, 7–559e
《维也纳外交关系公约》　7–333e, 7–474d, 8–56d
维也纳学派　7–560c
《维也纳学派哲学》　3–482d
维也纳圆舞曲　6–582b
维医　7–558e
维永,F.　2–444d
维兹卡亚　5–292a
维佐峰　1–377c
潍安县　1–104e
潍坊市　7–560d, 2–570d
潍水之战　3–365a
潍县年画　7–560e, 6–436f
《伟大的贝多芬》　5–212e
《伟大的复兴》　6–53c
《伟大的牵线人》　1–70c
《伟大的慰问者》　4–487d
《伟大的祖国》　5–574c
《伟大发现的日子——门捷列夫发现周期律》　4–392a
《伟大之神布朗》　1–126e
伟哥　3–551b
伟晶岩　7–561a
伟晶作用　4–502f
伟烈亚力,A.　4–80b
《伪币犯》　4–97a
伪病　9–175d
伪彩色摄影　3–475a
伪古史　6–392c
伪虎鲸　4–307f
伪鸡瘟　4–37b
伪经　7–561b
《伪君子》　7–561b
伪劣商品　4–144e
伪满洲国　7–561c
伪满洲国皇宫旧址　1–511f
《伪实业》　3–16c
伪蝎目　7–561e, 9–496b
伪心理学　8–254c
伪圆柱等面积投影　3–580a
伪造货币罪　4–286a
伪装现场　2–478c
伪足　9–48b
苇　5–158a
苇间居士　1–338c
尾　7–561f
尾波滑水　3–542a
尾草履虫　8–22c
尾矿　7–561f, 8–366e
尾煤　8–367a
尾屏　5–185b
尾崎红叶　6–320e
尾鳍　6–134e
尾索动物门　7–562a
尾香　8–197d
尾形光琳　7–562b
尾形宗谦　7–562b
尾旋风洞　2–563f
尾翼　2–507b
尾羽　9–69e
尾椎　7–561f
纬编　9–249a
纬编机　2–500f
纬度地带性　2–227f
纬度效应　2–98c
纬锦　4–267d
纬帽　9–356d
纬平绒　6–91f
纬起绒织物　6–331d
纬纱　4–34e
《纬书集成》　1–576a
纬线　2–228d
纬向构造体系　3–156c
纬向环流　2–98e
纬向植被带　9–301b
委拉斯贵支,D.　7–562d
委拉斯开兹,D.　7–562d, 2–501d
委陵菜　7–562f
委陵菜属　7–562f
委鲁姆　8–6f
委内瑞拉　7–563a
委内瑞拉玻利瓦尔共和国　7–563c
《委内瑞拉的文学与文人》　8–8d
委内瑞拉教师节　4–209c
委内瑞拉通讯社　7–563f
委内瑞拉中央大学　4–110a
委任立法　7–564b, 9–312d
委托代理　7–563f
委托代理关系　7–563f

委托监护制　7–564a
委托金库制　3–287d
委托立法　7–564b
委托立法权　5–20d
委托收款　4–224f
委托诉讼代理人　7–200a
委托投资　8–298a
委托业务　8–297e
委员会制　3–148d
萎缩　7–564c
萎缩性鼻炎　1–314f
隗嚣　2–347a, 5–285d
《猥谈》　5–445e, 7–175b
痿躄　7–564c
痿软舌　6–479a
痿证　7–564c
鲔　1–207d, 4–247f
鲔属　4–247e
薳子冯　8–159e
卫　7–564d
《卫报》　1–400c
卫伯玉（唐）　6–510a
卫伯玉（西晋）　7–564e
卫漕　9–25d
卫城　4–451f
《卫城记》　7–310d
卫分证　7–565d
《卫风·氓》　6–575a
卫夫人　7–566a
卫瓘　7–564e
卫河　7–564f, 3–328c
卫河（永济渠）　9–25d
卫恒　7–565a, 9–497e
卫宏　5–318d
卫辉市　7–565a
卫觊　7–564f
卫巨山　7–565a
卫拉特　2–409b, 7–467a
卫喇特　7–467a
卫理公会　7–566c
卫理宗　7–566c
卫立煌　7–565b, 7–270d
卫茂漪　7–566a
卫气　7–565c
卫气营血辨证　7–565d
卫青　7–565f
卫汝贵　3–562c
卫生保健服务　8–534c
《卫生学杂志》　4–426d
《卫生学指南》　6–58e
卫束本　9–497e
卫铄　7–566a
卫斯理, J.　7–566a
卫斯理运动　7–566b
卫斯理宗　7–566c
卫所制　5–440a, 5–449f
卫特夫　3–381d
卫天霖　7–566c
卫巫　8–116b, 9–469f
卫贤　7–566d
卫星　7–566f
卫星病毒　7–567a
卫星测高　7–567b, 2–77e, 7–568d
卫星城市　7–567c
卫星城镇　7–567c
卫星大地测量　2–77d
卫星大气　8–316d
卫星导航　7–567c
卫星多普勒导航定位系统　2–77e
卫星法　2–77a
卫星跟踪卫星　7–568d
卫星攻防战　7–367e
卫星广播　7–567d
“卫星”号运载火箭　2–317f, 4–431f, 9–143d
卫星红外遥感　8–482b
卫星救援　7–567e
卫星空间探测　3–397f
卫星雷达高度计　7–567b
卫星平台　3–352c
《卫星设计学》　7–512e
卫星摄影测量　3–402b
卫星通信　7–567f
卫星星历　6–262c
卫星遥感　3–402d
卫星云图　7–568a
卫星侦察　3–403b
卫星制导　7–568c
卫星重力测量　7–568d, 2–77e
卫星重力探测　7–568d
卫星重力学　2–77e
卫鞅　6–457b
卫运河　3–328c
卫仲乐　7–568e
卫仲卿　7–565f
卫子夫　7–565f
《为保丽娜妹的婚礼而作》　4–531e
《为党生活》　8–224f
《为动员一切力量争取抗战胜利而斗争》　5–227a
《为法律科学而斗争》　4–399f
《为芬尼根守灵》　4–492e
《为芬斯顿将军辩护》　5–256c
《为建设一个伟大的社会主义国家而奋斗》　8–510c
《为精神生活的内容而战斗》　1–134c
《为抗日救国告全体同胞书》　1–146f, 3–256a, 4–410b
《为了病人利益》　8–119c
《为了不死而死》　1–78c
《为了和平》　1–208a
《为了女王，为了国家》　2–141a
《为了人民的幸福》　1–164b
《为了遥远祖国的海岸》　1–250d
《为了一个没有牢笼的世界》　3–304c
《为了一种新小说》　5–200c
《为了在此生活》　3–86d
《为力而作的诗》　1–446f
《为琉特作的古咏叹调和舞曲》　4–570c
《为您服务》　6–518e
《为沙皇献身》　3–105c
《为生活而斗争》　1–174f
《为盛逸民书洛神赋》　9–232b
《为诗一辩》　8–132e
《为弦乐四重奏所作的八种颜色》　7–284e
《为弦乐器、打击乐器和钢片琴所写的音乐》　1–183e
《为幸福而斗争》　4–422c
《为中国文化敬告世界人士宣言》　5–486a
《为自己的一生辩护》　5–605d
《未被回答的问题》　1–76d
未成功的恒星　3–449d
未成熟儿　9–162b
未分配利润　7–568f
《未婚夫》　3–298e
《未来世界》　2–291a
未来学　7–568f
未来研究　7–568f
未来预测　7–568f
未来主义　7–569a, 5–266c, 8–66d
《未来主义的绘画和雕塑》　1–416a
《未来主义绘画技法宣言》　1–162c
《未来主义绘画宣言》　7–569b
《未来主义文学宣言》　5–266c, 7–569a
《未来主义戏剧宣言》　5–266c, 7–569b
《未来主义宣言》　5–266c, 7–569a
《未名》　7–569b
未名社　7–569b
《未名新集》　7–248d
未遂犯　2–478b
《未完成的斗争》　4–607b
《未完成的机械钢琴曲》　5–395c
《未完成交响曲》　7–52a
未央宫　7–569c, 1–507b, 3–142d
《未央宫》　8–35b
位错　1–231f
位基数　3–59d
位力定理　1–115d
位能　7–28f
位图　7–69a
位移　7–569d
位移电流　7–569e, 2–276e, 5–297a
位移共振　7–45a
位移互等定理　4–221c
位移极化　2–282c
位移振幅　9–550c
位移阻抗　4–34c
位值制　7–63c
位置公差　3–130c
位置无序　8–22e
味道研经　4–298d

味精 7－569f, 1－111e
味觉 7－570a
味觉感受器 6－477e
味蕾 6－477e, 7－570a
味连 3－591d
味论 8－268c
味美思酒 6－101e
味县 6－248d
《畏庐漫录》 5－85c
《畏庐诗存》 5－85c
《畏庐文集》 5－85c
畏兀儿国 8－421f
胃 7－570b
胃癌 7－570d
胃肠钡剂造影 4－222f
胃肠外营养 5－89f
胃肠造口管饲 5－89e
胃次全切除术 7－571b
胃大部切除术 7－571b
胃蛋白酶 6－583e
胃毒剂 6－421c
胃管 8－138b
胃寒证 7－570f
胃经 9－568c
胃溃疡 8－215e
胃糜烂 7－571f
胃囊郁滞 8－215d
胃扭转 7－570f
胃气上逆证 7－571a
胃切除术 7－571b
胃热证 7－571c
胃石 4－224e
胃酸－胃蛋白酶 8－215d
胃脘痛 7－571d
胃萎缩 7－571e
胃腺 7－570c
胃腺癌 9－30f
胃炎 7－571e
胃灼热 6－472a
胃 MALT 淋巴瘤 9－30f
谓词理论 2－592e
谓项 9－298e
谓之 2－309b
尉健行 7－572a
尉那岩城 3－66a
尉屠耆 5－147f
喂饭酒 3－590b
猬海马 3－332e
猬科 7－2c
《渭北高原，关于一个人的记忆》 1－574e
《渭城曲》 4－348c, 8－451b
渭川 5－227c
渭河 7－572c, 4－283e
渭河盆地 3－208d
渭河平原 3－208d, 8－82a
渭南市 7－572d
《渭南文集》 5－170d
渭水便桥之盟 4－227e
渭阳县 2－580d
蔚丹 9－562b
《蔚蓝的星》 3－174b
蔚青岭 3－530a
蔚山 7－572e
蔚山广域市 7－572e
蝟实属 6－309c
慰安妇问题 7－572f
《慰劳信集》 1－342a
慰礼城 7－41f
魏 7－573a
魏 7－573b, 6－387c
魏保罗 9－256d
魏碑体 4－396c
魏伯阳 7－573b, 5－48e, 9－475f
魏长生 7－573c
魏长贤 7－577f
魏晨旭 6－383c
魏茨曼科学研究院 8－552a
魏茨泽克，C.F.von 7－269b, 7－292c, 9－318a
魏大中 2－324b
魏道武帝拓跋珪 7－573d
魏德金德，F. 7－573c
魏德林，H. 1－408a
魏德迈，J. 7－573f, 7－7e
魏德祥 1－270a
魏敦瑞，F. 7－574a, 4－337f
魏恩波 9－256d
魏恩加特纳，F. 7－574a
魏尔曼，L.C. 1－354b
《魏风·硕鼠》 6－575b
魏格尔，H. 7－574b
魏格曼，M. 7－574b
魏格纳，A.L. 7－574c, 5－41c
《魏故南阳张府君墓志》 9－195f
魏国长城 1－509c
《魏国以西十一国事》 7－176a
魏鹤龄 7－574d
魏鸿杰 7－576c
魏华存 7－574e
魏桓子 3－359b, 9－228e
魏建功 8－269c
魏金枝 3－516a
魏晋封建论 6－471a
《魏晋南北朝史》 7－520e
《魏晋南北朝史论丛》 7－317d
《魏晋南北朝史论丛续编》 7－317e
《魏晋南北朝史论拾遗》 7－317e
《魏晋胜流画赞》 6－300e
魏晋玄学 2－27a, 8－363b
魏克拉玛辛诃，M. 7－574f
魏良 1－81a
魏良辅 7－574f, 3－346c, 6－78f
魏了翁 1－593c
《魏鲁郡太守张府君清颂之碑》 9－203f
《魏略》 6－390e
魏玛共和国 7－575a, 2－173d
魏玛美术学院 1－236c
魏玛实用美术学校 1－236c
《魏玛宪法》 4－224c, 7－393a, 7－575a
魏尼格，E. 4－212e
魏庆之 6－575f
魏冉 6－196c, 9－183e
魏荣爵 7－575b
魏三 7－573c
魏森贝格效应 2－514e
魏森博恩，G. 7－575c
魏石经 9－267b
魏收 7－575d, 7－575d
《魏书》 7－575d, 6－390e
魏斯格贝尔，L. 3－479f
魏斯曼，A. 7－575e
魏斯特卡尔，H. 5－465f
魏太武帝拓跋焘 7－575f
魏特林，W. 7－576b, 2－188f
魏特曼，L. 8－535e
魏巍 7－576c
魏文帝曹丕 7－576d
《魏文帝集》 7－576e
魏文侯 7－576e, 9－228e
魏无忌 8－297b
魏武帝曹操 7－576e
魏禧 7－577b, 6－222f
魏襄王 9－497e
魏孝文帝改革 7－577b
魏秀仁 3－532d
魏裔介 6－230e
魏应 1－198a
魏源 7－577d
《魏源集》 7－577e
魏远达 7－577d
魏蓁一 7－543d
魏徵 7－577e
《魏郑公谏录》 7－577f
《魏志·倭人传》 6－391a
魏忠贤 7－578a
螱（白蚁） 1－208b, 2－193f
温八叉 7－584a
温饱阶段 8－224c
温宝田 6－226b
温标 7－578b
《温别尔托·D》 1－498c, 2－185c
温冰川 1－361e
温病 7－578c
《温病条辨》 7－578e
温病学派 7－578d
温伯格，S. 7－578f, 2－287f
温伯格－萨拉姆理论 6－363c, 7－578f
温补肾阳 1－423b
温布尔登网球公开赛 7－579a, 7－523f
温差电动势 7－579d
温差电偶 7－579d

温差电现象 7–579b, 4–385a
温差电效应 4–385a
温差能 5–564e
温差钟 9–453b
温查文化 8–283c
温大雅 2–105c
温带半荒漠和荒漠带 2–398a
温带草原 1–483f
温带风暴潮 2–563b
温带果树 3–300a
温带落叶阔叶林 6–541e
温带森林草原和草原带 2–398a
温得和克 7–579e, 5–510c
温德,E. 7–428b
《温德梅尔夫人的扇子》 6–41a, 7–494e
温德斯凯尔核泄漏事件 3–132f
温迪亚山脉 1–59c
温地美伦,P. 4–77f
温都尔汗 5–79d
温毒 7–580a
温度 7–580a, 6–279e
温度感受器 7–343b
温度计 7–580b, 7–580b
温度控制系统 3–400e
温度跳跃法 1–76e
温度跃层 9–126e
温锻 2–369e
温法 7–580c
温菲尔德,M. 7–523e
温哥华 7–580d
温哥华,G. 7–581a
温哥华岛 7–580f
温哥华凯泽屋顶花园 8–14c
温哥华美术馆 7–580f
《温国文正司马公文集》 7–114e
温和的不可知论 1–428f
温和的唯名论 7–546f
温和灸 1–77c
温家宝 7–581a
温经散寒 7–581c
温经通络 7–581d
温酒器 4–350c
温开法 4–390e
温克尔曼,J.J. 1–97b, 5–361f, 8–268a
温克勒,C. 2–280a, 9–241f
温李 7–584b
温里法 7–580c
温里剂 7–581d
温陵居士 5–4e
温岭市 7–581e
温纳贝戈湖 7–533a
温内特卡制 7–581f
温尼伯 7–582a
温尼伯大学 7–582a
温尼伯河 7–582b
温尼伯湖 7–582b, 4–115a
温尼伯商品交易所 7–582a
《温暖季节来到时》 2–406a
温脾法 7–584f
温奇,C. 1–559c
温峤 4–274b, 7–493c
温切斯特公学 3–138a
温切斯特神秘宅院 6–561d
温切斯特塔 7–583a
温泉 7–582b, 2–241f
温泉宫 3–535c
温泉峡 4–131d
温泉镇 7–584c
温热病 7–578c
《温热经纬》 7–578e
温热灸法 4–324b
温热疗法 8–73b
《温热论》 7–578e, 8–501c
温热药 7–152b
温热之邪 4–14f
《温柔的祖国》 1–295e
《温柔杀手》 1–560a
温塞特,S. 7–582d
温莎 7–582e, 2–218d
温莎堡 7–582f
温莎大公园 7–583b
温莎大学 7–582f
温莎领带 5–102a
温莎王朝 7–583b, 3–378f
温石棉 6–480b, 6–600b
《温侍读集》 7–585c
温室 7–583c, 9–306d
温室花卉 7–583d
温室气体 7–583e, 2–429e, 7–583f
温室效应 7–583e, 6–262d
温斯坦利,G. 4–470f, 4–349d
温宿县 7–455d
温塘峡 4–131d
温特,F.W. 7–583f
温庭筠 7–584a
温韦 7–545b, 7–584b
温胃法 7–584f
温胃散寒 7–584f
温下 8–158b
温下剂 8–238f
温县 7–584c
温邪 7–584c, 4–14f, 7–578c
温阳利水 7–584d
温阳行水 1–423c
温疫 7–584e
温榆河 3–328b
温燥 2–535d, 6–352f, 9–166c
温中祛寒 7–584f
温州帮 8–40a
温州菜 9–243e
温州港 7–585b
温州市 7–584f
温州湾 7–585b
温州杂剧 7–585b, 5–544a, 7–175b, 8–146a
温子昇 7–585b
瘟疫 6–229d, 7–584c, 7–584e
《瘟疫集》 5–469a
文安滩 8–388c
文笔塔 1–527e
文昌帝君 7–585c, 8–573e
《文昌帝君阴骘文》 8–573e
《文昌帝君阴骘文注》 8–573e
文昌宫 7–592c
文昌鸡 7–585d
文昌市 7–585d
文昌县 7–585d
文昌星 7–592c
文昌鱼 7–585d, 7–404e, 7–411d
文昌鱼砂 7–411d
文昌猪 7–585d
文场（曲艺） 3–235e
文场（戏曲） 4–282b, 7–594e, 8–201a
文场社 3–235e
文成公主 7–585d, 2–123a, 3–419a, 4–524c, 7–162c, 9–156b
《文成公主》(舞剧) 9–357a
《文成公主》(藏剧) 9–157d
《文成公主进藏图》 2–123b
文成公主庙 9–166d
文丞相祠 7–594c
文丑 2–12b, 4–282c
文茨皮尔斯 4–527a
文达族 5–522b
文旦 9–53a
文旦柚 9–53b
文档 4–92d
文德尔班,W. 7–585f
文德人 5–152e
文德语 8–612c
文灯果 7–586f
文登市 7–585f
文登县 6–330a
“文帝行玺”金印 5–546e
文牒 2–303c
《文定集》 7–248d
文定书堂 3–516f
文房四宝 7–586a
《文房四谱》 7–586b
文峰塔 2–350e
文赋 7–586b
《文赋》 7–586c
文蛤 7–586e
文蛤属 7–586e
文官考核 8–92b
文冠果 7–586f
文冠果属 7–586f, 8–15f
文馆 5–560a
文光楼主 6–607b
文虎 2–190f
文华殿 3–196b

文华奖 9-387b
文化保守主义 1-246c
文化变迁过程 7-588b
文化并行论 7-588e
文化财产 7-594f
文化层 4-417c
文化传播 7-588b
“文化大革命” 7-586f, 4-177a
文化地理学 7-587e
文化独立论 7-587f
文化多元论 7-588a
文化多元主义 7-588a
文化非决定论 7-587f
文化过程 7-588b
文化涵化 7-588b, 7-589d
《文化和社会》 7-531a
《文化和社会变迁论文集》 1-122b
文化教育学 4-212e
文化进化 7-588c, 7-588b
文化景观 7-588d, 9-541b
文化决定论 7-588d
文化抗拒 7-588c
《文化科学和自然科学》 4-601f
《文化历史问题中的图腾崇拜》 3-102a
文化历史学派 3-101f, 7-589b
文化利益 3-282c
《文化模式》 1-307f
文化没落 7-588c
《文化批判》 7-267e
《文化偏至论》 5-166b
文化平行论 7-588e
文化区 7-588f
文化取代 7-588c
文化圈 3-101f
文化圈学派 3-101f
文化人类学 7-588f
《文化人类学》 5-82e
文化融合 7-588c
文化濡化 7-589d
文化适应 7-589c
文化同化 7-588c
文化退化 7-588c
文化唯物主义 7-531a
文化萎缩 7-588c
文化相对论 7-589d
文化心理学派 1-307f
文化性时装表演 6-611d
文化学 3-601a
《文化学体系》 3-601a
文化演化 7-588c
文化遗产 7-595a
文化遗产风景区 9-354b
文化遗存 4-416c
《文化以外：论文学与学识》 7-331b
《文化与帝国主义》 6-369a
文化与民主联盟 1-13a
《文化与批判》 3-304b
文化与人格学派 1-307f
文化源地 7-589e
文化整合 7-589c
文化殖民 7-587e
《文汇报》 7-589f, 4-421a
《文汇报的资产阶级方向应当批判》 2-476f
文汇阁 1-475f
文汇新民联合报业集团 7-590a
《文姬归汉图》 7-590a
文集 7-590b
《文集》 4-519e
文甲 2-130b
文件 7-590c
文件双重价值论 8-243b
文件组合 6-265f
《文鉴》 9-97e
文教卫生基金 8-214c
文界革命 7-590c
文金 4-261f
文津阁 1-335a, 1-475f, 5-147d
文景之治 7-590d, 3-368c
文康 7-590f, 2-416f
文科 6-300c
文科中学 7-590f
文莱 7-591a, 7-127f
文莱达鲁萨兰国 7-591d
《文莱灯塔》 7-591e
文莱新闻社 7-591e
文莱元 7-591e
文澜阁 1-475f
文良 6-402b
文林郎果 6-423f
文龙 8-65b
《文潞公集》 7-599c
《文论十笺》 1-590b
《文盲》 5-233d
文庙 2-589d, 5-420b
文明不服从运动 2-511a, 5-570c
“文明冲突”理论 3-463d
《文明的源泉》 3-463c
《文明及其不满》 2-596c
《文明结婚》 3-429e
文明门 2-81b, 7-389d
文明社会 7-591f
文明时代 7-591f
文明戏 7-591f, 3-558f, 4-71b, 8-275f, 9-373d
《文明小史》 8-339c
《文明与气候》 3-463c
文明制度 3-16b
文木老人 8-31e
《文木山房集》 8-31f
文牧 5-157d
文彭 7-591f
文跷 3-73e
文丘里，G.B. 7-592b
文丘里，R. 7-592a
文丘里管 7-592b
文曲星 7-592c, 7-585c
文人画 7-592c, 8-238e
《文人画之价值》 1-565b
文三桥 7-591f
文森山 5-528a
文森特，G.E. 7-131f
文山黄牛 7-593a
文山松毛虫 7-160d
文山壮族苗族自治州 7-593a
文尚葛 3-112e
文身 7-593b
文绅运动 6-203d
文狮 6-577c
文石 7-593c
文石居士 5-401b
文石书院 6-68d
《文史通义》 7-593d, 9-221c
《文史通义·释通》 7-391d
《文史哲》 3-553f, 5-168f
文寿承 7-591f
文书 7-593d
文书鉴定 7-112b
文书学 7-593e
文殊 7-593e
文殊兰 7-593f
文殊兰属 7-593f
文殊菩萨 9-220e
文殊山 4-132e
文殊师利 7-593c
文殊师利童子 7-593f
文水县 7-594a
文说 7-145a
文溯阁 1-475f, 6-520a
文坛社 7-154f
文堂 5-143b
文特里斯，M. 5-293a
《文体明辨》 3-13d
文体学 9-74a
文天祥 7-594a
文廷式 7-594c, 6-179f
《文通》 5-277b
文同 7-594d
《文图拉先生》 7-452b
文玩子 3-235e
文武场 7-594e
文武跷 3-73f
文物 7-594e
文物鉴定 7-595e
文物修复 7-596a
文檄 8-137e
文献 7-596b
文献分类表 7-596c
文献分类法 7-596c
《文献交流引论》 9-472b
《文献通考》 7-596d, 7-596b

文献小说 3-144b
文献学 7-596e
文献研究 7-596f
《文献摘要自动编制法》 5-149c
文祥 7-597a, 8-469e
文协 9-424a
《文心雕龙》 7-597b
《文心雕龙校证》 7-597e
《文心雕龙校注》 7-597e
《文心雕龙校注拾遗》 7-597e
《文心雕龙注》 2-483e, 7-597e
《文心雕龙注释》 7-597e
文星 7-585c, 7-592c
《文选》 7-597e, 9-97e
《文选注》 7-597f
文学 7-598a
《文学》 7-598c
《文学保守者》 9-70f
《"文学爆炸"亲历记》 2-388f
文学产权 9-505a
《文学大纲》 9-277f
《文学的幻想》 1-358f
《文学读本》 1-179c
《文学改良刍议》 1-198c, 8-286b
《文学革命论》 1-198c, 8-286c
《文学或拭目以待》 4-450d
《文学季刊》 4-277c
《文学界》 2-158a
《文学精华》 5-335a
文学理论 7-598d
文学批评 7-598e
《文学批评ABC》 3-14e
文学社 7-598f
《文学生活》 2-451c
《文学史大纲》 1-297d
《文学世界》 6-615f
《文学探路集》 6-202e
文学童话 7-404f
文学学 7-601b
文学研究会 7-599a
文学研究会丛书 7-599b
《文学艺术之见》 1-27e
《文学与文化》 6-615f
《文学月报》 9-474b
《文学传记》 4-420a
文学座 1-359c
文雅教育 9-548c
《文言》 9-475d
文言小说 7-599b
文彦博 7-599c, 9-98d
文腰鼓 8-476f
文以气为主 2-271e
文义谜 2-191a
《文艺笔谈》 3-502a
文艺复兴 7-599c
《文艺复兴》 4-600d
文艺复兴美术 7-599f
《文艺复兴时代的异教神秘》 7-428b
文艺心理学 5-362f
《文艺心理学》 9-482e
文艺学 7-601b
《文艺学习》 7-543d
《文艺阵地》 7-601c
文艺自由问题论辩 8-178e
文鱼 4-261f
《文与可画筼筜谷偃竹记》 7-194b
文玉福 3-365a, 4-258e
文玉森 3-365a
文渊阁 1-475f, 3-468c
文渊阁大学士 5-554b
《文渊阁书目》 8-462a
文源阁 1-475f
《文苑英华》 7-601d
文摘报 7-601e
《文摘报》 7-601e
《文章流别集》 7-601f
《文章流别论》 7-601e
文章四友 4-607c, 7-196a, 7-313a
《文昭关》 1-589b, 8-35b
《文阵新辑》 7-601c
文震亨 9-223c
文徵明 7-601f, 7-316e, 8-33a
文之流 5-418b
文职人员 3-137f
《文质论》 7-178e
文种 2-483a
文竹 7-602d
文字 7-602d
文字处理机 7-488f
文字处理排版 7-602f
文字改革 7-603a
《文字蒙求》 5-375c
《文字朴识》 4-186c
文字谱 4-95c
文字前文化 9-106e
文字石 3-209c
文字瓦当 7-464a
文字学 3-386f, 9-73f
文字游戏 6-57a
文字狱 7-603b
文宗阁 1-475f
《文宗显皇帝圣训》 6-230b
纹板提花机 2-500f, 4-140b
纹别 2-411c
纹理石 3-209b
纹脸黥身 4-584f
纹散灯蛾 2-190e
纹头锯齿喉盘鱼 3-489f
纹银 8-580d
纹鼬 9-54d
纹鱼 4-261f
《闻官军收河南河北》 2-356e
《闻铃》 1-518f
闻人铨 4-328c
闻社 3-11f
《闻王昌龄左迁龙标遥有此寄》 4-588a
《闻香识女人》 6-35b
闻一多 7-603d, 4-614e
《闻一多全集》 7-603f
闻亦多 7-603d
闻诊 7-603f
蚊 7-604a
蚊虫 7-604a
蚊科 7-604a
蚊蛉科 1-511a
蚊母树 1-524f
《刎颈鸳鸯会》 3-191d
《吻》(C.布朗库西) 1-443f
《吻》(G.克里姆特) 4-452c
《吻》(罗丹) 2-443b
吻合术 7-39b
吻虎鱼 8-155f
吻锯 4-339d
吻鲈科 6-276b
吻盲管 1-233f
吻帽 5-176c
《吻之门》 1-443f
紊流运动 2-242d
稳定流 2-242d
稳定水位 2-243b
稳定同位素 7-396d
稳定同位素标记化合物 1-352d
稳定型心绞痛 8-249e
稳定性理论 7-604b
稳恒态宇宙模型 7-604d
稳健参数设计 7-30a
稳泡剂 6-51c
稳态 6-545d
稳态噪声 9-166a
稳压二极管 4-302c
稳压器 7-604e
问答法 6-139a
问答式好来宝 3-405b
问答哲学 4-420f
问号 1-352b
《问棘邮草》 7-299b
问荆 2-351a, 8-234c
问卷 7-604e
《问路集》 5-82a
问名 5-138c
问题儿童 7-604f
问题解决 7-605a
问题解决定势 8-250f
问题解决派个案工作 3-115b
问题区域 6-246f
问题性指标 6-495f
"问题与主义"论战 7-605b
《问学集》 9-477d
问诊 7-605c, 5-381c
问竹主人 6-402b
汶川地震 7-605f

汶川县 7-605f, 7-149d
汶岛 2-259c
汶江 5-436b
汶山郡 7-605f
翁本杜人 1-133e
翁布里亚画派 7-600c
翁独健 6-475c
翁多河 1-399f
《翁法勒的纺车》 6-567f
翁方纲 7-606a, 6-222f
翁古贾方言 7-139c
翁罕 7-435d
翁加雷蒂,G. 8-589a
翁卷 7-606b, 7-151b
翁偶虹 3-469b, 4-193d
翁山县 2-312b, 9-464f
翁同龢 7-606b, 8-68c
《翁文恭公军机处日记》 7-606d
《翁文恭公日记》 7-606d
翁文灏 7-606d, 1-267c, 2-227d, 9-421f
翁雍 6-204a
翁照垣 8-508c
嗡子 2-424f
鹟 7-606e
鹟䴕科 5-76a
鹟科 7-606e
瓮安生物群 7-606e
瓮城 1-582f
瓮棺葬 7-444e
瓮山泊 1-266e, 2-81e, 7-389d
蕹菜 7-607b, 8-365c
莴苣 7-607b
莴苣属 7-607b
倭豆 1-474a
倭国 2-85e, 7-211d, 7-305e
倭河马 3-424e
倭河马种 3-424d
倭黑猩猩 9-114c
倭马亚清真寺 2-95b
倭马亚王朝 7-607c, 1-31a, 2-94f, 3-310b, 4-425d
倭仁 9-167e
倭水牛属 7-95c
倭王 2-85e
涡虫纲 7-607c
涡电流 7-607d
涡管 5-127d
涡管强度 5-127d
涡流 7-607d
涡流说 7-269b
涡轮风扇发动机 6-61b
涡轮机 7-415a
涡轮螺旋桨发动机 6-61b
涡轮喷气发动机 6-61b
涡轮喷气发动机飞机He-178 3-462b
涡轮喷气发动机HeS-1 1-122e
涡轮喷气发动机HeS-3B 1-122f
涡轮轴发动机 6-61b
涡线 5-127d
涡旋 5-126d, 5-127d
涡旋态 3-478d
窝根 8-434e
《窝果策尼果》 3-313c
窝阔台 7-607e, 7-413b, 9-88a, 9-206b, 9-496c
窝阔台汗国 7-607f
窝里陀 7-612e
窝种 2-467f
蜗后聋 2-420c
蜗牛 7-608a
《我》 4-394b
《我爱吧》 6-70d
我爱马达加斯加党 5-241d
《我爱夜来香》 5-84e
《我不从这里走》 1-134f
《我城一少年》 8-96e
《我从城市逃进森林……》 3-174b
《我当红军去》 7-193d
《我的爱情多青春》 1-408e
《我的安东尼亚》 4-395d
《我的奥林匹克岁月》 4-48a
《我的白发母亲》 2-68e
《我的仇敌——命运》 2-135e
《我的大学》 3-62c
《我的第一个上级》 5-248f
《我的奋斗》 5-507f, 8-126e
《我的父亲母亲》 2-290f
《我的故乡》(散文集) 1-365a
《我的故乡》(音乐) 7-131f
《我的画室:概括我七年创作生活的真实寓言》 3-557e
《我的回忆》(F.费利尼) 2-540a
《我的回忆》(张国焘) 9-195c
《我的记忆》(戴望舒) 2-135c
《我的教学生涯》 7-141d
《我的觉醒》 8-486c
《我的科学生涯》 7-126e
《我的两家房东》 4-406d
《我的马克思主义观》 4-591b
《我的美国叔叔》 4-569a
《我的美好回忆》 6-360e
《我的米海尔》 1-135a
《我的秘密之花》 7-608b
《我的名字叫红》 6-33b
《我的努力与反省》 5-54e
《我的前半生》 6-117f
《我的日本精神改造计划》 2-76e
《我的生活》 7-131e
《我的生活经历》 2-70e
《我的生活年谱》 7-136a
《我的生平》(I.邓肯) 2-196f
《我的生平》(E.汉斯利克) 3-379f
《我的叔叔于勒》 5-467d
《我的围棋之路》 5-592e
《我的小提琴演奏教学法》 1-121a
《我的艺术生活》 7-134b
《我的意大利》 1-323a
《我的音乐生活》(奥尔) 1-121a
《我的音乐生活》(N.A.里姆斯基-科萨科夫) 5-8e
《我的音乐语言技术》 5-336e
《我的执教之道》 9-103f
《我的自白》 5-104f
《我的祖国》(诗歌) 5-507e
《我的祖国》(音乐) 7-131e
《我对电影导演的追求》 8-240f
《我敢爱谁》 1-186d
《我国国民经济的调整和改革》 8-368e
《我国过渡时期国民经济的分析》 8-353a
《我国汉藏语系语言元音的长短》 5-284b
《我国农业的社会主义改造》 7-196e
《我害怕》 2-68d
《我和春天有个约会》 2-358a
《我和爹爹赵丹》 9-233a
《我和微生物共同生活》 7-466e
《我和围棋》 1-575d
《我——红军》 7-193c
《我记得》 6-57a
《我家有两个门》 3-364c
《我骄傲,我是一棵树》 5-2d
《我们播种爱情》 8-344d
《我们从乌拉尔来》 4-487d
《我们村里的年轻人》 5-249a
《我们的不满的冬天》 7-133e
《我们的歌声》 1-134f
《我们的国土》 5-165a
《我们的军长》 2-204d
《我们的漂泊的大陆》 4-556f
《我们的士兵》 1-43a
《我们的土地》 3-19a
《我们的土壤妈妈》 3-76a
《我们的文学》 8-243e
《我们的学校》 5-227b
《我们的祖先》 4-368f
《我们多幸福》 9-275b
《我们夫妇之间》 9-351f
《我们叫他安德列》 1-498c
《我们来自何方?我们是什么?我们走向何方?》 3-65c
《我们如此热爱格伦达》 4-436a
《我们仨》 8-456f
《我们上帝的办事处》 4-512b
《我们为此而活着》 8-125d
《我们现在的生活方式》 7-333b
《我们心中的挪威》 3-103e
《我们一生中最好的岁月》 6-502d
《我们这时代的人》 8-343c
《我们中间的一个》 4-395d
《我们走在大路上》 4-600e
我缅人协会 7-608b
《我、你、他的故事》 8-488f

《我漂泊，我彷徨》 8-336b
《我请求发言》 6-39e
《我生活的一页》 8-163f
《我生就如此》 3-329e
《我生命中的孩子们》 5-166a
《我是》 5-277e
《我是猫》 7-608c
《我是谁？》 7-234b
《我是一片云》 5-84e
《我是一勺静美的小花朵》 8-392c
《我是中国人》 6-198c
《我摊牌》 1-36d
《我为你歌唱》 3-110f
《我为什么命该如此》 1-14f
《我希望你些什么呢，可爱的罗马尼亚》 1-86b
《我想握住你的手》 6-70d
《我应该怎么办》 6-451d
《我用残损的手掌》 2-135c
《我有一个梦想》 5-244f
《我与日本七十年》 9-205f
《我与我的村子》 8-162f
《我在霞村的时候》 2-307a
《我这一辈子》 7-608d
《我这一辈子》（小说） 4-559c
《我，至高无上者》 5-220e
《我住长江头》 6-215e
《我住的房子》 8-5f
《我走过的道路》 5-326b
肟 7-608e
沃巴什河 2-396d
沃波尔，R. 7-608e, 9-7a
沃波尔内阁 9-7a
沃德，B. 3-570a
沃德，L.E. 6-47f
沃德，L.F. 7-608f
《沃顿经济计量预测模型》 4-449e
沃尔德，S. 3-549c
沃尔顿，S. 7-609f
沃尔夫，B.L. 7-119d
沃尔夫，C. 7-609a, 1-308c
沃尔夫，C. 7-609b
沃尔夫，E.N. 4-287c
沃尔夫，F. 7-609b
沃尔夫，R. 7-609c
沃尔夫基金会 7-609c
沃尔夫假设 7-119d
沃尔夫奖 7-609c
沃尔夫林，H. 5-362a
沃尔弗，C. 6-139d
沃尔弗，W. 7-609d
沃尔科特，D. 7-609e
沃尔克尼 7-609e
沃尔玛百货公司 7-609f
沃尔姆斯主教堂 5-212c
《沃尔姆斯宗教协定》 7-610a, 9-499b
沃尔什，A. 9-112a
沃尔什，D. 6-72e
沃尔塔雷东达 7-610a
沃尔泰拉，V. 4-38e
沃尔泰拉积分方程 4-38f
沃尔特，J. 7-278f
沃尔特·迪斯尼世界 2-586e
沃尔特河 4-117c
沃尔特人 5-477e
沃尔特水库 4-117c
沃尔特斯，K. 2-514d
沃尔特族系 1-437c
沃尔维斯湾 5-510a
沃尔沃汽车 2-615b
沃尔沃汽车厂 3-88d
沃福德，C.A. 5-469f
沃格岛 2-452c
沃霍尔，A. 7-610b, 1-384a
沃佳克人 7-613d
沃克，A. 7-610c
沃克，J. 4-8c
沃克环流 2-407a
沃克兰，N.-L. 3-116e, 6-76e
沃克思，P. 7-327d
沃克斯，C. 5-607d
沃克斯豪尔汽车公司 7-393f
沃拉斯顿，W.H. 1-189f, 4-562c
沃－勒－维贡府邸花园 2-445d
沃里约基，H.M. 7-610d
沃利斯，J. 5-37b, 9-113f
沃林，W. 5-353f
沃林格，W. 2-10a, 8-542c
沃伦，R.P. 7-610d
沃罗夫斯基，V.V. 7-610e
沃洛夫人 7-610f
沃洛夫语 6-374e, 7-610f
沃洛几亚人 5-210f
《沃洛恰耶夫卡的日子》 7-471d
沃日拉，C.F. 3-167f
沃塞列斯，L. 5-23b, 8-493d
沃赛，C.F.A. 8-558b
沃森，J.D. 7-611a, 4-382f, 4-451d, 5-22f
沃森，R. 9-515e
沃森，T.A. 1-290b
沃森，W. 1-410e
沃森图书馆 2-81f
沃森－瓦特，R.A. 7-611b
沃什伯恩，C.W. 7-581f
沃思，C.F. 7-611c
沃思，L. 6-30e
沃思特制服饰店 7-611c
《沃斯》 3-560e
沃斯通克拉夫特，M. 6-4a
沃斯托内奇山脉 4-396e
沃特，R.L. 5-455c
沃特顿冰川国际和平公园 5-235c
沃特西拉造船厂 3-445b
沃王 5-587a
沃希，J. 5-455e
沃希托河 1-30b
沃辛顿，H.R. 1-312c
沃耶伊科夫，A.I. 7-611c
沃伊卜河 9-479d
《沃伊采克》 1-328d
沃依尼科夫，D. 7-611d
沃泽尔，J.L. 2-116b
卧佛寺 1-275f, 8-198c
卧佛院 1-109f
卧佛院摩崖造像 1-109f
卧瓜 2-34d
《卧虎藏龙》 3-139f, 4-587b, 7-250f, 7-284e
卧孔菌属 2-602f
卧龙 3-406b, 9-493e
卧龙城 3-157d
《卧龙吊孝》 2-469b, 8-428a
卧龙自然保护区 7-611e, 1-2d
卧牛城 8-313c
卧乌古 6-405f
卧云子 5-383a
渥巴锡 7-611f, 2-409d, 6-220b
渥太华 7-612a
渥太华大学 7-612c, 1-91e, 4-116c
渥太华河 7-612a
渥太华学院 7-612c
渥兹渥斯，W. 3-540d
斡出 7-478a
斡道冲 7-612d, 8-104e
斡端 9-55f
斡朵里部 4-164e
斡耳朵 7-612d
“斡娇如”萨满 6-364e
斡里朵 7-612d
斡鲁朵 7-612d
斡鲁朵制 5-64b
斡罗思 5-378b
斡仁 6-364d
斡亦剌 2-409b, 7-467a
乌埃，S. 7-612e, 2-442c
乌埃格巴扎 2-63b
乌班吉河 1-59b, 9-332a
乌班吉沙里 1-223f
乌比·戈德堡 7-613a
乌鳊 2-498d
乌波卢岛 6-365e
乌波素迦 4-331a
乌不宿 3-154d
乌布港 6-364a
乌布利希，W. 7-613a
《乌布王》 8-396d
乌策大殿 6-413e
乌鲳 7-613c
乌场国 7-176a
乌巢河大桥 6-186b

乌程侯 7-219d
乌程县 3-517a
乌达河 3-307a
乌达市 7-615f
乌代基地 4-381a
乌得勒支和约 7-613c
乌得勒支同盟 3-430c
乌德,W. 5-154f
乌德盖文 5-304f
乌德盖语 5-304d
乌德穆尔特人 7-613d
乌德穆尔特语 7-613d
乌德衍那 6-570a
乌雕 2-300e
乌东,J.-A. 2-442e
乌尔班二世 6-592a
乌尔比安 3-130c
《乌尔比诺的维纳斯》 7-341a, 7-614c
乌尔达尔,H. 8-495e
乌尔德麻扎 5-238d
乌尔第三王朝 7-613f, 8-409e
乌尔第一王朝 7-613f
乌尔都文字 6-48d
乌尔都语 7-613e, 8-604d
乌尔古城 7-613f
乌尔基萨,J.J.de 5-369f, 5-401a
乌尔姆主教堂 3-93d
乌尔·那穆 7-614a
乌尔斯派国大党 8-598a
乌尔王陵 6-301a, 7-614a
乌法 7-614b
乌法大学 7-614b
乌法河 7-614b
乌饭节 6-477d
乌菲齐宫 7-614c
乌菲齐美术馆 7-614b
乌弗埃-博瓦尼,F. 7-614c, 2-521f
乌干达 7-614d
乌干达电视台 7-615d
乌干达共和国 7-615b
乌干达鲁文佐里国家公园 7-553c
乌干达人民国防军 7-615c
乌干达通讯社 7-615d
乌戈尔语支 8-3b
《乌戈利努》 3-99d
乌格苏尔 5-151b
乌古鶡 6-5b
乌古斯人 7-438e
乌龟 7-615e
《乌龟梦中的舞蹈》 4-381f
乌海市 7-615f
乌浒水窖藏 1-47b
乌桓 7-615f
乌鸡白凤丸 7-616a, 7-396b
乌吉吉港 7-287c
乌加里特古城 7-616b
乌加里特语 7-616b
"乌贾马村"运动 5-572f
乌江 7-616b, 2-5f
乌江大米 9-214c
乌江渡水电站 7-616d
乌江画廊 2-6d
乌桕 7-616d, 2-88a
乌桕大蚕蛾 7-616e
乌桕属 7-616d
乌凯雷韦岛 7-549e
乌克兰 8-1a, 2-353a, 2-398d
乌克兰红菜汤 8-2c
乌克兰科学院 8-2a
乌克兰农舍 8-2c
乌克兰人 8-2b, 2-401e
乌克兰通讯社 8-2a
乌克兰语 8-2c
乌克兰正教会 2-403d, 2-329d, 4-44c
《乌克兰之声》 8-2a
乌拉杜埃雷布尼古堡 1-68e
乌拉尔 8-2d
乌拉尔-恩巴油区 3-315a
《乌拉尔-伏尔加含油气区》 3-162f
乌拉尔河 8-2e, 8-2f
乌拉尔军 3-92a
乌拉尔人种 6-303e
乌拉尔山脉 8-2e, 2-397e, 6-22b
乌拉尔斯克 8-2d, 8-2e
乌拉尔统 2-424b
乌拉尔图人 9-163a
乌拉尔图王国 8-3a
《乌拉尔万岁!》 1-36d
乌拉尔语系 8-3b
乌拉尔语系芬兰-乌戈尔语族 1-87f
乌拉圭 8-3c
乌拉圭东岸共和国 8-3e
乌拉圭回合 8-4b
乌拉河 8-8e
乌拉姆,S.M. 5-372f
乌拉山 8-4d
乌拉坦 1-111b
乌莱玛 8-4e, 8-529b
乌兰巴托 8-4f
乌兰布和沙漠 1-37c
乌兰察布盟 8-5a
乌兰察布蒙古族自治区 8-5a
乌兰察布市 8-5a
乌兰德,L. 8-5b
乌兰夫 8-5c
《乌兰夫文集》 8-5d
乌兰哈达 1-598d
乌兰浩特市 8-5e
乌兰牧骑 5-558b
乌兰诺娃,G. 8-5f, 5-336f
乌兰乌德 8-4f
乌兰县 2-182b
乌榄 3-46a
乌累卢埃角 5-386c
乌里茨基,M.S. 6-154c
乌里亚人 1-124e
乌里扬诺夫,M.A. 8-5f
乌力格尔 8-6a
乌利奇语 5-304d
乌连戈伊气田 8-6b
乌蔹莓 6-101f
乌梁海共和国 7-310f
乌梁素海 8-6c
乌龙茶 1-489f
乌隆迪 1-447b
乌卢布列希夫斯基啤酒厂 6-77e
乌卢鲁 1-76b
乌卢鲁-卡塔曲塔国家公园 1-76c
乌鲁伯格 8-68a
《乌鲁伯格天文表》 8-68a
乌鲁卡基那 4-517e
乌鲁卡基那改革 4 517e
乌鲁克文化 8-6d, 4-218e, 6-13b, 7-404a
乌鲁米耶湖盆 9-172a
乌鲁木齐时 6-610c
乌鲁木齐市 8-6e
乌禄 4-254e
乌略亚-德拉·托雷·希拉尔,A.de 1-410d
乌伦古湖 9-518a
《乌洛夫的故事》 9-24a
乌洛托品 5-139a
乌马儿 6-380b
乌玛 5-500d, 8-528c
乌蛮 5-546f
乌梅丸 6-451b
乌蒙山 8-7b
乌姆盖万酋长国 1-32b
乌姆赖比阿河 5-460c
乌姆鲁勒·盖斯 1-34f, 8-364c
《乌木》 5-212a
乌纳拉斯卡岛 1-43c
乌纳穆诺,M.de 8-7b
乌尼马克岛 1-43c
乌泥泾被 3-582c
乌涅茨基文化 6-212f
乌奴寺 3-580a
乌皮特,A.M. 8-7c
乌普罗纳党 1-447f
乌普萨拉大学 6-349d
乌耆 8-421d
乌切洛,P. 8-7d
乌青 6-213e
乌戎潘当 8-7e
乌萨马·本·穆罕默德·本·拉登 1-307b
乌沙诺维奇,M.I. 7-207d
乌沙诺维奇理论 7-207d
乌鞘岭 8-7e
乌申斯基,K.D. 8-7f

乌审马 5-378d
乌始光 5-109e, 6-464c
乌氏县 3-195d
乌丝栏 1-403d
乌思 8-8a
乌思藏纳里速古鲁孙 8-8a
乌斯宾斯基,G.I. 8-8c, 5-422b
乌斯怀亚 4-10c
乌斯拉尔·彼特里,A. 8-8c
乌斯马尔 5-289a
乌斯曼,S. 8-8d
乌斯彭斯基大教堂 3-445c
乌松布拉 1-451f
乌苏勒教法学派 5-504e
乌苏里蝮 2-351e
乌苏里虎 2-315c
乌苏里江 8-8e
乌苏里江国家级森林公园 4-37a
乌苏马辛塔河 7-526c
乌苏市 8-8f
乌苏图河 7-139e
乌苏镇 3-2a
乌孙 3-315e, 7-455d
乌塌菜 8-9a
乌·塔姆西,T. 8-9b
乌台诗案 8-9b
乌檀 8-9c, 6-176c
乌檀木材 8-9c
乌檀属 8-9c
乌通王 1-58f
乌头 8-9d
乌头胺 8-9e
乌头碱 8-9d
乌头属 8-9d
《乌托邦》 8-9e, 5-468a, 9-5e
乌托邦社会主义 4-470f
乌丸 7-615f
《乌西玛报》 5-84b
乌西亚 9-36e
乌溪江 4-321b
乌鸦 8-9f, 8-386f
《乌鸦》 1-85f
《乌鸦与麻雀》 8-9f, 9-229e
乌药 9-222c
乌叶猴属 8-496b
乌衣巷 4-163d
乌夷 8-421d
乌弋山离国 6-380b
乌鱼干 8-10b
乌云其木格 8-10a
《乌云中的曙光》 8-7c
乌贼 8-10b
乌贼蛋 8-10b
乌贼骨 8-10b
《乌贼骨》 5-372b
乌贼科 8-10b
乌贼属 7-412d
乌鲗 8-10b
乌毡帽 9-178d
乌镇 7-400e
乌珠穆沁马 5-378d
乌珠穆沁羊 5-379f
乌孜别克热瓦甫 6-282c
乌孜别克语 8-10b, 8-11f
乌孜别克族 8-10c
乌兹别克共和国 8-11a
乌兹别克汗 4-263f
乌兹别克人 8-10c
乌兹别克斯坦 8-10e, 2-353a
乌兹别克斯坦共和国科学院 7-243a
乌兹别克苏维埃社会主义共和国 8-11a
乌兹别克语 8-11f, 8-10d
乌尊·哈桑 1-207f
《圬工结构教程》 4-531b
圩泥城 6-449c
《邬巴斯伽罗》 6-570a
邬娜 5-109b
污染手术 7-39a
污染税 8-12a
污染物 8-12a
污染物排放总量控制 8-12c
污染预防 6-226f
污染源 8-12c
污染源监测 3-568d
污水管道 4-85c
巫 8-13a
巫豹 6-200b
巫党舞 1-542c
巫蛊事件 3-380d
巫兰英 8-12d
《巫婆卡桑德拉》 7-555a
巫山 8-12e
巫山十二峰 8-13a
巫师 8-13a
巫术 8-13b
《巫术、科学、宗教与神话》 4-587d, 5-267a
《巫术师》 1-41a
巫堂舞 1-542c
巫统 5-250a
巫舞 8-13d, 8-63c
巫觋 8-13a
巫峡 8-13d, 1-514e
钨 8-13e, 8-131b
《钨》 7-492c
钨华 1-206c
钨精 6-103c
钨矿 6-102f
《钨矿》 1-172c
钨锰矿 3-460b
钨锰铁矿 3-460b
钨酸钙矿 1-206b
钨铁矿 3-460b
《诬告法》 8-14a
诬告反坐 8-13f
屋大维 8-14a, 1-122d, 3-163f, 4-451d
屋顶 8-14b
《屋顶》(电影) 2-185c
《屋顶》(剧本) 1-498c
屋顶花园 8-14c
《屋顶上的牛》 5-401e
屋面 8-14b
屋诛 9-568e
无碍光佛 2-393a
《无岸之河》 5-227d
无坝引水工程 2-348f
无板纲 6-346d
无板无眼 1-229a, 4-216d
无版印刷 7-75c
无边光佛 2-393a
无鞭目 8-14e, 9-496b
无表业 8-494a
无惭外道 6-133b
无差异曲线 8-14e, 2-195e
无产大众党 4-235e
无产阶级 4-442b
无产阶级党（波兰） 7-468f
无产阶级美术学院 5-72c
《无产阶级文化》 8-15a
无产阶级文化派 8-15a
无产阶级文化协会 8-14f
无产阶级意识形态 8-568b
无产阶级专政 8-15a, 4-442c
无产阶级专政下继续革命的理论 5-322a
《无产者》 4-419a
无产者旅 5-542a
无产者同盟 7-573f
无产者艺术联盟 6-320f
无常 8-15a
无偿合同 3-411b
无称光佛 2-393a
无齿蚌属 3-420d
无翅蚜 6-245a
无创性内窥镜检查术 5-556b
无词歌 5-366b
无磁模具钢 3-125a
无刺仙人掌 8-169c
无岛海 1-376f
无等山 3-230f
无敌舰队 8-15b
无调性 1-76d, 7-136a
无定河 9-25b
无定形沉淀 1-549d
无动力飞行 2-509d
无动力自导深水炸弹 6-508e
无动性缄默症 4-1d
无对光佛 2-393a
无舵雪橇 8-372d
《无法慰藉的悲痛》 4-447f
无纺布 2-501c, 2-517c

无峰驼 8－450d
无服亲 2－601a
无附款行为 8－321a
无覆无记 6－404a
无杆锚 5－327d
无根草 7－447e
无根萍 1－305a, 2－604a
无根藤属 9－222b
无公害茶 1－489e
无公害食品 5－186d
无功能垂体腺瘤 2－33f
《无垢净光大陀罗尼经》 7－147f
无光釉 8－437e
无规断链 4－192f
无规分形 2－548f
无规共聚物 3－149b
无规噪声 9－166a
无国籍者 8－15c, 3－257d
无过错责任 8－15d
无过错责任原则 6－193e
无核区 8－15d
无核武器区 8－15d
无核珍珠 9－251b
无颌类 8－15e, 9－60d
《无恨与无爱》 1－288b
无花果 8－15f, 6－412e
无患子 8－16a
无患子科 8－15f
无喙兰属 4－541a
无机材料 2－513c
无机成因气 7－357e
无机成油说 6－606a
无机定性分析 2－313c
无机反相分配色谱法 2－58a
无机非金属材料 2－513c, 4－220d
无机肥料 8－16a, 2－528a
无机和矿物杀虫剂 6－421c
无机化合物 3－543f
无机化学 8－16b, 3－545e
《无机化学基础》 7－553a
《无机化学教程》 2－132a
《无机化学领域中的新见解》 7－542e
《无机化学体系》 4－522d
无机碱 8－17d
无机胶黏剂 4－200b
无机胶凝材料混凝土 4－5b
无机聚合物 8－17c, 4－342a
无机绝缘材料 4－349c
无机溶剂 6－333a
无机酸 8－17d
无机酸酯 9－310f
《无机微量分析》 5－54d
无机物质 8－16b
无机纤维 2－502b
无机盐 8－17d, 4－503e
无机盐工业 8－17d
无机自然科学 9－541b
无积雪区 4－39e
无激波跨声速绕流 6－520d
无级变速 2－25b
无极 7－353d
《无极》 1－560a
无极果 5－204c
《无极图》 1－567a
无脊椎动物 8－17e, 4－520e, 9－438f
无脊椎动物胚胎学 6－52d
《无脊椎动物系统》 4－520f
《无脊椎动物学》 3－505d
无记 6－404a
无记名票据 6－84a
无记名债券 9－177b
《无家别》 2－356e
《无间道》 8－193f
无碱玻璃纤维 1－391e
无角菱 5－99a
无铰拱 3－146d
《无尽之柱》 1－443f
无君论 8－20b
无菌包装 3－219a
无菌手术 7－39a
无菌性脑膜炎 4－85e
无菌装罐 3－219a
无壳弹头盔枪 7－411c
无控飞行 2－509d
无控火箭 4－11d
无赖派文学 7－271b
无厘头式幽默 9－473c
无理数 8－17e, 7－209d
《无理性的人都死光了》 3－374c
无利害性 6－521f
无梁殿 3－146e, 7－360c
《无粮的土地》 1－451e
无量 2－393a
无量佛 2－393a
无量纲量 5－60c
无量光佛 2－393a
无量山区 6－2f
无量寿佛 2－393a
《无量寿经》 8－17f, 4－313f
《无量寿经宗要》 9－98c
无漏寺 2－43c
无卵室亚目 2－40a
无民事行为能力人 5－429a
《无名岛》 8－244e
《无名的裘德》 3－305d
无名合同 3－411c
《无名街》 1－69f
《无名女郎》 4－447f
无名指 7－37a
无明 8－17f
《无命运的人生》 4－393c
无黏流体 5－12b
无黏绕流 4－94e
无配子生殖 8－22b, 8－18c
无偏估计 1－472d
无期徒刑 8－17f
无气门目 6－80c
无鞘蜥属 7－81c
《无情》 4－595e
无穷概率逻辑 3－31a
无穷级数 4－68e
《无穷小分析引论》 9－113e
无穷小量 8－18a, 7－537d
无穷性公理 7－73c
无穷远线 6－504a
无球粒陨石 9－139d
无圈点满文 5－305a
《无圈点字书》 5－305b
无人机 8－18b
无人机主动段拦截 3－280c
无人驾驶飞机 8－18b
无人潜水器 6－173b
无任所相 1－427e
无融合生殖 8－18c
无色界 6－395e
无上瑜伽密法 2－104e, 5－409b
无申报通道 9－426d
无神论 8－18d
《无神论者做弥撒》 1－153e
《无声》 4－395b
无声拍卖 6－35d
无声枪 7－539a
《无声诗史》 8－18e
《无声戏》 5－3a
无绳电话 2－280d
无双议会 1－383c
《无水的大海》 2－437e
无水甲酸 4－135e
无水芒硝 5－311c
无水平版印刷 8－18e
无丝分裂 8－150a
无损检测 8－18f
无梭织机 2－501a
无陶新石器时代 8－282b
无套裤汉 8－19a
无套裤汉日 2－441b
《无题》 4－537f
无题诗 8－19b
无体腔动物 8－19c, 3－493e
无体物 8－70c
无条件的最惠国待遇 9－575b
无条件投降 8－19c
无痛性甲状腺炎 4－138f
无头类 7－78f, 7－411d
无头字 9－159a
无土器时代 8－19e
无土栽培 8－19f
无为而无不为 4－561d
无为而治 8－20a, 1－478b, 3－591b
无为法 2－435f
无尾飞机 2－506f

无尾目 8–20b, 7–463b
《无畏的武器》 7–143e
“无畏”号装甲舰 2–264a
无文字文化 9–106e
《无问自说经》 8–596b
无我 8–20d
《无我的奥秘》 8–517f
无污染工艺 8–20e
无锡市 8–20e
无系统放牧 2–503a
无系外道 6–133b
无限 9–49d
《无限》 4–531d
无限定 1–48d, 5–398c
无限度核威慑理论 3–439a
无限法偿 4–18f
无限公司 3–184a
无限花序 3–525c
无限集 4–75b
无限君主制 4–359f
无限连分数 5–37a
无限寿命设计 6–77d
无限制潜艇战 2–264f, 2–197c
无限制整数分拆问题 2–370c
无线电 8–20f
无线电报 4–196a
无线电波 2–274b
无线电波传播 8–21a
《无线电材料》 1–472b
无线电测控系统 3–400f
无线电导航 8–21b
无线电定位法 3–394d
无线电定位仪器 3–392c
《无线电工程名词》 5–581e
《无线电工程学》 1–573c
无线电航标 3–391d
无线电航海 3–392b
《无线电基础》 5–389d
《无线电技术基础》 9–487e
无线电接收机 1–373a
无线电窃听 6–192b
无线电探空仪 8–21c
无线电通信 8–21c
无线电物理学学派 1–50a
《无线电学》 5–581e
无线电运动 8–21d
无线广播 3–231b
无线局域网 4–332e
《无线馈电设备》 1–326f
无线通信系统 7–392f
无线信道 8–296b
无线遥控 8–482e
无想三昧 9–64d
无相唯识派 8–597a
“无效果－无报酬”原则 3–268a
无效婚姻 8–21e
无心连歌 5–37d
无信息先验知识 1–302b
《无行李的旅客》 1–49b
无行为能力人 8–21f, 9–542b
无形帝国 6–407f
无形贸易 2–374f, 3–270b
无形损耗 8–22a
无形文化景观 7–588d
无形资产 8–22b
无形资产使用费 3–293d
无形资产转移价格 9–511c
无性孢子 1–238d
无性繁殖 6–614b, 9–253c
无性繁殖作物 9–149b
无性花 3–525c
无性生殖 8–22b, 6–549d
《无需协议或契约：美国奴隶制的兴衰》 2–608e
无序体系 8–22e
无旋运动 5–127c
无压引水式水电站 7–90a
无压印刷 7–75c
无烟煤 8–22f
无烟煤二号 8–23a
无烟煤三号 8–23a
无烟煤一号 8–23a
无言通 5–521a
无氧呼吸 9–303a
无氧酸 7–206d
《无衣》 6–575a
无意识 8–23a, 2–596a, 4–306b
无意象思维 2–606a
无意象思维学说 6–251b
无翼鸟 3–449e
无影山 8–23b
无影山陶塑 8–23b
无影手术灯 8–23c
《无用的效劳》 5–372e
无用矿物 4–500d
《无用师卷》 3–19a
无忧公园 1–373c
无忧宫 1–373c
无余涅槃 5–593a
无源场 6–408d
无源探测系统 9–81e
无源通信卫星 7–392c
无源微波网络 7–535b
无源卫星制导系统 7–568c
无源遥感 2–101a
无约束问题 2–516b
无运动面 2–252c
无责任能力 8–312a
无闸运河 9–142a
无震海岭 8–23d
无震海隆 3–331e
无政府共产主义 4–455c
《无政府、国家和乌托邦》 6–11b
无政府主义 8–23e
无政府主义国际 1–162a
无支祁 4–594e
《无知的过错》 7–125d
无纸报关 9–426d
无智 4–170f
无终邑 4–106e
无终子国 4–106d
无种三昧 9–64e
无诸 2–609b, 3–1a, 3–369c, 9–127b
《无主题变奏》 8–170c
《无主之槌》 1–446f
《无主之家》 1–396f
《无住词》 1–571b
无住涅槃 5–593a
无著 8–23f
无子果实 3–299e
无阻力卫星 3–402a, 9–531c
《无罪》 2–591e
《无罪的人们》 1–451a
无罪推定 8–24a
无坐力炮 8–24b
毋寡 2–121e
毋昭裔 3–493f
《芜城赋》 1–252d
芜村 4–420f
芜钢 3–218a
芜湖港 8–24d
芜湖会馆 3–612e
芜湖浆染 8–24c
芜湖教案 4–208b
芜湖市 8–24d, 1–98a
《芜湖以下扬子江流域地质》 2–309d
芜菁 9–138f
《吾妻问答》 5–37d
吾丘衍 8–369d
《吾土吾民》 6–198b, 9–201e
吾昔节 6–114e
《吾校新剧观》 5–532b
《吾主万岁》 1–173a
吾子行 8–369d
吴 8–24d, 8–39f
吴 8–24e, 6–387c
吴 8–24e, 8–45d
吴白匋 1–215c
吴邦国 8–24f
吴邦雅 8–25b
吴邦佐 8–360c
吴宝康 8–25c
吴宝震 8–36e
吴保安 8–38f
吴葆元 8–40a
吴彬 4–476a
吴炳 8–25c, 8–110a
吴蔡体 7–169d
吴苍石 8–25d
《吴苍石印谱》 8–26a
吴昌炽 6–587b

吴昌岌 6–587a
吴昌顺 8–25d
吴昌硕 8–25d
《吴昌硕画集》 8–26a
吴昌硕纪念馆 9–57e
吴昌文 6–587b
吴长伯 8–34e
吴长庆 3–562c, 9–102f
《吴朝请集》 8–31f
吴承恩 8–26a, 8–108f
吴城文化 8–26b
吴城遗址 8–26b
吴楚材 3–177f
《吴楚歌》 3–17d
吴楚七国之乱 8–26d
吴川市 8–26e
吴川县 8–26e
吴传钧 8–26f
吴传玉 8–26f
吴春晗 8–30a
吴大澂 6–591d
吴大帝孙权 8–27a
吴大猷 8–27b
吴旦生 5–16d
吴道玄 8–27d
吴道子 8–27d
吴德 8–27e, 2–560c, 7–155b
吴德仁 4–95b, 9–309e
《吴地记》 8–100f
吴调侯 3–177f
吴鼎昌 2–83d
吴定良 8–28a
吴尔夫,L. 8–28b
吴尔夫,V. 8–28b
吴法宪 8–28b
吴法云 3–217e
吴方言 8–28c
《吴非有》 5–233f
吴服 3–416f
吴福田 9–230a
吴哥 8–28d, 4–154d
吴哥窟 8–28d, 8–28e, 9–254e
吴哥寺 8–28e
吴哥通王城 9–254e
吴哥王朝 8–29a
吴哥文明 4–154d
吴哥艺术 9–254e
《吴歌甲集》 3–197e
《吴歌小史》 3–197e
吴耕民 8–29b
《吴宫行》 9–198b
吴官正 8–29c
吴冠中 8–29e
吴广 1–564e, 2–484a, 6–197e
吴桂贤 8–29f
吴郭鱼 2–513a
吴晗 8–30a, 6–392e
吴灯 6–203a
吴宏 4–244c
吴湖帆 8–30c
吴皇象 1–482e
吴畿榛 8–30e
吴激 8–30d
吴几康 8–30e
吴建华宅 6–172d
吴建田 8–41e
吴健雄 8–30f
吴健彰 3–327e
吴江派 6–255c, 6–518a
《吴江诗录》 1–563f
吴江市 8–31a
吴阶平 8–31a, 4–322c
吴阶平医学奖 8–31c
吴玠 8–31c
吴金吴 8–31d
吴锦荣 8–37a
吴兢 9–246b
吴景超 7–217d
吴景旭 5–16d
吴敬琏 8–31d
吴敬梓 8–31e, 6–340a
吴鞠通 7–578e
吴军 7–211e, 7–213b
吴均 8–31f, 7–391d
吴俊陞 3–579a
吴郡 7–198f
《吴郡丹青志》 8–32a
《吴郡志》 2–482a
吴阖生 7–314f
吴雷,L. 8–32a
吴冷西 8–32a
吴历 8–32b, 6–223a
吴联奎 9–58f
吴良镛 8–32d
吴璘 9–66d
吴菱仙 5–332f
吴龙 2–183e
吴梅 8–32e, 1–590a, 3–198d, 6–166d, 6–309a, 7–307a
吴门派 8–32f, 7–592a
《吴门水利书》 4–133d
吴门四家 6–520f, 8–33a
吴猛 8–355d
吴孟超 3–287b
吴宓 8–33b
吴明彻 1–553b
吴奈温 8–33c
吴南星 6–392e
吴讷 7–314e
吴宁县 2–328f
吴努 8–33d, 5–415d
吴佩孚 8–33e, 1–275d, 2–426e, 8–454f, 9–297f
吴佩貌丁 6–615e
吴其濬 8–33f
吴旗镇 8–34b
吴乞买 4–258a
吴起 8–34a
吴起镇 8–34b, 9–358c
吴谦 8–536b
吴强 8–34b
吴蔷 8–34b
吴桥县 8–34c
吴桥杂技大世界 8–34c
吴清源 8–34d
《吴清源自选百局》 8–34d
吴权 6–587a
吴饶畊 8–41e
吴日庆 6–587b
吴汝康 8–34e
吴芮 1–517f, 3–374e
吴三桂 8–34e
吴善宝 9–277c
吴少阳 8–39c
吴绍熙 6–42b
吴绍芝 6–64c
吴生 8–27d
吴声歌 6–229f
《吴时外国传》 9–489e
吴士连 2–54b
吴世璠 6–384f, 8–34f
吴仕占 8–32a
吴式芬 1–558f, 2–571f, 4–259a, 6–591d
《吴书》 6–390e
吴思远 8–34f
吴淞江 8–35a
吴淞口 3–594d, 8–35b
吴淞区 1–240e
吴淞镇 8–35b
吴素秋 8–382a
《吴孙子》 7–224c
吴态 8–27c
吴瑭 6–223c
吴天保 8–35b
吴天发 5–329b
吴天敏 1–320c
吴天明 8–35c, 4–557d
《吴天玺纪功碑》 7–349a
吴庭艳 8–35d, 3–77e
吴畹卿 8–467b
吴王光鉴 1–468e
吴王靠 4–549d
吴伟 8–35e
吴伟业 8–35f, 4–185b, 5–446c, 5–447b, 6–222f
吴文俊 8–36a, 2–127b, 3–287b, 7–423e
吴文俊公式 8–36b
吴文俊示性类 8–36b
吴文英 8–36c
吴文玉 8–28c
吴文藻 8–36d

吴文昭 3-77d
吴沃尧 8-36e, 2-427c, 9-124d
《吴吴山三妇合评牡丹亭还魂记》 5-487d
吴下三冯 2-576a
吴县 7-198f
吴县市 8-41b
吴消元法 2-127b, 8-36c
吴晓邦 8-37a
吴笑慧 6-118e
吴兴祚 3-177f
吴性栽 5-46c, 9-351a
吴煦 1-525f
吴学谦 8-37b
吴学周 8-37c
吴雪 8-37d
吴趼人 8-37e, 6-223e, 9-124d
《吴趼人全集》 8-37a
吴岩 1-81a
吴雁泽 9-357a
吴耀宗 8-37e
吴仪 8-37f
吴仪一 1-519a
吴贻弓 8-38a
吴翼燕 8-30c
吴茵 8-38b
吴音谱 4-556a
吴隐 8-95c
吴印咸 8-38c
《吴印咸摄影集》 8-38d
吴庸 3-250e
吴永刚 8-38d
吴友如 2-568a
吴有训 8-38e, 9-376c
吴于廑 8-38f
吴宇森 8-39a
吴语 8-28c
吴玉堂 7-147a
吴玉章 8-39b, 8-423f, 9-390f
吴棫 3-182b
吴元济 8-39c
吴越 8-39d, 8-45d
《吴越春秋》 3-31f, 3-373b
《吴越春秋史话》 8-218b
吴越文化 8-39e
吴云 6-591d
吴蕴初 8-40a
吴则虞 8-443c
吴泽霖 8-40b, 7-217d
吴缜 8-288f
吴镇 8-40c
吴镇墓 4-131f
吴征铠 8-40e
吴征镒 8-40e, 3-287b, 7-81b
吴之茂 6-384e
吴之振 7-173a
吴稚晖 8-41a, 7-155f, 8-23f
吴中区 8-41b
吴中三家 7-492b
吴中四才子 7-316e, 7-601f, 8-349f
吴中四士 3-443c, 9-206d, 9-213b
吴忠市 8-41c
吴仲华 8-41c
吴州 7-198f
吴茱萸属 9-139a
吴装人物画 6-300d
吴浊流 8-41e
《吴子》 8-34b
吴子牛 9-352b
吴自牧 4-1e, 7-173a, 9-386d
吴组缃 8-41e
吴祖光 8-41f
吴祖强 8-42b
吴祖襄 8-41e
吴作栋 8-42c
吴作人 8-42d, 2-304e
浯屿岛 9-222a
浯州屿 4-245f
梧桐 8-42f, 8-43a
梧桐科 8-43a
梧桐属 8-42f
《梧桐雨》 8-43b, 1-518d, 1-557e
梧州 8-43b
梧州府 8-43b
梧州市 8-43b
蜈蚣草 8-43c
鼯猴 8-43c
鼯猴科 8-43c
鼯鼠 8-43d
鼯鼠科 8-43d
五百比丘 5-204e
五百罗汉 5-204d
《五百盲贼得眼故事画》 2-376e
五百人院 3-289e
五瓣梅 8-448d
五保户 4-315a
五倍子 8-43e, 2-143a
《五倍子塑料》 8-348a
五倍子蚜虫 8-43e
五棓子 8-43e
五彪 8-422b
五伯 2-38c
五步蛇 8-43f, 4-150d
五部奚 8-128c
五材 8-51f
五彩 8-43f
五彩哈达 3-318c
五彩苏 2-40b
五彩湾古化石森林 1-506a
《五曹算经》 7-208d
五常 6-385f, 8-52a
五常府 8-44b
五常市 8-44a
五常厅 8-44a
五常县 8-44b
五车二 8-44b
五齿萼属 8-362d
五次反"围剿" 8-44c
"五次技术革命"说 4-100b
《五村》 1-224e
五大湖 8-44e, 4-115a
五大湖-圣劳伦斯水系 6-564c
五大湖沿岸区 2-82a
五大力量中心 7-16e
五大连池 8-45a, 8-444b
五大连池火山群 8-45a
五大连池市 8-45b
《五大名剧论》 2-333d
五大宗教 9-554e
五代 8-45b
五代监本九经 2-574d
五代十国 8-45b
《五代史》 8-288f
《五代史记》 4-328d, 8-288f
《五代史记注》 8-288f
《五代史平话》 8-47d
《五代史纂误》 8-288f
《五代通录》 4-328d
五当召 8-47d, 1-237f
五德（五行） 8-51f
"五德终始"说 1-212a, 5-19b, 5-179d, 6-201b, 9-562e
《五灯会元》 8-47e
五帝 6-392b
《五典坡》 5-4c
五斗米道 8-47f, 3-373b
五斗米师 8-47f
五都 3-368f
五毒 8-385e
五蠹 9-462d
五端 9-55f
《五朵金花》 8-48a
"五二〇"血案 2-471a
五法印 2-458e
"五反"运动 5-115d, 5-321c, 6-385a
五方人 7-146f
五方狮子舞 6-577b
五方之民 5-431f
《五分律》 5-184e
《五峰会》 8-48b
《五峰集》 3-503d
五凤朝阳殿 3-543f
五凤楼（客家土楼） 4-462e
五凤楼（丽江古城古迹） 5-24a
五服 8-48c, 2-600f
《五个铃铛——诗20首》 7-127f
五个W 8-288b
五更泻 8-238f
五功 8-48c
五古 3-176f, 8-53a
五国城遗址 8-536f
《五国海军条约》 3-538a

《五国和平方案》 1-377d
《五号屠场》 2-576b
五侯 7-495b
五胡 6-588a
五湖印匄 8-25d
五虎 8-422b
《五虎平西》 6-183c
五花爨弄 8-48d
《五花洞》 9-231d
五荤 7-201c
五极管 2-295d
五加 8-48e
五加科 8-48e
五家渠市 8-48f
五价锑剂 5-31a
五尖张和兽 9-195f
五件天命 8-48c
五角大楼 8-48f, 9-591f
五戒 4-331a, 6-133d, 6-404a
五界系统 2-545a, 6-544d
五京 4-238d
五经 4-298b
五经博士 1-416d, 4-298b
《五经大全》 6-470b
《五经算术》 7 208d
《五经文字》 9-552b
《五经章句》 5-104e
《五经正义》 3-384a, 4-298c, 4-476a, 7-304c
五句话 4 183a
五卷诗 3-332f
《五卷诗》 3-332f, 5-561d
《五卷书》 8-48f, 4-102c
五绝 4-348b
五军都督府 8-49a
五口通商 6-454a
五口通商大臣 9-560d
《五奎桥》 8-49b, 3-483a, 9-102c
五老峰 6-441c
五雷 4-568a
五棱郭 3-358a
五礼 5-139c, 8-116f
五连冠 4-547e, 6-37b
五粮液酒 7-146d, 8-539d
五灵止痛散 2-198c
五岭 5-532e
五柳先生 3-406b, 7-327d
《五柳先生传》 7-328a
五龙庙 2-161a
五龙潭 4-84b
五龙亭 6-391c
五氯乙烷 6-396f
五伦 6-293b
《五马图》 8-49b, 8-185e
五明扇 6-448b
《五牛图》 8-49c, 3-196f, 3-362e
《五女传道书》 1-142c
五女山山城 3-66c
五七调 7-32c
"五七"干校 8-49c
《五七言今体诗钞》 8-479e
《五七指示》 8-49c
五旗军制 5-586f
五禽戏 8-49d, 3-555d
五权宪法 8-49f
《五人墓碑记》 9-204b
五人义 6-233f
五日热 9-184d
五阮关 9-533b
五蕊花 8-362d
五卅运动 8-49f
五三惨案 8-50b, 4-83d
五色梅 5-240b, 5-285a
五色旗 9-416a
《五色石》 5-446f
五色问题 7-152f
五射 5-139c
《五声佛》 2-33e
五声体系 7-497a
五声音阶 2-302f, 8-574c
《五十奥义书》 1-134e
五十动 5-302c
五十肩 4-151f
《五十年甲骨文发现的总结》 3-503e
《五十年来的国剧》 6-129f
《五石脂》 1-563f
五时 2-74e
五时八教 7-359f
五时判教说 2-74e
《五世达赖诗笺》 2-251c
五世蕃客 9-402d
五事分类法 7-111b
《五首威尼斯之歌》 2-611f
五输穴 8-50c
《五鼠闹东京》 6-402c
《五四时期的历史人物》 3-504a
五四宪法 2-457d
五四运动 8-50d, 2-204a, 2-196b, 2-466e
《五松图》 4-609d
五塔寺 3-496e
五台山 8-51a
《五体清文鉴》 8-51b
五条鰤 6-509f
《五条誓文》 5-451e
《五万大洋》 3-333d
五位百法 2-435e
五位七十五法 2-435e
五味 7-152b
五味消毒饮 6-229d
五味粥 4-529c
五味子 8-51c
五味子丙素 8-51d
五味子素 8-51d
《五五宪草》 3-288f, 9-421e
五溪蛮 5-302d
五线谱 8-51d
五相 7-524c
五辛 7-201c
"五星出东方利中国"锦 5-578f
五星红旗 3-294a, 9-342c
五刑 8-51e
五行 8-51f
五行（藏医学） 9-161f
五行（宗教） 2-76d
五行生胜 9-562e
五行相克 8-587b
五行相生 9-562e
五行相胜 9-562e
五行学说 8-52a, 3-545b, 6-282e
五形山 7-255c
五旬节 8-52e
五桠果科 8-52f
五桠果属 8-52f
五言古诗 8-53a
五言绝句 5-46e
五言排律 6-36b
五言诗 8-52f, 6-575e
五眼果 5-542d
五氧化二氮 2-151b
五氧化二钒 8-53a
五氧化二磷 3-33c, 5-93e
五氧化二砷 6-507e
五叶地锦 6-101f
五叶槐 3-562f
五叶人参 8-108c
五一国际劳动节 2-258c, 3-269c
《五一六通知》 4-177b, 5-115d, 7-587b
《五一年纲领》 2-184e, 6-316e
五一三事件 5-79b
五一五事件 6-315f
五阴 8-53e
五音大鼓 1-269f
五御 5-139c
五元神仙鸡 3-514b
五原郡 8-53b
五原誓师 3-291e
五原厅 8-53b
五原县 8-53b
五院制 5-529f
《五月》 5-249f
《五月的矿山》 8-218b
《五月的鲜花》 3-227e
五月风暴 6-66f
五月革命 1-24a
《五月花》 1-441a
"五月花"号 8-53b, 3-44a
《"五月花"号公约》 8-53c
五月画会 8-53d
五月节 2-366c
五月菊 2-58c

《五月五日》 5–309a
《五月巡礼》 3–454d
《五月之夜》(歌剧) 5–8c
《五月之夜》(绘画) 4–447e
五岳 8–53d, 7–278b
五云阁吏 4–420b
五蕴 8–53e, 2–435e
《五杂俎》 6–585e
《五藏山经》 6–437e
五丈河 1–480f
五丈原 6–388f
五针松组 7–161a
《五镇的斗牛士》 1–308a
《五镇的故事》 1–308a
五支论式 9–266f
五指山 8–53f, 3–334d
五指山市 8–53f
五指山自然保护区 8–53f
五种祀典 2–336a
五铢钱 8–54a
《五子登科》 9–196b
《五子告母》 2–22f
五子棋 8–54b
五族共和 9–422b
《五族共和歌》 3–255f
《五祖黄梅宝卷》 1–240d
五祖寺 3–593b
《午餐》 1–454a
《午餐前的祈祷》 8–162b
《午后的遗书》 8–285d
午门 3–195e
午时花 8–43b
《午夜快车》 1–125a
《午夜零时》 4–367b
《午夜牛郎》 2–69b
伍德,C. 1–410d
伍德,W. 9–106a
伍德罗,H. 4–96d
伍德沃德,R.B. 8–54c, 8–71d
伍德沃德–霍夫曼规则 8–54d
伍迪·艾伦 8–54d
伍尔夫,W. 7–75a
伍尔纳,T. 4–516c
伍豪 9–466b
伍连德 8–54e, 9–432b
伍斯特,G.A.O. 2–171f
伍特公 3–318d
伍廷芳 8–54f
伍先华 9–396b
伍献文 8–55a
伍重,J. 8–129d
伍子胥 8–55c, 2–588d
《伍子胥变文》 9–510a
伍遵契 3–240b
仵作 8–55c
武安市 8–55c
武安县 8–55d
武备院 5–560e
武搏会 7–23b
武昌大学 8–56e
武昌佛学院 7–263e
武昌府 8–175b
武昌会议 8–55d
武昌郡 8–175b
武昌路 8–175b
武昌起义 8–55e, 8–259c
武昌区 8–55e
武昌师范大学 8–56e
武昌市 8–55e, 8–56f
武昌县 8–56f
武昌鱼 8–55f, 3–513d, 7–448c
武昌中山大学 8–56e
武场 3–235e, 4–282b, 7–594e, 8–201a
武丑 2–12b, 3–489c, 4–282c
武打片 3–139e, 8–193f
武旦 2–147e, 4–282c, 6–181e, 6–383c
《武当霁雪图》 8–244b
武当山 8–55f, 2–138a
武当山古建筑群 3–513f
武当县 2–138a
武蒂维山 5–24e
武丁 8–56a
武都地区 5–145f
武都引水工程 5–410d
武尔贡,S. 8–56c
武尔卡诺型喷发 4–13f
武冈县 2–343d
武庚叛乱 7–163e
武公 9–436c
武功山 5–220d
武功体 8–479a
《武功县中作》 8–479a
武观叛乱 8–160a
武官 8–56c
武汉测绘科技大学 8–56e
武汉长江大桥 8–56d
武汉长江三桥 6–186b
武汉臣 9–99b
武汉城市建筑学院 3–540d
武汉大学 8–56e, 6–235a
武汉地质学院 9–349d
武汉钢铁公司 3–513d
武汉港 8–57b
武汉工人和市民收回汉口英租界的斗争 5–114d
武汉工业大学 8–56f
武汉国民政府 3–292c
武汉交通科技大学 8–56f
武汉理工大学 8–56e
武汉汽车工业大学 8–56f
武汉三镇 3–377c
武汉市 8–56f
武汉水利电力大学 8–56e
武汉政治分会 7–312f
武衡 8–57b
武侯祠 8–57c, 5–545e
武花脸 4–313d
武皇帝 6–232b
武惠妃 4–604e
武吉知马山 8–270a
《武家坡》 5–389c
武家政治 5–497b
武讲 7–145a
武进区 8–57e
武进士 4–429b
武进市 8–57e
武进县 8–57e
《武经七书》 6–397a
《武经总要》 7–148a
武举 4–427d
武举人 4–429b
武牢关 3–518e
武老二 3–80d, 6–435b
武梁祠画像 8–59d
武烈皇帝 8–105f
《武林旧事》 2–147d, 2–165c, 2–323d, 7–110d, 9–120a, 9–470d
《武林旧事·瓦子勾栏》 7–175c
武林水 8–93c
武陵郡 3–559c
武陵蛮 5–302d
武陵山脉 2–486a
武陵县 1–524c
武陵源风景名胜区 3–515c
武陵源区 8–57e
武龙 8–65b
武满彻 8–57f
武庙 5–420b
武鸣话 9–516c
武鸣县 8–58a
武女星 1–189f
《武器出口准则》 1–465a
武器火控系统 8–58a
武强年画 8–58b
武强年画博物馆 8–58d
武强年画社 8–58d
武强县 8–58d
武跷 3–73f
武切季奇,Ye.V. 8–58d, 7–123b
武清区 8–58f
武清县 8–58f
武荣州 6–266d
武三思 7–543c
武山鸡 3–47d
武生 8–59a, 1–477d, 3–391c, 4–282c, 6–383c, 6–527e, 7–284f, 7–486c, 8–464f, 9–132c, 9–193d
武胜关 8–59a
武狮 6–577c
武士 7–14c
武士道 8–59a

武氏祠画像石 8–59d
武氏阙 6–269e
武术 8–59f
武术片 3–139e
武术气功 6–141f
《武松传》 3–80d, 6–435c
武嵩皋 3–515f
武遂县 8–58d
武泰县 8–323b
武汤 7–295a
武藤信义 7–561d
武藤章 4–315b
武王伐纣 5–496a, 8–166a
《武王伐纣平话》 2–572a
武威 3–428d
武威汉简 8–60c, 3–376b
武威汉墓 8–60e
武威市 8–60f
武威医简 3–376c
武卫后军 2–332e
武卫军 5–592d
武卫右军 9–103a
武侠片 3–139e
武乡侯 9–493f
武乡县 8–61a
武小生 5–267d
武信君 9–214d
武穴港 8–61b
武穴市 8–61a
武训 8–61b
《武训传》 7–222a, 8–61b
武延基 9–26f
武阳城 8–423d
武阳关 8–59a, 8–556a
武阳台 8–423e
武腰鼓 8–476f
《武夷集》 1–209c
武夷散人 1–209b
武夷山 8–61c, 8–169e
武夷山风景名胜区 8–61e
武夷山市 8–61e
武夷山自然保护区 8–61d
武夷岩茶 2–610a, 8–61e
武艺 8–59f
武毅军 1–286c
武英殿 3–196b, 5–554b, 6–225d
武英殿本 2–428c
武元衡 8–39d
武元直 8–61e
武缘府 8–58a
武则天 8–61f, 2–211c, 4–477e, 4–590d
武者小路实笃 8–62c, 9–311c
武珍州 3–230f
武州 3–230f
武州塞 9–133e
武州山 9–133e
武装冲突 8–62d
武装党卫队 2–153a
武装工作队 8–62e
武装力量经费 4–351e
武装乌贼属 7–412d
武装直升机 8–62f
武宗海山 9–97f
武卒 8–34a
《侮辱观众》 3–374b
舞蹈 8–63a
《舞蹈》 5–244a
《舞蹈编导基础教程》 4–590d
舞蹈病 8–63f
《舞蹈概论》 5–244c
《舞蹈教育基本原理》 8–211e
舞蹈农庄 4–512b
《舞蹈人生》 4–512b
《舞蹈生态学导论》 9–525b
《舞蹈速记术》 6–564c
《舞蹈团》 5–216a
舞蹈纹彩陶盆 5–252c
舞蹈样运动 1–432c
《舞蹈艺术概论》 8–37b
《舞蹈与舞剧书信集》 1–187e, 6–12a
舞毒蛾 2–351b
舞毒蛾黑瘤姬蜂 4–40a
舞幡 8–64a
《舞赋》 7–175a
舞钢区 8–64c
舞钢市 8–64c
《舞会之后》 7–452e
《舞姬》 8–64c, 6–420d
《舞伎》 3–460a
舞剧 8–64d
舞流星 8–64e
舞龙 8–64f, 5–143d
舞龙灯 5–140b, 5–143d
《舞论》 8–65c
《舞论注》 8–268c
舞谱 8–65d, 4–512b
舞曲 8–66a
舞狮 6–577b
舞台布景艺术 8–66b
舞台纪录片 4–97d
《舞台姐妹》 6–460e, 8–240e
舞台美术 8–66e
《舞台设计图集》 6–239a
舞台摄影 8–67e
《舞台生活四十年》 5–333c
《舞台生涯》 9–519d
舞阳县 8–64c
舞雩台 6–247e
舞中幡 8–64a
兀丹 9–55f
兀忽里底 9–90f
兀鹫 7–225c
兀良合台 8–67f, 9–95b
兀鲁伯 8–68a
兀鲁朵 7–612e
兀鲁忽乃 1–496c
兀鲁·穆罕默德 4–364b
兀朮 7–478a
勿吉 7–201b
勿老湾岛 5–411d
乌拉草 8–68a
仵夷 8–421d
戊巴比妥 9–260a
戊辰战争 5–451e, 5–497e
戊醇 9–145d
戊硼烷 6–68a
戊烷脒 5–31a
戊型肝炎病毒 1–369f
戊戌变法 8–68b
戊戌六君子 7–285e, 8–69e
戊戌维新 8–68b
《戊戌以后三十年中国政治史》 4–600c
务川仡佬族苗族自治县 8–69e
务川县 8–69f
坞 8–69f
坞堡 8–70a
坞壁 8–69f
坞候 8–69f
坞门 2–30d
坞室 2–30d
坞首 2–30d
坞主 8–70a
物 8–70a
《物不迁论》 9–237f
物方焦距 4–202e
物合国 3–281e
物候 8–70d
物候地理学 8–70e
物候历 8–70d
物候生态学 8–70e
物候型 8–70d
物候学 8–70e
《物候学》 9–498d
物化劳动 8–70f, 4–7c
物价上涨 7–390a
物价指数 8–71a
物镜 4–317e, 7–525e
物理摆 3–8a
物理爆炸 1–253d
物理变星 1–344c
物理标度 9–110f
物理大地测量 2–77d
物理大地测量学 3–445a
物理电池 2–273d
物理法 2–77a
物理仿真 3–123e
物理风化作用 2–564e
物理腐蚀 3–3f
物理过程 3–548c
物理海洋学 3–352f
物理化学 8–71a, 3–545e

《物理化学》 1-132b, 2-483c
物理-化学流体力学 8-71e
物理、化学因素引起的肿瘤 9-307a
物理浸取 4-276e
物理净化 3-353f, 3-574e
《物理科学的产生》 4-257d
物理力学 8-71f
物理量 8-72b
物理量单位制 8-72c
物理疗法 8-72e
《物理流体力学及其在动力气象学上的应用》 1-398c, 6-75d
《物理论》 8-74b
物理灭鼠 7-371e
物理模拟模型 5-454d
物理模型 5-455b
物理双星 7-80b
物理提纯法 1-232a, 1-529d
物理污染物 8-12b
物理吸附 8-118b
物理消毒法 8-213e
《物理小识》 2-491c
物理性毒剂 6-421c
物理学 8-73f
《物理学》 8-77a, 8-74a
物理学革命 4-99c, 4-441a
《物理学和政治学》 1-210b
《物理学家》 2-212e
物理冶金学 4-256f, 8-492c
物理有机化学 9-47c
物联网 8-77b
物料搬运机械 8-77d
物料切蚀加工 7-335d
物流 8-77e, 6-59c
物流中心 8-78a
物权 8-78b, 9-518d
物权的请求权 8-78c
物权法 7-430b
物权性用益权 9-29b
物上请求权 8-78c
《物神崇拜》 1-219c, 9-556e
物态 8-78d
物探 2-236d
物体造型 9-165e
《物性大典》 1-493b
《物性论》 8-78e, 3-173d, 8-515c
物语 9-114f
物语文学 9-114f
物证 8-78f
物证技术 8-79a
物质 8-79b
物质不灭定律 9-316b
物质财富 1-461e
物质代谢中枢 3-39d
物质的对应态原理 5-90e
物质第四态 2-194c
《物质结构》 8-344a
物质民俗 5-429e
物质全球循环 2-235f
物质生产部门 6-499a
物质生物循环 8-79c
物质文化 6-500f
物质文化景观 7-588d
物质之天 7-346b
物种 8-79d, 2-544c, 9-456e
物种保护 8-79d
《物种概念与分类原理》 1-565c
物种基因库 6-548a
物种灭绝 6-262d
《物种起源》 8-79e, 2-62c, 3-350f, 3-569f, 4-430e, 6-545d
物种生态特性 6-534b
物种形成 9-456f
物自体 8-79f
误差 8-79f
《误人青春》 3-554f
误杀 6-121a
误诊 9-257b
误征退税 7-450a
悟澄老人 3-215b
悟痴生 2-416f
《悟真篇》 8-80a, 9-190a
靰鞡草 8-68a
婺 4-242a
婺川县 8-69f
婺剧 8-80b
婺学 9-243a
婺源商 3-607f
婺源县 8-80c
婺州 4-242a, 8-80b
雾 8-80c
《雾》 8-7c
《雾重庆》 7-176c
雾岛火山带 1-55f
雾岛屋久 4-323f
《雾的警报》 4-24d
雾滴 8-80e
雾灵山 8-423b
雾灵山自然保护区 8-80e
《雾码头》 4-368c
雾凇 8-80e
《雾与影》 7-96c
雾月政变 8-80f
《雾中风景》 1-97c
寤崖子 8-556c
寤园 4-87d

X

《夕鹤》 5-493a
夕卡岩 8-81a
夕阳产业 9-226c
《夕阳红》 6-518e
西（物理量单位） 8-95e
西阿尔卑斯 1-9d
西哀士,E.-J. 8-81b, 2-440e
西安碑林 8-81b
西安碑林博物馆 2-380d, 8-362c
西安电影制片厂 8-81d
西安府 8-81f
西安高腔 4-174c
西安鼓楼 9-453e
西安鼓乐 2-33d
西安交通大学 8-81e, 6-464b
西安清真大寺 3-543f
西安市 8-81e
西安事变 8-82b, 7-433e, 8-455e
西安医科大学 8-81e
西安钟楼 9-453d
西安州 3-354b
《西岸》 7-603d
《西奥多拉皇后及其侍女》 1-220e
西澳大利亚海盆 8-606f
西澳大利亚寒流 8-607e
西八岛 8-100b
西柏坡纪念馆 8-83c
西柏坡中共中央旧址 8-83b
西班牙 8-83c, 2-345a
《西班牙》 1-118f
西班牙本洋 8-469d
西班牙菠萝 1-395e
西班牙长枪党 8-84c
《西班牙的故事》 1-64a
《西班牙的节日》 2-182c
西班牙第一共和国 8-84d
西班牙斗牛表演 2-345b
西班牙港 8-84e, 7-332b
西班牙革命(1808～1814) 8-84e
西班牙工人社会党 8-85a, 8-84a
西班牙广场 5-243b
《西班牙荷马的诗作》 3-152b
西班牙皇家科学院 5-243b
《西班牙纪行》 1-108d
《西班牙狂想曲》 4-528a
西班牙美洲独立战争 8-85a
《西班牙美洲文学思潮》 2-415c
西班牙内战 8-85f, 4-376f
《西班牙随想曲》 5-8d
《西班牙庭园之夜》 2-458a
西班牙王位继承战争 8-86b
西班牙文学院 5-243b
《西班牙，我饮不下这杯苦酒》 1-172c
《西班牙舞曲》 6-363d
《西班牙与意大利的故事》 5-453b
西班牙语 8-86c, 1-392d, 2-407e
《西班牙语的正音和韵律原则》 1-297d
西班牙语美洲现代主义 8-86e
《西班牙语美洲小说简史》 8-8d
《西班牙语语法》 1-297d
《西班牙在心中》 5-591e
《西班牙战士》 4-376f

西班牙政治改革 8–86e
西班牙殖民文化遗址 3–92f
西班牙宗教裁判所 9–555d
西北大学 8–86f
西北地区经济区 6–247d
西北反帝同盟军 5–121d
西北工学院 2–315c, 8–87a, 8–87c
西北工业大学 8–87a
西北官话 3–210c
西北虎 3–518a
西北黄土地区 7–98e
西北军 3–291e
西北抗日红军军政大学 7–471e
西北科学考察 8–87a
西北科学考察团 8–87a
西北联合大学 8–87b
西北农民银行 9–394e
西北农学院 8–87c
西北欧地区 2–82a
西北欧人种 3–67e
西北起义 6–203d
西北人民革命大学 8–424a
西北“三战三捷” 8–87c
西北师范学院 8–87c
西北太平洋海盆 7–260e
西北太平洋渔场 7–262a
西北医学院 8–87c
西贝柳斯,J. 8–87e
西贝柳斯纪念碑 3–445c
西本愿寺 4–279e, 6–315d
西庇阿（小） 3–173c
《西碧尔》 2–524c
西蕃 7–445c
西伯格,E. 8–88a
西伯利亚 8–88a
西伯利亚大陆桥 2–94a, 4–78f, 8–408e
西伯利亚大铁路 8–89a, 8–88c
西伯利亚汗国 8–88d
西伯利亚虎 2–315c
《西伯利亚理发师》 8–88f
《西伯利亚颂》 5–395c
西伯利亚铁路 8–89a
西伯利亚线 2–395d
西伯利亚杏 8–323e
西柏林国际电影节 1–6c, 1–397f, 1–406e, 3–83e, 5–220a, 6–39e, 8–492d, 9–214e
《西柏林协定》 1–407e
西亳 8–441d
西亳说 1–411a
西博格,G.T. 8–89a, 2–505d, 4–6e
西博尼人 8–108e
西部大开发 8–89c
《西部大开发“十一五”规划》 8–89e
西部地区 8–89c
西部拉脱维亚语 4–527c
西部片 8–89e
西部沙漠 1–64c, 5–27c
西部摇曳 8–189c
西部印地语 8–591b
西部裕固语 8–89f
西餐 8–90a
西昌机场 5–51b
西昌市 8–90c
西昌土林 5–51b
西昌卫星发射中心 8–90d
西昌县 8–90c
西昌专区 5–51a
西厂 8–90d, 1–528a
西成 3–37e
西城板 9–528e
西城调 2–315b
西城括田所 7–170b
西城区 8–90d
西城县 1–101a
西城影 6–105e
西楚霸王 8–206d
《西窗集》 1–342a
西大西洋语支 5–576c
西道堂 8–90e
西德 2–173e
西德纳姆氏舞蹈病 2–566e, 8–63f
西德尼·詹姆斯·韦伯 7–541f
西登托夫,H.F.W. 8–137a
西堤 8–546e
西迪波麦罗清真寺 1–102c
西迪·穆哈默德·阿卜杜勒大学 2–515d
西的黎波里 2–214c
西底家 8–486f
西地兰 8–469a
西地那非 3–551b
西帝汶 2–253d, 2–317a
西递 1–100a
西点军校 8–90f, 5–608a
西电东送 8–91a
西淀 1–208a
《西东合集》 3–96a
西洞庭湖 2–344a
西洞庭山 7–256c
西都县 8–98c
西多,F. 6–332a
西多会 1–306a
西尔,J. 7–142e
西尔敏,L. 2–298b
西尔敏琴 2–298b
西尔斯大厦 1–532d
《西尔瓦纳》 7–540e
西尔威斯特–威廉斯,H. 2–479f
西尔韦斯特里,F. 9–107b
西洱海 2–422b
西番 6–114d
西番莲 2–90f
西番莲科 8–91b
西方插花 1–489b
《西方的没落》 5–19d, 7–121a
西方工业化民主国家国家元首和政府首脑会议 1–142f
西方公务员制度 8–91f
西方古典园林 9–100b
《西方国家民商法概要》 4–176f
西方经济学 8–91c
西方净土 2–393a, 7–360d
西方梨系 4–579d
西方马克思主义 8–91d
《西方马克思主义探讨》 8–91d
《西方美学史》 9–482e
西方蜜蜂 5–409d
《西方世界的花花公子》 8–257d
西方文官制度 8–91f
《西方先生在布尔什维克国家的奇遇》 4–487d
西非 8–92c
西非大猩猩 2–113a, 9–114c
西非蜂 6–421f
西非黑人 5–568c
西非货币联盟 2–63f
西非中央银行 2–63f
西菲利斯,C. 5–192c
《西菲利斯的密谋》 5–192c
西风带 2–98f, 7–261b
西风急流 2–98f
西风漂流 7–261c
《西风颂》 8–372b
西峰市 2–335c
西凤酒 1–199d, 6–447a
西夫拉克伯爵 9–546a, 9–546e
西服 8–117c
西福克兰岛 5–247c
西府（宋代军事机构名） 7–50f
西府（五代地名,今杭州） 3–390d
西盖蒂,J. 3–165d
西冈瓦纳 3–49b
西诰敕房 5–554b
西哥特人 5–433a
西哥特王国 8–92c, 7–422d
西格 1–17e
西格弗里德·米德尔 4–426f
西格陵兰 3–107a
西格蒙特二世·奥古斯特 8–402a
西格斯,A. 8–92d
西宫 7–569c
西贡市 3–511b
《西贡条约》 2–460b
西枸杞 3–154f
西瓜 8–92e, 3–512d
西瓜属 8–92e
西关 8–556a
西哈莫尼 6–10c
西哈努克市 8–92e
《西哈诺·德·贝热拉克》(电影) 2–183e
《西哈诺·德·贝热拉克》(戏剧) 5–217e
西海 6–205d

西海县　6-329c
西海子　9-434b
西汉　8-92f, 3-374e
西汉长安　1-507a
西汉长城　1-509e
《西汉初期长沙国深平防区图》　5-280f
《西汉会要》　3-613c
西汉刻漏　4-461f
西汉水　4-131b
西汉匈奴战争　8-92f
西汉纸　7-147e
西河大鼓　8-93b
《西河合集》　5-318c
西河柳　1-576a
西河先生　5-318b
西鹤　4-309e
《西鹤大矢数》　4-309e
《西鹤留下的礼物》　4-309f
《西鹤一代女》　3-153f, 7-372d
《西鹤诸国奇闻》　4-309f
西红花　2-462b
西红柿　2-463a
西侯度遗址　6-347c
西堠门大桥　9-464c
西胡　3-501b
西葫芦　8-93c
西湖　8-93d
西湖绸伞　3-390b, 3-390d
西湖风景名胜区　8-93c
西湖景　4-528e
《西湖老人繁胜录》　7-110d, 9-389f
西湖龙井　1-492e
《西湖梦寻》　9-192a
《西湖民间故事》　1-590e
《西湖十景图》　7-323a
西湖一八艺社　8-507c
《西湖游览志馀》　7-281f
西华德　6-104a
西华法师　1-580c
西华门　3-195f
西华师范大学　5-520d
西画　5-358a
《西还》　9-62d
西皇　6-392b
西江　8-93e, 3-233d, 5-29e, 5-133e, 9-80a, 9-491c
《西郊集》　2-578f
西津水电站　9-80a
西进运动　8-93e
西晋　8-94a, 4-273b
西京（今朝鲜平壤）　6-91c
西京（今日本京都）　4-279d
西京（今中国河南洛阳）　5-233b
西京（今中国陕西西安）　8-94a
《西京赋》　5-282b, 6-28a, 9-563b
《西京杂记》　8-94a, 2-321e, 5-465f
西经　2-228e, 2-78f
西喀尔巴阡山地　7-129b
西喀尔巴阡山脉　4-361d
西凯里阿诺斯,A.　8-94b
西凯罗斯,D.A.　8-94b, 5-9d
西康省　7-145e
西康省藏族自治区　3-39c, 4-401d
西科尔斯基,I.I.　9-297d
西克尔特,W.R.　2-179d
西克斯图斯四世　4-377d
西克斯图斯五世　5-207e
西客　8-100e
西昆仑山　4-508c
西昆诗体　7-168e
《西崑酬唱集》　8-94d
西崑派　8-94d
西崑体　8-94d
西拉德,L.　8-94d
西拉德-查耳默斯效应　8-94e
西兰花　6-207e
西兰卡普　7-438c
西里伯斯　7-186c
西里伯斯水牛　7-95c
西里尔字母　3-176e, 8-125a
西里尔字母蒙古文　5-379e
西里湖　8-93d
西里卡,J.　7-94c
西里西亚　8-94e
《西里西亚的织工》　8-351d
西里西亚方言　1-380b
西里西亚纺织工人起义　8-94f
西里西亚煤田　6-22a
西里西亚战役　7-191a
西里西亚战争　2-529b
《西里西亚织工之歌》　3-336e
西丽玛沃·班达拉奈克　1-223a
西利,H.　8-94f
西利万诺夫试验　2-143e
西利乌斯·伊塔利库斯　3-173e
西利西利山　6-365e
西凉　8-95a
西凉乐　1-410d, 6-229f
西辽　5-63e, 5-67d, 6-153e
西辽河　5-65a
西辽河流域干草原区　5-557e
西林教案　2-257e, 4-208b
西林觉罗氏　2-411a
西林寺　5-555e
西泠八家　8-95b
西泠印社　8-95b
西陵峡　8-95c, 1-514e, 6-402d
《西楼记》　8-95c
《西楼梦》　8-95c
西伦佩,F.E.　8-95d
西罗马帝国　3-163c
西螺溪　9-519e
《西洛埃》　5-335e
西马来西亚　5-261c
西曼德尔弓　2-207c
西梅翁·波洛茨基　2-402a
西美昂大帝　7-127b
西门　1-399c
西门豹　8-95e, 8-586c, 9-182e
西门庆　4-247c
西门子　8-95e
西门子,E.W.von　8-95f, 8-75b, 8-96a
西门子,K.W.　7-470d, 8-491f
西门子电机　8-96a
西门子股份公司　8-96a, 5-604d
西门子-哈尔斯克商行　8-96a
西门子兄弟　1-390a
西门子与哈尔斯克股份公司　8-96a
《西蒙》(L.福伊希特万格)　2-615e
《西蒙》(H.R.勒诺芒)　1-151b
西蒙,C.　8-96b, 8-291b
西蒙,H.A.　8-96c, 6-310d, 7-605b
西蒙,J.　8-96d
西蒙,J.-F.　5-296d
西蒙,T.　1-320b
西蒙·玻利瓦尔大学　4-110a
西蒙·玻利瓦尔国际公路　6-560b
西蒙调查团　8-96d
西蒙·弗雷泽大学　7-580f
西蒙诺夫,K.M.　8-96e, 2-401f
西蒙斯,H.C.　9-288e
西盟区　8-96f
西盟佤族自治县　8-96f
西盟县佐　8-96f
西孟加拉议会大厅　4-108f
西米德兰郡　1-401a
西米连人　8-3a
西米诺,M.　5-349f
西敏寺　7-533c
西摩　8-554c
西摩,D.　5-287c
西摩,E.　1-142e
西摩尼得斯　3-180d
西莫维奇,D.　5-542a
西默农,G.　8-96f
西姆拉　8-97a
西姆拉会议　8-97b
《西拿》　3-72b
西拿基立　5-574f
西奈半岛　8-97d
西奈依,Ya.G.　4-426a
《西奈战役日记》　2-70e
西奈正教会　2-329d
西南班图语言　1-225c
《西南部族之鸡骨卜》　7-328b
西南非洲　5-509a
西南官话　3-210c
西南和华南部分省区经济区　6-247d
西南极洲　5-528a
西南交通大学　8-97f
西南联大　8-97f

西南联合大学 8-97f
西南农业大学 1-255f
《西南日本中央构造线》 7-13d
西南石油大学 5-520d
西南丝绸之路 1-181b
西南太平洋海盆 7-261a
西南文学艺术界联合会 6-429c
西南萱草 8-362a
西南亚 8-108a
西南夷 3-369f
西南战争 8-106c
西南紫薇 8-101a
西尼尔,N.W. 4-216f
西捻军 4-539a
西涅克,P. 8-98a, 8-292e
西宁大黄 6-206f
西宁道 8-98c
《西宁番子治罪条例》 2-462c
西宁赋子 6-205f
西宁毛 6-206e
《西宁青海番夷成例》 2-462c
西宁曲子 6-205f
西宁市 8-98c
西宁卫 6-206b, 8-98c
西宁县 3-604a, 8-98c
西宁藏羊 8-98d
西宁州 6-206b, 8-98c
西诺,J. 1-212f
《西诺普福音书》 1-220f
西瓯 2-343c, 9-127b
西欧 8-98d
西欧采邑制 8-98e
西欧联盟 1-450a
西欧农奴制 8-98e
西欧式军衔 4-357c
西欧庄园制 8-98f
西旁遮普语 6-48d
西皮调 4-282a
西皮腔 4-282a, 6-552d
西平府 8-303f
西平郡 6-206a
西平县 8-64c
西埔湾 2-325c
《西浦集》 4-259a
《西浦漫笔》 4-259a
西奇威克,N.V. 6-60c, 8-16f
西气东输管道 8-99a
西千佛洞 2-376d
西墙 4-483a
西樵山 5-203c
西秦 8-99a, 6-135b
西秦会馆 9-537f
西秦岭 6-199e
西秦腔 6-552d
西青区 8-99b
《西清古鉴》 8-99c
《西区布鲁斯》 1-48a
《西区故事》 5-349d
西曲歌 6-229f
西犬丘 6-196a
西戎 6-329e
西撒哈拉 8-99c, 1-58e
西撒哈拉阿拉伯人 5-316f
西撒人阵 8-99d
西撒战争 8-99e
西萨哈林山脉 6-360f
西萨拉森帝国 4-425d
西萨摩亚独立国 6-365c
西萨彦岭 8-498f
西塞克斯 6-119b
西塞罗 8-99e, 2-564a
《西塞山怀古》 5-120e
西森 1-486b, 4-204d
西沙群岛 8-100a, 5-525c
西沙自卫反击战 8-100b, 8-497c
西山 8-100c, 1-271a
西山八大处 6-596f
西山会议派 8-100d, 4-191c, 6-589b
西山煤矿 6-440f
西山起义 4-131d, 4-582a
西山吴王避暑宫 2-412f
西山遗址 8-471c
西山宗因 6-35d
西商 8-100e
西施 8-100f
《西施》 3-182d
西施殿 9-494c
西施舌 8-100f
《西使记》 2-104e
西式簿记 1-457f
西式糕点 3-82a
西式火腿 4-14e
西受降城 7-45a
西属几内亚 1-597e
西双版纳傣文 2-125a
西双版纳傣族自治区 8-101a
西双版纳傣族自治州 8-101a, 4-311d
西双版纳风景名胜区 8-101b
西双版纳植物园 9-306c
西斯拉夫人 4-225d, 7-127b
西斯莱,A. 8-101c
西斯蒙第,J.-C.-L.S.de 8-101e
西斯匹次卑尔根岛 7-138f
西斯瑞,P.-L.-C. 8-101f
《西斯特尔派的长老》 1-62e
西斯廷教堂 8-102a
西斯廷教堂壁画 5-395f
西斯廷礼拜堂 8-102a
西斯廷礼拜堂天顶壁画 4-370d
《西斯廷圣母》 8-102b, 4-516b, 5-267b
西斯廷小教堂 8-102a
西苏丹 5-308c
西梭霉素 1-112a
西索尔,N. 5-501c
西索托人' 7-233e
西索托语 1-225d
西塔尔 8-102c
西台遗址 3-472e
西太后 2-44b
西太平洋副高 3-13b
西太平洋副热带高压 3-13b
《西太平洋上的航海者》 5-267a
西泰 5-29e
西堂老人 9-32a
《西堂曲腋》 9-32a
《西滕琴》 7-557d
西替利嗪 4-415b
《西田集》 7-508a
西田几多郎 8-102d
西突厥 1-53f, 7-417e, 7-437e
西吐火罗语 7-445e
西貒 6-27e
西貒科 6-27e
西瓦古猿 8-102e, 4-573e
西瓦吉 8-102f
西瓦吉节 2-268c
西瓦利克山 8-139f
西湾海滩 2-88f
西顽 6-164d
西王母 8-103a
西维因 8-103b, 1-111b
西尾寿造 9-389b
西魏 8-103c
《西文汉学书目》 9-103e
西汶水 7-605f
西巫拉帕 8-103d
西屋电气公司 7-533d
《西屋闲话》 4-598a
西吴高腔 4-174b
西西伯利亚平原 8-103e, 8-88b
西西伯利亚油气区 2-410d, 8-103e
西西弗斯 8-106d
《西西弗斯神话》 4-113e
《西西里大叔》 8-167a
西西里岛 8-103e
西西里岛登陆战役 1-151e
《西西里的谈话》 7-548e
《西西里柠檬》 6-73a
西西里王国 8-565a
西西里战役 1-400e
西希腊语-多里亚方言 8-125a
《西狭颂》 8-104a
西夏 8-104b, 5-596b
西夏景宗李元昊 8-105d
西夏陵 8-105f
西夏文 8-106a
西夏学 2-319d
《西夏研究》 7-501a
西夏中兴行省 5-596b
西线工程 5-541a
《西线无战事》 4-568f, 5-349a

《西线轶事》 8-344d
西乡侯 9-193e
西乡隆盛 8-106b, 2-88f
《西厢》 4-607d
《西厢记》 8-106c, 2-333c, 3-472b, 5-38d, 9-99e
《西厢记》(青阳腔) 6-39f
《西厢记》(越剧) 9-104a
《西厢记校注》 7-499a
《西厢记诸宫调》 2-333b, 3-191d, 9-99e, 9-390a, 9-494b
西新工程 3-231d
西兴安岭 2-112d
西兴都库什山脉 8-302f
《西行漫记》 3-510e, 5-337e, 7-132a
《西行日记》 1-567c
《西行散记》 3-403d
西陉关 8-444c
西匈语支 8-106c
西叙福斯 8-106d
西叙福斯式的劳作 8-106d
西学东渐 8-106d
《西学东渐记》 6-332b
西雅图 8-107e
西雅图大学 8-107f
西雅图-塔科马国际机场 8-107f
西雅图太平洋大学 8-107f
西亚 8-108a, 8-414f
《西亚努斯的覆灭》 6-238f
西燕 8-108a, 6-588a
西杨 8-461f
西洋菜 2-345c
《西洋番国志》 2-319d, 9-274c
《西洋歌剧咏叹调选集》 9-83a
《西洋古代教育》 5-389a
《西洋火轮车火轮船图说》 2-305e
西洋景 4-528f
《西洋军火图编》 2-305e
西洋山葥菜 4-530c
西洋参 8-108c, 2-328c, 8-48e
《西洋音乐史纲要》 7-497a
西伊州 3-312e
西医学 8-108c, 9-347b
西阴村遗址 4-598f
西印度大学 4-257f, 8-390d
西印度群岛 8-108d
西印度洋海岭 8-606e
《西游补》 2-335c
《西游记》 8-108f, 2-97b, 4-16a
《西游记第壹佰零壹回之月光宝盒》 9-473c
《西游记平话》 8-109a
西域 8-109d, 1-223e, 3-369d, 8-272d
西域都护 7-116e
《西域记》 2-105e
《西域史地文物丛考》 5-285b
《西域水道记》 8-109f
《西域图记》 6-54f, 7-213b
《西域图志》 8-6f
《西园记》 8-110a
西园寺公望 8-110a
《西园雅集图》(陈少梅) 1-564c
《西园雅集图》(马远) 5-285f
西原龟三 1-478a
西苑 1-266c, 5-448f, 6-391b
《西苑诗》 7-602c
西岳 8-53e
西藏八王 8-110b
西藏白皮松 7-161b
西藏柏木 1-217c
西藏长叶松 7-161b
西藏大学 8-110d
《西藏的转变》 1-86e
西藏地域人种 8-110e, 2-245a
《西藏东部高原的森林地理》 2-198a
西藏佛教雕塑 8-110e
西藏佛学院 9-354d
西藏高山牦牛 5-327d
西藏和平解放 8-111e
西藏黑熊 3-460e
西藏红杉 5-236b
西藏黄羊 9-158a
西藏雷鸟 4-362c
《西藏民族解放的道路》 4-614d
《西藏南部》 7-141a
西藏农奴制 8-112a
《西藏农业考察》 4-604c
西藏平叛 8-112d
《西藏善后章程》 3-24c, 9-503f
西藏寺庙壁画 8-112e
《西藏王臣记》 2-65e
《西藏王统记》 8-113c
《西藏王统世系明鉴》 8-113c
西藏雪莲花 8-372c
西藏亚菊 4-508b
西藏羊 8-449c
西藏羊八井地热电站 2-238b
《西藏音诗》 5-277f
西藏自治区 8-113d, 9-160c
西藏自治区筹委会 8-114a
西藏自治区歌舞团 1-458a
西藏自治区行政区划 8-114b
西阵织 4-279d
《西征赋》 6-43b
《西征回途中》 9-208a
西征战役 7-433d
西州城 4-163d
西周 8-115a, 9-339f
《西周年历谱》 2-336a
《西洲曲》 8-117b
西装 8-117c, 4-127d
西装裤 8-117d
西装旗袍戏 3-524c
西装裙 6-270d
西子 8-100f
西子湖 8-93c
《西字奇迹》 5-29f
吸尘器 8-117e
吸虫纲 8-117e
吸电子诱导效应 9-53c
吸附 8-118a, 1-356b
吸附量 8-118b
吸附平衡 8-118b
吸附色谱法 8-506f
吸附质 8-118a
吸宫术 6-286f
吸积 8-118c
吸积盘 8-118c
吸空气发动机 2-510b, 3-393f
吸量管 2-208c
吸留 3-147f
吸蜜鹦鹉科 9-14b
吸器 3-117e
吸热反应 3-547c, 3-548b, 3-550b
吸入麻醉 5-238f
吸收不良综合征 8-118d
吸收股份式 6-137f
吸收光谱 3-225c, 9-108c, 9-534d
吸收光谱学 3-225e
吸收剂量 2-607a
吸收律 5-224b
吸收系数 3-220d
吸收异养 6-544d
吸筒疗法 1-188f
吸血蝠 8-118d
吸血蝠科 8-118d
吸烟危害 8-118e
吸扬式挖泥船 3-122a, 7-54e
吸引力 6-124c
吸油烟机 8-118f
吸着水 7-442e
希(物理量单位) 8-127c
希沃特 2-607a
希安王 8-139d
希巴姆古城 8-490e
《希保防御同盟条约》 1-152e
希宾磷灰石矿 5-94d
希波博物馆 1-102c
希波克拉底 4-74a
希波克拉底誓言 8-119a
《希波吕托斯》 6-15b
希波战争 8-119d, 8-393c
希伯来大学 8-487f
希伯来人 9-35e, 9-36c
《希伯来圣经》 8-119e
希伯来王国 1-167c
希伯来文化 1-61c
希伯来语 8-119f, 1-18c
希达赖伯 2-408d
希迪·穆罕默德·本·优素福 5-501b
希恩,E. 4-511a

希尔,J.A. 5–294e
希尔,R. 8–120b
希尔,R.(教育家) 3–451e, 9–33d, 9–34c
希尔·阿里汗 1–21e
希尔伯特,D. 8–120c, 2–128f
希尔伯特第10问题 6–45a
希尔伯特空间 8–120e
希尔伯特问题 8–121a
希尔达尔伊斯兰经学院 1–436f
希尔德博尔德大堂遗址 4–430e
希尔德布兰德,B. 2–175f
《希尔德布兰特之歌》 2–177b
希尔德里克三世 5–481c
希尔德里克一世 5–481c
希尔反应 8–120c
希尔万自然保护区 1–51e
《希尔维斯特·波纳尔的罪行》 2–451c
《希尔维娅》 1–205b
希法亭,R. 8–121b
希吉来 6–159a
希吉来历 8–121c, 8–529f
希金森,H.L 1–384e
希克斯,J.R. 8–121c, 5–231b
希克斯–汉森模型 9–586c
希拉比山 1–147d
希拉尔达大教堂 6–379f
希拉尔人 1–14a
希拉峰 6–135d
希拉赫,B.von 5–604e
希拉克,J. 8–121d
希拉克略一世 1–219e
希拉里,E.P. 8–121e
希拉山洞 5–500b
希腊 8–121f
《希腊波斯战争史》 3–180e
希腊城邦 8–123b
希腊船级社 2–30a
《希腊道里志》 3–181c
希腊独立战争 8–123c
希腊共产党 8–123d
希腊化时代 8–123e, 3–178d, 3–179c
《希腊化史》 8–123e
《希腊酒坛》 2–415d
希腊拉丁方 7–29f
希腊–罗马博物馆 8–404c
《希腊罗马名人传》 3–181a
希腊逻辑传统 5–223b
希腊民主军 8–124a
希腊内战 8–123f
希腊人 8–124a
《希腊人的复活节》 8–94b
《希腊人和亚马孙人之战》 7–126b
希腊社会主义工人党 8–123d
希腊神话 8–124c
《希腊史》 3–180e
希腊史诗 2–415d
《希腊思想和科学精神的起源》 1–568d
希腊王国 8–393c
希腊语 8–124f
希腊乐系 7–497a
希腊正教 2–329b
希腊正教会 2–403c, 2–329d
《希腊周游记》 5–361f
希腊字母 8–124f
希腊字母体系 8–124f
希腊族 1–8a
希雷河 5–259b
希里达罗 6–570a
希利盖农语 7–204a
希利亚德,N. 7–601b
希律王 5–267c
希罗多德 8–125b, 1–148b, 2–227a, 6–359b, 8–124c
希洛克河 6–416c
希洛人 3–454f
希梅内斯,J.R. 8–125c
希莫尤 1–295d
《希默兰的故事》 8–425b
希姆博尔斯卡,W. 8–125d
希姆莱,H. 8–125e, 2–1c, 2–153a
希纳西,I. 8–264a
希尼,H.A. 3–269f
希尼,S. 8–125f
希尼亚尔德维湖 1–378a
希契科克,F.L. 8–186a
希契科克,H.R. 9–119a
希迁 1–500b
希区柯克,A. 8–126a
希萨立克 8–241e
希沙尔丁火山 1–43c
希沙立克 7–333c
希施,H. 7–153a
希什金,I.I. 8–126b
《希什金肖像》 4–447f
希思,C. 3–451e
希思,E.R.G. 8–126c
希思,F. 3–451e
希思–布朗,D.R. 7–477e
希斯克利夫 3–499f
希斯塔斯帕 2–92a
希苏那伽 5–459f
希特勒,A. 8–126e, 2–176d, 2–177a, 2–197c, 8–396e
希特勒暴动 6–78a
《希特勒的第二本书》 8–127a
希特勒青年团 5–507f
希土战争 8–127a
希瓦汗国 8–127b, 7–439a, 8–11a
希望党 3–323b
《希望的浪涛》 1–78b
希望工程 8–127c
希望书库 8–127c
希望小学 8–127c
《希望之乡》 5–9f
希沃特 8–127c
希沃特,R.M. 8–127c
希乌马岛 1–87b
希伍德,P.D. 7–152f, 9–570e
《希茜公主》 5–213c
希夏邦马峰 8–127d
希夷先生 1–567a
希岳 9–54e
希运 1–500b
希曾,B.C. 8–127d
《希兹尉·班西死了》 3–19c
昔班尼汗 8–127e
昔尼克学派 6–268b
《昔日恋人》 2–437e
《昔昔盐》 8–368a
昔阳县 8–127f
析晶上限温度 1–390b
析取命题 8–367b
析言 8–128a, 4–3f
郗山 4–84e
郗云卿 5–234a
息烽集中营旧址 8–128a
息烽县 8–128a
息南 4–278c
息肉型癌 7–570d
息慎 7–201b
奚 8–128a
奚安门 9–551f
奚冈 9–245c
奚琴 2–424f
奚啸伯 6–84b
奚子刚 8–453c
菥蓂属 6–591f
硒 8–128c, 7–538d, 8–130c, 8–131b
硒化氢 8–128d
硒化物 8–128e
悉达多·乔答摩 2–583a, 7–33e, 8–596b
悉怛 5–602d
悉多 5–213d
悉尼 8–128e
悉尼奥林匹克体育场 8–129b
悉尼大学 8–129b
悉尼港桥 8–129c, 6–186a, 8–129a
悉尼歌剧院 8–129c, 8–129a
悉尼国际机场 8–129a
悉尼塔 8–129a
烯胺 1–321f
烯丙基二甘醇碳酸酯 3–229e
烯类加成聚合 4–107f
烯类加聚反应 4–341e
烯烃 8–129e
烯烃复分解反应 8–129f
烯烃聚合物 4–344b
烯烃亲电加成反应 4–107d
烯烃易位反应 8–129f
惜抱先生 8–479d
《惜抱轩全集》 8–479e

《稀见旧版曲艺曲本丛刊·潮州歌册卷》 1-545a
稀硫酸 5-131e
稀毛苔子 6-472d
稀缺资源 8-130b
稀散金属 8-130b, 4-255a, 8-131b
稀散元素 8-128d
稀释焓 8-130c
稀释剂 4-200b
稀释热 8-130c
稀释制冷机 2-206c
稀树草原 8-130e
稀土 1-237e
稀土金属 8-130e, 8-131b
稀土碳酸岩 7-293f
稀土荧光探针 7-291d
稀土元素 8-130e
稀性泥石流 5-580e
稀有放射性金属 8-131b
稀有金属 8-131b, 4-255a, 6-585a, 9-48e
稀有难熔金属 8-131b
稀有气体 8-131c
稀有轻金属 8-131b
傒人 5-519d
舾装设备 2-29b
翕侯 6-240f
犀角 4-203e
犀科 8-131d
犀鸟 8-131d
犀鸟科 2-582c, 8-131d
犀牛 8-131d
《犀牛》 9-33a
犀牛科 4-38a
犀皮漆耳杯 9-486a
犀皮漆器 6-124f
晳子 8-454e
锡 8-131e, 3-115d, 3-470d, 9-460e
锡安山 4-483a
锡巴里斯 2-111d
锡版法 8-132a
锡伯文 8-132a, 5-304f
锡伯语 8-132b
锡伯族 8-132b
锡箔 8-132a
锡达莫人 8-132c
锡达莫语 1-18d
锡德尼,P. 8-132d
锡笛 7-234d
锡尔河 8-132e, 3-314c, 8-175a
锡尔河碉堡线 2-395c
锡尔开普 7-240f
锡尔苏克 7-240f
锡尔塔 4-359c, 6-2b
锡格斯比深渊 5-484b
锡合金 8-132f
锡婚 4-223b
锡霍特山脉 8-133a
锡吉里耶 7-128f
锡江 8-7e
锡金公花园 3-138c
锡剧 8-133a
锡卡米努姆 3-326a
锡克教 8-133b, 6-48b
锡克教庙 2-181d
锡克人 8-133d
锡克斯坦 4-246a
锡矿 8-412e
锡拉岛 5-400c
锡蜡白 4-351a
锡兰 7-127f
锡兰肉桂 4-307d
锡兰珍珠贝 9-251b
锡雷特河 5-209c
锡林郭勒草原自然保护区 8-133e
锡林郭勒盟 8-133f
锡林浩特市 8-134a, 8-133f
锡卢埃特岛 6-378c
锡马龙河 1-30a
锡芒杜山 4-82b
锡盟 8-133f
锡命 9-494b
锡南 8-530c
锡尼河马 3-497a
锡尼河牛 3-497a
锡袍 3-151d
锡青铜 6-211b, 7-404b
锡石 8-134b
锡特拉尔特佩特火山 8-134c
锡瓦奥谷地 2-386c
锡亚尔科特 6-48c
锡耶纳大教堂讲经台 6-73f
锡耶纳画派 8-134d
锡叶藤属 8-52f
锡疫 8-131f
《溪凫图》 1-561c
溪口乡 8-134e
溪口－雪窦山风景名胜区 2-581a
溪口镇 8-134d
溪山第一楼 6-571e
《溪山揽胜图》 8-244b
《溪山清远图》 8-162d
《溪山晴雪图》 3-556a
《溪山渔艇图》 8-35e
《溪山雨意图》 3-583e
熙德 8-134e
《熙德》 8-134e
《熙德之歌》 8-134e
熙宁 7-172f
熙平县 8-452b
熙洽 7-561c
蜥脚形亚目 4-478e
蜥臀目 4-478d
蜥蜴 8-134f
蜥蜴目 1-335b
蜥蜴亚目 6-28c, 8-134f
熄风 8-135a
熄风法 6-88c
《熄火》 7-453e
熄火山 5-123a
膝半月板损伤 8-135b
膝沟藻 4-136c
膝关节 3-188d
嬉皮士 8-135c
嬉游曲 8-231b, 9-571a
《嬉游曲》 1-183e
《熹平石经》 8-135d, 1-470f, 3-373a
蟋蟀 8-135e, 6-542c
蟋蟀科 8-135e
《谿山行旅图》 7-246e
醯（醋） 2-54f
曦晨 4-596a
曦升剧社 4-252f
鼷鹿 8-101b, 8-136a
鼷鹿科 8-136a, 6-27e
鼷鹿属 8-136a
习谛 7-148e
习惯 8-136a
习惯法 8-136b
习惯性便秘 9-319f
习惯性动作 2-418f
习惯性流产 5-123e
习近平 8-136c
《习曲要解》 9-62e
习行 8-438a
习仲勋 8-136d
席草 8-136f
席尔瓦,A.da 1-185b
席尔瓦·沙维尔,J.J.da 2-268b
席夫碱 8-398e
席格蒙迪,R.A. 8-137a
席勒,E. 4-452c
席勒,F.C.S. 7-1d
席勒,J.C.F.von 8-137b, 2-188f, 6-178c, 8-124f
席耐芳 9-271d
席世臣 9-94f
《席特哈尔塔》 3-457e
席泽宗 8-165c
袭夺河 3-424d
袭夺湾 3-424d
《袭击》 7-452d
檄 8-137d
洗涤剂 8-137e
洗碟机 8-138a
洗净毛 8-449e
洗矿 8-366c
洗礼 8-137e, 2-329e
《洗礼者约翰布道》 1-410a
洗钱 8-137f
洗三 6-297f

洗碗机 8-138a
洗胃 8-138b
洗胃漏斗 8-138c
《洗象图》 2-56e
《洗心诗卷》 3-582d
洗牙 8-391b
洗衣粉 3-408d
《洗衣妇》 2-360c
洗衣机 8-138c
洗衣皂 2-528c
《洗冤集录》 8-138d, 2-458c, 7-168c
《洗冤录》 2-327f, 8-138d
《洗澡》 8-456f
铣 8-138e, 9-512a
玺 8-138e, 9-512a
玺印 8-138e
徙富民 5-440a
喜多川歌麿 8-139a
喜峰黑熊 3-460e
喜峰口 1-511a
喜歌剧 1-121f, 6-380a
喜桂图旗 8-390a
《喜见外弟又言别》 5-2c
喜剧 8-139b, 3-540f
《喜剧》 2-148b
喜剧的三幕剧 7-552c
《喜剧解》 2-212e
喜剧片 8-193f
《喜剧片的痛苦面目》 5-56b
喜剧散义 5-56b
喜剧山田 6-439d
喜剧性 3-540f
喜克索人 8-139d, 3-158e
喜连成 3-20c, 3-488e, 5-267c, 5-332f, 9-473a
喜连陞 3-20c
喜联 9-17d
喜马拉雅红杉 5-236c
喜马拉雅猫 5-312c
喜马拉雅山脉 8-139f, 3-463e, 6-434a, 8-114a, 9-492f
喜马拉雅运动 8-140b
喜马拉雅褶皱带 8-140d
喜马偕尔邦 8-97a
喜馍馍 5-417d
喜母 8-212b
喜帕恰斯 8-536b
喜鹊 8-140d, 5-123c
喜饶嘉措 9-354c
喜饶僧格 2-65b
喜树 8-140e
喜树碱 8-140f, 8-140f
喜树属 8-140e
《喜送粮》 1-563d
喜头鱼 4-107b
《喜宴》 4-587a, 7-250f
喜增 4-233d
喜蛛 8-212b
蹝 8-237f
蟢子 8-212b
戏法 8-141a, 5-465e, 9-147a
《戏法图说》 5-465f
戏宫谱 8-145f
戏剧 8-141a, 3-558f
《戏剧》 6-18c
《戏剧的想象》 6-239a
《戏剧概论》(马彦祥) 5-284d
《戏剧概论》(张庚) 9-194c
戏剧工作室 5-31f
《戏剧化装术》 9-102c
《戏剧及其重影》 1-17c
《戏剧讲座》 5-284d
戏剧界俱乐部 3-255b
《戏剧论》 8-65c
戏剧文学 8-142d
《戏剧问题》 2-212e
《戏剧小工具篇》 8-142f
《戏剧小工具篇补遗》 8-143a
戏剧小品 8-227a
戏剧性 8-143a
戏剧性男高音 6-414a
戏剧性男中音 6-414a
戏剧性女高音 6-413e
《戏剧艺术》 4-451b
戏剧艺术学院 3-579c
《戏剧与方言》 3-485d
《戏剧杂谈》 3-485d
《戏剧中的自然主义》 9-544a
《戏梦人生》 4-613f
戏曲 8-143b, 8-142f
《戏曲表演规律再探》 1-27d
《戏曲表演论集》 1-27d
《戏曲表演艺术的基础——"四功五法"》 1-592c
《戏曲剧目论集》 3-250d
戏曲片 8-145b
戏曲曲谱 8-145c
戏曲舞蹈 9-366e
《戏曲小说书录题解》 7-219f
《戏曲艺术》 9-400f
《戏曲艺术论》 9-194c
戏杀 6-121a
戏术 5-465e
戏文 8-146a, 5-544a
《戏文概论》 9-59a
《戏选》 1-569b
戏作者文学 6-320e
《系本》 7-15a
《系辞传》 9-475d
系列群落 6-541f
系联法 6-191d
系列位置效应 8-545d
系留气球 6-144e, 6-147e
系膜轴扭转 7-571a
系师 9-203d
系统 8-146a, 6-298e, 8-146e
系统安全自动装置 4-103e
系统辨识 8-146b, 3-123c
系统采矿工程学 1-465f
系统的无组织性 9-50f
系统的组织性 9-50f
系统发育 2-433d
系统放牧 2-503a
系统分类学 2-544c
系统分析 8-146d, 8-146b
系统工程 8-146e, 3-123f
《系统工程理论与实践》 8-353e
系统工程三维结构 4-355e
系统古生物学 3-175b
系统观 8-147c, 8-147d
系统管理学派 6-136e
系统技术 8-147c
系统建模 8-147a
系统科学 8-147b, 8-146a
系统可靠性 8-147c
系统控制 8-146b
系统论 8-147d
系统念珠菌病 5-587f
系统软件 4-92f
系统神学 4-45b
《系统神学》 2-268e
系统误差 1-487a, 8-80a
系统性红斑狼疮 3-468e
系统性抗酸药 4-412e
系统学 3-175d, 8-235c
系统学派的组织理论 6-138e
系统哲学 8-147e
系统总线 8-147e
系鱼川-静冈构造线 7-13d
《系狱记》 9-236a
系综 8-147f, 7-407f
郄穴 8-147f
细胞 8-148a, 6-544d, 6-545c, 6-578f, 8-152d
细胞壁 8-149a
细胞编程性死亡 8-149c
细胞表面 8-151d
《细胞病理学》 2-525a
细胞拆合工程 8-150d
细胞重建 1-300f
细胞凋亡 8-149c
细胞毒素 6-536c
细胞毒性脑水肿 5-551c
细胞分化 8-149d
细胞分裂 8-149f
细胞分裂素 8-150b
细胞工程 8-150c
细胞骨架 8-150e
细胞核 8-151a
细胞坏死 8-151c
细胞间液 7-85c

细胞间质 4-219f, 6-298e
细胞决定 8-149e
细胞克隆 4-455a
细胞膜 8-151c
细胞膜损害 8-334e
细胞内功能酶 5-89b
细胞内消化 8-215c
细胞内液 6-298e, 7-343e
细胞培养技术 8-150c
细胞器 8-152b
细胞融合 8-150d
细胞生物物理 6-543f
细胞团 8-149e
细胞外基质 9-571b
细胞外消化 8-215c
细胞外液 6-298e, 7-85c, 7-343e
细胞学 8-152c
细胞学卵巢功能检查 3-6a
细胞学说 8-153a, 6-583e
《细胞研究》 9-538d
细胞液 8-153c
细胞因子 8-153b
细胞质 8-153c
细胞质工程 8-150d
细胞质基因 4-52d
细胞质基质 8-153c, 8-153c
细胞质遗传 8-498d
细胞周期 8-153d, 9-48e
细笔 3-120f
细哔叽 1-330b
细碧－角斑岩建造 4-204a
细齿草木犀 1-482b
细川护熙 8-153f
细吹锣鼓 2-33e
细动脉硬化 2-338a
细帆布 2-461d
细纺 6-86f
细梗香草 1-247f
细管电热炮 2-287b
细黄鬼笔 3-244d
细货 1-466d
细角瓜蝽 2-39c
细锦 7-170f
细晶岩 8-154a
细菌 8-154b, 6-544e
《细菌的大菜馆》 3-76a
细菌毒素 6-536e
细菌发光 6-537b
细菌光合作用 3-222a
细菌浸取 4-276f
细菌气 7-357f
细菌杀虫剂 7-197e
细菌素 8-154c
细菌武器 6-543e
细菌性肠炎 1-523c
细菌性肺炎 2-534f
细菌性感染 8-154d
细菌性痢疾 8-154e, 1-523d
细菌性心内膜炎 3-45b
细菌性咽扁桃体炎 4-72d
细菌学 8-155a, 5-75a
细菌冶金 6-546d
《细菌与人》 3-76a
《细菌与植物病害的关系》 7-9c
细菌战 6-547c
《细佬祥》 4-616a
细粒复合材料 3-10b
细鳞斜颌鲴 3-200e
细鳞鱼 3-244a
细鳞鱼属 3-244a
细脉 5-301e
细毛哔叽 1-330b
细毛石花菜 6-595b
细密画 8-155b, 8-530b
细平布 6-86f
细切鼻烟丝 1-314c
细切烟 7-118b
细绒棉 5-412b
细蕊木莲 8-101a
细绳领带 5-102a
细石器 6-600f, 8-158a, 9-438a
细石器文化 4-327d
细碎机 2-560a
细穗玄参属 8-362d
细文 7-602a
细纹斑马 1-226e
细纹狮子鱼 6-577f
细线期 4-156c
细斜纹布 8-237d
细须螨 6-80c
细燕麦 8-445b
细叶满江红 5-304c
细叶楠 5-548a
细叶榕 8-155c
细叶文竹 7-602d
细致勘验 8-178c
细子龙属 8-15f
细字笔 1-323a
舄（鞋） 8-237f
《禊帖》 4-542b
《禊序》 4-542b
潟湖 8-155c
虾 8-155d
《虾》 1-317e
虾脊兰属 4-541a
虾饺 4-206c
虾类 8-155d
虾青素 4-573b
虾衣草 8-155d
虾衣草属 8-155d
虾夷 1-57f
虾夷岛 1-263e
虾子草属 8-362d
《瞎猫头鹰》 3-443f
瞎虻 5-368c
《瞎骗奇闻》 8-36f
瞎子阿炳 3-556a
鰕虎鱼 8-155e
匣锦 7-171a
《侠盗罗宾汉》 5-349b
《侠女》 7-250c
《侠女奇缘》 2-416f
《侠义风月传》 3-406c
侠义公案小说 8-156a
峡江 1-513a
《峡江寺飞泉亭记》 9-102b
狭隘民族主义 2-221a
狭唇纲 8-156b
狭体贝超科 8-232a
狭纹虎鲨 3-519f
狭邪小说 8-156b
狭鳕 8-156c
狭叶番泻树 2-463b
狭叶香蒲 6-104c
狭义的判定问题 6-45a
狭义犯罪学 2-478d
狭义环境经济核算 3-569a
狭义贸易条约 5-328e
狭义人口政策 6-290f
狭义土地市场 7-434d
狭义网络经济 7-522c
狭义谓词演算 6-45a
狭义相对论 8-156d, 3-237d, 8-75d
狭义相对性原理 8-156d
狭义信息经济 8-299a
狭义信息资源 8-300f
狭义异体字 8-560b
狭义影子价格 9-19f
狭义杂技 9-146e
狭义宗教学 9-556b
狭翼蝠 1-340b
狭窄性腱鞘炎 8-157d
霞氍 6-118c
霞飞,J.-J.-C. 2-264e
霞浦县 8-157e
霞石 8-157f
霞水母 1-394c
黠戛斯 4-419f
下八里墓群 8-361b
下把 2-71c
下半旗 8-158a
下部面肌瘫痪 7-280d
下承式桥 6-186d
下川文化 8-158a
下川遗址 8-158a
下穿式地道 2-165b
下村修 6-169e
下地幔 2-229a
下都 8-422f
下法 8-158b
下古生界 3-174d

下关 8–158c, 2–373a
下关事件 9–577a
下海 6–84a
下合穴 8–158c
下呼吸道 3–499b, 6–299a
下滑锋 2–572f
下加利福尼亚半岛 8–158d
下加利福尼亚州 8–158e
下加利福尼亚自治大学 5–484e
下加拿大 1–91d
下江兵 1–599c
下降流 8–158e, 6–467f
下降泉 6–266b
下降式采脂法 7–162d
下焦如渎 6–394c
下荆江 1–513d, 4–299f
下绝对阈限 3–44f
下夸克 4–492e
下莱茵省 7–135d
下利 5–37a, 8–238e
下龙湾 9–129d
《下楼梯的裸女：第2号》 2–361e
《下楼梯的女人》 2–361e
下卢日支人 5–152e
下马岭 7–366e
下缅甸 5–414c
下面发酵啤酒 6–77f
“下南”戏 4–579f
下尿路感染 5–589e
下诺夫哥罗德 8–158e
下盘（地壳断层） 2–368a
下偏差 3–130b
下腔静脉滤器置入 4–232e
下腔静脉阻塞 6–178a
下丘脑 8–158f, 4–151e, 7–343b
下丘脑-垂体-卵巢轴 9–121a
下丘脑垂体门脉系统 8–159c
下丘脑垂体性尿崩症 5–589d
下丘脑调节肽 8–159c
下丘脑性闭经 1–329a
下寿 6–532a
下水 9–439a
下寺楚墓 8–159c
下驮 5–489f
下弦 9–124a
下现蜃景 3–340c
《下象棋者》 2–361e
下消化道 6–298f
下行负电闪 6–444b
下议院 5–453d, 8–558f, 9–460a
下印度河平原 8–598d
下月幔 9–122e
下运动神经元 7–280c
下肢保健推拿 1–245a
下肢静脉曲张 8–159e
下字 2–472e
夏 8–159e
夏 8–162b
夏巴尼,R. 8–161c
夏半边 8–162d
《夏倍上校》 1–153e
《夏伯阳》 7–471d
夏布 8–161d
夏布罗尔,C. 8–277a
夏蚕 8–471e
夏泉 8–161d
夏昶 8–161d
夏超 6–462d
夏承焘 8–161e
《夏承焘词集》 8–161f
夏淳 7–365f
夏存古 8–166b
夏德 3–381d
夏地亚纳 7–558c
夏调 8–162e
夏端先 8–167c
夏多布里昂,F.-R.de 8–161f
夏尔丹,J.-B.-S. 8–162a, 2–590d, 2–442e
夏尔丹,P.T.de 8–162c, 2–184a
夏尔多内,H.B. 8–162c
夏尔多内丝织品公司 8–162c
夏尔格兰,J.F.T. 1–169d
夏尔洛 9–519d
夏尔提埃,R. 5–585b
夏尔娃巴 3–24d
夏复 8–166b
夏公谨 8–167b
夏宫 2–403b
夏官司马 9–469e
夏圭 8–162c
夏珪 8–162c
夏河县 3–412a
夏荷生 8–162e
夏侯玄 5–439a
《夏侯阳算经》 7–208d
夏侯渊 2–460e, 3–385f
夏后氏 8–159e, 9–72c
夏候鸟 3–496b, 5–588d
夏基阿基尔蒂 7–32f
夏季 4–101c
夏季奥运会 2–330f
夏季大三角 7–367c
《夏季繁花》 2–591a
夏季养生 7–154a
夏寄主植物 8–43e
夏加尔,M. 8–162e
夏家店下层文化 8–163a
夏坚白 8–163b
《夏节愍全集》 8–166c
夏桀 8–160c
《夏景山口待渡图》 2–335b
夏菊 4–333b
夏菊花 8–163c
夏军 7–211e, 7–213b
夏柯氏三联征 2–146f
夏口 3–377d
夏口厅 8–56f
夏口县 8–56f
夏枯草 8–163d, 2–40b
夏枯草属 8–163d
夏礼 4–585b
夏里亚宾,F.I. 8–163e
夏历 8–163f, 5–609e, 8–280d
夏连特拉王朝 8–164a
夏令时 6–609b
夏令营 8–164a
夏隆东,E. 2–442b
夏鲁寺 8–111c, 9–157a
夏绿林 5–235e
夏萝卜 5–222b
夏洛特阿马利亚 8–164b
夏洛特城 5–219f
《夏洛特小姐》 2–307c
夏洛特要塞 5–506b
夏洛滕堡宫 1–406c
夏梦 8–164b
夏眠 8–164c, 8–335d
夏丏尊 4–389b
夏默,H.W. 3–114a
夏姆珀,W.P. 3–181c, 7–13f
夏目金之助 8–164c
夏目漱石 8–164c, 7–608c
夏奈尔,G. 8–164f
夏鼐 8–164d, 3–375e
夏内尔,G. 8–164f
夏内尔风貌 8–165a
夏内尔时装中心 8–164f
夏帕克,G. 2–389c, 3–434a, 6–83a
夏培肃 8–165a
夏皮尔,D. 8–165b
夏普兰 2–444d
夏启 9–72f
夏瞿髯 8–161e
夏汭 3–377d
夏森 8–162e
《夏山高隐图》 7–504b
夏商周断代工程 8–165b
《夏商周年表》 8–165c
《夏商周年代学札记》 5–1b
夏士良 7–421b
《夏书》 8–161a
夏税 5–59b
夏斯特里,L.B. 3–34d
《夏天》 9–489a
《夏天与烟雾》 7–531b
夏庭芝 9–99a
夏同善 6–224d
夏托纳夫 1–124b
夏娃 8–166b
夏娃,J. 9–106b

夏娃说 6-292d, 6-304a, 9-324a
《夏娃之歌》 2-611f
夏完淳 8-166b
《夏完淳集》 8-166c
夏王朝 9-72d
夏威夷草裙舞 1-482c
夏威夷大学 4-13b
夏威夷火山链 6-277e
夏威夷吉他 4-66f
夏威夷群岛 8-166c, 2-2c, 8-23d
夏威夷人 8-166c
夏威夷王国 8-166c
夏威夷型喷发 4-13f
《夏威夷游记》 7-590d
夏威夷语 8-166c
夏威夷州 8-166d
夏文化 2-425e
夏文彦 7-421b
夏夏,L. 8-167a
夏县 8-167a
夏汛 8-383d
夏言 8-167b
夏衍 8-167c
夏阳 3-359c
《夏夜》 1-405e
《夏夜的微笑》 1-397f
夏伊-德雷格尔二氏综合征 9-304d
夏依赫 8-240c
夏邑 9-72f
夏盈 5-418b
夏于山 4-119b
夏羽 9-70a
夏禹 9-72c
夏禹玉 8-162c
夏原吉 8-167e, 3-576c
夏月珊 2-579a
夏允彝 8-166b
夏曾佑 8-68d
夏蛰 8-164c
夏正 6-407a
夏至 2-428a
夏至点 8-167f, 2-549b
《夏忠靖集》 8-167f
夏仲昭 8-161e
夏州 7-409a
厦门城 8-168a
厦门大学 8-167f, 1-558d
厦门港 8-168a
厦门经济特区 2-610a
厦门南普陀佛学院 9-354d
厦门市 8-168a
厦南女子师范 9-513d
仙安石林 1-246f
仙八色鸫 1-145d
仙丹术 7-472b
仙都 4-576d
仙方活命饮 6-229d
仙鹤 2-136e
仙鹤草 5-144b
仙鹤寺 3-559e
《仙后》 7-122c
《仙后麦布》 8-372a
仙后座 8-168b
仙境 8-168c
仙居鸡 4-36c
仙客来 8-168d
仙客来属 1-247f
仙客来水仙 7-102a
仙茅 6-602e
仙霓社 4-507f
《仙女》 8-168e
《仙女们》 2-610d
仙女星系 8-168f
仙女座 8-169a
仙女座大星云 8-168f
仙女座流星群 8-169a
仙人承露铜像 6-391c
仙人洞 5-158c
仙人洞遗址 8-169b
仙人堕处 5-172e
仙人鹿园 5-172e
《仙人骑白象图》 3-417d
仙人台 6-157d
仙人栽豆 5-465f
仙人掌 8-169c
《仙人掌》 3-134e
仙人掌科 8-169b
仙人掌属 8-169b
仙人住处 5-172d
仙人柱 2-412b
仙台 8-169c
仙台顶 1-506c
仙台湾 8-169d
仙桃 4-132d
仙桃市 8-169d
仙王座α 1-265b
仙王座γ 1-265b
仙王座δ 9-164e
仙霞关 8-169e
仙霞岭 8-169e
仙盐工业区 8-169d
仙游县 8-169f
仙字潭岩画 8-429c
仙宗十友 7-114c
先巴 9-157b
先岛诸岛 5-130d
先锋派 5-155d
先锋派电影 8-169f
先锋派音乐 8-170b, 4-395a
先锋文学 8-170c
先锋种 6-541f
先锋作物 3-531a
先赋地位 6-485c
先赋角色 6-489b
先寒武纪 6-160e
先进材料 1-458e
先进复合材料 3-10c, 4-220e
先进陶瓷 7-324e
先拉斐尔派 4-516c
先浪漫主义 4-551d
先农坛 1-266a
先努伊人 2-85b
《先秦汉魏晋南北朝诗》 8-170d
先秦散文 8-170e
《先秦文学》 9-43b
《先秦政治思想史》 5-53a
《先秦诸子系年》 6-166c
《先驱》 8-171c, 5-114b
《先驱报》 8-171c
《先驱报》(津巴布韦) 4-266a
《先驱者》 5-212d
“先驱者”11号探测器 7-444b
《先生妈》 8-41e
先施 8-100f
《先史考古学方法论》 4-416f, 5-374a
先天发育异常 3-5e
先天畸形 8-171d
先天梅毒 5-330f
先天潜伏梅毒 5-331b
《先天图》 1-567a
先天性白内障 1-203f
先天性二尖瓣关闭不全 8-247c
先天性关节脱位 3-205a
先天性肌病 4-35d
先天性脊柱侧凸 4-86f
先天性甲减 4-137d
先天性卵巢发育不全症 8-327e
先天性马蹄内翻足 8-171d
先天性门静脉狭窄或闭锁 5-367b
先天性青光眼 6-205d
先天性疝 6-447f
先天性肾上腺皮质增生 6-523e, 8-328a
先天性心血管病 8-171e
先天性血管瘤 8-373e
先天性痔静脉壁薄弱 9-319f
先天遗传 6-40a
先天之精 4-304a
先天综合判断 8-172a
先心病 8-171e
先行给付 8-172b
先行或领先经济指标 3-291d
先验的统觉 7-408f
先验论 8-172c
先验逻辑 1-349b, 5-223e
《先验唯心论体系》 8-241f
先验信息 1-302b
先验原理论 2-39d
先医庙 6-392c
先予执行 8-172c
先兆流产 8-325f
先轸 8-172d

先知 8–172e
《先知》 4–96f
先知诞辰 6–562f
先知书 6–563d
《先知书》 8–119f
先知寺 8–172f
《先知外传》 7–238e
纤蛇纹石 6–480b
纤维 3–63a
纤维板 6–301e
纤维材料化学工艺学 2–501a
纤维材料机械工艺学 2–501a
纤维蛋白性血栓 8–376c
纤维复合材料 3–10b
纤维关节 3–204e
纤维光学 8–173a
纤维膜 8–439b
纤维强度 2–502a
纤维石膏 6–594c
纤维食管镜检查 7–450d
纤维水镁石 7–94b
纤维素 8–173b
纤维素硝酸酯 8–220c
纤维锌矿 6–445a
纤维性愈合 3–189a
纤维作物 9–580b
纤芯 3–223e
纤羽 9–69f
氙 8–173c
氙灯 8–173d
氙闪光灯 8–173d
祆教 8–173e, 7–117c, 7–204c, 7–234f
籼稻 2–167b
酰胺 8–173e
酰胺键 8–173e
酰胺咪嗪 6–382f
酰胺态氮肥 2–151c
酰胺66盐 4–267f
酰化反应 8–174a
酰基过氧化物 7–300a
酰卤 8–174a
酰氯 8–174a
鲜卑 8–174b
鲜卑族 9–31b
鲜地黄 2–222a
鲜红斑痣 8–373e
鲜啤酒 6–77e
鲜切花 6–190a
鲜生地 2–222a
鲜水河 3–466b
鲜叶 1–492e
鲜于伯机 8–174c
鲜于枢 8–174c
鲜于仲通 3–98b
鲜虞 2–208c, 9–436b
《鲜虞中山国事表》 9–436c
暹国 7–273e, 8–174d
暹罗 8–174d, 7–273e
暹罗国 7–201d
暹罗斛国 8–174d
暹罗猫 5–312c
暹罗派 5–520e
暹罗人 7–277f
暹罗人民党 1–318b
暹罗湾 7–274f
暹罗语 8–174d, 7–279d
暹罗猪 1–161e
《闲居赋》 6–43b
闲居寺 7–163e
《闲居吟》 5–117a
《闲情赋》 7–327f
《闲情偶寄》 8–174d
《闲堂诗文合抄》 1–590b
《闲堂书简》 1–590b
《闲堂文薮》 1–590b
《闲闲老人滏水文集》 9–229a
贤豆 9–101a
贤良方正 8–367b
《贤明带来和平与丰收》 7–612f
《贤妻良母》 4–531a
贤人政治 1–405a
贤首大师 2–460c
贤首宗 3–539f
《贤者喜宴》 8–174f
弦（物理） 1–535c
弦词 8–448f
弦管 5–546a
弦脉 5–301e
《弦上的梦》 9–558d
弦索腔系 6–552e
弦虀 6–78c, 6–403a
《弦线电流计和心脏动作电流的测量》 1–90a
弦线式电流计 1–90a
弦乐四重奏 2–7c
《弦乐追思曲》 8–57f
弦振动方程 6–81e
《弦振动研究》 2–66e
弦子 8–174f, 6–403a
弦子鼓 8–93b
弦子书 2–315a, 8–93b
弦子戏 6–552e
《咸池》 9–403e
咸丰 6–232c
咸丰帝 2–44a
咸海 8–175a, 8–10e
咸海流域规划 8–175b
咸宁地区 8–175b
咸宁市 8–175b
咸宁县 8–81f
咸宁专区 8–175b
咸水 2–242e
咸水环境 9–540e
咸兴 8–175c
咸兴古城 8–175c
咸阳市 8–175c
《咸阳西门城楼晚眺》 8–354a
咸宜帝 6–203d
《咸雍条制》 5–64c
舷激波 2–233f
舷角 3–393c
冼夫人 7–210f
冼星海 8–175e
显成本 4–29f
显冠长臂猿 1–361a
显花植物 2–51a
《显花植物和蕨类植物的营养器官的比较解剖》 2–169d
显教美术 2–584c
显科学 6–172c
显克维奇,H. 8–175f, 6–592c
《显灵书》 3 111f
显脉球须刺蛾 2–52a
显然验光法 8–443e
显然因数 9–263e
显人才 6–283f
显色性 2–279b
显色指数 2–279b
显生宇 8–176a, 8–590c
显生宙 8–176a
显通寺 8–51a
显微构造 2–248f
显微构造地质学 3–156b
显微解剖学 4–231a, 9–571b
显微镜 8–176a
显微拉曼光谱 4–521c
显微熔融石 1–392b
显微摄影 8–176b
《显微图集》 3–505f
《显微整复外科学》 9–193a
显像管 8–176c
显性感染 3–45b
显性基因 4–52d
《显扬圣教论》 8–24a
显影剂 2–370d
《显志堂稿》 2–575b
显宗 5–595e
《显宗记》 6–511a
险点 8–176c
险段 8–176c
险工 8–176c
蚬科 8–176d
蚬木 8–176e
蚬木属 8–176e
藓纲 7–254d
藓类沼泽 9–227e
燹公盨 9–72c
猃狁 2–208c, 5–302c, 9–473d
苋菜 8–176f, 8–177a
苋科 8–176f
苋属 8–176f, 8–177a

县 8–177a
县道 2–163f
县令 4–360f, 8–177c
《县委书记的榜样——焦裕禄》 4–203b, 5–502b
县役 9–145e
县宰 4–360f
县长 4–360f, 8–177f
县知事 8–177f
县志 2–221d
岘港 8–178a
《现场》 7–452a
现场急救 8–248d
现场勘查 8–178a
现场盐度计 8–433d
现场总线 8–178c
现代（全新世） 6–265b
《现代》 8–178d
现代芭蕾 1–188d
现代爆破技术 1–253b
现代冰川 6–32f, 6–213f
现代波斯语 8–608d
现代测验理论 8–250f
现代大地测量 2–77d
现代大地测量学 2–77a
《现代档案——原则与技术》 8–243b
《现代的小世界》 2–608f
《现代的中药研究》 9–190e
现代定约式桥牌 2–482c
现代冬季两项 2–331a
现代俄语 2–404d
现代防空系统 4–356d
《现代佛学》 4–338a
《现代歌剧》 3–379f
现代工业部门 2–430c
现代公钥密码体系 7–422d
现代共和党主义 1–80a
现代国家干预主义 4–296e
《现代海洋沉积岩成因及地球化学问题》 7–135d
《现代汉语常用字表》 3–286b
《现代汉语词典》 8–178f
《现代汉语通用字笔顺规范》 3–286b
现代护理学 5–521f
现代化理论 1–80a
《现代化学》 4–522d
《现代化学导论》 4–22b
《现代化学理论》 5–292b
《现代画家》 5–218d
现代货币主义 4–296e
“现代”级驱逐舰 8–178f
现代技术 4–99d, 4–100b
《现代教育方法》 7–54c
现代金融风险管理 4–249e
《现代经济增长：比率、结构与扩散》 4–492a
现代经验论 4–298e
现代军服 4–352b
现代科学 4–100b, 4–441a, 9–22a
现代口述历史档案馆 4–481e
《现代利比亚诗歌的发展》 2–541e
《现代陆军军事教育之趋势》 1–193d
《现代罗马法制度》 6–368c
现代逻辑 5–222f, 7–64c
《现代美国的精神生活》 3–378b
现代农业区位论 5–615b
现代排球 6–37b
现代派 8–182a
现代派建筑 8–181e
《现代派美术浅议》 6–474c
现代派戏剧 8–142a
《现代乒坛名将战术》 2–215a
《现代奇人传》 6–89d
现代企业制度 8–179a, 3–296c, 4–292a
《现代启示录》 8–179b
现代气候变化 6–142f
《现代气象学科学基础》 5–217c
《现代人》 5–592f
现代社会 3–128a, 6–482a
《现代社会冲突》 2–68a
《现代社会事业》 8–428c
《现代社会学》 4–591a
《现代社区研究的意义和功用》 8–36e
《现代史话》 2–451c
现代水墨画 7–94e
《现代颂歌》 4–465b
现代陶艺 7–327c
现代通俗文学 9–85c
《现代文学》 1–206e
《现代吴语的研究》 9–235a
现代五项运动 8–179d
现代舞 8–179e, 5–244c
《现代舞》 5–244c
《现代物理学的逻辑》 1–445e
《现代喜剧》 3–62e
现代戏 8–180b
现代新经济自由主义 4–296e
现代新儒家 8–180d
现代新儒学 8–180d
现代信用 8–301d
现代行为生物学 7–386f
现代行为学 5–229a
现代医学 8–180e
现代艺术博物馆 5–606e
现代艺术周 8–181c
现代英语 9–11d
现代营销观念 7–27e
现代语言学 9–73e
现代月季 9–120e
《现代战略问题》 7–421a
《现代政治分析》 2–61d
现代植物生理学 6–362a
《现代中国人口问题》 1–554a
现代主义 8–181d
现代主义建筑 8–181e
现代主义美术 8–182a
《现代主义运动》 1–93b
现代综合进化论 4–270a, 9–542e
《现观庄严论》 5–390e
现汇贸易 8–183c
现货交易 4–71b, 9–270b
现货市场 4–250e
现金结算 4–224e
现金流量表 8–183d
现金支票 9–287d
现金转移 4–284b
《现刊目次》 4–109d
现量 6–570b, 7–68e
现期交易 4–71b
现期转移 4–284a
现生类人猿 4–573d
现生马 5–254b
现生猿类 6–289a
《现实世界》 1–36d
现实式爱情 1–86f
《现实图》 2–304e
现实性 4–444f
现实治疗 6–283e
现实主义 8–183d
现实主义法学派 2–591e, 4–25d
《现实主义——广阔的道路》 6–202e
现实主义戏剧 8–141f
现象 1–309d
《现象图》 2–304e
现象学 8–184a
现象学美学 8–570d
现象学社会学 8–184d
《现在和将来的国民经济学》 2–176a
《现在和其他日子》 1–46e
现在劳动 4–7c
现状临摹 5–90f
限定不二论 2–532c
限定物权 8–78c
限定刑事责任能力 8–312a
限额抵免 7–107f
限流电抗器 2–283a
限期手术 7–38f
《限制海军军备条约》 1–464f
《限制和裁减海军军备条约》 1–464f
限制流通物 8–70b
限制民事行为能力人 5–429a, 8–184f
《限制使用武力索偿契约债务公约》 3–345e
限制纬度 3–339b
限制刑事责任能力 8–312a
限制行为能力人 8–184e, 9–542b
《限制移民入境法案》 1–192d
线（纺织） 2–502a
线（数学） 6–504a
线虫动物门 8–184f
线虫瘤 9–307a

线电压 6-403c
线缝扎结 9-145b
线光谱 3-225c
线胡戏 6-552f
线迹 2-579d
线卡其 4-378a
线勒扎结 9-145b
线粒体 8-185a, 8-152b
线粒体病 8-185c
线粒体肌病 8-185c
线粒体基因 4-52d
线粒体基因组 4-54a
线路过滤 2-496a
线麻 2-94c
线描 8-185d
线膨胀 6-281d
线偏振光 3-220b, 7-81a
线腔戏 7-340d
线弹性断裂力学 2-368d
线绨 7-345e
线条长短错觉 2-60d
线纹陶文化 8-283c
线污染源 8-12d
线戏 7-340c
线系进化趋势 4-271a
线形动物 3-54a
线形动物门 8-185e
线型高分子 2-143f
线性 2-516c
线性变换 4-334d
线性代数 8-185e
线性低密度聚乙烯 4-344e
线性电路 2-285e
线性电阻 6-16a
线性方程 8-185f
线性方程组 2-126f, 4-334c
线性非平衡区 1-428e
线性赋范空间 1-176e
线性估计 1-472d
线性关系 8-185f
线性光学 2-515f
线性规划 8-186a
线性函数 8-185f
线性回归 3-608f
线性集成电路 8-186d
线性空间 8-204c
《线性扩张理论》 3-100d
线性理论 5-124b
线性模型 4-220c, 7-73a
线性渗流定律 2-70a
《线性透视论》 7-275c
线性透视学 7-415c
线性问题 8-185f
线性无关 8-204e
线性系统 8-186e, 2-516c
《线性系统的分析和控制》 3-200a
《线性系统理论：状态空间法》 9-171f
线性相关 8-204e
《线性移位寄存器序列》 2-308b
线性元件 2-285e
线性组合 8-204e
线性IC 4-74f
线叶菊 8-133e
《线与色的构成》 5-370a
线装书 8-186e
线状光谱 9-108c
线状闪电 6-444b
线综牵吊式大提花机 2-500f
宪兵 8-186f
宪法 8-186f
《宪法撮要》 5-356d
宪法法院 8-187c, 2-459d
宪法广场 5-483f, 8-393d
《宪法合约的自由：政治经济学家的观点》 1-438e
《宪法教程》 1-132d
宪法解释 8-187d
《宪法论》 2-210d
《宪法论初步》 6-41e
宪法十七条 6-558a
《宪法信条》 9-151f
宪法之友社 8-395b
宪章运动 8-187e, 3-125c
宪政联盟（摩洛哥） 5-460e
宪政民主联盟（突尼斯） 7-419a
宪政商榷会 5-53a
宪政研究会 5-53a
陷阱 9-63f
《陷阱》 4-455e
羡子 5-311c
献帝陵 4-203c
献殿 4-275a
《献给菲律宾青年》 4-583e
《献给获得勋章的白俄罗斯》 4-489a
《献给拉斯·卡萨斯神父的安魂曲》 1-432d
《献给在阿尔巴尼亚牺牲的陆军少尉的英雄挽歌》 1-68b
献陵 4-161b, 7-306e
《献身》 5-169d
献牲 3-168b
献诗 6-574d
献血 8-187f
腺 8-188a
腺癌 9-529f
腺病毒 8-188b
腺苷三磷酸 8-188c, 5-562e
腺苷酸 3-435f
腺棘皮癌 9-529f
腺角化癌 9-529f
腺鳞癌 9-529f
腺瘤 4-138f
腺嘌呤 2-542f, 6-84b
腺嘌呤核苷 3-435b
腺热 2-26a
腺三磷 8-188c
腺上皮 6-467c
腺胃 7-570c
腺细胞 8-188b
腺性垂体 8-159c
腺样体 8-188e
腺样体炎 8-188e
腺周口疮 4-481c
乡 8-188e
乡兵 4-277e, 7-165d
乡村 8-188f, 4-343b
《乡村》(I.A.布宁） 1-451c
《乡村》(陈忠实） 1-574e
乡村布鲁斯 1-450a
《乡村的变迁》 7-574f
《乡村的罗密欧和朱丽叶》 4-394a
乡村的叛逆 5-120a
乡村歌曲 8-189c
乡村寄宿学校 8-274f
《乡村检察官手记》 3-308c
乡村建设育才院 8-443a
乡村建设运动 8-189a, 5-54e
乡村皮肤利什曼病 5-31a
《乡村日记》 8-8c
乡村容克 6-332c
乡村舞 8-189b
乡村音乐 8-189c
乡道 2-163f
乡贡 4-427d
乡官 9-559a
乡规民约 8-189d
《乡间一幕》 1-442b
乡荐 4-427f
乡里选士 8-367a
乡品 4-321e
乡试 4-427f
乡土文化区 7-588f
乡土文学 8-189e
乡土小说 5-166f
《乡土中国》 1-489a, 2-542e
乡勇 8-189f
《乡约》 8-189d
乡镇规划 2-58e
乡镇企业 8-190a, 4-77b
乡镇志 2-221d
芗剧 5-34c
芗溪 4-321b
相对采购 3-608d
相对磁导率 2-45c
相对地质年代 2-249e
相对地质时间 4-270f
相对电容率 2-282c
相对定位 6-262d
相对构型 3-155f
相对环境权说 3-571a
相对介电常数 4-232a

相对孔径 4-318a
相对论 8-190c, 1-89b
《相对论的数学理论》 1-83a
相对论多普勒频移 8-157a
相对论天体物理学 8-190c
相对论宇宙学 8-190d
相对密度 1-321d
相对年代 4-417d
相对曲率 6-249e
相对人口过剩 6-289d
相对剩余价值 6-571b, 9-522a
相对湿度 4-470a, 6-584c
相对视线速度 7-568d
相对无刑事责任能力 8-312a
相对误差 8-79f
相对性原理 2-176b
《相对性原理》 4-555c
相对有刑事责任能力 8-312a
《相对与相持》 4-488f
相对原子质量 9-110e
相对运动 8-190e
相对真理 4-348a
相对主义 8-190e
相干光 3-220a
相干光源 3-220a
相干条件 3-220a
相关传光束 3-230a
相关分析 8-190f
相关生长 6-548e
相和歌 8-191a, 3-235c, 6-418c, 9-506d
《相和歌辞》 8-191b
相贺武夫 8-231a
相互教学法 1-291b
相互作用星系 7-334d
相兼脉 5-301e
相接双星系统 5-405b
相邻关系 8-191b
相邻权 8-191b
相扑 8-191d
《相切》 1-4f
相杀 9-448a
相使 9-448a
《相思》 7-511f
相思鸟 8-191e
相思树（台湾相思） 7-253c
相思树（海红豆） 3-328e
相似集 8-356b
相似论 3-548f
相似性度量 2-391b
相似褶皱 9-242d
相畏 9-448a
相闻 7-484a
相恶 9-448a
相须 9-448a
相应 9-64c
《相应部经典》 8-20d
相坐 5-39d
香巴噶举 3-24d
香包 8-191f
香槟伯爵领地 8-192a
香槟集市 8-192a
香槟酒 8-192b
香菜 8-425d
香草 8-192d
香草木犀 1-482b
香草坨 9-223c
香肠 8-192b
香椿 5-49f
香葱 2-53a
香袋 8-191f
《香稻米》 3-483a
香豆素 8-192c, 6-99b
香豆子 8-192d
香妃墓 1-1c, 4-364e, 5-238d, 8-274a
香榧 8-192e, 3-469e
香榧树 8-192e
香附 8-192f
香附子 8-192e
香港 8-192f
香港村 8-193a
香港大学 8-192f
香港岛 8-192f, 8-195e
香港电影 8-193a
香港董氏集团 2-333a
香港国际机场 8-194a
香港海员大罢工 2-196c
香港恒生股价指数 8-194b
香港话剧团 8-194b, 2-358a
香港环球航运集团 1-238b
香港回归 8-194c
香港汇丰银行集团 8-195a
香港火险公司 8-539b
香港科技大学 8-195a, 8-196c
《香港内外》 7-326b
《香港女伯爵》 9-519e
香港启德机场 8-194a
香港上海汇丰银行 8-195a
香港双足蜥 7-81c
香港特别行政区 8-195b, 2-333b
香港西医书院 8-192f
香港演艺学院 8-196d
《香港与关贸总协定》 7-8d
香港渣打银行 8-196d
香港中文大学 8-196e
香格里拉县 8-196e, 2-213a
香菇 8-196f, 2-148c, 6-408a, 7-6c
香菇属 8-196f
香瓜 3-512d
香瓜茄 8-197a
香光居士 2-333d
香果兰属 4-541a
香海 8-195b
香河暴动事件 3-533d
香荷包 8-191f
香花木 3-208e
香花石 8-197a
香会 3-527e
《香魂女》 7-132e
香火龙 5-144a, 8-65b
香积厨 7-201c
香加皮 3-57e
香江 8-195b
香蕉 8-197b, 1-187d
香蕉弄蝶 5-616f
香蕉西葫芦 8-93c
香精 8-197c
香军 5-108c
香卡,R. 8-197d
香克斯,W. 9-113f
香兰素 8-192d
香料 8-197e
香料果味茶 1-490a
香料之路 3-311a
香料作物 8-197f
香龙血树 1-185d
香炉 1-416b
香炉峰 5-158c
香茅 8-197f, 2-493e
香茅醇 2-40d
香茅醛 8-199b
香茅油 8-197f, 8-199b
香囊 8-191f
香农,C.E. 8-198a
香农河 1-84a
香农·露西德 3-418d
香蒲属 6-104b
香浦的威廉 7-1d
香气 8-197d
香芹酮 8-198a
香青兰 2-40b
香薷属 2-40a
香山 8-198b
香山慈幼院 8-198d
香山居士 1-199d
香石竹 8-198d
香水 8-198e
香水月季 9-120f
香丝树 7-253d
香苏平胃散 2-493d
香味 8-197d
香溪起义 6-203d
香象大师 2-460c
香榭丽舍大街 8-198f, 1-169b
香蕈 8-196f
香烟 4-346a
香严 9-217a
香艳茄 8-197a
香叶醇 8-199a
香叶醛 5-597d
香叶天竺葵 8-199b
香叶烯 8-129f

香鼬 9-54d
香鱼 8-199c
香鱼属 8-199c
香玉剧社 1-527c
香玉剧校 1-527c
香皂 2-528c
香獐 6-506b
香樟 9-222e
香洲 2-502d
香子含笑 5-490b
香紫罗兰 9-533d
厢 5-8a
厢兵 8-199d, 8-562d
厢坊制 8-199e
厢房 7-150a
厢军 4-277e
湘（湖南省简称） 3-514b
湘白猪 3-515a
《湘报》 7-285e, 7-300e
湘菜 8-199f, 3-514a
《湘川道上》 1-567c
湘鄂川黔苏区 7-433d, 9-357e
湘鄂西苏区 7-432d
湘方言 8-199f
湘妃竹 4-323a
湘赣边界秋收起义 8-200a
湘赣苏区 7-432f
湘桂铁路 9-44e
湘桂运河 5-96d
湘桂作战 9-84a
湘江 8-200e, 3-467e
《湘江风雨图》 8-161e
《湘江一夜》 9-470b
湘江战役 9-357f
湘剧 8-200f
《湘剧高腔初探》 8-346a
湘军 8-201a
《湘军兵志》 5-203a
《湘军志》 7-501e
湘君 5-106d
《湘君湘夫人图》 7-602a
湘昆 6-552c
《湘累》 6-4c
湘南县 8-201e
湘绮 7-501d
《湘绮楼诗文集》 7-501f
《湘绮楼说诗》 7-501f
湘黔苗民起义 6-220d
湘水 8-200e
湘潭市 8-201b
湘西土家族苗族自治州 8-201c
湘乡派 8-201d, 9-168b
湘乡市 8-201e
湘乡县 8-201e
湘绣 8-201f
《湘学报》 7-300d
湘雅医科大学 8-202a
湘雅医学院 8-202a
湘雅医学专门学校 8-202a
湘阴县 5-402c
湘勇 8-189f, 8-201a
湘语 8-199f
湘州 1-517f
薌林 6-402a
箱根 6-313d
箱馆 3-357f
箱涵 3-358f
箱梁 6-185e
箱形风筝 2-570c
箱形桥 5-21a
襄城 8-202b
襄城县 8-202b
襄樊市 8-202b
襄河 3-376f
襄京 5-5d
襄勤 9-126c
襄乡县 9-163e
襄阳调 4-282a
襄阳居士 5-394c
襄阳腔 2-269f
襄阳市 8-202b
镶牙 8-202c
《详解九章算法》 4-142c, 8-455f
详细预算 9-81f
《降魔变》 9-82d
庠（古代学校） 8-117a
祥符调 9-83e
《祥林嫂》 9-104a, 9-128b
祥顺影戏班 5-173c
翔安海底隧道 8-202f
跭踿 4-187d
享乐主义 4-496f, 6-297e
享堂 9-364c
响板 8-202f
响板书 3-427a
响边 9-562e
响度 8-573f
响葫芦 4-472b
响礁门大桥 9-464c
响九霄 7-369f
响密驽科 5-76a
响山寺 4-263e
响搨本 4-542c
响堂山石窟 8-203a
响尾蛇 8-203b
“响尾蛇”空空导弹 8-203c
响尾蛇亚科 8-203b
响应 2-391a, 7-29e
《飨宴》 2-147f
《想当然》 9-59a
想象 8-203d
《想象的风景第四号》 4-395b
《想象的风景第五号》 4-395b
《想象的女人》 1-82a
想蕴 8-53e
向达 8-203e, 2-378d, 3-375e
向点 7-269a
《向东方去！》 6-238e
向风群岛 8-203f
向海自然保护区 8-204a
向警予 8-204a
向觉明 8-203e
向俊贤 8-204a
向逵 6-89c
《向拉斯维加斯学习》 7-592b
向量场问题 7-460b
向量分析 8-204b
向量函数 8-204b
向量机 4-337b
向量空间 8-204c, 8-185f
向量空间模型 6-234f
《向前看》 8-103e
《向全国进军的命令》 9-481b
向日葵 8-204f, 4-333d
《向日葵》(电影） 2-185d
《向日葵》(绘画） 2-467c
向日葵属 8-204f
向荣 7-258e
《向上爬》 1-70c
《向太阳》 1-79d
向西斜街市 2-81d
向斜 8-205a, 9-242b
向心加速度 8-205a
向心力 8-205a
向心推力轴承 9-478b
向心性肥胖 4-491d
向心轴承 9-478b
向秀 8-205b, 9-497b
《向秀丽》 9-477a
向戌 5-402a
向戌弭兵 2-37c
向忠发 8-205c
向仲发 8-205c
向子期 8-205b
项伯 8-205d
项城市 8-205e
项城县 8-205e
项楚 2-377d
项德隆 8-206a
项籍 8-206c
项脊生 3-240b
项埅 5-547c
项链 8-205e, 7-42f
《项链》 5-467d
项梁 1-564f, 2-484a, 3-364f, 4-335f, 7-51e, 7-369d, 8-206c
项琳 6-588e
项目法人 8-205f
项目法人责任制 8-205f
项目反应理论 8-250e
项叔翔 5-539c

项县 8-205e
项燕 1-564e, 8-206c
项英 8-206a, 7-479d
《项英将军言论集》 8-206c
项羽 8-206c, 1-564f, 2-19a, 3-364f, 4-335f
项志逖 3-508a
项庄 8-205d
项子牛 5-484f
相（物理） 8-206d
相（中国古代官职） 1-581c, 8-177d
相邦 1-581c, 9-182f
相变 8-206d
相变制冷法 4-575b
相城区 8-41b
相地衰征 3-216a
相点 8-207c
相公 4-428b
相好 2-581e
相和相变 8-206d
相火论 9-480b
相火妄动证 8-207a
《相机》 8-399e
相机抉择 8-207a
相空间 8-207c
相控阵脉冲多普勒 9-81d
相控整流电路 9-264e
相量法 8-207c
相量图 8-207d
相律 3-550f
相面 8-207e
《相平衡、化学平衡和热力学》 7-317c
相人术 9-177d
相声 8-207e
《相声艺术漫谈》 5-252a
相速度 1-372e
相位 1-372e
相位鉴频器 4-171f
相序 6-403c
相续无常 8-15b
相移存储效应 8-505c
相宇 8-207c
相玉设计 9-78a
相州之战 6-510a
相转移催化反应 3-211e
相转移催化剂 3-211e
相转移剂 3-211e
象白蚁属 1-208c
象鼻虫 8-208a
象鼻鱼 1-207d, 6-276c
象虫总科 6-189b
象岛石窟 8-207f, 8-601c
象河 5-79e
象甲 8-208a
象甲科 8-208a
象脚鼓 3-190c, 8-208b
象脚鼓舞 8-208b, 2-125e
象皮肿 7-116d
象棋 8-208d
《象棋的故事》 2-42c
《象棋谱大全》 8-245c
象山山脉 4-154c
象山书院 7-168d
象山先生 5-168a
《象山先生全集》 5-168b
象山学派 5-168a
象生瓷 8-209a
象数学 5-13b
象思维 9-347e
象限金周仪 2-305d
象限仪 1-320b
象形 5-138e
象形拳 3-490f
象形文字赫梯语 3-448a
象形文字梯道 4-434b, 5-288f
象牙白 2-179a
象牙宾馆 1-3d
象牙海岸 2-521f, 4-436a
象牙婚 4-223b
象牙杧果 9-137d
象牙参 4-186b
象牙椰子 8-209b
象牙椰子属 8-209b
象征符号 5-394a
象征派 8-209b
象征性核威慑理论 3-439a
象征主义 8-209c
《象传》 9-475d
象尊 8-209e
像差 8-209f
像方焦距 4-202e
《像黄金一样好》 3-331b
像教 2-584b
像面弯曲 8-209f
像散 8-209f
像素 7-69a
像形珍珠 9-251b
橡浆 9-580b
橡胶 8-210a, 3-63a
橡胶坝 1-191a
橡胶草 9-580b
橡胶机械 8-210b
橡胶菊 9-580b
《橡胶灵魂》 6-70d
橡胶树 8-210c, 2-88a, 9-580b
橡胶树属 8-210c
橡胶/塑料共混物 4-342a
橡胶塑料类防水材料 2-496d
橡胶/橡胶共混物 4-342b
橡胶助剂 8-210b, 9-500e
橡胶作物 9-580b
《橡皮》 5-200b
橡皮婚 4-223b
橡皮或塑料绝缘电线 2-289d
橡皮塑料绝缘软线 2-289d
《橡树林》 8-126c
肖,J.C. 6-287f, 7-605b
肖,N. 8-210e
肖邦,F.F. 8-210f
肖厝 5-338f
肖当,C. 2-444a
肖恩,T. 8-211d, 2-171d
《肖尔布拉克》 9-211c
《肖尔斯》 2-357e
肖尔索河 1-362d
肖家屋脊遗址 6-596b
肖克莱,W.B. 8-211e, 1-151c
肖伦 8-211f
肖洛,A. L. 7-299a
肖洛霍夫,M.A. 8-212a, 4-316d
肖品 6-300f
肖蛸 8-212b
肖蛸科 8-212b
肖氏硬度 9-22d
肖斯塔科维奇,D.D. 8-212b
肖特基二极管 4-302d
肖特基势垒栅场效应管 1-528f
肖托,O. 1-2e
肖扬 8-212e
削衣 4-158c
逍遥津 8-212f
《逍遥津》 3-74c, 7-219e
逍遥型白血病 1-207a
逍遥学派 8-212f, 8-402d
鸮头贝超科 2-24a
鸮形目 8-213a
《消除对妇女一切形式歧视公约》 3-136c
消除反应 8-213a
《消除一切形式的对妇女歧视公约》 4-126e
《消除一切形式种族歧视国际公约》 9-458d
消导法 8-216a
消导剂 8-213d
消毒 8-213d
消法 8-213e
消费 8-213f
消费函数 8-214a
消费基金 8-214b, 3-292b
消费结构 8-214c
《消费经济学》 5-20a
消费品零售市场 8-214d
消费市场 8-214c
消费税 8-214d
消费信贷 8-214e
消费型增值税 9-171d
消费需求 8-214d
消费者均衡理论 7-537a
消费者权益保护法 8-214e
《消费者权益保护法》 9-401a
消费者剩余 2-543d, 2-613a

消费者心理学 8–214f
消费资料 6–499b
消费资料生产部类 9–150d
消耗物 8–70c
消弧电抗器 2–283a
消弧线圈 2–283a
消化 8–215a
消化道感染 4–143e
消化道憩室 8–215c
消化管 6–298f, 8–215c
消化系统 6–298f, 8–215c
消化系统病变 3–128d
消化腺 6–298f, 8–215c
消化性溃疡 8–215d, 9–30e
消化液 1–521e
《消化作用的机械因素》 4–399a
消积杀虫疳剂 8–213d
消极防空 2–496c
消极隔振 3–113b
消极控制 6–489f
消极遗产 8–542e
消极证言制度 7–113c
消极自由 9–557e
消渴 8–216a
消灭时效 7 200b
消泡 6–51c
消泡剂 6–51c
消色笔 1–323c
消声器 7–539b
消石灰 6 217d, 6–595c
消食导滞 8–216a
消食导滞剂 8–213d
消食化滞 8–216a
《消逝的脚步》 4–377c
消亡边界 1–228c
消息 8–216a
消旋薄荷醇 1–421f
消旋莨菪碱 1–56e
消旋柠檬烯 5–598a
消旋四氢棕榈碱 8–424e
消旋喜树碱 8–140f
消旋樟脑 9–222d
宵禁 8–216b, 4–233f
宵礼 8–48d
绡 8–216b
绡地 8–216c
萧宝卷 6–126e
萧宝寅 5–34d
萧伯纳 8–216c
萧长华 8–216e
《萧长华戏曲谈丛》 8–216f
《萧长华演出剧本选集》 8–216f
萧朝贵 7–258c
萧楚女 8–217a
萧道成 5–518d, 6–126a, 7–164b
萧德祥 9–99c
萧尔斯尼语 7–613e
萧方智 5–51e, 5–56a, 7–507a
萧该 7–213a
萧纲 8–217a, 3–486e
萧桂兰 2–82d
萧桂森 8–219a
萧桂云 4–386e
萧汉尧 2–82d
萧何 8–217b, 1–478b, 3–364f
《萧何月下追韩信》 9–473b
萧红 8–217c
《萧红散文》 8–217d
《萧红小传》 5–233f
萧华 8–217d
萧淮 1–575d
萧纪 5–56a, 5–519a
萧劲光 8–217e
萧景 6–401b
萧军 8–218a
《萧军五十年文集》 8–218c
萧楷成 4–406e, 9–470e
萧克 8–218c
萧良友 5–375d
萧梁 5–51c
萧龙樵 8–218f
萧纶 5–56a
萧摩诃 3–442f
萧齐 6–126c
萧绮 7–2a
萧谦中 8–218f
萧墙 2–81b
萧秋 8–217a
萧全祥 6–64c
《萧然吟诗集》 1–591a
萧三 8–218d
《萧三文集》 8–218e
萧山花边 3–390d
萧山鸡 4–36c
萧山区 8–218e
萧山市 8–218e
萧山县 8–218e
萧绍矩 1–556c
《萧十一郎》 3–172b
萧世诚 5–55f
萧世缵 8–217a
萧树烈 8–217a
萧思鹤 8–219b
萧太后 1–500f, 5–63f, 5–67b
萧条区域 9–586b
萧条衰退地区 6–246f
萧统 8–218f, 7–597e
萧望之 6–601c
萧遐亭 3–16d
萧闲老人 1–469e
《萧闲老人明秀集》 1–469f
萧县 8–218f
萧逊 8–218f
萧愻 8–218f
萧衍 5–51c, 5–51b, 5–55c, 5–55f, 5–518d, 6–126e
萧遥光 8–244d
萧一山 8–219a
萧绎 3–486e, 5–56a, 5–519a, 7–507a, 9–299b, 9–299c
《萧翼赚兰亭图》 8–436c
萧懿 5–51c, 5–55c
萧荫堂 6–240a
萧友梅 8–219b, 9–416a
萧渊明 3–486d, 6–130c
萧云霞 4–277b
萧赜 6–126c
萧正德 3–486e, 5–55c
萧仲恭墓 9–366b
萧子良 6–520e
萧子显 5–538d, 5–540e
萧子章 8–218d
硝苯吡啶 6–267e
硝苯地平 3–26d, 4–408b
硝呋噻氧 9–517e
硝化甘油 8–219d, 2–432e, 6–8f
硝化甘油系炸药 3–128c
硝化棉 2–432e
硝化棉单基火药 2–432e
硝化纤维素 8–220c
硝基 8–219f
硝基苯 8–219e, 6–27b
硝基化合物 8–219f
硝基咪唑类抗菌药 3–408b
硝石 8–220a
硝酸 8–220a
硝酸铵 8–220b
硝酸甘油 8–220c, 8–219d
硝酸甘油酯 8–219e
硝酸酐 2–151b
硝酸纤维素 8–220c, 8–220c
硝酸银 8–220d
硝酸酯类 4–413a
硝态氮肥 2–151c
销货百分比法 3–563a
销售包装 1–238c
销售网 2–28a
蛸 8–220e
蛸科 8–220e
蛸螵石 3–337d
蛸属 7–412d
箫 8–220f, 1–595f
箫歌 3–180c
《潇湘》 6–202b
《潇湘八景》 3–466f
潇湘书馆 7–53e
《潇湘水云》 3–251b, 9–404c
《潇湘图》 2–335b
《潇湘雨》 9 99b
《潇潇暮雨》 3–14b
霄兆国乐会 4–614a

蟏蛸 8-212b
小阿尔杜斯·马努蒂乌斯 5-271e
小阿特拉斯山 1-56c
小埃利阿斯·豪 2-579c
《小艾丽斯》 1-10c
小艾鼬 9-54d
小安的列斯群岛 8-221a, 3-432c, 6-568c, 8-108d
小袄 1-117b
小奥林匹克 7-16a
小巴黎 1-168e
小白菜 1-193a
小白玉霜 5-3f, 6-94e
《小百花园丁杂说》 3-443a
《小百科》 9-348e
小斑几维 4-28a
小包装 1-238c
小孢霉属 1-234a
《小鲍庄》 7-490a, 8-380b
小北口 6-435a
小比例尺地质图 2-250a
小筚篥 3-212f
小蝙蝠亚目 1-340a
小波兰方言 1-380b
小勃鲁盖尔 2-585f
小勃律 1-410a
小檗碱 8-221a, 3-581e
《小布鲁图斯》(V.阿尔菲耶里) 1-11a
《小布鲁图斯》(G.莱奥帕尔迪) 4-531e
小布什 1-452e
《小布头奇遇记》 2-418c
《小步舞》 4-144f
小步舞曲 1-289e
小彩武 5-234d
小彩舞 8-221b, 5-234d
小菜蛾 1-467d
小参数理论 1-526e
小蚕饲养 8-471e
小仓山居士 9-102a
小仓鼠 1-475a
小草 7-47f
《小草》 3-443a
小镲 1-410d
小柴昌俊 9-440e
小柴胡汤 6-474a
小产 5-123e
小长鼓舞 8-483f
小长芦钓鱼师 9-489c
小肠 1-521c, 6-298f
小肠经 7-40a
小肠绒毛 1-521c
小肠腺 1-521c
小唱 8-448d
小朝 1-537e
小潮 1-544c
小车里 1-547c
《小陈留京外史》 8-499c
《小城故事》(电影) 4-616d, 7-250c
《小城故事》(小说) 5-591d
小城市 1-583e
《小城之春》 8-221b
小乘佛教 8-221c, 1-48f, 2-581e, 4-549b
小乘美术 2-584c
小翅雏蝗 3-604c
《小虫种种》 7-118d
小丑 7-151b
《小丑》 1-62e
小穿孔贝超科 2-24a
小村寿太郎 6-323a, 9-435c
小大七和弦 3-420a
《小大人》 2-69b
《小戴礼记》 4-585c
小单胞菌 1-111f
小刀会 8-222a, 7-348b
《小刀会》 8-222a
小岛清 1-317a
小岛清模型 1-317a
小岛群岛 5-405b
小盗龙 8-222b
小道藏 2-166f
小德意志方案 6-583b
小地老虎 2-223b
小地震 2-245f
小地中海 5-556d
小调 7-145b
小调曲子 2-79a
小丁 2-304e
《小东西》 2-348a
小豆 8-222d
《小杜丽》 2-210c
小蠹 8-222e
小蠹科 8-222e
《小儿宫内呼吸》 5-84d
小儿黄疸 3-582a
小儿麻痹症 4-85e
小儿书 5-375a
小儿消化不良 8-222e
《小儿药证直诀》 7-168c
《小儿语》 5-375d
《小二黑结婚》(电影) 9-235e
《小二黑结婚》(歌剧) 5-254d
《小二黑结婚》(小说) 9-234a
小二仙草 8-223a
小二仙草科 8-223a
《小法岱特》 6-184f
《小放牛》 5-167c
小飞鼠属 8-43d
小分子递质 6-511b
小蜂 8-223b
小蜂总科 8-223b
《小妇人》 3-198c, 4-395e, 5-349b
小港安梨 4-106e
小高加索山脉 1-51c, 3-67c, 3-107d
小歌班 9-128a
《小公鸡历险记》 3-443a
《小公主》 8-338f
小功五月 2-601a
“小共和国”丛书 1-63b
小狗熊 5-262e
小孤山遗址 8-223c
《小姑山》 1-564c
《小姑贤》 2-334f, 5-179a
小古猬 7-2c
小瓜虫病 4-262c
小灌木 3-218c
《小鬼鲁智胜》 6-202b
《小孩子懂大事情》 6-308c
小寒 2-427f
小汗腺 3-387f
小汗腺臭汗症 2-12c
小号 8-223d
小河墓地 9-178c
《小河淌水》 6-609f
小荷尔拜因 3-429b
小荷兰画派 8-162b
小黑河峰 5-314f
小黑麦 8-223e
小红斑 5-493d
小红橙 1-594c
小红绫本 6-614b
《小红帽》 3-106d
小洪河 3-481d
《小忽雷》 4-475b
《小狐狸》 8-223f, 8-523d
小湖羊皮 3-517b
小花八角枫 1-143f
小花棘豆 2-351a
小黄花 8-223f
小黄花菜 8-362a
小黄绫本 6-614b
小黄鱼 8-223f
小茴香 3-611b
《小伙子比利》 4-434c
《小伙子布朗》 4-26d
小蓟饮子 9-307e
小家鼠 4-126b, 7-59a
小家鼠属 4-126a
小家蚁 8-553b
小间隙冲裁 2-8d
小剑山 4-168a
小叫天 7-285f
小金川 2-82c
小金凤 8-584f
小金库 1-463e
小金县 7-149d
小津安二郎 8-224a
小锦 7-171a
小进化 4-270b
小进化趋势 4-270f
小京钹 1-410d

小经　7-264a
小净　4-314c
小九和弦　3-420a
小菊　4-333b
《小橘灯》　1-365a
小巨人　8-479b
小剧场戏剧　8-224b
小剧场运动　9-548e
小剧院　8-224c
小卷　8-361c
《小倦游阁文稿》　1-237d
小军机　4-353d
小军舰鸟　7-341c
小喀喇昆仑山　4-362b
小卡　4-365e
小卡鲁高原　4-390d
《小卡洛斯》　8-533a
小开口（扬剧）　8-446e
小康生活　2-414b
小康水平　8-224c
《小蝌蚪找妈妈》　8-224d
小克鼎　4-445d
《小克劳斯和大克劳斯》　1-108d
小孔龟背竹　3-241d
小苦湖　7-197d
小喇叭花　7-371f
《小癞子》　5-125c
小兰屿　4-542e
小兰芝　2-427c
小蓝花丹属　1-198c
小浪底水利枢纽　3-585e
《小老头》　1-78e
小姥鱼　3-489f
小雷恩,J.W.　9-114a
小梨园　4-579f
《小礼集和大礼集》　8-514d
小李杜　2-360e
小历　2-124f
小利基　5-28c
小利兰·斯坦福大学　7-133e
小粒蚕豆　1-474a
小莲庄　3-517b
小凉山　5-50f
小林多喜二　8-224e
小林秀雄　8-224f
小灵猫　5-96c, 5-96d
《小灵通漫游未来》　4-426e, 8-502c
小令　5-103c, 6-408f
小流域综合治理　8-224f
小龙山岛　6-479c
《小鹿班比》　2-213d
小露脊鲸　4-307e
小吕宋　5-271b
小律　4-272d, 5-184d
小律诗　4-348b
小绿叶蝉　8-495a
小论　7-445a
《小逻辑》　8-225d, 8-225e
小锣　5-224f
小马蹄莲　5-279e
小麦　8-225e, 8-493e
小麦红吸浆虫　9-20d
小麦黄吸浆虫　9-20d
小麦属　8-223e
《小麦远缘杂交》　5-4c
小麦哲伦云　5-299d
小鳗螈　5-303d
小满　2-427d
小毛奇　2-264b
小毛细皮　5-318b
小帽　3-202a
《小美人鱼》　5-356e
《小梦》　6-501e
《小迷糊阿姨》　4-423a
小米　8-226b, 7-204a, 9-106c
小密苏里河　5-407c
小明王　3-363a, 9-89c
小蘑菇　1-524a
小抹香鲸　4-307f
《小末日审判书》　5-466d
小木漆　6-531f
《小穆格尔》　6-368e
《小拿破仑》　9-71b
小南湖　8-93d
小南极洲　5-528a
小铙　1-410d
小脑　8-226b, 5-548e
小脑扁桃体疝　5-551b
小脑扁桃体延髓疝　5-551a
小脑幕裂孔疝　5-551a
小脑幕切迹疝　5-551a
小脑性共济失调　3-148e
小脑蚓疝　5-551a
《小尼迦耶》　2-581e
《小泥车》　8-226d, 7-43c
小鲵　8-226d
小鲵科　8-226e
小农经济　8-226f
小农具　8-226f
《小女婿》　6-94e
小牌九　6-38c
小陪审团　6-52f
小帔蓬犰狳　6-244b
小披风　6-69f
小皮特　6-74b
小品　8-227a
小品散文　8-227b
小品文　8-227b
小平邦彦　8-227c
小平城　2-126c
小平浪平　6-325c
小平维数　8-227d
小普鲁塔泰克　8-264e
小七和弦　3-420a
小气候　8-227d, 6-142e, 6-143e
小乔　9-476c
小壳动物群　3-366e
小青沟　2-101f
小球藻　8-227e
小曲　6-78d
小泉纯一郎　8-227e
小犬座α星　5-525f
小人书　5-37e
小人种　2-225b, 2-245a
小塞内加　6-374d
小三和弦　3-420a
小散文诗　6-409d
小沙丁鱼属　6-422e
小沙原　2-564f
小山　9-201e
《小山词》　8-442f
小山内薰　8-227f
《小山乐府》　9-201f
《小上校》　8-338f
小哨子　2-193b
小舌形贝属　6-478c
《小社区》　4-567e
《小神仙》　8-207f
小生　4-282c, 6-527d, 7-151b, 9-62d, 9-132c
小圣战　6-569f
《小十二门经》　1-106d
小石城　1-30a
小石花菜　6-595b
《小时装店》　4-451b
小食蚁兽　7-6a
《小史》　1-283f, 7-173c
《小市民》　3-62a
小兽猎犬　6-267f
小书　7-198e, 7-199b
小菽　8-222d
小暑　2-427f
小帅　7-615f
小水镲　1-410d
小水电　8-227f
小水电站　8-228a
《小水鸡》　5-166a
小水牛　7-95c, 7-95d
小说　8-228d, 1-323f
《小说的艺术》　4-507e
《小说旧闻钞》　9-401b
《小说门》　1-478d
《小说面面观》　2-614c
《小说神髓》　8-228f
《小说戏曲新考》　9-231a
《小说月报》　8-229a
《小说总论》　2-430a
“小四清”运动　7-152e
小四王　7-154e, 7-498e
小似鲴　5-14b
小苏打　8-229b, 7-293e

《小孙屠》 7-48f, 8-146a
小隼 7-225c
小套曲 8-448d
小特里阿农花园 2-445e
小提琴 8-229b
《小提琴教科书》 8-219d
《小提琴名作解释》 1-121a
《小提琴协奏曲》(巴托克) 1-183e
《小提琴协奏曲》(A.K.格拉祖诺夫) 1-134d
《小提琴演奏法教程》 1-121a
《小提琴与钢琴的对话》 5-277e
小天鹅 7-348d
小天花病毒 7-350a
小田敏正 3-58b
小田纳西河 7-371a
小条实蝇属 7-1c
小挑花 8-422c
小同场戏 8-133a
小同行 6-170e
《小偷》 1-291e
《小偷日记》 6-281d
小屯村 4-134d
小湾电站 4-546d
小往世书 7-524c
小威廉姆斯 7-530d
小窝-篦纹陶文化 8-283d
小五台山 8-229e
《小五义》 6-402c, 8-156a
小西天寺 9-497f
小西行长 6-305e, 7-481e
《小溪流的歌》 8-427d
小喜马拉雅山 8-139f
小戏 5-179a
小相岭 5-50f
小巷 5-146f
小象白蚁 1-208d
小象脚鼓舞 8-208c
《小小画家》 2-417c
小小型水电站 8-228a
小小余三胜 9-58f
小写意 8-238d
小新岁 4-529d
小兴安岭 8-229f
小兴凯湖 8-303c
小行星 8-230a, 7-364d
小行星带 7-268e
小行星卫星 8-230d
“小行星撞击”假说 4-348f
小型构造 2-248e
小型矿井 4-499e
小型类人猿 9-114c
小型驴 5-177a
小型马 5-239c
小型煤矿井 4-499e
小型平首布 9-182c
小型室内剧 9-484f
小型水库 4-489f
“小型天文卫星”1号 7-363f
“小型天文卫星”2号 7-363f
小型渔港 9-63e
小兄弟会 2-488f, 7-452a
小熊猫 8-230e
小熊猫属 8-230e
小熊座α 1-264f
小修院 8-337e
小袖 3-416e
小序 8-355f
小萱草 8-362a
小学 3-386f
《小学》 5-375d
《小学绀珠·动植类·三牲》 6-400a
小学馆 8-231a
《小学教学漫谈》 9-63a
小雪 2-427d
小巽他群岛 8-384d, 8-602d
《小丫林晓梅》 6-202b
《小雅》 6-574c, 8-392c
《小雅鹿鸣之什图卷》 8-392d
小亚丁 8-401c
小亚细亚 2-600b
小亚细亚半岛 8-231a
《小言赋》 7-175a
小偃麦 5-4b
《小宴》 5-99f
小雁塔 7-236f
小燕红 3-475f
《小燕子万里飞行记》 6-202e
小羊肚菌 8-449e
小咬 5-382e
小野秀雄 8-231a
《小野猪》 5-222b
小叶茼蒿 7-400a
小叶型蕨类 4-350b
小叶性肺炎 2-534f
小叶杨 8-462c
小叶油茶 9-37b
小夜曲 8-231b, 9-571a
《小伊瑙》 8-525d
小乙 8-56a
小艺 5-139d
《小意达的花儿》 1-108d
小翼羽 2-1a
“小鹰”地效飞行器 2-243e
小影碟机 9-588a
小于连铜像 1-449e
小盂鼎 6-131d, 9-59c
《小宇宙》 1-183e
小雨 9-70f
小尉迟 9-82d
小元儿红 3-249e
小原国芳 8-231c
《小约翰》 1-74c
小月氏 9-124e
小泽一郎 6-319e
小泽征尔 8-231c
小寨子沟自然保护区 5-141e
小站稻 4-266e, 5-595c
小站集团 1-286c
小昭寺 2-28c, 7-585e
《小哲学家的表白》 1-56a
《小镇畸人》 1-94a
小政府 9-50a
《小职员》 1-455c
小指 7-37a
小仲马 8-231d, 1-491b
《小朱从军记》 2-304e
《小著作》 6-54a
《小传》 1-108d
小篆 3-386d, 6-197c, 6-199d, 6-201b, 7-47d, 7-110f, 9-380d, 9-512c, 9-512f
小资产阶级政治经济学 9-283b
小自耕农 9-182d
小自由贸易区 6-26e
小字 6-153e
《小字辈》 7-499e
小宗 8-116d, 9-223a, 9-552d
小组工作 8-231e
小组护理 3-523e
小组心理治疗 4-77d
小嘴贝超科 8-232a
小嘴贝目 8-231f
《小作坊之家》 1-74a
小(1)型水库 4-489f
小(2)型水库 4-489f
《晓庵新法》 7-512e
晓邦舞蹈学校 8-37a
晓特 3-381c
《晓云》 5-82b
晓庄学校 8-232a, 4-211a, 7-327b
筱爱琴 5-204e
筱牡丹花 1-552d
筱桐凤 8-452d
筱文艳 8-232b
筱艳秋 7-514b
孝 8-232e
孝昌县 8-232c
孝德天皇 2-87a
孝登寺 5-507c
孝服 6-409e
孝感市 8-232c
《孝经》 3-443c, 3-582d, 6-400a
孝廉 1-497b
孝廉秀才 8-367b
孝陵 6-224f, 6-231d
孝明天皇 5-451c
孝堂山郭氏墓石祠 4-84b, 8-232d
孝堂山画像石 8-232c
孝悌 8-232e
孝文王 5-177d
孝武帝 2-326b, 7-164b

孝义市 8-232e
孝义县 8-232e
孝庄文皇后 8-232f, 6-224b, 6-230c
肖像画 8-233a
肖像权 8-233c
《校邠庐抗议》 2-575b
哮喘 8-233d, 9-287e
哮证 8-233d
《笑傲纹枰》 5-282e
《笑的哲学》 5-309f
《笑府》 8-233f
笑话集 8-234a
笑剧 8-141e
笑嗑亚热 8-233f
《笑林》 8-234a
《笑——论滑稽的意义》 1-404a
《笑面人》 9-71b
笑气 2-151a
笑神 1-495c
《笑笑词》 7-314e
笑笑先生 7-594d
效度 9-257c
效果镜 5-189f
效果论 2-336e
效验 6-382e
《效用分析与消费函数》 5-467f
效用价值论 6-368f
楔齿蜥 3-616f
楔形目 4-216a
楔形文字泥板 5-575a
楔形字 8-234b
楔羊齿 9-457f
楔叶类植物 8-234c
楔叶目 8-234c
楔叶亚门 4-350a
楔叶植物 4-215f
楔子 7-156f
歇尔布罗岛 6-372f
歇后语 8-234d
歇普塞斯卡夫王子雪花石胸像 1-384f
歇斯底里 8-570a
蝎 8-234d
蝎毒素 6-536c
蝎合剂 8-234f
蝎合物 8-234e
蝎虎座BL型天体 8-234f
蝎蛉科 1-511a
蝎目 8-234d, 9-496b
蝎王权杖头 8-486d
协定航线 3-339b
协合拉 1-29c
协和广场 8-198f
"协和"式运输机 5-424a
协和音程 8-574b
《协会临时章程》 2-265f
协调 8-235a
协调论 8-235a
协调时 8-235a
协调世界时 8-235a, 1-270d, 6-609a
协调性 9-269e
协调褶皱 9-242d
协同反应 8-235b
协同激活剂 3-193e
协同例程 1-591a
协同系统 8-235b
协同学 8-235b
协议地球参考系 2-233e
协议管辖 5-428f
协议天球参考系 7-357d
协约国 6-390c
协约国联军 2-265b
《协约和参战各国对德和约》 1-171a, 2-265c, 2-466a
《协约及参战各国对土耳其和约》 5-230e
协整理论 8-235c
协奏曲 8-235d
协作制度 3-16b
《邪恶的日子》 3-325d
邪教 8-235e
邪正盛衰 8-235f
胁从犯 8-235f
胁尊者 4-223c
《挟书律》 1-191c
《偕刘三谒张苍水墓并吊永乐帝》 1-563f
斜层理 1-488b
斜长石 1-519b
斜长岩 8-236a
斜方辉石 3-606d
斜谷 1-239a
斜谷道 1-239a
斜谷关 1-239a
斜击式水轮机 7-93f
斜节理 4-216b
斜颈 8-236a
斜拉桥 8-236b, 6-186c, 8-236e
斜流式水轮机 7-94a
斜流通风机 7-388e
斜率鉴频器 4-171f
斜绿泥石 5-185e
斜面 4-158a
斜面窗 3-98a
斜坡式防波堤 2-494b
斜桥 6-186e
斜裙 6-270d
斜闪煌斑岩 3-604a
斜视 8-237b
斜视能见度 2-99d
斜透视 7-415b
斜腿刚架桥 3-53b
斜纹布 8-237d
斜压大气 8-237e
斜压流体 5-126b
斜压模式 8-237e
《斜压西风气流的长波动力学》 1-494d
《斜阳》 7-271b
斜黝帘石 5-185c
斜张桥 6-186c, 8-236b
谐趣园 8-546e
谐体民歌 8-237e
谐谑（曲艺类型） 6-255e
谐谑曲 1-289e
《携蓝色吉他的人》 7-124c
《携杖图》 4-247a
鞋 8-237f
鞋盒形音乐厅 8-577b
鞋山 6-98f
缬氨酸 1-111c, 5-465b
写本 1-229f
《写电影剧本的几个问题》 8-167e
《写山水诀》 3-583e
写生 8-238a
写生画 8-238b
《写生蔬果图》 2-436b
《写生珍禽图》(黄筌) 3-595e
《写生珍禽图》(赵佶) 1-384f
写实主义 8-238b, 3-560a
《写实主义宣言》 3-155c
写心 6-300f
写意 8-238c
写意花鸟画 3-529e
写意山水园 9-406c
写意戏剧观 3-603f
《写在人生边上》 6-170c
写照 8-233a, 8-238e
写真 8-238e, 6-300f
写字过小症 6-30b
写字毛笔 5-313b
泄水建筑物 7-84d, 7-91e, 7-92d
泄水型刻漏 4-461f
泄泻 8-238e
泻下法 8-158b
泻下剂 8-238f
泻盐 5-132a
泻药 8-239a
卸载波 7-205d
谢安 8-239b, 2-528d, 6-162e, 8-363d
谢安石 8-239b
谢贝利河 1-72b, 7-231e
谢枋得 8-239c
谢伯阳 6-261d, 6-261f
谢持 8-100d, 9-370c
谢樗仙 8-244a
谢大玉 6-435a
谢旦如 3-516a
谢澹如 3-516a
谢德,J.P. 7-553f
谢德林,R.K. 8-239c
谢德林图书馆 6-556e
谢德曼,P. 8-239d, 4-415d, 7-575a
谢德水族馆 9-288e
谢叠山 8-239c

谢多夫,L.I.　8–239e
谢尔,F.　2–537e
谢尔迪卡　7–229f
谢尔顿,H.H.　3–324a
谢尔顿,S.　8–239f
谢尔盖・德米特里耶维奇・瓦西里耶夫　7–471c
《谢尔盖神父》　7–452e
谢尔曼,J.　2–474e
谢尔曼,L.R.K.　3–483f
谢尔曼,W.T.　5–353d
《谢尔曼反托拉斯法》　2–471f, 2–474e
谢尔曼将军树　4–336d
谢凡河鲑　3–243f
谢非　8–240a
谢弗,V.J.　2–99b
谢弗勒,E.　2–182d
谢甫琴科,T.G.　8–240b
谢公屐　5–489f
谢海潮　1–477d
谢赫　8–240c, 3–557b, 3–557c, 6–150a
谢赫　8–240c
谢赫山　4–580d, 8–356d
谢洪坤　8–244b
谢胡布尔　6–48c
谢晦　7–174a
谢惠连　8–240c
谢伋　7–151c
谢济世　7–371e
谢家泽　8–240d
谢介石　7–561d
谢晋　8–240e, 9–352b
谢晋元　7–163b
谢觉哉　8–240f
谢军　8–241a, 3–275c
谢君直　8–239c
谢卡尔,C.　8–594a
谢康乐　8–242f
谢客　8–242f
谢拉,J.H.　8–241c
谢拉赫,S.　5–455c
《谢拉皮翁兄弟》　4–22b
谢雷山　5–576e
谢里丹,R.B.　8–241c
谢里曼,H.　8–241d, 1–86f, 4–416f, 8–393f
谢利夫河　1–12e
谢良明　2–82d
谢良佐　1–593b
谢列梅季耶沃2号机场　5–474b
谢林,F.W.J.von　8–241e
谢林,T.C.　8–242c
谢林泉　7–574f
谢灵顿,C.S.　8–242d
谢灵顿定律　8–242e
谢灵运　8–242f, 9–92f
谢伦,R.　2–245b, 9–282c
谢伦伯格,T.R.　8–243a
谢罗夫,V.A.　8–243b
谢茂秦　8–246a
谢米亚岛　1–43c
谢冕　5–376b
谢苗诺夫,N.N.　8–243d
谢苗诺娃,M.　5–474f
谢诺阿,A.　8–243e
谢泼德,F.P.　8–243e
谢泼德,S.　8–243f
谢珀顿　7–550b *
谢迁　1–142a
谢切诺夫,I.M.　5–475a
谢清昼　6–576a
谢芮芝　2–144c
谢石　6–162e
谢时臣　8–244a
《谢氏南征记》　4–259a
谢氏位　8–246c
谢双寿　7–515d
谢思忠　8–244a
谢崧岱　5–479d
谢崧梁　5–479d
谢荪　4–244d
谢提一世法老　3–158f
谢添　8–244b
谢朓　8–244c
《谢朓集》　8–244e
谢铁骊　8–244e, 9–162c
《谢铁骊谈电影艺术》　8–244f
谢瓦尔德纳泽,E.A.　8–244f
谢瓦莱,C.　8–245a
谢婉莹　1–364e
谢韦,E.J.M.　4–158f
谢韦记谱法　4–158f
谢吴　6–613f
谢希德　8–245b
谢侠逊　8–245c
《谢小娥传》　4–594e
《谢宣城集》　8–244e
《谢宣城诗注》　8–244e
谢玄　8–245c, 2–528d, 6–162e
谢玄晖　8–244c
谢雪红　8–245d
《谢瑶环》　8–245e, 2–358d
谢义炳　8–245f
谢幼度　8–245d
《谢灶君》　5–83d
谢肇淛　6–585e
谢榛　8–246a, 7–151e
谢志光　8–246b
谢稚柳　8–246c
谢子长烈士纪念馆　7–471e
解伯民　9–277e
解池　9–140d
解方　9–395f
解洪元　5–204e
解缙　9–26b, 9–95a
解盐　9–140d
解廌　8–246e
解州关帝庙　9–140d
榭　7–253f
榍石　8–246d
獬豸　8–246e
獬豸冠　8–246f
蟹　8–246f, 8–489a
《蟹工船》　6–320f, 8–224e
蟹黄蒸饺　4–206c
蟹壳　8–247a
《蟹行》　3–100b
蟹爪兰　8–247a
蟹爪兰属　8–247a
蟹蛛　8–247a
蟹蛛科　8–247a
蟹状星云　3–304e
蟹足肿　1–227d
心　8–247b
心瓣膜　8–256f
心瓣膜病　8–247c
心包　8–247d
心包积液　8–247e
心包疾病　8–247e
心包经　7–37f
心包络　8–247d
心包炎(缩窄性)　8–247e
心保健推拿　1–244f
《心病者》　5–469f
心不相应法　2–435e
心材　5–488d
《心潮集》　8–34c
《心成颂》　7–47b, 9–320d
心导管术　8–247f
心得安　6–81d
《心的叮咛》　1–78b
心电图　8–248a, 1–90a
心电紊乱症　8–254d
心动周期　8–248c
心对性说　3–503d, 3–516f
心法　2–435e
心房钠尿肽　7–85f
心–肺–脑复苏　8–248d
《心工唱歌集》　6–519e
心功能不全　8–254b
心火亢盛证　8–248f
心火内炽　8–248f
心火上炎　8–248f
心肌　8–249a, 4–35e, 8–257a
心肌梗死　8–249a
心肌结节病　4–223e
心肌细胞　6–299a
心肌线粒体病　8–185c
心肌炎　8–249c
心肌CT灌注成像　9–583e
心悸　8–249e

心绞痛 8-249e
心经 7-38e
心境 8-250b
《心境记》 2-488c
心境小说 9-311d
心境障碍 6-235e
心理 8-250c
心理芭蕾 7-420d
心理保健服务 8-251f
心理测验 8-250d
《心理测验增注目录》 5-80c
心理定势 8-250f
心理发展 8-250f
心理防御机制 8-251c
心理分析学说 5-394b
心理复合体 7-408f
心理工作负荷 8-251d
心理机制 6-310e
心理年龄 8-251e
心理疲劳 6-77a
心理品质教育 2-190a
心理平衡 4-126d
心理潜能 6-283c
心理强制说 2-478e
心理-社会派个案工作 3-115b
心理社会性应激源 9-20f
心理生理行为偏异 2-418f
心理生物学 6-530d, 6-544a
心理卫生 8-251e
心理卫生学 8-251e
《心理物理学纲要》 2-542b
《心理物理学要义》 2-542b
心理性分泌 1-155a
心理学 8-251f, 4-305f
心理学场论 4-566e
《心理学纲要》 1-74e
《心理学论文集》 5-10a
《心理学原理》(H.艾宾浩斯) 1-74e
《心理学原理》(W.詹姆斯) 8-567e
心理因素相关生理障碍 8-253f
《心理与教育统计》 9-197a
心理语言学 8-253b, 9-74a
心理造型空间 7-141b
心理战 8-253d
心理障碍 8-253e
心理治疗 8-253f
心理咨询 8-254a
心理作战 8-253d
心力衰竭 8-254b
《心灵》 5-240e
《心灵的呼号》 1-151b
《心灵的沼泽》 1-92e
心灵的转向 7-183d
《心灵和世界秩序》 5-119f
心灵九境 7-308b
心灵学 8-254c
心灵研究 8-254c
《心灵之年》 3-98d
心灵致动 8-254c
心律失常 8-254d
心脉痹阻证 8-255a
心脉舒通 3-599b
心内膜垫缺损 8-171e
心内膜炎 4-143e
心内注射 9-502f
心脾两虚证 8-255b
心气虚证 8-255c, 1-423d
心情 8-250b
心肾不交证 8-255c
《心声》(V.阿莱克桑德雷·梅洛) 1-38f
《心声》(R.L.贝拉尔德) 1-295e
《心声集》 9-71a
《心史史料》 5-388c
心室压 8-377e
《心死》 1-249f
心所有法 2-435e
心滩 3-422d
《心田》 2-524d
心统性情 5-13b
心痛定 6-267e
心向 8-250f
心象 1-357e
心形海胆 8-255d
心形海胆目 8-255d
心性猝死 2-54d
心胸 2-46c
心宿二 8-255e, 7-366d
心宿三星 7-367c
心学 8-255e, 9-319c
心血管病介入治疗术 8-247f
心血管疾病所致胸痛 8-331e
心血管系统 6-299a, 8-383a
心血虚证 8-256a, 1-423d
心阳暴脱证 8-256b
心阳虚证 8-256b, 1-423d
心因性假性痴呆 9-321a
心阴虚证 8-256b, 1-423d
心音 8-256c
心音图 8-256c
心隐子 5-88a
心源性肺水肿 2-534e
心源性脑缺氧综合征 8-400c
心源性头晕 7-412c
心源性休克 8-334d
心源性晕厥 8-400c, 9-132e
《心在何处》 2-524d
心脏 8-256e
心脏按压 8-257a
心脏传导阻滞 8-254e
心脏导管插入术 5-11a
心脏毒素 6-536c
心脏陆地说 5-295f
心脏囊尾蚴病 9-495d
心脏起搏传导系统 8-257a
心脏听诊 8-256d
心脏血管 3-212b
心脏移植 1-178e
《心中天网岛》 8-58a
心轴 9-478b
芯子 9-147b
《辛波尔说出他的思想》 8-336b
《辛伯达航海旅行记》 8-511b
《辛丑和约》 8-257b
《辛丑条约》 8-257b, 2-44d, 3-119d, 8-555a
《辛楚拉条约》 1-425f
《辛德勒的名单》 2-290f, 7-132d
辛迪加 8-257b
辛迪加派 8-597f
辛地红牛 5-132f
辛店文化 5-134f
辛丁酯磺酸钠 8-239b
辛格,A. 8-602b
辛格,I.B. 8-257c
辛格,J.M. 8-257d
辛格,K. 6-584b
辛格,M. 8-594b
辛格,P. 3-570e
辛格,S.J. 8-151f
辛格,V.P. 8-594a
辛哈拉加森林保护区 7-128c
辛亥革命 8-257e
《辛亥革命前后的中国政治》 4-584b
《辛亥革命史》 9-220f
辛古起义 1-31e
辛吉斯,M. 7-579b
辛集皮革城 8-260c
辛集市 8-260c
辛稼轩 8-261a
《辛稼轩诗文钞存》 8-261b
辛可尼丁 8-260c
辛可宁 8-260c
辛克莱,U. 8-260d
辛丽丽 6-460f
辛凉发汗 8-260d, 3-387f
辛凉解表 8-260e
辛凉解表剂 4-228e
辛那赫里布 8-410a
辛尼克-卡拉尖塔 1-162b
辛漂信底哈都 1-197c
辛普朗山口 1-9f
辛普朗隧道 8-260e, 1-10a, 2-240f
辛普森,G.G. 4-270a, 4-270b
辛普森,J.Y. 8-260f, 7-132b
辛弃疾 8-261a
辛钦,A.Ya. 8-261b, 7-214f
辛胜 9-228f
辛酸 9-293c
辛头 9-101a
辛烷值 8-261d
辛温发汗 8-261e, 3-387e

辛温解表 8-261e
辛温解表剂 4-228d
辛辛那提 8-261e
辛辛那提大学 2-397a
辛辛人 6-373e
辛欣，A.J. 2-105b
辛夷 8-261f
辛夷花 5-545d
辛酉政变 8-262a, 2-44b
辛幼安 8-261a
辛赞格科纳 6-155c
忻口战役 7-270c
忻县专区 8-262b
忻州地区 8-262b
忻州市 8-262b, 9-105d
欣德米特，P. 8-262c
欣古河 8-262d
欣吉杜奴姆 1-290f
欣提卡，J. 9-241b
欣谢尔伍德，C.N. 8-262d
《欣悦的灵魂》 5-212e
锌 8-262e, 7-538d, 9-460e
锌白 8-475b
锌白铜 1-205e
锌合金 8-262f
锌族 3-301e
新（新疆维吾尔自治区简称） 8-272d
新阿姆斯特丹 5-607f
新阿塞拜疆党 1-51e
新埃达 1-61e
《新爱洛绮丝》 8-263a
新瑷珲 1-90c
新安碑园 6-506a
新安沉船 8-263b
新安画派 8-263b
新安江 8-263c
新安江水电站 8-263d, 4-162d, 6-168c, 9-244e
新安江水库 6-156b, 8-263c, 9-244c
《新安吏》 2-356e
新安派 7-479e
新安全观 3-276b
新安商人 3-607f
新安文化 7-451c
新奥地利学派 4-296e
新奥尔良 8-263e
新奥法 2-241c
新奥斯曼人 8-264a
新奥斯曼人协会 8-264a
新巴比伦王国 8-264b
新保护主义 8-295c
新保守主义 8-264c, 1-246d
新北道 7-117a
新边 5-134f
《新编集成马医方牛医方》 9-438d
《新编"九一八"小调》 5-178f
《新编全像杨家府世代忠勇演义志传》 8-455f
《新编日本史》 5-18c
《新编五代史平话》 8-47d
新表现主义 8-264c
新柏拉图学派 8-264e, 5-569a
《新部首字典》 7-521e
新仓镇 1-240b
《新茶花》 2-579b, 9-277c
新察津·必扯克 2-409c
新长春碱 1-511f
新尝祭 6-510c
新朝 3-370a
新潮小说 8-170c
《新潮》月刊 3-17a
新陈代谢 8-264f
《新晨报》 1-575e
新城长有 9-147d
新城县（民国，今吉林境内） 7-162b
新城县（唐，今河北境内） 3-57f
新穿心莲内酯 2-24b
新传统主义教育 8-485e
《新春》 1-155f
新唇口亚目 2-40a
《新村》 8-62d
新村主义 9-421c
新达达主义 1-384a
新达尔文主义 4-269f
《新大陆热带地区旅行记》 2-227c, 3-479b
《新到新闻》 1-248c
新德里 8-265c
《新德意志报》 7-573f
《新的创造物》 1-396c
《新的大地》 2-434f
《新的帝国》 3-98d
《新的工业世界》 3-16c
《新的美学原则在崛起》 5-376b
《新的人民的文艺》 9-474c
新地岛 8-265d
《新地球观》 6-468e
新地台 2-238d
新第三纪 8-275b
新第三系 8-275b
新电影浪潮 7-250d
新俄罗斯乐派 1-250d
《新厄立特里亚报》 2-409a
《新儿女英雄传》 7-7f, 9-235e
《新发源地》 8-7c
《新法兰西评论》 4-423d
新法兰西殖民地 6-470a
新法西斯主义 8-265e
新吠檀多派 1-347d
新费边社 2-537b
新费边研究社 2-537b
新分析法学派 3-316c
新分析实证主义法学 2-457c
新芬党 8-265f, 7-467e
新丰江水电站 3-428e
新凤霞 8-266a
新弗斯派 3-362f
新福利经济学 2-613a
新福音派 2-615e, 4-52b
新附人 7-148d
新附字 8-349d
新噶当派 3-24d, 3-108f
新概念武器 8-266b
新感觉派 8-266c, 3-466d
《新感觉派的诞生》 8-266c
新干商墓 8-266d
新干线 6-315a
新哥特式教堂 4-210b
《新歌》 2-197b
新格拉纳达 3-89e, 6-560a
新格拉纳达共和国 2-83c, 3-89e, 6-413b
《新格利佛游记》 5-361e
《新工具论》 8-266e, 2-487f, 6-53e
新公明党 6-316c
新功利主义法学派 8-487b
新功能主义 8-266e, 1-80a, 8-404c, 8-512a
《新共和》 4-606f
新构造运动 8-267a, 2-262d
新古典宏观经济学 8-267b, 5-12f
新古典经济学 8-267b, 4-294d
新古典爵士 4-350e
新古典学派 4-168e, 4-295c
新古典增长模型 8-267c
新古典主义建筑 3-166e
新古典主义美术 8-267f, 9-38c
新古典主义音乐 6-357f, 7-135f
新古典综合派 8-268a
《新古今和歌集》 6-320d
《新古拉干历数书》 8-68a
新关 5-588b
新关门隧道 4-323e
《新观察》 1-259e
《新观察报》 7-615d
新光邮票会 4-78a
新桂系 5-5f, 3-248e, 5-169b
新国民党 3-503c
《新国语留声片课本》 9-234f
新海连市 5-39c
新海县（河北黄骅） 3-587b
新海县（黑龙江海林） 3-331d
新河峡谷桥 6-186a
新荷兰 1-135e
新赫布里底海沟 6-443c
新赫布里底群岛 8-268b, 7-469c
新黑格尔主义 8-268b
新黑格尔主义法学派 4-420d
新黑人运动 3-309d
《新红A字》 9-218c
新洪堡特派 3-479f
新护 8-268c

新华储蓄银行 5-542b
新华夫脱党（埃及） 1-65b
新华宫 9-103c
《新华每日电讯》 8-269b
新华呢 4-346d
《新华日报》 8-268d, 1-248e
新华社 8-269a
新华书店 8-268f
《新华颂》 3-251d
新华通讯社 8-269a, 7-393c
新华夏构造体系 3-156d
新华信托储蓄银行 5-542b
《新华字典》 8-269b
《新荒诞的现实》 1-69c
新黄烷 3-599b
新徽派 7-479f
新会县 4-175d
新会子 7-9b
《新婚别》 2-356e
《新婚夫妇》 1-442b
《新婚诗人的日记》 8-125d
《新货币条例》 6-328f
《新基督教》 6-569a
新基加利 4-47c
新基米里幕 1-10a
新几内亚岛 8-269c
新几内亚航空公司 1-150c
《新几内亚人的成长》 5-394b
新记公司 2-83c, 9-198d
《新纪事报》 2-387c
新加坡 8-269e
新加坡 8-271b
新加坡报业控股公司 5-46c
新加坡岛 8-270a
新加坡海峡 8-271d
新加坡人民行动党 4-595d
《新加坡屋顶下》 5-418c
《新加坡之路》 4-458d
新加坡自治邦 4-595d
新建陆军 6-228d, 9-102f
新剑桥学派 8-271d, 4-295d, 4-392f
新剑桥增长模型 8-271f
新疆 6-101b, 8-272e
新疆北鲵 8-273a
新疆菜 6-233a
新疆大学 8-272b
新疆大陨铁 9-139c
《新疆地下宝藏》 4-564f
新疆俄文法政专门学校 8-272b
新疆工学院 8-272b
新疆和平起义 6-251f
《新疆纪行》 6-106d
新疆军区生产建设兵团 8-272b
新疆冷杉 4-575e
新疆梨 4-579d
新疆鬣蜥 8-273a
新疆落叶松 5-236b
新疆生产建设兵团 8-272b
《新疆识略》 8-109f
新疆事件 8-272c
新疆维吾尔自治区 8-272d
新疆维吾尔自治区行政区划 8-272a
《新疆五十年》 1-236a
新疆五针松 7-161a
《新疆舞姿》 7-203b
新疆细毛羊 8-274a
新疆学院 8-272b
新疆杨 8-462d
新疆野苹果 6-423f
新交通系 1-477f, 4-197a
新教 8-274b
新教教堂 4-429e
《新教伦理与资本主义精神》 8-274d, 7-541a
《新教育》 8-274f
《新教育大纲》 8-464c
新教育运动 8-274e
新界 8-275a, 4-321a, 9-564f
新金山 5-479e
新金县 6-109e
新金猪 6-109e
新进化学派 7-589c
新近纪 8-275b
新近系 8-275b
新京特别市 1-511e
新经济体制 4-422e
新经济增长理论 4-295b, 4-295d
新经济政策 8-275c, 5-572a
新经济自由主义 4-296e
新经院哲学 4-299d
新经院主义神学 8-285d
新精神分析 8-275d
新井白石 8-275e
《新旧开罗》 1-75a, 1-95a
《新旧约全书》 6-563b
新剧 8-275f, 3-558f, 8-142a
新剧同志会 2-35e, 9-373d
《新镌五言千家诗》 5-375e
新军 8-276a, 6-228d, 9-103a
新喀里多尼亚 8-276a
新喀里多尼亚岛 8-276b
新喀里多尼亚人 8-276d
新卡斯蒂利亚盆地 8-83e
新开河 5-65a
新开河人参 4-74d
新开湖 8-303c
新凯恩斯主义 1-28d
新凯拉姆学派 1-80b
新康德主义 8-276e
新康德主义法学派 4-513e, 6-581b
新考古学 4-417b
新柯沙里王国 8-276f
《新科学》 7-238c
新客观社 1-357d
新库兹涅茨克 8-88d
新拉丁语 4-515b
新拉多加运河 4-515c
新拉马克主义 4-269f
《新莱茵报》 5-255c
新岚云 5-332b
新浪潮 8-276f
新浪漫主义 7-124c
新乐市 8-277c
新乐文化 8-277c
新离魂调 9-477a
新理学 8-277d
新历史学派 7-465d
新历史学派左派 2-176c
新隶体 5-34a
新联影业公司 8-193c
新两替町 8-584c
《新龙门客栈》 8-345b, 9-203d
《新鹿特丹商报》 3-431c
《新路报》 1-78b
新律 4-276a
《新律》 5-206e
新罗 8-277e, 3-360f, 7-211d, 7-305e
《新罗抄》 8-347b
新罗马 8-531b
新罗三彩 7-311f
新罗山人 3-555e
新马尔萨斯主义 8-277f
新马克思主义 6-486b
新马克思主义学派 4-289b
新马来人 5-261a
新莽 4-321f
新梅花调 5-332b
新媒体 8-287e
《新媒体法》 8-287e
《新美学》 1-470e
新蒙文 5-379e, 5-380a
《新梦》 4-188c
新密市 8-277f
《新民丛报》 8-278a, 8-258c
新民市 8-278b
新民体 8-278b
新民厅 8-278b
《新民晚报》 8-278d, 7-590a
新民文体 8-278a
新民县 8-278b
新民学会 3-414d, 4-614b, 5-319f
《新民主》 8-94c
《新民主主义的政治与新民主主义的文化》 8-278e
《新民主主义论》 8-278e, 5-320e
新木刻运动 8-278f
新南社 5-540c
新南威尔士州 8-280a
新能源 2-237e, 5-564a
新尼古拉耶夫斯克 8-289a
《新尼日利亚人报》 5-578a

新尼萨 5-578b
新年 8-280c
新年画 5-584f
《新年书信》 1-118f
《新娘》 2-361e
《新娘的华盖》 1-23a
《新娘的衣服被单身汉们剥得精光》 2-361e
新宁县 7-249e
《新女性》(电影) 1-468b, 6-344b, 8-38b, 9-274e, 9-351b
《新女性》(歌曲) 5-591a
《新女性》(刊物) 4-389b
新派武侠小说 5-55f
《新批评》 4-542a
新批评派 4-542a
新平城 2-126c
新郪虎符 3-518d
新乔治亚群岛战役 3-307f
新桥水驿 1-403d
《新青年》 8-280e, 8-285f
新青县 3-587b
《新曲苑》 6-309a
新人 8-280f, 6-291a, 9-323f
《新人》 1-134f
《新人口论》 6-290c
新人民军 2-526e
新人文主义思想 7-591a
《新日报》 1-375a
《新日美安全保障条约》 6-325e
新日美防卫合作指针 6-325f
新儒学 8-281a
《新儒家哲学发展史》 9-201b
新三鼎甲 7-486c
新三论 4-441a
新三民主义 6-398a
新三趾马 5-254a, 6-407c
新蛇附目 6-479c
新申电气公司 6-461f
《新生》(但丁) 2-147f
《新生》(岛崎藤村) 2-158b
新生代 8-281a
新生儿 8-281c
新生儿期 8-281c
《新生活》(B.马拉默德) 5-258a
《新生活》(O.帕慕克) 6-33a
新生活运动 8-281f
新生活运动促进会 8-281f
新生界 8-281a
新生圩港 5-531c
《新声二十八解》 5-1f
新诗 8-282a, 3-508d
《新诗钞》 4-367c
《新诗的格律与语言的诗化》 5-82a
《新诗集》(H.海涅) 3-336e
《新诗集》(A.T.de 肯塔尔) 4-465c
新诗学 8-143a
新石库门建筑 6-598c
新石器时代 8-282a, 9-106c
《新时代》 4-415c
《新时代的社会政治学说》 2-170c
新实在论 8-284d
新实证主义 4-60d, 5-224e, 7-1f
《新史学》(梁启超) 5-53a
《新史学》(J.H.鲁滨逊) 5-164a
新史学派 5-163f
《新世界》 2-185b
新市兵 1-599c
新式标点 1-352a
《新蜀山剑侠》 8-345b
《新思潮》 2-22d, 4-234b
《新思潮的意义》 7-605c
新思潮派 6-320f
新斯巴达 7-120b
新斯本格勒派 7-121b
《新斯科舍编年纪事》 3-310e
《新斯科舍概述》 3-310e
《新斯科舍人》 3-403d
新四军 8-284d, 3-289c, 3-595a
《新四军东进曲》 6-307e
《新四军军歌》 4-352f
新苏非主义 7-182f
《新苏黎世报》 6-351f
新台币 8-285a
《新台币发行办法》 8-285a
新太古代 7-255b
新泰市 8-285b
新泰县 8-285b
《新唐书》 8-285b
新桃源猪 3-515a
新特提斯洋 7-335a
新藤兼人 8-285c
新体诗 3-177a, 9-26d
新天鹅剧场 6-432f, 7-348f
新天师道 8-48a
《新天文学》 4-390b, 4-390c
新田 3-487e
新亭樵客 5-2f
新托福考试 7-453b
新托马斯主义 8-285d, 7-368b
新王国美术 3-160b
新王国时代 3-158e
新威斯敏斯特宫 9-4a
新韦伯主义 6-486b
《新唯识论》 8-334a
新维也纳乐派 8-379b
新文化地理学派 7-587e
新文化运动 8-285e, 3-503c
新文体 7-590d, 8-278b
《新文学史料》 6-295d
《新文学通信》 4-535d
《新文学渊源》 6-307e
新文学运动 8-286b
新闻 8-286f
《新闻报》 7-180c
新闻调查 8-287a
《新闻工作散论》 5-502b
《新闻集锦日报》 8-390d
新闻价值 8-287a
新闻检查 8-287b
新闻解说 1-139b
新闻立法 8-287d
新闻摄影 8-287e
新闻摄影局 8-288a
《新闻时代报》 2-401a
新闻数据库 8-288a
新闻戏剧 1-418b
新闻小语 1-139b
新闻信息数字化 8-288b
《新闻学撮要》 3-84f
《新闻学概论》 5-283f
《新闻研究50年》 8-231b
新闻要素 8-288b
新闻业务综合网 8-288c
新闻纸 8-288d, 4-241c
新闻自由 8-288d
《新闻自由报》 1-148a
《新闻自由论》 5-283f
新我旧邦 2-307d
新乌头碱 8-9d
《新五代史》 8-288f, 2-428d, 6-18a
新五刑 8-51f
新五铢钱 7-211b
《新舞蹈三部曲》 3-360c
新舞台 5-119d
新物流交通系统 9-323a
新西班牙 8-85e
新西班牙总督区 5-482c, 5-483d
新西伯利亚 8-289a, 8-88d
新西伯利亚群岛 8-289b
新西伯利亚圣米歇尔教堂 8-289b
新西兰 8-289b
新潟 8-290e
新夏威夷人 6-304c
新现实-多元主义 8-512a
新现实主义 8-290e
新宪政党 7-419a
新乡市 8-290f
新乡县 8-291a
新饷 6-403b
新小脑 8-226c
新小说派 8-291b
新写实文学 8-291c
新写实小说 8-291c
《新新监狱两万年》 5-349b
新新闻事业 6-111c
新新舞台 9-473a
新新小说派 8-291c
《新兴的尼泊尔》 5-566c
新兴宗教 9-554c
新星 8-291d

新星 8–291e
《新星》 3–25e
“新星”号卫星 9–531d
新星命名 8–291f
新刑法 5–137d
新行为主义 8–291f
新型艾捷克 1–77c
新型材料 1–458e
新型海盘车亚科 3–337c
《新型经济犯罪研究》 3–72a
新型设计 4–32c
新型小丝黑粉菌 2–148c
《新序》 2–20b
新炫技爵士 4–350e
新学 3–294e, 7–168d
《新学伪经考》 4–406b
新学校运动 8–274e
新亚欧大陆桥 3–315b, 4–78f, 9–278d
新亚书院 6–166c, 8–196e
新亚述帝国 8–409f
新野县 8–292a
《新仪象法要》 7–195a
新沂市 8–292a
新沂县 8–292a
新义州 8–292a
新艺术 3–9d, 8–292b
《新艺术论》 1–470e
新艺术运动 8–292b, 4–167d
《新译红楼梦》 3–316b
新音乐出版社 6–165e
《新音乐杂志》 7–53b
新印象主义 8–292e, 3–495a
《新英格兰的三个地方》 1–76d
新英格兰高地 1–1e, 2–82d, 5–416b
新营市 7–249c
新余市 8–293a
《新渔光曲》 7–493a
新渝县 8–293a
《新语》 4–142d
新元古代 9–91f
《新元史》 2–428d
《新园地》 1–139a
《新约圣经》 8–293b, 6–355a, 6–563e, 9–35b
新月 9–124a
《新月》 8–293c
新月锦鱼 6–276c
新月派 1–561e
新月社 8–293b
新月书店 8–293c
新月形地带 8–282c
新乐府 4–507f, 8–293c, 9–125a
《新乐府》 3–177a, 8–293d
新乐府诗歌革新 8–293c
《新乐府序》 8–293d
新乐剧 6–94f
新灾变论 4–348f
新泽西美孚石油公司 1–67e
新泽西学院 6–112c
新泽西州 8–293e
《新增格古要论》 3–99e
《新扎师兄》 9–203d
新正 2–35b
新正统神学 8–294a
新郑机场 9–278e
新郑市 8–294b
新郑县 8–294c
新政 8–294c, 6–228d
新政学系 9–281c
《新政治家》 7–541f
新政治学运动 9–285b
新知书店 6–529e
新殖民主义 9–307b
新制度经济学 8–294f
新制度学派 8–295b
新制军官学校 3–600c
《新秩序》 3–113f
《新秩序宣言》 3–267e
新中国幻术歌舞团 3–17b
《新中国建立后婚姻家庭制度的改革》 4–568d
《新中国经济史》 7–196f
新中国剧社 6–18d
新中国剧团 9–378a
新中国实验剧团 4–610a
新重商主义 8–295c
新竹风 8–295f
新竹科学园区 8–295e
新竹平原 8–295d
新竹市 8–295d
新竹县 8–295e
新烛光 4–398a
《新著国语文法》 4–582c
《新撰菟玖波集》 5–37d
《新装的门铃》 1–6c
新自然法学 2–457c, 4–514a
新自然法学派 3–20b
新自由主义 8–295f, 1–246c, 5–203a, 9–550d
新自由主义学派 4–289c
《新作家》 1–178f
新A型汽车 2–614f
薪炭材树种 6–123b
薪炭林 8–296a
馨孽 4–107c
信贷 4–286c
信贷资金 9–525c
信道 8–296b
信道编码 8–296b
信德大学 3–320f
信德平原 8–598d
信德人 8–296c
信德省 3–320e, 4–370b
信德语 8–296d
信都县 4–107b
信度（医学） 9–257c
信度（印度） 9–101a
信风 8–296e, 2–407a
信风带 2–98f, 7–261b
《信风带主流间的热力学》 9–231c
信风辐合带 6–275c, 8–296e
《信奉基督精神的弟兄们》 1–14d
信孚银行 2–189c
信鸽 3–94e
信鸽竞翔 8–296e
《信贵山缘起绘卷》 2–86a
信国公 7–295f
信号标志 3–391d
信经 8–297a
信陵君 8–297b, 1–359d
信摩诃拉达塔拉 8–297c
信浓川 1–310a, 6–313f
信女 2–453c
信牌 8–477c
信平君 5–47f
《信任》 1–574e
信绍布 1–197c
《信使报》 8–297c
“信使”号水星探测器 7–102f
信使核糖核酸 3–438b
信士 2–453c
《信守不渝的赫里谢金德尔》 3–446d
信天翁 8–297d
《信天翁号调查报告（1904～1905）》 1–27a
信天翁科 3–524e
信天翁属 8–297d
信天游 8–297e, 4–598e, 8–576d
信天主人 6–225a
《信条史》 3–313a
《信徒的竖琴》 1–62e
信托 8–297e
信托投资 8–297f, 8–298a
信托投资公司 8–298a
信托业务 8–297e
信息 8–299d
信息不增原理 8–298d
信息产业 8–298a
信息处理 8–298d, 3–123d
信息防御 8–300d
信息分离 8–298f
信息工程 8–298f
信息构建 6–235d
信息管理技术 4–94a
《信息管理与档案数据》 4–486b
信息光学 8–298f, 3–15f
信息化社会 8–299f
信息化战场 7–74b
信息技术 8–298f, 6–235d, 8–299f
信息技术革命 4–99d
信息加工理论 6–310d, 8–252c

信息进攻 8-300d
信息经济 8-299a
信息经济学 7-552e
信息科学 8-299d, 9-291b
信息论 8-299d
信息权 9-290c
信息社会 8-299f
信息市场 8-300b
信息素 8-300b, 2-340f
信息算法理论 4-425f
信息网格研究 6-235d
信息网络 8-300c
信息网络安全 8-300d
信息与控制仿生 2-499b
信息载体 7-64b
信息战 8-300d
信息资源 8-300f
信息资源管理 6-235d
信息资源中心 9-508e
《信心万倍》 5-309f
信行 1-500c
信修浮女王 8-470f
信阳毛尖 8-301a
信阳市 8-301a
信阳县 8-301a
信阳州 8-301a
信仰表白 8-48c
信仰风俗 2-567f
信宜市 8-301b
信宜县 8-301b
信义会 4-44a
信义会大教堂 4-568e
信义县 4-509e
信义宗 5-173b, 6-557b
信用 8-301b
信用保险 1-247b
信用保证保险 1-461a
信用本位制 4-18f
信用额度 8-301e
信用风险 4-249f
信用工具 8-301d
信用交易 9-270b
信用卡 8-301e
信用社 8-301f
信用透支 7-416b
信用证 8-302a, 4-224f, 8-183d
信源编码 8-302b
兴（文学） 6-575b, 8-323c
兴安白芷 1-210b
兴安落叶松 5-236a
兴安盟 8-302b
兴安运河 5-96d
兴安镇 8-5e
兴安州 1-101a
《兴勃隆协定》 6-392a
兴跛盲哑院 7-334c
兴城古城 3-512c
兴城市 8-302c
兴城县 8-302c
兴登堡，P.von 8-302d, 3-257a
“兴登堡”号飞艇 2-508f
兴都库什山脉 8-302e, 1-20a, 4-384c, 8-522b
兴都斯坦人 8-604c
兴奋剂 8-302f
兴奋性突触 7-417a
《兴夫歌》 6-507b
《兴国调查》 2-272a
兴国革命委员会 9-445f
《兴国土地法》 9-445f
兴国县 8-303a
兴汉会 8-304d
《兴汉图》 9-57e
兴胡 9-225f
兴化 6-100c
兴化坊 3-413c
兴化七子班 6-100d
兴化腔 6-100e
兴化市 8-303b
兴化县 8-303b
兴教寺 6-447c
兴京 3-448b
兴凯湖 8-303c
兴凯湖白鱼 3-248f, 7-159e
兴凯湖国家级自然保护区 4-37a
兴凯湖松 7-161b
兴乐宫 1-515d
兴隆洞 4-327b
兴隆牛 3-335a
兴隆塔 8-438f
兴隆洼文化 8-303d
兴隆洼遗址 8-303d
兴宁市 8-303e
兴宁县 8-303e
兴平市 8-303e, 8-175d
兴平县 2-599c, 8-303f
兴庆府 8-303f, 8-580a
兴庆宫 2-95f, 9-115f
兴仁专区 6-175c
兴山市 3-450f
兴生胡 9-225f
兴圣宫 2-81b
兴圣教寺塔 7-159f
兴王府 5-525d
兴义市 8-304a, 6-175c
兴义县 8-304a
兴义专区 6-175c
兴元府 3-386a
兴中会 8-304b, 6-398a
《兴中会章程》 6-398a
兴中学会 6-204b
兴州 4-591f, 8-303f
星暴星系 8-307e
星鼻鼹鼠 8-442a
星表 8-304d, 7-453f
星表历元 7-361a
《星槎胜览》 2-319d, 9-274c
星虫动物门 8-304e
星次 7-216d
《星岛日报》 8-304f
星等 8-304f
星点绿萝 5-185d
《星儿变红了》 1-122f
星风 8-305b
星光宝石 4-543f
《星光灿烂》 2-467c
星光红宝石 3-469a
星光绿柱石 5-188c
星河 8-581d
“星火计划” 8-305c
《星火燎原》 8-305d
星际尘埃 8-305f
星际分子 8-305e
星际分子云 1-115f
星际航行 8-305e
星际航行学 3-402d
星际红化 8-306a
星际介质物理学 7-361e
《星际旅行Ⅱ》 2-291a
星际气体 8-305f
星际同位素 7-529d
星际物质 8-305f
星际消光 8-305f
星际云 8-305f
《星际战争》 7-528d
星空圆顶体育馆 8-336e
星鳗 8-306a
星名 8-306a
星命术 9-178a
星盘 8-306b, 7-365e, 8-536c
星苹果 6-438c
星期二茶话会 5-257f
《星期日和星期五十四行诗集》 3-109a
《星期日下午中央林荫道的梦》 5-9d
星期日学校 8-306c
《星期三谈话》 7-238e
星期三心理学会 2-596c
星期实验小剧场 3-442e
星期四岛 7-454b
星期五清真寺 8-530b
《星球大战》 8-306d
星球大战计划 8-306e, 4-576c, 7-367e
《星群》 8-58a
星三角起动器 6-140a
星室法庭 2-348e
星天牛 8-306e
《星条旗之歌》 4-24c
星图 8-306f
星团 8-307b
星系 8-307c
星系报纸 3-509e, 8-304f

《星系的质量和角动量的分析》 2–136b
星系际空间 7–257d
星系群 8–307e
星系天文学 7–361e, 9–69c
星系团 8–307e
星系晕 8–584b
《星暹日报》 7–274f
《星象统笺》 3–71b
星协 8–307f, 1–46f
《星星的歌谣》 1–38f
《星星的时间》 1–359c
星星峡 8–308a
《星星之火》 3–524c
《星星之火，可以燎原》 5–320b, 5–609a
星形广场 8–198f
星形广场凯旋门 1–169e, 3–166f, 5–208d
星宿海 3–585a
星云 8–308b
星云法师 2–582d
星云湖 3–1e
星云假说 7–269b, 9–543e
《星云世界》 1–309b, 3–304e
星晕 8–584c
星占 9–177f
星占术 9–177f
《星占学基础》 1–320a
星周分子 8–305e
《星洲日报》 5–46c
星族 8–308c
星族Ⅰ 8–308c
星族Ⅱ 8–308c, 8–584c
星座 8–308e
猩红热 8–309d
猩猩 8–309f, 8–102f
猩猩科 4–573d
猩猩属 9–114c
猩猩亚科 9–114c
惺惺道人 6–182d
刑部 6–400a, 7–165d
刑臣 3–577f
《刑德》 5–280d
刑罚个别化 9–576b
《刑罚哲学》 2–478e
刑法 8–310a
刑法时效 8–310e
《刑法问题研究》 3–72a
《刑法学》 3–72a
《刑法学原理》 3–72a
《刑法学杂志》 4–612a
《刑法肄言》 3–72a
《刑法专论》 3–72a
《刑法总则要义》 3–72a
刑名 3–360a
刑名家 5–438e
刑事裁定 1–464e
刑事古典学派 1–292f, 2–478d, 8–310c
刑事技术 8–79a
刑事技术鉴定 7–399a
刑事拘留 8–310f, 4–329c
《刑事民事诉讼法》 6–517f
刑事判决 6–45b
刑事赔偿 3–282f
刑事强制措施 8–310f
刑事人类学派 5–140c, 8–310c
刑事社会学派 4–611f, 8–310c
刑事实证学派 8–310c
刑事诉讼 7–199e, 8–311a
刑事诉讼程序 8–311e
刑事诉讼法 8–311a
《刑事诉讼法典》 8–311a
刑事责任 8–311e, 2–452b
刑事责任能力 8–312a, 8–311f
刑事责任年龄 8–312b, 8–311f
《刑书要制》 1–287d
刑天 8–312b
《刑天舞干戚》 8–343d
刑徒 8–312c
刑狱之役 9–145f
邢昺 2–419e
邢芬 8–312d
邢公畹 8–312f
邢其毅 8–313a
邢庆兰 8–312f
邢劭 8–313b
邢台地震 8–313b, 3–421c
邢台市 8–313c
邢太仆 8–313d
《邢特进集》 8–313b
邢侗 8–313d
邢西萍 8–342f
邢窑 1–193f, 7–303a
邢云路 3–240d
邢子才 8–313b
邢子愿 8–313d
行痹 1–332c
《行边漫记》 6–47b
行部 1–457a
行车信号 7–382d
《行次西郊作一百韵》 4–609e
行道树 8–313e
行地社 6–315e
行动绘画 8–313f, 1–382d, 2–9b, 8–182e
《行动计划》 5–29d, 5–45c
行动剧院 7–136b
行动系统 4–220f
行都 9–415f
行贩 8–313f
行佛性 2–588a
行歌坐夜 8–314a
行歌坐月 8–314a
行宫 9–115f
行贿罪 4–286a
《行记》 7–176a
行脚僧人 4–483e
行袍 6–50d
行气 8–314a
行气（气功） 6–141e
行庆关 3–518e
行人 6–574d
《行人的歌谣》 5–204c
行尚书省 8–321b
行省 3–163e, 6–554e, 8–177e, 8–321b, 9–89d
行省制 9–401f
行书 8–314c, 7–48a, 9–380e
《行书律》 9–34b
《行水金鉴》 8–314c
行司 8–191e
行思 4–1b
《行素轩算稿》 3–554c
行台 8–321b
行头 8–314d
行为策略 9–21a
行为地理 8–315a, 3–45f
行为动作障碍 8–315b
行为犯 2–478a
行为科学 3–215a, 8–315e
行为科学学派的组织理论 6–138e
行为能力 5–428f, 9–518c, 9–542a
行为神经科学 6–530d, 6–544a
行为生物学 6–530d, 6–544a
行为适应 6–533a
行为性体温调节 7–343b
行为修正派个案工作 3–115c
行为修正派小组工作 8–231f
行为医学 8–535f
行为遗传学 8–315b
行为障碍 8–315b
行为治疗 8–315c
行为主义交换论 4–24e
行为主义心理学 8–315d, 3–536d
行为主义政治学 8–315f, 4–525e, 9–285b, 9–287a
行为主义智能 6–287f
行县 8–177c
行宪国大 3–288d
行星 8–316a, 7–268d
行星大气 8–316c
《行星的检阅》 1–5b
《行星的起源和演化》 9–32d
《行星地球的形成与演化》 6–18f
《行星定义》 7–364d, 8–316b
行星环 8–316e
行星际尘埃 9–67f
行星际磁场 7–266a
行星际航行 8–305e
行星际空间 7–257d
行星际气体 8–316e
行星际物质 8–316e
行星空间 7–257c
行星罗斯比波 5–217c

行星岁差 7-216a
行星系 8-316a
行星星历表 4-566d
行星型卫星 5-493e
行星状星云 8-308b
“行星”B火星探测器 4-15f
行刑时效 8-310f
行押书 7-48a
行乐 2-33e
行蕴 8-53e
行在会子务 3-613d
行者坡 8-556a
《行者影迹——李行·电影·五十年》 4-616d
行政 8-316f
行政补偿 8-317a, 8-319c
行政不作为 8-319e
行政程序法 8-317f
行政处罚 8-317a
行政处分 8-317b
行政村 6-500b, 9-540b
《行政单位会计制度》 4-496b
行政道德 8-317c
行政法 8-317d
行政法规 8-317f
行政法律关系 8-317e
行政法院 2-459d
行政方法 7-26e
行政附带民事诉讼 8-318a
行政复议 8-318b
行政改革 8-318e
行政管理 3-131c, 8-316f
行政管理学 8-321a
行政机 3-137e
行政监督 8-318f
行政经济法 7-137f
行政拘留 8-319a
行政决策 8-319a
行政抗诉 8-319b
行政赔偿 8-319c, 3-282f
行政强制措施 8-319c
行政区划 8-319d
行政区划体制 8-320e
行政权力体制 8-320d
行政失职 8-319e
行政实体法 8-317e
行政诉讼 8-319e, 7-199e
行政诉讼裁定 1-464e
行政诉讼当事人 8-320a
行政诉讼法 8-320b
《行政诉讼法》 8-319f
行政诉讼时效 8-320c
行政体制 8-320d
行政违法 8-320e
行政行为 8-320f
行政学 8-321a
行政越权 8-321a
行政责任 2-452b
行政组织理论 3-215a
行中书省 8-321b, 6-554e, 9-438e
《行传》 2-402a
形（数学） 7-460e
形而上学 8-321c
《形而上学》 8-321d, 2-487f, 8-402e
《形而上学的沉思》 8-321f
《形而上学对话录》 5-263f
形而上学唯物主义 7-547b
形而上学自然观 9-543e
形而上与形而下 8-322a
形貌无序 8-22e
形名 3-360a
形旁 8-567b
形神合一 6-509f
形声 5-138e
形式构造学派 7-64e
形式化 8-322d
形式婚 7-29a
形式教育 9-324f
形式竞技 4-470c
形式逻辑 8-322a
《形式逻辑》 2-183c
形式社会学 6-129b
形式文化区 7-588f
形式因 7-156c
《形式与解释论文集》 6-182f
形式主义 8-322c
形式主义计划 8-120e
形势分析学 7-460e
形态分析 8-322d
形态学 8-322e, 3-175d
形态学（语言学） 9-73f
形态音位 6-366f
形态种 2-544d
形体动作 8-392b
形体杂技 9-146e, 9-409e
形天 8-312b
《形象》 3-102b
形象思维 7-119e, 8-203d
形象艺术 9-165e
《形形色色的图解》 8-224f
形训 8-322f
形状错觉 2-60e
形状公差 3-130c
形状记忆材料 8-322f
形状记忆合金 8-323a
形状记忆聚合物 8-323a
形状记忆陶瓷 8-323a
形状记忆效应 8-323a
型煤 4-219b
型腔模 5-486c
型线 2-289d
荥穴 8-50c
荥阳市 8-323a
荥阳县 8-323b
省察克治 9-291d
《省斋别稿》 9-465d
《省斋文稿》 9-465d
《醒来歌唱》 1-118e
《醒了的土地》 4-607c
醒目笔 1-323c
醒狮 6-577d
《醒狮》 9-169c
《醒世恒言》 8-323b, 2-576a
醒世新剧 2-579b
《醒世姻缘传》 5-446f
醒状昏迷 4-1d
兴趣 8-323c
兴趣说 8-323c
杏 8-323d
杏脯 8-323d
杏干 8-323d
杏虎象 4-346c
杏花 8-323d
杏梅系 5-330d
杏仁 8-323d
杏仁油 9-292f
杏树 8-323d
杏坛 4-474a
杏叶梨 4-579d
幸德秋水 4-235e, 6-82d, 8-323e
幸德事件 8-323e
幸福 8-323e
《幸福》(P.A.巴甫连科) 1-483e
《幸福》(K.曼斯菲尔德) 5-308e
《幸福》(秦兆阳) 6-202d
《幸福》(苏利-普吕多姆) 7-188b
幸福论伦理学 8-403d
《幸福的黄手绢》 1-303f, 3-58b, 6-439d
《幸福的开端》 4-402f
《幸福的人们》 1-162c
《幸福家庭》 4-565f
《幸福狂想曲》 1-560e
幸福主义人生观 6-297e
《幸运儿吉姆》 2-560f
性爱情结 6-236a
性变态 8-323f, 8-253e
性别比 8-324a
性别禁忌 4-278a
性别角色 8-324a
性别刻板印象 4-461f
性别认同 8-324b
性病性淋巴肉芽肿 8-324c
性传播感染 8-324d
性传播疾病 8-324d
性恶论 8-382c
性反转 8-324d
性犯罪 8-324e
性高潮 8-325d
性高潮障碍 8-325c
性格 8-324f
性格化角色 4-347d

性格喜剧 5－167b
性格演员 8－441f
性格咏叹调 9－27e
性功能障碍 8－325a
性激素 8－325d, 8－325e
性激素疗法 8－325e
性嫉妒 4－79b
性交疼痛 8－325c
性教育 8－326c
性空 9－255e
性恐惧综合征 8－325c
性类固醇激素 6－550b
性力 6－285d
性力派 8－599c
性连锁遗传 1－234b
性灵 4－315a
性灵说 8－326c, 7－215d
《性命圭旨》 8－326e
性命双修 2－162c
《性命说》 8－326e
性奴隶 7－572f
性偏好障碍 8－323f
性染色体 1－234b
性染色体病 6－273d
性仁情贪 2－335d
性三品 8－326f
性骚扰 8－327a
性善论 8－327b
性善情恶说 4－587d
性身份障碍 8－323f
性生活不节 1－371d
性天 8－499b
性无善恶 3－516f, 3－503d
性腺 8－327b, 6－550b, 9－50e
性腺功能低下 8－327d
性向 5－562c
性向测验 5－562d
性心理障碍 7－398f, 8－323f
性行为异常 8－323f
性选择 9－543a
性学 3－516f
《性学三论》 2－596c
《性医学》 8－31c
《性欲的幽灵》 2－67e
性早熟 8－327e
性周期 8－328a
姓氏 8－328b
《姓氏录》 6－118c, 8－62a
《姓纂》 9－92e
《凶宅》 6－110e
《兄弟》(俄罗斯电影) 1－162d
《兄弟》(日本电影) 1－286f
《兄弟们》 1－134f
兄弟种 9－456f
《兄妹开荒》 4－410a, 7－502b, 8－180c, 8－446b
兄山文化节 6－106e
芎䓖 2－23b
匈奴 8－328c
匈奴别种 8－128a
匈奴人 8－328e, 5－433a, 7－485a
匈牙利 8－329a
《匈牙利地区的罗马尼亚舞曲》 1－183d
《匈牙利狂想曲》 4－611f
匈牙利门峡 2－388c
《匈牙利民歌诗节的结构》 4－424e
匈牙利平原 6－19e
匈牙利秋玫瑰革命 8－330a
匈牙利人 8－330b
匈牙利人民共和国 8－329c
《匈牙利人民共和国民法典》 8－21f
匈牙利社会主义工人党 7－189f
匈牙利事件 8－330d
匈牙利苏维埃共和国 8－329c
匈牙利王国 7－130b, 8－329c
《匈牙利协奏曲》 9－116c
匈牙利语 8－330e
匈牙利战役 7－191a
胸壁 8－330f
胸壁结核 4－222e
胸部 8－330f
胸部疾病 2－410a
胸部淋巴结肿大 5－93a
胸喙亚目 7－395a
胸膜肺性胸痛 8－331e
胸膜间皮瘤 8－331b
胸膜间皮细胞 8－331b
胸膜炎 8－331a, 4－443c
胸膜肿瘤 8－331b
胸内结节病 4－223d
胸鳍 6－134e
胸腔 8－331a
胸腔积液 8－331c
胸墙 6－3e
胸墙式水闸 7－105d
胸水 5－190f
胸痛 8－331e
胸外结节病 4－223d
胸外科 8－181a
胸外心脏按压 8－257a
胸腺 8－331f
胸腺嘧啶核苷 3－435c
胸罩 5－561b
《雄辩家》 1－118f
雄蜂 3－502c, 5－409d
雄黄 8－332b
《雄鸡》 5－217e
雄激素 8－325e
雄激素疗法 8－325f
雄激素性脱发 7－456c
雄岭起义 6－203d
雄球花 5－226d
雄全同株 2－51a
雄蕊 6－549f
雄蕊群 3－524f
《雄师和宝石》 7－234c
雄师凯旋门 3－166f
《雄狮报》 7－129a
《雄狮添翼》 1－251f
雄溪 3－482a
雄性生殖器 6－549f
雄州 5－544b
熊 8－332c
熊本县 1－55e
熊彼特,J.A. 8－332d, 2－32d, 4－285f, 4－296b
熊彼特创新理论 8－332e, 4－285f
熊秉三 8－334b
熊赐 6－230e
熊大木 5－446d
熊大闰 8－332f
熊范舆 3－256e
熊飞百 8－334a
熊斐 6－519a
熊蜂 8－333a
熊佛西 8－333b
熊夫利,A.M. 3－194f
熊瑾玎 8－268d
熊井启 8－333c
熊科 7－5b, 8－332c
熊倪 8－333d
熊庆来 8－333e
熊去氧胆酸 2－147a
熊尚林 2－82d, 6－589c
熊十力 8－333f
熊氏理论 8－333a
熊市 5－602e
熊式辉 9－281c
熊属 9－559e
熊廷弼 8－334a
熊通 6－252a
熊文灿 9－211d
熊希龄 8－334b, 5－14c
《熊襄愍公集》 8－334b
熊耀华 3－172b
熊绎 2－20e, 2－18b
熊毅 8－334c, 7－435b
熊掌 3－520d
熊子真 8－333f
休伯尔,D.H. 9－290a
休格尔,E. 8－71b
休哈特,W.A. 9－315a
休克 8－334d
休克尔,E. 2－169e
休克疗法 4－296d, 8－498c
休克抢救 8－334f
休琏 8－614c
休伦湖 8－335a, 7－178b, 8－44e
休眠 8－335b, 9－325d
休眠孢子 1－238e
休眠火山 4－13d

休眠种子 8–335c
休谟,A.O. 8–597e
休谟,D. 8–335e, 6–301a, 9–442d
休宁商 3–607f
《休·赛尔温·毛伯利》 6–46b
休斯,L. 8–336b
休斯敦 8–336c, 2–168c
休斯敦大学 8–336d
休斯敦港 8–336c
休斯敦–加尔维斯顿 5–484c
休斯顿,J. 3–458a
休斯飞机公司 9–582b
《休息的权利》 8–351d
《休息的萨堤罗斯》 6–108c
休息权 8–336e
休息权保障 8–336e
休息时间 8–336e
休息休假 8–336e
休休生 3–17d
《休休亭记》 7–114a
休伊什,A. 8–337a, 4–382f, 5–301b, 9–451e
休伊特,H.K. 1–262f
休渔期 8–337b
修辞 3–383e
修辞格 8–337c
修辞学 8–337d, 2–564a, 9–74a
《修辞学》(M.V.罗蒙诺索夫) 5–213b
《修辞学》(亚里士多德) 2–564a, 3–180f
《修辞学发凡》 1–567d
《修辞与阐释》 4–142b
修档制度 8–337d
修道院 8–337e
《修道院》 1–300b
《修道院纪事》 6–363a
《修道者的明灯》 1–105b
修多罗达罗 5–491d
修复重建术 7–39b
修复重建外科 9–265b
修复术 7–39b
修河 4–179f
修花销 8–216c
修会 8–590f
修拉,G. 8–337e
修罗 6–104f
《修女菲洛梅娜》 9–544a
《修女故事》 1–118b
《修女也疯狂》 7–613a
《修配工》 5–258a
修齐治平 8–338a
《修墙》 2–595d
修身 8–338b
修士 5–106d
修斯,E. 8–338b, 2–238c
《修文殿御览》 1–484e
修昔底德 8–338c
修鲜都督府 4–107c
修院 8–337e
《修真秘旨》 7–114d
《修正教育调查会规程》 2–484a
修正主义 8–338d
《修志十议》 2–492c
羞恶之心 7–149b
《髹饰录》 8–338e, 9–485e
《髹饰录解说》 7–508e, 8–338e
鳋目 9–496f
秀才 1–497b, 4–428b
秀兰·邓波儿 8–338e
《秀石疏林图》 9–232a
秀苏 7–444f
《秀亭记》 2–488c
秀英港 3–335c
秀屿 5–338f
岫玉 8–338f, 2–137a, 6–480b
袖鲛 1–341c
袖舞 1–520c
袖珍矮马 5–239c
《袖珍本福克纳选集》 2–611b
袖珍计算器 4–46b
袖珍节拍器 4–216e
绣花式花坛 2–445c
绣花鞋 8–338f
《绣谱》 8–339a, 7–196f
绣球花 8–339b
《绣像小说》 8–339c
绣鞋 8–338f
绣眼鸟 8–339d
绣衣御史 9–83b
锈菌 2–148c
锈铁棒 7–235e
嗅觉 8–339e
嗅觉适应 8–339f
嗅觉柱 8–339f
嗅诊 7–342b
溴 8–339f, 5–161e
溴代烃 5–161c
溴代烷 5–161d
溴化物 8–340a
溴麦角隐亭 6–81d
溴氰菊酯 8–340a, 1–196f
溴水 8–340a
盱江先生 4–594f
《须德海》 8–533b
须根 3–36a
须根系 3–117c
须惠器 3–168e
须江县 4–177f
须脚目 8–340b, 9–496b
须鲸 5–521c
须利耶苏摩 4–318e
须鴷科 5–76a
须弥福寿庙 1–222b
须弥山 7–148c
须弥山石窟 3–195e
须鲨科 7–59e
须生 6–527c
须受领行为 8–320f
须腕动物门 8–340c
《须溪集》 5–106a
胥靡 9–183b
胥浦汉简 3–376e
胥溪 7–93d
虚部 3–12a
虚川江 3–28d
虚谷 8–340c
《虚谷和尚诗录》 8–340e
《虚谷画册》 8–340e
虚几何学 5–199c
《虚几何学》 5–199c
《虚假的事实》 8–488e
虚金本位制 2–141e
《虚空藏求闻持法》 4–391a
虚劳 8–340e
虚脉 5–301e, 5–301f
虚拟化银行 7–523b
虚拟学校 9–115a
虚拟资本 8–340f
虚盘 2–432c
虚实寒热夹杂 8–222f
虚数单位 3–12a
虚岁年龄 5–585c
虚体禁忌 8–587d
虚位元首 3–286c, 4–360b, 8–559b
虚性脑膜炎 5–550d
虚一而静 8–382b
虚云 8–341a
《虚云和尚法汇》 8–341b
虚证 1–422d
墟市 8–341b
需关注种 1–361a
需求 6–250c
需求定义语言 4–92f
需求价格弹性 4–147a, 7–283c, 8–341d
需求交叉价格弹性 8–341e
需求交叉弹性 8–341e
需求拉动型通货膨胀 7–390a
需求曲线 4–294e
需求收入弹性 8–341e
需求弹性 8–341d, 7–283c, 8–341e
需氧生物处理法 2–536b
需要 8–341e
需要层次论 5–278c, 8–341f
徐爱 2–28a
徐白 8–578b
徐柏庭 8–578b
徐宝璜 6–474d, 8–287b
徐悲鸿 8–342a, 3–287e, 7–201f, 8–42f, 9–38e
《徐悲鸿彩墨画集》 8–342f
《徐悲鸿素描集》 8–342f
《徐悲鸿油画集》 8–342f

徐碧云 3－182d, 7－148c, 7－515e
徐冰 8－342f
徐炳昶 7－141a, 8－87a
徐才厚 8－343a
《徐策跑城》 8－435e, 9－473b
徐常遇 6－203a
徐成瑞 9－223c
徐摛 8－343b
徐迟 8－343c
徐崇嗣 5－466e, 8－347f
徐传琮 8－349c
徐达 8－343d, 5－449f
徐大椿 6－223c
徐德姝 7－22e
徐梵澄 1－134e
徐佛观 8－343e
徐市 6－201c
徐福 4－102f, 6－201c
徐复观 8－343e
《徐公文集》 8－349e
徐光启 8－343e, 5－616b, 8－344d
《徐光启集》 8－343f
徐光宪 8－343f, 3－287b, 8－131a
徐海东 8－344a
徐怀中 8－344c
《徐怀中小说选》 8－344d
徐汇区 8－344d
徐玑 8－344e, 7－151b
徐继畬 1－418a
徐家福 8－344e
徐家汇区 8－344d
徐嘉瑞 7－525c
徐建寅 8－346c
徐阶 8－344f
徐杰 1－566d
徐景达 1－6c
徐敬德 4－598c
徐敬亚 5－376b
徐敬业 8－344f, 5－233f
徐锴 8－345a
徐克 8－345b
徐匡迪 8－345c, 9－357c
徐麟 1－519a
徐陵 8－345d, 3－171a, 8－349e, 9－78d
《徐陵集》 8－345d
徐罗伐 8－277e
徐懋公 4－599d
徐懋庸 1－477c, 9－413e
徐梦莘 6－382f
徐谟 3－262c
徐祺 6－203a
徐釚 8－345d
徐日昇 8－345e
徐润 8－345e, 6－475c, 9－272f
徐上瀛 6－203a
徐绍清 8－345f
徐师曾 3－13d
徐士高 8－346a
徐世昌 8－346b, 1－275c
徐世勣 4－599d, 5－110c, 9－176d
徐寿 8－346c, 3－112d, 3－554c
徐寿辉 8－346d
徐树兰 3－182b
徐树铮 1－95c, 7－479f
徐水县 8－346e
徐朔方 8－346e
《徐朔方文集》 8－346f
徐嗣兴 5－173d
徐松 2－377f, 3－613c, 7－409b, 8－109f
徐特立 8－346f
《徐特立教育文集》 8－347b
《徐特立文集》 8－347b
徐天麟 3－613c
徐天民 3－251b
徐廷柱 8－347b
徐庭瑶 1－511a
徐伟 6－242e
徐渭 8－347c
徐温 4－589a, 5－542e
徐文长 8－347c
《徐文长集》 8－347d
徐文光 8－345b
徐闻县 8－347d
徐无党 8－288f
徐锡麟 8－347d
徐熙 8－347e, 8－47c
徐僖 8－347f
徐禧 7－172f
徐霞客 8－348a, 3－583f, 3－596d
《徐霞客游记》 8－348c, 2－227c, 8－348b
徐霞生 5－404c
徐羡之 7－164a, 7－174a
徐香九 2－315b
徐向前 8－348c
徐象谦 8－348c
徐肖冰 8－348f
徐小楼 2－427c
徐小香 8－349a
徐晓钟 8－349b
徐心鲁 9－493b
徐新六 5－539c
徐星 8－170c
徐訏 8－349c
徐铉 8－349d
徐于 8－349c
徐庾体 8－349e, 9－74f
徐犨 1－578b
徐玉诺 8－189e
徐元浩 3－297d
徐元梦 5－305b
徐岳 7－208e, 9－493b
徐照 8－349e, 7－151b
徐祯卿 8－349e, 6－162b, 7－316e, 7－601f
徐知诰 4－589a, 5－542e, 8－24f
徐志摩 8－349f
《徐志摩全集》 8－350b
徐致靖 8－69a
徐中舒 8－350b, 3－382f
《徐中舒历史论文选编》 8－350c
徐州会战 8－350c
徐州市 8－350e, 4－179b
徐铸成 8－350f, 7－589f
徐子平 7－209b
徐祖华 8－578c
徐祖荫 4－547c
许鞍华 8－351a
许昂霄 2－41e
许宝騄 8－351a
《许宝騄文集》 8－351c
许布纳尔，C. 8－351c
许昌 9－84d
许昌人 8－351d
许昌市 8－351e
许昌县 8－351e
许常惠 8－351f
许冲 7－110f
许崇德 8－352a
许崇清 8－352b
《许崇清教育论文集》 8－352c
许道宁 8－352c
许德珩 8－352d, 4－322c, 6－494d
许德华 8－353b
许涤新 8－352f
许地山 8－353a, 6－409d
许定国 7－8e
《许多国家》 6－31b
许尔斯东克，J.van 2－585f
许贡纽，P.H. 1－253e
许光达 8－353b
许光建 3－264b
许国霖 2－377d
许国石坊 6－506a
许国璋 8－353c, 1－273a
《许国璋英语》 8－353d
许国志 8－353d
许海峰 8－353e
许衡 8－353f
许寰哥家族 1－26d
许浑 8－354a
许家朋 9－396b
许家窑人 8－354b, 6－292c, 7－255e
许家窑遗址 4－327a
许嘉璐 8－354c
许杰 8－354d
许旌阳 8－355d
许景澄 6－423a, 9－330d
许敬宗 4－275e, 7－213e
许靖华 8－354e
许可证贸易 8－355a
许可证协议 9－565d
许可证制度 4－269b

许可主义 7-28c
许梿 8-355a
许伦克平衡 3-104a
《许茂和他的女儿们》(电影) 4-601d, 7-132e, 7-369e, 9-352b
《许茂和他的女儿们》(小说) 5-326b, 6-451d
许楣 8-355a
许南村 1-570b
许帕提娅 8-264e
《许佩里翁,或希腊的隐士》 3-429c
许普西克勒斯 4-80b
许钦文 8-189e
许如错 2-151f
许慎 8-355a, 1-351f, 3-373a, 3-562e, 7-110e
《许生传》 6-83c
许氏禄丰龙 1-276b
许世友 8-355b
许仕廉 8-355c
许叔微 8-534c
许淑英 1-273b
许瓦兹,J.H. 1-535c
许文雨 6-575f
许县 8-351e
许晓轩 1-196f
许幸之 6-462f
许学夷 2-428b
许询 7-218b, 8-363d
许逊 8-355d
许尧佐 5-134d
许英魁 8-355d
许郢州 8-354a
许用炸药 3-128c
许仲琳 2-572a
许助作用 4-57d
浒西山人 4-401f
旭烈兀 5-378c, 7-456c, 8-523f, 9-88c
旭烈兀西征 5-378c
旭岳 1-263d
序 8-355e, 3-492b
序(中国古代学校) 8-117a
《序卦》 9-475e
序贯抽样 8-355f
序贯分析 8-355f
《序贯分析》 7-464d
序贯概率比检验法 7-464c
序结构 7-71c
《序幕》 1-547b
序曲 8-356a, 3-96d, 7-125d
《序曲》 3-540e
序时账簿 4-496a
序数 8-356b, 3-133f, 9-542d
序数效用论 1-336f, 2-613b, 6-455f
序位学 6-39a
序言 8-355e
序传 8-355f
叙 8-355e
叙拉古 8-356c
叙拉古僭主 8-356c
叙拉古人 8-356c
叙利亚 8-356d, 1-40a
叙利亚沙漠 8-356e
叙事诗 8-357f
叙事谣曲 8-357f
《叙事作品的建构》 2-170e
叙述剧 1-442c
叙述统计方法 7-405f
畜产品加工 8-358a
畜牧场 8-358b
畜牧社会 6-481f
畜牧业 8-358d
畜牧业害虫 3-356a
《畜牧与农事》 2-591a
绪 8-355e
《续词选》 2-41e
《续道藏》 2-166e
《续灯录》 8-47e
《续订藏印条约》 7-312d
《续东京梦华录》 2-323d
《续高僧传》 2-166d
《续古文辞类纂》 3-177f
《续古摘奇算法》 8-455f
《续汉书》 3-491f, 4-321f
《续后汉书》 1-359a
《续晋阳秋》 7-575e
续句 4-324f
《续勘喀什噶尔界约》 6-422f
《续美人曲》 9-271f
《续彭公案》 6-63f
续聘 6-85f
《续泉汇》 3-174c
《续神器谱》 9-233d
续随子 8-359b
《续小儿语》 5-375d
《续小五义》 6-402c, 8-156a
《续行水金鉴》 8-314d
《续夷坚志》 9-92c
《续幽怪录·定婚店》 9-121c
《续藏经》 8-464a
《续资治通鉴》 9-221b
《续资治通鉴长编》 8-359b, 7-169a
蓄电池 8-359c, 1-82c, 2-273e
蓄洪区 2-544b
蓄能式水电站 2-8e
蓄热室 8-491f
蓄水式水电站 7-89f
蓄水枢纽 7-92d
轩岗煤矿 9-105d
轩辕故里 8-294c
轩辕十四 7-366d
轩辕氏 3-582e
宣笔 5-313a
宣痹汤 6-227c
宣城郡 8-359d
宣城市 8-359d, 1-98c
宣传 8-359e
宣传弹 7-335c
宣传画 8-359f
《宣传者被捕》 5-72a
宣德炉 8-360b
宣德群岛 8-360c, 8-100a
宣抚司 7-443c
宣府镇 4-319c
宣告成年制 9-50b
宣告失踪 8-360c
宣告死亡 8-360d
宣和裱 9-514f
《宣和博古图》 8-360e
《宣和画谱》 8-360f
宣和画院 3-558e
《宣和书谱》 8-360f
《宣和遗事》 8-361a
宣化辽墓 8-361b
宣讲宝卷 8-361c
宣卷 8-361c
宣命 3-82e
宣仁太后 9-98d
《宣室志》 5-56b
《宣誓》 3-97e
宣统帝 8-361c, 9-103b
《宣统政记》 6-614a
宣王中兴 8-116b
宣威关 8-361d
宣威火腿 4-14e
宣威市 8-361d
宣威县 8-361d
宣慰司 9-89d
宣叙调 8-361d
《宣言报》 1-33b
宣夜说 8-361e
宣战制度 3-345f
宣纸 8-361f, 4-284a, 7-586b
《宣州谢朓楼饯别校书叔云》 4-588a
《宣宗成皇帝圣训》 6-230b
萱草 8-362a
萱草花 8-362b
萱草属 4-263f
萱藻 8-588f
《喧哗与骚动》 8-362b, 2-611b
玄昉 2-456c
《玄风庆会录》 6-241c
《玄怪录》 5-602d
玄甲 7-58c
玄朗 9-189a
《玄秘塔碑》 8-362c, 5-133d
玄妙观 2-161a
《玄鸟》 7-177a, 7-176f
玄参科 8-362c, 2-222a
玄参属 8-362d
玄石 2-48f

玄堂志 5-497b
玄天上帝 9-256b
玄武 9-256b
玄武峰 3-464b
玄武门 3-195f
玄武门之变 8-362d, 2-361d, 2-498d, 7-306e, 7-315b, 9-223a
玄武山 5-167d
玄武岩 8-362e
玄武质岩浆 8-429d
玄玄子 9-206d
玄学 8-363b, 5-519e
《玄学》 8-321c
玄学贵无派 8-363c
玄学派诗歌 2-381e
玄言诗 8-363d
玄烨 4-405d, 6-219d, 6-230b, 7-147b
玄奘 8-363e, 1-59c, 2-115c, 7-466f
玄奘故里 8-441e
玄奘纪念堂 5-507b
玄奘塔 7-236e
《玄奘行传》 2-105e
玄真子 9-217c
玄中寺 8-363f
玄珠 9-397e
悬滴法 8-571e
悬底弧棺 4-175b
悬浮式处理法 2-536b
悬浮式深水炸弹 6-508e
悬浮体系斜拉桥 8-236f
悬钩子属 7-61c
悬挂滑翔机 3-542d
悬挂滑翔运动 3-396e
悬挂式独轨铁路 2-352b
悬挂式织机 2-500e
悬棺葬 8-363f
悬河 3-585b
悬瓠城 9-84d
悬空寺 8-364a, 3-464b
悬铃木 8-364b
悬铃木属 8-364b
悬起灸 1-77c
悬泉汉简 2-376b, 3-376a
悬诗 8-364c
悬丝傀儡 7-340c, 9-386d
悬索桥 8-364c, 6-186c
《悬崖》 3-48e
悬移质 3-424c
《悬在世界上的锤子》 4-455e
旋袄 1-117b
旋臂 8-364f
旋臂引力势阱 5-404d
旋磁材料 2-49d
旋磁疗法 2-48a
旋度 8-365a
旋耕 8-365a
旋光晶体 8-365b
旋光率 8-365b
旋光现象 1-325f
旋光性 8-365b, 1-36c
旋光液体 8-365b
旋花科 8-365c
旋花属 7-371f
旋回阶地 3-424b
旋桨式犁 4-580a
旋角羚 8-365d
旋角羚属 8-365d
旋量 4-130e
旋流板 5-126a
旋律 8-365d
旋律线 8-365e
旋律音程 8-574a
《旋律与对位》 3-448f
《旋螺丝》 1-445d
旋毛虫病 8-365e
旋涡 5-127d
《旋涡》(陈白尘) 1-551d
《旋涡》(J.E.里韦拉) 5-9f
旋涡结构 5-404c
旋涡星系 7-33e, 8-307d, 8-581f
旋压 2-8d
旋翼 6-218c
旋翼机 8-365f, 3-395c
旋转变压器 7-539c
旋转层结流体 2-337b
旋转电动机 2-277a
旋转电机 2-278d
旋转锻造 2-370a
旋转活塞式发动机 5-558f, 7-487a
旋转犁 4-579f
旋转式动密封 5-404f
旋转体加工自动线 9-537c
旋转指标定理 6-249e
旋转钻 9-572e
《璇宫艳后》 2-541f
璇玑 1-259f
《璇玑图》 3-610b
选侯宫 7-601a
选集 7-590c
选茧 9-314a
《选举报》 1-379b
选举权 1-472f
《选举权法》 5-353a
选举制度 8-366a
选科制 1-471d
选矿 8-366a
选路制信号 7-382d
选煤 8-366e, 4-219b
《选谱》 6-56a
选区计划 4-377f
选士制度 8-367a
选穴法 9-248b
选言命题 8-367b
选择定则 8-367c, 5-63e
选择公理 8-367d
选择管辖 5-428e
选择函数 8-367d
选择权 6-124b
选择权交易 9-270b
选择适用的冲突规范 2-3b
选择税 3-206b
选择吸收 3-220e
选择性电路 7-375a
选择性腐蚀 3-3f
选择性冠状动脉造影 8-248a
选择性货币政策工具 4-18c
选择性心血管造影 8-247f
选择性血管造影 4-232c
癣 8-367e
癣菌属 1-234a
泫氏县 3-72f
炫技咏叹调 9-27e
眩晕 8-367e, 7-412b
“旋风”式战斗轰炸机 4-470f
《削藩策》 3-368c, 8-26d
《削减战略武器条约》 3-259d
薛白 3-599e
薛宝钗 3-471c
薛伯陵 8-369b
薛聪 5-23e
薛道衡 8-367f
薛淀湖 2-299f
薛定谔,E. 8-368a
薛定谔方程 8-368b, 8-368b
薛萼果 7-221e
薛尔客速部 6-189f
薛凤祚 8-368c
薛敷教 2-324a
薛福成 8-368d
《薛刚反朝》 2-27f, 6-50e, 8-435e
薛公 5-382f
薛广德 6-601c
薛季宣 9-243a
薛景石 9-532a
薛居正 4-328d, 7-168f
薛举 7-315b
薛觉先 9-132c
薛暮桥 8-368e
《薛平贵与王宝钏》 7-250b
薛仁杲 7-315b
薛仁贵 8-368f
薛生白 8-510e
薛式 5-544a
薛西斯一世 2-92b, 8-119e
薛瑄 8-368f
薛雪 7-578e, 8-510e
薛延陀 7-380e, 7-417e
薛愚 8-369a
薛岳 8-369b, 9-243b
穴播机 1-396a
穴居 8-481a

穴丝芥属 6-591e
穴位 7-62f
学案体 5-447e
学部委员 9-116b, 9-377b
学分制 8-369c
《学古编》 8-369d
学馆 7-118e
学海堂 6-344e
学会藏书楼 3-131c
《学会生存》 9-452d
学甲慈济宫 7-249c
《学界风潮》 7-177f
《学津讨原》 7-177c
学科教学心理学 8-252f
学类 9-507a
《学龄儿童体育入门》 5-74a
学名 9-456e
学年学时制 8-369d
学年制 8-369d
学前教育 8-369e, 9-52b
学群 9-507a
学人画 3-581b
学生会 8-369e
《学生特尔莱斯的困惑》 5-502a
学生自治会 8-369e
《学诗断想》 9-155b
学士 8-369f, 8-370a
《学术集林》 7-517b
学术性雅思 8-397f
学术自由 8-369f
《学说汇纂》 5-206e
学位 8-370a
学位论文 8-370d
学习 8-370d
《学习汉语》 1-110d
学习能力测验 9-320f
学习曲线 8-370f
学习心理学 4-211f
《学戏和演戏》 3-489a
学系制 9-507a
《学校唱歌集》 4-159a
学苑出版社 4-322c
学苑音像出版社 4-322c
学院教学 4-148f
学院派 4-370d
学院托福测验 7-453a
学制 4-213b
雪 8-371a
《雪》 3-458a
雪宝顶 5-436c
雪豹 8-371b
雪暴 8-371c
雪被 4-39e
雪崩 8-371c
雪崩渡越时间二极管振荡器 7-535e
雪崩二极管 4-302c
雪崩光电二极管 1-232c
雪碧 4-444f
雪不台 7-202c
《雪城》 5-55d
雪耻学会 1-563e
雪胆 3-512d
《雪的歌》 2-577e
《雪地上的黑猫》 7-553b
雪毒蛾 2-351b
雪顿节 8-371d, 9-156d
雪枫县 9-24e
雪峰蜜橘 2-343d
雪佛莱 7-393e
雪盖 4-39e
《雪姑娘》 5-8c
《雪国》 8-371d
《雪花交响曲》 4-516e
雪花石膏 6-594c
《雪宧绣谱》 6-519c
雪鸡 8-371e, 5-123c
雪屐 5-489f
雪茄 8-371f
《雪蕉仙鹤图》 6-518a
雪晶 8-371a
《雪珂》 6-239c
雪莱,M. 4-426d
雪莱,P.B. 8-371f
《雪莉》 1-409b
雪里蕻 8-372b, 9-138f
雪莲 8-372c
《雪莲》 1-79e
雪量计 9-71f
雪鲮 5-100c
雪橇运动 8-372d
《雪禽梅竹图》 7-220d
雪人 8-372e
《雪绒花》 8-578a
雪山 8-372e
雪山部 6-469d
雪山林场 7-247b
雪山山脉（澳大利亚） 4-438e
雪山山脉（新几内亚岛） 8-269d
雪山神女 6-585b
《雪山萧寺图》 2-482f
雪上芭蕾 9-549d
雪上技巧 9-549d
雪上运动 2-331a
雪声剧团 9-104a
《雪诗》 2-71f
《雪是脏的》 8-96f
雪水河 3-99b
雪松 8-372f
雪松属 8-372f
《雪图》 5-285e
雪翁山 8-372e
雪线 8-372f
雪熊 9-559e
《雪夜感述》 1-564a
雪渔派 7-479e
《雪与山谷》 3-253e
《雪中大地》 1-410b
《雪中相合伞》 5-97e
雪舟 8-373a
雪舟等杨 8-373a
《雪竹图》 8-347f
鳕属 8-373b
鳕鱼 8-373b
血标本 6-616e
血病辨证 6-149d
血橙 1-594c
《血的节日》 1-22b
血分证 7-565e
《血谷》 1-307b
血管 8-373c
血管壁病变 5-552a
血管壁结构 8-373c
血管棘 4-86d
血管紧张素转化酶抑制剂 4-408a
血管紧张素Ⅱ受体阻断剂 4-408a
血管瘤 8-373d
血管迷走性晕厥 9-132e, 9-304c
血管内化疗 4-232d
血管内基因治疗 4-232e
血管内介入放射学技术 4-232c
血管内溶栓术 4-232c
血管内栓塞术 4-232c
血管内支架置入术 4-232c
血管神经性水肿 8-373f
血管生物学 6-540b
血管栓塞 4-71d
血管性水肿 8-373f
血管性疼痛 4-35b
血管性紫癜 9-532c
血管炎 8-374a, 6-524e
血管抑制性头晕 7-412c
血管源性脑水肿 5-551c
血管运动性鼻炎 1-315a
血管脂肪瘤 9-293b
血管痣 9-325b
血管阻塞 5-599a
血海 2-2d
血蚶 5-579e
血寒 6-149e
血河 2-305d
血红蛋白 8-374d, 4-35a
血红蛋白病 8-374e
血红蛋白电泳 8-374f
《血红蛋白和肌红蛋白,生物结构图册》 6-57f
血红蛋白尿 8-375a
血红素 1-321f, 8-374d
《血祭上海》 4-410a
《血溅宝山城》 1-468b
血浆 7-56c, 7-343e
血浆白蛋白 1-194b, 7-56c

血榉 4–335d
《血泪仇》(电影) 9–55a
《血泪仇》(戏剧) 5–252f, 8–180c
血流动力学监测和调控 9–463f
血尿 8–375b
血气分析 3–499f
血亲 8–375c, 6–194c, 6–195c
血清白蛋白 1–194b
血清病 8–375e
血清谷丙转氨酶 8–51d
血清固有酶 5–89a
血清疗法 5–9f
血清酶 5–89a
血清前列腺特异性抗原 6–161c
血清生长介素 9–291f
《血清学反应的特异性》 4–540a
《血染着的姓名——三十六个伤病员的斗争纪实》 5–157d, 6–424c
血热证 8–375f, 6–149d
《血、肉体的快感和死亡》 1–168b
血栓 8–376b
血栓闭塞性脉管炎 8–376a
血栓形成 8–376b
血栓形成性血管炎 8–374b
血栓性静脉炎 8–376c
血水草 9–12e
血水草属 9–12d
血糖 8–376d, 3–40a, 6–102c
血体 5–190d
血统主义原则 7 77f
血吸虫 8–118a
血吸虫病 8–376d, 7–181c
《血吸虫病学》 5–318e
血象 3–188a
血小板 8–376f
血小板分布异常 8–377a
血小板功能缺陷性疾病 8–377b
血小板疾病 8–376f
血小板减少 8–377a
血小板减少性紫癜 9–532c
血小板增多 8–377a
血行播散性肺结核 4–222f
血型 8–377c, 6–305a
血性白带 1–194a
血虚生风 3–40f
血虚证 8–377d, 6–149d
血压 8–377e
血液 8–377f
血液成分疗法 7–56c
血液成分异常性血管炎 8–374c
《血液里燃烧着希望之火》 3–105d
血液透析 7–415d
血液系统病变 3–128d
血液相容性 6–546f
《血液循环》 5–11a
血友病 8–378c
血友病甲 8–378c
血友病乙 8–378c
血瘀 6–149d
血瘀证 8–378e, 5–13c, 6–149d
《血与肉》 2–141a
《血缘》 3–19c
血缘关系 4–272b
血缘婚 4–3c
血缘家庭 8–378f, 3–439d
血缘群体 4–129d
血缘型初级群体 2–16c
血缘型人才链 6–283f
血站 8–188a
血证 8–379a
《血之歌》 7–127e
《血字的研究》 4–421e
勋伯格,A. 8–379b, 6–210c
勋贵庄田 3–580c
《勋努达美传》 1–458c
《勋章到手了!》 5–467d
埙 8–379d
熏炉 1–416b
熏洗法 8–379e
熏蒸剂 8–379f, 6–421c
薰衣草 8–380a, 2–40b, 2–493e
薰衣草属 8–380a
《寻宝》 5–309f
寻常光 7–80f
寻常型银屑病 8–583c
寻常疣 9–41f
寻的制导 2–156c, 4–305c
寻根文学 8–380b
寻江 5–312e
《寻津录》 7 533d
《寻枪》 4–187a
《寻取银羊毛》 2–355e
《寻邬调查》 2–272a
《寻羊冒险》 2–58e
《寻找回来的世界》 4–423a
寻找性失业 6–572c
《寻找自我》 6–73b
寻租 8–380c
巡抚 8–380d
巡航导弹 8–380e
巡航飞行 8–381a
巡航式空地导弹 4–466a
巡航状态 8–380e
巡回审理 8–381b
巡回艺术展览协会 8–381c
巡回展览画派 8–381c
巡牌 8–477c
巡洋舰 8–381d
《荀灌娘》 1–562a, 7–515d
荀和本 9–497e
荀慧生 8–381e
荀况 8–382a, 8–382b
荀勖 4–273c, 9–497e
荀彧 8–382a
荀悦 1–339e, 3–375c, 8–326f
荀子 8–382a, 4–391e, 7–174e, 7–493c, 9–389f
《荀子》 8–382e, 8–171a
荨麻疹 8–382e, 6–288c
浔江 3–473d, 9–80a, 9–127d, 9–491c
浔乌水 9–491d
浔阳 4–320d
《浔阳楼》 4–607d
循道公会 7–566b, 7–566c
循道宗 7–566b, 7–566c
循化撒拉族自治县 8–382f, 6–356c
循化县 8–382f
循环 6–280d
《循环》 6–582f
循环呼吸法 8–223d
循环连分数 5–37b
《循环日报》 7–510e
循环式灌浆法 3–218b
循环式索道 7–229a
循环式吸油烟机 8–119a
《循环晚报》 1–477c
《循环午报》 1–477c
循环系统 8–383a, 6–299a
循环系统病变 3–128d
循环应力 6–77b
循经感传 9–247a
循经取穴 9–248b
循鲜城 4–107c
循州 3–616d
蟳 4–339d
鲟 8–383c
鲟科 8–383c
鲟鲨 9–432a
鲟属 9–432a
鲟鱼 4–430b
鲟鱼卵 8–383d
训读 6–328e
训诂 3–383f
训诫 5–426f
《训练日》 2–141a
《训蒙字会》 1–541a, 2–56b
训民正音 1–540f, 1–541b
训政 2–44c
汛期 8–383d
汛期防守 2–496f
迅雷铳 9–233c
迅雨 3–15c
《驯悍记》 4–450b
驯化动物资源 6–548a
驯鹿 8–383d
驯鹿属 8–383d
驯兽 8–383f
驯熊猫 5–282c, 8–383f
驯养动物 6–615c
逊奈 6–569b
逊奈和大众派 8–384a

逊尼派 8–384a
《逊尼派信仰》 1–105b
《殉》 1–179b
殉人 6–301a
浚仪渠 7–500f
巽（八卦） 1–142b
巽伽王朝 4–474f
巽他海峡 8–384c
巽他陆架 2–93c
巽他群岛 8–384d
巽他人 8–384e
巽他王国 8–395c
巽他语 8–384e, 5–199e, 8–384e
蕈毒碱 8–384f
蕈树 4–245a

Y

丫髻沙大桥 6–186b
压磁材料 2–49d
压电高分子 3–140c
压电晶体 4–301e
压电效应 1–293d, 2–282d, 4–301e
压焊 3–389c
压金银丝镶嵌宝石技艺 6–39c
压力 8–385a, 7–283e
压力表式温度计 7–580b
压力波 5–300a
压力感受性反射 8–377f
压力容器 8–385b
压力水管 7–55e
压力性尿失禁 5–590a
压路机 8–385d
压强 8–385e, 8–385a
压胜钱 8–385e
压水堆 8–385f
压岁钱 8–386a
压祟钱 8–386a
压缩饼干 1–368a
压缩点火式内燃机 5–558f
压缩机 8–386a
压缩性骨折 3–188f
压条 8–386b, 9–305f
压弯 2–8d
压檐墙 6–3e
压腰钱 8–386a
压抑 8–386e
压榨过滤机 3–302c
压枝 8–386b
押胜钱 8–385e
押岁钱 8–386a
鸦 8–386f
鸦片 5–287b, 8–387a, 9–12b
《鸦片和大棒》 5–270b
鸦片贸易 8–387a, 6–220e, 9–3e
鸦片战争 8–387c
《鸦片战争》 6–130b
《鸦片战争档案史料》 9–350c
鸦属 8–9f, 8–386f
鸭 8–388b
鸭长明 6–320d
鸭蛋 8–388c
鸭肥肝 8–388c
鸭江绸 2–10f
鸭绿江 8–388c, 1–508b, 4–74c
鸭绿江大桥 2–137c
鸭茅 8–388d
鸭茅属 8–388d
《鸭群图》 3–159f
鸭绒 9–70d
鸭肉 8–388c
鸭式飞机 2–506f
鸭属 5–186f
《鸭头丸帖》 7–513d
鸭羽 8–388c
鸭仔蛋 9–129f
《鸭嘴崂》 8–41f
鸭嘴兽 8–388e
鸭嘴兽属 8–388e
牙 8–389f
牙齿 8–388f
牙齿里出外进 2–60a
牙筹 2–11c
牙带鱼 2–131a
牙雕 8–389b
牙膏 8–389d
牙根纵裂 1–189c
牙含章 8–389e
牙行 8–389f, 4–284c
牙纪 4–284c
牙甲 7–85b
牙蕉 8–197b
牙军 4–277e
牙科材料 8–202d
牙克石市 8–390a
牙侩 4–284c, 8–389f
牙郎 4–284c, 8–389f
牙买加 8–390a
牙买加岛 2–72b
牙买加湖 8–450e
牙买加鸳 9–14c
《牙买加来信》 1–392c
牙买加体系 3–265f
牙买加通讯社 8–390e
《牙买加协定》 3–265f, 3–589a
牙买加学院 4–257f
《牙买加之声》 8–390d
牙木鲁克湖 8–450e
牙牌令 4–324f
牙嵌式离合器 4–576f
牙人 4–284c
牙石 4–224e
牙髓内吸收 1–189c
牙髓炎 8–390e
牙体修复 8–390e
牙形石 9–311e
牙形石动物 5–580a
牙医学 4–481d
牙龈炎 8–391a
牙鹰 1–475b
牙周病 8–390f, 1–189c
牙周炎 4–224e, 8–391a
牙子（经纪人） 3–190e
牙子（鼓板） 4–284c
芽 8–391b, 4–278f
芽孢 8–154c
芽接 4–148f
芽生菌病 8–391c
《厓门四律》 1–563f
蚜虫 8–391d
蚜总科 8–391d
崖凹艺术 7–10f
崖白菜属 8–362d
崖摩属 5–49f
崖墓 8–391e
崖县 6–404c
崖葬 2–569f
崖州 6–404c
衙门 8–391f
衙署 8–391f
哑 8–392a
哑边 9–562e
哑剧 8–392b
哑剧舞 9–160f
哑齐 8–408f
哑语 8–392c
痖絃 8–392c
《痖絃诗抄》 8–392c
《雅》 8–392c, 6–574c, 7–177a
雅安市 8–392f
雅八·阿罗诃三世 5–71e
雅巴干好来宝 3–405b
雅巴干乌力格尔 8–6a
雅部 3–525e
雅丹 8–393a
雅德维佳 5–22b
雅典 8–393a, 1–399c
雅典城邦 8–393e
雅典迪皮隆墓地 3–179e
雅典国立考古博物馆 8–393f
雅典海上同盟 7–339f
雅典酒神剧场 8–394a
雅典娜 8–394a, 8–394a
雅典娜·阿丽亚神庙 7–126b
《雅典娜和玛息阿》 5–398f
《雅典娜女神》 4–153f
雅典娜帕提农神庙 6–34c
《雅典娜颂》 6–31b
《雅典人之歌》 8–88a
雅典卫城 8–394c, 8–393d
《雅典宪章》 1–585b

《雅典学派》 4-516a
雅恩，F.L. 8-452f
雅尔布斯，A.L. 2-60f
《雅尔的房屋》 4-457f
雅尔哈善 2-112b
雅尔穆克大学 9-117e
雅尔塔公式 2-84f
雅尔塔会议 8-394e
雅尔塔体系 8-395a
《雅尔塔协定》 1-262c, 2-187a, 2-187d, 5-377b, 8-394f
雅法 7-330e
雅盖隆大学 4-446e
雅甘人 4-10c
《雅歌》 8-395a, 7-228a
雅各 6-587c
《雅各宾党人》 2-185b
雅各宾俱乐部 2-531a, 8-395b
雅各宾派 8-395b
雅各宾派专政 2-440c
雅各布，F. 5-471d
雅各布第一·伯努利 1-343a, 1-401f, 2-105b, 3-30c, 9-570b
《雅各布·封·贡腾》 7-465b
雅各布·罗布斯蒂 2-308f
雅各布森根 3-575c
《雅各布·扎菲厄斯像》 3-307c
雅古布 1-207f
雅河 6-213d
雅加达 8-395b
雅加达国立博物馆 8-395d
雅加达缩影公园 8-395d
雅康 9-295b
雅柯布逊，R. 8-395d
雅科布·格林 3-106d
雅可比，C.G.J. 8-395f
《雅克》 6-184f
雅克，C.-E. 1-149b
雅克-达尔克罗兹，É. 8-557f
雅克萨 8-396b
雅克萨之战 8-396a
雅克斯一世 2-184b
《雅克团》 5-333e
雅库特 2-412d
雅库特人 8-396c
雅库特语 8-396c
雅拉达泽山 1-185e
雅里，A. 8-396d
雅利安-达罗毗荼人 8-604d
雅（利安）-欧语系 8-612a
雅利安人 8-396d, 1-51a, 1-124e
雅利安社 8-609c
雅连 3-591d
雅砻江 2-428f
雅砻江渡口大桥 6-186b
雅隆部 7-445a
雅鲁县 9-172b
雅鲁藏布大峡谷 8-396e, 5-481f
雅鲁藏布江 8-396f, 1-441a, 4-524a, 5-528e, 8-114f
雅鲁泽尔斯基，W.W. 8-397d
雅罗斯拉夫 4-47b
雅罗鱼属 5-14a
雅洛夫人 7-610f
雅美人 1-482b, 4-542e, 7-251f, 8-364a
雅姆古尔切伊汗 1-54f
雅南猪 7-146c
雅努舍克，A. 7-130c
雅努斯 3-172f
雅诺维茨，H. 7-554b
雅浦人 8-397e, 4-113b
雅浦语 8-397e
雅莎伊 8-397f
雅思考试 8-397f
雅斯贝尔斯，K. 8-398a
雅温得 8-398b
雅温得大学 8-398c
《雅温得协定》 5-230b
《雅西和约》 2-404b
雅西卡公司 4-367a
雅学 8-398d, 2-419e
《雅学考》 8-398d
雅伊克城 8-2d
雅宜山人 7-492a
雅乐 8-398d, 3-235c, 4-472d, 6-237f, 8-392d, 9-506d
雅乐舞蹈 9-366e
雅州 8-392f
轧荦山 1-101f
轧延机械 8-491a
亚矮星 3-447c
亚·安东诺夫 9-184e
亚胺 8-398e
亚胺脲 3-202f
亚澳季风系统 4-101c
亚巴郎 8-398f
亚庇 3-88b
亚病毒 7-567b
亚病毒类群 6-347b
亚伯拉罕 8-398f, 7-613f
亚布力冰雪运动场 6-471a
亚琛大教堂 8-398f
《亚琛和约》 1-120d
亚琛市 8-398f
亚纯函数 8-399b
亚大纳西 8-399b
《亚大纳西信经》 8-297b, 8-399c
亚当 8-399c
《亚当和夏娃》 5-396a
亚当·密茨凯维奇大学 1-388f
亚当桥 4-246d
亚当斯，A. 8-399d
亚当斯，E.W. 3-31a
亚当斯，J. 4-217f, 5-352c
亚当斯，J.C. 8-399f, 3-343d
亚当斯，J.F. 2-128a
亚当斯，J.S. 3-136c, 4-57b
亚当斯，R. 8-400c
亚当斯，S. 8-400a
亚当斯敦 6-74e
亚当·斯密 8-400b, 2-176a, 3-287f, 4-293e, 4-294d, 4-295b, 4-296e
亚当斯-斯托克斯二氏综合征 8-400c
《亚得里亚堡条约》 8-400d
亚得里亚海 8-400e
亚的斯亚贝巴 8-400f, 1-71b
亚的斯亚贝巴大学 1-71e
亚的斯亚贝巴—德雷达瓦—吉布提港铁路 1-71e
《亚的斯亚贝巴和约》 1-72d
亚的斯亚贝巴-纳兹雷特工业区 1-71e
《亚的斯泽门》 1-71e
亚丁 8-401a
亚丁港 8-401b, 8-490e
亚丁湾 8-401c
亚东县 8-401d, 3-38a
亚多音乐节 4-434c
亚尔普格湖 8-1a
亚非会议 8-401e
亚非会议十项原则 7-482a
亚非拉十五国集团 5-537c
亚夫伦斯基，A.von 6-210d
亚弗洛弟西亚的亚历山大 8-213a
亚盖洛王朝 8-402a
亚灌木 3-218c
亚光铜版纸 7-401e
《亚哈绥鲁》 3-354a
亚海西幕 1-10a
亚寒带针叶林-灰化土 1-280e
亚毫米波 8-402a, 3-219d
亚磺酸酯类杀螨剂 6-421e
亚极地冰川 1-361e
亚急性肝坏死 1-370a
亚急性甲状腺炎 4-138d
亚急性湿疹 6-585e
亚急性中毒 3-128d
亚急性重型肝炎 1-370a
亚碱性玄武岩 8-362e
亚健康 8-402b, 4-77e
亚经济型地热资源 2-238a
亚巨星 3-447c, 9-499f
亚喀巴 8-402c
《亚凯典》 3-403d
亚柯哈玛雅文化遗址 7-526e
亚拉巴马大学伯明翰分校 1-401a
亚拉国家公园 7-128c
亚拉河谷 5-480a
亚里士多德 8-402d, 1-348d, 2-227a, 2-482b, 3-541a, 4-96d, 4-123a, 5-568d, 8-74a, 8-124c, 8-321d, 9-49d, 9-286a, 9-548c

《亚里士多德的研究方法》 1–134c
《亚里士多德伦理学》 5–568d
《亚里士多德论分离问题》 1–560a
亚里士多德学派 8–212f
亚里斯提卜 4–496f, 7–184a
亚历山大 8–404a
亚历山大,J. 8–404c, 8–266e
亚历山大,J.W. 7–461a
亚历山大,S. 8–284d
亚历山大・比伊迪 1–288b
亚历山大博物馆 1–417c, 8–405c
亚历山大大帝 8–404e, 1–64e, 8–404b
《亚历山大大帝》 1–97c
亚历山大大学（埃及） 1–65f
亚历山大大学（芬兰） 3–445d
《亚历山大的功勋》 3–173f
亚历山大灯塔 1–65e
亚历山大东征 8–404f
亚历山大二世 8–405a
亚历山大・冯・洪堡 3–479b, 3–479f
亚历山大港 1–65e
亚历山大宫 2–288c
亚历山大广场 1–406c
亚历山大・卡拉乔治 8–405f
亚历山大里亚古城 8–405b
亚历山大里亚主教 8–399b
亚历山大六世 4–208e
亚历山大・涅夫斯基教堂 7–230a
亚历山大三世 8–404e
亚历山大石 4–245c
亚历山大图书馆 7–424f, 8–405c
《亚历山大镶嵌画》 5–17e
《亚历山大・谢纳韦尔》 5–166a
亚历山大一世 8–405d, 3–535f
亚历山大一世 8–405f
《亚历山大之战》 1–17a, 1–154c
《亚历山德里诺斯十四》 5–29c
亚历山德罗・迪・马里亚诺・菲力佩皮 1–412f
"亚利桑那"号纪念馆 8–166f
"亚利桑那"号战列舰 9–251e
亚利桑那陨石坑 9–140b
亚利桑那州 8–405f
亚利桑那州博览会 2–527a
亚利桑那州立大学 2–527a
亚临床肝癌 3–40c
亚临床感染 3–45b
亚临床甲减 4–137e
亚硫酸酐 2–429d
亚硫酸盐 7–4e
亚硫酰氯 8–174a
亚龙湾 3–335c, 6–404c
亚卢恩 7–550b
亚伦 8–406b
《亚伦的藜杖》 4–555f
亚罗号事件 2–257e
亚罗申科,N.A. 8–381d
亚麻 8–406b, 5–238c
亚麻酸 8–406c
亚麻织物 5–238e
亚麻子油 8–406c
亚马多,J. 8–406d
亚马孙大学 5–271a
亚马孙公司 7–524a
亚马孙海牛 3–337a
《亚马孙合作条约》 8–406e
亚马孙合作条约组织 8–406e
亚马孙河 8–406f, 4–514d
《亚马孙河》 2–170e
亚马孙河口 9–28b
亚马孙平原 8–407a, 2–407e
亚马孙王莲 7–502f
《亚马孙之战》 5–163a
《亚玛街》 4–489c
亚玛谢 9–36e
《亚梅托的女神们》 1–420e
亚美利加瀑布 5–579a
亚美利加洲 2–224b, 3–391f
亚美尼亚 8–407a, 2–353a
亚美尼亚高原 8–407f
亚美尼亚人 8–408a
亚美尼亚苏维埃社会主义共和国 1–68c, 8–407d
亚美尼亚语 8–408b, 8–407c, 8–408a
亚美尼亚族 8–407c
亚美人种 5–379c
亚眠大教堂 3–93b
《亚眠条约》 8–408c, 5–505e
亚穆苏克罗 8–408c
亚纳切克,L. 5–503c
亚纳耶夫,G.I. 1–146e
亚欧大陆 8–411f
亚欧大陆桥 2–94a
亚欧大陆桥公路 5–38a
亚欧第一大陆桥 4–78f
亚欧会议 8–408d
亚欧铁路大陆桥 8–408e
亚平宁半岛 5–205f, 8–566a
亚平宁山脉 8–408e, 1–9d
亚平宁山脉（月球） 9–122c
亚齐 8–408f
亚齐博物馆 1–223d
亚齐人 8–409a
亚齐王国 6–335f, 8–409a
亚齐语 8–409a
亚齐战争 8–409a, 8–409b
亚热带果树 3–300a
亚萨奇纳亚河 4–430b
亚瑟 8–409b
《亚瑟・萨维尔勋爵的罪行》 7–494e
《亚瑟王朝廷上的康涅狄格州美国人》 5–256c
亚瑟王传奇 8–409b
《亚瑟王之死》 5–269e
亚沙汉山 5–268c
亚声速飞机 2–507b
亚声速飞行 8–409c
亚声速风洞 2–563e
亚圣 5–389f
亚述 8–409d
亚述（古城） 1–55d, 2–218d
亚述–巴比伦语 7–192a
亚述巴尼拔 8–410a
亚述帝国 1–55d, 8–409e, 9–162f
亚述乌巴利特一世 8–409e
亚述学 8–410b, 2–319c
亚述语 1–36f
亚松森 8–410c
亚速尔群岛 8–410d
亚速尔自治区 8–410d
亚速夫 2–380c
亚岁 2–331f
亚太经合组织 8–410e
亚太经济合作组织 8–410e
亚太竹区 9–496d
亚特兰大 8–411a
亚特兰大国际机场 8–411b, 8–411b, 9–579e
《亚特兰蒂斯》 5–179b
"亚特兰蒂斯"号航天飞机 4–123c
亚铁磁体 2–47e
亚铁磁性 5–515a
亚铁化合物 7–379c
亚铁氰化钾 8–411c
亚烷基三苯基磷烷 7–548d
《亚威农少女》 1–327b, 2–443a
亚文化 8–411d
亚稳态 3–301f
亚稳相 2–513e
亚西雷塔–阿皮佩水电站 1–163c
《亚细亚的孤儿》 8–41e
亚细亚洲 8–411f
亚显微结构 3–437b
亚硝酐 2–151b
亚硝酸 5–590c
亚硝酸盐 7–4e, 8–411d
亚硝酸盐中毒 8–411d
亚辛 9–328e
《亚亚・加西亚》 5–240c
亚伊克河 8–2e
亚油酸 8–411e, 9–293d
亚原子粒子 4–40f
亚运会 8–419a
亚扎底律 1–197c
亚种 9–456f
亚洲 8–411f
亚洲奥林匹克理事会 8–419a
亚洲壁球联合会 1–333f
《亚洲的脉搏》 3–463c
亚洲地理人种 2–225f, 2–245a, 3–532f, 8–110e

亚洲电视节目交换网 8-419a
亚洲动物区系 8-414f
《亚洲腹地》 7-134d
亚洲蝮属 3-23e
《亚洲各国史（上）》 9-474f
亚洲和亲会 7-324a
《亚洲华尔街日报》 3-534b
亚洲鸡瘟 4-37b
亚洲金融危机 8-417d
亚洲竞技攀登委员会 6-43d
亚洲举重联合会 1-559c
亚洲开发银行 8-418d
亚洲论坛 4-23e, 8-154a
亚洲蒙古人种 5-379c
亚洲棉 5-410e
亚洲农业类型 8-416f
亚洲女子足球锦标赛 6-5c
亚洲人口 6-289c
《亚洲日报》 7-274f
亚洲摄影艺术联合会 4-547d
亚洲十字路口 1-19f
亚洲石油 8-412d
亚洲水牛 7-95c
亚洲四小龙 8-418e
亚洲-太平洋广播联盟 8-419a
亚洲太平洋研究所 2-319d
亚洲象 8-419a, 2-523f, 6-276f, 8-101b, 9-136f
亚洲象棋锦标赛 8-208d
亚洲象棋联合会 8-208d
亚洲小车蝗 3-604c
《亚洲学报》 3-381b
亚洲运动会 8-419a
《亚洲之声报》 7-239f
亚洲种族构成 8-416b
亚洲自然植被和土壤类型 8-414e
亚佐夫,D.T. 1-146e
氩 8-419d, 4-522d
氩-氩法定年 4-143d
咽 8-419d
咽扁桃体 8-188e
咽侧体 4-507d
咽鼓管 2-420b
咽鼓管病变 7-386b
咽结膜热 4-72d
咽颅 7-410f
咽炎 8-419e
《胭脂》 4-583d, 8-193b
胭脂花 9-533e
《胭脂扣》 8-193e
《胭脂泪》 8-38d
胭脂木 6-276f
烟波钓徒 9-217c
烟草 8-420a, 6-191b, 8-118e
《烟草》 6-384a
烟草甲 6-192a
烟囱 8-420c
烟墩 1-510d
烟碱 8-420d
《烟江叠嶂图》（王诜） 7-507e
《烟江叠嶂图》（文徵明） 7-602a
烟角树蜂 7-61a
烟晶 6-604e, 7-87c
烟煤 8-420d
烟幕弹 2-517e
《烟色故事》 3-177e
烟水菰芦中人 6-443e
《烟水寒》 6-198b
烟酸 8-420e, 8-420d
烟酸缺乏症 8-420e
烟台港 9-288b
烟台苹果 8-421b
烟台市 8-420f
《烟台条约》 8-421b, 4-597f, 5-554f
《烟台条约续增专条》 8-421d
烟筒花属 9-535a
烟土 8-387a
烟酰胺 3-3c
烟酰胺腺嘌呤二核苷酸 3-3c
烟酰胺腺嘌呤二核苷酸磷酸 3-3c
烟雨楼 4-132b
《烟雨濛濛》 6-239b
烟制品 1-314c, 4-203d, 4-346a, 7-118a, 8-371f
焉耆 8-421d
焉耆方言 7-445e
焉耆马 1-414e, 8-273d
焉耆盆地 8-421d
焉耆-龟兹文 8-422a
焉耆文 6-98a
焉耆语 8-421d
阉党 8-422a, 2-324b
阉割术 8-422b
阉宦 3-577f
《阉奴》 7-276e
阉人 3-577f
阏伯台 6-457a
淹水 4-252a
《淹死者的寓言》 2-182b
腌制 7-4d
鄢国 8-422c
鄢陵县 8-422c
鄢陵之战 8-422c, 2-37c
燕 8-422d
《燕北录》 6-153e
燕北闲人 7-590f
燕朝 3-142c
《燕都名伶传》 2-190d
《燕歌行》 3-76b, 6-121f
燕国 5-130a
燕国长城 1-509d
燕侯 5-130b
燕桓侯 8-422e
《燕郊集》 9-62d
燕京 2-80e, 3-309b
燕京大学 8-423a, 1-267b
燕京协和神学院 4-244f
燕明刀 2-155a
燕然山 3-390a
燕塞湖 6-198f
燕山 8-423a
燕山板栗 4-106e
燕山府 3-339f
燕山石油化学总公司 2-497e
《燕山侠隐》 4-582d
燕山秀 9-492e
《燕山夜话》 2-198d, 6-392f
燕山运动 8-423b
燕肃 8-423d, 9-309e
《燕台菊萃》 1-569b
燕太子丹 8-423a
燕王哙 8-422e
燕王喜 8-423a
燕下都古城 8-423d
燕下都遗址 5-251c
燕云十六州 9-30d
燕昭王 8-422f, 8-423e
燕赵 3-421a
燕州城遗址 5-68e
延安保卫战 7-519d
延安大学 8-423f, 5-166e
延安府 8-424c
延安革命纪念馆 8-424b
延安革命遗址 8-424a
延安华侨救国联合会 9-423b
延安平剧研究院 8-424b
延安青年艺术剧院 9-368b
延安市 8-424c, 4-410a
《延安颂》 9-275a
延安县 8-424c
延安新华广播电台 3-231c, 9-367d, 9-445b
《延安一月》 9-229c
《延安与八路军》 8-38d, 8-348f, 9-102c, 9-351d
延安整风运动 9-264a
延安自然科学院 1-269b
延边朝鲜族自治州 8-424d, 1-542a
延城 6-242a
延迟荧光 9-15a
延春阁 2-81b
延福寺 1-37e
延胡索 9-12e
延胡索丑素 8-424f
延胡索碱 8-424e
延胡索素 8-424e
延胡索酸 2-310a
延胡索乙素 8-424e
延吉市 8-424f
延吉县 5-141a
延期审理 8-425a

延庆县 8–425b
延森，J.V. 8–425b
延伸率 8–425c, 1–460d
延施，E.R. 8–545a
《延水谣》 9–275a
延绥镇 4–319c
延髓 8–425c
延误诊断 9–257b
延展性再贴现贷款 9–151b
芫荽 8–425d
严宝礼 7–589f
严澂 6–203a
严东生 8–425d, 9–376c
严凤英 8–425e, 7–366b
严复 8–425f, 3–287f
《严格保护珍贵稀有动物的通令》 1–360e, 9–250d
严耕望 8–426b
严浩 7–157c
严济慈 8–426c, 9–135e, 9–376c
严景耀 8–426e
严隽琪 8–426f, 9–382d
严可均 6–263b, 7–151e
严良堃 8–427a, 9–309c
严世蕃 3–512a
严嵩 8–427b, 3–119c
严肃剧 2–209e
严文锦 8–427c
严文井 8–427c
《严文井童话寓言集》 8–427d
严修 5–531f
严羽 8–427d, 1–475c
《严羽集》 8–427e
严志达 1–568c
严智开 3–287e
严智怡 8–427e
严重急性呼吸综合征 2–26b
严遵 4–562b
言慧珠 2–469b, 4–282d, 5–333c, 8–428a, 9–62e
言菊朋 8–427f
言论自由 8–428a
言派 8–427f
言情小说 8–428b
言心哲 8–428c
言兴朋 1–476e
言语 8–428d
言语表达过程 8–428d
《言语分析初探》 8–395f
言语行为理论 1–132d
言语障碍 8–428d
言语智商 7–543f
岩爆 8–428e
岩崩 1–312a
岩波书店 6–315d
岩彩画 9–460d
岩仓具视 2–88e, 8–428f
岩仓使节团 8–428e
岩层产状 8–428f
岩叠 9–228a
岩桂 3–247c
岩画 8–429b
《岩间圣母》 2–62e
岩浆 8–429c
岩浆爆发矿床 8–430a
岩浆分异作用 8–430a
岩浆混合作用 8–430b
岩浆活动 8–430a
岩浆矿床 8–429f
岩浆熔离矿床 8–429f
岩浆同化作用 8–430b
岩浆岩 8–430a, 4–9b
岩浆作用 8–430a, 4–502f
岩蛟 4–150d
岩金 4–243f
岩槛 3–422d
岩兰草 2–493e
岩雷鸟 4–569b
岩裂缝 2–228f
岩棉 8–363b
岩漠 3–578d
岩栖蝮 2–351e
岩崎弥太郎 6–396b
岩溶 8–430c, 4–364f
岩溶泉 6–266b
《岩溶学概论》 6–308b
《岩声》 2–205d
岩石 8–430c
岩石层 8–430e, 2–224d
岩石磁性 2–45e
岩石等时线 6–339d
岩石地层学 2–219c
岩石动力学 8–431a
岩石构造地质学 3–156b
岩石力学 8–430f
岩石圈 2–225a, 2–227e, 6–143b, 8–430e, 8–475d
岩石圈板块 1–228b
岩石渗透性 8–431a
岩石学 8–431b
岩石应力 8–431a
岩手山 1–134e
岩松鼠 7–160f
岩宿Ⅰ期文化 8–19e
岩藤壶 7–337c
岩体 5–453a
岩屑砂岩 6–431a
岩心 8–431e
岩心寺 8–431f
岩性圈闭 6–257b
岩性型油气田 9–39f
岩性油气藏 9–39d
岩盐 5–188d, 6–604a
岩羊 8–431f
岩质滑坡 3–541d
岩组学 3–156b
《岩组学》 6–411a
炎帝 8–432b, 3–582f, 6–392b, 6–513d
炎帝陵 8–432b
炎陵县 8–432c
《炎热的下午》 6–35b
炎症 8–432c, 3–5d
炎症性淋巴结肿大 5–93a
炎症性头癣 7–412b
沿边开放 8–432e
沿边十节度 7–346e
沿革地理 8–432e
沿海经济开放区 9–402c
沿海僧伽罗人 6–421a
沿海索马里语 7–232f
沿河土家族自治县 8–432f
沿河县 8–432f
沿淮菜 1–98d
沿江菜 1–98d
沿江平原 1–98f
《研究旅行指南》 4–615a
研究型大学 8–433a
研磨剂 5–464e
盐 8–433b
盐饼 7–357d
盐差能 5–564e
盐茶厅 3–354b
《盐场》 5–147f
《盐潮》 9–271d
盐城市 8–433b
盐城县 8–433c
盐虫子 5–160f
盐地碱蓬 4–585a
盐渎县 8–433c
盐度差能 3–351c
盐度计 8–433d
盐度跃层 9–126e
盐肤木类 8–43e
盐官 4–132b
盐官县 3–336f
盐湖 8–433d
盐湖城 8–433f
盐碱地 8–434a
盐碱地改良 8–434a
盐碱土 7–434f, 7–442c
盐碱土纲 7–442d
盐课 8–434c
盐类矿床 1–549f
盐漠 3–578d
盐丘 8–434d
盐溶角砾岩 9–262d
盐商 8–434e
盐商资本 7–451b
盐生草甸 1–481c
盐水 2–242e
盐水丰年虫 5–160f

盐水丰年虾 5-160f
盐水楔型河口 3-423c
盐水浴 7-92f
盐酸 8-434f
盐酸黄连素 8-221b
盐汤探吐方 7-447c
盐田港 6-509b
盐铁官营 3-380c
盐铁会议 8-435a
《盐铁论》 8-435a, 3-576a
《盐铁论·散不足》 7-318b
盐铁使 8-435b
盐铁之议 8-435a
盐铁转运使 8-435b, 9-511d
盐土 8-435c
盐腺 8-435d
盐岩 9-262d
盐业银行 1-284b
盐引 8-434e
盐浴炉 3-127c
盐云草 1-423e
盐运使 9-511d
盐泽 5-201b
盐泽幸一 8-508c
盐渍土 7-434f
《盐渍土的水盐运动》 6-607d
阎百川 8-436f
阎逢春 8-435d
阎浮提 7-147b
阎膏珍 8-435f
阎惠昌 9-445b
阎家岗遗址 4-327f
阎甲 8-435f
阎甲科 8-435f
阎岚秋 3-391c
阎乐 6-197f, 9-230d
阎立本 8-436a
阎立德 8-436c
阎明复 8-436d
阎毗 8-436a, 8-436c
阎若璩 8-436e
阎书勤 8-553f
阎锡山 8-436f, 7-270c
阎志吾 5-248f
蜒蚰 4-510c
蜒蚰螺 7-608a
《揅经室集》 6-344e
颜福庆 8-437a, 8-202a, 9-432b
颜杲卿 1-106a, 8-438b
颜光禄 8-438a
《颜光禄集》 8-438a
《颜家庙碑》 8-438c
颜介 8-438d
颜筋柳骨 5-133d
颜李学派 8-437b
颜良 3-208b
颜料 8-437b
颜鲁公 8-438b
《颜鲁公述张旭笔法记卷》 4-403a
颜佩韦 6-233f
颜其德 9-387f
颜清臣 8-438b
颜色混合 7-30f
颜色铅笔 6-159d
颜色同质多晶 7-399d
颜色釉陶瓷 8-437c, 4-310e
《颜山杂记》 5-130c
颜师古 7-213e
《颜氏家训》 8-437e, 4-127c, 8-438e
颜体 8-438b
颜文樑 8-437e
《颜文樑画集》 8-438a
颜谢 8-438a
颜延之 8-438a, 2-354a, 9-93a
颜元 8-438a, 3-112c
颜真卿 8-438b, 2-380d
颜之推 8-438d, 7-213a
《颜子所好何学论》 1-593a
檐廊 4-549d
奄蔡 8-438e, 6-359b
奄国 5-162a
兖州 8-438e
兖州煤田 4-84e, 8-438e
兖州市 8-438e
兖州县 8-438e
匽 8-422d
衍射 8-438f
衍射光栅 2-589b
衍射图样 3-220e
衍生金融商品 4-250e
衍生灾害 9-543d
衍蜓 6-278d
弇州山人 7-508e
《弇州山人四部稿》 6-5c
掩蔽阈限 7-386a
掩食双星 7-80c
掩土建筑 6-535a
掩网 9-63f
掩星 8-438f
郾 8-422d
眼 8-439a
眼斑 6-542b
眼虫藻门 5-226c
眼底检查 8-439c
眼底镜 3-355d
眼点 8-439a
眼蝶 8-439f
眼蝶科 8-439f
眼肌瘫痪性偏头痛 6-81c
眼睑 8-439c
眼界 4-311c
眼镜 8-439f
眼镜猴 8-440b
眼镜蛇 8-440c
眼镜蛇毒 8-440d
眼镜王蛇 2-351e
眼眶 8-439c
眼膜曲率计 3-355d
眼囊尾蚴病 9-495d
眼球钝挫伤 8-440e
眼球破裂伤 8-440f
眼球震颤 8-440d
眼树莲属 5-222e
眼外肌 8-439c
眼外伤 8-440e
眼性斜颈 8-237c
眼震 8-440d
眼子菜 8-441b
偃师商城 8-441b
偃师市 8-441d
偃师县 8-441d
偃松 7-161a
《罨画图》 1-553f
演出税 1-231a
演进性优生 9-29f
《演剧漫谈》 9-102c
《演炮图说》 2-305d, 8-107d
《演炮图说后编》 2-305e
《演炮图说辑要》 2-305e
《演说家对话录》 7-244c
《演说术》 6-112b
《演说术原理》 4-510a
《演戏》 1-234e
演义 3-558f
演义小说 8-441e
演绎逻辑 8-441e, 7-449c
演绎推理 5-222e, 7-449c
演音 4-610f
演员 8-441e
《演员手记》 5-84c
《演员游记》 1-97c
《演员自我修养》 7-134c, 9-274e
鼹科 7-2c, 8-441f
鼹兽科 9-195e
鼹鼠 8-441f
鼹形田鼠 7-371d
厌倦 6-77a
厌胜钱 8-385e
厌食症 6-512c
《厌世与忏悔》 6-235f
《厌世者和奥弗涅人》 4-512e
厌世主义人生观 6-297e
《厌恶》 2-183d
厌恶疗法 8-442a
厌氧光合菌 5-132b
厌氧菌 4-136a, 8-442b
厌氧菌感染 8-442b
厌氧生物处理法 2-536b
砚 8-442c
砚甲 5-582f
《砚林诗集》 2-306c

砚屏 6-95e
《砚史》 3-64e
砚台 8-442c
砚瓦 8-442c
彦琮 3-557b
艳榄仁树 4-436f
《艳情代郭氏赠卢照邻》 5-234a
艳修虎蛾 3-518b
《艳阳楼》 9-62c
《艳阳天》(电影) 1-479c, 5-84c, 6-595f
《艳阳天》(小说) 3-407a
晏幾道 8-442e
晏如居士 8-18e
晏殊 8-442f
晏阳初 8-443a, 6-91b, 8-189a
晏婴 3-420c, 8-443b
晏元献 8-442f
《晏子春秋》 8-443b
晏紫 7-523f, 7-579b
《宴会者》 1-41e
宴乐舞蹈 9-366e
宴乐渔猎攻战纹壶 8-443c
验潮 8-443d
验潮仪 8-443d
验潮站 8-443d
验光 8-443e
《验尸格目》 2-458c
谚文 1-540f
谚语 8-444a
堰 8-444b
堰塞湖 8-444b
《雁》 6-420d
雁翅城 1-583b
雁宕山樵 1-553b
雁荡三绝 8-444c
雁荡山 8-444c
雁翎队 1-208b
《雁翎队》 5-502b
雁门关 8-444c, 6-441c
《雁门集》 6-358b
《雁门太守行》 4-597c
《雁南飞》 8-444e
雁石溪 4-321b
雁属 3-485b
《雁寺》 7-96d
《雁舞》 5-380f
雁形目 8-444e
焰鹳 2-86c
焰光佛 2-75f
《焰火音乐》 3-462a
焰口 8-444f
《焰口饿鬼经》 8-444f
焰王光佛 2-393a
焉流法 7-500f
燕 8-444f
燕蛾 8-445a
燕蛾科 8-445a
燕凤蝶 2-580c
《燕归来》 2-68f
燕麦 8-445b
燕麦属 8-493e
燕南芝庵 8-445d, 1-529a
燕妮·冯·威斯特华伦 5-255b
燕鸥 8-445d
燕隼 7-225b
燕铁木儿 9-97f
燕尾 4-261f
燕尾草 2-43c
燕窝 4-257c
燕鳐鱼 2-510d
燕鱼 4-544a
燕乐 1-410d, 2-40f, 4-472d, 7-500b
燕乐半字谱 3-121c
燕乐二十八调 1-471a
《燕乐书》 1-471a
《燕乐原辨》 1-471a
《燕知草》 9-62d
燕子 8-444f
《燕子花图屏风》 7-562c
燕子矶 8-445e
《燕子笺》 6-343d
《燕子龛诗》 6-584b
赝标介子 4-233c
嚥呔 8-504e
央斯基, K.G. 8-445e, 6-502f
泱徒 5-302d
秧歌 8-445f, 1-544a
秧鸡 8-446c
扬, P.M. 4-424e
《扬·毕毕扬在月球上》 1-69a
《扬鞭》 4-24d
扬布里柯 8-264e
扬程 8-446d
扬程-流量曲线 8-446d
扬帆 6-40c
扬格利, M.K. 9-68b
《扬·胡斯》 2-209f
扬剧 8-446e
扬卡利动物园 5-578b
扬凯列维奇, Yu. 5-86c
扬略 5-419b
扬帕河 4-431d
扬弃 8-446e
扬琴 8-446f
扬琴调 7-147a
扬森斯, A. 2-585e
扬沙 6-422c
扬式糕点 3-81e
扬雄 8-447a, 2-491a
扬越 9-127b
扬中市 8-447b
扬中县 8-447b
扬州 8-448e
扬州八怪 8-447c, 6-223a, 7-487a
扬州港 8-448e
《扬州恨》 9-192c
扬州花鼓戏 8-446e
《扬州画舫录》 3-525e, 4-281f, 5-445e, 7-148a, 8-314d
扬州画派 8-447c
扬州鉴真纪念堂 8-447f
扬州名园 8-448a
扬州评话 8-448b
扬州清曲 8-448d
扬州市 8-448e, 4-179b
扬州弹词 8-448e
扬子鳄 8-448f, 1-99b
扬子鳄自然保护区 8-449b
扬子江 8-449b, 1-513a
《扬子江三峡计划初步报告》 6-368e
扬子县 8-538b
扬子准地台 2-5f
羊 8-449b
羊八井 8-449c
羊八井地热电站 8-449d
羊八井宗 8-449d
羊草 8-449d, 8-133e
羊肠衣 1-523f
羊齿植物门 4-350a
羊颠疯 2-270f
羊肚菌 8-449e
羊耳蒜属 4-541a
羊毫笔 5-313b
羊祜 4-273c
羊角 4-203d
羊角豆 3-595c
羊角风 2-270f
羊角市 2-81d
羊苴咩城 9-329e
羊蜡酸 7-226f, 9-293c
羊马河战役 8-87d
羊马墙 1-583b
羊毛 8-449e
羊毛婚 4-223b
羊毛湾 7-572c
羊毛甾醇 8-449f, 9-149f
羊毛脂 8-450a
羊皮筏 6-71e
羊皮文献 7-596b
羊栖菜 3-450d
羊起石 8-451f
羊渠县 7-484e
《羊泉村》 8-450a, 7-552c
羊水 8-450a
羊水过多 8-450b
羊水过少 8-450b
羊水栓塞 8-450b
羊桃 9-415b
羊蹄甲 8-450c
羊蹄甲属 8-450c
羊驼 8-450d

羊痫风 8-450e, 2-270f
羊油酸 7-226f, 9-293c
《羊脂球》 5-214b
羊脂酸 7-226f, 9-293c
羊脂玉 3-420a, 6-346f, 9-77f
羊卓雍错 8-450e
羊卓雍湖抽水蓄能电站 3-152b, 8-450f
阳安县 9-525d
阳闭证 4-390d
阳常有余阴常不足论 9-480b
阳城湖 8-450f
阳城县 2-191e
阳澄湖 8-450f
阳澄湖大闸蟹 4-509e
《阳春六集》 9-193f
阳春砂仁 6-430d
阳春市 8-450f
阳春县 8-451a
阳地植物 8-494f
阳电子 9-265f
阳都县 5-595a
阳关 8-451a, 2-377a
《阳关曲》 8-451b
《阳关三叠》 8-451b
《阳光灿烂的日子》 4-187a, 9-352d
《阳光溪农场的丽贝卡》 8-338f
《阳光照耀之地》 8-523d
阳翰笙 8-451b
阳湖派 8-451c
阳虎 5-162b
阳极 2-281a
阳极保护 4-255f
阳极钝化 2-379c
阳极型缓蚀剂 3-576f
阳极氧化 8-451d
阳江市 8-451d
阳经郄穴 8-147f
阳离子 4-578a
阳离子表面活性剂 1-356a
阳离子交换树脂 4-578f
阳历 3-134c, 5-16f
阳陵虎符 3-518d
阳脉之海 2-350e
阳明病 8-451e, 6-450e
阳明腑证 8-451e
阳明经证 8-451e
阳明文库 4-279f
阳明先生 7-509b
阳明学派 8-451f, 5-169c, 8-256a
《阳平关》 3-596c
阳起石 8-451f, 9-76f
阳跻脉 8-451f
阳丘县 9-221a
阳泉煤矿 6-440f
阳泉市 8-452a
阳热证 7-152b
阳伞效应 4-575a
阳石 8-451f
阳朔县 8-452b
《阳台》 3-578c, 6-281d
阳桃（杨桃） 2-54e, 8-463b
阳桃（中华猕猴桃） 9-415b
阳桃属 2-54e
阳维脉 8-452c
阳痿 8-452c, 8-325b
阳文 9-512a
阳文印 8-138f
阳虚证 7-3e
阳友鹤 8-452d
阳原县 8-452e
阳翟县 9-72f
杨，F.L. 8-452f
杨，T. 8-453a, 3-228e, 5-562d, 5-600c, 8-74e, 8-74f, 8-462a
杨安儿 3-468d
《杨八姐游春》 2-427c
杨白冰 8-453b
杨宝林 3-163a
杨宝森 3-391c, 8-453c
杨宝忠 8-453c, 3-391c
《杨宝忠京胡经验谈》 8-453c
杨彼得 6-519d
杨宾 2-153f
杨波 6-88f
杨补 3-556d
杨粲 8-453d
杨粲墓 8-453c
杨朝熙 6-429a
杨朝英 1-529a
杨潮观 8-453d, 5-447b
杨臣诤 5-375d
杨晨 3-613c
杨成芳 1-208a
杨成武 8-453e
杨成业 8-459e
杨成志 8-453f
杨承瓒 8-454e
杨赤民 8-458a
杨重贵 8-466d
杨崇瑞 8-454b
杨崇瑞奖金 8-454c
杨崇伊 6-180a, 8-68d
杨处道 8-463a
杨传广 8-454c
杨春增 9-396b
杨邨人 7-267e
《杨达波条约》 9-10c
杨大彪 4-282e
杨得志 8-454d
杨德昌 7-250e
杨度 8-454e
杨端家族 8-453d
杨二尾舟蛾 9-464b
杨二喜 8-464e, 9-62c
杨二庄义学 8-61b
杨峰 8-465b
杨凤岐 6-17a
杨芙清 8-454f
杨辅清 7-352f
杨干隐喙象 8-208b
《杨高传》 4-598e
杨格，O.D. 8-455a
杨格计划 8-455a
杨根思 8-455b
杨根思连 8-455c
杨耿光 8-456f
杨公南 8-465f
杨拱辰 8-464e
杨光远 2-88f
杨广 8-455c, 1-557f, 7-210e, 7-214c
杨贵 8-458a
杨贵妃 8-455c, 7-316d
《杨贵妃》 2-541c, 4-596f
杨贵妃墓 8-303f
杨国栋 6-164d
杨国庆 9-424a
杨国忠 8-455d, 4-604e
杨海泉 1-276d
杨浩 9-67d
杨镐 6-305e, 6-358f, 8-334a
杨颢 2-121e
杨鹤亭 5-274d
杨宏度 8-453d
杨虎城 8-455e, 7-433e, 8-82b
杨虎城将军纪念室 3-96f
《杨花》 9-197e
《杨花恨》 7-7e
杨桦 9-309c
杨涣 6-600a
杨辉 8-455f
杨辉三角 9-570b
《杨辉算法》 8-455f
杨晦 1-551a
杨惠根 9-346c
杨积微 8-462d
杨级 4-239b
杨稷 8-461f
杨骥生 8-457b
杨家埠村 7-560e
杨家埠木版年画博物馆 7-561a
杨家埠年画研究所 7-561a
《杨家府演义》 8-455f
杨家沟革命旧址 5-401f
杨家将 8-466e
《杨家将》 6-183c
杨家岭革命旧址 8-424b
杨家山65号墓 1-517c
杨家湾汉墓 1-515f
杨家湾陶俑 8-456a
杨嘉墀 8-456b
杨嘉仁 9-309c

杨坚 **8–456d**, 1–257f, 1–287d, 6–54e, 7–210e, 7–214a, 9–472d
杨简 **8–456d**
杨戬 7–170a
杨建文 8–458a
杨鉴初 4–101d
杨绛 **8–456e**
杨杰 **8–456f**
杨晋 4–405d, 7–498e
杨景度 8–459f
杨靖宇 **8–457b**, 2–315e, 4–315d
杨靖宇支队 8–457c
杨静仁 **8–457c**
杨静亭 4–282e
杨炯 **8–457d**
杨君默 8–459e
杨筠松 2–567e
杨骏 1–146a, 4–140a, 4–275c
杨开道 **8–457e**
杨开慧 **8–457f**
杨可 3–82c
杨铿 7–481e
杨逵 **8–458a**
杨堃 **8–458a**
杨力宇 2–202d
杨立铭 9–55d
杨丽坤 8–48a
杨丽萍 **8–458b**
杨利伟 **8–458c**
杨笠湖 8–453d
杨连弟 9–396b
杨涟 **8–458d**, 2–324b, 6–381f
杨炼 5–376a, 8–380b
杨陵区 **8–458e**
杨柳科 **8–458e**
杨柳青 **8–458f**
杨柳青博物馆 8–458f
杨柳青年画 **8–458f**, 5–585a
《杨柳浴禽图》 9–479f
《杨柳枝》 4–348c
杨六郎 8–465e
杨隆演 5–542e, 8–24f
杨茂 **8–459b**
杨懋春 **8–459c**
杨梅 **8–459d**
杨梅山 9–80a
杨梅状痣 8–373e
《杨门女将》(电影) 2–56d
《杨门女将》(戏曲) 1–215d, 3–281e
杨濛 8–164b
《杨孟文颂》 6–600a
杨–米尔斯场理论 8–468a
杨勉仁 7–248d
杨明 7–525c, 8–338e
杨明轩 **8–459d**, 9–383e
杨沫 **8–459e**, 6–204d
杨默 8–459e
杨木 8–462d
杨讷 5–447b
杨凝式 **8–459f**
杨派 8–464f
杨平王 6–587a
杨浦区 **8–460a**
杨溥 **8–460b**, 7–248d, 8–24f
杨岐禅法 1–500c
杨其敏 9–474f
杨起隆 9–486b
杨谦光 8–455f
杨青 3–195e
杨庆堃 **8–460c**
杨庆善 8–465c
杨衢云 8–304c
杨全仁 6–260c
杨泉 8–74b, 8–361e
杨荣 7–248d, 8–461f
杨荣国 **8–460d**
杨汝岱 **8–460e**
杨锐 6–179f, 6–222c, 6–224e, 7–285e, 8–69c
《杨三姐告状》 1–580f, 6–94d, 8–266a
杨三郎 **8–460e**
杨扇舟蛾 9–464b
杨尚昆 **8–460f**
杨绍复 3–613b
杨绍和 3–354c
杨深秀 6–222c, 7–285e, 8–68f
杨慎 **8–461b**
杨升庵 8–461b
杨昇 5–466e
杨胜 **8–461c**
杨石先 **8–461e**
杨时 1–593b, 2–324a, 3–503d, 3–516f
杨时斋 8–467e
杨士奇 **8–461f**, 7–248c
杨士勋 3–191d
杨氏模量 3–506a, 8–453b
杨氏实验 **8–462a**, 8–453a
杨氏双缝实验 8–453a
杨世峻 8–467d
杨世彭 8–194c
杨世焯 8–202a
杨守敬 **8–462b**
杨守敬纪念馆 8–540b
杨守玉 7–196f
杨淑敏 8–266a
杨属 8–458e
杨树 **8–462c**, 8–458f
杨树达 **8–462d**
杨朔 **8–462e**
《杨思温燕山逢故人》 3–170a
杨四娘子 3–468e
杨嗣昌 **8–462f**, 5–449b
杨素 **8–463a**, 7–210f, 7–214c
杨素兰 4–406e, 9–470e
杨桃 **8–463b**
杨天禄 3–515f
杨天笑 3–541b
杨廷宝 **8–463c**
杨廷秀 8–463d
杨万里 **8–463d**
《杨万里选集》 8–463f
杨维昇 8–456d
杨文会 **8–463f**, 4–244e, 6–16e, 7–285e
杨文军 6–72c
《杨文敏集》 7–248d
杨文孺 8–458d
杨文弱 8–462f
《杨文弱先生集》 8–463a
杨文意 9–44a
杨渥 8–24f
杨希闵 5–71c, 7–307d
杨羲 6–467c
杨仙逸 **8–464b**
杨贤江 **8–464c**
杨显之 9–98f
杨献珍 **8–464d**
杨向奎 **8–464e**
《杨向奎学术》 8–464e
杨象乾 8–458a
杨小朵 8–453c
杨小楼 **8–464e**
杨小亭 3–163a, 9–410d
杨小燕 **8–465a**
杨笑梅 5–487c
杨惺吾 8–462b
杨行密 4–589a, 8–24e
杨杏佛 **8–465a**
杨秀峰 **8–465b**
《杨秀峰文集》 8–465c
杨秀林 8–465b
杨秀清 **8–465c**, 7–258c
杨玄感 **8–465d**, 7–211e
杨衒之 1–285e, 5–233a
杨雪毒蛾 2–351b
杨延朗 8–465e
杨延昭 **8–465e**
杨炎 **8–465f**
杨扬 **8–466a**
杨阳 **8–466c**
杨么 9–201d, 9–455b
杨耀 **8–466c**
杨业 **8–466d**, 5–67c, 6–41c, 8–465e
杨一清 **8–466e**
杨仪 4–193f
杨沂孙 **8–466f**
杨以增 3–354c
杨亿 1–484e, 8–94d
杨义贞 2–89e
杨易辰 **8–467a**
杨挹殿 6–63e
杨益言 3–476d

杨荫浏 8–467b
杨殷 8–467c
杨应龙 1–396b, 7–481e
杨应宁 8–466e
杨瑛 8–38b
杨莹叔 8–462e
杨影 2–203e
杨永泰 9–281c
杨咏春 8–466f
杨勇 8–467d
杨用修 8–461b
杨侑 7–210e
“杨余傅”事件 5–79b
杨宇霆 2–581c
杨育才 9–396b
杨遇春 8–467e
杨遇夫 8–462d
杨毓瑨 8–462e
杨月楼 8–464e
杨岳彬 3–177c
杨恽 8–467e
杨恽祖 7–8b
杨在葆 8–467f
杨钊 7–316d, 8–455d
杨振九 8–467a
杨振宁 8–468a
杨政宗 1–500c
杨志玖 8–468b
《杨志卖刀》 7–60c
杨忠 7–214a
杨终 1–198a
杨钟健 8–468b
杨朱 8–468d
杨朱学派 8–468d
杨子华 8–468d
杨子青 6–429a
杨子幼 8–467e
杨子舆 8–466f
杨宗海螺蛳 5–225d
杨宗稷 3–215b
杨祖德 1–241f
佯偾语 8–468e
洋 3–346e
洋鞍渔场 9–464e
洋白菜 3–35c
洋菜 6–239c
洋车 3–580d
洋车夫生活状况调查 6–485d
洋葱 8–468f
洋葱节 1–397b
《洋大人注》 2–183f
《洋底》 8–127e, 9–33c
洋底变质作用 1–346e
洋地黄苷 8–468f
洋地黄类制剂 6–179c
洋丁香 2–310a
洋行 8–469b
洋河 3–328c, 9–25a
洋红梨 9–13b
洋槐 2–52a
洋黄梨 9–13b
洋脊地震带 2–246d
洋脊火山 3–322b
洋姜 4–333d
洋金花 5–308f
洋禁 3–328f
洋泾浜语 8–469d, 6–73d
洋例银 8–580d
洋流 8–469d, 3–331d
洋麻 3–471f
《洋麻将》 9–485c
洋马儿 1–547b
洋蘑菇 5–465a
洋柠檬 5–597c
《洋盆的历史》 3–447e
洋盆火山 3–322b
洋蒲桃 7–323c
洋浦 2–145e
洋浦港 3–335c
洋钱 8–469d
洋枪队 1–525f
洋壳 2–231c
洋芹 6–195f
洋琴 8–446f
洋山港区 6–462c
洋芍药 2–90f
洋水仙 7–102a
洋务派 6–222a, 7–597a, 8–469e
洋务学堂 3–59f
洋务运动 8–469e, 4 597d
洋芋 5–267e
洋中海台 3–322a
洋装 8–117c
仰鼻猴 4–257a
仰覆莲花尊 5–40b
仰覆莲六系青瓷尊 2–572c
仰光 8–470c
仰光大金塔 8–470e
仰光河 8–470d
仰光话 5–415e
仰韶文化 8–470f, 1–466f, 5–140b, 5–252d, 7–404b, 8–13a
仰韶文化遗址 8–379d, 8–470f
仰头–抬颏手法 8–248d
《仰卧漫录》 9–266a
仰泳 8–471d
养蚕 8–471e
养肺 1–422f
养分 7–157d
养蜂 8–471f
养护工程 2–164d
养鸡业 8–358f
养老保险 8–472c, 6–450d
养老保险基金 8–472d
养老院 4–315a
《养老院院长》 7–333a
养廉银 6–231b
养生 8–472e
《养生之道》 9–199d
养心安神 1–105e
《养性延命录》 8–473c
养血 1–423d
养阴 1–424c
养阴清肺 8–473c
《养知书屋遗集》 3–252f
养知先生 3–252e
养猪业 8–358e
氧 8–473d, 4–527e, 6–111b, 6–502a
氧饱和度曲线 4–34f
氧氟沙星 3–408b
氧合血红蛋白 8–374d
氧化 8–473e
氧化安定性 6–352e
氧化丙烯 3–575e
氧化反应 8–474c
氧化钙 8–473f
氧化还原滴定法 2–547a
氧化还原电场 2–220f
氧化还原电势 8–474a, 2–281b
氧化还原反应 8 474a
氧化还原树脂 8–474c
氧化还原学说 6–272e
氧化还原指示剂 9–310b
氧化剂 8–474d, 8–474b
氧化降解 4 193a
氧化铝 8–474d
氧化酶 3–303e, 7–456f
氧化镁 8–474e
氧化数 8–474b
氧化铁 8–474f
氧化铁红 8–474f
氧化铁硫杆菌 6–546e
氧化铜 8–475c
氧化物 8–475a
氧化物单晶 3–229d
氧化物基金属陶瓷 4–256e
氧化物矿物 4–503b
氧化锌 8–475b
氧化学说 4–527e
氧化亚氮 2–151a
氧化亚铁 8–474f
氧化乙烯 3–576a
氧化作用 2–564f
氧结合曲线 4–34f
氧解离曲线 4–34f
氧精炼法 7–380d
氧气疗法 8–475c
氧气转炉钢 3–54c
氧循环 8–475d
氧中毒 8–475d
痒辣子 2–51f

痒螨 6-80c
痒痒树 9-535a
样板戏 8-475e
样本 7-65d
样本均值 7-65f
样本量 7-65d
样式 7-121d
样式雷 8-476a
样式主义 8-476a
恙虫病 8-476c, 9-543c
恙螨 6-80c, 8-476c
幺模 5-453c
《夭折》 1-574e
妖书案 8-476d
腰板 1-229a
腰骶部劳损 8-476e
腰鼓 8-476f, 3-190b
腰鼓舞 8-476f
《腰鼓舞》 8-446b
腰果 8-477a, 6-125c
腰机 2-500e
腰坑 9-364d
腰麻 5-239a
腰牌 8-477b, 3-518d
腰切大蚊 2-107f
腰痛 8-477d
腰腿痛 8-477d
腰椎 3-188e
腰椎间盘突出症 8-478a
《邀舞》 7-540f
尧 8-478b, 6-392b
《尧峰文抄》 7-487b
尧峰先生 7-487b
尧骨 5-67e
尧呼尔 9-83d
尧呼尔语 9-83c
尧庙 5-90b
尧人 8-478c
尧语 8-478c
姚察 1-565e, 5-54c
姚苌 8-478c, 3-493c, 6-162e
姚崇 8-478d, 7-316c
姚从吾 8-478e
《姚从吾先生全集》 8-478f
姚存吾 8-478e
姚复庄 8-480a
姚公茂 8-479e
姚冠三 8-480d
姚广孝 8-478f, 9-26a
姚汉英 8-480d
姚合 8-479a
《姚合诗集》 8-479b
姚泓 3-493e
姚姬传 8-479c
姚稽川 8-479c
姚贾 8-479a
姚简 1-565e
姚江学派 8-451f
姚景茂 8-478c
姚连蔚 8-479b
姚梅伯 8-480a
姚门四杰 2-487e, 5-338a
姚梦縠 8-479c
姚秘监 8-479a
姚明 8-479b
姚鼐 8-479c, 3-177f
姚明叔 8-480f
《姚内奇》 6-154b
姚培谦 7-172f, 9-94e
姚蓬子 8-209c
姚启圣 6-579d
姚庆章 9-237e
姚石甫 8-480f
姚士鳌 8-478e
姚枢 8-479e
姚水娟 8-479e
姚思廉 1-565d, 5-54c
姚宋 8-478e
姚文甫 9-562c
姚文元 8-479f, 6-392f
姚襄 3-493d, 3-576b, 8-478c
姚燮 8-480a
姚兴 3-493d, 4-318f, 5-532d, 6-588a, 7-174c, 7-416b, 8-161b, 8-478d
姚璇秋 8-480c
姚雪垠 8-480d
姚雪斋 8-479e
姚一苇 9-374d
姚依林 8-480e
姚弋仲 3-493d, 8-478c
姚莹 8-480f
姚禹玄 9-194b
姚元崇 8-478d
姚增禄 3-20d, 9-58f
姚占卿 8-478e
姚之富 2-22c
姚之骃 2-320e
姚最 3-557b
窑 3-127a
窑变 4-360d
窑洞 8-481a, 2-240f, 4-166e
窑窑 7-438d
《谣曲集》 1-196c
摇（东海王） 9-127b
摇摆感 4-350e
摇摆舞 5-128e
摇摆乐 4-350e
摇风 6-448b
摇光 1-259f
《摇滚青年》 7-372f, 9-352c
摇滚舞 5-128e
摇滚乐 8-481b, 7-391e, 9-460d
摇篮曲 8-481d
摇蚊 8-481d, 4-54e
摇奏安格隆 1-97b
徭役 3-13e, 9-148f
《遥拜队长》 6-320f
遥测 8-481f, 8-482e
遥测船 1-486f
遥感 8-481f
遥感测绘 8-482a
《遥感大词典》 1-566a
《遥感地学分析》 1-566a
遥感技术系统 8-482a
遥感考古 8-482b
遥感平台 8-482a
遥感器 8-482a
遥感数字制图 8-482c
遥感图像处理 8-482c
遥感信息地理数据库 2-226c
遥控 8-482d
遥控制导 2-156c, 4-305c
遥视 1-532b, 8-254c
遥信 8-482e
《遥夜集》 4-421a
《遥远的爱》 1-560e
《遥远的花园》 8-125d
《遥指》 4-140d
瑶斑布 8-483c
瑶老 8-482f
瑶老制 8-482f
瑶琳仙境 7-400d
瑶人 5-309b
《瑶人之鼓》 2-131f, 8-483f
瑶山祭坛 4-104f
瑶山遗址 8-482f
瑶文 5-413e
瑶语支 8-483a
瑶族 8-483b, 4-518f, 5-309b
瑶族长鼓 3-190d
瑶族石牌制 8-483c
瑶族铜鼓舞 7-402c
瑶族舞蹈 8-483d
《瑶族舞曲》 6-65e
繇君丑 3-369c
鳐形目 8-483f
鳐亚目 8-483f
《鳐鱼》 8-162a
咬鹃 8-484a, 3-161b
咬鹃科 8-484a
《窈窕淑女》 1-118b, 3-198c, 5-349d
药斑布 4-545e
药材甲 6-192a
药典 8-484a
药都 1-411a
药发傀儡 6-104d, 9-386d
药膏 3-81d
药瓜 3-203a
药害 9-302d
药衡磅 1-235d
药壶法爆破 1-253b

药金 5-48e
药酒 8-484b, 4-324d
药理学 8-181c
药芹 6-195f
药泉 9-124b
药杀水 4-330d
药膳 8-484b
药身 2-134c
药师佛 2-318f, 2-581e, 5-587c
药师如来 2-318f
药师三尊 2-318f
药师寺 5-515c
药室法 1-253b
药室放电式电热炮 2-287b
药王 8-484c, 7-221a
药王会 8-484d
药物 8-484d
药物成瘾 8-485a
药物代谢 7-46a
药物分子设计 2-552b
药物肝炎 3-42d
药物及中毒性白内障 1-203f
药物滥用 8-485a
药物理疗法 7-476a
药物偏性 8-485d
药物外治法 7-475f
药物性鼻炎 1-315a
药物性低血糖症 2-207a
药物性皮炎 8-485d
药物性舞蹈病 8 63f
药物性性早熟 8-327f
药物学 8-484d
药物依赖 8-485a
药物引产 6-286f
药物浴 7-92f
药物中毒 8-485b, 4-72a
药物中毒性聋 9-501a
药物中毒性头晕 7-412c
药物作用 8-484e
药性 8-485d
药银 5-48e
药用保健茶 1-490a
药用大黄 2-87c, 5-70b
药用高分子 3-140c
药用罂粟 9-12b
药用作物 9-580c
药玉米 8-569d
药疹 8-485d
要地防空 2-496c
要式合同 3-411b
要式婚 7-29a
要式行为 8-321a
《要释》 3-87d
要术 6-129c
要素价格理论 7-537b
要素膳 5-89e
要素主义教育 8-485e
要物合同 3-411b
要约 3-411d
要约人 3-411d
要约受领人 3-411d
“鹞”式飞机 2-34c
“鹞”式战斗/攻击机 8-485f
鹞鹰 1-475b
鹞子 2-570b
曜变 4-164c
曜变天目 7-354f
曜仪城 5-232c
耀斑 7-265a
耀屈之 5-67e
耀州碑林 6-447c
耀州青瓷 6-447b
耀州窑 8-486b, 6-204f
耀州窑博物馆 7-402a
耶勃城遗址 1-55b
《耶德曼》 4-22d
耶尔姆,P.J. 5-496b
耶尔穆克河 3-84f
耶尔内费尔特,A. 8-486c
《耶弗他》 6-218e
耶格尔,W. 8-321e
耶古卜·伊本·莱伊斯 6-360b
耶户王朝 8-552d
耶拉孔波利斯遗址 8-486d
耶里米亚斯·戈特黑尔夫 1-326e
耶利哥遗址 8-486d
耶利米 8-486f
《耶利米哀歌》 8-486f
耶利内克,C. 3-374c
耶利内克,E. 8 487a
耶利内克,G. 8-487a
耶利瓦勒 6-348a
耶烈万 1-68c
耶林,R.von 8-487b, 6-46c
耶鲁,E. 8-487d
耶鲁大学 8-487d
耶鲁大学图书馆 8-487e
耶鲁学院 8-487d
耶路撒冷 8-487e, 9-36e
《耶路撒冷》 4-517d
《耶路撒冷去来》 1-297e
耶路撒冷王国 6-592b
耶律阿保机 1-2d, 6-153e
耶律阿勒弥 1-332f
耶律楚材 8-488a
耶律大石 5-63e
耶律德光 3-492b, 5-67e, 6-413c
耶律德谨 5-67e
耶律迭剌 6-153e
耶律隆绪 5-67c
耶律文殊奴 5-67b
耶律延宁 5-68b
耶律延禧 5-68b
耶律俨 5-64e, 5-67d
耶律亿 1-2d, 5-67f
耶罗波安一世 8-552d
《耶摩尼奥义梵森林书》 6-420c
耶莫彩陶 8-488b
耶莫遗址 8-488b
耶拿 5-505f
耶拿－奥尔施泰特战役 6-112f
耶拿精密光学厂 4-367a
耶佩斯,N. 4-66f
《耶奇书信集》 1-164d
耶舍 4-223c
耶什特 1-385b
耶斯那 1-385b
耶稣 8-488b, 5-267c
耶稣城堡遗迹 5-369a
耶稣诞生教堂 1-399d
耶稣复活节 3-11b
耶稣复活瞻礼 2 329e, 3-11b
耶稣瓜尔内里 3-201e
耶稣会 8-488c, 8-525d
《耶稣会规》 8-525d
《耶稣会士书信集》 2-327f
《耶稣基督》 4-611f
耶稣基督后期圣徒教会 5-461e
《耶稣基督与神话》 1-435f
耶稣家庭 8-488e
耶稣教 4-42f
耶稣连队 8-488c
耶稣圣诞瞻礼 2-329e, 6-557c
《耶稣传》(F.D.E.施莱尔马赫) 6-579b
《耶稣传》(赵紫宸) 9-236a
耶提 8-372e, 8-493c
耶谢巴尔 8-488e
椰胡 1-227f
椰壳雕刻 3-299b, 7-585d
椰枣 4-438c, 6-428c, 9-559f
椰枣港 1-180e
椰子 8-488f, 9-559d
椰子酒 8-489a
椰子蟹 8-489a
噎膈 8-489a, 7-2f
邪马台国 8-489b, 4-67e
也风流居士 5-97e
也可那颜 7-456b
也里可温教 8-489c
也门 8-489d, 1-30c
也门共和国 8-490a
也门民主人民共和国 8-401b, 8-490a
也门穆塔瓦基利亚王国 8-489f
《也松格碑》 5-379d
也速该 9-97b
也孙铁木儿 9-98d
也先 8-490f
冶城 3-1a
冶金过程物理化学 8-492c
冶金机械 8-490f
冶金炉 8-491a

冶金设备 8–491a
冶金学 8–491d
《冶金学研究入门》 5–200b
冶炼 6–334e
冶炼设备 8–491a
冶希但壁尼玛 9–220e
野 2–36c, 8–116e
野败 9–147e
野坂参三 6–316d
野狍 6–49e
野鄙 2–36c
野博康加勒冰川 8–127d
《野餐》 5–605e
野蚕 9–581b
野蚕蛾 2–75a
《野草》 6–409e
《野草莓》 8–492d
野草莓苷 3–530e
《野草闲花》 4–260c, 5–46c, 6–344b, 7–222a
野村吉三郎 8–508d
野独活属 2–462d
《野橄榄花冠》 5–218d
《野姑娘》 1–49b
野菰 5–72d
野孩 4–548e
野含笑 5–490b
野红燕麦 8–445b
《野火》 5–166f
《野火春风斗古城》 1–146d, 7–514a
《野祭》 4–188d
野间宏 8–492e
野间清治 4–187f
野菊 4–333c
野口英世 8–492e, 7–295e
野利仁荣 8–106a
《野林大士图》 8–161e
野虏 7–446e
野驴 7–146c
野骆驼 8–273a
野马 5–239b
《野马与女人》 4–447c
野蛮阶段 8–492f
《野蛮人社会中的犯罪和习俗》 5–267a
《野蛮人中的神》 2–208f
野蛮时代 8–492f
野蛮制度 3–16b
野牦牛 8–493a, 8–114d
《野玫瑰》 7–506c
野牡丹 8–493b
野牡丹科 8–493a
野牛山 6–329a
野蔷薇 9–120f
野桥 8–480a
野人 8–493b
野人（春秋时期庶人） 2–36c
野山羊 6–441e
野扇花属 3–601f
野生稻 2–167a
野生动物 6–615c
野生动物园 8–493c
野生动植物资源 6–548a
野生近缘种 9–457a
野生菊 4–333a
野声 9–54e
野兽主义 8–493c, 2–443a, 5–244c
《野田黄雀行》 1–479e
野外绝灭种 1–360f
野豌豆 6–472d
野王县 6–203f
野王邑 6–203f
《野望》 7–499a
《野小鬼》 3–443a
《野性的思维》 5–74d
《野性的证明》 3–58b
《野鸭》 8–561d
野燕麦 8–493e
野羊 6–49e
“野鼬鼠”飞机 2–294f
野战部队 8–493f
野战防空 2–496c
野战服 4–352d
野战军 8–493f
《野战排》 1–125a
野战阵地体系 4–354e
野猪 8–493f, 6–27e, 9–494e
野猪科 6–27e
《野猪林》 8–493f, 2–358d
《野猪林》（电影） 2–56d, 8–145b
业 8–494a
业（耆那教） 6–133d
业感缘起 9–114b
业余拳击 6–267a
业缘型初级群体 2–16d
业主权益 7–228f
业主殖民地 9–10f
叶 8–494a
叶安素 8–502b
叶柄 8–494b
叶插 6–158b
叶蝉 8–495a
叶蝉科 8–495a
叶炽昌 2–377f
叶春善 3–20c
《叶丛雷鸣》 5–220e
叶德均 8–48e
叶笃正 8–495b, 3–287b, 9–376c
叶儿 6–408f
《叶尔马克》 8–517a
叶尔马克·季莫费耶维奇 8–88e
《叶尔马克征服西伯利亚》 7–187d
《叶尔玛》 4–121b
叶尔莫洛娃,M.N. 8–495c
叶尔姆斯列夫,L. 8–495d
叶尔羌汗国 4–364d
叶尔羌河 8–495e, 7–241b, 7–243b
叶飞 8–495e
叶蜂 8–495f
叶蜂科 8–495f
《叶甫盖尼·奥涅金》 8–496a, 1–127b
《叶甫盖尼·奥涅金》（歌剧） 1–498e
叶戈罗夫,A.I. 7–182a
叶公朴 8–464c
叶恭绰 2–562e, 4–197a, 6–261d, 6–274b
叶桂 8–501c
叶海亚·汗 1–58d
叶赫那拉 2–44a
叶黑粉病 3–452d
叶痕 4–278f
叶猴 8–496a
叶猴属 8–496b
叶护 7–445e
叶黄素 8–496c, 4–573c
叶吉格尔汗 8–88e
叶己畦 8–501f
叶甲 8–496d
叶甲科 8–496d
叶甲总科 1–565c, 6–189b
《叶甲总科的系统分类》 1–565c
叶剑英 8–496e, 4–177d, 9–358c
《叶剑英选集》 8–497d
叶靖逸 8–499f
叶举 1–559d
叶君健 8–497d
《叶君健童话集》 8–497e
叶卡捷琳堡 8–497e
叶卡捷琳娜二世 8–497e, 1–75f
叶卡捷琳娜宫 3–307a
叶卡捷琳娜一世 2–401c
叶凯士天文台 7–136f
叶揆初 5–539c
叶蜡石 8–498a, 2–614a
叶立德 7–548d
叶利钦,B.N. 8–498b
叶瘤 9–306f
叶绿泥石 5–185e
叶绿素 8–498c, 9–164b
叶绿体 8–498d, 6–545a
叶绿体基因 4–52d
叶绿体基因组 4–54a
叶仑 7–548d
叶纶绮 8–499b
叶轮机械三元流动理论 8–41d
叶轮式洗碗机 8–138a
叶脉 8–494d
叶螨 3–477c, 6–80c
叶梦得 8–498e
叶铭 8–95c
叶尼塞–奥斯恰克语 3–178b
叶尼塞鞑靼人 3–308e
叶尼塞河 8–498f, 2–398a, 4–362a
叶尼塞河三角洲 8–499a

叶尼塞山脉 9–440f
叶尼塞湾 8–498f
叶尼塞诸语言 3–178b
叶蹻 3–509e
叶琪 4–188e
叶企孙 8–499a, 1–267c
叶启亨 8–495e
叶潜蝇 7–77f
叶浅予 8–499b, 7–203b
叶乔波 8–499d
叶鞘 8–494b
叶群 5–79b
叶肉 8–494d
叶如桐 8–34b
叶赛宁,S.A. 8–499e
叶少蕴 8–498e
叶绍钧 7–599a, 8–189e, 8–500a
叶绍翁 8–499f
叶蛇纹石 6–480b
叶圣陶 8–500a, 9–382d
叶盛兰 8–500d, 8–245f
叶盛章 4–282d
叶適 8–500e
《叶適集》 8–500f
叶绶鸡 4–11a
叶霜林 8–448c
叶水夫 8–500f
叶嗣宗 8–499f
叶酸 8–501a, 3–3d
叶酸抗拮剂 8–501b
叶酸缺乏症 4–337d, 8–501b
叶·塔·阿卜杜拉 1–67a
叶天士 8–501c, 6–223c
叶挺 8–501d, 7–432a
叶挺县 8–433c
叶锡道尔济 9–220e
叶纤维 7–358f
叶宪祖 8–501e, 2–346f
叶燮 8–501f
叶欣 4–244c
叶星期 8–501f
叶序 8–494b
叶选平 8–502a
叶雪安 8–502b
叶延 7–446e
叶永烈 8–502b, 4–426e
《叶有道先生碑》 5–2e
叶榆泽 2–422b
叶缘 8–494c
叶正则 8–500e
叶之林 2–366b
叶芝,W.B. 8–502d
叶至善 8–502d
叶志超 5–592d, 9–435e
叶渚沛 8–502e
叶状柄 2–345d
叶子虫 9–496f
叶子戏 5–237c
叶紫 8–502f
《叶紫文集》 8–503a
叶祖珪 6–228b
页片 4–200f
页岩 8–503a
曳落河 1–102a
曳鳃动物门 8–503b
邺 8–503b
邺北城 8–503c
邺南城 8–503c
邺县 8–503c
《夜》(电影) 1–94f
《夜》(绘画) 3–74f
《夜半歌声》 8–175e
夜盗虫 2–223a
《夜的眼》 7–504d
《夜店》(电影) 6–595f
《夜店》(话剧) 4–202d
《夜读偶记》 5–326a
夜蛾 8–503f
夜蛾科 2–167e, 8–503f
《夜歌集》 6–411d
夜光杯 6–480d, 9–77e
《夜光杯》 9–55b
夜光虫 8–504a
夜光云 9–133c, 9–432f
夜光藻 8–504a
《夜航》 6–595f
夜猴 5–97b
《夜湖图》 4–612e
《夜会》 2–306f
《夜间来客》 4–368d
夜间遗尿 8–545a
夜惊症 7–108e
《夜景山水图》 3–19b
夜来香 8–504a, 7–479b
夜来香属 5–222e
夜郎国 1–106d, 3–246b, 3–369f
夜郎文化 8–504b
夜盲症 4–573c, 6–269d
《夜骑》 7–610e
夜气辉 6–143e
夜曲 8–504c, 9–571a
《夜曲》 2–170b
《夜柔吠陀》 2–486e, 2–532e
《夜色温柔》 2–524b
《夜上海》 9–55b, 9–374b
《夜上西城》 5–2c
《夜思上天的伟大》 5–213b
《夜颂》 6–11f
《夜晚的分量》 1–82a
《夜晚外出》 6–85f
夜香花 8–504a
夜香紫罗兰 9–533d
夜行虫 3–54a
《夜行货车》 1–570c
夜行前 8–529f
《夜巡》 8–504c
《夜莺》 1–108d
夜鹰 8–504d
夜鹰科 8–504e
夜鹰目 8–504d
夜鹰亚目 8–504d
夜游症 7–108e
《夜与昼》 3–25e
《夜雨美人图》 5–97e
《夜之门》 4–368d
《夜之昼》 1–409e
《夜坐感怀寄徐文山》 8–246b
吠哒 8–504e
掖县 4–536e
掖邑 4–536e
液氨 1–111a
液氮冷冻 3–40e
液氮温度超导电性 9–484a
液固分离 6–584f
液–固色谱法 8–506f
液–固吸附色谱法 8–506f
液化 5–598d
液化气船 8–504f
液化石油气 8–505a, 1–367a
液化石油气船 8–505a
液化天然气船 8–504f
液货船 4–19b, 9–143a
液晶 8–505b
液晶电视机 8–505d
液晶高分子 8–505c
液晶理论 7–72d
液晶显示器 8–505e
液力传动 2–25c
液态 8–78d
液态氦 8–505e
液态降水 4–193c
液态水 7–442f
液体 2–513d, 5–126b
液体比重计 1–26d
液体变阻器 1–346f
液体电阻 2–299c
液体动力学 8–506b, 7–83c
液体动压轴承 9–478c
液体发射药 8–506b
液体发射药炮 8–506b
液体化学品船 4–19b
液体火箭 4–11c
液体火箭ГИРД–09 4–431f
液体静压轴承 9–478c
液体绝缘材料 4–349c
液体疗法 8–506d
液体膜技术 4–583d
液体燃料 6–271b
液体渗流理论 6–525d
液体石蜡 6–606e, 8–239b
液体推进剂 7–449b

《液体推进剂火箭的发展》 3-83d
液体温度计 7-454b
液体洗涤剂 3-408d
液体香精 7-6e
液体皂 2-528c
液体蒸发制冷 9-313c
液相色谱法 8-506e, 6-146f, 6-417a
液压传动 2-25b
液压电梯 2-289c
《液压工程手册》 4-570d
液压千斤顶 6-156f
液压执行元件 9-295a
液-液萃取 2-57e
液-液分配色谱法 8-507a
液-液色谱法 8-506f
《谒府帅》 3-494a
《谒金天王神祠题记》 8-438c
谒石 7-378d
腋下淋巴结转移 5-93a
腋臭 2-12d
《一八二一年三月》 5-309a
一八九八年一代 4-318f
一八艺社 8-507c
一八艺社研究所 8-507d
一把伞南星 7-355b
一白三羯磨 4-228c
一百零八塔 6-213a
《一百种乐趣》 8-125e
一般财产税 1-461a
一般代理 2-126d
一般等价物 4-16f
一般地域管辖 5-428d
一般递归函数 2-253f
《一般管理和工业管理》 2-459f
一般管理理论 3-215a
一般价值形式 4-16e
一般均衡论 5-231a, 7-67d, 7-72d, 7-413a, 7-464f
《一般空间微分几何学》 7-178e
一般累犯 4-572b
一般力学 8-507d
一般螺线 6-249e
一般旗地 6-134b
一般权利能力 9-518b
一般社会学 6-129b, 7-336f
一般生育率 6-548b
一般投资信托 8-297f
一般拓扑学 7-460f
一般系统论 8-147d
《一般系统论》 1-301b
一般性冲突 3-260b
一般性货币政策工具 4-18c
一般性商业助学贷款 9-501b
一般学生人民助学金 9-501c
一般用材林 9-28e
一般预防 2-479a
一般治疗膳 5-89e
一板三眼 1-229a, 4-216d
一板一眼 1-229a, 4-216d
《一板之隔》 8-193d
《一半是海水，一半是火焰》 9-352d
《一报还一报》 1-448c
《一杯水》 7-126f
《一本浅蓝色的书》 9-578c
一步成像胶片 4-200f
一步反应 8-235b
《一层楼》 8-585c
一诚 9-354c
一乘圆教 3-540a
一串红 8-507e, 2-40b
一次变轨 3-301b
一次电池 2-273e, 9-104e
一次颗粒物 4-443b
一次能源 8-507f, 5-563d
一次配电网络 6-59b
一次气溶胶 6-144f
一次污染物 8-508a
《一次眨眼的空间》 1-38f
一赐乐业教 8-508a
一大二公 6-294d
《一代风流》 6-17b
《一代名流》 1-377a
《一代天骄》 5-1d
《一代妖后》 3-145a
一党制 8-508b
一得阁 5-479d
《一镫精舍甲部稿》 3-414c
一点蝙蝠 1-340b
一点红 4-262a
一冬冰 3-319e
《一度》 7-610c
一断于法 2-446e
《一对对，过往行人们》 6-582b
一·二八抗战 8-508c, 8-465b
一·二八事变 8-508c
一·二八淞沪抗战 8-508c
《一·二八淞沪抗战阵亡将士纪念碑》 5-112d
一二·九运动 8-508e, 2-197a
《一、二、三》 5-468d
一法印 2-458e
《一封遗失的信》 8-509a
一夫多妻制家庭 8-509a
一夫法 7-62f
一夫一妻制 4-2d, 4-3c
一夫一妻制家庭 8-509b
《一杆"秤仔"》 4-537f
《一个爱情的故事》 1-94f
《一个病人的恋爱史》 6-31b
《一个不成熟的女人》 3-325d
《一个乘客的剧本》 1-5c
《一个地主的早晨》 7-452e
《一个冬天的童话》 6-451d
《一个都不能少》 9-214e, 9-352d
《一个工厂秘书的日记》 4-192c
《一个国家的诞生》 3-102f
一个国家，两种制度 2-200f, 8-509d
《一个国王在纽约》 9-519e
《一个和八个》 9-352b
《一个黑人在巴黎》 2-61c
《一个极其凶暴的男人》 1-286f
《一个狂浪的女子》 1-551d
《一个良家少女的回忆》 1-377b
《一个猎人的日记》 2-182b
《一个没有职业的人》 1-93a
《一个美国人的成长》 5-9b
《一个美国人在巴黎》 3-110f
《一个美国消防队员的生活》 5-348c
《一个迷途的女人》 4-395d
《一个纳粹间谍的自白》 5-349b
《一个女雇工的故事》 5-467d
《一个女人的悲剧》 1-81b
《一个女人的辨认》 1-95a
《一个女人就是一个女人》 1-291e, 3-83e
《一个朋友》 8-500b
《一个贫苦人的福音》 7-576b
《一个青年的梦》 8-62d
《一个青年人的札记》 3-444d
《一个青年艺术家的肖像》 6-184b
《一个人的受难》 5-298e
《一个人的死》(V.V.贝科夫) 1-293a
《一个人的死》(帕拉马斯) 6-31b
《一个人的遭遇》(电影) 1-234d
《一个人的遭遇》(小说) 1-483e
《一个人和他的影子》 5-104f
《一个傻瓜的理想》 1-442b
《一个社会民主党人的回忆》 8-239e
《一个社会主义者在认识论领域中的漫游》 2-209a
《一个世纪儿的忏悔》 5-453b
《一个世界公民观点之下的普遍历史观念》 5-19d
《一个死囚的末日》 9-71a
《一个天使的堕落》 4-380a
《一个伟大的民主主义现实主义者的路》 9-474c
《一个无用人的生涯》 1-81c
《一个无政府主义者的意外死亡》 8-509b, 2-607e
《一个乡村小学教员的日记》 9-63a
《一个想周游世界者的愉快旅行》 8-516a
《一个小丑的看法》 1-396f
《一个小说作家发现美洲》 2-182b
《一个亚洲游牧人的夜歌》 4-531e
《一个演奏家的成长》 4-465b
《一个中国的农村》 8-459c
"一个中心，两个基本点" 6-496b
一贯单位制 4-89a
一贯道 8-509b
一贯制 4-89b
《一罐金子》 6-110e

一国两制 8–509d
《一河之隔》 2-414f
一画（绘画理论） 4-483d
一级裁判员 1-465c
一级处理 2-536b
一级方程式世界锦标赛 6-151f
一级公路 3-134e
一级结构 3-63c
一级市场 4-250d, 9-296e
一级试剂 3-551e
一级斯塔克效应 7-133b
一级相变 8-207a
一级准备金 9-517f
《一家》 8-349c
《一家言》 5-3a
一甲胺 1-114f, 4-133f
《一间屋子》 3-578c, 6-85e
一见喜 2-24b
《一件事先张扬的凶杀案》 4-121c
《一江春水向东流》 8–509f, 1-468b
一江山岛 8-510a
一江山岛战役 8–510a
一角鲸 4-307f
一阶逻辑 5-455c, 6-45a, 7-449d
一阶模型论 5-455c
一阶语言 5-455c
一届全国人大一次会议 8–510b
一经博士 1-416d
《一九二五至一九二七中国大革命史》 3-553f
《一九九三年》 6-363b
《一九三〇年春上海》 2-306f
《一九一九年》 2-389d
一句连歌 5-37d
《一颗未出膛的枪弹》 2-307a
《一颗暂存行星的编年史》 4-108c
《一块夹板》 3-231f
一粒金丹 5-326c
《一粒麦种》 2-414f
《一帘幽梦》 6-239b
《一六八九年中俄尼布楚条约》 2-136c
《一路摆过布鲁克林渡口》 1-483b
《一鸣集》 7-114a
一年生草本植物 1-481a
《一年有半》 9-433a
《一年之计》 9-486f
《一年中的九天》 1-182f, 5-214b
《一盘没有下完的棋》 6-389e
《一捧雪》 2-12c, 8-511c
《一片爱国心》 8-333c, 9-373e
《一片广阔的田野》 3-100b
一瓢 8-510e
《一瓢诗话》 8–510e
一品白 8-510f
一品粉 8-510f
一品冠 8-168d
一品红 8–510f
一品黄 8-510f
《一仆二主》 8–510f
一妻多夫制家庭 8–511a
一期梅毒 5-330f
一期手术 7-39a
一汽 9-350c
《一千零一夜》 8–511a, 5-8d
一桥大学 2-97f
《一切道经音义》 2-166e
一切经 2-122b, 2-583e, 6-406c
一人一媒体 7-522f
一人永占 8–511c
《一日长于百年》 1-80f
《一日为王》 7-527d
一神教 8–511d
《一神论》 5-500f
一审判决 6-45b
《……一声没吭》 1-396f
一世王 7-109f
一事不再理 8–511e
一说 2-123d
一朔望月 7-111d
《一丝丝的阳光》 1-487c
一台二妙 7-564f
一抬 8-536e
一体化理论 8–511f
《一体石经》 6-596e, 8-135d
“一体主义”诗歌 5-211f
《一天》 6-32b
《一条安达鲁狗》 1-451d, 8-170a
一条鞭法 8–512a, 6-47b
《一条鞭法》 5-51e
《一条叫旺达的鱼》 5-350a
《一团和气图》 5-309e
《一碗饭》 3-541b
《一位不速之客》 7-234b
《一位夫人的写照》 1-78e
《一位女士的画像》 9-178e
《一位自然主义者之死》 8-125f
《一无所有的果实》 1-449a
“一五”计划 9-350a
一物两体 9-266f
《一息尚存》 5-278f
一线雕 7-11b
《一笑散》 4-601e
一行 8–512b, 2-77a, 2-103b, 3-294b, 4-391a
一氧化氮 2-151a
一氧化二氮 2-151a
一氧化碳 8–512d
一氧化碳中毒 8–512f, 3-498d, 8-355e
一氧化铁 8-474f
《一样的海》 1-135a
《一样的天空》 7-326b
《一叶》 7-511c
《一夜风流》 3-91b, 4-447c, 5-349a
一乙醇胺 8-548c
一元多项式 2-390c
一元酚 2-557c
一元论 8–513a
一元论者协会 8-513a
一元酸 7-206d
一元微积分 7-538b
“一月夺权” 8–513b, 3-475c
一斋 3-204b
《一张滑稽面孔的幽默姿态》 5-361d
一真法界 2-447a
《一直到死》 1-135a
《一只马蜂》 9-373e
《一只鸟仔哮啾啾》 7-250d
一指定关法 5-302c
一指两栖鲵 5-58f
一致估计 1-472d
一致剧社 2-333c
一致最优检验 4-145e
一中一台 6-52a
《一种求极大极小和切线的新方法，……》 4-532e
《一种生活》 3-105a
伊阿宋 8–513c, 1-11b
伊奥卡斯忒 2-393b
伊奥尼-阿提卡方言 8-125a
伊奥尼亚海 8-121f
伊奥尼亚海盆 2-251e
伊巴丹 8–513d
伊巴丹大学 5-578a, 8-513e
伊巴露丽，D. 8–513e
伊本·阿拉比 8–513f
伊本·巴布叶·库米 7-153e
伊本·拔图塔 8–514a
《伊本·拔图塔游记》 8-514a
伊本·白图泰 8-514a
伊本·嘎西木 5-266f
伊本·盖伊木 3-367a
伊本·罕百里 3-367a
《伊本·赫勒敦及其社会哲学》 7-238d
伊本吉山 4-119b
伊本·路世德 8–514a, 9-255b
伊本·马吉德 2-63d
《伊本·马哲圣训集》 6-569c
伊本·穆格法 8–514b
伊本·沙特 8–514d, 6-428a
伊本·塔什芬 1-15a
伊本·太米叶 8–514e
伊本·图迈尔特 1-15b
伊本·土伦礼拜寺 8-527e
伊比比奥人 8–514f
伊比比奥语 8-514f
伊比尔山 1-32c
伊比科斯 3-180d
《伊比利亚》 1-17d
伊比利亚半岛 8–514f
伊比利亚美洲首脑会议 8–515a
伊比利亚人 1-84c, 4-438f, 6-103d

伊比利亚山脉　8-83e
伊壁鸠鲁　8-515a
《伊壁鸠鲁的花园》 2-451c
伊博人　8-515d
伊博语　5-576c
伊川先生　1-592e
伊春市　8-515e
伊达尔戈-科斯蒂利亚,M.　8-515f
伊德里斯　8-516a
伊德里斯·阿劳马　4-375f
伊德里斯二世陵寝　2-515d
伊德里斯王朝　4-383f
伊德里西　8-516a
伊德利奚　8-516a
伊德列西　8-516a
伊迪卡拉动物群　8-516a
伊迪卡拉纪　9-258b
伊迪卡拉山　8-516b
伊底　1-308f
伊蒂默德·乌德-陶拉陵墓　1-22e
伊甸园　8-516b, 8-399c
《伊甸园以东》 7-133e
伊东深水　8-516b
伊东祐亨　2-307d
《伊豆舞女》(电影)　4-67f
《伊豆舞女》(小说)　2-22e
伊顿公学　8-516c
伊恩·霍德　4-417b
伊恩·史密斯　4-265c
伊尔巴尔斯　8-127b
伊尔迪兹大学　8-531d
伊尔贡　1-292e
伊尔河　7-135d
伊尔科维奇,D.　4-69f
伊尔库茨克　8-516d, 8-88d
伊尔库茨克水库　8-516e
伊尔库茨克州　8-516d
《伊尔库斯克的故事》 8-516e
伊尔库特河　8-516e
伊尔系列飞机　8-516e
伊尔-18中程喷气式客机　8-516e
伊尔-20电子干扰飞机　8-516f
伊尔-38反潜巡逻机　8-516f
伊尔-62远程喷气式客机　8-516f
伊尔-76重型运输机　8-516f
伊尔-76M运输机　8-516f
伊尔-76T运输机　8-516f
伊尔-76TD运输机　8-516f
伊尔-78M空中加油机　8-516f
伊尔-86客机　8-516f
伊尔-96客机　8-516f
伊尔-96-300客机　8-516f
《伊凡·杰尼索维奇的一天》 7-229d
《伊凡雷帝》(芭蕾)　3-103b
《伊凡雷帝》(绘画)　7-470c
《伊凡雷帝杀子》 5-72a
伊凡诺夫,A.S.　8-517a
伊凡诺夫,L.　4-198a
伊凡诺沃岩洞教堂　1-243f
伊凡三世　4-364b, 5-474f
伊凡四世(雷帝)　8-517a, 2-401e
伊凡一世·达尼洛维奇　5-474e
伊凡钟塔　4-452a
《伊菲格涅亚在陶里斯》 3-95e
伊·费·赤斯嘉科夫　3-306c
伊费古城　8-517b
伊夫古堡　5-275b
伊夫林省　2-465d
《伊戈尔王》 1-250d
《伊戈尔远征记》 8-517c
伊格博人　8-515d
伊格尔峰　3-597c
伊格尔-克里克公园　8-591d
伊格莱西亚斯·波塞,P.　8-85a
伊格纳托夫,B.H.　4-554b
《伊格纳西奥·桑切斯·梅希亚斯挽歌》 4-121b
伊瓜苏河　8-517d
伊瓜苏瀑布　8-517d
伊河　5-227e, 5-233c
伊赫瓦尼派　9-402f
伊赫万·穆瓦希德　8-514d
伊季尔河　2-597a
伊季山　4-453d
伊金霍洛　1-578c
伊卡卢伊特　1-154d
伊卡萨,J.　8-517d
伊克巴尔　8-517e, 8-530f
伊克巴尔日　8-517e
《伊克巴尔诗选》 8-517f
伊克斯瓦克王朝　5-508d
伊克昭盟　2-411a
伊拉古克三　2-65d
伊拉克　8-517f, 4-437e
伊拉克革命　8-519d
伊拉克共和国　8-519d
伊拉克利翁　4-453c
伊拉克蜜枣　9-559f
伊拉克三大油田　4-46d
伊拉克战争　8-519e, 1-387b
伊拉塞克,A.　8-519f
《伊拉塞玛》 1-44b
伊拉斯谟,D.　8-520a, 3-429b
《伊拉斯谟肖像》 3-429c
伊拉苏火山国家公园　3-92f
伊兰山脉　6-424d
伊兰-伊兰香精　4-433a
伊朗　8-520b
伊朗高原　8-522b
伊朗人　1-386d
伊朗萨菲王朝　1-20d
伊朗-雅利安人　8-396e
伊朗研究中心　2-319d
伊朗伊斯兰革命　8-522c
伊朗伊斯兰共和国　1-172f, 4-25a, 8-522d
《伊朗伊斯兰共和国宪法》 8-522d
伊朗语支　8-608d, 8-612c
伊犁　8-522d
伊犁哈萨克自治州　8-522e, 3-316a
伊犁河　8-523a, 8-272f
伊犁将军　6-225c
伊犁将军府　8-523a
伊犁马　8-523b, 5-239c, 7-455d, 8-273d
伊犁赛乃姆　6-381a
伊里安岛　8-523b, 8-269c
伊里察大街　6-360f
伊里克林斯克　8-2e
伊丽　8-522d
伊丽莎白二世　8-523b
伊丽莎白二世植物园　2-88f
伊丽莎白·克莱格霍恩·斯蒂文森　3-28e
伊丽莎白女王群岛　4-116d
伊丽莎白·泰勒　8-523c
伊丽莎白体　6-590a
伊丽莎白维尔　5-148e
伊丽莎白一世　8-523d
《伊丽莎白轶事》 4-611f
伊利　8-524c
伊利昂　7-333c
《伊利昂纪》 8-523f, 3-432b
伊利奥斯　7-333c
伊利汗　8-523f
《伊利汗的中国科学宝藏》 8-524b
伊利汗国　8-523f, 2-74f, 5-378c, 9-88c
伊利湖　8-524c, 1-91c, 2-396d, 2-396e, 8-44e
伊利里亚人　1-9b
伊利幕　4-111a
伊利诺伊大学　2-24d, 8-524e
伊利诺伊大学芝加哥分校　9-288d
伊利诺伊理工学院　9-288d
伊利诺伊理工学院建筑馆　5-407b
伊利诺伊-密歇根运河　5-408c
伊利诺伊州　8-524d
伊利亚　4-541c
《伊利亚随笔集》 4-541c
《伊利亚特》 3-180b, 3-432a, 8-523f
伊利伊切夫斯克港　1-116e
伊列　8-522d
伊林娜　8-531e
伊龙人　1-128a
伊逻卢城　6-242a
伊洛夫利亚河　2-380a
伊洛卡诺人　8-524f
伊洛克人　8-524f
伊洛克语　8-524f
伊洛潘戈国际机场　6-359f
伊洛潘戈湖　6-567e
伊洛瓦底江　8-524f
伊玛堪　3-449b
伊玛目　8-525a, 8-528f

伊玛目派 8–525b
伊麦利那王国 5–241d, 7–242d
伊曼纽尔，A. 1–426e
伊曼纽尔二世纪念建筑 9–238f
伊梅里纳 8–525b
伊敏河 3–496f
伊敏河煤田 5–557b
伊默尔曼，K.L. 8–525c
伊·纳·迪奥多雷斯库 1–11a
伊纳爵·罗耀拉 8–525c
《伊瑙》 8–525d
《伊内斯·德·卡斯特罗之死》 1–414e
伊尼扬加尼山 4–265b
伊宁市 8–525e
《伊纽玛·艾利什》 5–362d
《伊诺克·阿登》 2–307c
伊诺努战役 4–394f
伊蒲塞 4–331a
伊浦味箴言 9–308d
伊普尔战役 2–264d
伊祁放勋 8–478b
伊祁氏 8–478b
伊曲康唑 7–412b
伊阙 5–141e
《伊阙佛龛碑》 5 142b
伊瑞克提翁神庙 8–394d
伊撒哈顿 8–410a
《伊萨贝拉》 4–102e
伊萨贝拉·奥古斯塔·佩尔斯 3–102a
伊萨尔河 2–388c
伊萨尔科火山 8–525e, 6–359d
伊萨克·迪内森 1–446b
伊萨克一世 4–433c
伊萨瓦尔湖 7–526c
伊塞奥斯 3–180f
伊塞克湖 8–525f, 9–330b
伊沙克·汗 1–453c
伊莎贝拉 5–163b
伊莎贝拉二世 1–73a, 8–84d
伊奢那跋摩 9–254e
伊什普伊尼 8–3a
伊士曼，G. 1–82c, 2–290c
伊士曼柯达公司 5–348d
伊势神宫 8–526a, 6–510c, 6–514c
伊势湾 6–314a
《伊势物语》 6–320c
伊水老人 9–482b
伊丝塔尔门 1–148c, 5–566e
伊丝塔尔神庙 1–55e
伊斯顿，D. 8–526b
伊斯法哈尼 8–526c
伊斯法罕 8–526c
伊斯法罕大清真寺 8–530b
伊斯法罕画派 1–387e
伊斯坎达尔 3–460f
伊斯坎达尔·幕达 8–409a
伊斯坎达罗夫，A. 7–240a
伊斯康德里亚 8–404a
伊斯拉埃尔斯，J. 3–346b
伊斯拉姆，N. 8–526d
《伊斯拉姆诗选》 8–526e
伊斯兰堡 8–526e
伊斯兰殡礼 8–527a
伊斯兰玻璃器 1–391c
伊斯兰大会党 5–385d
伊斯兰大学（尼亚美） 5–579b
伊斯兰大学（伊斯兰堡） 8–527a
伊斯兰抵抗运动 1–165d, 3–311e
伊斯兰发展基金会 8–527d
伊斯兰法庭 8–527e
伊斯兰法系 8–527b
伊斯兰革命委员会 8–522c
《伊斯兰各国及其伟人》 6–474c
伊斯兰共和党（伊朗） 3–311f, 4–25a, 8–522d
伊斯兰共和国 1–386e
伊斯兰国际通讯社 8–527e
伊斯兰国家 8–416d
伊斯兰国家首脑会议 8–527d
伊斯兰会议 8–527d
伊斯兰会议组织 8–527c
伊斯兰建筑 8–527e
伊斯兰教 8–528a, 4–278b, 7–117c, 8–527a
伊斯兰教法 8–529c
伊斯兰教复兴运动 8–529b
《伊斯兰教、基督教与学术文化》 5–500f
伊斯兰教历 8–529f
伊斯兰教美术 8–529f
伊斯兰教三大圣寺 1–28f
伊斯兰教文明 7–299d
《伊斯兰教学派言论集》 1–80c
伊斯兰经贸常设委员会 8–527e
伊斯兰开发银行 8–527d
伊斯兰世界联盟 8–530d
伊斯兰王国 7–288e
伊斯兰文化艺术研究中心 8–527e
伊斯兰现代主义 8–530e
《伊斯雷尔·波特》 5–331f
伊斯玛仪派 6–593a, 8–528f, 9–402c
伊斯梅尔 8–431f
伊斯梅尔·哈尼亚 3–311f
伊斯梅尔一世 1–207f, 6–360c, 8–127f
伊斯梅利亚 8–531a
伊斯帕尼奥拉岛 2–72b, 2–386b, 3–323a, 8–108d
伊斯坦布尔 8–531b, 5–501b
伊斯坦布尔大学 8–531d
伊斯坦布尔海峡 8–531b
伊斯坦布尔技术大学 8–531d
伊斯坦布尔陆军大学 4–394d
《伊斯坦布尔——一座城市的记忆》 6–33b
《伊斯提布赛》 7–153e
伊苏里亚王朝 8–531d
伊索 8–531e, 3–181b
伊索克拉底 8–531f, 3–180f
《伊索寓言》 2–418c, 3–181b, 8–531e
《伊索寓言集》 3–181b
《伊索传》 8–531e
伊塔比拉 5–533c
伊塔大司铎 5–166f
伊泰普水电站 8–532a
《伊坦·弗洛美》 3–534a
伊特鲁里亚美术 8–532a
伊特鲁里亚人 3–172d, 8–532d
伊特鲁里亚文化 8–532d, 8–564e
伊特鲁里亚字母 4–515c
伊特内斯河 5–242e
伊藤博文 8–532e, 4–309b
伊藤国夫 6–157e
伊藤清 7–214f
伊藤整 7–118c
伊通满族自治县 8–532f
伊通县 8–532f
伊图尔维德，A.de 8–85e
伊瓦尔沃罗，J.de 8–533a
伊瓦图 7–242d
伊万诺夫，I.I. 8–533a
伊万诺夫，L.I. 4–49c
《伊万诺夫选集》 8–533a
《伊万·苏萨宁》 3–105c
《伊万·伊里奇之死》 7–452e
伊文思，J. 8–533a, 8–170a
伊文斯，A. 8–533b, 1–86f
伊蚊 3–596a, 7–604b
伊沃金，M. 6–583c
伊吾 3–312e, 8–533d
伊吾郡 3–312e, 8–533d
伊吾卢 3–312e
伊西翁 7–120b
伊希丹毕札拉参 9–220e
伊希姆河 2–406e, 3–313f
伊循城 6–449c
伊尹 8–533c
《伊·尤卡·皮拉马》 3–152d
伊予 7–149e
伊泽尔河 5–214f
伊泽姆贝克野生动物保护区 1–37e
伊稚斜单于 7–566a
伊州 8–533d, 3–312e
伊兹丁·卡西姆旅 3–311e
伊兹梅尔 2–388d
伊兹密尔 8–533e
伊兹密尔大学 8–533f
伊兹密尔港 1–86e
伊兹维卡娅，I. 2–262f
衣冠葬 8–533f
衣冠冢 8–533f
衣介 6–134c
衣里必拉 3–580a
衣壳 1–369c

衣鱼 8－534a
衣鱼科 8－534a
衣鱼目 8－534a
衣原体 8－534b
衣原体病 8－534b
衣藻 7－86e
医案 8－534b
《医方明仙人喜宴》 2－254d
医家气功 6－141e
医疗保健服务 8－534c, 8－534e
医疗保险 8－534d, 6－450d, 8－534f
医疗保险基金 6－483a
《医疗保险卡》 2－74c
医疗保险制度 8－534f
医疗费用 8－534e
医疗、生育保险 8－534d
医疗市场 8－535b
医疗体操 7－341f
医疗体育 8－534e
医疗卫生保险 4－284b
医疗卫生服务 8－534c
医疗制度 8－534f
《医生们》 7－524e
医生审判 5－604f
《医师关系论》 2－458c
医巫闾山 6－157e
《医学大典》 7－143e
医学地理学 8－535b, 2－228b
医学害虫 3－356b
医学家长主义 8－535d
医学链球菌 6－341f
医学伦理学 8－535c
医学模式 8－535e
《医学启源》 9－216a
医学实验动物 6－331c
医学心理学 8－535e
《医学心悟》 1－141c
医学影像学 8－535f
医用高分子 3－140c
《医用有机化学》 8－369b
医院 8－536a
《医院笔记》 5－521f
医院制度 8－535a
《医韵统》 7－503a
《医宗金鉴》 8－536b
依巴谷 8－536b, 7－453f, 8－304f, 8－405c
《依巴谷星表》 8－304e
依禅派 9－402e
依地语 8－536c
依法行政 8－536d
依法治国 2－457f, 2－461a
依赫瓦尼 8－536e
依拉地平 3－26d
依兰县 8－536e
依敏河 3－330d
依纳爵 6－74a
依诺沙星 3－408b
依普拉酮 9－260b
依数性 8－536f, 1－44d
依他起性 6－404a, 9－65a
依维柯公司 2－527d
依韵 1－528f
铱 8－536f
铱金笔 9－538a
猗玗子 9－93b
壹与 8－489c
壹岐对马国定公园 2－373a
《欹枕》 6－229a
《噫嘻》 7－176f
黟山 3－596d
黟商 3－607f
黟太公路 8－537b
黟县 8－537b
仪表导航 8－537c
《仪典集》 1－174d
《仪礼》 8－537d, 8－135e
《仪礼》简 8－60c
《仪礼正义》 8－537e
仪陇县 8－537e
仪器分析法 2－547b
仪器检验 6－456b
仪器仪表 8－537e
仪式 8－537f
仪卫老人 2－487e
《仪卫轩全集》 2－487e
《仪卫轩文集》 2－487e
仪仗队 8－538a
仪仗制度 5－160d
仪真县 8－538b
仪征化学纤维总厂 4－179a
仪征市 8－538b
仪征县 8－538b
仪征油码头 8－538b
夷 8－538b, 8－538d
夷播海 1－153c
夷家 1－454f
《夷坚志》 8－538c, 3－482b
夷陵 8－539e
夷陵之战 6－388d
夷明 2－543b
夷平 9－173a
夷平面 8－538d, 5－378a
夷三族 9－568e
《夷夏东西说》 2－27e
《夷夏论》 5－432a
夷夏之防 8－538d
夷洲 6－389b, 7－252b, 9－272a
沂河 3－561e
《沂蒙九章》 4－590f
沂蒙山区 5－372a
《沂蒙颂》 1－205b, 8－475f
沂南画像石墓 8－538e
沂山玉皇顶 7－560d
沂源猿人 9－528a
沂州 5－91e
饴糖 8－538f
怡保 8－539a
怡和轮船公司 8－539b
怡和洋行 8－539a
怡乐村肺吸虫 2－311a
宜宾金沙江大桥 6－186b
宜宾市 8－539c
宜昌市 8－539e
宜城市 8－539f
宜城县 8－539f
宜春市 8－540a
宜春苑 6－248b
宜都市 8－540a
宜都县 8－540b
宜禾都尉 8－533d
宜侯夨簋 8－540b
宜黄大师 6－16f
宜均陶 8－540e
宜兰蜜饯 8－540c
宜兰平原 8－540c
宜兰市 8－540c
宜兰县 8－540c
宜山县 8－540f
宜兴精陶 8－540f
宜兴美彩陶 8－540f
宜兴青瓷 8－540e
宜兴市 8－540d
宜兴陶瓷 8－540d
宜州市 8－540f
贻贝 8－541a
贻贝科 8－541a
贻贝油 8－541a
《姨母的故事》 3－560e
《姨母帖》 7－512f
胰 8－541b
胰导管结石 4－224e
胰岛 8－541b
胰岛素 8－541c, 1－225a, 8－155b
《胰岛素、内分泌与临床》 1－225a
胰腺 8－541b
胰腺癌 8－541d
《胰腺的内分泌》 1－301a
《胰腺提取物用于糖尿病的治疗》 1－225a
胰腺炎 8－541e, 6－288d
移调 8－542a
移动电话 2－280d
移动泛欧洲导弹防御系统 8－306e
《移动摄影》 1－69f
移动通信 8－542b
移动通信卫星 7－392b
《移动性气旋的结构》 6－75d
移动性浊音 3－22d
移宫案 6－381f
《移魂女郎》 1－100b
《移居北方的季节》 6－363f
《移居法》 9－176b

《移民告别》 8–351d
移频式助听器 9–500e
移情 8–542b
《移情问题》 8–542d
移送管辖 5–428f
《移位》 2–592a
移液管 2–208c
移植苗 8–542d
移植术 7–39b
移植物抗宿主病 3–187e
遗产 8–542e
遗产税 8–542f
《遗产税法》 8–542f
遗传 6–545d
遗传变异 8–542f
遗传病 8–543a
遗传工程 8–543b
遗传基因 6–548a
遗传密码 8–543c, 4–124b
遗传密码表 8–543d
遗传漂变 8–543d
《遗传天赋》 3–61c
遗传武器 8–543e
遗传物质 9–457a
遗传信息流 2–554e
遗传性球形红细胞增多症 6–85b
遗传学 8–543e, 9–147c
《遗传学和现代生物学》 1–316b
《遗传学引论》 1–316b
遗传学中心法则 9–441f
遗传因子 5–383b
遗传指纹 9–584a
遗痕 4–416c
遗迹 8–544d, 4–416c
遗迹化石 8–544e
遗精 8–544e
遗觉象 8–544f
遗觉型 8–545a
遗尿症 8–545a, 9–304d
《遗山集》 9–92c
《遗失街风习》 8–8c
遗忘 8–545c
遗忘曲线 1–74e
遗物 8–545d, 4–416c
遗赠 8–545e
遗赠财产 8–545e
遗赠扶养协议 8–545f
遗赠人 8–545e
遗赠受赠人 8–545e
遗赠物 8–545e
遗址 4–416c, 8–544d
遗嘱 8–546a
遗嘱继承 8–546b
遗嘱监护 4–152b
遗嘱能力 8–546b
遗嘱权 8–546a
颐和殿 6–519f
颐和园 8–546c, 2–44c
颐中烟草公司 9–10a
颐中烟草运销公司 9–10a
疑病妄想 7–524e
疑病症 6–82b
《疑虑重重的马卡尔》 6–109a
《疑狱集》 2–458c
疑源类 8–546e
彝 8–547a
彝海结盟碑 5–51b
彝年 8–547b
彝器 8–547b, 4–586a, 9–452f
彝文 8–547c
《彝文作祭献药供牲经译注》 5–284a
彝语 8–547c, 8–547d
彝语支 8–547d, 9–158b
《彝语“20”和“70”的音变》 5–284b
彝族 8–547d, 3–313c, 5–50f, 5–51a
彝族铜鼓舞 7–402c
彝族舞蹈 8–547e
乙胺嗪 7–116d
乙丙橡胶 8–548b
乙醇 8–548b, 9–145d
乙醇胺 8–548c
乙底酸 8–548e
乙二胺 8–548d
乙二胺四乙酸 8–548e
乙二醇 8–548e
乙二酸 1–482f
乙酐 8–549d
乙基蒽醌法 3–303c
乙基氯 5–189c
乙基西梭霉素 1–112a
乙腈 4–303e
乙类古今字 3–170c
乙链 2–566d
乙醚 8–548f
乙密台 6–91d
乙脑 5–129a
乙硼烷 1–443c, 6–68a
乙醛 8–549a
乙炔 8–549b, 4–135f, 5–78a, 6–268c, 7–553a
乙炔法 5–189c
乙淑岛 5–227d
《乙巳保护条约》 1–110b, 2–473c, 4–610d
乙巳之变 2–87a
乙酸 8–549c
乙酸酐 8–549d, 7–207a
乙酸乙烯酯 8–549b
乙酸乙酯 8–549e
乙未事变 2–121f
乙烯 8–549f, 5–78a
乙烯法 5–189d
乙酰胺 8–550a
乙酰胆碱 2–132f, 9–211a, 9–463c
乙酰化试剂 8–550c
乙酰化值 9–292e
乙酰甲胺磷 8–550b
乙酰氯 8–550b
乙酰螺旋霉素 2–87c
乙酰麦迪霉素 2–87c
乙酰水杨酸 7–104a, 8–375f
乙酰乙酸乙酯 8–550c, 3–521a
乙型肝炎病毒 1–369e
乙氧黄酮 3–599b
《乙瑛碑》 8–550d, 6–597b
乙羽信子 8–550e
乙状结肠扭转 1–522e
《已故的帕斯卡尔》 6–73a
《已故上校的两个女儿》 5–308e
《已故少女的郊游》 8–92d
已斋 3–204b
《已知数》 6–14a
以存货计销 6–612a
以存计耗 6–612a
以道事君论 4–171c
以弗所公会议 5–267c
《以革命的名义》 6–429a
以攻助防法 7–523e
以古证今 4–298d
以管助保法 7–523e
以阶级斗争为纲 7–152e
以类度类 8–382d
《以利亚》 5–366b
以群 9–413e
以人为本 6–284c
以人为中心疗法 8–253f
以弱养强 6–353f
以色列 8–550f, 8–417d
《以色列：个人的经历》 1–307a
以色列工党 8–552c
以色列工人党 6–57b
以色列工学院 3–326a
以色列广播局 8–552a
以色列国 1–167d, 9–35d
以色列科技大学 8–552a
以色列王国 8–552d, 1–167c, 9–36d
《以身作则》 4–600d
以太 8–552e, 3–33c, 5–297a, 8–74b
以太论 8–75c, 9–253f
以太网 8–552f
以太旋涡说 8–552e, 9–253f
以痛为腧 9–248b
以土地换和平 2–455e, 4–512f
以无为本 7–490d
以宪代警 8–186f
《以一个妇女为中心的群像》 1–397a
《以知识为基础的经济》 9–291b
钇 8–130d
钇萤石 9–16a
钇铀矿 4–303d
苡米 8–569d
苡仁 8–569d

蚁 8-553a, 2-193f
蚁鼻钱 8-553b, 9-182c
蚁蚕 6-410d
蚁垤 5-213d
蚁蜂 5-456a
蚁后 1-208d, 8-553a
蚁科 8-553a
蚁蛉 5-300d
蚁群 1-208d, 8-553b
蚁酸 4-135e
蚁王 1-208d
《倚天屠龙记》 4-261c
椅式分子构象 3-155e
《椅子》 3-578c, 9-33a
椅子顶 8-553b
《椅子顶》 2-159a
《弋猎图》 1-480a
弋阳腔 8-553d, 3-346b
弋阳县 8-553e
亿尼 8-421d
《亿万富翁先生们》 9-579d
义安县 1-545b
义仓 1-525c, 2-43e
义成公主 4-227d
义齿 4-481d, 8-202c
义儿军 4-277e
义工 9-312a
义和拳 8-553f
《义和团》 4-559e
义和团运动 8-553f, 4-195c
义净 8-555b
义理之天 7-346b
义理之学 3-294f
义利统一 8-556c
义利学说 4-477b
义利之辩 8-556b
义律 3-519d, 8-387e
义马市 8-555b
义马镇 8-555b
义米 9-179e
义渠国 7-398e
义顺和班 3-249f
义乌腔 6-552c
义乌市 8-555c
义乌县 8-555c
义务 8-555d
义务兵役制 8-555e, 1-365c, 9-311f
义务兵与志愿兵结合制 1-365c
义务教育 8-555e
义务律师 5-184b
义熙县 6-335b
《义侠记》 6-518a
义湘 3-539f, 9-98b
义玄 1-500b
义学 7-118e
义学正 8-61b
义训 8-555f
义阳三关 8-556a, 8-59a, 8-301b
《义勇军进行曲》 8-556b, 3-256a, 5-591a, 9-342c
义与利 8-556b
义庄严 6-574a
《艺概》 8-556c
《艺海拾贝》 6-200b
艺妓 8-556d
《艺境》 9-552c
艺名 8-556e
艺泥 2-571e
艺术 4-439c
艺术博物馆 1-417d
艺术抽象 5-358d
《艺术对现实的审美关系》 1-547a
《艺术家的生涯》 6-115a
艺术解剖学 8-558b
《艺术津梁》 4-448e, 5-48d
《艺术论》 5-202d
艺术美 5-342a
艺术品拍卖 8-556f
艺术摄影 1-233c
艺术世界 8-557b
《艺术世界》 8-557b
艺术市场 8-557c
艺术水彩笔 1-323b
艺术搪瓷 2-461b
艺术体操 8-557e, 4-314d
艺术童话 4-22b
艺术写真研究会 1-567b, 3-226f
艺术性时装表演 6-611d
艺术游泳 3-532b
《艺术与革命》 7-465e
艺术与手工艺运动 8-558a
《艺术语汇集》 1-241c
《艺术哲学》 7-277b
艺术职业专科学校 3-287d
艺术装饰 4-167d
《艺术作品的本体论》 8-570d
《艺文类聚》 7-304c
艺用解剖学 8-558b
《艺用解剖学》 8-558d
《艺苑名人传》 5-361f
《艺苑卮言》 8-558d, 7-48e
《艺舟双楫》 8-558e, 1-237d
《忆》 9-62d
《忆长征》 8-453f
《忆江南》 9-473f
忆尼 8-421d
议宾 1-147a
议定书 8-558e
议功 1-147a
议故 1-147a
议贵 1-147a
议会 8-558f
议会共和制 8-559b
议会监察 4-152a
议会内阁制 5-554c, 6-399e, 8-559a
议会听证会 3-256f
议会制 8-559a
议会制君主立宪制 4-360b, 9-6d
议会主权 9-6e
议决听证 3-256f
议能 1-147a
议亲 1-147a
议勤 1-147a
议事会 9-93c
议贤 1-147a
《议员》 6-2e
议政王大臣 6-218f
议政王大臣会议 8-559b
亦列 8-522d
亦宛然布袋戏班 4-613e
亦庄科技园 9-334b
《异邦天国》 3-174b
异丙苯 8-559c
异丙醇 1-366c
异丙嗪 9-307c
异病同食 7-3f
异病同治 8-559d, 9-318c
异剥辉长岩 3-605e
异步电机 4-195b
异步发电机 2-431d
异常行为 9-127f
异常血红蛋白病 8-374f
《异常肿物》 2-525a
异常重力场 2-237a
异常自我体验 4-305f
异地结算 4-224e
异丁醇 2-304d
异丁酸 2-308e
异丁烷 2-309a
异丁烯 2-309b
异动态昆虫 3-545a
异度生长 6-548f
异端裁判所 9-555d
异噁唑 2-412f
异构体 8-559e, 7-395b, 7-478f, 9-46f
异构现象 9-46f
《异国鸟》 5-336e
异花传粉 2-25c
异花授粉 1-247f
异花授粉作物 9-149a
异化 8-559e
异化劳动 8-560a
异化作用 6-538a
异缓步纲 3-576d
异黄酮 3-599a
异黄烷酮 3-599a
异基因骨髓移植 3-187e
异交 9-147c
异角亚目 2-405f
异经麻纱 5-238a
异喹啉 4-505a

异亮氨酸 1-111d
异鳞波鱼 6-276b
异龄林 6-418f
异咯嗪蛋白质 7-516c
异毛果芸香碱 5-314b
异密 6-364e
《异母兄弟》 6-389e
异配接合 9-50d
异配生殖 6-549e, 9-50d
异氰酸酯 7-300a
异噻唑 6-369d
异蛇根碱 6-479d
异释逻辑 9-241a
异鼠李素 2-462c
异体受精 7-44e
异体字 8-560b
异退热碱 1-525e
异位妊娠 8-560b, 3-143d
异位性皮炎 8-560d
异位移植 6-155a
异温动物 2-331c
异戊巴比妥 9-260a
异戊二烯 8-560d
异戊橡胶 4-343e, 4-345c
异蜥科 2 413c
异香豆素 8-192c
异形孢子 1-238e
异型莎草 8-560e
异姓诸侯王 3-368c
异穴合葬 9-364d
《异学禁令》 4-497d
异烟肼 1-321e
异养生物 8-148e
异吲哚 8-586e
异油酸 9-293d
《异域录》 5-305a
异源多倍体 5-494b, 8-150d
《异哉所谓国体问题者》 5-53a
异质结 9-586e
异质链聚合物 8-17d
异质毛 8-449e
异质人工授精 6-287b
异种克生现象 3-543b
异种移植 6-155a
抑癌基因 4-407b
抑菌剂 1-311d, 6-421d
抑郁 8-560e
抑郁症 6-310f, 8-560f
抑制性突触 7-417a
邑 8-560f, 8-177d
邑义 6-481d
役畜 8-561a
役权 5-207a
译码 4-318e
译署 9-560b
译序 8-355f
《易》 2-27a, 3-614d, 9-475a
易安居士 4-607d
易安体 4-608a, 7-169d
易北河 8-561b, 4-225d
易变配合物 6-60d
易卜拉欣 3-168b, 5-500d, 8-172f, 8-398f
易卜拉欣港 7-197b
易卜拉欣·洛迪 1-149c
易卜生,H. 8-561c, 3-103d
易德全 7-147a
《易汉学》 3-614e
易筋经 7-341f
《易经》 8-561d, 1-348e, 1-403d, 9-475a
《易经总旨》 1-199c
易礼容 8-200a
《易例》 3-614e
《易龙图》 1-567a
《易论》 4-595a
易罗池 1-246a
易洛魁联盟 8-561e
易洛魁人 8-561d
易洛魁族 1-91d
易熔合金 2-206b
易实甫 8-561e
《易释象》 9-168e
易水 8-562a
易水长城 1-509d
易水石砚 8-562a
易水学派 9-215f, 9-448e
易顺鼎 8-561e
易俗社 8-561f
易田制 4-309c
易县 8-561f
《易象正》 3-582d
易心莹 9-348e
易行乘 8-597b
易性症 8-323f
易中硕 8-561e
《易传》 8-562a, 9-475a, 9-475d
易装症 8-323f
《绎史》 7-391d
驿传 8-562a
驿递之役 9-145f
驿券 8-562c
驿站 5-181c, 8-562f, 9-34b
《驿站长》 5-395c, 8-500f
奕经 8-388a
奕劻 8-562f, 2-44d, 4-597f, 9-81a, 9-435c
奕山 1-90e, 3-519b, 6-405e, 8-387f
奕訢 8-563a, 2-44b
奕譞 8-563a
奕詝 6-232c
疫苗 5-412d, 6-547e
疫区检疫及地区间交通卫生检疫 4-156b
疫源地消毒 8-213e
羿人语 3-87a
挹灏楼 6-91d
挹娄 7-201b
益（伯益） 9-72c
《益部耆旧传》 1-565d
益虫 8-563c, 8-333b
益都县 6-215e
《益古演段》 5-2a
《益国周文忠公全集》 9-465d
益津县 1-192b
益鸟 8-445e, 9-519f
益气 1-423a
益阳市 8-563c
益阳县 8-563c
益阴 1-424c
益智 5-144d, 6-276f
益智书院 4-244d
益州 8-563d
益州郡 2-89b, 2-269d, 6-607d
《益州名画录》 8 563e
逸标苾 3-559d
逸夫书院 8-196e
《逸骥图》 1-476c
《逸经》 4-159f
逸叟 3-557d
《逸周书》 8-563f, 8-117a
意 8-247b
意大利 8-564a, 4-353a
意大利半岛 8-566a
意大利菜 8-566b
《意大利草帽》 4-512e
意大利船级社 2-30a
意大利都灵汽车制造厂 2-527d
意大利蜂 8-566b, 6-421f
《意大利国际私法制度改革法》 2-3b
意大利国家法西斯党 8-566c, 5-481d
意大利克语族 5-212f, 8-612b
意大利力量党 8-565b
《意大利历史》 6-109a
《意大利女郎在阿尔及尔》 5-220c
意大利全国报业联合社 1-105c
意大利人 8-566d, 1-318c
《意大利人民报》 5-286c
意大利肉饼 1-320d
意大利社会党 4-513c, 7-429e
《意大利式的结婚》 1-498c, 2-185d, 7-230b
《意大利水电站大坝》 5-247a
《意大利随想曲》 1-499a
意大利铁线莲类 7-384f
意大利统一 8-566e
意大利统一社会党 7-429e
意大利王国 8-565a, 8-566f
《意大利文学史》 2-184c
意大利文艺复兴 8-566f
《意大利协奏曲》 1-157e
意大利语 8-566f, 8-566d
意大利战争 8-567a
意大利左翼民主党 8-565b

意符 8-567b
意根 5-121e
意境 8-567b
意识 8-567d, 4-306b
意识流 8-567e, 9-517a
意识流电影 8-567f
意识流小说 8-567f
《意识是行为心理学的问题》 7-551d
意识形态 8-568a
《意识形态与乌托邦》 5-308c
意识障碍 8-568c
意守丹田 6-142a
意思自治 9-518e
意太尔特，J. M. G. 7-334c
《意土和约》 8-568d
意土战争 8-568d
《意外的归来》 5-72a
《意外的喜悦》 1-410b
《意外集》 2-306f
意外性细胞死亡 8-151c
意向性震颤 9-258a
意象 8-568d
意象创造 3-45e
《意象集》 2-170b
意业 8-494a
意义联想 5-47c
《意与象》 5-277e
意园 2-134c
意志 8-568e
《意志》 1-56a
意志论行动理论 6-33e
意志品质 8-568f
意志缺失 8-569a
意志障碍 8-568f
意志自由 8-568f
溢出冰川 2-92e
溢洪道 8-569a
溢洪堰 2-495a
溢流性尿失禁 6-36e
溢流堰 8-444b
缢蛏 8-569b
缢蛏属 8-569b
缢蛏养殖 8-569c
《瘗鹤铭》 8-569c, 4-202f
薏苡 8-569d
薏苡仁 8-569e
薏苡属 8-569d
薏珠子 8-569d
螠虫动物门 8-569e
毅宗 4-604c
劓刑 8-51e
翼 5-588c
翼蚌 6-394d
翼城 1-583b
翼锭式罗拉纺纱机 2-500f
翼凤蝶属 2-580c
翼蓼属 5-70b
翼龙目 8-569f
翼王 6-593f
翼下冲 4-494c
翼肢鲎 4-217a
翼指龙 8-570a
翼指龙亚目 8-570a
镱 8-130d
癔病 8-570a
《癔病的研究》 2-596a
癔病聋 9-501a
癔症 8-570a
癔症性神游症 8-570b
癔症性遗忘症 8-570b
懿德太子墓 8-570b
懿妃 2-44b
懿贵妃 2-44b
懿律 8-387e
懿嫔 2-44b
因（哲学） 7-109e
因变量 2-391a, 3-358c, 3-608d
因次分析 3-548f
因道支湖 5-414b
因地制宜 6-405d
因蒂瓦塔纳神庙 5-273f, 8-611b
因多米塔族 6-558d
因歌 1-544a
因河 2-388c, 6-351b
《因话录》 9-309f
因吉尔利克空军基地 1-6f
《因寄轩诗集》 3-215c
《因寄轩文集》 3-215c
因加尔登，R. 8-570c
因卡塔自由党 5-523c
因科马蒂河 7-139e
因明 8-570d
因纽特人 8-570e, 1-264d, 3-107a, 5-379c, 6-303f
因纽特文字 8-570f
因纽特语 1-88b, 5-364b
因努伊特山地 4-114c
因皮里尔谷地 4-112b
因人施教 9-488c
因人制宜 6-405c
因山为陵 7-308f
因声求气 5-106e
因时制宜 6-405d
因数 9-263d
因斯布鲁克 1-10a
因他暖山 7-273d
因特网 8-571a, 4-90a
因特网经济 7-522c
因陀罗瑟帕 1-69e
因陀罗王 6-97b
因析设计 7-29f
因信称义 4-109b, 8-274c
因中无果论 6-570b
因子主效应 7-29f
《阴暗的图画》 8-492e
阴闭证 4-390e
《阴持入经》 1-106d
阴道 8-571c, 6-550b
阴道出血 8-571d, 3-5f
阴道隔膜 1-335d
阴道痉挛 8-325c
阴道镜检查 3-6c
阴道穹 8-571c
阴道性闭经 1-329a
阴道炎 8-571e
阴地植物 8-494f
《阴符经》 8-571f
阴寒证 7-152b
阴河 2-241d
阴极 2-281a
阴极保护 4-255e
《阴极电子学》 5-389d
阴极射线 8-572a, 4-565d, 7-298b
阴极射线致发光 3-194a
阴极型缓蚀剂 3-576f
阴间 2-244e, 3-244c
阴晋邑 3-556c
阴茎 8-572a
阴茎癌 8-572c
阴茎包皮 8-572b
阴茎套 1-335d
阴经郄穴 8-147f
阴铿 8-572c
阴离子 4-578a
阴离子表面活性剂 1-356a
阴离子交换树脂 4-578f
阴历 8-572d, 5-16f, 5-609e
阴脉之海 6-311a
《阴谋与爱情》 8-572e
阴囊 6-550a
阴平县 3-245c
阴器不用 8-452d
阴跻脉 8-572f
阴山 8-573a
阴山荠属 6-591f
阴山山脉 2-102a
阴山岩画 8-573a, 8-429b
阴盛格阳证 6-474b
阴虱 6-576d
阴维脉 8-573b
阴痿 8-452d
阴文 9-512a
阴文印 8-138f
阴行草属 8-362d
阴绣球 8-339b
阴虚动风 3-40f
阴虚证 1-424c, 7-3e
阴阳 8-573c
阴阳城 5-508e
阴阳合历 2-124f, 5-609e, 8-572e
阴阳家 8-573d

阴阳历 5-16f
阴阳两虚证 1-424c
《阴阳扇》 7-512b
阴阳双补剂 1-424c
阴阳五行学说 2-490d, 5-556a, 9-528c
阴阳学 5-13b
阴阳学说 1-348e, 9-448f
《阴影》 8-94b
《阴影赞》 1-413f
《阴影之歌》 6-411d
《阴影中的婚姻》 5-335b
《阴骘文》 8-573e
《阴骘文颂》 8-573e
阴子坚 8-572c
茵陈蒿汤 6-227b
《茵梦湖》 6-583b
荫道树 8-313e
音 8-573e
音叉式电子表 1-355a
音程 8-574a
音程的转位 8-574b
音读 6-328e
音高 8-573f
音阶 8-574b
音节文字 3 386c
音量 8-573f
音列 8-574b
《音律宫调》 7-256a
音名 8-574e
音品 8 573f
音色 7-386a, 8-573f
《音声学原理》 8-495e
音苏盖提冰川 4-362b
音速 6-552f
《音位标音法的多能性》 9-235a
音位理论 8-395e
音位谱 4-95c
音位学 9-73f
《音位学》 6-39a
《音位学原理》 7-332e
音响航标 3-391d
音像出版 8-574f
《音学五书》 8-575a, 3-199f
音训 6-553c
音域 8-575b
音乐 8-575b
《音乐》 5-244a
《音乐创作散论》 4-598c
《音乐的奉献》 1-157d
《音乐的乐趣》 1-396f
《音乐的瞬间》 7-52a
《音乐和舞台演出》 1-3e
《音乐会快板》 2-458a
音乐会练习曲 5-48c
音乐会音高 1-354d
《音乐家与音乐》 1-405f
音乐剧 8-576f, 1-121f
音乐浪漫剧 8-576f
音乐疗法 8-577a
音乐闹剧 8-576f
音乐喷泉 6-61e
《音乐全书》 2-447c
《音乐诗学》 7-136a
《音乐树》 1-38f
音乐厅 8-577b
《音乐通论》 6-215e
音乐舞蹈史诗 8-577e
音乐喜剧 8-576f
《音乐与色彩》 6-415d
《音乐与想象》 4-434d
《音乐与政治》 1-80e
《音乐之声》 8-577e
《音乐之声》(音乐) 5-205b
音乐出版社 6-295d
音障 6-553c
音质 8-573f
音庄严 6-574a
姻亲 8-578a, 6-195c
殷 1-109d, 6-451f
殷承宗 8-578a
殷夫 8-578b
殷弘绪 2-328a
殷宏章 8-578d
殷剑 2-462a
《殷鉴录》 6-47b
殷礼 4-585b
《殷历谱》 2-336a
殷汝耕 3-533d
殷商 6-451f
《殷武》 7-177a
殷秀梅 6-519d
《殷虚卜辞综述》 1-561e
《殷虚文字甲编》 3-503e
《殷虚文字缀合》 5-1a
殷墟 8-578e, 3-426a, 4-134d, 6-212b, 6-452c
殷墟甲骨 8-579a
殷墟甲骨文 2-336a
《殷墟器物甲编：陶器》 4-598f
殷墟王陵区 8-578f
殷正 6-407a
殷制 4-323d
《殷周制度论》 7-497e
铟 8-579a, 8-130c, 8-131b
银 8-579b
银白杨 8-462d
银背藤属 8-365c
银本位制 8-579e, 2-141d, 4-18e
银币本位 2-141e
银边吊兰 2-302c
银边万年青 7-482c
银差 6-47b
银柴胡 6-608c
银鲳 8-579e, 1-506f
银城县 2-185d, 4-563d
《银匙》 3-62e
银川平原 8-579f, 3-427f
银川市 8-580a
银大麻哈鱼 3-243f
银单本位制 2-141d
银道带 8-581e
银道坐标系 7-357d
银锭 8-580b, 9-367c
银都机构有限公司 8-580d
银蛾 8-580e
银蛾科 8-580e
银耳 8-580e
银耳之乡 3-177c
银耳属 8-580e
银耳相思鸟 8-191e
《银鸽》 1-358f
银阁寺 6-315d
银汞合金 1-424a
银鲴 3-200e
银桂 3-247d
银汉 8-581d
银行 8-580f
银行本票 1-308b
银行不良贷款 8-418b
银行存款制 3-287d
银行的银行 9-447b
银行活期存款 2-367c
银行间黄金市场 3-589f
银行垄断资本 5-146e
银行票据 6-84a
银行券 8-581b, 4-248e
银行同业拆借利率 8-581c
银行资本 9-520f
银号 6-170e
银合欢 8-581c
银合欢属 8-581c
银河 8-581d
银河系 8-581e, 3-464b
银河系自转 8-582a
银河星云 8-308b
"银河"Ⅱ计算机 4-92a
《银狐集》 4-596a
银环蛇 8-582b, 2-351e
银婚 4-223b
银鲫 4-107b
银监会 9-279a
银胶菊 8-582c
银胶菊属 8-582c
银鲛目 8-582d
银金矿 4-243e
银荆树 4-241c
《银酒杯》 5-605e
银蓝 8-582e
银两 8-580c
银两本位 2-141e
银柳 6-429f

银龙鱼 6-276b
银|氯化银电极 1-471f
《银幕形象的创造》 9-229f
银幕珍品公司 3-91b
银鸥 3-337b
银盘 8-582f
银翘散 4-228e
银雀山汉简 8-583a, 3-376c
《银雀山汉墓竹简（壹）》 7-217e
银色橡胶菊 8-582c
银杉 8-583a, 3-530a, 7-160a
银杉属 5-226d, 8-583a
银杉自然保护区 7-144f
银台 7-394a
银条长角石蛾 5-313d
银团银行 8-583b
银薇 9-535b
银屑病 8-583c
银心 8-582a
银杏 8-583e, 7-354e
银杏科 5-226d
银杏木材 8-583e
银杏内酯 8-583f
银杏属 8-583e
银杏叶 3-599b, 8-583e
银杏种子 8-583e
银胸丝冠鸟 4-510d
银黝铜矿 9-51d
银鱼 8-583f
银元 8-584a
银元宝 8-580c
银圆 8-584a
银晕 8-584b, 7-365a
银座 8-584c
银座町 8-584c
《淫秽的夜鸟》 2-388f
淫羊藿 8-584d
淫羊藿属 8-584d
鄞州 5-594d
尹 8-584e, 8-177b
尹光 6-429a
《尹光浩》 4-595e
尹光中 7-327d
尹吉甫 9-473d
尹锐志 7-324b
尹士林 4-480e
尹焞 3-516f
尹湾汉简 8-584f, 3-376e
尹维峻 7-324b
尹文 7-174e
《尹文子》 5-438e, 7-174e
尹羲 8-584f
尹赞勋 8-585a
尹湛纳希 8-585b
尹湛纳希纪念馆 1-283c
尹志平 6-241c
引（曲词） 9-328b
引（文体） 8-355e
引产 8-585c
引潮力 1-544b, 3-193c
引得 7-234c
引得法 1-353a
引渡 8-585d
引航标志 3-391d
引航术 3-393b
引号 1-352b
引江济汉工程 5-541b
引力 8-586b
引力半径 3-452b
引力波 8-585e, 1-89d
引力波天文学 8-190d
引力场 2-195e
引力理论 8-190c
引力坍缩 8-585f
引力透镜 8-586a
引力相互作用 8-586b
引力质量 2-407d, 9-314f
引领百姓 8-389f
引龙回 2-430e
引滦工程 8-586b
引滦入津工程 6-40f, 8-586c
引滦入唐工程 8-586c
引桥 6-186d
引擎 2-431d
引狮郎 6-577c
《引书》 9-199d
引水式水电站 7-90a
引文分析法 6-235d
引窝 8-434e
引戏 8-48d
引漳十二渠 8-586c
引种 8-586d
吲哚 8-586e
吲哚乙酸 6-549b
《饮》 5-15a
《饮冰室合集》 5-53a
《饮冰室诗话》 8-586f
饮冰室主人 5-52e
饮汗城 8-580a
饮剂 7-296a
饮饯 4-162b
饮酒器 4-350c
饮料 8-587a
饮料酒 4-324c
饮料作物 9-580b
《饮膳正要》 5-381e, 6-233b
饮食不当 1-371d
饮食积滞 6-80e
饮食结构 8-587a, 6-449e
饮食禁忌 8-587b
饮食劳倦辨证 1-371e
《饮水词》 5-508f
饮水中枢 8-159a
饮早茶 5-101d
蚓蜥亚目 6-28c
蚓螈 8-587f
蚓螈目 8-587f
隐棒花属 7-355b
隐孢子虫 8-588c
隐孢子虫病 8-588b
隐蔽赤字 1-463a
隐蔽圈闭 6-257b
隐蔽色 6-542a
隐蔽油气藏 9-39e
隐成本 4-30a
《隐城基捷日与费芙罗尼亚姑娘的传奇》 5-8d
隐翅虫 8-588c
隐翅虫科 8-588c
隐唇瓢虫 6-189b
隐伏矿体 4-501b
隐睾 8-588d
隐函数 8-588e
隐弧贝超科 2-24a
隐花色素 8-588f
隐棘拟鲛鳒 1-112d
隐经 1-329a
《隐居生活》 4-531a
隐口目 8-156b
隐裂牙 1-189c
隐秘派 8-589a, 4-493b
隐秘派诗歌 5-372b
隐气门目 6-80c
隐青 6-203f
隐球菌病 8-589b
隐色笔 1-323c
隐身材料 8-589c
隐身材料技术 8-590a
隐身飞机 8-589e
隐身技术 8-589f
隐身涂层 8-589c
隐生宇 8-590c
隐生宙 8-590c
《隐士报》 1-15c
《隐私领地》 7-276a
隐私权 8-590d
隐太子 4-600a
隐形经济 8-590d, 2-241f, 2-258d
隐形手枪 8-590e
隐形透视 7-415d
隐形眼镜 8-590e
隐性癌基因 4-407b
隐性感染 2-26a, 3-45b
隐性基因 4-52d
隐性脊柱裂 4-87b
隐性颅裂 5-159d
隐性遗传病发生率 4-272b
隐修院 8-590e
《隐修院》 7-550c
隐修制度 8-590e
《隐秀轩集》 9-455c

《隐言经》 1–157b
隐逸派 8–589a
隐翼 8–101b
隐语 5–393a
印 8–138e, 9–512a
印巴次大陆 5–544e
印巴分治 5–385d
印巴战争 8–590f
印板石古翼鸟 7–14c
印报托 8–595f
印地–乌尔都语 8–612c
印地语 8–591a, 2–530c, 8–604d
印第安 1–98b
印第安阿拉瓦克人 8–108e
印第安加勒比人 8–108e
印第安玛雅人 1–400a
印第安纳波利斯 8–591b
《印第安娜》 6–184f
印第安人 8–591d, 1–56a, 2–397b, 2–586d, 3–91f, 4–514e, 6–303f
印第安艺术 8–592a
印第安语 2–407e
印度 8–592a, 8–417d, 9–101a
《印度》 1–320a
印度–阿拉伯数字 7–63c, 9–542c
印度半岛 8–595e, 8–592a
印度报业托拉斯 8–595f
印度菜 8–596a
《印度惨状》 3–446d, 8–605c
印度草木犀 1–482b
印度虫蜡 2–4a
印度椿 3–469b
印度大麻 2–94d
印度大沙漠 7–237f
《印度的唯心主义》 2–69a
印度地理人种 2–226b, 3–67f
印度帝国 9–7f
《印度独立法案》 5–368e
印度独立同盟 1–251c, 5–569e
印度法系 8–596a
印度佛教 8–596b
印度佛教美术 2–584d
《印度佛教史》 2–172d
印度工人同盟 8–604b
印度共产党 8–597c
印度共产党（马克思主义） 8–597d
印度共和国 8–593e
《印度共和国宪法》 8–594b
印度古典舞蹈 3–167c, 8–605e
印度雇佣军兵变 8–601f
印度国民大会党 8–597e, 5–569e
印度国民军 1–251c
印度河 8–598a, 1–159b
印度河–恒河大平原 8–592c
印度河平原 8–598c, 8–592c
印度河三角洲 8–598c
印度河文明 8–598e, 7–11d
印度–赫梯语系 3–448a
印度画 8–112e
印度皇帝 1–149c
《印度皇帝》 3–429e
印度教 8–599a, 6–97d, 8–416e
印度教法 8–596a
《印度教和佛教》 7–541b
印度科学研究所 1–224c
印度孔雀 4–474b
印度狼孩 4–548e
印度瘤牛 5–133a
印度美术 8–599d
印度门 5–387e
印度蜜蜂 5–409d
印度民间舞 8–605e
印度民族大起义 8–601f
印度民族独立运动(1905～1908) 8–602b
印度莫卧儿帝国 1–20d
印度莫卧儿王朝 1–22d
印度南方军区司令部 6–106c
印度尼西亚 8–602c
印度尼西亚八月革命 7–184f
印度尼西亚共产党 7–184f
印度尼西亚共和国 7–185e, 8–603b
印度尼西亚民族主义联盟 7–185e
印度尼西亚语 8–604a
印度尼西亚语族 8–604a, 5–521d
印度人角 3–49e
印度人民党 8–604b
印度人种 3–67f
印度–日耳曼语系 8–612a
《印度日耳曼诸语言比较语法纲要》 6–579c
印度石 4–267c
《印度时报》 8–604c
印度事务大臣 9–3e
印度水牛 7–95c
印度斯坦人 8–604c
印度斯坦语 7–613f, 8–612c
印度藤黄 7–337d
印度文明 7–299e
印度文学 8–604e
印度舞蹈 8–605d
印度硝石 8–220a
印度新金山中国汇理银行 8–196d
印度学 2–319c
印度–雅利安人 8–396e
印度–雅利安语支 8–612c
印度洋 8–606a
印度洋地震 8–608a
印度洋海啸 8–608b, 3–344f
印度洋航线 3–339a
印度野牛 8–101b
印度–伊朗语族 8–608c, 1–124f, 8–612c
印度英语 9–11e
印度语支 2–486c, 8–608d, 8–612c
印度哲学 8–608e
《印度哲学概论》 5–54e
《印度哲学史》 2–69a
《印度哲学史略》 7–299f
《印度政府法案》 8–96e
《印度政府和巴基斯坦政府双边关系协定》 8–591a
《印度之行》 8–609e, 2–614b
印度支那 8–609f
印度支那半岛 9–434a
印度支那共产党 3–511b, 9–129e, 9–130a
印度支那共产联盟 9–130a
印度支那虎 3–518a
印度支那战争 8–609f
印度自治领 5–368e
印度自治同盟 2–268c, 5–570a
《印法参同》 9–512e
印防己毒素 9–439a
印共（马） 8–597d
印共（马列） 8–597e
印古什人 8–610c
印古什语 1–546a, 3–67f, 8–610d
印痕化石 6–340d
印花敷彩纱 5–281c
印花税 8–610d
《印花税条例》 8–610e
《印花税暂行条例》 8–610e
印加 8–610f
印加帝国 5–536a
印加骨 2–91b
印加人 5–536a
印加文化 2–214c, 4–514e
印加文明 8–610f
印卡田 8–611d
印刻 8–611e
印控克什米尔 4–460b
印款 9–512d
印楝素 8–611f
印欧混血种人 9–321b
印欧人种 3–67d
《印欧系语言比较研究导论》 5–337a
印欧语系 8–611f, 1–124f, 8–416c
印欧语系比较语言学 2–486e
印牌 8–477c
印染 5–424b, 6–273e
印手菩萨 6–100f
印绶 9–512a
印刷 8–612e
印刷术 8–613a, 7–147e
印刷唐卡 7–308b
《印苏和平友好合作条约》 3–34d, 8–591a
印太诸语言 1–150e
印文 8–138f
印纹陶 8–613a
印纹陶文化 8–283c
印纹硬陶 8–613b
印象派 6–322b
印象派绘画 7–471a
印象派之后 3–494f

印象主义 8–613b, 2–442f, 3–494f, 5–471a, 9–38b
印信 9–512a
印章 8–613e, 7–147f, 8–138e, 9–512a
印支 8–609f
印支虎 8–101b
印支语系 3–385c
印支运动 8–613f
印支褶皱 8–613f
印子钱 8–614a, 3–70a
印子债 8–614a
《饮马长城窟行》 4–162c
茚满三酮 8–614a
茚三酮 8–614a
胤礽 7–229c
胤禩 6–230d
胤禛 6–220a, 6–231b
应昌 9–95d
应成一 8–614b
应成中观派 9–334d
应德闳 6–506e
应付标价法 3–612c
应付债券 1–516e
应感之会 3–45e
应工 1–306e
应工戏 4–508f
应计费用 6–258e
应计收入 6–258f
应计制 6–258e
应璩 8–614c
应山县 3–235d
应劭 8–614c, 2–568b
应收标价法 3–612c
应收应付制 6–258e
应收账款 3–563b
应收账款余额百分比法 3–563b
应修人 3–515f
应玚 8–614c
应有人权 6–296c
应云卫 8–614d
英阿战争 1–21d
《英爱合并法》 6–74c
《英爱条约》 8–614e, 1–84e
英安岩 8–614f
英拜机场 7–109c
英镑 8–615a
英波（斯）石油公司 9–5b
英布 1–564f
英布战争 8–615b, 1–18a
英尺 8–615c, 4–88a, 9–11f
英尺烛光 4–564f
英寸 8–615c, 4–88a, 9–11f
英担 9–11f
《英德互不侵犯宣言》 5–498d, 9–190c
英德石 3–209b
英德市 8–615d
英德县 8–615d
英迪拉·甘地国际机场 8–265d
英帝国 8–615d
《英帝国的思想和理想》 1–161b
英帝国和英联邦 8–615d
英吨 2–375f
英法百年战争 1–375e
英法联军之役 2–257d
英法以侵埃战争 9–329a
英戈尔德，C.K. 5–22f
英格兰 8–616a, 8–616c
英格兰爱尔兰人 1–121d
《英格兰的伊丽莎白》 1–449a
英格兰地区 2–82a
英格兰国教 6–561a
《英格兰和苏格兰叙事谣曲集》 8–358a
英格兰人 8–616b, 1–83a, 1–116c
英格兰王国 6–119c
英格兰银行 8–616d, 8–581a, 9–447a
《英格兰银行法》 8–616d
英格丽·褒曼 8–616e
《英宫艳史》 7–310d
英古里坝 8–616f
英古里河 8–616f
英国 9–1a
英国保守党 9–3b
《英国病人》 9–3c
英国波斯石油公司 1–1a
英国纯血马 1–121b
《英国得自对外贸易的财富，或我们的对外贸易差额是我们财富的尺度》 9–462e
《英国的天赋权利》 4–593c
英国东印度公司 9–3d, 8–387b
英国法系 9–9e
英国法院 2–459d
《英国法总论》 4–429f
英国革命 9–523f
英国工党 9–3e
《英国工人阶级状况》 2–414d
英国公共档案馆 9–3f
英国管 9–4a
英国广播公司 9–2f
英国国会大厦 9–4a
英国国教会 9–4b, 1–101e
英国海里 3–331c
《英国海洋生物分布图》 2–608a
英国航宇公司 8–485f
英国后凯恩斯经济学 8–271d
英国皇家芭蕾舞团 9–4c
英国皇家集邮学会 4–77f
英国皇家学会 9–4d, 3–480b
英国皇家音乐学院 9–4e
英国皇家植物园 9–3a, 9–4f
《英国及威尔士监狱现状》 6–485d
英国检察机关 4–156a
英国节 4–215c
英国开放大学 9–4e
英国科学促进协会 4–88f
英国科学协会 4–201f
英国劳氏船级社 2–30a
英国煤田 6–22a
《英国耐寒乔灌木》 1–316c
英国内战 9–8a
《英国旗》 4–393c
英国壳牌运输与贸易公司 9–9b
英国邱园 9–4f, 9–306c
英国石油公司 9–5b
《英国所藏甲骨集》 5–1b
英国“挑战者”号调查船 3–347d
英国“挑战者”号考察 9–5b, 5–485d
英国文学 9–5c
英国梧桐 8–364b
《英国戏剧概观》 3–318a
《英国宪法》 1–210b
英国肖像画派 4–570a
英国药典 8–484b
英国业余拳击运动协会 6–267a
英国–伊朗战争 9–6c
英国议会大厦 4–551d
英国议会君主制 9–6d
《英国议会文件》 4–545a
英国英语 9–11e
《英国与喀什噶尔条约》 1–24e
英国羽毛球协会 9–70a
英国征服印度的战争 9–7a
英国殖民扩张 9–7c
英国资产阶级革命 9–8a
英国自然历史博物馆 9–8f, 1–429e
英国自由党 1–84e, 3–605f
英国足球协会 9–566e
英国136部队 9–549f
《英汉道路工程词汇》 9–236e
英荷皇家壳牌石油集团 9–9b
英荷战争 9–9c
《英华集》 1–50b
英华书院 5–264b, 8–107b
英吉利共和国 3–393a
英吉利海峡隧道 9–9d, 3–322e, 5–193b
英吉利人 9–1a
英吉沙小刀 7–558a
英加仑 4–112f
英加水电站 3–52d
英克曼之役 4–452f
英里 9–9e, 9–11f
英里城 2–137c
英联邦 8–615d
英联邦特别优惠关税区 6–247c
英敛之 3–3e, 2–83c
英两 1–116c
英陵 5–327f
英伦三岛 2–74f
《英伦战火》 2–541f
英美法系 9–9e, 2–457a
英美烟公司 9–10a
英缅战争 9–10b

英亩 3-136d, 4-88a
英纳塞西布岛 7-331c
英诺森三世 9-10d
英日同盟 9-10d
《英日同盟条约》 9-10d
英瑞炼乳工厂 6-269b
英若诚 9-10e
英式橄榄球 3-46b
英式管家 3-213f
《英属北美法案》 4-115b
英属北美殖民地 9-10f
英属贝专纳 1-412b
英属洪都拉斯 1-400b
英属黄金海岸殖民地 1-28c
英属吉尔伯特和埃利斯群岛殖民地 7-426f
《英属美洲权利综论》 4-217f
英属索马里夏都 3-306f
英属维尔京群岛 9-11a
英属新几内亚 5-468d
英属印度 9-7c
英斯,T.H. 8-89f
英王 1-571c
英王直辖殖民地 9-10f
英仙座星系团 9-11c
《英暹条约》 1-250b
英显王 7-585c
《英雄》(电影) 4-604b, 7-284e, 9-214e
《英雄》(音乐) 1-289a
英雄悲剧 1-255a
《英雄本色》 8-39a, 8-193f, 8-345b, 9-471d
《英雄大八义》 6-402c
《英雄的一生》 6-582d
《英雄的阵地》 3-505f
英雄风景画 2-565a
《英雄、革命和绞刑架》 2-541e
《英雄古那干》 7-325f
英雄广场 1-433f
《英雄国》 2-556f, 4-372b
英雄结 7-355d
《英雄梦》 1-315d
英雄男高音 6-414a
英雄时代 3-432c
英雄树 5-490f
《英雄塔尔根》 3-315f
《英雄小八义》 6-402c
《英雄血泪图》 1-313a
英雄正剧 9-266e
《英雄传略》 4-463e
《英轺纪程》 3-252f
英夷 8-538d
英虞湾 4-98e
英语 9-11c
《英语》 8-353d
《英语词典》 4-550c, 9-11e
《英语国家名人录》 4-545a
《英语民族史》 6-240f
英语能力考试 8-397f
《英语通用词源词典》 2-41b
英制 9-11f
英制马力 5-266e
英制支数 9-287f
英租界 9-564c
莺 9-12a
莺歌 1-544a
莺歌海盐场 3-335b, 5-525a
莺歌海油气田 3-334d
《莺莺传》 9-12a, 9-99e
《莺莺传》(曲艺) 3-191d
婴儿孤独症 7-387a
婴儿和学步儿期 2-418f
婴儿痉挛症 4-301c
《婴儿戏货郎》 4-19e
《婴宁》 5-69c
罂粟 9-12b, 4-251e
罂粟碱 9-12d
罂粟科 9-12d
罂粟壳 9-12c
罂粟属 9-12b, 9-66a
罂子粟 9-12b
罂子桐 9-41b
缨翅目 9-12e, 4-106c
缨络篆 5-305a
缨尾目 8-534b
璎珞 8-205f
《璎珞传》 4-233d
樱花 9-12e
《樱花小鸟》 1-573f
樱花银行 6-396a, 9-501e
《樱花赞》 1-365a
樱会 6-315e
樱桃 9-12f
《樱桃的滋味》 4-52a
樱桃番茄 9-13a, 2-463a
樱桃沟自然保护区 1-276a
樱桃红 9-13b
樱桃椒 4-530d
《樱桃园》 9-13b
鹦哥岭 3-334d
鹦鹉 9-13e
《鹦鹉赋》 5-392e
鹦鹉科 9-13e, 9-14b
"鹦鹉螺"号核潜艇 6-173e
鹦鹉螺类 9-14a
鹦鹉螺类化石 9-14b
鹦鹉热 9-14b
鹦形目 9-14b
鹰 9-14c
《鹰》 5-380f
鹰嘴羚角手镯 1-47c
"鹰击"6空舰导弹 4-468d
《鹰泉》 8-502d
鹰属 1-475b
鹰潭坊 9-14d
鹰潭市 9-14d
鹰潭镇 9-14d
鹰头鸽 3-94e
鹰扬炮 9-233c
鹰嘴豆 9-14e
鹰嘴豆属 9-14e
迎春 9-14e
迎春花 9-14e
《迎春集》 1-479d
迎光节 5-176f
《迎接更美丽的春天》 7-385b
迎客松 3-176c
迎头板 1-229a
茔域 1-284c
荧光 9-14f, 3-193e, 4-502c, 7-138d, 9-15c, 9-588e
荧光灯 9-15a
荧光分析 9-15a, 4-55d
荧光粉 2-431e
荧光钙探针 7-291d
荧光光谱 9-15c, 9-15b
荧光记号笔 1-323c
荧光免疫分析法 9-15c
荧光体 3-193e
荧惑 4-15a
盈富基金 9-15d
盈坚白 4-577c
盈亏临界点 9-15e
盈亏平衡点 9-15e
盈余公积 9-15e
萤火虫 9-15f, 6-537a
《萤火虫》 1-55d
萤科 9-15f
萤石 9-16a
萤石云英岩 9-138e
营成周 9-468b
营分证 7-565e
营口港 9-16c
营口市 9-16c
营口县 2-104b, 9-16c
营气 9-16c
营丘 5-91f
营田 7-450f
营团地下铁 2-323b
营坞 8-69f
营血 9-16c
营养 9-16d
营养不良 9-16e
营养过程干预 9-16e
营养过剩 9-16f
营养膜栽培 8-19f
营养缺乏 9-16e
营养生长 9-305a
营养生殖 6-549d, 9-164b
营养失调 9-16e
营养素动态平衡 3-410a
营养物质 7-157d

营养学卡路里 4–365f
营养盐 3–351e, 7–5f
营养液栽培 8–19f
营养障碍 7–571c
营业费用 6–123f
营业收入 9–16f
营业税 9–16f
营业外收入 9–17a
营业外支出 9–17a
营阴 9–16d
《营造法式》 9–17a, 9–82e
营州府 1–543a
楹联 9–17b
《楹联丛话》 9–17c
楹树 9–17d
楹贴 9–17b
蝇 9–17e
《蝇》 3–466d
蝇科 9–17e
蝇蛆 9–17f
蝇蛆病 5–24e
蝇蛆资源 9–17f
《蝇王》 3–84c
蝇蛹 9–28e
嬴成 6–196a
嬴大骆 6–196a
嬴非子 6–196a
嬴县 4–535a
嬴政 6–201a
《瀛环志略》 1–418a, 3–414b
《瀛奎律髓》 9–17f
《瀛奎律髓汇评》 9–18a
《瀛奎律髓刊误》 9–18a
《瀛山图》 7–507e
瀛台 6–224e, 6–391c
《瀛涯胜览》 2–319d, 9–274c
瀛洲 4–102f
瀛洲山 4–102f
瀛洲十二景 4–103a
郢 9–18a
郢陈 9–18a
郢爯 9–18d
郢县 9–454f
颍滨遗老 7–198a
颖果 3–300a
影壁 9–18e, 7–150c
影窗 9–18f
影雕 6–594b
影偶 6–75f
影偶脸谱 9–18f
影青 6–203f
影视表演 9–19a
影台 9–18f
影戏 6–75f, 8–143b, 9–147b
影响妄想 7–524d
影像传感器 7–69c
影音光碟 9–588a
影印书 9–19e
影园 4–87d, 8–448b
《影子》 1–179b
影子价格 9–19f, 8–186c
影子内阁 9–20a
《影子武士》 3–461b
影子戏 9–405c
《瘿庵诗集》 5–221c
瘿蜂 9–20b
瘿蜂总科 9–20b
瘿螨 6–80c
瘿绵蚜 9–20b
瘿蚊 9–20c
瘿蚊科 9–20c
应变 9–20d
应变疲劳 6–77c
应城市 9–20e
应城县 9–20e
应对 9–21a
应激 9–20f
应激反应 7–527b, 9–20f
应激后效期 7–527b
应激接种训练 6–310f
应激相关障碍 8–253f
应激性电反应 6–536b
应激学说 8–95a
应激源 9–20f
应急信标机 7–567e
应节戏 3–182d
应力 9–21b
应力波 7–205d
应力骨折 3–189a
应力集中 9–21c
应力-生长关系 6–540a
应力-应变关系 7–284a
应请求行为 8–320f
应身佛 2–581e
应天府 3–2b
应天府书院 9–21d
应物象形说 4–338e
应县木塔 9–21e, 5–64e
应用层代理 2–496a
应用地理学 9–21f, 5–11c
《应用地理学》 9–22a
应用地貌学 2–229d
应用放射化学 2–503f
《应用鸡胚培养病毒和立克次氏体》 1–401d
应用技术 9–22a
应用经济计量学 7–137a
应用经济学 4–294b
应用科学 9–22a
应用理论 9–22a
应用伦理 5–195b
应用逻辑 7–449d
应用气候学 6–143e
应用气象学 2–99d
应用认知心理学 3–124b
应用软件 4–92f
《应用社会学》 7–609a
应用实验心理学 3–124b
《应用天文学》 8–163c
应用图书馆学 7–425f
应用卫星 6–302c
《应用于三角形的数学定律》 7–542b
应用语言学 9–73e
《应诏统筹全局折》 8–68f
映青 6–203f
映射 9–22b, 3–358c
映秀峒羊 7–606a
映照 9–22b
硬边绘画 9–22d
硬边艺术 9–22c
硬鞭 1–340d
硬彩 8–44a
硬赤字 1–462f
硬翅风筝 2–570c
硬磁材料 2–49d, 7–380a, 9–24f
硬摧毁 2–294f
硬度 9–22d, 9–23c
硬度试验方法 9–22d
硬骨 3–186e
硬骨颅 7–410f
硬骨鱼纲 9–22e, 4–87b
硬管加油系统 4–471c
硬毫 5–313b
硬货币 9–22f, 9–23c
硬脊膜外腔阻滞 5–239a
硬荚菜豆 1–467c
硬碱 7–207e
硬件 9–22f, 4–89f, 4–94c
硬件技术 4–100e
硬科学 6–345e
硬粒小麦 8–225e
硬鳞 5–95a
硬铝 5–183e
硬锰矿 9–22f
硬膜外血肿 5–159e, 5–160a
硬膜下血肿 5–159e, 5–160b
硬木 1–110e
硬木雕刻 5–489a
硬皮病 9–23a
硬嵌 7–43b
硬跷 6–181d
硬杀伤手段 9–312c
硬砂岩 6–431b
硬烧氧化镁 8–474e
硬石膏 9–23a, 5–131f
硬实处理 9–457e
硬式飞艇 2–509b
硬式橄榄球 3–46d
硬式面包 5–416d
硬水 9–23c
硬水母目 7–101b
硬酸 7–207e

硬通货 9–23c
硬下疳 5–330f
硬橡胶 6–438c
硬摇滚 9–460d
硬玉 9–23d, 2–531c, 3–606d
硬枝扦插 6–158b
硬脂酸 9–293d
《硬纸皇冠》 1–418e
硬质合金 9–23d, 2–559d
硬质纤维 7–358f
硬着陆 6–347a
硬X射线 9–588a
拥挤（旧城）地区 6–246f
痈 9–23e
邕 5–537e
邕江 9–80a
邕宁县 5–537e, 9–80a
邕宁邕江大桥 6–186b
《庸盦笔记》 8–368e
《庸盦全集》 8–368e
《庸盦文别集》 8–368e
庸俗经济学 1–114d
庸俗政治经济学 9–283b
雍 1–332c
雍布拉康 8–115a, 9–166d
雍城 6–597a
雍城遗址 1–240c
雍和宫 9–23e, 4–247b
雍鸡关 9–44d
雍籍牙 8–470c, 9–10b
雍籍牙王朝 3–151c
雍闿 5–384d
雍梁之地 3–36e
雍松,E.O.V. 9–23f
雍正 6–231b
雍正帝 9–24a, 6–220a, 6–231b
雍州 3–2b
墉 1–582f
鳙 9–24a
鳙属 9–24a
颙琰 6–229e
永安公司 9–24b
永安宫 2–95f
永安果栏 9–24b
永安市 9–24c
永安县 3–145d
《永别了,武器》 3–333d, 5–392c
《永不消逝的电波》 9–352a
永禅师 9–324d
永昌府 1–245f, 2–178e, 5–88f
永昌节度 2–178e
永昌郡 2–89b, 2–178e, 9–136c
永昌县 1–245f
永城汉墓 9–24c
永城市 9–24d
永城县 9–24e
永川豆豉 9–24e
永川区 9–24e
永川县 9–24e
《永垂不朽》 3–91b
永春县 9–24f
永磁材料 9–24f, 2–49d
永代桥 7–372b
永佃权 9–29c
永定八仙会 7–53e
永定河 9–25a, 1–271a, 1–271b, 3–328c
永动机 9–25b
永丰舰 3–523b, 4–189b, 9–436d
永丰塔 7–465c
永丰中试基地 9–334b
永固陵 2–490b
永观 7–497d
永汉公园 3–138d
《永和宫词》 1–517a
永和窑 4–68a
《永恒的歌》 4–488f
《永恒的一日》 1–97d
《永恒的召唤》 8–517a
永华影业公司 8–193c, 8–193d
永济桥 2–569b, 6–393d
永济渠 9–25b, 7–211c
永济市 9–25e
永济县 9–25e
永嘉郡 7–585a
永（嘉）昆 6–552c
永嘉四灵 7–151b, 8–479b
永嘉学派 9–25e, 7–168d
永嘉杂剧 7–175b, 8–141c, 8–146a
永嘉之乱 9–25f, 5–106c
《永久和平与友好条约》 1–425f
《永久和约》 4–278f
永久环境异常 3–574a
永久积雪 4–39e
永久积雪区 4–39e, 8–372f
永久温跃层 9–126f
永久性大气活动中心 2–98f
永久性尿崩症 5–589c
永久性桥 6–186f
永久性私人学堂 5–601c
永久硬度 2–242f
永久硬水 9–23c
永久跃层 9–126f
永久中立 9–433b
永久中立国 5–153d
永康市 9–25f
永康台 6–405e
永康学派 9–26a, 7–168d
《永乐大典》 9–26a, 4–573e
《永乐大典考》 9–103e
永乐大钟 9–26b
永乐宫 9–26c, 9–26d
永乐宫壁画 9–90b
《永乐南藏》 7–153e
永乐迁都 5–440c
永乐群岛 9–26d, 8–100a
永乐县 5–304a
永历帝 2–327f
永历政权 5–537a, 6–219b
永利化学工业公司 2–483f
永利宁厂 2–483f
永利制碱公司 2–483e
永陵 7–500b
永明体 9–26d, 8–244d
永宁海 5–159a
永宁寺碑 9–26e
《永宁寺记》 9–26e
永宁县（北周,今湖北境内） 8–61a
永宁县（东汉,今浙江境内） 7–585a
永平寺 2–166d
永坪镇 9–358a
永清县 1–192b
《永庆升平后传》 8–156a
《永庆升平前传》 8–156a
《永生》 5–277f
《永生的人》 5–222a
永暑礁 5–539f
永泰公主墓 9–26f
永泰和烟草公司 9–10a
《永团圆》 8–511c
永夏煤田 6–456f
永兴岛 9–27a, 5–525b, 8–100a, 9–436b
永兴县 8–218e
永秀县 3–248d
永续年金 5–585c
永续盘存制 9–27a
永阳县 3–235d
永裕盐业公司 2–483f
永贞革新 9–27b, 2–429b, 5–544d
永贞内禅 2–429b
永州 9–27c
永州市 9–27c
永字八法 9–27c
甬（宁波市简称） 5–594d
甬菜 9–243e
甬东 2–312b, 9–464f
《甬上耆旧诗》 3–472b
甬上四先生 8–255f
甬钟 9–452f
咏怀诗 9–27d
《咏柳》 3–443c
《咏史》 9–578f
《咏史诗》 5–375e
《咏疏枫诗》 8–217b
咏叹调 9–27e, 7–465f
泳装 9–27f
俑 9–27f, 5–281c
《勇敢船长》 6–251e
《勇敢的心》 7–183a
《勇卢闲诘》 1–269d
《勇士》 1–250d
《勇士的丈夫》 4–395e

"勇士"号海渊 5-266c
勇营 8-189f
涌潮 9-28b
《涌幢小品》 6-585f
涌浪 9-28b, 3-331a
涌吐剂 9-28c
蛹 9-28d
蛹油 1-474b
用材林 9-28e
用鼎制度 2-311d
《用非所学》 5-532b
用工制度 9-28e
《用观测手段探索宇宙学问题》 3-304e
《用几何学方法作论证的伦理学》 5-195d
用进废退 4-269d
用人制度 9-28e
《用新方法促进的连续不可分几何学》 4-382b
用益物权 9-29a, 8-78c
用韵 1-528f
佣金 9-29c
佣金经纪人 4-284d
炯 9-29d
炯损失 9-29d
优波离 6-406d
优地槽 2-219b
优函数方法 4-422d
优惠关税 3-206b
优级纯试剂 3-551d
优级师范学堂 3-245a
优立新 6-208d
优孟 9-29d
优孟衣冠 9-29e
优诺语 5-418c, 5-418e
优婆离 4-223c
优婆塞 4-331a, 8-596c
优婆斯 4-331a
优婆夷 4-331a, 8-596c
优生学 9-29e, 3-61c
《优生原理》 6-40b
优势手 5-31b
优势种 6-541e, 9-304a
优素甫·哈斯·哈吉甫 2-611c
《优先共同行动计划》 6-15a
优先股 9-29f
优先股东 3-183e
优先权 9-30a, 2-141b
优先受偿权 2-217f
《优恤土尔扈特部众记》 7-435f
优选法 9-30b
《优选法平话》 9-30b
《优越城居民意见书》 2-447c
攸县油茶 9-37b
忧庵 2-134c
《忧虑的时代》 1-118f
《忧虑和权力》 3-308f
《忧伤》 1-295e
《忧思》 1-93c
忧檀那 2-458e
忧郁 6-236d
《忧郁》 2-314d
《忧郁的革命》 1-93a
《忧郁的田园》 1-478d
泑泽 5-201b
《幽暗的火》 5-507d
《幽愤诗》 4-54d
《幽谷百合》 1-153e
幽蓟十六州 9-30d
《幽涧寒松图》 5-582b
《幽灵》(电影) 7-613a
《幽灵》(舞蹈) 1-53b
《幽灵》(戏剧) 2-171f
《幽灵的威胁》 6-184e
幽门 7-570b
幽门部 7-570b
幽门窦 7-570b
幽门梗阻 9-30e
幽门螺杆菌 8-215d
幽门螺杆菌感染 9-30e
幽明教主 2-245c
《幽明录》 9-30f
幽默喜剧 8-139c
幽栖居士 9-486f
幽栖寺 6-603d
幽王 9-473e
幽忧子 5-157a
幽州 9-31a, 4-549d, 7-351d
幽州卢龙 9-31d
《悠闲集》 2-593b
尤伯,B. 9-31e
尤伯杯赛 9-31e
《尤道弗的神秘事迹》 3-94b
《尤迪丝像》 6-182a
《尤蒂特》 4-23a
尤侗 9-32a, 5-447b
尤尔马拉 4-527a
尤风宁号 2-85c
尤福拉大坝 1-30a
尤·格依德 1-67a
《尤哈》 1-26a
尤哈内斯·布罗费尔德 1-26a
尤金,P.F. 9-32a
尤卡基尔语 3-178b
尤卡基尔诸语言 3-178b
尤卡坦半岛 9-32b, 1-399e, 9-433e
《尤卡坦的民间文化》 4-567e
尤卡坦语 5-290d
尤里 6-338b
尤里,H.C. 9-32c, 2-155e, 7-398a, 9-462f
尤里克 8-92c
尤利克塞斯 1-118d
尤利塞斯 1-118d
尤利乌斯二世 5-256d, 6-556f
尤利乌斯家族 7-554a
《尤利乌斯·凯撒在埃及》 3-461f
《尤利西斯》 9-32d, 6-184c
《尤利西斯》(A.丁尼生) 2-307c
《尤利西斯》(J.乔伊斯) 9-6b
《尤利西斯的凝视》 1-97d
"尤利西斯"号探测器 9-32e
尤洛克语 5-199e
尤袤 9-32f
尤南干 1-43c
尤内斯库,E. 9-32f, 7-416d
尤尼瓦克-Ⅰ商用计算机 1-68a, 4-91d, 5-471f
尤诺 3-172f, 3-445e
尤皮克语 1-88b
尤皮特 9-479b
《尤三姐》 8-38e
尤瑟纳,M. 9-33a
尤什凯维奇,P.S. 7-547c
尤斯伯恩山 5-247c
尤斯卡拉语 1-182a
尤苏巴勒塔格 1-14b
尤特皮音乐社 3-103c
尤通 4-204c
尤同人 9-32a
尤维纳利斯 3-173f
尤犀杯 4-204c
尤延之 9-32f
尤因,W.M. 9-33b, 2-116b
尤约河 2-386c
尤展成 9-32a
由拳县 4-131f
《由于一种信物而重新找到沙恭达罗记》 6-423d
由余 6-200b
邮传部 5-136e
邮船 4-462b, 9-143a
邮递拍卖 6-35d
邮购商店 9-33c
邮号 2-366e
邮局 4-195f
《邮局改革——其重要性与现实性》 9-33d
邮联 7-480f
邮票 9-33d
邮票博物馆 7-464a
《邮吻》 5-106d
邮展 4-78a
邮政 9-34a
邮政编码 9-35a
《邮政法》 9-34d
邮政管理体制 9-34e
邮政式拼音 7-533e
《邮政条例》 9-34d
邮政总联盟 4-196a, 7-480f
犹贝迪亚遗址 4-326e
犹存社 6-315e
犹大 9-35b, 8-488c

《犹大之吻》 6-184a
《犹滴》 1-127a
犹瑟弗斯 8-488c
犹太大学 8-434a
犹太德语 8-536c
犹太复国运动 9-35b
犹太复国主义 9-35b
犹太复国主义者大会 1-167d
犹太教 9-35d, 8-416e
犹太人 9-36c
《犹太人区》 3-354a
《犹太人徐斯》 2-615d
《犹太人与经济生活》 6-410c
犹太人之家 1-167d
犹太王国 9-36e, 1-167c, 9-36d
《犹在镜中》 1-397f
油 9-41d, 9-292c
油包水型乳剂 6-341d, 8-484f
油爆鸡丁 6-434f
油菜 9-36f
油层水 9-40f
油茶 9-37b, 4-288e
油茶花 9-37b
油茶叶蜂 8-496a
油茶织蛾 9-292a
油茶蛀茎虫 9-292a
油鸱科 8-504d
油鸱亚目 8-504d
油船 9-37c
油丹 9-37d
油丹木 9-37d
油丹属 9-37d
《油灯》 2-539c
《油灯前的玛格达丽娜》 4-526c
油滴 4-164c
油滴釉 7-354f
油榧 8-192e
油橄榄 9-37d, 2-252b, 5-492f
油橄榄果 9-37e
油瓜 9-41c
油瓜属 9-41c
油葫芦 8-135e
油花脸 4-313d
油画 9-37e
油矿船 4-19c
油梨 9-38f
油料萝卜 5-222b
油料作物 8-204f, 9-288f, 9-580b
油麻 9-288f
油麻地 7-549d
油麦 8-445b, 9-42a
油煤浆 4-219c
油苗 9-40a
油墨 9-39a
油母页岩 9-41c
油楠 6-210b, 6-276f
油泥 9-39c
油泥塑 9-39b
油品管道 7-56f
油漆 7-429a
《油漆未干》 6-17c
油气藏 9-39c, 6-257a
油气储层 1-550b
油气集输工程 6-606e
油气苗 9-40a
油气田 9-39e
油气显示 9-40a
油气运移 9-40b
油溶性香精 7-6f
油杉 9-40d
油杉木材 9-40d
油杉属 7-160a, 9-40d
油/水型 6-341d, 6-343a
油松 7-161b
油松组 7-161b
油酸 9-40d, 9-293d
油散船 4-19c
油散矿船 4-19c
油莎草 9-40e
油莎豆 9-40e
油桃 7-322a
油田 9-39e
油田气 7-357e
油田水 9-40f
油桐 9-41b, 2-88a
油桐木材 9-41b
油桐属 7-400f, 9-41b
油桐树皮 9-41b
油腺 7-323c
油型气 7-357f
油性 6-352e
油压给进钻机 7-290e
油烟 5-479d
油页岩 9-41c, 8-503a
油渣果 9-41c, 3-512d
油炸型膨化食品 6-68e
油脂 9-41d, 9-310f
油脂变质 9-40e
油脂氢化 9-311a
油质 6-605e
油棕 9-41e
油棕属 9-41e
柚木 9-41f, 5-240b
柚木公司案件 9-10c
柚木属 9-41f
疣 9-41f
疣鼻天鹅 7-348d, 8-6d
疣柄魔芋 5-466c
疣螠 2-39c
疣猴亚科 8-496a
疣藤壶 7-337c
疣突海蜇 3-355a
疣状痣 9-325b
莜麦 9-42a, 8-445b
铀 9-42a, 1-60e, 2-505c
铀黑 9-42d
铀后元素 1-536c
铀矿 2-520d
铀-铅法 9-42e
铀钛合金 6-85d
铀同位素富集 9-42d
铀钍-铅法定年 9-42e
铀系 2-504a, 2-504e
铀系不平衡法定年 9-42f
铀系法 9-43a
铀系法定年 7-397e, 9-42f
铀Ⅰ 9-42b
铀Ⅱ 9-42c
铀-238 5-77a
鱿鱼 7-412e
游标卡尺 4-366b
《游春图》 9-43b, 6-439a
《游东田》 8-244d
游动孢子 1-238e
《游浮山记》 5-106e
《游龟山》 5-252f
游国恩 9-43b
《游国恩学术论文集》 9-43b
《游洪秀全故乡所得到的新史料》 4-159f
《游击队》 2-539f, 5-220b
《游击队歌》 3-442d
《游击队之家》 6-108d
《游击战》 3-112b
游击中心主义 3-112b
《游记》 6-92c
游廊 4-549d
游离基 9-43b, 9-548a
游离基聚合 9-548b
游离水 6-543b
游牧、半游牧农业 8-417a
《游南岳记》 7-286c
游桥 6-501e
《游山西村》 5-170f
游士 1-359d, 9-182d
游丝 7-282c
游隼 7-225b
游戏(儿童) 9-43c
《游戏规则》 4-569c
游戏式爱情 1-86f
《游仙诗》 3-251f
游线虫纲 8-185e
《游行》 2-592a
游移湖 5-201b
《游吟诗人》 7-527e
游泳 9-43f
《游泳和跳水技术》 7-377e
游泳运动 9-43f
《游园不值》 8-500a
《游园惊梦》 1-206e
游泽承 9-43b
游资 9-44b

《槱山节考》 7-372d
《辅轩使者绝代语释别国方言》 2-490f
鼬形目 9-44c
友禅染 4-279d
《友情》 8-62d
《友情的丝》 2-366b
友石湛园 5-401b
友谊峰 9-44d, 1-16d, 5-376f
友谊港 6-2d
友谊关 9-44d, 6-95d
"友谊"输油管道 9-44f
友谊型初级群体 2-16d
有板无眼 1-229a, 4-216d
《有驳》 7-177a
有鞭目 9-44f, 9-496b
有鞭蝎 9-44f
《有产业的人》 3-62e
有偿合同 3-411b
有巢氏 9-45a, 6-392b
有翅昆虫 9-45a
有翅荞麦 6-185c
有翅蚜 6-245a
有翅亚纲 9-45a
有袋目 9-45b
《有的和没有的》 3-333e
有蒂浆膜下肌瘤 9-529b
有蒂黏膜下肌瘤 9-529b
有动力飞行 2-509d
有动力自导深水炸弹 6-508f
有毒海洋动物 9-70e
有毒蜜源植物 5-409f
有舵雪橇 8-372d
《有夫之妇的望日》 5-401a
有覆无讵 6-404a
有杆锚 5-327d
有感地震 2-245f
《有关挖掘民族文化遗产问题草案》 2-54b
有规分形 2-548e
有害废物 1-179c
有害生物 9-45c, 9-302a
有害组分 4-500e
有核珍珠 9-251b
有颌类 9-45c, 9-60e
有颌鱼类 2-379f
《有红蓝黄的构图》 5-370a
《有红色小鸟的风景》 1-359c
有扈氏 6-138f
有花植物 1-304f
《有话好好说》 3-114d, 4-187a, 9-214e, 9-352d
有机半导体 9-45d
有机玻璃 3-229e, 4-342f, 9-311a
有机材料 2-513c
有机茶 1-489e
有机超导体 1-530a
有机成因气 7-357f
有机成油说 6-606a
有机臭氧化物 2-12e
有机导体 9-45e
有机定性分析 2-313c
有机肥料 9-45f, 2-527f
《有机分析手册》 4-22b
有机固体绝缘材料 4-349c
有机合成 9-47c
有机合成杀虫剂 6-421c
有机化合物 9-46b
《有机化合物的同系线性规律》 4-190d
有机化学 9-46c, 1-288a, 3-545e
《有机化学》 7-514c
《有机化学导论》 2-210a
《有机化学综合研究导论》 1-453b
有机胶黏剂 4-200b
有机胶凝材料混凝土 4-5b
《有机磷化学进展》 8-461f
有机磷剂 5-611d
有机氯剂 5-611d
有机农业 5-612b
有机溶剂 2-426b, 6-333a
有机食品 5-186d
有机酸酯 9-310f
《有机体的科学和哲学》 2-181f
有机微量定量分析法 9-47d
有机污染 7-443a
有机污染物 9-47f
有机无机肥料 2-528a
有机物 9-46c
有机锡剂 5-611d
有机锡类杀螨剂 6-421f
有机纤维法 7-294b
有机小分子探针 7-291c
有机造型术 5-337c
有机装饰 4-167e
有机自然科学 9-541b
有级变速 2-25b
有价证券 9-48a
有教无类论 4-477c
有节植物 4-215f
有界输入-有界输出稳定性 7-604c
有孔虫 9-48b, 9-105e
有孔虫目 9-48b
有孔虫软泥 9-48b
有控飞行 2-509d
有控火箭 4-11d
有棱丝瓜 7-117c
有理插值 1-489d
有理数 9-48c
有理数集 7-63d, 9-48c
有理数系 7-63d
有量记谱法 4-95c, 8-51e
有鳞目 6-28c
有名合同 3-411c
有囊亚目 2-40a
有期徒刑 9-48c
有穷概率逻辑 3-30f
有穷序数 3-133f
有圈点满文 5-305a
有人潜水 6-173b
有仍氏 6-473a
有色合金 9-48d
有色金属 9-48d, 4-220d, 4-254f
有色金属材料 4-255b
有色金属冶炼 8-492c
有色轻金属 6-215f
《有生以来初次看到的》 8-224a
《有声的孤独》 8-125d
有声拍卖 6-35d
有时效的非牛顿流体 2-514d
有丝孢子 1-238e
有丝分裂 9-48e, 8-150a, 9-442b
有丝分裂期 9-48e
《有四个器皿的静物》 7-182c
有胎盘类 9-45b, 9-256a
有头字 9-159a
有尾目 9-49b
有限 9-49d
有限法偿 4-18f
有限覆盖定理 1-377f
有限公司 3-184a, 3-184b
有限花序 3-525c
有限集 4-75b
有限君主制 4-359f
有限连分数 5-37a
有限寿命设计 6-77d
有限与无限 9-49d
《有限与无限图理论》 7-423a
有限责任公司 9-49e, 3-184b, 3-184e, 4-292b
有限战争 9-49f, 4-332d
有限战争理论 9-49f
有限政府 9-49f
有限自由港 9-547f
有线电窃听 6-192b
有线广播 3-231b
有线通信系统 7-392f
有线信道 8-296b
有线遥控 8-482e
有想三昧 9-64d
有孝有德 9-378a
有效分辨率 7-69e
有效估计值 1-472d
有效积温 4-39e
有效剂量 2-607b
有效库容 4-489f
有效能 9-29d
有效态氮 2-151c
有效需求 9-50a
有效需求理论 4-293e
有效载荷 4-11e
有效载荷系统 3-400d, 6-302c
有效质量 4-34c

有心连歌 5-37d
有行为能力人 9-50b, 9-542a
有形贸易 2-374f, 3-270b
有形文化景观 7-588d
有形资产转移价格 9-511c
有性孢子 1-238d
有性生殖 9-50c, 6-549e, 9-253d
有熊氏 3-582e
有序与无序 9-50f
有旋电场 2-273b, 2-276e
有旋运动 5-127c
有选择的医疗保险 8-534d
有学问的无知 5-569b
有压引水式水电站 7-90a
有烟火药 3-454a
有氧呼吸 9-303a
有氧运动 9-51a, 4-126d
有益组分 4-500d
有用矿物 4-500d
有余涅槃 5-593a
有虞氏 7-110b
有源通信卫星 7-392c
有源微波网络 7-535b
有源卫星制导系统 7-568c
有源遥感 2-101a
有闸运河 9-142a
有爪动物门 9-51b
有种三昧 9-64d
有宗 9-64e
有罪推定 8-24a
酉空间 6-14d
酉水 5-10a
《酉阳杂俎》 9-51c
铕 8-130d
黝帘石 5-185c
黝锰矿 6-345f
黝铜矿 9-51c
《又呈吴郎》 2-356e
《又玄集》 7-545b
右丞相 1-581c
右扶风 1-240b
右冠状动脉 3-212a
右归丸 5-452e
右喉返神经 5-392c
右江 9-80a
右江根据地 2-199b
右利手 5-31b
右路军 7-433b
右脑 3-95b
《右任诗存》 9-57b
右史 6-140b
右手定则 9-51e
右手螺旋定则 9-51e, 5-15a
右文 9-51e
右文说 9-51f
右厢 8-199e
右心衰竭 8-254b
右旋酒石酸 4-325d
右旋柠檬烯 5-597f
右旋苹果酸 6-95b
右旋糖 2-143c, 6-102c
右旋樟脑 9-222d
右、左心导管检查 8-247f
右A模 5-453c
幼虫 9-51f, 2-433e, 9-28d
幼虫移行症 9-51f
幼儿急疹 9-52a
幼儿教育 9-52b
幼儿玫瑰疹 9-52a
幼儿期 2-418f
幼发拉底河 9-52c, 2-218c
"幼鲑"岸舰导弹 1-113c
幼林 6-418f
幼年性黄色肉芽肿 3-592a
幼女性阴道炎 8-571f
幼态持续 1-343f
幼体单性生殖 2-144e
幼体生殖 6-549d
幼霞生 5-581f
幼小工业 9-52d
《幼学琼林》 5-375d
幼稚产业 9-52d
幼稚产业保护论 9-52e, 9-52d
幼稚的防御机制 8-251d
幼稚工业 9-52d
幼子继承权 9-52f
佑宁寺 9-220e
佑宁寺建筑群 3-521e
柚 9-53a
囿 9-53b, 9-100a
祐国寺塔 4-386a
诱变育种 8-544d
诱导极化作用 9-53c
诱导力 2-482d
诱导效应 9-53b
诱导效应指数 4-190d
《诱导效应指数》 4-190d
诱发沉淀 3-147e
诱发地震 9-53c
诱发突变 7-416e
诱发眩晕 8-367f
诱发运动 7-157b
《诱惑》 1-234e
诱因 9-53e
釉里红 9-53f, 4-310e
釉上五彩 8-43f
釉陶 9-54a, 6-452b
釉下五彩 9-54b
釉下五彩瓷 5-14c
釉质 6-256e
釉中彩 9-54c
鼬 9-54c
鼬狐猴 3-500f
鼬科 7-5b
鼬属 1-77a
迂叟 7-114d
淤胆型肝炎 1-370a
淤泥质潮滩 2-370b
淤泥质堆积海岸 3-318f
瘀血 9-54e, 1-371e
瘀血乳头 7-31a
瘀阻心脉 8-255a
《于比王》 8-396d
于斌 9-54e
于登,L.van 2-585f
于尔班,G. 8-130d
于尔菲,H.d' 1-175e
于尔姆高等师范学校 1-170a
于格·卡佩 4-377a
于光远 9-54f
《于湖词》 9-212d
于湖居士 9-212c
《于湖居士文集》 9-212d
于谨 5-56a, 9-67c
于经 1-332f
于俊波 9-207e
于蓝 9-55a
于利安·维奥 5-227c
于连喷泉 6-61e
于伶 9-55b, 6-462f
于敏 9-55c
于佩文 9-55a
于谦 9-55d
于桥水库 4-106e
《于去恶》 5-69b
于是之 9-55e
于树德 9-370d
于思泊 9-57a
于斯蒂尔特低高原 8-10e
于田县 9-55f
于阗 9-55f, 6-449d
于阗塞克文 9-56e
《于阗沙州纪行》 9-56f
于阗王国 6-250a
于阗文 9-56e
于阗县 9-55f
于阗语 9-55f
于寘 9-55f
于廷益 9-55d
《于无声处》 9-56f
于新野 5-79c
于省吾 9-57a
《于絮尔·米罗埃》 1-153f
《于易水送人》 5-234a
于奕正 2-253b
于右任 9-57a
于禹成 9-55b
于越(古代官职) 5-67f
于越(古代民族) 8-39e
于越文化 8-39e
于志宁 7-213e

《于忠肃集》 9-55e
余保纯 3-519b
余甘子 2-88a
余割 6-394f
余冠英 9-57b, 9-125a
余光中 9-57c
余国柱 5-452b
余杭区 9-57d
余杭县 9-57d
余鹤林 8-502f
余洪元 9-57e
余辉 3-193e
余集 4-75c
余季豫 9-57f
余暨县 8-218e
余嘉锡 9-57f
余玠 9-58a
余靖 6-237a
余丽桥 7-523f
余联沅 8-554f
余粮收集制 9-186d
余林 5-173d
余敏 3-250d
余明德 4-387f
余木楼 3-230c
余切 6-394f
余青松 9-58a
余秋里 9-58b
《余秋里回忆录》 9-58d
余瑞璜 9-58d
余三胜 9-58e
余善 3-369c
余上沅 1-358a
余邵鱼 2-330a
余叔岩 9-58e
余所亚 9-387c
《余下来的是沉默》 7-553b
余弦 6-394f
余弦函数 6-395a
余姚江 9-59b
余姚腔 9-59a, 3-346b
余姚市 9-59b
余姚县 9-59b
余一 1-160c
余义夫 9-58a
余永泽 9-55e
余昭明 8-502f
余震 2-246a
余震区 2-246a
《余之文学观》 4-258d
余子式 3-390a
余紫云 9-58e, 9-58f
盂城驿站 3-80c
盂鼎 9-59b
盂兰盆会 9-59c, 3-244d
盂门山 3-512a
鱼 5-160d
鱼鳔胶 9-60b
鱼肠剑 6-19a
《鱼肠剑》 1-569b, 1-589b, 7-219e
鱼朝恩 6-510a, 7-301e, 7-306c
鱼袋 9-356a
鱼道 9-59d
鱼肚 9-60b
鱼粉 9-59f
鱼符 2-605c
鱼肝油 9-59f, 9-292f
鱼狗 2-58d, 2-582c
鱼弘志 6-243e, 7-315f
鱼虎 2-52b
《鱼化石》 1-79e
鱼蕙兰 9-61d
鱼胶 9-60a
鱼雷 9-60b
鱼雷攻击雷达 4-170d
鱼雷快艇 9-60c
鱼雷艇 9-60c
鱼雷艇捕捉舰 6-250e
鱼雷艇驱逐舰 6-250e
鱼雷武器 3-329b
鱼类 9-60d
鱼类侧线器官 1-485c
鱼类学 6-546a
鱼鳞册 2-222c, 9-60e
鱼鳞图 2-222c
鱼鳞图册 9-60e, 3-492a
鱼鳞藻属 4-263c
鱼蛉科 3-232b
鱼龙 9-61a
鱼龙科 9-61a
鱼龙属 9-61a
鱼龙戏 5-465e
《鱼美人》 9-61a, 2-360e, 8-42b
《鱼目集》 1-342a
鱼鸟纹彩陶葫芦瓶 4-187c
鱼群探测仪 9-61b
鱼虱 9-61b
鱼虱目 9-61b
鱼石螈 9-61c
鱼书 5-588f
鱼探仪 9-61b
鱼藤酮 2-345f, 3-599c
鱼梯 9-59e
鱼蛙纹彩陶盆 4-187b
鱼尾瓶子草 6-96a
鱼尾瓶子草属 6-96a
鱼玄机 9-61d, 8-501f
《鱼玄机集》 9-61e
鱼雁传书 6-236b
鱼鹰 2-413a
鱼幼微 9-61d
鱼蚤 9-61e
鱼蚤科 9-61e
鱼沼飞梁 4-275a
鱼志弘 3-35e
鱼子酱 8-383d
禺氏 9-124d
禺知 9-124d
竽 6-553f
俞大猷 9-61f
俞德浚 1-275f
俞鼎孙 2-54b
俞敦培 4-324f
俞皓 9-82e
俞家荣 4-463d
俞建章 9-62a
俞经 2-54b
俞菊笙 9-62b
俞廉三 8-347e
俞龙光 2-153e
俞毛包 9-62b
俞铭衡 9-62c
俞募配穴法 1-303b, 5-497a
俞平伯 9-62c, 3-471e, 3-476b
俞万春 9-62d, 2-153d
俞虚江 9-61f
俞元县 1-594a
俞樾 6-402b
俞振飞 9-62d
俞振庭 9-62c
俞正声 9-62e
俞正燮 8-314d
俞志辅 9-61f
俞子夷 9-62f
俞作柏 6-589a
娱乐 9-43c
娱乐性时装表演 6-611e
萸肉 6-442c
雩娄农 8-33f
渔叉 8-223c
渔场 9-63a
渔船 9-63c
《渔村小雪图》 7-507e
渔法 1-424e
《渔夫恨》 2-72a, 3-247f, 6-18c
《渔父辞册》 4-403a
《渔父图》 8-40d
《渔妇》 5-81b
渔港 9-63d, 3-56d
渔鼓 3-190d
渔鼓弹词 7-53e
渔鼓道情 1-518a, 3-515f
《渔光曲》 9-63e, 1-468b, 6-307e, 7-506c
《渔归》 5-580b
《渔家乐》 5-446b
渔具 9-63f
《渔具分类、命名及代号》 9-63f
《渔樵问答》 5-580b
渔人堡 1-433b
渔丝蚕 9-222b

《渔童》 7-483c
渔翁岛 6-68b
渔汛 9-64a
渔阳鼓楼 4-106e
渔洋山人 7-508c
《渔洋诗话》 2-130e, 7-508d
渔业 9-64b, 7-82e
渔业船舶 2-29a
《渔业技术》 1-164a
逾越节 9-64b
渝 2-5d
渝关 6-437b
渝水 4-131b
渝中区 9-64b
渝州 2-5e
《愉快的农家姑娘》 3-103a
瑜伽 9-64c
《瑜伽经》 9-64d
瑜伽密教 5-409a
瑜伽派 9-64d
《瑜伽师地论》 2-456b, 5-390e, 6-406e
瑜伽行派 9-64e, 8-597a
瑜伽焰口施食 8-444f
榆凤蛾 2-580c
榆荚半两 1-233c
榆科 9-65a
榆林河 7-55c
榆林窟 9-65b, 2-376d
榆林市 9-65d
榆林卫 9-65d
榆林县 9-65d
榆林镇 4-319c, 9-65d
榆属 9 65b
榆树 9-65e
榆树市 9-65f
榆树厅 9-65f
《榆树下的欲望》 9-66a, 1-126e
榆树织蛾 9-292a
榆掌舟蛾 9-464b
虞彬甫 9-66c
虞伯施 9-66c
虞帝 7-110b
虞美人 9-66a, 9-12e
虞洽卿 9-66b
《虞山枫林图》 7-498f
虞山派（美术） 7-154c, 7-498e
虞山派（音乐） 6-203a
《虞山十二景图》 7-498e
虞上聪 4-174d
虞韶 5-375d
《虞氏消息》 9-197f
虞世南 9-66c
虞允文 9-66c
虞哲光 5-361e, 9-386f
《愚蠢的艾布·哈桑》 5-269b
《愚公移山》(电影) 8-533b
《愚公移山》(绘画) 8-342b
《愚人船》 2-541f
《愚人的智慧》 2-615e
愚人节 9-66d
《愚人颂》 8-520a
《愚人作乐》 6-502d
愚斋 6-570d
《愚斋存稿》 6-570e
《舆地会元志》 9-26a
《舆地图》 3-238c, 9-90c
舆服制度 9-355b
舆轿 4-208a
舆论 9-66e
《舆论报》 7-180c
舆论导向 9-66f
舆论监督 9-66f
舆论客体 9-66e
舆论主体 9-66e
舆论自身 9-66e
《舆图要览》 2-354d
舆县 8-538b
《窬墙》 5-309d
《与澳大利亚关系法》 1-136a
《与比奈特的谈话》 2-212e
《与曹公论盛孝章书》 4-475b
《与陈伯之书》 6-240b
《与道德学说相联系的法和国家的学说》 1-322b
《与杜长官帖》 1-470c
《与二郎侄书》 7-194d
《与龟游戏的小孩》 5-178a
《与过去告别》 5-212d
《与极浦书》 7-114a
《与蒋苕生书》 9-102b
《与李生论诗书》 7-114a
《与理查·施特劳斯的会见》 1-401c
《与贸易有关的投资措施协议》 3-274f
《与贸易有关的知识产权协定》 1-242d, 3-266b, 9-507f, 9-508b
《与其说是神话，不如说是真实故事》 1-64a
《与青年演员谈如何学艺》 1-592c
《与山巨源绝交书》 4-54c
《与上帝同在》 1-442e
《与诗论谈》 1-297c
《与天使的搏斗》 1-449a
《与我同行》 4-458d
《与兄平原书》 5-171d
《与犹太人特里风谈话录》 1-495a
《与犹堂全书》 2-307e
《与元九书》 1-199f, 5-136b, 8-293d
《与周弘让书》 7-490b
予成 6-336a
予取之术 6-353f
宇称 9-67a
宇航服 9-67b, 3-399e
宇航学 3-402d
宇航员 9-67b, 3-402f
宇田道隆 9-67b
宇陀·宁玛元丹贡布 9-67b, 7-143e
宇陀·萨玛元丹贡布 7-143f
宇文阐 1-287d
宇文护 9-67c, 1-287b, 5-56a, 9-472d
宇文化及 9-67d, 7-195f, 7-214d
宇文觉 1-287b, 8-103d, 9-67c
宇文恺 5-450d, 8-463b
宇文叔通 9-67e
宇文泰 2-326b, 3-2d, 5-56a, 6-470c, 8-103c, 9-67c
宇文宪 9-472d
宇文虚中 9-67e
宇文邕 1-287c, 9-67d, 9-472d
宇文毓 9-67d
宇文赟 1-287d
宇文直 9-67d
宇文胄 8-463a
宇野宗佑 3-319f
宇治山田邮局 5-451c
宇宙 9-67f
《宇宙》 9-67f, 2-227c, 3-479d
宇宙暴露年龄 9-140a
宇宙尘 9-67f
宇宙岛 7-365a, 8-307c
《宇宙的本质》 4-27e
《宇宙的神秘》 4-390a
宇宙飞船 9-152a
《宇宙锋》 1-552d, 3-207a, 5-333c
《宇宙概观》 7-361f
宇宙公司 4-493c
宇宙观 7-16f
宇宙航行 3-396f
“宇宙”号卫星 9-68a
“宇宙”号运载火箭 9-68b
“宇宙”号C型运载火箭 9-68c
宇宙化学 9-68c, 7-361d
宇宙空间 7-257c
宇宙矿物 4-501d
宇宙年代学 7-397c
宇宙年龄 9-68d
宇宙速度 9-68e
《宇宙体系论》 4-523a
《宇宙统一论》 3-16c
《宇宙物理学教程》 1-44c
《宇宙：物质世界概要》 3-479d
宇宙线 9-68f
宇宙线物理学 9-69b
《宇宙谐和论》 4-390b, 4-390d
宇宙学 9-69b
宇宙学常数 9-69c
宇宙针 8-107f
《宇宙之谜》 3-329f
《宇宙志》 2-227c
“宇宙”116号卫星 9-68b
“宇宙”1383号极轨卫星 7-567f
羽柴秀吉 2-561a

羽虫 5-588f
羽蛾 9-69d
羽蛾科 9-69d
羽管键琴 3-313d
《羽管键琴协奏曲》 2-458a
羽客 2-165f
羽林军 3-369a, 3-380b
《羽林郎》 9-78e
羽毛 9-69e, 9-70e
羽毛球 9-70a
羽毛贴画 6-84d
羽歧叶 8-234c
羽歧叶目 4-216a, 8-234c
羽绒 9-70d
《羽蛇》 4-555f
羽虱 7-4a
羽士 2-165f
羽书 4-36f
羽苔虫型群体 1-304b
羽螅 9-70e
羽螅总科 9-70e
羽檄 4-36f, 8-137d
羽星类 3-319a
羽叶点地梅属 1-247e
羽叶满江红 5-304c
羽叶楸属 9-535a
羽衣 2-165f
雨 9-70f
《雨》 9-454d
雨安居 2-583e
雨层云 9-133a
《雨窗》 6-229a
雨点皴 2-59a
雨都 5-328b
《雨港素描》 5-277e
雨果,V. 9-70f, 1-254e
雨海纪 9-123a
《雨和其他故事》 8-8d
《雨后春笋》 8-30c
《雨后的欧洲》 2-416b
《雨后空林图》 5-582b
《雨后清流》 8-516c
雨虎 3-342e
雨花石 9-71c
雨花台 9-71d
雨花台烈士纪念碑 9-71d
雨花台烈士陵园 9-71c
雨季 7-109b, 8-414a
雨夹雪 3-512e
“雨夹雪”唱法 3-251e
雨量计 4-193d
雨量器 9-71d, 4-193d
雨量筒 9-71e
雨量站 7-99c
雨人 7-53b
《雨人》 2-69b, 5-350a
雨三 7-566c
《雨伞》 5-467d
雨水 2-427d
雨水管道 4-85c
雨水诗人 1-161a
雨淞 2-342e
雨蛙 9-72a
《雨王亨德森》 1-297e
《雨洗山根图》 6-603e
《雨巷》 2-135b
雨燕 9-72b
《雨燕的飞行》 1-162c
雨燕科 9-72b
雨燕目 9-72b
雨燕属 9-72b
雨燕亚目 9-72b
《雨月物语》 3-153f, 7-372d
《雨、蒸汽和速度》 7-277e
《雨中曲》 5-349c
禹 9-72c, 8-159e
禹城市 9-72e
《禹贡地域图》 4-274d, 6-56a, 9-314b
《禹贡地域图序》 6-56b
禹贡学会 7-285c
《禹迹图》 9-72e
禹门 3-423a
禹庙 9-72e
禹县 9-72f
禹州 9-72f
禹州市 9-72f
语词新作 8-428d
语法 9-73a
《语法分析》 6-39a
《语法修辞讲话》 5-179e, 9-481c
语法学 9-73a, 9-73f
语符学 8-495e
语句 1-431c
语录体 9-73b
语-色联觉 5-46f
《语丝》 9-73c, 9-477e
语丝社 9-73c
语丝体 9-73c
语体诗 9-73d, 1-198c
语体学 9-74a
语文规划 7-603a
《语文论衡》 4-608c
语文现代化 7-603a
语文性词典 2-41c
语文学 9-73e
语言 9-73d
《语言的数理结构》 3-310e
《语言的系统与功能》 3-363a
语言分析哲学 6-321f
《语言功能探索》 3-363a
语言计划 7-603a
语言教学 9-73f
《语言教学与研究》 1-274b
语言禁忌 4-278a
语言决定论 7-588d
语言恐惧症 4-278a
《语言理论的逻辑结构》 6-182e
《语言理论基础》 8-495e
《语言论》(L.布龙菲尔德) 1-447b
《语言论》(E.萨丕尔) 6-366f
《语言论集》 8-313a
语言模型 4-30b
《语言文史论集》 9-477d
《语言问题》 9-235a
语言相对作用原理 7-119d
语言象征性冲突 3-260b
语言学 9-73e
《语言学概论》 5-284b
《语言学简史》 5-199e
语言游戏说 7-557b
《语言与社会生活》 1-571f
语言哲学 2-592f
《语言、真理与逻辑》 1-81d
《语言自迩集》 7-533d
语业 8-494a
语义学 9-74b, 9-73f
语音编码 9-74c
语音合成 9-74c
语音信号处理 9-74b
语音学 9-74c, 9-73f
《语音学》 6-38f
语音增强 9-74c
语支 7-613e
敔 8-398e
圉 2-36a
庾冰 6-425e
庾辞 5-393a
庾肩吾 9-74d, 3-557c, 7-49d, 8-349e
庾开府 9-74f
《庾开府集》 9-75a
庾亮 9-74e, 7-325e
《庾亮集》 9-74e
庾信 9-74e, 8-349e
庾元规 9-74e
庾子山 9-74f
《庾子山集》 9-75a
庾子慎 9-74d
玉柄铁剑 3-298c
玉蟾岩遗址 9-75a
玉成班 4-16a
玉池老人 3-252e
《玉池老人自叙》 3-252f
玉箸 2-11c
玉川大学 8-231c
玉川学园 8-231c
玉牒 9-75b, 4-125f
《玉妃引》 5-332c
“玉非”城 8-517b
玉峰 8-161e
玉凤花属 4-541a
玉佛寺 5-307d

《玉观音》 4–616d
玉海楼 6–347f
玉衡 1–259f
玉华堂 9–84c
玉环 8–455c
玉环柚 7–245c
玉皇大帝 9–75b, 7–156e
玉皇顶（泰山） 7–272c
玉皇顶（雾灵山） 8–80e
玉茭 9–76b
《玉阶怨》 4–588b
玉京书会 9–98f
玉兰 9–75c
《玉梨魂》(电影) 9–206f
《玉梨魂》(小说) 9–85d
玉林地区 9–75e
玉林市 9–75e
玉林琇 6–231d
玉龙湖 9–76a
玉龙杰赤 3–528d
玉龙喀什河 3–419e, 9–55f
玉龙纳西族自治县 9–75e
玉龙雪山 9–75f, 6–393c
玉龙雪山风景名胜区 2–213b, 5–24c
《玉隆集》 1–209c
《玉轮轩曲论》 7–499a
玉门关 9–76a, 2–377a
玉门老君庙油田 3–37d, 3–588a
《玉门诗抄》 4–598e
玉门市 9–76b
玉门县 9–76b
玉米 9–76b
玉米黑粉病 3–452d
玉米黄质 8–496c
玉米属 9–76b
玉米趾铁甲 7–380e
玉米子粒 9–76e
玉茗堂派 7–299c
《玉茗堂四梦》 7–299b
玉木忽儿 1–41b
玉女峰（华山） 3–555c
玉女峰（云台山） 9–138b
玉女泉 5–410d
《玉女神驹》 8–523d
玉佩舞人 9–385f
玉屏侗族自治县 9–76e
玉屏山 9–76e
玉屏箫笛 9–76f
玉器 9–76f
玉器鼻烟壶 1–314e
玉器馆 3–197a
玉清大帝 6–399d
玉清圣境虚无自然元始天尊 6–399d
《玉蜻蜓》 4–191d, 8–479f
玉泉山 1–266e
玉泉山人 2–133f
玉泉寺铁塔 7–236e
玉蕊科 6–276e
玉瑞 5–332a
玉山 9–78a, 1–41c, 8–372e
玉山果 8–192e
玉石 9–78b
《玉石雕像》 4–26e
玉蜀黍 9–76b
玉树地震 9–78c
《玉树后庭花》 1–557f
玉树县 9–78b
玉树藏族自治州 9–78c
玉笥山人 7–515e
《玉素甫·艾合买得》 7–557d
《玉素甫与孜来哈》 7–557d
玉髓 9–78d
《玉台新咏》 9–78d
《玉台新咏序》 8–345d, 9–78d
玉堂 5–87c
《玉堂春》 9–78e
《玉堂春》(曲艺) 6–183c
《玉堂春》(戏曲) 1–229c
《玉堂春落难逢夫》 4–313b
《玉堂富贵图》 8–347f
《玉堂禁经·用笔法》 9–27c
玉昔帖木儿 5–514c, 9–91c
玉溪市 9–78f
玉溪县 9–78f
玉匣 9–79a
玉柙 9–79a
玉 9–78b
《玉箫女两世姻缘》 6–182d
玉阳生 7–499b
玉衣 9–79a, 5–303f, 6–577e
《玉簪记》 9–79b
玉簪类 7–203d
玉真散 9–307c
《玉芝山房稿》 5–326d
玉猪龙 3–472f
《玉烛宝典》 7–151e
《驭者铜像》 3–179a
芋 9–79b
芋螺 9–79c
芋螺毒素 6–536d
芋螺科 9–79c
芋艿 9–79b
芋参 9–79d
芋参科 9–79d
芋参目 9–79d
芋属 9–79b
芋头 9–79b
郁达夫 9–79e, 2–32e
郁江 9–80a
郁江道 9–75e
郁金 9–80b
郁金香 9–80b
郁金香属 9–80b
郁蓝生 5–180c
郁垒 5–367e, 7–322c
郁林郡 9–75e
郁林山 9–138b
郁林县 3–245c
郁林直隶厅 9–75e
郁林州 9–75e
郁林专区 9–75e
郁陵岛 2–373c
郁平县 3–245c
郁文 9–79e
郁新 8–167e
郁证 9–80c
郁洲山 9–138b
育成杂交 9–147f
育空河 9–80d, 1–38b, 5–345a
育犁县 6–341d
育蛉科 6–479e
育龄妇女 6–548c
育龄妇女生育率 6–548b
育龄期 9–120f
《育苗造林》 7–429b
育阴 1–424c
育幼行为 6–550e
《狱中诗抄》 2–543e
《狱中书简》 6–62e
《狱中题壁》 2–135c
《狱中杂记》 7–400c
浴佛节 9–80e, 6–97a
《浴后》 2–179d
浴炉 8–491c
《浴牛图》 1–564c
《浴血罗霄》 8–218d
钰灵芝 1–209c
预报图 7–355f
预备仿行宪政 3–256e
预备立宪 9–80e, 6–222c
预备内阁 9–20a
预备役 9–81b
预产期 1–502f
预防动机 5–96c
《预防鼠疫》 1–511b, 4–427a
预防性消毒 8–213e
预防性优生 9–29f
预防医学 8–181b
预防用生物制品 6–547e
预付费用 6–258e
预浩 9–82e
预后 9–81b
预后不良 9–81c
预后欠佳 9–81c
预后有缺陷 9–81c
预混料 6–59b
预计负债 6–258e
预见期 7–100e
预警机 9–81c
预警卫星 9–81e
预裂爆破 1–253c

《预谋》 6-471a
“预配钢琴”音乐 4-395a
预期价格弹性 4-147a
预若虫 7-320d
预收收入 6-258e
预算 9-81f
预算赤字 1-462f
预算监督 3-281d
预算结余 1-463b
预算收入 9-82a
预算收支政策 1-464c
预算外资金审计 1-463d
预算外资金收支政策 1-464c
预算支出 9-82a
预提费用 6-258e
预应力混凝土桥 6-186c
预约再保险 9-150b
预制装配式桥 6-186e
域 9-82b, 2-128f
域名 9-82b, 7-524c, 8-571b
《域外小说集》 9-477e
欲界 6-395e
《欲望号街车》 2-541f, 4-383d, 5-269b, 5-349c, 7-531b
《欲望三部曲》 2-180c
阈能 3-434d
谕 6-469b
谕旨 6-469b
《谕中原檄》 8-137d
尉迟跋质那 9-82c
尉迟恭 5-367f, 8-362e
尉迟敬德 4-600a
尉迟迥 7-210e, 8-463a
尉迟曜 9-56d
尉迟乙僧 9-82c, 9-56e
遇庵大师 8-478f
《遇皇后》 6-402c
遇罗锦 6-451d
《遇难船》 7-277d
喻沧 9-425c
喻昌 6-223c
喻浩 9-82e
喻皓 7-168c, 9-82e
喻偘 9-26a
喻南强 9-26a
喻培伦 3-586f
《喻世明言》 9-82e, 3-170a, 4-313a, 8-323b
喻宜萱 9-82f
御 5-139c
御宝圣旨 8-562e
《御碑亭》 9-231d
御道 1-595b
《御敌互相援助条约》 9-330c
御夫座α 8-44b
御河（南运河） 5-546f
御河（永济渠） 9-25c
《御刻三希堂石渠宝笈法帖》 6-402a
御米 9-12b
御平山 7-109c
御史大夫 9-83a, 9-83b
御史台 9-83b
御史巷义学 8-61b
御史中丞 7-165d, 9-83b
《御夷论》 7-501e
《御制艮岳记》 3-118c
《御制五体清文鉴》 5-305f, 8-51b
《寓言》 2-611b, 6-569a
《寓言集》 2-537f
裕庚 2-575b
裕固族 9-83c
裕陵 6-224f, 6-225a
裕民科社 3-16e
裕谦 8-388a
裕仁 9-224f
裕溪河 1-537b
《遇险》 8-292f
愈创醇 9-83d
愈创木试验 8-375a
《愈来愈》 6-58b
毓朗 9-151f
毓贤 8-554a
豫（河南省简称） 3-425e
《豫北叙事曲》 5-117c
豫东调 9-83e
豫丰纱厂 5-502a
豫海县回民自治政府 7-398f
豫剧 9-83e
豫声剧院 2-468c
豫旺县 7-398f
豫西调 9-83e
豫湘桂战役 9-83f, 3-48f
豫园 9-84b, 3-594d, 4-145b, 6-466a
豫园商场 4-557b
豫章郡 4-179e
豫州 9-84c, 9-84d
禦霜 1-592a
鹬 9-84e
鹬科 9-84e
鹬虻科 7-77e
《鹬鸟的唤声》 7-238e
鸢 9-84f
鸢属 9-84f
鸢尾科 9-85a
鸢尾类 7-203d
鸢尾美人蕉 5-356d
鸢尾属 9-85a
鸳蝴派 9-85c
鸳鸯 9-85a
鸳鸯蝴蝶派 9-85c
《鸳鸯劫》 2-541f
鸳鸯属 9-85a
鸳鸯藤 6-309b
冤狱赔偿 9-85e
元白 1-199e, 9-99d
《元白诗笺证稿》 1-200d, 1-570a
元宝 9-367c
元宝红 4-262a
元宝炬 8-103c
元宝槭 6-154e
元宝树 2-571a
元宝桐 4-288e
元朝 9-85f
《元朝秘史》 9-91b
《元朝史》 3-363f
元成宗铁穆耳 9-91c
元次山 9-93b
《元次山集》 9-93c
元从禁军 4-277e
元大都 9-91d, 3-142f
《元代白话碑集录》 1-469d
《元代回族史稿》 8-468b
元代三大理学家 9-90c
元代戏台 4-339a
元旦 9-91d, 2-35b, 8-280d
元地理学 2-227e
《元典章校补释例》 1-571d
元反应 9-91d
元丰 7-172f
元丰改制 9-91e
《元丰寄禄格》 9-91e
《元丰类稿》 9-167e
元恭 2-420a
元古代 9-91f
元古宇 9-91f, 9-91f
元古宙 9-91f
《元光元年历谱》 8-583a
元龟 1-484e
元好问 9-92b, 1-204a, 4-239a, 6-408f, 9-450e
元好问墓 8-262c
元浩 9-189b
《元和郡县图志》 9-92c
《元和郡县志》 9-92d
元和体 9-92d
《元和姓纂》 9-92e, 6-118c
《元和姓纂四校记》 9-92f
元宏 7-577b
元激发 3-195c
元嘉体 9-92f
元嘉之治 7-164a, 7-174b, 7-576a
元江 9-93a, 3-423d, 3-470c
元结 9-93a
《元刊杂剧三十种》 2-142b, 9-94c, 9-99a, 9-233d
元老院 9-93c, 2-352b, 3-289e
元六家 9-95e
元伦理学 9-93d
元麦 2-95d
元孟 8-421e
《元秘史笺注》 6-520f

《元明南戏考略》 9－231a
元谋土林 9－93f
元谋县 9－93e
元谋猿人 9－93f, 6－292b, 9－93f, 9－334d
元配 4－220b
元气 9－94a
《元椠宋史校记》 7－173c
元曲 9－94a, 6－403a
《元曲家考略》 7－219f
元曲四大家 9－94c, 9－90b
《元曲选》 9－94c, 2－41c
《元人百种曲》 9－94c
《元人杂剧选》 9－94d
元日 2－35b
元山 9－94d
元山津 9－94d
元上都 8－133f
《元诗百一钞》 9－94e
《元诗别裁集》 9－94d
《元诗纪事》 9－94e
元诗四大家 9－90b
《元诗选》 9－94f
《元史》 9－94f
《元史讲座》 3－363f
元始天尊 5－95f, 6－399d, 6－467d
《元氏长庆集》 1－516f, 9－99e
元世祖忽必烈 9－95b, 1－270e
元首 1－122d
元首制 3－164a
元数学 7－71b, 9－269d
元顺帝妥欢帖睦尔 9－95c
元四家 9－95e, 5－582a, 9－90b
元素 3－552e, 4－75d
元素半导体 1－231f
元素符号 3－548b
《元素和电子》 4－522d
元素理论 7－109e
元素循环 2－235f
元素有机化合物 9－95e
元素有机化学 9－47f
元素周期表 9－95e, 5－292b
元素周期律 9－97a, 9－471a
元太祖成吉思汗 9－97a
元田永孚 4－309b
《元微之崔莺莺商调蝶恋花》 3－191c
《元文类》 9－97e
元文宗图帖睦尔 9－97f
《元乌思藏宣慰司的建置年代》 1－554c
元夕节 9－98b
《元西域人华化考》 1－571d
元宵 9－98a, 9－98b
元宵节 9－98b, 3－526b
元晓 9－98b
元诩 2－419f
《元也里可温考》 1－571d
元遗山 9－92b
《元遗山先生全集》 9－92c, 9－450f
元义墓 9－365b
元音 3－384f
元英宗硕德八剌 9－98c
元祐更化 9－98d, 7－114e
元祐诗风 9－98e
元祐体 9－98e
元裕之 9－92b
元元红 3－249e
元岳 3－464a
元杂剧 9－98e, 8－142f
元载 8－465f
元钊 2－419f
元贞书会 9－98f
元稹 9－99d, 8－293d
元中观 6－213c
元子攸 2－419f
芫花 6－352c
芫菁 9－99e
芫菁科 6－189b, 9－99e
芫菁素 6－189b, 9－99f
园 9－100a
园池 9－100a
园丁鸟科 9－99f
园林 9－100a
园林建筑 9－364a
园林设计 9－100d
园林学 9－100b
园圃拖拉机 7－37c
园台山 5－286f
《园冶》 4－87d
园艺 9－100e
园蛛 9－100f
园蛛科 9－100f
员渠城 8－421d
鼋毒 9－101a, 3－369f
鼋度 9－101a
沅江 9－101b
沅江市 9－101b
沅江县 9－101b
沅陵 9－101b
沅陵郡 3－559c
沅水 9－101b
爰盎 1－537a, 8－26d
袁盎 1－537a
袁本初 9－102c
袁崇焕 9－101c, 5－597b
袁复礼 8－87b
袁纥 3－609b
袁珙 8－479a
袁翰青 9－101d
袁宏 1－339e
袁宏道 9－101d
《袁宏道集笺校》 9－101e
袁机仲 7－390f
袁家骅 1－57c
袁家莱 9－102c
袁家骝 8－30f
袁晋卿 6－176a
袁静 5－114b
袁俊 9－201d
袁珂 6－437f, 9－397e
袁阔成 1－269d
袁了凡 5－17a
袁隆平 9－101e, 3－287b, 9－147e
袁枚 9－102a, 4－190e, 6－222f, 7－215d, 8－326d
袁牧之 9－102b
《袁牧之文集》 9－102c
袁绍 9－102c, 6－387d
袁世海 9－102d
《袁世海》 9－102e
袁世凯 9－102e, 1－274f, 8－69d
袁世凯统治时期 1－274f
袁世振 8－434c
袁枢 9－103c, 7－390f
袁术 9－103d
袁恕己 9－199e
袁谭 9－103d
袁同礼 9－103d
袁伟民 9－103e
袁文才 4－308d, 7－521f
《袁小修日记》 9－104c
袁燮 5－169c, 8－255f
袁雪芬 9－103f
袁于令 9－104a, 2－346f, 8－95c
袁运甫 9－104a
袁中道 9－104b
袁子才 9－102a
袁宗道 9－104c
袁宗第 4－603e
原保险人 9－150a
《原本》 4－80a
《原本金瓶梅》 4－247c
原变态 2－607e
原柄菌型 5－586a
原材料工业 9－460d
原产地田间检验 9－303d
原肠祖说 3－330a
原虫病 9－104d
原初过程 2－596b
原初人土根种 6－157f
原唇口亚目 2－40a
《原道》 3－365c
《原道救世歌》 1－219a
《原道觉世训》 1－219a
《原道醒世训》 1－219a
原电池 9－104e, 2－273e, 2－279f
原动系 4－34b
原发性阿米巴脑膜脑炎 9－104f
原发性闭经 1－328f
原发性不孕 1－431f
原发性肠套叠 1－523b
原发性胆总管结石症 2－146f

原发性腹膜炎 3-22c
原发性骨肿瘤 3-189d
原发性脑干损伤 5-160a
原发性青光眼 6-205c
原发性醛固酮增多症 6-267c
原发性视网膜色素变性 7-31c
原发性糖尿病 7-319d
原发性痛经 7-410a
原发性脱水 7-457a
原发性微循环障碍 8-334d
原发性污染物 8-508a
原发性性腺功能减退 8-327d
原发性胸膜肿瘤 8-331b
原发性夜间遗尿症 8-545b
《原富》 3-287f, 8-426a
原告 9-104f
原硅酸钠 3-243b
原函数 4-38b, 7-537f
原核生物 9-105a, 2-554e, 6-544e
原核生物界 6-544d
原核细胞 9-105b, 8-148c
原核总界 6-544e
原猴类 3-490d
原鸡 9-105b
原鸡属 4-36b, 9-105b
原级标准 1-486e
原济 6-602f, 7-153a
原假设 4-145c
原口动物 7-342c
原绿藻 9-105c, 6-544f
原络配穴 9-107c
原络配穴法 5-233e
原马 5-254b
原毛 8-449e
原矛头蝮 2-351e
原煤 8-366f
原棉 5-412a
原庙 1-515f
原平市 9-105d
原平县 9-105d
原起寺 5-176a
原气 9-107b
原醛症 6-267c
原人 2-486c, 6-291a
原色布 5-412b
原上猿 4-573e
原蛇附目 6-479c
原生包裹体 1-236c
原生代 9-91f
原生动物 3-53f, 9-438f
原生动物门 9-105d
原生动物学 5-75a, 6-546a
原生分散晕 3-573f
原生构造 2-248e
原生灌木林 3-218c
原生环境 9-540f
原生节理 4-216a
原生矿物 4-9d
原生蓝宝石 4-543f
原生生物 6-544f
原生生物界 6-544d
原生岩浆 8-429e
原生演替 6-541f
原生灾害 9-543d
原生质流动 8-383c
《原诗》 8-501f
原始哺乳动物 1-425a
原始地方品种 9-457a
原始递归函数 2-253e
原始递归式 2-253d
原始佛典 4-102b
原始佛教 9-105f, 4-102b, 8-596b
《原始佛教的语言问题》 4-102c
原始共同斯拉夫语 7-127d
原始国籍 3-257b
原始积累 4-39b
原始林 9-105f, 9-105f
原始马来人 5-261a
原始蒙古人种 6-434c
原始派艺术 9-106a
原始凭证 4-494f
原始情节剧 6-235f
原始情绪 6-236d
《原始人》 4-570f
《原始森林》 4-379e
原始社会 9-106c
原始神庙会 5-420e
原始时期 3-16b
原始兽类 1-425a
原始髓木目 6-162a
原始塔洪文化 5-513c
原始太阳 7-269c
原始文化 9-106e
《原始文化》 9-106e, 9-556f
《原始文化，对神话、哲学、宗教、语言、艺术和习俗发展的探讨》 7-275e
原始系 2-261b
原始现场 2-478c
原始星云理论 7-269c
原始一神论 6-580c, 8-511e
原始印欧语 8-612a
原始纸 7-147e
原始宗教 9-106f, 9-555e
原兽亚纲 1-425a
原尾虫 9-107a
原尾纲 9-107a
原尾目 9-107a
原位和弦 3-420a
原位取代 6-256b
原位溶血 6-333f
原位移植 6-155a
原物 8-70c
《原下集》 1-574e
《原乡人》(电影) 7-250d
《原乡人》(小说) 9-454c
原筱亭 7-514b
原型匹配模型 7-427e
《原性》 3-365c, 8-326f
原穴 9-107b
《原药十八种》 9-67c
《原野》(电影) 8-467f
《原野》(戏剧) 1-479b
原叶体 7-15b
原乙酸 8-549c
原油 9-107c, 6-605c
原油管道 3-213c
原则创制 2-33d
《原则问题》 2-184e
原真兽类 7-2c
原轸 8-172d
原质体 8-498e
原州 3-195d
《原子》 7-298a
原子 9-107c, 2-279b
原子磁矩 9-107d
原子弹 9-107e, 1-89d, 3-439b, 5-308a, 8-76b
原子的葡萄干圆面包模型 9-589b
原子的亚稳态 9-108a
原子的有核模型 9-589b
原子发射光谱法 9-108a
原子法 6-13e
原子-分子学说 4-441b
原子光谱 9-108b, 3-225c
原子光谱的超精细结构 9-108d
原子光谱的精细结构 9-108c
原子光谱分析 2-547d
原子核 9-108d, 9-107c
原子核的液滴模型 1-389d
原子核物理学 9-108f
原子化能 4-172c
原子化器 9-112a
原子价 3-149a, 8-16c
原子结构 9-109f, 1-389d
原子经济性 2-31c
原子力显微镜 9-110d
原子量 9-110e
原子量表 2-160c
原子量与同位素丰度委员会 9-205b
原子论 9-111b, 2-160c, 9-253f
原子秒 5-419d
原子能 9-111d, 3-436e
原子能级的壳层结构 9-110c
原子碰撞 9-111e
《原子碰撞理论》 5-476e
原子囚禁 9-111f
原子时 9-111d, 6-609a, 9-112d
原子数 8-16c
原子团 4-40c
原子唯物论 9-111d
原子物理学 9-111e

原子吸收光谱法 9-112a
原子吸收光谱仪 9-112a
原子序数 9-112b
原子荧光 9-112c
原子荧光光谱法 9-112c
原子荧光光谱仪 9-112c
《原子站》 4-520b
原子钟 9-112d, 5-62e, 6-609a, 9-453a
原罪 9-112d, 4-43a
蚖 9-107a
圆 9-112e
圆柏 9-112e
圆柏属 9-112e
圆斑蝰 2-351e
圆壁城 5-232c
圆测 8-363f
圆场马戏 9-146e
圆成实性 6-404a, 9-65a
圆葱 8-468f
圆单线 2-289d
圆雕 9-509e
圆雕人像 7-10f
圆顶硬礼帽 4-585d
圆顿子 1-570a
圆法 4-232a
圆规 9-112e
圆果 4-278a
圆果黄麻 3-592f
圆涵 3-358f
圆号 9-112f
圆寂 9-113a
圆金柑 3-43e, 4-243b
圆觉禅师 6 101a
《圆觉经略疏》 9-558c
圆孔圆钱 9-182c
圆口纲 9-113b, 4-87b
圆粒金刚石 4-240b
圆鳞 5-95a
圆楼 4-462e
圆螺旋线 6-249e
圆明三园 9-113b
圆明园 9-113b, 6-220f
《圆明园词》 7-501f
圆明园遗址公园 9-113c
《圆盘》 2-182d
圆盘耙 1-191b
圆盘犁 4-579f
圆盘式摩擦离合器 4-576f
圆偏振光 3-220c
圆壳渐近解 9-209e
圆茄 6-191b
圆圈歌舞 9-160c
圆仁 9-113d
《圆融四土三观选佛图》 5-327b
圆沙洲 3-191c
圆山四条派 6-317c
圆山应举 6-519a
圆台裙 6-270d
圆田螺属 7-370e
圆筒形仓库 1-474f
圆尾鲎 3-496b
圆吻鲴 3-200e
圆舞 3-534b
《圆舞曲随想曲》 7-554c
圆心 9-112e
圆形动物门 9-113d
圆形图 7-407a
圆叶菠菜 1-395d
圆叶目 7-321b
圆瑛 9-354c
《圆圆曲》 1-517a, 8-36a
圆周 9-112e
圆周率 9-113d, 5-519f, 7-208e
圆洲仔 3-191c
圆柱面透镜 7-415a
圆锥椒 4-530d
圆锥曲线 2-423c, 6-504a
《圆锥曲线论》 1-4e
圆锥文竹 7-602d
圆桌故事 9-114a
圆桌骑士 8-409b
圆紫菜 9-532a
《援助希、土法案》 2-359f
缘齿 8-389a
缘蝽科 1-231b
缘竿 6-28a
缘管浒苔 3-520e
缘觉 7-153d
缘觉乘 2-446b
缘起 9-114b
《缘缘堂随笔》 2-562e
缘坐 5-39d
塬梁 3-599d
猿 9-114c
猿科 6-289a
猿类 3-182a, 4-573d
猿人 9-114d, 6-291a, 9-323f
《猿袭》 7-161e
猿乐 8-141c
源 6-408d
源程序 1-339f
源京河 6-411c
源空 9-114d, 4-314c, 6-194e, 6-316a
源赖朝 5-497c
《源氏物语》 9-114d
《源氏物语绘卷》 6-318c
《辕门斩子》 3-207a, 8-35b
圜丘 7-360c
远程导弹 2-156a
远程导引 4-194f
远程登录 7-522f
远程飞机 2-507b
远程教育 9-114f
远程网 3-238d, 4-93e
远东共和国 9-115a
远东国际军事法庭 2-323d, 5-582b, 9-180e
《远东国际军事法庭》 5-335c
远东国际军事法庭审判 2-323d
《远东国际军事法庭宪章》 9-180d, 9-188b
远东民族大会 2-184d
远东慕尼黑 9-115b
远东慕尼黑阴谋 9-115b
远东拟沙丁鱼 6-422e
《远东前线》 7-132b
远东问题 8-394f
远读仪表 3-396c
《远方的星火》 1-78b
《远方公主》 5-217e
《远古文化史》 1-498c
远古原始宗 9-106f
远关系调 9-510b
远海梭子蟹 7-226c
远航速度 8-381a
远红外光谱 3-473f
远红外区 3-474e
远近配穴法 9-248c
远距离教育 9-114f
远距离治疗 2-505e
远期票据 6-84a
远期票据贴现 9-115c
《远山的呼唤》 1-303f, 3-58c, 6-439d
《远山堂剧品》 6-130f
《远山堂曲品》 6-130f
远视力 7-30c
远寺 1-28f
远藤兽 7-2d
"远望"号海上测量船 9-372a
远洋护卫舰 3-524b
远洋客船 4-462b
远洋渔业 9-115d
远缘杂交 9-147f
《远征记》 3-180e
远志 9-115d
远志属 9-115d
苑 9-115f, 9-100a
苑城 4-163b
苑川王 6-135b
苑文炳 9-115f
苑囿区 4-163b
怨刺诗 6-575a
《怨歌行》 1-479e
《怨诉之书》 3-21f
院本 4-263a, 7-170d
院士 9-116a, 9-377b
院体 3-212d
院外集团 9-116b
院辖市 9-298a
垸堤 2-207c
垸田 7-545b
《愿望树》 1-5d

约阿基姆（非奥雷的） 2–260a
约阿希姆 9–116c
约阿希姆弦乐四重奏团 9–116c
《约伯和他的妻子》 4–526c
《约伯书释义》 4–531a
约旦 9–116d
约旦,E.P. 1–389a, 3–338c, 5–61a, 5–62b, 8–75f
约旦大学 9–117e
约旦第纳尔 9–117b
约旦电视台 9–117e
约旦广播电台 9–117e
约旦河 1–164e, 7–142a, 9–116d
约旦科技大学 9–117e
《约旦时报》 9–117e
约德尔,A. 5–604e
约定财产制 2–589b, 9–518f
约定监护 4–152b
约尔丹斯,J. 2–585e
约尔特,J. 5–485d
约飞,A.F. 9–117e
约甘峰 4–10b
约甘松,B.V. 9–117f
约古宗列渠 9–172c
约翰（十二使徒之一） 6–587c
约翰（英国国王） 2–112a
约翰·布朗起义 5–350e
约翰·戴维斯 5–247d
约翰第一·伯努利 1–342f, 1–402a
约翰二十三世 2–485e
约翰二世 1–214a
《约翰·浮士德博士的一生》 2–177c
《约翰福音》 2–616b
约翰·哈珀 3–313c
约翰·汉宁·斯皮克 4–242f
《约翰·华克伍德像》 8–7d
《约翰·克利斯朵夫》 9–118a, 3–15c
约翰·马丁大坝 1–30a
约翰·马绍尔 5–276c
《约翰娜·格莱夫人》 7–552f
约翰内斯,G. 6–444c
约翰内斯堡 9–118b
《约翰受难曲》 1–157c
约翰斯,J. 1–384a
约翰斯顿,H.L. 9–110f
约翰斯顿岛 9–118d
约翰斯顿环礁 9–118d
约翰斯顿瀑布 3–52d
约翰斯·霍普金斯 9–118e
约翰斯·霍普金斯大学 9–118e
约翰斯通·卡莫 4–465c
《约翰王》 7–126a
约翰·威廉·斯特拉特 6–350e
约翰逊,A. 2–4e, 5–205e
约翰逊,A.H. 3–616d
约翰逊,C.L. 9–118f
约翰逊,E.A. 4–356b
约翰逊,L.B. 5–352f, 5–353b
约翰逊,M. 4–268e
约翰逊,P. 9–119a
约翰逊,S. 4–550c, 9–11e
约翰逊国家历史公园 2–168e
约翰逊航天中心 2–168e
约华湖 3–481b
《约婚夫妇》 5–309a
《约克–安特卫普规则》 3–150a
约克堡 2–385b
约克大学 2–385c
约克家族 5–330a
约克纳帕塔法世系 2–611b
约克夏猪 9–119b
约克镇战役 1–277f
约拉尼宫 4–13b
《约里奥的女儿》 2–197b
约里奥–居里夫妇 1–493c, 2–505d, 3–435f, 8–76b
约鲁巴人 9–119c, 1–299f, 2–522c, 4–517f
约鲁巴人木雕 2–522c
约鲁巴语 9–119d, 5–576c
约率 9–113e, 9–571d
《约·罗伯特·奥本海默案件》 4–50b
约洛夫人 7–610f
约讷河 6–374c
约塞米蒂 5–555a
约瑟 9–119d, 5–267c
约瑟法特,I.B. 5–174a
约瑟芬皇后 2–449d
约瑟夫·波拿巴 8–84e
约瑟夫森,B.D. 9–119d, 4–177a
约瑟夫森电压标准 2–599a
约瑟夫森效应 1–529f, 3–478c, 9–119e
《约瑟夫斯》三部曲 2–615d
约瑟夫·韦斯利 3–313c
约瑟夫·维萨里昂诺维奇·朱加施维里 7–122e
《约瑟和他的兄弟们》 7–455c
约束 9–119e
约束变元 7–64d
约束反力 9–119f
约束方程 9–119f
约束力 8–190e, 9–119f
约束问题 2–516b
约数 9–263d
约斯特范代克 9–11a
约斯特谷冰原 6–6c
约孙 9–86b
约塔方言 6–350b
约塔河 7–554a
约塔–克拉尔河 6–348a
约维兹,M.C. 6–235a
约谢利阿妮,N. 8–241b
约指 4–234a
月 9–119f
月饼 9–120a
月长石 9–120d
月城 1–583b
月出生率 2–15c
月次祭 6–510c
《月儿弯弯照九州》 2–541c
月份牌年画 9–120b
《月赋》 2–334a
月谷 9–122d
《月光》(L.van 贝多芬) 1–288f, 1–289c
《月光》(C.德彪西) 2–170b
月光遍照菩萨 2–319a
月光湖 1–75d
月光石 9–120d
《月光下的凤尾竹》 6–578e
《月光下的兰花》 3–19a
《月光下的银匠》 1–38e
月桂 9–120e
月桂树林 1–524d
月桂酸 9–293c
月桂烯 8–199b
月海 9–122c
月海玄武岩 9–122e
月核 9–122e
月华锦 7–58d
《月华图》 4–247a
月即别 8–10c
月季 9–120e
月季花 9–120e
月见草属 5–135d
月节律 6–539c
月经 9–120f, 9–528f
月经初潮 9–120f
月经失调 9–121b
月经周期 8–328a, 9–120f
月坑 9–122c
月老 9–121c
《月理初编》 1–443c
月亮 9–121d
《月亮宝石》 4–430c
《月亮和六便士》 5–317e
月亮金字塔 4–264e, 5–483f, 7–329c
《月亮升起》 2–182d
月陆 9–122c
《月轮山词论集》 8–161f
月幔 9–122e
《月朦胧鸟朦胧》(电影) 6–239b
《月迷皮埃罗》 8–379c
《月明和尚逗柳翠》 2–106e
月琴 9–121c
月球 9–121d
月球的演化 9–122f
月球地质 9–122b
月球高地 9–122c
月球轨道环行器 1–4c
“月球”号探测器 9–123b
月球和行星研究所 4–423b

月球辉长岩 3-605f
“月球勘探者”月球探测器 9-123e
《月球旅行记》 5-333e
月球探测 9-123c
月球探测器 9-123e, 6-37f
《月球运动表》 1-443c
《月球殖民地小说》 4-426e
月球重力加速度 9-461d
月球资源 9-123a
“月球”1号探测器 9-123e
“月球”2号探测器 9-123c
“月球”9号探测器 9-123b
“月球”10号探测器 9-123c
“月球”24号探测器 9-123c
月壤 9-122d
月日钱 8-614a
月神南纳塔庙 7-613f
《月升》 8-399d
月食 9-123f
《月食》 4-596e
《月王药诊》 7-143e
月溪 9-122d
月下老 9-121c
月下老人 9-121c
月下香 7-479b
月相 9-124a
月熊 3-460e
月牙岛 2-325c
《月牙儿》 4-559c
月牙泉 9-124b
月岩 9-122e
月岩矿物 4-501d
月掩毕宿五 1-328d
月眼鱼科 3-187b
《月夜》(川岛) 9-73d
《月夜》(杜甫) 2-356f
《月夜》(I.N.克拉姆斯科伊) 4-448a
《月夜箫声》 9-85d
《月夜忆舍弟》 2-356f
《月仪帖》 7-230d
月鱼 9-124c
月鱼目 9-124c
月月橘 4-243b
月月鲜 7-514b
《月月小说》 9-124d
月晕效应 3-223b
月藏 1-7c
月氏 9-124d
月氏都督府 7-445e
月质学 9-122b
《月中世界》 3-325a
月祖别 8-10c
乐(艺术) 5-139c, 8-575c
乐府 6-408f, 8-575e, 9-125a
《乐府变》 7-508e
乐府歌行 3-97a
乐府民歌 3-373b
《乐府诗集》 9-124f, 3-504c
乐府诗体 9-125a
《乐府诗选》 9-57c
乐府体诗 9-125a
《乐府文学史》 5-203f
《乐府雅词》 9-125b
《乐府余论》 1-512b
《乐话》 6-215e
乐谱 4-95c, 8-576e
乐器 8-575f
《乐器的精神与演变》 6-361f
《乐器分类法》 6-361f
《乐器史》 6-361f
乐清市 9-125b
乐史 9-125c
《乐书》 6-35c, 9-404d
《乐问》 3-601b
乐舞俑人 9-385f
《乐学通论》 2-484d
乐羊 9-125c
乐毅 9-125c, 7-193b, 8-422f
乐音 8-573e
《乐章集》 5-135f
刖刑 8-51f
岳城水库 8-586d
岳崇岱 9-348e
岳春 3-16d
岳飞 9-125d
《岳飞》 8-193c
《岳飞叙复元官制》 9-465c
岳鼓 3-190c
岳湖 8-93d
岳桦 3-559a
岳麓书院 9-125e, 1-518a, 7-168d, 9-487f
岳石文化 9-125f
岳阳港 9-126b
岳阳楼 9-125f, 2-344b
《岳阳楼记》 9-126b
岳阳市 9-126b
岳钟琪 9-126b
岳州文庙 9-126b
阅兵 9-126c
阅兵式 9-126d
阅读 9-126d
《阅微草堂笔记》 4-83a
跃层 9-126e
越 9-127a, 6-476e
越城 3-239c, 4-163d
越城岭 9-127d
“越岛”战术 5-574d
越调 7-147a
《越法和平同盟条约》 9-331a
越飞 9-127d, 2-170c
《越宫律》 9-208d
越轨行为 9-127e
越国 9-127a
越剧 9-128a, 6-476f
《越绝书》 6-19a, 8-100f
《越缦堂日记》 4-590e
《越缦堂诗话》 4-590e
《越缦堂文集》 4-590e
越芒语族 5-545a
越盟 9-130a, 9-129f
越南 9-128b, 4-131e
越南爱国者联谊会 3-511a
越南八月革命 9-129e
越南菜 9-129f
《越南的悲剧》 4-377a
越南独立同盟 9-130a, 9-129f
越南共产党 9-130a, 3-511b
越南光复会 6-42a
越南国民党 6-42a
《越南纪行》 4-158e
越南抗法战争 9-130b
越南劳动党 3-511b, 9-130a
越南民主共和国 9-128e
越南青年革命同志会 9-130a
越南人 9-131a
越南社会主义共和国 9-128f
越南维新会 6-41f
越南油茶 9-37b
越南鱼 2 513a
越南语 9-130e
越南战争 9-131a, 8-609f
越器 8-486c
《越器图录》 1-567b
《越前竹偶》 6-320f, 7-96d
越人 9-131a, 5-311a
《越人歌》 9-131b
越社 5-540b
《越史丛稿》 5-374f
越式春卷 9-129f
越嶲郡 5-51a
越秀公园 3-138c, 3-239d
越窑 9-131c, 6-204f, 7-303a
越野滑雪 9-131d, 1-283a
越野跑 9-131e
越野性 6-151c
越语 9-127d
越语(越南) 9-131a
越州 6-476f
《越州歌》 7-488a
粤(广东省简称) 3-232f
粤菜 9-131f, 3-232f, 5-101d
粤方言 9-131f
粤海铁路通道 9-132a
粤海铁一号渡轮 9-132b
粤汉铁路 4-280b
粤胡 2-424f, 5-180d
粤剧 9-132b, 5-101d
粤曲 9-132c
粤社 5-540b
粤绣 9-132d

粤学会 1-242b
粤语 5-101d, 9-131f
晕厥 9-132e
云 9-132f, 9-136b
《云》 1-570d
云斑小鲵 8-226e
云板 2-492f
云胆矾 2-145f
云滴 9-132f
《云洞流泉图》 6-603e
云杜姆国际机场 1-226a
云浮市 9-133c
云冈模式 9-134a
云冈石窟 9-133e
《云冈石窟分期试论》 7-203d
云归 2-151d
云贵高原 9-134b
云和降水物理学 2-100e
《云和降水物理学》 1-398b
《云横秀岭图》 3-69a
云煌岩 3-604a
《云麾将军李秀碑》 5-2e
《云笈七签》 9-134b
云计算 9-134c
云锦 9-134d
云锦山 9-14e
云居寺 9-134e, 2-497e, 2-497f
云居寺石刻佛教大藏经 2-497f
云居寺石塔群 7-236f
云连 3-591d
云林县 9-134f
云锣 5-225a
《云门》 9-403e
云门山石窟 9-134f
云门舞集 5-82b
云门宗 1-500b
《云梦断忆》 1-551d
云梦秦简 9-135a, 9-199d
云梦县 9-135b
云母 9-135b
云母赤铁矿 1-600c
云木香 5-493a
云木香属 5-493a
云南八角枫 1-143f
云南白药 9-135d, 6-399c
云南大理石雕刻 6-594b
云南大学 9-135e
《云南东川府铜矿》 2-309e
云南榧 8-192e
云南高原 9-134b
云南黄连 3-591d
云南回民起义 9-135e
云南陆军讲武堂 9-136a
云南陆军讲武学校 9-136b
云南萝芙木 5-222d
《云南民族调查报告》 8-454a
云南山茶 1-490d
云南山茶花 2-270c
云南省 9-136b
云南省博物馆 2-270a
云南省立东陆大学 9-135e
云南省青少年科技中心 4-508e
云南省行政区划 9-136c
云南石梓 5-240b, 6-608c
云南松 7-161b
云南松毛虫 7-160c
云南苏铁 8-101a
云南学派 9-402e
《云南映象》 8-458c, 9-344e
《云飘飘》 5-84e
云栖大师 9-494d
《云栖法汇》 9-494d
云栖寺 8-341b, 9-494d
《云起轩词钞》 7-594d
云雀 9-138a, 6-542d
《云雀》 3-105d
《云雀的太阳穴》 1-55a
云山书院 5-597b
云杉 9-138a
云杉属 7-160b
云闪 6-444a
《云上的日子》 1-95a
《云韶集》 1-208f
云时雨 8-5c
云室 9-138b, 3-302a, 7-529c
云台雕 6-124e
云台峰 3-555c
云台山 9-138c, 4-203c
云台山 9-138b, 5-39c
云纹法 6-616a
云纹干涉法 6-616b
云雾茶 5-39c
云雾法 8-443e
《云雾中的双子星座》 6-33f
云下致酸 7-206e
云斜煌岩 3-604a
云牙子 7-573b
云烟 9-137b
云岩寺塔 7-236e
云阳邑 2-140f
《云谣集杂曲子》 9-138d, 2-376a
云英岩 9-138e
《云游集》 8-350b
云游客 5-38a
云泽 8-5c
云遮月 9-59a
云芝 2-148c
云中 3-496d
《云中玉女图》 2-56e
云中致酸 7-206e
《云庄休居自适小乐府》 9-214b
云子铁 1-600c
《云左山房文钞》 5-87f
匀速圆周运动 4-120c
芸豆 1-467b
芸薹 1-192f, 9-138f
芸薹属 9-138f, 1-192f, 2-72d, 3-26a, 6-207d, 8-9a, 8-372b
芸薹种 8-9a
芸香 4-288e
芸香科 9-138f
《芸芸众生》 4-454a
郧县人 3-513e
郧县猿人 9-139a
允堪 5-184e
允执其中 9-449f
陨击坑 9-140a
陨硫铁 2-47a, 9-139f
陨落年龄 9-140a
陨石 9-139b, 1-94b, 5-598e
陨石暴露年龄 9-140a
陨石坑 9-140a
陨石矿物 4-501d
陨石年龄 9-139f
陨石凝结年龄 9-139f
陨石雨 9-139c
陨星 9-139b
陨星坑 9-140a
陨星说 6-580a
孕激素 8-325d
孕激素疗法 8-325f
孕卵 6-311c
孕酮 6-550b
《运笔论》 7-219a
运漕河 1-537b
《运草》 8-279d
运城市 9-140c
运城盐池 9-140d
运筹学 9-140d
《运筹学》 8-353e
运动按摩 1-114c
运动病 9-141a
运动（传出）神经元 6-512e
《运动的活力》 8-211e
运动定律 9-141b, 5-600d
运动定势 8-250f
运动后痛性痉挛 4-35c
运动后效 7-157b
运动幻觉 3-577d
运动健将 9-141e
运动镜头 2-292f
运动黏度 5-586d
运动黏性系数 5-586d
运动人体科学 9-141c
运动伞 4-193b
运动神经 7-476b
运动生物力学 6-540b
运动视差 4-468c
《运动视觉的实验研究》 7-544d
运动稳定性 9-141c
运动系统 6-298f

运动性失语症 5-549c
运动学 9-141e, 5-11d
运动学天球参考系 7-357c
运动雪橇 8-372d
运动员 9-141e
《运动员技术等级制度》 9-141e
运动员转会制 9-141f
运动约束 9-119e
运动障碍型脑性瘫痪 5-551f
运河 9-142a
《运花者》 5-9e
运价 9-143b
运量 9-143c
运煤船 6-408e
运木船 4-19c
运渠 9-142a
《运尸车》 4-512c
运输 9-142c
运输包装 1-238c
运输成本 9-142d
运输船舶 9-142f, 2-28f
运输服务供给 9-143d
运输服务需求 9-143d
运输固定成本 9-142e
运输机场 4-28d
运输价格 9-143b
运输检疫 2-340c
运输可变成本 9-142e
运输量 9-143c
运输市场 9-143d
运输枢纽 4-197d
运输系统 4-195d
运输小泡 8-152c
运输业 9-142d
运输业股价指数 2-165e
运司 9-511d
运算器 9-443c
运算性认知结构 6-310c
运载火箭 9-143d
运载能力 9-143f
恽冰 9-144d
恽代英 9-144b
《恽代英文集》 9-144c
恽鹤生 8-437b
恽敬 8-451c
恽寿平 9-144c, 5-466e, 6-223a
恽树珏 8-229a
晕 9-144d
晕车 9-141a
晕船 9-141a
晕动病 9-141a
晕机 9-141a
晕轮效应 3-223b
晕色 4-502a
晕星族 8-584c
晕针 9-144f, 9-247c
缊袚 7-226e
韵白 1-529b, 5-587b
《韵光》 9-144f
《韵光注》 8-268d, 9-144f
韵类 9-144f
韵律体操 7-341e, 8-557e
韵母 3-384f
《韵石斋笔谈》 8-18e
韵文评书 7-145b
熨斗 2-294a
熨热灸 1-77d
《熨衣妇》 2-179d

Z

扎判 9-145a
扎染 9-145a
锺 1-304e
杂 9-145c
《杂阿含经》 1-25c
杂把戏 1-216f
杂扮 9-145c
《杂拌》 6-16b
《杂拌儿》 9-62d
《杂拌儿之二》 9-62d
杂草 9-145c
《杂草防除大要》 7-162e
杂醇油 9-145d
杂多糖 2-389f
杂泛 9-145e
杂泛差役 9-145e, 5-8a, 9-89f
杂感 8-227b
杂歌 7-484a
杂合体 4-52d
杂花蜜 2-573d
杂化轨道 9-145f
杂环化合物 9-146a
杂环甾族化合物 9-149f
杂货船 9-146c
杂集 6-563d
杂技 9-146d
杂技俑 3-373c
杂技之乡 9-410b
杂交 9-147c, 9-456e
杂交稻 9-147d
杂交分析 8-544b
杂交瘤 9-307a
杂交细胞系 2-142e
杂交育种 9-147e
杂剧 9-148a, 3-212f
杂链聚合物 8-17c
杂毛皮 5-318b
杂派 7-144c
杂硼烷 6-68a
杂青金石 6-208a
杂色鲍 1-249d
杂色蛤仔 3-112f
《杂色羊》 4-451b
杂砂岩 6-431b
杂诗 9-148d
《杂诗》(沈佺期) 6-518f
《杂诗》(陶渊明) 7-327f
《杂诗》(张协) 9-212f
杂食动物 9-301d
杂史 9-148b
杂史体 5-19b
杂手艺 9-148c
杂耍 9-148c
《杂耍蒙太奇》 1-87a, 5-12d
《杂说》 3-365c
杂题诗 9-148d
杂体诗 9-148d
杂文 9-148e
杂戏 9-148c
杂性花 3-525b
杂性同株 2-51a
杂言诗 9-148e
杂徭 9-148f
杂异蝎合物 8-234f
杂志 6-124a
杂质半导体 1-231f
杂质能级 1-231d
杂种 9-147c
杂种铁线莲类 7-384f
杂种优势 9-148f
砸玻璃窗之夜（又称水晶之夜）事件 3-85e
砸击法 6-600e
灾变论 4-269c, 4-331e
灾变事件 2-219d
灾变说 2-250d, 4-348f, 7-269b
灾害经济 9-149b
灾害性天气 7-355f
灾害准备金 9-149c
灾情指标 9-149d
《灾星》 4-611f
甾核 9-149e
甾体 9-149e
甾族化合物 9-149e, 9-513a
甾族皂苷 9-164c
栽德派 6-593a, 8-528f
栽培稻 2-167b
栽培菊 4-333a
栽培植被 9-301a
栽培作物资源 6-548a
载记 4-275f
载书 3-487d
宰比德古城 8-490e
宰德·本·撒比特 3-171d
宰敦大学 7-419b
宰理 2-491c
宰理之学 3-294f
《宰纳布》 3-329e
《宰杀》 5-397c
宰牲节 9-150a, 1-33e, 3-168b

"宰兽"篇 3-245b
宰图纳清真寺 7-419f
宰相 9-182f
宰予 5-87c
宰执 1-473b
再保险 9-150a, 1-247b
再保险人 9-150a
再贷款 9-150b
再沸器 4-304d
再婚 4-2f, 4-104b
再继承 9-510f
《再见了，诗人》 1-82b
再结晶 2-5a
《再论问题与主义》 7-605c
再侵染 9-302d
再认 4-96c
再认错误 4-96e
再社会化 6-487e
再审 9-150b
再审判决 6-45c
再生（动物） 6-549d, 9-571a
再生（计算机） 9-498d
《再生》 4-595e
再生产 9-150b
再生胶 9-150e
再生皮 6-346a
再生纤维 2-502b, 3-552d
再生铀黑 9-42d
《再生缘》 1-200e
再生障碍性贫血 9-150e
再生注入式装药系统 8-506c
再生资源 3-294e
再输出贸易 9-511a
再贴现 9-151a
再贴现机制 9-151b
再贴现利率 9-151b
再贴现率 9-151c, 9-151b
再洗礼派 2-42e
再现 4-96c
《再续彭公案》 6-63f
《再续行水金鉴》 8-314d
再用水 4-85a, 9-439a
再造宝石 1-241a
再造社 2-490a
再造想象 8-203d
再障 9-150e
再植术 7-39b
再制葡萄酒 6-101d
《在阿尔泰山》 5-227b
《在阿什桥上》 8-96f
《在北方》 3-134d
《在贝勒海滩上》 8-502d
《在兵营里》 4-446b
《在波希米亚的勃兰登堡人》 7-131e
《在草地里》 2-182d
在场见证人 4-161c
在朝党 9-295a
《在城里》 1-396f
《在城崎》 7-118d, 9-311c
《在春天的草地上》 9-232c
《在大海中》 6-63f
《在单镜头画面之外》 5-12d
《在德国公寓里》 5-308d
《在底层的人们》 1-55d
《在地下》 1-292f
《在法国的流浪汉生活》 5-233d
《在分割的时间里》 1-93b
《在芬兰湾边的两个孩子》 8-243b
《在风中吹拂》 2-212c
《在钢琴旁》 3-615f
《在和平的日子里》 2-361b
《在黑暗中》 2-306f
《在黑暗中躺下》 7-133d
《在很久以前》 4-140f
《在华五十年——司徒雷登回忆录》 7-116c
《在怀县作诗》 6-43a
《在荒凉的岸边奔走》 2-208f
《在激变中》 5-84a
在家道士 2-166a
《在剑柄里》 1-70c
《在江边》 5-269b
《在交战区》 1-126d
《在接见首都戒严部队军以上干部时的讲话》 9-151c
《在金日作三首》 9-67e
《在金字塔下》 6-474c
《在菊花旁边》 8-347c
《在咖啡店里》 2-208e
《在康普顿效应中变线与不变线的能量分布》 8-38f
《在蓝色的安大略湖畔》 1-483b
《在老乌拉尔工厂里》 9-118a
《在烈火中永生》 3-476e
《在路上》 1-334d
《在伦敦城中》 1-62d
《在茫茫的草原上》 5-287d
《在迷宫里》 5-200c
《在迷雾中》 1-293b
《在没落中》 1-179b
《在墓旁》 1-487b
《在南风中午睡》 2-182b
《在平静的原野上》 8-126c
《在齐与仆射杨遵彦书》 8-345d
《在其香居茶馆里》 6-429b
《在前进的道路上》（电影） 1-580e
《在前进的道路上》（剧本） 7-524e
《在桥梁工地上》 5-104f
《在清真寺中讨论问题的神学家们》 1-387e
《在庆祝中国共产党成立八十周年大会上的讲话》 6-386b
《在泉边》 2-55c
《在人间》 3-62b
《在少女们身旁》 9-517a
《在升天节》 4-531a
《在水一方》（电影） 5-84e
《在水一方》（小说） 6-239b
《在丝网中》 8-7c
《在斯万家那边》 9-517a
《在太行山上》 8-175e
《在田野上，前进》 6-202d
《在途中》 1-234e
《在维捷布斯克》 8-162f
《在我国》 8-520a
《在我们的时代里》 3-333c
《在我内心深处》 2-135e
《在希望的田野上》 6-578e
《在细颈瓶的空间里展开》 1-416a
在线分析 9-151d
《在小街上》 1-472a
《在新的崛起面前》 5-376b
《在遥远的地方》 9-172e
在野党 9-151e
在野内阁 9-20a
《在医院中》 2-307a
《在已知和未知世界中奇妙的漫游》 2-465c
《在幼发拉底河岸》 7-527e
《在狱咏蝉》 5-234a
《在狱中》 4-485b
《在中国的日子里》 3-103e
《在中美洲建立稳定和持久和平的程序》 9-433e
《在中亚细亚》 1-250d
《在祖国的大地上》 8-42b
载波侦听 8-552f
载驳船 4-19c, 9-143a
载淳 2-44b, 6-228f
载沣 9-151e, 8-259b, 9-103a
载荷 9-151f
载荷谱 9-152a
载货汽车的税额标准 1-546b
载流子 1-231c, 2-157b, 2-285c
载流子注入发光 3-194a
载宁江 6-425a
载人登月工程 1-4c
载人飞船 9-152a, 9-410e
载人航天 9-152d
载人航天兵器 4-467b
载人航天器 3-400d
载人离心机 4-578a
《载芟》 7-176f
载涛 9-151f
载体结合酶 3-191f
载湉 2-44c, 6-224d
载瓦文 9-152e
载瓦语 9-152e
载勋 3-53d
载洵 9-151f
载漪 3-53d
载垣 2-44b, 8-563b
载泽 8-258e, 9-80f
载重自行车 9-546d

糌粑 2-95e
簪 7-109f
《簪花仕女图》 9-152e, 9-467e
《咱们工人有力量》 5-254d
暂时飞地 2-506d
暂时环境异常 3-574a
暂时性尿失禁 5-590a
暂时硬度 2-242f
暂时硬水 9-23c
暂态过电压 3-60f
暂转调 9-510b
錾切 6-170f
赞比西河 9-152f, 4-265b, 9-153e
赞比西亚省 4-454b
赞比亚 9-153b
赞比亚共和国 9-154a
赞比亚国家广播公司 9-154e
赞德 1-59b
赞德人 1-59b
赞德王朝 6-481a
赞兼起义 1-149d
赞科夫,L.V. 7-551e
《赞美诗》 7-420d
赞普 7-162c, 7-445a
赞普钟 3-98b
赞岐 7-149e
赞育丹 5-452e
牂牁国 3-246b
牂牱国 3-246b
《臧怀恪碑》 8-438c
臧克家 9-154f
《臧克家文集》 9-155b
臧懋循 9-155b, 1-529a, 9-94c
臧荣绪 4-275e
臧式毅 7-561c
臧贤 1-575d
驵 8-389f
驵侩 4-284c, 8-389f
脏腑 9-155b
脏腑辨证 9-155c
脏腑相关 9-155d
脏腑之精 4-304a
脏会 1-143d
《葬花》 7-510f
葬甲 9-155f
葬甲科 9-155f
葬礼 9-156a
葬礼礼炮 4-585e
藏（后藏） 8-8a
藏（西藏自治区简称） 8-113d
藏（宗教） 6-406d
藏獒 9-156a
藏巴汗 2-65d
藏传佛教 9-156b, 1-258e, 4-6d, 4-247a, 9-159b
藏传佛教寺院壁画 9-156d
藏传因明 8-570e
《藏梵字典》 1-458c
《藏汉大辞典》 9-157b
藏汉语系 3-385c
藏红花 2-462b
藏画 8-112e
藏经 6-406c
藏剧 9-157c
藏历 9-157d, 5-17a, 9-159b
藏历年 9-157e
藏羚 9-158a
藏羚属 9-158a
藏羚羊 8-114d, 9-158a
藏马鸡 8-114d
藏马熊 9-559e
藏缅语族 9-158b
《藏民骑兵队》 9-160f
《藏内善后章程》 9-503f
藏南地区 3-49a
藏袍 9-158d
藏王 2-254c
藏王国定公园 1-134f
藏王陵 9-158e, 6-238d, 8-115a
藏文 9-158f, 7-424c, 9-159b
藏文大藏经 2-122d, 8-111a, 9-160b
藏文化 9-159a
藏戏节 8-371d
藏象学说 9-159d, 9-347e
藏学 2-319d
藏雪鸡 8-114d, 8-371e
藏药 9-159f, 9-161f
藏野驴 8-114d
藏医 9-160f
藏医学 9-160f
《藏印条约》 2-65f
《藏-英词典》 6-182e
藏语 9-159f
《藏语口语（安多方言）》 3-153a
《藏语口语读本》 9-202b
藏语系佛教 9-156b
《藏语语法》 6-182e
藏语支 9-160a, 9-158b
藏族 9-160a, 4-567a, 6-101b, 9-158f
藏族舞蹈 9-160c
藏族医学 9-160f
《藏族宗教史之实地研究》 4-587c
糟汁川海蚌 2-609b
凿齿 9-162a
早阿尔卑斯运动 9-437e
《早安台北》 3-489b, 4-616d
早材 5-585d
早餐谷物 2-486f
早产 9-162b
早产儿 9-162b
《早晨的光辉》 4-395e
早成性 6-550e
早川雪洲 3-247b
《早春》 8-533b
《早春二月》 9-162c
《早春图》 9-162c
早稻田大学 9-162d
早稻田小剧场 1-359c
早第三纪 2-261c, 3-170c
早古生代 3-174d
《早来的春天》 4-607c
《早年的坟墓》 4-458e
《早年的欢乐》 2-537f
早期阿舍利文化 1-5e
早期成油说 6-606a
早期传统爵士 4-350e
《早期的几种分类形式：对于集体表象的研究》 5-473e
早期流产 5-123e
早期蒙古人种 6-303f
早期奇穆文化 5-471d
早期社会化 6-487e
早期铁器时代 9-162e
早期胃癌 7-570d
早期先天梅毒 5-331b
早期现代人 8-280f
早期岩浆矿床 8-429f
早期预警卫星 9-81e
早期猿类 3-182a
早期猿人 6-291a, 6-291f, 9-114d
早期智人 9-163d, 3-174d, 6-291a, 6-292b, 9-323f
早期重商主义 9-462e
早秋蚕 8-471e
早熟禾亚科 3-407c
早王朝美术 3-159d
早泄 9-163d, 8-325b
《早雁》 2-360e
早樱 9-12f
枣 9-163d
枣儿槟榔 1-366b
枣股 9-163d
枣橘 4-243b
《枣林诗集》 7-281e
《枣林杂俎》 7-281d
枣属 9-163d
枣头 9-163d
枣心笔 5-313b
枣阳市 9-163e
枣阳县 9-163e
枣椰 6-355e
枣园革命旧址 8-424b
枣庄市 9-163e
蚤目 9-163f
蚤型斑疹伤寒 1-227b
藻胆蛋白 9-164b
藻德济 5-286a
藻类 7-86e
藻类学 6-546a
藻类植物 9-164b
藻酸铵 3-450c

皂苷 9-164c
皂化 7-87b, 9-292d
皂化反应 9-164d
皂基 2-528c
皂角 9-164c
灶君 9-164e
灶神码 4-105b
灶神星 8-230c
灶台加热元件 2-294b
灶膛加热元件 2-294b
灶王 9-164e
造币机 6-517d
造床质 3-424c
造法性条约 7-374b
造反派红卫兵 3-475c
造父变星 9-164e, 3-304d, 3-443e
造父变星的周期光度关系 9-468d
《造父变星仙后座CZ的研究》 9-215d
造父一 9-164e
《造活字印书法》 7-518f
造礁石珊瑚 6-601d
造林 9-164f
《造林原论》 7-429b
造瘘 4-232f
造陆运动 9-165a
造桥虫 1-595f
造山运动 9-165a
造山作用 9-165a
造像碑 9-165b
《造像量度经》 9-165c
造型解剖学 8-558b
造型客体 2-477e
造型设计学院（德国） 1-236c
造型石 3-209b
造型艺术 9-165d
造血干细胞 8-150e, 9-456b
造血生长因子 9-456c
造岩矿物 4-9c, 4-502f
造岩元素 4-9c
《造谣学校》 8-241d
造影 9-588d
造影超声心动图 1-534e
造纸机 9-165f
造纸机械 9-165e
造纸术 9-165f, 7-147d
造作局 7-170a
噪光 9-165f
噪声 9-165f, 8-573f, 9-166a
噪声聋 9-501a
噪声谱 9-166a
噪声污染 9-166a
噪声污染源 9-166b
《噪声中的通信》 8-198a
噪音 9-165f
燥红土 7-442c
燥湿 9-166b
燥邪 9-166b
燥证 6-352f
《则古昔斋算学》 4-609b
《则天皇后实录》 5-121c
则天庙 7-594a
责令退出法庭 5-426f
责任保险 1-247b, 1-461a
责任感训练 8-545b
《责任和权利的归属》 3-316c
责任护士 3-523e
责任内阁 4-353d, 5-136e, 5-554c
责任内阁制 5-554c
责任能力 8-312a, 9-542a
《责任与焦虑》 1-78c
责任制护理 3-523e
择期手术 7-38f
择一成本 4-29f
择捉岛 1-262d, 6-156c
泽当镇 9-166d
泽登巴尔,Yu. 9-166d
泽尔滕,R. 9-166e, 2-371b
泽兰迪亚城堡 6-31a
泽兰属 4-333c
泽利厄,H. 8-94f
泽螺居士 9-57a
泽米基斯,R. 1-22a
泽诺多托斯 3-432b
泽塔 3-458e
泽塔王国 3-458b
泽苔草属 9-167a
泽唐镇 9-166d
泽西红猪 2-360a
泽泻 9-167a
泽泻科 9-167a
泽泻属 9-167a
泽园主人 2-491b
泽祖鲁人 6-476d
贼鸥 6-27a
《贼退示官吏》 9-93b
《怎么办？》 1-547a
《怎样给孩子讲故事》 7-219e
《怎样画速写》 8-499d
《怎样临帖》 2-197e
曾炳昆 4-591d, 7-146f
曾伯霥簠 1-558f
曾布 9-167a, 1-469a, 5-178d, 9-220a
曾呈奎 9-167b
曾涤生 9-167e
曾公亮 7-148a, 8-285b
曾巩 9-167d, 4-254b
曾国藩 9-167e, 2-44b, 4-597d, 7-258e, 8-201d
《曾国藩传》 8-219b
曾国荃 8-201b, 9-331c
曾侯乙墓 9-168b, 3-513e, 7-215e
曾侯乙墓编钟 9-168d
《曾惠敏公全集》 9-169a
曾吉甫 9-168e
曾幾 9-168e
曾纪泽 9-168e, 8-464a
曾劼刚 9-168e
曾鲸 8-233b
曾静 6-231b
曾居武 9-167e
曾孟朴 9-169b
曾母暗沙 9-169a, 5-539e
曾姆滩 9-169a
曾培炎 9-169a
曾朴 9-169b, 6-223e
曾朴华 9-169b
曾琦 9-169c, 3-288c, 7-497a
曾庆存 9-169d
曾庆红 9-169e
曾三 9-170a
曾三异 9-309f
曾参 9-451f
曾世英 9-170b, 2-227d, 9-421f
曾炯之 2-129c
曾文坝 9-170c
曾文水库 9-170c
《曾文正公手书日记》 9-168b
《曾我会稽山》 4-272d
曾先吉 2-82d
曾宪九 9-170c
曾宪梓 9-170d
曾孝谷 2-35d, 3-457a, 4-610f
曾玉良 2-426e
曾枣庄 6-263e
曾慥 2-166a, 7-314e, 9-125b
曾泽生 5-67b
曾昭抡 9-170e
曾籀斋 9-169b
曾子城 9-167e
曾子固 9-167d
曾子宣 9-167a
增白剂 9-170f
增白剂R 9-170f
增城市 9-171a
增城县 9-171a
增乘开方法 7-168c
增大七和弦 3-420a
《增定查补南九宫十三调谱》 8-145d
增量房市场 2-497d
增强材料 3-10a
增强辐射弹 9-451a
增强橡胶 4-342a
增韧剂 4-200b
增三和弦 3-420a
增色效应 3-437f
增上定心学 6-404b
增上慧学 6-404b
增上戒学 6-404a
增生 9-171b
增透眼镜 8-440b
《增一阿含经》 1-25c

《增长的极限》 3-570a, 5-208b
增长极 9-171b
增长天王 7-148c
增长型人口 6-289e
增长引擎论 9-171c
增值税 9-171d
增殖期糖尿病性视网膜病变 7-31e
增殖体 8-188e
《憎恨》 2-366b
《赠白马王彪》 1-479e
《赠从弟》 4-162c
《赠稼轩山水》 2-333f
《赠绨袍》 3-74c, 5-106a, 6-50e
《赠秀才入军》 4-54d
赠序 8-355f
赠与合同 9-171e
甑皮岩文化遗址 3-248d
甑子木 6-608c
扎巴 3-110d, 4-529b
扎巴坚赞 6-361c
扎巴悦色 9-220e
扎勃京斯基, A.M. 3-553b
扎德, L.A. 9-171e, 5-453f, 6-542f
扎德金, O. 2-443d
扎多拉尔托 5-361f
扎尔德山 9-172a
扎格卢勒 9-171f
扎格罗斯山脉 9-172a, 8-522b
扎格纳特神庙 8-601d
扎哈罗夫, I.I. 9-330b
扎哈罗夫, R.V. 4-49c
扎加瓦王国 4-375e
扎卡塔雷自然保护区 1-51d
扎克雷起义 7-468d
扎拉乌特卡马尔洞穴 9-438b
扎赉诺尔煤田 5-305e
扎兰屯市 9-172a, 2-411f, 2-412c
扎雷人 9-172b
扎雷语 9-172b
扎灵根公爵 1-397a
扎陵湖 9-172b, 5-287c, 6-206f
扎龙自然保护区 9-172c, 9-278f
扎洛蒙, J.P. 3-324e
扎马决战 3-378e
《扎米雷》 1-316a
扎米亚京, Ye.I. 9-172e
扎曲 4-546c
扎人 9-172b
扎日南木错 9-172e, 5-507b
扎什伦布寺 9-172f, 3-108f, 8-111a
扎什曲宗 7-387b
《扎塘据悉》 7-143f
《扎维尔》 3-111f
扎希尔·乌德·丁 1-149c
扎延德河 8-526c
扎伊采夫, B.K. 3-609b
扎伊德深水港 1-6a
扎伊尔 9-173a
扎伊尔共和国 3-51c, 5-369a
扎伊尔河 3-52b
扎伊尔盆地 3-52d
查阜西 9-173a
查悔余 9-173b
查良镛 4-261b
查良铮 5-499d
查慎行 9-173b
查嗣琏 9-173b
查嗣庭 5-145c
查夏重 9-173b
渣打银行 8-196d
渣油 9-463f
渣滓洞 3-96e
楂笔 5-313b
楂楂 5-489c
札幌 9-173b
《札记》 3-105c
札兰丁·明布尔努 3-528d
札马剌丁 9-173d
札马鲁丁 9-173d, 9-90f
札木合 9-97b
札木聂 9-173e
札木扬 3-589e
札那巴札尔 9-239a
札撒 9-86b
札萨克旗 5-375f
札萨克图汗 4-361e
札塘寺 9-156f
札亚·班智达 5-379d
轧钢 8-491f
《轧钢工厂》 5-365e
轧制工具用钢 3-125a
闸 9-312d
闸北区 9-173f
闸刀 4-386c
闸口白塔 7-236e
闸流管 3-445d
闸楼 1-583a
闸门 9-174a
闸室 2-30e, 7-105e
闸枢纽 7-92d
《铡美案》 5-267e, 6-245b
劄子 9-563d
乍得 9-174b
乍得大学 2-415a, 9-175a
乍得湖 9-175a, 1-59b, 2-415a, 5-576f, 9-175d
乍得湖寺院 5-578b
乍得盆地 9-175c, 9-333a
乍得语族 9-175d, 1-18e
乍浦港 6-89a
乍浦路火电厂 4-12d
诈病 9-175d
诈骗罪 4-286a
炸胶 6-8f
炸雷 4-566f
炸锑 7-338f
炸药 9-175e, 1-253a
《炸药的力学》 1-253e
痄腮 9-175e, 5-128f
蚱蝉 1-500e
榨菜 4-279c, 9-138f
霅溪 7-256c
斋 9-175f, 9-175f
斋功 1-189e, 8-48c
斋宫 7-360c
斋馆印 8-138f
斋会 9-175f
斋醮 9-175f
斋戒 9-176a, 8-48d, 9-175f
斋桑湖 9-330b
斋桑泊 2-406e, 3-314c
斋僧 9-175f
斋堂 5-368a
斋月 9-176b, 1-189f
《摘自一位作家的笔记》 1-449b
《宅地法》 9-176b
宅基地使用权 9-176c
宅园 9-100a
翟斌 6-162e
翟灏 2-71f
翟理斯 3-381d, 7-533e
《翟米尼·拉赛特》 3-144a
翟青山 1-270a
翟让 9-176d, 7-213b
翟魏 6-588a
翟志刚 3-402f, 6-516b, 7-257e, 9-371e, 9-411b
窄轨铁路 7-381c, 7-381f
窄谱青霉素类 6-208e
债 9-176d
债的标的 9-176e
债的不给付 9-176f
债的不履行 9-176f
债的履行 9-176f
债的消灭 9-176f
债的转移 9-176f
债权 9-177a, 1-461c, 9-176e
债权关系 9-176e
债权人 9-177a, 9-176e
债权性用益权 9-29b
债权债务关系 9-176e
债权债务人 9-176e
债券 9-177a
债务 9-177b, 9-176e
债务关系 9-176e
债务人 9-177c, 9-176e
债转股 9-177c
寨堡遗址 3-307c
占白尼人 9-177f
占卑 6-335f
占卜 9-177d, 6-452e

占城稻 7-165e
占城国 4-582a
占婆 8-164a
占人 9-177e
占星术 9-177f, 9-177d
毡包 9-178b
毡房 9-178a
毡帽 9-178c
毡帐 9-178b
旃陀罗·笈多 4-474e
旃陀罗·笈多二世 4-71c
旃陀罗·笈多一世 4-71c
詹金森,H. 9-178d
詹姆士堡 1-28d
詹姆斯,H. 9-178e
詹姆斯,W. 9-178f, 6-410f, 8-567e
詹姆斯岛 3-48e
詹姆斯敦 9-179a, 1-281b, 2-590b, 5-345c, 6-561d, 9-10f
詹姆斯敦港 6-562a
詹姆斯二世 3-226d, 9-8f
詹姆斯公园 1-199a
詹姆斯·哈珀 3-313c
詹姆斯·卡梅隆 1-17e
詹姆斯一世 1-494b
詹纳,E. 9-179b
詹事府 3-389e
詹天佑 9-179b, 4-283c
《詹天佑》 7-218d
《詹天佑先生年谱》 5-98b
詹西保卫战 8-602a
詹西女王 8-602a
瞻波城 5-459e
瞻星台 6-237e
斩断术 4-228b
《斩经堂》 5-46d
斩控整流电路 9-264e
《斩龙遇仙记》 8-193c
斩衰 2-600f, 6-409e, 8-48c
盏灯戏 9-405c
展成法 6-191a
《展览会上的图画》 5-503c
《展拓香港界址专条》 4-320f, 8-194c, 8-195d, 8-275a, 9-564f
展子虔 9-179c
《占花魁》 1-580f, 8-144c, 8-511c
占书 9-475c
占田课田制 9-179d, 4-273d
占有 9-179e
占有权 1-503d
占有人 9-179e
占有时效 6-256c
占有式爱情 1-86f
占有物 9-179e
占语 9-177e
占域行为 9-180a
栈道 9-180b, 1-181b, 2-19a
《战长沙》 1-589b, 5-401d
战场监视弹 7-335c
《战场圣诞快乐》 2-76e
战场数字化 7-74b
《战场殉难者》 4-376f
《战尘集》 1-566c
《战地历险记》 3-501f
《战地日记》 9-470a
《战地钟声》 5-349c, 8-616e
战斗部 2-149a
《战斗的夏天》 7-193c
战斗轰炸机 4-150e
战斗机 9-180b, 4-150f
战斗舰 9-185a
《战斗里成长》 9-180b, 3-505f
战斗力 9-180c
《战斗在古长城上》 6-423b
《战樊城》 1-589b, 9-58e
战犯 9-180c
战防炮 2-474c
战费 4-351e
战俘 9-180e
“战斧”巡航导弹 9-181a, 8-380e
战鼓 3-190b
战国 9-181c
《战国策》 9-184b, 1-403d, 8-171b, 9-73b
战国策派 7-121b, 9-421b
战国长城 1-509c
战国七雄 9-181e, 9-340a
战国时期 5-497d
战国篆书 7-47d
《战国纵横家书》 5-285b, 9-184d
战壕热 9-184d
战壕真实派 1-234e
《战洪州》 1-527c, 9-470e
《战后的资本主义》 7-325c
《战后电影·破坏与创造》 2-76e
《战后东欧的经济改造》 7-325c
战后三羽乌 7-337e
《战华北》 8-453f
《战火中的大学》 1-578a
《战火中的青春》 7-515b
战机 9-184e
《战舰》 2-197b
《战舰波将金号》 9-184e, 1-87a
战局 9-184f
战列舰 9-185a
战略弹道导弹 9-185b
战略导弹 9-185a, 2-156a
战略导弹潜艇 9-185c
战略防御倡议 8-306e
战略核力量 9-185c
战略核武器 9-185d, 3-439b
战略激光武器 4-56d
战略空地导弹 4-466a
战略通信卫星 7-392c
战略突袭 9-185d
战略性可利用自然资源 6-533b
战略性情报 6-234c
战略巡航导弹 9-185c
战略侦察机 9-249c
战略制空权 9-313b
战略资源 9-185e
战棚 1-583a
战区 9-185f
战区导弹防御系统 9-185f, 7-367e
战伤 9-186b
战胜拿破仑纪念碑 4-532a
战时共产主义 9-186c
战时缓刑制度 3-577b
战时戒严 4-233f
战时禁制品 9-433c
《战时印象》 7-188b
战士剧社 7-193c
战士神庙 6-132c
战士杂技团 3-249c
《战事集》 5-331f
战事日记 3-160d
战术 9-186d
战术导弹 9-187a, 2-156a
战术核武器 9-187c, 3-439b
战术激光武器 4-56c
战术通信卫星 7-392c
战术性情报 6-234c
战术侦察机 9-249d
《战太平》 4-610a, 9-59a
《战宛城》 3-488f, 3-596c
《战线南移》 3-505f
战役 9-187c
《战役的重要配合》 7-421a
战役战术导弹 9-187a
战役战术制空权 9-313b
战争 9-187d
《战争》(剧本) 1-234f
《战争》(版画) 4-418f
《战争安魂曲》 1-445d
《战争的讹诈》 7-237b
《战争的诗篇》 5-240e
《战争的危险》 1-306c
《战争的灾难》 3-86c
战争动员 9-187f
战争犯罪 9-188b
《战争和社会主义》 4-101f
《战争和战略问题》 5-609a
《战争结束》 4-569a
《战争论》 9-188c, 3-414f
《战争年代与和平时期的海军》 3-84e
战争赔偿 9-188c
战争潜力 9-188d
战争摄影 4-377a
战争诗 6-574f
《战争是仁慈的》 4-448d
《战争与和平》 9-188e, 1-483e

《战争与和平》(歌剧) 6-113e
《战争与和平》(美国电影) 2-487c
《战争与和平》(苏联电影) 1-234d, 4-62b
《战争与和平法》 3-101e
《战争与人》 6-433c
《战争中的和平》 8-7c
战争贮贝器 2-270b
战争准备费 4-351e
战争罪 5-605a, 9-188b
战争罪犯 9-180c
站赤 8-562d
站合十 3-410e
站台 1-589b
站桩功 6-141e
湛江港 4-571c
湛江市 9-188f
湛然 9-189a
《湛然居士集》 8-488b
湛若水 7-50b
张爱宾 9-214a
张爱玲 9-189b
张爱萍 9-189d
张安国 9-212c
张八岭 2-74b
张百熙 3-244f
张百祥 3-149a
张邦昌 4-237e, 6-198f
张宝 3-588e
张宝堃 4-101c
张宝忠 4-334e
张保胜 1-420d
张北马 3-421f
张本尧 9-217e
张表方 9-202c
张表克 2-82d, 6-589d
张宾 6-598d
张秉贵 9-189e
张伯端 9-189f
张伯高 9-213a
张伯驹 6-129f
张伯苓 9-190a, 3-288c, 5-531f, 8-427e, 9-190a
《张伯苓教育言记选集》 9-190b
张伯伦,A. 9-20a
张伯伦,E.H. 5-146c
张伯伦,J. 3-101d, 3-223c, 9-190b
张伯伦,N. 9-190b
张伯伦,O. 9-190c, 2-477a
张伯伦,T.C. 7-269b
张伯英 9-201c
张博物 9-200d
张采 3-11f
张苍 4-323b
张苍水 9-197d
《张苍水集》 9-197e
张差 6-381e
张昌 9-471b
张昌绍 9-190d
张昌宗 9-199d
张长公 9-206c
张长史 9-213b
张昶 7-512f
张潮 5-447b
张晨钟 5-455c
张成(东汉) 2-152b
张成(元) 6-124e
张成球 2-82d
张诚 9-190e, 2-327f
张诚斌 5-38a
张承吉 9-197a
《张承吉文集》 9-197b
张炽章 9-198d
张冲 9-190f
张樗寮 9-198a
张春桥 9-191a
张春水 9-213f
张纯 3-137e
张纯修 7-8e
张次瑶 9-202a
张璁 8-466f
张存浩 3-287a
张存孟 5-5c
张达 3-119c
张打油 2-71f
张大复 9-191b
张大可 9-208f
张大千 9-191b, 2-378d
《张大千画集》 9-191c
张大受 5-448a
张大煜 9-191e
张岱 9-192a
张岱年 9-192a
张道陵 6-204c, 9-203b
张道清 4-320a
张得月 7-53e
张德成 9-192b, 8-554d
张德刚 9-206a
张德海 4-258e
张德江 9-192c
张德勒,S.C. 2-237d
张德勒摆动 2-237d
张德勒周期 4-70e
张德培 9-192d
张德庆 9-192d
张德远 9-201d
张颠 9-213b
张仃 9-192f
《张仃焦墨山水》 9-193b
《张仃水墨山水写生》 9-193a
张鼎丞 9-193a
张定甫 7-216b
张定复 7-216b
张东荪 2-326e
张沌谷 9-211f
张耳墓 3-581f
张二奎 9-193b
张二铭 7-173a
张发奎 6-589a
张方佐 9-193c
张飞 9-193d
张飞柏 4-168b
张丰毅 1-192a
张凤翼 9-193d
张福基 9-570e
张皋文 9-197e
张高丽 9-193e
张格尔 9-194a
张格尔叛乱 9-194a
张更 9-194b
张庚 9-194b
《张庚戏剧论文集》 9-194c
张公权 4-184f
张孤雁 9-213f
张光壁 8-509c
张光斗 9-194c
张光年 3-227d
《张光年文集》 3-227f
张光人 3-501f
张光宇 2-97b
张广达 9-194d
张广泗 9-194e, 6-225b
张龟龄 9-217c
张轨 6-160f
张桂成 2-82d
张国梁 2-311b
张国荣 1-192a
张国焘 9-194f, 3-587d
张国维 5-536f
张国祥 2-166e
张果 1-146c
张果老 1-146b
张含英 9-195c
张汉卿 9-213c
张翰 9-195d
《张翰帖》 6-18b
《张好好诗并序》 9-195d
张浩 5-227a, 7-471d
张镐 7-310b
张和兽 9-195e
《张黑女墓志》 9-195f
张恨水 9-196a
张亨甫 9-198b
张衡 9-196c, 3-198a, 7-495f
张衡(宗教) 8-47f
张衡臣 9-209b
张衡地动仪 9-196d
《张衡浑仪注》 4-3d
张弘范 7-594b
张鸿绪 1-241f
张厚粲 9-196f
张祜 9-197a

张华 9–197b, 1–418b, 3–198f, 5–313a, 6–4d
《张华集》 9–197c
张怀瓘 3–198b, 7–46f, 9–27c
张怀西 9–197c
张焕 2–71e
张煌言 9–197d
张辉瓒 8–44c
张惠言 9–197e, 2–41e, 8–451c
张慧冲 9–197f
张慧冲魔术团 9–197f
张慧剑 6–340b
张机 9–218a
张即之 9–198a
张籍 9–198a, 7–500a
张际春 9–394d
张际亮 9–198b
张季鸾 9–198d, 2–83d
张季鹰 9–195d
张季直 9–199e
《张季子九录》 9–199f
张继 9–198e, 7–324a, 8–23f, 8–100d, 9–400a
张继先 9–208f
张家川宣化岗拱北 3–146b
张家港保税区 9–198f
张家港市 9–198e
张家界国家森林公园 9–198f
张家界市 9–199a
张家口堡 9–199b
张家口市 9–199b
张家山汉简 9–199c, 3–376e
《张家山汉墓竹简》 5–1b
张家样 9–206f
张柬之 9–199d
张謇 9–199e, 1–417d, 1–418a, 7–594c
张建亚 9–352d
张鉴秋 8–9c
张角 2–161f, 3–373b, 3–377e, 3–588e
张节理 4–216b
张洁 9–199f
张洁古 9–215f
张捷三 8–448f
张戒 9–200a, 7–216b
张金界奴本 4–542c
张金龙 2–311b
张劲夫 9–200a
张荩忱 9–218e
张景惠 9–200b, 2–581c, 7–561c
张景星 7–172f, 9–94d
张景阳 9–212e
张景钺 9–200c
张敬夫 9–207d
张敬轩 8–448f
张敬尧 1–477e, 5–47b, 5–319f
张静江 5–529f
张九垓 5–48f
张九龄 9–200d
张居正 9–200e
《张居正大传》 9–482b
张菊生 9–215e
张娟娟 6–503e
张珏 9–200f
张军钊 9–352b
张君宝 9–206d
张君房 2–166f, 9–134b
张君劢 9–201a, 3–288c, 8–180d
张君秋 9–201b
《张君秋戏剧散论》 9–201c
张君义 7–78c
张君玉 9–200f
张俊 9–201c
张浚 9–201d, 5–114a, 7–174d, 8–31c
张骏 6–160f
张骏祥 9–201d, 1–270a
张闿 7–493b
张可大 9–268b
张可久 9–201e
张克辉 9–201f, 9–424a
张克侠 3–561c
张肯堂 5–536e
张孔山 3–75b
张匡邺 9–56d
张琨 9–202a
张邋遢 9–206d
张澜 9–202c, 9–383e
张朗 1–225f
张乐平 9–202d, 5–309d
《张乐平画集》 9–202e
张乐行 9–202e, 5–586f, 6–220f
张里千 9–570e
张力 7–283e
张力性气胸 6–149a
张力学说 1–218b
张力自控式多锭纺车 2–500c
张立昌 9–202e
张涟 9–203a
张良 9–203a, 6–397a
张良墓 7–538e, 9–199b
张良墓祠 4–540e
张梁 3–588e
张量 9–203b, 8–72b
张陵 9–203b, 3–373b
张鲁 9–203c
张禄 2–482e
张履祥 5–121e
张洛行 9–202e
张曼玉 9–203d
张茂先 9–197b
张梅谷 7–574f
张梅玲 4–212a
张梅颖 9–203e
张美英 1–552d
张猛龙 9–203f
《张猛龙碑》 9–203f
张孟将 9–199d
张孟阳 9–216c
张妙玲 1–527b
张明山 9–204a, 5–580b
张乃莹 8–217c
张南轩 9–207d
张南阳 9–84b
张南垣 9–203a
张念一 9–486c
张暖忻 9–352b
张平叔 9–189f
张璞君 5–233e
张溥 9–204a, 3–11f, 3–176b, 3–380a, 4–185a, 5–274c
张其昀 9–204b
张琪玉 9–204c
张岂之 9–204d
《张迁碑》 9–204e, 6–597b
张骞 9–204f, 1–109b, 3–583e, 4–402b, 7–116e
张虔陀 3–98b
张潜 8–492a
张青莲 9–205a
张清荣 9–210d
《张丘建算经》 2–16a
张权 9–205b, 9–191b
张全一 9–206d
张全义 9–205c
张群 9–205d, 4–258e, 9–281c
张让 3–377e
张人杰 3–287e
张仁赞 7–482d
张榕明 9–205f
张融 9–206a
张柔 9–206a
张汝栋 2–130e
张汝梅 8–554a
张瑞芳 9–206b
张瑞敏 3–325b
张瑞图 9–206c
张若虚 9–206c, 9–213b
张三丰 9–206d
《张三丰先生全集》 9–206e
张三影 9–211b
张啬庵 9–199e
张僧繇 9–206e, 4–163e, 5–466e
张山 8–12e
张山拊 6–601c
张少杰 4–334e
张少康 7–586e
张申府 9–480c
张升 9–202d
张生 2–599a
《张生煮海》 5–135d, 9–99b
张声 9–218b
张绳武 4–563a

张胜 7-196d
张胜温 1-210f
张胜之 9-216a
张盛 9-208f
张石川 9-206f
张石公 9-192a
张蚀川 9-206f
张寔 6-160f
张士诚 9-207a, 7-255a
张氏弹词 8-448f
张氏效应 9-211f
张世杰 5-170a, 7-165b
张世卿墓壁画 9-207b
张世文 9-207c
张世喜 3-249e
张栻 9-207d, 3-517a
张寿臣 9-207e, 5-104c
张寿春 9-190a
张寿筏 5-3f
张叔大 9-200e
张叔夏 9-213f
张曙 9-207f, 6-307e
《张曙歌曲集》 9-208a
张树声 2-579a, 3-562c
张水华 7 86d
张舜民 9-208a
张思光 9-206a
张思卿 9-208a
张松 2-460e
张松寥 9 198b
张遂 1-485f, 2-77a, 8-512b
张太雷 9-208b, 7-432a
《张太雷文集》 9-208c
张太岳 9-200e
张泰来 9-208c
张汤 9-208d
张特立 9-194f
张天民 9-208d
张天如 9-204a
张天师 9-208f
张天锡（前凉） 6-160f
张天锡（元明） 5-313a
张天翼 9-209a
张廷发 9-209a
张廷玉 9-209b, 5-448d
张同敞 6-254d
张万年 9-209c
张万一 2-71e
张王乐府 7-500a, 9-198b
张网 9-63f
张维 9-209e
张伟通 9-206f
张炜 3-163a
张蔚西 9-211f
张温夫 9-198a
张文白 9-217e
张文昌 9-198a
张文通 9-216e
《张文襄公全集》 9-217c
张文佑 9-209e
张文裕 9-210a, 9-376c
张闻天 9-210b, 2-272a, 5-158e
《张闻天文集》 9-210d
张我军 9-210d
《张我军全集》 9-210e
张五常 8-294f
张奚若 9-210e
张锡钧 9-210f
张熙 9-126c
张先 9-211a
张贤良 9-211b
张贤亮 9-211b
《张贤亮选集》 9-211c
张弦 6-451d
张献之 9-211f
张献忠 3-403f, 4-592d, 9-211c
张献忠起义 9-211c
张香涛 9-217a
张香桐 9-211e
张相 9-211f
张相文 9-211f
张小泉剪刀 3-390d
张小轩 9-212a, 4-283c
张筱轩 9-212a
张筱斋 9-215e
张孝骞 9-212b
张孝嵩 1-189a
张孝祥 9-212c, 7-168f
张笑天 4-386e
张效祥 9-212d
张啸林 9-212e, 6-204b, 7-156a
张协 9-212e
《张协状元》 7-48f, 8-146a
张心远 9-196a
张星烺 9-212f
张星仪 9-218b
张修 8-47f
张秀眉 5-418a
张秀寅 9-213a
张旭 9-213a, 1-482e, 3-560b
张萱 9-213b
《张玄墓志》 9-213c, 9-195f
张玄著 9-197d
张学良 9-213c, 3-292d, 7-433e, 8-82b, 8-455e
张勋 4-406c, 9-213d
张勋复辟 9-213d
张亚子神 7-585c
张炎 9-213f, 3-121c
张研斋 9-209c
张彦远 9-214a, 2-163d, 2-454a, 5-16b, 8-361f
张彦泽 6-413d
张燕 3-588f
张扬 9-352d
张养浩 9-214a
张耀曾 9-281b
张掖 3-428d
张掖地区 9-214c
张掖黑水国城堡遗址 9-214c
张掖郡 9-214c
张掖市 9-214b
张掖专区 9-214c
张野塘 7-574f
张一鸣 9-197e
张揖 9-214c, 3-237b
张仪 9-214c, 9-561b
张怡荪 9-157b
张义潮 9-214f
张艺谋 9-214d, 3-599e, 4-557d
张议潮 9-214f, 7-445b, 8-533e
《张议潮变文》 9-510a
《张议潮统军出行图》 2-376f
张易之 8-455d, 9-199d
张益德 9-193d
张毅庵 9-213c
张翼 4-387e
张懿孙 9-198e
张印泉 4-547d
张英 5-540e
张英杰 3-27f, 4-334e
张泳川 2-41e
张友渔 9-215a
张与材 9-208f
张宇初 2 166c
张宇清 2-166e
张雨亭 9-219a
张玉良 6-42e
张玉书 4-405e, 5-448e
张聿光 1-551f, 5-109e, 6-464c
张钰哲 9-215c
张豫华 9-207e
张元 9-352d
张元定 9-209a
张元幹 9-215d
张元济 9-215e
张元素 9-215f
张云舫 4-283c
张云霞 4-277b
张云逸 9-216a
张云庄 9-214a
张芸叟 9-208a
张运镒 9-216a
张载 9-216d, 1-348e, 7-255e, 7-263d, 9-266f
张载 9-216c
张璪 9-216e, 9-308f
张藻 9-216e
张择端 9-216e, 6-227f
张湛 5-75f
张昭 9-216f, 9-476c

张昭远 4-328c, 8-47c
张兆荣 5-580b
张照 6-601b, 9-126b
张肇骞 9-216f
张镇芳 1-284b
张正常 9-208f
张正道 9-216e
张之洞 9-217a, 2-324c, 3-244f
张芷荃 7-515d
张志和 9-217c
张志民 9-217c
张志让 4-160f
张治坤 3-427a
张治中 9-217e, 2-6e, 7-163a, 8-272c, 8-508d
《张治中回忆录》 9-217f
张稚琴 2-17e
《张中丞传后序》 3-365d
张忠 1-575d
张钟俊 9-217f
《张钟俊论文集》 9-218a
张仲景 9-218a, 4-240f, 6-388c
张仲宗 9-215d
张重华 6-160f
张祚 6-161a
张资平 9-218b, 2-32e
《张子》 9-214d
张子布 9-216f
张子高 9-218c
张子和 9-218d
张子厚 9-216d
张子静 3-226f
张子良 3-599e
张子善 6-385a
张子寿 9-200d
张子同 9-217c
张子信 2-428a, 9-224b
张子野 9-211a
《张子野词》 9-211b
《张子正蒙注》 7-495b, 9-267a
张紫阳 5-544a
张自忠 9-218e
张宗昌 2-581c, 6-588f
张宗可 4-404a
张宗柟 2-130e
张宗楙 2-41e
张宗燧 9-218f
张宗演 9-208f, 9-268b
张宗禹 4-539a, 5-587a, 6-445e
张宗子 9-192a
张作霖 9-219a, 1-286d, 2-581c, 3-579a, 9-200b
张作梅 9-219b
章安大师 3-217e
章炳麟 9-219c
章伯钧 9-219f
章草 7-47f
章仇兼琼 8-455d
章动 2-237e, 7-215f, 7-216a
章惇 9-220a, 9-98d
章法 3-155e, 9-512c
章方叔 4-277c
章哈勐 4-402f
章邯 4-335f, 8-206c
章鸿钊 9-220a
章怀太子 4-615f
章怀太子墓 9-220c
章回小说 9-220d
章嘉呼图克图 9-220d
章绛 9-221b
《章节与目的》 5-293e
章杰 6-52a
章句 9-503a
章开沅 9-220e
章鲁 8-389e
章懋 1-142a
章枚叔 9-221b
章泯 4-252f
章名涛 9-220f
章明 5-376b
章乃器 6-119c, 9-382e
章丘大葱 4-84a, 9-221b
章丘市 9-221a
章丘县 9-221a
章实斋 9-221b
章士钊 2-326e
《章氏遗书》 9-221c
《章台柳传》 5-134d
章太炎 9-221b, 3-294f, 4-258d, 8-334c, 9-219c
章太炎故居 9-57e
《章太炎全集》 9-219e
章锡琛 4-389b
章学诚 9-221b, 2-492c, 5-494e, 7-391d, 9-243b
章鱼 9-221c, 8-220e
章鱼干 8-220f
章鱼科 8-220e
章鱼属 7-412d
章志忱 8-221b
章志光 4-212b
章子厚 9-220a
章宗祥 4-197a, 8-50e, 8-346c
鄣郡 8-359d
獐 9-221c
獐牙菜属 5-140d
彰化市 9-221c
彰化县 9-221c, 5-543e
彰明县 4-181b
《彰所知论》 1-145e
漳滏长城 1-509d
漳河 3-328c, 7-564f
《漳河水》 6-344f
漳南书院 8-438a
漳平市 9-221d
漳浦县 9-221e
漳绒 9-221e, 6-331d
漳水 8-503c
漳水十二渠 8-586c
漳州市 9-221f
漳州水仙 7-102a
漳州雪耳 8-580e
樟蚕 9-222b
樟粉虱 2-559f
樟纲 7-81b
樟科 9-222b
樟柳碱 9-222c
樟脑 9-222d, 6-39b, 7-252f, 9-222e
樟树 9-222e, 9-222d
樟树市 9-222e
樟叶蜂 8-496a
樟油 9-222e
樟子松 7-161b
蟑螂 9-222f, 2-531a
《蟑螂》 8-9b
长官司 7-443c
长老 9-222f
长老会 4-109b
长老派 6-87d
长老统治 1-489a
长老宗 4-109b
长上匠 4-192e
长孙无忌 9-222f, 2-456e, 6-50d, 7-306d, 7-309a
《长物志》 9-223c
长子出征 5-378b
《长子风景线》 7-176c
长子继承权 9-223a
涨潮流 1-543f
涨跌停板 9-223b
涨海 5-525b
涨海崎头 5-525b
涨落 9-223b
涨停板 9-223b
掌 7-37a
掌锣 5-225a
《掌权勿超10年》 8-154a
掌纹破案技术 9-310f
《掌握生杀大权的人》 2-20a
掌叶大黄 2-87c, 5-70b
掌叶木属 8-15f
掌院学士 3-389e
掌跖脓疱型银屑病 8-583d
掌中木偶戏 1-434b
掌中戏 1-434b, 9-386e
《丈夫与情人》 6-584b
丈人山 6-204b
丈室 2-491d
杖鼓 3-190b
杖藜 4-585a
杖神 1-495c

杖头傀儡 9-386d
杖头木偶 5-491f, 9-385e
杖头木偶戏 9-223d
帐房 9-178b
帐幕 9-178b
帐篷式住宅 9-501f
账龄分析法 3-563a
账面价值 6-51e
账面盘存制 9-27a
账销案存 3-563b
胀缩岩土 6-68f
胀缩作用 2-564e
障碍跑 9-223e
障屏画 7-45b
障墙 4-253c
障日 6-448b
嶂石岩 7-255e
招标 9-223f, 3-263d, 9-223f
招标公告 9-224a
招差法 9-224b
招幌 9-224c
招魂社 4-315b
《招魂》(外国文学) 4-257f
《招魂》(中国文学) 7-175b
招讨司 7-443c
招提寺 6-318b
招贴画 9-224e, 8-359f
招婿 6-343a
《招隐士》 3-562d
招远市 9-224e
招远县 7-111e, 9-224e
招子 3-153c
昭 8-56a
《昭公录》 3-557b
昭海尔 1-90b
昭和天皇 9-224f
昭怙厘大寺 4-484b
昭化 4-131b
《昭君出塞》(戏曲) 5-447b, 6-470f
《昭君出塞》(音乐) 3-556a
《昭君公主》 3-476a
昭陵 6-231f
昭陵六骏 9-225b
《昭昧詹言》 2-487e
《昭明文选》 1-528f, 3-175f, 7-597e
昭穆 9-552e
昭披耶河 5-338e
昭披耶却克里 2-70c, 5-307f
昭通府 9-225e
昭通市 9-225d
昭王南征 8-116b
昭文 4-387c
昭乌达盟 1-598d
昭武九姓 9-225f
昭武九姓国 7-211d
昭武县 6-475a
昭阳湖 5-542c
朝歌 9-478f
朝花社 8-279a
《朝日协定书》 4-610d
《朝日新闻》 9-226b, 6-315d
朝晚霞 9-226b
朝霞 9-226b
朝阳产业 9-226c
着痹 1-332c
着床 6-311d
爪 9-226d, 9-565f
爪板 9-226d
爪套蛲螂属 4-240e
爪哇岛 9-226e
爪哇古柯 3-171b
爪哇海 9-227a, 7-186d
爪哇海沟 8-606c
爪哇虎 3-518a
爪哇加美兰音乐 2-170a
爪哇金丝燕 4-257c
爪哇孔雀 9-227a, 5-185b
爪哇篮子鱼 6-276c
爪哇人 9-227a
爪哇苏丹 2-267c
爪哇语 9-227b, 5-245b, 9-227a
爪哇猿人 9-227c, 2-355e, 8-395d
爪宜文字 5-263a
爪跖 9-226d
《找对象》 5-251f
找矿标志 7-383a
沼狸 3-331b
沼气 9-227c, 9-46b
沼气肥 9-46b
沼气水肥 9-46b
沼气渣肥 9-46b
沼生植物 9-227e
沼泽 9-227d
《沼泽地居民》 7-234c
沼泽化草甸 1-481c
沼泽派 3-289e
沼泽土 9-227f
沼泽型水牛 7-95c
召对 6-469c
召公奭 8-422d
召回国书 3-294c
《召来云雀和英雄》 4-49e
召勐 6-380e
《召树屯》 9-228a
兆和甫 9-228a
兆惠 9-228a
兆麟公园 5-4a
兆秒差距 5-419d
兆域 1-284c
《兆域图》 3-166c
诏 9-228c
诏举 1-497b
诏令文书 9-228b
赵 9-228d
赵宝沟祭坛 4-104e
赵宝山 3-541b
赵秉文 9-228f, 4-239a
赵炳 3-163c
赵炳麟 4-556b
赵伯驹 9-229a
《赵伯升茶肆遇仁宗》 3-170a
赵伯骕 9-229a
赵长军 9-229b
赵常吉 9-233c
赵超构 9-229c
赵成子 9-228d
赵承嘏 9-229d, 1-525e
《赵城藏》 2-122c
赵充国 3-369e, 3-380f, 7-451b
赵崇祚 3-493f, 3-527f
赵次闲 9-235b
赵大年 9-231e
赵大翁墓 1-204b
赵大玉 6-435a
赵丹 9-229e
《赵丹书画选》 9-229f
赵德光 1-53a
赵登禹 9-229f
赵惇 7-174d
赵盾 2-332f, 4-272f, 9-228d
赵尔丰 7-144a, 8-259c
赵尔巽 6-231a
赵飞燕 9-230a
赵沨 9-230a, 4-605a
赵凤兰 4-277b
赵凤翔 9-229e
赵复 8-479e, 9-90c
赵高 9-230c, 4-611d, 5-374d, 5-375b, 6-197f
赵公廉 4-33c
赵公元帅 1-462a
赵构 7-164e
赵古泥 2-197d
赵光义 7-173d
赵归真 3-612d, 7-315f
赵贵 9-67c
赵国长城 1-509d
赵恒 7-176b
赵恒惕 9-230d, 5-47b
赵弘基 3-527f
赵宏博 9-230e
赵洪璋 9-230f
赵竑 7-171c
赵胡 5-546d
赵桓 7-164e, 7-170b
赵畸 3-287e
赵佶 3-118c, 3-558e, 7-46c, 7-164e, 7-170a, 8-360f, 9-231e
赵季康 8-48a
赵家璧 9-230f, 9-401c
赵家城 9-221e

赵家骧 6-52a
赵简子 9-228d
赵晋 4-424b
赵景深 9-231a, 2-416f
赵九章 9-231b
赵君里 8-9f
赵君卿 3-153a
赵君玉 9-231c
赵匡胤 9-231d, 1-476d, 1-563d, 3-495e, 6-473b, 7-164c, 7-173d, 8-47a
赵葵 2-356a
赵扩 7-165a
赵括 2-482e, 5-47f
赵阔明 5-417d
赵理海 3-264b
赵理泰 1-241f
赵亮夫 5-16b
赵灵秀 9-233c
赵令穰 9-231e
赵瑁 3-250d
赵孟頫 9-231f, 2-198d
赵明诚 9-232b, 4-254a, 4-607d
赵明熙 9-232c
赵铭彝 9-413c
赵昧 5-546d
赵默 4-252f
赵南起 9-232c
赵佩茹 5-275e
赵平福 6-336b
赵朴初 9-232d
赵普 9-232e, 6-602b
赵普胜 1-571a
赵岐 5-390a
赵琦美 2-142b, 4-193f
赵千里 9-229a
赵青 9-232f
赵全德 3-250d
赵汝适 2-104d
赵汝愚 6-237c
赵润祥 9-233e
赵三多 8-553f
赵尚志 9-233a, 6-471a
赵深 9-233b
赵昚 7-174d
赵声 3-586e
赵胜 6-94a
赵师秀 9-233c, 7-151b
赵石墨 6-600c
赵士祯 9-233c
《赵氏孤儿》 9-233d
赵氏小盗龙 8-222b
赵世延 4-297e
赵世炎 9-233e, 4-603f, 5-122d
赵书棋 9-234e
赵叔孺 9-233e
赵曙 7-164c
赵树礼 9-234a
赵树理 9-234a
《赵树理文集》 9-234c
赵树桐 7-36e
赵衰 2-37a, 4-275f, 9-228d
赵双合 9-234e
赵爽 3-153a
赵松雪 9-231f
赵宋王朝 1-563d
赵太侔 1-358a
赵天麟 7-351a
赵天民 9-230a
赵佗 3-368c, 9-127c
赵佗城 3-239c
赵王城 3-356e
赵王迁 7-15a
赵维贤 3-492a
赵无极 9-234c
赵武 9-228d
赵武灵王 9-183e, 9-228e
赵希鹄 6-572a
赵闲闲 9-228f
赵献忱 9-233e
赵献父 9-235b
赵襄子 3-359b, 9-228d
赵小钧 3-285f
赵小廉 9-231c
赵项 7-172f
赵煦 7-164e, 7-170a
赵宣子 9-228d
赵玄朗 2-162b
赵玄坛 1-462a
赵学敏 9-218e
赵言祥 3-427a
赵炎午 9-230d
《赵阎王》 3-483a
赵燕侠 3-206f
赵鞅 9-228d
《赵一曼》 7-515a
赵宜主 9-230a
赵毅敏 5-166d
赵翼 9-234d, 4-190e
赵庸 3-509e
赵永寿 6-226b
赵用贤 4-193f
赵禹 3-369a, 9-208d
赵玉峰 9-234e
赵玉明 5-332b
赵元任 9-234e
赵云 9-235b, 6-388f
赵云崧 9-234d
赵昀 7-171c
赵澐 4-185b
《赵贞女》 7-175c
赵祯 7-164c
赵振开 1-259e
赵之琛 9-235b
赵之龙 5-536e
赵之谦 3-14c
赵知微 4-239a
赵执信 6-222f
赵忠 3-377e
赵忠尧 9-235c
赵州桥 9-235d, 7-213b
赵州石桥 9-235d
赵周臣 9-228f
赵竹光 4-169b
赵竹君 6-506e
赵庄子 9-228d
赵子昂 9-231f
赵子龙 9-235b
《赵子曰》 4-559b
赵子岳 9-235e
赵紫宸 9-235f
赵紫阳 9-236a
赵紫芝 9-233c
赵宗燠 9-236c
赵祖康 9-236c
赵歠 6-352c
照壁 9-18e
照度 2-279a
照度计 1-252f
照明 9-236e
照明弹 7-335c
照明负荷 2-284a
照明哲学 7-182f
《照片》 8-399e
照墙 9-18e
照条儿 9-405c
《照相》 6-505b
照相 6-504f
照相馆 6-458c
照相机 9-236f
《照相术》 2-182d
照相写实主义 9-237e
照相星等 8-305a
照相侦察卫星 1-580c
照叶树林 1-524d
照夜白属 9-535a
《照夜白图》 3-360e
《照隅室古典文学论集》 3-252b
罩衫 6-442f
肇东设治局 9-237f
肇东市 9-237f
肇东县 9-237f
《肇论》 9-237f, 6-421c
肇庆市 9-237f
肇庆席 8-136f
《肇域志》 3-199e
遮目鱼 9-238a
遮目鱼属 9-238b
折齿 9-162a
折冲府 3-2d
《折断的翅膀》 4-96f
折反镜头 4-318c

《折焚柴记》 9-474f
折觥 7-157d
折旧 9-238b
折旧基金 9-238c
折扣 9-238c
折里麦 7-202d
《折磨》 1-397e
折扇 6-448b
折射定律 3-230d
折射率 9-238d
折射型光纤 3-229f
《折杨柳歌》 1-285e
折叶萱草 8-362a
折针 9-247d
折衷派 5-100f
折衷主义 9-238e
折衷主义建筑 9-238e
折轴系统 7-181e
折子钱 8-614a
折子戏 4-508f, 5-445f, 8-435e, 9-78f
哲蚌寺 9-239a, 4-524c, 8-371d
哲别 7-202d
哲布尊丹巴 4-6e, 4-361f, 9-156c
哲布尊丹巴八世 9-239b
哲布尊丹巴呼图克图 9-239a
哲布尊丹巴一世 9-239a
哲赫林耶 9-239b
哲里木盟 7-151f, 7-391a
《哲理宝石》 2-447c
《哲理研究》 1-153d
哲利尔 1-35a
哲罗鲑属 9-239c
哲罗姆 9-239d
哲罗鱼属 3-244a
哲马鲁丁·阿富汗尼 9-239d, 5-500e
哲米勒 1-35a
《哲人之石》 4-517a
哲水蚤目 9-239e
哲学 9-239e
《哲学笔记》 9-240c, 1-350e
《哲学的成就》 2-209a
《哲学的改造》 2-362f
哲学的根本问题 9-240e
《哲学的贫困》 1-350c, 3-266e, 6-105c
哲学基本问题 9-240e
《哲学家》 1-218f
《哲学家的矛盾》 1-105b
《哲学家的宗旨》 1-105b
《哲学教程——严格的科学世界观和人生观》 2-359d
哲学逻辑 9-241a
《哲学评论》 8-241f
《哲学全书》 9-241b, 3-453a
《哲学全书纲要》 9-241b
哲学社会学 6-129b
《哲学史简编》 1-568d, 3-482d
《哲学史讲演录》 9-241c
《哲学史教程》 7-585f
《哲学通信》 9-241d
哲学王 1-405a
《哲学问题》 4-392a
《哲学研究》 9-241e
《哲学研究纲要》 6-54a
《哲学与现象学研究年鉴》 2-59c
哲学语义学 9-74b
《哲学原理》 9-241f
《哲学之贫乏》 8-352e
蛰庵 6-240b
蛰眠 2-331c
《谪龙说卷》 4-403a
《谪仙记》 1-206e
锗 9-241f, 8-130c, 8-131b
锗（锂）漂移半导体探测器 3-434a
赭鹿花菌 8-449e
赭衣 8-312d
褶裥裙 6-270d
褶牡蛎 5-487e
褶劈理 6-70e
褶曲 9-242b
褶裙 6-270d
褶轴 9-242c
褶皱 9-242b
褶皱带 2-238d
褶皱推覆体 7-448e
褶子丑 2-12b
《这不过是春天》 4-600d
《这个世界的王国》 4-377b
《这里的黎明静悄悄》 5-122b
《这是为什么》 2-476f
《这是我》 1-409e
《这是一片神奇的土地》 5-55d
《这些不严肃的影片》 5-56b
《这样的紧张》 1-48a
柘湖居士 7-156c
柘属 9-242f
柘树 9-242f
《柘溪草堂图》 4-244b
柘溪水电站 9-525d
浙（浙江省简称） 9-243f
浙贝甲素 1-298a
浙贝母 1-297f, 1-298a
浙贝母碱 1-298a
浙贝乙素 1-298a
浙菜 9-243a, 9-243d
浙东海塘 3-342c
浙东锣鼓 2-33e
浙东学派 9-243a
浙东运河 9-59b
浙赣战役 9-243b
浙赣走廊 9-243c
浙河 6-168a
浙江 6-168a
浙江菜 9-243d
《浙江潮》 8-257f
浙江大学 9-243e
浙江大学堂 9-243e
《浙江大学学报》 9-243f
浙江高等学校 9-243f
浙江工业大学 9-245a
浙江红花油茶 9-37b
浙江昆剧团 9-466a
浙江美术学院 9-243f, 3-391b, 9-381c
浙江农业大学 9-243f
浙江省 9-243f
浙江省立民众教育实验学校 5-389a
浙江省行政区划 9-244b
浙江实业银行 5-539c, 5-542b
《浙江通志》 4-614e
浙江兴业银行 5-539c, 5-542b
浙江医科大学 9-243f
浙江银行 5-539c
浙江越剧团 8-479f
浙派 9-245b, 6-203a
浙派词 9-245d
浙水 6-168a
浙西词派 9-489c
浙西海塘 3-342c
《浙西六家词》 9-245d
浙西派 9-245d
浙中学派 8-255f
蔗点翅螽 2-501d
蔗蝗 3-604b
蔗糖 9-245d, 3-38d
鹧鸪 9-245e
鹧鸪菜 9-245f
《鹧鸪氏森林书》 6-420c
鹧鸪属 9-245e
贞白居士 8-369d
贞德 9-246a
《贞德传》 5-256c
《贞观氏族志》 6-118c, 8-62a
《贞观政要》 9-246b
贞观之治 9-246c, 7-301b
贞人 2-336a
贞松老人 5-221e
贞曜先生 5-387a
《贞永式目》 5-497c, 8-59c
《贞元经》 3-539e
针刺补泻 9-246d
针刺感应 9-246f
针刺麻醉 9-247a
针刺平衡麻醉 9-247c
针刺意外 9-247c
针刺镇痛 9-211f
针法（刺绣） 2-52f
针法（针灸） 9-247e
针感 9-246f
《针经》 7-25d
针灸 9-247e
针灸保健 9-248a
《针灸甲乙经》 3-578e, 4-274e

针灸配穴 9-248a
针灸学 9-247e
针灸治疗 9-248a
针茅 5-495d
针盘 7-168b
针铁矿 3-598a
针向迎随 9-246e
针绣花边 3-525d
针鼹 9-248c
针鼹科 9-248c
针叶林 9-248d
针叶树 6-183a
针织 9-249a
针织品 9-249b
针织物 2-501f
针状雾凇 8-80f
侦查 9-249b
侦察机 9-249c
侦察卫星 9-249e
侦察心理学 8-253b
侦探小说 9-249f
《侦询记》 2-465a
浈水 9-491c
珍宝岛 9-250a, 3-519a, 7-80d
珍宝岛自卫反击战 9-250b
珍宝馆 3-197a
珍本 6-448f
珍妃 9-250c
《珍妮》 7-582e
《珍妮姑娘》 2-180c
珍奇宫 7-289b
《珍稀濒危保护植物名录》 9-250e
珍稀动物 9-250d
珍稀植物 9-250e
珍珠 9-250f
珍珠贝科 9-251b
珍珠菜 1-247f
珍珠层 6-394e
《珍珠翡翠白玉汤》 5-104d
《珍珠夫人》 4-332f
珍珠港 9-251d, 2-255f, 8-166f
珍珠港事件 9-251e, 8-166f
珍珠婚 4-223b
《珍珠记》 6-39f
珍珠鳞 4-262a
珍珠梅 9-252a
珍珠梅属 9-252a
珍珠门文化 9-125f
珍珠米 8-580b, 9-76b
珍珠母 9-490f
《珍珠鸟》 2-575d
《珍珠篇》 9-252b
《珍珠篇》诗人 9-252b
珍珠麒麟菜 6-135a
珍珠球 9-252c
珍珠泉 4-84b
《珍珠塔》(电影) 3-501e
《珍珠塔》(曲艺) 5-274c, 9-477a
《珍珠塔》(戏曲) 8-133b
珍珠唐卡 7-308c
珍珠盐 6-604b
珍珠鱼 4-262a
珍珠云母 9-135c
《真爱诗集》 5-166f
真宝顶 9-127d
真草甸 1-481c
《真草千字文》 9-324d
《真诚与本真》 7-331b
真赤道坐标系 7-361a
真大道 2-162c
真德秀 1-593c
真谛 9-252d, 4-239f
真鲷 9-252d
真鲷属 9-252d
真定县 9-98e, 9-265f
《真诰》 9-252e
真骨盆 3-187a
真骨鱼类 9-252f
真观念 7-121e
真果 3-299e
真寒假热 2-477b, 3-23c, 6-474a
真核生物 9-253a, 2-554e, 6-544f
真核细胞 9-253b, 8-148c
真核总界 6-544e
真缓步纲 3-576d
《真迹经》 9-252e
真交配 6-550d
真教寺 3-559e
真金 9-91c
真金成色 4-243e
真蕨类 4-350b
真蕨亚门 4-350a
真菌 9-253b, 6-545a, 7-6b
真菌毒素 6-536e
真菌界 6-544d
《真菌、类真菌和细菌的比较形态学和生物学》 2-169d
真菌性肺炎 2-534f
真菌性脑膜炎 5-550d
真菌性脑炎 5-550d
真菌学 9-253e
《真菌学字典》 2-198a
真可 9-253e
真空 9-253f, 5-61a, 8-385a
真空泵 9-254b
真空磁导率 2-45c
《真空地带》(电影) 6-433c
《真空地带》(文学) 6-320f, 8-492e
真空电容率 4-488a
真空电子器件 9-254c
真空干燥器 3-33d
真空光电管 3-220f
真空过滤 3-302b
真空过滤机 3-302c
真空介电常数 4-232a, 4-488a
真空量子电子器件 9-254d
真空灭弧室 4-613d
真空热处理炉 3-127c
真空热阴极X射线管 9-588b
真空三极管 2-172b
真空吸尘器 8-117e
真空冶金 9-254d
真空紫外线 9-534f
真腊 9-254d, 4-154d, 4-582a, 8-164a
《真腊风土记》 9-254f
《真腊风土记校注》 9-255a
真蜡 4-529d
真类 4-76a
真理 9-255a
《真理》 4-98c
《真理报》 9-255c, 7-189a
《真理报》(蒙古) 1-241c
《真理报》(斯洛伐克) 7-130a
《〈真理报〉传单》 9-255c
《真理报-5》 9-255d
《真理如意珠》 9-266e
《真理先生》 8-62d
《真理与方法》 4-108a
《真理与实在》 9-277a
真力迫 3-134a
《真灵位业图》 6-467d
真鹿属 5-171f
真马 5-253f
真螨总目 6-80c
真梅系 5-330d
真纳 9-255d
真纳大学 8-527a
真黏菌型 5-586a
真皮 6-71f
《真情》 7-138e
真热假寒 2-477b, 3-23c
真人 2-166a
真如 9-255e
真如寺 4-320d
真如缘起 9-114c
真乳头 6-342b
真鲨 9-256a
真鲨目 9-255e
《真赏斋铭并序》 7-602c
《真实的谎言》(电影) 2-291b, 6-583d
《真实的诺言》(文学) 7-238e
真实流体 5-126c
真实现场 2-478c
真兽次亚纲 1-425a
真兽类 9-256a
真书 1-482e, 3-386d, 4-396b, 7-47e
真丝纺绸 2-500b
真死亡 7-142e
真太阳日 6-92b, 6-312f
真太阳时 6-608f
真体腔动物 7-342c

《真伪宗教评述》 2-42e
真位置 7-361a
真武大帝 9-256b
真武帝君 9-256b
真武阁 9-256c, 6-332e
真武灵应真君 9-256c
真武庙 9-256c
真武汤 6-451b
真武真君 9-256b
《真现实论》 7-263f
《真相画报》 3-68b
真蛸 8-220f
真性动脉瘤 2-337f
真性鸡瘟 6-203b
真性尿失禁 5-590b
真性性早熟 8-327e
真言乘 5-409a
真言宗 1-259a, 5-409c, 6-176a
真耶稣教会 9-256d
真隐山人 9-215d
真脏脉 5-301e
《真正的光荣》 5-349c
真正平等派 4-349d
真值论 9-74b
真朱 9-250f
真珠 9-250f
真主 9-256e
真子集 4-75b
砧木 4-148f
甄鸾 7-208e
甄山县 3-373d
榛 9-256f
榛属 9-256f
《箴赋》 5-393a
诊冲任 3-23c
诊断 9-256f
诊断抗原 6-547f
诊断派个案工作 3-115b
诊断性刮宫 3-202d
诊断性检验 9-257b
诊断性手术 7-39a
诊断血清 6-547f
诊断影像学 8-535f
诊断用生物制品 6-547f
诊法 9-257d, 7-157a
《诊籍》 8-534c
诊脉 5-301f
《枕草子》 6-230a, 6-320c
枕骨大孔疝 5-551b
枕头椋 9-561c
《枕中记》 6-517e
阵发性寒冷性血红蛋白尿 4-540a
阵列机 4-337b
《阵亡一瞬间》 4-377a
阵性降水 4-193c
阵性运动 5-580d
振动 9-257d, 4-33c
振动感受性 9-257e
振动觉 9-257e
振动量子数 5-63b
振动输送机 7-56b
振动压路机 8-385e
振动与控制 8-507d
《振飞曲谱》 9-62e
振华兴亚会 6-42a
振筒气压表 6-150a
振武学社 7-598f
振州 6-404c
瑱 2-420f
震 1-142b
震颤 9-257f, 1-432b
震川先生 3-240b
《震川先生集》 3-240b
《震旦》 1-174d
《震旦报》 2-539c
震旦大学 9-258a
震旦纪 9-258b
震旦系 9-258b
震旦学院 5-282d, 9-258a
震国 1-418f
《震撼世界的十天》 5-122b
震级 9-258b
震群 2-246a
震源 9-258c
震源参数 9-258d
震源区 2-245d
震源深度 9-258d
震灾 9-258e
震泽 7-256a
震中 9-258f, 9-258d
镇 9-258f
镇边县 8-96f
镇边直隶厅 4-546e
镇定控制 4-479c
“镇反”运动 9-260f
《镇抚事宜》 3-316b
镇肝熄风汤 3-42e, 6-88c
镇国寺 6-93c, 9-259b
镇国寺彩塑 9-259b
镇海 9-259c, 5-594c
镇海吼 1-475e
镇江市 9-259d, 4-179b
镇江昭关石塔 7-237a
镇静催眠药 9-259f
镇咳药 9-260b
镇墓兽 1-519f, 4-175c, 9-365c
镇南关 9-44e
镇南关大捷 9-260c, 9-44f, 9-331d
镇南关-谅山大捷 2-579a
镇南关起义 9-44f
镇南浦 5-538c
镇痛药 9-260c
镇星 7-443f
镇压 9-263f
镇压反革命运动 9-260f
《镇压社会民主党企图危害治安的法令》 2-473d, 4-589e
镇夷关 9-44d
《镇冤塔》 8-48b
镇宅石 9-261a
正旦 3-364a, 6-470e, 9-103f
正硅酸钠 3-243b
争存会 4-338c
争国本 9-261b
争跤 9-398c
《争论中的七个问题》 1-442e
争取安哥拉彻底独立全国联盟 1-96a
《争取妇女选举权的历史》 1-94f
《争取和平》 1-80a
《争取和平的游行》 5-177e
争取和平社会运动 1-13a
争取进步联盟 4-463e
争取民主变革运动 4-265d
争取民主与和平联盟 8-33e
争取权利与自由运动 1-243d
《争座位帖》 7-385e, 8-438c
征 9-261c
征辟 9-261c
《征兵》 4-475e
征兵制 1-365c, 5-496e, 8-555e
征侧 5-285d
征地补偿费 9-261d
征东行省 8-321b
征贰 5-285d
征服马拉提 9-7b
征服迈索尔 9-7b
《征服墨西哥》 3-429e
征服旁遮普 9-7b
《征服西部》 2-615a
《征服者贝莱》 5-572e
《征服者之路》 3-174b
征韩论 8-106c
征解税粮之役 9-145f
征募混合制 1-365c
征榷 3-13e
征用权 9-261e
《睁开眼睛的土地》 1-46e
筝 9-261e
蒸发 9-261f, 6-152a, 9-263b
蒸发沉积矿床 1-549f
蒸发量 9-262a
《蒸发密令》 6-583d
蒸发器 9-262b, 3-309f
蒸发热 6-152a
蒸发雾 8-80d
蒸发岩 9-262d
蒸骨粉 3-186b
蒸馏 9-262e
《蒸馏》 1-289f
蒸馏水 9-262e
蒸气压缩式制冷 9-313c

蒸气压缩式制冷机 9–313d
蒸汽机 9–262f, 4–100b
蒸汽机车 4–9a, 4–28f, 4–195f, 7–316b
蒸汽喷雾型电熨斗 2–294a
蒸汽透平 6–152b
蒸汽型电熨斗 2–294a
蒸腾比 9–263c
蒸腾系数 9–263c
蒸腾效率 9–263c
蒸腾作用 9–263b
《拯救大兵瑞恩》 7–132d
整霸 6–139f
整除 9–263d
整地 9–263e
《整顿党的作风》 5–320f, 9–264b
整风运动 9–264a
整复外科 9–265b
整函数 9–264d
《整环的理想理论》 6–11e
整流电路 9–264e
整流负荷 2–284a
整流器 9–264e
整流式电表 2–285d
整群抽样 2–10d
整容保健电器 4–129c
整数 9–48c
整数分拆 9–264f
整数规划 9–264f
整数集 7–63d
整体 8–146b
整体电影 8–169f
整体护理 3–523e
整体热处理 4–256c
整形外科 9–265b
正榜 4–428f
正宝石 7–43a
正比计数器 9–265c
正笔石目 1–324c
正丙醇 1–366c
正槽溢洪道 8–569a
正柴胡饮 4–228e
正长石 1–519b
正长岩 9–265c
正常沸点 2–536c
正常高 3–59c
正常高系统 3–59c
正常菌群 1–371f
正常利润 5–30e
正常品 7–36c
正常塞曼效应 6–374b
正常色散 3–220c
正常式飞机 2–506f
正常微生物群 1–371f
正常旋涡星系 8–307d
正常溢洪道 8–569a
正朝 1–537e
正旦（民俗） 2–35b
正旦（戏曲） 2–147d, 9–99a
正当防卫 9–265e, 9–538b
《正道标准》 1–105b
《正的和反的增量方法》 7–275c
正地槽 2–219b, 6–578a
正典 6–564a
正电子 9–265f, 1–441f, 2–210f
正雕 9–221f
正丁醇 2–304d
正丁烷 2–309a, 3–155e
正定矩阵 2–424a
正定县 9–265f
正冻土 2–342e
正痘病毒 2–346d
正断层 2–368a
《正法白莲华大乘经》 2–446b
《正法华经》 2–446b
《正法毗奈耶经广因缘集》 2–65c
《正法眼藏五十三参》 2–416f
正反馈 2–471b, 2–471c
正反杂交法 9–147d
正方便 1–147c
正房 7–150a
正负开方术 6–199e
正负理论 7–207d
正冈子规 9–265f, 6–35e
正高系统 3–59c
正割 6–394f
正构廿（烷）酸 3–531c
正骨手法 9–266b
正骨推拿 9–266a
正关台 5–499c
正规截肢 4–228b
正规军 4–351a
正规算法 2–254a
正氦 3–356a
《正红旗下》 4–559e
正后象 7–31a
正火 9–266c, 4–256a
正极 2–281a
正脊贝 9–267f
正交 6–14c
正交表 7–30a
正交矩阵 2–423f
正交硫 5–130e
正交桥 6–186e
正教 2–329b, 4–42f, 7–368a
正教寺 6–233c
正净 4–282c
正剧 9–266d, 2–209e
正卷 8–361c
正觉寺金刚宝座塔 7–237a
正离子 4–578a
正离子聚合 4–579a
《正理的芭蕉树》 6–570a
《正理经》 9–266e
正理派 9–266e
正量部 8–221f
正隆官制 4–241a
正绿泥石 5–185e
《正蒙》 9–266f, 4–298c
正名 9–267a
正名思想 4–477c
正末 9–99a
正脑术 5–381e
正黏病毒科 5–125b
正片 4–200c
《正气日报》 1–477c
《正气堂集》 9–62a
正腔 5–494b
正桥 6–186d
正切 6–394f
正扇形劈理 6–70f
正神舞 9–160f
正史 9–267a, 4–98e
《正史考略》 2–483e
《正史削繁》 9–267b
《正始石经》 9–267b
正始体 9–267c
正始之音 4–298c
正式控制 6–489f
正书 3–386d, 4–396b, 7–47e
正税 9–267d
正顺潮剧团 8–480c
正俗社 5–4c
正态分布 9–267d
正堂 2–491d
正田美智子 5–447d
正铁化合物 7–379c
正统埃维人 1–73e
《正统道藏》 2–166e
正统派 1–80b, 9–256e
正透镜 7–414e
《正午报》 1–477c, 1–590f
正吸附 8–118c
正喜剧 8–139c
正弦 6–394f
正弦波调制 7–376c
正弦函数 6–395a
正向推理 9–507d
正项级数 4–68f
正相色谱 8–507a
正形贝 9–267f
正形贝目 9–267f
正形贝族 9–267f
正学先生 2–490f
正压大气 9–268a
正压电效应 4–301e
正压流体 5–126b
正压模式 9–268a
正牙 4–481d
正盐 8–433b
正阳楼 2–323e
正阳阙 6–269e

正一道 9-268b
《正一法文》 9-268b
正一教 9-268b
《正一经》 9-268b
正一派 7-305b, 9-14e, 9-268b
正义 9-268c
《正义》(W.S.莱蒙特) 4-533c
《正义》(苏利-普吕多姆) 7-188b
正义党 1-24a
《正义法理论》 6-581b
《正义来自法律》 6-46c
正义理论 9-268c
《正义论》 5-203b
正义者同盟 9-268d, 2-414d, 3-147d
正义主义 1-330a
正役 5-8a
正意浪花 3-17b
正音戏 6-238e
正应变 9-20d
正优生 9-29f
正有理数 9-48c
正诱因 9-53e
正羽 9-69e
正乐 8-392d
正乐三杰 8-381f
正乐育化会 7-370a, 7-487d
正则方程 9-268e
正则结构 3-151b
正则曲线 6-249c
正治 9-268e
《正传》 1-108d
《正字刘希必金钗记》 1-543e
证 9-268f
证候 9-269a, 9-347e
证监会 9-270a
证据 9-269b
证据保全 9-269d
证据裁判主义 8-311c
证名 9-269a
《证明的过程》 8-514a
证明论 9-269d
证明责任 4-334f
证券承销商 9-270a
证券初级市场 9-270e
证券次级市场 9-270e
证券登记公司 9-269f
证券二级市场 9-270e
证券发行市场 9-270e
证券公司 9-269f
证券监管法 9-270a
证券交易 9-270b
证券交易市场 9-270e
证券交易所 9-270b
证券交易所经纪人 4-284d
证券交易委员会 4-496b
证券经纪商 9-270a
证券经营公司 9-269f
证券内幕交易罪 9-429b
证券欺诈 9-270d
《证券日报》 4-290a
《证券时报》 6-295b
证券市场 9-270e, 4-250e
证券投资 9-270e, 3-274e, 7-413d
证券投资基金 7-414a
证券一级市场 9-270e
证券自营商 4-284d, 9-270a
证人 9-270f
证人证言 9-271a
证伪主义 9-271a, 1-383e
证型 9-269a
《证章》 1-179b
郑 9-271b
郑白渠 9-271b
郑板桥 9-271d
郑伯奇 9-271d, 2-32e
郑亳说 1-411a
郑澈 9-271e
郑成功 9-271f, 1-598f
郑成功收复台湾之战 9-272a
郑洞国 4-508b, 5-67b, 9-408e
郑芳泽 9-278a
《郑风·将仲子》 6-575a
郑凤荣 9-272e, 7-376f
郑复光 9-272e
郑观应 9-272f
郑光祖 9-273b, 9-99c
郑国 9-182a, 9-271b
郑国渠 9-273b, 4-283f, 9-271b
郑海霞 9-273b
郑韩故城 9-273c
郑和 9-273d, 3-342c, 4-431e, 6-382a, 9-274d
郑和暗沙 9-273e
《郑和航海图》 3-342e, 3-347f, 9-274b
郑和环礁 9-273e
郑和群礁 9-273e
郑和下西洋 9-273e
郑鹤声 9-274c
郑鸿逵 5-536e
郑虎臣 4-141f
郑皇 2-70c
郑季 7-565f
郑蛟麟 6-384e
郑洁 7-523f, 7-579b
郑介民 4-357a
郑锦 3-287d
郑觐文 7-568e
郑经 6-233e, 6-384e, 6-579d, 9-272c, 9-486b
郑君里 9-274e, 9-55c
郑君平 9-271d
郑克塽 6-233e, 6-579d
郑麟趾 1-540f
郑凌风 5-81c
郑律成 9-274f
郑曼陀 9-120d
郑鄤 2-428c
郑平英 6-233f
郑平子 9-271d
郑樵 9-275a, 4-206f, 5-494e, 7-394b
郑榕 1-490d
郑汝成 1-563a
郑士良 7-223b
郑天挺 9-275b
郑天翔 9-275c
郑畋 7-310b
郑廷玉 9-99a, 9-233d
郑万隆 8-380b
郑万通 9-275d
郑王庙 5-307d
郑文光 9-275e, 4-426e
郑县 9-278c
郑小瑛 9-275f
郑晓沧 9-276a
郑孝胥 9-276b, 7-395d, 7-561d
郑燮 9-276d, 8-447c
郑昕 9-276f
郑信 2-70c
郑旭旦 2-416f, 7-353c
郑玄 9-277a, 3-373a, 5-318c, 8-537d
郑野夫 9-277b
郑义 4-557d, 6-451d
郑译 7-214a
郑奕奏 9-277c
郑永孝 5-81c
郑余庆 5-387a
郑渔仲 7-394b
郑瑜 5-447b
郑遇春 3-509e
《郑元和》 3-97c
郑元庆 8-314c
郑哲敏 9-277d
郑振铎 9-277e, 3-120d, 3-576d, 4-277c, 5-219c, 7-479a, 9-231a
郑正秋 9-278a
郑之珍 5-494e
郑芝龙 5-536e, 5-536f
郑祇德 7-309e
郑众 3-370d, 9-327d
郑州大学 9-278b
郑州纺织工业区 3-127c
郑州工业大学 9-278b
郑州航空工业管理学院 9-278e
郑州铝厂 3-426d
郑州商城 9-278b
郑州商代遗址 3-425b, 9-278b
郑州市 9-278c
郑注 3-35e, 6-243e
郑作新 9-278e
政变 9-278f
政策委员会 6-321b

政策性退税 7-450a
政策性银行 9-279a, 3-282a
《政策研究：具有个人信息文件的档案鉴定》 4-486b
政党 9-279b
政党分肥制 9-279d
政党分赃制 9-279d
《政党论》 4-307d
《政典》 7-388d
《政法通论》 1-565f
政府 9-279e
政府采购 9-279f
政府重塑 9-280a
《政府的神经：政治沟通与控制模式》 2-390d
政府的银行 9-447b
政府干预 9-280a
政府购买 9-280d
政府雇员 3-137f
政府官僚团体 7-448c
政府间贷款 9-280b
政府间海事协商组织 3-263f
《政府间海事协商组织公约》 3-263f
政府间海洋学委员会 3-350f
政府间主义 8-512a
政府救济 6-489a
政府恐怖活动 4-478b
《政府论》 9-280c
政府首脑体制 8-320e
政府委员会 3-289e
《政府与中共代表会谈纪要》 2-6f, 7-79e
政府债券 9-177b
《政府债券法》 3-297e
政府支出 9-280d
政府支出乘数 9-280d, 1-588f
政合国 3-281d
政教分离 9-280e
政教合一 9-555c
政教合一制度 9-280e
政论纪录片 4-97d
政企分开 2-332f, 8-179b
政社分开 2-332f
政事省 6-400c
政事堂 9-280f, 7-165c, 9-438e
政事厅 9-280f
政体 9-281a
政闻社 5-52f, 5-282d
政务参赞 1-472f
政务官 8-92a
政务院 9-431a
政协 9-394f
政学系 9-281b
政治 9-281c
政治暴力 9-281f
政治庇护 9-281f
政治避难 9-281f
政治避难者 9-282a
政治不服从 9-282b
政治地理学 9-282b, 2-228c
《政治地理学》(F.拉采尔) 4-513c
《政治地理学》(张其昀) 9-204c
政治动乱 9-278f
政治多元化 7-189f
政治革命 9-282d
《政治工匠》 4-20d
政治共同体 9-282e
政治沟通理论 2-390d
《政治和哲学》 1-10f
政治家 9-282f
《政治家篇》 1-404c
政治教育 2-189f
政治结构-功能理论 1-14d
政治经济学 9-282f, 4-293d
《政治经济学大纲》 4-216f
《政治经济学的国民体系》 2-175f, 4-612a
《政治经济学的自然体系》 4-612a
《政治经济学概论》 6-369b
《政治经济学及赋税原理》 9-283e, 4-293e
《政治经济学讲义Ⅱ》 9-442d
《政治经济学教科书》 4-293f, 5-321e
《政治经济学理论》 4-219b, 4-293d
《政治经济学批判》 4-294c
《〈政治经济学批判〉序言》 4-287d
《政治经济学新原理》 8-101e
《政治经济学研究》 8-101f
《政治经济学原理》 9-50a
政治利益 3-282c
政治难民 9-283f
政治权 6-258c
政治权力 9-283f
政治权利 9-284a, 6-296c
政治权威 9-284a
政治上层建筑 6-459c
政治社区 9-282e
政治社群 9-282e
政治思想 9-284b
《政治算术》 1-463e, 6-59a
政治算术学派 7-408a
政治体制 9-284c
《政治戏剧》 6-74b
政治系统论 8-526b
政治现实主义 5-459a
政治协商会议 9-284d, 9-419b
政治心理学 4-525e
政治信仰 9-284e
政治行为 9-284f, 3-285c
《政治行为的分析：一种试验方式》 4-525e
政治性结社 4-224c
政治学 9-285a
《政治学》 9-286a, 4-284f
政治学的新革命 9-285b
《政治学季刊》 9-285a
政治学说 9-284b
政治义务 9-286b
《政治与行政：政府研究》 3-165d
政治责任 9-286b
政治哲学 9-286c
政治正义 9-286d
政治制度 9-286e
政治秩序 9-287a
政治资源 9-287a
《政治自由主义》 5-203b
症状 7-342a
症状性舞蹈病 8-63f
之江 6-168b
《支》 6-133c
支秉彝 9-287b
支谶 9-287c
支撑软件 4-92f
支撑树问题 7-423d
支持力 7-283e
支持治疗 9-318d
支堤 2-207c
支墩坝 1-190c
支架 4-232c
支郡 4-215e
支链淀粉 2-299e
支链反应 5-49d, 8-243d
支娄迦谶 9-287c
支路 1-584c
支码 9-287c
支那浪人 8-59c
支票 9-287c
支气管癌 2-533a
支气管碘油造影 4-222f
支气管肺癌 2-533a
支气管扩张 9-287d
支气管内膜结核 4-222e
支气管哮喘 9-287e
支气管羊鸣音 4-511c
支数 9-287f
支提 9-287f
支提窗 9-288a
支提窟 6-597c, 9-287f
支提堂 9-287f
支线客机 5-181f
支详 6-609f
支原体 9-288a
只罕杰儿 7-378e
汁方县 6-592e
汁邡侯国 6-592e
芝城 4-163e
芝罘岛 9-288a
《芝罘条约》 8-421b
芝罘湾 9-288b
芝冈 8-334a
芝加哥 9-288b
芝加哥大学 8-524e
芝加哥第一国民银行 9-288d
《芝加哥公约》 3-271b, 3-271d

芝加哥湖滨公寓 5-407b
芝加哥期货交易所 9-288e
芝加哥商品交易所 3-590a
芝加哥图书馆 9-288e
芝加哥学派 9-288e, 2-593e
芝加哥学派（社会学） 1-453a, 6-30d, 6-500c, 7-131f
芝加哥艺术博览会 8-557e
芝加哥艺术馆 9-288d
芝兰诗社 3-364f
芝麻 9-288f
芝麻皴 2-59a
芝麻框 8-192e
芝麻酱 4-193f
《芝麻与百合》 5-218d
芝诺(爱利亚的) 9-289b
芝诺（基底恩的） 7-124d
芝泉 2-367e
枝插 6-158b
枝城市 8-540b
枝江市 9-289c
枝江县 9-289c
枝接 4-148f
枝末部派 8-596d
枝叶蜂属 8-495f
知柏地黄丸 8-207a
《知不足斋丛书》 3-176b
知察权 9-290c
知非子 7-113f
《知风草》 3-142a, 6-320f
知府 3-2c
知觉 9-289c
知觉定势 8-250f
《知觉现象学》 5-334d
知了 1-500d
知讷 1-259b
知情权 9-290c
知人论世 9-290c
知识表示 6-288a
知识产权 9-290d
知识产权制度 9-426f
知识产业 2-262b
知识出版社 9-348d
知识创新 9-290e
知识分子思想改造运动 9-290f
知识管理 9-291a
知识经济 9-291b, 8-299a
知识就是力量 6-53c
知识绝对主义 4-348a
《知识考古学》 2-611a
知识论 4-476e, 6-53c, 6-309f
《知识论》 4-263c
知识密集型产业 9-291c, 3-78c, 4-100d
知识社会学 5-308b
知识维 4-355f
知识型 2-611a
知枢密院事 7-50f
知微治弱 6-353f
知县 8-177e
知晓权 9-290c
《知新报》 1-242f
知行 9-291c
知行观 8-382b
知行合一 9-291d
知羞草 3-357c
《知言》 3-503d, 3-516f
《知音》 7-514b
知者 2-581d
知政权 9-284a
织制 4-34e
肢端动脉痉挛症 9-304c
肢端肥大症 9-291d, 2-33f, 2-34a
肢端红痛症 9-304c
织蛾 9-292a
织蛾科 9-292a
《织工》 9-292a
《织工的反抗》 4-418e
织金彩瓷 3-232b
织金锦 4-267d, 9-134d
织锦 9-292b
织锦缎 3-391b
《织锦妇》 6-202a
《织锦迴文传》 5-3a
《织锦记》 7-366a
织锦唐卡 7-308b
织锦芋螺 9-79c
织女 5-601d
织女星 1-265b, 7-356f, 9-292b
织女一 9-292b
织前准备 4-34e
《织体》 8-57f
织田信长 9-292c
织物 9-292c
织叶蛾 9-292a
织造 4-175f
织造局 4-175f
脂 9-292c
脂肪 9-292c, 9-41d
脂肪抽吸术 9-292f
脂肪定量显示 9-583d
脂肪肝 9-293a
脂肪干细胞 8-150e
脂肪类物质 4-574a, 9-41d
脂肪瘤 9-293b
脂肪酶 5-89d
脂肪栓塞综合征 9-293c
脂肪酸 9-293c, 1-311d
脂肪泻 8-118d
脂肪油 6-433e
脂肪族亲电取代反应 6-256b
脂肪族同系物 7-398d
《脂粉市场》 3-501f, 9-207a
脂光石 8-157f
脂褐质 6-333e
脂环烃 7-386e
脂鲤科 6-276b
脂链烃 7-386e
脂麻 9-288f
脂溶性维生素 7-555b
脂松节油 7-159f
脂酸 9-293c
脂溢性皮炎 9-294a
脂溢性脱发 7-456c
脂质 9-294a, 8-151d
栀子纹剔红漆盘 3-196f
蜘蛛 9-294b, 4-217a
《蜘蛛巢城》 3-461a
蜘蛛毒素 6-536d
蜘蛛目 7-378c, 9-496b
《蜘蛛女之吻》 6-117d
蜘蛛痣 3-41c, 3-42f
执纲所 4-136b
执金吾 9-294d
执两用中 4-476e
执行器 9-294e
执行元件 9-295a
执政 1-473b
执政党 9-295a
执政府 9-295a
执政官 9-295b, 8-393e
执中 2-543b
直便会子 3-613e
直播卫星 7-392e
直布罗陀 9-295b, 9-295d
直布罗陀海峡 9-295d, 2-251e, 9-295b
直产式 7-246c
直肠 1-521c
直肠癌 4-219f
直肠膨出 9-295f
直肠温度 7-342f
直翅目 9-295f
《直到夜晚的漫长一天》 1-126f
直道 9-296a, 5-374d
直读仪表 3-396c
直放式收音机 7-36e
直奉战争 9-296b, 1-275d
直根系 3-117c
直沽 7-351e
直观 9-296c
直观思维 7-119e
《直讲李先生文集》 4-595a
《直交函数级数的和》 1-558e
直角干涉仪 5-292d
直角投影画法 7-415c
直角坐标系 9-296d
直接标价法 3-612c
直接补贴 2-14b, 5-328c
直接刨制 2-33d
直接胆红素 3-582a
直接电势法 2-288a
直接腹地 3-22a

直接故意 3-197c
直接过境贸易 3-301f
直接还原炼铁 3-55f
直接挤压型膨化食品 6-68e
直接加热式电饭锅 2-277f
直接检眼镜检查法 8-439d
直接金融 9-296e
直接竞争行为 6-492c
直接军费 4-351e
直接扩张血管药 4-408a
直接贸易 3-270b
直接命中 4-305a
《直接喷射式柴油机燃烧室中空气运动的研究》 7-12c
直接起动器 6-140a
直接潜水 6-173b
直接试镜法 8-443e
直接收购 3-272a
直接数控 4-90f, 7-73d
直接调控手段 3-477e
直接调频 7-375f
直接调相 7-376b
直接听诊法 7-342b
直接投资 3-274e
直接选举 9-296f, 4-161e
直接灾害 9-543d
直接在线分析 9-151d
直接震灾 9-258e
直接制冷 4-575c
直接致癌物 9-319a
直接转调 9-510b
直接转销法 3-563a
直接着色法 9-37f
直接租赁 6-335b
直接作用式仿形 2-499d
直进式擒纵机构 3-102a
直觉 9-296f, 9-296c
直觉法 1-322b
直觉主义 9-297a
直觉主义学派 7-64e
直立百部 1-211b
直立番茄 2-463a
直立键 3-155f
直立人 9-297a, 9-323f
直立式防波堤 2-494b
直立式码头 3-327a
直立莴苣 7-607c
直立喜剧 6-255e
直立猿人 9-227c
直立褶皱 9-242d
直隶梆子 3-420e
直隶省 3-421a
直链淀粉 2-299e
直链反应 5-49d
直流电 9-297b
直流电动机 7-539b, 9-297b
直流电机 9-297b
直流电离子导入疗法 2-284f
直流电疗法 2-284e, 8-73a
直流电流表 2-285c
直流电路 9-297b
直流电压表 2-289e
直流发电机 2-431d, 9-297b
直流恢复器 6-171d
直流输电 9-297c
直罗 5-198f
直裙 6-270c
直热式电热炮 2-287a
《直升飞机》 4-556c
直升机 9-297d
直升机登陆运输舰 2-192c
直升机母舰 2-192c
直生论 4-269d
直水 9-531b
直筒裙 6-270c
直皖战争 9-297f, 2-367e, 2-581c
直纹稻弄蝶 5-616f
直系军阀 9-297f
直系军阀统治时期 1-275d
直系血亲 9-298a, 8-375d
直系血亲卑亲属 2-129c
直系血亲尊亲属 2-129d
直系姻亲 8-578a
直辖市 9-298a
直线 9-298b
直线电动机 2-277a
直线电机 7-539c
直线方程的一般式 9-298b
直线加速器 9-298b
直线运动 4-120c
直线折旧法 9-298c
直销 2-28b
《直销管理条例》 2-28b
直言命题 9-298d
直言三段论 6-384c, 8-403c
直育水母纲 7-94f
直辕 8-59a, 8-556a
直斋 6-358a
《直斋书录解题》 1-359a, 9-92d
直枝梅类 5-330d
《直指算法统宗》 1-589c, 9-493b
直轴 9-478a
值班布景 8-66c
值房 4-353c
值域 3-358c
职分田 9-299c
职蜂 3-502c
职工代表大会 9-298f
职工互助补充保险 9-299a
职工学生人民助学金 9-501c
职公田 9-299c
《职贡图》 9-299b, 8-436c
职田 9-299c
职位分类 8-92b
职位评估 9-299e
职业病 9-299f
职业病待遇 9-300b
《职业病防治法》 9-300a
《职业病目录》 9-299f
职业道德 2-160a
职业工会 3-124f
《职业技术教育术语》 4-104a
职业教育 9-300c
职业篮球联盟 6-260e
职业年金 9-299a
职业拳击 6-267a
职业伤害保险 6-482e
职业体育 9-300d
职业兴趣测验 9-300e
职业兴趣六边形模型 9-300f
职业性皮肤病 9-300f
职业学校 9-300c
职业运动员 9-300f
植被 9-301a
植被带 9-301b
植被地域分异规律 2-244f
植被高度带 9-301b
植被区划 9-301c
植醇 9-301d
《植棉浅说》 5-502a
植入陶瓷 6-543c
植食 9-301d, 1-424f
植食动物 9-301d
植树节 9-301e
植绥螨 6-80c
植田谦吉 8-508d
植物 9-301e, 6-545a
植物保护 9-301f
植物必需营养元素 9-303e
植物表皮 9-302b
植物病毒病 2-508f
植物病害 9-302c
植物崇拜 9-106f
《植物的癌症》 7-9c
《植物的气体代谢》 8-578e
《植物的实验生理学手册》 6-362b
植物地理 2-240c
植物地理学 9-302e
《植物地理学论文集》 3-479c
《植物毒理入门》 7-162e
植物毒素 6-536d
《植物发生论》 6-578f
植物分类学 9-305e
植物呼吸 9-302f
植物化学 9-305d
植物激素 9-303b, 4-57c, 9-305b
《植物激素》 7-584a
植物检疫 9-303c, 9-302a
植物碱 6-538f
植物解剖学 4-231a
植物界 6-544d

植物抗性 9–303d
植物矿质营养 9–303e
《植物名实图考长编》 8–33f
植物区系 9–303f
植物群落 9–304a
植物群落学 9–305e
植物人 9–304b
植物社会学 9–305e
植物神经系统 9–304b, 9–551c
植物神经系统疾病 9–304b
植物生长调节物质 9–303c
植物生理学 9–304e, 9–305d
《植物生理学报》 5–222a
《植物生理学讲义》 6–362b
植物生态学 9–305d
《植物生态学与地植物学丛刊》 4–599c
植物生物化学 9–305d
植物生物学 9–305d
植物生长调节剂 5–611d
《植物系统学》 9–200d
植物细胞 8–149e
植物纤维 9–305c, 2–502b, 7–358f
植物形态学 9–305d
植物性杀虫剂 6–421c
植物性饲料 7–157d
植物性香料 8–197e
植物学 9–305c, 6–546a
植物学湾 8–128e
《植物学汇报》 5–222a
《植物学史》 6–362b
植物遗传学 9–305d
《植物遗传育种学》 1–470d
植物营养繁殖 9 305e, 4–148f
《植物育种法》 3–341f
《植物育种学》 9–513d
植物园 9–306a
植物园保护国际 9–306b
《植物远缘杂交概说》 5–4c
植物运动 9–306d, 9–305b
《植物杂交试验》 5–383b, 8–543e
植物肿瘤 9–306f
《植物种志》 5–84a
植物状态 9–304b
殖民地 9–307a
殖民帝国主义 9–8a
跖疣 9–42a
止痉 9–307b
止叟 6–570d
止吐药 9–307c
止泻木属 4–122b
止泻药 9–307c
止血 9–307d
止血剂 9–307e, 2–143a
只读存储器 9–498d
《只是昨天》 1–23a
《只有一个地球》 3–570a
《只有一个母亲》 5–233d
旨（旨令） 6–469b
芷江龙津桥 3–515b
纸 9–307e, 8–60f, 9–308b
纸板 9–307f
纸绷子 9–18f
纸币 9–308a
纸币贬值率 7–390a
纸草 9–308b
纸草船 9–308b
纸草书 9–308b
纸草文献 7–596b
纸草学 9–308b
纸草纸 9–308c
纸窗影 9–405c
纸灯 3–526b
纸合同交易 6–456c
纸黄金 7–329d
纸婚 4–223b
纸孔提花机 4–140c
纸龙 8–65b
《纸人捣乱记》 7–483b
纸莎草 9–308b
纸烟 4–346a
纸影戏 9–405c, 9–405d
纸鸢 2–570b
纸张 9–307f
纸质文献 7–596c
指（宗教） 9–165d
《指》 8–516c
指称论 9–74b
指导性计划 9 308d
指定代理 2–126e
指定管辖 5–428f
指定监护 4–152b
指定投资信托 8–297f
指腹婚 9–308e, 4–2d
指猴 9–308e, 5–97b
指画 9–308f, 6–42d
《指画浅谈》 6–168a
指环 4–234a, 7–43a
《指环和书》 1–444a
《指环印》 6–76c
指挥 9–309b
指挥棍 9–309b
指挥控制战 8–300e
指挥塔台 7–244b
指极星 1–260a
指甲 9–309c
指甲花 2–580f
指零仪表 2–286f
指令性计划 9–309c, 4–87d
指令遥控 8–482e
指鹿为马 9–230c
指路标志 4–196d
《指南》 5–165a
指南车 9–309d, 1–594d, 9–535f
指南鱼 9–309f
指南针 9–309f, 7–147d
指示标志 4–196d
指示电极 9–310a
指示剂 9–310a, 1–394a
指示生物 9–310c, 5–313d, 7–95a, 9–48b, 9–453c
指示危险标志 3–391d
指示植物 7–300f, 7–384e, 8–43c, 8–493b, 9–85a
指示植物群落 9–304b
指示种 9–310d
指事 5–138e
指数定律 4–7a
指数化政策 7–390c
指天刺 7–355d
指头画 3–73a
《指头画说》 9–310d
指纹技术 9–15c
指纹鉴定 9–310d
《指物论》 3–137d
指相化石 9–48b
指针式石英电子表 1–355a
指针式石英钟表 6–605a
指–指叩诊法 7–342a
枳实消痞丸 7–375c
枳属 3–43e, 9–138f
枳术丸 6–79e
轵县 4–84f
黹（刺绣） 8–117b
酯 9–310f
酯化反应 6–385f, 7–227a, 9–311a
酯胶 7–162a
至诚 9–450a
至德之世 8–20a
至来县 1–506b
至仁主 9–256e
至圣 8–172f
至圣林 4–473d
《至圣录》 7–349b
《至圣书》 1–157b
《至尊法案》 1–101e, 3–462d, 4–44b, 9–280f
志 4–98e
志丹县 9–311b
志方益三 3–332d, 4–69f
《志怪》 9–311b
志怪小说 9–311b
志号 9–33f
志贺直哉 9–311c
志留纪 9–311d
志留系 9–311d
《志留系》 5–472a
《志摩的诗》 8–350a
志磐 8–235e
志锜 9–250c
志锐 9–250c
志位和夫 6–316e

志行风格 6-332f
志愿兵役制 9-311f, 1-365c
志愿者 9-312a
《志愿者》 8-5f
制 9-228c, 9-313f
制裁 9-312a
制词 9-314a
制导系统 4-305a
制导炸弹 9-312b
制电磁权 9-312b, 9-314c
制定法 9-312c, 1-580b, 6-116a
制动电阻 2-299c
制动力矩 9-312f
制动器 9-312d
制度 4-403a
制度变革 4-289e
制度创新 9-312f
《制度经济学：它在政治经济学中的地位》 4-403b
制度学派 9-312f
制度主义 8-512a
制海权 9-313a, 5-250d
制河 6-168a
制剂 8-484f
制教 5-184e
制军 9-560a
制科 4-427c
制空权 9-313b
《制空权》 2-358c
制冷电器 4-129b
制冷机 9-313c
制冷机循环 6-280e
制冷剂 9-313d, 2-426b
制冷科学 5-80e
制冷量 4-470d
制冷系数 6-280e
制礼作乐 9-468b
制钱 9-313e, 5-440e
《制胜的科学》 7-196c
制式服装 4-352a
制书 9-313f
制丝工艺 9-314a
制酸药 4-412e
制台 9-560a
制天权 9-314b
制图六体 9-314b, 2-239e, 6-56b
制外单位 4-89b
制网络权 9-314c
制宪国大 3-288d
制宪国民大会 9-421e
制心理权 9-314c
制信息权 9-314c
制义 1-142a
制艺 1-142a
制造工业 9-460d
制造商 6-69b
制造业 9-314c
《制止非法劫持航空器的公约》 4-471e
《制止在用于国际民用航空的机场发生的非法暴力行为的议定书》 3-264c
制置三司条例司 7-489b
质 9-314d
质变 9-314d
质测 2-491c
质测之学 3-294f
质点 9-314e, 5-38f, 9-317a
质点的惯性力 3-217a
质点系 9-314e, 9-317a
质多 8-247b
质多耶 8-247b
质粒 8-154c
质量 9-314e, 9-315c
质量保证 9-315e
质量传递 3-548e
质量分析器 9-316e
质量管理 9-314f
质量互变规律 9-315e, 1-348f
质量亏损 5-563a
质量认证 9-316a
质量守恒定律 9-316a, 4-527e
质量数 9-316b
质量体系认证 9-316a
质量指标 4-295f
质量指数 7-408e, 9-559b
质量作用定律 9-316c
质料因 7-156c
质裂生殖 8-22c
质膜 6-540c, 8-151c, 8-154b
质能关系 9-316c, 8-157b
质能守恒定律 9-316b
质能相当性 1-89c
质朴戏剧 3-109e
质谱法 9-316d, 2-547e, 7-397a
质谱分析 2-547e
质谱仪 1-54a, 9-316d
质权 9-316f, 2-141b
质权人 9-316f
质数 7-202b
质速关系 8-157a
质物 9-316f
质心 9-317a
质心参考系 1-472b
质心力学时 6-609a
质心运动定理 9-317a
质心坐标时 6-609a
质询 9-317c
质询案 9-317d
质询权 9-317d
质押物 9-316f
质证 9-317e
质子 9-317e, 2-279c
质子传递反应 7-207b
“质子”号运载火箭 9-317f
质子数 9-112b
质子微米束 9-109e
质子晕核 9-109e
质子–质子反应 9-318a
治 2-160e
《治安策》 4-142d
治安拘留 9-318a, 8-319a
治安强化运动 9-318a, 3-48f, 9-389b
治病求本 9-318c, 2-477b, 9-318e
治法 9-318e
《治河方略》 9-318c, 4-276f
《治河书》 9-318c
治淮委员会 3-562a
治疗 9-318d
治疗膳 5-89e
治疗性刮宫 3-202d
治疗医学 8-181a
治疗营养 5-89e
治疗用生物制品 6-547f
《治平胜算全书》 5-584d
治书侍御史 3-380e
治外法权 9-318d
治未病 9-318e, 8-484b, 9-318e
治则 9-318e
栉蚕 9-51b
栉棘骨螺 3-187a
栉江珧 4-180f
栉口目 9-318f
栉鳞 5-95b
栉足蛛科 2-352a
郅支单于 8-328d
陟岵寺 6-473c
挚 8-533c
挚恂 5-274c
《挚友》 1-25e
挚虞 9-319a, 7-601e
致癌物 9-319a
《致安杰罗·玛伊》 4-531e
《致城市和世界》 1-409e
《致弗朗西斯科·萨利纳斯》 4-531a
致公党 9-411f
致公堂 7-116c
致害人 6-193d
致畸物 9-319b
致畸原 9-319b
致畸作用 9-319b
致倦库蚊 4-490e
《致拉塞尔爵士书信集》 3-403d
致冷剂 9-313d
致冷效应 4-202b
致良知 9-319c
致密天体物理学 8-190d
致密星 9-319c
致密型生物陶瓷 6-543c
致敏 9-319d
致敏条件 9-319d
致敏物 9-319e
《致命运女神》 3-429d

《致青年公民》 3-253e
《致热带地区农艺的颂歌》 1-297c
致热效应 4-202b
《致世界的信》 8-67e
《致我的主人马特奥·巴斯格斯》 6-379c
《致席尔维娅》 4-531e
《致橡树》 7-53f
《致一个外省人的信》 6-34b
《致意大利》 4-531d
"致远"巡洋舰 2-197f
《致云雀》 8-372b
致斋 3-419b
致知格物 2-136d
《致作家》 5-233d
掷标枪 1-352f
"掷出窗外事件" 6-400e
掷链球 5-49e
掷铁饼 7-379d
《掷铁饼者》 3-179a, 5-398f
痔 9-319e
蛭 9-320a
蛭石 9-320c
蛭素 9-320c
蛭形巨吻棘头虫 4-74c
蛭亚纲 9-320a
智凤 2-456c
智果 9-320d
智慧 5-136f
《智慧的〈古兰经〉注》 5-500f
《智慧的痛苦》 9-320d, 3-102c
《智慧的珍宝》 8-513f
智慧光佛 2-393a
智慧女神 8-394b
智慧圈 2-224d, 6-540f
《智慧——亚里士多德所寻求的学问》 1-560b
智慧之宫 5-298b
智力 9-320e
智力测验 9-320e
《智力测验法》 1-557c
智力结构理论 2-33b
智力结构模型 9-320e
智力劳动 5-550b
智力落后 9-321a
智力年龄 8-251e
智力缺陷儿童 6-354e
智力外流论 6-284b
智力型劳务输出 4-556e
智力障碍 9-321a
智利 9-321a
智利草莓 1-482a
智利大学 9-322a
智利地震海啸 9-322b
智利共和国 9-321e
《智利民法典》 1-297d
《智利人民的战争》 2-607e
智利社会党 1-42f
智利硝石 2-151a
智龄 1-320b
智鸾 2-456c
智能材料 9-322c, 1-460a
智能材料系统 9-322d
智能车辆 9-323a
智能道路 9-323a
智能地雷 9-322d
智能防坦克地雷 9-322d
智能防直升机地雷 9-322d
智能仿真 2-500b
智能化住宅 9-502a
智能机器人 1-504c, 4-30c
智能机械系统 4-31e
智能交通 9-322e
智能交通系统 9-322e
智能结构 9-322c
智能控制 9-323a
智能圈 3-573c
智能属性 9-322c
智能数据库 2-226c
智能网 9-323c
智能武器 9-323d
智能型全站仪 4-204d
智能游戏 9-43d
《智取华山》 4-582d
《智取威虎山》 9-323d, 8-244e
智人 9-323e, 6-291a, 6-292b
智商 9-324a, 1-320c, 2-205f, 9-320e
智神星 8-230c
智氏 3-359b
智旭 9-324b
智俨 2-460c, 3-539f
智𫖮 9-324c, 7-359f
智永 9-324d
智育 9-324e
智藏 4-391b
智者 9-324f
智者大师 9-324c
《智者纳旦》 4-535d
智者派 6-122b
智周 2-456c
痣 9-325b
滞后经济指标 3-291d
滞下 5-37a
滞育 9-325c
滞育激素 4-507d
滞胀 9-325e, 4-293f
滞针 9-247d
置换群 4-124a
置换术 7-39b
雉鹑属 4-37c
雉鸡 9-326a
雉属 9-326a
雉尾扇 6-448b
雉尾生 5-99f, 8-500e
稚虫 1-343e
稚拙派 5-154e, 9-106a
穉英画室 9-120d
中阿尔卑斯 1-9d
《中阿含经》 1-25c
中阿特拉斯山 1-56c
中巴地球资源卫星 9-527a
中巴公路 9-326b
中白葱 2-53a
中比例尺地质图 2-250a
中兵 4-277e
中波传播 9-326c
中波希米亚方言 4-227c
中部班图语言 1-225c
《中部边地农家女》 4-110b
《中部边地农家子》 4-110b
中部地区经济区 6-247d
中部索马里语 7-232f
中部县 3-591f
中餐 9-326c
中草药 9-447d
中产阶级 9-326f
中长化纤织物 9-327a
中长距离跑 9-327b
中长跑 9-327b
中长期预报 7-100e
中长绒棉 5-411b
中常侍 9-327c
中朝 3-369a
中臣镰足 2-87a
中承式桥 6-186d
中程导弹 9-327d, 2-156a
《中程导弹条约》 9-327d
中程飞机 2-507b
中程舰舰/岸舰导弹 2-510f
中村登 1-303f
中村璋八 1-576a
中村真一郎 4-120e
中村正雄 4-508b
中大兄皇子 2-85f, 2-87a
中大洋中尺度涡 2-116d
中大衣 2-120f
《中导条约》 9-327d
中道 9-327f
中道主义 6-316c
《中等本国地理教科书》 9-212a
中等城市 1-583e
中等教育 9-327f
《中等棉作学》 2-578d
中等实业学堂 3-245a
中等收入国家 2-434c
中等纤维 8-150e
中甸县 8-196f
中调 9-328b
中东 9-328b
中东和平进程 9-328c, 6-57b
中东技术大学 1-101a
中东社 9-328e

中东通讯社 9–328e, 1–66a
中东学 2–319d
《中东战纪本末》 5–83e
中东战争 9–328f
中都 9–329d, 1–270e, 2–81a, 4–237c, 4–237f, 4–241a, 6–459f, 9–88d
中渎水 3–356c
中度昏迷 4–1c
中度烧伤 6–471e
中度一氧化碳中毒 8–512f
中短绒棉 5–411b
中段香韵 8–197d
《中断了的友谊》 2–598e
中舵 2–392f
《中俄瑷珲条约》 1–90e
《中俄北京条约》 8–133a
《中俄北京续增条约》 6–454b
《中俄改订条约》 9–329f
《中俄勘分西北界约记》 9–330b, 2–258b, 7–310f
《中俄旅大租地条约》 9–564e
《中俄美小麦品种杂交的遗传研究》 2–135a
《中俄密约》 9–330c, 4–597f, 6–389d
《中俄伊犁条约》 9–168f, 9–329f
中耳 2–420b
中耳炎 9–330d, 4–72d
中耳植入式助听器 9–500e
中法大学 1–267b
《中法会订越南条约》 9–330e
中法美术交流 2–443d
《中法五口贸易章程》 3–594b
《中法新约》 9–330e, 4–597f
《中法越南关系始末》 6–475c
中法战争 9–330e
中幡 8–64a
中非 9–331f
中非 9–332f
中非宝石 3–51f
中非电视台 9–332f
中非高地 3–52e
中非共和国 9–332c
中非广播电台 9–332f
中非合作论坛 9–333a
《中非合作论坛北京峰会宣言》 9–333b
《中非合作论坛——北京行动计划（2007至2009年）》 9–333b
《中非合作论坛北京宣言》 9–333a
《中非合作论坛——亚的斯亚贝巴行动计划（2004～2006年）》 9–333b
中非金融合作法郎 9–174d
《中非经济和社会发展合作纲领》 9–333a
中非联邦 4–265c
中非铜矿带 2–520d
中非新闻社 9–332f
中蜂 9–415d
《中复堂全集》 8–481a
中高能核物理 9–109d
中革军委 7–432d
中耕 9–333b
中耕作物播种机 1–396a
中共八大 9–360b
《中共党史人物传》 3–504a
中共七大 9–360e
中共七届二中全会 8–83b
中共十六大 9–360f
中共十七大 9–361a
中共一大 9–361f
中共一大会址 6–466a
中共中央党校 9–333c
中共中央高级党校 9–333d
中共中央革命军事委员会 9–391f, 9–444d
中共中央顾问委员会 9–333e
《中共中央关于国有企业改革和发展若干重大问题的决定》 3–184f, 3–295d, 9–177c
《中共中央关于建立社会主义市场经济体制若干问题的决定》 3–184e
《中共中央关于经济体制改革的决定》 3–295d, 4–291d
《中共中央关于无产阶级文化大革命的决定》 9–360d
《中共中央关于制订国民经济和社会发展第十一个五年规划的建议》 9–349f
《中共中央关于最近国际事件的声明》 2–111b
中共中央纪律检查委员会 9–334a
中共中央军事委员会 5–227a
中共中央统战部 5–119a
《中共中央文件选集》 6–55d
中古保加利亚语 1–244b
中古高地德语 5–565b
中古荷兰语 3–431f
中古拉丁语 4–515a
中古四声 7–153c
中古希腊语 8–125b
中古音 3–181e, 3–385a
中古英语 8–616d
中谷粮油集团 9–377e
中股 1–142a
中骨盆 3–187a
中顾委 9–333e
中关村科技园区 9–334b
《中观论》 9–433d
中观派 9–334c, 8–596f
中国 9–334d, 8–417c
《中国》（地理学） 4–615a
《中国》（电影） 1–94f
《中国奥陶纪笔石动物群的若干重要问题》 8–354d
中国白 2–179a
《中国白粉菌科的研究》 2–133b
中国棒球垒球协会 4–572a
中国保监会 1–247d
中国保龄球协会 1–245c
中国保险监督管理委员会 1–247d
《中国报道》 1–259e
《中国报学史》 3–84f
《中国暴雨参数图集》 8–240e
《中国北部寒武纪动物化石》 7–222f
中国北极黄河站 9–346b
中国北极考察 9–346c
中国北京全聚德集团 6–260d
《中国比内测验》 1–320c
《中国比内测验简编》 1–320c
中国笔会中心 3–258b
《中国边疆民族与环太平洋文化》 5–97f
《中国濒危动物红皮书》 1–360f
《中国冰川概论》 6–584a
中国兵器工业集团公司 9–346e
《中国病毒学研究30年》 3–75d
中国博物馆协会 1–418a
中国博医会 9–432b
《中国财贸报》 4–290a
中国彩陶 1–466f
中国鲳 1–506f
《中国长城》 2–594e
"中国城" 6–560f
中国虫蜡 2–4a
中国出版集团公司 9–346f
中国出版政府奖 9–347a
中国出口商品交易展馆 3–613d
中国传媒大学 9–347a
中国传统兽医学 9–438c
中国传统医学 9–347b
中国船级社 2–30a
中国慈姑 2–43d
中国叺 2–54b
《中国大百科全书》 9–348b, 4–185f
中国大百科全书出版社 9–348c
中国大百科全书电子音像出版社 9–348d
《中国大地构造纲要》 9–209f
《中国大地构造基本特征》 3–588a
中国大地基准 3–279e
中国大地原点 3–279e
中国大龙邮票 2–92c
中国带钩 2–130d
《中国淡水轮虫志》 7–499c
《中国党政干部论坛》 9–333c
《中国道教史》 9–208f
中国道教协会 9–348e
中国道教学院 1–209e
《中国的寒潮》 7–326d
《中国的红色政权为什么能够存在》 9–348f, 3–125e, 5–320b, 5–609a
《中国的梅雨》 7–326d
《中国的棉花》 2–578d
中国的奇迹 8–479c
《中国的三大三角洲》 6–308b
《中国的十月》 3–441b
《中国的天鹅处女型故事》 9–454b
《中国的西北角》 2–481d
《中国的运河》 7–10c

《中国的战争》 5-72f
《中国的政治危机》 1-252c
《中国地层》 3-114a
《中国地层典》 8-585b
《中国地方戏曲集成·广东省卷》 7-177c
《中国地方志联合目录》 9-349a, 2-221d, 2-491e
《中国地方志综录》 9-349b
中国地名国家标准化 2-230b
《中国地名汉语拼音字母拼写规则·汉语地名部分》 2-230d
《中国地名拼写法研究》 9-170c
《中国地形鸟瞰图集》 1-566a
中国地学会 9-376f
中国地震烈度表 2-247c
《中国地震区分布简论》 7-606e
中国地质博物馆 9-349b
中国地质大学 9-349c
中国地质大学（北京） 9-349d
中国地质大学（武汉） 9-349d
《中国地质学会志》 9-220b
中国第二历史档案馆 9-349e
中国第十一个五年规划 9-349f
中国第一个五年计划 9-350a
中国第一历史档案馆 9-350b, 5-540f
中国第一汽车集团公司 9-350c
中国电力投资集团公司 9-350d
中国电信 9-350e
中国电信集团公司 9-350e
中国电影 9-350f
中国电影发行放映公司 9-351e
中国电影集团公司 9-352f
中国电影家协会 5-85a
中国电影艺术研究中心 9-353a
中国电影制片厂 9-351b
中国电影资料馆 9-352f
中国电子元器件认证委员会 1-502a
中国东方电机厂 7-94a
中国东方歌舞团 2-317d, 9-357b
中国东方演艺集团 2-317d, 9-357b
《中国东盟全面经济合作框架协议》 6-247c
中国东省铁路公司 9-330d
《中国动物地理区划与中国昆虫地理区划》 2-339c
《中国度量衡考》 3-381a
《中国儿歌选》 2-416f
中国儿童艺术剧院 7-221a
中国法系 2-456e
中国帆船帆板运动协会 2-461f
中国纺织大学 2-322a
中国飞镖协会 2-506c
《中国分类模型生命表》 4-192b
《中国分省新图》 9-170b, 9-422a
中国风景名胜区 9-353e
《中国封建社会史论》 3-488e
《中国封建社会形态研究》 3-507c
《中国佛教典籍概论》 1-571e
中国佛教美术 2-584e
中国佛教协会 9-354c
中国佛教协进会 7-263e
中国佛学会 7-263e
中国佛学院 9-354c
中国服饰 9-354d
《中国服饰五千年》 9-377d
中国福利会少年宫 6-473e
中国福利基金会 7-172b
《中国妇女》 9-422e
《中国妇女报》 9-422e
《中国改朝及中国基督教现状》 3-381a
《中国改革通史》 6-125d
中国高等学校人文社会科学中心 3-60c
《中国高等真菌》 2-198a
《中国高等植物图鉴》 6-200f
中国鸽子树 3-147a
中国歌剧舞剧院 9-356f
《中国歌曲》 9-83a
中国歌舞团 9-357a
《中国歌谣》 9-357b
《中国歌谣集成》 9-381d
中国革命博物馆 9-367f
《中国革命和中国共产党》 5-609a
《中国革命史讲义》 3-503f
《中国革命战争的战略问题》 5-320d, 5-609a
中国革命之歌》 6-609f
中国工程院 9-357b
中国工农革命军 9-357c
中国工农红军 9-357c, 9-480d
中国工农红军长征 9-357e
中国工农红军第二方面军 9-358d
中国工农红军强渡大渡河纪念碑 6-589d
中国工商银行 9-358d
中国工商银行股份有限公司 9-358d
中国工商杂志社 9-423a
中国工业协会 3-128a
中国工艺美术 9-380f
《中国工运》 9-424e
中国公 2-89e
中国共产党 9-358e, 4-410b, 9-362a
中国共产党北方支部 1-267b
中国共产党第八次全国代表大会 9-360b
中国共产党第八届中央委员会第十一次全体会议 9-360d
中国共产党第七次全国代表大会 9-360e
中国共产党第十六次全国代表大会 9-360f
中国共产党第十七次全国代表大会 9-361a
中国共产党第十一届中央委员会第三次全体会议 9-361c
中国共产党第一次全国代表大会 9-361f
中国共产党第一次全国代表大会会址 5-155e
《中国共产党红军第4军第九次代表大会的决议》 3-177b
中国共产党领导的多党合作和政治协商制度 9-362a
中国共产党旅欧支部 5-122d
《中国共产党为公布国共合作宣言》 3-256b, 4-410c
《中国共产党为日军进攻卢沟桥通电》 6-120a
《中国共产党与中国民族解放的道路》 7-499f
《中国共产党在抗日时期的任务》 5-320d
中国共产党中央军事委员会 9-444c
中国共产党左派反对派 1-554e
中国共产主义青年团 9-362c
《中国孤儿》 2-598b
《中国姑娘》 3-83e
《中国古代的报纸》 2-488b
《中国古代雕塑集》 5-112e
《中国古代服饰研究》 9-362e, 6-516e
中国古代记数法 4-95f
中国古代建筑 9-362e, 4-166d
《中国古代建筑史》 5-108a
中国古代墓葬 9-364b
《中国古代农业机械工程发明史》 5-117e
中国古代三大殿 2-130a
《中国古代山水画史的研究》 3-14b
《中国古代社会》 3-416c
《中国古代社会经济论丛》 7-222c
《中国古代社会史论》 3-488e
《中国古代社会研究》 3-251c
《中国古代社会与古代思想研究》 8-464e
《中国古代神话》 9-397e
《中国古代史》 2-27e
《中国古代史教学参考资料》 4-161a
《中国古代书画图目》 9-366d
《中国古代数学史料》 5-2a
中国古代舞蹈 9-366d
《中国古代舞蹈史话》 7-502a
《中国古代正乐考——孔子音乐论》 4-179e
《中国古代重要农书内容的演进表》 6-601f
《中国古典文学简史》 5-168f
《中国古典文学理论批评专著选辑》 2-130f, 7-151f, 7-215d
《中国古典文学研究论集》 6-307e
中国古典舞 9-366f, 3-167c
《中国古典戏曲论著集成》 9-450a
《中国古都和文化》 7-10c
《中国古籍善本书目》 1-230b
中国古钱币 9-367a
《中国古桥技术史》 5-327b
《中国古生物志》 3-114a
《中国古史的传说时代》 2-27e
《中国广播》 9-445d
《中国国防经济建设》 6-165f
中国国会 6-332b
中国国际广播电台 9-367d

中国国际经济贸易仲裁委员会 3-272e, 9-459e
中国国际信托投资公司 9-412e
中国国家博物馆 9-367e
中国国家大地网 3-279f
中国国家航天局 9-368a
中国国家话剧院 9-368b
中国国家级经济技术开发区 4-288c
中国国家决算 4-347c
《中国国家书目》 3-283e
中国国家水准网 3-284a
中国国家铁路 7-381c
中国国家图书馆 9-368c, 1-484f, 3-285c, 4-283a
中国国家中心局 3-277a
中国国家57重力基本网 3-286f
中国国家85重力基本网 3-286f
中国国家2000重力基本网 3-286f
中国国民党 9-368f
中国国民党党歌 9-416a
中国国民党第一次全国代表大会 9-370c
《中国国民党第一次全国代表大会》 4-583d
中国国民党改组同志会 3-289a
中国国民党革命委员会 9-370d, 1-470b, 9-489f
《中国国民党规约》 9-369a
中国国民党临时行动委员会 4-101a, 9-388c
中国国民党陆军军官学校 9-370f, 3-593f
中国国民党民主促进会 1-470b, 4-188e
《中国国民党章程》 9-370d
中国国民党中央执行委员会调查统计局 9-439d
《中国国民经济的社会主义改造》 8-368e
中国国民经济核算体系 3-290b
《中国国民经济史》 5-221e
中国哈萨克语 3-315e
中国海事仲裁委员会 3-272e, 9-459e
《中国海事仲裁委员会仲裁规则》 3-340f
中国海峡两岸关系协会 7-485b
中国海洋大学 9-371a
中国航空博物馆 9-371a
中国航空运动协会 3-396e, 3-542f
中国航天 9-371b
中国航天测控网 9-371f
《中国和中国人摄影集》 7-297b
中国核战略 3-440c
《中国红军在前进》 7-10b
《中国红壤》 4-608b
《中国红十字》 9-372c
《中国红十字报》 9-372c
中国红十字会 9-372b
中国鲎 3-496b
《中国花梨家具图考》 8-466d
中国划艇联合会 6-72c
中国华侨出版社 9-423c
中国华侨历史学会 9-513e
中国滑水协会 3-542a
《中国化学史稿·古代之部》 9-218d
《中国化学史论文集》 9-101d
中国画 9-372c
《中国话的文法》 9-235a
中国话剧 9-373d
《中国环境保护21世纪议程》 3-264f
中国黄花柳 8-458f
中国黄土风成论 4-615a
中国回教公会 2-68e
中国回教学会 3-318d
《中国绘画理论》 3-14b
《中国绘画史》 1-565b, 5-362b
中国绘画研究所 9-403d
《中国婚姻家庭问题》 4-568d
中国火柴大王 5-110d
《中国机械工程发明史》 5-117e
中国基督教三自爱国运动委员会 9-374d
《中国基督教史纲》 7-520c
中国基督教协会 9-374e
《中国及邻区海陆大地构造》 9-209f
《中国集邮报》 4-78b
中国计量学院 9-245b
《中国纪事（1932～1939）》 4-591d
中国技巧协会 4-99b
中国加入世贸组织 9-374e
中国嘉德国际拍卖公司 8-557b
中国剪纸 4-157c
《中国建设》 1-86d
中国建设银行 9-375b
中国建设银行股份有限公司 9-375b
中国建银投资有限责任公司 9-375b
中国建筑工程总公司 9-375b
《中国建筑史》 5-55a, 5-82d
中国建筑研究室 5-108a
中国健美协会 4-169b
《中国疆域沿革史》 7-10c
《中国交通史》 1-205b
中国交响乐团 9-375c
《中国教会被袭记》 2-290d
《中国教会新报》 5-83e, 7-480d
中国教育会 1-471b
中国进出口银行 9-375d, 9-279a
《中国近百年政治史》 4-600c
《中国近代工业史资料》 7-222c
《中国近代史稿》 2-136c
《中国近代史资料丛刊》 4-161a
《中国近三百年学术史》（梁启超） 5-53a
《中国近三百年学术史》（钱穆） 6-166c
《中国近世史》 9-274d
《中国近五千年来气候变迁的初步研究》 6-142e, 9-498c
中国京剧院 9-375d, 3-281e, 3-469c, 6-383c, 8-245f
《中国经济的道路》 8-353a
《中国经济的改造》 5-285a
《中国经济的新路》 7-220f
《中国经济地理》 8-26f
《中国经济发展新战略》 5-251e
《中国经济史稿》 4-600c
《中国经济史研究》 6-260a
中国经济思想史 9-375d
《中国经济思想史》 3-504b
中国经济网 4-290a
《中国经济与社会》 3-381d
《中国经学史讲义》 9-476e
《中国居民膳食指南》 6-449e
中国剧场 4-339a
《中国剧场史》 9-475a
中国蕨 9-376c
《中国蕨类植物科属系统排列和历史来源》 6-200f
《中国蕨类植物志》 6-200f
中国军事顾问团 9-130d
《中国科技史》 3-381d
《中国科技史探索》 1-478c
中国科协 9-376f
《中国科学》 9-376c
《中国科学》（李约瑟） 5-3e
中国科学工作者协会 9-376f
中国科学技术大学 9-376c
《中国科学技术大学学报》 9-376d
中国科学技术馆 9-376d
中国科学技术情报研究所 6-235a
《中国科学技术史》 9-376e, 5-3d
中国科学技术协会 9-376f
《中国科学评论·生物卷》 1-478c
中国科学社 1-367e, 9-376f
中国科学社生物研究所 1-367e
中国科学院 9-377a, 1-271e, 3-287f, 9-376c
中国科学院北京天文台 1-272e
中国科学院高能物理研究所 7-524b
中国科学院过程工程研究所 3-300f
中国科学院化工冶金研究所 3-300f
中国科学院计算所新技术发展公司 5-47d
中国科学院科学情报研究所 6-234c
中国科学院沙坡头沙漠治理试验站 2-224d
中国科学院天山冰川站 2-224d
中国科学院学部 9-377b
中国科学院禹城综合试验站 2-224d
中国科学院院士 9-377c
中国科学院哲学社会科学学部 9-397a
《中国矿产志略》 7-606e
《中国矿业纪要》（侯德封） 3-486a
《中国矿业纪要》（翁文灏、丁文江） 7-606e
《中国昆虫名录》 3-505d
《中国兰科植物之研究》 6-164e
《中国劳动法大纲》 7-500d

中国劳动组合书记部 9-362a, 9-424d
中国梨木虱 9-377c
《中国鲤科鱼类志》 8-55b
《中国历代服饰》 9-377c
《中国历代户口、田地、田赋统计》 5-51e
《中国历代农产量的扩大和赋役制度及学术思想的演变》 5-374f
中国历史博物馆 9-367f
《中国历史大辞典》 9-275c
《中国历史的翻案》 3-553f
《中国历史地理纲要》 7-10c
《中国历史概要》 3-503f, 6-475c
《中国历史纲要》 6-471a
《中国历史文选》 9-476d
《中国历史研究法》 5-53a
中国粮油食品进出口(集团)有限公司 9-377d
中国粮油食品进出口总公司 9-377d
中国林蛙 9-377e
中国林业 5-86f
中国旅行剧团 9-377f
中国伦敦会 5-264a
中国伦理思想 9-378a
《中国伦理学史》 1-471d
中国轮滑协会 5-196e
《中国论丛》 2-327f
中国萝卜 5-222b
中国满江红 5-304c
《中国煤炭分类》 5-339a
中国美术 9-378e
中国美术馆 9-381b
《中国美术馆藏品集》 9-381c
《中国美术馆年鉴》 9-381c
《中国美术年表》 3-14b
《中国美术史》(胡蛮) 5-362b
《中国美术史》(王朝闻) 5-362c, 7-518c
中国美术学院 9-381c
中国镁都 2-104b
《中国蒙古语族语言及其方言概述》 6-225f
《中国梦》 3-603f
《中国民间故事集成》 9-381d
《中国民间故事型式》 9-454b
《中国民间美术全集》 5-424e
中国民间商会 9-422e
中国民间文学三套集成 9-381d
《中国民间音乐研究提纲》 5-178f
中国民间宗教 9-381e
中国民权保障同盟 9-382a, 1-471c, 7-172b
中国民俗学会 4-178a, 5-430b, 6-166d, 8-458b, 9-454b
中国民主促进会 9-382b, 8-426f, 9-469c
中国民主建国会 9-382d
中国民主同盟 9-383a
中国民主政团同盟 6-251f, 9-383a, 9-432d
《中国民族解放运动史》 3-553f
中国民族理论学会 8-389e
中国民族区域自治 9-383e
中国民族识别 9-385d
《中国民族史》 5-82e
《中国民族舞蹈》 7-116a
中国民族学会 8-458b
中国民族研究团体联合会 8-389e
中国民族音乐研究中心 8-351f
《中国民族志》 9-204c
《中国民族自救运动之最后觉醒》 5-54e
中国模型生命表 4-192b
中国摩托运动协会 5-464b
《中国木刻选集》 5-15a
中国木偶皮影艺术学会 9-387b
中国木偶艺术 9-385e
中国木偶艺术剧团 9-387b
《中国目录学史论丛》 7-521b
《中国穆斯林》 9-402f, 9-403b
中国穆斯林经堂教育 9-387c
中国男子篮球甲A联赛 9-411d
《中国南部二叠纪地层》 3-587f
中国南极长城站 9-387e
中国南极考察 9-387f
中国南极中山站 9-388a
《中国年历总谱》 2-336a
《中国鸟类分布名录》 2-339c, 9-278f
《中国鸟类区系纲要》 9-278f
《中国农村》 8-368e
《中国农村的社会主义高潮》 5-614b
《中国农村经济常识》 8-368e
中国农工民主党 9-388c, 4-101a, 9-219f
《中国农民的生活》 4-172e
中国农民银行 9-447b
《中国农书系统图》 6-601f
《中国农学史》 7-480d
《中国农学书录》 7-516f
《中国农学遗产选编》 7-480d
中国农业大学 9-388e
中国农业发展银行 9-388e, 9-279b
中国农业合作银行 9-388f
《中国农业区划的理论和实践》 9-470c
中国农业银行 9-388f
《中国奴隶社会史》 4-243b
《中国女报》 6-242e
《中国女人》 2-388f
中国女子大学 9-388f
中国女子排球队 4-547e, 6-37b
中国女子体操队 6-88f
中国派遣军 9-389a
中国乒乓球队 6-86b
中国评剧院 8-266a
《中国企业改革的理论与实践》 2-332f
《中国企业家》 4-290a
《中国气候区划》 9-498c
《中国气候区域》 7-428d
中国汽车钢系 9-192e
中国汽车运动联合会 6-151f
中国侨联 9-423b
中国桥梁公司 5-327a
中国桥牌协会 6-188b
《中国切音新字》 5-157c
《中国青瓷史略》 1-567c
《中国青年》 9-144b, 9-362e
《中国青年报》 9-362e
中国青年出版社 4-389b
中国青年党 9-169c
中国青年艺术剧院 9-389c, 9-368b
《中国青铜器的奥秘》 5-1b
《中国青铜器时代》 3-250a
中国轻音乐团 9-357a
《中国区域年代地层(地质年代)表》 2-249d
中国曲艺 9-389c
中国全聚德(集团)股份有限公司 6-260d
中国拳击 6-267b
中国拳击协会 6-267b
中国人保财险 9-390e
中国人保控股公司 9-390e
中国人保资产管理有限公司 9-390e
《中国人的音乐和音乐学》 3-601b
《中国人口论》 1-553a
中国人口密度 6-289d
《中国人口问题》 8-355d
中国人民保险公司 9-390e
中国人民财产保险股份有限公司 9-390e
中国人民大学 9-390f
《中国人民对日作战基本纲领》 7-172b
中国人民反法西斯大同盟 4-62d
中国人民革命军事博物馆 9-390f
中国人民革命军事委员会 9-392e, 9-444d
中国人民建设银行 9-375b
中国人民解放军 9-391a
中国人民解放军八一电影制片厂 1-146d
中国人民解放军第二军医大学 2-258e
中国人民解放军第四军医大学 2-262e
中国人民解放军海军军旗 4-354b
中国人民解放军剿匪作战 9-394a
《中国人民解放军进行曲》 4-352f
中国人民解放军军徽 4-353b
中国人民解放军军旗 4-354a
中国人民解放军军事工程学院 3-306c
中国人民解放军军委军乐团 9-394b
中国人民解放军军乐团 9-394b
中国人民解放军空军军旗 4-354b
中国人民解放军陆军军旗 4-354b
中国人民解放军铁道兵 9-399e
中国人民解放军外国语学院 5-233c
《中国人民解放军宣言》 5-321a, 9-481a
《中国人民解放军总部关于重行颁布三大纪律八项注意的训令》 6-384a
《中国人民解放军总部命令》 4-386e
中国人民解放军总政治部话剧团 9-394c

《中国人民解放军1964年比武大会若干问题规定》 2-74a
中国人民抗日红军大学 9-394c
中国人民抗日军事政治大学 9-394c
中国人民武装警察部队 9-343a
中国人民银行 9-394d, 8-581b
中国人民邮政 9-34d
中国人民政协 9-394f
中国人民政治协商会议 9-394e
《中国人民政治协商会议共同纲领》 9-395a, 2-457c, 4-322b, 5-198b, 9-385a, 9-394f, 9-428b
中国人民志愿军 9-395e
《中国人民志愿军战歌》 4-352f, 9-275b
中国人寿保险(集团)公司 9-396b
中国人物画 6-300f
《中国人性论史》 8-343e
《中国日报》 9-396c
《中国日报》(兴中会机关报) 8-304c
《中国儒学思想史》 9-204d
中国弱智人体育协会 7-334b
中国三大半岛 4-571b, 5-64e, 6-434d
中国三大石窟 5-141e
中国三大史诗 3-111c
《中国森林地理概要》 2-198a
《中国山水》 4-547d
《中国上泥盆纪植物化石》 7-141e
中国少年共产党 9-233e
中国少年先锋队 9-396d
《中国社会各阶级的分析》 9-396e, 5-320a
《中国社会科学》 9-396f
中国社会科学院 9-397a, 1-271e, 9-377b, 9-396f
中国社会科学院日本研究所 2-319d
中国社会科学院西亚非洲研究所 2-319d
中国社会学社 7-217d, 8-355c, 8-457e
中国社会主义青年团 9-362c
中国社会主义青年团旅欧支部 2-199a, 9-466c
中国社科院 9-397a
中国射箭协会 6-503e
中国摄影家协会 2-124a
中国神话 9-397a
《中国神话传说》 9-397e
《中国神话研究初探》 9-397e
《中国神话研究ABC》 9-397e
中国生理学会 6-531a
《中国生理学杂志》 6-531a
《中国声韵学》 4-186c
中国剩余定理 2-115a
《中国诗歌发展讲话》 7-515d
《中国诗史》 5-168f
中国石化集团 9-398a
《中国石窟寺研究》 7-203d
中国石龙子 6-599c
中国石油大学 9-397f
中国石油大学（北京） 9-397f
中国石油大学（华东） 9-397f
中国石油化工股份有限公司 9-398a
中国石油化工集团公司 9-398a
中国石油集团 9-398b
中国石油天然气股份有限公司 9-398b
中国石油天然气集团公司 9-398b
中国实验京剧团 9-102d
《中国实验生物学杂志》 5-222a
中国实业银行 9-474a
《中国史纲》 4-161a
《中国史纲要》 4-161a
《中国史稿》 3-251d, 5-107a
《中国史论集》 2-27f, 4-161a
《中国史前史研究》 1-107a
《中国史叙论》 5-53a
《中国史学史》 4-262f
《中国史学史稿》 5-112a
中国式摔跤 9-398c
中国式摔跤规则 9-398d
中国首都医科大学 1-273c
中国书店 9-398d
《中国书法演变简史》 2-197e
《中国蔬菜栽培学》 8-29c
《中国数学大纲》 5-2a
中国摔跤协会 7-76f
中国水利 7-90f
中国水利工程学会 5-2b, 7-486d
中国水牛 7-95c
《中国水生昆虫》 3-505d
《中国水文图集》 8-240e
中国水仙 7-102a
中国水翼鱼雷艇 9-60c
《中国丝绸图案》 6-516e
《中国思想通史》 3-488e, 9-204d
《中国四大家族》 1-552c
中国四大自然奇观 4-64b
《中国四季之分配》 4-101c
中国宋史研讨会 6-125d
《中国俗曲总目稿》 6-607b
《中国俗文学史》 9-278a
《中国算学史》(李俨) 5-2a
《中国算学史》(钱宝琮) 6-164a
中国塔 9-4f
中国韬奋出版奖 7-321b
中国特色社会主义 9-398e
中国特色社会主义理论体系 9-399a
《中国天文年历》 7-363c
中国天文学会 3-71a
中国天主教爱国会 9-399d
中国天主教反帝爱国运动 9-399d
中国铁道建筑总公司 9-399e
中国铁建 9-399e
《中国铁路概况》 5-98a
中国铁路工程总公司 9-412c
中国铁路公司 7-316b
《中国铁木儿》 1-552b
中国通商银行 8-581a
《中国通史》(白寿彝) 1-205b
《中国通史》(范文澜、蔡美彪) 1-469d
《中国通史》(周谷城) 9-468c
《中国通史参考资料》 4-161a, 9-275c
《中国通史简编》 2-27f, 2-483e, 3-416b
《中国通史讲义》 6-471a
《中国通俗小说书目》 1-198d
中国同盟会 9-399f
中国图书发行公司 4-389b
《中国土地法大纲》 5-115b, 7-430d
《中国土地类型研究的回顾与展望》 5-80b
《中国土壤》 8-334d
《中国土壤区划》 5-274b
中国外轮代理公司 2-29d
中国晚期智人 6-292c
中国网球协会 7-523f
中国韦氏幼儿智力量表 7-543f
中国维新会 1-242f
中国未来研究会 7-569a
《中国文法通论》 5-104a
《中国文法要略》 5-179e
中国文化公园 6-561d
《中国文化六讲》 3-416d
《中国文化史》 5-53a
《中国文化史丛书》 9-468d
《中国文化研究》 1-274b
中国文联 9-400b
中国文联出版社 9-400c
《中国文明起源初探》 7-178c
《中国文人画之研究》 1-565b
《中国文献学概要》 7-596e
《中国文学发展史》 5-106e
《中国文学论集》 9-482b
《中国文学批评论集》 9-482b
《中国文学批评史》(陈中凡) 1-574c
《中国文学批评史》(郭绍虞) 3-252a
《中国文学批评史大纲》 9-482b
《中国文学史》(游国恩) 9-43b
《中国文学史》(余冠英) 9-57c
《中国文学史论》 4-186c
《中国文学史散论》 6-307e
中国文学艺术界联合会 9-400b
《中国文言小说书目》 7-599b
中国文字改革委员会 9-400c, 3-286a
中国文字学 3-386f
《中国文字学》 7-308e, 9-479d
《中国无神论史》 8-389f
中国无线电运动协会 8-21e
中国吴桥国际杂技艺术节 9-400d
中国武术段位制 9-400d
中国武术协会 8-60a
《中国舞蹈》 9-525b
《中国舞蹈词典》 7-502a
中国舞蹈学校 1-273a
中国物理学会 8-426d
《中国西南部人类学问题》 5-589c

中国戏剧家协会 9-374b
《中国戏剧史略》 9-475a
《中国戏曲概论》 8-32f
《中国戏曲通论》 9-194c
中国戏曲学校 6-469f, 9-400e
中国戏曲学院 9-400e
中国戏曲研究所 9-400e
中国戏曲研究院 9-403d
中国细胞生物学学会 9-513f
《中国下石炭纪珊瑚》 9-62b
《中国夏季风之进退》 7-428c
《中国先睡后醒论》 9-168f
《中国现代革命史》 3-413a
《中国现代教育史》 9-476d
《中国现代史》 4-616c
中国现代文学馆 9-400f
《中国现代文学史》 6-307e
《中国现状》 1-199c
《中国宪法教学大纲》 8-352b
《中国宪政论》 9-215b
《中国乡村生活和城镇生活》 6-485e
中国香港恒生银行 8-194b
中国象棋 8-208d
中国象棋协会 8-208d
中国消费者协会 9-401a
《中国小麦品种及其系谱》 4-253d
《中国小麦栽培学》 1-470d, 4-253d, 9-513d
《中国小说的历史变迁》 9-401b
《中国小说史大略》 9-401b
《中国小说史略》 9-401a, 1-198d, 5-166b, 5-582f
《中国小说研究论集》 8-41f
中国协和医科大学 1-273c
中国协和医学院 1-273c
中国心理学会 6-42b
《中国新地图集》 2-489c
中国新疆长绒棉育种中心 1-35f
《中国新民主主义革命简史》 4-616c
《中国新民主主义革命时期通史》 4-616c
《中国新民主主义革命史》 4-616c
中国新民主主义青年团 3-510b, 9-362d
中国新诗社 9-490b
《中国新诗研究》 8-392c
《中国新文学大系》 9-401c
《中国新文学史稿》 7-515d
中国新闻奖 9-401d
中国新闻社 9-401e
中国信鸽协会 8-296f
《中国刑法学》 3-72a
中国行政区划 9-401f
《中国雄立宇宙间》 9-416a
中国修订韦氏成人智力量表 7-543f
《中国畜牧史料》 7-516f
中国学 3-295a, 3-380f
中国学生同盟会 9-562c
中国压条 8-386d
中国亚非学会 2-319d
中国胭脂鱼 9-402a
中国沿海经济带 4-285b
中国沿海开放城市 9-402b
中国演剧学派 4-202d
《中国谚语集成》 9-381d
《中国药典》 8-484b, 9-430d
中国药学会 9-376f
中国业余无线电协会 8-21e
中国伊斯兰教 9-402c
中国伊斯兰教经学院 9-403a, 9-402f
中国伊斯兰教协会 9-403b, 1-236a, 9-402f
中国医科大学 1-273c
中国医学科学院 1-273c
中国移动 9-403c
中国移动通信集团公司 9-403c
中国移动（香港）集团有限公司 9-403c
中国移动（香港）有限公司 9-403c
《中国艺术报》 9-400c
中国艺术博览会 8-557e
中国艺术剧社 4-253a, 9-374a
中国艺术研究院 9-403d
中国议会 7-300e
中国音阶 8-574c
中国音乐家协会 4-172f
中国音乐史 9-403e
《中国音乐史》 7-497a
《中国音乐史纲》 8-467c
《中国音乐史稿》 8-467c
《中国音乐史论集》 2-132d
中国音乐学院 9-405a
《中国音韵学研究》 3-381d
中国银行 9-405a, 9-447a
中国银行澳门分行 1-140a
中国银行股份有限公司 9-405a
中国银行（香港）有限公司 9-405b
中国银行业监督管理委员会 9-279a
《中国印度行记》 2-104d
《中国应建设共和国》 8-258a
《中国英雄》 9-233d
中国营造学社 9-405b
《中国营造学社汇刊》 9-405c
中国影戏 9-405c
《中国影戏略中及其现状》 9-405f
中国邮电电信总局 9-350e
中国邮路问题 7-423c
中国油画 9-38d
《中国语法纲要》 8-462d
中国园林 9-406a
中国原始雕塑 9-407d
中国原始绘画 9-408b
中国远征军 9-408d, 2-363e, 4-411d
中国远征军滇缅路作战 9-408e
中国月球探测工程 9-409a
中国乐系 7-497a
《中国乐制发微》 7-497a
《中国韵文通论》 1-574c
中国杂技 9-409e
《中国杂技》 3-17c
《中国杂技史》 3-17c
中国杂技团 9-410c
《中国杂纂》 3-381b
中国载人飞船工程 9-410e
《中国早期货币》 7-516f
中国早期智人 6-292c
《中国造山运动》 2-309d
中国造园学会 9-406e
中国战区 9-408f
《中国哲学史大纲》 9-411b
《中国哲学原论》 7-308a
《中国珍稀濒危保护植物名录》 9-250e
《中国真菌总汇》 2-133b
中国正形贝 9-267f
中国证券监督管理委员会 9-270a
中国政法大学 9-411c
《中国之旧石器》 1-456d
《中国之命运》 9-421b
《中国之泥盆纪》 7-371b
《中国之土壤》 4-604c
《中国职工运动简史》 2-205c
中国职业篮球联赛 9-411c
中国职业足球联赛 9-411d
《中国植被》 8-41a
中国植被区划系统 9-301d
《中国植物红皮书——稀有濒危植物》 1-361a
中国植物学会 6-164f
《中国植物志》 9-411e, 4-570e, 6-164e
中国致公党 9-411f, 3-583b
《中国中古文学史》 9-459f
中国中化集团公司 9-412b
《中国中生代植物》 7-141e
中国中铁股份有限公司 9-412c
中国中信集团公司 9-412e
中国中央电视台 9-412e
《中国主要地质构造单位》 3-587f
《中国住宅概说》 5-108a
中国驻印军 9-408e
中国锥齿兽 9-413a
《中国自然保护纲要》 9-413b
《中国自然地理纲要》 6-308b
中国自然科学基金 3-287a, 4-441b
中国自然科学史研究室 5-2a
《中国自然区划概要》 9-541e
中国宗教徒联谊会 7-263f
《中国综合农业区划》 5-615b
《中国综合自然区划》 3-581d
《中国综合自然区划界线问题》 5-80b
中国足球超级联赛 9-411e
中国足球甲级联赛 9-411e
中国左翼剧团联盟 9-413c
中国左翼戏剧家联盟 9-413b
中国左翼作家联盟 9-413d, 2-33a

中国SOS儿童村 9-587b
《中国21世纪议程——中国21世纪人口、环境与发展白皮书》 3-264f
中海 6-391c
中和 9-414a
中和殿 1-266a, 3-195f
中和反应 9-414b
中和焓 9-414b
中和剂 4-412f
中和热 9-414b
中河调 7-147a
中红外光谱 3-473f
中红外区 3-474e
中厚哔叽 1-330b
中厚花呢 3-529d
中华按蚊 7-34f
中华白海豚 9-414b
中华鳖 1-358b
中华补血草 1-423e
中华穿山甲 2-24a
中华慈善总会 9-414c
《中华大帝国史》 3-381a
《中华大藏经》 2-122d
《中华大字典》 9-414d
中华倒刺鲃 1-188e
中华稻蝗 3-604c
《中华帝国史全志》 3-381b
《中华帝国通志》 2-327f
中华帝国宪政会 1-243a
《中华帝国志》 3-381a
中华电影股份有限公司 9-351c
中华鳄 9-414e, 8-448f
《中华儿女》 5-98f, 9-423e
《中华二千年史》 2-204f
中华法系 9-414e, 2-456e
中华复兴社特务处 4-356f
中华高冠角蝉 4-204a
中华歌舞团 4-582d
中华革命党 9-415a, 9-369a
中华根瘤菌属 3-118b
中华工程师会 9-179c
中华工商联合出版社 9-423a
中华工商时报社 9-423a
中华共和国人民革命政府 1-470b, 2-610c
中华共进会 2-364a, 6-204b
中华广肩步甲 6-189b
中华国术马戏团 5-282c, 7-218f
中华函授学校 9-432d
中华基督教教育协会 5-83e
中华教育改进社 4-211a
中华金带蛾 2-130d
中华剧艺社 9-374a
中华锯龟甲 3-242a
中华联合股份有限公司 9-351c
中华龙鸟 9-415a
中华马 5-254a
中华门 5-445a
中华猕猴桃 9-415b
中华蜜蜂 9-415d
中华民国 9-415e
《中华民国鄂州约法》 8-259d
中华民国国民军 3-291e
中华民国国民政府 9-418a
《中华民国国民政府组织法》 3-292d
《中华民国建国史》 9-274e
中华民国军政府鄂军都督府 8-259d
《中华民国军政府组织大纲》 3-522f
中华民国联合会 9-219e
《中华民国临时约法》 9-421d
中华民国临时执政府 5-91b
《中华民国民法》 5-137c
《中华民国史》 4-616c
《中华民国史档案资料汇编》 9-349e
《中华民国宪法》 9-421d, 3-288f, 3-292f, 5-530c, 9-419c
《中华民国新地图》 9-421f, 2-227d, 2-489c
《中华民国刑法》 5-137d
《中华民国训政时期约法》 9-418c
《中华民国医药卫生史料》 4-236c
《中华民国约法》 1-275a, 9-416e
中华民族 9-422a
中华民族革命大同盟 4-599a
中华民族解放大同盟 1-470b
中华民族解放先锋队 8-509a
中华民族解放行动委员会 9-388c
《中华内分泌代谢杂志》 4-498e
中华平民教育促进会 8-443a
中华蚰蠊 6-239d
中华全国电影界抗敌协会 9-351b
中华全国妇女联合会 9-422c
中华全国工商业联合会 9-422e
中华全国归国华侨联合会 9-423a
中华全国基督教协进会 5-499f
中华全国集邮联合会 4-78b
中华全国科学技术普及协会 9-377a
中华全国民主妇女联合会 9-422d
中华全国木刻界抗敌协会 5-15a
中华全国青年联合会 9-423d
中华全国台湾同胞联谊会 9-423e
中华全国文学艺术界联合会 9-400b
中华全国文艺界抗敌协会 9-424a
中华全国文艺界协会 9-424b
中华全国戏剧界抗敌协会 9-374a
中华全国学生联合会 9-424b, 8-369f
中华全国自然科学专门学会联合会 9-377a
中华全国总工会 9-424d, 3-124f
中华人民共和国 9-424e, 9-334d
《中华人民共和国澳门特别行政区基本法》 9-424e, 1-139a
《中华人民共和国保险法》 3-111a
《中华人民共和国兵役法》 9-81b, 9-311f
《中华人民共和国残疾人保障法》 1-473e
《中华人民共和国产品质量法》 1-502a, 1-502d, 9-315c
《中华人民共和国车船使用税暂行条例》 1-546b
《中华人民共和国车船税暂行条例》 1-546b
《中华人民共和国车辆购置税暂行条例》 1-547e
《中华人民共和国城市规划法》 1-586a
《中华人民共和国惩治反革命条例》 9-260f
《中华人民共和国出版管理条例》 2-14a
中华人民共和国船舶检验局 2-30a
《中华人民共和国逮捕拘留条例》 8-311a
《中华人民共和国担保法》 2-217f
中华人民共和国地方各级人民政府 9-430a
中华人民共和国冬季运动会 9-424f
《中华人民共和国对外贸易法》 2-468e
《中华人民共和国发明奖励条例》 3-282a
《中华人民共和国法官法》 2-437f
《中华人民共和国反补贴条例》 2-468e
《中华人民共和国反不正当竞争法》 1-432b, 2-468f, 2-471f, 6-457e, 6-458a, 6-458b
《中华人民共和国反垄断法》 2-471f
《中华人民共和国反倾销和反补贴条例》 2-468e, 2-473a
《中华人民共和国反倾销条例》 2-473a
《中华人民共和国房产税暂行条例》 2-497b
中华人民共和国副主席 9-431c
《中华人民共和国个人所得税法》 3-115f
《中华人民共和国工会法》 4-76f
《中华人民共和国公务员法》 7-450b
《中华人民共和国公证法》 3-138f
《中华人民共和国公证暂行条例》 3-138f
中华人民共和国国歌 8-556b
《中华人民共和国国徽法》 3-256c
《中华人民共和国国籍法》 8-15c
中华人民共和国国际科学技术合作奖 3-282a
《中华人民共和国国家标准》 9-425a
《中华人民共和国国家经济地图集》 9-425b
《中华人民共和国国家农业地图集》 9-425c, 9-470c
《中华人民共和国国家普通地图集》 9-425c
中华人民共和国国家行政学院 3-285d
《中华人民共和国国家自然地图集》 9-425d
《中华人民共和国国库券条例》 3-297e
《中华人民共和国国旗法》 3-294a
中华人民共和国国务院 9-425e, 9-430a
中华人民共和国海关 9-426a
《中华人民共和国海关法》 9-426b
《中华人民共和国海关进出口税则》 3-206e, 9-426d

《中华人民共和国海商法》 3–336a, 3–338d, 3–150a
中华人民共和国海事局 3–338f, 7–23a
《中华人民共和国海事诉讼特别程序法》 3–340d, 5–428c
《中华人民共和国合同法》 3–411b, 5–426c, 7–200c, 7–375f
《中华人民共和国红十字会法》 9–372c
《中华人民共和国环境保护法》 3–566f, 6–37d
《中华人民共和国婚姻法》 1–235e, 2–513a, 2–589c, 2–599f, 3–1f, 4–104b, 4–272c, 4–576f, 5–291f, 6–195a, 6–450b, 7–29a, 8–21e, 9–50c
《中华人民共和国集会游行示威法》 4–76c
《中华人民共和国计量法》 1–486e
《中华人民共和国计量法实施细则》 1–354d
《中华人民共和国继承法》 2–436e, 8–542e, 8–545e, 8–546b
《中华人民共和国价格法》 2–471f
《中华人民共和国监狱法》 4–152f, 4–153a
《中华人民共和国检察官法》 4–155d
《中华人民共和国教育法》 1–579c
《中华人民共和国经济合同法》 3–411a
《中华人民共和国居民身份证法》 4–330e
《中华人民共和国看守所条例》 4–396c
《中华人民共和国科学技术进步奖励条例》 3–282a
中华人民共和国科学技术协会 9–377a
《中华人民共和国劳动保险条例》 4–551f
《中华人民共和国劳动法》 4–76f, 4–552e, 4–553b, 6–482f, 8–336f, 9–574e
《中华人民共和国劳动改造条例》 4–552f
《中华人民共和国劳动争议调解仲裁法》 4–555b
《中华人民共和国立法法》 5–20d, 7–112e
《中华人民共和国陆生野生动物保护实施条例》 1–360f
《中华人民共和国律师法》 2–452a
《中华人民共和国民办教育促进法》 5–421c
《中华人民共和国民办教育促进法实施条例》 5–421c
《中华人民共和国民法通则》 9–426e, 2–2f, 3–116b, 3–284c, 4–152b, 5–423a, 5–429c, 6–331a, 9–290e, 9–541f
《中华人民共和国民事诉讼法》 9–427a, 4–334f, 5–428c
《中华人民共和国民族区域自治实施纲要》 9–385a
《中华人民共和国农业法》 5–613c
《中华人民共和国票据法》 9–287d
《中华人民共和国企业法人登记管理条例》 6–136b
《中华人民共和国契税暂行条例》 6–154c
中华人民共和国全国人民代表大会 9–427b
中华人民共和国人民法院 9–427d, 2–459f
《中华人民共和国人民法院组织法》 7–143c
中华人民共和国人民检察院 9–427e, 4–155e
《中华人民共和国商标法》 6–453c
《中华人民共和国审计法》 6–521e
《中华人民共和国收养法》 4–104b, 7–36d
《中华人民共和国水生野生动物保护实施条例》 1–360f
《中华人民共和国水土保持法》 7–97f
《中华人民共和国税收征收管理法》 7–107b
《中华人民共和国统计法》 7–406d
《中华人民共和国土地改革法》 3–291b, 7–430e
《中华人民共和国土地管理法》 2–222c
《中华人民共和国外资企业法》 7–475a
《中华人民共和国文物保护法》 7–594f
《中华人民共和国物权法》 8–78c
《中华人民共和国宪法》 9–428a, 3–116b, 5–321c, 8–510d, 9–282a, 9–428d
《中华人民共和国宪法草案》 8–187b
《中华人民共和国宪法史》 8–352b
《中华人民共和国香港特别行政区基本法》 9–428c
《中华人民共和国消费税暂行条例》 8–214d
《中华人民共和国消费者权益保护法》 9–428e, 8–214f
《中华人民共和国刑法》 9–428f, 1–394f, 2–477c, 2–599f, 3–82d, 3–577b, 8–18a
《中华人民共和国刑事诉讼法》 9–429d, 2–452a, 3–82d, 4–152e, 4–334f, 9–270f, 9–545b
中华人民共和国行政机构 9–429f
《中华人民共和国行政监察法》 4–152a
《中华人民共和国行政诉讼法》 9–430b, 4–334f, 8–320c
《中华人民共和国学位条例》 8–370d
《中华人民共和国药典》 9–430d
《中华人民共和国野生动物保护法》 1–360e, 9–250d
《中华人民共和国野生植物保护条例》 9–250f
《中华人民共和国义务教育法》 2–15f
《中华人民共和国印花税暂行条例》 8–610e
《中华人民共和国营业税暂行条例》 9–17a
《中华人民共和国预算法》 1–463e, 3–297e
中华人民共和国运动会 9–430d
《中华人民共和国招标投标法》 2–471f
《中华人民共和国证券法》 9–270a, 9–270d
《中华人民共和国政府关于领海的声明》 5–102b
《中华人民共和国职业病防治法》 9–300c
《中华人民共和国中外合资经营企业法实施条例》 2–3a
中华人民共和国中央军事委员会 9–444c
中华人民共和国中央人民政府 9–430f
中华人民共和国中央人民政府政务院 9–425e
《中华人民共和国仲裁法》 9–459e
中华人民共和国主席 9–431b
《中华人民共和国注册会计师法》 9–502c
《中华人民共和国著作权法》 1–230f, 2–13e, 4–306d, 9–505b, 9–505c
《中华人民共和国专利法》 9–507f
《中华人民共和国资源税暂行条例》 9–526d
《中华人民共和国自然地图集》 3–581d
《中华人民共和国自然科学奖励条例》 3–282a
中华摄影学社 1–567b, 4–547c
中华实业信托公司 2–364a
中华书局 9–431c
中华苏维埃共和国临时中央政府 9–431d, 7–432d
《中华苏维埃共和国宪法大纲》 9–431e, 9–446a
中华文化大区 7–588f
《中华五千年史》 9–204c
《中华五千年文明集刊》 7–246f
中华戏曲专科学校 6–469f
《中华新报》 9–198d
中华续行委办会 5–499f
中华鲟 9–432a, 3–513d
《中华药典》 8–484b
中华医学会 9–432b
中华优秀出版物奖 9–432c
中华邮票会 4–78a
中华邮政 9–34d
《中华远古之文化》 1–107a
中华杂技团 9–410d
中华职业教育社 9–432c, 4–211a, 9–300d
中华自然科学社 9–376f
《中华字海》 9–551f
中化公司 9–412b
中环 9–432d
中缓步纲 3–576d
中级晶系 4–303a
中级人才 6–284a
中级脂肪酸 7–226f
中纪委 9–334a
“中继”1号卫星 7–392c
中间层 9–432e
《中间地带》 4–382a
中间电位作业 2–130c
中间负片 4–200c
中间区域 9–586a
中间神经元 6–512e
中间型大麦 2–95d
中间型天花病毒 7–350a
中间学校 6–613e

中碱玻璃纤维 1-391e
中见之气 9-435a
中建总公司 9-375b
中江 7-458d
中江县 5-555e
中江兆民 9-432f
中焦如沤 6-394c
中街山渔场 9-464e
中介变量 8-291f
中介相 8-505b
中京 5-233c, 5-438c
中京大定府 5-63f
中经 7-264a
中距离跑 9-434f
中科雷姆斯克 4-430b
中科院 9-377b
中空飞行 2-509d
中空机 7-205c
中空遥感 3-396a
中矿 4-304c, 8-366b
中昆仑山 4-508c
中郎将府 3-2d
中肋石花菜 6-595b
中历 5-609e
中立 9-433a
中立法 9-433b
中立府 9-329e
《中立国和人民在陆战中的权利和义务公约》 3-345e
中立国监察委员会总部 1-228f
《中立国遣返委员会的职权范围》 1-540d
中立主义 9-433b
中联电影企业有限公司 8-193c
中粮 9-377d
中粮发展有限公司 9-377e
中粮国际 9-377e
中粮集团 9-377d
中粮粮油进出口公司 9-377d
中林 6-418f
中龄林 6-418f
中流砥柱 3-585b
中旅 9-377f
《中论》 9-433d, 4-465f, 6-397a
《中论》(徐幹) 4-162c
《中论广释》 9-558a
《中论疏》 4-68a
《中论颂》 5-143b
中煤 8-367a
中美大使级会谈 5-572c
《中美关于取消美国在华治外法权及处理有关问题之条约》 2-535f
中美合作所 7-7d
中美黑人 5-568d
《中美建交公报》 4-381d
《中美联合公报》 5-572b, 5-572d
《中美棉麦借款合同》 5-412a
中美貘 5-485f
中美特种技术合作所 3-96e, 4-356f
《中美天津条约续增条款》 6-104a
《中美通商行船续订条约》 7-391b
《中美五口贸易章程》 7-525d
《中美续增条约》 6-104a
中美印第安语 5-364c
《中美英三国促令日本投降之波茨坦公告》 1-373e
《中美英三国开罗宣言》 4-388e
中美洲 9-433d
中美洲大学 5-270c
《中美洲国家限制军备条约》 1-464f
《中美洲和平协议》 9-433e, 1-42a
中美洲联邦 9-433f, 6-359e, 7-526d
中美洲联合省 7-526d, 9-433f
中米粒组织 5-398e
中男 9-148f
中南半岛 9-434a
中南大学 8-202b
中南大学湘雅医学院 8-202b
中南纺织厂 1-110d
中南工业大学 8-202b
中南海 9-434b, 6-391b
中南山 9-452b
中脑 9-434c, 5-549b
中脑动物 9-434d
中能加速器 5-35e
中能中子 9-451c
中尼国际公路 8-140b
《中年魔障》 1-435b
中欧 9-434e
中欧裁军谈判 9-434e
中欧平原 9-434f
中跑 9-434f
中棚 1-544a
中频电疗法 2-284f
中频正弦电疗法 8-73a
中平布 6-86f
《中葡北京条约》 1-138e, 1-139d
《中葡关于澳门问题的联合声明》 1-138f, 1-139d
《中葡会议草约》 1-138e, 1-139d
中期染色体 6-273c
中期引产 8-585c
中期预报 7-356e
中气 9-435a, 6-79b
中气不足证 9-435a
中气候 9-435b, 6-142e
中气门目 6-80b
中气下陷 6-79b, 9-435a
中强地震 2-245f
中秋蚕 8-471e
中秋节 9-435b
《中秋帖》 1-402f, 7-513d
中热值煤气 5-340b
中人 3-577f
《中日共同防敌军事协定》 3-68f
《中日关系与美国》 9-205f
《中日会议东三省事宜条约》 9-435c
中日甲午战争 9-435d, 3-584c
《中日辽南条约》 6-389d
《中日通商行船续约》 7-391b
中沙大环礁 9-436b
中沙里省 6-358b
中沙群岛 9-436a, 5-525b
中山 9-436b
中山大学 9-436c
中山高速公路 3-77b
中山公园(北京) 6-499f
中山公园(厦门) 3-138d
中山古城遗址 9-437b
中山古镇 4-175a
中山国 2-208c
中山国长城 1-509c
中山侯 7-295f
中山纪念堂(广州) 7-441d
中山舰 9-436d
中山舰事件 4-189b, 9-369b
《中山狼》 4-402a
《中山狼传》 5-286e
中山陵 9-436e
中山樵 7-222f
中山庆子 5-451c
中山市 9-437a
中山王 8-343e
《中山王陵兆域图》铜版 9-437b
中山王墓(战国) 9-437a
中山温泉高尔夫球场 3-61c
中山县 9-437a
中山医科大学 9-436d
中山站 9-388a
中山装 9-437c, 9-356f
中山1号杂交水稻 2-310c
中上健次 6-321a
中肾 6-522e
中生代 9-437d
中生代特提斯 7-335a
中生动物门 9-437f
中生界 9-437d
中生植物 8-494e
中石器时代 9-437f, 9-106c
中世波斯语 8-608d
《中世纪罗马法史》 6-368c
《中世纪末期以来的德国史》 5-334c
中式簿记 1-457f
中式大衣 2-120e
中式服装 5-433d
中式糕点 3-81d
中式面点 9-326e
中式衫 6-442e
中寿 6-532a
中受降城 7-45a
中兽医学 9-438c
中书 9-281a, 9-438d

《中书》 5-278e
中书后省 6-400c
中书君 6-170b
中书令 7-114f
中书门下 9-280f
中书省 9-438d, 6-400a
中书通事舍人 5-518e
中书谒者 9-438d
中枢神经疾病 2-410a
中枢神经系统 9-438f, 6-511b
《中枢神经系统的抑制途径》 1-67c
中枢神经系统感染 4-143e
中枢神经系统隐球菌病 8-589b
中枢温度感受器 7-343b
中枢兴奋药 9-439a
中枢性面神经麻痹 5-417b
中枢性尿崩症 5-589d
中枢性舌瘫 7-280d
中枢性镇咳药 9-260b
中水 9-439a
中水河床 3-422d
中苏丹语支 5-573e
《中苏互不侵犯条约》 7-220a
《中苏解决悬案大纲协定》 4-361f
《中苏商务条约》 7-220a
《中苏友好同盟互助条约》 9-439a, 5-321b, 9-466f
《中苏友好同盟条约》 9-565b
《中算史论丛》 5-2a
中碎机 2-560a
中台 6-100c
中太古代 7-255b
中太平洋海盆 7-261a
中唐诗歌 7-313b
中提琴 9-439c
中体西用 9-439d
《中天竺国行记》 7-305e
中统 9-439d
中涂 7-401e
中途岛 9-439e
中途岛海战 9-439f, 2-256b, 7-262f
《中途岛战役》 2-615a
中外合资经营企业 9-440b
中外合资企业 6-136d
中外合资银行 7-476c
中外合作经营企业 9-440c
《中外纪闻》 4-406b, 5-52f, 6-179f, 8-68d
《中外历史年表》 4-161a, 6-130b
《中外文学因缘》 3-83c
中王国美术 3-159f
中王国时代 3-158c
中微子 9-440d, 5-563a, 6-51b, 6-581d, 9-440e
中微子天文学 9-440d
中纬度沙漠气候 6-426c
中卫山羊 5-596e, 9-440e
中卫山羊皮 5-596e
中卫市 9-440e
中卫县 9-440e
中位沼泽 9-227e
中尉 9-294d
中温干馏 3-32d
中温热管 6-278b
中温温泉 7-582b
中温颜色釉 8-437d
中雾 8-80c
中西伯利亚高原 9-440f, 2-397f, 8-88b
《中西回史日历》 1-571d, 5-18b
《中西交通史料汇编》 9-213a
中西式袄 1-117c
中西学堂 3-60a
中西医结合 9-440f
《中西医结合治疗骨折》 2-490f
《中西印哲学文集》 9-201b
中线工程 5-541b
中象脚鼓舞 8-208c
中小型超市 1-532f
中心城市 9-441d
中心地 9-441f
中心地理论 6-245f
中心地学说 9-441e, 4-285c
中心法则 9-441f
中心极限定理 9-442a
中心粒 9-442b
中心食 6-328a
中心式喷发 4-13f
中心视力 7-30c
中心体 9-442b
中心体基质 9-442b
中心性紫绀 9-532c
中新马 5-253f
中新社 9-401e
中新世 9-442c
中新统 9-442c
中信公司 9-412e
中兴府 8-303f, 8-580a
中兴四大家 9-442c, 7-168e
中兴寺 5-525f
中兴通讯社 7-393b
中兴湘剧团 6-64c
中兴永式 8-103c
中兴之王 8-56b
中型构造 2-248e
中型驴 5-176f
中型煤矿井 4-499e
中型水库 4-489f
中型渔港 9-63e
中性层 2-283c
中性花 3-525c
中性货币 9-442d
中性粒子束武器 5-35e
中性膜渗析 6-526a
中性墨水笔 1-323b
中性氢 8-316e
中性色 2-602c
中性水 2-242f
中性突变－随机漂变假说 4-270a
中性学说 4-270a
中性指标 6-495f
中性K介子 2-527c
中虚湿热 6-80f
中玄 3-65f
《中学低年级自然科学课本》 5-251a
中学堂 3-245a
《中学修身教科书》 1-471d
《中学暂行教学计划（草案）》 9-328a
中亚 9-442f, 8-414f
《中亚的佛教晚期古典艺术品》 4-564f
中亚佛教 1-258b
中亚经济共同体 9-442f
《中亚考察报告》 7-141a
中亚美利加洲 9-433d
中亚述 8-409e
中亚细亚 9-442f
中亚细亚－中央区输气管道系统 9-443a
《中亚学刊》 5-285b
中岩道士 7-114c
中央凹 7-30e
中央芭蕾舞团 9-443a
中央处理器 9-443c
中央大学 9-443d
中央大学医学院 2-262e
中央党校 9-333c
中央档案馆 9-443e
中央档案馆明清档案部 9-350b
中央地中海 7-335a
中央电大 9-444b
中央电影局电影学校 1-268a
中央电影企业股份有限公司 7-250b
中央电影摄影场 9-351b
中央防汛总指挥部 2-495e
中央刚果 3-49f
中央高原 5-483f
中央歌剧团 9-357a, 9-443f
中央歌剧舞剧院 9-443f
中央歌剧院 9-443e
中央歌舞团 9-275a, 9-357a, 9-375c
中央革命军事委员会 9-444d
中央工艺美术学院 9-444a, 3-128a
《中央公园的夜晚》 1-76d
中央谷地 4-112b
《中央关于逼蒋抗日问题的指示》 4-410b
《中央关于目前政治形势与党的任务决议》 4-410b
《中央观象台之过去与未来》 3-71b
中央广播电视大学 9-444b
中央广播电台 3-231c
中央海岭 2-116d
中央红军 7-148f, 7-432d, 9-357d, 9-391c
中央集权型单一制国家 2-145a

中央俱乐部　1-556e, 1-560f
中央军　3-289b
中央军事部　9-444c
中央军事委员会　9-444c
中央军事运动委员会　9-444c
中央军事政治学校　3-594b
中央军委　9-444c
中央流体动力研究院　7-420b
中央美术学院　9-444f, 3-287e
中央美术学院华东分院　3-391b
中央民族大学　9-445a
中央民族学院　9-445a
中央民族乐团　9-445b
中央囊　2-503c
中央农民运动讲习所　5-320a
中央批发交易市场　6-69c
中央清真寺　4-433e
中央人民广播电台　9-445b
《中央人民政府公告》4-386e
《中央人民政府和西藏地方政府关于和平解放西藏办法的协议》1-49e, 2-64e, 4-614d, 8-112a
中央人民政府人民革命军事委员会　9-444d
《中央日报》　9-445d
中央山脉　7-252b
中央商务区　6-458f
中央社　9-446c
中央实验歌剧院　9-443e
中央实验话剧院　9-445e, 9-368c
中央税　9-445e
中央苏区　9-445e, 7-196a
中央体育学院　1-272c
中央条约组织　9-446b
中央通讯社　9-446c
中央通讯社（黎巴嫩）　4-581d
《中央委员会告共产主义者同盟书》　3-147e
中央文化革命小组　4-177c
中央五七艺术大学　9-445a
中央戏剧学院　9-446c
中央戏剧学院华东分院　6-466c
中央新闻纪录电影制片厂　4-97c
中央性前置胎盘　6-163e
《中央亚西亚》3-479c
中央研究院　9-446d
中央研究院历史语言研究所　1-145c
中央医院　8-54f
中央音乐学院　9-446f
中央音乐学院上海分院　6-466c
中央银行　9-447a, 4-249a, 7-390d
中央与地方共享税　3-150c
中央预算　1-464c
中央乐团　9-447c
中央政府体制　8-320e
中央政府债券　9-447c
中央重点测光　1-253a
中央C　8-574f
《中洋新闻》　1-213e
中药　9-447c
中药配伍　9-447f
中药学　9-447d
中药用药禁忌　9-448b
中药浴　7-92f
中医　9-448c
中医肝病诊断专家系统　9-507d
中医西传　2-327f
中医学　8-108d, 9-347b
中医学术流派　9-448c
《中医学说探讨与临证》2-198c
中医阴阳学说　9-448e
中音谱号　8-51e
中音区　8-575b
中印半岛　9-434a
中印边境自卫反击战　9-449b
中印度洋海岭　8-606e
中印度洋海盆　8-606f
《中英北京条约》8-194c
《中英共同防御滇缅路协定》　9-408d
《中英关于取消英国在华治外法权及有关特权条约》2-535f
《中英关于香港问题的联合声明》6-356d, 8-194e, 9-3b
《中英续订藏印条约》4-524e
《中英续议通商行船条约》　7-391b
中英银公司　8-539b
《中英藏印条约》及续约　9-449e
中营养沼泽　9-227e
中影集团　9-352f
中庸　9-449f
《中庸》　9-449f, 7-119b
中庸之道　4-476e
《中庸注》　4-406c
中雨　9-70f
中元古代　9-91f
中元节　6-8d
中原大战　4-191c
中原突围　7-519d
中原野战军　2-199e, 9-392e
《中原音韵》　9-450a, 8-145c
中源地震　1-298d, 2-245f, 9-258d
中远程导弹　2-156a
中岳　7-163c, 8-53e
中岳庙　2-191e, 7-163c, 9-278e, 9-450b
《中岳嵩高灵庙碑》　9-450b
中越边境自卫还击战　9-450c
中陨铁　9-139e
中运河　4-280d
中曾根康弘　9-450d
中正国际机场　7-323d
中政会　3-292f
中执法　9-83b
中止犯　2-479b
中指　7-37a
中指同身寸　7-62f
中州　9-450e
《中州鼓吹翰苑英华集》　9-450e
《中州集》　9-450e, 9-67e, 9-92c
《中州音韵辑要》　3-198d
中转贸易　9-511a
中准价　3-286e
中子　9-450f, 2-279c, 4-382f, 9-109a
中子弹　9-451a
中子辐射俘获　9-451b
中子核反应　9-451b
中子活化分析　3-448c, 4-6e, 7-397a
中子裂变反应　9-451b
中子束　9-109e
中子探测器　9-451c
中子星　9-451d, 3-465b, 5-301b, 9-319d
中子源　9-451e
中子晕核　9-109e
《忠诚》　6-374c
忠甸　8-196f
《忠魂鹃血》　2-541f
《忠烈侠义传》　6-402b
忠民寺　5-24d
忠恕　9-451f
“忠恕”之道　4-476f
忠王　4-616f
忠武　8-467e
忠武侯　9-494a
忠县　9-452a
忠县石宝寨　2-6d
忠县双阙　9-452a
忠孝　4-313d
忠孝节义　9-452a
《忠雅堂集》　4-190e
忠义救国军　2-364a
《忠义水浒传》7-85f
忠州　9-452a
《忠州石》　6-257e
终变期　4-156e
终端机　2-600e, 4-90a
终端轮回杂交　9-147f
终端杂交　9-147f
《终极标靶》　8-39a
终极关怀　9-240a
终极目的论　4-269d
终末溶酶体　6-333e
终南山　9-452b
终南山公路隧道　9-452c, 2-241b
《终身大事》　9-452d
终身教育　9-452d
《终身教育引论》　9-452d
终审判决　6-45c
终生教育　9-452d
终霜　7-81d
终致癌物　9-319b
盅碗舞　5-380e
《盅碗舞》　5-467e
钟　9-452e, 8-398e

钟 9-453a
钟杯战斧文化 6-212e
钟表馆 3-197a
《钟表技术百科全书》 3-101b
《钟表商》 3-310e
钟伯敬 9-455b
钟虫 9-453c
钟虫科 9-453b
钟鼎文 7-47c
钟峰白莲居士 5-3a
钟鼓楼 9-453c
《钟鼓楼》 5-118c
钟会 9-453f, 2-196a, 4-186f
钟景辉 8-194c
钟敬文 9-454a, 4-178a, 5-424e
《钟敬文文集》 9-454b
钟馗 9-454b, 3-244c
《钟馗变相册》 3-73a
《钟馗嫁妹图》 3-555f
《钟馗图》 6-300d
《钟馗像》 6-308e
钟离权 1-146b
钟理和 9-454c
钟楼 9-453c
《钟楼怪人》 4-555c
钟吕金丹派 2-162b
钟麻 3-471f
《钟评左传》 9-455c
钟琴 9-454d
钟情妄想 7-524e
钟嵘 9-454d, 3-175f, 3-557c, 6-575d
钟乳石 9-454e
钟润良 9-443c
《钟声》 4-518d
钟士季 9-453f
钟水饺 4-206c
钟嗣成 9-454f, 2-333c, 5-171f
钟谭体 4-314f
钟谭宗 9-454a
钟退谷 9-455b
钟文蒸 3-191d
钟祥市 9-454f, 4-300c
钟祥县 9-454f
钟相 9-455a
钟相、杨么起义 9-455a
钟晓凡 7-490f
钟惺 9-455b
钟形裙 6-270d
《钟形坛》 6-108e
钟繇 9-453f
钟兆琳 9-455c
钟兆琳奖学金 9-455d
钟仲伟 6-575d
钟子昂 9-455a
钟子仪 9-455b
螽斯 9-455d, 6-542c
螽斯科 2-501d
肿骨鹿 9-455e
肿节风 1-482e
肿瘤 9-455f
肿瘤坏死因子 8-153b, 9-456b
肿瘤浸润的T淋巴细胞 9-456d
肿瘤抗原 4-413f, 9-456a
肿瘤免疫 9-456a
肿瘤免疫治疗 9-456b
肿瘤生物治疗 9-456b
肿瘤细胞 9-456a
肿瘤疫苗 9-456d
肿瘤CT灌注成像 9-583e
种 9-456e, 2-544f
种肥 6-578c
种根 9-500a
种间感应作用 3-543b
种类同一 7-399b
种类物 8-70c
种鳞 5-226e
种名 9-456e
种皮 9-457b
种群 9-456f
种群密度 9-457a
种群社群结构 9-457a
种群组成 9-457a
种薯 5-267e
种系发生 4-270c
种系发生树 4-270c
种姓内婚 5-555d
种姓制度 6-421a
种蝇 7-77f
种质 9-457a
种质论 7-575e
种质资源 9-457a
种子 9-457a, 9-457d
种子处理 9-457d
种子胶 7-61b
种子蕨 9-457e, 5-226d
种子纤维 7-358f
种子植物 5-226c
种族 9-457f, 6-303d, 6-305a, 9-458d
《种族》(P.巴罗哈-内西) 1-174f
《种族》(F.布鲁克纳) 1-449a
种族隔离 9-457f, 5-244e
种族隔离政策 5-263b
种族和移民局审判 5-604f
《种族：科学与政治》 1-307f
种族刻板印象 4-461f
种族灭绝 9-458b
种族歧视 9-458c
种族中心主义 6-485a, 7-589e
种族主义 9-458d
中标 7-412e
中毒 9-458e
中毒代谢性脑病 5-549a
中毒型菌痢 8-154e
中毒型白内障 1-203f
中毒性肝炎 3-42d
中毒性肾病 9-459a
中风 9-459c, 2-569a, 5-552a
中暑 9-459c
中暑性高热 9-459c
仲胺 1-114f
仲裁 9-459d, 3-271a, 4-555b
《仲裁程序示范规则》 3-278a
《仲裁法》 9-459d
仲裁法规 9-459d
《仲裁规则》 9-459d
仲裁调解 7-375f
仲长统 9-459f
仲醇 2-40d
仲丁醇 2-304d
仲度 1-324a
仲敦巴·甲哇迥乃 1-7d, 3-24d
仲氦 3-356a
仲华 6-330d
仲家 1-454f
仲夏节 9-459f
《仲夏夜之梦》 1-448d
《仲夏夜之梦》序曲 5-366a
仲星火 7-367c
《众经目录》 2-159e
《众经要钞》 5-55c
《众神的黄昏》 7-465f
《众神的毁灭》 7-230f
《众香国》 9-78f
众议院 9-460a, 8-558f
众赞歌 9-460a, 1 448f, 9-160b
《种谷记》 5-134b
《种牛痘的原因与效果的探讨》 9-179b
种植业 9-460b
种植园农业 8-417b
种植指数 3-12f
重本抑末 9-462d
重彩 9-460b
重柴油 1-499c
重大生态灾害 6-533b
重蹬技 2-193b
重度烧伤 6-471e
重度一氧化碳中毒 8-513a
重干热风 3-32e
重刚体定点转动 6-96e
重工业 9-460d, 3-126b
重过磷酸钙 3-302a
重核 9-450f
重混凝土 4-5b
重货船 4-19c
重机枪 4-30d
重件运输船 4-19c
重剑 4-28c
重介质选煤 8-366f
重金属 9-460d, 8-481c
重金属 9-460e, 4-255a, 9-48e
重金属污染 7-442f

重锦 7-170f
重晶石 9-460f
重夸克 4-492e
重离子捕获带 2-234e
重力 9-461a, 2-251d, 9-461b
重力坝 1-190c
重力测量 9-461b
重力等位面 2-78a
重力地质作用 2-251d
重力堆积物 2-370b
重力拱坝 3-146b
重力过滤 3-302b
重力过滤器 3-302b
重力加速度 9-461d, 9-461b
重力校正 9-461e
重力勘探 9-461e
重力流 1-550e
重力驱 6-606c
重力水 7-442f
重力选矿 8-366c
重力选煤 8-366f
重力学 2-237a
重力仪 9-461e
重力异常 9-461f
《重力与地球质量分布》 3-445a
重量 9-461a
重量法 9-461f
重量分析 9-461f, 1-288a
重农学派 9-462a
重农抑商 9-462c
重农主义 9-462a
重器 9-452f
重潜水 6-173b
重氢 2-155e, 4-522c
重商主义 9-462d
重水 9-462f, 3-436c, 7-396e, 7-398a
重水堆 9-463a
重涂 7-401e
重挽型马 5-239c
重雾 8-80c
重稀土 8-130f
重心 9-463b
《重心计算》 5-293f
重型阿弗他溃疡 4-481c
重型肝炎 1-370a
重型投物伞 4-193a
《重学》 8-107c
重油砂 9-40b
重有色金属 9-460e
重载列车 9-463b
重载铁路 9-463b
重镇 9-259a
重镇安神 1-105e
重镇安神剂 1-105f
重症肺炎 4-72a
重症肌无力 9-463c, 4-35d
重症监护 9-463e
重症监护室 9-463e
重症中暑 9-459c
重质量核区 1-536f
重质碳酸钙 7-293c
重质氧化镁 8-474f
重质油 9-463f
重装步兵 5-168c
重子 9-464a, 4-492e, 5-62e, 6-180e, 8-76c
重子数 9-464a
舟蛾 9-464a
舟蛾科 9-464a
舟桥 2-604a
舟山大榭岛浮桥 2-604c
舟山岛 9-464b
舟山港 9-465a
舟山跨海大桥 9-464b
舟山群岛 9-464d, 6-116e
舟山市 9-464f
舟山县 9-464f
舟山眼镜蛇 2-351e
舟山渔场 9-244f, 9-464e, 9-464f
舟形虫 9-464b
《舟子的悲歌》 9-57d
州 9-465a, 8-177e
州刺史 1-457a
州牧 1-457a, 4-198f, 9-31b
《州桥》 2-481f
州县二级制 9-465a
州志 2-221d
周爱 4-153a
周邦彦 9-465b
周保中 5-4a
周必大 9-465c
《周髀》 9-465d
周髀说 3-28f
《周髀算经》 9-465d, 1-427b, 3-373c, 4-79d, 7-208d
周勃 9-465d
周朝俊 3-472a
周忱 9-465e
周成王 9-465f
周城 6-131d
周传瑛 9-465f
周传铮 9-466a
周春 5-67d
周达观 9-254f
周德清 9-450a
周德山 9-207e
周定公 3-148b
周敦颐 9-466b, 7-257a
周恩来 9-466b, 2-6e, 2-204a, 2-318b, 3-289c, 3-594a, 4-177b, 4-177d, 5-572c, 7-432e, 8-175c, 9-358f
周恩来旧居 8-83b
周恩来总理诗碑 4-279f
《周恩来总理像》 5-112e
周而复 9-467c
周昉 9-467d, 9-152e
周佛海 9-467e, 7-487b
周鲠生 9-467f
周公 9-468a, 5-162a, 6-131e
周公旦 9-465f
周公瑾 9-476c
周公庙 1-240c, 6-131d
周谷城 9-468b
《周谷城教育文集》 9-468c
《周谷城史学论文选集》 9-468c
《周官》 9-469e
《周官经》 9-469e
周官县 7-402a
周光关系 9-468d, 3-443e, 9-164e
周光瑚 3-364b
周光召 9-468d, 9-376c, 9-377a, 9-377b
周广仁 9-468f
周桂笙 9-124d
周环反应 2-5c, 8-235b
周惠久 9-469a
周济 1-527d, 9-357c
周祭 2-336a
周家螳螂拳 7-320d
周家样 9-467e
周嘉胄 9-515a
周建人 9-469b, 9-382d
周介人 8-380b
周堪 6-601c
周克 9-63e
周克芹 5-326b, 6-451d
《周口店的用火遗迹及石、骨器物》 1-456d
《周口店山顶洞之文化》 6-56a
周口店遗址 9-469c, 1-274c, 6-55f
周口店遗址博物馆 9-469d
周口市 9-469d
周览 9-467f
周郎 9-476c
周礼 4-585b
《周礼》 9-469e, 8-116f
《周礼·春官·乐师》 3-294e
《周礼·考工记》 2-81c, 4-415e
《周礼·天官冢宰》 1-147b
《周礼义疏》 9-469f
《周礼正义》 9-469f
《周礼注疏》 9-469f
周厉王 9-469f, 3-148b
周立波 9-470a
周立三 9-470b, 9-425c
周亮工 4-537f
周玲美 9-546f
周密 9-470c, 9-120a, 9-389f
周明帝 9-67d
周慕莲 9-470d
周南 3-255b
《周南教育》 8-347a
周年差 2-259c

周年光行差 3-228c
周年视差 7-30b
周培源 9-470e, 4-322c, 9-377a
周平王 9-471a, 2-330a
周萍 9-55e
《周谱》 3-125b
周期律 9-471a
周期式炉 3-127b
周玘 9-471b, 7-493b
周起应 9-474b
《周秦少数民族研究》 5-374f
周去非 2-104d
周仁 9-471c
周日光行差 3-228c
周日视差 7-30b
周日温跃层 9-127a
周汝昌 3-476b
周润发 9-471d
周绍良 2-377d
周绍仪 9-470a
《周生传》 6-257e
周盛波 3-562c
周时经 9-471e
周士第 5-518a
周寿云 7-53e
《周书》 9-471f, 8-563f
《周书集训校释》 8-564a
周树人 9-472a, 5-166a
周顺昌 2-324b
《周颂》 6-574f, 7-176e
周岁年龄 5-585d
周天王 9-67c
周铁农 9-472a
周庭栋 8-448f
周巍峙 9-400c
周围神经病变 7-280f
周围神经系统 6-511b, 7-476a
周围性面神经麻痹 5-417b
周围性紫绀 9-532d
周文 6-318f
周文骏 9-472b
周文王 9-472b, 9-468a
周武帝宇文邕 9-472c, 9-67d
周武王 9-472e, 5-496b, 8-398e, 9-468a, 9-478f, 9-552e
周熙 4-173c
周遐寿 9-477d
周小燕 9-472f
周小舟 5-158e
周信芳 9-473a, 5-538e
《周信芳文集》 9-473b
周兴 4-530e, 8-62a
周兴嗣 5-375b, 6-158a, 6-613f
周星驰 9-473c, 8-194a
周性单性生殖 2-144d
周宣王 9-473d
周璇 9-473e
周学熙 9-473f, 4-387e
周勋初 7-317d
周亚夫 9-474a
周亚南 7-320d
周扬 9-474a, 5-166d
《周扬近作》 9-474d
《周扬文集》 9-474d
《周扬序跋集》 9-474d
周耀锟 9-445b
周一良 9-474d
《周一良集》 9-474f
周夷白 9-474f
周贻白 9-474f
周贻赓 9-466c
《周易》 9-475a, 2-490d, 3-428b, 8-135e
《周易本义》 3-428b, 9-475e
《周易卜筮断》 7-612d
《周易参同契》 9-475f, 3-373d, 5-48e
《周易参同契鼎器歌明镜图》 9-475f
《周易参同契发挥》 9-475f
《周易参同契分章通真义》 9-475f
《周易参同契分章注》 9-475f
《周易参同契解》 9-475f
《周易参同契考异》 9-475f
《周易程氏传》 1-593a
《周易粹义》 8-510e
《周易集解》 9-475f
《周易口义》 3-510f
《周易略例》 7-490d
《周易内传》 7-495b
《周易述》 3-614e
《周易四笺》 2-307e
《周易外传》 7-495b
《周易・系辞》 2-226f, 4-304f
《周易虞氏义》 9-197f
《周易正义》 9-475e
《周易注》 7-490d, 8-205b
周永康 9-475f
周幽王 9-476b, 6-329e
周瑜 9-476c
周予同 9-476d
《周予同经学史论著选集》 9-476e
周宇驰 5-79c
周玉纹 8-221b
周钰良 1-273a
周豫才 5-166a
周原 3-169b
周原遗址 9-476e, 1-240c, 2-599c, 4-134e, 6-212b
周缘神经损伤 7-280f
周云瑞 9-476f
周载帆 5-388b
周章 8-24d
周樟寿 5-166a
周真公 4-313d
周振甫 9-155b
周正 6-407a
周之冕 9-477a
周知堂 9-477d
周至金丝猴自然保护区 9-477b
周志成 4-480e
周制 4-323d
周忠和 4-477f
周铸 9-60f
周转量 9-143c
周准 5-447f
周自齐 4-197a
《周总理，你在哪里》 6-578e
周祖谟 9-477c
周祖式 9-467c
周作民 1-284b
周作人 9-477d, 1-352a
洲际弹道导弹 9-477f
洲际导弹 9-477f, 2-156a
洲际巡航导弹 9-477f
洲区人种 2-225b
《洲渔笛谱》 9-470d
轴 9-478a
轴测图 4-33e
轴承 9-478b
轴角编码器 7-539c
轴流式电风扇 2-277f
轴流式水轮机 7-94a
轴流通风机 7-388e
轴流压缩机 8-386b
轴面劈理 6-70f
轴矢介子 4-233c
轴突 8-149a
轴突－胞体突触 7-417a
轴突－树突突触 7-417a
轴向色差 6-415e
轴足 7-265e
帚虫 9-478d
帚虫动物 9-478e
帚尾豪猪属 3-404f
帚尾鼠 9-478d
帚尾鼠科 9-478d
帚形动物门 9-478e
纣 9-478f
纣王 5-496a
咒语 9-478f, 2-605f
《宙克西斯》 5-152d
宙斯 9-479a, 1-50c, 2-389c, 8-124d, 8-394a
“宙斯盾”舰空作战系统 3-280c, 4-356d
“宙斯盾”系统 3-280c
宙斯祭坛 3-179d
宙斯巨像 1-126c
宙斯神庙 1-126c
绉 9-479b
绉缎 2-369c
昼气辉 6-143e
昼夜节律 6-539c
皱唇鲨 9-255f

皱皮木瓜 5-489d
皱鳃鲨 9-479c
皱鳃鲨目 9-479c
皱胃 2-468f, 2-469a, 7-570c
皱纹盘鲍 1-249d
皱叶莴苣 7-607c
皱紫菜 9-532b
籀文 9-479d, 9-512f
朱巴河 9-479d, 1-72b, 7-231e
朱庇特 2-389c, 3-172f, 9-479b
《朱庇特》 5-478d
"朱庇特"C火箭 1-445a
朱炳麟 9-400a
朱勃 9-482b
朱昌祚 1-117b
朱常洛 8-476d
朱常洵 5-536e, 8-476d, 9-261b
朱常瀛 5-537a
朱宸濠 7-316e
朱晨 3-542e
朱慈焕 9-486c
朱存理 6-443f
朱耷 9-479e, 6-223a, 7-153b
朱大典 5-536f
朱大官 9-483b
朱丹溪 9-480a
朱德 9-480c, 3-177b, 7-432b, 9-391c
朱德庆 9-212a
朱德熙 9-481c
《朱德选集》 9-481d
朱迪·福斯特 9-481d
朱棣 5-440b, 5-444a, 5-496f
朱棣文 9-481e
朱顶红 9-481f, 6-602e
朱顶紫罗袍 4-262a
朱东润 9-482a
朱端 5-448a
朱敦儒 9-482b
朱尔朱拉山 1-56c
朱方 9-259e
朱风 3-589d
朱封墓地 6-435e
朱凤 2-579f
朱辅 1-201c
朱高煦 8-461f
朱工一 9-482d
朱古 4-6d
朱古达战争 5-211b
朱光潜 9-482d, 1-267c
《朱光潜全集》 9-482f
朱光亚 9-482f, 9-357c, 9-377a
朱桂 9-18f
朱国梁 6-590c, 9-466a
朱国桢 6-585f
朱红灯 8-554a
朱鹮 6-590a
朱洪元 9-483a
朱厚熜 5-448f
朱化麟 9-483b
朱鹮 9-483c, 1-361a
朱鹮属 9-483c
朱晃 9-487d
朱记 8-138e
朱贾鸟类保护区 6-375d
朱见深 5-309e
朱建华 9-483d
朱践耳 9-483e
朱介生 2-308c, 9-477a
朱今明 5-547c
朱槿 2-599e
朱槿牡丹 2-599e
朱经武 9-483f
朱景玄 3-557b, 7-306a
朱俊 7-219d
朱骏声 9-484a
朱开沟文化 6-301b
朱可夫,G.K. 9-484a
朱克靖 5-518a
朱克曼,P. 9-484c
朱克柔 9-484c, 4-463c
朱阔泉 3-485c
朱拉隆功大帝 5-307f, 9-484d
朱拉隆功大学 5-307f, 7-274e
朱拉隆功改革 9-484d
朱里亚岭 5-565d
朱丽安娜峰 7-187d
《朱丽小姐》 9-484e
朱丽叶·比诺什 9-3c
朱利亚,A.D. 9-485a
朱利亚学校 9-485a
《朱莉亚》 4-158e
朱莉亚·罗伯茨 9-485a
朱脸鹮 9-483c
朱亮祖 3-509e
朱琳 9-485b
朱陆之辨 5-168a
朱菉园 3-443a
朱鹭 9-483c
朱伦瀚 3-73b
朱罗 7-32e
《朱麻谢赫和其他故事》 7-248e
朱买臣 9-208d
朱勔 3-531c, 7-170a
《朱明优戏序》 9-386e
朱铭盘 3-613c
朱母朗马阿林 3-580a, 9-492f
朱穆之 9-485c
朱诺 1-38b
《朱诺和孔雀》 1-122f
"朱诺"1号火箭 1-445a
朱培德 3-289d, 4-188f, 5-595b
朱批奏折 9-563e
朱普橡胶园 1-235d
朱漆嵌玉高柄杯 5-50e
朱祁钰 2-392c
朱启钤 9-485d, 4-197a, 7-118a, 9-405b
朱琴心 3-182d
朱权 9-485e, 1-529a, 7-256a
朱全忠 7-302b, 9-487c
朱雀 9-485e, 2-579f
朱雀天皇 6-504e
朱然 9-485f
朱然家族墓地 9-485f
朱然墓 9-485e
朱镕基 9-486a
朱瑞巷剧院 8-241d
朱塞佩·阿达米 7-421e
朱三太子案 9-486b
朱砂 1-549b, 5-131c
朱砂冲 4-308c
朱砂红 6-423f
朱砂足 5-142d
朱少文 9-486c
朱绍文 9-486c
朱升 5-449e
朱生豪 9-486d
朱石麟 9-486e
朱世杰 9-486f, 9-493c
朱寿镛 5-536f
朱淑真 9-486f
《朱淑真集注》 9-487a
朱硕熿 5-536f
朱丝栏 1-403d
朱松邻 9-487a
朱棣 9-487b
朱泰 8-372e
朱滔 7-306c
朱藤 9-534c
朱纨 9-487c
朱万铁列克峰 1-414b
朱韦纳尔·哈比亚利马纳 5-156b
朱维特,D. 4-423c
朱温 9-487d, 2-463f, 3-67a, 3-493a, 3-494c, 5-544d, 6-510b, 7-310c, 8-288f, 9-205c
《朱文公文集》 9-487f
朱文鑫 9-487e
朱文印 8-138f
朱物华 9-487e
朱西厄,B.de 2-328c
朱希真体 7-169d
朱希祖 1-352a
朱熹 9-488d, 1-191e, 2-405e, 3-112b, 5-169c, 5-390a, 7-451c, 7-493c, 9-319c, 9-376a
朱洗 9-488f
朱仙镇 9-489a
朱湘 9-489b
朱祥云 2-82d
朱邪赤心 4-603a
朱绣 2-66b

朱学范 9–489c, 9–370f
朱炎 7–326d
朱琰 7–326d, 8–209a
朱一贵 7–249a
朱衣道人 3–16e
朱衣点 6–593f
朱彝尊 9–489c, 2–41f, 5–448a, 6–222f, 9–245d
朱以海 5–536f
朱亦松 9–489d
朱翊钧 5–444c, 5–447e
朱翼中 4–324e
朱应 9–489e
朱永泰 2–121c
朱由检 5–449b
朱由榔 4–592e, 5–537a, 6–254d
朱由崧 2–381e, 5–277a, 5–536e
朱友珪 3–493b, 9–487d
朱友贞 3–493b
朱有燉 5–447b
朱聿镈 5–537a
朱聿键 5–536f
朱元璋 1–575d, 2–348d, 3–254a, 4–428b, 4–471b, 5–439d, 5–449e, 5–450e, 9–17c, 9–89c, 9–479e
《朱元璋传》 8–30b
朱蕴山 9–489f, 9–370f
朱载堉 9–404e
朱赞仪 6–602f
朱兆祥 1–232e
朱震亨 9–480a
朱执信 9–490b, 3–503c
朱志学 3–596c
朱寘鐇 8–466f
朱仲龙 9–485c
《朱子全书》 4–595c
《朱子书节要》 4–598c
朱子学 4–598c
《朱子语类》 9–490a
《朱子语类大全》 9–490a
《朱子语录》 9–73c
《朱子治家格言》 4–127c
朱自清 9–487a
《朱自清全集》 9–490c
邾城 9–84d
侏罗纪 9–490c, 9–437e
《侏罗纪公园》 5–350b, 7–132d
侏罗山 2–438c
侏罗系 9–490d
侏儒 9–490e
《侏儒》 4–516f
侏响尾蛇 8–203b
诛二族 9–568e
诛九族 9–568f
诛七族 9–568e
诛郅县 1–104e
茱萸峰 9–138d
茱萸节 2–7a
洙泗书院 6–247f
珠巴喜饶 2–65b
珠蚌 9–490f
珠宝玉石 1–240f
珠被 9–457b
珠柄 9–457b
珠尔墨特那木扎勒 9–503f
珠峰 9–492e
《珠光宝气的人》 1–55a
珠光裳凤蝶 2–580c
珠海市 9–490f
珠海县 9–491a
珠河县 9–233b
珠玑巷 5–544c
珠江 9–491b, 3–233c
珠江口外群岛 9–492a
珠江流域 9–491b
珠江平原 9–492b
珠江三角地区 6–247d
珠江三角洲 9–492b
珠江三角洲高新技术产业带 9–492e
珠江三角洲经济区 9–492c
珠蚧 7–111f
珠颈斑鸠 1–226c
珠兰 4–257f
珠兰茶 4–258a
珠帘秀 9–492e
《珠帘寨》 9–231d
珠链 8–205f
珠鳞 5–226e
珠母贝 9–251b
珠母贝属 3–410b
珠母云 6–90d, 9–133c
珠穆朗玛峰 9–492e, 5–565d, 8–114b, 8–121f, 8–139f
珠穆朗玛峰自然保护区 9–493a
珠算 9–493b
珠囤 3–526b
珠崖 3–334b
《珠玉词》 8–442f
珠状闪电 6–444c
珠子 9–250f
珠仔山 6–329b
株式会社台湾银行 7–253f
株洲市 9–493c
《诸病源候论》 7–213b
诸宸 3–275c
诸诚派 6–203a
诸城市 9–493d
诸城县 9–493d
《诸蕃志》 2–104d
诸福棠 9–493d
诸葛八卦村古迹 4–542d
诸葛菜属 6–591f
诸葛诞 9–453f
诸葛亮 9–493e, 4–186f, 4–474a, 6–388d, 8–57d
《诸葛亮集》 9–494a
诸葛亮庙 8–57d
诸葛绪 2–196a
诸宫调 9–494a, 1–283f, 2–25e
《诸国六国河》 1–107d
《诸汗源流黄金史纲》 3–589d
诸侯 9–494b
诸侯国 9–494b
诸暨市 9–494b
诸暨县 9–494b
诸孔明 9–493e
诸罗 4–132c
诸色户计 3–522c, 9–89e
《诸神的欲望》 6–389e
《诸神会宴》 4–512d
《诸神渴了》 2–451d
诸生 7–263f
诸王之王 6–366f
诸夏 3–538f
《诸艳大鉴》 4–309f
诸子略 3–294f
《诸子略义》 2–483e
诸子散文 9–494c
袾宏 9–494c
猪 9–494d
《猪八戒吃西瓜》 5–361e, 7–483c, 9–352a
《猪八戒拱地》 2–427c
猪丹毒杆菌 4–572f
《猪和军舰》 4–235e
猪霍乱 9–495d
猪巨吻棘头虫 4–74b
猪巨吻棘头虫病 9–495a
猪口蹄疫 4–482a
猪笼草 9–495c
猪笼草科 9–495b
猪笼草属 9–495b
猪毛菜 4–585a
猪囊尾蚴病 9–495c
猪婆龙 8–448f
猪去氧胆酸 2–147a
猪湾入侵 4–65b
猪尾鼠 9–478d
猪瘟 9–495d
猪油 8–411e
猪油白 2–179a
猪油果 7–337d, 9–41c
猪油果属 7–337c
猪鬃 9–495e
蛛蛾 2–215b
蛛丝 9–294c
《蛛网宫堡》 6–383b
蛛网理论 9–495f
蛛网模型 9–495f
蛛网膜下腔出血 5–160a
蛛网膜下腔阻滞 5–239a
蛛形纲 9–496a, 1–334c

槠 4-418c
潴龙河 3-328c
术赤兀鲁思 6-192b
术赤 9-496b
竹 9-496c
竹柏 9-496e
竹板快书 6-435c
竹筹 2-11c
竹笛 2-215d
竹秆 9-496d
竹根雕刻 9-497b
《竹鹤图》 1-337f
竹蝗 3-604b
《竹鸡图》 9-477b
竹筴鱼 6-509f
竹节虫 9-496f
竹节虫目 9-496f
竹节钢鞭 1-340d
竹节羌 6-177a
竹节石 9-497a
竹节石类 5-580a
《竹菊图》 5-401c
竹刻 9-497a
竹栏诗社 2-307d
竹林 6-451d
《竹林抄》 5-37d
竹林精舍 7-34a
竹林七贤 9-497b, 6-343e, 6-388d
《竹林七贤与荣启期》砖画 9-497c
《竹林像》 5-169c
竹镂舟蛾 9-464b
竹内纲 4-67a
《竹谱》 8-40d
竹堑城 8-295d
《竹鞘寄生菌之研究》 2-133b
竹琴 3-190d, 7-147a
竹琴大会 7-147a
《竹禽图》 8-246c
《竹取物语》 6-320c
《竹山词》 4-189a
《竹石菊花图》 5-401c
《竹书纪年》 9-497d, 4-68c
竹荪 7-6c
竹炭纤维 9-497f
竹筒饭 4-584f
竹溪 2-152d
竹溪寺 9-497f
竹下登 3-319f
竹熊 2-113d
竹亚科 3-407c
竹叶 9-496d
竹叶青 9-498a
竹叶青酒 6-441b
竹叶青蛇 9-498a
《竹斋诗集》 7-505a
竹枝 9-496d
《竹枝词》 5-120e
竺道生 2-165f
竺法兰 1-202f
竺法汰 2-165f
竺可桢 9-498b, 6-142e
逐步聚合 4-341e
逐段现浇式桥 6-186e
逐日减灶之法 5-268a
逐水 8-158b
逐水剂 8-238f
烛龙神话 6-44c
烛台风格 6-46a
蠋 5-95b
蠋蝽 2-39c
蠋形幼虫 2-34d
主板市场 2-32d
主播 4-216c
主产品 5-608d
主成分分析 2-391b
主存 9-498d
主存储器 9-498d
主单位 4-88f
主动场屏蔽 2-276a
主动段拦截系统 9-186a
主动飞行段 3-401e
主动飞行段救生 3-400b
主动隔振 3-113b
主动力 8-190e
主动脉瓣病变 8-247c
主动脉瓣关闭不全 8-247c
主动脉瓣听诊区 8-256e
主动脉瓣狭窄 8-247c
主动脉成形术 4-232d
主动脉内气囊反搏 2-468d
主动声呐 6-551f
主动型裂谷 5-77e
主动遥感 2-101a
主动运送 8-152a
主法 1-591b
主法线 6-249c
主犯 9-498e
主父偃 9-498e
主复活节 3-11b
主干家庭 9-498f
主干路 1-584b
主根 3-117c
《主观的综合》 4-473b
《主观公法体系》 8-487a
主观救赎论 4-329a
主观逻辑 5-224e
主观唯心主义 9-499a, 7-547d
主观验光法 8-443e
主观指标 6-495e
主合同 3-411c
主和弦 3-420b
主虹 3-478d
主户 3-522b
主降生节 6-557c
主教 9-499a
《主教的祝火》 1-122f
主教叙任权之争 9-499b
主镜片 8-440a
主客体包结物 2-552e
主客体关系 9-499d
主客体络合物 2-552e
主客体体系 1-531f
主量子数 5-63b, 9-110a
主令开关 4-386c
主麻清真寺 1-80f
主年轮谱 4-416b
主平面 7-81a
主期构造 2-249a
主情主义 3-45c
主曲 6-255d
主权 9-499b
主权国家 7-18e
《主权论》 9-210f
《主权宣言》 3-314d
主日 4-585b
主日学校 8-306c
主首 9-145e
《主题》 6-39e, 8-6a
主题标引 1-353a
主题角色游戏 9-43c
主题统觉测验 3-410c
《主题与变化》 5-244b
主题杂技晚会 9-410d
主体 2-552e, 9-499e
主体化合物 1-254c
主体分子 1-236d
主体思想 9-499c, 4-248c
主体性 9-499d
主体与客体 9-499e
主温跃层 9-126f
主物 8-70c
主物权 8-78c
《主席》 8-5f
主项 9-298e
主星序 3-447b, 9-499f
主刑 9-499f
主序星 9-499f, 3-447c, 7-265b
《主要的哀歌》 6-411d
主要角色 4-347d
主要矿物 4-9d
主要蜜源植物 5-409f
《主要消化腺讲义》 1-155a
主要组织相容性抗原 4-413f
主页 7-524b
主应变 9-20e
主跃层 9-126f
主战坦克 9-499f, 7-287d
主震 2-246a
主族 9-97a
煮茶之法 1-490c
煮骨粉 3-186b

煮剂 7-296a
煮茧 9-314a
煮散 6-408f, 7-296a
《嘱咐》 2-183f
苎麻 9-500a, 5-238b
苎麻属 9-500a
苎麻叶 9-500b
助 4-309c
助产 9-500b
《助产士》 4-22f
助催化剂 2-57b
助法 1-591b
助航标志 3-391c
助剂 9-500d
助祭 7-368a
助色团 6-273a
助听器 9-500e
助推火箭 9-143f
助兴游戏 9-43d
助学贷款 9-501a
助学金 9-501b
助阳 1-424a
助致癌物 9-319a
住职 9-501c
住持 9-501c, 2-491d
住持职 9-501c
住房公积金 9-501d
住囊虫 7-562a
住棚节 9-501d
住友财阀 9-501e
住友财团 9-501e
住友化学 9-501e
住友吉左卫门 9-501e
住友金属工业 9-501e
住友水泥 9-501e
住友银行 9-501e
住院会 2-488f
住宅建筑 9-501e
住坐匠 4-192e
贮贝器 6-607d
注 9-503a
注册会计师 9-502b
注册资产评估师 9-502c
注入式教学 9-502c
注射 9-502d
注射器 9-502d
注射用抗高血压药物 4-408a
注释 9-503a
注释法学 2-456e
注释法学派 2-457a
注塑机 7-205c
注意 9-503a
注意定势 8-250f
注意固定 9-503c
注意涣散 9-503c
注意减弱 9-503c
注意缺陷障碍 2-381b
《注意！坦克》 3-165c
注意狭窄 9-503c
注意障碍 9-503b
注意转移 9-503c
注音字母 9-503c
注音字母运动 7-603a
驻波 9-503d
驻防八旗 1-144f
驻极体 2-282e
驻京八旗 1-144f
《驻军图》 5-280f
驻马店市 9-503e
驻藏大臣 9-503e, 6-220b
柱国 9-182f
柱晶白霉素 2-87c
柱式 9-504a, 3-178c
柱头 3-525b
柱头虫 9-504c, 1-233f
柱星螅目 7-101b
柱形图 7-407a
柷 8-398e
柱状矿体 4-500f
《祝福》(电影) 1-208a, 8-167d
《祝福》(舞剧) 4-192d
《祝酒歌》 6-578e
祝融 6-392b
祝融殿 3-467c
祝融峰 3-467c
祝圣寺 4-37f
祝寿河 9-504c, 6-164d
祝希娟 9-504c
《祝英台》 5-56c
祝允明 9-504f, 5-445e, 7-175b, 7-601f
祝宗卜史 8-117a
《著名骑士施纳普汉斯基的生平事迹》 7-543a
著作权 9-505a, 8-22b
著作权法 9-505c
著作人身权 9-505c
蛀秆虫 2-425a
蛀果蛾 9-505d
蛀果蛾科 9-505d
蛀心虫 2-425a
蛀牙 4-481d, 6-256e
铸币 9-505e
《铸币法》 5-363c
铸范 2-303d
铸钢 9-505f, 3-54d, 9-506c
铸石 8-363b
铸铁 9-506a, 6-534f, 8-491f, 9-506c
铸造 9-506a
铸造合金 9-506c
铸造合金钢 9-505f
铸造金属材料 4-255b
铸造铝合金 5-183e
铸造生铁 6-534f
铸造碳钢 9-505f
铸造特种钢 9-505f
铸造铜 7-402d
铸造锌合金 8-263a
铸造有色金属合金 9-506c
铸字盒 3-183a
筑 9-506d, 3-245f
筑波 9-506e
筑波大学 9-506f
筑波科学城 9-506e
《筑城术原理》 2-314d
筑地小剧场 8-227f
筑基 5-553c
筑球 2-55a
筑紫岛 4-323e
筑紫平原 4-323e
筑紫山脉 4-323e
箸 4-497b
抓斗式挖泥船 3-122b
抓鼓 3-190e
抓周 9-507b
《抓壮丁》 9-507c
《专爱集》 1-566c
专稿 7-393c
专管租界 9-564d
专家经纪人 4-284d
专家内阁 9-507c
专家系统 9-507d, 3-123e, 5-454a, 8-299d
专家政治 9-507c
专家治国 9-507c
专科护理 3-523d
专科目录学 5-494f
专科性词典 2-41c
专利 9-507c, 3-266a
专利法 9-507e
《专利合作条约》 3-266b
专利权 9-508a, 8-22b, 9-507e
专利权人 9-507e
专卖 9-508d
专卖店 9-508d
专门出口 3-270b
专门档案馆 2-154c
专门法院 2-459d
专门化车床 1-546e
专门机关解释制 8-187e
专门进口 3-270b
专门贸易额 3-270b
专门贸易体系 3-270b
《专门水工建筑物》 9-194d
专门图书馆 9-508e
专门图书馆学 7-425f
专名 2-230a
专名号 1-352c
专史 9-508f
专属捕鱼区 9-509b
专属管辖 5-428e
专属经济区 9-509a, 9-509c

专属渔区 9–509b
专题地理数据库 2–226c
专题地图 2–239b
专题集邮 4–78a
专题系列纪录片 4–97d
专项拨款 9–509c
专项基金 9–509c
专项借款 9–509c
专项应付款 9–509c
专性单性生殖 2–144d
专性寄生物 4–105d
专性滞育 9–325d
专业村 9–540b
专业地质图 2–250a
专业调查船 3–349a
专业防伪 2–496e
专业化工业基地 3–126f
专业化码头 5–290d
专业经纪人 4–284d
专业批发交易市场 6–69c
专业信使 7–474d
专业性文摘报 7–601e
专业运动员 9–141e
专营权 5–146b
专用变压器 1–345a
专用地图 2–239b
专用化学品 4–307b
专用计算机 4–89f
专用量具 5–56d
专用水泥 7–95b
专用通信卫星 7–392c
专用武装直升机 8–62f
专用用材林 9–28e
专用语言 1–591d
专用站网 7–99c
专有技术 3–266a, 8–22b
专政 9–509c
专志 2–221d
专制 9–509d
砖雕 9–509d
砖红壤 3–472e, 7–442c
砖红壤性红壤 3–472e
砖混住宅 9–502b
砖砌影壁 9–18e
砖室墓 7–444e, 9–364e
《颛顼历》 7–114f
转氨基作用 5–89c
转氨酶 9–509e, 5–89c
转杯纺纱 2–501a
转变 9–509f
转变论 4–269c
《转变，一个人的搏斗》 7–453e
转调 9–510a
转关桥 1–583b
《转轨中国》 8–31e
转化 5–583e
转化基因 1–74a
转化生长因子β 8–153b
转化水 9–41a
转化糖 9–245e
转换断层 9–510c, 7–528f
转换开关 4–386c
转换滤光镜 5–189e
转换器 9–510c
转换语法 3–310e
转基因 9–510d
转基因动物 6–535b, 9–510e
转基因生物 6–535b
转基因微生物 6–535b
转基因植物 9–510e
转基因作物 9–510f, 6–535b
转继承 9–510f
转继承人 9–510f
转口贸易 9–511a, 3–270c
转捩 4–569f
转录 9–442a
转录酶 1–152d
转盘钻 9–572e
转世灵童 9–511a, 4–247b
《转手的幸福》 5–166a
转手贸易 9–511b
转踏 1–283f
转位和弦 3–420a
转位音程 8–574b
转向极化 2–282c
转型经济学 4–296d
转型学派 4–289c
转盐运使 9–511d
转移定价 9–511c
转移轨道 3–301b
转移核糖核酸 3–438b
《转移核糖核酸——结构、功能与合成》 7–493e
转移价格 9–511b
转移性胸膜肿瘤 8–331c
转音 9–484a
转语 2–491a
转运贸易 3–301f
转运使 9–511c, 7–25d
转运使司 9–511d
转运司 9–511d
《转战陕北》 6–599d
转账支票 9–287d
转置 3–389f
转置矩阵 4–334c
转注 5–138e
转租赁 6–335c
传 9–503a
《传记》 1–108d
《传记集》 6–112e
传记纪录片 4–97d
转碟 7–75f
转动 4–33a
转动惯量 9–511e
转动量子数 5–63b
转桨式水轮发电机 6–517d
转桨式水轮机 7–94a
转炉法 7–380d
转炉钢 3–54c
转炉紧凑式短流程 3–56a
转炉炼钢 9–511e, 3–56a
转轮经藏窟 2–124d
转轮排字架 7–518f
转门 5–365a
转盘笙 6–554a
转山会 6–114e
转山节 5–513e
转塔车床 1–546c
转轴 4–33b, 9–478b
转子 2–280e
转子莲类 7–384f
转子自动线 9–537c
《赚大钱》 2–389d
撰著派 2–492b
篆法 9–512c
篆刻 9–511f, 9–380e
《篆刻学》 9–512e, 2–197d
《篆刻针度》 9–512e
篆书 9–512f, 7–47c, 9–380d
妆花 9–134e
妆花缎 4–267d
妆花纱 6–430a
庄（村庄） 9–540b
庄长泰 9–512f
庄耻臣 6–329e
庄大田 5–85d
庄妃 8–232f
庄逢甘 9–513a
庄河市 9–513b, 2–91d
庄河厅 9–513b
庄河县 9–513b
庄家 5–237d
庄家耍 6–435f
庄贾 1–564f
庄稼 9–580a
庄廊 7–444f
庄票 6–170e
庄巧生 9–513c
庄青翟 9–208d
庄氏方法 9–513a
《庄氏降香》 5–219c
庄田 3–580c
庄廷钺 7–603c
庄希泉 9–513d
庄孝僡 9–513e
庄严论 6–575d
《庄严弥撒曲》(L.van 贝多芬) 1–289a
《庄严弥撒曲》(H.柏辽兹) 1–405e
庄泳 9–44a
庄棫 1–208f
庄园 9–513f

庄则栋 9–514a
庄泽宣 4–212f
庄周 9–514b
庄子 9–514a
《庄子》 9–514c, 8–171a, 9–514b
《庄子集释》 9–514e
《庄子试妻》 4–583c, 9–350f
《庄子释文》 9–514e
《庄子疏》 1–580d
《庄子·天下》 2–161d, 7–174e
《庄子正读》 8–467a
《庄子注》(成玄英) 1–580d
《庄子注》(郭象) 3–253c, 9–514e
《庄子注》(向秀) 8–205b
装裱 9–514e
《装病躲差的士兵》 8–277b
装孤 8–48d
装潢设计 6–90f
《装潢志》 9–515a
装甲兵 9–515b, 5–168b
《装甲兵及其与其他兵种的协同》 3–165c
装配图 4–33e
《装饰》 9–444b
装饰饼干 1–368a
《装饰画论》 9–104b
装饰泥灰样式 6–45f
装饰土 8–540f
装饰样式 6–45f
装饰艺术 9–515b
装相 8–315c
装运港船上交货价格 4–576e
装载机 9–515c
装置艺术 9–515d
《装置艺术》 9–515e
壮傣语支 9–515e
壮侗语族 9–515f
壮锦 9–516a
壮美 2–7d
壮缪侯 3–208c
《壮士篇》 9–197c
壮文 9–516b, 9–516c
壮语 9–516b, 9–516c
壮族 9–516c, 5–602f
壮族大鼓奘络 3–190b
壮族歌节 6–406c
壮族牛王节 5–602f
壮族铜鼓舞 7–402c
壮族舞蹈 9–516d
状 4–321d
状态分析 9–516f
状态焦虑 4–202f
状态量 8–72b
状元 4–428c
《状元印》 9–62c
《状元与乞丐》 6–100e
僮人 9–516c
撞击坑 9–516f, 9–140a
撞击式台球 7–249d
撞击战 3–329b
撞木压条 8–386c
《追捕》 3–58c
追惩制 2–14a
追肥 6–578c
《追赶队伍的女兵们》 2–204d
追加判决 5–425f
追思弥撒 5–391d
追思曲 1–100a, 5–391d
追诉时效 9–516f, 8–310e
《追随》 6–374c
追索权 9–516f
《追忆》 5–312d
《追忆似水年华》 9–517a
《追踪》 4–377c
追踪调查 2–303b
追踪航天器 4–194f
椎 2–34c
椎动脉型颈椎病 4–310c
椎弓 4–86d
椎管 4–86d
椎管内麻醉 5–239a
椎管狭窄症 9–517b
椎棘 4–86d
椎间盘突出症 9–517c
椎孔 4–86d
椎实螺 9–517d
椎实螺科 9–517c
椎式 4–86e
椎体 4–86d
锥 4–418c
锥齿鲨 6–433a
锥齿鲨科 7–59e
锥虫病 9–517d
锥蝽 9–517d
锥栗 4–418c
锥囊藻属 4–263c
锥体束 7–280c
《坠钗记》 6–518a
坠胡 9–517e
坠琴 3–427a
坠子书 3–427a
坠子弦 3–427a
《缀术》 7–208d
《缀述》 7–208d
《缀网劳蛛》 8–353a
赘婿 6–343a
准备金 9–517e
准地槽 2–219b, 6–578a
准飞地 2–506d
准分子 2–549c
准噶尔 1–487d, 2–409c, 7–467b
准噶尔盆地 9–517f
准噶尔翼龙化石 4–447d, 8–570a
准噶尔翼龙亚目 8–570a
准钙铀云母 3–27a
准格尔煤田 2–410f
准公共产品 1–463f
准共有 3–151a
准货币 9–518a
准禁治产人 8–184f
准晶格 3–193b
准晶体 3–193b
准静态等温膨胀 4–445b
准静态过程 4–445a
准静止锋 2–572f
准据法 9–518b
准粒子 3–195c
准平原 6–193f
准绳问题测试法 1–485e
准物权 1–461c
准性生殖 9–253d
准血亲 8–375d
准阳运动 8–613f
准一神论 8–511e
准用益物权 9–29c
准则主义 7–28c
准占有 9–179f
拙政园 9–519b, 1–359b
《捉放曹》 2–306b, 5–389c, 9–58e, 9–59a
《捉猫故事集》 1–69f
《捉迷藏》 1 295a
桌礁 6–443d
桌面出版 2–294c, 7–427d
桌球 7–249d
桌圈 9–572f
桌上电了计算机 7–488f
桌上网球 6–86a
桌状山 6–87e
涿郡 9–31c, 9–519c
涿鹿县 9–519c
涿县 9–519c
涿州调 6–105e
涿州市 9–519c
灼伤 6–471d
灼心 6–472a
灼性神经痛 9–304d
《灼眼》 1–382c
卓别林,C. 9–519d, 3–102f, 7–328d
《卓尔卡的住宅》 1–434f
卓洛夫王国 6–375b
卓吾 5–4e
斫婆迦 7–109e
浊度计 5–11b
浊气 6–502a
浊水溪 9–519e
浊音 7–342a
酌定情节 5–60e
啄木鸟 9–519f
啄木鸟科 5–76a, 9–519f
着甲书 7–198f
着色剂 9–39a
着丝粒 6–273c, 8–150a

着思巴儿监藏 8-110c
着物 3-416e
着重号 1-352b
琢碾 9-78a
咨询业务 8-297f
咨议局 3-256e
《姿三四郎》 3-461a
兹马伊，J. 9-520a
兹纳尼茨基，F.W. 7-455a
兹威基，F. 9-520a, 8-586a, 9-451e
兹韦克，G. 4-492e, 5-36b
兹维沙瓦内矿区 4-265f
《兹文尼郭拉》 2-357e
兹沃雷金，V.K. 9-520c, 2-288c
资本 9-520d
资本拜物教 1-219e, 6-455f
资本边际效率 9-520f, 7-413f
《资本成本、公司财务与投资理论》 5-468a
《资本的流通过程》 9-522b
《资本的生产过程》 6-571b, 9-522a
《资本的原始积累和资本主义的发展》 3-200c
资本公积 9-521a
资本国际化 9-521b
《资本和社会主义》 6-501f
资本还原 7-107c
资本积聚 9-521d
资本积累 9-521d
资本技术构成 9-523c
资本家所有制 9-524c
资本价值构成 9-523c
《资本论》 9-521e, 1-349b, 1-350c, 7-609e
《资本论入门》 3-427d
《资本论——政治经济学批判》 9-521e
《资本论（1863～1865年草稿）》 9-521f
资本密集型产业 9-522d, 3-290a
资本平均有机构成 9-523c
资本商品 4-235c
资本市场 9-522d, 4-250d
资本市场客体 9-522e
资本市场危机 4-250f, 8-417d
资本市场主体 9-522e
资本输出 9-522e
资本输出入管制 7-473d
资本逃避 3-274e
资本外逃 9-522f
资本循环 9-523a
资本有机构成 9-523b
资本原始积累 9-523c
资本周转 9-523e
《资本主义的垂死呻吟和第四国际的任务》 2-262c
资本主义国家财政 1-462e
资本主义基本矛盾 4-292f
资本主义经济危机 6-528e
资本主义萌芽 6-219f, 7-599e
资本主义社会 9-523f, 9-462b
《资本主义、社会主义和民主主义》 2-32d, 3-200c
《资本主义生产的总过程》 9-522b
资本主义所有制 9-524c
《资本主义与自由》 2-594a
资本转移 4-284a
资本租赁 6-335b
资不抵债 9-524e
资产 9-524e, 9-524f
资产重组 9-524f
资产分立 9-524f
资产负债表 9-525a
《资产阶级八行尾韵诗》 1-160f
《资产阶级的画像》 8-94c
资产阶级民主 5-430e
《资产阶级审慎的魅力》 1-451e
资产阶级意识形态 8-568b
《资产阶级音乐文化危机》 1-80e
《资产阶级英雄生活》 6-582a
资产评估 9-525a
资产增值一挂 6-136a
资合公司 9-49e
资华筠 9-525b
资江 9-525d
资金 9-525c
资金结算 4-224e
资金密集型产业 1-504e, 9-522d
资金融通转移价格 9-511c
资深院士 9-377c
资水 9-525d
资兴市 9-525d
资兴县 9-525d
资讯 6-234d
资阳人 9-525e, 6-56a
资阳市 9-525f
资阳县 9-525f
资源保护 9-525f
资源地理学 9-526a
资源管理 9-526a
资源配置 9-526c
资源税 9-526d
资源危机 9-526e
资源委员会 9-526f
资源卫星 2-237a
资源性资产 3-297b
“资源”1号卫星 9-527a
“资源”2号卫星 2-237b
《资政新篇》 9-527b, 3-482d, 7-258f
资政院 9-81a
《资治通鉴》 9-527d, 7-114e
《资治通鉴补》 9-527f
《资治通鉴纲目》 9-487f
《资治通鉴释文》 9-527f
《资治通鉴音注》 3-508a, 9-527f
《资治通鉴注》 9-90c
资中县 9-525f
淄博市 9-527f
淄博特区 9-528a
鄑邑 1-506e
辎重兵 5-168c
孳息 8-70c
滋补肾阴 1-423c
滋圃 3-207b
滋润内燥 6-353a
滋生人丁永不加赋 9-528b, 6-219f, 6-230d
滋养安神剂 1-105f
滋阴 1-424c
滋阴学派 9-448d, 9-480b
子安峻 2-354c
子部 3-294f
子产 9-528c, 9-271b
子长县 9-528d
子程序 1-591a
子聪 5-104f
子贷金钱 9-182d
子弟书 9-528d
《子弟书总目》 9-528e
子反 8-422d
子房 3-525b
《子冈作品选》 6-66c
子公司 1-472e
子宫 9-528e, 6-5d, 6-550b
子宫出血 3-5f, 6-287a
子宫穿孔 6-287a
子宫底 9-528e
子宫肥大症 9-529a
子宫后倾 9-530d
子宫后位 9-530d
子宫肌瘤 9-529a, 8-326a
子宫角 9-528e
子宫颈 9-528e
子宫颈癌 9-529c
子宫颈管 9-528f
子宫颈肌瘤 9-529b
子宫颈炎 9-529d
子宫口 9-528f
子宫帽 1-335d
子宫内膜 9-528f
子宫内膜癌 9-529f, 8-325f
子宫内膜乳头状浆液性癌 9-529f
子宫内膜脱落不全 3-140e
子宫内膜息肉 9-530a
子宫内膜异位症 9-530b, 3-5e, 8-325f
子宫平滑肌瘤 9-529a
子宫前倾 9-530d
子宫腔 9-528f
子宫收缩乏力性产后出血 1-501d
子宫体 9-528e
子宫体剖宫产术 6-100a
子宫体腺癌 9-529f
子宫脱垂 9-530c
子宫峡 9-528f

子宫下段剖宫产术 6-100a
子宫腺肌症 3-5e
子宫性闭经 1-329a
子宫炎 6-62c
子宫移位 9-530d
子宫正常位置 9-530d
子谷子 5-88a
子规 2-358e
子核 7-76a, 9-589c
子喉 5-180d, 9-132d
子集 4-75b
子集公理 4-76a
子金 5-32e
子镜片 8-440a
《子恺漫画》 5-309e
子口半税 6-454a, 9-530f
子口税 9-530e
子例程 1-591a
子粒银 3-580c
子良 3-53c
子棉 5-412a
子母补泻配穴法 9-248c
子母船 4-19c, 9-143a
子母钱 3-608a
子目 2-54a
子囊孢子 4-213c
子囊菌 9-531a
子囊菌门 9-531a
子平术 7-209b
子平算命 7-209b
子染色体 9-49a
子时 3-33f
子思 7-119b
子午道 9-531b
子午流注针法 8-50d
子午面 2-228d
子午线 2-228d
《子午线祭》 5-493a
子午仪 7-567d
“子午仪”号导航卫星 9-531c
“子午仪”1B号导航卫星 9-531c
“子午仪”5B－2号导航卫星 9-531c
“子午仪”5C－1号导航卫星 9-531c
子细胞 8-149f
《子虚赋》 7-115a
《子虚上林赋》 6-409c
子璿 3-540a
子牙河 3-328c
子叶 9-457b
《子夜》 9-531d, 5-325f
子夜歌 9-531e
子夜弥撒 6-557d
子婴 9-230d
子玉 8-172e
子渊 4-475e
子之 8-422e
子兹甫 7-174c
《姊弟》 3-454e
《姊妹花》 3-501f, 7-116a, 9-278b
秭归县 9-531f
梓人 9-532a
《梓人遗制》 9-532a
梓树属 6-243e
梓桐 6-243e
梓潼帝君 8-573e
梓潼神 8-573e
梓行 2-13a, 2-300e
紫柏尊者 9-253e
《紫柏尊者别集》 9-253f
《紫柏尊者全集》 9-253f
紫背浮萍 2-604a
紫鳉鱼 4-308a
紫菜 9-532a
紫草茸 9-532e
紫打地 6-593f
紫癜 9-532b
紫貂 2-300c
紫椴 2-369c
紫凤仙 2-580f
紫绀 9-532c, 4-72a
紫羔羊 5-510b
紫羔羊皮 7-579f
紫毫笔 5-313b
紫花地丁 4-267c
紫花槐 3-562f
紫花苜蓿 9-532d
《紫黄红受难记》 4-108c
紫胶 9-532e, 4-199f
紫胶白虫 8-503f
紫胶虫 2-345e, 4-199f
紫胶蚧 4-199f
紫胶蜡 9-532f
紫胶蜡酸 9-293d
紫胶猎夜蛾 8-503f
紫胶色素 9-532f
紫胶原胶 9-532f
紫金龙 9-12e
紫金山 2-354b
紫金山天文台 9-532f, 9-58b
紫禁城 1-265e, 1-270e, 3-195e
紫堇碱 8-424e
紫荆关 9-533a
紫荆岭 9-533b
紫荆木 6-276f
紫荆木属 6-438c
紫晶 6-604e
紫景天属 4-312e
紫口铁足 5-142d
紫锂辉石 3-606e
紫羚羊 9-533b
紫罗兰 9-533c
《紫罗兰色的灵魂》 8-125c
紫罗兰属 6-591f, 9-533c
紫罗兰酮 9-533d, 6-433e
紫面秧鸡 8-446c
紫茉莉 9-533e
紫茉莉属 9-533e
紫苜蓿 9-532d
紫皮蒜 7-208c
紫萍 2-604a
紫萁 9-533f
紫蜣螂 6-189b
紫清先生 1-209c
《紫色》(电影) 7-613a
《紫色》(小说) 7-610d
紫色细菌 3-222a
紫砂陶 8-540e
紫杉醇 9-533f
紫杉科 3-469e
紫舌 6-478f
紫式部 9-534a, 9-114e
《紫式部日记》 9-534b
紫寿带 7-43e
紫水晶 7-87c
紫苏 9-534b, 1-205c
紫苏辉石 3-606d
紫穗槐 9-534c
紫穗槐属 9-534c
紫檀素 3-599b
紫藤 9-534c
《紫藤黄鹂》 7-514f
紫藤属 9-534c
《紫藤图》 1-551f
紫铜 3-598d
紫外光和能量光束固化油墨 9-39a
紫外光谱 3-225c
紫外－可见分光光度法 9-534d
紫外－可见分光光度计 9-534d
紫外－可见吸收光谱 9-534e
紫外天文学 9-534e
紫外线 9-534f, 2-275c, 3-219b, 3-219d
紫外线疗法 3-224a, 8-73a
紫外线吸收剂 2-426d
紫外星等 8-305a
紫葳科 9-535a, 3-473c
紫微北极大帝 7-156e
《紫微词》 5-177c
《紫微诗话》 5-177c
紫微垣 8-309b
紫薇 9-535a
紫薇属 9-535a
紫香附子 8-192e
紫牙乌 6-599c
《紫岩易传》 9-201d
紫阳派 9-190a
紫阳山民 8-340d
紫阳山人 2-488b
紫阳仙人 9-189f
紫叶美人蕉 5-356d
紫贻贝 8-541a
紫玉兰 8-261f, 9-75d

《紫苑草》 5–334a
紫岳 3–464a
紫云英 9–535c
紫竹观音 1–110a
《自白》 1–6f
自白派诗歌 6–108e
自卑感 9–535c
自卑情结 6–236a, 9–535c
自闭症 2–417b
自变量 2–391a, 3–358c, 3–608d
自残 9–535d
《自嘲》 5–70c
自导式深水炸弹 6–508e
自导鱼雷 9–60b
自动标引 1–353b
自动车床 1–546c
自动程控计算机 1–77e
自动催化 2–57a
自动阀 2–435b
自动扶梯 9–535d
自动复印机 3–12d
自动跟踪水雷 2–472e, 7–88e
自动衡器 3–467b
自动化 9–535e
自动化技术 9–535f
自动化仪表 9–536c
自动化元件 9–536c
《自动机研究》 8–198a
自动检测仪表 9–536d
自动控制系统 9–536e
自动门 5–365b
自动免疫 5–412d
自动铅笔 6–159d
自动人行道 9–536f
自动上浮水雷 7–88e
自动生产线 9–537a
自动售货 9–537c
自动售货机 9–537c
自动提花机 4–140c
自动调节系统 9–537d, 2–471d
自动调节原理 7–375d
《自动文本处理》 7–229d
自动物料储运系统 6–336d
自动线 9–537b
自动性异位心律 8–254e
自动验光仪 8–443f
自钝化 2–379c
自发出血 2–15e
自发的唯物主义 7–547a
自发电解法 2–281e
自发辐射 5–63e
自发裂变 9–537d
自发突变 7–416e
自发性腹膜炎 3–22c
自发性气胸 6–148f
自分泌 6–549d
自感 2–278b, 3–462c
自感电动势 2–278b
自感系数 2–278b
自告 9–545a
自贡市 9–537e
自汗 9–537f
自航耙吸式挖泥船 7–54e
自花传粉 2–25c
自花授粉作物 9–149b
《自画像》(华嵒) 3–556a
《自画像》(J.米罗) 5–399a
《自画像》(沙耆) 6–426e
自回归条件异方差 2–414a
自毁行为 9–127f
自激放电 6–145e
《自己与非己——细胞免疫学》 1–401e
《自己之歌》 1–483b
自给自足经济 9–541a
自剪 3–43d
自交 9–147c
自紧式密封 8–385c
《自京赴奉先县咏怀五百字》 2–356d
自聚焦 2–516a
自聚焦光纤 3–229f
自卷烟丝 7–118b
自觉角色 6–489b
自开商埠 6–454c
自来水笔 9–537f
自来水厂 4–85b
自力救济 9–538b
自力救助 9–538b
自立军 1–468c
自留地 9–538c
自流井 9–538d, 4–309a, 7–87d, 9–537e
自流水 1–582b
自流斜地 1–582c
自民党 6–321e
自喷井 4–309a
自喷泉 7–582c
自强军 6–228d
自强学堂 8–56e
自权人 5–206f
自然 1–107c
《自然》 9–538d, 5–296f
自然保护 9–538e
自然保护区 9–539a
《自然辩证法》 9–539d, 1–350d
自然铂 9–539f
自然参数 6–249c
自然崇拜 9–539f, 2–339b
《自然创造史》 3–329f
自然村 9–540a
自然带 9–540b
自然单位制 8–72e
《自然的体系》 4–20c
自然地带学说 2–244f
自然地理环境 2–224d
自然地理区划 9–541e
《自然地理学》 2–135f
自然地理学 9–540c, 2–228b
《自然地质学原理》 4–25c
自然电场 2–220f
自然对流 2–373a
自然对流传热 2–373a
自然对数 2–373d
自然干燥 7–4b
自然观 9–543d
自然光 3–220b
《自然和人工选择的数学理论》 4–20e
自然环境 9–540e, 3–564f
自然环境效应 3–573d
《自然》(绘画) 6–372b
自然火源 6–419e
自然价格 7–530f
《自然界问题》 6–374d
自然界物理因素理疗法 8–72e
自然金 9–541a, 4–243d
自然经济 9–541a
自然景观 9–541a
自然科学 9–541b, 4–442e
《自然科学的哲学问题》 8–165b
自然科学和工程研究基金 4–441b
《自然科学通俗化问题》 3–76a
自然历 8–70d
自然流产 5–123e
自然硫 9–541c
自然美 5–342a
自然派 9–541d
自然七声音阶 2–302f, 8–574c
自然区 9–541d
自然区划 9–541e
自然权利 7–121f
自然人 9–541f
自然人类学 7–345c
自然人为灾害 6–300a
自然神崇拜 9–540a
自然神论 9–542b
自然神学 4–45b, 6–515d
自然生育子女 6–287b
自然失业率 9–542b
《自然史》(G.-L.L.de 布丰) 1–436b
《自然史》(M.恩斯特) 2–416b
《自然史》(老普林尼) 6–112b
自然数 9–542c
自然数集 7–63d
自然数系 7–63d
自然淘汰 9–542e
自然天气季节 4–101d
自然条件 9–544b
《自然通史与天体论》 4–400d
自然同态 3–575c
自然铜 9–542e
《自然系统》 5–84a
自然休眠 8–335c
自然选择 9–542e

《自然选择的遗传理论》 2–542a
自然血亲 6–195c, 8–375d
自然遗产风景区 9–354b
自然遗迹 9–543b
自然疫源地 9–543c
自然疫源性疾病 5–21b, 9–543c
自然音程 8–574b
自然银 4–243e
《自然与神恩的原则》 4–533a
自然元素矿物 4–503b
自然灾害 9–543c
自然增长率 3–311d
自然哲学 9–543d, 8–403a
《自然哲学的数学原理》 4–439b, 5–600a, 7–484c, 9–543e
《自然哲学体系初稿》 8–241f
《自然真营道》 1–107c
自然支护采矿法 2–240c
自然秩序 9–462b
自然中心论 3–570f
自然主义 9–543f
自然主义戏剧 8–141f
《自然主义小说家》 9–544a
自然资源 9–544a, 3–294e, 9–526a
自然资源导向型 1–317b
自然资源永久主权 9–544b
自然子系统 2–226d
自然宗教 9–544c
自热炉 8–491c
自润滑轴承 9–478d
自色 4–501f
自杀 9–544d
《自杀论》 9–544c
《自杀日记》 2–306f
自杀预防 9–544d
自身变态反应 1–533e
自身抗原 9–319e
自身抗原异物 4–413e
自身免疫 1–533e
自身免疫性疾病 9–544e
自身免疫性甲状腺炎 4–137d, 4–138c
《自身免疫与自身免疫病》 1–401e
自生固氮微生物 3–191e
自适应系统 9–322c
自守函数理论 6–46e
自首 9–544f
《自书诗》 5–581f
《自书诗卷》 7–602c
自诉 9–545b
自诉案件 9–545b
自诉人 9–545b
自体骨髓移植 3–187f
自体受精 7–44d
自体输血 7–56c
自体移植 6–155a
自填式问卷 7–604e
自推式弹药 2–149b
自卫队 6–314c
自卫权 9–545c
自慰 9–545d
自稳定系统 3–123d
自稳态 4–399b
自我 4–306c
自我暗示 1–115c
“自我崇拜”三部曲 1–168a
自我刺激 9–545d
《自我导向探索表》 9–300e
《自我的秘密》 8–517f
自我服务偏向 9–545f
自我感觉 4–30f
自我观察法 5–561a
自我控制 6–489f
自我认同感 8–275e
自我实现论 6–283c
自我同一性 8–275e
自我意识 9–545e, 4–318c, 7–408f
自我意识障碍 8–568d
《自我与本我》(1923) 2–596c
《自我与防御机制》 6–526d, 8–251c
自我知觉 9–545e
自我指导训练 6–310f
《自我中心的困境》 6–57d
自我主义 1 489a
自物权 5–207a, 8–78c
《自厦门泛海登鼓浪屿有感》 1–563f
自携式潜水 6–173b
自卸船 9–143a
《自新大陆》 2–185b
自行 9–545f
自行车 9–546a
自行车运动 9–546e
自行回避 3–608b
自行火炮 9–546f
《自行失踪的人》 8–279e
自性 7–111b
自性身 2–76a
自序 8–355f
《自叙帖》 1–482e, 7–48a, 7–246e
自续中观派 9–334d
自旋 9–547b
自旋波 1–372b, 3–195c
自旋磁量子数 5–63b
自旋电子晶体管 1–232f
自旋量子数 5–63b
自学习系统 3–123d
自养生物 8–148e
自益权 3–183d
自营租赁 6–335b
自由 9–547b, 1–325c
《自由爱好者报》 6–377b
自由边境区 9–547e
自由表面流动 7–83d
自由裁量行为 8–320f
“自由乘客”运动 5–244e
自由大气 2–372e
《自由大宪章》 2–112a
《自由的法律：美国宪法的道德读物》 2–184e
《自由的胜利》 5–309a
《自由的诗》 5–243e
自由等温膨胀 4–445b
《自由、地区安全与全球和平》 5–7d
自由电荷 2–285b
自由度 9–547e
自由锻 2–369e
自由锻造水压机 6–517d, 7–103f
自由对流 6–275b
自由法国 2–217a
自由法学派 1–68e
自由放牧 2–503a'
《自由放任主义的终结》 4–392e
自由飞行段 3–401e
自由浮动 2–603e
自由感应衰减(FID)信号 3–433a
自由港 9–547f, 3–56e
《自由公债法》 3–297e
自由过境区 9–548a
自由焓 4–58d, 8–206f
“自由”号空间站 3–268d, 4–467e
自由婚 4–2d
自由活塞式内燃机 5–559a
自由基 9–548a, 4–40c, 6–382d, 9–47a
自由基反应 9–548a
自由基活性聚合 4–7e
自由基聚合 9–548b
自由技术 9–131e
自由教育 9–548c
自由结算贸易 8–183d
自由剧团 9–548e
自由军官组织 4–383f, 5–511f
《自由联邦条约》 1–277b
《自由联系条约》 5–276c, 5–405e, 6–31d
自由流动 6–490c
自由落体实验 1–320e
自由落体运动 9–548e
自由贸易区 9–548e
自由贸易学说 9–548f
自由贸易政策 9–548f
《自由梦》 1–396f
自由民 7–120c
自由民权运动 9–549a
自由民主党 9–2b
自由能 4–58d
自由女神像 9–549c
自由派 2–176c
自由气球 6–144e
自由区 9–548f
《自由、权力与民主设计》 5–308c
自由热 4–450e
“自由人的联合体” 6–497e
《自由射手》 7–540f

《自由神》 5-178f
自由市场 1-429c
自由式滑雪 9-549d, 3-543a
自由式滑雪世界锦标赛 9-549e
自由式擒纵机构 5-273c
自由水 6-543b
《自由颂》 7-231a
自由泰人运动 9-549e
自由泰运动 9-549e
自由体操 9-549f
自由同盟 5-415d
自由土地党 5-352d
自由陀螺仪 7-458a
自由舞台剧团 1-359c
自由心证主义 8-311c
《自由一集：黑人性和人道主义》 6-411d
自由印度临时政府 1-251c
自由泳 9-550b
自由蛹 9-28d
《自由与爱情》 9-550c, 6-54e
《自由在地下》 8-406e
《自由战士》 8-5f
自由者党 1-65b
自由振动 9-550c
《自由之花》 3-501f
自由之子 8-400a
自由主义 9-550d
《自由主义》 4-19f
自由主义民粹派 5-422a
自由主义神学 9-550e
自由撰稿人 9-550f
自由组合定律 5-383c
《自有后来人》 3-469c
自有准备金 9-517f
自愿拍卖 6-35c
自愿失业 6-572b
自愿退休 7-450b
自愿无偿献血者 8-187f
自愿性标准 7-449a
自愿性认证 1-501f, 9-316a
自愿斋戒日 1-54a
自愿者 9-312a
《自在观音》 4-594e
自在黑 7-68e
自在居士 8-161e
自在之物 8-79f
《自责者》 7-276e
自诊断理论 3-123e
自整角机 7-539c
自治产人 8-184e
自治产制 8-184e
自治法规 9-550f
自治教会 2-329d
自治区 9-551a
自治社会主义 5-542a
自治县 9-551a
自治殖民地 9-10f
自治州 9-551b, 9-551a
自致地位 6-485c
自致角色 6-489b
自主导航 3-402a
自主教会 2-329d, 2-403d
自主神经系统 9-551b, 9-304c
自主式制导 4-305c
自主性定量税收 7-107e
自主性体温调节 7-343b
自主运动 7-157b
自主制导 2-156c
自助餐 9-551d
自助行为 9-538c
自转曲线 8-582b
自转旋翼机 8-365f
自组织系统 3-123e
自罪妄想 7-524e
字 9-551e
字典 9-551e
《字典考证》 4-405f
字寄 6-469b
《字林报》 9-551f
《字林西报》 9-551f, 1-248e
字母 9-552a
字母简谱 4-95c, 4-159a
字母文字 2-529b
字书 9-552b, 9-551e
字位码 1-591d
《字像》 9-486d
字引 9-551e
渍灾 7-105a
宗巴斡 8-110c
宗白华 9-552b, 4-190b
《宗白华全集》 9-552c
宗伯 9-558e
宗祠 2-42f, 5-420a, 9-552f
宗达光琳派 7-562c
宗法 9-552d, 8-116d
宗法制度 3-16b
宗福先 9-56f
宗谷海峡 9-553b, 6-314a
宗圭内 5-79e
《宗规大全》 4-208f
宗规法 4-208f
宗怀德 9-399d
宗教 9-553b, 4-439c
宗教裁判所 9-555c
《宗教的出生与长成》 4-178a
宗教地理 9-555e
宗教法庭 9-555d
宗教法系 9-555e
宗教法院 2-459d
宗教改革 9-555f
宗教规范 6-487e
《宗教经验种种：对人类本性的研究》 9-179a
宗教剧 8-141d
宗教批评学 9-556c
《宗教起源与发展讲演录》 5-452f
《宗教入门》 1-22f
宗教萨迦 1-282d
宗教神庙会 5-420e
宗教神学 9-556c
宗教圣地 8-394c
宗教史学 9-556b
宗教舞蹈 9-366e
宗教戏剧 8-142e
宗教现象学 1-133b, 9-556c
《宗教现象学》 9-556f
宗教心理学 9-556c
宗教学 9-556b
《宗教学大全》 7-153e
《宗教学导论》 9-556b
《宗教学科的复兴》 1-105b
宗教战争 3-503a
宗教哲学 9-557b, 9-556c
《宗教哲学》 9-557d
《宗教诸阶段》 7-275d
宗教自由 9-557e
宗教罪 4-209a
宗喀巴 9-557f, 1-7e, 2-28b, 4-524c, 5-440f, 7-244f, 9-159b
宗懔 4-299e
宗令 9-558f
宗密 9-558b, 1-593e, 3-539f
宗庙 2-42f, 5-420a
宗庙制度 9-552e
宗璞 9-558c
宗谱 4-125e
宗亲 6-195b
宗人令 9-558f
宗社 6-481d
宗圣观 5-147e
宗室 9-558d
宗室庄田 3-580c
宗泽 9-558d, 7-169f
宗正 9-558e
宗祇 5-37d
《宗忠简公集》 9-558e
宗周 9-558f, 2-561c, 6-131e
《宗周社会与礼乐文明》 8-464e
宗主 8-70a
宗主督护 9-559a
宗主督护制 1-285b
宗主国 9-307b
宗主教 5-496a, 7-368a, 9-499a
宗子 9-552d
宗族 2-85b
《宗座官报》 5-207f
《宗座活动》 2-485c
《宗座年鉴》 2-485c
综合博物馆 1-417e
综合测量船 1-486f
综合测贫法 1-587c

综合档案馆 3-280a
综合调查船 3-348f
综合发展指标体系 4-285f
综合机械化采煤 1-466b
综合集成方法 4-356a
综合计分卡制度 4-106b
综合计划 6-137a
综合金融危机 4-250f
综合经济地理学 4-285d
综合孔径射电望远镜 7-510a
综合苗圃 5-418b
综合批发交易市场 6-69c
综合区域地理学 6-246c
《综合生物化学》 9-561f
综合物资平衡表 7-413a
综合系列地图 8-482c
综合性工业基地 3-126f
综合性水利工程 7-91e
综合性水利枢纽 7-92d
综合性文摘报 7-601e
综合仪表 3-396c
综合征 4-73f
综合指数 9-559b, 3-291e, 7-408e
综合质量管理 6-261a
综合主义 3-65e
综合自然地理学 2-228b, 9-540c
综合自然区划 9-541f
《综理众经目录》 4-274e
《综述古代诸汗根源起自印度西藏迄于蒙古初代圣成吉思汗其孙忽必烈薛禅汗支脉达延汗以至林丹呼图克图〈黄金史〉》 3-589e
棕背斑鸠 1-226c
棕鞭藻属 4-263c
棕蝠 1-340b
棕钙土 5-274b, 7-442c
棕果蝠 3-500f
棕颈犀鸟 8-101b, 8-131d
棕榈 4-288e
棕榈科 9-559d
棕榈扇 6-448b
棕榈温室 9-4f
棕榈油酸 9-41e, 9-293d
棕色人种 1-138a, 8-416b
棕蓑衣 7-226e
棕熊 9-559e
棕衣 7-226e, 9-559d
棕枣 9-559f
棕枣果 9-559d
棕枣属 9-559f
棕种人 9-560a, 1-138a
腙 9-560a
鬃晶 6-604e, 7-87c
总包反应 9-91d
总裁制 9-418e
总成 1-457c
总出口 3-270b
总出生率 2-15c
总代理 2-126d
总督 9-560a
总分类账户 4-496a
总纲预算 9-81f
总管 2-348c
总管府 3-2c
总管旗 5-375f
总轨道角动量量子数 5-63b
总国分寺 2-316d, 6-316a
总河 6-40e
总滑距 2-368a
总角动量磁量子数 5-63b
总角动量量子数 5-63b
总进口 3-270b
《总决议书》 1-407b
总卡迪 4-366d
总库容 4-489f
总跨径 6-186a
总矿化度 2-242d
总理各国事务衙门 9-560b, 8-563b
总理各国通商事务衙门 9-560b
总理河道 6-40e
总理衙门 9-560b
总量经济学 3-477f
总领事 5-102e
总贸易体系 3-270b
总穆夫提 5-500a
总谱 8-51e
总鳍鱼 9-560e
《总鳍鱼的故事》 9-558d
总前委 2-199e
总人口性别比 8-324a
总入流 4-111c
总石牌 8-483d
《总是魔鬼的错》 2-607e
总署 9-560b
总税务司 3-327f
总岁差 7-216a
总体 7-65c
总体社会制度 6-495f
总体文化 8-411d
总体战 6-444e
《总统班底》 2-69b
总统竞选 4-314d
总统内阁制 6-399f
《总统先生》 1-54f, 5-465d
总统制 9-560f
总线 8-147e
总悬浮颗粒 4-443a
总硬度 2-242f
总账 4-496a
总志 2-221d
总制 9-560a
总主教 9-499a
总自旋角动量量子数 5-63b
纵边缘海 1-338d
纵波 9-561a, 1-372b, 2-246b, 4-33c
纵产式 7-246c
纵隔痛 8-331f
纵贯阿拉斯加原油管道 9-561a
纵贯公路 7-251c
纵横家 9-561b, 7-14d, 7-193a
《纵横四海》 9-471e
纵横图 9-570a
纵火弹 6-272c
纵节理 4-216b
《纵情歌唱》 4-489a
纵透视 7-415b
纵纹角鸮 4-206a
纵向短缺 2-367c
纵向多元化经营 2-390e
纵向兼并 4-153b
粽子 9-561b
邹必显 8-448c
邹秉文 9-561c, 6-164e
邹伯奇 9-561d
邹承鲁 9-561e
邹城市 9-562a
邹忌 6-130b
邹家华 9-562a
《邹雷霆》 2-34e
邹卢县 4-535b
邹鲁 3-503c, 5-84f, 8-100d
邹普胜 1-571a, 8-346d
邹容 9-562b
邹容墓 5-437a
《邹容文集》 9-562c
邹守益 8-451f
邹弢 7-177f
邹韬奋 9-562c, 6-529e
邹县 9-562a
邹县电厂 4-84e
邹衍 9-562e, 1-212a, 5-19b, 6-282e
邹沅帆 1-566e
邹喆 4-244c
《邹徵君遗书》 9-561e
邹祖西 3-515f
诹访春雄 4-506f
走边 9-562e
《走出非洲》(电影) 5-334a
《走出非洲》(小说) 1-446b
《走出浪费的时代》 5-208b
《走出牛棚之后》 6-429c
《走出疑古时代》 5-1b
走锭纺纱机 2-500f
走合 5-464d
走滑断层 2-368b
走会 3-527e
走火入魔 9-562f
走廊议员 9-116b
走马灯 3-526b, 6-271f
走坡 5-495b
走私 9-562f

《走私》(电影) 1-251f
《走私》(戏剧) 3-255b
走私罪 4-286a
走索 9-563b
《走投无路》(电影) 3-458a
《走投无路》(小说) 5-74b
《走西口》 2-427a
《走乡集》 5-5b
《走向东方》 2-290f
走向滑动断层 2-368b
走向节理 4-216b
《走向深渊》 2-434f
《走向世界丛书》 7-510e
《走向新建筑》 4-564e
走资派 3-475c
奏本 9-563b
《奏定学堂章程》 3-244f
奏法谱 4-95c
奏鸣-交响套曲 1-289e
奏鸣曲 9-563c, 8-356a
奏鸣曲式 7-548b
奏鸣曲套曲 7-33b, 9-563c
奏疏 9-563d
奏销案 6-219c
奏议 9-563d
《奏议》 6-47b
奏折 9-563d
租 8-380c
租佃制 7-302b
租赋 9-563f
租调制 7-577c
租界 9-564b
租借地 9-564d
《租借威海卫专条》 9-564f
租赁 9-525a
租妻 2-271f
租让制 9-565d
租庸调 9-565d, 9-148f
足 9-565f
足本 6-449a
足襞蛞蝓科 4-510c
足跟痛 9-566a
《足够的空间与时间》 7-610e
足畸形 8-171d
《足迹》 6-108e
足迹鉴定 9-566a
足厥阴肝经 9-566c
足厥阴络脉 6-590e
足菌肿 9-566d
足利尊氏 5-497c
足球 9-566d
足球皇帝 1-295d
足球运动 7-344e
足球战争 9-567b
足球职业俱乐部 7-15e
足少阳胆经 9-567c
足少阳络脉 6-590d
足少阴络脉 6-590e
足少阴肾经 9-567e
足太阳络脉 6-590d
足太阳膀胱经 9-567f
足太阴络脉 6-590e
足太阴脾经 9-568b
足阳明络脉 6-590e
足阳明胃经 9-568c
足月产 7-245e
族规 9-553a
《族国主义论丛》 4-191b
族墓地 8-578f
族内婚 5-555d
族谱 4-125e
族亭湖 6-98c
族外婚 7-473e
族尹 8-584e
族诛 9-568e
阻碍集 5-71a
阻波器 2-283a
阻卜 2-71a, 5-67c, 7-33e
阻带 5-189e
阻断浸透法 7-523d
阻遏电压 3-221b
阻抗 6-15e
阻力臂 3-57d
阻力伞 4-193a
阻尼合金 9-568f
阻尼振动 9-569a
阻塞高压 9-569b
阻塞湖 8-444b
阻塞形势 9-569b
阻塞性心脏疾病 9-132e
阻塞性血栓 8-376b
阻生牙 1-189c
阻蚀剂 3-576f
组氨酸 1-111d, 5-390c
组庵鱼翅 3-514b
组胺 5-390c
组雕 2-301a
组分 8-146a
组合 6-36a
组合单位 4-88f
组合电器 9-569b
组合规划 9-570f
组合化学 9-569c
组合机床 9-569d
组合机床自动线 9-537c
组合集合论 3-134a
组合理论 9-569f
组合梁桥 6-186d
组合数学 9-569f
组合体系桥 6-186c
《组合拓扑基础》 6-47c
组合拓扑学 6-46e, 7-460f
组合系数 9-570c
组合学 9-569f
组合仪表 3-396c
组合正交 7-30a
组合最优化 9-570e
组曲 9-570f
组手竞技 4-470c
组织 3-214a, 9-571b
《组织部新来的青年人》 7-504c
组织大豆蛋白 2-80c
组织犯 9-498e
组织换气 3-498c
组织间液 7-85c
《组织力量反击右派分子的猖狂进攻》 2-476f
组织培养苗 7-29c
组织社会学 6-499d
组织相容性 6-546f
组织修复 9-571a
组织学 9-571b
《组织学手册》 4-521f
组织与环境派小组工作 8-231f
祖埃拉特铁矿 6-2c
祖博夫,N.N. 9-571c
祖冲之 9-571d, 6-352c
祖尔纳 7-234d
祖睢 4-382b
《祖国》 2-357f
《祖国报》 4-433b
《祖国大合唱》 5-277f
《祖国的歌》 6-31a
《祖国的南海》 2-360e
祖国光复会 4-248b
《祖国——母亲》 7-123b, 8-58e
《祖国,我对你说》 9-217d
《祖国,我可爱的人民》 8-8d
《祖国之恋》 5-574c
祖国自由协会 4-394d
祖海尔·本·艾比·苏勒玛 8-364c
祖拉康 2-123a
祖腊萨哈 2-124f
《祖鲁》 8-9b
祖鲁起义 3-34f
祖鲁人 9-571d
祖鲁王国 6-155c
祖鲁语 9-571f, 1-225d
祖鲁族 5-522b
《祖母的放大镜》 2-290e
祖母绿 9-571f
《祖母绿》 9-200a
祖母绿博物馆 6-560b
《祖尼印第安人的神话学》 1-307f
祖三趾马 5-254a, 6-407c
祖逖 9-572b
祖庭香积寺 6-447c
祖先崇拜 9-572c
《祖先的开拓》 6-202d
祖咏 9-572c
祖约 4-274b, 7-325e

祖帐 4－162b
《纂组英华》 9－485d
钻井 9－572d
钻井工程 6－606d
钻井液 9－572e
钻孔 9－572d
钻孔冲洗液 9－572e
钻圈 9－572e
钻桃虫 5－411e
钻天柳 5－236a, 8－458f
钻天柳属 8－458f
钻桶 9－573a
钻心虫 2－425a
钻眼爆破法 2－241c
纂辑派 2－492b
《纂评唐宋八大家文读本》 7－314b
钻机 9－573a
钻具 9－573b
钻石 9－573d, 7－43b
《钻石粉鞋》 7－610c
钻石宫 5－275b
钻石环 6－328b
钻石婚 4－223b
《钻石婚杂忆》 9－474f
《钻石之舌》 8－533a
钻头 9－573c
《最卑贱的人》 5－328b
《最长的一天》 2－487c
最澄 9－574b, 6－176a
《最初的经历》 2－42c
最初和最终比 2－66e
最大公因数 9－574c
最大公约数 9－574c
最大流理论 7－522e
最大流问题 7－522e
最低工业品位 4－500e
最低工资保障制度 9－574d
最低生活费用 4－40f
最短路问题 7－522e
最概然速率 5－297e
最高车速 6－151b
《最高法院审判法》 3－467a
最高人民法院 7－112e
《最高人民法院关于民事诉讼证据的若干规定》 4－335a
最高人民检察院 7－112e
最高人民检察院检察长 4－155e
最高宗教事务会议 2－403d
最高宗教事务会议制 4－44c
《最后的道路》 6－343e
《最后的分析》 1－297e
《最后的故事》 1－446b
《最后的炮轰》 1－234e
《最后的十四行诗集》 7－233d
《最后的晚餐》 9－574e, 1－418d, 2－62e
《最后的五月》 4－507e
《最后的战斗》 5－179a
《最后关头》 8－193c
《最后书怀》 4－583e
最后通牒 9－574f
《最后晚餐》 1－235f
《最后消息报》 8－297d
《最后消息报晚刊》 8－297d
《最后一班地铁》 2－183d, 2－183e, 7－333a
最后一次的讲演 4－614f
《最后一个捷克人》 2－209f
《最后一个莫希干人》 9－575a
《最后一个人》 4－516f
《最后一课》 2－348b
《最后一片藤叶》 6－13f
《最后一天》 8－6a
《最后议定书》(1815) 7－560b
《最后议定书》(1906) 5－461d
最惠国待遇 9－575b, 7－473a
最佳黑人现代舞团 1－78b
最近发展区 7－551e
《最近三百年东北外患史》 4－191b
《最近三十年中国政治史》 4－600c
《最蓝的眼睛》 5－470a
最少派艺术 2－78c
最速降曲线问题 1－342f
最小二乘法 9－575b, 1－472c, 1－487a, 4－566c
最小方差估计 1－472d
最小公倍数 9－575c
最小化最大决策函数 7－406f
最小化最大准则 7－406f
最小可觉差 3－44f
最小熵产生定理 6－111a
最小时间原理 2－540e
《最新消息报》 8－4b
《最优过程的数学理论》 6－47c
最优化技术 3－123d
最优化原理 2－338e
《最优计划的动态模型》 4－400a
最优计划价格 9－19f
最优计划理论 4－399f, 4－400a
最优控制 4－479c
最优控制方法 9－575d
最优控制理论 3－123d
最优控制算法 9－575d
最优税制结构理论 7－552e
最优同变决策函数 7－406f
最优同变性准则 7－406f
最优无偏统计决策函数 7－407a
最优无偏性准则 7－406f
最优线性无偏估计 1－472d
最优增长定理 9－575e
《最终税册》 5－466d
最终消费价格 6－499c
《罪恶的庭院》 1－93d
《罪犯》 1－449a
《罪孽深重》 8－8c
罪刑法定原则 9－575f
罪刑相适应原则 9－576a
《罪与罚》 9－575f, 3－120e, 7－458c
罪责刑相适应原则 9－576a
醉白池 7－159f
《醉歌》 7－488a
醉魂藤属 5－222e
《醉了》 8－333c
醉龙 8－65b
醉拳 9－576b
《醉拳》 8－193e
醉僧书 3－560b
醉翁 6－17c
醉心花 5－308f
醉吟先生（白居易） 1－199d
醉吟先生（皮日休） 6－73d
醉鱼草 9－576c
醉糟鸡 2－609b
尊 9－576d
《尊比》 1－418c
尊德性 2－405e
尊古派 3－98f
《尊贵的客人》 3－83f
尊号 3－607d
尊经阁 1－475f
尊盘 9－168c
《尊前集》 9－576e
尊亲属 8－375d
尊室说 6－203d, 7－109d
尊王攘夷 9－576f
尊王攘夷运动 9－576f
尊者宾头卢 5－204d
尊重全宗原则 2－154d
隮 8－547a
遵化市 9－577a
遵化县 9－577a
遵化州 9－577a
《遵守法律》 4－487d
遵王 4－538f
《遵循列宁主义方针》 1－409d
遵岩居士 7－507e
遵义会议 9－577b, 7－433a, 9－357f
遵义市 9－577c
鳟 1－600f
《鳟鱼》 7－52a
《昨日之歌》 2－578e
《昨天的孩子》 2－358a
《昨天和今天》 6－70d
《昨天和明天的诗》 1－69c
《昨天，今天，明天》 1－498c, 2－185d, 7－230b
左盦 5－116b
《左盦集》 5－116c
左宝奎 9－55e
左必蕃 4－424b
左缠藤 6－309b
左尔格，F.A. 9－577d
左官律 3－380b
左冠状动脉 3－212a

左光斗 2-324b, 6-381f
左圭 2-54b
左海 2-198c
左喉返神经 5-392d
左家公山 5-313a
左江 9-80a
左江斜塔 2-8c
左江岩画 9-577d
左脚跳 8-547f
左沮渠 4-333e
左郡左县 9-577f
左拉,É. 9-578a
左蠡湖 6-98c
左利手 5-31b
左联 9-578b, 9-413d
左联五烈士 8-578c
左良玉 5-133f, 5-536e
左路军 7-433b
《左轮枪》 6-70d
左脑 3-95b
左仆射 6-100c
左琴科,M.M. 9-578c
左丘明 9-578c, 3-297c
左权 9-578d, 9-578e
左权县 9-578e
左史 6-140b
《左氏春秋》 9-578c, 9-579a
左手定则 9-578f
左舜生 3-288c
左思 9-578f, 7-257c
左所海 5-159a
左锁骨上淋巴结肿大 5-93a
《左文襄公全集》 9-579c
左西替利嗪 4-415b
左厢 8-199e
左心衰竭 8-254b
左旋薄荷醇 1-421f
左旋酒石酸 4-325d
左旋咪唑 3-612a
左旋柠檬烯 5-597f
左旋苹果酸 6-95a
左旋乳酸 6-341e
左旋糖 2-143c
左旋樟脑 9-222d
左翼文化运动 6-254c
左翼文学 9-579a
左翼戏剧运动 9-579a
左翼作家联盟 3-183b
左营港 3-78e
左右配穴法 9-248c
《左忠毅公传》 2-134d
《左传》 9-579a, 8-161a
《左传·成公二年》 2-38c
《左传纪事本末》 4-98d
左宗棠 9-579c
佐 5-376a
佐恩引理 8-367d
佐法尔山地 1-45b
佐基 6-615e
佐拉瓦尔堂 1-68d
佐莱,H. 6-152b
佐林,V.S. 9-579c
佐领 5-376a
《佐罗》 1-39f
佐书 5-34b, 7-47e
佐思 7-517a
佐藤长 3-381d
佐藤荣作 4-67b
佐藤政雄 6-389e
佐药 2-488d
佐伊·索尔达娜 1-17e
佐治亚大学 9-579e
佐治亚湾 1-91c, 8-335a
佐治亚医学院 9-579e
佐治亚州 9-579d
佐治亚州立大学 8-411b
作家出版社 8-427c
《作家和儿童文学》 1-552b
作畦 9-263f
《作曲基础》 8-379d
《作曲教程》 4-598c
《作为精神史的美术史》 5-362a
《作为社会符号的语言》 3-363a
《作为神经机器的小脑》 1-67c
作为外国语的英语测验 7-453a
《作为意志和表象的世界》 9-579f
《作为宗教和科学之间的纽带的一元论》 8-513a
作物 9-580a
作物层小气候 5-611c
作物灌溉 3-217f
《作物育种》 3-341f
《作物育种学》 9-230f
作物杂交育种 9-147f
作训服 4-352d
作业机械 5-614c
作业犬 6-267f
作业装置 3-123b
作揖 9-580c
作用与反作用定律 9-580c, 5-600d
作战模拟 9-580d
坐标法 4-79e
坐标系 9-580f
坐禅 6-141e
《坐禅三昧经》 4-318f
坐家 1-430d, 9-516d
《坐楼杀惜》 5-220d
坐棚 7-53e
《坐忘论》 7-114d
坐夜 3-27c
坐乐 2-33e
《坐在桌旁的两个男人》 3-454e
柞蚕 9-581a, 1-474d, 2-75a
柞蚕绢丝织物 4-346d
柞蚕属 9-581b
柞蚕丝 1-474c, 2-75a, 6-434e, 9-581d
柞绢纺绸 4-346d
柞丝绸 9-581d, 9-581d
柞丝绉 9-479c
唑 6-369d, 9-146b
唑菌酮 6-407e
《座敷八景》 5-97e
座屏风 6-95e
《座谈会》 7-132c
座头鲸 9-581e
座头鲸属 9-581e
座延羊齿 9-457f
座主 4-427e
做(戏曲) 1-529a
《做灯影》 9-405e
做九 6-297f
做派老生 9-473a
《做人难》 8-448e
《做祖父的艺术》 9-71c

字母

《A大调波洛奈兹舞曲》 8-211c
A股 9-582a, 6-466e
a-合成子 3-408e
A货翡翠 2-532b
a键 3-155f
A类火灾 4-16b
《a小调钢琴协奏曲》 7-53d
《a小调前奏曲》 8-211b
《a小调弦乐五重奏》 2-185a
A型血 8-377c
A型超声诊断仪 1-535a
A组轮状病毒感染 5-197b
AA 2-283f
AAS 9-112a
AB型血 8-377c
ABA(美国职业篮球联盟) 6-260e
ABA(脱落酸) 7-456d
ABC理论 5-12e
《ABC识字课本》 1-22f
Abell 426 9-11c
ABO血型 8-377c
ABS树脂 9-582a, 1-312a, 2-305c
ABU 8-419a
AC 8-367d
ACEI 4-408a
ACFIC 9-422e
ACFROC 9-423a
ACFTU 9-424
ACP 5-89c
ACPF 4-78a
ACS 1-278b
ACWF 9-422e
ACYF 9-423d
AD(公元纪元) 3-138b

AD（决定性公理） 8–367e
Ada语言 1–592a, 4–93a
ADB 8–418d
ADC塑料 3–229e
AES 1–355b
AFM 9–110d
AFP 2–445a, 2–456c
AFS 9–112c
AFTS 9–323a
AFT09重型反坦克导弹 2–474b
AFX 2–445a
AGN 4–6b
AGS 1–250f
AH–64"阿帕奇"武装直升机 9–582b
AI 6–203b
AIBA 6–267a
AIDS 4–19e
AIM–132空空导弹 4–469c
AK47自动枪 9–582c
Ala 1–111c
ALGOL系统 8–344e
ALGOL语言 4–93a
ALGOL60语言 1–591f
ALP 5–89c
ALT 9–509f
AMS 1–10f
AMY 5–89d
ANSA 1–105c
ANZAC 1–140e
AP 5–356b
APC病毒 8–188b
APEC 8–410e
APEC之父 4–23e
API 4–470b
APL语言 1–591f
APS 1–355c
APT系统 4–90f
APT语言 1–591e
APTS 9–322f
^{40}Ar–^{39}Ar法定年 4–143d
ARB 4–408a
ARCH 2–414a
ARDS 4–71f
Arg 1–111d
ARMA模型 6–609e
ARPA网 1–49d, 3–238d, 4–93c
AS 6–180a
ASAN 2–324e
ASCI White计算机 4–337b
ASDW 2–434c
ASEM 8–408d
Asn 1–111d
Asp 1–111d
ATIS 9–322f
ATISMS 9–323a
ATMS 9–322f
ATP 5–562e, 6–546d, 8–188c
ATP合酶 8–185b
ATP酶复合体 8–185b
AVCS 9–322f
AXA 1–105f
A–10攻击机 2–506a
A380型亚声速大型客机 4–472a
B股 9–582d, 6–466e, 7–476b
B货翡翠 2–532b
B类火灾 4–16c
B纤维 4–341e
《b小调大提琴协奏曲》 2–185b
《b小调单簧管五重奏》 1–408d
《b小调第六交响曲》 1–499a
《b小调钢琴奏鸣曲》 4–611f
B型血 8–377c
B型超声诊断仪 1–535a
B型发射星 9–582d
B型扇扫图像 1–535a
B族维生素 3–3c, 8–501a
B组轮状病毒感染 5–197c
^{b}B调低音大号 2–85d
^{b}B中音大号 2–85c
BAAS 4–88f
BASIC语言 1–591e
BBA 6–260e
BBS 2 296a
BCS理论 1–151c, 1–531b
BD星图 8–307a
Be星 9–582d
《Be型星的紫外发射》 9–58b
BEDT TTF 1–531d
BEPC 1–274d
BES 1–269e, 1–274d
BETA摄像机 7–74a
BGCI 9–306b
BGP 8–571c
BIB设计 7–29f
BIBF 1–268e
BIBO稳定性 7–604d
BIH 6–609c
BINAC 1–68a, 5–471f
BIPM 3–265f
BIS 3–272b
BJP 8–604b
BME 6–547b
BMT 3–187e
BOX–Cu 3–550a
BP集团 9–5b
BPD 7–246a
BR 4–341c
BS标志 1–501f
BSE 2–572e
BT 6–509a
BTOB 2–296a
BTOC 2–296a
BTOG 2–296a
BUAA 1–268e
B–Z反应 3–553b
B–1轰炸机 2–506a
B–2"幽灵"轰炸机 9–582e
$B^{2}FH$理论 2–611e, 4–27e
B–52"同温层堡垒"轰炸机 9–582f
B–52H型轰炸机 9–582f
C玻璃纤维 1–391e
《C大调狂想曲》 4–498e
C货翡翠 2–532c
C类火灾 4–16c
C谱号 8–51e
《c小调练习曲》 8–211b
《c小调夜曲》 8–211c
C语言 1–592a, 4–93a
CA（钙拮抗剂） 3–26d
CA（《化学文摘》） 3–551f
CAD 4–90e
CAI 4–90c
CAM 4–90f
CAPC 4–91c
CAPD 9–382b
CAQ 4–91c
CARICOM 1–281e
CAS（美国化学会化学文摘社） 3–551f
CAS（中国科学院） 9–377b
CASHL 3–60c
CAST 9–376f
CAT 4–91c
CAWIA 9–205b
CBA篮球赛 9–411d
CBC电影销售公司 3–91b
CBE 4–90c
CBM 6–310f
CBOT 9–288e
CBS催化剂 3–550a
CC系 1–556e, 1–560f, 9–439e
CCA 9–401a
CCD 2–279d
CCD成像 3–402c
CCT图 4–256b
CCTV 9–412f
CDCC智能发育量表 9–320f
CDFI 1–535b
CDL 9–383a
CDMA 2–392c
CDNCA 9–382d
CENTO 9–446b
CGS制 8–72c
CGSE制 2–275a, 4–89a
CGSM制 2–275a, 4–89a
CH 4–75e, 5–39a
CHD 3–211f, 3–212b
ChE 5–89d
CI策划 9–583a
CI导入 9–583b
CIA 5–355a
CIF 2–158d

CILSS 6–361b
CIMS 4–91b
CIO 3–275a, 3–276a
CIS（独立国家联合体） 2–353a
CIS（企业识别系统） 6–138d
CK 5–89b
CMA 9–432b
CMI 4–90c
CMIP 4–93f
CMOS 9–586c
CNA 9–446c
CNC 4–90f
CNIGC 9–346e
CNN 8–411b
CNO双循环 7–292c
CNPC 9–398b
CNPOC 3–281e
CNR 9–445b
CNS（中国新闻社） 9–401e
CNS（中枢神经系统） 9–438f
CNSA（国家行政学院） 3–285d
CNSA（中国国家航天局） 9–368a
CNSO 9–375c
COBOL语言 1–591f, 4–25e, 4–93a
COFCO 9–377d
COMIT语言 1–591e
COPD 5–310e
CP 5–562e
CPA 9–502b
CPBA 3–439f
CPC 9–358e
CPCR 8–248d
CPI（居民消费价格指数） 4–330f
CPI（印度共产党） 8–597c
CPLA 9–391a
CPPCC 9–394e
CPU 9–443c
CPU芯片 9–443c
CPV（中国人民志愿军） 9–395e
CPV（注册资产评估师） 9–502c
CPWDP 9–388c
CQT 1–485e
Cray系列机 4–337b
CRF 5–309f
CRI 9–367d
CR 7–75c
CSF 6–549d
CSMA/CD 8–553a
CT成像 9–583b, 4–94d
CT电影 9–583d
CT摄影机 3–403e
CT透视 9–583d
CTOG 2–296a
CTRS 2–233e
CTT 8–250e
CWPRA 9–357c
Cys 1–111d
CZGP 9–411f
C^4ISR 4–351d
C-5运输机 2–507d
C_{24}–胆酸 2–147a
C–130“大力士”运输机 9–583e
C–130J运输机 9–583f
D层电离层 2–283d
《D大调小提琴协奏曲》 1–499a
d–合成子 3–408e
D–核糖 3–438a
D类火灾 4–16c
d–氯雷他定 4–415b
《d小调恰空》 1–157e
《d小调前奏曲》 8–211b
《d小调托卡塔与赋格》 1–157e
D型超声诊断仪 1–535a
D型糖 2–143c
DBMS 7–63f
D & C 3–202d
DC–3旅客机 5–423f
DDQ 1–422b
DDR 2–187d
DF 2–191e
DIC 5–391a
DINK 2–306d
DME 4–69f
DNA 9–584a, 1–63f, 7–457c
DNA病毒 1–369c
DNA重组技术 4–455a
DNA复制原点 6–273c
DNA双螺旋学说 4–451d, 7–457d
DNA芯片 6–544c
DNA修复 7–457e
DNA指纹 9–584a
DNA转座子 2–554f
DNC 4–90f
DOTS 2–534a
DP 2–338e
d–p共轭 3–148a
DPA 2–185d, 2–188f
dpi 7–69a
DPMO 5–139a
DR 7–75c
DRAM 9–498d
DSA 7–75c
DSL 6–508d
DSP 4–89f
DSS 4–347b
DV 7–74a
DVD 9–584b
DVD编码委员会 9–584b
DVD播放机 9–584b
D–2–脱氧核糖 7–457c
E玻璃纤维 1–391e
E层电离层 2–283d
E类火灾 4–16c
^{b}E调低音大号 2–85d
EAEC 2–75b
EAN 7–374b
EAS 2–328d
EBU 6–25b
EBV 1–61b, 2–26a
EBV感染 2–26b
EC 6–25d
EC细胞 4–54d
《EC在这里》 9–460e
ECB 6–26d
ECG 8–248a
ECOSOC 5–44a
ED 8–452d
EDSAC 4–91d, 7–528a
EDTA 8–548e
EEC 6–25b
EEG 5–548f
EFTA 6–26e
EFTS 2–299a
EF–2000“台风”战斗机 9–584b
EGF 6–549d
EGP 8–571c
EHEC 2–75b
EIB 6–26b
EIEC 2–75b
EKG 8–248a
ELDO 6–25c
ELS 1–355d
ELSD 8–507c
ENIAC 1–68a, 4–89e, 4–91d
ENSO循环 2–407a
EP 3–575f
EPEC 2–75b
EPQ 1–80a
EPR 8–548b
ERA 1–144a, 7–22d
ERG理论 8–341f
ERS–1 2–237b
ESA 6–25c
ESRO 6–25c
ETEC 2–75b
ETFE膜 3–286a
EU 6–23d, 6–25d
EUS 5–556b
e键 3–155f
E_1反应 8–213c
E_1CB反应 8–213c
E_2反应 8–213c
E–2C“鹰眼”预警机 9–584d
E–3A预警机 9–81d
F层电离层 2–283d
F_1层电离层 2–283d
F_2层电离层 2–283d
《F大调钢琴协奏曲》 3–110f
《F大调小提琴奏鸣曲》 1–289d
F谱号 8–51e
FAD 3–3d

FAO 5–44e, 5–56f
FAP 2–341a
FASC 6–151f
F/A–22“猛禽”战斗/攻击机 9–584e
FBI 5–352c
FDMA 2–392c
FET 1–528e
FFT 7–75b
FGF 6–549d
FH理论 2–611e
FIA（国际汽车联合会） 6–151f
FIA（流动注射分析） 5–124d
FIFA 3–278b, 9–566e
FIM 5–464b
FINA 9–44a
FIP 4–78a
FIPP 2–354e
FISA 6–381b
FIVB 6–37b
FLOW–MATIC语言 1–591e
FMD 4–481f
FMN 3–3d
FMS 6–336c
“FNRS–1”号飞艇 6–72d
FOB 4–576e
FORTRAN语言 1–161b, 1–591e, 4–93a
FORMAC语言 1–591f
F–RTP 5–94b
FSH 8–326b
FT–NMR 3–433a
Fw–61 9–297d
F2a型“依链株” 8–155a
F–12（氟利昂–12） 2–603c
F–13旅客机 6–332e
F–15E“鹰”战斗轰炸机 4–150f
F–16战斗机（C型） 9–584f
F–16“战隼”战斗机 9–584f
F–22空中优势战斗机 4–151b
F–35联合打击战斗机 9–585a, 4–151b
F–35战斗机 9–585b
f/64小组 7–544b, 8–399e
F–80喷气式战斗机 9–119a
F–104“星”式战斗机 9–119a
F–111战斗机 9–585c
《G大调弦乐小夜曲》 5–478e
G谱号 8–51d
《g小调传奇曲》 7–554c
《g小调钢琴协奏曲》 2–185a
GAN 7–405e
GAS 9–21a
GATT 3–205d, 3–206c
GC 6–146c
GDP 9–585d, 4–285e, 3–293d
GE 7–393c
GERT 7–405e
GGT 5–89d
GHD 6–549a
GIS 2–226d
GKT 1–485e
GL理论 1–531a
GLAG理论 1–531b
Gln 1–111d
GLOCHANT 5–526e
GLONASS 6–261f
Glu 1–111d
Gly 1–111c
GM 7–393d
G–M计数管 3–433f
GMC 2–555d
GNP 3–291f, 4–285e
GPS 9–585d, 2–77e, 6–262a
GPSS语言 1–591f
GRE考试 9–585d
GSP 6–107a, 6–107f
GT（成组技术） 1–581b
GT（概化理论） 8–250f
GVHD 3–187f
G30 5–38a
G77 6–121b
*H*定理 1–389f, 6–145d
H股 9–585e, 6–466e, 7–476c
*H*函数 1–389f
*H*空间 2–127f
H_1受体拮抗剂 4–415a
HAV 1–369e
Hb 8–374d
HBV 1–369e
hCG 8–326b
HCV 1–369e
HD星表 3–464e
HDI 4–285f
HDPE 4–344f
HDTV 3–74a
HDV 1–369e
HeS–2型涡轮喷气发动机 1–122f
He–112火箭飞机 3–462b
HEV 1–369f
HGP 6–291c
HIPS 4–340d
His 1–111d
HIV 1–81d
HLA血型 8–377c
HLB值 6–341d
hMG 8–326b
《H.M.S.挑战者号航行科学成果报告》 5–485d
hnRNA 3–438c
Hp 9–30e
HPLC 8–506f
HPMA 2–392c
HSBC 8–195a
HSI 8–194b
HST 3–304e, 3–304f
HTML 5–122a
HT–1纤维 4–341d
HV 3–379f, 5–128e
HWR 9–463a
IABG 9–306a
IAEA 3–277c
IAG 3–326f
IALE 4–311d
IAQ 7–32f
IASC 1–264f
IAU 7–362e
IBM公司 5–606d, 3–272f
IBM–360 4–91e
IBM–370 3–272f
IBM–740 3–272f
IBRD 3–263b
IBT 7–453b
IC 4–74d
ICAO 3–271b
ICBC 9–358e
ICF 1–363d
ICP–MS 2–547f
ICPO 3–276f
ICSID 3–127f
ICU 9–463e
ID 3–127d
IDA 3–268b
IDC大厦 5–445b
IDD 2–272e
IDNDR 3–266d
IEA 3–271e
IELTS 8–397f
IFAC 3–269a
IFAD 3–271e
IFN 3–32d
Ig 5–412e
IGF 6–549d
IGP 8–571c
IGU 1–250f, 7–67a
IHHA 9–463c
IIB 3–274f
Ile 1–111d
ILHR 3–272d
ILO 3–269d
IM 2–26a
IMCO 3–263f
IMF 3–264f
IMO 3–263f
IMSO 3–277b
INC 8–597e
INS 1–355d
I/O设备 4–89f
IOC（国际奥林匹克委员会） 3–257e
IOC（政府间海洋学委员会） 3–350f
IOM 5–351f
IOT 8–77b
IP（可吸入颗粒物） 4–445b
IP（网际协议） 9–587c

IP地址 8-571b
IP电子欺骗 7-523d
IP过滤 2-496a
IP网 9-585e
IPL-V语言 1-591e
IQ 1-320c, 9-316a, 9-320e, 9-324a
IR 4-345c
IRA 1-84b
IRS 3-473e
IRT 8-250e
IS曲线 9-585f
ISA 3-258d
ISAF 2-461f
ISBN 3-258f
IS-LM模型 9-585f
IS-LM曲线 9-586b
ISM 8-305f
ISO 3-258c
ISSN 3-258e
ITAR-TASS 2-403f
ITRF 2-233f
ITS（智能交通系统） 9-322e
ITS（国际温标） 3-273a
ITU 3-261b
IUCN 1-360f
IUD 1-335e
IUPAC 9-46c
IVF 7-342e
IWC 4-544d
J粒子 2-310e
J-B走时表 4-218a
JCP 6-316d
JERS-1 2-237b
*jj*耦合 9-110d
JOSS语言 1-591f
JOVIAL语言 1-591f
Ju-52型运输机 6-332e
J/ψ粒子 2-310e
J-1型飞机 6-332d
Kwanon 4-124f
K俘获 9-589e
K介子 8-76d
K介子理论 3-27e
*K*熵 4-425f
K系统 4-425f
K细胞 5-412c
KAM理论 4-425f
$^{40}K-^{40}Ar$法定年 4-143c
KC-135A空中加油机 4-471d
Kevlar纤维 4-341c
KGB 4-446c
KOIS 9-300e
L俘获 9-589e
L-谷氨酸一钠 7-569f
L型糖 2-143c
LAK细胞 9-456d
LAS 1-31f
LC 8-506e
LCD 6-605b
LD 1-232c, 5-89c
LDPE 4-344e
LE 3-468e
LED 1-232c, 6-605b
LEED 1-355b
Leu 1-111d
LGV 8-324c
LHRH 8-326b
LIFFE 5-194a
LINASEC电子排字系统 7-488f
LISP语言 1-591f
LLDPE 4-344e
LM曲线 9-586a
LOCI桌上电脑 7-488f
LPG 8-505a
LPS 5-89d
*LS*耦合 9-110d
LSN 4-90b
LTP 5-94a
l.y. 3-225b
Lyot双折射滤光器 7-181e
Lys 1-111d
*M*理论 7-71d
M面 5-468f
*m*维波莱尔域 3-29e
M型超声心动图 1-534e
M型超声诊断仪 1-535a
MA 1-320b
*Ma*数 5-251b
MALT 9-30e
Mb 4-34f
MBC 2-383f
MBFR 9-434e
MCLS 2-23b
MDS 3-187f
MENA 9-328e
MENS 5-127a
MESFET 1-528f
Met 1-111d
MG 9-463c
MIC 7-534e
MIP 2-555a
MIT 5-238a
MKSA制 2-275a, 5-60b
MM定理 5-468a
MN血型 8-377c
MoMA 5-607b
MOS场效应晶体管 4-257a
MOS集成电路 9-586c
MOSFET 1-528f, 4-257a
MOSIC 9-586c
MPAJA 5-262f
MPLA 1-96a
mPO 4-344b
MPPO 4-340c
MRI 2-46a
mRNA 3-438b
MS 9-316d
MSG 7-569f
MSOF 2-390b
MTOC 9-442b
MWPC 2-389c
MX导弹 9-586d, 3-418e
M1“艾布拉姆斯”主战坦克 9-586d
M101式105毫米榴弹炮 5-132e
*n*重伯努利试验 2-429c
N股 7-476c
N-卤代乙酰胺 8-550a
《*n*人博弈的均衡点》 5-512c
*n*人非合作有限对策 2-371a
N型半导体 1-231e, 1-231f, 3-192e, 9-586d
N型星系 8-307e
N-溴代丁二酰亚胺 2-305b
NAD^+ 3-3c
$NADP^+$ 3-3c
NAE 5-351f
NAFTA 1-281e, 1-282b
NAJUA 2-315d
NAS 6-351f
NASA 5-351e
NASDAQ 5-512d
NATO 1-259b
NBA（美国国家篮球协会） 6-260e
NBA（全美职业篮球联赛） 6-260e
NBG公理系统 4-76a
NBL 6-260e
NC 4-90f
NDI 3-291f
NDS 1-264e
NEAR 8-230e
NFA 8-284d
NGC 2-514b
NGF 6-549d
NGI 4-90a
NGO 2-517b
NGU 2-514b
NHK 6-315d
NI 3-293b
NII 4-93f
Nikko 5-571e
NK细胞 9-456d
NMD 3-280b, 7-367e, 8-306e
NMOS 9-586c
NMR 3-432f
Nomex 4-341d
NOR 3-437b
Noryl 4-340c
NPO 2-516f
NPOTC 9-375d
NPT 1-428f
NRC 5-351f
NREM 7-108c

NSAID 2-517a
NSFC 3-287a
NTB 2-512d
NTCC 9-368b
NTM病 2-512a
NTSC制式 2-288d
O型血 8-377c
O型腿 3-153d
OAU 2-523d
OB星协 8-307f
OEA 1-278b
OECD 4-286f
OECS 1-278b
O,O-二甲基-(2,2,2-三氯-1-羟基乙基)磷酸酯 2-215a
OPEC 6-16b, 6-606f, 6-607a
OPV 4-86a
OSCO 9-287c
OSI 4-93e
OSI网络体系结构 4-93c
"OSO卫星系列" 7-363f
OTC 2-511f
o/w型乳状液 6-343a
O_2饱和度 8-374e
P波 2-246b, 4-33c
P物质 6-511d
P型半导体 1-231e, 1-231f, 3-192e, 9-586d
PA 4-344b
PAL制式 2-288e
PAM 9-104f
PAME 1-344e
PAN 4-340e
PANA 2-479e
PASCAL语言 1-592a, 4-93a
PB 4-341c
PBI 4-340a
PBT 2-40e
PC（聚碳酸酯） 4-344a
PC（磷脂酰胆碱） 5-191c
PCA 2-283e
PCB 2-384d
PCDD/F 2-424c
PCDDs 2-424c
PCDFs 2-424c
PCTFE 4-343d
PD 6-30b
PDB 4-302f
PDP 2-194a
PE（肺栓塞症） 2-534d
PE（聚乙烯） 4-344e
PEG 4-342d
PEN 3-258b
PEO 4-342d
PET 2-40e
PF 2-557d
PGL 1-81e
pH玻璃电极 4-579b
Phe 1-111d
PI（聚酰亚胺） 4-344c
PI（聚异戊二烯） 4-345b
PIN光电二极管 1-232c
PKU 1-310d
PL 5-94f
PMMA 4-342f
PMOS 9-586c
PN结 9-586d, 1-231e, 3-192e
POM 4-342f
POT 1-485e
PP 4-340d
ppb 3-551d
PPI（质子泵抑制剂） 9-30f
ppi（像素/英寸） 7-69a
ppm 3-261a, 3-551d
PPO 4-340c
PPQ 4-340a
PPS 4-340b
PPS抽样 2-10d
PR 3-130e
Pro 1-111d
PROBES 1-264e
PROLOG语言 1-592a
PS 4-340d
PSA 6-161c
PSOE 8-85a
PTFE 4-343e
PTI 8-595f
PTWC 3-345a
PTZ89式120毫米自行反坦克炮 2-474d
PU 4-339e
PVA 4-344f
PVAc 4-344d
PVC 4-343a
PVDC 4-343c
PWR 8-385f
PWS区域水盐运动监测预报系统 6-607c
p-π共轭 3-148a
P-7洲际弹道导弹 4-431f
P-11地地导弹 2-508b
P-38驱逐机 9-119a
Q热 9-587a
QCD 5-62e
QED 5-61a
R星协 8-307f
RA 4-573a
R&A 3-61e
RAND 4-539e
RAS 2-401c
RCM 8-130a
RE 8-130e
REM 7-108c
RET 6-310f
rFIA 5-124d
RHEED 1-355b
RIA 3-439f
RIASEC 9-300e
RIF 8-54c
RNA 9-587a, 3-438b
RNA病毒 1-369c
RNA转座子 2-554f
ROM 9-498d
RORE 4-211b
RRA 3-439f
rRNA 3-438b
RRS 4-55c
RTP 5-94b
R.U.R. 5-219e
Ryton 4-340b
S_E反应 6-256b
S波 2-246b, 4-33c
SA 2-1b
SAARC 5-544e
SADC 5-517e
SALT 7-192a
SAO星图 8-307a
S_EAr反应 6-256b
S_NAr反应 6-256b
SARS 2-26b
S-B量表 1-320c
SBIRS 9-81f
SBR 2-304a
SCO 6-463d
SCOR 3-350f
SDI 7-367e, 8-306e
SDMA 2-392c
SDR 7-329d
SDS 9-300e
Ser 1-111d
SERRS 4-55c
SERS 4-55c
SF衰变 9-537d
SFNB 7-523b
SGPT 8-51d
SH 6-256c
SI词头 3-261a
SI单位 3-260e
SI导出单位 3-260e
SI基本单位 3-260e
SI制 8-72e
SIA 5-124f
SID 2-283e
SIMULA语言 1-592a
SINS 1-355d
SKF滚珠轴承厂 3-88d
SKY 1-485e
SL问题 1-527a
SM 5-191c
Smalltalk语言 1-592a
《SMART检索系统——自动文献处理实验》 7-229d
SMC 9-291f
SN 6-256a

SNA 3-290b, 3-293c
snRNA 3-438c
SOM建筑设计事务所 4-245d
SOS儿童村 9-587a
SPRT 7-464c
SQC 9-315a
SRAM 9-498d
SR-71远程战略侦察机 9-119a
SR-71A飞机 6-61c
SS 2-152f, 2-153a
SSMA 2-392c
SS-RTP 5-94b
SSS 1-371b
SS-1B地地导弹 2-508c
ST段抬高的心肌梗死 8-249a
STD 8-324d
STM 1-355e, 5-511c, 6-414b
SVIB 9-300e
SWF 2-283e
S_E1反应 6-256b
S_N1反应 6-256a
S_E2反应 6-256b
S_N2反应 6-256a
S-37"金雕"战斗机 9-587b
T级核潜艇 7-248c
T尾飞机 2-506f
T细胞 9-456a
T星协 8-307f
T形刚构桥 3-53a
T型汽车 2-614f
T型人才 6-283e
TCD 9-447c
TCM 9-347b
TCNQ 9-45e
TCP 9-587c
TCP/IP协议 9-587c, 4-93c
TDMA 2-392c
TEU 4-78d
TFT 8-505e
TGF 6-549d
Thr 1-111d
TLC 1-420a
TMD 7-367e, 9-185f
TOEFL 7-453a
TPA 2-370d
TPP 3-3c
TQC 9-315b
TQM 9-315b
tRNA 3-438b
Trp 1-111d
TR-1战术侦察机 9-249e
TSP 4-443a
TT 6-609a
TTF 9-45e
TTT图 4-256a
TWAS 2-261e
Tyr 1-111d
T-7液体探空火箭 7-290c
T-7A探空火箭 7-290c
T-90主战坦克 9-587d
*u*曲线 8-204c
U统计量 2-511f
UAE 1-32b
UCI 9-546f
UF 5-590d
UFO 1-430e
UIAA 6-43c
UK 9-4e
UMP 6-295f
UNCTAD 5-45a
UNDP 5-44d
UNEP 5-43b
UNESCO 5-43e
UNFCCC 6-142f
UNITA 1-96a
UNIVAC商用计算机 1-68a, 4-91d, 5-471f
UNSCC 3-258d
UP 1-425a
UPC 7-374b
UPI 3-411f
UPS 1-355c
UPU 7-480f
USGA 3-61e
UT 6-608f, 6-609c, 7-22a
UTC 6-609a
UV镜 5-189f
U-2侦察机 9-587e
*v*曲线 8-204c
V形尾翼 2-507b
Val 1-111d
VBI 7-63e
VC 2-533e
VCD 9-587f
VCD播放机 9-588a
VCD影碟机 9-588a
VLBI 2-77e, 6-525b
VMP 2-387f
VOA 5-354f
VOC 5-41a
V/STOL 2-34c
V-1导弹 8-380e
V-2火箭 7-290c
V-22"鱼鹰"倾转旋翼机 6-218d
WAN 3-238d
WCF 1-363e
WDF 2-506b
WEF 7-19a
WFC 7-20a
WFP 7-19f
WHO 7-22e
WLAN 4-332e
w/o型乳状液 6-343a
WRC 6-151f
WTF 7-254f
WTO 7-20c, 7-25a
WWW（世界天气监视网） 7-22c
WWW（万维网） 7-483d
X伴性显性遗传 1-234c
X伴性隐性遗传 1-234c
X染色体 1-234b
X射线 9-588a, 1-293f, 3-219b, 5-195e, 8-75d
X射线钡餐食管造影 7-450d
X射线标识谱 2-275c, 9-588e
X射线的诱变作用 5-263e
X射线粉末法 2-169e
X射线管 9-588a, 9-254d
X射线机 2-505e
X射线检查 9-588b
X射线胶片 4-200f
X射线谱 9-588d
X射线摄影技术 9-588c
X射线天文台 3-72d
X射线荧光分析 9-588e
X射线荧光光谱仪 9-588f
X射线荧光能谱仪 9-588f
X射线应力测定法 6-616d
X射线源 7-33e
X射线造影检查 9-588d
X型腿 3-153d
XPS 1-355c
X-1飞机 1-534d
X-15A火箭飞机 6-61c
X-114地效飞行器 2-243e
Y伴性遗传 1-234c
Y染色体 1-234b
YOG 6-210d
Z-图式假说 8-120c
ZF 3-133e, 4-75f
ZFC 3-133e, 4-75f
α-氨基酸 1-111d
α-吡喃 1-321f
α-胡萝卜素 8-496d
α粒子 9-589a, 9-589c
α粒子散射实验 9-589b
α-硫 9-541c
α-氯甲苯 5-188e
α-萘酚 5-516b
α-氰基-3-苯氧苄基（R，S）-2-（4-氯苯基）-3-甲基丁酸酯 6-236f
α-山道年 6-433f
α射线 5-153a
α-砷 6-507e
α受体拮抗剂 6-161e
$α_1$受体阻滞剂 4-408a
α衰变 9-589c, 4-124b
α-松油醇 5-598a, 9-589e
α-松油烯 9-589d
α-锑 7-338f
α-桐酸 9-293d

α-消除 8-213b
α星 7-33d
α型糖 2-143d
α-亚麻酸 9-293d
αAur 8-44b
αCen 5-536d
α-D-葡萄吡喃苷基-β-D-果呋喃糖苷 9-245d
αOri 6-507d
αSco 8-255e
αVir 4-206b
β-胡萝卜素 4-573c
β-萘酚 5-516b
β-蒎烯 6-39b
β氢原子 8-213b
β射线 1-293f, 5-153a
β射线能谱 1-493c
β-肾上腺素能受体阻滞剂 4-413b, 4-413c
β受体阻滞剂 4-408a
β衰变 9-589e, 4-124b
β^+衰变 9-589e
β^-衰变 9-589e
β衰变的电子中微子理论 9-589f
β衰变能 9-589e
β稳定线 9-590a
β-消除 8-213a
β型糖 2-143d
β-紫罗兰酮 9-533d
β-阻滞剂 4-413b
β-D-阿拉伯糖 1-34a
β-L-阿拉伯糖 1-34a
βOri 6-507c
γ-吡喃 1-321f
γ发射 9-590c
γ-谷氨酰基转移酶 5-89d
γ光子 9-590a
γ粒子 9-590a
γ球蛋白 5-412e
γ射线 9-590a, 2-275c
γ射线暴 9-590c
γ射线天文台 3-72d
γ衰变 9-590c
γ-松油烯 9-589d
γ-亚麻酸 9-293d
γ跃迁 9-590c
δ键 3-149a
ε-己内酰胺 4-82d
ε熵 4-425f
θ函数 8-396a
θ-溶剂 2-595f
θ-温度 2-595f
θ-τ之谜 8-76d
λ点 8-505f
μ介原子 9-210a
μ原子 9-590e
μ子 9-590d, 7-295c, 8-76c, 9-210a
μ^-子原子 6-132e
Π定理 5-60c
π夹心络合物 7-527f
π键 3-149a
π介子 6-581d, 7-295c
π-π共轭 3-148a
σ代数 3-29d
σ键 3-149a
σ域 3-29d
σ-π超共轭 3-148a
τ子 9-590e, 6-216b
φ现象 7-157b
ψ粒子 2-310e
$ 5-363c

数字

I°冻伤 2-342c
I°烧伤 6-471e
Ⅰ型变态反应病 7-456e
Ⅰ型超新星 1-535f
Ⅰ型呼吸衰竭 3-499d
Ⅰ型糖尿病 7-319d
Ⅱ°冻伤 2-342c
Ⅱ型超新星 1-536a
Ⅱ型呼吸衰竭 3-499e
Ⅱ型疱疹病毒 7-475e
Ⅱ型糖尿病 7-319d
Ⅲ°冻伤 2-342c
Ⅲ°烧伤 6-471e
Ⅲ型变态反应 8-375e
Ⅳ°冻伤 2-342c
0-1规划 9-265a
《01-346风景》 6-426e
《01-371静物》 6-426e
《01-506风景》 6-426e
053H2型导弹护卫舰 3-524a
0.618法 3-589b, 9-30b
1-萘酚 5-516b
1-萘基-N-甲基氨基甲酸酯 8-103b
1,2-二氨基乙烷 8-548d
1,4-加成 2-305c
2-苯并咪唑基氨基甲酸甲酯 2-383f
2-苯基苯并吡（喃）镁 3-599a
2-呋喃甲醛 4-406f
2-甲基-1, 3-丁二烯 8-560d
2-莰醇 1-363e
2-莰酮 9-222d
2-萘酚 5-516b
2-羟基丙酸 6-341e
2-辛醇 1-332b
2H-石墨 6-600c
2,2-双（对羟基苯基）丙烷 7-78a
2,3-二氢-2, 2-二甲基-7-苯并呋喃基-N-甲基氨基甲酸酯 2-589e
2,3-二羟基丁二酸 4-325c
2,4, 6-三氨基-1,3,5-三嗪 6-396a
2,4, 6-三硝基甲苯 7-338a
《3月死难烈士的葬礼》 5-365e
3A革命 2-297b
3C273射电源 4-573f
3C革命 2-297b
3D电影 2-291b
3R-石墨 6-600c
3X综合征 8-327e
3 000米障碍跑 9-223f
《4分33秒》 4-395b
4月25日大桥 5-9c
4-O-β-D-半乳吡喃苷基-D-葡萄吡喃糖 6-342a
4, 4′-二氨基联苯 5-40f
5-氟尿嘧啶脱氧核苷 3-435d
5′核苷酸 7-493e
5-羟色胺 9-590e
5′-脱氧-5′-碘尿嘧啶核苷 3-435d
5q-综合征 3-188a
6-苄基腺嘌呤 8-150c
6-呋喃腺嘌呤 8-150b
7918网 3-77c
8-N规则 4-302e
10-羟基喜树碱 8-141a
10弦吉他 4-66f
14K金 7-43a
15℃卡 4-365e
《15～18世纪的物质文明、经济和资本主义》 1-450e
《17世纪英国的科学、技术和社会》 4-441f
18K金 7-43a
《19世纪的社会主义和社会运动》 6-410c
《19世纪万有大词典》 4-520e
《20世纪初叶纪实》 6-582a
《20世纪的极权统治》 1-27e
20世纪福克斯电影公司 9-590f
20世纪影片公司 9-590f
20℃卡 4-365e
《21世纪议程》 9-591a
22度晕 9-144e
《24首随想曲》 6-29f
《24首匈牙利民歌改编曲》 1-183d
《30/6/92》 9-234d
《36年的日子》 1-97c
《44首小提琴二重奏》 1-183e
46度晕 9-144e
54式防弹衣 2-494d
61人案件 1-572e
《70年代的世界》 1-252c
《70年的薄伽丘》 5-213c
85式军服 4-352c
87式军服 4-352c
《95条论纲》 4-44a
97式军服 4-352d
99式军服 4-352d
103小型数字计算机 4-91f
104大型通用数字计算机 4-91f
120单镜头反光照相机 6-505b

120照相机　6-505b
135单反相机　9-237c
135单镜头反光照相机　6-505b
135照相机　6-505b
211工程　9-591b
315国际消费者权益日　3-275f
316不锈钢　6-286c
《“571工程”纪要》　5-79c
863计划　9-591d
9·11事件　9-591f
956型驱逐舰　8-178f
973计划　9-592b, 6-43c
《1497年法典》　4-278e
《1550年法典》　8-517a
《1792年的义勇军》　5-178a
《1808年5月2日的起义》　3-86c
《1808年5月3日夜枪杀起义者》　3-86c
《1812序曲》　1-499a
《1814年宪章》　1-383b
《1828和1829年从霍尔门运河至阿迈厄岛东角步行记》　1-108c
《1830年的革命》　4-475e
《1834年4月15日的特朗斯诺宁街》　2-360c
1842年文学运动　1-297d
《1844年经济学哲学手稿》　9-592c
《1848年至1850年的法兰西阶级斗争》　5-255c
《1867年宪法法案》　1-429e
《1898年荷兰手册出版以来档案理论与实践的相互影响》　4-486b
1900年派　8-292b
《1900～1960年的新音乐》　4-434d
《1905年》　6-33f
《1910年统一海难救助某些法律规定的国际公约》　3-268a
《1913年》　6-582a
1917年宪法（墨西哥）　4-372b
《1918年11月》　2-170e
《1923～1926年的蒙古旅行》　4-443a
《1936年春在太原》　7-176c
1938年式122毫米榴弹炮　5-132e
《1946·文学的考察》　4-120e
《1948年对外援助法》　5-283c
1950年整风运动　9-264d
1954年宪法（中国）　9-428b
1956年黄海高程系统　3-284b
1957年整风运动　9-264d
《1968年布鲁塞尔议定书》　7-556d
《1973年弹子游戏》　2-58e
1975年宪法（中国）　9-428b
1978年宪法（中国）　9-428b
《1979年国际海上搜寻救助公约》　3-336a
《1979年诺福克岛法案》　6-9d
1981年式122毫米火箭炮　4-12b
1982年中东战争　9-329d
1985年黄海高程系统　3-284b
1989年春夏之交的政治风波　9-592d
《1989年国际救助公约》　3-336b, 3-268b
1990国际温标　3-273a
《2000Today：为千年而作世界交响曲》　7-284e
《2001：太空漫游》　2-291a
4004微处理器　4-22a

本书主要编辑、出版人员

索引编辑　王　烽　刘　艳　郭继艳　田　野　王　煜　王昕若
过茜燕　邹景峰　郎序菲　李晓红　朱显亮　李　燕
周　茵　卢　红　张灵犀　孙邵峰　乔　赫

辅助编辑　孙邵峰　彭　晗
技术编辑　赵　彤　安　凯

美术主任编辑　武　丹
美术责任编辑　徐远志　付立新

地图责任编辑　张宝军

责任校对　王　丽　李　静
校　　对　崔娟娟　窦红娟　彭　晗　马　跃　梁燕曦

责任印制　徐继康　杨海涛　乌　灵

装帧设计　中国大百科全书出版社美术设计中心
排版制版　北京嘉年正稿图文设计有限责任公司